Seite 150

Seite 514

W0388617

Seite 792

Seite 96

Seite 133

Seite 216

Seite 178

Seite 471

Seite 811

Seite 160

Seite 122

Seite 298

Der Große ADAC Städteführer

Der Große ADAC Städteführer

Unsere schönsten Städte von Flensburg bis München, von Aachen bis Berlin

EIN
ADAC
BUCH

Dieses Buch entstand in Zusammenarbeit zwischen dem ADAC Verlag, München, und dem Deutschen Bücherbund, Stuttgart.

© 1990 ADAC Verlag GmbH, München
© 1990 Deutscher Bücherbund GmbH & Co., Stuttgart, München

Die Verlage danken allen, die Informationen zu diesem Werk beigesteuert haben, den Autoren (siehe Seite 832), den Mitarbeitern von Stadtverwaltungen, Stadtarchiven und Fremdenverkehrsämtern.

Projektleitung: Michael Dultz, Andreas Epple
Neubearbeitung: Ulrike Bässler, Andreas Schimkus
Redaktion: Inge Götze, Wolfgang Kellner, Willy Kolkhorst, Klaus Meyer, Dagmar Ortolf, Anke Redies, Dr. Rainer Redies, Dr. Annette Seybold, Ulrike Scheffold, Horst Schöck, André Wais, Johann Woydt, Klaus Zippert
Fotos: siehe Bildnachweis Seite 840
Bildredaktion: Elisabeth Franz, Eva von Reibnitz
Kartographie: Lexikographisches Institut, München, Gerhard Mauz, Gert Oberländer, Inge Seyffarth, Immo Straube
Layout: Christian Scheel
Herstellung: Hans-Joachim Preußer
Schutzumschlag: Graupner & Partner, München
Satz und Repro: SCS Schwarz Computer Satz Repro, Stuttgart
Druck und Bindearbeiten: Fabrieken Brepols n. v., Turnhout/Belgien

Abbildungen auf der Umschlagvorderseite und auf Seite 5:
Kaiserburg in Nürnberg (Bildarchiv Huber, Garmisch-Partenkirchen)

ISBN 3-87003-357-6

Unsere schönsten Städte von Flensburg bis München, von Aachen bis Berlin

Wir haben 100 besonders schöne und interessante Städte der Bundesrepublik Deutschland für Sie ausgewählt, die wir Ihnen in 100 reich bebilderten und prall mit Informationen gefüllten Porträts vorstellen.

Warum gerade diese 100 Städte? Natürlich gibt es in unserem Land noch mehr reizvolle Orte – doch ein solcher Städteführer muß auch praktisch sein. Und das zwingt zur Begrenzung, um eine gute Qualität zu erzielen. Bei der Auswahl haben wir vor allem die Größe einer Stadt, die Einwohnerzahl, die Zahl der Übernachtungen, das kulturelle Angebot und die Attraktivität der Umgebung beachtet.

Sie, lieber Leser, sollen in diesem Buch ohne langes Suchen finden, was Sie über die jeweilige Stadt wissen wollen – ob Sie nun auf der Durchreise sind oder mehrere Tage dort verbringen. Wir haben daher alle greifbaren Informationen gesammelt, eine vielseitige Auswahl getroffen und alles Wichtige so übersichtlich geordnet, daß Ihnen die Orientierung leichtfallen wird.

Im Großen ADAC Städteführer sind deshalb alle Stadtporträts nach dem gleichen Muster aufgebaut:

- Das Großfoto am Anfang jeder Stadtbeschreibung gibt Ihnen einen ersten Eindruck. Eine kleine Übersichtskarte zeigt Ihnen, auf welchen Straßen Sie die Stadt am besten erreichen und ins Zentrum gelangen.
- Die farbig unterlegte Randspalte enthält neben dem offiziellen Stadtwappen wichtige Angaben wie Lage, Höhe, Einwohnerzahl, Parkmöglichkeiten, Touristinformation usw.
- Im aktuellen, eigens für dieses Buch hergestellten Stadtplan zeigt eine gelbe Linie den vorgeschlagenen Stadtrundgang; er führt Sie zu allen wesentlichen Sehenswürdigkeiten im Zentrum.
- Die Sehenswürdigkeiten sind numeriert. Die Reihenfolge entspricht dem Verlauf des Stadtrundgangs. Als rote Punkte sind sie im Plan und in allen Texten schnell aufzufinden.
- In der Stadtbeschreibung schildern unsere Autoren anschaulich und lebendig die Schönheiten und Vorzüge der Städte, in den Randspalten finden Sie Hinweise auf typische Gerichte und Getränke, auf Ausflüge in die Umgebung, auf historische Anekdoten und berühmte Bürger.
- Aus dem Veranstaltungskalender erfahren Sie, wo Theater gespielt und musiziert wird, welche Feste wann gefeiert und welche Märkte und Messen abgehalten werden. Außerdem sind hier auch die bedeutenden Museen mit Anschriften und Öffnungszeiten genannt.

Damit soll Ihnen der Große ADAC Städteführer ein informativer und zuverlässiger Reisebegleiter sein.

ADAC Verlag

DÄNEMARK
Ostsee
Nordsee
Flensburg
Schleswig
Schleswig-
Kiel
Holstein
Lübeck
Cuxhaven
Wilhelmshaven
Bremerhaven
Hamburg
Oldenburg
Bremen
Lüneburg
Elbe
NIEDER-
LANDE
Niedersachsen
DEUTSCHE
Ems
Weser
Aller
Celle
Havel
Berlin
(West)
(Ost)
Osnabrück
Minden
Hannover
Braunschweig
Hildesheim
Münster
Bielefeld
Hameln
Wolfenbüttel
DEMOKRATISCHE
Xanten
Nordrhein-
Detmold
Goslar
Recklinghausen
Lippe
Gelsenkirchen
Dortmund
Paderborn
Duisburg
Soest
Göttingen
Essen
Bochum
Krefeld
Ruhr
Hagen
Mönchen-
gladbach
Wuppertal
Düsseldorf
Kassel
Elbe
REPUBLIK
Westfalen
Köln
Siegen
Hessen
Aachen
Marburg
Bonn
Fulda
Saale
Werra
BELG.
Wetzlar
Gießen
Rhein
Fulda
Koblenz
Limburg
Mosel
Wiesbaden
Frankfurt
Coburg
Rheinland-
Mainz
Aschaffenburg
LUX.
Trier
Pfalz
Darmstadt
Bayreuth
TSCHECHO-
SLOWAKEI
Main
Worms
Würzburg
Bamberg
Naab
Saarland
Kaiserslautern
Erlangen
Saarbrücken
Mannheim
Amberg
Rothenburg
Speyer
Heidelberg
Nürnberg
Baden-
Jagst
Ansbach
Karlsruhe
Heilbronn
Bayern
Saar
Schwäbisch Hall
Dinkelsbühl
Regensburg
Pforzheim
Altmühl
Schwäbisch Gmünd
FRANKREICH
Baden-Baden
Stuttgart
Nördlingen
Straubing
Esslingen
Donau
Ingolstadt
Neckar
Passau
Freudenstadt
Tübingen
Landshut
Ulm
Augsburg
Isar
Württemberg
Iller
Inn
Freiburg
Memmingen
München
Lech
Friedrichshafen
Kempten
Konstanz
Lindau
Füssen
Garmisch-
Partenkirchen
Berchtesgaden
SCHWEIZ
ÖSTERREICH
LIECHT.
0
50
100 km

Inhalt

KETTNER
ORTH
Pelze

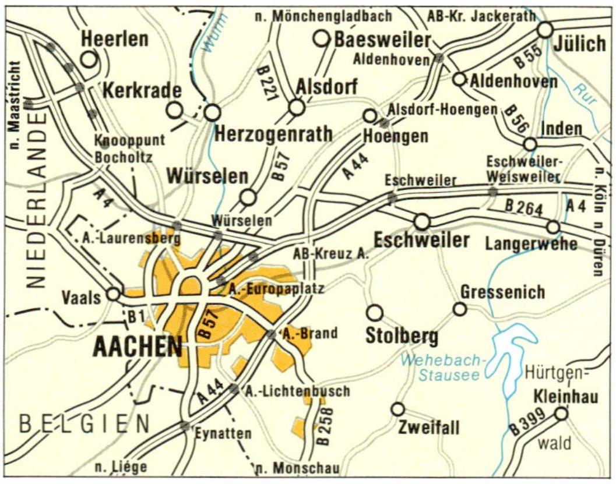

Die Stadt liegt weder an einem Fluß noch am Meer – und doch verdankt Aachen seinen Namen dem Wasser. Denn das »Ahha«, das die Franken frohlockend ausriefen, als sie auf ihrer Völkerwanderung hierherkamen und die heißen Quellen entdeckten, bedeutete nichts anderes als »Wasser«. Aus dem »Ahha« wurde mit der Zeit »Aachen«, aber die Bedeutung des heißen Wassers blieb für die Stadt über mehr als zwei Jahrtausende

hinweg die gleiche. Kaiser, Könige und Fürsten unter den Badegästen sind heute selten geworden. Es sind vor allem ganz normale Bürger, die sich an dem schwefelhaltigen Thermalwasser laben, das vom vulkanischen Untergrund in der nahegelegenen Eifel aufgeheizt wird. Der Krönungssaal aus dem 14. Jh. (unser Bild) ist typisch für die Schönheit der Stadt.

Aachen

Wo Karl der Große regierte

Wappen Ein rotbewehrter schwarzer Reichsadler auf goldenem Grund.
Lage Westlichste Großstadt der Bundesrepublik Deutschland, im Dreiländereck zu den Niederlanden und Belgien.
Land Nordrhein-Westfalen
Autokennzeichen AC
Höhe 125–410 m ü. M.
Fläche 160,78 km^2
Einwohnerzahl 248 000
Postleitzahl 5100
Telefonvorwahl 02 41
Post Hauptpostamt, Kapuzinergraben 19; Spätschalter im Postamt im Hbf. (Mo–Sa 6–21.30, So 8–20.30 Uhr).
Polizei Polizeipräsidium, Hubert-Wienen-Str. 25, ☎ 1 89-1
Taxi ☎ 3 44 41–47, 3 90 00, 3 15 00, 2 70 70
Nahverkehr 145 Buslinien erschließen Aachen und die Region. Für Touristen empfehlen sich die Tagesnetzkarten für das große Stadtnetz Aachen oder nur für das Stadtgebiet.
Camping Städt. Campingplatz, Paßstraße.
Parken Über ein Dutzend Parkhäuser und zehn Parkplätze sind in der Innenstadt an ein Parkleitsystem angeschlossen, das den Autofahrer von allen wichtigen Einfallstraßen aus zu den Abstellplätzen lenkt. Außerdem gibt es rund um die Innenstadt vier Park-and-ride-Plätze, von denen aus man das Zentrum schnell und bequem mit öffentlichen Verkehrsmitteln erreichen kann.
Touristinformation Verkehrsverein Bad Aachen, Haus Löwenstein, Am Markt 39, ☎ 1 80 29 60, und Bahnhofplatz 4, ☎ 1 80 29 65 (Mo–Fr 9–18.30, Sa 9–13, langer Sa 9–17 Uhr).
Stadtführung Ganzjährig: Sa, So 11 Uhr; 1. April–30. Okt. zusätzlich Mo–Fr 14 Uhr, ab Verkehrsverein gegenüber dem Rathaus.
Stadtrundfahrt Ganzjährig: Sa 14.30 Uhr; Treffpunkt Haus Löwenstein gegenüber Rathaus.

Die Hunde zerstreuen

Heinrich Heine, der skeptische Dichter, war nicht gerade gut auf Aachen zu sprechen. Als er in seinem Werk »Deutschland, ein Wintermärchen« Impressionen einer Reise festhielt, die ihn von Frankreich über Aachen heimführte, ließ der Spötter kein gutes Haar an der alten Kaiserstadt: »Zu Aachen langweilen sich auf der Straß' die Hunde, sie flehn untertänig: Gib uns einen Fußtritt, o Fremdling, das wird vielleicht uns zerstreuen ein wenig.« Doch mit seinem vernichtenden Urteil stand der unbequeme Poet ziemlich allein auf weiter Flur.

Schon Albrecht Dürer hatte Anno 1520 frohlockt: »... da hab ich gesehen alle herrlichen Köstlichkeiten, des gleichen keiner, der bei uns lebt, köstlicher Ding gesehen hat.« Verhaltener, preußisch korrekt, möchte man sagen, fiel das Urteil Otto von Bismarcks aus, der 1836 als 20jähriger Rechtsreferendar in Aachen lebte und sich in seinen »Dienstleistungen häufig gestört« fühlte durch »die Annehmlichkeiten des Aufenthalts«. Und später bemerkte der Reichskanzler: »Man lebt dort in verführerischer Weise angenehm.«

Ein Bad für müde Krieger

Der preußische Staatsmann entlarvt sich mit diesem Eingeständnis als Genießer. Und als solcher war er in Aachen gut aufgehoben, wo sich französischer Esprit, niederländische Deftigkeit und rheinische Fröhlichkeit so trefflich ergänzen. Schließlich war Genießen in Aachen schon »in«, als die Kelten lange vor Christi Geburt hier ihre Lager aufschlugen.

Die im Talkessel brodelnden heißen Quellen zogen dieses Volk an. Die Kelten erkannten, daß hier ein idealer Siedlungsplatz war. Sie nahmen das göttliche »Naturgeschenk« dankbar an.

Was den Kelten so unbekannt war, bescherte den Römern ein paar Jahrhunderte später heimatliche Gefühle in der Fremde. Kaum hatten sie sich Niedergermaniens bemächtigt und die Aachener Quellen entdeckt, exportierten sie ihren in der Heimat längst bewährten Badekomfort in die neue Provinz. »Aquae Granni« nannten sie ihr neues Militärbad, in dem sich die müden Krieger aus ganz Niedergermanien regenerierten. Zurückzuführen ist dieser antike Name, der jedoch erst 972 belegt ist, auf den keltischen Heilgott Grannus, den die Römer mit Apollo identifizierten.

Die nicht gerade wohlduftenden Quellen blieben, als sich die Römer wieder in Richtung Süden zurückzogen, lange Zeit unbeachtet. Doch dann, im 8. Jh. n. Chr., stieg der unverkennbare Schwefelgeruch einem blaublütigen Reitersmann in die Nase, der über die Vorzüge des heißen Nasses bestens informiert war: Karl der Große kannte die warmen Thermen bereits durch seinen Vater, den Frankenkönig Pippin, der hier ein

Geschäftiges Treiben herrscht in Aachens wichtigster Einkaufszone, der Adalbertstraße.

Hofgut errichtet hatte. Als junger Mann war Karl nur selten in die Aachener Gegend gekommen, doch mit den Jahren wurden ihm die warmen Quellen immer unentbehrlicher. Deshalb ließ er zu Aachen nach römischen und byzantinischen Vorbildern eine prächtige Zentralpfalz bauen. Im Jahr 800 verließ er allerdings für einige Zeit seine neue Residenz, als er nach Rom reiste, um sich dort in Anwesenheit des Papstes zum Kaiser zu krönen. Von da an wurde aus dem ständig zu Pferd herumziehenden Frankenkönig zunehmend ein Monarch auf dem Thron. 14 Jahre lang regierte Karl der Große sein Reich hauptsächlich von der Aachener Kaiserpfalz aus. Er starb 814.

1500 Jahre Geschichte – der Dom

881 fielen Normannen in das Frankenreich ein und plünderten die Pfalz. Doch längst nicht alle Kostbarkeiten fielen den Eindringlingen in die Hände. In der Domschatzkammer werden bis zum heutigen Tag die geretteten Schmuckstücke aufbewahrt. Auch die schweren Bronzetüren, kostbare Säulen aus Ravenna und Rom, der Marmorthron und der römische Proserpina-Sarkophag, in dem Karl der Große vermutlich beigesetzt wurde, blieben unversehrt.

Bereits im 5. Jh. hat die Geschichte des Aachener Doms begonnen, und zwar dort, wo Karl später die Kapelle bauen ließ. Über einem heidnischen Tempel, den die Römer einer Badegottheit geweiht hatten, entstand damals die erste christliche Kirche. Pippin der Kurze ließ später an gleicher Stelle eine Reliquienkapelle bauen, und sein Sohn Karl erweiterte bis 800 das Gotteshaus in Form eines Oktogons zu seiner Pfalzkapelle. Dieses Oktogon bildet heute noch den Kern des Doms.

Ebenso wie am Dom immer wieder gebaut wurde, gab es hier bedeutende Stiftungen. Kaiser Friedrich I. Barbarossa stiftete den großen Radleuchter, Kaiser Friedrich II., sein Enkel, den goldenen Schrein, in dem die Gebeine Karls des Großen ruhen. Um die gotische Büstenreliquie Karls anfertigen zu lassen, reiste dessen Namensvetter Karl IV. eigens von Prag nach Aachen. Otto III. steuerte die goldene Altartafel bei, während Heinrich II. die kostbare Kanzel finanzierte.

Auch für ein anderes Bauwerk, das noch immer zu den eindrucksvollsten der Stadt gehört, hat Karl der Große den Grundstein gelegt: für das Aachener Rathaus ❸. Der großartige Bau entstand auf den Grundmauern der Palastaula, die der Frankenkönig hier im 8. Jh. errichten ließ. Zu Beginn des 14. Jh. hatte das Aachener Bürgertum den Palast, der inzwischen reichlich verfallen war, übernommen und mit dem Rathausbau im Stil der Gotik begonnen. 1349 war das Rathaus soweit fertiggestellt, daß Karl IV. nach seiner Königskrönung hier sein Galamahl feiern konnte.

Mekka der Reiterei

Was für die Tenniscracks Wimbledon ist, das ist für die Reiter die Aachener Soers. Alljährlich trifft sich hier die Weltelite der Reiterei zum CHIO, zum Internationalen Reit- und Springturnier, das eine vielhundertjährige Tradition in Aachen hat. Bereits im Mittelalter gaben hier die Ritter – am Rand der Krönungsfeierlichkeiten – ihren Pferden im Wettkampf die Sporen. Später folgten Turnier- und Ringelrennen in der »Brander Heide«, die zu Vorläufern der ersten Pferderennen auf deutschem Boden wurden. 1869 schlug auf dem Wiesengelände des Ritterguts Kalckhofen die Geburtsstunde des Aachener Turniers. Seitdem wird es alljährlich ausgetragen und lockt bis zu 50 000 Besucher pro Turniertag in die Soers.

Ein Jahrhundertarchitekt

Zwar trug er einen niederländischen Namen, aber er war doch ein »Ur-Öcher«, ein Ur-Aachener: Ludwig Mies van der Rohe, einer der bedeutendsten deutschen Architekten. 1886 wurde er in Aachen geboren, 1969 starb er in den USA, wohin er 1937 wegen der Nazis emigriert war. Doch trotz seines kometenhaften Aufstiegs, der ihn früh in andere Städte führte, blieb Mies van der Rohe Aachener. Zeitlebens färbte der unverkennbare singende Akzent des öcher Platt sein Englisch, und der »öcher Jong« hat seine Vaterstadt immer wieder besucht, zumal im Alter, um hier sein Rheumaleiden zu kurieren. Allerdings: Zeugnisse aus seiner Schaffenszeit als Baumeister, seine glasverkleideten Stahlbeton-Häuser, durch die er das moderne Stadtbild in der ganzen Welt entscheidend mitprägte, sucht man in Aachen vergeblich.

Höhepunkt der Karnevalssitzung ist die Verleihung des »Ordens wider den tierischen Ernst«.

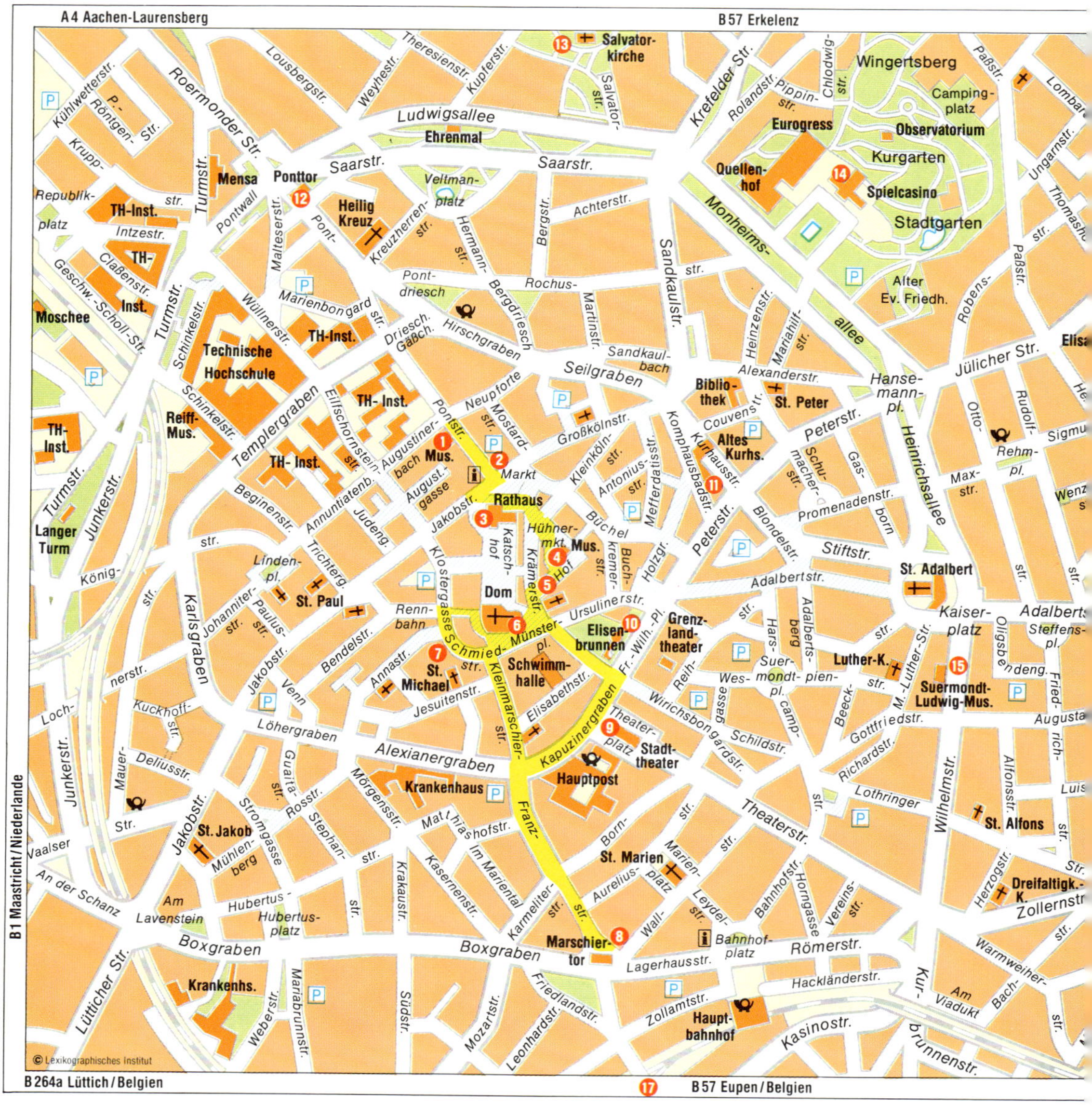

Stadtrundgang

In unmittelbarer Nähe des Rathauses ❸ gibt es mehrere Parkhäuser (Mostardstraße, Büchel, Großkölnstraße), die Sie durch ein elektronisches Parkleitsystem problemlos erreichen können. Der Rundgang dauert etwa eineinhalb Stunden – außer Sie verzichten auf den Abstecher zum Marschiertor ❽ und gehen vom Grashaus ❼ gleich zum Stadttheater ❾, dann werden es nur 60 Minuten. Natürlich gelangen Sie auf diesem Weg zu vielen ehrwürdigen Bauwerken und Denkmälern – ähnlich wie in anderen schönen Städten. Ob Sie aber jemals wieder so viele schöne, alte und originelle Brunnen wie in Aachen sehen werden? Sie allein sind den Gang wert.

Zwischen Rathaus ❸ und Dom ❻ erstreckt sich die Fußgängerzone mit zahlreichen Einkehr- und Rastmöglichkeiten. Sollte es Sie reizen, in historischer Umgebung zu essen, empfehlen wir Ihnen einen Besuch im »Postwagen« beim Rathaus ❸. Gemütlich ist auch die Alt-Aachener Café-Stube »Van den Daele« zwischen Hühnermarkt und Büchel.

Sehenswürdigkeiten

❶ *Internationales Zeitungsmuseum,* einzigartiges Museum seiner Art mit über 140 000 Einzelausgaben von Zeitungen und Zeitschriften aus aller Welt seit 1688, darunter Erst-, Letzt- und Jubiläumsausgaben. Untergebracht im »Großen Haus von Aachen«, einem alten Kaufmannshaus aus dem Jahr 1495 (Di–Fr 9.30–13, 14.30–17, Sa 9.30–13 Uhr).

❷ *Haus Löwenstein,* das älteste erhaltene Bürgerhaus Aachens (um 1344).

❸ *Rathaus,* auf den Fundamenten eines ehemaligen karolingischen Palasts (vier Geschosse des sogen. Granusturms und Mauerreste an der Südseite sind noch erhalten) im 14. Jh. errichtet. Erste Ratssitzung 1349. Mehrfach zerstört und immer wieder neu aufgebaut. Beispielhaft restauriert wurde es nach schweren Bombenschäden aus dem Zweiten Weltkrieg. Besonders sehenswert ist im Innern der Fest- und Krönungssaal, einer der schönsten mittelalterlichen Saalbauten. An der Nordfassade befinden sich die Statuen von 50 deutschen Herrschern, von denen 31 in Aachen gekrönt wurden (Besichtigung Mo–Fr 9–13, 14–17, Sa, So 10–13, 14–17 Uhr).

❹ *Couven-Museum,* Zeugnisse Aachener Wohnkultur des 18. und frühen 19. Jh., vor allem Aachen-Lütticher Rokokomöbel; Kamine, Stuckarbeiten, Sammlung niederländischer Fliesen aus dem 17. bis 19. Jh; wieder aufgestellt: Adler-Apotheke, in der seit 1857 Schokolade hergestellt wurde (Di–Fr 10–17, Sa, So 10–13 Uhr).

❺ *Körbergasse;* hier sind die Aachener Korbmacher zu Hause und bieten auf dieser trad. Zunftgasse seit Jahrhunderten ihre Ware an.

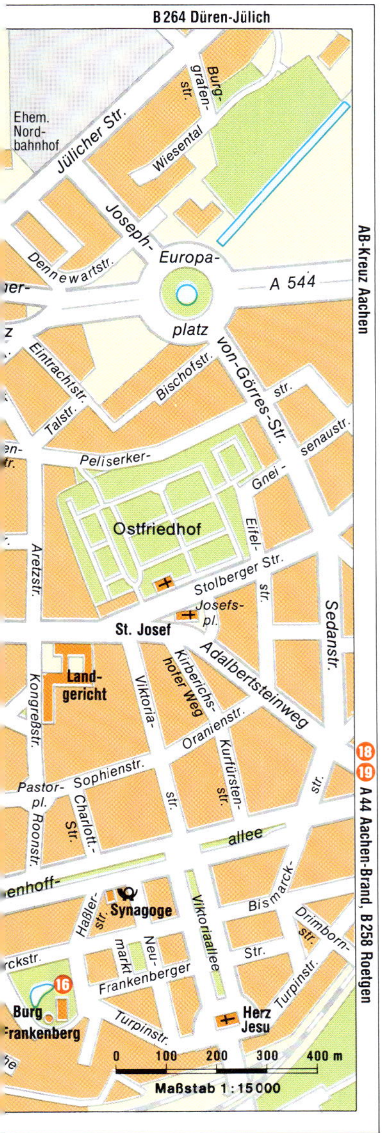

❻ *Dom;* Keimzelle des Aachener Doms war das Oktogon der Pfalzkapelle, die Karl der Große bis zum Jahr 800 errichten ließ. Um diesen Kern herum wurde in den folgenden Jahrhunderten die Kathedrale erweitert. Die bedeutendsten Bauten sind: gotischer Chor (1355–1414), hoher Turm (1350), mehrere Seitenkapellen aus dem 14. und 15. Jh. und der Glockenturm aus dem 19. Jh. Die wichtigsten Kunstwerke sind der sogen. Proserpina-Sarkophag (2. Jh.) in der Michaelskapelle; die »Bärin« in der Vorhalle, ein römischer Bronzeguß des 2./3. Jh.; die zweiflügeligen Bronzetüren – die ältesten Deutschlands – im Haupteingang, in der Karlskapelle und in der Hubertuskapelle; der Radleuchter aus dem 12. Jh. in der Mitte des Oktogons; der Ambo, die Kanzel aus dem Jahr 1014.
Die *Domschatzkammer* birgt eine hochbedeutende Sammlung mittelalterlicher sakraler Gebrauchsgegenstände, u. a. zahlreiche herrliche Reliquiare (Karlsschrein, Marienschrein, Karlsbüste). Sie gilt als die wichtigste kirchliche Schatzkammer nördlich der Alpen und ist in einem Neubau am Westflügel des Kreuzgangs untergebracht (Mitte Okt.– Mitte April Mo 9–13, Di–Sa 9–13, 14–17, So 10.30–13, 14–17 Uhr; Mitte April–Mitte Okt. Mo 9–13, Di, Mi, Fr, Sa 9–13, 14–18, Do 9–13, 14–22, So 10.30–13, 14–17 Uhr).

❼ *Grashaus*; 1267 vollendet, diente es kurze Zeit als erstes Aachener Rathaus. Später Gefängnis, Korn- und Grashaus. Ende des 19. Jh. restauriert; heute ist dort das Stadtarchiv untergebracht.

❽ *Marschiertor,* mit 25 m Breite eine der mächtigsten Torburgen Westeuropas. Um 1300 als Bastion im äußeren Stadtbefestigungsring entstanden.

❾ *Stadttheater,* 1823–25 nach von Karl Friedrich Schinkel korrigierten Plänen errichtet. Mehrfach umgestaltet und 1951 nach einem Großbrand im ursprünglichen klassizistischen Stil wieder aufgebaut.

❿ *Elisenbrunnen,* klassizistischer Säulenbau mit öffentlichem Thermal-Trinkbrunnen, 1822–27 errichtet. Bad Aachens Wahrzeichen. Hier hat man Gelegenheit, einen Schluck von dem nach faulen Eiern riechenden, aber sehr gesunden Wasser zu trinken.

⓫ *Altes Kurhaus,* 1782–86 von Jakob Couven erbaut und lange Zeit als Spielcasino genutzt. Im Zweiten Weltkrieg zerstört. Der berühmte Ballsaal wurde wiederhergestellt und ein Neubau hinzugefügt. Beide Häuser beherbergen heute die *Neue Galerie* – Sammlung Ludwig, eine der größten Sammlungen zeitgenössischer experimenteller Kunst in der Bundesrepublik Deutschland (Sa, So 10–14, Mo, Di 10–13, 15–19, Do, Fr 10–13, 15–22 Uhr).

⓬ *Ponttor,* ein mit Zwinger und Vorwerk noch vollständig erhaltenes Tor der äußeren Stadtmaueranlage, aus der zweiten Hälfte des 13. Jh.

⓭ *Salvatorberg,* Hügel am Rand der Innenstadt mit der 1885 im neuromanischen Stil völlig erneuerten St.-Salvator-Kirche. Von hier aus hat man einen wunderschönen Blick auf die Aachener Altstadt.

⓮ *Spielcasino*; seit 1976 ist das Casino in dem 1914–16 im Kurpark errichteten Neuen Kurhaus untergebracht.

⓯ *Suermondt-Ludwig-Museum,* deutsche und niederländische Malerei und Plastik vom späten Mittelalter bis zum Ende des 18. Jh. sowie Werke der Romantiker und Realisten (19./20. Jh.), Glasfenstersammlung (Di–Fr 10–17, Sa, So 10–13 Uhr).

⓰ *Burg Frankenberg,* ehemalige Wasserburg aus dem 13. Jh., heute Stadt- und Heimatmuseum, u. a. mit Kunstgewerbesammlung (Di–Fr 10–17, Sa, So 10–13 Uhr).

⓱ *Pfarrkirche St. Johann Baptist;* die mächtige Kuppelkirche im Vorort Burtscheid wurde 1730–54 von Johann Josef Couven erbaut. Sie war Zisterzienserinnen-Abteikirche und beherbergt einen bedeutenden Kirchenschatz mit Reliquien und Ikonen.

⓲ *Kornelimünster,* Ortschaft südöstlich des Zentrums von Aachen, über die Trierer Str. zu erreichen. Man trifft hier auf eines der am besten erhaltenen Ortsbilder im Rheinland, geprägt von Bruchsteinhäusern mit Blaustein-Gliederung und Blaustein-Fachwerk des 17.–19. Jh.

⓳ *Pfarrkirche St. Kornelius* in Kornelimünster. Die Kirche ist geprägt durch die verschiedensten Bauepochen von der karolingischen Zeit (Vorhalle) bis zum Barock (Korneliuskapelle hinter dem Chor). Das gotische Langhaus wurde im späten Mittelalter (14.–16. Jh.) errichtet. Von der Innenausstattung sind vor allem einige Standbilder aus dem 15./16. Jh. zu erwähnen, so die Figur des hl. Kornelius links im Chor. Zum Kloster gehört auch ein reicher Schatz an Reliquiaren.

Fast unberührte Natur
Unberührte, wilde Landschaft – so sah es rund um Aachen aus, als die Kelten vor mehr als zwei Jahrtausenden mit der Urbanisierung des Landstrichs begannen. Fast unberührte Natur gibt es auch heute noch im Dreiländereck. Zum Beispiel die riesigen Wälder der Eifel oder der Ardennen. Beide Bergzüge liegen direkt vor der Aachener Haustür. Im Hohen Venn in den Ardennen bietet sich dem Besucher eine urwüchsige Moor- und Heidelandschaft; in den reich bewaldeten, herbromantischen Höhen der Eifel begegnet man zahlreichen Zeugen vulkanischer Vergangenheit, so den meist kreisrunden Seen, den Maaren, die sich in den Kratern erloschener Vulkane gebildet haben. Eine gute halbe Autostunde von Aachen entfernt liegt in der Eifel zudem eine der schönsten Ortschaften dieser Gegend: das hübsche Städtchen Monschau mit seiner Burg und den malerischen Bürgerhäusern.

Wenn die Pilger kommen
Seit 1349 ist die Tradition ungebrochen: Alle sieben Jahre pilgern Katholiken aus der ganzen Welt in die Kaiserstadt, um an den Feierlichkeiten der »Aachener Heiligtumsfahrt« teilzunehmen. Sie kommen, um im Dom 6, dem Gotteshaus, das einst Karl der Große dem Erlöser Jesus Christus und seiner Mutter Maria geweiht hatte, die Fürbitte Mariens anzurufen und um den dort verehrten Reliquien zu begegnen. In dem goldenen Marienschrein befinden sich die vier großen Heiligtümer, die nur alle sieben Jahre der Welt gezeigt werden: das Kleid Mariens, das sie in der Heiligen Nacht getragen haben soll, die Windeln Jesu, das Tuch, in dem man das Haupt Johannes des Täufers nach seiner Hinrichtung barg, und das Lendentuch, das Jesus am Kreuz trug.

Wo Kugel und Rubel rollen
122 Jahre war sie – seinerzeit auf königlich-preußischen Befehl hin – aus Aachen verbannt, doch seit 1976 hat sie in der Kaiserstadt eine neue Residenz: die Glücksgöttin Fortuna, die seitdem im ehemaligen Neuen Kurhaus 14 wieder die Roulettekugel rollen läßt. Hinter der mondänen klassizistischen Fassade des Monumentalbaus geht es allerdings äußerst modern zu. Das Interieur des Spielcasinos ist in Pink gehalten, computergesteuerte Anzeigetafeln informieren automatisch, auf welche Zahlen die Glückskugel bei den letzten 20 Spielen fiel. An 20 Roulette-, drei Black-Jack- und zwei Bakkarat-Tischen kann man das Glück bis zum Höchsteinsatz von 18 000 Mark herausfordern. Vorausgesetzt, man paßt sich dem von der Direktion gewünschten Erscheinungsbild an: Für schlipslose Zeitgenossen heißt es schon an der Tür: »Nichts geht mehr.« Der fehlende Binder kann aber im Foyer ausgeliehen werden – gratis.

Wechselnde Geschmacksrichtungen veränderten in den folgenden Jahrhunderten das Bild des Rathauses. Feuersbrünste kamen dem jeweils neuen architektonischen Zeitgeist dabei immer wieder zu Hilfe. Als das Rathaus im 17. und 18. Jh. umgebaut wurde, hatte der große Stadtbrand von 1656 mitgeholfen: Die völlig zerstörten Dächer und Türme wurden im Stil der Zeit, barock, wieder aufgebaut. Rechtzeitig genug, um im Jahr 1748 hier den Aachener Frieden zu besiegeln, der den österreichischen Erbfolgekrieg beendete. Als man sich im Lauf des 19. Jh. wieder auf die ursprüngliche Rathaus-Form besann, da brannte es – 1883 – erneut: Die barocken Dächer und Türme fielen den Flammen zum Opfer und wurden im gotischen Stil wiederaufgebaut. 1902 war die Restaurierung abgeschlossen. Vorläufig. Denn nach dem Zweiten Weltkrieg standen die Aachener Stadtväter erneut vor einem Trümmerhaufen. Bis Ende der 70er Jahre dauerten die jüngsten Restaurierungsarbeiten.

Das Rathaus mit 50 deutschen Herrschern
Der alte Kern der Kaiserstadt, die als erste westdeutsche Stadt durch die alliierten Truppen von der Naziherrschaft befreit wurde, erhielt nach der Kriegszerstörung ein zwar durchaus moderneres, aber kein modernistisches Gesicht. Das historische Aachen rund um Marktplatz, Rathaus 3 und Dom 6 wurde so behutsam saniert und restauriert, daß die Altstadt ihren ursprünglichen Charakter behielt. Karl der Große, der als bronzene Figur überlebensgroß vom Kaiserbrunnen auf die Nachfahren seiner Untertanen herabblickt, wäre zufrieden. Und seine 50 »Nachfolger«, die ihm als Statuen von der Nordfassade des Rathauses gewissermaßen über den Rücken schauen, würden sicherlich auch zustimmen. Allesamt deutsche Herrscher, von denen 31 zwischen 813 und 1531 in Aachen gekrönt wurden. Ludwig der Fromme, Sohn Karls des Großen, war der erste Monarch, der hier die Reichskrone der Franken aufgesetzt bekam, Ferdinand I. im Jahr 1531 der letzte Krönungskandidat.

Im Krönungssaal des Rathauses, wo sie seit 1349 ihre Inthronisation gefeiert haben, findet seit 1950 alljährlich ein Festakt statt, mit dem die Stadt ihrem größten Fürsten ein weiteres Denkmal gesetzt hat: die Verleihung des Karlspreises. Mit diesem »politischen Nobelpreis«, der immer am Christi-Himmelfahrts-Tag für Verdienste um die Einigung Europas verliehen wird, schmückten und schmücken sich Politiker wie der erste deutsche Bundeskanzler Konrad Adenauer, der britische Premierminister Winston Churchill, der griechische Staatsmann Konstantin Karamanlis, die Ex-Bundespräsidenten Walter Scheel und Karl Carstens und der spanische König Juan Carlos.

Der goldene Marienschrein aus dem Aachener Domschatz bewahrt die vier großen Heiligtümer des Münsters.

Mit schimpflichen Sprüchen gezecht

Nicht weniger illuster ist die Namenliste jener großen Zeitgeister, die von den heißen Quellen nach Aachen gelockt wurden. Könige und Fürsten, Dichter, Maler und Komponisten aus aller Herren Länder suchten hier über die Jahrhunderte hinweg an den brodelnden Wassern Gesundheit und Entspannung: Peter der Große, Georg Friedrich Händel, Friedrich der Große, König Gustav III. von Schweden, Stefan Zweig und – sehr viel früher – Albrecht Dürer. Die Kaiserstadt war ein mondäner Treffpunkt der vornehmen Welt, und in den Bädern ging's anno dazumal nicht nur wegen des heißen Nasses ganz schön heiß her. Karl der Große war da bereits mit gutem Beispiel vorangegangen. Am liebsten soll die Frankenmajestät inmitten ihres hundertköpfigen Hofstaats, »der mit schimpflichen Sprüch zechte«, die Badekur genossen haben. Und Ende des 14. Jh. hat gar die in den Badehäusern grassierende »Tanzwut« den Rat der Stadt dazu bewogen, dieselben zu schließen und den unmoralischen Ausschweifungen einen Riegel vorzuschieben. Doch derlei Maßnahmen waren stets von kurzer Dauer. Dann ging es in den Gemeinschaftsbädern, wo auch weniger appetitliche Krankheiten wie die Krätze kuriert wurden, wieder munter weiter. Albrecht Dürer soll noch lange von den »köstlichen Zechereien« in den Piscinen geschwärmt haben.

Daß man aber nicht nur der Vergnügung wegen nach Aachen reiste, beweist unter anderem der Heilungserfolg, den Georg Friedrich Händel den heißen Quellen verdankte. Er kurierte in Aachen eine rheumatisch bedingte Lähmung in den Armen, die ihn beim Orgelspielen sehr behindert hatte. Freilich: Die Zeiten der großen Zechgelage in den Piscinen sind lang vorbei. Spätestens seit die Preußen 1815 das Regiment übernommen hatten, ging es in den Aachener Badehäusern wieder züchtig zu. Dafür sorgte der königliche Badeinspektor, der die »Reinlichkeit und Ordnung« in den Bädern mit streng wilhelminischer Tugendhaftigkeit überwachte.

Schmeckt nicht besonders, ist aber gesund – das Aachener Mineralwasser

Seit 1974 darf sich die Stadt ganz offiziell »Bad« Aachen nennen. Doch auf den Zusatz vor dem Stadtnamen verzichten die Aachener meist. Weil man auch ohne das »Bad« landauf, landab als Heilbad bestens bekannt sei – so begründen die Stadtväter ihre Bescheidenheit. Um in den Aachener Thermen zu baden, braucht man übrigens nicht unbedingt ein ärztliches Attest oder einen medizinisch verordneten Kuraufenthalt. Die vier öffentlichen Thermalbäder, die aus den extrem mineralhaltigen, bis zu 74°C heißen Quellen gespeist werden, stehen jedermann offen.

Im Dreiländereck

Man braucht keine Siebenmeilenstiefel, um von Aachen aus eine Drei-Länder-Tour an einem Tag zu schaffen. Aachen/Maastricht/Lüttich, Bundesrepublik Deutschland/Niederlande/Belgien: fast ein Katzensprung. Im niederländischen Maastricht sind vor allem die Liebfrauenkirche, die Servatiuskirche und die gut erhaltenen Stadtmauern mit dem mächtigen Torbogen sehenswert. In der romantischen Altstadt Lüttichs reizt das pittoreske Straßenbild zu einem Besuch. Im ehemaligen fürstbischöflichen Palais gibt es einen der schönsten Innenhöfe zu sehen, und die alten Bürgerhäuser am Maasufer, vor allem die Maison Curtius und die Maison Harvart, erinnern an den Kunstsinn der alten Kaufmannsfamilien. Zwischen den Städten erstreckt sich das Limburger Land mit satten Wiesen und sanften Hügelketten: eine Augenweide.

Wo die Brunnen plätschern

Die Kaiserstadt ist ein wahres »Fontänen-Paradies«. Karl dem Großen wurden gleich zwei Brunnen gewidmet: der historische auf dem Marktplatz, direkt vor dem Rathaus 3*, und ein moderner auf dem Karlshof. Am Fischmarkt plätschert das »Fischpüddelchen«: Da hält ein kleiner Kerl zwei Fische in den Armen, aus deren Mäulern Wasser sprudelt. Und an der Klappergasse steht – Motiv aus einem Aachener Volkslied – der »Türelüre-Lißje-Brunnen« mit dem Bronze-Mädchen, das gerade sein »kleines Geschäft« besorgt. Auf dem Hühnermarkt hat man gar einem Dieb ein Denkmal gesetzt: einem Hühnerdieb, versteht sich. Und dies ist nur eine bescheidene Auswahl aus den vielen Aachener Brunnen.*

Vom Kaiserbrunnen am Rathaus blickt Karl der Große als überlebensgroße Figur zufrieden auf die Nachfahren seiner einstigen Untertanen.

Tips, Tips, Tips

Überblick mit Genuß
Auf ganz gemütliche Art und Weise kann man sich auf dem Lousberg, dem Hausberg der Stadt nördlich vom Zentrum, einen herrlichen Blick auf Aachen und seine Umgebung verschaffen. Dort steht nämlich ein Wasserturm, in dem oben ein Drehrestaurant untergebracht ist. Eine Stunde dauert eine »Rundfahrt«, und so lang kann man genüßlich essen und trinken, während man den Blick nah und fern schweifen läßt.

Ab ins warme Heilwasser
Warum nicht mal das so heilsame Aachener Thermalwasser richtig genießen? Das Trinken ist ja nicht jedermanns Sache, aber sich darin bewegen und umspülen lassen, das ist die richtige Erholung nach einer anstrengenden Stadtbesichtigung. Im Kurmittelhaus Quellenhof an der Monheimsallee wird fast alles geboten, was es an modernen Kurbademöglichkeiten gibt (Badezeiten: Mo–Fr 7–19, Sa 7–18, So 7–13 Uhr).

Ein Ballonflug über Aachen – wie wär's?
Sicher kein ganz alltägliches Erlebnis ist es, einmal wie weiland die Gebrüder Montgolfier mit einem Ballon aufzusteigen. In Aachen werden solche Flüge das ganze Jahr über angeboten. 250 DM kosten Aufstieg und Flug ins Blaue, denn wenn man mal oben ist, bestimmt der Wind, wo es hingeht; ☏ 1802960 und 36202.

Ebenso, wie natürlich auch jeder nach Belieben am Elisenbrunnen ⑩ ein Schlückchen von dem Aachener Naß probieren kann. Schmecken tut das Wässerchen zwar nicht besonders gut, aber gesund ist es auf jeden Fall. Schließlich kann man mit Trink- und Badekuren in Aachen jede Menge Krankheiten und Zipperlein kurieren: rheumatische Erkrankungen, Gelenkveränderungen durch Gicht, Dermatosen; auch der Abbau von Schwermetallen wie Blei, Quecksilber und Kadmium im Körper wird gefördert. Und amerikanische Ärzte haben erst jüngst entdeckt, daß das Spurenelement Selen im Aachener Wasser das Herz vor Infarkt, die Arterien vor Verkalkung und den Dickdarm vor Krebs schützen soll. Aachens Heilbad-Geschichte ist zwar schon mehr als 2000 Jahre alt, doch die geheimen Kräfte der brodelnden Quellen, die von vulkanischen Grundschichten der Eifel aufgeheizt werden, sind – scheint's – noch längst nicht alle entdeckt.

Aachens schmackhafte Besonderheit

Auf eine nicht ganz so alte Tradition wie die heißen Quellen kann eine weitere Spezialität aus der Stadt im Dreiländereck zurückblicken. Diese ist allerdings wesentlich schmackhafter: die Aachener Printen. Belgier aus Dinant sollen es gewesen sein, die schon zur Jahrtausendwende mit ihrem Gebildbrot die ersten Schritte in Richtung Printe machten. Aber ein Holländer schrieb dann im 18. Jh. in seiner Aachener Backstube das bedeutendste Kapitel der Printen-Geschichte: Mijnheer van Rey.

1790 soll er an einem Rezept für Honigkuchen herumexperimentiert haben und dabei auf den »Printen-Trichter« gekommen sein: Statt des Honigs fügte er dem Teig Sirup bei. Allerdings, für den neuen, zäheren Teig waren die Holzformen, die er zuvor für seine Honigkuchen-Kreationen benutzt hatte, viel zu filigran. Also beauftragte Mijnheer van Rey einen Schreinermeister mit dem Herstellen grobgeschnitzter Printenbretter. Von da an war der Weg bereitet, auf dem die Printen zum berühmten Aachener Nationalgebäck wurden. Die Muttergottesdarstellungen, Ritter und Brautpaare, die Heiligen Drei Könige und die Kutschen, die der Bäckermeister in seine Printenbretter knetete, gingen weg wie warme Semmeln. Und wo der zähe Teig den anatomischen Anforderungen nicht gewachsen war, da half der Bäckermeister mit einem Kunstgriff nach: Mandeln, Nüsse und Zuckerguß ersetzten fehlende Augen, Nasen und Schnallen. Mijnheer van Rey kann also getrost nicht nur als Urvater der Printe, sondern auch als Urahn der Aachener Printenbäcker-Dynastie betrachtet werden. Denn »Printenbäcker« ist auch heute noch so etwas wie ein Aachener Adelstitel.

Die Model, so werden die aus Obstbaumholz geschnitzten Printen-Bretter bezeichnet, sind heute übrigens begehrte Sammlerobjekte. Bei

Kinder spielen gern am Puppenbrunnen in der Krämerstraße.

»Der Hühnerdieb« weist den Weg zum Couven-Museum am Hühnermarkt. Dort sieht man, wie einst die Aachener und Lütticher gewohnt haben.

Auktionen bringen die »Rembrandts aus Holz«, wie sie von den Liebhabern genannt werden, teilweise fünfstellige Summen. In der historischen Café-Stube des wohl bekanntesten Aachener Printenbäckers, Leo van den Daele, für den die Formen »Seele in den Teig bringen«, findet man eine der schönsten privaten Model-Sammlungen.

So ausgefallen wie das kleine Model-Privatmuseum ist sicherlich auch ein zweites Museum, dessen sich die Stadt zu Recht rühmt: das Internationale Zeitungsmuseum ❶. Nur einen Steinwurf von dem Haus entfernt, in dem 1850 Julius Reuter die nach ihm benannte Nachrichtenagentur mit 40 geliehenen Brieftauben gründete, werden seit 1886 Zeitungen aus aller Welt gesammelt. Der Stadtamtmann Oskar von Forrenbeck, ein Schwiegersohn des damaligen Aachener Bürgermeisters, legte den Grundstock für das Museum: Jahrelang hatte er mit Akribie Erstausgaben von Zeitungen gesammelt, die im Deutschen Reich erschienen waren. Die Ergebnisse seines sonderbaren Steckenpferds präsentierte er 1886 dem staunenden Publikum. Seitdem wuchs der Gazettenbestand unaufhörlich. 145 000 Titel, Erst-, Letzt- und Jubiläumsausgaben spiegeln heute in dem Museum Druckerei- und Redaktionsgeschichte wider.

Zu den »Juwelen« gehören die Zeitung »The Constellation« und der »Diario di Roma«. »The Constellation«, auch die »Mona Lisa« der Zeitungsgeschichte genannt, ist die größte Zeitung, die jemals gedruckt wurde. Das Blatt, so groß wie ein Fenstervorhang, wurde 1859 zum 83. Unabhängigkeitstag der USA in New York herausgegeben. Dagegen ist der »Diario di Roma« ein regelrechter Winzling. Die römische Gazette, nur 12,7 cm hoch und 6,8 cm breit, ist die kleinste Zeitung der Welt. Sie wurde mit dem Privileg des Papstes 1829 gedruckt. Es heißt zwar, daß nichts so alt ist wie die Zeitung von gestern, doch im Internationalen Zeitungsmuseum ist mit dieser Weisheit kaum etwas anzufangen.

Die Karlsbüste ist ein Reliquiar, das Karl den Großen darstellt.

Theater, Musik, Veranstaltungen, Museen

Theater

Stadttheater ❾, Theaterplatz. Oper, Operette, Musical, Ballett, Schauspiel, theaterpädagogisches Programm, Matineen, ☏ 2 20 06.
Grenzlandtheater des Kreises Aachen, Friedrich-Wilhelm-Platz 5/6. Schauspiel, Komödie, Boulevardtheater, ☏ 3 00 60.
Barockfabrik, Löhergraben 22. Moderner Tanz, Jazz-Dance, Film der Jugend, Spielort für »Avanti«, Kinder- und Jugendtheater, Videowerkstatt, ☏ 4 32 41 00.
Stadtpuppenbühne »Öcher Schängchen«, Löhergraben 22. Stockpuppen- und Dialektbühne, ☏ 4 32 41 04.

Musik

Kongreßzentrum Eurogress, Monheimsallee 52. Sinfoniekonzerte, Jugendkonzerte, Kammermusikabende, Gastkonzerte, Star-Galas, Shows, Musicals, Bälle, ☏ 15 10 11.
Stadttheater ❾, Theaterplatz. Konzert, Chor, ☏ 2 20 06.
Dom ❻. Karlsfest: feierliches Hochamt mit dem Städt. Orchester (letzter So im Jan.), Passionsmusik, zehn Abendmusiken (Juni–Ende Aug.), Oktobermusik mit Städt. Orchester und Domchor (1. So im Okt. 17 Uhr), Weihnachtskonzert im Krönungssaal des Rathauses mit dem Domchor (3. Advent 16 Uhr), Bach-Weihnachtsoratorien, ☏ 4 77 09 15.
Abteikirche St. Johann, Abteiplatz 4. Sommerfestkonzert (vor den Sommerschulferien), Adventskonzert (1. Advent 16 Uhr), festliche Messe (Silvester), ☏ 6 74 10.
Auditorium maximum in der Rheinisch-Westfälischen Technischen Hochschule, Wüllnerstr. Kulturprogramm des AStA, Rock, Pop, Jazz (nicht jedoch in den Semesterferien), ☏ 80 37 92.
Malteserkeller, Malteserstr. 14. Jazz, Blues, Rock, Folk, Kleinkunst, ☏ 2 57 74.
Im alten Zollhaus, Friedlandstr. 22. Folk mit Aachener Künstlern, ☏ 40 28 26.
Dom-Keller, Im Hof 1. Lieder-Treff und Gitarrenmusik (So 20 Uhr), ☏ 3 42 65.
Kuckucks-Nest, Mauerstr. 92/Ecke Lochnerstr. Folk, Jazz, Kleinkunst. Kucki-Thek mit Tanz, ☏ 3 53 65.

Veranstaltungen

Fastnacht: *Kinderkostümzug* durch die Innenstadt, Aufstellung in der Oppenhoffallee (Fastnachts-So 10 Uhr). *Verleihung des »Ordens wider den tierischen Ernst«* im Kongreßzentrum Eurogress. *Rosenmontagszug* durch die Innenstadt, Aufstellung in der Oppenhoffallee (Rosenmontag 10 Uhr).
Christi Himmelfahrt: *Internationaler Karlspreis.* Verleihung im Krönungssaal des Rathauses ❸ (11 Uhr), Übertragung auf den Marktplatz; vorher Pontifikalamt im Dom ❻, ☏ 47 70 90.
April/Mai: *Frühjahrsbend.* Volksfest. *Historischer Jahrmarkt* in Kornelimünster ⓲. Straßenfest rund um die Abtei mit Darbietungen aus der Geschichte der Stadt und weiteren kulturellen Angeboten, Kunsthandwerkermarkt, ☏ 1 80 29 60.
Juni: *CHIO (Internationales Reit- und Springturnier)* in der Soers. »Preis der Nationen« (Fr), »Großer Preis von Aachen« (So). Dressurprüfungen im Dressurstadion, ☏ 15 30 30.
Anfang–Mitte Aug.: *Sommerbend. Volksfest auf dem Bendplatz.*
Anfang Sept.: *Europäischer Kunsthandwerkermarkt* rund um Dom ❻ und Rathaus ❸. Handwerkliche Vorführungen, Ausstellung von Kunsthandwerk aus europäischen Staaten, ☏ 1 80 29 60.
Mitte Okt.: *Stadtfest.* Wochenende mit Kultur und Musik in der Innenstadt.
Nov./Dez.: *Aachener Bachtage* in Kirchen und städt. Konzertgebäuden. Oratorien, Orgelkonzerte, Kantaten, ☏ 45 30.

Museen

Auto-Sammlung Gut-Hand, Hander Weg 71/Ecke Karl-Friedrich-Straße. 350 Jahre altes Bauerngut. Ausstellung deutscher Kfz von 1910–50 mit Restaurierwerkstatt (Besichtigung nach Vereinbarung), ☏ 1 42 37.
Couven-Museum, Hühnermarkt 17 (s. ❹).
Domschatzkammer, Domhof 4a (s. ❻).
Heimatmuseum Burg Frankenberg, Bismarckstr. 68 (s. ⓰).
Internationales Zeitungsmuseum, Pontstr. 13 (s. ❶).
Neue Galerie – Sammlung Ludwig, Komphausbadstr. 19 (s. ⓫).
Suermondt-Ludwig-Museum, Wilhelmstr. 18 (s. ⓯).

Amberg

Zwischen Bier und Barock

Etwas am Rand liegt Amberg schon, und die Zeiten, da es Zentrum des oberpfälzischen Eisenbergbaus war, sind lange vorbei. Behalten hat die Stadt aber ein gutes Stück spätmittelalterlicher Romantik. Diese zeigt sich an der nahezu vollständig erhaltenen Stadtmauer mit vier prächtigen Toren, am gotischen Rathaus (unser Bild) und an den spitzgiebeligen Bürgerhäusern, die den Marktplatz einfassen. Auch sonst steht man hier, was das Stadtbild angeht, Rothenburg ob der Tauber oder Dinkelsbühl kaum nach, was hektischen Tourismus betrifft, aber um vieles – sicher zur Freude derjenigen, die diese Stadt ruhig genießend erleben wollen. Ruhe findet der gestreßte Erholungsuchende auch in der landschaftlich reizvollen Umgebung der Stadt, wo es noch manches zu entdecken gibt.

Wappen Der steigende pfälzische Löwe über den bayrischen Rauten, denn Amberg war von 1329–1628 kurpfälzisch, dann kurbayrisch. Die wittelsbachischen Rauten wurden von Ludwig I., dem Kelheimer (1174–1231), durch die Hochzeit mit der letzten Gräfin von Bogen erworben.
Lage In der Oberpfalz zwischen Fränkischer Alb und Oberpfälzer Wald.
Land Bayern
Autokennzeichen AM
Höhe 373–529 m ü. M.
Fläche 50 km²
Einwohnerzahl 46 300
Postleitzahl 8450
Telefonvorwahl 0 96 21
Post Postamt 1, Kaiser-Ludwig-Ring 9, Spätschalter (So 10–11 Uhr).
Polizei Kümmersbrucker Str. 1 a, ☎ 89 00
Taxi ☎ 1 22 00, 1 22 01
Nahverkehr 9 Stadtbuslinien, Fahrscheine beim Schaffner; Kooperation mit der Bundesbahn (Übergangstarif).
Camping Rieden/Vils, ☎ 0 96 24/3 50; Schnaittenbach, ☎ 0 96 22/17 22; Hirschau, Monte Kaolino, ☎ 0 96 22/24 46 und 81 02.
Parken Auf dem Dultplatz und der Kräuterwiese. Parkhäuser (nur werktags) am Bahnhof und am Stadttheater, die vom Ring aus zu erreichen sind.
Touristinformation Fremdenverkehrsbüro im Raseliushaus, Zeughausstr. 1 a (Okt.–April Mo–Fr 9–12, 13.30–16.30 Uhr; Mai–Sept. Mo–Fr 9–12, 13.30–16.30, Sa 10–12 Uhr), ☎ 102 33.
Stadtführung Mai–Okt. ab Rathaus, jeweils Sa 10 Uhr.

Stadtrundgang

Hinter dem Freizeit-Hallenbad liegt der Dultplatz, den Sie über die Nürnberger Straße (B 85) und den Kaiser-Wilhelm-Ring erreichen. Dort können Sie gut parken, und der Ausgangspunkt unseres Stadtrundgangs liegt auch nur wenige Schritte entfernt. Er beginnt an der »Stadtbrille« ❶, wo die Vils unter der Stadtmauer hindurchfließt.

Für den vorgeschlagenen Rundweg benötigen Sie gut zwei Stunden. Eine Abkürzungsmöglichkeit ergibt sich beim düsteren »Walfischhaus« ⓮: Dort geht man zunächst rechts durch die Herrnstraße, dann über den Hallplatz in die Untere Nabburger Straße. An der Paulanergasse biegt man rechts ein und kommt über die Zeughausstraße wieder zur »Stadtbrille«. So sparen Sie etwa eine halbe Stunde.

Ausruhen können Sie auf dem Rundweg überall in dem parkartig angelegten Stadtgraben, und an Einkehrmöglichkeiten mangelt es in Amberg wahrlich nicht. Besonders die Wirtshäuser lohnen einen Besuch.

Sehenswürdigkeiten

❶ *Stadtbefestigung.* Das urspr. Befestigungsbauwerk aus dem 12. Jh. mußte vom 14. Jh. an einer größeren Anlage weichen, die dann mehrfach um- und ausgebaut worden ist. Ende des 18. Jh. wurden die barocken Teile geschleift. Von den ehemals fünf Stadttoren sind heute noch vier erhalten: das Nabburger Tor mit zwei mächtigen Rundtürmen mit polygonalen Obergeschossen (1587), das Wingershofer Tor aus Natursteinquadern (1579), das Vilstor mit seinem hohen Viereckturm (15. Jh.) und das Ziegeltor, dessen untere Teile ebenfalls aus dem 15. Jh. stammen. Zur Befestigung gehört auch die berühmte »Stadtbrille«, ein doppelbogiger Durchlaß in der Mauer für die Vils.

❷ *Ehemaliges Zeughaus,* heute Teil des Landratsamts. Die einen Rosenhof einschließenden Gebäude entstammen den Bauperioden zwischen Hochgotik und Spätrenaissance. Als baugeschichtliches Pendant liegt gegenüber am anderen Vilsufer das ehem. Schloß ❻. Beide Gebäude werden durch die »Stadtbrille« ❶ verbunden.

❸ *Eichenforst* (»Klösterl«), Pfalzgrafensitz aus dem 14. Jh., später mehrfach verändert. Sehr interessante gotische Hauskapelle. Heute *Museum für Vor- und Frühgeschichte der Oberpfalz:* Prähistorische Funde aus der Region (Eröffnung 1990).

❹ *Pfarrkirche St. Martin*; Baubeginn 1421 und von verschiedenen Baumeistern bis Anfang des 16. Jh. ausgeführt. Die Einrichtung wurde im 19. Jh. neugotisch umgestaltet. Der Turm hat sein heutiges Aussehen seit 1720. Von der Einrichtung ist ein Tafelbild des Münchener Malers Jan Pollack hervorzuheben: »Kreuzauffindung durch die hl. Helena« (um 1500).

❺ *Rathaus,* von Mitte des 14. Jh. bis ins 16. Jh. erbaut. Im Innern Großer Ratssaal mit rautenförmig kassettierter Holzdecke. Sehenswert auch der Kleine Ratssaal und das Zeugenzimmer.

❻ Ehemaliges *Schloß,* heute Landratsamt. Von dem urspr. Bau steht nur noch der Renaissance-Südflügel.

❼ *Frauenkirche,* kleine dreischiffige Hallenkirche aus dem frühen 15. Jh., ehemals als Hofkapelle genutzt. Am Westportal Plastiken (um 1450) mit den Figuren der Verkündigung, Jungfrau Maria und Erzengel Gabriel.

❽ *»Eh-Häusl«,* komfortabel eingerichtetes Hotel mit zwei Betten. Rechtsgeschichtlich bedeutsames Relikt aus dem 18. Jh.

❾ *Ehemaliges Jesuitenkolleg* (heute sogen. Maltesergebäude), längstes Haus der Stadt. Im Südflügel Kongregationssaal mit Kassettendecke und Rokokoaltar, im Nordflügel Provinzialbibliothek (wissenschaftliche Staatsbibliothek).

❿ *St. Georg,* gotische Basilika aus dem 14. Jh. Im Innern spätbarocke Stuckdekorationen von Johann Baptist Zimmermann. Barocker Hochaltar, Fresken von Johann Adam Müller.

⓫ *Altstadt-Sanierungsgebiet,* das erste große innerstädt. Sanierungsvorhaben in der Bundesrepublik Deutschland. Auf nicht mehr genutztem Großgrundstück mit verfallenen Zweckbauten in der Altstadt entstand ein altstadtgerecht gebauter neuer Wohnkomplex.

⓬ *Stadttheater,* sicher zu den hübschesten Kleintheatern in der Bundesrepublik Deutschland zählend; wurde 1802 in die ehemalige, aus dem 15. Jh. stammende Franziskanerkirche hineingebaut. 1978 im überlieferten Stil Totalumbau der Innenräume.

⓭ *Deutsche Schulkirche,* ehemalige Kirche der Salesianerinnen, urspr. nach einem Modell von Wolfgang Dientzenhofer zwischen 1693 und 1698 erbaut und Mitte des 18. Jh. im Rokokostil erweitert. Zählt zu den schönsten bayrischen Rokokokirchen. 1989 Totalrestaurierung.

⓮ *»Walfischhaus«,* ein Färberhaus, dessen Dachkonstruktion nach vorn überkragt und von zwei Konsolen getragen wird, die das Walfisch-Wunder des Jonas darstellen. Das Haus wurde im originalen Schwarzton restauriert und bietet deshalb einen recht ungewöhnlichen Anblick.

⓯ *Wallfahrtskirche Maria Hilf.* An der Stelle einer kleinen Pest-Votivkapelle wurde von 1697–1711 (Weihe) aufgrund von Plänen Wolfgang Dientzenhofers die heutige Renaissancekirche errichtet. Im Innern Barockausstattung mit Fresken von Cosmas Damian Asam.

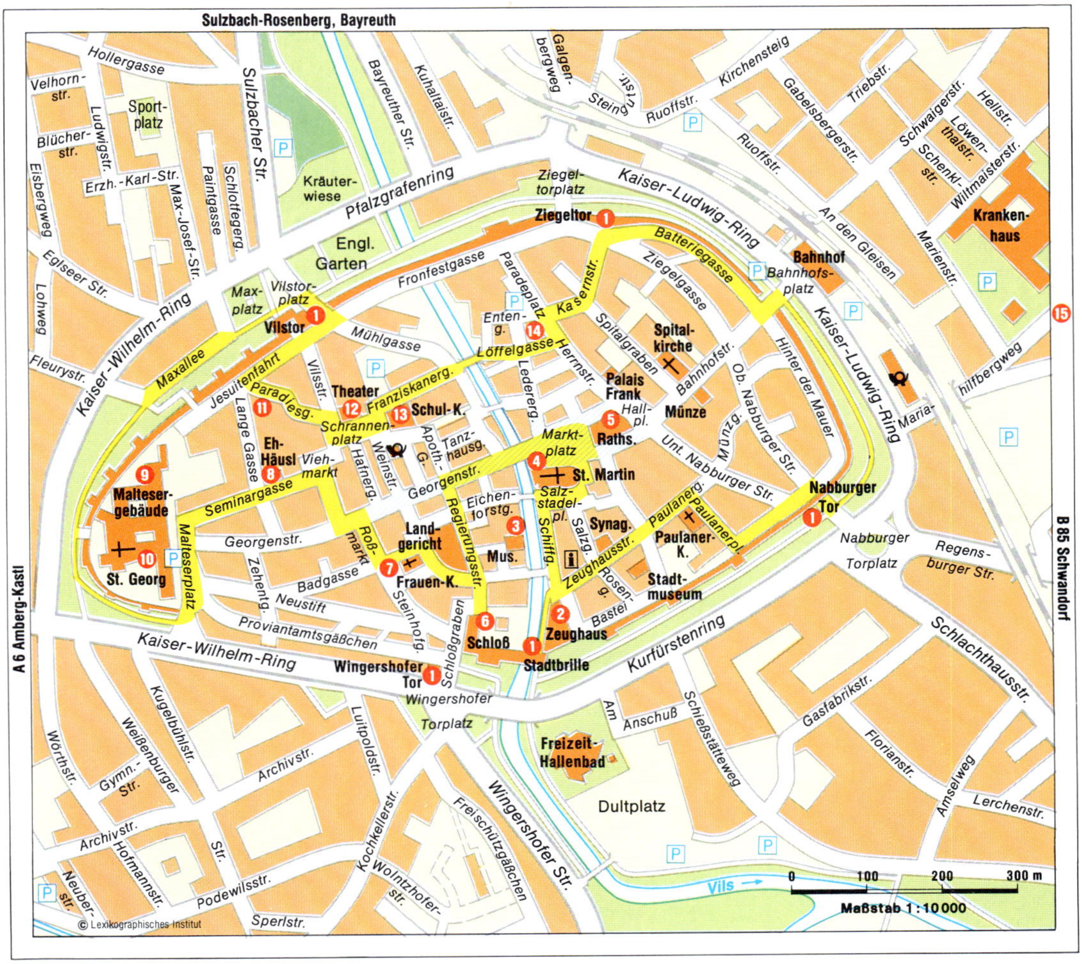

Wo die »Hammerherren« regierten

1034 wird »Villa Ammenberg« erstmals in einer Urkunde von König Konrad II. erwähnt. Zu jener Zeit muß die Siedlung aber schon einige Bedeutung gehabt haben, wie die aufgezeichneten Rechte glaubhaft machen. Die Bamberger Bischöfe sind damals jedenfalls mit Markt- und Zollrechten belehnt worden. Eine »richtige« Stadt wird Amberg allerdings erst 200 Jahre später, bald darauf auch Lehen der Wittelsbacher. Im 14. Jh. begann ein rascher Aufstieg. Mit dem Zusammenschluß von Oberpfälzer Hammerherren wurde Amberg 1397 Zentrum des Eisenbergbaureviers der Oberpfalz.

Viele der gotischen Bauten Ambergs wurden in dieser Zeit errichtet. So gruppieren sich heute um einen der schönsten Marktplätze Bayerns die Pfarrkirche St. Martin ❹ mit ihrem 91,5 m hohen Turm, das gotische Rathaus ❺ und eine Reihe von spitzgiebeligen Bürgerhäusern auf spätmittelalterlichen Fundamenten.

Das »kurfürstliche Amberg« erstreckte sich beiderseits der Vils von der Martinskirche bis zur südlichen Stadtmauer. Im Schloß ❻, ab 1417 erbaut, residierten kurfürstliche Statthalter. Kanzlei und später auch das Rentamt bildeten zusammen mit dem Schloß bis 1810 das Amberger Regierungsviertel. Die »Regierungsstraße« erinnert daran.

Bis 1825 haben noch blechbeplankte Transportkähne an der Vilslände angelegt, flußabwärts wurde gestakt und flußaufwärts getreidelt. Man transportierte Salz die Vils aufwärts, Eisen flußabwärts zur Donau und verschaffte damit der Stadt über Jahrhunderte einen gesunden Wohlstand. Diesen wollten die Amberger natürlich auch verteidigen: sie bauten eine mächtige Mauer mit fünf Stadttoren ❶ um die beschauliche Stadt; deren Lebensader und unentbehrlicher Verkehrsweg, die Vils, teilte die Ansiedlung. Heute stehen noch vier Stadttore; der einstmals wassergefüllte Graben vor der Mauer ist trocken und in eine Parklandschaft verwandelt:

Klöster und Wälder

Zwei ehemals bedeutende Benediktinerabteien gibt es in der Nähe von Amberg, beide stammen aus dem Hochmittelalter: Kastl hoch auf einem Jurafels, Ensdorf im Tal der Vils. Während das um 1100 gegründete Kastl seit mehr als 170 Jahren »verweltlicht« ist, beherbergt Ensdorf einen blühenden salesianischen Ordenskonvent. Das burgartige Kastl blieb romanisch mit gotischen Anbauten, das 1121 gestiftete Ensdorf erstand nach Brandkatastrophen in strahlendem Barock aus der Asche. Wie die Wallfahrtskirche Maria Hilf ⓯ in Amberg birgt diese Klosterkirche Fresken des berühmten Cosmas Damian Asam. Jenseits der Vils, im ausgedehnten Hirschwald, steht die kleine Wallfahrtskirche Eggenberg. Von dort hat man den schönsten Blick auf das Kloster, sagen die Wanderer, deren Domäne der Hirschwald ist. Ensdorf erreicht man auf der Straße, die von Amberg nach Süden durch das Vilstal in Richtung Rieden führt (15 km); nach Kastl sind es über die B 299, Richtung Neumarkt, etwa 20 km.

Tips, Tips, Tips

Skiabfahrt am »Monte Kaolino«
Hirschau, das etwa 14 km nördlich von Amberg liegt und über die B 299 und die B 14 zu erreichen ist, gilt als Hochburg des Sommerskilaufs. Man kann dort Abfahrten machen von der Spitze des »Monte Kaolino« bis ins Freibad am Fuß des großen weißen Sandbergs der Hirschauer Kaolinindustrie. Für dieses trockene und warme Vergnügen werden an Ort und Stelle die geeigneten Ski ausgeliehen.

Zu zweit allein im Hotel
Möchten Sie auch mal im angeblich kleinsten Hotel Europas logieren? Dann fahren Sie zum Amberger »Eh-Häusl« 8, das restlos ausgebucht ist, wenn sich ein liebend Paar zur Ruhe gelegt hat.
Sicher ist, daß man von niemandem gestört wird, nicht so sicher, daß man jederzeit (nicht ein, sondern) das Zimmer bekommt. Also, beizeiten bestellen: 8450 Amberg, Seminargasse 8, ☏ 22211.

Naherholungsgebiet für die Amberger, die sich so mauernah nicht mehr verteidigen müssen.

Am höchsten Punkt der Altstadt steht die Georgskirche 10; Mitte des 14. Jh. wurde sie im gotischen Stil erbaut und im frühen 18. Jh. von den Jesuiten glanzvoll umgestaltet. Es heißt, daß auch der berühmte Georg Dientzenhofer am Bau des vorgelagerten Jesuitenkollegs beteiligt war; er soll zumindest bei der Planung mitgewirkt haben.

1810 hat Regensburg Amberg als Verwaltungsmetropole der Oberpfalz abgelöst. »Heimliche Hauptstadt« nennen die Amberger ihre Stadt aber immer noch gern, denn an historischer Schönheit und Würde kann Amberg auch heute noch einiges in die Waagschale werfen. Es braucht den Vergleich mit anderen alten Städten beileibe nicht zu scheuen.

Das Theater in der Klosterkirche

Reich ist das Städtchen an der Vils auch an originellen und kuriosen Bauwerken, manchmal hinter Fassaden versteckt, die eher unscheinbar wirken oder von anderer Bestimmung zeugen. So haben die Amberger Bürger einst ihr Stadttheater 12, eines der schönsten kleinen Theater der Bundesrepublik Deutschland, in der Kirche des 1802 säkularisierten Franziskanerklosters eingerichtet. Und ein Rokokojuwel ist die Innenausstattung der gegenüberliegenden Deutschen Schulkirche 13. Deutsch wird sie zur Unterscheidung von der lateinischen »Schul«-Kirche der Jesuiten, St. Georg, genannt, nachdem 1847 Arme Schulschwestern das 1802 säkularisierte Gebäude übernommen hatten.

In der Seminargasse 8 steht das »kleinste Hotel Europas«, das »Eh-Häusl« 8, ein Zwei-Betten-Etablissement. Der Name hängt mit einem Phänomen der Rechtsgeschichte, mit dem Ehalten-Recht, zusammen. Danach durften im 18. Jh. Personen ohne eigenen Wohnsitz nicht heiraten: Durch zeitweisen Kauf des Winzighauses konnten sie dieses Verbot unterlaufen. Übrigens zeigt heute eine Flagge an, wenn das Schlafzimmer und der Wohnraum vermietet sind, denn Heiratswillige können sich hier nach wie vor einmieten – für die Eheschließung ist es aber keine Voraussetzung mehr.

Etwas weiter, in der Löffelgasse, steht ein anderes sonderbares Gebäude, das »Walfischhaus« 14: Recht düster wirkt die ehemalige Behausung eines Färbers mit den namengebenden Fischschnitzereien. Man hat es mit rußversetzter Farbe renoviert, um es wieder so schwarz zu machen, wie es ursprünglich ausgesehen haben soll.

Sehenswürdiges im besten Sinn liegt oberhalb der Stadt auf dem Mariahilfberg: die große Wallfahrtskirche Maria Hilf 15 und das Franziskanerkloster. Die Anlage geht auf das Pestjahr 1634 zurück, das die Bürger zum Bau einer Votivkapelle auf dem Berg bewog. Allerdings war

Bei St. Martin führt die gedeckte Krambrücke über die Vils.

Zwei mächtige Rundtürme mit achteckigen Obergeschossen flankieren die Torwölbung des Nabburger Tors.

dieses Bauwerk für die Scharen von Pilgern, die alsbald herbeiströmten, schon wenige Jahre später zu klein, also machte man sich 1696 an den Bau der mächtigen Kirche. In unseren Tagen weiß man die Wallfahrt in Amberg ganz gut mit weltlichen und leiblichen Genüssen zu verbinden. In der Woche um den 2. Juli strömen jedes Jahr Zehntausende – Amberger, ehemalige Amberger und Fremde – zur Kirche hinauf. Tagsüber werden Gottesdienste gefeiert, und hinter dem Kloster findet die »Pilgerspeisung« statt, natürlich mit Bier, Würstchen und allem, was sonst noch dazugehört – fröhlich geht es dabei zu, aber gesittet und ohne laute Musik.

Bruder Barnabas und das Bier

Das Bier spielt überhaupt eine große Rolle in Amberg. Schon Kurfürst Friedrich V., der unglückliche »Winterkönig«, hatte 1617 die »Waitzenbierbraugenossenschaft« gegründet, die bis in die heutigen Tage, wenn auch unter anderem Namen, neben neun weiteren Brauereien produziert. Untergebracht ist sie im ehemaligen kurfürstlichen Wagenhaus, das – 1615 erbaut – zu den schönsten Renaissancebauten in der Oberpfalz zählt. Bruder Barnabas hat in dieser Stadt das Fastenstarkbier, das »Gottvater-Bier«, kreiert, das als »Salvator« in aller Welt berühmt geworden ist. Trotz seines Geniestreichs versetzten ihn seine geistlichen Vorgesetzten nach München – offenbar war seine Frömmigkeit gelegentlich hinter seinem Bierverstand zurückgeblieben.

Bis 1964 spielte der Eisenbergbau eine Rolle im Erwerbsleben der Stadt. Seither haben Industrie und Gewerbe in Amberg ihr Gesicht gewandelt. Die Luitpoldhütte, letztes Überbleibsel der alten Montanindustrie, beschäftigt zwar noch etwa 1000 Leute, doch weit mehr sind es inzwischen in Niederlassungen der Elektro- und Glasindustrie. Die Stadtväter hoffen außerdem auf den Fremdenverkehr: Immerhin ist Amberg eine der am besten erhaltenen mittelalterlichen Städte in der Bundesrepublik Deutschland. Vielleicht finden eines Tags auch überseeische Touristen in größerer Zahl hierher – gefallen würde ihnen Amberg sicher. Zumal auch das Umland, die Oberpfalz, zu den reizvollsten Gebieten in Deutschland gehört. Viel Wald gibt's, und irgendwer hat 62 alte Burgen gezählt. Besonderes Augenmerk richtet man derzeit auf die Erhaltung technischer Kulturdenkmäler, vor allem auf Relikte aus der Bergwerks- und Hüttentradition. Die projektierte »Bayrische Eisenstraße« – Amberg wird ziemlich in der Mitte liegen – soll einmal die Fremden zu diesen Sehenswürdigkeiten führen. Am besten besucht man diese Stadt, die – noch – in einer etwas entlegenen Ecke der Bundesrepublik Deutschland liegt, bald; wer weiß, was aus ihr wird, wenn der große »Run« einsetzt.

Ruhrgebiet des Mittelalters
Im »Ruhrgebiet des Mittelalters«, wo noch die Ruhe eines sozusagen prä-touristischen Zeitalters herrscht, erwartet man neuen Schwung durch die Eröffnung des Bergbau- und Industriemuseums im Herrensitz der Hofmark Theuern (Di–Sa 9–17, So 10–17 Uhr), nahe der Autobahnausfahrt Amberg-Süd. Es dokumentiert die industrielle Entwicklung Ostbayerns von der keltischen Zeit bis heute.
Besonderheiten des Museums sind der Förderturm einer alten Schwefelkiesgrube, ein Polier- und Steinmahlwerk sowie eine noch funktionierende Spiegelglasschleiferei mit rekonstruierten Wohnstuben der Arbeiter.

Maria Hilf auf dem Mariahilfberg ist mit Fresken des Cosmas Damian Asam ausgeschmückt, die die Geschichte der Wallfahrt erzählen.

Theater, Musik, Veranstaltungen, Museen

Theater
Stadttheater Amberg ⓬, Schrannenplatz. Oper, Operette, Musical, Ballett, Schauspiel, Komödie, ☏ 10233.
Josefshaus, Kaiser-Wilhelm-Ring 4. Bauern- und Volkstheater mit Gruppen aus dem Amberger Raum, ☏ 10233.

Musik
Stadttheater Amberg ⓬, Schrannenplatz. Sinfoniekonzerte, Kammer- und Chormusik, Liederabende, ☏ 10233.
Kongregationssaal, Malteserplatz. Kleinere Chorkonzerte, Kammermusik, ☏ 10233.
Josefshaus, Kaiser-Wilhelm-Ring 4. Volks- und Tanzmusik; Rock, Pop, Jazz, ☏ 10233.
St. Georg ❿, Malteserplatz. Chorkonzerte zu den kirchlichen Hochfesten; Konzerte auf der Oberlinger-Orgel (So 16.30 Uhr); Kirchenkonzerte (Kantaten, Messen) vor den Sommerschulferien; Orchestermesse zu Weihnachten, ☏ 13535.
St. Martin ❹, Marktplatz. Chor-, Orchester- und Orgelmessen (Walcker-Orgel) zu den kirchlichen Hochfesten, gelegentlich Gastkonzerte, ☏ 12455.
Snäp (Zusammenschluß von 25 Jazz- und Rockbands der Region). Jazz und Rock (alle Richtungen), Workshops für Nachwuchsmusiker.

Veranstaltungen
Pfingsten: *Pfingstdult* auf dem Dultplatz (am Ring). Volksfest mit Feuerwerk.
Mitte Juni: *Altstadtfest* auf den Innenstadtplätzen mit Kleinkunst, Flohmarkt und Musik.
Ende Juni/Anfang Juli: *Bergfest Maria Hilf.* Trad. Wallfahrtswoche auf dem Bergfestplatz hinter dem Franziskanerkloster Maria Hilf ⓯. Bierausschank, Bratwurstessen, abends Wallfahrtspredigt beim Freialtar.
Ende Juli: *Großes Spielfest* an verschiedenen Spielorten. Überwiegend sportliche Veranstaltungen mit unterschiedlichen Schwerpunkten, ☏ 10233.
Ende Juli/Anfang Aug.: *Annabergfest* in Sulzbach-Rosenberg. Pilgerwoche mit Verlauf wie Bergfest Maria Hilf.
Anfang Aug.: *Frohnbergfest* bei Hahnbach. Drittes Pilgerfest im Umkreis von 10 km um Amberg. Alle drei Feste zusammen bilden die größte Bergwallfahrt der Bundesrepublik Deutschland.
Ende Sept.: *Michaelidult (Herbstdult)* auf dem Dultplatz. Einwöchiges Volksfest mit Rummel.
Okt.: *Amberger Schmankerlwochen* in der Innenstadt.

Museen
Museum für Vor- und Frühgeschichte der Oberpfalz, Eichenforstgasse 12 (s. ❸).
Museum der Stadt Amberg, Alter Baustadel, Zeughausstr. Möbel des 18. Jh. und der Biedermeierzeit, Fayencen aus der Amberger Manufaktur.

Alle zwei Jahre, wenn sich Musikliebhaber aus der ganzen Welt zur Bachwoche in Ansbach treffen, lebt in der historischen Markgrafenstadt der gesellschaftliche Glanz wieder auf, durch den sie jahrhundertelang berühmt gewesen ist. Die Markgrafen von Brandenburg-Ansbach hielten hier fast 500 Jahre lang hof und prägten das Bild ihrer Residenz. Die »Stadt des fränkischen Rokoko« strahlt heute noch viel von der

Noblesse und dem Charme dieser galanten Zeit aus. Das moderne Ansbach hält einen doppelten Rekord: Es ist mit 40 000 Einwohnern die kleinste Hauptstadt eines Regierungsbezirks in Bayern und überdeckt mit 100 km² das viertgrößte Stadtgebiet im weißblauen Freistaat.

Ansbach

Residenz mit Charme

Wappen Auf grünem Grund ein silberfarbener Bach, darin drei Fische. Das Wappen geht auf die Vögte des Stifts im 12./13. Jh. zurück, die Herren von Dornberg. In der vorliegenden Form ist das Wappen erstmals 1530 bezeugt.
Lage Im mittelfränkischen Rangau
Land Bayern
Autokennzeichen AN
Höhe 409–484 m ü. M.
Fläche 100 km²
Einwohnerzahl 40 000
Postleitzahl 8800
Telefonvorwahl 09 81
Post Postamt 1, Bahnhofplatz 8, Spätschalter (So 10.30–11.30 Uhr).
Polizei Karlsplatz 6, ☏ 6 10-1
Taxi ☏ 50 05
Nahverkehr Innerstädt. Busverkehr im Zeittakt; zentrale Halte- und Umsteigestelle am Schloßplatz; Fahrkarten beim Schaffner erhältlich.
Camping Campingplatz Sonnensee, ☏ 0 98 29/8 14, zu erreichen stadtauswärts über die Rügländer Str.
Parken 440 Parkplätze an den Rezatwiesen, von der Autobahn zur B 13, Ausfahrt Altstadt.
Touristinformation Städt. Verkehrsamt im Rathaus, ☏ 5 12 43 (Mo–Fr 8.30–12.30, 14–17 Uhr).
Stadtführung Nach schriftlicher Anmeldung beim Städt. Verkehrsamt möglich.

Nie frei – und doch nicht schlecht gefahren

Ansbach hat sich von den benachbarten freien Reichsstädten Dinkelsbühl und Rothenburg ob der Tauber immer schon unterschieden: Die Stadt war nie frei. Sie stand stets unter dem Schutz fürstlicher Herrscher; ihr Schicksal war eng mit dem Los der Markgrafen von Brandenburg-Ansbach verknüpft. Vielleicht erlebte sie gerade deshalb eine außergewöhnliche Blütezeit in Kunst und Kultur, die bis heute nachwirkt.

Eine freie Kaufmannschaft, wie sie für die Reichsstädte typisch war, kannte die Markgrafen-Stadt nicht, auch keine unabhängige Selbstverwaltung mit einer eigenen Politik. Was der markgräfliche Obervogt als Arm der Landesregierung bestimmte, war den Stadtoberen stets Befehl.

Diese Abhängigkeiten sorgten dafür, daß Ansbach nie zu hoch stieg, aber auch nie tief fiel. Sie bestimmen auch jetzt noch die grundlegenden Strukturen der Stadt, die im reizvollen Tal der Rezat liegt, umgeben von sanften Hügeln und ausgedehnten Wäldern.

Ansbach ist heute eine Behörden- und Beamtenstadt. Die Regierung des Bezirks Mittelfranken residiert im markgräflichen Schloß. Die Bezirksverwaltung hat hier ihren Sitz, ebenso die Bezirksfinanzdirektion, das Flurbereinigungsamt, die Oberforstdirektion, ein Verwaltungs- und ein Landgericht. An die Stelle der Fürsten ist der Freistaat Bayern getreten. Rund 40 % der Arbeitsplätze in Ansbach stellt der öffentliche Dienst.

Wer heute durch die reizvolle Rokokostadt geht und die zahlreichen Bauwerke des 18. Jh. sieht, kommt kaum auf den Gedanken, daß Ansbach weit älter ist, als es diese Zeitdokumente glauben machen. Unter dem Namen Onolzbach erlebte die ehemalige Residenzstadt der Hohenzollern den Großteil ihrer mehr als 1200jährigen Geschichte. Noch in amtlichen Schriftstücken aus dem späten 18. Jh. wird sie unter diesem Namen geführt.

Die Gründungsgeschichte setzt mit einer Überlieferung ein, nach der sich der Franke Onold zu Beginn des 8. Jh. im Tal des nach ihm benannten Bächleins niedergelassen hat. Die Chronisten berichten auch von drei Urhöfen. Um die Mitte des 8. Jh. hat der Edelfreie Gundpert (Gumbert) am Zusammenfluß von Rezat und Onolzbach das später nach ihm benannte Benediktinerkloster gegründet, das im 11. Jh. in ein Chorherrenstift umgewandelt wird. Erstmals als Markt wird Onolzbach im Jahr 1056 geführt, 1139 ist die Pfarrei St. Johannis bezeugt, 1165 ein Mauerring, 1221 wird es zum ersten Mal als Stadt erwähnt.

Ein »fürstliches« halbes Jahrtausend

In den folgenden Jahren wurde Onolzbach, das schon auf dem Weg zur Reichsstadt zu sein schien, endgültig zur fürstlichen Hauptstadt. 1331 erwarben die Burggrafen von Nürnberg (Geschlecht der Hohenzollern) die Rechte an Stadt und Stift Onolzbach, das als Onsbach bzw. Ansbach allmählich zum Mittelpunkt des neuen Zollernlands wurde. Burggraf Friedrich VI. erbaute kurz vor 1400 mit einer Wasserburg erstmals einen festen Stützpunkt in der Stadt. 1415 erhielt er die Mark Brandenburg und führte von da an wie seine Nachfolger den Titel eines Markgrafen von Brandenburg. Besonders Markgraf Albrecht Achilles (1440–86), dessen Hofhaltung und glanzvolle Turniere weithin bewundert wurden, war es, der Ansbach zur Haupt- und Residenzstadt machte. Albrecht Achilles übernahm 1464 auch die Regierung im Fürstentum »oberhalb Gebirgs« (der späteren Markgrafschaft Bayreuth) und wurde 1470 Kurfürst von Brandenburg.

Unter Markgraf Georg wurde Ansbach 1528 protestantisch, er brachte reiche Besitzungen in Schlesien an sich. Das heutige Landhaus ⓮, früher Sitz des Kaiserlichen Landgerichts, gilt als der wichtigste Bauzeuge aus der Regierungszeit Georgs, der den Beinamen »der Fromme« erhielt.

Markgraf Georg Friedrich (1557–1603) betrieb in Ansbach noch einmal Politik großen Stils. Er residierte abwechselnd in Ansbach, Kulmbach, im schlesischen Jägerndorf und schließlich als Kurator des Herzogtums Preußen in Königsberg. Der Ansbacher Prinz Albrecht hatte als Hochmeister des Deutschen Ordens den Ordensstaat reformiert und das weltliche Herzogtum Preußen geschaffen, das sein Neffe Georg Friedrich bis 1603 verwaltete. Mit dem Tod dieses kinderlosen Fürsten, an den die Markgräfliche Kanzlei ❽ und die Drei-Türme-Fassade von St. Gumbertus ❻ erinnern, erlosch die ältere fränkische Linie der Hohenzollern.

1603 kam ein Hohenzoller aus der brandenburgischen Kurlinie auf den Ansbacher Thron: Joachim Ernst aus »Cölln an der Spree«. Er war

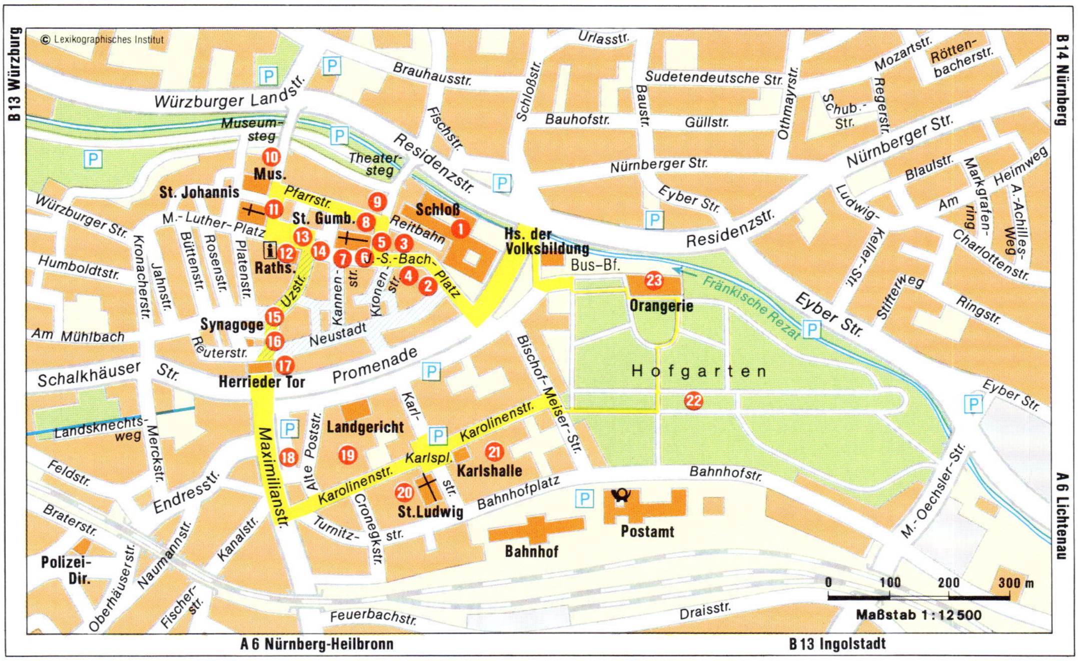

Stadtrundgang

Wir schlagen vor, den Stadtrundgang bei der Residenz 1 zu beginnen. Sie ist das mächtigste Bauwerk der Stadt und kaum zu verfehlen. Etwa zwei Stunden werden Sie für die Tour brauchen, es sei denn, Sie kehren schon am Herrieder Tor 17 wieder um und gehen durch die Neustadt zur Residenz zurück. Dann dauert Ihr Spaziergang zwar nur noch eine Stunde, Sie versäumen aber den im Barockstil angelegten Teil der Stadt – z. B. die Neue Auslage 19 und den herrlichen Hofgarten 22, in dem die Orangerie 23 mit ihrem Café zu einer Rast einlädt.

Sehenswürdigkeiten

1 *Residenz.* An der Stelle einer Wasserburg des späten 14. Jh. entsteht im 16. Jh. ein Renaissanceschloß, das im 18. Jh. durch mehrere Baumeister seine endgültige Form erhält. Ausstattung im Stil des Ansbacher Rokoko. Beherbergt eine Keramiksammlung und eine Staatsgalerie mit Werken der europäischen Malerei des 17./18. Jh. (Schloßführungen im Sommer Di–So 9, 10, 11, 14, 15, 16 Uhr; im Winter Di–So 10, 11, 14, 15 Uhr).

2 *Markgräfliches Gästehaus,* auch Neuer Bau und »Stempfle-Haus« genannt, von Gideon Bacher um 1700 erbaut.

3 *Stiftsdekanei,* heute Nennichshof, Außenfassade mit schönem Balkon des 18. Jh., Innenhof mit Fachwerkgiebel und Laubengängen im Stil des 16. Jh.

4 *Kronenhof,* ehemals Stiftsbesitz; typisch fränkischer Innenhof, schöner schmiedeeiserner Balkon aus dem 18. Jh. mit Wappen der Familie von Seckendorff.

5 *Behringershof,* ehemaliger Stiftsbau, eindrucksvollster Innenhof der Stadt.

6 *Stadtpfarrkirche St. Gumbertus.* Der Bau des 11. Jh., dessen Krypta 1934 freigelegt wurde, wird im 12. Jh. durch einen Neubau ersetzt. In späterer Zeit mehrere Umbauten und Erweiterungen. Die westliche Fassade ist mit ihren »drei Türmen ohne Dach« Wahrzeichen der Stadt. Den Kirchensaal beherrscht ein barocker Kanzelaltar.

7 *Schwanenritterkapelle,* 1501–32 entstandener gotischer Chor von St. Gumbertus, der 1817 vom Langhaus abgetrennt wurde. Bedeutsam der Ordensaltar von 1484, ferner Tafelgemälde »Christus in der Kelter« und wertvolle Glasfenster.

8 *Markgräfliche Kanzlei,* an die Nordseite der Stiftskirche angelehnter Spätrenaissancebau mit sieben mächtigen Giebeln, 1594 von Gideon Bacher in Hufeisenform errichtet.

9 *Wohnhaus von Kaspar Hauser,* der hier lebte und starb.

10 *Markgrafenmuseum.* Baubestand des 15.–18. Jh. mit Stadtmauer, Treppenturm, Fachwerk vom Spätmittelalter bis zum Barock. Sammlungen zur mittelfränkischen und Ansbacher Geschichte, Fayencen, Porzellan, Werke der Ansbacher Hofmaler, Münzen- und Medaillenkabinett. Naturwissenschaftliche sowie vor- und frühgeschichtliche Bestände. Reichhaltige Kaspar-Hauser-Sammlung (Di–So 10–12, 14–17 Uhr).

11 *St. Johannis,* spätgotische Pfarrkirche des 15. Jh. mit ungleich hohen Türmen. Im Innern Epitaph eines Ansbacher Bürgermeisters als Altar.

12 *Rathaus,* in der heutigen Form 1622/23 erbaut; demonstriert durch die insgesamt schlichte Form die Rolle der Bürgerschaft im Vergleich zu der der Landesherren. Der Wappenfries über dem Hauptportal zeigt die wichtigsten Perioden der Ansbacher Geschichte.

13 *Markgraf-Georg-Brunnen,* vergoldeter Ritter über polygonalem Becken, 1515 aufgestellt, unter Markgraf Alexander und in bayrischer Zeit (nach 1806) mehrfach erneuert.

14 *Landhaus* (heute Stadthaus), Renaissancebau von 1532, ehemals Sitz des Kaiserlichen Landgerichts, im 16. Jh. Versammlungsort der Landstände.

15 *Uzstraße,* originalgetreu restauriertes Bauensemble des 16.–18. Jh. Sehenswerter Fachwerkbau Haus Nr. 1.

16 *Synagoge,* 1744–46 von Leopold Retti erbaut, die Innenausstattung ist teilweise original erhalten.

17 *Herrieder Tor.* Auf den Unterbau einer spätmittelalterlichen Toranlage setzt Johann David Steingruber 1750 einen barocken Turm, der von seitlichen Rundhäusern ergänzt wird.

18 *Maximilianstraße 5–15,* einheitliches spätbarockes Ensemble aus der zweiten Hälfte des 18. Jh.

19 *Neue Auslage,* Ende des 17. Jh. als Stadtviertel für hugenottische Zuwanderer geplant, im 18. Jh. mit einheitlich gestalteten Straßenzügen und Fassaden erbaut.

20 *St. Ludwig,* klassizistische Kirche von 1834–40, erstes bauliches Zeugnis aus der bayrischen Zeit Ansbachs.

21 *Karlshalle,* ehem. katholischer Kirchensaal, 1777/78 erbaut, klassizistische Stuckarbeiten im Innern.

22 *Hofgarten;* ein Kräutergarten und gärtnerische Anlagen bestanden hier schon im 16. Jh.; im 18. Jh. erweitert und mit Doppelallee versehen. Gedenkstein für Kaspar Hauser.

23 *Orangerie,* ab 1726 nach den Vorbildern des Grand Trianon in Versailles (Südseite) und der Pariser Louvre-Kolonnaden (Nordseite) durch Carl Friedrich von Zocha errichtet.

Geheimnisvoller Kaspar Hauser
Am Pfingstmontag 1828 tauchte ein verwahrloster junger Bursche in Nürnberg auf. Er wurde Kaspar Hauser genannt und wußte weder, woher er kam, noch wer er war. Vergeblich versuchte man, seine Herkunft zu klären. Auch der bedeutende Ansbacher Jurist Anselm Ritter von Feuerbach hatte mit seinen Nachforschungen keinen Erfolg. Kaspar Hauser machte in seiner Nürnberger Pflegefamilie bald überraschende Fortschritte: Er spielte Klavier, zeichnete und dichtete. Gerüchte tauchten auf, daß er von hoher Abstammung sei, möglicherweise ein Sohn des Großherzogs Karl von Baden und demnach kein Geringerer als der echte Thronanwärter. Rätselhafte Ereignisse folgten: Auf Hauser wurde 1829 ein Attentat verübt – erfolglos. 1831 tauchte der englische Lord Stanhope auf, überschüttete den Jungen mit Geschenken und betrieb die Umsiedlung Hausers nach Ansbach, wo dieser 1833 ermordet wurde.
Im Ansbacher Hofgarten (22) erinnert ein Gedenkstein an den unglücklichen Kaspar Hauser, der so geheimnisvoll ging, wie er gekommen war.

Wo die Markgrafen lebten
Höhepunkt eines Besuchs in Ansbach ist ein Rundgang durch die Staatsräume der Residenz (1). Im doppelgeschossigen Großen Saal aus den Jahren 1735–37 sind ein Deckenfresko von Carlo Carlone, Stukkaturen seines Bruders Diego und Gemälde von Ansbacher Hofmalern zu besichtigen. Im Speisesaal schmücken 2800 Fayencekacheln der Ansbacher Manufaktur die Wände. Weitere Räume vermitteln einen Eindruck davon, wie die Fürsten hier gelebt haben: Auf ein Familienzimmer mit Hohenzollern-Porträts, ein Audienzzimmer und ein Schlafzimmer folgt das großzügige Gobelinzimmer. Als reichster Raum der Residenz gilt das Spiegelkabinett mit wertvollen Schnitzereien, Deckengemälden und Porzellan aus Meißen, Berlin, Thüringen und Ansbach. Es gehört zu den kleinsten seiner Gattung im deutschen Kulturraum, ist aber eines der bedeutendsten.

Kunstmäzen, doch der Dreißigjährige Krieg brachte nicht nur die Wirtschaft, sondern auch Kunst und Kultur der Stadt für fast 50 Jahre zum Erliegen. Obwohl Ansbach und das Markgrafentum unter den Kriegswirren grausam litten, blieb die Stadt dem protestantischen Glauben treu und wurde zum Asyl für Tausende von Heimatlosen, die sogar aus Österreich in die Markgrafenstadt kamen.

Treffpunkt der schönen Künste
Von einer Blüte Ansbachs kann erst wieder ab 1672 gesprochen werden, als Markgraf Johann Friedrich das Regiment übernahm. Waren es im vorausgegangenen Jahrhundert hauptsächlich die Komponisten Caspar Othmayr, Jakob Meiland, Samuel Völckel oder Martin Zeuner gewesen,

Der überdachte Wehrgang unweit des Museums ist noch begehbar.

Obst und Gemüse aus der Region bekommt man auf dem Wochenmarkt in der Reitbahn vor der markgräflichen Residenz.

die mit geistlicher Musik den Ton angegeben hatten, so wurde nun von Johann Wolfgang Franck das Opernschaffen gepflegt. Selbst der Fürst trat auf der Bühne auf.

Auch sein Nachfolger Georg Friedrich, der 1692 als 16jähriger die Regierung übernahm, förderte die Künste. Die italienische Musik hatte es ihm angetan, einige der besten Sänger und Musiker Italiens, darunter der Konzertmeister Giuseppe Torelli, wirkten zu seiner Zeit in Ansbach.

Die Markgräfin Christiane Charlotte aus dem Haus Württemberg setzte während ihrer Regentschaft (1723–29) architektonische Akzente: Die Konzeption für den Schloßneubau ❶, entstanden unter ihrem Gatten Markgraf Wilhelm Friedrich, wurde ausgearbeitet, der Hofgarten ㉒ erweitert, das abgebrannte Lust- und Opernhaus Gideon Bachers durch die Orangerie ㉓ ersetzt. Die berühmte Ansbacher Fayencenmanufaktur von 1708 ist jedoch ihrem Gatten zu verdanken. Eigenständige Stadtgeschichte wird in Ansbach auch in dieser Blütezeit kaum geschrieben, man orientiert sich am Fürstenhof, etwa wenn man den vorgeschriebenen einheitlichen Baustil der Markgrafen nach außen hin übernimmt. In den Innenhöfen bleibt man beim Althergebrachten; sie spiegeln nach wie vor das 16. Jh. wider. Die Geschichte der Stadt bleibt die Geschichte des herrschenden Hauses.

Markgraf Carl Wilhelm Friedrich (1729–57), die wohl auffallendste Fürstenpersönlichkeit Ansbachs, ließ sich nicht in die Kriegsabenteuer seines königlichen Schwagers, Friedrichs des Großen, hineinziehen, sondern schuf bauliche Höhepunkte in seiner Residenzstadt. Der »Wilde Markgraf«, wie er seit dem späten 19. Jh. im Volksmund genannt wurde, vollendete den Schloßbau ❶; nach Plänen des genialen Leopold Retti wird das Langhaus von St. Gumbertus ❻ neu gestaltet, die Synagoge ⑯, ebenfalls nach Plänen von Retti, entsteht. Überhaupt kommt diesem Herrscher das Verdienst zu, Künstler aus Italien, Frankreich und Deutschland im Schloß versammelt und mit ihnen den unverwechselbaren Stil des Ansbacher Rokoko geschaffen zu haben, der die Erdenschwere nie ganz verliert.

Als Carl Wilhelm Friedrich starb, hinterließ er seinem einzigen Sohn Alexander ein hoffnungslos verschuldetes Land.

Zwei Städtchen – ein Ausflug

Die Kleinstädte Heilsbronn und Lichtenau, beide östlich von Ansbach gelegen, sind lohnende Ziele für einen Tagesausflug. Nach 17 km in Richtung Nürnberg erreicht man Heilsbronn. Die ehemalige Klosterkirche, ein Werk von erstaunlichen Dimensionen, ist zwischen dem 12. und dem 15. Jh. entstanden. Im Innern des dreischiffigen Gotteshauses fallen die das Mittelschiff tragenden Arkaden mit ihren kraftvollen Säulen und zahlreiche Grabmonumente der fränkischen Hohenzollern auf. Sehenswert sind auch die erhaltenen Altäre und das Adam Krafft nahestehende Sakramentshaus.

Nach Lichtenau gelangt man auf der Straße nach Windsbach (9 km) oder über die A 6, Ausfahrt Lichtenau. Das Städtchen war ab 1406 ein Vorposten der freien Reichsstadt Nürnberg mitten im Herrschaftsgebiet der Ansbacher Markgrafen. Diese waren wenig erbaut, daß ihnen die Nürnberger eine Festung vor die Nase setzten, und Markgraf Albrecht Alcibiades ließ sie bei erster Gelegenheit schleifen (1552). Zwischen 1558 und 1630 bauten die Nürnberger die Veste als fünfeckige Bastion desto wehrhafter wieder auf. Die mächtige Anlage, ein hervorragendes Beispiel Nürnberger Festungsbaukunst, gehört zu den besten in Mitteleuropa.

Dicht gedrängt: die »drei Türme ohne Dach« von St. Gumbertus, die zum Wahrzeichen der Stadt wurden, davor das Landhaus (heute Stadthaus) aus dem Jahr 1532 und der Markgraf-Georg-Brunnen.

Sparen und Landeskinder verkaufen

Der junge Markgraf sparte deshalb eisern und verkleinerte den Hofstaat seines Vaters, andererseits gründete er 1763 eine teure Porzellanmanufaktur. Um die Staatsfinanzen zu sanieren, griff er zu einem äußerst umstrittenen Mittel: Er überließ der britischen Krone, zu der enge Beziehungen bestanden, ein ansbachisches und ein bayreuthisches Regiment, die in Amerika gegen aufständische Kolonisten eingesetzt wurden. Vier Jahre kämpften die Ansbacher Soldaten, bis sie 1781 bei Yorktown besiegt wurden. Ein Drittel der Ansbacher Jäger und Artilleristen blieb als Siedler in Amerika.

Der Markgraf hatte mit seinem fragwürdigen Geschäft erreicht, daß die Briten als Dank für die Militärhilfe die Ansbacher Staatskasse kräftig auffüllten. Alexander, der als Schöngeist galt, ging mit der französischen Schauspielerin Hippolyte Clairon eine vielbeachtete Liaison ein (der »Klärungs-Weck«, Weißbrot nach angeblich französischem Vorbild, ist heute noch ein Begriff in Ansbach) und heiratete später die Engländerin Elizabeth Craven. Aus Liebe zu ihr dankte er 1791 zugunsten der erbberechtigten preußischen Hohenzollern ab.

Der Markgraf-Carl-Brunnen erinnert an den »Wilden Markgrafen«.

Bei den alljährlichen Rokokospielen im Hofgarten lebt die höfische Vergangenheit zu Zeiten des »Wilden Markgrafen« wieder auf.

Tips, Tips, Tips

Kleinkunst im »Waldsee«
Am Beckenweiher am südlichen Stadtrand liegt das Café Waldsee. Vor Zeiten trafen sich hier die feinen Leute der Residenzstadt. Heute geht's im »Waldsee« eher fetzig zu. Freunden der Kleinkunst werden Kabarett und Theater, Folk, Rock und Jazz, aber auch klassische Musik geboten. Im Sommer kann man unter Kastanien im Freien sitzen. Tagespresse und Plakate informieren über das Programm. (Man fährt auf der Eyber Straße stadtauswärts, folgt rechts der Matthias-Oechsler-Straße, die bei der Bahnunterführung in die Beckenweiherallee übergeht.)

Eine Katz aufs Brot?
Das Brät für die Ansbacher Bratwürste wird nach einem Rezept hergestellt, das noch älter ist als das Reinheitsgebot für das bayrische Bier. Als »Schweinsbratwurst, die aus gerissenem Muskelfleisch hergestellt wird«, schildert sie ein Kenner aus alter Zeit. Sie schmeckt, paarweise braun gebraten, zum Sauerkraut, kann aber ebenso in einem sauren Sud zu »Blauen Zipfeln« werden. Roh mit Pfeffer, Salz und Zwiebeln (auf Brot) verzehrt, heißt Ansbachs bodenständige Gaumenfreude »Katz«.

Wie in alten Zeiten
Anfang Juli lebt bei den Ansbacher Rokokospielen die höfische Vergangenheit der Stadt wieder auf. Da gibt es das Markgrafenpaar mit Hofstaat in Kostümen aus galanter Zeit vor der Kulisse des Hofgartens und der Orangerie zu sehen. Alte Tänze wie Menuett, Bourrée und Gavotte werden vorgeführt, Reiter und Falkner zeigen ihr Können.

Doch Preußen konnte die fränkischen Besitztümer nicht lange halten. 1806 fielen Stadt und Fürstentum Ansbach an Bayern – als Lohn Napoleons für seine wittelsbachischen Verbündeten. Über 450 Jahre Herrschaft der Hohenzollern in Ansbach hatten damit ein Ende gefunden, aber die Stadt blieb im wesentlichen, was sie immer gewesen war: eine Verwaltungs-, Garnison- und Beamtenstadt. Wirtschaftliche Krisen konnten ihr wenig anhaben, aber eine wirtschaftliche Hochblüte blieb ebenfalls aus.

Die Zukunft planvoll in den Griff genommen

Die Raumnot der einstigen Residenz behinderte die weitere Entwicklung der Stadt, bis sie 1972 im Zuge der Gebietsreform flächenmäßig von 10 auf rund 100 km^2 erweitert wurde. Heute hat Ansbach mit einem Einzugsgebiet von 200 000 Einwohnern eine zentrale Funktion auch für den strukturschwachen, agrarwirtschaftlich orientierten Landkreis Ansbach zu erfüllen, der etwa so groß ist wie das ganze Saarland. Das beansprucht die Leistungsfähigkeit der kleinen 40 000-Einwohner-Stadt bis aufs letzte. Ihre Finanzlage ist dementsprechend angespannt, zumal es mit Industrieansiedlungen nach wie vor Schwierigkeiten gibt.

Große Probleme für eine günstigere Entwicklung des Stadtzentrums ergeben sich auch aus der Verkehrssituation. Es gibt immer noch keine leistungsfähigen Umgehungsstraßen. So führt auch heute noch die B 14 von Nürnberg nach Stuttgart mitten durch die Altstadt über die historische Promenade. Deshalb wird die Ansbacher Innenstadt täglich von 80 000 Kraftfahrzeugen durchquert, was dem Durchgangsverkehr einer weit größeren Stadt mit etwa 100 000 Einwohnern entspricht.

Wenn sich auch manche Aufgaben der einstigen Fürstenstadt durch die Jahrhunderte kaum geändert haben, so ist ihr doch eine über die Zeiten hinweg geblieben, nämlich das Unverwechselbare ihres Erscheinungsbildes für künftige Generationen zu bewahren. Ganze Straßenzüge wurden nach alten Vorbildern saniert und in attraktive Wohnviertel umgewandelt. In fast allen großen historischen Gebäuden der Stadt sind heute Behörden und Einrichtungen des Freistaats Bayern untergebracht – Garanten für die Erhaltung der Bausubstanz.

Ansbach ist heute als Tagungs- und Kongreßzentrum gut ausgelastet, und der Tourismus, angezogen von den vielen historischen Sehenswürdigkeiten der Stadt, nimmt ständig zu. Erklärtes Ziel der Stadt ist es, sich trotz Expansion auf vielen Gebieten den »liebenswürdigen Charme einer alten Residenzstadt mit Tradition« zu erhalten.

Bach in historischen Räumen

Die Bachwoche trägt Ansbachs Namen in alle Welt. Bis ins Jahr 1947 reichen die Anfänge dieser Veranstaltung zurück, die in zweijährigem Rhythmus stattfindet. Ferdinand Leitner, Carl Weymar und Ludwig Hoelscher waren ihre Initiatoren, Yehudi Menuhin, Andrés Segovia und Mstislaw Rostropowitsch zählen zu ihren berühmtesten Solisten. Das Programm stellt das Werk des Thomaskantors in den Vordergrund, aber auch die Musik seiner Wegbereiter und von ihm beeinflußter Komponisten kommt zur Geltung. Ihren besonderen Reiz gewinnt die Bachwoche durch die Einbeziehung der Orangerie 23*, des Prunksaals im Markgräflichen Schloß* 1 *, von St. Gumbertus* 6 *und von St. Johannis* 11 *– alles Räume, die zu Lebzeiten Bachs geschaffen und ausgestaltet wurden.*

Theater, Musik, Veranstaltungen, Museen

Theater

Haus der Volksbildung, Promenade 29. Tourneetheater; Gastspiele des Opernhauses Nürnberg mit Oper, Operette, Musical, gelegentlich auch Ballett, ☎ 50 79.

Musik

Haus der Volksbildung (Onoldiasaal), Promenade 29. Sinfonie-, Solisten-, Kammerkonzerte, Liederabende, ☎ 50 79. Faschingsveranstaltungen, Volks- und Unterhaltungsmusik, Bälle im Jahresverlauf, ☎ 5 12 43.
Friedhofskapelle Hl. Kreuz. Orgelmusik an der Weigle-Orgel, anschließend Rundgang über den Stadtfriedhof (Aug., Mi 17 Uhr); Abendmusik zum Jahresschluß (Silvester 21 Uhr).
St. Gumbertus 6. Advent in St. Gumbertus: Liederabende, Chormusiken und weihnachtliche Veranstaltungen (Adventszeit: Mi, Do, Sa 17 Uhr); Krippenspiel mit der Ansbacher Kinderkantorei, dem ältesten Kinderchor Bayerns (4. Advent 16 Uhr).
St. Johannis 11. Orgelkonzerte auf der Rieger-Orgel (Juni/Juli: Mi 20 Uhr).
Café Waldsee, Am Beckenweiher. Kleinkunst, Theater, Kabarett, Folk, Jazz, Rock, ☎ 73 01.
Jazzkeller, Würzburger Landstr. 5. Jazz, Blues, Folk, ☎ 8 95 65.

Veranstaltungen

Alle zwei Jahre Ende Juli/Anfang Aug. (1991): *Bachwoche Ansbach* im Prunksaal des Schlosses, in St. Gumbertus und in der Orangerie im Hofgarten. Orchesterkonzerte, Orgelkonzerte, Passionen, Oratorien, Kantaten, Messen mit Solisten und Orchestern des In- und Auslands, ☎ 5 12 47.
Alle vier Jahre Anfang Juli (1992, 1996): *Ansbacher Heimatwoche* mit Brauchtumsveranstaltungen an verschiedenen Spielorten; Höhepunkt: historischer Festzug durch die Innenstadt, ☎ 5 12 43.
Anfang Mai: *Deutsch-amerikanische Freundschaftswoche.* Volksfest mit verschiedenen Veranstaltungen, amerikanischen und Ansbacher Spezialitäten.
Anfang Juni: *Ansbacher Stadtfest* in der Innenstadt mit Musik, Geselligkeit, Weinausschank und Ansbacher Spezialitäten.
Erste Juliwoche: *Ansbacher Rokokospiele* im Hofgarten und an anderen Spielorten: Konzerte, Stadtmusiken, Tanz, Hof- und Gesellschaftstänze in historischen Kostümen. »Feuerwerksmusik« von Händel mit Barockfeuerwerk (Sa 21.30 Uhr), festlicher Einzug des Markgrafen (So 15 Uhr), markgräfliche Reiterei (So 16.30 Uhr), Sommerkonzert, Folklore, Rangau-Volksmusikabend, ☎ 5 12 43.
Mitte Juli: *Ansbacher Kirchweih und Schützenfest* auf der Inselwiese. Rummel mit Bierprobe, Kirchweihschießen, Brillant-Hochfeuerwerk.

Museen

Markgrafenmuseum, Schaitbergerstr. 14 (s. 10).
Residenz und Staatsgalerie, Promenade 27 (s. 1).

Aschaffen-burg

Bayrisches Nizza am Main

Wer im Auto sitzt, hat meist schon ein Stück Aschaffenburg im Griff, denn hier wird ein Großteil aller Lenkräder hergestellt. Auch andere florierende Wirtschaftszweige haben der Stadt internationale Anerkennung gebracht. Ihr Antlitz aber hat die Geschichte geprägt. Weltliche und geistliche Herren schätzten von jeher das milde Klima am Mainviereck. Die Mainzer Fürstbischöfe machten Aschaffenburg sogar zu ihrer zweiten Residenz, und Johann Schweickard von Kronberg ließ das imposante Schloß Johannisburg (unser Bild) durch den Straßburger Baumeister Georg Ridinger errichten. König Ludwig I. von Bayern nannte die Stadt sein »bayrisches Nizza«.

Wappen Das Stadtwappen ist aus einem Siegel hervorgegangen, das der Stadt Aschaffenburg in der ersten Hälfte des 13. Jh. verliehen wurde. Es zeigt den hl. Martin, Schutzpatron der Stadt, in einer Burg sitzend – gleichsam als Verkörperung der Macht der Kirche.
Lage Am Main zwischen Spessart und Odenwald.
Land Bayern
Autokennzeichen AB
Höhe 109–358 m ü. M.
Fläche 63 km^2
Einwohnerzahl 61 300
Postleitzahl 8750
Telefonvorwahl 0 60 21
Post Postamt 1, Elisenstr. 32 (Nähe Bahnhof), Spätschalter (Mo–Fr 6–22, Sa 7–19, So 8–19 Uhr).
Polizei Lorbeerweg 1, ☏ 86 60
Taxi ☏ 2 14 64
Nahverkehr 18 Buslinien der Stadtwerke Aschaffenburg für das Stadtgebiet und die Nachbarorte (Zwei-Zonen-Tarif). Einzelfahrscheine beim Schaffner, Streifenkarten an den Automaten. Für Touristen empfehlen sich die Wochenend- und Gruppenwochenendkarte.
Camping Karlstein/Großwelzheim (von Aschaffenburg über die B 8 Richtung Hanau).
Parken Parkhaus Luitpoldstr., Parkhaus City-Galerie, Parkhaus Löherstr., Parkhaus Alexandrastr., außerdem vor dem Schloß und am Main.
Touristinformation Verkehrsverein, Dalbergstr. 6, ☏ 3 04 26, 2 37 44 (Mo–Fr 9–12, 13.15–17, Sa 9–12 Uhr).
Stadtführung Nach Vorbestellung beim Verkehrsverein.
Schiffahrt Ausflugsfahrten Aschaffenburg – Miltenberg und zurück (jeweils Mi im Aug.). Abfahrtsstelle Floßhafen.

Stadtrundgang

Die wachsende Industriestadt am Main, die einst am Fuß einer Burg entstand, verrät auf den ersten Blick wenig von ihrem Charme, den sie sich trotz der Zerstörungen des Zweiten Weltkriegs bewahrt hat. Zwar ragt weithin sichtbar das Schloß Johannisburg ❶ über den Mainbogen, aber die zahlreichen anderen Kleinodien dieser über 1000 Jahre alten Stadt erschließen sich dem Besucher erst, wenn er ihren Kern betritt. Es lohnen sich also Mühe und Zeit für einen unterhaltsamen Rundgang, für den Sie knapp zwei Stunden brauchen. Parkmöglichkeiten beim Schloß, dem Ausgangspunkt unseres Rundgangs, finden Sie zwischen Schloß und Mainufer sowie beim Schloßplatz oder beim Marktplatz. Eine Rast können Sie im Park Schöntal ❻ einlegen, Einkehrmöglichkeiten bieten die Altstadtlokale im Bereich Herstallstraße/Sandgasse/Dalbergstraße.

Einen gesonderten Besuch ist übrigens der Landschaftspark Schönbusch ⓫ auf der linken Mainseite wert. Man erreicht ihn zu Fuß in etwa einer Stunde oder mit dem Auto (Parkmöglichkeiten direkt vor dem Park).

Sehenswürdigkeiten

❶ *Schloß Johannisburg*, auf den Grundmauern einer mittelalterlichen Burg 1605–14 von Festungsbaumeister Georg Ridinger erbaut, leitete den repräsentativen neuzeitlichen Schloßbau ein. *Prunkräume*: Paramentenkammer mit kostbaren liturgischen Schmuck- und Kultgegenständen (meist 18. Jh.) und Korkmodellsammlung antiker römischer Bauten (Sommer Di–So 9–12, 13–17 Uhr, Winter Di–So 10–12, 13–16 Uhr). *Schloßmuseum*: Stadtgeschichte, Zunftwesen, Zinn, Silber, Fayencen, Porzellan, Gläser, Steingut, Möbel, Barock-Apotheke, Brentano-Zimmer (April–Sept. Di–So 9–12, 13–17 Uhr, Okt.–März Di–So 10–12, 13–16 Uhr). *Staatsgalerie:* altdeutsche Abteilung mit Lucas-Cranach-Zentrum und niederl. Malerei (April–Sept. tägl. 9–12, 13–17 Uhr, Okt.–März tägl. 10–12, 13–16 Uhr).
❷ *Muttergotteskirche*, Pfarrkirche Unserer Lieben Frauen, erste und älteste Pfarrkirche der Stadt, Ende des 18. Jh. auf einem Platz errichtet, auf dem schon im 12. Jh. eine Kirche stand. 1965–67 moderne Deckenmalerei von Hermann Kaspar.
❸ *Stiftskirche St. Peter und Alexander*, ältester und schönster Kirchenbau Aschaffenburgs. Kernbau romanisch bis frühgotisch (12. Jh.), Turm 15. Jh. Schöner Kreuzgang, bedeutende Kunstschätze, seit 1958 päpstliche Basilika. *Stiftsmuseum:* vor- und frühgeschichtliche Bodenfunde, Bauplastik 12.–17. Jh., Holzskulpturen 13.–18. Jh., sakrale Kleinkunst, Kunstgewerbe, Malerei um 1500, Grünewalds Spätwerk »Die Beweinung Christi«.
❹ *Schönborner Hof*, Barockpalais des Melchior Friedrich Graf von Schönborn, enthält Stadt- und Stiftsarchiv, Landeskundliche Bibliothek und *Naturwissenschaftliches Museum:* umfangreiche Sammlung zur Zoologie, Botanik und Geologie des hessisch-fränkischen Raums (Hanau bis Würzburg), reichhaltige Insektensammlung (Mo, Di, Do, Fr 10–12, Sa, So 10–12, 14–16 Uhr).
❺ *Sandkirche*, frühere Wallfahrtskapelle, die Mitte des 18. Jh. zur »Kirche zu den drei Lilien« ausgebaut wurde, mit einem Turm aus dem Jahr 1381, dessen unterer Teil Torturm der Sandpforte in der Stadtbefestigung war.
❻ *Schöntal*, englischer Garten inmitten der Stadt mit Magnolienallee und See, Mitte des 15. Jh. angelegt. Hier ließ Kardinal Albrecht von Brandenburg auf einer Insel die Heiliggrabkirche errichten, deren Ruine erhalten ist.
❼ *Pfarrkirche St. Agatha*, im 12. Jh. gegr., zweite Pfarrkirche.
❽ *Kapuzinerkloster*, 1626/27 errichtet, 1813 niedergebrannt, 1847 wieder aufgebaut. Die heutige Klosterkirche markiert den Übergang von der Neugotik zum Neubarock, 1908 nach Plänen von Friedrich Ritter von Thiersch erbaut.
❾ *Schloßgarten*, alter Renaissancegarten, Ende des 18. Jh. nach engl. Muster umgestaltet, wertvoller Baumbestand. Direkte Verbindung zwischen Schloß und Gartenpavillon, einem reizvollen Tempel mit Kuppel, rechteckigem Vorbau, ionischen Säulen und dem kurfürstlichen Wappen im Giebel.
❿ *Pompejanum*, Geschenk des bayrischen Königs Ludwig I. an die Stadt, 1842–49 nach dem Vorbild der pompejanischen Villa »Castor und Pollux« erbaut, im Zweiten Weltkrieg zerstört, wiederhergestellt, nicht öffentlich zugänglich.
⓫ *Schönbusch*, großer Landschaftspark südwestlich der Stadt. Ursprünglich als Tiergarten angelegt, wurde ab 1775 unter Kurfürst Friedrich Carl von Erthal und dessen Minister Graf Wilhelm von Sickingen von dem in Frankreich geschulten Emanuel Joseph d'Herigoyen erweitert und im letzten Drittel des 18. Jh. von dem Schwetzinger Gartenarchitekten Friedrich Ludwig von Sckell zu einem der frühesten englischen Gärten vollendet – mit Schlößchen, Pavillons, Irrgarten, Freundschaftstempel und »Dörfchen«.

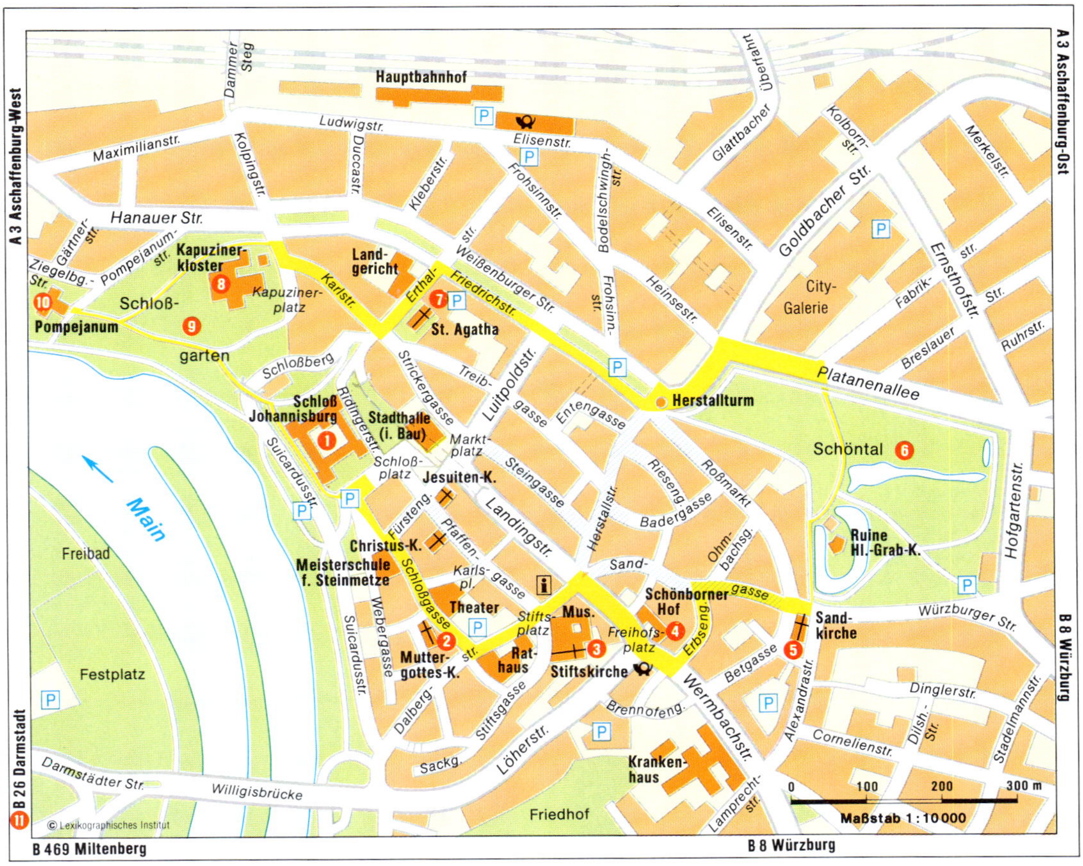

Stolze Stadt über dem Mainbogen

900 000 Rheinische Gulden hat der Mainzer Fürstbischof Johann Schweickard von Kronberg zu Anfang des 17. Jh. für den Bau des Schlosses Johannisburg ❶ hinblättern müssen. Fürwahr ein stolzer Preis, aufgewendet aber für ein Bauwerk von erhabener Würde, das wie kein anderes den Untermain beherrscht. Erdacht und errichtet hat es der Straßburger Festungsbaumeister Georg Ridinger, der in den quadratischen, viertürmigen Buntsandstein-Neubau Reste einer Burg aus der Stauferzeit – vor allem deren eindrucksvollen Bergfried – wohlüberlegt integriert hat.

Leider bedurfte es nach dem Zweiten Weltkrieg einer weiteren – gewaltigen – finanziellen Anstrengung, um dieses bedeutende Denkmal deutscher Festungsbau-Kunst wieder in den Zustand zurückzuversetzen, in dem es sich über Jahrhunderte bis zu dem Inferno des 21. November 1944 befunden hatte.

An diesem Tag haben etwa 200 alliierte Flugzeuge rund 1000 Sprengbomben über der Stadt abgeworfen. Das Ergebnis: fünf Volltreffer auf das Schloß Johannisburg, der Südflügel war vollkommen ausgebrannt. Damit jedoch nicht genug. Während der Osterfeiertage 1945 lieferten sich Deutsche und Amerikaner erbitterte Kämpfe um die Mainübergänge und die zur »Festung« erklärte Stadt. Der Artilleriebeschuß gab dem Schloß den Rest. Im Stadt- und Stiftsarchiv, das sich seit 1982 im Schönborner Hof ❹ befindet, ist an zwei Modellen zu sehen, was nach Beendigung der Kämpfe geblieben war: Die Schloßtürme glichen niedergebrannten Kerzen, die vier Flügel des Gebäudes bestanden nur noch aus einem Rest von Außenmauern. In der Innenstadt sah es ebenso schrecklich aus: Chaos, wohin man schaute. 1900 Häuser waren zerstört, und die kostbaren historischen Bauten lagen in Trümmern.

Heute ist von alldem kaum irgendwo noch etwas zu sehen. Schloß und Altstadt mit ihren historischen Bauten wurden sorgfältig wieder aufgebaut, restauriert und behutsam mit Neuem verbunden. Dies ist hier in Aschaffenburg so gut gelungen, daß der Besucher von den Zerstörungen kaum noch etwas erahnt.

Clemens Brentano

Nördlich von Aschaffenburg, an der Grenze zwischen Bayern und Hessen, liegt zwischen Alzenau und Freigericht das Hofgut Trages der Familie von Savigny. Dort versammelte der Rechtsgelehrte Carl Friedrich von Savigny Anfang des 19. Jh. einen Freundeskreis um sich, zu dem auch Dichter, so Achim von Arnim und dessen Schwager Clemens Brentano (mit ihm auch die Brüder Grimm), gehörten. Wann immer Brentano »auf dem Trages« weilte, besuchte er seinen Bruder Christian in Aschaffenburg, der sich hier – hoch über dem Main – mit seiner Familie niedergelassen hatte. Im Mai 1842 übersiedelte der todkranke Dichter ganz dorthin und starb wenige Wochen später, am 28. Juli 1842. Sein Grab liegt auf dem Altstadtfriedhof; im Schloßmuseum ❶ ist ihm ein Gedenkraum gewidmet.

Das Carillon
Im Schloß Johannisburg ❶ gibt es das meistbespielte Carillon in der Bundesrepublik Deutschland. Wissen Sie, was ein Carillon ist? Ein Glockenspiel, das aus mindestens 23 gegossenen Bronzeglocken besteht und zwei Oktaven umfaßt. Zwar gibt es in der Bundesrepublik Deutschland weit mehr als 100 Glockenspiele, aber nur 12 davon sind Carillons. Das im Schloß Johannisburg besteht aus 48 Bronzeglocken und wurde 1969 von der Stadt aus Anlaß der Wiederherstellung des Schlosses gestiftet. Die größte Glocke wiegt 271, die kleinste 10 kg.
Das automatische Spiel wird durch die Schloßuhr ausgelöst und ist täglich kurz nach 9, 12 und 17 Uhr zu hören. Man kann es aber auch von Hand bespielen.

Die starken Männer
Aus Leimen kommt ein weltbekannter Tennisspieler, Tauberbischofsheim rühmt sich seiner Fechter – in Aschaffenburg gibt es die starken Männer. Die deutschen Ringer haben hier ein Feld, das immer wieder neue Talente hervorbringt. Die Mannschaften aus Aschaffenburg-Damm, Goldbach und Mömbris kämpfen jede für sich in der Bundesliga. Hier wird die Lust, sich im griechisch-römischen oder im freien Stil mit muskelbepackten Gegnern zu messen, gewissermaßen vom Vater auf den Sohn vererbt. Aber auch mancher Türke oder Bulgare hat, der Kunst des Ringens wegen, eine neue Heimat am Main gefunden und ist zu einem Idol der Fans in Aschaffenburg geworden.

In der Gunst weltlicher und geistlicher Herren
Hinweise auf die Siedlung Aschaffenburg gibt es schon für das 6./7. Jh. Die erste urkundliche Nennung (974) betrifft die Stiftskirche ❸, die als Gründung Herzog Liudolfs gilt, eines Sohns Kaiser Ottos I. Gegen Ende des 10. Jh. fallen Stift und Stadt an das Erzstift Mainz, das damit einen Eckpfeiler im Osten seiner Einflußsphäre gewinnt. Aschaffenburg nimmt in den folgenden Jahrhunderten – nicht zuletzt wegen seiner günstigen Lage über dem Mainbogen und der seit 989 den Fluß überspannenden Brücke – an Bedeutung als Markt und Stadt zu. Im 12. Jh. erhält es einen Mauerring; im 13. Jh. wird die Obere Stadt (Altstadt) befestigt, Vorstädte werden gegründet und eingemeindet. Die wirtschaftliche und kulturelle Blüte Aschaffenburgs liegt im 15./16. Jh., und es wächst in dieser Zeit in die Rolle der zweiten Kurmainzer Residenz hinein. Mit dem Bau des Schlosses Johannisburg ❶ als Zeichen kurfürstlicher Macht und Huld findet dies zwischen 1605 und 1614 seinen weithin sichtbaren Ausdruck. Der Dreißigjährige Krieg beendet diese Entwicklung jäh – auch wenn Pater Bernhard von Trier 1631 die Einnahme der Stadt durch schwedische Truppen abwenden kann und ein Aschaffenburger, der Stadtschultheiß Georg Ritter von Reigersberg, als Kurmainzer Kanzler maßgeblich an der Beendigung dieses schrecklichen Kriegs, nämlich an den Verhandlungen zum Friedensvertrag von Münster, beteiligt ist.

Nach Auflösung des Kurfürstentums Mainz durch den Reichsdeputationshauptschluß wird 1803 das Fürstentum Aschaffenburg unter Kurerzkanzler Karl Theodor von Dalberg gegründet, aber schon 1810 auf Weisung Napoleons als Departement in das Großherzogtum Frankfurt – wiederum unter Dalberg – einbezogen.

Die Stiftskirche Aschaffenburg birgt zahlreiche Kostbarkeiten: u. a. die Bildnisplatte (1525) des Kardinals Albrecht von Peter Vischer d. J. und die »Kreuzigung« (um 1540–60), wahrscheinlich ein Gemälde aus der Bamberger Schule.

Weiß-blau in die Zukunft

Die bayrische Geschichte der Stadt beginnt mit dem Sturz Napoleons und der Auflösung des Großherzogtums 1814. Im selben Sommer besucht der spätere König Ludwig I. die Stadt, schließt sie in sein Herz und läßt ihr fürderhin seine besondere Fürsorge angedeihen. Seinem »bayrischen Nizza« schenkt der König das Pompejanum ⑩ mit dem südländischen Garten, und er besucht die Stadt, sooft ihm seine Regierungsgeschäfte Zeit dazu lassen.

Das heutige Aschaffenburg – moderne Mittelstadt, wirtschaftliches Zentrum am bayrischen Untermain – hat seine Wurzeln im 19. Jh. Damals wurden viele technische und territoriale Voraussetzungen für die Ansiedlung von Industriebetrieben geschaffen – etwa mit der Eingemeindung der Dörfer Damm und Leider, denen später Schweinheim, Gailbach und Obernau folgten, denn im Stadtkern war für – zumal größere – Industriebetriebe kaum Platz. 1854 wurde die Stadt in das Eisenbahnnetz einbezogen, und mit der Mainkanalisierung und der Eröffnung des neuen Hafens 1921 kam der Anschluß an den Verkehr auf den Binnenwasserstraßen. Es setzte eine Entwicklung ein, die zwar durch den Zweiten Weltkrieg unterbrochen, aber nicht aufgehalten wurde.

Die Notwendigkeit, nach den schweren Zerstörungen neu aufzubauen, hat Aschaffenburg als Chance verstanden. Drei leistungsfähige Brücken überspannen den Main und ermöglichen den zügigen Verkehrsfluß in alle Himmelsrichtungen. Die alte Bundesstraße 8, die der mittelalterlichen Verbindung zwischen den Messe-, Handels- und Hauptstädten Köln, Frankfurt, Würzburg, Nürnberg, Passau, Wien und Budapest folgt, durchquert zwar heute noch die Stadt, hat ihren Rang als bedeutende Fernver-

Über 1000 Jahre alt ist die Stiftskirche. Sie wurde von Papst Pius XII. zur päpstlichen Basilika erhoben und ist Hort vieler Kunstschätze.

Wanzen im Museum

Dem Sanitätsrat Dr. Karl Singer hat das Naturwissenschaftliche Museum im Schönborner Hof ④ eine einzigartige Sammlung zu verdanken. Der Aschaffenburger Arzt war ein begeisterter Insektenforscher, der seine Freizeit dem Sammeln und Erforschen von Wanzen widmete. 10 770 Exemplare hat er zusammengetragen, konserviert und säuberlich »aufgespießt«. Bei so viel wissenschaftlichem Eifer verwundert es nicht, daß es auch eine nach ihm benannte Art, die »Phytocoris singeri E. Wagner 1954« gibt, die am Main zwischen Obernburg und Aschaffenburg gefunden wurde. Für Wissenschaftler aus aller Welt ist die Sammlung eine Fundgrube – und auch für Journalisten: Das US-Magazin »Newsweek« berichtete 1965 von der Welt »einzigem Bettwanzen-Museum«. Dabei ist die fast ausgerottete, häßliche Bettwanze nur eine Art unter fast 40 000, von denen viele von großer Schönheit sind.

Die erste Fahrschule

Der Direktor Kempf vom Aschaffenburger Technikum hatte im Jahr 1904 eine Jahrhundertidee: Er gründete seine »Autolenkerschule«, die erste deutsche Fahrschule für »intelligente junge Männer ab 17 Jahren«. Sie lernten die Fahrzeuge gewissermaßen ganzheitlich kennen. Schließlich genügte es nicht, das Automobil zu lenken, bei den häufigen Pannen auf den ungepflasterten Straßen mußte man es auch wieder flottmachen können. So wurden denn bei Herrn Kempf im »Montierungsraum« Motoren und Getriebe zerlegt und wieder zusammengebaut, und auf dem Pneumatikbock übten die jungen Männer das Auf- und Abmontieren der Reifen. 1910 wurde dann der Führerschein eingeführt, wodurch die Zahl der Fahrschulen rapide anstieg. Heute gibt es in der Bundesrepublik Deutschland etwa 16 000 . . .

Der Maulaff

Ein bißchen mehr als eine Sehenswürdigkeit ist der »Maulaff« von Aschaffenburg. Die Plastik des kleinen Männchens mit Dreispitz und offenem Mund stand früher zur Belustigung der feinen Damen und ihrer Galane im Schönbusch-Park ⑪. Die Herren bemühten sich, kleine Lederbälle in den offenen Mund zu werfen, die dann an der Rückseite wieder herausrollten. Heute steht die Figur im Museum. Gleichwohl lebt der »Maulaff« weiter, z. B. als Kritikaster beim Karneval – und eine Bürgerkneipe in der Altstadt ist nach ihm benannt.

Tips, Tips, Tips

Drei Weine im Kahlgrund
Nördlich von Aschaffenburg liegt der Kahlgrund. Hier gibt es Weine, die jeden Kenner entzükken. In Hörstein, Wasserlos und Michelbach gedeihen, durch die Spessartberge gegen die Nordwinde geschützt, der »Reuschberg«, der »Schloßberg« und der »Apostelgarten«. Zwischen Kahl und Schöllkrippen tuckert eine Museumseisenbahn durch das Gebiet, und an Sommerwochenenden sind gelegentlich auch wieder Dampfloks im Einsatz. Mit dem Auto fährt man von Aschaffenburg über die B 8 bis Kahl oder über die A 3/A 45 zur Ausfahrt Alzenau, um zu den anheimelnden Weinkneipen im Kahlgrund zu kommen.

Ein Ausflug mit Kindern
Zum Wildgehege bei Haibach am östlichen Stadtrand von Aschaffenburg geht man auf gut angelegten Wegen etwa eine halbe Stunde. Hier kann man Hirsche, Rehe, Wildschweine, aber auch Fasane und Zwerghühner beobachten und zum Ausritt Ponys mieten.

Wer's gern sportlich mag
Im Sport- und Freizeitzentrum kommt jeder auf seine Kosten. Hier kann man – je nach Jahreszeit – Schlittschuhe oder Rollschuhe ausleihen und sich in der attraktiven Halle tummeln. Wer es lieber heiß oder naß mag, hat die Auswahl zwischen Hallenbad, Sauna und beheiztem Freibad (im Sommer).

bindung aber längst an die Autobahn Frankfurt – Würzburg (A 3) verloren, von der es zwei Abfahrten nach Aschaffenburg gibt. Im Stadtinnern sorgen ein Verkehrsring zwischen Haupt- und Südbahnhof sowie die mehrspurig ausgebauten Hauptstraßen für einen raschen und reibungslosen Verkehrsfluß.

Die Altstadt mit den originalgetreu wiederhergerichteten historischen Bauwerken und traditionellen Geschäftsstraßen (als Fußgängerzone) zeugt von der großzügigen, auf Wirtschaftlichkeit angelegten Stadtplanung. So ist Aschaffenburg heute eine Gewerbe- und Einkaufsstadt, der unbestrittene Mittelpunkt der Region.

Kleiderfabriken machen hier das Mainland zu einem Schwerpunkt der bundesdeutschen Bekleidungsindustrie. Außerdem werden Lenkräder für Kraftfahrzeuge, Motoren, Meßwerkzeuge und optische Geräte hergestellt; Zellstoff-Fabrikation sowie Stahl- und Maschinenbau florieren. Von den 40 000 Beschäftigten sind etwa 20 000 Pendler, nur rund 3000 Aschaffenburger arbeiten außerhalb. Am Rand der Altstadt hat sich die City-Galerie angesiedelt, ein Einkaufszentrum mit vier Kaufhäusern und rund 40 Einzelhandelsgeschäften unter einem Dach. Ein Einkaufsbummel in Aschaffenburg ist beinahe eine Selbstverständlichkeit für die Bewohner der Spessartdörfer und kleinen Städte im Maintal, aber auch für viele Frankfurter und Hanauer.

Kulturell übt Aschaffenburg gleichfalls große Anziehungskraft aus. Das 1811 eingeweihte und 1981 wiedereröffnete Stadttheater bietet ein abwechslungsreiches Programm mit Schauspiel, Komödie, Oper, Operette und Musical.

Die Museen in Schloß ❶ und Stiftskirche ❸ und das aus den Sammlungen der ehemaligen Forsthochschule und des Naturwissenschaftlichen Vereins von 1878 hervorgegangene Naturwissenschaftliche Museum im Schönborner Hof ❹ sind Sehenswürdigkeiten im besten Sinn.

Und noch etwas hat diese Stadt, um das viele andere sie beneiden – eine Grünzone, die sich wie ein breites Band durch Aschaffenburg hindurchzieht: die Fasanerie im Osten, die Großmutterwiese und der Park um Schöntal ❻, der zwischen 1776 und 1780 aus einem schon vor mehr als 300 Jahren angelegten Tiergarten entstanden ist. Dann der Schloßgarten ❾, durch den man zum Pompejanum ❿ gelangt. Und jenseits des Flusses, nur wenige Kilometer entfernt, liegt der Park Schönbusch ⓫, ein weitflächiger Landschaftsgarten mit Schlößchen, Irrgarten, versteckten Tempeln und einem Dörfchen unter alten Bäumen – ähnlich dem Kleinen Trianon von Versailles.

Auch dies ist also Aschaffenburg – wie die Stiftskirche ❸, die Altstadt, das Rathaus, die Einkaufszonen, die Industrieviertel, die City-Galerie und Schloß Johannisburg ❶, Wahrzeichen einer langen, meist glücklichen Stadtgeschichte.

Eine großzügige Stadtplanung sowie Handel und Gewerbe prägen die Altstadt von Aschaffenburg mit ihren traditionellen Einkaufsstraßen und den wiederhergestellten historischen Gebäuden.

König Ludwig I. von Bayern nannte die Stadt sein »bayrisches Nizza« und ließ hoch über dem Main nach dem Vorbild der pompejanischen Villa »Castor und Pollux« das Pompejanum errichten.

Theater, Musik, Veranstaltungen, Museen

Theater

Stadttheater, Schloßgasse 8. Gastspiele auswärtiger Ensembles. Oper, Operette, Musical, Ballett, Schauspiel, ☏ 2 70 78.
Zimmertheater Junge Bühne Aschaffenburg, Grünewaldstr. 12. Kleinkunst, Boulevardtheater, ☏ 1 31 05.

Musik

Stadttheater, Schloßgasse 8. Sinfoniekonzerte, Großkonzerte, ☏ 2 70 78.
Schloß Johannisburg 1. Schloßkonzerte: Carillon-, Kammerkonzerte, Liederabende, teilweise intern. Besetzung, ☏ 3 04 26.
Pavillon im Park Schönbusch 11. Schönbusch-Serenaden, Quartette, Kammerkonzerte (Sommer), ☏ 3 04 26.
Stiftskirche St. Peter und Alexander 3. Orgelkonzert-Zyklus auf der Klais-Orgel mit intern. Besetzung (Frühjahr). Kreuzgang-Musik: Kammerkonzerte, Serenaden (Juni/Juli). Orgelwoche (Nov.). Chor-Aufführungen, Oratorien, ☏ 4 67 60.
Klimperkasten, Roßmarkt 21. Musik- und Kleinkunstclub. Rock, Pop, Blues, Soul, Folk, ☏ 2 72 39.

Veranstaltungen

Fastnacht: *Rathaussturm,* jeweils am Fastnachts-Sa ab 9.30 Uhr. Trad. Ritual mit Bezug zum Dreißigjährigen Krieg. Die vier Karnevalsvereine stürmen das Rathaus und fordern die Herausgabe des Schlüssels, den sie um 11.11 Uhr vom Oberbürgermeister erhalten; Fastnachtsumzug am Fastnachts-So ab 14 Uhr.
Ende April/Anfang Mai: *Aschaffenburger Gespräche,* Wochenende in der Volkshochschule (Am Marktplatz 2–4). Sa ab Mittag Kolloquium Zeitgeschichte über aktuelle Themen, Abend Festveranstaltung, So Matinee (Filme, Lesungen, Konzerte), ab Mittag Diskussion mit intern. Fachleuten.
Mitte Juni: *Volksfest* am Main. Elf Tage Rummel mit Eingangs- und Ausgangsfeuerwerk.
Juli: *Schloßweinfeste* an zwei Wochenenden im Schloßhof, Ausschank von Weinen aus der Umgebung.
Letztes Juli-Wochenende: *Dalbergfest* in der Dalbergstr. und am Dalberg. Kleinkunst, Straßentheater, Jazz.
Juli/August: *Schöntal-Konzerte,* Standkonzerte im Park Schöntal (So 10.30 Uhr).
Anfang Aug.: *Carillon-Tage* im Schloß Johannisburg 1 mit Führungen zum Carillon (Glockenspiel) im Schloß, Carillon-Konzerte.
Aug.: *Deutsch-amerikanisches Volksfest* im Bereich der Ready-Kaserne, Sälzer Weg. Rummel, Waffen- und Geräteschau, Sport- und Musikveranstaltungen, Volkslauf.
Erstes Wochenende im Sept.: *Stadtfest* mit Kleinkunst und Musik in der Fußgängerzone.
2. Oktoberhälfte: *Internationale Gitarrenwoche* im Stadttheater. Klassik- und Jazz-Konzerte, ☏ 3 04 28.

Museen

Naturwissenschaftliches Museum, Schönborner Hof, Wermbachstr. 15 (s. 4).
Schloß Johannisburg, Schloßplatz 4 (s. 1).
Schloß und Garten Schönbusch (s. 11).
Stiftsmuseum, Stiftsplatz (s. 3).
Rosso-Bianco-Collection, Obernauer Str. 125 (ehem. Weberei Däfler). Automobilmuseum mit über 200 Sport- und Rennsportwagen (April–Okt. Di–So 10–18 Uhr, Nov.–März Di–Fr 10–16, Sa, So 10–18 Uhr).

Augsburg

Kaufleute machen Geschichte

Das Engagement der Augsburger beim Wettstreit um die Ehre, älteste deutsche Stadt zu sein, ist nicht allzugroß. Vor einigen Jahren feierte man allerdings das 2000jährige Stadtjubiläum mit dem dezenten Hinweis, daß man ja vermutlich noch viel älter sei. Doch was soll's?! Man hat genügend anderes zu bieten. Vor über 1000 Jahren retteten die Augsburger zusammen mit dem Heer Ottos des Großen das Reich vor den Ungarn. 500 Jahre später hatte man sich zu einer weithin bekannten Handelsmetropole hochgearbeitet. Augsburger Kaufleute und Bankiers, allen voran die Fugger und die Welser, finanzierten das deutsche Kaisertum. Selbst hatte man sich in dieser »goldenen Zeit« auch einiges gegönnt, vor allem prächtige Bauwerke wie Rathaus und Perlachturm (unser Bild).
Der Zweite Weltkrieg hat davon viel zerstört, aber einen ansehnlichen Teil der prachtvollen Bauten konnten die Augsburger bis heute bewahren.

Wappen Eine grüne Zirbelnuß auf goldenem Kapitell mit gekröntem Köpfchen in einem von Rot und Silber gespaltenen Schild. Die Zirbelnuß geht wahrscheinlich auf die römische Zeit zurück und wird daher als Symbol für Fruchtbarkeit gedeutet.
Lage Auf einer Hochterrasse zwischen Lech und Wertach, die nördlich der Altstadt zusammenfließen.
Land Bayern
Autokennzeichen A
Höhe 446–561 m ü. M.
Fläche 147 km^2
Einwohnerzahl 243 000
Postleitzahl 8900
Telefonvorwahl 08 21
Post Postamt 1, am Hbf., Spätschalter (Mo–Fr 8–23, Sa, So 8–21 Uhr).
Polizei Rathausplatz 2, ☎ 51 98 62
Taxi ☎ 3 50 25
Nahverkehr Gut ausgebautes Straßenbahn- und Omnibusliniennetz der Verkehrsgemeinschaft Augsburg; im Rahmen des im Aufbau befindlichen Augsburger Verkehrsverbundes (AVV) sollen der Verkehrsgemeinschaft auch Bahnstrecken und regionale Buslinien angeschlossen werden. Einzel- und Streifenkarten in Straßenbahnen und Omnibussen beim Fahrer sowie in zentralen Verkaufsstellen. Zu empfehlen ist das 24-Stunden-Ticket.
Camping »Augusta«, ☎ 70 75 75. Zu erreichen über die Autobahnausfahrt Augsburg-Ost, Richtung Neuburg/Donau.
Parken Mehrere Parkhäuser im Bereich zwischen Altstadt und Hbf. Die Zufahrtswege sind gut ausgeschildert. Sonstige Parkmöglichkeiten in der Innenstadt beschränkt, dafür Großparkplatz am Plärrer-Gelände.
Touristinformation Verkehrsverein, Bahnhofstr. 7, ☎ 50 20 70 (Mo–Fr 9–18, Sa 9–13 Uhr).
Stadtrundfahrt »2000 Jahre in zwei Stunden«: ab Rathaus, April–Okt. tägl. 10.30, Mai–Sept. zusätzlich 13 Uhr.
Stadtführung Nov.–März jeweils Sa 14 Uhr ab Hotel »Drei Mohren«.

2000 Jahre und vielleicht noch mehr

1985 feierte die Stadt Augsburg ihr 2000jähriges Bestehen – wahrscheinlich um etliche Jahre zu spät, denn neueste Ausgrabungen haben ergeben, daß die Stadt wohl noch einige Jahre älter sein dürfte. Doch kommt es bei diesem Alter auf ein paar Jahre mehr oder weniger nicht an, und ein schönes Fest war's allemal! Daß die Augsburger auch heute zu feiern verstehen wie in den besten Tagen ihrer langen Geschichte, haben sie in diesem prächtigen Sommer 1985 bewiesen. Eine der zentralen Veranstaltungen war das »Historische Bürgerfest rund ums Rathaus«: Die Marktleute boten Brot und Leckereien nach fast vergessenen Rezepten feil, Gaukler und Feuerschlucker traten auf, und Augsburger Handwerker gaben Beispiele mittelalterlicher Handwerkskunst – originalgetreu und in historischen Gewändern. Überall in der Stadt konnte man an roh gezimmerten Tischen und Bänken auf mittelalterliche Weise Brotzeit machen, mit ungefiltertem dunklen Bier aus nachgestalteten Tonkrügen.

Nun sind die Schwaben sparsame Leute, und die Augsburger konnten schon immer gut mit Geld umgehen, also nimmt es nicht wunder, daß man sich »vorauseilend« Gedanken über den ungeheuren Aufwand an Gerätschaft und Kostümen gemacht hatte. Schließlich war der Rat der Stadt übereingekommen, es nicht bei diesem einen Fest zu belassen, sondern es alle drei Jahre zu wiederholen – das nächste Mal 1991.

Natürlich will man auf diese Weise mehr Touristen in die Renaissancestadt am Lech locken. Zumal ja der Weg in die ehemalige freie Reichsstadt für moderne Reisende weniger mühsam ist, als für jene jungen Männer, die im Jubiläumsjahr, stilgerecht als römische Legionäre gekleidet, mit 40 kg Gepäck und Waffen auf der historischen Römerstraße von Verona nach Augsburg gezogen waren. Sie wollten so daran erinnern, daß es Römer waren, denen die Stadt Augsburg ihre Gründung verdankt.

Zwei Anläufe waren vonnöten gewesen, um ein Lager am Zusammenfluß von Lech und Wertach auf Dauer zu etablieren: Die erste Gründung in den Jahren um 15 v. Chr. währte nur kurz. Der zweite Anlauf um das Jahr 30 n. Chr. führte dann zu einer Siedlung, die Bestand hatte. Sie erhielt den Namen »Augusta Vindelicum«, denn sie befand sich im Gebiet des Keltenstammes der Vindeliker. Der Platz war günstig. Hier kreuzte sich die Handelsstraße, die von Oberitalien zur Donau führte und zur Via Claudia Augusta ausgebaut wurde, mit der Straße von Lyon über Bregenz und Kempten nach Freising. Augusta Vindelicum wurde zur prächtigen Provinzhauptstadt, von der Tacitus sagt, sie sei Raetiens glänzendster Ort gewesen. Ausgrabungen bestätigen das wohl. Relikte dieser Zeit begegnen dem Besucher in einem kleinen Freilichtmuseum auf dem Platz südlich des Doms (24) und im Römischen Museum, das in der ehemaligen Dominikanerkirche (20) untergebracht ist.

Augsburg und das Reich gegen die Ungarn

Augsburg war damals nicht mehr nur Militärstützpunkt, sondern auch schon wichtiger Handelsplatz. Und es scheint, als spielten auch damals Textilien im Wirtschaftsleben der Stadt eine wichtige Rolle – jedenfalls

Herkulesbrunnen, Schaezler-Palais und St. Ulrich und Afra sind nur einige Glanzlichter der prächtigen Maximilianstraße.

zeigt eine römische Grabplatte Arbeiter beim Verschnüren eines Wollballens. Jäh wird es dann für längere Zeit still um die Stadt: Ob sie nach der Eroberung durch die Alemannen um 450 noch bestand, ist unsicher. Der Bischofssitz Augsburg wurde allerdings im 6./7. Jh. erneuert.

Ins Rampenlicht der Geschichte tritt Augsburg dann um 955 durch ein Ereignis von europäischen Dimensionen: die Schlacht auf dem Lechfeld. Die Augsburger – unter ihrem Bischof Ulrich – und ein Reichsheer – unter König Otto dem Großen – besiegten die Eindringlinge aus Ungarn. Bischof Ulrich wurde zum Patron der Stadt, dem, neben der Märtyrerin Afra, die Augsburger Stadtpfarrkirche (13) geweiht ist.

Diese wichtige Rettungstat für das christliche Abendland verschaffte dem Bischof Privilegien wie das Markt- und das Münzrecht, mit deren Hilfe er seine Herrschaft über die Stadt ausbaute. Zu Beginn des 11. Jh. siedelten sich am Südrand Kaufleute an, und es kam zunehmend zu Konflikten zwischen der Kirche und den an Freizügigkeit interessierten Kaufleuten. Erst mit dem Erlaß des Stadtrechts von 1156 wurden sie vorläufig beigelegt. Die Rechte des Bischofs und der Bürger wurden abgegrenzt, was konkret bedeutete, daß die Bürger mehr Freiheiten erhielten. Ihre Stadtteile dehnten sich nun kräftig aus, und die Machtverschiebung wurde immer deutlicher, auch wenn die Bischöfe mit dem Neubau des Doms (24) noch einmal ein Zeichen klerikaler Präsenz setzten.

Ab Mitte des 12. Jh. kamen auch Handwerker nach Augsburg, und es entstand die Handwerkerstadt, die sich von der heutigen Maximilianstraße (14) aus östlich bis zum Lech hinunterzog. Um ihre Mühlen und Mahlwerke betreiben zu können, legten sie kleine Kanäle durch ihren Bezirk, die sie mit Lechwasser speisten. Der 1985/86 eröffnete Augsburger Handwerkerweg zeigt, wie es damals ausgesehen hat.

Gestützt auf die Wirtschaftskraft des produktiven Handwerks und des unternehmerischen Kaufmannsstandes, vergrößerte die Bürgerstadt stetig ihre Unabhängigkeit vom bischöflichen Stadtherrn, was 1276 schließlich zur endgültigen Erlangung des Status einer freien Reichsstadt führte.

Das von Elias Holl erbaute Rathaus zählt zu den bedeutendsten Renaissancebauten Deutschlands; vorn der Augustusbrunnen.

Mozart ein Augsburger?

Die Augsburger haben schon ihre liebe Not mit Mozart. Vor allem die Österreicher fragen immer wieder mokiert, warum es denn ausgerechnet in Augsburg ein »Café Mozart« geben muß oder eine Zigarrenhandlung H. Mozart. Da allerdings können die Augsburger schlicht auf ihr Telefonbuch verweisen; dort stehen immerhin neun echte Mozarts drin – in Salzburg keiner! Die Familie des großen Musikers stammt nämlich aus dieser Gegend. Ein gewisser Franz Mozart, Maurer, mußte im 17. Jh. sogar einige Jahre wegen wirtschaftlicher Schwierigkeiten in der Fuggerei leben. Sein Enkel war Leopold Mozart (1719–87), der mit 18 Jahren Augsburg in Richtung Salzburg verließ und dort nicht nur Hofkomponist, sondern auch Vater eines Sohnes namens Wolfgang Amadeus wurde. Dessen berühmtes »Bäsle« war im übrigen auch Augsburgerin. Das Geburtshaus Leopold Mozarts steht in der Frauentorstr. 30. Heute ist es Museum.

Wohnen für 1,72 DM Miete

Menschen gerecht zu werden, die ein halbes Jahrtausend vor unserer Zeit gelebt haben, ist nicht ganz einfach. Und so kann man auch nur schwer beurteilen, welche Motive der Patrizier Jakob Fugger der Reiche (1459–1525) wirklich hatte, als er nach 1510 eine Stiftung begründete, durch die frommen, unschuldig in Not geratenen Bürgern wenigstens ein kostengünstiges Wohnen ermöglicht werden sollte. Wollte Fugger damit nur seiner Seele gnädige Aufnahme in den Himmel sichern, oder hatte er tatsächlich das, was man ein soziales Gewissen nennen kann? Immerhin entstand aus seiner Idee die erste Sozialsiedlung der Welt, die Augsburger Fuggerei. Für den symbolischen Mietzins von 1,72 DM pro Jahr finden verarmte Bürger hier eine Bleibe, vorausgesetzt sie sind unbescholten, katholisch und bereit, täglich für den Stifter zu beten.

Handwerkstechniken wie zu Elias Holls Zeiten leben beim Bürgerfest auf.

Stadtrundgang

Es empfiehlt sich, den Wagen im Parkhaus Grottenau, Ernst-Reuter-Platz 2, abzustellen. Von dort sind es nur ein paar Minuten durch die Augsburger Fußgängerzone bis zum Rathaus **1**, *dem Ausgangspunkt unseres Rundgangs. Weitere Parkhäuser gibt es zwischen der Fuggerstraße und dem Hauptbahnhof.*

Die vorgeschlagene Strecke ist ca. 4,5 km lang; ohne Besichtigung von Innenräumen, Museen usw. brauchen Sie etwa zwei Stunden. Wenn Ihnen das zu lang wird, können Sie von der St.-Anna-Kirche **21** *über die Annastraße und Unter dem Bogen direkt zurück zum Rathausplatz gehen und die Besichtigung des Doms* **24** *aufschieben. Sie sparen dadurch etwa 40 Min. Gehzeit. Die Handwerkskammer für Schwaben schlägt übrigens einen besonderen Handwerkerweg vor, auf dem Sie Vertretern verschiedener traditioneller Handwerksberufe bei der Arbeit zusehen können.*

Einkehrmöglichkeiten gibt es auf dem Rundweg überall, auch altehrwürdige, z.B. den »Fuggerkeller« in der Maximilianstraße **14**.

Sehenswürdigkeiten

1 *Rathaus,* erbaut 1615–20 von Elias Holl im Stil der italienischen Renaissance, eines der markantesten Rathäuser der Bundesrepublik Deutschland. Die Innenausstattung wurde im Zweiten Weltkrieg total zerstört, der kunsthistorisch bedeutsame »Goldene Saal« 1978–85 rekonstruiert.

2 *Perlachturm,* Stadtturm mit Teilen aus dem 11./12. Jh.; 1614–16 von Elias Holl verändert und auf eine Höhe von 70,4 m gebracht. Herrliche Aussicht (April–Sept. tägl. 10–18 Uhr).

3 *Augustusbrunnen,* 1594 nach Entwürfen des Niederländers Hubert Gerhart zum 1600jährigen Stadtjubiläum eingeweiht, zur Erinnerung an den römischen Kaiser Augustus, in dessen Regierungszeit die Stadtgründung erfolgte.

4 *Stadtmetzg,* 1606–09 von Elias Holl erbautes, ehemals städtisches Schlachthaus, das heute als Verwaltungsgebäude dient.

5 *Bert-Brecht-Haus,* Geburtshaus von Bertolt Brecht, ein altes Handwerkerhaus an einem Lechkanal, heute Gedenkstätte (Mai–Okt. Di–So 10–17 Uhr; Nov.–April 10–16 Uhr).

6 *Fuggerei,* 1516–23 als Sozialsiedlung erbaut und noch heute bewohnt. *Fuggerei-Museum,* im Originalzustand erhaltenes Haus der Fuggerei mit Hausrat des 17./18. Jh., Modell der Fuggerei und historischen Materialien (tägl. 9–12, 14–18 Uhr).

7 *Alte Silberschmiede* aus dem späten 15. Jh. mit hölzerner Freitreppe ins Obergeschoß, nach Sanierung heute wieder als Silberschmiede genutzt (Mo–Fr 10–12, 14–17 Uhr).

8 *Komödie,* einst Wohnhaus des Textilfabrikanten Gignoux, erbaut 1765 im Rokokostil. Heute Komödie der Städtischen Bühnen.

9 *Holbeinhaus,* nach Zerstörung im Zweiten Weltkrieg rekonstruiertes Wohnhaus des Malers Hans Holbein d. Ä. Heute Städtische Galerie für Wechselausstellungen (Mai–Sept. Di–So 10–17 Uhr; Okt.–April 10–16 Uhr).

10 *Dominikanerkirche,* zweischiffige spätgotische Hallenkirche, erbaut 1513–15, mit Rokokostuck, 1803 säkularisiert. Heute *Römisches Museum* mit vor- und frühgeschichtlicher Sammlung sowie Exponaten aus der römischen und alemannisch-merowingischen Zeit, vornehmlich aus dem Raum um Augsburg und dem bayrischen Schwaben (Mai–Sept. Di–So 10–17 Uhr; Okt.–April Di–So 10–16 Uhr).

11 *Wasserrad am Schwallech,* Rekonstruktion eines 4,50 m hohen Wasserrads; solche Räder trieben früher Handwerkermühlen und -maschinen an (jederzeit zugänglich).

12 *Schäfflerhof und Schäfflerbrunnen,* im Hof Ausstellung von Arbeitsgeräten der Schäffler (tägl. 8–20 Uhr).

13 *St. Ulrich und Afra,* Kirche eines ehemaligen Benediktiner-Reichsstifts, mit Grab der hl. Afra († um 304). Spätgotische Basilika mit Renaissance- und Barockausstattung, mehreren Kapellen und der im Rokokostil ausgestalteten Ulrichsgruft unter dem rechten Seitenaltar. Davor befindet sich die kleine Ulrichskirche, 1457 als Predigtsaal der Benediktiner errichtet, 1710 barockisiert.

14 *Maximilianstraße,* eine der schönsten Prachtstraßen der Bundesrepublik Deutschland, folgt dem Verlauf der römischen Via Claudia. Im Krieg kaum beschädigt.

15 *Schaezler-Palais,* 1765–70 für den Bankier Adam von Liebert erbaut, mit prächtigem Rokoko-Festsaal, in dem heute Konzerte veranstaltet werden. In diesem Bau befindet sich auch die *Deutsche Barockgalerie* mit Gemälden von 1600–1800, vor allem deutsches Barock und Rokoko (Mai–Sept. Di–So 10–17 Uhr; Okt.–April Di–So 10–16 Uhr) sowie die *Graphische Sammlung* mit Zeichnungen und Druckgrafik des 16.–20. Jh. (Mo–Do 9–12, 14–17, Fr 9–12 Uhr).

16 *Herkulesbrunnen,* nach einem Entwurf des Niederländers Adrian de Vries, 1596–1602 in der Maximilianstraße errichtet.

17 *Fuggerhäuser,* nach 1511 durch eine einheitliche Frontwand aus mehreren Einzelbauten zusammengefügt und mit Renaissance-Innenhöfen ausgestattet. Besonders reizvoll der *Damenhof,* in dem auch Freilichtaufführungen stattfinden.

18 *Zeughaus,* von 1602–07 errichtet, ehemaliges Waffenarsenal und erster Bau von Elias Holl in Augsburg mit prächtiger manieristischer Schaufassade rund um eine Bronzegruppe des Erzengels Michael.

19 *St. Moritz,* gotische Kirche aus dem 15. Jh., die zu Anfang des 18. Jh.

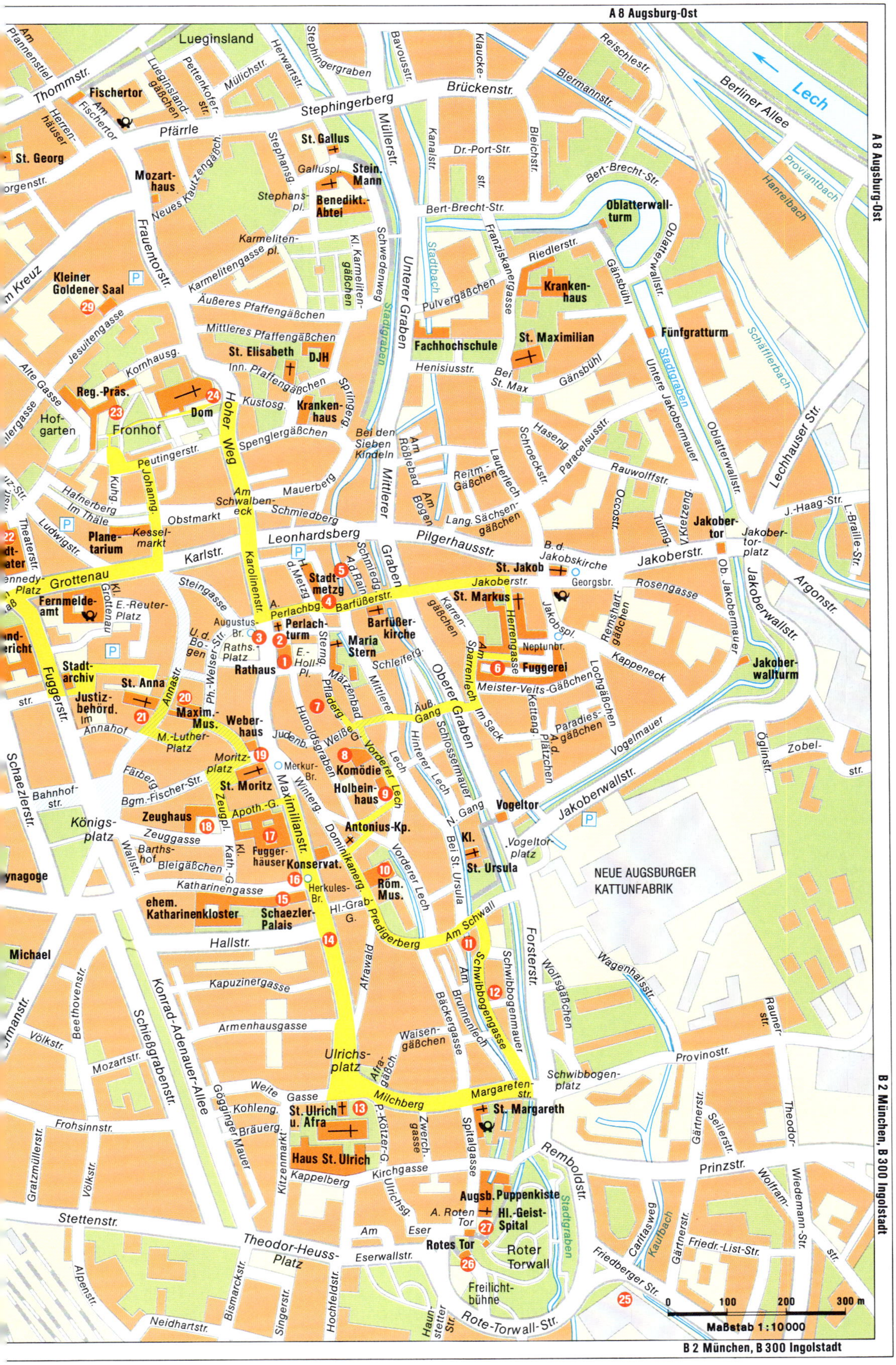

A 8 Augsburg-Ost
Lech
Berliner Allee
Reischlestr.
Biermannstr.
Proviantbach
Hanreibach
Lueginsland
Am Pfannenstiel
Thommstr.
Fischertor
Am Fischertor
Herren-häuser
Lueginsland-gäßchen
Pettenkofer-str.
Mülichstr.
Herwartstr.
Stephingergraben
Bavoussstr.
Klaucke-
Brückenstr.
Stephingerberg
Pfärrle
St. Georg
orgenstr.
Mozart-haus
Neues Kautzengäßch.
Stephansg.
St. Gallus
Gallusplatz
Stein. Mann
Stephans-pl.
Benedikt.-Abtei
Müllerstr.
Kanalstr.
Dr.-Port-Str.
Bleichstr.
Bert-Brecht-Str.
Oblatterwall-turm
Frauentorstr.
Karmeliten-pl.
Karmelitengasse
Kl. Karmeliten-gäßchen
Schwedenweg
Stadtgraben
Unterer Graben
Stadtbach
Franziskanergasse
Riedlerstr.
Gänsbühl
Oblatterwallstr.
Kleiner Goldener Saal
Äußeres Pfaffengäßchen
Pulvergäßchen
Kranken-haus
Mittleres Pfaffengäßchen
Jesuitengasse
St. Elisabeth
DJH
Fachhochschule
St. Maximilian
Fünfgratturm
Schäfflerbach
Alte Gasse
Kornhausg.
Inn. Pfaffengäßchen
Springerg.
Henisiusstr.
Bei St. Max
Untere Jakobermauer
Reg.-Präs.
Hof-garten
Fronhof
Dom
Kustosg.
Hoher Weg
Spenglergäßchen
Bei den Sieben Kindeln
Am Rößlebad
Haseng.
Paracelsusstr.
Lechhauser Str.
Peutingerstr.
Johanng.
Kuhg.
Hafnerberg
Im Thäle
Am Schwalben-eck
Mauerberg
Schmiedberg
Reitm.-Gäßchen
Lauterlech
Schroeckstr.
Rauwolffstr.
Oblatterwallstr.
Obstmarkt
Am Bogen
Lang. Sächsen-gäßchen
Occostr.
Turmg.
Kretzeng.
Jakober-tor
J.-Haag-Str.
L.-Braille-Str.
Theaterstr.
Ludwigstr.
Plane-tarium
Kessel-markt
Leonhardsberg
Mittlerer Graben
Pilgerhausstr.
B. d. Jakobskirche
Jakobertor-platz
Karlstr.
Karolinenstr.
St. Jakob
Jakoberstr.
Georgsbr.
Rosengasse
Argonstr.
Grottenau
Kennedy-Platz
Steingasse
Stadt-metzg
A. d. Mețzg
Schmiedg.
Perlachbg.
Barfüßerstr.
St. Markus
Remshart-gäßchen
Ob. Jakobermauer
Jakoberwallstr.
Fernmelde-amt
Kl. Grottenau
E.-Reuter-Platz
Augustus-Br.
Perlach-turm
Barfüßer-kirche
Karren-gäßchen
Herrengasse
Jakobspl.
Neptunbr.
Maria Stern
Schleifer.
Am Sparrenlech
Fuggerei
Kappeneck
Jakober-wallturm
U. d. Bogen
Raths.-Platz
Rathaus
E.-Holl-Pl.
Ph.-Welser-Str.
Stadt-archiv
St. Anna
Annastr.
Fuggerstr.
Justiz-behörd.
Im Annahof
Maxim.-Mus.
Weber-haus
Mittlerer Lech
Pfladerg.
Märzenbad
Äuß. Gang
Meister-Veits-Gäßchen
Lochgäßchen
Paradies-gäßchen
Vogelmauer
M.-Luther-Platz
Judenb.
Hunoldsgraben
Weiße G.
Vorderer Lech
Hinterer Lech
Schlossermauer
Oberer Graben
Im Sack
Ketteng.
A. d. Plätzchen
Öglinstr.
Zobel-str.
Schaezlerstr.
Bahnhof-str.
Färberg.
Bgm.-Fischer-Str.
Moritz-platz
St. Moritz
Merkur-Br.
Maximilianstr.
Winterg.
Komödie
Holbein-haus
Z. Gang
Vogeltor
Jakoberwallstr.
Königs-platz
Zeughaus
Zeuggasse
Zeugpl.
Apoth.-G.
Antonius-Kp.
Kl. St. Ursula
Vogeltor-platz
Barths-hof
Bleigäßchen
Kl. Kath.-G.
Fugger-häuser
Konservat.
Dominikanerg.
Röm. Mus.
Bei St. Ursula
NEUE AUGSBURGER KATTUNFABRIK
Synagoge
Wallstr.
Katharinengasse
Herkules-Br.
Hl.-Grab-G.
ehem. Katharinenkloster
Schaezler-Palais
Predigerberg
Am Schwall
Michael
Hallstr.
Forsterstr.
Wolfsgäßchen
Wagenhalsstr.
Kapuzinergasse
Afrawald
Bäckergasse
Am Brunnenlech
Schwibbogengasse
Schwibbogenmauer
Rauner-str.
Beethovenstr.
Armenhausgasse
Waisen-gäßchen
Völkstr.
Mozartstr.
Konrad-Adenauer-Allee
Schießgrabenstr.
Ulrichs-platz
Afra-gäßch.
Provinostr.
Schwibbogen-platz
Weite Gasse
Margaretenstr.
Milchberg
Kohleng.
St. Ulrich u. Afra
St. Margareth
Gögginger Mauer
Bräuerg.
Frohsinnstr.
Gratzmüllerstr.
Völkstr.
Kitzenmarkt
P.-Kötzer-G.
Zwerchgasse
Spitalgasse
Gärtnerstr.
Seilerstr.
Theodor-
Haus St. Ulrich
Kappelberg
Kirchgasse
Ulrichsg.
Remboldstr.
Prinzstr.
Wolfram-
Augsb. Puppenkiste
A. Roten Tor
Hl.-Geist-Spital
Stadtgraben
Wiedemann-Str.
Stettenstr.
Am Eser
Rotes Tor
Roter Torwall
Carlasweg
Kaulbach
Gärtnerstr.
Friedr.-List-Str.
Theodor-Heuss-Platz
Eserwallstr.
Friedberger Str.
Freilicht-bühne
Alpenstr.
Bismarckstr.
Hochfeldstr.
Singerstr.
Haunstetter Str.
Rote-Torwall-Str.
Neidhartstr.
0 100 200 300 m
Maßstab 1:10000
B 2 München, B 300 Ingolstadt

barockisiert und 1946–50 nach Plänen von Dominikus Böhm neu gestaltet wurde. Innenausstattung mit hervorragenden barocken Holzplastiken.

20 *Maximilian-Museum*, untergebracht im ehemaligen Welser-Haus; zwei großbürgerliche Wohnhäuser des späten 15. und mittleren 16. Jh., von Gabriel von Seidl zu Beginn des 20. Jh. durch Flügelbauten zu einem Komplex zusammengefaßt. Sammlungsschwerpunkte: Augsburger Kunstgewerbe des 9.–18. Jh., vor allem Goldschmiedekunst; Instrumente, Uhren und Automaten; Plastik mit Werken von Hans Multscher, Hans Daucher, Georg Petel, Hans Reichle; Architekturmodelle von Elias Holl; Funeralwaffen für Kaiser Karl V. (Mai–Sept. Di–So 10–17 Uhr; Okt.–April Di–So 10–16 Uhr).

21 *St. Anna*, ehemalige Karmeliterklosterkirche, Bau aus dem späten 15. Jh.; Mitte des 18. Jh. wurde das Innere umgestaltet. An der Westseite schließt sich die 1509 im Stil der Renaissance erbaute Fuggerkapelle an. Bedeutend ist auch die Goldschmiedekapelle mit den Freskenzyklen aus dem 15. und 16. Jh., die sich an der Nordseite des Ostchors befindet.

22 *Stadttheater*, ursprünglicher Bau 1877, im Zweiten Weltkrieg weitgehend zerstört, wurde anschließend vereinfacht wiederaufgebaut. Opern- und Schauspielhaus.

23 *Fronhof*, von 1743–52 als Bischofsresidenz erbaut.

24 *Dom*, in seinen ältesten Teilen (Krypta unter dem Westchor) auf das 10. Jh. zurückgehend. Baukörper romanisch mit gotischen Elementen. An der Südseite fünf Farbfenster (um 1140), die sogen. Prophetenfenster (Jonas, Daniel, Hosea, Moses, David), die zu den ältesten figürlichen Glasmalereien Deutschlands zählen. Wertvolle romanische Bronzetüren aus dem 11. Jh. Reichhaltige Ausstattung mit Altären, Tafelmalereien, Bildhauer- und Schnitzarbeiten. An der Nordseite des Doms ein Kreuzgang (1470–1510) mit einer Fülle an Epitaphien und Grabsteinen vom 13.–19. Jh., auf dem südlichen Vorplatz Fundstücke aus römischer Zeit sowie Reste des Fundaments einer Vorgängerkirche aus dem 10. Jh.

25 *Schülesche Kattunfabrik*, 1770–72 erbaute (ehemalige) Kattundruckerei, gilt als erster Fabrikbau auf dem europäischen Kontinent.

26 *Rotes Tor*, erbaut 1622 von Elias Holl an der alten Handelsstraße nach Italien. Daneben in den Wallanlagen die 1929 entstandene Freilichtbühne für 2500 Zuschauer.

27 *Schwäbisches Handwerkermuseum*, im ehemaligen Brunnenmeisterhaus, erbaut von Elias Holl; Querschnitt durch beinahe alle Handwerkszweige (Mo–Fr 14–18, So 10–18 Uhr).

28 *Hl. Kreuz*, Dominikaner- und Wallfahrtskirche, spätgotische Hallenkirche (1503–08), der Innenraum zwischen 1716 und 1719 barockisiert. Nach den Zerstörungen des Zweiten Weltkriegs wurde nur das Raumgefüge wiederhergestellt, die Gewölbe sind neu. Bemerkenswert ist das Bild »Mariä Heimsuchung« von Peter Paul Rubens an der Ostwand des nördlichen Seitenschiffs.

29 *Ehemaliges Jesuitenkolleg*; sehenswert der sogen. »Kleine Goldene Saal«, ein prächtiger, 1763–65 entstandener Raum mit Stukkaturen von einem Mitglied der Familie Feichtmayr und Ausmalungen von Matthäus Günther.

30 *St. Georg*, dreischiffige Basilika der Spätgotik (1490–1505). Im Zweiten Weltkrieg stark in Mitleidenschaft gezogen, seit 1957 wiederhergestellt.

Nicht nur Freude an den Wäldern

Augsburg ist der größte kommunale Waldbesitzer Deutschlands. Fast 7000 ha Wald gehören der Stadt, vor allem im Gebiet des Siebentischwaldes und im Bereich Westliche Wälder, einem großen Naturpark. Darum bekommt die Stadt das Waldsterben auch besonders zu spüren. Damit die Schäden ersetzt werden, haben die Augsburger sogar die Bundesrepublik verklagt, weil man in Bonn nach Ansicht der Stadtväter zu wenig gegen das Waldsterben unternommen hat; allerdings ist man mit der Klage nicht durchgedrungen. Aufmerksam machen möchte man trotzdem auf die unguten Zustände. Einer der Waldlehrpfade, die die Stadt in ihren Wäldern eingerichtet hat, steht deshalb unter dem Motto »Waldsterben«. Er liegt im Siebentischwald, beginnt am Stempflesee und hat eine Länge von 3 km. Zufahrt von der Haunstetter Str. (B 17) in die Ilsungstr.; an deren Beginn ist ein großer Parkplatz, ab hier zu Fuß (5 Min.) zum Stempflesee, ☏ 3 24-27 65.

Eine Augsburger Niederlassung auf Haiti

Das wichtigste Handwerk war damals schon die Weberei. Manche der Leinweber schafften es, mit dem am Webstuhl erschufteten Geld selbst Handelsgeschäfte zu betreiben und in die Gilde der Kaufleute aufzusteigen. Eine solche Karriere machte auch ein Webergeselle namens Hans Fugger (Fucker), der im Jahr 1367 aus dem benachbarten Dorf Graben nach Augsburg gekommen war. Schon 100 Jahre später begann der Aufstieg der Familie Fugger zur berühmtesten Kaufmannsfamilie Deutschlands. Die drei Brüder Ulrich, Georg und Jakob wollten sich nicht mehr wie ihre Augsburger Kollegen damit begnügen, Gewürze, feines Tuch und andere Luxusgüter aus Venedig zu holen und in Europa zu vertreiben, sondern sie erwarben Beteiligungen an Rohstoffquellen, vor allem im Tiroler Silber- und Kupferbergbau. Die Verbindung von Handelstätigkeit, Rohstoffausbeutung und sich ständig ausweitendem Grundbesitz war das Geheimnis des Fuggerschen Geschäftserfolges.

Die andere große Augsburger Handelsfamilie waren die Welser. Sie zeigten geradezu Abenteuerlust, als sie 1524 auf Haiti die erste deutsche Handelsniederlassung in der Neuen Welt eröffneten und sich vier Jahre später in einem noch unerforschten Teil Südamerikas festsetzten. Dem Land gaben sie den Namen Klein-Venedig: Venezuela.

Der Reichtum der Kaufsmannsfamilien begann sich nun natürlich auch im Stadtbild bemerkbar zu machen. Von den Bauten der Fugger blieb am meisten erhalten. Sie errichteten die Fuggerei 6, die als die älteste Sozialsiedlung der Welt gilt. Dann setzten sie ihren eigenen Stadtpalast an die Maximilianstraße 14. Und Jakob Fugger ließ schließlich bei der St.-Anna-Kirche 21 eine Familienkapelle (1509–18) anbauen, die als frühester Renaissanceraum nördlich der Alpen gilt. Diese Zeit des wirtschaftlichen Glanzes brachte der Stadt auch eine kulturelle Blüte: der Humanist Konrad Peutinger (1465–1547), die Maler Hans Holbein d. Ä. (um 1465–1524), Hans Burgkmair d. Ä. (1473–1531) und Christoph Amberger (um 1505–61/2) lebten und wirkten in Augsburg.

Anfang des 16. Jh. wird Augsburg jedoch ein Mittelpunkt der religiösen Auseinandersetzungen im Reich. Hier finden entscheidende Reichstage statt: 1530 wird die »Confessio Augustana«, die Bekenntnisschrift der Reformation, vorgestellt, 1555 der Augsburger Religionsfriede ausgehandelt. Aber nicht nur auf Reichsebene, sondern auch innerhalb der Bürgerschaft hatte es heftige Auseinandersetzungen über Religionsfragen gegeben, die die soziale und wirtschaftliche Substanz der Stadt nachhaltig schwächten. Hinzu kam, daß zahlreiche Schuldner der Augsburger Kaufleute und Bankiers (z.B. auch der spanische König) zahlungsunfähig wurden. Bis Ende des 16. Jh. gingen rund 70 Augsburger Bank- und Handelshäuser in Konkurs. Selbst das Haus Welser brach 1614 zusammen; die Fugger überstanden, wenn auch mit einiger Mühe, die nächsten Jahrzehnte. Es ist auf den ersten Blick verblüffend, daß ausgerechnet jetzt jene baulichen Akzente gesetzt wurden, die Augsburg bis heute prägen: die Renaissancebauten. Es wirkte sich nämlich nun die grundsolide Struktur des Handwerks aus, das unabhängig von den weltumspannenden Geschäften der großen Bank- und Handelshäuser einen bei den Bürgern der Stadt breitgestreuten Reichtum erwirtschaftet hatte. Um auch durch Bauten auf ihre Wurzeln in der Antike hinzuweisen, gestaltete man die Stadt im Geiste der italienischen Renaissance.

Der große Stadtbaumeister: Elias Holl

Erste wichtige Akzente wurden die drei Brunnen, die die Augsburger um 1600 errichteten. 1588–94 entstand anläßlich der 1600-Jahr-Feier der Stadt der Augustus-Brunnen 3 zu Ehren des – vermeintlichen – Stadtgründers. Ebenso deutlich die Bezüge des Merkurbrunnens (1599) im Nordteil der Maximilianstraße, eine Huldigung an den antiken Gott des Handels, und des Herkulesbrunnens 16 im Mittelpunkt der repräsentativen Maximilianstraße. Am stärksten brachten aber die Bauwerke des Elias Holl das gewachsene bürgerliche Selbstbewußtsein zum Ausdruck. 1602 zum Stadtbaumeister berufen, schuf er in kaum 20 Jahren die wichtigsten Repräsentations- und Zweckbauten der Stadt. Von einem Aufenthalt in Venedig (1601/02) hatte er Ideen und Anregungen mitgebracht, die er nun im Zeughaus 18 und in der Stadtmetzg 4, im Roten Tor 26, im Perlachturm 2 und vor allem im mächtigen Bau des neuen Rathauses 1 umsetzte.

Als 1618 am Rathaus Richtfest gefeiert wird, bricht der Dreißigjährige Krieg aus. Er bringt Augsburg nicht nur endgültig den Verlust der europäischen Bedeutung, sondern auch, 1650, den Zusammenbruch des Hauses Fugger. Damit war es um die Stellung der Stadt als der wichtigste Handelsplatz Süddeutschlands geschehen. Am schnellsten erholte sich nach dem Krieg das Handwerk. Als Vertreter neuer Produktionszweige etablierten sich Silberschmiede und Möbelmacher. Sie wurden in der Barock- und Rokokozeit mit ihrer Arbeit richtungweisend für ganz Europa, ihr Stil wurde als »Augsburger Geschmack« zum Vorbild für Wohnkultur.

Eine Fabrik wie ein Barockschloß

Wichtigster Gewerbezweig war aber weiterhin die Textilbranche. Den Webern gelang es 1689, durch »Werkspionage« in England und Holland hinter das Geheimnis der neuen Technik des Baumwolldrucks zu kommen. Damit stand, was noch niemand ahnte, in Augsburg schon das Industriezeitalter vor der Tür. Um die Mitte des 18. Jh. beschäftigte sich ein junger Drucker, Johann Heinrich Schüle, in Augsburg mit der Frage, wie man in großem Stil preiswerte Kattun- (also Baumwoll-)drucke her-

Keine Liebe auf den ersten Blick

Lange Zeit waren sich die Augsburger unschlüssig, ob sie ihn nun lieben sollten oder nicht, den großen Sohn ihrer Stadt: Bertolt Brecht. Erst allmählich haben sie sich, Jahrzehnte nach dem Tod des Dichters, zu distanzierter Liebe entschlossen. Immerhin war es Brecht, der seiner Heimatstadt den Rücken gekehrt hat. Über München kam er nach Berlin und wurde dort nach eigenem Bekenntnis »Stückeschreiber«. Seine Stücke paßten nun allerdings wirklich nicht immer in die solid-kaufmännische Welt vieler Augsburger. Inzwischen aber gibt es auch in Augsburg eine Bert-Brecht-Straße und eine Bert-Brecht-Gesellschaft. Und das Geburtshaus 5 wurde in eine Gedenkstätte umgewandelt. Seit 1985 wird sogar alljährlich Anfang Februar (zu Brechts Geburtstag am 10. Februar) eine Brecht-Woche in den Theatern Augsburgs veranstaltet.

Augsburger Puppenkiste

Seit über 30 Jahren schon erfreuen die Aufführungen der »Augsburger Puppenkiste« im Fernsehen nicht nur die jungen Zuschauer. Über 700mal sind die so ungemein phantasievollen Marionetten auf dem Bildschirm erschienen, »Hänsel und Gretel« ebenso wie der »Kleine Prinz«, die »Kleine Hexe« oder »Frau Holle« und natürlich auch viele Figuren aus neu entstandenen Geschichten. Nicht alle Zuschauer wissen, daß die Augsburger Puppenkiste ein richtiges Theater mit regelmäßigem Spielplan ist. Das Marionettentheater, das anfangs tatsächlich aus kaum mehr als einer Kiste voller Puppen bestand, trat 1948 mit dem »Gestiefelten Kater« erstmals an die Öffentlichkeit. Damals wie heute spielte man im Heilig-Geist-Spital, nahe dem Roten Tor 26. Und die Knirpse von damals, die um Kasperl oder Aschenputtel zitterten, sind noch heute Stammgäste, nun jedoch in den Abendvorstellungen, bei »Doctor Faustus«, bei anderen Klassikern und neuerdings auch bei Kabarettaufführungen.

Von der Freilichtbühne aus erreicht man den beschaulichen Kräutergarten am Heilig-Geist-Spital in wenigen Minuten.

Die Fuggerei ist für ihre 350 Bewohner eine »Stadt in der Stadt«.

Tips, Tips, Tips

Augsburg und Umgebung aus der Luft
Nordöstlich von Augsburg liegt der Verkehrslandeplatz Mühlhausen. Von hier aus werden Liniendienste mit kleineren Maschinen in einige Städte der Bundesrepublik Deutschland und nach Zürich sowie Charterflüge, vornehmlich in den Mittelmeerraum, abgewickelt. Man kann von hier aus aber auch zu Rundflügen über die Stadt und den Voralpenraum starten. Auskunft erteilt die Augsburger Flughafen GmbH, ☏ 70 20 11.

Romantische Kahnfahrten auf dem Stadtgraben
Nicht alle Anlagen der mittelalterlichen Stadtbefestigung wurden im letzten Jahrhundert geschleift. Ein besonders romantischer Teil der ehemaligen Wehrbauten mit intaktem Wassergraben hat sich mit dem Oblatter Wall erhalten. Diese 1540 angelegte Eckbastion ist heute Ausgangspunkt für reizvolle Kahnfahrten auf dem alten Stadtgraben. Zufahrt über Unterer Graben, Pulvergäßchen und Riedlerstraße.

Schmausen wie die Rittersleut
In der »Welser-Kuchl« im »Stiermannhaus« in der Maximilianstraße wird heute wieder nach altschwäbischer Art aufgetischt, und zwar nach Rezepten aus dem Kochbuch der Philippine Welser. Angesichts dessen, was alles an nicht gerade schlankmachenden Köstlichkeiten geboten wird, muß man die Eßleistungen unserer Vorfahren bewundern. »Runtergespült« wird alles mit Honigmet. Wer's mal probieren möchte, sollte sich vorher anmelden, ☏ (0 82 31) 20 20.

In luftige Höhen
Ballonfahren hat in Augsburg Tradition, und jedes Wochenende steigen die bunten Vehikel bei Gersthofen im Norden der Stadt in die Höhe. Wer mal eine Fahrt mitmachen möchte, kann sich beim Freiballonverein Augsburg, ☏ *31 30 01, informieren. Im ehemaligen Wasserturm von Gersthofen gibt es auch ein Ballonmuseum – bis heute einmalig in der Welt (Mi, Fr, Sa, So 10–18 Uhr).*

stellen könnte. Die Überlegungen waren erfolgreich und ermöglichten es Schüle, einen großen, fast barockschloßartigen Fertigungsbau (25) zu errichten, in dem einzelne Arbeitsgänge beim Textildruck so aufgeteilt wurden, daß sie von verschiedenen Arbeitsgruppen ausgeführt werden konnten – der erste Produktionsbetrieb nach englischem Vorbild war auf dem europäischen Kontinent entstanden.

Wie viele andere Städte verlor auch Augsburg Anfang des 19. Jh. die Reichsfreiheit und fiel an Bayern. Der Entwicklung zur Industriestadt tat dies keinen Abbruch. Bald siedelten sich hier, wo man einen großen Bedarf an Maschinen hatte, auch die ersten Maschinenhersteller an. Sie sind bis heute neben der Textilindustrie das zweite Bein der Augsburger Wirtschaft. So wurde 1840 die spätere C. Reichenbach'sche Maschinenfabrik gegründet, in der Rudolf Diesel ab 1893 seinen berühmten Motor entwickelte und aus der 1898 durch Fusion die Maschinenfabrik Augsburg-Nürnberg, kürzer MAN, hervorging. 1840 nahm auch die Mechanische Baumwollspinnerei und -weberei ihren Betrieb auf. Augsburg war zur Industriestadt geworden. Eine neue Bauepoche begann. Zwischen dem Theater (22), dem Bahnhof und dem heutigen Theodor-Heuss-Platz entstand das gründerzeitliche Augsburg mit prächtigen Bürgerbauten in allen Stilarten des Historismus. Hier bekam Augsburg nun endlich auch etwas Grün, das im historischen Altstadtkern so gut wie ganz fehlt.

Nach den schlimmen Bombennächten von 1944, in denen mehr als die Hälfte der Augsburger Bausubstanz in Schutt und Asche fiel, bemühte man sich zunächst um die Schaffung von neuem Wohnraum und um den Wiederaufbau der Fabriken. Die verbliebene historische Bausubstanz wurde allenfalls gesichert. In den letzten Jahren zeigt sich jedoch mehr und mehr das Bemühen um Neugestaltung im historischen Geist der Stadt. Beispiele finden sich im Klosterhof und im Ulrichsviertel, unterhalb der Kirche St. Ulrich und Afra (13).

Der erste Düsenjäger kam aus Augsburg

Augsburg ist heute Bayerns drittgrößtes Wirtschaftszentrum mit Schwergewicht auf dem produzierenden Sektor. Zur traditionellen Textil- und Maschinenindustrie ist als dritter wesentlicher Zweig die Luft- und Raumfahrt hinzugekommen. Dies paßt zu einer Stadt, von wo aus 1931 der erste Ballon in die Stratosphäre aufstieg und in der noch vor 1945 von der Firma Messerschmitt der erste Düsenjäger der Welt in Serie produziert wurde. Dieser Betrieb ist heute am europäischen Raumfahrtprogramm ebenso beteiligt wie an der Tornado- und der Airbus-Produktion.

Für Einwohner und Gäste hat die Stadt im Lauf der Jahre ein reiches Freizeit- und Kulturprogramm entwickelt. Wer sich also am Stadtbild, an den historischen Bauten und den Schätzen in den Museen satt gesehen

Im Kapitelsaal der Bischofsresidenz wurde am 23. Juni 1530 in Anwesenheit von Kaiser Karl V. die »Confessio Augustana« verlesen.

hat, findet noch andere Abwechslungen und Anregungen. Etwa im Augsburger Zoo mit seinem erst kürzlich neu eröffneten Afrika-Panorama, oder im Botanischen Garten, der eine der bedeutendsten japanischen Gartenanlagen Europas birgt. So wenig Grün Augsburg übrigens in seinem Innenstadtbereich besitzt, so weitläufig und ursprünglich sind die Waldgebiete und Lechauen rundum. Wer gern in die Ferne schaut, kann dies vom Perlachturm ② aus tun oder vom Restaurant des Turmhotels, 118 m über der Erde.

So etwas wie ein Geheimtip, selbst für die Münchner, ist das Augsburger Theater. Es zeichnet sich durch eigenwillige Inszenierungen und als Talentschmiede aus. Besonders reizvoll sind natürlich die sommerlichen Freilichtaufführungen im Damenhof ⑰ und vor allem in der Freilichtbühne am Roten Tor ㉖. Wenn hier eine der großen italienischen Opern, prächtig in Szene gesetzt, an einem schönen Sommerabend über die weite Bühne geht, fühlt man sich nach Verona oder in ein anderes antikes Amphitheater versetzt – dann scheint Augsburg seinem 2000 Jahre alten Ursprung wieder näher zu sein.

Fest der Friedensmahnung
Diesen Feiertag gibt es nur in der Stadt am Lech: das »Augsburger Hohe Friedensfest«. Die Bürger der Stadt erinnern sich an diesem Tag an zwei wichtige Friedensschlüsse: an den Augsburger Religionsfrieden von 1555 und an den Westfälischen Frieden, der 1648 den Dreißigjährigen Krieg beendete. Daß dieses Fest jedes Jahr am 8. August begangen wird, ist auch eine Mahnung: Die Protestanten wurden in Augsburg am 8. August 1629 zum letztenmal aus ihren Kirchen vertrieben. Zwar war das Friedensfest noch bis in die Mitte unseres Jahrhunderts allein Sache der evangelischen Bürger Augsburgs, doch wird es heute von den beiden christlichen Kirchen begangen.

Theater, Musik, Veranstaltungen, Museen

Theater
Städtische Bühnen Augsburg, Kasernstr. 4–6. Spielorte – Stadttheater ㉒, Kennedyplatz: Oper, Operette, Schauspiel; Brecht-Woche; Schauspielhaus Komödie ⑧, Vorderer Lech 8: Schauspiel; Brecht-Woche; FKK (Freche Kleinkunst). Studio in der Komödie: Stücke mit Werkstattcharakter. Freilichtbühne am Roten Tor ㉖: Oper, Operette (Juni/Juli). Freilichttheater Damenhof ⑰, Maximilianstr. 36: Schauspiel (Juni/Juli), ☎ 3 24 49 33.
Kongreßhalle, Gögginger Str. 10. Gastspiele (Sept.–Mai): Schauspiel, Operette, Musical, Ballett, ☎ 3 24 23 48.
Kreßlesmühle, Barfüßerstr. 4. Kabarett, Pantomime, Musik-, Tanz-, Clown-, Körpertheater, ☎ 3 71 70.
Spielküche im Haupthaus, Henisiusstr. 1. Kinder- und Jugendtheater mit selbstgeschriebenen und literarischen Stoffen. Mitspieltheater, ☎ 15 57 77.
Augsburger Puppenkiste – Oehmichens Marionettentheater, Spitalgasse 15, ☎ 43 44 40.

Musik
Kongreßhalle, Gögginger Str. 10. Sinfoniekonzerte des Philharmonischen Orchesters der Stadt Augsburg; Pro Musica Meisterzyklus mit zehn Abonnementkonzerten (Sept.–Mai); Popkonzerte, ☎ 3 24 23 48.
Leopold-Mozart-Konservatorium der Stadt Augsburg, Maximilianstr. 59. Konzerte der Akademie: Orchester-, Chor- und Kammermusikkonzerte in der Kongreßhalle und im Kleinen Goldenen Saal. Studio für alte und neue Musik mit Aufführungen in Augsburger Kirchen, im Konservatorium, im NCR-Pavillon des Botanischen Gartens, ☎ 3 24 28 91.
Dom ㉔, Frauentorstr. 1. »Cantate Domino« mit den Augsburger Domsingknaben (1. Sa im Monat); »30 Minuten Orgelmusik« (2.–4. Sa im Monat). »Johannes-Passion« und »Weihnachtsoratorium« mit den Augsburger Domsingknaben, ☎ 51 00 88.
Kirche St. Ulrich und Afra ⑬, Ulrichsplatz 19. »30 Minuten Musik in den Ulrichskirchen« (April–Sept. Mo); Orgeltage (zwei Wochenenden Juni/Juli). Ulrichswoche (3.–11. Juli). Ulricher Adventskonzert, ☎ 15 60 49.
St.-Anna-Kirche ㉑, Im Annahof 4. Stunde der Kirchenmusik (letzter Sa im Monat): Solistische Abende, Orgelkonzerte, Kantaten, Oratorien. Musikalische Matineen mit Kammermusik (an den hohen Festtagen). Festkonzert zum Augsburger Hohen Friedensfest (8. Aug., 17 Uhr), ☎ 51 44 85.
Kreßlesmühle, Barfüßerstr. 4. Intern. Modern Jazz, Salsa, Latin; Workshop Intern. Folklore (Mi), ☎ 3 71 70.

Veranstaltungen
Alle drei Jahre (1991) Juni/Juli: Dreiwöchiges *Historisches Bürgerfest* in der Stadtmitte und Altstadt. Programm »Augsburg um 1600« mit historischer Gastronomie, historischem Markt, »lebenden« Handwerksstätten.
Um den 10. Febr.: *Brecht-Woche* im Stadttheater ㉒ und in der »Komödie« ⑧. Brecht-Inszenierungen der Städtischen Bühnen Augsburg, Gastspiele; Lesungen, Workshops, ☎ 3 24 49 33.
Oster-Sa: Zweiwöchige *Frühlingsdult* am Jakobertorplatz. Traditioneller Krämermarkt.
Oster-So: Zweiwöchiger *Osterplärrer* am Kleinen Exerzierplatz, Langenmantelstr. Volksfest.
Juli: Einwöchiges *Augsburger Brunnenfest* in der Maximilianstr. ⑭ und Fußgängerzone. Schauspiel, Ballett, Folklore, mittelalterliche Musik, Rockmusik.
Letzte Juliwoche: *Rock am Roten Tor* ㉖. Open-Air-Konzert mit Augsburger Rockgruppen, ☎ 55 30 56.
Letztes Juli-Wochenende: Neuntägiger *»La Piazza«/Kunst- und Theaterzirkus* auf dem Elias-Holl-Platz. Festival im Zirkuszelt mit Straßen- und Zirkustheater aus ganz Europa, ☎ 3 71 70.
Ende Aug./Anfang Sept.: Einwöchiger *Augsburger Mozartsommer* mit Kammerkonzerten im Rokoko-Festsaal des Schaezler-Palais ⑮, Maximilianstr. 46, ☎ 3 24 27 30, 3 24 27 33.
Ende Aug.–Anfang Sept.: *Herbstplärrer* am Kleinen Exerzierplatz, Langenmantelstr. Volksfest.
Anfang–Mitte Okt.: *Michaeli-Dult* am Jakobertorplatz. Traditioneller Krämermarkt.

Museen
Bert-Brecht-Gedenkstätte, Auf dem Rain 7 (s. ⑤).
Fuggerei-Museum, Fuggerei, Mittlere Gasse 13 (s. ⑥).
MAN-Museum, Heinrich-von-Buz-Str. 28. Entwicklungsgeschichte des Werks; Entwicklung des Dieselmotors und der Druckmaschinen (Mo–Fr 8–16 Uhr).
Mozartgedenkstätte, Frauentorstr. 30. Geburtshaus von Leopold Mozart. Dokumente aus Leben und Werk der Familie (Mo 10–12, 14–17, Mi–So 10–12, Mi, Do 14–17, Fr 14–16 Uhr).
Städtische Kunstsammlungen – Staatsgalerie am Schaezler-Palais ⑮, Maximilianstr. 46. Schwäbische Meisterwerke der Spätgotik und Renaissance im ehemaligen Dominikanerinnenkloster St. Katharina: Gemälde u. a. von Hans Holbein d. Ä., Hans Burgkmair d. Ä. und Albrecht Dürer (Mai–Sept. Di–So 10–17 Uhr; Okt.–April Di–So 10–16 Uhr).
Städtische Kunstsammlungen – Staatsgalerie des 19. und 20. Jh., Kunsthalle am Wittelsbacher Platz, Imhofstr. 7. Malerei von 1860–1910, u. a. Franz von Defregger, Carl Schuch, Hans Thoma, Lovis Corinth und Max Slevogt. Sammlungsschwerpunkte: »Der Blaue Reiter« und »Die Brücke«. Die Kunst der 20er Jahre ist mit Gemälden des Surrealismus, der abstrakten, konkreten und informellen Kunst vertreten sowie mit Max Beckmann (Mai–Sept. Di–So 10–17, Mi bis 21 Uhr; Okt.–April Di–So 10–16, Mi bis 21 Uhr).
Städtische Kunstsammlungen – Maximilian-Museum, Philippine-Welser-Str. 24 (s. ⑳).
Städtische Kunstsammlungen – Deutsche Barockgalerie, Maximilianstr. 46 (s. ⑮).
Städtische Kunstsammlungen – Graphische Sammlung, Maximilianstr. 46 (s. ⑮).
Städtische Kunstsammlungen – Römisches Museum, Dominikanergasse 15 (s. ⑩).

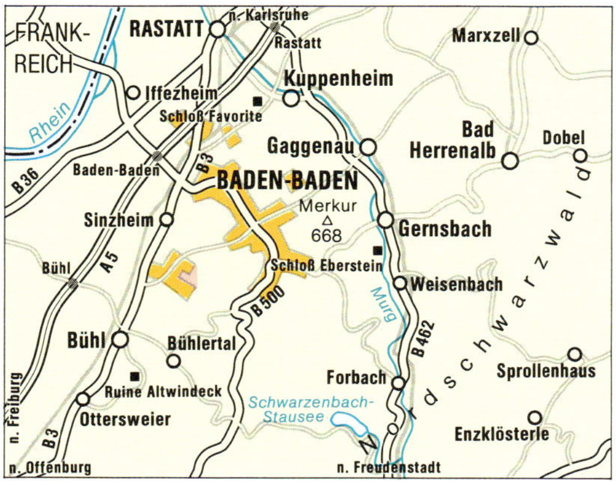

Baden-Baden ist eine der bekanntesten und schönsten Städte in der Bundesrepublik Deutschland, schenkt man dem Urteil der Einwohner und Dauergäste Glauben. Am Rand des Schwarzwalds gelegen, blickt die Stadt auf die Rheinebene und hinüber ins Nachbarland Frankreich, von dem sie so viele Impulse empfangen hat. Zudem besitzt Baden-Baden einen prächtigen Stadtwald und fürstliche Kuranlagen. Und mit der 1968/69

Baden-Baden

Zwischen Casino und Thermen

erschlossenen Florentinerquelle gibt es hier elf Thermen, die zu den wärmsten in Europa gehören. Europäische Dimensionen haben auch der »Große Preis von Baden-Baden« in Iffezheim, ein Hauptereignis des internationalen Pferdesports, und die grandiose Kurbad-Architektur. Weltruhm genießt die Stadt mit ihrem Casino seit gut 150 Jahren.

Wappen Im Kern identisch mit dem des ehemaligen Landes Baden: roter Schrägbalken im gelben (goldenen) Feld. Über dem Schild im Halbbogen ockerfarbenes Mauerwerk in drei Reihen, gekrönt von drei nebeneinanderliegenden Zinnen, als Anspielung auf die Verleihung des Stadtrechts im 13. Jh.
Lage Am Westrand des nördlichen Schwarzwalds, im Tal der Oos; im Nordwesten zur Oberrheinischen Tiefebene hin geöffnet.
Land Baden-Württemberg
Autokennzeichen BAD
Höhe 112–1003 m ü. M.
Fläche 140 km^2
Einwohnerzahl 50 000
Postleitzahl 7570
Telefonvorwahl 0 72 21
Post Hauptpost, Leopoldsplatz, Spätschalter (Mo–Fr 8–19, Sa 8–13, So 10–12 Uhr).
Polizei Gutenbergstr. 15, ☏ 68 00-0
Taxi ☏ 2 26 00
Nahverkehr 18 Omnibuslinien innerhalb des alten Stadtbereichs und in die eingemeindeten Orte. Fahrscheine beim Fahrer oder in den Verkaufsstellen.
Parken Da die Parkmöglichkeiten beschränkt sind, ist es ratsam, das Auto in einer Tiefgarage abzustellen: Kurhaus, Kaiserallee (am Goetheplatz); Kongreßhaus, Augustaplatz 10; Tiefgarage Augustaplatz, Augustaplatz 8; Vincenti, Vincentistr.; Parkhaus Horten, Lange Str. 44, Bäder-Garage (Nähe Caracalla-Therme).
Touristinformation Bäder- und Kurverwaltung, Gästeinformation, Haus des Kurgastes, Augustaplatz 8, ☏ 27 52 00, 27 52 01.
Stadtführung Ab Haus des Kurgastes, Augustaplatz 8, Mo 15, Do 10 Uhr.

Eine Hauptstadt des 19. Jahrhunderts

Die Höllquelle ist mit 68 °C Baden-Badens heißeste Quelle, hingegen bringt es die Höllgaßquelle »nur« auf 51,8 °C.

851,474 Kubikmeter schütten alle Quellen der Stadt während 24 Stunden. Sie zählen zu den Natriumchlorid-Thermen und gehören zu den heißesten und heilkräftigsten in Europa. Als Heilanzeigen für die äußere Anwendung gelten alle Schäden am Bewegungsapparat bis hin zu Nervenentzündungen und Lähmungen, ferner Herz- und Kreislaufleiden sowie chronische Erkältungen. Trinkkuren werden bei Erkrankungen der Verdauungsorgane verordnet. Allein dieser Heilquellen wegen ist die Stadt weltberühmt, und Bürger wie Gäste sind von der Berechtigung des Ruhms gleichermaßen überzeugt.

Bescheidener gibt man sich mit dem Wein: Baden-Baden ist nach Stuttgart und Freiburg erst die drittgrößte Weinbaugemeinde Baden-Württembergs. Dafür hat man 1972 durch Eingemeindung eine kostbare Ortenauer Weingegend dem Stadtgebiet einverleibt. In den Gemeinden am Westrücken der Yburg und des Fremersbergs wächst auf verwittertem Urgestein vor allem Riesling, und er gehört, in Bocksbeutel gefüllt, zum Besten, was Baden zu bieten hat.

Wohin man auch schaut, überall begegnet einem dieser Hang zum Exquisiten. Selbst der Abriß des Augustabads ⑤, eines Prachtbaus aus dem späten 19. Jh. und zugleich eines der schönsten Bäder der Epoche, hatte seine eigene Qualität: Er gehört zu den größten Bausünden, die sich denken lassen.

Baden-Baden war nicht von ungefähr, bis 1870, eine »Hauptstadt des 19. Jahrhunderts«. Dann gab es Krieg, und die Gäste aus dem nahen Frankreich blieben aus. Die strengen Preußen aber verboten das Glücksspiel. Mit dem Casino wurde zugleich auch »Europas Sommerhauptstadt« geschlossen, war die »europäische Gemeinschaft« aus Adel und Großbourgeoisie ihres Treffpunkts beraubt. Ihre Metropole Baden-Baden geriet an den Rand, Wiesbaden wurde statt dessen wilhelminisches Nationalbad. Statt der bunten europäischen Paradiesvögel gab es nun preußischblaues Einerlei und Hackenschlagen im Kurpark. Baden-Badens grandiose Zeit war verstrichen, die große Welt zog nach Monte Carlo, dessen Casino-Pächter übrigens dem französischen Staat eine bedeutende Summe zur Tilgung der fünf Milliarden Franc Kriegsschulden an Deutschland vorschoß.

Im Park an der Lichtentaler Allee liegt die Villa Stephanie, eine der vielen Kliniken, in denen man sich um das Wohl des Kurgasts sorgt.

Der Pächter war bald König

1801 gab es die ersten offiziell erlaubten Glücksspiele, 1809 wurde ein Spielsaal am Marktplatz eröffnet. Johann Peter Hebel, der Dichter aus dem alemannischen Oberland, nachmals Prälat in Karlsruhe, war häufig auf ein Spielchen hier, um das Heimweh zu verscheuchen. In den 20er Jahren des 19. Jh. hat dann ein anderer Karlsruher, der Baumeister Friedrich Weinbrenner, das große Promenadenhaus erbaut, den heutigen Kursaal (13). Seitdem wird hier gespielt. 1838 treten die Bénazets als Spielbankpächter auf den Plan, zuerst Jacques, ein Südfranzose. Erste Berühmtheiten stellten sich ein, etwa die Dichter Lenau, Gogol, Balzac.

Im Revolutionsjahr 1848 übernimmt Edouard Bénazet das Pacht-Erbe seines Vaters. Er wird zum »Roi de Bade«, zum König von Baden, wo doch in Karlsruhe ein Großherzog zum Regieren genügte! Er sorgt für die Prunksäle im heutigen rechten Kurhausflügel, dessen Innenausstattung Pariser Bühnenbildner übernehmen. Er etabliert die Rennbahn in Iffezheim; ihm verdankt die Stadt das Theater (14) von edelstem Neobarock, ganz nach der Pariser Mode und natürlich von dortigen Architekten. Hector Berlioz schreibt 1862 zur Einweihung die Oper »Béatrice et Bénédict«, ein Alterswerk schon, heiter und ein wenig konfus, aber bis heute gespielt.

Baden-Baden
Es hat seine historische Bewandtnis mit dem Doppelnamen: 1535 wurde die Markgrafschaft Baden geteilt. Der nördliche evangelische Teil um die damalige Residenz Durlach hieß nun Baden-Durlach, der südliche katholische um die Zähringer Stammburg Hohenbaden oder Baden analog Baden-Baden.
Die Doppelung, ursprünglich also nur eine Bezeichnung des Fürstenhauses, bürgerte sich dann in der Stadt ein, vielleicht weil »Badde-Badde« in der Mundart so lustig klingt. Amtlich heißt die Stadt erst seit 1931 Baden-Baden.

Exquisiter Beruf
Wer Croupier werden will, muß eine abgeschlossene Berufsausbildung haben und mindestens 21, höchstens 25 Jahre alt sein. Zu den Anforderungen gehören neben einem makellosen Führungszeugnis biegsame Gelenke, ein gepflegtes Äußeres, gute Umgangsformen, Zurückhaltung im Dienst und Bewegungen von natürlicher Eleganz. 35 Teilnehmer werden jeweils in die Croupier-Kurse aufgenommen, etwa die Hälfte besteht am Ende die Prüfung. Dann gilt es, sich hochzudienen: Der »Saladier« sortiert die Jetons nach dem Spiel wieder ein. Der »Kopfcroupier« sitzt am Kopf des Tisches und besorgt die Einsätze der Spieler. Eine Stufe höher steht der »Zylindercroupier«. Er sitzt neben dem Roulettekessel, wirft die Kugel, macht die Gewinnangaben und zahlt die Gewinne aus. Beobachtet wird alles vom »Chef de table«, der auf einem erhöhten Platz sitzt. Die Einkommen der Croupiers hängen übrigens davon ab, was die Spieler in den Tronc zahlen, eine Art Trinkgeldkasse für die grünen Tische.

Der Säulengang der Trinkhalle im Kurpark ist 90 m lang.

In der Fußgängerzone der Altstadt kann man die reizvollen Fassaden der Bürgerhäuser bewundern.

Lenau, Gogol und Wilhelm I. standen schon am Spieltisch des Casinos.

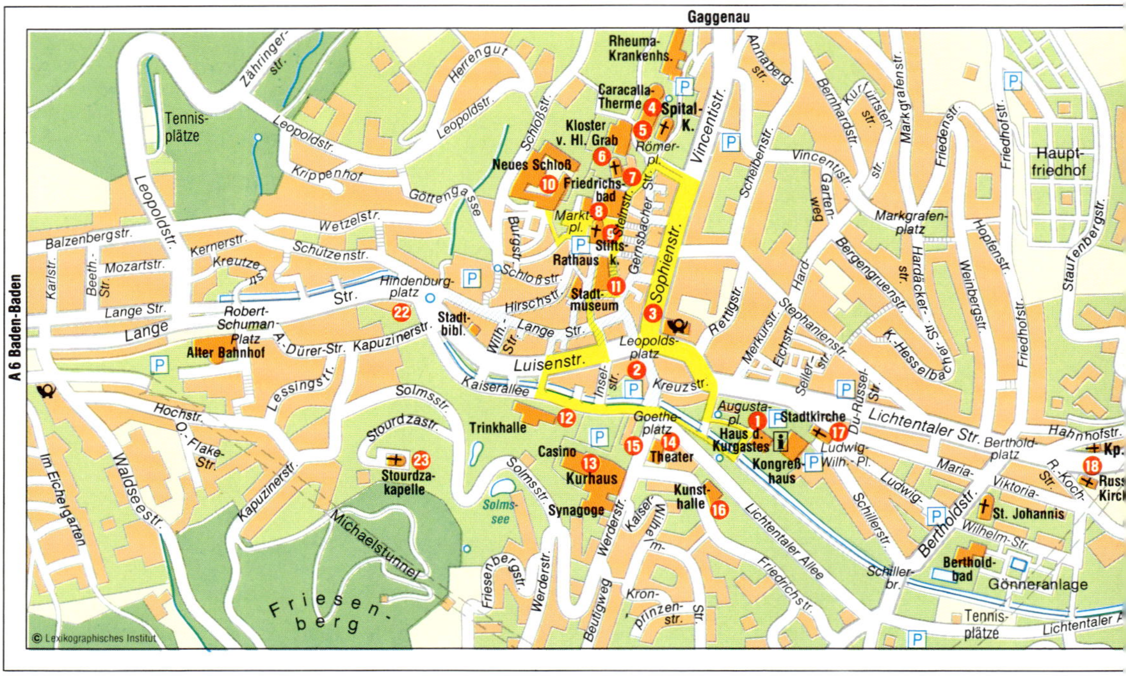

Stadtrundgang

Unser Rundweg dauert eineinhalb bis zwei Stunden und beginnt am Haus des Kurgastes 1, *wo genügend Parkplätze zur Verfügung stehen. Der Weg führt immer wieder an Grünflächen mit Rastmöglichkeiten vorbei. Auf den Abstecher zum Neuen Schloß* 10 *sollten Sie allein wegen der herrlichen Aussicht nicht verzichten. Wenn Sie sich stärken möchten, halten Sie unterwegs einfach die Augen offen; es gibt so viele Möglichkeiten, daß es ungerechtfertigt wäre, eine besonders hervorzuheben. Sollte Ihre Unternehmungslust nach unserem Rundgang noch nicht erschöpft sein, empfiehlt sich der Spaziergang über die herrliche Lichtentaler Allee zum Kloster Lichtental* 20 *hinaus, für den Sie eineinhalb Stunden veranschlagen sollten.*

Sehenswürdigkeiten

1 *Haus des Kurgastes*, im erhalten gebliebenen Teil des ehemaligen Hotels »Stephanie«; historistische, für Baden-Baden typische Architektur. Schreib- und Leseräume, Möglichkeiten zum Fernsehen, Billard, Bridge, Gartenschach (tägl. 9–22 Uhr).

2 *Palais Hamilton*, 1808 mit einem wuchtigen Säulenvorbau von Friedrich Weinbrenner erbaut. Damals das erste »moderne« Haus Baden-Badens, wies es bereits voraus in die glanzvolle Zukunft der Badestadt.

3 *Reiherbrunnen*, Bronzeplastik des Karlsruher Bildhauers Karl Albiker aus dem Jahr 1912.

4 *Caracalla-Therme*, 1983–85 erbauter, römischen Vorbildern folgender Thermalbad-Tempel (☏ 27 59 40).

5 *Früheres Augustabad*, in den 60er Jahren anstelle des abgerissenen alten Bades von 1887–93 errichtet; Anfang der 80er Jahre wurden die beiden obersten Geschosse abgerissen und die übrigen Bauteile in den neuen Komplex der Caracalla-Therme 4 integriert.

6 *Frauenkloster und Kirche vom Hl. Grab*, 1687–89 entstandener, in der Folge mehrfach erneuerter und erweiterter Klosterbau; die Kirchenfassade wurde 1895 neubarock umgestaltet. Im Innern verdienen Kanzel und Emporengitter (beides um 1730) Beachtung.

7 *Römische Badruinen*. Eine um 120 n. Chr. erbaute Therme, wahrscheinlich Soldatenbad, wurde 1847 entdeckt (April–Okt. 10–12, 13.30–16 Uhr; unter dem Friedrichsbad durch die Glasabtrennung zu betrachten). Die üppiger ausgestatteten Kaiserthermen unter der Stiftskirche wurden in der ersten Hälfte des 19. Jh. entdeckt, aber wieder überbaut.

8 *Friedrichsbad*, nach Großherzog Karl Friedrich von Baden benannter Kuppelbau, 1869–77 von Karl Dernfeld erbaut, Neurenaissance. Die weitgehend original erhaltenen oder wiederhergestellten Baderäume sind römischen Thermen nachempfunden (☏ 27 59 21).

9 *Stiftskirche St. Peter und Paul;* die Fundamente der 1245 zuerst erwähnten Hallenkirche gründen in einer römischen Badeanlage. Die unteren Geschosse des Turms sind spätromanisch, Chor und Langhaus spätgotisch. Der Stadtbrand von 1689 brachte das Gewölbe des Langhauses und der Turmvorhalle zum Einsturz. Wiederherstellung in der ersten Hälfte des 18. Jh. Der barocke Stuckdekor wurde im 19. Jh. entfernt. Zur Ausstattung gehört das spätgotische Kruzifix Nikolaus Gerhaerts von 1467; die 5,60 m hohe, aus einem Stein gearbeitete Skulptur gilt als eines der reifsten Werke des 15. Jh. Am Chorbogen spätgotisches Sakramentshaus, an den Chorwänden zahlreiche Grabmäler badischer Markgrafen, u. a. der Prunkepitaph des »Türkenlouis«, Ludwig Wilhelm I. († 1707).

10 *Neues Schloß;* dem 1573–75 durch Caspar Weinhart errichteten Hauptschloß ging eine bis auf geringe Reste untergegangene Burganlage des 14. Jh. voraus. Der Archivturm und der westliche Torbau entstanden im 15. Jh. In der Barockzeit erhielt das Hauptschloß seinen Mittelgiebel. Der Brand von 1689 hat die Inneneinrichtung weitgehend zerstört. Im Torgebäude und im ehemaligen Marstall die *Stadtgeschichtlichen Sammlungen*: Bodenfunde aus römischer Zeit, Zeugnisse der mittelalterlichen Stadtgeschichte, Abteilung Puppen und Spielzeug (April–Okt. Di–So 10–12.30, 14–17 Uhr). In den Prunkräumen des Hauptgebäudes das *Zähringer Museum* mit dem markgräflich-badischen Kunstbesitz und Wohnkultur (Führung Mo–Fr 15 Uhr).

11 *Rathaus*, 1632 als Jesuitenkolleg errichtet, 1689 durch den Stadtbrand zerstört, wiederaufgebaut und 1809 von Friedrich Weinbrenner im klassizistischen Stil zum »Konversationshaus« umgebaut, seit 1862 Rathaus.

12 *Trinkhalle*, 1839–42 vom Weinbrenner-Schüler Heinrich Hübsch erbaut, 90 m langer Wandelgang mit 16 korinthischen Säulen und 14 Fresken badischer Sagen von Jakob Götzenberger.

13 *Kurhaus*, 1821–23 durch Friedrich Weinbrenner erbaut; 1853/54 gestaltete Charles Séchan unter Mitwirkung von Bühnenbildnern der Pariser Oper die Räume des rechten Flügels in verschie-

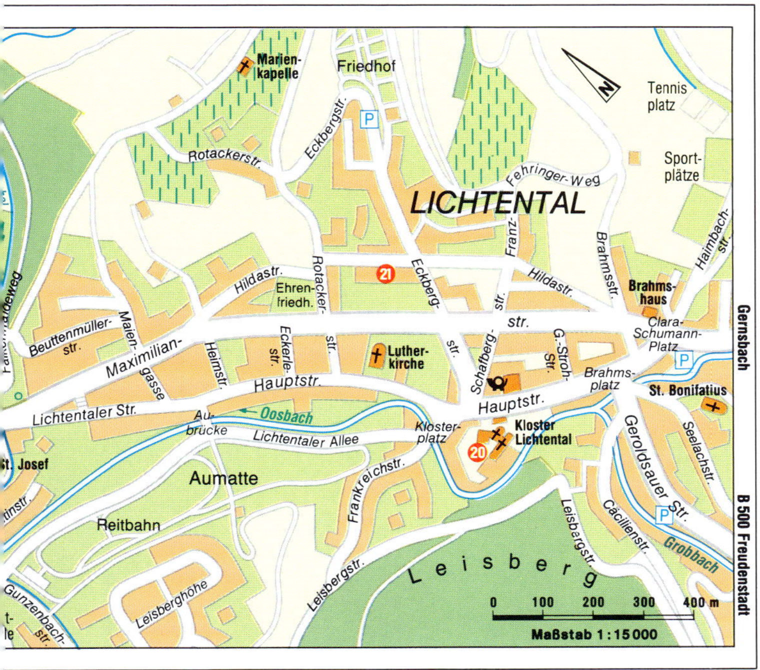

Gekrönte Häupter, Künstler, Pumpgenies, Kokotten

Drei Jahre später folgte Johannes Brahms seiner Clara Schumann hierher. Er nahm in Lichtental (21) Logis und traf sich zuweilen mit Anselm Feuerbach, dem Maler, und Johann Strauß, dem Kollegen. Seine zweite Sinfonie heißt die »Lichtentaler«. Iwan Turgenjew bezog schon 1863 das Haus in der Schillerstraße 17 und schrieb seinen Roman »Dunst«, eine Satire auf die russischen Emigranten in Baden-Baden. Dostojewski besuchte ihn 1867, wohl auch, um den Kollegen anzupumpen; denn er hatte den Pelzmantel, das letzte Wollkleid und das bißchen Schmuck seiner Frau verspielt. Es kam zum Streit und zum Zerwürfnis. Ein Gartenhaus erinnert noch an Turgenjews Baden-Badener Zeit, die bis 1870 dauerte. Das Haus in der Schillerstraße hat man 100 Jahre später abgerissen, eine der vielen Sünden – aus Überfluß an Erinnerungsstücken.

Auch Wilhelm I. von Preußen hat Baden-Baden geschätzt. Oft stand der spätere deutsche Kaiser in Begleitung seines Kanzlers Bismarck an den Spieltischen. Wilhelm I. ist der Stadt mit seiner Büste vor der Trinkhalle (12) erhalten geblieben, Bismarck dominiert als steinerner Ehrengast ausgerechnet den Jesuitenplatz, er, der sich im »Kulturkampf« mit der katholischen Kirche auseinandergesetzt hatte.

Als dieser Sommerjahrmarkt der europäischen Eitelkeiten im vollen Flor stand, war die Lichtentaler Allee ein Forum fulminanter Selbstdarstellung. »Bäume, wie Sie noch keine gesehen haben«, so Turgenjew an Flaubert, spendeten hier den gekrönten Häuptern aus ganz Europa vom Zaren bis zum König von Württemberg Schatten. Beiläufig wurde hier Weltpolitik gemacht, während das Großbürgertum im Kursaal weltumspannende Geschäfte abwickelte und ab und zu mit starrem Blick ein Glücksucher aus dem Casino hastete, der zuletzt noch Ehering und Ehre verspielt hatte. Die prächtigsten Kokotten Europas waren zur Stelle und wetteiferten miteinander: die rothaarige Cora Pearl, die lustige Barucci, die Lady Muss, Blanche d'Antigny – Zolas »Nana« – und Hortense Schneider, Offenbachs »Helena«. Die Welt, so scheint es, hatte auf einer kaum zweieinhalb Kilometer langen Promenade Platz, und die Halbwelt ließ sich nicht lange bitten: Hochstapler, Pumpgenies, verarmter Adel, Glücksritter drängten zum Mittelpunkt der Lichtentaler Allee, dem Casino im Kurhaus (13). Ein großer Teil des europäischen Goldes sei damals über Bénazets grüne Tische gerollt, heißt es.

Elegant sind jetzt vor allem die Croupiers

Und heute? Baden-Baden hat durchaus noch seine Auftritte, gerade um den Kursaal (13) herum, zumal wenn das Fernsehen mit von der Partie ist.

denen Stilformen des französischen Barock aus. Die Räume im Mittelbau und im linken Flügel erhielten 1912–17 und 1938 durch August Stürzenacker ihr klassizistisches Gepräge.

(14) *Theater*, 1860–62 mit Unterstützung des Spielbankpächters Edouard Bénazet durch Derchy und Lang im Pariser Barock jener Zeit erbaut.

(15) *Ladenkolonnaden*, gemeinhin als »Boutiquen« bezeichnet, 1866/67 erbaute Geschäfte von besonderer Eleganz.

(16) *Staatliche Kunsthalle*, von dem Maler Robert Engelhorn gestiftet, 1907–09 von Hermann Billing erbaut. Wechselausstellungen der Kunst des 19. und 20. Jh. (Di–So 10–18, Mi bis 20 Uhr).

(17) *Evangelische Stadtkirche*, 1855–64 durch Friedrich Eisenlohr im neugotischen Stil errichtete Hallenkirche mit Doppelturmfassade. Sehenswerte Glasfenster im Langhaus und Chor.

(18) *Russische Kirche*, 1880–82 im byzantinischen Stil für die russische Emigrantengemeinde erbaut. Versöhnungsmosaik über dem Hauptportal.

(19) *Pfarrkirche St. Josef*, 1959–61 durch Hugo Becker erstellter Rundbau mit freistehendem Glockenturm.

(20) *Kloster Lichtental*, 1245 gegr., weitgehend erhaltene Zisterzienserinnenabtei. Die älteste Kirche wurde 1248 geweiht, ihr Chor entstand um 1300. Peter Thumb nahm 1724 die Einwölbung des im 15. Jh. erbauten Langhauses vor, erhöhte den Chor und veränderte die Fenster. Im Innern wurden 1946 Wandmalereien des frühen 14. Jh. freigelegt. Bedeutender Bildgrabstein der Stifterin Irmengart von Völvelin von Rufach aus dem frühen 14. Jh. Sehenswert außerdem der Hochaltar, die Steinkanzel (1606) und das Gestühl des Frauenchors (1764–66). In der gotischen Fürstenkapelle von 1288 Gräber von badischen Markgrafen. *Klostermuseum*: liturgische Gewänder, Teppiche und Textilien, Tafelbilder und Altarblätter, Porzellan, Fayencen, Möbel, Uhren, Zinn (Mo–Fr 9–12, 14–17.30, So, Feiertage 15–17 Uhr; Besichtigung nur in Gruppen ab fünf Personen).

(21) *Brahmshaus*, Sommeraufenthalt des Komponisten Johannes Brahms in den Jahren 1865–74, heute Erinnerungsstätte an den Brahms-Schumann-Kreis mit Bibliothek, Fotos, Zeichnungen (Mo, Mi, Fr 15–17, So, Feiertage 10–13 Uhr und nach Vereinbarung).

(22) *»Badischer Hof«*, anstelle eines säkularisierten Kapuzinerklosters 1807–09 durch Friedrich Weinbrenner erstellter Hotelbau. Im Garten der römischen Vorbildern nachempfundene *Dreischalenbrunnen*, eines der Wahrzeichen Baden-Badens.

(23) *Stourdza-Kapelle*, 1864–66 durch Leo von Klenze und Georg Dollmann erstellter spätklassizistischer Zentralbau mit viersäuligem Portikus. Im Innern Marmorfiguren der rumänischen Fürstenfamilie Stourdza, die den Bau als Grablege in Auftrag gab.

Tips, Tips, Tips

Baden-Badens Hausberg
Auf den 668 m hohen Merkur fährt, wer nicht hinaufwandern will, mit der 1913 in Betrieb genommenen Bergbahn (tägl. 10–18 Uhr). Auf dem Gipfel des Baden-Badener Hausbergs hat man eine großartige Aussicht auf Stadt, Rhein und Schwarzwald. Den Ausgangsbahnhof Merkurwald erreicht man vom Augustaplatz aus mit der Buslinie 5.

Shopping
Verlockend in der Weltkurstadt ist das Einkaufsangebot. Lohnendes Ziel sind der Atmosphäre wegen die Kolonnaden ⓯ vor dem Kurhaus. Hier gibt es so ziemlich alles, was gut und teuer ist. In der Sommersaison sind die Geschäfte nicht nur zu den üblichen Einkaufszeiten (in der Regel 9–12.30, 14.30–18 Uhr), sondern auch sonn- und feiertags von 11–18.30 Uhr geöffnet.

Für kleine Kurgäste
In der Schloßstr. 11 befindet sich das »Haus des kleinen Kurgasts« (☏ 26717). Hier werden Kinder von vier bis zehn Jahren unterhalten und betreut (Mo–Fr 8–12, 14–17 Uhr).
Puppenhäuser aus zwei Jahrhunderten bietet »Das kleine Spielzeugmuseum« in der Gernsbacher Str. 48, Am Römerplatz (Di–So 14–18 Uhr).

Alles auf einen Blick
Ob man sich für den Namen des Oberbürgermeisters oder die Anschrift eines Vereins interessiert, das »Baden-Baden Lexikon« gibt Auskunft. Beim Blättern bekommt man unversehens interessante Anregungen: Flughafen, Hauptquartier der französischen Streitkräfte in der Bundesrepublik Deutschland, Orchester, Stadtgeschichte und Thermalquellen sind nur ein paar willkürlich herausgegriffene Stichwörter.

Zum Beispiel beim Grand-Prix-Ball, alljährlich Ende August/Anfang September, aus Anlaß der »Großen Woche« zu Iffezheim. Eleganz indessen scheint nicht mehr gefragt zu sein. Flanieren als Bewegungsart ist aus der Mode, und durch die Lichtentaler Allee joggen schon eher einmal beflissene Körperbewußte in grellen Anzügen.

Aber dafür im Spielcasino ⓭ die Eleganz der Croupiers: alles aus dem Handgelenk! Unnachahmlich dieser Umgang mit dem langen, dünnen »Löffel« beim Bakkarat, mit dem die Jetons, die Karten und oft auch die Geldscheine eingezogen werden. Es flirrt nur so, wenn sie die Black-Jack-Karten austeilen. Ständig wechseln sie die Stühle, diese Herren, drehen aber regelmäßig das Sitzkissen für den Nachfolger um. Ein Herr, vor sich ein Glas Milch, verliert Tausender um Tausender. Der Croupier gegenüber, wie ein Schicksal, spricht seine Anweisungen auf badisch. Später dann hat der Herr mit dem Milchglas 13700 Mark gewonnen und offenbar acht Spiele in Folge gegen die Bank durchgebracht.

In der Caracalla-Therme badet man wie zu Zeiten der alten Römer.

Ende August ist im nahen Iffezheim Pferderennen. Beim »Großen Preis von Baden-Baden« geht es über eine Distanz von 2400 m.

Behaglichkeit in Nebelschwaden

Erholung für den Körper und die vom Spiel doch angespannte Seele verspricht das Friedrichsbad ⑧, prunkvolle Neurenaissance und vielleicht etwas zu groß für Baden-Baden, aber imposant und wie so vieles in der Stadt allein die Reise wert. Im Winter, wenn draußen Nebelschwaden hängen, ist die römisch-irische Prozedur am schönsten, dann mutet das Ambiente mittelmeerisch an und gibt die Illusion ewiger Wärme. Man schwimmt mit Behagen und versteht, weswegen es die Menschen im Mittelalter in ihren heißen Bottichen oft bis zu zehn Stunden ausgehalten haben. Im Heißluftraum kommt wolkenweißes Oberlicht aus der Kuppel. Droben ist die Wand mit hitzebeständigen Ansichten vom Leben am und im Wasser gekachelt: Seerosenteiche, Enten, Störche. Man liegt behaglich auf einer kleinen Pyramide aus Marmortreppen. Ab und zu klatscht ein Tropfen heißen Kondenswassers auf eine Bank, einen Bauch. Wieder draußen und in kalten Nebel eingehüllt, läßt sich nachvollziehen, warum die Römer zu diesen heißen Quellen Zuflucht genommen haben.

Und erst die warmen Jahreszeiten! Da kann man im Casino ⑬ Roulette spielen bis tief in die Nacht, und auch die scheint von luxuriöser Milde zu sein. Und die frühen Morgen dann! Wer einmal im Mai oder September zur Zeit der großen Iffezheimer Auftriebe an der Rennbahn beim Frühstück saß, der weiß, wie schwer man sich trennt vom Blick auf das dunstige Rheintal und die sanft wie Watte daliegenden Berge. Da muß der Besucher Baden-Badens eben in Kauf nehmen, daß er aus diesem Märchen des 19. Jh. so leicht nicht wieder zurückfindet in seine angestammten Gefilde.

Iffezheim
1858 wurde in Iffezheim das erste große Pferderennen ausgetragen. Initiator wie für fast alles damals in und um Baden-Baden war Edouard Bénazet, der französische Spielbankpächter. Mittlerweile ziehen das »Frühjahrs-Meeting« und die »Große Woche« 140 000 Besucher an, und die Gesamtsumme der Rennpreise liegt bei mehr als drei Millionen Mark pro Rennsaison. Das Geläuf von Iffezheim hat einen Umfang von 2550 m, und der »Große Preis« von Baden-Baden geht über 2400 m, also eine knappe Runde. Obwohl die Landgemeinde Iffezheim gar nicht zu Baden-Baden gehört, ist das Ambiente der Kurstadt durchaus angemessen: mondän und todschick sind vor allem die Hüte der Zuschauerinnen!

Theater, Musik, Veranstaltungen, Museen

Theater
Theater Baden-Baden ⑭, Goetheplatz. Schauspiel, Oper, Operette, Kabarett, Komödie, Kindertheater, ☏ 275-260.
Theater im Foyer, Goetheplatz. Modernes Schauspiel, ☏ 275-260.
Theater im Kurhaus ⑬, Kaiserallee 1. Oper, Operette, ☏ 275-250.

Musik
Baden-Badener Orchester, Augustaplatz 8. Sinfoniekonzerte, Kammerkonzerte, Promenaden-, Zyklus- und Gastspielkonzerte, Singspiele, Folklore, Jazz an verschiedenen Spielorten, ☏ 275-1.
Kurhaus ⑬, Kaiserallee 1. Sinfonie- und Kammerkonzerte, Jazz, Unterhaltung, Varieté, Bälle, ☏ 275-250.
Evangelische Stadtkirche ⑰, Ludwig-Wilhelm-Str. 7a. *Sommerliche Orgelkonzerte* mit intern. Orgelsolisten (Ende Mai–Sept.); Oratorien; konzertante Aufführungen im *Orgelstudio*, ☏ 26181.
Jugendbegegnungsstätte im Alten Stadtbahnhof, im Pavillon. Jazzkonzerte, ☏ 65137.

Veranstaltungen
Flohmarkt für jedermann rund um den Alten Stadtbahnhof (April–Okt. Sa 7–16 Uhr).
Promenadenkonzerte des Baden-Badener Orchesters im Kurgarten, Konzertmuschel (tägl. 11, 16 Uhr).
Alle zwei Jahre (1991) Mitte Mai: *Brahmstage in Baden-Baden* im Kurhaus. Kammerkonzerte, Vorträge bekannter Ensembles und Solisten, ☏ 71172.
Mitte Mai: *Bäderviertelfest* im Bäderviertel Friedrichsbad, Caracalla-Therme ④. Volksfest.
Ende Mai: *»Frühjahrs-Meeting« – Internationales Galopprennen Baden-Baden* auf dem Rennplatz Iffezheim.
Anfang Juni: *Mozart Fest*. Festival klassischer Musik an verschiedenen Spielorten, ☏ 275-230.
Mitte Juni: *»Madame-Ball«* im Kurhaus ⑬. Sommer-Gala im Zeichen der Mode.
Ende Juni: *Deutsch-Französisches Springturnier* auf der Klosterwiese.
Erste Juliwoche: *Internationale Rosenneuheitenprüfungen* im Rosenneuheitengarten auf dem Beutig. Rosenseminar, Vorträge, Wanderungen. Höhepunkt: Rosenball, ☏ 275-233.
Ende Juli: *Internationales Schach-Festival* im Kurhaus ⑬.
Mitte Aug.: *Baden-Badener Stadtfest* und Bäderfest in der Altstadt. Volksfest.
Ende Aug.: *»Große Woche«* auf dem Rennplatz Iffezheim. Bedeutendste intern. Rennsportveranstaltung der Bundesrepublik Deutschland mit dem »Großen Preis von Baden-Baden«. Rahmenprogramm mit Sinfoniekonzerten, Chanson, Kleinkunst. Höhepunkt: Grand-Prix-Ball, ☏ 275-250.
Mitte Sept.: *Oldtimer-Meeting* auf der Kaiserallee. Automobiltage für Freunde alter Automodelle.
Mitte Sept.: *Baden-Badener Golfwoche*, ☏ 23579.
31. Dez.: *Silvester Gala im Kurhaus* ⑬. Größter Ball Baden-Badens mit bekannten Stars und Orchestern.

Museen
Brahmshaus, Maximilianstr. 85 (s. ㉑).
Heimatmuseum Steinbach, Steinbacher Str. 62. Pläne, Karten, Dokumente zur Stadtgeschichte Steinbachs (April–Okt. 1. So im Monat 15–17 Uhr).
Museum der Zisterzienserinnen-Abtei Kloster Lichtental, Hauptstr. 40 (s. ⑳).
Staatliche Kunsthalle, Lichtentaler Allee 8a (s. ⑯).
Stadtgeschichtliche Sammlungen, Neues Schloß (s. ⑩).
Heimatmuseum im Baldreit, Küferstr. 3. Badekultur, Geschichte der Spielbank, Münzen, Zeichnungen, Gemälde, Gläser, Porzellan der Baden-Badener Manufaktur, Sammlung böhmischer Gläser (Di–So 10–12.30, 14–17 Uhr).
Zähringer Museum, Neues Schloß (s. ⑩).

In dem prunkvollen Weinbrennersaal des Kurhauses sorgt das Kurorchester für anspruchsvolle Unterhaltung.

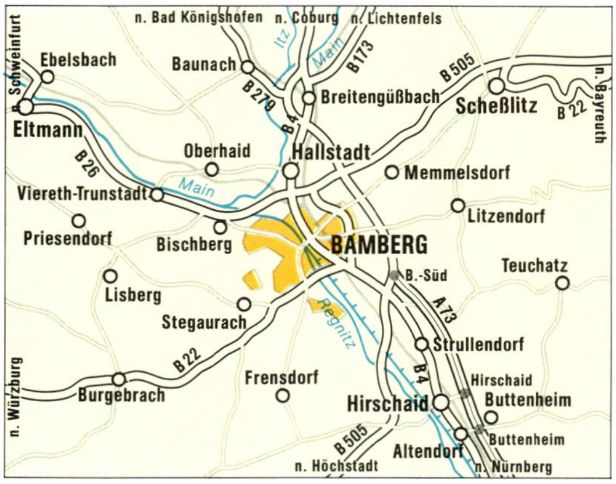

Tausend Jahre Geschichte haben Bamberg zu einem Juwel in der Kunstlandschaft Oberfrankens gemacht. Umgeben von Perlen der Baukunst wie Kloster Banz, Schloß Pommersfelden, der Wallfahrtskirche Vierzehnheiligen, Kloster Ebrach und dem fürstbischöflichen Lustschloß Seehof, lebt die Stadt aus dem Kontrast zwischen der gotischen Strenge kirchlicher Bauten und dem heiteren Barock bürgerlicher Paläste.

Bamberg

Tausend Jahre Baukunst

Bamberg ist ein Gesamtkunstwerk aus über 2200 denkmalgeschützten Bauten vieler Stilepochen, dessen Erhaltung die Bürger teuer zu stehen kommt. In welcher vergleichbaren Stadt wurden so viele Millionen Zuschuß freiwillig aufgebracht? Entscheidenden Anteil an dem weltweiten Ruf Bambergs haben die Bamberger Symphoniker – musikalische Botschafter ihrer Stadt und gern gesehen auf allen Kontinenten.

Wappen Zeigt vor rotem Hintergrund vermutlich den hl. Georg mit Kreuzzugsgewand, in der Hand einen Schild mit dem »Meranischen Adler« haltend, wahrscheinlich das Wappen der Grafen von Andechs-Meran.
Lage Südwestliches Oberfranken, an der Regnitz, in der Nähe ihrer Mündung in den Main.
Land Bayern
Autokennzeichen BA
Höhe 231–386 m ü. M.
Fläche 54,7 km^2
Einwohnerzahl 70 000
Postleitzahl 8600
Telefonvorwahl 09 51
Post Hauptpostamt am Bahnhof, Ludwigstr. 25, Spätschalter (Mo–Sa 6.30–20, So 10–15 Uhr).
Polizei Schranne 2, ☎ 18 50
Taxi ☎ 1 50 15, 2 21 01, 3 45 45
Nahverkehr Gut ausgebautes Omnibusnetz innerhalb der Stadt. Zentraler Omnibusbahnhof (ZOB) an der Promenadestr., Fahrscheine beim Schaffner. Für Touristen empfiehlt sich das 48-Stunden-Ticket.
Camping »Insel« im Stadtteil Bug, ☎ 5 63 20, 5 61 78.
Parken Tiefgarage Geyerswörth, Parkhaus Schützenstr., Parkplätze an der Heinrichsbrücke und am alten Krankenhaus (Untere Sandstr.), Zufahrten beschildert.
Touristinformation Städtisches Fremdenverkehrsamt, Hauptwachstr. 16 (Sommer: Mo–Fr 8–18, Sa 8.30–12.30 Uhr; Winter: Mo–Fr 8–17, Sa 8.30–12.30 Uhr), ☎ 2 10 40.
Stadtführung Ab Städtisches Fremdenverkehrsamt (April–Okt. Mo–Sa 14 Uhr).
Schiffahrt Rundfahrten innerhalb der Stadt und in die Umgebung, ☎ 2 66 79

Der große Traum des Kaisers

Bambergs erster Schritt in die »große Geschichte« wäre unterblieben, hätte Kaiser Heinrich II. (1002–24) nicht schon als Kind sein Herz an die »civitas babenberch« verloren. Im Jahr 973 war der einstige Grafensitz der Babenberger als Schenkung Kaiser Ottos II. an den Bayernherzog Heinrich den Zänker gefallen. Dessen Sohn, der später heiliggesprochene König und Kaiser Heinrich II., gründete hier 1007 ein Bistum. Darüber hinaus sollte Bamberg nach seiner Vorstellung »Mitte seines Reiches« und »Haupt der Welt« werden. Als er und seine kunstsinnige Gemahlin Kunigunde damit begannen, den Bischofssitz wie eine Hauptstadt auszustatten, sah es ganz danach aus, als würde der Traum Wirklichkeit.

»Deutsches Rom« nennen Kunstkenner die Stadt nicht nur ihrer sieben Hügel wegen. Fällt unser Blick auf das gewaltige Domstift und die anderen hochstrebenden Kirchen im Gebiet des Dombergs oder auf das bürgerlich barocke Bamberg mit seiner großzügig heiteren Architektur zu Füßen des Stifts, geben wir ihnen recht. Auch der große Traum Heinrichs II. wird dann nachvollziehbar. Man glaubt in der Tat bei diesem

Und wo gibt es das frischeste Obst? Auf dem Maximiliansplatz.

Kaiserpaar und Dom, Petrus, Georg, Bischöfe dazu, gerahmt von Regnitz und Main: Das »Reiche Tor« trägt seinen Namen zu Recht.

Anblick, die einstige Machtstellung des Bistums über die Jahrhunderte hinweg zu spüren.

Bamberg mit seinen rund 70 000 Bürgern ist längst »nicht mehr der Nabel der Welt«, wie Oberbürgermeister Paul Röhner 1985 realistisch bekannt hat, doch seine Ausstrahlung reicht weit über die »oberfränkische Provinz« hinaus. Als Fremdenverkehrsmagnet zieht es alljährlich rund 800 000 Menschen an, als Einkaufsstadt erreicht es rund 220 000 Bewohner der Region. 60 % der Schüler an den weiterführenden Schulen kommen von außerhalb, 17 000 Pendler aus dem Umland arbeiten in den Bamberger Betrieben.

Die Bürger mögen ihre Stadt, zumal das historische Bamberg, das unverfälschte Straßenzüge besitzt, die sich wie gotische Faltenwürfe zwar ähneln, aber nie genau gleichen. Eine Umfrage kam zu dem Ergebnis, daß nirgends in der Bundesrepublik Deutschland die Bürger enger mit ihrer Kommune verbunden sind als hier. Der Oberbürgermeister hat auch eine Erklärung dafür: »Unsere Stadt ist unser Haus, in dem wir leben. Und wir leben wie die Götter!«

Einstmals »Hauptstadt des Erdenkreises«

Das Bistum Bamberg betrachtete Heinrich II. als frommes Werk. Er wollte die kirchliche Organisation verbessern und von hier aus die Slawenmission vorantreiben. Außerdem ging es ihm aber darum, seine Position gegenüber landhungrigen Adligen wie den Schweinfurter Markgrafen zu festigen. Der Kaiser hatte also gute Gründe, Bamberg als Zentrum seiner Macht auszubauen und entsprechend mit Besitztümern in Süddeutschland und später auch in Kärnten auszustatten. Im Jahr 1012 wurde der Dom 8 geweiht; das Benediktinerkloster auf dem Michelsberg 19 entstand bald darauf. Papst Benedikt VIII. weihte während eines Besuchs in Bamberg 1020 das Nebenstift St. Stephan 16 ein.

Bambergs heutige Bedeutung als Schulstadt hat ihre Wurzeln in der Großmut des Kaisers, der Bamberg auch zur geistigen Metropole erheben wollte. Er gründete eine Domschule, die Mitte des 11. Jh. als Reichs- und Diplomatenschule alle vergleichbaren Bildungsstätten des Reichs an Bedeutung übertraf. Solcherart Aufwärtsentwicklung vor Augen huldigte der kaiserliche Hofdichter Gerhard, Abt von Seeon, Bamberg überschwenglich als der »Hauptstadt des Erdenkreises«.

Heiligtümer und Kunstschätze faßte Heinrich II. im Domschatz zusammen, dessen größte Kostbarkeit eine Bücherei aus dem Erbe Ottos III. war, die weit in das erste Jahrtausend n. Chr. zurückreicht. Wertvolle Handschriften von der Reichenau und aus Seeon, aus Tours und Fulda gehören zu den Schätzen, die Heinrich II. zusätzlich erwarb. Dem Kollegiatsstift St. Stephan vermachte er mit der »Bamberger Apokalypse« eine besondere Kostbarkeit. Alle diese Bücherschätze bilden heute die Grundlage der Staatsbibliothek in der Neuen Residenz 9 am Domplatz. Mit 350 000 Bänden und 70 000 grafischen Kunstblättern ist sie eine der großen Bibliotheken Bayerns.

Von der Unteren und Oberen Brücke aus blickt man auf Klein-Venedig, den herrlichen Saum der Fischerhäuser am rechten Regnitzufer.

E.T.A. Hoffmann und »Die Elixiere des Teufels«

In Berlin, Warschau, Leipzig und Dresden hat er gelebt. Er war Richter, Zeichner, Komponist und Karikaturist. Mit seinen Kunstmärchen und Novellen ist er in die Literaturgeschichte eingegangen. Die Rede ist von E.T.A. Hoffmann, der 1808 als Musikdirektor zum Bamberger Theater kam und in den folgenden fünf Jahren auch als Kapellmeister, Regisseur und Dekorationsmaler an der erst wenige Jahre alten Bühne wirkte. »Die Elixiere des Teufels« legen Zeugnis ab von dieser Zeit. Der Roman beginnt im heutigen Clavius-Gymnasium, dem einstigen Kapuzinerkloster. Damals entdeckte die deutsche Romantik den Dramatiker Pedro Calderón (1600–81), und Hoffmanns Begegnung mit dem klassisch-barocken Spanier löste nachhaltige Impulse für das deutsche Theater aus. Das Bamberger Ensemble knüpft mit den »Calderónspielen« im Innenhof der Alten Hofhaltung 10 alljährlich an die damals eingeleitete Tradition an. Heute trägt das 1802 von Reichsgraf Friedrich Julius Heinrich von Soden begründete Theater, an dem auch Albert Lortzing und der »Hexenmeister« Paganini auftraten, den Namen E.T.A. Hoffmanns. Des Dichters zweite Bamberger Wohnung ist als Erinnerungsstätte 18 eingerichtet. »Theaterrose« nennt sich das neben dem Theater gelegene Lokal, das er gern aufsuchte, als es noch schlicht »Rose« hieß.

Hafenstadt Bamberg

Bamberg ist seit dem Anschluß an den Main-Donau-Kanal auch Hafenstadt. 90minütige Rundfahrten mit der »Stadt Bamberg« (80 Personen) und der »Christl« (200 Personen) werden täglich durchgeführt. Sie beginnen im romantischen Viertel Klein Venedig. Von hier aus geht es die Regnitz abwärts bis zur Kleinschleuse bei Gaustadt, der letzten noch betriebenen Schleuse des einstigen Ludwig-Donau-Main-Kanals. Auf der Großschiffahrtsstraße geht es dann weiter in die beiden Becken des Staatshafens und flußabwärts bis zur Mündung der Regnitz in den Main. Etwas längere Rundfahrten führen zum südlichen Stadtteil Bug oder zur Staustufe bei Viereth; außerdem werden Tagesfahrten auf dem Main (Bamberg–Schleuse Viereth–Eltmann–Zeil) sowie Abendfahrten auf Regnitz und Main angeboten, ☏ 2 66 79.

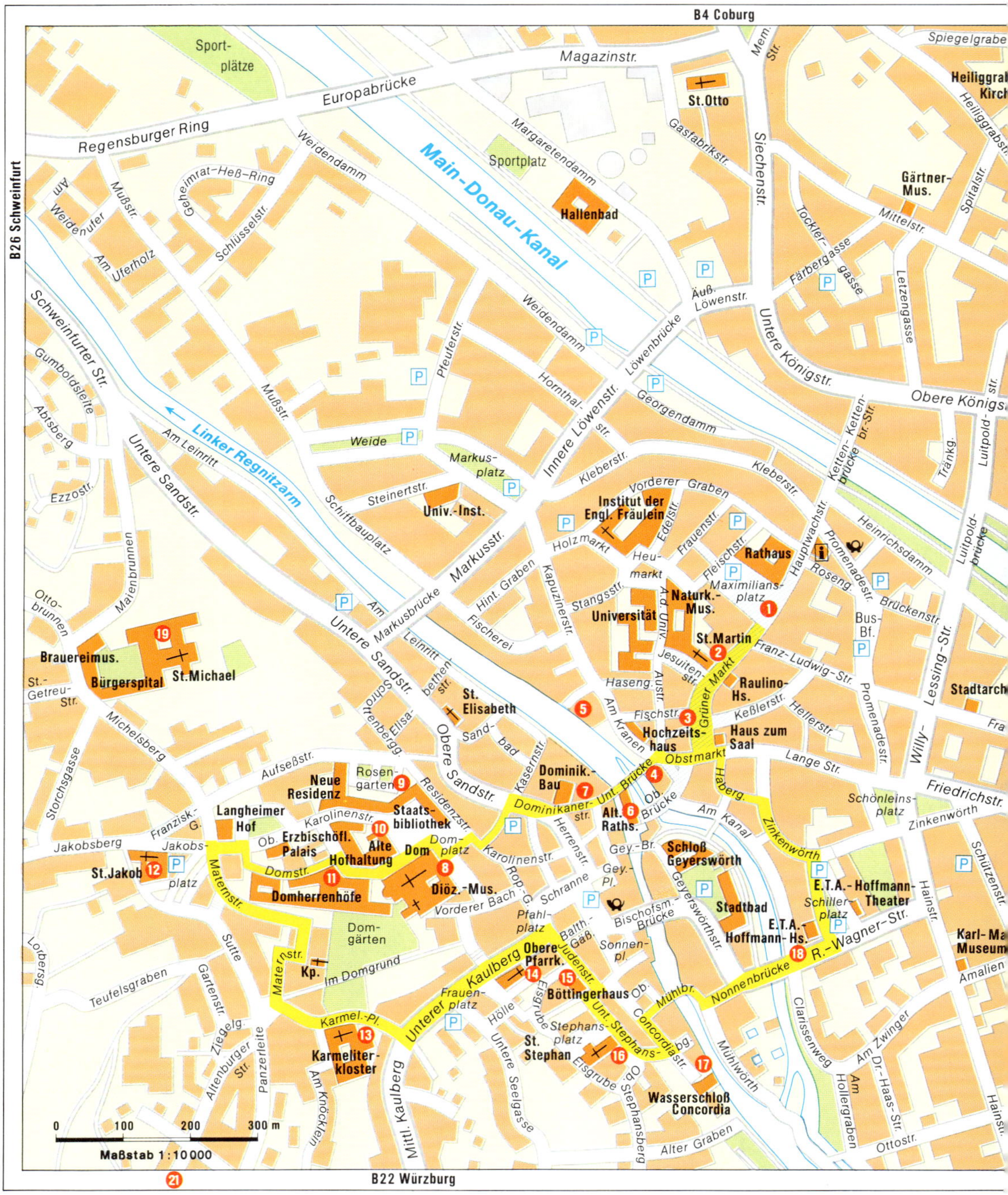

Stadtrundgang

Bamberg verlangt Zeit, denn allzu dicht drängen sich die Sehenswürdigkeiten in der alten Kaiser- und Bischofsstadt. Zweieinhalb Stunden sollten Sie vorsehen, eine halbe Stunde mehr, wenn Sie von der Jakobskirche ⓬ aus zur ehemaligen Benediktinerabtei ⓳ hinaufsteigen wollen. Hingegen sparen Sie gut eine halbe Stunde, wenn Sie vom Dom ❽ aus durch die Altstadtgassen zur Oberen Pfarrkirche ⓮ schlendern. Wir empfehlen, den Rundweg am Maximiliansplatz zu beginnen, der vom Parkhaus Schützenstraße und der Tiefgarage Geyerswörth aus bequem zu erreichen ist. Rastplätze und Einkehrmöglichkeiten finden sich in Bamberg zwar an jeder Ecke, im Sommer sollten Sie aber wohl den Rosengarten der Residenz ❾ besuchen. Im »Schlenkerla«, der berühmten Rauchbiergaststätte unterhalb des Doms, ist ganzjährig Saison.

Sehenswürdigkeiten

❶ *Maximiliansplatz*, 1804 durch den Abbruch einer Pfarrkirche entstandenes Geviert mit dem ehemaligen Priesterseminar an der Nordflanke, heute teilweise als Rathaus genutzt, und dem ehemaligen Katharinenspital an der Südflanke. Beide Gebäude wurden um 1730 von Balthasar Neumann geplant und von Justus Heinrich Dientzenhofer ausgeführt.

❷ *Stadtpfarrkirche St. Martin*, 1689–93 von Johann Leonhard Dientzenhofer nach Plänen seines Bruders Georg erbaute Jesuitenkirche. Die Schauseite der barocken Kirche geht zum Grünen Markt. Hochaltar und Kanzel von Giovanni Battista Brenno sowie die Seitenaltäre bestimmen den Eindruck des Innern. Aus der abgebrochenen Martinskirche am Maximiliansplatz gelangten die Pietà des 14. Jh.

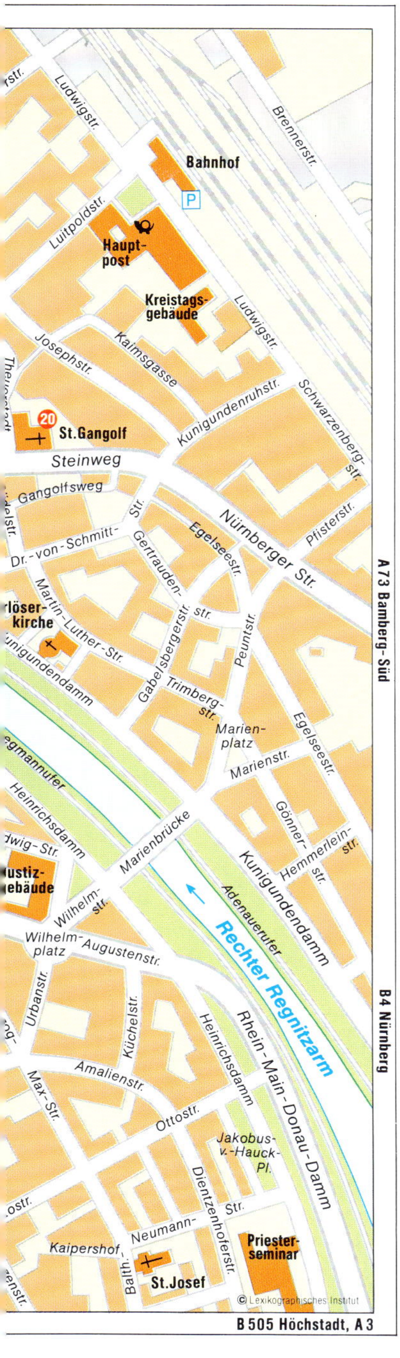

am rechten Seitenaltar und das Ölbergaltärchen des 16. Jh. hierher.

3 *Neptunsbrunnen*, ein Wahrzeichen Bambergs, geschaffen von Johann Kaspar Metzner (1698), im Volksmund »Gabelmann« genannt.

4 *Untere Brücke*, flußabwärts unmittelbar neben dem Alten Rathaus gelegen. Besonders beachtenswert ist die Statue der Bistumspatronin Kunigunde von Johann Peter Benkert aus den Jahren 1744–45.

5 *Klein Venedig*, die Fischerhäuser am rechten Ufer der Regnitz; eindrucksvolles Panorama von der Unteren und Oberen Brücke aus.

6 *Altes Rathaus*, auf Pfahlroste in die Regnitz gestelltes Gebäude; ursprünglich gotisch, 1744–56 nach Plänen von Johann Jakob Michael Küchel in der heute erhaltenen Form umgestaltet.

7 *Dominikanerkirche St. Christoph*, als Domizil der Bamberger Symphoniker genutzte frühgotische Hallenkirche von 1310 mit barockem Portal und Kreuzhof (15. Jh.) sowie barockem Kloster auf der Flußseite.

8 *Dom St. Peter und Georg*, zwischen später Romanik und früher Gotik anzusiedelnde Basilika, eine Stiftung Kaiser Heinrichs II. Hervorzuheben sind neben vielen anderen Kunstwerken der »Reiter« sowie »Ecclesia« und »Synagoge«, Meisterwerke abendländischer Plastik, ferner »Adamspforte« und »Gnadenpforte« an der Ostseite in den Sockelgeschossen der Türme sowie das »Fürstentor« mit einer Darstellung des Jüngsten Gerichts am nördlichen Seitenschiff.
Diözesan-Museum im Obergeschoß des von Balthasar Neumann 1731–33 erbauten Kapitelhauses mit einer der wertvollsten Sammlungen byzantinischer und romanischer Gewänder (Papst- und Kaisergewänder, u. a. »Gunthertuch«, Sternenmantel Kaiser Heinrichs II.); Domschatz mit dem Bamberger »heiligen Nagel« und dem Domkreuz; Altargemälde; Funde aus Gräbern und Domausgrabungen (Ostern–Okt. Di–So 10–17 Uhr).

9 *Neue Residenz*, von Johann Leonhard Dientzenhofer 1697–1703 als fürstbischöfliche Residenz dreigeschossig erbaut und mit einem viergeschossigen Ostpavillon gegen die Wucht des Doms gestellt. Von besonderer Bedeutung die Stukkaturen im Innern und die Deckengemälde im barocken Kaisersaal von Melchior Steidl. Vom Rosengarten aus schöner Blick auf Kloster Michelsberg **19** und die Bürgerstadt. Im gleichen Bauwerk befindet sich die *Staatsgalerie Bamberg*. In der Filialgalerie der Bayerischen Staatsgemäldesammlungen bestechen die altdeutsche und die barocke Galerie durch bemerkenswerte Meisterwerke (April–Sept. tägl. 9–12, 13.30–17 Uhr; Okt.–März tägl. 9–12, 13.30–16 Uhr).

10 *Alte Hofhaltung*, aus der einstigen Kaiser- und Bischofspfalz erwachsen, mit von Fachwerkflügeln umgebenem Innenhof und der »Ratsstube«, einem auffallenden Renaissancebau, in dem sich das *Historische Museum* befindet: Sammlungen zur Geschichte Bambergs, Gemälde, u. a. von Lucas Cranach d. Ä., Plastik des 12.–18. Jh. (Mai – Okt. Di–Sa 9–12, 14–17, So, Feiertage 10–13 Uhr).

11 *Domherrenhöfe*, mittelalterliche Wohnsitze der Bamberger Domherren, teilweise mit Wehrgängen und wappengeschmückten Toren.

12 *St. Jakob*, romanische Basilika des 11./12. Jh. mit barocker Fassade von 1771. Das Kircheninnere, von monumentaler Raumwirkung, ist neugotisch ausgestaltet. Barock ist das Gemälde in der Vierungskuppel.

13 *Karmeliterkirche St. Theodor*, von Johann Leonhard Dientzenhofer 1694–1701 barock umgebaute Kirche mit Westfassade des 13. Jh. Im Klostertrakt spätromanischer Kreuzgang.

14 *Obere Pfarrkirche*, 1378 geweihte dreischiffige Basilika mit unvollendet gebliebenem Turm, das bedeutendste gotische Bauwerk der Stadt. Am nördlichen Seitenschiff die »Ehepforte« mit den »Klugen und Törichten Jungfrauen«. Im barockisierten Innern der Kirche beeindruckt der Hochaltar mit einer sitzenden Muttergottes. Das Gemälde »Christi Himmelfahrt« an der Westwand des südlichen Seitenschiffs wird Jacopo Robusti, Tintoretto genannt, zugeschrieben.

15 *Böttingerhaus*, es ist, wie die »Concordia« **17** , ein der Initiative Johann Ignaz Böttingers zu verdankendes Palais. Portal, Fensterrahmungen und Gesimse von Johann Nikolaus Resch. Der bedeutende Profanbau wurde 1713 unter Johann Ammon fertiggestellt. Dient heute als Restaurant und Hotel.

16 *Pfarrkirche St. Stephan*, über dem Grundriß eines griechischen Kreuzes, der von einer Vorgängerin des 11. Jh. übernommen wurde, von Antonio Petrini 1680 abgeschlossener Bau, 1717 nach langwieriger Ausstattung geweiht. Im Innern Stuck von Johann Jakob Vogel (Langhaus), Abraham Graß (Chor) u. a.

17 *»Concordia«*, an italienischen Vorbildern orientiertes Palais des hochfürstlichen bambergischen Geheimrats Johann Ignaz Böttinger, 1716–22 erbaut, wahrscheinlich von Johann Dientzenhofer.

18 *E.T.A.-Hoffmann-Haus*, als Gedenkstätte eingerichtetes schmales Häuschen, in dem der Universalkünstler von Mai 1809 bis April 1813 gelebt hat (April–Okt. Di–Fr 16–18, Sa, So, Feiertage 10–12 Uhr).

19 *Ehemalige Benediktinerabtei St. Michael*; die dreischiffige Basilika geht auf einen 1121 geweihten Bau zurück und wurde im 17. Jh. barockisiert. Die Fassade stammt von Johann Leonhard Dientzenhofer, Freitreppe und Terrasse sind das Werk Johann Dientzenhofers. Zur barocken Ausstattung gehören Orgelempore und Orgelprospekt, Hochaltar, Chorgestühl und Seitenaltäre. Älter sind das Grab des Kirchengründers Otto sowie zahlreiche Epitaphien. Die Klosteranlage, eine auf Anregung Heinrichs II. im Jahr 1015 gegründete Benediktinerabtei, ist geprägt von Johann Leonhard Dientzenhofer und seinem Bruder Johann. Dazu gehört ein barocker Klostergarten mit Spazierwegen und herrlichen Aussichtsterrassen.

20 *Pfarrkirche St. Gangolf*, urspr. romanische Kirche mit einem gotischen Chor und einer sehr reizvollen spätbarocken Ausstattung.

21 *Altenburg*, ehemaliger Bischofssitz, nach einem Brand 1553 erneuert, seitdem nochmals mehrfach ergänzt und umgebaut. Der Bergfried stammt aus dem 13./14. Jh.

Kloster Banz und Vierzehnheiligen
Auch Victor von Scheffel war von der Umgebung Bambergs begeistert, wie die vierte Strophe seines Frankenlieds beweist: »Zum heiligen Veit von Staffelstein komm ich emporgestiegen, und seh die Lande um den Main zu meinen Füßen liegen: Von Bamberg bis zum Grabfeldgau umrahmen Berg und Hügel die breite, stromdurchglänzte Au – ich wollt', mir wüchsen Flügel.« Der Dichter wußte, wovon er sang, hatte er doch lange Zeit in dem nördlich von Bamberg gelegenen Kloster Banz gelebt. Die von den Brüdern Johann und Johann Leonhard Dientzenhofer und Balthasar Neumann ab 1695 geschaffenen Gebäude, auf dem südlichsten der Banzberge über dem Maintal gelegen, verkörpern Pracht und Macht der Kirche. Im Innern von St. Peter und Dionysius glaubt der Betrachter, durch den Raum zu schweben, in dem Weiß, Gold und Schwarz als Farben vorherrschen. Von der Klosterterrasse aus ist jenseits des Flusses auf einem Hügel Frankens berühmteste Wallfahrtskirche Vierzehnheiligen zu sehen, eine unvergleichliche Schöpfung barocker Kirchenbaukunst, die wir vornehmlich Balthasar Neumann verdanken. Der Bau der Wallfahrtskirche geht zurück auf eine fromme Legende, nach der einem Schäfer des Klosters Langheim 1445/46 insgesamt viermal die 14 Nothelfer erschienen sind. Unter Fürstbischof Friedrich Carl von Schönborn wurde ab 1743 an die Stelle einer schlichten Kapelle die Kirche gestellt, weil immer mehr Wallfahrer den Schauplatz der Erscheinung aufsuchten (von Bamberg ca. 30 km in Richtung Staffelstein auf der B 4/B 173).

Wen der Bamberger Reiter darstellt, weiß bis heute niemand.

Aus zwei Wurzeln zusammengewachsen

Wo anders als in Bamberg hätte Heinrich II. sein Leben beschließen können? Er ruht im Dom 8 neben seiner Gattin Kunigunde in einem Sarkophag, den Tilman Riemenschneider geschaffen hat. Ihm gegenüber hat im einzigen Papstgrab diesseits der Alpen Papst Clemens II. seine letzte Ruhestätte gefunden. Die beiden Gräber sind Symbole für zwei Mächte, die für die Entwicklung Bambergs gleichermaßen bedeutsam waren: die kirchliche und die weltliche Führung, die nicht immer miteinander in Einklang standen.

Machtvoll dominiert die geistliche Stadt auf den Hügeln: die vier eleganten Grünspan-Spitzen des Doms 8, die einstige Benediktinerabtei 19 mit ihren zwei Helmen auf dem Michelsberg, die welschen Hauben von St. Jakob 12 und St. Stephan 16. Das bürgerliche Bamberg, wie es sich heute noch darbietet, wuchs spätestens im 12. Jh. von seiner Keimzelle zu Füßen der Burg aus auf die von den beiden Regnitzarmen umschlossene Insel hinüber. Dann hat es allmählich Anschluß an die nordöstlich der Wasserläufe gelegenen Siedlungen gefunden.

Der Pommernapostel und später heiliggesprochene Bischof Otto, dessen Gebeine in der Michaelskirche ruhen, hat dem Bericht eines Biographen zufolge mit der Erwerbung des Marktrechts entscheidend dazu beigetragen, daß Bamberg in der Folgezeit auch wirtschaftlich zu blühen begann. Schon Anfang des 13. Jh. siegelte die Bürgerschaft ihre Dokumente selbst; kaum 100 Jahre später hatte sie ein geschriebenes Stadtrecht, das sogar schon einen Stadtrat erwähnt.

Bamberger Bürger trieben erfolgreich Handel. Sie sammelten Schutzbriefe und Privilegien, die sie mit der Konkurrenz in Nürnberg gleichstellten. Doch die Händler von der Regnitz hatten ein hausgemachtes Hindernis: Sie mußten unverhältnismäßig hohe Steuern zahlen, weil sie die Last mitzutragen hatten, von der die Bewohner der sogenannten Immunitäten befreit waren. Das waren jene Stadtviertel, in denen die geistlichen Herren des Domkapitels und der Benediktinerabtei sowie die Chorherren der Nebenstifte residierten.

Blutig ging ein alter Zwist zu Ende

Mit Argwohn hatten Bischof und Domkapitel das rasche Erstarken der Bürgerschaft beobachtet. Diese hatte die beiderseits des Flusses gelegenen Stadtteile durch ein mitten in das trennende Wasser der Regnitz gesetztes Rathaus 6 verbunden und 1355 von Kaiser Karl IV. das in einer Goldenen Bulle verbriefte Privileg eigener Gerichtsbarkeit erlangt. Als die Bürger für die Beseitigung der kirchlichen Privilegien kämpften, unterlagen sie trotz kaiserlicher Unterstützung. 1435 schlug der Bischof einen Bürgeraufstand so blutig nieder, daß – vom Bauernkrieg einmal abgesehen – für Jahrhunderte »Ruhe« einkehrte in der Stadt.

Auf und Ab von Kunst und Handel

Als folgenschwer erwies sich, daß in der Zeit danach führende Kaufmannsgeschlechter Bamberg den Rücken kehrten. Mitte des 15. Jh. und später in der Zeit der Gegenreformation zogen sie in das freiere Nürnberg.

Nach dem Dreißigjährigen Krieg, von dem sich Bamberg wider Erwarten rasch erholte, brach unter völlig veränderten Verhältnissen eine neue Wachstumsperiode an. Die zu »Souveränen« gewordenen Fürstbischöfe bauten sich eine würdige barocke Residenzstadt. Bis zu Beginn der Neuzeit standen kirchliche Aufgaben im Vordergrund. Da der Bischof über seinen Staat hinaus geistlicher Hirte einer großen Region war, wurde Bamberg zu einem Kristallisationszentrum der Kunst, das weit ins Umland ausstrahlte.

Spätmittelalterliche Frömmigkeit hatte die Bamberger Malerei und Bildschnitzerei zum Blühen gebracht. Bedeutende Werkstätten hatten Altaraufsätze für die Kirchen der Stadt gefertigt. Namen wie Hans Nußbaum und Paul Lautensack oder die Familien Katzheimer und Pleydenwurff sind hier zu nennen. Daß Hans Pleydenwurff dann aber in die damalige Kunstmetropole Nürnberg ging und dort zu einem Hauptmeister der Nürnberger Schule wurde, war ein Indiz für den Niedergang der Bamberger Kunst.

An kirchlichen Monumentalbauten hatte man nach 1500 auf längere Zeit keinen Bedarf mehr. Jetzt traten Prachtbauten des absolutistischen Herrschertums hervor. Vor allem Fürstbischof Lothar Franz von Schönborn (1693–1729), der zugleich Kurfürst von Mainz und Reichserzkanzler war, ist hier zu nennen. Er ließ die Neue Residenz 9 auf dem Bamberger Domberg und Schloß Weißenstein bei Pommersfelden bauen, eines der Hauptwerke deutscher Barockarchitektur.

Das Beispiel der Fürstbischöfe machte Schule in Bamberg. Hofbeamte wie der Gesandte Böttinger frönten ihrer Baulust, aber auch Äbte, Adlige und Kaufleute wollten in standesgemäßen Bauten leben.

Die Illusion von der Beständigkeit des Friedens, die so manchen Bürger seinen Wohlstand auch äußerlich durch die Anlage von Prachtbauten bekunden ließ, zerstob, als preußische Truppen im Siebenjährigen Krieg plündernd und sengend in die Stadt einfielen. Später zogen die französischen Revolutionstruppen zweimal durch Bamberg. Zwischen 1802 und 1810 besetzte Bayern mit Napoleons Unterstützung die Stadt. Wertvolle Kunstschätze wurden nach München verschleppt, und die fürstbischöfliche Residenz diente von nun an dem Haus Wittelsbach als Unterkunft. Im Jahr 1919 wich die bayrische Regierung auf der Flucht vor dem Rätesystem zu einem kurzen Exilaufenthalt nach Bamberg aus. Ansonsten schien die große Zeit der Kaiserstadt vorbei zu sein.

Wohltuend für die Seele, aber teuer

Das ehemalige Fürstbistum, das 1802 säkularisiert worden war, behielt – zumindest im Stadtkern – auch in den folgenden Jahrzehnten sein Aussehen. Selbst im Zweiten Weltkrieg blieb die Bamberger Altstadt weitgehend unversehrt. Sie war aber inzwischen so überaltert, daß sich erste Schätzungen zur Sanierung auf rund eine Milliarde Mark beliefen. Mit bemerkenswertem finanziellen Einsatz der Bürger hat Bamberg trotzdem in den vergangenen Jahrzehnten mehr als die Hälfte der schutzwürdigen Substanz restauriert und zum Teil saniert. Die Atmosphäre der Stadt blieb erhalten, und Bamberg hat nach wie vor all das, »was der Seele wohltut in unserer Welt rechtwinkliger Rationalität«, wie ein Kunstkenner meinte.

Wirtschaftlich ist Bamberg im Lauf des 19. Jh. wieder erstarkt. Textil- und lederverarbeitende Betriebe sowie Maschinen- und elektrotechnische Fabriken zogen hierher.

Studieren hat in Bamberg Tradition

Die Domschule aus dem 11. Jh., an der Erzbischof Anno von Köln erzogen wurde und der berühmte Durandus gelehrt hatte, hat den Ruf Bambergs als Schulstadt begründet. Diesem Ruf fühlen sich die Stadtväter

Mehr Brauereien als Kirchtürme

Wo sonst als in der Bierstadt Bamberg kann man sich zum diplomierten Bierologen ausbilden lassen? Früher soll es hier einmal mehr Brauereien als Kirchtürme gegeben haben, und das will etwas heißen! Einige Brauereien produzieren noch heute Spezialitäten wie das Bamberger Rauchbier. An zwei Wochenenden im Jahr gibt es die Bamberger Biertage in der Altstadt, und wer sich mit dem Trinken nicht begnügen, sondern wissen will, wie das schäumende Getränk entsteht, kann auch ein Bierseminar besuchen. Er wird dann durch die Brau- und Sudhäuser, durch Flaschen- und Gärkeller geführt und erhält zum Abschluß das »Bamberger Bierkenner-Diplom«, das ihm bescheinigt, »reichliches Wissen über das edle Getränk erworben und dies vor einer gestrengen Prüfungskommission unter Beweis gestellt« zu haben.

Auch ohne Diplom schmeckt das Bier.

»Deutsches Rom« nennt man Bamberg nicht nur der sieben Hügel wegen. Aber Bamberg ist, trotz der mächtigen Gebäude aus dem Mittelalter, nicht nur eine romanische und gotische, sondern auch eine barocke Stadt.

Tips, Tips, Tips

Wandern nicht vergessen!
Neben der Kunst sollte man die Landschaft in und um Bamberg nicht vergessen. Der »Hain« ragt weit in die Stadt hinein. Dieser Naturpark mit seinem alten und teilweise seltenen Baumbestand lädt zu jeder Jahreszeit zum Spaziergang ein. Will man etwas länger unterwegs sein, dann empfiehlt sich der Weg durch den »Hain« zum Stadtteil Bug, wo man nach einer Dreiviertelstunde anlangt. Eine hübsche, aber etwas strapaziösere Wanderung (15 km) führt durch den Michelsberger Wald nach Erlau, Mühlendorf und zurück. Über Stegaurach nach Bamberg zurückzuwandern, bedeutet zwar einen Umweg (ca. 3 km), aber das Bier der dortigen Brauereien und die Karpfen, frisch aus dem Weiher, haben noch niemanden die zusätzliche Mühe bereuen lassen.

Gefüllte Zwiebeln mit Rauchbier
»Gefüllte Bamberger Zwiebeln« sind eine Spezialität der Kaiserstadt. Die Knollen werden mit Bratwurstbrät gefüllt und mit knusprig gebratenem Speck angerichtet. Dazu werden Kartoffelbrei, Sauerkraut und eine mit Rauchbier abgeschmeckte Soße gereicht. Als Getränk sollten Sie ebenfalls ein Rauchbier bestellen.

immer noch verpflichtet. Bamberg ist, legt man die Einwohnerzahl zugrunde, in Bayern die Stadt mit den meisten Gymnasien und hat seit 1979 wieder eine Universität. Damit wurde eine 1749 begründete Tradition wiederaufgenommen, die 1802 unterbrochen wurde, als die Bamberger Universität zugunsten der Würzburger geschlossen wurde. Die neue Hochschule bietet über 6000 Studenten Platz und konzentriert sich auf die Geisteswissenschaften, während in Bayreuth, der zweiten Neugründung Oberfrankens, hauptsächlich Naturwissenschaften gelehrt werden. Die Bamberger Universität gilt als Modellfall für eine gelungene Integration in die Altstadt: ihre Gebäude wirken keineswegs ideenlos, sondern wie gewachsene Strukturen. Auch mehrere Studentenheime, in stilvoll restaurierten Fachwerkhäusern angemessen untergebracht, liegen in der Altstadt.

Stadt mit einer leidenschaftlichen Liaison

Zwischen Bratwurst- und Weihrauchduft, zwischen Frohsinn und Frömmigkeit bewegt sich das Leben der Stadt, der eine »leidenschaftliche Liaison mit der Geschichte« nachgesagt wird. Nicht nur an den vielen Kirchen ist ablesbar, daß Bamberg Mittelpunkt eines Erzbistums ist, sondern auch an den vielen Prozessionen quer durch das Jahr, die von der Urbani-Prozession über die Sebastians- und die Fronleichnamsprozession bis zum Flurumgang reichen.

Der Besucher Bambergs stößt auf große Namen. Der bischöfliche Hofmeister Johann von Schwarzenberg schrieb hier die »Bambergensis«, die »Bamberger Halsgerichtsordnung« von 1507, die zur »Mutter der Carolina«, des Strafgesetzbuchs Kaiser Karls V., geworden ist. Die gregorianische Kalenderreform von 1582 ist vor allem das Werk des Mathematikers Christoph Clavius aus Bamberg. Schließlich wurde die Stadt durch Albrecht Pfister neben Mainz zu einem zweiten Zentrum des Buchdrucks. Der Dichter E.T.A. Hoffmann fand 1808 als Kapellmeister, Regisseur, Dekorationsmaler und Maschinenmeister am Städtischen Theater eine Anstellung. Wie ihn hat auch den Philosophen Hegel die Unrast der napoleonischen Zeit nach Bamberg verschlagen, wo er sich als Zeitungsredakteur verdingte.

Wer war der Bamberger Reiter?

Vor allem läßt sich jeder Besucher Bambergs von den verwinkelten Altstadtgassen, den kirchlichen und weltlichen Prunkbauten bezaubern, die dicht beieinanderliegen. Mitte der Stadt ist und bleibt der Dom 8, eine Kathedrale von klarer Schönheit, in der romanische und gotische Elemente eine großartige Synthese bilden. Sein Inneres ist ein Schatzhaus der Kunst, und seine Bildwerke zählen zu den bedeutendsten Beispielen

Mit den Calderónspielen im Innenhof der Alten Hofhaltung knüpft das Bamberger Ensemble alljährlich an die einst von E. T. A. Hoffmann eingeleitete Tradition an.

mittelalterlicher Plastik. Ihre Gesichter bleiben im Gedächtnis hatten. Einem unbekannten Meister verdanken wir die Figuren der »Synagoge«, der »Ecclesia« und der »Maria«, aber das größte Rätsel bleibt trotz aller Mühen vieler Wissenschaftler der berühmteste aller Bamberger, der Reiter. Bis heute weiß niemand, welchen Heiligen er darstellen soll: einen der Heiligen Drei Könige, Kaiser Konstantin, Kaiser Heinrich II. oder König Stephan von Ungarn?

Sich selbst bewahrt

Von der Gotik im steilen Chor der Oberen Pfarrkirche ⑭, dem Barock im Böttingerhaus ⑮ und der »Concordia« ⑰ und der Romanik im Kreuzgang des Karmeliterklosters ⑬ sind so gut wie alle Stilarten in Bamberg vertreten. Eine Dominante der Stadtlandschaft ist neben dem Dom ⑧ das einstige Benediktinerkloster ⑲ auf dem Michelsberg, ein barocker Prachtbau, dessen weltberühmtes Deckengemälde »Himmelsgarten« getauft wurde.

»Ich habe Bamberg lieb gewonnen, der Abschied an der Regnitz tut mir weh«, schrieb vor rund 150 Jahren Fürst Pückler. Dem heutigen Besucher wird es kaum anders gehen, denn Bambergs wichtigste kulturelle Leistung in diesem Jahrhundert war es, sich selbst zu bewahren, ein Stadtbild, das in einem Jahrtausend gewachsen ist.

Orchester von Weltruf

Bamberg hat eine musikalische Visitenkarte, wie sie gediegener nicht sein könnte: Millionen Menschen auf der ganzen Welt kennen die Bamberger Symphoniker. Sie haben den Namen der Stadt durch zahlreiche Auslandskonzerte in aller Welt, von Buenos Aires bis Tokio und von Ankara bis New York, bekannt gemacht. Bamberg, eine Stadt ohne jede Orchestertradition, hatte 1945 den Musikern der renommierten Prager Deutschen Philharmonie Gastrecht eingeräumt. Unter seinem Dirigenten Hans Knappertsbusch errang das Orchester bald Weltruf. Werke aus 250 Jahren Musikgeschichte vom Barock bis zur Gegenwart gehören zum Repertoire. Berühmte Gastdirigenten bzw. Komponisten wie Paul Hindemith, Clemens Krauss und Werner Egk haben mit den Bamberger Symphonikern zusammengearbeitet.

Theater, Musik, Veranstaltungen, Museen

Theater

E.T.A.-Hoffmann-Theater, Schillerplatz 7. Musical, Schauspiel. Gastspiele auswärtiger Bühnen: Oper, Operette; »Calderónspiele« (Ende Juni/Juli), ☏ 8 74 99.
Palais Schrottenberg, Kasernstr. 1. Experimentelles Theater, Pantomime, Tanz, Kabarett, Puppentheater, Lesungen, Ausstellungen, ☏ 5 55 99.

Musik

Bamberger Symphoniker, Altes Rathaus ⑥, Obere Brücke. Sinfonie- und Sommerkonzerte von Barock bis Gegenwart, ☏ 5 20 61.
Musica Canterey Bamberg, Bischberg bei Bamberg, Amselstr. 10. Geistliche und weltliche Musik der Renaissance und des Barock in den Bamberger Kirchen und im Kaisersaal der Neuen Residenz ⑨. Aufführungen mit historischen Instrumenten. Chor- und Kammerkonzerte, Oratorien, »Tage der Alten Musik«, ☏ 6 14 92.
Bamberger Barock-Ensemble, Andreas-Lang-Steig 8. Mitglieder der Bamberger Symphoniker: Kammermusik mit Cembalo und/oder Hammerflügel im Kaisersaal ⑨ und im Schloß Seehof, Memmelsdorf bei Bamberg, ☏ 6 43 27.
Capella antiqua Bambergensis (Bamberger Ensemble für Alte Musik), St.-Getreu-Str. 36b. Musik aus dem Mittelalter und der Renaissance in Klöstern, Kirchen und den Domherrenhöfen ⑪ der Stadt sowie den Burgen der Umgebung. Im Sommer (Juni/Juli) Kreuzgangkonzerte in der Karmeliterkirche ⑬, Dominikanerkirche ⑦, Kirche St. Gangolf ⑳, ☏ 5 20 13.
Dom St. Peter und Georg ⑧, Domplatz. Mittägliche Orgelkonzerte (Mai–Okt. Sa 12–12.30 Uhr), abendliche Orgel- und Kirchenkonzerte mit den Bamberger Symphonikern und dem Domchor, Bischofsgottesdienste mit den Bamberger Symphonikern und dem Domchor (Ostern, Pfingsten, Weihnachten 8.45 Uhr), Advents- und Weihnachtssingen mit dem Domchor (zweiter So im Advent 17 Uhr), ☏ 50 22 38.
Pfarrkirche St. Stephan ⑯, Stephansberg. Messen, Motetten, Passionen, Oratorien alter und neuer Meister; große Chorwerke mit Mitgliedern der Bamberger Symphoniker; Chorkonzerte (Passionszeit, Frühsommer, Advent, Weihnachten), ☏ 5 78 60.
Obere Pfarrkirche ⑭ am Kaulberg Orgelkonzerte, Orchestermessen, musikalische Marienfeier, Weihnachtssingen, Silvesterkonzert mit Mitgliedern der Bamberger Symphoniker, ☏ 5 35 02.
Palais Schrottenberg, Kasernstr. 1. Neue Musik, Kammermusik, Konzerte für Kinder, Jazz, Folklore, ☏ 5 55 99.
Jazzkeller, Obere Sandstr. 18. Jazz mit nationalen und intern. Gruppen, ☏ 5 37 40.

Veranstaltungen

Fastnachts-Di: *Bamberger Honigmarkt* auf dem Maximiliansplatz ①
Zwischen Aschermittwoch und Ostern: *Mittfastenmarkt* auf dem Grünen Markt mit landwirtschaftlichen Artikeln, Korbwaren, Sämereien.
So nach Pfingsten: *Urbani-Prozession* in der Tradition der Häcker (Weinbauern). 8 Uhr: Messe in der Oberen Pfarrkirche ⑭ am Kaulberg, 8.45 Uhr: Prozession zum Hohen Kreuz und über den Stephansberg.
Fronleichnam: *Fronleichnamsprozession* mit ehemaligen Zunftgruppen. Gottesdienst, anschließend Prozession durch die Innenstadt.
Juni–Sept.: *Bamberger Sommer*, Kulturprogramm der Stadt: Konzerte, Operetten, Standkonzerte, Orgelkonzerte, Klaviermatineen, Theaterveranstaltungen, Calderónspiele, Bamberger Biertage, Altstadtfest, ☏ 2 10 40.
Ende Juni/Anfang Juli: *Altstadtfest der Universität* im Innenhof der Universität, Feldkirchenstr. 21 (Fr 20 Uhr).
Ende Juni–Ende Juli: *Calderónspiele* in der Alten Hofhaltung ⑩. Freilichtaufführungen von Stücken Calderóns oder im Geiste Calderóns und Stücken von E. T. A. Hoffmann sowie Kinderstücken, ☏ 8 74 99.
Zwei Wochenenden im Juli: *Bamberger Biertage* auf dem Maximiliansplatz ① (Sa, So 16–22 Uhr).
Viertes Wochenende im Aug.: *Sand-Kirchweih* im Sand-Gebiet mit Fischerstechen, Buden, Karussells und Bierzelten (Do–Mo).

Museen

Diözesan-Museum, Domplatz 5 (s. ⑧).
E.T.A.-Hoffmann-Haus, Schillerplatz 26 (s. ⑱).
Fränkisches Brauereimuseum, Michaelsberg. Kellergewölbe, Sammlung von Braugegenständen, Informationszentrum rund ums Bier (Mo–Fr 13–16 Uhr).
Gärtner- und Häckermuseum, Mittelstr. 34. Möbel und Geräte der Weinbauern (Häcker) und Gärtner um 1900, Zeugnisse ihrer Geschichte und Frömmigkeit, Trachten (Mai–Okt. Mi, So 14–17 Uhr).
Historisches Museum, Domplatz 7 (s. ⑩).
Karl-May-Museum, Hainstr. 11. Arbeitszimmer und Bibliothek von Karl May; Sammlung von Gebrauchsgegenständen, Kleidung, Waffen und Silberschmiedearbeiten der Indianer; Wildwest-Schußwaffensammlung (Mi 14–17, Do–Sa 9–12, 14–17, So 9–13 Uhr).
Naturkundemuseum, Fleischstr. 2. Zoologische, paläontologische, geologische und mineralogische Sammlung (Mo–Fr 8–12, 13–17 Uhr, jeden 1. So im Monat 9–17 Uhr).
Stadtgalerie Bamberg – Villa Dessauer, Hainstr. 4a. Ausstellungsgebäude für Gegenwartskunst (Di–So 9–17 Uhr).
Staatsgalerie in der Neuen Residenz, Domplatz 8 (s. ⑨).

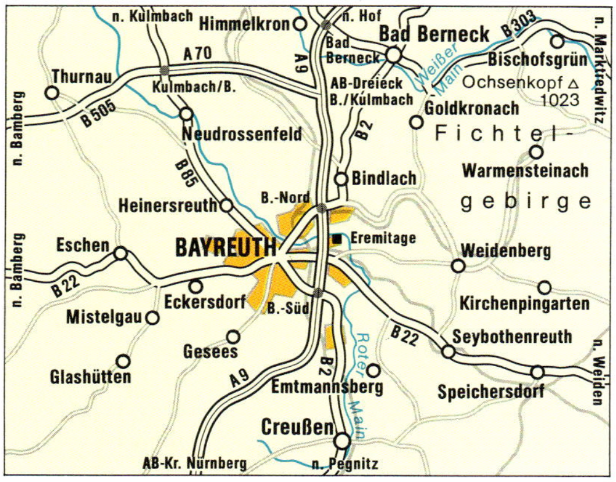

»Berge, Bücher und Bier« hätten ihn aus dem nahen Fichtelgebirge nach Bayreuth gelockt, so Jean Paul einmal humorvoll. Das war im frühen 19. Jh. Lange zuvor hatte ein anderes großes »B« das Bild der kleinen Residenz im Herzen Frankens geprägt: die Bauten des Barock und Rokoko, gefördert vor allem vom Markgrafenpaar Friedrich und Wilhelmine, geformt von deutschen, französischen und italienischen Baukünstlern.

Einige Jahrzehnte nach Jean Paul, als Bayreuths klassische Zeit längst zu Ende war, war es Richard Wagner, der das Städtchen zwischen Fichtelgebirge und Fränkischer Schweiz noch einmal in hellstem Glanz erstrahlen ließ. Dieser Glanz lockt bis heute Menschen aus aller Herren Länder an. Und die Liebe zur Musik macht sich überall bemerkbar (unser Bild).

Bayreuth

Wallfahrt zu Wagner

Wappen Urspr. schräg gekreuzte Reuten (Rodungswerkzeuge) in den Farben Schwarz und Weiß. 1457 erweitert durch zwei Felder mit den zollernschen schwarzen Löwen (Burggrafen von Nürnberg) im rot-silbern gestückten Bord.
Lage Im Norden Bayerns, zwischen Fichtelgebirge und Fränkischer Schweiz.
Land Bayern
Autokennzeichen BT
Höhe 302–360 m ü. M.
Fläche 67 km^2
Einwohnerzahl 72 000
Postleitzahl 8580
Telefonvorwahl 09 21
Post Postamt 1, Bürgerreuther Str. 1, Spätschalter (Mo–Fr 7–20, Sa 7–15.30, So 10–12 Uhr).
Polizei Altes Rathaus, ☏ 50 60
Taxi ☏ 2 44 44, 2 44 55, 6 60 60
Nahverkehr 15 Omnibuslinien im innerstädt. Verkehr sowie in die benachbarten Ortschaften. Fahrscheine beim Schaffner sowie an den Automaten auf dem Marktplatz und in den Vorverkaufsstellen. Zum Festspielhaus verkehrt die Linie 7 (Hohe Warte), zur Eremitage die Linie 2 (St. Johannis).
Parken Am Neuen Rathaus, an der Stadthalle, auf dem Kolpingplatz, in der Albrecht-Dürer-Str., Hindenburgstr. und Münzgasse sowie in den Tiefgaragen Neues Rathaus, Stadthalle und Unteres Tor, außerdem in den Parkhäusern Badstr. und Rotmainhalle.
Touristinformation Fremdenverkehrsverein, Luitpoldplatz 9, ☏ 8 85 88 (Mo–Fr 9–18, Sa 9–12 Uhr).
Stadtrundfahrt Nach Voranmeldung sowie in den Monaten Juli und Aug. Di und Fr 9.15 Uhr ab Fremdenverkehrsverein, Luitpoldplatz 9.
Stadtführung In den Sommermonaten Mi und Sa 10–12 Uhr ab Fremdenverkehrsverein, Luitpoldplatz 9.

Stadtrundgang

Am besten stellen Sie Ihr Auto bei der Stadthalle ab und nehmen als Ausgangspunkt Ihres Rundgangs die Ludwigstraße. In eineinhalb Stunden können Sie die Stadt und die wichtigsten Sehenswürdigkeiten kennenlernen – bis auf zwei: Zum Festspielhaus 10 *und zur Eremitage* 8 *fahren Sie besser mit dem Bus, der von der Villa Wahnfried* 7 *abfährt.*

Wo Sie einkehren und ausruhen sollen? Es gibt da einige sehr beliebte Künstlerlokale, die anscheinend während der Proben- und Festspielzeit von besonderem Reiz sind: die »Eule« (Kirchgasse 8) z. B. oder das »Weihenstephan« (Bahnhofstraße 5). Auch Feinschmeckerrestaurants, gutbürgerliche Gaststätten, Biergärten oder ausländische Spezialitätenlokale gibt es reichlich. Schwer, das eine oder andere besonders herauszustellen – empfehlenswert sind sie fast alle.

Sehenswürdigkeiten

1 *Neues Schloß*, unter Einbeziehung älterer Gebäude Mitte des 18. Jh. durch Joseph Saint-Pierre erbaut. Den langgestreckten dreigeschossigen Trakt dominiert der Mittelbau. Großen Einfluß auf die Gestaltung des Innern hatte Markgräfin Wilhelmine. 38 Stilräume mit typischen Dekorationen des »Bayreuther Rokoko«: Spiegelscherbendekorationen, ostasiatische Gartenkabinette und Musikzimmer. Die *Staatsgalerie* im Neuen Schloß birgt eine Sammlung europäischer Barockmalerei (April–Sept. Di–So 10–11.20, 13.30–16.10 Uhr, Okt.–März Di–So 10–11.20, 13.30–14.50 Uhr).

2 *Markgräfliches Opernhaus*, 1744–48 nach Plänen von Joseph Saint-Pierre erbaut und von Vater und Sohn Galli da Bibiena in prunkvollem Barock ausgestaltet. Deckengemälde von Wilhelm Ernst Wunder (April–Sept. Di–So 9–11.30, 13.30–16.30 Uhr, Okt.–März Di–So 10–11.30, 13.30–15.00 Uhr).

3 *Altes Schloß*, ins 13. Jh. zurückreichende Vierflügelanlage, im 16./17. Jh. umgestaltet. Nach Kriegszerstörung 1951–53 wieder aufgebaut. Der charakteristische achteckige Turm, Wahrzeichen der Stadt, enthält eine spindelförmige Treppe, die auch beritten werden kann. In der Schloßkirche Rokoko-Stukkaturen Jean-Baptiste Pedrozzis und die Fürstengruft mit den Sarkophagen des Markgrafenpaars Friedrich und Wilhelmine.

4 *Maximilianstraße*, von Bürgerhäusern des 16./17. Jh. gesäumt. Durch Erker heben sich die Mohrenapotheke, das Alte Rathaus sowie das gegenüberliegende Stirnerhaus hervor.

5 *Spitalkirche*, 1748–50 durch Joseph Saint-Pierre erbauter klassizistischer Quaderbau, dessen schlichter Innenraum von dem Kanzelaltar von Johann David Räntz bestimmt wird.

6 *Stadtpfarrkirche Hl. Dreifaltigkeit*, nach wechselvoller mittelalterlicher Baugeschichte 1611–14 durch Michael Mebart unter Wahrung gotischer Stilelemente erneuert. Die barocke Innenausstattung wurde im 19. Jh. entfernt. Der Hochaltar von Hans Werner gehört der Spätrenaissance an.

7 *Villa Wahnfried*, im Auftrag Richard Wagners 1873/74 von Carl Wölfel im Stil der Neurenaissance erbaut, im Zweiten Weltkrieg teilweise zerstört, 1975/76 wieder aufgebaut. *Richard-Wagner-Museum* mit Nationalarchiv der Richard-Wagner-Stiftung mit Dokumenten zu Leben und Werk Richard Wagners sowie zur Geschichte der Bayreuther Festspiele, historischen Bühnenbildmodellen, einem Kabinett für Kuriosa, Kitsch und Kostbarkeiten sowie dem »Klingenden Museum« (tägl. 9–17 Uhr; Musik 10, 12, 14 Uhr).

8 *Eremitage*. Auf dem Gelände eines im 17. Jh. angelegten Tiergartens entstanden im 18. Jh. Altes Schloß der Eremitage und Neues Schloß der Eremitage sowie der Park mit mehreren kleinen Bauwerken: Untere Grotte mit Wasserspielen, Drachenhöhle, Ruinentheater. Das Alte Schloß, das Markgraf Georg Wilhelm 1715–18 von Johann David Räntz errichten ließ, will bei den meisten Baugruppen den Anschein eines natürlichen Felsgebildes erwecken. Im Innern teilweise barock (Marmorsaal, Grotte), teilweise von der Markgräfin Wilhelmine geprägtes Rokoko (Musikzimmer). Die Markgräfin ließ 1749–53 durch Joseph Saint-Pierre zusätzlich das Neue Schloß erbauen, eine halbkreisförmige Anlage, deren Zentrum der achteckige »Sonnentempel« ist. Innenausstattung seit 1945 zerstört (Sommer Di–So 9–11.30, 13–16.30 Uhr, Winter Di–So 10–11.30, 13–14.30 Uhr).

9 *St. Georgen*. Von Johann David Räntz stammen das Schloß und der Turm der Ordenskirche, deren Quaderbau 1705–11 entstand. Hochbarocker Deckenstuck sowie Deckengemälde Johann Martin Wilds und Gabriel Schreyers und ein Kanzelaltar bestimmen das Innere des Predigtsaals. Das Ordensschloß, heute Strafanstalt, ist eine dreigeschossige Anlage von 1725 mit eindrucksvoll durch Pilaster gegliedertem Mittelbau. An den Pilasterkapitellen das Kreuz des Ordens »de la sincérité«. 1702 war im benachbarten Gelände die Hugenottenstadt St. Georgen entstanden, je 12 gleiche zweigeschossige Häuser auf beiden Seiten einer langen Straße, die sich zum Kirchplatz weitet.

10 *Festspielhaus*, von Otto Brückwald nach Ideen von Gottfried Semper und Richard Wagner 1872–75 auf dem Grünen Hügel errichtet, 1925 und 1931 erweitert. Der nach dem Vorbild klassischer Amphitheater gestaltete Theaterraum zeichnet sich durch eine vorzügliche Akustik aus (Öffnungszeiten und Führungen ☏ 2 02 21).

11 *Friedrichstraße*, einheitliches Straßenensemble des 18. Jh. mit schlichten, qualitätsvollen Häusern, unter

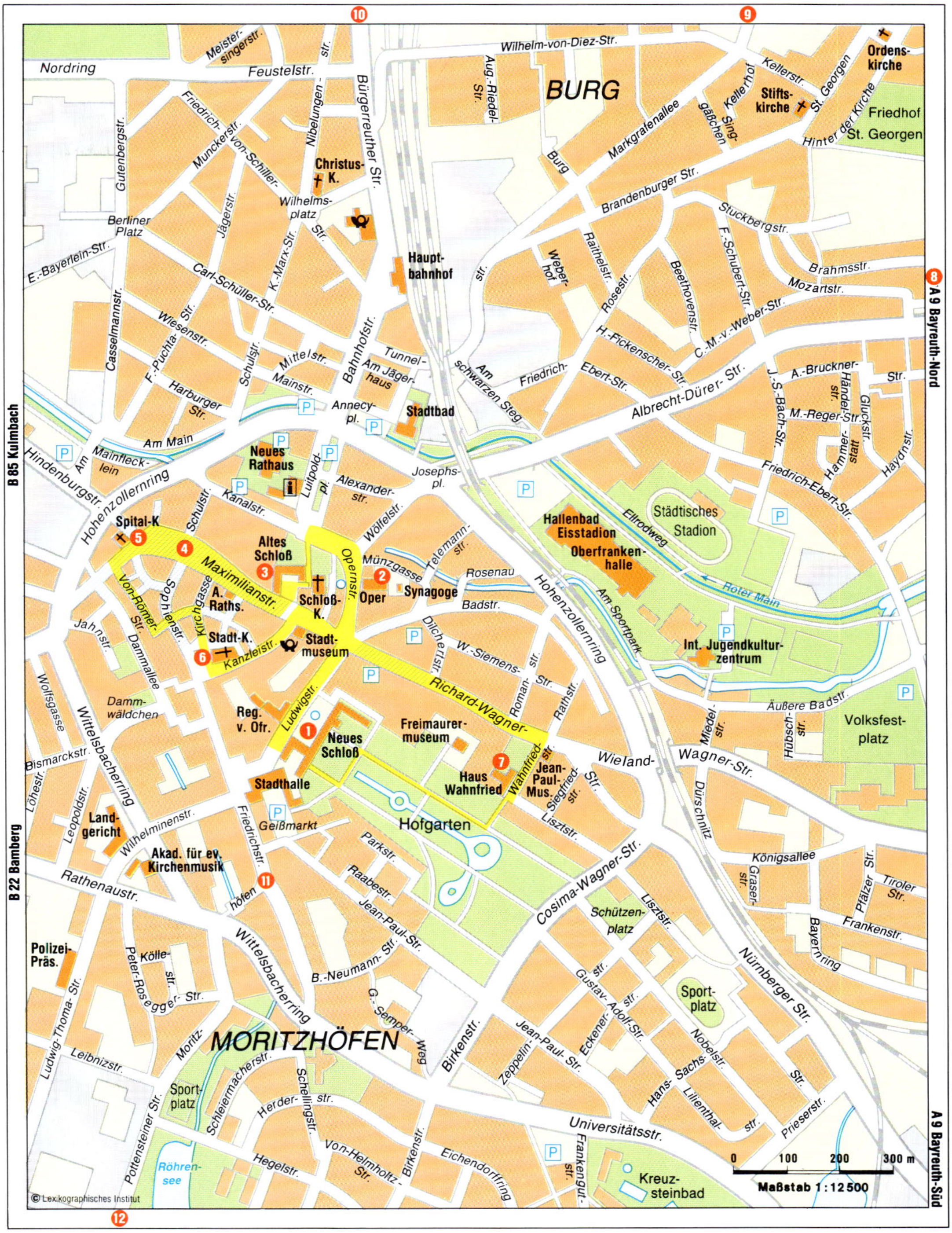

Palaver in Abendgarderobe

Wenn alljährlich im Juli die Festspiele beginnen, belebt sich nicht nur der Grüne Hügel mit seinem Festspielhaus ⑩, vielmehr gerät ganz Bayreuth in einen Ausnahmezustand. Als wäre das ihre Alltagskleidung, sitzen schon zur Mittagszeit Damen und Herren in Abendgarderobe in den Restaurants; in vielerlei Sprachen geht es um Noten, Inszenierungen, Besetzungen. Weniger betuchte Freunde der Musik lesen auf den Bänken der zahlreichen Grünanlagen in Partituren nach, was sie gehört haben oder hören wollen.

Dabei hat der Andrang von Wagner-Fans aus aller Welt schon etwas nachgelassen. Eine Reihe supermoderner Inszenierungen, vor allem der »Ring« des Franzosen Patrice Chéreau, haben manche der konservativen

denen das ehemalige Waisenhaus sowie das ehemalige Liebhardt-Steingraebersche und das Ellrodtsche hervorzuheben sind.

⑫ *Thiergarten*, durch Johann David Räntz 1715–20 errichtetes Jagdschloß, heute im Besitz der Stadt. Vollendet wurde nur der mittlere Teil, ein zweigeschossiges Oktogon mit Kuppel und anschließendem eingeschossigem Flügel. Im Saal ausgezeichnete Stukkaturen Andrea Domenico Cadenazzis.

Burgen, Höhlen, Mühlen
Die Fränkische Schweiz im Südwesten Bayreuths ist ein lohnendes Ziel für eine gemächliche Autotour entlang idyllischer Bachläufe und durch romantische Wälder, wo Burgen, Höhlen und Mühlen in stattlicher Zahl am Weg liegen. Verlassen Sie die Stadt auf der B 22 in Richtung Bamberg, zweigen Sie nach ungefähr 7 km links nach Mistelgau ab, und fahren Sie über Glashütten nach Gößweinstein. Hier sollten Sie sich für die Wallfahrtskirche zur Hl. Dreifaltigkeit ausreichend Zeit nehmen: für die Fassade des 1730–39 nach Plänen von Balthasar Neumann errichteten Sandsteinbaus und für die zarte Stukkatur des Innern. Auf dem Friedhof neben der Kirche verdient das der Spätrenaissance angehörende Denkmal für die Eltern des Fürstbischofs Ernst von Mengersdorf Ihre Aufmerksamkeit. Über die B 470 in Richtung Pegnitz gelangen Sie ins »Felsendorf« Tüchersfeld mit dem Museum der Fränkischen Schweiz (April–Okt. Di–So 10–17 Uhr, Nov.–März So 13.30–17 Uhr und nach Vereinbarung). Auf der B 470 fahren Sie weiter nach Pegnitz, wo in der exklusiven, gemütlichen alten Posthalterstation Wagner-Fans, Wanderfreunde und Gourmets gleichermaßen einkehren. Sie können über die A 9 nach Bayreuth zurückfahren.
Vielleicht lockt Sie aber der spätgotische Flügelaltar in Lindenhardt, dessen Gemälde frühe Werke Matthias Grünewalds sind. Dann wählen Sie die B 2 bis Schnabelwaid und biegen dort links ab. Zurück fahren Sie über Creußen, wo im Krüge-Museum Creußener Steinzeug und Bayreuther Fayencen gezeigt werden (nach Vereinbarung, ☏ 0 92 70/607). Sehenswert sind auch die barocke Stadtpfarrkirche und, für Liebhaber von Kuriositäten, das Eremitenhäuschen von 1760. Von Creußen fahren Sie über die B 2 nach Bayreuth zurück (insgesamt ca. 80 km).

Stammgäste verdrossen. Auch klagen die Gralshüter des reinen Erbes schon seit Jahren, der hehre Hügel werde statt von nibelungentreuen Wagnerianern von immer mehr gewöhnlichen Touristen heimgesucht, die mit Bussen angeliefert und mit dem letzten Paukenschlag wieder abgeholt werden. Banausen also? Oder öffnet sich das geheiligte Haus dem einfachen Volk?

Wie Festspielchef Wolfgang Wagner offenbar bewußt eine Umschichtung angestrebt hat, so ist die Stadt selbst bemüht, ihr Image dahin zu ändern, daß nicht mehr Meister Wagner allein den Ton bestimmt. Längst bevor nämlich 1872 der Sachse aus München hierher übergesiedelt war, hatte die kleine Residenz eines winzigen Fürstentums die Reisenden zuhauf angezogen – der Bildung oder auch anderer Ziele wegen.

»Bayreuth ist ein wunderlicher, stiller Ort, man kann da alle Annehmlichkeiten eines Hofes ohne die Unbequemlichkeiten der großen Welt genießen.« Diesen Eindruck, den Voltaire 1743 gewonnen hatte, kann man immer noch nachempfinden. In der Maximilianstraße ❹ läßt sich ablesen, wie sich in markgräflicher Zeit anspruchsvolle Gebäude zwischen bescheiden kleinbürgerliche Häuser geschoben haben. Ganz uneingeschränkt bringt die Friedrichstraße ⓫ den Geist Bayreuths im 18. Jh. zum Ausdruck. In nur 25 Jahren war das Ensemble entstanden: schrittweise Fassade um Fassade. Hier stehen das Haus, in dem Jean Paul sein Leben beschloß, und das Ellrodtsche Haus mit einem in der schlichten Umgebung höchst auffälligen Säulenportikus.

Seeschlachten zur Belustigung

Markgräfliche Residenz war das einstige Lehensgebiet der Nürnberger Burggrafen 1603 geworden, aber erst gegen Ende des 17. Jh. wird am Bau des Alten Schlosses ❸ auch äußerlich sichtbar, daß Bayreuth Residenzstadt geworden war. Markgraf Christian Ernst, der sich gegen die Türken ausgezeichnet hatte, gab dem französischen Baumeister Charles-Philippe Dieussart den Auftrag, die alten und neuen Trakte des Schlosses zu vereinheitlichen.

Den Franzosen war auch sein Sohn Georg Wilhelm zugetan. Schon als Erbprinz begründete er die bis heute unversehrt erhaltene Hugenottenstadt St. Georgen ❾. Später ließ er hier den künstlich angelegten Brandenburger See schiffbar machen, damit eigens angefertigte Kriegsschiffe sich im Rahmen von Freilichtaufführungen Seeschlachten liefern konnten. Sein Baumeister Johann David Räntz errichtete in St. Georgen ein Lustschloß, nachdem dieser das Alte Schloß der Eremitage ❽ einige Jahre zuvor schon vollendet hatte. Vom französischen Sonnenkönig inspiriert, waren hier karge Zellen entstanden, in denen die Hofgesellschaft ihre Armensuppe löffelte.

Bayreuth als Barockstadt erlebte seine Blütezeit, als Markgraf Friedrich sich 1731 in Berlin mit Prinzessin Wilhelmine, der Lieblingsschwester Friedrichs des Großen, vermählt hatte. Die sensible und künstlerisch vielfältig begabte Frau wollte von Armensuppen nichts mehr wissen,

Obwohl zur Rokokozeit gebaut, entfaltet der Innenraum des Markgräflichen Opernhauses schwere Barockpracht.

Auf dem Stadtfriedhof liegt Johann Paul Friedrich Richter begraben, der unter dem Namen Jean Paul berühmte Dichter.

sondern machte die Eremitage ❽ zu einer Anlage voll anmutiger Pracht. Die vielleicht bemerkenswertesten Wohnräume des Rokoko entstanden unter ihrem Einfluß und ihrer Mitwirkung. Auch das phantastisch anmutende Neue Schloß mit dem Sonnentempel verrät deutlich, daß sich der eher nüchtern-klassizistische Hofbaumeister Joseph Saint-Pierre ihrem Einfluß nicht entziehen konnte. In den damals französisch-geometrisch angelegten Park, der erst Ende des 18. Jh. zum Landschaftsgarten wurde, ließ sie ein Ruinentheater bauen, in dem sie, übrigens gemeinsam mit ihrem Gast Voltaire, persönlich auftrat.

Wilhelmines Theaterbegeisterung war auch für den Bau des Opernhauses ❷ ausschlaggebend, obwohl sie wußte, daß die Mittel des kleinen Fürstentums knapp waren. Die klassizistisch kühle Fassade schuf ihr Hofbaumeister Saint-Pierre, während sich im Innern das italienische Temperament von Vater und Sohn Galli da Bibiena in farbschwerem Barock entfalten konnte. Die raffinierte Bühnentechnik verblüffte damals schon die Zeitgenossen, und die ungewöhnliche Bühnentiefe von 27 m sollte später Richard Wagner, der von seinen Festspielen träumte, nach Bayreuth locken.

Das große Fest hielt nicht, was es versprach

Einen glanzvollen Höhepunkt in der Geschichte Bayreuths bildete die Hochzeit der 16jährigen Prinzessin Elisabeth Friederike Sophie mit dem nur gut drei Jahre älteren Herzog Karl Eugen von Württemberg. Die von Voltaire als »sicherlich schönstes Kind Europas« gerühmte Tochter des Markgrafenpaars war erst neun Jahre alt, als der Erbprinz sich in sie verliebte. Politisches Kalkül seiner Mutter tat das übrige, um eine Verbindung zu knüpfen, die 1748 mit einem vier Wochen dauernden glanzvollen Fest besiegelt wurde, allerdings keine zehn Jahre Bestand hatte.

1763 starb Markgraf Friedrich, dem Wilhelmine fünf Jahre zuvor vorausgegangen war. Das Vermächtnis an seine Nachfolger waren Schulden; denn ein pompöses Hochzeitsfest, Eremitage ❽ und Opernhaus ❷ waren längst nicht alles gewesen, was das baulustige Markgrafenpaar zur Verschönerung seiner Residenzstadt beigetragen hatte. Südlich der Stadt war das Jagdschlößchen Thiergarten ⓬ entstanden, wo die höfische Gesellschaft sich im stuckierten Saal Jagdwild vor die Büchsen treiben ließ. Schließlich verschlang der Bau des Neuen Schlosses ❶ große Summen, wiewohl aus Gründen der Sparsamkeit der Baumeister Saint-Pierre gehalten war, vorhandene Bauten in seine Planung einzubeziehen.

So kam der Dichter auf den Hund

An der Königsallee, die zur Eremitage hinausführt, betrieb Anfang des 19. Jh. die Rollwenzelin eine Gastwirtschaft. Wie es heißt, war der Frau das Privileg von der französischen Besatzungsmacht gewährt worden, weil sie einen entkräfteten Soldaten der napoleonischen Truppen aus dem Straßengraben aufgelesen und gesund gepflegt hatte. Hierher, in die »Rollwenzelei«, zog es den Dichter Jean Paul fast täglich. Die Rollwenzelin, die sich auch anderer Künstler und Lebenskünstler fürsorglich annahm, hatte ihm ein bis heute unversehrt erhaltenes Stübchen eingerichtet, wo er ungestört schreiben konnte. »Dr. Katzenbergers Badereise«, »Leben Fibels«, »Der Komet« und das pädagogische Werk »Levana« entstanden in seiner Bayreuther Zeit. Der nach bitteren Jahren bekannt und beliebt gewordene Dichter bekam zuweilen Verehrerbriefe, nicht selten mit der Bitte um eine Locke seines Haupts – sein Pudel, wird berichtet, mußte diese Fetische liefern. Die »Rollwenzelei« ist heute Privathaus, aber das Dichterstübchen mit Erinnerungsstücken und Gästebüchern kann besichtigt werden (nach Vereinbarung, ☏ 9 24 13).

In der Mitte des Neuen Schlosses der Eremitage, das im Halbrund angelegt ist, liegt der achteckige Sonnentempel. Er wird bekrönt von einem Viergespann feuriger Rosse des Sonnengotts Helios.

Tips, Tips, Tips

Wie die Schreiber brotlos wurden
Ein Zimmermann hat die erste brauchbare Schreibmaschine entwickelt. Peter Mitterhofer hieß er und stammte aus einem Dorf bei Meran. Klar, daß er auf Holz als Herstellungsmaterial zurückgegriffen hat. Die Buchstaben waren aus Stecknadelspitzen. Das war 1864. Wie es dann mit dem »Tippen« weiterging, kann man im Museum historischer Schreibmaschinen verfolgen, dessen einzigartige Sammlung 200 historische Schreibmaschinen umfaßt.

Umweltfreundlich und mobil
»Per Velo Bayreuth entdecken«, heißt ein von einer Bürgerinitiative entwickeltes und von der Stadt gefördertes Programm. In Bayreuth und Umgebung gibt es schon rund 150 km Radwanderwege. Auf einer stillgelegten und umgebauten Bahnstrecke soll das Netz einmal bis in die Fränkische Schweiz reichen. Der Fremdenverkehrsverein am Luitpoldplatz erteilt Auskunft, wo es Fahrräder zu mieten gibt.

Deutsches Freimaurer-Museum
Seit über 100 Jahren steht im Bayreuther Hofgarten ein Gebäude, das als Freimaurer-Loge errichtet wurde und heute auch das einzige Freimaurer-Museum der Bundesrepublik Deutschland beherbergt. Zahlreiche Bilder und Dokumente, Freimaurerschurze, Logenabzeichen, Schärpen und Medaillen informieren den Besucher über die Freimaurerei und ihren Einfluß auf das abendländische Geistesleben. Lang ist die Liste berühmter Freimaurer mit unterschiedlicher politischer oder religiöser Einstellung, die sich zu einem brüderlichen Leben im Glauben an ein höheres Wesen verpflichteten, ohne damit auf ein bestimmtes Bekenntnis festgelegt zu sein. Eines der ersten Mitglieder in Deutschland war Friedrich der Große (ab 1738). Freimaurer waren auch Goethe, Heine, Herder, Tucholsky und Tolstoi, unter den Musikern Mozart, Haydn, Liszt und Lortzing. Richard Wagner konnte angeblich wegen seiner Familienverhältnisse nicht Mitglied werden. In unserem Jahrhundert bekannten sich Staatsmänner wie Stresemann, Churchill und Truman zur Freimaurerei. In Deutschland waren bis zum Beginn der NS-Herrschaft 80 000 Mitglieder in 640 Logen registriert. Heute haben die Logen in der Bundesrepublik Deutschland immerhin wieder etwa 20 000 Mitglieder. Ihr Symbol bilden Zirkel und Winkelmaß.

Dafür, daß der Neubau nötig wurde, hatte im übrigen Markgraf Friedrich selbst gesorgt. Eine Kerze, die er ins offene Fenster gestellt hatte, ließ 1753 das Alte Schloß ❸ in Flammen aufgehen.

Es ging also zu Ende mit der markgräflichen Herrlichkeit. Friedrichs Nachfolger hatten ihre Not mit dem Schuldenberg, den er und Wilhelmine ihnen hinterlassen hatten, weitere Prachtentfaltung verbot sich von selbst. Den Brandenburger See ließen sie zuschütten, und um die Staatskasse zu sanieren, verkauften sie zweimal Bayreuther Soldaten an die englische Krone. 1791 trat der letzte Markgraf seine Erblande gar an Preußen ab. Ein Interregnum begann, bis Bayreuth 1810 an Bayern fiel. Napoleon, dem diese Veränderung zu verdanken war, marschierte kurz darauf in die Stadt ein und kam in der Folge noch mehrmals zu Besuch.

Jean Paul und Richard Wagner

In dem Städtchen Wunsiedel im Fichtelgebirge, damals auf Bayreuther Territorium gelegen, war wenig von diesen tiefgreifenden Veränderungen zu spüren. 1763, im Todesjahr des Markgrafen Friedrich, kam hier am 21. März als Sohn einer armen Predigerfamilie Johann Paul Friedrich Richter zur Welt, der nachmals als Jean Paul zu literarischem Ruhm gelangte und die letzten zwei Jahrzehnte seines Lebens in Bayreuth verbrachte. Als 18jähriger hatte er die Stadt zum ersten Mal gesehen und noch etwas von der Atmosphäre der markgräflichen Zeit erlebt. Später huldigte er ihr in seinem »Siebenkäs« und in den »Flegeljahren«.

Richard Wagner hatte – wie gesagt – die große Bühne des Opernhauses ❷ fasziniert. 1835 besuchte er die Stadt zum ersten Mal, aber erst an seinem 59. Geburtstag, am 22. Mai 1872, konnte er den Grundstein für »sein« Theater legen. Bayerns Märchenkönig Ludwig II. half ihm über die Finanzierungsschwierigkeiten hinweg. Kaiser Wilhelm I. kam zur Eröffnung auf den Grünen Hügel. Dreimal nacheinander wurde im August 1876 der »Ring« gespielt, der seitdem zum festen Bestandteil des Bayreuther Festspielprogramms gehört.

Alljährlich wallfahren rund 60 000 Besucher nach Bayreuth, wenn es wieder soweit ist. Dabei ist das berühmte Festspielhaus ❿ kaum schöner als das klotzige neue Rathaus der Stadt, aber der Mythos macht's. Wohl und Wehe der Hauptstadt des Regierungsbezirks Oberfranken sind mit dem großen Meister und seiner Aura scheinbar unauflöslich verbunden.

Dabei glänzt Bayreuth trotz schwerer Kriegsschäden heute wieder wie einst. Die gotische Stadtkirche ❻, rund 800 Jahre alt wie die Stadt selbst, wurde in langwieriger Arbeit renoviert. Die Eremitage ❽ sanierte man für 2,3 Millionen Mark, wenn auch die Inneneinrichtung des Neuen Schlosses dem Krieg zum Opfer gefallen ist. Die von einer amerikanischen Granate zerfetzte Grabkapelle für Franz Liszt, den Schwiegervater Richard Wagners, ist wieder aufgebaut, und in der Villa Wahnfried ❼, wo sich das Richard-Wagner-Museum befindet, sind die wichtigsten Briefe und Originaldokumente des Meisters gesammelt.

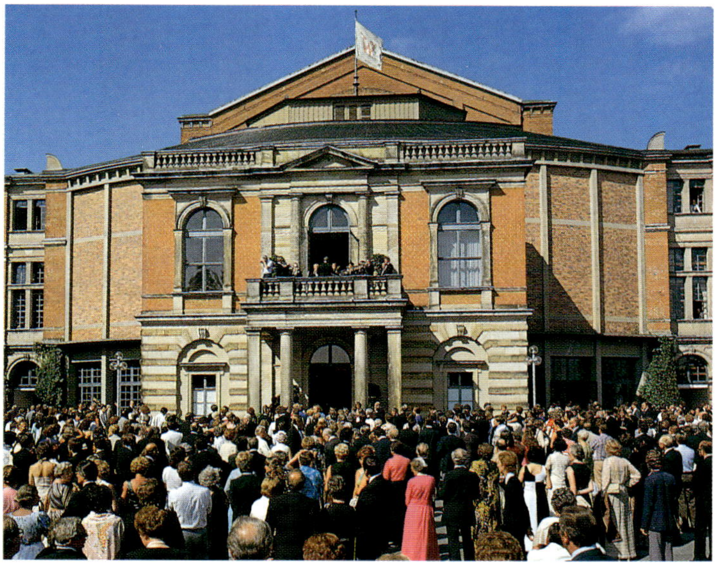

Zu den alljährlichen Festspielen ziehen auch avantgardistische Inszenierungen im Festspielhaus die Richard-Wagner-Verehrer auf den Grünen Hügel.

Mundart, Rock, Tamtam
Ein Kontrapunkt zur Wagner-Tradition ist inzwischen auch gesetzt: Just zur Festspielzeit treffen sich alljährlich rund 400 junge Künstler aus aller Welt und schlagen im Internationalen Jugendkulturzentrum einen Bogen vom Barock zur Gegenwart, von afrikanischem Tamtam zum fränkischen Mundarttheater. Der Stadtjugendring hat den attraktiven »Kulturpreis Rock« gestiftet, und die »Etage« in St. Georgen 9 bietet alle Arten von Alternativkultur.

Zur Veränderung und Verjüngung des geistigen Klimas hat wesentlich die Universität beigetragen. Im Jahr 1971 vom Bayerischen Landtag beschlossen, konnte sie sich auf eine Vorgängerin in markgräflicher Zeit berufen, die freilich schon nach 500 Tagen nach Erlangen verlegt worden ist. Heute kann man in Bayreuth an fünf Fakultäten neben traditionellen Studiengängen auch spezielle Fachrichtungen wie Geoökologie, Sportökonomie, Afrikanistik oder Komparatistik belegen, die den veränderten Anforderungen Rechnung tragen sollen.

Bayreuth lebt keineswegs von der Kultur allein. Der oberfränkische Bezirk hat vielmehr eine solide wirtschaftliche Grundlage – zwischen Bayreuth und Frankfurt gibt es sogar Linienflugverkehr. Das Markenzeichen einer bekannten Zigarette wird gern mit »Helft Bayreuth« übersetzt: 70 Millionen Glimmstengel werden hier täglich gestopft, und doch rühmt man sich raucharmer Industrie! Auch Bademoden, Ferngläser und Weizenbier tragen zum Wohlstand der Stadt bei.

Das Richard-Wagner-Museum in der Villa Wahnfried zeigt neben Dokumenten zu Leben und Werk Richard Wagners auch Kitsch und Kuriosa.

Theater, Musik, Veranstaltungen, Museen

Theater
Stadthalle, Ludwigstr. 31. Gastspiele: Oper, Operette, Musical, Ballett, Schauspiel (Sept.–Mai), ☎ 6 90 01.
Kleines Theater Bayreuth, Jean-Paul-Str. 11. Moderne kleine Stücke, fränkische Mundartstücke, Valentiniaden, Kinder- und Jugendtheater; Sommerspiele im Römischen Theater, ☎ 2 33 16.
Brandenburger Kulturstadl, Brandenburger Str. 35. Schauspiel, Boulevard, Komödie, fränkische Mundartstücke, Musical, ☎ 1 36 63.
Studiobühne Schützenhaus, Röntgenstr. 2. Moderne Autoren, Klassiker, modernes fränkisches Mundarttheater, Solostücke, Pantomime, Kabarett; klassische Komödien im Römischen Theater, ☎ 6 30 09.
Internationales Jugendkulturzentrum, Äußere Badstr. 7a. Modernes Theater, fränkische Mundartstücke, Kinder- und Jugendtheater, Tanz, Kabarett, Lesungen, Musikveranstaltungen; Intern. Jugend-Festspieltreffen (Aug.), ☎ 95 05.

Musik
Stadthalle, Ludwigstr. 31. Sinfonie- und Kammerkonzerte, Klavier- und Liederabende, ☎ 6 90 01.
Markgräfliches Opernhaus 2, Opernstr. 14. Kammerkonzerte, Klavier- und Liederabende; Fränkische Festwoche (Ende Mai/Anfang Juni), ☎ 6 90 01.
Pianofabrik Steingraeber 11, Friedrichstr. 2. Kammermusik, Klavierabende, experimentelle neue Musik; Wagner-Parodien, ☎ 6 40 49.
Schloßkirche Bayreuth, Schloßberglein 1. Chor-, Solo-, Orgel-, Oratorienmusik (einmal im Monat), Schloßturmkonzerte, Matineen zur Festspielzeit mit Solo-, Chor-, Kammerkonzerten (So), ☎ 65 42 27.
Stadtkirche 6, Kirchplatz 1. Orgelkonzerte mit europäischen Gastorganisten; Kantaten; Bayreuther Orgelmonat (Ende Sept.–Ende Okt.), ☎ 4 13 52.
Christuskirche, Nibelungenstr. 2. Konzerte zum Kirchenjahr (einmal im Monat), Konzerte mit dem Bachsolisten-Ensemble Bayreuth (Ende Juli/Anfang Aug., Sa, So), oratorische Aufführungen (Advent), ☎ 2 63 18.
Internationales Jugendkulturzentrum, Äußere Badstr. 7a. Kammermusik, Klavier- und Liederabende, Rock, Folklore, Liedermacher; Intern. Jugend-Festspieltreffen (Aug.), ☎ 95 05.

Veranstaltungen
Ostern: *Frühlingsfest* auf dem Volksfestplatz, Friedrich-Ebert-Str. Volksfest.
Pfingsten: *Pfingstmarkt* auf dem Marktplatz, Maximilianstr. 4. Warenmarkt.
Volksfest auf dem Volksfestplatz, Friedrich-Ebert-Str.
Erster Do im Febr.: *Lichtmeßmarkt* auf dem Marktplatz, Maximilianstr. 4.
Anfang Mai: *Musica Bayreuth* mit Sinfonie-, Kammer-, Orgelkonzerten (Barock bis Moderne). Spielorte: Markgräfliches Opernhaus 2, Stadthalle, Stadtkirche 6, ☎ 6 90 01.
Mai/Juni: *Fränkische Festwoche* im Markgräflichen Opernhaus 2 mit Opern-, Ballett-, Schauspielaufführungen der Bayerischen Staatsoper und des Bayerischen Staatsschauspiels, ☎ 6 90 01.
Erster Sa im Juli: *Bürgerfest* in der Fußgängerzone. Theater-, Tanz-, Turnvorführungen; Blasmusik, Rock-, Pop-, Jazzgruppen.
25. Juli–28. Aug.: *Richard-Wagner-Festspiele* im Festspielhaus 10, Festspielhügel 1–2, ☎ 2 02 21.
Erster Sa im Aug.: *Sommerfest* in der Eremitage 8 mit Wasserspielen, Unterhaltungsmusik, Tanz, Feuerwerk.
Aug: *Internationales Jugend-Festspieltreffen*. Studenten aus aller Welt mit klassischem und experimentellem Angebot aus Musik, Musiktheater, Ballett, Theater, Literatur, bildender Kunst. Spielorte: Konzertsäle, Kirchen Bayreuths und der Region, ☎ 95 05.
Erster Do im Nov.: *Martinimarkt* auf dem Marktplatz. Warenmarkt.

Museen
Altes Schloß Eremitage, Eremitage, Haus Nr. 1 (s. 8).
Deutsches Freimaurer-Museum, Im Hofgarten 1 (Di–Fr 10–12, 14–16, Sa 10–12 Uhr).
Deutsches Schreibmaschinen-Museum, Bernecker Str. 11. Rund 200 historische Schreibmaschinen ab 1874 (Mo–Fr nach Vereinbarung).
Iwalewa-Haus – Afrika-Zentrum der Universität Bayreuth, Münzgasse 9. Moderne Kunst und Musik aus Afrika, Indien, Papua-Neuguinea, Haiti (Di–Fr 14–18, Sa, So 11–16 Uhr).
Jean-Paul-Museum, Wahnfriedstr. 1. Text- und Bilddokumente zu Leben und Werk des Dichters (Juli–Sept. tägl. 9–12, 14–17 Uhr, Okt.–Juni Mo–Fr 9–12, 14–17, Sa 10–13 Uhr).
Richard-Wagner-Museum mit Nationalarchiv der Richard-Wagner-Stiftung, Villa Wahnfried, Richard-Wagner-Str. 48 (s. 7).
Rollwenzelei – Jean-Paul-Stube, Königsallee 84. Ehemaliges Gasthaus, wo für Jean Paul ein Raum für seine Arbeit reserviert war. Heute Erinnerungsstätte (nach Vereinbarung, ☎ 9 24 13).
Staatsgalerie im Neuen Schloß, Ludwigstr. 21 (s. 1).
Stadtmuseum – Ausstellung im Lüchau-Haus, Kanzleistr. 1. Dokumentation zur Geschichte und Entwicklung Bayreuths. Schwerpunkt: »Höfische und bürgerliche Kultur des 18. Jh.« (Di–So 10–17 Uhr).

Berchtesgaden

Herz deutscher Bergromantik

Berchtesgaden gehört zu den Spitzenreitern im Rennen der Gebirgsorte um Gäste, wenn auch nur 15 % aller Übernachtungen auf den Winter entfallen.
In einer Schönheitskonkurrenz könnten der Marktort und das Stück Landschaft, das seinen Namen führt, die meisten Mitbewerber in Mitteleuropa mühelos aus dem Feld schlagen – das hat schon Alexander von Humboldt gemeint. Neben Schloß Neuschwanstein sind diese Bilder Wahrzeichen für Bayern schlechthin: die Spitztürme der Stiftskirche St. Peter und Johannes oder die Kuppeln von St. Bartholomä am Königssee – beides vor der majestätischen Wand des Watzmann, des zweithöchsten Bergs der Bundesrepublik Deutschland, im Nationalpark Berchtesgaden gelegen und deshalb nicht von technischer Erschließung bedroht.

Wappen Geviert mit Herzschild, darin die bayrischen Rauten. Die gekreuzten Schlüssel sind das Attribut des hl. Petrus, des Patrons des fürstbischöflichen Stifts. Die Rauten symbolisieren den Übergang des Berchtesgadener Ländchens 1809/10 an Bayern. Die Lilien gehen auf das Wappen der Gründer des Stifts, der Grafen von Sulzbach-Rosenberg, zurück.
Lage Im südöstlichen Grenzwinkel der Bundesrepublik Deutschland, hufeisenförmig umrahmt von Gebirgsmassiven.
Land Bayern
Autokennzeichen BGL
Höhe 470–1100 m ü. M.
Fläche 35 km^2
Einwohnerzahl 7712
Postleitzahl 8240
Telefonvorwahl 0 86 52
Post Postamt 2, Am Bahnhof, Spätschalter (So 9–11 Uhr).
Polizei Bayerstr. 3, ☏ 6 10 34
Taxi ☏ 40 41, 34 13, 1 94 10
Nahverkehr Buslinien der Regionalverkehr Oberbayern GmbH innerhalb des Markts und in der näheren und weiteren Umgebung. Fahrscheine beim Schaffner sowie in der Vorverkaufsstelle (während der Hauptsaison). Abfahrt der Busse am Hbf.
Camping Allweglehen, ☏ 23 96, Mühleiten, ☏ 45 84, Grafenlehen, ☏ 41 40.
Parken Große Tiefgarage unter dem Kur- und Kongreßhaus. Einzelplätze am Schloßplatz, an der Bräuhausstr. und beiderseits der Hindenburgallee, Großparkplatz in der Bahnhofstr. und vor dem Salzbergwerk (auch für Busse).
Touristinformation Kurdirektion, Königsseer Str. 2, ☏ 50 11 (Vor- und Nachsaison: Mo–Fr 8–17, Sa 9–12 Uhr, Hauptsaison: Mo–Fr 8–18, Sa 8–17, So 9–15 Uhr).
Stadtführung Historischer Spaziergang durch den Markt Berchtesgaden (Hauptsaison: Fr 10 Uhr ab Kur- und Kongreßhaus). Juni – Okt. tägl. geführte Wanderungen durch den Nationalpark Berchtesgaden, ☏ 6 22 22.
Schiffahrt Regelmäßige Fahrten auf dem Königssee nach St. Bartholomä und nach Salet (Obersee) in der Haupt-, Vor- und Nachsaison. Abfahrt: Seelände Königssee. Auskunft: Staatliche Schiffahrt Königssee, ☏ 40 26.

Glück im Winkel

Zwei Almen waren gleichsam der Grundstock für das, was später ein Chronist als »ein riesiges, weit verstreutes Hoteldorf« bezeichnete, nämlich für das am intensivsten genutzte Fremdenverkehrsgebiet in der Bundesrepublik Deutschland. Die beiden Bergweideplätze hatte der Bayernherzog Theodo dem Salzburger Bischof Rupertus um das Jahr 700 geschenkt. Um die Jahrtausendwende baute ein Graf namens Perther dort einen Gaden; so hieß in jener Zeit ein einstöckiges Haus. Seither nannte man das Land rundum »Perthersgaden«.

In die Geschichte wurde der bergumrahmte Talkessel hernach durch Augustinermönche geführt. Sie gründeten zu Beginn des 12. Jh. ein Kloster und die heutige Stiftskirche ❶. Noch im gleichen Jahrhundert erhielten sie von Kaiser Heinrich VI. das Recht auf Salz- und Berglager. Ab 1559 durften sich die Pröpste mit dem Fürstentitel schmücken. Ihr kleines Reich mitten im Gebirge war reichsunmittelbar, unabhängig vom Salzburger Erzstift wie auch von den bayrischen Herzögen, ja, deren Rivalität war geradezu ein Garant ihrer Eigenständigkeit.

Sieben Jahrhunderte währte die sanfte Herrschaft der Fürstpröpste. Der erste war jener Eberwein, den Ludwig Ganghofer in seiner »Martinsklause« beschrieben und dem er das – heute in der Fremdenverkehrswerbung strapazierte – Wort in den Mund gelegt hat: »Herr, wen du lieb hast, den lässest du fallen in dieses Land!«

Der letzte Propst war Conrad von Schroffenberg, zugleich Fürstbischof von Freising und Regensburg, der 1803 im Zeichen der napoleonischen Veränderungen die Entsagungsurkunde unterschreiben mußte. Zusammen mit Salzburg wurde Berchtesgaden dem Großherzogtum Toskana zugesprochen. Zwei Jahre später fielen die beiden ehemaligen Fürstentümer an Österreich. 1809 war Berchtesgaden unter französischer Besetzung. Erst am 12. September 1810 wurde es im Frieden von Wien dem Königreich Bayern zugeteilt.

Die Wittelsbacher, deren Prinzen schon öfter als Fürstpröpste in Berchtesgaden regiert hatten, schätzten diesen malerischen, strategisch gut geschützten Winkel und kamen gern mit großem Gefolge zur Hirschjagd. (Die deutschen Filmschaffenden haben eine Zeitlang recht anrührende Stoffe aus dieser Tatsache gewonnen.) König Max I. Josef ließ in Marktschellenberg eine Salzsackmanufaktur bauen und 1817 eine Soleleitung nach Bad Reichenhall legen – damals ein technisches Wunderwerk.

Ludwig I. machte sich durch zahlreiche Stiftungen und die Gründung der Holzschnitzschule beliebt. Maximilian II. ließ die königliche Villa als Sommerresidenz bauen. Ludwig II. verlegte seine Prunkschlösser zwar in andere Landesteile, verlebte aber »glückliche Jugendtage« in Berchtesgaden, wo seine Spielzeugkutsche heute im Heimatmuseum zu besichtigen ist.

Ludwig III. schließlich floh 1918 vor der Räterepublik nach St. Bartholomä, damals noch eine Einsiedelei ganz hinten am stillen Königssee.

Aber nicht nur bayrische Fürsten schätzten die Gegend, auch Hitler und viele seiner Paladine ließen sich in einem eigenen Bereich um den »Berghof« am Obersalzberg nieder.

Wo Licht ist, ist auch Schatten

Der Königssee trug vor dem Anschluß an Bayern auch den Namen Bartholomäsee. Er war immer die Perle des Lands, wurde gemalt und in Liedern und Gedichten besungen. In jüngster Zeit hat man ihn bis in seine geheimnisvollen Tiefen von fast 200 m erforscht.

Heute ist der Königssee die meistbesuchte landschaftliche Attraktion im Berchtesgadener Land, das mit seinen fast 25 000 Gästebetten – bei etwas weniger Einwohnern – fast ausschließlich vom Fremdenverkehr und noch ein wenig vom Salz lebt.

Nur auf geräuschlosen, umweltfreundlichen Elektrobooten (oder hoch über die Berge) gelangt man zum Kirchlein St. Bartholomä, das wohl zu den meistfotografierten Bauwerken Bayerns gehört. Gerade am Königssee aber werden die Schattenseiten des wachsenden Massentourismus überdeutlich: lange Schlangen vor den Booten, Gedränge in den Gaststätten, ungeklärte Entsorgungsprobleme, Kitsch und Kleinkonsum ohne Maßen. Riesige Parkflächen am Ende der 5 km langen Königsseestraße scheinen den Verkehr geradezu anzuziehen. Von hier aus gelangt man auch zur Talstation der Jennerbahn – und damit an eines der Tore des Nationalparks Berchtesgaden.

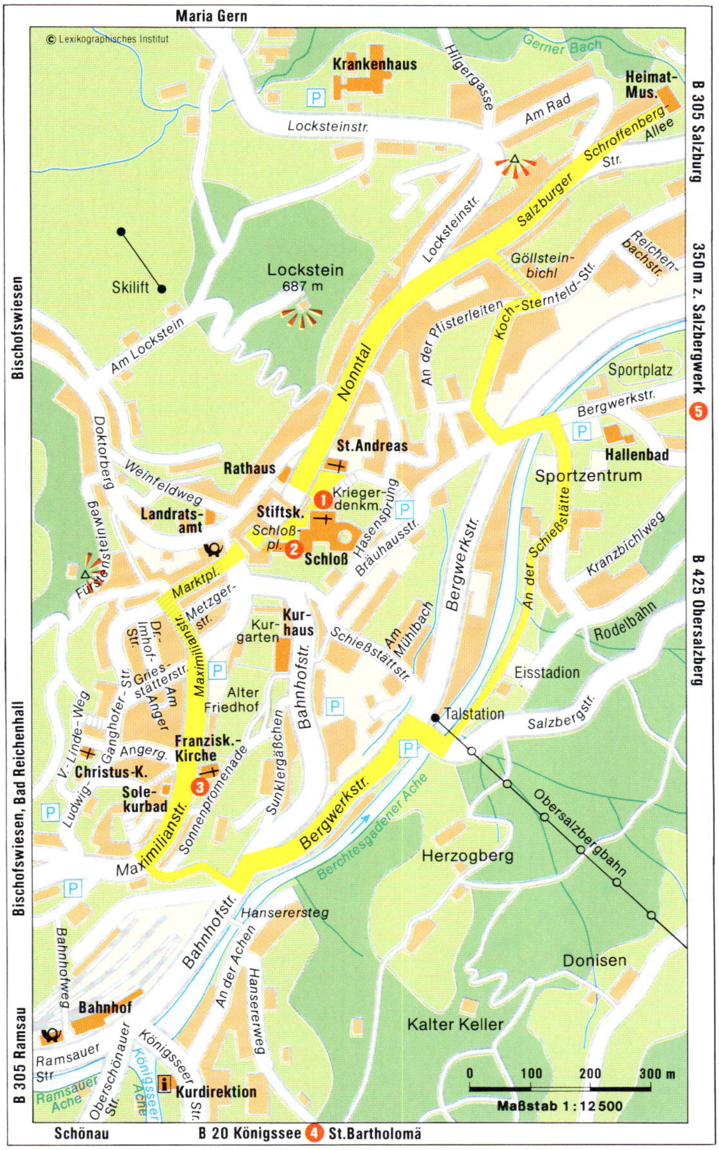

Schneehasen, Steinböcke und Birkhühner
Der Nationalpark Berchtesgaden umfaßt mit etwa 21 000 ha Fläche ungefähr das frühere Naturschutzgebiet Königssee und wurde 1978 von der bayrischen Staatsregierung zum Zweck des Naturschutzes, der Erholung und der Forschung eingerichtet. Die Bergmatten sind reich an seltenen Pflanzenarten, sie sind auch Lebensraum der Gemse, des Schneehasen, des Birkhuhns. Sogar eine Kolonie von Steinböcken hat sich halten können; Bartgeier sollen wieder angesiedelt werden. Von den 16 Hauptgruppen der Süßwasser- und Landlebensgemeinschaften der Erde sind 13 in diesem Gebiet vertreten. Die Fels- und Eisregion umfaßt den einzigen Gletscher auf deutschem Boden und mit dem Watzmann und seinen »Kindern« das höchste Gipfelmassiv der Bundesrepublik Deutschland nach der Zugspitze.

Fossilien mit Blick auf den Fundort
Eine ungewöhnlich reichhaltige Sammlung von Fossilien und Mineralien, insgesamt 340 Funde, ist in der Bergstation der Jennerbahn zu bestaunen. Die Vitrinen sind so angeordnet, daß man von hier aus durchs Fenster die ungefähren Fundorte draußen in den Bergen sehen kann. Am Königsberg oberhalb des Sees wurde vor allem Eisen-, Zink- und Bleierz gefunden. Außerdem sind rund 50 Millionen Jahre alte Fische, Krebse, Muscheln und Seeigel zu sehen, voreiszeitliche Tiere, Mammutzähne, ein 55 000 Jahre alter Kieferknochen eines Höhlenbären und Werkzeuge der Menschen aus der Steinzeit. Es handelt sich um die Sammlung des Berchtesgadener Zahnarztes Dr. Rudolf Weindl. Die Ausstellung ist geöffnet, solange die Bahn in Betrieb ist.

Stadtrundgang
Unser Ausgangspunkt liegt beim Sportzentrum. Dort gibt es einen Parkplatz, von dem aus Sie am Ende Ihres Spaziergangs mit dem Auto über die Bergwerkstraße rasch zum Salzbergwerk 5 *kommen.*
Aber zunächst geht es über Koch-Sternfeld-Straße, Salzburger Straße und Schroffenberg-Allee zum Heimatmuseum. Wenn Sie wollen! Sonst sollten Sie gleich in die Nonntal genannte Straße abbiegen, die mit vielen hübschen Gasthäusern zu Rast und Erfrischung einlädt.
Später geht's vorbei an der Talstation der Obersalzbergbahn und am Eisstadion zurück zum Ausgangspunkt. Denken Sie daran, daß auch St. Bartholomä 4 *noch auf Sie wartet . . .*

Sehenswürdigkeiten
1 *Stiftskirche St. Peter und Johannes.* Im 12. Jh. als dreischiffige romanische Basilika errichtet, erfuhr die Kirche in den folgenden Jahrhunderten wesentliche Erweiterungen. Die ursprünglichen Türme wurden durch Blitzschlag zerstört und im 19. Jh. durch die heutigen ersetzt. Der frühgotische Hochchor entstand um 1300. Im 16. Jh. wurde das Langhaus zur Halle umgebaut. Im Innern Altäre aus der Barockzeit in auffallend schlichter Ausführung, Gemälde, ein Chorgestühl des 15. Jh. und marmorne Bildgrabsteine.
2 *Schloß.* Die urspr. Stiftsgebäude aus vielen Stilepochen umgeben den weitgehend in der Form des 13. Jh. erhaltenen Kreuzgang. Bedeutendster Innenraum ist das frühgotische Dormitorium. Seit 1818 gelegentlich als königliches Schloß genutzt; 1918 kam es in Besitz von Kronprinz Rupprecht, der es zum Museum umgestaltete mit vorwiegend mittelalterlichen und barocken Beständen: Waffen, Porzellan und Möbel, Wirkteppiche und Gemälde (Sommer So–Fr 10–12, 14–16 Uhr, Okt.–Ostern Mo–Fr 10–12, 14–16 Uhr).
3 *Franziskanerkirche* (früher Frauenkirche am Anger), zweischiffige Hallenkirche (1488–1519) mit spätgotischem Gewölbe. Im Kapellenanbau eine holzgeschnitzte Maria im Ährenkleid.
4 *St. Bartholomä,* barocke Kirche des späten 17. Jh. mit kleeblattförmigem Grundriß, markanten Kuppeldächern und zwei Türmchen. Ein kleines Jagdschloß des frühen 18. Jh. ist mit der Kirche verbunden.
5 *Salzbergwerk.* Seit Jahrhunderten wird hier im nassen Abbauverfahren Salz gewonnen, das heißt, es werden »Sinkwerkskammern« eingerichtet und geflutet. Das als Sole aus der Lagerstätte gelöste Salz fließt dann über eine 19 km lange Rohrleitung zur Saline in Bad Reichenhall.
Das *Salzmuseum,* Bergwerkstr. 83, informiert über die Entwicklung von Salzgewinnung und -handel sowie über das Brauchtum der Bergleute (15. Okt.–30. April Mo–Sa 12.30–15.30, 1. Mai–15. Okt. tägl. 8.30–17 Uhr).

Tips, Tips, Tips

Biologische Kochkurse
In Bischofswiesen (Schulstr. 1), dem nordwestlichen Nachbarort von Berchtesgaden, betreibt Christl Kurz ein »Biologisches Kurhotel«, das Vollwertkost bietet. Gleichzeitig haben Gäste Gelegenheit, in kostenlosen wöchentlichen Kochkursen aus biologisch angebauten Lebensmitteln die feinsten Menüs zuzubereiten. Gelehrt wird auch die Herstellung von Naturkosmetika.

Nicht nur zum Trinken
Auf der Priesberghütte, eine knappe Gehstunde von der Mittelstation der Jennerbahn entfernt, kann man von Ende August bis in den September hinein beim Enzianbrennen zuschauen und selbstverständlich auch ein »Stamperl« des wohlschmeckenden Bitterschnapses probieren. In buntbemalten Krügen gibt es ihn günstig in der Enzianbrennerei Unterau (Richtung Marktschellenberg) zu kaufen. Auch Betriebsführungen werden geboten, ☏ 5036. Der aus den Wurzeln des Gelben Enzians gebrannte Schnaps dient übrigens nicht nur zum Trinken, sondern auch zum Kochen und sogar zum Brotbacken.

Pisten, Loipen, Wanderziele um den See

Der 1874 m hohe Jenner ist Ausgangspunkt vieler schöner Wanderwege (das markierte Wegenetz umfaßt insgesamt 250 km) und seit Generationen ein beliebter Skiberg. Eine Seilschwebebahn kann stündlich 480 Personen befördern. Das Krautkaserfeld gilt als »schönster Slalomhang Europas«.

Ski fahren kann man auch auf dem grenznahen Roßfeld, zu dem eine Höhenringstraße führt, am geschichtsbeladenen und -belasteten Obersalzberg, am Hochschwarzeck (oberhalb von Ramsau) und am Götschen (erreichbar über Bischofswiesen). Die beiden letztgenannten Skistationen sind auch durch eine Bergstraße verbunden; ein geplanter Liftverbund scheiterte an den im Berchtesgadener Land besonders aktiven Umweltschützern. Gegen den Ausbau von Langlaufloipen (besonders rund um den Aschauer Weiher) hatten sie weniger einzuwenden.

Wanderungen (ohne Schnee) empfehlen sich natürlich nicht nur im Nationalpark, sondern beispielsweise auch ab Ramsau auf dem Soleleitungsweg, zum Hintersee mit dem Zauberwald oder ab Salzbergwerk über den Stollenweg nach Oberau. Es gibt eine Kurwegekarte (System Steiner), in der Terrainwanderungen für Herz- und Kreislaufkranke verzeichnet sind. Von Anfang Juni bis Anfang Oktober veranstaltet die Kurdirektion geführte Wanderungen.

Zu den Naturdenkmälern im Berchtesgadener Land gehört der Blaueisgletscher, aber Vorsicht, denn der einzige deutsche Gletscher hat in jüngster Zeit einige Opfer gefordert! Ferner sind zu nennen: die Eiskapelle oberhalb von St. Bartholomä, die Eishöhle von Marktschellenberg, der aussichtsreiche Kehlstein und die wildromantische Almbachklamm. Hier ist der Weg mit Geländern und Drahtseilen gesichert.

Eindrucksvoll wie die Bootsfahrt auf dem fjordartigen Königssee mit dem obligaten Trompetenecho ist auch das alte Salzbergwerk ❺. Rund eine halbe Million Menschen fahren alljährlich in die unterirdische Märchenwelt ein, die mit einer Jahreskapazität von 200 000 Tonnen heute noch der größte Salzproduzent Bayerns ist. Gern hätten die Berchtesgadener auf dem geräumigen Platz vor der Einfahrt die Eröffnungsfeier für die Olympischen Winterspiele veranstaltet – und den mächtigen Watzmann im Hintergrund mit Laserstrahlen beleuchtet. Daraus wird nun – zumindest 1992 – nichts. Das Panorama bleibt aber auch ohne solches Spektakel prachtvoll genug.

Hinter der Rokokokirche Maria Gern erhebt sich das Watzmann-Massiv mit Mittelspitze (rechts) und Kleinem Watzmann (links).

Beim Bergknappenfest zu Pfingsten ist alles auf den Beinen.

Sagenhafter Eispalast
Irgendwann im Juni, wenn der letzte Schnee dort oben weggeschmolzen ist, wird die in der Bundesrepublik Deutschland einzigartige Eishöhle am Untersberg zwischen Berchtesgaden und Salzburg für den Besucherverkehr geöffnet. Ende Oktober muß sie dann wieder geschlossen werden. In 1570 m Höhe führen Stufen über vier erstarrte Eisfälle 55 m tief hinunter ins Innere des Bergs, wo sagenhafte Gestalten samt Kaisern und Fürsten ihrer Auferstehung harren sollen. Vom Zollhaus Marktschellenberg gelangt man in zweieinhalb Stunden hinauf, von der Bergstation der österreichischen Untersberg-Seilbahn in eineinhalb Stunden. Ein gemütliches Almgasthaus lädt zur Rast. Auskünfte über den Eispalast, den Experten zu den schönsten Höhlen Europas zählen, erteilt das Verkehrsamt Marktschellenberg, ☏ 0 86 50/3 52.

Auf dem nahen Lockstein begrüßen die Weihnachtsschützen das neue Jahr mit Böllerschüssen – eine über 300 Jahre alte Tradition.

Ein Spaß ist die Fahrt mit der Grubenbahn des Salzbergwerks.

Theater, Musik, Veranstaltungen, Museen

Theater
Berchtesgadener Bauerntheater im Hotel Watzmann am Franziskanerplatz. Volksstücke, zeitgenössisches Mundarttheater. ☏ 28 58.
Kur- und Kongreßhaus, Maximilianstr. 9. Gastspiele des Scala-Theaters Zürich, ☏ 50 16.
Kindertheater im Kur- und Kongreßhaus, Kleiner Saal. Einheimische Puppenbühne mit jährlich neuem Programm, ☏ 50 16.

Musik
Kur- und Kongreßhaus, Maximilianstr. 9. Kurkonzerte. Trad. Volkstanzabend (Oster-So 19.30 Uhr). Musik und Trachtentänze (Juli–Sept.). Shows und Militärkonzerte. Standkonzerte der Marktkapelle Berchtesgaden (Ende Mai–15. Okt. Mo 19 Uhr), ☏ 50 16, 50 17.
Berchtesgadener Kirchen sowie *Kur- und Kongreßhaus.* Konzerte, Liederabende und Oratorien, ☏ 29 57.
Hotel Post und Café des Kur- und Kongreßhauses. Sonntagsmatineen: Kammermusik, Solokonzerte, Instrumentalgruppen mit jungen Künstlern (So 11 Uhr), ☏ 29 57.
St. Bartholomä (4). Musikalischer Herbst: einstündiges Konzert mit ernster Musik, gemeinsames Essen der Künstler und Besucher, danach zweites Konzert mit heiterer klassischer Musik (2. Sa im Okt., 17 Uhr), ☏ 29 57.

Veranstaltungen
Jan.: *Bob- und Rodelmeisterschaften* in nationalem und intern. Rahmen, ☏ 50 11.
Ende Jan.: *Trekking-Bergsteiger-Treffen des Deutschen Alpenvereins* im Kur- und Kongreßhaus mit Ausrüstungs- und Buchschau, ☏ 50 11.
Jan. und Febr.: *Alpine Skiwettbewerbe* (auch Weltcuprennen) am Jenner und Götschen, ☏ 50 11.
Faschings-So: *Hoschlienrenna* (Hörnerschlittenrennen) in Bischofswiesen mit kunstvollen Masken, anschließend »Saukopfessen« (Beginn 13 Uhr), ☏ 50 11.
Pfingst-So: *Bergknappenfest.* Bei Einbruch der Dunkelheit Fackelzug durch die festlich geschmückte Stadt zum Schloßplatz mit Ständchen, ☏ 40 61.
Pfingst-Mo: *Parade der Bergknappen* vor der Einfahrt des Salzbergwerks und Festakt in der Kaue, dann Zug zur Stiftskirche, Gottesdienst, anschließend Zug durch Berchtesgaden, ☏ 40 61.
Zweiter So im Juli: Jahrtag der Schützen- und Trachtenvereine, ☏ 50 11.
Erster Sa im Aug.: *Seefest am Königssee.* Volksfest mit Musik, Tanz und abschließendem Feuerwerk.
Ende Aug./Anfang Sept. (So nach St. Bartholomäus) *Pilgerzug* der Bewohner des österreichischen Orts Alm über das Steinerne Meer mit Kirchweihfeier.
Ende Sept./Anfang Okt.: *Almabtrieb* (auf Schiffen) über den Königssee, ☏ 50 11.
5. Dez.: *Nikolausgang und Buttmandllaufen,* ☏ 50 11.
24. Dez.: *Böllerschießen* der Weihnachtsschützen auf dem Lockstein (erste urkundliche Erwähnung 1666).
31. Dez.: *Silvesterschießen* der Weihnachtsschützen auf dem Lockstein und anderen Erhebungen in Stadtnähe.

Museen
Heimatmuseum, Schroffenbergallee 6. Volkskunst, Spanschachteln, Drechselarbeiten, Schnitzereien (Mo–Fr 10 und 15 Uhr, nur mit Führung).
Salzmuseum, Bergwerkstr. 83 (s. (5)).
Schloßmuseum, Schloßplatz 2 (s. (2)).

U
Schon
U-Bhf. Kurfürstendamm
Linie 3 Wittenbergplatz - Uhlandstraße
Osloer Straße - Rathaus Steglitz
ABC
SCHUH-NEUMANN

Berlin

Treffpunkt Weltstadt

Berlin wird wieder zur Mitte Europas, Durchgangszimmer im europäischen Haus. Die Mauer, die die Stadt 28 Jahre lang teilte, hat ihre Bedeutung verloren. DDR-Bürger kommen täglich zu Zehntausenden in den Westteil der Stadt, Westberliner und Bundesbürger können problemlos nach Ost-Berlin fahren. Welche Möglichkeit der vielfältigen Begegnung, des Vergleichs der Systeme, welche Chance zur Entdeckung der Schönheiten Berlins, das von vielen Seen und riesigen Wäldern umgeben ist! Doch auch das kulturelle Angebot ist weltstädtisch, von der Philharmonie im Westen bis zur Komischen Oper im Osten: Dutzende von Theatern, rund hundert Museen – eine Stadt voller Geschichte, mit weltbekannten Wahrzeichen wie der Kaiser-Wilhelm-Gedächtnis-Kirche (unser Bild) und dem Brandenburger Tor, das endlich kein Symbol der Teilung mehr ist.

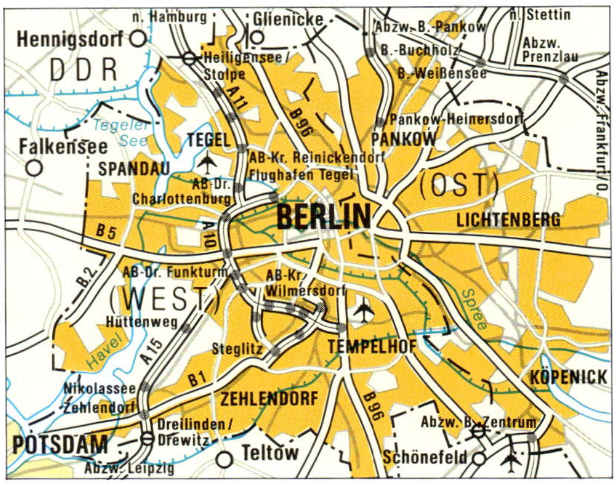

Wappen Der berühmte Bär hat seine Vorfahren schon in Siegeln um 1280: Die klangliche Ähnlichkeit deutet auf die gemeinsame sprachliche Wurzel hin, so daß der Name »Berlin« anscheinend von »Bär« abgeleitet ist. Als städtisches Zeichen ist der Bär auf Münzen seit dem 14. Jh. nachgewiesen.
Lage Am Zusammenfluß von Spree und Havel; westlicher Teil der ehemaligen Reichshauptstadt.
Land Berlin
Autokennzeichen B
Höhe 30–120 m ü. M.
Fläche 480 km^2
Einwohnerzahl 2 068 000
Postleitzahl 1000
Telefonvorwahl 0 30
Post Postamt im Bahnhof Zoologischer Garten, tägl. 0–24 Uhr geöffnet.
Polizei Polizeiwache im Bahnhof Zoologischer Garten, ☏ 31 06 62
Taxi ☏ 69 02, 26 10 26, 21 60 60, 24 02 02
Nahverkehr Ausgebautes Verbundsystem mit Bussen – auch Doppeldeckerbussen –, U- und S-Bahnen; Einzelfahrscheine und Tageskarten an allen Haltestellen; Touristenkarten mit zwei bis vier Tagen Gültigkeitsdauer an den zentralen Haltestellen, u. a. am Bahnhof Zoologischer Garten.
Camping Else-Eckert-Platz, Krampnitzer Weg 111–117, Berlin-Kladow, ☏ 3 65 27 97; Kohlhasenbrück am Griebnitzsee, Berlin-Wannsee, ☏ 8 05 17 37. Beide Campingplätze liegen unmittelbar an der Grenze zur DDR.
Parken Parkhäuser im Zentrum um den Kurfürstendamm in der Uhlandstr., an der Ecke Kurfürstendamm/Augsburger Str., in der Meinekestr., am Europa-Center in der Nürnberger Str., in der Kantstr. und am Bahnhof Zoologischer Garten in der Budapester Str. Es empfiehlt sich, möglichst das eigene Auto stehenzulassen und die öffentlichen Verkehrsmittel zu benützen.
Touristinformation Verkehrsamt Berlin mit folgenden Informationsstellen: Europa-Center in der Budapester Str., ☏ 2 62 60 31 (tägl. 7.30–22.30 Uhr); Flughafen Tegel, Haupthalle, ☏ 41 01 31 45 (tägl. 8–23 Uhr); Bahnhof Zoologischer

Stadtrundgang Berlin (West)

Da die Stadt viel zu ausgedehnt ist und kein eigentliches Zentrum besitzt, in dem sich alles Wichtige konzentriert, bieten sich in Berlin (West) mehrere Rundwege an. Wir schlagen drei Wegstrecken vor, für die Sie ohne längere Besichtigungszeiten jeweils zwei Stunden Zeit ansetzen müssen. Weg I und Weg II lassen sich mit einem eineinhalbstündigen Spaziergang durch den Tiergarten zu einer respektablen Tagestour verbinden. Zu den Ausgangspunkten der vorgeschlagenen Strecken kommen Sie am schnellsten mit der U-Bahn. Das Netz ist hervorragend ausgebaut. Daneben gibt es noch die S-Bahn, und wer bei der Fahrt möglichst viel von der Stadt mitbekommen möchte, sollte einen der vielen Doppeldecker-Busse nehmen.

Und so verlaufen die vorgeschlagenen Wege im einzelnen:

Der erste Spaziergang beginnt am Anhalter Bahnhof ❶, führt über den Martin-Gropius-Bau mit der Berlinischen Galerie ❷ zum Potsdamer Platz ❸, geht durch das neue Kulturviertel am Kemperplatz ❹–❼, dann durch den Tiergarten und endet schließlich am Reichstag ❽. Wer den Weg verlängern will, kann weiter durch den Tiergarten gehen und sich ein wenig die Musterwohnstadt Hansaviertel ⓬ ansehen.

Der zweite Weg beginnt am U-Bahnhof Wittenbergplatz. Gleich gegenüber befindet sich das größte Kaufhaus des Kontinents, das KaDeWe. Weiter geht es zum Kurfürstendamm ⓲, durch die Fasanenstraße, die in jüngster Zeit zur Nobelgegend mit teuren Geschäften wurde, durch die etwas mehr bürgerliche Uhlandstraße, wieder über den Kurfürstendamm, dann in die Bleibtreustraße, in der es über ein Dutzend Kneipen und Gaststätten gibt, zum sehr berlinischen Savignyplatz (S-Bahn), dann in die Carmerstraße mit Buch- und Plattenläden und der Kneipe »Zur Dicken Wirtin«.

Der dritte Weg ist eher kulturell ausgerichtet. Er beginnt am U-Bahnhof Richard-Wagner-Platz, führt über den Gierkeplatz durch das ganz alte, zum Teil restaurierte Charlottenburg, gibt die Möglichkeit zum Besuch des Ägyptischen Museums, des Antikenmuseums, der Jugendstilsammlung im Bröhan-Museum und schließlich von Schloß Charlottenburg (31), in dem es so unendlich viel zu sehen gibt. Erholen kann man sich nach anstrengender Besichtigung in dem wunderschönen, weitläufigen Schloßpark, und am Ende findet sich in der Orangerie auch ein akzeptables Restaurant.

Sehenswürdigkeiten

❶ *Anhalter Bahnhof,* 1880 eröffneter repräsentativer Bahnhof; 1945 ausgebrannt und 1961 abgerissen; erhalten sind der Eingang und ein Teil der vorderen Halle.

❷ *Martin-Gropius-Bau,* von Martin Gropius und Heino Schmieden 1877–81 erbaut; bis 1921 Sitz des Kunstgewerbemuseums; heute *Berlinische Galerie* mit bildender Kunst des 19. und 20. Jh. (Di–So 10–18 Uhr) und *Werkbund-Archiv* mit Alltagskultur des 20. Jh. (Di–So 10–22 Uhr).

❸ *Potsdamer Platz,* bis zur Zerstörung im Zweiten Weltkrieg verkehrsreichster Platz Europas; heute befindet sich dort ein Übergang nach Ost-Berlin.

❹ *Staatsbibliothek,* einer der modernsten und größten Bibliotheksbauten Europas; errichtet nach Plänen des Architekten Hans Scharoun, 1978 fertiggestellt.

❺ *Nationalgalerie,* in den Jahren 1965–68 nach einem Entwurf Mies van der Rohes erbaut; Schwerpunkt des Museumsbestands sind Werke der alten Nationalgalerie auf der Museumsinsel, die durch die kriegsbedingte Auslagerung im Westen geblieben sind. Gut vertreten sind die deutsche Malerei des 19. Jh., u. a. mit Thoma, Menzel, Marées, Friedrich, Feuerbach, Leibl und Spitzweg, außerdem deutsche und französische Impressionisten, wie Liebermann, Slevogt, Corinth, Renoir, Manet, Monet, van Gogh, die klassische Moderne mit Kokoschka, Feininger, Dali, Mondrian, Klee, Picasso, Kirchner, Beckmann (Di–Fr 9–17, Sa, So 10–17 Uhr).

❻ *Kunstgewerbemuseum,* nach Entwürfen von Rolf Gutbrod 1977–85 erbaut. Gezeigt werden kunsthandwerkliche Gegenstände vom frühen Mittelalter (Welfenschatz) bis zur Gegenwart (Di–Fr 9–17, Sa, So 10–17 Uhr).

❼ *Philharmonie,* 1960–63 als erster Neubau am Kemperplatz von Hans Scharoun erbaut; das eigenwillige Äußere wird durch die Gestaltung des Innern bestimmt. Später dazugebaut wurden ein Kammermusiksaal (1984–87) sowie das *Musikinstrumenten-Museum* (1979–84) nach Plänen von Scharoun (Di–Fr 9–17, Sa, So 10–17 Uhr).

❽ *Reichstagsgebäude,* 1884–94 nach Plänen von Paul Wallot errichteter Monumentalbau; 1933 durch Brandstiftung schwer beschädigt, weitere Zerstörungen im Zweiten Weltkrieg; bis 1972 wieder instand gesetzt, allerdings ohne die charakteristische Kuppel über dem Plenarsaal und den Figurenschmuck am Mitteltrakt. Innen ständige Ausstellung »Fragen an die deutsche Geschichte« (Di–So 10–17 Uhr).

❾ *Kongreßhalle (Haus der Kulturen der Welt),* 1957 nach Plänen des Amerikaners Hugh A. Stubbins errichteter Bau, mit seinem geschwungenen Dach einer geöffneten Auster gleichend – Beitrag der USA zur »Interbau«. 1980 machte das Bauwerk erneut Schlagzeilen, als Teile der Dachkonstruktion herunterbrachen (inzwischen erneuert).

❿ *Schloß Bellevue,* frühklassizistische Dreiflügelanlage, 1785/86 von Philipp Daniel Boumann erbaut, heute Berliner Sitz des Bundespräsidenten; Schloß und dazugehöriger Park können bei Abwesenheit des Präsidenten besichtigt werden.

11 *Akademie der Künste,* 1959/60 von Werner Düttmann erbaut, davor Bronzefigur einer »Liegenden« von Henry Moore.
12 *Hansaviertel,* für die »Interbau 1957« erstellte Mustersiedlung modernen Wohnens und Bauens, an der sich namhafte Architekten beteiligten, u. a. Walter Gropius, Egon Eiermann, Oscar Niemeyer, Alvar Aalto.
13 *Berlin-Pavillon,* Informationspavillon mit wechselnden Ausstellungen zur Stadtplanung, 1957 für die »Interbau« von Hermann Fehling, Daniel Gogel und Peter Pfankuch erbaut (Di–So 11–19 Uhr). Im Hof und angrenzenden Gelände das *Gaslaternen-Freilichtmuseum* mit historischen »Straßenmöbeln«.
14 *Siegessäule,* 1939 am Großen Stern aufgestellte 67 m hohe Sandsteinsäule von 1873 mit einer 8,3 m hohen vergoldeten Viktoria.
15 *Bauhaus-Archiv/Museum für Gestaltung,* nach Plänen des Bauhausgründers Walter Gropius 1976–79 erstellter Bau. Das Museum zeigt Modelle, Entwürfe, Zeichnungen, Gemälde sowie kunsthandwerkliche Arbeiten, die mit dem Wirken des Bauhauses von 1919–33 in Verbindung stehen (tägl. außer Di 11–17 Uhr).
16 *Zoologischer Garten mit Aquarium,* einer der bedeutendsten Tiergärten der Welt mit etwa 11 000 Tieren aus über 1500 Arten; das Aquarium gehört zu den artenreichsten in Europa (tägl. 9–18, am letzten Sa des Monats bis 21 Uhr).
17 *Kaiser-Wilhelm-Gedächtnis-Kirche,* im Stil der Neuromanik 1891–95 von Franz Schwechten erbaut, im Zweiten Weltkrieg zerstört. Neubau von Egon Eiermann (1961–63) unter Einbeziehung der Turmruine – inzwischen wurde die Kirche zum Wahrzeichen der Stadt. Gegenüber der Kirche das 1963–65 gebaute Europa-Center mit Geschäften, Restaurants und Vergnügungsbetrieben.

Durch die Spandauer Schleuse führt der Kurs der »Berolina«.

18 *Kurfürstendamm,* 3,5 km lange und 53 m breite Prachtstraße, bekanntester Boulevard in Berlin, Vergnügungs-, Flanier- und Einkaufsstraße zugleich.
19 *Rathaus Schöneberg,* 1911–14 errichtet, seit 1949 Sitz des Senats und Abgeordnetenhauses von West-Berlin.
20 *Berlin-Museum,* Pendant zum Märkischen Museum in Ost-Berlin; Stadtmuseum mit zahlreichen historischen Dokumenten, Kunst und Kunsthandwerk zur Geschichte Berlins (Di–So 11–18 Uhr).
21 *Luftbrückendenkmal,* 1951 aufgestellt; soll an die drei Luftstraßen während der Berlin-Blockade 1948/49 erinnern.
22 *Botanischer Garten und Schaumuseum,* 1897–1909 auf einem 42 ha großen Gelände angelegt; beherbergt heute 18 000 Pflanzenarten aus der ganzen Welt, zum Teil in großen Gewächshäusern. Im Museum werden Schautafeln und Schaustücke zur Pflanzenkunde und zu angrenzenden Gebieten gezeigt (wegen Umbau bis auf weiteres geschlossen).
23 *Jagdschloß Grunewald,* 1542 im Renaissancestil erbaut; das Schloß hat durch die Inschrift über dem Eingang »zum grünen Wald« der Gegend ihren Namen gegeben. Die heutige Form geht auf einen Umbau von 1669–1707 sowie auf die innere Ausgestaltung von 1770 zurück. Hier befindet sich eine *Gemäldegalerie* mit deutscher und niederländischer Malerei vom 15.–19. Jh. (April–Sept. Di–So 10–18, März und Okt. Di–So 10–17, Nov.–Febr. Di–So 10–16 Uhr).
24 *Strandbad Wannsee,* gilt als größtes Binnenseebad Europas; die 1929/30 errichteten Versorgungs- und Garderobengebäude sind ein hervorragendes Beispiel funktionellen und ästhetischen Bauens.
25 *Internationales Congress Centrum (ICC);* das 1973–79 erstellte, 320 m lange, 80 m breite und 40 m hohe, mit einer Aluminiumverkleidung versehene Gebäude bietet in den beiden Hauptsälen und ca. 80 Konferenzräumen insgesamt 20 300 Plätze. Davor Großplastik von Jean Ipoustéguy.
26 *Funkturm,* 138 m hoher, 1924–26 errichteter Antennenturm mit einem Restaurant in 55 m Höhe und einer Aussichtsplattform in 125 m Höhe, umgeben vom Messegelände.
27 *Olympiastadion,* 1934–36 von Werner March für die Olympischen Sommerspiele 1936 erbaut; bietet heute ca. 80 000 Zuschauern Platz; ringsum das Olympiagelände.
28 *Zitadelle Spandau,* ab 1560 von Kurfürst Joachim II. errichtet, bedeutendstes Festungsbauwerk im norddeutschen Raum. Sehenswert vor allem der Palas mit *Stadtgeschichtlichem Museum Spandau* (Di–Fr 9–17, Sa, So 10–17 Uhr).
29 *Schloß Tegel (Humboldtschlößchen),* um 1550 erbautes Schloß, seit 1766 im Besitz der Familie Humboldt; Wilhelm von Humboldt ließ es 1820–24 durch Karl Friedrich Schinkel

Garten, ☏ 3 13 90 63 (tägl. 8–23 Uhr) und Dreilinden, ☏ 8 03 90 57.
Stadtrundfahrt Am Kurfürstendamm und rund um die Kaiser-Wilhelm-Gedächtnis-Kirche finden Sie jederzeit zahlreiche Angebote für Rundtouren durch Berlin (West) und auch durch die ganze Stadt (Reisepaß!).
Schiffahrt Spree- und Kanal-Rundfahrten ab Kongreßhalle, Havelseenrundfahrten ab Anlegestelle Wannsee; Stadtbesichtigung vom Wasser aus ab Anlegestelle Tegel/Greenwichpromenade.
Auskünfte, Vorbestellungen unter ☏ 6 91 37 82, 3 31 50 17 und 8 10 00 40.

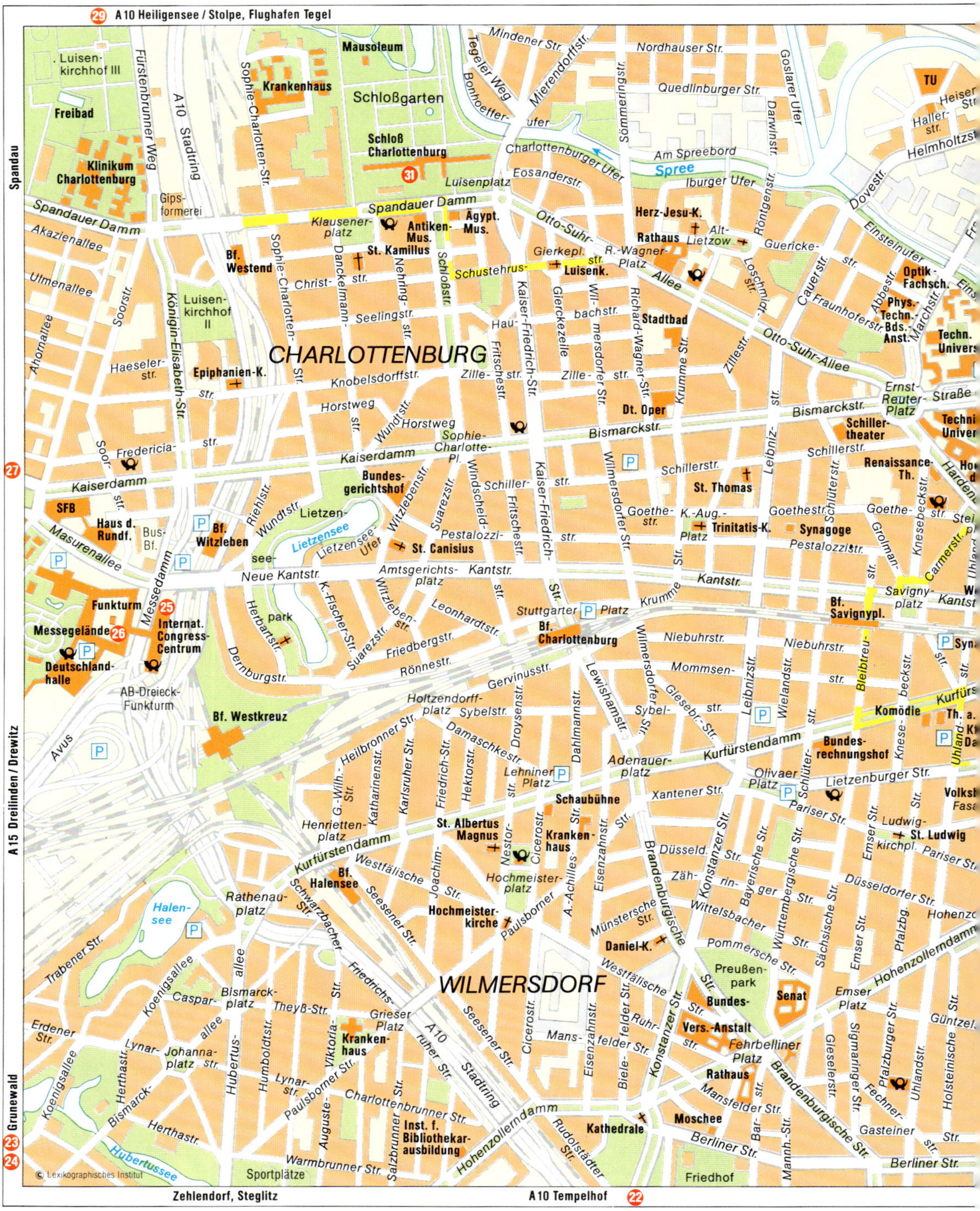

zu einer klassizistischen Villa umbauen; Wohnräume und Antikensammlung Wilhelm von Humboldts sind zu besichtigen (Öffnungszeiten über das Verkehrsamt zu erfragen).

30 *Gedenkstätte Plötzensee,* seit 1952 Mahnmal für die Opfer des Nationalsozialismus; in einer Baracke wurden unter Hitler 2500 Menschen, vor allem Regimegegner, hingerichtet (geöffnet tägl. 8–18 Uhr).

31 *Schloß Charlottenburg,* einziges noch bestehendes monumentales Hohenzollernschloß in Berlin. Der elfachsige Kernbau entstand 1695–99 nach Plänen von Arnold Nering für Kurfürstin Sophie Charlotte; erweitert durch den Schweden Johann Friedrich Eosander von Göthe Anfang des 18. Jh.; Georg Wenzeslaus von Knobelsdorff baute für Friedrich den Großen 1740–47 den Ostflügel; der Theaterbau von Carl Gotthard Langhans am Ende der westlichen Orangerie entstand 1787–91 unter Friedrich Wilhelm II. Im Zweiten Weltkrieg Zerstörung großer Teile des Schlosses, seit 1950 rekonstruiert. Sehenswert die

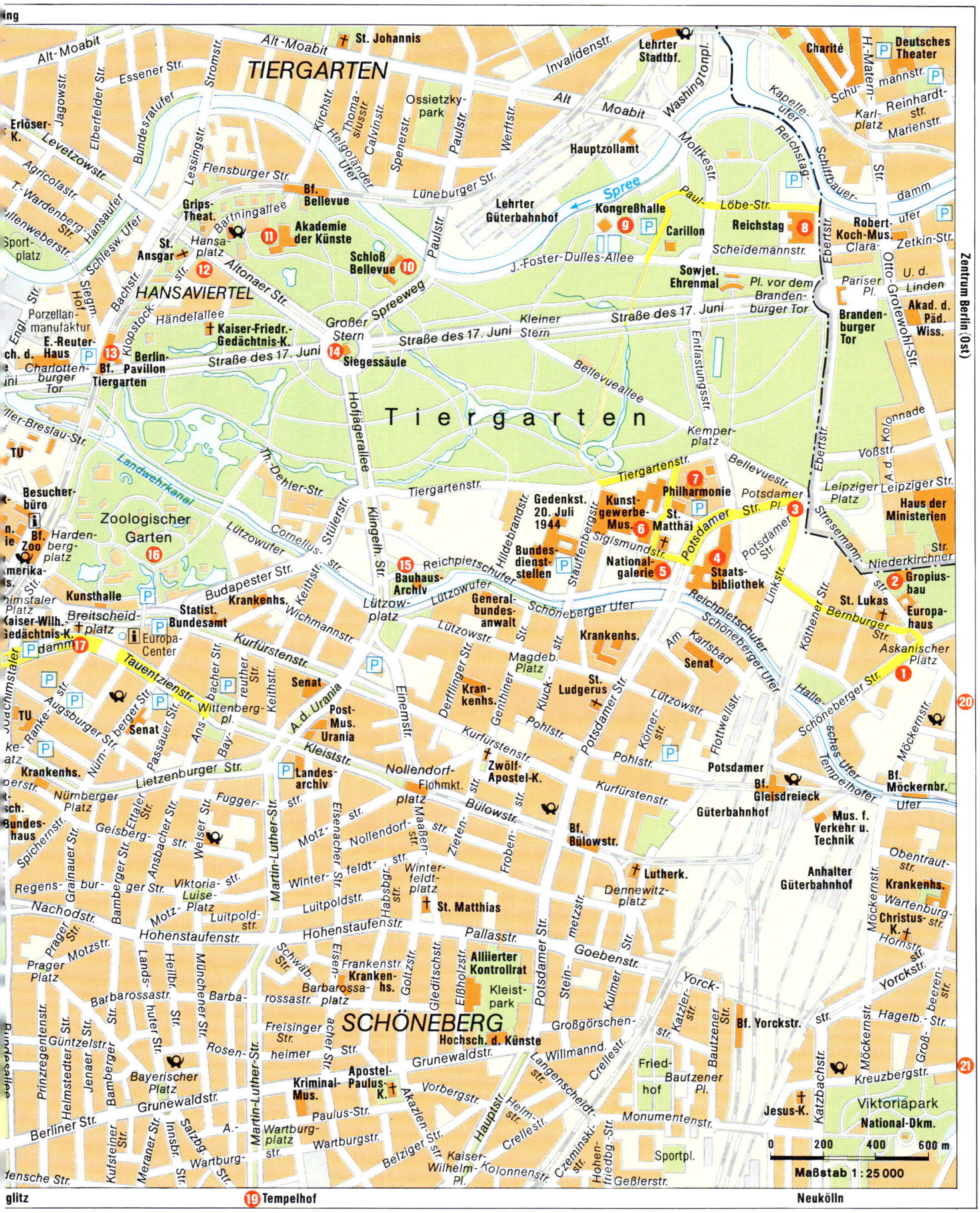

historischen Innenräume, ausgestattet mit wertvollem Mobiliar und Kunstwerken. Vor dem Schloß das berühmte, 1703 erstmals aufgestellte Reiterstandbild des Großen Kurfürsten von Andreas Schlüter, hinter dem Schloß barocker Schloßpark mit reichem Skulpturenschmuck; Ende des 18. Jh. kam ein im englischen Stil gestalteter Park hinzu.
Schinkel-Pavillon, von Karl Friedrich Schinkel für Friedrich Wilhelm III. 1824/25 erbautes Sommerhaus, in dessen Räumen Kunst und Kunstgewerbe der Schinkel-Zeit gezeigt wird.
Belvedere, ein 1788 von Carl Gotthard Langhans errichtetes Teehaus im Schloßpark; im Innern befindet sich eine Porzellansammlung des 18. und 19. Jh.
Mausoleum, 1810–12 in Form eines griechischen Tempels für Königin Luise errichtet und später noch zweimal erweitert und umgestaltet, birgt außerdem die Sarkophage von König Friedrich Wilhelm III., Kaiser Wilhelm I. und Kaiserin Augusta (Hauptgebäude Di–So 9–22, Belvedere und Mausoleum Di–So 9–17 Uhr).

Fortsetzung der Sehenswürdigkeiten 32–62 ab Seite 102 Berlin (Ost).

Kreuzberg . . .
. . . heißt die höchste Erhebung der Innenstadt und zugleich der schillerndste Stadtbezirk. Und der kleinste! Trotzdem: Rund um den 66 m hohen Hügel – der von Schinkels Nationaldenkmal für die Befreiungskriege (1813–15) gekrönt wird – leben rund 130 000 Menschen: Studenten, Punker, Kaufleute, Rentner, Arbeiter und Angestellte und solche, die durch die Maschen des sozialen Netzes gefallen sind. Außerdem – und vor allem: Türken. »Klein-Istanbul« wird diese größte türkische Kolonie in der Bundesrepublik Deutschland auch genannt. Egal, ob man hier etabliert oder gegen den Strich lebt: Der gar nicht immer so tolerante Berliner ist hier am tolerantesten. Der Bezirk, in dem »man« vor 10 oder 20 Jahren nicht wohnte – allenfalls trank man dort ein Bier und hörte Jazz –, dieser Bezirk ist heute »in« und z. B. ein Muß für Architekten aus der ganzen Welt, denn die Sanierung einiger Viertel ist zum Glanzstück geraten – die Hausbesetzer lassen grüßen. Um die Mitte des letzten Jahrhunderts hat hier einer der größten deutschen Konzerne ebenso klein begonnen wie mancher zur Zeit ansässige Alternativbetrieb: die Telegraphenbauanstalt Siemens & Halske.
Kreuzberg hat Pleiten hinter sich, Aufstände, Straßenkämpfe, Drogensucht, Hausbesetzungen und Polizeieinsätze. Das Paradies ist es noch lange nicht, aber es ist schön. Und:
Es ist viel besser als sein Ruf!

Im Brennpunkt der Geschichte

Mit einer gewissen Großzügigkeit kann man sagen, daß Berlin bis weit ins 19. Jh. hinein eine Stadt wie viele andere war. Mit Höhen und Tiefen, mit glücklichen und verzweiflungswürdigen Epochen. Über Jahrhunderte gewachsen, den Zeitläufen unterworfen, geprägt von Zufällen, dem Machtwillen der jeweiligen Herrscher und geographischen Gegebenheiten. In Berlin gingen die Uhren lange Zeit nicht anders als in Augsburg, München oder Köln.

Generationen von Baumeistern und Künstlern haben die Stadt geprägt; Geistes-, Rechts- und Naturwissenschaftler, Pädagogen und Kirchenmänner haben hier gelehrt. Theater und Musik gediehen bestens auf märkischem Sand. Die leichte Muse feierte fröhliche Urständ. Auch das gab Berlin keine Sonderstellung.

Doch als Bismarck 1871 seiner Politik die Krone aufgesetzt hatte, war Berlin plötzlich Kaiserstadt und Deutschlands Metropole. Anders ausgedrückt: Berlin hat eine steilere Karriere hinter sich als alle anderen deutschen Städte.

Das Wachstum setzte sich auch nach dem Ersten Weltkrieg fort. 1920, als Wilhelm II. längst in seinem holländischen Exil Holz sägte, kamen noch einmal acht Städte, 59 Landgemeinden und 27 Gutsbezirke aus der Umgebung dazu. Aus dem ohnehin schon »jroßen« Berlin wurde endgültig Groß-Berlin.

Es folgten die »goldenen« 20er Jahre, Massenarbeitslosigkeit, Machtergreifung der Nationalsozialisten 1933, Olympische Spiele 1936, Aufmärsche. Nach dem Willen der neuen Herren sollte die Stadt zur Megalopolis werden, zum himmelreichenden Monstrum mit Bauten, Straßen und Parks, wie man sie größer und schlimmer nicht planen kann ...

Es kam nicht dazu. Im Gegenteil. 1945 lag die Stadt in Schutt und Asche. Das Ende des Zweiten Weltkriegs hatte seinen Höhepunkt in Berlin: Nirgendwo in Deutschland gab es mehr Bomben, mehr Tote, mehr Trümmer, mehr Qualen, mehr Hunger. Die Sieger, insbesondere die aus dem Osten, ließen die Berliner spüren, daß sie auf der Seite der Verlierer standen. Aber die Allianz hielt nicht lange – es folgte der Kalte Krieg.

Was die Stadt nun erlebte, gehört nicht mehr in den Bereich einer normalen Stadtentwicklung. Aber die Berliner lernten, mit den ungewöhnlichen Zuständen in ihrer Stadt zu leben, so bitter es auch war.

Die Torhäuschen mit den Borghesischen Fechterfiguren umrahmen den Blick auf den Mittelbau von Schloß Charlottenburg, vor dem seit 1952 Schlüters Denkmal des Großen Kurfürsten steht.

Und dann kam über Nacht, was Berlin 28 Jahre lang von anderen Städten unterschied: die Mauer. Am 13. August 1961 riegelten die Ostberliner Regierenden mit Billigung der Sowjetunion die innerstädtische Grenze ab. Arbeitsstätten, Verwandte und Freunde, oft nur einen Steinwurf entfernt, waren unerreichbar geworden. Erst nach Jahren durften Westberliner wieder in den anderen Teil der Stadt, und allmählich verbesserten sich auch die Bedingungen dafür. Ostberliner und DDR-Bürger konnten bislang nur bei besonderen Anlässen in den Westen. Das 750jährige Stadtjubiläum 1987 feierten die Berliner noch getrennt. Doch am 9. November 1989 jubelten sie gemeinsam über die Öffnung der Mauer.

Kaufmannsstadt an der Spree

Die große Stadt Berlin hat zwar klein angefangen, aber sie ist nicht sachte gewachsen, sondern wurde gewissermaßen mit einer anderen zusammenbefohlen: 1307 verband Markgraf Heinrich (der Lange) die beiden Kaufmannssiedlungen Berlin und Cölln zu einem Gemeinwesen. Wenn man in Berlin (Ost) auf der Rathausbrücke (früher Kurfürstenbrücke) steht und stromabwärts blickt, hat man linker Hand die Spreeinsel, auf der Cölln entstanden ist. Früher lag dort das Schloß, heute steht da der Palast der Republik 45. Auf der rechten Seite, hinter dem Marx-Engels-Forum, um die Marienkirche 41 herum, lag Berlin, das sich erstmals 1244 in Urkunden findet – wie übrigens auch Tempelhof, Schöneberg, Lichtenberg und Wilmersdorf. Die spektakuläre Geburtstagsfeier von 1987 verdankt man Cölln, das 1237 erstmals urkundlich erwähnt wird.

Ebenfalls älter als Berlin ist die Nikolaikirche in Spandau (sowieso stellen Spandau und Köpenick die ehemaligen Siedlungen Berlin und Cölln altersmäßig in den Schatten). Dieses bedeutende Gotteshaus, heute die einzige mittelalterliche Stadtkirche in Berlin (West), wird erstmals 1239 als »ecclesia forensis« (Marktkirche) erwähnt. Einige der noch erhaltenen 23 Dorfkirchen von Berlin (West) sind mindestens gleich alt (z.B. die in Marienfelde, die als die älteste gilt, und die Kirchen in Buckow, Britz und Mariendorf), der überwiegende Teil stammt jedoch aus dem 14. und 15. Jh. Die kleinen Kirchen sind heute wieder gut besucht und erfreuen sich als Hochzeitskirchen großer Beliebtheit. In Ost-Berlin gibt es weitaus weniger: Blankenburg, Hohenschönhausen, Karow und Stralau haben noch welche …

Insel voller Pfauen
Früher hieß die Pfaueninsel Kaninchenwerder. Gegen Ende des 17. Jh. gehörte sie dem Chemiker Johann Kunckel von Löwenstern, der dort Gold machen wollte und statt dessen das berühmte Rubinglas herstellte. Friedrich Wilhelm II., der »dicke Wilhelm«, kaufte sie 100 Jahre später und baute darauf das Schloß im Stil eines verfallenen römischen Landhauses. Darin wohnen sollte seine Geliebte, die Gräfin Lichtenau, die aber nie einen Fuß hineinsetzen konnte, weil der Bauherr starb, ehe es vollendet war. Nutznießer wurden Friedrich Wilhelm III. und Königin Luise, und so, wie sie es bewohnten, steht es heute noch: mit Möbeln, Hammerklavier, Spieltischen und transportablem Klo. Den Park legte 1822 Peter Lenné an. Und die exotischen Tiere, die hier ihre Heimat gefunden hatten, bildeten 1842 die Erstausstattung für den neu gegründeten Berliner Zoo. Heute gibt es dort wieder Dutzende von wundervollen Pfauen, die frei herumlaufen, eine Vogelvoliere, ein Kavaliershaus, einen Bauernhof – ein schönes Ausflugsziel der Berliner (Park Nov.–März 9–16 Uhr, April–Okt. 8–20 Uhr).

Berlin am 9. November 1989: ein historischer Tag für Ost und West. Nach 28 Jahren wird die Öffnung der Mauer von den Berlinern am Brandenburger Tor wie ein Volksfest gefeiert.

Essen in Berlin (West)
Weit über 5000 Restaurants, Kneipen, Destillen, Bars, Jazzlokale und Nachtclubs gibt es in Berlin (West), nur eine Sperrstunde gibt es nicht – manche Kneipe hat wirklich rund um die Uhr geöffnet. Und essen kann man von ganz teuer bis – sagen wir mal – preiswert, von arabisch bis türkisch, von griechisch bis italienisch: Etwa 600 Ristorantes und Pizzerias gibt es in der Stadt. Wer kulinarische Hochkultur will, geht in »Rockendorfs Restaurant«, in die »Auberge du Nord«, ins »Restaurant an der Rehwiese«, ins »R« oder ins »Altluxemburg«. – Zu den Alt-Berliner Kneipen, die wirklich alt sind, gehören der »Großbeerenkeller« und »Lucie Leydicke«. Die Szene trifft sich im »Schwarzen Café«, im »Lentz«, bei »Gottfried« oder im »Zwiebelfisch«. Künstler und Literaten sieht man im »Einstein«, bei »Florian«, im »Exil« oder im »AxBax«. Von den Italienern sind »Don Camillo«, »Bacco«, »Ponte Vecchio«, »Anselmo« und »Don Giovanni« beliebt, von den Franzosen die »Rhumerie Avec«, die »Paris Bar«, »Relais«, »Le Bou Bou« und – recht urig – das »Bistroquet«. Draußen sitzt man am besten im »Blockhaus Nikolskoe«, im »Chalet Suisse« oder in der Nähe des »Wasserklopses«, wie die Berliner den modernen Brunnen zwischen Kaiser-Wilhelm-Gedächtnis-Kirche ⑰ und Europa-Center nennen.

In Berlin findet jeder ein Lokal nach seinem Geschmack.

Abendmahl in beiderlei Gestalt
Überhaupt das kirchliche Leben in Berlin! Ausgerechnet hier wird die Reformation gestoppt. Nachdem Luther im knapp 100 km entfernt liegenden Wittenberg die kirchliche Erneuerung eingeleitet hatte, nachdem Danzig (1523) im Osten und Hildesheim (1528) im Westen längst reformiert waren, blieb in Berlin alles beim alten. Kurfürst Joachim I. Nestor (Regierungszeit 1499–1535) verbot 1524 sogar die Verbreitung des lutherischen Neuen Testaments, weil »darinnen viele hundert irrthümer enthalten und es zu mancherley aufruhr führen kann«.

Auch Joachim II. Hektor (Regierungszeit 1535–71) zeigte zunächst nicht, daß er in Glaubensdingen etwas ändern wolle. Im Gegenteil: Die Dominikanerkirche in der Nachbarschaft des Schlosses, die man später den »Calvinern« übertrug und schon 1747 wieder abriß, wurde als Domkirche ausgestaltet. 14 Altäre, zehn Glocken und eine Fülle von Reliquien und Gemälden waren zu sehen. Er wollte sie zur Grabstätte seiner Dynastie machen. Erst danach leitete er andere Verhältnisse ein, wohl weniger aus Überzeugung als vielmehr unter dem Druck des Landadels und des Volks. 1539 soll er das Abendmahl »in beiderlei Gestalt« genommen haben. Joachim II. gilt als derjenige, der die Reformation in Preußen eingeführt hat; sein Denkmal steht vor dem Hauptportal der Spandauer Nikolaikirche.

Die Hohenzollern erstarken
Noch während des Dreißigjährigen Kriegs, 1640, tritt einer der bedeutendsten Kurfürsten auf den Plan, der »Große Kurfürst« Friedrich Wilhelm (Regierungszeit 1640–88). Sein Denkmal, um 1700 von Andreas Schlüter geschaffen, gibt es gleich zweimal: Das Original steht auf einer Kopie des Sockels vor dem Schloß Charlottenburg ㉛, eine Kopie auf dem Originalsockel im Bode-Museum ㊳. Das Standbild, das während des letzten Kriegs vor den Bomben in Sicherheit gebracht werden sollte, war dabei im Tegeler See versunken und wurde erst 1950 wieder geborgen; so kam es nach West-Berlin.

Friedrich Wilhelm schafft nicht nur die Grundlagen des preußisch-brandenburgischen Staats, er fördert auch die Zuwanderung der Hugenotten – wenn auch nicht aus rein humanitären Gründen. In einer Art Berlin-Förderungsprogramm verspricht ihnen der Kurfürst »privilegia und andere Wohlthaten«, und so kommen sie – ohne Besitz, aber nicht mit leeren Händen: Neue Gewerbe und Techniken halten Einzug, besonders in der Weberei kennen sie sich aus – kein Nachteil für einen Staat, der künftig sehr viel Uniformtuch brauchen wird. – Durch den Bau des Friedrich-Wilhelm-Kanals (1662–69) werden Oder, Spree, Havel und Elbe miteinander verbunden, das Handelsvolumen Berlins wächst um das Sechsfache.

Auch wenn Kultur und allgemeine Lebensart einen Aufschwung erleben, der Gegensatz in Glaubensdingen wird nicht geringer. Im Cöllner Schloß wird die Kurfürstliche Bibliothek untergebracht, der Grundstock für die Preußische Staatsbibliothek. Der Drucker Christoph Runge darf ab 1655 eine regelmäßig erscheinende Zeitung herausbringen, der Liederdichter Paul Gerhardt wird Diakon an der Nikolaikirche.

Zwischen Schloß und Tiergarten entsteht eine Allee mit Linden- und Nußbäumen, »Unter den Linden« wird sie einst heißen und zu Berlins berühmtesten Straßen zählen.

Der Nachfolger des »Großen Kurfürsten«, Friedrich III. (Regierungszeit 1688–1713), beginnt mit dem Neubau des Schlosses Charlottenburg ㉛, 1700 gründet er die Societät der Wissenschaften, deren erster Präsident der Universalgelehrte Gottfried Wilhelm Leibniz (1646–1716) wird. Das Berliner Musiktheater kommt in Gang; Andreas Schlüter (1664–1714) wird Direktor der 1696 gegründeten Akademie der Künste. Von Kaiser Leopold erlangt Friedrich III. die Anerkennung des Königtums für Preußen, krönt sich am 18. Januar 1701 in Königsberg zum König in Preußen und heißt fortan Friedrich I. Er faßt 1709 Berlin-Cölln, Friedrichswerder, die Dorotheen- und Friedrichstadt und die Vorstädte zur königlichen Residenz Berlin zusammen, und er entfaltet Pracht bei Hof – durchaus nicht zum Unwillen der Bevölkerung. 1710 gründet er die Charité ㊻ als Pest- und Militärkrankenhaus, Berlins berühmteste Klinik, in der im Lauf der Jahrhunderte die namhaftesten Ärzte (unter anderen Rudolf Virchow und Ferdinand Sauerbruch) gewirkt haben. Kein Zweifel, Friedrich I. hat viel vorangetrieben, aber er hat auch viel Geld dafür ausgegeben.

Zuviel, wie sein Sohn Friedrich Wilhelm I. (Regierungszeit 1713–40) nüchtern feststellt (und wie ein Blick in die Staatskasse zeigt), und so ist denn das Begräbnis des ersten Preußenkönigs für lange Zeit die letzte prunkvolle Zeremonie, die die Berliner erleben. 27 Jahre herrscht der »Soldatenkönig«, der sich als Hausvater seiner Untertanen begreift. Seine Verdienste lesen sich indessen wie die eines skrupellosen, gleichwohl erfolgreichen Managers: Sanierung des verschuldeten Staats, hohe Steuern, karger Lohn für die Beamten, karge Hofhaltung. Bilanzsumme an seinem Todestag: 10 Millionen Taler in der Kriegskasse. Seine Sache sind Schlösser, Künste und prunkvolles Hofhalten nicht gewesen. Gebaut wurde, was dem Staat nützte, nicht, was ihn schöner machte. Jedenfalls nicht von ihm. Dazu guckte er reiche Untertanen aus: »Der Kerl hat Geld. Soll bauen!«.

Sein kunstsinniger und empfindsamer Sohn, Friedrich II., der Große (Regierungszeit 1740–86), bringt erwartungsgemäß einigen Glanz zurück. Die Künste leben wieder auf, hervorragende Geistes- und Naturwissenschaftler folgen seinem Ruf. Friedrichs bevorzugter Baumeister wird Georg Wenzeslaus von Knobelsdorff (1699–1753). Der französische Schriftsteller und Philosoph Voltaire (1694–1778) weilt für drei Jahre (1750–53) am Hof Friedrichs II.

Während des Siebenjährigen Kriegs (1756–63) bangen die Berliner mehrmals um Leben, Hab und Gut: 1757 besetzen österreichische Husaren die Stadt, 1760 dringen Russen und Österreicher bis zum Schloß vor. Das sind Scharten, die Friedrich ärgern, und er setzt alles daran, sie auszuwetzen. Als »erster Diener seines Staates« dirigiert und kontrolliert er jeden Wirtschaftsbereich, besonderes Augenmerk richtet er auf den Haushaltsplan. Als er am 17. August 1786 in Schloß Sanssouci bei Potsdam stirbt, »balanciret alles miteinander«. Sein Denkmal, eine Schöpfung von Christian Daniel Rauch (1777–1857), steht nach langer Verbannung jetzt wieder Unter den Linden.

Der Nachfolger, sein Neffe Friedrich Wilhelm II. (Regierungszeit 1786–97), nicht gerade ein Hätschelkind der Geschichtsschreibung, beschert Berlin eine Kulturblüte und Talentschwemme, die 50 Jahre anhält. In seinem Auftrag errichtet Carl Gotthard Langhans (1732–1808) das Brandenburger Tor (55) nach dem Vorbild der Athener Propyläen. Johann Gottfried Schadow (1764–1850) setzt die Quadriga darauf. David Gilly (1748–1808), Friedrich Gilly (1772–1800) und, in ihrer Nachfolge, Karl Friedrich Schinkel (1781–1841) geben Berlin das schönste städtebauliche Gesicht, das es je gehabt hat. Der Schauspieler und Stückeschreiber August Wilhelm Iffland (1759–1814) bringt das Schauspielhaus zur Blüte,

Spandau und Zitadelle

Der Juliusturm, sprichwörtlich für staatliche Sparsamkeit, ist nicht nur eine Metapher aus dem Finanzwesen. Er steht leibhaftig in Spandau, stammt vermutlich von einer askanischen Wasserburg um 1160, hat über 3 m dicke Mauern und bietet einen Überblick über eine Stadt, die zwar 1920 Berlin eingemeindet wurde, aber wie kein anderer Bezirk bis heute ihre Eigenständigkeit bewahrt hat. (»Mög' schützen uns des Kaisers Hand vor Groß-Berlin und Zweckverband«, hatten die Spandauer angesichts der Eingemeindungspläne gesungen.) Der Juliusturm gehört zur Spandauer Zitadelle (28), die in ihrer heutigen Form 1560–90 entstanden ist, jedoch auch ältere Bauwerke enthält, z. B. den Palas von 1521/23. In den Gewölben gibt es ein Restaurant mit interessanter, am Mittelalter orientierter Speisekarte. Lohnenswert ist ein Rundgang durch die Altstadt von Spandau, das über Jahrhunderte Garnisonstadt und Zentrum der preußischen Rüstungsindustrie war. Malerisch ist es in den kleinen Gassen, die Kolk, Behnitz und Hoher Steinweg heißen.

Noch viele interessante Häuser aus den Gründerjahren warten in Kreuzberg auf ihre Restaurierung.

Beliebt zum Einkaufen ist die Rheinstraße, Teil der alten Reichsstraße 1, mit dem Friedenauer Rathaus.

Ein Museum mit Kneipe
Ernst Theodor Amadeus Hoffmann (1776–1822), der »Gespensterdichter«, Maler und Musiker, machte zusammen mit seinem Zechgenossen, dem Schauspieler Ludwig Devrient, die Weinstube »Lutter und Wegener« am Gendarmenmarkt berühmt. Nach vielerlei Tätigkeiten wirkte der Ostpreuße von 1816 bis zu seinem Tod am Kammergericht, das 1734/35 als »Königliches Collegien-Hauß« errichtet worden war. Im letzten Krieg wurde es stark zerstört und 1967/68 für das Berlin-Museum 20 *wiederaufgebaut. Heute kann man dort Stadtgeschichte hautnah erleben: nicht nur ein hölzernes Modell von Berlin-Cölln um 1688 und viele schöne Stiche, Karten und Gemälde, sondern auch Spielzeug, Mode, Möbel, ganze Wohnzimmer, Porzellan und Kunsthandwerk aus verschiedenen Epochen. Vieles davon ist auch für Kinder spannend. Weniger geeignet für die Jüngsten ist die Alt-Berliner Kneipe, gemütlich, immer voll und gleich links hinten (Museum Di–So 11–22 Uhr; Kneipe Di–Fr 11–18, Sa, So 11–16 Uhr).*

Berliner Szene
Berlin »fletscht« immer noch seine Szene, obwohl sie ihren revolutionären und anarchischen Touch längst verloren hat. Was die Szene eigentlich ist, hat noch niemand genau definiert. Wer sich einen Überblick verschaffen will, schaut am besten in die Szene-Magazine »tip« und »zitty«, informiert sich über die Fülle der Off-Theater, Off-Kinos, Kabaretts, Jazz- und Rock-Lokale, Galerien, Bürger-, Frauen- und Friedensinitiativen, über Künstlerhaus Bethanien, Ufa-Fabrik und Mehringhof. Man kann auch ohne Umwege einfach eintauchen: an der Oranienstraße, Naunynstraße und am Kottbusser Tor, an der Potsdamer Straße, am Nollendorfplatz und Winterfeldtplatz, an der Kantstraße und am Savignyplatz oder im Kneipendorado Bleibtreustraße. Es gehört nur Neugier dazu, kein Mut, selbst im hintersten Kreuzberg nicht.

Das Schildhorn
Der letzte Wendenkönig Jaczo von Köpenick war 1157 bei Kladow vernichtend geschlagen worden und als einziger entkommen. Auf der Flucht vor seinem Bezwinger Albrecht, genannt »der Bär«, gelangte er an die Havel und wußte nicht, wie er über den Fluß kommen sollte. So ritt er in seiner Not geradewegs ins Wasser und gelobte, zum Christentum überzutreten, wenn er nur gerettet würde. Der liebe Gott muß das vernommen haben, Jaczo gelangte zu einer Landzunge und hängte dort seinen Schild und sein Horn an einen Baum. Deshalb heißt die Stelle jetzt Schildhorn. Ein Denkmal, von Friedrich Wilhelm IV. dort errichtet, kündet davon. – Für weniger Gehetzte ist das große Wirtshaus auf dem Schildhorn heute ein attraktiver Ausflugstip.

der Maurermeister und Goethe-Freund Carl-Friedrich Zelter (1758–1832) gibt der Singakademie nationale Bedeutung, und am liebsten hätte der König auch noch Wolfgang Amadeus Mozart an den Berliner Hof geholt. In seiner Regierungszeit bilden sich die ersten literarisch-politischen Salons, kurz: Berlin erlebt und genießt das ausgehende Rokoko und die letzte Hochblüte der Aufklärung in vollen Zügen.

Glanz und Elend, Kaiserstadt

Aber die Zeiten ändern sich: 1806 zieht Napoleon in Berlin ein, die Quadriga wechselt nach Paris, zwei schlimme Besatzungsjahre folgen. Danach bringt Freiherr vom und zum Stein (1757–1831) den Berlinern die städtische Selbstverwaltung und gibt ihnen mehr Mitverantwortung. 1813 will Napoleon die Stadt noch einmal erobern, aber er wird bei Großbeeren abgewiesen. 1814 kehrt die Quadriga nach Berlin zurück.

Ungeachtet machtpolitischer Gegebenheiten schreitet die Industrialisierung Europas fort. Sie schafft bis dahin unvorstellbare Zustände in der preußischen Hauptstadt. Arbeiterschaft, Handwerker und Studenten finden sich zusammen, Auseinandersetzungen sind die Folge, bei denen zunehmend auch politische Forderungen eine Rolle spielen.

Im März 1848 kommt es zur Revolution. Das Militär marschiert auf, Barrikaden werden errichtet, Straßenkämpfe entbrennen. Nach 16 Stunden zieht der König, enttäuscht »von seinen lieben Berlinern«, die Truppen zurück. Er gewährt Pressefreiheit, Koalitions-, Versammlungs- und Wahlrecht sowie die Aufstellung einer Bürgerwehr. Aber nicht für lange: Nach und nach gewinnen die königlichen Kräfte Boden zurück, die Nationalversammlung wird vertrieben, in Berlin gilt das Kriegsrecht.

Zum Ende des Revolutionsjahrs zwingt die Regierung den Bürgern eine undemokratische Verfassung auf, die bis 1918 gelten wird. Die politische Reaktion hat gewonnen, derweil die industrielle Revolution voranschreitet, vor allem in den Jahren nach 1850. Über 1000 neue Fabriken entstehen, Banken, Aktiengesellschaften werden gegründet, Fernbahnlinien, innerstädtische Kanäle angelegt; Bodenspekulation, Obdachlosigkeit und Mietwucher sind an der Tagesordnung. Berlin ist die größte Mietskaserne der damaligen Welt. 1871 hat Berlin 800 000 Einwohner, um die Jahrhundertwende sind es fast zwei Millionen, es herrscht unbeschreibliches Elend. Heinrich Zille (1858–1929) hat dies mit dem Zeichenstift und – seit 1890 – mit der Kamera dokumentiert: feuchte, enge Wohnungen, schlecht bezahlte Arbeit und soziale Gegensätze, die der Arbeiterbewegung beträchtlichen Zulauf bringen.

Die wachsenden sozialen Spannungen werden noch einmal durch den Ersten Weltkrieg überdeckt. Aber mit der Dauer des Kriegs verfliegt die nationale Begeisterung. Vor dem Portal IV des Stadtschlosses, das später als Nachbildung in das Staatsratsgebäude der DDR 47 eingefügt wird, ruft Karl Liebknecht am 9. November 1918 zur sozialistischen Revolution auf. Kaiser Wilhelm II. dankt ab, und von einem Fenster des Reichstags 8 aus wird die Republik ausgerufen. 1919 tagt die Verfassunggebende Versammlung in Weimar, das der jungen Demokratie ihren Namen gibt.

An die unruhige und wechselvolle Geschichte Deutschlands in den letzten 100 Jahren erinnert das Reichstagsgebäude von 1894.

Swinging Berlin ...
Die ersten Jahre der Weimarer Republik bringen wieder Glanz in die Hauptstadt. Theater, Oper, Operette, Revue, Kabarett, alles blüht, und die Berliner schwelgen. Dazu kommt Kintopp, und mit ihm halten neue Stars Einzug. Man trifft sie in den Prominentencafés, etwa im Romanischen Café an der Stelle des heutigen Europa-Centers ⓱. Dort sieht man auch Bert Brecht, Else Lasker-Schüler, Erich Kästner, Oskar Kokoschka, Marlene Dietrich und überhaupt alle, die irgendwie Rang und Namen haben oder zu bekommen trachten. Eine Atmosphäre der Liberalität und Weltoffenheit herrscht, wie man sie in der ganzen Welt – bloß nicht mitten in Preußen – für möglich hält.

... und das »Dritte Reich«
Allerdings ändern sich die Zeiten schnell. Massenarbeitslosigkeit und die Machtergreifung der Nationalsozialisten schaffen ein anderes, ein bedrückendes Klima. Bücher werden verbrannt, Zeitungen gleichgeschaltet oder verboten, Intellektuelle verhaftet oder vertrieben.

Berlin ist seit 1933 das Zentrum der nationalsozialistischen Diktatur, aber auch das des Widerstands gegen sie. Im Prinz-Albrecht-Palais, in der Nähe des Gropius-Baus ❷, foltert die Gestapo »Systemfeinde« und »Defätisten«. Nicht weit davon entfernt, im Bendler-Block, treffen sich Männer des 20. Juli 1944; einige werden dort, nach dem mißglückten Attentat auf Hitler, noch am selben Tag umgebracht. Über 2500 Widerstandskämpfer finden in der Strafanstalt Plötzensee den Tod, eine Gedenkstätte ㉚ erinnert daran.

Trümmerhaufen, Frontstadt
Ziel der Alliierten ist es, das Deutsche Reich ganz und gar zu zerschlagen. Natürlich hat auch und erst recht die Reichshauptstadt keine Chance. Nach den Luftangriffen der Alliierten erreicht am 20. April 1945 die Rote Armee Berlin, das nach zwölftägigem Kampf kapituliert. Übrig bleiben ungezählte Tote und 2,8 Millionen erschöpfte, halbverhungerte Menschen. 75 Millionen Kubikmeter Schutt bedecken die Stadt. Sie bilden heute künstliche Berglandschaften, z. B. den Insulaner in Schöneberg oder den Teufelsberg im Grunewald, der sogar höher ist als Berlins höchste natürliche Erhebung, der 115 m hohe Große Müggelberg in Ost-Berlin.

Unübersehbar und unbegreiflich sind die Folgen dieses Kriegs besonders für Berlin: Teilung, Insellage, Mauer. Der Potsdamer Platz ❸, einst wichtigster Verkehrsknotenpunkt der Stadt und bis 1961 ein Zentrum des Schwarzen Markts, liegt jahrzehntelang öde und leer da.

Aus dem Plan der Siegermächte, die ehemalige Reichshauptstadt gemeinsam zu verwalten, ist nichts geworden. Zwar existiert der Vier-Mächte-Status für ganz Berlin bis heute, aber schon bei der Berlin-Blockade 1948/49 zeigt sich, daß die Sowjetunion Berlin allein in den Griff bekommen möchte. Doch die Westmächte verteidigen die Freiheit ihrer Sektoren: Ein ganzes Jahr lang wird der Westteil über eine Luftbrüc-

Schon seit vielen Generationen ist der Wannsee, eine Havelbucht, für die Berliner das wichtigste sommerliche Freizeitparadies.

Eisbein – Molle – Persiko
Berliner Küche – gibt's die überhaupt? Und ob – wenn auch das, was man gemeinhin unter »Berliner« (Silvester-Pfannkuchen) versteht, erstens nicht zu den Spitzenleistungen zählt und zweitens überall so heißt, nur nicht in Berlin. Die Hitliste führt wohl auch in 100 Jahren noch Eisbein mit Sauerkraut und Erbspüree an, gefolgt von gebratener oder gebackener Leber mit gedünsteten Apfelscheiben, zu der Kartoffelbrei gereicht wird. Typische Ultimo-Gerichte sind Löffelerbsen mit Speck, Speckstippe (Specksoße) mit Pellkartoffeln, Kartoffelpuffer (Reibekuchen) mit Apfelmus oder Teltower Rübchen, die es allerdings kaum noch gibt. Auch zwischendurch liebt es der Berliner eher deftig: Er ißt Hackepeter auf Schrippe (gehacktes Schweinefleisch auf Brötchen), Bulette mit Senf oder eine Currywurst. In keiner anderen Stadt findet man so viele Currywurst-Buden wie in Berlin (West). Dazu wird natürlich 'ne kühle Molle getrunken. Den richtigen Durst löscht aber besser die »Weiße mit Schuß« (Weißbier mit Waldmeister- oder Himbeersirup). In acht nehmen muß man sich allerdings vor Persiko – einem süßen Likör, der erst seine Wirkung zeigt, wenn man aufzustehen versucht.

Die Berliner Weiße, ob mit oder ohne Schuß, bedeutet Tradition.

Bobby, Dufte, Knorke und die anderen
Im Zoologischen Garten (16), am Eingang Budapester Straße (Elefantentor), hockt ein steinerner Gorilla. Er ist das Denkmal für den ersten Menschenaffen, der im Berliner Zoo gelebt hat, »Bobby« hieß und auf stattliche 524 Pfund Lebendgewicht gekommen ist. Ebenfalls aus Stein ist das Iguanodon vor dem Aquarium, die naturgetreue Nachbildung eines Sauriers. Alle anderen Tiere sind höchst lebendig, insgesamt 11 000 Säugetiere, Reptilien, Fische, Vögel, Amphibien und wirbellose Tiere.
Die Berliner sind ganz vernarrt in die Bewohner des Affenhauses und in »Jonny«, den Schimpansen. Auch die Gorillas »Knorke« und »Dufte« stehen in der Gunst ganz oben – womöglich nur noch übertroffen von »Bao-Bao«, dem Pandabären-Männchen, das auch als Witwer ganz zufrieden in Berlin lebt; seine Lebensgefährtin starb 1983. Der Zoo ist fast 150 Jahre alt, er wurde 1844 gegründet und erhielt seinen ersten Tierbestand von König Friedrich Wilhelm IV. Als der Zweite Weltkrieg zu Ende war, gab es von den vorher 10 000 Tieren nur noch 91 . . .
(April–Aug. 9–18, Sept.–März 9–17 Uhr, Aquarium bis 18 Uhr, am letzten Sa des Monats bis 21 Uhr.)

ke versorgt. Ununterbrochen fliegen die »Rosinenbomber« durch die Luftkorridore über der damaligen Ostzone; sie bringen Nahrungsmittel, Kohlen, Medikamente – und Zuversicht. Das Luftbrückendenkmal am Flughafen Tempelhof, die »Hungerkralle« (21), erinnert daran. Das Gegenstück steht auf dem amerikanischen Militärflughafen in Frankfurt am Main.

Als die Sowjets sehen, daß die Westmächte Berlin nicht preisgeben werden, stimmen sie dem Vorhaben der DDR-Führung zu, eine Mauer durch Berlin zu ziehen, um so die Fluchtwege zu schließen. Am 13. August 1961 wird die Grenze zunächst mit Stacheldraht, später mit Betonblöcken geschlossen.

Erschütternde Szenen spielen sich ab: Ostberliner, deren Wohnungen an die Mauer grenzen, springen aus ihren Fenstern, ohne darauf zu achten, ob sie aufgefangen werden. Viele verletzen sich lebensgefährlich, einige finden den Tod, Familien werden für Jahre und Jahrzehnte auseinandergerissen.

Berlins Sonderstatus

Aus dieser verzweifelten Situation hilft das Berlin-Abkommen der vier Mächte von 1971, über das eineinhalb Jahre im Alliierten Kontrollrat verhandelt worden ist. Darin wird der Status quo festgeschrieben: Die Rechtslage der Stadt darf nicht einseitig verändert werden, Konflikte sind mit politischen Mitteln zu lösen. Die engen Bindungen von Berlin (West) an die Bundesrepublik Deutschland und seine außenpolitische Vertretung durch den Bund werden bestätigt. Sichtbarer Ausdruck sind zahlreiche Bundesbehörden in Berlin ebenso wie die Vertretung der Bundesregierung im Berliner Bundeshaus an der Bundesallee und der Amtssitz des Bundespräsidenten im Schloß Bellevue (10). Regieren darf der Bund jedoch nicht in Berlin, die oberste Gewalt bleibt bei den Alliierten; sie sind insbesondere für Fragen des Status und der Sicherheit verantwortlich. Ansonsten ist der Berliner Senat, der im Rathaus Schöneberg (19) residiert, weitgehend selbständig.

Das Abkommen hat nicht nur politische Ergebnisse, sondern auch praktische Verbesserungen gebracht: Der Transitverkehr zwischen der Bundesrepublik Deutschland und Berlin (West) verläuft relativ normal, Westberliner dürfen wieder nach Berlin (Ost) und in die DDR. Seit dem 9. November 1989 darf nun auch wieder jeder Ostberliner und DDR-Bürger in den Westen.

Millionen aus beiden Teilen der Stadt machen von der wiedergewonnenen Freiheit Gebrauch. Rund zwei Dutzend Grenzübergänge lassen die Mauer wieder durchlässig werden, und selbst das zerrissene Verkehrsnetz wächst allmählich wieder zusammen. Aber noch ist West-Berlin eine politische Insel; die Teilung der Stadt ist nicht beendet. Die endgültige Lösung der Berlin-Frage läßt weiter auf sich warten.

Herbst 1989: Vopos bekommen Blumen gereicht – von Westberlinern!

Die Mauer, Relikt einer unmenschlichen Politik, diente jahrelang – wie hier in Kreuzberg – als Malfläche für Kinder, Künstler und Vandalen.

Insel-Wirtschaft

Berlin (West) ist eine Insel. Die Wirtschaft kann also weder Arbeitskräfte aus der Umgebung anwerben, noch kann sie dort ihre Produkte anbieten oder Zweigstellen eröffnen. Nur 1 % der Berliner Industrieproduktion geht in die DDR. Also liefert man in die Bundesrepublik Deutschland und ins Ausland, was die Preise um Transportkosten für mindestens 160 km erhöht. Und Berlin (West) ist keine Hauptstadt mehr; die wichtigsten Funktionen von vor 1945 sind perdu, was Auswirkungen auf die Ansiedlung von Behörden, Verbänden, Banken, Versicherungen und Konzernzentralen hat. Die Steuerkraft der Stadt reicht vorne und hinten nicht, so daß Bonn finanzielle Hilfe in Höhe von rund 13 Milliarden DM jährlich leisten muß.

Nur so kann Berlin (West) wirtschaftlich mithalten. Seine Bewohner leben denn auch nicht schlechter als die Bundesbürger; Preise, Einkommen und Produktivität sind gleichauf mit denen der Bundesrepublik. Und in den letzten Jahren haben wieder viele große Betriebe Produktionsstätten in der Stadt errichtet, darunter Siemens, Ford, Nixdorf und Tetrapak. Dort, wo einst die Gewehrfabriken der preußischen Könige Feuerrohre produzierten, laufen jetzt Feuerstühle vom Band: Die gesamte Motorradproduktion von BMW befindet sich in Berlin.

Die neue Lage in Berlin, die Öffnung der Grenzen und die Reformpolitik der DDR-Führung lassen auf weitere Impulse hoffen. Hunderttausende von DDR-Bürgern erhöhen den Umsatz von Handel und Gaststätten, und die Chancen Berlins, zum internationalen Ost-West-Treffpunkt zu werden, wachsen zusehends.

Superlative

Berlin ist nicht nur die größte deutsche Stadt, sondern hat auch sonst einige Superlative zu bieten. Das KaDeWe (Kaufhaus des Westens) ist das größte auf dem Kontinent und präsentiert auf 43 000 m² Verkaufsfläche 250 000 Artikel. 330 Sterngucker finden unter der 20-m-Kuppel des Zeiss-Planetariums am Insulaner Platz. Der einzige Buddha-Tempel Europas steht seit 1924 in Berlin-Frohnau. Im Vergleich zu anderen deutschen Städten hat Berlin (West) die meisten Hunde: rund 75 000 Vierbeiner, die an 235 000 Straßenbäumen das Bein heben können. Die erste elektrische Straßenbahn der Welt fuhr 1881 in Berlin-Lichterfelde (seit 1967 gibt es im Westteil der Stadt keine mehr). Der Zoologische Garten ist der tier- und artenreichste Europas, das Aquarium eines der größten der Welt. Rundfunk und Fernsehen hatten ihre Geburtsstunde in Berlin: 1923 bzw. 1935 wurden die ersten regelmäßigen Sendungen ausgestrahlt. Berlin ist Spitze!

Ein Zentrum wissenschaftlicher Forschung

Die Stadt verfügt über immense wissenschaftliche Qualitäten und Quantitäten, die sie sich wirtschaftlich zunutze gemacht hat: das Forschungspotential der 1948 gegründeten Freien Universität Berlin, der Hochschulen und wissenschaftlichen Institute, die in Berlin ansässig sind. So das Innovations- und Gründerzentrum BIG, der Technologiepark TIP in Wedding sowie das Produktionstechnische Zentrum der Technischen Universität – überall arbeiten Wissenschaft und Wirtschaft zusammen. Die Versuchsstrecke für eine Magnetbahn ist ein weiteres Beispiel.

Kreuzberger Mischung

Typisch für Berlin sind seit je die vielen Klein- und Mittelbetriebe, die in den Seitenflügeln der Mietskasernen und in Gewerbehöfen angesiedelt waren. Dieses Nebeneinander von Wohnen und Arbeiten – Vater ging zur Arbeit über den Hof, Mutter holte sich die Arbeit in die Wohnküche – ist als »Kreuzberger Mischung« in die Wirtschaftsgeschichte eingegangen. Dergleichen Gewerbehöfe gibt es immer noch bzw. wieder, meistens von Alternativen genutzt und erfolgreich betrieben: der Mehringhof etwa, wo ungefähr 30 Projekte auf 5000 m² nebeneinander bestehen, zum Teil unter abenteuerlichen Namen: Graphik-Betrieb GraphDruckula, Handelsgesellschaft Ökotopia, Buchverlag Transit, Stattbuch-Verlag, Theaterei, Wissenschaftszeitung Wechselwirkung, Netzwerk Selbsthilfe. Diese Gemeinschaft ist nicht die einzige in der Stadt, es gibt Tausende von Arbeitsplätzen in der alternativen Wirtschaft von Berlin (West), an denen junge Leute neue, selbstbestimmte Formen des Arbeitens ausprobieren. Nie ohne Probleme – immer mit viel Idealismus.

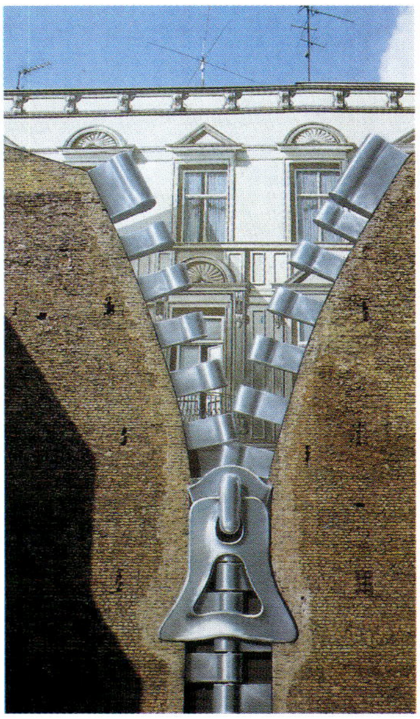

Originell bemalt wurde diese Hinterhoffassade in der Zillestraße.

In der frischen Luft

Arbeiten so viel wie nötig, leben so gut wie möglich! Die Faustregel gilt in Berlin wie anderswo, nur gibt es wohl kaum eine Stadt in der Bundesrepublik, die ein vielfältigeres kulturelles Angebot hat. Oder mehr Restaurants, Kneipen, Pizzerias, Tavernen, Nachtklubs und Jazzlokale. Schließlich ist Berlin eine Stadt im Grünen und am Wasser – die Freizeitmöglichkeiten in den Wäldern, auf Seen, Sportplätzen und in Parkanlagen sind kaum mehr überschaubar, und die Berliner nutzen sie, denn seit Generationen bestimmt sie ein seltsamer Drang ins Freie. Kein Wunder bei dem Angebot: Havel, Spandauer Forst, Grunewald, Krumme Lanke, Schlachtensee, Wannsee, Düppeler Forst, Stölpchensee, Griebnitzsee, Tegeler See, Tegeler Forst, Müggelsee, Dämeritzsee, Hasenheide, Schwanenwerder, Pfaueninsel ... Und das ist noch längst nicht alles!

Noch lieber flanieren die Berliner. Boulevards und Einkaufsstraßen gibt es allenthalben, wenn auch Kurfürstendamm und Tauentzienstraße mit

Tips, Tips, Tips

Ein Dorf aus dem Mittelalter
Schon in den 40er Jahren stieß man bei Düppel auf Erdverfärbungen, die auf Verfaultes schließen ließen: Man grub weiter und stieß auf Reste des »Zedelendorfes«, das hier um das Jahr 1200 gelegen hat. Man konnte ziemlich genau markieren, wo Holzpfosten von Häusern, Brunnen, Zäunen und Palisaden gestanden haben müssen, und hat an diesen Stellen vieles – möglichst originalgetreu – wiederaufgebaut: allein ein halbes Dutzend Häuser. Geräte und Kleidung werden mit den alten Techniken produziert, es wird Brot gebacken und Met gebraut. Nutzpflanzen und Tiere sollen durch Rückzüchtungen möglichst der damaligen Zeit entsprechen. Leider ist das Museumsdorf nur von Frühjahr bis Herbst (So 10–13 Uhr) zu besichtigen; allerdings sind Anmeldungen für Schulklassen, ☏ 7 83 31 64, und Sonderführungen für geschlossene Gesellschaften möglich, ☏ 8 02 66 71.

Ausflug zum Glienicker Park
Wunderschöne Spaziergänge zu jeder Jahreszeit versprechen der Park des Schlosses Kleinglienicke und der angrenzende Volkspark. Vor 150 Jahren ließ Prinz Karl von Preußen um das Schloß herum einen Erlebnisgarten anlegen, an dem Schinkel, Lenné, Fürst Pückler, Persius und von Arnim gearbeitet haben. Besuchen Sie Kasino, Klosterhof, »Kleine« und »Große Neugierde«, schauen Sie die schönen Töpfereien im Jägerhof bei der Drogenhilfe Synanon an, und gehen Sie weiter zum Wirtshaus »Moorlake«, zum »Blockhaus Nikolskoe« und zur Kirche St. Peter und Paul, die für Charlotte, Tochter Friedrich Wilhelms III. und Frau des Zaren Nikolaus I., erbaut worden sind.

Trödelmärkte
Großmutters Porzellan, Mutters Kleider, Großvaters Werkzeug, Vaters Schallplatten – auf den Berliner Trödelmärkten findet man alles! Der größte und bestbesuchte ist der am S-Bahnhof Tiergarten auf der Straße des 17. Juni (Sa und So). Daneben floriert gleich noch ein Kunstmarkt. Ebenfalls samstags und sonntags gibt's den Kreuzberger Krempelmarkt am Reichpietschufer, den Rixdorfer Flohmarkt in der Karl-Marx-Straße, den Flohmarkt am Humboldthain, den Spandauer Flohmarkt und neuerdings den überregional bekannten »Polenmarkt«.

ihren Nebenstraßen und Plätzen nicht zu überbieten sind. Touristen holen sich hier einen ersten Eindruck von der Stadt – leider bleibt es oft der einzige. Man sollte sich aber nicht täuschen: Berlin hat tausend Gesichter – der Kudamm 18 ist nur eins davon. Und die Kaiser-Wilhelm-Gedächtnis-Kirche 17 ist nur eine von 61 in ganz Berlin, die Dorfkirchen nicht mitgezählt.

Weltstädtische Kulturszene
Kultur in Berlin (West)? Sozusagen »Was ihr wollt«! Allein um die 20 Theater wetteifern miteinander. Unbestrittene »Spitze« ist sicher die Schaubühne am Lehniner Platz. Daneben haben es die Staatlichen Schauspielbühnen, Schiller- und Schloßpark-Theater, nicht immer leicht. Selbst die Freie Volksbühne muß sich bemühen, Schritt zu halten, obwohl sie eigentlich ständig für Aufregung sorgt mit ihren interessanten, oft umstrittenen Inszenierungen.

Zu den »Etablierten« kommen etwa noch 70 freie Gruppen, die meist in Kreuzberg in provisorischen Räumen spielen. Das Künstlerhaus Bethanien, das Ballhaus in der Naunynstraße, die Villa Kreuzberg und der Mehringhof sind die Spielorte der Alternativen, wo sie auch Ausstellungen, Workshops, Konzerte und manchmal kaum Einzuordnendes arrangieren.

Die Musikszene ist nicht weniger vielfältig: So gehört die Deutsche Oper zu den größten Bühnen Europas, das Theater des Westens hat sich zu einem erstklassigen Operetten- und Musical-Haus entwickelt. Die Berliner Philharmoniker und das Radio-Symphonie-Orchester haben Weltruhm – wer sie live hören will, muß sich lange vorher um Karten bemühen; an der Abendkasse wird er keine mehr bekommen.

Popmusikfreunde gehen ins Loft und ins Metropol, ins Quartier Latin und in das ewig existenzbedrohte Flöz. Natürlich auch ins Zirkuszelt Tempodrom, das erst vor ein paar Jahren im Tiergarten installiert wurde und aus der Szene nicht mehr wegzudenken ist. Sommers läuft wieder was in der legendären Waldbühne, und gigantischen Zuschnitt haben die Veranstaltungen in der Deutschlandhalle. Leiser, feiner, lyrischer geht's zu in der Hochschule der Künste, in der Akademie der Künste und im Café Einstein. Wer Jazz hören will, Dixie zumal, eilt in die Eierschale, wo einst Hawe Schneider mit seinen Spree-City-Stompers das Lied vom Massenmörder Haarmann sang und Papa Bue's Viking Jazz Band so spielte, wie sie aussah.

Berlin ist – seit den 20er Jahren – Kinostadt. Die großen Kinos am Kudamm beweisen es, und die zahlreichen Off-Kinos bestätigen, daß sich diese Tradition bei den jüngeren Leuten fortsetzt.

Sehen und gesehen werden: Wie in alten Zeiten treffen sich auch heute wieder Ost und West im berühmten Kranzler.

Zeitgenössisches Berliner Bauen

Berlin (West) ist relativ arm an historischen Bauten. Was es gibt, wurde zum überwiegenden Teil rekonstruiert, aber deswegen sind die Schlösser, Palais, Alleen, Parks und Plätze nicht weniger schön – z. B. Schloß Charlottenburg (31), ein Traum, den die Creme preußischer Baumeister geschaffen hat, oder Schloß Bellevue (10). Nicht minder interessant sind die Bauten des 20. Jh. Zum Beispiel die Gartenstadt Staaken, zwischen 1914 und 1917 von Paul Schmitthenner für die Arbeiter der in Spandau ansässigen staatlichen Rüstungsbetriebe errichtet. Vorbild war das »Holländische Viertel« in Potsdam mit seinen schmucken Häuschen, Nutzgärten und Kopfsteinpflasterstraßen.

Vorbildlich sind auch die in den 20er Jahren entstandenen Siedlungen in Britz und Zehlendorf. Etwa die von Bruno Traut und Martin Wagner entworfene Hufeisensiedlung an der Fritz-Reuter-Allee in Britz und die Siedlung »Onkel Toms Hütte« in Zehlendorf.

Einen Kontrast dazu bildet das Märkische Viertel in Wittenau: eine Satellitenstadt mit 17 000 Wohnungen, 12 Schulen, 15 Kindergärten und vier Kirchen. Die »Stadt in der Stadt«, zwischen 1963 und 1974 gebaut, weist manche Planungsfehler auf, die man seitdem durch Maßnahmen zur Wohnumfeld-Verbesserung auszumerzen bemüht ist.

Daß die Stadtväter und Architekten aus ihren Fehlern gelernt haben, beweisen die neuen Häuser der Internationalen Bauausstellung (IBA 1987). Kreuzberg verdankt ihr zum Teil liebevoll sanierte Altbauten und interessante Neubauten (z. B. an der Naunynstraße und am Fraenkelufer). Auch der Tiergarten profitiert wieder von der IBA – so wie 1957, als namhafte Architekten wie Walter Gropius und Oscar Niemeyer das Hansaviertel (12) erbaut hatten.

Jeder nach seiner Fasson?

Jeder neunte Bewohner von Berlin (West) ist kein Deutscher. 254 197 Ausländer gab es 1988 in der Zweimillionenstadt, Menschen aus 163 Staaten. Den Löwenanteil halten die rund 111 000 Türken – sie wohnen in Kreuzberg, Neukölln, Wedding, und es sieht nicht so aus, als wollten sie mit aller Gewalt Berliner werden ...

Die sich daraus ergebenden Probleme sind nicht von heute auf morgen zu lösen, auch wenn es in der Geschichte einige Lösungsmodelle gibt. Die Hohenzollern verhießen den Ausländern, die sie ins Land holten, »privilegia«, in Berlin (West) versucht man es mit »Rahmenbedingungen« für das Zusammenleben von Deutschen und Ausländern – oft ist von Integration die Rede. Vielleicht findet sich die Zauberformel beim »Alten Fritz«: Hier kann ein jeder nach seiner Fasson selig werden!

Alles in allem ist Berlin (West) die interessanteste Stadt Deutschlands: politisch sicher, wirtschaftlich intakt, modern, flexibel, offen für die ganze Welt – nicht zuletzt auch wieder für die umliegende DDR.

Die Lebenskraft der Stadt hat alle Krisen überstanden, was wieder einmal beweist: Berlin bleibt doch Berlin!

Berlin für Kinder

Der Zoologische Garten hat einen Kinderzoo mit Streicheltieren und mehreren Spielplätzen. Ponyreiten kann man auf dem Ponyhof Wittenau, Wittenauer Str. 80 (☏ 4 02 85 35) oder auf dem Ponyhof Pelludat, Buckow, Güntherweg 15 (☏ 6 04 40 59).

Das Völkerkundemuseum in Dahlem hat ein Junior-Museum zum Anfassen eingerichtet (Di–Fr 9–17, Sa, So 10–17 Uhr). Eine Teddybären-Sammlung mit 2000 Petzen ist im Antiquitätenmarkt am Kurfürstendamm 206/208 zu sehen. Außerdem gibt es eine ganze Reihe guter Kinder- und Jugendtheater: GRIPS, Altonaer Str. 22, ☏ 3 91 40 04; Klecks, Schinkestr. 8/9, ☏ 6 93 77 31; Rote Grütze, Mehringdamm 51, ☏ 6 92 66 18.

Kreuzberger Postmoderne ist in der Fellnerstraße zu bewundern.

Theater, Musik, Veranstaltungen, Museen in Berlin (West)

Theater

Deutsche Oper Berlin, Bismarckstr. 35. Oper, Operette, Ballett, ☏ 3 41 02 49.
Staatliche Schauspielbühnen Berlin. Spielorte – *Schiller-Theater* und *Schiller-Theater-Werkstatt,* Bismarckstr. 110. Schauspiel, ☏ 3 19 52 36. *Schloßpark-Theater,* Schloßstr. 48. Schauspiel, ☏ 7 93 15 15.
Theater des Westens, Kantstr. 12. Operette, Musical, ☏ 3 12 50 15.
Freie Volksbühne, Schaperstr. 24. Schauspiel, Gastspiele, ☏ 8 81 37 42.
Schaubühne am Lehniner Platz, Kurfürstendamm 153. Schauspiel, ☏ 89 00 23.
Komödie, Kurfürstendamm 206. Boulevardtheater, ☏ 8 82 78 93.
Theater am Kurfürstendamm, Kurfürstendamm 206. Boulevardtheater, ☏ 8 82 37 89.
Renaissance-Theater, Hardenbergstr. 6. Schauspiel, ☏ 3 12 42 02.
Hansa-Theater, Alt-Moabit 48. Volksstück, Komödie, ☏ 3 91 44 60.
Tribüne, Otto-Suhr-Allee 18–20. Literarische Revue, ☏ 3 41 26 00.
Vaganten Bühne, Kantstr. 12 a. Schauspiel, ☏ 3 12 45 29.
Kleines Theater, Südwestkorso 64. Musiktheater, ☏ 8 21 30 30.
Freie Theateranstalt, Klausenerplatz 19. Politisches Theater, ☏ 3 21 58 89.
Theatermanufaktur, Hallesches Ufer 32. Schauspiel, Haus für Berliner Freie Gruppen, ☏ 2 51 09 41.
Freies Schauspiel, Pflügerstr. 3. Zimmertheater, Sprechtheater, ☏ 6 92 46 72.
Junges Theater, Friesenstr. 14. Modernes Schauspiel, ☏ 6 92 87 35.
Reinecke Fuchs Theater, Rückertstr. 3. Rocktheater, ☏ 3 13 84 99.
GRIPS-Theater, Altonaer Str. 22. Kinder- und Jugendtheater, musikalische Revue, ☏ 3 91 40 04.
Rote Grütze, Mehringdamm 51. Kinder- und Jugendtheater, ☏ 6 92 66 18.
Berliner Kammerspiele, Alt-Moabit 99. Musical, Schauspiel, Revue für Kinder und Jugendliche, ☏ 3 91 55 43.
Klecks-Theater – Kindertheater mit Puppen, Schinkestr. 8/9. Marionettentheater, Schwarzes Theater, ☏ 6 93 77 31.
Kleinkunstbühne Thalia, Oranienstr. 162. Sprechtheater, Kabarett, Chanson, ☏ 65 68 65, 65 68 67.
Die Stachelschweine, Europa-Center. Politisches Kabarett, ☏ 2 61 47 95.
Die Wühlmäuse, Nürnberger Str. 33. Kabarett, Revue, ☏ 2 13 70 47.
Berliner Komödianten, Damaschkestr. 21. Literarisches Kabarett, ☏ 3 23 91 09.

UFA-Fabrik, Viktoriastr. 13. Theater, Kabarett, Zirkus, Kino, ☏ 7 52 80 85.
Zimmertheater Nudelbrett, Mindener Str. 16. Literarisch-komödiantisches Theater, ☏ 4 61 59 30.
Schauplatz, Dieffenbachstr. 15. Schauspiel, Tanztheater, Musikkabarett, Pantomime, ☏ 6 94 55 85.

Musik
Berliner Philharmonisches Orchester. Spielort: Philharmonie und Kammermusiksaal 7, Matthäikirchplatz: Sinfoniekonzerte, ☏ 25 48 80.
Radio-Symphonie-Orchester Berlin. Spielorte – Großer Sendesaal des Senders Freies Berlin, Masurenallee 8–14; Philharmonie, Matthäikirchplatz; Staatsbibliothek 4, Potsdamer Str. 33: Sinfoniekonzerte, Kammerkonzerte mit Solisten, ☏ 3 02 72 43.
Philharmonie und Kammermusiksaal 7, Matthäikirchplatz. Große Konzerte, Klavierabende, Kammermusik, ☏ 25 48 81 26.
Großer Sendesaal des Senders Freies Berlin, Masurenallee 8–14. Radio-Symphonie-Orchester, ☏ 30 31-0 und 30 31-11 23.
Deutschlandhalle, Messedamm 26. Rock- und Popkonzerte, Revuen, Star-Galas, ☏ 30 38 23 59.
Internationales Congress Centrum (ICC) 25, Messedamm 26. Musical, Ballett, Pop- und Rockveranstaltungen, Star-Galas, Bälle, ☏ 30 38 31 15.
Waldbühne, Am Glockenturm. Jazz-, Rock- und Popkonzerte mit bekannten Künstlern im Freien, ☏ 3 04 74 72/73.
Deutsche Oper Berlin, Bismarckstr. 35. Kammermusik, Sinfoniekonzerte, Liederabende, ☏ 3 43 81.
Staatsbibliothek 4, Potsdamer Str. 33. Kammermusik, Quartette, Klavierabende, ☏ 26 61, 2 66 25 86.
Hochschule der Künste, Ecke Hardenbergstr. 33/Fasanenstr. Klassische Klavierabende, Kammermusik, Liederabende sowie Folklore und Pop, ☏ 31 85 23 74.
Akademie der Künste, Hanseatenweg 10. Experimentelle und moderne Musik, ☏ 3 90 00 70.
Café Einstein, Kurfürstenstr. 58. Klassische und moderne Konzerte sowie südamerikanische Musik und Tango, ☏ 2 61 50 96.
Kaiser-Wilhelm-Gedächtnis-Kirche 17, Breitscheidplatz. Orgelvespern, Kantaten, Bachkonzerte, ☏ 24 50 23.
Kaiser-Friedrich-Gedächtnis-Kirche, Händelallee 22. Orgel- und Chorkonzerte, Reihe: musica nova sacra (neue geistliche Musik); Gastspiele, ☏ 3 91 13 01.
St.-Matthäus-Kirche, Matthäikirchplatz. Orchestermusik, Orgel- und Chorkonzerte, alte Musik auf historischen Instrumenten, Instrumentalmusik, ☏ 2 61 36 76.
Jesus-Christus-Kirche, Hittorfstr. 21. Oratorien, Orgel- und Chorkonzerte, ☏ 8 31 28 72.
St. Peter und Paul auf Nikolskoe, Wannsee. Orgel-, Chor- und Gesangskonzerte, kirchenmusikalische Gottesdienste (Sa, So), Quartette, ☏ 8 05 21 00.
St.-Johannis-Basilika, Lilienthalstr. 5. Chorkonzerte, ☏ 6 91 25 85.
St. Ludwig, Ludwigkirchplatz. Oratorien, Orgel- und Chorkonzerte, ☏ 8 83 10 11.
St. Paulus, Oldenburger Str. 46. Orgelkonzerte, ☏ 3 95 70 97/98.
Eierschale 1, Podbielskiallee 50. Jazz, Dixie (Fr, Sa), Country, Rock, Pop, ☏ 8 32 70 97.
Eierschale 2, Rankestr. 1. Jazz, Dixie, Country, Rock, Pop; Frühschoppen (So 10.30 Uhr), ☏ 8 82 53 05.
Go-In, Bleibtreustr. 17. Folk, Jazz, Chanson, Kabarett, ☏ 8 81 72 18.
Flöz, Nassauische Str. 37. Free Jazz, Modern Jazz, Kabarett (ab 21 Uhr), ☏ 8 61 10 00.
Quartier Latin, Potsdamer Str. 96. Rock, Jazz, Heavy Metal, Avantgarde, ☏ 2 61 37 07.
Quasimodo, Kantstr. 12 a. Jazz, Rock, ☏ 3 12 80 86, 3 13 50 44.
Salsa, Wielandstr. 13. Lateinamerikanische und afrikanische Musik, ☏ 3 24 16 42.
UFA-Fabrik, Viktoriastr. 13. Klassik, Jazz, Rock, ☏ 7 52 80 85.
Zeleste, Marburger Str. 2. Jazz, ☏ 2 11 64 45.

Veranstaltungen
Flohmarkt am Reichpietschufer und auf der Straße des 17. Juni (Sa, So 8–16 Uhr).
Alle zwei Jahre (1990) Ende Juni/Anfang Juli: *Internationales Drehorgelfest* rund um die Gedächtniskirche 17. Traditioneller Treffpunkt von Leierkastenmännern und -frauen aus aller Welt, ☏ 8 15 65 14.
Alle zwei Jahre (1991) Aug.–Sept.: *Internationale Funkausstellung Berlin* mit technischen Neuheiten im Medienbereich, Messegelände und ICC 25, ☏ 30 38-1.
Alle zwei Jahre (1990) Sept./Okt.: *British-Tattoo* in der Deutschlandhalle. Militärparade mit Reitern.
Jan./Febr.: *Internationale Grüne Woche Berlin,* Messegelände. Ausstellungen der Ernährungs- und Landwirtschaft und des Gartenbaus, ☏ 30 38-1.
Ende Febr./Anfang März: *Internationale Filmfestspiele Berlin* in verschiedenen Theatern der Stadt. Neueste intern. Produktionen, ☏ 25 48 90.
März: *Polizeischau* mit Marschmusik, Deutschlandhalle, ☏ 30 38-1.
März/April: *Frühlingsfest* am Lützowplatz. Volksfest.
April/Mai: *Britzer Baumblüte* in Neukölln. Volksfest unter Baumblüten.
Ende April/Anfang Mai: *Neuköllner Maientage* auf der Hasenheide. Volksfest.
Anfang Mai: *Theatertreffen der Jugend* in verschiedenen Theatern der Stadt. Schülertheater, freie Gruppen, ☏ 25 48 90.
Mai: *Theatertreffen* in verschiedenen Theatern der Stadt. Theateraufführungen aus der Bundesrepublik Deutschland, Österreich und der Schweiz, ☏ 25 48 90.
Mai: *Internationales ADAC-Avus-Rennen* für Wagen auf der Avus. Rennen der höchsten Rennwagenkategorien, ☏ 8 68 62 84.
Mai/Juli: *Kiezfest in der Spandauer Wilhelmstadt.* Ein Spandauer Stadtteil stellt sich vor (mit Bühnenprogramm) (Sa 10–21, So 10–18 Uhr).
Mai/Sept.: *Jugend trainiert für Olympia.* Bundeswettbewerb der deutschen Schulen. Mai: Hallenwettbewerbe in Sporthallen der Stadt; Sept.: Außenwettbewerbe an verschiedenen Sportstätten der Stadt, ☏ 3 05 30 20.
Juni/Juli: *Deutsch-Französisches Volksfest,* Kurt-Schumacher-Damm, ☏ 3 13 83 60.
Juni/Juli: *Bläser-Serenaden* im Hof des Jagdschlosses Grunewald 23 (So 18 Uhr), ☏ 8 17 33 64.
Juli: *Gauklerfest* zwischen Marburger, Augsburger und Rankestr. (Los Angeles Platz). Magier, Taschenspieler, Akrobaten, Musiker und Tänzer.
Juli: *Internationales ADAC-Motorbootrennen* in Berlin-Tegel, Greenwichpromenade, ☏ 8 68 62 84.
Juli/Aug.: *Glienicker Schloßkonzerte* im Remisenhof, Schloß Glienicke. Konzerte im Freien, ☏ 8 05 40 00.
Ende Juli/Anfang Aug.: *Deutsch-Amerikanisches Volksfest,* Hüttenweg, ☏ 3 13 83 60.

Die von Hans Scharoun entworfene Philharmonie hat dem Besucher neben erstklassigen Konzerten auch grandiose moderne Architektur zu bieten.

Juli/Aug.: *Sommerkonzerte* in der Eosander-Kapelle des Schlosses Charlottenburg 31. Orgelkonzerte, ☏ 8 17 33 64.
Ende Aug./Anfang Sept.: *Kreuzberger festliche Tage* im Viktoriapark. Volksfest.
Ende Aug.–Anfang Okt.: *Berliner Festwochen.* Spielorte – Philharmonie 7, Staatsbibliothek 4 und kleinere Spielstätten der Stadt. Konzerte und Theatergastspiele, ☏ 25 48 90.
Sept.: *ADAC-Avus-Rennen* für Motorräder auf der Avus, ☏ 8 68 62 84.
Sept.: *Turmstraßenfest,* Tiergarten. Volksfest.
Sept./Okt.: *Berliner Oktoberfest,* Jafféstr. am Funkturm 26. Volksfest.
Okt.: *Allgemeine Auto Ausstellung (AAA),* Messegelände. Schau rund um das Auto, ☏ 30 38-1.
Okt.: *Berliner Sechstagerennen.* Radrennen in der Deutschlandhalle, ☏ 30 38-1.
Nov.: *Jazz-Fest Berlin* an verschiedenen Orten der Stadt mit Musikern aus aller Welt, ☏ 25 48 90.
Nov.: *Treffen junger Autoren* an verschiedenen Orten der Stadt. Bundesweiter Wettbewerb, ☏ 25 48 90.
Nov.: *Treffen junger Liedermacher* an verschiedenen Orten der Stadt. Bundesweiter Wettbewerb, ☏ 25 48 90.
Nov.: *Internationales Reit- und Springturnier* in der Deutschlandhalle, ☏ 30 38-1.
Dez.: *Menschen, Tiere, Sensationen,* Deutschlandhalle. Zirkus, ☏ 30 38-1.

Museen

Ägyptisches Museum, Schloßstr. 70. Überblick über die altägyptische Kultur vom 5. Jh. v. Chr. (Nofretete) bis in die Zeit griechischer und römischer Herrschaft (Mo–Do 9–17, Sa, So 10–17 Uhr).
Antikenmuseum, Schloßstr. 1. Rund 460 attische und italienische Vasen, über 400 Statuetten und Geräte aus Bronze, Gläser und antiker Goldschmuck, römisches Silber, Mumienporträts (Mo–Do 9–17, Sa, So 10–17 Uhr).
Anti-Kriegs-Museum, Genter Str. 9. Militaristische Bücher und Dokumente, Kriegsspielzeug. Schwerpunkt: »Gegen Krieg – Für Frieden und Völkerverständigung« (tägl. 16–20 Uhr).
Bauhaus-Archiv/Museum für Gestaltung, Klingelhöferstr. 14 (s. 15).
Berliner Kinomuseum, Großbeerenstr. 57. Filmprojektoren, Dokumente zur Kinogeschichte (Filmvorführung: Mi, Fr, Sa 20.30, 22.30 Uhr).
Berliner Post- und Fernmeldemuseum, An der Urania 15. Postgeschichtliche Sammlung: Briefmarken, Postwesen, Telegrafie, Funk und Fernsehen, Fernsprechwesen (Di–Fr 10–16, Sa, So 10–13 Uhr; So 11 Uhr: Filmvorführung).
Berlinische Galerie, Stresemannstr. 110 (s. 2).
Berlin-Museum, Lindenstr. 14 (s. 20).
Botanischer Garten und Schaumuseum, Königin-Luise-Str. 6–8 (s. 22).
Bröhan-Museum, Schloßstr. 1a, Kunst der Jahrhundertwende und der 20er Jahre (Di–So 10–18 Uhr).
Brücke-Museum, Bussardsteig 9. Gemälde, Aquarelle, Zeichnungen, Druckgrafiken, Skulpturen und Glasfenster von »Brücke«-Mitgliedern (tägl. außer Di 11–17 Uhr).
Deutsches Rundfunk-Museum, Hammarskjöldplatz 1. Entwicklung der Rundfunkindustrie und elektronischen Medien von 1923 bis heute (tägl. außer Di 10–17 Uhr).
Deutschlandhaus, Stresemannstr. 90. Stätte ost- und mitteldeutscher Kultur (Mo–Fr 9–19, Sa, So 14–17 Uhr).
Freimaurermuseum, Emser Str. 12/13. Geschichte der Freimaurer im brandenburgisch-preußischen Bereich seit dem 18. Jh. (Do 16–19 Uhr und nach Vereinbarung).
Gaslaternen-Freilichtmuseum, Straße des 17. Juni (s. 13).
Gedenkstätte Deutscher Widerstand, Stauffenbergstr. 13/14. Dauerausstellung »Widerstand gegen den Nationalsozialismus« (Mo–Fr 9–18, Sa, So 9–13 Uhr).
Gedenkstätte Plötzensee, Hüttigpfad (s. 30).
Gemäldegalerie, Arnimallee 23. Europäische Malerei vom 13.–18. Jh. (Di–Fr 9–17, Sa, So 10–17 Uhr).
Georg-Kolbe-Museum, Sensburger Allee 25. Überblick über das bildhauerische Werk Georg Kolbes sowie auch zeitgenössischer Bildhauer (Di–So 10–17 Uhr).
Graphothek, Haus »Kunst und Bildung« im Tegel-Center, Buddestr. 21. Grafik des 20. Jh. (Mo, Fr 15–20, Di, Do 13–17 Uhr).
Haus am Checkpoint Charlie, Friedrichstr. 44. Geschichte der Berliner Mauer; Ausstellung (tägl. 9–22 Uhr).
Heinrich-Zille-Museum, U-Bahnhof Nollendorfplatz. Arbeiten Heinrich Zilles (tägl. außer Di 11–19 Uhr).
Historische Ausstellung »Fragen an die deutsche Geschichte«, Reichstagsgebäude (s. 8).
»Humboldtschlößchen« (Schloß Tegel), Adelheidallee 19/20 (s. 29).
Jagdschloß Grunewald, am Grunewaldsee (s. 23).
Käthe-Kollwitz-Museum, Fasanenstr. 24. Arbeiten von Käthe Kollwitz (tägl. außer Di 11–18 Uhr).
Kommunale Galerie für Stadtteilgeschichte, Hohenzollerndamm 177. Stadtteilgeschichte Wilmersdorf, Schmargendorf und Grunewald (Mo–Fr 10–18 Uhr).
Kunstbibliothek, Jebensstr. 2. Gebrauchsgrafik und Plakatsammlung des 19. und 20. Jh.; Bildarchiv (Mo, Do 13–21, Di, Mi, Fr 9–17 Uhr).
Kunstgewerbemuseum, Tiergartenstr. 6 (s. 6).
Kupferstichkabinett, Arnimallee 23–27. 35 000 Zeichnungen und 380 000 Werke der Druckgrafik vom Mittelalter bis zur Gegenwart; mittelalterliche Buchmalerei, Skizzenbücher des 16.–18. Jh. (Di–Fr 9–17, Sa, So, 10–17 Uhr, Studiensaal Di–Fr 9–16 Uhr).
Museum für Deutsche Volkskunde, Im Winkel 6/8. Objekte der Volks- und Alltagskultur aus dem deutschsprachigen Mitteleuropa vom 16. Jh. bis zur Gegenwart (Di–Fr 9–17, Sa, So 10–17 Uhr).
Museum für Indische Kunst, Takustr. 40 (Di–Fr 9–17, Sa, So 10–17 Uhr).
Museum für Islamische Kunst, Takustr. 40 (Di–Fr 9–17, Sa, So 10–17 Uhr).
Museum für Ostasiatische Kunst, Takustr. 40 (Di–So 9–17 Uhr).
Museum für Verkehr und Technik, Trebbiner Str. 9. Naturwissenschaftliche Grundlagen der Technik, Personen- und Güterverkehr, Landverkehr auf Straße und Schiene, Luftverkehr und Raumfahrt, Schiffahrt, Schreib-, Druck-, Nachrichten- und Datentechnik (Di, Mi 9–18, Do, Fr 9–21, Sa, So 10–18 Uhr).
Museum für Völkerkunde, Arnimallee 27. Schwerpunkte: Südsee, Alt-Amerika, Südasien, Afrika, Ostasien (Di–So 9–17 Uhr).
Museum für Vor- und Frühgeschichte, Schloß Charlottenburg, Langhansbau. Vor- und Frühgeschichte Europas und Vorderasiens; vorderasiatische Kulturen bis zum Hellenismus; Europa bis zum Hochmittelalter (Mo–Do 9–17, Sa, So 10–17 Uhr).
Museumsdorf Düppel, Clauertstr. 11. Rekonstruktion einer mittelalterlichen Dorfanlage, historische Handwerkstechniken (Mai–Okt. So 10–13 Uhr).
Musikinstrumenten-Museum des Staatlichen Instituts für Musikforschung, Tiergartenstr. 1 (s. 7).
Nationalgalerie, Potsdamer Str. 50 (s. 5).
Polizeihistorische Sammlung, Platz der Luftbrücke 6. Kriminalhistorische Sammlung, Berliner Kriminalfälle, Polizeigeschichte (Mo, Di 10–12, Mi 9.30–11.30 und 13–15 Uhr).
Schloß Charlottenburg, Luisenplatz (s. 31).
Schloß und Landschaftsgarten Pfaueninsel, Wannsee. Landschaftspark und Gebäude des 17.–19. Jh.; Schloß (1794–97) (Park 9–16 Uhr; Schloß April–Okt. 10–17 Uhr).
Skulpturengalerie, Arnimallee 23–27. Europäische Plastik von der Spätantike bis zum 19. Jh. (Di–Fr 9–17, Sa, So 10–17 Uhr).
Stadtgeschichtliches Museum Spandau, Zitadelle (s. 28).
Ständige Ausstellung Umweltschutz, Bismarckplatz 1 (Do 13–17 Uhr und nach Vereinbarung).
Umweltgalerie des Aktionszentrums Umweltschutz, Theodor-Heuss-Platz 7. Umweltfreundliche Technologien (Mo–Fr 9–17 Uhr).
Visitenkartenmuseum »La Carte«, Yorckstr. 44 a (Mo–Sa 10–17, Mi 10–21 Uhr).
Werkbund-Archiv, Gropius-Bau (s. 2).

Wappen Der Bär (s. Berlin [West]) mit der Mauerkrone weist Ost-Berlin als Hauptstadt der Deutschen Demokratischen Republik aus.
Lage An der Spree; östlicher Teil der früheren Reichshauptstadt.
Autokennzeichen I
Höhe 30–115 m ü. M.
Fläche 403 km²
Einwohnerzahl 1 117 000
Postleitzahl Siehe Postleitzahlenverzeichnis der Deutschen Bundespost.
Telefonvorwahl 0 03 72; von West-Berlin aus nach Ost-Berlin: 03 72.
Post Postamt Berlin 17, Straße der Pariser Kommune 8–10 (durchgehend geöffnet).
Polizei Dienststelle Berlin Mitte, Münzstr. 14, ☎ 2 47 43 78
Taxi ☎ 33 66, 36 44
Nahverkehr Im innerstädt. öffentlichen Verkehr sind Busse, Straßenbahnen, S- und U-Bahnen im Einsatz. Fahrscheine an den Haltestellen und nahegelegenen Kiosken.
Parken Parkmöglichkeiten Unter den Linden, am Berlin-Zentrum in der Mittelstr., am Roten Rathaus in der Grunerstr., am Hotel Berolina in der Berolinastr. und am Palast der Republik am Marx-Engels-Platz.
Touristinformation Reisebürohochhaus am Alexanderplatz, ☎ 2 12 33 75 (tägl. Mo–Fr 8–19, Sa, So 10–18 Uhr).
Stadtführung Vom VEB Reisebüro DDR am Alexanderplatz werden verschiedene Stadtrundfahrten angeboten; Vorbestellungen werden empfohlen, ☎ 2 12 33 75 (Mo, Mi, Fr 9–16.30, Di, Do 9–19 Uhr); 15 Min. vor Beginn müssen die Fahrkarten bezahlt sein (Tageskasse Mo–Fr 8–11.45, 12.30–16.45 Uhr).
Schiffahrt Mit der Weißen Flotte ab Treptower Hafen beim S-Bahnhof Treptower Park, ☎ 12 56.
Einreise Über die aktuellen Einreisemodalitäten informieren die Zentrale Melde- und Beratungsstelle für den Ost-West-Verkehr, ☎ 8 67 44 46, App. 67, 67 42, 58 21, 69 63 (Mo, Di, Fr 9–12, Do 16–18 Uhr) und das Reisebüro der DDR, ☎ 2 15 41 61 (Mo–Fr 10–19, Sa 10–14 Uhr).

Abstecher nach Berlin (Ost)
In den Ostteil der Stadt fährt man am besten mit öffentlichen Verkehrsmitteln (U-Bahn Linie 6 oder S-Bahn Linie 2 und 3) bis zum Bahnhof Friedrichstraße. Von dort sind es nur wenige Schritte bis zur Prachtstraße Unter den Linden, wo der Rundweg durch den alten Kern der Stadt Berlin beginnt. Wenn Sie keine ausführlicheren Besichtigungen geplant haben, müssen Sie für den Rundgang gut drei Stunden veranschlagen. Wem das zu lang ist, kann vom Sitz des Staatsrats (47) durch die Werderstraße direkt zur Friedrich-Werderschen Kirche (53) gehen und den Weg dadurch um etwa eine Stunde verkürzen.

Möglichkeiten, sich von den Strapazen des Schauens und Gehens zu erholen, gibt es im Zentrum von Berlin (Ost) genügend. Wer nicht gleich in luftiger Höhe auf dem Fernsehturm (42) etwas zu sich nehmen will, dem seien die historischen Räume im Ermelerhaus (49) oder die Kneipen im Nikolaiviertel (44) empfohlen.

Sehenswürdigkeiten

(32) *Deutsche Staatsbibliothek,* 1903–14 in historisierendem Barock durch Ernst von Ihne erbaut; die ehem. Preußische Staatsbibliothek geht auf eine Gründung des Großen Kurfürsten (1661) zurück.

(33) *Humboldt-Universität,* klassizistisches Palais mit barocken Stilelementen, 1748–66 für den Bruder Friedrichs des Großen, Prinz Heinrich, erbaut; seit 1809 von der durch Wilhelm von Humboldt gegr. und 1945 nach ihm benannten Universität genutzt.

(34) *Bauensemble mit Altem Palais, Alter Bibliothek, Deutscher Staatsoper und St.-Hedwigs-Kathedrale.* Das 1834–37 erbaute klassizistische Palais wird ebenso wie die 1775–80 erbaute Alte Bibliothek von der Humboldt-Universität genutzt; gegenüber die Deutsche Staatsoper, von Georg Wenzeslaus von Knobelsdorff 1741–43 erbaut. An der Südostecke des heutigen Bebelplatzes die St.-Hedwigs-Kathedrale, 1747–73 auf Veranlassung Friedrichs des Großen erbaut.

(35) *Neue Wache,* 1817/18 von Karl Friedrich Schinkel in klassizistischem Stil erbaut, heute Mahnmal für die Opfer des Faschismus und Militarismus.

(36) *Ehemaliges Zeughaus,* 1695–1706 unter der Leitung mehrerer Baumeister erstellt; beachtenswert der Innenhof mit reicher Bauornamentik von Andreas Schlüter und schönem Skulpturenschmuck. Ab 1952 *Museum für Deutsche Geschichte* – historische Zeugnisse von der Ur- und Frühgeschichte bis zum Aufbau der DDR (Mo–Do 9–18, Sa, So 10–16 Uhr).

(37) *Altes Museum,* 1823–29 nach Plänen von Karl Friedrich Schinkel errichtetes Museum; beherbergt heute das Kupferstichkabinett und bedeutende Bestände an Handzeichnungen sowie Kunst der DDR (Mi–So 9–18, Fr 10–18 Uhr).

(38) *Museumsinsel:*
Neues Museum, 1843–55 zur Entlastung des Alten Museums (37) erbaut; im Zweiten Weltkrieg schwer beschädigt und noch nicht wiederhergestellt.
Nationalgalerie, 1865–76 erbaut; vor dem Zweiten Weltkrieg bestand hier eine der bedeutendsten Sammlungen europäischer Malerei des 19. und 20. Jh. Durch Aussonderung »entarteter« Werke wurde die Sammlung 1937 reduziert und im Krieg weiter dezimiert; Teile wurden ausgelagert und befinden sich heute in der Nationalgalerie in Ber-

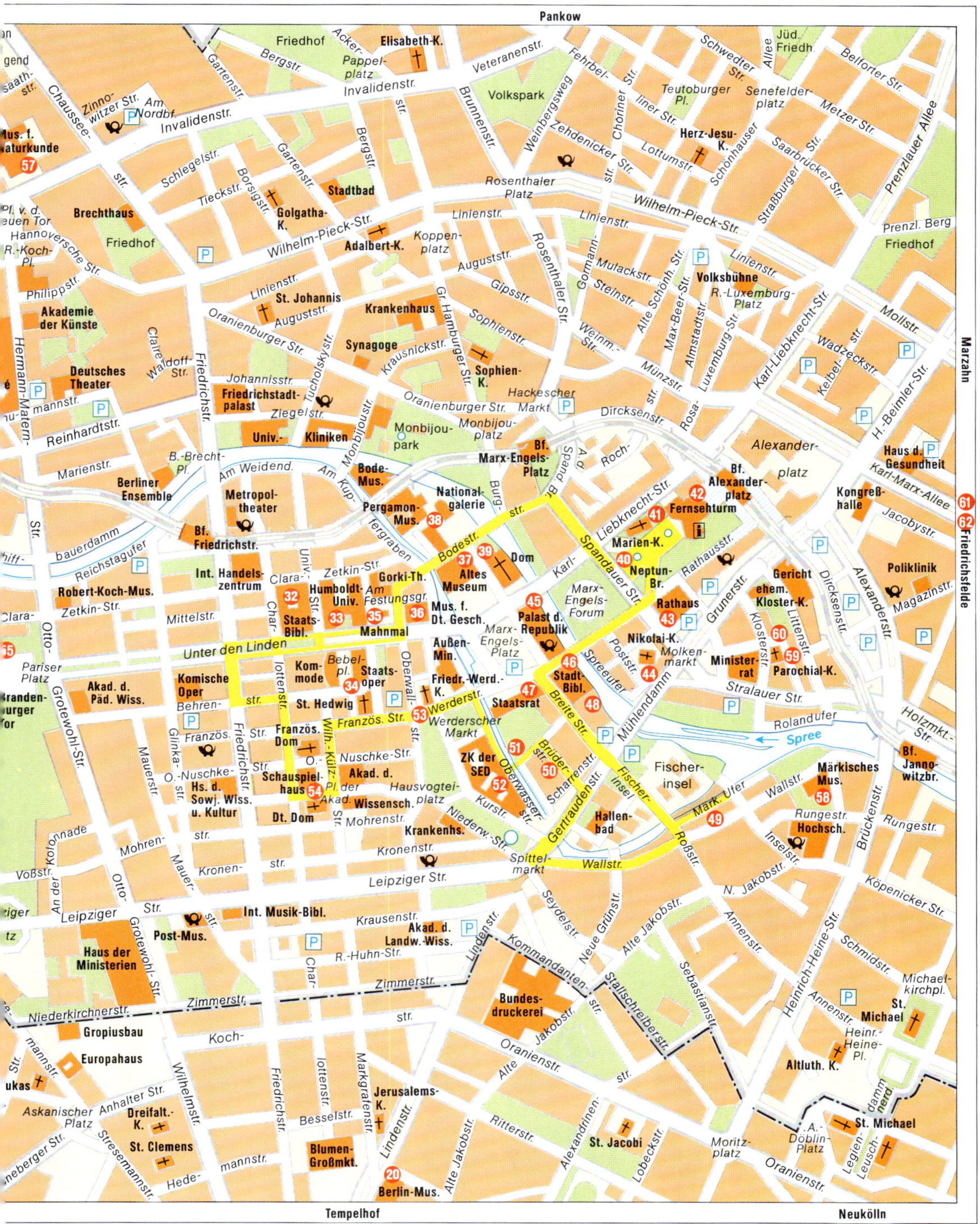

lin (West). Zu sehen sind u.a. Werke von Goya, den Nazarenern, Blechen, Menzel, Feuerbach, den deutschen Impressionisten und Cézanne sowie eine Skulpturensammlung.
Bode-Museum, 1897–1904 von Ernst von Ihne erbaut. Die ägyptische Sammlung ist eine der bedeutendsten, ebenso die Sammlung frühchristlich-byzantinischer Kunst. Skulpturenabteilung mit europäischer Plastik vom Mittelalter bis ins 19. Jh., eine Gemäldegalerie mit europäischer Malerei vom Mittelalter bis zum 18. Jh., Münzkabinett.
Pergamonmuseum, 1912–30 für die Sammlung antiker Architektur erbaut. Die vorderasiatische Sammlung zeigt vor allem Architekturdetails der Hochkulturen des vorderasiatischen Raums zwischen 4000–400 v. Chr. Mittelpunkt der Antikensammlung ist der Pergamonaltar aus dem 2. Jh. v. Chr. Sehenswert außerdem die ostasiatische und die islamische Abteilung (alle Museen: Mi–So 10–18 Uhr; die Antikensammlung des Pergamonmuseums und das Vorderasiatische Museum sind auch Mo und Di geöffn.).

39 *Dom,* im Stil der italienischen Hochrenaissance unter Kaiser Wilhelm II. 1893–1905 erbaut, im Zweiten Weltkrieg beschädigt; die Renovierungsarbeiten dauern noch an. In der Domgruft Sarkophage der Hohenzollernfamilie.
40 *Neptunbrunnen,* 1888 von Reinhold Begas geschaffen, war bei seiner Aufstellung 1891 – damals auf dem Schloßplatz – einer der größten Brunnen der Welt.
41 *Marienkirche,* auf den Resten einer romanischen Kirche in norddeutscher Backsteingotik Anfang des 15. Jh.

errichtet; in der Vorhalle »Totentanz«-Gemälde des 15. Jh. Im Innern Marmorkanzel von Andreas Schlüter (1703), außerdem Malereien, Epitaphien und Grabmäler.

42 *Fernsehturm,* erbaut 1965–69, 365 m hoch; in der Kugel ein drehbares Café.

43 *Rotes Rathaus,* 1861–69 aus roten Ziegeln errichteter Monumentalbau auf 99 x 88 m großer Fläche; Turmhöhe 74 m, im Untergeschoß der »Ratskeller«.

44 *Nikolaiviertel mit Nikolaikirche,* historischer Stadtkern, der in Anlehnung an die urspr. Bebauung wiedererstellt wurde. Die *Nikolaikirche,* eine gotische Hallenkirche, zeigt sakrale Kunst aus Berlin und der Mark Brandenburg (So, Mo 10–17, Do, Sa 10–18, Fr 10–16 Uhr).

45 *Palast der Republik* mit Volkskammer, 1973–76 errichtetes Gebäude auf dem Platz des ehem. Berliner Schlosses, das 1950 gesprengt wurde.

46 *Alter und Neuer Marstall,* Alter Marstall 1670 von Matthias Smids fertiggestellt, nach Beschädigungen im Zweiten Weltkrieg vereinfachend restauriert; Neuer Marstall von Ernst von Ihne (1896–1902), heute Ausstellungsräume und Ratsbibliothek.

47 *Sitz des Staatsrates der DDR,* 1962–64 erbaut, in der Hauptfassade eine Nachbildung des ehemaligen Portals IV des Schlosses.

48 *Ribbeck-Haus,* einziges erhaltenes Haus der Spätrenaissance in Berlin; 1624 erbaut, Jahre später umgebaut und 1964–66 wiederhergestellt.

49 *Ermelerhaus,* 1968/69 hierher versetztes, ehemals prunkvoll ausgestattetes Berliner Bürgerhaus aus dem 18. Jh., heute Gaststätte. Zwei Häuser weiter das *Otto-Nagel-Haus* mit proletarisch-revolutionärer Kunst, besonders von Otto Nagel (So, Mo, Do 10–18, Di, Mi 10–20 Uhr).

50 *Nicolaihaus und Galgenhaus,* Bürgerhäuser, 1710 und 1680 erbaut.

51 *Sperlingsgasse,* bekannt durch den Roman »Die Chronik der Sperlingsgasse« von Wilhelm Raabe; die alten Häuser wurden 1964 abgerissen. Sehenswert ganz in der Nähe die Jungfernbrükke, eine Zugbrücke aus dem Jahr 1798.

52 *SED-Zentralkomitee,* 1934–38 errichteter Bau der ehemaligen Deutschen Reichsbank.

53 *Friedrich-Werdersche Kirche,* von Karl Friedrich Schinkel 1824–30 erbaute neugotische Kirche, heute *Schinkel-Museum* (Mo–Fr 10–17 Uhr).

54 *Platz der Akademie,* ehem. Gendarmenmarkt; großartige barocke Platzanlage, geprägt vom Französischen Dom (1701–05) und Deutschen Dom (1701–08) sowie dem Schauspielhaus, Hauptwerk Karl Friedrich Schinkels (1818–21). Alle Gebäude im Krieg stark beschädigt, Schauspielhaus und Französischer Dom inzwischen restauriert.

55 *Brandenburger Tor,* 1788–91 von Carl Gotthard Langhans in Anlehnung an die Propyläen in Athen erbaut. Als letztes von 14 Stadttoren hatte es stets symbolhafte Bedeutung – Triumphtor der einstigen Reichshauptstadt, danach Sinnbild der Teilung Berlins und der ganzen Nation. Gekrönt von der Quadriga mit der Siegesgöttin Gottfried Schadows.

56 *Charité,* großer Krankenhauskomplex, auf ein von Friedrich I. 1710 errichtetes Pesthaus zurückgehend; die heutigen Anlagen stammen hauptsächlich aus dem 19. Jh. Seit 1976 Neubau des Universitätsklinikums. Auf dem Gelände zahlreiche Denkmäler für Ärzte, die hier tätig waren.

57 *Museum für Naturkunde,* Anlage aus dem 19. Jh. mit den Abteilungen Mineralogie, Geologie, Paläontologie und Zoologie. Sehenswert die ausgestellten Skelette von Riesensauriern (Di–So 9.30–17 Uhr).

58 *Märkisches Museum,* um die Jahrhundertwende errichteter Gebäudekomplex; die Stadt- und Kulturgeschichte Berlins wird durch Dokumente, Modelle sowie Kunst, Kunsthandwerk und Kunstgewerbe belegt (Mi, So 9–18, Do, Sa 9–17, Fr 9–16 Uhr).

59 *Zur letzten Instanz,* bereits 1525 erwähnte historische Gaststätte, deren Name sich auf das gegenüberliegende Stadtgericht (1905 fertiggestellt) bezieht.

60 *Parochialkirche,* erste bedeutende Barockkirche Berlins, 1695–1703 von Johann Arnold Nering erbaut.

61 *Tierpark Friedrichsfelde,* ehem. Schloßpark, seit 1955 weiträumige Anlage mit Freisichtgehegen.

62 *Schloß Köpenick,* in seiner heutigen Gestalt zwischen 1677 und 1705 entstanden; seit 1963 *Kunstgewerbemuseum* mit umfangreicher Möbelsammlung (Mi–Sa 9–17, So 10–18 Uhr).

Historischer Mauerdurchbruch am Potsdamer Platz. Am 12. November 1989 wurde hier einer der neuen Grenzübergänge eingerichtet. Nach Jahren der Spaltung verlor die Berliner Mauer endlich ihren Schrecken und ihren Sinn.

Hauptstadt hinter der Mauer

In den letzten Apriltagen 1945 eroberte die Rote Armee Berlin. Die Sowjets waren also schon da, als Amerikaner und Engländer Anfang Juli in die für sie vorgesehenen zwölf Berliner Bezirke einzogen (die Franzosen folgten im August). Und sie hatten bereits ganze Arbeit geleistet: Es gab deutsche Parteien, einen Berliner Magistrat und Bezirksverwaltungen – in allen wichtigen Positionen saßen natürlich Kommunisten.

Bei den ersten freien Wahlen im Oktober 1946 (die die letzten für ganz Berlin waren) erlitt die im April 1946 entstandene SED allerdings eine empfindliche Schlappe, SPD und CDU übernahmen die Regierung der Stadt. Nicht für lange: Magistrat und Stadtverordnete mußten sich im Herbst 1948 in die Westsektoren absetzen, weil sie ständig von den sowjetischen Militärbehörden und kommunistischen Störtrupps boykottiert wurden. Der Ostsektor erhielt einen neuen – illegalen – Magistrat, und Berlin war – administrativ – in zwei Teile gespalten. Die physische Teilung vollzog sich mit dem Mauerbau.

Berlin (Ost) wurde staatsrechtlich in die DDR eingegliedert und ist Sitz der DDR-Regierung, also de facto die Hauptstadt – nach westlicher Auffassung ein Verstoß gegen die Vereinbarungen der Siegermächte.

Während die Bundeswehr in Berlin (West) nicht präsent ist und dessen Bewohner nicht zum Wehrdienst herangezogen werden dürfen, gehören die zahlreichen DDR-Soldaten in Berlin (Ost) zum alltäglichen Stadtbild – ein Verstoß gegen den entmilitarisierten Status von ganz Berlin. Stechschritt gehört zum Alltag: An Schinkels Neuer Wache (35), die jetzt Mahnmal für die Opfer des Faschismus und Militarismus ist, erfolgt stündlich die Wachablösung, täglich um 14.30 Uhr tritt man zum Kleinen Wachaufzug an, einmal in der Woche – mittwochs – zum Großen.

Dorotheenstädtischer Friedhof
In Berlin (Ost), gleich hinter dem Oranienburger Tor – neben dem früheren Wohnhaus von Bertolt Brecht und Helene Weigel –, dehnt sich der 1762 angelegte Dorotheenstädtische Friedhof aus. Er wurde zur letzten Ruhestätte vieler bekannter Persönlichkeiten. Begraben sind hier die Philosophen Georg Wilhelm Friedrich Hegel (1770–1831) und Johann Gottlieb Fichte (1762–1814), die Baumeister Karl Friedrich Schinkel (1781–1841) und Friedrich August Stüler (1800–65), die Bildhauer Johann Gottfried Schadow (1764–1850) und Christian Daniel Rauch (1777–1857), die Dichter Heinrich Mann (1871–1950) und Bertolt Brecht (1898–1956), der Komponist Hanns Eisler (1898–1962), der Grafiker John Heartfield (1891–1968) und der Industrielle August Borsig (1804–54). Ein Gedenkstein erinnert an den Tod antifaschistischer Widerstandskämpfer gegen die Nazidiktatur. Auf dem angrenzenden Französischen Friedhof sind u. a. der Schauspieler Ludwig Devrient (1784–1832) und der Maler und Radierer Daniel Chodowiecki (1726–1801) begraben.

Wirtschaft Ost

Auch wirtschaftlich ist Berlin (Ost) voll in die DDR integriert. Wichtige Betriebe der DDR-Wirtschaft haben dort ihren Sitz, die meisten sind aus Konzernbetrieben der Vorkriegszeit hervorgegangen. Die wirtschaftliche Planung erfolgt zentral. Wettbewerb und Konkurrenz, Werben um Kunden gibt es nicht; die Konsumenten können froh sein, wenn sie bekommen, was sie brauchen – von den Grundnahrungsmitteln einmal abgese-

Als Friedrich der Große das Forum Fridericianum angelegt hatte, wurde die ehemalige Lindenallee – Unter den Linden – zur Hauptachse der Stadt; den Abschluß bildet heute der Palast der Republik.

Die zweite Luftbrücke
Das Notaufnahmelager in Berlin-Marienfelde konnte all die um politisches Asyl bittenden Bürger der DDR kaum fassen.
Zwischen 1950 und 1960 wurden 2 600 000 Flüchtlinge gezählt, die auf dem Luftweg aus Berlin (West) in die Bundesrepublik Deutschland gelangten. Wertvolle – zumal junge – Arbeitskräfte, Intellektuelle und Wissenschaftler verließen den Arbeiter- und Bauernstaat via Flughafen Tempelhof – ein Vorgang, dem das Ostberliner Regime hilflos gegenüberstand.
Auch die von Ulbricht und Chruschtschow erdachte Lösung, Berlin (West) zu einer freien Stadt zu machen, brachte nicht die gewünschte Wende. Die Alliierten erkannten die damit verbundene Gefahr, und der damalige Regierende Bürgermeister Willy Brandt machte deutlich, »daß durch gemeinsame Stellungnahme der Westmächte den Sowjets noch einmal klargemacht wird, daß man es mit den für Berlin und in Berlin übernommenen Verpflichtungen bitterernst meint«.

hen. Allerdings kann man alles, was in den Handelsorganisationen (HO) und Konsumgeschäften fehlt, gegen »Westmark« in Intershops oder – zu besonders hohen Ostmarkpreisen – in sogenannten Delikat- und Exquisitgeschäften bekommen ... Der Besitz von DM-West ist nicht verboten; sie ist so etwas wie eine zweite Währung, mit der man aber in der Öffentlichkeit nicht besonders freigebig ist. Die »blauen Kacheln«, wie das Westgeld genannt wird, funktionieren besser unter der Hand. Der westliche Besucher muß für jeden Besuchstag zwangsweise 25 DM-West in DDR-Geld umtauschen. Die Frage, was er dafür kaufen soll, ist rasch beantwortet: Bücher, Schallplatten, Grafik und Kunstgewerbeartikel. Oder Theaterkarten. Es lohnt sich!

Kultur Ost
Man kann wählen zwischen Oper und Musical, Schauspiel und Puppenspiel, Varieté und Kabarett. Was es gibt, ist in den »Theaternachrichten« nachzulesen oder in den Stadtzeitschriften von Berlin (West). Karten bekommt man – in Berlin (West) – an der Theaterkasse Zehlendorf, Teltower Damm 22. Wer wissen will, worüber man sich in der DDR aufregt, sollte sich um Einlaß bei der »Distel« am Bahnhof Friedrichstraße bemühen, einem Kabarett mit dem Hauch der 50er Jahre – engagiert wird Kritik an systemspezifischen Mängeln geübt.

Rock und Jazz hört man im Palast der Republik 45 am Marx-Engels-Platz und im »Haus der Jungen Talente« in der Klosterstraße. Und sonst?

Treffpunkte
Wo trifft man sich in Berlin (Ost), wenn man vielleicht gerade von einem Kudammbummel zurückgekehrt ist?

Trifft man sich Unter den Linden, wo einst tout Berlin flanierte, wo am 17. Juni 1953 die russischen Panzer Stellung bezogen, um den Volksaufstand niederzuhalten? Immerhin steht das Reiterstandbild des »Alten Fritz« wieder am alten Standort – mit Blick auf den Palast der Republik.

Mit Emailleplatten dekoriert ist der Brunnen der Völkerfreundschaft in der Mitte des Alexanderplatzes; typische Beispiele moderner Bauweise umrahmen den urbanen Mittelpunkt von Ost-Berlin.

Trifft man sich vor Schinkels Altem Museum 37, wo jetzt die Statuen preußischer Generale – Keith, Winterfeldt und der »olle Zieten« – wiederaufgestellt sind?

Die Pferderennbahn »Hoppegarten« und die Trabrennbahn Karlshorst wären vielleicht was, da wird gewettet, was das Zeug hält. Oder das imposante Hotel »Stadt Berlin« mit seinen 39 Stockwerken und der berühmten »Zille-Stube« – immerhin das zweithöchste Gebäude in ganz Ost-Berlin!

Oder die Aussichtsplattform des wunderschön restaurierten Französischen Doms 54. 60 m über dem alten Berliner Gendarmenmarkt (heute Platz der Akademie) bietet sich ein eindrucksvoller Überblick über Berlin (Ost).

Zugegeben: Das alles sind natürlich Treffpunkte. Aber *der* Treffpunkt ist immer noch der »Alex«, der weltberühmte Alexanderplatz. Seit den 20er Jahren brodelte es dort immer wieder, das letzte Mal im Herbst 1989. Er sieht zwar längst nicht mehr so aus, wie ihn Alfred Döblin beschrieben hat. Seit 1945 nicht mehr und seit 1966 erst recht nicht mehr! Vollständig umgestaltet: riesige Fußgängerzone, Springbrunnen, Weltzeituhr. Aber da, genau da, ist der Treff. Wo noch bis ins 19. Jh. mit Wolle und Vieh gehandelt wurde, wo des Königs Soldaten »ordre pariren« und exerzieren mußten. Wo später aus den Militärkasernen Mietskasernen wurden, wo Anfang des Jahrhunderts ein gigantischer Verkehrsknotenpunkt entstand – mit Fern- und Stadtbahn, mit 27 Straßenbahnlinien und (ab 1913) mit einer U-Bahn-Station.

Also »Alex«! Ja, und natürlich neuerdings das Nikolaiviertel 44 zwischen Marx-Engels-Forum und Mühlendamm, Spree und Rotem Rathaus 43. Die Urzelle Berlins. Fast alle früheren Gebäude sind wieder da, die meisten noch keine zehn Jahre alt. Auch Heinrich Zilles Stammkneipe »Zum Nußbaum« und die »Gerichtslaube« stehen jetzt hier, die waren mal ganz woanders. Das »Knobloch-Haus« von 1761 ist wirklich alt: das einzige erhaltene historische Gebäude im Viertel. Das Ephraim-Palais hat der Senat von Berlin (West) 1983 zurückgegeben – in 2493 Einzelteilen. Die »neue« Altstadt mit 20 Restaurants und Kneipen, 33 Läden, 780 Wohnungen und der alten Pfarrkirche St. Nikolai ist zum Hit für Ostberliner und ihre Gäste geworden. Marzahn wohl weniger, das größte Neubaugebiet von Berlin (Ost), noch um einiges trostloser als das Märkische Viertel im Westen – aber: 38 000 Wohnungen für mehr als 100 000 Menschen, die froh sind, daß sie nun auch ein neues Dach über dem Kopf haben.

Genie im Zwiespalt

Sie ließen Bertolt Brecht gewähren, den kleinen Mann mit der abgefressen wirkenden Frisur, dessen dunkle Brillengestelle und Zigarrenstumpen zu äußerlichen Markenzeichen wurden.

Warum auch nicht? Er zahlte doch den Preis, den sie von ihm verlangten: Er hatte – nur – das Regime zu akzeptieren.

Und weil er das tat, konnte er – zusammen mit seiner Frau Helene Weigel und dem »Berliner Ensemble« – all die Modell-Inszenierungen erarbeiten, die das Theater am Schiffbauerdamm für jene Zeit zur meistbeachteten Bühne in Europa wachsen ließen.

Er war einer der einflußreichsten Autoren des 20. Jh., im Westen allerdings umstritten, im Osten ein Renommierobjekt. Der Schwabe aus Augsburg, 1898 geboren, der Weltbürger aus Notwendigkeit, fand Heimat und letzte Ruhe in Ost-Berlin.

Er ist 1956 gestorben – vor dem Mauerbau und nach dem 17. Juni 1953. Ob er stets glücklich war in seiner neuen Heimat, läßt ein Gedicht aus seinem Nachlaß bezweifeln:

»Nach dem Aufstand des 17. Juni
Ließ der Sekretär des Schriftstellerverbandes
In der Stalinallee Flugblätter verteilen
Auf denen zu lesen war, daß das Volk
Das Vertrauen der Regierung verscherzt habe
Und es nur durch verdoppelte Arbeit
Zurückerobern könne. Wäre es da
Nicht einfacher, die Regierung
Löste das Volk auf und
Wählte ein anderes?«

Auf dem ehemaligen Gendarmenmarkt, heute Platz der Akademie, errichtete Karl Friedrich Schinkel zwischen dem Deutschen und Französischen Dom (rechts) das Schauspielhaus, ein klassizistisches Meisterwerk, heute Konzertsaal.

Tips, Tips, Tips

Essen in Berlin (Ost)
Wer nach einem Bummel durch Berlin (Ost) Appetit auf deutsche Küche verspürt, sollte unbedingt im historischen Weinrestaurant des Ermelerhauses 49 einkehren. Empfehlenswert ist in diesem makellos restaurierten Patrizierhaus auch das Biedermeier-Café (Märkisches Ufer 10/12, 11–24 Uhr, ☏ 2 79 40 36). Spezialisten für russische Gerichte sind die Köche im »Moskau« (Karl-Marx-Allee 34, 11–24 Uhr, ☏ 2 79 40 56); abends ißt man hier bei unaufdringlicher Klaviermusik. Eines der bekanntesten und beliebtesten Restaurants ist das »Ganymed« neben dem Berliner Ensemble am Schiffbauerdamm (Di–So 11–1, Mo 17–1 Uhr, ☏ 2 82 95 40). Zum altmodischen Interieur passen die befrackten Ober und Stehgeiger. Ganz ausgezeichnete französische Küche bietet das »Roti d'Or« im luxuriösen Palasthotel (Karl-Liebknecht-Straße 5, tägl. 11–23 Uhr, ☏ 24 10). Im selben Haus befindet sich das asiatische Restaurant »Jade«. Bier und einfaches Essen gibt es in der 1525 erstmals urkundlich erwähnten, gemütlichen Gaststätte »Zur letzten Instanz« 59. Ihren Namen erhielt sie nach der Fertigstellung des Berliner Stadtgerichts im Jahr 1905 (Waisenstraße 14/15, tägl. 10–24 Uhr, ☏ 2 12 55 28). Tischreservierungen für alle Gaststätten beim Zentralen Gaststättenservice, Spreeufer 2 (Mo–Fr 10–18 Uhr, ☏ 2 12 42 93).

In Berlin (Ost) wird ein Neubau nach dem anderen hochgezogen, derweil fehlt es jedoch anderswo an Geld, Material und Bauleuten für die Restaurierung von Altbauten. Baudenkmäler werden in der Hauptstadt der DDR sorgfältig restauriert, und nicht wenige Genossen bedauern, daß man das Berliner Stadtschloß und all die schönen märkischen Adelssitze abgerissen hat.

Standpunkte

Der Schriftsteller Erich Loest schrieb zur Wiederentdeckung der Preußen und ihrer Tugenden: »Ordnungsliebe, Sparsamkeit und Disziplin sind heute in der DDR stärker gefragt als revolutionäre Ungeduld.«

Aber nun hat die revolutionäre Ungeduld auch in der DDR gesiegt, wenn auch ganz anders, als es sich die alte SED-Führung unter Erich Honecker vorgestellt hat.

Die jahrzehntelang in völliger Unmündigkeit gehaltenen DDR-Bürger haben auf der Straße die Wende zu mehr Offenheit, Demokratie und Reform erzwungen. Allein in Ost-Berlin demonstrierten am 4. November 1989 eine Million Menschen – das politische System der DDR ist im Umbruch.

Der weltberühmte Altarbau ist Mittelpunkt des Pergamonmuseums.

Neben dem 1905 vollendeten Dom steht heute der moderne Palast der Republik, unter anderem ein kultureller Veranstaltungsort für vielseitige Musik- und Theaterdarbietungen.

Theater, Musik, Veranstaltungen, Museen in Berlin (Ost)

Theater
Deutsche Staatsoper (34), Unter den Linden 7. Oper, Ballett, ☏ 2 05 45 56.
Komische Oper, Behrenstr. 55–57. Oper, Operette, Ballett, Musical, ☏ 2 29 25 55.
Metropol-Theater, Friedrichstr. 100–102. Operette, Musical, ☏ 2 07 17 39.
Deutsches Theater, Schumannstr. 13 a. Schauspiel, ☏ 2 87 12 25.
Kammerspiele, Schumannstr. 13 a. Schauspiel, ☏ 2 87 12 26.
Berliner Ensemble, Bertolt-Brecht-Platz 1. Schauspiel, ☏ 2 82 31 60.
Maxim Gorki Theater, Am Festungsgraben 2. Schauspiel, ☏ 2 07 17 90.
Volksbühne, Rosa-Luxemburg-Platz. Schauspiel, ☏ 2 82 89 78.
theater im palast, Marx-Engels-Platz. Kammeroper und Schauspiel, Autorenlesungen, ☏ 2 38 23 54.
Palast der Republik, Marx-Engels-Platz. Theater-, Ballett-, Revuegastspiele, ☏ 2 38 23 52.
Theater der Freundschaft, Hans-Rodenberg-Platz 1. Kinder- und Jugendtheater, ☏ 5 57 00. Spielort – Theater unterm Dach, Kulturhaus im Ernst-Thälmann-Park, ☏ 4 36 13 43.
Puppentheater, Greifswalder Str. 81–84. Kinderpuppentheater. Spielort – Theater unterm Dach, Kulturhaus im Ernst-Thälmann-Park: ☏ 4 36 13 43, 3 65 06 96.
Die Distel. Kabarett. Spielorte – Friedrichstr. 101, ☏ 2 07 12 91; Degnerstr. 9, ☏ 3 76 51 74.
Friedrichstadtpalast, Friedrichstr. 107. Große und kleine Revue, ☏ 2 83 62 10, 2 83 64 74.
DAS EI, Kleine Bühne im Friedrichstadtpalast. Operette, literarische Abende, ☏ 2 83 64 36.

Musik
Palast der Republik (45), Marx-Engels-Platz. Klassische Konzerte, Rock- und Popveranstaltungen, Jazz, Chanson, Star-Galas, ☏ 2 38-0.
Schauspielhaus Berlin (54), Platz der Akademie. Orgel-, Kammer-, Sinfoniekonzerte, Liederabende, ☏ 2 27 21 57.
Deutsche Staatsoper (34), Unter den Linden 7 (Apollo-Saal). Sinfonie- und Kammerkonzerte, Liederabende, ☏ 2 05 40, 2 07 18 28.
Museum für Deutsche Geschichte (36), Unter den Linden 2 (Schlüterhof). Kammermusik, Serenaden, Bläserquintette (Ende Juni–Ende Aug.), ☏ 2 82 48 10, 2 00 05 91.
Schloß Friedrichsfelde, Tierpark Berlin (61). Kammermusik, musikalisch-literarische Veranstaltungen, ☏ 5 10 01 11.
Haus der Deutsch-Sowjetischen Freundschaft, Am Festungsgraben 1. Klavier- und Violinkonzerte sowjetischer Künstler, ☏ 2 00 10.
Französischer Dom (54), Platz der Akademie. Orgelkonzerte, Kammer-, Chor- und Orchesterkonzerte, ☏ 2 29 15 22.
Marienkirche (41), Karl-Liebknecht-Str. 8. Oratorien, Orgelvespern, ☏ 2 12 44 67.
Sophienkirche, Große Hamburger Str. Orgelkonzerte, ☏ 2 81 81 54.
Stadtkirche in der Köpenicker Altstadt. Oratorien und Orgelkonzerte, ☏ 6 57 21 79.
Bartholomäuskirche, Am Königstor, Friedenstr. 1. Orgelkonzerte (Mai–Sept. Mi 18 Uhr), ☏ 4 36 22 00.
Gethsemanekirche, Stargarder Str. Oratorien, Chorkonzerte der Domkantorei, ☏ 4 48 13 21, 4 48 36 14.
Klub »International«, Karl-Marx-Allee 33. Rockmusik (Sa 20 Uhr), Jazz (So 20 Uhr), ☏ 2 12 58 94.
Jugendclub »Edgar Bennert«, Veteranenstr. 9. Rock, Pop, Jazz, Country-music, ☏ 2 82 31 17.
Klub Leipziger Str. 55, Leipziger Str. 55. Jazz, ☏ 2 08 14 84.

Veranstaltungen
Ende Jan./Anfang Febr.: *Rock für den Frieden* im Palast der Republik.
Anfang Mai: *Marzahner Frühling* in der Marzahner Innenstadt. Volksfest.
1. Wochenende im Juni: *Treptower Festtage* in Treptow. Volksfest. Höhepunkt: Feuerwerk (»Treptow in Flammen«).
3. Wochenende im Juni: *Drushba-Freundschaftsfest* in Lichtenberg. Volksfest.
4. Wochenende im Juni: *Sommer in Monbijou* am Bahnhof Marx-Engels-Platz, Monbijou-Platz. Volksfest.
Sommer: *Berliner Rocksommer,* Insel der Jugend in Treptow. Nationale und intern. Rockmusik.
2. Wochenende im Juli: *Köpenicker Sommer* auf der Schloßinsel, im Jugendaktionszentrum des Volksparks Allendeviertel, auf dem historischen Markt und beim Wohngebietsfest der Cöllnischen Vorstadt. Volksfest mit traditionellem Festumzug.
2. Wochenende im Aug.: *Fest an der Panke* in Pankow. Volksfest.
Ende Aug.: *Berliner Tierparkfest* in Friedrichsfelde. Volksfest mit Tierparkball.
Ende Aug./Anfang Sept.: *Blumenfest am Weißensee* mit Veranstaltungen auf den Freilichtbühnen; Leistungsschau der Weißenseer Laubenpieper.
Sept.: *Rund um die Weberwiese* im Friedrichshain. Volksfest.
Okt.: *Berliner Festtage* an verschiedenen Orten der Stadt. Theater- und Filmpremieren, Konzerte, Volkskunst, Ballett und Literaturveranstaltungen.

Museen
Altes Museum, Museumsinsel, Bodestr. 1–3, Eingang Lustgarten am Marx-Engels-Platz (s. (37)).
Berliner Handwerksmuseum, Mühlendamm. Berliner Handwerk vom Mittelalter bis zum 19. Jh. (Di–So 10–18 Uhr).
Bode-Museum, Museumsinsel, Bodestr. 1–3, Eingang Monbijoubrücke (s. (38)).
Ephraimpalais, Mühlendamm, Ecke Poststr. Malerei und Grafik aus vier Jahrhunderten (Di–So 10–18 Uhr).
Hugenottenmuseum im Französischen Dom, Platz der Akademie. Dokumente über das Leben der Hugenotten (Di, Mi, Sa 10–17 Uhr, Do 10–18 Uhr, So 11.30–17 Uhr).
Kunstgewerbemuseum, Schloß Köpenick (s. (62)).
Märkisches Museum, Am Köllnischen Park 5 (s. (58)).
Museum Berliner Arbeiterleben um 1900, Husemannstr. 12. Wohnweise des Proletariats (Di, Do–Sa 11–18, Mi 11–20 Uhr).
Museum für Deutsche Geschichte, Unter den Linden 2 (s. (36)).
Museum für Naturkunde der Humboldt-Universität, Invalidenstr. 43 (s. (57)).
Nationalgalerie, Museumsinsel, Bodestr. 1–3 (s. (38)).
Nikolaikirche, Nikolaikirchplatz (s. (44)).
Otto-Nagel-Haus, Märkisches Ufer 16–18 (s. (49)).
Pergamonmuseum, Museumsinsel, Bodestr. 1–3, Eingang Am Kupfergraben (s. (38)).
Postmuseum der DDR, Leipziger Str./Ecke Mauerstr. Geschichte der Post und des Fernmeldewesens (Di–Sa 10–18 Uhr).
Schinkel-Museum, Werderscher Markt (s. (53)).

Bertolt Brecht steht immer auf dem Spielplan. Hier eine Szene aus den »Flüchtlingsgesprächen« im theater im palast mit Kurt Böwe (links) und Ekkehard Schall.

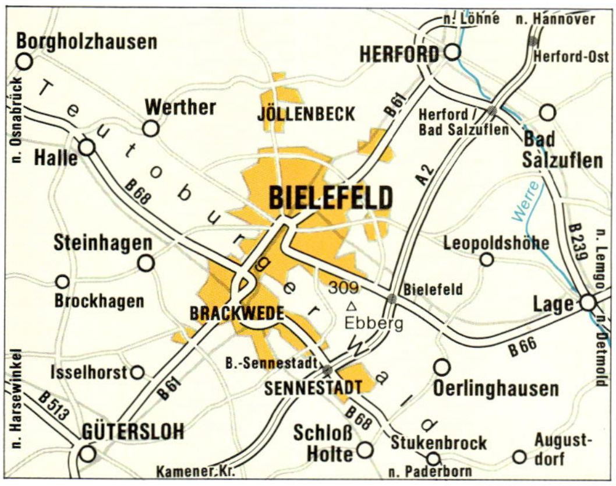

Das Schicksal Bielefelds hat jahrhundertelang am leinenen Faden gehangen, Existenz und Wohlstand waren daran geknüpft, Erfolg oder Untergang abhängig von seiner Haltbarkeit. Die Bielefelder Leineweber hatten gut geknüpft, der Faden hielt, die Stadt wuchs und wuchs.
Auch ist das Tuch nicht mehr der einzige Stoff, von dem die Einwohner leben, Maschinen- und Werkzeugbau, Lebensmittel und Süßwaren,

Bielefeld

Mit dem Leinen kam der Wohlstand

Pharmazie und Verpackungsindustrie, Druckereigewerbe und Wissenschaft sind heute die Lebenselixiere. Eingebettet in ein schönes Umland, ausgestattet mit ansehnlicher Historie und vielen guten Ideen ist Bielefeld eine der deutschen Städte, die in der Geschichte verwurzelt sind und ihre Chance in der Zukunft sicher nutzen werden.

Wappen Rote Zinnenmauer mit zwei Türmen und offenem Torbogen, darin ein gesparrter Schild. 1231 erstmals erwähnt.
Lage Am Bielefelder Paß des Teutoburger Walds zwischen Osnabrück und Paderborn, Minden und Gütersloh.
Land Nordrhein-Westfalen
Autokennzeichen BI
Höhe 113–177 m ü. M.
Fläche 258 km^2
Einwohnerzahl 310 000
Postleitzahl 4800
Telefonvorwahl 05 21
Post Kleine Bahnhofstr. 14, Spätschalter (Mo–Fr 8–22, Sa 8–13 Uhr).
Polizei August-Bebel-Str. 93, ☏ 54 50
Taxi ☏ 6 25 55
Nahverkehr Omnibusse und Straßenbahnen im innerstädtischen Verkehr, Fahrscheine beim Fahrer; Tages- und Touristenkarte verbilligt.
Parken Parkhäuser in der Innenstadt: Ritterstr. und Elsa-Brändström-Str. (erreichbar über die Alfred-Bozi-Str.); Parkhaus Hermannstr. und Tiefgarage Kesselbrink (erreichbar über August-Bebel-Str.); Parkplatz Welle, Am Bach.
Touristinformation Leinenmeisterhaus, am Bahnhof, ☏ 17 88 44 (Mo–Fr 9–17.30, Sa 9–13 Uhr); Neues Rathaus, Niederwall 23, ☏ 17 88 99 (Mo–Fr 9–17.30, Sa 9–13 Uhr).

Stadtrundgang

Was in Bielefeld sehenswert ist, liegt teils eng beieinander, teils verstreut außerhalb der Innenstadt. Deshalb empfehlen wir zunächst den Rundgang ❶–❾, den Sie zu Fuß in etwa eineinhalb Stunden (ohne Besichtigungszeiten) gut schaffen können. Parken sollten Sie dann auf dem Parkplatz an der Welle in unmittelbarer Nähe des Alten Markts ❼. Danach empfiehlt sich der erweiterte Rundweg ❿, ⓫, ⓬, ⓭ mit dem Auto oder mit öffentlichen Verkehrsmitteln (Parkplätze gibt es an den jeweiligen Sehenswürdigkeiten), und schließlich bleiben die Abstecher ⓮, ⓯.

Vom Leineweber-Denkmal ❾ aus können Sie noch ein paar Schritte nach Osten, zum Niederwall, machen, wenn Sie das Rathaus und das Theater sehen wollen. Von dort ist es dann auch nicht mehr weit zum Mittelpunkt der Stadt, zum Jahnplatz. Für den Abschnitt Sparrenburg, Bethel, Botanischer Garten, Bauernhaus-Museum sollten Sie wenigstens einen halben Tag vorsehen, die Abstecher zur Ravensberger Spinnerei ⓮ und nach Schildesche ⓯ sind jeweils in einer Stunde zu bewältigen.

Sehenswürdigkeiten

❶ *Evangelische Neustädter Marienkirche* (begonnen um 1280), dreischiffige Hallenkirche mit bemerkenswertem Maßwerkfenster im Ostabschluß. Das Grabdenkmal von Otto III. von Ravensberg und Hedwig zur Lippe ist ein wichtiges Werk aus der ersten Hälfte des 14. Jh. Das Grab von Wilhelm II. von Ravensberg und Adelheid von Tecklenburg wird dem »Paderborner Gaukirchen-Meister« zugeschrieben. Neugotischer Choraltar mit Teil eines Altaraufsatzes von 1400, darüber 15 hochgotische Steinfiguren. Frühbarockes Familienepitaph.

❷ *Spiegels Hof*, Adelshof (um 1540), eigenwillig geformte Rundgiebel. Standort des *Naturkundemuseums:* Mineralien, Tiere und Pflanzen früherer Erdzeitalter; Darstellung der Lebensräume Teutoburger Wald, Senne-Landschaft, Gehölz mit Bachlauf, Parklandschaft Sparrenberg; Leben des Menschen in der Altsteinzeit (Di–So 10–13, 14–18, Mi 10–13, 14–20 Uhr).

❸ *Kunsthalle Bielefeld (Richard-Kaselowsky-Haus,* 1966–68), kubischer Bau aus rotem Mainsandstein von Philip C. Johnson, New York. Wichtiges Museum für die Kunst des 20. Jh. Sammlungsschwerpunkte: Expressionismus, Bauhaus, Max Beckmann, kubistische Plastik, neuere amerikanische und deutsche Malerei. Wechselausstellungen klassischer Moderne und zeitgenössischer Kunst. Museumsgarten mit Skulpturen u. a. von Henry Moore (Di, Mi, Fr, So 11–18, Do 11–21, Sa 10–18 Uhr).

❹ *Waldhof*, ehemaliger Adelshof (Spätrenaissance, mit gotischem Kellergeschoß), dessen Kern zur vorstädtischen Siedlung gehört haben soll. Sitz des *Bielefelder Kunstvereins* mit wechselnden Gemäldeausstellungen (Di–Fr 15–18, Sa, So 11–13 und 15–18 Uhr).

❺ *Katholische Pfarrkirche St. Jodokus* (1505–11), einschiffiger spätgotischer Bau mit Gebäude des ehemaligen Franziskanerklosters an der Nordseite. Bemerkenswert ist die holzgeschnitzte »Schwarze Madonna« aus dem 13. Jh.

❻ *Crüwell-Haus* (1530), spätgotisches Haus mit auffällig zierlichem Treppengiebel, offenem Maßwerk und Fialen. In der Nachfolge des Rathauses zu Münster.

❼ *Alter Markt*, schöne spätmittelalterliche Giebelparade (Brüngersches Haus, Battighaus, Lampe-Bank, Theater am Alten Markt, dazwischen Neubauten). Auf dem Markt Merkurbrunnen.

❽ *Evangelische Altstädter Nikolaikirche*, gotische Hallenkirche, Pfarrkirche der Altstadt, im Zweiten Weltkrieg zerstört, 1952–54 beim Wiederaufbau modern umgestaltet; der erhalten gebliebene Westturm erhielt 1962 einen neuen Helm. Großer Antwerpener Schnitzaltar (1520), meisterhafte Darstellung des Lebens Jesu. Romanisches Bronzerelief am Portal. 27 Glocken im neuen Turm als Glockenspiel (tägl. 9, 12.30, 18 Uhr).

❾ *Leineweber-Denkmal*, von Hans Perathoner 1909 nach dem Modell des Jöllenbecker Leinewebers Heienbrock geschaffen.

❿ *Sparrenburg* (1256 erstmals genannt). Erhalten: gotisches Eingangstor aus dem Mittelalter und wiederaufgebauter Bergfried von 1842. Heute ist die Anlage vor allem durch vier Bastionen (1535) und den spitzwinkligen »Scherpentiener« geprägt. Unterirdische Katakomben. Der jetzige Hauptbau in der Vorburg stammt von 1886.

⓫ *Bethel* im Stadtteil Gadderbaum. Begründet 1867 in einem Bauernhaus, 1872 Übernahme durch Friedrich von Bodelschwingh, der das Heim für Epileptiker, psychisch und geistig Kranke, Arbeitslose und Schwererziehbare ständig ausweitete und bis 1910 leitete. Heute leben dort 2500 Patienten, 3400 Mitarbeiter. Es gibt 870 Krankenhausbetten, 23 Schulen, 23 Handwerks- und Dienstleistungsbetriebe. *Historische Sammlung Bethel*: Dokumentation der Entstehung und Entwicklung der Anstalten, der Ortschaft Bethel und der außerhalb gelegenen Teilanstalten (Führung nach Vereinbarung, ☏ 1 44 26 71, 1 44 20 24).

⓬ *Botanischer Garten*, 1912 als Schulgarten eingerichtet, später erweitert durch den Gartenbaudirektor Meyerkamp; zählt zu den wertvollsten Anlagen dieser Art in Nordrhein-Westfalen.

⓭ *Bauernhaus-Museum* (1913–17), Dokumentation bäuerlichen Lebens vom 16.–19. Jh. Vollständig eingerichteter Zwei-Ständer-Hallenbau von 1606. Zeigt u. a. Flett (Raum mit Feuerstelle), Schlafräume, Spinnstube (mit Bokemühle von 1826), Waschort. Um 1930

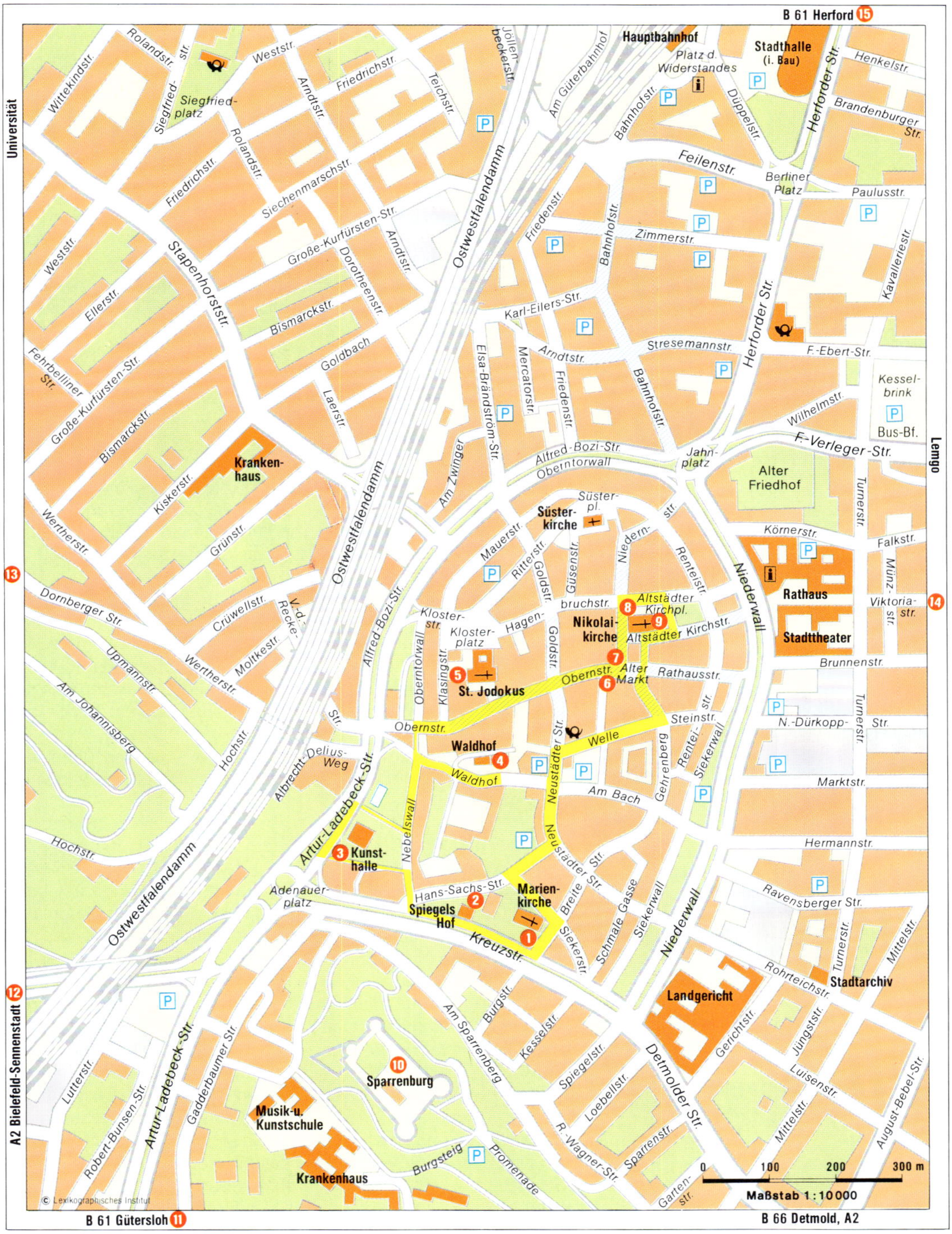

erweitert um eine Bockwindmühle von 1686 und einen Spieker von 1795 (April–Okt. Di–So 10–13, 15–18 Uhr, Nov.–März Di–So 10–13, 14–17 Uhr).
⓮ *Ravensberger Spinnerei*, erster Industrie-Großbau in Westfalen, 1855–62 im Tudorstil erbaut, heute Freizeitzentrum und Volkshochschule. Angegliedert bemerkenswerter Freizeitpark.
⓯ *Evangelische Pfarrkirche Schildesche*, ehemalige Nonnenstiftskirche. Hochgotischer Bau aus dem 14. Jh. mit einschiffigem Langhaus, Querschiff und geradem Chorabschluß. Schöner spätgotischer Schnitzaltar (1535) aus einer Ravensberger Werkstatt. Ebenfalls aus dieser Zeit: reichdekoriertes Sakramentshäuschen. Wandbild des hl. Christophorus (1400).

Germanische Lebensart
Etwa 12 km südöstlich von Bielefeld, erreichbar über die B 66, liegt am Südhang des Teutoburger Walds das Archäologische Freilichtmuseum Oerlinghausen, eine der attraktivsten Anlagen dieser Art im nordrhein-westfälischen Raum. Vier Baugruppen vermitteln interessante Einblicke in den prähistorischen und frühgeschichtlichen Hausbau Ostwestfalens und in die damaligen Lebensgewohnheiten der Menschen. Hausgerät, Handwerkszeug aus Stein, Holz, Knochen und Bronze, Jagdwaffen und Gefäße sind beredte Zeugen von Lebensumständen, denen heute kaum mehr jemand gewachsen wäre (im Sommer Di–So 9–18, im Winter 9–16 Uhr). Nach Oerlinghausen führt der »Hermannsweg«, ein schöner Wanderweg auf dem Kamm des Teutoburger Walds. Außerdem fahren Busse (Linie 38) dorthin, und mit dem Auto geht's am besten auf der Detmolder Straße (B 66).

Schöne Schauer im Tierpark
Die struppigen Wölfe kann man beim besten Willen nicht zu den possierlichsten Bewohnern des Tierparks Olderdissen zählen. Gleichwohl strebt der überwiegende Teil der Besucher gerne zu ihnen. Sie sind nun mal eine schaurige Attraktion, wie sie da flackernden Blicks und mit gefletschten Zähnen auf und ab laufen – gottlob weit genug entfernt und durch Zäune von den Betrachtern getrennt.
1930 begann der Aufbau des Heimat-Tierparks. Seither haben etwa 515 heimische und teils vom Aussterben bedrohte Tierarten Lebensraum und Pflege gefunden: vorwiegend Vögel, Wassergeflügel, Schwarz- und Rotwild, Gemsen, Steinböcke und Wisente. Eine zoologische Ausstellung rundet das überaus reizvolle Angebot des Tierparks ab, und eine Gastwirtschaft fehlt auch nicht. Mit dem Auto kommt man über die Dornberger Straße hin, auch ein Bus (Linie 24) hält dort, und wer gut zu Fuß ist, sollte Schusters Rappen bemühen. Ganz in der Nähe liegt übrigens das Bauernhaus-Museum (13).

Handwerk wie im Mittelalter: Ein Holzschnitzer beim Sparrenburgfest.

Wenn zwei an einem Faden zieh'n

Hinter der Altstädter Nikolaikirche (8) steht ein Mann auf einem Sockel: großer Hut über asketischem Gesicht, Kniemantel, Holster auf dem Rücken, kräftiges Schuhwerk. Gelassen steht er da, aufgestützt auf einen Knotenstock, nachdenklich an seiner langen Pfeife ziehend – ein Bild ruhiger Verläßlichkeit. Etliche Steinwürfe entfernt, im Innenhof der Sparrenburg (10), steht ein anderer: großer Hut über markantem Gesicht, Kniemantel, kräftiges Schuhwerk, kräftiger Leib, Degen an der Seite, den Blick bedeutsam in die Ferne gerichtet – ein Bild selbstbewußter Würde.

Verbunden sind die beiden Männer durch einen – inzwischen weltberühmten – Faden, einen Leinenfaden. Der da unten – Leineweber, Handwerker, Bürger, Handelsmann – hat ihn hergestellt, verarbeitet, in die Umgebung getragen.

Der da oben – Kurfürst, Landesvater seit 1647, Denker, Lenker, Weltmann – hat ihn aufgegriffen und zum Exportartikel gemacht, zur Grundlage für ein gesundes wirtschaftliches Wachstum der Stadt. Er ersann die Zauberformel, die Leinen aus Bielefeld zu »Bielefelder Leinen« und schließlich weltweit bekannt machte: die Leinenlegge, das Qualitätssiegel.

Zum Schutz eine Burg

Friedrich Wilhelm, Brandenburger, Großer Kurfürst, Herr in Ravensberg, war aber nur »Einsteiger« in Bielefeld und Umgebung. Begründet wurde der Ort von den Ravensberger Grafen an einer wichtigen Paßstraße durch den Osning (Teutoburger Wald): 1210 die Altstadt, gegen 1280 die Neustadt.

Damit man beizeiten sehen konnte, welche Bedrohungen von überall her auf das kleine Bielefeld zukamen, baute man auf der Paßhöhe auch gleich noch die Sparrenburg (10): Schutz, Verwaltungsmittelpunkt der ravensbergischen Grafschaft, Sitz der gräflichen Familie, wenn auch ein bescheidener. Als 1346 die Ravensberger ausstarben, waren zu dem ursprünglichen einfachen Rechteck eine Quermauer und ein Turm hinzugekommen.

Die Erben, die Herzöge von Jülich und Berg, schickten denn auch lieber nur ihre Verwaltungsbeamten auf den Sparrenberg und ließen erst mal alles beim alten.

Im 16. Jh. aber, als man nicht mehr nur mit Schießgewehr und Hellebarde auf den Feind losging, sondern allenthalben Kanonen zum Erobern und Zerstören mitbrachte, wurde ein beachtliches Ringmauern-System mit mächtigen Rondellen um den alten Bau gezogen. Überall ragten fortan Geschützrohre feindwärts, im Innern legte man Kasematten an, dunkle Schießscharten ängstigten nun das nahende Kriegsvolk.

Ab 1609 gab es erbfolgebedingte Turbulenzen, die sich – erweitert durch auftretende Glaubensfragen – bis in den Dreißigjährigen Krieg hineinzogen und erst mit dem Frieden von Münster und Osnabrück (1648) endeten. Wer indessen glaubt, daß mit dem Brandenburger eitel Freude aufzog, kennt die Preußen schlecht: Es gab wieder Krieg. Mit Ludwig XIV. von Frankreich zunächst, dann, Ostern 1673, mit dem münsterschen Bischof »Bomben«-Bernd von Galen, sechs Jahre später wieder mit den Franzosen. Danach besaß die Burg für die Preußen keinen militärischen Wert mehr. Friedrich der Große ließ die Umfassungsmauern abtragen und anderweitig verwenden, das Ganze verkam zur Ruine. Zu Beginn des 19. Jh. wurde man wieder aufmerksam auf die Sparrenburg – diesmal jedoch nicht aus militärischen, sondern aus historischen Gründen. Man setzte sie instand, putzte sie heraus und erklärte sie zum Denkmal. 1944 fielen alliierte Bomben darauf und ließen kaum mehr als den Turm übrig. Heute steht sie aber wieder, die Burg. Schön wie zu Kaisers Zeiten ...

Der diskrete Charme der Bielefelder

Derweil wuchs die Stadt. Angeblich war sie schon 1270 Hanse-Mitglied, sicher ist, daß sie im 15. Jh. zu den über 160 Hansestädten zählte – noch bevor es 1520 zur Vereinigung von Altstadt und Neustadt kam.

Natürlich stand auch den Bielefeldern der Sinn nach Zwiesprache mit dem lieben Gott. Aber während rundum die Dome nur so aus dem Boden wuchsen (Paderborn, Detmold, Minden, Soest ...), begnügte man sich am Osning-Paß mit dem Bau mehr oder minder schlichter Kirchen. In der Neustadt entstand ab 1280 die Marienkirche (1), eine dreischiffige Hallenkirche, an der der Ravensberger Otto III. 1293 ein Kollegiatsstift gründete. Er und seine Gemahlin Hedwig zur Lippe fanden hier die letzte Ruhe – ebenso wie 100 Jahre später Graf Wilhelm II. und Adelheid von Tecklenburg. Beiden Paaren hat man reichausgestattete Grabmale gebaut, die jeweils zu den herausragenden Kunstwerken ihrer Zeit gehören.

In der Altstadt zog man zwischen 1330 und 1340 mit dem Bau der Nikolaikirche ⑧ nach. Sie birgt als vornehmsten Schatz einen großen, um 1520 entstandenen Schnitzaltar mit einer teils geschnitzten, teils gemalten meisterhaften Darstellung des Lebens Jesu.

Zur selben Zeit entstand im wenige Kilometer entfernten Schildesche ein hochgotischer einschiffiger Bau, die Nonnenstiftskirche St. Johann Baptist ⑮. Schildesche, heute einer der idyllischen Stadtteile Bielefelds und von den älteren Einwohnern noch Schildske genannt, war zur Zeit der Stadtgründung schon etwa 300 Jahre alt und fest in der Hand resoluter und nicht ganz unvermögender Stiftsdamen. Ihnen gehörte unter anderem das Holz auf dem Johannisberg, einem Zwilling des Sparrenbergs, das sich die vom Stadtgründer Graf Hermann von Ravensberg an den Osning gelockten münsterschen Kaufleute zum Hausbau holten. Nun mochten die Schildescher Damen vielleicht Mönchstonsuren ohne Murren hinnehmen, nicht aber, daß ihr schöner Berg kahler und kahler wurde. Der Zwist zwischen ihnen und den Ravensbergern war also vorprogrammiert – er endete indessen mit einem Tauschgeschäft und hinterließ keine weiteren stadtgeschichtlichen Spuren.

Um 1500 kamen noch einmal zwei Gotteshäuser dazu: die katholische Pfarrkirche St. Jodokus ⑤ als Franziskaner-Observanten-Kirche und, als Augustinerinnenkirche, die Süsterkirche, ein einschiffiger Bau, der im 19. Jh. erweitert wurde.

Im übrigen widmete man sich den irdischen Tagesgeschäften und trieb – in bescheidenem, gleichwohl gediegenem Rahmen – die profane Baukunst voran. In der Altstadt stehen noch einige Zeitzeugen, die Bomben des Zweiten Weltkriegs haben den Bestand allerdings spürbar reduziert. An der Obernstraße 1, am Zugang zum Alten Markt ⑦, z. B. das spätgotische Crüwell-Haus von 1530 ⑥, das an das Rathaus von Münster gemahnt; einige Giebel weiter das Haus der Lampe-Bank im Stil der Weserrenaissance (1680), dann die beiden Renaissancebauten, der ehemalige Adelshof der Spiegel von Peckelsheim ②, das Ratsgymnasium, ehemals Grestscher Hof (zweite Hälfte des 16. Jh.), und schließlich der Waldhof ④ mit seinem Renaissancegiebel von 1585 sowie das Theater am Alten Markt, Bielefelds gegenwärtiges Sprechtheater.

Zentrum für interdisziplinäre Forschung

Unverwechselbare Studienprofile und anerkannte Forschungsleistungen haben der jungen Bielefelder Reformuniversität – Studienbeginn 1969 – längst einen festen Platz unter den Hochschulen in der Bundesrepublik Deutschland gesichert. Auch international wächst das Profil. Insbesondere das Zentrum für interdisziplinäre Forschung (ZiF) trägt mit seinen vielbeachteten Forschungsvorhaben und Themen dazu bei, weil es Wissenschaftler aus dem In- und Ausland in Forschungsgruppen zusammenführt und so für die Koordination weltweiter wissenschaftlicher Arbeit sorgt.

Botanisches Kleinod

Im Alpinum des Botanischen Gartens ⑫ beginnt die Blüte schon, wenn es draußen noch kalt und ungemütlich ist. Tausende von Schneeglöckchen, Narzissen, Märzbechern, Krokussen und Wildtulpen malen dann die schönsten Farben in das Grau des Winters. Die Anlage gibt es seit 1912 – zunächst als Schulgarten für den Biologieunterricht, später erweitert für die Allgemeinheit und schließlich gewachsen zum heutigen Pflanzenpark.

Inzwischen gilt er wegen seiner Vielfalt an heimischen und exotischen Blumen und Gehölzen als Kleinod unter den botanischen Gärten in Westfalen.

Durch den Rosengarten mit seinen weit über 1000 Stämmen, vorbei an den Fischteichen mit den Wasserpflanzen und malerischen Wasserrosen zieht es die Besucher immer wieder ganz besonders zur überwältigenden Blütenpracht der riesigen Rhododendrongehölze im Rhododendronwald.

Mit ihren vergoldeten Giebelverzierungen, Ornamenten und Schriftbändern künden die repräsentativen Bürgerhäuser am Alten Markt vom soliden Wohlstand, der durch Handel und Handwerk erworben wurde.

Tips, Tips, Tips

Auf Safari nach Südosten
Im Safaripark Stukenbrock (etwa 19 km südöstlich von Bielefeld) leben große und kleine Exoten in Freigehegen. Unter Kiefern verdösen Löwen ihren lieben langen Tag, Giraffenhälse ragen zu den Baumkronen auf, Elefanten trompeten am Wassergraben, oben im Wald kreischen die Affen, und im »Hollywoodpark« warten Cowboys, Kasper, Clowns und Candies auf die lieben Kleinen (März tägl. 10–17, April–Nov. tägl. 9–18 Uhr; Hollywoodpark erst April). Zu erreichen über B 66 (Richtung Detmold), A 2 (Richtung Gütersloh) und B 68 (Richtung Sennestadt bis hinter Schloß Holte-Stukenbrock).

Märchenstunde am Herdfeuer
Zu den schönsten Veranstaltungen im Bauernhaus-Museum ⑬ auf dem Stecklenbrink – etwa 4 km westlich vom Jahnplatz – gehören Märchenlesungen, Spinnstunden, Weben und Töpfern, vor allem aber plattdeutsches Theater am Herdfeuer. Die Termine stehen im Monatsprogramm der Bielefelder Museen. Man kann zu Fuß hingehen oder mit dem Auto über die Dornberger Straße hinfahren, ☏ 51 24 85.

Kalender aus sechs Jahrhunderten
Daß Kalender nicht nur Zeitplaner, sondern auch vielseitige Dokumente der verschiedensten Lebensbereiche sind, zeigen die Exponate im »Calender Cabinet« der Eilers-Werke am Berliner Platz (Eingang Feilenstraße). Sechs Jahrhunderte umfaßt die Sammlung, die aus aller Welt zusammengetragen wurde und über Naturwissenschaften, Astrologie, Geschichte, Politik, Kunst und Literatur Auskunft gibt. Darunter ein »Abenteuerlich-ewigwaehrnder Calender« des Simplicissimus von 1670, ein »Kaiserlich-Königlicher Hof- und Ehrenkalender« (1776), Schillers »Historischer Calender für Damen« (1793) und romantische Liebeskalender (telefonische Anmeldung erbeten, ☏ 59 72 41).

Die Entwicklung kriegt Dampf

Auch in Bielefeld endete eines Tages das gemächliche Ticken. Mit dem Einzug der Industrie kam ein anderer Schwung in die Leinenweberei. Die Gebrüder Bozi gründeten 1851 die erste mechanische Spinnerei, die sie »Vorwärts« nannten. Das guterhaltene Gebäude gehört heute der Familie Oetker. Unter der Leitung des Textilingenieurs Kaselowsky entstand 1855–62 der erste industrielle Großbau Westfalens, die Ravensberger Spinnerei ⑭ nach englischen und schlesischen Vorbildern, eine Aktiengesellschaft Bielefelder Kaufleute.

In der Bäckerei Müller, Obernstraße 51, experimentierte in der Zeit um 1890 – wohlgelitten, aber nicht sonderlich ernstgenommen – ein gewisser August Oetker, Apotheker und Bäckerlehrling, mit Pülverchen, die er zuvor im Gewölbekeller einer Apotheke gemischt hatte. Die Versuche in Müllers Ofen gelangen, und der Doktor Oetker hatte bald Mühe, genügend Backpulver für die nachfragenden Hausfrauen herzustellen. Also zog er aus der Altstadt nach »draußen«, baute aus Klinkersteinen eine Fabrik und legte den Grund für ein Unternehmen von Weltruf.

Unterdessen mußte man die Spinnerei- und Nähmaschinen nicht mehr von weither beziehen, Kochs Adlernähmaschinenfabrik baute sie in einem Jugendstilgebäude an der Teichstraße. Bald kamen Fahrräder und größere Fahrzeuge auf die Produktpalette der Stadt, zur Bekleidungs-, Maschinen-, Back- und Süßwarenindustrie gesellten sich Pharmazeuten, Verpackungstechniker und Drucker – Bielefeld prosperierte.

Ein Tecklenburger sorgt für die Beladenen

Ein bißchen seitab, im Schatten der Sparrenburg ⑩, wirkte seit 1872 ein frommer Mann aus dem Tecklenburgischen. Der Pfarrer Friedrich von Bodelschwingh übernahm das 1867 gegründete Heim für Fallsüchtige und war 40 Jahre lang die treibende Kraft der Anstalt Bethel ⑪, in der neben Epileptikern psychisch oder geistig Kranken Obdach geboten wird. Er initiierte auch die erste Arbeiterkolonie Deutschlands für Arbeitslose. Mittlerweile sind die von Bodelschwinghschen Anstalten ein eigener Stadtteil mit annähernd 6000 Einwohnern, mit Krankenhäusern, Schulen, Handwerks- und Dienstleistungsbetrieben – versorgend, mehr aber noch rehabilitierend. Hier wird Schwerstarbeit geleistet; Pfleger, Ärzte und Seelsorger könnten es woanders einfacher haben. Wer aber Patienten und Betreuer in Bethels Straßen erlebt, spürt auch das Beglückende, das in dieser Gegenseitigkeit liegen muß. Das Zusammenleben »normaler« Einwohner mit den Patienten fasziniert nur den Besucher. Dem Eingeweihten ist es das Selbstverständlichste von der Welt.

Die Bodelschwinghschen Anstalten erbringen gewaltige soziale Leistungen für Kranke und Gesunde, Kinder und Senioren.

Mit Altem und Neuem ins Jahr 2000
Nach dem Zweiten Weltkrieg hat man auch in Bielefeld wiederaufgebaut. Nicht immer mit glücklicher Hand, städtebaulich ist mancher Patzer unterlaufen. Aber das Positive überwiegt, und seit der kommunalen Neuordnung von 1973 quellen die offiziellen Zustandsberichte ohnehin über, so voll sind sie des eigenen Lobs: Mehr als 300 000 Einwohner hat man und zählt deshalb zu den 20 größten Städten der Bundesrepublik Deutschland. Zudem ist die Stadt Oberzentrum in Ostwestfalen-Lippe und hat jährlich ein Kaufkraftvolumen von 5,4 Milliarden DM! Arbeitslosigkeit schreibt man klein in Bielefeld. Man hat eine Universität, zahlreiche Museen und viele Schulen.

Dynamisch ist man sowieso, und das Ergebnis ist eine großartige Infrastruktur. Die Verkehrsanbindungen suchen ihresgleichen: Die Autobahn A 2 führt vorbei, ein Zubringer, der Ostwestfalendamm, ist im Bau, Intercity-Züge halten und täglich laufen etliche Millionen Tonnen an Wagenladungen durch Bielefeld ...

Der Leineweber 9 in der Altstadt hört's und zieht nachdenklich an seiner Pfeife. Der Kurfürst auf der Burg sieht's mit schweifendem Blick. Wohlwollend? – Ei, warum nicht?!

Der Leineweber ruht hier von seinem schweren Tagewerk aus.

Theater, Musik, Veranstaltungen, Museen

Theater
Bühnen der Stadt Bielefeld, Brunnenstr. 3–9. Spielorte: Stadttheater, Niederwall 27: Oper, Operette, Musical, Ballett, Schauspiel, Weihnachtsmärchen. Theater am Alten Markt: Schauspiel, Kinder- und Jugendtheater, ☏ 17 70 77.
Mobiles Theater, Waldemarstr. 13. Modernes Theater, Kabarett (Okt.–Mai), ☏ 16 09 89.
Trotz Alledem Theater, Hermannstr. 42. Mobiles Kinder- und Jugendtheater. Spielorte: Kinder- und Jugendzentrum, Niedermühlenkamp 43; H. O. T. (Haus der offenen Tür), Bielefeld-Brake, Glückstätterstr. 25, ☏ 6 39 80.
Volkshochschule in der alten Ravensberger Spinnerei 14, Heeper Str. 37. Gastspiele: Theater freier Gruppen, Ausstellungen, ☏ 51 65 26.
Bunker Ulmenwall, Kreuzstr. Autorenlesungen, Kleinkunst, WDR-Hörspielgalerie, Ausstellungen, ☏ 51 25 76.
Bielefelder Puppenspiele, Ravensberger Str. 12. Kinderliteratur, Märchen, Kasperletheater, Drama, Schauspiel; Sommer-Puppentheater (Sommerschulferien), ☏ 6 08 40.

Musik
Rudolf-Oetker-Halle, Lampingstr. 16. Sinfoniekonzerte des Philharmonischen Orchesters der Stadt Bielefeld und anderer Orchester, Kammerkonzerte, Klavier- und Liederabende, Operette, Musical, Popmusik mit intern. Interpreten, ☏ 51 65 59.
Volkshochschule in der alten Ravensberger Spinnerei 14, Heeper Str. 37. Kammerkonzerte, Folklore, ☏ 51 65 26.
Neustädter Marienkirche 1, Papenmarkt. Konzerttage der Marienkantorei (Febr./März), Orgelsommer (Sommerschulferien Mi 18 Uhr), ☏ 6 08 54.
Altstädter Nikolaikirche 8, Niedernstr. Orgelmatineen mit intern. Organisten (So 11.15 Uhr); Glockenspiel (tägl. 9, 12.30, 18 Uhr), Carillon-Glockenspielkonzerte, ☏ 17 50 64.
Jesus-Christus-Kirche, Bielefeld-Sennestadt, Fuldaweg. Orgel-, Chor-, Solokonzerte mit intern. Interpreten (ein So im Monat 18 Uhr), Motetten, Kantaten, Oratorien, ☏ 0 52 05/53 73.
Bunker Ulmenwall, Kreuzstr. Modern Jazz, Folklore, ☏ 51 25 76.
Jazz-Club im Hannenfaß, Breite Str. 47. Trad. Jazz mit regionalen und intern. Interpreten, ☏ 17 98 96.
PC 69, Am Stadtholz 11a. Pop-, Rockkonzerte mit renommierten Solisten und Bands, ☏ 17 88 99, 17 88 44.

Veranstaltungen
Flohmarkt auf dem Klosterplatz (einmal im Monat Sa 8–14 Uhr).
Eine Woche vor Ostern bis eine Woche nach Ostern: *Osterkirmes*, Radrennbahn, Vorgelände.
Alle zwei Jahre (1991) Mai: *Britische Musikparade* in der Radrennbahn. Trad. Großkonzert der brit. Streitkräfte mit Soldaten in historischen Uniformen, Show, Feuerwerk, ☏ 17 88 99, 17 88 44.
April–Sept.: *Bielefelder Sommertreff* – Städt. Sommerkulturprogramm an verschiedenen Spielorten. Sparrenburg 10: Intern. Folklore (1. So im Monat), Musik am Mittwoch mit klassischen Konzerten. Alter Markt 7: Jazz; Repertoire des Philharmonischen Orchesters der Stadt Bielefeld (1. Sa im Monat). Klosterplatz: Kulturprogramm zum Leineweber-Markt (letztes Maiwochenende); Theater und Musik mit europäischen Gruppen (2., 4. Sa im Monat). Georgenkirche am Botanischen Garten 12: Musik für Spaziergänger (Anfang Mai–Sommerschulferien So 17 Uhr). Neustädter Marienkirche 1, Papenmarkt: Orgelsommer (Sommerschulferien Mi 18 Uhr). Neues Rathaus, Niederwall 23: Lesung des Bielefelder Colloquiums Neue Poesie (1. Fr im Mai). Jodokuskirchplatz, Obernstraße: Sommer-Puppentheater (Sommerschulferien So 16 Uhr), ☏ 51 31 94.
Ende April/Anfang Mai: *WISA*, Bielefeld-Sennestadt, Schopketalweg. Wirtschaftsausstellung: Urlaub und Touristik, Freizeit, Natura-Fachschau, Altbausanierung, Bau und Energie, ☏ 0 52 05/55 55, 77 77.
Letztes Wochenende im Mai: *Leineweber-Markt* in der Innenstadt mit intern. Programm: intern. Stars, Folklore, Jazz, klassische Musik, Literatur, Straßentheater, bildende Kunst, Jahrmarkt, Rock, ☏ 17 88 99, 17 88 44.
Mitte Juni: *Bielefelder Schützenfest* auf dem Johannisberg mit Adlerschießen, Zapfenstreich, Königs-Proklamation, Kinderschützenfest, ☏ 1 71 10.
Sommerschulferien: *Ferienkirmes*, Radrennbahn, Vorgelände.
Mitte Aug.: *Sparrenburgfest* 10, Am Sparrenberg. Mittelalterlicher Markt mit alten Handwerkskünsten; Gesang und Tanz, ☏ 17 88 99, 17 88 44.
Ende Aug.: *Schweinemarkt* im Stadtbezirk Brackwede. Traditionelles Volksfest und Kirmes, ☏ 17 88 99, 17 88 44.
Sept.: *Bielefelder Weinmarkt*, Alter Markt 7 und Niedernstr. Weindorf mit Angebot aus deutschen Weinanbaugebieten, Folklore, Konzert- und Chormusik, ☏ 17 88 99, 17 88 44.
Sept.–April: *Bielefeld sonntags halbzwölf* – Städtisches Winterkulturprogramm in der alten Ravensberger Spinnerei 14, Heeper Str. 37. Theater freier Gruppen, Performance-Veranstaltungen; Jazz-Meetings intern. Ensembles, Matineen der Liedersänger (Folklore) in Zusammenarbeit mit dem WDR, ☏ 51 31 94.
Okt./Nov.: *Oktoberkirmes*, Radrennbahn, Vorgelände.

Museen
Bauernhaus-Museum, Dornberger Str. 82 (s. 13).
Historische Sammlung Bethel, von Bodelschwinghsche Anstalten, Kantensiek 9 (s. 11).
Kunsthalle Bielefeld, Artur-Ladebeck-Str. 5 (s. 3).
Naturkunde-Museum der Stadt, Spiegels Hof, Kreuzstr. 20 (s. 2).

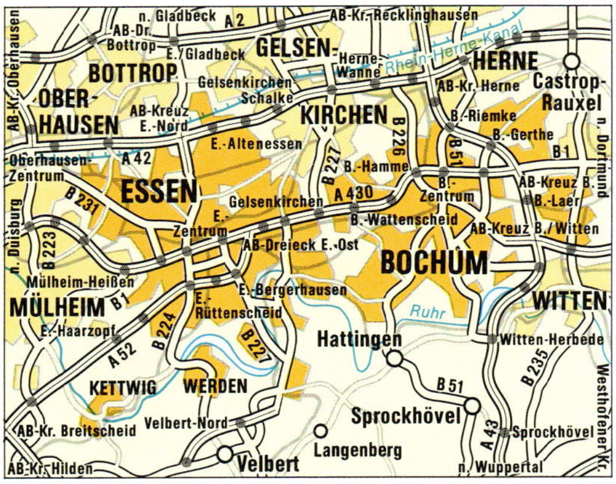

Bochum galt über viele Jahrhunderte als unbedeutend – eine Ackerbürgerstadt am Hellweg, mehr nicht. Das änderte sich im 19. Jh. schlagartig, als Kohle und Stahl weltweit in den Mittelpunkt wirtschaftlichen Denkens rückten. Bochum wurde zur Bergbau-Metropole und wuchs explosionsartig. Heute leben hier rund 390 000 Menschen, aber das schwarze Gold spielt für die Stadt schon keine Rolle mehr. Man hat sich beizeiten auf

neue Gegebenheiten umzustellen vermocht. Erfinderqualitäten hat man vorzuweisen: Das erste Superbenzin kam von hier wie früher schon der Stahlformguß und die Drahtseilbahn. Seit die Zechen geschlossen sind, wird hier der »Opel Kadett« gebaut. Das Bild von der grauen Revierstadt trifft längst nicht mehr zu; Bochum ist stolz auf seine Grünflächen, und das Ruhrtal ist eine der schönsten Landschaften weit und breit.

Bochum

Kultur an der Ruhr

Wappen Das Buch auf blauem Grund ist eine – historisch umstrittene – Deutung des Namens Boch(um) aus dem Wort Buch. Das rot-weiße Schachbrettmuster, der sogen. »Märkische Balken«, ist ein Zugeständnis an die 1975 eingemeindete Stadt Wattenscheid, aus deren Wappen dieses Element stammt.
Lage Im mittleren Ruhrgebiet
Land Nordrhein-Westfalen
Autokennzeichen BO
Höhe 43–196 m ü. M.
Fläche 145 km^2
Einwohnerzahl 390 000
Postleitzahl 4630
Telefonvorwahl 02 34
Post Hauptpost, Wittener Str. 2, Spätschalter (Mo–Fr 7.15–22, Sa 7.15–20, So 9.30–20 Uhr).
Polizei Uhlandstr. 35 (neben dem Bergbau-Museum), ☏ 58 90
Taxi ☏ 6 05 11
Nahverkehr Für die Fahrten im Nahverkehr (S-Bahnen nach Essen und Dortmund, Nahverkehrszüge, Busse und Straßenbahnen) gelten einheitliche Tarife – Verkehrsverbund Rhein-Ruhr. Fahrscheine an den Automaten sowie bei den Fahrern der Busse und Straßenbahnen, außerdem in der Vorverkaufsstelle im Hbf. Für Touristen empfiehlt sich das 24-Stunden-Ticket.
Parken Tiefgaragen am Konrad-Adenauer-Platz (P 1), Husemannplatz, Dr.-Ruer-Platz (P 2), an der Brückstr./Bongardstr. (P 4), im Rathaus-Center (P 5), am Schauspielhaus (P 7), Parkplätze am Hbf. (P 3).
Touristinformation Informationszentrum Ruhr-Bochum, Rathausplatz (Mo–Fr 8–19, Sa 10–13 Uhr), ☏ 6 21 39 75–78.
Stadtrundfahrt Ab Omnibusbahnhof (ZOB) (Mai–Sept. Sa 15 Uhr).

Stadtrundgang
Unser Weg durch Bochum kann nur den kleineren Teil dessen zeigen, was die Stadt zu bieten hat. Planen Sie für die Strecke eine gute Stunde ein. Wenn Sie allerdings das Deutsche Bergbau-Museum ❹ besichtigen wollen, was sehr zu empfehlen ist, brauchen Sie zusätzlich einen halben Tag. Ihr Auto stellen Sie am besten in die Tiefgarage des Rathauses ❶; vom Hauptbahnhof bringt Sie die Straßenbahn zum Ausgangspunkt unserer Stadterkundung. Vom Bergbau-Museum zum Rathaus braucht man eine Viertelstunde; bequemer ist es mit der Straßenbahn. Für eine Pause unterwegs bieten sich die Ruhebänke im Stadtpark an, für eine Stärkung das Stadtpark-Restaurant. Besonders wenn Sie mit Kindern unterwegs sind, sollten Sie im Stadtpark einen Abstecher zum Tierpark machen.

Sehenswürdigkeiten
❶ *Rathaus,* 1926–32 durch Prof. Karl Roth erbaut, Brunnen im Innenhof; vor dem repräsentativen Gebäude die 15 000 kg schwere Glocke der Pariser Weltausstellung von 1867. Im Turm das älteste Gußglockenspiel der Welt (tägl. 7, 8, 12, 16, 18, 19, 20, 21, 22 Uhr).
❷ *Propsteikirche,* dreischiffige Hallenkirche des 16. Jh. mit reich gegliedertem Turm aus dem 14. Jh. Zur Ausstattung gehören ein goldener Reliquienschrein, ein romanischer Taufstein vom Ende des 12. Jh. sowie eine Beweinungsgruppe des frühen 16. Jh.
❸ *Museum Bochum Kunstsammlung,* Schwerpunkte bilden die Kunst nach 1945 (HAP Grieshaber, Willy Baumeister, Francis Bacon u. a.) sowie die Moderne Osteuropas (Di–Fr 12–20, Sa, So 10–18 Uhr).
❹ *Deutsches Bergbau-Museum,* grundlegende und umfassende Information über den internationalen Bergbau in Vergangenheit und Gegenwart; außer der Kohlegewinnung werden auch Abbaubereiche wie Erz-, Salz- und Steinbergbau dokumentiert. Gezeigt werden u. a. ein Schaubergwerk mit 2,5 km langem Streckennetz und betriebsbereiten Maschinen sowie die Sammlungen »Bergbau in der Weltwirtschaft«, »Bergbau in Kunst und Kultur« und »Bergmännisches Brauchtum« (Di–Fr 8.30–17.30, Sa, So, Feiertage 9–13 Uhr).
❺ *Propsteikirche St. Gertrud von Brabant,* 1868–72 vom Paderborner Dombaumeister Arnold Güldenpfennig im neugotischen Stil erbaut, im Fundament des Turms Reste einer Vorgängerin aus karolingischer Zeit. Im Innern frühromanischer Taufstein um 1000.
❻ *Wasserburg Haus Kemnade,* 1602–1704 an der Stelle einer Burganlage des 12. Jh. erbaut, gotische Kapelle, Rittersaal mit kunstvoller Stuckdecke und Renaissancekamin. Sitz der *Stadthistorischen Sammlung* mit Kortum-Archiv und *Musikinstrumentensammlung* Hans und Hede Grumbt (Di 9–15, Mi–Fr 13–19, Sa, So 11–18 Uhr).
❼ *Bauernhausmuseum,* Vierständer-Fachwerkhaus von 1800, das zerlegt und neben Haus Kemnade neu aufgebaut und eingerichtet wurde. Bäuerliches Gerät, ländliche Möbel des 16.–18. Jh. (Di 9–15, Mi–Fr 13–19, Sa, So 11–18 Uhr).
❽ *Stiepeler Dorfkirche,* Hallenkirche des 13. Jh., deren älteste Teile von einem Vorgängerbau des 11. Jh. stammen. Wand- und Deckenmalereien des 12.–16. Jh. im Innern, u. a. »Flucht nach Ägypten« und »Kindermord von Bethlehem«, ferner Sakramentshäuschen mit Kreuzigungsgruppe um 1460.
❾ *Eisenbahnmuseum,* Exponate aus der Geschichte des Eisenbahnwesens: historische Dampf- und Dieselloks sowie Personen- und Güterwagen, z. B. ein Speisewagen des »Orientexpreß«, Fahrkarten, Signalanlagen, eine Feldbahn-Demonstrationsanlage (Mi, Fr 10–17, So, Feiertage 10–12 Uhr).
❿ *Kunstsammlungen und Antikenmuseum der Ruhr-Universität,* Antikenmuseum mit Porträtskulpturen, Lampen, griechischen Vasen, Münzen der Antike und des Mittelalters; moderne Malerei und Skulpturen aus Europa und Nordamerika von Beuys, Dubuffet, Giacometti, Léger, Twombly, Uecker, Vasarély u. a. (Di–Fr 12–15, Sa, So 10–18 Uhr).

Gerichtsurteile und Querelen

Rundherum schön ist Bochum nicht gerade, aber seine Vielfalt kann sich sehen lassen! Die City hat ein attraktives Einkaufszentrum, modern und zweckmäßig. Ungewöhnliches und Erhaltenswertes zeigt sich vielfach erst beim zweiten Blick. Im Norden und Osten, wo drei Autobahnen das Stadtgebiet durchqueren, prägt die Industrie das Bild. Ganz anders der Süden: Wald, sanfte Hügel, Fachwerkhäuser und Burgen machen diesen Teil der Stadt zum Naherholungsgebiet.

Vom Bochumer Rathaus ❶ aus wird seit 1975 das westlich gelegene Wattenscheid mitregiert. Das 22 Stockwerke hohe Landgericht, zwei Straßen weiter, sorgt immer wieder für Schlagzeilen, denn acht seiner 14 Strafkammern sind auf Wirtschaftskriminalität spezialisiert. Rathaus und Gericht liegen am Westring, einem Teil der unregelmäßig verlaufenden und für eine Großstadt dieses Zuschnitts längst zu klein gewordenen Ringstraße. Sie umschließt neben dem Geschäfts- und Verwaltungsviertel die kleinen Sträßchen der östlichen Innenstadt mit älteren gepflegten

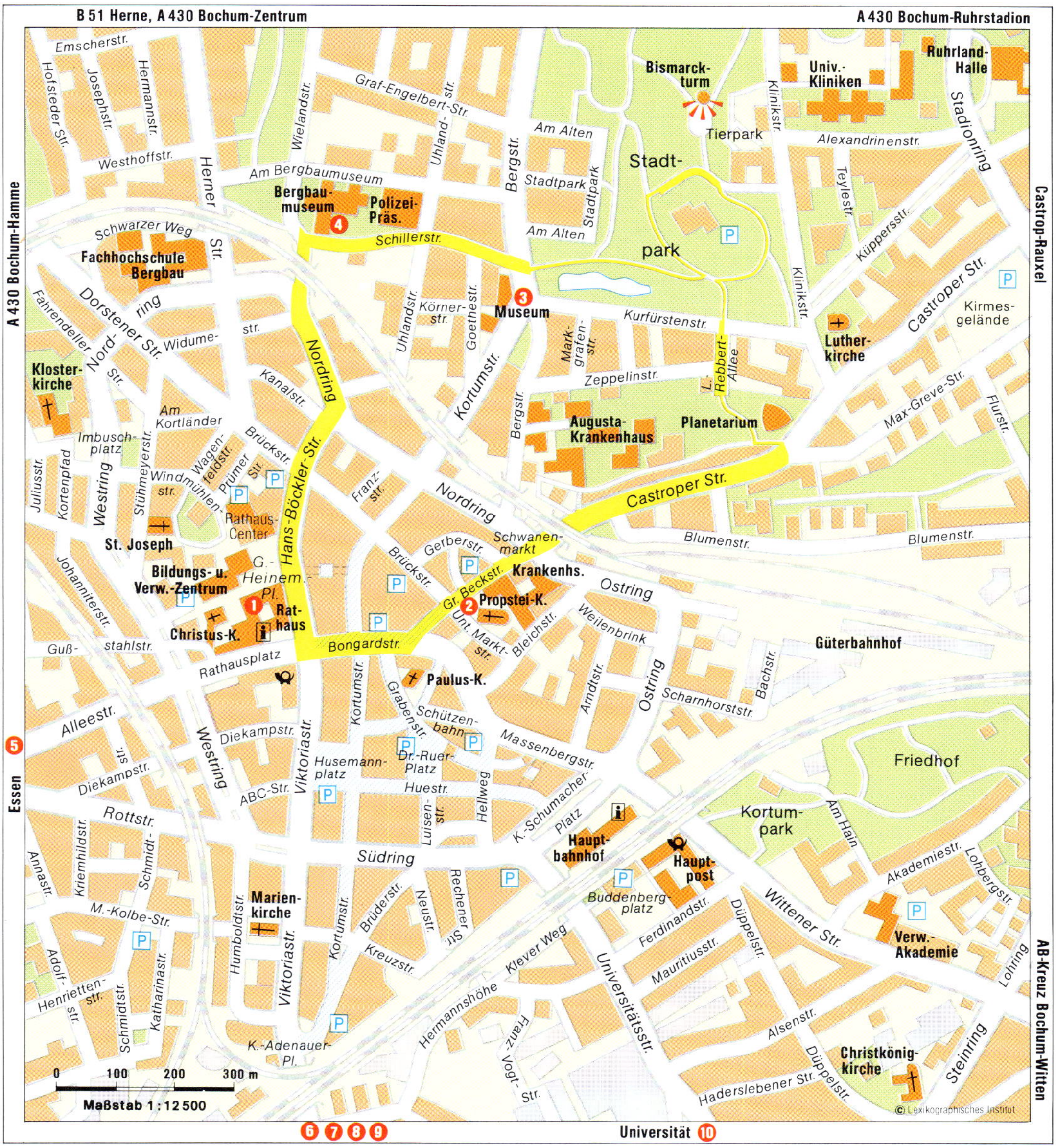

Bürgerhäusern und der Propsteikirche ❷. Daran schließt sich außerhalb des City-Rings eine Zone der Grün- und Freizeitanlagen sowie der Bildungseinrichtungen an. Hier finden wir Planetarium, Stadtpark und Zoo, Bergbau-Museum ❹ und Kunstmuseum ❿

In der südlichen Innenstadt haben drei bedeutende Kulturinstitutionen ihr Domizil: das Schauspielhaus, das Deutsche Institut für Puppenspiel und die Symphoniker. Vor allem Bochums Theater hat überregional einen hervorragenden Ruf. Die Intendanten Peter Zadek, der nach Hamburg gewechselt ist, Claus Peymann, heute am Wiener Burgtheater, und sein Nachfolger Frank-Patrick Steckel machten immer wieder durch mutige, oft avantgardistische Inszenierungen von sich reden. Es gab auch Querelen, weil die Künstler ihre Bühne gelegentlich als Forum für politische Minderheiten zur Verfügung gestellt haben.

Das Puppenspiel-Institut richtet das internationale Festival »Figurentheater der Nationen« (FIDENA) und einen Amateur-Wettbewerb aus. Es unterhält eine Schule für Puppenspieler und verfügt über eine Puppenspiel-Sammlung sowie die größte Papiertheater-Sammlung der Welt. Die Bochumer Symphoniker sind mit rund 80 Musikern ein städtisches Orchester, das einen guten Ruf hat. Auf musikalischem Gebiet unbedingt erwähnenswert ist außerdem die »Zeche«, ein Veranstaltungszentrum für Rock, Jazz und Folk.

Als Siegerlohn eine Eiche

Das Bochumer Mai-Abend-Fest geht auf eine Begebenheit im Jahr 1388 zurück. Damals lagen Graf Engelbert III. und die Bochumer mit der freien Reichsstadt Dortmund im Streit. Eines Nachts raubten die frechen Nachbarn den Bochumern eine Viehherde, aber die Junggesellen der Stadt, die gerade ein Fest vorbereiteten, bemerkten den Frevel, jagten den Dieben nach und holten das Vieh zurück. Graf Engelbert verlieh ihnen das Recht, zur Erinnerung an ihren Sieg alljährlich die stärkste Eiche in seinen Waldungen zu schlagen. Brachten die Männer den Baum bis Sonnenuntergang auf den Schultern nach Bochum, durfte er versteigert werden, und der Erlös kam einem Fest zugute. Seither richtet die Bochumer Mai-Abend-Gesellschaft alljährlich die Siegesfeier nach altem Brauch aus.

Ein rauher Brauch
Bis ins 17. Jh. reicht die Wattenscheider Tradition des Gänsereitens am Rosenmontag zurück. Geritten wird in einem historischen Kostüm aus blauem westfälischem Leinenkittel, schwarzer Reithose, rotem Halstuch und Schildmütze. Gänsekönig wird, wer im Galopp als erster einer aufgehängten toten Gans mit bloßer Hand den Kopf abreißt. Um die Schwierigkeit zu erhöhen, wird dem Tier der Hals mit Schmierseife eingerieben. Das ungewöhnliche Schauspiel findet im Höntroper Südpark statt.

Einblick in die Erde
Das Deckgebirge über den Kohleflözen des Ruhrgebiets ist unterschiedlich dick. Rund 1000 m sind es im Norden des Reviers, während bei Bochum die Kohle buchstäblich offen zugänglich war. Im Geologischen Garten lassen sich Aufbau und Schichtung des Bodens studieren. Als eines der wenigen geschützten geologischen Naturdenkmäler der Region wurde er auf einem ehemaligen Zechengelände angelegt. Auch Gesteinsfunde und eiszeitliche Findlinge, die aus Skandinavien hierher verschlagen wurden, sind in der Grünanlage an der Querenburger Straße zu sehen (jederzeit zugänglich; geologische Führungen nach Vereinbarung, ☏ 62 52 34 oder 62 52 81).

Die Bergmannskuh hat ausgedient
Ein reichhaltiges Kulturangebot hat sich die Stadt schon seit Jahrzehnten geleistet. Und es soll auch so bleiben! Kohle und Autos sind die Schlüsselprodukte ihrer Vergangenheit und Gegenwart. In der zweiten Hälfte des 18. Jh. wurde mit dem planmäßigen Kohleabbau begonnen. Ein Jahrhundert später waren rund 50 Schachtanlagen im Betrieb. Sie trugen so aufmunternde Namen wie »Fröhliche Morgensonne« oder »Friedlicher Nachbar«. Jeder dritte Bochumer lebte einmal vom »Pütt«, die Kohle prägte das Leben. Ab 1907 ließ die Firma Krupp die Werkskolonie »Dahlhauser Heide« bauen. Hier fand der Bergmann, was er nach damaliger Vorstellung nach seinem harten Arbeitstag brauchte: etwas Grün vor der Tür, Ruhe zum Ausschlafen nach der Schicht, das Gärtchen hinterm Haus und Platz für eine Ziege, die sogenannte Bergmannskuh. Die von Fachwerkgiebeln bekrönten Häuser stehen großenteils noch.

Der Förderturm des Bergbau-Museums ist ein Wahrzeichen Bochums.

Für das Ruhrgebiet typisch: die Bergmannskapelle.

Ein Musical auf Rollschuhen – fast täglich startet der »Starlight Express« mit seiner rasanten Show im Bochumer Starlighttheater.

Studienfach Tüfteln

1960 gab es noch 17 Zechen auf Bochumer Boden. Als der Bergbau schließlich immer weiter nach Norden wanderte, schloß 1973 die letzte Schachtanlage ihre Tore. Rund 40 000 Arbeitsplätze vernichtete das Zechensterben, aber Bochum gelang es, andere Branchen in die Stadt zu holen. Heute sind die Opelwerke mit etwa 17 700 Beschäftigten größter Arbeitgeber. Zum Fahrzeug liefert die Stadt den Sprit gleich dazu. Nicht zufällig hat die ARAL AG, größter Tankstelleneigner im Lande, hier ihren Sitz, denn sie ging aus Verwertungsfirmen für Abfallprodukte der heimischen Kokserzeugung wie Benzol und Teer hervor. Auch die Chefetage des Kruppschen Imperiums befindet sich mittlerweile in Bochum. Zu ihm gehört das Gußstahlwerk »Bochumer Verein«, dessen Gründer, der Schwabe Jacob Mayer, 1841 den Stahlformguß erfand, durch den unter anderem der Glockenguß wesentlich verbessert werden konnte. Deshalb ist es nicht verwunderlich, daß das erste gußstählerne Glockenspiel der Welt vom Turm des Bochumer Rathauses erklingt. Auch die große Glocke vor dem Eingang erinnert an die richtungweisende Idee. Noch eine Erfindung nahm von Bochum ihren Ausgangspunkt: Franz von Dücker baute hier 1861 die erste Drahtseil-Schwebebahn der Welt.

Auch in Zukunft dürfte es in der Stadt an Tüftlern und Technikern nicht mangeln, denn die Ingenieurwissenschaften sind fester Bestandteil der

Jörgen sah die Steine brennen

Eine Sage erzählt, wie die Ruhrkohle entdeckt worden ist. Ein Hirtenjunge namens Jörgen zündete an einem kalten Tag ein Holzfeuer an, um sich zu wärmen. Zu seinem Erstaunen entdeckte er, daß die darunterliegenden »Steine« mitbrannten und weit mehr Wärme als das Holz entwickelten. Aufgeregt lief er nach Hause, um seine Entdeckung bekanntzumachen. Ob die gewaltigen Kohlenlager unter dem Ruhrgebiet tatsächlich so gefunden worden sind, ist nicht bewiesen; aber dem Hirten Jörgen hat man im »Weitmarer Holz« unweit von Stiepel einen Gedenkstein gesetzt.

Seit der Bergbaukrise der 60er Jahre gehört der Staub der Zechen in Bochum der Vergangenheit an. Moderne Industrie, wissenschaftliche Forschungseinrichtungen und Kultur geben der lebendigen Stadt heute die Impulse.

Tips, Tips, Tips

Geöffnet bis zum Morgengrauen
Der »Backofen« (Overbergstraße 4) gilt als ältestes Bochumer Studentenlokal. »Rockpalast« nennt sich eine umgebaute Brauerei im Stadtteil Langendreer (Hauptstraße 200, ab 20 Uhr), deren Veranstaltungen oft bis in den Morgen dauern. Wer weißen Marmor, blitzblankes Chrom und Topfpflanzen liebt, kommt im »Treibhaus« (Konrad-Adenauer-Platz) auf seine Kosten.

In die Sterne schauen
Wie sich Sonne, Mond und Sterne bewegen, können Sie im Planetarium in einer Kunststoffkuppel von über 20 m Durchmesser verfolgen. Das dazu erforderliche Wissen wird von Experten in Vorträgen vermittelt. Castroper Straße 67, ☏ 6213691.

1965 gegründeten Universität. Sie hat sich in einigen Forschungsbereichen einen ausgezeichneten Ruf erworben; allerdings blieb die städtebauliche Harmonie hinter dem wissenschaftlichen Niveau zurück. Das monotone Hustadt-Viertel für die Studenten, die nach Fachbereichen getrennten Schnellstraßen-Ausfahrten und der Standort »auf der grünen Wiese« haben zum Ruf einer »Beton-Uni« beigetragen. Dennoch hat die Ruhr-Universität auch die Attraktivität der Stadt erhöht. Da gibt es die Kunstsammlung ⑩, die Exponate von der Antike bis zur Gegenwart präsentiert, und den Botanischen Garten, der zum Ausgangspunkt eines Ausflugs ins idyllische Ruhrtal genommen werden kann. Hunderttausende erfreuen sich Jahr für Jahr an der Pflanzenvielfalt aus gemäßigten und – im Gewächshaus – subtropischen und tropischen Klimazonen.

Ganz in der Nähe wurde die Ruhr zum Kemnader See aufgestaut, der Wassersportler und Spaziergänger gleichermaßen anlockt. Am südlichen Ende des Sees unterhält Bochum im Haus Kemnade seine Stadthistorische Sammlung. Berühmt sind Drucke und die Handschrift der »Jobsiade« des Stadtarztes C. A. Kortum. Wilhelm Busch hat die in Knittelversen geschriebene humorvolle Gesellschaftssatire ein Jahrhundert später bearbeitet und weithin bekanntgemacht.

Die Stadtgründung kam eigentlich zu früh

Von Kemnade aus sieht man hoch über dem Ruhrtal Burg Blankenstein. Die Ruine aus dem 13. Jh. liegt zwar auf Hattinger Gebiet, spielte aber in Bochums Geschichte eine bedeutende Rolle. Hier wurden der Siedlung

Der Kemnader See ist durch Aufstauen der Ruhr entstanden und Mittelpunkt eines idealen Erholungsgebiets. Am südlichen Seeufer liegt das Haus Kemnade mit der Stadthistorischen Sammlung Bochums.

durch Graf Engelbert II. im Jahr 1321 die Stadtrechte verliehen. Eigentlich geschah dies rund 500 Jahre zu früh, denn bis weit ins 19. Jh. hinein galt Bochum trotz seiner Lage am Hellweg, dem alten Handelsweg durch das Ruhrgebiet, als unbedeutendes Ackerbürgerstädtchen. Obwohl sich seine Vergangenheit bis in die Jungsteinzeit zurückverfolgen läßt, geschah hier bis zum Anbruch des Industriezeitalters nichts Erwähnenswertes. Demnach ist es kein Wunder, daß Bochum auf alten Landkarten einfach vergessen worden ist.

Ist die Stadt für neue Entwicklungen deshalb so aufgeschlossen, weil sie nur wenig Tradition aufzuweisen hat? Immerhin gibt es hier ein weltweit renommiertes Institut für Umwelt- und Zukunftsforschung (früher: Institut für Weltraumforschung der Sternwarte Bochum). Sein Gründer Heinz Kaminski fing 1957 die ersten Piepser des »Sputnik« auf. Aus einer bescheidenen Volkssternwarte ist seitdem dank der Initiative des damaligen Amateurforschers und mittlerweile prominenten Astronomen das weltweit anerkannte Institut hervorgegangen.

Das Kuhhirten-Denkmal erinnert an die bäuerliche Vergangenheit der Stadt.

Theater, Musik, Veranstaltungen, Museen

Theater
Schauspielhaus Bochum, Bochumer Ensemble, Königsallee 15 (angeschlossen Kammerspiele, »Theater Unten«, Kammerfoyer). Modernes und klassisches Sprechtheater, ☎ 3 33 30.
»Zeche«, Prinz-Regent-Str. 50–60. Kleinkunst, Pantomime, Kindertheater, ☎ 7 20 03/04.
Bahnhof Langendreer, Kommunikations- und Stadtteilzentrum, Wallbaumweg 108. Theater, Kleinkunst, Kindertheater, ☎ 26 19 25.
Freilichtbühne Wattenscheid, Stadtgarten Wattenscheid. Volkstümliche Veranstaltungen aller Art, Operette, Konzerte, Märchenspiel, ☎ (0 23 27) 8 70 91.
Waldbühne Wattenscheid, Südpark Wattenscheid. Märchen, moderne Kinderstücke, ☎ 1 30 31.

Musik
Bochumer Symphoniker, Königsallee 178 (Probengebäude). Spielorte: Schauspielhaus, Audimax der Ruhr-Universität, Stadthalle Wattenscheid, Forum des Museums, Kammerspiele, St.-Vinzentius-Kirche Harpen, Christuskirche, ☎ 7 30 46/47.
Ruhrlandhalle Bochum, Stadionring. Tagungen, Fernseh-Unterhaltungssendungen, Galakonzerte, Feste zur Ballsaison, ☎ 59 60 37/38.
Stadthalle Wattenscheid, Saarlandstr. 41. Sinfoniekonzerte, Unterhaltungsabende, Feste aller Art, ☎ 59 60 37/38.
Propsteikirche ❷ am Alten Markt. Orgelkonzerte, ☎ 6 21 91 21.
Christuskirche am Rathaus. Orgelkonzerte, Oratorien, Kammerkonzerte, ☎ 86 48 35.
Rockpalast, Bo-Langendreer, Hauptstr. 200 Von Pop bis Hard Rock, ☎ 29 21 02.
»Zeche«, Prinz-Regent-Str. 50–60. Jazz, Rock, Pop, Oldies, ☎ 7 20 03/04.
Bahnhof Langendreer, Wallbaumweg 108. Jazz, Avantgarde Music, Rock, ☎ 26 19 25.

Veranstaltungen
Rosenmontag: *Gänsereiten* im Stadtteil Wattenscheid. Heimatfest mit Ursprung im Dreißigjährigen Krieg. Alle zwei Jahre Festumzug (1990).
Sa vor Ostern: Große *Osterkirmes,* Festplatz an der Castroper Str. Karussells und Buden.
Alle zwei Jahre vor den Sommerschulferien (1991): *Kemnade international* im Haus Kemnade ❻ an der Ruhr. Kulturfest zum besseren Verständnis zwischen Ausländern und Deutschen. Folklore, Tanz, Theater, Musik, ☎ (0 23 27) 8 70 91.
Anfang April: *Shakespeare-Tage.* Drei Tage mit Aufführungen, Gesprächsrunden, Konzerten, Lesungen, ☎ 31 18 42.
April/Mai: *Bochumer Orgeltage.* 10 Orgelkonzerte alter und neuer Meister mit intern. Solisten in verschiedenen Kirchen Bochums. Orgelseminar (Voranmeldung erforderlich!). Kindernachmittag »Rund um die Orgel«, ☎ 6 21 39 74–78 oder (0 23 24) 8 05 49.
Letzter Sa im April: *Mai-Abend-Fest.* Zapfenstreich am Vorabend. Ausmarsch des Festzugs nach Harpen, im Stadtpark Bochum alljährliche Pflanzung einer Eiche.
Anfang Mai: *Figurentheater der Nationen* (FIDENA). Größtes europäisches Figurentheater-Festival, Wettbewerb um den Fritz-Wortelmann-Preis der Stadt, ☎ 4 77 78.
Mai: *Watt-creativ* im Wattenscheider Rathaus. 100 Hobbykünstler stellen aus, ☎ (0 23 27) 80 15 33.
Mitte Mai–Aug.: *Nachmittagskonzerte* in der Freilichtbühne Wattenscheid. Volkstümliche Musikveranstaltungen, ☎ (0 23 27) 80 15 33.
Anfang Juli: Einwöchiges *Ruhrgebiets-Amateurtheatertreffen* in der Fußgängerzone Innenstadt. Spielorte: Festzelt vor dem Deutschen Bergbau-Museum ❹, Uni-Center, Fußgängerzonen Gerthe und Wattenscheid. Kindertheater, Kabarett, Tanztheater, Zirkus. Höhepunkt: Kinderabschlußfest und »Bochumer Abendstreich«, ☎ 6 21 35 75–81.
Mitte Juli: *Seefest* am Grummer See. Schaufahren auf dem See, verschiedene Orchester, Attraktionen für Kinder, ☎ 6 21 39 74–78.
Ende Juli: *Sommerkirmes* auf dem Festplatz an der Castroper Str. Markt, Kleinkunst, Buden.
Sommerschulferien: *Musik-Festival-Ruhr.* Kammerkonzerte vorwiegend aus Klassik und Romantik im Musikhaus Thürmer an der Friederikastr. 4, ☎ 6 21 91 21.
Kindertheater in der Waldbühne Wattenscheid. Märchen, moderne Kinderstücke, ☎ 1 30 31.
Ende Aug.: *Leinpfadfest (Kemnader Seefest),* Haus Kemnade ❻ an der Ruhr. Volksfest mit Kleinkunst, Tanz, Karussells, ☎ (0 23 27) 8 70 91.
Sept.–Mitte Mai: *Burgserenaden* im Haus Kemnade ❻ an der Ruhr. Kammermusik, Vorträge, Lesungen, ☎ 1 30 31.
Ende Okt./Anfang Nov.: *Bochumer Kunstbörse* in der Ruhrland-Halle. Über 100 Künstler, Galerien und Ateliers stellen aus, ☎ 6 21 35 75–81.
Nov.: *Kinder- und Jugendtheatertage.* Professionelle Bühnen und die Theatergemeinschaften der Bochumer Schulen spielen alte und moderne Stücke. Spielorte: verschiedene Schulen Bochums, ☎ 6 21 91 21.

Museen
Bauernhausmuseum bei Haus Kemnade (s. ❼).
Deutsches Bergbau-Museum, Am Bergbaumuseum 28 (s. ❹).
Eisenbahnmuseum Bochum-Dahlhausen, Dr.-C.-Otto-Str. 191 (s. ❾).
Galerie Haus Laer, Höfestr. 45, Bochum-Laer. Zeitgenössische Kunst, Keramik und Avantgarde Couture, Ausstellungen zur Geschichte Westfalens und des Ruhrreviers.
Helfs Hof, In den Höfen 37, Wattenscheid. Bauernhaus, entstanden 1560, mit bäuerlichen Möbeln, Handwerkszeug und Urkunden über die Stadtentwicklung Wattenscheids (Mi 10–13, 15–19, Sa, So 11–19 Uhr).
Kunstsammlungen der Ruhr-Universität, Universitätsstr. 150 (s. ❿).
Museum Bochum Kunstsammlung, Kortumstr. 147 (s. ❸).
Planetarium, Castroper Str. 67. Darstellung der Himmelskörper durch ein Groß-Projektionsgerät (Di–Do 14, Mi, Fr 19.30, Sa, So 14, 16 Uhr).
Wasserburg Haus Kemnade an der Kemnader Str. linksseitig der Ruhr (s. ❻).

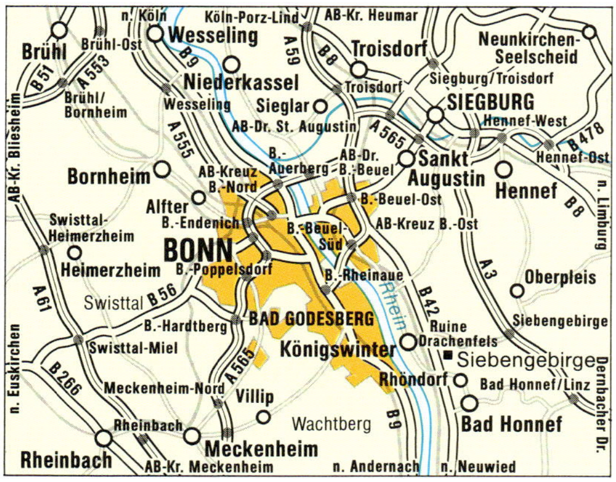

Man hat sich über die Stadt lustig gemacht, Lästerliches über sie verbreitet, sie karikiert, als Bundesdorf geschmäht, statt sie als Bundeshauptstadt zu preisen: Bonn, seit 1949 Kapitale der Bundesrepublik Deutschland. Die 2000jährige Stadt am Rhein wird inzwischen weniger mit hämischen als eher mit lobenden Tönen bedacht. Ist doch die Republik mit der Stadt, die schon zu Cäsars Zeiten Geschichte machte, nicht so schlecht

gefahren. Denn trotz des harten Politalltags im Regierungsviertel und einigen staatlich oder städtisch verordneten Betonburgen haben sich Bonn und seine Bürger mit stattlichen Gebäuden wie dem Rathaus am Marktplatz (unser Bild) und weiten Grünflächen den Charme eines freundlichen, beschaulichen Städtchens in der rheinischen Provinz bewahrt. Zum Glück.

Bonn

Jüngste Hauptstadt Europas

Wappen Schwarzes Kreuz auf silbernem Grund im oberen, ein schreitender goldener Löwe auf rotem Grund im unteren Schildteil. Das Kreuz erinnert an die frühere Herrschaft der kölnischen Kurfürsten, der Löwe ist einem Standbild nachempfunden, das früher auf dem Münsterplatz stand.
Lage An der Südspitze der Kölner Bucht, am Rhein (75 % des Stadtgebiets liegen links-, 25 % rechtsrheinisch).
Land Nordrhein-Westfalen
Autokennzeichen BN
Höhe 46–195 m ü. M.
Fläche 141 km^2
Einwohnerzahl 296 000
Postleitzahl 5300
Telefonvorwahl 02 28
Post Hauptpostamt, Münsterplatz 17, Spätschalter (So 11–12 Uhr).
Polizei Friedrich-Ebert-Allee 144, ☎ 1 51
Taxi ☎ 55 55 55
Nahverkehr Straßenbahn- und Busverkehr sowie unterirdisch geführte Stadtbahn. Fahrscheine gibt es an wichtigen Haltestellen an Automaten bzw. in den Straßenbahnen, Bussen und Stadtbahnen. Für Touristen lohnt eine Tagesnetzkarte, erhältlich an Automaten oder in Vorverkaufsstellen.
Parken Marktgarage, Einfahrt Stokkenstr., Bahnhofgarage, Einfahrt Münsterstr.: Beide Parkhäuser sind Mo–Sa 6.30–1.30, So 8–1.30 Uhr geöffn.; Theater-Garage, Einfahrt Brassertufer, tägl. 7–1 Uhr; die Stadthausgarage, Einfahrt Weiherstr., und die Uni-Tiefgarage, Einfahrt Regina-Pacis-Weg, sind durchgehend geöffnet.
Touristinformation Münsterstr. 20, ☎ 77 34 66 (April–Okt. Mo–Sa 8–21, Nov.–März 8–19, ganzjährig So 9.30–12.30 Uhr).
Stadtführung »Samstagabend in der City«: jeden Sa (Juni–Sept.) kostenlose Führung durch die Innenstadt, Dauer etwa 1½ Std. Treffpunkt: Touristinformation, Münsterstr. 20. Anmeldung ist erforderlich (☎ 77 34 66).
Stadtrundfahrt Ab Touristinformation, Münsterstr. 20 (Ostern–Okt. tägl. 10, zusätzlich Juli–Sept. 14 Uhr; im Winter Sa 11 Uhr).
Schiffahrt Ausflugsfahrten auf dem Rhein Mai–Okt., Abfahrt: Alter Zoll, ☎ 63 65 42, 63 21 34, 36 37 37.

Die Hauptstadt Bonn gab's auch schon früher

Die Meinungsmacher sparten nicht mit bissigem Spott, als 1949 das Provinzstädtchen Bonn am Rhein zur Regierungsmetropole für die eben aus der Taufe gehobene Bundesrepublik Deutschland erkoren wurde. Nur ganze zehn von damals 150 deutschen Zeitungen beurteilten die Wahl wohlwollend, für den Rest der Kommentatoren im deutschen Blätterwald stand fest: In einem Dorf wie Bonn ist keine Politik zu machen, allenfalls provisorisch, für einen Übergangszeitraum. Wenn schon nicht Berlin, die geteilte Reichshauptstadt, dann sollte doch zumindest Frankfurt Kapitale der Republik werden – schon wegen der Paulskirchentradition. Daß sich die Kritiker gründlich getäuscht haben, beweisen ihnen die Bonner nun schon seit Jahrzehnten.

Die richtigen »Bönnsche« konnten sich schon damals keinen Reim darauf machen, warum man ihrer Stadt so gar nichts Hauptstädtisches zutrauen wollte. Schließlich war Bonn in dieser Beziehung kein unbeschriebenes Blatt. Schon im Jahr 1601 hatte ein gewisser Ferdinand, ein Wittelsbacher auf dem Kölner Bischofsstuhl, Bonn zu seiner Residenz- und Hauptstadt erkoren. Der Wittelsbacher war damit dem Beispiel des Kölner Erzbischofs und Kurfürsten Konrad von Hochstaden gefolgt, der 1248 zwar noch den Grundstein für den Kölner Dom gelegt hatte, später aber mit den Bürgern der Stadt seine politischen Probleme hatte und – wie man erzählt – in einem Nacht- und Nebelritt die Domstadt verlassen mußte, um fortan in »Bunne« hofzuhalten.

Casanova konnte es auch in Bonn nicht lassen

Ferdinand brachte die Bonner während seiner Regentschaft unversehrt durch den Dreißigjährigen Krieg – was von den Geschichtsschreibern als seine größte Tat vermerkt wird. Eindrucksvollere und bis heute sichtbare Zeichen hinterließen seine Nachfolger Joseph Clemens (1688–1723) und Clemens August (1723–61). Sie bauten Bonn zu einer eindrucksvollen Barockresidenz aus. Unter ihrer Regentschaft entstanden, wurden vollendet oder ausgebaut: die Wallfahrtskirche auf dem Kreuzberg (20) mit der »Heiligen Stiege«, einer Nachahmung der Scala Santa in Rom, das Poppelsdorfer Schloß (18) mit dem sehenswerten Botanischen Garten, das Alte Rathaus (1), Schloß Augustusburg bei Brühl mit seinem imposanten Treppenhaus, das kurfürstliche Schloß (7) und schließlich das Koblenzer Tor (15) als Triumphbogen.

Das Tor trägt unübersehbar die Handschrift des Kurfürsten Clemens August; es ist den französischen Triumphbögen nachempfunden. Denn für das »dolce vita« hatte jener Wittelsbacher eine besondere Schwäche.

Auf dem Münsterplatz hat Bonn seinem großen Sohn, dem Komponisten Ludwig van Beethoven, ein Denkmal gesetzt.

Clemens August war der leichtlebigste und leichtsinnigste Vertreter der Bayerndynastie am Rhein – was ihn bei den Bonnern zu deren beliebtestem machte. Er war es, der in Bonn höfische Glanzlichter setzte. Zu seinen berühmten Gästen, die er – bevor er sich im wahrsten Sinn des Worts zu Tode getanzt hat – an den damals glänzendsten Hof des deutschen Westens lockte, gehörte auch Giacomo Casanova, jener legendäre Frauenheld, der nicht nur Bonner Hofdamen, sondern auf einer Dienstreise nach Norden auch die Frau des damaligen Kölner Bürgermeisters verführt haben soll.

1770 erblickte in der Bonngasse 20 ❹ ein Knabe das Licht der Welt, der anschließend zwar nur 22 Jahre seines Lebens in seiner Vaterstadt verbracht hat, aber dennoch Spuren hinterließ wie kein anderer: Ludwig van Beethoven. Sein Geburtshaus ist heute Museum, nebenan befindet sich der Kammermusiksaal des Vereins Beethoven-Haus; eine Konzerthalle trägt ebenso seinen Namen wie ein Gymnasium und ein weltweit beachtetes Fest klassischer Musik, zu dem Bonn alle drei Jahre einlädt.

Nach Napoleon die Preußen

So rechte Begeisterung wollte bei den Bonnern nicht aufkommen, als 1804 der große Korse die ihm untertane Stadt erstmals besuchte, auch seine große Truppenparade 1811 auf der Poppelsdorfer Allee konnte sie nicht aus der Reserve locken. Als man dann 1815 preußisch wurde, war auch das zuerst kein Grund zum Jubeln: »Do hierode mir in en ärm Familij«, soll ein Bankier wenig hoffnungsfroh gesagt haben. Mit preußischem Schliff und strenger Sparsamkeit hatten im lebenslustigen Bonn selbst die Banker nichts im Sinn. Um so erfreuter zeigte man sich, als mit den Preußentalern 1818 die Gründung der Rheinischen Friedrich-Wilhelms-Universität finanziert wurde. Berühmte Gelehrte und später zu Ruhm gelangte Studenten prägten das Bild der Alma mater: Ernst Moritz Arndt, Dozent, Dichter und Publizist, dessen Wohnhaus die Stadt später zu einem Museum machte ⓭, den Astronomen Argelander, den Historiker und Politiker Dahlmann, Karl Marx und Heinrich Heine zog es an die junge Hochschule, die im kurfürstlichen Schloß der Wittelsbacher Quartier bezogen hatte.

Als Ludwig van Beethoven 1827 in Wien starb, hatten ihn die Bonner noch längst nicht vergessen. Und die braven Bürger, allen voran der Universitätsprofessor August Wilhelm von Schlegel, ruhten nicht eher, bis dem Meister auf dem Münsterplatz ein Denkmal gesetzt wurde, das 1845 mit vielen erlauchten Gästen sowie einigen Peinlichkeiten und Skandälchen eingeweiht wurde. Denn die bedeutendsten Ehrengäste, Friedrich Wilhelm IV. und Queen Victoria, hatten die Zeremonienmeister bei der Denkmalsenthüllung just so postiert, daß der Komponistenfürst den Majestäten seinen wenig schmeichelhaften Rücken zukehrte; Komponistenkollege Franz von Liszt inszenierte bei einem anschließenden Festessen mit einem provokativen Toast einen handgreiflichen Tumult, und auch der Auftritt der skandalumwitterten Tänzerin Lola Montez sorgte für Gesprächsstoff.

Besuchenswertes Drumherum

Nicht nur Bonn ist eine Reise wert, sondern auch das Bonner »Drumherum«. Im Norden z. B. das Schloß Augustusburg in Brühl (Entfernung 20 km über die B 9, die Kölnstraße), das von Kurfürst Clemens August ab 1725 errichtet wurde und mit seinem herrlichen Schloßpark, den prachtvollen Blumenanlagen und dem 37 ha großen Waldgelände zum Besuch einlädt. Ebenfalls in Brühl liegt »Phantasialand«, einer der größten Freizeitparks Europas, der seine Tore allerdings nur vom 1. April bis zum 31. Oktober öffnet. Durchgehend dagegen lädt das Siebengebirge ein, das sich im Süden der Stadt über dem Rheintal erhebt. Außer kilometerlangen Wanderwegen durch das Naturschutzgebiet lohnt hier vor allem eine Stippvisite auf dem Drachenfels bei Königswinter (10 km von Bonn). Er ist der angeblich meistbesuchte Berg Europas. Gipfelstürmer, die vom Schloß Drachenburg aus den herrlichen Blick über die Rheinlandschaft genießen wollen und nicht so gut zu Fuß sind, können sich auch von einer Zahnradbahn oder einem Esel in die Höhe bringen lassen.

Von richtigen und falschen Bönnsche

Statistisch gesehen sind sie in der Minderzahl – die richtigen »Bönnsche«. Von den 296 000 Einwohnern, die die Stadt seit der großen Eingemeindungsaktion 1969 zählt, sind eigentlich nur knapp ein Drittel »richtige« Bonner. Ein weiteres Drittel kam durch eben diese kommunale Neuordnung und einige »freiwillig« hierher gezogene »Neu-Bonner« hinzu. Das letzte Drittel sind die sogenannten »Berufs-Bonner«: die fast 70 000 Bediensteten der Bundesbehörden, Diplomaten und Journalisten aus aller Welt und die fast 40 000 Studenten, die an der Rheinischen Friedrich-Wilhelms-Universität studieren. Doch Bonn hat ein weltoffenes Herz für alle – für die »richtigen« und für die »falschen« Bönnsche.

Die ehemalige kurfürstliche Residenz mit den vier schweren Ecktürmen öffnet sich mit Blick über das einstige Festungsglacis, den Hofgarten. Seit 1818 ist sie das Hauptgebäude der Universität.

Stadtrundgang

Am besten stellen Sie Ihren Wagen in der Marktgarage ab, die recht nah am Ausgangspunkt des Rundwegs liegt. Mit kleinen Pausen, für die sich Ruhebänke im Hofgarten ebenso anbieten wie am Rheinufer, sollten Sie zwei Stunden veranschlagen, sofern Sie sich nicht darauf beschränken, am Hofgarten umzukehren und sich eine Weile durch die Gassen der Bonner Altstadt treiben zu lassen. Eine andere Abkürzungsmöglichkeit besteht darin, daß Sie nach einem Rundgang durch das Regierungsviertel die U-Bahn an der Adenauerallee nehmen und ins Stadtzentrum zurückfahren.

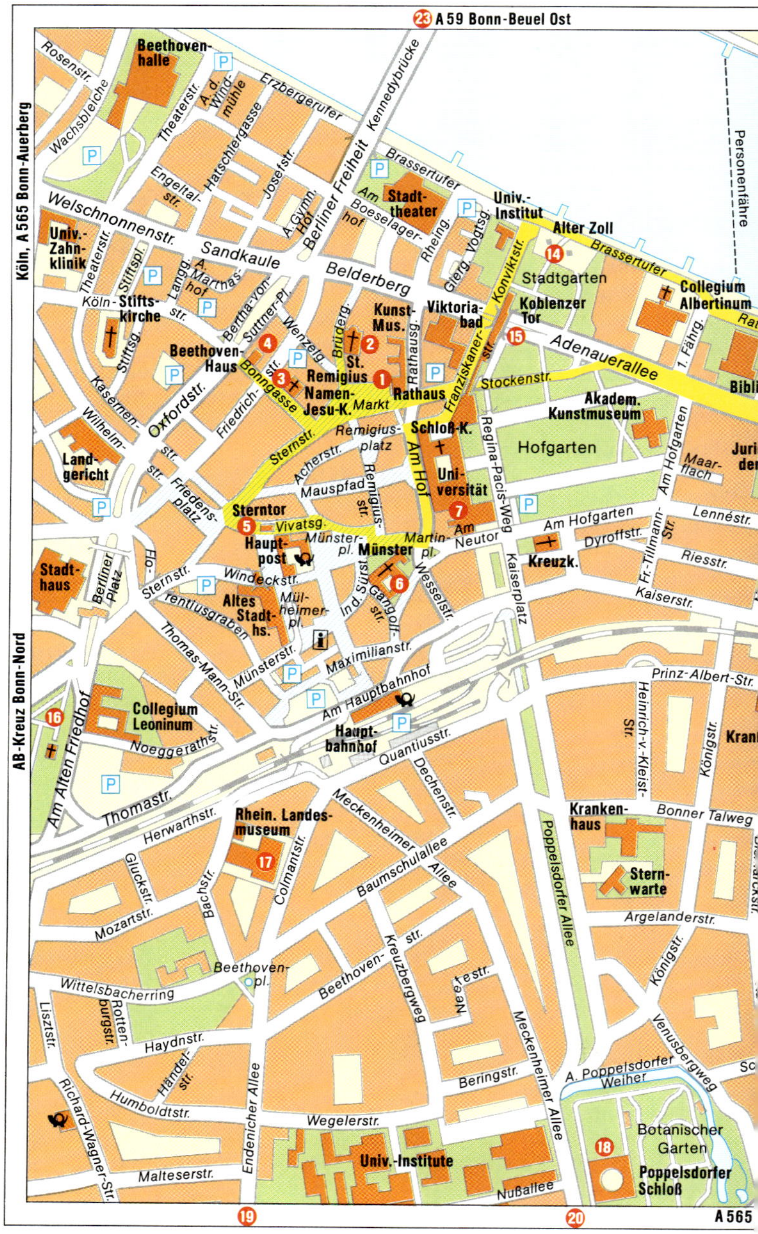

Sehenswürdigkeiten

1 *Altes Rathaus*, 1737/38 nach Plänen des frz. Architekten Michel Leveilly errichtet, auf den Marktplatz ausgerichtete Fassade und doppelläufige Freitreppe aus dem Jahr 1765 mit schönem schmiedeeisernem Geländer.

2 *Minoriten-Klosterkirche St. Remigius*, hochgotische dreischiffige Basilika, 1317 geweiht.

3 *Katholische Universitätskirche Namen Jesu*, fünfjochige Hallenkirche, Ende des 17. Jh. nach Plänen des Schweizers Jacob de Candrea im Stil des rheinischen Manierismus erbaut.

4 *Beethoven-Haus*, Geburtshaus des Komponisten, Anfang des 18. Jh. erbaut, seit 1889 Museum; zahlreiche Erinnerungsstücke, einzigartige Sammlung von Originalmanuskripten, Beethovens letzter Flügel (April–Sept. Mo–Sa 10–17 Uhr, Okt.–März Mo–Sa 10.30–16.30, So 10–13 Uhr).

5 *Sterntor*, Überrest der Stadtbefestigung des 13. Jh., stand urspr. am Ende der Sternstraße, wurde 1898 aus verkehrstechnischen Gründen abgetragen und neben einem Turm, dem einzig erhaltenen Rest der ersten Stadtmauer, wieder aufgebaut.

6 *Münster St. Martin*, dreischiffige romanische Basilika des 11.–13. Jh. mit Krypta unter dem Chor sowie achtseitigem Vierungsturm mit betont hohem Spitzhelm (16. Jh.). Im Innern schönes Sakramentshaus und überlebensgroße Bronzefigur der hl. Helena, beides aus dem frühen 17. Jh., sowie Rokokokanzel und Krippenaltaraufsatz aus verschiedenfarbigem Marmor (1622). Architektonisch gelungener und stimmungsvoller Kreuzgang aus dem 12. Jh.

7 *Universität*, ehemalige kurfürstliche Residenz am Hofgarten, im 18. Jh. in spätbarockem Stil vollendet, seit 1818 Hauptgebäude der Rheinischen Friedrich-Wilhelms-Universität.

8 *Villa Hammerschmidt*, Sitz des Bundespräsidenten, 1863–65 in Renaissanceformen errichtet.

9 *Palais Schaumburg*, 1858–60 im Renaissancestil errichtete Residenz des Prinzen zu Schaumburg-Lippe, zwischen 1949 und 1976 Sitz des Bundeskanzlers. Heute dient das Haus repräsentativen Zwecken. Im Park der Kanzlerbungalow (1963/64) des Architekten Sepp Ruf.

10 *Bundeskanzleramt*. In dem 1976 fertiggestellten Gebäude residieren der Bundeskanzler und seine engsten Mitarbeiter.

11 *Abgeordnetenhaus*, erbaut von Egon Eiermann (1969); in dem 112 m hohen »Langen Eugen« (nach dem langjährigen Bundestagspräsidenten Eugen Gerstenmaier) sind auf 29 Geschossen Büros der Bundestagsabgeordneten sowie Sitzungszimmer untergebracht.

12 *Bundeshaus*. Das 1930–33 im Bauhaus-Stil errichtete Gebäude wurde urspr. als Pädagogische Akademie genutzt und 1949 durch einen Erweiterungsbau von Hans Schwippert ergänzt. So entstanden Räumlichkeiten für Bundestag und Bundesrat. Im Frühjahr 1988 wurde der Plenarsaaltrakt abgerissen; bis zum Abschluß der Neubauarbeiten (voraussichtlich 1992) tagt das Parlament im benachbarten ehemaligen Wasserwerk.

13 *Ernst-Moritz-Arndt-Haus*, Wohnhaus des Dichters, Politikers und Publizisten, der hier 1860 starb. Heute Museum mit Erinnerungen an den Künstler, alten Bonn-Ansichten und romantischen Rheinlandschaften (Di–So 10–17 Uhr).

14 *Alter Zoll*, Südbastion der Stadtmauer mit besonders schönem Blick auf Rhein und Siebengebirge.

15 *Koblenzer Tor*, von Kurfürst Clemens August Mitte des 18. Jh. als Triumphbogen errichtet.

16 *Alter Friedhof*, 1715 eröffnet; vor allem im 19. Jh. wurden hier zahlreiche bekannte Persönlichkeiten beigesetzt,

u. a. Ernst Moritz Arndt, August Wilhelm von Schlegel, Robert und Clara Schumann. Schöne Grabmäler. Interessante Friedhofskapelle aus dem 13. Jh., die urspr. in Ramersdorf im Siebengebirge gestanden hat und im 19. Jh. abgetragen und hier wieder aufgebaut worden ist.

17 *Rheinisches Landesmuseum*, Ausstellung von Fundstücken, die die Geschichte des Rheinlands von der Frühzeit (Neandertaler) bis ins 20. Jh. belegen. Schwerpunkte sind archäologische Funde aus römischer sowie fränkischer Zeit, außerdem Kunst und Kunsthandwerk vom Mittelalter bis in die Neuzeit (Di, Do, Fr 9–17, Mi 9–20, Sa, So 11–17 Uhr).

18 *Poppelsdorfer Schloß*, 1715–56 von den Wittelsbachern als barockes Lustschloß Clemensruhe errichtet, im Zweiten Weltkrieg fast völlig zerstört, 1947–56 stark vereinfacht wieder aufgebaut, 1978/79 wurde das Äußere nach alten Ansichten neu gefaßt. Heute sind hier das Botanische Institut und das *Mineralogisch-Petrologische Museum der Universität* untergebracht. Mineraliensammlung, rohe und geschliffene Schmuck- und Edelsteine, petrographische und lagerstättenkundliche Sammlung (So 10–12, Mi 15–17 Uhr).

19 *Schumannhaus*, Erinnerungsstätte für Robert und Clara Schumann.

20 *Wallfahrtskirche auf dem Kreuzberg* (Poppelsdorf), schlichter kreuzförmiger Bau aus dem 17. Jh. mit schöner Barockausstattung. Baulich interessant ist das am Chor 1746–51 angesetzte »Haus des Pilatus« mit der »Heiligen Stiege«, einer Nachbildung der Scala Santa in Rom.

21 *Hochkreuz*, Kopie eines 11 m hohen gotischen Wegkreuzes, das im 14. Jh. in Godesberg aufgestellt wurde (Original im Rheinischen Landesmuseum).

22 *Godesburg*, ehemaliger Sitz der Kölner Erzbischöfe, 1583 zum Teil gesprengt. Heute Ruine, an der aber die Strukturen des einst mächtigen Baus noch gut zu erkennen sind. Im Bereich der Vorburg liegt die Michaelskirche mit romanischem Chorabschluß (13. Jh.) und barockem Langhaus (1697–99).

23 *Pfarrkirche St. Clemens* (Schwarzrheindorf), ein besonders schönes Beispiel romanischer Architektur aus dem 12. Jh. Mehrfach beschädigt und wieder aufgebaut, zuletzt 1902. 1973 Abschluß der äußeren Renovierung. Im Innern bedeutende romanische Wand- und Deckenmalereien.

Tips, Tips, Tips

In die Gründerzeit zurück
Südstadt nennen die Bonner ein Viertel südlich der Poppelsdorfer Allee beim Botanischen Garten. Hier baute zwischen 1860 und 1914 die Bonner Prominenz ihre Villen, vorwiegend im Stil der Gründerzeit. Dieser Stadtteil ist so gut erhalten und die Häuser sind größtenteils in einem so gepflegten Zustand, daß man sich als Besucher in die Zeit vor dem Ersten Weltkrieg zurückversetzt fühlen kann.

Kurfürstliches Grün
Bonn ist nicht die größte, aber sicherlich eine der grünsten Hauptstädte der Welt. Von den 141 km² Stadtgebiet entfällt mehr als ein Drittel auf Grün-, Wald- und Wiesenflächen. Mitten im Zentrum breitet sich zu Füßen der ehemals kurfürstlichen Residenz der Hofgarten aus; in unmittelbarer Nähe des Regierungsviertels, direkt am Rhein, lädt der Rheinauenpark (mit 160 ha fast so groß wie die Bonner Innenstadt) zum Bummeln ein, und wo einst die Kölner Erzbischöfe jagten, kann man heute auf kilometerlangen Waldwegen wandern: im Naturpark Kottenforst mit dem 150 m hohen Venusberg, einem Freiwildgehege und dem Jagdschlößchen Herzogfreude. Auf der rechtsrheinischen Seite ragt der Ennert, nördlichster Ausläufer des Siebengebirges, weit ins Bonner Stadtgebiet hinein. Der größte Teil dieses Walds mit dem idyllischen Dornheckensee ist seit 1922 Naturschutzgebiet.

Nicht nur Forschung, Lehre und Denkmäler hatten die Bonner Professoren im 19. Jh. im Sinn: Als Deutschland im Jahr 1848 von revolutionären Gedanken erfaßt wurde, setzten sie sich an die Spitze der Bewegung. Auf der Freitreppe des Alten Rathauses schwang Gottfried Kinkel die schwarzrotgoldene Fahne, und wenig später zogen sieben Gelehrte seiner Alma mater in die Frankfurter Paulskirche ein – Bonn hatte seinen »demokratischen Augenblick«, vermerkte ein Chronist.

Hauptstadt in der Pubertät

Fast genau ein Jahrhundert später entsandten die Bonner die Parlamentarier nicht mehr, man empfing sie. Die Stadt lag noch in den Trümmern des Zweiten Weltkriegs, als ihre neue Sternstunde schlug. Im Juli 1948 erklärten sich die Stadtväter ohne Zögern bereit, den vorbereitenden Verfassungskonvent in ihrer Stadt aufzunehmen: Der Parlamentarische Rat nahm im September in der Pädagogischen Akademie seine Arbeit auf, gut ein Jahr später wurde Bonn vorläufige Bundeshauptstadt.

»Die Hauptsache ist, daß der ministerielle Apparat möglichst klein gehalten wird«, hat Kanzler Konrad Adenauer in seiner ersten Regierungserklärung 1949 gesagt. Dabei ist es natürlich ebensowenig geblieben wie beim bundeshauptstädtischen »Provisorium« Bonn. Politik und Ministerialbürokratie, Parteizentralen und Industrieverbände haben sich längst in der beschaulichen Stadt breitgemacht und ihr einen nicht immer besonders ansehnlichen Stempel aufgedrückt. Der »Lange Eugen« (11), der 112 m hohe Hochhausriese, in dem die Bundestagsabgeordneten ihre Büros haben, ist nur eines der wenig erfreulichen architektonischen Beispiele der jüngsten Bonner Geschichte. Auch das Bundeskanzleramt (10), gleich neben der Villa Hammerschmidt (8) und dem Palais Schaumburg (9) gelegen, darf wegen seiner düsteren Fassade und des rein funktionalen Baustils getrost als architektonischer Sündenfall bezeichnet werden.

Bonn hat seine »Pubertätskrise« in der Entwicklung zur Bundeshauptstadt noch nicht völlig überwunden. Daran hat auch die ausgreifende Gebietsreform von 1969, als Bad Godesberg, Beuel und Teile des Siegkreises eingemeindet wurden und die Stadt von 30 auf 141 km² Größe anwuchs, nichts geändert. Deutlich wird dies an den seltsamen »Zahnlücken« vor allem längs der »Diplomatenrennstrecke«, der Adenauerallee und Friedrich-Ebert-Allee, die Bonn mit seinem Stadtteil Bad Godesberg verbinden. Durch den Neubau des Kunstmuseums, des Hauses der Geschichte der Bundesrepublik Deutschland, der Bundeskunsthalle und eines modernen Tagungszentrums wird ein Teil dieser Lücken allerdings bald geschlossen sein.

Im Park des Poppelsdorfer Schlosses, des ehemaligen Hauptschlosses der Kurfürsten, befindet sich der sehenswerte Botanische Garten.

Die mit vielen kleineren Reliefs übersäte Adenauer-Plastik erzählt vom Leben und Wirken des ersten Kanzlers der Bundesrepublik Deutschland.

40 km bis zum Paradies

Das Paradies liegt vor den Toren Bonns, genauer gesagt in der Eifel, 40 km von der Bundeshauptstadt entfernt: Maria Laach, ein Benediktinerkloster am Südwestufer des Laacher Sees. Die Vorhalle der romanischen Basilika des 1093 von Heinrich II. gestifteten Klosters trägt diesen verheißungsvollen Namen. Einmalige Steinmetzarbeiten sind hier zu bewundern, bevor man die Kirche mit ihren sechs Türmen betritt, die als eines der typischen und besterhaltenen Bauwerke dieser Epoche gilt. Doch paradiesisch muten nicht nur Gotteshaus und Kloster an. Auch die ausgedehnten Wälder rings um den idyllisch gelegenen See verleiten zum Vergleich mit dem Garten Eden (von Bonn aus über die B 9 oder die A 61 bis Mendig zu erreichen).

Theater, Musik, Veranstaltungen, Museen

Theater

Oper der Stadt Bonn (Großes Haus und Werkstattbühne), Am Boeselagerhof 1. Oper, Ballett, zeitgenössisches Musiktheater, ☎ 77 36 66/67.
Schauspiel Bonn. Spielorte – Kammerspiele, Am Michelshof 9; Halle Beuel, Siegburger Str. 42; Werkstattbühne, Rheingasse: Schauspiel, ☎ 36 30 98/99.
Contra-Kreis-Theater, Am Hof 3–5. Boulevardtheater, dreiwöchentlich Talk-Show »Bonnfetti« (Fr 23 Uhr), ☎ 63 23 07 und 63 55 17.
Theater der Jugend (Bonn-Beuel), Hermannstr. 50. Zeitkritisches und unterhaltendes Jugendtheater, ☎ 46 36 72.
Euro Theater Central Bonn, Münsterplatz 30 (Eingang Mauspfad). Deutsch- und fremdsprachige Bühnenproduktion, literarisch-musikalische Veranstaltungen, Bewegungstheater. Euro-Theater-Tage, ☎ 65 29 51.
Kleines Theater im Park (Bonn-Bad Godesberg), Koblenzer Str. 78. Schauspiel, Boulevardtheater, ☎ 36 28 39.
Kultur Forum, Bonn-Center, Bundeskanzlerplatz. Musik, Theater, Film, bildende Kunst, Lesungen, Workshops, ☎ 77 44 00 und 77 45 17.
Kabarett Bonnoptikum im Bonner Künstlerhaus, Graurheindorfer Str. 23. Pro Saison (Okt.–April) ein Programm, ☎ 31 77 11.
Haus der Springmaus, Oxfordstr. 10–12. Kleinkunst, Musik, Revuen, ☎ 65 43 11.
Brotfabrik (Bonn-Beuel), Kreuzstr. 16. Alternatives Kulturzentrum.

Musik

Beethovenhalle (Großer Saal und Studio), Wachsbleiche. Sinfonie-, Chor-, Bläser-, Militärkonzerte, Kammermusik, Star-Galas, Tourneen, Bälle, Liederabende, Ausstellungen, ☎ 77 36 66 und 63 13 21.
Münsterkirche, Münsterplatz. Chor- und Orgelkonzerte, ☎ 63 33 44.
Kreuzkirche, Kaiserplatz/Am Hofgarten. Zwischen Ostern und Sommerschulferien: Abendmusik (Mi 18.30 Uhr); Intern. Orgelwoche (Anfang Nov.). Im Advent Weihnachtsmusik (Mi 18.30 Uhr), ☎ 21 11 53.
Jazz-Galerie, Oxfordstr. 24. Rock, Rock and Roll, Blues, Alt-Jazz, Modern Jazz, Free Jazz, Disco, Sessions, Talk-Shows, Travestie-Programme, Hot-Jazz-Sessions (So 20 Uhr), ☎ 63 93 24.

Veranstaltungen

Flohmarkt in der Rheinaue (April–Okt. 3. Sa im Monat).
Alle drei Jahre (1992) Sept.: *Internationales Beethovenfest.* Größtenteils in der Beethovenhalle, des weiteren in der Universität, in Kirchen, in der Redoute, im Schumannhaus. Etwa 70 Solisten, Ensembles, Orchester, Chöre und Dirigenten mit Werken des Komponisten, ☎ 77 57 47.
Mai–Okt.: *Bonner Sommer.* Kunstprogramm mit Folklore, Straßenmusik, Jazz, Konzerten, Theater, Künstleraktionen, Tanztheater, Filmvorführungen, Kirchenkonzerten, ☎ 77 39 38 und 77 24 72.
1. Wochenende im Mai: *Rhein in Flammen in Bonn und am Siebengebirge.* Freiluftveranstaltung im Rheinauenpark mit Abschlußfeuerwerk. Schiffskonvoi von Linz nach Bonn.
2. Wochenende im Sept.: *Pützchens-Markt* in Bonn-Beuel. Größter, historisch gewachsener Jahrmarkt im Rheinland. Abschluß: Feuerwerk.

Museen

Akademisches Kunstmuseum der Universität, Am Hofgarten 21. Erste systematische Sammlung von Gipsabgüssen antiker Bildwerke an einer deutschen Universität. Dazu zahlreiche Originalwerke, z. B. Vasen-, Bronzen- und Terrakottensammlung (So–Fr 10–13, Do 16–18 Uhr).
Archäologisch-ethnographische Lehr- und Studiensammlung des Seminars für Völkerkunde der Universität, Regina-Pacis-Weg 7. Völkerkundliche Sammlung mit Textilien, Kunst-, Kult- und Gebrauchsgegenständen aus Südamerika, der Südsee und Australien (Mo–Do 9–13, 14–17 Uhr).
Beethoven-Haus, Bonngasse 20 (s. 4).
Mineralogisch-Petrologisches Museum der Universität, Poppelsdorfer Schloß (s. 18).
Postwertzeichen-Ausstellung des Bundesministeriums für das Post- und Fernmeldewesen, Heinrich-von-Stephan-Str. 1 (Mi 10–15, So 9–12.30 Uhr).
Rheinisches Landesmuseum, Colmantstr. 14–16 (s. 17).
Städtisches Kunstmuseum, Rathausgasse 7. Ausschließlich Kunst des 20. Jh. Schwerpunkt sind die rheinischen Expressionisten um Macke, Campendonk usw. Daneben Kunst seit 1945 (Mi, Fr, Sa, So 10–17, Di, Do 10–21 Uhr).
Zoologisches Forschungsinstitut und Museum Alexander Koenig, Adenauerallee 150–164. Hervorragende Tierpräparate und Dioramen. Thematisch ausgerichtete Abteilungen, z. B. Lebensräume der Vögel oder die Entwicklungsgeschichte der Säugetiere. Ausstellung der Tierwelt des Rheinlands (Di–Fr 9–17, Sa, So 9–12.30 Uhr).

PILSNER
Magni
Spiel
Saloon

Braunschweig

Welfenstadt im neuen Trend

Seit 800 Jahren blickt der bronzene Löwe Heinrichs gen Osten, den Herrschaftsanspruch des welfischen Herzogs symbolisierend. Dort lag jahrhundertelang Braunschweigs Zukunft, von dort schöpfte es seinen Reichtum. Der Original-Löwe steht heute in der Burg Dankwarderode. Am Blick nach Osten hätte er ohnehin keine Freude mehr; denn schon nach wenigen Kilometern trennt dort ein häßlicher Zaun die beiden Teile Deutschlands. Die Slawenpolitik der Deutschen, in Braunschweig einst begonnen, hat eine lange Geschichte und einen unguten Ausgang. Heute sieht die vom Zweiten Weltkrieg schwer heimgesuchte Stadt ihre Zukunft im Westen. Zwischen ihre Kulturdenkmäler haben sich die Paläste der Banken, der Versicherungen, der Großindustrie und der Kaufhäuser geschoben. Immerhin: Das Magniviertel (unser Bild) vermittelt noch einen Hauch des unberührten, alten Braunschweig.

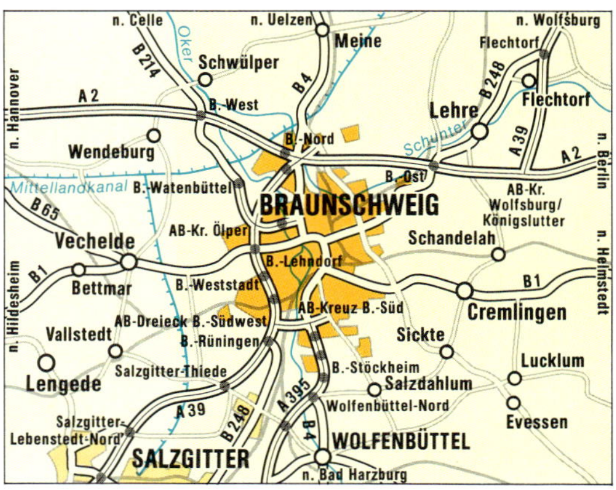

Wappen Seit 1231 als Siegelbild belegt; zeigt im weißen Feld den roten Löwen der Welfen.
Lage An der Oker, zwischen Mittellandkanal und Harzvorland.
Land Niedersachsen
Autokennzeichen BS
Höhe 62–111 m ü. M.
Fläche 192 km²
Einwohnerzahl 253 000
Postleitzahl 3300
Telefonvorwahl 05 31
Post Postamt 1, Hbf., Spätschalter (Mo–Fr 6–23, Sa 6–19, So 8–18 Uhr).
Polizei Münzstr. 1, ☏ 47 71
Taxi ☏ 59 91, 5 55 55, 6 21 21
Nahverkehr Omnibusse und Straßenbahnen im innerstädt. Verkehr; verbilligte Touristenkarte im Vorverkauf.
Parken Die Parkmöglichkeiten in der Innenstadt sind gut ausgeschildert: Tiefgarage Packhof, Tiefgarage Schloßpark, Parkhaus Obi, Parkplatz an der Stadthalle, Parkhaus Wallstr., Parkhaus Wilhelmstr., Parkhaus Karstadt, Parkkreisel Konrad-Adenauer-Str., Parkhaus Steinstr., Parkhaus Endres, Tiefgarage Eiermarkt.
Touristinformation Städt. Verkehrsverein, Hbf., ☏ 7 92 37 (Mo–Fr 8–18, Sa 9–12 Uhr), und Bohlweg, Pavillon, ☏ 4 64 19 (Mo–Fr 8.30–18, Sa 9–12 Uhr).
Stadtrundfahrt Ab Bohlweg, Pavillon, April–Okt. Mi 14, Sa 14.30 Uhr.
Stadtführung Ab Bohlweg, Pavillon, ganzjährig So 10.30 Uhr.
Schiffahrt In der Sommersaison Fahrten auf dem Mittellandkanal, ☏ 31 43 63.

Gruppenbild mit Löwe

Majestätisch blickt der bronzene Löwe ❸ auf das historische Ensemble des Burgplatzes, während die Fremdenführerin liebevoll erläutert: 1166 im Auftrag Heinrichs des Löwen, des Stadtgründers, auf dem Burgplatz aufgestellt, ein Kunstobjekt von höchstem internationalen Rang, Hoheitssymbol des Herzogtums und Wappentier der Stadt. Die Reisegruppe schweigt ehrfürchtig vor so viel Kunst und stellt sich vor dem Objektiv des Fotografen zum Gruppenbild mit Löwe auf.

Mehr nebenbei hatte die Führerin verlauten lassen, daß das stilisierte Wappentier nur eine Kopie sei, das Original sich dagegen seit 1989 in der Burg Dankwarderode ❶ befinde. Bei genaueren Untersuchungen hatte sich nämlich Ende der 70er Jahre herausgestellt, daß die Plastik im Verlauf der 800 Jahre, in denen sie den Burgplatz bewacht hatte, arg mitgenommen worden war. 1980 holte man den Patienten dann vom Sockel und unterzog ihn einer gründlichen Kur. Von nun an sollte ihm nicht noch mehr von der schwefelhaltigen Luft zugemutet werden, die seinen Körper langsam von innen heraus zerfressen hatte.

Was einst den Ruhm der Hansestadt ausgemacht hat, ihre einzigartige Altstadt, ist am 15. Oktober 1944 bei einem Bombenangriff endgültig zerstört worden. Ein organisch gewachsenes Denkmal mittelalterlicher Städtebaukunst, dem Heinrich der Löwe im 12. Jh. die Strukturen verliehen hatte, lag in Schutt und Asche. Keines der fünf »Weichbilder«, wie hier die Stadtteile heißen, die sich um Heinrichs Burg gruppiert hatten und von ihm zu einem einzigen Gemeinwesen, seiner Residenz, verschmolzen worden waren, war vom Bombenhagel verschont geblieben.

Nur die Kirchen der Weichbilder Sack, Hagen, Altstadt, Neustadt und Altewiek hatten, wenngleich beschädigt, der Zerstörung widerstanden. Wie Symbole des Trotzes ragten sie aus der Trümmerlandschaft hervor, und die Braunschweiger resignierten nicht. Schon bald wuchsen aus dem Schutt jene »Traditionsinseln« hervor, auf denen um die Kirchen herum Altes und Neues eine Verbindung eingegangen sind. Der Dom St. Blasii ❷ hat sich von den Schäden am schnellsten erholt. Schon im Dezember des Jahrs 1946 feierten die Braunschweiger hier wieder Christmette. Mit Recht gilt er als eines der schönsten romanischen Bauwerke Deutschlands.

Barbarossa rang den stolzen Welfen nieder

Im Mittelschiff ruht der Stifter Heinrich der Löwe neben seiner Gemahlin Mathilde. Die Grabplatte zeigt zwei liegende, lebensgroße Figuren, um das Jahr 1250 aus Muschelkalk gemeißelt, die gewiß kein getreues Abbild des Herzogspaars darstellen. Aber sie spiegeln den dynastischen Glanz wider. Der am Fuß mit seltsamen Fabelwesen geschmückte 4,5 m hohe Bronzeleuchter – ein Geschenk Heinrichs an den Dom – reckt seine sieben Arme nach oben. Der holzgeschnitzte Kruzifixus des Meisters Imerward hat im nördlichen Seitenschiff seinen Platz gefunden. Dieses

Auf dem Burgplatz ist Topfmarkt; zwischen dem Dom und der Burg Dankwarderode ist der Turm des neugotischen Rathauses zu sehen.

Kunstwerk aus dem 12. Jh. zeigt die Gestalt Jesu in voller Lebensgröße, von Kopf bis Fuß bekleidet. Daher konnte die Sage entstehen, es handle sich gar nicht um eine Christusfigur, sondern um die in Braunschweig als Heilige verehrte Jungfrau Era, die nur durch Verwandlung in einen Mann den Nachstellungen des eigenen Vaters zu entgehen wußte.

Östlich des Doms steht die teilweise wiederaufgebaute Burg Dankwarderode ❶. Die Geschlossenheit dieses Platzes mit Dom ❷, Burg ❶, Löwenstandbild ❸, dem klassizistischen Vieweg-Haus ❹ und Fachwerkhäusern, die zu Braunschweigs schönsten zählen, fasziniert jeden Besucher. Von hier aus beherrschte Heinrich als einer der mächtigsten Fürsten des Mittelalters sein Reich. Wie Lübeck, München, Lüneburg ist auch Braunschweig durch ihn früh zu großer Bedeutung gelangt. Schon 1160 wurde die Stadt Mitglied der Hanse; sechs Jahre später blickte der bronzene Löwe trotzig gen Osten, den Herrschaftsanspruch des Herzogs symbolisierend. Glanz und Untergang lagen bei diesem Herrscher jedoch dicht nebeneinander. Im Machtkampf mit seinem Vetter Friedrich Barbarossa unterlag Heinrich, und sein Reich versank. Seinen Erben blieben nur Braunschweig und Lüneburg, die welfischen Stammlande.

Stadtluft macht frei

In den folgenden Jahren verlegten die Herzöge ihre Residenz nach Wolfenbüttel, weil sie der ewigen Querelen mit den selbstbewußt gewordenen Bürgern überdrüssig geworden waren. Erst 1753 zog es sie wieder nach Braunschweig zurück, das in der Zwischenzeit zu einer der reichsten und größten Städte aufgestiegen war. Die Lage an einem Übergang der Oker und im Schnittpunkt wichtiger Handelsstraßen in ostwestlicher Richtung hatte Handel und Handwerk begünstigt und früh für Wohlstand gesorgt. »Stadtluft macht frei«, dieser Standpunkt Heinrichs des Löwen gab der Entwicklung städtischen Lebens mächtigen Auftrieb. Reichtum und Bürgerstolz fanden ihren Ausdruck am Altstadtmarkt, sozusagen Gegenstück zu dem Burgplatz als dem Zentrum herzoglicher Macht. Dem Dom ❷ stellte mittelalterlicher Bürgerstolz fast zur selben Zeit die mächtige Martinikirche ⓯ entgegen, und ihr gegenüber erhebt sich das arkadengeschmückte gotische Rathaus ⓮, bedeutendstes weltliches Baudenkmal Braunschweigs.

Hier am Altstadtmarkt läßt sich ahnen, wie die Stadt vor 1944 ausgesehen haben muß. Ina Seidel, die ihre Kindheit in Braunschweig verbracht hat, schrieb : »Daß Braunschweig so zauberhaft war, lag wohl daran, daß sich hier alte und neue Zeit in einer Harmonie durchdrangen, wie ich es nirgend woanders in Deutschland angetroffen zu haben meine.« Rund um den mittelalterlichen Stadtkern waren im Verlauf der Jahrhunderte prächtige Stadtteile des wohlhabenden Bürgertums entstanden. Die Rückkehr des Hofs veränderte erneut das Stadtbild. Dominierend wurden jetzt die fürstlichen Barockbauten aus Haustein und Putz, die neben den mittelalterlichen Fachwerkbau traten.

Eulen und Meerkatzen

In Kneitlingen, etwa 20 km südöstlich von Braunschweig, soll Till Eulenspiegel geboren worden sein. Gestorben ist der Erzschelm 1350 in Mölln. Die Braunschweiger betrachten ihn, der sich auf das Spiel mit Worten meisterhaft verstand, als einen der Ihren. Er verkörpert Lebensklugheit, Mutterwitz und Furchtlosigkeit – auch vor Thronen. In Braunschweig, so will es die Volkssage, hat er diese Eigenschaften zwischen 1310 und 1340 demonstriert. Im Zorn befahl ihm Bäckermeister Klint, »Ulen un Apen« zu backen. Statt Broten formte Till zum Entsetzen des Meisters tatsächlich Eulen und Meerkatzen. Die lustigen Gebilde haben die Jahrhunderte überdauert; sie werden in Braunschweig nach wie vor gebacken und sind ein beliebtes Souvenir. Der Eulenspiegel-Brunnen in Braunschweig ist dieser Episode aus dem Leben des Schelms gewidmet.

Im Magniviertel, eine der »Traditionsinseln« der Altstadt, sind einige historische Fachwerkhäuser mit großem Dacherker erhalten.

Seit über 800 Jahren wacht der Burglöwe über die Welfenstadt.

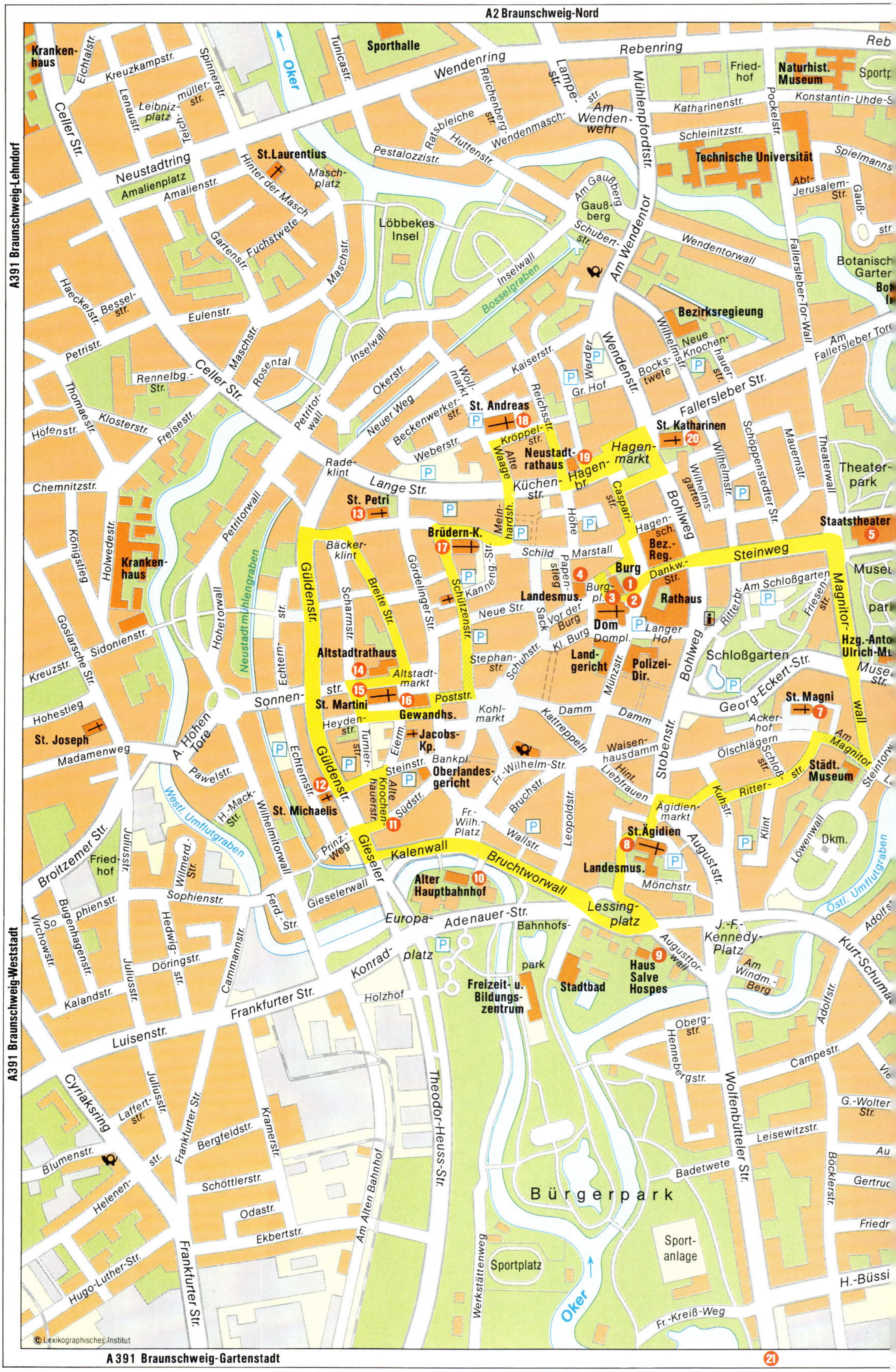
A2 Braunschweig-Nord
A391 Braunschweig-Lehndorf
A391 Braunschweig-Weststadt
A 391 Braunschweig-Gartenstadt
Kranken-haus
Sporthalle
Wendenring
Rebenring
Oker
Fried-hof
Naturhist. Museum
Katharinenstr.
Konstantin-Uhde-Str.
Schleinitzstr.
Technische Universität
Neustadtring
Amalienplatz
St.Laurentius
Masch-platz
Pestalozzistr.
Am Wenden-wehr
Mühlenpfordtstr.
Löbbekes Insel
Gauß-berg
Wendentorwall
Botanischer Garten
Bosselgraben
Inselwall
Am Wendentor
Bezirksregierung
Celler Str.
Eulenstr.
Petristr.
Rennelbg.-Str.
Klosterstr.
Höfenstr.
Chemnitzstr.
Rosental
Petritorwall
Okerstr.
Neuer Weg
Kaiserstr.
Wendenstr.
Fallersleber Str.
Fallersleber-Tor-Wall
St. Andreas
18
Neustadt-rathaus
19
Hagen-markt
St. Katharinen
20
Theater-park
Staatstheater
5
Lange Str.
Küchen-str.
St. Petri
13
Brüdern-K.
17
Bäcker-klint
Breite Str.
Güldenstr.
Burg
1
2
3
4
Landesmus.
Dom
Rathaus
Steinweg
Bohlweg
Magnitorwall
Kranken-haus
Neustadtmühlengraben
Altstadtrathaus
14
15
16
St. Martini
Gewandhs.
Poststr.
Kohl-markt
Land-gericht
Polizei-Dir.
Schloßgarten
Georg-Eckert-Str.
St. Magni
7
Städt. Museum
St. Joseph
Sonnen-str.
Jacobs-Kp.
Oberlandes-gericht
12
St. Michaelis
11
St.Ägidien
8
Landesmus.
Kalenwall
Bruchtorwall
10
Alter Hauptbahnhof
Lessing-platz
Westl. Umflutgraben
Östl. Umflutgraben
Broitzemer Str.
Fried-hof
Europa-platz
Adenauer-Str.
J.-F.-Kennedy-Platz
Haus Salve Hospes
9
Stadtbad
Freizeit- u. Bildungs-zentrum
Frankfurter Str.
Luisenstr.
Cyriaksring
Theodor-Heuss-Str.
Wolfenbütteler Str.
Bürgerpark
Sportplatz
Sport-anlage
Oker
Fr.-Kreiß-Weg
Lexikographisches Institut
21

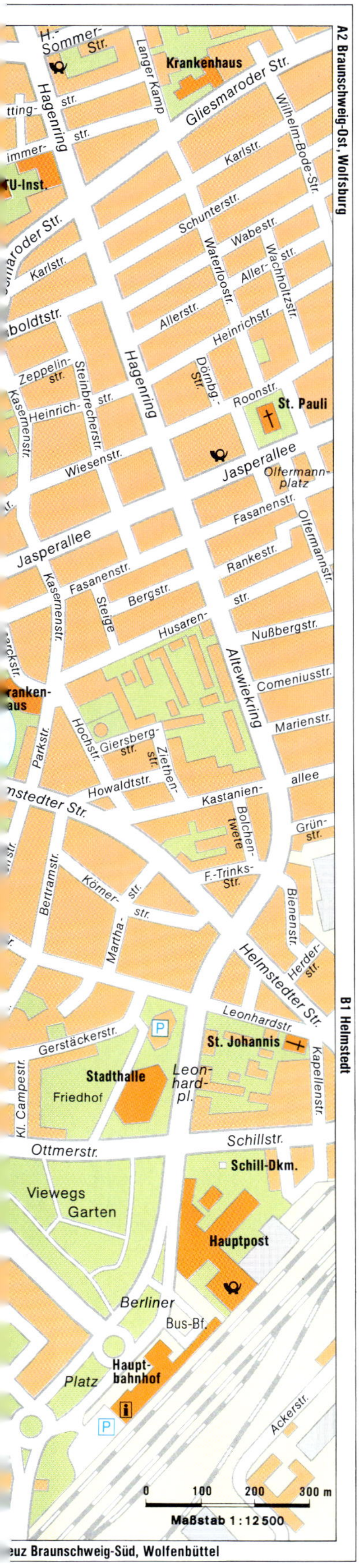

Stadtrundgang

Ausgangspunkt ist der Burgplatz. Ihr Auto stellen Sie am besten in einem der ausgeschilderten Parkhäuser in der Wilhelmstraße ab. Wollen Sie alle wichtigen Sehenswürdigkeiten kennenlernen, dann müssen Sie sich unseren fast vierstündigen großen Rundweg zumuten. Er lohnt sich – überdies gibt es einige verlockende Einkehrmöglichkeiten unterwegs, z. B. im Gewandhaus ⓰, am Kohlmarkt im Weinrestaurant des Hauses »Carlson« und im Kellergewölbe des Neustadtrathauses ⓳.

Eine Wegstunde läßt sich einsparen, wenn Sie den Burgplatz über die Straße Langer Hof verlassen und rechts in den Bohlweg einbiegen, der Sie zu St. Ägidien ❽ führt.

Wer in Eile ist oder lange Wege scheut, dem seien noch zwei Tips gegeben: Die fünf »Traditionsinseln« Braunschweigs um Dom ❷, St. Magni ❼, St. Ägidien ❽, St. Martini ⓯ und St. Michaelis ⓬ lassen sich auf einem Weg mit einer Länge von 1 km erreichen. Überdies ist der Nahverkehr so ausgebaut, daß Sie von jeder »Traditionsinsel« aus per Bus oder Straßenbahn zum Ausgangspunkt zurückkommen.

Sehenswürdigkeiten

❶ *Burg Dankwarderode.* Von der 1173–95 erbauten Anlage Heinrichs des Löwen blieb vor allem der Palas erhalten, der mehrfach durch Feuer zerstört und umgebaut wurde; sein heutiges Gesicht erhielt er ab 1887. Im Saal des Erdgeschosses wird mittelalterliche Kunst aus dem Besitz des Herzog-Anton-Ulrich-Museums ❻ gezeigt (Di–So 10–17 Uhr).

❷ *Dom St. Blasii.* Die dreischiffige kreuzförmige Pfeilerbasilika wurde ab 1173 unter Heinrich dem Löwen errichtet; im 15. Jh. wurden die zwei spätgotischen nördlichen Seitenschiffe angebaut, im 19. Jh. die Süd-Apsis sowie Sakristei und Taufkapelle. 1845 wurden spätromanische Wandmalereien entdeckt und freigelegt. Zur Ausstattung gehören u. a. der siebenarmige Bronzeleuchter, eine Stiftung Heinrichs des Löwen, und die spätromanische Grabplatte mit einer Darstellung Heinrichs und seiner Gemahlin Mathilde.

❸ *Burglöwe,* aus Bronze gegossenes Wappentier der Welfen, erste monumentale Freifigur des deutschen Mittelalters (1166); Kopie des in der Burg Dankwarderode ❶ aufbewahrten Originals.

❹ *Braunschweigisches Landesmuseum;* im einstigen Vieweg-Verlagshaus, einem klassizistischen Bau von P. J. Krahe nach einem Entwurf von David Gilly (1802–05), präsentiert das Museum die Geschichte des Lands: Volkskunde, Trachten, Waffen, Uniformen, Rechenmaschinensammlung (Di–So 10–17, Do 10–20 Uhr).

❺ *Staatstheater,* 1861 von Wolf und Ahlburg im Stil der Florentiner Renaissance erbaut; das Innere wurde nach den Zerstörungen des Zweiten Weltkriegs vollständig modernisiert.

❻ *Herzog-Anton-Ulrich-Museum,* aus dem seit 1754 der Öffentlichkeit zugänglichen herzoglichen »Kunst- und Naturalienkabinett« hervorgegangene Kunstsammlung: Gemälde vor allem niederländischer und italienischer Meister (Rembrandt, Rubens u. a.), Grafik, Kleinplastik, Skulpturen, Mobiliar (Di–So 10–17, Mi bis 20 Uhr).

❼ *Pfarrkirche St. Magni,* Mitte des 13. Jh. begonnene dreischiffige Hallenkirche an der Stelle eines 1031 gestifteten Vorgängerbaus; nach Kriegsschäden weitgehend modernisiert.

❽ *Pfarrkirche St. Ägidien;* an der Stelle einer 1115 geweihten Kirche des Benediktinerklosters entstand im letzten Viertel des 13. Jh. ein gotischer Neubau, als Basilika geplant, aber während des Baus zur Halle umgestaltet. Eindrucksvolle Raumwirkung; barockisierte spätgotische Kanzel. Im Konventsgebäude Außenstelle des Braunschweigischen Landesmuseums ❹.

❾ *Haus »Salve Hospes«,* klassizistisches, 1805 von Peter Joseph Krahe erbautes Palais mit Nebengebäuden, heute Sitz des Kunstvereins.

❿ *Alter Hauptbahnhof,* ältester erhaltener deutscher Bahnhofsbau, 1843/44 durch Karl Ottmer mit klassizistischer Fassade errichtet.

⓫ *Alte Knochenhauerstraße,* mit den ältesten Fachwerkhäusern Braunschweigs: das Haus »Ritter St. Georg« (1489) verdient besondere Beachtung.

⓬ *Pfarrkirche St. Michaelis,* dreischiffige Hallenkirche mit geradem Chor an der Stelle einer 1157 geweihten Vorgängerin; Turm und Westportal Mitte des 13. Jh.

⓭ *Pfarrkirche St. Petri,* ab 1260 nach St. Michaelis ⓬ als dritte Pfarrkirche der Altstadt erbaut. Anfang des 15. Jh. Anbau der Annenkapelle südlich des Chors.

⓮ *Altstadtrathaus,* eines der schönsten mittelalterlichen Baudenkmäler Norddeutschlands; Westflügel (13. Jh.) mit der Dornse und einem Festsaal; 1393–96 durch Lauben ergänzt und um einen Nordflügel erweitert; die Lauben des Nordflügels entstanden 1447–68. Rathaus, Marienbrunnen (1408), Martinikirche ⓯ und Gewandhaus ⓰ bilden ein Ensemble von hohem Reiz.

⓯ *Pfarrkirche St. Martini,* romanische Pfeilerbasilika aus dem späten 12. Jh., die Anfang des 14. Jh. zur Hallenkirche umgebaut wurde; an der Südseite spätgotische Annenkapelle, 1434 geweiht. Zur Ausstattung gehören eine Taufe von Bartold Sprangken (1441), ein barocker Alabaster-Altar von Detlef Jenner (1722-25) und Grabdenkmäler.

⓰ *Gewandhaus,* 1303 als Kaufhaus der Gewandschneidergilde erwähnt; die Renaissancefassaden stammen von 1589 (Westfront) und 1590/91 (Ostfront).

⓱ *Brüdernkirche,* ehemalige Kirche eines Franziskanerklosters, deren Chor 1361, deren Langhaus 1451 fertiggestellt wurden. Klostergebäude mit gotischem Kreuzgang.

18 *Pfarrkirche St. Andreas*, urspr. romanische Pfeilerbasilika, die Ende des 13. Jh. zur Halle umgebaut und erweitert wurde; dem 15. Jh. verdankt sie den Altarraum. Die Achteckgeschosse des 93 m hohen südlichen Turms entstanden 1518–32, die Haube wurde 1740 aufgesetzt. Die Liberei (Bibliothek) von 1412–22 ist ein Backsteinbau, dessen südlicher Staffelgiebel erhalten geblieben ist.

19 *Neustadtrathaus*, durch Privatinitiative wiederaufgebautes Rathaus mit mittelalterlichen Grundmauern, 1773–86 klassizistisch umgebaut.

20 *Pfarrkirche St. Katharinen*, urspr. romanische Pfeilerbasilika, die im letzten Viertel des 13. Jh. zur Halle umgestaltet wurde; Chor und Chorseitenkapellen aus dem 14. Jh.

21 *Schloß Richmond*, durch Karl Christoph Fleischer 1768/69 für Herzogin Augusta nach englischem Vorbild erbaut; über Eck gestellte Anlage mit quadratischem Grundriß, Vorder- und Rückfront werden von halbkreisförmig erweiterten Ecken gebildet. Das Schloß ist von einem englischen Park umgeben.

Mettwurst und Wilhelm Raabe

In dem kulinarischen Fachbuch »Wurstologia et Durstologia« aus dem Jahr 1662 wird neben der Mumme auch die Braunschweiger Wurst als »lieblich schmeckend« angepriesen. Sie ist zu Recht berühmt, die im Holzfeuer geräucherte Spezialität. 1718 wurde ihr schon das folgende Liedchen gewidmet: »Bronsweik, du leive Stad vor vel dusend Steden, dei sau schüne Mumme hat, da ik Worst kann freten.« Von Wilhelm Raabe stammt folgender Ausspruch: »Braunschweig, von alters her berühmt durch Heinrich den Löwen, den Heldenherzog Friedrich Wilhelm, Wurst und Honigkuchen. Neuerdings durch Spargel und – Wilhelm Raabe.«

Braunschweiger Mumme

Ein dunkles, stark nach Malz duftendes Bier, das ist die Mumme. Der Braunschweiger Christian Mumme soll sie 1492 erfunden haben. Über 350 Brauereien stellten einst den berühmten Gerstensaft her, der für den Export nach Ost- und Westindien im 17. Jh. besonders stark gebraut wurde, um lange haltbar zu sein. Heute wird die Mumme nur noch von einer einzigen Brauerei hergestellt; alkoholfrei ist sie außerdem in Apotheken als Stärkungsmittel zu haben. Verdrängt wurde die Spezialität vor allem von dem im 18. Jh. in Mode gekommenen Weißbier. Überlebt hat sie allerdings in England, wo sie sich als »Guinness« nach wie vor größter Beliebtheit erfreut.

Ein Denkmal für den großen Schelm

Nicht alles ist im Zweiten Weltkrieg untergegangen. Man muß nur einmal die Alte Knochenhauerstraße entlanggehen und in Muße die schönen Fachwerkhäuser anschauen. Die eigenartigen Gassennamen können die Phantasie anregen: Jöddenstraße, Kattreppeln, Jodutenstraße, Flohwinkel, Ruhfäutchenplatz ... Von der Jodutenstraße vermutet man, daß im Mittelalter hier nach uralter Gewohnheit die Bürger bei Kriegs- und Feuergefahr zusammengerufen wurden. Die Jöddenstraße erinnert an das alte Judenviertel. Auch für Pestepidemien machte man hier wie andernorts die Juden verantwortlich.

Das Straßenschild »Am Bäckerklint« erinnert an den Erzschelm Till Eulenspiegel, dem sich die Braunschweiger besonders eng verbunden fühlen. Dort, wo er einst Eulen und Meerkatzen gebacken haben soll, haben sie ihm ein Denkmal errichtet, das wie durch ein Wunder von den Bomben verschont geblieben ist. Fotos aus der schlimmen Zeit zeigen den heiteren Lebenskünstler, wie er lächelnd auf seinem Podest sitzt, scheinbar unberührt von den Zeugnissen der Zerstörung und des Hasses um ihn herum. Fast spürt man dann etwas von dem lebensbejahenden Geist der Braunschweiger, der es ihnen ermöglicht hat, mit der Vernichtung ihrer Stadt so rasch fertig zu werden.

Fast wäre das Genie ertrunken

Die Wilhelmstraße ist heute eine große Durchgangsstraße. 1870 hieß sie noch Wendegraben und war eine einfache Dorfgasse. Hier hatte ein Jahrhundert früher der Gassenschlachter Gerhart Gauß mit seiner Frau und den Söhnen Johann und Carl Friedrich gelebt. Letzterer wäre um ein Haar im Frühjahr 1780 im Wassergraben ertrunken, hätte ihn nicht ein Nachbar im allerletzten Moment herausgefischt. Als der Vater dem Retter danken wollte, wehrte dieser ab: »Ich glöve, dä Herrgott wilt din'n Karrel noch lange leben laten. Dat hat was vor mit dem!«

Der Mann hat recht behalten. Carl Friedrich Gauß (1777–1855) wurde Braunschweigs berühmtester Sohn. Der große Mathematiker, Astronom und Physiker war für Generationen die überragende Gestalt der exakten Wissenschaften. Sein Förderer, Herzog Carl Wilhelm Ferdinand von Braunschweig, schickte Gauß auf das Collegium Carolinum und setzte

Keine Rücksicht auf die Stockwerkeinteilung nahm Hans Lampe bei seinem Entwurf der prachtvollen Ostfassade des Gewandhauses.

dem 22jährigen eine Rente aus. Sie erlaubte es dem jungen Wissenschaftler, ohne materielle Sorgen zu forschen. Der frühe Ruhm des Carolinums, aus dem die Technische Universität Braunschweig hervorgegangen ist, ist Carl Friedrich Gauß zu danken.

Heute zählt die Technische Universität zu den führenden bundesdeutschen Hochschulen. Zu ihr gehört der 150 Jahre alte Botanische Garten mit über 4000 Pflanzen aus allen Erdteilen und Klimazonen – darunter der erst 1944 in China entdeckte Sommer-Mammutbaum ebenso wie Orchideen, Arznei- und Giftpflanzen. Darüber hinaus haben sechs weitere bedeutende wissenschaftliche Forschungsanstalten ihren Sitz in Braunschweig: die Physikalisch-Technische Bundesanstalt als Oberbehörde der Bundesrepublik Deutschland für das Meßwesen, die Bundesforschungsanstalt für Landwirtschaft, die Biologische Bundesanstalt für Land- und Forstwirtschaft, das Luftfahrtbundesamt, das Institut für angewandte Mikroelektronik und die Gesellschaft für Biotechnologische Forschung, in deren Großlabors an den Entwicklungen von morgen geforscht und gearbeitet wird.

Fürstlicher Mäzen

Das Herzog-Anton-Ulrich-Museum 6 *gilt als Deutschlands ältestes Museum. Die bedeutende Kunstsammlung trägt den Namen des Fürsten, der im 17. Jh. die Kostbarkeiten großenteils zusammengetragen hat. Die seit 1754 der Öffentlichkeit zugängliche Sammlung des einstigen »Kunst- und Naturalienkabinetts« besaß ihren Grundstock in der Gemäldegalerie des Lustschlosses Salzdahlum (8 km südöstlich von Braunschweig). Der prunk- und kunstliebende Herzog Anton Ulrich hatte dort über 800 Werke europäischer Malerei des 15. bis 17. Jh. zusammengetragen, darunter Meisterwerke von Rembrandt, Rubens und Vermeer.*

Auf ewiglich abgetreten

Thedinghausen (20 km südöstlich von Bremen) gehörte zu Braunschweig, obwohl es 140 km entfernt liegt. Das Kuriosum geht auf den Friedensvertrag von Celle aus dem Jahr 1679 zurück, in dem »Thedinghausen mitsamt neun Gemeinden dem durchlauchtigsten Hause Braunschweig-Lüneburg auf ewiglich abgetreten wird«. Bis 1972 hat Thedinghausen dem Kreis Braunschweig die Treue gehalten, obwohl die Verkehrsverbindungen nach Bremen weitaus besser waren.

Scharf kontrastieren alt und neu

Der flüchtige Betrachter sieht vermutlich nur eine x-beliebige Großstadt, er spürt nichts von ihrem in langer Tradition entwickelten Stil und Rhythmus. Noch immer angefüllt mit dem Mobiliar deutscher Geschichte, ist sich Niedersachsens zweitgrößtes Gemeinwesen der Verpflichtung bewußt, das es als Erbe eines großen Kulturschatzes übernommen hat. Die Zerstörung machte zwar eine Neuplanung notwendig, und sie wurde auch nach Gesichtspunkten des modernen Städtebaus vorgenommen. Aber der Stadtgrundriß wurde als Baudenkmal ersten Rangs angesehen und beibehalten. Die wertvollen Überbleibsel städtebaulicher Vergangenheit sollten für kommende Generationen bewahrt werden.

Die »Traditionsinseln« Dom-Burgplatz, Altstadtmarkt, Magniviertel, St. Ägidien und St. Michaelis bilden das Grundgerüst dieses Konzepts. Der Wiederaufbau ist leider nicht überall so überzeugend gelungen wie auf dem Burgplatz. Die Kontraste zwischen alt und neu in der Neuen Straße und am Hagenmarkt sind einfach zu groß. Wie Fremdkörper wirken die Zweckbauten mit ihren einfallslosen Fassaden neben den Beispielen hervorragend geglückter Restauration.

Mit viel denkmalpflegerischem Gefühl wurde das Ensemble des Altstadtmarkts mit der gotischen Hallenkirche St. Martini, dem Alten Rathaus rechts und dem Gewandhaus links wiederhergestellt.

Tips, Tips, Tips

Brennender Kapaun am Spieß gefällig?
Eine kulinarische Reise ins mittelalterliche Braunschweig führt ins Neustadtrathaus ⓳. Hier gibt es das zehngängige »Mönchsbankett« zu genießen, das nach mittelalterlichen Kochbüchern zusammengestellt worden ist. Da gibt es »capus flagrans«, brennenden Kapaun am Spieß, oder »clunis agni melitta«, Lammkeule in Würzhonig. Sie werden feststellen, daß die mittelalterlichen Mönche rechte Schlemmer waren.

Bäuerliche Kultur vor 250 Jahren
Wie die Bauern im 17./18. Jh. im Braunschweigischen gelebt haben, zeigt das Bauernhaus-Museum in Bortfeld (Katzhagen 7, ☎ 0 53 02/28 51). Ställe, Gerätschaften sowie Trachten, Mobiliar und Hausgerät in einem rohrgedeckten Fachwerkbau vermitteln einen vielfältigen Eindruck. Man fährt vom Rudolfplatz in Richtung Hildesheimer Straße, Saarstraße, Bundesallee und zweigt in Kanzlerfeld links ab (April–Sept. Sa, So 10–13, 14.30–17 Uhr).

Vogelreservat und Zisterzienserkloster
In Riddagshausen (Buslinien 13 und 18) steht die ehemalige Zisterzienserkirche St. Maria aus dem 13. Jh., deren Äußeres durch die Strenge seiner Architektur beeindruckt. Die ursprüngliche Ausstattung der Kirche ging 1550 im »Bildersturm« unter. In der Nähe des einstigen Klosters, dessen Konventsgebäude im 19. Jh. abgetragen wurden, liegt ein 490 ha großes naturgeschütztes Teichgebiet, das vom Internationalen Rat für Vogelschutz zum Reservat erklärt worden ist. Über 200 Vogelarten nisten hier. Ein Spaziergang um den Kreuzteich und den Mittelteich dauert etwa eineinhalb Stunden; bezieht man den Schapenbruchteich mit ein, ist man zweieinhalb Stunden unterwegs (mit dem Auto: Georg-Eckert-Straße, Museumstraße, Helmstedter Straße, Kastanienallee, Ebertallee).

Der runde Stadtkern, dessen Wälle schon zu Beginn des 19. Jh. in Grünanlagen verwandelt worden sind, erreicht einen Durchmesser von einem Kilometer. Im südlichen Teil der Altstadt ist ein Einkaufszentrum mit Fußgängerzone entstanden. Wer hier flaniert, wird bald feststellen, daß viele Braunschweiger keine echten Braunschweiger sind. Mehr als ein Drittel der über 250 000 Einwohner ist zugezogen.

Zuweilen fehlte das politische Augenmaß

Festzustellen ist auch, daß radikale Ausdrucksformen dieser Stadt nicht fremd sind: 1830 zündeten Bürger das Schloß ihres ungeliebten Landesherrn an; die welfische Herzogsfamilie vertrieben sie im Jahr 1918 aus ihrer Stadt, und einen Adolf Hitler machten sie 1932 zum Regierungsrat, der damit deutscher Staatsbürger wurde und später zum Reichskanzler ernannt werden konnte.

Der Braunauer revanchierte sich: Er verwandelte den Dom in eine »Weihestätte der Deutschen Nation« und stilisierte Herzog Heinrich zur Symbolfigur der Germanisierung des Ostens. Die von ihm geplanten gigantischen Bauwerke zum Dank an die Stadt blieben gottlob ungebaut. Nach dem Zweiten Weltkrieg entstanden dafür andere Monumentalbauten: Kaufhausburgen in der City, ein neuer Durchgangsbahnhof, der seit 1960 den alten Kopfbahnhof ⑩ ersetzt, und eine Stadthalle, die sich immerhin zu einem kulturellen und gesellschaftlichen Mittelpunkt in Ostniedersachsen entwickelt hat.

Der »Hungerpastor« wurde hier geschrieben

In der Nachbarschaft dieser Stadthalle, im Haus Leonhardstraße 29a, ist der Wohnsitz des Schriftstellers Wilhelm Raabe zu besichtigen. Der Dichter des »Hungerpastors« verbrachte 40 Jahre in Braunschweig und wurde auf dem Hauptfriedhof bestattet. Sein Arbeitszimmer mit Bibliothek und Manuskripten, Zeichnungen und Aquarellen ist als Gedenkstätte eingerichtet. Von hier aus schweift der Blick über den alten Magnifriedhof, wo eine andere bedeutende Gestalt der deutschen Literaturgeschichte ihre letzte Ruhestätte gefunden hat: Gotthold Ephraim Lessing. Fast wäre sein Grab für immer verschollen geblieben. Vergessen war es schon kurz nach seinem Tode. Durch Zufall fand es der Braunschweiger Historiker Schiller 1831 wieder, der durch eine Anfrage aus Wien »bezüglich einer genaueren Beschreibung des Grabs des großen Dramatikers und Humanisten Lessing« auf die Spur gebracht worden war.

Theaterstadt und Industrierevier

Noch zu Lebzeiten Lessings – er war Hofbibliothekar der herzoglichen Bibliothek in Wolfenbüttel – wurde 1772 im Braunschweiger Opernhaus am Hagenmarkt sein bürgerliches Trauerspiel »Emilia Galotti« uraufge-

Die Lachmöwe, die in Kolonien brütet, ist nur eine von über 200 Arten an den vielen Teichen des Vogelreservats Riddagshausen.

führt. 50 Jahre später hatte hier der erste Teil von Goethes »Faust« Premiere. Übrigens hatte seit 1754 jedermann Zugang zum Hoftheater, was damals ohne Beispiel in Deutschland war. Die Braunschweiger Bühnen, allen voran das Staatstheater mit Großem und Kleinem Haus, strömen noch immer eine ansteckende Vitalität aus, und auch die kleineren privaten Bühnen, etwa das »Schnaps & Poesie Theater« mit seinem frechen Witz, lassen es an Ideenreichtum nicht fehlen.

Neben dem Wirtschaftsraum Hannover ist der Raum Braunschweig-Wolfsburg Niedersachsens wichtigstes Industrierevier. Natürlich leidet die Stadt unter ihrer Randlage, liegt sie doch nur wenige Kilometer von der Grenze zur DDR entfernt. Ihr fehlt das Hinterland im Osten und damit ein wichtiger Absatzmarkt. Seit langem wird versucht, die Standortnachteile durch den Ausbau des Verkehrsnetzes nach Westen auszugleichen. Mit Erfolg: die Stadt verfügt heute über gute Autobahnanbindungen, einen Flughafen für den Geschäftsverkehr, Intercity-Anschlüsse der Bundesbahn und einen Hafen. Mit dem Mittellandkanal ist sie an alle Binnenwasserstraßen angeschlossen.

Im Gefolge der Großforschungseinrichtungen haben sich in den vergangenen Jahren zahlreiche Firmen angesiedelt, die sich mit Biochemie oder Halbleitertechnik beschäftigen. Dies ist das Ergebnis einer gezielten Politik der Stadt und des Lands Niedersachsen zur Umstrukturierung der Wirtschaft. Neben der traditionellen Industrie, neben Großbanken und Versicherungen sorgen jetzt die neuen Branchen der Hochtechnologie dafür, daß die Stadt den Anschluß an das Morgen hält, ohne den sichtbaren Ausdruck ihrer Geschichte und ihr unverwechselbares Gepräge zu verlieren.

Nach wie vor sind Till Eulenspiegels Streiche unvergessen.

Theater, Musik, Veranstaltungen, Museen

Theater

Staatstheater Braunschweig 5, Am Theater 1. Oper, Operette, Ballett, Schauspiel, ☎ 4 84 27 00.
Theaterspielplatz St. Magni, Hinter der Magnikirche 6a. Kinder- und Jugendtheater des Staatstheaters, Maskenspiele, ☎ 4 84 27 00.
Schnaps & Poesie Theater, Magnitorwall 11. Familientheater, ☎ 178 45.
Die Brücke, Steintorwall 3. Puppentheater für Kinder, Volkstheater, ☎ 4 66 00.
Freizeit- und Bildungszentrum Bürgerpark, Nimes-Str. 2. Kleinkunst, Werkstattkurse (März–Okt.), ☎ 4 70-2131.

Musik

Staatsorchester Braunschweig, Staatstheater. Sinfonie- und Kammerkonzerte, ☎ 4 84 27 00.
Stadthalle Braunschweig, Kongreßzentrum, Leonhardplatz. Sinfonie- und Kammerkonzerte, Jazzveranstaltungen, Festbälle, ☎ 7 07 70.
Städtisches Museum, Am Löwenwall. Orchesterkonzerte, Kammermusik, Jugendsinfoniekonzerte, ☎ 4 70-2450.
Schloß Richmond 21. Kammerkonzerte, Lesungen, ☎ 7 92 37.
Dom St. Blasii 2, Burgplatz. Oratorien, Sinfonie- und Chorkonzerte, ☎ 4 64 73.
Brüdernkirche 17, Schützenstr. Geistliche Konzerte, ☎ 1 60 11.
St.-Katharinen-Kirche 20, Hagenmarkt. Orgelmusik, ☎ 34 22 62.
St.-Martini-Kirche 15, An der Martinikirche. Orgelmusik, ☎ 4 48 50.
Atlantis, im Schimmelhof, Hamburger Str. 273. Braunschweiger Gruppen mit Jazz und Rock, ☎ 34 72 27.
Savoy, Leopoldstr. 7. Jazz, Unterhaltungsmusik, ☎ 4 32 33.

Veranstaltungen

Pfingsten: *Internationales Pfingstjugendtreffen* im Prinzenpark. Sportliche Begegnung von Jugendgruppen, ☎ 4 70-3405.
Mittelalterlicher Markt, Burgplatz. Alles wie im Mittelalter: Ausrufer, Kleidung, Waren, Kleinkunst, Musik, ☎ 7 92 37.
Alle drei Jahre (1991): *Woche des internationalen Puppenspiels,* verschiedene Spielorte, ☎ 4 70-2445.
Anfang Jan.: *Braunschweiger Jazz- und Blues-Festival* in der Stadthalle, Leonhardplatz, ☎ 5 10 37.
Mitte März: *Braunschweiger Schultheaterwoche* (verschiedene Spielorte). Eigene und erarbeitete Stücke, Klassiker, ☎ 4 84 27 00.
Anfang Mai: *Oldtimertreffen* im Hof der Feldschlößchenbrauerei, Böcklerstr.
Mitte Mai: *Synthesizer-Musik-Festival* (verschiedene Spielorte). Konzerte der »neuen akademie braunschweig – nab« mit elektronischen Instrumenten, ☎ 0 53 04/35 78.
Mitte Juni: *Braunschweiger Schützenfest mit Marsch* auf dem Schützenplatz. Innenstadtumzug in historischen Schützenuniformen, Platzkonzerte, Volksfest, ☎ 32 31 99.
Ende Juni: *Internationales Dommusikfest* im Dom St. Blasii 2, Burgplatz. Bis Ende Aug. (So) klassische Orgelmusik mit intern. Solisten, ☎ 4 64 73.
Ende Aug.: *Kleinkunstwochen* auf dem Kohlmarkt. Straßentheater, Kleinkunst, Tanz und Musik, ☎ 7 92 37.
Anfang Sept.: *Magni Stadtteilfest* im Magniviertel. Buntes Altstadtstraßenfest mit typischen Speisen und Getränken, u. a. Mumme, ☎ 4 53 84.
Ende Nov.: *Tage neuer Kammermusik,* Städtisches Museum, Am Löwenwall. Vier Konzerttage zeitgenössischer Kammermusik mit intern. Solisten, ☎ 4 70-2591.

Museen

Braunschweigisches Landesmuseum, Burgplatz 1 (s. 4).
Formsammlung der Stadt, Löwenwall 16. Historisches und modernes Gebrauchsgerät Mitteleuropas aus zwei Jahrtausenden (Di–Fr, So 10–13 Uhr).
Friedrich-Gerstäcker-Gedächtnisstätte, Wolfenbütteler Str. 56. Dokumentation zu Leben und Werk des Schriftstellers (So 11–13 Uhr).
Herzog-Anton-Ulrich-Museum und Burg Dankwarderode, Museumstr. 1 und Burgplatz (s. 6 und 1).
Museum für Mechanische Musik, Ziegenmarkt 2. Spieluhren, Drehorgeln, Walzenklaviere, Orchestrions, Karussellorgeln (Öffnungszeiten nach Vereinbarung, ☎ 4 91 93).
Staatliches Naturhistorisches Museum, Pockelsstr. 10 a. Zoologie und Paläontologie (Di, Do, Fr, Sa 9–17, Mi 9–19, So 9–17 Uhr).
Städtisches Museum, Am Löwenwall (Di, Mi, Fr, Sa, So 10–17, Do 10–20 Uhr).
Wilhelm-Raabe-Gedächtnisstätte, Leonhardstr. 29a. Wohnräume des Dichters mit Handbibliothek, Zeichnungen, Manuskripten, Familienfotos (Fr, Sa, So 11–13 Uhr).

Bremen

Roland und die Stadtmusikanten

Die Zahl der Bürger nimmt ab, die Weser ist stark mit Salz befrachtet, die Wirtschaftsstruktur läßt zu wünschen übrig. Schlagzeilen, die landauf, landab bekannt sind. Und der Süden hat oft nur ein Achselzucken übrig für den »armen Norden«. Kann man da überhaupt in Bremen leben? Die Bremer antworten schon gar nicht mehr auf solche Fragen. Sie warten ab, bis der Fragesteller die Stadt näher kennengelernt hat. Bremen hat den Reiz eines überschaubaren Gemeinwesens behalten; beredt könnte es auf bleibende Werte verweisen, gestützt auf eine lange Geschichte – der Marktplatz (unser Bild) ist dafür ein treffendes Beispiel. Doch es bleibt zurückhaltend. Da muß sich einer schon bemühen, um zu sehen, zu hören, zu vergleichen, die Weltoffenheit zu spüren – und die Herzlichkeit, mit einem Mund voll Platt: »Von Harten willkommen!«

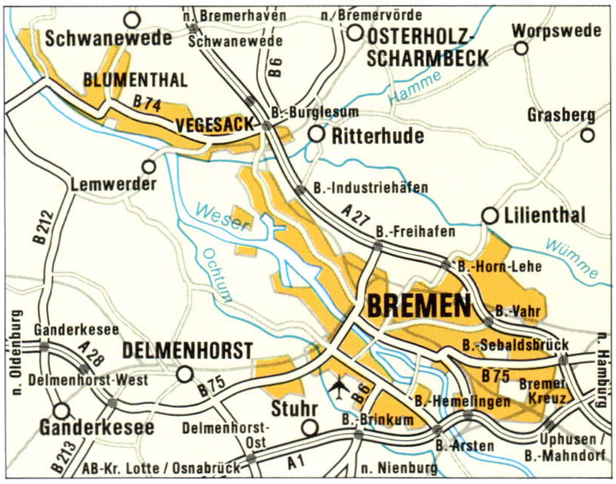

Wappen Das sogen. mittlere Wappen zeigt Schlüssel und Stadtkrone. Die Krone erscheint erstmals in einem Signet des späten 16. Jh. und symbolisiert die so lange bestrittene Reichsfreiheit Bremens.
Lage An der unteren Weser
Land Bremen
Autokennzeichen HB
Höhe 5–36 m ü. M.
Fläche 324 km²
Einwohnerzahl 535 900
Postleitzahl 2800
Telefonvorwahl 04 21
Post Postamt 5, An der Weide 27, Spätschalter (tägl. 7–22.30 Uhr).
Polizei 6. Polizeirevier, Ostertorstr. 2, ☎ 3 62 83 06
Taxi ☎ 1 40 14
Nahverkehr Omnibusse und Straßenbahnen sorgen für ein dichtes öffentliches Verkehrsnetz. Fahrscheine beim Fahrer und im Pavillon am Hbf. Zu empfehlen ist die verbilligte 24-Stunden-Karte.
Camping »Freie Hansestadt Bremen«, Am Stadtwaldsee 1, ☎ 21 20 02. Zu erreichen von der A 27, Ausfahrt Horn-Lehe, in Richtung Universität.
Parken Parkmöglichkeiten sind an allen Zufahrtsstraßen Richtung Stadtmitte ausgeschildert, Parkhäuser ebenso, auch die Fläche der »Bürgerweide«. Hier »Park-and-ride«-Pendelverkehr mit dem Bus in die City. Hochgaragen in der Pelzerstr., Am Brill, Langenstr., Katharinenklosterhof, Faulenstr., Violenstr. sowie Theatergarage Osterdeich.
Touristinformation Verkehrsverein, Pavillon auf dem Bahnhofsplatz, ☎ 3 08 00-0 (Mo–Do 8–20, Fr 8–22, Sa 8–18, So 9.30–15.30 Uhr).
Stadtrundfahrt Ab Zentralomnibusbahnhof (ZOB) Mai–Okt. Mo–Sa 15, So 10.30 Uhr; Nov.–April So 10.30 Uhr.
Stadtführung Ab Touristinformation, Bahnhofsplatz, Mai–Okt. tägl. 14.30 Uhr.
Schiffahrt Hafenrundfahrten April–Okt. ab Martini-Anleger, tägl. 10, 11.30, 13.30, 15.20, 16.30 Uhr.

Zur See und in den Weltraum fahren

»Und wo ist das Meer?« Mitten auf dem Markt stehen die Besucher aus München oder Bern, Stuttgart oder Aachen, blicken sich suchend um und entdecken höchstens Regenpfützen. Das Meer kann die alte Hafenstadt nicht bieten, es liegt 60 km flußabwärts. Darf es vielleicht auch die Weser sein, die in die Nordsee mündet und das Sinnen und Trachten der Bremer durch die Jahrhunderte bestimmt hat?

»Buten un binnen/Wagen un winnen« (Draußen und drinnen/wagen und gewinnen) heißt der Wahlspruch der Stadt, eingemeißelt über dem prächtigen Portal des Schütting ⓫. Otto Gildemeister, einer der führenden Köpfe des liberalen Bürgertums, im 19. Jh. mehrmals Bürgermeister, hat ihn so treffend formuliert, daß mancher Bremer meint, das Wort habe schon im Mittelalter die Runde gemacht. Tun wir noch einen Blick zur linken Frontseite des Schütting hinauf, wo ein Fenstersims von einem Wappen geschmückt ist. Ein Stockfisch, ohne Kopf und ausgeweidet, der Haupthandelsartikel der Bergenfahrt, ist darauf zu sehen. »Gesellschaft der Kaufleute zu Bergen in Norwegen der Deutschen Hanse Bremischer Nation« nannte sich die Gemeinschaft, deren Wappen wir vor uns haben. Schon um 500 n. Chr. bestanden wichtige Handelsbeziehungen nach Norwegen; dann trat zur Zeit von Erzbischof Adalbert (1043–72) der gesamte Norden in den Machtbereich der bremischen Kirche. Kaufleute und Missionare arbeiteten zusammen, und Bremen erlebte seine erste Blüte. Damals kämpfte Hamburg mit den Slawen um seine Existenz, und noch niemand dachte an Lübeck.

Heute bemühen sich Senat und Bürgerschaft darum, daß sich die Freie Hansestadt Bremen auch in Zukunft ihrer Vergangenheit würdig erweist. So gibt es für die bemannte Raumfahrt ein neues Erfolgssymbol: D 1, erste deutsche Spacelab-Mission. Die als hervorragend klassifizierte Nutzlastintegration war MBB-ERNO in Bremen zu verdanken. Auf dem Markt der Stadt wurden die Wissenschafts-Astronauten umjubelt. Ein Bremer: »Den Düvel ok, wir bleiben in Bewegung, wenn mal nich mit 'm Schipp auf See, denn so mit 'ner Fähre am Himmel!«

Zum Himmel sah hier auch dankbar ein englischer Reporter, der 1978 nach Bremen gekommen war, den »Gipfel« der europäischen Regierungschefs zu verfolgen. Als Flugzeugpilot hatte er im Zweiten Weltkrieg den Auftrag bekommen, die Bremer Innenstadt zu bombardieren, aber er hatte die Bomben im freien Gelände abgeworfen. Sein Kommentar 1978: »Ich wußte von der Schönheit des Rathauses!« Eine sachkundige Führung durch dieses großartige Bauwerk ❻ sollte sich wirklich kein Besucher Bremens entgehen lassen.

Die ausgedehnten Hafenanlagen an der Weser ermöglichen einen besonders schnellen Umschlag von zahlreichen wichtigen Gütern.

Frauen werden nicht geladen

Unter den imposanten »Orlogschiffen« (Kriegsschiffen) des 16.–18. Jh. in der Oberen Halle tafeln einmal im Jahr geladene Gäste bei der »Schaffermahlzeit« des Hauses Seefahrt – einst nach langem Winter für die ausfahrenden Kapitäne von Kaufleuten und Reedern gegeben. Auch heute bezahlen noch drei kaufmännische Schaffer Mahl, Wein und das eigens für diesen Tag gebraute dickflüssige Seefahrtsbier. Aus dem schlichten Stockfischessen ist im Lauf der Zeit ein fünfstündiges Mahl mit festgelegter Rede- und Speisenfolge geworden: Bremer Hühnersuppe, Stockfisch, Kohl und Pinkel mit Maronen, Kalbsbraten mit gedämpften Äpfeln, Katharinenpflaumen und Selleriesalat, Rigaer Butt, Zunge, Wurst, Käse und Sardellen, Fruchtkorb, Kaffee. Die exzellenten Rhein-, Mosel- und Bordeauxweine werden aus dem Angebot namhafter Weinhäuser der Stadt ausgewählt und erhalten für das jeweilige Jahr die Bezeichnung Schafferwein als ein Gütesiegel besonderen Rangs.

Frauen werden zur Schaffermahlzeit ebensowenig geladen wie zur »Eiswette« und dem »Ostasiatischen Liebesmahl«. So sorgfältig pflegt Bremen die Tradition des Brudermahls, das soziale Aspekte hat, aber auch handfeste politisch-wirtschaftliche. Hohe Ehrengäste, die nur ein einziges Mal teilnehmen dürfen, sind nicht eben unwichtig für die Pflege guter Beziehungen, auch können die Bremer ihren Gästen in geschliffenen Reden einiges mit auf den Weg geben. Die Obere Halle ist dann festlich mit kostbarem Silber geschmückt, hohe Humpen kreisen nach feierlichem Ritual, und nach jeder Rede braust ein »hepp, hepp, hepp« zur rauchbewölkten Decke. Geraucht wird aus eigens angefertigten langen Tonpfeifen. Ein Kapitän, der lange Jahre als erster den lauten Schrei anstimmen mußte, gestand einmal, daß er stets einen Tag zuvor an die Küste gefahren sei, um dort, gegen den Wind anbrüllend, zu üben.

Die Orlogschiffe an der Decke haben Kanonen an Bord, und damit läßt sich auch schießen, allerdings nur Salut – die Bremer sind friedliche Leute. Man kann darüber nachdenken, warum in dieser Halle – »eines stolzen Rates Residenz« – kanonenbestückte Begleiter bremischer Kauffahrteisegler hängen. Symbol der wehrhaften Stadt, der selbstbewußten Hanseaten? Oder sollen sie die 33 deutschen Kaiser und Könige »bedeckt« halten, die, in Medaillons gefaßt, von der mächtigen Balkendecke auf den Besucher herunterschauen – just im Rathaus der traditionsreichsten noch bestehenden Stadtrepublik der Welt? Der Schriftsteller Rudolf Alexander Schröder empfand den festlichen Saal als »Heiligtum bremischen Bürgerstolzes«: Gotik, Renaissance und Barock vereinen sich hier. Der Besucher, der über die schmale Wendeltreppe aus der Unteren Halle

Das Teufelsmoor in der Nähe des Künstlerdorfs Worpswede lädt ein zum beschaulichen Wandern.

Optimale Hafenstruktur
In Bremens Wirtschaft geben die maritim ausgerichteten Branchen den Ton an: Schiffbau, Reedereien, Fischwirtschaft, Außenhandel und Verarbeitung von Importprodukten. Eine optimale Struktur und perfekte technische Ausstattung haben den Hafen zu einem der schnellsten Umschlagplätze der Welt gemacht, und im Containerverkehr von und nach Übersee steht er – mit Bremerhaven – in Europa an der Spitze. Wichtigste Umschlaggüter sind Mineralölprodukte, Erze, Eisen, Stahl. Die Linienfrachter transportieren Fertigwaren und Halbfabrikate nach Übersee und bringen Rohstoffe wie Kaffee, Wolle, Baumwolle, Tabak und Futtermittel zurück.

Kostbare Funde
Die zahlreichen Hochhäuser haben den Dom St. Petri (9) als ein Wahrzeichen Bremens nicht zu verdrängen vermocht. Als in den 70er Jahren während der Restaurierungsarbeiten eine Heizung gelegt werden sollte, gab er überraschend eine Vielzahl hoch- und spätmittelalterlicher Bischofsgräber frei. Aufsehenerregende Funde wurden dabei gemacht: kostbare Gewänder, Bischofsstäbe, Ringe, Hostienteller und Kelche. Mit der Bergung dieser und anderer Schätze gewann der Bremer Dom unter den Bischofskirchen unerwartet starkes Interesse, und die Landesarchäologen konnten von einer Sternstunde sprechen. Im Bremer Dom-Museum kann man diese Funde besichtigen. Höhepunkt ist die Präsentation der restaurierten Grabtextilien aus den mittelalterlichen Bremer Bischofsgräbern.

Kunst und Kommerz
Worpswede – die Namen bedeutender Künstler verbinden sich mit dem Dorf. Die Bremer betrachten es fast als zum Stadtgebiet gehörig, und mancher ist hinausgezogen, um dem weiten Himmel noch näher zu sein. Heute läßt sich das Spannungsverhältnis von Kunst und Kommerz hier studieren, aber auch der stille Weg ins Teufelsmoor lockt immer noch, zum wehenden, weißen Wollgras im weiten Land. Die ständige Ausstellung in der Kunstschau zeigt die alten Worpsweder Meister: Fritz Mackensen, Otto Modersohn, Heinrich Vogeler, Paula Becker-Modersohn, Fritz Overbeck (tägl. 10–18 Uhr). In zwei alten Bauernhäusern ist neben einer Sammlung niedersächsischer Volkskunst eine Heinrich-Vogeler-Sammlung zu sehen (Haus im Schluh, tägl. 14–18 Uhr). Worpswede liegt ca. 20 km nördlich von Bremen (ca. 15 km Richtung Zeven, in Grasberg abbiegen).

Stadtrundgang

Parken können Sie auf der »Bürgerweide« hinter dem Bahnhof – vorausgesetzt, es ist nicht gerade Freimarkt – und in verschiedenen Parkhochhäusern am Rand der Innenstadt. Das Übersee-Museum 1 hat sich von jeher auch der Darstellung der Rolle Bremens und seiner Häfen im Welthandel gewidmet, ein Besuch dort ist also eine Möglichkeit, die Stadt näher kennenzulernen; nur sollte man nicht den Ehrgeiz haben, alles sehen zu wollen, was das Museum bietet, dafür wären Stunden erforderlich. Für den Stadtrundgang benötigen Sie zwei bis drei Stunden Zeit. Als Abkürzung bietet sich an, bei der Kunsthalle nicht zum Gerhard-Marcks-Haus 16 weiter-, sondern durch die Anlagen entlang der Weser zurückzugehen. Falls Sie eine Stärkung brauchen: Der »Bremer Ratskeller« 7 ist eine gute Adresse, und auch im Schnoor 14 gibt es vielfältige Möglichkeiten einzukehren.

Sehenswürdigkeiten

1 *Übersee-Museum*, im 1979 renovierten Haus werden Themen aus allen Erdteilen sowie Bremen und Unterweser im Zusammenwirken der Bereiche Naturkunde, Völkerkunde und Handelskunde dargestellt. Dem Besucher soll eigenes Verständnis von Problemen wie »Sahelzone«, »Tropischer Regenwald« oder »Wasserstraße in einem hochindustrialisierten Land: Unterweser« ermöglicht werden (Di–So 10–18 Uhr).

2 *Mühle am Wall*, letzte erhaltene Windmühle des inneren Stadtgebiets aus dem 19. Jh.; außer Betrieb, aber voll funktionsfähig.

3 *Bronzene Schweinegruppe* (1974), eine Arbeit von Peter Lehmann, die darauf Bezug nimmt, daß hier, am Zugang zum Herdentor, seit dem späten Mittelalter Schweine gehalten wurden.

4 *Pfarrkirche Unserer Lieben Frauen*, dreischiffige frühgotische Hallenkirche, Baubeginn 1229, deren romanischer nördlicher Turm von einer Vorgängerkirche übernommen wurde; Ende des 14. Jh. Erweiterung des Chors und Hinzufügung eines südlichen Seitenschiffs, das im 19. Jh. abgetrennt wurde. Hier und im nördlichen Seitenschiff Malereien des 14. Jh. Von der Ausstattung hat die barocke Kanzel von 1709 die Zerstörungen des Zweiten Weltkriegs überstanden. 1964–79 entstanden die Fenster Alfred Manessiers.

5 *Bremer Stadtmusikanten*, Bronzeskulptur (1953) von Gerhard Marcks.

6 *Rathaus*; der 1405–10 errichtete langgestreckte gotische Bau enthielt in seinen zwei Geschossen je einen Saal. Beim Umbau im Stil der Weserrenaissance 1595–1616 wurde der Mittelrisalit mit Ziergiebel an der Marktfront hinzugefügt. Der reiche Schmuck der Fassaden bezieht die mittelalterlichen Figuren – Karl der Große und die Kurfürsten – mit ein. Die dreischiffige Untere Rathaushalle, urspr. Marktzwecken dienend, ist weitgehend unverändert gotisch erhalten, die Obere Halle zeigt Elemente sowohl der Renaissance als auch der Gotik. Im Untergeschoß des Mittelrisalits die »Güldenkammer«, 1905 von Heinrich Vogeler im Jugendstil ausgestattet.

7 *Bremer Ratskeller*, Weinlokal, zeitgleich mit dem Bau des Rathauses 6 entstandene Halle mit Weinlagern. Im Innern Fässer aus dem 18. Jh. mit Rokokoschmuck. Im Echosaal Fresken von Max Slevogt (1927).

8 *Roland*, 1404 in Auftrag gegebenes steinernes Standbild, Symbol reichsstädtischen Bürgerstolzes auf dem Marktplatz, Höhe 9,6 m.

9 *Dom St. Petri*, flachgedeckte Pfeilerbasilika des 11. Jh. mit zwei Krypten; im frühen 13. Jh. Einwölbung, Neugestaltung der Westfassade und Anfügung der Türme; der südliche stürzte 1638 ein, der nördliche brannte 1656 aus. Restaurierung und Bau des Vierungsturms 1888–1901. Frühromanische bis spätgotische Stilformen bestimmen den Raumeindruck. Reiche, vom Krieg nur wenig betroffene Ausstattung: Die reichgeschmückte Brüstung der Orgelempore ist der einstige Lettner. Aus dem 13. Jh. in Bronze gegossenes Taufbecken und Löwenköpfe als Türzieher an den Türen der Westfassade. Reste des Chorgestühls aus dem 14. Jh. In der Westkrypta Christusskulptur (11. Jh.).

10 *Haus der Bürgerschaft*, anstelle eines kriegszerstörten neugotischen Börsengebäudes 1963–66 am östlichen Marktplatz errichtet. Sitz des Parlaments und des Bürgerschaftspräsidenten.

11 *Schütting*, gegenüber dem Rathaus gelegenes Gildehaus der Kaufmannschaft, 1536–38 errichtet. Sitz der Handelskammer.

12 *Böttcherstraße*, im Auftrag Ludwig Roselius' 1923–31 von den Architekten Runge und Scotland sowie Bernhard Hoetger unter Verwendung vorgefundener und expressionistischer Bau- und Schmuckformen gestaltetes Ensemble. Glockenspiel tägl. 12, 15 und 18 Uhr.

13 *Pfarrkirche St. Martini*, im 13. Jh. als dreischiffige Basilika am Weserufer erbaut, ab 1376 nach Hochwasserschäden erneuert und zur Hallenkirche umgestaltet. Zur Ausstattung gehören die Kanzel (1597) und der geschnitzte Orgelprospekt von 1603. Glockenspiel tägl. 9.15, 12.15, 15.15 und 18.15 Uhr.

14 *Schnoor*, urspr. kleinbürgerliches Wohnviertel zwischen Weser und Domstadt mit Bausubstanz des 15.–19. Jh., Bremens ältestes erhaltenes Wohnquartier; umfassend saniert; zahlreiche Kunsthandwerksgeschäfte, Galerien, Boutiquen und Gaststätten.

15 *Kunsthalle*, 1847–49 erbaut, um die Jahrhundertwende sowie 1982 erweitert. Europäische Malerei des 15.–20. Jh.mit Betonung der französischen und deutschen Kunst des 19./20. Jh.; Plastik des 19./20. Jh.; Kupferstichkabinett mit Grafiken und Handzeichnungen (Di–So 10–16, Di, Fr auch 19–21 Uhr).

16 *Gerhard-Marcks-Haus*, das südliche der 1826 durch F. M. Stamm errichteten

klassizistischen Torwachgebäude am Ostertorwall. Plastiken, Handzeichnungen, Grafik und illustrierte Bücher des Künstlers (Mi–So 10–18 Uhr).

17 *Pfarrkirche St. Stephani*, im 12. Jh. errichtete dreischiffige Basilika; die Ende des 14. Jh. vorgenommene Umgestaltung zur Halle machte das 19. Jh. wieder rückgängig. Bemerkenswerte Messingleuchter des 17. Jh., ansonsten schlichtes Inneres.

18 *Bremer Landesmuseum für Kunst- und Kulturgeschichte* (Focke-Museum), Museum im Park mit Restaurant in

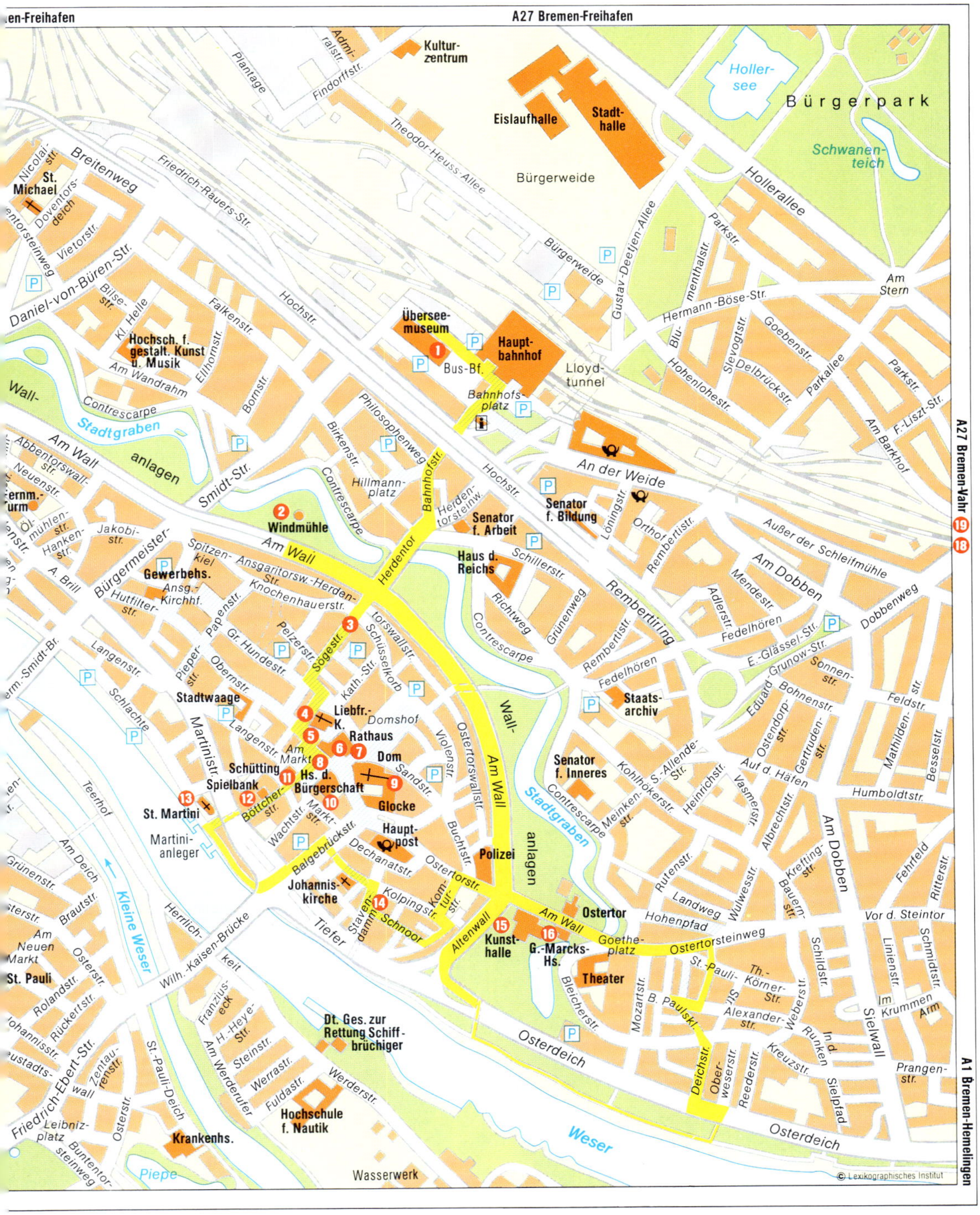

weichgedeckter Ankerbalkenscheune; ein Landhaus von 1768, ein hierher verbrachtes Bauernhaus (um 1700), eine Scheune (1803) und ein Neubau von H. Bartmann (1959–64) dienen mit zur Präsentation der Bestände: Vor- und Frühgeschichte, Volkskunde, Kunst- und Kulturgeschichte Bremens, Stadtgeschichte, Schiffahrt, Kulturgeschichte des Rauchens (Di–So 10–18 Uhr).

19 *Rhododendron-Park, Botanischer Garten*, über 36 ha große Parkanlage mit Baumbestand vom Ende des 19. Jh.: Azaleen, Rhododendron, Steingarten, Heidegarten, Gewächshäuser für tropische und subtropische Vegetation, Azaleen-Museum (Freiland tägl. 7.30 Uhr bis Sonnenuntergang; Sortimentsgarten: April–Sept. tägl. 7.30 Uhr bis Sonnenuntergang; Rhododendron-Gewächshäuser: Mo–Fr, So 10–16, Sa 12–16 Uhr; Azaleen-Museum: 20.3.–30.4. wie Gewächshäuser).

Eiswette
Zwar friert die Weser nicht mehr zu, weil man sie begradigt hat, aber die Eiswette ist beibehalten worden. Ursprünglich ging es darum, ob der Fluß am 1. Januar zugefroren war oder nicht. Für die Geschäftsleute war dies eine wichtige Frage, denn bei Eis kam die Schiffahrt zum Erliegen. Ein 99 Pfund schwerer Schneider wurde zu Fuß über den Strom geschickt, um die Sachlage zu prüfen. Heute wird – immer am 6. Januar – mit Steinwürfen getestet, ob sich Eis gebildet hat, außerdem sorgt die Gesellschaft zur Rettung Schiffbrüchiger mit einem Boot dafür, daß ein Schneider die Eislage prüfen kann.

Die Bremer Stadtmusikanten.

kommt, ist jedenfalls überwältigt von der Fülle des Lichts aus den Maßwerkfenstern, wenn er diesen Raum zum erstenmal betritt. Erst dann nimmt er all die anderen Schönheiten wahr.

Unvergleichlich: Bremens Markt
Jedem Besucher sei einer dieser strahlenden Sommertage gegönnt, an denen nach südlicher Manier mitten auf Bremens Marktplatz gegessen und getrunken wird. Nach langem Zögern haben die Bremer diese neue Mode erst vor kurzem eingeführt. Jetzt hocken sie in lauen Nächten sogar bis Mitternacht dort.

Eine bewegte Geschichte hat das Haus der Bürgerschaft ⑩. Der renommierte Architekt Wassili Luckhardt entwarf die Pläne für die großzügige Glasfassade des Hauses. Der historische Platz würde verschandelt, hieß es vielerorts, die alten Rokoko- und Renaissancefassaden könnten solche Nachbarschaft nicht dulden. Ironisch fragten die Befürworter zurück, ob man aus dem Markt ein Museum machen wolle. Die Gesellschaft Lüder von Bentheim ließ die Bevölkerung befragen: Die Mehrheit war dagegen, aber es wurde gebaut, und Bernhard Heiliger schuf die Bronzereliefs an den verglasten Außenseiten. 1966 wurde das Haus eingeweiht, und die Bremer gewöhnten sich daran. Nur ein Bremer Kaufmann, Mitglied des »Club zu Bremen«, der im Schütting ⑪ seinen Sitz hat, gesteht: »Ich kann und kann es nicht leiden, das Ding, ich gehe immer schräg über den Markt und guck' gar nicht hin, und insgeheim entschuldige ich mich für die Bremer bei Lüder von Bentheim.« Das war jener »Stenhower« (Steinmetz) eines »ehrbaren Rates«, der das gotische Rathaus ⑥ im Stil der Weserrenaissance umgestaltet hat.

Wein statt Orden
Der »Ratskeller« ⑦ wird um Mitternacht geschlossen, darum, so heißt es, setze sich mancher schon morgens vor seinen Schoppen. In den Gewölben lagern die ältesten deutschen Faßweine. Schon Matthäus Merian bezeichnete sie 1642 als ein »köstliches und angenehmes Fundament« des Rathauses, und noch stets zitieren die Bremer mit zufriedenem Unterton aus Heines »Buch der Lieder«: »Glücklich der Mann, der den Hafen erreicht hat und hinter sich ließ das Meer und die Stürme, und jetzo warm und ruhig sitzt im guten Ratskeller zu Bremen. Wie doch die Welt so traulich und lieblich im Römerglas sich widerspiegelt.« Weitläufig sind die großen Weinlager unter dem Alten und Neuen Rathaus ⑥, fast

Im 15. Jh. erhielt das gotische Rathaus in beiden Stockwerken je einen riesigen Saal; seit 1612 vereint die Obere Halle mit ihrer stützenlosen Decke Elemente der Gotik und der Renaissance.

erreichen sie schon die Grundmauern des Doms. Über eine halbe Million Flaschen deutscher Weine werden hier auf Vorrat gehalten, gepflegt vom Ratskellermeister, der die Weine in den Anbaugebieten begutachtet und verkostet. Wie seine Vorgänger ist er dem Senat der Hansestadt direkt verantwortlich – die Stadt hat ihren Keller nie aus der Hand gegeben.

In Jahrhunderten hat der »Keller« viele fröhliche Zecher erlebt, aber auch Raufbolde in kriegerischer Zeit – und verbiesterte Ratsherren, die in wilden Disputen oben im Rathaus keinen Konsens gefunden hatten. Sie wurden bei »Jungfer Rose« eingeschlossen, bis sie sich beim Wein einig geworden waren.

Dazu muß gesagt werden, daß diese Rose kein durchtriebenes Frauenzimmer war, sondern jener Keller, dessen 1615er Wilhelm Hauff zu den »Phantasien im Bremer Ratskeller« angeregt hat. Jetzt ist dort der 1653er Rüdesheimer der älteste Wein. Unter einer zart gemalten Rose steht in lateinischer Sprache folgende Inschrift: »Warum malt ihr im Keller des Bacchus die Rose der Venus? Nun, weil ohne den Wein Venus, die Göttin selbst, friert.« Was hier ein weiser Rat unter der Rose – »sub rosa« – besprach, hatte geheim zu bleiben.

Die Bremer haben es immer verstanden, sich mit ihren vorzüglichen Weinen Freunde zu verschaffen. Durch »Boten unserer Stadt«, so läßt sich in Chroniken nachlesen, wurden mit »ehrfurchtsvollem Gruße« die edlen Tropfen an Königs- und Fürstenhöfe versandt. So haben sie im Jahr 1756 Friedrich dem Großen, da er »eben im Begriffe war, zum Kriege der sieben Jahre aufzubrechen, einen erquickenden und gern entgegengenommenen Gruß« gebracht. Wilhelm II. hat später des öfteren dem »Rathskeller« die »grössesten Ehren« eingetragen. Graf Moltke mundete der »Niersteiner Glöck« solchermaßen, daß er »gleich hernach so viele Liebhaber anzog, daß bald kein Tropfen des köstlichen Trunks im Keller mehr zu finden war«.

Nur Bismarck zeigte sich ganz und gar unzufrieden. Der 1624er Rüdesheimer sehe aus wie Lohe und schmecke wie Essig, raunzte er, aber da war er jung und unerfahren. Der alte Herr bekam als Ehrenbürger Bremens später die edelsten Flaschen gesandt, und sie waren dem Kanzler dann doch »ein Labsal«.

Wenn heute in Bremen irgendwo ein verdienter Mann gefeiert wird, eilen die Gäste mit länglichen Kistchen herbei – Ratskellerwein. Übrigens nehmen Bremer keine Orden an, so ist es denn auch bei hochoffiziellen Anlässen üblich, statt dessen eine Kiste Wein zu überreichen.

Wi snackt Platt

»Was dem Fremden hier auffällt, ist der Gebrauch der plattdeutschen Sprache, selbst in den angesehensten Familien. Sowie der Bremer herzlich und vertraulich wird, spricht er plattdeutsch.« Die Bemerkung von Friedrich Engels trifft heute mehr denn je zu. Im »Bremen-Handbuch«, das nach den Worten des Bürgermeisters der Freien Hansestadt den Neu-Bremern die Eingewöhnung erleichtern soll, gibt es eine Einführung in das »Platt«. Hier ein paar Kostproben:

anjappen	*jemanden unentwegt ins Gesicht sehen*
inne Klatten kriegen	*streiten*
kumpabel sein	*zu allem fähig sein*
sich gräsig gehabt haben	*üblen Streit gehabt haben*
du Slackerdarm	*du Hungerleider*
Klockenschoster	*Uhrmacher*
Knallköhm	*Sekt*
Bremer Flagge	*durchwachsener Speck*

Die Bremer gehen auch gern in ihr Niederdeutsches Theater, Radio Bremen bietet Nachrichten in Platt, und die Schulkinder messen sich in plattdeutschen Lesewettbewerben. Der Heimatdichter Heinrich Schmidt-Barrien füllt die Säle, wenn er aus seinen Büchern liest. Im Schnoor 14 gibt es das Niederdeutsche Institut mit Bibliothek, in dem man sich wissenschaftlich mit der Mundart beschäftigt.

Vor allem Handwerker und Fischer wohnten einst im Schnoor, das von schlichten Häuserfronten aus dem 15.–19. Jh. geprägt ist.

Fast 10 m hoch ragt der Roland, Symbol des Bremer Bürgerstolzes.

Tabak-Börse
Intensive Besichtigungstage und fieberhafte Auktionsstunden gehören auch zum Alltag Bremens, dann nämlich, wenn Tabake aus Sumatra und Java begutachtet werden: Bremens Tabak-Börse ist einzigartig – und setzt in einem guten Jahr schon mal 100 Millionen Mark um.
In der über 300jährigen Geschichte Bremens als Rohtabak-Handelsplatz wurde der Februar 1959 bedeutungsvoll: In Djakarta unterzeichneten Vertreter der indonesischen Regierung und Bremer Kaufleute ein Vertragswerk, das Bremen zum westeuropäischen Zentralmarkt für indonesische Zigarrentabake machte. Nach 25 Jahren wurde Bilanz gezogen: Über 3,5 Millionen Ballen Tabak mit einem Erlös von etwa drei Milliarden Mark sind hier umgesetzt worden.

Einen vaterländischen Kohl zu zelebrieren

Gegessen wurden im Keller früher lediglich Käse, »der zum Trunke anreizt«, Kringel und Pfefferkuchen. Inzwischen ist die Speisekarte reichhaltiger geworden. Der Bremer zieht sich für eine so ernste Sache wie das Essen zwar am liebsten in seine vier Wände zurück, aber »Kohlfahrten« locken ihn scharenweise an. »Kohl und Pinkel« bringen Glanz in die Augen eines Hanseaten. Er sagt Braunkohl, und das Wort Pinkel geniert ihn durchaus nicht, weil er weiß, was es bedeutet: Reichlich Speck, Zwiebeln, Flomen, Hafergrütze, Piment, Pfeffer und Salz werden gut vermischt in den Mastdarm des Rinds, den Pinkeldarm, gestopft. Dazu muß man sich Fleisch, Würste und gestreiften Speck vorstellen und natürlich Kartoffeln – gebraten, geröstet oder gekocht.

Betty Gleim: Aalsuppe und Frauenrecht

Braunkohl – in anderen Regionen Grünkohl genannt – bestimmt den Winter in der Hansestadt – nicht nur bei Schaffern und Eiswettbrüdern, auch bei Vereinen, Betrieben, Kränzchenschwestern. Man zieht gemeinsam über Land, um in der Gaststätte seines Vertrauens einen vaterländischen Kohl zu essen, zu genießen, zu zelebrieren. Und sonst? Klaben, Bremer Kluten, Rote Grütze, Babbeler, Aal, gebraten und geräuchert, Kükenragout, Stint, und dann natürlich Knipp. Auch gegen einen schönen grünen Hering, frisch aus der Pfanne, ist nichts einzuwenden. Die Bremer richten sich gern nach Betty Gleim (1781–1827). Ihr »Bremisches Kochbuch« erschien 1808 und erreichte bis 1892 13 Auflagen. Ihre Aalsuppe ist noch immer unübertroffen. Betty Gleim war nicht nur Schriftstellerin; die engagierte Pädagogin setzte sich in Bremen auch als erste für ein Frauenrecht, das Recht auf Bildung, ein. Sie gilt als eine Vorkämpferin der deutschen Frauenbewegung.

Ludwig Roselius, ein vermögender Bremer Kaffeekaufmann, setzte einer anderen Bremerin ein Denkmal. Er widmete der Malerin Paula Becker-Modersohn, 1907 in Worpswede gestorben, ein Haus in der

Roland verkündet auf seinem Schild, daß Freimarkt ist; dieses große Volksfest im Oktober mit Festumzug und mitternächtlichem Begräbnis beruft sich auf eine 950jährige Tradition.

Böttcherstraße (12). Eine von ihm verfaßte Inschrift darf für damalige Zeiten als kühn gelten: »Dies ist das Paula-Becker-Modersohn-Haus. Aus alter Häuser Fall und Umbau errichtet von Bernhard Hoetgers Hand. Zum Zeichen edler Fraue zeugend Werk, das siegend steht, wenn tapferer Männer Heldenruhm verweht.«

Kunstwerk Böttcherstraße
Die Böttcherstraße (12), einst heruntergekommen, ließ der Mäzen Roselius zu einem Kunstwerk stilisieren, dem Bernhard Hoetger unverwechselbare Züge gab. Kunst und Kunsthandwerk geben sich hier ein Stelldichein. Den Himmelssaal darf der Besucher zwar nicht betreten, aber der lichtdurchflutete gläserne Treppenturm des »Haus Atlantis« verspricht eine überraschende Begegnung mit der kühnen expressionistischen Konstruktion, die Hoetger 1931 schuf. Roselius wollte als Mäzen dem Überlieferten seinen Platz geben – ein schönes Beispiel ist das Museum im Haus Nr. 6 –, er wollte aber auch die Moderne fördern und hielt unbeirrt zu seinem Baumeister Hoetger, dem Genialen, vor dem er belustigt warnte: »Man hüte sich, mit ihm zu bauen, keine anständige Baupolizei kann die Genehmigung zu solchem Unsinn geben!« Nach dem Zweiten Weltkrieg wurde die Straße von Roselius' Nachfolgern ohne öffentliche Mittel originalgetreu wiederaufgebaut. Die Fassade des Atlantis-Hauses mußte allerdings von Ewald Mataré neu gestaltet werden. Einst verlief hier die Hellingstrate. Historiker schließen auf eine Bootswerft mit einem Helling für den Stapellauf. Die Bodekerstrate, die Straße der Böttcher, wird aus der Notwendigkeit heraus entstanden sein, die betriebsame Werft aus der Altstadt zu verlegen, um keine Feuersbrunst befürchten zu müssen. Vor dem roten Hahn hatten auch die Bewohner des Schnoor (14) Angst. Noch etwas verbindet sie mit der Böttcherstraße (12): Eine schöne Rokokotür schmückte einst Schnoor Nr. 17. »König Ludwig«, wie Roselius genannt wurde, kaufte sie für seine Böttcherstraße. Die Schnoorianer sollen sich später mächtig gegrämt haben.

Flohmarkt ist am Weserufer.

Wo heute Peter Lehmanns bronzene Gruppe der Schweine und ihres Hirten steht, befand sich einst der Zugang zum Herdentor.

Böttcherstraße: Ambiente aus Mittelalter, Jugendstil und Expressionismus.

Tips, Tips, Tips

Radfahren lohnt sich
Dem Radfahrer bietet Bremen ein weitgespanntes Wegenetz, allein im Bürgerpark können 14 km abgestrampelt werden. Die Fahrradstation auf dem Bahnhofsplatz (Mo–Fr 8–18, Sa 9.30–12.30 Uhr, ☏ 30 21 14) verleiht Fahrräder und macht interessante Tourenvorschläge, z. B. Unterwesertouren (Hin- oder Rückfahrt per Schiff), Stadtbesichtigungen oder Fahrten in den Urwald nach Hasbruch (ca. 5 km südlich von Hude).

Künstlerdorf und Idylle
Fischerhude im Osten Bremens buhlt weniger um die Gunst der Besucher als Worpswede, aber als Künstlerdorf, als kleines Landschaftswunder, hat die Idylle mit den alten Bauernhäusern längst einen großen Kreis von Bewunderern (B 75 Richtung Rotenburg, in Oyten nach Norden abbiegen, ca. 24 km).

Tip für Unerschrockene
Die Bremer halten sich zwar zurück, aber Fremden empfehlen sie den Besuch des Bleikellers im Dom ⑨. Ein abgestürzter Dachdecker wurde hier vor einem halben Jahrtausend aufgebahrt und vergessen. Daß er nicht verwest ist, wird der Wirkung des Bleis zugeschrieben, das im Keller des Doms aufbewahrt wurde. Er ist übrigens nicht allein geblieben: Acht Mumien gibt es im Bleikeller zu besichtigen.

Toback, Grütze und ein Cimbasso für Paris

Eine ganz besondere Atmosphäre bietet das Schnoor-Viertel ⑭, Bremens ältestes erhaltenes Quartier mit Innenhöfen, Brunnen und schöner Sandstein-Ornamentik, mit Gaststätten und Cafés und zahlreichen Verlockungen hinter schmalen Fensterscheiben: eigenwilligem Schmuck, schönen Gläsern, altem Silber... Gesiedelt wurde hier schon im Mittelalter: Fischer, Schiffer, Handwerker, Fährleute. Es gab eine »Tobacks-Fabrik«; Branntwein und Essig, säuberlich getrennt, wurden hergestellt, und der Grützmacher trocknete den Hafer im Hof von Schnoor Nr. 10.

Die schmalen Häuser, wie auf einer Schnur aufgereiht – daher vermutlich der Name Schnoor –, sind auf den ersten Blick idyllisch, bei genauem Hinsehen entpuppen sie sich meist jedoch als Bauten, die ganz profanen Zwecken dienten.

Im Schifferhaus wurden früher beispielsweise die Seeleute selbst dann noch mit Proviant versorgt, wenn sie spätnachts an die Tür donnerten. Hier gab es auch Badestuben (in allen Ehren) – ein Brunnen am Stavendamm erinnert daran. Und hier gibt es heute Heinrich Thein, den Blechblasinstrumenten-Baumeister, dessen berühmte Instrumente weltweit erklingen. Aus Paris kam eigens ein Tuba-Spieler des Instituts für experimentelle Musik im Centre Pompidou hierher, um ein Cimbasso in F (Blechblasinstrument) zu bewundern.

Um in letzter Minute einen Abriß dieses Viertels zu verhindern, schuf Bremens Bürgerschaft 1959 ein besonderes Ortsstatut: das »Gesetz betreffend die bauliche Gestaltung des Schnoor-Viertels und der Umgebung der St. Johanniskirche«. Das in seiner Geschlossenheit einmalige Quartier wurde wiederhergestellt, aber bis heute hält die Diskussion um seine Belebung an.

Es gibt viel zu entdecken in dieser Stadt, die doch stets überschaubar bleibt: ansehnliche Fassaden, Säulen, Balkons, Vorgärten, Birnbäume, Glasveranden, wilden Wein und Glyzinien. Sie haben den Besen in der Hand, die Bremerinnen, und fegen energisch vor der Tür, putzen den Torknauf blank und das verschnörkelte Messingschild mit dem Namen. Katzen liegen unbeweglich auf ausgetretenen Sandsteinstufen.

Die Bremer sind stur und steif, zurückhaltend und zugeknöpft? Der Wahrheit die Ehre: Sie lassen den Fremden nur langsam an sich heran – aber er sollte es dennoch versuchen! Dann lernt er Menschen kennen, die einen »plietschen« Humor haben, gastfreundlich sind, höflich und hilfsbereit – auch wenn sie dabei dann doch etwas gediegen bleiben. An den Dichter Joachim Ringelnatz sei erinnert, der sehnsuchtsvoll sagte: »Hier gelt ich nix und würde gern was gelten, denn diese Stadt ist echt, und echt ist selten.«

Nicht mehr in Betrieb, aber voll funktionsfähig ist die letzte Windmühle im Stadtzentrum, eine Attraktion zwischen Blumenbeeten und Bäumen in den Wallanlagen entlang dem gewundenen Stadtgraben.

Theater, Musik, Veranstaltungen, Museen

Theater

Bremer Theater. Spielorte – *Theater am Goetheplatz*, Goetheplatz 1–3: Oper, Operette, Musical, Ballett, Schauspiel, ☎ 36 53-0. *Schauspielhaus*, Ostertorsteinweg 57a: Zeitgenössisches Schauspiel, ☎ 36 53-0. *Concordia*, Schwachhauser Heerstr. 17: Modernes und experimentelles Theater, ☎ 36 53-0.
MOKS-Theater, Weserburg, Teerhof 21. Modelltheater für Künstler und Schüler, ☎ 3 61-61 81.
Ernst-Waldau-Theater – Niederdeutsches Theater, Waller Heerstr. 165. Volkstheater, Komödie, Schauspiel, ☎ 38 30 31.
Theater im Packhaus, Wüstestätte 11. Modernes Schauspiel. *Puppentheater PIPS*: Marionettentheater, ☎ 32 68 13.
Orchesterboden: Monodramen, Kabarett, Lesungen, ☎ 32 60 54.
Piccolo-Kindertheater: Kindertheater, ☎ 70 21 38.
Bremer Shakespeare Company. Shakespeare Volkstheater, ☎ 50 03 33.
Landesverband Bremer Amateurtheater, Lortzingstr. 8. Lustspiele in Plattdeutsch.
Theater Phönix, Blankenburger Str. 9, ☎ 44 12 78; *Union-Theater*, Franziskanerstr. 5, ☎ 32 05 32.
Kulturzentrum Schlachthof, Findorffstr. Kinder- und Schultheater, Kleinkunst, ☎ 35 30 75.

Musik

Orchesterboden im Theater im Packhaus, Wüstestätte 11. Kammerkonzerte, Liederabende, Solomusikabende, ☎ 32 60 54.
Institut Français, Contrescarpe 19. Kammermusikabende, »Musiktage der zeitgenössischen französischen Musik« (Sept./Okt.), Sinfonie- und Kammerkonzerte, Gesangsabende mit intern. Solisten, ☎ 32 67 22.
Die Glocke, Domsheide. Sinfonie-, Meister-, Jugendkonzerte, Klavierabende, Ballett, Orchester- und Chorkonzerte, Gastspiele, ☎ 32 77 50.
Kunsthalle ⓯, Am Wall 207. Spielort der Jugend- und Volksmusikschule mit Jugendsinfonietta, Podium der Jüngsten; ☎ 32 47 85.
Focke-Museum ⓲, Schwachhauser Heerstr. 240. Lehrerkonzerte der Jugend- und Volksmusikschule, Gitarren- und Lautenmusik, Bläserserenaden, ☎ 4 96-35 75.
Übersee-Museum ❶, Bahnhofsplatz 13. Außereuropäische Musik, ☎ 3 97-83 57.
Sendesaal von Radio Bremen, Heinrich-Hertz-Str. 13. Neue und alte Kammermusik, ☎ 2 46-0.
Villa Ichon, Goetheplatz 4. Alte Musik in historischen Aufführungen, ☎ 32 79 61.
Dom St. Petri ❾, Sandstr. 10–12. Oratorien an hohen Festtagen, Chorkonzerte, Gregorianischer Gesang, Orgelmusik (Do), ☎ 36 50 40.
Unserer Lieben Frauen-Kirche ❹, Kirchhof 27. Chor-, Kammer- und Klavierkonzerte, Liederabende, ☎ 32 49 14.

Der klassische japanische Tempelgarten in einem Atrium des Übersee-Museums: ein Hauch von Ostasien mitten in Bremen.

Bürgerhaus Gustav Heinemann, Vegesack, Kirchheide 49. Kammer- und Kinderkonzerte, Chanson, Rock, ☎ 65 08 05.
Stadthalle, auf der Bürgerweide. Rock- und Popkonzerte, Bälle, ☎ 35 05-1.
Jazzclub Dix, Bahnhofsplatz, Ecke Rembertiring. Jazzgastspiele aus aller Welt, Jazzmatineen, ☎ 32 79 77.
Findorffer, Geibelstr. 40. Instrumentalmusik, Liedermacher, Chanson, ☎ 37 22 78.
Hart Backbord, Vegesacker Str. 60. Jazz, Blues, Folk, ☎ 38 49 78.

Veranstaltungen

6. Jan.: *Bremer Eiswette* mit Eiswettspiel am Punkendeich.
3. Sa im Jan.: *Stiftungsfest* der Deutschen Gesellschaft zur Rettung Schiffbrüchiger mit Eiswettessen und Spendensammlung, ☎ 5 37 07-0.
Mitte März: *Boot Bremen*, Stadthalle, auf der Bürgerweide. Ausstellung für Boote und Zubehör, ☎ 35 05-0.
Mitte April: *Osterwiese*, auf der Bürgerweide. Volksfest mit großem Feuerwerk, ☎ 3 63 61.
Mai–Okt.: *Bremer Kajenmarkt* an der Weser – auf der Schlachte. Fisch- und Blumenbörse (Sa 8–14 Uhr).
Mitte Mai: *Vegesacker Hafenfest* am Hafen. Schiffsbesichtigungen, City-Lauf Vegesack, Straßentheater, Rockmusik, Weserrundfahrten, ☎ 3 08 00-0.
Mitte Mai: *hafa*, Stadthalle, auf der Bürgerweide. Ausstellung Hauswirtschaft und Familie, Verbrauchermesse mit Lehr- und Sonderschauen, Kinderland, ☎ 35 05-0.
Ende Mai: *Bremer Stadtfest* auf dem Marktplatz und in der Umgebung. Kunsthandwerk, Spielstraßen, Musik, Kleinkunst, ☎ 3 08 00-0.
Anfang Aug.: *Internationaler Bremer Sommer* rund um den Marktplatz. Marktveranstaltung mit Kulturprogramm von 30 Nationen, Kinderprogramm, »Bremer Dorf« mit tägl. wechselndem Programm, ☎ 32 14 81.
Ende Sept.: *Maritime Woche* im Hafen. Tag der offenen Tür, anschließend *Hafenfest*, ☎ 3 61-22 35.
Zweite Okt.-Hälfte: *Bremer Freimarkt*, Bürgerweide und Innenstadt. Großes Volksfest mit Festumzug, ☎ 3 08 00-0.
Anfang Nov.: *Caravan*, Stadthalle, auf der Bürgerweide. Ausstellung von Wohnwagen, ☎ 35 05-0.

Museen

Bleikeller im Dom St. Petri ❾, Sandstr. 10–12. Maschinen zum Bleiformen, Evangelistenfiguren (Mai–Okt. Mo–Fr 9–11.45, 13–16.45, Sa 9–11.45 Uhr).
Bremer Landesmuseum für Kunst- und Kulturgeschichte (Focke-Museum), Schwachhauser Heerstr. 240 (s. ⓲).
Bremer Rundfunkmuseum, Findorffstr. 85 (Mo, Di, Do, Fr 9.30–13, 14–17, So 10–12.30 Uhr).
Dom-Museum im Dom St. Petri ❾, Sandstr.10–12 (Mo–Fr 13–17, Sa 9–12, So 14–17 Uhr; 2. Mai–31.Okt. auch Mo–Fr 9–12 Uhr).
Gerhard-Marcks-Haus, Am Wall 208 (s. ⓰).
Heimatmuseum Schloß Schönebeck, Im Dorfe 3–5 (Di, Mi, Sa 15–17, So 10–12.30, 15–17 Uhr).
Kunsthalle, Am Wall 207 (s. ⓯).
Mühle Oberneuland, Mühlenweg 34. Ausstellung »Korn und Brot im alten Bremen« (Di–Fr 9–12, So 10–13 Uhr).
Paula-Becker-Modersohn-Haus, Böttcherstr. 8. Gemälde und Zeichnungen der Künstlerin (Mo–Do 10–16, Sa, So 11–16 Uhr).
Roselius-Haus, Böttcherstr. 6. Kunst und Kunsthandwerke (Gotik bis Romantik), Wohnausstattung Altbremer Patrizier (Mo–Do 10–16, Sa, So 11–16 Uhr).
Übersee-Museum, Bahnhofsplatz 13 (s. ❶).

Bremerhaven

Partner des Welthandels

Eine junge Stadt, buchstäblich. 1827 kaufte Bremens Bürgermeister Johann Smidt an der Mündung der Geeste 381 Morgen Land vom Königreich Hannover, gedacht als »Bremer Haven« für einen expansiven Welthandel, denn die Unterweser drohte immer mehr zu versanden, und der Nordamerika-Verkehr verlangte zunehmend größere Schiffe. Die Hansestadt wollte einen Platz am offenen Meer. Auch 160 Jahre später ist das inzwischen selbstbewußte Bremerhaven als eigenständige Seestadt meerwärts ausgerichtet. Mut zu neuen Entwicklungen im Seeverkehr prägt ihr Handeln. An vergangene Seefahrerromantik erinnern nur noch die Galionsfiguren (unser Bild) alter Schiffe; dagegen wurde der »schnelle Hafen« am Meer zu einem spezialisierten und komplexen Dienstleistungszentrum entwickelt.

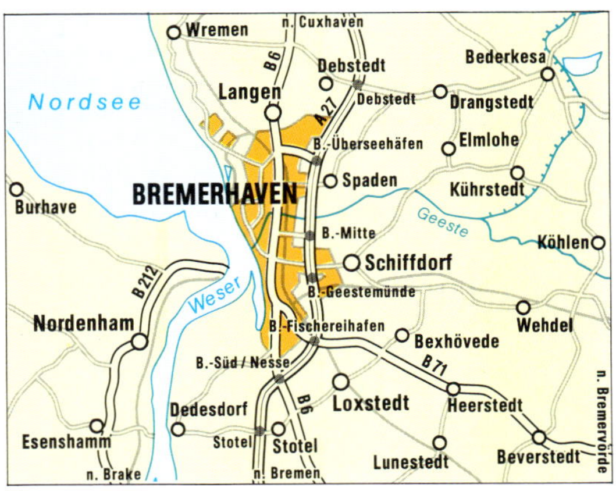

Wappen Das im Jahr 1947 neu gewählte Wappen der Stadt Bremerhaven zeigt eine dreimastige, nach rechts fahrende Kogge mit drei geblähten Segeln, von denen jedes ein Wappen der früheren drei Einzelstädte trägt: für Bremerhaven das Hanseatenkreuz und den Bremer Schlüssel (so seit 1880), für Geestemünde den Anker, für Lehe zwei gekreuzte Sensen. Vor der Kogge ein Fisch als Zeichen der Hochseefischerei.
Lage An der Mündung der Weser in die Nordsee, 55 km nördlich der Stadt Bremen.
Land Bremen
Autokennzeichen HB
Höhe 3–11 m ü. M.
Fläche 80 km^2
Einwohnerzahl 133 000
Postleitzahl 2850
Telefonvorwahl 04 71
Post Postamt 1, Friedrich-Ebert-Str. 77, Spätschalter (So 9–10 Uhr).
Polizei Hinrich-Schmalfeldt-Straße (Stadthaus), ☏ 5 99-1
Taxi ☏ 4 00 04 und 4 00 44
Nahverkehr Städtisches Busnetz der Verkehrsgesellschaft Bremerhaven (VGB) mit 12 Buslinien, Fahrscheine im Bus, Auskunft ☏ 4 77-1.
Parken Eine große Parkfläche (günstig für den Stadtrundgang) befindet sich beim Deutschen Schiffahrtsmuseum hinter der Deichpromenade.
Camping Campingplatz Spadener See, Seeweg 2, Autobahnausfahrt Bremerhaven-Überseehafen, Richtung Spaden, ☏ 80 10 22.
Touristinformation Verkehrsamt der Seestadt Bremerhaven, Van-Ronzelen-Str. 2, ☏ 5 90-22 43 (Mo–Fr 8–16 Uhr). Stadtstudio, Obere Bürger 13 (im Columbus-Center), ☏ 5 90-27 75/76 (Mo–Fr 10–18, Sa 10–13, langer Sa bis 17.30 Uhr).
Stadtführung Für Gruppen nach Voranmeldung bei der Seestadt Bremerhaven, ☏ 5 90-22 43.
Schiffahrt Die Bremerhavener Versorgungs- und Verkehrsgesellschaft mbH (BVV) bietet das ganze Jahr ein breit gefächertes Ausflugsprogramm mit Fahrten weserauf- und -abwärts, Auskunft ☏ 4 77-500. Außerdem tägl. Linienverkehr nach Helgoland und Nordseekreuzfahrten mit der Möglichkeit, zollfrei einzukaufen. Tägl. fünf Hafenrundfahrten.

Sogar der Zoo liegt hier am Meer

Bremerhaven muß von der Wasserseite aus entdeckt werden: Es schmeckt nach See, Sehnsucht weitet die Gedanken, Möwen kreischen, und kleine, kabbelige Wellen schlagen an die dicken Quadersteine der Deichböschung. Eindrucksvoll ist ein verdämmernder Herbsttag mit Wolkenfetzen und einer rasch sinkenden Sonne über der Wesermündung, die den Frachter aus Honduras oder Korea wirkungsvoll beleuchtet. Über das Herkunftsland der Schiffe weiß auf der Deichpromenade immer einer ganz genau Bescheid. Ständig bietet sich dem Blick hier eine wechselnde Szenerie: sommerliche Segelregatta, Tanker, Trawler, Paddler, Küstenmotorschiffe, Frachter und die bulligen, aber flinken Schlepper.

Ein Lotse geht vom Versetzboot und hangelt die Leiter an einem riesigen Schiffskörper hoch. Er berät die Schiffsführung und zeigt den sicheren Weg. »Time is money« gilt für die Fahrensleute. Das kann man auch an den recht ungewöhnlichen Arbeitszeiten ablesen: Es gibt für die Hafenarbeiter bei drei Schichten pro Tag nur fünf arbeitsfreie Tage im Jahr!

Schiffe aus aller Welt bringen Güter aus aller Welt: Baumwolle und Wolle, Kaffee, Maschinen, Papier, Tabak, Holz, Stückgut, Getreide, Südfrüchte.

»Minarett« nennen die Bürger den Zwiebelturm mit dem Bremerhavener Oberfeuer, den alten Leuchtturm von 1893. Wer hier außer schrillen Möwenlauten einen Hahn krähen hört, braucht nicht zu befürchten, der Klabautermann treibe seinen Spaß. Das laute Federvieh plustert sich im »Zoo am Meer« ❶, der dem Besucher seltene Begegnungen verspricht. Pinguine sind hier ausgezeichnet zu beobachten und lassen den Besucher über Lautsprecher an ihren Unterhaltungen teilhaben. Eine der Mähnenrobben schwimmt gerade Rekord, ein Seebär sinnt vor sich hin, und die Eisbärenzucht sucht ihresgleichen in Europa. Wo anders gibt es ein Paar der vom Aussterben bedrohten Schnee-Eulen so nahe zu sehen?

Wie ein Zaubergarten ist das Aquarium: Seeanemonen, Blumentiere, zart und elegant, gefleckter Seewolf, roter Knurrhahn und das ulkige Seepferdchen, das vom Vater »geboren« wird. Hier ist auch Gelegenheit, in seinem Lebenselement zu betrachten, was andernorts auf der Speisekarte steht, wohlschmeckend gesotten oder gebraten, mit Kräutern und Zitrone garniert. Es läßt sich auch endlich der Unterschied zwischen Scholle und Butt lernen.

Arbeitsplatz Meer

Wie der Fisch draußen auf See gefangen wird, darüber gibt unter anderem das Deutsche Schiffahrtsmuseum ❷ Aufschluß, eine Einrichtung, die internationalen Rang besitzt. 90 originale Wasserfahrzeuge, zum Teil im eigenen Bootshaus, mehrere hundert Modelle und viele weitere Objekte illustrieren die Entwicklung am »Arbeitsplatz Meer«. Am Mini-Port kann ein wenig die Kunst der Navigation geübt werden. So manches Staatsoberhaupt hat sich schon mit den kleinen ferngesteuerten Schiffen im großen Wasserbecken beschäftigt und unversehens den Zeitplan des Protokolls ins Wanken gebracht.

Keine Stadt wie jede andere

Vom Museumshafen blickt der Besucher auf den Turm der Großen Kirche und das aufragende Columbus-Center. Bremerhaven ist erst 1827 als Vorhafen Bremens entstanden. Durch die Seestadt wurde die Freie Hansestadt Bremen Bundesland – ein Zwei-Städte-Staat, durch niedersächsisches Hoheitsgebiet getrennt und eingeengt. 20 der 100 Sitze in der bremischen Bürgerschaft, dem Parlament, sind den Abgeordneten aus der Seestadt vorbehalten. Auch sonst wird (fast) alles zwischen beiden Städten im Verhältnis 1:5 geteilt.

Die Bremerhavener haben sich nach einer wechselvollen Geschichte selbst entscheiden können, ob sie den Landesverbund mit Bremen eingehen wollten. Wichtigstes Argument dafür war und ist die Abhängigkeit der Einwohner vom Überseehafen, und der ist ungeachtet aller staatlichen Veränderungen der vergangenen 160 Jahre fest im Besitz der Bremer Stadtgemeinde.

Von Bremen lassen sie sich trotzdem nicht den Schneid abkaufen, die Bremerhavener Bürger setzen ihren Kopf durch, zeigen sich selbstbewußt und sind stolz auf die Entwicklung ihrer Stadt als Hafen, als Oberzentrum für 300 000 Menschen der Region.

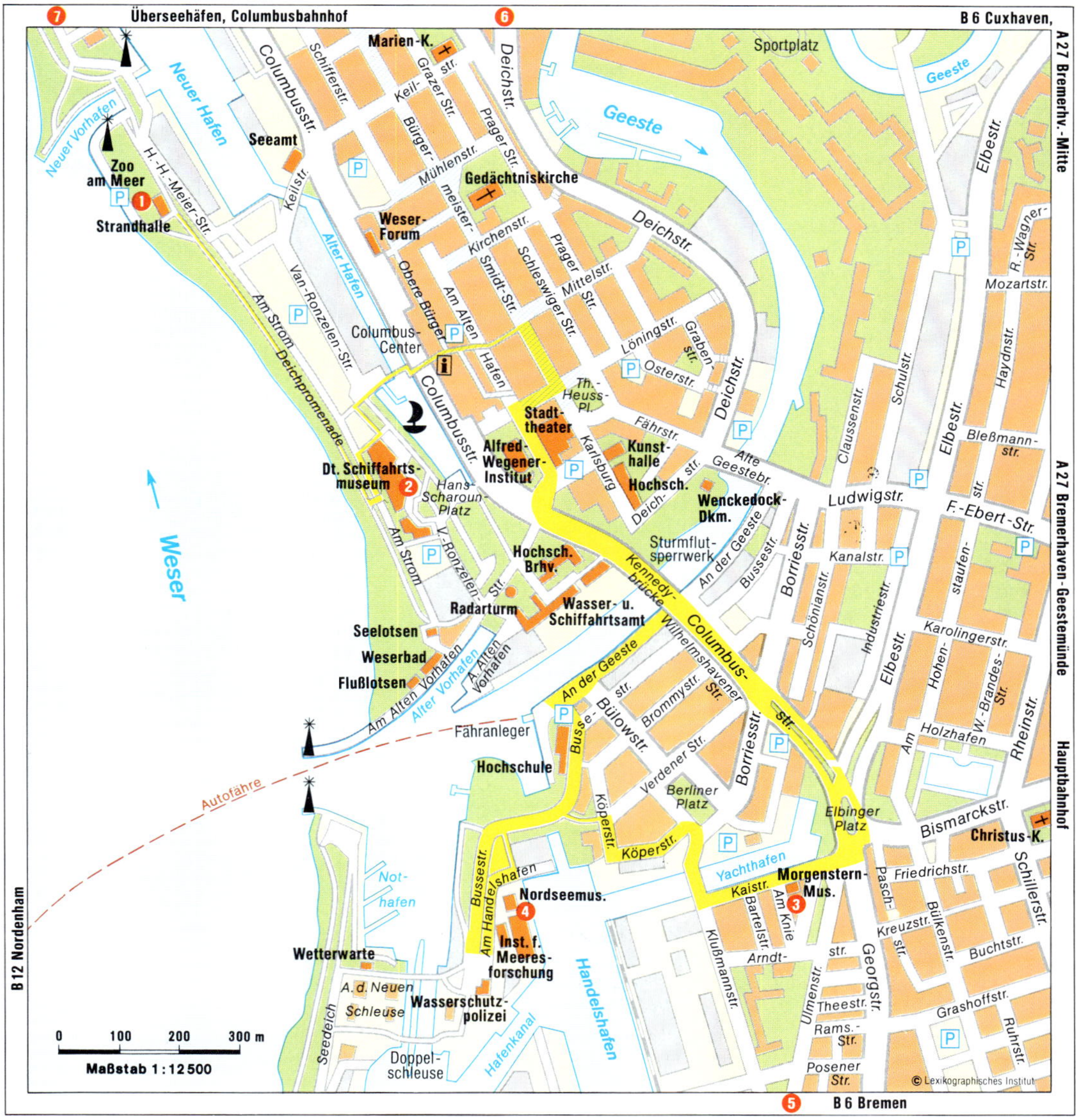

Stadtrundgang

Strandhalle und Zoo am Meer ❶ *bieten sich als Ausgangspunkt einer Erkundung der Seestadt an. In unmittelbarer Nähe steht ein großer Parkplatz zur Verfügung, den Sie nicht verfehlen können.*

Planen Sie eineinhalb Stunden ein für den Fall, daß Sie es bei einem Rundgang belassen wollen. Drei bis vier Stunden sollten Sie vorsehen, falls Sie dem Zoo am Meer und einem der bedeutenden Museen einen Besuch abstatten wollen. Im Deutschen Schiffahrtsmuseum ❷ *gibt es eine Cafeteria, überdies ist die Bark »Seute Deern« als historische Gaststätte eingerichtet. Restaurants und Cafés finden Sie in großer Zahl im Columbus-Center. Falls Sie größeren Appetit haben sollten und Fisch und Hausmannskost bevorzugen, ist das Restaurant »Lehrke« An der Geeste zu empfehlen, an welchem der Rückweg vom Nordseemuseum* ❹ *vorbeiführt.*

Sehenswürdigkeiten

❶ *Zoo am Meer mit Nordsee-Aquarium,* zu Füßen eines Leuchtturms an der Wasserseite eines Außendeichs gelegen, in den Tiergrotten eine der erfolgreichsten Eisbärenzuchten, Aquarium mit exotischen Fischen vom Seewolf bis zu Piranhas (Mai–Aug. tägl. 8–18.30, Sept.–April tägl. 8–16.30 Uhr).

❷ *Deutsches Schiffahrtsmuseum mit Freilichtmuseum,* bedeutende Sammlung originaler Wasserfahrzeuge mit dem ältesten Rentierjägerboot der Welt, einer Bremer Hansekogge (um 1350), einem mittelalterlichen Binnenschiff, historischen Forschungs-, Walfang- und Segelschiffen; im Museumshafen gibt es Oldtimer der Meere zu besichtigen; dazu die Abteilungen Schiffstechnik, Schiffbau, Hafentechnik und Schiffahrtswege. Das Museum bietet einen Überblick über 15 000 Jahre Schiffahrtsgeschichte (Di–So 10–18 Uhr).

❸ *Morgenstern-Museum,* vom »Heimatbund der Männer vom Morgenstern« gegr., Vor- und Frühgeschichte, Volkskunde, Stadt- und Hafengeschichte (Di–Fr 10–16, Sa 10–13, So 10.30–12.30 Uhr).

❹ *Nordseemuseum,* einziges meereskundliches Museum der Bundesrepublik Deutschland: Tiere und Pflanzen der Meere; Meeressäuger; 5000 Meerestierarten vor allem der Nordsee und des Nordmeers in Vitrinen und Dioramen (Mo–Fr 8–16 Uhr).

❺ *Fischereihafen und Seefischmarkt,* am frühen Morgen Auktionen.

❻ *Freilichtmuseum Speckenbüttel,* im Ortsteil Speckenbüttel, Parkstr. 9 und Marschenhausweg. Geesthaus mit Nebenbauten und Stallungen, Marschenhaus und Holländer Mühle; im Innern altes bäuerliches Haus- und Arbeitsgerät (Öffnungszeiten: Geesthaus Di–So 9–11, 15–18 Uhr; Marschenhaus Di–Do, Sa, So 15–18 Uhr).

❼ *Container-Terminal »Wilhelm Kaisen«,* mit Aussichtsturm.

Tips, Tips, Tips

Ein Schiff chartern
Für Reisegruppen gibt es die Möglichkeit, mit dem Sea-liner »Mecki« an einer Ausflugs-, Party- oder Besichtigungsfahrt weseraufwärts oder in Richtung Nordsee teilzunehmen. Für größere Gruppen kann das Schiff auch gechartert werden. Auskunft erteilt der Sea-liner-Service der Bremerhavener Versorgungs- und Verkehrsgesellschaft mbH (☏ 477-500).

Schiffahrtsgeschichte erleben
Ein Rahmenprogramm in Sachen Schiffahrtsgeschichte – Kurse, Fahrten, Filme usw. – bietet die Museumspädagogik des Deutschen Schiffahrtsmuseums ❷ *für Kinder und Erwachsene. Voranmeldung ist erforderlich, daher empfiehlt es sich, das jeweils aktuelle Programm anzufordern (☏ 48 20 70).*

Windjammer und Container

Der Container-Terminal »Wilhelm Kaisen« – nach dem bedeutenden Senatspräsidenten und Bürgermeister von Bremen (1945–65) benannt – ist das Rückgrat der bremischen Häfen für den Umschlag mit den »Kisten«, und im Fischereihafen setzt die Stadt Maßstäbe für die Zukunft. Einst gab es sieben Segelschiffswerften an den Ufern der Geeste. Zwischen 1834 und 1925 wurden hier mehr als 250 Großsegler gebaut. Einige sind, unter fremder Flagge, als Schulschiffe immer noch auf Fahrt und werden bei den berühmten »Sail«-Treffen stets begeistert empfangen.

Als Friedrich Engels 1841 Bremerhaven besuchte, pries er den »jungen Ort« und fand »alles so schön, so zweckmäßig, so bremisch«. Sein Urteil galt nur wenigen Hektar unbebauten Lands und einem kleinen Hafen, in dem heute die Oldtimer-Flotte liegt. Hätte er sich ein paar hundert Meter weiter nördlich umgesehen, wären ihm schon am Leher Tor hannoversche Wachtposten begegnet. Das bremische Bremerhaven war von den Orten Lehe und Geestemünde umschlossen, die inzwischen längst eingemeindet sind. 1939 verschwand der Name Bremerhaven, Wesermünde hieß die Stadt fortan, aber nach dem Zweiten Weltkrieg entschieden sich die Bürger für Bremen und wurden wieder Bremerhavener.

Eines der wenigen Häuser aus der Gründerzeit Bremerhavens ist der 1897 für den Bremer Zoll erbaute »Wassershout« an der Schleuse zum alten Hafen. Hinter ihm ragt der Radarturm auf. Hier mag der Besucher zum Abschied einen kräftigen Köm (Kümmel) »verlöten«, aber zuvor sollte er die kleine Statue daneben genauer betrachten: Das ist der Klabautermann. Nach dem dritten Glas sieht er ihn vielleicht smustern,

Rettung für Roter Sand
Vor der Wesermündung liegt der Leuchtturm »Roter Sand«, seit über 100 Jahren Schiffahrts-Wahrzeichen. 1885–1965 versah er seinen Dienst und wird seither nur noch als Tageslichtzeichen genutzt. In Sichtweite entstand ein neuer Leuchtturm mit dem Namen »Alte Weser«. Meeres- und andere Naturgewalten haben den seit 1983 unter Denkmalschutz stehenden alten Turm baufällig gemacht. Der Förderverein »Rettet den Leuchtturm Roter Sand e. V.« will dem vor einem Jahrhundert als Symbol technischen Fortschritts gefeierten Bauwerk eine Zukunft sichern.

Seefahrt wieder attraktiv
Bremerhavens erstes Hafenbecken ist heute Bestandteil des Deutschen Schiffahrtsmuseums ❷*. Als es eröffnet wurde, setzte gerade der Dampferverkehr zwischen Deutschland und den Vereinigten Staaten ein. Hunderttausende Auswanderer haben in der Folgezeit von der Seestadt aus der alten Heimat Lebewohl gesagt, andere haben vielleicht nur davon geträumt, auf einem Luxusliner den großen Teich zu überqueren. Unvergessen sind Namen wie »Bremen«, »Europa« oder »Columbus«, aber die Passagierschiffe des Norddeutschen Lloyd fahren längst nicht mehr. Die Entwicklung des Luftverkehrs ließ ihnen keine Chance. Dessen rasende Geschwindigkeit mag aber auch dazu beigetragen haben, daß die Seefahrt für Erholungsuchende wieder attraktiv wurde. Für Kreuzfahrten auf fast allen Meeren der Welt nutzen jährlich rund 50 000 Passagiere Bremerhavens moderne Fahrgastanlage, die allen Ansprüchen genügt.*

Auch die ganz jungen Robben genießen ihr Leben im »Zoo am Meer«.

Im Freibereich des Schiffahrtsmuseums läßt sich Seefahrt, ob auf Bergungsschlepper, Feuerschiff oder U-Boot, hautnah erleben.

Zu Auktionen im Fischereihafen muß man sehr früh aufstehen.

ganz heimlich lachen. Von einem abendlichen Gang hinaus zur Geestmole Nord sollte ihn das nicht abhalten. Er führt vorbei an dem kleinen weißen Holzhäuschen, in dem bis 1970 der Maler Paul Wilke lebte. Von einem Freundeskreis restauriert, steht es heute Künstlern offen, die hier einige Zeit leben und arbeiten können. Ein Bagger fördert kreischend, der Wind zerrt und stößt den Spaziergänger voran. Die Fähre nach Blexen, ein Frachter nach Übersee. Lang und schmal schiebt sich die Mole ins Wasser – die Silhouette der Seestadt wird von vielen Lichtern nachgezeichnet. Position: 55° 33′ nördliche Breite und 8° 35′ östliche Länge, genau dort, wo die Weser in die Nordsee mündet.

Mit der »Helgoland« nach Helgoland

Helgoland hat ein wechselvolles Schicksal gehabt. Greifen wir ein paar Daten aus der jüngeren Geschichte heraus: 1890 tauschte das Deutsche Reich die strategisch wichtige Insel vor den Mündungen von Elbe, Weser und Eider gegen Sansibar ein. 1935 wurde sie zur Festung ausgebaut, 1945 zerstört und ab 1947 als Übungsplatz für britische Bomber genutzt. Die kaum bewachsene Insel besteht aus dem 58 m hohen Oberland, dem flachen, sandigen Unterland und der 1,5 km entfernten, als Badestrand genutzten Düne. Heute erwarten wieder vorbildliche Kurmittelanlagen den Besucher, und als Zollausland übt Helgoland auf die Liebhaber von Spirituosen, Parfüms und Tabakwaren zusätzlichen Reiz aus. Vom Heuschnupfen Geplagte wissen die reine und staubfreie Nordseeluft besonders zu schätzen. Drei Stunden ist die »Helgoland« von der Columbuskaje aus, Bremerhavens »Bahnhof am Meer«, unterwegs. Das schmucke weiße Schiff hat Stabilisatoren für eine ruhige Fahrt, Liegestühle an Deck und sogar 24 Passagierkabinen für besonders auf Bequemlichkeit bedachte Zeitgenossen.

Theater, Musik, Veranstaltungen, Museen

Theater

Stadttheater Bremerhaven, Theodor-Heuss-Platz. Oper, Operette, Ballett, Musical, Schauspiel, Kindertheater, ☏ 4 90 01.
Niederdeutsche Bühne Waterkant im Stadttheater, Theodor-Heuss-Platz. Mundart- und Volkstheater, ☏ 4 90 01.
Lehe-Treff, Eupener Str. 3 b. Kleinkunst, Kindertheater, ☏ 5 90-2866.
Folk-Treff, Mecklenburger Weg, Leherheide. Puppentheater, ☏ 5 90-2660.

Musik

Städtisches Orchester Bremerhaven, Stadttheater, Theodor-Heuss-Platz. Sinfonie- und Kinderkonzerte, Liederabende, Kammermusik, ☏ 4 90 01.
Stadthalle, Wilhelm-Kaisen-Platz 1. Galakonzerte, Musikshows, Ausstellungen, ☏ 5 20 21.
Bürgermeister-Smidt-Gedächtniskirche, Bürgermeister-Smidt-Str. Orgel- und Chorkonzerte, Stunde der Kirchenmusik, ☏ 4 28 20.
Herz-Jesu-Kirche, Eupener Str. 60. Orgelkonzerte, ☏ 5 12 10.
Folk-Treff, Mecklenburger Weg, Leherheide. Swing, Folklore, ☏ 5 90-2660.
Alternativ-Kulturzentrum Roter Sand, Bürger 209. Punk-, Rockkonzerte, Lesungen, Ausstellungen, Kino, ☏ 8 17 62.
Schleuse im Columbus-Center. Jazz aller Stilrichtungen, Jazzfrühschoppen mit Kinderbeschäftigungsprogramm, ☏ 5 90-2773.
Sanssouci, Grazer Str. 51. Live-Musik aus den 50er und 60er Jahren, ☏ 41 16 68.

Veranstaltungen

Flohmarkt am Roten Sand (Sa 6–14 Uhr), am Leher Bahnhof (So 9–15 Uhr).
Alle zwei Jahre (1991) Juli: *Internationale Hochseeregatta.* Segelregatta um Helgoland, ☏ 5 90-22 43.
Mitte Mai: *Bremerhavener Frühjahrsmarkt* auf dem Wilhelm-Kaisen-Platz. Volksfest mit Warenangebot, ☏ 5 90-2243.
Ende Mai: *Leuchtturmfest* im und am Deutschen Schiffahrtsmuseum ❷. Maritimes Warenangebot, Festzelt, musikalisches Rahmenprogramm, ☏ 5 90-2243.
Anfang Juni: *Jazz-Port* in der Stadthalle. Überregionales Jazzfestival auf fünf Bühnen, ☏ 5 20 21.
Mitte Juni: *Straßen der Mitmenschlichkeit* im Alternativ-Kulturzentrum Roter Sand, Bürger 209. Kindertheater, Kleinkunst, Musik, Flohmarkt, ☏ 8 17 62.
Ende Juni: *Geestemünder Schützenfest* auf dem Konrad-Adenauer-Platz. Volksfest, ☏ 5 90-2243.
Ende Juli: *Bremerhavener Festwoche mit Basar Maritim* im Freibereich des Deutschen Schiffahrtsmuseums. Volksfest mit Musik, ☏ 5 90-2712.
Aug.: *Rockbadefest* im Freibad Speckenbüttel. Rockmusik um die Schwimmbecken, ☏ 5 90-2773.
Ende Aug.: *Bremerhavener Freimarkt* auf dem Wilhelm-Kaisen-Platz. Deutsch-Amerikanisches Volksfest und Stadtkönigschießen, ☏ 5 90-2243.
Mitte Sept.: *Maritime Filmtage* im Deutschen Schiffahrtsmuseum ❷

Museen

Bremerhavener Versorgungs- und Verkehrsmuseum, Hansastr. 17. Die Entwicklung der Versorgung mit Strom, Gas, Wasser, Fernwärme sowie des öffentl. Nahverkehrs (Mo–Fr 8–12 Uhr).
Deutsches Schiffahrtsmuseum mit Freilichtmuseum, Van-Ronzelen-Str. (s. ❷).
Freilichtmuseum Speckenbüttel, Parkstr. 9 und Marschenhausweg (s. ❻).
Kunsthalle des Kunstvereins Bremerhaven von 1886 e. V., Karlsburg 4. Kunst des 20. Jh. (Di–Sa 15–18, So 11–13 Uhr).
Morgenstern-Museum, Kaistr. 6 (s. ❸).
Nordseemuseum, Am Handelshafen 12 (s. ❹).
Technikmuseum U-Boot Wilhelm Bauer, Van-Ronzelen-Str. U-Boot Typ XXI (April–Okt. tägl. 10–18 Uhr).

Celle

Herzöge, Heide, Hengstparade

»Üb' immer Treu und Redlichkeit«, dichtete vor gut 200 Jahren Ludwig Hölty, damals Lateinschüler in Celle. Heute amtieren vier Gerichte in der Stadt, und für die vielen Juristen könnte die Gedichtzeile ein sinnfälliger Leitspruch sein. Daß hier Recht gesprochen wird, geht auf die welfischen Kurfürsten von Hannover zurück. Sie schufen 1711 das Oberappellationsgericht, aus dem das heutige Oberlandesgericht hervorgegangen ist. Auch sonst ist die Heidestadt in ihrer Entwicklung eng mit dem Welfenhaus verknüpft. Die Herrscher errichteten ein Schloß, Paläste und Gärten, um welche die Bürger ihre Stadt bauten. Hunderte bunter Fachwerkhäuser vermitteln den Eindruck einer Stadt, deren heutige Bausubstanz bis ins 16. Jh. zurückreicht. Ihre Bürger allerdings leben sehr bewußt in der Gegenwart.

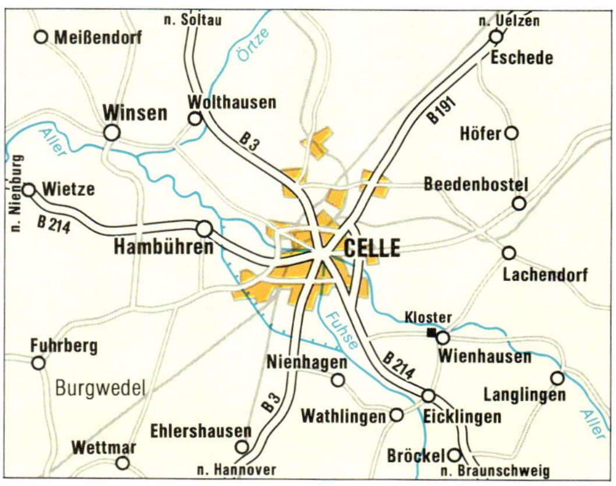

Wappen Eine mit Zinnen versehene silberne Mauer, auf der drei Türme mit roten Dächern stehen. In der schwarzen Toröffnung ein schräg gelehnter goldener Schild mit dem aufrechten Welfen-Löwen, der von sieben roten Herzen umgeben ist. Die Herzen weisen auf das dänische Königshaus hin und wurden dem Wappen der Welfen im 18. Jh. hinzugefügt.
Lage Am Südrand der Lüneburger Heide, 40 km nordöstlich von Hannover.
Land Niedersachsen
Autokennzeichen CE
Höhe 15–40 m ü. M.
Fläche 17,5 km^2
Einwohnerzahl 71 200
Postleitzahl 3100
Telefonvorwahl 0 51 41
Post Hauptpostamt am Schloßplatz 8, Spätschalter (Sa 8–15, So 10.30–11.30 Uhr).
Polizei Jägerstr. 1, ☏ 27 71
Taxi ☏ 4 44 44, 8 19 88
Nahverkehr 40 Busse im Stadt- und Vorortverkehr. Verbilligte Mehrfahrtenkarten und Touristenkarten an den Verkaufsstellen der Straßenbahn.
Camping Silbersee, Ortsteil Vorwerk, ☏ 3 12 23.
Parken Parkhäuser in der Innenstadt am Nordwall, am Südwall und im Karstadt-Kaufhaus; Parkstreifen in der Blumlage und der 77er Str.; ein großer Parkplatz am Schützenplatz. Kleinere Parkflächen (Parkuhren): am Schloßplatz (auch für Busse), am Maschplatz, Herzog-Ernst-Str., Großer Plan und bei den Triftanlagen.
Touristinformation Verkehrsverein, Markt 6, ☏ 12 12 (Mitte Mai–Mitte Okt. Mo–Fr 8–18, Sa 9–13, 14–17, So 10–12 Uhr; Mitte Okt.–Mitte Mai Mo–Fr 8–17, Sa 10–12 Uhr).
Stadtführung Mai–Sept. Mi, Sa 14.30, So 11 Uhr ab der Brücke vor dem Schloß; jeden ersten So im Monat ist die Führung kostenlos (jedoch nicht für Gruppen), im übrigen Vermittlung durch den Verkehrsverein, ☏ 12 12.

Stadtrundgang
Stellen Sie Ihr Fahrzeug am Schützenplatz oder in einem der Parkhäuser am Nord- oder Südwall ab, von dort gelangen Sie in fünf bzw. zehn Minuten zum Rondell am Schloß ❶*, dem Ausgangspunkt unseres ungefähr zweieinhalbstündigen Rundwegs. Wenn es Sie unterwegs nach einer deftigen Mahlzeit verlangt, bietet sich der »Schweine-Schulze« in der Neuen Straße an, auch der Ratskeller* ❺ *ist empfehlenswert. Steht Ihnen der Sinn eher nach Ruhe und frischer Luft, dann ziehen Sie sich am besten in den Französischen Garten* ⓫ *zurück.*

Sehenswürdigkeiten
❶ *Schloß,* bis 1705 Sitz des lüneburgischen Welfenhauses. Die ältesten Teile der Vierflügelanlage stammen aus dem Mittelalter. Eindrucksvolle Renaissancefassade mit Giebeln, Erkern und Portalen; Schloßkapelle aus dem 16. Jh. Ältestes bespieltes Barocktheater Deutschlands (Führung: So–Fr 10, 11, 12, 14, 15, 16; Sa 10, 11, 12 Uhr). Caroline-Mathilde-Prunkräume (So–Fr 10–16, Sa 10–12.30 Uhr).
❷ *Bomann-Museum,* hannoversche Landes- und Kulturgeschichte, Heeresgeschichte bis 1866, Stadtgeschichte, Volkskunde. Eine Biedermeierwohnung und ein komplett eingerichtetes Bauernhaus aus dem 16./17. Jh. sind die Hauptattraktionen (Mo–Sa 10–17, So 10–13 Uhr).
❸ *Haus der Landschaft,* Sitz der einstigen Ständevertretung, ritterschaftliches Geldinstitut. 1682 erbautes, 1730 umgebautes Fachwerkhaus mit besonders schönem Innenhof.
❹ *Stadtkirche St. Marien,* dreischiffige, im 13. Jh. begonnene Hallenkirche, im 17. Jh. barockisiert. Prächtiger Stuck und bemerkenswerte Holztonnendecke. Die Fürstengruft ist über den Chor zugänglich. Der charakteristische Turm (Höhe 74,5 m) entstand 1913. Turmbläser (tägl. 6.30 und 18.30 Uhr).
❺ *Rathaus,* neben Schloß und Stadtkirche St. Marien ältestes Bauwerk Celles, mehrfach umgebaut und erweitert. Renaissancefassade und schöner Giebel. 600 Jahre alter Ratskeller mit Kreuzbandgewölbe.
❻ *Hoppener-Haus,* 1532, das wohl schönste Fachwerkhaus der Stadt mit reich geschnitzten Schwellen, Ständern und Fußstreben. Einst Sitz des Amtsrentmeisters Simon Hoppener.
❼ *Stechinelli-Haus,* früheres Palais des herzoglichen Günstlings und Generalpostmeisters Stechinelli, Ende des 18. Jh. im klassizistischen Stil umgebaut.
❽ *St. Ludwigskirche,* 1838 nach Plänen des Schinkel-Schülers Johann Anton David Spetzler in klassizistischem Stil erbaut.
❾ *Triftanlagen,* Anfang des 18. Jh. entstandene Grünanlage sowie »Werck- und Zuchthaus«, schloßartiger Prachtbau, noch heute als Justizvollzugsanstalt genutzt, besonders stilreine Barockanlage.

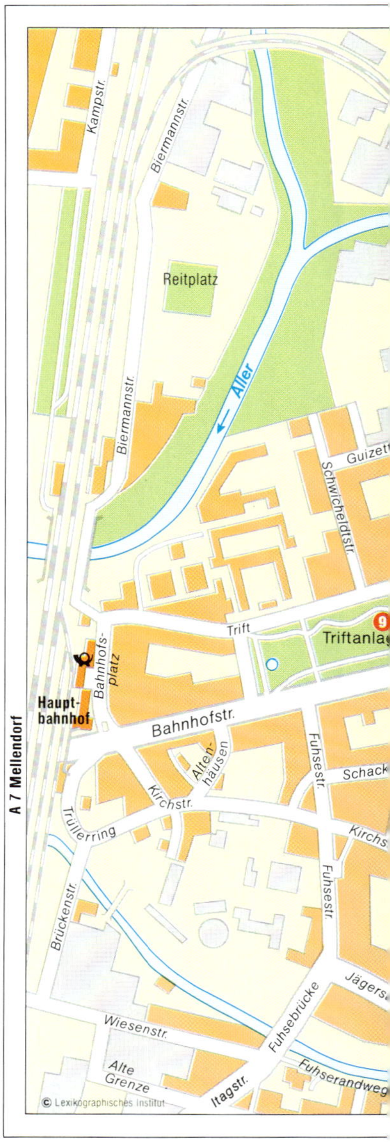

❿ *Niedersächsisches Landgestüt,* gegr. 1735 durch Georg II., König von England und Kurfürst von Hannover; Warmblutzucht.
⓫ *Französischer Garten,* im 18. Jh. entstandener, im 19. Jh. nach engl. Vorbild umgestalteter Park mit Marmordenkmal für die dänische Königin Caroline Mathilde aus dem Jahr 1784 und Fachwerk-Lusthäuschen von 1610.

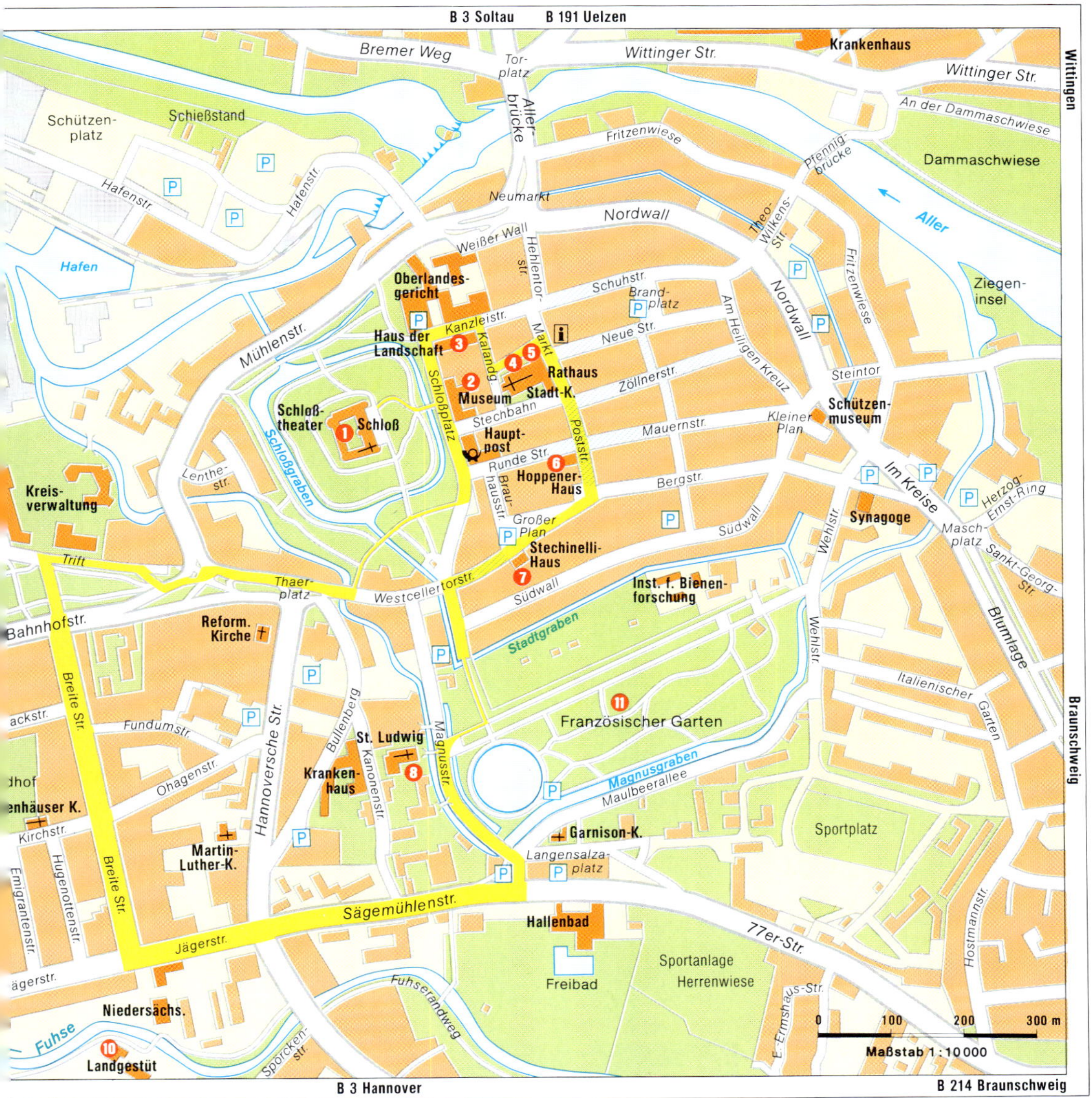

Choräle zum Feierabend

Über die Balustrade des Glockenturms der Stadtkirche St. Marien schiebt sich der Schalltrichter einer Trompete vor den Himmel, und die ersten Töne eines Chorals erreichen die Straße. Es ist genau eine Stunde vor Ladenschluß.

Auf den Gehsteigen drängen sich die Menschen, beladen mit Taschen und Einkaufstüten. Sie scheinen auf die Trompetenmusik kaum zu achten, die über ihren Köpfen irgendwo in den Schindeldächern der Altstadt verweht. Den Cellern ist ihr Choral schon so zur Gewohnheit geworden, daß es ihnen vermutlich nur auffallen würde, wenn er nicht zur gewohnten Stunde erklänge.

Mehr als vier Jahrzehnte hatte Walter Milter mit seiner Trompete jeden Morgen und jeden Abend einen Choral in die vier Himmelsrichtungen geblasen, bevor er im Herbst 1985 hochbetagt starb. In Celle hatte damit offenbar niemand gerechnet, denn es stand kein Nachfolger zur Verfügung. Ihre Stadt ohne Turmbläser war jedoch für viele Bürger unvorstellbar. Schließlich fand sich wieder ein Trompeter. Helmut-Dieter Lorchheim bläst jetzt täglich die Choräle auf dem Kirchturm. Die Stadt läßt sich das einiges kosten.

In einer nicht belegten, aber hübschen Anekdote heißt es sogar, Walter Milters Trompetenkunst sei für die Ansiedlung des Zweigwerks von »Wasa-Brød« verantwortlich: der Direktor des Knäckebrotkonzerns hätte

Garnisonstadt
Seit über 300 Jahren ist Celle Garnisonstadt. Die Ursprünge lassen sich bis ins 16. Jh. zurückverfolgen. Heute sind hier etwa 4500 Soldaten der Bundeswehr sowie der britische Stationierungsstreitkräfte und rund 2500 nichtkasernierte Angehörige der britischen Rheinarmee stationiert. Mit Großbritannien weiß man sich ohnehin traditionell verbunden. Die britannisierten Georgs des hannoverschen Welfenhauses waren ja zugleich auch Kurfürsten von Celle. Als es 1775 galt, die britischen Stützpunkte Gibraltar und Port Mahón auf Menorca gegen die Spanier zu verteidigen, waren drei Celler Kompanien am Erfolg der Engländer beteiligt. Als Helden gefeiert, kehrten sie im Juli 1784 wieder zurück.

sich einst spontan dazu entschlossen, nachdem er zufällig den Chorälen gelauscht hatte. Es werden freilich eher andere Gründe – wie das Vorhandensein von gutem Wasser und Getreide sowie einer Mühle – den Ausschlag gegeben haben.

Historische Stadt und Zentrum der Erdölindustrie

Tradition ist hier schon immer großgeschrieben worden. Von den Bomben des Zweiten Weltkriegs verschont geblieben, trägt die Heidestadt ein wirklich schönes, fast museales Kleid aus Renaissance- und Barocktagen. Eigentlich wirkt Celle wie die realistische Kulisse eines Theaterstücks, so geschlossen ist das Stadtbild, so einheitlich wirkt es auf die an deutsche Nachkriegsstädte gewöhnten Augen.

Doch der Eindruck einer mit Sachverstand für die nächsten Generationen restaurierten Museumsstadt verflüchtigt sich bald. Celle ist höchst lebendig, und das merkt der Besucher schnell. Hinter den Fassaden der oft überaus schmalen Häuser werden die neuesten Datenverarbeitungsgeräte und die letzte Pariser Mode präsentiert. Die Häuserzeilen, deren vielfarbiges Gebälk aussieht wie mehrschichtige Pralinen, die man durchgeschnitten hat, bergen zuweilen Unternehmen von beachtlichem industriellem Ausmaß. Celle ist ein attraktives Einkaufszentrum für die Südheide, aber auch im produzierenden Gewerbe hat es einen soliden Ruf. Der Ansammlung großer Betriebe der Erdölbranche verdankt die Stadt ihre Bedeutung als europäisches Zentrum der Erdölindustrie.

Teure Vergangenheit

Für das selbstverständliche Nebeneinander von früher und heute hält die Stadt in ihren Prospekten die Formel bereit: »Das besonders Anziehende ist die Art, wie die Bürger mit ihrer Tradition leben ...« Und der Verkehrsverein verkündet stolz, was Bürger und Besucher empfinden sollen: »Das Glück, in Celle zu sein.« Nun ist den Celler Bürgern ihre Stadt gewiß lieb, aber sie ist ihnen auch teuer. Das gesamte Ensemble der Fachwerkhäuser in der Innenstadt steht unter Denkmalschutz. Allerdings beginnt die Fassadenpflege meist erst oberhalb des Erdgeschosses.

Das historische Erbe ist nicht immer das reine Vergnügen für die, denen es zugefallen ist. Durch örtliche Bauvorschriften und das niedersächsische Denkmalschutzgesetz ist den Eigentümern aufgegeben, ihre zum Teil jahrhundertealten Bauwerke zu erhalten. Ein eigens dafür bestellter Stadtbildpfleger wacht darüber, daß nichts verschandelt und unnötig abgerissen wird. Kein Wunder, daß so mancher Besitzer eines alten Fachwerkhauses murrt, die Stadt werbe zwar mit den alten Häusern um Touristen, tue aber nichts für den Erhalt ihrer historischen Kulisse.

Das Haus Zöllnerstraße 6 aus dem Jahr 1602 besitzt die für viele Celler Häuser typische Auslucht, eine Art verzierter Fachwerkerker.

Wer Kurioses liebt...

... kommt in und um Celle auf seine Kosten. Vor allem sei ein Besuch des Bomann-Museums (2) empfohlen, dessen Fassade aus dem Jahr 1907 nach dem Wunsch seines Namengebers und Stifters Merkmale aller Stile trägt, die das Celler Stadtbild prägen. Skurriles gibt es auch in der Kuriositätensammlung des Museums zu sehen. Aus fünf Jahrhunderten wurden da Lockenwickler, ein zusammenklappbarer »Knickerschirm«, eine wunderliche Zwiebackmaschine sowie Armbänder und Halsketten aus den Haaren Verstorbener zusammengetragen.

Nach ein paar Kilometern auf der B 191 in nordöstlicher Richtung erreicht man Altenhagen, wo es eine 3 m hohe, reich mit Arabesken verzierte Säule am Ortsrand zu sehen gibt. »Reiherpfahl« heißt sie im Volksmund und erinnert daran, daß Herzog Christian Ludwig nach vielen vergeblichen Versuchen im Jahr 1660 hier seinen ersten Reiher erlegte. Zum Gedenken ließ er diese Säule errichten. Noch etwas weiter außerhalb von Celle in Richtung Garßen liegt Bostel, wo ein Gedenkstein an den ersten tödlichen Autounfall in der Gegend erinnert. Das schwere Unglück hat sich am 21. April 1908 ereignet, als das Automobil des Landeshauptmanns Georg Lichtenberg mit einem Heuwagen zusammenstieß. Lichtenberg kam dabei ums Leben, wie auf dem verwitterten und von Büschen umwucherten »Denkmal« festgehalten ist.

Als Vorspiel gibt es Handküsse

Ein Abend im historischen Barocktheater des Schlosses (1) ist ein Erlebnis besonderer Art. Die Celler Gesellschaft, tonangebend die Juristen, inszeniert sich bei solchen Gelegenheiten gern selbst. Als Vorspiel gibt es Handküsse und in den Pausen Courtoisien. Man nickt sich zu, alles kennt sich, man gehört dazu. Was macht es da schon, daß die großen Kristallspiegel im Salon der Herzogin Eleonore nur bescheidene Eleganz reflektieren! Das kleine Ensemble hat sich auf Schauspiel, Komödie und Musical konzentriert. Pro Spielzeit erarbeitet es bis zu 16 Premieren, eine Leistung, auf die manch größeres Haus stolz wäre. Für die Schauspieler ist es nicht immer eine reine Lust, auf den altehrwürdigen Brettern zu spielen; denn die technischen Einrichtungen sind zum Teil museumsreif. Auch flog schon so manche Fledermaus durch den Saal, ohne ins Programm zu gehören. Weder die Celler Komödianten noch das Publikum ließen sich bislang von solchen Widrigkeiten sonderlich beeindrucken. Alles in allem wird in Celle lebendiges Theater gemacht, vor allem Theater für das Publikum.

Wagt sich ein Regisseur oder Spielleiter aber einmal in avantgardistische Bereiche vor, dann sitzt das gesamte Publikum förmlich auf den Händen, um nicht etwa klatschen zu müssen.

Opferbereitschaft und Idealismus der Bürger allein reichen jedenfalls nicht, die alte Bausubstanz zu sanieren und damit zu erhalten. Die Umwandlung der Altstadt in ein Einkaufszentrum bot sich als Ergänzung an. Aber dies erforderte eben seinen Preis: Da entdeckt man inmitten des spätmittelalterlichen Stadtbilds die stilisierten Fassaden von Kaufhäusern, die zum Trost (oder zum Hohn?) der geschichtsbesorgten Stadtväter Reste der alten, abgebrochenen Fassaden wie Einlegearbeiten an ihren Wänden vorzeigen oder gleichsam als Kulisse vor sich herschieben.

In Celle hat man erkannt, daß das Verhältnis zwischen Wohnraum und gewerblichen Flächen ausgewogen sein muß, wenn die Altstadt lebendig bleiben soll. Seit sie nämlich in weiten Bereichen Fußgängerzone geworden ist, hat die Nachfrage nach Wohnraum sprunghaft zugenommen. Parkhäuser und Parkstreifen wurden so gebaut, daß die Innenstadt von allen Seiten zu Fuß in wenigen Minuten erreicht wird. In Celle dachte man dabei natürlich auch an die vielen Besucher der Heidemetropole.

Der Steuereintreiber bekam das schönste Haus

Hinter den bunten Fassaden wurde in den vergangenen Jahren kräftig umgebaut und renoviert. Im Hoppener-Haus ❻ entstanden gleich mehrere Wohnungen. Erhalten blieben das schöne Treppenhaus und natürlich die Fassade, die Herzog Ernst der Bekenner 1532 für seinen tüchtigen Steuereintreiber Simon Hoppener besonders aufwendig gestalten ließ.

Einige Schritte weiter betritt man das Haus, in dem Albrecht Thaer 1752 geboren wurde: Das Patrizierpalais mit der Nummer 28 in der Schuhstraße ist innen mit edelsten Hölzern ausgestattet, ein würdiges Refugium für den Arzt und Landwirtschaftsreformer, den Celle zu seinen berühmtesten Söhnen zählt. Er führte hier erste Agrarexperimente durch; später erhielt er vom preußischen König eine ehrenvolle Berufung nach Berlin, wo er als Professor die Landwirtschaftslehre zur systematischen Wissenschaft entwickelte.

In einem anderen Haus wohnte im 18. Jh. für kurze Zeit Ludwig Hölty, wie Thaer Schüler der Celler Lateinschule, später Mitglied des Göttinger Hainbunds, eines Kreises befreundeter Dichter, deren Ideale Freundschaft, Freiheit, Treue und Patriotismus waren. Zu seiner Zeit viel von sich reden machte der Bewohner eines anderen Hauses ❼, Capanelli Stechinelli. Herzog Georg Wilhelm hatte ihn als 15jährigen von einer Italienreise mitgebracht. In Rimini soll er dem Fürsten das Leben gerettet haben. In Celle machte er eine steile Karriere, wurde Generalpostmeister und Graf von Wieckenberg, wo eines seiner vielen Güter lag. Sein Haus wurde im 18. Jh. von einem Wachsfabrikanten umgebaut und hat im 19. Jh. Niccolò Paganini und Johannes Brahms als Gäste beherbergt.

Der 1932 im Französischen Garten aufgestellte historische Fachwerkspeicher beherbergt die Sammlungen des Imkerei-Museums.

Kloster Wienhausen

Über die B 214 erreichbar, liegt ungefähr 10 km südöstlich von Celle das mittelalterliche Kloster Wienhausen. Agnes von Meißen, die Schwiegertochter Heinrichs des Löwen, hat es im 13. Jh. gegründet. Die Klosteranlage ist vollständig erhalten, wenngleich Umbauten in späteren Jahrhunderten für einige Stilbrüche gesorgt haben. Aus der Gründungszeit stammt aber noch der Nonnenchor, auch die Kreuzgänge sind nur wenig verändert worden. In der Reformation fällt das Zisterzienserinnenkloster den Lutheranern zu und wird im 16. Jh. evangelisches Damenstift. Nirgends sind in Norddeutschland so großartige Wandgemälde aus gotischer Zeit anzutreffen wie hier. Im Nonnenchor und der Allerheiligenkapelle sind sie vollständig, in den Kreuzgängen weitgehend erhalten. Darüber hinaus werden in Wienhausen Skulpturen, Glasmalereien, Möbel und Hausrat aufbewahrt, die teilweise über 650 Jahre alt sind. Die Stiftsdamen zeigen gern den kostbaren Besitz des Klosters. Ab Samstag nach Pfingsten wird jedes Jahr für elf Tage der kostbarste Schatz des Klosters ausgestellt: acht gotische Teppiche mit Motiven aus der Tristansage, die zwischen 1300 und 1360 von Nonnen gewebt worden sind (Führungen: 1. April–31. Okt. Mo–Sa 10, 11, 14, 15, 16, im Sommer auch 17 Uhr, So 11.30, 13, 14, 15, 16, 17 Uhr).

Wo der Terror herrschte

Nichts erinnert hier mehr an die Schrekken von einst. Wo der Terror wütete, breitet sich heute eine friedliche Parklandschaft aus. Bergen-Belsen, das ehemalige Konzentrationslager in der Lüneburger Heide, ist dennoch kein geruhsamer Ort. »5000 Tote April 1945« steht auf einer der Steinplatten über dem Massengrab. Es gibt viele dieser Steine. Über 100 000 Juden und russische Kriegsgefangene sind in Bergen-Belsen und im nahen sogenannten Russenlager in Hörsten gestorben, viele an Hunger, Krankheit und Auszehrung oder an den Folterqualen, die ihre Peiniger ihnen zufügten. Im Zentrum des Lagers steht der Obelisk, der an die Leiden des jüdischen Volks erinnert. Am 15. April 1945 sprengte die britische Armee das Lagertor. Damit endete der Terror, aber nicht das Sterben. Trotz aller Fürsorge starben den Befreiern noch einmal 14 000 Menschen unter den Händen weg, deren Lebenskraft gebrochen war. Im Dokumentationszentrum der Gedenkstätte hängt ein metergroßes Foto von Anne Frank. Hier findet sich auch ein Zitat aus ihrem Tagebuch: »Ich sehe, wie die Welt mehr und mehr in eine Wüste verwandelt wird.« Nach Bergen-Belsen gelangt man von Celle aus über die B 3.

Tips, Tips, Tips

Bier seit 1318
Ein Glas Bier an historischer Stätte gefällig? Im historischen Ratskeller zu Celle wird seit 1318 ausgeschenkt. Die Nachbildung einer Urkunde über das Schankrecht beweist dem Gast, daß er sich in der ältesten erhaltenen Gaststätte Niedersachsens befindet.

Celles Synagoge
An das Celler Judentum erinnert die Synagoge, ein Fachwerkbau, wie könnte es in Celle anders sein. In der »Reichskristallnacht« verwüstet, aber wenigstens nicht dem Erdboden gleichgemacht, ist sie seit 1974 wieder jüdische Kult- und Gedenkstätte.

Delikates aus der Heide
Das Frühstück kann man sich mit Heidehonig versüßen. Wer Fisch mag, läßt sich Forellen aus den zahlreichen Heidebächen servieren. »Celler Gekochte«, eine Art Mettwurst, und der Heideschinken sind sehr beliebt als Brotbelag, aber ein Heidschnuckenbraten geht dem Kenner über alles. Das Fleisch dieser Schafrasse ist eine typische Heidespezialität. Mit Bohnen oder noch besser mit Preiselbeeren und Pfifferlingen aus den heimischen Wäldern ist das nach Wildbret schmeckende zarte Schnukkenfleisch eine Delikatesse.
Wer es besonders herzhaft liebt, kann im Magen mit einem »Ratzeputz« Ordnung schaffen, einem Kräuter-Ingwer-Schnaps, der allerdings die Kehle nicht gerade schont.

Die Stadt besteht natürlich nicht nur aus historischen Bauten und altem Gemäuer. Nach dem Zweiten Weltkrieg, als Folge des Zustroms von Heimatvertriebenen und Ausgebombten, mußte dringend neuer Wohnraum geschaffen werden. Ganze Stadtteile entstanden, Vororte wurden eingegliedert und Freizeitanlagen aller Art geschaffen.

Celle war nie eine reiche, aber auch keine arme Stadt. Ein gesunder Bauernstand mit fruchtbaren Böden sorgte ebenso für einen gewissen Wohlstand im Herzogtum wie das Bürgertum, das sich schon früh dem Handel und Wandel verschrieben hatte.

Der Name Celle leitet sich von dem sächsischen Kellu ab (Siedlung am Fluß) – und diesem Fluß, der Aller, verdankt der Ort seine rasche Aufwärtsentwicklung. Kellu, erstmals im Jahr 990 urkundlich erwähnt, lag an einer Furt der Aller, über die die große nordsüdliche Heer- und Handelsstraße des Heiligen Römischen Reichs Deutscher Nation kreuzte. Um die Jahrtausendwende war die Aller zudem der direkte Handels- und Verbindungsweg zwischen dem aufstrebenden Braunschweig und dem Handelsplatz Bremen.

Zwei Affären machen eine Residenz bekannt

1292 verlegt Herzog Otto der Strenge zu Braunschweig-Lüneburg die alte Stadt einige Kilometer flußaufwärts. Zum Schutz der Bürger errichtet er eine Burg, die im Verlauf des Jahrhunderts zum Schloß ❶ umgebaut wird. 1378 ziehen die Lüneburger Welfen ganz nach Celle. Zwischen Herrschern und Bürgern entwickelt sich ein gedeihliches Zusammenleben. Die Herzöge regieren ihre Untertanen eher landesväterlich als landesherrlich. Dies bezeugen die vielen Bürgerhäuser, an deren prächtigen Fassaden Bürgerstolz und Bürgerreichtum zum Ausdruck kommen.

Weltgeschichte ist in Celle nicht geschrieben worden. Die Residenz wurde auch weniger durch ihre Herrscher als vielmehr durch zwei Welfenprinzessinnen bekannt. Beide verbindet dasselbe Schicksal: Sie zerbrachen an ihrer Liebe zu anderen Männern. Sophie Dorothea, die Tochter des letzten Celler Herzogs Georg Wilhelm und seiner französischen Frau Eleonore d'Olbreuse, heiratete 1682 den Erbprinzen Georg Ludwig von Hannover, der als Georg I. englischer König wurde. Die Ehe scheiterte am Liebesverhältnis der Prinzessin mit dem Grafen Königsmarck. Für den Rest ihres Lebens wurde sie als Prinzessin von Ahlden nach Schloß Ahlden verbannt.

Ihre Urenkelin Caroline Mathilde aus Hannover wurde 50 Jahre später nach einer Affäre mit dem dänischen Staatsminister Struensee von ihrem Mann, König Christian VII. von Dänemark, geschieden und des Landes verwiesen. Im Celler Schloß ihres Bruders Georg III. erhielt sie 1772 Asyl. Die Prunkräume der Königin versetzen noch heute jeden Besucher in Erstaunen. Caroline Mathilde starb mit 24 Jahren 1775 in Celle. In der Fürstengruft unter dem Chor der Stadtkirche St. Marien ❹ ist sie neben der Prinzessin von Ahlden bestattet.

An sechs Tagen im September und Oktober strömen die Zuschauer zur Celler Hengstparade, bei der jeweils die etwa 200 Warmbluthengste des Niedersächsischen Landgestüts vorgestellt werden.

Die Geschichte einer alten Stadt spiegelt sich in ihren Bauwerken wider. Das eher behäbige Celler Schloß ❶ erhielt seinen barocken Glanz im Innern durch das letzte Herzogspaar. Die ebenso schöne wie lebenslustige Französin aus altem Hugenottenadel, Eleonore d'Olbreuse, brachte noch einmal Leben in die kleine Residenz. Das Schloßtheater wurde auf den Grundmauern des alten Burgturms in italienischem Barock gebaut. Italienische Komödianten und Musiker waren damals ständige Gäste am Hof. Der Französische Garten ⓫ wurde als Lustgarten angelegt, die Stadtkirche St. Marien ❹ wurde barock umgestaltet.

Unter Georg Wilhelm erlebte Celle aber auch einen wirtschaftlichen Aufschwung. Eleonore holte nicht nur französische Adlige, meist Hugenotten, nach Celle, sondern auch Unternehmer. Viele von ihnen bauten sich in den Triftanlagen ❾ ihre Paläste.

Stadt der Gerechten

Mit dem Tod des Herzogs 1705 stirbt die Lüneburger Welfenlinie aus. Das Herzogtum fällt den Calenberger Welfen in Hannover zu. Mit einem Schlag war die Residenzherrlichkeit zu Ende, und dieser Verlust traf die Bürger auch wirtschaftlich schwer. Immerhin stießen die Celler bei den neuen Herrschern auf Verständnis: Als Ersatz für die Residenz erhielten sie 1711 das Oberappellationsgericht des Kurfürstentums. Damit wurde Celles herausragende Stellung als Stadt der Rechtsprechung begründet. Aus dem Appellationsgericht ging das heutige Oberlandesgericht hervor. Im Lauf der Zeit kamen noch das Landessozialgericht, das Amtsgericht und das Arbeitsgericht hinzu. In Celle spricht man deshalb auch von der »Stadt der Gerechten«.

Darüber hinaus schenkte die hannoversche Majestät ihren Untertanen ein »Werck- und Zuchthaus« ❾, das der für kurze Zeit in Celle lebende Heidedichter Hermann Löns »Celles festes Haus« nannte: außen ein kleines Barockschloß mit dem Motto des englischen Hosenbandordens überm Eingang »Honni soit qui mal y pense« (Ein Schelm, wer Arges dabei denkt) – innen ein tristes Gefängnis.

Celle hat nie vergessen, was es seinen einstigen Herrschern verdankt. Im Bomann-Museum ❷ hängen die Porträts der Herzöge, eine eindrucksvolle Galerie rosiger Fürstenköpfe, denen prächtige Deckenleuchter adligen Glanz verleihen. Und auch sonst bietet das Museum viel anschauliches Material – über welfischen Lebensstil allemal, aber auch zur Volks- und Landeskunde und zur Stadtgeschichte.

Auf einem der alten Querbalken eines Celler Giebelhauses in der Schuhstraße steht: »De Tieden sünd swor/De Tieden sünd slecht/Leggt all mit Hand an/Denn ward wedder Recht«. Diese Aufforderung an die Bürger zum gemeinsamen Handeln ist beredtes Zeugnis für den realistischen Sinn der Menschen, die hier zu Haus sind. Ohne ihn wäre es kaum gelungen, der Stadt Celle am Rand der Heide den Anschluß an Gegenwart und Zukunft zu verschaffen.

Den Stuten zu Diensten

Das Niedersächsische Landgestüt ❿ hat Celle als Pferdestadt weltberühmt gemacht. Auf dem 7 ha großen Gelände am Heideflüßchen Fuhse befinden sich durchweg etwa 200 hannoversche Warmbluthengste. Gegründet wurde das Gestüt 1735 von Georg II., König von England und Kurfürst von Hannover, der in Celle seine zweite Residenz unterhielt. Die Einrichtung sollte den Landwirten gegen geringes Entgelt gute Hengste zur Deckung bereitstellen. Heute werden jährlich etwa 10 000 Stuten gedeckt. Seit 1790 registriert man sämtliche Fohlen der Celler Hengste und führt sie in einem Stammbuch. Jährlicher Höhepunkt ist die Celler Hengstparade, die man seit Jahren am letzten Wochenende im September und am ersten im Oktober sowie jeweils mittwochs davor abhält. In einem dreistündigen Programm werden alle Hengste vorgestellt (Besichtigung nur außerhalb der Deckzeit: 16. Juli–14. Febr. Mo–Fr 8–11.30, 15–16.30 Uhr).

Die historische Zöllnerstraße – ein Dorado für die Fußgänger.

Theater, Musik, Veranstaltungen, Museen

Theater

Schloßtheater ❶, Schloßplatz 1. Schauspiel, Komödie, Musical, Studiobühne, ☏ 2 70 95.

Chapeau Claque, Berkefeldweg 5. Kleinkunst, Life-Musik (Mi), Liedermacher, Punk bis Folk, Jazzabende, ☏ 3 11 99.

Musik

Schloßtheater ❶, Schloßplatz 1. Kammer- und Klavierkonzerte, Quartette, Liederabende, Sonntagskonzerte (Matineen) mit jungen Künstlern, ☏ 2 70 95.
Städtische Union, Thaerplatz 1. Sinfonie- und Chorkonzerte, Musicals, Jazz, Pop, Tourneen, ☏ 60 96.
Stadtkirche St. Marien ❹, Stechbahn. Stadtkirchenmusik (1. Sa im Monat, 18 Uhr). Chorkonzerte, Messen, Oratorien, Adventsmusik (Sa vor jedem Advent 18 Uhr), Konzerte auf der Kleuker-Orgel, ☏ 2 34 53.
Le Bistro, Emigrantenstr. 1. Kleinkunst, Jazz, Liedermacher, ☏ 2 44 06.

Veranstaltungen

Ganzjährig: *Orgelkonzerte* in der Stadtkirche St. Marien ❹, im Sommer auch in der Schloßkapelle ❶ (Mi 18 Uhr).
Alle 2 Jahre (1990) um Christi Himmelfahrt: *Hamlet-Kotelett auf dem TuS-Sportplatz*. Sportlicher Wettbewerb des Vereins der Theaterfreunde.
3. So im Juli: *Fest der Celler Schützenbrüderschaften*. Bunte Umzüge, Paraden, Musikprogramm, Rummel auf dem Schützenplatz, großes Feuerwerk.
Juli/Aug.: *Weinfest* in der Altstadt. Erinnerung an den einstigen Weinanbau an der Aller.
Ende Aug.: *Altstadtfest* mit Tanz und buntem Treiben in der Innenstadt.
Sept./Okt.: *Oktoberfest*. Rummel auf dem Schützenplatz.
Celler Hengstparade des Niedersächsischen Landgestüts. Seit 80 Jahren: letztes Wochenende im Sept., 1. Wochenende im Okt. und Mi zwischen beiden Sonntagen, ☏ 2 70 61.

Museen

Bomann-Museum, Schloßplatz 7 (s. ❷).
Imkerei-Museum des Niedersächsischen Landesinstituts für Bienenforschung und bienenwirtschaftliche Betriebslehre, Wehlstr. 4a. Alle Arten der Korbimkerei, besonders der Lüneburger Heide. Präsenzbibliothek mit 4500 Bänden zu Bienenkunde, Imkerei und Hilfsgebieten (Öffnungszeiten nach Vereinbarung).

Coburg

Dem Adel verpflichtet

Dichter wie Goethe und Raabe kamen ins Schwärmen, wenn sie an Coburg dachten. Der fränkische Poet Jean Paul fühlte sich gar wie in einem »Gottesgarten«. Wer von der Veste (unser Bild) auf die Stadt hinunterschaut oder durchs Coburger Land wandert, kann diese Begeisterung verstehen. Auch gekrönte Häupter hat es immer wieder hierher gezogen. Familienbande führen Europas Adel nach wie vor in die nahe der DDR-Grenze gelegene Stadt. Die fränkische Residenz verdankt dies ihrem Prinzen Leopold, der im 19. Jh. eine beispiellose »Heiratsoffensive« startete und seiner vordem eher armen Familie glänzende internationale Verbindungen eröffnete. Heute ist Coburg ein Kunst- und Kulturzentrum mit Ausstellungen und Sammlungen, die Kenner aus aller Welt anlocken.

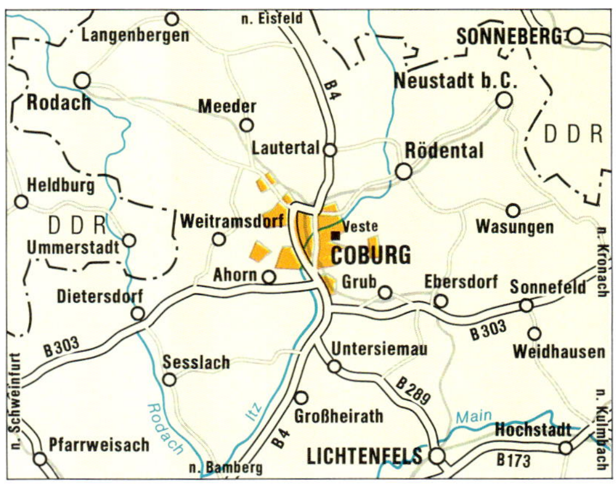

Wappen Zeigt den Schutzpatron der Stadt, den hl. Mauritius. Der »Mohrenkopf« trat vor 500 Jahren als zweites Siegel neben den Meißner Löwen; seit 300 Jahren ist er das Hauptwappen Coburgs. Der christliche Nordafrikaner Mauritius erlitt der Legende nach im 3. Jh. den Märtyrertod, weil er sich als Führer einer römischen Legion weigerte, heidnischen Göttern zu opfern. Für das Deutsche Reich wurde der hl. Mauritius zum Schutzpatron der Grenzen gegen Osten.
Lage Zwischen Main und Thüringer Wald, unweit der DDR-Grenze.
Land Bayern
Autokennzeichen CO
Höhe 290–464 m ü. M.
Fläche 47 km^2
Einwohnerzahl 43 000
Postleitzahl 8630
Telefonvorwahl 0 95 61
Post Postamt 1, Hindenburgstr. 5, Spätschalter (Mo–Fr 8–20, Sa 8–14, So 10–11 Uhr).
Polizei Neustadter Str. 1, ☏ 64 51
Taxi Mehrere Privatunternehmen
Nahverkehr Elf innerstädt. Buslinien, auch in die Vororte und zur Veste. Verbilligte Mehrfachkarten in den Bussen.
Parken Großparkplatz Anger im Süden der Stadt, erreichbar über Bamberger Str. Zwei Parkhäuser mit je 500 Plätzen (Mauer/Webergasse und Hindenburgstr.), Parkplätze auch an den Hauptsehenswürdigkeiten.
Touristinformation Tourist-Information Stadt und Land Coburg, Herrngasse 4, ☏ 7 41 80 (Mo–Fr 9–12.30, 14–19, im Winterhalbjahr 14–17, außerdem im Sommerhalbjahr Sa 9–12.30 Uhr).
Stadtführung Vom Prinz-Albert-Denkmal auf dem Marktplatz aus Sa 15 Uhr.

Die Queen läßt Herrn Oberbürgermeister bitten

Der Glanz des Coburger Adels, der mehr als 100 Jahre über Europa strahlte, ist an seinen bis heute bestehenden Verbindungen zu den europäischen Monarchien zu ermessen. Prinz Albert von Sachsen-Coburg ist der Urgroßvater der dänischen Königin Margarete und des spanischen Monarchen Juan Carlos. Damit nicht genug, zur Verwandtschaft zählt auch König Carl XVI. Gustaf von Schweden, der 1982 mit Königin Silvia die alte Herzogstadt besuchte und begeistert empfangen wurde. Nicht zuletzt gehört in diese Reihe auch die englische Königin, denn besagter Albert begründete das derzeit in fünfter Generation regierende »Haus Sachsen-Coburg (Windsor) in Großbritannien«. So erklärt es sich denn, daß Coburgs Oberbürgermeister von der Queen schon mal zum Sommerfest in den Buckingham Palace eingeladen wird.

Am Marktplatz mit seinen für eine Stadt von 43 000 Einwohnern ungewöhnlichen Ausmaßen wird die große Vergangenheit spürbar. Ein Ensemble repräsentativer Bauten, deren Fassaden von feingliedriger Bewegtheit sind, gibt ihm ein unverwechselbares Aussehen. Aristokratisches Standes- und bürgerliches Selbstbewußtsein spiegeln sich gleichermaßen darin. Die wichtigsten Baudenkmäler der Coburger Geschichte sind auf engstem Raum um diesen Platz herum konzentriert. An seiner Südseite erhebt sich das langgestreckte Rathaus ❸ mit seinem farbigen Verputz und dem Dreiecksgiebel, den Rokokoornamente füllen. Der Saal im Obergeschoß zählt zu den größten profanen Festräumen der Renaissancearchitektur in Thüringen und Franken. Das Sparkassengebäude, dem Rathaus benachbart, ist mit seiner reichen Stuckdekoration ein weiteres Zeugnis Coburger Bürgerstolzes.

Bei der baulichen Dominante auf der gegenüberliegenden Seite hatte der ehrgeizige Renaissanceherzog Johann Casimir (1586–1633) ebenso die Hand im Spiel wie bei vielen anderen Bauten Coburgs. Damals profitierte die Stadt vom Rohkupferhandel. Um nun seinen Herrschaftswillen in der Stadt zum Ausdruck zu bringen, stellte der Herzog dem Rathaus ❸ der wohlhabenden Bürgerschaft eine prunkvolle Regierungskanzlei gegenüber, das besonders reich ausgestattete heutige Stadthaus ❷.

Drei Bier auf Johann Casimir

Das Wappen des Herzogs, gehalten von zwei Löwen, ist über dem prächtigen Portal des Stadthauses an der Ecke Spitalgasse angebracht. Wenige Schritte weiter ist es auch am Gymnasium Casimirianum ❼ zu erkennen, das der Herzog einst zur Universität erheben wollte. Heute noch darf der Abiturbeste jedes Jahrgangs die Statue des Stifters mit Lorbeer umkränzen, eine Lobrede halten und drei Gläser Bier auf das Wohl des Herzogs leeren. Für das Ansehen der Schule spricht, daß Goethes Vater in den 20er Jahren des 18. Jh. aus der Großstadt Frankfurt hierher kam, um zu studieren. Der spätere kaiserliche Rat Johann Kaspar Goethe soll eines Nachts laut grölend mit Freunden durch die Straßen gezogen sein. Als die Coburger sich beschwerten, schickte ihn der Direktor des Gymnasiums für drei Tage in den Karzer.

»Adam und Eva« vorne links am Hauptportal der Morizkirche; gegenüber das Casimirianum mit einer Skulptur des Schulgründers Herzog Johann Casimir.

Den gegenüberliegenden Kirchplatz beherrscht die Westfront der Morizkirche ❽. In ihr hat Martin Luther zu Ostern 1530 gepredigt. Generationen Coburger Bürger haben den Bau des mächtigen Gotteshauses miterlebt, dessen ungleich hohe Türme nebst der Veste ⓰ die Stadtsilhouette bestimmen. Die Veste ist eine der größten und besterhaltenen Burganlagen der Bundesrepublik Deutschland. Nicht einmal der sieggewohnte Feldherr Wallenstein vermochte sie im Dreißigjährigen Krieg zu bezwingen. Daß Coburg als bedeutende Lutherstadt gilt, hat sie den Herren der Veste zu verdanken. Der Reformator hat hier 1530 während des Augsburger Reichstags Zuflucht gefunden.

»Nabel der Dynastien Europas«

Durch schmale, romantische Gassen sind die Glanzlichter Coburger Baukunst miteinander verbunden. Kaum hat der Besucher die Morizkirche ❽ umrundet, steht er vor dem noblen Schloß Ehrenburg ❾, das mit dem großzügigen Schloßplatz ein zweites Altstadtzentrum bildet. Die ehemalige Residenz der Herzöge mit dem prächtigen, farbigen Portal hat zwei Gesichter. Zum alten Baubestand, schwer und ohne Schnörkel, gehört der südliche Renaissancetrakt mit einer Torhalle und einem behäbigen Treppenturm. Ganz anders die Gegenseite, die so gut »englisch maskiert« ist, daß sie durchaus an ein Schloß in England erinnert. Der Mittelturm über der Durchfahrt und alle Fassaden der beiden in hohen Pavillons endenden Schloßflügel sind 1816–40 mit englisch-neugotischem Maßwerk versehen worden.

Auf der gegenüberliegenden Seite des nobel gestalteten Schloßplatzes, der noch immer die Atmosphäre der fürstlichen Residenz des 19. Jh. ausstrahlt und als Ruhezone bei der Bevölkerung beliebt ist, erhebt sich das Landestheater ⓭, ein langgestrecktes Gebäude mit drei Reihen von Rundbogenfenstern, das sich ohne Übertreibung als ein kultureller Mittelpunkt Nordbayerns bezeichnen kann. Eine Studiobühne steht dem Theater in der historischen Reithalle ⓫ zur Verfügung: ein Pferdekopf über dem Eingang erinnert an die ursprüngliche Bestimmung.

Die Coburger haben sich die Zuneigung für den Adel bewahrt, obwohl mit Prinz Andreas nur mehr ein einziger Sproß des Hauses Sachsen-Coburg in der Stadt lebt, die von Historikern ironisch als »Nabel der Dynastien Europas« bezeichnet wird. Das kleine Herzogtum, das ab

Die gewaltige Burganlage der Veste Coburg vermochte nicht einmal der sieggewohnte Feldherr Wallenstein zu bezwingen.

Scheidung auf coburgisch

Im Jubiläumsjahr 1987, 100 Jahre nach Johann Strauß' dritter Eheschließung, hat in Coburg die Internationale Johann-Strauß-Woche stattgefunden, weil der Komponist der Stadt einiges zu verdanken hatte. Strauß wollte sich scheiden lassen, weil seine zweite Frau ihn verlassen hatte, aber in Österreich war eine Scheidung aufgrund der Gesetze nicht möglich. Wie sollte er sich unter diesen Umständen den Wunsch erfüllen, eine junge Dame namens Adele Deutsch zu ehelichen? Ein in Wien lebender Coburger Prinz wußte Rat. Er solle, riet er dem Walzerkönig, Coburger Bürger werden und den evangelischen Glauben annehmen, dann könne er nach deutschem Recht geschieden werden. Tatsächlich wurde der berühmte Komponist im Jahr 1887 in der Schloßkirche ❿ zum dritten Mal getraut. Er verbrachte auch seine Flitterwochen in Coburg, danach aber sah ihn die Stadt, deren Bürger er blieb, nie mehr wieder.

Lebendige Theatertradition

Theater hat in Coburg Tradition. Seit Mitte des 19. Jh. wird im klassizistischen Prunkbau des einstigen Hoftheaters erfolgreich künstlerische Arbeit geleistet. Die Bühne gehört zu den bestbesuchten in der Bundesrepublik Deutschland und erhält vom Land Bayern jährlich mehr als sechs Millionen DM Zuschuß. Die Stadt, auf halbem Weg zwischen den Kaiserhöfen in Wien und Berlin gelegen, wurde dereinst von vielen Potentaten als Zwischenaufenthalt gewählt – nicht zuletzt des Kunstgenusses wegen, den das Theater der oberfränkischen Residenz versprach. Die inzwischen traditionelle Qualität der Bühne zeigt sich auch daran, daß Coburger Bühnenbildner von Richard Wagner nach Bayreuth berufen, andere sogar nach Rußland und Amerika engagiert wurden.

Die Rüstung des Hofzwergs befindet sich in der Rüstkammer der Veste.

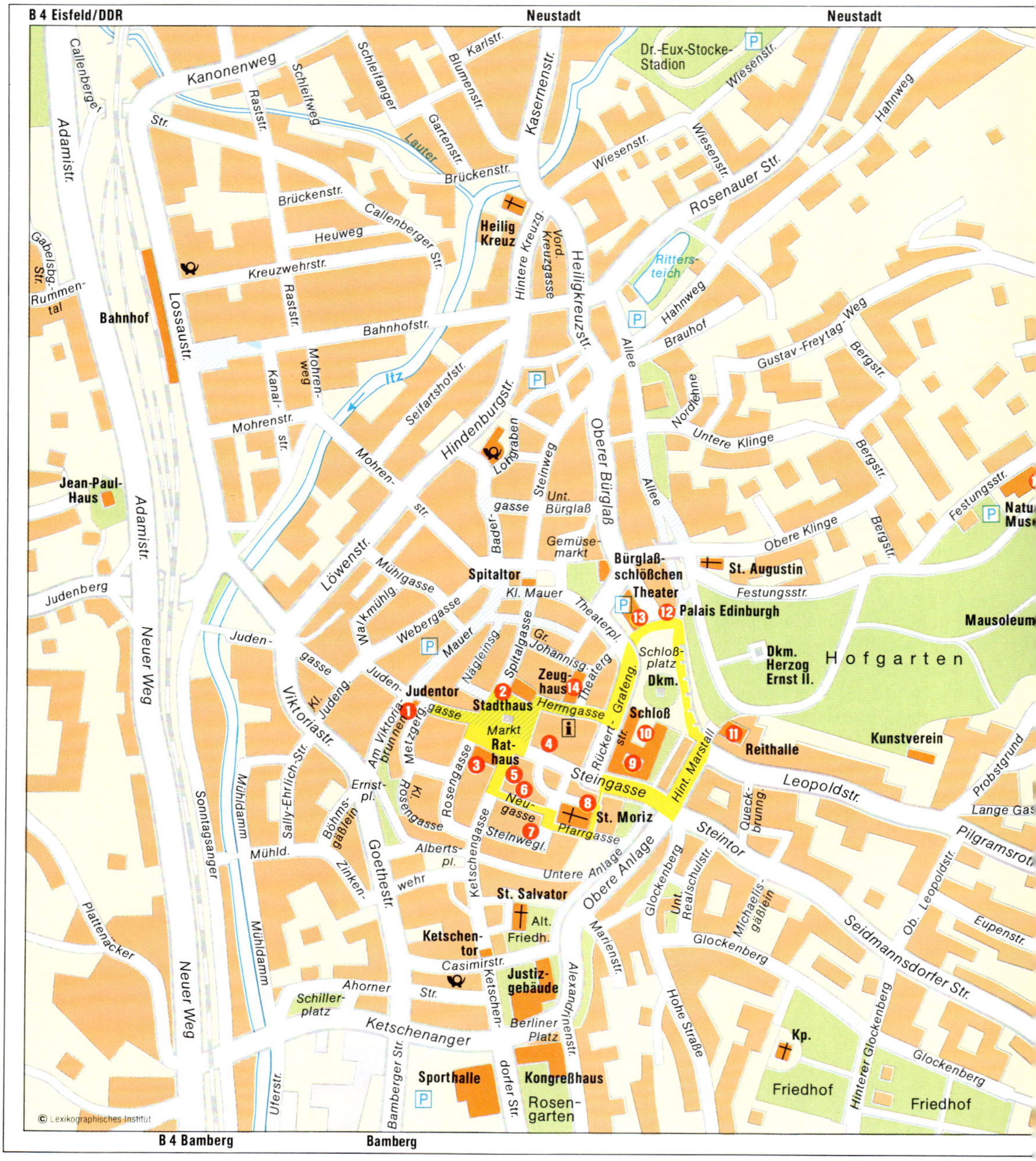

1353 beinahe 600 Jahre im Besitz des Adelsgeschlechts Wettin war, eroberte im 19. Jh. die Throne Europas – allerdings nicht mit Kanonen, wie es die Regel war. Durch eine wahre »Heiratsoffensive« verbanden und verschwägerten sich die Coburger mit nahezu allen europäischen Dynastien. Ihre Prinzen regierten über Portugal, Großbritannien und Bulgarien; Frauen des Herzoghauses wurden Kaiserinnen und Königinnen in Deutschland, Mexiko und Rußland, in Griechenland, Norwegen, Spanien, Rumänien und Jugoslawien.

Heimliche Hauptstadt in Schwierigkeiten

Salonfähig für die europäische Hocharistokratie wurde der Coburger Adel 1796 durch die Ehe der 14jährigen Tochter Juliane des kunstsinnigen Herzogs Franz Friedrich Anton mit dem 17jährigen russischen Großfürsten Konstantin. Viele andere Ehen folgten: Prinz Ferdinand heiratete in das unermeßlich reiche ungarische Geschlecht der Koharys ein, sein Bruder Leopold, der den Beinamen »Onkel Europas« bekam, ehelichte die britische Thronerbin Charlotte und wurde 1831 König von Belgien.

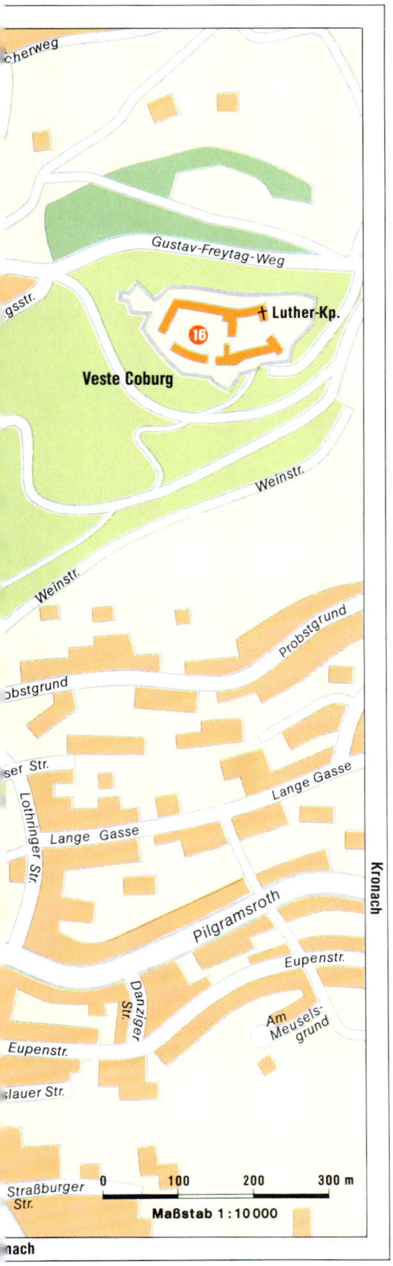

Stadtrundgang

Wenn Sie im Parkhaus an der Mauer Ihren Wagen abstellen, haben Sie nur wenige Schritte zum Judentor **1**, *dem Ausgangspunkt unseres ca. einstündigen Rundwegs.*

Sehr empfehlenswert ist ein Abstecher vom Schloßplatz aus zur Veste Coburg **16**; *für den Weg hin und zurück müssen Sie etwa eine Stunde veranschlagen – ohne die sehr interessante Besichtigung der Veste. Oben können Sie sich in der »Burgschänke« und im »Festungshof« stärken, unten in der Stadt bietet sich dafür der »Ratskeller« an. Wer nur rasten will, dem seien die zahlreichen Bänke am Schloßplatz oder im Hofgarten empfohlen.*

Sehenswürdigkeiten

1 *Judentor,* eines der ursprünglich vier inneren Stadttore aus dem 13. Jh.

2 *Stadthaus,* Ende des 16. Jh. als »Cantzley« Herzog Johann Casimirs errichtetes, die Nordseite des Marktplatzes einnehmendes, reich ausgestattetes Spätrenaissancegebäude, mit drei Zwerchhäusern (Dachhäuschen) und Erkern geschmückt, letztere von Rundstützen getragen, mit Kuppelhelmen bedacht und anmutig geschmückt.

3 *Rathaus,* 1578–80 durch Hans Schlachter aus Überlingen erstelltes Renaissancegebäude, das 1750/51 vereinheitlicht und 1901–05, zuletzt 1969/70 restauriert wurde. Vom Ursprungsbau haben sich der Hofturm, das Quaderportal an der Ketschengasse und der für die Coburger Architektur typische Erker mit den Figuren des Stadtheiligen St. Mauritius und des Baumeisters erhalten. Im Innern eindrucksvoller Renaissancesaal mit Balkendecke auf schraubenförmig geschnitzten Eichensäulen. Dem Rathaus ist ein mit reichem Rokokostuck verziertes Sparkassengebäude angelagert.

4 *Hofapotheke,* spätgotischer Steinbau (nach 1400). Aus dem frühen 16. Jh. stammen das Chörlein mit der Muttergottes am Markteck und ein Christophorus über der Tür an der Steingasse.

5 *Münzmeisterhaus,* Fachwerkhaus des frühen 15. Jh.; zwei vorkragende Fachwerkgeschosse ruhen auf einem massiven Erdgeschoß; Renaissanceportal mit meisterhaft geschnitzter Tür.

6 *Steinerne Kemenate,* ältestes Steinhaus Coburgs, spätgotisch (13. Jh.), mit seitlichen Treppengiebeln.

7 *Gymnasium Casimirianum,* 1601–04 durch Peter Sengelaub erstelltes zweigeschossiges Gebäude mit reich ausgestalteter Giebelfront, fein gearbeiteten Portalen, Glockenturm und urspr. bemalter Skulptur des Schulgründers Herzog Johann Casimir am Nordosteck.

8 *Morizkirche,* das Stadtbild bestimmende, urspr. dreischiffige gotische Hallenkirche, deren Bau mit dem Chor im frühen 14. Jh. begonnen und mit der Fertigstellung des nördlichen Turms 1584–86 vollendet wurde. 1740–42 wurde das Kircheninnere mit Ausnahme des Chors durch Johann David Steingruber zum barocken Predigtsaal mit flacher Stuckdecke und zwei Emporen umgestaltet. Am Hauptportal zwischen den ungleich hohen Türmen rechts Adam und Eva sowie links die Muttergottes und die hl. Barbara (15. Jh.). Im Chorschluß das 13 m hohe Renaissanceepitaph (1595–98) Nikolaus Bergners für den in Gefangenschaft gestorbenen Herzog Johann Friedrich.

9 *Schloß Ehrenburg,* auf dem Gelände eines ehemaligen Franziskanerklosters 1543 unter Caspar Vischer begonnene Dreiflügelanlage, die bereits 1589–96 umgestaltet und erweitert wurde. Aus dieser Zeit ist der südliche Renaissancetrakt überkommen. Nach einem Brand 1690 wird die Anlage mit Ehrenhof, West- und Ostflügel nach Norden ausgerichtet und barock gestaltet; das 19. Jh. gibt dem Äußeren unter planender Mitwirkung Karl Friedrich Schinkels das romantisch-neugotische Aussehen. Im Innern teils klassizistische Ausstattung, vor allem jedoch barocke Prunkräume: Riesensaal, Thronsaal, Weißer Saal und Rotes Zimmer. Gemäldegalerie mit Werken des 17.–19. Jh., Kunstgewerbe des Empire und Biedermeier (Führungen April–Sept. Di–So 10, 11, 13.30, 14.30, 15.30, 16.30 Uhr, Okt.–März Di–So 10, 11, 13.30, 14.30, 15.30 Uhr).

10 *Schloßkirche,* der dritten Bauperiode von Schloß Ehrenburg angehörende, 1690–1701 ausgestaltete Halle mit unteren Seitenschiffen und oberen Emporen. Reiche Stukkatur der leicht gewölbten Holzdecke. Zur Ausstattung gehört ein Kanzelaltar in Stuckmarmor (1697).

11 *Reithalle,* neugotischer Quaderbau von 1852. Hier veranstaltete Herzog Ernst II. 1860 das 1. Deutsche Turn- und Jugendfest, das die Einheit der deutschen Stämme »gewaltig« förderte (Inschrift). 1862, so eine zweite Inschrift, wurde hier »der Bund gegründet, der deutsche Sänger aller Länder der Erde vereinte. Der Deutsche Sängerbund«.

12 *Palais Edinburgh,* im Jahr 1881 errichtet, Neurenaissance, Wohnsitz Herzog Alfreds von Sachsen-Coburg und Gotha (1893–1900).

13 *Landestheater,* 1837–40 im klassizistischen Stil erbaut, 1970–77 erneuert.

14 *Ehemaliges Zeughaus,* durch Peter Sengelaub 1616–21 erbautes dreigeschossiges Gebäude mit geschmückten Giebeln, ansonsten betont strengem Äußeren. Der obere Saal diente ab 1683 als erste Opern- und Komödienbühne der Stadt.

15 *Natur-Museum,* Dioramen, die Tiere des Coburger Lands in ihrer natürlichen Umgebung zeigen; umfangreiche Sammlung von Vögeln; Mineralien, Gesteine, Fossilien; vor- und frühgeschichtliche Sammlung mit Funden aus dem oberfränkischen Raum (April–Sept. tägl. 9–18 Uhr, Okt.–März tägl. 9–17 Uhr).

16 *Veste Coburg,* frühmittelalterliche, 1056 erstmals erwähnte Ringburg mit dreifach gestaffeltem Mauerring, die bis ins 19. Jh. den jeweiligen Erfordernissen baulich angepaßt bzw. erweitert wurde. An Martin Luthers Aufenthalt (23. April–5. Okt. 1530) und Wirken erinnern die Luther-Zimmer in der Steinernen Kemenate. Lucas-Cranach-Zimmer, spätmittelalterlicher Speisesaal, Fahnensaal. Bedeutende *Kunstsammlungen:* 300 000 Blatt umfassendes Kupferstichkabinett (15.–20. Jh.), Gemälde (u. a. Lucas Cranach d. Ä.), Rüstkammer, Skulpturen, Möbel, Gobelins, Porzellan, Glas, Tafelsilber, Uhren, Münzen, Autographen, Wagen- und Schlittensammlung (April–Okt. Mo–So 9.30–13, 14–17 Uhr, Nov.–März Di–So 14–17 Uhr).

Tips, Tips, Tips

Würste wie ein Feldherrnstab
Der Feldherrnstab der Mauritiusfigur auf dem Giebel des Rathauses gilt den Coburgern seit alters als ideales Maß für die Bratwurst. Rezepte gibt es vielerlei, aber die auf dem Markt verkauften Bratwürste müssen auf Anordnung der Stadtverwaltung nach dem mittelalterlichen Originalrezept hergestellt werden. Ihr aromatischer Duft rührt daher, daß sie über Kiefernzapfen gebraten werden.

Mal treten, mal schieben
»Radwandern im Coburger Land« heißt ein Prospekt der Tourist-Information Coburg, der vier Touren von jeweils ca. 60 km Länge genau beschreibt. Hinweise auf Sehenswürdigkeiten und Fahrradverleihstellen machen das kostenlose Faltblatt mit einer übersichtlichen Karte zu einer nützlichen Anregung für die Urlaubsgestaltung.

Spielzeug, Puppen und ein Berg im Tal
14 km nordöstlich von Coburg liegt, ringsum von Bergen umschlossen, das Städtchen Neustadt. Hier wurde 1988 das »Museum der deutschen Spielzeugindustrie mit Trachtenpuppen-Sammlung« eröffnet (Di–So 10–17 Uhr, ☏ 0 95 68/56 00). In Vitrinen und original nachgebauten Werkstätten werden hier die Techniken der Spielzeugherstellung aufgezeigt. Die Trachtenpuppen-Sammlung umfaßt über 1000 originalgetreu nachgebildete Trachten vieler Völker. Der Sudan, Japan und Korea sind ebenso vertreten wie die Indianer Nordamerikas und Bäuerinnen aus den Alpen oder den Karpaten. In den Abteilungen »Märchenwelt« und »Werkstatt des Weihnachtsmanns« kommen die kleinen Besucher auf ihre Kosten. Nach dem Museumsbesuch lohnt sich der ungefähr einstündige Spaziergang auf den 515 m hohen Muppberg, der sich mitten in einem Tal erhebt. Vom Prinzregententurm bietet sich ein weiter Rundblick – bis hin zum Thüringer Wald im Norden, zu den Ausläufern des Frankenwalds im Osten, den Langen Bergen im Westen und der Kalkbarriere im Süden.

Aus der Ehe des Herzogs Eduard von Kent mit der Coburger Prinzessin Victoria ging die legendäre Queen Victoria hervor, die von 1837 bis 1901 regierte und wiederum einen Vetter heiratete: Prinz Albert von Sachsen-Coburg.

Die »heimliche Hauptstadt Europas« mit ihrer großen Vergangenheit kam nach dem Zweiten Weltkrieg in eine Randlage, die es schwierig machte, hier zu leben. Nach nur 8 km ist man bereits an der innerdeutschen Grenze, eine bislang eher ungewollte touristische Attraktion. Mit der Neuansiedlung von Industriebetrieben in der Stadt, die hauptsächlich von Großbetrieben für Autozubehör, einer kapitalkräftigen Versicherungsgruppe und einer Reihe von Mittelstandsbetrieben lebt, sieht es trotz staatlicher Zonenrandförderung nicht eben rosig aus, denn die nächste Autobahn z. B. liegt mindestens eine halbe Fahrstunde entfernt. Nur einmal in den letzten 20 Jahren gelang es dem benachbarten Neustadt, mit der Glasfaserproduktion eines Weltkonzerns einen Großbetrieb in der Region anzusiedeln. Die dramatischen politischen Veränderungen in der DDR lassen nun auf eine Verbesserung der wirtschaftlichen Lage hoffen. Dazu soll auch der »Frankenschnellweg« von Nürnberg über Bamberg nach Coburg beitragen; mit seiner Fertigstellung wird 1995 gerechnet.

Tourismus und Tagungen heißen die beiden Einnahmequellen, mit denen die Stadt fest rechnen kann. Das Kongreßhaus Rosengarten wurde

Die repräsentative Seite der Ehrenburg öffnet sich zum Schloßplatz.

1530 fand Martin Luther auf der Veste Coburg Zuflucht. Den Fürstenbau erkennt man an seiner Fachwerkfassade.

von knapp 600 auf 1100 Plätze erweitert, weil sich Coburg neue Chancen als Kongreßstadt ausrechnet. Große Anziehungskraft dürfte nach dem Willen der Stadtväter auch der neugestaltete Rosengarten am Kongreßhaus ausüben, der einen nostalgischen Anstrich bekommen hat. Das Palmenhaus im Süden der Anlage ist mit seinen bunten Volieren und Aquarien, vor allem aber mit seiner überquellenden Pflanzenpracht ein weiteres Kleinod für die Freunde von Flora und Fauna.

Von der Randposition zur Brückenfunktion?

Die Öffnung der DDR-Grenze im Herbst 1989 machte die touristisch ohnehin beliebte Herzogstadt mit einem Schlag zum Ausflugsziel zahlreicher Besucher aus dem nahen Thüringen. Aber auch viele US-Amerikaner beleben seit Jahren den Fremdenverkehr. Deren Hauptinteresse – da macht man sich in Coburg nichts vor – gilt den buntbemalten »Hummel«-Figuren, die eine Firma im benachbarten Rödental produziert.

Die nostalgischen Figürchen gehören zum Angebot der Fußgängerzone, die sich vom Marktplatz über die sieben angrenzenden Altstadtgassen erstreckt. Hier zeigt die Stadt ihre Spezialitäten: die Bratwürste mit dem unnachahmlichen Geschmack, Lebkuchen mit Golddekor und dem hübschen Namen »Schmätzchen«, Saftschinken, Spielzeug, Christbaumschmuck und die traditionellen Korbwaren. Aus diesem Gewerbe ist die Polstermöbelindustrie hervorgegangen, bei der Coburg heute an zweiter Stelle in der Bundesrepublik steht.

Mit den Fremdenverkehrszahlen zeigt sich die Stadt zufrieden, obwohl sie danach trachtet, noch mehr Langzeiturlauber in ihre Mauern zu bekommen. Sorgen macht dagegen die Überalterung der Bevölkerung. Viele Jugendliche wandern in andere Regionen ab, weil in Coburg und Umgebung die Arbeitsplätze fehlen. Die jüngsten Veränderungen in der DDR berechtigen jedoch zu der Hoffnung, daß gerade die bisherige Randlage der Stadt auch Chancen birgt: Coburg könnte zu einer Brücke nach Thüringen werden. Für neue Impulse und Perspektiven – menschlich, kulturell, wirtschaftlich – scheint die Zukunft offen zu sein.

Prinz Albert von Sachsen-Coburg heiratete Englands Queen Victoria und begründete so das Königshaus Sachsen-Coburg (Windsor) in Großbritannien.

Theater, Musik, Veranstaltungen, Museen

Theater

Landestheater Coburg ⑬. Spielorte – Großes Haus, Schloßplatz 6: Oper, Operette, Ballett. *Theater in der Reithalle* ⑪, Schloßplatz 3: Schauspiel, Kinder- und Jugendtheater, ☎ 9 27 42.
Waldbühne Heldritt in Rodach. Laienspielgruppen mit Volksstücken, Kinder- und Jugendtheater, ☎ (0 95 64) 7 96.
Die Insel, Steintor 11. Modernes Theater, Kleinkunst, ☎ 1 00 53.

Musik

Landestheater Coburg ⑬, Schloßplatz 6. Sinfoniekonzerte, ☎ 9 27 42.
Aula Gymnasium Casimirianum ⑦, Gymnasiumsgasse. Klavierkonzerte, Kammermusik, Lieder-Matineen, ☎ 74 64 02.
Riesensaal der Ehrenburg ⑨. Klavier-, Chorkonzerte; Liederabende, Matineen der Richard-Wagner-Gesellschaft, des Coburger Bachchors, der Gesellschaft der Musikfreunde, ☎ 77 67, 7 41 80.
St. Augustin, Festungsstr. Orgel-, Chor- und Weihnachtskonzerte, Adventsmusikstunde, ☎ 9 23 81.
Morizkirche ⑧, Pfarrgasse. A-cappella-Konzerte der Kantorei, Oratorien, Passionsmusiken, Orgelkonzerte mit dem Coburger Bachchor oder Konzertchor, ☎ 2 92 43.
Die Insel, Steintor 11. Jazz, Folk, Liedermacher, ☎ 1 00 53.
Ed's Bräustüble, Adamistr. 2 a. Alleinunterhalter am Klavier, Zwei- oder Dreimannkapelle mit Country-music, Jazz, Unterhaltungsmusik, ☎ 3 45 80.

Veranstaltungen

Frühling bis Winter: *Musiksommer Obermain* im nordbayrischen Grenzland. Geistliche Musik, Kammermusik, Serenaden, Chorkonzerte, Gesang, Bläsermusik mit dem Orchester des Intern. Jugendfestspieltreffens Bayreuth sowie intern. Solisten an Spielorten mit historischer bzw. architektonischer Bedeutung, ☎ 7 41 80, (0 95 71) 1 82 83.
Pfingsten: *Pfingstkongreß des Coburger Convents.* Auf dem Marktplatz Treffen der studentischen Landsmannschaften und Turnerschaften mit trad. Marktfrühschoppen; Marktfest mit Bier und Coburger Bratwürsten.
April/Mai: *Frühlingsfest* auf dem Anger. Volksfest mit Warenangebot.
Ende Juni: *Kinderspielfest* im Hofgarten. Turngeräte, Burgenbauen, Spiele.
Anfang Juli: *Stadtrandfest* im Hahnweg. Straßenfest mit musikalischem Auftakt, Frühschoppen, Kinderspiele, Kleinkunstvorführungen, Tombola.
Mitte Juli: *Sommermarkt* auf dem Marktplatz. Verkaufsmarkt.
Mitte Juli: *Schloßplatz-Familienfest.* Hotels und Gaststätten der Stadt mit Spezialitäten. Musikalische Umrahmung mit Kleinkunstaktionen, Kinderprogramm, ☎ 7 41 80.
Mitte Juli: *Stadtjugendfest* in der Fußgängerzone. Straßenfest mit Verkaufsständen, Kleinkunstprogramm, Musik, ☎ (0 95 65) 13 79.
Ende Juli: *Bekränzungsfeier des Gymnasiums Casimirianum* ⑦, Gymnasiumsgasse. Gründerfest der ältesten Bildungsstätte Coburgs. Ehrung des Gründerherzogs mit Kranz und Ansprache unter dem Renaissancegiebel.
Ende Juli: *Flugplatzfest,* Brandensteinsebene. Möglichkeit zu Rundflügen; Fallschirmspringen, Segelkunstfliegen, ☎ 2 58 31.
Anfang Aug.: *Coburger Schützenfest* auf dem Anger. Historisches Volks- und Stadtfest der Coburger Schützen mit Fahnenübergabe vom Oberbürgermeister, Adlerschießen mit der Armbrust, Siegerehrung.
Mitte Sept.: *Zwiebelmarkt* auf dem Marktplatz und in der Fußgängerzone. Verkauf von Haushaltswaren aller Art; Spezialität: Zwiebelkuchen.

Museen

Kunstsammlungen der Veste Coburg, Veste Coburg (s. ⑯).
Natur-Museum, Park 6 (s. ⑮).
Schloß Ehrenburg, Schloßplatz (s. ⑨).

»Ein Spaziergang am Ufer des Meeres, wo die reinste Luft Esslust und Stärkung zuträgt, macht daher einen sehr grossen Contrast mit einem in den dumpfigen Alleen der einländischen Curplätze. Doch das ist bey weitem noch nicht Alles . . .«, schrieb 1793 der Göttinger Gelehrte Georg Christoph Lichtenberg und forderte, einen solchen Platz in »Ritzebüttel oder eigentlich Cuxhaven« zu schaffen. Er wurde geschaffen – Jahrzehnte

später. Und nach fast zwei Jahrhunderten ist Cuxhaven jetzt das größte deutsche Seeheilbad. Und so ganz »nebenbei« entwickelte sich die Stadt auch noch zum zweitgrößten Fischereihafen, von dem aus die begehrten Meerestiere in die ganze Bundesrepublik Deutschland gelangen.
Die Wattfahrten mit dem Pferdewagen (unser Bild) sind eine Attraktion – nicht nur für Touristen.

Cuxhaven

Vom Curplatz zum Heilbad

Wappen Die Wellen sind Sinnbild für Elbmündung und Nordsee sowie für die Bedeutung von Schiffahrt und Fischindustrie, die beide wesentliche Wirtschaftszweige für Cuxhaven sind. Das Seezeichen der Kugelbake, ein aus Balken gezimmertes Gerüst, dient zur Kennzeichnung der Stromeinfahrt. Die Kugelbake wurde vermutlich 1717 aufgestellt und gilt als örtliches Wahrzeichen.
Lage Am Südufer der Elbmündung
Land Niedersachsen
Autokennzeichen CUX
Höhe 0–2 m ü. M.
Fläche 177 km²
Einwohnerzahl 55 568
Postleitzahl 2190
Telefonvorwahl 0 47 21
Post Hauptpostamt, Rohdestr. 1, Spätschalter (Mo–Fr 8–19, Sa 8–13, So 10–11 Uhr).
Polizei Am Bauhof 8, ☏ 3 70 81
Taxi ☏ 3 60 00, 3 70 00, 3 80 00
Nahverkehr Innerstädt. Buslinien zu allen Ortsteilen sowie in die Umgebung der Stadt. Verbilligte Mehrfahrtenkarten.
Camping Camping Finck, Cuxhaven-Sahlenburg, ☏ 2 91 52; Camping Seelust, Cuxhaven-Duhnen, ☏ 4 70 65. Das Nordseeheilbad bietet das größte Campingzentrum der Bundesrepublik Deutschland – auf 18 Campingplätzen gibt es 2500 Stellplätze in den Kurteilen Döse, Duhnen, Sahlenburg, Berensch-Arensch und Altenbruch.
Parken Gut ausgeschilderte und ausreichend vorhandene Parkmöglichkeiten in allen Ortsteilen.
Touristinformation Kurverwaltung, ☏ 40 40, Verkehrsverein Cuxhaven 1927 e. V. central, Reisebüro, Lichtenbergplatz, ☏ 3 60 46/47; Duhnen, Cuxhavener Str. 92, ☏ 4 81 05; Döse, Heinrich-Grube-Weg 2, ☏ 4 70 81/82; Sahlenburg, Nordheimstr. 19, ☏ 2 91 85; sowie weitere in den einzelnen Kurteilen (Mo–Fr 8–13, 14–17, Sa 9–13, 14–17, So 9–12 Uhr).
Stadtrundfahrt Nach Vereinbarung, ☏ 3 60 46/47.
Schiffahrt Helgolandfahrten, tägl. ab Alte Liebe oder Fährhafen; Fahrten zur Insel Neuwerk, in der Hochsaison tägl. ab Alte Liebe.

Stadtrundgang
Am Cuxhavener Bahnhof steht ein gut ausgebauter Parkplatz zur Verfügung. Von dort sind es nur wenige Schritte zum Gaffelschoner »Hermine«, Am Schleusenpriel. Hier beginnt unser Rundweg. Wer die Stadt gemächlich erkunden will, kann innerhalb der Anlage Am Schleusenpriel oder auf den Strandpromenaden rasten. Parkbänke gibt es auch in der Grimmershörnbucht, falls dieser kleine Abstecher in die Stadterkundung einbezogen wird. Zum Treffpunkt Fischmarktführung **5** *sollte nur der gehen, der tatsächlich eine Führung mitmachen will. Es ist ratsam, die Zeiten telefonisch zu erfragen (☏ 2 18 81). Wer einkehren möchte, ist im »Hus op'n Diek« (Am Alten Hafen) gut aufgehoben, wenn er Fisch schätzt; gepflegte Gastronomie findet er außerdem im »Seepavillon«, direkt an der Alten Liebe* **4** *und im »Schifferhaus« (Kapitän-Alexander-Straße). Zwei bis zweieinhalb Stunden beansprucht unser Rundweg. Wem das zuviel ist, der verzichte auf die Abstecher und mache auf dem Rückweg beim Bahnhof Schluß, um sich den südlichen Stadtteil mit Reyeschem Haus* **6**, *Schloß Ritzebüttel* **7** *und Martinskirche* **8** *für einen anderen Tag vorzubehalten.*

Sehenswürdigkeiten
1 *Gaffelschoner »Hermine«*, restaurierter Elbsegler, der letzte seiner Art, in der Nähe des Wasserturms festgemacht.
2 *Schiller-Zentrum*, Häuser des 19. Jh. mit zahlreichen kleinen Geschäften, als Einkaufs- und Bummelzentrum gestaltet.
3 *Seebäderbrücke*, 1978 in Betrieb genommene Anlage zur Abfertigung modernster Frachter; auch die Fährschiffe nach Helgoland nehmen hier Passagiere und Fracht auf.
4 *Alte Liebe*, Bollwerk, um dessen Entstehung sich Legenden ranken; in jüngster Zeit in Stahlbeton erneuert, urspr. Schiffsanleger, mittlerweile nur noch Treffpunkt und Aussichtsplattform. Ein Schiffsmeldedienst informiert über Größe und Herkunft der vorüberfahrenden Schiffe.
5 *Treffpunkt Fischmarktführung* (Seefischmarkt), von hier aus Führungen über den Fischmarkt. Besonders interessant sind die Auktionen am frühen Morgen (☏ 2 18 81).
6 *Reyesches Haus*, um 1780 im Stil des norddeutschen Klassizismus erbaut, neben Schloß Ritzebüttel **7** Sitz des *Stadtmuseums*: Vor- und Frühgeschichte der Schiffahrt, Hafen- und Lotsenwesen, Dauerausstellung »Handel und Fischerei« (Mo–Mi, Fr 8–12.30, 14–16.30, Do 8–12.30, 14–18, Sa 10.30–12.30 Uhr).
7 *Schloß Ritzebüttel;* vermutlich zwischen 1390 und 1400 erbaut, zählt die urspr. Burg mit ihren bis zu 2,5 m mächtigen Mauern zu Cuxhavens ältesten Baulichkeiten. Für den residierenden Hamburger Amtmann wurde 1619 das Schloß angebaut, das einen Teil des *Stadtmuseums* beherbergt: Geschichte des Amts Ritzebüttel und der Stadt Cuxhaven (wegen Umbaus auf unbestimmte Zeit geschlossen).
8 *Martinskirche*, dreischiffige Hallenkirche von 1816–19, die 1885 einen Turm erhielt; Beispiel für guten klassizistischen Kirchenbau.
9 *Bauerndom St. Jacobi*, Lüdingworth, romanischer Feldsteinbau (um 1200) mit urspr. gotischem, später barockisiertem Backsteinturm; der überwölbte Chor stammt von 1520. Den Raumeindruck bestimmen die Holzbalkendecke (um 1600) mit Renaissanceornamenten und Rundmedaillons sowie die reich geschmückten Emporen. Zur Ausstattung gehören ferner Epitaphien, ein geschnitztes Gestühl, eine Arp-Schnitger-Orgel (1682), der Hauptaltar von Jürgen Heytmann und der Lüderskooper Altar (um 1440).
10 *Wrackmuseum;* einem bisher kaum beachteten Kapitel der Seefahrt ist dieses von Peter Baltes 1980 gegr. Museum gewidmet. Unter Gesichtspunkten wie »das Schiff«, »seine Identität«, »die letzte Reise« usw. werden Wracks und geborgene Schiffsteile gezeigt und erläutert. Das Museum versucht außerdem, eine Reihe von Schiffsunfällen in der Elbe, der Weser, der Ems und der Deutschen Bucht nachzuvollziehen (Di–Fr 9–12, 15–17, Sa, So 10–12, 15–17 Uhr).
11 *Leuchtturm Neuwerk*, 1300–10 errichteter sechsgeschossiger Backsteinbau mit offenem Umgang und Brüstungsmauer, 35 m hoch; urspr. auch Wehrturm, daher der Hauptzugang in 8 m Höhe, der über eine Treppe erreichbar ist.
12 *Kugelbake*, vermutlich 1717 nach einer großen Flut errichtetes Orientierungszeichen für die Schiffahrt, 1733 erstmals unter dem Namen Kugelbake erwähnt, Bestandteil des Cuxhavener Wappens. Da heute die Navigation mittels Radar erfolgt, ist die Kugelbake nur noch von historischem Interesse.

Badekleidung und »Friesennerz«
Natürlich kann man sich schnurstracks nach Duhnen begeben, den Strandkorb zurechtrücken und dem steigenden Meer entgegenträumen – falls das Wetter mitmacht.

Für weniger freundliche Tage empfiehlt es sich, einen »Friesennerz« zu erwerben, ein regenabweisendes, meist gelbfarbenes Ölzeug, um vielleicht am Strand über Muschelbänke hinwegzuknirschen, sich in die Urlandschaft des Wattenmeers mit ihrem Duft nach Salz und Tang hinausführen zu lassen oder durch die weite Marschwiesenlandschaft zu

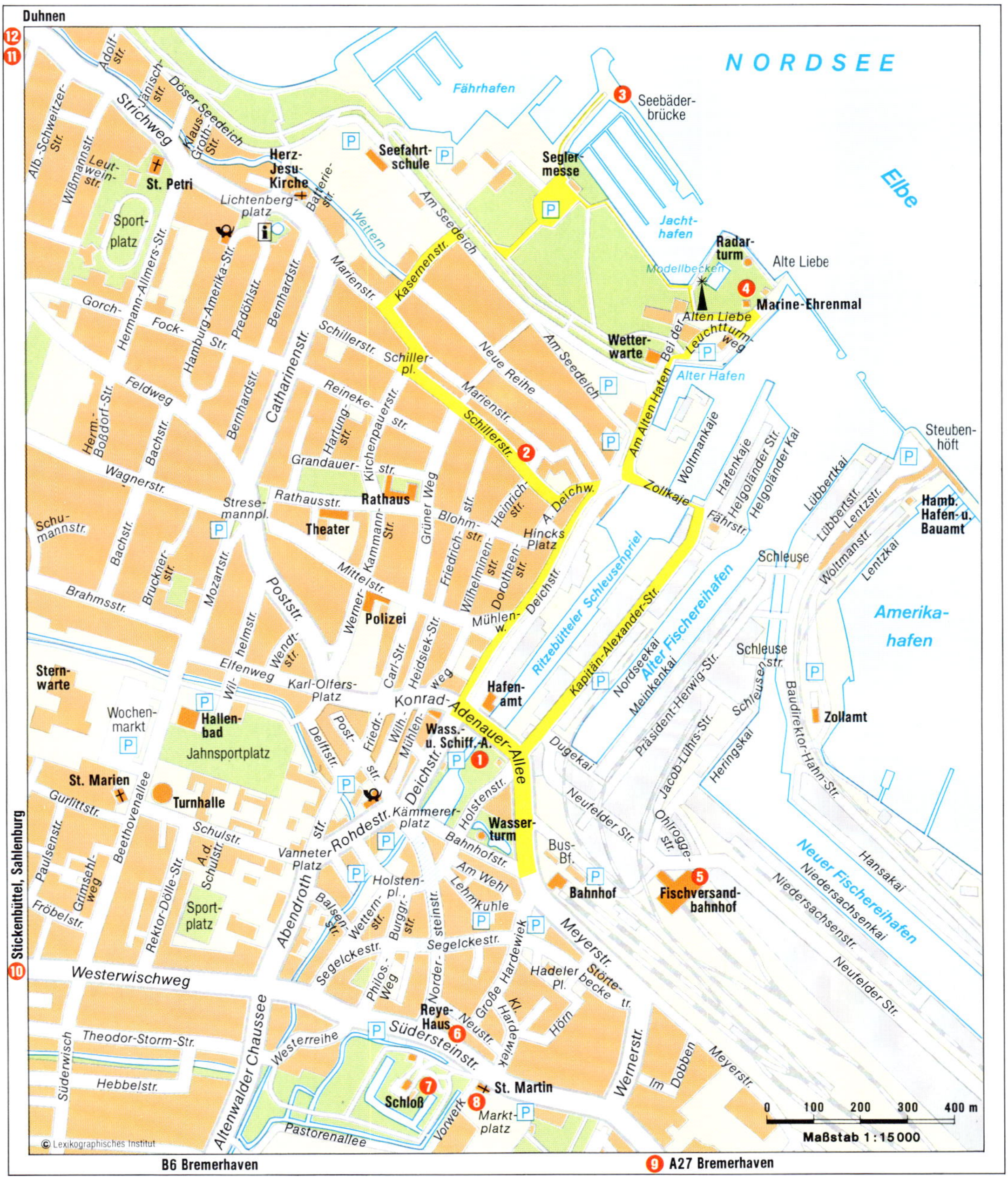

streifen. Beschilderte Wege führen den Wanderer durch Wälder, Moore und Heidelandschaft.

Auf einer Bank am Wasserturm ❶ läßt sich trefflich über das alte »Kuckshaven« sinnieren. An der Mündung des Ritzebütteler Schleusenpriels in die Elbe gab es 1570 eine Reihensiedlung, in der Schiffer, Lotsen, Gastwirte und Kaufleute wohnten.

Über die Zeitläufte fügten sich andere Flecken hinzu, und in der zweiten Hälfte des 19. Jh. entsteht eine planmäßig angelegte Siedlung mit rechtwinkligem Straßennetz zwischen Elbdeich und westlichem Hafendeich. Das läßt sich bei einem gemütlichen Bummel durch die Fußgängerzonen Centrum Cuxhaven und Schiller-Zentrum ❷ auch heute noch sehr gut erkennen. Hier kann man einkaufen, Kaffee trinken oder von einer original englischen Telefonzelle aus zu Hause anrufen. Die schlichten, aber wohlproportionierten Cuxhavener Häuschen bilden eine wohltuende Kulisse, die kein nüchternes Hochhaus unterbricht. Lärm und Hetze ferner Großstädte sind hier rasch vergessen, der frische Wind von See bläst die Gedanken frei.

Gegen Krankheiten des Geistes

Georg Christoph Lichtenberg (1742–99), für seine Aphorismen berühmt, versuchte Ende des 18. Jh. Hamburg zu überreden, in Cuxhaven oder auf Neuwerk einen »Curplatz« einzurichten, aber die Hanseaten lehnten den Vorschlag ab. Statt dessen wurde Doberan in Mecklenburg 1794 das erste deutsche Seebad. Erst am 17. Juli 1816 begrüßte der Ritzebütteler Amtmann Amandus Abendroth den ersten Gast im Badehaus. Badearzt Dr. Ruge konstatierte zwei Jahre darauf überrascht: »Das Sturzbad hat sich als das vorzüglichste Heilmittel in jenen traurigen Krankheiten bewiesen, die so oft aller ärztlichen Behandlung widerstehen, nämlich in den Krankheiten des Geistes.«

Tips, Tips, Tips

Gesundheit aus dem Meer
Zur modernen Meeresheilkur gehört die Meerwasser-Trinkkur mit dem Ziel, den Stoffwechsel wieder ins Gleichgewicht zu bringen und die gesamte Konstitution zu festigen. Im Strandhaus Döse, in den Lesehallen Sahlenburg und Duhnen werden die Biomaris-Trinkkuren angeboten.

Pferderennen auf dem Meeresgrund
Bis ins Jahr 1902 reicht die Tradition des Duhner Wattrennens zurück, das bis zu 50 000 Pferdenarren auf die Beine bringt. Die Freunde des Trab- und des Galoppsports kommen dabei gleichermaßen auf ihre Kosten. Den Termin bestimmt der Gezeitenkalender, denn nur an wenigen Tagen in der Saison gibt das Meer den ungewöhnlichen Parcours frei (☏ 4 04 27).

Die Alte Liebe ist jetzt höchst modern

Haben Sie die traditionelle Pudelmütze in Dunkelblau gekauft oder eine »Prinz-Heinrich«? Dann kann's ans Wasser gehen, und natürlich zuerst zur Alten Liebe ❹, dem Bollwerk beim Radarturm, das Abschied und Wiederkehr bedeutet. Heinrich Heine hat hier seufzend gestanden und sich zu Versen inspirieren lassen. Gorch Fock hat eine hübsche Erklärung für den Namen gegeben: Ein altes Segelschiff, die »Olivia«, soll hier als Anlegeponton gedient haben. Im Mund der Schiffer wurde aus dem Namen »Oliv«, und daraus soll »Alte Liebe« entstanden sein. Eine andere Erklärung beruft sich auf den 1733 hier tätigen Wasserbaumeister Kapitän Spanninger, der drei alte Schiffe versenkt haben soll, deren vorderstes »Die Liebe« hieß. Die Schiffe wurden mit Pfählen umgeben, Steine und Buschwerk füllten die Zwischenräume aus, und bald hatte der so entstandene Anleger den Namen »Alte Liebe«.

Wie auch immer der Name entstanden sein mag, es gibt inzwischen eine moderne Alte Liebe, weil die ursprüngliche baufällig geworden war. Stützpfeiler aus Beton lassen der emsigen Bohrmuschel keine Chance mehr, die aus solidem Holz so gern Sägemehl macht. Man lehnt sich an, genießt den Blick auf die Schiffahrtsstraße und läßt sich vom Schiffsmeldedienst informieren, welche Art Schiff da gerade vorüberzieht und welcher Nationalität es ist. Wißbegierige können von hier aus zur neuen Seebäderbrücke ❸ weiterwandern. 30 Millionen Mark hat die am seeschifftiefen Wasser gelegene Anlage gekostet.

Wer es geruhsam mag, kann sich im seenahen Kurpark an der Kunst der Gärtner erfreuen. Vielerlei Getier bietet Kindern hier mancherlei Kurzweil. Auf der Vogelwiese schreit, krächzt und brütet es. Heimische Wasservögel, halbfrei gehalten, streiten sich mit gierigen Seemöwen um Futter.

Ebbe und Flut
Nichts als Sand und Schlick, so weit das Auge reicht? Keine Angst, das Wasser kommt zurück. Alle zwölf Stunden, 25 Minuten und 15 Sekunden erreicht die Flut ihren höchsten Stand. Im gleichen Rhythmus bewegt sich die Ebbe in noch einmal zwölf Stunden, 25 Minuten und 15 Sekunden. Eine Erklärung dieses Naturphänomens ist möglich, seit der englische Physiker Isaac Newton (1643–1727) die Massenanziehung der Gestirne entdeckt hat. Vor allem der Mond zieht das Wasser an, so daß sich auf der ihm zugewandten Seite unseres Planeten Flutberge bilden und das Wasser von der Küste abfließt.

Gerüche auf dem Markt und im Watt

Frühaufstehern sei die Auktion auf dem Seefischmarkt ❺ empfohlen. Fischereifahrzeuge landen hier ihre appetitliche Fracht an; riesige Frostfischdampfer, Trawler und Kutter aus der Bundesrepublik, aus Island, England, Frankreich und von den Färöern. Sie bringen Seezungen, Schollen und andere Edelfische. Der Laie wird zwar seinen Ohren nicht trauen ob des Auktions-Chinesisch, aber welches Tempo hier regiert, bekommt er wohl mit. Transporte nach Süden und Westen werden eiligst abgefertigt, und rasch nehmen die Kühlhausanlagen ihren Teil auf. Daß gebratenes und gesottenes Meeresgetier überall in der Region fangfrisch angeboten wird – bedarf es unter diesen Umständen der Erwähnung?

Am Strand geht der Blick hinaus in die Ferne, Wolkengebirge spiegeln sich in der Meeresweite. Vor dem Festland das Watt: Die See hat eine lehmig-tonige Masse abgelagert, den Schlick. Wenn sich das Wasser zurückzieht, wandern die Menschen hinaus zur Flutrinne. Salziger Seewind und das ultraviolette Licht machen das Watt bei Cuxhaven zu einem

Großräumige Hotelanlagen am kilometerlangen Strand – wie hier in Cuxhaven-Duhnen – kennzeichnen das mit jährlich 2,7 Millionen Übernachtungen größte Seeheilbad der Bundesrepublik Deutschland.

großen Natur-Inhalatorium. Füße tappen durch sonnenwarme Priele, über jodhaltigen Schlick und festen Meeresboden, der mit seinen Riffeln und Rillen die Fußsohlen massiert und kribbeln läßt. Sandmuscheln spritzen kleine Wasserfontänen, Wattwürmer häufen Tausende winziger »Hügel«. Auf einem ausgeprickten (mit Reisigbüschen markierten) Weg ist von Duhnen oder Sahlenburg aus in etwa zweieinhalb Stunden die Insel Neuwerk ⓫ zu erreichen, »dat nige Wark«, wie der früher so wichtige Stützpunkt gegen Strandräuber und Piraten vormals hieß. Hier steht der älteste Leuchtturm der Nordseeküste und weist nach wie vor den Schiffen ihren Weg in die Elbmündung.

Wer an der Küste nicht zu Hause ist, sollte sich ohne Führung nicht ins Watt hinauswagen. Auch dem Schwimmer sei besondere Vorsicht empfohlen. Für alle Fälle hat die Kurverwaltung im Wattgebiet sieben Rettungsbaken aufgestellt. Wer bei auflaufendem Wasser in Gefahr gerät, sollte nicht versuchen, die Priele zu durchschwimmen, die reißende Strömung wird dem besten Schwimmer gefährlich! Richtig ist, sofort auf die Plattform einer Rettungsbake zu klettern und eine der dort deponierten Leuchtraketen zu zünden. Wer sich daran hält, ist außer Gefahr, ein Rettungsboot wird ihn bald aufnehmen.

Neuwerk – Oase in der Nordsee
Mitten im Wattenmeer liegt die Insel Neuwerk. Obwohl nur ca. 10 km von Cuxhaven entfernt, gehört die Insel zu Hamburg, wohin es immerhin 120 km sind. Nur 42 Menschen wohnen auf dem Eiland, dafür gibt es aber um so mehr Vogelarten. Wahrzeichen ist der 35 m hohe Leuchtturm. Von 1300–10 als Wehrturm errichtet, trotzt er seit Jahrhunderten Wind und Wellen, Seeräubern und – Touristen. Wer seine 140 Stufen nicht scheut, wird mit einem herrlichen Rundblick über das Wattenmeer belohnt. Von Cuxhaven aus kann man bei Ebbe zu Fuß – und mit Führer – nach Neuwerk marschieren. Bequemer geht's mit dem hochrädrigen Wattwagen oder – bei Flut – mit dem Fährschiff »Nige Ooge« (April–Okt.).

Den Badediener gibt's nicht mehr

Anno dazumal drohte den Badegästen solcherlei Gefahr noch nicht. Wer unbedingt ins Wasser wollte, der bestieg einen hölzernen Karren, den der Fuhrmann ins Watt dirigierte. Stand das Pferd bis zum Bauch im Meer, hieß es »brrr«, Zügel angezogen, halt. In der Kabine auf Rädern half ein Badediener beim Entkleiden, und dann ging es über eine kleine Treppe ins salzige Naß. Einmal kurz untergetaucht, der Gesundheit und dem eigenen Selbstbewußtsein zuliebe, und die Badeprozedur war beendet.

Das Seebad Cuxhaven hatte ein wechselvolles Schicksal. Die Verleihung der Stadtrechte im Jahr 1907 war die beste Voraussetzung für eine stabile Entwicklung. Schon vor Ausbruch des Ersten Weltkriegs war es zum größten Badeort an der deutschen Küste aufgestiegen. Am 19. März 1964 wurde die Stadt »Staatlich anerkanntes Nordseeheilbad«. Nun wurde geplant, gebaut und erweitert. Der Bade- und Kurbetrieb an den kilometerlangen Grün- und Sandstränden nahm einen ungeahnten Aufschwung. Heute ist Cuxhaven das größte deutsche Seeheilbad – mit einem vitalen Interesse daran, den Lebensraum Nordsee zu erhalten.

Nach wie vor ist die Kugelbake das Wahrzeichen von Cuxhaven.

Theater, Musik, Veranstaltungen, Museen

Theater

Stadttheater in der Bleickenschule, Rathausstr. 21. Gastspiele: Schauspiel, ☏ 3 56 56.
Niederdeutsche Bühne »Döser Speeldeel« in der Gorch-Fock-Schule, Gorch-Fock-Str. 8. Plattdeutsches Volkstheater, ☏ 4 81 13.
Kugelbake-Halle im Veranstaltungszentrum Cuxhaven im Kurpark. Theater, Ballett, Musical, Komödie, Dichterlesungen, Shows, Heimatabende, ☏ 4 60 77/78.

Musik

Kugelbake-Halle im Veranstaltungszentrum Cuxhaven im Kurpark. Sinfoniekonzerte, Volks- und Popmusik, ☏ 4 60 77/78.
Aula des Amandus-Abendroth-Gymnasiums, Abendrothstr. 16. Sinfoniekonzerte, Konzertreihe »Junges Podium« mit Auftritt von Nachwuchssolisten, ☏ 3 88 88.
Bauerndom St. Jacobi ❾ in Lüdingworth. Orgelkonzerte mit intern. Solisten auf der Arp-Schnitger-Orgel, ☏ (0 47 24) 3 61.
St.-Gertrud-Kirche, Cuxhaven-Döse. Meditationsgottesdienste mit Chören und Musikgruppen, Kammermusik, Adventskonzerte, ☏ 4 70 81/82.
Bauerndom St. Nicolai in Altenbruch. Europäische Orgelmusik, ☏ (0 47 22) 3 95.
St. Petri, Strichweg. Gottesdienste mit musikalischer Umrahmung, Lyrik und Musik, Abendmusiken (Juli/Aug.), »Bach-Fest« mit Orgel- und Orchesterkonzerten (Sommer), ☏ 3 24 52.
Haus der Kurverwaltung Duhnen, Matineen mit volkstümlicher Musik (jeden So außerhalb der Saison, 11 Uhr), Chorkonzerte, ☏ 40 40.

Veranstaltungen

Seefischmarkt Cuxhaven ❺. Führungen mit Fischauktion (7 Uhr), ☏ 2 18 81.
Flohmarkt auf dem Ritzebütteler Marktplatz (Sa 7–16 Uhr).
Ganzjährig: *Mit dem Pferdewagen zur Insel Neuwerk*. Abfahrt beim Haus »Wattenpost« gegenüber dem Musikpavillon im Ortsteil Duhnen. Mehrstündige Wattfahrt mit einer Stunde Aufenthalt auf der Insel Neuwerk, ☏ 4 81 39.
Mai–Sept.: *Kurkonzerte* in Duhnen, Döse, Sahlenburg und in der Grimmershörnbucht, ☏ 40 40.
Juni: *Tag der Shanty-Chöre* im Kurpark. Chöre aus dem norddeutschen Raum mit Seemannsliedern, ☏ 4 60 77.
Juli/Aug.: *Duhner Wattrennen*. Pferderennen auf dem Meeresgrund – fünf Galopp- und fünf Trabrennen, ☏ 4 04 27.
Juli/Aug.: *Laternelaufen* in den Kurteilen Duhnen und Sahlenburg. Höhepunkt: Feuerwerk im Watt, ☏ 4 04 28.
Aug.: *Sommerabend am Meer* in der Grimmershörnbucht. Laternenumzüge, illuminierte Segel- und Fischerboote, Höhepunkt: Feuerwerk, ☏ 4 04 28.

Museen

Puppenmuseum, Cuxhaven-Döse, Emmastr. 7. Hand-, Stab- und Stockpuppen, ☏ 4 93 01.
Schloß Ritzebüttel (s. ❼).
Stadtmuseum, Südersteinstr. 38 (s. ❻).
»Uns lütt Schiffmuseum«, Wehrbergsweg 7, Cuxhaven-Duhnen. Schiffsmodelle, Buddelschiffe, Schiffsinstrumente, Kapitänsbilder, Seemannsarbeiten (tägl. 10–13, 16–19 Uhr).
Wrackmuseum, Dorfstr. 80, Cuxhaven-Stickenbüttel (s. ❿).

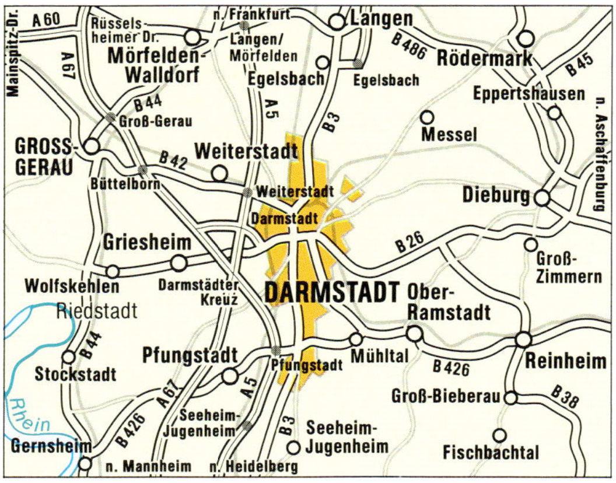

Die Darmstädter lieben es gar nicht, wenn sie auf die Frage, wo ihre Stadt denn liege, immer wieder »südlich von Frankfurt« antworten müssen. Doch die mit dieser Lage verbundenen Vorteile lieben sie sehr. Die Stadt im Herzen der Bundesrepublik Deutschland könnte gar nicht verkehrsgünstiger liegen, die Umgebung kaum schöner sein. Der Odenwald, ein malerisches Mittelgebirge, beginnt schon in den Vororten,

ebenso wie die Bergstraße, das Obstblütenparadies des ganzen Lands. Obwohl der Zweite Weltkrieg vom alten Darmstadt nicht viel übriggelassen hat, zeigt die Stadt heute noch den Charme der einstigen Residenzstadt. Dieser Charme rührt vor allem von den Jugendstilbauten auf der Mathildenhöhe (unser Bild) her.

Darmstadt

Zentrum des Jugendstils

Wappen Die weiße Lilie in der unteren Hälfte geht zurück auf eine Marienkapelle (die Lilie ist das Symbol der Maria), die an der Stelle der heutigen evangelischen Stadtkirche stand. Das obere Wappenfeld zeigt den Oberkörper des Löwen von Katzenelnbogen (Stadt im Rhein-Lahn-Kreis mit der Stammburg der Grafen von Katzenelnbogen). Die Krone wurde dem Wappen erst 1917 aufgesetzt – aus Anlaß des silbernen Regierungsjubiläums von Großherzog Ernst-Ludwig, der ein Jahr später abgesetzt wurde. Auf seine Krone zum Wappen aber mochten die Darmstädter bis heute nicht verzichten.
Lage Am Nordwestrand des Odenwalds, 30 km südöstlich der Mündung des Mains in den Rhein.
Land Hessen
Autokennzeichen DA
Höhe 124–193 m ü. M.
Fläche 122 km²
Einwohnerzahl 135 000
Postleitzahl 6100
Telefonvorwahl 0 61 51
Post Postamt 1, am Hbf., Spätschalter (Mo–Fr 8–20, Sa 8–18, So 9–12.30 Uhr); Postamt 11, Luisenplatz, Spätschalter (Mo–Sa 7–19.30 Uhr).
Polizei Im Schloß, ☏ 40 13 11
Taxi ☏ 2 68 68
Nahverkehr Gut ausgebautes Straßenbahn- und Omnibusliniennetz innerhalb der Stadt, Fahrscheine beim Schaffner und an Automaten.
Parken An allen Zufahrtsstraßen Parkplätze zum Umsteigen in die Straßenbahn. Wer mit dem Auto bis ins Zentrum fahren will, findet sieben gut beschilderte Parkhäuser oder Tiefgaragen, die meisten am ausgeschilderten City-Ring um das engere Stadtzentrum.
Touristinformation Verkehrsamt im Erdgeschoß des Neuen Rathauses (Luisencenter), Luisenplatz, ☏ 13 27 80/81 (Mo–Fr 9–18, Sa 9–12 Uhr), sowie im Pavillon am Hbf., ☏ 13 27 82/83 (Mo–Fr 8.30–18, Sa 8.30–12 Uhr).
Stadtrundfahrt Von März bis Nov. jeweils am 2. und 4. Sa im Monat um 14.30 Uhr; Treffpunkt: Liebig-Denkmal auf dem Luisenplatz.

Ein Platz ohnegleichen

Ein Münchner, von Haus aus mit schönen Plätzen verwöhnt, kam auf den Darmstädter Luisenplatz und blieb fasziniert stehen. »Mei, wia schee«, rief er aus. Dann wandte er sich nach Süden und sagte: »Au weh!« So geht es manchem, dem die Architektur des mit einem Einkaufszentrum kombinierten Rathauses aus den 70er Jahren nicht so recht zu diesem herrlichen Platz zu passen scheint. Doch man kann etwas dagegen tun. Schaut man im Rathaus aus dem zweiten Stock, liegt einem der Platz (von dem es heißt, er übertreffe die Place Vendôme noch an Schönheit) zu Füßen – und man sieht das Rathaus nicht mehr.

Der Platz hat die Form sich überlagernder Vierecke, die ihm eine Art harmonischer Unruhe verleihen. Er ist weit, luftig und großzügig – ein Platz zum Atmen. Im Sommer bleibt in seinen Straßencafés kaum ein Stuhl frei. Beherrscht wird er von einer 39 m hohen Säule mit dem Standbild des Großherzogs Ludwig I. »Langer Ludwig« heißt das Monument ❸ im Volksmund. Man kann es auch besteigen, leider aber nur an den Samstagen, an denen in der Innenstadt ein Fest gefeiert wird.

Ludwig schaut nach Westen. Früher mag er nach Frankreich geblickt haben, mit dessen Kaiser Napoleon er sich einst gegen Preußen verbündet hatte. Heute sieht er den Besuchern der Stadt entgegen. Ob mit dem Auto, der Eisenbahn oder dem Flugzeug (der Rhein-Main-Flughafen ist näher bei Darmstadt als bei Frankfurt), sie kommen meist von Westen – über die breite Rheinstraße, die direkt auf den Luisenplatz führt.

Zu Füßen des »Langen Ludwig« verschwindet die Straße unter der Erde, wo man die Wahl hat, auf der linken Spur in die Tiefgarage unter dem Rathaus oder auf der rechten in einen Straßentunnel zu fahren. Dieser ist Teil des City-Rings, auf dem man die engere Innenstadt entgegen dem

An den Luisenplatz mit der Ludwigssäule von 1844 und dem Schalenbrunnen grenzt im Norden das 1780 vollendete Kollegienhaus.

Uhrzeigersinn umfährt. Weitere Tiefgaragen und Parkhäuser sind am Ring wie Perlen aufgereiht – eine Verlockung, die ein wenig zu Lasten des guten und obendrein billigen Nahverkehrsnetzes geht.

Einkommen vergleichsweise hoch

Der Ring umschließt das heutige Herz der Stadt. Es besteht aus einer ausgedehnten Fußgängerzone mit dem Geschäftszentrum, dessen Angebot meist auf einen etwas gehobenen Bedarf zielt. Ein Schaufensterbummel verrät, daß es den Darmstädtern wirtschaftlich ganz gut geht. Vergleichsweise ist die Arbeitslosenquote niedrig, und die Einkommen sind hoch. Es sind die Löhne und Gehälter der chemischen Industrie, der Elektronikbranche, der mehr als 100 Verlage und der Landes- und Bundesbehörden.

Innerhalb des Rings liegt auch das alte Herz der Stadt. Das mit seinen äußeren Barocktrakten mächtig wirkende Residenzschloß ❷, 200 m östlich vom Luisenplatz, ist an die Stelle einer alten Wasserburg getreten, um die ein Ende des 11. Jh. erstmals urkundlich erwähntes Dorf namens Darmundestat entstanden war. 1330 bekamen die Grafen von Katzenelnbogen für dieses Dorf Stadt- und Marktrecht. Der Marktplatz südlich des Schlosses hat heute noch seine alte Funktion. Die älteren Gebäude des Schlosses sind im Renaissancestil erbaut worden; ihnen lagern sich die beiden langgestreckten Flügel des barocken Neuschlosses vor. Auf der Südseite des Marktplatzes wirkt das alte Renaissance-Rathaus ❶ wie ein erster schüchterner Versuch, den übermächtigen Fürsten bürgerliches Selbstbewußtsein gegenüberzustellen. Im Erdgeschoß liegt der fast 400 Jahre alte »Ratskeller«, schräg dahinter Darmstadts älteste Gaststätte, die heute wie in früheren Zeiten gutbürgerliche »Bockshaut«.

Unser Ausflug in den Naturpark Odenwald führt auch zum Rathaus von Michelstadt, einem gotischen Fachwerkbau.

Stadt der Heiner

Die Darmstädter wissen weder, woher der Name ihrer Stadt kommt, noch warum sie sich selbst »Heiner« nennen. »Lui« oder »Schorsch« (Ludwig oder Georg) sind hier viel geläufigere Namen als Heinrich, aber einen echten Darmstädter nennt man eben Heiner. Auch Zugereisten verwehrt man dieses Prädikat nicht. Sie müssen nur erst mal die Scheu vor dem beißenden, aber keineswegs bösen Humor der Darmstädter abgelegt haben. Und der Name Darmstadt? Manche sagen, das alte »Darmundestat« gehe auf einen gräflichen Wildhüter namens Darimund zurück. Wahrscheinlicher ist die Ableitung des Stadtnamens vom althochdeutschen dar munde stat (etwa: Ansiedlung am befestigten Durchgang), weil sich hier einst zwei Römerstraßen kreuzten.

Die Preußen kommen

Die Darmstädter waren nie besonders kriegerisch. 1866 hatte sich ihr Großherzog mit den Österreichern verbündet, worauf die Preußen vor die Stadt rückten. Als der Fürst daraufhin seinen Artilleriegeneral fragte, wieviel Kanonen er einsetzen wolle, meinte der: »Am beste, mer nemme se alle zwaa mit.« Das folgende Scharmützel im Fasaneriewald lockte viele Schaulustige an. Als ihnen eine preußische Kanonenkugel über die Köpfe flog, rief einer empört hinüber: »Ihr Dunnawedda! Sähd'er dann net, daß do Leit steh?« Die Preußen besetzten die Stadt und drangen ins Zeughaus ein, was der Zeugmeister, als man ihm Meldung davon machte, bestritt: »Des gehd ned. Isch hab die Schlissel in de Dasch.«

Naturpark Odenwald

Der Odenwald wird unter Wanderern immer beliebter. Das malerische Mittelgebirge beginnt am Südostrand Darmstadts. Von hier aus gibt es herrliche Spaziergänge, Tageswanderungen oder Mehrtagestouren durch die hügelige, waldreiche Landschaft. Im Winter ist der Odenwald ein – nicht überlaufenes – Paradies für Skilangläufer. Wer mit dem Auto ca. 45 km in südöstlicher Richtung (B 449/B 426/B 45) fährt, kommt nach Michelstadt mit einem der schönsten und ältesten Fachwerk-Rathäuser der Bundesrepublik Deutschland und ins benachbarte Erbach mit den weltberühmten Filigranschnitzereien seines Deutschen Elfenbeinmuseums (Di–So 10–12.30, 14–17 Uhr). Hier ist das Herz des Odenwalds. Er bildet zusammen mit der Bergstraße einen Naturpark, dessen Bewohner für ihre Gastlichkeit bekannt sind.

Stadtrundgang

Stellen Sie Ihr Auto im Parkhaus Luisencenter ab und nehmen Sie sich genügend Zeit, denn schon die Straßencafés am Luisenplatz verlokken in der warmen Jahreszeit zum Verweilen. Falls Sie zuerst die Stadt erkunden wollen, bietet sich später eine Einkehr im Obergeschoß der Ausstellungshallen auf der Mathildenhöhe ❿ an. Rasten läßt sich auch im Herrngarten ❼, z. B. am Teich oder am Musikpavillon. Ohne Pause benötigen Sie für den Stadtgang eineinhalb Stunden. Mit einer Stunde kommen Sie aus, wenn Sie den Hof des Residenzschlosses ❷ durch den Südausgang verlassen, sich nach links wenden und über die rechts vom Schloßgraben abzweigende Erich-Ollenhauer-Promenade direkt zur Mathildenhöhe gehen. Wenn Sie den Park auf dem Eugen-Bracht-Weg verlassen, kommen Sie zur Bushaltestelle in der Landgraf-Georg-Straße. Die Linie D fährt Sie zurück zur Stadtmitte. Wollen Sie die Rosenhöhe ⓫ in Ihren Stadtgang einbeziehen, müssen Sie von der Mathildenhöhe ❿ aus dem Olbrichweg hinter den Ausstellungshallen folgen, die Bahnlinie auf einer schmalen Brücke überqueren und auf dem Ludwig-Engel-Weg zum Park gehen.

Sehenswürdigkeiten

❶ *Altes Rathaus*, um 1600 erbautes dreigeschossiges Renaissancegebäude mit vorgelagertem Treppenturm.
❷ *Residenzschloß*, bestehend aus Altschloß und Neuschloß. Letzteres beherbergt Bibliotheken, das Staatsarchiv und Hochschulinstitute. Es liegt vor der alten Anlage mit zwei Flügeln, die nur einen Teil der ursprünglich von Louis Rémy de la Fosse ab 1715 geplanten Anlage darstellen. Aus den um zwei Binnenhöfe angeordneten Bauten des Altschlosses ragt der Glockenturm mit dem Glockenspiel von 1671 hervor. Im Glockenbau das Schloßmuseum mit Gemälden, Möbeln, Galawagen, Uniformen und anderen Exponaten aus der höfischen Vergangenheit (Mo–Do 10–13, 14–17, Sa, So 10–13 Uhr).
❸ *Ludwigssäule*, auch »Langer Ludwig«, 1844 errichtetes, 39 m hohes Denkmal von Ludwig von Schwanthaler für Großherzog Ludwig I. mit einer Wendeltreppe im Innern des Säulenschafts.

❹ *Kollegienhaus*, dreigeschossiger Barockbau aus dem 18. Jh. mit Mansardendach. Heute Sitz des Regierungspräsidiums.

❺ *Hessisches Landesmuseum*, um die Jahrhundertwende von Alfred Messel erbaut. Kunst- und kulturgeschichtliche Sammlungen (Gemäldegalerie, Kunstgewerbe, grafische Sammlung, Glasmalerei des 9.–20. Jh.), zoologische Sammlungen (u. a. Tiergruppen), mineralogische, geologische und paläontologische Sammlungen (Di–So 10–17, Mi außerdem 19–21 Uhr).

❻ *Amtsgericht und Landgericht*, 1905 und 1874 entstandene Gebäude aus der Gründerzeit, durch die »Seufzerbrücke« über die Straßenbahngleise verbunden.
❼ *Prinz-Georg-Palais, Herrngarten* und *Prinz-Georgs-Garten*. An der Nordostecke des englischen Parks aus dem 18. Jh. liegt das »Porzellanschlößchen« (Anfang 18. Jh.) mit der Großherzoglichen Porzellansammlung: kostbares Porzellan und Fayencen des 18. und 19. Jh. (Mo–Do 10–13, 14–17, Sa, So 10–13 Uhr).
❽ *Maschinenhalle der Technischen Hochschule*, 1904 von Georg Wickop erbaut. Eines der wenigen Beispiele reinen Jugendstils in der deutschen Industriearchitektur.
❾ *Achteckiges Haus*, 1630 über einem alten Gewölbe entstandenes Gartenhaus, später Wohnhaus einer landgräflichen Mätresse, im 19. Jh. Frauenbad.
❿ *Mathildenhöhe*, von Großherzog Ludwig II. 1830 angelegter Park, der unter Ernst Ludwig zur Künstlerkolonie wurde. Bereits 1898/99 war durch Benois die Russische Kapelle erbaut worden. Vor der Kapelle Jugendstilbecken mit Figuren von Bernhard Hoetger. Der Platanenhain wurde 1914 zur dritten »Ausstellung für freie und angewandte Kunst« mit bemalten Reliefs von Bernhard Hoetger angelegt. 1908 entstanden die Ausstellungshallen und der in Form einer Schwurhand erbaute »Hochzeitsturm« nach Plänen Joseph Maria Olbrichs. Von ihm stammen auch das Atelierhaus (Ernst-Ludwig-Haus) und das Glückerthaus. Die Mathildenhöhe gilt als ein Zentrum des Jugendstils in Deutschland.
⓫ *Rosenhöhe*, Park aus dem 19. Jh. mit Mausoleen und Gräbern der großherzoglichen Familie, exotischen Bäumen und Rosendom. Das hier verändert wiederaufgestellte Löwentor von Albin Müller und Bernhard Hoetger stand ursprünglich auf der Mathildenhöhe.
⓬ *Jagdschloß Kranichstein*, Ende des 16. Jh. erbautes Renaissanceschloß in Hufeisenform. Größtes Jagdmuseum der Bundesrepublik Deutschland. Jagdwaffen (ca. 600 Schußwaffen), Jagdgeräte, Trophäen, Gemälde, Möbel (voraussichtlich bis 1992 geschlossen).
⓭ *St. Ludwig*, nach dem Vorbild des römischen Pantheons 1822–27 von Georg Moller errichteter Rundbau.
⓮ *Bessunger Orangerie*, 1719–21 von Louis Rémy de la Fosse errichteter Barockbau. Er dient heute als Tagungs- und Konzertsaal.

Theater mit dem Charme eines Kernkraftwerks

Am Rand des City-Rings, also bequem erreichbar von jedem Punkt der Innenstadt, liegen zwei wichtige kulturelle Einrichtungen: das Landesmuseum ❺ und das Staatstheater. Das Landesmuseum, ein imposanter Bau des frühen Jugendstils mit einem gelungenen modernen Anbau für die Kunst des 20. Jh., ist für seine Gemäldesammlung und seine naturkundliche Abteilung bekannt. Neben dem Museum die klassizistische Ruine des alten Theaters, die zum Staatsarchiv ausgebaut wird. Das neue Staatstheater am Südrand der Innenstadt hat zwar äußerlich den Charme eines Kernkraftwerks, knüpft aber an die große Darmstädter Theatertradition

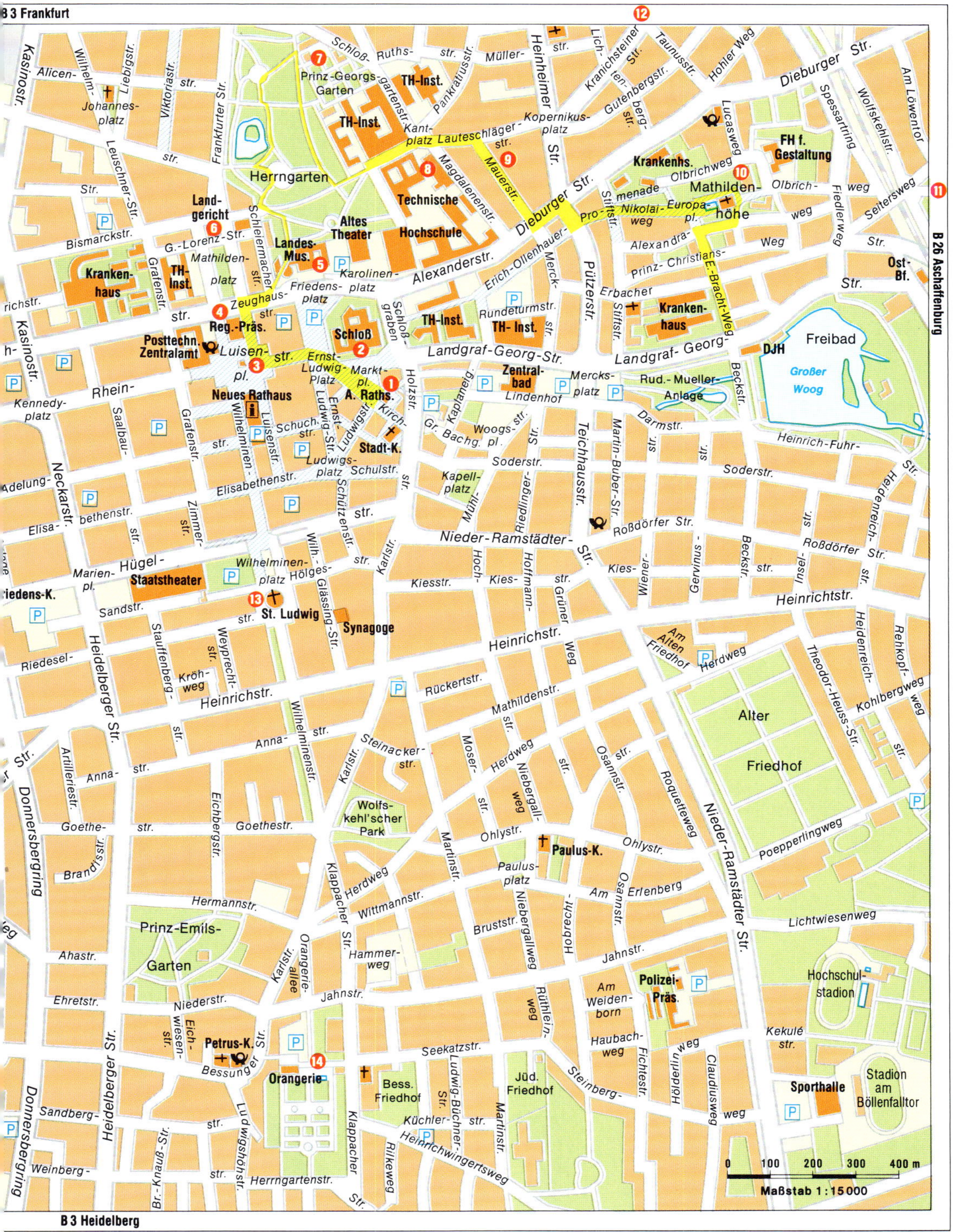

an, zu der Namen wie Karl Böhm und Gustav Rudolf Sellner zählen. Hinter dem Museum bietet sich der Herrngarten ❼, wie der zentrale Stadtpark noch aus höfischer Zeit heißt, zum Ausruhen an. Es ist ein englischer Park mit großen, schattenspendenden Bäumen, mit Teich und Musikpavillon – und mit einer kleinen französischen Abteilung, zu deren Gartenarchitektur im strengen Rokokostil die Sammlung kostbaren Porzellans im Schlößchen ❼ an seiner Nordseite paßt.

Der Park trennt zwei Altstadtteile, die vom Krieg weitgehend verschont geblieben sind: das Johannes- und das Martinsviertel. Das Martinsviertel war einst ein außerhalb der Stadtmauern gelegenes bäuerliches Areal,

Tips, Tips, Tips

Machen Sie's nicht wie Goethe
Einen kleinen Provinzskandal verursachten im Sommer 1775 vier junge Männer, die auf der Reise von Frankfurt in die Schweiz in Darmstadt Station gemacht hatten. In der Mittagshitze badeten sie nackt im »Großen Woog«, wurden dabei beobachtet und mußten anschließend überstürzt abreisen. Einer von ihnen schilderte das Ereignis später in seinen Erinnerungen »Dichtung und Wahrheit«: Johann Wolfgang von Goethe. Vergessen Sie also die Badekleidung nicht, wenn es Sie zum Freibad »Großer Woog« zieht (Omnibuslinie D).

Flohfalle unterm Rock
Eine Flohfalle, wie sie Damen der Gesellschaft vor 200 Jahren unterm Rock trugen, sieht man im Wella-Museum, wo der Haarkosmetikkonzern in der Berliner Allee Kuriositäten und Kostbarkeiten aus der Geschichte der Schönheitspflege zusammengetragen hat. Anmeldung ☏ 34 24 59.

Dixie, Swing und Modern Jazz
Zwei der originellsten Jazzkneipen Darmstadts sind die »Worschtküsch« und der »Jagdhofkeller«. In der »Worschtküsch« (Erbacher Str. 7) sind meist populärer Dixie und Swing von Bands aus dem Rhein-Main-Gebiet zu hören. Der »Jagdhofkeller« (Bessunger Str. 84) bietet Jazz mit internationalen Gruppen.

woran noch einige alte Fachwerkhäuser erinnern, die sich in den Schatten der Technischen Hochschule ducken. Das Johannesviertel entstand in der Gründerzeit auf der damaligen grünen Wiese. Das Martinsviertel mit seiner besonders alten Bausubstanz ist ein billiges Wohnquartier, das Johannesviertel mit seinen renovierten Stuckfassaden ein teures, bevorzugtes. Beide zeichnen sich durch eine Vielzahl reizvoller Studentenkneipen aus, von denen manche allabendlich Jazzfreunden adäquate Unterhaltung bieten. Überhaupt ist Darmstadt eine Jazzstadt geworden, seit Joachim Ernst Berendt den Sitz der Internationalen Jazz-Föderation hierhergebracht hat. Die Föderation befindet sich in guter Nachbarschaft zum Internationalen Musikinstitut, das mit seinen Internationalen »Kranichsteiner Ferienkursen« bei allen Fachleuten der zeitgenössischen Musik einen guten Namen hat.

Denkmalschutz in kleiner Dosierung

Rathaus und Schloß waren zerstört und sind wiederaufgebaut worden. So behutsam ging man jedoch nur mit wenigen Ruinen um. In dem von Bomben fast völlig zerstörten Darmstadt mußten nach dem Krieg schnell und billig wieder Wohnungen und Geschäftshäuser gebaut werden. »Sentimentalitäten« wie Denkmalschutz glaubte man sich damals nur in kleiner Dosierung leisten zu können. Um so pfleglicher behandelt man heute die verbliebenen baulichen Reste der Vergangenheit. Viele sind es nicht mehr. Wie die meisten im Krieg zerstörten Städte ist Darmstadt von der Architektur der 50er und 60er Jahre geprägt. Immerhin sind darunter einige als Meisterbauten eingestufte Werke international renommierter Architekten. Auch hat man das Maß der alten Stadt beibehalten und in der Innenstadt keine Gebäude errichtet, die mehr als vier Stockwerke hoch sind. Das macht Darmstadt überschaubar und läßt Luisenplatz und Schloß die dominierende Wirkung.

Zentrum des Jugendstils

Plätze, Barockschlösser und Studentenkneipen, das wissen die Darmstädter, gibt es auch andernorts. Deshalb sind sie so stolz auf ihre tatsächlich einmalige Stadtkrone auf der Mathildenhöhe ⑩, ein Jugendstilensemble aus der Zeit der Darmstädter Künstlerkolonie. Um die Jahrhundertwende hatte Großherzog Ernst Ludwig sieben junge Architekten, Maler und Bildhauer nach Darmstadt geholt, die auf der Mathildenhöhe ein Dokument des Aufbruchs gegen Historismus, Schwulst und Stilwirrwarr schufen. Die von den Neuerern (darunter Joseph Maria Olbrich, Peter Behrens und Bernhard Hoetger) geforderten neuen Formen, die alle Bereiche des Lebens und der Kunst durchdringen sollten, wurden auf dem Hügel im Osten der Stadt Wirklichkeit.

Kraftvoll gegliedert ist das Jugendstil-Wohnhaus von Peter Behrens am Alexanderweg auf der Mathildenhöhe.

Die Maschinenhalle der Technischen Hochschule dokumentiert reinen Jugendstil im Industriebau.

Von den fünf revolutionären Wohnhäusern ist in reiner Form noch das Glückerthaus von Olbrich erhalten. Es ist heute Sitz der Deutschen Akademie für Sprache und Dichtung, die den angesehensten deutschen Literaturpreis, den Georg-Büchner-Preis, verleiht. In einem anderen Haus von Olbrich, dem Ernst-Ludwig-Haus, wird ein Jugendstilmuseum eingerichtet. Die Russische Kapelle mit ihren vergoldeten Zwiebeltürmchen wirkt übrigens in diesem sonst stilreinen Areal keineswegs wie ein Fremdkörper. Sie wurde für Zar Nikolaus II. gebaut, der Alexandra, eine Schwester des Großherzogs, geheiratet hatte und oft in Darmstadt zu Besuch war. Alexandra war die letzte russische Zarin. Sie wurde 1918 mit den anderen Mitgliedern der Zarenfamilie ermordet.

Zum Wahrzeichen Darmstadts wurde Olbrichs »Hochzeitsturm«, der die Mathildenhöhe (10) beherrscht. Die Form des Giebels erinnert an die fünf Finger einer Schwurhand. Aus den Fenstern der Finger (der Turm hat neuerdings einen Aufzug) hat man den schönsten Blick über die Stadt und auf die Wälder der Umgebung.

Hier oben wird das Besondere dieser kleinen Großstadt, die sich kulturell noch immer als Hauptstadt Hessens sieht, am besten deutlich. Sie hat sich selbstbewußt ihren Charakter erhalten, ohne dem verbreiteten Hang der Provinz zur Skyline erlegen zu sein. Darmstadt bettet sich in seine Wälder, schmiegt sich an die sanften Ausläufer des Mittelgebirges, scheint sich fast wegducken zu wollen vor allzu großer Neugier. Die Stadt fordert nicht, sie lockt. Und dieser Lockung haben schon viele nachgegeben, die nur zu Besuch oder zum Studium gekommen waren und Darmstädter geworden sind. Natürlich keine echten. Die erkennt man nämlich nicht nur an der Mundart, sondern auch an Eigenschaften ihres literarischen Maulhelden »Datterich«, Ernst Elias Niebergalls scharfzüngigen Lottervogels, der (wie alle Darmstädter) wortreich über die Widrigkeiten des Alltags zu maulen versteht, um, wenn es darauf ankommt, das Kinn hochzurecken: »Awwer jetz muß sich mit Glanz erausgebisse wern.«

Das Wetter – aus Darmstadt
Die Satellitenbilder von ARD und ZDF kommen – täglich neu – aus Darmstadt. Hier haben das European Space Operations Center (ESOC) und die europäische Wettersatelliten-Organisation EUMETSAT ihren Sitz. Das ESOC ist das Houston der europäischen Raumfahrt. Von hier aus werden die Satelliten der europäischen Weltraumorganisation ESA überwacht und kontrolliert. Auch die Mission der Raumsonde »Giotto« zur Erforschung des Halleyschen Kometen im Jahr 1986 wurde vom Darmstädter ESOC geleitet. Möglicherweise wird die Sonde zu einem zweiten Vorbeiflug beim Kometen Grigg-Skjellerup 1992 eingesetzt.

Markttag ist regelmäßig vor dem Mittelpavillon des Neuschlosses.

Theater, Musik, Veranstaltungen, Museen

Theater
Staatstheater Darmstadt, Marienplatz. Großes Haus: Oper, Operette, Ballett, Schauspiel, ☎ 2 81 12 11.
Die Komödie, (TAP) Theater am Platanenhain, Bessunger Str. 125. Boulevard-, Kinder- und Jugendtheater, ☎ 3 35 55. *Kinder- und Jugendtheater*, ☎ 2 12 34.
Hessische Spielgemeinschaft, Schuchardstr. 11. Mundartkomödie, ☎ 70 14 42.
Puppentheater im Schlößchen, Prinz-Emils-Garten, ☎ 6 32 78.
halbNeun-Theater, Sandstr. 32. Kleinkunst, ☎ 2 33 30.

Musik
Staatstheater Darmstadt, Marienplatz. Sinfonie-, Kammerkonzerte, ☎ 2 81 12 11.
Darmstädter Reihe für alte Musik, Orangerie (14), Bessunger Str. 44. Konzertreihe »Alte Musik« vom Mittelalter bis zur Romantik auf historischen Instrumenten, ☎ 42 28 21.
Darmstädter Schloß (2). Kammerkonzerte alter und neuer Meister, ☎ 4 77 56.
Konzerte am Paulusplatz, Foyer der Kirchenverwaltung der ev. Kirche in Hessen und Nassau, Paulusplatz 1. Kirchen- und Kammermusik, ☎ 40 52 41.
Stadtkirche, Kirchstr. Orgelkonzerte, Oratorien, Kammerkonzerte, ☎ 4 48 34.
Pauluskirche, Niebergallweg 20. Oratorien, Chor- und Orgelkonzerte. Orgelvesper (jeden letzten Sa im Monat, 18 Uhr), ☎ 4 58 28.
Jagdhofkeller, Bessunger Str. 84. Jazz, Folk, Musik aus aller Welt, ☎ 6 55 66.
Worschtküsch, Erbacher Str. 7. Jazz, Dixie, Swing, Oldies, ☎ 29 31 41.
Krone, Schustergasse 18. Jazz, Blues, Boogie, ☎ 2 13 52.

Veranstaltungen
Ganzjährig: *Aktion Theaterfoyer* im Staatstheater, Marienplatz. Frühschoppen mit wechselnden Musikgruppen (So 11 Uhr). Kammermusikkonzerte (Sa 15.30 Uhr).
April: *Frühjahrsmesse*, Töpfermarkt und Volksfest.
Mai–Aug.: *Sommerorgelkonzerte*, Pauluskirche, Niebergallweg 20. Werke alter und neuer Meister mit intern. Solisten (jeweils Mi 20 Uhr), ☎ 4 58 28.
Mai–Sept.: *Promenadenkonzerte* im Herrngarten (7). Blasmusik, Kammersinfonieorchester, Spielmannszüge, Rock (So 11 Uhr).
Erstes Wochenende im Juli: *Heinerfest* in der Innenstadt. Musik, Film, Diavorträge, Kindertheater, Jahrmarkt. Höhepunkt: Feuerwerk. Gleichzeitig *Jazztage* in der HEAG-Passage. Jazzgruppen aus Darmstadt und den Schwesterstädten spielen Dixie bis Modern Jazz.
Anfang Sept.: *Weinfest* in der Innenstadt. Kleinkunst, Pantomime, Kindertheater, Wein, Bewirtung.
Okt.: *Herbstmesse*, Töpfermarkt und Volksfest.
Zweite Woche im Okt.: *Verleihung des Georg-Büchner-Preises* im Staatstheater, Marienplatz, ☎ 4 48 23.

Museen
Eisenbahnmuseum, Bahngelände Kranichstein, Steinstr. 7. (So 10–16 Uhr).
Großherzogliche Porzellansammlung im Prinz-Georg-Palais, Schloßgartenstr. 6 (s. (7)).
Hessisches Landesmuseum, Friedensplatz 1 (s. (5)).
Jagdmuseum Kranichstein, Kranichsteiner Str. 261 (s. (12)).
Schloßmuseum, Glockenbau des Schlosses (s. (2)).
Jugendstilmuseum, auf der Mathildenhöhe (s. (10)). Künstlerkolonie aus der Jugendstilzeit, wechselnde Ausstellungen (tägl. 10–16 Uhr).
Wixhäuser Dorfmuseum, Römergasse 17. Einblick in Wohnen und Wirtschaften auf dem Bauernhof im 18. und 19. Jh. (nach Vereinbarung), ☎ 77 31.
Wella-Museum, Berliner Allee 65. Geschichte von Kosmetik und Friseurhandwerk (Mo–Fr 9–12, 14–17 Uhr, nur nach Vereinbarung), ☎ 34 24 59.

Detmold

Wo Hermann einst die Römer schlug

Im Bundeswettbewerb »Stadtgestalt und Denkmalschutz für Städtebau« wurde Detmold 1978 mit der Goldmedaille ausgezeichnet. Kein Zufall, denn das in den Kriegen unbeschädigt gebliebene historische Stadtbild wird gepflegt und herausgeputzt. Schließlich will man die Anfangszeilen des zur Hymne der Stadt gewordenen alten Volks- und Soldatenlieds »Lippe-Detmold, eine wunderschöne Stadt . . .« keinesfalls Lügen strafen. Aber nicht nur die schöne Stadt lockt die Besucher in Scharen an, sondern auch der sozusagen vor der Haustür liegende Teutoburger Wald. Und wer denkt bei diesem Namen nicht gleich an Hermann, den Cheruskerfürsten, der hier 9 n. Chr. mit seinen Germanen die Römer besiegt hat. Sein Denkmal aus dem 19. Jh. steht, vielbesucht, auf der Grotenburg, hoch über Detmold.

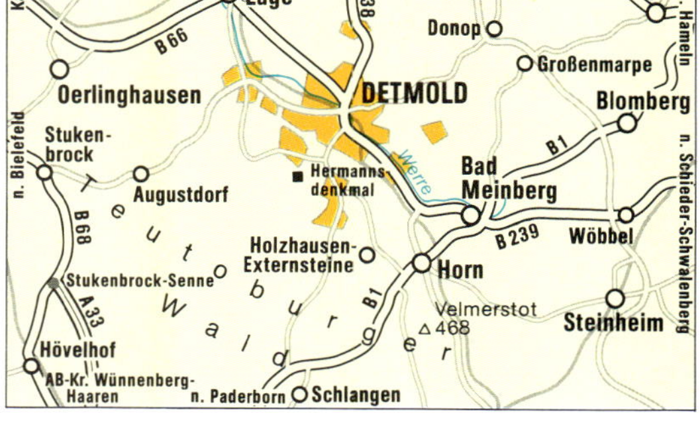

Wappen Auf rotem Grund eine weiße Stadtbefestigung. Über einer zinnenbekrönten Mauer öffnet sich zwischen zwei dreigeschossigen Zinnentürmen ein Torbogen, der eine lippische Rose (rot mit gelben Butzen) auf weißem Grund einschließt, Symbol für die Stadtgründung durch die Edlen Herren zur Lippe.
Lage Am Südosthang des Lippischen Walds, zwischen Teutoburger Wald und Weser.
Land Nordrhein-Westfalen
Autokennzeichen DT
Höhe 134–402 m ü. M.
Fläche 129 km^2
Einwohnerzahl 67 950
Postleitzahl 4930
Telefonvorwahl 0 52 31
Post Hauptpostamt, Paulinenstr. 52, Spätschalter (Mo–Fr 8–19, Sa 8–16, So 11–12 Uhr).
Polizei Kreispolizeibehörde, Bielefelder Str. 60, ☏ 7 63-0
Taxi ☏ 2 80 66, 2 33 31
Nahverkehr Zentraler Omnibusbahnhof am Bahnhof, über 30 Linien im Stadtverkehr und in den Ortsteilen. Fahrkarten im Bus; Auskünfte ☏ 2 38 66.
Parken Ein sehr gut eingerichtetes und beschildertes Parkleitsystem rund um die Altstadt führt zu den (mit Ausnahme von P 2 gebührenfreien) Großparkplätzen P 1 Lustgarten (hinter dem Landestheater), P 2 Karstadt (Lange Str./Woldemarstr.), P 3 Blomberger Str., P 4 Hornsche Str., P 5 Paulinenstr., P 6 Kaiser-Wilhelm-Platz, P 7 Kronenplatz (auch für Busse), P 8 Lemgoer Str.
Touristinformation Amt für Fremdenverkehr und Kultur, Rathaus am Marktplatz (Eingang Lange Str.), ☏ 76 73 28, 76 73 27 (Mo–Mi 9–12, 13–17, Do 9–12, 13–17, Fr 9–12 Uhr, April–Sept. auch Sa 9–12 Uhr).
Stadtführung Mai–Sept. Sa 10 Uhr (kostenlos), Di 10 Uhr (kostenpflichtig) ab Eingang zum Schloßpark, gegenüber Landestheater; außerdem Vermittlung von Stadtführungen für Gruppen durch das Fremdenverkehrsamt.

Stadtrundgang

Parken Sie Ihr Auto auf dem Parkdeck Lustgarten (P 1) hinter dem Landestheater. Von hier sind es nur wenige Minuten zu Fuß durch die Lange Straße zum Marktplatz, wo der Rundweg beginnt. Er ist etwa 2,5 km lang, und ohne Besichtigungszeiten brauchen Sie ca. eineinhalb Stunden. Für eine Ruhepause im Grünen eignen sich der Park beim Palais **12** *(Palaisgarten) und der Park beim Schloß* **4**. *Gelegenheiten, sich zu erholen und etwas zu sich zu nehmen, finden Sie vor allem in den Fußgängerzonen der Langen Straße und Bruchstraße.*

Sehenswürdigkeiten

1 *Erlöserkirche*, früher reformierte Marktkirche. Mitte des 16. Jh. unter Einbeziehung von Bauteilen der teilweise abgebrannten Vorgängerkirche errichtet. Das Epitaph der Anna von Zerssen (gest. 1586) im Innern ist die bedeutendste Steinmetzarbeit dieser Art im lippischen Raum, außerdem Kanzel mit hochwertigen Schnitzarbeiten aus der Mitte des 17. Jh. und eine Orgel von Johann Marcus Östreich (1793–95).

2 *Rathaus*, klassizistischer Bau aus den Jahren 1828–30.

3 *Donopbrunnen*, bronzene Nymphe (1902), Symbol für das im Lippischen Wald entspringende, die Detmolder Wasserversorgung sichernde Flüßchen Berlebecke.

4 *Fürstliches Residenzschloß*, Mitte des 16. Jh. begonnener großzügiger Vierflügelbau, urspr. im Stil der Frührenaissance, die sich leider nur im nordöstlichen Flügel (Eingang) mit seinen beiden Treppentürmen erhalten hat. Der um 1670 erbaute Südwestflügel ist schon Frühbarock, die beiden Langflügel wurden von 1706–13 in recht nüchternem Stil umgebaut.
Im Innern Prunkräume mit sehenswerter Einrichtung (Möbel, Bilder, Porzellan und Gläser). Herausragend sind acht große Gobelins aus dem 17. Jh. mit Szenen aus dem Leben Alexanders des Großen, außerdem zwei Gobelins nach Entwürfen von Peter Paul Rubens (April–Okt. tägl. 9.30–12, 14–17 Uhr; Nov.–März tägl. Führungen).

5 *Landestheater Detmold*, ursprünglich klassizistischer Bau von 1825, 1912 abgebrannt, Neubau mit Säulenportikus 1914–18 in Anlehnung an das alte Hoftheater.

6 *Lippisches Landesmuseum*. Der klassizistische Museumsbau ist durch einen modernen Zwischentrakt mit zwei Fachwerkgiebelbauten des 16. Jh. verbunden. Dabei handelt es sich um eine Zehntscheuer und um ein Kornhaus; beide wurden 1956–63 von ihren ursprünglichen Standorten hierher versetzt. Das Museum zeigt naturwissenschaftliche Sammlungen (Mineralogie, Geologie sowie die heimische Tier- und Pflanzenwelt); vor- und frühgeschichtliche Funde; Volkskunde und Kulturgeschichte Ostwestfalens und Niedersachsens, u. a. kirchliche Kunst, Möbel, Trachten, Handwerksgeräte; Schwerpunkt einer völkerkundlichen Abteilung ist die präkolumbianische Kunst (Di–Fr 9–12.30, 14–17.30 Uhr, Sa 9–12.30, So 10–17.30 Uhr).

7 *Christuskirche*, 1905–08 von Otto Kuhlmann als neugotischer Saalbau mit hohem Spitzturm erbaut.

8 *Grabbe-Geburtshaus*, erbaut 1752/53, Fassadenumbau 1851, Arkadendurchbruch 1968; Teil des ehemaligen Strafwerkhauses (Zuchthaus), in dem Grabbes Vater als Zuchtmeister wirkte.

9 *Freiligrath-Geburtshaus*, Fachwerk-Traufenhaus, um 1700 erbaut.

10 *Wehmhof*, erbaut von 1802–04 für die Generalsuperintendantur. Geburtshaus des Schriftstellers und Publizisten Georg Weerth (1822–56).

11 *Schmerimenhaus*, Mitte des 16. Jh. erbaut; die durch geschweifte Giebelkonturen belebte Fassade wurde 1587 neu gestaltet; eines der schönsten Bürgerhäuser der Stadt.

12 *Neues Palais*, Sitz der Hochschule für Musik. Erbaut 1706–18 als dreiflügeliger Barockbau durch Graf Friedrich Adolph und seine Gemahlin Amalie, »Friedamadolphsburg« genannt (die Vornamen wurden zusammengezogen). 1846–56 Umwandlung durch drittes Geschoß zum klassizistischen Palais. An der Gartenfassade fünf Statuen antiker Musen (1863–67), vor der südlichen Seitenfront Springbrunnen mit Delphinen und Tritonen (1857).

13 *Hofapotheke*, Unterbau aus verputztem Bruchstein; steinernes Rundbogen-Portal mit Wappenstein, 1790; Fachwerkgiebel im 19. Jh. umgestaltet.

14 *Westfälisches Freilichtmuseum Detmold – Landesmuseum für Volkskunde*. Das größte Freilichtmuseum in der Bundesrepublik Deutschland zeigt auf 80 ha ca. 100 komplett eingerichtete historische Gebäude vom 15. Jh. bis zum Anfang des 20. Jh. aus Westfalen, u. a. zwei Windmühlen, einen Hof mit Renaissance-Schnitzgiebel, eine Bauernschaftszwergschule und ganze dörfliche Häusergruppen. In den nächsten Jahren sollen noch etwa 100 Gebäude hinzukommen (April–Okt. Di–So 9–18 Uhr).

15 *Grotenburg und Hermannsdenkmal*, germanischer Festungsring, auch »Großer Hünenring« genannt, der von verschiedenen Geschichtsforschern für die »Teutoburg« gehalten wird, in deren Nähe 9 n. Chr. ein germanisches Heer unter dem Cheruskerfürsten Arminius römische Truppen vernichtend geschlagen hat. In romantischer Verklärung dieses Siegs wurde zwischen 1838 und 1875 im Festungsring das Hermannsdenkmal errichtet. Auf einem 27 m hohen Sockel steht die mächtige, ein Schwert hochhaltende Figur. Von dem begehbaren Sockel aus hat man eine herrliche Sicht über Detmold und den Teutoburger Wald.

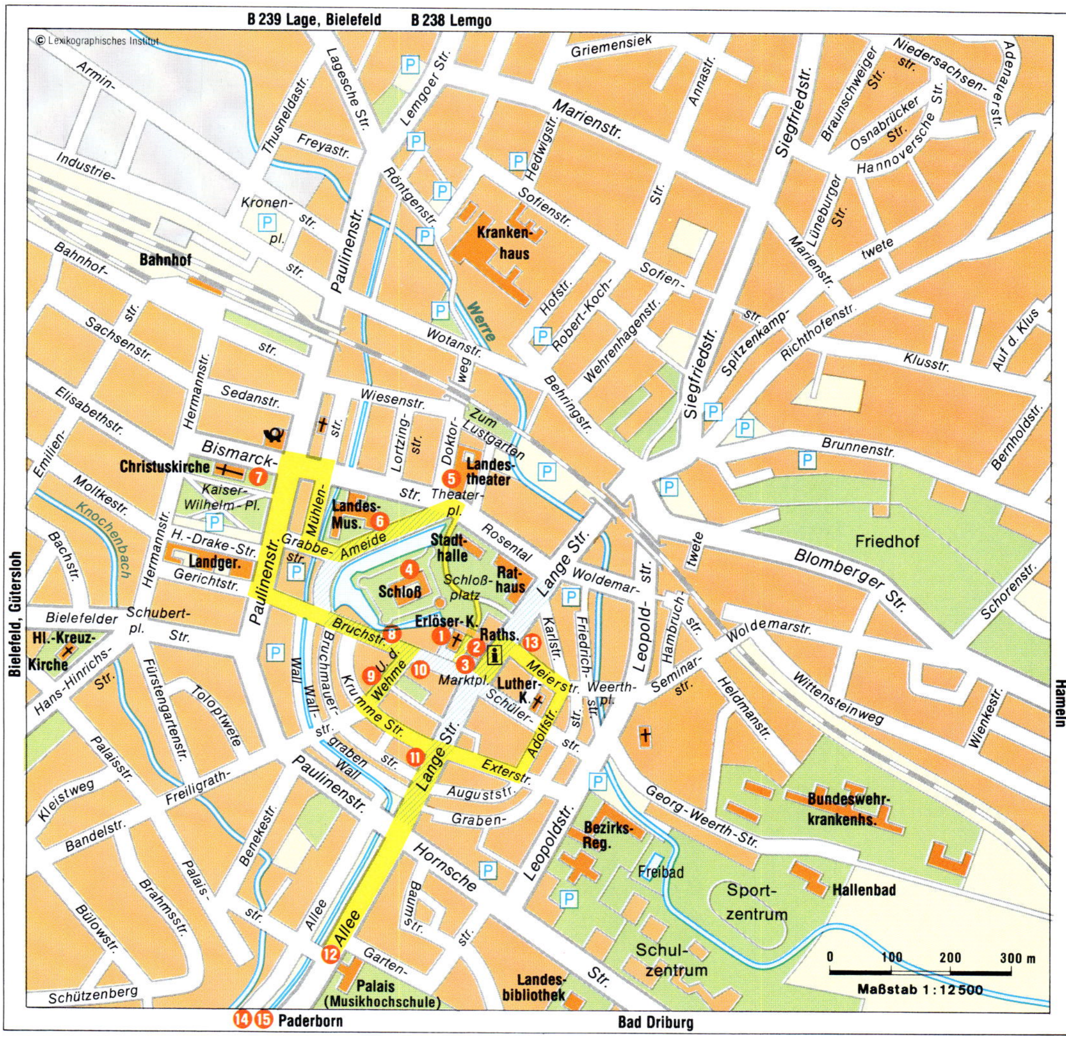

Was wäre gewesen, wenn …

Hätten die Römer 9 n. Chr. den Teutoburger Wald unbehelligt hinter sich lassen und mit klingendem Spiel in die liebliche Hügellandschaft einziehen können, anstatt von Hermann dem Cherusker niedergemacht zu werden, wäre vielleicht ein gut befestigtes Römerlager entstanden, Grundstock für eine über alle Grenzen und Jahrhunderte hinweg bedeutende Stadt, Speyer nicht unähnlich oder Regensburg. So aber gibt es erst wieder 783 n. Chr. eine erste verbürgte Nachricht über die sächsische Siedlung Theotmalle, Zentrum des Theotmalli-Gaus und abhängig von einer dem hl. Vitus geweihten Urpfarrkirche. Dort, am Werre-Übergang der alten Handelsstraße Paderborn–Melle, bauen später die Edlen Grafen und Herren zur Lippe eine Burg, an die sich um die Mitte des 13. Jh. die Stadt Detmelle anfügt. Ihre Bürger bekommen Lippisches Stadtrecht, aber erst Anfang des 16. Jh. wird Detmold feste Residenz der Grafen (ab 1789 Fürsten) zur Lippe. Als sie 1918 abdanken müssen, wird Detmold Landeshauptstadt des Freistaats Lippe und nach dem Zweiten Weltkrieg Standort der Bezirksregierung Detmold.

Das Kleinod in der Lippischen Schweiz

»Lippe-Detmold, eine wunderschöne Stadt«, heißt es in der »Hymne der Stadt«. Und in der Tat: Die Residenzstadt ist ein Kleinod, dessen Erscheinungsbild durch drei historische Epochen geprägt wurde.

Nach einem Stadtbrand im späten Mittelalter (1547) wachsen allenthalben Fachwerkbauten – Giebel- und Traufenhäuser – aus dem Boden, bürgerliches Baubestreben, das in der zweiten Hälfte des 17. Jh. seinen Höhepunkt erreicht und bis ins frühe 19. Jh. andauert. In der Biedermeier-

Hermann heeßt er

Oder Arminius. Und ein gewaltiger Recke soll er gewesen sein. So wollen es die Überlieferung und das Denkmal am Teutoburger Wald. Wahrscheinlich war aber besagter Cheruskerfürst eher von kleiner Statur (der Germane wurde vorzeiten nicht sehr groß). Von den Römern ausgebildet, gelang es ihm, die römischen Truppen mit ihrer eigenen Taktik zu schlagen. Dem Bildhauer Ernst von Bandel geriet Hermann zu einem »teutschen Monument«, das im letzten Jahrhundert als »offizielle Kunst« die Stärke Deutschlands und die Einigung des Reichs symbolisieren sollte. Um seinem Vorbild während der langen Bauzeit immer nahe zu sein, ließ er sich seitab ein Blockhaus bauen, in dem ihn 1875 zur Einweihung des Denkmals Kaiser Wilhelm I. besuchte. Von der Denkmal-Plattform hat man bei gutem Wetter einen schönen Ausblick über das Lipperland. Von Anfang Mai bis Ende August fahren täglich zweimal Busse bis zum Monument, in der übrigen Zeit nur bis Hiddesen, von wo aus man dann auf Schusters Rappen zum bronzenen Recken gelangt.

Tips, Tips, Tips

Greifvögel aus der ganzen Welt
80 Greifvögel aus der ganzen Welt präsentieren sich dem Besucher in der Adlerwarte Berlebeck. Täglich finden um 11 und um 15 Uhr Freiflugvorführungen statt. Zur Adlerwarte, die zentral im Stadtteil Berlebeck liegt, kommt man von der Stadtmitte aus über die Allee, die Paderborner Straße und Heiligenkirchen.

Natur- und Kulturdenkmal
Die Externsteine bei Horn-Bad Meinberg sind sowohl als Naturdenkmal als auch kunsthistorisch hochinteressant. In einen der Sandsteinklötze wurde ein Kreuzabnahmerelief (12. Jh.) gemeißelt, das zu den bedeutendsten Großplastiken der Romanik in Deutschland gehört. Von der Stadtmitte aus erreichen Sie die Externsteine über die Allee, die Paderborner Straße und die Externsteiner Straße Richtung Horn-Bad Meinberg (ca. 12 km).

Der Pickert – das »Nationalgericht« im lippischen Land
Man benötigt dafür 40 g Hefe, 500 g Mehl, 500 g Kartoffeln, 1/4 l kochende Milch, 1 EL Zucker, 5 Eier, 1 TL Salz, 100 g Korinthen, 50 g Rosinen und Fett (Schmalz) zum Ausbacken.
Man rührt die Hefe mit etwas lauwarmer Milch, Mehl und Zucker an und läßt sie 1/4 Std. aufgehen. Die rohen Kartoffeln werden fein gerieben, ausgedrückt und mit der kochenden Milch übergossen und verrührt. Dann gibt man Mehl, Eier, die übrigen Zutaten und das Hefestück dazu, rührt gut durch und läßt den Teig etwa eine Stunde aufgehen. In der Pfanne werden kleine oder große runde Kuchen in möglichst wenig Fett langsam, und zwar zugedeckt, gebacken. Sie werden warm gegessen.

zeit entstehen dann die bürgerlichen und offiziellen spätklassizistischen Putzbauten, hauptsächlich zwischen 1830 und 1860, Nachzügler gibt es noch in den letzten Jahren des 19. Jh. Und schließlich folgt der historisierende Wohn- und Geschäftshausbau der Gründerzeit, ab etwa 1875 bis weit in unser Jahrhundert hinein.

Diese Abschnitte bezeichnen auch die Einwohnerschaft Detmolds und charakterisieren die jeweiligen Bauherren. Bis ins 19. Jh. bestimmten Ackerbürger und Handwerker das Stadtbild. Ihre Häuser waren Ständerbauten mit mehr oder minder reicher Balkenschnitzerei, vielfach zur Straße hin mit erkerartigen Utluchten (Ausgucken) versehen – nach hinten hinaus steinern unterkellerte Saalbauten, Stallungen, Scheunen, Höfe und kleine Gärten. Im 18. Jh. verschieferte man aus Witterungsgründen viele Giebel. Die klassizistische Bauphase trug – neben dem Fürstenhaus – das gehobene Bürgertum: Beamte, Kaufleute, Stadtobere, allesamt in dem Bestreben, höhere Ansprüche und Wohlstand deutlich zu machen. Die Gründerzeit bringt zwar einen nicht unerheblichen wirtschaftlichen Aufschwung für die Stadt, aber nicht unbedingt auch Vorteile für das historische Stadtbild. Neubauten und Schaufassaden im Stil der Neurenaissance, des Neubarock, manchmal auch des Jugendstils entstehen – immerhin werden neue Akzente gesetzt.

Das derart gemischte Ensemble hat sich glücklicherweise über beide Weltkriege erhalten und wird von den Detmoldern liebevoll gepflegt: Als Anerkennung erhielt die Stadt 1978 (zusammen mit Landshut und Bamberg) eine Goldplakette im Rahmen des Bundeswettbewerbs »Stadtgestalt und Denkmalschutz im Städtebau«.

Was es alles so gibt

Mittelpunkt des heutigen Detmold (und der kleinen, engbebauten Altstadt) ist – wie sich's gehört – der Marktplatz, dessen Mittelpunkt wiederum der 1902 gebaute Donopbrunnen ❸ bildet. Die romantische Bronzegruppe verweist auf das im Lippischen Wald entspringende Flüßchen Berlebecke, das Detmolds Wasservorrat sichert.

An der Nordseite des Platzes steht die historische Stadtkirche, ehemals St. Vitus, jetzt Erlöserkirche ❶ genannt. Sie ist eine dreischiffige spätgotische Hallenkirche westfälischen Typs, der einzige mittelalterliche Großbau, der unversehrt erhalten geblieben ist.

Ihr architektonisches Gegenstück ist das Rathaus ❷, ein nobler klassizistischer Putzbau, den der Landesbaumeister Kühnert aus Rinteln zwischen 1828 und 1830 geschaffen hat.

Nur wenige Schritte entfernt eröffnet sich der parkähnliche Schloßbezirk, der ein gutes Viertel des Stadtkerns ausmacht. Das Fürstliche Residenzschloß ❹ beherrscht mit seinem mittelalterlichen Turm und der reichen Renaissancefassade den westlichen Teil des Schloßplatzes. Die einstige Reithalle, die zu den weitläufigen Schloßvorgebäuden gehörte, hat man 1977 zur Stadthalle umgebaut. Zur Langen Straße hin schließt ein spätbarockes Pfeilgittertor den Park ab, und am Nordzugang erinnert die Saganer Glocke an Detmolds schlesische Patenstadt.

Die Externsteine bilden eine Gruppe von 13 bizarr geformten Sandsteinfelsen.

Im Einkaufszentrum Bruchstraße zeigt das Erdgeschoß jeweils die Architektur des 20. Jh., doch die darüberliegenden Fassaden sind Zeugen der Stadtgeschichte.

Das Stadtgefüge wahrt insgesamt menschliche Maßstäbe, ohne an urbaner Funktionstüchtigkeit zu verlieren. Die von jeher gerühmte, manchmal zu kleinbürgerlicher Eleganz gesteigerte Anmut hat sich bis heute erhalten – trotz der Neuordnung von 1970, in deren Gefolge die Zuordnung von 25 selbständigen Gemeinden nicht nur für Freude, ganz gewiß aber für mehr Fläche und größere Einwohnerzahlen sorgte.

Hauptstadt des gleichnamigen Regierungsbezirks
Obwohl Detmold an keiner großen Verkehrsader liegt, sondern nur, wenn auch sehr gut, »über Land« zu erreichen ist, ist es doch Hauptstadt des gleichnamigen Regierungsbezirks. Die entsprechend zahlreichen Behörden setzen einen großen Teil der Detmolder Bürger ins Brot. Aber auch die älteste noch bestehende Sparkasse Deutschlands (1786 gegründet), die Fachschule für Holzbetriebstechnik, die Hochschule für Musik ⓬, das Landestheater, das Lippische Landesmuseum ❻, die Landesbibliothek und die Bundesforschungsanstalt für Getreideverarbeitung bieten Arbeitsplätze und mehren den Ruhm der kleinen Großstadt, in der sonst die Möbelindustrie (und für Pendler die Bekleidungs- und die Werkzeugmaschinenindustrie Ostwestfalens) fürs Auskommen sorgt.

...darinnen ein Soldat!
Wer jemals den alten Josef Plaut über seine Landsleute hat erzählen hören, ist hingerissen vom lippischen Zungenschlag und beeindruckt vom selbstkritischen Humor, der sich besonders dann zeigt, wenn es sich um ihre militärischen Großtaten handelt, die zwar in den schönsten Farben geschildert werden, aber meistens wenig heldisch enden.

Und was wie ein Witz anmutet, aber wohl keiner ist: Zur Mitte des letzten Jahrhunderts war große Unruhe im Land. Das Volk erhob sich, es verlangte nach Rechten, Freiheit, es »machte Revolution«. Da wollten auch die Lipper mitmachen, also zogen sie nach Detmold, zum Fürsten, und riefen: »Wir wollen auch eine Revolution haben!« Ob dieser unerbittlichen Forderung bedachte sich der Fürst ein wenig, dann nickte er verständnisvoll und versprach: »Sollt ihr haben!« Befriedigt zogen die Lipper von dannen. Die Revolution kam nicht – aber ihr allergnädigster Fürst hatte sie befürwortet, zumindest hätte er nichts dagegen gehabt.

Lippe-Detmold, eine wunderschöne Stadt.

Was nicht da war, holte man her
Von der ehemals fürstlichen Landesherrschaft zeugt das Lippische Landesmuseum ❻: Zum Museumskomplex gehören neben dem klassizistischen Hauptbau auch zwei historische Fachwerkbauten, die ehemalige Zehntscheuer des Klosters Falkenhagen und ein Kornhaus. Beide Bauwerke stammen aus dem 16. Jh. und wurden zwischen 1956 und 1963 von ihren ursprünglichen Standorten in der Umgebung Detmolds hierher versetzt. Genauso ist man mit einem ganzen Dorf verfahren: Kirche, Wehrfriedhof, Dorfanger, Teich und alle anderen Gebäude des »Paderborner Dorfs« kann man im Westfälischen Freilichtmuseum ⓮ am Südrand der Stadt bewundern. Etwa 100 Gebäude aus ganz Westfalen von der noch arbeitenden Windmühle bis zum Bauernhof mit Renaissance-Schnitzgiebel sind hier zu sehen.

Das Residenzschloß ist aus einer Wasserburg hervorgegangen.

Theater, Musik, Veranstaltungen, Museen

Theater
Landestheater Detmold ❺, Theaterplatz 1. Oper, Operette, Musical, Ballett, Schauspiel, Kinder- und Jugendtheater; »dt-extra« mit Kabarett, Ein-Personenstücken, musikalischen Abenden, ☏ 7 40 40.
Zimmertheater im Grabbe-Gymnasium Neubau/Keller, Georg-Weerth-Straße. Boulevardtheater, ☏ 2 21 31.

Musik
Landestheater Detmold ❺, Theaterplatz 1. Musikalische Abende, ☏ 7 40 40.
Hochschule für Musik Detmold ⓬, Allee 22. Hochschul-, Prüfungs-, Chorkonzerte der Akademie, Meisterkonzerte mit Kammermusik auswärtiger Ensembles, Sinfoniekonzerte der Nordwestdeutschen Philharmonie Herford und des Landestheater-Orchesters, Konzerte des Detmolder Kammerorchesters, Opernaufführungen. Spielort: Moderner Konzertsaal (Neue Aula) im Palaisgarten, ☏ 7 40 70.
Christuskirche ❼, Kaiser-Wilhelm-Platz. Chor-, Orgelkonzerte, Oratorien (auch Gastaufführungen), ☏ 2 28 49.
Martin-Luther-Kirche, Schülerstr. 17. Orgelkonzerte mit Gastorganisten (1. Sa im Monat), Chorkonzerte, Kantaten, Oratorien, ☏ 2 30 72.
Stadthalle, Schloßplatz/Rosental. Pop-, Rockkonzerte mit regionalen Gruppen, ☏ 2 22 66.
Hunky Dory – Music Hall, Elisabethstr. 90. Pop-, Rock-, Jazzrockkonzerte, ☏ 6 45 17.

Veranstaltungen
Flohmarkt, Ameide (Mai–Okt., 1. Sa im Monat, 7–18 Uhr).
Beide Wochenenden vor Ostern: *Frühjahrskirmes* in der Innenstadt.
Alle zwei Jahre (1990) Juli/Aug.: *Schützenfest* im »Falkenkrug« mit Tanzveranstaltungen. Zapfenstreich auf dem Marktplatz, Schützenumzug durch die Innenstadt mit Krönung des Schützenkönigs, ☏ 76 71.
Febr.: *Theaterball* in der Detmolder Stadthalle, Schloßplatz/Rosental, ☏ 2 22 66.
Ende März: *Querbeet* in der Stadthalle mit Musik, Theater, Pantomime, Lesungen, ☏ 2 22 66.
1. So im Mai–Ende Sept.: *Detmolder Sommer* an verschiedenen Veranstaltungsorten mit Theater, Lesungen, Chor-, Orgelkonzerten, Kunstmarkt, ☏ 76 73 22.
3. Wochenende im Juli: *Bruchmarkt* und *Lippe-City-Talerfest* in der Innenstadt. Kirmes mit Wochenmarkt; verkaufsoffener Sonntag, Musikgruppen, verschiedene Attraktionen.
Aug.: *Schloßgartenkonzert* im Schloßgarten mit dem Landestheater-Orchester, ☏ 76 73 22.
2. Wochenende im Sept.: *Kunstmarkt* in der Stadthalle, Schloßplatz/Rosental, mit Ausstellungen zeitgenössischer Künstler; Kunsthandwerkermarkt im Schloßgarten, ☏ 2 16 48 (abends).
Okt.: *Mineralien- und Fossilienmarkt* in der Stadthalle, ☏ 2 22 66.
1. Fr im Okt.: *Folkloreabend* in der Stadthalle mit Gesangs- und Musikdarbietungen, ☏ 76 73 22.
1. Wochenende im Okt.: *Residenzfest* und *Residenzmarkt* in der Innenstadt mit Musikgruppen, Warenmarkt; Tanzveranstaltungen in der Stadthalle.
Letztes Wochenende im Nov.: *Andreasmesse* in der Innenstadt. Traditionelles Volksfest und Warenmarkt.

Museen
Fürstliches Residenzschloß, Schloß (s. ❹).
Lippisches Landesmuseum, Ameide 4 (s. ❻).
Westfälisches Freilichtmuseum – Landesmuseum für Volkskunde, Krummes Haus (s. ⓮).

Dem eiligen Touristen, der nach Superlativen heischt, hat Franken wenig zu bieten, aber ein Genießer kommt auf seine Kosten: ein herber »Bocksbeutel«, deftige Küche, malerische Landschaften und beschauliche Städte. Zu ihnen gehört auch Dinkelsbühl, von gut einem Jahrtausend Geschichte geprägt und mit fast unverändertem Stadtbild seit dem Mittelalter. Die Stadt an der Wörnitz ist von Weihern – wie an einer

Perlenschnur aufgereiht – umgeben. Fischzucht hat hier Tradition; die Speisekarten künden davon. Auch die berühmte Knabenkapelle ist schon einige 100 Jahre alt; das Fränkisch-Schwäbische Städtetheater gibt es jedoch erst seit 1956. Aber wie viele andere Städte dieser Größe können schon mit einem eigenen Ensemble aufwarten?

Dinkelsbühl

Geschichte zum Anfassen

Wappen Auf rotem Grund drei silberne Hügel mit drei goldenen Ähren ohne Grannen (Dinkel). Dinkel ist eine besonders im schwäbisch-alemannischen Gebirgsland angebaute Weizenart. Die Deutung des Wappens ist umstritten.
Lage Im Südwestteil Frankens an der Wörnitz, an der Romantischen Straße und der Deutschen Ferienstraße Alpen–Ostsee.
Land Bayern
Autokennzeichen AN
Höhe 444–504 m ü. M.
Fläche 75,1 km²
Einwohnerzahl 10 500
Postleitzahl 8804
Telefonvorwahl 0 98 51
Post Luitpoldstr. 13
Polizei Luitpoldstr. 11, ☎ 8 88
Taxi ☎ 5 01, 76 27 und 72 70
Camping DCC-Campingpark »Romantische Straße«, ☎ 78 17.
Parken Parkmöglichkeiten in der historischen Altstadt nur begrenzt (mit Parkscheibe, maximal 90 Min.). Es wird empfohlen, das Auto auf einem der Parkplätze außerhalb der Stadtmauer abzustellen (Mönchsrother Str., am Hallenbad, Alte Promenade, am Krankenhaus, Bleiche, Schwedenwiese).
Touristinformation Städt. Verkehrsamt, Marktplatz, ☎ 9 02 40 (Mo–Fr 9–12, 14–18, außerdem April–Okt. Sa, So 10–12, 14–16, Nov.–März Sa 10–13 Uhr).
Stadtführung Ab St.-Georgs-Kirche tägl. 14.30 und 20.30 Uhr (April–Okt.).

Stadtrundgang

Beginnen Sie die Erkundung Dinkelsbühls am Westportal der St.-Georgs-Kirche ❶*. Falls Sie Ihr Auto außerhalb der Stadtmauer, am Rothenburger Tor* ❺ *oder auf der Schwedenwiese, geparkt haben, ist es ratsam, den Rundgang jeweils dort zu beginnen.*

Unsere Route beginnt mit einem kleinen Abstecher zum Hezelhof ❷ *und führt Sie dann an allen wichtigen Bauwerken Dinkelsbühls vorbei. Versäumen Sie nicht, vor die Tore der Stadt hinauszutreten, das lohnt sich der Ausblicke wegen. Außerhalb des Rothenburger Tors sehen Sie z. B. über den großen Weiher zum Faulturm* ❻ *hinüber. Falls Sie in Eile sind, können Sie den Rundgang auf eine Stunde verkürzen, indem Sie nach Besichtigung des Deutschordenshauses* ❿ *die Turmgasse abwärts zum Ausgangspunkt zurückkehren. Gasthäuser, die zur Einkehr verlocken, finden Sie unterwegs in großer Zahl.*

Sehenswürdigkeiten

❶ *Stadtpfarrkirche St. Georg*, 1448 unter Nikolaus Eseler d. Ä. in Angriff genommene, 1463–99 unter seinem gleichnamigen Sohn vollendete dreischiffige Hallenkirche von planmäßiger Einheitlichkeit. Die beiden unteren Turmgeschosse sind spätromanisch (um 1220–30), die folgenden frühgotisch (spätes 13. Jh.), Glockengeschoß und Oktogon kamen Mitte des 16. Jh. hinzu. Im Innern führen hohe, schlanke Pfeiler den Blick zum Geflecht der Rippen im Tonnengewölbe. Die barocke Ausstattung wurde im 19. Jh. entfernt. Im Schrein des neugotischen Hochaltars ein Kreuzigungsgemälde aus der Pleydenwurff-Schule (1470–80) mit aufgesetztem geschnitzten Kruzifixus. Sakramentshaus in Form einer Monstranz, bemerkenswerte Sandsteinkanzel sowie Epitaphien des 15. Jh. Den Ständer des mit Laubwerk verzierten Taufsteins schmücken vier Löwen. Sehenswerte Steinmetzarbeiten sind der Baldachinaltar im Chorumgang und die Balustrade der Empore.
❷ *Hezelhof*, Patrizierhaus (16. Jh.), malerischer Innenhof mit Holzgalerien.
❸ *Weinmarkt-Ensemble*. Die ehemalige Ratstrinkstube (spätes 16. Jh.) ist ein dreigeschossiger Steinbau mit hohem Staffelgiebel und Firsttürmchen, heute Städtisches Verkehrsamt. Die Schranne, um 1600 erbaut, ist ein Steinbau mit Renaissancegiebel, in dem im 19. Jh. im Obergeschoß ein Festsaal eingerichtet worden ist. Das Deutsche Haus gehört zu den bedeutenden Fachwerkbauten deutscher Spätrenaissance. Auf das gemauerte Erdgeschoß folgen zwei Fachwerkgeschosse und ein dreigeschossiger Fachwerkgiebel.
❹ *Heilig-Geist-Kirche und Spital Hl. Geist*. Die Kirche, im 14. Jh. erbaut, wurde im 16. Jh. erweitert, im 18. Jh. barockisiert. 1774 malte Johann Nieberlein Chor und Decke mit Fresken aus. Das neben der Kirche gelegene Spital, im 13. Jh. gegründet, entstand als Dreiflügelanlage im 14./15. Jh. Das hier untergebrachte *Historische Museum* zeigt Dokumente und Modelle zur Stadtgeschichte, Volkskunst und einen Rechentisch. Christoph-von-Schmid-Gedächtniszimmer (März–Nov. tägl. 9–12, 13–17, Dez.–Febr. Di–So 10–12, 14–16 Uhr).
❺ *Rothenburger Tor*, Ende des 14. Jh., Giebel und Vortor aus dem 16. Jh. Die Verliese im zweiten Obergeschoß sind so eng, daß die Gefangenen darin nicht liegen konnten.
❻ *Faulturm*, 15. Jh., diente als Schuldgefängnis.
❼ *Kornhaus*, Fachwerkgebäude aus dem 16. Jh.
❽ *Dreikönigskapelle*; 1378 erstmals erwähnt, wird die reizvoll mit ihrer Umgebung verbundene Kapelle 1834 profaniert; heute dient sie als Kriegergedächtnisstätte (Schlüssel im Bauhof).
❾ *Neues Rathaus*, 1733 als Privathaus erbaut, ab 1825 als Gästehaus, ab 1855 als Rathaus genutzt.
❿ *Deutschordenshaus*, 1761–64 von Ordensbaumeister Matthias Binder errichtete Vierflügelanlage, heute Sitz des Finanzamts, wappengeschmückter und durch Pilaster gegliederter Mittelrisalit an der Nordfront. Rokokokapelle im Dachgeschoß des Nordwestflügels (Mo–Fr 8–15 Uhr).
⓫ *Stadtmühle*, erstmals 1422 erwähnt. Das befestigte Mühlwerk stammt von 1490. Ende 1990 wird hier das Museum für dreidimensionale Phototechnik seine Heimstatt haben.
⓬ *St.-Pauls-Kirche*, 1840–43 als Rundtempel im byzantinischen Stil anstelle der mittelalterlichen Karmeliterkirche erbaut; zur Ausstattung gehört eine auf Kupfer gemalte Darstellung Christi am Kreuz (Mitte des 17. Jh.).
⓭ *Altes Rathaus*, 1361 erstmals erwähnter Quaderbau, im 16. Jh. erweitert.
⓮ *Wörnitztor*; der Unterbau des 13. Jh. macht dieses Tor zum ältesten der Stadt.
⓯ *Künßberggarten*, Spielort des Fränkisch-Schwäbischen Städtetheaters, einzig vollständig erhaltener Teil des Wehrgangs.

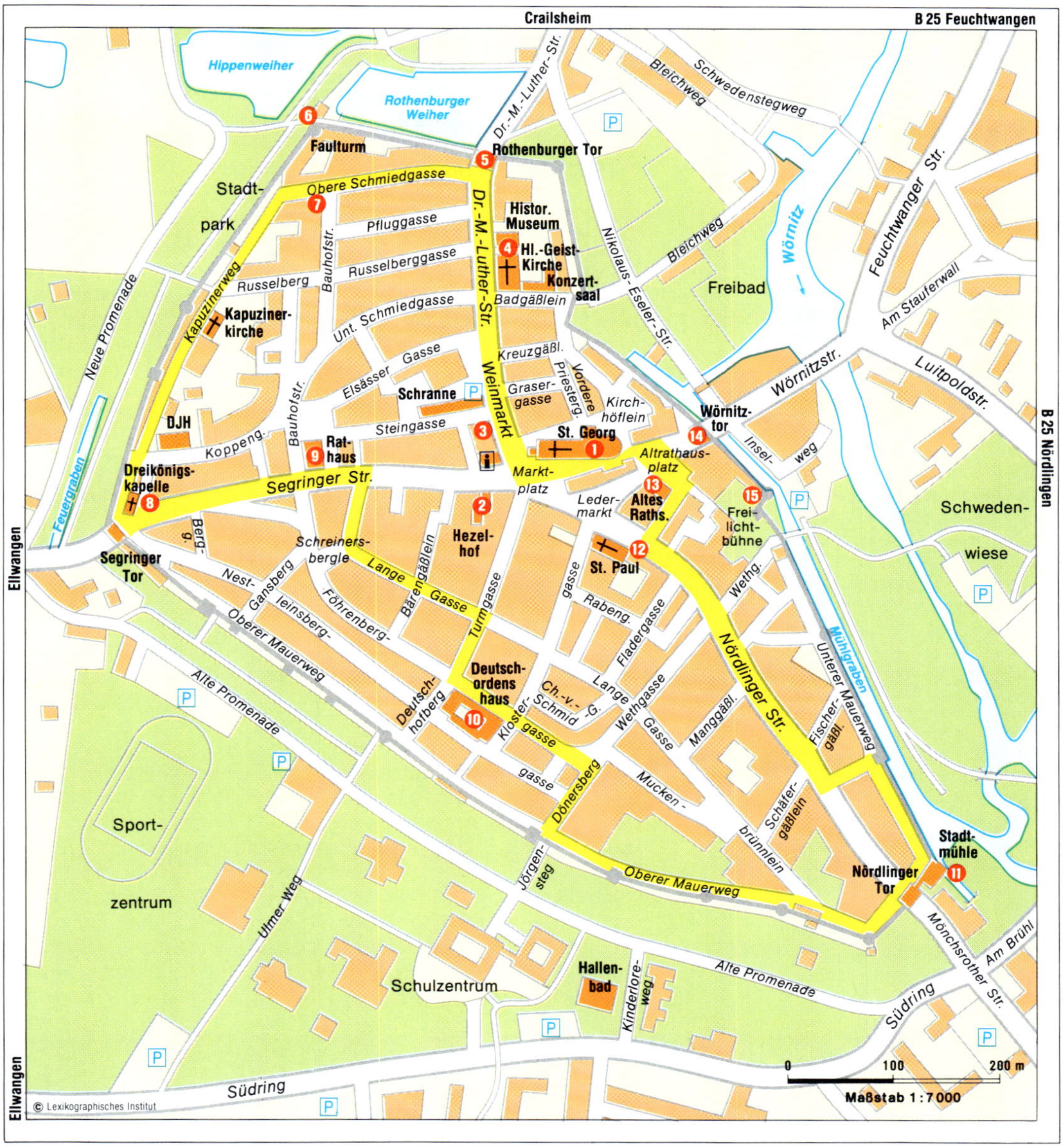

Freiheit nicht zum Nulltarif

Man sollte sich der alten Reichsstadt an der Wörnitz abends nähern und sein Auto auf einem der Parkplätze entlang der Stadtmauer abstellen. Aus dem Dunkel auftauchend bilden die vom Scheinwerferlicht erfaßten Mauern, Türme und Tore eine Insel aus der Vergangenheit. »Wer da«, meint der Besucher den Wächter zu vernehmen, und bei der Ankunft zur vollen Stunde ist die Illusion vollkommen. »Hört, ihr Herrn, und laßt euch sagen ...«, ertönt der alte Ruf. Mit Hellebarde, Horn und Laterne macht der Nachtwächter allabendlich seine Runde durch das beschauliche Dinkelsbühl.

Sich in die Vergangenheit zurückzuversetzen, ist leicht in Dinkelsbühl. Am Nördlinger Tor, wo die Türme der Stadtmauer wie zur Parade aufgereiht stehen, erinnert die befestigte Stadtmühle ⓫ aus dem 15. Jh. an unsichere Zeiten.

Gegen Crailsheim waren die Dinkelsbühler in den Krieg (1379) gezogen, hatten die Raubritterplage bekämpft und am »Städtekrieg« (1449/50) teilgenommen. 1456 belagerte Bayernherzog Ludwig der Reiche mit 1500 Reitern die Stadt. Zahlreiche Dörfer im Umland waren vorher in Flammen aufgegangen, denn die Dinkelsbühler hatten einen widerrechtlich auf herzoglichem Gebiet gefangenen Dieb gehängt. Die Belagerung endete auf dem Verhandlungswege: Der Delinquent wurde vom Galgen

Die Kinderzech'

Hofrat Ludwig Stark schrieb 1897 ein Festspiel für Dinkelsbühl: Von den Schweden im Dreißigjährigen Krieg bedrängt, bittet die Stadt 1632 die kaiserlichen Truppen um Entsatz von der Belagerung, aber vergebens. Der katholische Rat der Stadt kann sich lange nicht zur Aufgabe entschließen. Die Schweden wollen schon die Stadt plündern und niederbrennen, als sich die Tochter des Torwächters, Lore, entschließt, mit allen Kindern dem Feind entgegenzuziehen, um ihn milde zu stimmen, was auch gelingt.
Es ist nicht erwiesen, ob die Stadt durch ihre Kinder vor Plünderung und Brandschatzung errettet wurde, aber die Sage lebt im Festspiel des Hofrats fort. Dieses Festspiel ist Mittelpunkt der jährlichen »Kinderzech'«, eines zehntägigen Fests im Sommer.

Tips, Tips, Tips

Theater
Seit 1956 hat Dinkelsbühl ein Theater mit eigenem Ensemble. Im stimmungsvollen Garten am Wehrgang während der Sommermonate Stücke von Zuckmayer, Anouilh oder Goldoni zu erleben, gehört zu den Eindrücken, die haften bleiben.

Lehrreicher Ausflug
689 m hoch ist der Hesselberg. Der Tafelberg östlich von Dinkelsbühl verspricht an klaren Tagen eine herrliche Aussicht zur Fränkischen und Schwäbischen Alb und bis zu den Alpen. Man fährt 12 km in Richtung Wassertrüdingen und zweigt am Ortsausgang von Wittelshofen nach Norden ab. Vom Parkplatz führt ein markierter geologischer Lehrpfad auf die Höhe. Je nach Tempo und Interesse am Lehrpfad-Rundgang (6 km) benötigt man zwei bis fünf Stunden.

Ihr Kinderlein kommet
Christoph von Schmid (1768–1854) wurde in Dinkelsbühl geboren. Der Sohn armer Eltern wurde Pfarrer und später Domherr in Augsburg. Zeitlebens ein großer Kinderfreund, schrieb er Geschichten von schlichtem Humor, die bis ins 20. Jh. in die Lesebücher Eingang fanden. Sein Weihnachtslied »Ihr Kinderlein kommet« hat bis heute Bestand. Dinkelsbühl hat ihm an der Südseite der St.-Georgs-Kirche ein Denkmal gesetzt; im Historischen Museum ist ein Zimmer seinem Leben und Werk gewidmet.

genommen und ordentlich bestattet, der Herzog aber erhielt 1000 Gulden. In solcherlei Streitigkeiten sah die kleine Reichsstadt sich immer wieder verwickelt, seit der 1188 erstmals urkundlich erwähnte Ort als staufisches Hausgut durch Handwerk und Handel zu Ansehen gekommen war. Er bildete eine Brücke von Schwaben zu dem Reichsgut um Nürnberg und lag außerdem an der Kreuzung wichtiger Fernstraßen. Die Bezeichnung »burgus« berechtigt zu dem Schluß, daß die Stadt schon damals befestigt war.

Über den ersten Mauerring, der durch Grabungen nachgewiesen ist, wuchs Dinkelsbühl bald hinaus. Ab 1372 wurden die Vorstädte ummauert, aber am Wörnitztor (14), wo es keine Erweiterungsmöglichkeit gab, blieb der alte Ring erhalten, wie von den Buckelquadern abzulesen ist. Das heute so idyllische Dinkelsbühl hatte als Reichsstadt schwere Zeiten zu überstehen. Die gewährten kaiserlichen Privilegien mußten häufig erneut mit hohen Summen erkauft werden. Oft genug war die Selbständigkeit in Gefahr. Beispielsweise kauften die Dinkelsbühler sich aus zehnjähriger Verpfändung an die Grafen von Oettingen im Jahr 1351 mit 7200 Pfund Hellern frei.

Nicht nur von Krieg und Streitigkeiten wissen die Urkunden zu berichten. Ein Handelsweg führte aus Italien über Augsburg, Nördlingen und Dinkelsbühl nach Würzburg und Frankfurt. Querverbindungen bestanden nach Westen und Osten. So war die Voraussetzung gegeben, daß Dinkelsbühler Tuche auf Märkten in ganz Süddeutschland zum Verkauf kamen. Waren es zuerst Wollstoffe, so gewann im 15. Jh. der aus Baumwolle gefertigte Barchent vorübergehend an Bedeutung. Wichtig war auch das Schmiedehandwerk. Allein die Jahresproduktion an Sicheln läßt sich für 1580 mit 373 500 Stück errechnen. Außerdem gab es Gerber und Kürschner, Maler, Goldschmiede und andere Handwerksmeister.

In Glaubensfragen gab es kein Pardon

Die Auseinandersetzungen um den richtigen Glauben wurden in Dinkelsbühl mit beispielloser Härte geführt. Als Mitglied des Schmalkaldischen Bunds wurde die Stadt in den Schmalkaldischen Krieg verwickelt, und der Dreißigjährige Krieg brachte Durchmärsche, Einquartierungen, Geldkontributionen, Besatzungen und eine Seuche mit sich. Es dauerte Jahrzehnte, bis sich die Stadt von diesen Verlusten wieder erholt hatte; aber der Hader um den Glauben trieb weiter die seltsamsten Blüten. So mußten von den Besatzungen der beiden Türme jeweils eine evangelisch und eine katholisch sein. Über das »paritätische« Straßenpflaster durfte erst nach kaiserlichem Schiedsspruch auf genau festgelegter Strecke eine

Die »Kinderzech'« erzählt von der »Kinderlore«, die einst mit einer Kinderschar den plündernden Schweden entgegengezogen sein soll und deren Oberst bewegen konnte, die Stadt zu verschonen.

Fronleichnamsprozession ziehen. Bis jetzt gibt es in der überwiegend protestantischen Stadt ein Relikt von damals: Ein evangelischer Bürgermeister hat stets einen katholischen Stellvertreter.

Dennoch prägt inzwischen Toleranz das Zusammenleben. Wenn die Bläser auf dem Turm der St.-Georgs-Kirche 1 zum Gedenken an einen Verstorbenen spielen, fragen sie nicht mehr nach dessen Bekenntnis. Die »Kinderzech'«, Dinkelsbühls großes Festspiel, erinnert zwar Jahr für Jahr an die schlimmen Zeiten des Dreißigjährigen Kriegs, aber es schafft heutzutage ein Gefühl der Zusammengehörigkeit. Ein weiteres Zeugnis aus der Schwedenzeit befindet sich im Historischen Museum 4: das letzte Bild des Schwedenkönigs Gustav Adolf vor dessen Tod in der Schlacht bei Lützen. Er wohnte im Herbst 1632 vier Tage in der Reichsstadt und fiel vier Wochen später auf dem Schlachtfeld.

Unverfälschtes Bild aus alter Zeit

Alt-Dinkelsbühl ist weitgehend Fachwerkstadt geblieben. Im 14./15. Jh. hatte es etwa 4 000 Einwohner und ein relativ kleines Patriziat. Um den Weinmarkt 3 finden wir die Häuser der Familien, die bis zur Einführung der Zunftverfassung (1387) die Geschicke der Stadt bestimmten. Die Bauern und Handwerker siedelten sich dagegen in den Vorstädten an. Besonders charakteristisch für Dinkelsbühl ist die Nördlinger Straße mit ihren abgestuften Fassadenfronten. Hier finden sich typische Ackerbürgerhäuser mit Hofdurchfahrten. Bauten der Gotik und der Renaissance bestimmen das Stadtbild immer noch. Der wirtschaftliche Niedergang im 18. Jh. hatte zur Folge, daß außer dem Deutschordenshaus 10 später keine bedeutenden Bauten mehr entstanden. So blieb das Bild einer spätmittelalterlichen Stadt erhalten, das desto mehr Anziehungskraft auf Fremde ausübt, je höher der Wert historisch gewachsener Strukturen eingeschätzt wird.

Das 19. Jh. brachte Dinkelsbühl ein kurzes preußisches Interregnum, ehe die Stadt 1806 endgültig an Bayern fiel und sich langsam von den Folgen der Napoleonischen Kriege erholen konnte. Als bedeutsam sollte sich die Gründung einer Knabenkapelle durch den Stadtkantor Karl Weygand 1868 erweisen. Seit 1896 in eine Rokokouniform gekleidet, erweisen sich die jungen Leute als die besten Botschafter ihrer Heimatstadt, für die der Fremdenverkehr den bedeutendsten Wirtschaftszweig bildet. Siebenbürger Sachsen, Sudetendeutsche und Schlesier brachten nach dem Zweiten Weltkrieg in die Stadt an der Wörnitz neue Impulse zur notwendigen Weiterentwicklung von Handel und Gewerbe. Diese Wirtschaftsbereiche haben in einer Talmulde ihren Platz gefunden, ohne das Stadtbild zu beeinträchtigen.

Die Blausieder

In alten Zeiten saß im Dinkelsbühler Rathaus der Rat beisammen, um über einen Spitzbuben zu urteilen. Die einen wollten ihn köpfen, die anderen hängen. Über dem Hin und Her war ein Ratsherr eingeschlafen und diskutierte im Traum mit seiner Eheliebsten, wie der »Bürgerskarpfen« am besten zu bereiten wäre. Ein Kollege weckte ihn mit der Frage: »Sag, was sollen wir mit ihm machen?« Der Träumer meinte zum Erstaunen seines Kollegen: »Am beschte isch, m'r siadet ihn blau.« – Verständlich, daß die Dinkelsbühler ihren Spitznamen »Blausieder« nicht allzu gern hören.

Das Deutsche Haus hat einen dreigeschossigen Fachwerkgiebel.

Theater, Musik, Veranstaltungen, Museen

Theater

Fränkisch-Schwäbisches Städtetheater, Neues Rathaus 9. Schauspiel, Komödie, Kindertheater. Spielort: Aula der Christoph-von-Schmid-Schule, ☎ 9 02 73.
Gansbergtheater, Gasthaus Goldene Gans, Schreinersgasse. Kleinkunst, Kindertheater, Autorenabende, Folklore, ☎ 72 28.

Musik

Konzertsaal im Spitalhof 4, Spielort für Konzerte von: Dinkelsbühler Knabenkapelle, Stadtkapelle, Berufsfachschule für Musik (Kirchen- und Kammermusik), Madrigalchor, ☎ 9 02 40.
Schrannen-Festsaal, am Weinmarkt. Volkstümliche Konzerte, Festbälle, Galas, Schauspiel, Jubiläumskonzerte, ☎ 9 02 40.
Heilig-Geist-Kirche 4, Dr.-Martin-Luther-Str. 6. Barock-, Chorkonzerte, Weihnachtsmusik; 30minütige Orgelmusik (Aug./Sept. Sa 17 Uhr) im Wechsel mit St.-Georgs-Kirche 1, ☎ 9 02 40.

Veranstaltungen

Wenn keine Telefonnummer angegeben ist, gilt für Auskünfte ☎ 9 02 40.
Letzter So im April: *Georgi-Jahrmarkt* in der Altstadt, Schmieds-Viertel. Krämermarkt.
Mai–Okt.: *Sonntagskonzert* im Pavillon, Stadtpark. Volkstümliche Musikveranstaltungen u. a. mit der Dinkelsbühler Knabenkapelle.
Mitte Juni–Mitte Aug.: *Freilichttheater* im Garten am Wehrgang. Klassisches bis modernes Schauspiel, Kindertheater, ☎ 9 02 73.
Mitte Juli: *Kinderzech'-Festwoche*, Altstadt. Dankesfest für die Errettung der Stadt im Dreißigjährigen Krieg. Historisches Festspiel »Die Kinderzech'« (jeweils Sa, So), Festumzüge in historischen Kostümen, Kleinkunst, Karussells, Bewirtung.
Ende Aug.: *Bartholomäus-Jahrmarkt*, Altstadt, Schmieds-Viertel. Krämermarkt.
Mitte Sept.: *Stadtfest »Leben in einer alten Stadt«*. Historisches Handwerksfest in der Altstadt mit Kindertheater, Puppenbühne, Kleinkunst, Volkstanz, Bauern-, Vieh- und Geflügelmarkt, Karussells, Bewirtung.
Mitte Okt.: *Ursula-Jahrmarkt*, Altstadt, Schmieds-Viertel. Krämermarkt.
Letzter Fr im Okt.: *Fisch-Erntewoche*. Zehntägige Veranstaltungsreihe mit Informationen über Süßwasserfischzucht, Abfischen der Weiher, Fischzuchtanlage, Verkaufsausstellung, Fischmarkt, Fischerball.
Anfang Nov.: *Martini-Markt*, Altstadt, Schmieds-Viertel. Krämermarkt (So 10–18 Uhr).

Museen

Historisches Museum im Spital Hl. Geist, Dr.-Martin-Luther-Str. 6 (s. 4).
Mies-Pilsner-Heimatmuseum, Heimatstube Egerland im Neuen Rathaus 9, Segringer Str. Egerländer Trachten, heimatkundliche Bücherei, Fotosammlung, Mineraliensammlung, Egerländer Holzschnitte (Mo–Fr 9–11 Uhr).

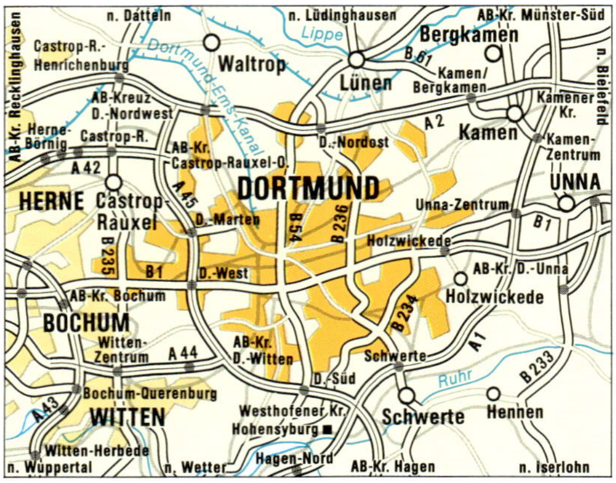

Einst gehörte die Stadt zu den mächtigsten Mitgliedern der Hanse – so reich, daß ihre Kaufleute anno 1343 die Krone des englischen Königs Eduard III. zum Pfand nahmen. Ab Mitte des 19. Jh. prägten Kohle und Stahl das Bild.
Inzwischen sind jedoch alle 17 Zechen, die nach dem Zweiten Weltkrieg noch förderten, für immer geschlossen. Als Relikt erinnert der prachtvolle Eingang der Zeche Zollern II (unser

Bild) an die einstige Blütezeit der Kohle. Die Stadt widerlegt die Vorurteile vom grauen »Kohlenpott«, denn 49 % ihres Gebiets sind von Grünanlagen, Parks, forst- und landwirtschaftlichen Flächen bedeckt. Bier – seit dem Mittelalter hier gebraut – hat den Namen Dortmund weltweit bekannt gemacht. Sechs Brauereien erzeugen rund 40 verschiedene Sorten und stoßen jährlich etwa sechs Millionen Hektoliter aus.

Dortmund

Bier für die ganze Welt

Wappen Linksblickender schwarzer Reichsadler mit roter Bewehrung – bis 1946 auf silbernem, danach auf goldenem Grund. Dortmund war auf königlichem Boden als freie Reichsstadt entstanden, daher der Reichsadler.
Lage Zwischen Ruhr und Lippe, am östlichen Rand des Rheinisch-Westfälischen Industriegebiets.
Land Nordrhein-Westfalen
Autokennzeichen DO
Höhe 60–254 m ü. M.
Fläche 287 km^2
Einwohnerzahl 584 000
Postleitzahl 4600
Telefonvorwahl 02 31
Post Postamt 1, Kurfürstenstr. 2, Spätschalter (Mo–Fr 17.45–20, Sa 13–20, So 8–20 Uhr).
Polizei Silberstr. 34, ☏ 14 18 14
Taxi ☏ 77 77 77, 14 44 44
Nahverkehr Die Verkehrsmittel der Dortmunder Stadtwerke im Stadtbahn-, Straßenbahn- und Busbereich wie auch S-Bahn und Nahverkehrszüge der Bundesbahn sind in den Verkehrsverbund Rhein-Ruhr integriert. Die Fahrscheine gelten für alle Systeme. Verbilligte Mehrfahrten- und 24-Stunden-Karten im Hbf. und bei den Stadtwerke-Verkaufsstellen. Aus Straßenbahn und Bus kann direkt ein Taxi gerufen werden.
Camping Campingplatz Hohensyburg, Syburger Dorfstr. 69, zu erreichen über die B 54 stadtauswärts, ☏ 77 43 74.
Parken 8300 Parkplätze im Innenstadtbereich, teilweise in Parkhäusern. Die Stadt verfügt über ein elektronisches Parkleitsystem, das über Parkmöglichkeiten informiert.
Touristinformation Städt. Informations- und Presseamt, Friedensplatz 3, im Stadtgarten, ☏ 5 42-2 56 66 (Mo–Fr 8–16 Uhr).
Stadtrundfahrt Ab Theater Dortmund, Eingang Kuhstr., jeweils Mi und So 14 Uhr von Ostern bis Ende Okt. Von April bis Okt. jeden letzten Sa im Monat ab 13.30 Uhr Historische Stadtrundfahrt.
Schiffahrt Hafenrundfahrten und Ausflugsfahrten ab Hafen, ☏ (0 23 81) 46 04 44

Der Kohlenpott ist grün

Ein Blick auf den Stadtplan zeigt, daß die mittelalterlichen Strukturen noch erhalten sind: Wie ein Oval umschließen mehrere Wälle Dortmunds historischen Kern. In Ost-West-Richtung wird er von Osten- und Westenhellweg, den heutigen Haupteinkaufsstraßen, in zwei annähernd gleich große Hälften geteilt. Vom Süden her stoßen Hohe Straße, Ruhrallee (B 54) und Märkische Straße zum Stadtkern vor, vom Norden Leopold- und Bornstraße. Die Wälle sind zu einer sechsspurigen Stadtentlastungsstraße ausgebaut worden. Hier standen bis in die 70er Jahre des 19. Jh. noch die Stadtmauern. Sie waren so dick und mächtig, daß ein geflügeltes Wort entstand: »So fast as Düörpm« – so fest wie Dortmund.

Am Ostwall sind gerade die Überreste des spätmittelalterlichen Adlerturms freigelegt worden. Zwischen dieser Stelle und dem kleinen Skulpturenpark am Ostwallmuseum (7) liegt eines der Dortmunder Kneipenviertel. Hier vergnügt sich abends das junge Volk. Auch der Besucher kann unbesorgt auf Entdeckungsreise gehen: Weder Nepp noch Sex- und Spielsalons erwarten ihn hier.

Zwischen 880 und 890 ist der – bis jetzt – erste Dortmunder in die Geschichte eingetreten, als im Einkünfteverzeichnis der Abtei Werden an der Ruhr der freie Mann Arnold aus Throtmanni verzeichnet wurde. Von nun an taucht der Name in verschiedenen Schreibweisen auf: Trutmenni, Throtmani und Dorpmunde. Daneben findet sich die lateinische Form Tremonia. Aus Dorpmunde wurde im westfälischen Platt schließlich Düörpm. Niemand weiß, was der Name bedeutet.

Der fromme Reinoldus von Montelban, ein Neffe Karls des Großen, ist in Köln erschlagen und – so will es die Legende – daraufhin in den Rhein geworfen worden. Als seine Leiche gefunden wurde, kam es angeblich zu Wundern und Heilungen. 200 Jahre nach dem Mord bitten die Bürger Dortmunds den Erzbischof von Köln um eine Reinold-Reliquie, aber der will die Gebeine in seine eigene Kirche bringen lassen. Als er den Sarg auf einen Wagen zu heben versucht, setzt sich dieser von selbst in Bewegung, rollt schnurstracks nach Dortmund und hält erst an der Stelle der heutigen Reinoldikirche (1) an. Seitdem hat die Stadt ihren Schutzpatron, und er steht im Untergeschoß des Kirchturms als mit 164 000 Kupfernägeln beschlagene Holzfigur, 3,25 m hoch und fünfeinhalb Zentner schwer.

Inmitten breiter Wassergräben liegt Schloß Bodelschwingh, der im Jahr 1302 erstmals erwähnte stattliche Stammsitz der gleichnamigen Familie.

Hansestadt und Stadt im »Revier«

Kaiser Friedrich Barbarossa war ein Gönner der Stadt. Kurz nach seiner Thronbesteigung berief er 1152 eine Reichsversammlung nach Dortmund ein. Zwei Jahre später traf er sich hier mit Heinrich dem Löwen, seinem Rivalen. Im folgenden Jahrhundert ist Dortmund eine der mächtigsten und reichsten Städte in der Hanse. Seine Kaufleute verpflichten sich 1282 in einem Vertrag mit dem Rat von London, dort auf eigene Kosten ein Stadttor, das sogenannte Bischofstor, zu bauen, instand zu halten und zu bewachen. Wieder ein Jahrhundert später verliert die Stadt ihre Führungsrolle als Hansestadt, vor allem als Folge der Dortmunder Fehde mit dem Erzbischof von Köln, dem Grafen von der Mark und einer Übermacht von 45 Fürsten und 1200 Rittern. Eine weitere Folge dieser Fehde war, daß bedeutende Kaufleute der Stadt den Rücken kehrten und die unteren Schichten – beispielsweise die Handwerker – Sitz und Stimme im Rat erhielten.

Im Dreißigjährigen Krieg, anno 1632, belagerte der General Pappenheim die Stadt. Als er feurige Kugeln über die Mauer kanonieren ließ, gaben die Bürger auf. 25 Wochen lang wurden daraufhin drei Regimenter einquartiert, welche die »Bürgerey betrübeten«.

Als Folge des Reichsdeputationshauptschlusses 1803 verlor auch Dortmund seine Reichsfreiheit. Nach der Schlacht von Jena und Auerstedt besetzten 1806 die Franzosen die Stadt, aber schon bald darauf beteiligte sich Dortmund begeistert auf preußischer Seite an den Freiheitskriegen. Am 11. November 1813 rücken preußische Husaren in das Gemeinwesen ein, das längst verarmt ist und nur noch 4000 Einwohner zählt. So unbedeutend ist es geworden, daß mancher hier geborene tüchtige Mann längst anderswo sein Glück gesucht hat, z. B. der Buchdrucker Zacharias Gerhard Diederich Baedeker (1750–1800), dessen Enkel Karl 1827 in Koblenz die Verlagsbuchhandlung gleichen Namens begründete, oder Friedrich Arnold Brockhaus (1772–1823), der das erste »Konversationslexikon« in Leipzig herausbringt.

Weithin berühmt ist die Gastlichkeit der Biermetropole Dortmund.

Rund um das Bier

In Bad Kissingen begegnete Bismarck dem legendären Dortmunder Braumeister Fritz Brinkhoff (1848–1922). Dieser erhielt damals 100 Taler Monatslohn und darüber hinaus ein »Kassmännchen« (etwa 20 Pfennige) für jeden von ihm gebrauten Hektoliter Bier. Als Bismarck kurz darauf im Reichstag wegen seiner vermeintlich zu hohen Einkünfte kritisiert wurde, lautete seine Entgegnung, er verdiene »weniger als ein Dortmunder Braumeister«.
Das helle »Dortmunder« ist ein untergäriger, zart gehopfter, würziger Biertyp. Um 1250 ist Bier erstmals im Dortmunder Stadtrecht erwähnt worden. Bis 1477 wird ausschließlich das dicklich-trübe »Grutbier« hergestellt. »Noch etwas Schwefel dazu, und der Höllentrunk ist fertig«, kommentierte es Kardinal Chigi, der päpstliche Gesandte bei den Verhandlungen zum Westfälischen Frieden (1648).
An die Biertradition der Stadt erinnert seit 1982 das Dortmunder Brauerei-Museum (12), das eine Privatbrauerei ins Leben gerufen und der Stadt als Stiftung übereignet hat.

Typisch Dortmund

Dortmunds kulinarische Spezialität heißt Pfefferpotthast. Man nehme 1 kg Rind- oder Ochsenfleisch, kurze Rippe oder Oberschulter, dazu 1 kg Zwiebeln, 50 g Schmalz, 1 Lorbeerblatt, 2–3 Nelken, 4–5 zerstoßene Pfefferkörner, 2 Zitronenscheiben, Salz, Pfeffer zum Nachwürzen, Abrieb einer halben Zitronenschale, 1 EL Mehl zum Andikken, 1 l Fleischbrühe.
Zwiebeln in Scheiben schneiden und in Schmalz glasig schwitzen lassen. Rindfleisch in Würfel schneiden, zu den Zwiebeln geben, kurz mit andünsten (nicht braten), mit Salz würzen und mit der Brühe auffüllen. Nelken, gestoßenes Lorbeerblatt, Pfeffer und Zitronenscheiben in ein Tuchsäckchen geben und in den Topf hängen. Topf gut verschließen und 1 ½–2 Std. garen lassen, abgeriebene Zitronenschale hinzufügen, nach Geschmack andicken. Beilagen: Salzkartoffeln, Gewürzgurken oder Rote Bete. Dazu ein Bier!

Eine kontrastreiche Kulisse bilden die Produktionsanlagen der Montanindustrie hinter dem erholsamen Grün des 70 Hektar großen Westfalenparks, der 1959 aus dem einstigen Kaiserhain entstanden ist.

Stadtrundgang

Dem Ausgangspunkt unseres Rundwegs, der Reinoldikirche 1, liegen die Parkhäuser Bissenkamp, Burgwall und Kuckelke am nächsten; alle drei sind nach den Straßen benannt, an denen sie stehen. Was den Zeitaufwand für ein erstes Kennenlernen betrifft, kann sich der Besucher Dortmunds auf eine gute Stunde beschränken, wenn er den Abstecher zu den Westfalenhallen 10 und zum Westfalenpark 11 als eigene Unternehmung plant. Wer ihn sofort einbeziehen will, sollte entweder von der Hansastraße bei den Städtischen Bühnen 6 mit der Straßenbahnlinie 406 oder mit der U 45 fahren.

Von den Westfalenhallen 10 führt ein Spazierweg zum Westfalenpark 11 mit dem Deutschen Rosarium. Je nach Unternehmungslust und Tempo beansprucht unser Abstecher zwei bis drei Stunden. Eine reizvolle Einkehrmöglichkeit mit Aussicht auf den Park bietet das in 138 m Höhe rotierende Restaurant des Florianturms. In der Innenstadt verdienen die »Krone« am Alten Markt, das »Ritterhaus« am Ostenhellweg und »Hövels Hausbrauerei« 5 als Traditionslokale mit Braugerechtigkeit Beachtung. Der schönste Biergarten der Stadt liegt am Hiltropwall.

Sehenswürdigkeiten

1 *Reinoldikirche*, dreischiffige Basilika mit Langhaus von 1260–80, spätgotischem Chor von 1421–50 und Turm von 1701. Zur Ausstattung gehören der geschnitzte spätgotische Altar (1420–30), Holzstatuen des Kirchenpatrons und Karls des Großen (15. Jh.) sowie ein Lesepult in Adlerform aus Messing. An der Südseite der Kirche steht die im Zweiten Weltkrieg zerborstene Kaiserglocke von 1899.

2 *Marienkirche*, romanische Basilika aus dem 12. Jh. mit gotischem Chor aus der Mitte des 14. Jh., der infolge von Kriegsschäden einstürzte. Die Kirche bildet mit dem Vehoff-Haus (1607) im Stil der Spätrenaissance eine architektonische Einheit und ist durch einen Sandsteinbogen mit ihm verbunden. Bemerkenswerte Ausstattungsstücke sind der Marienaltar des Konrad von Soest (um 1420) und der Berswordt-Altar im nördlichen Seitenschiff (um 1390), ferner das Sakramentshaus (um 1400) und eine sitzende Muttergottes.

3 *Propsteikirche St. Johannes der Täufer*, urspr. Kirche eines 1331 gegr. Dominikanerklosters; spätgotische Hallenkirche, deren Chor 1354 und deren Langhaus 1458 geweiht wurden. Altar Derick Baegerts von 1476.

4 *Petrikirche*, spätgotische, 1320–53 erbaute Hallenkirche. Zur Ausstattung gehören der Flügelaltar von 1521 des Antwerpener Meisters Gilles mit geschnitzter Innenseite sowie bemalten Außenflügeln und Rückseiten.

5 *Hövels Hausbrauerei*, Kleinbrauerei für Spezialbiere; Gasthaus auf Grundstück mit Braugerechtigkeit, die in früheren Zeiten bei Eigentümerwechsel auf den neuen Besitzer überging.

6 *Städtische Bühnen*, Opernhaus Hansastr. von Roßkotten/Tritthardt mit 1160 Plätzen, Baubeginn 1958, 1966 eröffnet, architektonische Besonderheit ist die dreipunktgelagerte Schale über dem Zuschauerhaus; Schauspielhaus Hiltropwall, 1950 als provisorisches Opernhaus eröffnet, 1986 Erweiterung des Foyer-Bereichs und Neubau einer Studiobühne, Schauspielhaus 496 Plätze, Theater Sckellstr. 200 Plätze, Studiobühne 99 Plätze.

7 *Museum am Ostwall*, Malerei, Grafik und Plastik des 20. Jh. Schwerpunkte: deutscher Expressionismus und die 60er und 70er Jahre (Di–So 10–18 Uhr).

8 *Museum für Kunst und Kulturgeschichte*, vielseitige Sammlungen: Malerei und Plastik bis 1900; Möbel, Kunstgewerbe, Design bis zur Gegenwart; Grafik, Fotografie, Textilien; Stadtgeschichte, Archäologie, Vermessungsgeschichte (Di–So 10–18 Uhr).

9 *Westfälisches Industriemuseum;* auf dem Gelände der Zeche »Zollern II/IV« erstellt das Museum eine Dokumentation zur Sozial-, Wirtschafts- und Technikgeschichte des 19./20. Jh. in Westfalen. Derweil ist eine Außenbesichtigung möglich: Ziegelbauten im Stil der norddeutschen Backsteingotik und Maschinenhalle in Stahlskelettbauweise mit Jugendstildekor (Führungen nach Vereinbarung; Öffnungszeiten der Maschinenhalle Sa, So 10–18 Uhr).

10 *Westfalenhallen*, 1951/52 durch Walter Höltje errichtet mit 6400 m^2 bebauter Fläche. Die elliptische Anlage unter gläsernem Dach bietet Platz für 16 500 Besucher.

11 *Westfalenpark*, anläßlich der Bundesgartenschau 1959 auf 70 ha Fläche angelegter Park mit über 4 ha Wasserfläche. Das Deutsche Rosarium ist Veranstaltungsort der Bundesgartenschau 1991. Fernsehturm (Florianturm) mit rotierendem Restaurant (138 Plätze) und Aussichtsplattform.

12 *Brauerei-Museum*, 1982 auf Initiative einer Dortmunder Brauerei gegr. und als Stiftung der Stadt übergeben. Der Besucher erfährt, wie im 19. Jh. gebraut wurde (Di–So 10–18 Uhr).

13 *Museum für Naturkunde;* seit 1980 in einem Neubau untergebracht, widmet sich das Museum den Gebieten Geologie, Mineralogie, Botanik und Zoologie. Besondere Anziehungspunkte: Bergkristall-Gruppe von ca. 650 kg Gewicht, lebensgroße Sauriernachbildungen, tropisches Süßwasser-Aquarium, Fluoreszenz-Kabinett für Minerale, Schaubergwerk, 5 ha großes Außengelände mit Gesteinsblöcken (Di–So 10–18 Uhr, Do bis 20.30 Uhr).

14 *Pfarrkirche Brechten*, Hallenkirche aus dem 13. Jh. mit annähernd quadratischem Grundriß. 1911 wurden Malereien im Chor freigelegt, ein »Weltgericht«. Taufstein aus dem späten 13. Jh. in Form eines Bechers.

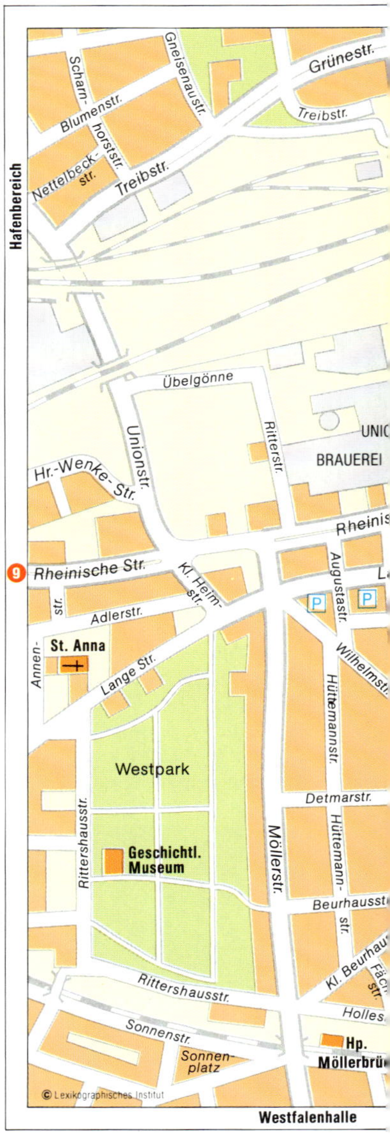

Bis zum Beginn der Industrialisierung passiert nichts Bedeutendes in der idyllischen Stadt. Im Gegenteil, in den 30er Jahren des 19. Jh. muß der preußische Kronprinz, der spätere König Friedrich Wilhelm IV., persönlich eingreifen, um den Abbruch der Marienkirche 2, des ältesten Bauwerks der Stadt, zu verhindern. Auf seine Initiative hin wird außerdem die Reinoldikirche 1 restauriert.

Schon ein Jahrzehnt später setzt der Aufschwung ein: Am 23. November 1841 nimmt die Hermannshütte in Hörde ihren Betrieb auf, und als Dortmund 1847 an die Köln-Mindener Eisenbahn angeschlossen wird, stehen auch die notwendigen Transportwege zur Verfügung. Schon 1832 hatte Friedrich Harkort (1793–1880) im heutigen Stadtteil Hombruch eine

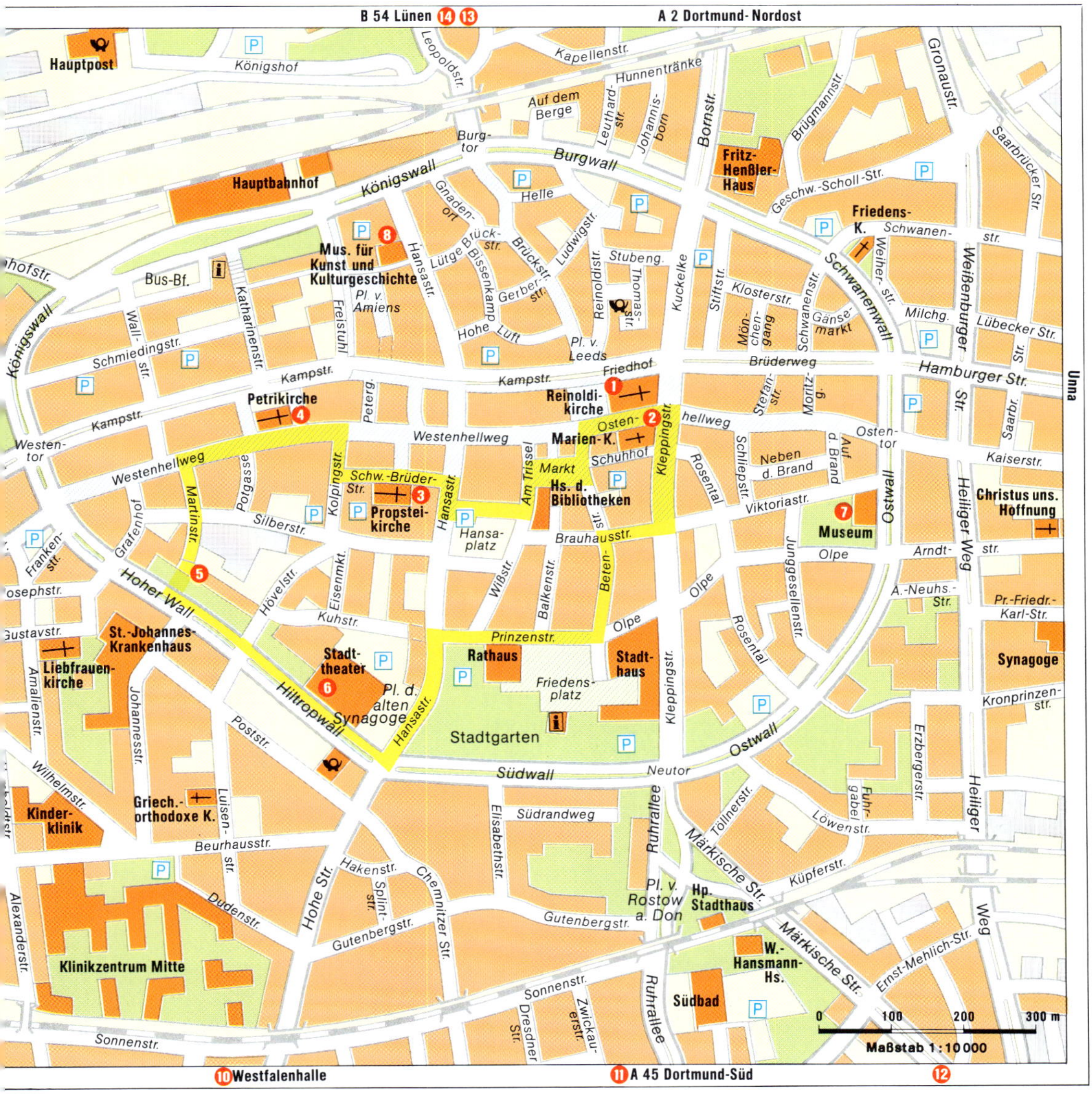

Eisengießerei, eine Kesselschmiede und eine Dampfmaschinenfabrik gegründet. Er wurde zum Wegbereiter der Industrialisierung im Ruhrrevier. In den 50er Jahren wird die Harpener Bergbau-AG gegründet, nehmen die ersten modernen Kohlenzechen ihren Betrieb auf, und beim Hörder Bergwerks- und Hüttenverein wird der erste Hochofen im Dortmunder Raum angeblasen. Auf den Krieg von 1870/71 folgt ein Wirtschaftsboom sondergleichen. Und heute? Von einstmals über 30 000 sind gerade noch 16 000 Beschäftigte »auf Hoesch« in Dortmund tätig.

In jenen Jahren verfaßte Henriette Davidis (1800–76) das »Praktische Kochbuch für die gewöhnliche und die feinere Küche« mit der zum geflügelten Wort gewordenen Anleitung »Man nehme …«. Sie ist auf dem Ostenfriedhof in Dortmund begraben.

Der »Alte Verband« entsteht

Auch der Kaiser beehrte die Stadt. Am 11. August 1899 weihte er den Dortmund-Ems-Kanal und den Dortmunder Hafen ein. Damit verfügte die Industrie über einen direkten Wasserweg zur Nordsee. Wie rasch die Stadt zu neuer Bedeutung gelangt war, zeigt die Tatsache, daß sie mit 142 733 Einwohnern ins 20. Jh. eintrat.
Ob Wilhelm II. sich bei den Feierlichkeiten noch seiner Drohung erinnerte, »alles über den Haufen schießen« zu lassen, mit der er drei Sprecher

Cappenberg
Das einstige Prämonstratenserkloster Cappenberg nördlich von Dortmund erwarb 1816 der preußische Staatsmann Reichsfreiherr vom und zum Stein als Altersruhesitz. Heute zeigt hier die Stiftung Preußischer Kulturbesitz ständig Ausstellungen, außerdem hat das Freiherr-vom-Stein-Archiv hier sein Domizil. Die schlichte Klosterkirche aus dem 12. Jh. besitzt das berühmte kupfervergoldete Kopfreliquiar Kaiser Barbarossas und ein herrlich geschnitztes spätgotisches Chorgestühl. Aus dem 13. Jh. stammt der staufische Kruzifixus im südlichen Querschiff. Sehenswert ist auch das Grabmal der Klostergründer Gottfried und Otto von Cappenberg, eine um 1330 entstandene Bildhauerarbeit. (Zu erreichen über die B 236 in Richtung Lünen, ca. 20 km.)

der Dortmunder Bergleute am 14. Mai 1889 nach Haus geschickt hatte? Die rasche Industrialisierung hatte zu sozialen Spannungen geführt. Die Bergarbeiter waren aus Unzufriedenheit über die schlechten Löhne und Arbeitsbedingungen erstmals in einen das ganze Ruhrgebiet erfassenden Streik getreten. Allein im Bezirk des Oberbergamts Dortmund traten 50 000 Kumpel in den Ausstand. Beim Wirt Schuhmann in Dorstfeld wurde die Entsendung einer Deputation zum Kaiser beschlossen, die den zitierten Bescheid erhielt. Am 18. August 1889 wurde daraufhin der »Alte Verband« gegründet, der unmittelbare Vorläufer der Industriegewerkschaft Bergbau und Energie. Im damals noch selbständigen Hörde – heute wie Dorstfeld ein Stadtteil Dortmunds – kommt Otte Hue (1886–1922) zur Welt, einer der großen Bergarbeiterführer. Auch August Schmidt (1878–1965), langjähriger Vorsitzender der IG Bergbau, stammt aus Dortmund.

Die Entwicklung verlief nicht ohne Opfer. In Erinnerung ist vor allem die Schlagwetterexplosion vom 11. Februar 1925 auf der Zeche »Minister Stein« in Dortmund-Eving. 138 Bergarbeiter fanden bei der Katastrophe den Tod. Bis heute wird das »Lied von der Zeche Minister Stein« gesungen, auch wenn die Zeche im März 1987 dichtgemacht hat. Damit ging in Dortmund eine mehr als 150jährige Bergbautradition zu Ende, die das Gesicht der Stadt nachhaltig geprägt hat.

Der Zweite Weltkrieg hat auch in Dortmund seine Spuren hinterlassen. In den Wochen vor Ostern 1945 wurden im Rombergpark und in der Bittermark 290 deutsche Widerstandskämpfer, Franzosen, Belgier, Holländer, Jugoslawen, Polen, Russen und unbeteiligte Bürger von der Gestapo erschossen. Am Ehrenmal des Bildhauers Karel Niestrath, das 1960 in der Bittermark eingeweiht worden ist, treffen sich an jedem Karfreitag Widerstandskämpfer aus ganz Europa.

Zwischen 1943 und 1945 legten acht Luftangriffe Dortmund so gründlich in Trümmer, daß 93 % aller Gebäude in der Innenstadt vernichtet waren. Nach dem Zweiten Weltkrieg fiel auch noch die erhalten gebliebene gotische Fassade des Alten Rathauses aus dem 13. Jh. der Spitzhakke zum Opfer. Der Wiederaufbau in den 50er Jahren nimmt anfangs wenig Rücksicht auf überkommene Werte und Strukturen: Aus dem zentralen Hansaplatz wird eine Parkfläche, und die mit einer Aluminiumverkleidung verschandelte Fassade des Kaufhauses Karstadt, in den 20er Jahren als Beispiel moderner Kaufhausarchitektur gepriesen, soll nun wiederhergerichtet werden.

Tips, Tips, Tips

Das Glück herausfordern?
Neben den Ruinen der Sigiburg, die Karl der Große den Sachsen unter Widukind um 775 abnahm, liegt im Stadtteil Syburg Dortmunds moderne Spielbank. Mit gutem Grund zählt sie zu den schönsten in Europa. An 18 Roulette-, 4 Black-Jack- und 2 Bakkarat-Tischen sowie an 157 Automaten wird gespielt. Man fährt von der Innenstadt aus über die B 54 in Richtung Süden (tägl. ab 15 Uhr, Spielautomaten ab 13 Uhr).

Wasserschloß Bodelschwingh
Direkt an der A 45 liegt das Anfang des 14. Jh. erbaute und später erweiterte Schloß Bodelschwingh. Die mittelalterliche Wasserburg ist der Stammsitz der Familie Bodelschwingh. Der barocke Garten, der die reizvolle Anlage einst umgab, fiel teilweise der Autobahn zum Opfer, aber auch so lohnt die kurze Fahrt (Ausfahrt Bodelschwingh) zu der von breiten Gräben umgebenen Burg.

Ein Kriminalmuseum
Wie die Polizei in früheren Zeiten mit den Bürgern umgegangen, wie sie heute auf Kreisebene organisiert ist, wie sie Spuren sichert und auswertet – auf solche Fragen gibt die Ständige Polizeiausstellung (Kriminalmuseum), Hohe Straße 128, Antwort. Darüber hinaus kann man hier Tatwaffen und Fälschungen sehen, betrügerische Tricks und Gewaltverbrechen studieren.

Eine weite Aussicht hat man vom Florianturm im Westfalenpark.

Westfalenhallen bedeutet nicht nur Reit- und Springturniere, Sport, Shows und Feste, sondern ebenso Meisterkonzerte und auch schon einmal Verdis »Aida«.

Magnet Westfalenhallen

Auch die soziale Struktur der Stadt hat sich gründlich verändert. Längst sind die meisten Bürger nicht mehr im Kohle- und Stahlbereich tätig, denn über 68 % wirken inzwischen im Dienstleistungsbereich. An die industrielle Vergangenheit erinnert das Westfälische Industriemuseum 9, das auf dem Gelände der ehemaligen Zeche »Zollern II/IV« in Dortmund-Bövinghausen entsteht.

Der Westfalenhallenkomplex 10 mit seinen acht Hallen am südlichen Rand der Stadt hat als Veranstaltungs-, Sport- und Messeplatz internationales Format. Der benachbarte Westfalenpark 11 entstand aus dem schon vor dem Ersten Weltkrieg angelegten Kaiserhain. Am 16. Dezember 1968 wurde die Universität Dortmund eröffnet. Unter weitgehendem Verzicht auf traditionelle Fakultäten legte sie den Akzent auf Natur- und Ingenieur- sowie Gesellschafts- und Wirtschaftswissenschaften. Mit der Hochschule verbunden sind das Institut für Arbeitsphysiologie und das Fraunhofer-Institut für Transporttechnik und Warendistribution. Der Campus liegt südlich der B 1 zwischen den Vororten Barop, Eichlinghofen und Dorstfeld. Verbunden sind die Anlagen durch die erste vollautomatische Hängebahn der Bundesrepublik Deutschland, deren Vorteile und Probleme in diesem Projekt wissenschaftlich untersucht werden. Einem Teil der mittlerweile 19500 Studenten wurde der Studienplatz von der bundesweit hierfür zuständigen Zentralstelle für die Vergabe von Studienplätzen zugewiesen, die ebenfalls in der alten Hansestadt ihren Sitz hat.

Dortmunds Museum für Kunst- und Kulturgeschichte.

Theater, Musik, Veranstaltungen, Museen

Theater

Städtische Bühnen 6, Kuhstr. 12. Opernhaus, Hansastr.: Oper, Operette, Musical, Ballett, ☏ 5 42-2 24 44/5/6. Schauspielhaus, Hiltropwall: Schauspiel. Studio, Hiltropwall: Schauspiel, Kinder- und Jugendtheater, ☏ 5 42-2 24 12/3.
Naturbühne Hohensyburg, Freilichttheater. Schauspiel, Komödie, Kindertheater (Ende Mai–Ende Aug.), ☏ 0 23 04/6 86 19.
Fletch Bizzel, Humboldtstr. 45. Theateraufführungen aller Sparten, Kleinkunst, ☏ 14 25 15.
Westfalenhallen 10. Opern- und Theateraufführungen, ☏ 1 20 40.

Musik

Städtische Bühnen 6, Kuhstr. 12. Sinfonie-, Kammer-, Sonder-, Jugend-, Kinderkonzerte des Philharmonischen Orchesters Dortmund. Spielorte: Opernhaus, Hansastr.; Schauspielhaus, Hiltropwall; Studio, Hiltropwall, ☏ 5 42-2 24 44/5/6.
Rotunde im Museum für Kunst und Kulturgeschichte 8, Hansastr. 3. Chor-, Klavierkonzerte, zeitgenössische Musik, ☏ 5 42-2 55 25.
Dortmunder Musikschule, Steinstr. 35. Konzerte zur Hörerbildung mit zeitgenössischer Musik, Bezirks-, Lehrer-, Schülerkonzerte, ☏ 5 42-2 32 50.
Mozartgesellschaft Dortmund e. V., Schwanenwall 8–10. Matineen, Soireen, Sonder- und Kammerkonzerte der klassischen Musik. Spielorte: Schauspielhaus, Hiltropwall; Opernhaus, Hansastr., ☏ 52 57 98.
Reinoldikirche 1 am Ostenhellweg. Stunde der Kirchenmusik (2., 4. Sa im Monat), Oratorien, gelegentlich Kammerkonzerte, ☏ 52 29 99.
Westfalenhallen 10, Musik- und Sportveranstaltungen, Shows, ☏ 1 20 40.
Kleine Westfalenhalle 10, Halle 2. Meisterkonzerte, Liederabende, Unterhaltungsabende mit bekannten Stars, ☏ 1 20 40.
Domicil, Leopoldstr. 60. Jazz ab Bebop, ☏ 45 78 92.
Chez Coolala, Heyden-Rynsch-Str. 2. Jazz, Rock, Folk, afrikanischer Stil, ☏ 17 81 45.

Veranstaltungen

Ostern: *Osterkirmes* im Fredenbaumpark. Volksfest.
Alle zwei Jahre (1991): *Treffen freier Theater* Nordrhein-Westfalens. Straßentheater, Kinder- und Jugendprogramm an verschiedenen Spielorten, ☏ 5 42-2 54 43.
Alle zwei Jahre (1991): *Nelly-Sachs-Preis*. Verleihung des Kulturpreises der Stadt Dortmund mit musikalischem Rahmenprogramm im Opernhaus, Hansastr., ☏ 5 42-2 51 77.
Erstes Wochenende im Mai: *Malermarkt* auf dem Alten Markt. Hobbykünstler mit über 10 000 Werken, musikalisches Rahmenprogramm.
Mai: *Maikonzerte* auf dem Alten Markt. Volkstümliche Musikgruppen, Chöre, Folklore (Mi, Sa), ☏ 5 42-2 21 69.
Mai/Juni: *Auslandskulturtage* im gesamten Stadtgebiet. Eine Nation mit Theater, Schauspiel, Konzerten, Tanz, Ausstellungen, Diskussionen, ☏ 5 42-2 24 11.
Mitte Juni: *Musik- und Tanzbasar* auf dem Alten Markt. Buntes Programm mit Warenangebot, ☏ 5 42-2 21 32.
Erstes Wochenende im Aug.: *Antiquare Musici* auf dem Alten Markt. Reiner Büchermarkt mit musikalischem Rahmenprogramm.
Aug.: *Dortmund à la carte* auf dem Alten Markt. Restaurants mit Spezialitäten, musikalisches Rahmenprogramm.
Ende Aug.: *Leuchtender klingender Park* im Westfalenpark 11. Unterhaltungsprogramm, Showbands, Kinder-Lampionumzug. Höhepunkt: musikalisches Großfeuerwerk, ☏ 5 42-2 41 54.
Erstes Wochenende im Sept.: *Töpfermarkt* auf dem Alten Markt. Hobbytöpfer mit künstlerischer Keramik, musikalisches Rahmenprogramm, ☏ 5 42-2 21 69.
Sept.: *Herbstkirmes* im Fredenbaumpark. Volksfest.
Ende Nov.: *West-Antik* in den Westfalenhallen 10. Westdeutscher Verkaufsantiquitätenmarkt für gehobene Ansprüche, zahlreiche Fachausstellungen, ☏ 1 20 40.

Museen

Brauerei-Museum, Märkische Str. 85 (s. 12).
Museum am Ostwall, Ostwall 7 (s. 7).
Museum am Westpark, Rittershausstr. 34. Ausstellung »Widerstand und Verfolgung in Dortmund 1933–45« (Di–Sa 10–18 Uhr, Jan. und Juni geschl.).
Museum für Kunst und Kulturgeschichte, Hansastr. 3 (s. 8).
Museum für Naturkunde, Münsterstr. 271 (s. 13).
Ständige Polizeiausstellung (Kriminalmuseum), Hohe Str. 128. Verhältnis Polizei/Bürger im Wandel der Zeit, Geschichte der Polizei und Verbrechensbekämpfung (täglich 9–16 Uhr).
Westfälisches Industriemuseum, Grubenweg 5, Dortmund-Bövinghausen (s. 9).
Westfälisches Schulmuseum, Leopoldstr. 16–20. Lehr-, Lern- und Arbeitsmittel, Exponate zur Schulgeschichte (zur Zeit geschl.).
Deutsches Kochbuchmuseum, An der Buschmühle. Kochbücher aus dem 19. Jh. von Henriette Davidis, Puppenküchen, Kochgerät (Di–So 10–18 Uhr).

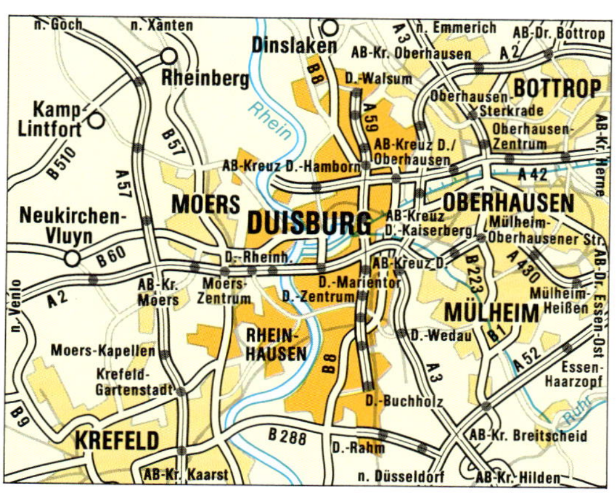

Wo die Ruhr in den Rhein mündet, liegt Duisburg, größter Binnenhafen der Welt. Doch er macht nur einen kleinen Teil des Duisburger Stadtgebiets aus, das sich 37 km den Rhein entlangzieht. Im 19. Jh. begannen der Ausbau der Schwer- und Montanindustrie und – mit den Eingemeindungen der Städte Ruhrort, Meiderich und Hamborn zu Anfang des 20. Jh. – der Aufstieg zur »Stadt Montan«. Vom Bergbau ist nur eine einzige

Zeche übriggeblieben; außerdem kränkelt die Stahlindustrie, und eine hohe Arbeitslosenziffer ist für diese Stadt zur Zeit das größte Problem. Im Zusammenhang mit der 1972 gegründeten Universität tun sich aber auch neue Perspektiven für die über 1000jährige Stadt auf, die sich ihres kulturellen Erbes in den letzten Jahrzehnten mit Sorgfalt angenommen hat.

Duisburg

Mercator, Lehmbruck und Schimanski

Wappen In der oberen Hälfte ist der doppelköpfige Reichsadler als Symbol der Reichsunmittelbarkeit erkennbar. Das Gemäuer in der unteren Hälfte wird einmal als dreitürmige Burg gedeutet und damit in Zusammenhang mit dem zweiten Namensteil gebracht, andererseits aber auch als Stadtmauer erklärt.
Lage Im äußersten Westen des Ruhrgebiets an der Mündung der Ruhr in den Rhein.
Land Nordrhein-Westfalen
Autokennzeichen DU
Höhe 19–83 m ü. M.
Fläche 232 km^2
Einwohnerzahl 525 000
Postleitzahl 4100
Telefonvorwahl 02 03
Post Postamt 1, Harry-Epstein-Platz 2, Spätschalter (Mo–Fr 8–21, Sa 8–19, So 9–12 Uhr).
Polizei Rathaus, Burgplatz 1, ☎ 2 23 36
Taxi 33 30 30
Nahverkehr Für Busse, Straßen- und S-Bahnen sowie die Nahverkehrszüge zu den Nachbarstädten gelten einheitliche Fahrkarten (Verkehrsverbund Rhein-Ruhr); Mehrfahrtenkarten für alle Verkehrsmittel gibt es an den Automaten. Die Straßenbahnen fahren bis nach Dinslaken, Mülheim/Ruhr und Düsseldorf.
Parken Zentrale Parkmöglichkeiten bieten die Tiefgaragen Königstr. und Karstadt und die Parkhäuser Mercator-Halle und Plaza (Zufahrt von der Landfermannstr.); vor dem Rathaus befindet sich eine große Parkfläche auf dem Burgplatz.
Touristinformation Duisburger Werbe- und Touristik GmbH, Königstr. 53, ☎ 2 83 21 89, 2 83 29 04 (Mo–Fr 9–18, Sa 10–12 Uhr).
Stadtrundfahrt Nach Vereinbarung, ☎ 2 83 21 89, 2 83 29 04.
Schiffahrt Hafenrundfahrten ab Schwanentor (Stadtmitte), Mühlenweide (Ruhrort), Rheingarten (Homberg) von April–Okt. tägl., ☎ 39 55 45.

Der Rhein hat sich davongemacht

Im Schnittpunkt von Ruhrgebiet und »Rheinschiene« gelegen, ist Duisburg gleichermaßen Industrie- und Hafenstadt. Dabei wäre aus dem Hafen fast nichts geworden, denn nach einer ersten Blütezeit im Anschluß an die Gründung einer 883/84 erstmals erwähnten fränkischen Königspfalz saß die reichsunmittelbare Stadt buchstäblich auf dem Trokkenen. Der Rhein verlagerte um 1200 seinen Lauf kilometerweit nach Westen, und damit war der Niedergang vorprogrammiert, der Ruf der Handelsstadt nahm schweren Schaden. Auch die Reichsunmittelbarkeit ging verloren, 1290 fiel die Stadt an die Grafen von Kleve, im 17. Jh. an Brandenburg. Erst mit dem Bau eines Kanals zum Rhein im vorigen Jahrhundert ging es wieder bergauf. Der wichtige Binnenhafen lag allerdings auf dem Gebiet der kleineren Nachbarstadt Ruhrort, und die kam erst 1905 zu Duisburg. Heute bedecken die 15 Hafenbereiche eine Fläche von 12 km^2. Vom kleinen Schlepper bis zum 240 m langen Schubschiff-Giganten ist hier alles zu finden. An den insgesamt 43 km langen Kai- und Uferanlagen werden jährlich 50 bis 60 Millionen Tonnen Schiffsgüter umgeschlagen. Daß es eigene »Inseln« beispielsweise für Schrott oder Öl gibt, illustriert vielleicht besser als alle Zahlenangaben die Größe der Anlagen.

Südlich, auf der anderen Seite der Ruhr, liegt die Duisburger City. Hier siedelten im 9. Jh. die Normannen. Ein Chronist vermerkte es 883. Im 12. Jh. war der Ort von einem Mauerring umgeben; das Wort »Burg« im Stadtnamen erklärt sich daraus. Rathaus ❻ und Marienkirche ❼ befanden sich bereits an ihren heutigen Standorten, wenn auch die ursprünglichen Bauten die Zeit nicht überdauert haben. 1316 wurde mit dem Bau der Salvatorkirche ❹ begonnen. Am Alten Markt ❺ ist man in den letzten Jahren auf wichtige Zeugnisse zur Stadtgeschichte gestoßen, die darauf hinweisen, daß Duisburg älter ist als bisher angenommen.

Mercator und das Bild der Welt

Gerhard Mercator (1512–94), Geograph und Kosmograph und bis heute der – sieht man einmal von »Tatort«-Kommissar Schimanski alias Götz George ab – berühmteste Duisburger, ließ sich 1552 in der Stadt am Niederrhein nieder. In seiner Werkstatt, die in unmittelbarer Nähe des »Dreigiebelhauses« ❷ lag, entwickelte er ein Verfahren zur Abbildung der kugelförmigen Erdoberfläche auf die Ebene von Kartenblättern. 1592 erschien in Duisburg seine Europakarte im Maßstab 1:4 360 000; sie begründete seinen Ruf als bedeutendster Kartenzeichner seiner Zeit. Die sogenannte Mercator-Projektion spielt in der Luft- und Seefahrt heute noch eine Rolle. Im Niederrheinischen Museum ❾ wird die Arbeit des großen Manns umfassend dokumentiert: Ein Erdglobus von 1541 und ein Himmelsglobus von 1551 sind die wichtigsten Stücke dieser Sammlung von Weltgeltung.

Das »Schwarze Gold« bestimmt das neue Tempo

Bis zum 19. Jh. hatte sich das bescheidene Städtchen kaum verändert, erst um 1820 wird das erste Haus vor den Stadttoren gebaut. Dann ging alles rasend schnell: Der Fertigstellung des Stichkanals zum Rhein 1831, des heutigen Außenhafens, folgten bald die Handelskammer und das erste Eisenwerk. Bahnlinien wurden in alle Richtungen gelegt, so daß der Brückenbau nicht nachkam und die Züge auf Trajekten, langen Fährschiffen, den Rhein überqueren mußten. Am Homberger Ufer der Friedrich-Ebert-Brücke erinnert ein Trajektturm ⓫ an die stürmische Entwicklung. 1904 – noch vor der Vereinigung mit Ruhrort und Meiderich – hatte Duisburg 100 000 Einwohner, 20mal soviel wie hundert Jahre zuvor.

Franz Haniel und August Thyssen – er baute um 1890 das seinerzeit modernste Hochofenwerk – spielten bei der Industrialisierung Duisburgs eine bedeutende Rolle. In den Schachtanlagen von Hamborn, Rheinhausen und Homberg wurde Kohle gefördert. Der 1879 erbaute Malakoffturm – so werden die aus Stein errichteten Fördertürme genannt – der Homberger Zeche Rheinpreußen zeugt mit seinen Zinnen und Erkern von der typischen Bergwerksarchitektur des 19. Jh. Er soll in das im Aufbau befindliche Rheinische Industriemuseum mit weiteren Standorten in Essen, Oberhausen und Ratingen einbezogen werden.

Das »Schwarze Gold« entwickelte sich auch rasch zum wichtigsten Umschlaggut der Häfen. Später kamen Erze, Mineralöl und andere Raffinerieprodukte sowie Eisen und Stahl hinzu.

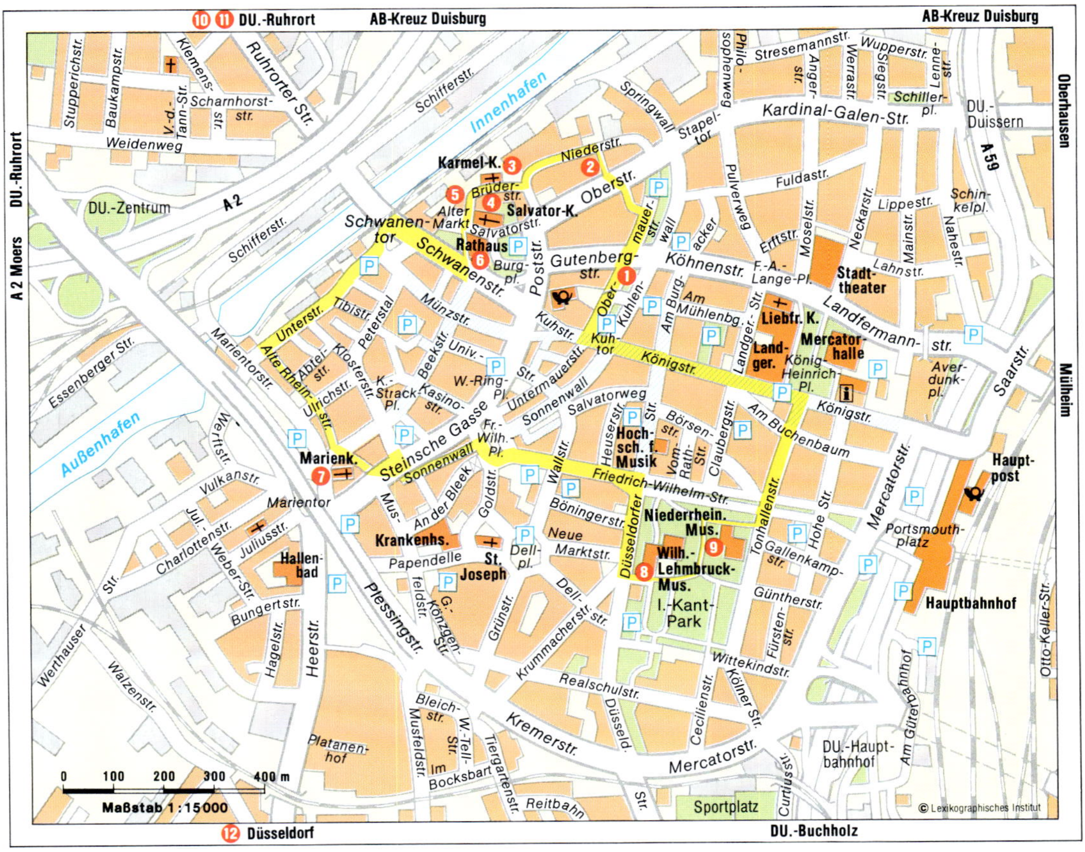

Stadtrundgang

Ausgangspunkt ist der König-Heinrich-Platz in der Nähe des Hauptbahnhofs. Zum Parken bieten sich das Parkhaus Averdunk-Zentrum und die Tiefgarage Königstraße (Zufahrt über Landfermannstraße) an.

Wenn Sie unserem Vorschlag folgen, benötigen Sie nicht mehr als eineinhalb Stunden, um einen ersten Eindruck von Duisburg zu bekommen; es ist also eine Überlegung wert, den Stadtrundgang durch einen Besuch im Wilhelm-Lehmbruck-Museum 8 *oder im Niederrheinischen Museum* 9 *auszudehnen. Der kleine Park, der die beiden Häuser verbindet, bietet sich auch für eine Rast im Grünen an. Falls Sie einkehren wollen, kommen das »Dreigiebelhaus«* 2 *und der »Schwan« am Alten Markt* 5*, wo man auch im Freien sitzen kann, in Betracht.*

Sehenswürdigkeiten

1 *Schäferturm*, Teil der aus Bruchstein aufgeführten mittelalterlichen Stadtbefestigung; der Aufbau aus Ziegelsteinen stammt vermutlich aus dem 15. Jh. Der Turm diente früher als Unterkunft für den Stadtschäfer.

2 *»Dreigiebelhaus«*, Duisburgs ältestes Wohnhaus, 1536 erstmals erwähnt. Seit 1608 Nonnenkloster, Umbau und Erweiterung; vielfältige Nutzung nach Säkularisation des Klosters 1806; seit 1976 Wohnungen und Ateliers für Stipendiaten der Wilhelm-Lehmbruck-Stiftung, im Untergeschoß Restaurant.

3 *Karmelkirche*, 1959–61 unter Verwendung der Chorpartie der kriegszerstörten Minoritenkirche des 14. Jh. erbaute schlichte Klosterkirche. Fundamente des 12. und Grabkammern des 18. Jh. können besichtigt werden, ☏ 2 64 09.

4 *Salvatorkirche*, auf erhöhtem Gelände stehende dreischiffige Basilika des frühen 15. Jh. Abschluß des Westturms 1513, das achteckige Geschoß und der Helm wurden diesem 1904 aufgesetzt. Schönes Portal an der Westfront. Denkmäler und Wappenschilder des 16. und 18. Jh., hervorzuheben das Mercator-Epitaph.

5 *Alter Markt*, seit 1981 Ausgrabungen, u. a. eine mittelalterliche Markthalle. Neueste Funde deuten darauf hin, daß Duisburg um ca. 400 Jahre älter ist als bisher angenommen.

6 *Rathaus*, 1897–1902 im Stil der deutschen Frührenaissance anstelle von Vorgängerbauten von Friedrich Ratzel errichtet, mehrfach umgestaltet. Rolandsfigur an der zum Alten Markt gelegenen Seite. Der Mercatorbrunnen auf dem Burgplatz, 1878 enthüllt, stammt von dem Düsseldorfer Bildhauer Joseph Reiß.

7 *Marienkirche*, 1802 an der Stelle einer 1789 wegen Baufälligkeit abgebrochenen Vorgängerkirche des 12. Jh. errichtet. Zur Ausstattung gehört eine Taufschale von 1665.

8 *Wilhelm-Lehmbruck-Museum*, von Manfred Lehmbruck erbautes, 1964 eröffnetes Museum, das sich dem Gesamtwerk Wilhelm Lehmbrucks und der Bildhauer- und Objektkunst des 20. Jh. widmet, außerdem der Malerei und Grafik des 20. Jh. 1987 wurde der dritte Bauabschnitt mit Eigenplastik nach 1960, der Beuys-Sammlung und dem Raum für Wechselausstellungen eröffnet (Di 11–20, Mi–So 11–17 Uhr).

9 *Niederrheinisches Museum*, Vor- und Frühgeschichte des Duisburger und niederrheinischen Raums, Mercator-Abteilung (Di, Do–Sa 10–17, Mi 10–16, So 11–17 Uhr).

10 *Museum der Deutschen Binnenschiffahrt*; im ehemaligen Ruhrorter Rathaus. Dokumentation und Ausstellung: Von der Treidelschiffahrt bis heute. Im Hafenmund Museumsschiffe, Radschleppdampfer »Oscar Huber« und Eimerketten-Dampfbagger »Minden« (Di, Fr–So 10–17, Mi, Do 10–16 Uhr).

11 *Trajektturm*, Bestandteil einer 1854–56 erbauten Anlage in Homberg-Ruhrort, mit der bereits im ersten Betriebsjahr 47 000 Eisenbahnwaggons hydraulisch auf Fähren verladen wurden.

12 *St. Dionysius* in Mündelheim. Dreischiffige Pfeilerbasilika aus dem Anfang des 13. Jh. Sehr beachtenswert die ornamentierten Knospenkapitelle der Säulenvorlagen.

Tips, Tips, Tips

»Himmel un Erd«
Die Duisburger Küche hat zwar keine typischen Spezialitäten zu bieten, dafür deftige rheinische Hausmannskost. Zum Beispiel »Himmel un Erd«, gebackene Äpfel und Kartoffeln. Wer einen Versuch wagen will, dem sei das Restaurant »Kartoffel-Kiste« (Schweizer Straße 105) empfohlen.

Pils von der Quelle
Um den Ruf, die Biermetropole der Bundesrepublik Deutschland zu sein, streiten sich andere Städte, aber in Duisburg steht Deutschlands größte Privatbrauerei. König-Pilsener aus dem Industriestadtteil Beeck ist international bekannt und in den einheimischen Kneipen fast ein Muß. Pilskenner kommen in der Brauereigaststätte »König-Haus Beeck« (Friedrich-Ebert-Straße 291) voll auf ihre Kosten.

Stahlschmelze des Lands

Wurde schon vor dem Ersten Weltkrieg jede fünfte Tonne deutschen Roheisens in Duisburg geschmolzen, so nahm die Bedeutung der Eisen- und Stahlbranche für die Stadt mit dem Anschluß von Hamborn (1929) und Rheinhausen (1975) noch zu. 1973 ging der »Schwarze Riese«, Europas größter Hochofen, bei der August-Thyssen-Hütte in Hamborn in Betrieb. Damit waren alle wichtigen Namen der Schwerindustrie hier vertreten – Thyssen und Krupp, Klöckner und Mannesmann –, aber der Höhepunkt der Entwicklung war damals schon überschritten. Die europäische Stahlkrise brachte auch einige der Duisburger Giganten ins Wanken. Eine Vielzahl von Arbeitsplätzen ging verloren; doch stehen immer noch etliche Tausend »Malocher«, wie die Arbeiter im Ruhrgebiet heißen, an Hochöfen und in Walzwerken. Von den einst zahlreichen Zechen ist nur noch die Schachtanlage Walsum in Betrieb.

Die sprunghafte Industrialisierung hat auch die Gliederung des Stadtgebiets beeinflußt: Dutzende von Werkssiedlungen wurden in der Nähe von Fördertürmen und Fabriken errichtet. Ein beredtes Beispiel ist die Dickelsbachsiedlung in Wanheimerort, wo in den 20er Jahren auf einem Quadrat von 146 m Seitenlänge 400 Einfamilien-Reihenhäuser mit Wohnraum für 2500 Menschen gebaut wurden. Die Baukosten für das Einzelhaus betrugen nicht mehr als 5500 RM. Wie diese sind noch viele andere Siedlungen erhalten geblieben und bringen als kleine Kolonien Struktur in die oft ausufernden Stadtteile und Teilstädte, die jedoch allmählich wieder schrumpfen. Die Einwohnerzahl Duisburgs, Mitte der 70er Jahre mit rund 600 000 am größten, hat seitdem um etwa 10 % abgenommen.

Mit 12 km² Fläche hat Duisburg den größten Binnenhafen der Erde.

Täglich Stahl für vier Brücken
Mit der Stahlmenge, die an einem einzigen Tag in Duisburg erschmolzen wird, könnte man vier Autobahnbrücken über den Rhein bauen oder eine 15 km lange Eisenbahnstrecke verlegen. Zu Draht von 1 cm Durchmesser gewalzt, könnte eine Tagesproduktion zweimal um den Äquator gewickelt werden.
Die jährlich in Duisburg erzeugte Rohstahlmenge von rund 16 Millionen Tonnen macht 40 % der bundesdeutschen Produktion aus. Das entspricht der Produktion der beiden EG-Länder Belgien und Luxemburg zusammen.

Mercators Himmelsglobus steht im Niederrheinischen Museum.

Duisburgs 15 Hochöfen erschmelzen jährlich eine Stahlmenge von über 16 Millionen Tonnen und damit knapp 40% der bundesdeutschen Produktion.

Ein neuer Wandel bahnt sich an

An vieles wurde während der Jahrzehnte des Wachstums, des Wiederaufbaus nach dem Zweiten Weltkrieg und des erneuten Wachstums nicht gedacht. In den letzten 20 Jahren hat man begonnen, Versäumtes nachzuholen. Unternehmen der Investitionsgüterindustrie und Dienstleistungsunternehmen haben sich angesiedelt, so daß die Wirtschaftsstruktur nicht mehr so ausschließlich von der Stahlproduktion bestimmt wird. Präzisionsinstrumente, Schiff- und Anlagenbau haben ohnehin Tradition in der Stadt. Die Gesamthochschule, 1972 eröffnet, ist Nachfolgerin der vom Großen Kurfürsten 1655 gestifteten und bis 1818 bestehenden reformierten Universität. Ihr Forschungsspektrum reicht von den Geistes-, Gesellschafts- und Wirtschaftswissenschaften über die Natur- und Ingenieurwissenschaften bis hin zur Mathematik. Das dem Duisburger Bergmannssohn und Bildhauer Wilhelm Lehmbruck gewidmete Museum 8 hat zwei Jahrzehnte nach seiner Gründung einen hervorragenden Ruf als Stätte zeitgenössischer Plastik und Malerei. In Duisburgs Randlagen sind Naherholungsgebiete am Toeppersee in Rheinhausen und im nördlich gelegenen Revierpark Mattlerbusch entstanden. Zum symbolischen Preis von 100 Mark jährlich konnte die Stadt 1919 von der Firma Krupp das Gelände um die Baggerseen in der Wedau pachten. Seitdem ist hier ein Sport- und Erholungsgebiet entstanden, das allein über 56 Hektar Wasserfläche verfügt. Auf der Regattabahn werden internationale Kanu- und Rudermeisterschaften ausgetragen, die den Namen Duisburg weit über die Grenzen der Bundesrepublik Deutschland hinaustragen.

Die lindenbestandene Königstraße ist Haupteinkaufszentrum.

Theater, Musik, Veranstaltungen, Museen

Theater

Theater der Stadt Duisburg, Deutsche Oper am Rhein, König-Heinrich-Platz. Oper, Operette, Ballett, Schauspiel des Düsseldorfer Schauspielhauses, ☏ 3 90 41.
»Alte Wache« im Kultur- und Freizeitzentrum Ratskeller Hamborn, Duisburger Str. 213. Kleinkunsttheater, ☏ 55 53 52 36.
Revierpark Mattlerbusch im Bereich Tenne des historischen Mattlerhofs. Kindertheater, ☏ 59 00 01.
Fabrik, Grabenstr., Neudorf. Kleinkunst, ☏ 37 06 89.
Internationales Zentrum, Niederstr. 5. Schauspiel, Folklore, Kindertheater, ☏ 2 83 39 62.

Musik

Mercator-Halle, König-Heinrich-Platz. Sinfonie-, Jugend-, Kammerkonzerte der Duisburger Sinfoniker, Showabende, Unterhaltungsmusik, ☏ 33 90 26.
Rhein-Ruhr-Halle, Walther-Rathenau-Str. 1a. Show- und Unterhaltungsabende, Volksmusik, ☏ 5 43 37.
Salvatorkirche 4 am Burgplatz. »Salvatorkonzerte« mit Oratorien und Orgelmusik an hohen Festtagen, außerdem Chor- und Kammerkonzerte, ☏ 77 05 00.
Revierpark Mattlerbusch im Bereich Tenne des historischen Mattlerhofs. Jazzmatineen (1. So im Monat), Kaffeekonzerte, Folklore, Unterhaltungsmusik, Ausstellungen, ☏ 59 00 01.
Kultur- und Freizeitzentrum Ratskeller Hamborn, Duisburger Str. 213. Rockmusik, Musikmeditationen, Ausstellungen, ☏ 55 53 52 36.
Eschhaus, Niederstr. 32–34. Musik der örtlichen Szene, ☏ 2 51 41.
Fabrik, Grabenstr., Neudorf. Auftritte von Musikgruppen aus der Region, ☏ 37 06 89.
Finkenkrug, Sternbuschweg, Neudorf. Jazz verschiedenster Art, ☏ 37 32 00.
Piano, Börsenstr. 13, Jazz, ☏ 2 96 35.

Veranstaltungen

Alle drei Jahre (1990) Juli: *Bundesmeisterschaft im Seifenkistenrennen* auf der Uhlenhorststrecke. Juniorklasse für Achtjährige, Seniorenklasse für 10–15jährige, ☏ 2 83-24 24.
Mitte März: *Frühlingsfest* im Stadtteil Rumeln. Volksfest.
Mai–Sept.: *Hafenkonzert* auf der Mühlenweide in Ruhrort. Volkstümliche Musikveranstaltung des WDR mit Wortbeiträgen, begleitend Hafen-Trödelmarkt (So ab 8 Uhr).
Anfang Mai: *Duisburger Akzente.* Kulturwochen mit Theater, Konzerten, Ausstellungen unter einem bestimmten Thema. Rahmenprogramm mit Duisburger Kulturinstituten, ☏ 2 83-43 17.
Ende Mai: *Weinfest* auf der Königstr. Winzer mit Weinproben; Musikprogramm.
Ende Mai: *Kunstmarkt »Kim«* im Stadtteil Meiderich. Künstlerwerkstätten und Hobbykünstler stellen aus; Kinder- und Musikprogramm.
Ende Juni: *Rumelner Kirmes* im Stadtteil Rumeln. Volksfest.
Ende Juni: *Internationale Kanuregatta* im Sportpark Wedau mit Teilnehmern aus dem In- und Ausland, ☏ 7 29 11.
Ende Juni: *Internationales Amateurfilmfestival* im Filmforum (Kommunales Kino), Dellplatz, ☏ 2 83-22 05.
Ende Juni: *Festival »Rock im Park«* im Stadtpark Meiderich. Regionale und überregionale Gruppen sowie Sieger eines Nachwuchswettbewerbs.
Juni–Aug.: *Duisburger Sommerwochen* in der Innenstadt sowie an verschiedenen Spielorten. Kultur- und Vergnügungsprogramm mit Wandertag, Sängerfest, Radwanderung, kulturellen Veranstaltungen, Beach-Party, Kirmes. Abschluß Königstraßenzauber mit nostalgischem Jahrmarkt in der Innenstadt, ☏ 2 83-43 17.
Ende Aug.: *Beecker Kirmes* im Stadtteil Beeck. Größtes Volksfest am Niederrhein.
Mitte Sept.: *Fest in der City* mit Schulkulturmarkt, ☏ 2 83-43 17.
Anfang Nov.: *Duisburger Filmwochen* im Filmforum (Kommunales Kino), Dellplatz. Bundesdeutsche Dokumentarfilmwoche der Profis. Verleihung des Bundesdeutschen Preises der Filmkritik, ☏ 2 83-22 05.
Ende Nov.: *IKiBu.* Intern. Kinder- und Jugendbuchausstellung in der Stadtbibliothek mit Zweigstellen; Lesungen, Ausstellungen, ☏ 2 83-41 28 und 2 83-42 18.

Museen

Haus der Naturfreunde, Düsseldorfer Str. 565. Diorama Vogelwelt der Heimat, Mineralien und Fossilien, Schautafeln zum Natur- und Umweltschutz (Mi 19–21 Uhr).
Museum der Deutschen Binnenschifffahrt, Dammstr. 11 (s. 10).
Museum Haus Königsberg, Mülheimer Str. 39. Sammlungen zur Geschichte Königsbergs und Ostpreußens, Kantausstellung, Bernsteinzimmer (Mo, Mi, Do 9–12, Di, Fr 14–18 Uhr).
Naturwissenschaftliches Museum, Am See 22, Duisburg-Wedau. Botanik, Zoologie, Geologie, Mineralogie (Di, Do, Sa 15–18, So 10–18 Uhr).
Niederrheinisches Museum, Friedrich-Wilhelm-Str. 64 (s. 9).
Städtische Sammlungen Rheinhausen, Händelstr. 6. Keramik, Grafik, Plastik, römische Ausgrabungsfunde (Di–Fr 10–13, 14–18.30, Sa 10–13 Uhr).
Wilhelm-Lehmbruck-Museum, Friedrich-Wilhelm-Str. 40 (s. 8).

SUDHAUS
Rustica
Bar

Düsseldorf

Kommerz und Eleganz

Ob man die drei großen M für Mode, Messen, Manager, die drei großen B für Banken, Bier, Boutiquen oder schließlich das dreifache K für Kunst, Kö und Karneval nimmt – in jeder dieser Kombinationen schwingt ein Stück vom Wesen Düsseldorfs mit. Zwar hat sich die Landeshauptstadt Nordrhein-Westfalens, des bevölkerungsreichsten deutschen Bundeslands, die Stadtrechte schon vor 700 Jahren im wahrsten Sinn des Worts erkämpft, doch mit ihrem heutigen Gesicht ist sie ein Kind des 19. und des 20. Jahrhunderts: ein Mekka der Mode und der feinen Geschäfte, Veranstaltungsort von Industrie- und Handelsmessen mit Weltrang, Finanzzentrum und Drehscheibe des Außenhandels und bei allen Superlativen ein Hort sprichwörtlicher rheinischer Gemütlichkeit.

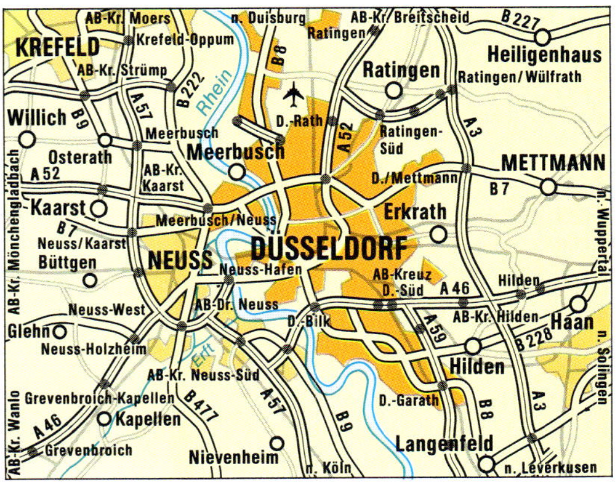

Wappen Zeigt auf silbernem Schild den doppelschwänzigen bergischen Löwen (Wappentier der Grafen von Berg), der eine blaue Krone trägt und in seinen Pranken einen Anker (Symbol für den Düsseldorfer Hafen) hält.
Lage Am Niederrhein auf beiden Seiten des Rheins.
Land Nordrhein-Westfalen
Autokennzeichen D
Höhe 28–165 m ü. M.
Fläche 217 km², davon 13 km² linksrheinisch
Einwohner 570 000
Postleitzahl 4000
Telefonvorwahl 02 11
Post Postamt 1, Charlottenstr. 61, Spätschalter (Mo–Sa 8–21, So 10–18 Uhr); Postamt im Hbf., Spätschalter (Mo–Fr 7–21, Sa, So 10–20 Uhr).
Polizei Karlstr. 106, ☎ 8 70 42 20
Taxi ☎ 3 33 33
Nahverkehr Die Rheinische Bahngesellschaft AG (Rheinbahn) ist dem Verkehrsverbund Rhein-Ruhr angeschlossen. Die Fahrscheine gelten in allen Verkehrsmitteln im Nahbereich wie bei der Bundesbahn und sind bei den Rheinbahn-Informationsstellen und an Automaten erhältlich. Für Touristen empfiehlt sich der 24-Stunden-Fahrausweis (zwei Kinder bis 14 Jahre fahren kostenfrei).
Camping Campingplatz Unterbacher See, ☎ 8 99 20 38; zu erreichen von der A 3, Ausfahrt Hilden, oder der A 46, Ausfahrt Unterbach, und der Beschilderung folgen.
Parken Im Innenstadtbereich und in der Altstadt befinden sich zahlreiche Parkhäuser, die gut ausgeschildert sind, z. B. die Tiefgaragen Grabbeplatz und Dammstr., das Carsch-Haus, Einfahrt Breite Str. Gebührenfreie Großparkplätze sind im Bereich Rheinstadion/Messe (dort nicht bei Sport- oder großen Messeveranstaltungen).
Touristinformation Verkehrsverein, Konrad-Adenauer-Platz (Immermannhof), ☎ 35 05 05 (Mo–Fr 8–18, Sa 9–13 Uhr).
Stadtrundfahrt Von April–Okt. tägl. 14.30 Uhr, von Nov.–März Sa 14.30 Uhr ab Friedrich-Ebert-Str., Bussteig 14 (gegenüber Hbf.) und nach Vereinbarung, ☎ 35 05 05.
Schiffahrt Ab Anlegestelle Altstadt April–Okt. tägl. nach Kaiserswerth sowie verschiedene Ausflugsfahrten, ☎ 37 50 20.

Stadtgeschichte in Straßennamen

In der City, rund um Königsallee ⑮ und Altstadt, setzen die Namen von Straßen und Plätzen Abschnitte der Stadtgeschichte ins Licht. Nach Heinrich Heine (1797–1856), dem Dichter des Jungen Deutschland, ist eine Allee benannt. An die Zeit, in der Christian Dietrich Grabbe (1801–36) sich als Dramaturg und Kritiker in Düsseldorf durchschlug, erinnert ein Platz. Wilhelm von Schadow (1788–1862) war Meister der Düsseldorfer Malerschule und Akademiedirektor. Seiner hat die Stadt ebenso mit einer Straße gedacht wie der Städtebauer Adolf von Vagedes und Maximilian Weyhe, die Düsseldorf zur klassizistischen Gartenstadt machten. Daß die Fortsetzung des Schloßufers – Erinnerung an die Jahre als Residenzstadt – auf der östlichen Rheinseite Mannesmannufer heißt, kennzeichnet das Düsseldorf des 20. Jh., die Wirtschaftsmetropole. Wie ein Symbol der Symbiose, die Kultur und Wirtschaft in der Hauptstadt des bevölkerungsreichsten Bundeslands eingegangen sind, wirkt es, daß der Platz am Schauspielhaus ㉖ – nach dem ersten Nachkriegsintendanten und gebürtigen Düsseldorfer Gustaf Gründgens (1899–1963) benannt – nachmittags im Schatten des Thyssen-Hochhauses ㉕ liegt.

Eher schäbig wirken dagegen Worringer Platz und Worringer Straße südöstlich der City, die an die Kinderjahre des »Dorfs an der Düssel« erinnern. In der Schlacht bei Worringen 1288 kämpften die Düsseldorfer Seite an Seite mit den Bürgern Kölns gegen den Erzbischof der damals politisch wie wirtschaftlich übermächtigen Metropole am Rhein. Der gemeinsame Sieg, auf dem Schlachtfeld zwischen den beiden Orten errungen, bescherte den Düsseldorfern im selben Jahr die Stadtrechte – eine Art Gratifikation des siegreichen Grafen von Berg, die zum Grundstein der weiteren Entwicklung wurde.

An Konkurrenz war kein Mangel. Das rheinaufwärts gelegene Köln beherrschte Handwerk und Handel, Duisburg im Norden war wirtschaftlich ebenso voraus wie der Binnenhafen Neuss auf der anderen Rheinseite. Dennoch ertrotzte Düsseldorf den Aufstieg.

Steinerne Zeugen der Düsseldorfer Frühzeit sind rar. Da gibt es die Ruinen der Kaiserpfalz ㉚ in Kaiserswerth oder die zu Wohnzwecken umgebaute »Kellnerei«, eine mittelalterliche Rundburg in Angermund. Geliehene Geschichte, wenn man so will, denn die beiden Stadtteile wurden erst 1929 und 1975 eingemeindet.

Überspringen wir die Jahrhunderte und tauchen ein in das moderne Düsseldorf, wo die Kultur die scharfen Kanten des Kommerz bricht, wo die gediegene Bank und der grellfarbene Punk irgendwie ihr Miteinander finden und spätestens auf den zweiten Blick mehr Chic herrscht als Schickimicki.

Das Haus der ehemaligen »Düsseldorfer Nachrichten«, geschmückt mit eleganten Jugendstilelementen, kann natürlich nur an der »Kö« stehen.

Grund für die Kö war ein Skandal

Die Düsseldorfer vergleichen die 800 m lange Königsallee (15) mit den berühmtesten Einkaufsstraßen der Welt. New Yorks Fifth Avenue, Tokios Ginza, Roms Via Veneto und die Champs-Élysées – na ja, ganz nett, aber die Kö! Kastanienallee hieß die Straße, geprägt von Baumreihen und einem Mittelgraben, der vom Wasser der Düssel gespeist wurde. Am 14. August 1848 kam Friedrich Wilhelm IV. zu Besuch, und aufrührerische Bürger bewarfen ihn mit Roßäpfeln – peinlich für Majestät und Stadtväter. Um den Preußenkönig zu versöhnen, unterbreitete man das Angebot, die Prachtstraße im Herzen der Stadt in Königsallee umzubenennen. Deshalb bummeln die Düsseldorfer und ihre Gäste heute über die Kö, auf der wie eh und je die Kastanien grünen. An die 90 Einzelhandelsgeschäfte warben dort bis 1986 um Kunden, dann verdoppelte sich ihre Zahl auf einen Schlag: Mit der Kö-Galerie als Querspange wurde eine Einkaufspromenade nach amerikanischem Vorbild und in entsprechenden Dimensionen geschaffen. Geschäfte, Büros, Schwimmbäder und Restaurants sind hier unter einem Dach, und die Ladenmieten garantieren, daß das Kö-Niveau eingehalten wird.

Zahlen, Geld und internationale Mode

In der modernistischen Galerie und den Einkaufs-Centern, die sich an den Eckpunkten von Trinkausstraße und Königstraße an die Allee drängen, konzentrieren sich die großen Namen der Modebranche und des Luxuskonsums. Von Gucci über Saint Laurent bis Vuitton haben sie alle hier eine Dependance. Nicht zu vergessen die einheimischen Modeschöpfer. Schließlich findet sechsmal im Jahr die IGEDO in Düsseldorf statt, eine Modemesse von internationaler Bedeutung. Sie zieht Models und Designer gleichermaßen an und prägt das Erscheinungsbild der Stadt. Weit mehr als 200 000 Einkäufer reisen im Jahr nach Düsseldorf. Eine halbe Milliarde Mark Umsatz macht der Einzelhandel an der Kö. Ein Drittel der Kunden kommt aus dem Großraum der Stadt, zwei Drittel aus aller Welt.

Die Allee hat jenseits des Grabens ein zweites Gesicht: »Bankenseite« haben die Einheimischen den Weststreifen getauft, denn hier sind die Schaltzentralen zahlreicher Großbanken. Düsseldorf ist eine Stadt des Gelds: 15 % des bundesweiten Auslandsumsatzes im Großhandel werden hier erzielt. 167 Bankhäuser residieren hier. An der Börse werden jährlich Aktien im Wert von über 300 Milliarden Mark umgesetzt.

Ob Mode oder Money, an großen Zahlen kommt man in Düsseldorf nicht vorbei, auch nicht in der Altstadt, die nach dem Krieg getreu alten Plänen wieder aufgebaut wurde. Mehr als 200 Kneipen und Kaschemmen, Bars und Bistros, Pizzerias und Nachtklubs finden hier auf einem

Die »Goldene Mösch«

Jedes Jahr wird an einem Juli-Sonntag den Düsseldorfern der Vogel gezeigt. Die »Goldene Mösch« (Düsseldorfer Platt für Spatz) ist aus Holz geschnitzt und kündigt für den folgenden Samstag den Beginn des großen Schützen- und Volksfests an. Über 15 000 Schützen sind in Düsseldorf organisiert, und die Tradition der Vereine reicht teilweise bis ins 14. Jh. zurück. Zum Schützenfest gehört auch die große Kirmes auf den Rheinwiesen zwischen Rheinkniebrücke und Oberkasseler Brücke. Drei Millionen Besucher aus allen Teilen Nordrhein-Westfalens lockt das neuntägige Spektakel der »größten Kirmes am Rhein« alljährlich an, allein rund 500 000 zum großen Feuerwerk am Freitagabend vor Abschluß des Fests.

Gegen Hunger und Durst

Das bevorzugte Getränk der Düsseldorfer ist das dunkle, obergärige Altbier, das meist aus 0,2-l-Gläsern getrunken wird. Es gibt bekannte Großbrauereien wie Gatzweiler, Schlösser und Frankenheim, aber nach wie vor auch kleine Hausbrauereien mit eigenem Ausschank, z. B. »Zum Uerige« (Berger Straße 1), »Im Goldenen Kessel« (Bolkerstraße 44) und »Im Füchschen« (Ratinger Straße 28). Hier lassen sich die Düsseldorfer zum Alt ein halbes Roggenbrötchen mit Mainzer Käse, »halve Hahn« genannt, oder »Flönz met Mostrich on Öllich« schmecken, also Blutwurst mit scharfem Löwensenf und Zwiebeln. Für den größeren Hunger empfehlen sich rheinische Spezialitäten wie »Himmel und Erde« (Apfel- und Kartoffelbrei mit gebratener Blutwurst), »Rievekooche« (Reibekuchen aus Kartoffeln) oder »Hämmchen« (Eisbein).

Hinter Kaiserteich und Schwanenspiegel mit ihren grünen Ufern liegen die Regierungsbauten, und hoch in den Himmel streckt sich der Rheinturm, von dem aus man weit über Altstadt und Rhein sieht.

Messe, Flughafen, B 8 Duisburg 29 30 31
A 52, AB-Kreuz Breitscheid
AB-Kreuz Kaarst
AB-Kreuz Kaarst
AB-Dreieck Neuss
AB-Kreuz Düsseldorf-Süd
PEMPELFORT
OBER-
KASSEL
ALTSTADT
KARLSTADT
STADTMITTE
Rhein
Oberkasseler Brücke
Rheinkniebrücke
Klever Str.
St. Adolfus
Pfalzstr.
Oberlandes-
gericht
Cecilienallee
Robert-Lehr-Ufer
Emmericher Str.
Alter
Fried-
hof
Bezirks-
regierung
Sittarder Str.
Fischerstr.
Kaiserswerther Str.
Cordoba-
str.
Schwerinstr.
Nordstr.
Gebenstr.
Gneisenaustr.
Blücher-
str.
Parkstr.
Venloer Str.
Marschallstr.
Nettelbeck-
str.
Moltkestr.
Annastr.
Schloßstr.
Hl. Geist-K.
Wolkerstr.
Carl-
Mosterts-
Platz
Prinz-Georg-Str.
Reformations-
K.
Derendorfer Str.
Winkels-
felder Str.
Stockkamp-
str.
Landes-
bildstelle
Franklinstr.
Rheinterrassen
Viktoria-
platz
Stadt-
halle
Kunstmuseum
23
Robert-
Schumann-
Saal
Ehren-
hof
22
Hofgartenufer
Tonhallenufer
Scheibenstr.
Schäferstr.
Arnold-
str.
Freiligrathstr.
Kaiserstr.
Kapellstr.
Feldstr.
Sternstr.
Duisburger Str.
Marien-
hospital
Rochus-
str.
Ehrenstr.
Bongard-
str.
B.-
Schmittmann-
Str.
Camphausen-
str.
St.
Rochus
Bagelstr.
Inselstr.
21
Landesmuseum
Oederallee
Tonhalle
20
Hof-
garten
Kloster
Rosenstr.
Taubenstr.
Mozartstr.
Vagedesstr.
Rochusstr.
Hofgartenrampe
Gartenstr.
Alt-
Pempelfort
Schloß
Jägerhof
24
Malkastenstr.
Fr.-Roeber-Str.
Eiskeller-
berg
Kunst-
akademie
Eiskellerstr.
Reuterkaserne
Mühlen-
g.
Ratinger
Tor
19
Maximilian-Weyhe-
Allee
Finanz-
Min.
Jägerhofstr.
Jacobistr.
Malkasten
Dumont-Lindemann-
Archiv
Hof-
garten
Nördl. Düssel
Goltsteinstr.
L.-Dumont-Str.
Schloßufer
Ritterstr.
Ratinger Str.
Kreuzh.-
K.
Altestadt
1
St. Lambertus
Land-
gericht
Liefergasse
Neubrückstr.
P.-Klee-
Pl.
Kunst-
sammlung
18
Lands-
krone
A.-
Thyssen-
Str.
25
Schauspiel-
haus
26
Am Wehrhahn
Stifts-
pl.
Wimmerg.
Grabbe-
platz
St.
Andreas
Schloß-
turm
2
Burg-
platz
Mühlenstr.
Stadt-
haus
3
Kunsthalle
Deutsche
Oper
17
Heinrich-Heine-Allee
Hofgartenstr.
Thyssen-
Haus
G.-
Gründgens-
Platz
Bleich-
str.
Schadowstr.
Tonhallenstr.
Oststr.
Kurze
Str.
Mertensg.
Andreas-
str.
4
Neander-
K.
Hunsrückenstr.
Neustr.
Cornelius-
pl.
Jan-
Wellem-
Platz
Rathaus
6
Markt-
pl.
7
Bolkerstr.
5
Schn.-
Wibbel-
G.
Elberf.
Str.
Schadow-
platz
Schadowstr.
Wagnerstr.
Liesegangstr.
Leopoldstr.
St. Mariä
Empfängnis
Zoll-
str.
Rathausufer
Rhein-
ort
Rheinstr.
Marktstr.
Berger Str.
Flingerstr.
Körner-
Str.
Königsallee
Blumenstr.
Ernst-
Schneider-
Pl.
Börse
Klosterstr.
Immermannstr.
Hohenzollernstr.
Alte
Berger
K.
Wall-
str.
Mittelstr.
16
Grabenstr.
Trinkaus-
str.
Johannes-
K.
Königstr.
M.-
Luther-
Pl.
Berliner Allee
Marienstr.
Kloster
Akad.-
Str.
11
Schulstr.
Hetjens-
Mus.
St. Maximilian
Karl-
platz
Justiz-
Min.
Josephinen-
str.
Pl.
d. Dt.
Einheit
Kreuzstr.
Max-
pl.
Citadellstr.
10
Benrather
Str.
Steinstr.
Steinstr.
Bismarckstr.
Kö-Galerie
Bäcker-
str.
Rheinwerft
Medici-
Pl.
12
Stadt-
museum
8
9
Kulturzentrum
Breite Str.
Kasernenstr.
15
Friedrich-Ebert-Str.
Mannesmannufer
Bastionstr.
Hohe
Str.
Poststr.
Grünstr.
Stadt-
bad
Stresemannstr.
Oststr.
Grupellostr.
Charlottenstr.
Bismarckstr.
Karlstr.
Berger Allee
13
Spee's
Graben
Bilker
Str.
Huschberger-
str.
Alexander-
str.
Rhein-
park
Karltor
Südstr.
S.-
Klein-
Str.
K.-
Theodor-Str.
Bahnstr.
Bahn-
str.
Stresemannstr.
Staats-
kanzlei
Wirtschafts-
Min.
Schwanen-
markt
14
Adolf-Str.
28
Landtag
Horion-
platz
Haroldstr.
Haroldstr.
Graf-Adolf-
Platz
Graf-Adolf-Str.
Graf-
Stresemann-
platz
Innen-
Min.
Völklinger Str.
Stromstr.
Kavallerie-
str.
Schwanen-
spiegel
Adersstr.
Kammer-
spiele
Hüttenstr.
K.-Rudolf-
Str.
Minitropstr.
Hubertusstr.
Wasserstr.
Kaiser-
teich
Elisabethstr.
Min.
Friedrichstr.
Luisenstr.
Corneliusstr.
Ernst-
Reuter-
Platz
Adersstr.
Luisenstr.
Neusser Str.
Polizei-
Präs.
Jürgensplatz
Konkordia-
str.
Reichsstr.
Ständehaus-
str.
27
Ständehaus
Talstr.
Jahnstr.
Hüttenstr.
Pionierstr.
Scheurenstr.
Helmholtzstr.
G.-Poensgen-Str.
Herzogstr.
© Lexikographisches Institut

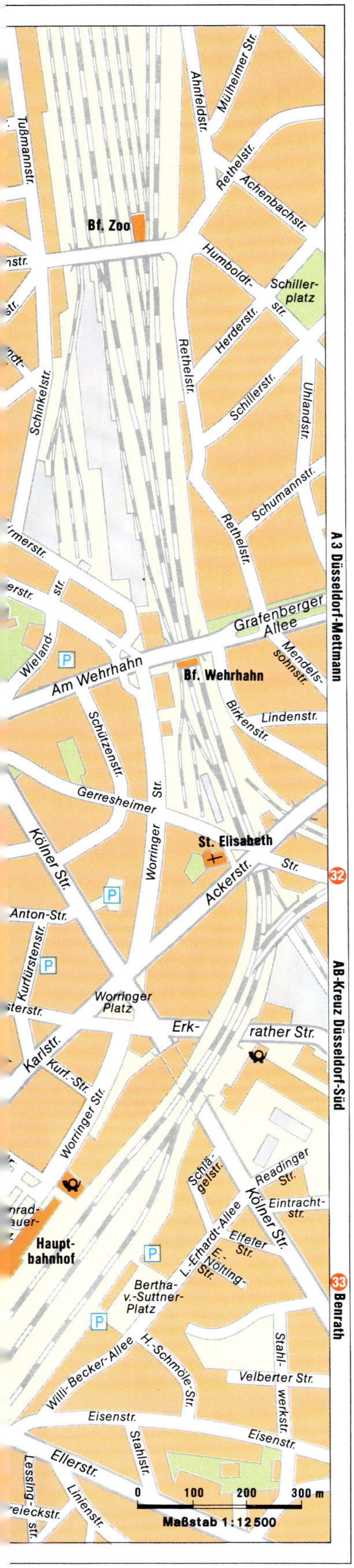

Stadtrundgang

In den Tiefgaragen Dammstraße (südlich des Marktplatzes 7) und Grabbeplatz (unter der Kunstsammlung 18) läßt sich preisgünstig parken. Wer den Abstecher am Schauspielhaus 26 vorbei zum Jagdschloß Jägerhof 24 und durch den Schloßgarten machen will, sollte sich auf vier Stunden Weg einrichten. Ansonsten genügen drei Stunden; eine weitere Stunde läßt sich einsparen, indem man am Karlplatz über die Benrather Straße zur Kö 15 geht. Gegen Hunger und Durst sei dem Stadtwanderer der »Benrather Hof« auf der Kö empfohlen; es gibt hier preiswerte gutbürgerliche Gerichte und Düsseldorfer Spezialitäten. Wen es nach Besonderem gelüstet, der kommt in der Altstadt auf jeden Fall auf seine Kosten.

Sehenswürdigkeiten

1 *St. Lambertus,* dreischiffige Hallenkirche des 13./14. Jh. Zur gotischen Ausstattung zählen der figurenreiche Sakramentsturm (1475–79), das Grabmal der Gräfin Margarethe von Berg (1388) und das »Schöne Vesperbild« von 1395. Das Grabmal Herzog Wilhelms V. von Gerhard Scheben (1595–99) ist ein hervorragendes Zeugnis des rheinischen Manierismus. Zum Kirchenschatz gehört ein Kopfreliquiar des hl. Vitalis aus vergoldetem Silber (um 1160).

2 *Schloßturm,* Überrest der Burg der Grafen von Berg aus dem 13. Jh., die im 16. Jh. zur herzoglichen Residenz umgebaut wurde. Sitz des *Schiffahrtmuseums:* Vom Römerschiff bis zur Schubschiff-Einheit reicht das Spektrum der 120 Schiffsmodelle aus über 1000 Jahren; dazu Kranmodelle (Di–So 10–17 Uhr).

3 *St. Andreas,* nach dem Vorbild der Hofkirche in Neuburg/Donau 1622–29 im römisch-süddeutschen Barockstil erbaute dreischiffige Hallenkirche mit zwei Türmen (1637 vollendet). Die Stuckdekoration in Weiß und Gold des Straßburgers Johann Kuhn bestimmt nebst den Emporen den Raumeindruck. Dem Chor wurde 1667 ein Mausoleum für die Neuburger Pfalzgrafenlinie hinzugefügt; in dem kuppelgewölbten Zentralraum befindet sich u. a. der Sarkophag des Kurfürsten Johann Wilhelm, genannt Jan Wellem (1690–1716).

4 *Neanderkirche,* tonnengewölbter Saalbau mit Emporen, 1683–87 als reformierte Pfarrkirche erbaut, Ausstattung von 1849/50.

5 *Geburtshaus Heinrich Heines,* 1950 wiederaufgebautes Gebäude; beherbergt die Gaststätte »Heines Bierakademie« mit Erinnerungsstücken an den berühmten Dichter.

6 *Altes Rathaus,* 1570–73 von Heinrich Tussmann erbauter dreigeschossiger Backsteinbau mit geschweiften Giebeln und achteckigem Treppenturm. 1749 wurden Portal, Balkon und andere Teile in spätbarocken Formen ergänzt (Führungen Mi 15 Uhr und nach Vereinbarung, ☏ 8 99-31 11).

7 *Reiterstandbild Kurfürst Johann Wilhelms* (1703–11), eines der bedeutendsten deutschen Reiterdenkmäler der Barockzeit, Hauptwerk des Bildhauers Gabriel Grupello.

8 *Conzen-Sammlung,* Originalrahmen von der Gotik bis zum Jugendstil, Fayencen, Düsseldorfer Ansichten aus fünf Jahrhunderten, Wohnkultur (Mo–Fr 9–18 Uhr, Sa, So nach Vereinbarung).

9 *Heinrich-Heine-Institut;* Dauerausstellung »Heine und seine Zeit«; Dokumente zu wichtigen Persönlichkeiten der Region (Di–So 11–17 Uhr).

10 *St. Maximilian,* 1735–37 errichteter Backsteinbau mit Walmdach und Dachreiter; dreischiffige Hallenkirche mit Stuckausstattung von 1766. Bronzenes Adlerpult von 1449. Die Stuckdecke im anschließenden Refektorium zeigt Szenen aus dem Leben des hl. Antonius (erste Hälfte des 18. Jh.).

11 *Hetjens-Museum, Deutsches Keramikmuseum,* im urspr. barocken Palais Nesselrode (18. Jh.). Die Keramiksammlung des Düsseldorfers Laurenz Heinrich Hetjens (1830–1906) wurde nach Übereignung an die Stadt Düsseldorf vielfältig erweitert. Acht Jahrtausende Kulturgeschichte: Keramik aus dem Vorderen Orient, von den frühen Mittelmeerkulturen und aus Ostasien, italienische und spanische Majolika, römische und mittelalterliche Irdenware, größte deutsche Steinzeugsammlung, Fayencen, Porzellan, Jugendstil, moderne Keramik u. a. (Di–So 11–17 Uhr).

12 *Stadtmuseum,* unter denkmalpflegerischen Gesichtspunkten renoviertes einstiges Palais der Grafen von Spee: Vor- und Frühgeschichte; Geschichte, Kunst und Wohnkultur der Stadt; Situation der Künstler seit dem Ersten Weltkrieg; Düsseldorf und Nationalsozialismus (Di, Do, Fr, So 11–17, Mi 11–20, Sa 13–17 Uhr).

13 *Mannesmann-Hochhaus und -Verwaltungsgebäude;* das 22geschossige Hochhaus, 1956–58 von Paul Schneider-Esleben errichtet, greift den Grundgedanken des benachbarten, 1911/12 von Peter Behrens errichteten Mannesmann-Verwaltungsgebäudes auf. In beiden Fällen ermöglicht eine Stahlskelett-Konstruktion die variable Raumnutzung in den einzelnen Geschossen. Das Verwaltungsgebäude war mit der Abkehr von gründerzeitlicher Fassadengestaltung richtungweisend für eine funktionsorientierte Bauweise. Vor dem Hochhaus die »Raumplastik« aus Edelstahl von Norbert Kricke (1961).

14 *Heinrich-Heine-Denkmal,* von Bert Gerresheim am Schwanenmarkt im Jahr 1981 errichtet.

15 *Königsallee,* 1802–04 entstandene, mehr als 80 m breite Prachtstraße mit einem Wassergraben in der Mitte. Hier sind neben einer Vielzahl eleganter Geschäfte und Passagen auch das 1907–09 von Joseph Maria Olbrich für die Firma Tietz erbaute Warenhaus, heute »Kaufhof«, sowie das Girardet-

haus zu finden, 1906/07 von Hermann von Endt errichtet.

16 *Wilhelm-Marx-Haus,* 1922–24 von Wilhelm Kreis errichtetes Hochhaus, eins der ersten in Deutschland; die Eisenbetonkonstruktion ist mit Werkstein und Backstein verblendet. An einen sechsgeschossigen Winkelbau lehnt sich ein zwölfgeschossiger Eckturm an.

17 *Deutsche Oper am Rhein,* 1873–75 errichteter Bau, im Zweiten Weltkrieg beschädigt, 1954/55 vollständig umgebaut; Neueröffnung 1956.

18 *Kunstsammlung Nordrhein-Westfalen;* der 1986 vollendete geschwungene Bau des dänischen Architekten Otto Weitling, mit schwarzglänzendem Marmor verkleidet, beherbergt eine herausragende Sammlung moderner Kunst ab dem frühen 20. Jh.: Sonderabteilungen für Paul Klee und Julius Bissier; ferner Fauvismus, Expressionismus, Kubismus, Pittura metafisica, Dadaismus, Surrealismus, Bauhaus, Konstruktivismus, École de Paris, Action Painting, Pop Art (Di–So 10–18 Uhr).

19 *Ratinger Tor,* 1811–15 von Adolph von Vagedes erbaute Toranlage, aus zwei gegenüberliegenden Wachhäusern mit dorischer Säulenordnung bestehend.

20 *Tonhalle,* zum Ehrenhof-Ensemble 22 gehörendes expressionistisches Klinkergebäude, ein überkuppelter Rundbau auf quadratischem Sockel, urspr. Planetarium, 1975–78 zum Konzerthaus umgebaut. In der Kuppel des holzverkleideten Konzertsaals »Hohlspiegelplastik« von Adolf Luther, im Foyer »Stalaktitenfeld« von Günther Uecker.

21 *Landesmuseum Volk und Wirtschaft,* zum Ehrenhof-Ensemble 22 gehörend; mit zahlreichen kommunikativen Techniken werden Vorgänge und Zusammenhänge in Wirtschaft und Gesellschaft verdeutlicht (Mo, Di, Do, Fr 9–17, Mi 9–20, So 10–18 Uhr; Führungen nach Vereinbarung, ☏ 44 61 08).

22 *Ehrenhof,* für die Gewerbeausstellung »Gesolei« (Gesundheitspflege, soziale Fürsorge und Leibesübungen) von Wilhelm Kreis 1925/26 errichtetes Gebäude-Ensemble, bestehend aus Tonhalle 20, Landesmuseum Volk und Wirtschaft 21, Kunstmuseum 23 und Kunstpalast. Aufmerksamkeit verdienen die auf dem Areal verteilten Skulpturen: »Aufsteigender Jüngling« von Georg Kolbe, »Nubierin« von Bernhard Sopher (1925), »Plastische Säule« von Karl Hartung (1963) u. a.

23 *Kunstmuseum,* zum Ehrenhof-Ensemble 22 gehörendes Gebäude, 1979–85 erneuert und erweitert. Bedeutende Sammlung europäischer Kunst vom Mittelalter bis zur Gegenwart, besonders deutscher Kunst des 19. und 20. Jh. mit Malerei, Grafik, Skulptur, sakraler Kunst, Kunsthandwerk, Kunstgewerbe, Industrie-Design (Di–So 11–17 Uhr).

24 *Goethe-Museum im Schloß Jägerhof,* einem 1752–63 von Johann Josef Couven und Nicolas de Pigage erbauten spätbarocken Schloß, das im Zweiten Weltkrieg schwere Schäden erlitten hat. Den Kern der Museumsbestände bildet die Sammlung des Verlegers Anton Kippenberg (1874–1950), die inzwischen auf fast 35 000 Exponate erweitert wurde: Originalzeugnisse zu Goethes Leben und Zeit, darunter Autographen, Erstdrucke, Kunstwerke und vieles andere (Di–Fr, So 11–17, Sa 13–17 Uhr).

25 *Thyssen-Hochhaus,* 1957–60 von Helmut Hentrich und Hubert Petschnigg errichteter Bau, ein neues Wahrzeichen Düsseldorfs. Die hohen und gegeneinander versetzten Baukörper haben dem wegen seines Eindrucks von Schwerelosigkeit gerühmten Gebäude die Bezeichnung »Dreischeibenhaus« eingetragen. An der dem Hofgarten zugewandten Seite eine Stahlplastik von Eduardo Chillida (1971).

26 *Schauspielhaus;* von Bernhard Pfau 1968–70 errichtet, nimmt der in runden Formen gestaltete Bau zwei Theater auf, die durch ein zum Hofgarten und zum Gustaf-Gründgens-Platz hin verglastes Foyer verbunden sind.

27 *Ständehaus,* 1876–80 von Julius Raschdorff errichteter Gründerzeitbau, seit 1990 Sitz der nordrhein-westfälischen Landesregierung. Vor dem Gebäude der Brunnen »Vater Rhein und seine Töchter« von Carl Janssen und Johannes Tüshaus (1897).

28 *Rheinturm,* mit 234,2 m höchstes Bauwerk Düsseldorfs (1982 fertiggestellt) mit schöner Aussicht auf die Altstadt, den Rhein und die Düsseldorfer »Brückenfamilie«; zwei Restaurants.

29 *St. Suitbertus,* dreischiffige romanische Pfeilerbasilika mit Querschiff in Kaiserswerth, in der zweiten Hälfte des 12. Jh. entstanden, der Chor zwischen 1230 und 40. Das Äußere wie das Innere werden vom Gegensatz zwischen dem schmuckfreudigen Chor und dem Ernst des romanischen Langhauses bestimmt. Zum Kirchenschatz gehört der Schrein des hl. Suitbertus: Der 1,60 m lange Kasten mit Satteldach, ein Meisterwerk der Goldschmiedekunst des 13. Jh., zeigt auf vergoldeten Kupferplatten vorzüglich gearbeitete Figuren.

30 *Kaiserpfalz Kaiserswerth,* schon zu salischer Zeit bedeutsame, von Kaiser Friedrich Barbarossa 1174–84 neu erbaute Burg auf einer künstlich angelegten Rheininsel. 1689 von kaiserlichen Truppen im Krieg gegen Frankreich eingenommen und 1702 gesprengt. Erhalten geblieben ist die Außenmauer des Palasgebäudes – 50 m lang, 13 m hoch und 6 m dick – sowie Mauerzüge der Hauptburg und der Vorburg.

31 *Schloß Heltorf,* bestehend aus einer dreiflügeligen Vorburg, einem Torturm von 1696 und einem klassizistischen Herrenhaus, 1822–27 von Heinrich Theodor Freyse erbaut. Der Gartensaal wurde 1825–41 von Künstlern der Düsseldorfer Akademie mit Szenen aus dem Leben Friedrich Barbarossas ausgemalt. Die neuromanische Kapelle entstand 1854, die neugotische Bibliothek 1870.

32 *St. Margaretha* in Gerresheim, 1236 geweihte kreuzförmige spätromanische Basilika von äußerlich strenger Wirkung mit achteckigem Vierungsturm. Der wenig gegliederte Innenraum vermittelt mit seiner erneuerten Ausmalung einen harmonischen Eindruck. Zur Ausstattung gehören ein überlebensgroßes Kruzifix aus dem 10. Jh. sowie eine Muttergottesstatue (Anfang 16. Jh.).

33 *Schloß Benrath,* 1756–80 von Nicolas de Pigage für Kurfürst Karl Theodor geschaffene und mit einem Park umgebene Sommerresidenz auf rechteckigem Grundriß, eines der schönsten Beispiele für den Übergang vom Rokoko zum Klassizismus. Zur Anlage gehören zwei Kavaliershäuser, die das Schloß flankieren. Die gesamte Schloßanlage bildet das *Stadtmuseum Schloß Benrath* mit Sammlungen, die auf das Bauwerk und den Bauherrn bezogen sind, u. a. Intarsienmöbel, Frankenthaler Porzellan, Lapidarium, Modelle der Vorgängerbauten, Baudokumentation (Di–So 10–17 Uhr). Außerdem *Naturkundliches Heimatmuseum* mit Darstellung der Naturgeschichte der niederrheinischen Bucht und des niederbergischen Landes; über 1000 präparierte Vögel der Region (Di–So 10–17 Uhr).

Prachtentfaltung in geordneter Symmetrie bestimmt diesen Raum des spätbarocken Schlosses Benrath im Süden von Düsseldorf.

halben Quadratkilometer Platz. Das sind 10 % der Düsseldorfer Lokale auf einem kleinen Teil der Stadtfläche. Viele Millionen Besucher drängen sich jährlich an der angeblich »längsten Theke der Welt«. Der Gast wird hier mit einer Reihe von Eigenheiten konfrontiert. Beispielsweise dem Köbes, jenem blaugewandeten Bierkellner, der für die urigen, bodenständigen Brauereilokale typisch ist. Freundlich-barsch und schlagfertig sind die richtigen Köbesse, die ihren Namen übrigens der Dialektform von Jakob verdanken, ohne daß jemand zu sagen weiß, wie es dazu kam.

Schon Jan Wellem liebte Kunst und wußte gut zu leben

Königsallee ⑮ und Altstadt – die gediegene Eleganz der modernen Einkaufsstraße und die polternde Fröhlichkeit des bodenständigen Vergnügungsviertels, aus dem Sex-Etablissements jeder Art bisher verbannt blieben: Das sind die beiden Seiten einer Stadt, die einander ergänzen.

Auf die Lebenskunst verstehen sich die Düsseldorfer, die ihre Stadt auch heute noch mit dem Titel »Klein-Paris« schmücken. Dazu paßt, daß hier auch die Kunst zu Haus ist. Nur einen Steinwurf von der Königsallee entfernt und direkt am Altstadtrand findet sich der jüngste augenfällige Beleg dafür: das 1986 eröffnete, glänzend-schwarz verkleidete Museum, das die Kunstsammlung des Landes Nordrhein-Westfalen ⑱ beherbergt. Der von dem dänischen Architekten Otto Weitling konzipierte Bau findet nicht weniger Beachtung als die Sammlung von Weltrang, für die er geschaffen wurde. Auf der gegenüberliegenden Seite steht der nüchterne Betonklotz der Städtischen Kunsthalle, die sich mit Sonderausstellungen einen Namen gemacht hat.

Das Ansehen Düsseldorfs als Kunststadt begründete der ebenso populäre wie trinkfeste Kurfürst Johann Wilhelm (1690–1716), dessen bronzenes Reiterstandbild ⑦ vor dem Alten Rathaus ⑥ steht. Jan Wellem, wie der Monarch bis heute in Düsseldorf heißt, schuf eine der bedeutendsten Kunstsammlungen seiner Zeit. Da er Wittelsbacher war, wurde seine Gemäldegalerie nach seinem Tod Objekt eines erbitterten Erbstreits, den die Bayern gewannen. In München hängen heute die meisten der Werke, die im 17. und frühen 18. Jh. in Düsseldorf zusammengetragen wurden.

Die Kunststadt macht es ihren Künstlern manchmal schwer

Den Ruf Düsseldorfs als Kunststadt führte die 1777 gegründete Kunstakademie fort, deren 1879 errichtetes Domizil am Rheinufer steht. Hier wirkten im frühen 19. Jh. die bedeutenden Künstler der »Düsseldorfer Malerschule«, hier war Joseph Beuys (1921–86) nach dem Zweiten Weltkrieg Schüler und seit 1961 Lehrer, bis der damalige Wissenschaftsminister Nordrhein-Westfalens, Johannes Rau, dem Quergeist 1972 den Professorenstuhl vor die Tür setzte. Beuys, im niederrheinischen Kleve

»Eene Penning«

Zum Stadtbild Düsseldorfs gehören die Radschläger, auch wenn ihre Zahl in den letzten Jahren leider zurückgegangen ist. Besonders in der warmen Jahreszeit, wenn die Straßencafés in der Altstadt und an der Kö ⑮ gut besucht sind, springen die Knirpse mit akrobatischer Behendigkeit seitwärts auf die Hände und lassen ihren Körper wie ein Rad rotieren. Dann tönt es: »Eene Penning fört Rad« (einen Pfennig fürs Rad). Das Radschlagen soll so alt wie die Stadt sein, doch hat auch vor diesem traditionsreichen Brauch die Geldentwertung nicht Halt gemacht: Kupfermünzen wollen die Knirpse nicht mehr, ein paar Groschen sollten's schon sein!

Die Radschläger haben Tradition in Düsseldorf: Der Brauch wird schon 1580 erwähnt. Heute pflegen ihn Vereine und Schulen. Zur Brauchtumspflege könnten Sie »eene Penning« springen lassen!

Löbbecke-Museum und Aquazoo
Der Privatgelehrte Theodor Löbbecke hat im 19. Jh. 150 000 Meeres-Gehäuseschnecken zusammengetragen, die den Grundstock eines einzigartigen Museums bilden, dem später ein Aquarium angegliedert wurde. Der Neubau des Löbbecke-Museums (1987) im Nordpark umfaßt eine Pinguinanlage und eine über 400 m^2 große Tropenhalle, Landschaftsaquarium, Landschaftsterrarium, eine Darstellung der Entwicklungs- und Stammesgeschichte des Lebens, Schmetterlinge, Käfer und Insekten, Mineralien und die Sammlung von Tierplastiken des Bildhauers Josef Pallenberg. Man fährt mit den Straßenbahnlinien 79, 711 oder 718 ab Hauptbahnhof oder Jan-Wellem-Platz.

Gartenschloß und Sprachgrenze
Als Benrath 1929 der Stadt Düsseldorf eingemeindet wurde, brachte die Stadt damit eines der schönsten Gartenschlösser des 18. Jh. in ihren Besitz 33. Nicolas de Pigage schuf in der zweiten Hälfte des 18. Jh. eine Anlage, die als besonders schönes Zeugnis spätbarokken Geschmacks im Übergang zum Klassizismus gilt. Bomben richteten 1945 schwere Schäden an. In neunjähriger Arbeit ist Schloß Benrath für über 24 Millionen Mark restauriert worden. Seit 1983 sind die prächtigen Säle als Museum dem Publikum zugänglich, das in parkettschonenden Filzpantoffeln über die Böden gleitet (zu erreichen mit den Straßenbahnlinien 701, 717 bis Schloß oder Urdenbacher Allee). Durch Benrath verläuft die Linie, die den norddeutschen vom süddeutschen Sprachraum trennt. Die von den Sprachwissenschaftlern oft zitierte Benrather Linie wird wegen des Hauptunterscheidungs-Merkmals ironisch auch als »maken-machen-Linie« bezeichnet.

Die Tonhalle, früher ein Planetarium, genügt höchsten Ansprüchen.

geboren, blieb Düsseldorfer bis zu seinem Tod; aber der wohl berühmteste zeitgenössische Künstler der Bundesrepublik durfte, bizarre Ironie, seine Professur in seiner Stadt nicht mehr ausüben.

Von der Kunstakademie sind es wieder nur ein paar Schritte zum Tonhallenufer. Blickfang direkt an der Rampe der Oberkasseler Brücke ist der Kuppelbau der Tonhalle 20. Das charakteristische Gebäude mit dem Kupferdach wurde ebenso wie die sich nördlich anschließenden Museumsbauten 1925/26 von Professor Wilhelm Kreis, dem damaligen Leiter der Architekturabteilung der Kunstakademie, geschaffen. Im Kunstmuseum 23 werden viele Schwerpunkte gepflegt: Malerei, Grafik, Plastik und Kunstgewerbe – hier ist vor allem die Glaskollektion zu erwähnen.

Die bedeutende Keramiksammlung des Hetjens-Museums 11 wurde, weil sie den Rahmen sprengte, aus dem Kunstmuseum ausgegliedert und fand in der Altstadt im Palais Nesselrode eine neue Unterkunft. Der Kunstpalast, im Ehrenhof 22 gegenüber dem Kunstmuseum 23 gelegen, wird überwiegend für Wechselausstellungen genutzt. Nimmt man die rund 150 Kunsthändler und Galeristen Düsseldorfs hinzu, dann wird deutlich, wie vielfältig und aufregend die Kunstszene der Stadt ist.

In der Kunsthalle hat auch das literarisch-politische Kabarett »Kom(m)ödchen« mit Lore und Kai Lorentz sein ständiges Domizil gefunden. »Datt Lore« wird die Grande Dame des deutschen Kabaretts von den Düsseldorfern liebevoll genannt, doch geht die Stadt mit den Repräsentanten ihrer Kultur keineswegs immer so freundlich um.

Nicht nur der Rauswurf des Künstlers Joseph Beuys ist ein Beispiel dafür, ähnlich unrühmlich war der lange Namensstreit um den Lyriker und Journalisten Heinrich Heine, dessen Wiege im Herzen der Altstadt stand. Erst zum 700jährigen Stadtjubiläum im Jahr 1988 fand sich in der Universität eine Mehrheit für eine Benennung nach dem berühmten Sohn der Stadt, der bis zum 19. Lebensjahr in Düsseldorf die Schule besuchte. Da tun sich andere leichter. In der Bolkerstraße, dem Kernstück der Altstadt, wurde das Bierlokal in Heines wieder aufgebautem Geburtshaus 5 kurzerhand »Heines Bierakademie« getauft.

Stadtbild mit Akzenten

Immerhin, eine Allee hat man ihm bereits seit längerem zugestanden. Sie führt direkt ins Herz der Stadt, durchschneidet die City zwischen Königsallee 15 und Altstadt. An der Heinrich-Heine-Allee steht das Ratinger Tor 19, und sie führt am Opernhaus 17 vorbei, in dem sich 1946 der von den Alliierten eingesetzte nordrhein-westfälische Landtag zu seiner ersten Sitzung traf. Das »Kopfende« der Allee bildet das nach einem Bürgermeister der 20er Jahre benannte Wilhelm-Marx-Haus 16 mit seiner roten Sand- und Bruchsteinfassade. Das 56 m hohe Gebäude, 1924 fertiggestellt, wurde steinerner Ausdruck der aufstrebenden Stadt des frühen 20. Jh. Daneben steht das Carsch-Haus, vormals ein Textilkaufhaus. Als in den 70er Jahren die U-Bahn durch die City gebaut wurde, mußte der Bau am Altstadtrand weichen, doch ein in Düsseldorf ansässiger Kaufhauskonzern baute ihn, um 30 m versetzt, wieder auf und betreibt heute hinter den alten, von polnischen Restaurateuren neugestalteten Fassaden ein neues Kaufhaus.

Vor dem Backsteinbau des Alten Rathauses wacht das Reiterstandbild des Kurfürsten Johann Wilhelm, in Düsseldorf bekannt als Jan Wellem, über die Stadt.

Verwaltungsbauten prägen neben den vielen der Kultur dienenden Gebäuden das Bild der Stadt und schlagen die Brücke über ein ganzes Jahrhundert. Repräsentativ sind die beiden wilhelminischen Bauten an der Cecilienallee, die heute das Oberlandesgericht und das Regierungspräsidium beherbergen. Wer von dort aus die Innenstadt durchstreift, stößt immer wieder auf bekannte, außergewöhnliche oder zumindest augenfällige Beispiele der Architektur seit dem späten 19. Jh. Das »Dreischeibenhaus« ㉕ des Thyssen-Konzerns ist bereits zum Denkmal ernannt. Beachtenswert sind auch das mit Jugendstilelementen bestückte Gebäude des Kaufhofs an der Kö ⑮ und der Stahlhof von 1908. Rund um die Innenstadt stehen weitere Verwaltungshochbauten, die Ausdruck sowohl der wirtschaftlichen Schwerpunkte der Stadt als auch der Architektur der 70er Jahre unseres Jahrhunderts sind. Das RWI-Haus zählt dazu, die Verwaltung der Landesversicherungsanstalt und der charakteristische »Rampenbau« des Versicherungskonzerns ARAG.

Dezenter wird seit Anfang der 80er Jahre gebaut. Dafür liefert der Neubau des Victoria-Hauses auf dem ehemaligen Messegelände den Beleg. Eine Dominante unmittelbar im Zentrum wurde 1986 von der Landeszentralbank gesetzt. Der über 73 m hohe Bau an der Berliner Allee stellt das benachbarte Haus der Börse deutlich in den Schatten.

Das Extravagante setzt sich durch

Am Südrand der City, in der kleinen Parkidylle des Schwanenspiegels gelegen, findet sich das ehemalige Ständehaus ㉗, im 19. Jh. Treffpunkt der Ständevertreter der damaligen preußischen Rheinprovinz. Seit 1990 dient der sandsteinverkleidete Bau der nordrhein-westfälischen Landesregierung als Domizil. Die Parlamentarier und ihre Stäbe arbeiten zu Füßen des 1982 eingeweihten Rheinturms ㉘. Dort entstand seit Anfang der 80er Jahre ein neues Parlamentsgebäude, dessen architektonische Ausgestaltung und Einrichtung ihresgleichen sucht. Aus mehreren ineinander verschränkten Ringen bestehend, bildet es einen weiteren Anziehungspunkt an Düsseldorfs Rheinfront.

An Blickfängen ist das Ufer des Stroms ohnehin reich. Vom Altstadtufer aus begeistert auch die Einheimischen immer wieder der Blick auf die »kleine«, die linksrheinische Seite der Stadt. Vom Kaiser-Wilhelm-Ring im Stadtteil Oberkassel leuchten die Fassaden der Jahrhundertwende in der ganzen Vielfalt des Jugendstils herüber. Auffällig ist das »lila Haus« in der Mitte des Straßenzugs, das um 1970 die Kommunalpolitiker in Aufregung versetzte. Eine derart ins Auge stechende Farbgestaltung ging den braven Stadtvätern eigentlich zu weit, aber das Extravagante setzte sich, wie so oft in Düsseldorf, zur Freude (fast) aller durch. Heute ist das »lila Haus« ein Farbtupfer am Rhein, den niemand mehr missen möchte.

Umgekehrt bietet das Altstadtufer den Oberkasselern den Blick auf noch ältere Zeugen der Stadtgeschichte. Die Renovierung des alten Schloßturms ❷ wurde durch eine beispiellose Spendenaktion ermöglicht, an der sich Privatleute und Unternehmen beteiligten. Ganz nahe steht der »verdrehte Turm« der Lambertuskirche ❶, ein weiteres Wahrzeichen der Altstadt. Der Backsteinbau des Theresienhospitals direkt daneben, 1717 als Kloster gebaut, dient heute als Altenkrankenheim.

Wegen ihrer zahlreichen Kneipen wird die Altstadt besonders gerühmt – und was spricht mehr für eine Stadt als Gastlichkeit?

Heiterkeit beim Eishockey

Die Düsseldorfer EG mischt vielleicht nicht auf den ersten Plätzen der Eishokkey-Bundesliga mit, aber sie kann sich eines Publikums rühmen, das seinesgleichen sucht. Bei Heimspielen kennt die Ausgelassenheit der Fans keine Grenzen. Ihre originellen Sprechchöre, ihre Wunderkerzen-Show und ihr Schunkeln schaffen eine unübertreffliche Atmosphäre, die den Besucher oft mehr fasziniert als das gerade laufende Spiel. Es soll schon Gäste gegeben haben, die nach dem Spiel das Ergebnis nicht kannten. Wer die einmalige Sportfete miterleben möchte, sollte sich frühzeitig Karten sichern, denn die 10 500 Plätze des Eisstadions sind oft ausverkauft (☏ 43 35 58).

Mit dem Boot zur Kaiserpfalz

Seit 1929 gehört Kaiserswerth zu Düsseldorf. Jahrhundertelang war es Stützpunkt deutscher Könige und Kaiser. Allein zwischen 1050 und 1257 wurden hier 57 kaiserliche Urkunden ausgestellt. Von der glanzvollen Zeit zeugt immer noch die mächtige Ruine der unter Kaiser Friedrich Barbarossa errichteten Pfalz ㉚. Sehenswert sind auch die romanische ehemalige Stiftskirche St. Suitbertus ㉙, der Kaiserswerther Markt, das Alte Zollhaus und das Pfarrhaus an der Fliednerstraße, die Keimzelle der Kaiserswerther Diakonie. Hier war Florence Nightingale Schwesternschülerin, die sich im Krimkrieg den Namen »Engel der Barmherzigkeit« erwarb und später einen Plan für die militärische und zivile Krankenpflege entwarf. Man erreicht Kaiserswerth auf der Niederrheinstraße Richtung Kalkum/Angermund; ab Hauptbahnhof oder Jan-Wellem-Platz fahren die Straßenbahnen 79 und 711. Im Sommer ist die Fahrt mit dem Rheinbahn-Boot empfehlenswert (☏ 37 50 20).

Moderne Kunst lockt Kinder vor das Mannesmann-Hochhaus.

Tips, Tips, Tips

Wandern, segeln, baden
Düsseldorfs Freizeitparadies ist der Unterbacher See, an der A 46 bei der Ausfahrt Düsseldorf-Unterbach gelegen. 20 km Wanderpfade und 17 km Seerundwege laden zur Erkundung der Landschaft ein. Der See ist ein Dorado für Segler und Surfer. Mit klarem Wasser und weißen Sandstränden locken zwei Strandbäder, eines davon steht auch den FKK-Freunden offen (Bus 738 ab Hauptbahnhof oder 735 ab S-Bahnhof Eller).

Holland ist nicht weit
Eine Ausflugsfahrt auf dem Rhein lohnt immer. Königswinter, St. Goar, Bingen und Cochem an der Mosel sind von Düsseldorf aus bequem erreichbar. Etwas Besonderes ist die ein- bis zweitägige Reise mit den Kabinenschiffen der Köln-Düsseldorfer nach Rotterdam oder Amsterdam (☏ 32 60 72).

Auf Türme herunterschauen
Beim Autobahnkreuz Breitscheid (A 3/A 52) gibt es die Miniaturstadt »Minidomm«. Hier kann sich der Kleinste wie ein Riese fühlen, wenn er über 100 berühmte Bauwerke der Welt im Maßstab 1:25 betrachtet. Neben dem Arc de Triomphe, dem schiefen Turm von Pisa und der Raketenabschußrampe von Cape Canaveral gibt es den Hafen von Bremerhaven, den Flughafen Köln/Bonn, alte Bauernhöfe und vieles andere zu sehen (April–Okt. 9–18 Uhr).

»D'r Zooch kütt«
Spätestens am Rosenmontag, wenn das Fernsehen den Zug überträgt, wird es den Bundesbürgern wieder bewußt: Düsseldorf gehört zu den karnevalistischen Hochburgen am Rhein. Oft säumen über eine Million Zuschauer den Weg von der Altstadt zum Rhein und zur Kö (15), wenn »d'r Zooch kütt« (der Zug kommt). Vier bis fünf Stunden dauert das Riesenspektakel mit rund 60 witzig und phantasievoll geschmückten Wagen, Dutzenden von Kapellen, Fuß- und Reitergruppen und einer Länge von rund 2,5 km. Schon 1825 wurden in Düsseldorf der erste Faschingsprinz gekürt und der erste Rosenmontagszug gestartet – nur zwei Jahre später als in Köln und elf Jahre früher als in Mainz. Heute sind es über 300 Prunksitzungen, Bälle, Empfänge und Kostümfeste, die zwischen dem Karnevalsauftakt am 11.11. um 11.11 Uhr und dem Aschermittwoch in Düsseldorf stattfinden.

Auf Brückenbau versteht man sich in Düsseldorf

Der Rhein ist bis heute ein großes Thema dieser Stadt, die erst mit den Eingemeindungen von 1909 den Fluß nach Westen überschritten hat. Eindrucksvoller Zeuge für Düsseldorfs Lage am Strom ist die von Fachleuten hoch gerühmte »Brückenfamilie«. Jede der drei Schrägseilbrücken hat ihr charakteristisches Profil, ohne die Verwandtschaft mit den anderen zu leugnen. Weltruhm errang die Oberkasseler Brücke – Verbindung der Innenstadt mit den linksrheinischen Vierteln – durch die große Verschiebung 1976. Mit einer bis dahin noch nie erlebten Ingenieurleistung wurde das komplette Bauwerk in zwei Tagen um 50 m rheinabwärts geschoben. Auf Teflonschienen krochen die 12 500 Tonnen des gewaltigen Brückengiganten durchschnittlich einen Millimeter pro Sekunde. Durch die schon vor Baubeginn geplante Aktion gelang es, die Brücke zu bauen, während ihre Vorgängerin weiter den Verkehr über den Rhein bewältigte, bis sie abgerissen wurde.

Unter das Thema »Stadt am Strom« hat Düsseldorf auch die 1987 ausgerichtete Bundesgartenschau gestellt. »Vom Rhein zum Rhein« sollte ein Grüngürtel rund um die erweiterte City geschlossen werden. In Rudimenten war er vorhanden, historisch immer geplant. Von den südlichen Uferstadtteilen Himmelgeist und Itter mit dörflichem Charakter führt der Gürtel über das Gelände der Universität mit dem sehenswerten Botanischen Garten zum Südpark, der für die Gartenschau auf Brachgelände und alten Schrottplätzen geschaffen wurde. Nach Norden schließt sich der Volksgarten aus dem 19. Jh. an, der ebenfalls Teil der Gartenschau war. Diese grüne Lunge der dicht besiedelten alten Arbeiterviertel Bilk und Oberbilk findet ihr Innenstadt-Pendant im feudal-klassischen Hofgarten, der sich an den Stadtkern schmiegt und nicht nur an Wochenenden beliebtes Ausflugsziel ist. Die von Maximilian Weyhe gestaltete Anlage blieb in ihren Grundzügen erhalten. Düsseldorf verdankt sie Napoleon, der die Festungsanlagen der Stadt schleifen und an ihrer Stelle öffentliche Gärten errichten ließ.

Ein Hauch Fernost im Straßenbild

Ein Produkt der 20er Jahre ist Düsseldorfs Nordpark, der den grünen Gürtel wieder an den Rhein führt. Das Löbbecke-Museum mit Aquazoo hat hier sein neues Domizil gefunden, und mit dem Japanischen Garten hat der Park in seinem Nordwestzipfel eine weitere Attraktion, ein

In Düsseldorf gleicht der Karneval einem reißenden Strom, dessen Sog sich niemand entziehen kann – nur hineinspringen hilft!

Geschenk, das »Düsseldorfs Japaner« 1975 ihren Gastgebern spendierten. Keine Stadt in Europa beherbergt nämlich so viele Firmen und Menschen aus dem Land der aufgehenden Sonne. Im Stadtbild sind die Söhne und Töchter Nippons längst selbstverständlich, und das deutsch-japanische Handelszentrum in Bahnhofsnähe setzt einen zusätzlichen Akzent. Darüber hinaus werden Spezialitäten der fernöstlichen Küche von einem Dutzend japanischer Restaurants in der engeren Innenstadt angeboten. Gastliche Häuser sind es, die den traditionellen Service des Inselreichs bieten.

Gastlichkeit – hier treffen sich die Eigenschaften der Japaner und ihrer rheinischen Gastgeber, die sich miteinander sehr wohl fühlen. »Hereinspaziert, Düsseldorf ist geöffnet«, hat ein Zeitungsredakteur geschrieben. Es lohnt sich allemal, dieses Angebot anzunehmen.

Eine Turmuhr besonderer Art
Den Rheinturm (28) gibt es seit 1982. Sein Schaft hat einen Durchmesser von 17,4 m und steht auf 260 Betonpfählen, die durch die vom Rhein abgelagerten Schottermassen bis auf den gewachsenen Boden reichen. Am Turmschaft, der Rheinkniebrücke zugewandt, befindet sich eine senkrechte Reihe runder Lampen, Europas größte Uhr mit Dezimalanzeige. Das Prinzip: Von oben nach unten zeigen die Lampen Zehnerstunden, Einerstunden, Zehnerminuten, Einerminuten, Zehnersekunden und Einersekunden an.

Theater, Musik, Veranstaltungen, Museen

Theater
Deutsche Oper am Rhein (17), Opernhaus, Heinrich-Heine-Allee 16 a. Oper, Operette, Ballett, ☏ 37 09 81/82.
Düsseldorfer Schauspielhaus (26), Gustaf-Gründgens-Platz 1. Klassisches und modernes Schauspiel, Komödie, ☏ 36 30 11. *Kinder- und Jugendtheater* des Düsseldorfer Schauspielhauses, Münsterstr. 446. Märchen und Stücke für drei Altersklassen, ☏ 61 26 86.
Kammerspiele, Jahnstr. 3. Schauspiel, ☏ 37 83 53.
Komödie, Steinstr. 23. Boulevardtheater, ☏ 32 51 51.
Das Kom(m)ödchen, Kunsthalle, Eingang Hunsrückenstr. Literarisch-satirisches Kabarett, ☏ 32 54 28.
Düsseldorfer Marionettentheater, Bilker Str. 7. Märchen, Gastspiele, ☏ 32 84 32.
Puppentheater am Fürstenplatz, Helmholtzstr. 38. Märchen, Lausbubenstücke, Bilderbuchspiele, ☏ 37 13 68.
Theater an der Luegallee, Luegallee 4. Theaterexperimente, Kabarett, Chanson, Gastspiele, ☏ 57 22 22.
JUTA – Junges Theater in der Altstadt, Kasernenstr. 6. Modernes Theater, experimentelle Stücke, politisches Kabarett, ☏ 32 72 10/37.
Die Werkstatt, Börnestr. 10. Tanz- und Maskentheater, Improvisationstheater, Folklore, Lesungen, ☏ 35 82 16, 35 78 12.

Musik
Tonhalle (20), Ehrenhof 1. Sinfoniekonzerte der Düsseldorfer Symphoniker, des Städtischen Musikvereins, des Bachvereins; Konzertzyklen, Kammermusik, Jazzkonzerte, ☏ 8 99-55 40.
Robert-Schumann-Saal, Ehrenhof 4 a. Klassische Musik, Kammermusik, ☏ 8 99-38 29.
Palais Wittgenstein, Kultur- und Bildungszentrum, Bilker Str. 7–9. Kammermusik, Lesungen, ☏ 8 99-61 04.
Hofgartenpavillon an der Reitallee. »Hofgartenkonzerte« (Mai–Sept.) mit volkstümlicher Musik (So 11 Uhr), Jazzkonzerte (Sa 15 Uhr), ☏ 35 05 05.
Neanderkirche (4), Bolkerstr. »Sommerliche Orgelkonzerte« mit Düsseldorfer Solisten und Gästen (Juni–Sept. Mi 18.30 Uhr), ☏ 13 17 72.
Stadtkirche Kaiserswerth, Fliednerstr. 6. Kirchenkonzerte mit Mitgliedern der Düsseldorfer Symphoniker, Orgelvespern (monatl.), Kantatengottesdienste, ☏ 40 12 54.
Matthäi-Kirche, Lindemannstr. »Orgelforum«, Bachkantaten zum Mitsingen, Orgelkonzerte, ☏ 67 35 23.
Philips-Halle, Siegburger Str. 15. Rock-, Pop-Konzerte, ☏ 8 99-36 79.
Orangerie Benrath, Urdenbacher Allee 6. »Benrather Meisterkonzerte« mit Kammermusik, ☏ 74 12 85.
Die Werkstatt, Börnestr. 10. Jazzkonzerte, ☏ 35 82 16, 35 78 12.
Knoten, Kurze Str. 1. Dixieland live (So–Do), ☏ 13 32 20.
Monte Christo, Bleichstr. 1. Musik mit Gitarre und Flöte, Klavier, Geige und anderen Instrumenten, ☏ 35 78 33.
Dr. Jazz, Rheinstr. 5. Dixieland, Boogie, Blues, Swing, ☏ 32 94 63.

Veranstaltungen
Rosenmontag: *Rosenmontagszug* mit geschmückten Wagen, Musikkapellen, kostümierten Fußgruppen durch die Innenstadt.
Jan.: *boot Düsseldorf.* Intern. Bootsausstellung rund um den Wassersport, Messegelände, ☏ 45 60-555.
Juni: *Radschlägerturnier* auf dem Karlplatz. Wettbewerb um den besten jugendlichen Radschläger mit Preisen, ☏ 35 05 05.
Juni: *Düsseldorfer Filmfest* (Spielort: Black-Box, Heinrich-Heine-Platz) mit zeitgenössischen Filmaufführungen. Höhepunkt Filmfete, Open-air-Kino, Filmperformance, ☏ 8 99-29 81.
Mitte Juli: *Großes Schützenfest* auf den Oberkasseler Rheinwiesen. Größte Kirmes am Rhein mit historischem Festumzug und großer Parade im Hofgarten, Armbrustschießen der Schützen-Kompanien, Höhepunkt: großes Feuerwerk, ☏ 35 05 05.
10. Nov.: *St.-Martins-Abend.* Großes Kinderfest mit Martins-Laternenumzug durch die Altstadt und anschließender Mantelteilung am Rathaus, ☏ 35 05 05.

Museen
Conzen-Sammlung, Bilker Str. 5 (im Alten Haus) (s. (8)).
Dumont-Lindemann-Archiv, Theatermuseum der Stadt Düsseldorf, Bilker Str. 12 (Di–So 11–17 Uhr).
Goethe-Museum, Anton-und-Katharina-Kippenberg-Stiftung, Jacobistr. 2 (s. (24)).
Haus des Deutschen Ostens, Bismarckstr. 90. Brauchtum, Wohnkultur und Geschichte des deutschen Ostens, Grafisches Kabinett (tägl. 10–13, 15–21 Uhr).
Heinrich-Heine-Institut, Bilker Str. 14, Heine-Haus (s. (9)).
Hetjens-Museum, Deutsches Keramikmuseum, Palais Nesselrode, Schulstr. 4 (s. (11)).
Kunstmuseum, Ehrenhof 5 (s. (23)).
Kunstsammlung Nordrhein-Westfalen, Grabbeplatz 5 (s. (18)).
Landesmuseum Volk und Wirtschaft, Ehrenhof 2 (s. (21)).
Löbbecke-Museum und Aquazoo, Kaiserswerther Str. 380. Naturwissenschaftliche Darstellungen; Aquarium, Terrarium und Insektarium; Löbbecke-Sammlung: Muscheln, Schnecken, Tintenfische (tägl. 10–18 Uhr).
Naturkundliches Heimatmuseum Benrath, Benrather Schloßallee 102, westl. Schloßflügel (s. (33)).
Schiffahrtmuseum (Abteilung des Stadtmuseums), im Schloßturm, Burgplatz 30 (s. (2)).
Städtische Kunsthalle, Grabbeplatz 4. Wechselausstellungen zur zeitgenössischen Kunst (Di–So 11–18 Uhr).
Stadtmuseum (ehem. Palais der Grafen von Spee), Bäckerstr. 7–9 (s. (12)).
Stadtmuseum Schloß Benrath, Benrather Schloßallee 104 (s. (33)).
Ständige Ausstellung von Oldtimer-Flugzeugen, Flughafen Rhein-Ruhr, Düsseldorf-Lohausen (April–Sept. 8–19 Uhr, Okt.–März 8–18 Uhr).
Stiftung Ernst Schneider, Kunstgewerbe des 18. Jh. – Porzellan und Silber, Schloß Jägerhof, Jacobistr. 2. Meißen und andere Manufakturen, Silber des 18. Jh. aus Augsburg (Di–Fr 11–17, Sa 13–17, So 11–17 Uhr).
Vester's Archiv, Institut für Geschichte der Pharmazie, Schloß Kalkum, Düsseldorf 31. Materialien zum Bild der Apotheke im Wandel der Zeit (nach Vereinbarung), ☏ 38 28 43.

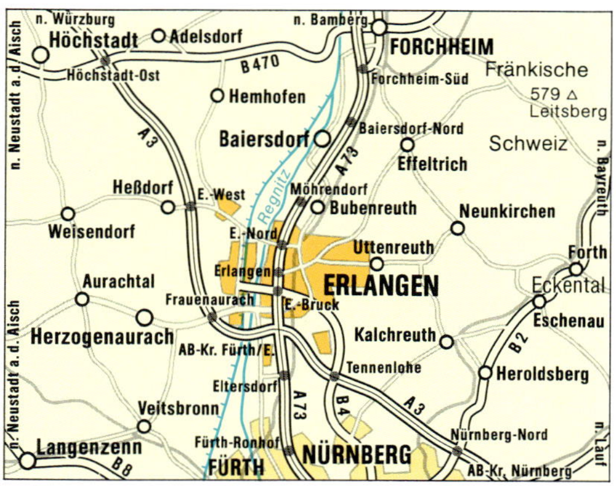

Die jüngste Großstadt Bayerns will überschaubar bleiben. Wachstum um jeden Preis hat die alte Hugenottenstadt auch gar nicht nötig, denn ihre Wirtschaftskraft ist beachtlich; z. B. haben hier die Industriebeschäftigten das höchste Pro-Kopf-Einkommen im weißblauen Freistaat. Ein Weltunternehmen der Elektroindustrie ist der wichtigste Arbeitgeber hier. Für Weltoffenheit und Internationalität sorgt aber auch die

seit 1743 in Erlangen angesiedelte Friedrich-Alexander-Universität, zu deren Gebäuden auch das Schloß (unser Bild) gehört. Die barocke Planstadt hat den Rang eines nationalen Baudenkmals. Dazu paßt gut die Besonderheit, die in dem Ehrennamen »Velo-Stadt« zum Ausdruck kommt: Man hat die Autos mit Nachdruck aus der Innenstadt verbannt und ein rekordverdächtiges Radwegenetz geschaffen.

Erlangen

Barocke Stadt für Calvinisten

Wappen Das dreiteilige Wappen zeigt den roten brandenburgischen Adler mit dem schwarzweißen Hohenzollernschild, den schwarzen preußischen Adler und den böhmischen Löwen in Gold und Blau.
Lage Nordbayern, 18 km nördlich von Nürnberg.
Land Bayern
Autokennzeichen ER
Höhe 267–384 m ü. M.
Fläche 77 km²
Einwohnerzahl 100 000
Postleitzahl 8520
Telefonvorwahl 0 91 31
Post Güterhallenstr. 1, Spätschalter (Mo–Fr 8–20, Sa 8–12 Uhr).
Polizei Polizeidirektion, Schuhstr. 40, ☎ 82 91
Taxi ☎ 2 11 11, 2 44 44
Nahverkehr Das Busnetz der Stadtwerke und der Bundespost erschließt Erlangen und die Umgebung, Fahrscheine beim Fahrer. Zentrale Omnibusbahnhöfe (ZOB) Nähe Hbf. zwischen Münchener Str. und Parkplatzstr. sowie am Hugenottenplatz, Auskünfte ☎ 82 34 71.
Camping Campingplatz Rangau, zu erreichen über die Autobahnausfahrt Erlangen-West Richtung Dechsendorf, ☎ 0 91 35/88 66; Campingplatz der Naturfreunde, Autobahnausfahrt Erlangen-Zentrum/Ost, dann der Beschilderung folgen, ☎ 2 84 99.
Parken Großparkplatz Innenstadt, Nähe Hbf., zwischen Münchener Str. und Parkplatzstr. sowie Parkplatz Fuchsenwiese am Fuchsengarten; in der übrigen Innenstadt nur sehr wenige Parkmöglichkeiten.
Touristinformation Verkehrsverein, Rathausplatz 1, ☎ 2 50 74 (Mo–Do 8–18, Fr 8–14, 16–18, Sa 10–12 Uhr).
Stadtführung/Stadtrundfahrt Nur für Gruppen nach Vereinbarung mit dem Verkehrsverein, ☎ 2 50 74.

Stadtrundgang

Verkehrsberuhigung wird in Erlangen großgeschrieben. Falls Sie mit dem Auto unterwegs sind, sollten Sie es auf dem Großparkplatz Innenstadt hinter dem Bahnhof abstellen und lieber einen kurzen Fußweg in die Innenstadt in Kauf nehmen. Wenn Sie sich eineinhalb Stunden Zeit nehmen, bekommen Sie einen guten Eindruck von der barocken Planstadt, deren Straßen schnurgerade und meist im rechten Winkel zueinander verlaufen. Bei schönem Wetter läßt es sich im Schloßgarten angenehm ausruhen.

Sehenswürdigkeiten

❶ *Schloß*, 1700 durch Antonio della Porta in Angriff genommener, 1704 durch Gottfried von Gedeler vollendeter dreigeschossiger Quaderbau, dessen Fassade Pilaster und ein attikabekrönter Mittelrisalit gliedern. 1814 ausgebrannt, 1821–25 erneuert, seit 1826 von der Universität genutzt. Der mehrfach veränderte und verkleinerte Schloßgarten, urspr. im französischen Stil, wird Ende des 18. Jh. zum englischen Landschaftspark umgestaltet; hier der Hugenottenbrunnen (1706) von Elias Räntz. Das Markgrafendenkmal auf dem Schloßplatz, ein Geschenk des bayrischen Königs Ludwig I., erinnert an den Universitätsgründer Markgraf Friedrich.

❷ *Karzer*, urspr. sechsstöckiger Wasserturm von 1705, der die Wasserspiele des Schloßgartens speiste, 1838–97 Karzer der Universität, heute Restaurant.

❸ *Altstädter Kirche*, 1709–21 an der Stelle einer 1706 durch den Stadtbrand zerstörten Vorgängerkirche vermutlich durch Gottfried von Gedeler errichtete barocke Saalkirche mit Kanzelaltar von Johann David Räntz (1720/21), Orgelprospekt von Franz Peter Tieffenbach (1720) und wertvollem Elfenbeinkruzifix (um 1700). Die einheitliche Gliederung des Äußeren mit Pilastern und Diglyphenfries bezieht den dreigeschossigen Turm mit ein, dem ein Oktogon mit Kuppelhelm aufgesetzt ist. Markgräfliches Wappen und Sandsteinfiguren an der Westfassade.

❹ *Altstädter Rathaus*, wuchtiger dreigeschossiger Barockbau mit Bauplastik von Johann Friedrich Maucher und Franz Peter Tieffenbach, 1733–36 von Johann Georg Weiß erstellt. Heute Stadtmuseum: Stadtgeschichte mit Modellen, Ansichten und Plänen; Wohnkultur, Hausrat; Arbeitsweisen der traditionellen Erlanger Handwerke Kammacherei, Strumpfwirkerei, Handschuhmacherei; Kunsthandwerk; Keramik; Silber; Kinderspielzeug; »Nationalsozialismus in Erlangen« (Di–Fr 9–13, 14–17, So 10–17 Uhr).

❺ *Dreycedern*, Brauereikomplex aus der Mitte des 19. Jh. mit repräsentativem Wohnhaus (1887), 1977 renoviert, als Sozialzentrum und Wohnheim genutzt.

❻ *Markgrafentheater*, 1715–18 unter Markgraf Georg Wilhelm erbaut und 1743/44 durch Giovanni Paolo Gaspari neu ausgestattet; eine Restaurierung 1958/59 stellte den Rokokocharakter des baugeschichtlich wichtigen grün-weiß-goldenen Theatersaals wieder her.

❼ *Orangerie*, eingeschossiger Bau mit zwei Eckfronten, dessen mittlerer Teil halbrund zurückschwingt; 1705/06 durch Gottfried von Gedeler erbaut, von der Universität genutzt.

❽ *Konkordienkirche*, als Pendant zur Orangerie ❼ 1708 begonnene, aber nicht vollendete, 1743 profanierte Kirche, von der Universität genutzt.

❾ *Ohmsches Elternhaus*. Georg Simon Ohm (1789–1854), Physiker und Entdecker des nach ihm benannten Gesetzes, wurde in Erlangen geboren und wuchs in diesem Haus auf.

❿ *Egloffsteinsches Palais*, 1718–23 erbautes Adelspalais im südlichen Teil der Neustadt mit schönem Innenhof und Stuckdecken im Innern, vorübergehend als Waisenhaus genutzt, heute Fachoberschule.

⓫ *Neustädter Kirche*, 1737 geweihte, ab 1724 erbaute Saalkirche mit Doppelemporen, durch Kolossalpilaster straff gegliedertes Langhaus und Chor, schöne Beschläge am Hauptportal, Deckengemälde und Stuck der Brüder Leimberger, die von einem Engel getragene Kanzel von Johann Gabriel Räntz; seit 1837 Universitätskirche; Vollendung des Turms 1830.

⓬ *Evangelisch-reformierte Kirche (Hugenottenkirche)*, von Markgraf Christian Ernst gestiftete, 1686–93 von Johann Moritz Richter für die französisch-reformierte Gemeinde erbaute, 1732–36 durch einen Turm ergänzte Kirche auf rechteckigem Grundriß. Schlichte Baugliederung durch Lisenen. Auf die Kanzel ausgerichteter Raum, der durch eine einstöckige Empore und entsprechend angeordnetes Gestühl den Eindruck eines Zentralbaus vermittelt. Reicher Schmuck lediglich an Kanzel und Orgelprospekt.

Kleine Großstadt, wie ein Schachbrett angelegt

Der hugenottische Pfarrer Esprit Tholozan wußte 1699 Lobenswertes zu berichten: »Die Lage dieser Stadt ist äußerst angenehm«, schwärmte der Geistliche und fuhr fort: »Sie liegt … an einer für den Handel so vorteilhaften Stelle, daß nur wenige sie darin übertreffen dürften.« Es sei richtig, schrieb er ferner, »daß die Stadt noch nicht ganz fertig erbaut ist, aber wir arbeiten ständig an ihr …«

Gearbeitet wird immer noch an der alten Hugenottenstadt mit den schachbrettartigen Straßenzügen, und in den zurückliegenden 40 Jahren

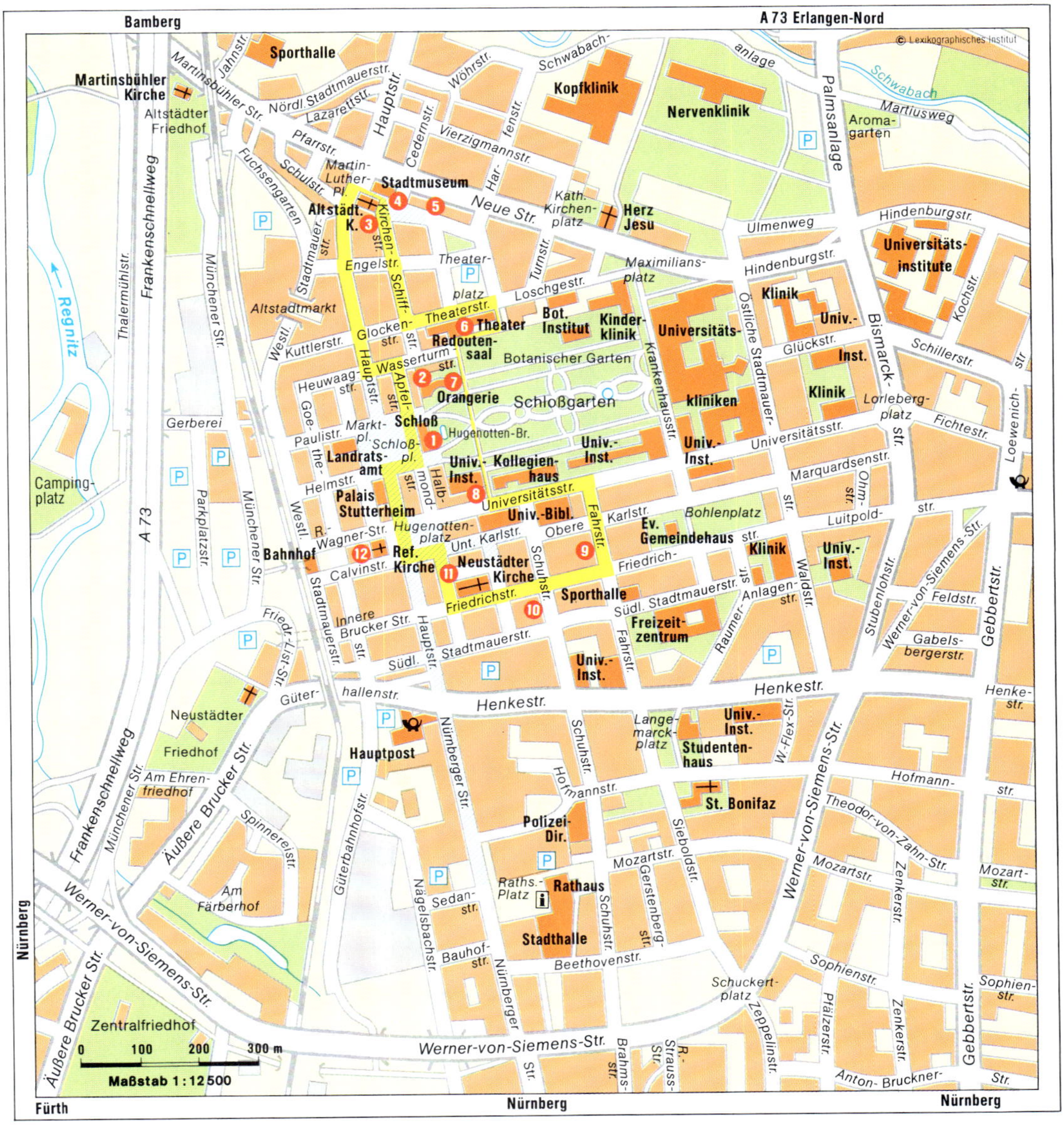

hat sie eine stürmische Entwicklung genommen. Die Richtung ist ebenso unverkennbar wie die Grenzen, die der Stadt gesteckt sind. Erlangen soll nach dem Willen der Stadtplaner eine umweltbewußte, grüne Stadt bleiben. Wachstum, so heißt es im zweckmäßig nüchternen Betonturm des Rathauses an der Nürnberger Straße, müsse in ruhige Bahnen gelenkt werden. »Wir wollen eine kleine Großstadt bleiben«, lautet die Devise der Stadtoberen, mit der die meisten Erlanger Bürger voll und ganz einverstanden sind.

1002 wurde der Weiler Erlang zum erstenmal urkundlich erwähnt. 1361 kaufte Kaiser Karl IV. die winzige Siedlung und gründete bald darauf die Stadt, die später als Erlanger Altstadt bezeichnet werden sollte. Die folgenden 300 Jahre der Stadtgeschichte verliefen ziemlich ereignislos, dann aber wurden Entscheidungen getroffen, die Erlangen bis in die Gegenwart hinein prägen sollten. 1685 entschloß sich Markgraf Christian Ernst von Brandenburg-Bayreuth, dessen Hohenzollern-Dynastie seit 1402 das Sagen in Erlangen hatte, zur Aufnahme französischer Calvinisten, weil sein Fürstentum noch schwer unter den Folgen des Dreißigjährigen Kriegs litt. Den Anhängern der Lehre Calvins war das Leben in Frankreich unerträglich geworden, nachdem Ludwig XIV. das Edikt von Nantes aufgehoben hatte, das den Protestanten in seinem überwiegend katholischen Land über viele Jahrzehnte hinweg die Glaubensfreiheit gesichert hatte.

Fideles Gefängnis

Im Karzer (2) mußten Studenten früher ihre Strafe verbüßen, wenn sie die Zeche geprellt oder die Sperrstunde nicht beachtet hatten. Auch der schwäbische Dichter, Komponist und Journalist Christian Friedrich Schubart (1739–91), der 1758–60 in Erlangen studierte, wurde einmal zu 34 Tagen Arrest verurteilt, weil er Schulden nicht bezahlt hatte. Der Karzer, der sich damals allerdings noch nicht im Wasserturm befand, wurde ein fideles Gefängnis: Schubart ließ ein Klavier aufstellen, bestellte Freunde zum Feiern, schmuggelte Mädchen ein und machte neue Schulden für die Lieferung von 187 Maß Braunbier. Der Karzer im Wasserturm wurde Ende des 19. Jh. renoviert, nur ein Raum blieb unverändert. Er zeigt zahlreiche Malereien sowie mit Bleistift gekritzelte Namen und Gedichte der Inhaftierten.

Fahrrad-TÜV und Rikschabummel
Für das Velo schlägt das Herz der Erlanger Bürger. Der Radfahreranteil lag bei einer Erhebung im Mai 1987 bei 33 % des gesamten Fahrverkehrs. Das Radwegenetz, das einmal 200 km lang sein soll, hat bereits 50 % der Länge des gesamten Straßennetzes erreicht. Zum »Bike-and-ride« laden an den Busstationen Abstellmöglichkeiten für Fahrräder ein, und im Herbst findet eine Woche lang ein kostenloser Fahrrad-TÜV statt. Wer sich kein eigenes Stahlroß kaufen will, kann sich gegen eine geringe Gebühr eines für drei Monate ausleihen. Findige Studenten haben sogar einen Fahrradrikscha-Betrieb eingerichtet, der gern für den Einkaufsbummel in der weitgehend autofreien Innenstadt genutzt wird.

Wenn der Berg ruft
Der Erlanger Burgberg ist nicht der höchste, aber während der Bergkirchweih zu Pfingsten sicher der schönste Berg Frankens. Dieses Erlanger Bierfest gibt es seit 1755, und es zieht Jahr für Jahr Hunderttausende an, die vor den elf Bierkellern und in sechs Bierzelten Kirchweihstimmung genießen. Zur Bergkirchweih, die zu den traditionsreichsten deutschen Volksfesten gehört, kommen stets auch ehemalige Erlanger Hochschullehrer und Wissenschaftler, um wieder einmal »Bergluft« zu schnuppern. Unter den alten Linden über den historischen Sandsteinkellern, so heißt es, hat schon so mancher sein Herz an Erlangen verloren.

Hugenotten bringen die Wirtschaft in Schwung
Die Franzosen erwiesen sich als dankbar. Symbol dieser Zeit ist der Hugenottenbrunnen, der unter einer Statue des Fürsten die Flüchtlinge in ihrer traditionellen Tracht und antike Gottheiten zeigt. Dabei hatte ihn zu seiner Entscheidung weniger Nächstenliebe als Eigennutz inspiriert. Christian Ernst wußte, daß die Hugenotten tüchtige Kaufleute und Handwerker waren, die seinem ausgebluteten Land, das er durch militärischen Ehrgeiz zusätzlich geschwächt hatte, schneller wieder auf die Beine helfen konnten. Bei der Anwerbung wurde dementsprechend verfahren. Dieser Ort, hieß es in einem Prospekt von 1697, sei »an einer solchen Hauptstraße gelegen, daß fast ständig in den großen Stadtgassen Kutschen, Kaleschen, Fracht- und andere Wagen, Post, Kuriere und Reisende anzutreffen sind. Mit Hilfe der dort vorhandenen kaiserlichen Reichs- und Landespost besteht Gelegenheit, Kaufmannswaren, Effekten, Briefe und anderes an jeden Ort zu verschicken«.

Die ersten Hugenotten, die am 17. Mai 1686 in der Stadt eingetroffen waren, waren fünf Kaufmannsfamilien gewesen. Insgesamt kamen 600 Franzosen in diesem ersten Jahr, und sogleich wurde mit dem Bau der Neustadt begonnen. Sie ist heute das besterhaltene Beispiel einer Hugenottenstadt in der Bundesrepublik Deutschland. Noch immer ist ihr Grundriß deutlich zu erkennen: ein Rechteck mit exakt rechtwinkliger Straßenführung, das zum Vorbild einer neuen, rationalen Architektur werden sollte. Aus Kostengründen wurde äußerst zweckmäßig gebaut. Das typische Erlanger Haus bestand aus Erdgeschoß, Obergeschoß und Satteldach. An den Straßenecken der Hauptstraße standen, drei Stockwerke hoch, sogenannte Richthäuser, nach denen sich die anderen Gebäude auszurichten hatten.

Strümpfe, Hüte und Glacéhandschuhe
Mit den Hugenotten kam in die barocke Planstadt Neu-Erlang ein enormer wirtschaftlicher Schwung, denn sie arbeiteten 310 Tage im Jahr anstatt der 260 ihrer katholischen Zeitgenossen. Es entstanden Handschuhfabriken und Strumpfwirkereien, Tapisserien, Hut- und Textilfabriken. Auch deutsche Reformierte zog es hierher, zumal steuerliche Vorteile lockten. Eine deutsche Neustadt schloß sich an die französische an und bildete mit ihr schon bald eine Einheit, die 1701 den Namen »Christian Erlang« erhielt, der bis 1812 beibehalten wurde.

Erlangen wurde zum Zentrum der fränkischen Strumpfwirkerei. 1712 standen bereits 161 Wirkstühle in der Stadt, und Ende des 18. Jh. wurden jährlich 420 000 Strümpfe hergestellt. Auch deutsche Nachahmer lernten das Handwerk schnell, und bald hatten die Erlanger ihren Spitznamen »die Strumpfer« weg. Der Erlanger Glacéhandschuh blieb hingegen eine Domäne der Franzosen.

Beim Wochenmarkt auf dem Marktplatz findet manch einer noch Zeit für einen Plausch.

Beim Marktplatzfest gibt es neben fränkischen Spezialitäten auch Handwerksvorführungen.

Auch die Erlanger Hutmanufaktur errang schnell internationale Berühmtheit. 1792 produzierten eine französische und zwölf deutsche Manufakturen rund 40 000 Hüte im Wert von 144 000 Gulden. Ihre Spezialität waren Filzhüte aus feinem Hasenhaar.

Alte Neustadt – neue Altstadt

Innerhalb weniger Jahrzehnte entwickelte sich die Hugenottensiedlung, die heute als nationales Baudenkmal eingestuft wird, zu einer blühenden Gewerbestadt. Markgraf Christian Ernst erhob sie 1708 in den Rang einer sechsten Hauptstadt seines Lands. Für die erfolgreichen Unternehmen ließ er ein Stauwehr zur Energiegewinnung an der Regnitz bauen, für die frommen Bürger die Hugenottenkirche ⑫.

Damit die Markgrafen unterdessen standesgemäß in Erlangen residieren konnten, bauten sie sich ein Schloß ① mit französischem Garten und einer wunderschönen Orangerie ⑦, ferner ein eigenes Theater ⑥, einen Marstall und eine Mühle und einen Wasserturm ② für die kunstvollen Wasserspiele im Schloßgarten. Der fürstliche Hof zog andere fränkische Familien nach, die sich Palais wie das Egloffsteinsche ⑩ errichteten.

Eine kuriose Besonderheit Erlangens ist, daß die Gebäude der Neustadt älter sind als die der Altstadt. Ein Stadtbrand äscherte im Jahr 1706 fast die gesamte Altstadt ein. Aber in ihrem Randbereich zur Neustadt wurde sie nach dem geometrisch exakten Muster der Neustadt wiederaufgebaut.

Eine zweite einschneidende Veränderung nach der Hugenottenansiedlung bahnte sich 1743 mit der Entscheidung des Markgrafen Friedrich an, die im Jahr zuvor in Bayreuth gegründete Universität wegen lästiger Probleme dort kurzerhand nach Erlangen zu verlegen. Sicher ging es dem Markgrafen dabei auch darum, dem Wirtschaftsleben neue Impulse zu geben.

Mit dem Tod der Markgrafenwitwe Sophie Caroline, die seit 1764 als Witwe im Schloß gelebt hatte, endete 1817 Erlangens höfische Zeit. 1818 bekam die Stadt, mittlerweile bayrisch geworden, eine gemeinsame Stadtverwaltung mit zehn Magistratsräten und 30 Gemeindebevollmächtigten. Ihre Wirtschaft, die mit der Entwicklung neuer Produktionsformen nicht Schritt halten konnte, erhielt erst durch den Bau der Staatseisenbahn

Jedem Bürger sein eigenes Bier
In Schweden gibt es bis heute »Erlanger Öl«, und auch in Amerika wird »Erlanger« noch immer aus Flaschen getrunken. In der Stadt selbst existiert nur mehr eine einzige Brauerei; aber 1798 zählte man an die 300 Wirtschaften, und allein in der Altstadt gab es acht Brauereien. Ab 1710 konnte gegen Entrichtung eines »Kesselgelds« sogar jeder Bürger sein eigenes Bier brauen. Noch im 19. Jh. gab es 17 Brauereien in Erlangen, dessen Ruhm als Bierstadt weit reichte. Selbst Karl May ließ den deutschen Effendi »In den Schluchten des Balkan« vom Erlanger Bier schwärmen.

Botanische Schätze
Der Botanische Garten im Erlanger Schloßgarten bietet auf einer Fläche von zwei Hektar ausgesprochene Raritäten. 3000 Pflanzenarten werden hier kultiviert, mit rund 400 Gärten in aller Welt werden ständig Pflanzensamen getauscht. Das besondere Augenmerk der Botaniker gilt Pflanzenarten, die vom Aussterben bedroht sind. Für sie wurde ein eigenes Gewächshaus eingerichtet. Im Canaren-Gewächshaus sind Pflanzenarten anzutreffen, die weitgehend identisch mit denen sind, die bei uns vor 50 Millionen Jahren vorherrschend waren. In einem Aromagarten wachsen in 100 Rabatten alte und neue Arznei- und Gewürzpflanzen.

Auf dieser Luftaufnahme von Erlangen in Richtung Norden erkennt man deutlich, wie sich die alten Stadtviertel schachbrettartig an das Schloß und den parkähnlichen Schloßgarten anschließen.

Tips, Tips, Tips

Zur Marloffsteiner Höhe
Vom Waldkrankenhaus St. Marien (Bus 288 oder 289 ab Stadtmitte) führt ein Wanderweg in steilem Anstieg nach Rathsberg im Norden von Erlangen. Von dort geht es durch die »Wildnis« zum Atzelsberger Schloß, dann am »Märchenweiher« und »Schwanenweiher« entlang nach Adlitz und über den Wasserturm nach Marloffstein, wo Einkehrmöglichkeit besteht. Der Rückweg führt auf der Höhe entlang und durch den Meilwald zum Waldkrankenhaus zurück. Die Wegstrecke beträgt etwa 10 km.

Platenhäuschen
Der Dichter August Graf von Platen (1796–1835) hat ein paar Jahre in Erlangen studiert und als Bibliothekar gewirkt. Im Gartenhäuschen Burgbergstraße 92a, das er bewohnt hat, sind Bilder und Handschriften des Dichters und seiner Freunde zusammengetragen. Reizvoll ist auch die Einrichtung im Stil der damaligen Zeit.

von Nürnberg nach Bamberg (1844) den Schlüssel zum Aufschwung exportorientierter Erwerbszweige. Auf dieser Bahnstrecke wurde auch ein Exportschlager besonderer Art in alle Gegenden Deutschlands und Europas, ja sogar bis nach Nordamerika ausgeführt: Erlanger Bier.

Entwicklungsschub durch kluge Köpfe

Verstärkt durch das Wachstum der Universität, deren Studentenzahl 1890 erstmals die Tausend überschritt, und durch die Einrichtung einer Garnison, gab es Ende des 19. Jh. einen neuen Entwicklungsschub für Erlangen. Der Fabrikant Bücking führte die erste Massenproduktion von Elfenbeinkämmen ein. Sein Kollege Kränzlein verschaffte seinen Erlanger Bürsten international Geltung. Der Unternehmer Reiniger produzierte elektrotechnische Apparate, darunter die ersten Röntgenapparate, und legte so den Grundstein für die spätere Weltgeltung der Erlanger elektrotechnischen Industrie. Paul Möbius schließlich erfand hier 1908 den Bleistiftspitzer, was zur Folge hatte, daß Erlangen bis heute das Weltzentrum der Bleistiftspitzerindustrie geblieben ist.

Nach dem Zweiten Weltkrieg siedelten sich neue Unternehmen an. Entscheidend war, daß ein Weltkonzern der Elektrotechnik seinen Forschungsbereich und einen Teil der Verwaltung von Berlin nach Erlangen verlagerte. Von hier aus werden fast 60 % des weltweiten Umsatzes von 50 Milliarden DM gesteuert. Allein dieser Konzern beschäftigt über 30 000 Mitarbeiter in Erlangen.

Ebenso eindrucksvoll stellt sich die Entwicklung der Friedrich-Alexander-Universität Erlangen-Nürnberg dar, die mit über 27 000 Studenten Bayerns zweitgrößte Hochschule ist. Sie ist darüber hinaus mit rund 9000 Beschäftigten nach dem Elektrokonzern der zweitgrößte Arbeitgeber und Investor in Erlangen.

Weltoffen und kein bißchen provinziell

Die traditionell tolerante und weltoffene Stadt, sehr reizvoll zwischen Fränkischer Schweiz, Steigerwald und dem Nürnberger Knoblauchland gelegen, hat eine besondere Bevölkerungsstruktur, die vielleicht ihre Ausstrahlung erklärt. In Bayern hat sie die höchste Übertrittsquote an weiterführende Schulen, den höchsten Akademikeranteil und das höchste Pro-Kopf-Einkommen der Industriebeschäftigten. Sie gilt als bildungsfreudig, was damit belegt werden kann, daß die Volkshochschule nach

Die Erlanger Bergkirchweih, Frankens ältestes und wohl schönstes Volksfest, zieht die Bürger der Stadt – nicht zuletzt auch ehemalige Professoren und Studenten – auf den Burgberg.

München und Nürnberg die höchste Hörerzahl aufweist, und kunstfreudig ist sie als Universitätsstadt allemal. Es gibt nicht nur ein reiches Konzert- und Ausstellungsangebot, sondern es wird auch Theater gespielt: in Schulräumen, im ältesten bespielbaren Barocktheater (6) weit und breit, in der Universität, im Bezirkskrankenhaus, auf dem Altstädter Kirchenplatz oder im winzigen Städtischen Garagentheater, das in einer ehemaligen Feuerwehrgarage eingerichtet worden ist.

Nichts paßt weniger zu Erlangen als das Attribut »provinziell«. Wer die langgestreckte Fußgängerzone entlangflaniert, bekommt Großstadtatmosphäre zu spüren. Nur ein Drittel der Bürger kann sich als alteingesessen bezeichnen, die übrigen Einwohner stammen aus ganz Deutschland und aller Welt. Über 10 000 Ausländer aus über 100 Nationen leben in der »Grünen Stadt im Grünen«. Sie kommen als Studenten für einige Semester oder reisen als Ingenieure und Spezialisten der Erlanger Großfirmen an.

Theater, Musik, Veranstaltungen, Museen

Theater

Theater Erlangen, Wasserturmstr. 16. Markgrafentheater (6), Theaterplatz 2. Gastspiele: Oper, Operette, Ballett, Schauspiel, ☎ 86 25 11; Theater in der Garage, Theaterstr. 3: Schauspiel, Kinder- und Jugendtheater, Gastspiele, ☎ 86 23 69.
Experimentiertheater, Bismarckstr. 1. Schauspiel, ☎ 85 24 27.
Theater im Gewölbe, Altstädter Kirchenplatz. Musiktheater, ☎ 2 61 93.
E-Werk, Kommunikationszentrum, Fuchsenwiese. Kindertheater, Kleinkunst, Pantomime, Theaterworkshop, ☎ 8 00 50, 80 05 55.
Kulturtreff, Helmstr. 1. Theater, Kleinkunst, Lesungen, Kino, ☎ 86-27 70.
Freizeitzentrum Frankenhof, Südliche Stadtmauerstr. 35. Tanztheater, Lesungen, Kinderkino, Musik, ☎ 86-22 64.
Musik-Kellerkneipe Strohalm, Hauptstr. 107. Kleinkunst, ☎ 2 78 16.

Musik

Markgrafentheater (6), Theaterplatz 2. Sinfoniekonzerte, ☎ 86-25 11.
Stadthalle, Rathausplatz. Sinfoniekonzerte, Klavierabende, Sonderkonzerte für Neue Musik, Liedermacher, ☎ 2 21 95.
Orangerie (7) im Schloßgarten. Liederabende, Kammermusik, »Schloßgartenkonzerte« (Juni–Sept. So 11 Uhr), ☎ 86-23 69.
Redoutensaal, Theaterstr. 3. Orchesterkonzerte, Folklore, ☎ 86-22 62.
Altstädter Kirche (3), Martin-Luther-Platz. Messen und Oratorien, ☎ 2 27 78.
Evangelisch-reformierte Kirche (12), Hugenottenplatz. Orgelkonzerte, Chormusik, ☎ 2 21 64.
Neustädter Kirche (11), Neustädter Kirchenplatz. Orgelkonzerte, Messen, lutherische Kirchenmusik, ☎ 2 10 28.
Schloß Pommersfelden. »Collegium Musicum« mit Orchesterkonzerten und Kammermusikabenden (Juli, Aug.), ☎ 2 21 95.
E-Werk, Kommunikationszentrum, Fuchsenwiese. Jazz, Folk, Rock, »Jazzfrühschoppen im Sommerprogramm« (So 11 Uhr), ausländische Musik, ☎ 8 00 50, 80 05 55.
Kulturtreff, Helmstr. 1. Musik aller Art, ☎ 86-27 70.
Redoutensaal, Theaterstr. 3. Folk-, Rock-, Jazzkonzerte, ☎ 86-22 62.
Freizeitzentrum Frankenhof, Südliche Stadtmauerstr. 35. Unterhaltungsmusik, ☎ 86-22 64.
Strohalm, Hauptstr. 107. Musik querbeet, ☎ 2 78 16.
Mein lieber Schwan, Hauptstr. 110. Jazz, Rock, ☎ 2 97 09.
Büttner, Lazarettstr. 8. Jazz (Do), ☎ 2 25 77.
Schwarzer Adler, Herdegenplatz 1. Fränkische Stubenmusik (Fr), ☎ 99 20 51.

Veranstaltungen

Flohmarkt auf dem Bohlenplatz (1. Sa im Monat 9–18 Uhr), ☎ 2 85 82.
Pfingsten: *Erlanger Bergkirchweih*, Bergkirchweihgelände. Frankens ältestes Volksfest mit Kirchweihbier, Frühschoppen, Senioren-, Kinder-, Familiennachmittagen (12 Tage).
Sommer: *Bürger- und Stadtteilfeste* in verschiedenen Stadtteilen, ☎ 86-24 88, 86-24 56.
Alle zwei Jahre (1990) Juni: *Internationaler Comic-Salon* im Redoutensaal. Nonstop-Programm mit Messe, Börse, Ausstellungen, Workshop, Zeichentrickfilmen und Vorträgen, ☎ 86-27 35.
Alle zwei Jahre (1991) Juni: *Internationales Figuren- und Puppentheaterfestival* mit traditionellen und freien Spielformen an verschiedenen Spielorten, ☎ 86-27 35.
Alle zwei Jahre (1991) Juni: *Erlanger Kirchenmusiktage*. Vierwöchige Kirchenmusikreihe mit Sakralmusik des 20. Jh. mit Vorträgen in verschiedenen Kirchen; Höhepunkt: drei große Chor- und Orchesterkonzerte, ☎ 85-22 26.
März: *Fränkischer Ostereiermarkt* im Redoutensaal, Theaterstr. 3. Zwei Tage Treffpunkt der Ostereiersammler, ☎ 2 50 74.
Juli: *Schloßgartenfest* im Schloßgarten. Open-Air-Gala, ☎ 2 21 95.
Juli: *Theaterplatzfest* auf dem Theaterplatz. Theater und Spiele für Kinder mit Popgruppen, Folklore, Trödelmarkt, ☎ 2 94 60.
Juli: *Brucker Bergla*, Erlangen-Bruck. Stadtteilfest mit Trödelmarkt, ☎ 86-24 88.
Aug.: *Marktplatzfest*. Volkstümliches Programm mit fränkischen Spezialitäten, Handwerk, Tanz und Musik, ☎ 86-24 26.
Aug.: *Poetenfest* im Burgberggarten. Begegnungsfest fränkischer Autoren und Liedermacher mit dem Publikum, ☎ 86-27 35.
Nov.: *Kulturbörse* Kulturelle Beiträge aus der Region, ☎ 86-24 26.
Nov.: *Jugendbuchwoche* in der Stadtbücherei mit Ausstellung, ☎ 86-22 81.

Museen

Städtische Sammlung und städtische Galerie, Marktplatz 1. Wechselausstellungen moderner Kunst (Di–Fr 10–18, Sa, So 10–17 Uhr).
Stadtmuseum, Martin-Luther-Platz 9 (s. (4)).
Waldmuseum Tennenlohe, Franzosenweg 60. Freiland-Werkzeuge, Geräte, Maschinen, Imkerei, Köhlerei, Sandsteingewinnung, Streu- und Leseholznutzung, Wegebau, Kulturen (April–Okt. Mo–Fr 9–12, So 10–12 Uhr).

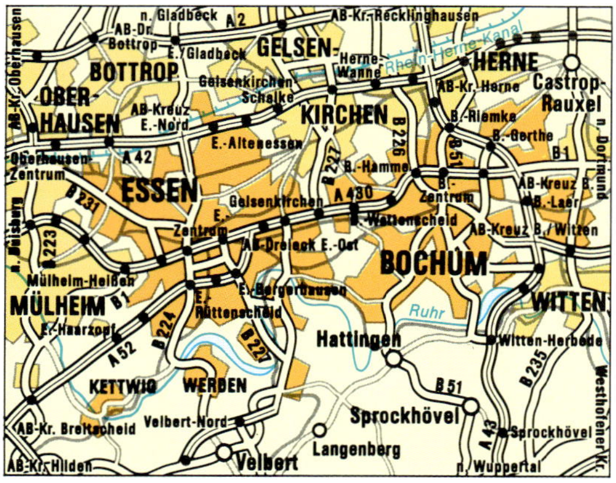

»Sie ist so schwarz vom Kohlenstaub wie London von seinem Nebelqualm«, schrieb der westfälische Schriftsteller Levin Schücking 1872 über Essen. Immer noch vermutet der Besucher hier Spuren der Bergbauindustrie, aber die letzte Zeche hat längst geschlossen. Auch die Ausmaße des einst riesigen Werkgeländes der Firma Krupp sind bescheidener geworden. Heute ist Essen eine Verwaltungs- und Messestadt mit bedeu-

Essen

Die Grüne im Revier

tenden Unternehmen wie Karstadt, Ruhrgas und RWE. Umgeben von Grünanlagen präsentiert sich die fünftgrößte Stadt der Bundesrepublik Deutschland mit einem Freizeitangebot, das von Surfen und Segeln bis hin zur Beschäftigung mit einer Geschichte reicht, die mit der Gründung eines Stifts zur Erziehung der Damen des sächsischen Hochadels im Jahr 852 begann.

Wappen Das ungewöhnliche dreiteilige Wappen Essens symbolisiert die drei auf dem Stadtgebiet geltenden Gewalten: Der Adler steht für die Reichsunmittelbarkeit, die Krone für das Fürststift Essen und das Schwert für die Stadt. Das goldene Schwert auf blauem Grund wird erstmals 1244 erwähnt, der Reichsadler ist zuerst 1774 auf einer Trommel der Essendischen Schützen abgebildet.
Lage Zwischen Ruhr und Emscher nordöstlich von Düsseldorf.
Land Nordrhein-Westfalen
Autokennzeichen E
Höhe 26–202 m ü. M.
Fläche 210 km^2
Einwohnerzahl 623 000
Postleitzahl 4300
Telefonvorwahl 02 01
Post Hauptpost, Hachestr. 2, gegenüber Hbf., Spätschalter (Mo–Sa 7–22, So 8–22 Uhr).
Polizei Büscherstr. 2, ☏ 72 91-1; Gerlingstr. 16, ☏ 22 32 43
Taxi ☏ 66 70 66
Nahverkehr Essen ist dem Verkehrsverbund Rhein-Ruhr (VRR) angeschlossen. Er umfaßt alle Nahverkehrsmittel im Großraum Rhein-Ruhr-Wupper. Den bei der Essener Verkehrs AG gekauften Fahrschein kann man bei jedem anderen Verbundunternehmen benutzen.
Camping Campingplatz in Essen-Werden an der Ruhrbrücke, Im Löwental 67, ☏ 49 29 78.
Parken Insgesamt stehen in 20 Parkhäusern, auf Parkplätzen und in Tiefgaragen genügend Einstellmöglichkeiten zur Verfügung: z. B. in der Hachestr., in der Henriettenstr., am Gänsemarkt, am Porscheplatz und am Hirschlandplatz.
Touristinformation Werbe- und Verkehrsamt, Rathaus, Porscheplatz, ☏ 88 45 05 (Mo–Fr 7.30–13, 14–16 Uhr); Verkehrsverein Essen, im Hbf. (Südseite), ☏ 23 54 27 (Mo–Fr 9–20, Sa 10–20, So 10–12 Uhr).
Stadtführung Ab Haltestelle Freiheit (am Hbf.), Ostseite (Mitte April–Mitte Okt. Mi 14.30, So 10.30 Uhr).
Schiffahrt Auf dem Baldeneysee in der Sommersaison stündlich (Mo–Fr 11–19, So und feiertags 10–19 Uhr). Ruhrtalfahrten in der Sommersaison ab Heisingen (Mi, Sa, So 14 Uhr).

Äbtissinnen machen den Anfang

Der älteste Hinweis auf Menschen im Essener Raum ist die »Vogelheimer Klinge«, die einem Zeitgenossen des Neandertalers als Werkzeug gedient haben mag: ein bearbeiteter Stein, der im Ruhrlandmuseum 12 aufbewahrt wird. Jahrtausende später sind die Spuren deutlicher.

In fränkischer Zeit entstand im Bereich der heutigen Innenstadt eine Burg zum Schutz des Hellweges, einer alten Handels- und Heerstraße. Weitere Befestigungsanlagen sollten die im heutigen Stadtgebiet verlaufende Grenze zwischen Franken und Sachsen schützen. Die Essener Anlage wird unter dem heutigen Burgplatz vermutet.

Etwa um die Zeit, als Karl der Große die Sachsen unterworfen hatte (804), wird auf dem Landgut »Asnide«, nahe dem heutigen Viehofer Platz, Altfrid als Sohn adliger sächsischer Eltern geboren. Ganz in der Nähe gründet er 852, mittlerweile Bischof von Hildesheim, ein Damenstift und macht seine Schwester Gerswid zur ersten Äbtissin. 874 wird Altfrid in der wenige Jahre zuvor fertiggestellten Stiftskirche beigesetzt. Rund um die heutige Marktkirche 8 entstehen schon bald Siedlungen – Anfänge der Stadt.

Die Äbtissinnen des Damenstifts erweisen sich als aufgeschlossen gegenüber Neuem. Als die Stiftskirche ab 947 nach einem Brand wieder-aufgebaut wird, erhält sie Türme und – zur damaligen Zeit alles andere als selbstverständlich – Glocken. In den folgenden Jahren begründet Äbtissin Mathilde, eine Enkelin Ottos I., mit dem Schatz des Münsters 6 eine Sammlung, die europäischen Rang beanspruchen kann. Eine ihrer Nachfolgerinnen, Theophanu, gibt 1040–55 dem Münster seine heutige Gestalt. Das Gotteshaus übersteht einen Brand im 13. Jh. und den Bombenhagel des Zweiten Weltkriegs.

Schwarzes Gold

Zu Beginn des 14. Jh. zieht es die ärmeren Leute in Scharen an die Ufer der Ruhr. Sie graben nach Kohle, einem Brennstoff, der sich später für Essen als Gold erweisen wird, damals aber als minderwertig gilt. Zugleich blüht im Schatten des Münsters 6 eine Kaufmanns- und Handwerkersiedlung auf, die 1377 zur reichsunmittelbaren Stadt wird, ohne den Einfluß des Stifts schon auf Dauer brechen zu können. 1438 zerstört ein Brand das Gemeinwesen.

Mit dem Wiederaufbau setzt um 1470 in Essen die Büchsenmacherei ein. Die Waffenschmiede des Reichs steckt in den Kinderschuhen. Als Halbwüchsige liefert sie 150 Jahre später rund 14 000 Pistolen und Gewehre jährlich. Sie verdankt ihren Aufstieg nicht zuletzt den strengen Maßstäben, die ihre Handwerker an die eigenen Produkte anlegen.

Während der Lichtwochen erstrahlt die Innenstadt im Glanz unzähliger Glühbirnen, die jedes Jahr andere Lichtfiguren bilden.

Macht und Einfluß der Äbtissinnen beginnen im 16. Jh. zu schwinden, denn der Essener Magistrat läßt in dem Bemühen nicht locker, sich aus der Bevormundung durch das Stift zu befreien. 1561 wird in der Marktkirche 8 der deutschsprachige Kirchengesang eingeführt, zwei Jahre später auf Ratsbeschluß die Reformation. Äbtissin Irmgard von Diebholz klagt zwar vor dem Reichskammergericht in Speyer gegen die Verletzung der klösterlichen Privilegien, aber erst 100 Jahre danach wird ein Urteil gefällt: Die Äbtissin bleibt Landesherrin, die Stadt aber behält die ertrotzten Rechte; weiteren Auseinandersetzungen ist damit der Boden bereitet. Erst die Säkularisation des Klosters bringt 1803 ein Ende des Streits.

Von Krop zu Krupp

Ein Ereignis im weltlichen Essen wird erst viel später in seiner Bedeutung erkannt: 1587 läßt sich der zugewanderte Arndt Krop in das Register der großen Kaufgilde eintragen. Fortan nennt er sich Arndt Krupe und zählt bald zu den angesehensten Männern der Stadt. 1624 stirbt er als wohlhabender Mann, der es zum Ratsherrn gebracht hat.

1738 erscheint die erste Zeitung: »Neueste Essendische Nachrichten von Staats- und Gelehrten Sachen«. Sie wird 1775 von Zacharias Baedeker, Verleger und Fürstlich Essendischer Hofbuchdrucker, übernommen. Er gründet 1798 eine Leihbücherei in der Stadt, die als weithin bekannte und angesehene Buchhandlung bis heute fortbesteht. 1829 gibt der 1801 in Essen geborene Karl Baedeker in Koblenz den ersten seiner weltberühmten Reiseführer heraus.

Als markantes Datum in der Entwicklung Essens zur Industriestadt gilt das Jahr 1811, in dem Friedrich Krupp, ein Nachfahre des eingewanderten Arndt Krupe, eine Fabrik gründet mit der Absicht, Gußstahl zu produzieren. Die Engländer verstanden sich zwar schon seit 1740 auf dieses Verfahren, aber sie taten alles, um sich das wirtschaftspolitisch so wichtige Monopol zu erhalten. Nach fünf Jahren des Experimentierens gelingt jedoch Friedrich Krupp erstmals die erstrebte Gußstahlqualität.

Der Kanonenkönig

Die Ruhr hat sich mittlerweile zu einem Haupttransportweg in Europa entwickelt. Viele hundert Pferde ziehen die flachen Kohleschiffe entlang den Treidelpfaden, wie sie heute noch in Kettwig zu erkennen sind. Außerdem werden für den Transport künstliche Straßen angelegt, die sich durch Aktien finanzieren. Der Name Aktienstraßen hat sich im Ruhrgebiet bis heute erhalten.

Alfred Krupp übernimmt 1826 im Alter von 14 Jahren die dem Konkurs nahe Gußstahlfabrik seines Vaters, 25 Jahre später hat sein Name Welt-

Von Essen nach Pergamon

Den weltberühmten Zeusaltar von Pergamon kennen viele, aber wer weiß schon, daß sein Wiederentdecker Carl Humann (1839–96) aus Essen stammt? Der Altertumsforscher war Schüler des Essener Burggymnasiums und ging nach kurzem Studium in Berlin aus gesundheitlichen Gründen nach Samos. Dort befiel ihn das »chronische Pergamonleiden«, wie er sein Interesse für die Antike später nannte. Am 9. September 1879 begann er im heutigen Bergama mit der Ausgrabung des Tempels, der im Ostberliner Pergamonmuseum zu besichtigen ist.

Mehr Grün und frische Luft

Als einstige Bergbau- und Industriemetropole hat es Essen schwer, sich vom Image einer staubgrauen Stadt zu befreien. Rund acht Millionen Bäume im Stadtgebiet haben neben anderen Maßnahmen jedoch dazu beigetragen, daß Essen schöner anzusehen und seine Luft besser zu atmen ist.
Zwischen 1965 und 1980 ist es durch vielfältige Bemühungen gelungen, den Staubniederschlag um 75 % und die Schwefeldioxid-Konzentration um 70 % herabzusetzen. Essens Werbe- und Verkehrsamt räumt zwar ein, daß von einem Luftkurort noch längst keine Rede sein kann, aber mit Genugtuung wird auf prominente Städte verwiesen, deren Bewohner wider Erwarten mehr Schadstoffe mit der Luft einatmen als die Essener und ihre Besucher. Mit dem Programm, für jeden neugeborenen Essener Bürger innerhalb eines Jahres zehn Bäume zu pflanzen, wird Essen sein neues Image als »grüne Stadt« rechtfertigen.

Kettwig, das 1975 eingemeindet wurde, liegt an der um 1400 erbauten und einst strategisch wichtigen steinernen Ruhrbrücke, überragt vom mittelalterlichen Turm der evangelischen Kirche am Markt.

Stadtrundgang

Die wichtigen Sehenswürdigkeiten der Innenstadt liegen leicht erreichbar in der Nähe der Fußgängerzone, die am Hauptbahnhof beginnt. Ihn nehmen Sie deshalb zum Ausgangspunkt Ihrer Stadterkundung. Sollten die Parkmöglichkeiten am Bahnhof erschöpft sein, bieten sich die nahegelegenen Parkhäuser in der Akazienallee und in der Lindenallee an. Einkehrmöglichkeiten und Ruhebänke stehen in der Fußgängerzone ausreichend zur Verfügung. Der vorgeschlagene Weg allein beansprucht nur eine Stunde, deshalb können Sie den Münsterschatz in Ruhe besichtigen.

Wenn Sie ab Porscheplatz eine Station mit der U-Bahn fahren, sind Sie zurück am Hauptbahnhof. Wer den Aalto-Bau, Essens neues Theater, besichtigen möchte, kann mit der U-Bahn-Linie 11 eine Station weiterfahren. Die U-Bahn-Linie 11 fährt bis zur Haltestelle Saalbau; von dort aus ist das Museumszentrum mit dem Museum Folkwang ⓫ und dem Ruhrlandmuseum ⓬ erreichbar.

Sehenswürdigkeiten

❶ *Haus der Technik*, durch Edmund Körner 1922–25 erbaut, urspr. als Essener Börse konzipiert.

❷ *Hotel Handelshof*, Neubau mit der alten Fassade des in den Jahren 1912/13 von Werner Stahl und Karl Moritz erstellten Hotelbaus.

❸ *Hauptpost*, expressionistischer Backsteinbau aus dem Jahr 1930.

❹ *Glockenspiel*, nach einem Entwurf von Hermann Schardt 1955 im »Deiter-Haus« eingerichtet, zeigt Szenen aus der Essener Geschichte.

❺ *St. Johannis*, eine mit dem Münster ❻ durch ein romanisches Atrium verbundene, 1471 erbaute dreischiffige Hallenkirche. Ludwig Schaffrath schuf 1968 für die um 1700 barockisierte gotische Kirche neue Fenster.

❻ *Münster*, 1275–etwa 1327 errichtete dreischiffige gotische Hallenkirche, deren Westbau, Atrium und Krypta einer durch Brand zerstörten ottonischen Vorgängerkirche angehören; Ostchor und Langhaus, nach dem Brand wiedererrichtet, folgen den Dimensionen des Vorgängerbaus. Ausstattung und Münsterschatz, der zu den bedeutendsten in Europa zählt: »Goldene Madonna« (um 980), siebenarmiger Leuchter (um 1000), gotisches Grab Bischof Altfrieds in der Krypta (um 1300), Altarbild der Kölner Malerschule (1522–25), Zeremonialschwert der Äbtissinnen, Schmuck, Monstranzen (Münsterschatz: Di–So 10–16 Uhr).

❼ *Alte Synagoge*, dem David-Tempel in Jerusalem nachempfundener, spätantike und europäische Elemente aufnehmender Bau, in den Jahren 1911–13 von Edmund Körner erbaut; größte Synagoge nördlich der Alpen. Trotz Schändung 1938 und Kriegszerstörung blieb die Eigenart des bedeutenden Sakralbaus erhalten. Seit 1980 Gedenkstätte und Forum zur Begegnung und Information. Ständige Ausstellung »Widerstand und Verfolgung in Essen von 1933–1945« (Di–So 10–18 Uhr).

❽ *Marktkirche*, 1054 erstmals urkundlich erwähnte Kirche der Bürgerschaft. 1563 Ausgangspunkt der Reformation in Essen.

❾ *Rathaus*, 1979 mit dem Ziel eröffnet, möglichst viele Behörden zentral unterzubringen, um dem Bürger keine unnötig langen Wege zuzumuten, daher insgesamt 27 Geschosse, 106 m Höhe und 339 000 Kubikmeter umbauter Raum.

❿ *Aalto-Bau*, Essens neues Musiktheater, von dem finnischen Architekten Alvar Aalto (1898–1976) konzipiert. 1988 eröffnet.

⓫ *Museum Folkwang*, bedeutende Sammlung der Malerei des 19. und 20. Jh., von der Romantik bis zur Op-Art, Skulpturen des 19. und 20. Jh. Die Grafiksammlung pflegt Osteuropa, den Expressionismus und die Zeit nach 1945. Dokumentation zur Geschichte der bildnerischen Fotografie des 19. und 20. Jh. (Di–So 10–18 Uhr).

⓬ *Ruhrlandmuseum*, unter einem Dach mit dem Museum Folkwang ⓫ Natur-, kunst- und kulturgeschichtliches Museum von der Geologie, Mineralogie, Archäologie bis zur regionalen Industriegeschichte; in fünf Themenkreisen wird die Sozialgeschichte des Ruhrgebiets veranschaulicht (Di–So 10–18 Uhr).

⓭ *Villa Hügel*, bis 1945 Wohn- und Repräsentationsgebäude der Industriellenfamilie, das Alfred Krupp 1868–72 nach eigenen Entwürfen im klassizistischen Stil errichten ließ; im Haupthaus, das als Tagungs- und Ausstellungsort genutzt wird, ist die originale Ausstattung zum Teil erhalten: sehenswerte Gobelins und Möbel. Die ständige Ausstellung im Kleinen Haus zeigt die »Historische Sammlung Krupp«, einen aufschlußreichen Beitrag zu 170 Jahren deutscher Industriegeschichte. Ein Waldpark von 75 ha mit seltenen Gehölzen umgibt die hoch über dem Baldeneysee gelegene Villa (Di–So 10–18 Uhr).

⓮ *Propsteikirche St. Liudger*; Liudger gründete um 800 in Werden ein Kloster, dessen 804 geweihte Kirche im Jahr 1256 abbrannte. Unter Einbeziehung des erhalten gebliebenen, 943 geweihten Westwerks und der Krypta von 875 entsteht in der Folgezeit der heutige, noch ganz der Romanik verhaftete Bau. Den äußeren Eindruck bestimmen der im 19. Jh. vollendete gedrungene westliche Turm und der Vierungsturm. Im Kirchenschatz das »Helmstedter Kreuz«, ein Bronzekruzifixus (um 1060), ferner der Reisekelch des hl. Liudger (um 900), ein liturgischer Behälter aus Elfenbein (5. Jh.) und ein aus dem 8. Jh. stammender fränkischer Reliquienkasten (Schatzkammer: Di–So 10–12, 15–17 Uhr).

⓯ *Pfarrkirche St. Lucius*, 1063 geweihte, dreischiffige Basilika im Ortsteil Werden, deren Geschichte mit einem einschiffigen Bau um 995 begann. Ab 1862 wurde die 1811 profanierte Kirche als Wohnhaus genutzt; Rekonstruktion des baugeschichtlich bedeutsamen Chors 1906, des Langhauses 1957–59.

⓰ *Margarethenhöhe*, 1906 von Margarethe Krupp gestiftete, seit 1909 von Prof. Georg Metzendorf u. a. im »Heimatstil« erbaute Gartenstadt, die den Eindruck einer um den Markt herum organisch gewachsenen Struktur vermittelt.

⓱ *Zeche Zollverein*, herausragendes Denkmal der Industriearchitektur des 20. Jh., von Fritz Schupp bis 1932 nach einheitlichen Gestaltungsprinzipien erbaute Anlage.

⓲ *Malakoffturm*, mächtiger steinerner Förderturm auf dem Gelände der einstigen Zeche Carl in Altenessen, industriegeschichtlich bedeutendes und für die Bergbaustädte der zweiten Hälfte des 19. Jh. charakteristisches Denkmal.

ruhm erlangt, als er auf der Londoner Weltausstellung einen Gußstahlblock in bis dahin unerreichter Größe zeigen kann. Ein Großauftrag aus dem industriell führenden England ist die Folge und trägt zum Ruhm des Essener Unternehmens bei, das mit der Erfindung des nahtlosen Radkranzes für die Eisenbahn wenig später erneut eine Pioniertat vollbringt. Der Weg zum größten Konzern Europas ist gebahnt. Für den Deutsch-Französischen Krieg (1870/71) stellt Krupp die kriegsentscheidenden Kanonen her und wird zum »Kanonenkönig«. In den Kriegsjahren errichtet der Industrielle in Bredeney sein Denkmal, die Villa Hügel. Er stirbt 1887, sein Sohn Friedrich Alfred Krupp übernimmt den Konzern. Das Symbol der drei verschränkten Ringe dient seit 1875 als Firmenzeichen.

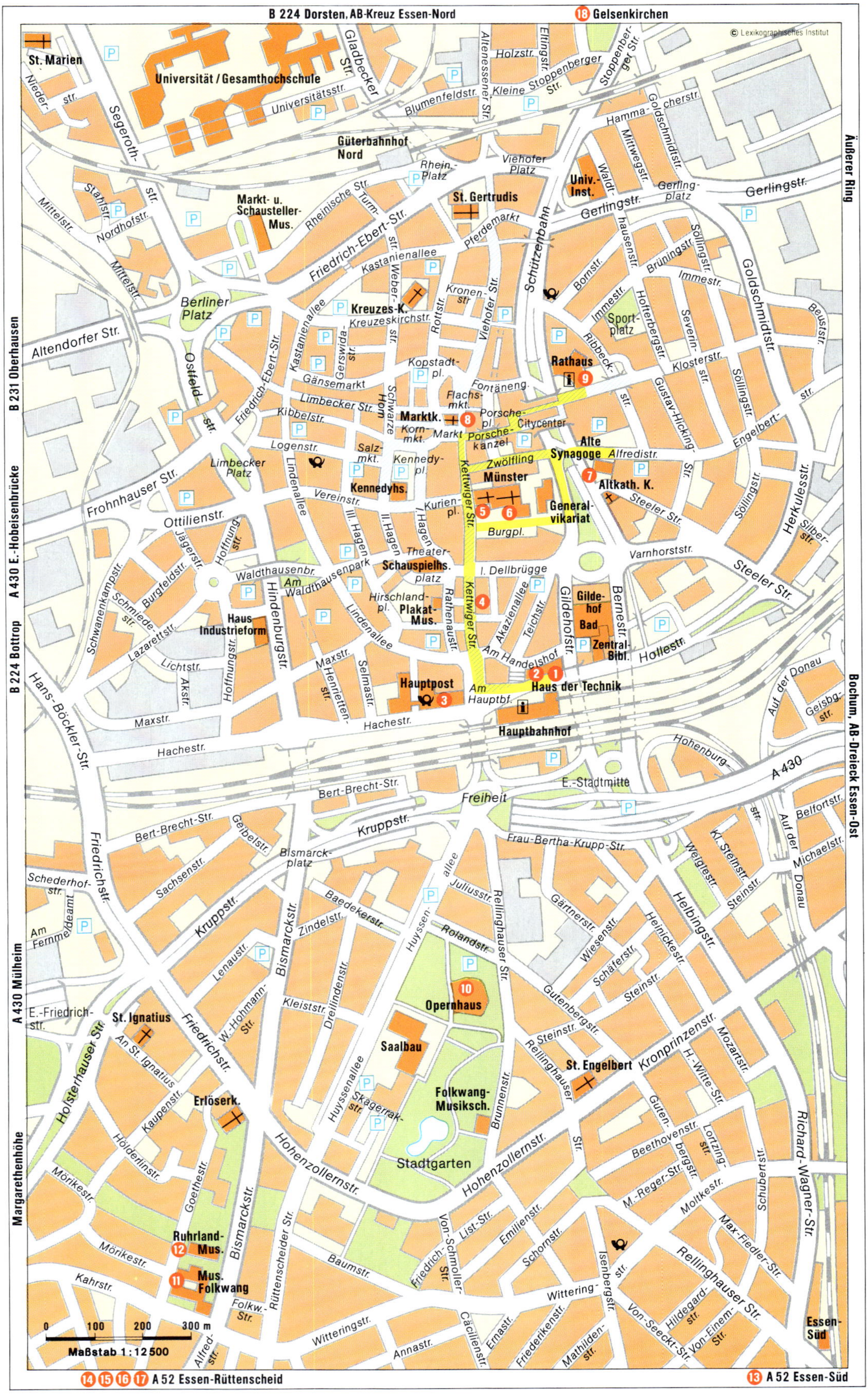
B 224 Dorsten, AB-Kreuz Essen-Nord
18 Gelsenkirchen
© Lexikographisches Institut
Äußerer Ring
Bochum, AB-Dreieck Essen-Ost
13 A 52 Essen-Süd
14 15 16 17 A 52 Essen-Rüttenscheid
Margarethenhöhe
A 430 Mülheim
B 224 Bottrop
A 430 E.-Hobeisenbrücke
B 231 Oberhausen
St. Marien
Universität / Gesamthochschule
Güterbahnhof Nord
Markt- u. Schausteller-Mus.
St. Gertrudis
Univ.-Inst.
Berliner Platz
Kreuzes-K.
Rathaus
9
Marktk.
8
Alte Synagoge
7
Altkath. K.
Münster
5
6
General-vikariat
Kennedyhs.
Schauspielhs.
Plakat-Mus.
4
Gildehof
Bad
Zentral-Bibl.
Haus Industrieform
Hauptpost
3
2
1
Haus der Technik
Hauptbahnhof
E.-Stadtmitte
Freiheit
A 430
10
Opernhaus
Saalbau
Folkwang-Musiksch.
Stadtgarten
St. Ignatius
Erlöserk.
St. Engelbert
12
Ruhrland-Mus.
11
Mus. Folkwang
Essen-Süd
Universitätsstr.
Segeroth-str.
Gladbecker Str.
Altenessener Str.
Eltingstr.
Holzstr.
Kleine Stoppenberger Str.
Stoppenberger Str.
Blumenfeldstr.
Hammacherstr.
Goldschmidtstr.
Mittwegstr.
Waldthausenstr.
Gerlingplatz
Gerlingstr.
Rhein.-Platz
Viehofer Platz
Rheinische Str.
Turmstr.
Friedrich-Ebert-Str.
Kastanienallee
Pferdemarkt
Schützenbahn
Weberstr.
Kronenstr.
Viehofer Str.
Rottstr.
Kreuzeskirchstr.
Stahlstr.
Nordhofstr.
Mittelstr.
Altendorfer Str.
Ostfeldstr.
Gerswidastr.
Kopstadtpl.
Gänsemarkt
Limbecker Str.
Schwarze Horn
Flachsmkt.
Fontäneng.
Porschepl.
Citycenter
Kornmkt.
Markt
Porschekanzel
Kibbelstr.
Logenstr.
Salzmkt.
Kennedypl.
Zwölfling
Limbecker Platz
Frohnhauser Str.
Ottilienstr.
Vereinstr.
Kurienpl.
Kettwiger Str.
Burgpl.
III. Hagen
II. Hagen
I. Hagen
Theaterplatz
I. Dellbrügge
Waldthausenbr.
Am Waldthausenpark
Hirschlandpl.
Rathenaustr.
Akazienallee
Teichstr.
Gildehofstr.
Bernestr.
Hollestr.
Am Handelshof
Am Hauptbf.
Jägerstr.
Hoffnungstr.
Burgfeldstr.
Schwanenkampstr.
Schmiedestr.
Lazarettstr.
Lichtstr.
Akstr.
Hindenburgstr.
Lindenallee
Maxstr.
Henriettenstr.
Selmastr.
Hachestr.
Hans-Böckler-Str.
Bornstr.
Immestr.
Brüningstr.
Söllingstr.
Sportplatz
Ribbeckstr.
Hofterbergstr.
Severinstr.
Klosterstr.
Gustav-Hicking-Str.
Engelbertstr.
Alfredistr.
Steeler Str.
Varnhorststr.
Herkulesstr.
Silberstr.
Beustst.
Auf der Donau
Geisbgstr.
Hohenburgstr.
Belfortstr.
Michaelstr.
Bert-Brecht-Str.
Kruppstr.
Frau-Bertha-Krupp-Str.
Geibelstr.
Bismarckplatz
Sachsenstr.
Schederhofstr.
Friedrichstr.
Am Fernmeldeamt
Baedekerstr.
Huyssenallee
Juliusstr.
Rellinghauser Str.
Zindelstr.
Bismarckstr.
Rolandstr.
Gärtnerstr.
Wiesenstr.
Heinickestr.
Helbingstr.
Weigelstr.
Kl. Steinstr.
Steinstr.
Lenaustr.
Kleiststr.
Dreilindenstr.
W.-Hohmann-Str.
E.-Friedrich-Str.
Holsterhauser Str.
An St. Ignatius
Kaupenstr.
Gutenbergstr.
Schäferstr.
Kronprinzenstr.
Mozartstr.
H.-Witte-Str.
Skagerrakstr.
Brunnenstr.
Hölderlinstr.
Goethestr.
Hohenzollernstr.
Beethovenstr.
Lortzingstr.
Richard-Wagner-Str.
Mörikestr.
M.-Reger-Str.
Moltkestr.
Schubertstr.
Max-Fiedler-Str.
Rüttenscheider Str.
Von-Schmoller-Str.
List-Str.
Emilienstr.
Schornstr.
Isenbergstr.
Rellinghauser Str.
Friedrich-Str.
Baumstr.
Witteringstr.
Kahrstr.
Folkw.-Str.
Alfredstr.
Annastr.
Cäcilienstr.
Ernastr.
Friederikenstr.
Mathildenstr.
Von-Seeckt-Str.
Hildegardstr.
Von-Einem-Str.
0 100 200 300 m
Maßstab 1 : 12 500

Tips, Tips, Tips

Laterne, Laterne ...
Rund um die Uhr ist das Essener Laternenmuseum geöffnet, zu dessen Sammlung Originale und Nachbildungen von Straßenlaternen aus aller Welt gehören. Die Sammlung, deren Erweiterung beabsichtigt ist, steht dem Besucher auf Straßen und Plätzen der Innenstadt Tag und Nacht zur Besichtigung frei.

Für Markt- und Kirmesfreunde
Zur Sammlung des Markt- und Schaustellermuseums gehören historische Fotos und Grafiken, vor allem aber Kirmes- und Jahrmarktgeräte wie Karussellpferde, Kutschen, Konzert- und Walzenorgeln sowie Straßenmusikinstrumente. Die Exponate sind im In- und Ausland zusammengetragen worden.

Ausflug in die Erdgeschichte
Wer den Baldeneysee aufsucht, sollte die geologische Wand an der Kampmannbrücke in Heisingen (Bus 155) oder die in Werden (Busse 149, 169, 179) am Pastoratsberg zutage tretenden Flözschichten des älteren Karbons besichtigen. An beiden Stellen bekommt auch der Laie einen guten Eindruck von den Formationen des über 300 Millionen Jahre alten Steinkohlengebirges an der Ruhr.

Spezialität Salonbier
Wer eine kräftige Mahlzeit und ein besonderes Bier dazu schätzt, sollte die Dampf-Bierbrauerei in Borbeck in der Heinrich-Brauns-Straße aufsuchen. In historischen Braukellern gibt es hier deftige Spezialitäten der regionalen Küche. Man kann im Garten sitzen oder in historischen Räumen, z. B. dem Schalander – so hießen früher die Wohnräume der Braugesellen. Wer sich hier gütlich tut, hat außerdem die Möglichkeit, dem Braumeister bei der Arbeit zuzusehen. Nach dem klassischen Dreimaischverfahren stellt er das bernsteingelbe, besonders würzige Salonbier her, das direkt aus dem Lagerkeller in den Zapfhahn fließt. Seit einigen Jahren hat die Borbecker Dampf-Bierbrauerei von 1896 diese Tradition wiederbelebt, die in die Gründerzeit zurückreicht. Industrielle Kälteerzeugung und Temperaturregelung beim Kochen der Maische, diese Voraussetzungen für ein feines, eben ein Salonbier, waren in der Gründerzeit durch den Einsatz von Dampfmaschinen möglich geworden.

90 000 Kumpel streiken

Im Schacht Franz gelingt 1832 mit der Abteufung eines Schachts durch die Mergeldecke hindurch Bahnbrechendes, denn nunmehr lassen sich wesentliche Kohlevorkommen des Ruhrgebiets erschließen. Im Jahr zuvor war mit der Gründung des »Vereins für die bergbaulichen Interessen« die Entwicklung Essens zur bedeutendsten Bergbaustadt des Kontinents eingeleitet worden.

Zwischen 1840 und 1871 verdoppelt sich in Essen die Anzahl der Personen pro Haushalt. Aus allen Teilen des Reichs strömen Arbeiter ins Ruhrgebiet. Infolgedessen wird einfach alles als Wohnquartier genutzt – seien es Schuppen, Scheunen oder Ställe. Elendsviertel entstehen, Epidemien breiten sich aus. Die Unzufriedenheit bricht sich 1872 in einem ersten Bergarbeiterstreik Bahn, 1889 treten 90 000 Kumpel an der Ruhr in den Ausstand. 15 % mehr Lohn und höchstens acht Stunden Arbeit unter Tage lautet ihre Forderung, die sie weitgehend durchsetzen können.

Essen wird noch vor der Jahrhundertwende mit 100 000 Einwohnern zur Großstadt und wächst durch Eingemeindungen weiter. Kaiser Wilhelm II. besucht 1912 die Stadt, um auf der Villa Hügel das 100jährige Bestehen der Firma Krupp mitzufeiern. Vier Jahre später fallen die ersten Bomben auf Essen, aber die Waffenschmiede des Reichs wächst weiter. Auch der erste Fliegeralarm am 3. September 1939 ändert daran noch nichts, aber 1945 – nach 272 Luftangriffen – sind 90 % der Innenstadt und 60 % der Randbezirke zerstört.

Stadt ohne Malocher

Für Gustav Heinemann, unter Konrad Adenauer Innen-, zur Zeit der Großen Koalition Justizminister und zuletzt Bundespräsident, ist Essen ein wichtiger Meilenstein. Von 1946–49 regiert er als Oberbürgermeister die Stadt. Schon einmal hatte es ein Essener Stadtoberhaupt zu einem hohen Staatsamt gebracht: Dr. Hans Luther war zunächst Ernährungs- und Finanzminister und 1925 – für ein Jahr – Reichskanzler geworden.

Eine entscheidende Wende in der jüngsten Geschichte Essens kam mit der Bergbaukrise, dem langsamen Sterben der Zechen von 1958–73. Sie hat das Bild der Stadt völlig verändert. Seit die Kumpel 1986 auf »Zollverein« ein letztes Mal einfuhren, gibt es keine einzige Zeche mehr. Aus der Stadt der »Malocher« – so heißen hier die Arbeiter – ist eine Verwaltungsstadt geworden, die sich mit Grün umgibt.

Der Grundstein dafür wurde schon in der Weimarer Republik gelegt. Man kennt die Zahl nicht genau, aber Fachleute meinen, es müssen über 10 000 Arbeitslose gewesen sein, die mit Hacke, Schaufel und Spaten den Baldeneysee ausgehoben haben. Der Plan, die Ruhr zu stauen, war entstanden, um den zunehmend verschmutzten Fluß zu entlasten.

In Essen-Kettwig sind noch zahlreiche alte Fachwerkhäuser erhalten.

Schwebstoffe sollten sich in dem Becken absetzen. Daß der Stausee auch zu einer Oase für Erholungsuchende und Wassersportler, zur blauen Perle der Ruhr geworden ist, verdankt er dem landschaftsbewußten Planer Karl Imhoff.

Essen hat ein schweres Erbe angetreten. Mit dem Abbröckeln der ehemaligen wirtschaftlichen Säulen – Bergbau und Stahl – sind riesige Flächen freigeworden, für die es potente Interessenten zu finden gilt. Verwaltung und Kommunalpolitiker sind bestrebt, moderne, saubere Industrien anzusiedeln. Darüber hinaus stellt sich Essen als bedeutende Messe- und Freizeitstadt dar. Neben der schon 1929 angelegten Gruga, die 1965 auf 70 ha erweitert wurde, entstehen an allen Ecken, vor allem in den ehemals kohleschwarzen »Stadtteilen« des Nordens, Freizeit- und Erholungsparks. Seit 1972 hat die einstige Arbeiterstadt außerdem eine Universität. Im Herzen der City, im Segeroth, der einstigen roten Hochburg, wird heute geforscht und gelehrt.

Aus dem Landgut »Asnide« des Klostergründers Altfrid ist Essen geworden, die fünftgrößte Stadt der Bundesrepublik Deutschland. Der Streit zwischen dem Magistrat und den einst so mächtigen Äbtissinnen erregt keine Gemüter mehr, aber daß Essen als Zentrum des 1958 errichteten Ruhrbistums zusätzliche Bedeutung erlangt hat, wird mit Genugtuung verzeichnet. An die mittlerweile der Vergangenheit angehörende Zeit des Kohlebergbaus erinnert die Tatsache, daß der Essener Kardinal keinen Edelstein im Ring trägt, sondern Kohle.

Altes Münster und neues Rathaus; Kontraste sind der Reiz Essens.

Theater, Musik, Veranstaltungen, Museen

Theater

Theater und Philharmonie Essen, Rolandstr. Spielorte – *Aalto-Theater*, Theaterplatz: Oper, Operette, Musical, Ballett. *Grillo-Theater*, Theaterplatz: Schauspiel. *Rathaus-Theater*, Porscheplatz: Zeitgenössisches Schauspiel.
Casa Nova, Theaterplatz. Szenisches Experimentiertheater, Theater zum Frühstück, Talkshows. Kinder- und Jugendtheater, ☎ 88-28 28.
Das kleine Theater Essen, Am Gänsemarkt 42. Modernes und klassisches Schauspiel, Boulevardtheater, Lesungen, ☎ 26 14 03, 44 04 78.
Folkwang Hochschule Essen, Klemensborn 39, Essen-Werden. Schauspiel, Tanzabende, ☎ 4 90 30.
Theater Freudenhaus, Goethestr. 67. Klassisches Schauspiel, Volkstheater, Kindertheater, Gastspiele, Jazzkonzerte, ☎ 79 14 66.
Kunsthaus Essen, Rübezahlstr. 33. Kleinkunst, Ausstellungen, Kino, ☎ 44 33 13.
Jugendzentrum, Papestr. 1. Kindertheater, Kleinkunst, ☎ 79 79 09.
Zeche Carl, Hömannstr. 10. Experimentiertheater, Kleinkunst, Pantomime, Tanztheater, ☎ 35 79 22.
Volkshochschule, Hollestr. 75. Kleinkunst, Ausstellungen, ☎ 88-1, 88-51 21.
Kulturforum Steele, Dreiringstr. 7. Kleinkunst, Ausstellungen, ☎ 88-80 67.

Musik

Philharmonisches Orchester der Stadt Essen. Sinfonie-, Kammer-, Meister-, Stadtteilkonzerte. Spielorte: *Saalbau*, Huyssenallee 53, und *Opernhaus*, Theaterplatz, ☎ 88-28 28.
Folkwang Hochschule Essen, Klemensborn 39, Essen-Werden. Museums- und Sinfoniekonzerte, Reihe Neue Musik, Werdener Abende, ☎ 4 90 30.
Folkwang Musikschule, Brunnenstr. 8. Kammer-, Werkstattkonzerte, ☎ 88-26 11.
Kunsthaus Essen, Rübezahlstr. 33. Jazzkonzerte, ☎ 44 33 13.
Villa Hügel ⑬, auf dem Hügel. Kammerkonzerte, ☎ 1 88-48 48.
Schloß Borbeck, Schloßstr. 101–103. Kammerkonzerte, Open-Air-Festivals, Residenzfest in der Schloßarena, ☎ 88-36 37.
Münster ⑥, am Burgplatz. »Domkonzerte« mit Chor und Orchester, Orgelmusik, ☎ 2 20-42 06.
Probsteikirche St. Liudger ⑭, Brückstr. 54, Essen-Werden. Orgelkonzerte, ☎ 49 15 65.
St.-Lucius-Kirche ⑮, Dückerstr., Essen-Werden. Barockkonzerte, Orgelmusik, ☎ 31 30 80.
Jugendzentrum, Papestr. 1. Jazz- und Rockkonzerte, Underground-Musik, ☎ 79 79 09.
Zeche Carl, Hömannstr. 10. Rock- und Popmusik, ☎ 35 79 22.
Jazzclub im Hotel Assindia, Viehofer Platz 5. Dixieland, Jazzfrühschoppen, ☎ 23 50 77.
Grugahalle, Norbertstr. Show »Rockpalast« live, Volksmusik, ☎ 72 44-0.
Musikpavillon im Grugapark. Nachmittagskonzerte, Salonmusik, Konzerte des WDR und der Essener Philharmoniker, ☎ 88-78 07.
Kaiserpark Essen-Altenessen, Open-Air-Festivals, »Rock im Park«, Unterhaltungsmusik, Kaiserparkfest, ☎ 88-23 00.

Veranstaltungen

Trödelmarkt, Kennedyplatz (Mai–Okt., letzter Fr im Monat, 9–18 Uhr).
März: *Camping und Touristik*, Neuheiten-Schau auf dem Camping- und Touristiksektor, Messe Essen, ☎ 72 44-0.
Mai–Sept.: *Essener Maitember* im gesamten Stadtgebiet. Aktivitäten aus den Bereichen Kultur, Kleinkunst, Sport und Spiel, u. a. Essener Stadtlauf, Intern. Kulturfest, Stadtteilfeste, Stadtteilkonzerte, Burgplatzkonzerte, Betriebsbesichtigungen, ☎ 88-24 70, 88-49 93.
Mitte Okt.: *Mode+Heim+Handwerk*. Verbraucherausstellung, Messe Essen, ☎ 72 44-0.
Ende Okt.–31. Dez.: *Essener Lichtwochen*. Festliche Illumination der Innenstadt mit jährlich wechselnden Themen der Lichtfiguren.
Ende Nov.: *Motor-Show*. Rennwagenschau, Messe Essen, ☎ 72 44-0.

Museen

Alte Synagoge, Steeler Str. 29 (s. ⑦).
Deutsches Plakat-Museum, Rathenaustr. 3–5. Ca. 60 000 Plakate des 19./20. Jh., u. a. von Beardsley, Toulouse-Lautrec, Klinger (Di–So 10–18 Uhr).
Historische Sammlung Krupp, Villa Hügel, Kleines Haus (s. ⑬).
Industrieform, Hindenburgstr. 25–27. Gegenstände der Gebrauchskultur, Sonderausstellungen zur Umweltgestaltung, im Okt. »Design-Börse« (Di–Sa 10–18 Uhr).
Markt- und Schausteller-Museum, Berliner Platz 24. Altes Kirmes- und Jahrmarktgerät aus Deutschland und den Nachbarländern, Vorführung alter Kirmesgeräte möglich (Mi 15–18 Uhr).
Münsterschatz, Münsterkirche, Burgplatz 2 (s. ⑥).
Museum Folkwang, Goethestr. 41 (s. ⑪).
Ruhrlandmuseum, Goethestr. 41 (s. ⑫).
Schatzkammer der Abtei St. Liudger, Brückstr. 54, Werden (s. ⑭).
Villa Hügel, Bredeney (s. ⑬).

ANTIQUITÄTEN
Seifenfabrikation

Esslingen

Stadtmodell im Maßstab 1:1

»Esslingen ist kein Rothenburg«, hat man in den Nachkriegsjahren in dieser Neckarstadt gesagt und für eine neue Verkehrsführung 162 alte und noch ältere Häuser abgerissen: für andere Städte schon eine vollständige Altstadt! Ein touristisches Aushängeschild eigentlich, mit dem man hätte renommieren können. Aber in Esslingen hat man lang, vielleicht ein wenig zu lang gemeint, auf ein Haus mehr oder weniger komme es nicht an! Jetzt aber schält sich im Erhaltenen hinter vielen »Zwiebelschalen« ein nahezu komplettes mittelalterliches Modell heraus, von Häuserforschern, Denkmalpflegern, Architekten und Baumeistern sorgsam in Beschlag genommen, damit sich solche Sünden nicht wiederholen. – Was ist noch bemerkenswert an dieser Stadt? Viel Industrie, etwas Wein, aber vom Besten, die traditionelle Konkurrenz zu Stuttgart – und vor allem die geringste Arbeitslosigkeit weit und breit.

Wappen In Gold ein schwarzer Adler mit roten Fängen und Brustschild in den Stadtfarben Grün und Rot. Darin die schwarzen Initialen C E (Civitas Esslingensis – die Bürgerschaft Esslingens). Das Wappen zeigte schon im 13. Jh. den Adler als Symbol der Reichsstadt.
Lage Am mittleren Neckar zwischen Schurwald und Fildern, 14 km südöstlich von Stuttgart.
Land Baden-Württemberg
Autokennzeichen ES
Höhe 230–499 m ü. M.
Fläche 47 km²
Einwohnerzahl 90 000
Postleitzahl 7300
Telefonvorwahl 0711
Post Postamt 1, Fleischmannstr. 7, Spätschalter (Mo–Fr 8–19.30, Sa 8–12, So 11–12 Uhr).
Polizei Polizeidirektion, Agnespromenade 4, ☏ 3 99 01.
Taxi ☏ 35 33 66
Nahverkehr Omnibusse und Oberleitungsbusse im innerstädt. Verkehr. Fahrscheine an Automaten und Verkaufsständen, Einzelfahrkarten beim Schaffner. S-Bahn-Linie Richtung Stuttgart und Richtung Plochingen.
Parken Parkhäuser an der Berliner Str., beim Friedhof (Urbanstr.) und an der Agnespromenade, Tiefgaragen Kies (Ecke Kies-/Adlerstr.) und Marktplatz, Parkplätze unter der Vogelsangbrücke.
Touristinformation Kultur- und Freizeitamt (Stadtinformation), Marktplatz 16, ☏ 35 12-441/645 (Mo–Fr 8–18, Sa 9–12 Uhr).
Stadtführung Jeden So 11 Uhr, kostenlos; Treffpunkt: Altes Rathaus (11)

Stadtrundgang

Esslingens Altstadt ist in ihrem Kern weitgehend unversehrt. Im Norden fordert allerdings der Individualverkehr seinen Tribut und schneidet durch eine Beton- und Asphaltschneise die Beutau mit Frauenkirche (4) und Salemer Pfleghof (5) von der Altstadt ab. Der vorgeschlagene Rundgang bietet eine kaum zu bewältigende Fülle an reichsstädtischer Architektur, so daß sich die Dauer des Stadtbummels nach den individuellen Interessen des Besuchers richten wird. Wenn man rasch geht, bewältigt man den Weg in zwei Stunden. Eine Erweiterung des Rundgangs bietet sich von der St.-Georgs-Kirche (14) aus an. In den Gassen nördlich der Kirche stehen noch viele sehenswerte alte Bauten, in der Webergasse gar das älteste Fachwerkhaus, das bisher in Deutschland entdeckt wurde. Es stammt aus dem Jahr 1268. Möglichkeiten zur Einkehr und zur Rast gibt es in Esslingen überall. Die Burg (7) (8) sowie die Maille gehören dazu. Sehr empfehlenswert ist für den Rundgang gutes Schuhwerk, da zahlreiche Gassen und Straßen mit recht grobem Kopfsteinpflaster belegt sind.

Als Parkmöglichkeit in der Nähe unseres Ausgangspunkts bietet sich das Parkhaus an der Agnespromenade an. Von der Ausfahrt der B 10 Esslingen-Mitte erreichen Sie es über die Vogelsangbrücke, an deren Ende Sie zunächst scharf rechts in die Maillestraße und kurz darauf wieder rechts in die Neckarstraße einbiegen müssen. Diese führt zum Bahnhof und zur Berliner Straße, wo das Parkhaus ausgeschildert ist.

Sehenswürdigkeiten

(1) *Schelztor*, Torturm aus der Stauferzeit und Teil der 1241 erstmals erwähnten Esslinger Stadtmauer. Schwere Buckelquader mit einem leichten Zinnenkranz zum Abschluß.

(2) *Stadtkirche St. Dionys*; gilt als die älteste in ihren Grundmauern erhaltene Kirche der Region Mittlerer Neckar. Baubeginn der »heutigen« Anlage nach 1213, danach Bautätigkeit bis zum Ende des 15. Jh. Die Glasfenster im Chor (um 1300) gehören zu den farbenprächtigsten in Süddeutschland und stammen aus Esslinger Werkstätten. Wegen früherer Absenkungen im 16. Jh. Verbindung der beiden Türme mit zwei Brücken, von denen die untere 1859 entfernt wurde. Ebenfalls charakteristisch die starken Strebepfeiler, durch die die beiden Türme gestützt werden. Unterhalb der Stadtkirche das *Ausgrabungsmuseum*: Reste früherer Kirchenbauten an diesem Ort, Grabplatten, Münzen, Pilgermuscheln, Schmuckstücke und Reste einer Krypta, vermutlich unter Ludwig dem Frommen 813–40 entstanden (Mi 14–17 Uhr, Führungen jeden 3. So im Monat 14.30 Uhr und nach Vereinbarung).

(3) *Münster St. Paul*, älteste erhaltene Bettelordenskirche in der Bundesrepublik Deutschland (Dominikaner). In ihrer schlichten Bauweise Vorbild für viele schwäbische Kirchen. 1268 von Albertus Magnus, einem der größten Gelehrten des Mittelalters, geweiht.

(4) *Frauenkirche*. Baubeschluß 1321, Chor bereits 1332 fertiggestellt, bis 1350 die Osthälfte des Langhauses. Der Turm wurde 1478 vollendet. Wichtigste Baumeister waren die Familien Ensinger und Beblinger. »Schauseite« ist die nach Süden gerichtete Wand, da auf der Gegenseite die Stadtmauer vorbeilief. Daher hier die beiden Hauptportale. Im Innern u. a. wie in der Stadtkirche St. Dionys bedeutende Glasmalereien der Esslinger Schule mit Stationen aus dem Leben Jesu an den drei mittleren Fenstern.

(5) *Salemer Pfleghof*, früher auch »Kriminal« genannt, weil er zeitweise als Gefängnis diente. Einer der insgesamt elf Pfleghöfe Esslingens; er gehörte dem Zisterzienserkloster Salem am Bodensee. 1229 erstmals genannt. 1548 und 1552 Unterkunft für Kaiser Karl V., 1682 von Württemberg erworben. 1977–82 mit Hilfe von Stadt und Land von der katholischen Münstergemeinde St. Paul erneuert und heute Gemeindezentrum.

(6) *Burgstaffel*, überdachter Wehrgang als Eingang zur Esslinger Burg; Teil des sogen. Stadtberings. Zu Beginn des 14. Jh. erwähnt, 1519–31 weiterer Ausbau.

(7) *Hochwacht*, Wächterhaus auf der Burgmauer; »... ein sonderbar in die Luft hinaus hängendes Häuschen, welches ein Wächter bewohnt« (Mörike, 1840).

(8) *Dicker Turm*, markantester Teil der verbliebenen Burganlage. 1527 gebaut und 1887 mit dem heutigen Turmhelm bedeckt. Innen ein beliebtes Aussichtsrestaurant.

(9) *»Klösterle«*, ehemaliger Pfleghof des Zisterzienserklosters Kaisheim bei Donauwörth. Erste Nennung Ende des 13. Jh. Umbauten zwischen 1518 und 1528 sowie 1755.

(10) *Neues Rathaus*, 1746–48 vom kaiserlichen Rat Freiherr von Palm als Stadtpalais erbaut. 1831–40 im Besitz des Grafen Alexander von Württemberg und häufig Treffpunkt des Schwäbischen Dichterkreises (Schwab, Uhland, Kerner, Lenau u. a.). Seit 1841 Rathaus.

(11) *Altes Rathaus*, um 1430 errichtet. Schwäbisch-alemannischer Fachwerkbau mit vorkragenden Stockwerken. An der Südseite ein imposantes Fachwerk mit dem Konstruktionsprinzip des »schwäbischen Manns«, einer gekreuzten Holzbalkenfigur, die von fern anmutet wie ein Mann, der einen schweren Balken auf beiden Schultern trägt. Der schwäbische Baumeister Heinrich Schickhardt hat in den Jahren 1586–89

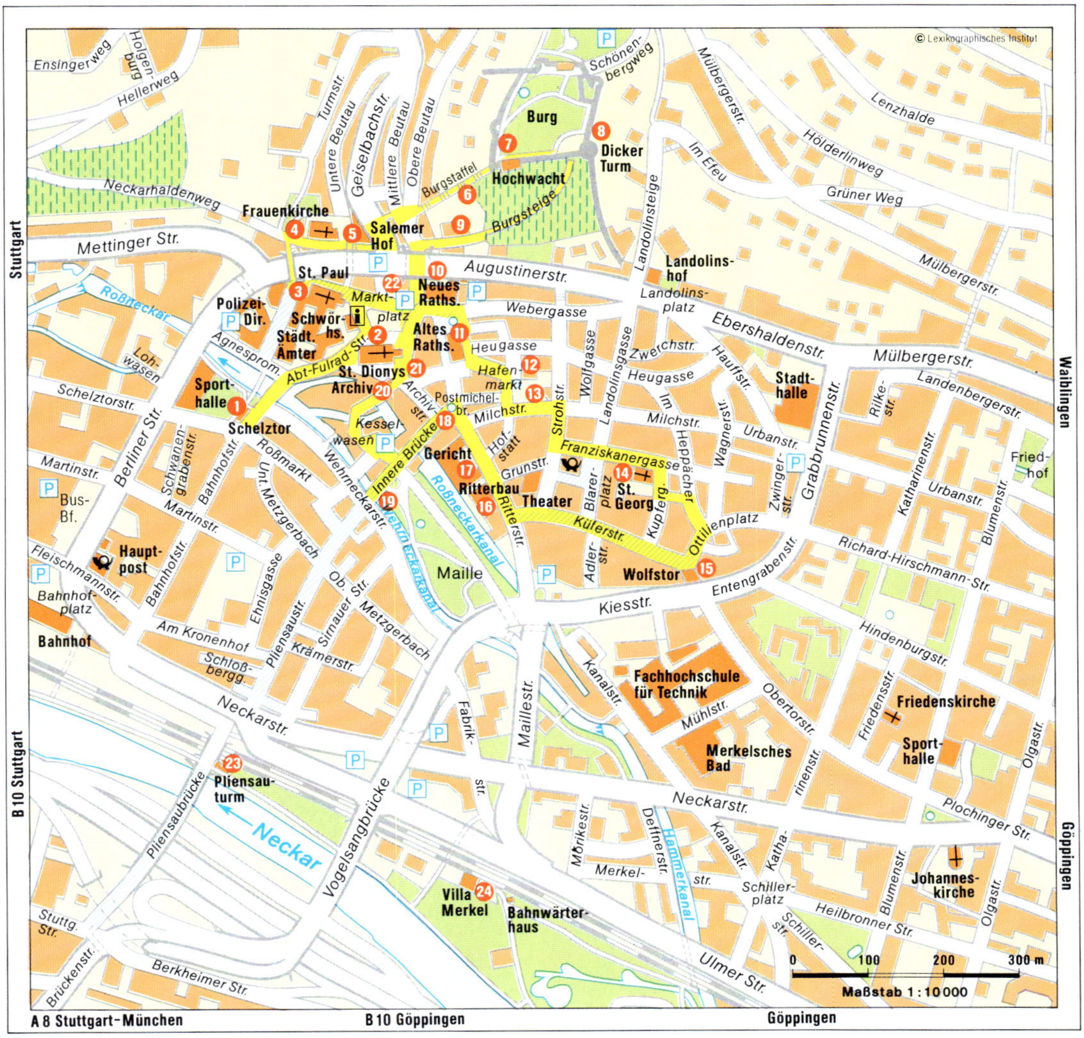

dem Fachwerkbau eine Renaissancefassade vorgeblendet. Die astronomische Uhr stammt aus dem Jahr 1592. Das Rathaus-Glockenspiel ertönt tägl. 8, 12, 15, 18, 19.30 Uhr.

⑫ *Gelbes Haus*, eines der ältesten Häuser der Stadt mit Bausubstanz aus dem 13. Jh., solche Geschlechtertürme sind nördlich der Alpen nur selten erhalten. Im *Gelben Haus* befindet sich das *Stadtmuseum:* vor- und frühgeschichtliche Abteilung mit Goldfunden; Bilder und Dokumente zur Stadtgeschichte (Mi–Fr 15–17, So 10–12 Uhr).

⑬ *Hafenmarkt*, eines der gegenwärtig spektakulärsten Sanierungsviertel Esslingens mit Wohnhaussubstanz teilweise aus dem späten 13. Jh.

⑭ *St.-Georgs-Kirche*, ehem. Franziskaner- oder Barfüßerkirche. Ende des 13. Jh. erstmals erwähnt. Letzter Rest einer ehemaligen Klosteranlage. Der noch vorhandene Chor gilt als typisch für das Formempfinden der frühen Gotik.

⑮ *Wolfstor*, Torturm der Stadtmauer aus der Stauferzeit, 1268 erwähnt als »Oberesslinger Tor«. Über dem Torbogen bewachen zwei Stauferlöwen den Reichsadler.

⑯ *Ritterbau*, Barockbau (1722–25). Von 1806 bis 1978 Sitz des Oberamts und später des Landratsamts Esslingen.

⑰ *Amtsgericht*, ehedem das Rathaus der freien Reichsstadt. Zwischen 1705 und 1715 auf dem Grund des 1701 abgebrannten Rathauses erbaut. Seit 1879 Amtsgericht.

⑱ *Postmichelbrunnen*, mit Erzählrelief (1916) zum Andenken an den Postmichel, eine populäre Esslinger Sagengestalt.

⑲ *Nikolauskapelle*, um 1300 erbaut, dem Patron der Schiffer und Flößer, St. Nikolaus, geweiht. Im 16. Jh. profaniert, war dann Brücken-Verkaufsstand. Seit 1959 Gedenkstätte für die Opfer der Jahre 1933–45.

⑳ *Stadtarchiv*, gehörte als Friedhofskapelle einst zur benachbarten Stadtkirche St. Dionys ②. Um 1250 entstanden. 1610 von Heinrich Schickhardt zum Stadtarchiv umgebaut.

㉑ *Kessler-Haus*, ehemaliger Speyrer Pfleghof mit Grundsubstanz aus der Anfangszeit der Stadt (um 900). Ab 1547 der Stadtkirche St. Dionys zugeschlagen; seit 1826 befindet sich hier die älteste Sektkellerei Deutschlands.

㉒ *Kielmeyerhaus*, 1582 erbaut. Einst die Kelter des Esslinger St.-Katharinen-Hospitals, das 1811 abgebrochen wurde.

㉓ *Pliensauturm*, Torturm an der Neckarbrücke zur Pliensau-Vorstadt. Letzter von urspr. drei Brückentürmen über die 1259 erstmals erwähnte Neckarbrücke.

㉔ *Villa Merkel*, Landhaus im Stil der Neurenaissance innerhalb eines englischen Parks. 1873 von dem Esslinger Textilfabrikanten Oscar Merkel erbaut. Heute Galerie der Stadt Esslingen. Wechselnde Ausstellungen (Mo, Di, Fr 11–18, Do 11–20, Sa, So 11–18 Uhr). *Bahnwärterhaus*, wechselnde Ausstellungen junger moderner Maler (Di–Fr 14–18, Sa, So 11–18 Uhr). *Schwörhaus*, wechselnde Ausstellungen von Künstlern aus Esslingen und der Region (Di–Fr 15–18, Sa, So 11–16 Uhr).

Sauerkraut
Seit eh und je hatte Esslingen Besitztümer auf den »krauthaltigen« Fildern, und vollends durch die Eingliederungen zu Beginn der 70er Jahre umfaßt sein Landkreis auch den Großteil des Krautanbaugebiets dort. Kein Wunder, daß in Esslingen einer der namhaftesten Sauer(kraut)konserven-Hersteller der Bundesrepublik Deutschland tätig ist. Dem Sauerkraut nach »Filderart«, mit Leber- und Griebenwurst, dazu ein Bauchläpple oder ein Stück Kesselfleisch, meist noch mit Spätzle, kann man sich bei der sonst so zurückhaltenden Esslinger Gastronomie durchaus anvertrauen.
Ein vorzügliches altes Rezept, nach dem aber leider auch in Esslingen kaum mehr gekocht wird, weil es ein wenig mühsam ist:
Zutaten für vier Personen: 1 kg Sauerkraut (aus der Dose), 1 l entfettete, kalte Fleischbrühe, besser eine Flasche trokkenen Riesling oder einen trockenen Riesling-Sekt, 4 Zwiebeln, 4 saure Kochäpfel, 5 Lorbeerblätter, 1 EL Wacholderbeeren, Pfeffer, Salz und 1 TL Zucker, 2 EL Schweineschmalz, besser noch Gänseschmalz, und ca. ½ kg durchwachsenen geräucherten Schweinebauch.
Kochvorgang: Das Schmalz im Kochtopf heiß werden lassen. Den Schweinebauch von beiden Seiten goldgelb braten. Die geschälten und viergeteilten Zwiebeln zugeben, bis sie glasig sind. Dann die geschälten und entkernten, ebenfalls viergeteilten Äpfel dazugeben. Wenn auch diese goldgelb sind, die Hitze verringern und das Sauerkraut, das gut trocken sein muß, auf diesem »Grund« verteilen. Wacholderbeeren dazugeben, pfeffern und salzen, die fünf Lorbeerblätter obenauflegen und mit der Hälfte der Flüssigkeit aufgießen – sie darf das Kraut nicht bedekken. Zugedeckt bei kleiner Flamme zwei bis drei Stunden dünsten lassen, nach ca. ein bis anderthalb Stunden Flüssigkeit nachgießen und das Kraut mit dem Apfel-Zwiebel-Gemüse unten durchmischen. Am besten nimmt man dazu einen hölzernen Kochlöffel. Noch einmal abschmecken und in einer vorgewärmten irdenen Schüssel oder im Kochtopf sehr heiß servieren.
Man ißt Rostbratwürste dazu, denn das Rauchfleisch ist verkocht und hat seinen Geschmack ans Kraut weitergegeben.

Immer einen Besuch wert
Am Alten Rathaus ⓫, wo die »Schwäbischen Männer«, diese machtvollen, gekreuzten Fachwerkfiguren, angetreten sind wie eine Kunstkraftsportgruppe, die sich eben einmal übereinandergestellt hat, um kurz das Dach anzuheben, mittendrin in der Stadt, gerade beim Sinnieren über den Widerspruch zwischen der Wucht dieses Holzbalkenwerks und den rührend kleinen, weißen Sprossenfenstern dazwischen, ein Satz im Vorübergehen, in leicht angesächseltem Schwäbisch: »Des is immer einen Besuch wert, die Esslinger Altstadt, auch wenn man mal verkehrt läuft.« – Man kann in Esslingens Altstadt gar nicht verkehrt laufen, hätte man zurückrufen sollen. Denn, wohin man sich wendet, immer taucht wieder ein verwinkelt-idyllisches Plätzchen auf, und meistens auch ein Stück Gotik, so am Hafenmarkt ⓭ – nur wenige Schritte vom Alten Rathaus ⓫ entfernt. Rechts ein neu aufgebautes Haus, mit Akribie wiederhergerichtet. Das Fachwerk ocker, etwas irritierend, aber wohl dem Original entsprechend. »Ockergelbes Fachwerk muß nach dem gegenwärtigen Kenntnisstand geradezu als typisch ... angesehen werden«, heißt es zu diesem Phänomen in einem Aufsatz des Landesdenkmalamts.

Esslingen ist die Stadt der Häuserforscher. So entdeckte man an diesem Ort die älteste geschlossene Fachwerk-Gassenbebauung in ganz Europa. An einem dieser mittelalterlichen »Hochhäuser« wurde das Fachwerk freigelegt. Frühes 14. Jh.! Während der Sanierungsarbeiten gaben das freigelegte Flecht- und Lehmwerk der Wandverkleidung und Putzproben Aufschluß über den einstigen Innenausbau: ockerfarbene Zimmeranstriche in den besseren Stuben, Balkenbemalungen, womöglich eine Badstube. Kurz nach 1300! Esslingens Bürgertum war offensichtlich gutsituiert.

Zentral am großen Handelsweg
Man ist freie Reichsstadt, nur dem Kaiser untertan und nicht diesen württembergischen Habenichtsen. Stadtluft macht frei, versinnbildlicht im Wappen: »Civitas Esslingensis« (C E), die Bürgerschaft Esslingens, die ihre Geschäfte, auch die politischen, schon früh selbst in die Hand nimmt. Die Geschäfte, das war vor allem der Weinhandel, schon im 13. Jh. Man lag zentral. Über die Pliensaubrücke ging der große Handelsweg aus Flandern, in den bei Speyer auch der aus Paris mündete, zur Inneren Brücke, den Hafenmarkt ⓭ entlang zum Wolfstor ⓯ und wieder hinaus nach Augsburg, München, Venedig! Nur einmal hat diese große europäische Handelsstraße den Neckar gekreuzt – hier bei Esslingen. Damals entstehen an dieser Stelle mächtige Häuser der Klöster, die Pfleghöfe, Umschlagplätze vor allem für den Wein, der hier gedeiht – und es konnte schon einmal passieren, daß die Mönche in Donauwörth oder Fürstenfeldbruck, deren Pfleghöfe hier standen, böse wurden, wenn ihr »Esslinger« ausblieb. Man ist damals, um 1330, auf der Höhe seiner Macht. Wie Augsburg versteuert die Stadt ein jährliches Gesamtvermögen von rund 380 000 Gulden und hat eine eigene Lombardbank, weit und breit die einzige.

Esslingen hat sich – trotz zahlreicher Abrißsünden der jüngsten Vergangenheit – bis heute seine historische Altstadt erhalten.

»Stuttgart bei Esslingen«
Wie diese Altstadt gewachsen ist, kann man sich heute noch vor Augen führen. Schicht für Schicht wurde angebaut und aufgesetzt, entstanden in den Winkeln wieder Winkel, arrangierte man sich so gut es ging mit der räumlichen Enge, baute vier- und fünfstöckig und rückte zusammen in seinen Mauern, denn draußen lauerte das feindliche Württemberg: die Schießscharten am Burgstaffel-Wehrgang 6 waren nach Nordwesten gerichtet, nach Stuttgart. Und man behauptete sich. »Stuttgart bei Esslingen«, so heißt es. Aber dann: Die Stadt, »schon am Vorabend der Französischen Revolution ... auf (ihre) Weise republikanisch«, wurde nun – wie es Otto Borst, der profunde Stadtgeschichtler, beschreibt – infolge der Revolution württembergisch. Der Flurbereiniger Napoleon hat 1803 dafür gesorgt. Die Stauferstadt mit der stolzesten Gotik den ganzen Neckar entlang, die »Führerin der Städte unter der Alb« also, von der sich der Schwäbische Städtebund die Feldzüge gegen die Württemberger hatte finanzieren lassen, war eine »Oberamtsstadt im Dutzendmaß geworden«. Welch eine Demütigung!

Doch kurze Zeit danach scheint es, als rückte man jetzt noch enger zusammen, um es den Stuttgartern zu zeigen – diesmal mit der Industrie und überhaupt dem Fortschritt: Wolle, Sekt und Sauerkraut – und vor allem die Maschinen. Die »Schöne Esslingerin«, die württembergische Schnellzuglokomotive, wird natürlich in der Esslinger Maschinenfabrik (ME) gebaut, die später die Stuttgarter Straßenbahnen liefert. Esslingen ist 1871 die Hochburg der Arbeiterbewegung in Württemberg, und 1876 sitzt der erste Sozialdemokrat im Gemeindeparlament.

Kein Schritt ohne besondere Merkwürdigkeit
Für Theodor Heuss war dieses Esslingen trotzdem noch lange »eine Stadt aus dem Musterbuche der Romantik«. Nikolaus Lenau kam hierher, Justinus Kerner, Ludwig Uhland, Hermann Kurz und Gustav Schwab folgten. Sie bildeten den Dichterkreis um den Vetter des württembergischen Königs: Graf Alexander von Württemberg war dann »ein prächtiger Kerl, wild und mutig, ritterlich und herzlich« (Lenau). Beim Grafen traf man sich im Palmschen Palais, heute das Neue Rathaus 10, das Alexander von 1831 bis 1840 bewohnte, und im Jagdschlößchen zu Serach. Lenau: »... fort ging es, nach Serach hinauf ... Vorüber an der Romantik der kleinen Reichsstadt, ihren alten grauen Wällen und Thürmchen, dem Judenkirchhofe mit den bemoosten Steinen, die Waldschlucht hinan zu

Pfleghöfe
Obwohl es auch sonst in den mittelalterlichen Städten Pfleghöfe gab, in Tübingen, Schwäbisch Gmünd oder Reutlingen etwa, ist doch Esslingen die eigentliche Stadt der Pfleghöfe. Das waren »Verwaltungsfilialen« auswärtiger Klöster in Städten, in denen sie auch Besitztümer hatten. Vor allem aber hat man in diesen Höfen Güter gelagert und umgeschlagen. In Esslingen war es vornehmlich der Wein. Als man um 1220 dort daranging, die Steilhänge terrassenförmig zu gestalten, wurde es fast über Nacht ein bedeutender Weinort, von wo aus man bis Paris und Wien lieferte. Das Speyrer Domkapitel etablierte zu Beginn des 13. Jh. den ersten Pfleghof in Esslingen, heute das Kessler-Haus 21. Zehn andere kamen in rascher Folge hinzu. Esslingens Entwicklung gerade im 14. Jh. wäre ohne die Pfleghöfe, die natürlich auch wichtige Abnehmer waren, nicht zu denken gewesen. Von den insgesamt elf Pfleghöfen stehen noch neun, dem Alphabet nach: der Bebenhäuser (Heugasse 9), der Blaubeurer (Mittlere Beutau 11), der Denkendorfer (Blarerplatz), der Fürstenfelder (Strohstr. 13), der Kaisheimer 9, auch »Klösterle« genannt (Burgsteige 1), der Konstanzer (Webergasse 3), der Salemer 5 (Untere Beutau 8–10), der Speyrer 21, auch als Kessler-Haus bekannt (Marktplatz 21–23) und der Pfleghof der Klöster Ursberg und Roggenburg (Webergasse 20).

Auf weichem Untergrund wurden die Türme von St. Dionys gebaut; der Stabilität wegen verband man sie schon 1579–1602 mit zwei Brücken; eine davon wurde 1859 entfernt.

Tips, Tips, Tips

Durch die Weinberge nach Mettingen
In Halbhöhenlage mit guter Aussicht führt der Esslinger Weinwanderweg von der Frauenkirche 4 zur Kelter nach Mettingen. Auf dem etwa 6 km langen Weg kommen Sie durch die seit dem Mittelalter berühmten Weinlagen, wie Neckarhalde, Schenkenberg und Lerchenberg. Vom Bahnhof in Mettingen können Sie dann in drei Minuten Esslingen mit der S-Bahn wieder erreichen.

Esslingens Herzstück – ein Stückchen Park
Die Maille ist, wenn man nicht allein den gotischen Altstadtkern ins Auge faßt, sondern die ganze Stadt zwischen Neckar und Burg, das eigentliche Herzstück; für eine grüne Lunge ist dies Stückchen Park zwischen Wehr- und Roßneckar zu klein. Es heißt, den richtigen Esslinger erkenne man daran, wie er Maille ausspricht. Versucht es jemand französisch, also mit einem langen »a«, so merkt man gleich, daß er ein Auswärtiger ist, womöglich ein arroganter Stuttgarter, denn der Esslinger sagt schlicht »Máll-je«, mit einer kräftigen Betonung auf dem »a« und ohne jeden französischen Anklang. So hat man also auch jene elegante französische Einrichtung reichsstädtisch selbstbewußt »eingemeindet«, denn Maille meint eine Grünanlage in der Stadt.

Die Zwieblinger
werden die Esslinger von Auswärtigen oft genannt. Und das hat – natürlich – wieder mit Stuttgart zu tun. Als die Esslinger zu Beginn des 16. Jh. noch einmal erbittert gegen die Stuttgarter kämpften, ihnen die Weinberge zerstampften und durch Ziegen die jungen Rebentriebe abfressen ließen, taucht in einem gegen sie gerichteten Lied die Bezeichnung »vil dicke Zwiebel« auf, eine Anspielung, die besagt, daß die Esslinger scharfe, sengende und brennende Kerle seien, deren Vorgehen einem das Wasser in die Augen treibe. Natürlich wird die Zwiebel-Geschichte auch umgekehrt erzählt: Danach war hier der Teufel aus Stuttgart auf den Esslinger Markt gekommen und habe Äpfel verlangt. Da habe man ihm statt dessen Zwiebeln gegeben und ihn seitdem zu Esslingen nie mehr gesehen.

den jungen Birken. Fort durch den Frühling.« Das war nach 1830. 1820 schon hatte Achim von Arnim seiner Bettina geschrieben: »Könnte ich nur eine Stunde im Jahr auf den Esslinger Thurm steigen und in die Gegend schauen oder von der Burg den Zinkbläsern auf dem Stiftsthurm zuhören! Das ist eine Stadt! Kein Schritt ohne besondere Merkwürdigkeit!« Und Johannes Brahms, noch 34 Jahre später, an Clara Schumann: »In dieser Stadt ist ein Stück Eichendorff losgelassen; dunkle Mitternacht, die Brunnen rauschen, verworrene Stimmen ...«

Beim Abreißen nicht zimperlich

Aber was kaufen von dieser Romantik? Was anfangen mit dieser stadtbürgerlichen Architekturvergangenheit? Droben am Schickhardtschen Nordgiebel des Alten Rathauses 11 treten seit alters her die beiden Esslinger Tugenden hervor: Justitia, die Gerechtigkeit, und Temperantia, die Mäßigung, und über beiden sitzt der Reichs(stadt)adler unter einem beschützenden Baldachin. Vor Zeiten hatte man noch dieses Maß der Mäßigung, die Temperantia, als man die Frauenkirche 4 an die Neckarhalde baute, den Beginn der Weinberge, von denen der »Segen« kam. Und so maßvoll angepaßt scheint dann auch 500 Jahre später ein Profanbau wie die Metallwarenfabrik Christian Wagner am Ottilienplatz zu sein: ein Stück imposanter Industriearchitektur, aber eines, das dazugehört, das esslingerisch sein will und nicht einfach allerweltsmäßig.

Mit dem Abreißen war man dann in »württembergischer Zeit« nicht mehr zimperlich. Temperantia wird einiges an Großherzigkeit abverlangt. Die Stadtmauer trägt man zu großen Teilen ab, um Häuser damit zu bauen. Ein andermal, eine Schildbürgergroteske aus dem Jahr 1840, legt man das mächtige Schiff der St.-Georgs-Kirche 14 nieder, ohne sichtbaren Anlaß und Nutzen. Es heißt, die Frau des ausschlaggebenden Stadtrats soll ihren Mann zur Zustimmung gedrängt haben: Die alten Mauern nämlich würfen viel Schatten auf ihren Wäschetrockenplatz. Ein Beispiel

Mit Glockenspiel und astronomischer Uhr prunkt die Renaissancefassade des Nordgiebels am Alten Rathaus in kraftvollem Rot.

für den praktischen oder, eigentlich, den beginnenden pragmatischen Sinn der Esslinger. Aber es hat dann doch noch mehr als 100 Jahre gedauert, bis man es darin den »allerweltsmäßigen« Stuttgartern gleichgetan hat.

In den 60er und frühen 70er Jahren unseres Jahrhunderts erst schien man Temperantia und damit seiner ganzen Tradition einen Tritt versetzen zu wollen. Da ließ man sich, am Rand der Altstadt, von einem Stuttgarter Architekten eine Festhalle errichten, aus schierem Beton und ohne Fenster – ein wenig wie in Schilda. Man schlug vierspurige Verkehrsschneisen und vergriff sich dabei insbesondere an den Herzstücken. Die steinalte Pliensaubrücke wurde amputiert, ihr Turm ㉓ im neugeschaffenen Niemandsland zurückgelassen. Die Maille, das Esslinger Herz, ließ man von Straßen durchschneiden. Und hier beginnt auch der zweite Teil der Baugeschichte für die Frauenkirche ❹: ein Findling nur noch, verloren in Verkehrsgewittern. Feinste Gotik – auf Beton serviert, mit Längsrillen, als sei es auf diesen »Strukturierungskompromiß« noch angekommen!

Reichsstädtisches auf geschäftigem Sockel
Doch noch einmal zurück zum Erhaltengebliebenen. Vielleicht die Milchstraße entlang oder die Landolinsgasse. Daß man nicht zu sehr ins Sinnieren gerät, dafür sorgt schon ein hierorts bevorzugter Autotyp, der für die schmalen Gassen ein wenig zu dick und zu schnell ist. Man merkt natürlich auch im Stadtkern, in welcher Zeit man lebt, vollends dort, wo's um die Geschäfte geht. Zum Beispiel die Küferstraße: alles nach Kräften durchrenoviert. So hat man denn das Parterre den Anforderungen der Gegenwart geopfert. Man ist stolz darauf, sagen zu können, daß man es gar nicht merkt, in einem so alten Haus zu sein. Die Vergangenheit, das Reichsstädtische, beginnt sozusagen immer erst vom ersten Stockwerk an und verdichtet sich, je näher es zu den luftigen Giebeln geht. Damit's kein Wolkenkuckucksheim wird, braucht es wohl doch solch geschäftige Sockel. Dafür ist Temperantia dann wieder recht, daß diese Stadt nicht abhebt! – Aber vorsichtig, wie man hier ist, und um ja sicherzugehen, daß man auch wirklich auf dem Boden bleibt, hat man dort, wo's am schönsten ist, noch einmal zusätzlich Ballast plaziert: Am Markt- und Rathausplatz ❷ ❿, zwischen all der Romanik, Gotik, Renaissance und dem Barock, stehen große, erdenschwere Waschbetonkübel – mit winzig kleinen Stiefmütterchen.

Der Postmichel
ist die populärste Esslinger Legendenfigur, indessen renommiert man damit nicht wie die Heilbronner mit ihrem Käthchen. Aber wer wollte auch mit einem Posttrompeter, der den Kopf unterm Arm trägt, ins helle Licht treten? Doch der Reihe nach: In Esslingen soll im 15. Jh. der wohlhabende Herr Amand von Marchtaler mit seinem Neffen gelebt haben, dem das Erbe versprochen war. Während der Heimkehr von einem Richtfest in Stuttgart (!) erschlägt der Neffe den Onkel an der Esslinger Steige und weiß die Tat als den Raubmord eines Unbekannten zu kaschieren. Einige Tage später findet der Esslinger Postmichel den Ring des Erschlagenen just an der Mordstelle, er hebt ihn auf und prahlt in der Schenke damit. Der Ring wird erkannt und der Postmichel eingekerkert. Unter der Folter gesteht er zwar, der Mörder zu sein, widerruft aber dieses Bekenntnis vor der Hinrichtung und bläst zur Bekräftigung noch einmal in sein Horn. Dazu legt er den Schwur ab, auch »künftig« noch so lange zu blasen, bis der Mörder gefunden sei. Und richtig: Nach der Exekution bläst der Postmichel, den Kopf unterm Arm, weiter und geht dabei auf den wirklichen Mörder zu, dem das Blut in den Adern erstarrt sein soll. Diese grausliche Legende ist am Postmichelbrunnen ⓲ aus dem Jahr 1916 säuberlich nachgebildet.

Theater, Musik, Veranstaltungen, Museen

Theater
Württembergische Landesbühne und *Podium 1 und 2*, Strohstr. 1. Schauspiel, gelegentlich Musikproduktionen, ☏ 35 67 97.
Kinder- und Jugendtheater, Blarerplatz 8. Vorwiegend eigene Produktionen, ☏ 35 67 97.
Galgenstrickhaus, Webergasse 9. Kabarett »Die Galgenstricke« – gelegentlich Gastensembles, 14tägig Mitternachtskabarett, ☏ 35 44 44.

Musik
Stadthalle, Grabbrunnenstr. 21. Wintersaison: Konzertveranstaltungen mit klassischer Musik, Kammermusik, ☏ 35 12-441/645.
Villa Merkel ㉔, Pulverwiesen 24. Hauskonzerte, Matineen – ausschließlich ernste Musik, ☏ 35 12-461.
Zentrum Zell, Alleenstr. 1. Volkstümliche Veranstaltungen und Konzerte, Ballett-Gastspiele, ☏ 36 61 18 oder 36 64 20.
Stadtkirche St. Dionys ❷. 14tägig: Stunde der Kirchenmusik, ☏ 35 50 50.
Frauenkirche ❹. Kirchen-, Chor- und Orgelmusik, ☏ 35 12-441/645.
Altes Rathaus ⓫, Rathausplatz. Anfang Nov.–Ende Febr.: Jugendkonzerte (Jazz), ☏ 35 12-441/645.
Kultur- und Kommunikationszentrum, Dieselstr. 26. Jazz aller Art, ☏ 38 71 20.
Musik- und Theaterwerkstatt, Alleenstr. 29. Jazz, Rock, ☏ 36 73 73.

Veranstaltungen
Fastnachts-Di: *Rathaussturm* der Karnevalsgesellschaft »Zwieblingen«.
30. April: *Maibaumsingen*, Tanzen und Singen um den Maibaum auf dem Marktplatz.
2. Di im Mai: *Maimarkt*, Händlermarkt auf dem Marktplatz.
Mitte Mai: *Esslinger Begegnung* der Künstlergilde im Alten Rathaus ⓫ Verleihung des Georg-Dehio-Preises, Ausstellungen, Konzerte.
Vorletzter So im Mai: *Weinwandertag* durch die Esslinger Weinberge mit Volksmusikbegleitung und Ausschankstationen am Weg.
Letzter So im Mai: *Tag des Liedes*. Esslinger Gesangvereine singen auf dem Blarerplatz, bei Regen in der Stadthalle.
1. Wochenende im Juni: *Bürgerfest/Tag des ausländischen Mitbürgers* in der gesamten Innenstadt. Esslinger Vereine stellen sich vor. Esslinger und ausländische Spezialitäten. Musik, Tanz, Theater, Kinderflohmarkt ums Alte Rathaus ⓫, gewerblicher Flohmarkt auf dem Ottilienplatz.
Ende Juli: *Jacobimarkt*, Händlermarkt auf dem Marktplatz.
3. Wochenende im Sept.: *Kelter- und Weinfest* in der Esslinger Kelter. Großer Weinausschank Esslinger Weine mit Musik und Volkstänzen.
1. Wochenende im Okt.: *Kirbe/Laternenfest* in der Innenstadt. Beginn mit Laternensingen der Kinder (Fr 18 Uhr), Ausschank, Musik, Weinlaube im Neuen Rathaus ❿
Ende Nov.: *Andreasmarkt*, Händlermarkt auf dem Marktplatz.
Heiligabend, Weihnachtsfeiertage und Silvester: *Christbaumsingen* vor dem Alten Rathaus ⓫

Museen
Ausgrabungsmuseum, Marktplatz 18 (s. ❷).
Galerie der Stadt – Villa Merkel, Pulverwiesen 24 (s. ㉔).
Stadtmuseum, Gelbes Haus am Hafenmarkt (s. ⓬).

Flensburg

Ostseehafen im Grünen

Wenn zielstrebige Männer unverhofft ins Torkeln geraten, kann das etwas mit Flensburg zu tun haben. Wenn Hausfrauen beim Kochen zur Flasche greifen – ebenfalls. Denn von Flensburg aus ergießt sich der Rum in die ganze Welt – böse Zungen behaupten sogar, man könne ihn dort direkt aus dem Becken des idyllischen Hafens (unser Bild) trinken . . .
In Flensburg befindet sich auch die meistgefürchtete deutsche Behörde, das Kraftfahrt-Bundesamt, bei dem jedes in Betrieb genommene Fahrzeug registriert ist und wo es eine berüchtigte Verkehrssünder-Kartei gibt . . .
In Flensburg wohnt außerdem die freundliche Dame, die einem auf Bestellung Pikanterien ins Haus schickt . . .
So viel weiß man also über Flensburg; aber kennt man es damit schon? Beileibe nicht. Sie müssen hinfahren.

Wappen In Gold gehaltenes Wappen mit rotem sechseckigem Turm mit blauem Dach über blauen und silbernen Wellen. Aus dem Turm brechen zwei blaue Löwen mit roten Zungen hervor. Darüber ein roter Schild mit silbernem Nesselblatt.
Lage Am Ende der Flensburger Förde südlich der dänischen Grenze.
Land Schleswig-Holstein
Autokennzeichen FL
Höhe 20–64 m ü. M.
Fläche 56 km^2
Einwohnerzahl 86 000
Postleitzahl 2390
Telefonvorwahl 04 61
Post Hauptpostamt, Bahnhofstr. 40, Spätschalter (Mo–Fr 8–19, Sa 8–13, So 10.30–11.30 Uhr).
Polizei Norderhofenden 1, ☏ 4 84-0
Taxi ☏ 177 75, 5 55 55
Nahverkehr 13 Buslinien im innerstädt. Verkehr, Verbundnetz. Fahrscheine beim Schaffner, Streifenkarten in den Reisebüros.
Camping Glücksburg-Schwennau, ☏ 0 46 31/26 70, Jarplund (B 76), ☏ 9 32 34.
Parken City-Parkhaus, Rote Str. (Mo–Fr 7–19, Sa 7–14, langer Sa 7–18.30 Uhr); bewachter Parkplatz am Zentralen Omnibusbahnhof (tägl. 8–19 Uhr).
Touristinformation Verkehrsverein, Norderstr. 6, ☏ 2 30 90, 2 59 01 (Juni–Sept. Mo–Fr 9–13, 15–18, Sa 10–13 Uhr).
Stadtführung Mitte Juni–Anfang Sept. ab Nordertor (zu Fuß) jeden Di 10 Uhr.
Stadtrundfahrt Ab zentralem Busbahnhof bzw. Glücksburg Kurmittelhaus (Bus) jeden Do 9.45 bzw. 10 Uhr. Außerhalb dieser Zeiten für Gruppen auf Bestellung beim Verkehrsverein möglich.
Schiffahrt Mai–Sept. mehrmals wöchentlich Fahrten ab Flensburg Fördebrücke durch den Alsensund nach Apenrade in Dänemark; einmal wöchentlich Fahrt ab Flensburg Fördebrücke auf die dänische Insel Aerø, ☏ 8 11 20.

Stadtrundgang
Es ist eher eine Bummeltour parallel zum Hafen als ein Rundgang durch die Stadt. Man kommt also nicht automatisch wieder an seinen Ausgangspunkt zurück. Dazu muß man sich der Busse oder Taxis bedienen. Flensburg ist eine traditionsreiche Stadt mit vielen sehenswerten Bauten. Wer alles gründlich würdigen möchte, braucht für den gut 2 km langen Weg sicher einen Tag, ein normaler Spaziergang dauert ca. zwei Stunden. Ruhepausen sind in den vielen, zum Teil recht originellen Restaurants, Cafés und Kneipen möglich.

Sehenswürdigkeiten
1 *Nordertor*, Flensburger Wahrzeichen, erbaut im Jahr 1596; bis 1795 nördliche Begrenzung der Stadt. Über dem Torbogen befinden sich das Wappen des dänischen Königs Christian IV. und das Stadtwappen.
2 *Handelshof* aus dem 18. Jh. Vom Hafen aus direkt zugänglicher Speicher, zum Hauptstraßenzug Wohnungen und Kontore der Kaufherren.
3 *Schiffahrtsmuseum*, seit 1984 im ehemaligen, 1842/43 erbauten Zollpackhaus. Schiffsmodelle, Schiffsbilder, nautische Instrumente, Seekarten, Galionsfiguren, Dioramen (Di–Sa 10–13, 15–17, So 10–13 Uhr). An der Fördebrücke liegt die »Alexandra«, das im Jahr 1908 gebaute älteste Schiff der Flensburger Fördeflotte.
4 *Flensborg-Hus*, ehemaliges Waisenhaus, 1726 aus Steinen der abgerissenen Duburg erbaut. Über der Toreinfahrt Spiegelmonogramm König Friedrichs IV.
5 *Künstlerhof*, Handelshof aus dem 18. Jh. Eindrucksvolles Beispiel moderner Altstadtsanierung.
6 *Alt-Flensburger Haus*, Elternhaus der Brüder Eckener. Beispielhaft für die Patrizierhäuser des 18. Jh. Heute Restaurant.
7 *Kompagnietor*, erbaut 1602–04, Zunfthaus der Schiffer und Kaufleute. Hochwassermarken als Zeugnisse früherer Überschwemmungen am Torgebäude.
8 *Marienkirche*, Baubeginn 1284, dreischiffig mit spätmittelalterlichen Deckenmalereien. Das Epitaph in der ersten Nische rechts zeigt die älteste gemalte Darstellung Flensburgs. Die eindrucksvollen Glasfenster stammen von der Flensburgerin Käte Lassen (1880–1956).
9 *Nordermarkt*, neben dem Südermarkt eines der ältesten Zentren der Stadt. Der Neptunbrunnen stammt aus dem Jahr 1758.
10 *Westindienspeicher*, bedeutendes Zeugnis aus der Zeit der Flensburger Handelsverbindungen nach Westindien (ab 1755).
11 *Heiliggeistkirche*, 1386 begonnen, seit 1588 Gotteshaus der dänischen Gemeinde. Auffällig die Harmonie des Innenraums.
12 *Alter Friedhof* mit klassizistischer Friedhofskapelle von 1810–13.
13 *Städtisches Museum*, vorgeschichtliche Sammlung mit Funden aus der mittleren und jüngeren Steinzeit, Bronzezeit und Eisenzeit; kunst- und kulturgeschichtliche Abteilung mit Möbeln, Silbergeräten, Fayencen, Bauernstuben aus dem 17. und 18. Jh.; Malerei und Grafik seit dem 16. Jh. (Di–Sa 10–13, 15–17, So 10–13 Uhr).
14 *Holm 10*, schön restaurierte Fassade eines Stadtpalais von 1853.
15 *Holm 19/21*, der älteste erhaltene Handelshof aus Flensburgs Blütezeit vor dem Dreißigjährigen Krieg. Sein Vorderhaus gilt als architektonisch bemerkenswert.
16 *Nikolaikirche*, Baubeginn um 1390, größte Kirche der Stadt. Der Orgelprospekt von Hinrich Ringeringk (1609) gilt als die beste Renaissance-Orgelfassade im ganzen Norden.
17 *Südermarkt*, einer der ältesten Plätze mit einigen schönen Häuserfronten des alten Flensburg, z. B. das Hauptpastorat für St. Nikolai (1743) auf der Westseite. Das Eckhaus der Firma Heesch ist das älteste Wohnhaus der Stadt; es überstand 1485 einen verheerenden Stadtbrand.
18 *Kloster zum Heiligen Geist*, umgebautes Franziskanerkloster aus dem 13. Jh. Seit der Reformation bis heute Stiftung zugunsten alter und armer Mitbürger. Schöne Saalkirche und Klostergarten.
19 *Deutsches Haus*, 1927–30 von dem Architekten P. Ziegler im Bauhausstil erbaut. Großer Konzertsaal.
20 *Johanniskirche*, älteste Kirche der Stadt, um 1200 aus Findlingen erbaut. Reiche Deckenbemalung (um 1500), Taufstein und Kanzel 16. Jh., hölzerne Täuferfigur.

Spielball zwischen Dänemark und Schleswig-Holstein

Gebirgig ist Flensburg gerade nicht – dennoch kann man ganz schön aus der Puste kommen, wenn man die 152 Stufen der Marientreppe zur Aussichtsplattform am Schloßwall emporsteigt. Die kleine Mühe lohnt sich. Unten liegt die Stadt, wie ein Hufeisen um das Ende der 34 km langen Flensburger Förde geschmiedet. In der Mitte der Hafen, rundum gesäumt von bebauten Hängen, denen aber viel Grün geblieben ist. Der Hafen war einst die Quelle des Wohlstands von Flensburg; die enge Nachbarschaft zu Dänemark hat die Geschichte dieser Stadt geprägt.

Seit Beginn des 13. Jh. gab es Auseinandersetzungen um das Herzogtum Schleswig. 1411–20 baut die tatkräftige Königin Margarete von Dänemark die Duburg in Flensburg, um die Stadt damit für ihr Land zu sichern. Herr im Land bleibt jedoch das Schleswig-Holsteinische Herzogs-

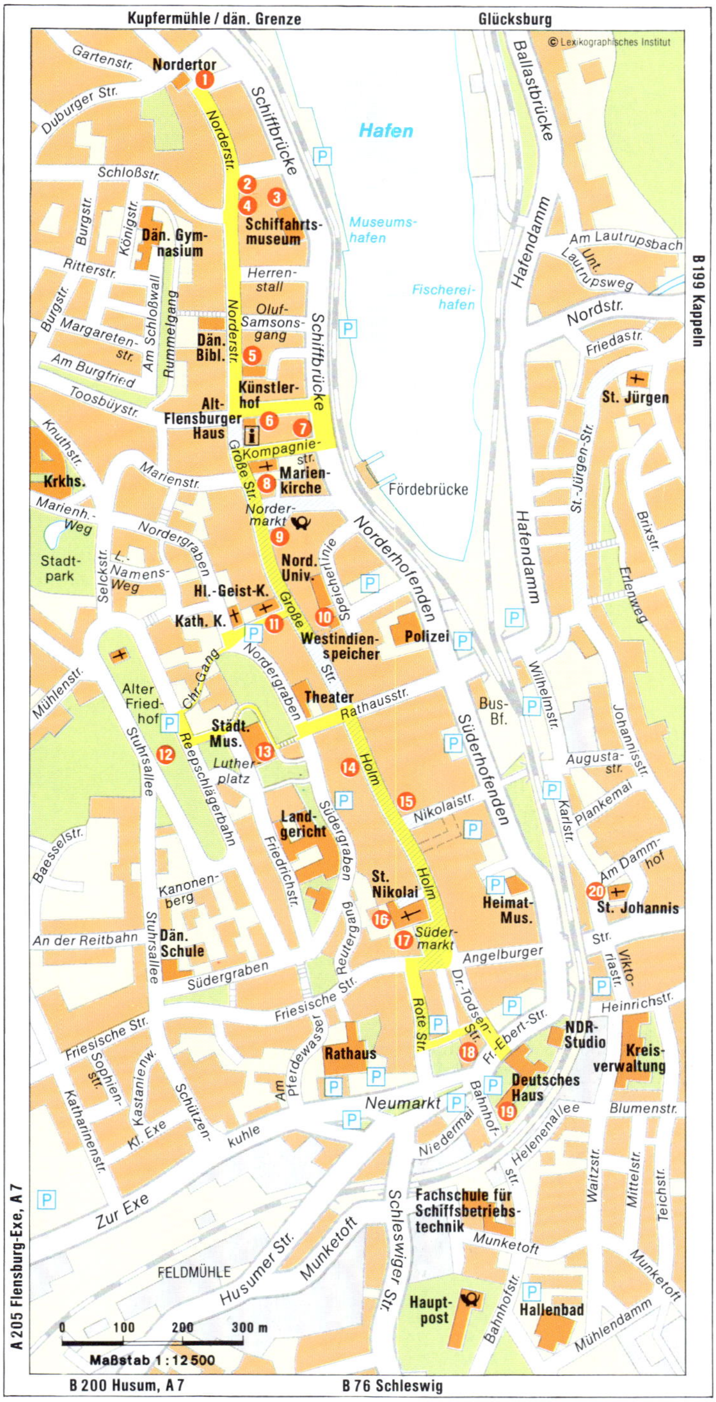

haus. Und Flensburg blüht auf. 1460 kommt es zu einem Kompromiß mit Dänemark, dem bis 1864 Dauer beschieden sein sollte: König Christian I. von Dänemark wird von den schleswig-holsteinischen Räten zum Herzog von Schleswig und Grafen von Holstein gewählt.

Ein Kleinod entwickelt sich

Im 16. Jh. überflügelt Flensburg sogar Kopenhagen an Macht und Reichtum. 5000 Einwohner zählt es, und rund 200 Schiffe stehen unter Segel. Handel und Wandel zwischen Skandinavien und den westlichen Staaten florieren. Aus dieser und späterer Zeit stammen viele Kunstschätze in den Kirchen St. Nikolai (16) und St. Marien (8), das Nordertor (1), Wahrzeichen der Stadt, und das Kompagnietor (7). Viele stattliche Häuser, die am Holm und in der Großen Straße erhalten geblieben sind, legen beredtes Zeugnis

Von Petuhtanten und ihrer Sprache

Die Flensburger haben ihre eigene Sprache, das sogenannte »Petuhtantendeutsch«. Gepflegt wird es heute noch vornehmlich von jenen Damen, die früher tagtäglich auf Dauerkarte, gleichsam »partout« (also petuh!), mit den Fördedampfern zum Kaffeeklatsch »in See« stachen. Ein »Rasmus« ist für sie eine Frau mit Haaren auf den Zähnen, von »Tummelum« und »Stahoi« sprechen sie, wenn sie sich über Gewühl und Streß beim Ausverkauf unterhalten, und »schleu« ist ein Kuchen, der keinen »Verschlag« hat, der also nicht vorhält. Bisweilen bedienen sich die Flensburger auch einer sehr vereinfachten Ausdrucksweise, wie dieser klassische Petuhtantensatz verdeutlicht: »Wie kann ich sitzen bei außes Licht und auffe Türen und nähen abbe Knöpfe bei zue Rollo'n an!« (Wie kann ich bei ausgeschaltetem Licht und offenen Türen sitzen und abgegangene Knöpfe bei geschlossenem Rollo annähen.)

Ein Traum auf dem Wasser – Glücksburg

Nur einen Katzensprung weit (etwa 10 km) ist es von Flensburg an der südöstlichen Fördeseite bis nach Schloß Glücksburg (über Mürwiker Straße/Fördestraße). Es gilt als das schönste Wasserschloß Deutschlands, als »die Wiege der Königshäuser Europas«. Der dem dänischen Königshaus entstammende Herzog Hans d. J. (1545–1622) ließ das Schloß 1582–87 erbauen; er ist gleichsam der Stammvater des noch bestehenden herzoglichen Hauses Schleswig-Holstein sowie der Königshäuser von Dänemark, Norwegen und Griechenland. Die Renaissanceausstattung des dreigeschossigen Bauwerks blieb weitgehend erhalten. Der nicht bewohnte Teil des Schlosses ist der Öffentlichkeit als Museum zugänglich. Glanzstücke sind Gobelins und bemalte niederländische Ledertapeten sowie eine Bildergalerie zur schleswig-holsteinischen und dänischen Geschichte (Sommer tägl. 10–16.30 Uhr, Winter tägl. 10–12, 14–16 Uhr).

Pharisäer

Im Norden sehr beliebt ist der »Pharisäer«: In eine Tasse mit sehr heißem Kaffee kommen zwei Stück Zucker und ein guter Schuß Rum; das Ganze wird abgedeckt mit einem gehäuften Eßlöffel Schlagsahne . . .
Zu seinem Namen soll der »Pharisäer« bei einem Leichenschmaus gekommen sein, der üblichen Kaffeetafel nach einer Beerdigung. Die anfängliche Trauer um den Verstorbenen ging zunehmend in ausgelassene Heiterkeit über. Dem Pastor kam das merkwürdig vor – ihm hatte man nur Kaffee mit Schlagsahne vorgesetzt, und er nippte – etwas unfein – an der Tasse seiner Nachbarin. Als er den Rum schmeckte, rief er aus: »Ihr Pharisäer!«

Tips, Tips, Tips

Auf Schusters Rappen
An den Stadtgrenzen hat Flensburg viel Wald und Wasser, und man kann mit Stadtbussen die schönen Wandergebiete bequem erreichen.
So z. B. den kleinen Grenzübergang Schusterkate von Wassersleben nach Kollund durch den schönen Kollunder Wald (Grenzübergang von Mai–Sept. Mi, Sa 13–20, So, Feiertage 8–20 Uhr). Schiffsverkehr von Kollund (Dänemark) nach Flensburg.
Eine der schönsten Küstenwanderungen führt von Glücksburg nach Bockholm und über den Höhenweg nach Bockholmwik.

Auf dem Wasser
Verschiedene Reedereien bieten vom Frühjahr bis zum Herbst zahlreiche Fahrten auf der Flensburger Förde an. Reizvoll ist die Fahrt auf die dänische Insel Aerø (Mai–Sept. Abfahrt ab Flensburg Fördebrücke).

ab vom einstigen Wohlstand und Kunstsinn der Flensburger Kaufleute. So der Westindienspeicher (10), der an die Zeit ab 1755 erinnert, als die Handelsverbindungen bis in den Fernen Osten reichten, oder der Handelshof (2), der ebenfalls aus dem 18. Jh. stammt. Im Zuge der Stadtsanierung sind viele dieser alten Höfe restauriert worden und zeigen sich als eine für Flensburg typische Einheit, der man in der Norderstraße bis hin zum Südermarkt (17) begegnet. Das prächtige Patrizierhaus mit dem schönen Barockgiebel (6) in der Norderstraße 8 ist übrigens die Heimat der Brüder Eckener. Alex Eckener als Grafiker und Maler, Hugo Eckener als Luftschiffer und Vertrauter des Grafen Zeppelin wurden weit über die Grenzen ihrer Vaterstadt hinaus bekannt.

Auch die Kirchen lohnen einen Besuch – St. Marien (8) mit ihren spätmittelalterlichen Deckenmalereien oder St. Nikolai (16), die nach dem Patron der Kinder und Seefahrer benannt ist.

Höhen und Tiefen

Flensburg ist zwar im Zweiten Weltkrieg weitgehend vor Zerstörungen bewahrt geblieben; in früheren Zeiten hat es jedoch sehr unter kriegerischen Auseinandersetzungen leiden müssen. 1627, im Dreißigjährigen Krieg, besetzt Wallenstein die Stadt. Plünderungen und Brände sind an der Tagesordnung. In den nachfolgenden Nordischen Kriegen fallen die Schweden in Flensburg ein; ihnen folgt der Große Kurfürst. Handel und Schiffahrt liegen darnieder, von der einst stolzen Flotte bleibt fast nichts mehr übrig.

Nur langsam erholte sich die Stadt von den schweren Wunden. Zwar hatten Hamburg und Kopenhagen den Fördehafen inzwischen längst an Bedeutung überflügelt, aber die Flensburger Kaufleute knüpften gegen Anfang des 18. Jh. neue Beziehungen zu Norwegen, belieferten die

Trotz seines herben Charakters ist Schloß Glücksburg eines der schönsten Wasserschlösser Deutschlands. Am Ufer schließen sich der Wirtschaftshof und ein englischer Garten mit Orangerie an.

Ostseehäfen bis hinauf nach Riga und brachten Waren von dort nach Spanien und Frankreich. Später segelten ihre Schiffe sogar bis zu den dänischen Kolonien in Westindien. Tabak und Mahagoni brachten sie mit, den kostbaren Zucker und natürlich den Rum, der bis heute eines der Markenzeichen der Stadt ist. Doch abermals folgt dem Wohlstand ein wirtschaftlicher Niedergang. Nach der Niederlage Napoleons verliert Flensburg, das im politischen Verbund mit Dänemark auf seiner Seite gestanden hatte, seinen wichtigen Handelspartner Norwegen.

Erst dänisch, dann preußisch, dann deutsch

Von 1848 bis 1851 und 1864 kommt es zu kriegerischen Auseinandersetzungen zwischen Deutschen und Dänen; 1867 wird Schleswig-Holstein preußische Provinz und gehört ab 1871 zum Deutschen Reich. Der Ausgang des Ersten Weltkriegs trifft Flensburg schwer. Der Landesteil Schleswig wird geteilt: Nordschleswig kommt zu Dänemark, und Flensburg wird zu einer Grenzstadt ohne Hinterland. Die Grenze verläuft quer durch die Förde, sie ist aber heute kein politisches Problem mehr. Wo man sich im vorigen Jahrhundert um die »Schleswig-Frage« noch blutig bekriegte, leben Deutsche und Dänen jetzt einträchtig nebeneinander. Die »Leute von drüben« kommen oft zum Einkaufen in die Fördestadt, die Flensburger sind gerngesehene Gäste in Dänemark. Entsprechend vielfältig sind auch die kulturellen Kontakte zwischen beiden Seiten.

Die Randlage Flensburgs im äußersten Norden der Bundesrepublik Deutschland bereitet den Stadtvätern dennoch beständig Sorgen. Trotz der Autobahnanbindung (Hamburg–Flensburg) ist die Stadt weiterhin verkehrsmäßig ungünstig gelegen. Auch der Hafen spielt längst nicht mehr die Rolle von einst.

In die Schlagzeilen der Weltgeschichte geriet Flensburg noch einmal im Mai 1945, als in der Marineschule Mürwik, dem Sitz der letzten deutschen NS-Reichsregierung unter Großadmiral Karl Dönitz, die Kapitulation erklärt wurde. Heute ist Flensburg eine der größten Garnisonstädte im Land, seit 1956 wird in Flensburg-Mürwik wieder – wie seit Kaisers Zeiten – der Offiziersnachwuchs der Marine ausgebildet.

Schließlich bietet die Förde, übrigens eines der schönsten Segelreviere Deutschlands, genügend Anreiz für die Seekadetten, sich im maritimen Handwerk zu üben. Und auch zu Land übt das schöne, alte Flensburg einen eigentümlichen Zauber aus – mit seinen Winkeln, Gassen und Treppen, seinen ehrwürdigen Kirchen und Toren, seinem vielen Grün und seinem geschichtsträchtigen Hafen. Die »Stadt im Tal, umkränzt von Hügeln« – wie es in einem alten Heimatlied heißt – ist zu jeder Jahreszeit ein lohnendes Reiseziel.

Rum muß, Wasser kann, Zucker darf

»Neptuns« hieß der erste Segler, der 1755 – beladen mit Speck, Butter, Mehl, Segeltuch und Nägeln – von Flensburg nach Westindien auslief. Beladen mit »Kolonialwaren« und vor allem mit Rumfässern kehrte er zurück. Flensburgs »rumreiche« Geschichte hatte begonnen. Heute trinkt man Flensburger Rum nicht nur im kalten Norden, sondern auch in Kapstadt und Neuseeland. Als Grog (»Rum muß, Wasser kann, Zucker darf« hinein ins Glas) ist er ebenso beliebt wie als »long drink« in Limonaden und Fruchtsäften. Die Hausfrau weiß ihn als aromatische Zutat für Pudding und Kuchen zu schätzen; und Früchte, im Sommer und Herbst in einem Rumtopf konserviert, geben für den Winter, mit Sekt aufgefüllt, eine besondere Delikatesse ab.

Der steinerne Neptunbrunnen schmückt den Nordermarkt.

Theater, Musik, Veranstaltungen, Museen

Theater
Schleswig-Holsteinisches Landestheater und Sinfonieorchester, Rathausstr. 22. Oper, Operette, Ballett, Schauspiel, Freilichtspiele, ☎ 177 31.
Niederdeutsche Bühne der Stadt Flensburg, Rathausstr. 20. Sprechtheater und Studiobühne, ☎ 85 20 95.
Werkstatt Pilkentafel, Pilkentafel 2. Alternatives Theater, Kleinkunst, ☎ 2 49 01.

Musik
Schleswig-Holsteinisches Landestheater und Sinfonieorchester, Rathausstr. 22. Sinfonie- und Großkonzerte; drei Meisterkonzerte (Winter So 11.15 Uhr), ☎ 177 31.
Deutsches Haus ⓳, Bahnhofstr. Zehn Sinfoniekonzerte pro Spielzeit, Chorkonzerte, Oratorien (Flensburger Bachchor), Spielort Schleswig-Holsteinisches Musik-Festival, ☎ 177 31.
Marienkirche ❽, Am Nordermarkt. Flensburger Bachtage, alle zwei Jahre (1991) Febr.–Ende März: Interpretation des Bachschen Gesamtwerks. Intern. Orgelkonzerte auf der Magnussen-Orgel (Mo 20 Uhr). Chor-Konzerte mit dem Flensburger Bachchor St. Marien. Spielort Schleswig-Holsteinisches Musik-Festival, ☎ 5 35 97, 2 93 13.
Galerie, Holm 66. Flensburger Abende mit jungen Amateurmusikern, Folk, Blues, Modern Jazz, ☎ 2 01 04.

Veranstaltungen
Floh- und Antikmärkte am Nordertor ❶, Südermarkt ⓱ und Schiffbrückplatz (monatlich).
Alle zwei Jahre (1990) Aug.: *Flensburger Tummelum (Altstadtfest)*, von Tor zu Tor »So fröhlich wie nördlich«. Kulturelles Dauerprogramm (Kleinkunst, Straßentheater, Musik).
Alle zwei Jahre (1991) Febr.–Ende März: *Bachtage*, Marienkirche ❽, Deutsches Haus ⓳. Chor- und Orgelkonzerte, Kammermusik (Johann Sebastian Bach sowie auch zeitgenössische Komponisten).
Mai/Juni: *Rumregatta*, am Wochenende nach Christi Himmelfahrt. Trad. Treffen der »Gaffelszene«, unernste Wettfahrt auf der Innenförde mit ehemaligen Seglern der Berufsschiffahrt.
Juni: *Rote-Straße-Fest* auf der Roten Str. und in den anliegenden Höfen: Bier, Punsch und »Klönschnack«.

Museen
Naturwissenschaftliches Heimatmuseum, Süderhofenden 40–42. Bilder, Karten, Gesteinsproben, Flechten- und Moossammlung, Überblick über Tiere und Pflanzen des Landesteils Schleswig (Di–Fr 10–12, 15–17, So 10–13 Uhr).
Schiffahrtsmuseum, Schiffbrücke 39 (s. ❸).
Städtisches Museum, Lutherplatz 1 (s. ⓭).

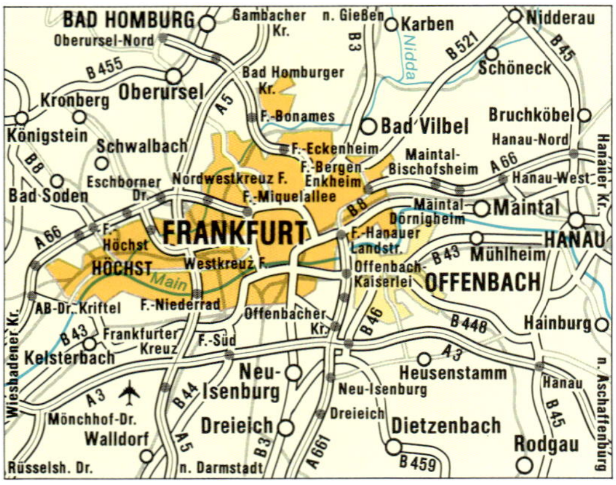

Kaiserkrönungen und mittelalterliche Handelsmessen, Goethe und feingeräucherte Schweinswürstchen haben Frankfurt weltberühmt gemacht. Nach dem Krieg hat der gute Name allerdings gelitten; im Rausch des Wirtschaftswunders gab sich die Stadt den Bauspekulanten preis. »Krankfurt« wurde sie deshalb in den 70er Jahren spöttisch genannt. Doch dann kam es zu einem erstaunlichen Wandel: Eine behutsame Stadtplanung

stoppte den Vormarsch weiterer Betonburgen. Und heute hat Frankfurt, den vielen immer noch verbreiteten Klischees zum Trotz, seinen Besuchern einiges mehr zu bieten als die außergewöhnliche Skyline.

Frankfurt

Stolz auf Mainhattan

Wappen Der silberne Adler mit gespreizten Flügeln auf rotem Grund war ein kaiserliches Symbol, das die freie Reichsstadt übernommen hat.
Lage Am Main, kurz vor der Mündung in den Rhein, zwischen Taunus im Norden, Odenwald im Süden und Spessart im Osten.
Land Hessen
Autokennzeichen F
Höhe 88–212 m ü. M.
Fläche 249 km^2
Einwohnerzahl 620 000
Postleitzahl 6000
Telefonvorwahl 0 69
Post Hauptpostamt, Zeil 108; Postamt im Hbf. durchgehend geöffn.; im Flughafen (in der Abflughalle) durchgehend geöffn.
Polizei Polizeipräsidium ☏ 75 51; Revier im Bahnhofsviertel, Wiesenhüttenplatz 37, ☏ 25 20 05.
Taxi ☏ 23 00 01
Nahverkehr Straßenbahn, U-Bahn, S-Bahn und Busse sind im Frankfurter Verkehrsverbund (FVV) zusammengeschlossen; daher können alle Verkehrsmittel mit demselben Fahrschein benutzt werden. Die Fahrpreise sind nach Tarifzonen gestaffelt. Die Fahrscheine (Verkauf an Automaten) gelten in der Regel eine Stunde; für Touristen empfiehlt sich der Kauf einer 24-Stunden-Karte.
Camping Nidda-Insel, An der Sandmühle 35, ☏ 57 03 32; vom Nordwestkreuz (E 4/A 5) über die A 66 zur Ausfahrt Nordweststadt, dann weiter Richtung Heddernheim-Industriegebiet.
Parken Parkmöglichkeiten sind an allen Zufahrtsstraßen zur Innenstadt ausgeschildert. Öffentliche Parkhäuser gibt es u.a. an der Hauptwache, an der Konstablerwache, an der Börse, in der Junghofstr., in der Nähe des Goethe-Hauses, am Römer, unter dem Hbf. und bei den großen Hotels. Während der großen Messen werden an der Autobahnausfahrt West Sonderparkplätze geöffn., von dort aus fahren Pendelbusse zum Messegelände.
Touristinformation Büros sind am Römerberg 27, ☏ 21 23-87 08 (Mo–Fr 9–19, Sa 9.30–18 Uhr), und im Hbf. gegenüber Gleis 23, ☏ 21 23-88 49 (Mo–Sa 8–21, So, Feiertage 9.30–20 Uhr). Beide Büros übernehmen auch Zimmerreservierungen. Ein weiteres Büro

Wo Karl der Große den Sachsen entkam

Genaugenommen fing alles schon vor einigen Millionen Jahren an. Damals schob sich bei gewaltigen Erdbewegungen das Land zusammen, der 800 m hohe Taunus entstand, heute Frankfurts schönstes Naherholungsrevier. In der dadurch geschaffenen Talsenke konnte sich der Main ein Bett über die querliegenden Kalksteinrücken graben – tief genug, um weiter dem Rhein entgegenfließen zu können, aber nicht zu tief: Für Reiter und Kutscher blieb eine Furt. Sie diente nicht erst den Namenspatronen der Stadt, den Franken, die sich um 500 n. Chr. im Maintal niederließen; schon um 5000 v. Chr. blieben wegen des Flußübergangs erste Siedler an dieser Stelle. Auch die Römer, die im Jahr 83 n. Chr. ihre Vorposten bis zum Main vorschoben (30 Jahre später zogen sie in die – heute rekonstruierte – Saalburg bei Bad Homburg um), und später die Alemannen schätzten die wirtschaftlichen und strategischen Vorteile dieser Furt. Doch eine berühmte Gründungslegende läßt Frankfurts Geschichte erst mit Karl dem Großen und dessen Flucht vor den Sachsen beginnen: Als des Kaisers Troß an den Main kam, wies ihm eine Hirschkuh in »göttlicher Barmherzigkeit« den Weg durch die Furt. Die Franken waren gerettet.

Aber von der Legende ganz abgesehen verdankt Frankfurt Karl dem Großen sehr viel. Anno 793 residierte er für mehrere Monate in der Siedlung. Am 22. Februar 794 unterzeichnete er eine Urkunde, in der »Franconovurd« erstmals erwähnt ist. Kurze Zeit später berief er dort eine Synode und eine Reichsversammlung ein. Die verkehrsgünstig gelegene Kaiserpfalz sah fortan viele Potentaten: Ludwig der Deutsche, der hier ein Stift gründete, starb 876 in Frankfurt. 941 versöhnte sich Otto der Große am Main mit seinem Bruder Heinrich. 1147 gewann Bernhard von Clairvaux in Frankfurt König Konrad III. zur Teilnahme am zweiten Kreuzzug. Das Jahr 1152 war ein wichtiges Datum: Friedrich Barbarossa wurde in Frankfurt von den Fürsten einmütig zum König gewählt. Von nun an war Frankfurt Wahlort der deutschen Kaiser (Krönung bis 1562 in Aachen), aber der bürgerliche Einfluß wuchs dennoch, nicht zuletzt dank der wirtschaftlichen Enwicklung, die um 1220 mit der ersten steinernen Brücke über den Fluß weiter vorangetrieben wurde. Rund 20 Jahre später übernahm Kaiser Friedrich II. den Schutz für alle zur Frankfurter Messe reisenden Kaufleute. Mit der Goldenen Bulle schließlich bestimmte Kaiser Karl IV. 1356 die Stadt am Main zum ständigen Ort der Königswahlen; seit 1372 war sie überdies freie Reichsstadt.

Zu Goethes 232. Geburtstag am 28. August 1981 wurde die wiedererrichtete Alte Oper als neues Konzert- und Kongreßhaus feierlich eingeweiht.

Fettmilch und Gretchen verloren in Frankfurt den Kopf
Luther machte 1521 auf dem Weg zum Wormser Reichstag Station am Main, 14 Jahre später schloß sich die Gemeinde dem lutherischen Bekenntnis an. Anno 1585 entstand die Frankfurter Börse (11). Gegen einen allzu selbstherrlich regierenden Rat brach 1612 der Fettmilch-Aufstand aus. Die Rebellen erreichten einige Änderungen, ihre Anführer, allen voran Vinzenz Fettmilch, wurden zum Tod verurteilt. Die Bedeutung des Handelszentrums wuchs stetig – ein Indiz dafür war die Verlegung der Reichsposthalterei: Fürst Anselm von Thurn und Taxis zog 1702 von Brüssel nach Frankfurt um. Am 28. August 1749 wurde Johann Wolfgang Goethe hier geboren – er war 23 Jahre alt, als die Kindsmörderin Susanne Margarethe Brand, das Vorbild für Gretchen im »Faust«, unweit seines Geburtshauses (16) hingerichtet wurde. In der Judengasse kam 1786 Ludwig Börne zur Welt, einer der großen Männer aus der immer wieder verfolgten jüdischen Gemeinde Frankfurts, die sich um diese Stadt so sehr verdient gemacht hat.

Eine große Tradition ging 1792 zu Ende: Letztmalig wurde ein Kaiser, Franz II., in Frankfurt gewählt. Wenig später besetzten französische Revolutionstruppen die Stadt. Die Bürger hatten nun endgültig die Nase voll von den »Mesjöhs«, waren diese doch rund drei Jahrzehnte zuvor, im Siebenjährigen Krieg, schon einmal als Besatzer eingefallen. Die Revolutionäre von der anderen Rheinseite waren zwar schnell wieder vertrieben, aber das Glück währte nicht lange: 1796 beschoß und besetzte Marschall Jourdan die Stadt erneut. Nur einmal, 1806, profitierten die Frankfurter von den Franzosen, als nämlich Napoleon die Kontinentalsperre verfügte und so die Kaufleute von der mächtigen britischen Konkurrenz befreite. Karl Theodor von Dalberg, Fürstbischof von Mainz, wurde damals, nach der Abdankung von Franz II., dem letzten römisch-deutschen Kaiser, als Erzkanzler des Deutschen Reichs nun auch Fürstprimas des Rheinbunds und damit Herrscher im neuen Großherzogtum Frankfurt. Vorbei war es mit den Privilegien der freien Reichsstadt. Von Dalberg schrieb die Gleichheit aller Bürger vor dem Gesetz, das Ende der Leibeigenschaft und eine Ständeversammlung fest. Das Großherzogtum blieb freilich nur eine historische Marginalie, denn bereits 1813 beendeten Preußen, Österreicher und Russen die napoleonische Herrschaft – Frankfurt wurde wieder freie Reichsstadt.

Gut drei Jahrzehnte später wurde Frankfurt Sitz der Nationalversammlung. Das erste frei gewählte Parlament Deutschlands tagte 1848/49 in der Paulskirche (7). Es erstrebte eine einheitliche deutsche Reichsverfassung, in der die grundlegenden, für uns schon selbstverständlichen demokratischen Rechte, wie Versammlungsfreiheit und allgemeine freie Wahlen, festgelegt werden sollten. Das Parlament scheiterte schließlich am Streit zwischen den »Großdeutschen« und den »Kleindeutschen«, die Österreich aus einem deutschen Bund ausschließen wollten.

befindet sich im Flughafen, Ankunft Halle B, ☎ 69 31 53 (tägl. 7–22 Uhr).
Stadtführung Historisches Frankfurt, ab Römer (tägl. 10 Uhr).
Stadtrundfahrt Vormittags-Bustour, tägl. 10 Uhr ab Flughafen, 10.15 Uhr Pick-up Hbf. (Nordseite). Nachmittags-Bustour, tägl. 14.15 Uhr ab Römer, 14 Uhr Pick-up Hbf. (Nordseite), Auskunft in den Informationsbüros.
Schiffahrt Schiffsrundfahrten auf dem Main (tägl. 1. Mai–Mitte Sept.), Auskunft ☎ 28 18 84, 28 28 84.
Flughafenrundfahrt nach Voranmeldung (tägl. 8.30–16.30 Uhr für Gruppen ab 20 Personen), Auskunft ☎ 6 90-7 02 91/92.

Banker zum Beißen
Die Frankfurter können sich ihre Bankiers auf der Zunge zergehen lassen, »Bethmännchen« nämlich, ein Konfekt aus Marzipan und Mandeln. Die Schleckerei, 1840 erstmals erwähnt, sollte die Bethmanns ehren, Finanzkaufleute, die seit dem 18. Jh. in der Stadt in hohem Ansehen stehen. Heute werden die Marzipanklümpchen von drei halben Mandeln flankiert, einst waren es vier, entsprechend den vier Söhnen des Simon Moritz von Bethmann. Als einer von ihnen jung starb, verschwand die vierte Mandel.

Von der Zuschauergalerie aus kann man sich selbst ein Bild machen, wie die Börsianer in Minuten Milliarden bewegen.

Wer's süß mag, ist mit den »Bethmännchen« bestens bedient.

Stadtrundgang

Um zum Ausgangspunkt des Rundgangs, zum Dom 1, *zu kommen, steuern Sie am besten eines der Parkhäuser in der Innenstadt an (z. B. am Römer). Vom Hauptbahnhof erreichen Sie Römer* 5 *und Dom* 1 *mit der U 4.*

Der Rundgang verlangt zwar einige Ausdauer von Ihnen, aber Abkürzungen zu empfehlen fällt schwer, auf jeden Fall würden Ihnen wichtige Sehenswürdigkeiten entgehen. Lassen Sie sich also nicht einschüchtern von Mainhattans Straßenschluchten, schließlich sind genügend Parks, z. B. die Taunusanlagen 14, *zum Ausruhen da, und in der Freßgass'* 12 *kann man trefflich einkehren und – nomen est omen – gegen Hunger und Durst angehen.*

Sehenswürdigkeiten

1 *Dom St. Bartholomäus*, Wahl und Krönungskirche deutscher Kaiser und Könige, gotische Kathedrale mit zahlreichen Kunstschätzen, Bauzeit von 1315–68; der Turm wurde 1415 durch Madern Gerthener begonnen. Turmbesteigung möglich.

2 *Historischer Garten*, freigelegte Mauerreste aus Frankfurts römischer und karolingischer Zeit.

3 *Kultur-Schirn*, Kunstzentrum mit Aufführungen und Ausstellungen zeitgenössischer Kunst.

4 *Steinernes Haus* von 1464, heute Sitz des Kunstvereins.

5 *Römer*, historisches Rathaus der Stadt mit Innenhöfen, Kaisersaal und Weinausschank.

6 *Römerberg-Ostzeile*, Rekonstruktionen historischer Fachwerkbauten.

7 *Paulskirche*, klassizistischer Rundbau, erbaut etwa von 1787–1833. Sitz der Nationalversammlung von 1848/49, im Zweiten Weltkrieg ausgebrannt, anschließend mit Spenden aus ganz Deutschland wieder aufgebaut; heute Ort feierlicher Veranstaltungen, u. a. der jährlichen Verleihung des Friedenspreises des Deutschen Buchhandels.

8 *Liebfrauenkirche*, seit 1310 mehrfach umgebaute Kirche, sehenswertes gotisches Südportal.

9 *Hauptwache*, Verkehrs- und Geschäftszentrum der Stadt; das alte Wachgebäude aus dem Jahr 1729, während der U-Bahn-Ausschachtungen abgetragen, wurde weitgehend originalgetreu wieder errichtet.

10 *Eschenheimer Turm*, er wurde 1426–28 von dem Dombaumeister Madern Gerthener errichtet.

11 *Börse*, 1874–79 von Heinrich von Burwitz und Oskar Sommer erbaut, Nachfolgerin der ersten »Burs« aus dem Jahr 1585. Besuchergruppen steht die Börse nach Voranmeldung offen.

12 *Freßgass'*, bekannter Straßenzug zwischen Hauptwache und Opernplatz, einst Zentrum des Lebensmittelhandels, heute beliebter Flanierboulevard.

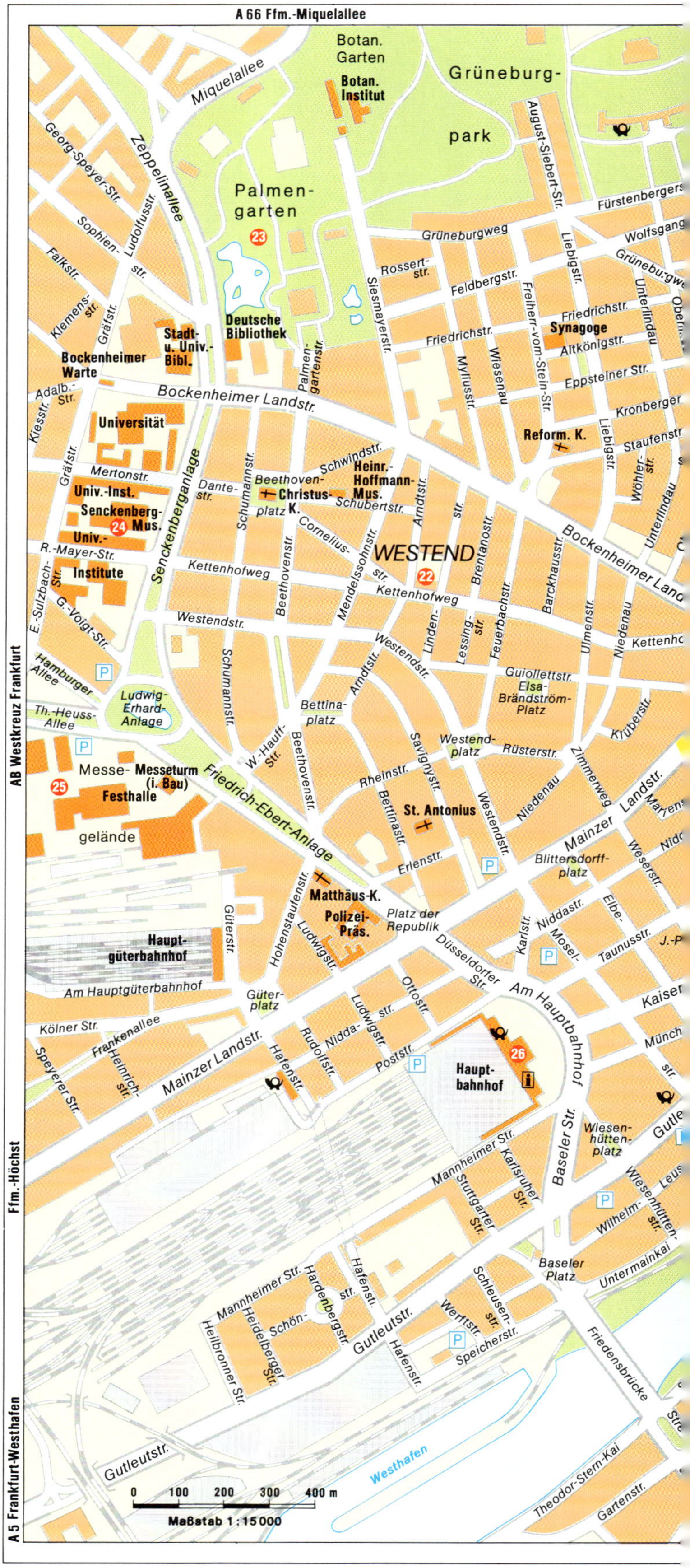

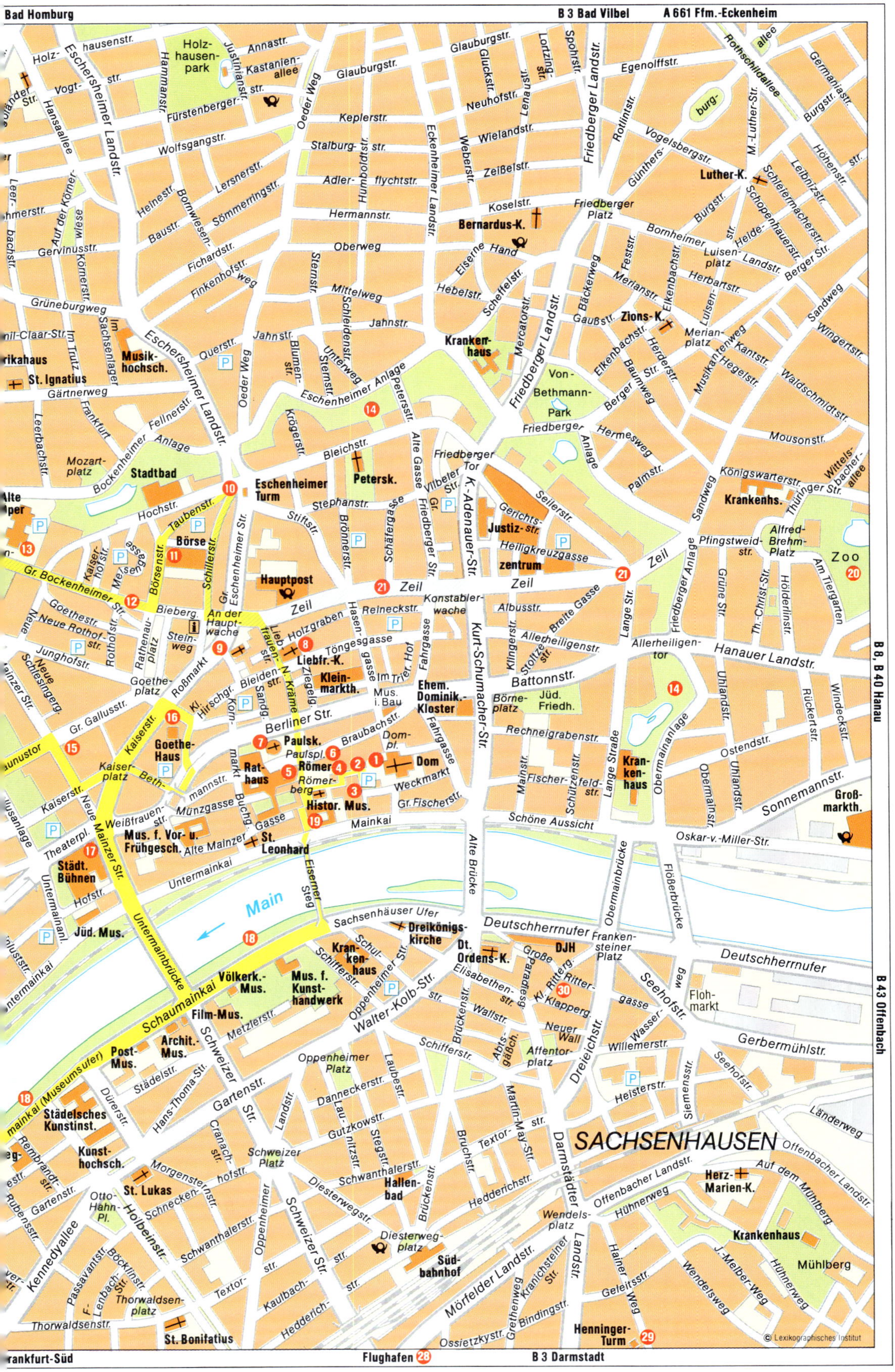
Bad Homburg
B 3 Bad Vilbel
A 661 Ffm.-Eckenheim
B 8, B 40 Hanau
B 43 Offenbach
Frankfurt-Süd
Flughafen 28
B 3 Darmstadt
Holz-hausen-park
Eschersheimer Landstr.
Hansaallee
Fürstenberger-str.
Wolfsgangstr.
Oeder Weg
Glauburgstr.
Keplerstr.
Stalburg-str.
Adlerflychtstr.
Hermannstr.
Oberweg
Mittelweg
Eckenheimer Landstr.
Friedberger Landstr.
Bernardus-K.
Neuhofstr.
Wielandstr.
Zeißelstr.
Koselstr.
Friedberger Platz
Egenolffstr.
Vogelsbergstr.
Luther-K.
Rothschildallee
Bornheimer Landstr.
Luisenplatz
Merianplatz
Zions-K.
Berger Str.
Sandweg
Waldschmidtstr.
Gervinusstr.
Grüneburgweg
Musik-hochsch.
St. Ignatius
Gärtnerweg
Mozart-platz
Stadtbad
Bockenheimer Anlage
Eschenheimer Anlage
Eschenheimer Turm
Kranken-haus
Von-Bethmann-Park
Friedberger Anlage
Mousonstr.
Königswarterstr.
Krankenhs.
Alfred-Brehm-Platz
Zoo
Petersk.
Friedberger Tor
Justiz-zentrum
Heiligkreuzgasse
Seilerstr.
Stephanstr.
Hochstr.
Börse
Hauptpost
Zeil
Konstablerwache
Kurt-Schumacher-Str.
Allerheiligentor
Hanauer Landstr.
Gr. Bockenheimer Str.
Goetheplatz
Roßmarkt
Liebfr.-K.
Klein-markth.
Berliner Str.
Battonnstr.
Ehem. Dominik.-Kloster
Börneplatz
Jüd. Friedh.
Rechneigrabenstr.
Kran-ken-haus
Obermainanlage
Ostendstr.
Sonnemannstr.
Groß-markth.
Gr. Gallusstr.
Goethe-Haus
Kaiserplatz
Paulsk.
Rat-haus
Römer
Dom
Histor. Mus.
Weckmarkt
Schöne Aussicht
Oskar-v.-Miller-Str.
Mus. f. Vor- u. Frühgesch.
St. Leonhard
Städt. Bühnen
Jüd. Mus.
Untermainkai
Mainkai
Main
Eiserner Steg
Alte Brücke
Obermainbrücke
Floßbrücke
Untermainbrücke
Sachsenhäuser Ufer
Dreikönigs-kirche
Deutschherrnufer
DJH
Dt. Ordens-K.
Frankensteiner Platz
Flohmarkt
Gerbermühlstr.
Seehofstr.
Völkerk.-Mus.
Mus. f. Kunst-handwerk
Film-Mus.
Schaumainkai
Archit.-Mus.
Post-Mus.
Walter-Kolb-Str.
Schweizer Str.
Städelsches Kunstinst.
Kunst-hochsch.
St. Lukas
Oppenheimer Platz
Affentorplatz
Dreieichstr.
SACHSENHAUSEN
Herz-Marien-K.
Krankenhaus
Mühlberg
Hallen-bad
Schweizer Platz
Diesterwegplatz
Süd-bahnhof
Darmstädter Landstr.
Wendelsplatz
Offenbacher Landstr.
Mörfelder Landstr.
Kennedyallee
Holbeinstr.
Thorwaldsenplatz
St. Bonifatius
Henninger-Turm
© Lexikographisches Institut

13 *Alte Oper*, 1873–80 von Richard Lucae u. a. erbaut, 1944 zerstört, 1981 als Konzert- und Kongreßzentrum wiedereröffnet.
14 *Wallanlage*, nach Schleifung der Festungswälle 1805 unter Schutz gestellt; Grünanlage mit zahlreichen Denkmälern um die gesamte Innenstadt.
15 *BfG-Hochhaus* im Bankenviertel, modernes Einkaufszentrum mit exklusiven Geschäften.
16 *Goethe-Haus und Goethe-Museum*, Großer Hirschgraben, Wohnhaus der Familie Goethe mit Gemälden, Handschriften, Präsenzbibliothek; Wohn- und Wirtschaftsräume in verschiedenen Stilen des 18. Jh. mit Originaleinrichtung (Mo–Sa 10–18, Winterhalbjahr 10–16, So 10–13 Uhr).
17 *Städtische Bühnen*, 1962 wieder aufgebaut, architektonisch umstritten, Oper, Schauspiel und Kammerspiel unter einem Dach. Ein Brand vernichtete 1987 den Bühnenraum der Oper. Der Wiederaufbau wird im April 1991 abgeschlossen sein.
18 *Museumsufer, Liebieghaus*, Schaumainkai 71, Plastische Kunst aus Europa bis 1800, daneben ägyptische und libysche Arbeiten sowie Ostasiatica (Di–So 10–17, Mi bis 20 Uhr).
Städelsches Kunstinstitut und Städt. Galerie, Schaumainkai 63, bedeutende Gemäldegalerie, grafische Sammlung (Di–So 10–17, Mi bis 20 Uhr).
Deutsches Postmuseum, Schaumainkai 53, bis Sept. 1990 wegen Renovierung geschlossen, Schausammlung und Dokumentation des Post- und Fernmeldewesens (Di–So 10–16 Uhr).
Deutsches Architekturmuseum, Schaumainkai 43, Architekturgeschichte in Dokumenten und Modellen (Di–So 10–17, Mi bis 20 Uhr).
Deutsches Filmmuseum, Schaumainkai 41, Fotos, Plakate, Geräte usw. zur Filmgeschichte (Di–So 11–18.30 Uhr).
Museum für Kunsthandwerk, Schaumainkai 15, umfangreiche Sammlung des europäischen Kunsthandwerks sowie ostasiatischer und islamischer Stücke; Möbelsammlung (Di–So 10–17, Mi bis 20 Uhr).
Museum für Völkerkunde, Schaumainkai 29, Kunst- und Kulturgegenstände aus Übersee und vor allem aus Ländern der Dritten Welt (Di–So 10–17, Mi bis 20 Uhr).
19 *Historisches Museum*, Saalgasse 19, Mittelalter-Dokumentation, Steinplastik, Wohnkultur und Kindermuseum (Di–So 10–17, Mi bis 20 Uhr).
20 *Zoo* am östlichen Ende der Zeil, 1858 gegr., bekannt für sein Nachttierhaus, die Okapi-Zucht, die Menschenaffen und sein Exotarium (tägl. 8–18 Uhr, Exotarium 9.30–21 Uhr).
21 *Zeil*, seit alters Zentrum des Einzelhandels, heute Fußgängerzone.
22 *Westend*, als Spekulationsterrain über Frankfurt hinaus bekannter Stadtteil zwischen Alter Oper und Universität, Zentrum der in Frankfurt konzentrierten deutschen Werbebranche.
23 *Palmengarten*, 1871 eröffneter Park im englischen Stil, mit Palmenhaus sowie anderen Pflanzenschauhäusern (tägl. 9–20 Uhr).
24 *Senckenberg-Museum*, Senckenberganlage 25, naturhistorische Sammlung und Forschungseinrichtung, bedeutendstes Naturkundemuseum in der Bundesrepublik Deutschland; 1821 gegr., Gebäude von 1906 (Mo, Di, Do, Fr 9–17, Mi 9–20, Sa und So 9–18 Uhr).
25 *Messegelände*, Schauplatz bedeutendster deutscher Messen. Architektonisch interessante Bauten: Festhalle, durch Friedrich von Thiersch 1907–09 erbaut, »Torhaus« von Oswald M. Ungers, eröffn. 1984.
26 *Hauptbahnhof*, wilhelminische Bahnhofsarchitektur, eingeweiht 1888, größter Kopfbahnhof der Bundesrepublik Deutschland.
27 *Flughafen*, größtes Luftkreuz Kontinentaleuropas mit Besucherterrasse und Flugzeugmuseum.
28 *Stadtwald*, größter Gemeindewald der Bundesrepublik Deutschland mit Dam-, Reh-, Muffel- und Schwarzwild; zahlreiche Sportanlagen und Kinderspielplätze.
29 *Henninger-Turm*, 1960 erbauter Brauereisilo mit Aussichtsplattform und Drehrestaurant sowie Brauereimuseum, 120 m hoch.
30 *Alt-Sachsenhausen*, touristisch aufbereitetes Quartier zwischen Alter Brücke und Obermainbrücke mit einigen trad. Apfelweinlokalen.

Durch Karl IV. wurde Frankfurt Wahlstadt der Kaiser und Könige.

Nach Frankfurt war es Adenauer zu weit

Frankfurts Entwicklung tat das keinen Abbruch, Wirtschaft und Wissenschaft blühten. Doch dann kam der »Deutsche Krieg«, in dessen Verlauf Preußen 1866 die Stadt annektierte. Als Folge verlor die Frankfurter Börse ihre zentrale Bedeutung an Berlin. Den Banken ging es ähnlich. Immerhin war es eine Genugtuung, daß 1871 der Deutsch-Französische Krieg mit dem »Frankfurter Frieden« am Main beendet wurde. Doch noch einmal sollten französische Truppen Frankfurt besetzen, 1920, nachdem deutsche Soldaten in das Ruhrgebiet eingezogen waren. Wieder flammte die unselige »Erbfeindschaft« auf, die heute glücklicherweise überwunden ist: François Mitterrand ist Ehrenbürger der Stadt, Frankfurts erste Partnerstadt wurde Lyon, später erst folgten Birmingham und Mailand.

Trotz dieser Hinwendung zu den europäischen Nachbarn hat die Stadt heute eine besondere Affinität zu den USA. Diese Neuorientierung begann nach dem Zweiten Weltkrieg, denn nach der Kapitulation Deutschlands wählten die US-Truppen die zentral gelegene Stadt zu ihrem Hauptstandort. Das architektonisch bedeutende IG-Farben-Haus am Grüneburgpark, 1930 als Sitz des Chemiekonzerns eingeweiht, ist bis heute amerikanisches Hauptquartier.

Ganz im amerikanischen Stil ging Frankfurt an den Wiederaufbau – schnell und ohne Rücksicht auf gewachsene Strukturen. Es war nötiger, Wohnungen und Arbeitsplätze zu schaffen, als über die Ästhetik des Bauens zu grübeln. Die Folgen sieht man in einigen Stadtteilen bis heute, z. B. an der Berliner Straße. Bereits 1947 war Frankfurt Zentrum des vereinigten Wirtschaftsgebiets der amerikanischen und britischen und später auch der französischen Zone. Die »Bank deutscher Länder«, die heutige Bundesbank, erhielt ihren Sitz in der Mainmetropole, die damit ökonomischer Nabel der neuen Republik wurde. Die politische Anerkennung blieb ihr indes versagt: Sie hatte mit dem Rundbau für das Parlament (heute Hessischer Rundfunk) zwar schon Vorleistungen erbracht, aber die Bundesversammlung entschied sich 1949 für Bonn als neue Hauptstadt. Konrad Adenauer hatte seinen Wunsch trickreich durchgesetzt, von seinem Wohnort Rhöndorf keinen weiten Weg zu seinem Amtssitz zu haben.

Finanzen, FAZ und Flüge

Aber auch ohne den Rang einer Hauptstadt wurde Frankfurt weltbekannt, so durch die 1949 gegründete »Frankfurter Allgemeine Zeitung« (FAZ), das Weltblatt, das die Tradition der renommierten »Frankfurter Zeitung« aufnahm. Globale Bedeutung gewann auch der Flughafen 27 im Stadtwald, der 1936 als Ersatz für das zu eng gewordene Rebstock-Flugfeld gegründet worden war. »Frankfurt International« entwickelte sich schnell zum deutschen Zentralflughafen. 1972 konnte endlich ein neues Passagiergebäude eingeweiht werden, denn mittlerweile drohte »Rhein-Main«, wie der Flughafen oft genannt wird, am schnell wachsenden Verkehr zu ersticken. Inzwischen ist es wieder ähnlich, die Flughafengesellschaft muß dreistellige Millionenbeträge aufbringen, um den weiteren Ausbau voranzutreiben. Frankfurt hat mit über 4400 Direktverbindungen in rund 80 Staaten seine Kapazität längst erschöpft. Über 23 Millionen Passagiere und über 950 000 Tonnen Luftfracht werden jährlich abgefertigt, rund 270 000 Starts und Landungen rollen pro Jahr über die Pisten. Kein Wunder, daß der Flughafen auch zu den beliebtesten Sehenswürdigkeiten zählt, zumal er nicht nur binnen weniger Minuten mit der S-Bahn von der Innenstadt aus zu erreichen, sondern auch Intercity-Station ist.

Ohne den Flughafen hätte sich Frankfurt kaum zu einem internationalen Finanzzentrum entwickeln können, auch wenn die Stadt schon um 1700 – damals entstand die Bethmann-Bank – als das Bankenzentrum des Deutschen Reichs angesehen wurde. Heute residieren über 350 Bank- und Kreditinstitute am Main, darunter knapp 230 ausländische Finanzhäuser. Mehr als die Hälfte des deutschen Geldverkehrs mit dem Ausland läuft über Frankfurt, etwa die Hälfte des Umsatzes aller deutschen Börsen wird in Frankfurt abgewickelt. Der im Doppelsinn kapitale Bau am Börsenplatz 11 unweit der Hauptwache, 1874–1879 von Heinrich von Burwitz und Oskar Sommer errichtet, steht Besuchergruppen offen; von der Galerie aus können Gäste beobachten, wie die regen Börsianer binnen weniger Minuten Milliarden bewegen.

In der Skyline ein »Schafott«

Eine Börse ganz eigener Art ist die über 800 Jahre alte Frankfurter Messe 25. Längst haben sich aus den Warenpräsentationen des Mittelalters Spezial- und Fachmessen entwickelt, zu denen Käufer und Verkäufer aus aller Welt anreisen, etwa die Internationale Automobil-Ausstellung, die alle zwei Jahre weit über eine Million Menschen anzieht, die jährliche »Interstoff« für Bekleidungstextilien, die Musikmesse, die Pelzmesse oder die Internationale Schau des Sanitär- und Heizungsgewerbes. Rückgrat des Messekalenders bleiben aber die beiden jährlichen Verbrauchermessen im Frühjahr und im Herbst, die aus den Messen im 13. Jh. hervorgegangen sind. 400 000 m² groß ist die Messefläche, in den Hallen stehen 260 000 m² Ausstellungsfläche zur Verfügung. Dennoch bleibt das Mes-

Suppenkaspar & Co

Der Arzt Heinrich Hoffmann wurde 1809 in Frankfurt geboren, 1894 starb er dort. Als junger Mann gründete er ein Armenspital; später übernahm er die Leitung der Irrenanstalt. Doch nicht diese Tätigkeit machte ihn berühmt; das schaffte er mit einem Kinderbuch. Sein 1845 entstandener »Struwwelpeter« wurde in viele Sprachen übersetzt.

Vom Süßen zum Alten

Der Streit, ob der Most sich mundartgerecht Äppelwoi, Ebbelwei oder auf eine andere Weise schreibt, läßt sich womöglich auch in Zukunft nicht schlichten. Seinen Freunden ist das aber wurscht, solange der Stammwirt, der selbstverständlich selber keltert, ein ordentliches »Stöffche« produziert hat. Dazu bedarf es besonders der geschmacksintensiven, unansehnlichen Äpfel aus dem Spessart und Odenwald. Im Oktober fließt zuerst der »Süße« aus der Presse, ein naturtrüber Most, der wenig später zu arbeiten beginnt und dann nicht zu Unrecht als »Rauscher« serviert wird – mit ähnlicher Wirkung wie der Federweiße vom Wein. Schließlich ist Frankfurts Nationalgetränk klar und hellgelb: der »Alte«, aus Westerwälder Bembeln eingeschenkt und aus massiven gerippten Gläsern genossen. Autofahrer ziehen trotz des geringen Alkoholgehalts im Apfelwein (ca. 5%) den »Gespritzten« vor, einen mit Sprudelwasser versetzten Schoppen.

In der Paulskirche tagte 1848/49 das erste deutsche Parlament, die Frankfurter Nationalversammlung.

Ob es »Äppelwoi« oder »Ebbelwei« heißt, ist egal, solange der Wirt ein ordentliches »Stöffche« produziert.

Handkäs mit Musik
Die feingeräucherten Schweinswürstchen, die als »Frankfurter« Weltruhm genießen (und in der Fremde oft abscheulich schmecken), müssen daheim die Popularität mit den Rippchen auf Kraut (gepökelte Schweinerippe, in Sauerkraut gekocht), der »Grünen Soße« und dem »Handkäs mit Musik« teilen. Musik ist in diesem Fall eine Marinade aus Essig, Öl und gewürfelten Zwiebeln. Wie sie zu diesem Namen kam, ist unklar, es gibt jedoch einige unfeine Erklärungen. »Handkäs mit Musik« wird ohne Gabel serviert; mit dem Messer plaziert man seine Portion auf das butterbestrichene Brot. Die »Grüne Soße« ist eine Delikatesse aus sieben frischen Kräutern, die ursprünglich nur im Frühjahr, mittlerweile rund ums Jahr erhältlich sind, weil sie in Gewächshäusern gezogen werden.

Wo Frankfurt höchst erbaulich ist
Hoechst ist – in dieser Schreibweise – ein Chemiegigant; Höchst hingegen ist ein Frankfurter Stadtteil, in dem das Stammhaus des Konzerns liegt. Altstadt, Schloß, Justinuskirche und Bolongaro-Palast mögen für die Sehenswürdigkeiten stehen – die Klinkerkomposition des Verwaltungsgebäudes (erbaut 1924), die als Firmenzeichen weltbekannte Gebäudebrücke und die 1963 fertiggestellte Kuppel der Jahrhunderthalle sind die Beiträge der Hoechst AG zur Architekturgeschichte. Doch schon im 18. Jh. hatte Höchst Weltgeltung: 1746 wurde die Porzellanmanufaktur gegründet, die bis 1776 arbeitete und 1965 wieder ins Leben gerufen wurde. Sitz der Unternehmenszentrale ist das 1582 erbaute Dalberghaus.

Eine glasüberwölbte Galleria empfängt heute den Messebesucher.

segelände auf Jahre hinaus eine Baustelle, zumal sich die Messegesellschaft das ehrgeizige Ziel gesetzt hat, mit ihren Neubauten nicht nur langweilige Schauhallen, sondern eine »ständige Architektur-Ausstellung« zu schaffen. Die Anfänge sind sichtlich gelungen, beispielsweise in der glasüberwölbten »Galleria«, vor allem aber im neuen, 117 m hohen »Torhaus« von Oswald M. Ungers, das wegen seiner eigenwilligen Konstruktion im Volksmund längst »Schafott« genannt wird. Das gewaltigste Vorhaben ist jedoch ein Wolkenkratzer des berühmten deutsch-amerikanischen Architekten Helmut Jahn. Er wird am jetzigen Haupteingang der Messe ein 250 m hohes Gebäude errichten, eine Konstruktion aus quadratischen und runden Bauformen, die an einen überdimensionalen Bleistift erinnert. Im Modell läßt es die benachbarte Festhalle, 1907/08 zum 11. Deutschen Turnfest erbaut, wie einen Zwerg erscheinen, obgleich der unter Denkmalschutz stehende spektakuläre Kuppelbau nicht weniger als 12 000 Menschen faßt. Der Jahn-Bau, mit dem Frankfurts Skyline endgültig in amerikanische Höhenordnungen vorstößt, rechtfertigt den Spitznamen »Mainhattan« – einst als Schmähwort geprägt, aber von vielen Frankfurtern längst voller Stolz übernommen.

Die Spitzen Frankfurts sehen dann so aus: Der Fernmeldeturm beim Stadtteil Ginnheim führt mit 331 m, dann wird Jahns Messehaus folgen, das den bisherigen Hochhaus-Spitzenreiter, die 166 m hohe Dresdner Bank, deutlich überragt. Die Deutsche Bank, ansonsten die Nummer eins in der Bundesrepublik Deutschland, bringt es mit ihren Zwillingstürmen aus Spiegelglas, volkstümlich als »Soll und Haben« bekannt, noch auf 155 m. Zwerge sind dagegen die einstigen Riesen, der 120 m hohe Henninger-Turm (29), 1960 als Brauereisilo erbaut, und St. Bartholomäus, bekannter als Dom (1). Die gewaltige Stiftskirche aus rotem Sandstein wurde im 14. Jh. über den Grundmauern eines romanischen Gotteshauses von 822 errichtet. Der Turm aus dem 15. Jh. ist nur 95 m hoch.

Bücherberge jeden Herbst

Doch von den hohen Warten noch einmal zurück zum Messegelände (25) und zu einer bislang nicht erwähnten Schau: der Frankfurter Buchmesse. Sie ist mit Abstand die weltweit größte Veranstaltung dieser Art und führt Jahr für Jahr zu neuen Superlativen. Über 340 000 Bücher stehen in den Regalen, knapp 8000 Verlage stellen ihre Produktionen in allen Weltsprachen vor; Frankfurt ist während der fünf herbstlichen Tage nicht nur ein Treff von Verlegern und Autoren, Kritikern und Literaten – von den 220 000 Buchhändlern und Lesern ganz zu schweigen –, es ist auch der bedeutendste Handelsplatz für internationale Lizenzen. Frankfurt ist der rechte Platz für diese »Heerschau von Geist und Kommerz«, denn es kann sich auch rühmen, eines der großen deutschen Medienzentren zu sein. Drei große unterschiedliche Tageszeitungen (»FAZ«, »Frankfurter Rundschau«, »Frankfurter Neue Presse«) und zwei Boulevardzeitungen (»Abendpost Nachtausgabe«, »Bild-Zeitung«) kann die Stadt vorweisen. Teilauflagen der britischen »Financial Times« und der Hamburger »Zeit« werden hier gedruckt, und mit dem Deutschen Fachverlag und dem Umschau-Verlag sind zwei auflagenstarke Unternehmen der Fachzeitschriftenbranche am Main vertreten. Insgesamt zählt das Branchenbuch 110 Verlage auf, die hier ansässig sind, darunter so renommierte literarische Verlage wie Suhrkamp und S. Fischer. Darüber hinaus fand auch die Deutsche Bibliothek in der Nachkriegszeit ihre Heimat in Frankfurt. Hier werden alle nach 1945 erschienenen deutschen und deutschsprachigen Druck-Erzeugnisse gesammelt, ein Anreiz für viele Wissenschaftler, nach Frankfurt zu reisen.

Frankfurts gelehrte Geschichte reicht weit ins Mittelalter zurück, aber erst im 18. Jh. wurde der Grundstock für die heutigen akademischen Forschungs- und Ausbildungsstätten gelegt: Der Arzt und Naturwissenschaftler Johann Christian Senckenberg (1707–72) hinterließ sein beträchtliches Vermögen einer Stiftung, die die Forschung fördern und die Frankfurter Bürgerhospitäler unterstützen sollte. Sie war noch 1914 eine der Quellen, aus der die Gründer der Johann-Wolfgang-Goethe-Universität, der ersten von Bürgern gestifteten deutschen Hochschule, schöpfen konnten. Der Name des Mäzens lebt heute in dem der Hochschule benachbarten Senckenberg-Museum (24) fort. Es ist das größte naturwissenschaftliche Museum in der Bundesrepublik Deutschland; eindrucksvoll sind seine Skelettsammlungen von Donnerechsen und Sauriern. Nicht zufällig zählt es zu den meistbesuchten Attraktionen Frankfurts.

Exotisches und Tropisches

In dieselbe Kategorie gehören zwei weitere Stätten, die wissenschaftliche Forschung mit sehenswerter Schau zu verknüpfen wissen: Zoo (20) und Palmengarten (23). Letzterer, nur ein paar Schritte von Senckenberg-Museum und Universität gelegen, wurde 1869 angelegt, um der Pflanzensammlung des Herzogs Adam von Nassau eine Heimstatt zu bieten. Der Stolz des Parks sind die tropischen und subtropischen Pflanzen in den Schauhäusern; Touristen und Einheimische schätzen aber auch die Freizeiteinrichtungen wie Kinderspielplätze und den Bootsverleih am Weiher. Gut eine Million Besucher flanieren jährlich durch den Palmengarten. Weit mehr als doppelt so viele Gäste kann der – auch durch seinen ehemaligen Leiter Grzimek und dessen Fernsehsendungen bekannt gewordene – Zoologische Garten alljährlich zählen. Etwa 6000 Tiere, im ganzen 660 Arten, tummeln sich auf dem längst zu eng gewordenen Areal im Osten der Stadt. Ursprünglich sollte der Zoo deshalb im Norden, im Tal des Nidda-Flusses, eine Dependance erhalten, doch das Gelände wurde schließlich für die Bundesgartenschau 1989 und den großen Volkspark in der Flußaue benötigt. Darum werden sich an der Stadtgrenze zum Taunus hin, am Niederurseler Hang, zwei Dependancen vereinigen: die Chemielabors der Universität und die Gehege der Herdentiere, die – nach einem Übergangsquartier im Stadtwald – dort großzügigen Auslauf haben werden. Büffel und Antilopen profitieren somit von den gekappten Ausbauplänen der Frankfurter Universität, deren Vertreter ursprünglich alle ihre naturwissenschaftlichen Institute am Niederurseler Hang vereinigen wollten.

Die Oper weckte Wilhelms Neid

Zoo (20), Palmengarten (23) und Senckenberg-Museum (24) sind seit 1986 durch eine Direktverbindung der U-Bahn verknüpft. Deren Route führt quer unter der City hindurch und bietet somit auch die Möglichkeit, an der Alten Oper (13) oder der Hauptwache (9) auszusteigen. Touristen, die bei der Alten Oper aus dem Tunnel steigen, gehen meist ein paar Schritte zurück in die Wallanlage und zücken die Kamera, denn der gewaltige Bau ist ein Juwel, besonders wenn die Fontäne aus dem schlichten klassizistischen Schalenbrunnen vor dem Portal sprudelt. Am 20. Okto-

Wann, wo und wie Tiere zu vorgeschichtlichen Zeiten gelebt haben, kann man im Senckenberg-Museum hautnah erfahren.

Sachsenhäuser Rummel

Der Kuhhirtenturm, in dem Paul Hindemith vier Jahre lang lebte und komponierte, ist bald 500 Jahre alt und stellt den Rest jener Festungsmauern dar, die einst Sachsenhausen (30), den Stadtteil »dribb de Bach« (überm Bach), umgaben. Heute blickt der Turm auf die benachbarte Jugendherberge und das Apfelweinviertel herab, das allabendlich von Touristen überschwemmt wird. Längst haben viele der traditionellen Wirtschaften fetzigen Diskotheken und Allerweltskneipen weichen müssen. Die einheimischen »Schlozzer« schlukken ihren Apfelwein häufig andernorts, aber für ein rummeliges Abendvergnügen zu akzeptablen Preisen und ohne die Schlüpfrigkeit des Nachtlebens im Bahnhofsviertel ist Alt-Sachsenhausen, mit seiner Fußgängerzone zwischen Klapper-, Ritter- und Paradiesgasse, doch immer noch einen Besuch wert.

Frankfurter Freischütz

»Warten« nennen die Frankfurter ihre fünf verbliebenen Wachtürme, die vorgeschobene Beobachtungsstellen der eigentlichen Stadtbefestigung bildeten. Das Prachtexemplar ist der Eschenheimer Turm (10) unweit der Hauptwache, ein spätgotisches Bauwerk mit fünf Spitzen, 47 m hoch – einschließlich der Wetterfahne mit ihren neun Löchern. Sie sind, so die Sage, dem Wilderer Hans Winkelsee zu verdanken. Mit neun Meisterschüssen in die Wetterfahne habe der Frevler sich das Leben gerettet, nachdem er gefaßt worden war. Zwei der Warten sind bewirtschaftet: jene in Sachsenhausen an der Darmstädter Landstraße und die Friedberger Warte auf der gleichnamigen Landstraße im Norden der Stadt – beides sind originelle Lokale mit deftiger Kost.

Der Eschenheimer Turm ist ein Relikt der mittelalterlichen Stadtbefestigung.

Tips, Tips, Tips

»Stadtwein«
In der Limpurgergasse 2 finden Sie den Weinkeller der Stadt Frankfurt. Man kann hier den einzigen »Tropfen«, der auf Frankfurter Gemarkung am Lohrberg bei Seckbach wächst, verkosten und kaufen. Die Stadt besitzt außerdem in Hochheim (Rheingau) einige Weinberge, deren Produkte unter Kennern einen Namen haben (Verkauf Mo–Fr 7.30–16 Uhr, ☎ 2123-3680; Gutsausschank im Römer Di, Mi, Do 16–22 Uhr).

Südseeträume
Mitten in Frankfurt werden Südseeträume wahr – im Gartenhallenbad Rebstock. Nach dem Schwimmen im Brandungsbecken ruhen Sie hier gemütlich unter Palmen. Müde Stadtwanderer finden dieses Paradies in der August-Euler-Straße 7. Es ist außer Di und Do, wo es um 20 Uhr schließt, immer bis 22 Uhr geöffnet; am Mo beginnt der Badespaß erst um 14, sonst um 9 Uhr.

ber 1880 war das vom Schinkel-Schüler Richard Lucae und anderen erbaute neoklassizistische Haus in Anwesenheit von Kaiser Wilhelm I. eröffnet worden. »Das könnte ich mir in Berlin nicht erlauben. Das können sich nur die Frankfurter leisten«, meinte der Monarch, auf die alte Rivalität zwischen den beiden Städten und die Tatsache anspielend, daß reiche Frankfurter Bürger mit einer gewaltigen Spende erst den Prachtbau ermöglicht hatten. Bürgerspenden waren es auch, die – seit 1953 gesammelt – den Wiederaufbau der 1944 zerbombten Anlage 1976 beginnen ließen. Am 28. August 1981, an Goethes Geburtstag, wurde das zum Teil stilgetreu wiedererrichtete Gebäude, nun als Konzert- und Kongreßhaus, feierlich eingeweiht. Fast alle Großen der Musikwelt haben seither dort gastiert. Doch selbst ohne eine der begehrten Konzertkarten lohnt sich ein Bummel zur Alten Oper, und sei es nur, um im (auch tagsüber geöffneten) Prunkfoyer einen Kaffee zu trinken – sofern man es nicht vorzieht, das Espresso-Täßchen auf dem Platz neben dem Bauwerk, im »Operncafé«, zu genießen. Hier ist man mittendrin in Frankfurts kleiner, aber feiner Schickimicki-Gemeinde.

Ochs am Spieß und Wein vom Brunnen

Eine ähnlich fotogene Umgebung für die Kaffeepause offeriert der Römerberg 6, seit seine Ostzeile 1982 nach Vorbildern alter Frankfurter Fachwerkbauten wieder aufgebaut wurde und in den schmucken »Knusperhäuschen« auch einige Gaststätten Platz fanden. Dort sitzt man vis-à-vis vom Römer 5, dem traditionsreichen Rathaus, das aus acht einzelnen Bürgerhäusern zusammengesetzt wurde. Hier, also höchst bürgerlich, wurden die Könige empfangen, wenn sie nach der Wahl im Dom mit ihrem Gefolge herüberschritten. Dann gab es auf dem Platz vor dem Rathaus, auf dem Römerberg, ein Volksfest mit Ochs am Spieß und Gratiswein – einmal floß er sogar aus dem Gerechtigkeitsbrunnen. Der Römer dient jetzt wie einst als Sitz der Stadtregierung; in seinem Kaiser-

Der Römer, das historische Rathaus, ist mit seinen gotischen Staffelgiebeln seit Jahrhunderten das Wahrzeichen der Stadt. Im Kaisersaal empfängt Frankfurt heute noch die Ehrengäste.

saal werden heute noch die Ehrengäste Frankfurts empfangen. Gemälde von 52 Monarchen – von Karl dem Großen bis Franz II. – schmücken ihn, und er kann besichtigt werden, wenn er nicht für offizielle Anlässe benötigt wird. Offen für Besucher ist auch das Steinerne Haus ❹ am Durchgang vom Römer zum Technischen Rathaus, einem Verwaltungsmonster aus Beton, das so scheußlich ist wie sein Name. Das Steinerne Haus hingegen ist ein schmucker Patrizierbau von 1464, der im Krieg zerstört und Ende der 50er Jahre wieder hergerichtet wurde; seither beherbergt er die Galerie des Kunstvereins. Ein weiterer Bau am Römerberg, der im alten Glanz wieder errichtet wurde und etwas versteckt zwischen Dom und Mainufer liegt, ist das Leinwandhaus; es hat ebenfalls Galerien aufgenommen.

Frankfurts berühmtestes rekonstruiertes Gebäude ist jedoch das Goethe-Haus ⓰, Geburtsstätte des Dichterfürsten am Großen Hirschgraben. Es war den Frankfurtern so lieb, daß sie dieses im 18. Jh. umgebaute Schatzkästlein aus dem Mittelalter, das zerbombt worden war, selbst in den entbehrungsreichen Jahren von 1946 bis 1951 wieder originalgetreu aufbauen ließen. Die Ausstattung des Hauses ist allerdings nicht original, wenn auch aus Goethes Epoche, da Frau Aja, des Dichters Mutter, das Haus 1795 verkauft hatte. Erst 1863 konnte Dr. Otto Volger, ein Goethe-Verehrer, das verfallende Gebäude erwerben und retten. Er übergab es dem von ihm 1859 mitbegründeten Freien Deutschen Hochstift, das unmittelbar nebenan das Goethe-Museum einrichtete. Thomas Mann schrieb 1935 über das Goethe-Haus: »Ich war ›zu Hause‹ und dennoch ein scheuer und später Gast in der Ursprungssphäre des Genius, Heimat und Größe berührten sich.« Der Literatur-Nobelpreisträger aus Lübeck hatte erspürt, was die Frankfurter an Goethe stets erahnt hatten: die Weltbedeutung ihres großen Sohns und dessen starke Heimatbindung. Deshalb verehren sie ihn bis heute, jenen Mitbürger, der ebenso knapp wie treffend meinte: »Frankfurt steckt voller Merkwürdigkeiten.«

Berg- und Badetouren
»Landschaft mit Goldrand« nannte ein Journalist die Mittelgebirgskette, die Frankfurt vor kühlen Nordwinden bewahrt und an deren Hügeln sich die wohlhabenden Banker und Handelsherren niedergelassen haben: der Taunus. Königstein, Kronberg und Bad Homburg sind die »vergoldeten« Adressen, auch wenn in jüngster Zeit ein Trend zurück in die Stadt festzustellen ist. Gegenläufig ist die Bewegung an schönen Wochenenden: Dann pilgern die Frankfurter in hellen Scharen hinaus in »ihre« Berge, hinauf auf den höchsten, den 880 m hohen Großen Feldberg, hinein in den »Opel-Zoo« bei Kronberg, in das Freiluftmuseum »Hessenpark« bei Neu-Anspach, zur »Saalburg«, einem rekonstruierten Römerkastell oberhalb von Bad Homburg, oder zum Badevergnügen in die Bad Homburger »Taunustherme«.

Theater, Musik, Veranstaltungen, Museen

Theater
Städtische Bühnen. Spielorte – *Schauspiel Großes Haus,* Theaterplatz 1. Oper, Ballett, Schauspiel. *Kammerspiel,* Hofstr. 2. Sprech- und Experimentiertheater, ☎ 23 60 61, 25 62-332 und 25 62-432.
Jahrhunderthalle Hoechst, Pfaffenwiese. Operette, Musical, Ballett, Schauspiel, ☎ 36 01-240.
Alte Oper, Opernplatz. Konzerte, Operetten, Musicals, Ballett, ☎ 13 40-400 und 13 40-405.
Fritz-Rémond-Theater im Zoo, Alfred-Brehm-Platz. Boulevard- und zeitgenössisches Theater, ☎ 43 51 66.
Die Komödie, am Theaterplatz. Boulevardtheater, ☎ 28 45 80.
Theater am Turm (TAT), Eschersheimer Landstr. 2. Experimentiertheater, Uraufführungen, ☎ 1 54 51 10.
Volkstheater Frankfurt, Großer Hirschgraben 21. Mundarttheater, ☎ 28 85 98.
Die Katakombe, Pfingstweidstr. 2. Zeitkritisches Theater und Kindertheater, ☎ 28 47 50.
Die Maininger, Neue Rothofstr. 26 a. Politisch-satirisches Kabarett, ☎ 28 02 27.
Café-Theater, Hamburger Allee 45. Englischsprachiges Theater, ☎ 77 74 66.
Die Schmiere, im Karmeliterkloster. Satire, ☎ 28 10 66.

Musik
Jahrhunderthalle Hoechst, Pfaffenwiese. Konzerte, Pop, ☎ 36 01-240.
Liebfrauenkirche, Liebfrauenberg. Klais-Orgel, Gregorianik (2. So im Monat 10 Uhr), meditative Orgelmusik (Mi 13.30–14 Uhr), ☎ 28 46 12.
Heiliggeist-Kirche, Schäfflestr. 19. Klais-Orgel, Gregorianik (2. und 4. So im Monat 10.15 Uhr), ☎ 41 19 62.
Dom St. Bartholomäus ❶, Domplatz 1. Klais-Orgel, Gregorianik, kirchenmusikalische Konzerte, ☎ 29 07 87.
Mutter vom guten Rad, Kniebisstr. 27. Albiz-Orgel, Gregorianik, meditative Orgelmusik, Orgelmessen, kirchenmusikalische Konzerte, ☎ 67 20 77.
Batschkapp, Maybachstr. 24. Alle Musikrichtungen, politisch akzentuierte Veranstaltungen, ☎ 53 10 37.
Der Jazzkeller, Kleine Bockenheimer Str. 18 a. Älteste Jazzkneipe mit fast tägl. wechselndem Programm, ☎ 28 85 37.
Jazz Life Podium, Kleine Rittergasse 22–26. Von Dixie bis Swing, ☎ 62 63 46.
Sinkkasten, Brönnerstr. 5. Blues, Rock, Experimentalmusik, ☎ 28 03 85.

Veranstaltungen
Flohmarkt im Schlachthofgelände am Deutschherrnufer (Sa 8–14 Uhr).
Di nach Pfingsten: *Wäldchestag,* ab Mittag offizieller Feiertag mit Kirmes.
April: *Dippemess',* Festplatz am Ratsweg. Ehemals Topf- und Hausratsmesse, jetzt Frühjahrsmarkt mit Kirmes.
1. Mai: *Rund um den Henninger-Turm,* Profi-Radrennen mit intern. Beteiligung.
Juni–Okt.: *Summertime,* kostenloses Musik- und Theaterprogramm in Museen und Parks.
Juli: *Höchster Schloßfest,* Volksfest im Stadtteil Höchst.
Aug.: *Mainfest,* Kirmes am Mainufer mit Fischerstechen auf dem Main.
Brunnenfest, trad. Volksfest in Sachsenhausen mit Wahl der Brunnenkönigin.

Museen
Deutsches Postmuseum, Schaumainkai 53 (s. ⓲).
Deutsches Architekturmuseum, Schaumainkai 43 (s. ⓲).
Deutsches Filmmuseum, Schaumainkai 41 (s. ⓲).
Goethe-Haus und Goethe-Museum, Großer Hirschgraben 23–25 (s. ⓰).
Heinrich-Hoffmann-Museum, Schubertstr. 20. Bilder, Bücher, Dokumente über Leben und Werk des Nervenarztes und »Struwwelpeter«-Autors Heinrich Hoffmann (Di–So 10–17 Uhr).
Liebieghaus Museum alter Plastik, Schaumainkai 71 (s. ⓲).
Museum für Völkerkunde, Schaumainkai 29 (s. ⓲).
Senckenberg-Museum, Senckenberganlage 25 (s. ㉔).
Städelsches Kunstinstitut und Städt. Galerie, Schaumainkai 63 (s. ⓲).
Verkehrsmuseum der Stadtwerke (Straßenbahnmuseum), Frankfurt-Schwanheim, Böneplatz 3. Die Entwicklung der Straßenbahn von den pferdegezogenen Wagen über eine der ersten elektrischen Bahnen (1884) bis zum modernen öffentlichen Nahverkehr (Sa, So, Feiertage 10–18 Uhr).

Freiburg

Die Schöne im Dreiländereck

Die Stadt kann mit 1800 Sonnenstunden im Jahr renommieren, und sie sonnt sich auch in der Beliebtheit der Deutschen, die sie nach München am meisten schätzen: eine hinreißende Stadtlandschaft mit dem berühmten Münster (unser Bild), in unmittelbarer Nähe Schwarzwald und Vogesen, Kaiserstuhl, Markgräfler Land und Oberrhein, eine traditionsreiche Universität und natürlich die »Professoren« Kaiserstuhl, Feldberg, Schauinsland und Schluchsee. Diese ironische Titulierung soll andeuten, daß die Studenten dort mehr Zeit verbringen als hinter ihren Büchern. Aber Freiburg selbst bietet schon so viel, daß niemand weite Ausflüge machen muß, um seinen Spaß zu haben. Über Kirchen und Kneipen, Altes und Neues spannt sich ein südlicher Himmel. Auch die Küche hat südliche Qualitäten, und dann der badische Wein! Wer kann ihm und dieser Stadt widerstehen?

Wappen Rotes Kreuz im weißen Schild. Das rote Balkenkreuz ist das Attribut des hl. Georg, des ältesten Stadtpatrons Freiburgs.
Lage Am westlichen Rand des beginnenden Hochschwarzwalds. Im Süden begrenzt von der dem Schwarzwald vorgelagerten Weinberggegend Markgräfler Land, im Westen offen zur Rheinebene und zu den Vogesen, im Nordwesten begrenzt vom Kaiserstuhl.
Land Baden-Württemberg
Autokennzeichen FR
Höhe 196–1284 m ü. M.
Fläche 153 km^2
Einwohnerzahl 175 500
Postleitzahl 7800
Telefonvorwahl 07 61
Post Hauptpostamt, Eisenbahnstr. 58–62, Spätschalter (Mo–Sa 8–22, So 9–22 Uhr).
Polizei Bissierstr. 1, ☎ 8 82-1
Taxi ☎ 3 15 15
Nahverkehr Vorbildliches innerstädt. Nahverkehrssystem mit Straßenbahn und Omnibussen. Fahrscheine beim Fahrer und in den Verkaufsstellen. Übertragbare »Umweltschutzkarte« sowie 24-, 48- und 72-Stunden-Karten.
Camping Campingplatz Breisgau, ☎ (0 76 65) 23 46, zu erreichen von der Autobahn-Anschlußstelle Freiburg-Nord aus; Campingplatz Hirzberg, ☎ 3 50 54, zu erreichen über Schwabentorring und Kartäuserstr.; Campingplatz Tunisee, ☎ (0 76 65) 22 49, erreichbar von der Autobahn-Anschlußstelle Freiburg-Nord; Campingplatz Möslepark, ☎ 7 29 38, erreichbar von der Autobahnausfahrt Freiburg-Mitte aus in Richtung Titisee (B 31/B 31 a); Campingplatz St. Georg, ☎ 4 31 83, an der B 3/B 31 gelegen.
Parken Parkhäuser am Rand der Fußgängerzone: Rotteckgarage am Rotteckring, Zufahrt über Autobahnzubringer und Werderring; Schloßberggarage, am Schloßbergring, Zufahrt über Schwarzwaldstr., Schwabentorring; Parkhaus in der Rempartstr., Zufahrt über Kaiser-Joseph-Str.; Parkhaus am Karlsplatz, Zufahrt über Leopoldring; Volksbank-Parkhaus, Bismarckallee 10, Zufahrt über Stefan-Meier-Str./Bismarckallee. Parkplätze in der Innenstadt, u. a. am Friedrichring, Zufahrt Friedrichstr., und am Europaplatz beim Stadttheater, Zufahrt Werderring.

Mit dem Abreißen allzu schnell bei der Hand
Immer wieder diese Bangigkeit beim Näherkommen. Wird die Stadt noch so sein, wie man sie das letzte Mal verlassen hat? Gewiß, das Münster wird stehen, die Bächle werden »springen«, und das Zierpflaster vor den Häusern der Altstadt – Rheinkiesel, länglich, grau und weiß – wird nicht verschwunden sein. Aber das Unauffällige, das selbst Entdeckte, was das »eigene« Freiburg ausmachte, wird es das noch geben? Den breiten Sandweg auf dem Schloßberg, der nach St. Ottilien führt? Die Stammkneipe in Horben mit ihrem Wirt, der ein bißchen wie Bismarck aussieht und den besten weißen Faßwein hat und ein »Schnitzel natur« mit geriebenem Kartoffelsalat dazu? Die Wirtschaft in Merzhausen mit den Wasseralfinger Gußeisenfiguren an der Wand, mit blankgescheuerten Tischen und der besten Schwarzwälder Küche weit und breit? Und: Besteht der große Biergarten mit seinen alten Kastanien draußen in Lehen noch und die weithin berühmte Spargelkneipe in Opfingen mit dem olivgrünen Kachelofen und den Holzbänken entlang der Wände? Wird von diesem Freiburg alles wiederzufinden sein, oder hat sich die Renovierungswelle, der sich die Freiburger so lange stolz und eigensinnig entgegengestemmt haben, wieder ein Stück weiter vorangefressen?

Erleichtert stellt man nach der Ankunft fest, daß vieles noch wiederauffindbar ist; aber es gibt eben auch manches nicht mehr, worauf man heute aus guten Gründen stolz wäre, hätte man's, allen widrigen Zeitläuften zum Trotz, erhalten. Aber, als seien die Zerstörungen des 27. November 1944 nicht gründlich genug gewesen, haben sich die Freiburger in den 70er Jahren von vielem getrennt, man ist geneigt zu sagen, in schierem Unverstand. Da gab es das »eiskalte« Faulerbad mitten in der Stadt, einen Jungbrunnen in heißen Freiburger Sommern, den »Fuchsen« neben dem Martinstor ❻, eine Kneipe wie von E. T. A. Hoffmann beschrieben, mit einem weißen Biedermeierkachelofen, einem Würfelblock mit grünem Filz zum Knobeln an der Theke, wo gut und gerne 20 verschiedene Biersorten ausgeschenkt wurden, oder das Rotteck-Gymnasium gegenüber der Universität ❹, an dessen Stelle jetzt ein wahrhaft düsterer Bücherbunker steht, die Universitätsbibliothek. Mit dem Dreisameck wurde radikal ein Stück Freiburger Gründerzeit liquidiert, gegenüber dem Schwabentor ❾ überraschend ein Neorenaissancebau . . .

Das Kornhaus am Münsterplatz, Schauplatz von Festen zum Reichstag von 1498, wurde 1969–71 nach den alten Bauplänen wiedererrichtet.

Aus Angst, so weit »unten im Eck« den Anschluß zu verpassen, sich der »Zeitdynamik« zu verschließen und weiterhin als »ultrakonservativer« Bischofssitz vor sich hinzudämmern, war man mit dem Abreißen eine Zeitlang schnell bei der Hand in Freiburg. Wie in Panik fuhren die Bagger damals auf. Es scheint die Tragik der Universitätsstadt zu sein, daß »rationale« Argumente hier schnell eine Eigendynamik entwickeln und ihre Realisierung heftiger eingefordert wird als andernorts. Umgekehrt wird auch ihr modischer Charakter schneller erkannt. So brachte man im Übereifer der »Fortschrittserkenntnis« ohne Not die unsinnigsten Opfer, um sie dann, schneller und tiefer als sonstwo, zu bereuen; denn die Stadt war – ganz im Gegensatz zu ihrem Ruf – längst so lebendig wie kaum eine andere im Land, nur eben nicht so in aller Mund.

Touristinformation Freiburg-Information, Rotteckring 14, ☏ 2 16-32 89 (Mo–Mi, Sa 9–18, Do, Fr 9–21, So 10–12 Uhr).
Stadtrundfahrt Ab Freiburg-Information, Rotteckring 14, April–Okt. Di und Do 10 Uhr.
Stadtführung Ab Freiburg-Information, Rotteckring 14, April–Okt. Mo, Fr, Sa, So 10 Uhr, außerdem Mi, Fr 14.30 Uhr.

Die Innenstadt als Lebensraum entdeckt

Die frühen 70er Jahre sind Freiburger Schicksalsjahre: Stadtjubiläum, das Kernkraftwerk Wyhl wird geplant, die alemannische Dialektbewegung nimmt von Freiburg ihren Ausgang, die alternative ökologische Bewegung kommt auf, und die Innenstadt wird für den Individualverkehr in einem Ausmaß wie sonst nirgendwo gesperrt. Auf einmal war die »Stadt im Winkel« Bahnbrecher. Nun begann man hier Umweltbewußtsein so entschieden zu praktizieren, daß den Stadtvätern andernorts angst und bange werden würde, müßten sie das »Freiburger Modell« übernehmen, jenes rasche Umsteigen vom privaten auf den öffentlichen Nahverkehr. In Freiburg hat man wohl zum erstenmal nach langer Zeit die Innenstadt als gemeinsamen Lebensraum wiederentdeckt. Sie wurde unter größten Schwierigkeiten für den privaten Verkehr gesperrt, von den »Blechmilben«, wie hier das Auto heißt, befreit. Initialzündung für dieses allgemeine Innenstadt-Erleben war unbestritten das große Straßenfest im Sommer 1970 zur 850-Jahr-Feier, als tagelang der nähere Umkreis des Münsters nicht mit Autos, sondern mit Tischen und Bänken vollgestellt war und die gesamte Stadt bis tief in die Nächte hinein feierte.

Freiburger Pflaster
Auch dafür ist Freiburg berühmt, daß es im Bereich der historischen Altstadt einen Branchenführer zu ebener Erde hat: Vor einigen Apotheken ist der Äskulapstab als Mosaik ins Pflaster des Gehwegs eingelassen oder ein Mörser mit Stößel, vor einigen Bäckereien ist eine Brezel zu sehen, vor den Wirtschaften das jeweils namengebende Symbol. Man könnte sich in der Stadt fast orientieren, ohne den Kopf zu heben. Nach dem verheerenden Bombenangriff vom 27. November 1944 war es vielleicht noch eine gepflasterte Wurst, die daran erinnerte, daß die Ruine, vor der man stand, einst eine Metzgerei gewesen war. Das Freiburger Gehweg-Mosaik hat ein französisches Vorbild. Auf seiner Wanderschaft entdeckte der Freiburger »Pflästerer« Aloys Krems Mitte des 19. Jh. einen solchen kunstvollen Straßenbelag in einem Städtchen des Rhônetals und führte ihn schnurstracks in Freiburg ein. Seitdem pflegt man in der Stadt das pittoreske Trottoir.

Am Münsterplatz ist Wochenmarkt. Weinstuben neben dem »Kaufhaus« laden zu einer Rast nach dem Einkaufsbummel.

Vergnügt planschen Kinder im Bächle an der Rathausgasse.

Stadtrundgang

Man parkt am besten im Volksbank-Parkhaus (Bismarckallee 10), zu dem man über die Stefan-Meier-Straße gelangt. Von hier aus nimmt man das Münster ⓮ *als Wegweiser und geht die Eisenbahnstraße bis zur Colombistraße und dem Colombischlößle* ❶*. Entlang unserer Strecke gibt es Rast- und Einkehrmöglichkeiten in großer Zahl, aber schöner als auf dem Münsterplatz, sagen Kenner, sitzt man nirgends im Land. Als »Durchmarsch« schafft man die Route in gut eineinhalb Stunden. Wer gemächlich gehen, alles auf sich wirken lassen, das Münster besichtigen und den Turm besteigen, vielleicht einkehren will, kann ohne weiteres drei bis vier Stunden damit verbringen.*

Sehenswürdigkeiten

❶ *Colombischlößle,* 1859–61 im Auftrag der portugiesischen Gräfin Colombi errichtete neugotische Villa inmitten eines kleinen Parks; nach 1945 vorübergehend Sitz der Badischen Landesregierung, heute des *Museums für Ur- und Frühgeschichte:* Funde aus keltischer, römischer und besonders alemannischer Zeit (tägl. 9–19 Uhr).

❷ *St. Ursula,* 1708–10 durch Johannes Heintze errichteter Bau in markantem Gelb mit zartem Stuck in dem ansonsten schlichten Innern.

❸ *Universitätskirche,* urspr. Jesuitenkirche, durch den Ordensbruder Heinrich Mayer 1685–90 nach Solothurner Vorbild errichtet. 1944 fiel die Innenausstattung den Bomben zum Opfer. Im Innern »Immaculata« von Otto Herbert Hajek (1959). Das anliegende »Kollegium« der Jesuiten aus dem 16.–18. Jh. beherbergte später die Universität und wurde nach 1944 als »Alte Universität« neu errichtet.

❹ *Universität,* sehenswert das Kollegiengebäude I, von Hermann Billing 1907–11 aus Buntsandstein in zurückhaltendem Jugendstil erbaut; vor dem Haupteingang Bronzefiguren: Aristoteles und Homer.

❺ *Alte Universitätsbibliothek,* 1896–1902 von Karl Schäfer aus Sandstein in neugotischem Stil erbaut.

❻ *Martinstor,* Torturm, Überrest der Stadtbefestigung aus dem 13. Jh., eines der Wahrzeichen der Stadt.

❼ *Insel,* der Altstadtbereich zwischen Kaiser-Joseph-Str. im Westen, Holzmarkt und Wallstr. im Süden, Greiffeneggring im Osten sowie Insel und Gerberau im Norden. Nach der Eingangsstraße benannt, ist dieser Bezirk auch im übertragenen Sinn eine Insel, die vom Krieg weitgehend verschont und der letzte geschlossene Teil des »alten Freiburgs« geblieben ist. Den manchmal stürmisch fließenden Gewerbekanal entlang oft noch »venezianische« Momente. Typisch auf der Rückseite der Gerberau zur Fischerau hin die Trockenböden und Lauben der Gerber. Die Sanierung bewahrte den Maßstab, nicht den Charakter.

❽ *Adelhauser Kirche,* im Jahr 1687 vermutlich von einem frz. Baumeister begonnene Dominikanerkirche; bemerkenswert der Hochaltar (um 1700) und die beiden Seitenaltäre (1732), deren südlichen ein Vesperbild des 14. Jh. schmückt. Berühmt sind der Adelhauser Kruzifixus (14. Jh.), die Muttergottesstatue von Hans Wydyz (um 1500) und eine Sandsteinfigur der hl. Katharina (nach 1300).

❾ *Schwabentor,* neben dem Martinstor ❻ der letzte Rest der mittelalterlichen Stadtbefestigung; Sitz der *Zinnfigurenklause:* In mehreren Dioramen sind Szenen aus dem Bauernkrieg der Jahre 1524/25 mit Zinnfiguren dargestellt, die der Museumsgründer Artur-Andreas Lehmann zum größten Teil selbst gefertigt hat (Mitte Mai–Mitte Okt. Di–Sa 14.30–17.30, So 11.30–13.30 Uhr).

❿ *Augustinermuseum,* Kirche und Kloster des 13./14. Jh., 1923 von Karl Gruber zum Museum umgebaut. Mittelalterliche bis barocke Kunst der oberrheinischen Region, u. a. Gemälde von Hans Baldung, Matthias Grünewald, Hans Thoma, Karl Hofer u. a. sowie Glasmalerei, liturgische Geräte, Wandteppiche, Heimatkunst (Di–Fr 9.30–17, Sa, So 10.30–17, jeder erste Mi im Monat 9.30–20 Uhr).

⓫ *Palais Sickingen,* frühklassizistischer Bau Michel d'Ixnards von 1770–72, der 1944 zerstört wurde; die erhaltene Fassade wurde 1962–65 in den Landgerichts-Neubau integriert.

⓬ *Kaufhaus,* Renaissancebau, 1525–32 durch Münsterbaumeister Lienhard Müller errichtet; der zart durchbrochene Balkon stammt von 1550. Charakteristische Flankenerker mit bunt lasierten Ziegeln in Musterformation, ausladende Arkaden im Erdgeschoß der Frontseite, Staffelgiebel.

⓭ *Wenzinger-Haus,* das Wohnhaus (1761) von Christian Wenzinger, des für Freiburg bedeutsamen Architekten; Maskenschmuck über den Fenstern des Hauptgeschosses.

⓮ *Münster Unserer Lieben Frau,* älteste Fundamente aus dem 12. Jh.; um 1200 entstehen die östlichen »Hahnentürme« und das Querschiff, nach 1250 Beginn des westlichen Turms, der Mitte des 14. Jh. als einer von wenigen im Mittelalter vollendet wird. Ab 1354 nimmt Johannes von Gmünd aus der Familie der Parler den Chor in Angriff, der aufgrund wirtschaftlicher Schwierigkeiten erst Anfang des 16. Jh. vollendet und 1513 geweiht werden konnte. Ein künstlerischer Höhepunkt ist der Figurenzyklus der Vorhalle mit einer Muttergottes. Im Mittelschiff Skulpturen Christi und der 13 Apostel (1310–30). Spätgotische Kanzel von Jörg Kempf (1559–61); Hans Wydyz zugeschriebene Madonna auf der Mondsichel; bedeutende Glasfenster des 13./14. Jh. Im Hochchor Altar von Hans Baldung (1512–16), im Querhaus Dreikönigsaltar von Hans Wydyz (1505) sowie der Annenaltar, vermutlich aus der Werkstatt des Breisacher Meisters HL.

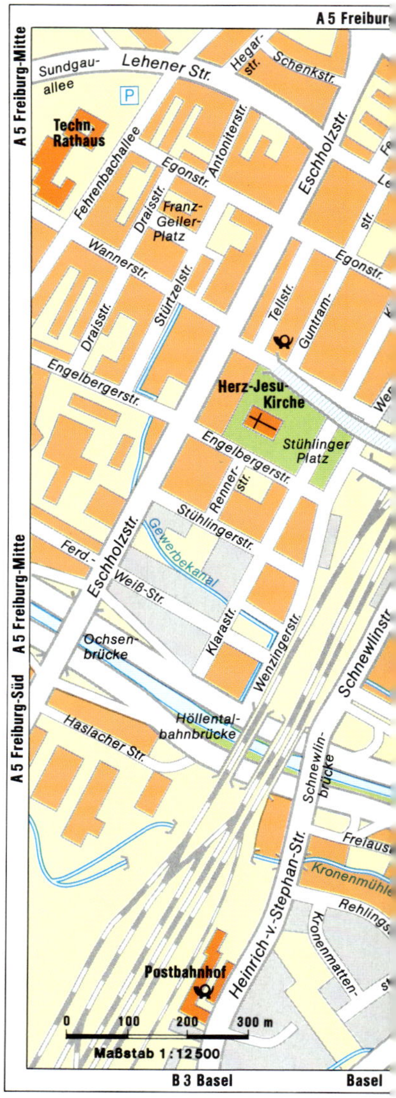

⓯ *Fischbrunnen,* aus Anlaß des Stadtjubiläums 1970 angefertigte Kopie des 1483 vom Münsterbaumeister Hans von Basel entworfenen Originals.

⓰ *Kornhaus,* 1969–71 nach alten Plänen aus dem 15. Jh. wiedererrichtet; ehedem Lager- und Festort zugleich, heute u. a. Sitz eines Restaurationsbetriebs.

⓱ *Basler Hof,* 1494–1505 für den kaiserlichen Kanzler Stürzel von Buchheim durch den Umbau von sieben Bürgerhäusern entstanden. Die Fassade schmücken drei gotische Erker. Nach den Wirren der Reformation 1587–1678 Zuflucht des Basler Domkapitels. Das Renaissanceportal im Innenhof ist eine Kopie des im Augustinermuseum aufbewahrten Originals von 1591.

⓲ *Haus zum Walfisch,* 1516 von Jakob Villinger von Schönenberg, dem habsburgischen Schatzkanzler, in Auftrag gegebener Renaissancebau, der Überlieferung nach als Alterssitz für Kaiser Maximilian I. gedacht.

⓳ *St. Martin,* dreischiffige ehem. Franziskanerklosterkirche; Baubeginn

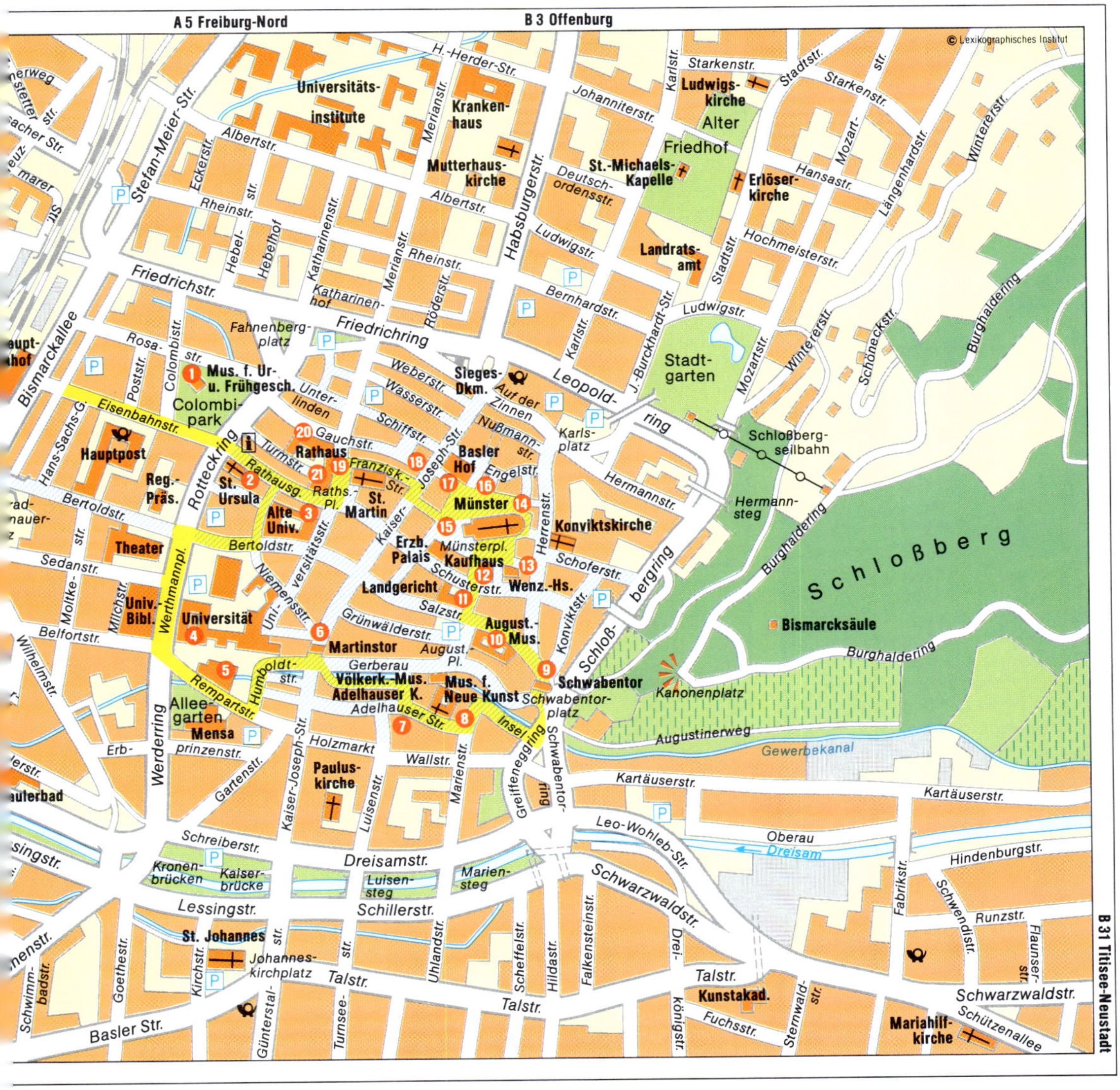

Eine freie Stadt von Anfang an

Die Freiburger haben sich in diesem Jubiläumsjahr wieder auf ihre Stadt und deren Namen besonnen, der ja so einleuchtend ist, bedeutet »Frei-Burger« doch schlichtweg »freier Bürger«. So hatten sich die Zähringer die Stadt ja schon im Gründungsjahr 1120 gedacht, jenes ungewöhnliche Herrschergeschlecht, das für sein imaginäres »alemannisches« Reich nicht auf Gewalt und Unterdrückung setzte, sondern auf die Gründung von Handelsstädten mit ovalem Grundriß. Freiburg war nie freie Reichsstadt, aber es war eine freie Stadt von Anfang an. Stadtrechte und bürgerliche Privilegien mußten nicht mühselig erhandelt und erkauft werden, sondern waren seit 1120 garantiert. Die Freiburger hatten das Recht, ihre Schultheißen und Pfarrer zu wählen, und als Bürger galt bereits, wer hier Grundbesitz im Wert von einer Mark in Silber besaß.

Als das Geschlecht der Zähringer 1218 nach einer allzu kurzen Herrschaftszeit erlosch und die Stadt an die württembergischen Grafen von Urach fiel, setzten die Freiburger alles daran, um aus dieser als unwürdig empfundenen Beziehung wieder herauszukommen. Man war Freiburger, da konnte nicht einfach so ein Württemberger daherkommen! 1368 ist es dann tatsächlich gelungen, sich für die ansehnliche Summe von 15 000 Mark in Silber von dem ungeliebten Herrscher loszukaufen und sich in den Schutz des Hauses Habsburg zu begeben.

Noch immer, auch heute noch, über 35 Jahre nach Gründung des »Südweststaats«, läßt sich mit einiger Sensibilität dieses Süd-Nord-Gefälle (er)spüren. Auf Schritt und Tritt wird einem dann von dieser wunderschö-

1262, Langhaus aus dem frühen 14. Jh. Im Innern ein Fresko um 1480, das die Loire-Stadt Tours darstellen soll. Nach Kriegszerstörung bis 1953 Wiederherstellung des urspr. von den Bettelmönchen gewollten schlichten Raumeindrucks.

⑳ *Neues Rathaus,* zwei urspr. zur Universität gehörende Häuser des 16. Jh., die Karl Schäfer 1896–1900 durch einen Zwischenbau verband. Renaissanceerker mit Einhornrelief (1545), im Hof das Universitätsportal von 1580.

㉑ *Altes Rathaus,* 1556–59 errichtet; spätgotische Architektur am Übergang zur Renaissance mit den für Freiburg typischen Zinnengiebeln, 1944 kriegszerstört, zehn Jahre später ohne die urspr. üppige Fassadenmalerei wiederaufgebaut. Durch den Portalbogen ist die alte Gerichtslaube zu erreichen, in der 1498 der Reichstag unter Maximilian I. seine Sitzungen abhielt.

Bächle
Kinder können Schiffle darauf fahren lassen und sommers mit bloßen Füßen im knöcheltiefen klaren Wasser planschen: Die Bächle gehören zu Freiburg wie Münster, »Schäufele« und Gutedel. 14 km lang ist das in der Innenstadt verzweigte, sehr klug angelegte Kanalsystem. Das klare, kalte Naß kommt aus einem Dreisamarm über die beiden von Oberlinden ausgehenden Hauptkanäle bis in die Altstadt. Obwohl die Wasserversorgung längst andere Wege geht, weiß man hier, was man an seinen Bächle hat. In der Leo-Wohleb-Straße gibt es sogar einen eigenen Bächle-Reinigungsdienst.

Kleine Weinkunde
Wer gerne Bacchus huldigt, findet in Freiburg ein weites Feld vor. Da gibt es den Gutedel, den Wein des Markgräfler Lands. Er ist ein leichter, milder Weißer mit wenig Alkohol und »mildem Verlauf«, der schon zum Frühschoppen bestens geeignet ist. Am Kaiserstuhl und am Tuniberg wird viel Ruländer oder Grauburgunder angebaut. Goldene Farbe und ein reiches Bukett zeichnen diesen Tropfen aus. Der Riesling, die im Südwesten am weitesten verbreitete Rebsorte, wird in der Gegend um Freiburg fruchtig und fein. »Rassig« sei er und habe unverkennbar Substanz, sagen die Kenner. Milder und subtiler ist der Silvaner, doch reagiert er sehr empfindlich auf den Anbauboden und kann sich durchaus wuchtig und sehr kräftig entwickeln – also Obacht! Zu Wild und Spätzle oder sonst einem kräftigen Essen sei mit dem Kaiserstühler Spätburgunder einer der seltenen Rotweine der Region empfohlen.

Sauber ist's und glatt
Johann Peter Hebel (1760–1826) hat seinerzeit im klassizistisch-kühlen Karlsruhe als Schul- und Kirchenmann um seinen Lebensunterhalt gekämpft. Das Heimweh nach seinem alemannischen Oberland hat ihn jedoch nie verlassen. In seiner wunderschönen Reminiszenz »Der Schwarzwälder im Breisgau« singt er folgendes Lob Freiburgs:
»Z'Friburg in der Stadt
sufer isch's und glatt.
Riche Here, Geld und Guet,
Jumpfere wie Milch und Bluet,
Z'Friburg in der Stadt.«
Die Strophe hat den Stadtherren hier so gut gefallen, daß sie den handschriftlichen Entwurf der ersten zwei Zeilen in Hebelscher Handschrift faksimiliert auf ihre Müllautos übertrugen – eine sehr geistreiche Aufforderung zur Sauberkeit: Zu Freiburg in der Stadt, sauber ist's und glatt . . .

nen badischen »Braut« Freiburg her die »Vernunftehe« Baden-Württemberg bewußt. Leicht und unangestrengt, man darf sagen typisch freiburgerisch, nennt Wolfgang Heidenreich, ein Freiburger Journalist, in einer Betrachtung das eigentümliche Verhältnis zur »Landeshauptstadt«: Man balle zwar nicht mehr die Faust, wenn einen die Pflicht nach Stuttgart rufe. »Allerdings verklärt sich auch niemandes Auge, wenn man in Stuttgart das legitime Geschäft des politischen Marketings um ein paar unbadische Nuancen zu lärmig betreibt, Stauferles im Muschterländle spielt und Weltmeister im Tüchtigseinmüssen. Mit dem geballten Interesse des Schwaben am Schaffe, am Vorteil und am Sach, mit dem gelegentlich missionarisch verkniffenen Arbeitsethos, dem nicht selten das pietistische Unvermögen anhängt, das Verdiente auch zu genießen – nun, damit will man im Badischen nicht konkurrieren.« Das läuft am Ende auf den trotzigen Autoaufkleber hinaus, mit dem man sich hier auch gegen seine Verwaltungsmetropole abgrenzt: »'S gibt Badische und Unsymbadische.« Heidenreich interpretiert das so: »Dieses bockige Liebeswerben zeigt eigentlich die Urangst des Badeners vor der schlimmsten Verwechslung. Er ist und wird kein Schwabe.«

Maximilian brachte seine Stadt in Flor

Wichtigtuerei hat Freiburg nicht nötig, Knickse und Bücklinge kann man anderswo besser. Hier bewahrt allein der Name der Stadt schon vorm Anbiedern, und ohnedies muß man nicht in die Welt hinauslärmen; die Welt kommt nämlich zu einem, man kann sie sozusagen im Sitzen erleben. Man kann seine Ereignisse haben, indem man einfach nur hockt. Sobald die Sonne Kraft hat, geht das schon los mit dem ersten »Hock«, und das dauert bis zum letzten Sonnenstrahl im Oktober. Mühelos ist Freiburg ein wirklicher Partner der Welt.

Für die Habsburger war die Stadt von großer Bedeutung, sie gaben ihr 1457 die Universität (4), die erste habsburgische Gründung, denn die älteren Hochschulen in Prag und Wien gehen noch auf die Luxemburger zurück. Maximilian I., anläßlich eines Besuchs mit seinem Vater als 13jähriger erstmals in der Stadt, hatte es mit den Freiburgern, und die hatten es mit ihm. Ricarda Huch, die deutsche Geschichte mit dem Silberstift geschrieben hat, schildert ihn, sehr zugeneigt: »... immer voll Schulden, hinreißend, liebenswürdig, voller Einfälle, voller Schrullen, ruhmselig, großartig, unbekümmert, vorurteilsfrei, Dichter und Künstler«. 1490 besucht Maximilian »sein« Freiburg erneut, ordnet die Vorrechte und bringt die Stadt in Flor, denn er hatte ernste Absichten. In der Tat war dann 1498 Reichstag hier, und Freiburg begann zu leuchten. Im Kornhaus (16) wurde gefestet und getanzt.

In der Gerichtslaube beim Alten Rathaus (21) wurde der Reichstag eröffnet. Im »Haus zum Walfisch« (18), so heißt es, wollte Maximilian seinen Lebensabend verbringen, aber sein Leben geriet zu kurz. Später lebte Erasmus von Rotterdam 1529–35 hier. Wie das Basler Domkapitel hatte er Zuflucht vor der rigiden Reformation in Basel gefunden. Heute residiert eine Sparkasse in diesem Haus, das zu einem der schönsten in der

Den Zugang zu Stadt und Münster von Südosten bewacht seit dem Mittelalter der mächtige Turm des Schwabentors.

Bundesrepublik Deutschland zählt. In seiner Grandiosität steht es mittlerweile eher blamiert inmitten dieser sehr erwerbssinnigen, kunstlosen Umgebung, denn in der Gegend hinter dem Rathaus wird Freiburg dann doch (baden-)württembergisch: sehr praktisch, sehr wiederaufgebaut.

Der »Hock« gehört zur Lebensart

Aber sonst kommt ein Mittelalter zum Vorschein, das alle modernen Vorstellungen davon beschämt und uns aufs äußerste irritiert in dem Vorurteil, es sei dumpf und drohend gewesen. Das ist es ja überhaupt, daß sich diese Stadt so ganz und gar gegen Vorurteile verhält, selbst gegen die über sich selber. »Auch der Extremste trinkt hier sein Viertele«, heißt es. Man hockt einfach zusammen, schon auch in der gut sondierten, wohlerwogenen Ahnung, daß »draußen« das feindliche Leben laure.

Eine Stadt der »Hocker« mag Freiburg auch deshalb sein, weil der »Doktor«, den einer hat, hier soviel zählt wie ein VW in Wolfsburg. Warum also das Studium vor der Zeit abschließen, um das restliche Leben vielleicht tief in der Provinz zu fristen? Gleichwohl gilt es den zu achten, der die akademischen Abschlußhürden hier genommen hat, galt es doch zahlreichen Verlockungen zu widerstehen und die Aussicht in Kauf zu nehmen, das schöne Freiburg für immer verlassen zu müssen. Welcher Mißerfolg im Erfolg! Wenn Freiburg unbegrenzt Arbeitsplätze hätte, wie viele der einstigen Studenten säßen, pardon, »hockten« wohl noch immer dort!

Im Protest den Dialekt wiederentdeckt

Es gab eine Zeit, in den frühen 70er Jahren war das, da hat man sich solch kalifornischen Illusionen hingegeben, aus dem »schönen Garten«, als welchen Ludwig XIV. von Frankreich den Breisgau vor gut 300 Jahren hat daliegen sehen, einen riesigen Ballungsraum zu machen – Kulturlandschaft hin, Kulturlandschaft her. Wer sich in der Hoffnung hierher verzogen hatte, das Wachstum werde um den »schönen Garten« eine Kurve machen, der sah sich mit einem Mal getäuscht, denn in der Stadt und ihrer Umgebung ging die Betonsaat grausamer auf als anderswo.

Freiburgs Hausberg
Mit dem 1284 m hohen Schauinsland kann Freiburg sich rühmen, die deutsche Großstadt mit der höchsten Erhebung auf ihrer Gemarkung zu sein. Früher hieß der Berg auch »Erzkasten«, eine Anspielung auf das Silberbergwerk, das es dort gab. Die Rennen auf der serpentinenreichen Bergstrecke hinter Günterstal gehören ebenso der Vergangenheit an wie bald die erste »Großkabinenumlaufbahn« der Welt, die seit 1930 zwischen Horben und dem Gipfel auf 3600 m Drahtseildiagonale hin- und herschwebte. Seit 1988 ersetzen 37 »familienfreundliche« Kleinkabinengondeln mit je sieben Plätzen die würdige alte Bahn. Ein Tribut an den Tourismus, dem hier so viel geopfert wird. Wer vom Schauinsland nach Horben zurückwandert, kann von dort mit dem Bus nach Freiburg zurückfahren. Er sollte aber nicht versäumen, den »Schniederlihof« zu besuchen, ein Bauernmuseum, das Kunde davon gibt, wie man es einmal angestellt hat, mit der Natur zu leben, damit man von ihr leben konnte.

Die sanften Höhen des Schwarzwalds locken den Wander- und Naturfreund ins Freiburger Umland und gestatten bei guter Sicht einen Blick auf die fernen schneebedeckten Schweizer Alpen.

Tips, Tips, Tips

Wandern ohne Auto
Von Littenweiler, Endstation der Linie 1, kann man in Richtung Ebnet oder Kappel wandern. Nach Horben (800 m ü. M.) fährt man mit der Linie 2 bis zur Endstation und von dort mit dem Bus. Hier beginnt ein markierter Weg zum Schauinsland, von wo man mit der Seilbahn zurückfahren kann. Vom Schloßberg, er ist mit dem Sessellift erreichbar, ergeben sich Wandermöglichkeiten über Ebnet nach St. Peter und zum Kandel.

Disneyland am Rhein
Für Kinder ist der Europa-Park in Rust attraktiv. Das Unternehmen hat ein »Gut-/Sehr-Gut-Siegel« der Stiftung Warentest vorzuweisen. Hier gibt es eine Schweizer Bobbahn, eine Delphinshow, eine finnische Floßfahrt und weitere Attraktionen, nicht zu vergessen die Gastronomie. Man fährt die A 5 bis Ettenheim/Rust (April–Okt. 9–18, So und Feiertage 9–19 Uhr, Juli, Aug. bis 20 Uhr), ☏ (0 78 22) 7 70.

Essen, trinken, selber kochen
»Oberkirch« heißt eine der wenigen vom Krieg verschont gebliebenen Freiburger Weinstuben mit Originalkolorit. Hier gibt es hauseigene Weine und einen unverstellten Blick auf die Südseite des Münsters ⓮. Im »Roten Bären«, Oberlinden, ☏ 3 69 13, der seine Gastwirte seit 1311 lückenlos nachweisen kann, können Hobbyköche beim Küchenchef in die Schule gehen.

Als die Wachstumsprognosen schließlich suggerierten, man brauche deshalb zusätzliche Energie, und im rheinnahen Wyhl nördlich des Kaiserstuhls ein Kernkraftwerk geplant wurde, hat sich hier ein mittlerweile schon klassischer Protest formiert. Ein Los Angeles zwischen Himmelreich und Oberrimsingen, Emmendingen und Staufen, dazu ein Kernkraftwerk mit Kühltürmen fast so hoch wie das Freiburger Münster? Im nahen elsässischen Marckolsheim und im schweizerischen Kaiseraugst ähnliche Projekte? Der Rhein durch Kernkraftwerke aufgeheizt, und der weltberühmte Kaiserstühler als »Atomhanglage«?

Es war dies keinesfalls nur ein Protest sogenannter Chaoten, im Gegenteil, es war vor allem ein Protest der Winzer vom Kaiserstuhl, oft mit bewegenden Szenen. Demonstriert haben damals Leute, die sonst viel auf sich genommen hätten, aber Wyhl als Atomzentrum, das konnte man ihnen nicht mehr verordnen!

Man hat damals begonnen, sich auf seine Weise zu artikulieren, und man tat es im Dialekt, weil man nicht ganz so glatt und ungehemmt nach der Schrift reden konnte wie die Herren aus Stuttgart. Das Alemannische wurde als gemeinsame Sprache zwischen Deutschen, Elsässern und Schweizern wiederentdeckt, und Freiburg, ohnehin mitten im alemannischen »Dreiecksland« gelegen, war für kurze Zeit die Hauptstadt der Mundartbewegung. Diese war nun überhaupt nicht »tümlich«, sondern sehr ernsthaft und kritisch gegen die gewendet, die davon ausgingen, Stadt und Landschaft hätten weniger mit den Leuten zu tun, die darin wohnten, als vielmehr mit denen, die sie sich kaufen konnten. Aus dieser »Wyhlschen Grunderfahrung« heraus ist die alternative Bewegung insgesamt entstanden, die es in Freiburg bei der letzten Bundestagswahl auf fast 20 % gebracht hat.

In Freiburg fängt der Teufel an zu beten

Freiburg bedeutet immer noch das menschlichere Maß, entstanden in einer maßvoll großen, gleichwohl überwältigenden Stadt, fast kongenial zu der sie umgebenden Natur. »Auch der Extremste trinkt hier sein Viertele«: das verbindet, schafft Toleranz und Gemeinschaftsgefühl. Als unlängst der Regierungspräsident der Region diese Stadt als eine »Chaotenhochburg« bezeichnete, schrieb ihm Freiburgs Oberbürgermeister zurück, übrigens ganz im Sinn der alten Zähringer, es müsse in einer Stadt wie der seinen »Raum sein für neue Bewegungen, da darf nicht alles von vorneherein kriminalisiert werden«.

Es ist da vieles, was einen von dieser Stadt nicht wegkommen läßt, auch wenn man schon viel zu lange woanders lebt. Gewiß gehören die Skiabfahrten auf dem Feldberg und Schauinsland und die heißen Sommernachmittage am Schluchsee, die Nähe zu Basel und Colmar zum

Bei der alemannischen Fastnacht ist am Rosenmontag der Teufel los.

An den Hängen des Kaiserstuhls wachsen vor allem Ruländer, Grauburgunder und ein begehrter Rotwein, der Kaiserstühler Spätburgunder.

»Freiburger Gefühl«; aber das eigentliche Geheimnis der Stadt scheint doch ihr »Maß« zu sein. Kundige meinen, es sei den Freiburgern eingegeben. Im Hauptportal des Münsters (14) ist es überdies als Brot- und Längenmaß, aber auch als menschliches Maß vorgegeben. Ganz in der Nähe dieser Maße betet sogar ein Teufel!

Auch die Natur, die gleich hinter dem Münsterplatz beginnt und ihm einen grandiosen Prospekt abgibt, hat hier Maß und Milde. Sie scheint die Stadt zivilisiert und humanisiert zu haben, und die Übergänge sind im Wortsinn fließend: Die Bächle bringen die Stadt in einen innigen Zusammenhang mit den Schwarzwaldwassern der Dreisam, durch deren Talöffnung der »Höllentäler« über die Stadt strömt, jener als kühlend empfundene Abendwind, der sich im Zartener Becken sammelt, oft nach Heu und Blumen duftet und mit der Hitze des Tags versöhnt, wenn er abends sanft durch die Straßen und Gassen bläst.

Auch die Freiburger Küche hat etwas von dieser versöhnlichen Natürlichkeit. Um elf Uhr morgens gemahnt der archaisch gemütliche Schlag der alten »Hosanna«, die den Freiburgern schon seit 1258 das Zeitmaß gibt, nun sei es soweit, den Spätzlesteig zu machen, weswegen sie auch »Spätzlesglocke« heißt. Natürlich sind die Spätzle hier weitaus besser als bei den Schwaben – selbst das hat man ihnen voraus. Wie gut, daß man sich immer gewehrt hat gegen sie. Es war ja nie nur loses Protestgebell, sondern hatte immer »Hosannas« Tiefe und Überzeugungskraft. So verstehen wir in diesem ganzen Freiburger Aufbegehren auch etwas von den dauerhaften Schwierigkeiten, die sich einstellen, wenn es gilt, sein Gesicht zu wahren.

Der rote Bollenhut, den die Frauen vom Gutachtal an Festtagen tragen, gehört zur Schwarzwälder Tracht.

Theater, Musik, Veranstaltungen, Museen

Theater

Städtische Bühnen, Bertoldstr. 46. Großes Haus: Oper, Operette, Schauspiel, Ballett, Musical; Kammertheater: Experimentiertheater; Podium: Schauspiel, Tanztheater; Theatercafé: Kabarett, Lieder und Texte, Flamenco, ☎ 3 48 74.
Wallgrabentheater im Neuen Rathaus (21), Rathausgasse. Zeitgenössisches Schauspiel, Ballett, Komödie, Volkstheater, »Rathaushofspiele« (Juli/Aug.), ausländische Gastspiele, ☎ 2 56 56.
Alemannische Bühne, Inselgaststätte Feierling, Gerberau 15. Laienensemble mit Ritterstücken, mundartlichen Komödien, ☎ 3 92 29.
Freiburger Kinder- und Jugendtheater, Langemarckstr. 97. Stücke für Kinder und Erwachsene. Spielort: Theatersaal der Universität (4), Bertoldstraße, ☎ 40 47 66.
Freie Künstlergruppe, Alter Wiehrebahnhof, Urachstr. 40. Kabarett, Sonntagmorgen-Musik, Liederabende, »Freiburger Video-Forum« (Okt.), Ausstellungen, ☎ 70 95 95.
Fabrik, Habsburgerstr. Modernes Schauspiel, Kleinkunst, ☎ 55 14 99.

Musik

Städtische Bühnen, Bertoldstr. 46. Sinfoniekonzerte des Philharmonischen Orchesters, ☎ 3 48 74.
Kaufhaus (12), Münsterplatz. Kammermusik, »Konzerte im Hof« (Mai–Sept.), »Kaufhaus-Serenaden« der Camerata Instrumentale, »Freiburger Serenadensommer« (Aug.), Liederabende der Kleinen Philharmonie Freiburg, ☎ 2 16-44 49.
Augustinermuseum (10), Salzstr. Kammermusikalische Matineen, Musik zum Meditieren, ☎ 2 16-33 07.
Paulussaal, Dreisamstr. 3. »Albert-Konzerte«, Kammermusik, Klavierabende, ☎ 4 90 94 44.
Audimax der Universität (4), Humboldtstr. 11. Klavierabende, »Freiburger Klassik- und Jazzkonzerte«, kammermusikalische Konzerte des Studentensymphonieorchesters, ☎ 2 03-1.
Stadthalle, Schwarzwaldstr. 80. Chorkonzerte mit Oratorien, Messen, »Albert-Orchesterkonzerte«, Galaabende, Volksmusik, Rock- und Popkonzerte intern. Stars ☎ 7 10 20.
Münster (14), Münsterplatz. »Münster-Konzerte« mit großen Oratorien und Messen, »Orgelkonzerte« mit berühmten Virtuosen (Juni–Sept. Di 20.15 Uhr), ☎ 2 16-32 89.
Fabrik, Habsburgerstr. Musik vom Jazz bis Rock und Pop, ☎ 55 14 99.

Veranstaltungen

Rosenmontag: *Fastnachtsumzug* durch die Innenstadt mit Kostümen und Holzmasken aus dem alemannischen Brauchtum.
April und Okt.: *Antiktage* im Gelände der Stadthalle, ☎ (0 74 52) 6 61 44.
April: *St.-Georgs-Fest* in Freiburg-St. Georgen. Reiterprozession mit Pferdesegnung an der Marienkapelle Wendlingen, ☎ 2 16-32 89.
Mai: *Schultheaterwoche* an den Städtischen Bühnen, Bertoldstr. 46, ☎ 2 16-36 91.
Mai: *Frühjahrsmesse* auf dem Meßplatz an der Schwarzwaldstr. Volksfest, ☎ 2 16-32 89.
Juni: *Weintage* auf dem Münsterplatz. Großes Weinfest mit 300 badischen Weinsorten im Ausschank; Musik und Tanz, ☎ 2 16-32 89.
Juni: *Internationales Zelt-Musik-Festival* im Mundenhof. Oper, Kabarett, Klassik-Matineen, Jazz-Frühschoppen, Zigeunermusik, Varieté, Revue, Travestie, Kindertheater, Ausstellungen, Workshops, Innenstadt-Aktionen, Heißluftballon-Starts, ☎ 3 56 00.
Juli: *Theaterfestival* an den Städtischen Bühnen und auf Straßen und Plätzen der Altstadt. Theatergruppen aus aller Welt, ☎ 3 19 64 52.
Aug.: *Schloßbergfest* auf dem Schloßberg. Illumination des Schloßbergs, Kinderprogramm, Musik, ☎ 2 16-32 89.
Sept.: *Kunstwoche* zwischen Schwabentor und Münster (14). Straßenausstellung von Malern, Grafikern, Künstlern, Kunsthandwerkern, ☎ 2 60 61.
Okt.: *Herbstmesse* auf dem Meßplatz an der Schwarzwaldstr. Volksfest, ☎ 2 16-32 89.
Okt.: *Kinderfilmwoche* in Jugendhäusern, -zentren, -begegnungsstätten, ☎ 2 16-41 67.

Museen

Augustinermuseum, Augustinerplatz (s. (10)).
Museum für Naturkunde, Gerberau 32 (Di–Fr 9.30–17, Sa, So 10.30–17 Uhr).
Museum für Neue Kunst, Marienstr. 10a. Schwerpunkt: klassische Moderne, abstrakte Kunst nach 1945 (Di–Fr 9.30–17, Sa, So 10.30–17 Uhr; jeder vierte Mi im Monat bis 20 Uhr).
Museum für Ur- und Frühgeschichte, Colombischlößle, Rotteckring 5 (s. (1)).
Museum für Völkerkunde, Gerberau 32. Sammlungen aus Afrika, Asien, Australien, der Südsee und Amerika (Di–Fr 9.30–17, Sa, So 10.30–17 Uhr).
Zinnfigurenklause, Schwabentor (s. (9)).

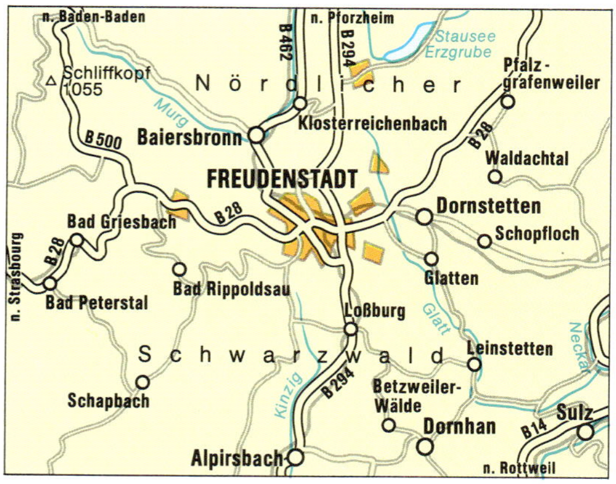

Europäischen Rang als zentrale Stadt eines Großwürttembergischen Reichs sollte Freudenstadt einmal bekommen. So dachte jedenfalls der Stadtgründer, der württembergische Herzog Friedrich I., als seinen Baumeister Heinrich Schickhardt 1593 beauftragte, in luftigen Schwarzwaldhöhen eine Stadt zu bauen. Sozusagen »aus der Retorte« entstand eine mühlebrettartige Stadtanlage, die auch heute noch den Besucher

fasziniert, selbst wenn das geplante große Schloß im Zentrum fehlt. Politische Kapitale ist Freudenstadt nie geworden, dafür hat sich die Stadt seit dem 19. Jahrhundert zur Hauptstadt der Erholungsuchenden im Schwarzwald entwickelt, die Jahr für Jahr über eine Million Gäste anlockt.

Freudenstadt

Der Marktplatz im Schwarzwald

Wappen Im oberen Teil des Schilds eine querliegende schwarze Hirschstange auf gelbem Grund als Zeichen der Zugehörigkeit zu Württemberg. Darunter in je einer Hälfte des Wappenschilds zwei silberne (ursprünglich goldene), mit dem Rücken einander zugewandte Barben auf rotem Grund. Die Barben sind Wappentiere der württembergischen Grafen von Mömpelgard, aus deren Geschlecht der Stadtgründer Herzog Friedrich I. von Württemberg stammt. Das gelbe »F« zwischen den Barben kann daher sowohl »Friedrich« wie auch »Freudenstadt« bedeuten.
Lage Im Nordschwarzwald an der Grenze der ehemaligen Länder Baden und Württemberg (Kniebis-Grenze).
Land Baden-Württemberg
Autokennzeichen FDS
Höhe 743–938 m ü. M.
Fläche 87 km², davon 52 km² Wald.
Einwohnerzahl 21 000
Postleitzahl 7290
Telefonvorwahl 0 74 41
Post Hauptpostamt, Marktplatz, ☏ 59-1, Spätschalter (So 10.30–11.30 Uhr).
Polizei Unterer Marktplatz, ☏ 5 36-0
Taxi ☏ 29 43
Nahverkehr Omnibusverkehr zwischen den einzelnen Stadtteilen, außerdem vergünstigte Omnibus- und Bahnfahrten zu den Sehenswürdigkeiten der Umgebung.
Camping Campingplatz Langenwald, ☏ 28 62; zu erreichen über die B 28 Richtung Straßburg.
Parken Tiefgaragen unter dem Marktplatz und dem Kurhaus, außerdem mehrere gut ausgeschilderte Parkplätze am Kasernenplatz (Ecke Forststr.), am Marktplatz (gegenüber dem Rathaus am Neptunbrunnen), Ecke Unterer Marktplatz/Finkenbergstr.
Touristinformation Städtische Kurverwaltung, Promenadeplatz 1, ☏ 86 40 (tägl. 9–24 Uhr).
Stadtführung Ab Stadthaus, Mo 9.30 Uhr sowie nach Vereinbarung, ☏ 8 64 29.

Stadtrundgang

An den Gebäuden ist die Geschichte der Stadt infolge der Kriegszerstörungen zwar kaum noch ablesbar, aber man hat nach 1945 mit Erfolg versucht, aufgrund von Schickhardts vorgegebener Planung das Bild der Stadt mit ihren Arkadenhäusern um das Marktplatzgeviert (220 × 216 m) wieder herzustellen. – Wenn auch rings um die Stadt die tiefen, dunklen Wälder zum Wandern einladen, so sollte man doch einen etwa halbstündigen Gang unter den schützenden Arkaden nicht versäumen.

Am besten beginnt man am Rathaus ❶ *– direkt davor, auf dem Kasernenplatz, gibt es Parkmöglichkeiten. Dort beginnt auch der Arkadengang, unter dem Sie einmal den Platz umrunden sollten, um einen Eindruck von der Gesamtanlage zu bekommen. Dann überqueren Sie den Platz, vorbei an den beiden Rokokobrunnen, dem Stadthaus* ❺ *und dem Mahnmal* ❻*. Bei der Loßburger Straße geht es aus dem Platzgeviert heraus bis zum Kurhaus* ❼*. Auf dem Rückweg haben Sie sicher genügend Ruhemöglichkeiten im Freien, ebenso einfach ist es, ein gemütliches Café oder eine gutbürgerliche Gaststätte zu finden.*

Sehenswürdigkeiten

❶ *Rathaus*, im Zug des Wiederaufbaus von 1948–56 entstanden; im Unterschied zu seinem Vorgänger aus dem 17. Jh. hat es einen eigenen Turm mit charakteristischer Dachhaube.

❷ *Arkadengang*, um den gesamten fast quadratischen Platz verlaufender Gang, überdacht, mit Läden – ideal für den Einkaufs- und Schaufensterbummel, auch bei schlechtem Wetter.

❸ *Stadtkirche*, 1601–08 von Heinrich Schickhardt erbaute Renaissancekirche mit eigenwilligem Grundriß. Die beiden Kirchenschiffe stoßen rechtwinklig aufeinander und nehmen dadurch die rechtwinklige Ausrichtung der gesamten Stadtanlage auf. Der Altar steht im Schnittpunkt der beiden Flügel, von denen während des Gottesdiensts der eine früher den Männern, der andere den Frauen vorbehalten war. Die Kirche wurde im Zweiten Weltkrieg zerstört. Beim Wiederaufbau ist vor allem der Innenraum wesentlich schmuckloser gestaltet worden. Zur Ausstattung gehört das wertvolle romanische Lesepult (12. Jh.) mit den vier Evangelisten, die auf ihren Rücken die Pultfläche tragen. Außerdem ein Taufbecken aus dem 12. Jh. und ein Kruzifix aus dem 15. Jh.

❹ *Rathaus- oder Fürstenbrunnen und Neptunbrunnen*, zwei Rokokobrunnen aus dem späten 18. Jh. Beim Neptunbrunnen ist in der Brunnensäule das Stadtwappen eingemeißelt.

❺ *Stadthaus*, Bau aus den 50er Jahren; im Foyer hängt das Bildnis des Stadtgründers Herzog Friedrich I. Im Dachstuhl ist das *Heimatmuseum* untergebracht; es zeigt Gerätschaften und Produkte älterer Handwerke, z. B. eine Nagelschmiede, und dokumentiert die Geschichte von Stadt und Umgebung, u. a. mit einem Stadtmodell (So 10–12 Uhr).

❻ *Mahnmal*, 1954 zur Erinnerung an Krieg und Wiederaufbau errichtet.

❼ *Kurhaus*, 1954 eröffnetes Gebäude, eines der Symbole für den Wiederaufbau der Stadt, von Ludwig Schweizer zwischen 1949 und 1956 »aus einem Guß« entwickelt. Ein multifunktionales Gebäude mit einem Theater, das gleichzeitig auch als Kino genutzt wird, Kongreßräumen und Ausstellungsmöglichkeiten in Foyer, Großem Kursaal, Kleinem Kursaal u. a. Es ist für Freudenstadt das eigentliche Veranstaltungshaus, in dem auch die Kurverwaltung mit der Touristinformation untergebracht ist.

»Lustig Stadt« aus der Retorte

Die »lustig Stadt« hat man Freudenstadt zu Zeiten ihrer Gründung geheißen, das war um 1600. Aber was war wohl daran lustig, außer dem Plan? Und was für ein Plan: in der äußersten, der westlichen Grenzregion des Herzogtums Württemberg, inmitten finsterer Wälder, Urwäldern geradezu, auf der »zugigen« Höhe von fast 800 m eine Stadt aufzubauen! Noch heute, wenn es Winter ist, und der stellt sich in Freudenstadt früh ein und bleibt lange, verzieht man sich am liebsten auf einen »Kaffee Kirsch« in eines der Cafés unter den Arkaden und läßt die Stadt an sich vorüberziehen; zum Zuschauen ist Freudenstadt allemal vergnüglich – wie das Leben sozusagen im Quadrat vor einem abläuft, durch die Arkaden hindurch, und eben noch immer wie nach dem Plan des hervorragenden württembergischen Baumeisters Heinrich Schickhardt (1558–1634). Der steckte am 22. März 1599 die ersten Hausgrundrisse ab für eine Stadt, deren Wachsen ihr Gründer, Herzog Friedrich I. von Württemberg, oft auf einem Baumstumpf sitzend und die Handwerker antreibend, mit »Freuden« zusah. Hier, im »förchtig wilden« Wald, hätte ein württembergisches »Utopien« entstehen sollen, eine auf dem Reißbrett entworfene und so noch nie dagewesene Zukunftsstadt nach dem Grundmuster eines Mühlebretts.

Noch immer wird dieser Grundriß aus der Luft eindrucksvoll erkennbar, ebenso wie die riesige Freifläche in der Mitte, um die sich die Häuserzeilen legen. Die Freudenstädter nennen sie »Marktplatz«, weil es einfach zu

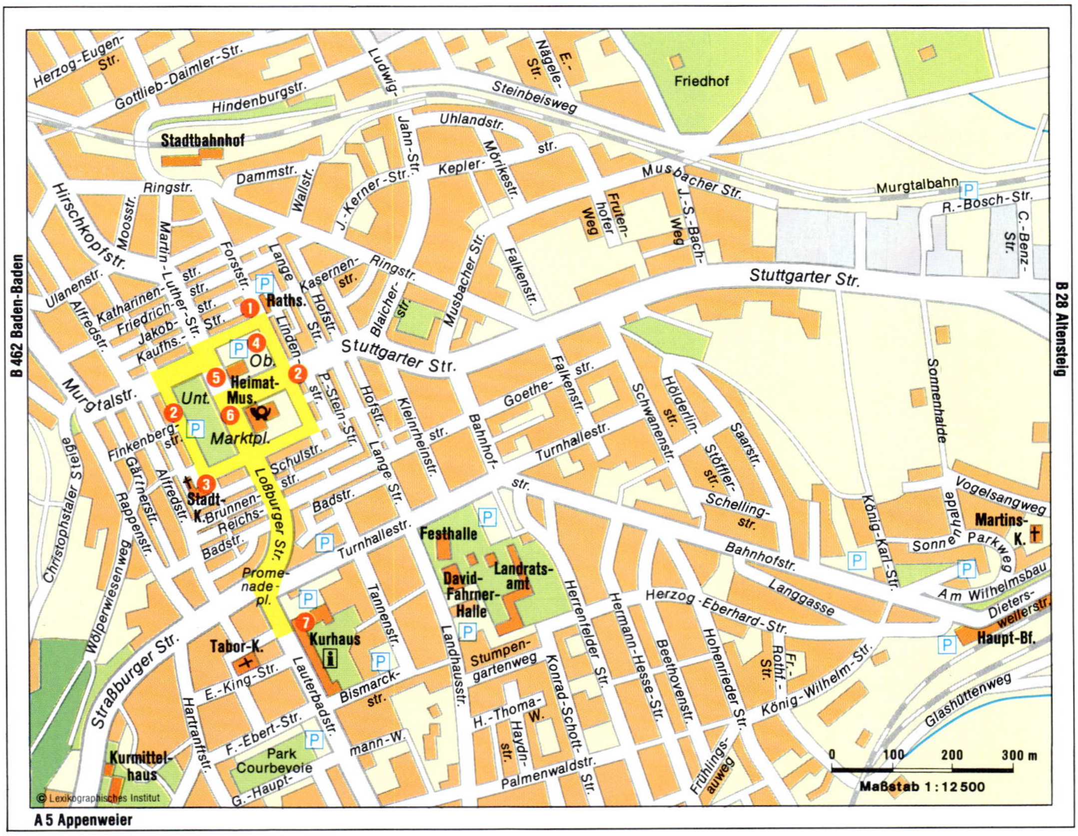

einer württembergischen Stadt gehört, einen Marktplatz zu haben. Der größte Marktplatz Süddeutschlands ist ein Geviert, fast quadratisch, von 220 x 216 m, in dem sich die Köstlichkeiten des gesamten Schwarzwalds wohl mühelos ausbreiten ließen und worin sich das nüchtern gehaltene Stadthaus 5 aus den 50er Jahren klein ausnimmt, fast wie ein Nachen auf hoher See. Aber dieser Marktplatz ist natürlich keine Fehlplanung – wir haben es schließlich mit einem Marktplatz nach Schickhardtschen Plänen zu tun –, sondern der unvollendete Teil Utopias, der leergebliebene Rest einer geometrischen Glücksvorstellung. Dieser Marktplatz nämlich sollte ein Schloßplatz werden. Schickhardt hatte sich für die Mitte des Mühlebretts ein mächtiges quadratisches Wasserschloß gedacht, als veredeltes Viereck um 45° zum Platzquadrat gedreht.

Keine Gnade vor der Geschichte

Weshalb aber so ein Plan für die Einöde hier oben? Nun, Friedrichs Vorhaben waren so imposant, daß, hätten sie Gnade vor der Geschichte gefunden, Freudenstadt ein europäisches Zentrum hätte werden können. Hier nur Andeutungen davon: Er, der Mömpelgarder oder auch »elsässische« Vetter des württembergischen Herzogs Ludwig, trat nach dessen Tod 1593 die Herrschaft über Altwürttemberg und die linksrheinischen Besitztümer an. Wenig später schien sich ihm aber auch noch die Möglichkeit auf eine Übertragung des mächtigen Bistums Straßburg zu eröffnen, das weit in den Schwarzwald hineinragte. Ein monumentales Württemberg begann sich abzuzeichnen, und für ein solches »Reich« wäre Freudenstadt der geometrische Mittelpunkt gewesen. Jetzt erst versteht sich der Hintersinn dieser über alle Normalität hinausgeratenen Planungsdimension. Die Anlage war für immerhin 3500 Einwohner gedacht; Stuttgart hatte damals 10 000, und Freudenstadt wäre damit die zweitgrößte Stadt im Herzogtum gewesen.

Die Voraussetzungen, eine solche Stadt ins Land zu setzen, schienen ursprünglich gar nicht so illusorisch, gab es doch eine Silbergrube im nahen Christophstal und, als mögliche Bergarbeiter, exilsuchende österreichische Protestanten, die in ihrer Heimat aus Glaubensgründen verfolgt wurden. (Die Ur-Freudenstädter waren also vornehmlich Steiermär-

Wo Gaumenfreuden locken

Die Küche in und vor allem um Freudenstadt gehört zum Pflichtteil des Gaumentourismus und ist in den einschlägigen Führern mit eindrucksvollen Empfehlungen aufgeführt. Der Flecken Baiersbronn erscheint dabei häufiger als manche Großstadt: Das französische Restaurant »Schwarzwaldstube« im Sporthotel »Traube« und der »Bareiss« (Rotisserie St. Hubertus) im Kurhotel »Mitteltal« (im Baiersbronner Ortsteil Mitteltal) haben ihren Stammplatz in jedem Gastronomieführer. – Ob bürgerlich oder französisch, alles scheint wie eigens für den Gast erfunden, auch wenn das Gericht altbekannt ist, wie etwa der Kartoffelsalat. In der »Traube« gibt es ihn beispielsweise in Kerbelmarinade, und dazu wird eine Poulardensülze gereicht. Empfohlen sei unbedingt auch noch »Die Mühle« im nahen Hallwangen, einem Ortsteil von Dornstetten, das man sich wegen seines geschlossenen Fachwerkbilds ohnehin anschauen sollte. Aber auch Freudenstadt bietet um den Marktplatz herum vom einfachsten Imbiß bis zum Schlemmerlokal allerhand. In der Stadt selbst bevorzugt man eine ausgeprägt schwarzwälderische Küche mit Forellen und vor allem Wild und reicht dazu nicht nur Spätzle, sondern neben Kroketten und Kartoffelklößen manchmal auch selbstgemachte Kräuternudeln. Man kann in Freudenstadt auch das Essen lernen!

Tips, Tips, Tips

Lohnender Abstecher ins Kinzigtal
Nur wenige Kilometer südlich von Freudenstadt (B 294) beginnt in Loßburg das Kinzigtal, das sich in weitem Bogen nach Westen zur Rheinebene wendet. Malerische Fachwerkstädtchen begleiten die Kinzig auf dem Weg dorthin: Alpirsbach mit seinem alten Klostergemäuer und dem quellfrischen Bier, Schiltach mit dem Schickhardtschen Marktplatz, Wolfach, das vor 100 Jahren als der »schönstgelegene deutsche Kurort« galt, Steinach mit dem »Schwarzen Adler«, dem »schönsten Fachwerkhaus des Schwarzwalds«, und schließlich Gengenbach, einer der intimsten Schwarzwaldorte.

Fischen, Reiten und andere Vergnügungen
Als Kurort bietet Freudenstadt natürlich Möglichkeiten zum Tennis- und Golfspielen sowie zum Reiten; mit der Kutsche zu fahren ist ebenso möglich wie Surfen und Fischen (Scheine bei der Staatlichen Forstverwaltung, Hartranftstr. 27, ☏ 60 89). Es gibt ein Wald- und Kurbähnle während der Saison, die hier im allgemeinen von Mai–Sept./Okt. dauert. Stadtführungen beginnen zu eben dieser Zeit am Stadthaus (5). Neben Fußwanderungen gibt es auch Gelegenheit zu ausgedehnten Radtouren auf gekennzeichneten Wegen (grünes Viereck mit weißem Radfahrer; Fahrradverleih am Ort). Als Familienunternehmung speziell für wißbegierige Kinder empfiehlt sich ein reichhaltiges »Mach-mit-Programm« während des ganzen Jahres, unter anderem mit organisierten Radausflügen, Gesundheits- und speziellen Atemkursen, Glasmalen, Töpfern, heimatgeschichtlichen Veranstaltungen, Grillabenden, Skiwanderungen, aber auch Wanderungen mit dem Förster (Pilzkunde!), Früh- und Abendwanderungen und sogar einer kleinen Wetterkunde, ☏ 60 74.

ker und Kärntner Glaubensflüchtlinge, und eine gewisse evangelische Strenge und Geradlinigkeit meint man der Stadt heute noch anzumerken.)

Doch die Katastrophen brachen bald zuhauf herein. 800 der gerade erst angekommenen Bewohner raffte 1610 die Pest dahin, 900 wanderten daraufhin ab. 1632 zerstörte ein Stadtbrand die Hälfte der eben gebauten Häuser; was erhalten blieb, wurde schon zwei Jahre später im Verlauf des Dreißigjährigen Kriegs geplündert. Und 1652 hatte Freudenstadt noch 72 Einwohner! Für 200 Jahre lag es öd und leer. Schnell kam das Wort vom »Schwäbischen Sibirien« auf, ein Etappenort auf der Karriereleiter nach unten für die Beamten, die in der Residenz nicht mehr gelitten waren. In einer »Beschreibung des Oberamts Freudenstadt« aus dem Jahr 1858 spürt man es förmlich durch die Zeilen frösteln: »Die Stadt ist ... beständigen Luftströmungen unterworfen, und in Folge dieser, wie der bedeutenden Erhebung über die Meeresfläche, ist die Luft zwar sehr rein, aber scharf und wird häufig die Ursache zu rheumatischen und entzündlichen Krankheiten ...«

Luft, »frei von Großstadtbazillen«

Aber dann entdeckte man »den Ozon«! Und mit ihm kam das »zweite Wunder von Freudenstadt«, wie man es genannt hat, nach dem ersten, der Entstehung einer Stadt an diesem abgelegenen Ort. Es begann im Jahr 1877 mit dem Stadtschultheißen Alfred Hartranft. Er erkannte in den

Die Arkaden um den Marktplatz laden zum Einkaufen und Bummeln ein.

Einen der Höhepunkte des Stadtfests bildet der Start dieses Heißluftballons, der die Prominenz der Stadt zu ungeahnten Höhenflügen entführt.

vermeintlich schicksalsgegebenen Nachteilen das »Positive« – »die nervenstählende Berg- und Sonnenluft, frei von Großstadtbazillen«, und ernannte Freudenstadt fast fürwitzig zum »Höhenluftkurort«, was von vielen, seinen Freudenstädtern zumal, für vermessen, ja Wahnsinn gehalten wurde. Wir, die wir dort oben einmal tief durchgeatmet haben, haben es natürlich jetzt leicht, es besser zu wissen, und wir erkennen in diesem »Stadtschultheißen« durchaus den vifen Zeitgenossen und unbeirrbaren PR-Mann. Aus dem abgeschiedenen, abgehobenen Ort wird bei ihm unumwunden die »Königin des Waldes, ein Kind Jungdeutschlands«, eine »Perle des Schwarzwalds«, der dunkle, undurchdringliche Tannenwald zur »unerschöpflichen Quelle anregenden Naturgenusses«. Und nahezu bombastisch ist der Katalog der Heilanzeigen, den Hartranft in der »fünften, vermehrten Auflage« seiner Freudenstadt-Broschüre aus dem Jahr 1913 anbietet: »Quantitative Verbesserung der Blutmasse«, Hilfe bei funktionellen Psychosen und Neurosen, Melancholie, Neurasthenie, Hypochondrie, Hysterie, aber auch bei Fettsucht, Zucker oder Asthma, ja sogar tiefster Mutlosigkeit. – Heute steht für all diese Krankheiten, die hier natürlich noch immer behandelt werden, in den Kurinformationen meist nur noch prosaisch »vegetative Dystonie«.

Der erste Kurgast, ein Major, stellte sich, allseits bestaunt, 1880 ein. Um die Jahrhundertwende waren es schon »jährlich 10 000« (Hartranft), 60 Jahre später dann 120 000, und heute sind es über eine Million.

Ende und neuer Anfang der Schickhardt-Stadt

Am 16. und 17. April 1945, in den letzten Kriegstagen also, wurde Freudenstadt, völlig sinnlos als Festung verteidigt, von den heranrückenden Franzosen unter Artilleriebeschuß genommen. Die alte, in weiten Teilen doch noch Schickhardtsche Innenstadt sank mitsamt der großartigen Stadtkirche dahin. Am Marktplatz blieb gerade noch ein Gebäude stehen. – Nun war man wieder soweit wie vor 300 Jahren. Aber bald darauf begann das, was die Freudenstädter ihr »drittes Wunder« nennen: der rasche Wiederaufbau, mit dem man bereits 1948 anfing; den Grundriß hatte man ja schon. Schickhardts Idee wurde nicht angetastet, wenn man die Häuser größtenteils nun auch mit der Trauf- und nicht wie ursprünglich mit der Giebelseite zur Straße stellte. Aber das Wesentliche blieb, und davon berichtet unser oben erwähnter Chronist schon 1858, umständlich, aber genau: »Die um den Marktplatz stehenden Gebäude haben in den unteren Stockwerken auf Rundbögen ruhende Arcaden, so daß man bei nasser Witterung trockenen Fußes um den ganzen Marktplatz kommen kann, was besonders in schneereichen Wintern von wesentlichem Vortheil ist.«

Heute kommt man hier in einen endlosen Schwarzwald-Basar, in dem es vom Trachtenanzug bis zur Spätzlesmaschine alles gibt. Apropos Spätzle: Es soll keiner glauben, die Kurgäste erwarte nur ein schwäbisches Einerlei in den Töpfen. Hier wäre von einem abermaligen, noch kaum beschriebenen Wunder zu berichten – der Küche in und um Freudenstadt. Hechtklößchen, Aal in Dillsoße oder zartrosa Rehrücken, all das ist schon fast Hausmannskost. Hier macht sich die Nähe Frankreichs bemerkbar: Lammstelzen mit Majorankartoffeln oder marinierte Krebse in Kerbel-Vinaigrette darf man durchaus erwarten. In einem Fall wird also die Freudenstädter Kur immer anschlagen, und sei's, daß die »scharfe Luft« nachhilft: bei Appetitmangel!

Mit Flößen bis nach Holland

Unter den ausgestorbenen Schwarzwälder Berufen ist der des Flößers der am meisten mit Legenden umwobene; es gab ihn in der Gegend um Freudenstadt bis etwa 1910 auf der Murg, der Kinzig, der Nagold und der Lauter. Mit Pferden und Ochsen wurden die Stämme auf einer Bahn über den Igelsberg zur Nagold geschleppt. Dort verdrillte man die Stämme mit sogenannten Weiden, dünnen Tannenstämmchen, und fügte sie zu Flößen zusammen. Ein derart zusammengebundenes Floßglied bestand aus 10–14 Tannen, und man nannte es »Gestör«. Ein Floß hatte 10–12 solcher Gestöre und war oft bis zu 50 m breit und 300 m lang. Die mächtigen Schwimmwerke gingen nun über die Nagold zur Enz, von dort bei Bietigheim in den Neckar und dann bei Mannheim in den Rhein, wo die schönsten Stücke, die »Holländer«, zum Schiffbau weiter nach Holland »flossen«. – Die Floßherren selbst nannte man »Schiffer«, die Flößer waren eigentlich nur ihre »Knechte« – enorm kräftige Burschen im übrigen, wegen ihres Bärenhungers und des mächtigen Dursts, vor allem aber wegen ihrer ausgeprägten Neigung zu Raufhändeln flußauf, flußab gefürchtet.

Wehrhaft steht Neptun auf seinem Brunnen gegenüber dem Rathaus.

Theater, Musik, Veranstaltungen, Museen

Theater
Kurtheater im Kurhaus 7, Lauterbadstr. 5. Gastspiele: Oper, Operette, Ballett, Schauspiel, ☏ 8 64 30.

Musik
Kurhaus 7, Lauterbadstr. 5. Konzerte, Serenaden, Liederabende, musikalisches Kabarett, Jazz, Kurkonzerte (Di–So 10.45–11.45, 15.30–17 Uhr), ☏ 86 40.
Stadtkirche 3, Marktplatz. Oratorien, Orgelkonzerte, Kantaten, Chormusik, ☏ 72 69.
Stadthaus 5, Marktplatz. Kammermusik, ☏ 86 40.
Tanzpalast Martinique, Glashüttenweg Wechselndes Live-Musikprogramm, ☏ 30 13.

Veranstaltungen
Mai: *Maimarkt*, Marktplatz. Krämermarkt mit Musikprogramm.
Juni/Juli: *Stadtfest*, Marktplatz. Tanzvorführungen, Trachtengruppen, Ballonfahrt, Musikprogramm, Kindertheater, kulinarische Spezialitäten aus dem In- und Ausland, Feuerwerk.
Juli: *Jakobimarkt*, Marktplatz. Krämermarkt mit Musikprogramm.
Sept.: *Michaelismarkt*, Marktplatz. Krämermarkt mit Musikprogramm.
Okt.: *Hubertuswoche*, Marktplatz. Festzug der Gastronomen durch die Stadt; Wildspezialitäten.

Museen
Dorfmuseum Dietersweiler, Pfluggasse. Geräte und Werkzeuge aus Landwirtschaft und Handwerk (So 15–18 Uhr).
Heimatmuseum im Stadthaus (s. 5).

Wirtschaftliche Absichten verfolgte schon Württembergs König Friedrich I., als er 1811 die Stadt per Dekret gründete. Der entscheidende Schritt wurde dann aber am 2. Juli 1900 getan, als sich das Luftschiff des Grafen von Zeppelin in den Himmel erhob, das erste Luftschiff überhaupt. Nahezu alle Unternehmen der Stadt stehen heute mit ihren rund 30 000 Arbeitsplätzen in der Tradition des Luftschiffpioniers. Mit der Entwick-

lung zur Messestadt hat Friedrichshafen nach dem Zweiten Weltkrieg seine wirtschaftliche Bedeutung nachdrücklich unterstrichen. Als freundliche Überraschung hat es darüber hinaus eine Uferpromenade und ein Umland zu bieten, die es dem Besucher schwermachen, hier nicht länger zu verweilen.

Friedrichshafen

Luftschiffe und Flugboote

Wappen Das Wappen geht zurück auf das erste Siegel der Stadt aus dem Jahr 1275, das eine Buche zeigt, an der ein Horn hängt. Es handelt sich dabei um ein redendes Wappen, denn die Stadt hieß bis 1811 Buchhorn nach dem Sitz der 1089 ausgestorbenen Grafen Buchhorn.
Lage Süddeutsche Grenzstadt, in der Mitte des nördlichen Bodenseeufers gelegen.
Land Baden-Württemberg
Autokennzeichen FN
Höhe 398–502 m ü. M.
Fläche 69,9 km^2
Einwohnerzahl 53 000
Postleitzahl 7990
Telefonvorwahl 0 75 41
Post Hauptpost, Bahnhofplatz 1, Spätschalter (So 10–11 Uhr).
Polizei Friedrichstr. 87, ☎ 2 40 51; Ehlerstr. 35, ☎ 2 30 01
Taxi ☎ 7 50 55
Nahverkehr Buslinien der Deutschen Bundesbahn innerhalb der Stadt und in die Umgebung. Fahrscheine beim Schaffner. Autofähre nach Romanshorn (Schweiz) Ende März–Mitte Nov. im Stundentakt (tägl. 6.43–19.43 Uhr); Mitte Nov.–Ende März im 2-Stunden-Takt (tägl. 6.43–18.43 Uhr).
Camping Fischbach, ☎ 4 20 59.
Parken Tiefgarage im Graf-Zeppelin-Haus, außerdem Parkplatz hinter dem Hafenbahnhof.
Touristinformation Friedrichstr. 18, ☎ 20 32 91 (Okt.–April Mo–Fr 8.30–12.30, 14–17 Uhr; Mai–Sept. Mo–Fr 8.30–18, Sa 10–13 Uhr).
Stadtführung Ab Touristinformation, Friedrichstr. 18, Mitte Mai–Sept. jeweils Di 9.30 Uhr. Gesonderte Stadtführungen auf Anfrage möglich, ☎ 20 32 91.
Schiffahrt Ausflugslinien auf dem Bodensee (April–Okt.) nach Lindau/Bregenz, Rorschach, Meersburg/Konstanz usw. Für Touristen empfiehlt sich der »Bodensee-Paß«, der auch für die Fährverbindung nach Romanshorn gültig ist.

Den Namen gab der König – vom Grafen kam der Ruhm

König Friedrich I. von Württemberg wollte es so, und schon waren die vormals freie Reichsstadt Buchhorn und das von Weingarten abhängige Kloster Hofen vereint. »Stadt und Schloß Friedrichshafen« hießen sie fortan, und die württembergischen Monarchen beliebten sommers dort zu residieren. Die Eisenbahn brachte ab 1847 König Wilhelm I. von Württemberg ans erholsame Ziel, denn die Strecke Ravensburg–Friedrichshafen war in der ersten Bauperiode des neuen Verkehrsmittels fertig geworden. In Konkurrenz mit Bayern war die Linie vorangetrieben worden – es galt ja schließlich, die Märkte in der Schweiz und südlich der Alpen zu sichern.

Schon die Gründung der Stadt durch königliches Dekret stand also im Zeichen wirtschaftlicher Überlegungen. Weitaus folgenreicher sollte das Wirken eines Manns sein, der mit seiner Erfindung alle Welt auf Jahrzehnte staunen machte. Am 2. Juli 1900 erhob sich das erste Luftschiff des Grafen von Zeppelin aus einer schwimmenden Halle, die nur an der Spitze verankert war und sich von selbst in die jeweilige Windrichtung drehen konnte. Die weitere Entwicklung der Luftfahrtindustrie machte den Namen Friedrichshafen in aller Welt bekannt. Von hier aus überquerte im Oktober 1924 das Luftschiff LZ 126 erstmalig den Atlantik. Mit dem LZ 127 »Graf Zeppelin« gelang dasselbe in der Folge über hundertmal! 119 Luftschiffe sind in 38 Jahren in den Friedrichshafener Werften gebaut worden, und Graf von Zeppelin, der allen Rückschlägen getrotzt hatte, ging als Pionier in die Technikgeschichte ein.

Wie sehr die industrielle Struktur der Stadt in der Tradition der Luftschiffahrt verwurzelt ist, zeigt ein Blick auf die Leistungen der Weggefährten des Grafen. Albrecht Graf von Soden-Fraunhofen hat 1915 die Zahnradfabrik Friedrichshafen gegründet, um für die »Fliegenden Zigarren« Getriebe von höchster Präzision zu liefern. Der Luftschiffführer Hugo Eckener wurde später Chef des Zeppelin-Konzerns. Karl Maybach, ein Sohn des Automobilkonstrukteurs und Daimler-Mitarbeiters Wilhelm Maybach, verlegte seine Luftfahrzeug-Motorenbau GmbH nach Friedrichshafen, wo Motoren nicht nur für Luftschiffe, sondern auch schon für Flugzeuge entstanden. Seit 1918 firmierte sein Unternehmen als Maybach-Motorenbau GmbH und erregte in den 20er Jahren Bewunderung für Leistung, Qualität und Eleganz seiner Automobile. Besonderen Klang hat bis heute der Name Claude Dornier, der zum Begriff für »High-Tech« geworden ist. Schon seit 1914 entwickelte dieser Mitarbeiter des Grafen Flugzeuge aus Leichtmetall. In den 20er und 30er Jahren baute er berühmte Wasserflugzeuge, die Dornier-Wale und das Riesenflugboot Do X. Die Tragflächen dieser Konstruktion aus Leichtmetall und Stahl wiesen eine Spannweite von 48 m auf. Ihr Jungfernflug auf dem Altenrhein im Juli 1929 war der Aufbruch ins Zeitalter der Großraumflugzeuge, denn in der Do X fanden bis zu 170 Personen Platz. Eine Strecke von maximal 2300 km konnte bei einer Reisegeschwindigkeit von 175 km/h zurückgelegt werden.

Ungebrochene Wirtschaftskraft

Das Ende der industriellen Blüte kam jäh: Die Luftangriffe des Zweiten Weltkriegs verwandelten die Stadt in ein Ruinenfeld. In der Innenstadt dominieren heute die Bauten der 50er Jahre. Der Adenauerplatz, die Fußgängerzone der Wilhelm- und Goldschmiedstraße, aber auch die Karlstraße sind hierfür Beispiele wie aus einem schlechten Bilderbuch. Inzwischen hat man versucht, durch farbige Gestaltung der Häuser einiges wiedergutzumachen.

Historische Bauten sucht der Besucher in Friedrichshafen fast vergeblich. Das Hotel »Goldenes Rad« ❸ in der Karlstraße fällt ins Auge. Dieser Gasthof der einstigen freien Reichsstadt Buchhorn beherbergte schon im Jahr 1698 Gäste. Auch das Café-Restaurant »Stadtmauer« läßt zumindest ahnen, wie es hier früher einmal ausgesehen hat.

Ein buchenbewachsener Landvorsprung, der wie ein Horn in den Bodensee hineinragt, hat dieser ersten Ansiedlung den Namen gegeben. 838 wurde Buchhorn erstmals erwähnt, und noch heute finden sich Buche und Horn im Friedrichshafener Wappen. Das Ende der Reichsfreiheit kam für die kleine Stadt 1802; die Bürgerschaft hat die Besitznahme durch Bayern jedoch freudig begrüßt. Aber erst die Zugehörigkeit zu Württemberg ab 1810 und das Dekret König Friedrichs I. brachten grundlegende Veränderungen. Seitdem ist die Stadt untrennbar mit Han-

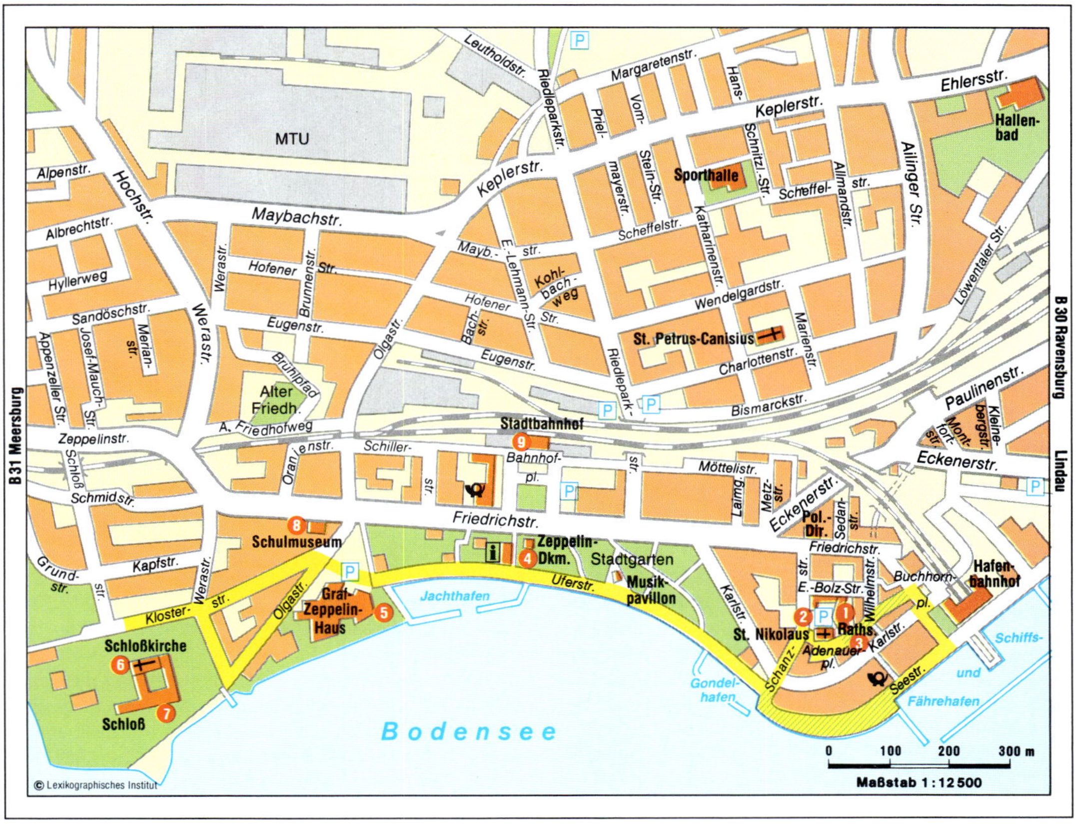

Stadtrundgang

Wir beginnen unseren Rundgang vor dem Rathaus ❶*, in dem nicht nur die Stadtverwaltung, sondern auch die interessanten Sammlungen des Bodensee-Museums mit Zeppelinabteilung untergebracht sind. Am Platz vor dem Rathaus kann man parken; wenn es dort voll ist, muß man auf den Parkplatz am hinteren Hafen oder in die Tiefgarage im Graf-Zeppelin-Haus ausweichen. Der größte Teil des Wegs führt am See entlang. Die Seepromenade ist sicher die schönste Seite von Friedrichshafen, deshalb lohnt es sich durchaus, auch den Rückweg entlang des »Schwäbischen Meers« zu wählen. Wenn Sie es etwas gemütlicher angehen möchten, was angesichts des schönen Wegs sehr zu empfehlen ist, müssen Sie ca. zwei Stunden Gehzeit veranschlagen. Ruhebänke finden Sie an der Seepromenade genügend. Etwas zu sich nehmen können Sie unterwegs im Restaurant des Graf-Zeppelin-Hauses* ❺ *oder in einem der vielen gemütlichen Gasthäuser in den Straßen um das Rathaus.*

Sehenswürdigkeiten

❶ *Rathaus,* 1955/56 durch Wilhelm Tiedje erbaute Beton-Glas-Konstruktion mit vertikaler Fassadengliederung; im Nordflügel das *Städtische Bodensee-Museum* mit Plastik und Malerei des Bodenseeraums und Oberschwabens vom Mittelalter bis zur Gegenwart, Wechselausstellungen. Im Obergeschoß die Zeppelinabteilung mit maßstabgetreuen Zeppelin-Modellen von LZ 1 bis LZ 130 sowie Videosäule mit original Zeppelin-Filmen (Di–So 10–12, 14–17 Uhr, Mi bis 19 Uhr; in der Hochsaison tägl. 10–17 Uhr, Mi bis 19 Uhr).

❷ *St. Nikolaus,* 1745/46 barockisierte, ehemals spätgotische Kirche; im Zweiten Weltkrieg bis auf Turm und Umfassungsmauern zerstört, danach wieder aufgebaut.

❸ *Hotel »Goldenes Rad«,* eines der wenigen erhaltenen historischen Gebäude der Stadt, schon 1698 Gasthof.

❹ *Zeppelin-Denkmal,* zur Erinnerung an Ferdinand Graf von Zeppelin (1838–1917), den Pionier der Luftschiffahrt, von Toni Schneider-Manzell geschaffen, 1985 eingeweiht.

❺ *Graf-Zeppelin-Haus,* modernes, 1985 fertiggestelltes Kultur- und Kongreßzentrum.

❻ *Schloßkirche,* 1695–1701 durch Christian Thumb erbaute Barockkirche, deren Vorgängerin im Dreißigjährigen Krieg zerstört worden war; zwei zwiebelbekrönte Türme und ein prächtig eingerahmtes Portal an der Westfront. Der weiße Stuck im Innern stammt von der Wessobrunner Familie Schmuzer, der dunkle Altar aus Stuckmarmor von Franz Schmuzer (1711/12). Reich geschnitztes Chorgestühl (1701) von Martin Höfle. Die Schäden des Zweiten Weltkriegs wurden 1949/50 beseitigt.

❼ *Schloß,* 1802 säkularisiertes, 1824–30 zur Sommerresidenz der württembergischen Könige umgebautes Konventsgebäude des Nonnenklosters Hofen. 1654–61 hatte Michael Beer den »Neuen Bau« erstellt, 1688–90 Michael Thumb den Gästebau und 1697–1701 Christian Thumb einen neuen Konvent. Die Dreiflügelanlage befindet sich im Besitz des Herzogs von Württemberg; das Innere kann nicht besichtigt werden.

❽ *Schulmuseum,* mit drei original eingerichteten Klassenzimmern aus den Jahren um 1830, 1880 und 1930 (Mai–Okt. tägl. 10–17, Nov.–April Di–So 14–17 Uhr).

❾ *Stadtbahnhof,* 1847 durch Ludwig von Gaab im klassizistischen Stil mit dreigeschossigem Mittelteil und zwei seitlichen zweigeschossigen Risaliten errichtet, die um die Jahrhundertwende aufgestockt wurden.

Tips, Tips, Tips

Ins Land und auf den See schauen
Der Haldenberg mit seiner Kapelle ist als Ziel eines kleinen Ausflugs besonders zu empfehlen. Fahren Sie über Allmannsweiler ins nördlich gelegene Ailingen (ca. 5 km). Hier führt vom Rathausplatz ein bequemer Weg auf den Berg, der an schönen Tagen einen herrlichen Blick über den See, aber auch landeinwärts nach Oberschwaben und Bayern bietet.
In geringer Entfernung von Markdorf erhebt sich der Gehrenberg, bekannter unter dem Namen Haldenberg, der jedoch oft überlaufen ist.

Feinschmecker aufgepaßt
Wer Fisch zu schätzen weiß, sollte es am Bodensee nicht bei Felchen oder Barsch, auch Egli genannt, bewenden lassen, so köstlich diese Fische auch schmecken. Lachsforellen, Zander, Hechte, Aale und Trüschen gehören zwar zu den selteneren Fängen der Fischer, aber der Kenner liest nicht darüber hinweg, wenn sie einmal auf einer Speisekarte auftauchen. So gut wie ausgestorben ist der Lachs im Bodensee, weil die verbauten Flußläufe seine Wanderung behindern.

del und Industrie verbunden, ganz besonders seit der Ära der Luftschiffe. Annähernd 30 000 Arbeitsplätze bietet Friedrichshafen heute, und man kann wohl mit Fug und Recht behaupten, daß die Unternehmen dieser Bodenseestadt die Rückschläge des Zweiten Weltkriegs schon Ende der 50er Jahre verdaut hatten.

Messestadt und Ferienziel

Seit 1950 ist Friedrichshafen auch Messestadt. Auf dem Gelände der Internationalen Bodensee-Messe GmbH finden in neun Hallen jährlich zwölf Messen statt; die bekannteste ist die »Interboot«. Vom bescheidenen Schiffchen bis zur hochseetüchtigen Jacht reicht die weitgespannte Palette; ein eigener Vorführhafen gehört zum Messegelände.

Rund 300 000 Übernachtungen pro Jahr werden gezählt, und – das mag überraschen – es sind außer Geschäftsleuten und Touristen auch Feriengäste darunter. In der Tat: Friedrichshafen ist ein lohnendes Urlaubsziel. Erinnern wir uns, daß die württembergischen Könige Kloster Hofen zu ihrer Sommerresidenz erkoren hatten. Und das sicher aus gutem Grund. Von der Uferpromenade aus bietet sich der See – je nach Jahreszeit und Wetter – entweder sanft verschleiert dar oder vom Sturm aufgepeitscht. Grandios ist der Anblick, wenn bei klarer Sicht die Alpenkette jenseits des südlichen Ufers auftaucht. Aufs Wasser hinauszuschauen ist ein Zeitvertreib, dem sich Genießer stundenlang hingeben. Wer mit dem nassen Element in Berührung kommen möchte, findet im Strandbad bei der Schloßkirche 6, im Ailinger Wellenbad sowie im Frei- und Seebad Fischbach Gelegenheit dazu. Auch Sportfischer, Surfer und Segler kommen auf ihre Kosten.

Aber von allen touristischen Attraktionen abgesehen vermag die Landschaft allein den Besucher zu verzaubern. Man muß nur die Obstbaumblüte im Frühjahr erlebt haben, um zu begreifen, welch ein Zauber von dieser Landschaft ausgeht. Nimmt man noch hinzu, daß Lindau, Bregenz, Romanshorn, St. Gallen, Meersburg, Salem in greifbarer Nähe liegen, ebenso das Allgäu und Vorarlberg, dann wird vollends deutlich, wie sehr auch der Erholung und Anregung suchende Feriengast in der Bodenseestadt auf seine Kosten kommt, die ihren Aufschwung – wie gesagt – einem königlichen Dekret verdankt.

Kurz vor den Sommerferien besucht der Seehase für drei Tage die Kinder.

Der Bodensee ist ein Paradies für Freizeitkapitäne; dicht gedrängt liegen die Segelboote im Jachthafen.

Detailgetreue Zeppelinmodelle sind im Bodensee-Museum zu bewundern.

Zur Besichtigung der Stadt von der Seeseite her bietet sich bei schönem Wetter ein Schiff der Bodenseeflotte als ideales Verkehrsmittel an.

Der Seehase kommt
Seit 1949 gibt es ihn erst, und doch ist der Seehase schon Tradition. Die weißen Bodenseeschiffe sind von erwartungsvoll lärmenden Kindern erfüllt, wenn sie das Fabeltier in der Woche vor den Sommerferien wieder für drei Tage an Land bringen. Ein Festzug geleitet den jungen Mann im Hasenfell mit Trommelwirbel und Fanfarenklängen zum Rathaus. Am Sonntag darauf ist er dann Mittelpunkt eines großen Umzugs. Die Uferpromenade wird mit improvisierten Gartenwirtschaften zum riesigen Festplatz, und wenn der Wettergott dem Hasen und den Kindern wohlgesinnt ist, glänzt draußen der See, der sich am dritten Tag – fast unbemerkt von allen – das wundersame Tier wieder holt.

Bodensee-Museum mit Zeppelinabteilung
Der Nordflügel des Rathauses (1) *beherbergt das Städtische Bodensee-Museum mit einer Kunstsammlung. Frühgotische Tafelbilder, Plastiken und Glasmalereien werden ebenso gezeigt wie Kunstwerke aus der Zeit des oberschwäbischen Barock. Die Abteilung für Malerei des 19. und 20. Jh. enthält unter anderem Werke von Johann Baptist Pflug, Wilhelm Geyer, Otto Dix und HAP Grieshaber. – Im Obergeschoß des Bodensee-Museums wird mit einer umfassenden Ausstellung des Grafen Zeppelin und seines Lebenswerks gedacht. Die Exponate waren in den Kriegswirren verlorengegangen, tauchten aber später in Paris wieder auf. 1959 gab sie das französische Luftfahrtministerium der Stadt zurück. Im Mittelpunkt steht das 7,5 m lange, maßstabgetreue Modell des Luftschiffs »Hindenburg«. Übersichtstafeln erleichtern dem Besucher die Orientierung. An der Videosäule können fünf original Zeppelinfilme betrachtet werden* (s. (1)).

Theater, Musik, Veranstaltungen, Museen

Theater
Graf-Zeppelin-Haus (5), neben dem Jachthafen. Gastspiele: Oper, Operette, Schauspiel, Autorenlesungen, ☏ 7 20 71, 7 10 71.

Musik
Graf-Zeppelin-Haus (5), neben dem Jachthafen. Sinfoniekonzerte, Kammermusik, Jazz, volkstümliche Musik, ☏ 7 20 71, 7 10 71.
St. Columban, Paulinenstr. 100. Orgelkonzerte, Kammermusik, Chorgesang, ☏ 7 20 74.
Schloßkirche (6), Schloßstr. 2. Kammermusik, Orgelkonzerte, Solistenabende mit Schwerpunkt moderne Musik, intern. Solisten, ☏ 7 20 74.

Veranstaltungen
Fastnacht: *Schwäbisch-alemannische Fasnacht* in der Innenstadt. Großer Maskenumzug mit den »Seegockeln« (Sa vor Fastnacht).
Wochenende vor den Schulsommerferien: *Seehasenfest* auf dem Festplatz entlang der Uferstr. Volksfest mit Kindertheater, Armbrustschießen, Ballspielen, Festumzug (So), Fußball. Buden, Karussells, Bewirtung.
Mai–Sept.: *Promenadenkonzerte* im Stadtgarten (Musikmuschel). Blaskapellen mit volkstümlichen Melodien (Mi 20, So 10.30 Uhr).
Juni–Sept: *Internationales Hafenkonzert,* volkstümliche Musik mit Kapellen aus der Bundesrepublik Deutschland, Österreich und der Schweiz.
Herbst: *Interboot,* intern. Wassersportausstellung auf dem Messegelände mit intern. Filmfestival für Wassersport.

Museen
Schulmuseum, Friedrichstr. 14
Städtisches Bodensee-Museum mit Zeppelinabteilung, Rathaus, Adenauerplatz 1 (s. (1)).
Zeppelin-Museum, Rathaus, Adenauerplatz 1 (s. (1)).
Obstbau-Museum in Ailingen, Freigelände mit 114 hochstämmigen Obstbäumen, ☏ 2 42 00.

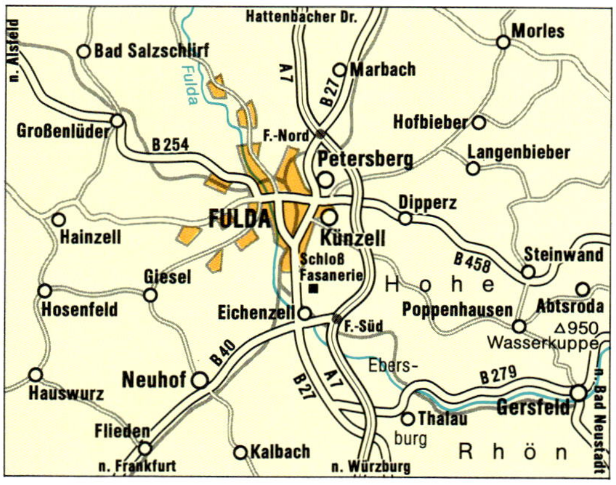

Überraschend, aber wahr: Dieses heute eher verträumte, reizvolle Städtchen war einst eine Weltmetropole, damals, als Fuldas Fürstäbte und -bischöfe neben den Kaisern und den Mainzer Fürstbischöfen die mächtigsten Männer des Reichs waren. Das Kloster Frauenberg, die über 1200 Jahre alte Urzelle der Stadt, hatte Grundbesitz bis hin zur Adria und entsprechend volle Schatullen. Davon profitiert

Fulda noch heute, denn die Kirchenmänner ließen kräftig bauen, und das Barockviertel mit Schloß, Schloßgarten und Orangerie (unser Bild), das von dem Bombenhagel des Zweiten Weltkriegs verschont blieb, ist einzigartig hierzulande. Fulda kann dankbar sein für dieses Juwel, denn es lockt viele Besucher in die »Metropole Osthessens«, die ansonsten durch die Grenze zur DDR etwas ins wirtschaftliche Abseits geraten ist.

Fulda

Wo Bonifatius begraben liegt

Wappen Schwarzes Kreuz auf weißem Grund als Zeichen des Bischofssitzes und drei weiße Lilien für die Stadtheiligen Simplicius, Faustinus und Beatrix auf rotem Grund.
Lage In Osthessen, unweit der DDR-Grenze, zwischen Vogelsberg und Rhön.
Land Hessen
Autokennzeichen FD
Höhe 229–435 m ü. M.
Fläche 104 km^2
Einwohnerzahl 59 700
Postleitzahl 6400
Telefonvorwahl 06 61
Post Hauptpost, Heinrich-von-Bibra-Platz 5, Spätschalter (Mo–Sa 6–22, So 6–20 Uhr).
Polizei Heinrichstr. 58–60, ☏ 10 51
Taxi ☏ 7 31 36, 60 10 10
Nahverkehr Stadtsternverkehr für 14 Linien ab Busbahnhof, neben Stadtschloß, Überlandverkehr ab Omnibusbahnhof (ZOB) am Hbf.
Parken Die Parkmöglichkeiten sind gut ausgeschildert, zu empfehlen sind: City-Parkhaus in der Lindenstr., Parkhaus in der Brauhausstr., Tiefgaragen in der Ruprechtstr. und am Universitätsplatz sowie rund 1600 Parkplätze in der Kernstadt.
Touristinformation Städt. Verkehrsbüro, im Stadtschloß, ☏ 10 23 45/46 (Mo–Fr 8–12, 14–16 Uhr).
Stadtführung Ab Domportal, Sa 14 Uhr und nach Vereinbarung, ☏ 10 23 45/46.

Stadtrundgang

An der Paulusbpromenade bei der Orangerie (21) liegt der dem Paulustor (1) nächstgelegene Parkplatz. Dort beginnt der Rundgang. Fulda hat, unbeschadet seiner zahlreichen Baudenkmäler, einen engen Ortskern, deshalb braucht man für den Weg nicht mehr als zwei Stunden – längere Besichtigungszeiten in Kirchen und Museen allerdings nicht eingerechnet. Für eine Pause zwischendurch bieten sich der Schloßgarten (19) und die zahlreichen Kneipen der Fuldaer Altstadt an.

Sehenswürdigkeiten

(1) *Paulustor,* 1711 nahe der Hauptwache erbaut, 1771 an seinen jetzigen Platz versetzt, bildet die nördliche Begrenzung des Residenzbezirks. Das barocke Stadttor zeigt die Figuren der Stadtheiligen Simplicius und Faustinus und über dem Tor den hl. Paulus.

(2) *Propsteikirche St. Michael,* ein karolingischer Rundbau, entstanden 820–22 nach dem Vorbild der Grabeskirche in Jerusalem. Erhalten blieb die kreisrunde Krypta. Die Rotunde wurde im 10./11. Jh. verändert und um Langhaus und Westturm erweitert. Der Spitzhelm auf der Rotunde ist Zutat der Barockzeit.

(3) *Dom St. Salvator und Bonifatius,* durch Johann Dientzenhofer 1704–12 unter Einbeziehung von Teilen einer Basilika des 8./9. Jh. erbaute dreischiffige Basilika mit Doppelturmfassade. Eindrucksvolle italienisch beeinflußte und 1987 renovierte Stuckausstattung. In der Krypta das Grabmal des hl. Bonifatius. Zum Domschatz im *Dommuseum* gehören barocke Meßgewänder und ein barocker Silberaltar (April–Okt. Mo–Fr 10–17.30, Sa 10–14, So 12.30–17.30; Nov.–März Mo–Fr 10–12.30, 13.30–16, Sa 10–14, So 12.30–16 Uhr).

(4) *Priesterseminar,* ältester Barockbau Fuldas (1644–71) mit Prunkportal.

(5) *Domdechanei,* 1702–04 entstanden, einer der schönsten Bauten im Barockviertel.

(6) *Hexenturm,* einzig vollständig erhaltener Turm der Stadtbefestigung, im Mittelalter Frauengefängnis.

(7) *Severikirche,* 1438 als Zunftkirche der Wollweber erbaut, einzig erhaltene gotische Kirche der Stadt, im Chor ein Netzgewölbe.

(8) *Hauptwache,* um 1760 angeblich nach Plänen des Hofarchitekten Andreas Gallasini entstandener Barockbau, vormals Schloßwache.

(9) *Bonifatius-Denkmal,* 4 m hohe Gußplastik des Heiligen, nach dem Entwurf von Werner Henschel 1842 errichtet.

(10) *Hofbeamtenpalais,* zwei nach Andreas Gallasinis Plänen 1737–39 spiegelbildlich erbaute Stadtpaläste.

(11) *Stadtpfarrkirche St. Blasius,* die 1771–86 erbaute Pfeilerbasilika folgt Plänen des Jesuiten Johannes Anderjoch. In der barocken Ausstattung kündigt sich der Klassizismus an.

(12) *Unterm Heilig Kreuz,* ehemaliger Marktplatz mit Brunnenobelisk, dem barocken Palais des Fuldischen Kanzlers (18. Jh.) und spätgotischem Fachwerkhaus (Salzhaus, um 1580).

(13) *Altes Rathaus,* Rekonstruktion des zuvor total veränderten gotischen Fachwerkhauses, das um 1530 begonnen wurde. Später hinzugekommene Arkaden sowie die Spitzhelme und Goldknöpfe auf dem Dach charakterisieren den 1970 wiederhergestellten Bau.

(14) *Museumsbau,* Jesuitenseminar von 1584, mehrfach aus- und umgebaut. Derzeit wird der Komplex total erneuert, nach Fertigstellung soll er wieder das *Vonderau-Museum* aufnehmen.

(15) *Ehemalige Universität,* durch Andreas Gallasini 1733–35 erstellter dreiflügeliger Barockbau.

(16) *Benediktinerinnen-Abtei,* 1626 gegr., aber erst 1678 geweiht. Die Kirche mit barockem Portal und Renaissancegiebel neben spätgotischen Spitzbogenfenstern; teilweise neue Ausstattung (1959–64).

(17) *Landesbibliothek,* 1778 gegr.; das derzeitige Gebäude entstand 1930/31; Schausammlung mittelalterlicher Prachtbücher, u. a. eine »Gutenberg-Bibel« (Mo–Fr 10–12, 14–16 Uhr).

(18) *Stadtschloß,* eine 1607–12 zum Renaissanceschloß ausgebaute mittelalterliche Abtsburg, die 1707–13 von Johann Dientzenhofer zur barocken Residenz umgeformt wurde. Er fügte auch die flacheren Seitenflügel mit dem Ehrenhof an. Zur Ausstattung haben u. a. Andreas Schwarzmann mit Stukkaturen und Melchior Steidl mit Malereien beigetragen. Erhalten sind: Fürstensaal, Kaisersaal, Kapelle, Spiegelkabinett und Marmorsaal. In den historischen Räumen werden Fuldaer Fayencen und Porzellane gezeigt. Im Kaisersaal Ausstellungen der Städtischen Galerie (Mo–Do 10–12.30, 14.30–17, Fr 14.30–17, Sa, So 10–12.30, 14.30–16.30 Uhr; Führungen April–Okt. Sa–Do 10.30 und 14.30, Fr 14.30 Uhr).

(19) *Schloßgarten,* urspr. barocke Gartenanlage zwischen Stadtschloß (18) und Orangerie (21).

(20) *Flora-Vase,* berühmte barocke Gartenplastik, ein Werk des Bamberger Künstlers Johann Friedrich Humbach von 1728.

(21) *Orangerie,* 1721–30 nach Plänen des kurmainzischen Baudirektors Maximilian von Welsch ausgeführt. Im Apollosaal Deckengemälde von Emanuel Wohlhaupter und Stukkaturen von Andreas Schwarzmann nach Entwürfen von Carlo Maria Pozzi.

(22) *Kloster Frauenberg,* Anfang des 9. Jh. gegründet, seit 1623 Franziskanerkloster. Großer Hochaltar und zahlreiche Bilder in der Klosterkirche, einem 1758–62 entstandenen Saalbau. Schöner Blick auf Fulda und die Rhön.

(23) *Propsteikirche St. Peter,* auf einem 403 m hohen Basaltkegel gelegene Grabeskirche der hl. Lioba, einer Wegge-

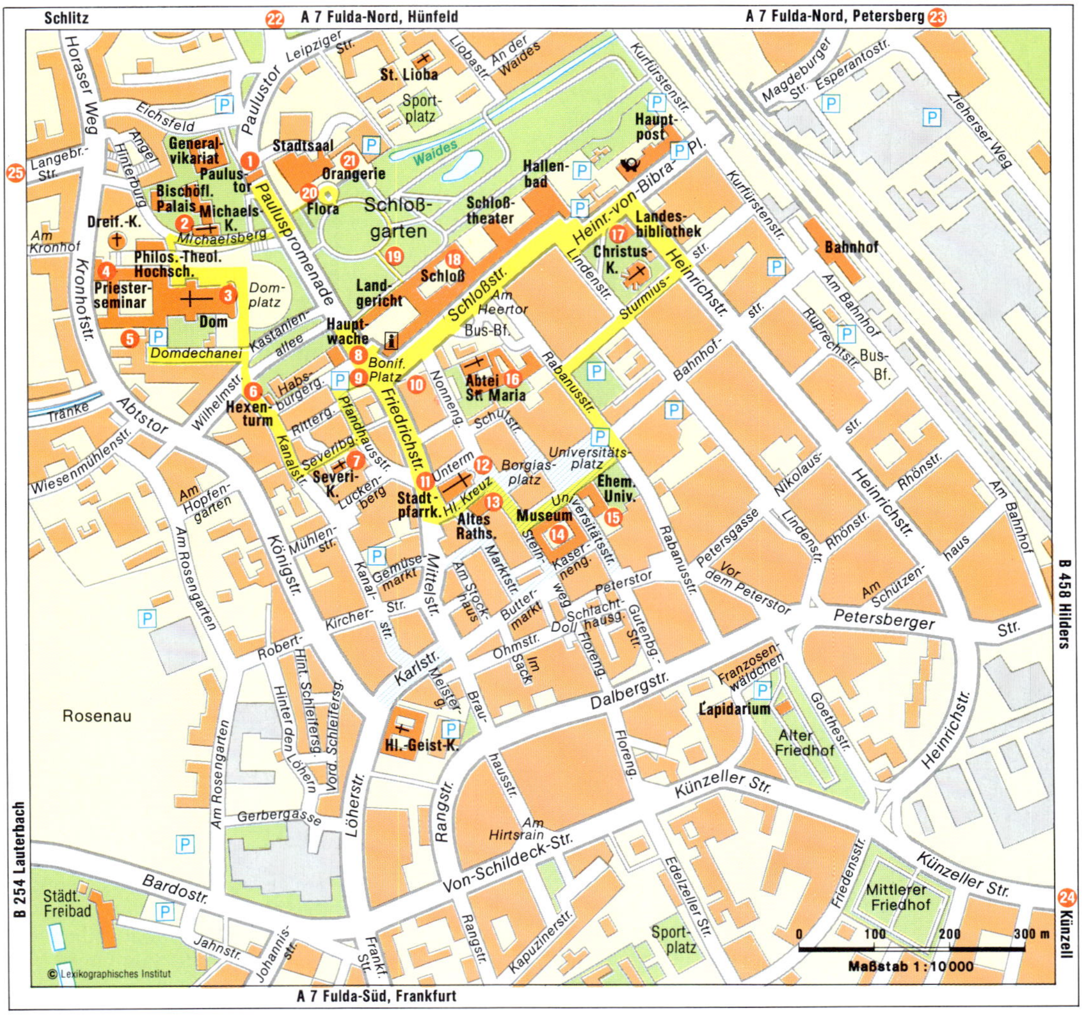

Wo die deutsche Literatur ihren Anfang nahm

»Es ist weiterhin ein Waldgebiet da in einer Einöde von ungeheurer Weltverlassenheit inmitten der Völker unseres Missionsgebiets, in dem wir ein Kloster erbaut und Mönche angesiedelt haben«, schrieb Bonifatius, der »Apostel der Deutschen«. Anno 744 gründete er die Stadt, die bis heute geprägt ist von den Bischöfen und der katholischen Kirche. Gar so weltverlassen war der Flecken im unwirtlichen Germanien aber doch nicht, denn schon vor rund 4000 Jahren war die Region besiedelt, wie die Fundstücke im Vonderau-Museum beweisen.

Jedoch das Lob, das Bonifatius als Stadtgründer gilt, hat schon seine Berechtigung, denn erst mit seinem Klosterbau erblühte die Siedlung – vor allem aus folgendem Grund: Der Missionar war 754 von heidnischen Friesen getötet worden und hatte seine letzte Ruhe in Fulda gefunden. Die Grabstätte, heute ein herrliches Alabasterdenkmal in der Krypta des Doms 3, wurde bald zu einem Pilgerziel, und die Pilgergaben machten das junge Bistum schnell reich und einflußreich.

Eine gewaltige Kirchen- und Klosteranlage entstand von 791 an über der heiligen Stätte, ein Bau, der größer war als der heutige Dom. Diese Basilika sollte nicht nur das geistliche, sondern auch das geistige Zentrum nördlich der Alpen werden, insbesondere nachdem Hrabanus Maurus als fünfter Abt die Herrschaft übernommen hatte. Das war die Geburtsstunde der deutschen Literatur, denn die Klosterschule jener Tage entwickelte die deutsche Schriftsprache und bediente sich ihrer statt des bisherigen Lateins. Fuldaer Mönche schrieben das »Hildebrandslied« auf, in ihren Zellen entstanden der »Krist« und der »Heliand«. Kein Wunder, daß die Landesbibliothek ihren Besuchern eine prachtvolle Sammlung mittelalterlicher Werke zeigt – Attraktionen für Bücherfreunde.

fährtin des Bonifatius, geht auf eine von Hrabanus Maurus 836 geweihte Kirche zurück. Aus jener Zeit stammen die Wandmalereien in der Krypta, die ältesten in der Bundesrepublik Deutschland. In der Oberkirche, die zwischen 1170 und 1479 tiefgreifend verändert wurde, sind Reliefplatten aus dem 12. Jh. zu sehen. Vom Kirchberg aus hat man eine gute Fernsicht.

24 *Schloß Fasanerie,* etwa 6 km südlich von Fulda, früher Adolphseck genannt, Sommerresidenz der Fuldaer Fürstäbte und -bischöfe, prachtvolles Barockschloß. 1730 begonnen, zwischen 1737 und 1756 von Andreas Gallasini fertiggestellt. Im Schloßmuseum Skulpturen, Gemälde, Gobelins, Glas, Porzellan (Führungen April–Okt. Di–So 10–17 Uhr, letzte Führung ab 16 Uhr; Führungen durch die Porzellan- und Antikensammlung 11.30 und 15 Uhr).

25 *Propsteikirche St. Andreas,* einschiffige kreuzförmige Kirche (1023 geweiht) mit ottonischen Elementen und romanischem Westturm, der 1440 umgebaut wurde und später eine barocke Haube erhielt. Krypta mit 1933 restaurierten spätottonischen Fresken von 1025.

Tips, Tips, Tips

Wasser Marsch!
Auf St. Florian setzen die Fuldaer besondere Hoffnungen, ist er doch der Schutzpatron der Feuerwehrleute. Ihnen hat die Stadt ein Museum gewidmet, eine stattliche Sammlung von Einsatzwagen und Geräten, von Dokumenten und anderen Exponaten zur Geschichte des ewigen Kampfs zwischen Menschen und Feuersbrünsten.

Kochkunst und Kneipen
Wo eine Altstadt ist, gibt es meist auch vernünftige Kneipen. Diese Weisheit Weitgereister findet in Fulda ihre anheimelnde Bestätigung. Für verwöhnte Gourmets ist die Residenz allerdings ein eher enttäuschendes Ziel. Um so erfreulicher, daß im »Goldenen Karpfen« (Simpliziusplatz 1) seit Jahrzehnten die Kochkunst in Ehren gehalten und ein Weinkeller gepflegt wird, der eines Bischofs würdig ist.

Hessens Höhepunkt
Eine Silberdistel, die Symbolblume der Rhön, weist den Weg über den »Hochrhönring«, eine rund 40 km lange Straße durch den Naturpark vor den Toren Fuldas. Höhepunkt der Route ist die Wasserkuppe, mit 950 m Hessens höchster Berg und die Wiege des deutschen Segelflugsports, dem hier ein Museum eingerichtet worden ist.

Der Baurausch kam über die geistlichen Würdenträger

Die wichtigsten Sehenswürdigkeiten sind aber von jeher das Grab des Bonifatius und der Dom 3, der in den Jahren 1704–12 von Johann Dientzenhofer als Nachfolgebau der ersten großen Basilika errichtet wurde. In jenen Jahren gerieten die Fürstäbte und -bischöfe in einen wahren Baurausch, es entstand das, was Fulda heute mit berechtigtem Stolz als sein »Barockviertel« preist. In der Tat, ein derart geschlossenes barockes Stadtbild findet man in beiden Teilen Deutschlands nicht wieder, obwohl es sich nur um Reste der einstigen Pracht handelt. Das Fulda des 18. Jh. muß seine Zeitgenossen geradezu geblendet haben.

Auch das große Stadtschloß 18, als Renaissancebau begonnen, wurde 1713 als barocke Residenz fertiggestellt – eine würdige Kulisse für die Verfilmung der »Königlichen Hoheit« von Thomas Mann. Heute residiert nach den Fürstäbten vergangener Jahrhunderte und dem Filmadel der 50er Jahre die bürgerliche Stadtverwaltung in dem weitläufigen Bau, dessen Prunksäle besichtigt werden können. Architekt des Schlosses war Dombaumeister Johann Dientzenhofer, der auch das nahe Paulustor 1 schuf. Als Dientzenhofer Fulda 1711 verließ, setzte Andreas Gallasini sein Werk fort. Von diesem stammt wahrscheinlich auch die Hauptwache 8 vor dem Schloß und neben dem Bonifatius-Denkmal 9, ein beliebter Treff zum Kaffeeklatsch. Gallasini zeichnete auch die beiden symmetrischen Bauten des Hofbeamtenpalais 10, das die optische Verschränkung von Schloß 18 und Dom 3 mit der Stadt bildete.

In entgegengesetzter Richtung übernahm einst das Paulustor 1 diese architektonische Aufgabe; Palais und Tor bilden damit die Abschlüsse des Barockviertels, ohne wie steinerne Riegel zu wirken. Beiderseits dieser Achse, der Pauluspromenade, erwarten den schlendernden Gast zahlreiche weitere Zeugnisse aus Fuldas barocker Epoche, beispielsweise die Domdechanei 5 und das Priesterseminar 4 im Schatten des Doms 3, aber auch ein kunsthistorisch wichtiges Zeugnis aus der Frühzeit der christlichen Siedlung: die 822 eingeweihte Michaelskirche 2. Das schlichte, dennoch elegant wirkende Gotteshaus, entworfen nach dem Vorbild der Grabeskirche in Jerusalem, ist einer der ältesten Sakralbauten Deutschlands.

Eleganz regiert aber auch jenseits der Pauluspromenade, im Schloßgarten 19. Hier, zwischen alten Bäumen und üppig bunten Beeten, zeigt sich die Barockstadt von ihrer leichtesten, heiteren Seite. Maximilian von Welsch entwarf die Orangerie 21, deren stuckverzierte Säle hinter fröhlich-festlicher Fassade seither zu den Preziosen der baulich reichgesegne-

Ein besonderes Merkmal der Ostfassade des Doms sind die zwei seitlichen Kapellen mit den Kuppeldächern.

Über einer karolingischen Krypta wurde später die Rotunde der Probsteikirche St. Michael errichtet.

ten Stadt zählen. So war der Terrassenaufgang zur Orangerie auch der beste Platz für eine der schönsten Plastiken, die im Barock geschaffen wurden, für die Flora-Vase 20. Die Säule ist es wert, einen Fulda-Besuch für die Sommermonate zu planen, denn in der unwirtlichen Jahreszeit ist das Kunstwerk sorgsam verpackt. Für diese weltlichen Schmuckstücke gebührt den Bischöfen Dank.

Das heilige Fulda, kennt es denn die Sünde nicht? Doch, und sogar in einer ihrer dauerhaftesten Formen, als Bausünde. Die so gepriesene Orangerie 21 wäre fast ein Opfer stadtväterlicher Raffgier geworden, als die Verwaltung vor wenigen Jahren beschloß, neben dem zierlichen Bau ein modernes Hotel hochzuziehen. Eine quer durch die politischen Lager reichende Bürgerallianz konnte nur das Schlimmste verhindern: Die Baupläne wurden geändert, und heute paßt sich – zumindest im Sommer, wenn das Grün den Durchblick mindert – das Hotel der Parkszene einigermaßen an. Ähnliches kann man aber von den anderen Bausünden in der kleinen, geschäftigen Innenstadt leider nicht sagen.

Da hat Fulda seine spätbarocke Stadtpfarrkirche für viel Geld restauriert, hat sein Altes Rathaus 13 in einstiger Fachwerkherrlichkeit nachgebaut, hat die Universität 15 jahrzehntelang als renommiertes Dom-Gymnasium erhalten und nicht mit Geld gespart, um in der alten Stadtschule dem Museum eine würdige Heimstatt zu bieten – und dann knallen die Stadtoberhäupter mitten in dieses empfindsame Ensemble einen Warenhauskasten, der nun das Zentrum dauerhaft entstellt.

Und es blieb nicht bei diesen Sünden: Das »Osthessencenter« nach Art der Neuen Heimat, der Wohnungsbau am Aschenberg und selbst der Kirchenneubau des Priesterseminars gehören in dasselbe Register. Leider hat hier nicht gewirkt, was andernorts als das Gute im Schlechten gilt: Viele kleine Städte konnten im Baufieber des Wirtschaftswunders nicht mithalten und erhielten so – unfreiwillig – ihr historisch gewachsenes Ortsbild. Fulda investierte am falschen Platz, was besonders ärgerlich ist, denn die Stadt hat sehr zu knapsen. Die rund 60 000 Bürger (einschließlich der 24 eingemeindeten Nachbardörfer) profitieren zwar davon, daß im Umkreis von 100 km keine größere Stadt Konkurrenz macht, aber die isolierte Lage unweit der innerdeutschen Grenze erschwert doch den wirtschaftlichen Erfolg. Das industrielle Profil ist nicht schlecht: Textilfirmen, Reifenhersteller, Farbenfabriken und Wachsindustrie sorgen für Arbeitsplätze neben denen im Handel und in der Verwaltung. Aber alles muß hier, am Rand der Republik, schwer erkämpft werden, zu stark ist die Sogwirkung Frankfurts und des Rhein-Main-Reviers.

Die Kehrseite der Medaille ist erfreulich. Die Landschaft ist nicht zersiedelt. Das Fuldaer Land prunkt im Tal des namengebenden Flusses in farbiger Lieblichkeit und lockt mit der herben Schönheit der Rhön, die im Winter überdies ein akzeptables Skirevier vor den Stadttoren ausbreitet. Sportler schätzen die Segel- und Drachenflugmöglichkeiten an der 950 m hohen Wasserkuppe, gesundheitsbewußte Urlauber den Kranz der Bäder, der sich von Bad Kissingen bis Bad Salzschlirf um Fulda legt. Eine gesegnete Landschaft – Bonifatius wußte schon, weshalb er in diese »Weltverlassenheit« zog.

Der ängstliche Meister
Kein Fremdenführer im Dom 3 läßt sich diese Geschichte entgehen: Kaum hat er unter der gewaltigen Kuppel erläutert, daß sie eine Kopie der Kuppel im Petersdom sei, wenn auch mit genau halbierten Maßen, erzählt er auch von der Angst des Baumeisters Johann Dientzenhofer. Der hatte nämlich nie zuvor eine Kuppel dieser Größe konstruiert und traute seinen eigenen Rechenkünsten nicht. Zumindest soll er seine Koffer gepackt und einen sicheren Ort jenseits der Stadtmauer gesucht haben, als die Stunde nahte, da das stützende Baugerüst fallen sollte. Aber die Kuppel hält nun schon gut 275 Jahre.

Nachts kommt der Zottelbär
In einer glaubensstarken Stadt wie Fulda hat natürlich auch der Stiefbruder des Glaubens, der Aberglauben, sein Revier: Durch die Gassen streift nächtens der »Zottelbär«, ein Kerl wie ein Ungetüm, mit Hörnern obendrein. Und jeder Fuldaer weiß, wer da rumort: ein Schultheiß, der einst in den eigenen Säckel gewirtschaftet hat und gar dem Herrn fluchte, wenn er ans Letzte Gericht erinnert wurde. Zur Strafe wurde er dazu verdammt, mit einer wilden Schar ruhelos durch die Nächte zu geistern.

Das prächtige Barocktreppenhaus befindet sich im Schloß Fasanerie.

Theater, Musik, Veranstaltungen, Museen

Theater
Schloßtheater Fulda, Schloßstr. 5. Gastspiele: Oper, Operette, Musical, Ballett, Schauspiel (Sept.–Mai), ☏ 10 23 26, 10 24 40.

Musik
Schloßtheater Fulda, Schloßstr. 5. Sinfoniekonzerte, ☏ 10 23 26, 10 23 33.
Fürstensaal des Stadtschlosses 18, Schloßstr. 1. Kammerkonzerte, Klavierabende, Liederabende, ☏ 10 23 26, 10 24 40.
Dom 3, Domplatz. Orgel-, Chorkonzerte, Oratorien, ☏ 5 19 37.
Christuskirche, Heinrichstr. 2. Oratorien, Orgelkonzerte, Kantaten, ☏ 3 36 35.
Eisernes Kreuz, Schlitzer Str. 81. Rock, Pop, Blues, ☏ 5 18 28.
Jugendtreff Fulda, Esperantostr. 13. Rock, Pop, Jazz, Kabarett, ☏ 10 24 53.
Posaune, Löherstr. 26. Rock, Pop, Jazz, ☏ 7 55 68.

Veranstaltungen
Mai–Sept.: *Fuldaer Schloßgartenkonzerte* im Schloßgarten 19 (So 10.30 Uhr), ☏ 10 24 41.
Letztes Wochenende im Juli/erstes Wochenende im Aug.: *Bürger- und Schützenfest,* Ochsenwiese. Volksfest.
Aug.: *Open-air-Festival* mit Rock, Pop, Jazz im Schloßgarten 19, ☏ 10 25 70.
1. Wochenende im Sept.: *Wein- und Stadtfest,* Fußgängerzone. Krämermarkt mit Musikprogramm und Weinen von einheimischen Weingroßhändlern.

Museen
Deutsches Feuerwehrmuseum, St.-Laurentius-Str. Sammlung von Einsatzwagen, Geräten, Dokumenten (Di, Mi, Fr, Sa, So 10–17, Do 14–21 Uhr).
Dommuseum, Domplatz 2 (s. 3).
Hessische Landesbibliothek Fulda – Schausammlung, Heinrich-von-Bibra-Platz 12 (s. 17).
Vonderau-Museum, Universitätsstr. 6. Vor- und frühgeschichtliche Funde aus dem Stadtgebiet und dessen engerer Umgebung, Volkskunde, Naturkunde (Museum wegen Umbaus geschlossen; Wiedereröffnung für 1992 geplant).

Füssen

König Ludwigs Märchenschloß

»Hart an der Grenze zwischen Bayern und Tirol lehnt sich das Städtchen Füssen wie ein neugieriger Knabe mit dem Rücken an die Höhen, mit dem Gesicht über den Lech«, so beschrieb der Reiseschriftsteller Eduard Duller Mitte des 19. Jahrhunderts die Stadt im bayrischen Allgäu. Bis heute hat sich an diesem Bild nur wenig geändert, und es macht diese Stadt so besonders attraktiv, da sie weitgehend unversehrt ist. In römischer Zeit war sie eine wichtige Station an der Via Claudia Augusta, die von Altinum (bei Venedig) über den Reschenpaß bis an die Donau reichte. Im Zeitalter des Tourismus ist auch ihre Lage an der Romantischen Straße von Bedeutung, denn Füssen ist deren Endpunkt, und die beiden Schlösser Neuschwanstein und Hohenschwangau (unser Bild) haben die Stadt zu einem begehrten Reiseziel gemacht.

Wappen In Gold drei im Dreipaß angeordnete schwarze Füße. Entstanden aus einer falschen Herleitung des Stadtnamens Füssen, früher Vuezzen, dessen Herkunft unklar ist; wahrscheinlich ist er keltisch.
Lage Am Fuß der Ostallgäuer Alpen, nördlich des letzten Felsdurchbruchs des Lech.
Land Bayern
Autokennzeichen OAL
Höhe 803–905 m ü. M.
Fläche 44 km^2
Einwohnerzahl 13 000
Postleitzahl 8958
Telefonvorwahl 0 83 62
Post Postamt 1, Bahnhofstr. 10
Polizei Dietlstr. 2, ☎ 70 11
Taxi ☎ 62 22, 77 00
Nahverkehr Omnibusverkehr innerhalb der Gemeinde Füssen mit ihren Ortsteilen Bad Faulenbach, Hopfen am See und Weißensee sowie zu den Königsschlössern. Fahrscheine beim Fahrer.
Camping Campingplatz Hopfensee, ☎ 74 31, zu erreichen über die B 16, Abzweigung Hopfen am See; Campingplatz Brunnen/Forggensee, Seestr. 81, ☎ 82 73, zu erreichen über die B 17, in Schwangau nach Norden abzweigen.
Parken Parkmöglichkeiten innerhalb der Stadt beschränkt; zu empfehlen sind die beiden Großparkplätze bei der Kurverwaltung, Augsburger-Tor-Platz, und an der Kemptener Str.
Touristinformation Kurverwaltung, Augsburger-Tor-Platz 1, ☎ 70 77 (Vor- und Nachsaison Mo–Fr 8–12, 14–18, Sa 10–12 Uhr; Hauptsaison Mo–Fr 8–12, 13–19, Sa 10–12, 16–18, So 10–12 Uhr).
Stadtführung Ab Kurverwaltung, Augsburger-Tor-Platz 1, Nov.–April Sa 10 Uhr, Mai–Okt. Di und Sa 9.30 Uhr.
Schiffahrt Rundfahrten auf dem Forggensee Mitte Juni–Ende Sept., ☎ 62 21.

Liebliche Seen – schroffe Berge

Wer sich Füssen nähert, wird durch die prächtige Landschaft der Umgebung von selbst in heitere Stimmung versetzt. Stets führt der Weg an Wasser vorbei. Kommt man von Kempten auf der B 310, taucht kurz vor der Stadt zur Rechten die grüne Fläche des Weißensees auf, aus dem dunkle, fichtenbestandene Berghänge senkrecht herauszusteigen scheinen. Kommt man von Nordosten, von München her, so ist der silberhelle Bannwaldsee inmitten einer sanfthügeligen Moränenlandschaft das sichere Zeichen für die baldige Ankunft in der Stadt. Wer sich von Norden auf den Spuren der alten Handelsstraße von Augsburg her nähert, den begleitet zur Linken kilometerlang die glitzernde Fläche des Forggensees.

Zum Bild der Stadt gehört die auffallend schroffe Kulisse der Allgäuer Alpen. Zu Füßen des beherrschenden, auf einem Felsrücken thronenden Schlosses ❹ tritt der Lech aus den Bergen hervor, um nun breit und behäbig ins leicht gewellte Voralpenland hinauszufließen. Es ist eine klassische Lage für eine Stadt: als Wächter an einem Engpaß – ein wirtschaftlich wie militärisch überaus günstiger Platz.

Dem Autofahrer erscheint die Engstelle lästig, wenn er auf schmaler, gewundener Straße, eingezwängt zwischen Lech und Felsen, hinaufkurvt zur Tiroler Grenze. Früher war ein Platz dieser Art eine willkommene natürliche Wegstation, Markt- und Zollplatz – und nicht zuletzt auch eine strategisch bedeutsame Stelle. Das erkannten schon die Römer; mit sicherem Blick führten sie die Via Claudia Augusta um 50 n. Chr. hier am Lech abwärts. Just an diesem Platz legten sie im 3. Jh. dann ein Lager an, »ad foetibus«, das spätere Füssen. Die nächste Nachricht von dem Ort stammt aus der Mitte des 8. Jh., als der St. Galler Glaubensbote Magnus hier eine Zelle gründete. Über seinem Grab entstand bald darauf ein Kloster❷.

Eine Stadt als Pfand

1268 begann der bayrische Herzog Ludwig der Strenge mit dem Bau einer Burg auf dem Burgberg, aber auf Drängen des Augsburger Bischofs mußte er die Arbeiten wieder einstellen. Dieser geistliche Herr wiederum kam bald darauf recht unvermittelt in den alleinigen Besitz Füssens, das inzwischen Stadt geworden war und dessen Bürger sich bestimmte Freiheitsrechte erworben hatten. Herzog Heinrich VII. nämlich verpfändete ihm 1313 aus Geldnot die Stadt, und da nach seinem Tod niemand das Pfand einlöste, blieb Füssen bis 1802 im Besitz der Augsburger Bischöfe.

Wenn die Füssener auch ihre Freiheitsrechte dadurch einbüßten und aus freien Bürgern wieder zu Untertanen wurden, so lebten sie doch nicht schlecht an dieser Engstelle eines der bedeutendsten Handelswege des Mittelalters. Freilich hatte die Lage auch Nachteile, denn nicht nur friedliche Handelsleute benützten die Straße, sondern auch Kriegsheere. Häufig wurde die strategisch wichtige Stadt zum Zankapfel. So war es im Bauernkrieg 1525 und 20 Jahre später im Schmalkaldischen Krieg; im Dreißigjährigen Krieg vollends wechselten die feindlichen Heere sich mehrfach ab. Auch der Spanische (1701–14) und der Österreichische Erbfolgekrieg (1740–48) brachten Zerstörung über die Stadt, die dennoch im 18. Jh. einen Höhepunkt ihrer Entwicklung erlebte.

Zu Beginn jenes Jahrhunderts wurden Kloster❷ und Kirche St. Mang❸ prächtig im barocken Stil um- bzw. neugebaut. Dann entstanden nacheinander die Krippkirche❶, die Feldkirche St. Ulrich und Afra❺ und die Spitalkirche ❼. Umgebaut und erweitert wurden die Sebastianskirche ❾ und die Franziskanerkirche ❽. An der Mehrzahl dieser Bauten war Johann Jakob Herkomer beteiligt, ein einheimisches Multitalent – Baumeister, Maler, Stukkateur –, das weit über seine Heimatstadt hinaus gewirkt und beispielsweise in Augsburg, München und Ottobeuren Zeugnisse seiner Kunst hinterlassen hat.

Statt Industrie ein Schloß

Einen klangvollen Namen hat sich Füssen im 17./18. Jh. auch als Lauten- und Geigenbauerstadt geschaffen, ehe es dann von Mittenwald überflügelt wurde. Der Instrumentenbau, ein Handwerk, das sich vor allem auf die in der Umgegend wachsenden Eiben stützt, wird hier aber nach wie vor ausgeübt.

1803 fiel Füssen an Bayern, was zunächst einmal Stagnation bedeutete. 1861 entstand zwar eine Seilfabrik, aber die Industrialisierung kam nur zögernd voran, was sich im nachhinein als Vorteil erweist, denn Stadt

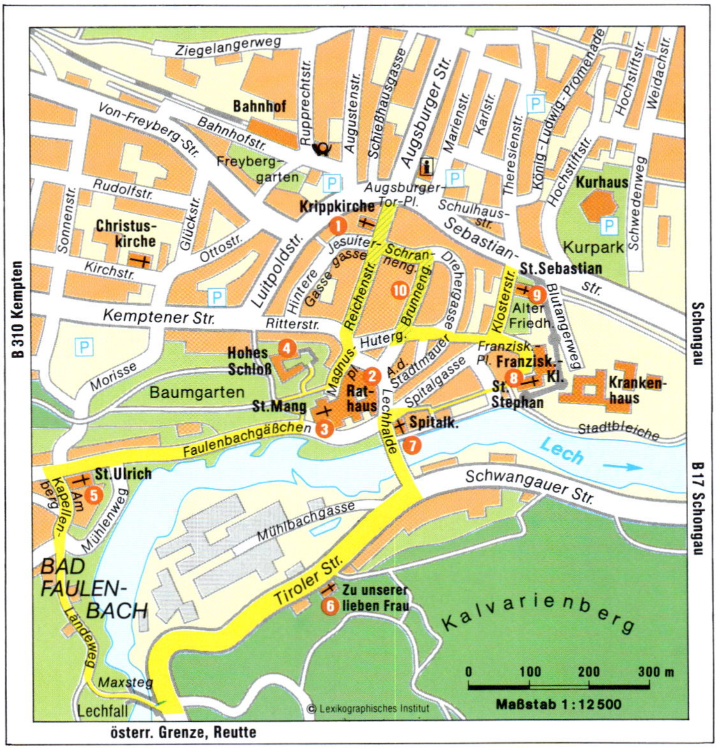

Stadtrundgang
Eine erste Erkundung Füssens ist in stark einer Stunde möglich. Wer jedoch die Führung durch das Heimatmuseum im Kloster St. Mang ❷ oder den Besuch der Bayerischen Staatsgemäldesammlung im Hohen Schloß ❹ mit einbeziehen möchte, braucht länger. Stadtauswärts gesehen, liegen Parkplätze links der Augsburger Straße sowie rechts und links der Kemptener Straße. Sie sind nur wenige Gehminuten vom Augsburger-Tor-Platz entfernt, wo unser Rundgang beginnt. Für eine Stärkung nach der Stadtbesichtigung bietet sich der »Gasthof zum Hechten« an, zu Füßen des Hohen Schlosses ❹ in der Ritterstraße gelegen, falls Ihnen der Sinn nach bürgerlicher Küche steht; für den kleinen Imbiß zwischendurch kommt das »Café Sonnenstube« im »Hotel Sonne« in Betracht.

Sehenswürdigkeiten
❶ *Krippkirche,* schmaler einschiffiger Barockbau, 1717 durch Johann Georg Fischer an der Stelle einer Jesuitenkapelle erbaut, vermutlich nach einem Entwurf Johann Jakob Herkomers; bemerkenswerte Fassade und sparsame Innenausstattung.
❷ *Kloster St. Mang,* von Johann Jakob Herkomer 1697–1727 erbaute Vierflügelanlage mit eindrucksvollen Fassaden; 1803 säkularisiert, dienen die Baulichkeiten seit 1909 als Rathaus und als Sitz des *Heimatmuseums:* Zunftaltertümer, Waffen, sakrales Geschirr, Stoff- und Lebkuchenmodel, Füssener Musikinstrumente. Die Führungen (Mai–Okt. tägl. außer So und feiertags 10.30 Uhr, Nov.–April Mi 10.30 Uhr) beziehen den von Andrea Maini reich stuckierten Festsaal, Papstzimmer und Bibliothekssaal mit ein.
❸ *Stadtpfarrkirche St. Mang,* 1701–17 auf den Fundamenten einer romanischen Kirche errichtete dreischiffige Halle mit reicher Barockausstattung, Erstlingswerk Johann Jakob Herkomers, der hier als Architekt, Stukkateur und Freskomaler wirkte. Fragmentarische Fresken des frühen 11. Jh. in der romanischen Krypta unter dem Hochaltar. In der St.-Anna-Kapelle östlich des Chors eindrucksvoller »Totentanz« von 1610.
❹ *Hohes Schloß,* 1291 errichtete Burg, 1322 erweitert, 1490–1503 Erweiterung zum Schloß unter Bischof Friedrich von Zollern. Gotische Schloßkapelle; Balken- und Kassettendecken des 16., Stuck- und Schnitzarbeiten des 17. Jh. im Wohn- und Saalbau. Sitz einer Filialgalerie der *Bayerischen Staatsgemäldesammlungen:* Skulpturen und Bilder der Spätgotik (Mai–Okt. Mo–Sa 10–12, 14–16, So 10–12 Uhr; Nov.–April Do 10–12 Uhr).
❺ *Feldkirche St. Ulrich und Afra,* am Platz einer mittelalterlichen Vorgängerkirche 1724/25 wahrscheinlich durch J. J. Herkomer errichtet. Im Innern stuckmarmorne Kanzel, bemerkenswerte Holzfiguren am Hauptaltar.
❻ *Kirche Zu unserer lieben Frau,* auch Kalvarienbergkirche genannt, 1682/83 von Johann Schmuzer erbauter und stuckierter Saalbau; spätgotischer »Marientod« im Hochaltar. Die 1854 in den Chor eingebaute Kapelle ist Ausgangspunkt eines Kreuzwegs.
❼ *Spitalkirche,* einschiffiger Bau, 1748/49 durch Franz Karl Fischer erstellt; kräftige (erneuerte) Lüftlmalerei aus der Zeit des Rokoko an der Fassade. Im Innern Rocaille-Stuck, bemerkenswerte Orgelempore und Scheinarchitektur am Hauptgewölbe.
❽ *Franziskanerkirche,* in den Jahren 1763–67 erbaute, prächtig ausgestattete Saalkirche.
❾ *Sebastianskirche;* einem spätgotischen Chor des 16. Jh. fügte Johann Georg Fischer 1721–25 einen Saal als Langhaus an. Im Chor Stuck und Fresken von Johann Jakob Herkomer und Johann Schmuzer (1687).
❿ *Kornhaus,* stattlicher spätgotischer Bau, ehemals Getreidespeicher.

Neuschwanstein
Bayerns »Märchenkönig« Ludwig II. hielt sich in seiner Jugend oft auf Schloß Hohenschwangau auf, das sein Vater Max II. ausgebaut hatte. Schon damals träumte er von der Nachbildung einer mittelalterlichen Burg auf einem Felsen über der Pöllat-Schlucht. Später setzte er seinen Traum in die Tat um, aber noch ehe der Bau ganz vollendet war, erfüllte sich hier sein Schicksal. Für geisteskrank erklärt, wurde er im Juni 1886 in Haft genommen und nach Schloß Berg verbracht, wo er am 13. Juni unter bis heute ungeklärten Umständen im Starnberger See ertrank. Sein Schloß, das nach dem Vorbild der Wartburg erbaut worden war, wurde später zum Ziel von Millionen Besuchern aus aller Welt, zu einem Inbegriff des romantischen Deutschland (April–Sept. tägl. 9–17.30 Uhr, Okt.–März tägl. 10–16 Uhr).

Eissport auch im Sommer
Bei den Freunden des Eishockeysports hat der Name Füssen einen guten Klang, hatte doch der EV Füssen in den 50er und 60er Jahren so etwas wie ein Abonnement auf die deutsche Meisterschaft. Sechzehnmal hat er die Trophäe errungen. 1973, im Jahr des letzten Titelgewinns, wurde die Stadt zum Sitz des Bundesleistungszentrums bestimmt, wo der Eishockeynachwuchs geschult und die Nationalmannschaft auf wichtige Kämpfe vorbereitet werden. Davon profitiert der Feriengast, denn die Eissporthalle steht auch dem Publikum zur Verfügung. Selbst im Sommer kann man dort täglich Schlittschuh laufen oder Eisstock schießen. Bei Eiskunstlauf-Veranstaltungen oder Eishockeyspielen, etwa um den Thurn-und-Taxis-Pokal, kommt man außerdem als Zuschauer auf seine Kosten.

Tips, Tips, Tips

Wassersport
Am Nordostende des Forggensees liegt das Freibad Dietringen, über die B 16 (Richtung Roßhaupten) in einer Viertelstunde erreichbar. Da der See nur wenige flache Strandbereiche hat, sieht es mit weiteren Bademöglichkeiten nicht so gut aus, aber die Segler und Surfer kommen auf dem rund 12 km langen und 4 km breiten Stausee voll auf ihre Kosten.

Drachenflieger
Man braucht sich nicht selbst in die Lüfte zu schwingen. Den Drachenfliegern zuzusehen, kann auch ein Genuß sein. Auf dem durch eine Kabinenseilbahn erschlossenen Tegelberg besteht Gelegenheit dazu. Hier gibt es zwei Startrampen, im allgemeinen ausgezeichnete thermische Verhältnisse und – für Flieger und Zuschauer – einen grandiosen Blick über das Voralpenland.

und Umgebung blieben vor großen Zerstörungen bewahrt. Gewiß, es gibt das Lechkraftwerk, das die ursprüngliche Wildheit des Flusses zähmte, und es gibt ein paar Fabriken, aber es blieb viel Natur erhalten und ein wohlbewahrtes, abwechslungsreiches Stadtbild erfreut das Auge. Als im 19. Jh. anderswo die ersten Fabriken aus dem Boden schossen, wuchs nahe Füssen ein ganz anderes Bauwerk in die Höhe, das der Stadt einen neuen Erwerbszweig bringen sollte. Es war das Schloß Neuschwanstein, das den touristischen Weltruhm der Gegend begründete. Eine der Folgen war, daß Füssen schließlich zum Endpunkt der wohl bekanntesten Touristikstraße der Bundesrepublik Deutschland wurde, der Romantischen Straße.

Bergtouren und Kneippkuren

Nun hat die Stadt aber außer den Schlössern Neuschwanstein und Hohenschwangau noch anderes zu bieten. Die Rede war schon von den Seen, die Füssen zur seenreichsten Stadt in Süddeutschland machen. Zum Stadtgebiet gehören Hopfen-, Alat-, Mitter- und Obersee sowie Teile des Forggensees. In der Nähe liegen außerdem Alpsee, Schwansee und Bannwaldsee. Angler und Freunde des Wassersports haben also die Qual der Wahl; aber auch die Bergfreunde kommen auf ihre Kosten. Der Tegelberg bietet sich für leichte Wanderungen ebenso an wie als Ausgangspunkt anspruchsvollerer Touren. Darüber hinaus gewährt die nähere und weitere Umgebung dem Bergfreund Möglichkeiten so ziemlich jeden Schwierigkeitsgrads. Wo Berge sind, kann man selbstverständlich auch Ski fahren – dafür ist wiederum der Tegelberg das nächstliegende Ziel. Besonders geeignet ist die Gegend auch für den Langlauf.

Es war ein Glück für Füssen, daß sich der 1921 eingemeindete Ortsteil Bad Faulenbach zu einem respektablen Kurort entwickeln konnte. Hier gibt es die traditionelle Wasserkur nach Sebastian Kneipp, die Entschlakkungskur nach Johann Schroth, aber auch Moor- sowie Bade- und Trinkkuren aus einer eigenen Kalziumsulfatquelle.

Auch die 1978 eingemeindeten Ortsteile Weißensee und Hopfen tragen zur Attraktivität der Stadt bei. Hopfen, ein anerkannter Luft- und Kneippkurort, liegt am Nordufer des Hopfensees. Man nennt die Gegend wegen ihres milden Klimas auch »Riviera des Allgäus«. Auch in Weißensee kann man kneippen.

Nicht nur dieser sehr ländlichen Ortsteile wegen lebt die alte Stadt im Allgäu immer noch stark aus der Landschaft, in die sie gebettet ist. Immer wieder ragen auch die Berge nach Füssen herein, und der Fluß reibt sich, zuweilen ungestüm, an ihrem Rand. So erlebt, wer nach Füssen kommt, nicht allein einen unversehrten historischen Stadtkörper, sondern darüber hinaus ein reizvolles Wechselspiel zwischen Natur und Stadt.

Das Hohe Schloß, ursprünglich eine Burganlage im Besitz des Benediktinerordens, kam 1322 an den Bischof von Augsburg. Ende des 15. Jh. wurde es mehr und mehr zum Schloß umgestaltet.

Von der Fußgängerzone Reichenstraße aus blickt man auf St. Mang und Hohes Schloß (rechts).

Die Wies
Füssen liegt am Rand des Pfaffenwinkels, eines Landstrichs, der bekannt geworden ist durch seine prächtigen Klöster und Kirchen. Dort ereignete sich in den 30er Jahren des 18. Jh. der Legende nach ein Wunder, als ein Bauer auf der Wies eine Heilandsfigur an der Geißelsäule Tränen vergießen sah. Daraufhin setzte bald eine Wallfahrt ein, und die Äbte von Steingaden beauftragten Dominikus Zimmermann, für das Gnadenbild eine Wallfahrtskirche zu bauen. Er schuf den wohl leichtesten und heitersten Kirchenraum Süddeutschlands, in dem das Gesetz der Schwerkraft aufgehoben, das Licht zum tragenden Bauelement geworden zu sein scheint.
In den letzten Jahren haben tieffliegende Militärmaschinen dem Bauwerk bös mitgespielt. Vor allem in der Decke zeigten sich immer größere Risse, und Stuck fiel von den Wänden, so daß die Kirche zeitweilig sogar geschlossen werden mußte. Ein Ende der Restaurierungsarbeiten ist vorerst noch nicht abzusehen.
Man erreicht die Wieskirche, von München kommend, über die B 2 bis Weilheim, dann über die B 472 bis Peiting, über die B 17 bis Steingaden und von hier aus in östlicher Richtung der Beschilderung folgend.

Theater, Musik, Veranstaltungen, Museen

Theater
Kurhaus Füssen, Schwedenweg 1. Klassisches, modernes Schauspiel, Ballett, Operette, Bauerntheater (Mi), intern. Künstlergastspiele, Folklore, ☏ 60 78.
Haus Hopfensee, Hopfen am See, Höhenstr. 14. Bauerntheater und andere Theaterveranstaltungen, Diavorträge, ☏ 67 52.

Musik
Kurhaus Füssen, Schwedenweg 1. Klassische Konzerte und Unterhaltungskonzerte, Heimatabende, Kur-, Standkonzerte, ☏ 60 78.
Haus Hopfensee, Hopfen am See, Höhenstr. 14. Klassische Konzerte und Unterhaltungskonzerte, Kur-, Standkonzerte, Heimatabende, ☏ 67 52.
Schützenhaus Weißensee am Weißensee. Kur-, Standkonzerte, ☏ 65 00.
Fürstensaal im ehemaligen Kloster St. Mang ❷, im Klosterhof. »Fürstensaalkonzerte«: Sinfoniekonzerte, Kammermusik mit intern. Künstlern (Juni–Sept.), ☏ 70 77, 70 78.
Schloß Neuschwanstein, Sängersaal. »Schloßkonzerte«: Sinfoniekonzerte, Kammermusik und Liederabende (Sept.), ☏ 8 10 51.
Stadtpfarrkirche St. Mang ❸, Luitpoldstr. 20. Orgel-, Chorkonzerte, ☏ 61 90.
Franziskanerkirche ❽, Franziskanerplatz 1. Messen der Klassiker, Orgelmusik, alpenländisches Marien-, Passions-, Adventssingen; einmal im Monat »Kreuzgangkonzerte« mit Kammermusik (Wintermonate), ☏ 72 65.

Veranstaltungen
Zweiter Do vor Pfingsten: *Himmelfahrts-Markt,* Schulhausstr./Marienstr., ☏ 70 77.
Letzter Werktag vor Silvester: *Glühwein-Party* in der Fußgängerzone (ab 13 Uhr).
Alle zwei Jahre (1990) Dez., je nach Schneelage: *Altstadt-Skisprint* durch die Fußgängerzone. Schüler-, Jugend-, Senioren-Langlaufrennen mit ausgewählten Mannschaften, ☏ 63 48.
Mai–Sept.: *Auf königlichen Spuren.* Wanderungen zu ausgewählten Stationen, die die Bedeutung König Ludwigs II. für die Füssener Gegend dokumentieren (jeden zweiten So ab Kurverwaltung, Augsburger-Tor-Platz 1, 9.30 Uhr), ☏ 70 77, 70 78.
Juni: *Volksfest* an der Kobelschanze, ☏ 70 77, 70 78.
Juli: *Stadtfest* in der Fußgängerzone. Einzelhandelsstände mit Bierzelt und musikalischem Rahmenprogramm, ☏ 70 77, 70 78.
Juli oder Aug.: *Seefest Weißensee* am Weißensee. ☏ 65 00.
Okt.: *Kirchweihmarkt,* Schulhausstr./Marienstr., ☏ 70 77, 70 78.
24. Dez.: *Weihnachtsblasen* am Füssener Stadtbrunnen. Bläser mit Weihnachtsmusik.
Dez.: *Großes Weihnachtssingen von Otto Jochum* mit Chor und Orchester in der Stadtpfarrkirche St. Mang ❸, ☏ 61 90.

Museen
Heimatmuseum, Lechhalde 3 (s. ❷).
Staatsgemäldesammlung im Hohen Schloß, Magnusplatz 10 (s. ❹).

Schneekristall und Sonne, Symbole für Winter und Sommer, verwendet Garmisch-Partenkirchen für seine touristische Werbung. Im Tal zwischen der Zugspitze, dem Wank und dem Kramer hat sich der Doppelort zu einer alpinen Metropole entwickelt: mit Bergbahnen, Liften, Pisten und Loipen, mit Kur- und Höhenwegen, aber auch mit ländlicher Idylle und bayrischem Brauchtum in den beiden alten Ortskernen.

Spätestens seit den IV. Olympischen Winterspielen von 1936 ist der winterliche Fremdenverkehr Wirtschaftsfaktor Nr. eins. Aber auch in den anderen Jahreszeiten herrscht lebendiges Treiben in dieser Marktgemeinde: Um die Gesundheit der Gäste ist man allemal bemüht – als heilklimatischer Kurort in einer hochalpinen, bestechend schönen Landschaft.

Garmisch-Partenkirchen

Sportzentrum unter der Zugspitze

Wappen Das zweigeteilte Wappen der früheren Grafen von Eschenlohe, denen ein Teil der Grafschaft Werdenfels gehörte, wurde den Gemeinden Garmisch und Partenkirchen beim Zusammenschluß 1935 verliehen. Bis dahin hatten beide Ortschaften eigene Wappen.
Lage Inmitten eines weiten Talkessels am Zusammenfluß der aus Tirol kommenden Loisach und der am Wettersteingebirge (Zugspitzmassiv) entspringenden Partnach, am Fuß des höchsten deutschen Bergs, der Zugspitze.
Land Bayern
Autokennzeichen GAP
Höhe 707–2963 m ü. M. (das »Münchner Haus« auf der Zugspitze hat die amtliche Hausnummer 1 von Garmisch-Partenkirchen).
Fläche 205 km^2
Einwohnerzahl 27 000
Postleitzahl 8100
Telefonvorwahl 0 88 21
Post Postamt 1, Bahnhofstr. 30, Spätschalter (Mo–Fr 8–19, Sa 8–13, So 10–11 Uhr).
Polizei Münchner Str. 80, ☏ 5 00 21
Taxi ☏ 33 57, 16 16, 24 08, 23 43, 5 70 88
Nahverkehr Innerhalb der Gemeinde vier Omnibuslinien, Fahrscheine beim Fahrer. Inhaber der Kurkarte haben freie Fahrt. Vom Bahnhof aus Omnibusverkehr zu allen bekannten Ausflugszielen der Umgebung.
Camping Campingplatz Zugspitze, Grainau bei Garmisch-Partenkirchen, ☏ 31 80, 5 42 00. Zu erreichen über die B 24 in Richtung Griesen.
Parken In Garmisch rund um das Eisstadion, an der Talstation der Hausbergbahn, am Zugspitzbahnhof, hinter dem Kongreßhaus, am Marienplatz und am Bahnhof sowie in Partenkirchen am Rathausplatz, Ecke Ludwigstr./Schnitzschulstr., an der Talstation der Wankbahn und am Skistadion.
Touristinformation Verkehrsamt der Kurverwaltung, Bahnhofstr. 34, ☏ 18 06 (Mo–Sa 8–18, So 10–12 Uhr). Der Info-Stand am Bahnhof, Bahnsteig 1, ist zur Ankunftszeit der IC-Züge geöffnet.
Stadtrundfahrt Ab abr (Amtliches Bayerisches Reisebüro), am Bahnhof, Mo 10.30 Uhr.

Stadtrundgang
Das eigentlich Sehenswerte an Garmisch-Partenkirchen ist seine Umgebung. Aber auch in der Marktgemeinde gibt es einiges, das man unbedingt in Augenschein nehmen sollte. Für die vorgesehenen 6 km werden Sie etwa zweieinhalb Stunden brauchen – abkürzen können Sie den Weg, wenn Sie Kongreßhaus (8), Alte Kirche St. Martin (9) und Strauss-Villa (10) auslassen, was schade wäre, besonders wegen der Alten Kirche St. Martin mit ihrer schönen Umgebung. Zur Rast bieten sich der Kurpark, der Park der Kurdirektion und Bänke auf dem Floriansplatz (6) an, zur Einkehr u. a. das »Fraundorfer« (5). Ausgangs- und Endpunkt ist der Bahnhof. Die Wallfahrtskirche St. Anton (14) und das Jagdhaus Schachen (15) sind in diesen Rundgang nicht mit einbezogen.

Sehenswürdigkeiten
(1) *Altes Ortsensemble* mit Steg, Mühlrad und Wehr an der Partnach.
(2) *Rathaus*, mit Lüftlmalereien; errichtet anläßlich des Zusammenschlusses der beiden Ortschaften (1935).
(3) *Ludwigstraße*, Teilstück der ehem. Handelsstraße Venedig–Augsburg; älteste Straße Partenkirchens mit beachtenswerten Fassaden, Handwerkerschildern und einem geschnitzten Erker. Im Haus Nr. 45 das Bauerntheater.
(4) *Werdenfelser Museum (Heimatmuseum)*, im Haus »Zum Schlamp'n« (17. Jh.) untergebracht. Schwerpunkte: bürgerliche und bäuerliche Kultur der ehemaligen Grafschaft Werdenfels mit original eingerichteten Zimmern, dazu themenbezogene Ausstellungen aus Handwerk und Kultur (Di–Fr 10–13, 15–18, Sa, So 10–13 Uhr).
(5) *Fraundorfer*, bayrisches »Bilderbuch«-Wirtshaus mit Werdenfelser Masken und Folklore-Darbietungen.
(6) *Floriansplatz*, dörflich gebliebener Platz unterhalb des Fuggerhauses.
(7) *Pestkapelle St. Sebastian und St. Rochus*, 1634–37 erbaut, mit Rochusfigur (16. Jh.). 1924 von Josef Wackerle zur Kriegergedächtnisstätte umgestaltet.
(8) *Kongreßhaus*, 1977 fertiggestelltes Gebäude mit Sälen, Ausstellungsflächen, Café-Restaurant und Kleinem Kurtheater.
(9) *Alte Pfarrkirche St. Martin*, mittelalterliche Pfarrkirche, 1446 zur jetzigen Form mit spitzer Turmbekrönung erweitert. Chorneubau 1460–62. Einwölbung um 1520. Annähernd quadratischer Zentralraum mit östlichem Chor, rundem Mittelpfeiler und schönen Wandmalereien: gewaltige, bartlose Christophorus-Figur (Mitte 13. Jh.), Passionsszenen (Anfang 15. Jh.), Christus als Weltenrichter mit zwölf Aposteln (um 1430), im Chor Szene aus der Martins-Legende; Glasgemälde (1. Hälfte 15. Jh.); Hochaltar (mit Vesperbild 18. Jh.); Seitenaltäre (17. Jh.).
(10) *Strauss-Villa*; der 1864 in München geborene Komponist Richard Strauss

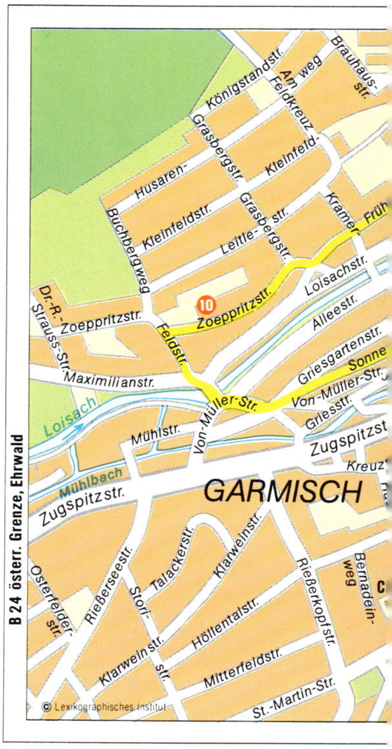

verbrachte hier den größten Teil seines Lebens und starb hier am 8. September 1949.
(11) *Neue Pfarrkirche St. Martin*, einschiffiger Raum, 1730–34 errichtet von Josef Schmuzer, mit halbrunden Seitenkapellen im östlichen Joch. Stuckdekorationen von den Wessobrunnern Josef Schmuzer, Michael Schmidt und Leonhard Bader. Deckenfresken von Matthäus Günther (1733); reichgestaltete Kanzel (1782).
(12) *Olympia-Eisstadion*, errichtet für die IV. Winterspiele 1936, 1964 großzügig umgebaut. Drei Eisflächen, Platz für 10 000 Zuschauer.
(13) *Zugspitzbahnhof*, 1928–30 errichtet. Die Strecke bis zum Schneefernerhaus beträgt etwa 20 km (bis zu 25 % Steigung), in neuerer Zeit Streckenverlängerung durch Gletschertunnel.
(14) *Wallfahrtskirche St. Anton*, als Dank für die Verschonung in Kriegsgefahr am westlichen Abhang des Wank zunächst als Oktogon von dem Maurermeister Fabian Meyr errichtet (1704–08); Erweiterung 1733–39 (vermutlich) durch Josef Schmuzer. Laubengang auf der Südseite, darunter Grotte mit der »Schmerzhaften Muttergottes«. Fresken im Langhaus von Johannes Evangelist Holzer (1739).
(15) *Jagdhaus Schachen*, Schlößchen auf der Schachenalpe, 1871/72 von König Ludwig II. von Bayern errichtet als Refugium inmitten der Hochgebirgsszenerie (erreichbar durch die Partnachklamm oder vorbei an Schloß Elmau). Prächtiger maurischer Saal im Obergeschoß (Führungen im Sommer tägl. 8–13, 14–18 Uhr).

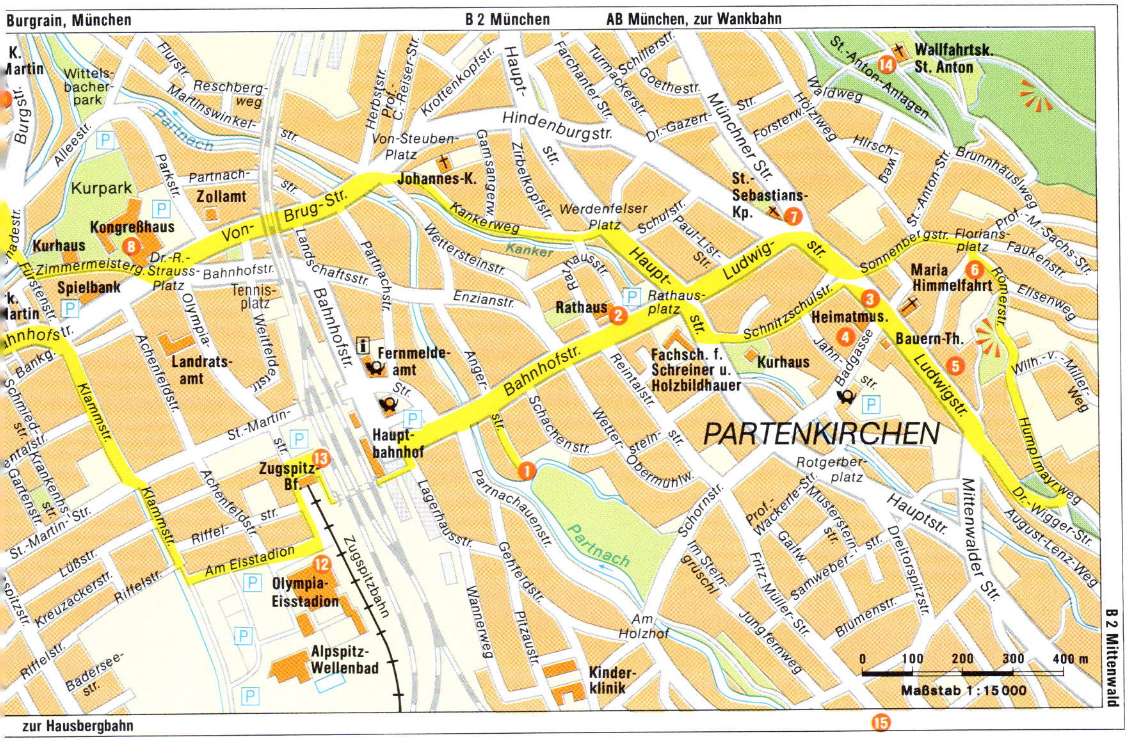

Gottes eigenes Land

Wenn dieses Hochtal inmitten des deutschen Alpengebiets nicht der Garten Eden war, dann muß es immerhin das Feriengebiet der himmlischen Heerscharen gewesen sein. Anders ist nicht zu erklären, warum das Stückchen Erde am Zusammenfluß von Partnach und Loisach von seinem Schöpfer so besonders schön ausgestattet worden ist.

Durch die modernen Kommunikationstechniken weiß man inzwischen überall davon – aus allen Teilen der Welt kommen die Menschen ins Werdenfelser Land, um hier vorübergehend Quartier zu nehmen.

Vor Christi Geburt war der Zuzug vergleichsweise geringer: Sammler, Jäger und kleinere Stämme siedelten für kurze Zeit und jagten sich dann gegenseitig davon oder zogen einfach so wieder ab . . .

. . . bis eines Tages die Römer über die Alpen kamen und ihre Ordnung ins Land brachten. Es entstand die Provinz Rätien mit der Hauptstadt Augusta Vindelicum (Augsburg), und etwa um 200 n. Chr. wurde der alte Saumweg von Italien über den Brennerpaß zur Handelsstraße ausgebaut; wo heute Partenkirchen liegt, entstand Parthanum, eine Art römische Reisestation.

Nach Ende der römischen Herrschaft werden die Meldungen aus dieser Gegend knapper, bis um die Mitte des 6. Jh. die Bajuwaren als Stamm hervortreten. 802 gerät Garmisch erstmals ins Blickfeld, wenn auch noch unter dem zungenbrecherischen Namen Germareskauue. Auch Parthanum wird »bajuwarisiert« und taucht um 1130 urkundlich als Barthinchirchen auf. Germareskauue-Barthinchirchen also?

Auf und Ab im Mittelalter

Bevor der Zusammenschluß der beiden Orte kommt, geschieht noch einiges im Tal – Erfreuliches und weniger Schönes. Vor allem gerät die Gegend immer wieder in andere Hände, bis im Verlauf des 13. Jh. das Hochstift Freising die Besitzungen zusammenkauft und als reichsunmittelbare Grafschaft Werdenfels bis zur Säkularisation (1802) behält.

In dieser Zeit ging es wirtschaftlich aufwärts. Partenkirchen bekam um 1361 das Marktrecht, Garmisch gegen 1455. Die alte Handelsstraße zwischen Venedig und Augsburg war die Lebensader. Der Warentransport (Rottverkehr) brachte Gewinn für Partenkirchen, und auch Garmisch durfte ab 1408 gemäß bischöflichem Spruchbrief am Handel mitverdienen. Zuvor hatte man aber auf der Loisach mit dem Transport von Gips, Holz und Stoffen schon ein bißchen Geld eingefahren.

Ettal und Linderhof – bauliche Kleinode

15 km von Garmisch-Partenkirchen entfernt, stößt der Reisende im Ammer- und Graswangtal auf einen der meistbesuchten Wallfahrtsorte Deutschlands: auf die Gemeinde Ettal. Dort liegt seit dem 14. Jh. eines der bedeutendsten Benediktinerklöster des Alpenraums (Gründung 1330 durch Kaiser Ludwig den Bayern). Inmitten der Anlage steht wohl der eigentliche Grund für die gewaltige (wenn auch nicht immer tiefgläubige) Pilgerschar: die Ettaler Klosterkirche. Der zwölfeckige Zentralbau, schon 1370 vollendet, beeindruckte zunächst nur durch seine Ausmaße und stellte sonst eigentlich nichts Rühmenswertes dar. Das änderte sich im Jahr 1710, als das Gotteshaus seine barocke Erweiterung erfuhr. Damit nicht genug: Nach einem Brand setzte man ihm von 1745–52 die Barockkuppel auf, und es kamen auch die herrliche Fassadengestaltung und ein weiterer Chor dazu. Durch die Mitwirkung der bekanntesten Künstler ihrer Zeit geriet die Kirche zu einem Meisterwerk des Rokoko.

Und 10 km weiter lag Meicost Ettal! Unter dieser Bezeichnung lief ab 1869 das Projekt Schloß Linderhof. Es war das erste Schloß, das Ludwig II. von Bayern baute, dessen Vollendung er erlebte und in welchem er oft und lange weilte. Äußerlich ein Mixtum bourbonischer Vorbilder, innen eine Verschmelzung von Rokoko und Neorokoko. Die berühmte Venusgrotte und der maurische Kiosk sind einzigartige Beispiele der Bauweise Ludwigs II. Fasziniert steht der Besucher heute vor der bis ins kleinste kalkulierten Pracht. Schon allein der herrlich angelegte Schloßpark ist einen Besuch wert.

Tips, Tips, Tips

Viel schöner als im Kino
Im Umkreis von nicht mehr als 20 km bieten sich weltbekannte Orte zu Tagesausflügen an: Das Geigenbauerdorf Mittenwald am Fuß des Karwendel mit seinen fröhlich bemalten Häusern erreicht man mit dem Auto auf der B 2 oder mit der Eisenbahn über Klais. In das Herrgottschnitzerdorf Oberammergau, dessen Passionsspiele alle zehn Jahre Tausende von Menschen aus aller Welt herbeirufen, gelangt man über die B 2/B 23 vorbei am Kloster Ettal; ein paar Kilometer weiter liegt auch Linderhof, eines der prächtigsten Schlösser des Bayernkönigs Ludwig II.

Erholung bei den Herrgottschnitzern
In Oberammergau wird nicht nur Theater gespielt und geschnitzt, es wird auch gebadet: Im »Wellenberg« kann man gegen künstliche Wellen ankämpfen, sich im Sprudelbecken aalen, ins 50-m-Warm-Freibecken springen und die lieben Kleinen in das Kinder-Freibecken oder in das Hallen-Kinder-Planschbekken begleiten. Man kann natürlich auch schwitzen und braun werden – und Small talk ist an der Bar sowieso üblich (tägl. 9–21, Mi und Fr bis 22 Uhr, Nov. geschlossen).

Dann kamen die weniger glücklichen Tage: Der Dreißigjährige Krieg, die Pest, der Spanische und der Bayrische Erbfolgekrieg und die Napoleonischen Kriege ließen die einst blühenden Gemeinden verarmen.

Mitte des 19. Jh. gelang dann aber der Direktanschluß an das blut- und kraftspendende Herz: Man baute die Eisenbahn nach München, und es kamen diese schmalbrüstigen, blassen Städter ins Land, die Geld hatten und Erholung suchten.

Zusammenschluß in unchristlicher Art

Nicht nur die Sommerfrischler kamen auf ihre Kosten, auch die winterabhängigen Schneeschuhläufer mehrten im Lauf der Jahre den Ruhm von Garmisch und Partenkirchen.

Vor diesem Hintergrund hatte man in Garmisch im Juli 1933, zu Beginn der NS-Herrschaft, einen Gedanken zu Ende gedacht, der für böses Blut sorgte, als er an die Öffentlichkeit gelangte. Allen Ernstes wollte man die beiden Ortschaften zu einer zusammenlegen, nur war z. B. nicht klar, welche den Namen opfern müßte und wo das gemeinsame Rathaus stehen sollte. Zum 1. Januar 1935 verfügte dann aber das Bayerische Innenministerium die Zusammenlegung beider Marktgemeinden.

Beschleunigt wurde die Entscheidung durch eine erfolgreiche Pressekampagne der Machthaber in Berlin. Sie hatten die Olympiade ins Reich geholt; die IV. Winterspiele kamen ins Werdenfelser Land.

Für Garmisch-Partenkirchen waren die zehn Tage Anfang Februar 1936 glückliche Stunden, sie machten Sportgeschichte.

Wie viele Städte mußte auch Garmisch-Partenkirchen nach dem Zweiten Weltkrieg neu beginnen. Aber man kam bald wieder auf Touren. Fieberhaft wurden Hotels und Pensionen, Skipisten und Sportanlagen gebaut. Die umliegenden Berge sind heute durch fünf Seilbahnen, kleinere Lifte und eine Zahnradbahn auf Gedeih und Verderb mit dem Ort

Umgeben von den Ammergauer Alpen ist die Klosterkirche Ettal.

Vom Schneefernerhaus führt eine Seilbahn hinauf zur Gipfelstation der Zugspitze.

Der Floriansplatz im Stadtteil Partenkirchen hat seinen dörflichen Charakter bewahrt.

verknüpft. Ein 975 m langer Tunnel ist gerade in schwindelnder Höhe gebaut worden, dazu ein Gletscherbahnhof und ein Rasthaus im ewigen Eis ...

Wem's nicht langt: Auch Busse fahren, und die Romantiker können Kutschen besteigen und gemächlich zu den umliegenden Bergseen (Rießersee, Badersee, Pflegersee, Eibsee) rollen.

Bei all dem schließen die Touristikstrategen nicht aus, daß mancher heutzutage auch zu Fuß noch einiges erreichen will, und verweisen auf 300 km Höhenwanderwege, 109 km Skiabfahrten, Langlauf- und Skiwander-Loipen, auf Höllental und Partnachklamm.

Im Alpenvorland entdeckt man immer wieder Lüftlmalerei.

Aber die Hosen bleiben am Mann

An einen solchen Boom der Gastfreundschaft nicht ohne Eigennutz – Touristikbetrieb genannt – haben weiland die Römer nicht gedacht, auch die Bajuwaren nicht, die später ins Land kamen. Noch im letzten Jahrhundert wäre man angesichts der heutigen Besuchermassen höchst verwundert gewesen – auf bayrisch natürlich. Obwohl sich schon Zukunftsmusik zwischen die Klänge von Posaune, Trompete und Alphorn mischte – Diskomusik war das längst noch nicht.

Doch was auch immer war und kommen mag: Die Hosen, die ledernen, bleiben am Mann, und die Mädchen hängen ihre Dirndl erst in den Schrank, wenn Feierabend ist oder so. Natürlich, die Sprache hat's ein bißchen verschlagen. Preußisch ist hinzugekommen, Englisch und Französisch. Und Kaugummi. Aber in den Häusern mit und ohne Lüftlmalerei, in den Wirtsstuben und auf den Tanzböden ist man in 100 Jahren noch Bayer!

Theater, Musik, Veranstaltungen, Museen

Theater

Kongreßhaus (8), Dr.-Richard-Strauss-Platz. Gastspiele: Oper, Musical, Ballett, Schauspiel renommierter auswärtiger Bühnen, ☏ 1 80 10.
Kleines Kurtheater, Kongreßhaus (8), Dr.-Richard-Strauss-Platz. Komödien, Kriminalstücke, ☏ 24 87.
Bauerntheater Partenkirchen, Gasthof »Zum Rassen«, Ludwigstr. 45 (3). Altbayrische Volksstücke (So 20 Uhr), ☏ 5 55 98.

Musik

Kongreßhaus (8), Dr.-Richard-Strauss-Platz. Sinfoniekonzerte der Münchner Philharmoniker und anderer Orchester, Kammerkonzerte, ☏ 1 80 10.
Musikschule Garmisch-Partenkirchen, Hindenburgstr. 38. Sinfonie-, Kammerkonzerte, Volksmusik, Spielort: Werdenfels-Gymnasium, Wettersteinstr. 30, ☏ 5 17 33.
Neue Pfarrkirche St. Martin (11), Garmisch, Marienplatz. Orchestermessen mit Werken der Wiener Klassik, Orgelmusik mit Meditation, ☏ 22 00.
Wallfahrtskirche St. Anton (14), Partenkirchen. Gottesdienste mit Instrumental- und A-cappella-Musik, Antoni-Singen, Drei-Königs-Singen, ☏ 26 90.
Johanneskirche, Partenkirchen, Hindenburgstr. 41. Chor-, Orgelkonzerte, Kantaten, Kammermusik, ☏ 26 45.
Bayernhalle, Brauhausstr. Heimatabende des Volkstrachtenvereins mit bayrischer Folklore, Blasmusik, Gesangsgruppen, Tanz (Mitte Juni–Anfang Okt. Sa 20 Uhr), ☏ 5 51 25, 35 93.

Veranstaltungen

»Unsinniger Donnerstag« und Fastnachts-So: *Maskentreiben* mit trad. Faschingsfiguren aus der Region, Partenkirchen, Ludwigstr. (3); Garmisch, vor der Pfarrkirche St. Martin (11).
Fastnachts-So: *Partenkirchener Faschingsumzug* mit trad. Faschingsfiguren aus der Region, Partenkirchen, Ludwigstraße (3).
1. Jan.: *Intern. Neujahrsskispringen* auf der großen Olympiaschanze im Rahmen der Vier-Schanzen-Tournee, ☏ 75 21 24.
6. Jan.: *Hornschlittenrennen*. Start: Partnachalm, ☏ 75 21 24.
Anfang Jan.: *Intern. Wintersportwoche* in Garmisch-Partenkirchen: Neujahrsskispringen, Festival auf dem Eis, Rodelbahnwettbewerb, Skilanglaufsprint, Skijöring, ☏ 75 21 24.
Jan.: *FIS-Rennen*: Ski-Weltcup-Abfahrtslauf und Super-G auf der Kandaharstrecke, ☏ 75 21 24.
Ende Jan./Anfang Febr.: *Intern. Tanzturnier* der Meister der Nationen um den großen Alpenpokal im Kongreßhaus, Dr.-Richard-Strauss-Platz. Standard- und lateinamerikanische Tänze, ☏ 48 62.
Letzter So im April: *Georgimarkt* in Partenkirchen – Badgasse, Schornstr., Jahnstr. Warenmarkt.
Mai–Sept.: *Kurkonzerte* im Kurpark Garmisch (tägl. 10, 16, 20 Uhr) und im Kurpark Partenkirchen (Mi 20 Uhr).
Erster Sa im Mai: *Frühlingsfest*, Garmisch, Bahnhofstr. Warenangebot im Freien, Biergärten, Rock, Jazz, Blasmusik, klassische Musik, Kinderland, bayrischer Sängerwettbewerb, Tanz.
Erster Sa im Juni: *Frühlingsfest*, Partenkirchen, Ludwigstr. (3). Volksfest und Warenmarkt.
23. Juni: *Johannifeuer* auf den Bergen um Garmisch-Partenkirchen.
Do vor dem 4. Juli: Zehntägiges *Deutsch-Amerikanisches Freundschaftsfest* in der Sheridan-Kaserne, Garmisch, Gernackerstr. 2. Volksfest mit Country- und Westernbands, bayrischer Blasmusik, Kinder-Ponyreiten, amerikanischen Speisen, Feuerwerk zum Unabhängigkeitstag (4. Juli).
Letztes Wochenende im Juli: *Heimatwoche des Volkstrachtenvereins »Garmisch«*, Wittelsbacher Park. Heimatabende im Bierzelt mit bayrischer Folklore, Blasmusik, Gesangsgruppen, Tanz. Historischer Festzug vom Marienplatz durch die Bahnhofstraße.
Zweites Wochenende im Aug.: *Festwoche des Volkstrachtenvereins »Werdenfelser Heimat« Partenkirchen* im Bierzelt am Schützenhaus. Heimatabende mit bayrischer Folklore, Blasmusik, Gesangsgruppen, Tanz. Historischer Festzug von der Ludwigstraße (3) zum Schützenhaus.
Erster Sa im Sept.: *Herbstfest*, Partenkirchen, Ludwigstr. (3). Volksfest und Warenmarkt.
Zweiter So im Nov.: *Martinimarkt* in Garmisch – Mohrenplatz, Druckergasse, Fürstenstr., Promenadestraße, Bahnhofstr. Warenmarkt.
Sa vor dem 2. Advent: *Adventsfest*, Garmisch, Bahnhofstr. Weihnachtliches Warenangebot im Freien, Musikprogramm, Krippenspiel.

Museen

Jagdhaus Schachen, auf dem Schachen (s. (15)).
Werdenfelser Museum (Heimatmuseum), Ludwigstr. 47 (s. (4)).

Gelsen-kirchen

...und samstags geht's auf Schalke

Aus der Kohlestadt ist eine Ölmetropole geworden: Im Norden Gelsenkirchens beherrscht die Erdölindustrie die Kulisse. Rat und Verwaltung bemühen sich um eine vielfältigere Wirtschaftsstruktur, die weniger krisenanfällig ist als die einseitige Ausrichtung vergangener Tage. Von kaum zu überbietender Vielfalt ist dagegen schon jetzt das Freizeitangebot. Da gibt es Windhundrennen, Trab- und Galoppsport – und auf den umjubelten Fußballclub Schalke 04 (unser Bild) lassen die Gelsenkirchener sowieso nichts kommen. Stolz ist man auch auf die Afrika-Steppe im Zoo – ebenso wie auf das prachtvolle Wasserschloß Berge mit Park und Garten. Städtisches Museum, Musiktheater und die Künstlersiedlung Halfmannshof stehen für ein reges kulturelles Leben in der Stadt mit dem großstädtischen Gesicht in Gelsenkirchen und dem ländlichen Charakter im Ortsteil Buer.

Wappen Vereinigung der Wappen der drei Gemeinden Gelsenkirchen, Buer und Horst.
Silberne Kirche auf schwarzem Grund: Gelsenkirchen. Bewurzelte Linde: Buer. Roter Löwe über fünf blauen Querbalken auf silbernem Grund: Horst. Silberne Berghämmer auf schwarzem Grund: Bergbau als Lebensgrundlage.
Lage An der Emscher und dem Rhein-Herne-Kanal, nördlich von Essen.
Land Nordrhein-Westfalen
Autokennzeichen GE
Höhe 28–96 m ü. M.
Fläche 105 km^2
Einwohnerzahl 285 000
Postleitzahl 4650
Telefonvorwahl 02 09
Post Postamt Gelsenkirchen 1, Husemannstr. 1, Spätschalter (Mo–Fr 8–21, Sa 8–19, So 9–14 Uhr).
Polizei Polizeipräsidium und Schutzbereich Nord, Gelsenkirchen-Buer, Rathausplatz 4, ☏ 3 65-1; Polizeischutzbereich Ost, Gelsenkirchen-Erle, Manfredstr. 3, ☏ 7 20 91-95; Polizeischutzbereich Süd, Overwegstr. 61, ☏ 40 21
Taxi ☏ 1 52 11
Nahverkehr Für S-Bahnen, Straßenbahnen und Busse gelten einheitliche Tarife. Fahrscheine an den Automaten sowie bei den Fahrern. Für Touristen empfiehlt sich das 24-Stunden-Ticket. Auskünfte: Verkehrsverbund Rhein-Ruhr, ☏ 15 84-0.
Parken In der Innenstadt zahlreiche Parkmöglichkeiten (sechs Parkhäuser und zehn Parkplätze), vor allem beim Hans-Sachs-Haus und in der Nähe des Hbf.; in Gelsenkirchen-Buer u. a. am Springemarkt sowie entlang der De-la-Chevallerie-Str.
Touristinformation Verkehrsverein Gelsenkirchen e. V., Hans-Sachs-Haus, Ebertstr. 19, ☏ 2 33 76 (Mo–Fr 9–13, 14–17, Sa 9–13, langer Sa 9–17 Uhr).
Stadtrundfahrt/Stadtführung Nach Vereinbarung mit dem Verkehrsverein, ☏ 2 33 76.

Stadtrundgang

Das Auto stellen Sie am besten im Parkhaus am Hauptbahnhof ab, denn hier beginnt unsere Erkundung des Gelsenkirchener Stadtzentrums. Der Weg bis zum Musiktheater ❹ *beansprucht eine knappe Stunde und führt durch eine Fußgängerzone. Vom Musiktheater aus fährt der Bus 380 nach Gelsenkirchen-Buer. Die Besichtigung dieses Stadtteils, dessen alter Grundriß sich erhalten hat, läßt sich gut mit einem Besuch einer der zahlreichen Kneipen oder mit der Besichtigung des Städtischen Museums* ❺ *verbinden. Auch Abstecher zum Wasserschloß Lüttinghof* ❾ *im Norden oder Schloß Berge* ❼ *sind mit dem Bus von Buer aus möglich.*

Sehenswürdigkeiten

❶ *Propsteikirche St. Augustinus,* von August Lange 1874–84 erbaute neugotische Basilika aus Ziegelmauerwerk.
❷ *Altstadtkirche,* von Denis Boniver 1955/56 an der Stelle der 1881 abgerissenen Georgskirche erbaut.
❸ *Hans-Sachs-Haus,* 1925–27 von Alfred Fischer erbauter expressionistischer Klinkerbau mit abgerundeten Ecken und ausgeprägten Gesimsbändern.
❹ *Musiktheater im Revier,* von den Architekten Deilmann, von Hausen, Rave und Ruhnau 1956–60 erbaut; funktionellen Gesichtspunkten unterworfener Bau mit strenger Glasfassade, die durch Plastiken und Wandbilder von Robert Adams, Yves Klein, Norbert Kricke, Jean Tinguely kontrapunktiert wird.
❺ *Städtisches Museum,* 1982 durch den Gelsenkirchener Architekten Albrecht E. Wittig errichteter Neubau, durch räumlich verbundene, versetzte Geschosse überraschende optische Eindrücke vermittelnd. Natur- und kulturgeschichtliche Sammlung: Zeugnisse der Erdgeschichte; Glas-, Keramik-, Metall- und Werkzeugfunde bis zur Römerzeit; Sonderabteilung Mesopotamien, Luristan, Zypern, Großgriechenland. Kunstsammlung: Malerei, Grafik, Plastik seit 1870, u. a. Slevogt, Dufy, Rodin, Modersohn-Becker, Barlach, Arp, Magritte, Vasarely (Di, Mi 11.45–18, Do 11–20, Fr–So 11–18 Uhr).
❻ *St.-Urbanus-Kirche,* von Bernhard Hertel 1890–93 errichtete neugotische Hallenkirche mit Sandsteinverblendungen; von den Schäden des Zweiten Weltkriegs zeugt das Notdach.
❼ *Schloß Berge,* Wasserburg des 12. Jh., im 16. Jh. zum Wohnschloß umgebaut, beherbergt heute ein Restaurant.
❽ *Schloß Horst,* urspr. Vierflügelanlage mit quadratischen Türmen an den Ecken, die ab 1558 unter dem Arnheimer Stadtbaumeister Arndt Johannsen, ab 1567 unter Joist de la Court errichtet und im Jahr 1578 vollendet wurde. Erhalten blieben nur das Erdgeschoß des Ostflügels und der Dienerflügel mit besonders prunkvollem dreigeschossigem Erker.
❾ *Haus Lüttinghof,* im 14./15. Jh. erbaute ehemalige Wasserburg, die im 17./18. Jh. barockisiert wurde, woran Dach, Fenster, das Gartenparterre im Osten, ein Wassergrabensystem und eine Eichenallee erinnern. Nutzung des renovierten Gebäudes als Restaurierungswerkstatt für die Museen in Westfalen-Lippe ist vorgesehen.
❿ *Zeche Consolidation, Schachtanlage Oberschuir,* guterhaltene Jugendstilanlage von 1908/09 mit Schachtgerüst, Waschkaue, Maschinenhalle und technischem Inventar.
⓫ *Flöz Dickebank,* Arbeitersiedlung aus den Jahren 1875 und 1905, 1972–75 renoviert.

Vom Dorf zur Großstadt

Ein Heberegister der Abtei Werden von 1150 erwähnt Einkünfte aus Geilistirikirkin. Bereits zu Beginn des 12. Jh. hatte dort eine dem hl. Georg geweihte Kapelle Pfarrechte erhalten, um 1450 war sie baufällig geworden und wurde durch eine steinerne Kirche ersetzt, in deren Umkreis sich Handwerker ansiedelten. Bis ins 19. Jh. hatte sie Bestand, und seit der Reformation diente sie beiden Konfessionen als Gotteshaus, aber 1881 mußte auch sie abgetragen werden.

Der Name Gelsenkirchen, den jedermann mit Bergbau, Stahl und Industrie verbindet, stand bis weit ins 19. Jh. für ein Dorf. Ganze 351 Einwohner wurden 1798 gezählt, 1822 waren es 543, und für 1840, als man im Süden des Dorfs erstmals auf ein Kohlenflöz gestoßen war, wird die Zahl mit rund 600 angegeben. Heute leben etwa 285 000 Menschen in der Großstadt, zu der sich Gelsenkirchen und Buer 1928 zusammengeschlossen haben.

Voraussetzung für die Entwicklung zu der neben Bochum größten Kohlestadt auf dem europäischen Kontinent war der Bau der Köln-Mindener Eisenbahn, die ab 1847 auch in Gelsenkirchen Station machte, das in demselben Jahr zur Stadt erhoben wurde. 1855 begann dann Thomas Mulvany aus Dublin mit seinen irischen Fachleuten, die ersten Tiefbauschächte abzuteufen. Die Zeche erhielt den lateinischen Namen seines Heimatlands: Hibernia. Nach mehreren mißglückten Versuchen gelang es 1858, auf dieser Schachtanlage die ersten 200 Tonnen Kohle zu fördern. Die Männer der ersten Stunde waren Ludwig von Oven, der Tierheilkundige Ignaz Ahls und Michael Coor van der Mearen, ein Ire.

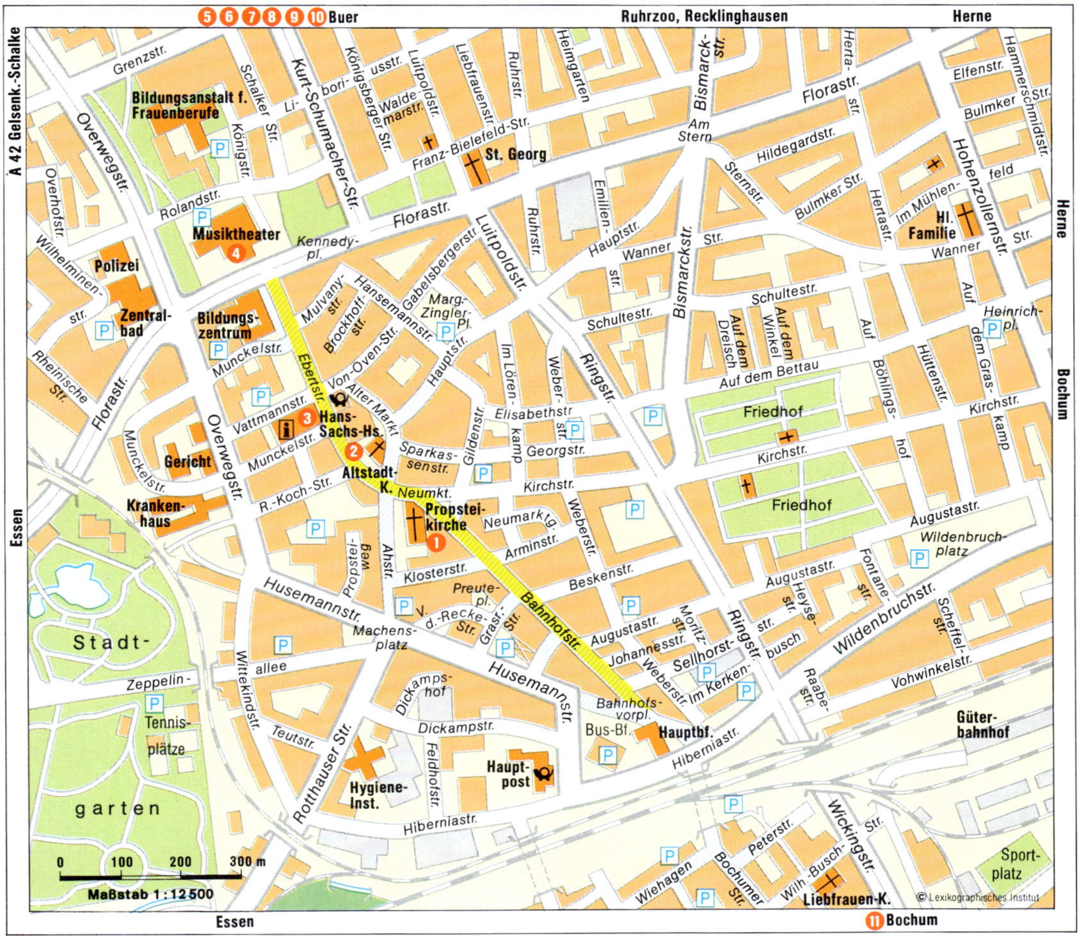

Bis zu 25 Schächte waren auf Gelsenkirchener Stadtgebiet zeitweilig in Funktion, noch 1925 arbeiteten rund 45 % der Beschäftigten im Bergbau. Die vielen Kokereien und Stahlwerke ließen den Namen »Stadt der 1000 Feuer« aufkommen, was auch auf einseitige Ausrichtung und daraus resultierende Krisenanfälligkeit hinwies. In der Kohlenkrise 1924/25 blieben zehn Millionen Tonnen Kohle auf den Halden liegen, und im ersten Halbjahr 1925 gab es auf Zeche Nordstern 24 Feierschichten, einen ganzen Monat Verdienstausfall für die Kumpel. Im August wurden alle vier Schächte stillgelegt, von der 4425 Mann starken Belegschaft waren 1500 über Nacht arbeitslos.

Nach dem Zweiten Weltkrieg, als sich die Zechen gerade von den Zerstörungen erholt hatten, erschütterten mehrere Grubenunglücke den Bergbau und die Öffentlichkeit. Allein auf der Zeche Dahlbusch starben in den Jahren 1950–55 über 120 Kumpel. 14 Bergleute kamen 1955 bei einer Explosion auf »Nordstern« ums Leben. An solchen Tagen warteten verzweifelte Frauen vor den Zechentoren auf Nachricht über das Schicksal ihrer Männer.

Gleich beim Bahnhof grasen Kühe

Immer noch sind rund 13 000 Menschen im Steinkohlenbergbau beschäftigt, davon über die Hälfte unter Tage. Die Ruhrkohle AG betreibt über die Bergbau AG Lippe noch drei fördernde Steinkohlenschachtanlagen. Ihre Leistung entspricht etwa der von 13 Zechen in den 50er Jahren. An Gelsenkirchens Bergbaugeschichte erinnert auch die liebevoll wieder hergerichtete Siedlung Flöz Dickebank ⓫ im Südosten der Stadt.

So sehr die Stadt jahrzehntelang auf Gedeih und Verderb mit dem Bergbau verbunden war, hat sie sich doch ihren ländlichen Charakter erhalten. Knapp ein Drittel des Stadtgebiets ist grün, am Weg zur Künstlersiedlung Halfsmannshof, nur wenige hundert Meter vom Hauptbahnhof entfernt, grasen Kühe, und der Weg nach Buer führt an Feldern

Vielfältige Landschaft

Schlösser, Gärten, Parks und Seen bekommt zu Gesicht, wer sich von der Wanderkarte der Stadt Gelsenkirchen leiten läßt und die ausgedehnten Grünflächen des Stadtgebiets zu Fuß erkundet. Da gibt es das Schloß Berge ❼ mit Park und Garten oder den Ruhr-Zoo mit einer 1,5 ha großen Afrika- und einer Südamerika-Steppe zu erwandern. Alles in allem eine abwechslungsreiche Landschaft, die jedem etwas zu bieten hat: Kindern und Kunstfreunden, Wanderern und Wasserfans, Sportlern und Spaziergängern. Auch Einkehrmöglichkeiten nennt die anregende Karte, die es beim Verkehrsverein gibt (Hans-Sachs-Haus, Ebertstraße 19, ☎ 2 33 76). Sie verzeichnet sieben Rundwanderwege und drei Wanderstrecken, die vom halbstündigen Spaziergang bis zur richtigen Wanderung reichen.

Tips, Tips, Tips

Ein frisches Bier
Kneipen gehören zum Revier wie der Käse zum Allgäu. In Gelsenkirchen lohnt es sich, auf Entdeckungsreise zu gehen. Ein Beispiel für die Schankwirtschaften in alter Zeit ist »Haus Rohmann« (Buer, Horster Straße 20). Bei »Tigges«, gegenüber dem Musiktheater 4 gelegen, sprudeln zehn verschiedene Biersorten aus dem Faß. 112 Jahre ist dieses Gasthaus alt (Ecke Ebert-/Mulvanystraße)!

Rennsport
Bei den Freunden des Pferdesports hat der Name Gelsenkirchen guten Klang. Beim Gelsenkirchen-Horster Galopprennverein am Horster Schloß werden die Galopper gesattelt (☏ 5 54 45), und die Traber werden beim Trabrennverein am Nienhauser Busch vor das Sulky gespannt (☏ 4 09 20). Mit einer hierzulande seltenen Attraktion wartet der Windhund-Rennverein an der Wiedehopfstraße in Resse auf: Dort jagen Windhunde einen mechanischen Hasen (☏ 0 23 66/3 10 81, 3 10 45).

Berühmte Gelsenkirchener
Claire Waldoff (1884–1957) ist in Berlin als Chansonette und Kabarettistin zu Ruhm gekommen, aber ihre Wiege stand in Gelsenkirchen. In ihren Memoiren mit dem Titel »Weeste noch« gedenkt sie auch ihrer Kindheit: »Der Bergmannsgruß 'Glück auf' ist mir in seiner tiefen und schönen Bedeutung Sinnbild meiner Heimat an der Ruhr.« Friedrich Grillo (1847–1938) hat in seiner Vaterstadt nicht nur Unternehmen gegründet, sondern kümmerte sich auch um Gas- und Wasserversorgung sowie um Straßen- und Siedlungsbau. Krönung seines Lebenswerks war die Schaffung der Gelsenkirchener Bergwerks AG, die vor dem Ersten Weltkrieg zum größten Bergbauunternehmen Europas avancierte.

Der »schwebende Fels« des Japaners Takashi Naraha steht vor dem Musiktheater.

entlang. Dieser deutliche Widerspruch zum landläufigen Image von der tristen Industrie- und Bergbaustadt überrascht nur den Touristen, der waschechte Gelsenkirchener sucht seit jeher Erholung auf heimischer Scholle: 3500 Schrebergärten gibt es in der Stadt.

Eiswaffeln, Mode und keineswegs nur Gelsenkirchener Barock

Längst sind andere Branchen in der Revierstadt heimisch geworden und geben zwei Dritteln der Industriebeschäftigten Arbeit. Die Palette ist bunt. Ein großer Eiswaffelfabrikant und ein marktführendes Unternehmen für Diät- und Reformkost sind nur die bekanntesten Vertreter der hier ansässigen Lebensmittelindustrie. Der größte Erdnußimporteur Europas hat seinen Sitz im Gelsenkirchener Stadthafen, und Mode wird in der Stadt auch gemacht, wovon man sich auf den großen Fachmessen in München und Düsseldorf oder auch im Ausland leicht überzeugen kann. Ausgesuchte Stoffe und edle Pelze werden in 20 Betrieben für die feine Welt verarbeitet. Auch in deutschen Wohnzimmern ist Gelsenkirchen mit seinen Produkten vertreten – nicht nur mit Gelsenkirchener Barock. Denn 1953 wurde hier ein Möbeleinkaufsring gegründet, dem mittlerweile 300 Mitglieder des In- und Auslands angehören.

Im Norden der Stadt beherrscht die VEBA Oel AG die Kulisse. In Buer liegen die Werke der VEBA Kraftwerke Ruhr mit einer Leistung von 3900 Megawatt auf Steinkohlebasis. Gelsenkirchen ist außerdem Sitz der Gelsenwasser AG. Dieses größte Wasserwerk der Bundesrepublik Deutschland besteht seit 100 Jahren. Im Stadtteil Schalke werden nahe bei der Zeche Consolidation hochwertige Elektrobleche sowie Druckrohre und Formstücke für die Trinkwasser- und Gasversorgung produziert.

Der Fußball gab dem tristen Leben Glanz

Zumindest die Freunde des Fußballs werden nicht widersprechen, wenn jemand den Stadtteil Schalke mit dem Attribut legendär belegt. Der berühmte »Schalker Kreisel« verbindet sich mit Namen wie Ernst Kuzorra und Fritz Szepan und steht für eine Spielkunst, die in den Zeiten des Profifußballs dem Kampf zum Opfer gefallen ist. Die Ursprünge des Ruhrgebietsfußballs liegen in den Lebensumständen der Arbeitsimmigranten Ende des 19. Jh. Dieser Sport war das ideale Mittel friedlicher Auseinandersetzung zwischen den verschiedenen Landsmannschaften. Er verlangte keine besondere Kleidung und keine teuren Geräte, ein einfacher Lumpenball mußte notfalls genügen. Die Jungen kickten auf den

Zu den historischen Adelssitzen im Norden der Stadt gehört auch das Wasserschloß Berge mit seinen ausgedehnten Parkanlagen.

Straßen und bildeten Mannschaften, die sich einen Namen machten. Dem Leben der Bergleute gab das Spiel ein wenig Glanz, einerlei ob sie spielten oder ihren Idolen zujubelten.

Die Glückauf-Kampfbahn ist heute ebenso Legende wie die Namen der berühmten Spieler. Hier, im Schatten der Zeche Consolidation, holte man sich leicht einen schwarzen Po, denn eine feine Rußschicht bedeckte die Bänke. In den letzten Jahren mußte Schalke 04 manchen Mißerfolg einstecken. Heute spielt der Traditionsverein im hochmodernen Parkstadion, das am südlichen Rand der Parkanlagen von Schloß Berge 7 liegt.

Um diesen und die anderen Adelssitze im Norden der Stadt ranken sich wahre und unwahre Geschichten. Napoleon soll auf Schloß Berge Gast für eine Nacht gewesen sein, aber in den Aufzeichnungen der Stadtschreiber sucht man vergeblich nach Hinweisen auf das Ereignis. Sicher ist hingegen, daß die Damen und Herren von Berge seit dem 12. Jh. die Wasserburg bevölkerten. Mitte des 16. Jh. wurde aus dem Rittersitz ein reines Wohnschloß, dessen Äußeres sich erhalten hat. Im Innern bemüht sich ein Restaurant um das Wohl zahlungskräftiger Gäste, Haus Berge ist das Renommierobjekt einer Schweizer Gastronomiekette.

Das bedeutendste, wenn auch nur teilweise erhaltene Schloß Gelsenkirchens ist Horst 8. Im 16. Jh. erbaut, war es eine »regelmäßige, groß angelegte quadratische Schloßanlage mit vier imponierenden mächtigen Schloßtürmen, die Wände verschwenderisch geschmückt. Ein Bau von beispiellosem Reichtum, an den alles, was das Jahrhundert an Schätzen zu vergeben hat, mit vollen Händen ausgeteilt wurde« (R. Klapheck, 1925). Inzwischen hat die Stadt Gelsenkirchen dieses bedeutende Baudenkmal erworben.

Heute ist die Schachtanlage der Zeche Consolidation ein Denkmal.

Theater, Musik, Veranstaltungen, Museen

Theater

Musiktheater im Revier 4, Kennedyplatz. Großes Haus: Oper, Operette, Musical, modernes Musik- und Tanztheater, Kinderoper und -ballett; Kleines Haus: Oper, Operette, Ballett, Musiktheater für Kinder und Jugendliche, »Musiktheater Werkstatt« mit theoretischen Einführungen zu Neuinszenierungen, »Schulprojekt« in Zusammenarbeit mit Schülern und Lehrern, ☎ 40 97-200.
Gelsenkirchener Amateur-Theater. Literarisches Theater. Spielorte: Schalker Gymnasium, Liboriusstr.; Musiktheater im Revier, Kleines Haus, Kennedyplatz; Volkshochschule, Ebertstr. 19, ☎ 2 17 65.
Thankerpexsus. Experimenteller dramatischer Spaß (Spielorte wie Gelsenkirchener Amateur-Theater), ☎ 2 17 65.
Gaststätte Kenkenberg, Gildenstr. 1. Literarischer Frühschoppen mit Autoren- und Performancelesungen, Hörspiele von Autoren aus der Gelsenkirchener Szene (erster So im Monat), Kleinkunst, ☎ 2 17 65.
Revierpark Nienhausen, Freizeithaus, Feldmarkstr. 201. Figurentheater, ☎ 2 33 76.

Musik

Musiktheater im Revier 4, Kennedyplatz. Großes Haus: Sinfonie-, Chorkonzerte des Philharmonischen Orchesters Gelsenkirchen, »Dienstag-Reihe« mit Kinderkonzerten, Silvester-Galakonzert mit Ball, »Neujahrskonzert«; Kleines Haus: »Philharmonische Matineen« (So), »Forum für Neue Musik«, Kammermusik, Klavierabende, Jazzkonzerte, ☎ 40 97-200.
Hans-Sachs-Haus 3, Ebertstr. 19. Sinfonie-, Kammer-, Jugendkonzerte, sinfonische Blasmusik, ☎ 2 33 76.
Propsteikirche St. Augustinus 1, Neumarkt. Kammermusikensemble »Capella Augustina«, Messen mit Propsteichor, Orgelkonzerte mit intern. Solisten, kirchenmusikalische Andachten (Mai und Okt.), ☎ 2 15 39.
Altstadtkirche 2, Ebertstr. Oratorien, A-cappella-Konzerte, Kammermusik, Kantaten, ☎ 20 46 88.
St.-Urbanus-Kirche 6, Gelsenkirchen-Buer, St.-Urbanus-Kirchplatz. »Sommerkonzerte« mit regionaler Solisten (Sommerferien), ☎ 3 72 06.
Revierpark Nienhausen, Freizeithaus, Feldmarkstr. 201. Rock, Jazz, Folkmusik, Open-air-Festivals, Matineen im Park (So), ☎ 2 33 76.
AWO-Zentrum, Grenzstr. Jazz, Rock, Oldies, Folklore, ☎ 4 09 40.
Schloß Berge 7, Kaffeegarten. Promenadenkonzerte (Mai–Sept.), ☎ 5 99 58.
Jazz- und Art-Galerie, Arminstr. Jazz aller Stile, Folklore, ☎ 14 57 30.

Veranstaltungen

Galopprennbahn, Gelsenkirchen-Horst, An der Rennbahn 10. Berühmte Rennen: Aral-Pokal, Großer Preis der Stadt, Großes Raab-Karcher-Jagdrennen, Silberne Peitsche, ☎ 5 54 46.
Trabrennbahn, Gelsenkirchen-Nienhausen, Nienhausenstr. 42. Elite-Rennen, Ostermann-Pokal, Großer Preis der Stadt, Preis der Schnellsten; Zuchtrennen, ☎ 4 09 20.
Windhundrennplatz, Wiedehopfstr. Stadion Emscherbruch. Einzige Bahn mit intern. Maßstab in Nordrhein-Westfalen, ☎ 78 39 47.
Parkstadion, Kurt-Schumacher-Str. 289. Austragungsort großer Fußballspiele, Leichtathletikmeisterschaften, Fußball-Länderspiele, ☎ 2 33 76.
Febr.: *Tage der Puppenspiele* im Revierpark Nienhausen, Feldmarkstr. 201. Eine Woche Spiele mit Künstlern aus aller Welt, ☎ 1 69-24 43.
Ende Juni: *Ballettage* im Musiktheater im Revier 4, Kennedyplatz. Eine Woche Tanzspektakel des Ballettensembles, Einblick ins Ballett-Training, Workshops, Nachtveranstaltung, ☎ 40 97-0.
Mitte Juli: *Sommerfest,* Schloß Berge. 7 Zwei Tage Nonstop-Programm mit in- und ausländischen Gästen, Tanzformationen, Musikgruppen, Kinderprogramm, Höhepunkt: Großfeuerwerk über dem See, ☎ 1 69-23 09.
Anfang Sept.: *GE-Spektakel* in und am Musiktheater im Revier 4 und im Bildungszentrum, Ebertstr. 19. Tage der offenen Tür der Kulturinstitute mit Kleinkunst, Mal- und Literaturwettbewerben, Kursangeboten, Musik, ☎ 1 69-24 43.
Anfang Okt.: *Filmwerkschau* im Kommunalen Kino, Bahnhofstr. 79. Amateurfilme vom Zeichentrick- bis zum Experimentalfilm, Diskussionen mit Filmemachern, ☎ 1 69-24 43.
Ende Okt.: *Rocktheater* im Revierpark Nienhausen. Festival bekannter Rockgruppen, ☎ 1 69-78 41, 27 07 83.

Museen

Städtisches Museum, Horster Str. 5–7 (s. 5).

»Schlammbeiser« nennen sich die Gießener liebevoll selbstironisch. Ob mit »s« oder »ß«, das weiß niemand so recht. Auch beim Wort Schlamm gibt es zwei Deutungen. Eine weist auf den Gründungsboden der Stadt, ein Feuchtgebiet an der Lahn, hin: »zu den Giezzen«, was soviel heißt wie »zu den Bächen«. Eine andere bezieht das Wort Schlamm auf eine Gruppe von städtischen Arbeitern, die bis zur Jahrhundertwende einer

etwas anrüchigen Tätigkeit nachgingen: die »Schlamp-Eiser«. Sie mußten, als es noch keine Kanalisation gab, Kübel und Fässer leeren, in denen man die Fäkalien sammelte. Nach dem Zweiten Weltkrieg haben die »Schlammbeiser« zusammen mit den vielen Neubürgern aus dem nahezu total zerstörten Gießen wieder eine sehenswerte Stadt aufgebaut, die sich heute selbstbewußt »Metropole Mittelhessens« nennt.

Gießen

Mittelhessens Einkaufsstadt

Wappen Das älteste Siegel von 1248 zeigt den Stadtherrn Pfalzgraf Wilhelm von Tübingen als Reiter mit Fahne und Schild, dann wechselnde Siegel. Der Greifenlöwe als Wappen wurde 1916 von Großherzog Ernst Ludwig verliehen.
Lage An der Lahn, 60 km nördlich von Frankfurt, zwischen Westerwald und Vogelsberg.
Land Hessen
Autokennzeichen GI (auslaufend: L)
Höhe 155–321 m ü. M.
Fläche 72,5 km²
Einwohnerzahl 72 000
Postleitzahl 6300
Telefonvorwahl 06 41
Post Hauptpost, Bahnhofstr. 91, Spätschalter (Mo–Fr 7–20, Sa 7–14, So 10–12 Uhr).
Polizei Station 1 (Gießen-Süd), Karl-Glöckner-Str. 2, ☏ 7 00 61; Station 2 (Gießen-Nord und Kriminalabteilung), Berliner Platz 3, ☏ 30 71
Taxi ☏ 4 10 11
Nahverkehr Busverkehr innerhalb der Stadt und nach Heuchelheim.
Parken Parkhaus Westanlage/Schanzenstr. (Zufahrt Autobahnausfahrt Gießen-West vom Gießener Ring, Richtung Stadtmitte. Unter der Bahnüberführung links einordnen. Nach 150 m rechts die Parkhauseinfahrt.) Parkhaus Westanlage/Reichensand, Fina-Parkhaus Südanlage. Parkplätze: Messeplatz an der Ringallee, Oswaldsgarten, Zu den Mühlen, Brandplatz, Landgraf-Philipp-Platz.
Touristinformation Kongreßhalle, Berliner Platz 2, ☏ 3 06 24 89 (Mo–Fr 9–12, 14–18, Sa 9–12 Uhr); Verkehrsamt, Ostanlage 25, ☏ 3 06 21 88/89 (Mo–Fr 8–12, 14–16 Uhr).
Stadtrundfahrt/Stadtführung Auf Anfrage beim Verkehrsamt sind Stadtrundfahrten oder Stadtführungen möglich.

Stadtrundgang

Ausgangspunkt unseres Stadtrundgangs ist das große Parkhaus an der Westanlage/Schanzenstraße. Der Rundgang ist etwa 3 km lang und dauert ca. eineinhalb Stunden. Wenn Sie auch noch die Abstecher zum Alten Friedhof ❾*, zur Aula der Universität und zum Liebig-Museum* ⓫ *machen, werden es leicht eineinhalb Stunden Gehzeit mehr. Für Erholungspausen bieten sich die Parks an der Ost- und Südanlage ebenso wie der Botanische Garten* ❼ *an. Einkehren können Sie in eines der zahlreichen Gasthäuser in der Fußgängerzone. Bei entsprechendem Wetter sind gemütliche Biergärten besonders zu empfehlen. Sie finden solche z. B. im Seltersweg und am Brandplatz.*

Sehenswürdigkeiten

❶ *Die drei Schwätzer*, Figurengruppe von K. H. Seemann (1983), Ecke Seltersweg/Plockstr.
❷ *Stadtkirchturm*, 1482 erbaut, Rest der gotischen Stadtkirche, die im Zweiten Weltkrieg zerstört worden ist. Obergeschoß des Kirchturms und barocke Turmhaube 1979 in urspr. Form wiederhergestellt.
❸ *Burgmannenhaus am Kirchenplatz.* Grundmauern und Keller stammen aus der ältesten Gießener Burganlage. Das Haus Leib (14. Jh.), eines der ältesten Fachwerkhäuser Deutschlands, 1976/77 rekonstruiert, beherbergt das *Oberhessische Museum – Abteilung Stadtgeschichte und Volkskunde:* Dokumentation Gießens als Festungs- und Ackerbürgerstadt in Karten, Stichen, Fotos, Ölbildern, Urkunden, Wappentafeln; bäuerliches Leben im 18. Jh.: Hausrat, Trachten, Steinzeug; bürgerliches Leben im 19. Jh.: Biedermeiermöbel, Haushaltsgerät, Kuriosa; Industrie, Handwerk und Wirtschaft der Stadt und umliegenden Landschaft vom Mittelalter bis heute (Di–So 10–16 Uhr).
Im benachbarten Wallenfelsschen Haus finden Sie das *Oberhessische Museum – Abteilung Vor- und Frühgeschichte und Völkerkunde:* vor- und frühgeschichtliche Abteilung nach Kulturzeiten gegliedert, einmalig in Westeuropa: »Geröllgerät-Industrie vom Münzenberger Typ« (Steinzeit); Völkerkundesammlung: Exponate aus Indien, China, Japan, Java, dem Pamirgebiet, aus West- und Ostafrika, Ägypten, Neuguinea, Australien (Di–So 10–16 Uhr).
❹ *Pankratiuskapelle*, 1949 entstandener, besonders gelungener Bau aus dem damaligen Notkirchenprogramm.
❺ *Altes Schloß mit Heidenturm (Diebsturm)*, Reste einer Wasserburg aus dem 14. Jh., Landgrafensitz und fürstliche Kanzlei, mehrmals umgebaut, 1944 zerstört, 1980 im alten Stil wieder aufgebaut. Heute befindet sich darin das *Oberhessische Museum – Abteilung Gemäldegalerie und Kunsthandwerk:* Münzsammlung, Fayencen, Steingut, Plastiken (um 1500), Bilder und Möbel (16./17. Jh.); Bilder von Beutler und Schweickhard bis Corinth, Lenbach, Leistikow, Thoma, auch von regional gebundenen Künstlern; Zeichnungen und Druckgrafik vom 16. Jh. bis heute (Schwerpunkte: Will, genannt Wille, und von Ritgen), darüber hinaus Menzel, Liebermann, Trübner (Di–So 10–16 Uhr).
❻ *Neues Schloß*, Mitte des 16. Jh. entstandener spätgotischer Fachwerkbau mit Treppenturm und fünf Erkern. Früher landgräfliche Residenz, heute Universitätsgebäude. Der Hof wird nordöstlich vom Zeughaus begrenzt, einem im Krieg zerstörten Renaissancebau, dessen urspr. Gestalt nach dem Wiederaufbau nur noch in seiner Silhouette erkennbar ist.
❼ *Botanischer Garten* aus dem 17. Jh., einer der ältesten Universitätsgärten der Bundesrepublik Deutschland.
❽ *Stadttheater*, 1907 im historisierenden Stil der Gründerjahre von Ferdinand Fellner und Hermann Helmer errichtet. Vor dem Theater das Röntgen-Denkmal Erich F. Reuters (1962).
❾ *Alter Friedhof*, parkartige Anlage mit künstlerisch wertvollen, bis ins 16. Jh. zurückreichenden Grabsteinen und einer Kapelle aus dem 17. Jh. mit teils nachgotischen, teils Renaissance-elementen. Der Fachwerk-Oberbau wurde im 19. Jh. verändert.
❿ »*Elefantenklo*«, Fußgängerüberführung am Selterstor, errichtet 1968.
⓫ *Wachgebäude*, 19. Jh., bemerkenswerte Tempelfassade, einst Wachlokal einer Kaserne, 1824–52 Laboratorium Justus von Liebigs. Heute *Liebig-Museum.* Mit Liebigs Mobiliar und Laborgerät eingerichtete historische Laboratorien; Bilder, Dokumente, Handschriften; Übersichten über die wichtigsten Forschungen, Versuche und Publikationen Liebigs (Di–So 10–16 Uhr).
⓬ *Neues Philosophikum der Universität*, 1971/72 fertiggestellt, mit dem von modernen Skulpturen gesäumten »Kunstweg«.

Eine Gräfin namens Salome

Nur wenig Sehenswertes aus alter Zeit hat Gießen seinen Besuchern heute noch zu bieten, denn zwei Drittel der Stadt fielen den Bomben des Zweiten Weltkriegs zum Opfer. Insbesondere die Altstadt wurde 1944 fast völlig vernichtet. Der Wiederaufbau ging zwar rasch vonstatten, hat dafür aber weniger schöne Spuren hinterlassen; die nicht zerstörten Baudenkmäler jedoch mußten bis in die 70er Jahre warten, ehe man sich ihrer erinnerte und sie restaurierte.

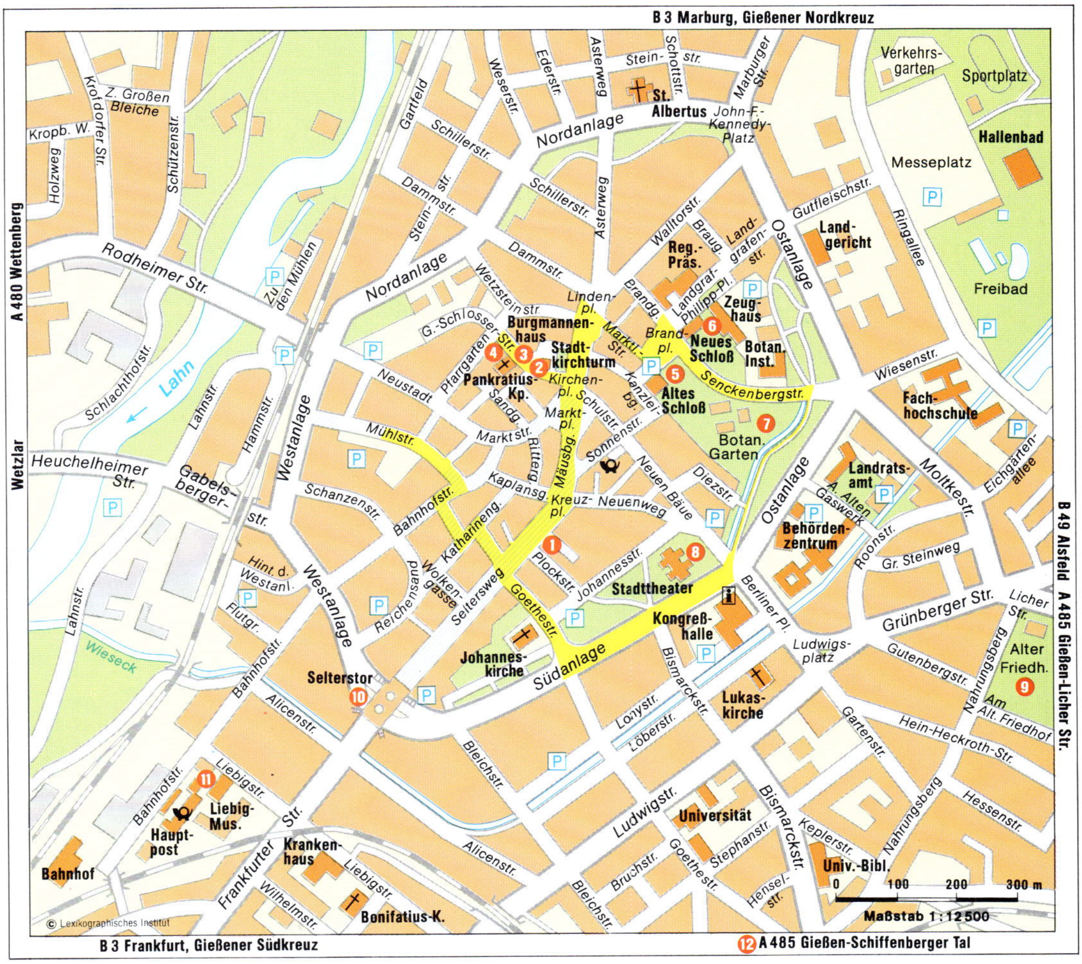

Die Suche nach den Ursprüngen Gießens beginnt mit einem der schönsten Ausblicke auf die Stadt. Vom Gleiberg aus läßt sich die ganze Weite des Lahntals überschauen, eindrucksvoll besonders am Abend, wenn die Lichter aus den Niederungen emporfunkeln. Hier oben haben die Konradiner in der ersten Hälfte des 10. Jh. eine Burg erbaut, deren Ruine auch heute noch den Landstrich an der Lahn beherrscht. Noch im 12. Jh. war hier weithin unbesiedeltes Land, nur von gelegentlichen Überschwemmungen hat man Kunde. Die Siedlungen – zurückverfolgbar bis in vor- und frühgeschichtliche Zeit – lagen auf den Lahnterrassen und umliegenden Höhen. So ist es nicht verwunderlich, daß benachbarte Ansiedlungen zum Teil Jahrhunderte älter sind als die Stadt Gießen selbst. Der Vorort Wieseck z. B. wird bereits 775 urkundlich erwähnt, Gießen erstmals 1197, als sich eine Gleiberger Gräfin namens Salome »comitissa de Giezzen« nennt. Dieser Name – »zu den Bächen« oder »zu den Rinnsalen« – verweist auf eine kleine Wasserburg, die an der Einmündung der Wieseck in die Lahn errichtet worden war. Ohne Palas oder Bergfried bestand sie lediglich aus einer Wehrmauer, die die Wohnplätze der sogenannten Burgmannen schützen sollte.

Reste dieser ältesten Gießener Anlage finden wir heute im restaurierten Burgmannenhaus 3 (Haus Leib) und im Wallenfelsschen Haus am Kirchenplatz, die beide nach ihren letzten Bewohnern benannt wurden. Die tonnengewölbten Keller und Teile der Hauswand sind Reste der alten Burganlage. Das Leibsche Haus, 1349 auf den Burgmauern errichtet, zählt zu den ältesten Fachwerkhäusern Deutschlands. Typisch für den gotischen Fachwerkbau sind die Auskragungen der oberen Stockwerke. Lange »Knaggen« – Stützbalken, die jedem zweiten Balkenkopf vorgelagert sind – sorgen für die Sicherheit der Decken und Pfosten des nächsten Geschosses. Das Leibsche Haus wurde 1944 weitgehend zerstört und 1976/77 im ursprünglichen Stil wieder aufgebaut. In den vier Stockwer-

Mal Manisch pucken?

Falls ein Gießener in seinen Spezialdialekt verfällt, versteht der Fremde gar nichts mehr. Wenn einer nach einem freundlichen »Latschi diwes« über »tschü lowi« klagt, hat er zwar anständig »Guten Tag« gesagt, aber sein Tag steht unter keinem guten Stern, weil er »kein Geld« in der Tasche hat. Der Betreffende »puckt« Manisch; er gebraucht Wendungen aus einer Sprache, die in Richtung Rotwelsch weist.
In dem Stadtbereich »hinner de Lahn« hat sich das Manische noch erhalten. Eine Reihe von Ausdrücken ist in die Gießener Umgangssprache eingeflossen: Wenn der »Tschabo« (junger Mann) mit dem »Pimangelo« (Zigarette) zwischen den Lippen nicht »rafft« (begreift), daß ihn die »Tschai« (Mädchen) gern zum »Gardsch« (festen Freund) haben möchte, bleibt er ein »Nervelo/Navelo« (Dummkopf), bis er »mulo« (tot) ist. »Aweles« (aber sicher)! Vielleicht sollte er das Ganze etwas lockerer angehen; dafür wäre »latscho« das rechte Wort.

Burgen – gastliche Häuser
Fast alle Burgen, Bollwerke, Befestigungen in und um Gießen haben die Gastronomen und Hoteliers erobert. Rüstungsteile, Waffen und andere geschichtsträchtige Utensilien erinnern an rohen Mauerwänden gelegentlich an die vergangenen Tage. Im Vergleich zum eher bescheidenen Büfett der »Schiffenberg-Restauration« liegt die Küche auf Burg Gleiberg nicht nur geographisch um einiges höher. 9 km nördlich von Gießen läßt es sich ebenfalls in Burggewölben speisen. Die Burg Staufenberg stammt aus dem 12. Jh. Auch am Fuß der Vetzbergruine (12. Jh.) muß man nicht lange suchen, um einen Gasthof zu finden. Auf dem einst von Kelten besiedelten Dünsberg (historischer Rundweg) erfüllt ein größeres Restaurant die Wünsche der Wanderfreunde. Schließlich kann die Klosteranlage in Arnsburg (12. Jh.) mit einem Hotel und einem gemütlichen Restaurant in der alten Klostermühle aufwarten (13 km südöstlich von Gießen, Anfahrt: B 457 über Lich).

ken bietet heute das Oberhessische Museum einen Einblick in die Gießener Stadtgeschichte. Eine Kostbarkeit ist das Exemplar der »Schedelschen Weltchronik« von 1493. Im Wallenfelsschen Haus nebenan hat eine Sammlung für Völkerkunde ihren Platz gefunden, darunter – einzig in Europa – eine ständige Ausstellung über die Ladakh-Kultur aus dem indisch-pakistanischen Grenzgebiet.

Hessisch seit 700 Jahren

Der Stadtkirchturm 2 gegenüber, mit seiner 1979 wiederhergestellten barocken Turmhaube gern als Wahrzeichen Gießens angesehen, steht ebenfalls auf historischem Boden. Mitte des 12. Jh. stand hier, vor den Toren der Wasserburg, eine Kapelle. Auf ihren Fundamenten erhob sich später eine gotische Pfarrkirche, die – bis auf den 1484 erbauten Turm – Anfang des 19. Jh. einer klassizistischen Stadtkirche weichen mußte. Diese brannnte im Zweiten Weltkrieg aus. Der Turm wird heute als Gebets- und Andachtsstätte genutzt. Die Pankratiuskapelle 4, schräg gegenüber in der Georg-Schlosser-Straße, gilt als bemerkenswerter Notkirchenbau der Nachkriegszeit.

Im Schutz der Burg entstand allmählich eine Niederlassung, die 1248 erstmals als Stadt erwähnt wurde. Knapp 20 Jahre später ging Gießen an die Landgrafen von Hessen über und ist seitdem hessisch geblieben.

Gesichert wurde die wachsende Siedlung Anfang des 14. Jh. durch eine zweite Wasserburg. Das mehrmals umgebaute, 1944 zerstörte und in den 70er Jahren restaurierte Alte Schloß 5 am Brandplatz geht auf diese Burganlage zurück. In seiner ursprünglichen Form erhalten ist lediglich der Heidenturm, auch Diebsturm genannt. Das Alte Schloß

Wenn auf dem Brandplatz Wochenmarkt ist, herrscht vor dem Neuen Schloß buntes Treiben.

diente den Landgrafen zeitweilig als Residenz, war später Fürstliche Kanzlei, im 19. Jh. Großherzogliches Hofgericht und Sitz der Provinzialregierung für Oberhessen. Seit 1980 zeigt das Oberhessische Museum hier neben Gemälden, Porzellan und Münzen auch Kunsthandwerk.

Wo einst das Feuer wütete: der Brandplatz

Mitte der 30er Jahre des 16. Jh. erbaute Landgraf Philipp der Großmütige das Neue Schloß 6 als spätgotischen Fachwerkbau an der Schmalseite des Brandplatzes. Ungefähr gleichzeitig ließ er einen Ringwall um die Stadt aufschütten. Dieser Wall bildet die Trasse des von schmalen Parkstücken gesäumten Straßenrings um die Gießener Innenstadt: Nord-, Süd-, Ost- und Westanlage. Der Brandplatz hat seinen Namen nach einem verheerenden Feuer zu Pfingsten 1560 erhalten, dem 168 Häuser zum Opfer fielen. Gießens größter Platz ist durch Neu- und Umbauten seinem historischen Gesicht wieder etwas näher gekommen. An wöchentlich drei Vormittagen in den Sommermonaten und zweien im Winter herrscht hier und in den Marktlauben Gedränge: das bunte Treiben des Gießener Wochenmarkts, einer liebgewordenen Einrichtung, zu der Anbieter und Käufer aus dem gesamten Umland nach Gießen kommen.

An die alte Garnisonstadt Gießen erinnert noch der mächtige Renaissancebau des Zeughauses hinter dem Neuen Schloß 6, der im Krieg zerstört wurde. Nach dem Wiederaufbau kann man sein ursprüngliches Aussehen nur erahnen. Das heutige Universitätsgebäude diente als Arsenal für die landgräfliche Artillerie und zeitweise als Kaserne. Es brannte 1944 völlig aus.

Militärischer Standort ist Gießen bis heute geblieben. Zwei Kasernen und ein Krankenhaus der Bundeswehr, zwei US-Kasernen, ein amerikanisches Nachschublager mit einem der größten Containerterminals in der Bundesrepublik Deutschland geben der Stadt besonders im östlichen Bereich ihr Gepräge. Auch die Militäranlagen im Umland weisen auf die strategische Bedeutung hin, die Gießen zugemessen wird.

Mit 21 Jahren Professor

Neben den Soldaten gehören die Studenten und Universitätsangehörigen seit bald drei Jahrhunderten zum Stadtbild, heute internationaler denn je. Die Gründung der Universität, der Alma Mater Ludoviciana, geht auf das Jahr 1607 zurück. Die heutige Justus-Liebig-Universität mit ihrem Hauptgebäude (1877–79) in der Ludwigstraße hat ihre Hörsäle und Institute auf das ganze Stadtgebiet verteilt. Zu den größten Komplexen gehören das Klinikum (stadtauswärts links der Frankfurter Straße), das Neue Philosophikum 12 (stadtauswärts links des Schiffenberger Wegs) und der Bereich Naturwissenschaften am Leihgesterner Weg.

Hausberg: Schiffenberg

Gießens Hausberg ist der 280 m hohe Schiffenberg, 4 km südöstlich der Stadt gelegen und von der Stadtmitte über die Bismarckstraße und den Schiffenberger Weg zu erreichen. 1129 gründete hier Clementia von Gleiberg ein Augustiner-Chorherrenstift. Eine dreischiffige Basilika mit achteckigem Vierungsturm und zwei Chören entstand in der Folgezeit. Die Ruine dient heute kirchlichen und kulturellen Zwecken.

Um den beachtenswerten Hofbrunnen (1717) reihen sich vom »Eselstor« (1715) aus gesehen: ein altes Brauhaus, ein Pferdestall, die Propstei (1463) und drei Gebäude der ehemaligen Komturei, deren ältestes aus dem Jahr 1493 stammt. Der Komplex wird heute als Gastwirtschaft genutzt.

Neuere Ausgrabungen brachten im Außenbereich ein Wohnhaus, eine Wehrmauer, Wehrgräben und eine Eisenschmelze aus dem 7./8. Jh. zum Vorschein. Weitere Funde reichen sogar bis in die Urnenfelder-Kultur (ca. 1000 v. Chr.) zurück.

1972 übernahm die Stadt Gießen die Staatsdomäne Schiffenberg und baute sie zu einem weitläufigen Naherholungsgebiet aus. Wanderwege, ein Trimm-dich-Pfad, Grillplätze, Schutzhütten, Spielplätze wurden angelegt – am Berghang grüßt ein Indianerdorf. Im Innenhof läßt es sich bei Kaffee, Äppelwoi oder Handkäs mit Musik genüßlich verweilen.

Der Schiffenberg ist ideales Ziel für Familienausflüge – auch im Winter, wenn Rodelschlitten die Hänge beherrschen. Von Mitte Mai bis Mitte September findet hier der »Musikalische Sommer« statt. Fast jedes Wochenende geben Musikgruppen aller Schattierungen – fast immer eintrittsfrei – Kostproben ihres Könnens.

»Die drei Schwätzer« sind bei den Gießenern überaus beliebt.

Auf dem Gipfel eines Basaltkegels reckt sich der massige Hauptturm der Burgruine Vetzberg empor.

Tips, Tips, Tips

Speisen wie im Mittelalter
»Knochen nagen« wie die Ritter kann der Gießen-Besucher täglich in der Badenburg, einem alten Herrensitz aus dem späten Mittelalter. Leider ist dieses urige Lokal etwas schwer zu finden. Am besten, Sie fahren den Wißmarer Weg stadtauswärts. Ca. 6 km nach der Bahnunterführung zweigt der schmale Inselweg nach rechts ab (Hinweisschild), Sie fahren unter der Autobahn durch und erreichen dann nach 500 m die Badenburg.

Mit dem Boot auf der Lahn
Schwimmen in der Lahn ist nicht unbedingt ein Vergnügen, aber wie wär's einmal mit einer Bootsfahrt oder gar einer Bootswanderung auf der Lahn? Dafür eignet sie sich nämlich ausgezeichnet – dank der Bootsschleusen an allen Wehren. Für Wassersportler gibt es auch noch flußabwärts bei Heuchelheim ein Refugium mit recht großflächigen Seen. Man kann dort campen, baden, surfen usw.

Wieder ein Flugplatz für Gießen
Die für Gießen einerseits so schmerzliche Zeit der Gebietsreform brachte andererseits ein willkommenes Geschenk – im Rahmen der neuen Gemarkungsgrenzen. Ausgerechnet die Gemeinde Lützellinden, das zuletzt eingemeindete Dorf mit etwa 1850 Einwohnern, bot als Mitgift 1979 einen regelrechten Flugplatz dar. Das kleine, aber feine Areal, knapp 700 m lang, an der äußersten Südwestecke der Stadtgrenze gelegen, erlaubt freilich keine Landungen von größeren Verkehrsmaschinen. Bereits in den 20er Jahren war in der Talaue der Wieseck ein kleiner Zivilflugplatz eingerichtet worden. Von hier aus waren täglich Zubringerdienste zum Flughafen Frankfurt möglich. Militärische Vorhaben stoppten dann nach neun Jahren (1934) die zivilen Flugplatz-Aktivitäten in der Wieseckaue. Fast vom selben Platz aus lassen sich heute Segelflieger und Motorsegler in die Lüfte tragen.

Umbenannt wurde die Universität nach ihrem berühmten Lehrer Justus von Liebig, dem Sohn einer Darmstädter Drogistenfamilie. 1824 erhielt er mit 21 Jahren eine Professur für Chemie an der damaligen Landesuniversität. In den 28 Jahren seines Wirkens in Gießen setzte er einen ganzen Wissenschaftszweig in Bewegung. Agronomie und Agrikulturchemie verdanken ihm wesentliche Impulse durch seine Experimente mit mineralischer Düngung. Chloroform, Backpulver und Fleischextrakt gehen auf Liebig zurück; die Spiegelhersteller verdanken ihm ein Verfahren ohne das schädliche Quecksilber. Das Laboratorium im ehemaligen Wachgebäude (11) einer Kaserne an der Ecke Liebig-/Bahnhofstraße ist als Museum mit Sammlungen aus Liebigs Leben und Wirken eingerichtet. Von dem einst meterhohen Liebig-Denkmal aus weißem Marmor in der Ostanlage hat lediglich der Kopf die Zeiten überdauert.

Ein modernes Bronzemonument des Berliner Bildhauers Erich F. Reuter erinnert neben dem Stadttheater (8) an den Physiker Wilhelm Conrad Röntgen, der von 1879 bis 1888 in Gießen lehrte und später die nach ihm benannten Röntgenstrahlen entdeckte. Er war der erste Nobelpreisträger für Physik (1901). Auf eigenen Wunsch fand er in Gießen seine letzte Ruhe. Sein Grab ist eine oft besuchte Stätte innerhalb der Parkanlage des Alten Friedhofs (9).

Im Löwen genoß Herr Goethe ein Nößel Tischwein

Gelegentlicher Gast in Gießen war auch Goethe, dessen Vater in Gießen die juristische Doktorwürde erworben hatte. An seine Besuche erinnern noch zwei Gebäude: In der oberen Etage der Goethebuchhandlung (gegenüber der Stadtpost in der Neuen Bäue) besprach sich Goethe mit dem Rechtsgelehrten Höpfner. Anschließend kehrten sie zu einem »Nößel Tischwein« in den Gasthof »Zum Löwen« ein. Das Haus im Neuenweg ist eines der wenigen noch bestehenden Lokale aus dem alten Gießen – es steht unter Denkmalschutz.

Der Heidenturm, in dem sich ein kuppelgewölbtes Verlies befindet, war ursprünglich der Bergfried des Alten Schlosses.

Durchreisende Dichter und Literaten hat die Stadt viele gesehen. Das reicht von Christoph Martin Wieland bis Martin Walser. Einer verweilte etwa zwei Jahre: Am 31. Oktober 1833 schrieb sich Georg Büchner als Student der Medizin an der Universität ein. Eine bescheidene Plakette am Haus Seltersweg 46 erinnert an seinen Aufenthalt in einer Stadt, die er »abscheulich« fand und der er »hohle Mittelmäßigkeit« bescheinigte. Dem Kampf gegen die politische Enge des 19. Jh. diente seine Kampfschrift »Der Hessische Landbote« mit dem Motto »Friede den Hütten! Krieg den Palästen!«. Auch im »Woyzeck« klingt das dumpf-kleinstädtische Milieu an. Eine abgelegene Straße und eine Schule tragen Büchners Namen.

Eine Straße im Vorort Wieseck ist nach Wilhelm Liebknecht benannt. Der gebürtige Gießener gründete 1869 zusammen mit August Bebel die Sozialdemokratische Arbeiterpartei, aus der sich später die heutige SPD entwickelte.

Aus der Großstadt »Lahn« wurde nichts

Parteienzank bestimmte mehr als ein Jahrzehnt die neueste Gießener Geschichte. Im Rahmen einer Gebietsreform sollte die Stadt mit Wetzlar und 14 Umlandgemeinden Mitte der 70er Jahre zu einer Großstadt namens Lahn verschmolzen werden. Den Buchstaben L für Lahn gibt es zwar vereinzelt immer noch auf Autonummernschildern, aber das Zwangsgebilde existierte nur 31 Monate lang, bis 1979. Nach seiner Auflösung erschien Gießen wieder auf der Landkarte, blieb aber eine gebeutelte Stadt; zwar konnte sie sich durch einige Eingemeindungen vergrößern, wurde auch Sitz eines Regierungs- und eines Polizeipräsidiums, doch die vielgeliebte Kreisfreiheit war verloren, die Ausdehnungsmöglichkeit beschnitten.

Geblieben ist den Gießenern eine Stadt, die dank ihrer Wirtschaft, ihrer Verwaltungseinrichtungen, ihres Kulturlebens und ihrer Universität, auch dank ihrer verkehrsgünstigen Lage zum funktionalen Zentrum von überregionaler Bedeutung geworden ist. Aus der ehemaligen Provinzhauptstadt hat sich eine moderne Kongreß- und Einkaufsstadt entwickelt, deren Fußgängerbereich und Parkanlagen auch zum Bummel einladen. Zwei Umstände sollte der Besucher bei der Planung seiner Gießen-Visite immer bedenken: je größer der Kongreß, um so kleiner die Zahl der freien Hotelbetten; und je »verkaufsoffener« der Samstag, desto weniger Parkplätze.

Mehr Schwein als Rind

Die Gießener Küche, wenn es sie jemals gegeben haben sollte, gehört der Vergangenheit an. Dem allgemeinen Trend folgend, beherrschen der europäische Süden und das ferne Asien die Speisekarten, auch süd- und nordamerikanische Spezialitäten bereichern das Angebot.

Die deftig-herzhafte Küche der Oberhessen gibt es höchstens noch im Umland: den »Belzschuh« oder »Bellschou«, ein gebratenes Stück Hackfleisch (übergroße Frikadelle oder kleiner Hackbraten – wie man will), das mit einer ordentlichen Portion gedünsteter Zwiebeln belegt ist. Eingelegter Handkäse in Essig und Öl mit einer Portion roher Zwiebeln obendrauf – auch Kümmel darf nicht fehlen – heißt »Handkäs mit Musik«. »Strammer Hund« ist eine geräucherte Wurst, der »Stramme Max« ein Brot mit Schinken und obenauf Spiegelei.

Theater, Musik, Veranstaltungen, Museen

Theater

Stadttheater Gießen ❽, Berliner Platz. Oper, Operette, Musical, Ballett, Schauspiel, mobiles Jugendtheater, ☎ 79 57-0.
Theaterstudio in der Zigarrenfabrik am Kennedyplatz, Ostanlage 49. Sprechtheater, Kleinkunst, ☎ 7 23 77.
Probebühne in der Bezirkssparkasse, Johannesstr. 1. Einführungen in die gespielten Stücke – Musik und Schauspiel, ☎ 7 23 77.
Theater im Museum, Brandplatz. Alle Arten kultureller Veranstaltungen, ☎ 3 06 24 77.
Ulenspiegel, Seltersweg 55. Kleinkunst, Musik, Talkshows, Diskussionen, Kinder-, Clown- und Frauentheater, ☎ 7 17 57.

Musik

Kongreßhalle, Berliner Platz. Großkonzerte, Star-Galas, Tourneeveranstaltungen, ☎ 7 10 44.
Aula der Universität, Hauptgebäude. Orchesterkonzerte, Kammermusik, ☎ 7 20 20 35.
Johanneskirche, Südanlage, alternierend mit *Petruskirche*, Wartweg. Drei oratorische Aufführungen pro Jahr. Konzerte auf der Förster- und Nicolaus-Orgel, ☎ 3 26 43.
Jazz-Club Domizil, Braugasse 6. Swing und Dixie, ☎ 3 64 41.
Irish Folk Pub, Walltorstr. 27. Irische, schottische und amerikanische Musik, Folk, ☎ 3 80 28.

Veranstaltungen

Winterhalbjahr: *Gießener Meisterkonzerte* in der Kongreßhalle mit intern. Orchestern und Interpreten, ☎ 7 10 44.
1. So im Monat: *Flohmarkt* in der Hessenhalle/Schlachthof (10–18 Uhr).
Pfingsten: *Gießener Ruderregatta* auf der Lahn. Intern. Besetzung in den Klassen Einer bis Achter, ☎ 8 25 45, 7 58 77.
Febr.–Mitte Mai: *Internationale Woche* in der Kongreßhalle mit Kunstausstellung der Gastländer; Mai: Straßenfeste, Folklore, Konzert- und Theatervorführungen, ☎ 3 06 24 74.
Mitte April und Ende Aug.: *Antikmarkt* in der Kongreßhalle. Intern. Händler- und Sammlertreff; Antiquitäten, Raritäten, Kunst, ☎ 7 10 44.
Mitte Mai–Mitte Sept.: *Musikalischer Sommer* auf dem Schiffenberg. Volkstümliche Musik, Tanz-, Unterhaltungs-, klassische und Kirchenmusik, Rock, Pop, Jazz, ☎ 3 06 21 18.
Anfang Aug.: *Straßenfest des Ulenspiegel* in der Fußgängerzone, Seltersweg. Musik, Kindertheater, Ausstellungen, ☎ 7 17 57.
Mitte Aug.: *Open-air in Laubach*. Ein Wochenende im Steinbruch am Ramsberg mit intern. Musik- und Theaterprogramm, Workshops, ☎ 7 18 50.
Anfang Sept.: *Stadtfest* im gesamten City-Bereich. Händlermarkt, Straßenmusik, ☎ 3 25 98.
Anfang Okt.: *Gießener Gitarrentage* auf Schloß Rauischholzhausen, ☎ 7 20 20 35.

Museen

Liebig-Museum, Liebigstr. 12 (s. ⓫).
Oberhessisches Museum – Abteilung Gemäldegalerie und Kunsthandwerk, Altes Schloß, Brandplatz 2 (s. ❺).
Oberhessisches Museum – Abteilung Stadtgeschichte und Volkskunde, Burgmannenhaus, Georg-Schlosser-Str. 2 (s. ❸).
Oberhessisches Museum – Abteilung Vor- und Frühgeschichte und Völkerkunde, Wallenfelssches Haus, Georg-Schlosser-Str. (s. ❸).

Goslar

Kaiserstadt am Harz

Das Oval der Altstadt umfaßt gerade einen Quadratkilometer. Aber was für einen! Fast alles, was Kaiser, Bischöfe, Fürsten und andere reiche Leute während des Mittelalters und später errichtet haben, ist noch vorhanden: Kirchen, Patrizier- und Bürgerhäuser, an die 1000 Fachwerkbauten, das Rathaus und die mächtige Kaiserpfalz (unser Bild).
Über allem thront der Rammelsberg. 1000 Jahre lang wurde hier Erz gefördert, bis 1988 dann das älteste Bergwerk der Welt seine Stollen schließen mußte – die Vorräte waren erschöpft.
Vielleicht macht man den ganzen Berg zum Museum – bei Goslars intensiven Bemühungen um den Tourismus kein abwegiger Gedanke. Zwar sind die Anstrengungen des »Dukatenmännleins« am Kaiserworth aller Ehren wert, aber allein wird der Gnom das Stadtsäckel wohl nicht füllen können.

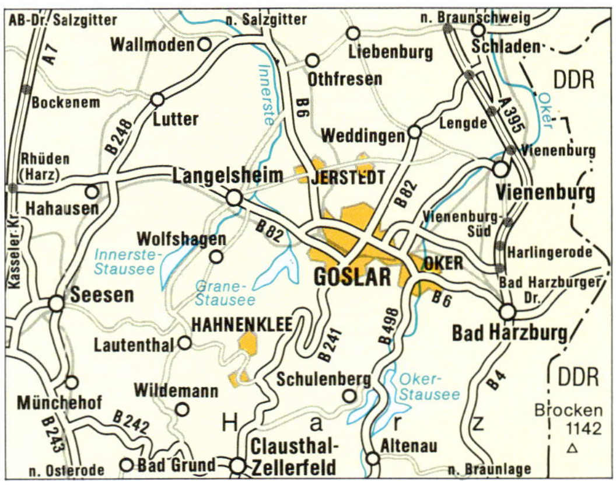

Wappen Als freie Reichsstadt trägt Goslar seit 1340 im Siegel den Reichsadler, der in das Wappen übernommen wurde.
Lage Nördlicher Rand des Harzes
Land Niedersachsen
Autokennzeichen GS
Höhe 175–763 m ü. M.
Fläche 92 km^2
Einwohnerzahl 46 000
Postleitzahl 3380
Telefonvorwahl 0 53 21
Post Postamt Goslar, Klubgartenstr. 10, Spätschalter (Mo–Fr 7.30–12, 15–20, Sa 8–15.30, So 8.30–11.30 Uhr).
Polizei Heinrich-Pieper-Str. 1, ☏ 7 91
Taxi ☏ 2 22 22, 2 22 88, 2 44 66
Nahverkehr Linienbusse, verbilligte Mehrfahrtenkarten.
Camping Campingplatz Sennhütte an der B 241, ☏ 2 24 98, Richtung Clausthal-Zellerfeld; in Goslar-Hahnenklee Camping am Kreuzeck, ☏ (0 53 25) 25 70, erreichbar über B 241, Richtung Clausthal-Zellerfeld.
Parken Da der Stadtkern klein ist, empfiehlt es sich, nicht mit dem Auto in die Innenstadt zu fahren. Von der B 82 aus bietet sich der Parkplatz an der Astfelder Str. an, von der B 241 aus der an der Kaiserpfalz.
Touristinformation Kur- und Fremdenverkehrsgesellschaft Goslar-Hahnenklee mbH (KFG) – Tourist-Information, Markt 7, ☏ 28 46 (Mo–Fr 9–13, 14–17, Sa 9–12.30 Uhr).
Stadtführung Stadtführungen, Harzrundfahrten, Pauschalangebote, Zimmervermittlung zu erfragen bei KFG – Tourist-Information, ☏ 28 46.

Stadtrundgang

Goslar zu Fuß – da muß festes Schuhwerk her, denn das alte Kopfsteinpflaster und die gelegentlich steilen Anstiege stellen Anforderungen an Schusters Rappen. Ausgangspunkt ist der Bahnhof, weil's in der Nähe auch Parkplätze gibt. Vor Ihnen liegt die Stadt, die 1000 Jahre Geschichte zu bieten hat und sie auch herzeigen kann. Daher nehmen Sie sich so viel Zeit wie möglich – auch ohne die obligaten Besichtigungen gibt es so viel zu gucken, daß Sie eigentlich von morgens bis abends zu tun hätten. Apropos: Wenn Sie um 9 Uhr schon beim Kämmereigebäude am Markt sind, erfahren Sie vom dortigen Glockenspiel einiges über die Entwicklung Goslars und den Erzbergbau am Rammelsberg. Bis zur Kaiserpfalz ⓫ müssen Sie auf jeden Fall kommen, zwischendurch gibt es genügend hübsche Orte zum Einkehren.

Für den hochgelegenen Stadtteil Hahnenklee (Luftkurort) sollten Sie von vornherein einen ganzen Tag einplanen: Die vielen Wanderwege, die schönen Plätzchen zum Rasten, der Kurpark, die Stabkirche . . .

Sehenswürdigkeiten

❶ *Ehem. Benediktinerinnenklosterkirche Neuwerk*, älteste Teile (im Osten) aus dem 12. Jh. Langhaus und Westfassade sind jünger (vermutlich um 1225). Jüngste romanische Kirche Goslars. Geprägt durch zwei Türme im Westen, versehen mit reichem Bauschmuck und ungewöhnlich starker plastischer Durchgliederung, gehört sie zu den schönsten Kirchen Niedersachsens. Die spätromanische Malerei im Chor (um 1225) gehört zu den wichtigsten Teilen der Innenausstattung; der Lettner (1225–30) steht heute in der mittleren Turmhalle. Erstaunlich ist die Harmonie von Bau und Ausstattung angesichts der sehr kurzen Bauzeit.

❷ *Pfarrkirche St. Jakobi*, vermutlich älteste, wenn auch nur teilweise erhaltene Pfarrkirche Niedersachsens. Wahrscheinlich 1073 von Bischof Hezilo von Hildesheim erbaut, danach reformiert, seit 1805 wieder katholisch. Westturm um 1140 an die Basilika angefügt, Anfang des 16. Jh. kamen südliches und nördliches Seitenschiff dazu, dadurch Umgestaltung zur Hallenkirche. Innen Vesperbild (Marienklage) von Hans Witten (um 1520); Steinrelief an der Westwand des südlichen Seitenschiffs: Marienkrönung (1513); Renaissance-Orgelgehäuse, Taufbecken (1592), Kanzel (1620), reichgeschnitztes Stuhlwerk (Barock, Ende 17. Jh.) von Heinrich Lessen d. Ä.

❸ *Marktbrunnen* (romanisch, erste Hälfte 13. Jh.), bestehend aus zwei großen Bronzeschalen, verbunden durch einen mit geflügelten Figuren besetzten Schaft. Darüber der Reichsadler, seit 1340 Goslars Stadtwappen.

❹ *Rathaus* (15. Jh.), zweigeschossiger gotischer Bau mit zweischiffiger Halle im Untergeschoß, westlich anschließend Marienkapelle (1449) mit bemerkenswerter Marienstatue. Im Obergeschoß, zugänglich über die Freitreppe von 1537, spätgotisches Ratsherrenzimmer (Huldigungssaal) mit einzigartigen spätgotischen Wandmalereien; Evangelienbuch (um 1230) und Bergkanne von 1477.

❺ *Kaiserworth* (1494), Gildehaus der Gewandschneider (Tuchhändler), mit hölzernen barocken Kaiserfiguren auf Konsolen, die u. a. Adam und Eva und das volkstümliche »Dukatenmännlein« darstellen. Auf dem Erker ein späterer Aufbau.

❻ *Brusttuch*, Fachwerkbau mit spätgotischem steinernen Untergeschoß (1521). Das üppige Schnitzwerk zeigt mythologische Darstellungen und Ornamente. Am bekanntesten die »Butterhanne«.

❼ *Pfarrkirche St. Cosmas und Damian (Marktkirche)*, erste Erwähnung 1151, seit 1528 evangelisch. Heutige Basilika mit Westturm, drei Schiffen, Querhaus, Apsiden und Chor steht seit etwa 1170. Wichtigste Teile der Ausstattung: Glasmalereien mit dem Martyrium der Heiligen Cosmas und Damian (13. Jh.), Taufe von Magnus Karsten (1573), Kanzel (1581), Altarwand (1659).

❽ *Bäckergildehaus*, zweites – neben dem Kaiserworth ❺ – erhaltenes Gildehaus Goslars. Unterbau von 1501, vorkragendes Obergeschoß mit Fächerfries von 1557. Wappenstein mit Adler, der einen Wecken auf der Brust trägt, unter dem Schild Darstellungen von Gebäck.

❾ *Stift zum Großen Heiligen Kreuz*, als Hospital 1254 gegründet. Hauptbau aus dem 13. Jh. mit großem Stufenportal und gotischer Fassade, im Innern große Diele und Balkendecke. Südlich anschließend älterer romanischer Trakt mit Kapelle im Untergeschoß und Kleeblattbogen im Obergeschoß.

❿ *Kapelle St. Ulrich und Domvorhalle*, Kapelle (um 1125) im Osten an die Kaiserpfalz anschließend. Untergeschoß aus gleichmäßigen Quadern als griechisches Kreuz ausgebildet, Obergeschoß als Achteck. Unter dem Stifterdenkmal Heinrichs III. wird das Herz dieses Kaisers verwahrt. Die ebenfalls in den Pfalzkomplex einbezogene Stiftskirche St. Simon und Judas, der Dom, wurde im 19. Jh. abgerissen. Erhalten ist die Domvorhalle, in der der »Kaiserstuhl« (11. Jh.) steht. Er gilt als herausragendes Beispiel mittelalterlicher Handwerkskunst.

⓫ *Kaiserpfalz* (11. Jh.); erste nachweisbare Fürstenversammlung 1009 unter König Heinrich II. (Kaiserkrönung 1014). Neubau unter König Heinrich III. (1039–56; Kaiserkrönung 1046). Romanisches Bauwerk mit dem Reichs- und Kaisersaal als Zentrum. Er nimmt das ganze Obergeschoß des einstigen Palas ein und gilt als größter Saal in den deutschen Kaiserpfalzen. Ab 1290 unterstand die Pfalz den jeweiligen Stadtvögten. 1866 vor dem geplanten Abriß gerettet, wird sie 1868–79 restauriert – das neugegründete Kaiserreich (1871)

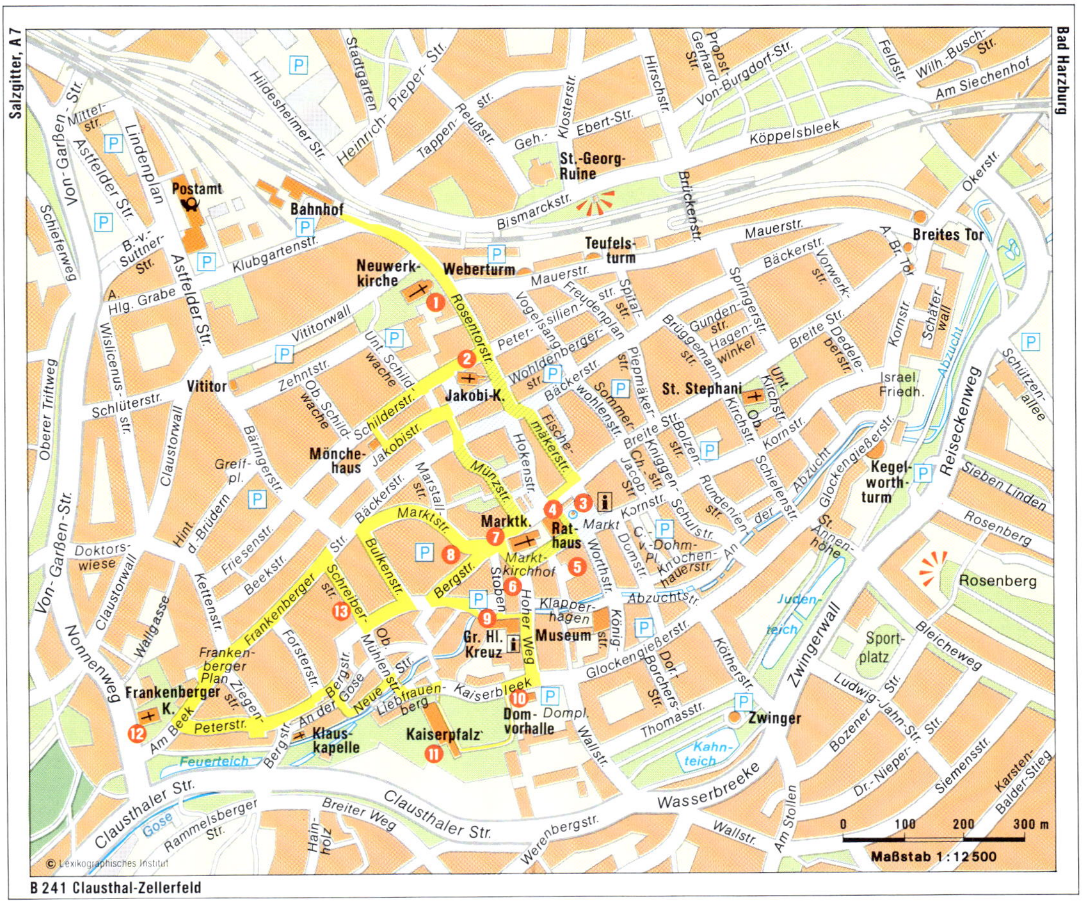

Im hellen Glanz des Abendlands

Wollte man der Überlieferung glauben, müßte Goslar ein scharrendes Pferd im Wappen tragen. Denn ein angebundenes Roß soll aus Langeweile eine Silberader freigetreten haben, derweil sein Herr im tiefen Tann hinter einer waidwunden Sau her war.

Wie auch immer die lukrativen Reichtümer des Rammelsbergs zutage getreten sind, sie haben Goslar sehr rasch zu früher Blüte und machtvoller Bedeutung verholfen, brachten glückliche und weniger freudvolle Zeiten über die Stadt.

Der geregelte Abbau der Silber- und Erzvorkommen erfolgt seit 968 n. Chr. Schon 35 Jahre später, zu Zeiten Heinrichs II., beginnt die »kaiserliche« Zeit. In den folgenden Jahrzehnten entstehen diverse Siedlungen, die durch Bergbau und allerhöchste Hofhaltung zu einigem Wohlstand kommen. Sie erreichen schon zur Zeit König Lothars von Supplinburg (Kaiser von 1133–37) nahezu den Umfang der spätmittelalterlichen Stadt, Pfarrkirchen gab es damals so viele wie heute.

Die Kehrseite der Medaille

Sichtbarer Reichtum weckt Begehrlichkeiten, und so kam es zu Konflikten, Streitereien und Kämpfen um das Reichskleinod Goslar. Heinrich IV. hatte 1073 wegen seines Zwists mit den Sachsen eilends die Harzburg verlassen müssen, 100 Jahre später wollte Heinrich der Löwe Goslar für sich, was ihm wiederum Friedrich Barbarossa nicht zugestehen mochte. 1206 eroberte Gunzelin von Wolfenbüttel die Stadt für Kaiser Otto IV., den Sohn Heinrichs des Löwen, und plünderte sie.

Friedrich II. setzte sich aber nach dem Tod Ottos IV. umgehend in den Besitz Goslars, hielt hier 1219 den letzten Reichstag ab und bestätigte bei dieser Gelegenheit die Privilegien der Stadt. 1235, als er das Herzogtum Braunschweig-Lüneburg gründete, gestand er dem Enkel Heinrichs des Löwen den Bergzehnten zu; tatsächlich war es jeder 13. geförderte Korb, der so in den Besitz des Braunschweigers gelangte.

versucht, sich durch Geschichte zu legitimieren. Dem entsprechen im Innern die Historienbilder im akademischen Stil von Hermann Wislicenus (1879–97).

⓬ *Pfarrkirche St. Peter und Paul* (Frankenberger Kirche), Vorgängerkirche vermutlich vor 1108, Neubau 1140–50; Langhauspfeiler und Gewölbe gegen 1250. 1493 bauliche Verbindung mit der Stadtmauer, Umbau und Erweiterung um 1500. 1783–87 Abbruch der Türme bis auf den Unterbau, Bau der Laterne. Im Innern Wandmalereien am Obergaden des Langhauses (Anfang 13. Jh.) noch teilweise sichtbar, Barockaltar von Heinrich Lessen d. Ä. (1675), Emporenbrüstung (um 1690), Kanzel von Jobst Heinrich Lessen d. J. (1698); in der Nachbarschaft das Kloster Frankenberg (18 Jh.) und das Hospital Kleines Heiliges Kreuz (14 Jh.).

⓭ *Siemenshaus* (1693), prächtiges Barock-Bürgerhaus. Front mit Erker, Dieleneinfahrt und vielen Fenstern; im Anschluß an das Wohnhaus Brauhaus und Speicher.

Hahnenklee – Legende und Wirklichkeit

Was heutzutage nur mit aufwendiger Technik geht, scheint vor vielen Jahrhunderten – im Goslarer Raum jedenfalls – Sache findiger Tierlein gewesen zu sein. Auf dem Rammelsberg soll ein Pferd das erste Silber freigelegt haben, in Hahnenklee stieß ein gefiederter Mistkratzer auf Edelmetall. Wer's glaubt! Erwiesen ist jedoch, daß sich in jedem Jahr Hexen und Teufel ein Stelldichein auf der Bockswiese hinter Hahnenklee geben. Dazu kommen die mysteriösen Mädels eigens aus der DDR auf ihren Besen herübergeritten. Dort nämlich liegt der Brocken, der eigentliche Hexenberg des Harzes. Wer's nicht glaubt, fahre nach Hahnenklee. Ende April, zur Walpurgisnacht, wenn 1000 Höllenfeuer lodern ... Ansonsten geht es in diesem hochgelegenen Goslarer Stadtteil friedlich zu: Es wird gekurt und gewandert, gerodelt und skigelaufen – und geheiratet. Die hölzerne Stabkirche, nach norwegischem Muster erbaut und einzigartig in Deutschland, ist seit langem beliebtes Ziel zu allem entschlossener Paare.

Bürger retten ihre Stadt

Zu dieser Zeit war das allerdings keine große Sache mehr, denn die Erzhütten lagen nach dem unheilvollen Einfall Gunzelins mehr oder weniger darnieder. Nur langsam nahm man die Förderung wieder auf. Es folgte die »bürgerliche« Phase der Stadt. Die Goslarer kauften 1290 die mit der Pfalz verbundene Reichsvogtei, 1340 erwarben sie die Reichsfreiheit, und 1359 erhielten sie den Bergzehnten in Pfandbesitz von den Herzögen von Braunschweig-Wolfenbüttel.

Aber wieder geriet der Bergbau in Schwierigkeiten, seit 1360 kam er vollends zum Erliegen – wenn auch nicht für lange. Um 1450 herum scheint man dem Berg mit neuen, wirtschaftlicheren Techniken zu Leibe gerückt zu sein, es kommt wieder Geld in die Stadt. Ein zweiter Höhepunkt Goslarer Baukunst zeichnet sich ab. Das Rathaus ❹ entsteht, Gilde- ❺, ❽ und Bürgerhäuser ❻ in spätgotischer Manier kommen dazu – und ansehnliche Festungsanlagen.

»Alles Übel kommt aus Braunschweig«

Die Goslarer müssen sich nun der Braunschweiger Herzöge erwehren, die das wieder attraktive Pfand einlösen wollen und deshalb die Stadt aufs ärgste bedrängen. Heinrich der Jüngere zwingt sie schließlich 1552 zum Riechenberger Vertrag, der die Goslarer zu armen Leuten macht. Seitdem haben sie keine Berghoheit mehr, die Schürfrechte sind perdu, die Vorkaufsrechte ebenfalls. Zwar bleiben die Gruben in Betrieb, die Gewinne holen sich aber die Braunschweiger, und so hört man damals häufiger, was auch heute gelegentlich noch anklingt: »Alles Übel kommt aus Braunschweig.«

Es folgt ein Zickzackkurs, verursacht durch etliche Schicksalsschläge und politische Gegebenheiten: große Brände im 18. Jh., eine kurze künstlerische Blütezeit im Barock. 1803 wird man preußisch, eine Zeitlang ist »König Lustig« von Westfalen, der Bruder Napoleons, Landesherr, dann gehört man zu Hannover, ab 1866 erneut zu Preußen. Von 1941 bis Kriegsende weht der Wind wieder aus Braunschweig, seit 1947 ist dann die niedersächsische Landesregierung für Goslar zuständig.

Und der Schicksalsberg?

Die Gose, die unter dem Namen »Abzucht« die Altstadt durchfließt, ist von historischen Fachwerkhäusern gesäumt; heute noch treibt sie das Wasserrad der alten Lohmühle an.

Der Steiger geht ...

Mit dem Beginn des 19. Jh. setzte man Schießpulver zum Abbau ein, der damit zwar schneller vonstatten ging, aber nur einen kurzen Aufschwung brachte. Bald kratzten die Bergleute nämlich nur noch taubes Gestein aus den geleerten Lagern. Verzweifelt durchlöcherte man den Berg mit Suchstollen. Und viele Kumpel dachten – wie ihre Vorgänger im Mittelalter – an Abwanderung. Aber buchstäblich der letzte Versuch brachte die Wende: Man stieß auf ein neues riesiges Erzlager, die Monostruktur nahm ihren Fortgang.

Das Leben zwischen Hoffen und Bangen hat die Goslarer geprägt. Man sagt ihnen nach, daß sie die fröhlichsten Leute im Land sind, sie machen sich aber über ihre Zukunft keine Illusionen: 1988 wurde die letzte Tonne Erz gefördert, ein neuerliches Wunder ist ausgeschlossen. Heutige Meßergebnisse sind eben weniger abenteuerlich als die Suchbohrungen vergangener Jahrhunderte, sie sind so präzise wie mitleidlos. Über tausend Jahre Goslarer Bergwerkstradition waren zu Ende. Der Steiger geht, auch wenn die Melodie des Glockenspiels am Marktplatz weiterhin das Gegenteil verheißt ...

Der Maltermeisterturm

Den alten Turm auf halber Höhe des Rammelsbergs sieht jeder, der nach Goslar kommt. Aber selbst Einheimische wissen kaum um die Bedeutung des historischen Gebäudes auf der »Hohen Halde«. Er ist die älteste Tagebauanlage am Rammelsberg, wahrscheinlich wurde er im 13. Jh. errichtet. Dort saß der Maltermeister, der für das Holz zum Unterhalt der Sprengfeuer zu sorgen hatte. Das Malter ist ein altes Raummaß und umfaßt ungefähr zwei Raummeter. 2300 Malter Holz mußte der Maltermeister jährlich beschaffen. Die Feuer im Berg machten das Gestein mürbe, so daß es leichter geschlagen werden konnte. Heute ist der Turm ein nettes Ausflugslokal.

... die Touristen kommen

Die Goslarer sind heute längst auf einen anderen Zug aufgesprungen: Wozu ist die alte Bausubstanz über all die Jahrhunderte erhalten geblieben, verschont auch während der beiden Weltkriege? Haben sie nicht eine Stadt, die man aller Welt vorzeigen kann, »Geschichte zum Anfas-

Wie hier in Hahnenklee feiert man allerorten im Harz die Walpurgisnacht mit loderndem Feuer.

Von jeher ist der Marktplatz mit seinem gotischen Rathaus der Mittelpunkt fröhlichen Treibens; beim Altstadtfest folgen die Besucher aus aller Welt dem Motto: Tanzt einmal auf dem Kopfsteinpflaster!

Tips, Tips, Tips

Glück auf . . .
Im ältesten erhaltenen Bergwerk Deutschlands, in dem seit 1988 kein Erz mehr abgebaut wird, kann man auf den Spuren mittelalterlicher Erzhauer bis zum »Roeder-Stollen« vordringen. Die halbtägige Exkursion unter sachkundiger Führung beginnt am Marktplatz, führt vorbei an der Kaiserpfalz ⑪ und folgt den alten Erztransportwegen über die Abraumhalden zum Steinbruch, der das »Verfüllmaterial« für die »Weitungen« im Berg liefert. Die Technik modernen Übertagebergbaus ist ebenso zu sehen wie die alten Werkzeuge und Maschinen (Touristinformation, ☎ 28 46/47).

Alte Weisheiten
Wem das Studium glückbringender und unheilverhindernder Sinnsprüche ein Genuß ist, wird in Goslars Altstadt einige Tage zubringen müssen. In die unzähligen Balken der 1000 Fachwerkhäuser ist manche Weisheit eingekerbt, die nicht nur »alten Lateinern« weiterhilft. Ob aber auch all die Drudenfüße, Hexenkreuze, Nesteln, Odalrunen, Knoten, Bandverschlingungen, Achtsterne, Donnerbesen, Lebensbäume und Liebessymbole ohne weiteres verstanden werden, ist fraglich.

sen«, wie sie es nennen? Gibt es nicht Hunderttausende, die mittelalterliches Flair, imposante Bauten, verwinkelte Straßen, Fachwerk und eine schöne Umgebung sehen möchten und sich diesen Wunsch etwas kosten lassen? Hat man nicht mit dem Stadtteil Hahnenklee einen Luftkurort von beträchtlicher Attraktivität? Wanderwege und Sporteinrichtungen zuhauf, einen Kurpark, die Seilbahn zum Gipfel des Bocksbergs und eine 1908 geweihte Stabkirche, eine »Hochzeitskirche«, ganz im Stil norwegischer Holzkirchen?

Und ist man nicht die Hauptstadt des Harzes, gewissermaßen das Tor zum norddeutschen Mittelgebirge, gut erreichbar aus allen Teilen der Republik? Was ist mit der 1000jährigen Erfahrung im Tagungsmanagement? All die Kaiser, Könige, Bischöfe und Fürsten haben sich wohl gefühlt in dieser Stadt. Warum nicht auch die Führungskräfte des 20. Jh.? Bei so vielen attraktiven Begegnungsstätten, Hotels und Pensionen?

Kein Zweifel: Goslars wirtschaftliche Zukunft liegt zum überwiegenden Teil im Fremdenverkehr. Romantik, Winter- und Wassersport, Kurbetrieb und heile Landschaft sind Dinge, die Menschen mit immer mehr Freizeit wohl zu schätzen wissen.

Unaufdringliche Wirtschaftsstruktur

Die nahe Grenze zur DDR gehört indessen nicht zu den Attraktionen. Weder ist sie zu begreifen, noch läßt sie Wirtschaft und Industrie in großen Dimensionen zu. Mittelständische Betriebe prägen den Wirtschaftsstandort Goslar, in dem 46 000 Menschen leben: Mineralwasser- und Brunnenbetriebe, Steine- und Erdenindustrie, Papier- und Glasgewinnung, Chemie-, Verhüttungs- und Veredelungsbetriebe, Metall- und Kunststoffverarbeitung, Elektrotechnik, Repro- und Druckbetriebe. Beachtlich also, aber in der Einschätzung der Stadtväter nicht genug. Leute mit zukunftsträchtigen Ideen sind gefragt – als Neu-Goslarer. Sie finden gute Bedingungen vor, zum Teil bessere als in den wirtschaftlich prosperierenden Teilen der Bundesrepublik Deutschland – auch eine Auswirkung der nahen Grenze.

Lukull im Harz
Bei aller Verfeinerung der Eßkultur: Harzer Roller, also Kanarienvögel, bereiten in Goslar und Umgebung noch keine Gaumenfreuden. Wohl aber Forellen und Wild. Und Harzer Käse natürlich – auf Schwarzbrot und Schmalz. Und Schlachteplatten! Schlachteplatten sind Frontalangriffe auf die Figur – Mett-, Leber- und Griebenwürste, Schmalz, Speck und Zwiebelwurst liegen da beisammen – aber sie machen, wenn man alles aufißt, widerstandsfähig gegen das zuweilen rauhe Klima in den Harzer Bergen. Der Magen hat Überlebenschancen, weil es die hiesigen Kräuterschnäpse gibt, durchweg hochprozentige Räumkommandos, erfolgreich eingesetzt auch bei Bregenwurst und Braunkohl. Freunde der »nouvelle cuisine« wenden sich mit Grausen, einheimische und andere Kenner langen gewaltig zu.

Zu den gewaltigen Befestigungsanlagen Goslars aus dem 16. Jh. gehört auch der »Rißlingsturm«, der imposante Rundturm am Breiten Tor.

Kultur: Fortsetzung folgt

In dieser geschichtsträchtigen Stadt spielt seit je die Kultur eine gewichtige Rolle. Die Goslarer Architektur spricht für sich, und die Geschichtsbücher sind voll davon. Die heutigen Goslarer knüpfen geschickt an ihre Tradition an. Alljährlich wird – für besondere künstlerische Leistungen, wie es heißt – der Kaiserring der Stadt verliehen. Henry Moore, Max Ernst, Alexander Calder, Victor de Vasarély, Joseph Beuys, Richard Serra, Max Bill, Günther Uecker, Willem de Kooning, Eduardo Chillida, Georg Baselitz und der Bulgare Javacheff, besser bekannt als Christo, waren schon da und haben die Auszeichnung im großen Saal der Kaiserpfalz ⑪ entgegengenommen. Einen musikalischen Preis gibt es alle zwei Jahre: den Paul-Lincke-Ring. Der Berliner Komponist hat seinen Lebensabend in Hahnenklee verbracht und fand dort die letzte Ruhe. Die Liste der Preisträger verzeichnet populäre Namen: Franz Grothe, Nico Dostal, Günter Neumann, Peter Kreuder, Michael Jary, Udo Jürgens, Ralph Siegel, um nur einige zu nennen. Schließlich gibt es den Mönchehauspreis für Kunst und Umwelt, den der spanische Maler und Architekt César Manrique als erster erhielt. Ihn hat man von Goslar aus für seine Bemühungen geehrt, die Insel Lanzarote vor dem zerstörerischen Einfluß der internationalen Bau- und Bodenspekulation zu bewahren. Die Arbeit Friedensreich Hundertwassers – er hatte hier eine große Ausstellung – haben die Goslarer schon ernst genommen und gewürdigt, als seine Architekturideen anderen noch als Spinnereien vorkamen.

In Goslar gehen die Uhren manchmal schneller als anderswo. Und manchmal langsamer. Auch sind nicht alle Dinge so, wie ihre Namen vermuten lassen: Das Flüßchen, das durch Goslar fließt, heißt erst außerhalb der Mauern Gose, innen ist es die Abzucht. Im Rathaus gibt es einen Huldigungssaal, in dem – soweit man weiß – nie jemandem gehuldigt wurde. Das Mönchehaus ist nie ein Kloster gewesen, und in der Goslarer Beißkatze verschwanden keine Mäuse, sondern man stellte sie im Mittelalter auf den Marktplatz und sperrte zänkische Frauen darin ein. Schönes altes Goslar!

Herz und Gebein des Kaisers

Heinrich III. (Kaiser 1046–56) weilte ebenso gern in Goslar wie am Rhein. Deshalb verfügte er, daß seine Gebeine im Kaiserdom zu Speyer zur letzten Ruhe kommen sollten, während sein Herz im Dom von Goslar in einem goldenen Gefäß aufzubewahren sei. Ruhe fanden weder die Knochen noch das Herz: In Speyer schändeten die Franzosen 1689 sein Grab, in Goslar verfiel mit sinkendem Reichtum der Dom, und die Kapsel mußte in der St.-Ulrichs-Kapelle ⑩ der Kaiserpfalz erneut beigesetzt werden.

Das »Dukatenmännlein« am Kaiserworth läßt auf Reichtum hoffen.

Theater, Musik, Veranstaltungen, Museen

Theater

Odeontheater und Theaterkeller, Hildesheimer Str. Schauspiel, Musiktheater auswärtiger Bühnen, Lesungen, Theaterseminare, Kino, ☏ 2 30 38.

Musik

Kaiserpfalz ⑪, Kaiserbleek 6. Kammermusik, Klavierkonzerte mit renommierten Interpreten; Konzerte der Musikschule Goslar, ☏ 704-358.
Mönchehaus-Museum, Mönchestr. 3. Klassische Konzerte, Liederabende, Jazzfrühschoppen, ☏ 2 95 70.
Marktkirche ⑦, Marktkirchhof. Orgelandacht (So 11.30 Uhr), Orgelkonzerte, ☏ 8 19 24.
Auris, Brüggemannstr. 14. Jazzrock, Modern Jazz mit deutschen und intern. Interpreten, ☏ 10 03.
Klöndeele, Frankenberger Str. Folklore, ☏ 12 94.

Veranstaltungen

Woche nach Pfingsten: *Goslarer Tage der Kleinkunst*. Puppen- und Figurentheater, Schwarzes Theater, Pantomime, Lesungen, Chansons. Spielorte: Rathaus ④, Am Marktplatz; Odeontheater/Theaterkeller, Hildesheimer Str.; Heimvolkshochschule, Zeppelinstr. 7, ☏ 28 46, 70 41.
Ganzjährig: *Glocken- und Figurenspiel* mit Szenen aus der Geschichte des Bergbauwesens, Gebäude der Stadtkasse, Am Marktplatz (jeweils 9, 12, 15 und 18 Uhr).
Antiquitätenverkaufsausstellung im Antikhof Goslar, Hoher Weg 5 (Mo–Sa 11–18 Uhr).
Alle zwei Jahre (1991) Okt.: *Paul-Lincke-Ring-Verleihung* an Komponisten der Unterhaltungsmusik mit anschließendem Paul-Lincke-Ball im Kurhaus, Hahnenklee-Bockswiese, ☏ 0 53 25/20 14.
30. April: *Walpurgisfeier* auf dem Marktplatz. Folkloredarbietungen, Kinderumzüge, Walpurgisspiele, nach Mitternacht Einzug der Maienkönigin.
Sommerkonzerte in der Klosterkirche Grauhof, Gut Grauhof. Orgel-, Instrumental-, Vokalkonzerte, ☏ 8 19 24.
Ende Juni: *Open-air-Rockfestival* vor der Kaiserpfalz ⑪ mit intern. Stars und Gruppen, ☏ 4 17 04.
Letzte Juniwoche/erste Juliwoche: *Goslarer Schützenfest* auf dem Schützenplatz Osterfeld. Volks- und Schützenfest mit Festumzug, Bürgerparade, Königs-Ausschießen, Schützenball.
Mitte Aug.–Anfang Sept.: *Internationale Konzertarbeitswochen* mit Konzerten von Nachwuchskünstlern aus ganz Europa. Spielorte: Kaiserpfalz ⑪, Kaiserbleek 6; Rathaus ④, Am Marktplatz; Neuwerkkirche ①, Rosentorstraße, ☏ 2 15 23.
2. Wochenende im Sept.: *Altstadtfest* in der Innenstadt mit Verkaufsständen für Kunsthandwerk und Kunstgewerbe, Flohmarkt, Musikprogramm.
Ein Wochenende im Sept.: *Kaiserring-Verleihung* in der Kaiserpfalz ⑪ für besondere künstlerische Leistungen im Bereich der modernen bildenden Kunst. Sonderausstellung von Werken des ausgezeichneten Künstlers im Mönchehaus-Museum, Mönchestr. 3, ☏ 49 48.

Museen

Goslarer Museum, Königstr. 1. Kunst-, Kultur- und Wirtschaftsgeschichte der Stadt, Geschichte des Erzbergwerks, Mineralogie, Tierwelt und Geologie des Harzes, wechselnde Sonderausstellungen (Juni–Sept. Mo–Sa 10–17, So 10–16 Uhr; Okt.–Mai Mo–Sa 10–16, So 10–13 Uhr).
Mönchehaus-Museum für moderne Kunst, Mönchestr. 3. Ständige Ausstellungen moderner Kunst, Werke der Goslarer Kaiserringträger und des Preisträgers für den Goslarer Mönchehauspreis für Kunst und Umwelt, César Manrique (Di–Sa 10–13, 15–17, So 10–13 Uhr).
Musikinstrumenten- und Puppenmuseum, Antikhof Goslar, Hoher Weg 5. 500 Musikinstrumente von 1750–1930, Spieluhren, Drehorgeln, Musikautomaten; 200 Puppen von 1835–1935 sowie Kleinspielzeug; afrikanische Volkskunst (tägl. 10–18 Uhr).

Göttingen

Ein Mekka der Wissenschaft

Theodor Heuss hat sein Urteil über diese Universitätsstadt in einem Satz zusammengefaßt: »Göttingen ist eine kleine Stadt, durch die aber die Ströme der Welt gehen.« Damit meinte er wohl kaum das Leine-Flüßchen, das Göttingen durchzieht, sondern eher die weltoffene, internationale Atmosphäre, die hier herrscht. Lange vor ihm hat der Harzreisende Heinrich Heine das jedoch etwas anders gesehen: Er fand weder die Stadt noch ihre Mädchen bemerkenswert, wohl aber die »Chöttinger Wurst« . . .
Nach wie vor unangezweifelt ist Göttingens Ruf als Stadt der Wissenschaft, und nur ganz wenige Universitätsstädte in der Bundesrepublik Deutschland sind derart mit ihrer Alma mater verflochten wie die »kleine Großstadt« im südlichen Niedersachsen, auf deren Marktplatz vor dem Alten Rathaus der berühmte Gänseliesel-Brunnen steht (unser Bild).

Wappen Bilderwappen: drei Türme über einem nach rechts schreitenden Löwen.
Lage Südniedersachsen, im Tal der Leine
Land Niedersachsen
Autokennzeichen GÖ
Höhe 138–426 m ü. M.
Fläche 117 km^2
Einwohnerzahl 134 000
Postleitzahl 3400
Telefonvorwahl 05 51
Post Hauptpostamt, Berliner Str. 12–18, Spätschalter (Mo–Fr 18–22, Sa 12–17, So 10–12 Uhr).
Polizei Markt 3, ☏ 49 14 29
Taxi ☏ 6 93 00
Nahverkehr 20 Omnibuslinien im innerstädt. Verkehr, Hauptknotenpunkte am Markt und in der Weender Str. am Rand der Fußgängerzone. Mehrfachfahrscheine im Tourist Office und an den Automaten der innerstädt. Haltestellen.
Parken Parkmöglichkeiten sind an den Zufahrtsstraßen Richtung Stadtmitte ausgeschildert. Am Rand der Innenstadt, ca. 400 m vom Markt entfernt, befinden sich drei Parkhäuser (Reitstallstr., Groner Str. und Hospitalstr.).
Touristinformation Fremdenverkehrsverein, Altes Rathaus, Markt 9, ☏ 5 40 00 (Mo–Fr 9–18, Sa 9–13, April–Okt. auch Sa 9–16, So 10–16 Uhr). Tourist Office am Bahnhof, ☏ 5 60 00 (Mo–Fr 9–18, Sa 9–13 Uhr).
Stadtführung Mi und Sa 15 Uhr für Einzelreisende. Treffpunkt: Gänseliesel-Brunnen.
Gruppen nach Voranmeldung beim Fremdenverkehrsverein.

Stadtrundgang

Für unseren Rundgang durch Göttingen benötigen Sie etwa eineinhalb Stunden. Da Sie sich dabei fast immer in der Fußgängerzone der Stadt bewegen, bieten sich zahlreiche Möglichkeiten, den Stadtrundgang zu erweitern oder abzukürzen.

Ruhemöglichkeiten gibt es in der Fußgängerzone zuhauf. Für eine Rast im Grünen empfehlen wir den Cheltenham-Park bei der Stadthalle und beim Rohnsschen Badehaus 6.

Besonders attraktive Einkehrmöglichkeiten bieten die alten Gasthäuser Göttingens, z. B. die »Junkernschänke« 4 *in der Barfüßerstraße, der »Schwarze Bär« in der Kurzen Straße oder der »Rathskeller« im Alten Rathaus. Parken können Sie (außer So) im BP-Parkhaus in der Hospitalstraße. Von der Bürgerstraße, die um die Altstadt führt, biegen Sie am Geismartor nach links ab, und die zweite Straße wieder links ist dann die Hospitalstraße. Vom Parkhaus zum Alten Rathaus* 1 *sind es 300 m durch die Kurze Straße und über den Kornmarkt.*

Sehenswürdigkeiten

1 *Altes Rathaus*, 13. Jh., erweitert 1369–1444, mit architektonisch bemerkenswerter Eingangslaube und romantisch ausgemalter Halle mit Gerichtsnische. Der bronzene Türzieher in Gestalt eines Löwenkopfs (um 1300) ist der älteste seiner Art an einem deutschen Rathaus.

2 *Gänseliesel-Brunnen*, Marktbrunnen von 1901, Bronze.

3 *Schuhhof* (Ecke Kornmarkt), 1251 erstmals erwähnt. Das noch vorhandene Kellergewölbe des Gebäudes (heute Gaststätte) wurde 1980 entdeckt.

4 *»Junkernschänke«*, gotisches Fachwerkhaus des 15. Jh., im 16. Jh. im Renaissancestil umgebaut. Charakteristische Utlucht (Erker) und prächtige Schnitzereien.

5 *St. Albani*, 1467 vollendete gotische Hallenkirche mit besonders harmonischer Raumwirkung. Vom ehem. Hochaltar Hans von Geismars aus dem Jahr 1499 sind neuerdings die bemalten Flügel zu sehen.

6 *Rohnssches Badehaus*, Rekonstruktion der ersten öffentlichen Warmbadeanstalt, die aber nur Männern zugänglich war.

7 *Völkerkundliche Sammlung der Universität*, über 15 000 Ethnographica – Kleidung, Schmuck, Werkzeuge, Waffen, Kultobjekte von »Naturvölkern« aller Erdteile. Weltgeltung haben die Cook-/Forstersammlung (18. Jh. – Hawaii, Tahiti, Tonga, Neuseeland) und die Sammlung Baron von Asch (sibirischer Raum, Grenzgebiete zwischen Alter und Neuer Welt) (nach Vereinbarung).

8 *Deutsches Theater*, nach Vorbild des Großherzoglichen Hoftheaters in Oldenburg errichtet und 1890 eröffnet.

9 *Hardenberger Hof* (1592) und *Alte Post* (1740–80) mit *Städtischem Museum;* Sammlungen zur Geschichte der Stadt und der südniedersächsischen Region. Etwa 100 Holzplastiken und sakrale Kunstwerke vom Mittelalter bis zum Rokoko. Umfangreiche Sammlung jüdischer Kultgegenstände. Göttinger Silber, Zinn, Fayencen, Porzellan. Geschichte der Universität (Di–Fr 10–13, 15–17, Sa, So 10–13 Uhr).

10 *St. Jacobi*, laut Inschrift in der westlichen Portalhalle am Turmfuß im Jahr 1361 begonnen. Achtkantige Pfeiler in dichter Folge charakterisieren die dreischiffige gotische Halle. Sehenswert ist der dreiflügelige bemalte Schnitzaltar in weitgehend originalem Zustand.

11 *Universitätsbibliothek;* den Kern der Anlage bildet die Paulinerkirche des 1294 gegründeten Dominikanerklosters. Die Klostergebäude, seit 1737 als Kollegienhaus der Universität genutzt, wurden 1809 zur Bibliothek erweitert, deren heutiger Bestand über drei Millionen Bände zählt.

12 *St. Johannis*, gotischer Bau des 14./15. Jh. mit rundbogigem Nordportal aus romanischer Zeit. Der Innenraum wurde Mitte der 60er Jahre modernisiert. Der Westbau mit seinen zwei Türmen prägt das Göttinger Stadtbild.

13 *St. Marien;* Anfang des 14. Jh. erstmals erwähnt, ging die Kirche bald in den Besitz des Deutschritterordens über, der ein Ordenshaus anfügte und sie zur dreischiffigen Halle erweiterte. Die bemalten Flügel des Wandelaltars stammen aus der Werkstatt von Berthold Kastrop und wurden an den Chorwänden aufgehängt.

14 *Bismarck-Häuschen*, letzter erhaltener Turm des äußeren Befestigungsrings der Stadt, einstmals »Studentenbude« des späteren Eisernen Kanzlers.

15 *St. Michael*, 1787–89 als erste katholische Kirche nach der Reformation in Göttingen erbaut. Neubarocke Turmfassade des ausgehenden 19. Jh.

16 *Musikinstrumentensammlung der Universität*, historische Holzblas-, Tasten- und mechanische Musikinstrumente, Schallwerkzeuge aus Altägypten, Schwarzafrika, Asien (nach Vereinbarung).

17 *Archäologisches Institut der Universität*, älteste und eine der größten Lehrsammlungen von originalgroßen Gipsabgüssen antiker Skulpturen, z. B. die Laokoongruppe; Originalsammlung von Kleinplastik, Münzen und Gemmen (nach Vereinbarung).

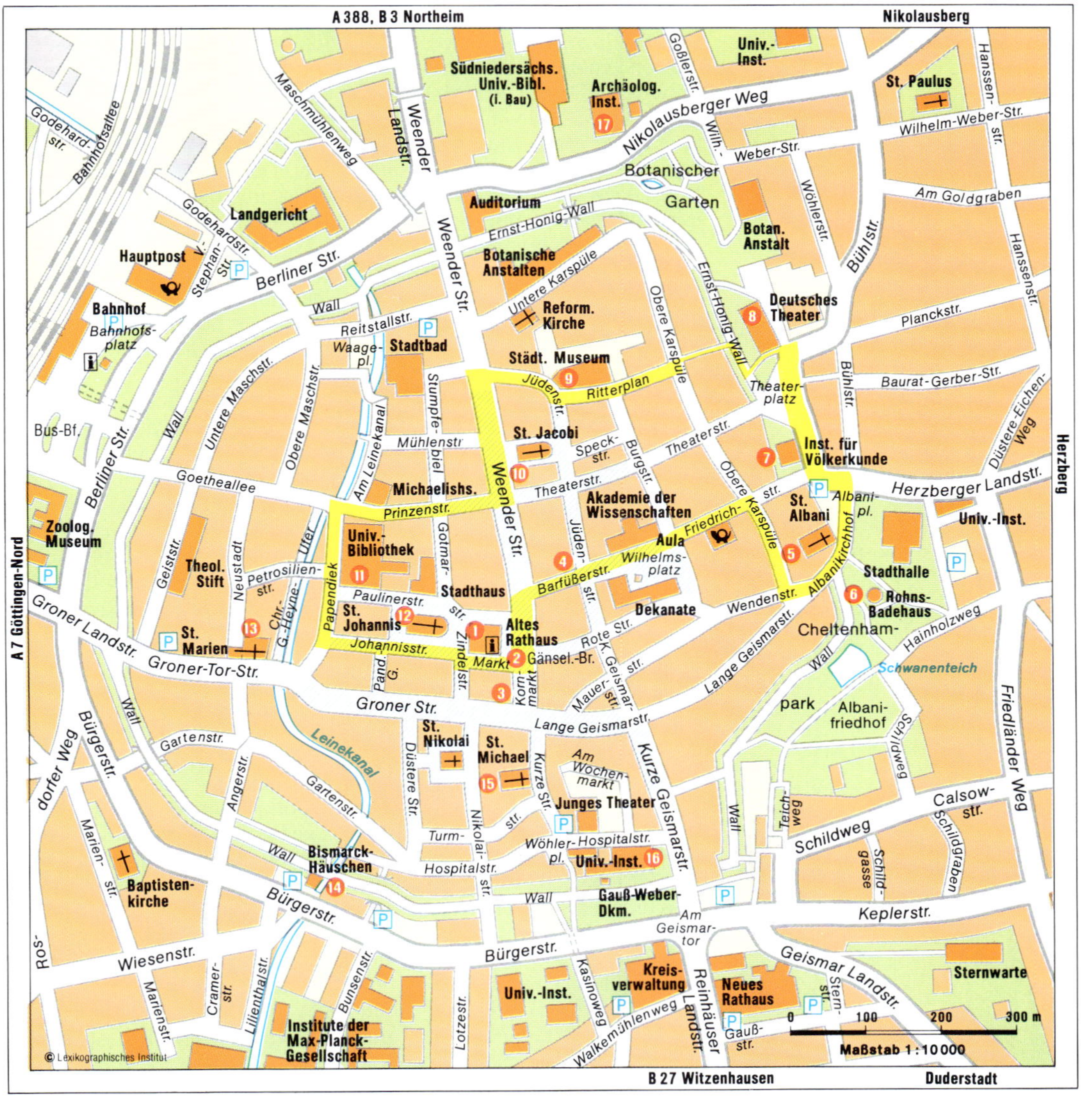

Das deutsche Harvard?

Als deutsche Universitätsprofessoren vor gar nicht langer Zeit eine Rangliste der deutschen Hochschulen aufstellen sollten, setzten die meisten von ihnen Göttingen an die Spitze. Der Stand von Forschung und Lehre sei dort am höchsten, war in den Begründungen zu lesen, die internationale Anerkennung sei am größten. Einer meinte sogar, Göttingen sei das »deutsche Harvard«.

Wie stimmig dieser Vergleich auch sein mag, Göttingen ist zweifellos eine der lebendigsten Städte Niedersachsens – nicht nur, weil sich hier eine alternative Szene herausgebildet hat, die das Protestpotential der 60er Jahre noch tief in sich trägt und gelegentlich Bürger und Polizei erschreckt, sondern auch, weil Studenten und Professoren in konstruktiver Gemeinsamkeit leben und weil die Universität so in die Stadt hineinstrahlt, wie umgekehrt die Universität vom Charme der Stadt profitiert.

Wer mal da ist, bleibt leicht hängen

Zugegeben, dieser Charme ist auf den ersten Blick etwas herb. Es gibt kein geschlossenes Stadtbild: Neben alten Backstein-, Fachwerk- und Klinkerbauten stehen unvermittelt moderne Gebäude aus Glas und Beton. Aber auch einem herben Charme kann man erliegen, und die Göttinger Professoren wissen von manchem Kollegen zu berichten, der zuerst die Hände über dem Kopf zusammengeschlagen hat, als er einen Ruf hierher bekam. Nachher reiste er doch zur Vorstellung in die Stadt an den Ausläufern des Harzes – und blieb hängen.

Bismarck – ein öffentliches Ärgernis

Was in anderen Städten eher eine Seltenheit darstellt, ist in Göttingen inzwischen fast zur Regel geworden. Rund um die Alma mater hängt an beinahe jedem Haus eine Tafel zu Ehren eines berühmten Bewohners. Um die Sache zu vereinfachen, hat man sich für schlichten Marmor mit dem Namen der Berühmtheit und einem Hinweis auf die späteren Erfolge entschieden. Mittlerweile sind über 250 Namen festgehalten, und neue kommen ständig dazu. Aber nicht jeder, dem man heute huldigt, war zu seiner Göttinger Zeit wohlgelitten. Zum Beispiel erinnern der Bismarckturm auf dem Hainberg und das Bismarck-Häuschen (14) an den Eisernen Kanzler, aber als Studiosus hatte er sich unbeliebt gemacht. Die Stadtoberen verbannten den damals 17jährigen in ein putziges Häuschen am Stadtrand, nachdem er »durch wüste Saufgelage, nächtliches Pistolenschießen und ausgedehnte Spaziergänge im Morgenrock« zu einem öffentlichen Ärgernis geworden war.

Der nördlichste Süden
Göttingens Hinterland ist das liebliche Eichsfeld (Eiksfeld gesprochen), dessen größerer Teil allerdings in der DDR liegt. Die katholische Enklave im ansonsten protestantischen Niedersachsen wird auch der nördlichste Süden der Bundesrepublik genannt. Duderstadt, ca. 30 km von Göttingen entfernt, setzt dem eigenen Reiz dieses Landstrichs gewissermaßen die Krone auf: eine hinreißend schöne Fachwerkstadt mit einem der ältesten und schönsten Rathäuser der Bundesrepublik Deutschland. Der Kenner scheidet nicht, ohne wenigstens einen »Feldkieker« erworben zu haben, jene Eichsfelder Mettwurst, die im offenen First der Bauernhäuser an der Luft trocknet (und dabei eben »ins Feld kiekt«). Mit Schmant (saure Sahne) gegessen und mit klarem Schnaps begossen – ein spezieller Genuß!

Die Göttinger sprechen stolz von ihrer 1000jährigen Stadt, aber sie müssen eingestehen, daß sie als Beleg für dieses ehrwürdige Alter nur den Namen »gutingi« anführen können, der sich in einer Schenkungsurkunde Kaiser Ottos I. an das Kloster St. Moritz und Innocenz in Magdeburg aus dem Jahr 953 findet. Der Boden, auf dem das Dorf Gutingi stand, gehörte ebenso wie die nordwestlich, jenseits der Leine, auf dem Kleinen Hagen liegende Pfalz Grona zum Hausgut der Liudolfinger. In der aus der Burganlage hervorgegangenen Kaiserpfalz starb 1024 Kaiser Heinrich II., der Erbauer des Bamberger Doms, und Kaiser Konrad II. hielt hier 1025 eine Reichsversammlung ab.

Die Göttinger Bürger brachten wenig Sinn für soviel Geschichte auf. Die für die frühe Reichsgeschichte bedeutende Pfalz war ihnen ein Dorn im Auge, sie waren sogar froh, als Heinrich der Löwe die Burg im Zuge seiner Auseinandersetzungen mit der Reichsgewalt schleifte; im Jahr 1294 zerstörten sie die Anlage vollends.

Das Kauf- und Rathaus ❶ war Mittelpunkt des städtischen Lebens. Drumherum Gildehäuser (Brothaus, Schuhhof ❸), städtische Mühlen, Kirchen (St. Johannis ⓬, St. Jacobi ❿) sowie das Pauliner- und das Barfüßerkloster. Die herzogliche Neustadt, mit St. Marien ⓭ und dem Ordenshaus des Deutschritterordens, kam erst im 14. Jh. durch den Ausbau der alten Wallanlagen, der sich über 200 Jahre hinzog, zur Stadt.

Heute trifft man sich am Sonntagnachmittag zu einem Spaziergang auf den Wallanlagen, und die Familien lüften ihre Sprößlinge. Für die älteren Bürger stehen in regelmäßigen Abständen Bänke bereit für eine beschauliche Ruhepause, und kleine Cafés laden ein zu einer Rast.

Ein Bummel in Göttingens Fußgängerzone ist allemal reizvoll.

Gepflegte Kneipenkultur

Obwohl die nahen Harzberge zu ausgedehnten Ausflügen locken, ist die Stadt am Wochenende keineswegs ausgestorben. Dies liegt sicherlich auch daran, daß die Universität wenig Reisestudenten hat, sondern in der Mehrzahl Studiosi alten Typs, die entweder bei einer Studentenmutter auf der Bude wohnen oder in einem der Wohnheime am Rand des Uni-Viertels. Daß sie am Wochenende bleiben, spricht für Göttingen.

Das überwiegend junge Publikum sorgt für eine gepflegte Kneipenkultur: Der Übergang von der Studentenbeize zum Feinschmeckerrestaurant ist manchmal fließend. Schwer, da einen Geheimtip zu geben: Die Besitzer der kleinen Weinstuben und Bierkaschemmen wechseln häufig, was gestern noch ein rustikaler Bürgerkeller war, ist morgen schon eine Crêperie. Ein Hinweis nur: Wer gutbürgerliche Atmosphäre sucht, sollte am Papendiek nahe der Uni-Bibliothek ⓫ beginnen und sich dann zur Fußgängerzone wenden. Rund um das Rathaus, vor allem aber etwas weiter in Richtung Norden (Weender Straße, Untere Karspüle) wird er finden, was er sucht.

Die Behäbigkeit, die die Stadt in dieser Ecke besonders ausstrahlt, kommt nicht von ungefähr. Hier stehen die meisten Häuser aus der Zeit von 1351–1572, als Göttingen zum Kreis der Hansestädte gehörte und

Das Städtische Museum: ein Adelspalais mit Renaissanceportal.

Wie hier das Einhorn über dem Eingang zur Universitätsapotheke schmücken kunstvolle Darstellungen viele historische Bauten.

Tuche seiner Wollenweber bis nach Flandern und Brüssel exportierte. Damals stand die Stadt auf dem Höhepunkt ihrer wirtschaftlichen und politischen Macht.

Danach aber geschah Schlimmes. Die Göttinger hatten sich schon früh für die Lehre Luthers entschieden und waren dem Schmalkaldischen Bund der evangelischen Fürsten und Städte beigetreten. Nach dessen Niederlage 1547 entging die Stadt nur durch den Kniefall ihrer Gesandten vor Kaiser Karl V. der Reichsacht; aber sie mußte ein Bußgeld von 10 000 Gulden zahlen. Das war der Ruin.

Ein König leistet Entwicklungshilfe

Der wirtschaftliche Niedergang führte 1571 zum Austritt aus der Hanse. Der Dreißigjährige Krieg tat ein übriges, und das einst so stolze Göttingen, das schon mit der Reichsunmittelbarkeit und einer Universität geliebäugelt hatte, sank zurück in die Bedeutungslosigkeit einer Ackerbürgerstadt.

Das wäre wohl noch lange so geblieben, hätte nicht Georg August, Kurfürst von Hannover und König von Großbritannien, Entwicklungshilfe geleistet, indem er Göttingen eine Universität verschaffte.

Am 13. Januar 1733 erteilt Kaiser Karl VI. Göttingen das Privileg, eine Universität zu gründen. Der Minister Gerlach Adolph Freiherr von Münchhausen, ein Vetter des berühmten Lügenbarons, beginnt umsichtig und schwungvoll mit den eher profanen Vorarbeiten: Das Straßenpflaster wird verbessert, die öffentliche Hygiene gefördert und die Feuerwehr verstärkt, die wichtigsten Straßen werden beleuchtet. Und: »Wüste Baustellen an ordentlichen Straßen sind von den Eigentümern an Baulustige abzutreten.« Im Wintersemester 1734, noch lange vor der feierlichen Inauguration der Georgia Augusta am 17. September 1737, fanden jedenfalls für 147 immatrikulierte Studenten die ersten Vorlesungen statt. Die Fakultäten wurden mit hervorragenden Persönlichkeiten besetzt: Der Physiker, Schriftsteller und Philosoph Georg Christoph Lichtenberg, der Anthropologe Johann Friedrich Blumenbach, die Philologen Johann Matthias Gesner und Christian Gottlob Heyne sind nur einige aus dem Kreis der Professoren, die den Ruf der Alma mater in den ersten Jahrzehnten begründeten.

»Göttingen gehört der ganzen Welt«

Der Siebenjährige Krieg brachte indessen neues Ungemach. Göttingen wurde nacheinander von Franzosen, Preußen und Hessen besetzt. Auch im 19. Jh. war das Schicksal wechselhaft: Die Eingliederung in das

Wie man dem Göttinger Rat einheizte

Eine uralte Fußbodenheizung wärmt den schönsten Raum des Göttinger Rathauses (1), die alte »Dorntze« (heizbarer Raum). In einer Reihe von sechs schweren Sandsteinplatten sind zwölf bewegliche runde Deckel in Gelbguß eingelassen. Darunter liegt – in einem Zwischengeschoß – der Heizraum aus stark wärmespeicherndem Gestein, das die dort durch ein offenes Feuer entfachte Hitze lange halten kann. War dieses herabgebrannt, wurde der Heizraum sorgfältig gesäubert, um der Vergiftungsgefahr durch Heizgase vorzubeugen. Erst dann öffnete man die Deckel im Fußboden am Platz eines jeden der zwölf Ratsherren, und die warme Luft konnte in die Dorntze aufsteigen.

Vielleicht nicht wahr, aber gut erfunden

Daß bei der Gründung der Universität ein Freiherr von Münchhausen seine Hand im Spiel hatte, mag ein gutes Omen gewesen sein. Die für derlei Dinge zuständigen Beamten in Wien konnten freilich mit dem Namen Göttingen überhaupt nichts anfangen. Als Kurfürst Georg August (zugleich König Georg II. von Großbritannien) nämlich 1737 schriftlich am kaiserlichen Hof um allerhöchste Zustimmung zur Universitätsgründung bat, war Göttingen so sehr in den Schatten der Weltgeschichte geraten, daß die Gründungsurkunde zunächst auf die schwedische Stadt Göteborg ausgestellt worden sein soll. Die Anekdote ist nicht verbürgt. Vielleicht hat sie, um seinen Erfolg in besseres Licht zu rücken, der hannoversche Minister Münchhausen gut erfunden.

Eine kulturhistorische Kostbarkeit ist die Dorntze im Rathaus, ein Sitzungsraum mit gotischem Kreuzrippengewölbe, Spitzbogenfenster und einer mittelalterlichen Heizung unter dem Fußboden.

Tips, Tips, Tips

Alles über unser täglich Brot
Appetit für einen Rundgang durch die vielen traditionsreichen Gasthäuser und Kneipen Göttingens kann man sich bei einem Abstecher ins Europäische Brotmuseum holen, das in einem 400 Jahre alten Forsthaus in Friedland, Ortsteil Mollenfelde, untergebracht ist. 30 thematisch gegliederte Ausstellungseinheiten zeigen alles über Herstellung und Geschichte unseres wichtigsten Nahrungsmittels. Friedland erreichen Sie auf der Autobahn oder der B 27 Richtung Süden, ca. 20 km (Mo–Fr 10–16.30, So, Feiertage 10–16.30 Uhr).

Jetzt küssen sie wieder
Das Gänseliesel ❷ gilt als das meistgeküßte Mädchen der Welt: Seit 1901 steht die bronzene Schönheit bescheiden und anmutig lächelnd auf dem Marktbrunnen. Jeder Doktorand der Göttinger Universität muß ihr nach alter Überlieferung einen Kuß aufdrükken – nach bestandenem Examen die vornehmste Pflicht der frischgebackenen Doktoren. Pflicht und Privileg, denn die Burschenschaften haben einst ein erkleckliches Sümmchen zur Anschaffung der Brunnenfigur beigesteuert. Im Jahr 1926 wurde dem Göttinger Rat der Wirbel um die begehrte Schöne allerdings zu bunt – er erließ ein allgemeines Kußverbot und machte sich zum Gespött des ganzen Reichs. Ein Student klagte sogar beim Berliner Kammergericht dagegen – und unterlag. Das Verbot, die Gänsemagd zu küssen, besteht auch heute noch. Doch niemand hält sich daran, und inzwischen wird die Schöne wieder herzhaft geküßt.

Königreich Westfalen, das von »König Lustig«, Napoleons I. jüngerem Bruder, mit eher leichter Hand regiert wurde, brachte dem Rat mehr Entscheidungsfreiheit und ließ Raum für eine Reform der Verwaltung, ein neuer Geist kehrte ein. Nur die hohen Herren der Universität machten sich zunächst Sorgen. Sie fürchteten um den Bestand der Universität, weil diese doch sehr mit dem englischen Königshaus verbunden war. Eine Delegation machte sich auf den Weg, um ein Wort des großen Franzosenkaisers einzuholen, und brachte einen Ausspruch mit nach Haus, auf den man in Göttingen heute noch stolz ist: »Göttingen gehört nicht Hannover, nicht Deutschland, sondern der ganzen Welt.« Nach Napoleons Niederlage 1813 in der Völkerschlacht bei Leipzig schlug die alte hannoversche Regierung wieder einen konservativen Kurs ein. Damit gab sie den Anstoß für erhebliche Spannungen, die sich 1831 in der »Göttinger Revolution« entluden.

Jacob Grimm des Landes verwiesen

Zwar sorgten die hannoverschen Regierungstruppen für ein rasches und unblutiges Ende, doch schon wenige Jahre später regte sich der oppositionelle Göttinger Geist erneut. Die Professoren Dahlmann, Ewald, Albrecht, Gervinus, Weber sowie Jacob und Wilhelm Grimm (»die Göttinger Sieben«) erhoben Einspruch gegen die von König Ernst August im November 1837 vorgenommene Aufhebung der Verfassung von 1833. Wie ein Lauffeuer verbreitete sich die Kunde von dieser Protestaktion weit über die Landesgrenzen hinaus und wurde besonders von Studenten mit großer Zustimmung aufgenommen. Der König enthob die sieben Professoren ohne ordentliches Verfahren ihrer Ämter, Jacob Grimm, Dahlmann und Gervinus verwies er des Lands.

Die Stadt beherbergte im 19. Jh. nicht nur Studenten, von denen es später viele zu etwas brachten, z. B. Freiherr vom Stein, Heinrich Heine, Otto von Bismarck, an den seine Studierstube im putzigen Bismarck-Häuschen ⓮ erinnert. Es kamen auch illustre Gäste: Goethe und Alexander von Humboldt oder Carl Maria von Weber, Paganini, Franz Liszt und Johannes Brahms. Göttingen nahm teil an den weltberühmten Erfindungen seiner Universität (1833 elektromagnetischer Telegraf durch die Professoren Gauß und Weber) und förderte die Entstehung einer optischen und feinmechanischen Industrie, die sich eng mit den Forschungsaufgaben der Universität verband.

Während der Weimarer Republik galt die Universität als Nabel der mathematischen Welt, zwölf Nobelpreisträger lehrten zu dieser Zeit an der Georgia Augusta. Nach 1933 begann der Exodus des »unerwünschten Lehrkörpers«: Rund 50 Professoren und Dozenten mußten das Land verlassen, unter ihnen Max Born, James Franck und Richard Courant. 1948 wurde in Göttingen die Max-Planck-Gesellschaft, deren Namensgeber 1947 hier als Flüchtling gestorben war, Nachfolgerin der 1911

Das Gänseliesel auf dem Marktbrunnen hat gut lächeln, denn jeder frischgebackene Doktor muß es küssen.

Das mit Fachwerk reich verzierte Schrödersche Haus baute sich 1549 der Tuchmacher Jürgen Hovet.

gegründeten Kaiser-Wilhelm-Gesellschaft. Erster Präsident der Hochschule nach dem Krieg wurde Otto Hahn, der 1957 mit 18 führenden Atomwissenschaftlern der Bundesrepublik Deutschland das »Göttinger Manifest« verfaßte, eine eindringliche Warnung vor der atomaren Ausrüstung der Bundeswehr.

In den 60er Jahren schufen zahlreiche Eingemeindungen die Voraussetzung für das heutige Göttingen mit seinen 134 000 Einwohnern und 30 000 Studenten. Auch die Verkehrsanbindung ist günstig: Die Stadt liegt an der Intercity-Hauptstrecke Hamburg–Basel, parallel dazu verläuft die Europastraße 45.

Die Universität: »Ein Staat in der Stadt«

Wer Göttingen kennenlernen will, sollte sich also unbedingt mit der Universität befassen, am besten durch eine der Sammlungen, die die wissenschaftliche Forschungs- und Sammlungstätigkeit der einzelnen Institute bildhaft darstellen, die Völkerkundliche Sammlung ❼, die Kunstsammlung und das Zoologische Museum, die Musikinstrumentensammlung ⓰, das Archäologische Institut ⓱ und das Museum der Chemie, eine wahre Fundgrube für naturwissenschaftlich Interessierte. Im Städtischen Museum ❾ geht es weniger wissenschaftlich zu, dort ist viel über Geschichte, Kunst- und Kulturgeschichte der südniedersächsischen Region zu erfahren.

Die Universität ist auch der größte Arbeitgeber der Stadt: 15 % der 57 000 in Göttingen Beschäftigten finden in den Seminaren und Instituten Arbeit. Die meisten anderen arbeiten im Dienstleistungsbereich, was der Stadt den Spitznamen »Pensionopolis« eingebracht hat. Nicht ganz zu Recht, denn die Erzeugnisse der Göttinger Industrie genießen Weltruf. Die Firma Sartorius stellt u. a. Präzisionswaagen her, und im Werk Winkel der Firma Zeiss entstehen Lichtmikroskope für allerhöchste Ansprüche.

Filmstadt Göttingen

Göttingen ist Filmstadt. Zwar nicht mit Stars und Sternchen wie Hollywood, sondern mit der Wissenschaft im Scheinwerferlicht. In Fachkreisen genießt das »Institut für den Wissenschaftlichen Film« hohe Anerkennung, dessen Kürzel IWF im Vorspann zahlreicher Lehrfilme für Universität und Schule vor Augen tritt. Über 100 Kameras, die der Laie zum Teil gar nicht mehr als solche erkennt, stehen den Göttinger Spezialisten zur Verfügung. Eine Kamera, die mit einer Geschwindigkeit von zwei Millionen Bildern pro Sekunde läuft, gehört zum Feinsten, was an Zeitlupentechnik auf der Welt existiert. Nicht weniger verblüffend ist der Zeitraffereffekt. Wer schon im Film gesehen hat, wie eine Orchidee in Sekunden erblüht, kann ermessen, wie trickreich die Göttinger Filmer der Natur zu Leibe rücken. Über 6500 Filmtitel lagern im Archiv des Instituts.

Theater, Musik, Veranstaltungen, Museen

Theater

Deutsches Theater ❽, Theaterplatz 11. Schauspiel, Kinder- und Jugendtheater, Gastspiele anderer Bühnen, ☏ 49 69 11.
DT-Studio, Theaterplatz 11. Zeitgenössische Bühnenstücke, Kindertheater, Jugendstücke, Sonntagsmatineen, ☏ 49 69 11.
DT-Keller, Theaterplatz 11. Kleinkunstbühne und Jazz, ☏ 49 69 11.
Junges Theater, Hospitalstr. 6. Schauspiel, experimentelles Kontrasttheater für überwiegend junges Publikum, ☏ 5 30 61.
ThOP – Theater im OP, Seminar für Deutsche Philologie, Humboldtallee 13. Etabliertes Studententheater, Kleinkunst, Kindertheater, ☏ 39-70 77.
Galerie Apex, Burgstr. 46. Kabarett, literarische Veranstaltungen, Ausstellungen, ☏ 4 68 86.

Musik

Stadthalle, Albaniplatz 2. Konzerte mit dem Göttinger Symphonie-Orchester, Meisterkonzerte, ☏ 4 40 66. Händel-Festspiele (Mitte Juni), ☏ 5 67 00.
Universitätsaula, Wilhelmsplatz 1. Meisterkonzerte, Kammermusik, Neue Musik – Konzerte der akademischen Orchestervereinigung, ☏ 39 43 41/42.
St. Jacobi ❿, Jacobikirchhof. Orgelkonzerte, Kammermusik, Chorgesang (Fr 18 Uhr), Oratorien, ☏ 5 75 96.
St. Marien ⓭, Groner-Tor-Str. Orgelmusik (Di–Sa 11 Uhr und unregelmäßig abends), ☏ 4 23 11.
Galerie Apex, Burgstr. 46. Treffpunktkneipe mit breitgefächertem Jazz – Free, Modern, ☏ 4 68 86.
Blue Note, Wilhelmsplatz 3. Breitgefächertes Jazz-Angebot, ☏ 4 69 07.
Nörgelbuff, Groner Str. 23. Folk, Rock, Blues, Oldies, Flamenco, ☏ 5 51 54.

Veranstaltungen

Flohmarkt für jedermann, Levinstr. 2 (Sa 9–16 Uhr).
Christi Himmelfahrt: *musa-open-air* im Kaiser-Wilhelm-Park. Rock-Folk-Festival mit intern. Gruppen, ☏ 4 81 76.
Alle zwei Jahre (1991) Anfang Mai: *Larifari-Kindertheater-Festival* an verschiedenen Aufführungsorten. Intern. und nationale Ensembles mit Theaterstücken, Spiele zum Mitmachen, Pantomimen, Workshops, ☏ 4 00 24 86.
Alle zwei Jahre (1991) Mitte bis Ende Okt.: *Internationale Orgeltage* in St. Jacobi ❿. Etwa sieben Orgelkonzerte (ab 20 Uhr). Eröffnungsgottesdienst und Abendmusik am letzten Tag (Reformationstag), ☏ 4 61 38.
Anfang Mai: *Kinothek-Filmfest* in den Kinos der Stadt mit wechselnden Themen (jeweils ab 20 Uhr), ☏ 4 11 91.
Ende Mai: *Kunstmarkt Göttingen*, Stadthalle und Zelt auf dem Albaniplatz. Ausstellung Bildender Kunst jurierter intern. Künstler, kulturelles Begleitprogramm, ☏ 4 00 24 86.
Mitte Juni: *Händel-Festspiele.* Fünf Tage klassisches Musikprogramm in der Stadthalle, Universitätsaula, in verschiedenen Kirchen und im Deutschen Theater ❽, darüber hinaus Straßenkonzerte, ☏ 5 67 00.
Mitte Juli: *Göttinger Schützenfest* auf dem Schützenplatz mit Umzügen am ersten So (14 Uhr), Preisschießen, Karussells, Buden, Bierzelten.
Letztes Wochenende im Aug.: *Altstadtfest* in der Innenstadt (ab Sa 16 Uhr) mit Straßentheater, klassischer Jazz- und Rockmusik, Kindertheater, Sinfoniekonzert.
Ende Okt.: *Göttinger Figurentheatertage* im Alten Rathaus ❶ für Erwachsene. Viertagesprogramm mit intern. Gruppen (jeweils ab 20 Uhr), ☏ 4 00 24 86.
Ende Nov.: *Göttinger Jazz-Festival im Deutschen Theater.* Alle Arten von Jazz mit intern. Gruppen (Fr, Sa 19 Uhr), ☏ 49 69-11.

Museen

Archäologisches Institut der Universität, Nikolausberger Weg 15 (s. ⓱).
Institut und Museum für Geologie und Paläontologie der Universität, Goldschmidtstr. 3 (Mo–Fr 9–16 Uhr).
Kunstsammlung der Universität, Auditorium maximum, Weender Str. Renaissance- und Barockgrafik, umfassende Gemäldegalerie mit Schwerpunkt auf der niederl. Malerei des 17. Jh., altdeutsche Plastik, Kunst des 19./20. Jh. (Führungen nach Vereinbarung).
Musikinstrumentensammlung der Universität, Kurze Geismarstr. 40 (s. ⓰).
Städtisches Museum, Ritterplan 7/8 (s. ❾).
Völkerkundliche Sammlung der Universität, Theaterplatz 15 (s. ❼).
Zoologisches Museum der Universität, Berliner Str. 28. Tierwelt in Niedersachsen, Farbe im Tierreich, stammesgeschichtliche Entwicklung, Anpassung an Nahrungsverhältnisse und Lebensraum, wechselnde Sonderausstellung (So 10–13 Uhr).

Hagen

Tor zum Sauerland

Liebe auf den ersten Blick wird der Besucher für Hagen wohl nicht empfinden. Der »umhegte Platz«, wie Forscher den Namen der Stadt zwischen Ruhrgebiet und Sauerland deuten, ist im letzten Jahrhundert aus allen Nähten geplatzt. In Hagen entstand eine der ältesten zusammenhängenden Industrielandschaften Deutschlands. Dampfmaschinen pfiffen hier ihre schrillen Töne, als im übrigen Deutschland noch höfische Musikabende angesagt waren. Stadt des Stahls, Stadt der Schmieden, Industriestadt!? Nicht nur. Hagen ist auch eine Stadt der Kunst. Hier wirkte mit Karl Ernst Osthaus Ende des 19. Jahrhunderts der erste bürgerliche Mäzen der Neuzeit: Er machte Hagen zu einem Zentrum der Jugendstilarchitektur.

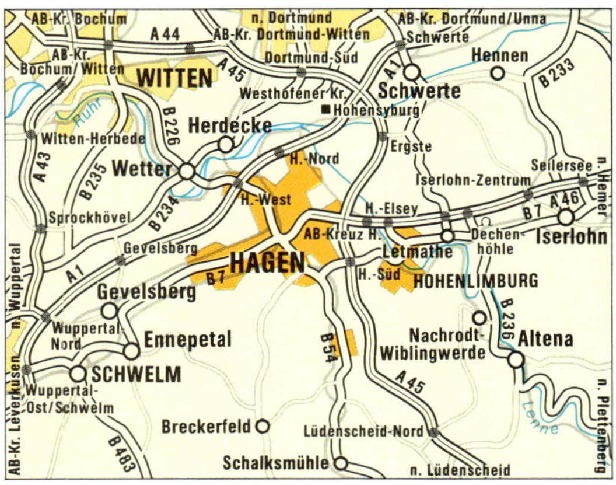

Wappen Gelber Eichenbaum auf blauem Grund. Die Eiche steht als Zeichen der Stärke und Kraft, ein redendes Wappen.
Lage Südöstlicher Rand des Ruhrgebiets
Land Nordrhein-Westfalen
Autokennzeichen HA
Höhe 86–438 m ü. M.
Fläche 160,3 km^2
Einwohnerzahl 210 000
Postleitzahl 5800
Telefonvorwahl 0 23 31
Post Hauptpost, Graf-von-Galen-Ring 24, Spätschalter (Mo–Fr 7.30–21, Sa 7.30–19, So 9–18 Uhr).
Polizei Hoheleye 3, ☎ 80 21
Taxi 1 40 14, 2 22 22
Nahverkehr Im Stadtgebiet Busse der Hagener Straßenbahn AG und der Bundesbahn. Die Hagener Straßenbahn AG gehört dem Verkehrsverbund Rhein-Ruhr (VRR) an, zu dem 19 kommunale Verkehrsunternehmen und die Deutsche Bundesbahn gezählt werden. Fahrscheine an den Automaten und beim Fahrer; für Touristen empfiehlt sich die Familientageskarte der Preisstufe 3.
Parken In der Innenstadt gibt es sieben Parkhäuser mit 2100 Plätzen, dazu elf große Parkplätze mit weiteren rund 2400 Stellplätzen. Hagen ist wegen seiner zum Teil engen und hügeligen Straßen für Autofahrer nicht unbedingt ein Vergnügen. Zum Glück sind die markanten Objekte (Rathaus, Hbf., Stadthalle) sehr gut ausgeschildert, ebenso die Parkhäuser.
Touristinformation Kultur- und Werbeamt Hagen, Information Rathaus, ☎ 1 35 73, 20 73 83 (Mo–Fr 10–18, Sa 10–13 Uhr).
Stadtführung Führungen für Gruppen sind möglich, müssen aber mit dem Kultur- und Werbeamt vereinbart werden, ☎ 1 35 73, 20 73 83.

Stadtrundgang

Hagen gänzlich zu Fuß kennenlernen zu wollen, ist ein fast hoffnungsloses Unterfangen. Dazu gibt es zu viele Sehenswürdigkeiten an der Peripherie und in den Vororten, zu denen man besser mit dem Auto oder Bus fährt. Dennoch lohnt ein kurzer Gang durchs Zentrum, am besten vom Rathaus 1 *aus. Parken können Sie ganz in der Nähe, im Garagenhaus Badstraße, das Sie über den Märkischen Ring (B 54, B 7) und die Badstraße erreichen. Die City bietet aber noch sechs weitere Parkhäuser. Auch an Einkehrmöglichkeiten ist kein Mangel: Unzählige Bierlokale wetteifern um die Gunst des Durstigen; studieren Sie aber die Speisekarten, bevor Sie sich zu einer Rast entschließen – die westfälische Küche hat ihren eigenen Reiz, und den sollte man bei fachkundigen Wirtsleuten kennenlernen...*

Der kleine Rundgang ist ca. 3 km lang, Sie sollten ungefähr eineinviertel Stunden Gehzeit einplanen.

Sehenswürdigkeiten

1 *Rathaus,* das fünfte Rathaus in der Geschichte der Stadt, 1965 eingeweiht. Die Vorgängerbauten wurden jeweils durch Kriegseinwirkungen und Brände zerstört. An Hagen als Stahlstadt erinnern die fünf mächtigen Stahlbänder, die die Betonkonstruktion zusammenzuhalten scheinen.

2 *Karl-Ernst-Osthaus-Museum,* nach dem Kunstmäzen Karl Ernst Osthaus (1874–1921) benanntes Museum, außen wilhelminisch, innen von Henry van de Velde im Jugendstil ausgestaltet. Gezeigt wird deutsche Kunst des 20. Jh. Schwerpunkte: deutscher Expressionismus mit Künstlern der »Brücke«, des »Blauen Reiters«, Christian Rohlfs, Emil Nolde, Oskar Kokoschka, Ernst Barlach; Kunst der 20er und 30er Jahre mit Werken von Max Beckmann, Lyonel Feininger, Otto Dix; Plastik von Alexander Archipenko; informelle Malerei (Di, Mi, Fr, Sa 11–18, Do 11–22, So 11–16 Uhr).

3 *Hauptbahnhof* mit monumentalem Glasbild in der Eingangshalle, das »Die Huldigung der Gewerbe vor dem Künstler« zeigt und 1910/11 von Jan Thorn-Prikker geschaffen wurde.

4 *Gartenstadt Hohenhagen* (Eppenhausen), von bedeutenden Architekten um die Jahrhundertwende geplant. Ab 1906 entstanden die folgenden Jugendstilbauten: der Hohenhof von Henry van de Velde mit Glas- und Wandmalereien von Jan Thorn-Prikker sowie einem in Fliesen ausgeführten Triptychon von Henri Matisse; das Haus Cuno (Haßleyer Str. 35) und das Haus Goedeke (Amselgasse) von Peter Behrens; eine ganze Straßenzeile »Am Stirnband« von Johannes L. Matheus Lauweriks. Von der Stadtmitte aus zu erreichen über die Rembergstr., Eppenhauser Str. und Haßleyer Str.

5 *Schloß Hohenlimburg,* um 1230 gegr. Burganlage. Kernstück des bis heute mehrfach um- und ausgebauten Gebäudekomplexes ist der innere Hof, umgeben von einem Wehrgang mit Ecktürmen und dem Palas; schöne Fachwerkerker und schmiedeeiserne Brunnen. In Palas und Torhaus befindet sich das *Museum Hohenlimburg* mit den Ausstellungsbereichen Wohnkultur (Empire- und Biedermeier-, klassizistische und bäuerliche Möbel), Stadt- und Territorialgeschichte Limburgs, Vor- und Frühgeschichte (April–Sept. Di–So 10–18, Okt. und März Di–Fr 13–16, Sa, So 10–16, Nov.–Febr. Di–So 13–16 Uhr). Von der Stadtmitte aus über Rembergstr., Eppenhauser Str. und Hohenlimburger Str. mit Buslinien 505, 515, 518.

6 *Eduard-Müller-Krematorium,* einer der wichtigsten Jugendstilbauten des Architekten Peter Behrens, entstanden 1906/07. Im Innern Halbkuppelmosaik von Emil Rudolf Weiß. Das Gebäude steht im Friedhof des Vororts Delstern, zu erreichen von der Stadtmitte aus über Volmetalstr. und Delsterner Str.

7 *Westfälisches Freilichtmuseum Hagen – Landesmuseum für Handwerk und Technik;* auf einem 2,5 km langen Abschnitt des Mäckingerbachtals wird die technikgeschichtliche Entwicklung des Handwerks von den Waldschmieden zur Zeit Karls des Großen bis zur vorindustriellen Stufe um 1850 mit rekonstruierten und originalen Werkstätten sowie funktionsfähigen Maschinen aufgezeigt (April–Okt. Di–So 9–18 Uhr). Von der Stadtmitte aus fahren Sie über Volmetalstr., Eilper Str. und Selbecker Str. bis zum Parkplatz im Mäckingerbachtal, oder Sie fahren mit der Buslinie 507 vom Hauptbahnhof aus.

8 *Lange Riege* (Riegestr.), älteste Arbeitersiedlung Westfalens; die Fachwerkreihenhäuser entstanden in der zweiten Hälfte des 17. Jh. als Unterkünfte für Klingenschmiede.

9 *Bismarckturm,* markantester Aussichtspunkt mit Blick auf die Stadt. Den Turm kann man bei gutem Wetter besteigen; Schlüssel im Kiosk am Fuß des Turms.

10 *Haus Harkorten,* Bürgerhaus im bergischen Barock aus der Mitte des 18. Jh. Hier wurde 1793 der Industrielle und Politiker Friedrich Harkort geboren.

Wasser, Industrie und Jugendstil

Ist sie nun kleine Großstadt oder große Kleinstadt? Ist sie eher ein Ausläufer des Ruhrgebiets oder das »Tor zum Sauerland«? Fragen, die der Besucher von Hagen schlüssig wohl kaum beantworten kann, tun sich doch selbst gestandene Hagener mit den Antworten sehr schwer. Schon der erste Eindruck kann von Fall zu Fall recht unterschiedlich sein, je

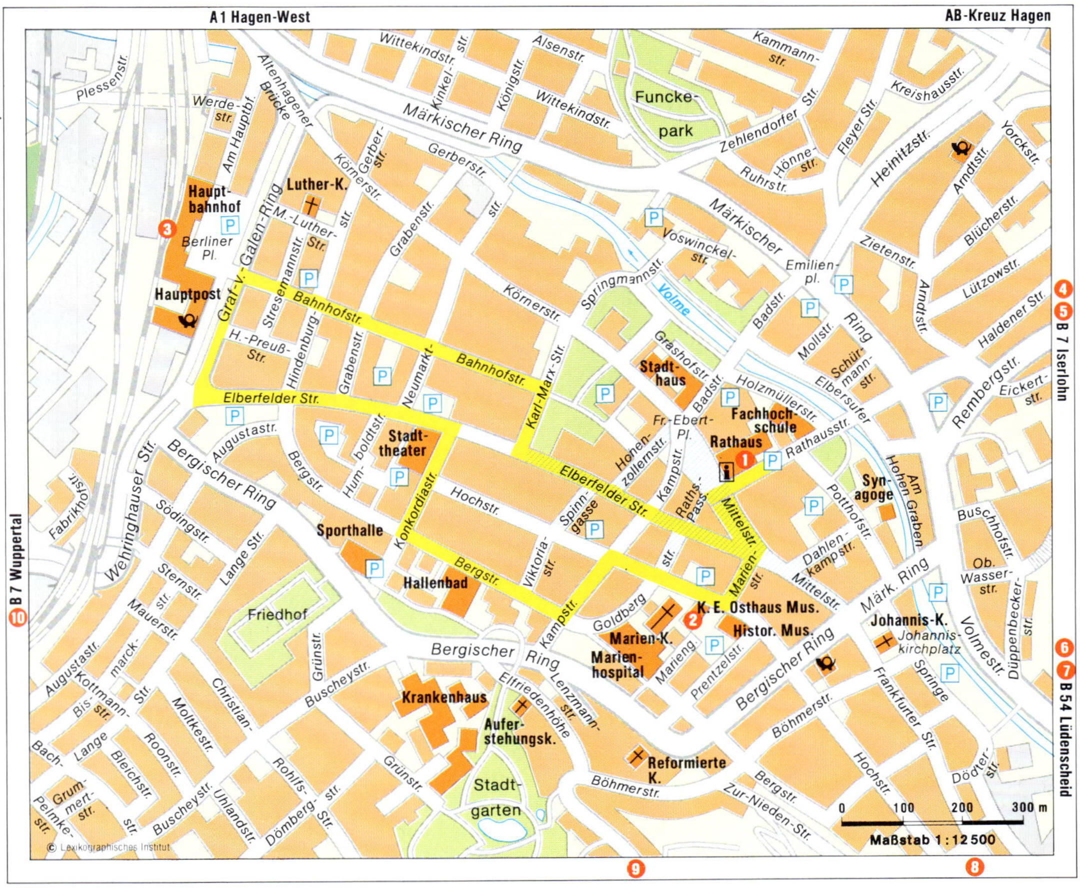

nach der Route, auf der sich der Besucher der Stadt nähert. Kommt er mit dem Auto über die A 45 aus Richtung Süden, wirkt Hagen von den Sauerlandhöhen aus wie eine Stadt im Grünen. Nähert er sich mit der Bundesbahn aus Richtung Köln, gerät er anscheinend in eine Industriestadt. Kommt er dagegen mit dem Auto aus gleicher Richtung über die A 1, so hat er das Gefühl, durch eine Seenlandschaft zu fahren: vorbei an Harkort- und Hengsteysee.

In Hagen, das ziemlich genau im verkehrsgeographischen Mittelpunkt der Bundesrepublik Deutschland liegt, fließt viel Wasser zusammen. Die Stadt wird von vier Flußtälern durchzogen. Im Norden bestimmt die Ruhr mit ihrem weiten Tal das Landschaftsbild, von Süden kommen Lenne, Volme und Ennepe.

Die Bedeutung der Flüsse ist für Hagen weitreichend gewesen: Dank der Wasserkraft entstand hier im 18. Jh. die erste zusammenhängende Industrielandschaft Deutschlands. Trotzdem wirkt die Stadt heute noch in vielen Teilen so dörflich und naturnah wie ein romantischer Sauerlandort. Aber nicht nur Landschaft, Wasser und Industrie prägten Hagen: Die Stadt war zu Beginn dieses Jahrhunderts ein Zentrum des Jugendstils und hat trotz verheerender Kriegsschäden zahlreiche prachtvolle Bauten aus dieser Zeit vorzuweisen.

Für Freunde der klassischen Musik erlaubt sich in unseren Tagen die keineswegs mehr reiche Stadt den sinnvollen Luxus einer Oper sowie eines städtischen Orchesters. Daneben hat sie sich in der ganzen Bundesrepublik Deutschland den Ruf einer Universitätsstadt ohne Wohnungsprobleme für Studenten erworben: Die einzige Fernuniversität der Bundesrepublik bedient mehr als 40 000 Studierende per Post mit Vorlesungen und Seminaren.

Offensichtlich ist Hagen also keine Stadt, die sich so einfach in eine Schablone pressen läßt. Um Ordnung in das Suchbild aus Kunst, Natur und Industrie zu bringen, um einen Überblick über das komplexe Stadtbild zu bekommen, lohnt der Weg zum markantesten Aussichtspunkt der Stadt, zum Bismarckturm ❾. Man kann mit dem Auto zu ihm hinauffah-

Eine Fahrt durch das Land der tausend Berge

Wir empfehlen Ihnen unbedingt einen Abstecher ins Sauerland. Unser Vorschlag: Fahren Sie über die B 54 durchs Volmetal und halten Sie kurz in Priorei, um sich die 1000 Jahre alte Priorlinde anzuschauen. Während der Weiterfahrt können Sie sehen, welche Bedeutung ehemals die Wasserkraft für die Industrialisierung der Region gehabt hat: Überall am Fluß drängen sich noch heute kleine und kleinste Betriebe. In Schalksmühle biegen Sie, der Beschilderung folgend, nach Osten ab in Richtung Lüdenscheid. Nach wenigen Kilometern steil ansteigender Serpentinen befinden Sie sich auf den Höhen des Sauerlands und haben den Blick frei über das Land der tausend Berge. Ein Ausflug, nur zum Schauen und Erholen, den Sie mit einem Bummel durch die Kreisstadt Lüdenscheid abrunden können.

Tips, Tips, Tips

Hagen entdecken und erleben – 52 Tips
An Hinweisen, wie man seine Zeit in Hagen besonders angenehm und erlebnisreich gestalten kann, mangelt es wahrlich nicht. Genau 52 Tips hat das Kultur- und Werbeamt zusammengetragen und für den Besucher in einer handlichen Broschüre aufgelistet. Von der »Liebe, die durch den Magen geht« bis zum »Blick in die Sterne« findet man so viele Anregungen, daß sicher für jedermann etwas dabei ist.

Westfälisches Heidelberg
»Am schönsten in Hagen ist es in Hohenlimburg«, sagen die Hohenlimburger, die eigentlich gar keine Hagener sein wollen. »Westfälisches Heidelberg« nennt sich das Städtchen gern, das in den 70er Jahren Hagen eingemeindet worden ist. Dem Schloß 5 das über der Stadt auf den Lennehöhen liegt und heute ein Museum zur Regional- und Kulturgeschichte beherbergt, verdankt es seinen romantischen Namen.
Abgefunden haben sich die Hohenlimburger noch nicht damit, zu Hagen zu gehören. Hingegen wissen die Hagener den Zuwachs zu schätzen: als lohnendes Ausflugsziel. Sie schicken vom Hauptbahnhof aus sogar Linienbusse dorthin.

ren oder ihn vom Stadtgarten aus in einem halbstündigen Fußmarsch erreichen. Von dort oben offenbaren sich die verschiedenen Gesichter Hagens, und man kann die Vielfalt zur Einheit verschmelzen lassen. Doch um die Stadt wirklich zu verstehen, muß der Besucher auch wissen, welch rasante Entwicklung Hagen in den letzten 150 Jahren durchgemacht hat.

Industrielle als Sozialpioniere und Mäzene

Während Karl Baedeker in seinem 1846 in dritter Auflage erschienenen klassischen »Handbuch für Reisende in Deutschland und dem österreichischen Kaiserstaate« Hagen lediglich als ein »sauberes Städtchen an der Volme« erwähnte, Heinrich Heine ein paar Jahre zuvor in seinem »Wintermärchen« vor allem die »holdseligen Gerüche« des Sauerkrauts ausmachte, plante Friedrich Harkort, einer der größten Söhne der Stadt, rheinischer Industrieller und Sozialpionier, hier schon die Zukunft. Ganz und gar unromantisch, vielmehr sozialkritisch ist seine ungefähr zur gleichen Zeit erschienene Schrift »Bemerkungen über die Hindernisse der Zivilisation und Emanzipation der unteren Klasse«.

Mit seinem Namen verbindet sich aber auch der Einzug der industriellen Revolution. Wasserkraft ersetzte er durch Dampfmaschinen, und schon im Jahr 1825 befürwortete er den Bau von Eisenbahnen. In seinem Gefolge wurden Hagens Handwerker zu Industriellen und die Stadt selbst – 1848 zählte sie gerade 5200 Einwohner – binnen 70 Jahren zu einer Großstadt mit mehr als 100 000 Bürgern.

Manche nur schwer zu vertuschende Wunde hat dieser Boom ins Gesicht der Stadt geschlagen. Daneben freilich gab es auch nirgendwo so früh den Versuch, der »Menschenfeindlichkeit der Industrialisierung« architektonische Impulse entgegenzusetzen.

Mit Karl Ernst Osthaus hatte die Stadt den ersten bürgerlichen Mäzen der Neuzeit. Er schaffte bedeutenden Architekten und Künstlern in der jungen Stadt ein Experimentierfeld für neues Bauen und Gestalten. Der »Hohenhof« 4 und die »Häuser Am Stirnband« 4 gehören zu den wichtigsten Jugendstilbauten Europas. Von hier aus nahm der »Hagener Impuls« seinen Ausgang zur Bauhaus-Bewegung. 1902 eröffnete Osthaus das Museum Folkwang, dessen Sammlungen später von seinen Erben nach Essen verkauft wurden. Das Kunstmuseum in Hagen trägt heute seinen Namen 2. Baumeister wie der Schweizer Le Corbusier fanden in

Das Westfälische Freilichtmuseum Hagen dokumentiert in Originalwerkstätten die Entwicklung von Handwerk und Technik; die Geräte und Maschinen lassen sich in Betrieb setzen.

Hagen unter den Fittichen von Osthaus wichtige Anregungen für ihr späteres Schaffen.

Von jenem Hagen freilich sind nur noch Reste übriggeblieben. Im Zweiten Weltkrieg wurden fast 90 % aller Gebäude zerstört.

Eine Großstadt aus Kleinstädten

Geblieben jedoch ist der Reiz des Nebeneinanders von Großstadt und ländlicher Idylle. Wer Hagen kennenlernen will, darf sich nicht nur im Zentrum aufhalten. Denn eigentlich ist die Großstadt ein Zusammenschluß von Kleinstädten, die Boele, Haspe, Dahl oder Hohenlimburg heißen. »Hagen – Stadt der Kleinstädte«, beschreiben es die Hagener selbst mit ihrem trockenen westfälischen Humor.

Daß man mit den oft als stur verschrieenen Westfalen erst einen »Sack Salz essen muß, um mit ihnen warm zu werden«, stimmt in Hagen allerdings nicht. Es reicht, mit ihnen ein kleines Gläschen »Hasper Maggi« zu trinken, was so schlimm nicht ist: Es handelt sich dabei um den hier gebrannten beliebten Wacholderschnaps. Und wenn es bei einem »Pinnecken« – wie man in Westfalen sagt – nicht geblieben ist? Für den kühlen Kopf am Tag danach bietet ein ehrenamtlich arbeitendes Dienstleistungsunternehmen seine Hilfe an: der 1891 in Hagen gegründete »Sauerländische Gebirgsverein«, der die Pflege des Wanderns auf seine Fahnen geschrieben hat. Allein die markierten Wanderwege im Stadtgebiet haben eine Gesamtlänge von 453 km. Wer davon nicht wenigstens ein paar unter den Füßen hatte, kennt die Stadt nicht wirklich.

Peter Behrens erbaute von 1908–11 das Haus Cuno in der Haßleyerstraße.

Theater, Musik, Veranstaltungen, Museen

Theater

Theater Hagen, Elberfelder Str. 65. Oper, Operette, Musical, Ballett, Schauspiel, Revue, Gastspiele von Sprechbühnen. Sonderprogramme: Mobiles Theater mit Schauspiel, kleiner Oper, Kinder- und Jugendtheater; »Tage des Kabaretts« mit Gastproduktionen; Kleinkunst im Theatercafé, ☏ 3 11 31.

Hasper Hammer, Hammerstr. 10. Kindertheater, modernes Theater, Pantomime, Kabarett, Lesungen, Musik, ☏ 33 20 68.

Kulturzentrum Pelmkeschule, Pelmkestr. 14. Theater, Kabarett, Workshops, ☏ 33 69 67.

Musik

Stadthalle Hagen, Wasserloses Tal 2. Sinfonie-, Kammermusik-, Familien-, Kinderkonzerte, Pop- und Schlagermusik; »Nacht der Musikanten«, ☏ 3 26 51.

Hasper Hammer, Hammerstr. 10. Opernmusik, Kammermusik – Barock bis Moderne mit dem Orchester Hammer zu Hagen; Jazz, ☏ 33 20 68.

St.-Michaels-Kirche, Pelmkestr. 12. Orgel-, Chorkonzerte, Oratorien, Instrumentalmusik; Gregorianik, ☏ 33 40 02.

Johanniskirche, Bergischer Ring 11. Orgelkonzerte, Oratorien – Barock bis Moderne; Instrumentalmusik, ☏ 33 75 39.

Matthäuskirche, Lützowstr. 120. Konzerte mit »Consortium Terpsichore« – Ensemble für Musik des Mittelalters und der Renaissance, ☏ 8 29 72.

Heilig-Geist-Kirche, Willdestr. 19. »Emster Sommermusiken« mit Orgel-, Chor-, Instrumentalmusik, ☏ 5 13 29.

Kulturzentrum Pelmkeschule, Pelmkestr. 14. Moderne Klassik, Modern Jazz, Rock, Folklore, ☏ 33 69 77.

Jazzkeller Katakombe, Hochstr. 71. Modern Jazz, Sessions, »Black Night Disco« mit Soul und Blues; Sommerfest mit Kleinkunst und traditionellem Jazz, ☏ 1 57 97.

Veranstaltungen

Alle zwei Jahre (1990) Ende Sept./Anfang Okt.: zweiwöchige *Hagener Orgeltage* in verschiedenen Hagener Kirchen mit intern. Orgelsolisten, Orchestern und Chören der Stadt Hagen, ☏ 58 62 63.

Zwischen Jan. und April: *Nacht der Poeten,* Karl-Ernst-Osthaus-Museum ❷. Autorenlesungen, kombiniert mit anspruchsvollem Musikprogramm, ☏ 20 75 09.

2. Wochenende im Mai: *Kunst- und Trödelmarkt* in der Innenstadt »rund um die alte Laterne« mit musikalischen und szenischen Darbietungen.

Mai/Juni: zweiwöchige *Tage des Musicals* im Theater Hagen, ☏ 3 11 31.

2. So Juni: *Büchermarkt* bei den Museen.

Anfang Juli: *Hasper Kirmesfestzug* im Vorort Haspe. Karneval im Sommer unter dem Motto: ULK (Unsinn, Leichtsinn, Kneipsinn); anschließend einwöchige *Hasper Kirmes.*

Sommer (vor oder nach den Sommerschulferien): zweiwöchige *Schloßspiele Hohenlimburg* ❺. Freilichttheater mit Schauspiel für Erwachsene und Kinder, ☏ 1 35 73.

2. So im Sept.: *Büchermarkt* bei den Museen.

1. Advent: *Spielzeugmarkt* in der Bürgerhalle des Rathauses ❶, Tausch- und Verkaufsbörse für Kinder.

Museen

Karl-Ernst-Osthaus-Museum, Hochstr. 73 (s. ❷).

Museum für Stadt- und Heimatgeschichte Hagen, Hochstr. 71. Stadtgeschichte (18.–20. Jh.): Porzellansammlung 18./19. Jh. (frühes Meißen und Fürstenberg), komplettes Biedermeierzimmer, Arbeiterwohnraum aus dem Ersten Weltkrieg, Dokumente aus der Nazizeit, Hausrat der 50er Jahre (Di–So 11–18, Do 11–22 Uhr).

Museum Hohenlimburg, Schloß Hohenlimburg, Alter Schloßweg (s. ❺).

Westfälisches Freilichtmuseum Hagen – Landesmuseum für Handwerk und Technik, Mäckingerbach (s. ❼).

Im Jugendstil ausgestaltet ist das Karl-Ernst-Osthaus-Museum.

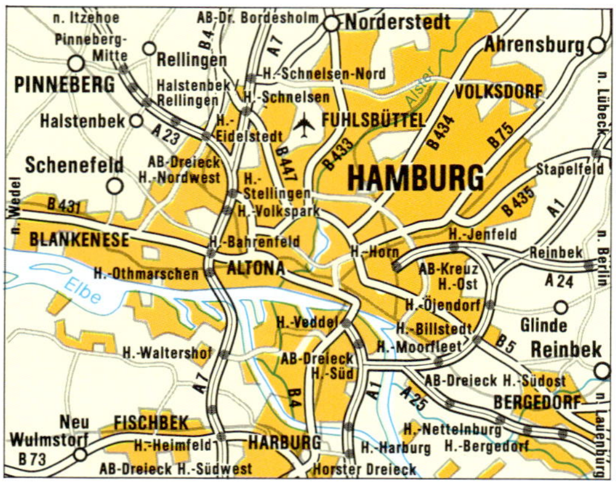

Jungfernstieg und Reeperbahn, Überseebrücke, Staatsoper und HSV – viele Begriffe stehen für eine Stadt, die zu den großen der Welt zählt und sich dennoch einen Hauch privater Eigenheit bewahrt hat. Bei aller Betriebsamkeit geht es gelassen zu, bei aller Weltoffenheit fühlt man sich seiner Stadt fast liebevoll verbunden. Hamburg – das riecht nach Teer und Brackwasser, nach Theaterschminke und frisch geröstetem Kaffee, nach

U-Bahn-Tunnel und Geranien. Hamburg – eine Weltstadt, eine Stadt, die ihre Reize auf vielfältige Weise offenbart, mal keck und frech, bisweilen aber auch ganz im verborgenen. Gleichviel – ein Rendezvous mit der schönen Hanseatin lohnt sich allemal.

Hamburg

Hafen, Hektik, Hanseaten

Wappen Die dreitürmige Burg bildet den zweiten Teil des Stadtnamens ab. Der mittlere, mit einem Kreuz besteckte Turm repräsentiert möglicherweise die Hauptkirche St. Marien.
Lage Am Beginn des Elbmündungstrichters, ca. 110 km vor der Elbmündung.
Land Hamburg
Autokennzeichen HH
Höhe 0–116 m ü. M.
Fläche 755 km^2
Einwohnerzahl 1,6 Millionen
Postleitzahl 2000
Telefonvorwahl 040
Post Postamt im Hbf., durchgehend geöffnet.
Polizei Polizeirevier Mitte, Hohe Bleichen 19, ☏ 41 11-1
Taxi ☏ 44 10 11, 68 20 01; Behinderten-Taxis: ☏ 4 10 54 58
Nahverkehr Ausgebautes Schnellbahn- und Busnetz in einem Verkehrsverbund. Für Kleingruppen verbilligte Stadtfamilien- und Netzfamilienkarten mit unterschiedlichem Gültigkeitsbereich, ebenso 24-Stunden-Gesamtnetzkarten und 9-Uhr-Stadtkarten.
Camping City-Camp, Kieler Str. 620, ☏ 5 70 51 21 und City-Camp Tourist, Kieler Str. 650, ☏ 5 70 44 98. Beide Plätze nahe der A 7, Ausfahrt Stellingen.
Parken Park-and-ride-System. Parkhäuser in der Innenstadt: Parkhaus Karstadt, Kleine Rosenstr.; Parkhaus Raboisen, Gertrudenstr.; Parkhäuser in der Rosen- und der Lilienstr.
Touristinformation Tourismuszentrale Hamburg GmbH, Burchardstr. 14, ☏ 30 05 10 (Mo–Fr 9–17 Uhr); Touristinformation im Hbf., Ausgang Kirchenallee, ☏ 30 05 12 30 (tägl. 7–23 Uhr); Touristinformation am Hafen, St.-Pauli-Landungsbrücken, ☏ 30 05 12 00 (tägl. 9–18 Uhr); Touristinformation im Flughafen, ☏ 30 05 12 40 (tägl. 8–23 Uhr).
Stadtrundfahrt Große Rundfahrt April–Okt. tägl. 10 und 14 Uhr, Nov.–März tägl. 10 Uhr, jeweils ab Kirchenallee beim Hbf. Außerdem kleine Stadtrundfahrten, Fahrten »Hamburg bei Nacht«, »Stadtrundfahrt mit der Hummelbahn«, ☏ 30 05 11 17.
Schiffahrt Hafenrundfahrten, Alsterrundfahrten, Kanal- und Fleetfahrten, ☏ 30 05 11 17.

Wer zählt die Brücken, kennt die Namen

Durch den Hamburger Hafen schiebt sich im Schneckentempo der liberianische Erzfrachter »Mosel Ore«, ein 253 m langer Schiffsgigant mit 108 000 BRT. Vorsichtig nähert sich ihm, wie eine Maus auf Elefantenjagd, die Barkasse »Bettina«, ein paar Dutzend Touristen an Bord, die das Manöver mit leichtem Unbehagen verfolgen. Doch der Käptn weiß sie zu beruhigen: »Ich muß hier etwas langsamer fahren, damit wir den Großen nicht umschubsen.« Hamburger Schnack!

Wie die rund 14 000 Seeschiffe und 14 000 Binnenschiffe, die im Hamburger Hafen jährlich knapp 60 Millionen Tonnen Güter löschen und laden, gehören auch die Barkassen und Dampfer mit ihrer »Touristenfracht« zum Bild des quirligen Treibens auf der Elbe. Nirgends sonst begegnet man dem Herzschlag der Stadt unmittelbarer als im Hafen. Ohne ihn wäre Hamburg nie zu dem geworden, was es heute ist: eine internationale und weltoffene Wirtschafts-, Handels- und Kulturmetropole im Herzen Europas.

Kaiser Friedrich Barbarossa ließ den Hamburgern 1189 einen »Freibrief« zukommen, der ihnen Zollfreiheit auf der gesamten Unterelbe zubilligte. Spätestens mit diesem Jahr begann der wirtschaftliche Aufstieg des Hafens und der Stadt. Alljährlich um den 7. Mai gedenkt man dieses Ereignisses mit einer großen Fete – dem drei Tage währenden Hamburger Hafengeburtstag.

Die Stadt ist etwa zwei Jahrhunderte älter. Zu Beginn des 9. Jh. sandte Karl der Große fränkische Eroberer aus, die in ihrem Missionseifer ein Kastell, die »Hammaburg«, an der Elbe errichteten. Wenig später wurde sie unter Karls Sohn, Ludwig dem Frommen, Sitz eines Erzbistums. Im Vorfeld dieses geistlichen Zentrums entstand die »Altstadt«, die Siedlung der Handwerker, Schiffer und Kaufleute. Keimzelle des späteren Welthandels wurde der 1188 von Graf Adolf III., dem weltlichen Hamburger Landesherrn, angelegte Alsterhafen in der von ihm begründeten Neustadt am Nikolaifleet. 1216 schlossen sich beide Städte zusammen. Bedingt durch die Lage in der Elb- und Alstermarsch war der Ort von zahlreichen Wasserläufen durchzogen, die vielfach zu schiffbaren Fleeten ausgebaut und eingedeicht wurden. Das wiederum erforderte den Bau von Brücken. Heute ist Hamburg mit 2200 Brücken, von denen rund 1000 über Gewässer führen, die brückenreichste Stadt des Kontinents. Auch der Straßen- und Schienenverkehr zwischen Skandinavien und der Bundesrepublik Deutschland ist weitgehend auf die Hamburger Elbbrücken angewiesen.

Romantisch wirkt beim Blick durch die Alsterarkaden das Rathaus, bei dessen Errichtung in den Jahren 1885–1909 sieben Architekten mitwirkten.

Ein Blitzschlag traf die Stadt

Über die Lombardsbrücke von 1865–68 und die John-F.-Kennedy-Brücke von 1952 rollt der Nah- und Fernverkehr durch die Hamburger Innenstadt. Sie teilen die Alster, Hamburgs beliebtestes Naherholungziel, in Binnen- und Außenalster. Bis 1190 war die Alster ein schmales Flüßchen gewesen, das mit vielen Verästelungen in die Elbe plätscherte. Dann aber baute man Dämme, um das Wasser zu stauen und Mühlen damit zu betreiben. Alsbald überflutete der Fluß die niedrig gelegenen Uferflächen und bildete schließlich den rund 180 ha großen Alster-See. Die Vorgängerbrücke war zugleich ein Teil der Befestigungsanlagen, die 1616–25 halbkreisförmig um die Stadt herum errichtet wurden und im Süden ihre natürliche Ergänzung durch die Elbe fanden.

Derart gesichert, überstand die Stadt, die im Mittelalter dem Schutz- und Trutzbündnis der Hanse beigetreten war, unbeschädigt auch den Dreißigjährigen Krieg. Doch mit der Zeit erwies sich das Gelände innerhalb der Befestigunganlagen als zu klein, um den Bürgern, deren Zahl sich zu Beginn des 19. Jh. auf über 130 000 erhöht hatte, genügend Platz bieten zu können. Wälle und Bastionen wurden daher geschleift und in gärtnerische Anlagen umgewandelt. Die Stadt atmete auf und dehnte sich nach allen Richtungen aus. Überall entstanden neue Straßen und Gebäude. Doch dann traf es die aufblühende Stadt wie ein Blitzschlag. Im Mai 1842 brach in der Deichstraße (7), dem ältesten Viertel der Stadt, ein Feuer aus, das sich in Windeseile verbreitete und 70 Straßenzüge mit rund 1750 Häusern vernichtete. Neben vielen alten Fachwerk- und Backsteinbauten fielen dem Brand auch die Nikolaikirche (6) und die Kirche St. Petri (17) sowie das alte Zentrum an der Trostbrücke (4) mit Rathaus, Gericht, Börse und Handelskammer zum Opfer.

Dem Phönix war kein langer Flug beschieden

Wie ein Phönix aus der Asche aber schwang sich Hamburg aus den Trümmern zu neuen Höhen auf. Der Stadtkern wurde nach Plänen der Baumeister de Chateauneuf, Lindley und Semper räumlich und architektonisch neu gestaltet und erhielt damit eine wesentlich großzügigere Ausprägung als vorher. In die zweite Phase des Wiederaufbaus fällt die Errichtung des neuen Rathauses (1) – des sechsten Rathausbaus in der Geschichte der Stadt. An der reichen und zum Teil prunkvollen inneren und äußeren Gestaltung wirkten Künstler aus ganz Deutschland mit. Der Rathausmarkt, die angrenzende Kleine Alster und die Alsterarkaden (19)

Den Krieg gut überstanden haben viele historische Häuser am Nikolaifleet, darunter auch Fachwerkbauten des 17. und 18. Jh.

Von Fuhlsbüttel in alle Welt

Mit einem Kostenaufwand von rund 750 Millionen Mark wird der Hamburger Flughafen Fuhlsbüttel bis 1993 dem internationalen Standard angepaßt. Geplant sind moderne Linienterminals, Fluggastbrücken und ein Flughafen-Parkhaus. Die Kapazität soll auf sieben bis acht, später bis auf zehn Millionen Passagiere pro Jahr gesteigert werden. Nach der Gründung der »Hamburger Luftschiffhallen-Gesellschaft« im Jahr 1911 begann die Epoche des Linienverkehrs mit einer regelmäßigen Flugverbindung nach Berlin zu Beginn der 20er Jahre. Nach dem Zweiten Weltkrieg stand der unzerstörte »Hamburg Airport« bis 1950 unter britischer Verwaltung. Mit der Wiederaufnahme der Liniendienste der »Lufthansa« und einer technischen Neuausrüstung begann der Aufschwung Fuhlsbüttels. Täglich um 10, 12, 14 und 16 Uhr informieren eine Modellschau und ein Film über die Abwicklung des modernen Flugverkehrs (mit dem HVV Airport Express alle 10 Min. ab U-/S-Bahnhof Ohlsdorf oder mit dem Airport-City-Bus ab Hbf.).

Willkommen in Willkommhöft

Am Elbstrand von Wedel, knapp außerhalb der westlichen Hamburger Landesgrenzen, befindet sich die weltbekannte, sogar in Seekarten verzeichnete Schiffsbegrüßungsanlage im Schulauer Fährhaus. Ein Restaurant mit einer großen Sommerterrasse lädt dazu ein, die »großen Pötte« aus aller Welt an sich vorüberziehen zu lassen. Jedes ein- und ausfahrende Schiff wird in Willkommhöft begrüßt und verabschiedet. Da werden Flaggen gedippt, die Nationalhymnen gespielt und Grüße in der jeweiligen Landessprache über den Lautsprecher geschickt. Wenn dann die Nebelhörner antworten, mag so manchen das Fernweh packen. Täglich von morgens acht Uhr bis Sonnenuntergang (im Sommer bis 20 Uhr) ist das Schulauer Fährhaus für »Sehleute« geöffnet (S-Bahn-Linie 1 ab Hbf. nach Wedel; mit dem Auto ca. 20 km auf der B 431 in Richtung Wedel).

Eine Stadt in der Stadt

Die Speicherstadt im Hamburger Freihafen verfügt über mehr als 400 000 m^2 Lagerfläche. Erbaut wurden die sechs- bis achtstöckigen Häuser 1885–1910. Ohne Formalitäten und Abgaben können innerhalb des 16 km^2 großen Geländes alle Waren ungehindert gelagert, gehandelt und bearbeitet werden. Zum Beispiel werden Tee, Kaffee und Tabak hier erst »verbrauchergerecht« veredelt. Im Freihafen lagert alles, was international gehandelt wird: vom Rohkaffee aus Brasilien bis zum Motorrad aus Japan. Zölle werden erst erhoben, wenn die Güter den Freihafen verlassen. Dazu gibt es an der fast 30 km langen Freihafengrenze nicht weniger als 39 Zolldurchlässe – und es müßte schon mit dem Klabautermann zugehen, wenn auch nur ein Säckchen Kaffee heimlich die Speicherstadt verließe.

Stadtrundgang

Dem Rathaus ❶ am nächsten liegt das Parkhaus »Karstadt« in der Kleinen Rosenstraße. Falls dort alles besetzt ist, gibt es in der Straße Raboisen und in der Rosenstraße weitere günstig gelegene Parkmöglichkeiten. Wer Glück mit dem Wetter hat, eine Kirche oder ein Museum vielleicht etwas genauer kennenlernen oder auch zwischendurch etwas zu sich nehmen will, tut gut daran, sich für die erste Erkundung Hamburgs einen halben Tag zu reservieren. Eilige Besucher sollten sich auf den südlich des Rathauses eingezeichneten Teil des Rundwegs beschränken. Er ist in einer Stunde zu schaffen. Eineinhalb Stunden beansprucht der nördliche Bogen des Rundgangs. In der Deichstraße am Nikolaifleet und im Cremon gibt es eine Reihe von Restaurants mit Alt-Hamburger Atmosphäre; in Frage kommen auch der »Ratsweinkeller« (Große Johannisstraße 2) und »Zum Alten Rathaus« (Börsenbrücke 10). Für eine Kaffeepause sei der Alsterpavillon am Jungfernstieg empfohlen.

Sehenswürdigkeiten

❶ *Rathaus*, von den sieben Teilnehmern eines Architektenwettbewerbs gemeinsam entworfen, 1886–97 erbaut, 1909 endgültig fertiggestellt. Einheitlich im Stil der nordwestdeutschen Renaissance gestaltete Fassade, historistisches Stilgemisch in den 647 Innenräumen. Bildnissammlung der für Hamburgs Geschichte bedeutenden Persönlichkeiten.

❷ *Börse*, Mittelteil eines 1839–41 erstellten klassizistischen Baus, der nach schweren Schäden durch den großen Stadtbrand von 1842 und die Bomben des Zweiten Weltkriegs mehrfach erweitert und umgestaltet wurde.

❸ *Gebäude der Patriotischen Gesellschaft*, 1844–47 im neugotischen Stil errichteter Backsteinbau, 1858–97 Sitz der Bürgerschaft.

❹ *Trostbrücke*, 1266 erstmals erwähnt, hier war bis zum Stadtbrand von 1842 das Handels- und Verwaltungszentrum der Stadt. Auf der heutigen Brücke von 1881 Standbilder des hl. Ansgar (801–65), des Erzbischofs von Hamburg-Bremen, und des Grafen Adolf III., der 1188 die Neustadt gründete.

❺ *Zollenbrücke*, älteste erhaltene Brücke Hamburgs von 1633.

❻ *Ehem. Nikolaikirche*, neugotische Kirche des Engländers Gilbert Scott, 1846–74 erbaut, ersetzte den mittelalterlichen Backsteinbau, der dem Stadtbrand von 1842 zum Opfer gefallen war. Der 1882 fertiggestellte neugotische Turm überstand den Zweiten Weltkrieg und wurde von Richard Laage als Ehrenmal für die Opfer der Diktatur ausgestaltet.

❼ *Deichstraße*, geschlossener Komplex alt-hamburgischer Bürgerhäuser verschiedener Stilepochen; einige der Häuser wurden nach dem Stadtbrand von 1842 wiederaufgebaut.

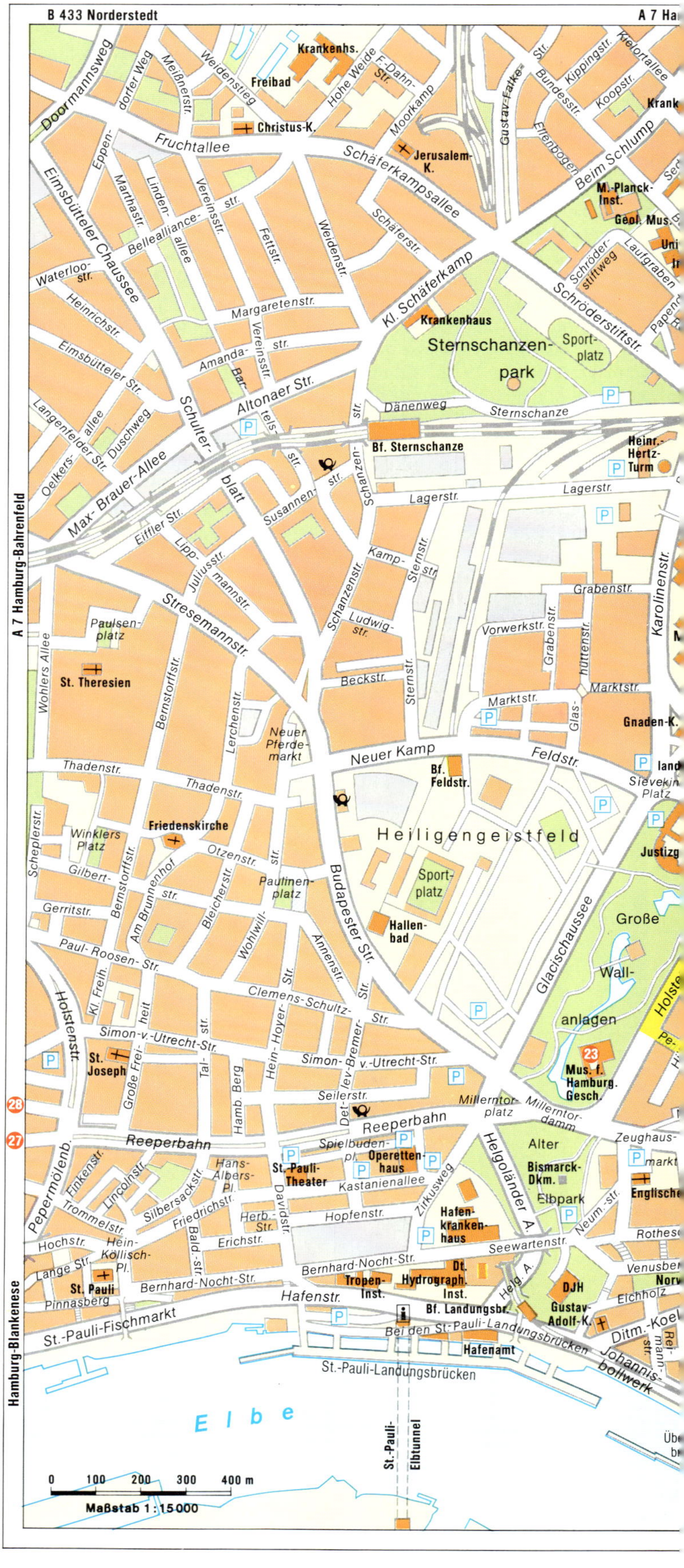

Quickborn
B 434 Bad Oldesloe
A 255, 1 Hamburg-Veddel
A 7 Hamburg-Waltershof
Außenalster
Binnenalster
Planten un Blomen
Alter Botanischer Garten
St. Johannis
Musik-hochsch.
Kammerspiele
Fachhoch-schule
Mus. f. Völker-kunde
UNESCO-Inst.
Von-Melle-Park
Univ.-Inst.
Universität
Staats-Bibl.
Amerika-haus
Max-Planck-Inst.
Moorweide
Congress Centrum Hamburg
Bf. Dammtor
Gurlitt-Insel
Atlantik
Rabenstraße
Postmus.
Musikhalle
Staats-oper
Kunsthalle
St. Georg
Schauspiel-haus
Haupt-bahnhof
Hansa-Theater
Mus. f. Kunst u. Gewerbe
Bus-Bf.
Staats-archiv
Ohnsorg-Theater
Thalia-Theater
Ref. K.
Rathaus
Börse
St. Petri
St. Jacobi
Postamt
Kl. Michael.-K.
St. Michaelis
Chilehaus
Markt-halle
Nikolai-K.
St. Katharinen
Blumen-großmarkt
Haupt-zollamt
Zollamt
Neuer Krahn
Güterbahnhof
Bf. Baumwall
Sandtorhafen
Binnenhafen
Brooktorhafen
Oberhafen
Valentinskamp
Jungfernstieg
Kennedybrücke
Lombardsbrücke
Esplanade
Gorch-Fock-Wall
Dammtorwall
Ost-West-Str.
Mönckebergstr.
Steintorwall
Glockengießerwall
Ballindamm
Rathausstr.
Steinstr.
Rothenbaumchaussee
Edmund-Siemens-Allee
Alsterglacis
Harvestehuder Weg
Alsterufer
Grindelallee
Bundesstr.
Kaiser-Wilhelm-Str.
Wexstr.
Alter Steinweg
Großneumarkt
Deichstr.
Dovenfleet
Alter Wandrahm
Bei den Mühren
Brooktor
Kehrwieder
Sandtorkai
© Lexikographisches Institut

8 *Cremon*, einstige Kaufmannsstraße mit den erhalten gebliebenen Speichern Nr. 33–36.

9 *Neuer Krahn*, 1858 anstelle eines hölzernen Krans von 1657 aufgestellt. Schon der erste »Neue Krahn« von 1352 diente dem Güterumschlag vom Alster- auf den Elbehafen.

10 *Reimerstwiete*, restaurierte kleine Fachwerkspeicher aus der zweiten Hälfte des 18. Jh.

11 *St. Katharinen*, 1380–1426 in Backstein errichteter dreischiffiger Bau, urspr. Basilika, dann zur Halle umgestaltet; die barocke Turmbekrönung Peter Marquardts entstand 1656–59, die westliche Turmfassade Johann Nikolaus Kuhns 1732–37. Schwere Schäden des Zweiten Weltkriegs wurden bis 1958 beseitigt und Neues der Ausstattung hinzugefügt: Ostfenster Gottfried von Stockhausens, Bronzetür Fritz Fleers, Pamir-Gedenktafel Gerhard Marcks'. Außerdem drei Spätrenaissance-Epitaphien aus dem 16./17. Jh. und ein Kruzifix süddeutscher Herkunft (13. Jh.).

12 *Speicherstadt*, Ende des 19. Jh. anstelle eines von Fleeten durchzogenen Wohn- und Kaufmannsviertels für den neuen Freihafen erbaut.

13 *Chilehaus*, eines der Hauptwerke Fritz Högers (1877–1949), der den Backsteinbau in Norddeutschland wieder einführte. Durch gekrümmte Fronten, betont vertikale Gliederung und seine Lage zwischen zwei sich in spitzem Winkel schneidenden Straßenzügen wirkt das 1922–24 errichtete Gebäude wie ein Schiffskiel. Arkaden im Erdgeschoß.

14 *St. Jacobi*, dreischiffige gotische Halle des 14./15. Jh. aus Backstein, der um 1500 ein viertes Schiff an der Südseite angelagert wurde. Die Schäden des Zweiten Weltkriegs wurden bis 1964 beseitigt; wichtige Kunstwerke konnten erhalten bzw. restauriert werden: Arp-Schnitger-Orgel (1689–93), Trinitatis-Altar (vor 1518), Lukas-Altar, Fischeraltar, barocke Kanzel von 1609/10, Epitaphien.

Fritz Högers Chilehaus ist ein Kunstwerk des Expressionismus.

15 *Schopenstehl*, die Nr. 32/33 ist ein dreigeschossiges Bürgerhaus mit Rokokofassade (18. Jh.).

16 *Bischofsturm*, Feldsteinfundament eines um 1040 für Hamburgs Erzbischof errichteten kreisrunden Wohn- und Wehrturms mit 4 m starken Mauern; älteste Ruine der Stadt und erster steinerner Befestigungsbau nördlich der Elbe.

17 *St. Petri*, älteste der fünf Hamburger Hauptkirchen, im 14./15. Jh. erbaut, durch den Stadtbrand von 1842 weitgehend zerstört. Die Untergeschosse des gotischen Westturms blieben erhalten. Der neugotische Backsteinbau von Alexis de Chateauneuf und Hermann Peter Fersenfeldt von 1844–49 wurde 1941 durch Luftangriffe beschädigt, Erneuerung bis 1949. Zur Ausstattung gehören ein Türklopfer in Form eines Löwenkopfes (1342), eine Kreuzigungsgruppe (Ende 15. Jh.) und zwei auf Holz gemalte Altarflügel (um 1500) sowie eine Marienfigur aus Sandstein, wahrscheinlich 1471 geweiht.

18 *Reesendammbrücke*, trennt Binnenalster und Kleine Alster. An der Stelle der 1843/44 erbauten Brücke befand sich seit 1235 ein Staudamm für eine Kornmühle. Im 17. Jh. wurde der Damm, nach einem Müller namens Reese benannt, zur Straße ausgebaut und erhielt den Namen Jungfernstieg.

19 *Alsterarkaden*, 1842/43 im romantisch historisierenden Rundbogenstil erbaut.

20 *Alte Post*, 1845–47 erbaut, bis 1868 Dienstgebäude für die Freistädtische, die Thurn und Taxissche, die Hannoversche und die Schwedische Post.

21 *Haus der Überseeclubs*, spätklassizistischer Bau von 1833, urspr. Stadthaus des Bankiers und Kaufmanns G. Jenisch.

22 *Bäckerbreitergang*, die Häuser Nr. 49–58 bilden eine geschlossene Reihe schlichter restaurierter Fachwerkbauten des 18./19. Jh.

23 *Museum für Hamburgische Geschichte*, Klinkerbau von 1914–23, in dessen Außenmauern Bauelemente und Plastiken Alt-Hamburger Bauwerke eingefügt wurden. Umfangreiche Sammlungen zur Topographie, politischen und kulturellen Geschichte der Stadt mit den Schwerpunkten »Handel und Verkehr«, »Hafen und Schiffahrt« und »Modell Hamburger Bahnanlagen« (Di–So 10–17 Uhr).

24 *Peterstraße*, alte Backstein- und Fachwerkhäuser, zum Teil originalgetreu restauriert.

25 *St. Michaelis*, Vorgängerbau 1648–73 nach Plänen von Christoph Corbinus und Peter Marquardt errichtet, durch Blitzschlag zerstört. Der größere Nachfolgebau auf kreuzförmigem Grundriß von Ernst Georg Sonnin und Leonhard Prey 1777–86 als protestantische Predigtkirche konzipiert, brannte 1906 bis auf die Umfassungsmauern ab, wurde aber 1907–12 in alter Form von Julius Faulwasser wiederaufgebaut. Durch seinen Turm ist St. Michaelis zum Wahrzeichen Hamburgs geworden. Das Innere, weiß und gold, ist reich mit Stuck ausgestaltet. Gerhard Langmaack hat die Schäden des Zweiten Weltkriegs beseitigt.

26 *Krameramtswohnungen*, letzte geschlossene Hofbebauung aus dem 17. Jh., 1676/77 für Witwen ehemaliger Mitglieder des Krameramts in Ziegelfachwerk errichtet, 1971–74 restauriert.

27 *Altonaer Museum/Norddeutsches Landesmuseum*, Gemälde und Grafiken, Möbel, Silber, Fayencen, Bauernstuben, Trachten, Schiffs- und Werftmodelle, Seekarten, nautische Instrumente, Fossilien, Gesteinsproben – alles in allem eine Einführung in Kulturgeschichte und Landeskunde des Küstengebiets (ab Hbf. mit den S-Bahn-Linien 1, 2 und 3 bis Haltestelle Altona, Di–So 10–17 Uhr).

28 *Ernst-Barlach-Haus*, ein 1962 von Werner Kallmorgen nach den Vorstellungen des Stifters Hermann F. Reemtsma errichteter Atriumbau im Jenischpark. Das plastische Werk Barlachs wird entsprechend seiner künstlerischen Entwicklung präsentiert. Zur Sammlung gehören die »Schwertschwinger« und der »Fries der Lauschenden«. Handzeichnungen und Druckgrafik werden in Wechselausstellungen gezeigt (mit den S-Bahn-Linien 1 und 11 bis Haltestelle Klein-Flottbek, Di–So 11–17 Uhr).

29 *Hamburger Kunsthalle*, Gemälde vom Mittelalter bis zur Gegenwart, Grafik, Plastik des 19. und 20. Jh., Münzen und Medaillen. Bedeutende Sammlung deutscher Malerei und Plastiken des 19. (Friedrich, Leibl, Liebermann, Menzel, Runge u. a.) und 20. Jh. (Arp, Beckmann, Picasso, Dix, Kokoschka, Klee u. a.) einschließlich der zeitgenössischen Kunst (Di–So 10–17 Uhr).

30 *Hamburgisches Museum für Völkerkunde*, 1879 vom Hamburger Senat gegründet, erhielt das Museum 1908–12 ein eigenes Gebäude, dessen Inneneinrichtung als Musterbeispiel für den Jugendstil gilt. In fünf Abteilungen wird der Besucher in die unterschiedlichen Kulturbereiche eingeführt: Eurasien, Afrika, Indonesien und Südsee, Amerika, Süd- und Ostasien (U-Bahn-Linie 1 bis Hallerstr. und mit den S-Bahn-Linien 11, 21, 31 bis Dammtor, Di–So 10–17 Uhr).

31 *Museum für Kunst und Gewerbe*; freie und angewandte Kunst aller Epochen und Kulturen, z. B. hellenistische Bronzestatuetten, christliche Plastik (u. a. Tilman Riemenschneider), Wohnkultur der Renaissance, japanische Lackarbeiten, Teppiche moderner Künstler, Grafiken, Fotografien, Bücher; die Fayence- und Porzellansammlungen und die Jugendstilabteilung sind hinsichtlich Qualität und Vollständigkeit die Glanzlichter der bedeutenden Sammlung (Di–So 10–17 Uhr).

bilden eine faszinierende Raumkombination, die ein wenig an den Markusplatz und die Piazzetta in Venedig erinnert.

Der Neuaufbau setzte sich fort bis in die 20er Jahre dieses Jahrhunderts. Viele Geschäfts- und Kontorhäuser entstanden, wobei das von Fritz Höger konzipierte und 1922–24 erbaute Chilehaus 13 einen Glanzpunkt moderner Architektur setzte. Es gilt als Beispiel für die von Hamburgs damaligem Oberbaudirektor Fritz Schumacher getragene Idee, den norddeutschen Backsteinbau auch in Hamburg wieder heimisch zu machen. Besonders eindrucksvoll ist die einem Schiffsbug nachgebildete Ostspitze des Hauses.

Was mühsam wieder aufgebaut worden war, ging dann großenteils im Zweiten Weltkrieg erneut verloren. Ganze Stadtteile wurden ausradiert, Hafen und Industrie lagen, schwer getroffen, darnieder. Das charakteristische Bild Hamburgs aber ist erhalten geblieben, auch wenn heute nur noch wenige Bauten von seiner stolzen Vergangenheit Zeugnis geben.

Zum Shopping braucht man große Scheine

Hamburg heute: eine quirlige Millionenstadt, in der sich Kunst und Kommerz, Natur und Technik, Handel, Schiffahrt und Vergnügen zu einem spritzigen Cocktail vereinen. Hamburg: mehr denn je Tor zur Welt! Überall ist das zu spüren: im Hafen natürlich, ebenso in Fuhlsbüttel, dem Flugkreuz des Nordens, in der Börse, in der Universität und den modernen Einkaufsstraßen mit Angeboten aus aller Herren Länder.

Hamburgs Weltoffenheit dokumentiert sich nicht zuletzt an der Zahl von 70 konsularischen Vertretungen. Keine andere Stadt außer New York hat derzeit mehr Konsulate aufzuweisen. Die neuesten Kurse aus der Weltwirtschaft werden täglich in der Hanseatischen Wertpapierbörse 2 am Adolphsplatz notiert – seit 1558, als die Hamburger Börse, die erste in Deutschland, eröffnet wurde. Von Montag bis Freitag wird hier um 11.15 Uhr ein etwa einstündiges Informationsprogramm geboten, zu dem jeder Zutritt hat. Anschließend können die Besucher von der Galerie aus das hektische und lautstarke Treiben der Börsianer fast hautnah miterleben.

Noch unmittelbarer bieten sich Hamburgs Handel und Wandel in den großen Einkaufsstraßen dar, z.B. in der Mönckebergstraße, der Mö. Große Kaufhäuser reihen sich hier wie in der parallel verlaufenden Fußgängerzone Spitalerstraße in dichter Folge aneinander. Vom Rathausmarkt ist es nur ein Katzensprung zur Binnenalster, dem Herzstück der Innenstadt. Da lockt der Jungfernstieg, Hamburgs Pracht- und Bummelboulevard, zu exklusivem Shopping. Als »nötiges Kleingeld« sind hier allerdings nur große Scheine gefragt.

Ein Gewirr von malerischer Harmonie
Nicht von ungefähr haben sich altgediente Kapitäne und Kaufleute Blankenese zum Ruhesitz erwählt. Der westliche Vorort Hamburgs bietet alle Voraussetzungen dafür, in Muße das Leben an sich vorüberziehen zu lassen. Idyllisch gelegen, reicht das ehemalige Fischerdorf bis zur Spitze des 74 m hohen Süllbergs hinauf, der den Blick freigibt auf die Elbe und die jenseits des Stroms sich auftürmenden Harburger Berge. Ein Gewirr aus Treppen, Gäßchen, Winkeln und kleinen Gärten vereint sich auf dem Hügel zu malerischer Harmonie. Wer alles besichtigen will, muß auf einer Strecke von 8 km 4864 Stufen bewältigen. Der friedliche Süllberg war einst das Domizil von Raubrittern, die es auf die »Hamburger Pfeffersäcke«, die Kaufleute, abgesehen hatten. Jetzt befindet sich ein Restaurant auf der Kuppe des Bergs (S 1 und S 11 ab Hbf.; mit dem Auto in westlicher Richtung über die Elbchaussee).

Zu Fuß unter der Elbe durch
Die St.-Pauli-Landungsbrücken und die Eingangshalle des alten Elbtunnels von 1911 bilden ein architektonisches Ensemble, das längst als technisches Kulturdenkmal eingestuft wird. Die Bauarbeiten gestalteten sich damals äußerst schwierig. Um das andrängende Wasser abzuhalten, mußte weitgehend unter Druckluft gearbeitet werden. Schmerzhafte Erkrankungen und tödliche Unfälle waren die Folge. Der Tunnel war erforderlich geworden, weil die Fähren, zumal bei Eisgang und Nebel, es nicht mehr schafften, die jenseits des Elbufers tätigen Hafenarbeiter überzusetzen. Es ist ein Erlebnis besonderer Art, die 426 m lange Röhre unter der Elbe zu durchwandern.

Das Ensemble der St.-Pauli-Landungsbrücken ist links flankiert vom Uhrturm, rechts vom Eingangspavillon zum alten Elbtunnel; den Hintergrund bildet die Landschaft der Docks und Kräne.

Frühlingsträume im Alten Land
Das größte zusammenhängende Obstanbaugebiet Deutschlands liegt südlich der Elbe: das Alte Land. Im Frühling verwandeln die Blüten an rund sechs Millionen Bäumen diese ohnehin malerische Ebene in eine Zauberwelt. Hier wandert man vorbei an alten Windmühlen, überquert auf kleinen Holzbrücken Flüßchen und Wassergräben, schaut von der Höhe der Deiche über Land und Elbe. Reizvolle kleine Orte wie Cranz, Francop, Jork und Neuenfelde dokumentieren den Wohlstand der Obstbauern, zumindest früherer Zeiten. Prachtvolle Bauernhäuser reihen sich aneinander, und stattliche Prunkpforten mit kostbaren Schnitzereien bilden das herrschaftliche Entree zu den Höfen. Die Schönheit dieser Landschaft fasziniert zu jeder Jahreszeit, und Obst wird allzeit angeboten (Bus 150 bis Cranz oder mit dem Auto über die A 7 bis Ausfahrt Waltershof).

Imposant: die Köhlbrandbrücke.

Gleiches gilt für die Ladenzeilen zwischen Alsterarkaden (19) und Gänsemarkt oder für das nahegelegene Postviertel zwischen Poststraße und Große Bleichen mit der längsten überdachten Glaspassage Europas. Boutiquen, Antiquariate, Spezialitätengeschäfte, Modehäuser – sie alle bieten hier gleichermaßen Exklusives und Erlesenes, Köstliches wie Kostbares, Antikes und Modisches. Zum Kaffeetrinken lädt anschließend der traditionsreiche Alsterpavillon am Jungfernstieg ein. Von hier aus startet auch die »Weiße Flotte« zu Rundfahrten über die Alster und durch die Hamburger Fleete.

Wer die naturgegebenen Reize der Stadt lieber auf Schusters Rappen entdecken will, findet dazu ausreichend Gelegenheit in dem zwischen Dammtor und Landungsbrücken gelegenen Wallringpark. Auch Kinder werden an diesem Spaziergang Gefallen finden, können sie sich doch nebenbei auf einer Rollschuhbahn, bei Minigolf, Ponyreiten und Wasserskooter vergnügen. Eingebunden in die großzügige Parkanlage sind der Alte Botanische Garten und der Blumenpark »Planten un Blomen«.

Leckerbissen im Theater

Und abends ins Theater! Das ist leichter gesagt als getan; denn wer die Wahl hat, hat die Qual. Opernfreunde gehen natürlich in die Hamburgische Staatsoper, deren Ursprünge über 300 Jahre zurückreichen. Damals richteten fünf Kaufleute in Hamburg die erste feste Bühne ein, die ausdrücklich der ganzen Bevölkerung und nicht nur einer erlauchten Oberschicht offenstehen sollte. Heute zählt die Hamburgische Staatsoper zu den renommiertesten Bühnen der Welt – mit einem international bedeutenden Ensemble und einem Ballett der Spitzenklasse. Soweit, so klar; aber dann laden über 20 weitere Theater zu Schauspiel, Kabarett, Operette und Musical ein. Von den großen Bühnen des Deutschen Schauspielhauses und des Thalia-Theaters spannt sich der Bogen bis zum »Theater im Zimmer« und dem Puppentheater für Kinder. Die leichte Muse regiert im Operettenhaus am Spielbudenplatz. Im Frühjahr 1986 hielten hier die »Cats« Einzug und wurden begeistert umjubelt. Deftig hamburgisch geht es im St.-Pauli-Theater und im Ohnsorg-Theater zu, dessen volkstümliche Aufführungen auch dem bundesdeutschen Fernsehpublikum ein Begriff sind.

»Nie im Fernsehen«, lautet dagegen das Motto des Hansa-Theaters, des letzten klassischen Varietés in Deutschland. Seit über 90 Jahren werden hier in monatlich wechselndem Programm artistische Spitzenleistungen geboten, und auf den Programmzetteln standen Hunderte so berühmter Namen wie Charlie Rivel, Asta Nielsen und Enrico Rastelli.

Sobald sich in den Theatern der Vorhang nach dem Schlußapplaus gesenkt hat, hebt sich gleichsam die Gardine zu Hamburgs Nachtleben. Abgesehen von den über 2000 Restaurants und Gaststätten, die mit Spezialgerichten aus rund 40 Nationen aufwarten, finden sich allerorten originelle Kneipen und Pinten, in denen es durchaus nicht »steif hamburgisch« zugeht.

Südlich der Elbe erstreckt sich etwa 30 km weit bis hin nach Stade das Alte Land, ein Obstparadies.

Hinter dem Westufer der von vielen Booten belebten Außenalster dominieren Fernsehturm und Congress-Centrum.

Wo man die Nacht zum Tag macht

Bevorzugter Treffpunkt für Nachtschwärmer ist der Großneumarkt – vom Rathausmarkt aus in zehn Minuten zu Fuß erreichbar. Kellerkneipen und Kleinkunstbühnen, Cafés und Weinstuben vereinen sich hier zu einem stimmungsvollen »Schwabing des Nordens«. Und wenn es das Wetter im Sommer gut meint, spielt sich das kunterbunte Leben – fast südländisch – unter freiem Himmel ab. »Orntliches Bier« gibt's auch in »Posemuckel« und »Kleinkleckersdorf«, zwei »Bierdörfern«, die sich an der Bleichenbrücke und am Großen Burstah etabliert haben.

Kräftig auf die Pauke gehauen wird im »Logo« in Harvestehude-Rotherbaum oder im »Tropical Brasil« auf St. Pauli. Nicht weniger munter geht es in der »Fabrik« in Altona zu. »Kommunikation statt Munition« lautet hier die Devise seit 1971. Viele bekannte Rockbands und Jazzformationen haben seitdem für Furore in der »Fabrik« gesorgt. Hamburgs größte Pop-Arena indes befindet sich in der Nähe des Hauptbahnhofs – unüberhörbar in der früheren Markthalle. Von »New Wave«- und »Heavy Metal«-Konzerten bis zu Theateraufführungen, von Operngastspielen bis zum Kinderkino ist hier alles geboten.

Ein Denkmal für den »blonden Hans«

Nicht nur die Kreuzberger, auch die Hamburger Nächte sind lang. Auf der Reeperbahn, der »sündigsten Meile der Welt«, wo gleißende Lichtreklamen von unzähligen Diskos, Schunkelbars und Sexkneipen künden, ist alles erlaubt, was nicht verboten ist. Wer diese Art von Vergnügen sucht, kann sich in St. Pauli nach Belieben bedienen. Aber neben all den Etablissements mit leichten Mädchen und schweren Jungs gibt es immer noch das berühmte »Café Keese«, wo nur die Damen zum Tanz auffordern dürfen.

Lebendig geblieben ist im Herzen der Hamburger auch der Name Hans Albers. Der »blonde Hans« hat St. Pauli und die Reeperbahn in vielen Filmen und Liedern weltweit populär gemacht. Am bekanntesten dürfte die von Ralph Arthur Roberts komponierte »Hymne« aus dem Film »Große Freiheit Nr. 7« geworden sein, ein eher mäßiges Walzerlied, das durch Albers' Interpretation zu einem Schlager wurde: »Auf der Reeperbahn nachts um halb eins, ob du'n Mädel hast oder auch keins, amüsierst du dich …« Ihm haben die Hamburger in der Nähe der »Großen Freiheit« ein Denkmal gesetzt.

Während man sich in der »Eros-Bar« noch in letzten Tangotakten wiegt, benebelte »Nachtjacken« ins Bett fallen und im Spielcasino des Hotels »Intercontinental« letztmals zum »Faites vos jeux« aufgefordert wird, steht die Millionenstadt auf. Reges Treiben herrscht ab vier Uhr früh auf Hamburgs Blumen-, Obst- und Gemüsegroßmarkt. Mit rund 120 000 m² Fläche sucht er in Europa seinesgleichen. Händler aus dem gesamten norddeutschen Raum treffen hier zusammen, um sich mit Rosen aus Israel, Tomaten aus Holland und Äpfeln aus dem heimischen Alten Land einzudecken.

Zarte Falter und ein Stück Geschichte

1871 erhielt Fürst Otto von Bismarck in »Anerkennung seiner Verdienste um die Reichsgründung« Landbesitz im Sachsenwald von Kaiser Wilhelm I. zum Geschenk. In Friedrichsruh befindet sich das Mausoleum mit den Sarkophagen des ersten Reichskanzlers und seiner Frau. Im Landhaus Friedrichsruh, dem Alterssitz des Fürsten, werden Orden, Dokumente, Fotos, Geschenke und andere persönliche Dinge gezeigt (April–Sept. Di–So 9–18, Mo 14–18 Uhr; Okt.–März Di–Sa 9–16, So 10–16 Uhr). Friedrichsruh ist aber auch der Schmetterlinge wegen einen Ausflug wert. In zwei Glashäusern mit künstlichen Seen und vielerlei exotischen Gewächsen flattern sie zu Hunderten umher. Der Attacusatlas ist mit einer Spannweite von 25 cm eine besondere Attraktion (April–Okt. tägl. 9–18 Uhr).

»Geh'n wir mal zu Hagenbeck«

Mit über 2000 Tieren in 56 Freigehegen, mit Troparium und Delphinarium wartet Hagenbecks Tierpark heute auf. Angefangen hat es mit einem Waschbottich, in dem der Fischhändler Gottfried Carl Hagenbeck 1848 auf dem St.-Pauli-Fischmarkt sechs Seehunde zur Schau stellte. Durch die Neugierde der Hamburger beflügelt, weitete er seine Fischhandlung zu einer Menagerie aus, die sein Sohn Carl 1866 übernahm und zu einem bedeutenden Unternehmen machte. Tiere aus fremden Ländern sollten sich in seinem »Zukunftstierpark« in einer möglichst artgerechten Umgebung tummeln. 1907 schuf er eine Parkanlage mit unsichtbaren Gräben, künstlichen Bergen und Seen, die zum Dorado der Tierfreunde wurde (U 2 ab Jungfernstieg; mit dem Auto über Eimsbüttel nach Stellingen; geöffnet in der Sommersaison tägl. 8–18, in der Wintersaison tägl. 8–16.30 Uhr).

Dieser skurrile, mit Plastiken bevölkerte Torbau entstand 1907, als Carl Hagenbeck seine weltberühmte Parkanlage für Tiere schuf.

»Auf der Reeperbahn nachts um halb eins . . .«

»Hummel-Hummel – Mors-Mors!«
Wilhelm Benz lebte von 1786–1854 und lernte als Junge den alten Stadtsoldaten Daniel Christian Hummel kennen, eine auffallende, stets mit rotem Artillerierock und Orden geschmückte Persönlichkeit. Hummel prahlte gern mit Kriegserlebnissen, und die Jungs hörten ihm mit Vergnügen zu. Als der Veteran starb, zog Benz, der inzwischen den Beruf des Wasserträgers ergriffen hatte, in dessen Wohnung ein. Er war mißlaunig geworden, weil seine Verlobte samt seiner Erbschaft mit einem Seemann durchgebrannt war. Da er oftmals vor sich hin »hummelte« (murrte), übertrugen die Straßenjungen den Namen ihres Soldatenidols auf ihn. Der so verhöhnte Benz wußte sich nicht anders zu helfen, als ihnen ein heftiges »Mors-Mors!« entgegenzuschleudern, was dem berühmten Götz-Zitat gleichkommt. Die Jungen machten sich dann erst recht den Spaß, Benz immer wieder mit »Hummel-Hummel« anzupflaumen. So wurden schon zu seinen Lebzeiten dieser Ruf und seine Antwort darauf zum Allgemeingut der Hamburger.

Vorortzüge, U-Bahn, S-Bahn und Busse schleusen allmorgendlich Zehntausende von Menschen aus dem Umland in die Stadt ein, die ihnen ein Auskommen sichert. Mit aufgehender Sonne beginnt der Puls der Industrie- und Handelsmetropole stärker zu schlagen, in den fast 1000 Industriebetrieben ebenso wie in den über 2000 Import- und Exportgeschäften, die Hamburg zum größten Außenhandelsplatz der Bundesrepublik Deutschland werden ließen. Jedes zehnte der 500 umsatzstärksten bundesdeutschen Unternehmen hat seinen Sitz an Elbe und Alster. Mehr als 200 amerikanische und knapp 100 japanische Konzerne residieren in der Hansestadt.

Kein Wunder, daß Hamburg auch als Messe- und Tagungsort eine bedeutende Rolle spielt. Die großen Ausstellungshallen der Hamburg-Messe in der Nähe des Dammtor-Bahnhofs und das angrenzende Congress-Centrum Hamburg (CCH) bieten dafür ideale Voraussetzungen. Das CCH ist mit seinen 16 Sälen für 300–3000 Personen und ausgefeilter Konferenztechnik eines der modernsten Kongreßgebäude Europas.

Fast 400 Jahre Pressetradition

Neben Handel, Schiffahrt und Gewerbe weist Hamburg noch einen anderen bedeutenden Wirtschaftszweig auf, dessen Ursprung bis 1616 zurückreicht. Damals gaben Hamburger Kaufleute erstmals die »Wöchentliche Zeitung« heraus und begründeten eine Tradition, die Hamburg als Pressemetropole und Kommunikationszentrum bis heute bewahrt und ausgeweitet hat. Mit rund 40 % halten Hamburgs Verlagshäuser heute den größten Anteil der in der Bundesrepublik Deutschland erscheinenden Tages-, Wochen- und Fachzeitschriften. Zu den bekanntesten Blättern zählen »Der Spiegel«, »Die Zeit«, »Stern«, »Hör zu«, »Brigitte« und »Manager-Magazin«. Die Deutsche Presse-Agentur (dpa) hat in Hamburg ihren Sitz, und seit 1924 werden die Neuigkeiten des Tages auch über Funk verbreitet. Heute ist der Norddeutsche Rundfunk (NDR) der zweitgrößte Sender innerhalb der Arbeitsgemeinschaft der Rundfunkanstalten Deutschlands (ARD). Hier wird auch die bundesweit ausgestrahlte »Tagesschau« produziert.

Auch von den St.-Pauli-Landungsbrücken, dem Ausgangspunkt für den Hafen- und Unterelbe-Verkehr, überblickt man nur einen Teil des Hafens, der die Fläche einer Großstadt erreicht.

Nicht selten hört man in den Nachrichten vom Hamburgischen Weltwirtschaftsarchiv, das mit eigenen Untersuchungen, Analysen und Prognosen wichtige Beiträge zu allen Fragen der Weltwirtschaft sowie der internationalen Konjunkturpolitik liefert. Es gehört zu den rund 250 Forschungsstätten in Hamburg, die Wissenschaft und Wirtschaft mit wertvollen Erkenntnissen zuarbeiten.

Zu ihnen zählen das Deutsche Hydrographische Institut, das Tropeninstitut und die Hamburger Schiffbau-Versuchsanstalt, in der jährlich rund 100 Schiffsmodelle erprobt und weiterentwickelt werden. Dies geschieht zum Wohle der Schiffahrt allgemein, nicht zuletzt aber auch zum Wohle des Hamburger Hafens, von dessen Prosperität Handel und Wandel der Stadt entscheidend abhängen. Wie sonst nirgends wird einem der Pulsschlag der Wirtschaft dort vor Augen geführt, im größten deutschen Seehafen und zugleich auch einem der bedeutendsten Containerhäfen der Welt.

Tunnels, Werften, Fische und Bananen

Der Begriff »Seehafen« mag für einen Binnenländer irritierend klingen, schließlich müssen die Schiffe von Cuxhaven, wo die Elbe in die Nordsee fließt, noch einen Weg von rund 56 Seemeilen (104 km) bis zu ihrem Hamburger Liegeplatz zurücklegen. Das entspricht einer Fahrzeit von vier bis sechs Stunden.

Daß die Stadt dennoch zumindest mittelbar am Meer liegt, haben die Hamburger 1962 überaus schmerzlich zu spüren bekommen. Eine gewaltige Sturmflut drängte damals das Nordseewasser die Elbe hinauf, überschwemmte weite Stadtgebiete und richtete verheerende Schäden an. Über 300 Menschen kamen damals in den Fluten um. Viele Millionen Mark sind seitdem investiert worden, um Deiche auszubauen und zu erhöhen, Kais und Küsten so gut zu sichern und zu verstärken, daß nach menschlichem Ermessen keine noch so großen Flutwellen über sie hinwegspülen können.

Daß Hamburgs Hafen ein gutes Stück im Binnenland liegt, hat seine Vorteile, denn die Bedrohung durch Nordseewellen ist von Ausnahmen abgesehen gering – Sturmfluten wie die von 1962 sind bisher in der Geschichte Hamburgs äußerst selten vorgekommen. Dem reibungslosen Verkehrsfluß zwischen See- und Binnenschiff, zwischen Lastwagen und Eisenbahn steht in der Regel nichts im Wege. Das sollte uns Mut geben, zum Schluß noch einmal die Barkasse »Bettina« zu besteigen, deren Käptn noch ein paar Besonderheiten des Hafens kennt. Zweimal tuckern wir über einen Tunnel. Der ältere von beiden wurde in den Jahren 1907–11 erbaut und führt von St. Pauli quer rüber nach Steinwerder. Es lohnt sich, das 426 m lange, einst als Wunderwerk der Technik gepriesene Bauwerk zu durchwandern. Zwischen 1968 und 1975 entstand der mit 3,3 km zweitlängste Unterwassertunnel der Welt. Auf dieser sechsspurigen Autobahn-Unterführung (A 7) haben Fußgänger natürlich ebensowenig zu suchen wie auf der Köhlbrandbrücke, die 1974 eingeweiht wurde und einen Elbarm in 53 m Höhe auf einer Länge von 520 m überspannt. Mit ihrer imposanten Konstruktion aus Stahl und Beton zählt sie zu den schönsten Brücken Europas.

Vorbei geht die Fahrt der »Bettina« an den Werftanlagen von Blohm & Voss, vorbei an der Überseebrücke und dem Container-Zentrum Waltershof. Überall an den Kaianlagen sieht man Eisenbahnwagen. Täglich rollen etwa 100 Züge mit insgesamt rund 3000 Waggons über das 675 km lange Gleisnetz des Hafens und befördern rund 40 % aller insgesamt ein- und ausgehenden Güter. Zentraler Umladeplatz für die Waren aus aller Herren Länder ist der Rangierbahnhof vor den Toren Hamburgs. Auf dieser Anlage, der größten in Europa, werden werktags rund 200 Züge mit 95 verschiedenen Zielrichtungen zusammengestellt.

Vielleicht erzählt uns der Barkassen-Kapitän am Ende auch noch von der »Bananen-Biegemaschine«, die im Schuppen 42 installiert ist und den dort jährlich 340 000 Tonnen umgeschlagenen »Tropen-Gurken« Stück für Stück die gewünschte Form verleiht. »He lücht!« – er lügt – werden die Schauerleute und Bootsmänner auf den Kais und Schiffen dann vielleicht rufen, und er wird das wie immer mit einem schmunzelnden Augenzwinkern erwidern. Denn auch das ist Hamburg – ein Stadtstaat, der mit der großen weiten Welt verbunden ist, sich im Innern aber etwas ganz Privates, liebenswürdig Anheimelndes und humorvoll Bodenständiges bewahrt hat.

<u>Originale und Originelles</u>
Sonntagmorgens um sechs Uhr beginnt auf dem Gelände zwischen St.-Pauli-Landungsbrücken und Großer Elbstraße der Hamburger Fischmarkt. Seine Tradition reicht bis ins Jahr 1703 zurück, als eine »Magistratusverordnung« es den Fischern erlaubte, ihre verderbliche Ware auch sonntags zu verkaufen. Mittlerweile wird hier so ziemlich alles zum Kauf angeboten, was nicht niet- und nagelfest ist: vom lebenden Hammel bis zu Opas Gehrock. Natürlich gibt es auch Fische, Obst, Gemüse und Blumen. Inmitten des Getriebes trifft man die verrücktesten Typen von Marktschreiern und Hamburger Originalen. Um zehn Uhr, wenn die letzten Bananen unters Volk geworfen sind, ist Feierabend auf dem Fischmarkt, dann laden die vielen umliegenden Kneipen zum Frühschoppen ein.

Händler auf dem Fischmarkt . . .

. . . dort entdeckt man auch zahlreiche Charakterköpfe und Originale.

Tips, Tips, Tips

Fast lebensecht
Spielbudenplatz 3, Hamburg 4, lautet die Anschrift einer in der Bundesrepublik Deutschland einzigartigen Attraktion, eines Panoptikums. Hier begegnet der Besucher vielen bekannten Persönlicheiten der Zeitgeschichte. Erst bei genauem Hinsehen erkennt er, daß sie aus Wachs nachgebildet sind (Mo–Fr 11–21, Sa 11–23, So 10–21 Uhr).

In die Sterne gucken
Ein Großplanetarium befindet sich im ehemaligen Wasserturm des Stadtparks. Hier können Sterngucker die in eine 13 m hohe Kuppel projizierten Gestirne beobachten, und zwar, wie sie von jedem beliebigen Punkt der Erde aus zu sehen sind. Eine Dauerausstellung zu Raumfahrt, Astronomie und Geschichte der Himmelskunde macht das Planetarium zusätzlich attraktiv (Vorführungen So–Fr, ☏ 51 66 21).

Schimmelmanns Schloß
Nur in Filzpantoffeln darf man das Ahrensburger Wasserschloß betreten, der hochherrschaftliche Parkettboden verträgt keine derben Fußtritte. Das Schloß, wenige Kilometer nordöstlich von Hamburg gelegen, ist ein anmutiger Renaissancebau von 1595, dessen prunkvolle Inneneinrichtung aus dem 18. Jh. auf Heinrich von Schimmelmann zurückgeht, den damals angeblich reichsten Mann Nordeuropas (Di–So 10–12.30, 13.30–17 Uhr, im Winter bis Einbruch der Dunkelheit; B 75 Richtung Ahrensburg).

Mehr als ein Eintopf
Wer Hamburger Aalsuppe für ein Eintopfgericht hält, das flink und nebenbei zu bereiten ist, wird schon durch die Zutatenliste eines Besseren belehrt. Zum Aal kommen getrocknete Pflaumen, Aprikosen und Apfelringe, geräucherter Schinkenknochen, Suppengrün, Petersilienwurzel, Zwiebel, Nelken, Lorbeerblatt, Zitronensaft, Weinessig, Zucker, Salz, Pfeffer und ein Schuß Weißwein. Das Ganze wird süßsauer abgeschmeckt und mit Schwemmklößchen angereichert.

Theater, Musik, Veranstaltungen, Museen

Theater

Hamburgische Staatsoper, Große Theaterstr. 35, Hamburg 36. Oper, Ballett, ☏ 35 17 21.
Deutsches Schauspielhaus, Kirchenallee 39, Hamburg 1. Schauspiel mit klassischen und zeitgenössischen Stücken; Gastspiele, ☏ 24 87 13.
Thalia-Theater, Gerhart-Hauptmann-Platz, Hamburg 1. Klassisches und modernes Schauspiel; Gastspiele, ☏ 32 26 66.
Hamburger Kammerspiele, Hartungstr. 9, Hamburg 13. Schauspiel, ☏ 44 56 20.
Altonaer Theater, Museumstr. 17, Hamburg 50. Schauspiel, ☏ 39 15 45/46.
Ernst-Deutsch-Theater, Mundsburger Damm, Hamburg 76. Klassisches und modernes Schauspiel, ☏ 22 70 14 20–22.
Ohnsorg-Theater, Große Bleichen 25, Hamburg 36. Volkstheater und Lustspiele in Plattdeutsch, ☏ 35 28 28.
St.-Pauli-Theater, Spielbudenplatz 29, Hamburg 4. Lustspiele und Volksstücke, Gastspiele, ☏ 35 08 03 21.
Operettenhaus Hamburg, Spielbudenplatz 1, Hamburg 4. Musical, ☏ 31 11 76.
Komödie Winterhuder Fährhaus, Hudtwalckerstr. 13, Hamburg 60. Schauspiel, ☏ 47 40 81–83.
Das Schiff – Hamburgs Kulturdampfer, Holzbrücke 2, Hamburg 11. Schauspiel, Kleinkunst, Sketche, Lesungen, ☏ 36 47 65.
Kampnagelfabrik, Jarrestr. 20–24, Hamburg 60. Ballett, modernes Schauspiel, Komödie, Lesungen, ☏ 2 70 56 27.
Klecks-Theater, Alter Steinweg 43, Hamburg 11. Jugendtheater mit zeitgenössischen Stücken, ☏ 34 34 36.
Hansa-Theater, Steindamm 17. Klassisches Varieté mit Clowns, Komikern, Trapezkünstlern, Akrobaten, Artisten, Tänzern, Jongleuren, ☏ 24 14 14.
Theater Monsun, Friedensallee 20, Hamburg 50. Experimentelles Theater, Tanztheater, Pantomime, Kabarett, Lesungen, ☏ 3 90-3148.
Fabrik, Barnerstr. 36, Hamburg 50. Zeitgenössisches Schauspiel, Musiktheater, ☏ 39 15 65.
Markthalle, Klosterwall 9. Oper, Schauspiel, Kinder- und Schülertheater, Varieté, Performance, ☏ 33 94 91.

Musik

Hamburgische Staatsoper, Große Theaterstr. 35, Hamburg 36. Sinfoniekonzerte mit intern. Solisten, ☏ 35 17 21.
Musikhalle, Karl-Muck-Platz, Hamburg 36. Sinfoniekonzerte mit dem NDR-Orchester, Konzerte der Philharmonie, Kammermusik, Liederabende, Klavier- und Orgelkonzerte, Soloabende, Schülerkonzerte, Konzerte der Musikhochschule, ☏ 34 69 20.
Hamburger Konservatorium, Sülldorfer Landstr. 196, Hamburg 55. Kammermusik, Liederabende, Opernserenaden, Oratorien, ☏ 87 20 87–89.
Rathausinnenhof ①, Rathaus. »Rathauskonzerte« mit Stücken aus Klassik und Romantik mit den Hamburger Symphonikern (Juli/Aug.), ☏ 2 80 28 48.
Planetarium, Stadtpark, Hamburg 60. »Planetariumskonzerte« mit dem Hamburger Mozartorchester sowie Solisten (Sa, So), Konzertmatineen (Mai–Sept. So 11 Uhr), ☏ 51 66 21.
St. Michaelis ㉕, Krayenkamp 10, Hamburg 11. »Sommerliche Orgelmusiken im Michel« (Juni–Sept. Sa 18 Uhr), »Drei Orgeln erklingen 15 Minuten« (Mo–Fr 12 Uhr), »Die große Orgel erklingt« (Mo–Sa 17 Uhr), Kirchenkonzerte zur Vorweihnachtszeit, ☏ 37 17 27.
St. Katharinen ⑪, Katharinenkirchhof 1, Hamburg 11. Motetten, Orgelkonzerte, große Messen und Oratorien an hohen Festtagen, ☏ 33 62 75.
St. Petri ⑰, an der Mönckebergstr. »St.-Petri-Motette« mit jungen Musikern (erster Sa im Monat), »Intern. Orgelkonzerte« mit Solisten aus aller Welt (Juni–Sept. jeden Fr 20 Uhr), »Stunde der Kirchenmusik« (jeden Mi 17.15 Uhr), »Musiken zur Adventszeit« (Sa vor dem 1.–4. Advent 18 Uhr), an hohen Festtagen Passionen und Oratorien, Orgelkonzerte, ☏ 32 44 38.
Markthalle, Klosterwall 9, Hamburg 1. Rock, Folklore, Varieté, Performance, »Rock-Filmtage« mit Live-Gruppen (Aug.), »Indien-Festival«, »Pena Latina« mit lateinamerikanischer Musik, Kinderkino, Vorträge, ☏ 34 94 91.
Freilichtbühne im Stadtpark, Saarlandstr./Ecke Jahnring, Hamburg 60. Open-air-Festivals, Rockkonzerte, Folkloregruppen, Reggaefestival (Mitte Mai–Mitte Sept.), ☏ 4 10 46 42.
Fabrik, Barnerstr. 36, Hamburg 50. Jazz, Chanson, Liedermacher, »Jazzfrühschoppen« (jeden So 11.30 Uhr), ☏ 39 15 65.

Veranstaltungen

Altonaer Fischmarkt mit Fischauktion (ca. viermal pro Woche, abhängig von den Anlieferungen, 6 Uhr), ☏ 3 80 12–32
Fischmarkt St. Pauli zwischen Landungsbrücken und Großer Elbstr. Wochen- und Trödelmarkt (So 6–10 Uhr).
Ende März – Ende April: *Frühlingsdom* auf dem Heiligengeistfeld. Volksfest, ☏ 24 87 00.
Mai: *Hamburger Ballett-Tage* in der Staatsoper, Große Theaterstr. 35, und anderen Spielorten. Ballettfestival der Weltklasse mit dem Hamburger Ballett und Gaststars aus dem In- und Ausland, ☏ 35 17 21.
Anfang Mai: *Hafengeburtstag* an den St.-Pauli-Landungsbrücken bis zum Museumshafen Övelgönne. Dreitägiges traditionelles Fest mit Hafenkonzert, Schlepperballett, Fischmarkt, der bunten Meile, Jazz, ☏ 30 05 11 17.
Mai–Sept.: *Hamburger Sommer* mit Theatergastspielen, Theaterfestivals, Rockmusik-Tagen, Jazzfestivals, Open-air-Konzerten, ausländischen Wochen, Literaturtagen, Sportveran-

staltungen, Festivals ausländischer Nationen, Filmfesten, Theater und Zirkus, Puppentheater, Freiluftkino, Messen, Ausstellungen, Orgelfestivals, ☎ 31051117.
Ende Mai: *Hamburger Jahrmarkt* in der Innenstadt, Spitalerstr./Mönckebergstr. Volksfest, ☎ 30051117.
Juni: *Dschungelnächte bei Hagenbeck*, Hagenbeckallee, Hamburg 54. Abenteuer mit Tieren, Elefanten- und Dromedarreiten, Tanz im Freien, Comic-Filme, Marionettenspieler, ☎ 5400010.
Mitte Juni: *Spring-, Dressur- und Fahrderby* mit dem schwersten Parcours der Welt auf dem Reitturnierplatz Klein-Flottbek, Jürgensallee, Hamburg 52, ☎ 828182.
Ende Juni: *Derby-Woche* mit dem Deutschen Derby um den Holstein-Cup auf der Horner Rennbahn, Rennbahnstr., Hamburg 70, ☎ 6518229.
Anfang Juli: *Stuttgarter Weindorf* auf dem Rathausmarkt. Winzerfest mit schwäbischen Weinen und Spezialitäten.
Ende Juli – Ende Aug.: *Hummelfest* auf dem Heiligengeistfeld. Sommervolksfest mit intern. Musikparade und Blaskapellen aus vielen Ländern.
Ende Aug.: *Alstervergnügen* rund um die Binnenalster. Vier Tage Volksfest mit Clowns, Gauklern, Jongleuren und Musikprogramm.
Mitte Okt.: *hanseboot*, intern. Bootsausstellung Hamburg, ☎ 35692132.
1. Fr im Nov. – 1. So im Dez.: *Winterdom* auf dem Heiligengeistfeld. Volksfest.
31. Dez.: *Riesenfest* am Hafen zwischen Baumwall und Fischmarkt. Silvesterfeier mit Sekt und Feuerwerk.

Museen

Alstertalmuseum, Wellingsbüttler Weg 79, Hamburg 65. Heimatkundliche Sammlung zur Geschichte der Besiedlung des Alstertals und zur Alsterschifffahrt (Sa, So 11–13, 15–17 Uhr).
Altonaer Museum/Norddeutsches Landesmuseum, Museumstr. 23, Hamburg 50 (s. 27).
Automuseum Hillers, Kurt-Schumacher-Allee 42, Hamburg 1. Etwa 50 Oldtimer wie Rolls-Royce 20/25, BMW-Dixie, DKW-Meisterklasse, Messerschmitt-Kabinenroller sowie eine Sammlung von ca. 20 Motorrädern (tägl. 10–17 Uhr).
Deutsches Maler- und Lackierer-Museum, Billwerder Billdeich 72, Hamburg 74. Geschichte des Malerhandwerks (Sa, So 10–13 Uhr, April–Sept. auch Mi 10–13 Uhr).
electrum – Das Museum der Elektrizität, Klinikweg 23, Hamburg 76. Entwicklung der Elektrotechnik in Hamburg von der Glühbirne über das Elektrolyse-Verfahren bis zur Stromerzeugung; die Museumsstücke sind funktionsfähig (Di–So 9–17 Uhr).
Ernst-Barlach-Haus, Stiftung Hermann F. Reemtsma, Baron-Voght-Str. 50a (Jenischpark), Hamburg 52 (s. 28).
Ernst-Thälmann-Gedenkstätte, Ernst-Thälmann-Platz 66, Hamburg 20. Dokumentation von Leben und politischem Kampf des 1944 in Buchenwald von den Nationalsozialisten ermordeten KPD-Vorsitzenden (Di–Fr 10–19, Sa, So 10–13 Uhr).
Geologisch-Paläontologisches Museum der Universität Hamburg (Geomatikum), Bundesstr. 55, Hamburg 13 (Mo–Fr 9–18, im Semester auch Sa 9–12 Uhr).
Hamburger Kunsthalle, Glockengießerwall, Hamburg 1 (s. 29).
Hamburgisches Museum für Völkerkunde, Rothenbaumchaussee 64 (Eingang), Hamburg 13 (s. 30).
Heine-Haus an der Elbchaussee, Elbchaussee 31, Hamburg 50. Restauriertes Haus Salomon Heines, des Onkels von Heinrich Heine (Di–Fr 11–19, Sa 11–16 Uhr).
Hamburger Museum für Archäologie und die Geschichte Harburgs (Helms-Museum), Museumsplatz 2, 2100 Hamburg 90. Ausgrabungen und Forschungen von der Steinzeit bis in die römische Kaiserzeit in thematischer Ordnung; Schiffahrtsabteilung mit Booten der Vorwikingerzeit (Di–So 10–17 Uhr).
Jenisch-Haus, Museum großbürgerlicher Wohnkultur, Baron-Voght-Str. 50, Hamburg 52. Norddeutsche Wohnungsausstattungen vom Barock bis zum Jugendstil (1. April–31. Okt. Di–Sa 14–17, So 11–17, sonst 13–16, So 10–16 Uhr).
Johannes-Brahms-Gedenkräume, Peterstr. 39, Hamburg 36 (Di, Fr 12–13, Do 16–18 Uhr).
KZ-Gedenkstätte Neuengamme, Neuengammer Heerweg, 2050 Hamburg 80. Dokumentation der Menschenvernichtung im Nationalsozialismus (Di–So 10–17 Uhr).
Mineralogisches Museum des Mineralogisch-Petrographischen Instituts der Universität, Grindelallee 48, Hamburg 13. »Schönheit im Mineralreich« mit raffinierten Beleuchtungseffekten (Mi 15–19 Uhr).
Museum der Elbinsel Wilhelmsburg mit Milchmuseum, Kirchdorfer Str. 163, 2102 Hamburg 93. Bäuerliche Arbeits- und Wohnkultur der Marsch, Milchwirtschaft (Mai–Okt. So 16–18 Uhr).
Museum für Bergedorf und die Vierlande, Bergedorfer Schloß, 2050 Hamburg 80. Bergedorfer Historie und Kulturgeschichte der Vierlande. Tauchtechnik der Bergedorfer Dräger-Werke (So, Di, Do 10–17 Uhr).
Museum für Hamburgische Geschichte, Holstenwall 24, Hamburg 36 (s. 23).
Museum für Kunst und Gewerbe, Steintorplatz 1, Hamburg 1 (s. 31).
Museumsdorf Hamburg-Volksdorf, Im Alten Dorfe 46, Hamburg 67. Ein Stück vom alten Volksdorfer Dorfkern, Gebäude aus dem 17./18. Jh., Geräte der bäuerlichen Kultur des holsteinischen Geestlandes, Wagen und Fuhrwerke, komplette Stellmacherwerkstatt (Mo, Mi, Sa, So 9–12, 14–18 Uhr bzw. bis Einbruch der Dunkelheit; Besichtigung der Gebäude nur mit Führung Sa 15, So 11 und 15 Uhr).
Museumshafen Övelgönne, Övelgönne 42, Hamburg 52. Originalgetreu restaurierte Segelschiffe der norddeutschen Klein- und Küstenschiffahrt; Hafen- und Dienstfahrzeuge (jederzeit zugänglich, Führungen Feuerschiff »Elbe 3« nach Vereinbarung), ☎ 384111.
Postmuseum am Stephansplatz, Stephansplatz 1, Hamburg 36 (Di–Fr 10–15, Do 10–18 Uhr, Sa, So und feiertags geschl.).
Puppenmuseum Falkenstein, Sammlung Elke Dröscher, Grotiusweg 79, Hamburg 35. Puppenstuben, Puppen und Kinderbildnisse von 1770–1950 (Di–So 11–17 Uhr).
Rieck-Haus/Vierländer Freilichtmuseum, Curslacker Deich 284, 2050 Hamburg 80. Eines der ältesten Fachwerkhäuser aus den Elbmarschen (Di–So 10–17 Uhr).
Schausammlung des Zoologischen Instituts und Zoologischen Museums der Universität, Martin-Luther-King-Platz 3, Hamburg 13. Heimische Fauna, Artenschutz, Evolution (Di–Fr 10–19 Uhr, außerdem 2. und 4. Sa im Monat 10–17 Uhr).
Tabakhistorische Sammlung Reemtsma, Parkstr. 51, Hamburg 52. Exponate aus der Geschichte des Tabakgenusses, Rauchgeräte der Indianer, aus Afrika und Asien (Öffnungszeiten nach Vereinbarung), ☎ 822054.

Die Hafenrundfahrt ist bei einem Hamburgbesuch unerläßlich.

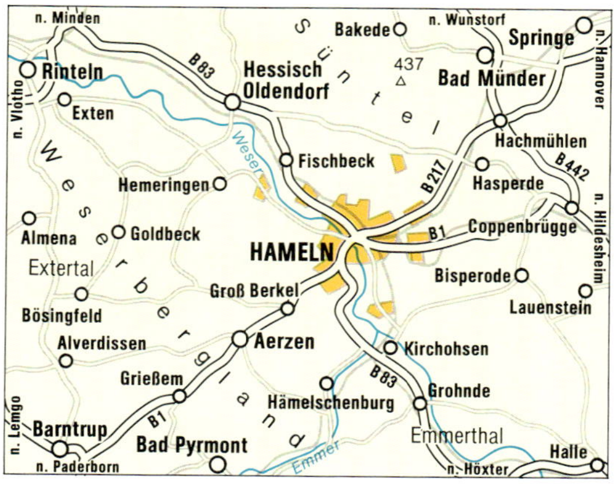

Vorbildliches hat man in dieser Stadt nach Meinung vieler Experten bei der Altstadtsanierung geleistet, und die zahllosen Besucher, die Hamelns herrliche Bauten bewundern, geben ihnen recht. Aber es gibt da doch eine Gestalt, die zumindest an Popularität alles übertrifft, was die Stadt sonst noch zu bieten hat – den Rattenfänger. Er läßt sich für die Touristenwerbung trefflich einsetzen, und die Hamelner Bürger haben wohl

auch ein Recht darauf, daß der einstige Kindsentführer ihnen heute zahlende Gäste hereinpfeift. Und keiner, der sich durch die legendenhafte Gestalt dazu verführen läßt, Hameln zu besuchen, wird es der Stadt übelnehmen – im Gegenteil.

Hameln

Eine Stadt und ihr Pfeifer

Wappen Ein zweigeteiltes Wappen: Oberwappen mit dem stilisierten Bild der Münsterkirche St. Bonifatius, Unterwappen ein mit blauem Mühleisen belegtes silbernes Mühlrad. Mühlrad und Mühlstein symbolisieren Mühlengerichtsbarkeit und Mühlsteinhandel seit dem ausgehenden Mittelalter.
Lage Im Weserbergland, an der Mündung der Hamel in die Weser.
Land Niedersachsen
Autokennzeichen HM
Höhe 60–400 m ü. M.
Fläche 102 km²
Einwohnerzahl 56 000
Postleitzahl 3250
Telefonvorwahl 0 51 51
Post Hauptpost, Am Posthof 1; Postamt Hameln 2, am Hbf.
Polizei Lohstr. 25, ☏ 20 31
Taxi ☏ 74 77, 73 33
Nahverkehr Innerstädt. Buslinien vom Hbf. und Busbahnhof aus.
Camping Campingplatz zum Fährhaus, Uferstr., ☏ 6 11 67, zu erreichen über die neue Weserbrücke Richtung Rinteln.
Parken Tiefgaragen: Rathausplatz, Thiewall (tagsüber) und Stockhof; Parkhaus Kopmanshof; Parkplätze: Erichstr., unter der Hochstr. (an der Weser).
Touristinformation Verkehrsverein, Deisterallee, ☏ 2 02-517/18 (Okt.–April Mo–Fr 9–13, 14–17 Uhr; Mai–Sept. Mo–Fr 9–13, 14–18, Sa 9.30–12.30, 15–17, So 9.30–12.30 Uhr); Hochzeitshaus, Osterstr. (Mo–Fr 10–17 Uhr).
Stadtführung Ab Verkehrsverein, Deisterallee (Mai–Sept. Mo–Sa 15, So 10 Uhr; sonst auf Bestellung).
Schiffahrt Auf der Weser ab Münsterbrücke Richtung Bodenwerder/Polle/Höxter (Mai–Sept. tägl. 8 Uhr); nach Rinteln/Vlotho und zurück (Mai–Sept. Mi 8 Uhr).

Stadtrundgang

Die Altstadt von Hameln ist nicht groß, und so liegen alle Sehenswürdigkeiten recht nah beieinander. Sie müssen daher für den Stadtrundgang nur etwa eine Stunde veranschlagen. In mehreren der sehenswerten Bauwerke befinden sich Gaststätten, in denen man stilgerecht einkehren kann, so im »Rattenfängerhaus« (4) und im »Rattenkrug« (12).
Am Ende des Rundgangs liegt der »Bürgergarten« mit Freiluftschach, Skattischen, einem Kinderspielplatz und natürlich viel Grün.
Als Ausgangspunkt für den Stadtrundgang ist das Rathaus mit seiner Tiefgarage zu empfehlen. Alle Einfallstraßen münden in den sogenannten Wall (ehemalige Befestigung), eine mehrspurige Straße um die Altstadt; und direkt am Wall – unweit von Pulverturm und Haspelmathsturm (1) – liegt das Rathaus.

Sehenswürdigkeiten

(1) *Pulverturm und Haspelmathsturm*, erhaltene Türme der Stadtbefestigung.
(2) *Rattenfängerbrunnen* mit Bronzefiguren, 1975 geschaffen von Karl Ulrich Nuss.
(3) *Garnisonkirche*, 1713/14 vollendet, im Stil des norddeutschen Barock.
(4) *Rattenfängerhaus*, trägt seinen Namen aufgrund einer Inschrift, die von dem Kinderauszug berichtet. Erbaut 1602/03 für den Ratsherrn Hermann Arends als dreigeschossiges Bürgerhaus im Stil der Weserrenaissance.
(5) *Leisthaus*, 1585–89 für den Kaufmann Gerhard Leist im Stil der Weserrenaissance errichtet.
(6) *Stiftsherrenhaus*, 1556–58 für den Ratsherrn Friedrich Poppendieck erbaut, heute zusammen mit dem benachbarten Leisthaus *Museum der Stadt:* Stadtgeschichte; Handwerk und Brauchtum der Stadt und des Weserberglands, Dokumentation zur Rattenfängersage, Militaria (11 000 Zinnsoldaten) (Sommer: Di–Fr 10–16.30, Sa 10–12.30, So 10–16.30 Uhr; Winter: Di–Fr 10–16.30, Sa, So 10–12.30 Uhr).
(7) *Hochzeitshaus*, 1610–17 als Festsaalbau für die Bürgerschaft errichtet. Renaissancebau von großer Geschlossenheit mit hohen Volutengiebeln an den Stirnseiten und drei stattlichen Giebelaufbauten über der Längsfront. An der Außenwand Glockenspiel mit beweglichen Figuren zur Rattenfängersage (tägl. 13.05, 15.35, 17.35 Uhr).
(8) *Marktkirche St. Nicolai*, ältester Teil 12. Jh., mehrfach durch Kriegseinwirkung zerstört, zuletzt 1945. Unter Erhalt der äußeren Gestalt 1957/58 wieder aufgebaut. An der Rückwand der an eine siebenfache Geburt im Jahr 1600 erinnernde Siebenlingestein.
(9) *Dempterhaus*, 1607/08 für den Bürgermeister Tobias von Dempter im Stil der Weserrenaissance erbaut. Ungewöhnliche Konstruktion: roter Sandstein in Erdgeschoß und erster Etage, Fachwerk in Obergeschoß und Giebelfeld.
(10) *Löwen-Apotheke* in der Bäckerstraße, erbaut ca. 1300, Steinbau mit Merkmalen der frühen Gotik.
(11) *Lückingsches Haus*, stattlicher Fachwerkbau aus dem Jahr 1638. Mit seinen Inschriften und dem reichen ornamentalen Schmuck ein gutes Beispiel für die Holzbaukunst des 17. Jh.
(12) *Rattenkrug*, Meisterwerk des Baumeisters Cord Tönnies, der 1568/69 für den damaligen Bürgermeister Johann Rike das um 1250 im frühgotischen Stil errichtete Haus umbaute und mit einer Renaissancefassade versah.
(13) *Münsterkirche St. Bonifatius*, ältester Bauteil romanische Krypta; über alten Bauteilen wurde bis etwa 1400 eine gotische Hallenkirche errichtet. 1870–75 wurde die Kirche im historisierenden Stil renoviert, ohne sie in ihrer Bausubstanz wesentlich zu verändern.
(14) *Kurie Jerusalem*, urspr. zum Hof eines Stiftsherrn gehörender ehem. Kornspeicher. Im Rahmen der Altstadtsanierung restauriert, heute Kinderspielhaus, Jugend-Musik- und Jugend-Kunstschule.
(15) *Redenhof*, Adelshof, 1568 erbaut.

Der Strom als nimmermüde Lebensader

»Land zwischen Strom und Hügel« hat ein Heimatdichter das nördliche Oberwesergebiet einmal genannt. Schlichte Schönheit der Landschaft empfängt den Besucher allerorten. Und noch mehr: Der Landschaftsgliederung folgend, stoßen an dieser Stelle des Tals alte Straßen, von Ost und West her kommend, auf den schiffbaren Stromlauf der Weser. Hier liegt, unweit der Mündung des Flüßchens Hamel, die Stadt Hameln.

Ihre Silhouette ist in der Ebene weithin sichtbar. Dicht oberhalb der alten Weserbrücke und der Wasserfälle zu beiden Seiten des Werders erhebt sich zur Linken der Klütberg, das eine Wahrzeichen der Stadt, und zur Rechten das andere, die Münsterkirche St. Bonifatius (13). Keine Stadt an der Weser hat sich diesen Strom so dienstbar gemacht wie Hameln. Hier sind die Wehre, Schleusen und Mühlen, die Brücken, Hafenanlagen und der Ausgangspunkt der Personenschiffahrt, hier liegt auch die einzige erhaltene Insel der Oberweser. Der alten Brücke in Hameln, der sogar Kirche und König schon im 14./15. Jh. ihre Förderung und Sorge angedeihen ließen, kam früh besondere Bedeutung zu. Dies zeigt die einst 38 Dörfern im Umkreis auferlegte Verpflichtung, für Bau und Ausbesserung der Brücke Holz zu liefern.

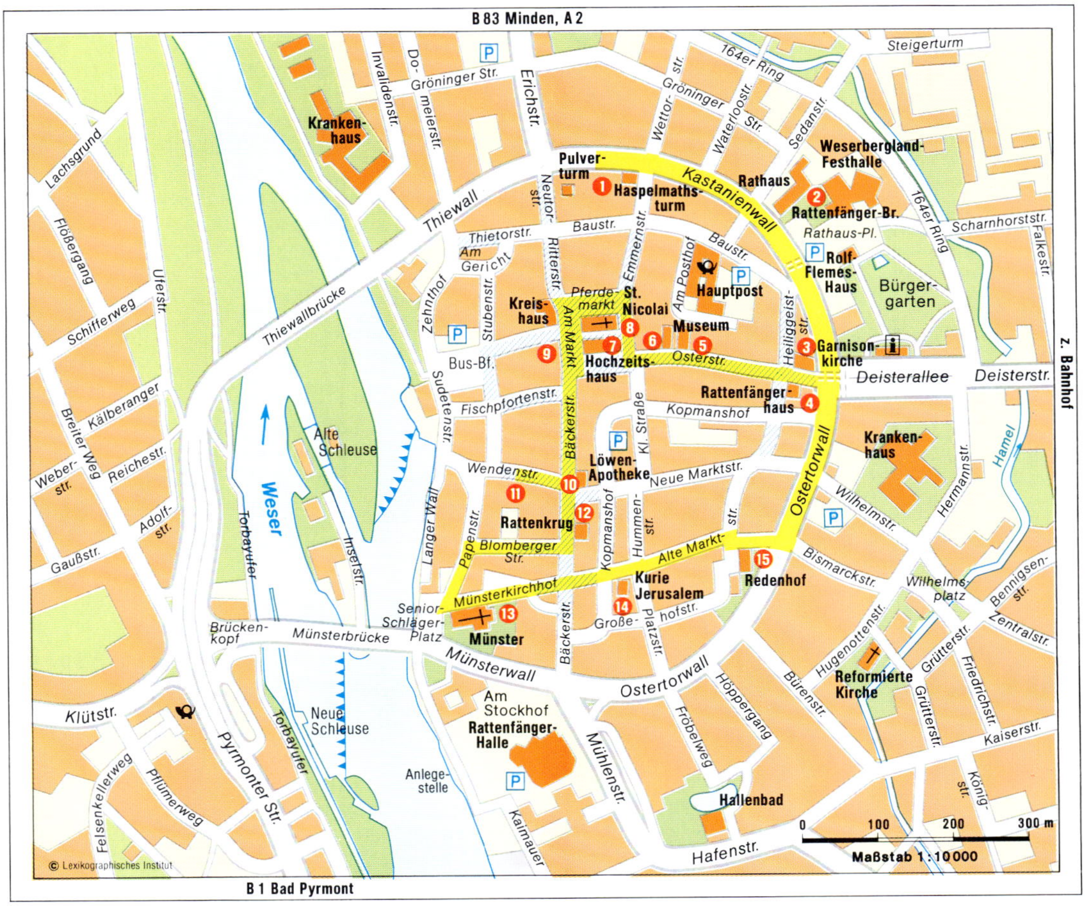

Mit Gottes Hilfe durchs Hamelsche Loch
Das Verhältnis der Stadt zur Weserschiffahrt war nicht immer ungetrübt. Jahrhunderte hindurch behinderten die im Mittelalter angelegten Wehre den Verkehr sogar, denn nur durch eine Freiflut-Öffnung bei der Pfortmühle, das sogenannte Hamelsche Loch, war die Passage möglich. Mit Gottesdienst und Abendmahl rüsteten sich die Schiffer für das riskante Unternehmen. Die Bürgerschaft Hamelns aber zog aus dieser Not nicht geringe Vorteile, kam ihr doch die »Grundruhr« zu, das war das Recht, alle im Stadtbereich gestrandeten Schiffe mit ihren Ladungen zu beschlagnahmen. Die Einnahmen müssen recht stattlich gewesen sein. Jedenfalls wurde Hameln so reich, daß der Rat sich genötigt sah, gegen den Kleider- und Tafelluxus vorzugehen.

Nach langem Sträuben der Stadt wurde 1734 die erste Hamelner Weserschleuse ihrer Bestimmung übergeben. Eine zum Andenken an dieses Ereignis geprägte Medaille trägt die Inschrift: »Der Weserhandel ist wiederhergestellt, nachdem die Gewalt der Fluten des Hamelner Wehres gebändigt.«

Zwei in der Talaue hochwasserfrei bleibende Hügel bildeten die ältesten Kerne der Stadt: Der obere trug das durch Abt Sturm aus Fulda im Jahr 779 begründete Stift St. Bonifatius, während der untere das alte sächsische Dorf mit einem ansehnlichen Haupthof sicherte. Bischof Wedekind von Minden, ein Graf von Hoya, kaufte der Abtei Fulda den Außenposten Hameln 1259 für die ansehnliche Summe von 500 Mark Silber ab. Voll Ingrimm widersetzte sich die selbstbewußte Bürgerschaft den neuen Verhältnissen, unterstützt von den Grafen von Everstein. Unweit der Deisterpforte, bei dem früheren Dorf Sedemünder, kam es zur Schlacht, bei der das Aufgebot der wehrhaften Bürger eine schwere Niederlage erlitt. Die Stadt fiel in die Hände des Welfenherzogs Albrecht von Braunschweig, erhielt jedoch 1277 zahlreiche lang umstrittene Privilegien zuerkannt. Die Hoheitsrechte wechselten in den folgenden Jahrhunderten häufig zwischen den verschiedenen Linien der Welfen.

Schlösser der Weserrenaissance
Der begüterte Landadel bereicherte die Umgebung Hamelns mit zwei Schloßbauten im Stil der Weserrenaissance. Hämelschenburg, 10 km von Hameln entfernt an der Straße Richtung Bad Pyrmont gelegen, wurde 1588–99 erbaut. In zwei Ecken des Schloßhofs sind achteckige, hoch über die Dächer hinausragende Türme mit Portal und Treppenaufgang eingefügt. Giebel und Dachaufbauten sowie die Wände der Hauptgeschosse zeigen das charakteristische reiche Dekor. Neben den baulichen Besonderheiten machen sehenswerte Sammlungen von Waffen und alten Möbeln die Besichtigung zum Erlebnis (Führungen April–Okt. Di–So 10, 11, 12, 14, 15, 16, 17 Uhr, sonst nach Anmeldung, ☏ 0 51 55/85 93). Das ehemalige Wasserschloß Schwöbber bei Aerzen, 1574–1601 erbaut, bietet heute ein komfortables Ambiente für Golfspieler – mit englischer Gartenanlage des 18. Jh., Teehäuschen, Orangerie, Dianagrotte und verspielten allegorischen Figuren. Sie erreichen das Wasserschloß – ca. 9 km von Hameln entfernt – über die B 1 Richtung Königsförde, dort abbiegen nach Schwöbber.

Tips, Tips, Tips

Zum Klütberg der Aussicht wegen
Vom Aussichtsturm auf dem Klütberg, einem Wahrzeichen der Stadt, hat man einen herrlichen Blick auf Hameln. Im Sommer fährt täglich um 14.58 Uhr ein Bus der KVG Hameln zum Klütberg hinauf. Zusteigen können Sie an der Haltestelle Bürgergarten.

Rattenfängerspiel
Ein automatisiertes Rattenfänger- und Musikspiel kann man im Bahnhofsrestaurant bewundern. Es wird jederzeit vorgeführt, wenn das Lokal geöffnet ist.

In dieser Zeit vermochte sich Hameln trotz Pest, Feuersbrünsten und Hochwasser die wirtschaftlich solide Grundlage zu bewahren. Davon zeugen bemerkenswerte Bürgerhäuser aus dem 16./17. Jh., die der Stadt bis heute ihr Gepräge geben. Meister wie Jörg Unkair, Cord Tönnies, Eberhard Wilkening, Johann Hundertossen schufen einen als Weserrenaissance in die Architekturgeschichte eingegangenen Stil, der von Hameln ausstrahlte und einen einzigartigen Reichtum an Formen und Gliederungen entwickelte. Seine typischen Kennzeichen sind reiche Giebelverzierungen mit Pyramiden und Voluten, Masken und Neidköpfen, die Schmuckleisten mit Wappen und Inschrift und vor allem die reichverzierten Erkerausbauten. Als Musterbeispiele gelten in Hameln Rattenfängerhaus ❹, Leisthaus ❺, Stiftsherrenhaus ❻, Hochzeitshaus ❼, Dempterhaus ❾ und Rattenkrug ⓬.

Weltbekannt durch Kidnapping

Von Ratten wimmelt es auch heute noch in der Stadt. Aus Marzipan, Hefeteig oder Brotteig hergestellt, finden sie als Andenken reißenden Absatz. Auf Schritt und Tritt wird der Besucher an die berühmte, von Erzählern, Dichtern und Komponisten immer neu ausgeschmückte Rattenfängersage erinnert. Alte Inschriften am Rattenfängerhaus ❹ und Hochzeitshaus ❼ berichten von dem Auszug der Kinder, die Rattenfängersammlung im Museum (❺ und ❻) informiert über Hintergründe der weltweit verbreiteten Sage.

Gibraltar des Nordens

Weniger bekannt sind die mächtigen Verteidigungsanlagen, die Hameln einst die Bezeichnung »Gibraltar des Nordens« einbrachten. Nach 1648 zur welfischen Landesfestung ausgebaut, galt Hameln als »Schlüssel zum Hannoverland«. In der zweiten Hälfte des 18. Jh. wurde sogar der Klüt (linkes Weserufer) in das Verteidigungssystem einbezogen: Auf der Höhe und am Hang entstanden vier starke Forts. Doch der ganze Aufwand, der mehr als eine Million Taler gekostet hatte, war letztlich umsonst. Kampflos wurde die Festung im November 1806 Napoleon ausgeliefert, der sie schleifen ließ.

Überliefertes behutsam bewahrt

Ein Gang durch die heutige Stadt führt in viele malerische Winkel. Vorbildlich ist, was Hameln auf dem Gebiet der Altstadtsanierung geleistet hat. Grundlegendes Ziel der beharrlichen Bemühungen war es, den alten Stadtkern in seiner zentralen, kulturellen und wirtschaftlichen Bedeutung wiederzubeleben und den modernen Anforderungen anzupassen, zugleich aber das unverwechselbare Stadtbild mit seinen zahlrei-

Das Stiftsherrenhaus mit seinem Fachwerk ist kaum älter als der Renaissancebau des Kaufmanns Leist zur Rechten.

Der Rattenfänger machte die Stadt in aller Welt berühmt – lassen auch Sie sich einfangen!

chen historischen Bauten, Straßen und Plätzen dauerhaft zu erhalten. Nachdem anfangs auch hier Mittel und Wege heftig umstritten waren, gelang es den Beteiligten doch, sich auf ein Konzept zu einigen.

Das Ergebnis der öffentlichen und privaten Baumaßnahmen kann sich sehen lassen und hat schon bei vielen Besuchern und Experten Anerkennung gefunden. Die Hauptgeschäftsstraßen der Altstadt bilden die Fußgängerzone, deren ansprechende, der historischen Bebauung angepaßte Gestaltung den Stadtbummel zum Vergnügen macht. Straßencafés und kulturelle Aktivitäten von Vereinen und Verbänden sorgen für eine zusätzliche Belebung der Altstadt. Man vergaß auch die jüngeren Einwohner nicht: Die zum Kinderspielhaus umgestaltete »Kurie Jerusalem« ⓮ wurde von der Vereinigung »Europa Nostra« als besonders gelungenes Beispiel für Altstadtsanierung ausgezeichnet.

Als Verkehrsknotenpunkt im Weserbergland hatte die Stadt von jeher beste wirtschaftliche Voraussetzungen. Hameln erwarb sich nicht nur den Ruf einer Teppichstadt, bis in die 30er Jahre war hier auch das Norddeutsche Automobilwerk (NAW) ansässig. Heute ist eine Bausparkasse größter Arbeitgeber der Stadt; daneben bilden Nahrungsmittel- und Elektroindustrie wirtschaftliche Schwerpunkte.

Erholung suchen die Hamelner, wenn sie nicht ins schöne Weserbergland fahren, in ihrem »Bürgergarten«. Auf dem Gelände eines ehemaligen Exerzierplatzes eingerichtet und 1962 im Rahmen der Niedersächsischen Gartenbauausstellung eingeweiht, ist er gegliedert in eine Ruhezone und eine Aktivzone mit Freiluftschach, Skattischen, Kinderspielplatz, Brunnen und Musikpodium. Sommers folgen die Bürger den Klängen der Musik, wenn auch nicht mehr einzelnen Flötentönen: Hier finden regelmäßig Konzerte von Bläsergruppen, Kapellen usw. statt. Ein weiteres Mal zeigt sich, daß man in Hameln verstanden hat, die Tradition mit der Moderne harmonisch zu verbinden: zum Wohl der Einwohner und zur Freude der vielen Besucher.

Ein Herz für den Park
Besonders zur Pfingstzeit, wenn Azaleen und Rhododendron, Hartriegel und Lorbeerrosen den Park in ein Blütenmeer verwandeln, wird der Ohrberg zum Wallfahrtsort für Naturfreunde. Neben der reichen Bepflanzung mit seltenen Arten bietet der Park auch herrliche Ausblicke auf die Weserlandschaft, auf Hameln und auf das Schloß Ohr. Gestaltet hat ihn Georg Adolph von Hake, dessen Herz auf dem Berg beigesetzt wurde. Der Ohrberg liegt an der B 83, kurz hinter Hameln in Richtung Süden. Sie erreichen den Ohrberg auch mit dem Schiff von der Anlegestelle Münsterbrücke aus. Die Schiffe verkehren im Sommer am So stündlich ab 9.30, an den Wochentagen ab 13.30 Uhr.

Die Schönheiten des Weserberglands lassen sich von schmucken Schiffen mit extrem geringem Tiefgang aus genießen.

Schon vor Jahrhunderten hatte man Freude an skurrilem Gebäudeschmuck.

Theater, Musik, Veranstaltungen, Museen

Theater
Weserbergland-Festhalle, Rathausplatz. Gastspiele: Oper, Operette, Musical, Ballett, Schauspiel, ☏ 37 47.
Kommunikationszentrum Sumpfblume, Deisterstr. 98. Kleinkunst, ☏ 177 39.

Musik
Marktkirche St. Nicolai ❽. Orgelmusik, Hamelner Orgelkonzerte, Oratorien, ☏ 6 71 52.
Münsterkirche St. Bonifatius ⓭, an der Weserbrücke. Musik und Wort – Konzert mit meditativen Lesungen (Mi 18.15 Uhr), diverse Konzerte, ☏ 2 47 87.
Martin-Luther-Kirche, Schillerstraße. Passions- und Weihnachtskonzerte.
Jazz-Club, wechselweise in verschiedenen Gaststätten. Dixie, Swing, Latin Jazz, ☏ 162 39.
Kommunikationszentrum Sumpfblume, Deisterstr. 98. Jazz, Rock, Folk, Liedermacher, ☏ 177 39.

Veranstaltungen
Kinderflohmarkt auf dem Pferdemarkt (März–Okt. 2. Sa im Monat).
Mai–Sept.: *Samstag in der Altstadt* am Hochzeitshaus ❼ und auf den Altstadtstraßen. Volkstanz, Musik, Kleinkunst (1. Sa im Monat 12–17 Uhr).
Mitte Mai–Mitte Sept.: *Rattenfänger-Freilichtspiel* auf der Terrasse des Hochzeitshauses ❼. Laienaufführung mit ca. 80 Darstellern in historischen Kostümen (So 12 Uhr).
1. So im Juni: *Schützenfest* mit Umzug ab Rathausplatz durch die Innenstadt bis zum Schützenhaus.
Letzter Sa im Sept.: *Grenzbeziehung*, Begehung der historischen Grenzen der Stadt mit Mittagsvesper – nur Männer zugelassen.

Museen
Museum der Stadt, Osterstr. 9 (s. ❺, ❻).

Aus einem Marktflecken an der Leine ist die Großstadt Hannover geworden, und bis heute hat sie ihre Bedeutung als Markt-Standort beibehalten. Alljährlich findet hier die Hannover-Messe statt. Mit über 6000 Unternehmen ist sie die größte Industrieausstellung der Erde. Hannover ist jedoch mehr als nur Messeplatz: ein breites kulturelles Angebot, Parks, Seen und Gärten – wie der Barockgarten von Herrenhausen (unser Bild)

Hannover

Vom Marktflecken zur Messestadt

– machen es liebens- und lebenswert. Als »Schatztruhe voller Kostbarkeiten« hat ein Hannoveraner einmal seine Stadt bezeichnet. Ein Großteil der Backsteinherrlichkeit wurde im Zweiten Weltkrieg vernichtet. Die erhaltenen und die wiederaufgebauten Kostbarkeiten fügen sich in das Stadtbild mit seinen modernen Akzenten ein. Beides zusammen macht die niedersächsische Landeshauptstadt attraktiv und sehenswert.

Wappen Erstes Stadtsiegel 1266 vergeben, inzwischen mehrfach geändert. Das heutige Wappen wird seit 1929 verwendet: zwischen zwei Stadttürmen der Welfenlöwe, im Tor ein dreiblättriges Kleeblatt. Die Bedeutung ist umstritten. Es könnte sich auch um die Blüte des Pfeilkrauts handeln.
Lage An der Leine, am südlichen Rand des norddeutschen Flachlands zwischen Ausläufern des Weserberglands und der Lüneburger Heide.
Land Niedersachsen
Autokennzeichen H
Höhe 55–106 m ü. M.
Fläche 204 km²
Einwohnerzahl 500 000
Postleitzahl 3000
Telefonvorwahl 05 11
Post Hauptpost, Kurt-Schumacher-Str. (gegenüber Hbf.), Spätschalter (tägl. 6–22 Uhr).
Polizei Am Welfenplatz 2, ☏ 1 09-06 15
Taxi ☏ 84 84, 38 11, 21 43
Nahverkehr Im Großraum Hannover können Busse und Bahnen verschiedener Verkehrsunternehmen mit nur einem Fahrausweis benutzt werden. Es gibt drei Tarifzonen. Sammelfahrausweise sind preisgünstiger als Einzelfahrausweise. Empfehlenswert für Touristen: 24-Stunden-Karte und Familienkarten.
Camping Camping Blauer See, Garbsen, ☏ 0 51 37/7 10 21. Erreichbar über die Tankstellen-Ausfahrt Hannover-Garbsen der A 2.
Parken Ausgebaute mehrspurige Straßen führen direkt in die Innenstadt mit 11 000 Parkplätzen. Die Parkhäuser sind ausgeschildert. An langen Samstagen Park-and-ride: Von Okt. bis Juni bringen P+R-Busse kostenlos Fahrgäste vom Schützenplatz in die City.
Touristinformation Städt. Verkehrsbüro, Ernst-August-Platz 8 (am Hbf.), ☏ 1 68-23 19 (Mo–Fr 8.30–18, Sa 8.30–12 Uhr).
Stadtrundfahrt Ab Verkehrsbüro am Hbf. (Mai–Sept. tägl. 13.30 Uhr, Okt.–April Mi und Sa 13.30 Uhr).
Stadtführung »Der Rote Faden«, ca. 4 km lange rotmarkierte Wegstrecke durch die Innenstadt. Dauer des Rundgangs: etwa 2 Std.

Treffpunkt unterm Schwanz

Hoch zu Roß sitzt er, der König Ernst August. Sein Blick ist geradeaus gerichtet. In der Ferne sieht er den massigen Turm der Marktkirche, und könnte er von seinem hohen Sockel nach unten blicken, wäre er über das quirlige Leben zu seinen Füßen höchst erstaunt. Auf dem Sockel steht: »Dem Landesvater sein treues Volk.« Das ist nicht etwa der niedersächsische Genitiv, wie Spötter gern behaupten, sondern eine kleine Gedächtnisstütze für alle, die nicht wissen sollten, wer das prächtige Standbild vor dem Haupteingang des Bahnhofs in Hannover 1861 aufgestellt hat, nämlich das treue hannoversche Volk.

Eigentlich mochten sie ihn ja gar nicht, den Ernst August, der 1837 König von Hannover wurde. Mit der Aufhebung des Staatsgrundgesetzes hatte er sich sogar Feinde geschaffen. Sieben Göttinger Professoren, darunter die Brüder Grimm, protestierten entschieden gegen die willkürliche Rücknahme der hart erkämpften kleinen bürgerlichen Freiheiten – und wurden teilweise des Landes verwiesen. Irgendwie söhnten sich die Hannoveraner dann doch noch mit ihrem Landesherrn aus, wie sonst wäre er zu einem so schönen Denkmal gekommen?!

Für Generationen von Hannoveranern hat der königliche »Bahnhofsvorsteher« allerdings eine ganz andere Bedeutung. Man traf sich – und trifft sich immer noch – »unterm Schwanz«, also auf der Rückseite des Denkmals unter dem Schweif des königlichen Rosses.

Spätestens hier am Reiterstandbild wird der Besucher einen dicken roten Strich auf dem Pflaster entdecken und darüber vielleicht ins Grübeln geraten. Der seltsame ölfarbene »Faden« schlängelt sich, von geheimnisvollen Kreisen und Zahlen unterbrochen, über Fußwege, Straßen,

Eine Ahnung vom Charme der einstigen Altstadt bekommt man in der Kramerstraße, die als eine Art Fachwerkmuseum gestaltet wurde.

Plätze und verschwindet streckenweise sogar unter die Erde. Wer ihm folgt, entdeckt Hannover auf der von der Stadtverwaltung ausgelegten Spur. Ein findiger Werbekopf hat sich die Sache vor einigen Jahren einfallen lassen. 4200 m »Roter Faden« führen zu Sehenswürdigkeiten und historischen Plätzen, zumindest in der Innenstadt.

Schon bei Kreis 2 steht der Besucher im Herzen Hannovers. Wer sich an der berühmten Kröpcke-Uhr, einem weiteren traditionellen Treffpunkt, einmal um die eigene Achse dreht, hat Hannovers teuerstes und exklusivstes Pflaster im Blick: die Georgstraße beispielsweise, oder die Karmarschstraße – eine einzige Shopping-Arkade. Weitgehend im ratlosen Architekturstil der 50er und frühen 60er Jahre erbaut, hält dieser Teil der Stadt alles vorrätig, was schon immer ein bißchen teurer war. Für ein halbes Kilo Margarine muß man hier ziemlich weit laufen, aber eine goldene Uhr für 45 000 DM gibt es gleich um die Ecke.

Mein Gott! Da sieht es sauber aus!

Auch in puncto Sauberkeit kann sich Hannovers Innenstadt sehen lassen. Im Sommer kann man bei Geschäftsschluß beobachten, wie das Ladenpersonal mit Staubsaugern selbst die Pflasterfugen vor dem Eingang reinigt. Das muß aber schon immer so gewesen sein – 1844 schrieb Heinrich Heine: »Ich kam nach Hannover um Mittagszeit, und ließ mir die Stiefel putzen. Ich ging sogleich, die Stadt zu besehn, ich reise gern mit Nutzen. Mein Gott! Da sieht es sauber aus! Der Kot liegt nicht auf den Gassen. Viel Prachtgebäude sah ich dort, sehr imponierende Massen.«

Massen gibt es dort immer, oder richtiger, wieder. Heinrich Heine hätte es sicher die Sprache verschlagen, wenn er die Baumasse des Kröpcke-Centers gesehen hätte. Dieser gewaltige Betonklotz, der da mitten ins Zentrum der Stadt gesetzt worden ist, ist schon eine arge Herausforderung an die städtebauliche Ästhetik. Ein Bekleidungshaus, mehrere Einzelhandelsgeschäfte, ein Fitnesscenter und das Katasteramt teilen sich die Baumasse, die das Aussehen des einst idyllischen Platzes völlig verändert hat. Den Kontrast bildet der eher futuristische Bau des neuen Cafés am Kröpcke. Der Name des Platzes stammt von einem der früheren Kaffeehausbesitzer, Hermann Kröpcke.

Verkehrsknotenpunkt wie einst ist der Platz allerdings geblieben. Heute kreuzen sich hier die innerstädtischen Straßenbahnen, jedoch unter der Erde. Seit 1965 wird am hannoverschen U-Bahn-Netz gebaut. Die Straßenbahn vor allem im Zentrum größtenteils unter die Erde zu legen, war eine zukunftsweisende Entscheidung: Die Landeshauptstadt erstickt nicht mehr wie in früheren Jahren im Berufsverkehr. Die U-Bahn bescherte Hannover zugleich eine großzügige Fußgängerzone, die man über weite Strecken auch unterirdisch begehen kann. Steigen Sie doch einfach am Kröpcke oder am Hauptbahnhof ein Stockwerk tiefer, und Sie befinden sich in der Passerelle, auf die man in Hannover besonders stolz ist. Sie führt vom Kröpcke unter der Bahnhofstraße und dem Bahnhof hindurch zum neugestalteten Raschplatz. Damit ist es gelungen, die Barriere zur Oststadt, die der Hauptbahnhof über 100 Jahre gebildet hat, zu überwinden. Mit Auszeichnungen auf Bundes- und Landesebene wurde diese städtebauliche Leistung mehrfach gewürdigt.

Sprücheklopfer gibt es da genug

Die Passerelle ist eine lebhafte, manchmal allzu lebhafte und laute Geschäftsstraße, eine Mischung aus orientalischem Basar und italienischer Piazza. Lädchen und Läden locken mit Gewürzen aus aller Herren Länder, mit Pizzen, Kuchen und Kebabs, mit Modeschmuck made hinterm Ladentisch, Masken, Kunstgewerbe und viel Trödel. Kleine Grünanlagen und plätschernde Brunnen lockern die unterirdische Passage auf. Immer sorgen eine paar Sänger und Musikanten für Stimmung. Man trifft hier Menschen, kommt ins Gespräch. Man kann anderen aber auch nur zuhören. Sprücheklopfer gibt es in der Passerelle genug.

Kehren wir zurück zum Kröpcke und bummeln am Café Kröpcke vorbei die Georgstraße hinunter in Richtung Aegi, wie der Aegidientorplatz liebevoll genannt wird. Seit dem U-Bahn-Bau ist die Georgstraße wieder Hannovers erste Flanierstraße: ein Boulevard mit Geschäften, Kinos, Restaurants, Büros und Praxen auf der einen, Grünflächen und dem Opernhaus ❶ auf der anderen Seite, das als eines der schönsten klassizistischen Bauwerke in der Bundesrepublik Deutschland gilt. Sein Schöpfer ist der berühmte Hofbaumeister Georg Ludwig Friedrich Laves.

69mal Hannover
Den Namen Hannover gibt es als Ortsbezeichnung genau 69mal in der Welt: 63mal in den Vereinigten Staaten, je einmal in Kanada, Chile, Südafrika, auf Jamaika und dem Bismarck-Archipel in Neuguinea und natürlich in Niedersachsen. Dieses Hannover darf für sich in Anspruch nehmen, die einzige Großstadt unter den zahlreichen Namensvettern zu sein, die sich zudem fast durchweg englisch mit nur einem »n« schreiben. Die ältesten »Hanover« entstanden um das Jahr 1650 in Massachusetts. Neuere Gründungen, z. B. in New Hampshire oder Pennsylvania, verdanken ihren Namen dem früheren hannoversch-britischen Königreich. Bei den »Hanover« benannten Orten in anderen Erdteilen waren es Siedler aus Niedersachsen, die den vertrauten Namen in der Fremde beibehielten.

Den Fürsten bei Laune zu halten
Die berühmte Cumberland-Sauce wurde erstmals am Hof zu Hannover angerührt. Zu Wild gereicht, verleiht dieses delikate Gemisch aus Orange, Zitrone, Johannisbeergelee, Preiselbeerkompott, französischem Senf, englischem Senfpulver, Rotwein, Ingwer und Cayennepfeffer dem Gericht erst die höheren Weihen. Ihren Namen verdankt diese kulinarische Komposition Herzog Ernst August, dem Sohn König Georgs V. von Hannover, der aufgrund der hannoversch-britischen Personalunion den Titel eines Herzogs von Cumberland führte. Die Rezeptur stammt nach der Überlieferung vom Hofmarschall des Herzogs, dem Freiherrn von Malortie, der den Fürsten mit immer neuen Gaumenfreuden bei Laune hielt.

Am Kröpcke mit der prägnanten Uhr herrscht stets urbanes Leben.

Stadtrundgang

Ein findiger Werbemensch hatte die Idee dazu, und die Stadtväter haben ihn ausgelegt – den »Roten Faden«. Damit ist ein Rundweg durch Hannover gekennzeichnet, der zu den meisten Sehenswürdigkeiten der niedersächsischen Landeshauptstadt führt, dem wir aber nur teilweise folgen.

Gleichwohl beginnen wir, wo auch der Faden seinen Anfang nimmt: am Hauptbahnhof (Parkmöglichkeiten im dortigen Parkhaus oder im Parkhaus Mehlstraße). Etwa zwei Stunden dauert der Weg. Ausruhen können Sie im Maschpark oder direkt am Maschsee 7*; einkehren und prüfen, was es mit der niedersächsischen Küche auf sich hat, sollten Sie in den Lokalen und Cafés auf der Georgstraße, am Kröpcke und in der Altstadt – oder in den »besternten« Restaurants, die Hannover immerhin den zweiten Platz (hinter München) auf der lukullischen Bestenliste erkocht haben. Nicht in der Route vorgesehen, aber unbedingt zu empfehlen ist der Besuch der Königlichen Gärten in Hannover-Herrenhausen – leicht zu erreichen mit den Straßenbahnlinien 5 oder 16, mit dem Auto über Leibnizufer, Brühlstraße, Nienburger Straße und Herrenhäuser Straße.*

Sehenswürdigkeiten

1 *Opernhaus*, klassizistischer, betont symmetrischer Bau, 1845–52 von Georg Ludwig Friedrich Laves als Königliches Hoftheater errichtet.
2 *Niedersächsische Börse*, im Tudorstil 1845–46 von Ernst Ebeling erbaut.
3 *Gartenfriedhof*, bemerkenswerte klassizistische und romantische Grabmäler, Ruhestätte bekannter Persönlichkeiten wie Caroline Herschel und Charlotte Kestner, der Lotte aus den »Leiden des jungen Werthers«.
4 *Aegidienkirche*, als Gedenkstätte für die Opfer des Zweiten Weltkriegs gestaltete Ruine (Umfassungsmauern und Turm) einer Hallenkirche des 14. Jh.
5 *Niedersächsisches Landesmuseum*, Abteilungen für Urgeschichte, Natur- und Völkerkunde; in der Landesgalerie Werke der Malerei und Plastik seit dem 11. Jh., u. a. die »Goldene Tafel« aus Lüneburg, Veit Stoß, Tilman Riemenschneider, Hans Holbein d. J., Lucas Cranach, eine Sammlung impressionistischer Gemälde und das Graphische Kabinett (Di–So 10–17, Do bis 19 Uhr).
6 *Sprengel-Museum*, Kunst des 20. Jh., z. B. die einzigartige Kurt-Schwitters-Sammlung sowie Werke von Ernst Barlach, Max Beckmann, Max Ernst, Paul Klee, Emil Nolde, Pablo Picasso u. a. (Di–So 10–18, Di bis 22 Uhr).
7 *Maschsee*, 1934–36 angelegt, Freizeitanlage mit Strandbad und Segelschule, Bootsverleih. Am Nordufer Spielkasino.
8 *Neues Rathaus*, 1901–13 nach Plänen von Hermann Eggert und Gustav Halmhuber erbaut. Schöner Rundblick von der ca. 100 m hohen Turmkuppel. Hodlersaal mit Fresken Ferdinand Hodlers. Im Sommer Führungen.
9 *Kestner-Museum*, ägyptische und antike Kunst, Kunsthandwerk vom Mittelalter bis zur Gegenwart, Münzkabinett (Di, Do, Fr 10–16, Mi 10–20, Sa, So 10–18 Uhr).
10 *Wangenheim-Palais und Laveshaus*, um 1830 von Georg Ludwig Friedrich Laves erbaute Wohnhäuser. Das Palais 1851–62 als Residenz König Georgs V. genutzt.
11 *Leineschloß*, ehem. Sitz der hannoverschen Kurfürsten und Könige, im Zweiten Weltkrieg weitgehend zerstört. Umbau zum Landtagsgebäude 1959–62 durch Dieter Oesterlen.
12 *Leibnizhaus*, Rekonstruktion der Renaissancefassade des 1652 erbauten und im Zweiten Weltkrieg zerstörten Wohnhauses von Gottfried Wilhelm Leibniz, das als eines der schönsten Bürgerhäuser Deutschlands galt.
13 *Historisches Museum am Hohen Ufer*, Neubau von 1963–66, in den der Beginenturm aus dem 14. Jh. einbezogen ist. Abteilungen zur Stadtgeschichte, Landesgeschichte und Volkskunde (Di 10–20, Mi–Fr 10–16, Sa, So 10–18 Uhr).
14 *Ballhof*, 1649 errichteter Saalbau für Theater, Singspiele und höfische Feste, nach mehreren Umbauten heute wieder als Theater genutzt (Niedersächsische Staatstheater).
15 *Kreuzkirche*, 1333 als einschiffige Kirche geweiht, im 16. Jh. um ein Seitenschiff erweitert. Im Innern Altarbild Lucas Cranachs d. Ä., Taufbecken um 1450.
16 *Marktkirche St. Georg und St. Jacobus*, gotischer Ziegelbau, Mitte des 14. Jh. an der Stelle einer roman. Vorgängerkirche erbaut. Die dreischiffige Hallenkirche ist das Wahrzeichen Hannovers. Spätgotischer Schnitzaltar im Hauptchor. Gotische Glasfenster.
17 *Altes Rathaus*, im 15. Jh. errichtet, im 19. Jh. erweitert. Die Fassade gilt als bedeutendste Leistung der hannoverschen Backsteingotik.
18 *Neustädter Hof- und Stadtkirche St. Johannis*, Saalkirche, 1668–70 als Mittelpunkt der zuvor gegründeten Neustadt erbaut. Im Innern die Grabplatte des Universalgelehrten Gottfried Wilhelm Leibniz, dessen Gruft in der Kirche verschüttet ist.
19 *Anzeiger-Hochhaus*, 1927/28 von Fritz Höger erstelltes Bauwerk in Skelettbauweise mit Klinkerverkleidung.
20 *Nicolaikapelle*, zwischen 1250 und 1284 als »capella leprosorum« erbaut. Nach Umbauten im 18. und 19. Jh. bis 1914 Kirche der starken englischen Gemeinde. Der Chor ist Hannovers ältestes Bauwerk.
21 *Welfengarten*, urspr. barocke Anlage, die 1797 zum Landschaftspark umgestaltet wurde. An der Stelle eines Landsitzes aus dem frühen 18. Jh. wurde hier 1857 das neuromanische Welfenschloß begonnen, 1879 durch den preußischen Staat fertiggestellt und zum Sitz der heutigen Technischen Universität bestimmt. Davor steht das

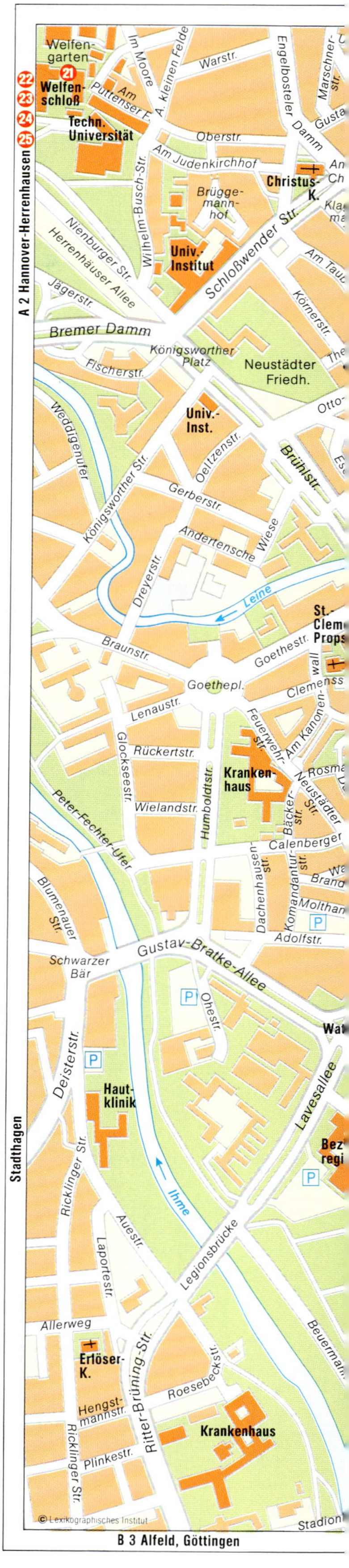

A 2 Hannover-Langenhagen
A 7 Hannover-Anderten
Messegelände
Maßstab 1:12 500
0
100
200
300 m
Hamburger Allee
Fernmelde-turm
Bus-Bf.
Raschplatz
Raschplatzhochstr.
City Air Terminal
Landgericht
Postgiroamt
Nicolai-Kp.
Anzeiger-Hochhaus
Haupt-post
Haupt-bahnhof
Ernst-August-Platz
Staatl. Hochsch. f. Musik u. Theater
Dreifaltigkeits-K.
St. Elisabeth
Berliner Allee
Schiffgraben
Kröpcke
Bahnhofstr.
Galerie Luise
Opernhaus
Opern-platz
Künstler-haus
Wiss.-Min.
Kultus-Min.
Finanz-Min.
Immanuel-K.
Börse
Neues Theater
Georgs-platz
Georgstr.
Kreuz-K.
Ballhof
Hist. Mus.
Markt-K.
Altes Rathaus
Leine-schloß
Wangenheim-Palais
Aegidien-K.
Aegidientor-platz
Marienstr.
Friedrichswall
Kestner-Museum
Trammplatz
Neues Rathaus
Theater am Aegi
Garten-K.
Klinik
Sophien-klinik
Kranken-haus
Bethleh.-Kp.
Masch-teich
Maschpark
Landes-museum
Landes-bibliothek
Culemannstr.
Am Maschpark
Kurt-Schwitters-Platz
Sprengel-Museum
Herz-Jesu-Kp.
Hildesheimer Str.
Paulus-K.
Casino
Maschsee
NDR Funkhaus
Rudolf-von-Bennigsen-Ufer
Arthur-Menge-Ufer
Niedersachsen-Stadion
Stadion-bad
Leine
Stephans-platz

Sachsenroß, das Wappentier Niedersachsens.

22 *Georgengarten*, in der zweiten Hälfte des 18. Jh. angelegt, ab 1816 verändert und erweitert. Der Leibniz-Tempel, ein zwölfsäuliger Monopteros von 1790, wurde erst 1935 hier aufgestellt. Im 1780–96 erbauten Georgenpalais, nach dem Grafen von Wallmoden auch Wallmodenschlößchen genannt, befindet sich das *Wilhelm-Busch-Museum* mit Ölbildern, Zeichnungen und Lebenszeugnissen des Künstlers, das als Deutsches Museum für Karikatur und kritische Grafik einen zusätzlichen Sammlungsschwerpunkt aufbaut (März–Okt. Di–So 10–17, Nov.–Febr. Di–So 10–16 Uhr).

23 *Großer Garten von Herrenhausen*, Barockgarten nach holländischem Vorbild. Von einem Wassergraben umgebene rechtwinklige Anlage mit Gartentheater, Wasserspielen, Steinvasen und Gartenplastiken. Das Schloß (17. Jh.) wurde 1943 zerstört. Im erhaltenen Galeriegebäude Fresken mit Szenen aus der Aeneas-Sage von Tommaso Giusti (Wasserspiele im Sommer Mo–Fr 11–12, 15–16, Sa, So und Feiertage 10–12, 15–17 Uhr).

24 *Berggarten*, 1666 angelegter Küchengarten, der ab 1750 zum Botanischen Garten umgestaltet wurde. Mausoleum des Welfenhauses (1842–47) und Bibliothekspavillon (1817–20) von Laves.

25 *Herrenhausen-Museum*, 1721 als »Fürstenhaus« erbaut. Porträtgalerie und Wohnkultur des Welfenhauses (Di–So 10–17 Uhr).

26 *Zoologischer Garten*, 1865 gegr., über 1400 Tiere.

Dieses Kunstwerk in der Burgstraße bewegt sich mit dem Wind.

Schorsenbummel

Für die richtigen Hannoveraner heißt die Georgstraße nur Schorsengasse. Benannt ist sie nach Georg III., der von 1760–1820 »Landesvater« von Hannover und König von Großbritannien war und dennoch von seinen Untertanen despektierlich »Schorse« genannt wurde. Und folgerichtig heißt auch das bunte Treiben, das sich alljährlich von April bis September an jedem Sonntagvormittag auf dieser Straße abspielt, »Schorsenbummel«. Das ist wirklich eine hannoversche Spezialität. Bei Musik treffen sich die Bürger – mal im Gehrock und Zylinder, mal im Ausgehkleid oder in Jeans – zum gemeinsamen sonntäglichen Spaziergang. Der Schorsenbummel ist übrigens für Besucher der Stadt eine gute Gelegenheit, mit den Hannoveranern ins Gespräch zu kommen.

Ein bißchen vom Schorsenbummel-Flair ist auch auf dem Flohmarkt zu spüren, einem über 20 Jahre alten Wochenend-Trödelmarkt. Im Schatten des Historischen Museums am Ufer der Leine breiten jeden Samstag Hunderte von fliegenden Händlern ihre Waren aus. Dann herrscht hier ein Geschiebe wie auf einem Basar. Die berühmt-berüchtigten Figuren der französischen Künstlerin Niki de Saint Phalle, die »Nanas«, schauen vom Leine-Ufer dem Feilschen und Handeln gelassen und amüsiert zu. In Hannover ist man fest davon überzeugt, daß sich die Flohmarktidee von hier aus über das ganze Land verbreitet hat.

Bleiben wir noch einen Augenblick am Leine-Ufer, das auf der einen Seite Leibnizufer, auf der anderen Hohes Ufer heißt. Wir befinden uns auf dem ältesten Siedlungsgebiet Hannovers. Unter der Marktkirche 16 existieren noch Reste der romanischen Vorläuferin St. Georg aus dem 12. Jh. Die »Halberstädter Sachsenchronik« spricht von »Krögers und Herbergers«, die in der Leinesiedlung wohnten. Die Handelsstraße von Lübeck und Lüneburg stieß an der Leine auf einen Verkehrsweg, der von der Kaiser- und Silberstadt Goslar über den Bischofssitz Hildesheim nach Bremen führte.

Zum erstenmal taucht der Name »Hannover« in den »Miracula Sancti Bernwardi« aus dem Jahr 1150 auf: Da ist von einer »Puella in vico Hanovere«, einem Mädchen aus dem Marktflecken Hannover die Rede, das unter Augenschmerzen litt und nach einem Bittgebet am Grab des heiligen Bernward von Hildesheim von seinem Leiden befreit wurde.

Überliefert ist, daß Hannovers Stadtrechte 1241 bestätigt und erweitert wurden, und zwar von dem Welfenherzog Otto dem Kind. Im »Großen Privileg« gewährten die Landesherren 1371 die Wasserrechte bis nach Bremen, Rechte für die Mühlen sowie die Anerkennung des uneingeschränkten Nutzungsrechts am »Holt, dat de Eylenride het«. Die Eilenriede, ein ausgedehntes Waldgebiet, ist heute Hannovers »grüne Lunge« und sorgt unter anderem dafür, daß hier die Luft immer noch ein bißchen besser ist als anderswo.

Die »Nanas« von Niki de Saint Phalle, üppige, buntbemalte, mehrere Meter hohe Figuren am Leibnizufer, sind längst eine Attraktion.

Deutschlands erster Musenhof

Versuche, die Landesherren ganz abzuschütteln und freie Reichsstadt zu werden, mißlangen jedoch. Die Hannoveraner erkämpften sich zwar immer größere Rechte und Privilegien, so das Münzrecht und das Braurecht, aber sie blieben unter welfischer Herrschaft. Als Ende des 15. Jh. die welfischen Brüder ihr Land aufteilten, wurde Erich I. von Calenberg Landesherr in Hannover. Aber erst 1636 erklärte Herzog Georg von Calenberg Hannover zu seiner Residenz. Im Jahr darauf begann der Bau des Leineschlosses ⓫ am Hohen Ufer. Das Zeughaus, heute Teil des Historischen Museums ⓭, und der Ballhof ⓮, jetzt Schauspiel des Staatstheaters, entstanden etwa zehn Jahre später.

Das 17. Jh. war für Hannover die Zeit der Expansion. Ab 1665 regierte Herzog Johann Friedrich, ein Freund der Musen, der enge Verbindungen zu Venedig pflegte und von dort Geistliche, Musiker und Kunsthandwerker an die Leine holte. Er baute seinen Sommersitz Herrenhausen aus und ließ dort von französischen Gartenarchitekten Lustgärten anlegen. Sie wurden später unter Kurfürstin Sophie künstlerisch vollendet. Der Große Garten von Herrenhausen ㉓ ist die einzige vollständig erhaltene Gartenanlage der Barockzeit in Deutschland.

In Herrenhausen entstand Deutschlands erster Musenhof, der Persönlichkeiten des europäischen Geisteslebens und der Kunst wie Gottfried Wilhelm Leibniz und Georg Friedrich Händel am Hof des Fürsten zusammenführte. Leibniz war 1676 als Hofrat und Bibliothekar nach Hannover gerufen worden. Er erfand hier die erste brauchbare Rechenmaschine und die mathematischen Grundlagen, auf denen die heutige Computertechnik beruht. 40 Jahre wirkte der Universalgelehrte in der Stadt an der Leine.

In Kurfürstin Sophie, einer der bedeutendsten Frauen ihrer Epoche, hatte er eine hochgebildete Gesprächspartnerin. Sophie war die Tochter des Kurfürsten Friedrich V. von der Pfalz und Elisabeth Stuarts, der Tochter König Jakobs I. von England.

Diese Herkunft brachte 1714 den Sohn Sophies, Kurfürst Georg Ludwig von Hannover, als Georg I. von Großbritannien auf den britischen Thron. Die britisch-hannoversche Personalunion endete 1837. Auf dem Wiener Kongreß war das vormalige Kurfürstentum Hannover 1814 bereits zum Königreich erhoben worden. 1866 war es mit der königlichen Herrlichkeit der Welfen dann schon wieder zu Ende. König Georg V. mußte sein Land vor den einmarschierenden Preußen verlassen, und Hannover wurde preußische Provinzhauptstadt. Dabei blieb es bis nach dem Zweiten Weltkrieg, als Hannover Hauptstadt des neugegründeten Lands Niedersachsen wurde.

Mit dem Namen Georgs I. ist eines der bekanntesten Liebesdramen des Hochadels verbunden. Seine Frau Sophie Dorothea, Tochter des Herzogs

Urbilder der Mutter, bemalt wie Ostereier

»Eine deutsche Schmach«, »Schweinkram« – so oder ähnlich lauteten Anfang der 70er Jahre die Kommentare vieler Hannoveraner zu Straßenfiguren, deren üppige weibliche Formen nicht so recht in das überkommene Bild der Frau passen wollen. Die Rede ist von den »Nanas« am Leibnizufer, runden, farbenfrohen, mehrere Meter hohen Figuren aus Polyester. Die Kreationen der französischen Künstlerin Niki de Saint Phalle forderten die Hannoveraner von Anfang an zur Auseinandersetzung heraus. Der damalige Oberstadtdirektor Neuffer verteidigte die Objekte mit den Worten: »Das sind Urbilder der Mutter, die die Künstlerin mit Freude bemalt hat wie Ostereier.« Inzwischen haben sich die Hannoveraner mit ihren Nanas angefreundet. Die überdimensionalen Damen gehen längst auf Postkarten abgebildet in alle Welt.

Roßkuren und Transplantationen

Um die königlichen Pferde nötigenfalls zu kurieren, wurde 1778 in Hannover eine »Roßarzney-Schule« gegründet. Aus ihr ging die Tierärztliche Hochschule hervor, die damit weltweit zu den ältesten Einrichtungen ihrer Art zählt. An der TiHo, wie die Hannoveraner sie nennen, gibt es die größte Rinderklinik der Welt. Ein weiterer Superlativ ist, daß sie über die einzige Virenisolierstation in Europa verfügt. Hier werden wichtige Erkenntnisse zur Bekämpfung von Tierseuchen gewonnen.
Weltweiten Ruf wie die TiHo genießt auch die Medizinische Hochschule Hannover (MHH), ein bedeutendes Zentrum medizinisch-naturwissenschaftlicher Forschung. Über 37 000 Patienten werden in dem Großklinikum jährlich behandelt. Das Transplantationszentrum der MHH gehört zu den wichtigsten in Europa.

Nahe dem Stadtzentrum wurde 1934–36 im Maschpark der ausgedehnte Maschsee künstlich angelegt; mit Strandbad, Bootsverleih und Segelschule ist er eine ideale Freizeitanlage für die Großstädter.

Luftsprünge und Rekorde
In der Vahrenwalder Heide bei Hannover nahm die Geschichte des Motorflugs ihren Anfang. Der städtische Angestellte Karl Jatho erhob sich mit seiner Maschine im August 1903 3 m vom Erdboden und schaffte einen Luftsprung von immerhin 60 m. Erst vier Monate später taten es ihm die amerikanischen Brüder Wright gleich, die jedermann als Flugpioniere kennt. Karl Jathos Name ist dagegen nur Spezialisten bekannt, obwohl er dafür sorgte, daß Hannover bereits 1907 im Vahrenwald einen Flugplatz baute.
Übrigens ist auch die in aller Welt bekannte Sportfliegerin Elly Beinhorn Hannoveranerin gewesen. Vier Jahre nach Jathos Flugexperiment geboren, erhielt sie später hohe internationale Auszeichnungen für Rekord- und Weltflüge in Einsitzern.

Lüttje Lage
Ins 16. Jh. reicht der Brauch der »Lüttjen Lage« zurück. Wer ihn praktiziert, muß eine ruhige Hand haben und über einige Fingerfertigkeit verfügen: Mit Daumen und Zeigefinger halten Sie Ihr Bierglas, und mit dem Mittelfinger klemmen Sie ein Schnapsglas so dagegen, daß sich der Korn zuerst ins Bierglas und von da aus zusammen mit dem Bier in die Kehle – öfter jedoch in den Kragen – ergießt. Gestandene Hannoveraner beherrschen sogar die Kunst der »Kaskade«. Dabei werden mehrere Schnapsgläschen übereinander in die Finger geklemmt und – siehe oben.

von Celle, hatte sich in den Grafen Königsmarck verliebt. Als das Verhältnis entdeckt wurde, verschwand der Graf für immer. Sophie Dorothea wurde für den Rest ihres Lebens nach Schloß Ahlden an der Aller verbannt.

Das Leineschloß ⓫, eindrucksvoll durch seinen schönen klassizistischen Säulenaufgang, war jederzeit gut für Geschichte und Geschichten. Seit 1962 ist es für die niedersächsischen Abgeordneten täglicher Arbeitsplatz, und sicher wird hier auch heute noch so manche politische Intrige gesponnen, aber im wesentlichen doch eben nüchtern demokratische Politik gemacht.

Der Platz vor dem massigen grauen Bau des Hofbaumeisters Laves ist nach Hinrich Wilhelm Kopf benannt, dem ersten Ministerpräsidenten Niedersachsens.

Die Altstadt kommt aus jüngster Zeit

Wie nahezu jedes Gebäude in der hannoverschen Innenstadt war auch das Schloß während des Zweiten Weltkriegs schwer beschädigt worden. Das alte Hannover im Umkreis von Marktkirche ⓰ und Altem Rathaus ⓱ war so restlos verloren, daß man nach 1945 ernsthaft erwog, im Südwesten, am Rand des Deisters, eine ganz neue Stadt zu erbauen und das zerstörte Hannover einfach einzuebnen. Aber der Plan wurde verworfen und landete in der Schublade, die Hannoveraner krempelten die Ärmel hoch und räumten binnen kurzer Zeit sechs Millionen Kubikmeter Schutt beiseite. Zum entscheidenden Mann dieser Zeit wurde der Stadtbaurat Rudolf Hillebrecht.

Ihm ist es zu danken, daß Hannover bis heute keine größeren Verkehrsprobleme hat. Selbst während der Messezeit, wenn an manchen Tagen bis zu 45 000 Fahrzeuge zusätzlich durch die Stadt rollen, kommt es selten zu größeren Behinderungen oder zum Chaos. Hillebrecht plante durchdacht und, mit sicherem Gespür für zukünftige Verkehrsaufkommen, auch großzügig. Breite Straßen in der Innenstadt und zwei Tangenten sorgen für einen reibungslosen Verkehrsfluß.

Was noch an historischer Bausubstanz vorhanden war, wurde sorgfältig ergänzt, repariert und restauriert. Ein Teil des alten gotischen Backsteinrathauses ⓱ war von den Bomben verschont geblieben, der andere entstand wieder, die Marktkirche ⓰ wurde ausgebessert, während der historische Marktplatz völlig neu gestaltet wurde. Der einstige Formenreichtum dieses Platzes ist schlichterer Gestaltung gewichen, ohne sein Gesicht zu verlieren.

Beim Kreis mit der Nummer 39 haben die Erfinder des »Roten Fadens« ein Kreuz auf das Straßenpflaster gemalt. Dreht man sich in dessen

Vor dem Alten Rathaus mit seiner gotischen Fassade aus dunkelroten Backsteinen und braungrünen Glasurziegeln steht eine moderne Plastik; links sieht man den Turm der Marktkirche.

Schnittpunkt einmal um die eigene Achse, sieht man Hannovers bedeutendste Kirchen: Kreuzkirche ⓯, Neustädter Kirche ⓲ mit dem Leibnizgrab, Aegidienkirche ❹ und Marktkirche ⓰.

Der Marktkirchenturm ist 97 m hoch. Eigentlich sollte er 127 m hoch aufragen, einiges höher als der Turm der Lüneburger Johanniskirche. Warum es nicht dazu kam, ist in der Bauchronik nachzulesen: »Die Bauleut seynd mued un dat Stadseckel ist krank worden.«

Wenn man vom Marktplatz durch die Kramerstraße zum Holzmarkt geht, glaubt man, ein Stück Altstadt sei wenigstens an dieser Stelle dem Feuer des Kriegs entgangen. Das ist ein Irrtum. Im Grunde handelt es sich um eine Art Fassadenmuseum: Man hat erhaltene Fachwerkfassaden aus verschiedenen Straßen vor Neubauten gehängt und so eine neue alte Straße gebaut. Die Hannoveraner nennen diesen Teil ihrer Stadt dennoch »Altstadt«. Er bildet beim jährlichen Altstadtfest Ende August die malerische Kulisse.

In Hannovers Altstadt trieb übrigens in den 20er Jahren der Massenmörder Fritz Haarmann sein Unwesen. Seine Opfer waren vorwiegend junge Männer. Später brachten ihm seine Verbrechen einen Platz in der Kriminalgeschichte ein.

Im Rathaus hängt der Fahrstuhl schief

Die Kramerstraße führt direkt auf den Holzmarkt, der von der modernen Fassade des Historischen Museums ⓭ und neuerdings von der Renaissancefassade des Leibnizhauses ⓬ beherrscht wird. Das neue Leibnizhaus dient den hannoverschen Hochschulen als Begegnungsstätte. Es steht zwar nicht an seinem ursprünglichen Platz – da hätte man erst ein Parkhaus abreißen müssen –, aber es ist auch an seinem neuen Standort ein Schmuckstück der Altstadt.

Über das Neue Rathaus ❽ am Trammplatz läßt sich nicht soviel Erbauliches sagen. Dieser Kolossalbau aus den Jahren nach der Jahrhundertwende, übrigens von Kaiser Wilhelm II. eingeweiht, steht auf 6026 Buchenpfählen, die zur Stabilisierung in den sumpfigen Untergrund gerammt wurden, und ein »schiefer Fahrstuhl« führt hinauf in die Kuppel. Bissige Zeitgenossen sehen darin seit jeher ein Symbol für den Verlauf hannoverscher Politikerkarrieren.

Als Nichtpolitiker kann man den Fahrstuhl jedoch bedenkenlos und sogar mit Gewinn benutzen, denn von dort oben hat man einen herrlichen Blick über die Stadt: Vor sich sieht man den Maschpark mit den

Sich eine Veränderung zu machen
Auf einer Steintafel am Eingang zum Großen Garten in Herrenhausen steht: »Jedermann ist erlaubt, sich im königl. garten eine veränderung zu machen«, das heißt, jedermann konnte im Garten herumgehen. Schon Kurfürstin Sophie, Erbauerin des Gartens, wollte, daß man hier den Alltag vergißt. Von einem Gartenfest im Jahr 1736 ist überliefert: »Eine prächtige Masquerade fand statt, dabey der Garten mit mehr als 2000 Lampen illuminieret war und der Tanz währte bis 4 Uhr morgens.« An dieses Fest knüpft das jährliche Sommerfestival »Musik und Theater in Herrenhausen« an. Zum Beginn und zum Abschluß des großen Fests gibt es ein Feuerwerk, und dazu erklingt jeweils Händels Feuerwerksmusik. Tausende von Gästen aus aller Welt lassen sich während der Festwoche für ein paar Stunden im Großen Garten von Herrenhausen verzaubern und »verändern«.

Hinter dem Maschteich steht das Neue Rathaus, typisch für das Repräsentationsbedürfnis der Ära Wilhelms II., der es auch einweihte; von der Turmkuppel aus hat man einen herrlichen Rundblick.

Tips, Tips, Tips

Tiergarten
Ein stadtnahes und reizvolles Ausflugsziel ist der Tiergarten im Stadtteil Kirchrode. Etwa 200 Stück Damwild leben in dem 112 Hektar großen Gehege mit wertvollem alten Baumbestand. In dem 1679 gegründeten Jagdgarten fanden bis 1866 noch kleinere Hofjagden statt (Straßenbahnlinie 5 oder mit dem Auto über den Bischofsholer Damm).

Es wird gewonnen – und verloren
Im Casino am Nordufer des Maschsees 7 werden Roulette, Bakkarat und Black Jack gespielt. Im Automatensaal stehen Glücksspielautomaten, die schon Gewinne über 10 000 Mark ausgespuckt haben. Der Eintritt kostet fünf Mark, zu den Automatensälen hat man freien Zutritt. Das Kasino ist ganzjährig ab 15 Uhr geöffnet.

Ententeichen, dahinter den 1934/36 künstlich angelegten Maschsee 7 mit dem Spielkasino. Links davon erblickt man den modernen Bau des Sprengel-Museums 6, zu dessen Schätzen die Sammlung moderner Malerei des hannoverschen Unternehmers Sprengel gehört. Weiter links ragt aus dem Grün des Maschparks die prächtige Fassade des Landesmuseums 5 hervor. Außer der Gemäldegalerie sind dort vor allem die Abteilung Urgeschichte mit drei gruseligen Moorleichen und die Abteilung Naturkunde mit den Modellen lebensgroßer Saurier sehenswert – besonders für Kinder und Jugendliche. Eine umfangreiche Sammlung ägyptischer Kunstschätze bewahrt das Kestner-Museum 9 auf, im Historischen Museum 13 gibt es unter anderem die Prunkkutschen des hannoverschen Hofs und das erste Serienauto der Welt mit Vollpontonkarosserie, das »Kommißbrot« von Hanomag, zu sehen. Das Wilhelm-Busch-Museum 22 im Georgengarten zeigt das umfangreiche malerische und zeichnerische Werk des Humoristen sowie eine Sammlung kritischer Grafik und Karikaturen.

Zu Messezeiten Mittelpunkt der Wirtschaftswelt

Vielfältig bestätigt sich also der Ruf Hannovers, eine Stadt der Museen zu sein. Weltweit wird die Stadt allerdings in erster Linie wegen ihrer Messen beachtet. Seit April 1947 versammelt sich Jahr für Jahr auf dem Messegelände, was in Wirtschaft und Industrie Rang und Namen hat. Die Hannover-Messe ist die größte Industrieschau der Welt mit jährlich wachsenden Aussteller- und Besucherzahlen. Das Konzept der sich gegenseitig ergänzenden Fachmessen innerhalb einer Superschau war so erfolgreich, daß die Messeleitung Mitte der 80er Jahre an ihre Kapazitätsgrenze stieß und kurzerhand die Messe in zwei getrennte Veranstaltungen aufteilte. In kurzen Abständen zwischen März und April findet zuerst die CeBIT-Messe (Welt-Centrum der Büro-, Informations- und Kommunikationstechnik) und dann die Hannover-Messe (Welt-Messe für industrielle Technologie) statt.

Die beiden Veranstaltungen ziehen jährlich fast eine Million Menschen nach Hannover, die einen schönen Batzen Geld in den gesamten Wirtschaftsraum Hannover bringen.

Im Großraum Hannover, einem Zusammenschluß aller angrenzenden Gemeinden, leben rund 1,1 Millionen Menschen, das sind 15 % der Bevölkerung Niedersachsens. Der Raum erwirtschaftet ca. 20 % des Bruttoinlandsprodukts und 16 % des Industrieumsatzes. Hannover ist damit das bedeutendste Wirtschaftszentrum Niedersachsens. Neben den traditionellen Bereichen Maschinen- und Fahrzeugbau, neben Elektro-

Zur Fassade des Alten Rathauses paßt der elegante Marktbrunnen.

Die Hannover-Messe ist die bedeutendste Industriemesse der Welt und zieht alljährlich Hunderttausende von Besuchern an.

technik, Chemie und Chemieverarbeitung sind es die 100 Kreditinstitute mit 298 Geschäftsstellen und die Versicherungsunternehmen mit Hauptsitz in Hannover, denen der Raum seine Wirtschaftskraft verdankt.

Die Zukunft hat in vieler Hinsicht an der Leine begonnen: Die Stadt ist seit Jahren darum bemüht, Betriebe aus dem Hochtechnologiebereich anzusiedeln. Die Bilanz liest sich positiv. Die Medizinische Hochschule mit ihrem Transplantationszentrum, erst 1964 gegründet, genießt inzwischen Weltruf. Die Universität macht Hannover zu einem Standort mit technisch hochrangigem Know-how.

Die Attraktivität – und damit der wirtschaftliche Erfolg – einer Stadt hängt heute sehr stark auch von ihrem kulturellen Angebot, ihrem Freizeitwert und ihrem kulinarischen Ruf ab. Hannover kann sich da durchaus mit anderen Großstädten der Bundesrepublik Deutschland messen. Und mit seinen Parks, dem hannoverschen Zoo (26), den Herrenhäuser Gärten (21)–(24), dem Maschsee (7) als Segel-, Ruder- und Surfparadies inmitten der Stadt sowie dem 650 Hektar großen Stadtwald Eilenriede und dem Tiergarten besitzt es mehr Grünflächen als viele andere Großstädte zusammen. Wem das nicht reicht: Vor der Haustür liegen das Steinhuder Meer, der Harz und die Lüneburger Heide ...

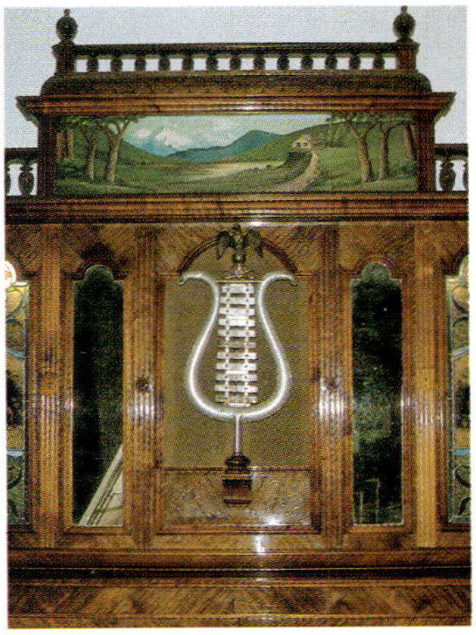

Orchestrion im Historischen Museum am Hohen Ufer.

Theater, Musik, Veranstaltungen, Museen

Theater

Niedersächsische Staatstheater Hannover. Spielorte – Opernhaus (1), Opernplatz 1: Oper, Operette, Musical, Ballett. Ballhof (14), Ballhofstr. 5 und gastweise im Theater am Aegi, Aegidientorplatz 2: Schauspiel, ☏ 168-69 99.
Landesbühne Hannover, Bultstr. 8 a. Schauspiel, eine musikalische Produktion pro Spielzeit, ☏ 28 10 23.
Theater am Aegi, Aegidientorplatz 2. Gastspiele: Schauspiel, Boulevardtheater, Volksschauspiel, Ballett, Folklore, ☏ 168-59 00, 88 00 88.
Neues Theater, Georgstr. 54. Boulevardtheater, Komödien, ☏ 179 79.
Theater am Küchengarten (tak), Am Küchengarten 3. Aktuelles politisches Kabarett von und mit Dietrich Kittner (Kittners Kritisches Kabarett). Unregelmäßig Gastspiele mit verschiedenen Kabarettisten wie z. B. Hanne Wieder, Hanns-Dieter Hüsch und Dieter Süverkrüp, ☏ 44 55 85.
rammbaff-Theater im Freizeitheim Linden, Windheimstr. 4. Freie Kinder- und Jugendtheatergruppe, stadtteilbezogenes Theaterprogramm, ☏ 168-48 97.
Theater im Künstlerhaus, Sophienstr. 2. Gastspiele renommierter freier Gruppen im Rambergsaal. Tanz, literarisches und experimentelles Theater, Chansonabende, gelegentlich Kabarett. Kinder- und Jugendtheaterwochen (ca. zwei Wochen im Dez.). »Theater 19..«, Festival mit intern. freien Gruppen an verschiedenen Spielorten in Hannover (zehn Tage Sept./Okt.), ☏ 34 39 19.
Raschplatz-Pavillon, Lister Meile 4. Theater-, Musikveranstaltungen, Kinder- und Jugendtheater, Kabarett, Tanztheater. »Wintertheater« mit intern. Gruppen (Anfang Dez. bis Weihnachten), ☏ 34 45 58.

Musik

Niedersächsische Staatstheater Hannover, Opernhaus (1), Opernplatz 1. Konzerte, Kammerkonzerte, Einführungsmatineen in Oper und Ballett, ☏ 168-69 99.
Theater am Aegi, Aegidientorplatz 2. Chor- und Solistenkonzerte, Sonntagsmatineen, ☏ 168-59 00, 88 00 88.
Norddeutscher Rundfunk, Rudolf-von-Bennigsen-Ufer 22. Sinfonische Musik des Rundfunkorchesters Hannover, Kammermusik und Liederabende (Fr 20 Uhr, kleiner Sendesaal), gehobene Unterhaltungsmusik, Fernsehaufzeichnungen, ☏ 88 62-550.
Congress Centrum Stadtpark (CCS), Theodor-Heuss-Platz 1–3. Klassik, Unterhaltungsmusik, Jazz, Rock, Pop im Kuppelsaal oder in der Eilenriedenhalle, ☏ 81 13-0.
Marktkirche (16), Hanns-Lilje-Platz 2. Orgelkonzerte (Schwerpunkt), Chorkonzerte, Oratorien, Messen, Passionsmusik, ☏ 0 51 30/73 44.
Markuskirche, Lister Platz. A-cappella-Chorkonzerte, Kammermusik, Oratorien, Orchestermessen. »Musiksommer«: Orgelkonzerte (Mai–Sept. So 18 Uhr), ☏ 62 10 55.
Immanuel-Kirche, Laatzen, Alte Rathausstr. 41. Konzertreihe mit wechselnden Schwerpunkten: Kammermusik, Orgelmusik, zeitgenössische kirchliche Musik. Zeitweilig ausländische Gäste. Frühjahr und Herbst Oratorien, Fr vor dem 2. Advent: Weihnachtsmesse, ☏ 87 14 38.
Jazzclub Hannover, Am Lindener Berge 38. Gesamtes Jazzspektrum, regionale, nationale, intern. Gruppen. »Jazz Band Ball«, intern. Jazz-Night (Himmelfahrt) im Congress Centrum; »Jazztage Hannover« (drei Tage im Dez.) im Congress Centrum, ☏ 45 44 55.
Raschplatz-Pavillon, Lister Meile 4. Afrikanische Volksmusik, Jazz, Salsa, Soul, Folk, Blues, Gospels, ☏ 34 45 58.

Veranstaltungen

Flohmarkt am Hohen Ufer an der Leine (Sa 7–16 Uhr).
Christi Himmelfahrt: *»Swinging Hannover«* vor dem Rathaus (17) mit intern. Jazzbands und Solisten zum Nulltarif.
Sommer (zwischen Juli und Sept.): *»Musik und Theater in Herrenhausen«*. Festwochen mit Konzerten, Oper, Schauspiel, Ballett; Illuminationen, Lichterfeste mit großem Barockfeuerwerk, ☏ 168-75 93.
Ende Jan./Febr.: *»Tage der Neuen Musik«*. Ca. zehn Tage zeitgenössische Musik, ☏ 49 77 77.
März: *CeBIT-Messe*, Messegelände. Fünftägige Elektronik-Messe für Büro-, Informations- und Kommunikationstechnik.
April: *Hannover-Messe*, Messegelände. Größte Industrieschau der Welt.
März/April (analog zur Industriemesse): *Kunst- und Antiquitätenmesse* in Herrenhausen.
Anfang Juli: Zehntägiges *Schützenfest*. Am ersten So 9 Uhr größter Schützenausmarsch der Welt in historischen Kostümen vom Rathaus durch die Stadt zum Schützenplatz. Rummel mit Bierzelten und Karussells.
Ende Aug. (Sa, So): *Altstadtfest* mit Kleinkunst, Straßenkünstlern, Theaterprofis und Musikbühnen in der gesamten Altstadt.
2. Hälfte Nov: *»Literanover«*. Hannovers Literaten lesen ca. zehn Tage lang in verschiedenen Kultureinrichtungen der Stadt, ☏ 168-25 63.

Museen

Fürstenhaus Herrenhausen-Museum, Herrenhäuser Str. 14 (s. (25)).
Historisches Museum am Hohen Ufer, Pferdestr. 6 (s. (13)).
Kestner-Museum, Trammplatz 3 (s. (9)).
Niedersächsisches Landesmuseum, Am Maschpark 5 (s. (5)).
Sprengel-Museum, Kurt-Schwitters-Platz (s. (6)).
Veterinärmedizinhistorisches Museum, Bischofsholer Damm 15. Tierärztliches Kulturgut, neuzeitliche Veterinärmedizin in der Bundesrepublik Deutschland, Geschichte der Tierärztlichen Hochschule Hannover (Mo, Di, Fr 14–16.30 Uhr).
Wilhelm-Busch-Museum im Georgenpalais, Georgengarten 1 (s. (22)).

Heidelberg

Romantik in Reinkultur

Heidelberg hat fast 138 000 Einwohner. Aber mehr als die fünffache Zahl beherbergt es während der Saison zwischen Ostern und dem Erntedankfest. Nicht zu zählen die Masse der Kurzbesucher, die Teilnehmer an Kuchen- und Spargelfahrten oder die Karawanen der Schloßbesucher, die sich im Stundenrhythmus durch sechs Jahrhunderte Geschichte treiben lassen. Heidelberg ist, sobald sich die Sonne von unseren trüben Wintern erholt hat, nicht nur eine Stadt für Touristen – es ist der Tourismus schlechthin.
Der Klischees gibt es wahrlich genug über diese Stadt, und unser Beitrag versucht daher, auch dem eher einzelgängerischen Flaneur einige Wege in Heidelberg zu ebnen – ohne jedoch verhindern zu können, daß er manchmal in die touristische Brandung gerät.

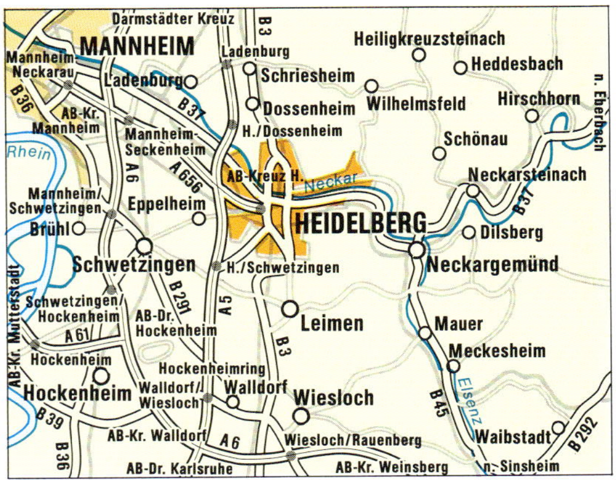

Wappen In schwarzem Feld auf grünem Dreiberg der goldene kurpfälzische Löwe mit roter Krone und ebenfalls roter Bewehrung.
Lage Am Ostrand der Oberrheinischen Tiefebene, wo der Odenwald die Ebene begrenzt.
Land Baden-Württemberg
Autokennzeichen HD
Höhe 96–568 m ü. M.
Fläche 109 km^2
Einwohnerzahl 137 800
Postleitzahl 6900
Telefonvorwahl 0 62 21
Post Postamt 1, Belfortstr. 2, am Hbf., Spätschalter (Mo–Fr 8.30–21, Sa 8.30–18, So 10–12, 12.30–18 Uhr).
Polizei Revier Mitte, Schloßberg 1, ☏ 52 02 11
Taxi ☏ 2 22 22, 3 76 76
Nahverkehr Die Stadt verfügt über ein gut ausgebautes Straßenbahn- und Omnibusliniensystem. Verkehrsknotenpunkt am Bismarckplatz, von wo aus auch die OEG, eine Art Fern-Straßenbahn, nach Mannheim verkehrt. Ab Mannheim/Ludwigshafen führt die Rhein-Hardt-Bahn in die Pfalz. Für den Heidelberger Stadtverkehr empfiehlt sich das »Multi-Ticket« für 36 Stunden, ☏ 2 22 21, 51 36 86. Ferner Bergbahn ab Kornmarkt zum Schloß und zur Molkenkur mit Umsteigemöglichkeit auf die Bergbahn zum Königstuhl.
Camping Campingplatz Neckartal, ☏ 80 25 06, an der B 37 oberhalb Schlierbach gelegen, Campingplatz Haide, ☏ (0 62 23) 21 11, am rechten Neckarufer, Zufahrt über den Stadtteil Ziegelhausen und die Kleingemünder Straße.
Parken In der Innenstadt gibt es zahlreiche Tiefgaragen. Zudem können Sie Ihr Auto in einem der folgenden Parkhäuser abstellen: Poststr. (Zufahrt Bismarckstr./Rohrbacher Str.), Woolworth (Ecke Bismarckstr./Bergheimer Str.), Europäischer Hof (Zufahrt Friedrich-Ebert-Anlage), Kraus (Zufahrt Neckarstaden), Universität, Sandgasse (Zufahrt Sandgasse, hinter der Universitätsbibliothek).
Touristinformation Pavillon am Hbf., ☏ 2 13 41 (Mo–Do 9–19, Fr 9–21, Sa 9–18, So 10–18 Uhr).
Stadtrundfahrt Tägl. 10 und 14 Uhr ab Bismarckplatz.
Schiffahrt Ostern–Okt. tägl. ab Stadthalle, ☏ 2 01 81.

Von den Wettern zerrissen

Was die Stadt nicht alles ihrer Ruine verdankt! »Es liegt der merkwürdige Fall vor, daß dieses Schloß durch seine Zerstörung ein Wachstum an ästhetischen Werten erfahren hat.« Selbst einer, der von Berufs wegen so trockene akademische Sätze geschrieben hat wie der Kunsthistoriker Georg Dehio 1926, läßt sich doch in diesem Fall vom Gegenstand selber bewegen. Es gibt natürlich bewegtere Aussagen, die bewegendste vielleicht, wer kennt sie nicht, ist Hölderlins Ode »Heidelberg«:

»Aber schwer in das Tal hing die gigantische,
Schicksalskundige Burg nieder bis auf den Grund,
Von den Wettern zerrissen;
Doch die ewige Sonne goß,
Ihr verjüngend Licht über das alternde
Riesenbild, und umher grünte lebendiger
Efeu; freundliche Wälder
Rauschten über die Burg herab ...«

Aber man blickt nicht nur – hochgestimmt – von der Stadt hinauf zum Schloß, sondern – ebenso überwältigt – auch wieder hinab und sieht dann recht deutlich, was paßt und was nicht in Heidelberg. Es ist ein empfindliches, ein gefährdetes Städtchen, von aller Welt gekannt und vom Allerweltstourismus heimgesucht, schwankend zwischen Erhabenheit und Kitsch. Ein höchst sensibler Ort für Architektur, für schlechte zumal. Mit Reißbrett-Taten ist bei der Enge der Altstadt nichts gewonnen; davon sieht man im übrigen schon genügend draußen auf dem Neuenheimer Feld, Heidelbergs Industriegebiet sozusagen, dort, wo sich heute die Naturwissenschaftlichen Institute der Universität befinden. Sie mögen da draußen auf den Neckarwiesen wichtig tun, zeitgemäß, praktisch, pflegeleicht und was auch immer sein, von hier oben sind sie einfach nur lächerlich, Betoncontainer, die man morgen wieder abholen könnte. Und etwa so wie auf dem Neuenheimer Feld sieht es meist dort aus, von wo die Touristen kommen, nach Heidelberg oder Heidelburgh.

Ein Blick aus philosophischer Distanz

Also Heidelberg vom Schloß aus: Man sieht, wer seine Architektur von hier oben geplant hat und wer nicht. Der Jesuitenbaumeister Johann Adam Breunig auf jeden Fall; er war nach den großen Zerstörungen von 1689 und 1693 beim Wiederaufbau im frühen 18. Jh. stilprägend. So, wie er etwa seine Jesuitenkirche ⑩ gesetzt hat, mit dem Turm nach Süden, den gesamten Bau gegenüber der nahen Heiliggeistkirche ⑬ um 90° gedreht hat – wie zwei Schiffe, die sich auf hoher See kreuzen: Nur so konnte diese barocke katholische Stadtkirche sich gegenüber der altehrwürdigen protestantischen Heiliggeistkirche behaupten, sonst wäre sie ja einfach nur in ihrem Sog mitgeschwommen.

Der Marktplatz mit dem Schloß im Hintergrund bietet dem Besucher des Wochenmarkts eine herrliche Kulisse.

Die Stadt entgeht einem nicht, sie hat nichts Beliebiges, und natürlich präsentiert sie sich auch von der anderen Neckarseite her, der Neuenheimer, unbestechlich. Man versuche nur einmal selber, den »Schlangenweg« hinter der Alten Brücke 23 zu erklimmen, der seinem Namen nichts schuldig bleibt und sich zwischen roten Sandsteinmäuerchen scheinbar endlos emporwindet bis zum Philosophenweg 24. Und von hier, aus dieser gelassenen, philosophischen Distanz, sieht man deutlich, was so alles mißglückt ist: hinter dem Kornmarkt die Talstation für die Bergbahn zum Schloß empor – ein Schandfleck, ein schmutzgrauer Sichtbetonkasten für eine so zarte blaue Bahn!

Doch dann wieder dieser heitere Höhenweg. Man geht ihn nach rechts, im Blick den Wald, Buchen vor allem, grandiose Buchen, und uralte Silberpappeln, die den Hang hinaufwachsen, zig Meter hoch, dazwischen, wie Spielzeug verteilt, heimische Obstbäume. Ein Stückchen bergabwärts, und schon ist man in der Hirschgasse, von der man unversehens auf die Neckarschleuse gerät. Hier verrät »der Jüngling, der Strom« (Hölderlin) noch einiges von seiner früheren Wildheit. Man sieht einem Einschleusungsvorgang zu, ein mächtiger Lastkahn fädelt sich in eine der engen Kammern ein und läßt sich die 2,60 m in die »Niederungen« zum Rhein hin absenken, bis er sich schließlich mit einem befreiten Tuten in Richtung Alte Brücke 23 davonmachen kann.

»Mein Heidelberg in Wien am Rhein«

Nun ist nach wenigen Schritten auch schon das Karlstor 22 erreicht; Barock, 18. Jh., Heidelbergs Arc de Triomphe, aber durch neuerliche Verkehrsmaßnahmen etwas »außer Stand« gesetzt. Man ist arrogant geworden in Heidelberg mit seinem historischen Überfluß. Andere Städte würden vielleicht schon mit einem Karlstor Touristen werben, aber hier endet die »Fremdenmeile« ein gutes Stück vor dem Triumphbogen für den vielgeliebten und, diese kleine Frivolität sei gestattet, auch vielliebenden Karl Theodor (1724–99), denn er soll mit seinen Landestöchtern so ungefähr 200 Landeskinder gezeugt haben, ganz nach Art von Barockfürsten eben. Wieder ein paar Schritte weiter eine überraschende Objektsanierung an einem klassizistischen Stadtpalais, der Hauptstraße 242, mittlerweile das Internationale Wissenschaftsforum der Universität, in Grün mit aufgesetzten weißen Stuckgirlanden. Eines der schönsten Häu-

Den gut erhaltenen Friedrichsbau des Heidelberger Schlosses zieren die Ahnen der Pfalzgrafen bei Rhein; rechts oben Karl der Große.

Ein durstiger Zwerg – warum nicht?
»Wächter« und Symbolfigur des Großen Heidelberger Faßbaus war der »Perkeo«. In einer Holzfigur aus dem Jahr 1728 ist er bis auf den heutigen Tag neben dem großen Faß verewigt, und jedermann kann sehen, daß er sich ausgesprochen »gegenläufig« verhält – wo dies riesig ist, ist er ein Zwerg, ganze 110 cm groß, aber dafür legendär wegen des riesigen Dursts, den er gehabt haben soll und mit dem er wieder zum Faß paßte. Er war der Kellermeister und Hofnarr von Kurfürst Karl III. Philipp, der ihn 1720 aus Salurn mitgebracht hatte – zuvor war dieser für ein paar Jahre Statthalter in Tirol gewesen. Der Perkeo nun hat den Namen von seiner Redewendung »perché no?«, also »warum nicht?«. Vollends berühmt hat ihn das Studentenlied des Karlsruhers Joseph Victor von Scheffel gemacht, der reimte:
»Das war der Zwerg Perkeo
Im Heidelberger Schloß
An Wuchse klein und winzig
An Durste riesengroß.«
Arg alt ist der Zwerg bei seinem Lebenswandel nicht geworden. Nach 15 Jahren Animierarbeit am Heidelberger Hof ist er, lediglich 33 Lenze zählend, gestorben, und die Einweihung des ganz großen Fasses hat er selbst nicht mehr erlebt.

Wo die Professoren wohnten
Die Plöck ist die »studentische« oder auch »akademische« Hauptstraße Heidelbergs, denn die eigentliche »Hauptstraße« ist ja weitgehend die Touristenmeile. Die Plöck verläuft etwa parallel zur Hauptstraße, beginnt wie diese, nur ein wenig südlich davon, am Bismarckplatz (Sofienstraße), und ist etwas kürzer. Der rätselhafte Name rührt aus der Zeit, als die westliche Vorstadt, durch die die Plöck führt, noch weitgehend unbebaut war (Heidelberg hat sich ja von Osten, vom Schloß und der Heiliggeistkirche her entwickelt) und in diesem Zustand lediglich einem Flecken oder »Placken« Land ähnelte. Später, bis hinein ins 20. Jh., war sie die bevorzugte Wohnstraße der Professoren. Bekannte Plöckbewohner waren u. a. der Philosoph Kuno Fischer, der Chemiker Robert Wilhelm Bunsen oder auch der Philosoph Karl Jaspers, der 25 Jahre lang, von 1923–48, in der Plöck 60 gelebt hat. Die Plöck hat auch ihre eigenen Sehenswürdigkeiten: an der Ecke Nadlerstraße die St.-Anna-Kirche, zu der ein Bürgerspital gehört, für das Johann Adam Breunig 1714 den Ostflügel gebaut hat, ferner die kleine Erlöserkirche (Ecke Schießtorstraße) oder auch der überraschend großstädtisch anmutende Friedrich-Ebert-Platz. Nach Osten hin führt die Plöck auf die Peterskirche zu, die älteste Kirche in Heidelberg, im 13. Jh. entstanden und seit dem 15. Jh. Universitätskirche.

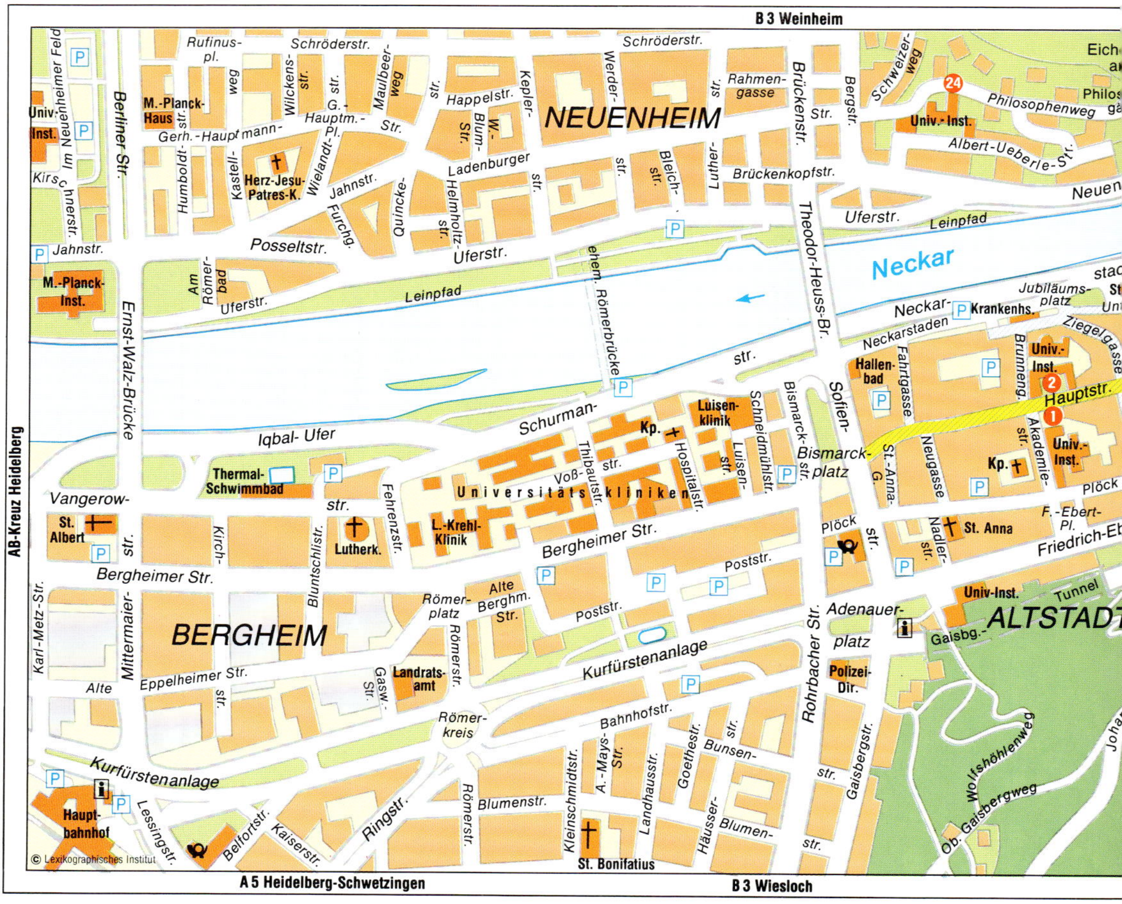

Stadtrundgang

Der vorgeschlagene Rundweg in Heidelberg ist zugegebenermaßen etwas anstrengend, aber wenn man wirklich alle bedeutenden Stätten der alten Universitätsstadt sehen will, muß man den etwa dreistündigen Marsch auf sich nehmen. Die Gesamtstrecke beträgt ca. 5 km. Sinnvoll ist es, die Besichtigung des Schlosses (16) abzukoppeln, wenn man längere Zeit in der Stadt bleiben kann. Erleichterung kann man sich auch verschaffen, indem man hinter dem Kornmarkt in die Bergbahn steigt und zum Schloß hinauffährt. Auch ist es möglich, am Ende des Rundgangs mit dem Bus zum Bismarckplatz zurückzufahren: vom Karlstor (22) aus mit den Linien 34 und 35, vom Universitätsplatz aus mit den Linien 10 und 11. Wer allerdings trotz des langen Rundgangs noch keine bleierne Müdigkeit verspürt, dem sei ein Abstecher über die Alte Brücke (23), den romantischen Schlangenweg hinauf zum Philosophenweg (24) empfohlen: Die herrliche Aussicht dort oben entschädigt reichlich für die Mühe.

Einkehrmöglichkeiten gibt es in der Heidelberger Altstadt in Hülle und Fülle. Beliebt sind bei den Touristen die alten Studentenkneipen »Seppl« und »Roter Ochsen« (19). Man sollte nur nicht mit dem Wunsch dorthin gehen, auf leibhaftige Studenten zu treffen, die verirren sich nämlich hierher nur noch recht selten.

Keinesfalls sollte man versuchen, mit dem Auto möglichst weit in die Altstadt zu fahren; wegen der Fußgängerzonen und der vielen Einbahnstraßen verfranzt man sich schnell und landet ganz woanders, als man vorhatte. Beim Bismarckplatz, unserem Ausgangspunkt, finden Sie mehrere ausgeschilderte Parkhäuser, z. B. »Darmstädter Hof« (Zufahrt Neckarstaden), »Woolworth« (Zufahrt Bismarckstraße), Poststraße (Zufahrt Poststraße).

Sehenswürdigkeiten

(1) *Haus zum Riesen,* 1707 von Johann Adam Breunig erbaut. Erinnerungstafel am Haus mit dem Hinweis, daß Robert Wilhelm Bunsen und Gustav Robert Kirchhoff hier 1859 die Spektralanalyse begründeten.

(2) *Friedrichsbau,* 1863 an der Stelle eines ehemaligen Dominikanerklosters erbaut; vor der Gebäudefront Standbild des Gelehrten Robert Wilhelm Bunsen.

(3) *Kongreßhaus Stadthalle Heidelberg,* 1901–03 aus rotem Sandstein errichtet; als Schmuck Porträts von Heidelberger Professoren, Musikern und Originalen. War vom Abriß bedroht, wurde 1979/80 gekonnt restauriert und ist jetzt ein Renommierstück der Stadt.

(4) *Providenzkirche,* von Kurfürst Carl Ludwig 1659–61 als protestantische Kirche erbaut. Der Name der Kirche beruht auf dem Wahlspruch Carl Ludwigs: »Dominus providebit« – »Der Herr wird vorsorgen«.

(5) *Kurpfälzisches Museum,* gilt als besterhaltenes Barockpalais der Stadt. 1712 für den kurfürstlichen Rat und Rechtsprofessor Johann Philipp Morass nach Plänen von Johann Adam Breunig erbaut, seit 1905 im Besitz der Stadt. Museum für die Geschichte und Kultur der Kurpfalz (bis 1802), archäologische Funde von der Steinzeit bis in die alemannische Zeit, Stadtgeschichtliches und eine große Abteilung mit Kunst und Kunsthandwerk vom 14. bis zum 20. Jh., u. a. der »Zwölfbotenaltar« von Tilman Riemenschneider, Gemälde und Grafiken der deutschen Romantik sowie des späten 19. und frühen 20. Jh. mit Böcklin, Schmidt-Rottluff, Heckel (Di–So 10–17, Do 10–21 Uhr).

(6) *Ehemaliger Wormser Hof,* früheres Stadthaus der Bischöfe von Worms. Noch erhalten sind das Renaissanceportal vom Ende des 16. Jh. sowie ein spätgotischer Eck-Erker.

(7) *Universitätsbibliothek,* zu Beginn des Jahrhunderts von dem badischen Baumeister Josef Durm errichtet. Prachtvoller roter Sandsteinbau mit »sprechender« Fassade. Berühmt durch seine *Handschriften- und Wiegendrucke-Sammlung,* u. a. das Original der »Ma-

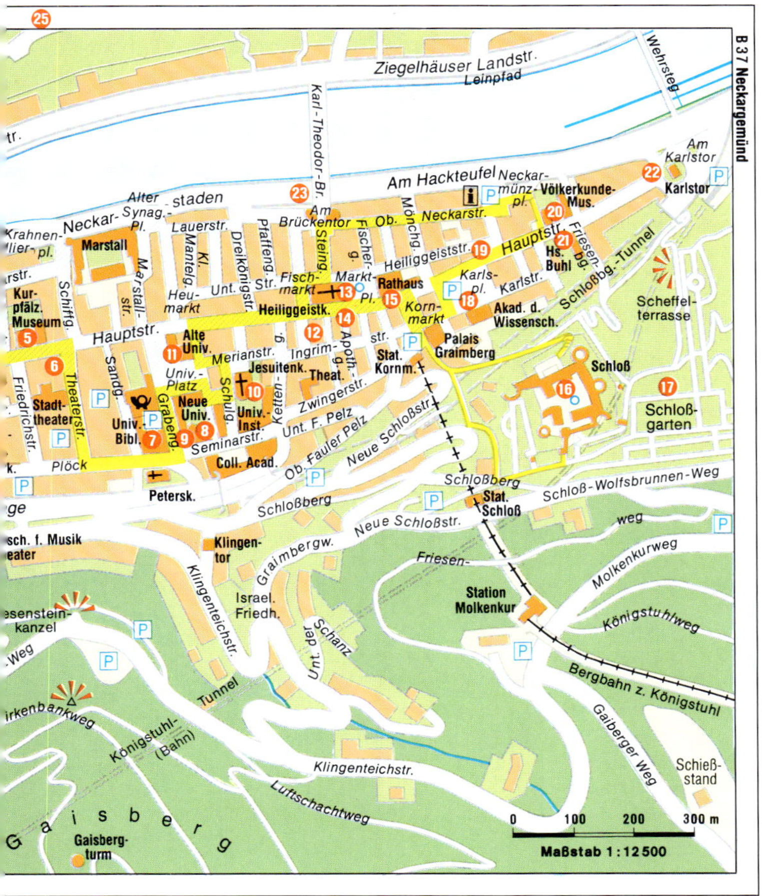

nessischen Liederhandschrift« und die älteste Abschrift des »Sachsenspiegels« (Eröffnung 1990).

8 *Neue Universität,* weißer, formal seiner Umgebung angepaßter Bau mit hohen (»gotischen«) Fenstern des Danziger Architekten Karl Gruber. 1931 als Geschenk der USA eröffnet; deren Botschafter Jacob Gould Shurman (als Botschafter 1925–30 in Deutschland) hatte zu Hause dafür gesammelt.

9 *Hexenturm,* wahrscheinlich Ende des 13. Jh. gebauter Teil der Stadtmauer und ein letzter Rest des mittelalterlichen Heidelbergs.

10 *Jesuitenkirche,* 1711 von dem Jesuiten-Baumeister Johann Adam Breunig begonnen und nach 1750 von Franz Wilhelm Rabaliatti vollendet. Turm mit Steinhelm um 1870. Bemerkenswert die Nord-Süd-Ausrichtung der Kirche: Der Turm zeigt nach Süden. Östlich an die Kirche anschließend das *Jesuitenkolleg* von 1703, das mittlerweile zur Universität gehört.

11 *Alte Universität,* Barockbau, 1712–28 von Kurfürst Johann Wilhelm (Jan Willem) erbaut (Baumeister: Johann Adam Breunig). Vor dem Hauptportal als Dominante des Universitätsplatzes der Brunnen mit dem kurfürstlichen Löwen. Im Ostflügel der weltberühmte Karzer. Im Hauptgebäude (1. Stock) die Alte Aula, Festsaal der Universität, zum 500. Universitätsjubiläum (1886) umgestaltet, wobei die Stuckdecke aus dem Jahr 1715 erhalten geblieben ist.

12 *Haus zum Ritter St. Georg,* einziger erhaltener »bürgerlicher« Renaissancebau Heidelbergs von 1592, der die Zerstörung der Stadt 1693 überdauert hat, reich verzierte Fassade, heute Hotel.

13 *Heiliggeistkirche;* nach spätromanischen und frühgotischen Vorgängern entstand in der ersten Hälfte des 15. Jh. der heutige spätgotische Bau. Turm vom Anfang des 16. Jh. Glockengeschoß mit barocker Helmhaube und Mansardendach über dem Schiff Ende des 17. Jh. Auf der Empore war bis 1623 die »Biblioteca Palatina« untergebracht. 1706 wurde die Kirche durch eine Scheidewand in eine protestantische und eine katholische Sektion geteilt (bis 1936). Kurios die sogen. Kremen, Verkaufsstände für Souvenirs und Antiquitäten außen entlang der Kirchenmauer.

14 *Ehemalige Hofapotheke,* prachtvolles barockes Giebelhaus, von Johann Jakob Rischer um 1700 erbaut; über dem Portal das kurfürstliche Wappen.

15 *Rathaus,* den Marktplatz nach Osten begrenzend. Ältester Teil, der auf den Markt zeigt, zwischen 1701 und 1705 erbaut, Hauptbau in der Hauptstraße gegenüber dem Kornmarkt (1886–1914). Dem Weiterbau von 1961 fiel das »Gasthaus zum Großen Faß« (1720–1956) zum Opfer. Glockenspiel mit »Alt Heidelberg . . .« u. a. im Turm.

16 *Schloß;* obwohl zum größten Teil nur noch Ruine, ist der mächtige Gebäudekomplex über der Altstadt eine der beliebtesten Sehenswürdigkeiten in der Bundesrepublik Deutschland. Nicht zuletzt deshalb, weil das Schloß im 19. Jh. Ausgangsort und Sinnbild romantischer Sehnsucht nach der fernen Vergangenheit wurde. In rotem Neckarsandstein erbaut, dokumentiert es Jahrhunderte der Macht und Baulust der Pfalzgrafen bei Rhein.
Besonders baufreudig, was die Befestigungsanlagen angeht, waren die Kurfürsten Ruprecht III. (1398–1410), Friedrich I. (1449–76) und Ludwig V. (1508–44). Die wichtigsten und heute noch erhaltenen Prachtbauten stammen von Ottheinrich (1556–59), der mit dem Ottheinrichsbau ein großartiges Beispiel deutscher Frührenaissance schuf, und Friedrich IV. (1583–1610), der den heute wieder intakten Friedrichsbau errichtete, von dessen Altan man einen einzigartigen Blick auf den Neckar und die Stadt hat. Von Trinklust und Festesfreude der Kurfürsten zeugt der Faßbau aus dem Jahre 1610, er birgt u. a. das 1750 gezimmerte, 221726 Liter fassende, große Heidelberger Faß. Zerstörungen erlitt das Schloß im Pfälzischen Erbfolgekrieg, als es 1689 und 1693 gesprengt wurde.
Im Ottheinrichsbau ist das Apotheken-Museum eingerichtet; es zeigt die Entwicklung des Apotheken- und Arzneimittelwesens bis heute (April–Okt. tägl. 10–17, Nov.–März Sa, So 11–17 Uhr).

17 *Hortus Palatinus* (Schloßgarten), Gartenanlage, unter Kurfürst Friedrich V. zwischen 1615 und 1619 ausgebaut und zu seiner Zeit berühmter als das Schloß selbst. Im Dreißigjährigen Krieg und in der Folgezeit zerstört; 1770 für die Anlagen in Schwetzingen aufgegeben, Material teilweise dort verwendet. Sehenswert der »Vater Rhein«, der wie ein Fakir auf seinem rauhen Felsbett liegt, und die riesige Terrasse.

18 *Karlsplatz,* an der Nordseite vom Palais Boisserée dominiert, so genannt nach den Brüdern Melchior und Sulpiz Boisserée aus Köln, die hier von 1810–19 lebten und eine bedeutende Gemäldesammlung aufbauten und ausstellten. Von hier aus bietet sich ein großartiger Blick auf das Schloß. An der Südseite ehem. Großherzogliches Palais, heute Akademie der Wissenschaften. Auf dem Platz der moderne Sebastian-Münster-Brunnen von M. Schoenholtz.

19 *»Seppl« und »Roter Ochsen«,* traditionsreiche Studentenlokale, auch im Innern noch weitgehend im ursprünglichen Zustand erhalten. Gebäude aus dem beginnenden 18. Jh., Inneneinrichtung im Stil der Jahrhundertwende.

20 *Völkerkundemuseum* (Palais Weimar), Stadtpalais aus dem 18. Jh., später so benannt nach dem Prinzen Wilhelm von Sachsen-Weimar, der vor dem Ersten Weltkrieg hier wohnte. Heute Museum mit Kunst und Kultur außereuropäischer Völker. Schwerpunkte bilden Masken und Gelbgußobjekte aus Afrika, eine bemerkenswerte Asiensammlung mit Manuskripten, Büchern und japanischen Farbholzschnitten sowie die Asmatsammlung aus Neuguinea (teilweise Eröffnung Okt. 1989).

21 *Haus Buhl,* Barockbau aus dem Jahre 1710 mit schöner Freitreppe von 1800. Heute wird das um 1800 umgestaltete Gebäude von der Universität als Gästehaus genutzt.

22 *Karlstor,* östlicher Abschluß der Hauptstr. und damit der Altstadt. Von der Heidelberger Bürgerschaft 1775–81 für Kurfürst Karl Theodor als Triumphbogen errichtet.

23 *Alte Brücke* mit Brückentor, auch Karl-Theodor-Brücke genannt. Diese Steinbrücke wurde 1786–88 gebaut, nachdem ein verheerendes Hochwasser die alte Holzkonstruktion weggerissen hatte. Die beiden Türme des Brückentors gehörten zur Stadtmauer des 15. Jh. und sind später barockisiert worden.

24 *Philosophenweg,* in aller Welt bekannter Spazierweg auf halber Höhe über dem Neuenheimer Neckarufer mit mehreren herrlichen Aussichtspunkten auf die Stadt und das Schloß.

25 *Heiligenberg,* schon in der Steinzeit besiedelter Berg nördlich der Stadt über dem Neckar. Aus der La-Tène-Zeit sind auf dem Gipfel noch Ringwälle zu erkennen. Im Mittelalter befanden sich zwei Klöster auf dem Berg, deren Grundmauern im 19. Jh. wieder freigelegt wurden. Noch gut zu erkennen ist die Anlage des Michaelsklosters (9.–11. Jh.). Mit den Steinen des kleineren Stephansklosters (11. Jh.) wurde am Berghang Richtung Heidelberg im 19. Jh. ein Aussichtsturm errichtet. Aus der nationalsozialistischen Zeit stammt die sogen. »Thing-Stätte«, die an ein Amphitheater erinnert.

ser, das sich denken läßt, und der heilige Zorn überkommt einen, wenn man bedenkt, wieviel Altbausubstanz landauf, landab und insbesondere auch in Heidelberg hätte gerettet werden können, wenn man die Dinge so gekonnt angegangen wäre wie hier.

Aber es hält einen nicht lange auf dieser hellgrünen Wolke, schon am Neckarmünzplatz, direkt am Ufer, hat einen der Tourismus wieder. Hier landen die »Eintägigen« mit dem Omnibus an, und bevor sie noch das Schloß gesehen haben, hat sie der Souvenirmarkt verschluckt. Im Angebot nicht nur Heidelberg, die Ruine auf allen möglichen und unmöglich scheinenden Gegenständen, vom Sofakissen bis zum gläsernen Trinkeimer, sondern auch Rothenburgisches und Salzburgisches, Lederhosen und Bergsteigerhüte, daneben ungezählte Schwarzwaldpuppen mit Bollenhüten in der Klarsichtpackung. Da es wenige Meter weiter, in der einschlägigen Situation zwischen »Seppl« und »Rotem Ochsen« 19, gar einen »Black-Forest-Shop« gibt, scheint die Meinung verbreitet zu sein, daß Heidelberg im Schwarzwald liege. –

»Denn der schönste Platz, der hier auf Erden mein,
das ist mein Heidelberg in Wien am Rhein«,

heißt es bereits bei Kurt Tucholsky sarkastisch. Demgegenüber ist »Heidelberg im Schwarzwald« nur eine vereinfachende Auslegung für das im übrigen auch sehr praktische Bedürfnis, die schönen Dinge alle auf einem Fleck zusammenzuhaben. Und so ein Fleck ist Heidelberg gewiß noch immer – ist doch trotz intensiver touristischer Nutzung die Altstadt noch einigermaßen unversehrt geblieben. Erfreulich ist, daß mittlerweile auch mit sichtbarer Einfühlung an Objekten gearbeitet wird, an denen die Touristenströme nicht vorbeigeleitet werden, wie an den Fassaden auf der rechten, der »geraden« Seite der Mönchgasse, die vom Neckar zum Karlsplatz führt. Das Haus Nummer 4 etwa, noch mit der ursprünglichen Tür – was man in Heidelberg übrigens öfter sieht. Am Haus Nummer 10, »Erbaut im Jahre 1906«, gibt es seltenen innerstädtischen Jugendstil, und am Haus daneben, der Nummer 21, ist auch das wunderbar schmale Treppenhaus offenbar über die Jahrzehnte erhalten geblieben.

Kein Platz für die Romantik von einst?

Man wird in der Mönchgasse noch einmal kurz innehalten und sich dann mit etwas Wehmut auf den Kornmarkt begeben, wo man den ältesten Gasthof Heidelbergs, den »Prinz Carl«, abgetragen und bei weiteren Ausgrabungen mittelalterliche Fundamente entdeckt hat und wo einen dann auch das »offizielle« Heidelberg wiederhat. Und dieses ist ja so bekannt, daß wir ihm gewiß keinen Gefallen tun, wenn wir zum wievielten Mal, wie in einem automatischen Lichtbildvortrag, all die Klischees aufscheinen lassen, durch die diese Stadt gekennzeichnet sein soll. – Man muß für Heidelberg weiß Gott nicht mehr werben, und es wäre gewiß

In die urigen Studentenlokale zieht es auch viele Touristen.

Ein Relikt aus längst vergangenen Studentenzeiten ist der Karzer. Die Insassen vertrieben sich einst die Zeit mit dem Bemalen der Wände.

»stimmiger«, wenn sich hier, wie zu Beginn des 19. Jh., nur ein Gemüts- und Geistestourismus einstellte, statt daß – wie heute – jedes Jahr, wenn's warm wird, die Touristenkarawanen zu den Pyramiden der deutschen Romantik ziehen.

Man sollte Heidelberg eher antizyklisch besuchen, im März und Anfang April oder, wie Venedig, im Oktober, wenn sich Schloß und Landschaft zur nachgerühmten »Lieblichkeit« eher gegensätzlich verhalten, wenn die Wolken tief hängen bis in die zerfetzte Burgruine hinein und die Nebel auf dem Neckar stehen. Dann herrscht wirklich »Romantik«, dann, als eher unüblicher Besucher, hat man dies Heidelberg-Gefühl der Romantiker vom Beginn des 19. Jh., als das hier alles »entdeckt« wurde, als sie alle hier waren, Romantiker, Klassiker und Klassizisten, Achim von Arnim und Clemens Brentano für ihre Liedersammlung »Des Knaben Wunderhorn« fündig wurden und Carl Maria von Weber im nahen Neuburg den Stoff für seinen »Freischütz« fand, als die Brüder Sulpiz und Melchior Boisserée in ihrem Palais am Karlsplatz (18) ihre altdeutschen Meister sammelten und sie auch vor Goethe ausbreiteten, der immer wieder bei ihnen residierte. Insgesamt war er achtmal in Heidelberg, zuletzt 1815, um als Sechsundsechzigjähriger für Marianne von Willemer zu entflammen und gleichsam mit ihr über den Philosophenweg zu schweben und es literarisch für den »Westöstlichen Diwan« in den »Suleika«-Gedichten festzuhalten.

Der große, der »berühmte, edle, hochsinnige« Jean Paul erhielt hier am 18. Juli 1817 sein Ehrendiplom und wurde zu Heidelberg empfangen und behandelt wie ein Fürst. »Ich habe hier Stunden erlebt, wie ich sie unter dem schönsten Himmel meines Lebens gefunden, besonders die Wasserfahrt, das Studentenvivat und die gestrigen Gesänge ... Der gesellige Ton hier ist Leichtigkeit, Anstand und Freude; vier angetrunkene Punschbowlen bei Voß und 100 ausgetrunkene Weinflaschen auf dem Schiff ließen doch diesen Ton bestehen«, schrieb er nach Hof.

Vom Altan vor dem Friedrichsbau des Heidelberger Schlosses aus hat man einen einzigartigen Blick auf den Neckar und die Stadt.

Die »Binsenweisheit« – eine Heidelberger Wortschöpfung

Ihrem Urheber, Adolf Kußmaul (1822–1902), begegnet man auch in Karlsruhe, wo er mit seinem Freund Ludwig Eichrodt zusammen den Herrn »Biedermeier« ins Leben gerufen hatte. Kußmaul war in den 50er Jahren des vergangenen Jahrhunderts Dozent in Heidelberg, wo es damals ein stadtbekanntes Original, den »Binsebub«, gab, ein etwas einfältiges Kerlchen mit bürgerlichem Namen Christoph Bender. Dieser war zu seinem Spitznamen gekommen, als er Studenten Pfeifenreiniger aus Binsen verkaufte. Er soll diese mit folgenden Worten angepriesen haben: »Binsen, meine Herren, abscheulich lang, niederträchtig frisch, impertinent wohlfeil!« Kußmaul hat diese Anpreisung wohl als nicht allzu intelligent empfunden – eine »Binsenweisheit« war also eine Erkenntnis, die selbst der »Binsebub« begreifen mußte. Eine Wirtschaft am Neckarstaden erinnert noch an diesen kuriosen Einfaltspinsel. Oder Einfalls-Pinsel?

Auch das größte Faß war noch zu klein

Wem von der Vielfalt architektonischer Erscheinungen im Heidelberger Schloß schon leicht schwindlig ist, wird sich zumindest ein Detail länger einprägen, so originell und bombastisch, wie es ist: das Große Faß mit Treppe und Galerie, beides zum Begehen. Es faßt 221 726 Liter, und für seinen Bau brauchte man 130 Eichen. Kurfürst Karl Theodor (1742–99) hatte damit die beiden Riesenfässer, die unter seinen Vorgängern gebaut worden waren, noch um vieles übertrumpft. Für diese Fässerkultur ließ bereits Kurfürst-Regent Johann Casimir im Schloßbereich zwischen 1582 und 1592 einen Faßbau errichten. Das erste Faß, das 1591 darin aufgestellt worden war, faßte immerhin 130 000 Liter. Da die Tagesration der sehr fröhlichen und trinkfesten Hofgesellschaft zu Karl Theodors Zeiten aber bei 2000 Liter lag, mußte man das Faß mindestens dreimal im Jahr auffüllen.

Nach Schwetzingen, des Parks und des Spargels wegen
»Mein wahres Jerusalem wäre Schwetzingen«, bekannte der große Voltaire (1694–1778) am Ende seines Lebens. In der Mitte des 18. Jh. war ihm der pfälzische Hof, der damals hauptsächlich in Schwetzingen residierte, ohnedies als der prächtigste in Deutschland erschienen. Schwetzingen, nicht Heidelberg und nicht Mannheim, war Ausdruck des Repräsentationsbedürfnisses von Karl Theodor (1724–99), der einer der bemerkenswertesten und vor allem kulturbeflissensten deutschen Fürsten seiner Zeit war. Über ein halbes Jahrhundert, von 1742–99, regierte er die Pfalz und von 1777 an auch Bayern, nachdem die pfälzischen und bayrischen Erblande der Wittelsbacher wieder vereinigt worden waren. Auch als er schon in München residierte, war Schwetzingen, insbesondere der Schloßpark, sein liebster Ort. Karl Theodor hatte ihn als 25jähriger Kurfürst anlegen lassen, wobei ihm sein Gartenarchitekt Nicolas de Pigage ab Mitte des 18. Jh. die meisten der Phantasiebauten errichtete, durch die Schwetzingen in Europa berühmt geworden ist, so die künstlichen Ruinen oder die Moschee oder den verwirrenden Laubengang mit seinem Blick aufs »Ende der Welt«, eine immer wieder bestaunte Illusion, die durch eine leichte Vorwärtskrümmung der Malfläche und den natürlichen Lichteinfall entsteht. Voltaire, der Bewunderer Karl Theodors, ist als flötenblasender Pan auf einem Felsen im Park verewigt. Schwetzingen ist am schönsten im Frühjahr, des jungen Parkgrüns und des Spargels wegen.

Interessante Gerätschaften im Apotheken-Museum auf dem Schloß.

Hölderlin hatte diesen »Mythos Heidelberg« mit seiner Ode aus dem Jahr 1800 erschaffen, die anderen brauchten ihn nur noch zu bewahren und zu überwachen, wie etwa Eichendorff, der 1807 hier studierte: »Heidelberg ist selbst eine prächtige Romantik; da umschlingt der Frühling Haus und Hof und alles Gewöhnliche mit Reben und Blumen und erzählen Burgen und Wälder ein wunderbares Märchen der Vorzeit, als gäbe es nichts Gemeines auf der Welt. Solch gewaltige Szenerie konnte zu allen Zeiten nicht verfehlen, die Stimmung zu erhöhen und von den Fesseln eines pedantischen Komments zu befreien ...«, heißt es in seinem Rückblick »Halle und Heidelberg«.

Strenggenommen ist eigentlich nur das erste Jahrzehnt des 19. Jh. das Jahrzehnt der Heidelberger Romantik, dann machten sich ihre beiden hauptsächlichen Vertreter, Achim von Arnim und Clemens Brentano, wieder davon, und Eichendorff war ja nur 1807 hier. – Aber diese Romantik ist es natürlich nicht, für die Heidelberg sozusagen als Weltmetropole herhalten muß; die künstlerische Vergangenheit dient auch hier nur als Alibi für die touristische Gegenwart.

Die Sache mit dem verlorenen Herzen

Denn die »Romantik« als Massenartikel würde mit dem feinsinnigen Eichendorff überhaupt nichts ausrichten, im Gegenteil. Heidelberg-Romantik beginnt deshalb bereits im Namenszug, über dem »i« von »Heidel« schwebt neuerdings keck ein Herz, man sieht das ja sonst öfter, aber hier ist es natürlich eine Anspielung auf jenes »Herz-am-Neckarstrand«, das Heidelberg womöglich noch berühmter gemacht hat als Ruine und Universität zusammen. Seinem Komponisten Fred Raymond soll es übrigens nur 300 Mark eingebracht haben, seinem Verleger unterdessen zwei Villen. Um am Riesenerfolg seines Schlagers »Ich hab mein Herz in Heidelberg verloren« dann aber doch teilhaben zu können, ließ Raymond um jenes Lied herum eine Story schreiben. Das Singspiel, das wie seine Erfolgsschnulze hieß, wurde 1927 uraufgeführt und soll danach 700mal in ununterbrochener Folge gegeben worden sein – in Wien allerdings! Die Heidelberg-Operette also ein »echts Wiener Kind«. Eine dieser vielen Heidelberger Merkwürdigkeiten und Widersprüche: So ist halt die Ruine, der Inbegriff des »Deutschen«, in ihren Resten weitgehend ein Stück europäische Renaissance, sozusagen im internationalen Stil verfaßt.

Zwar wurde die Anlage von den Franzosen zerstört (1689 und 1693) und von den deutschen Dichtern besungen, wobei manch einer unter ihnen auch einen wütend revanchistischen Bannfluch nach Frankreich schickte, aber es war dann doch ein Franzose, der emigrierte Chevalier de Graimberg, der sein Leben daran setzte, dies Monument wenigstens in seinem ruinösen Bestand zu retten. Und die Stadt selber, die Altstadt, jenes »Kleinod« und wiederum »romantische« Zwischenstück zwischen Schloß und Fluß, ist fast durchgehend barocken Ursprungs, zumindest in ihren spektakulären Bauwerken. Architektur aus der Zeit der literarischen Romantik, des beginnenden 19. Jh., gibt es in Heidelbergs Altstadt kaum, und auch die deutsch-romantische Baugesinnung des Weinbrenner-Schülers Heinrich Hübsch aus der Mitte des 19. Jh. hat sich hier, im Gegensatz etwa zu Karlsruhe oder Baden-Baden, kaum durchgesetzt.

Die hohe Zeit der Alma mater

Das 19. Jh. ist im touristischen Heidelberg so gut wie nicht anzutreffen, allenfalls bei der Universitätsbibliothek ❼. Wenn sie auch erst 1905 fertig wurde, scheint sie doch noch immer vergangene Heidelberger Universitätsgröße zu repräsentieren, gewissermaßen als ihr architektonisches Resümee, denn das 19. Jh. war die hohe Zeit der Heidelberger Alma mater, sowohl im Bereich der Geistes- wie auch der Naturwissenschaften: Robert Wilhelm Bunsen (»Bunsenbrenner«) entdeckte hier 1859 die Spektralanalyse, und nun sind es die Naturwissenschaftler, die Heidelberg die ersten kosmopolitischen Weihen geben. Man kommt um ihretwillen aus aller Welt, es gibt amerikanische, polnische und russische Kolonien: Der bekannteste Russe damals war der Komponist Alexander Borodin, der von 1858–62 in Heidelberg studierte, Chemie! Eben bei dem »Nationalheiligtum« Bunsen, wobei Borodin, auch das hat es gegeben, Heidelbergs kleinstädtischer Charakter offenbar eher amüsiert statt romantisch angeheimelt hat: »An Samstagen scheuern dicke deutsche Hausfrauen nicht nur die Bürgersteige, sondern auch den Fahrdamm«, schreibt er nach Hause.

Aber rund 20 Jahre später führt uns der amerikanische Schriftsteller Mark Twain in seinem »Bummel durch Europa« ein ganz anderes, ein gemütlich elegantes Heidelberg vor, in dem die Studenten in bunten Aufzügen, in Bäffchen und Wämschen ihre Hunde spazierenführen. Von Mark Twain und ganz besonders auch von der nach der Jahrhundertwende entstandenen englischsprachigen Studentenoperette »Student-Prince« – nach Meyer-Försters sentimentalem Erfolgsstück »Alt-Heidelberg« – rührt das amerikanische Heidelberg-Bild von der Studentenstadt mit dem ewigen Frühling und der ewigen Jugend. Es heißt, daß Heidelberg es diesem Nimbus und besonders dem »Student-Prince« verdankt, daß es am Ende des Zweiten Weltkriegs vom Bombenhagel verschont geblieben ist – also der für den Übersee-Tourismus zurechtgemachten Romantik. Nun gut!

Heidelbergs Universität hatte im Herbst 1986 sechshundertjähriges Jubiläum. Ihre Geschichte war damals allenthalben aufgefächert worden: Die Universität hat ein sechsbändiges, um die 2000 Seiten starkes Werk dazu herausgebracht (»Semper apertus«, was so viel heißen mag wie »Immer offen«). Dazu ist eine höchst lesenswerte »inoffizielle« Veröffentlichung erschienen (»Auch eine Geschichte der Universität Heidelberg«). Es gibt nunmehr keine deutsche Universität, deren Geschichte so gut aufgearbeitet wäre. Daher nur noch einige ganz wichtige Aspekte: Am 18. Oktober 1386 beginnt die Universität Heidelberg mit einem Eröffnungsgottesdienst in der Heiliggeistkirche ⑬. Es war die erste Universitätsgründung auf deutschem Boden und auch die erste Universitätsgründung eines deutschen Landesfürsten – sein Name: Ruprecht I., Kurfürst von der Pfalz. Ein kärglicher Universitätsbeginn war das übrigens. Gerade drei Lehrer hatten sich eingefunden. Wenig später wird die Stadt von der Pest verheert, die Universität kümmert dahin, wird aber dann von der Mitte des 15. Jh. an als Lehrort des deutschen Humanismus bedeutend und im darauffolgenden Jahrhundert die protestantische Universität in Westeuropa. Speziell in der calvinistischen Phase Heidelbergs, in der zweiten Hälfte des 16. Jh., ist man hier von einer legendären Weltoffenheit und gilt als das »dritte Genf«.

Durch das Brückentor am Ende der Steingasse gelangt man auf die berühmte Alte Brücke.

Der Mensch von Mauer

Zu der Überfülle an Heidelberger Einmaligkeiten kommt auch noch der älteste Menschenfund Europas, der »Homo heidelbergensis«, der im Jahre 1907 in Mauer an der Elsenz gefunden worden ist, 20 km südöstlich von Heidelberg – wenn es auch nur der Unterkieferknochen eines Menschen ist. Im Gegensatz zur Schädeldecke des »nur« 50 000 Jahre alten Neandertalers ist dieser Kieferknochen 500 000 Jahre alt. Man kann sich dieses Stück im Museum Geologie/Paläontologie der Heidelberger Universität, Im Neuenheimer Feld 234, ansehen (Mo–Fr 8–17 Uhr) oder auch als originalgetreue Kopie im Kurpfälzischen Museum (s. ⑤).

Karzerhaft – Quittung für Studentenulk

Der Karzer in der Alten Universität in der Augustinergasse 2, von 1778–1918 in Betrieb, besteht aus sechs Räumen und ist wegen seiner überaus pittoresken Ausmalung gewiß das bekannteste »Studentengefängnis« in Deutschland (Mo–Sa 9–17 Uhr). Karzer wurde vom Amtmann der Universität für Unfug und Schabernack, aber auch für wilde Mensuren verhängt, weil die Polizei die Studenten nicht bestrafen durfte. Diese Form des akademischen Arrests konnte bis zu vier Monaten dauern und galt namentlich in Kreisen der Studenten, die Verbindungen angehörten, als Auszeichnung. Die »Haftbedingungen« waren milde: Man konnte sich von seiner Wirtin oder einem Gasthaus verköstigen lassen, durfte die Vorlesungen besuchen und hatte die Erlaubnis, bei den einsitzenden Mithäftlingen vorbeizuschauen. Welcher Art die Streiche waren, für die die Delinquenten sitzen mußten, geht aus einer der vielen Inschriften hervor: »Weil wir als ehrliche Leute 5 auf der Straße gefundene Bausteine auf der Polizei ablieferten, indem wir sie mit der Bezeichnung ›Fundobjekt‹ in die Wachtstuben warfen, sitzen wir hier als Märtyrer unserer Ehrlichkeit . . .«

Der bekannteste unter den Heidelberger Karzer-Häftlingen war wohl der 19 Jahre alte Karl Viktor Hase, Sohn des seinerzeit bekannten Theologen Karl August Hase. Im Jahre 1854 hatte Karl Viktor Hase einem Kommilitonen aus Würzburg, der einen anderen im Duell erschossen hatte, seinen Ausweis für die Flucht nach Frankreich geliehen. Als es nun vor dem Universitätsgericht zu einem Verfahren kam, verteidigte er sich mit einer Antwort, die zuerst in Heidelberg und dann überall geläufig wurde: »Mein Name ist Hase, ich weiß von nichts.«

Tips, Tips, Tips

Per Schiff auf Rhein und Neckar
Die Rhein-Neckar-Fahrgastschifffahrt bietet von Ostern (bis zum 15. Mai und vom 15. Sept. an gilt ein eingeschränkter Fahrplan) bis Ende Oktober sogenannte Neckartalfahrten an, also den Neckar aufwärts nach Neckargemünd und weiter nach Neckarsteinach. Von Neckarsteinach aus gibt es während der Hochsaison dienstags, donnerstags und samstags auch noch Ausflüge nach Hirschhorn und Eberbach. Außerdem werden Heidelberg-Rundfahrten und Heidelberg-Abendfahrten angeboten. Weiterhin gibt es Rheinfahrten, etwa über Mannheim nach Worms, Hafenrundfahrten in Mannheim sowie Sonderfahrten, etwa nach Rüdesheim, nach St. Goar oder sogar nach Koblenz. Die Abfahrtstelle der Schiffe ist an der Stadthalle.

Wohin mit den Kindern?
Es gibt hier einen Tiergarten (in der Tiergartenstraße unmittelbar am Neckarkanal), 10 ha groß und »bestückt« mit fast allen Arten von Zootieren. Bemerkenswert sind vor allem die Riesenschildkröten, die Waldstörche, Wildkatzen und Wisente.
Man kann sich auch auf den breiten Neckarwiesen der Neuenheimer Seite hinter der Theodor-Heuss-Brücke mit Kindern tummeln wie sonst kaum mehr an einem Flußufer.
Oben auf dem Königstuhl, zu dem hinauf allein die Fahrt mit der schönen alten Bergbahn (ab Kornmarkt, umsteigen an der Molkenkur) ein Ereignis ist, lockt ein »Kinderparadies« mit Märchengarten, riesigem Minigolfplatz und Aussichtsturm.

Nach dem Winterkönig gab's keinen Frühling

Wir können Heidelberg mit seiner Universität durchaus als einen hervorgehobenen Ort begreifen, als einen »empfindlichen« Ort auch, an dem sich die deutsche Geschichte immer schon einen Moment früher ereignet hat. Der Dreißigjährige Krieg etwa, der hier einen seiner Ausgangspunkte hatte, weil Kurfürst Friedrich V. von den protestantischen böhmischen Ständen zum König gewählt wurde (»Winterkönig«), ihnen in ihrer Bedrängnis zu Hilfe kommt und die Schlacht am »Weißen Berg« 1620 spektakulär verliert. Grausam ist die Rache der katholischen Sieger an seiner Residenzstadt Heidelberg. Der unbarmherzige Tilly zieht vor die Stadt und raubt im päpstlichen Auftrag den »größten Schatz aller Gebildeten in Deutschland«, die »Biblioteca Palatina«, die auf der Empore der Heiliggeistkirche aufgestellt ist. 3500 Manuskripte und 5000 Drucke werden im Februar 1623 unter großen Gefahren für den Bestand auf Ochsenkarren über die Alpen nach Rom gebracht. Dem Heidelberger Geist war das Licht ausgeblasen, seine damals wesentlichste Attraktion war verschwunden, darunter so bedeutende Stücke wie das Falkenbuch Friedrichs II., das Lorscher Evangeliar, die älteste erhaltene Vergil-Handschrift oder Boccaccios »Decamerone« und was an unermeßlichen kulturellen Schätzen sonst immer. Wie legendär der Ruf jener Bibliothek noch immer ist, mag daraus hervorgehen, daß sie, als der Vatikan zum Universitätsjubiläum Teile davon für eine Präsentation am angestammten Platz in der Heiliggeistkirche ⓭ freigab, in aller Munde war, als das Ausstellungsereignis des Jahres 1986 gepriesen und von 275 000 Menschen besucht wurde. An manchen Wochenenden mußten die Leute bis zu drei Stunden um Eintrittskarten anstehen.

Die Geschichte nach dem Raub der »Palatina« ist rasch erzählt. Die Gegenreformation bemächtigt sich der Universität, die von den Jesuiten – im Auftrag von Bayern – gnadenlos rekatholisiert wird. In der erwähnten großen Universitätsgeschichte heißt es: »In seiner durchgängigen Mittelmäßigkeit ist das 18. Jh. für die Universität Heidelberg das dunkelste in ihrer Geschichte geworden.«

Doch dann kam es 1803, als Teile der Kurpfalz mitsamt Heidelberg an Baden gelangten, zur glanzvollen Neugründung durch den badischen Kurfürsten und nachmaligen Großherzog Karl Friedrich, nach dem, in Verbindung mit dem Gründernamen, die »neue«, die wiedererstandene Universität »Ruperto Carola«, »Ruprecht-Karls-Universität«, heißt. Damit begann Heidelbergs große Zeit, die genau 130 Jahre dauerte, bis 1933, als die Nationalsozialisten »aufräumten«; am Ende war ein Drittel des Lehrkörpers suspendiert oder verjagt.

Vom Mythos zur Massenuniversität

Wenn der Spruch »Es gibt Städte, die haben eine Universität, und Städte, die sind Universität« überhaupt Bedeutung haben soll, dann für das Heidelberg bis 1933: bis dahin war es ganz Universität. Und was für ein Studentenleben! Um 1800 gab es gerade noch 300 »Eingeschriebene« hier, da warb man förmlich um »Studierwillige«, sogar mit Privilegien wie

Das reichverzierte Haus »Zum Ritter« ist ein schönes Beispiel deutscher Renaissance-Baukunst.

Perkeo – Zwerg, Hofnarr und Kellermeister – starb 1735, nur 33 Jahre alt, an den Folgen seines riesengroßen Dursts.

dem Jagdrecht oder Zuschauerplätzen bei Hinrichtungen. Das 19. Jh. hindurch waren es kaum einmal mehr als 1000 Immatrikulierte, wobei Heidelberg im Ruf einer »Adelsuniversität« stand. Die Zeit der »Massenuniversität« dagegen begann erst nach 1918 und erst recht mit den 60er Jahren, als die altehrwürdige »Ruperto Carola« aus den Nähten zu platzen drohte und es gegen 1968 dann um die 15 000 Studenten waren. Einer der Gründe für die heftigen Unruhen und Demonstrationen damals. Sie haben die braven Heidelberger Altstädter, die doch wesentlich von und mit ihren Studenten leben, mächtig verschreckt und sie in ihrer Irritation oft auch zu bösen Äußerungen getrieben.

Nun, das ist auch schon längst wieder vorbei, für die heutigen Heidelberger Studenten womöglich auch schon fast 19. Jh., und taugt allenfalls, wie Schloß und Romantik, zum Mythos. Heute ereignet sich indes nichts mehr, was mythenverdächtig wäre. Die Stadt ist richtig »clean« geworden, man sieht kaum noch Graffiti an den Hauswänden, und wenn es hin und wieder doch noch zu Protestkundgebungen kommt, verlaufen diese eher ruhig. Den Studenten von heute plagen andere Sorgen als '68: Durch Wohnungsnot und zumeist schlechte Berufsaussichten haben sich die Studienbedingungen verschärft – vor allem in den Geisteswissenschaften, aber auch in einem so klassischen Fachbereich wie Medizin.

Hier, an diesem »vorauseilenden« Ort, wo man Entwicklungen schon immer viel früher gespürt und oft auch unter ihren Folgen gelitten hat, ist längst »High-Tech« angesagt. Vielleicht ist es diese merkwürdige Verbindung von Schloßruine und Computer, die neuerdings vor allem die Japaner in Scharen nach Heidelberg kommen läßt. Und auch japanische Fremdenführer gibt es hier schon zu »mieten«. Bleibt zu erwarten, daß Heidelberg eines Tages noch von einem japanischen Großkonzern aufgekauft wird – als exklusives Romantikprogramm für amerikanische Geschäftsfreunde!

Das »Haus zum Ritter«
Sein ursprünglicher Name ist »Zum Ritter St. Georg« (12), und womöglich hat ihm der Drachentöter und Schutzheilige auch geholfen: Als einziges der Renaissancehäuser Heidelbergs hat es die Zerstörungen des Jahres 1693 überlebt. Erbaut wurde es im Jahr 1592 von dem hugenottischen Tuchhändler Charles Bélier, der wenige Jahre zuvor aus Tournai geflohen war. Der Inbegriff eines Stadtpalais, und mit seinen sechs Geschossen ein frühneuzeitliches innerstädtisches Hochhaus, aber wie gekonnt! Der »Ritter« gibt uns eine Ahnung davon, wie prächtig die Renaissanceresidenz Heidelberg einmal gewesen sein muß. Er ist aber auch der Ursprung für eine Redewendung aus dem vergangenen Jahrhundert: »Mit dem Buckel am Ritter enden« bedeutete so viel wie »es wohl zu nichts bringen«. Denn am Ritter standen die Pferdedroschken, und ihre Kutscher lehnten sich hier an die Mauer. Also: Allenfalls zum Kutscher würde es ein verbummelter Student noch bringen!

Theater, Musik, Veranstaltungen, Museen

Theater
Theater der Stadt Heidelberg. Spielorte – Städtische Bühne, Theaterstr. 6: Oper, Operette, Tanztheater, Schauspiel. Jugendtheater und Studio, Zwingerstr. 3–5: Kinder und Jugendtheater, moderne Dramatik, ☏ 2 05 19, 5 89 40.
Zimmertheater, Hauptstr. 118. Komödien, modernes Schauspiel, ☏ 2 10 69.

Musik
Kongreßhaus Stadthalle Heidelberg (3), Neckarstaden 25. »Konzerte der Stadt Heidelberg«: Sinfonie-, Chor-, Solistenkonzerte mit intern. Interpreten; Folk, Rock, Jazz, ☏ 2 65 15.
Schloßhof (16): Kammerkonzerte, Serenaden (Sommer), ☏ 58-35 20.
Heiliggeistkirche (13), Heiliggeiststr. 17. Orgelmatineen (So 11.30 Uhr), Orgelkurzkonzerte (Mitte Juni – Mitte Sept. Mo–Fr 18.30 Uhr); Intern. Orgelsommer (Mitte Juni – Mitte Sept. Fr, Sa 21 Uhr); Bachwoche mit Chor-, Solo-, Orgel-, Kammerkonzerten (Mitte Juli – 28. Juli 21 Uhr), ☏ 2 11 17, 16 11 13.
Johanneskirche, Lutherstr. 67. Chor-, Orgel-, Orchester-, Kammerkonzerte, Liederabende, ☏ 48 03 67.
Cave 54, Krämergasse 2. Gesamtes Jazzspektrum mit regionalen und intern. Interpreten (Di), ☏ 2 78 40.

Veranstaltungen
Alle zwei Jahre (1990) Juni/Juli: *Neuenheimer Musiksommer* in der Johanneskirche, Lutherstr. 67, und in Konzertsälen der Stadt. Chor-, Orchester-, Kammermusik (Schwerpunkt Moderne) mit Podium junger Künstler und intern. Interpreten, ☏ 48 03 67.
Alle zwei Jahre (1991) Okt./Nov.: *Begegnungen mit alter Musik in Heidelberg.* Intern. Festwoche für Musik vom Mittelalter bis zur frühen Klassik mit Konzerten, Workshops, Vorträgen, Diskussionen. Spielorte: Kirchen und Konzertsäle der Stadt, ☏ 7 27 66.
Alle fünf Jahre (1990) Mai/Juni: *Heidelberger Bachfest.* Chor-, Solisten-, Orchesterkonzerte, Liederabende mit intern. Interpreten in Konzerträumen der Stadt, ☏ 58-32 02.
Mai/Juni: *Heidelberger Frühling,* Karlsplatz. Bierfest mit Musikprogramm.
Mai/Juni: *Heidelberger Stückemarkt* im Jugendtheater und Studio, Zwingerstr. 3–5. Eigeninszenierungen, Gastspiele, Autorengespräche, Lesungen, Workshops, ☏ 58-35 20.
1. Sa im Juni: *Schloßbeleuchtung mit Brillantfeuerwerk* (22 Uhr; weitere Termine: 2. Sa im Juli, 1. Sa im Sept.).
Ende Juli–Aug.: *Schloßspiele* des Theaters der Stadt Heidelberg mit Oper, Musical, Solisten-, Kammer-, Orchesterkonzerten, ☏ 1 08 21, 58-35 20.
3. Wochenende im Sept.: *Heidelberger Weindorf,* Karlsplatz. Weinfest mit Musikprogramm.
Letzte Woche im Sept.: *Heidelberger Herbst,* Kulturwoche mit Theater, Konzerten, Ausstellungen an verschiedenen Orten; Altstadtfest mit mittelalterlichem Markt und Flohmarkt (letzter Sa im Sept.), ☏ 1 08 21, 58-32 02.

Museen
Ägyptologische Sammlung der Universität, Marstallhof (Neues Kollegiengebäude). Sammlungsschwerpunkte: vorgeschichtliches und pharaonisches Ägypten, koptische Zeit (während des Semesters Mi 17–19, So 11–13 Uhr).
Antikenmuseum und Abguß-Sammlung des Archäologischen Instituts der Universität, Marstallhof (Neues Kollegiengebäude). Ca. 60 Gipsabgüsse, antike Kleinkunst aus Griechenland, Italien, Zypern von 4000 v. Chr.–3. Jh. n. Chr. (während des Semesters: Antikensammlung Mi 17–19, Abguß-Sammlung Mi 15–17, beide Sammlungen So 11–13 Uhr).
Deutsches Apotheken-Museum, Heidelberger Schloß (s. (16)).
Handschriften- und Wiegendrucke-Sammlung, Universitätsbibliothek (s. (7)).
Kurpfälzisches Museum, Hauptstr. 97 (s. (5)).
Museum des Zoologischen Instituts, Im Neuenheimer Feld 230/231. Gebiete: Stämme des Tierreichs, heimische Wirbellose, Anatomie der Wirbeltiere, Vögel Mitteleuropas, Säugetiere und Vögel Australiens, Stammesentwicklung des Menschen (Mo–Fr 8–17 Uhr).
Museum Geologie/Paläontologie, Im Neuenheimer Feld 234. Zwei Milliarden Jahre Erdgeschichte, darunter der Unterkiefer des »Homo heidelbergensis«; fossile Tier- und Pflanzenwelt (Mo–Fr 8–17 Uhr).
Völkerkundemuseum der von-Portheim-Stiftung, Hauptstr. 235 (s. (20)).

Heilbronn

Ohne Käthchen geht nichts

Heilbronn, 741 erstmals als »Villa Helibruna« urkundlich erwähnt, mag einmal Prototyp der süddeutschen Reichsstadt gewesen sein: nicht so grandios wie Nürnberg und nicht so »verhockt« wie Bopfingen. Doch dann kam jener verheerende Bombenangriff am Abend des 4. Dezember 1944 und machte in 20 Minuten zunichte, was in Jahrhunderten gewachsen war. Man hat Heilbronn recht schnell wieder aufgebaut und dabei einiges an historischer Bausubstanz rekonstruiert. Der herbe Kontrast zwischen herausragenden historischen Bauten und typischer Allerweltsarchitektur macht die Stadt so eigentümlich und auch so sehenswert. Fährt man hin, läßt man sich am besten vom Neckar leiten, der von hier bis Heidelberg durch ein an Wäldern, Weinbergen und Burgen reiches Land zieht.

Wappen Schwarzer Reichsadler, der die Vergangenheit Heilbronns als freie Reichsstadt symbolisiert, mit einem Brustschild in den Stadtfarben Rot-Weiß-Blau.
Lage Am Unterlauf des Neckar im sogen. württembergischen Unterland zwischen Nordschwarzwald, Schwäbischem Wald und Odenwald.
Land Baden-Württemberg
Autokennzeichen HN
Höhe 151–378 m ü. M.
Fläche 100 km^2
Einwohnerzahl 112 000
Postleitzahl 7100
Telefonvorwahl 0 71 31
Post Hauptpost, Allee 6, Spätschalter (Mo–Fr 7.30–20, Sa 7.30–16, So 9–13 Uhr).
Polizei Karlstr. 108–112, ☏ 104-1
Taxi ☏ 16 31 30 und 5 20 22
Nahverkehr Busnetz der Stadtwerke Heilbronn, ☏ 56 25 55. Busbahnhöfe am Wollhauszentrum, am Hbf. und in der Karlstr. Fahrkartenverkauf im Bus und an Automaten. Verbilligte Mehrfahrtenkarten an den Vorverkaufsstellen; sehr günstig ist das 40er-Heft.
Camping Am Breitenauer See zwischen Obersulm und Löwenstein an der B 39, ganzjährig geöffnet.
Parken Innerstädt. Tiefgaragen und Parkhäuser: Theater (Einfahrt Mannheimer Str.), Harmonie (Einfahrt Gymnasiumstr.), Wollhaus (Einfahrt Klarastr.), Horten (Einfahrt Allerheiligenstr.), Shoppinghaus (Einfahrt an der Allee), Käthchenhof (Einfahrt Gerberstr.).
Touristinformation Verkehrsamt am Marktplatz und Zimmervermittlung, ☏ 56 22 65 und 56 22 70/71; Verkehrsverein ☏ 8 07 74 (Mo–Fr 9–17.30, Sa 9–12.30 Uhr). Im Hbf. und im Rathausanbau stehen Automaten mit Prospektmaterial zur Verfügung.
Stadtführung Vom Marktplatz aus jeweils Di, 18.15 Uhr (April–Sept.). Die Führung wird bei einem gemütlichen Viertele abgeschlossen.
Stadtrundfahrt Für Reisegruppen Vorbestellung beim Verkehrsamt.
Schiffahrt April–Okt. tgl., ☏ 8 54 30.

Stadtrundgang

Am Ausgangspunkt des Stadtrundgangs finden Sie Parkmöglichkeiten in der Tiefgarage beim Theater ❶. *Für den Rundgang benötigt man ohne eingehende Besichtigungen etwa eine Stunde. Vom Hafenmarkt aus bietet sich ein kleiner Abstecher über die Gustav-Binder-Straße zum Robert-Mayer-Denkmal* ⓬ *im Stadtgarten an (20 Minuten). Rast und Einkehrmöglichkeiten finden Sie vor allem in der Fußgängerzone zwischen Deutschhof* ❺ *und Theater* ❶.

Sehenswürdigkeiten

❶ *Stadttheater*, 1982 eingeweihter moderner Theaterbau.
❷ *Bollwerksturm* beim Stadtbad, letzter Rest der staufischen Stadtbefestigung, urspr. Gefängnis. Auch Götz von Berlichingen verbrachte hier 1519 eine Nacht in Haft.
❸ *Naturhistorisches Museum* im ehem. Gerichts- und Fleischhaus, einem 1598–1600 errichteten Renaissancegebäude, Kramstr. 1. Umfassende Ausstellung der Erdgeschichte sowie Fossilien- und Mineraliensammlung (Di 10–19, Mi–So 10–12, 14–17 Uhr).
❹ *Götzenturm* von 1392, vormals Bestandteil der Stadtmauer, nach Götz von Berlichingen benannt, der in Heilbronn von 1519–22 gefangensaß.
❺ *Deutschhof mit Deutschordensmünster*, ehem. Niederlassung des Deutschen Ordens von imposanter Ausdehnung. Das Münster im Innenhof zählt zu den ältesten Gebäuden der Stadt. Kommunales Kulturzentrum Deutschhof, Eichgasse 1. Städtische Museen mit Sammlungen zur Stadtgeschichte (Mo–Fr 8–12, 14–16, Mi 14–17 Uhr).
❻ *Kilianskirche* gegenüber dem Rathaus, Wahrzeichen Heilbronns. Turm 62 m hoch. Baubeginn 2. Hälfte des 13. Jh., 1529 Fertigstellung des Turms mit dem Landsknecht »Männle« an der Spitze. Der Turm zählt zu den ersten bedeutenden Renaissancebauten nördlich der Alpen. Im Innern Hochaltar aus Lindenholz, von dem Heilbronner Bildhauer Hans Seyffer 1498 geschnitzt. Am Rand des Kiliansplatzes der sagenumrankte »Siebenröhrenbrunnen« mit Wasser, das aus einer Quelle unter der Kirche fließt. Dem »Heiligen Brunnen« soll die Stadt ihren Namen verdanken.
❼ *Rathaus* am Marktplatz mit Arkaden unter der Freitreppe. Baubeginn 1417. Unter den Arkaden die Original-Turmfigur der Kilianskirche (»Männle«). Astronomische Uhr von Isaak Habrecht mit imposanter Mechanik: Bei jedem Stundenschlag treten Widder zum Kampf an; um 8, 10, 12, 16 und 20 Uhr kräht danach ein Hahn. Im Rathausinnenhof die Ehrenhalle für die annähernd 12 000 Opfer von Krieg und Nationalsozialismus.
❽ *Käthchenhaus* mit Käthchenerker, Steinhaus aus dem 14. Jh. mit Renaissanceerker am Marktplatz.
❾ *Haus Zehender* am Marktplatz, spätbarockes Bürgerhaus von 1726, das als eines der wenigen den Krieg überstanden hat.
❿ *Hafenmarktturm*, Dominante der Fußgängerzone an der Stelle des ehem. Barfüßerklosters. Die Wiedererrichtung ist symbolisch für Heilbronns Wiederaufbau: auf der Turmspitze der Vogel Phönix (»Phönix aus der Asche«), im Turm ein Glockenspiel, das täglich um 19.20 Uhr u. a. mit dem Lied »Kein schöner Land in dieser Zeit…« an den Beginn des Bombenangriffs vom 4. Dezember 1944 erinnert. Im unteren Teil ein Ehrenmal. Der 34 m hohe Turm ist begehbar, Schlüssel erhältlich beim Verkehrsverein.
⓫ *Nikolaikirche*, frühgotisch, mit gut erhaltenem Portal.
⓬ *Robert-Mayer-Denkmal* im Stadtgarten (bei der Harmonie). Erinnerung an den größten Sohn der Stadt, den Entdecker des Gesetzes von der Erhaltung der Energie.
⓭ *Schießhaus* an der Theresienwiese, Rokokogebäude mit prächtigem Saal, 1771 vom Baumeister des Deutschen Ordens, J. G. Keller, erbaut.
⓮ *Wartbergturm*, auf der Kuppe des Weinberggeländes, Aussichtsplateau, 330 m ü. M.
⓯ *Trappensee*, Ausflugsziel mit Wasserschlößchen, Gartenanlage und Gaststätte.

Wo Merkur den Bacchus vor den Karren spannt

Eine Stadt der Musen sei Heilbronn nicht gerade, heißt es, keine Stadt des Kunstgottes Apoll. Eher eine des handelsfördernden Merkur, der sich den Bacchus vor den Wagen gespannt hat, denn der Heilbronner Wein, das weiß man, verkauft sich gut. Die Stadt rühmt sich, mit ihren 550 Hektar Rebanbaufläche eine der größten Weinbaugemeinden der Bundesrepublik Deutschland zu sein. Aber sie »exportiert« beileibe nicht alles, denn der Eigenbedarf ist gewaltig. Kaum eine Stadt mit so viel Reben und kaum eine Stadt mit so viel Festen. Und für die Durststrecken dazwischen gibt es nicht nur Gasthäuser und Weinstuben in allen Gassen und an allen Ecken, sondern natürlich auch die »Besenwirtschaften«, wo die Winzer ihren vergorenen »Neuen« drei Monate lang in der Wohnstube ausschenken dürfen. Irgendein Besen hängt immer draußen, sagt man. Dies ist also die erste Heilbronner Regel: Man darf gewiß sein, irgendwo wird immer gebrutzelt, geschlachtet, gegessen, getrunken und geschunkelt.

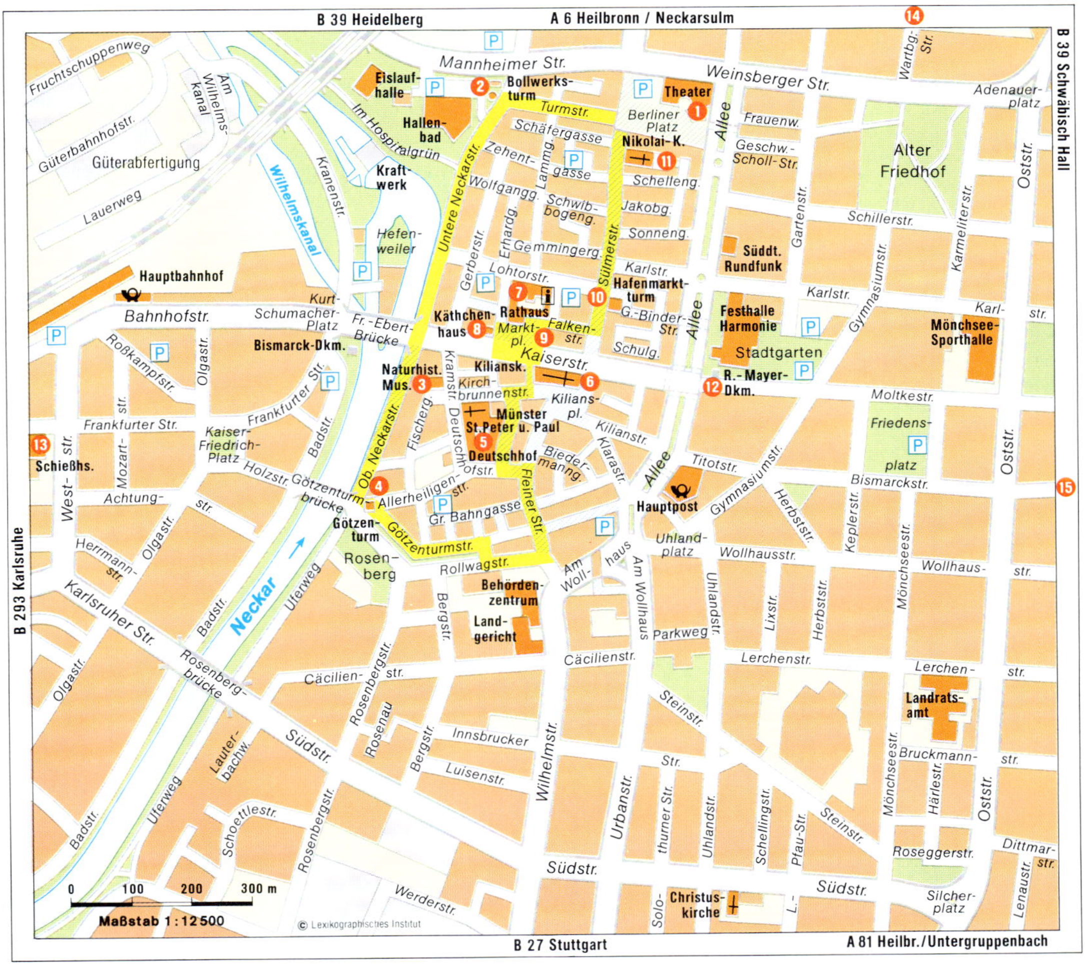

Aber die Kultur! Von ihr sei in Heilbronn »blutwenig« zu merken, notierte bereits Schiller 1793 bei seinem Aufenthalt hier. Von den »Krämerseelen« war dann auch viel die Rede, als nach 1945 der Theater-Neubau ① aus Kleinmut und Unlust über Jahre und Jahrzehnte hinausgezögert wurde. Doch seit 1982 steht er, eine gewaltige, aber auch etwas zu spät gekommene Architektur im Cityhaus-Stil. Nun strömt es herbei aus Stadt und schwäbischem Unterland: 200 000 Besucher und mehr in der Saison. Ansonsten, und das ist ohne Zweifel der schwäbischere Teil jener »schwäbisch-fränkischen Population«, singt und musiziert man schon seit eh und je.

Und so drang der Ruhm von Jörg Faerbers Württembergischem Kammerorchester Heilbronn oder des Heinrich-Schütz-Chors längst über die Grenzen des »Oberzentrums der Region Franken«, wie Heilbronn amtlich definiert ist, hinaus. Und der Kunstverein, 1879 erstmals in den Urkunden erwähnt, hat den Anschluß an die zeitgenössische Kunstszene nicht verpaßt. Bei der Landesgartenschau im Jahr 1985 hat man den Heilbronnern 135 Tage lang mit der »Skulpturenallee« einen ebenso heftig frequentierten wie diskutierten Kunst-Gang zugemutet, einen 1,7 km langen Parcours durch die Innenstadt und weiter, vorbei an 49 Plastiken moderner Bildhauer. Noch immer erinnert der überragend waghalsige Seiltänzer auf dem Götzenturm ④ an dieses Kunstereignis.

Es gibt sie demnach schon, die Kultur in Heilbronn, aber die »Kulturstadt« gibt es nicht, ebensowenig wie die Großstadt Heilbronn, obwohl man schon am 1. Januar 1970 die magische Hunderttausender-Grenze erreicht hatte. Werner Thunert, Chefredakteur der »Heilbronner Stimme«, schreibt in einem der zahlreichen Bände, die in den letzten Jahren zu Heilbronn erschienen sind: »Es wird nicht leicht sein, den provinziellen Zuschnitt der Stadt und vieler ihrer Bewohner zu ändern. Eine Mittelstadt läßt sich nicht von heute auf morgen umfunktionieren.« Die Addition von

Handstand auf dem Männle

Im Jahr 1529 wurde zur Krönung des fertigen Renaissanceturms der Kilianskirche ⑥ ein 2,40 m hoher Landsknecht auf die Spitze gesetzt. Keine biblische Figur, kein Heiliger also, sondern ein Sinnbild für Trotz und Selbstbewußtsein der freien Reichsstadt. Heute steht das Original unter der Freitreppe in den Arkaden des Rathauses ⑦. Auf den wiedererrichteten Turm hat man dafür eine Kopie gesetzt. Die Heilbronner nennen diese Figur seit eh und je »Männle«. Auf ihm hat sich am 11. August 1921 um 17.30 Uhr eine halsbrecherische Geschichte zugetragen: Nach einer Feier des Gärtnereivereins wetteten die beiden Elektromonteure Leo Wörner und Willi Schöller, beide Mitte Dreißig, mit nicht weniger als 500 Heilbronner Bürgern um 18 000 Mark und 356 Flaschen Wein: Sie würden oben auf dem Barett des Landsknechts einen Handstand machen. Und unter den Augen einer riesigen Menschenmenge, darunter Bürgermeister und Gemeinderat, die eine Sitzung unterbrochen hatten, vollzog sich die Aktion: Wörner hievte Schöller hoch, der kniete kurz auf dem Kopf des »Männle« und machte dann – »halt seinen Handstand«.

Tips, Tips, Tips

Zweiräder aller Zeiten und das Salz unter der Erde
Von Heilbronn aus lohnt ein Abstecher nach Neckarsulm und nach Bad Friedrichshall (10 km). In Neckarsulm ist im Deutschordensschloß (Weg ab Stadtmitte beschildert) eine wohl einmalige Sammlung von Zweirädern, von der Draisine bis zum modernen Rennmotorrad, zu sehen (täglich geöffnet, Dez. bis Febr. geschlossen).
Unter die Erde geht's in Bad Friedrichshall, nämlich ins Salzbergwerk, wo heute noch abgebaut wird. Besucher können dort ab 1990 wieder einen hochinteressanten Rundgang in 200 m Tiefe machen.

Besenwirtschaften – wo?
In Heilbronn hat das Jahr hindurch eigentlich immer ein »Besen« (Besenwirtschaft) offen. Zur Einstimmung sei der sogenannte Besenführer empfohlen: »Wo dr Besa hängt. Besenwirtschaften in Württemberg«. Das Büchlein ist im Heilbronner Verkehrsamt zu haben.

Ein Käthchen für daheim
Heinrich von Kleists berühmte Figur ist in Heilbronn allgegenwärtig: Käthchenhaus 8, Käthchenhof, Käthchenbrunnen, Käthchenpaß und so weiter, ein touristisches Spezialangebot des Verkehrsamts. Beim Verkehrsamt gibt's sogar ein Käthchen zum Mitnehmen: eine hübsche Puppe mit blauem Kleidchen und weißem Brustlatz, je nach Größe zwischen 10 und 50 DM.

Einwohnern und Kulturereignissen hat eben nicht automatisch das zur Folge, was Kultur- wie Großstadt gleichermaßen ausmacht: Urbanität.

Man läßt sich nicht gern »ins Bockshorn jagen«

Es gibt aber auch allerhand Artigkeiten über die Heilbronner: »Das schöne Geschlecht hat hier nicht mehr so große Füße und faule schwarze Zähne wie im übrigen Schwaben«, schreibt ein englischer Reisender am Ende des 18. Jh. Und der einheimische Oberamtspfleger Dr. Titot berichtet einige Jahrzehnte später, daß die jungen Heilbronner Weingärtner vor der Musterungskommission »zu den schönsten Jünglingen des Landes« zählten. Vom Charakter der Heilbronner ist dagegen bekannt, daß sie nicht gern mit sich umspringen lassen. »Die einstige Herrlichkeit der freien Reichsstadt ist – wenn auch ein bißchen unterschwellig – den Heilbronnern immer noch so etwas wie eine innere Verpflichtung. Deshalb sind sie auch gern aufmüpfig, schimpfen und bruddeln und lassen sich nicht so leicht ins Bockshorn jagen«, schreibt wiederum Thunert.

Festfroh, trinkfest und verbruddelt. Soviel wissen wir jetzt über sie. Im Bruddeln als einer eher alltäglichen Heilbronner Ausdrucksform steckt allerdings auch schon das feinsinnige Räsonieren, die Eigenschaft der »schlechten« Untertanen. Solche trifft man im schwäbischen Unterland, und in Heilbronn zumal, nicht selten in der Geschichte. Theodor Heuss (1884–1963) etwa, mit Heilbronn aufs engste verbunden, war der geistig eleganteste und natürlich bekannteste Vertreter dieser Spezies. Für seine Heilbronner fand er später das milde Wort, mit dem er auch sich selbst charakterisiert: »Sie sind Realisten ohne Träumerei, aber sie haben genügend Phantasie, um nicht als nüchtern zu gelten.«

Wein, Wasser und Salz: Elemente des Heilbronner Reichtums

Der Stadt mangelt es ja nicht an berühmten Geistern. Der Dichter Wilhelm Friedrich Waiblinger (1804–30) ist hier geboren. Einer aus dem schöpferischen Widerstand war der Heilbronner Ludwig Pfau (1821–94), Journalist, Dichter, Demokrat und 1848 Gründer des »Eulenspiegels«, des ersten politischen Karikaturblatts in Deutschland. Auch der »König der Konstrukteure«, Wilhelm Maybach (1846–1929), ist von Geburt her ein Heilbronner, aber für ein Denkmal war er nicht lange genug hier. Als ihren größten und ohne Zweifel denkmalwürdigen Sohn betrachten die

Inmitten der Uhr am Rathaus kräht der Hahn die Stunden.

Für 18 000 Mark und 356 Flaschen Wein riskierten am 11. August 1921 zwei Elektromonteure einen Handstand auf dem »Männle« der Kilianskirche.

Heilbronner den Arzt und Naturwissenschaftler Robert Mayer (1814–78), der das Gesetz der Erhaltung der Energie, der Gleichwertigkeit von Wärme und mechanischer Arbeit, entdeckt hat. Von ihm stammt die ebenso fundamentale wie lapidare Erkenntnis: »Nichts wird zu nichts.«

Womöglich ist es dieser Satz, der die Leute hier so auffallend umtreibt; denn Heilbronn ist, trotz so bekannter Firmen wie der Maschinenfabrik Läpple und des Lebensmittelherstellers Knorr, dessen Erbswurst die Stadt ebensoviel Resonanz verdankt wie dem Käthchen, vor allem ein Einzelhandels-Dorado für die Region Franken mit derzeit 1,3 Milliarden Mark Jahresumsatz geworden. Allein 78 % davon werden im wuseligen Heilbronner Innenstadtbereich umgesetzt. Und was vollends zur Umtriebigkeit paßt: Es ist eine der Städte mit der höchsten Kraftfahrzeugdichte in der Bundesrepublik Deutschland. Auf 112 000 Einwohner kommen 69 000 Automobile! Zu all diesen Rekorden sei noch vermerkt, daß Heilbronn über den größten Neckarhafen und einen der zehn größten Binnenhäfen der Bundesrepublik Deutschland verfügt. Dazu wird in 200 m Tiefe unter der Stadt noch Salz abgebaut. Wein, Wasser und Salz waren seit alters die Elemente des Heilbronner Reichtums.

Das Käthchen über allem

Aber was ist das alles gegen die Heilbronner Symbolfigur, das Käthchen? »Sein Marktwert ist unübertroffen«, um noch einmal Werner Thunert zu zitieren. Hier verbinden sich Geschichte und Geschäft mit Kultur. Seltsam genug, daß der vermeintliche Käthchenort, jenes »Käthchenhaus« 8 am Marktplatz, auch immer der Ort ist, an dem sich die Geschichte der Stadt am deutlichsten ablesen läßt.

Entstanden im 14., dem ersten reichsstädtischen Jahrhundert Heilbronns (1303 war man Reichsstadt geworden), zu Zeiten, in denen auch der Bau des Rathauses 7 und der Kilianskirche 6 beginnt, und aufgeblüht während Reformation und Renaissance: Der Heilbronner Reformator Johannes Lachmann selber hat das Haus mit einem Renaissanceerker, den er dort anbauen ließ, in Flor gesetzt und den Heilbronnern dadurch zu ihrer Käthchenlegende verholfen, die sie sich von niemandem mehr nehmen lassen.

Heinrich von Kleist sei's gedankt! Hat die holde Jungfer hier irgendwann einmal gewohnt, vielleicht von hier aus gar ihren Grafen Wetter vom Strahl erblickt? Wir wissen nur dies: Schweren Herzens wurde man in Heilbronn 1803 württembergisch. Da war dann jener Käthchenerker allemal ein willkommener Anhaltspunkt für romantische Erinnerungen an freie und größere Tage.

Heute ist der Erker ein nachgemachtes Relikt im vereinfachten historischen Stil, ohne alle Romantik, und im Erdgeschoß des Käthchenhauses hat sich ein Supermarkt breitgemacht. In dieser Kombination ein ehrliches Heilbronner Wahrzeichen! Indes, es gibt zwar schönere, vor allem romantischere Städte, aber auch »wüschdere Örtle«, wie die Heilbronner sagen. Geben wir ihnen recht.

Wo dr Besa hängt

Die Besenwirtschaften, kurz »Besen«, sind eine der originellsten und volkstümlichsten Einrichtungen der württembergischen Weinregion am Neckar. Die Weingärtner nutzen hier ihr Sonderrecht, drei Monate (höchstens) ihren letzten Jahrgang ausschenken zu dürfen, und hängen zum Zeichen dafür einen Reisigbesen vor die Tür. Man kann sie überall entdecken in den Weinorten am Neckar: 22 gibt es allein in Stuttgart, und das fünfmal kleinere Heilbronn, dessen ältester »Besen« auf das Jahr 1630 zurückgeht, kann gegenwärtig mit nahezu 20 aufwarten. Ein klassischer »Besen« hat vielleicht 40 Plätze – oft sind es nur ausgeräumte Küchen oder Wohnstuben. Das Essen ist dem frischen, oft sehr trockenen Wein entsprechend herzhaft. Hausgemacht, aber nicht hausbacken! Viel Schweinernes wie Salzfleisch, Ripple und Schlachtplatten, dazu natürlich Sauerkraut und Brot. Aber auch Maultaschen in der Brühe, saure Kutteln oder Bratwurst mit brauner Sauce. Man sollte dem Essen kräftig zusprechen beim jungen Wein. Er kann einem sonst ganz tückisch in die Beine (»en d'Fiaß«) fahren.

Das echte »Männle« steht heute unter den Arkaden des Rathauses.

Theater, Musik, Veranstaltungen, Museen

Theater

Theater der Stadt Heilbronn, Berliner Platz 1. Schauspiel, Musical, Kammertheater, Matineen. Gastspiele: Oper, Operette, Ballett. Mai/Juni: Tanztheatertage, ☏ 56 30 02.
Festhalle Harmonie, Im Stadtgarten. Theater, ☏ 56 22 65.

Musik

Festhalle Harmonie, Im Stadtgarten. Konzerte des Heilbronner Kammerorchesters, Pop, Bunte Abende, ☏ 56 22 65.
Kilianskirche 6. 2. Sa im Monat 18.15 Uhr Stunde der Kirchenmusik. Okt./Nov. Heilbronner Kirchenmusiktage: Konzerte mit alter und neuer Kirchenmusik (intern. Interpreten). Heilbronner Sommerkonzerte: Orgelkonzerte mit intern. Interpreten (Sommerschulferien).

Veranstaltungen

Alle zwei bis drei Jahre (1990) Juni: *Traubenblütenfest* auf den Wertwiesen. Wein- und Kinderfest.
Alle drei Jahre (1991) Juni: *Neckarfest*. Drei Tage mit Veranstaltungen auf und am Neckar: historischer Umzug auf zwölf Flößen, vier schwimmende Bühnen mit ständigem Programm, Heilbronner Wasserfahrrad, außerdem Wettbewerb »originellster Neckardampfer«.
Ende Febr.: *Pferdemarkt* mit Pferdeauftrieb in der Anlage des Reitervereins, Krämermarkt und Rummel beim Friedensplatz.
Ende Juli/Anfang Aug.: *Unterländer Volksfest*. Elf Tage Rummel auf der Theresienwiese.
Anfang bis Mitte Sept.: *Heilbronner Weindorf* rund um das Rathaus. Weinfest mit ca. 200 Weinsorten aus der Region.
Sept./Okt.: *Hafenmarkt* am Hafenmarktturm.

Museen

Städtische Museen im Deutschhof, Eichgasse 1 (s. 5).
Naturhistorisches Museum, Kramstr. 1 (s. 3).
Heilbronner Kunstverein in der Harmonie (Di–Fr 14–18, Sa, So 11–15 Uhr).
Neckarschiffahrts-Ausstellung mit Medienschau, Frankfurter Str. 75 (Di 14–19, Mi–So 14–17 Uhr).

Rathaus, Dom, Kirchen und Bürgerhäuser der alten Bischofsstadt an der Innerste kündeten jahrhundertelang vom Reichtum der Bürger, ihrer Frömmigkeit und ihrem Stolz. Vieles davon versank kurz vor Ende des Zweiten Weltkriegs bei einem schweren Bombenangriff für immer. Aber die Hildesheimer lassen sich nicht unterkriegen. So wie ihr tausendjähriger Rosenstock aus Schutt und Asche wieder erblühte, wurde auch

die schwer zerstörte Stadt wiederaufgebaut. Die Rose ist für Hildesheim von jeher das Symbol des Werdens und Fortbestehens. Denn der Sage nach geht die Stadt nicht unter, solange die »Hildesheimer Rose« blüht und gedeiht.
Das Gebäude im Vordergrund, die ehemalige »Regierung«, und der dreischiffige Dom im Hintergrund (unser Bild) machen die historische Bedeutung der Stadt noch heute bewußt.

Hildesheim

Solange die Rose blüht

Wappen Geteiltes Wappen, oben in Silber ein wachsender, golden gekrönter schwarzer Reichsadler, unten ein Geviert von Rot und Gold, den Farben des ehemaligen Hochstifts. Der Adler kam im 16. Jh. mit der Verleihung des Stadtrechts durch Kaiser Karl V. hinzu.
Lage Zwischen Harz und Heide, am Übergang vom Harz zur norddeutschen Tiefebene, 30 km südöstlich der niedersächsischen Landeshauptstadt Hannover.
Land Niedersachsen
Autokennzeichen HI
Höhe 70–280 m ü. M.
Fläche 93 km^2
Einwohnerzahl 103 000
Postleitzahl 3200
Telefonvorwahl 0 51 21
Post Postamt 1, Bahnhofsplatz 3/4
Polizei Schützenwiese 24, ☏ 4 02-1
Taxi 3 10 11
Nahverkehr Ein städt. Busnetz deckt die Stadt und die Umgebung ab. Fast stündlich Bahn- und Busverbindung nach Hannover, Zentraler Omnibusbahnhof (ZOB) am Hbf.
Parken Parkplätze am Rathaus (Ausgangspunkt des Stadtrundwegs), an der Godehardikirche, der Michaeliskirche, beim Roemer-Pelizaeus-Museum, in der Theaterstr. sowie Parkhaus Gerberstr. in der Stadtmitte.
Touristinformation Verkehrsverein, Am Ratsbauhof 1c, ☏ 1 59 95/96 (Mo–Fr 9–18, Sa 9–13 Uhr).
Stadtführung Ab Verkehrsverein (April–Okt. Mi, Sa 10, So 14 Uhr).

Stadtrundgang

Einen guten ersten Eindruck bekommen Sie von der Stadt, wenn Sie die »Rosenroute« wählen, auf der Sie etwa zweieinhalb Stunden unterwegs sein werden. Abkürzen können Sie diese um etwa eine Stunde, indem Sie die auf das Pflaster gemalten weißen Rosen bei der Godehardikirche 7 *außer acht lassen, über den Hinteren Brühl zurückgehen und dann links in die Stinekenpforte einbiegen. Sie führt zum Dom* 12*. Natürlich haben in dieser von bedeutenden Kirchenfürsten geprägten Stadt die Gotteshäuser deutlichen Anteil an der Geschichte und am Erscheinungsbild. Wer jedoch mehr Freude an Fachwerk hat, findet es (repariert, restauriert, neu aufgebaut) allenthalben – gänzlich unzerstört aber in der Nähe des Kehrwiederturmes* 9*. Dort steht eine Zeile besonders kleiner Fachwerkhäuser, die im Hildesheimer Sprachgebrauch auch Buden heißen.*

»Schlegels Weinstuben«, die gediegene »Bürgermeisterkapelle« und die Gewölbe des »Ratskellers« laden ein, wenn Sie nach den vielen Eindrücken einer Pause und einer Stärkung bedürfen. Ihr Auto können Sie übrigens in der Tiefgarage in unmittelbarer Nähe des Rathauses 1 *abstellen.*

Sehenswürdigkeiten

1 *Rathaus mit Marktplatz*, 13. Jh., größere Umbauten und Erweiterungen 1443. Täglich um 12 Uhr erscheint der »Kupferne Bläser«. Um 12, 13, 17 Uhr, an den Markttagen auch um 9 Uhr Glockenspiel. Der Rolandsbrunnen, auch Stadt- oder Marktbrunnen genannt (1540), ein aus acht Sandsteinplatten gebildetes Achteck, wurde 1986 originalgetreu nachgebildet.

2 *Tempelhaus*, 1457 als massives Bürgerhaus auf dem Gelände einer abgerissenen Synagoge – daher der Name – errichtet. Der 1591 hinzugefügte Renaissanceerker ist eine Meisterleistung Hildesheimer Steinmetzkunst.

3 *Jakobikirche*, 1503–14 als Pfarrkirche errichtet, einst das Gotteshaus der fahrenden Kaufleute, heute Mittelpunkt der den Fußgängern vorbehaltenen City.

4 *Heiligkreuzkirche*, mit Bauelementen aus karolingischer Zeit, urspr. östliches Torbollwerk zum Schutz des Doms, 1054–79 von Bischof Hezilo in das Hl. Kreuzstift umgebaut. Im 18. Jh. barockisiert.

5 *Seminarkirche*, urspr. Kapuzinerkirche mit anschließendem Kloster. 1766–72 als Saalkirche mit einer Fassade nach dem Vorbild von Il Gesù in Rom erbaut.

6 *Wernerhaus von 1606*, eines der schönsten Fachwerkhäuser der Stadt.

7 *Godehardikirche (St. Godehard)*, zu Ehren des 1131 heiliggesprochenen Bischofs Godehard 1133–72 erbaut. Basilika mit Chorgestühl, einer Holzplastik des Kirchenpatrons und der Grabplatte des Stifters, Bischofs Bernhard I.

8 *Haus des Waffenschmieds*, von 1548, Sitz des Neißer Heimatmuseums. Prächtiger Renaissanceschmuck mit den Zunftsymbolen Radschloß und Kettenkugel.

9 *Kehrwiederturm*, um 1300, einer der erhaltenen Türme der Stadtbefestigung. Der Name verbindet sich mit einer Sage: Seine Glocken sollen einem Edelfräulein, das sich im Wald verirrt hatte, den Weg zurück in die Stadt gewiesen haben.

10 *Fachwerkhäuser am Wall des Kehrwiederturms*. Die besonders kleinen Häuser Nr. 1 bis 11 werden auch Buden genannt. Sie gehören zu den wenigen Fachwerkhäusern, die die Bomben des Zweiten Weltkriegs überstanden haben.

11 *Josephinum*, ältestes Gymnasium Hildesheims, das auf die mittelalterliche Domschule zurückgeht. Schöne Renaissancefassade.

12 *Dom St. Mariae*. Die historisch belegbaren Anfänge gehen auf Ludwig den Frommen zurück, der die Stadt 815 zum Bischofssitz erhob. Heute Kathedrale des Bistums Hildesheim. Im Innern u. a. die Christussäule aus Bronze (1020) mit Reliefs aus dem Leben Christi, die bronzenen, in einem Stück gegossenen Bernwardstüren (1015) und der Heziloleuchter mit 6 m Durchmesser (um 1060). Der von Bischof Hezilo erbaute Dom wurde im März 1945 weitgehend zerstört, ab 1950 in seiner ursprüngl. dreischiffigen Form wiederaufgebaut, im Innern stark modernisiert.

13 *1000jähriger Rosenstock*, an der Apsis des Domes, 1945 verbrannt, trieb er bereits im Mai desselben Jahrs wieder Blüten. Sehenswert auch der Kreuzgang mit mächtigen Rundbögen.

14 *Diözesan-Museum*, ausgewählte Kostbarkeiten aus der Geschichte des Doms und bedeutender Domschatz mit mittelalterlichen Kunstwerken (Di–Sa 10–17, So 12–17 Uhr).

15 *Roemer-Pelizaeus-Museum*, benannt nach dem Gründer, Senator Hermann Roemer, und dem Stifter der ägyptologischen Sammlung, dem Hildesheimer Bankier Wilhelm Pelizaeus. Eine der bedeutendsten altägyptischen Sammlungen in der Bundesrepublik Deutschland (von den vor- und frühgeschichtlichen Anfängen über die pharaonische und die griechisch-römische bis zur christlich-koptischen Zeit). Gezeigt werden u. a. eine lebensgroße Sitzstatue des Hem-iunu (unter König Cheops verantwortlich für Pyramidenbau) und eine Kalkstein-Statue des Schreibers Heti (2300 v. Chr.). Kultgegenstände, Malereien, Reliefs, Särge, Bronzekleinkunst. Jährlich intern. bedeutende Sommer-Sonderausstellungen. Paläontologische Abteilung, botanische und zoologische Sammlung, Vorgeschichte des Hildesheimer Raumes, Stadtgeschichte, Kunst fremder Völker (Ohlmer-Sammlung chinesischen Porzellans), sakrale Kunst (Di–So 10–16.30 Uhr).

Die Sachsen missionieren

Ludwig der Fromme befand sich auf der Jagd. Dabei verlor er sein mit Heiligtum (Hilghedom) gefülltes Kreuz. Er sandte daraufhin seine Diener aus, es zu suchen, und gelobte, an dem Ort eine Kapelle zu bauen, wo sie es finden würden. Mitten im Wald entdeckten die Ausgesandten einen Rasen und darauf einen grünenden Rosenstock. An ihm hing das verlorene Kreuz. Ludwig ließ an dieser Stelle eine Kapelle bauen. Der Rosenstock blieb erhalten »und grünt und blüht seit dieser Zeit«.

Die Gebrüder Grimm haben die Legende über den blühenden Rosenstock ⑬ in ihre Märchensammlung aufgenommen und sie so der Nachwelt überliefert. Rund um Kapelle und Rosenstock wuchs allmählich eine Siedlung. Sicher hatte dies weniger mit Ludwigs Heiligtum zu tun als vielmehr mit der günstigen Lage an der Furt der Innerste. Sie mag den Kaiser bewogen haben, hier den Bischofssitz des Bistums Sachsen zu errichten. Ludwig hatte von seinem Vater, Karl dem Großen, die Verpflichtung übernommen, die Sachsen zu missionieren. Als Gründungsjahr des Bistums gilt das Jahr 815.

⑯ *St. Michaelis*, 1010–33 erbaut, eine der schönsten frühromanischen Kirchen im norddeutschen Raum.

⑰ *St. Andreas*, 14.–16. Jh., gotische Bürgerkirche im Herzen der Stadt. In ihr führte Luthers Mitarbeiter Johannes Bugenhagen 1542 die Reformation in Hildesheim ein. 114,5 m hoher Turm.

⑱ *St. Magdalenen*, 1294 geweiht, erste gotische Kirche Hildesheims. Im Kirchenschatz das Bernwardskreuz (um 1000) und der Bernwardsschrein (um 1751).

⑲ *St. Mauritius*, Mitte des 11. Jh.; vollständig erhaltener, im wesentlichen aus dem 12. Jh. stammender Kreuzgang des ehemaligen Kollegiatstifts. Grabmal Bischof Hezilos in der Krypta (April–Sept. Mo–Sa 9.30–18, So 12–18 Uhr).

Tausend Mann im Ärmel
Der Hildesheimer Bischof Gerhard vom Berge mußte sich 1367 in der berühmten Schlacht von Dinklar einer Übermacht von Herzögen und Grafen aus Braunschweig und Calenberg erwehren. Hoch zu Roß, die Mönchskutte über dem Harnisch, führte der junge Bischof seine Streitmacht an.
Als dann jedoch das Kriegsglück seine Armee zu verlassen schien, hielt Gerhard vom Berge plötzlich das legendäre Reliquiar »Unser leven Frowen« in die Höhe, um welches sich die Gründungsgeschichte des Bistums rankt. »Leve Kerel, truret nicht! Hie hebbe eck dusent Mann in miner Maven!« rief er den verblüfften Bauern und Bürgern zu. Diese »tausend Mann im Ärmel« entschieden die Schlacht. Die vergoldete Kuppel über dem Dom, die auf den Betrachter wie eine »barocke« Zutat wirkt, war der Dank Bischof Gerhards für die Hilfe der Gottesmutter.

Huckup, der Schrecken der Apfeldiebe
Ursprünglich als Inkarnation der jesuitischen Bosheit vom Volksmund geschaffen, verwandelte sich der Kobold Huckup im Lauf der Jahrhunderte in den harmloseren Schrecken der Apfeldiebe. 1905 widmeten die Hildesheimer ihrer Sagengestalt ein Denkmal. Es steht mitten im Zentrum und überstand sogar die Bomben. Es zeigt den Apfeldieb, auf dessen Schultern wie das böse Gewissen ein grimmiger Zwerg »huckt«.

Um den Ursprung des Namens Hildesheim ranken sich viele Geschichten. Die Forscher halten es für möglich, daß der Kaplan Ludwigs des Frommen, Hilduin von St. Denis, als Namengeber diente. Aber auch ein gewisser Hiltwin, der in der Nähe einen Hof hatte, kommt dafür in Frage.

Daß Hildesheim eine wirklich alte Stadt ist, wird nicht nur in Urkunden belegt. Den Reisenden grüßen schon von fern die aus einem dichten Dächermeer ragenden Kirchtürme, die Wahrzeichen der Stadt, die allesamt mittelalterlichen Ursprung verraten. Dieses Gesicht hatte Hildesheim im Zweiten Weltkrieg durch einen schweren Bombenangriff am 22. März 1945 fast verloren. In wenigen Minuten versank damals der einzigartige mittelalterliche Stadtkern in Schutt und Asche. 1200 Menschen wurden unter den Trümmern begraben.

Hildesheim, wie es sich heute mit seinen zahlreichen denkmalgeschützten Bauwerken und Kirchen präsentiert, ist zum großen Teil das aus den Trümmern des Zweiten Weltkriegs wiedererstandene Abbild der historischen Stadt. Unter vielen Opfern hat man der verlorenen Fachwerkstadt, dem versunkenen »Nürnberg des Nordens«, eine lebendige »moderne« Stadt folgen lassen. Ihr hat man die kostbarsten Denkmäler vergangener Epochen, die Kirchen und Basiliken, in ihrer ursprünglichen Schönheit hinzugefügt. Dabei ging es weniger um die Rettung wertvoller Baudenkmäler als vielmehr um das Selbstverständnis dieser Stadt, um das Bewußtsein ihrer historischen Bedeutung und ihres Profils.

Da in Hildesheim (fast) alle Wege am Dom (12) vorbeiführen, sollte man ihn langsam umrunden, um seine norddeutsche Schönheit aus allen Blickwinkeln zu genießen. Der Dom mit dem Domplatz ist die Keimzelle der Stadt. Aus Ludwigs Kapelle war eine karolingische Kirche geworden, die 1046 einer Feuersbrunst zum Opfer fiel. Bischof Hezilo ließ auf dem alten karolingischen Grundriß den Dom erbauen. Noch älter ist, zumindest der erwähnten Sage nach, der »1000jährige Rosenstock« (13) im romantischen Domhof. Als ein Wunder empfanden es die Hildesheimer, als die Pflanze, im Krieg durch Bombenschäden verschüttet, schon nach wenigen Monaten wieder blühte. Die Legende schien bestätigt, wonach die Stadt nicht untergeht, solange die Rose im Domhof blüht.

Nach zehn Jahren Wiederaufbau präsentiert sich die frühromanische St.-Michaelis-Kirche wieder in der ursprünglichen Form des 11. Jh. Die herrliche hölzerne Decke des Mittelschiffs mit dem Stammbaum Christi (12. Jh.) konnte gerettet werden.

Bernward, Godehard und Hezilo

In Hildesheim ist es wie in jeder »alten« Stadt: Hinter all den prächtigen Bauwerken und herrlichen Kirchen, hinter den Institutionen und hinter ihrer Kultur standen Persönlichkeiten, die den Ort nachhaltig gestaltet und geprägt haben.

Zu Beginn der Stadtgeschichte amtierten drei bedeutende Bischöfe: Bernward, Godehard und Hezilo. Der sächsische Grafensohn Bernward, auf der Hildesheimer Domschule erzogen, war einer der mächtigsten Kirchenfürsten der Jahrtausendwende. Als Erzieher und Berater Kaiser Ottos III. hatte er maßgebenden Einfluß auf die Geschicke des Reiches. Bischof wurde er 993 mit 32 Jahren. Die drei Jahrzehnte, die er in Hildesheim wirkte, waren eine Zeit unvergleichlicher Blüte. Er gründete und leitete persönlich die Hildesheimer Werkstätten, errichtete die Klosterkirche St. Michaelis 16 – eine dreischiffige Basilika, die als ein architektonischer Höhepunkt des Abendlandes gilt. In den Werkstätten entstanden die berühmten Bronzetüren und die Christussäule, Kunstschätze von unermeßlichem Wert. Die 4,72 m hohen Türen zeigen die Erschaffung des Menschen und das Leben Christi. Von Bernward ursprünglich für St. Michaelis bestimmt, wurden sie ebenso wie die bronzene Christussäule schon 1030 dem Dom 12 eingefügt. Bernward hat Hildesheim zu einem kulturellen Mittelpunkt des jungen Deutschen Reiches der ottonischen Herrscher gemacht. An der Domschule wurde der spätere Kaiser Heinrich II. erzogen. Auch Rainald von Dassel, Berater Kaiser Barbarossas, Reichskanzler und Erzbischof von Köln, war Domschüler.

In Bischof Godehard (oder Gotthard) fand Bernward einen würdigen Nachfolger (1022–38). Dem Vertrauten Heinrichs II. verdankt Hildesheim die Basilika St. Andreas 17, das Moritzstift 19 auf dem Moritzberg sowie die Sülte, das erste Armenspital der Stadt. Godehard war ein weithin angesehener Mann. Das Gotthardmassiv und der Gotthardpaß in den Alpen tragen seinen Namen ebenso wie zahllose Kirchen und Kapellen. Neben Bernward ist er der zweite heiliggesprochene Bischof von Hildesheim und überdies Schutzpatron der Stadt.

Der dritte große Bischof des Mittelalters, Hezilo (1054–79), hinterließ der Nachwelt nicht nur den Dom 12, sondern auch eine schwebende Stadt in Gold, den mit einem Durchmesser von 6 m größten Radleuchter seiner Art. Die Lichterkrone stellt das Goldene Jerusalem der Johannis-Offenbarung dar.

Mit zunehmender Bedeutung des Hildesheimer Bischofssitzes wuchs auch die Bevölkerung, was zur Folge hatte, daß Handel und Handwerk sich ausweiteten. Dies führte dazu, daß das Bürgertum an Sicherheit gewann, selbstbewußter wurde und stärker darauf bedacht war, seine Geschicke selbst in die Hand zu nehmen. Vor 1300 entsteht das gotische Rathaus mit dem Marktplatz 1 als Ausdruck gewachsenen Bürgerstolzes, und bald darauf trotzen die Hildesheimer dem Bischof ein eigenes Stadtrecht ab.

Wie in alten Zeiten

Der Zweite Weltkrieg hat auf brutale Art auch beim Hildesheimer Markt reinen Tisch gemacht. Der gewiß einzigartige alte Rathausplatz mit seinen farbigen und vom Alter verschobenen Hausfronten ging am 22. März 1945 zugrunde, aber das gotische Kleinod ist wiedererstanden und hat nichts von seiner Schönheit eingebüßt. Auch das Tempelhaus 2 kann sich sehen lassen.

Aber gerade dort, wo einst die schönsten und eindrucksvollsten Hildesheimer Fachwerkhäuser standen, erheben sich heute recht sterile und phantasielose Neubauten. Kein Wunder, daß diejenigen, die das alte Hildesheim gekannt haben, sich mit dem neuen nicht identifizieren konnten. Sie rangen mit beachtlicher Zähigkeit um die traditionsgemäße Gestaltung der Stadtmitte und erreichten schließlich die Rekonstruktion des gesamten Historischen Marktplatzes 1 mit seinen Häusern, die im Jahr 1945 zerstört wurden.

Die Südseite mit Wedekindhaus (1598), Lüntzelhaus (1750) und dem Rolandhaus (14. Jh.) wurde von 1984–86 wieder errichtet. An der Westseite entstanden von 1987–89 das einst weltberühmte Knochenhaueramtshaus (1529) und das Bäckeramtshaus (1800), an der Nordseite wurden Ende 1988 die Stadtschenke (1666), das Rokokohaus (1757) und das Wollenwebergildehaus (um 1600) fertiggestellt. Der Marktplatz hat damit seit 1989 wieder sein unverwechselbares Gesicht wie vor 1945.

Der Silberschatz vom Galgenberg

Im Osten der Stadt liegt der Galgenberg, einstmals die Hinrichtungsstätte. Hier stieß der königlich-preußische Musketier Armbrecht im Oktober 1868 beim Ausschanzen eines Schießstands auf einen Schatz, der als »Hildesheimer Silberfund« in die Geschichte eingegangen ist. Mit großer Sorgfalt war das römische Tafelsilber 2000 Jahre zuvor der Erde anvertraut worden. Die 60 Teller, Schüsseln, Becher, Krüge und Schalen sind mit wertvollen Ornamenten versehen und zum Teil vergoldet. Es handelt sich um den zweitgrößten Fund dieser Art und um den dritten überhaupt. Der König von Preußen war damals Landesherr in Hildesheim und reklamierte den Fund für seine Hauptstadt. Heute zählt er zu den bedeutenden Schätzen der Sammlung Preußischer Kulturbesitz in West-Berlin. Im Roemer-Pelizaeus-Museum 15 sind Kopien der Silberfunde ausgestellt.

Prinz Hem-iunu

Das wertvollste Objekt der Altägypten-Sammlung im Roemer-Pelizaeus-Museum 15 ist zweifellos die lebensgroße Statue des Prinzen Hem-iunu, der unter König Cheops Leiter der Staatsverwaltung war (um 2530 v. Chr.). Unter seiner Oberaufsicht wurde die größte der drei berühmten Pyramiden von Giseh errichtet, die Herodot über 2000 Jahre später zu den Sieben Weltwundern zählte.

Zu den Beständen des Museums gehören heute etwa 8000 Objekte der altägyptischen Kunst und Kultur. Den Grundstock der Sammlung bildet Wilhelm Pelizaeus' großzügige Schenkung von 1907; das daraufhin eröffnete Pelizaeus-Museum wird zu den bedeutendsten Altägypten-Museen der Welt gezählt. Die Statue des Prinzen Hem-iunu diente übrigens Thomas Mann als Vorbild für den Potiphar seines Joseph-Romans.

Bunt ist das Warenangebot in der Fußgängerzone.

Tips, Tips, Tips

Himmlisches Postamt
Im Postamt des Hildesheimer Stadtteils Himmelsthür bietet die Deutsche Bundespost in der Vorweihnachtszeit Sonderschichten auf. Korbweise treffen hier nämlich die Briefe von Kindern ein, die sich mit Wünschen an das Christkind wenden. Zum Kinderservice der Post gehört, daß rund 1000 Briefe, meist kranker Kinder, von einem Kundenberater beantwortet werden.

Fachwerk, Schlösser, Burgen, Wälder
»Dat Land twischen Deister un Leine, dat is dat rechte, wat ik meine.« Der folgende Tagesausflug (ca. 90 km) wird Sie davon überzeugen, daß Herzog Friedrich der Ältere von Calenberg recht hatte. Auf der A 7 (Ausfahrt Derneburg) oder der B 6 erreichen Sie Derneburg und von dort aus in südlicher Richtung Burg Wohldenberg, Bockenem, die Bodensteiner Klippen, Schloß Söder, Bad Salzdetfurth. Auf dem Rückweg nach Hildesheim liegen Groß Düngen und bei Nordstemmen die Feste Marienburg. Jeder dieser Orte ist auch für sich sehenswert. Straßenkarten und Auskunft über Busfahrten beim Verkehrsverein.

Wo es die besten Tropfen gibt
Drei wind- und altersschiefe Fachwerkhäuser hatte der Krieg an verschiedenen Plätzen Hildesheims übriggelassen. Die Inhaberin der traditionsreichen Weinhandlung Schlegel kaufte sie kurzerhand, ließ sie mit großem finanziellen Aufwand restaurieren und eröffnete darin ein Weinhaus, das inzwischen zu einem auch bei der Prominenz beliebten Treffpunkt geworden ist. Für Freunde gepflegter Weine gibt es in Norddeutschland kaum eine bessere Adresse (Weinstube Schlegel, Am Steine 4–6, ☏ 33133, Sa und So geschl., Platzreservierung empfohlen!).

Für den Bierpreis in den Krieg

Beharrungsvermögen bewiesen die Hildesheimer nicht erst in jüngster Zeit bei ihrem Kampf für »ihren« Marktplatz: auch ihr 300jähriger »Bierkrieg« um die Exportrechte des Gerstensafts gegen die jeweiligen Kirchenoberen verrät diesen Wesenszug. Weil ihr Bischof befahl, die Bierhumpen zu verkleinern, den Bierpreis jedoch beizubehalten, zogen sie maßkrug- und keulenbewehrt 1481 gegen ihn in den Krieg und obsiegten. Der Bischof mußte den Steuertrick zurücknehmen, mit dem er seine leere Kasse hatte auffüllen wollen.

Was Zeitzeugen sonst noch an typischen Charakterzügen der Hildesheimer festgestellt haben, ist recht unterschiedlich: Nach Joseph Anton Cramer, den Verfasser der »Physischen Briefe« aus dem Jahr 1792, sind sie »munter und stark«. Zu jeder Zeit habe man scharfsinnige und denkende Köpfe unter ihnen angetroffen. Und auch wagemutige, müßte man Cramer ergänzen. Didrik Pining, des dänischen Königs Statthalter und Admiral auf Island, gehörte dazu. Die Wiege dieses Hitzkopfs und Freibeuters, der 1473 – noch vor Kolumbus – Amerika entdeckt haben soll, stand an der Innerste. Ein anderer wagemutiger Hildesheimer war Konrad Friedrich Hornemann, der 1785 auszog, das Innere Afrikas zu entdecken. Er hat als erster deutscher Forscher die Sahara durchquert. Zu den »scharfsinnigen und denkenden Köpfen« zählt ohne Zweifel Sir Hans A. Krebs, der 1953 den Nobelpreis für Medizin erhielt. Der weltberühmte Professor stammt zwar aus Hildesheim, mußte aber als Jude vor dem Naziregime nach England emigrieren.

Ein weniger freundliches Urteil über die Region fällte der Gründer der Hermannsburger Mission, Pastor Harms: »Da wo der Acker gut bestellt und fett ist, wo auf ihm Bohnen wachsen, sind die Ohren der Bewohner dem Worte Gottes gegenüber dick und verschlossen, z. B. in der Provinz Hildesheim.« Hinter dem oft demonstrativ gezeigten Desinteresse der Hildesheimer entdecken andere Beobachter dennoch »ein hitziges, heftiges und zu kühnen Taten inclinierendes Naturel« – so Joachim Barward Lauenstein im Jahr 1740, der es als Verfasser der »Historia Diplomatica Episcopatus Hildesiensis« ja wohl wissen mußte.

Das Jüngste Gericht in Hildesheim überleben

Daß das bundesdeutsche »Wirtschaftswunder« sich in Hildesheim erst bemerkbar machte, als anderswo schon wieder Sättigung und Langeweile um sich griffen, entspricht jener Weissagung, nach der man in Hildesheim selbst das Jüngste Gericht überleben könne, weil sich hier alles etwas später ereigne, doch dafür von längerer Dauer sei. Noch immer wird in der Stadt an allen Ecken und Enden gebaut, geputzt und geplant. Manchem scheint es, als übertreibe man es nun mit dem Schwung.

Hinter der malerischen Fachwerkzeile ragt der Kehrwiederturm auf, einst Teil der alten Stadtbefestigung, heute Ausstellungsraum.

Die Wirtschaftskraft Hildesheims sprengt nicht gerade den Stadtsäckel, aber sie kann sich sehen lassen. Als Großhandelszentrum für Getreide, Zucker, Düngemittel, insbesondere Kali, hat die Stadt einen herausragenden Platz. Der Hafenumschlag über den Mittellandkanal ist beträchtlich. Allenthalben um klare Verhältnisse bemüht, hat man auch die Luft über Hildesheim saubergehalten und sich »rauchlose« Industrie in die Bischofsstadt geholt. Der Elektrogigant Bosch und seine Tochterfirma Blaupunkt haben sich hier mit modernen Produktionsstätten niedergelassen und sorgen für fast 9000 Arbeitsplätze.

Ewig blüht am Dom die Rose.

Von der Neuzeit bis nach Altägypten

Ein wichtiger Wirtschaftszweig ist auch der Fremdenverkehr. Jährlich besuchen rund 110 000 Menschen den Dom ⓬ und den sagenumwobenen Rosenstock ⓭. Das Bistum Hildesheim, flächenmäßig das größte in Deutschland, hat noch immer seinen besonderen Reiz. In der Stadt ist überall Geschichte gegenwärtig, mit Händen zu greifen, mit Füßen zu begehen. Der Gast kann buchstäblich durch die Jahrhunderte wandern, von der Neuzeit zurück bis ins alte Ägypten, das der Hildesheimer Kaufmann und Bankier Pelizaeus mit Objekten, wie sie sonst nur noch in Kairo zu sehen sind, in seine Vaterstadt gebracht hat. Der passionierte Sammler überließ seine Kostbarkeiten der Stadt, die dafür 1911 ein Museum eröffnete, das Roemer-Pelizaeus-Museum ⓯.

Stolz ist man in Hildesheim mittlerweile auf die Fußgängerzone. Wenn auch die Idylle von einst verschwunden ist oder sich allenfalls noch Am Lappenberge und in der Straße Gelber Stern findet – die Straßen mit ihren vielen Krümmungen können den Altstadtursprung nicht verleugnen. An die Stelle der altersgebeugten Häuser mit ihren gewellten Dächern sind freilich moderne Zweckbauten getreten. Schuhstraße, Almstraße und Hoher Weg, Zentren der untergegangenen Altstadt, markieren heute den geschäftlichen Brennpunkt Hildesheims. Dort werden die höchsten Quadratmeterpreise bezahlt und die größten Einzelhandelsumsätze gemacht. Am neuen Springbrunnen trifft sich alles, was bummelt, gammelt, wartet, schaut – im Schatten des Cafés Panorama, genau dort, wo die aus den tiefer gelegenen Stadtteilen heraufführende Schuhstraße das Niveau des Hohen Weges erreicht. Hier im Zentrum, um die in Bronze gegossene Sagengestalt des Huckup herum, ist auch ein großer Teil der Hildesheimer Gastronomie versammelt. Aller Couleur – und in allen Güte- und Preisklassen.

Die kornreibende Frau aus dem Roemer-Pelizaeus-Museum.

Theater, Musik, Veranstaltungen, Museen

Theater
Stadttheater Hildesheim, Theaterstr. 6. Oper, Operette, Musical, Ballett, Schauspiel, Kindertheater. Matineen und Nachmittagsvorstellungen. Tummelplatz (Kindertheater), ☏ 1 69 30.
the. o. (Theater oben) im Stadttheater. Studiobühne, kleine Schauspielaufführungen, Kabarett, Lesungen, Musik-Gastspiele, ☏ 1 69 30.
Kleines Theater, Pepperworth 12. Kleinkunst, gelegentlich Folk-Blues, Liedermacher, ☏ 51 15 20.
THAV (Theatertaverne), Güntherstr. 21. Kleinkunst, Schauspiel, Lesungen, ☏ 13 28 29.

Musik
Stadttheater Hildesheim, Theaterstr. 6. Konzerte; Lieder- und Kammermusikprogramme als Matineen; Jazztime zu Pfingsten, ☏ 1 69 30.
Dom St. Mariae ⓬, St. Michaelis ⓰, St. Andreas ⓱ und St. Lamberti. Geistliche, Sinfonie- und Kammerkonzerte, Passionsmusik, Messen, Kantaten, Chormusik sowie Weihnachtsoratorien.
St. Michaelis ⓰. Sommerliche Kirchenmusik (Juni–Aug. Do 20 Uhr), ☏ 2 57 35.
St. Andreas ⓱. Sommerliche Kirchenmusik (Sept. Do 20 Uhr), ☏ 1 41 64.
St. Lamberti. Musik zur Marktzeit (Sa 10 Uhr), ☏ 1 40 51.
Bischofsmühle, Dammstr. 34. Kultureller Treffpunkt (Cyklus 66), Kleinkunst, Jazz, Folk, Blues, Rock mit deutschen und intern. Interpreten, ☏ 3 40 88.

Veranstaltungen
Himmelfahrt: *Weinmarkt* in der Innenstadt. Einwöchige Weinprobe, Verkauf und musikalisches Rahmenprogramm.
Pfingsten: *Jazz-Time* im und am Stadttheater mit Nachwuchsgruppen und intern. Ensembles und Solisten, tagsüber Open-air zum Nulltarif, abends zwei Konzerte im Haus, ☏ 1 59 95/96.
Sommer/Herbst: *Sommer-Sonderausstellung* im Roemer-Pelizaeus-Museum ⓯ mit kunstgeschichtlichen und archäologischen Themenausstellungen – Schwerpunkte: Ägypten (tägl. 9–19, Mi 9–21 Uhr).
Anfang April: *Frühlingsfest* auf dem Volksfestplatz. Volksfest.
Mitte Mai: *Internationale Tagung von Kinder- und Jugendbuchautoren* in der Andreaspassage mit Literaturmarkt, Lesungen, Musik, Animationstheater (So 10.45 Uhr), ☏ 30 12 55.
Ende Juli/Anfang Aug.: *Hildesheimer Schützenfest.* Trad. Veranstaltung auf dem Volksfestplatz mit Schützenausmarsch (1. So), Preisschießen der Bürger- und Sportschützen; größtes Volksfest in Hildesheim.
Anfang Nov.: *Hildesheimer Kinder- und Jugendbuchwoche* mit Vorlesewettbewerb. Ausstellungen, Autoren zum Anfassen, Lesungen, Musik, Theater, ☏ 30 14 39.

Museen
Afrika Manyatta Sorsum – Haus afrikanischer Kunst, Hauptstr., Sorsum. Fachwerkscheune mit Zeugnissen aus dem afrikanischen Alltag, Ebenholzbildwerken aus Tansania, Skulpturen und Masken aus Westafrika (Sa, So 15–18 Uhr).
Diözesan-Museum – Schatzkammer christlicher Kunst am Dom, Am Domhof (s. ⓮).
Roemer-Pelizaeus-Museum, Am Steine 1–2 (s. ⓯).

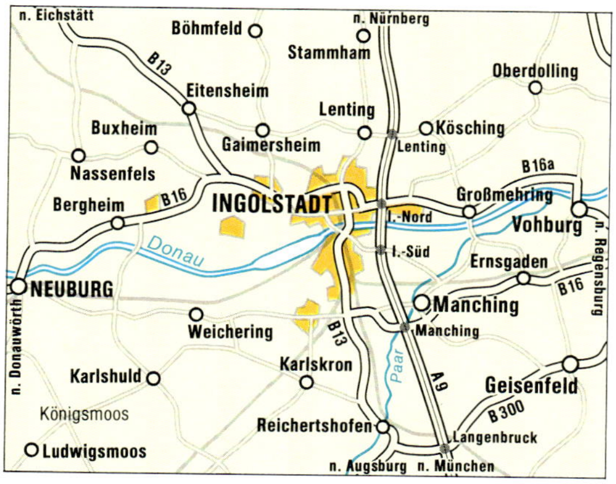

Keine Stadt in Bayern wächst schneller als sie: 36 000 Einwohner hatte sie nach dem Krieg, 98 000 sind es heute. Als Energiezentrum des Landes und Sitz einer zukunftsorientierten Automobilfirma hat Ingolstadt in jüngster Vergangenheit viel von sich reden gemacht. Vergessen sind die Zeiten nach 1800, als die Stadt nur noch Garnison war. Auf wirtschaftlich sicherem Fundament stehend kann sie heute an eine bedeutende

Ingolstadt

Bayerns starke Festung

Vergangenheit anknüpfen und ihr großes Erbe vorzeigen. Baudenkmäler aus der Zeit, als Ingolstadt herzogliche Residenz und Sitz der einzigen bayrischen Universität war, erstrahlen in altem Glanz. Hinzu kommt ein moderner Theaterbau, der Furore gemacht hat. An der Schwelle zur Großstadt und von Industrie umgeben, hat Ingolstadt gleichzeitig eine der geschlossensten Altstädte Bayerns vorzuweisen.

Wappen In Silber ein feuerspeiender blauer Panther. Herkunft des Wappens aus dem Siegelbild des Konvents von Niederalteich wegen der früheren engen Beziehung zwischen Stadt und Kloster St. Mauritius.
Lage Am Nordufer der Donau, auf halbem Weg zwischen München und Nürnberg.
Land Bayern
Autokennzeichen IN
Höhe 365–374 m ü. M.
Fläche 128 km²
Einwohnerzahl 98 000
Postleitzahl 8070
Telefonvorwahl 08 41
Post Postamt 2, Bahnhofstr. 9, Spätschalter (Mo–Fr 8–12, 14–17.30, Sa 8–12, So 10–11 Uhr).
Polizei Polizeidirektion, Esplanade 40, ☏ 3 03-1
Taxi ☏ 12 66
Nahverkehr Verschiedene Buslinien durch die Stadt und in die Region ab Hbf. bzw. Omnibusbahnhof an der Esplanade.
Camping Auwaldsee (April–Sept.), ☏ 6 89 11.
Parken Tiefgaragen am Neuen Schloß, Stadttheater, Liebfrauenmünster und beim Klenzepark. Parkplätze bei den Städt. Bädern, Jahnstr., am Neuen Schloß, Auf der Schanz, an der Dreizehnerstr. (Ausstellungsgelände), am Omnibusbahnhof, am Stadttheater.
Touristinformation Fremdenverkehrsamt, Hallstr. 5, ☏ 30 54 15–17.
Stadtführung Nach Vereinbarung beim Fremdenverkehrsamt.

Stadtrundgang
Eine gute Stunde genügt, um einen ersten Eindruck von Ingolstadt zu gewinnen und die markanten Bauten der Stadt zu besichtigen. Wenn Sie durch das Kavalier Hepp ❼ hindurchgehen, sind Sie in den Wallanlagen, wo Parkbänke zur Rast einladen. Für eine Stärkung sei das Restaurant »Tafelmeier« neben dem Liebfrauenmünster ⓬ empfohlen. Ihr Auto stellen Sie am besten auf dem Parkplatz zwischen dem Neuen Schloß ❶ und dem Stadttheater ⓲ ab oder in der Tiefgarage beim Stadttheater.

Sehenswürdigkeiten
❶ *Neues Schloß*, 1418 bis ca. 1490 als Ziegelbau erstellt. Hervorzuheben ist der Schöne Saal mit seinem spätgotischen Sternrippengewölbe. Im Schloß seit 1969 das Bayrische Armeemuseum: Waffenwesen vom Mittelalter bis zum Ersten Weltkrieg, vor allem Dokumentation bayrischer Armeen (Di–So 8.45–16.30 Uhr).
❷ *Franziskaner- oder Minoritenkirche*, gotische Basilika des 13. Jh., im 18. Jh. barockisiert. Sehenswerter Hochaltar von 1755 und zahlreiche gute Epitaphien vor allem des 16./17. Jh.
❸ *Gnadenthalkapelle*, spätgotische Kirche (1487). An der Südwand Anna Selbdritt, ein bedeutendes Werk Hans Leinbergers (1513).
❹ *Tillyhaus*. Hier starb 1632 Johann Tserclaes Graf von Tilly, Feldherr im Dreißigjährigen Krieg und Reorganisator des bayrischen Heers.
❺ *Konviktbau des Jesuitenkollegs* mit schön stuckiertem Orban-Saal. Vom Turm der einstigen Hl.-Kreuz-Kirche beobachtete Pater Christoph Scheiner die Sonnenflecken.
❻ *Maria de Victoria*, ab 1732 erbauter, 1736 geweihter Betsaal der Marianischen Studentenkongregation mit 40 x 15 m großem Deckenfresko von Cosmas Damian Asam. Hochaltar, Wandgestühl und Ölgemälde von besonderem Rang. In der Sakristei Silbermonstranz (1708) Johann Zeckls mit Darstellung der Seeschlacht von Lepanto.
❼ *Kavalier Hepp*, Teil der klassizistischen Festungsanlage des 19. Jh. Heute Stadtarchiv, wissenschaftliche Stadtbibliothek und Stadtmuseum: Geschichte der Umgebung Ingolstadts. Geschichte und Kunstgeschichte der Stadt, kirchliche, bürgerliche und bäuerliche Kultur (Di–Sa 9–12, 13–17, So 10–17 Uhr).
❽ *Kreuztor*, 1385 erbautes Tor der mittelalterlichen Stadtbefestigung.
❾ *Alte Anatomie*, Teil der ehemaligen Universität, 1723–35 erbaut. Seit 1973 Sitz des Deutschen Medizinhistorischen Museums. Arzneipflanzengarten, Spezialsammlung graphischer Ärztebildnisse des 16.–20. Jh. (Di–So 10–12, 14–17 Uhr).
❿ *Taschenturm*, Torturm der im 14. Jh. erweiterten Stadtmauer.
⓫ *Hohe Schule*, ab 1434 erbautes Pfründnerhaus, von 1472 bis 1800 Bayrische Landesuniversität.

⓬ *Liebfrauenmünster*, spätgotische dreischiffige Hallenkirche des 15./16. Jh. in Ziegelbauweise. Interessante Seitenkapellen der Zünfte. Der Hochaltar von 1560/72, 9 m hoch und aus 91 Gemälden bestehend, ist ein bedeutendes Werk der späten Renaissance.
⓭ *Ickstatt-Haus*, Wohnhaus des Adam Freiherr von Ickstatt, eines bedeutenden Wegbereiters und Repräsentanten der Aufklärung in Bayern. Fünfgeschossige Fassade mit feinem Rokokostuck.
⓮ *St.-Moritz-Kirche*, dreischiffige Basilika des 13./14. Jh. Interessant der südwestliche Pfeifturm, wohl ehemals ein Stadtturm.
⓯ *Altes Rathaus*, mittelalterlicher Bau, 1882 durch Gabriel von Seidl im Stil der Neurenaissance umgebaut.

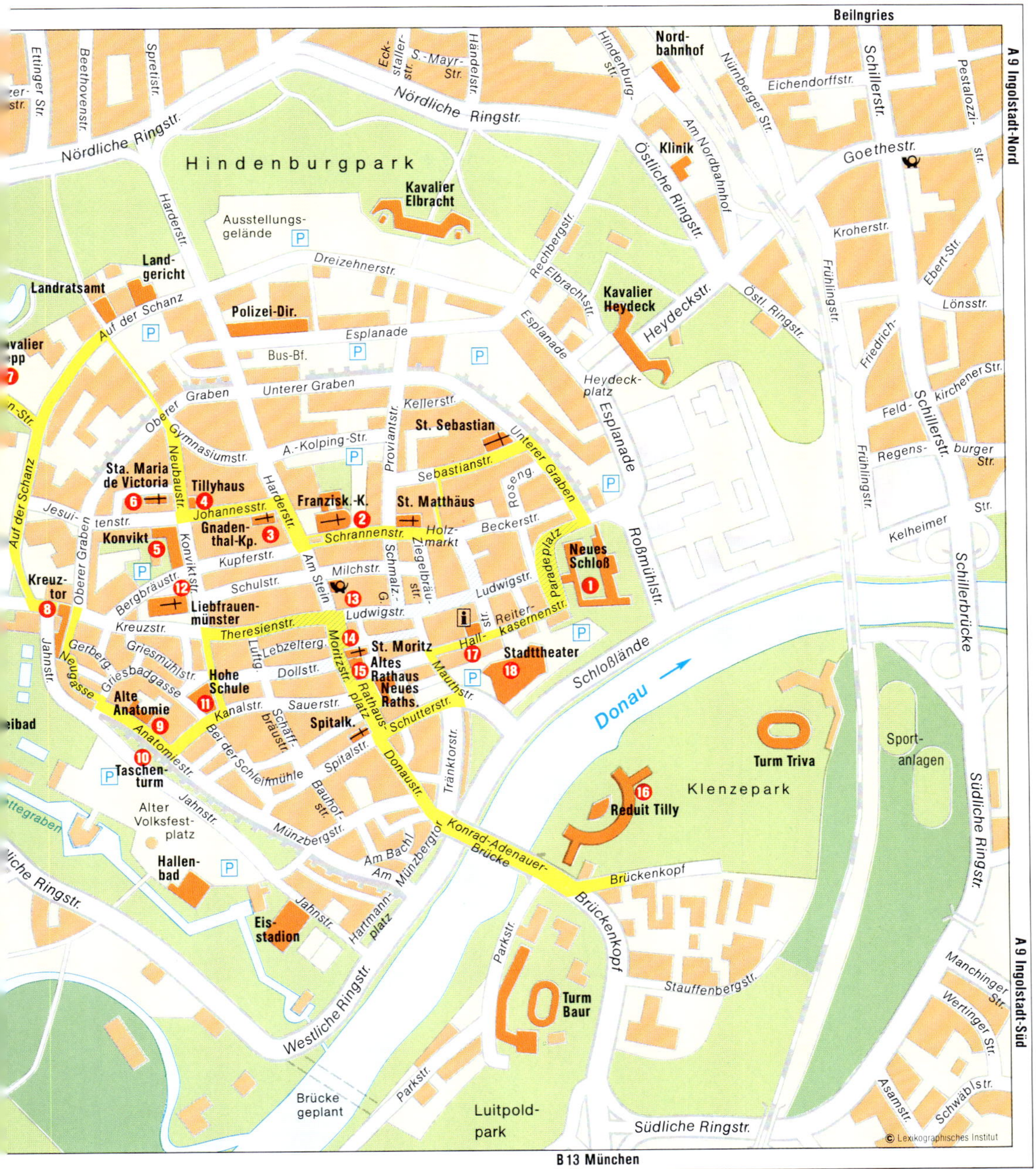

Phönix aus der Asche

In den 60er Jahren dieses Jahrhunderts schickte sich Ingolstadt zu seiner vierten Karriere an. Nach einer glanzvollen, aber kurzen Zeit als Hauptstadt eines bayrischen Teilherzogtums in den Jahren 1392 bis 1447, nach einer bedeutenden Phase als Universitätsstadt zwischen 1472 und 1800 sowie einer problematischen Epoche als bayrische Landesfestung hat sich Ingolstadt nun zu der Industriestadt mit dem schnellsten Wachstum in Bayern entwickelt.

Diese vier Abschnitte ihrer Geschichte sind es auch, die heute im wesentlichen das Bild der Stadt prägen. Die Residenz- und Universitätszeit haben die Altstadt und deren wichtigste Bauten hervorgebracht. Die Festungszeit legte einen breiten Ring von Wehranlagen um diesen Kern, die sich heute als Grüngürtel mit einigen mächtigen, gleichwohl friedlichen Zwecken dienenden Wehrbauten darstellen.

Die vierte Epoche schließlich prägt die Randbereiche der Stadt mit Raffinerie- und Industrieanlagen und rasch hingeklotzten Wohnrevieren, die nicht unbedingt das Prädikat »ansehnlich« verdienen.

(16) *Reduit Tilly*, Teil der ab 1828 erbauten klassizistischen Festungsanlage, die auf Verfügung der Alliierten nach dem Ersten Weltkrieg geschleift wurde. Daneben der Klenzepark, wo 1992 die Landesgartenschau stattfinden soll.

(17) *Herzogskasten*, Mitte des 13. Jh. erbautes Schloß. Der Backsteinbau mit Satteldach und Treppengiebeln beherbergt heute die Stadtbibliothek.

(18) *Stadttheater* (1963–66). Betonbau von Hardt-Waltherr Hämer. Einer der gelungensten Theaterneubauten in der Bundesrepublik Deutschland und Studienobjekt für Theaterspezialisten des In- und Auslands.

Tips, Tips, Tips

So wird ein Auto draus …
Gut 2 km nördlich der Ingolstädter Altstadt bietet sich werktags (freitags nur eingeschränkt) Gelegenheit, in den Audi-Werkshallen zu verfolgen, wie ein Auto entsteht. Treffpunkt ist um 10.15 Uhr in der Empfangshalle. Die Führung dauert gut zwei Stunden – deshalb dürfen Kinder unter 14 Jahren nicht mitgenommen werden. Anschließend besteht die Möglichkeit, zum Selbstkostenpreis in der Werkskantine zu essen (Voranmeldung: ☏ 89-33 56).

Eichstätt
In einer guten halben Stunde erreicht man von Ingolstadt aus über die B 13 Eichstätt. Die an einer engen Schleife der romantischen Altmühl gelegene Stadt, seit etwa 740 Sitz eines Bischofs, prunkt mit einer Vielzahl von Kirchen. Am bedeutendsten ist der Dom mit einem gotischen Kreuzgang und dem seltsamen Mortuarium, der Grabstätte zahlreicher Kirchenmänner. Der Residenzplatz zählt zu den schönsten barocken Plätzen Deutschlands.

Eine lange und reiche Stadtgeschichte

Schon bevor die „Stätte des Ingold“ 1392 zur Hauptstadt eines Teilherzogtums wurde, war sie ein bedeutender Handelsplatz, der 1242 durch Erbschaft an die Wittelsbacher fiel. Es war ein Glück für die Stadt, daß ihr Herzog Ludwig der Strenge (1253–94) sehr zugetan war und sie großzügig ausbaute. Die St.-Moritz-Kirche ⓮ blickte bereits auf mehrere Jahrhunderte Geschichte zurück. Herzog Ludwig zog einen ersten Mauerring um die Stadt und baute sich eine wuchtige Burg, den Herzogskasten ⓱. Er begann, das städtische Wirtschaftsleben und den Handel zu fördern, doch der eigentliche Aufschwung kam mit Herzog Ludwig dem Bayern (1294–1347), der den Ingolstädtern 1312 nochmals ihre Stadtrechte bestätigte und sie mit Markt-, Zoll- und Steuerprivilegien ausstattete.

Die Donau spielte eine wichtige Rolle im wirtschaftlichen Leben Ingolstadts. Ludwigs Nachfolger, Herzog Stephan II. mit der Hafte (1347–75), ließ den Fluß noch näher an die Stadt heranlegen, um günstigere Anlegeplätze zu gewinnen. Denn hier wurde transportiert und umgeschlagen, was Geld brachte, vor allem Wein und Eisen.

In die Regierungszeit von Herzog Stephan III., den man wegen seiner Prunkliebe den Kneißl nannte, fiel die sogenannte dritte Teilung Bayerns, die 1392 dazu führte, daß Ingolstadt selbständige Hauptstadt eines Herzog Stephan zugesprochenen Teilherzogtums wurde. Dieser begann sogleich, sich eine prächtige Hauptstadt auszubauen; vor allem ließ er die neue Stadtumwallung zu Ende führen.

Sein Sohn, Ludwig der Gebartete (1413–47), sollte diese Epoche zu ihrem Höhepunkt und zum allzu raschen Ende führen. Er hatte seine Jugendjahre in Paris verlebt und ging nun mit entsprechenden Vorstellungen daran, Ingolstadt weiter auszubauen. Da ihm der Herzogskasten ⓱ als Residenz zu unansehnlich war, errichtete er das Neue Schloß ❶, einen ebenso wehrhaften wie repräsentativen Bau mit charakteristisch übereckgestellten Türmen. In seiner Regierungszeit wurde auch mit dem Bau der Stadtpfarrkirche Zu Unserer Lieben Frau ⓬ begonnen (1425) – die vielleicht großartigste der spätgotischen Hallenkirchen Bayerns.

Eine Universität als Entschädigung

Der dritte Bau Ludwigs ist das Pfründnerhaus, dessen eigentliche Bedeutung erst rund 35 Jahre später zum Tragen kam, als Ingolstadt mit dem Tod des ebenso einfallsreichen wie ungeselligen Herzogs an die Landshuter Linie der Wittelsbacher fiel. Aus war es mit der Hauptstadtherrlichkeit. Quasi als Entschädigung stiftete 1472 Herzog Ludwig der Reiche in Ingolstadt die erste Universität Bayerns. Und das Pfründnerhaus wurde Sitz dieser Hohen Schule ⓫. Schon in den Anfangsjahren zog sie über 900 Studenten an und entwickelte sich rasch zu einem angesehenen Zentrum der Wissenschaften. Der Humanist Conrad Celtis (1459–1508) wurde 1492 einer ihrer ersten Lehrer.

Breit ausladend erhebt sich die Willibaldsburg über der Eichstätter Altmühl-Landschaft.

Hans Mielich und seine Werkstatt haben die 91 Bildtafeln des Hochaltars im Liebfrauenmünster geschaffen.

Sehr bald geriet die Hochschule in die Auseinandersetzungen um die Reformation; der theologische Widersacher Luthers, Dr. Johannes Eck, lehrte hier. 1549 hielten die Jesuiten Einzug und gelangten in Stadt und Universität zu großem Einfluß, bis zum Verbot des Ordens 1773. Sie förderten nicht nur die Theologie, sondern auch die Naturwissenschaften. Ebenso bedeutend war die medizinische Forschung, vor allem auf dem Gebiet der Anatomie, für die man 1725–35 einen barocken Neubau erstellte. Die hier durchgeführten Autopsien veranlaßten die Schriftstellerin Mary Shelley, die Geburt ihres »Frankenstein« in dieses Gebäude zu verlegen.

Im Jahr 1800 war die wissenschaftliche Karriere der Stadt mit einem Schlag beendet. Auf Wunsch des Münchner Hofs wurde die Hohe Schule zunächst nach Landshut, dann nach München verlegt – heute ist sie bekannt als Ludwig-Maximilians-Universität.

Karriere als Garnison

Als die Professoren und Studenten Ingolstadt verließen, blieben wenigstens noch die Soldaten. Auf ihrer militärischen Tradition versuchte die Stadt nun eine neue Zukunft aufzubauen, denn bereits 1539 war sie als nordwestlicher Grenzort des damaligen Bayern zur Landesfestung erklärt worden. Den Dreißigjährigen Krieg überstand sie, ohne eingenommen worden zu sein – Tilly starb in ihren Mauern an den Wunden, die er sich in der Schlacht bei Rain am Lech zugezogen hatte. Sie blieb ungebrochen, bis Napoleon I. den bayrischen Kurfürsten im Jahr 1800 zwang, alle Befestigungen zu schleifen und die Soldaten abziehen zu lassen. Für Ingolstadt begann nun eine Zeit des Niedergangs und schlimmer wirtschaftlicher Not. Daher beschloß König Ludwig I., Ingolstadt wieder zur bayrischen Landesfestung auszubauen. 1828 begannen die Arbeiten, zu denen er bedeutende Baumeister heranzog. Über 20 Jahre wurde an den Festungsanlagen gebaut, Tausende fanden Arbeit und Brot. Heute stehen noch die Kavaliere Hepp 7, Elbracht, Heydeck und das Reduit Tilly 16. Bis in unsere Tage blieb Ingolstadt eine bedeutende Garnisonstadt.

Mit Allradantrieb ins nächste Jahrtausend

Ein positives Erbe dieser Festungszeit ist der Grüngürtel, der sich entlang der alten Befestigungsanlagen um die historische Altstadt zieht, die dadurch in ihrem Erscheinungsbild weitgehend unversehrt blieb. Alles Neue siedelten die Stadtväter nämlich außerhalb an. Auch all jene Industrieunternehmen, mit denen die Stadt ihre vierte Karriere aufbaut. Zwar war dem Versuch, Ingolstadt zum süddeutschen Raffineriezentrum auszubauen, nicht der erhoffte Erfolg beschieden (nur eine einzige Raffinerie liegt im Bereich der Stadt), aber die anderen neuangesiedelten Betriebe florieren um so besser. Es hat den Anschein, als wäre die Stadt, ganz wie die Produkte einer hier ansässigen großen Automobilfirma, rasant und mit Vierradantrieb auf dem Weg in die Zukunft.

<u>Weltenburg</u>

Der Sage nach ist Weltenburg das älteste Kloster in Bayern: Schon kurz nach 600 soll es gegründet und später von dem hl. Bonifatius den Benediktinern übergeben worden sein. Der erste urkundliche Beleg führt jedenfalls weit in die Vergangenheit: 760 erhob Herzog Tassilo die Zelle endgültig zum Benediktinerkloster. Die Lage ist grandios: in einer Flußschleife, kurz vor dem berühmten Durchbruch der Donau durch das Felsmassiv des Juras, umgeben nur von Wald, Fels und Fluß – ein Ort der Meditation, aber auch des stets erneuten Kampfes gegen die hochgehenden Fluten des Stroms. Dieser gewaltigen Natur hat man ein großartiges Kunstwerk gegenübergestellt: die Klosterkirche St. Georg und St. Martin, ausgeführt von den genialen Barockmeistern Cosmas Damian und Egid Quirin Asam (geweiht 1718). 1803 wurde es zwar – wie alle Klöster – säkularisiert, die Benediktiner kehrten jedoch schon 1842 zurück, aber erst 1913 wurde Weltenburg wieder Abtei. Heute zieht das Kloster die Touristen an: der Natur wegen, der Kirche wegen und sicher auch wegen des ausgezeichneten dunklen Biers, das die Mönche dort zu brauen verstehen (B 16a bis Münchsmünster, dann weiter über Neustadt a. d. Donau und Eining in Richtung Kelheim).

Theater, Musik, Veranstaltungen, Museen

Theater
Stadttheater 18, Schloßlände 1. Oper, Operette, Schauspiel, Werkstattbühne, Freilichtbühne, ☏ 18 01.

Musik
Festsaal des Stadttheaters, Schloßlände 1. Sinfonie-, Chor- und andere Großkonzerte, ☏ 18 01.
Kurfürstliche Reitschule, Hallstr. 5. Kammer-, Solisten-, Klavier- und andere Kleinkonzerte, Liederabende, ☏ 30 54 14.
Garten der Alten Anatomie 9, Anatomiestr. 20. Barockkonzerte, Serenaden, Kammermusik mit intern. Besetzung (Juni/Juli), ☏ 30 53 65.
Pfeifturm, Moritzstr. »Pfeifturmblasen«: Klassische Blechbläserkonzerte mit den Ingolstädter Pfeifturmbläsern (Juni–Anfang Okt. letzter Sa im Monat 11 Uhr).
Maria de Victoria 6, Neubaustr. 1½.
Ingolstädter Orgeltage: Konzerte auf der Klais-Orgel im Münster und der Jann-Orgel in Maria de Victoria mit intern. Besetzung (Mitte Juli–Mitte Sept.), ☏ 30 53 65.
Neue Welt, Griesbadgasse 7. Jazz, Pop, Folklore, Kleinkunst, ☏ 3 24 70.
Culture Club, Geisenfelder Str. 42. Folk, Pop, Jazz, Kabarett, ☏ 6 17 18.

Veranstaltungen
Flohmarkt 1. Sa im Monat am Kreuztor und im Gewerbegebiet Manchinger Str., 3. Sa im Monat in der Herrenschwaige, 4. oder 5. Sa im Monat im Gewerbegebiet Manchinger Str.
Anfang Juni–Anfang Okt.: *Ingolstädter Kultursommer,* Kunst, Theater, Musik, Tanz, Vorträge, ☏ 30 54 17.
Juni: *Weinfest der Partnerstadt Carrara* auf dem Rathausplatz. Folklore und Spezialitäten aus der Toskana.
Juli: *Großes Bürgerfest* im gesamten Altstadtbereich. Bayrische Spezialitäten, intern. und bayrische Folklore sowie Straßentheater, Rock, Jazz, Pop und Kindertheater.
Aug. und Okt.: *Ingolstädter Jazztage.* Spielorte – Stadttheater, Kleinkunstlokale und Schulen. Workshops, Modern Jazz, Dixie, Swing, Blues, Gospels, Spirituals.
Sept.: *September-Dult* auf dem Rathausmarkt.

Museen
Bayrisches Armeemuseum, Neues Schloß, Paradeplatz 4 (s. 1).
Deutsches Medizinhistorisches Museum, Anatomiestr. 18/20 (s. 9).
Stadtmuseum Ingolstadt, Auf der Schanz 45 (s. 7).
Museum Konkreter Kunst, Tränktorstr. (Eröffnung Ende 1990).

Kaiserslautern

Rotbart und rote Teufel

Stauferkaiser Friedrich Barbarossa (Rotbart) würde staunen, käme er tatsächlich – wie die Sage prophezeit – von seinem Ruheplatz im Kyffhäuser hierher zurück in seine einstige Pfalz. Nur noch ein paar Mauerquader sind übriggeblieben von seiner Burg, und sie wirken winzig klein neben der 84 m hohen Verwaltungsburg, die die Stadt sich als Rathaus dorthin gesetzt hat. Fremdartige Sprachfetzen würden an sein Ohr dringen, denn die 70 000 Soldaten, die hier leben, kommen aus einem Land, das zu Stauferzeiten noch gar nicht existierte. Vielleicht würde er auch staunend den Ballartisten des 1. FC zusehen (unser Bild) oder bewundernd vor seinem eigenen Denkmal auf dem Kaiserbrunnen stehen, mit dem ihm die Bürger ihre ungebrochene Hochachtung zeigen wollen. Ob er aber angesichts der donnernden eisernen Vögel am Himmel nicht doch lieber wieder zu seinen Raben im Kyffhäuser zurückkehren würde?

Wappen In Rot ein silberner Pfahl, belegt mit einem senkrecht gestellten blauen Fisch. Auf Stadtsiegeln aus dem 13. Jh. war der Pfahl mit Wellenlinien gefüllt – ein Hinweis auf das Flüßchen Lauter. Später tauchten zwei Fische im Wappen auf, nach Ende des Dreißigjährigen Krieges entschied man sich für einen, aber dafür um so mächtigeren. Nicht klar ist bis heute, ob er einen Karpfen oder einen Hecht darstellen soll.
Lage Inmitten des Naturparks Pfälzer Wald.
Land Rheinland-Pfalz
Autokennzeichen KL
Höhe 212–516 m ü. M.
Fläche 140 km^2
Einwohnerzahl 100 000
Postleitzahl 6750
Telefonvorwahl 06 31
Post Postamt 1, Logenstr. 37 (gegenüber dem Hbf.), Spätschalter (Mo–Fr 8–12, 14–22, Sa 8–12.15 Uhr).
Polizei Präsidium, Logenstr. 5, ☏ 8 11
Taxi ☏ 6 98 00, 6 80 01, 6 70 22, 9 28 00
Nahverkehr Omnibuslinien im innerstädtischen Verkehr; Einzelfahrscheine und Tagesnetzkarten beim Fahrer, Streifenkarten auch an den bekannten Vorverkaufsstellen.
Parken In der Altstadt gibt es ausreichende Parkmöglichkeiten. Darüber hinaus sind zu empfehlen: Altstadtparkhaus am Rittersberg in der Salzstr., die Parkplätze am Stiftsplatz und am Messeplatz.
Touristinformation Verkehrs- und Informationsamt, Rathaus, ☏ 8 52 23 16, 8 52 23 17, 8 52 23 36 (Mo–Fr 8–17, Mai–Sept. Sa 9–12 Uhr).
Stadtrundfahrt Mai–Sept. Fr 14 Uhr ab Barbarossa-Burg.

Viel Geschichte – wenig Geschichtliches

Reich an Attraktionen und Sehenswürdigkeiten kann man Kaiserslautern nicht nennen, und die Verantwortlichen im Fremdenverkehrsamt haben hier mehr Mühe, die Fremden in ihre Stadt zu locken, als die meisten ihrer Kollegen andernorts.

Zu viele Kriege und Katastrophen sind über diese Stadt hinweggegangen, als daß sich ein ansehnlicher Schatz an historischen Gebäuden hätte erhalten können, deshalb gibt es heute hier mehr Gedenktafeln als wirkliche Denkmäler. Die Vorgeschichte Kaiserslauterns beginnt bereits 1200 v. Chr. Man hat aus dieser Zeit am östlichen Stadtrand Siedlungsreste gefunden. 1400 Jahre später waren die Römer hier und im 7. Jh. die Franken, deren Königshof Lutra große Bedeutung hatte.

Urkundlich erwähnt wird Kaiserslautern erstmals 822, und schon 985 erhält die Siedlung durch Otto III. Markt- und Zollrechte. 1152 taucht der Name Friedrich I., auch Barbarossa genannt, seines Zeichens Stauferkönig und ab 1154 Kaiser, in den Annalen der Stadt auf. Er errichtet hier eine prächtige Kaiserpfalz, von der neben dem Rathaus 1 noch die Mauerreste zu sehen sind. Barbarossas Wirken in der Stadt ist bis heute in den Gedanken und Empfindungen der Bürger verwurzelt. Man fühlt sich als Barbarossa-Stadt, hat eine Barbarossa-Halle und 1987 wurde ein Kaiserbrunnen 11 eingeweiht, auf dem der legendäre Kaiser in Überlebensgröße dargestellt ist. Er muß allerdings den Platz auf dem Brunnen mit König Rudolf I. von Habsburg teilen, denn – Ehre, wem Ehre gebührt – von ihm erhielt Kaiserslautern 1276 die Rechte einer freien Reichsstadt.

Ein Schloß für den Jäger aus Kurpfalz

Jemand, der der Stadt wie kaum ein anderer seinen Stempel aufgedrückt hat, war der »Jäger aus Kurpfalz«, Pfalzgraf Johann Kasimir, der hier nach 1570 ein prächtiges Renaissanceschloß bauen ließ und sich in der Stadt an der Lauter niederließ. Leider sind es nur Reste, die sich von seinem Schloß bis heute erhalten haben. Es gibt aber noch den berühmten Kasimir-Saal, der, liebevoll restauriert, bei feierlichen Anlässen als »gute Stube« der Stadt dient.

Von der Dachterrasse des 84 m hohen Rathauses hat man einen großartigen Rundblick auf Kaiserslautern und seine Umgebung.

In den Zeiten nach Johann Kasimir kommt Kaiserslautern lange nicht mehr zur Ruhe. Im Dreißigjährigen Krieg stürmen im Jahr 1635 Kroaten die Stadt. Auch der Pfälzische Erbfolgekrieg hinterläßt seine Spuren. 1703 bleibt nach einem Angriff der Franzosen nicht mehr viel übrig. Auftrieb für die Stadt bringt 100 Jahre später – Ironie des Schicksals – wieder ein Franzose: Napoleon richtet 1801 in Kaiserslautern eine Unterpräfektur ein. Für ein stetes Wachstum war damit gesorgt.

Rasant wird die Entwicklung mit Einsetzen der Industrialisierung, wobei entscheidende Impulse von der 1848 fertiggestellten Eisenbahntrasse Rhein/Saar ausgehen. 1870 leben schon 17 000 Menschen in der Stadt, bis 1939 steigert sich diese Zahl auf 70 000. Den Ersten Weltkrieg hat man, was Zerstörungen an Bauten betrifft, glimpflich überstanden, doch der Zweite Weltkrieg bringt die schlimmste Katastrophe der Stadtgeschichte. Dem Bombenhagel in den letzten Kriegsjahren fällt praktisch die gesamte alte Bausubstanz zum Opfer. Wunden, die das Stadtbild bis heute noch nicht verschmerzt hat.

Amerikaner und Stadtentwicklung

Die einstigen Kriegsgegner halfen der Stadt nach dem großen Desaster – zumindest wirtschaftlich – recht bald wieder auf die Sprünge. Kaiserslautern wird die größte US-Garnison in Europa und das nahegelegene Ramstein der größte NATO-Flughafen außerhalb der USA. 70 000 US-Soldaten leben heute in der Stadt und in der unmittelbaren Umgebung. Mit ihren Dollars sorgten sie für den Aufstieg Kaiserslauterns zur Großstadt, wie man sich seit 1969 offiziell nennen darf.

Natürlich prägten die Amerikaner nach dem Krieg auch die strukturelle und verkehrstechnische Entwicklung der Stadt entscheidend mit. So schlugen sie neue Verkehrstrassen in West-Ost-Richtung durch die Stadt und bewahrten Kaiserslautern damit bis heute vor den chaotischen Verkehrsverhältnissen vergleichbar großer Städte. Doch diese Trassen zerschneiden auch die gesamte Stadt, die sich dadurch völlig neu gliedern mußte. Die Altstadt erholte sich erst seit Anfang der 70er Jahre von den Wunden des Krieges und gewann ihre Attraktivität vor allem durch

»Do gewest«
Das hat der Heimatdichter Paul Münch einst einem Freund als Widmung ins Gästebuch geschrieben. Und in Kaiserslautern »dagewesen« ist der 1879 geborene Heimatfreund und Zeichenlehrer ab 1907. Sein erstes Mundartwerk war wohl auch sein bestes: »Die Pälzisch Weltgeschicht«. Im »Literarischen Führer durch die Bundesrepublik Deutschland« ist sie als Glücksfall und originellste pfälzische Mundartdichtung beschrieben. 100 000 Exemplare wurden von diesem Mundart-Bestseller bis heute verkauft. In seiner »Pälzisch Weltgeschicht« verlegt Paul Münch die Weltachse nach Kaiserslautern und läßt die Schöpfungsgeschichte im nahen Westricher Land über die Bühne gehen. Sein Theaterstück »Pfälzers Höllen- und Himmelfahrt« wird immer wieder von Laien und Profis im Kaiserslauterer Umland gespielt, sogar das renommierte Pfalztheater hatte es zwei Spielzeiten hintereinander fest im Programm.

Theater auf Sickingens Burg
Franz von Sickingen, Anführer der Reichsritter gegen ein Fürstenheer, fand während einer Belagerung 1523 auf seiner Burg Nannstein über dem Dörfchen Landstuhl den Tod. Die Ruine der auf einem gewaltigen Sandsteinfelsen errichteten Burg vermittelt heute noch einen nachhaltigen Eindruck von der einstigen Mächtigkeit der Anlage, die nach mehreren Zerstörungen im 17. und 18. Jh. durch die Franzosen seit dem letzten Jahrhundert wieder erhalten und gepflegt wird. Heute zählt sie zu den schönsten Burgruinen in Deutschland. Die romantische Kulisse der Burg macht sich auch die Laienspielerschar der Burgspielgemeinde Landstuhl zunutze, deren Aufführungen in jedem Jahr Tausende von Besuchern anlocken. Die rührige Truppe hat sich auf pfälzische Mundartstücke spezialisiert und damit auch schon bei renommierten Kritikern viel Lob erfahren. Karten für die Vorstellungen sollte man sich allerdings schon im voraus besorgen, denn an der Abendkasse gibt es oft keine mehr, ☎ (0 63 71) 8 30. Landstuhl erreichen Sie auf der B 40 oder auf der A 6, Richtung Homburg (ca. 18 km).

Stadtrundgang

Als Ausgangspunkt wählen wir das dank seiner Höhe von 84 m nicht zu übersehende Rathaus (1), wo man am Rathausplatz auch parken kann, zu erreichen über die Lauterstraße. Der Rundweg ist ca. 2 km lang, und Sie müssen eine gute Stunde Zeit dafür einplanen, natürlich ohne längere Besichtigungen und Museumsbesuche. Wer die Pfalzgalerie (12) nicht besuchen will, kann ein wenig abkürzen, indem er vom Kaiserbrunnen (11) durch die Ludwigstraße direkt zum Ausgangspunkt am Rathaus zurückkehrt.

Für eine Ruhepause auf dem Rundweg bieten sich zahlreiche gemütliche Kneipen der Altstadt zwischen Martinskirche (7) und Kaiserbrunnen an, vor allem in der Steinstraße.

Sehenswürdigkeiten

(1) *Rathaus*, 84 m hohes Bauwerk mit 24 Stockwerken, 1964–68 von Roland Ostertag erbaut. Von der Dachterrasse herrlicher Blick über die Stadt.

(2) *Burganlage und Schloß*, ursprünglich eine Pfalz mit Palas und zweigeschossiger Kapelle, ab 1152 von den Stauferkaisern Friedrich I. (Barbarossa) und Friedrich II. errichtet, aufgrund von Grabungen und überkommenen Grundmauern rekonstruierbar. Daneben baute Pfalzgraf Johann Kasimir nach 1570 ein Renaissanceschloß. Beide Anlagen wurden 1703 durch die Franzosen gesprengt. Teile des Schlosses sind noch erhalten und werden zu kulturellen und Repräsentationszwecken genutzt.

(3) *Fruchthalle*, 1843–46 von dem Münchner Architekten August von Voit als Markthalle erbaut, heute Kongreß- und Konzerthalle. Vorbild war der Palazzo Medici in Florenz.

(4) *Stiftskirche*, ehemalige Prämonstratenserkirche St. Martin und Maria, seit 1565 protestantische Pfarrkirche. Chor und Langhaus der Hallenkirche setzen sich als Bauteile deutlich voneinander ab. Der frühgotische Chor aus dem späten 13. Jh. diente den Prämonstratensern als Klosterkirche; das Langhaus wurde im frühen 14. Jh. dazugebaut. Die Westfront mit den beiden Türmen und der Hauptturm stammen aus dem 15. und 16. Jh. Die Kirche ist das bedeutendste Architekturzeugnis der Früh- und Hochgotik in der Pfalz. Beachtenswert das schön verzierte Portal an der Nordseite des Langhauses.

(5) *Schöner Brunnen*, vor der Stiftskirche Anfang des 18. Jh. erbaut; Löwe und Adler auf dem Brunnenstock als Wappenträger.

(6) *Spoliensäule*, mit Bauteilen historischer Gebäude der Stadt aus sechs Jahrhunderten zusammengesetzt; den Sockel bilden zehn nachgebildete alte Grenzsteine.

(7) *Pfarrkirche St. Martin*, mittelalterliche Bettelordenskirche aus dem 13. Jh.; schöner Chor mit Kreuzrippengewölbe. Das Langhaus weicht in seiner Achse wegen der ehemals beengten Lage an der Stadtmauer vom Chor stark ab.

(8) *Altes Rathaus*, im 18. Jh. eine Herberge; das Stadtparlament tagte hier bis zum Bau des modernen Hochhauses (1).

(9) *Theodor-Zink-Museum*, historisches Gebäude aus dem 18. Jh. Gegenstände von der Jungsteinzeit bis zur Gegenwart aus dem Kaiserslauterer Raum (Di–Fr 9–17, Sa, So 10–18 Uhr).

(10) *Wadgasserhof*, ehemaliger Wirtschaftshof des Klosters Wadgassen. Im Innern des restaurierten und zu Ausstellungszwecken genutzten Gebäudes sind mittelalterliche Wandmalereien und schöne Stuckdecken erhalten.

(11) *Kaiserbrunnen*, von dem Kaiserslauterer Künstler Gernot Rumpf entworfener Brunnen, 1987 eingeweiht; zeigt als zentrale, 5 m hohe Doppelfigur Kaiser Friedrich Barbarossa und König Rudolf I. von Habsburg, die in der Stadtgeschichte eine wichtige Rolle gespielt haben.

(12) *Pfalzgalerie*, zwischen 1875 und 1880 von Karl Spatz errichtetes Neorenaissance-Gebäude; Sammlungen von Grafik, Malerei und Plastik aus dem 19. und 20. Jh., darunter Werke von Spitzweg, Feuerbach, Böcklin, Liebermann, Corinth, Slevogt, Purrmann, Kirchner, Heckel, Picasso, Beckmann, Lehmbruck, Weißgerber und Zadkine (Di–So 10–17, Di auch 19–21 Uhr).

(13) *Hohenecken*, Ruine einer um 1200 errichteten und 1698 endgültig zerstörten Burg, die wohl Sitz eines Reichsministerialen war. Zu sehen sind noch Teile der mächtigen Schildmauer sowie Reste von Palas und Bergfried; am Palas schöne Fenstersäule mit Laubwerkkapitell.

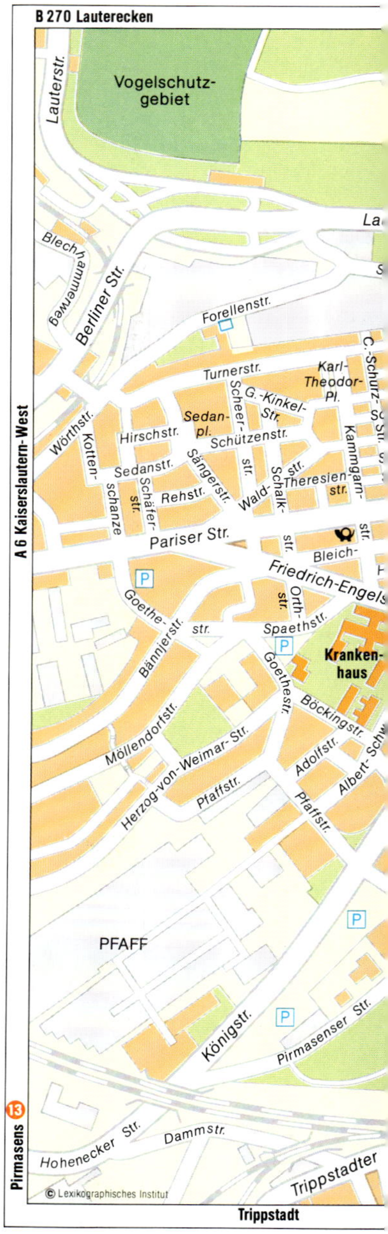

zahlreiche gemütliche Kneipen und Restaurants entlang der Steinstraße zurück, eine Anhäufung, die ihr den Namen »Lauterer Drosselgasse« eingebracht hat. Das Altstadtfest zeugt Jahr für Jahr von der neuen Popularität des alten Zentrums mit dem ehemaligen Rathaus (8).

Die Amerikaner veränderten aber nicht nur beim Straßenbau die Stadtstrukturen: Sie bauten auch rings um Kaiserslautern große Wohnsiedlungen und Armeekasernen, die heute dem Besucher als erstes ins Auge fallen, wenn er in die Stadt hinein- oder auch nur auf der Autobahn an der Stadt vorbeifährt. Man könnte auf den ersten Blick leicht dem Irrtum erliegen, man sei in einer mittelgroßen amerikanischen Stadt gelandet. Football- und Baseballfelder grenzen direkt an die alte Kaiserstraße, daneben eine US-Rundfunkstation, große US-Einkaufszentren und dahinter Wohnblocks zu Dutzenden. Bis man das erste »deutsche« Haus sieht, hat man das Ortsschild längst hinter sich gelassen. Eine Augenweide sind diese militärischen Zweckbauten sicher nicht, und die Stadt wehrt sich verständlicherweise gegen Pläne der Amerikaner, noch mehr solch ghettoartige Wohnsiedlungen zu bauen, aber verderben will man es sich mit den Dollarspendern natürlich auch nicht.

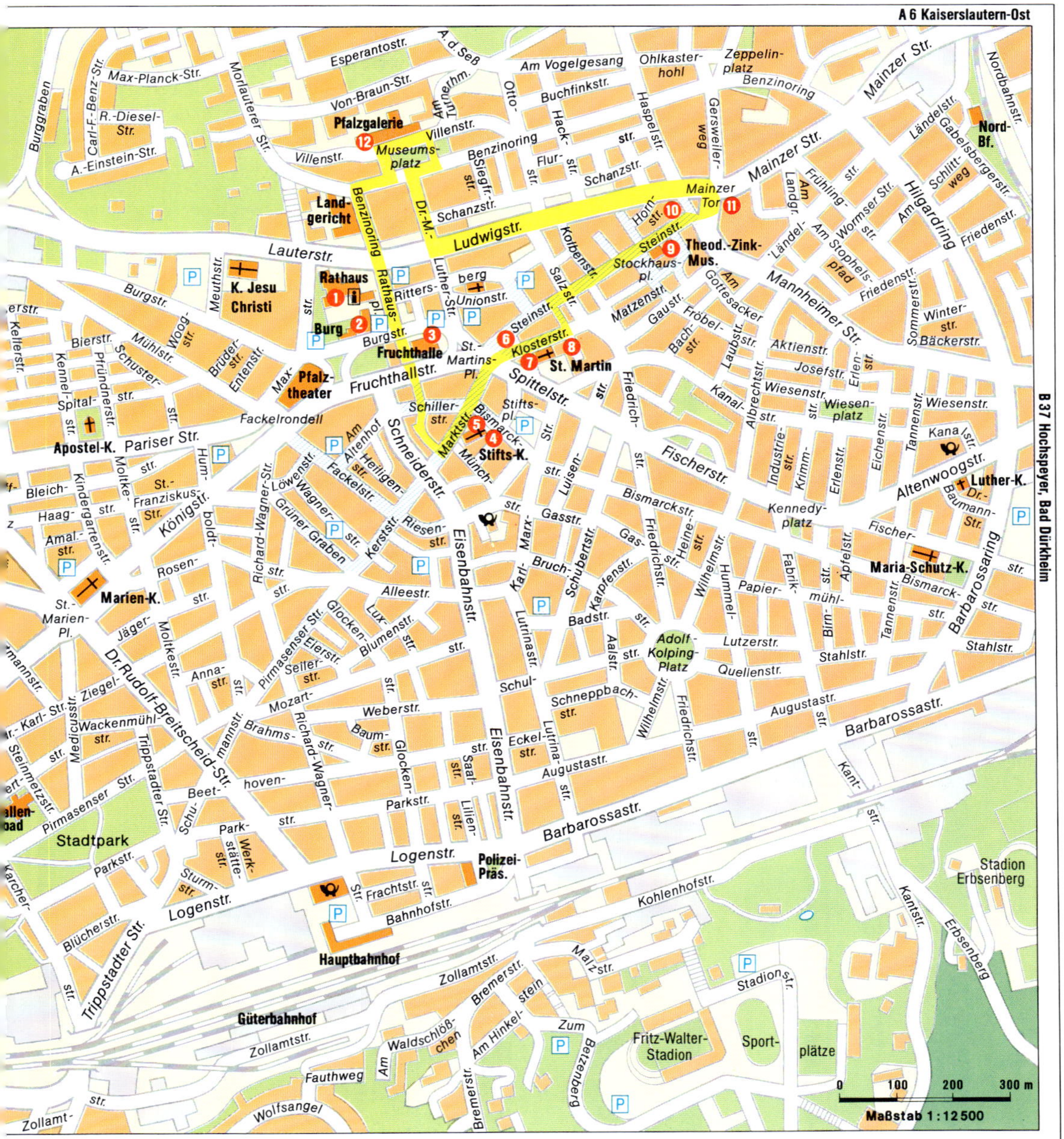

Dollars und Fluglärm

Der wirtschaftliche Einfluß der Amerikaner ist enorm. Sie sind bei weitem der größte Arbeitgeber in der von Industrie und Gewerbe nicht gerade verwöhnten Region. Nun glaubt die Bevölkerung, ihren Tribut für die Verteidigungsfähigkeit unseres Landes langsam erfüllt zu haben. Leidet man doch, abgesehen von den städtebaulichen Sünden der Amerikaner, auch unter dem starken Fluglärm der Maschinen, die auf der nahen Air Base in Ramstein starten und landen.

Trotz allem ist das Verhältnis zu den militärischen Dauergästen der Stadt – zu ihnen gehören neben den Amerikanern auch einige französische Einheiten – im Prinzip sehr gut, und kommt es einmal zu einer Protestkundgebung gegen das Militär, so sind unter den Teilnehmern die Bewohner der Stadt oder der Umgebung meist in der Minderzahl. Man hat sich halt im großen und ganzen mit den amerikanischen Gästen arrangiert, weiß, was man ihnen verdankt und wie stark man wirtschaftlich von ihnen abhängig ist, auch wenn sich mit dem Nähmaschinenwerk Pfaff und einem Werk der Adam Opel AG nach dem Krieg zwei große Industrieunternehmen in der Stadt niedergelassen haben.

Hecht oder Karpfen

Wenn es darum geht, um welche Art Fisch es sich beim Wappentier der Stadt Kaiserslautern handelt, herrscht meist Uneinigkeit. Wollen die einen darin den gutmütigen Karpfen sehen, sagen die anderen, es sei natürlich ein »toller« Hecht. Als nun der in Neustadt ansässige Kaiserslauterer Künstler Gernot Rumpf eben diesen Wappenfisch innerhalb des Figurenensembles für den neuen Kaiserbrunnen (11) darstellen sollte, war er ratlos. Aber was lag letztlich näher, als einen Zwitter, halb Hecht, halb Karpfen, zu formen – und so geschah es. Getrost kann nun weiter über die Identität des Kaiserslauterer Wappentiers gerätselt werden.

Tips, Tips, Tips

Sommertheater
Ein Anziehungspunkt für Freunde des Freilichttheaters ist die kleine Ortschaft Katzweiler, 8 km nordwestlich von Kaiserslautern gelegen und über die B 270 zu erreichen. Dort werden auf einer äußerst idyllisch gelegenen Freilichtbühne im Sommer neben traditionellem Theater vor allem Mundartstücke, aber auch Märchen für Kinder gespielt, ☎ (0 63 01) 96 19.

Vor allem Märsche
Alle zwei Jahre (1991) im Sommer wird das Fritz-Walter-Stadion auf dem Betzenberg zum Mekka der Militärmusikfreunde. Musikkorps aus allen NATO-Ländern treffen sich dann in Kaiserslautern und spielen zünftig auf. Über den genauen Zeitplan und das Programm informiert das Verkehrsamt der Stadt.

Die US-Boys in Kaiserslautern bieten natürlich nicht nur Arbeitsplätze, sie sind vor allem bei starkem Dollar auch ein Garant für große Umsätze bei den Handels- und Dienstleistungsbetrieben. Mit Sorge studieren die Kaiserslauterer Einzelhändler, Kaufhausmanager und Gewerbetreibenden täglich die Wechselkurse, und mancher Autohändler in der Stadt verkauft mehr US-Modelle als einheimische Autos. Auch kann es einem durchaus passieren, daß man als alteingesessener Deutscher in einem Geschäft auf Englisch nach seinen Wünschen gefragt wird – Zweisprachigkeit ist in Kaiserslautern wegen der oft gestörten Beziehung der Amerikaner zu Fremdsprachen Trumpf. Und so fühlt sich mancher Kaiserslauterer hin und wieder wie ein Gast in der eigenen Stadt.

Gepflegte Ballkultur

Zum Bekanntheitsgrad der Stadt haben außerhalb der Pfalz vor allem die Ballartisten des 1. FC Kaiserslautern beigetragen, und der Name Fritz Walter ist sogar für die weniger Sportbegeisterten ein Begriff. Er war nicht nur Weltmeister, sondern mit den »roten Teufeln vom Betzenberg« auch mehrfach deutscher Fußballmeister; heute verdient er sein Geld mit einem großen Kinobetrieb in Kaiserslautern.

Weit über die pfälzischen Landesgrenzen hinaus reicht auch der Ruf Kaiserslauterns als Kulturstadt. Dazu hat vor allem das Pfalztheater mit seinen ausgezeichneten Musical-Aufführungen beigetragen. Allerdings ist das renommierte Ensemble, das bis heute in einem ehemaligen Stadtkino spielt, in extremer Raumnot. Doch es stehen bessere Zeiten an. Stadt und Land wollen zusammenlegen und in den nächsten Jahren eines der attraktivsten Theaterhäuser in der Bundesrepublik Deutschland bauen.

Eine römische Fluchtburg
Den Beweis, daß bereits in römischer Zeit der Raum Kaiserslautern strategisch hoch eingeschätzt wurde, liefern Ausgrabungen in Kindsbach, rund 13 km westlich von Kaiserslautern gelegen. Dort ist auf dem sogenannten »Großen Berg« eine spätrömische Höhensiedlung entdeckt worden, die Stück für Stück Münzen, Schmuckstücke und vor allem Erkenntnisse über Bautechniken und Lebensverhältnisse der Römer in der Kaiserslauterer Gegend freigibt. Nach Ansicht der Fachleute geht die Siedlung auf das Jahr 352 n. Chr. zurück; sie diente wohl hauptsächlich als Fluchtort der Bevölkerung aus gefährdeten Ortschaften in den Talbereichen. Die ganze Siedlung war stark befestigt und relativ leicht zu verteidigen; sie war aber wohl nur für einen zeitlich begrenzten Aufenthalt gedacht. Verlassen wurde sie offenbar im Jahr 353 nach einer Brandkatastrophe; darauf weisen zahlreiche verbrannte Fundstücke hin.

Vom Stadtzentrum aus gelangt man schnell in die schöne Umgebung.

Durch die Reste der Barbarossa-Burg erblickt man das moderne Rathaus.

Nicht nur dem allbekannten Barbarossa ist der 1987 eingeweihte Kaiserbrunnen am Mainzer Tor gewidmet, sondern auch Rudolf I.

Über 100 Jahre trennen die zeitgenössische Plastik von der dahinterliegenden Pfalzgalerie mit ihrer Neorenaissance-Fassade.

Universitätsstadt seit 1970
Am Ziel ihrer Wünsche glaubten sich die Stadtoberen, als Kaiserslautern 1970 die dritte Universität des Lands Rheinland-Pfalz bekam. Der Sprung zur allseits anerkannten Großstadt schien damit endgültig geschafft. Und dies hat sich auch zum großen Teil bewahrheitet. Die Hochschule mit einem hauptsächlich naturwissenschaftlichen Lehrangebot entwickelte sich beachtlich. Die Studentenzahlen stiegen stark an, und der Hochschulbereich »Forschung für die Industrie« gehört zur Spitze in der Bundesrepublik Deutschland. Auch wenn sich die Studiosi auf ihrem Campus im Süden der Stadt wohl fühlen, ist die junge Universität keineswegs frei von Problemen. Besonders zu schaffen macht ihr der Mangel an geeigneten und preiswerten Unterkünften für die Studenten, denn der Markt wird hier von dollarstarken GIs bestimmt. Vor allem aber fehlt das belebende Element der Geisteswissenschaften, die vom Uni-Programm ausgespart blieben.

Auch die exquisiten Konzertreihen in der Fruchthalle 3 haben den Ruf der Stadt gefördert – und natürlich die Pfalzgalerie 12 mit ihren Sammlungen zur Malerei, Grafik und Plastik des 19. und 20. Jh. Vorbildlich ist in der Barbarossa-Stadt das Angebot an Kleinkunst, Jazz-, Rock- und Popkonzerten. Das Jugend- und Programmzentrum in der Steinstraße 47 hat sich bei der Durchführung solcher Veranstaltungen einen guten Ruf verschafft, ebenso das neue Kulturzentrum Kammgarn. Die »Bühne unterm Dach« wird von vielen tourneeerfahrenen Kabarettisten und Musikern als die schönste Kleinkunstbühne in Deutschland bezeichnet.

Von der Kultur zur fast unberührten Natur ist es in Kaiserslautern nur ein kleiner Sprung. Der Naturpark Pfälzer Wald im Süden der Stadt ist das größte zusammenhängende Waldgebiet in der Bundesrepublik Deutschland und bietet dem Stadtbummler, der sich nach Abwechslung oder etwas Erholung sehnt, fast unbegrenzte Wander- und Freizeitmöglichkeiten. Stattliche Wälder grenzen auch im Westen, Norden und Osten das Stadtgebiet ein, was kritische Zeitgenossen schon zu der Aussage veranlaßt hat, die Lage sei das schönste an Kaiserslautern. Eine Aussage, über deren Richtigkeit sich jedermann ein eigenes Urteil bilden sollte – bei einem Stadtbesuch natürlich.

Theater, Musik, Veranstaltungen, Museen

Theater
Pfalztheater Kaiserslautern. Spielorte – Großes Haus, Fackelrondell: Oper, Operette, Musical, Ballett, Schauspiel. Kammerspiele in der Kreissparkasse (»Kik«), Am Altenhof 12–14: Schauspiel, ☏ 6 86 94.
Theodor-Zink-Museum, Steinstr. 48. Kleinkunst, Pantomime, kleinere Theateraufführungen, Lesungen, Kabarett, ☏8 52 23 27.
Jugend- und Programmzentrum, Steinstr. 47. Kleinkunst, Kabarett, ☏ 8 52 26 37.
Kulturzentrum Kammgarn, Schönstr. 10. Theater, Kabarett, intern. Gastspiele sowie Lesungen, ☏ 8 52 25 48.

Musik
Fruchthalle 3, Fruchthallstr. »Konzerte der Stadt Kaiserslautern«: Kammer-, Sinfoniekonzerte, »6-Uhr-Konzerte«, ☏ 8 52 24 11.
Barbarossa-Burg 2, Rathausplatz. Konzerte junger Künstler, ☏ 8 52 22 58.
St.-Martins-Kirche 7, Klosterstr. 4. Orgelkonzerte, Orchestermessen mit Chor, Kantaten, Motetten, ☏ 9 31 83.
Stiftskirche 4, Marktstr. 13. Chorkonzerte, Orgelkonzerte mit deutschen und intern. Interpreten (April–Okt.), ☏ 6 31 71.
Jugend- und Programmzentrum, Steinstr. 47. Pop-, Rock-, Jazz-, Funkkonzerte, Kabarett, ☏ 8 52 26 37.
Malzwerk, Rummelstr. 7. Gesamtes Jazzspektrum mit deutschen und intern. Interpreten, ☏ 6 11 88.

Veranstaltungen
Fastnachts-Sa – Fastnachts-Di: *Fastnachtsmarkt* auf dem Stiftsplatz. Volksfest.
Alle zwei Jahre (1991) Ende Juni: *NATO-Musikfestival*, Fritz-Walter-Stadion Betzenberg. Militärkapellen aus NATO-Ländern, ☏ 8 52 23 16.
Ende Mai/Anfang Juni: *Maimarkt*, Messeplatz. Volksfest.
Erstes Wochenende im Juli: *Altstadtfest* vom Martinsplatz bis zum Mainzer Tor mit breitgefächertem Musikprogramm.
Erstes Wochenende im Sept.: *Barbarossa-Woche*, Fußgängerzone. Warenangebot im Freien; Musikprogramm.
Drittes Wochenende im Okt.: *Oktobermarkt*, Messeplatz. Volksfest.
Ende Nov./Anfang Dez.: *Kulturmarkt* in der Fruchthalle. Kunsthandwerk.

Museen
Pfalzgalerie des Bezirksverbandes Pfalz, Museumsplatz 1 (s. 12).
Theodor-Zink-Museum, Steinstr. 48 (s. 9).

Der Himmel über Baden sei anders, behaupten Kenner, flacher gespannt und mit einer Spur ins Silbrige, ins atmosphärisch Dichte. In Karlsruhe kann man diesen Himmel zum ersten Mal erahnen: Hier ist man gleichermaßen dem Westen und dem Süden näher als anderswo. Daß hinter Karlsruhe fast schon Italien beginne, diese Beobachtung stammt immerhin von einem habsburgischen Kaiser – nur, Italien liegt relativ fern, Frank-

reich indessen schon hinter dem silbrig schimmernden Rhein. Zur Grenze sind es gerade 20 km. Nüchtern, wie die Karlsruher auch sind, ziehen sie aus dieser Lage natürlich ihren Nutzen, bezeichnen und begreifen sich als europäisches Oberzentrum. Voll Genugtuung, denn nachdem Stuttgart baden-württembergische Verwaltungshauptstadt geworden war, geriet man für einige Zeit politisch in den Windschatten. Aber das ist lange her!

Karlsruhe

Wo höchstes Recht gesprochen wird

Wappen Auf rotem Grund ein silbern eingefaßter goldener Schrägbalken (also etwas nuanciert die badischen Farben Gelb/Rot/Gelb). Darin in schwarzen Lettern das lateinische Wort »FIDELITAS« nach einem vom Stadtgründer Markgraf Karl III. Wilhelm gestifteten Orden der Treue.
Lage In der Oberrheinischen Tiefebene, im Westen eingegrenzt vom Rheinufer (8 km vom Stadtzentrum entfernt), im Osten von den Ausläufern des Pfinzgaus, im Süden vom Schwarzwald und im Norden vom Hardtwald.
Land Baden-Württemberg
Autokennzeichen KA
Höhe 100–322,7 m ü. M.
Fläche 174 km^2
Einwohnerzahl 273 000
Postleitzahl 7500
Telefonvorwahl 07 21
Post Postamt 1, Kaiserstr. 217 (Europaplatz), Spätschalter (Mo–Sa 8.30–20 Uhr); Postamt 2, Poststr. 1 (am Hbf.), Spätschalter (Mo–Fr 7.30–22, Sa 7.30–20, So 10–20 Uhr).
Polizei Revier Marktplatz, Karl-Friedrich-Str. 15, ☏ 66 14 03, 13 61
Taxi ☏ 3 00 33
Nahverkehr Gut ausgebautes Straßenbahn- und Omnibusliniennetz in der Innenstadt sowie bis in die Außenbezirke; Fahrscheine beim Fahrer und in Automaten an den Haltestellen; Mehrfahrtenkarten.
Camping Campingplatz Turmbergblick, Tiengener Str. 40, ☏ 4 40 60. Zu erreichen über die A 5, Ausfahrt Karlsruhe-Durlach.
Parken Die Parkplätze und Parkhäuser im Bereich der Innenstadt sind gut ausgeschildert; darüber hinaus gibt es einen Parkplatz- und Parkhausplan des Stadtplanungsamts, in dem die Zufahrtsmöglichkeiten genannt sind.
Touristinformation Verkehrsverein, Bahnhofplatz 6, ☏ 35 53-0 (Mo–Fr 8–19, Sa 8–13 Uhr); Stadtinformation, Karl-Friedrich-Str. 14, ☏ 35 53-20 (Mo–Fr 8.30–18.30, Sa 8.30–12.30 Uhr).
Stadtrundfahrt Ab Bahnhofstr./Ecke Bahnhofplatz April–Okt. Sa 10.30 Uhr, zusätzlich Juni–Sept. Mi 14.30 Uhr.
Stadtführung Auf Anfrage beim Verkehrsverein in den Monaten Mai, Juni, Sept. und Okt.
Schiffahrt Rheinfahrten bis nach Speyer, ☏ 35 53-0.

Selbstironie und Vor-Stadtbewußtsein

Übrigens, den Karlsruhe-Kundigen erkennt man daran, daß er den Namen der Stadt auf dem »a« und nicht auf dem »u« betont – die Karlsruher selbst sagen »Kállsruh« – und daß er die Karlsruher keinesfalls »Badenser« nennt. Sie sind schlichtweg »Badener«. »Badenser« hingegen gilt als Verhohnepipelung. Das aber haben die Karlsruher, die sich sehr darum kümmern, ihre Stadt in Flor zu halten, nicht verdient.

Seit über 270 Jahren liegt Karlsruhe jetzt so offen da, mit dem Straßenfächer gleichsam Fühler ausstreckend in die Ebene hinaus, die den Rhein ankündigt. Und auch die Architektur hat etwas von dieser Offenheit, etwas zum Hinsehen, was sich nicht versteckt, etwas Theatralisches, etwas von Kulisse, von grandioser Übertreibung. Doch keine Heldentenöre gehen oder gingen jemals darin um, sondern in der Regel badische Staatsbeamte. So kann man auch verstehen, daß es den Bauern, Handwerkern und Weingärtnern aus der mittlerweile teilweise eingemeindeten Umgebung immer zu fein und feierlich zuging in dieser »Beamtenoper« zwischen Rondellplatz (23) und Schloßturm (15) und daß sie sich deshalb ein bemerkenswertes Eigenleben bewahrt haben – daß sie sich gerade durch all die schönen Nachahmungen von Athen, Rom oder Versailles nun erst recht als Grünwinkler, Beiertheimer oder Durlacher begriffen. Und dieses Vor-Stadtbewußtsein hat sich bis heute bewahrt, ohne daß Offenheit und umtriebige Verbindlichkeit darunter litten.

Die Karlsruher scheinen sich recht gern mit deftiger Selbstironie zu betrachten. Da mag die Ebene eine Rolle spielen – hier läßt sich's eben nicht so einfach hinterm Berg halten. Zudem, und auch das paßt zum Rhein, hat Karlsruhe seine karnevalistische Tradition. Da gibt es etwa in büttenredenhafte Zeilen gesteckte Selbstbetrachtungen die Menge – »Nachdwächder haiße in Bulach die Leid./Die kenne kai Hegdig – die lasse sich Zeid!« Neben den vielen anderen Spitznamen wird dann auch erklärt, wer die »Briganten« sind, wie die Karlsruher – die »Kernstädter« – sich selbst nennen: Weil der Stadtgründer damals, 1715, halt keine Handwerker gehabt habe und sie deshalb aus aller Herren Länder herbeirufen mußte, seien dann eben auch »Brigande«, also eigentlich Straßenräuber, dabeigewesen. Auf karlsruherisch: »Brigande war Gsindl un Lumbepack! – Heid sinn alles ganz biedre Kállsruhr Leid.«

Der Ludwigsplatz bildet eine eigene kleine Fußgängerzone, in der man in aller Ruhe Hunger und Durst im Freien stillen kann.

Biedermeier – eine Karlsruher Erfindung

Man kokettiert hier mit der Eigenschaft »bieder«, nennt sich selbst so, damit es einem nicht die anderen sagen müssen. Das ist nicht ganz ohne Tradition: Um 1850 schuf der längst vergessene Karlsruher Autor Ludwig Eichrodt einen dauerhaften Begriff, den Herrn »Biedermeier«, den man also getrost zu den Karlsruher Erfindungen rechnen darf, wenn er auch nicht, wie Fahrrad und Auto, deren Ursprung mit Karlsruhe zusammenhängt, die Welt bewegte. Und wenn »bieder« nicht nur »brav«, sondern auch »tüchtig« bedeutet, dann haben die Karlsruher vom zweiten sicher ein gut Teil mehr erwischt. Denn wie weit man, trotz des Bedeutungsverlusts als Residenz (1918) und als Landeshauptstadt von Baden (nach 1945) kam, beweist man in Karlsruhe so listig wie trotzig: Wenn man jetzt auch keine Regierungsmetropole mehr ist, so doch, was im Zweifel mehr Leben bringt, allemal eine Veranstaltungsmetropole. Und hier hat man die politische Landeshauptstadt Stuttgart wohl doch längst in den Schatten gestellt. Tüchtig!

Und tüchtig auch, wie man seine Geschichte aktiviert. Überall Anspielungen auf diese merkwürdige Gründung. Selbst ein Faltblatt übers Parken heißt »Parken in der Fächerstadt«. Diese Gründungsgeschichte »begeht« man hier auf Schritt und Tritt, sie wird sozusagen unumgänglich. Nun denn, in wenigen Schritten: Am 17. Juni 1715 hat Markgraf Karl III. Wilhelm (Regierungszeit 1709–38) den Entschluß gefaßt, zur »künftigen Ruhe und Gemütsergötzung eine fürstliche Residenz in den sogenannten Hardtwald nahe bei Mühlburg aufzubauen«, und den Grundstein für einen achteckigen Schloßturm gelegt, von dem aus seine neue Stadt »Carols-Ruhe« ausstrahlen sollte wie eine fürstliche Gnadensonne. Der Markgraf legte sodann selbst Hand an den Plan und zog vom Turm aus 32 Straßen (»Radien«) in alle Himmelsrichtungen.

Zur Bebauung standen erst einmal jene neun Straßen an, die in dem rechten Winkel lagen, den die beiden kurios anmutenden, schräg stehenden Schloßflügel vorgaben. Diese geometrische Urzelle endete ursprünglich an der Langen Straße (heute Kaiserstraße), die als Ost-West-Achse über den Marktplatz führt. In angemessenem Abstand, auf einem »Zirkel« mit 300 m Abstand zum Schloß, standen die Bauten des Hochadels, die zweistöckig sein durften, aber nicht höher, denn nichts sollte das ohnehin

Vor der Tempelfront der Stadtkirche steht mitten auf dem Marktplatz Weinbrenners Pyramide über der Gruft des Stadtgründers.

Hausberg mit guter Aussicht

Karlsruhe liegt so niedrig (Marktplatz 115 m ü. M.), daß der Turmberg in Durlach mit 255 m ü. M. schon eine veritable Anhöhe ist. Dieser Karlsruher Hausberg bietet bei gutem Wetter einen weiten Blick über die Ebene hinaus – bis hin nach Straßburg und Speyer. Die Reben, die auf dem Turmberg wachsen, gehören zum Besten, was der badische Weinbau zu bieten hat. Auf den Turmberg führt eine elektrische »Bergbahn«; die Strecke ist 310 m lang, dafür liegt die höchste Steigung bei 36,2 %, und die Fahrt dauert 4 Min. Diese »Turmberg-Spitze« sei Erwachsenen wie Kindern empfohlen: Ausflugslokal und Abenteuerspielplatz liegen nahe beieinander. Unweit davon befindet sich auch die Sportschule Schöneck, häufig Vorbereitungsquartier für die bundesdeutsche Fußball-Nationalelf.

Schloß Ettlingen

Karlsruhe ist auch noch allenthalben von Schlössern umgeben. Zum nächstgelegenen in Ettlingen kommt man zum Beispiel vom Marktplatz aus mit der Straßenbahn (Linie A, Entfernung 8 km). Berühmt geworden ist dieses Schloß durch die Deckenfresken der Schloßkapelle von Cosmas Damian Asam (1732) und durch die Ettlinger Schloßfestspiele, die alljährlich im Sommer stattfinden. Im Schloß sind verschiedene Sammlungen untergebracht, so eine Karl-Hofer-Galerie mit Gemälden und Grafiken des berühmten, 1878 in Karlsruhe geborenen, 1955 in Berlin gestorbenen Malers, daneben Werke des Bildhauers Karl Albiker (1878–1961). Chinesisches und japanisches Kunsthandwerk wird in einigen prunkvollen Barockräumen gezeigt. Interessant ist auch das Musik- und Uhrenkabinett mit teilweise recht skurrilen Musikautomaten. Kulturhistorische Funde aus der Gegend werden im Albgau-Museum gezeigt (Di–So 10–17 Uhr).

Vororte und ihre Wappen

Die 17 ehedem eigenständigen und im Lauf dieses Jahrhunderts eingemeindeten Karlsruher Vororte sind, dem Alphabet nach: Beiertheim, Bulach, Daxlanden, Durlach, Grötzingen, Grünwinkel, Hagsfeld, Hohenwettersbach, Knielingen, Mühlburg, Neureut, Palmbach, Rintheim, Rüppurr, Stupferich, Wettersbach und Wolfartsweier. Sie haben sich noch allerhand Eigenständigkeit bewahrt; so gibt es zu vielen von ihnen noch eigene Leit- und Spottfiguren – die Bulacher Nachtwächter, die Grünwinkler Grönländer, die Rüppurrer Rahmbeutel – und für jeden dieser Orte ein historisches Wappen. Für alle, die sich für Stadtgeschichte und dabei insbesondere für Wappenkunde interessieren, hat das Stadtarchiv eine Broschüre herausgebracht, die diese 17 Wappen und das Karlsruher »Fidelitas«-Motiv, unter dem heute die Kernstadt und ehemalige Vororte vereint sind, ausgiebig erklärt. Der Titel: »Die Wappen in Karlsruhe«; zu erhalten über den Verkehrsverein.

Stadtrundgang

Startpunkt unseres Besichtigungswegs ist der Hauptbahnhof 1. *Parkplätze finden Sie in der Tiefgarage am Südende des Hauptbahnhofs und hinter dem Bahnhofsgebäude im Gleisgelände (Zufahrt über die Schwarzwaldstraße oder vom Bahnhofsvorplatz links am Bahnhof vorbei). Gleich gegenüber dem Bahnhof finden Sie die Touristinformation, von wo es nur wenige Schritte zum Stadtgarten mit dem Zoo* 2 *sind. Damit der Gang durch die Stadt nicht zu lang wird – es sind bis zum Weltzienschen Haus* 22 *ca. 5 km –, empfiehlt es sich, vom Karlstor aus für den Rückweg zum Hauptbahnhof die Straßenbahn (Linie 3 und 4) zu nehmen. Wem 5 km zuviel sind, der kann den Stadtrundgang um einiges verkürzen, indem er mit dem Auto über die B 10 und die Ritterstraße das Parkhaus Friedrichsplatz ansteuert. Man kann dann von dort den Rundgang bei der Bundesbahndirektion* 7 *beginnen und am Ende von der Karlstraße über die Erbprinzenstraße zum Friedrichsplatz zurückkehren; die Wegstrecke wird dadurch 2 km kürzer. Für Ruhepausen auf dem Rundgang empfehlen sich außer dem Stadtgarten* 2 *die Anlagen hinter dem Schloß. Einkehrmöglichkeiten finden Sie recht zahlreich in der Kaiserstraße und den angrenzenden Straßen.*

Sehenswürdigkeiten

1 *Hauptbahnhof*, einer der wenigen erhalten gebliebenen Jugendstil-Bahnhofsbauten der Bundesrepublik Deutschland, 1910–13 von August Stürzenacker erbaut. Expressiv gestaltetes Bahnhofs-Hauptportal mit originell geknickter Bogendachkonstruktion.

2 *Stadtgarten mit Zoo*, wegen seiner zentralen Lage und der guten »Besetzung« des Zoos vielbesuchte Anlage (ca. 900 Tiere, u. a. Urpferde, Eisbären, Flußpferde, sibirische Tiger). Vom bewaldeten Lauterberg (153 m ü. M.) gute Aussicht über das Gesamtgelände.

3 *Schwarzwaldhalle*, beliebter Tagungsort (»Deutsche Therapiewoche«) und bekannte Sportstätte. Kühner, elegant geschwungener ovaler Glasbau, 1953 von Erich Schelling erbaut. Veranstaltungsraum für 5000 Personen. Der erste freitragende Spannbeton-Hallenbau in Europa.

4 *Konzerthaus*, gegenüber der Stadthalle gelegen, 1915 von Robert Curjel und Karl Moser erbaut. Intimer gehalten als die Stadthalle: 10 Säulen an der Vorderfront, im Giebelfeld Relief Karl Albikers. Im Zweiten Weltkrieg zerstört, manche Teile nur unvollständig wieder-aufgebaut.

5 *Stadthalle*, von Robert Curjel und Karl Moser 1915 errichtet. Vorderfront mit 22 mächtigen ionischen Säulen, inzwischen mehrfach umgebaut.

6 *Vierordtbad*, 1873 von dem Karlsruher Baumeister Josef Durm im Stil der Neorenaissance erbaut, mit vorgelagertem Campanile. Neben dem Vierordtbad das moderne Tullabad.

7 *Bundesbahndirektion*, von dem »Eisenbahn-Baumeister« A. Helbling 1870–75 im pompös-repräsentativen Duktus der Gründerzeit erbaut.

8 *Museum am Friedrichsplatz* (Landessammlungen für Naturkunde), 1865–73 von Joseph Berckmüller erbaut und nach der Zerstörung (1942) in veränderter Form wiedererrichtet. Größtes Naturkundemuseum in Baden-Württemberg. Neben zoologischen Sammlungen wichtige Vorzeitfunde: Versteinerungen aus den badischen Tertiärfundstellen Höwenegg und Öhningen, z. B. das einzige vollständig erhaltene Skelett eines dreizehigen Urpferdes, Mineralien aus dem Schwarzwald sowie die international bekannte Abteilung »Flugechsen und Urvögel« (Di 10–20, Mi–Sa 10–16, So 10–17 Uhr).

9 *Bundesgerichtshof* (ehemaliges Palais des späteren Großherzogs Friedrich II.), von Josef Durm 1893–97 erbaut, Erweiterungsbauten aus dem Jahr 1958. Höchste richterliche Instanz der Bundesrepublik Deutschland in Zivil- und Strafsachen.

10 *St.-Stephans-Kirche*, als Friedrich Weinbrenners »wohl genialster« Bau geltend, in rotem Sandstein zwischen 1809 und 1814 ausgeführt. Weinbrenner strebte formale Nähe zum römischen Pantheon an. 1944 zerstört und nach dem Krieg mit leichten modernen Abwandlungen rekonstruiert.

11 *Rathaus*, weltliches Gegenstück zur gegenüberliegenden Ev. Stadtkirche. Weinbrenner hat am Rathaus 20 Jahre, von 1805–25, gebaut. 1944 wurde es zerstört und 1955 beim Wiederaufbau im Innern grundlegend verändert. Glockenspiel zwischen 12 und 17 Uhr zu jeder vollen Stunde.

12 *Evangelische Stadtkirche*, zwischen 1807 und 1811 entstanden; im Unterschied zur katholischen St.-Stephans-Kirche 10 vom griechischen Tempelbau geprägt. Im Fußboden der Vorhalle Kreuz und Bronzebuchstaben über dem Grab des Erbauers Friedrich Weinbrenner. Die beiden Flügelanbauten ursprünglich Gymnasien (im rechten Bau heute das Sozialgericht, außerdem Erinnerungstafel für Johann Peter Hebel, der hier 1808–12 gewohnt hat). Ein überaus strenger, klarer Kirchenraum, 1950–58 als freie Variation von Weinbrenners ursprünglichem Bau wiedererrichtet.

13 *Marktbrunnen*, nach einem Entwurf Friedrich Weinbrenners. Mit diesem Brunnen wurde 1824 die von Johann Gottfried Tulla, dem Vater der Rheinbegradigung, erbaute Wasserleitung eröffnet, die Karlsruhe mit frischem Quellwasser vom Durlacher Turmberg versorgte.

14 *Pyramide*, von Weinbrenner geschaffenes Mittelstück des Marktplatzes, 6,5 m hohes Bauwerk aus rotem Sandstein. 1823–25 unmittelbar über der Gruft des Stadtgründers Karl III. Wilhelm errichtet. Nicht zugänglich.

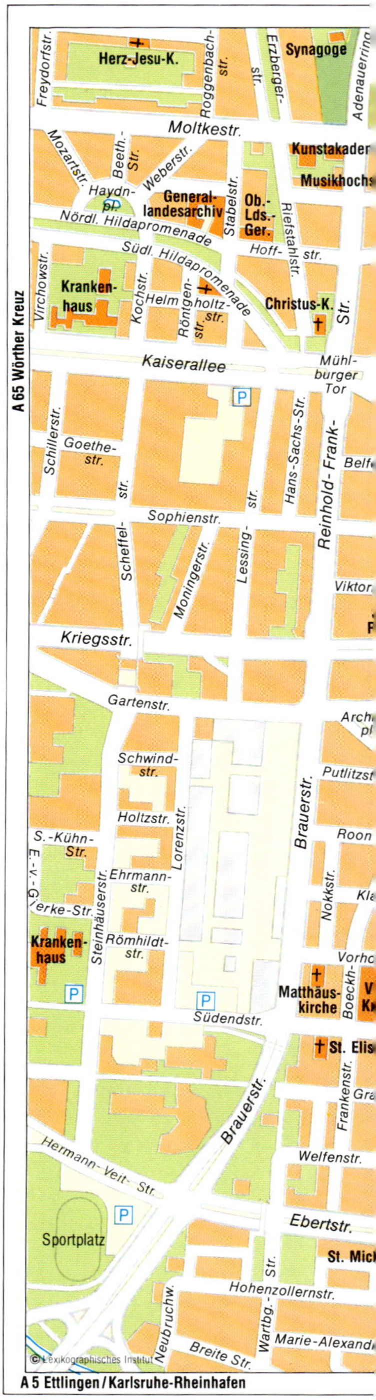

15 *Schloß*, Zentrum des fächerförmigen Stadtgrundrisses, in einer Achse mit dem 500 m entfernten Marktplatz. In der Mittelachse zwischen Marktplatz und Schloß Bronzestandbild des ersten badischen Großherzogs Karl Friedrich (1728–1811, Großherzog seit 1806) aus dem Jahr 1844 nach einem Entwurf Ludwig von Schwanthalers. Der zwischen 1715 und 1719 errichtete Ruhesitz von Markgraf Karl III. Wilhelm (»Carols-Ruhe«) wurde zwischen 1752 und 1774 völlig neu »solid« in Stein erbaut.

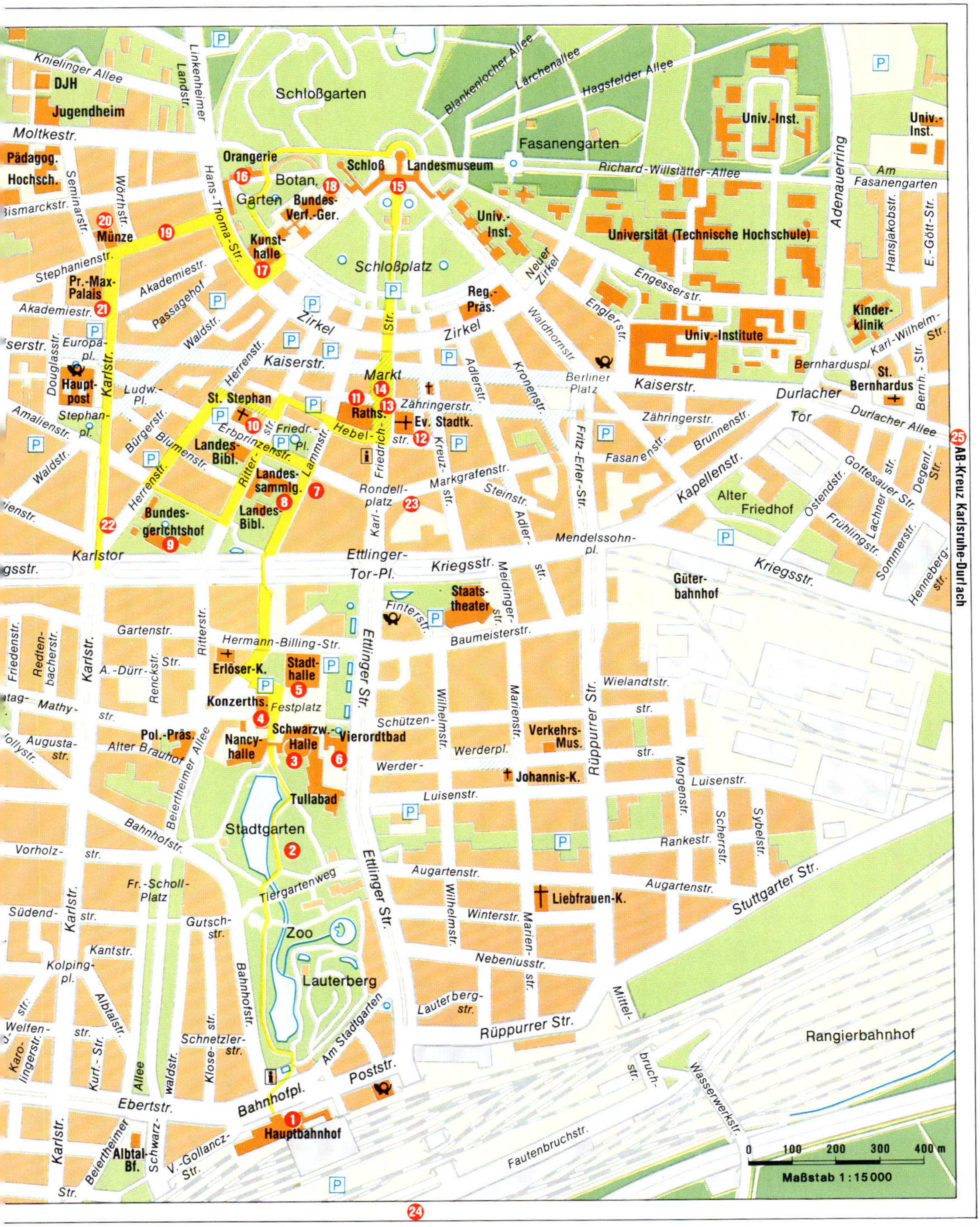

1944 zerstört, zwischen 1950 und 1963 wieder äußerlich originalgetreu aufgebaut und heute Sitz des *Badischen Landesmuseums* mit einer eindrucksvollen Sammlung aus fast allen Gebieten und Epochen der europäischen Kunst- und Kulturgeschichte: vor- und frühgeschichtliche Bodenfunde, Kunstwerke aus dem Vorderen Orient, Ägypten und der Antike, Kunsthandwerk vor allem aus dem badischen Raum vom Mittelalter bis zur Gegenwart, Waffensammlungen, die Beute des Markgrafen Ludwig Wilhelm von Baden (gen. Türkenlouis) von seinen Feldzügen gegen die Türken, außerdem Münzen, Fayencen und eine bedeutende Glassammlung (Di–So 10–17.30, Do 10–21 Uhr).

⑯ *Orangerie*, eine Arbeit des Weinbrenner-Schülers Heinrich Hübsch (1795–1863); zwischen 1853 und 1857 gebaut, später umgestaltet und 1967 renoviert.

⑰ *Staatliche Kunsthalle*, 1843–46 gebaut, einer von Heinrich Hübschs frühen Bauten, der noch den Übergang vom Spätklassizismus zur Neorenaissance erkennen läßt. Wandbilder im Treppenhaus von Moritz von Schwind. Die Kunsthalle mit europäischen Meisterwerken vom 14.–20. Jh. gehört zu den wichtigsten deutschen Gemäldegalerien. Im Hauptgebäude bedeutende Werke altdeutscher und niederländischer Malerei, des französischen Barock und der Romantik (u. a. Grünewald, Holbein d. J., Cranach, Dürer, Grien, Boucher). In der benachbarten Orangerie neue Abteilung mit Werken von Courbet, Manet, Monet, Cézanne, Liebermann, Kokoschka, den »Brücke«-Malern usw.; Kindermuseum, Wechselausstellungen, Malstube (Hauptgebäude Di–Fr 10–13, 14–17, Sa, So 10–13, 14–18 Uhr; Orangerie Di–Fr 10–17, Sa, So 10–18 Uhr).

18 *Bundesverfassungsgericht*, fünf weitgehend gläserne Pavillons auf Stützen, von Paul Baumgarten im »Stil der Zeit« (1965–69) für das höchste deutsche Gericht erbaut.

19 *Stephanienstraße*, weitgehend unversehrter Straßenzug mit fein nuancierter Häuser-Ornamentik, vermittelt noch Ahnungen vom »großherzoglich-badischen Milieu« der Jahrhundertwende. Das Haus Nr. 16 ist das Sterbehaus von Joseph Viktor von Scheffel (1826–86; »Der Trompeter von Säckingen«).

20 *Münze*, Weinbrenners letzte Karlsruher Arbeit, die erst nach seinem Tod (1826) vollendet wurde. Noch heute als Münzpräge in Betrieb. Die hier verfertigten Münzen tragen seit 1872 den Buchstaben »G«; die anderen Münzprägeanstalten sind Stuttgart = »F«, München = »D« und Hamburg = »J«.

21 *Prinz-Max-Palais*, von Josef Durm 1881–84 als »Palais Schmieder« erbaut, 1898 durch Prinz Max von Baden erworben. Heute sind in dem Gebäude untergebracht: *Sammlungen zur Stadtgeschichte*, vorwiegend Modelle, Pläne und Urkunden zur Baugeschichte der Stadt Karlsruhe (Di–So 10–13, 14–18, Mi auch 19–21 Uhr), sowie *Städtische Galerie* mit umfangreicher Grafiksammlung, u. a. Stiche und Radierungen von Schongauer, Dürer, Canaletto und Rembrandt, daneben aber auch japanische Farbholzschnitte; gutbestückte Sammlung mit Kunst aus dem oberrheinischen Raum seit 1854, außerdem Exponate moderner deutscher Kunst seit 1945 (Öffnungszeiten wie oben).

22 *Weltziensches Haus*, wahrscheinlich von Weinbrenner errichteter Bau (1822/23), höchst origineller, dreieckiger Grundriß, eher beklemmend kontrastiert von einem dahinter stehenden monumentalen Versicherungsbau der 60er Jahre unseres Jahrhunderts.

23 *Rondellplatz*, mit der Verfassungssäule (Obelisk) in der Mitte und dem ehemaligen Markgräflichen Palais als architektonischer Dominante. Der Obelisk aus rotem Sandstein erinnert an die badische Verfassung von 1818, der damals fortschrittlichsten in Deutschland. Das Palais, wiederum eine Arbeit Weinbrenners, ist zwischen 1803 und 1814 für die drei Söhne der Reichsgräfin Karoline Luise von Hochberg entstanden.

24 *Wohnsiedlung Dammerstock*, ab 1929 unter Mitwirkung bekannter Architekten, u. a. Walter Gropius, entwickelte imposante Wohnsiedlung (südlich vom Hbf., zwischen Kehler Str. und Heidelberger Str.). Neben der weltbekannten Stuttgarter Weißenhof-Siedlung (1927) die andere wichtige Manifestation von fortschrittlich-reformerischer Architektur der 20er Jahre.

25 *Schloß Durlach*, von Markgraf Karl II. als Residenz errichtet, aber nie vollendet. Aus dem Jahr 1565 stammt der »Prinzessinnenbau« mit Ziergiebel und Treppenturm. Die von D. E. Rossi entworfene Ehrenhofanlage wurde durch G. Mazza 1698 begonnen, kam aber nicht zum Abschluß. Im Prinzessinnenbau ist das *Pfinzgaumuseum* untergebracht. Hier werden Altertümer aus dem Pfinzgau und Durlach gezeigt, u. a. mittelalterliche Holzplastiken, eine Sammlung von Fayencen der Durlacher Manufaktur und Dokumente zur Badischen Revolution von 1848/49 (Sa 14–17, So 10–12, 14–17 Uhr).

Vom Bier auf die Laufmaschine

Zwischen April und Oktober kann man am Samstagmorgen um 10 Uhr zum Bierseminar antreten. Dabei erfährt man viel Wissenswertes über das Bier, seine Herstellung und die verschiedenen Sorten. Anschließend kommt es in einer Brauereigaststätte zu einer Bierprobe mit sechs Bierarten und einem Imbiß. Danach gilt es noch, eine Biersorte zu erraten. Zur Erinnerung erhält man eine Urkunde, und anschließend kann man zu Mittag essen, was man vermutlich nötig hat. Besonders wenn man anschließend noch das Fahrradseminar »Auf den Spuren des Freiherrn von Drais« absolvieren will, das um 15 Uhr jeweils an denselben Samstagen beginnt. Die Fahrradübung geht am Schloßturm los, wo Tourenräder bereitgestellt sind, und führt über 7 km durch flache Hardtwald-Alleen zu einer Vereinsgaststätte, wo die Entwicklung des Fahrrads von der Laufmaschine des Freiherrn von Drais über das Hochrad bis hin zum Rennrad dargestellt wird. Danach gibt es zur Erholung einen Imbiß und Umtrunk, bevor man auf den Tourenrädern wieder zum Schloß zurückfährt. Auch bei diesem Seminar gibt es eine Teilnehmerurkunde (Auskünfte beim Verkehrsverein).

eher zierlich ausgefallene Schloß überragen. Die Bürgerhäuser jenseits des »Zirkels«, wie er heute noch heißt, waren dann nur noch einstöckig. Gebaut wurde mit Holz – bei den Rodungsarbeiten für eine Stadt mitten im Wald war es ohnedies reichlich angefallen. Um aber gleichwohl den Eindruck fester Backsteinhäuser zu erwecken, wie man sie etwa in Holland hatte, strich man die Holzgehäuse rot; das Karlsruhe der Gründungszeit hieß deshalb auch die »rote Stadt«. Der Einfluß Hollands war übrigens recht prägend für Karl III. Wilhelm. Er hatte dort auch die Blumenzucht erlernt und starb über einem seiner unzähligen Tulpenbeete um das Schloß. Man hat ihn auch den »Gärtner« genannt. Ein milder, bescheidener Herr offenbar. Überliefert ist folgende kleine Anekdote: »Ein durchreisender Kavalier äußerte... seine Befremdung darüber, daß das Schloß von Holz und wenigstens nicht von Backsteinen erbaut wäre. ›Ich wollte nichts als ein Obdach haben‹, antwortete der Fürst, ›und meinen Untertanen durch einen kostbaren Bau nicht lästig fallen.‹«

Letzte Worte in Sachen Recht werden seit 1950 im Bundesgerichtshof, dem ehemaligen Erbgroßherzoglichen Palais, gesprochen.

Glaubensfreiheit, Toleranz und Modernität

Für den Aufbau zog Karl III. Wilhelm Bauarbeiter aus ganz Europa, vor allem aus dem Süden, zusammen, darunter auch viel fahrendes Volk – »Briganten«! Die Kaufleute und Lieferanten aber kamen meist aus der Nachbarschaft, aus Württemberg und der Pfalz. »Baugnaden« lockten und Steuerfreiheit für 25 Jahre. Natürlich mußte in einem derart zusammengewürfelten Gemeinwesen Glaubensfreiheit herrschen. Lutheraner, Calvinisten, Katholiken und Juden sollten einträchtig nebeneinanderleben. Toleranz und Modernität sind in dieser Urzelle mitbegründet.

Karl III. Wilhelms Nachfolger, Karl Friedrich, regierte 65 Jahre, von 1746 bis 1811, Badens »Goldenes Zeitalter«. Unter ihm hatte der große Friedrich Weinbrenner (1766–1826), einer der bedeutendsten Architekten des Klassizismus, angefangen, den Gründungsideen Gestalt zu verleihen und das »bürgerliche« Karlsruhe zu schaffen. Demokratischen Vorbildern entsprechend baute Weinbrenner »Bürgertempel« nach dem Muster der großen antiken Stadtrepubliken Athen und Rom. Den »Römer« hat man ihn später eher spöttisch geheißen, als die Zeiten nationalistisch wurden und man nicht mehr so sehr an Demokratie dachte.

Die Hauptstadt des Historismus

Karlsruhe hat seit Weinbrenner seine Architektur-Prägungen mit einiger Konsequenz weiterentwickelt: Hier besonders entfaltete das 19. Jh., das bürgerliche Jahrhundert, seine Stilvielfalt. Die Hauptakteure dabei sind große badische Baumeister, die auch anderswo im Land Zeugnisse ihres Könnens hinterlassen haben: Weinbrenners Schüler Heinrich Hübsch (1795–1863), sein Nachfolger Josef Durm (1837–1919), Robert Curjel und Karl Moser, die zwischen 1888 und 1915 in Karlsruhe als Architekten gewirkt haben, ja bis hin zum Bahnhofserbauer August Stürzenacker (1871–1943). Karl III. Wilhelm hat den Grundriß vorgegeben, Weinbrenner das Niveau, und es ist nicht ganz übertrieben zu sagen, Karlsruhe sei die Hauptstadt des Historismus!

Ab dem Europaplatz ist die Kaiserstraße Fußgängerzone; die Ost-West-Achse trennte einst die Wohnbereiche von Bürgern und Adel.

Die Manipulation des 49. Breitengrads

Der 49. Breitengrad geht mitten durch Karlsruhe; ein Umstand, auf den auch eine Art Grenzstein im Stadtgarten hinweist. Wenn man von diesem Stein aus den Breitengrad immer weiter nach Westen verfolgt, kommt man, mit kleineren Abweichungen natürlich, zuerst nach Paris, über den Atlantik dann nach Neufundland und durch Südkanada nach Vancouver zum Pazifik, von da über Sachalin wieder aufs Festland und über Poltawa, Budweis und Regensburg zurück in den Karlsruher Stadtpark. Der Überlieferung nach soll der Breitengrad im 18. Jh. noch mitten durch den Marmorsaal des markgräflichen Schlosses gegangen und auf dem Parkett als vergoldeter Streifen bemerkbar gewesen sein, eine höflich galante Manipulation des Landvermessers, der kein Geringerer als Monsieur Casini de Thury war, Direktor der Pariser Sternwarte, von dem es heißt, daß er diese »Verschiebung« der hochgebildeten Markgräfin Karoline Luise zuliebe vorgenommen haben soll.

Durlach, die »Mutter Karlsruhes«

Durlach, so heißt es bei vielen alten Karlsruhern, sei die »Mutter Karlsruhes« oder auch das »eigentliche Karlsruhe«, im Unterschied zu der geometrisch gefächerten Retorten-Residenz »Carols-Ruhe« eher »gemütlich« über die Jahrhunderte hin gewachsen. Durlach, nicht Karlsruhe, hat das badische Landeswappen in den Farben Gelb-Rot-Gelb zum Stadtwappen – die Durlacher sind demnach die Ur-»Gelbfüßler«, wie man die Badener wegen ihres gelben Wappens ja auch nennt. Nachdem die 1535 protestantisch gewordene markgräflich-badische Linie 1565 von Pforzheim nach Durlach umgezogen war und sich seitdem auch »Baden-Durlacher Linie« nannte, war hier bis zur Gründung des kaum 5 km entfernten Karlsruhe ihre Residenz; 1938 erst wurde Durlach Karlsruhe eingemeindet. Von dort erreicht man es über die »Durlacher Allee«, die ein Teil der B 10 ist. Was den Besuch bei der »Mutter« u. a. lohnt, ist das Schloß (25) mit dem Pfinzgaumuseum (nach der den Ort durchfließenden Pfinz), in dem an Durlachs Blütezeit im 16. und 17. Jh. sowie an seine Fayence-Manufaktur erinnert wird, die von 1723–1814 betrieben wurde und für die Durlach vorzeiten berühmt war. – Zudem bietet es mit seinen Gäßchen voller Fachwerkhäuser und Kneipen reichlich Kontrast zum klassizistisch-kühlen Karlsruhe.

Tips, Tips, Tips

Vom Laufrad zum Automobil
In einem ehemaligen Sägewerk bei Marxzell zwischen Ettlingen und Bad Herrenalb ist von einem Privatsammler eine sehr gut bestückte Fahrzeug- und Technikausstellung aufgebaut worden. Der Besucher bekommt neben Automobilen und Motorrädern auch Fahrräder, Laufräder, Lokomotiven, Straßenbahnen, Feuerspritzen und vieles mehr zu sehen (Fahrzeugmuseum Marxzell; April–Okt. tägl. 10–18 Uhr, Nov.–März tägl. 14–17 Uhr).

Und was sich gerade in den letzten Jahren an neuerlicher Architektur tut, an sogenannten Sanierungen, das scheint doch wieder mehr Substanz und Zukunft zu haben als jene hurtig hingesetzte, »eingebildete« Moderne der 60er Jahre. Natürlich sind Beispiele hierfür auch in Karlsruhe nicht zu übersehen – diese Stadt ist einfach, und dies mit Bedacht gesagt, ein höchst lebendiges Architekturmuseum, in dem Baumeistergesinnungen der vergangenen 250 Jahre vermittelt werden und in dem nichts ausgespart, nichts verdrängt wurde und in dem es sogar zu Wiedererweckungen kommen kann: Schon gibt es etwa einen Antrag des Gemeinderats, das Weinbrennersche Ständehaus, ehedem ganz in der Nähe der St.-Stephans-Kirche ⑩, wieder aufzubauen, den demokratischen Anfängen, aber auch Weinbrenner zu Ehren. Wenn es ein Recht auf Architektur gibt, dann denkt man in Karlsruhe an seine Verwirklichung.

Und das Recht selbst? – Nach dem erfahrbaren Ruf, die »Fächerstadt« zu sein, erfährt man vom anderen Ruf, dem von der »Residenz des Rechts«, vor allem durch die auffallende Polizeipräsenz in der Innenstadt, der beiden höchsten Gerichte wegen: Bundesgerichtshof ⑨ und Bundesverfassungsgericht ⑱. Carlo Schmid, der Staatsgelehrte und Politiker, schreibt Ende der 60er Jahre über die Rechtsstadt Karlsruhe: »Dieser Stadt wäre ein besonderer Rang unter den deutschen Städten zugewachsen, selbst wenn nur das Bundesgericht seinen Sitz in Karlsruhe genommen hätte – ist doch der Bundesgerichtshof der unmittelbare Nachfolger des einstigen Reichsgerichts zu Leipzig... Die Tatsache, daß das Reichsgericht seinen Sitz in Leipzig hatte, ließ jene Stadt als den Hort der Rechtsstaatlichkeit erscheinen; die Entscheidung des Gesetzgebers für Karlsruhe als Sitz des Bundesverfassungsgerichts läßt diese Stadt mit noch höherem Recht als den Vorort deutscher Rechtsstaatlichkeit erscheinen.«

Von der Draisine zum Automobil

Denken wir nach all den fest verankerten Immobilien und Institutionen aber auch daran, daß von Karlsruhe einmal auch heftige Bewegungen ausgegangen sind. 1817 holperte hier erst einmal zum Hohn der Gassenjungen ungefüg und hölzern ein Laufrad übers Pflaster, gesteuert von einem Sonderling, dem badischen Forstmeister Freiherr Karl Friedrich Christian Ludwig Drais von Sauerborn (1785–1851). Im grünen Frack und Zylinderhut ritt er auf seinem fahrbaren Holzbock, sogar ein Spazierstöckchen hielt er in der Hand, und strampelte sich so durch das Unverständnis seiner Zeitgenossen. Den Siegeslauf seiner Entdeckung hat er nicht mehr erlebt. Mehr Glück mit seinen Fortbewegungs-Erfindungen hatte der Karlsruher Ingenieur Carl Friedrich Benz (1844–1929), der bereits mit 17 Jahren das hochberühmte Polytechnikum bezogen hatte. 1886 fuhr er, allerdings in Mannheim, die ersten Runden mit dem

Den Blick von der Stadt zum Schloß begrenzen auf beiden Seiten Reihen von Skulpturen, die antiken Vorbildern ähneln; heute beherbergt der weitläufige Bau das Badische Landesmuseum.

Kraftwagen, fast gleichzeitig wie der gerade 100 km südöstlich im württembergischen Cannstatt operierende Gottlieb Daimler. Die Ergebnisse, insbesondere die Fusion dieser beiden Namen, sind bekannt und natürlich auch im heutigen Karlsruher Stadtbild nicht zu übersehen.

Innerhalb wie außerhalb des »Radius« war ein berühmter Karlsruher zugange, der Ingenieur-Oberst Johann Gottfried Tulla (1770–1828), dem man 1835 draußen in Maxau ein Denkmal für seine 1817 begonnene »Rhein-Rectification« gesetzt hatte, bei der er den Flußlauf um 14 % verkürzte und den Oberrhein der Schiffahrt erschlossen hatte. Schon die Anfangserfolge dieses Eingriffs waren spektakulär: Das Hochwasser, das früher oft ganze Dörfer mit sich gerissen hatte, war dank dem unermüdlichen Begradiger nun berechenbarer, übersichtlicher geworden; die Schnaken allerdings sind weiterhin da.

Da ist inzwischen auch die Industrie, sie rührt sich mächtig hier und verstellt an den großen Zufahrtswegen erst einmal recht gründlich den Blick auf die Stadt, die einen aber nach diesem ersten Schrecken doch recht schnell aufnimmt, etwa wenn man die Beiertheimer Allee entlangkommt, einen jener typisch breiten Karlsruher Boulevards. Dann mag der Eindruck sein: Hier läßt sich's atmen. Hier herrscht noch ein gut Stück mehr Großzügigkeit als sonstwo. Hier geht es schon mächtig – Weckherlin hat recht – Frankreich zu. Hier haben auch die Künste ihre Heimat, hier entstehen die Bilder sozusagen zwangsläufig. Und wenn man wenige hundert Meter weiter im »Krokodil« sitzt, an der Ecke von der Wald- zur Karlstraße, einem Ort, für den jeder gängige Begriff zuwenig ist, ob Kneipe, Wirtschaft, Restaurant, Bistro, es ist einfach alles, dann spätestens hat man jenes zähe wie oberflächliche Vorurteil vom »biederen Karlsruhe« wohl endlich hinter sich. Hier befindet man sich so ungefähr zwischen Berlin und Paris – näher an Paris allerdings!

Grünewald-Bilder findet man in der Staatlichen Kunsthalle.

Theater, Musik, Veranstaltungen, Museen

Theater

Badisches Staatstheater Karlsruhe, Baumeisterstr. 11. Oper, Operette, Ballett, Schauspiel; Opernball (März), ☎ 15 21, 6 02 02.
Theater »Die Insel«, Wilhelmstr. 14–16. Modernes Theater, ☎ 60 62 00.
Sandkorn-Fabriktheater/Sandkorn-Studiotheater, Kaiserallee 11. Experimentelle Stücke, zeitgenössische Autoren, Kabarett, ☎ 84 89 84.
Kammertheater Karlsruhe, Karl-Friedrich-Str. 24. Boulevardtheater, ☎ 2 31 11.
»d'Badisch Bühn«, Karlsruhe-Grünwinkel, Durmersheimer Str. 6. Karlsruher Mundarttheater mit Bewirtschaftung, ☎ 55 25 00, 55 12 20.
Kinder- und Jugendtheater der Stadt Karlsruhe, Kaiserallee 11. Wechselnde Aufführungen von Karlsruher Bühnen, ☎ 84 89 84.

Musik

Badisches Staatstheater Karlsruhe, Baumeisterstr. 11. Sinfonie- und Sonderkonzerte der Badischen Staatskapelle; Jazz-Matineen, ☎ 15 21, 6 02 02.
Kongreßzentrum Stadthalle ⑤, *Schwarzwaldhalle* ③, Festplatz 3. Sinfonie-, Kammer-, Solistenkonzerte mit bekannten Interpreten; Pop-, Rock-, Schlagermusik mit Stars und intern. Bands, ☎ 3 72 00.
Staatliche Hochschule für Musik Karlsruhe, Weberstr. 8. Sinfonie-, Kammerkonzerte, Opernaufführungen. Spielorte: Stadthalle ⑤, Festplatz 3; Saal der Musikhochschule, Jahnstr. 18; Konzerthaus ④, Festplatz; Stephan-Saal, Ständehausstr. 4, ☎ 1 35 32 67.
Süddeutscher Rundfunk – Studio Karlsruhe, Kriegsstr. 166–170. Konzertreihen: »Studio für Neue Musik«; »Karlsruher Musikforum junger Komponisten«, Kammerkonzerte, ☎ 17 61 65.
Stadtpfarrkirche St. Stephan ⑩, Erbprinzenstr. 14. »Dienstag-Reihe/Intern. Orgelkonzerte« (Jan./Febr.); Chor-, Orchesterkonzerte, klassisch-romantische Messen, ☎ 2 29 61, 81 28 33.
Christuskirche, Kaiserallee 2. Chor-, Orgelkonzerte mit bekannten Interpreten, Orgelvespern, Kantatengottesdienste, ☎ 2 31 77, 84 36 22.
Krokodilkeller, Ludwigsplatz, ☎ 2 73 31; *»Harmonie«*, Kaiserstr. 57, ☎ 37 42 09; *»Traube«*, Karlsruhe-Durlach, Marstallstr. 8, ☎ 4 17 32. Jazz, Folk, Rock, Blues.

Veranstaltungen

Sommer (vor den Schulferien): *Händel-Festspiele* im Badischen Staatstheater Karlsruhe und an anderen Spielorten. Konzerte und Opernaufführungen mit den Deutschen Händelsolisten, ☎ 15 21, 6 02 02.
Alle zwei Jahre (1990) Juni: *Badisches Heimatfest* in der Innenstadt. Mundart-, Tanz-, klassisches Theater, Kleinkunst, Ausstellungen, Pop-, Rock-, Folkmusik, Kunsthandwerk, Sportveranstaltungen.
Alle zwei Jahre (1991) Juni: *Internationales Trachtenfest* im Schloßgarten und in der Innenstadt mit Teilnehmern aus ganz Europa.
März–Mai: *Europäische Kulturtage* mit Themen zu Literatur, Theater, Film, Musik und bildender Kunst. Orte: Badisches Staatstheater, Karlsruher Museen und andere kulturelle Stätten.
Mai/Juni: *Karlsruher Musiktage* mit geistlichen und weltlichen Konzerten. Spielorte: Christuskirche, Kaiserallee 2; St.-Stephans-Kirche ⑩, Erbprinzenstr. 14; Stephan-Saal, Ständehausstr. 4; Albert-Schweitzer-Saal, Reinhold-Frank-Str. 48, ☎ 2 29 61, 81 28 33.
Mai/Juni: *Frühjahrsjahrmarkt*, Messeplatz/Durlacher Allee. Volksfest.
Aug.: *Open-air-Festival* in der Günther-Klotz-Anlage. Karlsruher Gruppen mit Jazz, Rock, Blues, Funk.
Aug./Sept.: *Lichterfest* im Stadtgarten. Abendliche Illumination, buntes Unterhaltungsprogramm, Musik und Tanz.
3. Woche im Sept.: *Kulturmarkt* auf dem Kronenplatz. Städt. Kulturleben mit Karlsruher Malern, Jazzern, Rockmusikern und Kleinkunst.
Okt./Nov.: *Herbstjahrmarkt*, Messeplatz/Durlacher Allee. Volksfest.

Museen

Badisches Landesmuseum, Schloß (s. ⑮).
Museum am Friedrichsplatz (Landessammlungen für Naturkunde), Erbprinzenstr. 13 (s. ⑧).
Pfinzgaumuseum, Prinzessinnenbau, Schloß Durlach (s. ㉕).
Staatliche Kunsthalle Karlsruhe und Orangerie, Hans-Thoma-Str. 2 und 6 (s. ⑰, s. ⑯).
Stadtgeschichtliche Sammlung im Prinz-Max-Palais, Karlstr. 10 (s. ㉑).
Städtische Galerie im Prinz-Max-Palais, Karlstr. 10 (s. ㉑).
Verkehrsmuseum, Werderstr. 63. Eisenbahnmodelle, Oldtimer, Verkehrslehrschau (Mi 15–20, So 10–13 Uhr).

Kassel

Herkules und documenta

»Ab nach Cassel!« hieß es 1870 für den kriegsgefangenen Franzosenkaiser Napoleon III.: Ihm war das Schloß Wilhelmshöhe als standesgemäße Ersatzresidenz zugewiesen worden.
»Ab nach Kassel!« – eine nicht gerade verheißungsvolle Aufforderung also? Die Provinzhauptstadt in der Mitte des ehemaligen Deutschen Reichs ist nach dem Zweiten Weltkrieg buchstäblich an den Rand gedrängt worden – geographisch und wirtschaftlich. Es sah böse aus in Kassel, kaum ein Stein stand noch auf dem anderen. Das hat sich natürlich längst geändert: Altes ist behutsam wieder aufgestellt oder nachempfunden, Neues ist dazugekommen. Und die Orangerie (unser Bild), einstige Sommerresidenz des Landgrafen Karl, präsentiert sich inmitten der modernen Stadtlandschaft in heiterem französischen Barock.

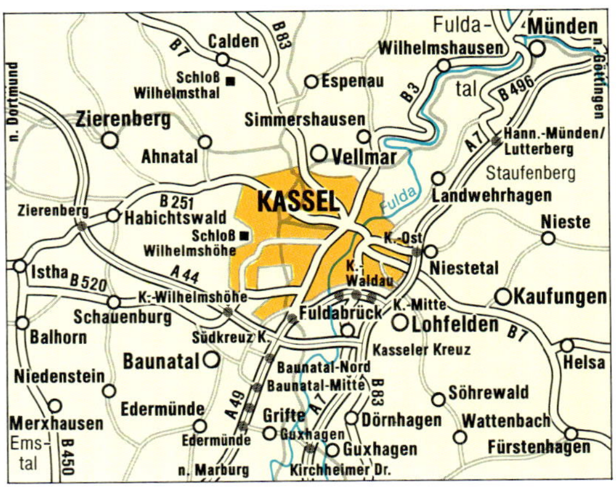

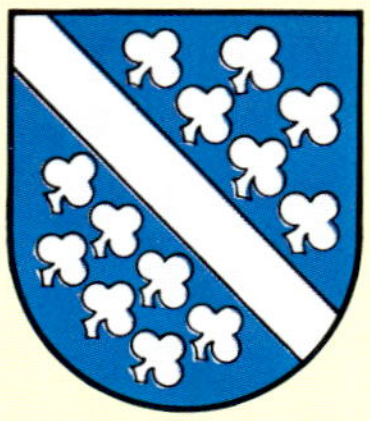

Wappen Silberner Schrägbalken und silberne Kleeblätter auf blauem Grund; Vorformen des Wappens seit 1350. Zahl der Blätter 1936 auf 13 festgelegt.
Lage Kurz vor dem Zusammenfluß der Fulda mit der Werra.
Land Hessen
Autokennzeichen KS
Höhe 131–615 m ü. M.
Fläche 107 km²
Einwohnerzahl 197 000
Postleitzahl 3500
Telefonvorwahl 05 61
Post Postamt 13, im Hbf. in der Schalterhalle, Spätschalter (Mo–Sa 6–22, So 10–19 Uhr).
Polizei Polizeipräsidium, Königstor 31, ☏ 78 11
Taxi ☏ 77 00 61, 77 00 66
Nahverkehr Straßenbahn- und Busverkehr, eingeteilt in Tarifzonen; Tagesnetzkarte für 24 Stunden, beliebig oft verwendbar.
Camping Campingplatz Kassel, ☏ 2 24 33. Zu erreichen über die A 49, Ausfahrt Kassel-Auestadion, Am Sportzentrum, Giesenallee.
Parken Parkplätze und Parkhäuser sind ausgeschildert; großer Parkplatz am Messegelände, Leipziger Str., Parkhäuser beim Rathaus, Frankfurter Str., und am Staatstheater. Die Zufahrt zur Wilhelmshöhe und öffentliche Parkplätze dort sind ausgeschildert.
Touristinformation Hbf., ☏ 1 34 43 (Mo–Fr 9–18, Sa 9–13 Uhr).
Stadtführung Mai–Okt. ab Königsplatz jeden So, Mi, Sa um 14 Uhr.
Schiffahrt Mai–Sept. täglich ab 14 Uhr, Abfahrt ab Anlegestelle Die Schlagd.

Stadtrundgang

Kassel an einem Tag kennenzulernen, ist fast nicht möglich – es sei denn, man nimmt an einer der Stadtrundfahrten teil, die von Anfang Mai bis Ende September angeboten werden.

Kassel zu Fuß? Die eine Version heißt Stadt und Karlsaue ⑩*: Parken auf dem Messegelände, Beginn des Spaziergangs bei der Brüderkirche* ①*. Einkehrmöglichkeiten bieten sich zuhauf – z. B. in den Straßen rund um den Königsplatz. Später, in der schönen Karlsaue, finden Sie ungezählte Plätze zum Rasten.*

Oder die andere Möglichkeit: Sie fahren schnurstracks die Wilhelmshöher Allee hinauf zur Wilhelmshöhe ⑪ *– Straßenbahn, Linie 1 – und erwandern sich diesen einzigartigen Park mit seinen ebenso seltsamen wie schönen Bauwerken.*

Wenn Sie wenig Zeit haben und durchtrainiert sind, schaffen Sie dieses Stück auf dem ausgeschilderten Spazierweg in etwa 60 Minuten – aber das wäre eigentlich schade!

Sehenswürdigkeiten

① *Evangelische Brüderkirche;* das ehemalige Karmeliterkloster wurde 1292 erbaut. Der Kirchenbau begann 1292, 1304 Altarweihe, 1331 Fertigstellung des Chors, 1376 Vollendung des Langhauses. Ältestes hessisches Beispiel einer »reduzierten Hallenkirche« (ein Seitenschiff entfällt). Die alte Ausstattung wurde 1943 vernichtet. Erhalten blieben drei Epitaphien des 16. Jh.

② *Evangelische Martinskirche* (Kasseler »Dom«), ehemals Pfarrkirche der »Freiheit«. Vermutlich um 1343 im Bau, 1367 Chorweihe, 1462 Schlußweihe. 1564/65 Abschlußarbeiten am Südturm mit welscher Haube durch Hans von Ulm, 1889–92 kam der Nordturm als Gegenstück dazu. 1954–60 Wiederaufbau der Kirche nach Zerstörung im Zweiten Weltkrieg mit veränderten, modernen Türmen. Das Innere ist modern angelegt, von der ursprünglichen Ausstattung blieben nur die wichtigsten Grabdenkmäler erhalten; das Epitaph für Philipp den Großmütigen und seine Gemahlin wurde 1567 von Elias Godefroy begonnen und von Adam Liquier Beaumont bis 1572 vollendet.

③ *Museum Fridericianum,* 1769–79 von Simon Louis du Ry als Museum errichtet. Ursprünglich zweigeschossige Anlage mit 19 Achsen in der Front und kräftigem sechssäuligen Mittelportikus. Auf der Balustrade Darstellungen der Künste und Wissenschaften. Die Hoffront wurde 1808–10 umgebaut. Seit 1964 ist das Gebäude restauriert.

④ *Ottoneum,* 1604/05 von Wilhelm Vernukken erbaut. Ältestes festes Schauspielhaus Deutschlands. Bereits 1696 Umbau durch Paul du Ry zur Aufnahme der landgräflichen Kunstsammlungen, 1709 Einrichtung einer Sternwarte. Seit 1884 Naturkundemuseum mit seltenen botanischen, geologischen und zoologischen Sammlungen (Di–Fr 10–16.30, Sa, So 10–13 Uhr).

⑤ *Friedrichsplatz,* 325 x 156 m groß, im späten 18. Jh. nach englischen und Pariser Vorbildern (u. a. Place de la Concorde) angelegt, verbindet eindrucksvoll Altstadt/Freiheit und Oberneustadt.

⑥ *Evangelische Karlskirche,* 1698–1710 von Paul du Ry für die deutsche und französische Hugenottengemeinde in der Oberneustadt erbaut. Grundriß ist ein gestrecktes Achteck, ursprünglich unter mächtiger Kuppel. Stark veränderter Wiederaufbau nach Kriegszerstörung mit hellem Inneren in zarter Farbgebung, neuer Orgel von 1959 und modernem Zeltdach. Auf dem Karlsplatz vor der Kirche seit 1768 Denkmal des Landgrafen Karl, jetzt durch eine Kopie ersetzt (Original im Schloß Wilhelmshöhe).

⑦ *Neue Galerie,* 1871–77 durch Heinrich von Dehn-Rotfelser erbaut. Langgestreckter Mittelbau mit Oberlichtsälen, Seitenkabinetten auf der Nordseite und Loggia zur Südseite. 1962–76 Behebung der Kriegsschäden und Wiederherstellung als Galerie: Gemälde und Skulptur des 18.–20. Jh. mit Schwerpunkt Deutschland, vor allem Nordhessen (Di–So 10–17 Uhr).

⑧ *Orangerie,* 1701–11 errichtetes langgestrecktes, einflügeliges und ursprünglich eingeschossiges Gebäude, in der Mitte und an den Ecken mehrgeschossige Pavillons. Balustradenabschluß mit reichem Figuren- und Vasenschmuck, mythologische Figuren (etwa 1730) von Johann Georg Kötschau.

⑨ *Marmorbad und Küchenpavillon,* seitlich vor den Eckpavillons der Orangerie ⑧. Das Marmorbad, errichtet von Pierre-Étienne Monnot, ist ein achteckiger Raum mit zwölf Statuen (begonnen 1692) aus der antiken Mythologie. Dazu ab 1720 acht Reliefs mit der Darstellung griechischer Sagen, zwei große Kaminaufsätze mit Porträtmedaillons.

⑩ *Karlsaue,* von Wilhelm dem Weisen 1568 angelegter ummauerter Schloßgarten. Erweitert durch Landgraf Moritz, ab 1701 wesentlich vergrößert und ausgestaltet von Landgraf Karl – wahrscheinlich nach eigenen Plänen.

⑪ *Bergpark Wilhelmshöhe.* Architektonischer Park am westlichen Rand des Kasseler Beckens, Ausbau seit Ende des 17. Jh. unter Verwendung älterer Anlagen durch Landgraf Karl. Landgraf Friedrich II. ließ ihn nach englischen Vorbildern verändern, zum englischen Park machten ihn Landgraf Wilhelm IX. (Kurfürst Wilhelm I.) und Kurfürst Wilhelm II. Wilhelm IX. verwirklichte den von seinem Vater geplanten Schloßbau ⑮. 1943–45 entstanden z. T. irreparable Schäden an Park und Gebäuden.

⑫ *Herkules,* Wahrzeichen der Stadt. Monumentaler Schmuckbau, bekrönt von der Nachbildung des Herkules von

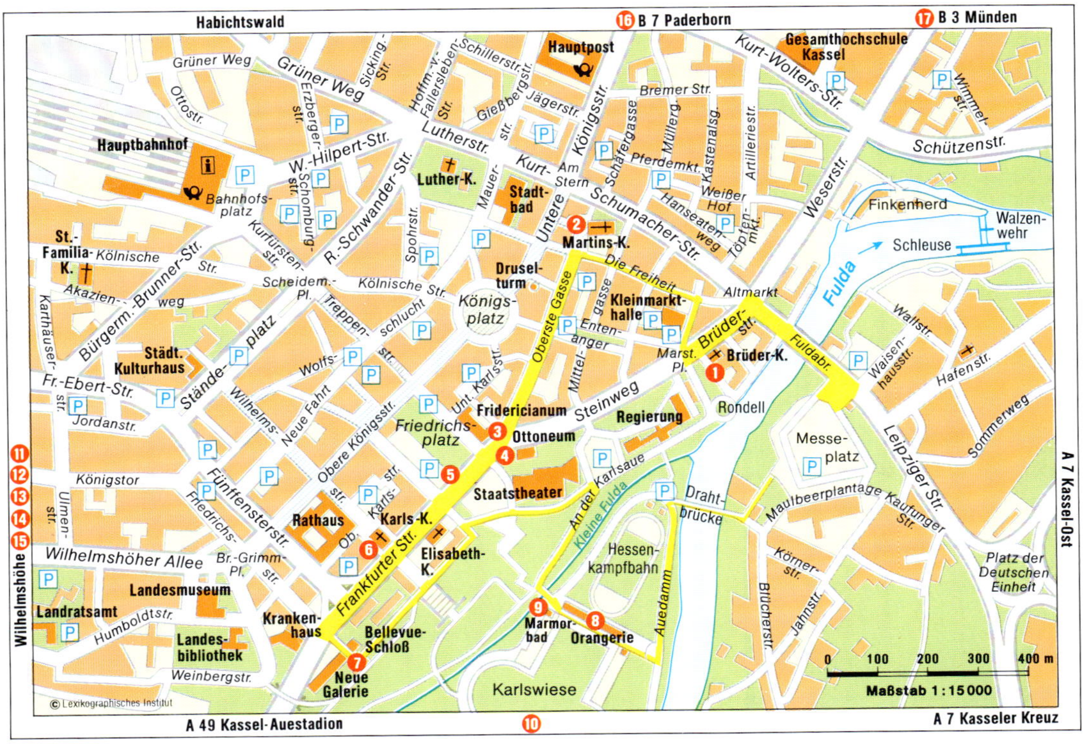

Farnese, einer 9,20 m hohen Kupfertreibarbeit. In den Jahren 1713–17 von Johann Jakob Anthoni geschaffen. Das »Riesenschloß« mit dem Standbild bildet den Ausgangspunkt des Parks und der Kaskaden.

13 *Kaskaden*, von Landgraf Karl zur Heroisierung des Parks angelegte Wasserspiele. Vom Grottenhof des »Riesenschlosses« aus fließt das Wasser in den zweiten Grottenhof, um das Haupt des Riesen Enkelados, weiter zur eigentlichen Kaskade und dem Steinhöferschen Wasserfall (1793), zur Teufelsbrücke (1791–93), Plutogrotte (um 1780), dem Aquädukt (1788–92), vorbei am zwölfsäuligen Freundschaftstempel (1817/18) und schließlich zur über 50 m hohen Fontäne (1789).

14 *Löwenburg*, 1793–98 im Stil einer bewohnbaren gotischen Burg erbaut von Heinrich Christoph Jussow. Die Burgkapelle diente dem Bauherrn Wilhelm IX. als seine Grabstätte. Bemerkenswert die Glasgemälde der Kapelle (1350–70 für die Hersfelder Stadtkirche entstanden, 1888 ergänzt) und das romantische Rittergrabmal von Jussow im Chor der Kapelle.

15 *Schloß Wilhelmshöhe*, in mehreren Bauabschnitten errichtet: 1786–89 der südlich gelegene Weißensteinflügel von Simon Louis du Ry; 1787–92 der nördliche Kirchenflügel unter Beteiligung von Heinrich Christoph Jussow; 1792–98 der Mittelflügel, ebenfalls von Jussow nach Plänen von du Ry. 1829 wurden die bestehenden »Lücken« von Heinrich Regenbogen geschlossen. Die Schäden aus dem Zweiten Weltkrieg sind mittlerweile behoben, es fehlt aber die Schloßkuppel (März–Okt. 10–17, Nov.–Febr. 10–16 Uhr, Mo geschl.).

Seit 1974 Domizil der Staatlichen Kunstsammlungen/Gemäldegalerie Alte Meister und Antikensammlung: abendländische Malerei von 1500–1720 mit Werken von Dürer, Hans Baldung Grien, Rembrandt, Rubens, van Dyck, Jordaens, Murillo, Ribera, Poussin, Bourdon; eine der umfassendsten Sammlungen ital. Barockmalerei Deutschlands. Das Kupferstich-Kabinett umfaßt Blätter des 17.–20 Jh. Ein Schwerpunkt der Antikensammlung sind griechische und römische Marmorskulpturen (Di–So 10–17 Uhr).

16 *Ehemaliges Gießhaus* der Firma Henschel, 1836/37 errichtet. Backsteinrundbau mit Rundbogenfenstern und einem Kuppelgewölbe (Durchmesser 16 m) aus konischen Topfröhren. Bis zur Auflösung der Firma Werksmuseum.

17 *Katholische Pfarrkirche St. Bonifatius*, an der Ihringshäuser Str., 1956/57 von Josef Bieling erbaut. Der Grundriß besteht aus zwei Trapezen, die einander kreuzen. Der Turm steht frei, das Innere ist stützenlos und bildet mit seinem Farbenreichtum einen starken Kontrast zu dem weißen Äußeren. Kruzifixus (1958) von Otto Sonnleitner, Mosaiken von Gerhard Dechant.

Lieben Sie Kasseler?

In Kassel versteht man unter Kasseler etwas anderes als anderswo: Dort ist nämlich ein Kasseler ein »Zugereister«. Wenn solche Kasseler Kinder kriegen, die dazu auch noch in Kassel geboren werden, so sind dies Kasselaner. Und Kasseläner? Höchster Adel! Das sind die in Kassel geborenen Kinder und Kindeskinder von Kasselanern!
Die »anderen« Kasseler sind gepökelte Schweinerippchen und haben mit dem hessischen Kassel nichts zu tun, sondern mit dem Berliner Metzgermeister Friedrich Kassel. Er legte leicht geräucherte Schweinerippchen in Salzlake und kochte oder briet sie dann. Dergleichen Lake hatte er immer reichlich. Sein König, der Alte Fritz, war nämlich auch sein Salzlieferant, und schließlich mußte sich das allerhöchste Salzmonopol ja bezahlt machen...
Übrigens essen Kasseler gelegentlich auch Kasseler.

Tafeln wie vor 300 Jahren

Im Kurort Emstal, ca. 20 km südwestlich von Kassel, können Sie sich im mittelalterlich eingerichteten »Gasthaus Grischäfer« zu einem Rittermahl niederlassen. Shorts und Sandalen, T-Shirt und Sonnenbrille sind ab- und dafür mittelalterliche Beinkleider und Wams anzulegen. Neun Gänge servieren die Wirtsleute – ein Tor, der beim ersten Gang schon satt geworden ist... Wer nicht mit dem eigenen Wagen hinfahren will und nicht reiten mag, sollte den Bus benutzen (Auskunft: Touristinformation, ☏ 13443).

Der Drache
Die letzten Julitage des Jahres 1848 waren voller Aufregung für die Kasseler Bürger. Ein unerhörtes technisches Ereignis beanspruchte ihre Aufmerksamkeit: »Halb Kassel war unterwegs, als der ›Drache‹ von dem Fabrikgelände zum Bahnhof geschleppt wurde«, meldete ein zeitgenössischer Reporter. Der »Drache« war die erste Dampflokomotive, die die Firma Henschel & Sohn in Kassel gebaut hatte. »Die Lokomotive stand auf einem eigens für diesen Transport gebauten Wagen mit Winden und Hebezeugen, da das Straßenpflaster verschiedentlich unter dem schweren Ungetüm nachgab. So bewegt sich der imposante Zug unter dem Gebrüll und Peitschenknallen des dicken Fuhrmanns Vollmar durch das schmale Holländische Tor, auf der Unteren Königstraße über den Königsplatz und die steile Kölnische Straße hinauf zum Oberstadtbahnhof«, schrieb der aufgeregte Chronist weiter.
Erst 1872, als abzusehen war, daß das Geschäft mit der Eisenbahn lukrativ würde, ließ man einen Schienenstrang zu Henschel legen.

Ein turbulenter Anfang

Die Franken haben Kassel erstmals schriftlich erwähnt: Auf zwei Urkunden aus dem Jahr 913, unterzeichnet von König Konrad I., tauchen die Namen »Chasalla« und »Chasella« auf, Varianten der lateinischen Bezeichnung für Burg (castellum). Die Burg, wahrscheinlich ein (fränkischer) Königshof, mag militärischen Zwecken und wohl auch der Überwachung der Wege des Fuldabeckens gedient haben.

Das machte den Ort für höchste Kreise attraktiv; Otto der Große soll dort gelegentlich hofgehalten haben. Es hatte aber auch Einfluß auf die anfänglich recht wechselvolle Geschichte Kassels: Mal ist es ein Geschenk unter kaiserlichen Eheleuten, mal bestimmt Freund Hein (und damit die Erbfolge) das weitere Schicksal, schließlich geht das »Reichsgut« als Lehen an die Landgrafen von Thüringen. Es folgt eine etwa 100 Jahre währende segensreiche Zeit für »Casella«, wie es mittlerweile heißt: Seit 1152 gibt es eine Ummauerung, die Pfarrkirche St. Cyriakus ist schon gebaut, 1189 wird der Ort als Stadt bezeichnet. Nach dem Thüringischen Erbfolgestreit wird Hessen ab 1263 selbständige Landgrafschaft.

Die Landgrafen regieren

Landgraf Heinrich I., »das Kind von Brabant«, erklärt Kassel zu seiner Residenz und beginnt um 1277 mit dem Bau eines neuen Schlosses. Wenig später erfolgt der Brückenschlag über die Fulda, der Kassel von der bis dahin genutzten Furt unabhängig macht und seine handelspolitische Lage erheblich verbessert. Zugleich gründet Heinrich auf dem gegenüberliegenden Ufer die Unterneustadt, baut sie systematisch auf und verleiht ihr 1283 das Stadtrecht.

Zum Wilhelmshöher Berg- und Lichterfest wirken das Riesenschloß, das Oktogon mit Herkules und Grottenhof, die Kaskaden und der thronende Neptun wie im Märchen.

Auch seine Nachfolger liegen auf Expansionskurs: Seit 1330 entsteht eine weitere Vorstadt, die »Freiheit«. 1378 schließen sich die selbständigen Städte Altstadt, Unterneustadt und Freiheit zu einem Gemeinwesen mit gemeinsamem Ratskolleg zusammen. Diesen Selbständigkeitsbestrebungen der Stadtbürger macht Landgraf Hermann ein Ende. 1384 setzt er die landgräfliche Stadtherrschaft durch. Die Patrizier haben sich dem Landesherrn zu beugen, die Stadtbewohner sind mehr denn je vom jeweiligen Stadtherrn abhängig. Kassels Stellung als Residenz ist jedenfalls auf lange Zeit gefestigt.

Übrigens gilt seit dem 15. Jh. der heutige Name, die vorherrschende Schreibweise ist – bis 1926 – Cassel.

Im großen Krieg unversehrt

Im 16. Jh. erschien Philipp der Großmütige (1518–67) auf dem Plan und trat mit seinen Landeskindern zum protestantischen Glauben über. 1523 hatte er damit begonnen, aus Kassel eine Festung zu machen, damals die stärkste in Deutschland, die die Stürme des Dreißigjährigen Krieges überstand. Die Nachfolger, Wilhelm der Weise (1567–92) und Moritz der Gelehrte (1592–1627), setzten den Trend fort und machten Kassel – wenn auch nicht immer ganz unumstritten – zu einem kulturellen Zentrum. Wilhelms Regierung bereicherte die Stadt um Zeughaus, Kanzlei und Marstall. Moritz förderte Kunst und Wissenschaft, und er bescherte der Stadt das Ottoneum (4), den ersten festen Theaterbau Deutschlands. Er brachte Hessen jedoch im Verlauf des Dreißigjährigen Krieges in ernste Nöte. An der Stadt gingen die unseligen Jahre dank ihrer »kugelsicheren« Befestigung einigermaßen spurlos vorüber. Die Erbteilungen nach Philipps Tod hatten sie übrigens zur Residenz der Landgrafschaft Hessen-Kassel werden lassen.

Herrliche Zeiten

Landgraf Karl (1670–1730), der 60 Jahre lang regierte, brachte Kassel ganz außerordentlich voran. Zum einen nahm er Glaubensflüchtlinge aus Frankreich auf und baute ihnen eine eigene Stadt, die Oberneustadt. Zum anderen errichtete er den Park Karlsaue (10) mit dem Orangerieschloß (8) und den Bergpark in Wilhelmshöhe (11) samt Herkules (12) und Kaskaden (13). Und er gründete das Collegium Carolinum, eine naturwissenschaftliche Lehr- und Forschungsstätte.

Sein Sohn Wilhelm VIII. (1751–60) beschränkte seine Bautätigkeit auf eine Gemäldegalerie und das Jagdschloß Wilhelmsthal und legte umfangreiche Kunstsammlungen an. Der ihm nachfolgende – aufgeklärte – Friedrich II. (1760–85) fand mehr Gefallen an Einrichtungen und Bauten,

Als intimes Refugium hatte sich Landgraf Wilhelm IX. in den Jahren 1793–98 die Löwenburg im Schloßpark Wilhelmshöhe erbauen lassen.

Blaue Zonen

In den 70er Jahren entschied der Kasseler Magistrat: Weg mit den Parkuhren in der Innenstadt!
Was Franzosen, Schweizer und Briten schon lange kannten, war für die Deutschen neu: »blaue Zonen«, in denen man kostenlos und zeitbegrenzt parken konnte, wenn eine blaue Parkscheibe im Wageninnern den Beginn der Parkzeit auswies. Schummeln galt nicht.
Die kuriose Neuheit von damals, die Parkscheibe, hat heute jeder bundesdeutsche Autofahrer im Handschuhfach, blaue Zonen gibt es mittlerweile in jeder Stadt.

Arolsen-Korbach-Waldeck

Von Kassel aus führt die B 251 in westlicher Richtung über Wolfshagen nach Arolsen. Die Stadt erhielt 1719 von Graf Anton Ulrich die Stadtrechte und war als Barockresidenz für das ganze Waldecker Land geplant. Das schon 1711 begonnene Schloß ist eng an das große Vorbild Versailles angelehnt, heute beherbergt es auch eine Gemäldegalerie. Auf der B 252 geht es weiter nach Korbach. Wer seine Kragenweite nicht kennt, kann sie am ehemaligen Rathaus von 1730 in der schönen Altstadt nachmessen. Dort gibt es noch Pranger und Halseisen. Weiter auf der B 252 in südlicher Richtung zum Edersee, einem seit 1913/14 existierenden Stausee, der auf 17 km Länge zahllose schöne Rastplätze und ideale Wassersportmöglichkeiten bietet. Darüber erhebt sich die Burg Waldeck, die im 12. Jh. gegründet wurde und seit 1906 als Hotelrestaurant dient.
Zurück fährt man über Waldeck-Netze, Naumburg, Emstal-Balhorn zur B 520 und dann – ab nach Kassel.

Kaiser und Seil

Die Preußen hatten Napoleon III. am 2. September 1870 bei Sedan gefangengenommen und – »ab nach Cassel« – in Haft befohlen. Da saß er nun auf der Wilhelmshöhe (15), mopste sich und war ein begehrtes Touristenziel. Tag für Tag sammelte sich auf der Zufahrtsstraße zum Schloß eine große Menschenmenge, um den besiegten Kaiser der Franzosen zu sehen, von dem sie schon so viel gehört hatte. Indessen hinderte sie ein Absperrseil daran, dem spitzbärtigen Gefangenen unmittelbar auf den Pelz zu rücken. Sechs Monate und noch länger hing dieses Seil da, und niemand kam auf den Gedanken, darüberzusteigen oder es gar zu zerschneiden.
Clémant Duvernois, ein geistreicher Journalist, notierte sich: »Dieses Seil hat mehr dazu getan, mich über den deutschen Charakter aufzuklären, als eine ganze Bibliothek von Büchern. Jetzt begreife ich Bismarcks Macht über eine solche Nation . . . «

die öffentlichen Zwecken dienen konnten. Er schleifte die Festungsanlagen und schuf mit dem Friedrichsplatz ❺ eine wichtige Verbindung zur Oberneustadt, er legte die Wilhelmshöher Allee und den Königsplatz an, baute das Museum Fridericianum ❸, die Kunstakademie, ein Findelhaus und das Landkrankenhaus. Doch unter seiner Herrschaft kämpften auch hessische Soldaten im Amerikanischen Unabhängigkeitskrieg (1776–83) auf der Seite Englands.

Schließlich setzte Kurfürst Wilhelm I. (1785–1821) noch einmal architektonische Akzente: Er ließ die großen Parks in Wilhelmshöhe und Karlsaue nach englischem Vorbild umgestalten und baute das neue Kurfürstenschloß Wilhelmshöhe ⓯ und die Löwenburg ⓮.

Turbulenzen

Eine kurze Zeit sah es so aus, als sollte Kassel etwas Besonderes unter den Städten werden, Hauptstadt eines Königreichs gar. 1807 wurde es nämlich Zentrum des von Napoleon I. konzipierten Königreichs Westfalen. Seinem Bruder Jérôme, »König Lustig«, schien es hier zu gefallen, und seine Hofhaltung war bemerkenswert. Indessen vertrieben ihn die Russen, und so kehrte 1813 Kurfürst Wilhelm I. wieder nach Kassel zurück. Der Höhenflug war beendet, noch ehe er richtig begonnen hatte. Im Juni 1866 rückten die Preußen ein, nahmen den letzten hessischen Kurfürsten, Friedrich Wilhelm I., gefangen und »verbrachten« Kassel in den preußischen Staatsverband. Damit ging die rund 600 Jahre dauernde Epoche als hessische Residenzstadt zu Ende, Kassel wurde Hauptstadt der Provinz Hessen-Nassau.

Solange es die Stadt gab, war sie bedächtig gewachsen, jetzt dehnte sie sich mit immer größerer Geschwindigkeit aus. Der Westen, heute der am dichtesten besiedelte Teil, wurde bebaut, die ersten Eingemeindungen fanden statt: 1899 Wehlheiden, 1906 Kirchditmold, Rothenditmold, Wahlershausen und Bettenhausen. Mit den Eingemeindungen von 1936 (Niederzwehren, Oberzwehren, Nordshausen, Waldau, Wolfsanger und Harleshausen) war die heutige Fläche des Stadtgebiets (107 km^2) erreicht. 1943 zählte Kassel 225 700 Bürger, ein Einwohnerstand, der sich nach dem Zweiten Weltkrieg noch nicht wieder eingestellt hat.

Die Katastrophe

Dieser letzte Krieg ist überhaupt das traurigste Kapitel in der Geschichte der Stadt, er prägte ihr Bild mehr als die 1000 Jahre zuvor. Im Oktober 1943 raste nach einem Luftangriff ein Feuersturm über Kassel hinweg und verwüstete Fachwerkbauten und Steingebäude. Rund 83 % der vorhandenen 65 646 Wohnungen waren vernichtet oder beschädigt, das Stadtzentrum gab es so gut wie gar nicht mehr. 1945 lebten in Kassel nur noch 71 000 Menschen, 1956 waren es 200 000, und heute zählt die nordhessische Stadt rund 197 000 Einwohner.

Knigge in Kassel

Jeder kennt seinen Namen und verbindet damit gutes Benehmen, aber kaum einer hat je sein Buch »Über den Umgang mit Menschen« gelesen. Der niedersächsisch-calenbergische Baron Adolf Freiherr von Knigge (1752–96) ließ es 1788 veröffentlichen, Jahre also nach seinem nicht ganz rühmlichen Aufenthalt am Kasseler Hof. 1772 war er als blutjunger Student einer diesbezüglichen Einladung gefolgt und tappte fortan durch allerlei pädagogisierende Schnurrpfeifereien in jegliche Kasseler Fettnäpfe. So hatte eine junge Dame bei Tisch – wie sie glaubte, unbemerkt – einen Stöckelschuh ausgezogen, was sich zugegebenermaßen nicht gehört, aber wohl läßlich ist, wenn die Modetorheit kneift.

Knigge hatte das beobachtet und den Schuh durch einen Pagen unbemerkt entfernen lassen. Als die Tafel aufgehoben wurde, ließ er der höchst verlegenen Demoiselle den Schuh auf einem Silbertablett servieren. Galant, aber nicht höflich.

Seine Aktivitäten beschränkten sich übrigens nicht auf die »gehobene Gesellschaft«, auch dem Volk setzte er gemein zu. Als er aber einem braven Handwerker den Titel »Hofschornsteinfegermeister« verlieh, war es allen zuviel. Knigge mußte Kassel verlassen.

Die Pavillons in der Mitte und an den Seiten gliedern die langgestreckte Orangerie in der Karlsaue.

Ganze Geschichten erzählen die klassizistischen Panoramatapeten im Deutschen Tapetenmuseum.

Der Krieg hat Kassel buchstäblich an den Rand gedrängt: Nach Osten sind es 30 km Luftlinie bis zur Grenze der DDR. Hannover, die nächste Großstadt im Norden, ist 165 km entfernt, und Frankfurt am Main 190 km. Im Westen wird die Stadt durch das Rothaargebirge von den Industriegebieten an der Ruhr abgeriegelt. Der Weg von der Landeshauptstadt Wiesbaden ins Nordhessische scheint weiter zu sein als umgekehrt...

Wieder nach vorne

Dennoch ist Kassel der wirtschaftliche Schwerpunkt dieser Region. Daran sind im wesentlichen die Industrie, dann die Dienstleistungsbetriebe und schließlich Handel und Verkehr beteiligt, Land- und Forstwirtschaft spielen eine vergleichsweise untergeordnete Rolle.

Mit Kassel verbinden sich die Namen bedeutender Wirtschaftsbetriebe wie Thyssen-Henschel, Daimler-Benz, Wintershall, AEG-Telefunken, Philips. Das Bundesarbeitsgericht und das Bundessozialgericht sind hier ansässig, und wer weder bei den Behörden noch in der Industrie oder bei den Dienstleistungsbetrieben seinen Arbeitsplatz hat, arbeitet im Groß- und Einzelhandel, der bereits Anfang der 80er Jahre über vier Milliarden DM Umsatz erzielte.

Was für eine Stadt ist Kassel gut 40 Jahre nach Kriegsende? Immer noch gibt es Baulücken in der Innenstadt, sie wirkt, als habe man ihre zukünftige Gestalt noch nicht zu Ende gedacht. Aber weil der Wiederaufbau langsam vonstatten ging, hatte er Hand und Fuß: Zentrumnahes Wohnen, Verkehrsführung um die Innenstadt herum, Fußgängerzonen, freies Parken – Begriffe, die heute überall gang und gäbe sind, in Kassel hat man die meisten zuerst gehört. Soweit die eine Seite.

Die andere ist die überlieferte, die historische, die blankgeputzte, die beneidenswert schöne. Kassel ist unumstrittene Kunststadt – nicht erst seit 1955, seit dem Jahr der ersten »documenta« – wiewohl dieses Spektakel alle fünf Jahre das Kasseler Image entscheidend geprägt hat, wenn man auch nicht allem, was gezeigt wird, zustimmen mag.

Kasseler, Kasselaner, Kasseläner

»Kassel ist zur Kultur verdammt!« – so hat es ein lokaler Feuilletonist in der »Hessisch-Niedersächsischen Allgemeinen« einmal bündig formuliert. Recht hat er. Wo nämlich über 11 000 Studenten leben – was seit Gründung der Gesamthochschule Kassel (1970) der Fall ist –, bilden sich ständig neue Kulturbedürfnisse. Theater, Kinos und andere Kulturstätten profitieren davon, aber auch die Restaurants und Kneipen am Königsplatz, an Königs- und Wilhelmsstraße. Der frische Wind weht zwar einigen Mief aus der Stadt und hat schon manchen Kasseler Kopf freier werden lassen, aber der Mentalität eines Kasselers, eines Kasselaners oder gar eines Kasseläners vermag er nur wenig anzuhaben. Beispiel Theater: Die Operette ist ausverkauft, das »moderne Stück« im Schauspielhaus

<u>*Weltausstellung der Kunst des 20. Jh.*</u>
Frustriert oder himmelhoch jauchzend, erschlagen oder nachdenklich, durchdrungen von Neuem, enttäuscht von vermeintlichem Mittelmaß – das sind so die Gemütslagen, die alle fünf Jahre anläßlich der »documenta« aufeinanderprallen und breite Diskussionen auslösen.
Wen wundert's angesichts der Akteure: Calder, Picasso, Moore, Christo, Serra, Oldenburg, Beuys – Künstler, die über die »Szene« hinaus die Gemüter bewegt haben. Kassel ist unbestritten das Mekka der avantgardistischen Kunstfreaks seit 1955, und die Stadt legt sich für ihre empfindsamen Besucher gehörig ins Zeug. Innenstadt, Karlsaue ⑩, Orangerie ⑧, Museum Fridericianum ③, alles eine einzige Galerie.
Und glaube keiner, er begegne nur der Malerei und modernen Skulpturen oder tausendfach gepflanzten Bäumen. Architektur, Design und Performance erweitern Veranstaltungskalender und Besucherhorizont, die Brücke von der schieren Hochkunst zur Unterhaltung ist geschlagen und wird immer tragfähiger. Wer's mag, kann sich für ein 3-Tages-Programm einschreiben – Auskünfte: Touristinformation, ☏ 13443.

Die »documenta 8« zeigte 1987 vor allem Skulpturen, wie hier »Union place« von George Trakas auf dem Königsplatz.

Beklemmend wirken die vier Guillotinen von Hamilton Finlay.

Tips, Tips, Tips

Fritzlar – Ort des Friedens
Ein lohnendes Ausflugsziel ist die alte Dom- und Kaiserstadt Fritzlar, seit der Wahl Heinrichs des Voglers zum König (919) für lange Zeit Ort deutscher Reichspolitik. Gegründet wurde sie von dem englischen Missionar Bonifatius. Er soll die hier stehende Donar-Eiche 723 gefällt und aus dem Holz eine dem hl. Petrus geweihte Kapelle gebaut haben. Fritzlar gehörte von 1066–1802 den Erzbischöfen von Mainz, 1866 kam es mit Kurhessen zu Preußen und wurde Garnisonstadt. Dennoch blieb es von Kriegen unbehelligt und hat sein jahrhundertealtes schönes Stadtbild mit Märkten, Denkmälern, Fachwerkhäusern und dem romanischen St.-Petri-Dom erhalten. Es gibt eine gute Bundesbahnverbindung zwischen Kassel und Fritzlar, mit dem Auto fährt man über die B 251 und B 450 oder die A 49, Entfernung ca. 25 km.

Erholung für Körper und Geist
Die Fakten sprechen für sich: attraktives Thermalsole-Zentrum in fernöstlicher Architektur. Über 1200 m² Wasserfläche, Innen- und Außenbecken, Sauna-Anlage mit sechs finnischen Blockhaus-Saunen, Kur- und Kneipp-Abteilung, irisch-römisches Dampfbad, Salinengang, Sole-Grotten, Solarien, Paradiesgarten für FKK-Freunde, über 150 Sonnenplätze, Squash-Landschaft, Whirlpools, Rundkino, Restaurant, 80 m lange Wasserrutsche.
Fitneß-Fans vortreten und anmelden bei: Kurhessen-Therme, Wilhelmshöher Allee 361, Kassel, ☏ 3 50 39 (Straßenbahnlinie 1).

Mit Dampf durch Kurhessen-Waldeck
Der Hessencourrier, erster hessischer Museums-Eisenbahnzug, bringt Sie gemächlich durch die schöne Berglandschaft zur romantischen Stadt Naumburg. Unterwegs bedient Sie freundliches Personal in historischen Uniformen, und an der stimmungsvollen Stehtheke läßt sich trefflich zechen. Dabei versäumt man nichts: Über einen Lautsprecher dringen Informationen zu Zug, Strecke und Landschaft ins wißbegierige Ohr.
Anmelden sollten Sie sich für die Fahrt drei Wochen im voraus. Gruppenreisen ab 100 Personen sind möglich (Touristinformation, ☏ 13443).

möchten schon weniger sehen – nach der Pause meist noch weniger. Später trifft man die Fahnenflüchtigen in der Kneipe.

Die Schriftstellerin Christine Brückner, zu Hause in Kassel, beschreibt diese Art, sich zu verweigern, so: »Wer die freundlichsten und ruhigsten Bewohner der Bundesrepublik kennenlernen möchte, der fahre nach Kassel. Es geschieht nichts, was sie aus dem Gleichgewicht bringen könnte.«

Mag sein – aber jedes Jahr wird diese Regel einmal kurzfristig durchbrochen. Dann geraten die Kasseler Bürger regelrecht aus dem Häuschen – und ins Festzelt. Dann ist »Zissel-Fest«! Und das Zissel-Fest ist das genaue Gegenteil von all dem Fein- und Kunstsinnigen, das man ihnen während der weltberühmten Ausstellungen bietet. Zissel-Fest ist Volkes Fest, und wehe dem Unglücklichen, der versuchen sollte, ihnen das zu vermasseln.

Seit dem Jahr 1926 feiern sie es, immer entlang der Fulda, an der Lebensader der Stadt sozusagen. »Fullewasser, Fullewasser« heißt ihr Schlachtruf, und wer nicht lautstark mit »hoi, hoi, hoi« antworten kann, hat gar nicht erst in den Stunz (Waschzuber) zu steigen, geschweige denn darin beim Wasserkorso mitzupaddeln. So ist das. Einerseits. Andererseits: »Ein Schoofskopp, der nit middemacht!«

Nach neun Tagen Blasmusik hat Frau Brückner dann wieder uneingeschränkt recht. Man zieht sich in die heimischen vier Wände zurück, und es geschieht nichts, was... s. o.

Wie denn auch? Sie kennen doch schon alles bzw. haben alles schon einmal gesehen – die herrlichen Schätze im Schloß Wilhelmshöhe (15). Warum mehrmals hinpilgern? Und war man nicht schon oft genug in der schönen Karlsaue (10)? Sie wird nicht ansehnlicher durch häufiges Betreten, schon gar nicht an heißen Sommertagen, obgleich dann die Wiesen ganz besonders zum Ausruhen und die Seen zum Bade laden...

Einmal allerdings haben sich die Kasseler Bürger außerhalb der erwähnten neun Tage ereifert. Als man nämlich das Technikmuseum mit den alten Henschel-Lokomotiven, dem »Fieseler Storch« und all den anderen monströsen Herrlichkeiten aus dem Fridericianum (3) in die Orangerie (8) verlegen wollte, da waren sie mit aller zu Gebote stehenden Entschiedenheit dagegen – aber zweimal hingehen und alles anschauen? Wozu?

Der geneigte Leser soll nun nicht denken, er müsse lange suchen, bevor er mal einen Kasseler trifft. Schließlich trinken sie nicht alle ihr Bier zu Hause, wie Einheimische gern behaupten. Abends sind die Kneipen »rappeldicke« voll. Die Kinos in der Innenstadt gähnen auch nicht gerade vor Leere, und manchen gelüstet es gar nach »Herrengedecken« in Nightclubs. Ein Schelm, der glaubt, dergleichen gäbe es in Kassel nicht. Sperrbezirke kennt die Stadt seit Menschengedenken, jedenfalls solange sie Garnison ist, und immer wieder stößt man auf Kasernenanlagen, auf

Für einen Platz im »Hessencourrier«, dem Dampf-Museumszug zwischen Kassel und Naumburg, muß man sich rechtzeitig anmelden.

Warnungs- und Verbotsschilder: »Grenze des Standortübungsplatzes«, »Militärisches Sperrgebiet«, »Lebensgefahr«, »Fotografierverbot«.

Kassel und die Politik
Immer wenn in Kassel die Politik ins Spiel kommt, sind die Pläne hochfliegend und die Hoffnungen groß. Das war so bei Napoleon Bonapartes Bruder Jérôme, der dem militaristischen Preußen einen aufgeklärten Staat gegenüberstellen wollte. Das war so nach 1945, als man sich Hoffnungen machte, eines Tages (provisorische) Bundeshauptstadt zu werden – wir wissen, wie die Rennen ausgegangen sind. Einmal aber gab es für einen Tag Licht in der sonst düsteren Nachkriegsgeschichte. Und das ging ausgerechnet in Kassel an: Im Mai 1970 trafen sich Willi Stoph und Willy Brandt auf dem Bahnhof Wilhelmshöhe. Eine deutsch-deutsche Begegnung, die historische Dimensionen hatte.

Weit ist es nicht...
»Besuchen Sie uns doch als einmal in Cassel«, schrieb Jacob Grimm unter einen seiner Briefe, »weit ist es ja nicht.« Nein, weit ist es nicht, eine halbe Tagesreise bis zu den Alpen und ebenso lange bis zur Nordsee. Und Goethe war natürlich auch da. Hernach schrieb er an Gefährtin Christiane: »...in Cassel kannst Du Dir ein Hütchen kaufen und ein Kleid, sie haben die neuesten Waren dort, genauso gut als anderswo.« So ist es!

Der Roland auf dem Brunnen bewacht den Marktplatz von Fritzlar.

Theater, Musik, Veranstaltungen, Museen

Theater
Staatstheater Kassel, Friedrichsplatz 15 ⑤. Oper, Operette, Musical, Ballett, Schauspiel, Ballettwerkstatt, Matineen, Kammerkonzerte. Theater im Fridericianum ③ (tif): Experimentelle Stücke. Theatercafé im Schauspielhaus-Foyer: Kleinkunst-Nachtvorstellungen, ☏ 1 58 52/53.
Komödie, Friedrich-Ebert-Str. 39. Lustspiel, Krimi, Klassische Komödie, ☏ 1 83 83.
Aktions-Theater-Kassel, Studiobühne im Rathaus, Weinbergstr. 16. Experimentelles Theater, Gastspiele, ☏ 82 70 76.
Kulturzentrum Schlachthof, Mombachstr. 10–12. Theater freier Gruppen, Kabarett, Lesungen, ☏ 89 99 83.

Musik
Stadthalle, Friedrich-Ebert-Str. 152. Sinfonie-, Kammerkonzerte, Rock-, Pop-, Volksmusik, ☏ 7 88 20, 7 17 17.
Martinskirche ②, Martinsplatz. Schwerpunkt neue Kirchenmusik: Orgelkonzerte, Chorkonzerte mit der »Kantorei an St. Martin« und dem »Vokalensemble Kassel«, ☏ 3 10 01 50, 77 02 67.
Kreuzkirche, Luisenstr. Kantatengottesdienste, Orgel-, Kammerkonzerte, ☏ 3 77 71.
Kulturzentrum Schlachthof, Mombachstr. 10–12. Europäischer Modern Jazz, ☏ 89 99 83.
Musiktheater, Angersbachstr. 10. Rock, Jazz, ☏ 89 57 40.
Eissporthalle, Damaschkestr. 1. Rock- und Popkonzerte, Eisrevuen, ☏ 2 20 81 und 7 17 17.

Veranstaltungen
Christi Himmelfahrt–Sept.: *Wasserkünste* im Park Wilhelmshöhe ⑪ (Mi, So 14.30–15.30 Uhr). Beleuchtete Wasserkünste (Juni–Sept. 1. Sa im Monat nach Einbruch der Dunkelheit).
Alle zwei Jahre (1991) Ende Mai/Anfang Juni: *Stadtfest* in der Innenstadt. Open-air-Festival der Popmusik mit namhaften Interpreten, Theaterdarbietungen.
Alle fünf Jahre (1992) Juni–Sept.: *documenta*. Weltausstellung zeitgenössischer Kunst in der Orangerie ⑧, der Karlsaue ⑩, dem Museum Fridericianum ③ und der Innenstadt.
März/April: *Frühjahrsmesse* auf dem Messeplatz. Volksfest.
Mai–Sept.: *Kurkonzerte* im Musikpavillon im Park Wilhelmshöhe ⑪ (Mi, Sa, So 15.30–17 Uhr).
Ende Juli/Anfang Aug.: *Zissel* – Wasser- und Altstadtfest am Fulda-Ufer und in der Altstadt. Boots-Korso auf der Fulda, Festzug in der City, großes Programm mit intern. Künstlern am Marstall, Vergnügungspark am Altmarkt/Messeplatz, Höhenfeuerwerk am Rondell.
Sept.: *Internationales Theaterfestival* im Staatstheater Kassel, Friedrichsplatz 15 ⑤. Musiktheater, Schauspiel, Performance mit Ensembles aus aller Welt. Rahmenprogramm: kulturpolitische Podiumsgespräche, Autorenlesungen, Abschlußfest.
1. Sa im Sept.: *Wilhelmshöher Berg- und Lichterfest* im Park Wilhelmshöhe ⑪. Musik- und Folkloreveranstaltungen. Lichterfest zwischen Schloß Wilhelmshöhe ⑮ und Herkules ⑫. Beleuchtete Wilhelmshöher Wasserkünste. Höhepunkt: Brillant-Feuerwerk.
Sept./Okt.: *Herbstmesse* auf dem Messeplatz. Volksfest.
Mitte Okt.: *Kasseler Freyheit* in der Innenstadt. Historischer Warenmarkt mit Kulturprogramm anläßlich der Feier zur Verleihung der Kasseler Marktrechte.
Kasseler Musiktage. Moderne Musik im Spiegel der Tradition: traditionelle experimentelle Konzerte und Kirchenmusik mit intern. renommierten Interpreten; begleitend dazu Seminare, Workshops, Nachtstudios. Spielorte: Stadthalle, Friedrich-Ebert-Str. 152; Martinskirche ②, Martinsplatz, ☏ 3 58 69.

Museen
Brüder-Grimm-Museum, Palais Bellevue, Schöne Aussicht 2. Werke, Lebenszeugnisse, Erstausgaben, Hausrat der Brüder Grimm (Di–So 10–17 Uhr).
Deutsches Tapetenmuseum, Brüder-Grimm-Platz 5. Geschichte der Tapete mit mehr als 600 Kostbarkeiten. Sammlungsschwerpunkte: Handdrucke des 19. Jh., Panoramatapeten (Di–Fr 10–17, Sa, So 10–13 Uhr).
Hessisches Landesmuseum, Brüder-Grimm-Platz 5. Vor- und Frühgeschichte, Kunsthandwerk und Plastik, Volkskunde; astronomisch-physikalisches Kabinett (Di–So 10–17 Uhr).
Kunstverein Kassel, Ständeplatz 16. Wechselausstellungen regionaler bis intern. Gegenwartskunst (Di–Fr 10–13, 15–18, Sa, So 10–13 Uhr).
Murhardsche Bibliothek, Landesbibliothek und Gesamthochschulbibliothek, Brüder-Grimm-Platz 4 a. Ausstellung ausgesuchter mittelalterlicher Handschriften aus Europa (Mo–Fr 10–18, Sa 10–13 Uhr).
Naturkundemuseum im Ottoneum, Steinweg 2 (s. ④).
Neue Galerie/Staatliche und Städtische Kunstsammlungen, Schöne Aussicht 1 (s. ⑦).
Staatliche Kunstsammlungen/Gemäldegalerie Alte Meister und Antikensammlung, Schloß Wilhelmshöhe (s. ⑮).
Stadtmuseum, Ständeplatz 16. Geschichte des Stadtraumes, Sozial- und Kulturgeschichte (Di–Fr 10–17, Sa, So 10–13 Uhr).
Torwache am Hessischen Landesmuseum, Brüder-Grimm-Platz 6. Kunstgewerbe vom Historismus bis zur Gegenwart (Mi, Do, Sa, So 10–17 Uhr).

Kempten

Feindliche Brüder – friedlich vereint

Wagenradgroße Emmentaler-Laibe haben den Ruhm der Stadt begründet – doch Kempten ist mehr als nur Käsemetropole. Stolz kann es darauf verweisen, daß es früher als andere deutsche Städte erwähnt worden ist, und seine römische Vorgängerin zählt zu den größten hierzulande. Einmalig ist Kemptens Weg durch die Geschichte: Fast 600 Jahre lang existierten hier nebeneinander zwei unabhängige, sich bitter befehdende Territorien, die Reichsstadt und die Stiftsstadt. Gleichsam als Erbe und Erinnerung ist eine Vielzahl fürstlicher, bürgerlicher und sakraler Bauten in engem Nebeneinander geblieben, wie die St.-Lorenz-Basilika mit Doppelturmfassade und Vierungskuppel (unser Bild). Heute ist Kempten eine prosperierende Gewerbestadt, die neben der Milchwirtschaft auf Maschinen und Elektronik setzt.

Wappen Der goldene Adler steht für die ehemalige freie Reichsstadt; der wehrhafte rote Turm erinnert an die einstige Stiftsstadt.
Lage Im Zentrum des bayrischen Allgäus, auf den Terrassen der tief eingeschnittenen Iller.
Land Bayern
Autokennzeichen KE
Höhe 646–915 m ü. M.
Fläche 63,3 km^2
Einwohnerzahl 60 000
Postleitzahl 8960
Telefonvorwahl 08 31
Post Hauptpost, Am Bahnhofsplatz 1, Spätschalter (Mo–Fr 7–19, Sa 7–12, So 10–11 Uhr).
Polizei Auf der Breite 17, ☏ 98 00
Taxi ☏ 2 55 52, 7 81 81
Nahverkehr Zahlreiche Buslinien innerhalb der Stadt und in die Region. Fahrscheine beim Schaffner.
Camping Öschlesee (Sulzberg), ☏ 0 83 76/621.
Parken An der Allgäuhalle, ansonsten beim Illerstadion und bei der St.-Mang-Brücke, in der Rottachstr., in der Innenstadt auf dem Königsplatz und Hildegardplatz sowie in den Parkhäusern am Rathaus, Kronenstr. 18, und in der Hirnbeinstr.
Touristinformation Städtisches Verkehrsamt, Rathaus ☏ 25 25-237 (Mo–Fr 8–12, 13.30–17 Uhr).
Stadtführung Jeden Sa; kostenfrei; Treffpunkt 11 Uhr Aufgang zur Burghalde; Gruppenführungen nach Voranmeldung beim Städtischen Verkehrsamt, ☏ 25 25-237.

Stadtrundgang

Von der Autobahn kommend erreichen Sie über Stephanstraße, Berliner Platz, Schumacherring, Ulrichstraße, Brodkorbweg und Spickelstraße den Cambodunumweg, an dessen Ende Sie parken können. Der von uns vorgeschlagene Rundweg beansprucht ungefähr zweieinhalb Stunden. Sie können eine halbe Stunde einsparen, wenn Sie nach Besichtigung der Römerbauten ❶ ❷ mit dem Auto zur Iller hinunterfahren und dort parken. Gelegenheiten zum Ausruhen gibt es im Hofgarten und im Stadtpark. Mit der Einkehr in eines der gemütlichen Gasthäuser können Sie Ihren Besuch in Kempten angenehm abrunden.

Sehenswürdigkeiten

❶ *Archäologischer Park Cambodunum (gallo-römischer Tempelbezirk).* Teilrekonstruktion, von hier aus schöner Blick über Kempten und zu den Alpen (Mai–Okt. 10–17, Nov.–April 10–16.30 Uhr).
❷ *Ausgrabungsstätten,* Thermen und andere römische Bauten.
❸ *Bäckerstraße,* geschlossenes Straßenbild mit Bürgerhäusern meist aus dem 17./18. Jh. Von hier aus führt das Ankergässele zum Ankertörle, dem letzten erhaltenen Tor der Stadtmauer.
❹ *Pfarrkirche St. Mang,* spätgotische Basilika, Baubeginn 1426; die urspr. gotische Einrichtung ging im Bildersturm der Reformation unter. Im Chor Fresken des 15./16. Jh., 1767/68 Einwölbung des Langhauses und Ausstattung mit Rokokostuck. Vor der Kirche einer der wenigen Jugendstil-Brunnen Bayerns, 1905 von Georg Wrba geschaffen.
❺ *Londoner Hof,* vierstöckiges Patrizierhaus von 1764 mit sehenswertem Treppenhaus und prächtiger Rokokofassade.
❻ *Rathaus,* dreigeschossiger Steinbau, 1474 anstelle eines Fachwerkbaus errichtet. An der Ostfassade vorkragender Zwiebelturm mit »Trompetenmännle« auf der Spitze.
❼ *Haus der Müßiggengelzunft,* Zunfthaus der Patrizier, schlichter Bau mit prächtigem Renaissancetor, um 1600.
❽ *Königsche Häuser,* auf der Grundlage eines Hauses des 16. Jh. im 18. Jh. erbaut, mit Fassadenmalereien geschmückt.
❾ *Residenz,* rechteckiger Barockbau (1651–74) mit zwei Innenhöfen, Ecktürmchen und schlichter Außenfront. Prunkvolle Innenausstattung im Fürstensaal.
❿ *Orangerie,* 1780 erbaut, nördlicher Abschluß des Hofgartens; Mittelrisalit und Eckpavillons schmücken den noblen Bau, der heute die Stadtbibliothek beherbergt.
⓫ *St.-Lorenz-Basilika,* ab 1652 von Michael Beer, dann von Johann Serro erbaute barocke Basilika mit Doppelturmfassade und Vierungskuppel. Im Innern frühbarocker Stuck von Giovanni Zuccalli, Scagliola-Arbeiten am Chorgestühl und Fresken von Andreas Asper.
⓬ *Kornhaus,* um 1700 erbauter Getreidespeicher, stattlicher Bau mit Volutengiebeln an den Schmalseiten und am Mittelbau.
⓭ *Zumsteinhaus,* klassizistisches Bürgerhaus von 1802, Mittelrisalit an der Ostfassade, Wappen der Familie de la Pierre (Zumstein) im Giebelfeld. *Naturwissenschaftliche Sammlungen zur Geologie und Biologie des Allgäus:* Mineralien des Allgäus; Bau der Allgäuer Alpen, Reliefs; präparierte Vögel, Schmetterlinge, Käfer; Zumsteingarten mit Alpinum, Findlingsammlung (Mai–Okt. Di, Fr 10–12, 14–16.30, Mi, Do, Sa 14–16.30, So 9–12 Uhr; Nov.–April Di 10–12, 14–16, Mi 14–16, Fr 10–12, Sa 14–16, So 9–12 Uhr). *Römische Sammlung Cambodunum:* Bodenfunde aus der römischen Stadt, Steindenkmäler, Militaria, Alltags- und Handwerksgegenstände, Schmuck, Bautechnik (Öffnungszeiten wie Naturwissenschaftliche Sammlungen zur Geologie und Biologie des Allgäus).
⓮ *Schlößle,* ab 1593 erbaut mit Eckerkern und Zwerchhaus, imposantes Wohn- und Geschäftshaus. Von hier führt seit Anfang des 19. Jh. eine Freitreppe in den einstmals reichsstädt. Teil Kemptens.
⓯ *Fischerstraße,* Haupteinkaufsstraße, seit 1970 Kern der Fußgängerzone.
⓰ *Waisentor,* 1986 nach historischen Vorbildern wieder aufgebaut.
⓱ *Burghalde,* Keimzelle der Stadt, schon in römischer Zeit bebauter Hügel, seit Mitte des 8. Jh. von Benediktinern besiedelt. Der gotische Burgturm von 1488 ist ein Überrest der Klostervogtei. Seit 1950 Freilichtbühne mit sommerlichen Theateraufführungen.

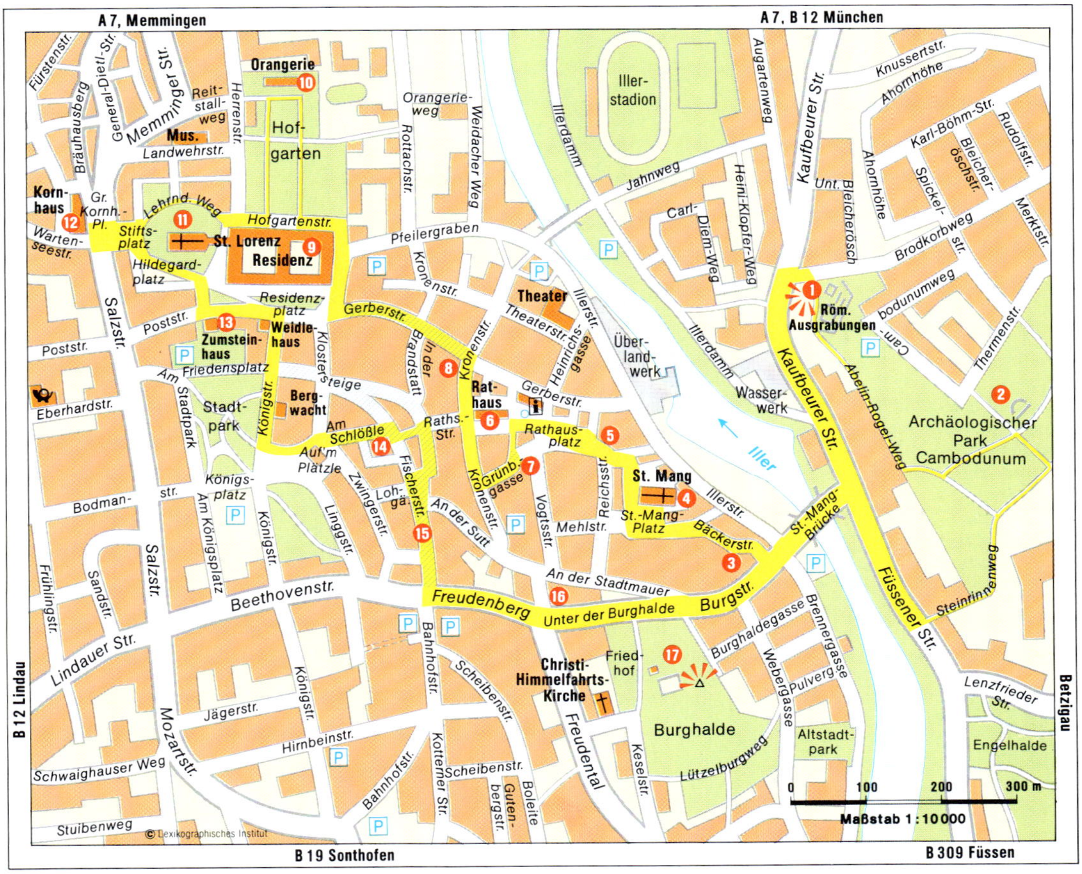

Getrennt durch Mauer und Graben

Wer vom Schlößle ⓮ aus über die Freitreppe hinuntersteigt zum Rathaus ❻, überschreitet eine Grenze, die jahrhundertelang fast ebenso schwer zu überwinden war wie heutzutage die Berliner Mauer. Hier, wo der elegante Treppenbau lediglich zwei räumliche Ebenen der Stadt miteinander zu verbinden scheint, stand bis zum Beginn des 19. Jh. das Klostertor, das zwei verfeindete Teile scharf voneinander trennte. Oberhalb lag die Stiftsstadt, ein reichsunmittelbares geistliches Fürstentum unter einem allmächtigen Fürstabt, unterhalb der weltliche Widerpart, das Territorium der (seit 1527) evangelischen freien Reichsstadt Kempten, geführt von Rat und Bürgermeister.

Fast 600 Jahre dauerte die schmerzliche Teilung. Sie hinderte die Stadt zwar an Entwicklung und Wachstum, führte aber zu den Grundmustern zweier bedeutender deutscher Stadttypen auf engem Raum: hüben die geistliche Fürstenstadt mit ihrer massiven Klosterresidenz ❾ und monumentalen Kirche ⓫ als Zentrum und drüben die bürgerliche Reichsstadt, deren Mittelpunkt Rathaus ❻ und Rathausplatz, aber auch die bürgerliche Pfarrkirche St. Mang ❹ sind.

Wie war es zu dieser einmaligen Situation gekommen? Die christliche Tradition begründete ein Benediktinerkloster, das seit 752 bestand und 950 an die Stelle der heutigen Residenz verlegt wurde. Der junge Staufer Friedrich II. wollte sich 1213 dessen Abt gewogen machen, indem er ihm Reichsfreiheit zusicherte und ihm später auch noch die Vogteirechte über die inzwischen unten am Illerufer entstandene Händler- und Handwerkersiedlung gewährte. Allerdings wollten sich die Bewohner dieser Siedlung mit der Vorherrschaft des Klosters nicht abfinden und erkämpften sich nach und nach verschiedene Rechte vom Kloster zurück. 1289 erlangten sie selbst Reichsfreiheit, kauften 1379 die Burghalde ⓱, den ehemaligen Sitz des Klostervogts, und erwarben schließlich 1525 alle grundherrlichen Rechte, die das Kloster noch besaß. Eines konnten die Bürger dennoch nicht ändern: Sie waren rundherum von Besitztümern des Klosters eingeschlossen und hatten keine Möglichkeit, Land zu gewinnen und ihre Stadt zu erweitern.

Größer als Augsburg?

Es war der Kemptener Kaufmann August Ullrich, der 1885 Cambodunum, Kemptens römische Vorgängerstadt auf dem Lindenberg, entdeckte und dort auch zu graben begann. Systematisch legt man die Römerstadt aber erst seit 1983 frei, und es kommt dabei mehr und mehr eine Stadt zum Vorschein, die Fachleute wie Laien in Erstaunen versetzt: mit rechtwinkligem Straßensystem, mit Marktplatz, Basilika und Statthalterpalast, mit großer und kleiner Therme und vielen militärischen und zivilen Bauten. Die Archäologen schließen schon nicht mehr aus, daß Cambodunum größer und bedeutender war als das nördlich gelegene Augusta Vindelicum, das heutige Augsburg. Wie auch immer – die Kemptener können jedenfalls darauf verweisen, daß über ihre Stadt das früheste schriftliche Zeugnis einer deutschen Stadt überhaupt existiert. Schon um das Jahr 18 n. Chr. wird Kambódounon in dem Werk »Geographika« des Griechen Strabon als einzige Stadt im heutigen deutschen Raum erwähnt.

Tips, Tips, Tips

Modelleisenbahn
Knapp 15 km südwestlich von Kempten liegt an der B 12 das kleine Dorf Wengen. Hier kann man eine über 300 m² große H0-Modelleisenbahnanlage mit dem Namen »Miniland« bewundern, die einen Querschnitt sowohl durch die bunte Welt der großen Eisenbahn wie auch durch alle Landschaften – von den Alpen bis zur Küste – gibt (Sommer: tägl. 9.30–18 Uhr, ☏ 0 83 75/86 22).

Alpenrundflüge
In Kempten-Durach finden Sie auf 710 m Höhe einen der höchstgelegenen Flugplätze der Bundesrepublik Deutschland. (Hier wurde übrigens der Rühmann-Film »Quax, der Bruchpilot« gedreht.) Zu Füßen der Alpen gelegen, eignet er sich bestens als Startplatz für einen Alpenrundflug oder einen »Luftsprung« zum Bodensee. Dergleichen können Sie beinahe täglich buchen, ☏ 6 59 29.

Auf Cambodunum wuchsen Gras und Bäume

So existierten also zwei reichsunabhängige Territorien nebeneinander, getrennt durch Mauer und Graben. Getrennt aber auch durch Mißtrauen und Feindschaft und bald dazu durch unterschiedlichen Glauben. Da war es unvermeidlich, daß sich dieses feindselige Nebeneinander im Dreißigjährigen Krieg zum offenen Konflikt ausweitete. Die Schweden zerstörten 1632 auf Drängen der reichsstädtischen Bürger das Stift. Ein Jahr später verwüsteten katholische Truppen die Reichsstadt. Der Wiederaufbau sollte Macht und Reichtum demonstrieren – auf beiden Seiten natürlich. Fürstabt Roman Giel von Gielsberg begann 1651 den ersten monumentalen barocken Residenz- ❾ und Kirchenbau ⓫ Süddeutschlands nach diesem verheerenden Krieg, seine Nachfolger fügten Prachtbauten wie das Kornhaus ⓬ oder die Orangerie ❿ hinzu, und Fürstabt Anselm Reichlin von Meldegg ließ 1734–42 im zweiten Stock der Residenz ❾ eine Flucht von Prunkräumen gestalten, die zum Prächtigsten gehören, was diese Epoche hervorgebracht hat. Den reichsstädtischen Kemptenern ging es um diese Zeit nicht so gut, mußten sie doch aus eigener Kraft ihre Stadt wieder bewohnbar machen. Zum Glück hatten ihre Kirche St. Mang ❹ und das Rathaus ❻ die Zerstörung überstanden, aber die Häuser in den kleinen Gassen, in denen die Handwerker lebten, mußten neu aufgebaut werden. Aus dieser Zeit stammen noch die meisten Bauten in der Bäckerstraße ❸. Als im 18. Jh. der Handel langsam wieder in Schwung kam, konnten die Patrizier von neuem ihrer Baulust frönen. Das Ponickauhaus und die Königschen Häuser ❽ wurden renoviert; neu entstanden das Neubronnerhaus und der Londoner Hof ❺.

Das Ende von Teilung und Rivalität kam erst 1803, als Kloster und Reichsstadt an Bayern fielen. Ab 1811 wurden die Mauern zwischen beiden Teilstädten eingerissen, die Gräben zugeschüttet und beide Städte endlich vereinigt.

Während der konfliktreichen Jahrhunderte war fast völlig in Vergessenheit geraten, daß es auf oder unter dem Boden von Kempten noch eine dritte Stadt gab, das römische Cambodunum, irgendwo jenseits der Iller auf dem Lindenberg gelegen, verborgen unter Gras und Bäumen. Erst im geschichtsbewußten 19. Jh. erinnerte man sich ihrer wieder und begann zu graben. Zwar wurde damals das Gelände nach Bergung einiger Funde wieder zugeschüttet, doch seit 1983 geht man in großem Stil daran, diese Römerstadt freizulegen und teilweise wieder aufzubauen, um sie später

Die Adler auf den Giebeltürmchen am Rathaus erinnern an die freie Reichsstadt.

Die Orangerie bildet den nördlichen Abschluß des Hofgartens. Der noble Bau beherbergt heute die Stadtbibliothek.

als »Archäologischen Park Cambodunum« zu präsentieren. Der Tempelbezirk ❶ ist bereits fertig ausgegraben, jedoch sind die Arbeiten an den Thermen ❷ gegenwärtig noch in vollem Gange.

Der Aufschwung kam durch Milch und Käse

Natürlich sucht Kempten seinen archäologischen Schatz Cambodunum für den Tourismus zu nutzen, doch lebt die Stadt durchaus nicht nur von der Vergangenheit. Ihre Zukunft begann, als sie 1811 als Stadt vereint worden war. Ihre Lage inmitten des Landwirtschaftsraums Allgäu kam ihr zugute, als die Emmentaler-Produktion eingeführt wurde. Noch besser wurde es, nachdem Kempten 1852 an das Eisenbahnnetz angeschlossen worden war. Aus manchem Kleingewerbebetrieb wurde in der Folgezeit eine größere Fabrik, und in der 1842 gegründeten Zündholzfabrik arbeitete 1898 der erste industriell genutzte Dieselmotor der Welt. Solch zukunftsorientiertem Denken ist die Stadt treu geblieben. Viele der über 37 000 Arbeitsplätze, die sie heute bietet, sind in Zukunftsbranchen bis hin zur modernen Elektronik zu finden. Die Kemptener wollten immer schon hoch hinaus, heißt es. Zweifler werden auf Reinhard Furrer verwiesen, einen der ersten deutschen Astronauten – er ist hier geboren.

Zu alledem liegt Kempten noch sehr schön, inmitten einer gewellten Landschaft, in gemessener Distanz zu den Alpen, aber doch so nah, daß man in knapp einer halben Stunde mit dem Auto die Talstationen mehrerer Bergbahnen erreichen kann. Und zum Bodensee ist es auch nur eine Stunde Wegs. Doch so schnell drängt es den Besucher gar nicht fort. Er bummelt angeregt durch diese Stadt, die ihre Weite aus dem fürstäbtlichen Erbe bezieht und ihre Heimeligkeit aus den Gassen der einstigen Reichsstadt. Gern läßt er sich gefangennehmen vom breiten, erstaunlich »großstädtischen« Warenangebot in den Einkaufsstraßen. Oder ihn fasziniert die Gegend um die Bäckerstraße ❸, das alternative Kempten: Hier gibt es Rohkost und Bücher über Biogartenbau, Handmehlmühlen und Makrobiotisches.

Irgendwann wird jeder spüren, welche wichtige Rolle Kempten für das weite Umland spielt. Die Stadt ist nicht nur Käsehandelsplatz und Industriezentrum, zentraler Schulort und Kulturmetropole, sondern die selbstverständliche Hauptstadt der Region Allgäu. Am deutlichsten wird dies jedes Jahr Mitte August bei der »Allgäuer Festwoche«. Als Treffpunkt für Landwirtschaft und Industrie, für Theater- und Musikfreunde und für alle Menschen, die einfach Spaß daran haben, mit vielen anderen groß zu feiern, ist sie inzwischen zum zentralen Fest, zur Selbstdarstellung des Allgäus geworden. Sie ist übrigens auch, als Fest aller Kemptener, Beweis und Symbol für die endgültige Zusammengehörigkeit der einstmals feindlichen Stadthälften.

Allgäuer Käse nach Schweizer Art

Zu Anfang des 19. Jh. wurde faktisch per Dekret – nämlich durch die königlich bayrische Regierung in München – eine »landwirtschaftliche Revolution« verordnet: Im Allgäu sollte der wenig ertragreiche, vom Wetter nicht gerade begünstigte Ackerbau aufgegeben und durch Weide- und Milchwirtschaft ersetzt werden. Nun verdirbt Milch rasch, und es galt, sie schnell in haltbarere Form zu bringen. Eine solche Umwandlung hatten gerade erst die Bauern im schweizerischen Emmental »erfunden«. Sie nannten das neue Produkt Emmentaler Käse und schwiegen sich gründlich aus. Das Geheimnis blieb jedoch keines, und so konnte ein Gunzesrieder Bauernsohn 1827 das Rezept über die Grenze in seine Allgäuer Heimat bringen, wo seither der »original« Allgäuer Emmentaler hergestellt wird. Rasch entwickelte sich Kempten zur deutschen Käsemetropole. Seit 1921 wird hier an jedem Mittwoch die »Süddeutsche Butter- und Käsebörse« abgehalten, die einzige ihrer Art in der Bundesrepublik Deutschland.

Die Kemptener Frauen sind stolz auf ihre schöne Festtracht.

Theater, Musik, Veranstaltungen, Museen

Theater

Stadttheater, Theaterstr. 4. Oper, Operette, Musical, Ballett, ☏ 2 53 88 30.
Freilichtbühne Burghalde ⓱, im Zentrum. Musical, Operette, Kindertheater, Pop-Veranstaltungen, ☏ 2 53 88 30.

Musik

Stadttheater, Theaterstr. 4. Sinfonie- und Kammerkonzerte, Liederabende, Volksmusik, ☏ 2 53 88 30.
Sing- und Musikschule, Memminger Str. 5. Kammermusik von fortgeschrittenen Schülern und Gastensembles, ☏ 2 52 53 89.
Kornhaus ⓬, Großer Kornhausplatz 1. Unterhaltungsmusik, Tanz, Bläserkonzerte, Volksmusik, Jazz, ☏ 2 53 88 30.
Fürstensaal der Residenz, Residenzhof ❾. Kammermusik, kleinere Chöre, Serenadenkonzerte, Liedermacher, ☏ 2 52 54 06.
St.-Lorenz-Kirche ⓫, Hildegardplatz/ Residenzplatz. Orchestermessen zu den kirchlichen Hochfesten, kleinere Musikveranstaltungen, ☏ 2 10 88.
St.-Mang-Kirche ❹, Altstadt an der Iller. Oratorien im Frühjahr (Passion), Requiems zum Jahresschluß, ☏ 2 53 86 21.
Kleinkunstverein Klecks in der Brauerei-Gaststätte »Stift«, Stiftsplatz 1. Kleinkunst, Kabarett, Liedermacher, Jazz, ☏ 2 23 88.

Veranstaltungen

Christi Himmelfahrt: *Himmelfahrtsmarkt.* Volksfest auf dem Königsplatz und im Zentrum.
Herbst: Ökumenische *Kirchenmusikwochen.* 14tägige Veranstaltung mit Oratorien, Orgel-, Instrumental-, Chorkonzerten, neuerer Kirchenmusik in der St.-Lorenz-Kirche ⓫ und St.-Mang-Kirche ❹, ☏ 2 10 88, 2 53 86 21.
Mitte April: *Kemptener Jazz-Frühling,* Kornhaus ⓬, Stadttheater, St.-Mang-Kirche ❹. Alle Formen des Jazz mit intern. Besetzung. Dixie-Frühschoppen (So 10.30 Uhr) und Jam Sessions (tägl. 22–3 Uhr) in der Brauerei-Gaststätte »Stift«.
Juli (1. Sa im Monat): *Altstadtfest/Stadtfest* in der Innenstadt. Kleinkunst, Straßentheater und Blasmusik.
Mitte Aug.: *Allgäuer Festwoche* im Stadtzentrum. Wirtschaftsausstellung, Landwirtschaftsmesse, Volksfest, kulturelles und sportliches Rahmenprogramm.
Anfang Nov.: *Kathreine-Markt.* Volksfest auf dem Königsplatz und im Zentrum.

Museen

Naturwissenschaftliche Sammlungen zur Geologie und Biologie des Allgäus, ehemalige Reisersammlung, Zumsteinhaus, Residenzplatz 32 (s. ⓭).
Römische Sammlung Cambodunum, Zumsteinhaus, Residenzplatz 32 (s. ⓭).

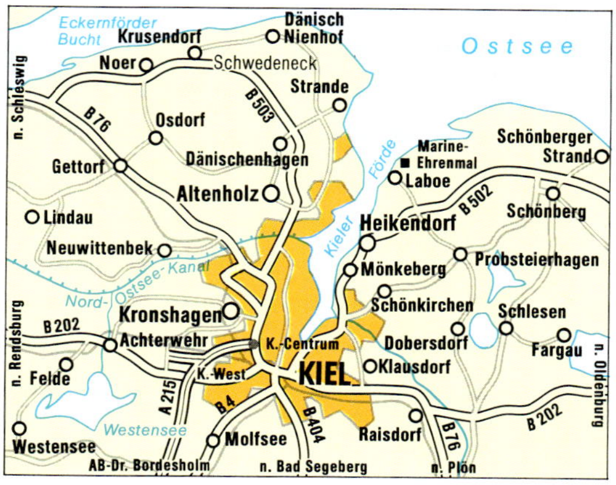

Seefahrt und Handel – seit dem 19. Jahrhundert auch die Kriegsmarine – waren für Kiel angesichts seiner geschützten Lage an der Förde (unser Bild) stets von großer Bedeutung, wenn auch beileibe nicht immer von Vorteil. Vor allem der Zweite Weltkrieg stürzte die Stadt ins Chaos und verlangte von den Kielern bewundernswerte Aufbauleistungen. Sie sind gelungen; Kiel hat zwar kaum noch alte Bausubstanz, aber das

Neue ist doch mit einigem städteplanerischem Fingerspitzengefühl in Szene gesetzt worden. Die schöngelegene Stadt bietet heute eine angenehme Atmosphäre und unverwechselbare Lebensqualität, die ihre Bewohner schätzen und die auch den Besucher für Schleswig-Holsteins Kapitale einnehmen werden.

Kiel

Segelrevier an der Förde

Wappen Das silberne holsteinische Nesselblatt auf rotem Grund, in der Mitte ein schwarzes Boot als Symbol für Handel und Schiffahrt.
Lage An der Kieler Förde, die sich zur Ostsee hin öffnet, und am östlichen Ende des Nord-Ostsee-Kanals.
Land Schleswig-Holstein
Autokennzeichen KI
Höhe 5 m ü. M.
Fläche 110 km^2
Einwohnerzahl 243 000
Postleitzahl 2300
Telefonvorwahl 04 31
Post Hauptpost, Stresemannplatz, Spätschalter (Mo–Fr 8–21, Sa, So 8.30–18 Uhr).
Polizei Blumenstr., ☏ 59 81
Taxi ☏ 68 01 01
Nahverkehr Den Stadtverkehr versieht die Kieler Verkehrs-AG (KVAG) mit über 20 Buslinien. Auch die Fördeschiffahrt wird von der KVAG betrieben. Empfehlenswert für Touristen ist das Besucher-Ticket für Busse und Fördedampfer, gültig drei oder sieben Tage auf dem Gesamtnetz der KVAG, erhältlich bei den Busfahrern und auf den Schiffen. Vom Zentralen Omnibusbahnhof (ZOB) aus fahren Busse zu allen wichtigen Strandbädern an der Förde (z. B. Laboe).
Camping Kiel-Falckenstein, ☏ 39 20 78; Camping Möltenort, Heikendorf, ☏ 24 13 16.
Parken City-Parkhaus, Eggerstedtstr. 4, Zufahrt über Kaistr. und Wall; Parkhaus Flämische Str. 15 gegenüber Nikolaikirche; Förde-Parkhaus, Hafenstr./Kaistr. Nähe Schwedenkai; Kaufhaus Hertie, Thaulow- und Hopfenstr.; Parkhaus am ZOB, Auguste-Viktoria-Str., Nähe Hbf.; Schloß-Garage, Dänische Str.; Tiefgarage Ostseehalle unter dem Europaplatz.
Touristinformation Verkehrsverein der Landeshauptstadt Kiel, Sophienblatt 30 (Sophienhof) (Mo–Fr 8.30–18.30, Sa 9–13, im Sommer Sa 9–18.30, So 9–13 Uhr), ☏ 6 22 30, 6 36 60. Außenstelle in der Hochsaison: Schilksee-Olympiazentrum (Mo–So 9–13, 14–18 Uhr), ☏ 37 23 44.
Stadtrundfahrt Ab ZOB (Sommer: So, Mi 10 Uhr).
Schiffahrt Hafenrundfahrt ab Bahnhofsbrücke (Sommer: tägl. außer Fr 14 Uhr). Außerdem werden Schiffsausflüge in die Umgebung angeboten (KVAG, ☏ 70 12 63).

Stadtrundgang

Der Rundgang beginnt am Rathaus ❶ und führt Sie ca. 4 km durch die Kieler Innenstadt. Wenn man gemütlich bummelt, braucht man etwa zwei Stunden. Wer abkürzen will, kann den Gang um den Kleinen Kiel ❹ weglassen und vom Rathausplatz aus den Martensdamm überqueren, durch die Kehdenstraße zum Marktplatz ❽ und von dort weiter zum Schloß ❻ gehen. Über die Schloßstraße kommt man zur Nikolaikirche ❾, und dann geht es weiter, wie es in der Karte eingezeichnet ist. Die Holstenstraße gilt übrigens als Deutschlands älteste Fußgängerzone (seit 1951) und bietet zahlreiche Einkehr- und Ruhemöglichkeiten. Auch in den Parkanlagen um den Kleinen Kiel herum gibt es schöne Winkel und Plätzchen. Parken können Sie in der Tiefgarage der Ostseehalle ⓫, die Sie über den Ziegelteich, den Exerzierplatz und den Kleinen Kuhberg erreichen. Zum Rathausplatz brauchen Sie von hier aus fünf Minuten. Mit etwas Glück finden Sie auch direkt hinter dem Rathaus ❶ einen Parkplatz.

Sehenswürdigkeiten

❶ *Rathaus*, 1907–11 nach Plänen des Karlsruher Architekten Hermann Billing erbaut. Der langgestreckte Bau mit über 400 Arbeitsräumen schließt drei Innenhöfe ein, sein markanter Turm ist 106 m hoch und gilt als Wahrzeichen Kiels. Vom obersten Umgang in 67 m Höhe bietet sich ein lohnender Rundblick über die Stadt (Fahrstuhl). Der bronzene »Schwertträger« auf dem Rathausplatz war früher Brunnenfigur. Auf dem Platz brennt in einem gläsernen Oktogon an besonderen Tagen, z. B. während der Kieler Woche, die Olympische Flamme zur Erinnerung an die Olympischen Segelregatten von 1972.
❷ *Opernhaus*, 1905–07 errichteter Backsteinbau.
❸ *St.-Nikolaus-Kirche*, 1891/92 in neugotischem Stil erbaut. Turm und Innenraum 1966–68 in moderner Form erneuert.
❹ *Kleiner Kiel*, von Parkanlagen und großzügigen Bauten (u. a. Rathaus, Opernhaus, Justizministerium, Industrie- und Handelskammer) umgebener Rest eines ehemaligen Fördearms.
❺ *Warleberger Hof*, letzter erhaltener Adelshof Kiels aus dem frühen 17. Jh. Backsteinfassade mit Rocailleportal. Der völlig restaurierte Bau beherbergt seit 1970 das Stadtmuseum, wo wechselnde Ausstellungen zur Stadt- und Kulturgeschichte gezeigt werden (im Sommerhalbjahr tägl. 10–18 Uhr, im Winterhalbjahr bis 17 Uhr, Mo geschl.).
❻ *Schloß*, 1961–65 nach modernen Entwürfen in den alten Hauptmaßen neu errichtet. Das alte, auf den Grundmauern einer mittelalterlichen Burg Ende des 16. Jh. errichtete Schloß wurde im letzten Krieg fast total zerstört. Erhalten blieb nur ein Teil des Westflügels, der Rantzaubau von 1697. Im Schloßneubau befinden sich u. a. die Schleswig-Holsteinische Landesbibliothek mit über 150 000 Bänden, das Landesamt für Denkmalpflege und die Landesbildstelle. Durch einen Wandelgang gelangt man zum benachbarten Konzertsaal (1400 Plätze) mit großer moderner Orgel. *Stiftung Pommern* im Rantzaubau. Kulturgeschichtliche Sammlung »Pommern«. Gemäldegalerie mit wichtigen Werken europäischer Malerei vom 17. bis zum 20. Jh.; vertreten sind u. a. Franz Hals, van Gogh, Max Liebermann, Max Slevogt, aber auch Caspar David Friedrich, Anselm Feuerbach, Carl Gustav Carus, Hans Thoma, Wilhelm Leibl. Die Sammlungen setzen sich zum großen Teil aus den Beständen des ehemaligen Museums der Stadt Stettin zusammen (Di–Fr 10–17, Sa, So 14–18 Uhr).
❼ *Franziskanerkloster*, 1241 gestiftet, ältestes Gebäude Kiels. Im Krieg fast ganz zerstört. Erhalten geblieben sind das Refektorium und der Westflügel des Kreuzgangs.
❽ *Markt*, Mittelpunkt der Altstadt in reizvoller architektonischer Gestaltung mit Pavillonbauten, Stufen, Absenkungen, Umgängen und Brunnen. Vom alten Rathaus aus dem späten 16. Jh. blieben Kellergewölbe erhalten, die heute als Gaststätte ausgebaut sind.
❾ *Nikolaikirche*. Die Mitte des 13. Jh. errichtete, im 14. Jh. erweiterte und im 19. Jh. außen neugotisch umgestaltete Kirche wurde im letzten Krieg bis auf die Außenmauern zerstört und 1950 unter Verwendung moderner Elemente wiederaufgebaut. Im Innern ein geschnitzter und gemalter Hochaltar von 1460, ein großes Triumphkreuz von 1490 und eine sehenswerte barocke Kanzel aus dem Jahr 1705.
❿ *Bollhörnkai und Schwedenkai*, moderne Hafenanlagen für den Roll-on-roll-off-Verkehr, Containerverladung und Fährverkehr nach Skandinavien.
⓫ *Ostseehalle*, 1951 unter Verwendung von Teilen einer ehemaligen Flugzeughalle erbaut, in den letzten Jahren gründlich modernisiert, dient als Mehrzweckhalle für Großveranstaltungen (10 000 Plätze).
⓬ *Schiffahrtsmuseum*, in einer 1909/10 errichteten Fischhalle. Europäische Segelschiffmodelle (Kauffahrteischiffe, Kriegsschiffe, Lastensegler) von der Hanse bis ins 20. Jh; »Kapitänsbilder«; Dokumentation Holz- und Eisenschiffbau; Dokumente zur Arbeitswelt und zur Revolution von 1918; Ausstellung »In Kiel erdacht – in Kiel gebaut« mit Echolot, Kreiselkompaß, U-Boot- und Forschungsschiff-Modellen. Angeschlossen Museumshafen mit zwei Original-Oldtimerschiffen (Sommerhalbjahr tägl. 10–18 Uhr, Winterhalbjahr Di–So 10–17 Uhr, Mo geschl.).
⓭ *Holtenauer Schleusen*, an der Einfahrt des Nord-Ostsee-Kanals. Von einer Aussichtsplattform aus kann man den Betrieb einer der größten Schleusen der Welt (300 m lang, 45 m breit, 14 m tief) beobachten (tägl. ab 8 Uhr bis zur

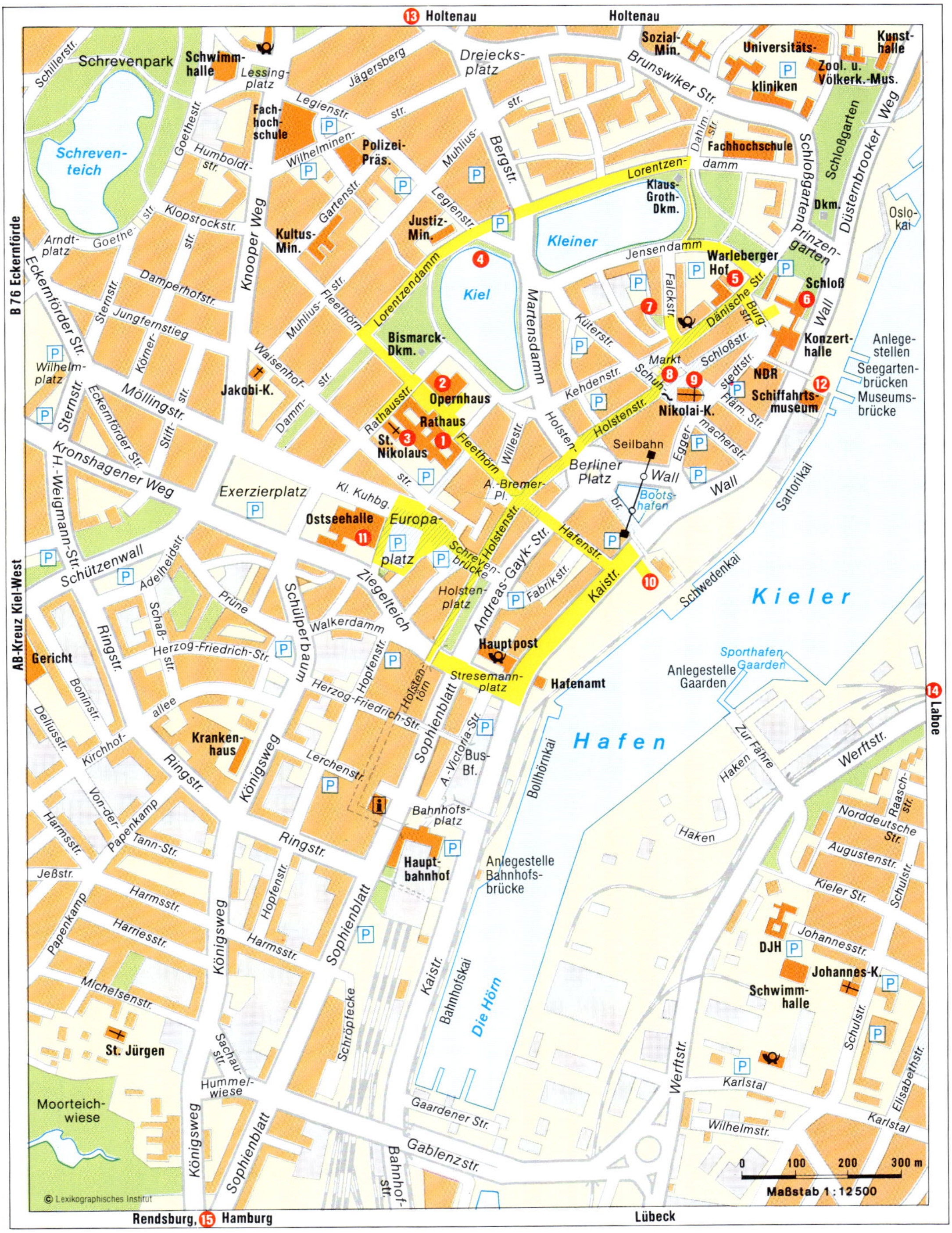

Dämmerung). Außerdem Informationsraum mit Modellen der Schleusen und der Kanal-Hochbrücken sowie Plänen, Fotos und Texten über den Kanalbau und den Schiffsverkehr auf dem Kanal (tägl. 9–15 Uhr, Führungen).

14 *Marine-Ehrenmal Laboe*, am nordöstlichen Ende der Förde, beim Ostseebad Laboe. Zwischen 1927 und 1936 erbaut. Von dem 85 m hohen Turm (zwei Fahrstühle oder 337 Stufen) hat man einen weiten Blick über Land und See. Beim Turm kann man U-995 aus dem Zweiten Weltkrieg als marinetechnisches Museum besichtigen, das 1972 hier aufgestellt wurde.

15 *Schleswig-Holsteinisches Freilichtmuseum*, Kiel-Molfsee. Umfaßt gegenwärtig über 60 Gebäude: Bauernhäuser, Katen, Scheunen, Mühlen, Speicher, Backhäuser und Handwerksstätten aus Schleswig-Holstein und von den Friesischen Inseln mit dazugehörigem Mobiliar und Arbeitsgerät. Vorführungen alter Handwerksformen. Einzelausstellungen mit Wagen, Schlitten, Bauernhaus-Modellen (1. April–15. Nov. Di–Sa 9–17, So 10–18 Uhr).

Ländliche Idylle – neu aufgebaut

Über 60 ländliche Bauwerke vom 16. bis 19. Jh. vereint das Schleswig-Holsteinische Freilichtmuseum in Kiel-Molfsee zu einem »Dorf« von eindrucksvoller Schönheit. Alle typischen Gebäudearten des Landes sind hier originalgetreu wiederaufgebaut worden. Unmittelbar lebendig wird die Vergangenheit, wenn Bäcker, Schmiede, Stellmacher und Korbflechter in den alten Häusern das Handwerk von einst demonstrieren (1. April–15. Nov. Di–Sa 9–17, So 10–18 Uhr).

Laboe – 155 000 gefallene Marinesoldaten mahnen
85 m hoch erhebt sich am Eingang zur Kieler Förde in Laboe das Marine-Ehrenmal (14) des Deutschen Marinebunds. Erbaut wurde es in den Jahren 1927–36 nach Plänen von G. A. Munzer. Es sollte an die 35 000 Gefallenen der Marine während des Ersten Weltkriegs erinnern. Seit 1945 ist es nun zugleich auch Mahnmal für die 120 000 Marinesoldaten, die im Zweiten Weltkrieg ihr Leben verloren haben. Die Ehrenhalle unten im Turm zeigt in Schattenrissen alle zerstörten Schiffe und Marineflugzeuge. Eindrucksvoll ist die Weihehalle im Untergeschoß, die durch eine besondere Optik das Gefühl der Meerestiefe erweckt. In der Mitte steht ein Mosaikbrunnen mit dem Ehrenbuch, das die Namen der Gefallenen des Ersten Weltkriegs enthält. Vom Turm aus, den man über zwei Fahrstühle oder über eine Treppe mit 337 Stufen erklimmt, hat man einen weiten Blick über die Ostsee bis hin zu den Dänischen Inseln, der Fehmarnsundbrücke und den Hügeln der Holsteinischen Schweiz.

Als Hansestadt im Abseits

Leicht hat es Kiel in seiner fast 750jährigen Geschichte nicht gehabt, sich gegenüber den anderen Städten im Lande zu behaupten und am Ende gar Kapitale des nördlichsten Bundeslandes zu werden. Zwar hatte man anfangs dank der bevorzugten Lage an einem 17 km weit ins Land hineinragenden Meeresarm keine schlechten Aussichten auf gute Handelsgeschäfte mit den übrigen Ostseeanrainern. Der Warenaustausch mit Skandinavien lief zunächst recht ordentlich an, doch spätestens im 15. Jh. zeigte sich, daß Kiel mit den an günstigeren Handelswegen gelegenen Städten auf die Dauer nicht konkurrieren konnte.

Von 1284–1518 gehörte Kiel zwar dem Hansebündnis an, doch nie kam die Stadt aus dem Schatten Lübecks heraus, der damals unbestrittenen Königin der Hanse. Gewisse Rivalitäten zwischen beiden Städten bestehen bis heute, vielleicht auch, weil Kiel 1945 Sitz der Landesregierung wurde, Lübeck dagegen schon 1937 den Status einer Freien Hansestadt eingebüßt hatte.

Kiels Aufschwung begann eigentlich erst mit der Reichsgründung im Jahr 1871. Deutschland brauchte eine Kriegsflotte, und Kiel wurde aufgrund seiner seestrategisch günstigen Lage zum Reichskriegshafen bestimmt. Werften wurden gebaut, der Hafen vergrößerte sich rapide, und in der Stadt entstanden zahlreiche neue Einrichtungen für die Marine. Die 1867 noch 24 000 Einwohner zählende Kleinstadt wuchs bis 1890 auf 86 000 Einwohner, 20 Jahre später waren es bereits 212 000. Die Stadtplanung geriet aus den Fugen. Schnell und konzeptionslos wurden ganze Viertel aus dem Boden gestampft, die mit dem Gewachsenen nur wenig oder gar nichts gemein hatten. Reizlose Vorstadtstraßen reihten sich aneinander, die Tristesse verbreiteten. Die harten Lebensbedingungen der sehr heterogenen Arbeiterschaft führten nicht selten zu sozialen Spannungen. Im Herbst 1918 war es nicht zuletzt der Kieler Matrosenaufstand, der das Ende des Ersten Weltkriegs und die Novemberrevolution einleitete.

Am Kleinen Kiel, der einst den alten Stadtkern sicherte, liegt das Rathaus. Es wurde gebaut, nachdem die Stadt Reichskriegshafen geworden war und um 1900 aus allen Nähten platzte; rechts daneben das Opernhaus.

Der kurze Aufschwung vor dem schlimmen Ende
Nur schwer erholte sich die Stadt von der nachfolgenden Wirtschaftskrise in den 20er Jahren. 1943 waren in Kiel abermals Rüstungsindustrie und Kriegsmarine in großem Umfang angesiedelt, die Einwohnerzahl stieg in diesem Jahr auf über 300 000, doch es war nur ein kurzer Aufschwung vor dem schlimmen Ende: Bomben fielen auf die Stadt, auf Industrie-, Hafen- und Werftanlagen. Kiel wurde zu 80 % zerstört. Was von den Werften und anderen Industriebetrieben eher zufällig verschont geblieben war, wurde nach Kriegsende von den Alliierten gesprengt oder demontiert.

Danach ging man beherzt an den Wiederaufbau. Städtebaulich hatte man aus den Fehlern vergangener Zeiten gelernt. Das verbliebene Alte wurde geschickt in die Neukonzeption der Stadt einbezogen. Man legte weniger Wert auf architektonische Glanzstücke als auf die Gliederung des Stadtkörpers, der sich vor der Zerstörung als dichtes Gewirr von engen Straßenschluchten dargeboten hatte. Nun wurden Freiräume geschaffen, Plätze, die ganz neue Perspektiven eröffneten, großräumige Garten- und Promenadenanlagen am Wasser und ein Verkehrskonzept, das Fahr- und Fußgängerverkehr voneinander trennte – zu einer Zeit, als davon in anderen Städten noch keine Rede war.

Dem damaligen Bundespräsidenten Theodor Heuss gefiel dies sehr, und er erzählte 1955 über einen Besuch in Kiel: »Ich bin in der Stadt spazierengegangen und habe etwas Reizvolles entdeckt, was es hier im nordischen Land nur selten gibt, eine so nette Sache wie die Ladenstraße, in der kein Auto fährt und die Mütter mit dem Kinderwagen zum Einkaufen fahren können, fast südlich in der bewegten freien Anmut.«

Wer historische Bauten in Kiel sucht, wird sich schwertun. Allzu reich war Kiel damit schon früher nicht gesegnet gewesen, und das Wenige zerstörten die Bomben des Zweiten Weltkriegs. Immerhin ist da aber noch das Schloß 6, das Herzog Adolf von Gottorf um 1580 errichtet hatte. Zwar war es 200 Jahre später schon wieder halb verfallen, aber Katharina II., Witwe Zar Peters III., der zugleich gottorfischer Fürst gewesen war, ließ es 1762 von Grund auf renovieren. Doch das Schloß diente dann nur noch für kurze Zeit als Residenz, denn 1773 kam das Herzogtum Gottorf zu Dänemark.

Wieder in deutschem Besitz, diente das Schloß fortan verschiedenen Zwecken: 1888–1918 war es Wohnsitz des Prinzen Heinrich von Preußen, der 1909 Großadmiral und Generalinspekteur der Marine wurde. Später brachte man verschiedene Verwaltungen im Schloß unter, bis der Bombenhagel am Ende nur noch den Westflügel, den sogenannten Rantzaubau 6 aus dem 17. Jh. (heute Sitz der Pommern-Stiftung), übrigließ. 1961 wurde dann auf den Grundmauern des zerstörten Schlosses ein Neubau errichtet, der vorwiegend kulturellen Zwecken dient.

Das Schleswig-Holsteinische Freilichtmuseum in Kiel-Molfsee zeigt mit originalgetreuen Gebäuden die bäuerliche und handwerkliche Entwicklung.

In Kiel geboren und berühmt geworden
Eines haben Detlev von Liliencron, Max Planck und Ernst von Salomon gemeinsam: die Geburtsstadt Kiel.
Liliencron, 1844–1902, preußischer Offizier, später Vogt auf der Insel Pellworm, ließ sich schließlich in Altona als freier Schriftsteller nieder. Am bekanntesten wurden seine Balladen »Trutz, Blanke Hans« und »Pidder Lüng«.
Max Planck, 1858–1947, von 1885–89 Professor in Kiel, entwickelte die Quantentheorie und schuf damit Grundlage und Einstieg für die moderne Physik. Planck war viele Jahre Präsident der Kaiser-Wilhelm-Gesellschaft, die seit seinem Tod als Max-Planck-Gesellschaft fortgeführt wird.
Ernst von Salomon, 1902–72, wurde 1922 wegen versuchter Beihilfe an der Ermordung Rathenaus zu fünf Jahren Zuchthaus verurteilt. Als Schriftsteller trat er hervor mit den Romanen »Die Geächteten« (1930), »Die Kadetten« (1933) und »Der Fragebogen« (1951).

Kieler Woche – Fest der Nationen
Seit 1882 gibt es Segelregatten größeren Ausmaßes auf der Kieler Förde. Und spätestens seit der Eröffnung des Kaiser-Wilhelm-Kanals im Jahr 1895 heißt das jährliche Spektakel »Kieler Woche«. Im Lauf der Jahrzehnte ist daraus ein traditioneller Höhepunkt im sportlichen, kulturellen und gesellschaftlichen Leben der Stadt geworden. Seit 1948 ergänzt man die Segelwettbewerbe durch Ausstellungen, Theater- und Konzertaufführungen sowie Tagungen unter besonderen Leitthemen. Mittelpunkt bleiben natürlich die Regatten, bei denen sich Sportler aus aller Welt auf dem idealen Segelrevier der Förde messen.

Ein See – von Schlössern umgeben
12 km westlich von Kiel liegen um den Westensee herum drei der schönsten Herrensitze des Landes: die Schlösser Emkendorf, Deutsch-Nienhof und Schierensee. Emkendorf war um das Jahr 1800 eine Art Kulturzentrum des Nordens. Hier führte die Gräfin Julia von Reventlow so bedeutende literarische Persönlichkeiten wie Klopstock, Claudius, Jacobi, Voß und die Grafen Stolberg zum berühmt gewordenen »Emkendorfer Kreis« zusammen.
Den Herrensitz Schierensee erwählte der Hamburger Verleger Axel Springer 1968 als sein Refugium. Nicht von ungefähr: Dieser 1774–78 errichtete Bau gilt als der eindruckvollste zwischen Kiel und Rendsburg.
Deutsch-Nienhof liegt 5 km östlich von Emkendorf. Besonders bemerkenswert ist hier die Bibliothek mit rund 13 000 Bänden zur Landesgeschichte. Die Besichtigung des Innern dieser drei Gebäude ist in Ausnahmefällen möglich, allerdings nur nach vorheriger schriftlicher Anfrage (erreichbar über die B 202 Richtung Rendsburg).

Das neue Rathaus ließ man sich was kosten

An die mittelalterliche Zeit Kiels erinnern bescheidene Relikte: Ein Kreuzgangflügel und das Refektorium des Franziskanerklosters 7 sind erhalten geblieben, und am Alten Markt erhebt sich die in den letzten Kriegsjahren weitgehend zerstörte Kirche St. Nikolai 9 wieder zu stattlicher Größe. Einige Kostbarkeiten – wie die Bronzetaufe aus dem Jahr 1344, der geschnitzte Altar von 1460, das Triumphkreuz von 1490 und die barocke Kanzel von 1705 – haben das Inferno überdauert. In der Pommernkapelle von St. Nikolai hält man die Erinnerung an den großen Balladen-Komponisten Carl Loewe wach, der 1869 in Kiel beigesetzt wurde, wo er seine letzten Lebensjahre »in Entrücktheit« verbracht hatte.

Und da ist auch noch der Warleberger Hof 5 in der Dänischen Straße, einzig erhaltenes der ehemals zahlreichen Stadthäuser des Adels, der sich früher zu Finanzgeschäften in Kiel traf. Der Bau stammt aus dem frühen 17. Jh., wurde 1970 von Grund auf renoviert und beherbergt heute das Stadtmuseum.

Wahrzeichen der Stadt aber ist der 106 m hohe Rathausturm 1, in den Jahren 1907–11 gleichsam als stolze Galionsfigur des neuerbauten Rathauses an der Fleethörn errichtet. Das frühere Rathaus am Alten Markt war zu klein geworden, und man wollte einen repräsentativen Sitz für die Stadtverwaltung haben. Vier Millionen Goldmark kostete der stattliche Bau – doppelt soviel wie veranschlagt. Bei der Einweihung am 12. November 1911 war auch der Kaiser dabei und hat mit seiner Anwesenheit den Kielern sicher geholfen, die gigantischen Kosten zu verschmerzen. Gut 30 Jahre später lag der Bau in Schutt und Asche. Wiederholt war der große Baukomplex mit seinen 400 Arbeitszimmern bombardiert worden, und noch in der Nacht vom 2. auf den 3. Mai 1945 fielen Sprengbomben auf den Mittelbau, die bis auf den Keller durchschlugen. Unversehrt blieb nur ein Saal, das heutige Ratsherrenzimmer. Hier faßte die Ratsversammlung schon 1945 entscheidende Beschlüsse zur Überwindung der akuten Not und zum Wiederaufbau der Stadt.

Einstmals von Wasser umgeben

Geistiges Zentrum Kiels ist die bereits 1665 von Herzog Christian Albrecht gegründete und nach ihm benannte Universität mit heute rund 20 000 Studenten. Angegliedert sind die Institute für Meereskunde und für Weltwirtschaft.

Einen Mittelpunkt ganz anderer Art bildet der Kleine Kiel 4, ein hübscher zweigeteilter Binnensee, Rest jenes Meeresarms, der einst die Stadt »tom Kyle« umfaßte und schützte. Früher war der Kleine Kiel durch

Tips, Tips, Tips

Wo man baden kann
Wen es in Kiel angesichts der schönen Förde zu einem Bad im Meer gelüstet, hat viele Möglichkeiten. An beiden Fördeufern liegen Seebäder. Wenn Sie von der Innenstadt gen Norden über den Nord-Ostsee-Kanal fahren, erreichen Sie das herrliche, modern ausgebaute Schilksee und etwas weiter das ruhigere Strande. Über die Gablenz- und die Werftstraße kommen Sie vom Bahnhof aus auf den Ostring, der Sie zu den Seebädern an der Fördeostseite bringt.

Fahrt in den Kanal
Mehrmals im Monat starten an der Bahnhofsbrücke Schiffe zu Fahrten in den Nord-Ostsee-Kanal bis Rendsburg; zurück geht's mit dem Bus, und das Ganze dauert etwa fünf Stunden. Umgekehrt, mit dem Bus nach Rendsburg und auf dem Kanal zurück, geht's auch. Die Fahrt lohnt sich schon wegen der riesigen Schleusen. Über die Abfahrtszeiten informiert der Verkehrsverein.

Vogelparadies mitten in der Stadt
Vom Kleinen Kiel 4 kommen Sie über die Legienstraße und den Lessingplatz zum Schrevenpark mit einem stattlichen See. Das Gelände gilt als größtes Freigehege für Seevögel in der Bundesrepublik Deutschland.

Neben dem Frachthafen finden auch der Sport-, Fähr- und Fischereihafen Platz an der 17 km langen Förde.

Beim 85 m hohen Marine-Ehrenmal in Laboe kann man ein U-Boot aus dem Zweiten Weltkrieg besichtigen.

einen offenen Wasserlauf mit der Förde verbunden, heute ist dies ein Kanal unter der Holstenbrücke.

Prägend für die Stadt sind die weitgestreckten Kaianlagen entlang der Förde. Hier lohnt sich ein Bummel, um den regen Betrieb bei den vielen Fähr- und Frachtschiffen zu beobachten, die Kiel mit Skandinavien, Polen, der UdSSR, Großbritannien und anderen Ländern verbinden.

Nördlich der Kai- und Hafenanlagen schließen sich die »Kiellinie« und das Hindenburgufer an – mit insgesamt 4 km Länge. Sie zählen zu den schönsten Uferpromenaden Europas mit weitem Blick über die Förde. Die »Kiellinie« in Düsternbrook, wo die vornehmen Leute wohnen und wo auch Landesregierung und Landtag ihren Sitz haben, geht dann über in das Hindenburgufer, das bis zu dem am Nord-Ostsee-Kanal (Kiel-Canal) gelegenen Stadtteil Wik führt.

Unterwegs, an der Blücherbrücke, sieht man gelegentlich die »Gorch Fock« liegen, das in Kiel beheimatete Segelschulschiff der Bundesmarine. Benannt ist die 1958 gebaute, 90 m lange Dreimastbark nach dem Finkenwerderer Dichter Gorch Fock, der eigentlich Hans Kinau hieß und durch seinen Roman »Seefahrt ist not« berühmt wurde.

Kiel, vor etwa 750 Jahren vom holsteinischen Grafen Adolf IV. von Schauenburg gegründet, ist nach vielen Rückschlägen in seiner Geschichte zu einer modernen Stadt geworden, mit einem Touch von jener Frische und Klarheit, die der Ostseewind über die Förde in sie hineinträgt.

Knurrhahn, Seepferdchen und Nagelrochen

Dem Knurrhahn begegnet man im Aquarium des Kieler Instituts für Meereskunde (Kiellinie) ebenso wie dem Kabeljau, dem Nagelrochen oder dem Seepferdchen. In 27 Schaubecken werden hier vorwiegend Tiere der Nord- und Ostsee sowie des Nordatlantik gezeigt. Einige Becken vermitteln auch einen Einblick in die Fauna heimischer Seen und Flüsse. Als Ergänzung findet der Besucher außerdem eine Anzahl geheizter Schaubecken, in denen die Bewohner tropischer und subtropischer Meere ihre Formen- und Farbenpracht demonstrieren. In einer mit Ostseewasser versorgten Außenanlage tummelt sich zur Freude der Kinder eine Schar Seehunde (Sommer 9–19, Winter 9–17 Uhr).

Theater, Musik, Veranstaltungen, Museen

Theater

Bühnen der Landeshauptstadt Kiel. Oper, Operette, Musical, Ballett, Schauspiel, Kinder- und Jugendtheater. Spielorte: Opernhaus am Kleinen Kiel; Schauspielhaus mit Studiobühne, Holtenauer Str. 103; Jugendtheater mobil, Kronshagener Weg 41 (Spielorte: Kindergärten, Schulen, Kommunikationszentren), ☏ 9 01 28 51 und 9 21 00.

Theater »Die Komödianten«, Ecke Wilhelminenstr./Knooper Weg. Experimentiertheater, Schauspiel, Kabarett; Freilufttheater auf der Krusenkoppel, ☏ 55 34 01.

Polnisches Theater, Düppelstr. 61. Polnische und andere osteuropäische Stücke in deutscher Sprache, ☏ 80 40 99.

Bürgerzentrum »Räucherei«, Kiel-Gaarden, Preetzer Str. 35. Kleinkunstveranstaltungen im »Jugendtheater mobil«, ☏ 73 03 20/21.

Musik

Kieler Schloß 6, *Großer Konzertsaal*: Sinfoniekonzerte des Philharmonischen Orchesters der Stadt Kiel; Chor-, Klavier- und Kammerkonzerte, Liederabende; Schleswig-Holsteinisches Musik-Festival. *Kleiner Konzertsaal*: Kammer- und Solistenkonzerte, Liederabende, ☏ 9 06 70.

Ostseehalle Kiel 11, Sinfonie- und Chorkonzerte, Pop-Veranstaltungen, Bunte Abende, Volksmusik, Star-Galas, Operette, Musical; Schleswig-Holsteinisches Musik-Festival, ☏ 9 29 00.

Petruskirche Kiel-Wik, Weimarer Str. Mozart-Konzert-Zyklus mit Solisten des Philharmonischen Orchesters; Schleswig-Holsteinisches Musik-Festival, ☏ 56 70 48.

St.-Nikolai-Kirche 9, Markt. Oratorien, Bach-Passionen, Orgelkonzerte auf der Kleuker-Orgel; zwei Konzerte des Kieler Knabenchors, Weihnachts-Oratorium, Motettenzyklus, ☏ 5 13 02.

Osterkirche, Westring. Sommerkonzerte: Kammer-, Solisten- und Orgelkonzerte auf der Führer-Orgel, ☏ 8 41 46.

Pumpe, Haßstr. 22. Jazz, Rock, Folk, Kleinkunst, Ausstellungen, ☏ 9 61 61.

Bürgerzentrum »Räucherei«, Kiel-Gaarden, Preetzer Str. 35. Klassik-Konzerte, Jazz, Rock, Pop, Liedermacher, Oldies, ☏ 73 03 20/21.

Veranstaltungen

Letzte Woche im Febr.: *Kieler Umschlag*. Dreitägiges, historisch begründetes Kultur- und Kinderfest. Höhepunkt: Asmus-Bremer-Parade, ☏ 97 02 01.

April–Sept.: *Kieler Fischmarkt* auf dem Seefischmarkt.

Letzte vollständige Woche im Juni: *Kieler Woche*. Segelregatten mit intern. Beteiligung auf der Förde; Kinderfeste; Kleinkunst in der Innenstadt, historische Umzüge; Strandkonzerte, Open-air-Festivals. Abschluß mit Feuerwerk.

Ende Juni–Anfang Aug.: *Schleswig-Holsteinisches Musik-Festival*. Konzerte berühmter intern. Solisten und Orchester, ☏ 56 70 48.

Anfang Juli: *Sommerjahrmarkt*. Einwöchiger Rummel auf dem Wilhelmplatz.

Mitte Aug.: *Großer Kunsthandwerkermarkt* auf dem Holstenmarkt.

Anfang Sept.: *Kieler 10-Meilen-Lauf*. Volkslauf für jedermann/jedefrau durch die Innenstadt (So).

Museen

Aquarium des Instituts für Meereskunde, Kiellinie, Universität Kiel (Sommer tägl. 9–19, Winter tägl. 9–17 Uhr).

Antikensammlung, Düsternbrooker Weg 1–7. Überblick über die griechische Kulturgeschichte bis zur Römerzeit; Abgüsse von Großplastiken; griechische Vasen (Di–Sa 10–18, Mi 10–20, So 10–17 Uhr).

Kieler Stadt- und Schiffahrtsmuseum, Dänische Str. 19 und Wall 65 (s. 5 und 12).

Kunsthalle zu Kiel, Düsternbrooker Weg 1. Malerei und Grafik des 18.–20. Jh.; Werkgruppe mit 86 Werken von Emil Nolde; Schwerpunkt: deutsche und niederländische Druckgrafik des 16. und 17. Jh. (Di–Sa 10–18, Mi 10–20, So 10–17 Uhr).

Landesgeschichtliche Sammlung der Schleswig-Holsteinischen Landesbibliothek, Schloß 6. Größte systematische topographische Sammlung zur Geschichte von Schleswig-Holstein; Militaria des 19. Jh. (Di–Fr 10–13, Di–Sa 14–17, So 11–17 Uhr).

Mineralogisch-Petrographisches und Geologisch-Paläontologisches Museum, Olshausenstr. 40. Mineralien, Fossilien (Mi 14–18 Uhr).

Museum für Völkerkunde der Christian-Albrechts-Universität, Hegewischstr. 3. Volkskunst aus Südafrika und Ozeanien; Samurairüstungen aus Japan; seltene Batikstoffe aus Indonesien; Zulusammlung (Di–Sa 10–17, So 10–13 Uhr).

Provinzial-Brandschutz-Museum, Alte Hamburger Landstr. 111, Molfsee. Technische Lehrschau zur Schadenverhütung. Aktuelle Brand- und Unfallgefahren. Brandalarm und Brandbekämpfung in alter Zeit (Sommer: Di–So 10–18 Uhr).

Schleswig-Holsteinisches Freilichtmuseum, Molfsee (s. 15).

Stiftung Pommern, Schloß Rantzaubau, Dänische Str. 44 (s. 6).

Zoologisches Museum der Universität, Hegewischstr. 3 (Di–Sa 10–17, So 10–13 Uhr).

Koblenz

Rendezvous von Rhein und Mosel

Seine einmalige Lage im Herzen Europas war Schicksal und Glücksfall zugleich: Koblenz, »ad confluentes« – am Zusammenfluß also von Rhein und Mosel – (unser Bild), hat in seiner fast 2000 Jahre alten Geschichte fremde Heere kommen und gehen sehen. Römer bauten ein Kastell, Franken einen Königshof, Kurfürsten Burg, Schloß und Theater. Preußen machten die Stadt am Deutschen Eck zum »rheinischen Potsdam« und Ehrenbreitstein zur stärksten Bastion des Kontinents.
Die Moselstadt am Rhein hat alle Eroberungen überdauert und genutzt. Die Vielfalt fremder kultureller Einflüsse verschmolz sie zu einer Einheit: Rheinische Weinstuben stehen auf römischen Grundmauern; französische Lebensart und preußische Tugenden flossen zusammen.
Dem Kastell im Schnittpunkt alter Heerstraßen, an den Strömen, ist der Brückenschlag zur modernen lebens- und liebenswerten Großstadt gelungen.

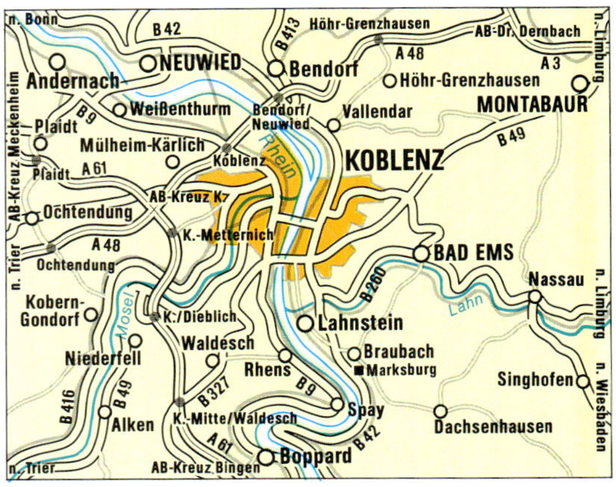

Wappen Das durchgehende rote Kreuz ist das Wappen des Erzbistums Trier. Die Krone soll wahrscheinlich an die Himmelskönigin erinnern, der die Pfarrkirche »Unserer lieben Frau« zugeeignet ist. In dieser Form findet man das Wappen seit Mitte des 14. Jh.
Lage An der Mündung der Mosel in den Rhein.
Land Rheinland-Pfalz
Autokennzeichen KO
Höhe 65–382 m ü. M.
Fläche 105 km^2
Einwohnerzahl 107 000
Postleitzahl 5400
Telefonvorwahl 02 61
Post Postamt 1, Frankenstr. 1–3, Spätschalter (Mo–Fr 6–22, Sa 8–18, So 9–18 Uhr).
Polizei Moselring 10–12, ☏ 103-1
Taxi ☏ 3 30 55
Nahverkehr Omnibuslinien der Stadt und der Bundesbahn im innerstädtischen Verkehr und in die Außenbezirke. Fahrscheine bekommt man beim Fahrer und bei den Verkaufskiosken.
Camping Campingplatz Rhein-Mosel, Koblenz-Lützel, Am Schartwiesenweg (gegenüber dem Deutschen Eck), ☏ 8 27 19, 80 24 89.
Parken Parkmöglichkeiten sind im engeren Citybereich beschränkt. Zu empfehlen sind: Parkhaus und Tiefgarage Löhr-Center, die Tiefgaragen Rhein-Mosel-Congress-Centrum, Zentralplatz, Kaufhof, Gewa sowie die Parkplätze am Deutschen Eck.
Touristinformation Fremdenverkehrsamt, Verkehrspavillon gegenüber dem Hbf., ☏ 3 14 04 (Hauptsaison Mo–Sa 8.30–20.15, So 9–14 Uhr; Vor- und Nachsaison Mo–Fr 8.30–16.30 Uhr); Tourist-Office, Konrad-Adenauer-Ufer, ☏ 1 29 22 07 (Juni–Sept. Di–Sa 11.45–18.15, So 11.30–18.30 Uhr).
Stadtführung Juni–Okt. Sa 14.30 Uhr, Treffpunkt Tourist-Office, Konrad-Adenauer-Ufer, oder nach Vereinbarung, ☏ 3 31 34.
Schiffahrt Ausflugs- und Rundfahrten auf Rhein und Mosel: Collée und Hölzenbein, Rheinzollstr. 4, und Kiosk am Konrad-Adenauer-Ufer, ☏ 3 77 44; Köln-Düsseldorfer, Konrad-Adenauer-Ufer, ☏ 3 10 33; Gilles GmbH, Heerstr. 59, Koblenz-Vallendar, ☏ 6 31 27.

Stadtrundgang

Ausgangspunkt der »Tour de Coblence« ist das Deutsche Eck ❶, bekannteste Sehenswürdigkeit von Koblenz. Parkplätze finden Sie am Rheinufer. Wenn Sie beim Deutschen Kaiser ❺ plötzlich Durst haben sollten, so ist das angesichts des urgemütlichen Weinlokals dort nur allzu verständlich. Später, in der Altstadt, am Florinsmarkt und auf dem »Plan« gibt es dann weitere sehr gemütliche Klausen und Straßencafés, wo man reinen Wein eingeschenkt bekommt. Von der Schloßanlage ⓬ aus geht's am Rhein entlang zurück zum Deutschen Eck. Eineinhalb Stunden nimmt dieser Weg (ohne Einkehrzeiten) etwa in Anspruch. – Zur Festung Ehrenbreitstein ⓮, zu den Sehenswürdigkeiten in Moselweiß ⓯ und Güls ⓰ sollten Sie mit dem Auto fahren, zum Schloß Stolzenfels ⓱ mit dem Schiff.

Sehenswürdigkeiten

❶ *Deutsches Eck*, spitze Landzunge am Zusammenfluß von Rhein und Mosel, so gen. nach dem Deutschordenshaus, das 1216 an dieser Stelle gegründet worden ist. Das 1897 errichtete Reiterstandbild Kaiser Wilhelms I. wurde am Ende des Zweiten Weltkriegs zerstört. 1957 erklärte Bundespräsident Th. Heuss die Anlage zum »Mahnmal der deutschen Einheit«.

❷ *Deutschherrenhaus*, erste Niederlassung des Deutschen Ordens am Rhein. Gründung (1216) durch Erzbischof Dietrich II. von Trier; hochgotische Kirche, Kapelle (14. Jh.) und wertvolle Teile der Anlage im Zweiten Weltkrieg zerstört. Übrig blieb der Rheinbau, ursprünglich das Spital, der – wie der schöne Blumenhof – restauriert worden ist.

❸ *St. Kastor*, 836 geweihte karolingische Kirche, im Laufe des 12. Jh. viele Erweiterungen, gegen 1200 erste Generalüberholung; erneute Weihe 1208; Einwölbung; umfassende Restaurierung im 19. Jh. Die Schäden aus dem Zweiten Weltkrieg sind behoben, bemerkenswert die vollständig neue Verglasung von Alois Stettner (1957). Im Innern Grabtumben unter gotischen Wandbaldachinen. Ausdrucksvoller Kruzifixus (1685 gegossen) über dem 1848 neuerrichteten Hochaltar; frühbarocke Sandsteinkanzel mit schmiedeeisernem Gitter und den vier Evangelisten (1625).

❹ *Ehemaliger v. d. Leyenscher Hof*, als Stadtpalast erbaut von Erzbischof Johann VIII. von der Leyen (1556–67). Erhalten ist der Südflügel mit der 1725 barockisierten fünfachsigen Fassade des ehemaligen Gartensaals. Wiederaufgebaut im ursprünglichen Zustand: Jakobskapelle (1355).

❺ *Deutscher Kaiser*, fünfstöckiger »Wohnturm« (Anfang des 16. Jh.), erbaut für den Münzmeister des Erzbischofs. Netzgewölbter Erdgeschoßraum (heute Gasthof), ältestes Bürgerhaus der Stadt.

❻ *Florinskirche*, um 1100 errichtet: dreischiffige romanische Basilika mit gleich breitem Querschiff im Osten und einem zweitürmigen Westbau – weitgehend erhalten. 1350 neuer gotischer Chor. Schon vor der Säkularisierung 1803 französisches Militärmagazin. Ab 1817 ev. Pfarrkirche, 1899 und 1929/30 gründliche Restaurierungen. Im Zweiten Weltkrieg stark beschädigt, 1971 Orgelbrand, inzwischen wieder vollständig hergestellt. Fast schmucklos, beeindruckt die Kirche durch ihre Architektur. Einige erhaltene Wandmalereien (14./15. Jh.) im südlichen Vorchor. Bemerkenswert das Geschenk des Freiherrn vom Stein (1820): mittelrheinische Glasmalereien, u. a. »Christus-Zyklus« (1330–40).

❼ *Altes Kaufhaus, ehemaliges Schöffenhaus und ehemaliger Bürresheimer Hof*, Gebäudeensemble: altes Kaufhaus, erbaut 1419–25 als städtisches Kauf- und Tanzhaus, 1689 abgebrannt, 1724 wiederaufgebaut. Zweigeschossige barockisierte Fassade zum Florinsmarkt mit Mansarddach und vorspringendem Uhrturm, dreigeschossige Rückfront zur Mosel mit gotischen Ecktürmchen. Nach Osten anschließend: das ehemalige *Schöffenhaus* (1528–30) mit Ecktürmchen, Erker und großem Maßwerkfenster. Nach Westen abschließend: der ehemalige *Bürresheimer (Adels-)Hof* (1659/60), seit 1954/55 wieder mit der ursprünglichen einfachen Fassade. Diese drei Bauten beherbergen seit 1965 das *Mittelrhein-Museum*: rheinische Plastiken des Mittelalters; Barocksammlung mit Arbeiten aus der Ehrenbreitsteiner Künstlerkolonie des 18. Jh. (Januarius Zick, Heinrich Foelix, Bernhard Gottfried Manskirch); Rheinromantiker (Sonderkabinett Simon Meister); Koblenzer Malerei des 20. Jh. Kunstgewerbe bis zur Merowingerzeit. (So 10–13, Di 10–13, 14.30–20, Mi–Sa 10–13, 14.30–17.30 Uhr).

❽ *Alte Burg*, Kastenbau mit zwei Ecktürmen zur Mosel hin. Erbaut 1276–89, vollendet Anfang des 14. Jh., integriert in den neuen Mauerring. Zweite Bauzeit im 16. Jh. unter Erzbischof Johann von der Leyen (heutiger Ostteil). Westteil und grundlegender Umbau der Anlage 1681/82 von Johann Christoph Sebastiani. Kapelle mit gotischen Maßwerkfenstern im 2. Stock des Ostturms.

❾ *Balduinbrücke*, 1343 unter Erzbischof Balduin begonnen, auf 14 Bogen angelegt, von denen 1964 sechs abgebrochen und durch eine Betonkonstruktion ersetzt werden mußten.

❿ *Liebfrauenkirche*, dreischiffige Emporenbasilika, um 1300 gebaut. Neuer gotischer Chor seit 1430. Restauration nach 1688, wiederholte Restaurierung im 19. Jh. Die Schäden des Zweiten Weltkriegs sind behoben, beide Türme sind wieder in ihrer ursprünglichen Gestalt (1693/94). Karge Ausstattung: einige Renaissance-Grabsteine, ein

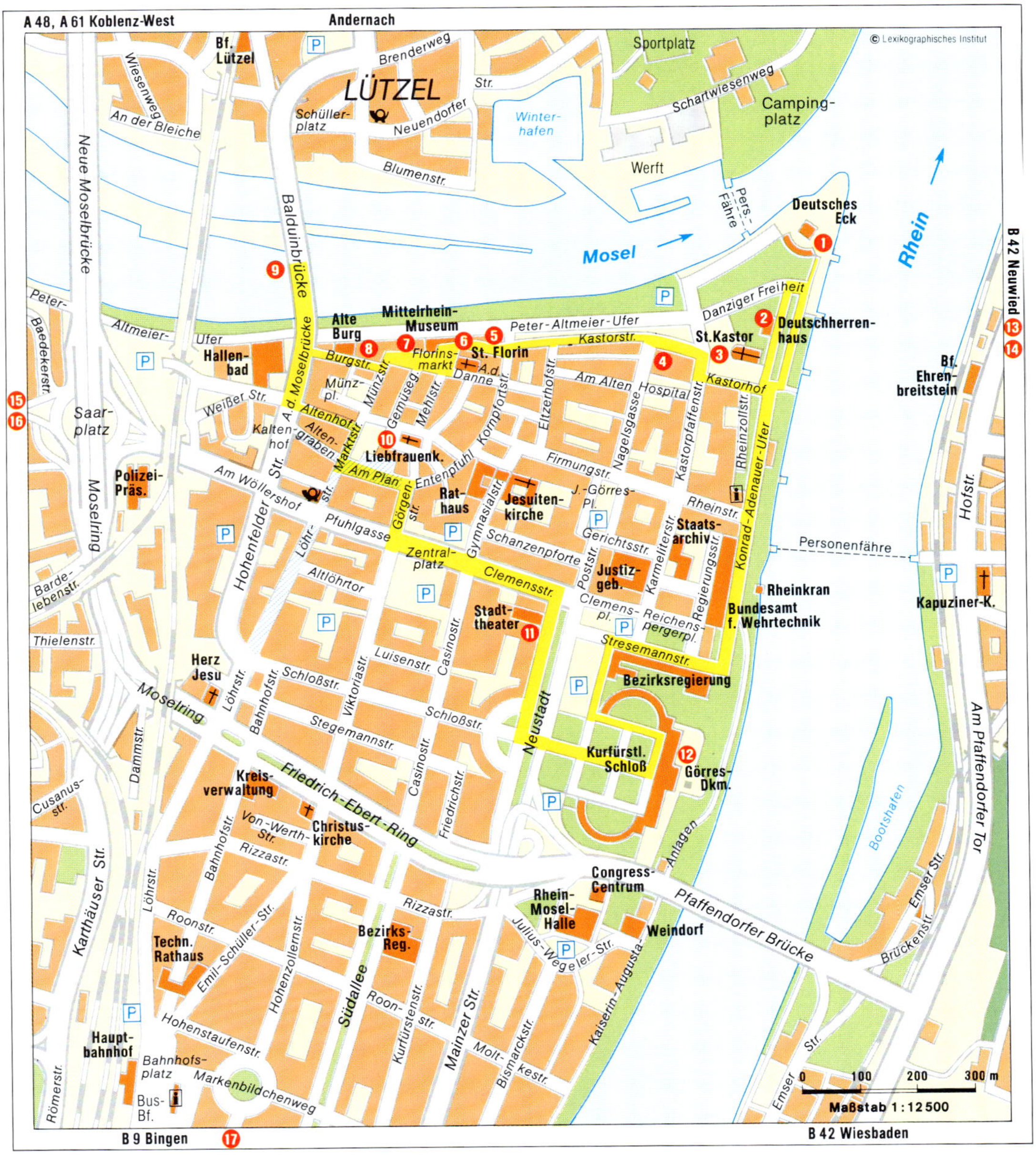

Epitaph mit marmorner Bildnisbüste und der Nikolaus-Altar mit einem Gemälde von Silvester Baumann im südlichen Seitenschiff.

⑪ *Stadttheater*, 1787 im Anschluß an den Bau des Schlosses ⑫ neben weiteren klassizistischen Bauten in der Neustadt entstanden. Schöne siebenachsige Front und hufeisenförmiger Zuschauerraum. 1985 generalüberholt und neu eröffnet.

⑫ *Ehemaliges Residenzschloß*, 1777/78 von Michel d'Ixnard geplant und begonnen, weitergeführt von Anton Françis Peyre. Bedeutender frühklassizistischer Bau mit zum Rhein vortretendem Mittelteil, Eckbauten im Norden und Süden, halbkreisförmige Flügel stadtwärts. Diente ab 1794 als Lazarett. 1842–45 von König Friedrich Wilhelm IV. als preußische Residenz wiederhergestellt. 1944 zerstört, 1950/51 wiederaufgebaut, das Treppenhaus in seiner alten Form. Die Schloßkapelle im nördlichen Eckbau ist im Empirestil ausgestaltet.

⑬ *Kurfürstliches Schloß Philippsburg*, 1626–32 für Kurfürst Philipp Christoph von Soetern unterhalb der Feste Ehrenbreitstein ⑭ gebaut. Erhalten sind der Torbau der Festung (ehemalige Pagerie) von Johann Christoph Sebastiani, 1690–92, das Dikasterialgebäude (Gericht) nach Entwürfen von Balthasar Neumann (1739–41) und der Marstall von Johannes Seitz (1762–72) mit Plastiken von Joseph Feill im Giebel. Gegen Ende des 18. Jh. geistiger und kultureller Treffpunkt am Mittelrhein, später Sommerresidenz Kaiser Wilhelms I. und der Kaiserin Augusta.

⑭ *Festung Ehrenbreitstein*, erste Befestigungsanlagen auf dem rechtsrheinischen Ufer um 1000, in den folgenden Jahrhunderten ausgebaut, 1801 gesprengt. Die bestehende Anlage entstand 1815–32 an gleicher Stelle unter Festungsbaumeister Aster, der dem militärischen Zweckbau architektonisches Format gab. Heute beherbergt die Feste das *Landesmuseum Koblenz (Staatliche Sammlung technischer Kulturdenkmäler)* und das *Rheinmuseum*. Das Landesmuseum dokumentiert die vor- und frühindustriellen Produktionsformen des Mittelrheingebietes: u. a. Bimsindustrie, Weinbau, Mühlenwerke; außerdem Abteilung »berühmte Konstrukteure aus Rheinland-Pfalz« (März–Okt. tägl. 9–17 Uhr). Das Rheinmuseum zeigt Originale und Modelle zur Rheinschifffahrt, vom römischen Wasserfahrzeug bis hin zu jüngsten Technologien im Schiffbau (März–Okt. tägl. 9–17 Uhr).

⑮ *Pfarrkirche St. Laurentius* in Moselweiß, romanischer Gewölbebau aus dem 13. Jh., älterer Turm an der Nordostecke. Im Innenraum neuere Ausmalung, schöne steinerne Kanzel (1467) und eine neue figurale Verglasung.

16 *Pfarrkirche* in Güls, erster Bau im 12. Jh. (erhalten: Untergeschoß des Turms), Umbauten 1230–40. Ehemals spätromanische Dorfkirche, in Größe und künstlerischem Aufwand vergleichbar mit Stadtkirchen. Das bau- und kulturgeschichtlich wertvolle Gotteshaus erlitt im Zweiten Weltkrieg große Schäden; 1959–62 gründliche Restaurierung, bei der auch alte Wandmalereien freigelegt wurden.

17 *Schloß Stolzenfels*, zu den Hauptwerken der deutschen Romantik gehörend. In die Architektur einbezogen ist die vorgefundene Natur. Entstanden im 13. Jh., Blütezeit in der zweiten Hälfte des 14. Jh. Napoleon I. überließ die Ruine 1802 der Stadt. Wiederaufbau 1836–42 durch Karl Friedrich Schinkel. Die Ausstattung aus dieser Zeit ist vollständig erhalten. Die Ausmalung der Burgkapelle (Ernst Deger) und des Kleinen Rittersaals (Hermann Anton Stilke) ist ein gutes Beispiel rheinisch-romantischer Wandmalerei.

Der Augenroller
Fragen Sie mal einen Koblenzer nach der seltsamen Fratze am alten »Kauf- und Tanzhaus« 7. Sie werden eine schaurige Geschichte hören! Ein Raubritter und rechter Bösewicht sei das gewesen, dem man endlich anno 1536 den Prozeß habe machen können. Als man ihn auf dem »Plan« öffentlich köpfen wollte, soll er den Zuschauern, Richtern und Schöffen durch schreckliches Augenrollen und durch Zungeausstrecken bedeutet haben, was er von dem Urteil hielt. Und dabei habe er just so ausgesehen wie der, der heute unter der Turmuhr im Haus am Florinsmarkt seine Faxen mache ...
Eine andere Version: Nach dem Tod des Trierer Erzbischofs Heinrich von Vinstingen, der die Stadt arg gebeutelt haben soll, sei die Fratze plötzlich als Zeichen der Selbstverwaltung im Koblenzer Schöffensiegel aufgetaucht. Kenner schließen daraus, daß der gräßliche Mann kein Ritter, sondern originelles Symbol des Widerstands einer selbstbewußten Bürgerschaft gegenüber dem Erzbischof gewesen sein muß.

Koblenzer Geschichte mit Geschichtchen
Wenn man der Koblenzer Hymne glauben darf, taufen die Bewohner der Rhein-Mosel-Stadt ihren Nachwuchs, »dat Kowelenzer Schängelche«, auf ganz eigene Weise, nämlich mit Rhein- und Moselwasser und mit Wein. Sein bronzenes Ebenbild steht auf dem Schängelbrunnen und ist für Überraschungen gut. 1940 geschaffen, spuckt der Knabe alle drei Minuten in weitem Bogen auf die Straße. Seinen Namen hat er aus der Franzosenzeit. Während der Französischen Revolution kamen über 3000 Emigranten nach Koblenz und machten »Klein-Paris« daraus. Später, 1798, wurde »Coblence« Hauptstadt des neugegründeten Départements »Rhin et Moselle«. Damals nahmen die Koblenzer französische Sprachelemente auf und formten sie sich mundgerecht. So wurde aus Hans Jean, aus Jean »Schang« und schließlich »Schängelche«. Fremde Sprachen und fremde Heere prägten die Geschichte der Stadt.

Um den Moselübergang der Heerstraße nahe dem Rhein-Mosel-Zusammenfluß zu sichern, gründeten die Römer um das Jahr 14 n. Chr. ihr Kastell »Castrum apud confluentes«. Daraus wurde später Confluentia und schließlich Koblenz. Zwischen Alter Burg 8, Liebfrauenkirche 10 und Florinskirche 6 liegt die Urzelle der fast 2000 Jahre alten Stadt. Die Römer lebten scheint's recht gut hier, bei Ausgrabungen fand man jedenfalls Austernschalen.

Nach den Stürmen der Völkerwanderung kamen die Franken, die Stadt wurde im 5. Jh. fränkische Königspfalz. Auf den Trümmern römischer Anlagen wurde der fränkische Königshof errichtet. Die strategisch günstige Lage der Stadt war schon damals ihr Schicksal und blieb es bis zum Zweiten Weltkrieg. Koblenz gewann erstmals historische Bedeutung, als 842 die Erben Karls des Großen über die Reichsteilung stritten. 110 Bevollmächtigte berieten in der Stiftskirche St. Kastor 3; der Teilungsvertrag von Verdun (843) beendete vorerst den Bruderkrieg.

Eine Stadt wird verschenkt
1018 gab Kaiser Heinrich II. Koblenz an den Erzbischof von Trier; die Stadt geriet in den Strudel der Territorialpolitik der rheinischen Kur- und Kirchenfürsten. Die trierischen Kirchenmänner hatten handfeste politische Interessen: Die Stadt im Wasserkreuz, in der Begegnung von Hunsrück, Eifel und Westerwald und am Schnittpunkt alter Nah- und Fernstraßen sollte zur mächtigen Residenz zwischen den Kurerzstiften Köln, Trier und Mainz sowie dem Kurfürstentum Pfalz werden. Die aufstrebende Bürgerschaft, mehr an starken Befestigungen für ihren Handelsort interessiert als am Krummstab, baute widerwillig an der Bischofsburg und um so eifriger an der Stadtmauer. Ihr trutziger Sinn wurde gebeugt; die Alte Burg 8 war um 1310 fertiggestellt. Kurfürst und Erzbischof Balduin (1307–54)

Die Kirche St. Kastor hat eine über 1100jährige Geschichte; hier wurde auch der Teilungsvertrag von Verdun über das Reich Karls des Großen vorbereitet.

ließ gleich daneben die Balduinbrücke 9 über die Mosel schlagen – ein Bauwerk von imposantem Äußeren, von dem aus Besucher noch heute den einzigartigen Blick über die Stadt genießen: auf das Deutsche Eck 1, die Festung Ehrenbreitstein 14, die Altstadt. Unter Balduin stieg Koblenz zu einer der angesehensten und lebhaftesten Städte am Mittelrhein auf. Straßennamen wie Braugasse, Entenpfuhl, Mehlstraße zeugen in klangvoller Urwüchsigkeit vom Leben in der mittelalterlichen Stadt.

Nach dem Dreißigjährigen Krieg, der Franzosen, Schweden und Kaiserliche nach Koblenz geführt hatte, sprengte der letzte trierische Kurfürst, Clemens Wenzeslaus (1768–1802), die Grenzen der Stadt zum Rhein. Der bau- und kunstsinnige Regent hatte 1768 zunächst Ehrenbreitstein zur Residenz erklärt, ehe er den Bau des Schlosses 12 im Süden der Stadt in Auftrag gab.

Rund 12 000 Gäste feierten 1786 drei Tage lang den Einzug in ein Gebäude, das als Prachtstück frühklassizistischer Architektur gilt. Die Koblenzer sprechen viel vom »Kurfürsten«, und sie meinen dann Clemens. Kein Wunder, denn dem Enkel Augusts des Starken verdanken die »Schängel« viel, z. B. auch das Stadttheater 11, das 1787 eröffnet wurde. Die Bürger lieben dieses Theater, und sie waren nie bereit, über den Fortbestand des Hauses auch nur zu diskutieren. Fast jede Vorstellung ist ausverkauft, und die Wiedereröffnung des restaurierten Hauses feierte die Stadt 1985 als besonderes Ereignis.

Die Franzosen und der »Vogel Greif«

So gern die Koblenzer feiern – sieben Jahre nach der Gründung des Theaters stand ihnen der Sinn nicht mehr danach. Ihr Kurfürst hatte die Stadt vor dem anrückenden französischen Revolutionsheer verlassen müssen, und Koblenz wurde im Oktober 1794 französisch. Die Franzosen hungerten die uneinnehmbare Festung Ehrenbreitstein 14 aus und schleiften sie, die Prunkkanone »Vogel Greif« (1524) kam nach Frankreich. 1940 holten die Deutschen das Geschütz »heim«, 1945 mußte es wieder nach Paris. Seit 1984 hat die Wanderschaft des rund 300 Zentner schweren Prunkstücks ein Ende: Anläßlich seines Besuches in Koblenz

Nichts geht über einen gemütlichen Schoppen im »Weindorf Koblenz«, wo man den Sommer so richtig genießen kann.

Geboren zu Coblence bzw. Coblentz
Der eine ließ den Wiener Kongreß nach seiner Pfeife tanzen, der andere wandelte sich vom Verfechter der Französischen Revolution zum Vorkämpfer des spätromantischen Katholizismus. Gemeint sind Klemens Fürst von Metternich (1773–1859) und Joseph von Görres (1776–1848). Gemeinsam ist ihnen Koblenz als Geburtsstadt. Der österreichische Staatsmann und der streitbare Publizist, Herausgeber des »Rheinischen Merkur«, gehören zu den bekanntesten Koblenzern. Auch Sophie von La Roche (1731–1807), als Autorin des ersten deutschen Frauenromans (»Geschichte des Fräuleins von Sternheim«, 1771) bekanntgeworden, ist mit Koblenz verbunden. Ihr Salon in Koblenz-Ehrenbreitstein war Ort literarischer Zusammenkünfte mit Goethe und Wieland. In ihrem Haus wurde ihr Enkel Clemens Brentano geboren.

Der Rhein in Flammen
Wenn von Braubach bis Koblenz Berge und Burgen erglühen, steht »Der Rhein in Flammen«. Alljährlich, am zweiten Wochenende im August, verwandeln pfiffige Pyrotechniker den Himmel über dem Mittelrhein in ein leuchtendes Sternenzelt. Über 20 km erstreckt sich der bengalische Feuerzauber am Rheinufer. Für die allgemeine Schiffahrt bleibt der Rhein bis Mitternacht gesperrt, nur die weißen Fahrgastschiffe dürfen fahren. Mit Tausenden von Gästen an Bord zieht der Konvoi an den beleuchteten Rheinhängen entlang. In Koblenz stoppen die Schiffe. Seit den Morgenstunden haben sich dort Hunderttausende Schaulustige die Wartezeit bis zum Schlußakkord – bei Wein und Wasserspielen auf dem Rhein – vertrieben. Das Feuerwerk hoch auf dem Felsmassiv über Preußens Festung Ehrenbreitstein ist Höhepunkt des Lichterfests.

Der Rhein in Flammen – ein Schauspiel, das Hunderttausende fasziniert.

Tips, Tips, Tips

Schlösser und Burgen
In gut einer Stunde kommen Sie rheinaufwärts mit dem Schiff bis Braubach, unterhalb der Marksburg. Es empfiehlt sich aber, schon in Stolzenfels auszusteigen. Vom Anleger aus führt ein 20minütiger Fußweg hinauf zum Schloß Stolzenfels 17*. Aus einer ehemaligen Burgruine ist nach den Plänen Karl Friedrich Schinkels ein »Bilderbuchschloß« mit Zinnen, Türmchen und einem einzigartigen Ausblick über das weite Rheintal entstanden (Jan.–Nov. Di–So).*
Gut 30 km entfernt von Koblenz, moselaufwärts, liegt die Wohnburg der Grafen von Eltz. Auf der Rückseite von 500-DM-Scheinen hat sie mancher schon gesehen, in natura ist sie noch beeindruckender. Die Anlage mit Bauten aus dem 12. bis zum 16. Jh. gilt als eine der besterhaltenen Burgen des Mittelalters. Vom Weinort Moselkern führt ein 40minütiger Spazierweg durchs wildromantische Eltzbachtal zu der Burg (April–Okt. täglich). Moselkern ist von Koblenz aus mit der Bundesbahn oder mit dem Auto auf der B 416 zu erreichen.

Dem Wein zu Ehren
Nahe der Rheinbrücke, 10 Min. vom Hauptbahnhof entfernt, haben die Koblenzer ihr eigenes Weindorf. 1925 zur »Reichsausstellung Deutscher Wein« gebaut, gilt es weltweit als originelle Werbestätte für edle deutsche Tropfen. Ein echter Weinberg, ein Dorfplatz und Fachwerkhäuser aus den Weinanbaugebieten Rhein, Mosel, Saar, Ruwer, Nahe, Rheinhessen und Baden laden ganzjährig (außer im Nov.) zum geselligen Stelldichein (tägl. 11–24 Uhr, So Frühschoppenkonzerte).

Maria Laach, Kloster am See
An dem größten und landschaftlich lieblichsten Maar der Vulkaneifel liegt die Benediktinerabtei Maria Laach. Die romanische Basilika gilt als eine der formvollendetsten Kirchen nördlich der Alpen. Das Gotteshaus ist Teil einer ausgedehnten Klosteranlage, deren Stiftung auf Heinrich von Laach (1093) zurückgeht. Es empfehlen sich ein Spaziergang um den Laacher See und eine Wanderung zum Lydiaturm. Maria Laach ist von Koblenz über die A 61, Richtung Köln, Abfahrt Mendig, zu erreichen. Mit der Bundesbahn zunächst nach Andernach und von dort per Bus zur Abtei.

gab der französische Staatspräsident François Mitterrand die Kanone an die Stadt zurück. Seither ist der »Vogel Greif« vielbewunderte Attraktion im Landesmuseum auf der Festung. Es gibt eine weitere Erinnerung an die napoleonische Zeit, den Brunnen im Kastorhof. Die Franzosen setzten ihrem Rußlandfeldzug damit ein Denkmal, die siegreichen Russen versahen es später mit der Inschrift: »gesehen und bestätigt«. Ein Scherz der Weltgeschichte in Stein.

Weniger in der Stadtentwicklung als im Lebensgefühl der Koblenzer hat der französische Einfluß Spuren hinterlassen. Besucher lassen sich gern anstecken vom Flair der zahlreichen Straßencafés in der Altstadt und wundern sich, daß die Koblenzer (fast) immer Zeit haben für ein Glas Wein, Bier oder Sekt. Daß im Koblenzer Stadtgebiet eine Million Rebstöcke wachsen, daß im Ortsteil Stolzenfels eine bekannte Brauerei zu Hause ist und neben dem Stadttheater 11 am Deinhardplatz das Stammhaus einer traditionsreichen Wein- und Sektkellerei steht, mag ihre Vorlieben erklären.

Zack, zack, die Preußen kommen

Das Schicksal seiner Vaterstadt und das der Rheinlande wurde auf dem Wiener Kongreß entscheidend mitbestimmt von dem Koblenzer Fürst von Metternich. »Coblence« wurde »Coblentz«, kam zu Preußen und war fortan Sitz des Oberpräsidiums der Rheinprovinz. Die Preußen machten Coblentz zum »rheinischen Potsdam«, zum Verwaltungs- und Garnisonszentrum, und bauten die Festung Ehrenbreitstein 14 zur stärksten Bastion des Kontinents aus, ein rheinisches Gibraltar – zum Schutz vor dem »Erzfeind« Frankreich.

Wer die unversehrt erhaltene monumentale Anlage besichtigt, bekommt eine Vorstellung davon, was man zwischen 1817 und 1878 für 24 Millionen Goldgulden alles bekam und bauen konnte. Von der dem Rhein zugewandten Seite aus genießt man einen prachtvollen Ausblick auf das Rheintal, auf die angrenzenden Mittelgebirge, auf das Deutsche Eck und die Rheinanlagen.

Die Stadt Koblenz tat sich anfangs schwer mit den preußischen Herren. Man fremdelte. Der preußische Kronprinz und spätere König Friedrich Wilhelm IV. hielt sich nämlich viel lieber im stadtnahen Schloß Stolzenfels 17 auf, das ihm seit 1823 gehörte und das er entsprechend ausbauen ließ. Sympathisch wurde man sich erst, als der spätere Kaiser Wilhelm I. und seine Gattin Augusta kamen. Wilhelm residierte elf Jahre als Militärgouverneur in Koblenz; der Kaiserin Augusta verdankt die Stadt die Rheinanlagen, von Kennern als die längsten (18 km) und schönsten zwischen Basel und Rotterdam gelobt. Rheinromantik wird auf der denkmalbestandenen Promenade lebendig.

Am Deutschen Eck 1, wo Rhein und Mosel zusammenfließen, errichtete die Rheinprovinz 1897 das Kaiser-Wilhelm-Denkmal – als Dank für die Einigung des Reiches. Das 14 m hohe Reiterstandbild Wilhelms I. auf der Pfeilerhalle des Sockels hätte den Zweiten Weltkrieg beinahe überlebt, eine amerikanische Granate zerschmetterte jedoch noch 1945 Roß

Schloß Stolzenfels am linksrheinischen Ufer wurde im 13. Jh. zur Erhebung des Rheinzolls errichtet, verfiel nach 1500 und wurde 1836–42 wieder aufgebaut.

und Reiter. Seither dreht sich ein Koblenzer Gesellschaftsspiel um die Frage, ob »der Wilhelm« wieder aufs Deutsche Eck kommt.

Heimliche Hauptstadt?
Dagegen hat die Entwicklung der Stadt nach dem Zweiten Weltkrieg eigentlich keine Fragen mehr offengelassen. Nachdem die Militärstrategen ihr Mütchen an Koblenz gekühlt hatten – der Stadtkern war zu 85 % zerstört –, entstand aus der Behörden- und Garnisonstadt ein Einkaufs- und Wirtschaftszentrum. In kleinen Schritten wurde ein Industriegebiet vor den Toren der Stadt geschaffen – ein weiteres wirtschaftliches Standbein neben Fremdenverkehr, Handel und Handwerk.

Günstige Verkehrsanbindungen – drei Autobahnen, sechs Bundesstraßen, zwei Ströme und zwölf Eisenbahnstrecken – sicherten der Stadt Standortvorteile. Nördlich der Moselmündung, am Rheinufer, wurde ein Industriehafen geschaffen. Ständige Herausforderung für das Oberzentrum am Mittelrhein ist der starke Berufsverkehr: Rund 35 000 Pendler drängen allmorgendlich aus dem umliegenden Einzugsgebiet mit etwa 350 000 Menschen über drei Rhein- und Moselbrücken in die Stadt und wollen abends zurück.

Böse Zungen behaupten, Koblenz sei nach wie vor fest in militärischer Hand. Tatsächlich gibt es acht Kasernen, und mit rund 12 500 Soldaten ist Koblenz unzweifelhaft die größte Garnisonstadt in der Bundesrepublik Deutschland. Das Bundesamt für Wehrtechnik und Beschaffung (BWB) hat hier seinen Sitz; ihm obliegen Entwicklung, Beschaffung und Instandsetzung von Wehrmaterial – vom Hosenträger bis zum Schlachtschiff. Weitere Bundesbehörden, z. B. das Bundesarchiv, und zahlreiche Landesbehörden, dazu das Oberlandesgericht, haben Koblenz den Ruf einer heimlichen Hauptstadt eingebracht.

Es heißt, daß sich Beamte, Manager und Lobbyisten häufiger in Koblenz treffen als in anderen Städten. Ob's stimmt oder nicht, die Dienstleistungs-City und ihre Händler leben davon – und das nicht schlecht. Die Einkaufsmetropole floriert. Wer durch die Ladenstraßen geht, entdeckt die modernen Seiten von Alt-Confluentia, und die sind – weiß Gott – auch sehenswert!

Man sollte sich Zeit nehmen für einen Bummel durch diese alte Stadt. Zuviel würde man übersehen, wenn man eilig hindurchliefe. Außerdem: Kontakte sind in Koblenz schnell geschlossen – aber man braucht Zeit, sie zu pflegen.

Deftiges am Deutschen Eck
Wenn es in Koblenz ans kalte Büfett geht, wundern sich Zugezogene. Was bruzzelt da unter brauner Kruste und steht neben edlem Lachs und zartem Kalb? »Debbekoche«, antworten Kowelenzer, nehmen sich ein Stück und erklären, daß sie auf den Topfkuchen aus geriebenen Kartoffeln, Brötchen, Eiern, Zwiebeln, Mehl und Gewürzen nicht verzichten wollen. Weil die Gans am Martinstag nur etwas für Begüterte war, setzten Ärmere vor rund 160 Jahren den »Debbekoche« an ihre Stelle. Viele Koblenzer Gasthäuser halten bis heute an diesem Brauch fest und servieren den »Debbekoche« zu Martini.
Die Gäste lieben ihn »heiß« und innig, ebenso wie die »Krebbelcher«, Reibekuchen aus rohen Kartoffeln, denen zu Ehren jährlich in einzelnen Koblenzer Stadtteilen Feste gefeiert werden.

Der Schängelbrunnen am Rathaus symbolisiert Lebensfreude.

Theater, Musik, Veranstaltungen, Museen

Theater
Theater der Stadt Koblenz. Spielorte – Stadttheater (11), Deinhardplatz: Oper, Operette, Musical, Ballett, Schauspiel.
Kammerspiele im Mittelrhein-Museum, Florinsmarkt: experimentelles Theater, kleine Musicals, Jugendstücke, ☏ 3 46 29, 12 93 50.
Kulturfabrik, Mayer-Alberti-Str. 11. Schauspiel, Tanz, Kabarett, ☏ 8 52 80.

Musik
Rhein-Mosel-Halle, Julius-Wegeler-Str. Sinfoniekonzerte der Rheinischen Philharmonie und anderer namhafter Orchester, Kammer-, Chorkonzerte; Jazz-, Rock-, Pop-, Schlagermusik mit Stars und intern. Bands, ☏ 12 94 57.
Christuskirche, Friedrich-Ebert-Ring. »Romantische Orgelkonzerte«, Kammerkonzerte, kleine geistliche Konzerte: Motetten, A-cappella-Konzerte, ☏ 2 26 93.
Florinskirche (6), Florinsmarkt. »Sommerliche Orgelmusiken« (Juni–Sept. So 11 Uhr), Oratorien, ☏ 2 26 93.
Kulturfabrik, Mayer-Alberti-Str. 11. Jazz, Pop, Folk, Rock, Kabarett, ☏ 8 52 80.
Lampenputzer, Gemüsegasse 4. Jazz, Folk, Rock, Kabarett, ☏ 176 80.

Veranstaltungen
Flohmarkt, Peter-Altmeier-Ufer und Florinsmarkt (Sa im Mai und Sept. 7–15 Uhr).
Rosenmontag: *Großer Rosenmontagszug* durch die Innenstadt. Beginn: Clemensplatz (13.11 Uhr). Anschließend umfangreiches Fastnachtsprogramm und Weinmarkt auf dem Jesuitenplatz.
Pfingsten: *Pfingstmatineen* im Blumenhof am Deutschen Eck (1). Heiteres Musikprogramm, Folklore (Sa, Mo 10.30 Uhr).
Sommer: *Altstadtfest* in der Innenstadt. Theaterdarbietungen, Wettbewerbe, breitgefächertes Musikprogramm.
Sommer: *Schloß-Matinee* im Schloßgarten des kurfürstlichen Schlosses (13), Ballettshow (So 10.30 Uhr), ☏ 12 94 76.
April–Okt.: *Weindorf-Saison* im »Weindorf Koblenz« an der Rhein- und Mosel-Promenade. Musik, Tanz, Unterhaltung am Abend. Frühschoppen-Konzerte (So 10.30 Uhr). Künstlerfrühschoppen mit Ausschnitten aus dem Programm des Theaters der Stadt Koblenz (Juni/Juli So 10.30 Uhr).
1. Mai: *Blütenfest* in Koblenz-Güls. Weinfest mit Tanz, Musik und großem Blütenfestzug (So nach 1. Mai 15 Uhr).
Mai–Sept.: *Serenaden* im Blumenhof am Deutschen Eck (1). Kammer-, Chorkonzerte, heiteres Musikprogramm (Di oder Mi 19.30 Uhr), ☏ 12 94 76.
Promenadenkonzerte in den Rheinanlagen im Musikpavillon (Sa, So 15–17 Uhr).
2. Sa im Aug.: *»Der Rhein in Flammen«,* Nähe Deutsches Eck (1) und an den Ufern von Rhein und Mosel. Großes Rahmenprogramm mit Unterhaltung, Musik, Tanz. Höhepunkt: Großfeuerwerk.
Letztes Wochenende im Sept.: *Weinfest* in Koblenz-Lay. Große Weingasse; Musik, Tanz, Unterhaltung, Heimatabend im Festzelt.
Letztes Wochenende im Sept.–1. So im Okt.: *Koblenzer Schängel-Markt* in der Innenstadt. Warenangebot im Freien; Musik, Tanz, Ausstellungen, Modenschauen. Große Schängel-Markt-Messe (Kirmes) auf dem Neuen Messeplatz/Saarplatz.

Museen
Landesmuseum Koblenz (Staatliche Sammlung technischer Kulturdenkmäler) und Rheinmuseum, Hohe Ostfront, Festung Ehrenbreitstein (s. (14)).
Mittelrhein-Museum, Florinsmarkt (s. (7)).

Köln-Düsseldorfer
öln-Düsseldorfer
DRACHENFELS
KD Köln-Düsseldorfer

Köln

Rom des Nordens

Mächtig und prächtig steht er mitten in der Stadt, ist Mittelpunkt und Maßstab: der Dom (unser Bild, mit Groß St. Martin im Vordergrund). Doch die Kathedrale ist mehr als Orientierungshilfe oder sakrales Symbol. Sie steht vielmehr für eines der drei »K«, die Köln berühmt gemacht haben: Kirchen, Kneipen, Karneval. Die Kirchen, weil sie der streng katholischen Domstadt schon vor Jahrhunderten den Ruf vom »hilligen Coellen«, vom heiligen Köln, einbrachten; die Kneipen, weil keine Stadt in diesem Land so viele Brauereien mit den dazugehörigen Brauhäusern in ihren Gemeindegrenzen beherbergt wie Köln; der Karneval, weil er nirgends so ausgelassen und fröhlich gefeiert wird wie hier, in der Hauptstadt des rheinischen Frohsinns. Doch Köln hat noch eine ganze Menge mehr zu bieten als die drei traditionellen, glanzvollen »K«.

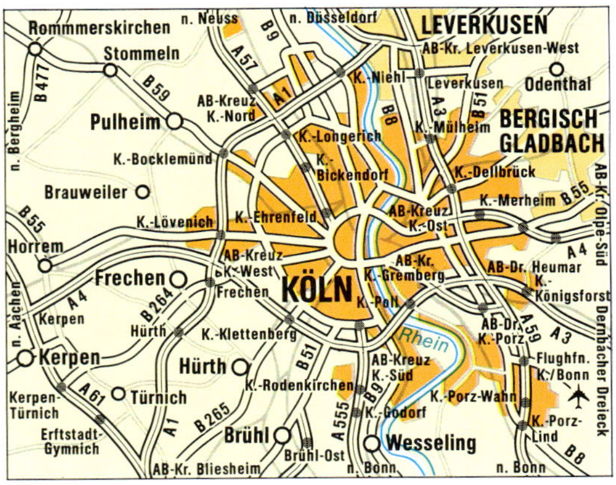

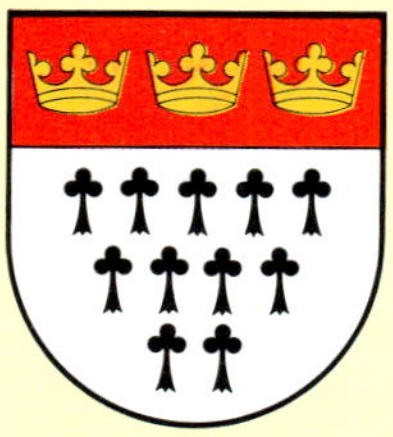

Wappen Die drei goldenen Kronen auf rotem Grund im oberen Schildhaupt symbolisieren die Heiligen Drei Könige, die elf schwarzen Flammen auf weißem Grund im unteren Schildhaupt verweisen auf das Martyrium der hl. Ursula.
Lage Am Rhein inmitten der Kölner Tieflandbucht.
Land Nordrhein-Westfalen
Autokennzeichen K
Höhe 55 m ü. M.
Fläche 405 km^2
Einwohnerzahl 968 000
Postleitzahl 5000
Telefonvorwahl 0221
Post Die Postämter im Hbf. und An den Dominikanern ermöglichen gemeinsam Schalterstunden rund um die Uhr (Nachtschalterstunden überwiegend im Postamt An den Dominikanern).
Polizei Innenstadtrevier, Waidmarkt 1, ☏ 22 91
Taxi ☏ 28 82
Nahverkehr Die Beförderungstarife sind nach Zonen gestaffelt; diese Zonen gelten auch für preisgünstige Familien- und Tagestickets, die an allen Verkaufsstellen der Kölner Verkehrsbetriebe erhältlich sind.
Camping Campingplatz Berger in Köln-Rodenkirchen, ab Autobahnkreuz Köln-Süd, Friedrich-Ebert-Str., Uferstr., ☏ 39 24 21. Campingplatz Poller Fischerhaus, über A 4 Ausfahrt Poll erreichbar, ☏ 83 19 66.
Parken In der Innenstadt gibt es 28 öffentliche Parkhäuser bzw. Tiefgaragen. Die wichtigsten in Dom- und Altstadtnähe: die Tiefgaragen unter der Domterrasse, dem Gürzenich und Groß St. Martin, die Parkhäuser an der Ladenstadt (Schwertnergasse) und der Cäcilienstr. Köln verfügt über ein Park-and-ride-System.
Touristinformation Verkehrsamt der Stadt Köln, Untere Tettenhenen 19, gegenüber dem Dom, ☏ 2 21 33 40 (Mai–Okt. Mo–Sa 8–22.30, So 9–22.30, Nov.–April Mo–Sa 8–21, So 9.30–19 Uhr).
Stadtführung Wechselnde Termine, zu erfragen beim Verkehrsamt.
Schiffahrt Rheinfahrten ab Hohenzollernbrücke durch die Köln-Düsseldorfer Rheinschiffahrt AG, ☏ 2 08 80.

Als erstes: der Dom

Man sieht ihn schon von weitem, egal, über welche der zehn sternförmig auf die Stadt zulaufenden Autobahnen man nach Köln kommt: den Dom ❶, das mächtige Wahrzeichen Kölns. Mitten im Zentrum liegt er, nur einen Steinwurf entfernt von Hauptbahnhof, Rhein und Altstadt. Es hat sieben wechselvolle Jahrhunderte gedauert, ehe die größte Kathedrale Deutschlands, die auch eine der bedeutendsten der Welt ist, endlich fertig war. Doch als Erzbischof Konrad von Hochstaden 1248 den ersten Stein legte, hatte der Baugrund schon über 1200 Jahre Geschichte hinter sich.

Auf den Spuren der Römer

Es waren die Römer, die das erste Kapitel Kölner Geschichte schrieben: Julius Cäsar hatte die Grenzen seines Römischen Reichs weit nach Germanien ausgedehnt. Bis zum Niederrhein waren seine Truppen marschiert, um die »germanischen Barbaren« zu zivilisieren. Dabei trafen sie nicht nur auf feindliche Germanenstämme, sondern fanden in den Ubiern auch Bundesgenossen. Die hatten bis dahin auf der rechten Rheinseite gelebt und folgten nun dem römischen Feldherrn Marcus Vipsanius Agrippa bereitwillig auf die linke, vollständig von den Römern kontrollierte Rheinseite. Hier, direkt am Fluß, errichteten sie um 38 v. Chr. gemeinsam die erste kölnische Siedlung, die Ubierstadt »oppidum Ubiorum«. Die Folgen der Flußüberquerung von »rechts nach links« sind übrigens heute noch deutlich spürbar, auch wenn die Stadt sich längst auf beiden Uferseiten ausgedehnt hat. Die linksrheinischen, also die »richtigen» Kölner, bezeichnen das rechtsrheinische Ufer spöttisch als »die schäl Sick«, was soviel heißen soll wie »die schielende Seite«.

88 Jahre plätscherte das Leben in »oppidum Ubiorum« so vor sich hin, bis im Jahr 50 n. Chr. die eigentliche Geburtsstunde Kölns schlug. Julia Agrippina, Tochter des römischen Feldherrn Germanicus, die in der Ubiersiedlung geboren und aufgewachsen war, schenkte ihrem Geburtsort nach ihrer Vermählung mit Kaiser Claudius das römische Stadtrecht – und einen neuen Namen: »Colonia Claudia Ara Agrippinensis«. Damit war Kölns erste Blütezeit eingeleitet, die 450 Jahre dauerte. Und noch heute begegnet man den Spuren, die das römische Imperium am Rhein hinterließ, auf Schritt und Tritt.

Zum Beispiel am Rathaus ❼ – just dort, von wo aus heute die Geschicke einer Fast-Millionenstadt gelenkt werden, hatte schon vor 2000 Jahren der kaiserliche Statthalter der Provinz Niedergermanien seinen Sitz. Als man nach dem Zweiten Weltkrieg das zum Teil erheblich

Seit 1982 der 600 m lange Rheinufertunnel fertiggestellt wurde, trennt keine Straße mehr die alten Häuserfassaden vom Rhein.

zerstörte Rathaus wieder aufbaute, stieß man bei Grabungsarbeiten auf Reste des römischen Prätoriums (8), des Sitzes der Statthalter. Nicht selten haben steile römische Karrieren hier begonnen. Aulus Vitellius wurde 69 n. Chr. zum Kaiser ausgerufen, und 30 Jahre später schaffte Trajan den Sprung. Kaiser Konstantin der Große residierte hier, als er im Jahr 312 auf der Deutzer (also auf der rechten) Rheinseite ein Kastell und die erste Kölner Rheinbrücke bauen ließ. Einige hölzerne Brückenpfeiler sind heute im Römisch-Germanischen Museum (2) ausgestellt, das freigelegte Prätorium (8) kann man im Rathauskeller besichtigen.

Überhaupt ist es in Köln schon schwierig, ein Loch zu buddeln, ohne auf irgendwelche römischen Erinnerungen zu stoßen. Beim Bau eines Luftschutzbunkers wurde so 1941 in der Nähe des Doms das weltberühmte Dionysos-Mosaik entdeckt, ein 70 m^2 großer Teppich aus Millionen tönernen und gläsernen Steinchen, der vor Jahrhunderten den Speisesaal eines römischen Kaufmannshauses zierte. Auch dieses Mosaik findet man im Römisch-Germanischen Museum (2), das 1975 just über der Fundstelle eröffnet wurde. Gemeinsam mit dem Grabmal des Lucius Poblicius gehört es zu den Schmuckstücken des Museums.

Zeugnisse der Römerzeit trifft man in Köln überall an, nicht nur in den vielen Museen, z. B. den Römerturm (27) an der Ecke Zeughausstraße/St.-Apern-Straße, entstanden um 50 n. Chr. als nordwestlicher Eckturm der römischen Stadtmauer. Oder die römische Hafenstraße, die mit originalen Pflastersteinen zwischen Römisch-Germanischem und Diözesan-Museum rekonstruiert wurde.

Das »hillige Coellen«…

Den Römern folgten die Franken nach und hinterließen uns in ihren Fürstengräbern wunderbare Gold- und Edelsteinschätze, die heute im Erzbischöflichen Diözesan-Museum zu besichtigen sind. Um 500 kamen die Merowinger an die Macht, dann die Karolinger – und Karl der Große. Ihm verdankt Köln – seit 313 Bischofssitz – den ersten Erzbischof. Hildebold hieß der Hofkaplan, der von Karl 795 n. Chr. in sein Amt berufen wurde. Seitdem zählten die Kölner Erzbischöfe zum Beraterkreis der deutschen Kaiser.

Doch das genügte den kölnischen Kirchenfürsten nicht. Keine 200 Jahre nach Hildebolds Ernennung erstritt Erzbischof Bruno I., ein Bruder Kaiser Ottos I., auch das weltliche Regiment über die Stadt.

1288, nach der (verlorenen) Schlacht von Worringen, mußte die Geistlichkeit diese Macht allerdings an die Kölner Bürgerschaft abgeben.

Wieder in alter Pracht präsentieren sich überall die sorgfältig restaurierten, reich verzierten Fassaden aus den Gründerjahren.

Staatsmännisch, unbequem, lustig – Kölner Köpfe

Konrad Adenauer, Heinrich Böll, Willy Millowitsch – ihre Namen sind aufs engste mit der Stadt Köln verknüpft. Konrad Adenauer, von 1917–33 Kölner Oberbürgermeister, hat im ersten Drittel dieses Jahrhunderts Meilensteine für die Stadtentwicklung gesetzt und lenkte als Bundeskanzler nach 1949 auch die internationale Aufmerksamkeit auf Köln; Heinrich Böll, Literatur-Nobelpreisträger, ein stets unbequemer Sohn der Stadt, brachte den Namen Köln in die internationale Kulturszene ein; Volksschauspieler Willy Millowitsch hat den Leuten von Flensburg bis Garmisch-Partenkirchen gezeigt, was unter einer »rheinischen Frohnatur« zu verstehen ist.

Der »drügge Pitter« und andere

Wem die Kölner wohlgesonnen sind, dem setzen sie einen Brunnen. Ob Reitergeneral oder Heiliger, ob Märchenfigur oder Stadt-Original: Die Kölner lassen es zu deren Ehren plätschern. 1870 widmeten sie z. B. dem ältesten Stadtpatron, dem heiligen Petrus, einen Brunnen auf der Nordseite des Domchors. Und weil anfangs nur selten Wasser zu Petrus' Füßen floß, hatte der Volksmund rasch einen Namen für den Brunnen gefunden: »der drügge Pitter«, der trockene Petrus. Jan von Werth, einem Reitergeneral, der auch im kölschen Karneval eine große Rolle spielt, wurde ein sehenswerter Brunnen auf dem Alten Markt gewidmet. An die Heinzelmännchen erinnert der gleichnamige Brunnen nahe beim Dom (1). Und natürlich hat man auch dem Karneval – auf dem Gülichplatz – ein Brunnen-Denkmal gesetzt. Den Fastnachtsbrunnen mit den vier tanzenden Paaren der »hilligen Knecht und Mägde« ziert sogar ein Goethe-Zitat.

Dieser antike Grabstein steht im Römisch-Germanischen Museum.

Stadtrundgang
Der Rundgang führt bei weitem nicht zu allen (auch nicht zu allen wichtigen) Sehenswürdigkeiten Kölns – dazu ist diese Stadt zu groß und zu attraktiv. Aber den Kern, sozusagen das Allerheiligste, werden Sie kennenlernen.

Beginnen Sie am Dom ①, dem Wahrzeichen Kölns. Das Römisch-Germanische Museum ② ist die nächste Station; es folgen das neue Wallraf-Richartz-Museum/Museum Ludwig ③ mit der angeschlossenen Philharmonie, die Kirche Groß St. Martin ④ und das hübsche Martinsviertel ⑤. Am Eisenmarkt, gleich an der Altstadt, liegt das »Hänneschen-Theater« – die Altstadt selbst ist einen längeren Besuch wert.

Den Gürzenich ⑥ sollten Sie ansehen und das wohl älteste Rathaus Deutschlands ⑦ mit dem darunterliegenden Prätorium ⑧ und der Mikwe, dem alten jüdischen Tauchbad.

Im Brauhaus Früh, in der Straße »Am Hof« unweit des Heinzelmännchen-Brunnens, könnten Sie dann – am Ende des Rundgangs – rasten.

Einkaufsbummel
Am Wallrafplatz, direkt neben dem Dom ①, beginnt Kölns größte Einkaufszone, die einen eigenen kleinen Bummel wert ist. Dazu sollten Sie diesen Weg nehmen: Hohe Straße, Schildergasse, Neumarkt, Mittelstraße, Hohenzollernring, Ehrenstraße (später Breite Straße), Tunisstraße, Minoritenstraße, Wallrafplatz.

Sehenswürdigkeiten
① *Dom St. Peter und Maria,* nach dem Vorbild französischer Kathedralen an der Stelle von zwei Vorgängerkirchen als »größte Kirche der Christenheit« begonnen. Grundsteinlegung 1248. Fertigstellung des Chors mit gesamter Innenausstattung 1322, Chorweihe 1322. Einstellung der Bautätigkeit 1560. Voll funktionsfähiger Torso bis zum Weiterbau 1842. Am 15. Oktober 1880 nach den ursprünglichen Plänen vollendet. Im Zweiten Weltkrieg immense Schäden durch Bombeneinwirkung, erst 1956 behoben. Das Hauptschiff wird von je zwei Seitenschiffen zum Chorraum hin begleitet und von einem dreischiffigen Querhaus gekreuzt. Die Gewölbe steigen bis zu 43,5 m empor. Der Hochchor gilt als einer der erhabensten Sakralräume Europas. Bemerkenswert: Chorschrankenmalereien (um 1340), Chorpfeilerplastiken (13. Jh.) und das mit 104 Sitzen größte Chorgestühl in Deutschland.
Im Obergaden 17 m hohe Glasfenster (frühes 14. Jh.) mit der Darstellung der 48 Könige des Alten Testaments; Hochaltar von 1320, dahinter der Drei-Könige-Schrein, größter Goldsarkophag des Abendlands. In ihm ruhen die Reliquien der Heiligen Drei Könige, um derentwillen der Dom gebaut wurde.

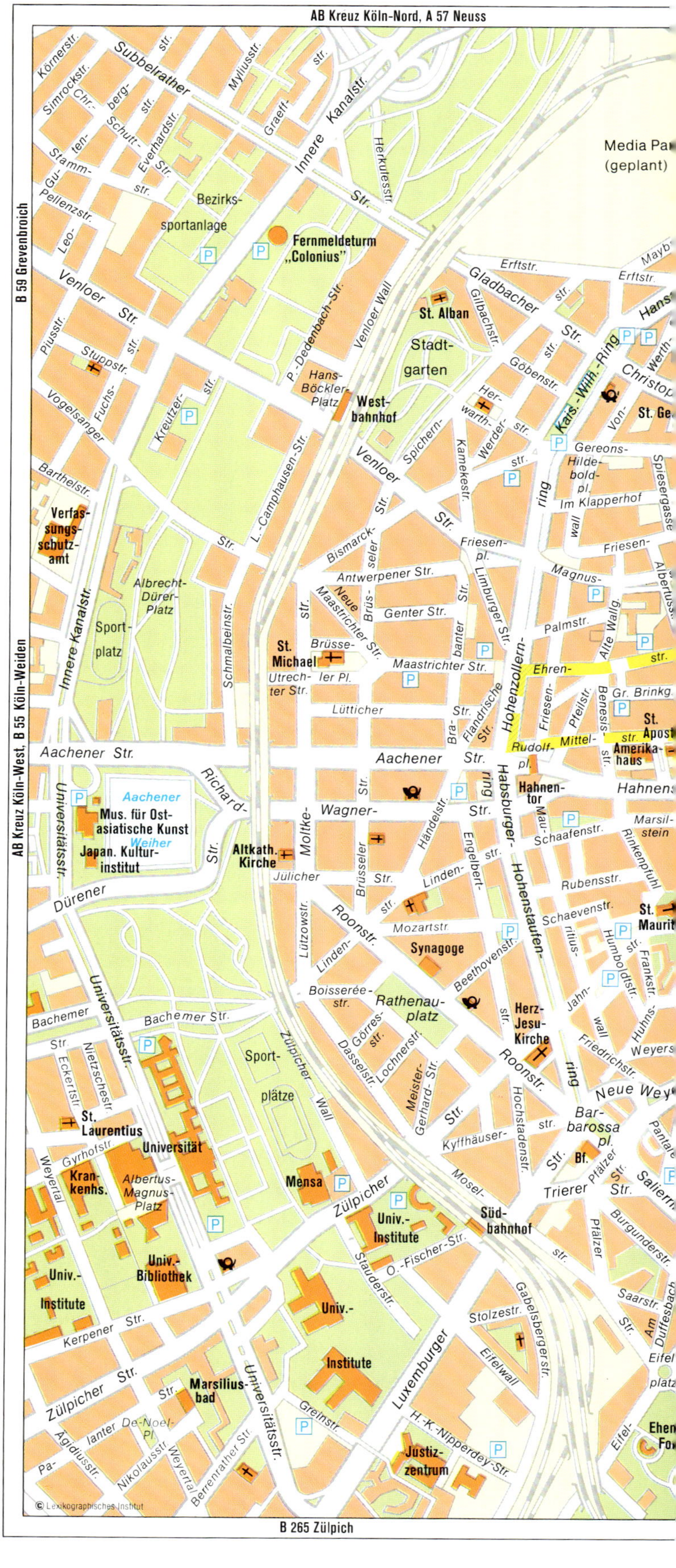

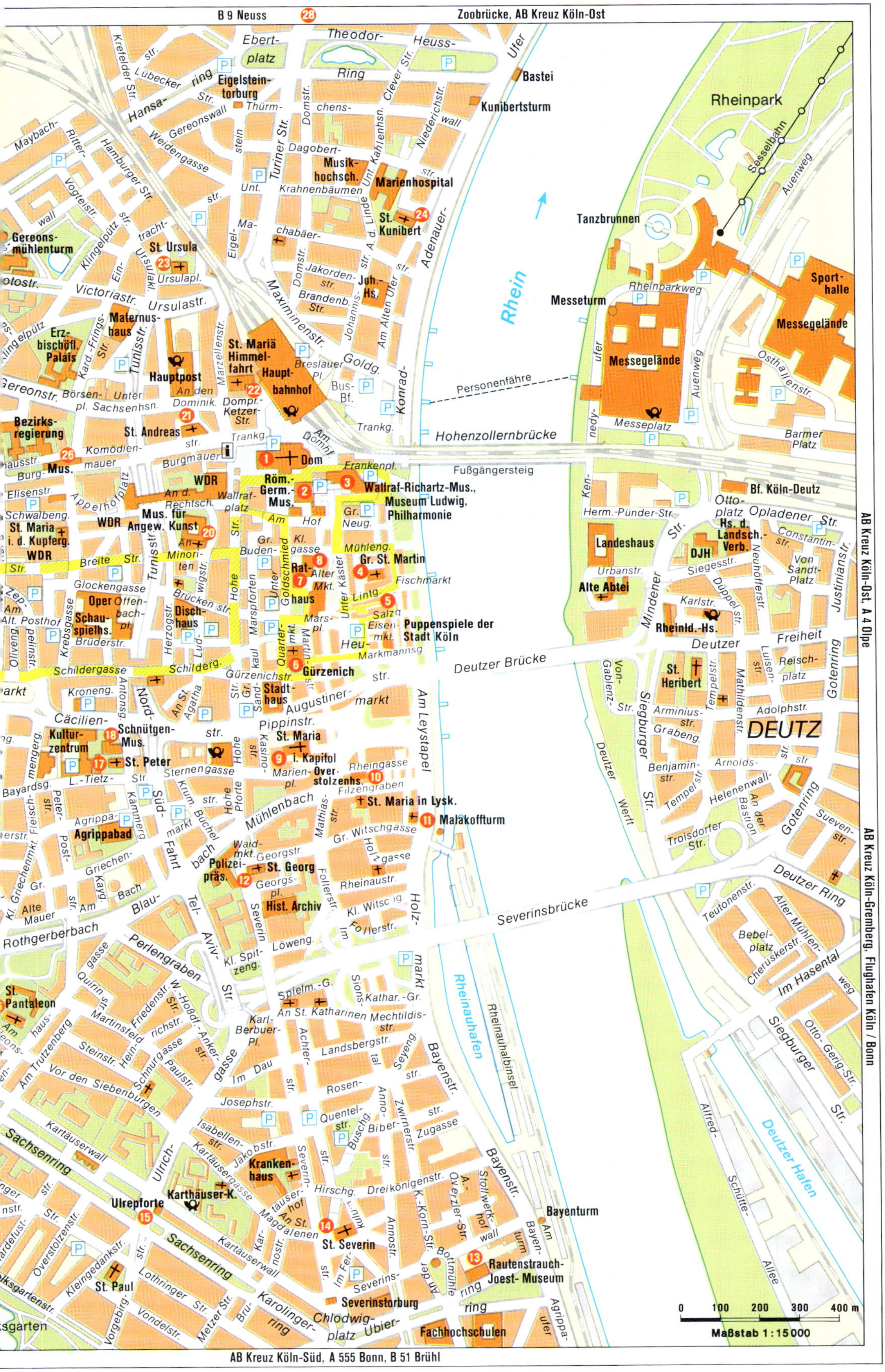
B 9 Neuss
Zoobrücke, AB Kreuz Köln-Ost
Ebertplatz
Theodor-Heuss-Ring
Eigelsteintorburg
Bastei
Kunibertsturm
Rheinpark
Sesselbahn
Auenweg
Hansaring
Lübecker Str.
Gereonswall
Thürmchenswall
Turiner Str.
Dagobertstr.
Musikhochsch.
Marienhospital
Krahnenbäumen
Gereonsmühlenturm
St. Ursula
St. Kunibert
Tanzbrunnen
Ursulapl.
Victoriastr.
Ursulastr.
Maximinenstr.
Joh.-Hs.
Adenauer-Ufer
Rhein
Messeturm
Rheinparkweg
Sporthalle
Messegelände
Maternushaus
Erzbischöfl. Palais
Tunisstr.
Hauptpost
St. Maria Himmelfahrt
Hauptbahnhof
Breslauer Pl.
Goldg.
Konrad-Adenauer-Ufer
Personenfähre
Osthallenstr.
Gereonstr.
An den Dominik.
Dompr.-Ketzer-Str.
Trankg.
Bezirksregierung
St. Andreas
Komödienstr.
Hohenzollernbrücke
Messeplatz
Barmer Platz
Mus.
Burgmauer
Dom
Frankenpl.
Fußgängersteig
WDR
Röm.-Germ. Mus.
Wallraf-Richartz-Mus., Museum Ludwig, Philharmonie
Bf. Köln-Deutz
Wallrafplatz
Mus. für Angew. Kunst
Am Hof
Gr. Neug.
Herm.-Pünder-Str.
Ottoplatz
Opladener Str.
St. Maria i. d. Kupferg.
Hs. d. Landsch.-Verb.
Landeshaus
DJH
Constantinstr.
WDR
Breite Str.
Minoritenstr.
Kl. Budengasse
Mühleng.
Rathaus
Gr. St. Martin
Von Sandt-Platz
Urbanstr.
Siegesstr.
Glockengasse
Alter Mkt.
Fischmarkt
Alte Abtei
Oper
Offenbachpl.
Schauspielhs.
Brückenstr.
Dischhaus
Lintg.
Salzg.
Karlstr.
Mindener Str.
Deutzer Freiheit
Rheinld.-Hs.
Eisenmkt.
Puppenspiele der Stadt Köln
Heumarkt
Markmannsg.
St. Heribert
Reischplatz
Schildergasse
Gürzenich
Deutzer Brücke
Gürzenichstr.
Stadthaus
Augustinerstr.
Kroneng.
Cäcilienstr.
Schnütgen-Mus.
Kulturzentrum
Pipinstr.
St. Maria i. Kapitol
Am Leystapel
DEUTZ
Arminiusstr.
Grabeng.
Adolphstr.
Gotenring
St. Peter
Sternengasse
Marienpl.
Overstolzenhs.
Rheingasse
Filzengraben
Benjamin-Str.
Arnoldsstr.
Deutzer Werft
Siegburger Str.
Agrippabad
Mühlenbach
St. Maria in Lysk.
Malakoffturm
Helenenwall
An der Bastion
Troisdorfer Str.
Suevenstr.
Waidmkt.
Polizeipräs.
St. Georg
Georgstr.
Gr. Witschgasse
Holzgasse
Rheinaustr.
Deutzer Ring
Hist. Archiv
Severinsbrücke
Teutonenstr.
Rothgerberbach
Perlengraben
Tel-Aviv-Str.
Löweng.
Holzmarkt
Bebelplatz
Cheruskerstr.
Alter Mühlenweg
Im Hasental
St. Pantaleon
Spielm.-G.
An St. Katharinen
Mechtildisstr.
Rheinauhafen
Rheinauhalbinsel
Karl-Berbuer-Pl.
Landsbergstr.
Bayenstr.
Otto-Gerig-Str.
Siegburger Str.
Vor den Siebenburgen
Josephstr.
Rosenstr.
Quentelstr.
Zwirnerstr.
Zugasse
Deutzer Hafen
Sachsenring
Kartäuserwall
Krankenhaus
Karthäuser-K.
Hirschg.
Dreikönigenstr.
Alfred-Schütte-Allee
Ulrepforte
An St. Magdalenen
St. Severin
Bayenturm
Rautenstrauch-Joest-Museum
St. Paul
Lothringer Str.
Severinstorburg
Chlodwigplatz
Ubierring
Karolingerring
Fachhochschulen
Agrippaufer
Maßstab 1:15000
0 100 200 300 400 m
AB Kreuz Köln-Süd, A 555 Bonn, B 51 Brühl
AB Kreuz Köln-Ost, A 4 Olpe
AB Kreuz Köln-Gremberg, Flughafen Köln / Bonn

Das Gerokreuz in der Kreuzkapelle (um 975) ist die älteste erhaltene Großplastik des Gekreuzigten diesseits der Alpen. Zahlreiche weitere Kapellen schließen sich an. In der Marienkapelle Altar der Stadtpatrone (um 1445). Im südlichen Querhaus großer flandrischer Schnitzaltar von 1520. Hinter dem nördlichen Querhaus liegt die *Domschatzkammer* mit dem reichen Kirchenschatz: Paramente, liturgische Geräte, Kodizes, Elfenbeinarbeiten, Engelbertusschrein (tägl. 9–16, So, feiertags 12.30–16, Sommer bis 17 Uhr). Im Südturm Aussichtsplattform und Glockenstube mit neun Glocken (St.-Peters-Glocke, 2500 kg, größte schwingende Glocke der Welt).

2 *Römisch-Germanisches Museum,* 1970–74 an der Südseite des Doms um das Dionysos-Mosaik herum gebaut. Über drei Stockwerke vermittelt es ein lebendiges Bild der römischen Kultur am Rhein: u. a. Philosophen-Mosaik, römischer Reisewagen, römische Fresken, bedeutende Sammlung römischer Gefäße, Gläser, Münzen und Spielzeug sowie die Schmucksammlung Diergardt. In der überdachten Freizone Zeugnisse frühkölnischer Geschichte: Steindenkmäler, römische Steinsärge, an den Wänden »Denkmäler-Collagen«; Dionysos-Mosaik und aufwendiges Pfeilergrabmal des Lucius Poblicius aus dem 1. Jh. An der Südseite des Museums die 70 m lange alte römische Hafenstraße (Di, Fr–So 10–17, Mi, Do 10–20 Uhr).

3 *Wallraf-Richartz-Museum/Museum Ludwig,* 1986 vollendet und eröffnet. Angegliedert sind: Philharmonie mit 2000 Sitzplätzen, Museums-Café und Forum mit Skulpturengarten. Kernstück der Kölner Museumslandschaft, größte Gemäldegalerie des Rheinlands. Im Wallraf-Richartz-Museum: bildende Kunst von 1300–1900, umfangreichste Sammlung mittelalterlicher Malerei, Meisterwerke der Niederländer des 17. und 18. Jh., deutsche und französische Maler bis 1900.
Museum Ludwig: Kunst der Neuzeit, vom Expressionismus bis zur Gegenwart. Mittelpunkt: Sammlung Haubrich und Sammlung Peter Ludwig. Agfa-Foto-Historama: Sammlung mit Weltgeltung zur Geschichte der Fotografie (Di–So 10–20 Uhr).

4 *Groß St. Martin,* auf den Fundamenten römischer Speicher erbaute Anlage mit Kleeblattchor, gewaltigem quadratischen Turm (vollendet 1220) und Langhaus (fertiggestellt Mitte des 13. Jh.). Neben Dom 1 und Rathaus 7 prägt der Vierungsturm entscheidend das Kölner Rheinpanorama.

5 *Martinsviertel,* z. T. noch mittelalterlicher Stadtgrundriß mit enger Bebauung in der Umgebung der Kirche Groß St. Martin 4, beeindruckende Verbindung historischer Baustruktur (Fischmarkt, Buttermarkt, Haus Delft, »Im Walfisch«, »Zum Seil«, Brügelmannhaus) mit modernen Elementen. Am Brigittengäßchen lebensgroße Bronzestandbilder von Tünnes und Schäl.

6 *Gürzenich,* gotisches Fest- und Tanzhaus, erbaut von der Bürgerschaft (1437–44). Im Mittelalter wurden hier Kaiser und Könige empfangen, heute finden in dem Saalbau Bälle, Konzerte und Karnevalsveranstaltungen statt. 1952–55 wiederaufgebaut und mit der Ruine von Alt St. Alban verbunden. In der Ruine Kopie von Käthe Kollwitz' »Trauerndem Elternpaar«.

7 *Rathaus,* wuchs im Laufe von acht Jh. in verschiedenen Baustilen. Im Kern noch erhalten: Hansasaal (um 1330); 61 m hoher, von den Zünften 1407–14 aufgeführter Turm; Rathauslaube (1569–73); Löwenhof (1540/41). Im Zweiten Weltkrieg zerstört, den Epochen der Baugeschichte entsprechend wieder aufgebaut und durch moderne Trakte erweitert. Vor dem Rathaus das jüdische Tauchbad aus dem 12. Jh. (Mikwe) mit 20 m tiefem Schacht für Tauchbäder in »lebendigem Wasser«, dem Grundwasserstrom des Rheins (Mo–Fr 8.30–16.45, Sa 10–16 Uhr).

8 *Prätorium,* römischer Statthalterpalast. Ausgrabung unter dem Rathaus mit Resten aus vier Bauperioden vom 1. bis zum 4. Jh. Gut zu erkennen: die Regia (Kaiserpalast). Im Vorraum Grab- und Weihesteine, Brunnenreste und Lehmziegel mit Legionsstempeln (Di–So 10–17 Uhr).

9 *St. Maria im Kapitol,* spätottonischer Bau, geweiht 1065. Bedeutende Anlage mit drei halbkreisförmigen Nischen um den Altarraum (Konchen), Vorbild für Groß St. Martin 4 und St. Aposteln 19. Unter dem Chor streng durchgestaltete schöne Krypta; im Kreuzgang »Trauernde« von Gerhard Marcks. Kostbare Ausstattung: holzgeschnitzte Türflügel (um 1050) mit 26 Reliefdarstellungen aus dem Leben Jesu; Steinplastik der Muttergottes (12. Jh.); »Glasaugenmadonna« (1180); Pestkreuz von 1304 und Lettner von 1523.

10 *Overstolzenhaus,* romanisches Patrizierhaus (13. Jh.). Monumentale Fassade mit Treppengiebel. Innen gotische Wandgemälde. Lange Zeit Sitz der Kölner Börse.

11 *St. Maria in Lyskirchen,* dreischiffige gewölbte Pfeilerbasilika mit Emporen (1210–20). Nordturm mit spätstaufischer Gliederung und Rhombendach (1868–77), Südturm zweigeschossig. Stattliches Säulenportal im Westen. Ausstattung: »Schiffermadonna« (um 1420); bemerkenswerter Deckenmalerei-Zyklus (1230).

12 *St. Georg,* Kirche des letzten Kölner Chorherrenstifts, nach 1067 geweiht. Einzige erhaltene Säulenbasilika des Rheinlands mit wehrburgartigem Westchor (1188) aus fast 5 m dicken Mauern. Renaissancevorhalle von 1551. Im Innern Gabelkruzifix (1. Hälfte 14. Jh.), zylindrischer Taufstein (um 1240); Sakramentstabernakel mit Abendmahls- und Auferstehungsreliefs von 1556; Glasfenster: Jan Thorn-Prikker (1930).

13 *Museum für Völkerkunde – Rautenstrauch-Joest-Museum,* gehört zu den größten völkerkundlichen Sammlungen in der Bundesrepublik Deutschland: u. a. afrikanische Skulpturen und Masken, Bronzen, Elfenbeine aus Benin. Kulturen Altamerikas sowie der Südsee; südasiatische Plastiken (Di–So 10–17 Uhr).

14 *St. Severin,* heutige Gestalt zwischen 13. und Beginn des 15. Jh., unter dem Ostchor Confessio mit Grabmahl des hl. Severin. Barockisierung im Innern 1768–70. Im Zweiten Weltkrieg zerstört, Wiederaufbau 1947–50. Erhalten: Kalksteinplastik »Maria mit Kind« (1280–90); Pestkreuz (14. Jh.); Fußbodenmosaik (12. Jh.); Chorgestühl (um 1300). Tafelbilder aus dem Leben des hl. Severin vom Meister von St. Severin (um 1500).

15 *Ulrepforte,* Teil der mittelalterlichen Stadtbefestigung, Sitz der Karnevalsgesellschaft »Rote Funken«.

16 *St. Pantaleon,* ältester Großbau aus der ottonischen Zeit (980 geweiht). Monumentales Westwerk und Langhaus. Arkaden des ältesten erhaltenen Kreuzgangs in Deutschland, Seitenschiffe von 1175, gotisierender Chor von 1621. Barocke Innenausstattung (18. Jh.), Orgelprospekt (17. Jh.) über einem spätgotischen Lettner (1502–14). Grabkirche des Erzbischofs Bruno (953–965) und der byzantinischen Gemahlin Ottos II., Kaiserin Theophanu (gest. 991).

17 *St. Peter,* Mitte des 12. Jh. erbaute, 1515–30 zur heutigen Gestalt weitergeführte Emporenbasilika: sehenswert die farbigen Glasfenster von 1528 und 1530, das Rubens-Gemälde »Kreuzigung Petri« und die Messingtaufe von 1569. Kirchenschatz aus spät- und nachgotischer Zeit, u. a. silberne Reliquienbüste des hl. Aloisius.

18 *Schnütgen-Museum,* in der ehemaligen Stiftsbasilika St. Cäcilien (12. Jh.). Sammlungen kirchlicher Kunst vom frühen Mittelalter bis zum Barock: Skulpturen, Textilien, Elfenbeinschnitzereien, Glasmalerei, liturgisches Gerät, Goldschmiedearbeiten, Paramente, Kodizes (Di–So 10–17 Uhr).

19 *St. Aposteln,* eines der Hauptwerke romanischer Kirchenbaukunst im Rheinland mit verschiedenen Bauphasen zwischen 1021 und 1247. Dreikonchen-Anlage mit weitausladendem Querschiff und dem »Apostelklotz« (mit 67 m höchster romanischer Kirchturm Kölns). Im Verlauf der Jahrhunderte mehrere Veränderungen, im Zweiten Weltkrieg zerstört, Wiederherstellung der ursprünglichen Form zwischen 1945 und 1975. 1956: Werktagskapelle am südlichen Seitenschiff.

20 *Minoritenkirche,* gotischer Bau in der für die Bettelorden bezeichnenden Schlichtheit. Chorweihe 1260. Als dreischiffige Basilika im 14. Jh. vollendet. Kreuzgang gegen 1408. Äußere Instandsetzung 1850–63, anschließend Neugestaltung des Innern. Moderne Grabmäler des Schotten Duns Scotus (gest. 1308) und des »Gesellenvaters« Adolf Kolping (1813–65).

21 *St. Andreas,* romanisches Langhaus (um 1200), verbunden mit gotischem Chor von 1414. Grab des hl. Albertus Magnus; Reste mittelalterlicher Wand-

An Erzbischof Bruno erinnert noch heute die erste romanische Kirche Kölns, St. Pantaleon ⑯, die Erzbischof Warin 980 als Klosterkirche weihte. Seine Nachfolger setzten sich zu ihrem Ruhme – und zur Ehre Gottes – in den folgenden drei Jahrhunderten weitere bedeutende Kirchendenkmäler: St. Andreas ㉑, St. Cäcilien, St. Georg ⑫, St. Gereon ㉕, St. Kunibert ㉔, St. Maria im Kapitol ⑨, St. Aposteln ⑲, St. Maria in Lyskirchen ⑪, Groß St. Martin ④, St. Severin ⑭ und St. Ursula ㉓. Die zwölf romanischen Kirchen bestimmten lange Zeit das Bild Kölns und verliehen der Stadt den Beinamen »Rom des Nordens« und »hilliges Coellen« – heiliges Köln. Jahrhunderte später waren die Gotteshäuser wieder in aller Munde: Als Stadt und Erzbistum das Jahr 1985 zum »Jahr der romanischen Kirchen« proklamierten, avancierten die zwölf nach dem Krieg restaurierten Gotteshäuser – neben dem Dom – zu den meistbesuchten Bauwerken Kölns.

…und das »reiche Coellen«

Wenige Jahre vor dem Verlust der politischen Souveränität des Klerus hatte Erzbischof Konrad von Hochstaden den Grundstein für den Dombau gelegt. Damals zählte die Stadt fast 40 000 Einwohner und stand in wirtschaftlicher Blüte. Die Quelle des Wohlstands war der Rhein, der die Kölner Kaufleute mit den Handelszentren in England und Skandinavien, Flandern und Böhmen verband. Die weitere Entwicklung Kölns, zunächst 1344 zur Hansestadt und 1475 zur freien Reichsstadt, mehrte diesen Reichtum noch. Und auch dieser Wohlstand hinterließ Spuren, die erhalten geblieben sind: das Overstolzenhaus ⑩, ein im 13. Jh. erbautes Patrizierhaus im romanischen Baustil; das Rathaus ⑦, dessen gotischer Teil um 1350 entstand; der Gürzenich ⑥, 1437–44 errichtet, ein gotisches Festhaus, wo der Rat der Stadt Kaiser und Könige empfing; das Zeughaus, ein Backsteinbau mit einem Barockportal, früheres Waffenarsenal, heute Stadtmuseum ㉖, und die Bürgerhäuser im Altstadtviertel.

Deutliche Spuren hinterließen im alten Köln auch Männer von Geist und Kunst: der berühmte Theologe Albertus Magnus (um 1200–80) zum Beispiel, der von der 1248 gegründeten »Hochschule für den Nachwuchs des Dominikaner-Ordens« den Ruf als Lehrmeister erhielt. Und Thomas von Aquin (1225–74), sein Schüler, der, wie auch Meister Eckhart (um 1260–1328), zu den bedeutenden Geistern in »Coellen« gehörte. Oder Stefan Lochner (um 1400–51), der Exponent der mittelalterlichen Kölner Malerschule, und, nicht zu vergessen, Peter Paul Rubens (1577–1640), der als Jugendlicher in Köln lebte. Ein Teil seiner Werke hängt heute im Wallraf-Richartz-Museum ③, und eines seiner bekanntesten Gemälde, die »Kreuzigung Petri«, ziert die Pfarrkirche St. Peter ⑰. Rubens hatte das Bild eigens für seine Pfarrkirche gemalt.

Das Severinstor im Süden der Stadt vermittelt einen Eindruck von den einstigen monumentalen Befestigungsanlagen der Stadt.

malereien; Chorgestühl (nach 1420); vergoldeter Makkabäer-Reliquienschrein (16. Jh.); Rosenkranzmadonna (Ende 15. Jh.); Flügelaltar der Rosenkranzbrüderschaft (um 1500).

㉒ *St. Mariä Himmelfahrt,* größte Barockkirche Kölns, von Jesuiten 1618–1715 erbaut, wobei der Rückgriff auf gotische und romanische Elemente Ausdruck des gegenreformatorischen Programms der Jesuiten war. 1798 zum »Tempel der Vernunft« erklärt, nach dem Zweiten Weltkrieg bis 1979 Rückführung in den Originalzustand.

㉓ *St. Ursula,* romanische Emporenkirche, über einem römischen Friedhof bis ca. 1135 erbaut. Gotischer Chor (1287), Grabmal der hl. Ursula (1659) mit gotischem Sarkophag, Statue der Ursula von 1465 und Tafeln mit Szenen aus der Märtyrerlegende (1456). Sehenswert die Goldene Kammer von 1643 mit 116 Reliquienbüsten des 13.–17. Jh.; die oberen Wandflächen sind mit Gebeinen bedeckt, die zu Wandsprüchen und Ornamenten zusammengesetzt wurden. Ätheriusschrein (um 1170) und weitere Kirchenschätze.

㉔ *St. Kunibert,* letzte große staufische Kirche Kölns (1215–47). In Chor und Querhaus bedeutender Glasgemäldezyklus (um 1230), an den Vierungspfeilern die überlebensgroße Verkündigungsgruppe von 1439. Die Taufkapelle ist mit einer Kreuzigungsgruppe ausgemalt.

㉕ *St. Gereon,* entstand als Märtyrergedächtniskirche im 4. Jh. Erweiterungen im 11. und 12. Jh. Ausbau zum gewölbten Zehneck mit viergeschossigem Wandaufbau Anfang des 13. Jh., barockisierender Eingriff 1766/67. Im Innern u. a. Fußbodenmosaiken mit Darstellungen aus dem Leben Samsons (12. Jh.); figürliche Glasmalereien (1315); marmorner, lebensgroßer Kruzifixus (um 1640). Im Kirchenschatz: Isisaltar, Armreliquiare (1220–30).

㉖ *Kölnisches Stadtmuseum,* ehemaliges Zeughaus (1594–1606). Zeugnisse der Kölner Kultur und Stadtgeschichte vom Mittelalter bis heute: u. a. Modelle, Urkunden, Waffen, Rüstungen, Fahnen, Gemälde, Möbel, Münzen (Di–So 10–17, Do 10–20 Uhr).

㉗ *Römerturm,* ca. 50 n. Chr. entstandener, vollständig erhaltener nordwestlicher Eckturm der römischen Stadtmauer, aus ornamentalen Ziegelsteinen zusammengesetzt.

㉘ *Zoologischer Garten,* über 6000 Tiere aus etwa 800 Arten. Einzigartiges Lemurenhaus, Zooschule, Kinderzoo, Urwaldhaus für Menschenaffen (in der Sommersaison 9–18, in der Wintersaison 9–17 Uhr); gegenüber Aquarium und Insektarium (ganzjährig geöffnet 9.30–18 Uhr).

Grüne Lungen
In Köln laden viele Grünflächen zur Naherholung ein – z. B. der Grüngürtel, der die Stadt umfaßt. Oder im Norden der Fühlinger See, ein Freizeitgebiet mit einer Sieben-Seen-Platte zum Surfen, Angeln und Baden; im Westen dann ein 12 km langes Waldgebiet mit endlosen Spazierwegen; im Süden der Forstbotanische Garten, in dem 3000 Pflanzenarten aus aller Welt blühen und gedeihen; im Osten, also im rechtsrheinischen Stadtgebiet, schließlich der Königsforst und der Wildpark in Brück. Und dann sind da noch die Parks im Zentrum: der Zoologische Garten , die direkt nebenan liegende »Flora«, die Grünanlagen am linksund der Rheinpark am rechtsrheinischen Ufer.

Eine Sprache, die man trinken kann
»Kölsch ist die einzige Sprache in der Welt, die man auch trinken kann«, sagen die Kölner, und sie genießen ihr »Kölsch« direkt in den traditionellen Brauhäusern, von denen die meisten im Zentrum der Stadt liegen: das 1511 gegründete Brauhaus Sion zum Beispiel, an der Straße Unter Taschenmacher, oder der »Cölner Hofbräu« Früh, gleich hinter dem Heinzelmännchenbrunnen, die Brauerei der Gebrüder Päffgen an der Friesenstraße oder die Malzmühle am südlichen Ende des Heumarkts, wo seit 1858 eines der besten Kölsch gebraut wird. Auf Konventionen legt in den ehrwürdigen Brauhäusern niemand wert. Am wenigsten die Kellner, die hier »Köbes« heißen und traditionsbewußt die Tracht der alten Brauknechte tragen: »Wat? Noch ene Schnaps? Bei Ihrem rote Kopp?«

Franzosen, Preußen und die Industrie

War Martin Luthers Reformation im 16. Jh. noch (fast) spurlos an dem katholischen Köln vorbeigegangen – die französischen Revolutionstruppen, die 1794 in die Stadt einzogen, hinterließen Spuren: Die Besetzung bedeutete das Ende der reichsstädtischen Freiheit, Kirchen und Klöster wurden säkularisiert, Verfassungs- und Rechtswesen dem französischen Gesetzbuch angepaßt, die 1388 gegründete Universität (die erste städtische Hochschule des Deutschen Reichs überhaupt) wurde geschlossen. 20 Jahre dauerte die französische Herrschaft, dann fielen 1815 Köln und das Rheinland aufgrund der Beschlüsse des Wiener Kongresses an Preußen, und die Stadt rüstete sich für das Zeitalter der Industrialisierung.

Ende des 19. Jh. entstanden Wirtschaftsunternehmen von Weltruf; die Industrie machte, nicht zuletzt durch die Entwicklung des Viertaktmotors ab 1862 durch Nikolaus August Otto, von sich reden. Die Stadt wurde zum »Verkehrskreuz des Westens«, natürlich wegen des Rheins, aber auch durch die privat gegründeten Eisenbahngesellschaften; Arbeitskräfte wurden gebraucht, und die Stadt, immer noch umgeben von den mittelalterlichen Stadtmauern, war den neu hinzugezogenen Kölnern nicht gewachsen, sie platzte aus allen Nähten. Also fielen die Mauern, ringförmig legten sich die neuen Viertel um den alten Kern. Gegen Ende des 19. Jh. wuchs die Stadtfläche um das Elffache. Doch in dieser materialistisch orientierten Aufbruchphase vergaßen die Kölner ihr Wahrzeichen nicht: ihren Dom 1.

Noch einmal: der Dom

Seit 1560 ruhten sämtliche Bauarbeiten am Dom. Nachdem 1248 – auf den Ruinen eines römisch-heidnischen Tempels – der Grundstein für die Kathedrale gelegt worden war, hatte es Phasen reger Bautätigkeit und lange Pausen gegeben. Die letzte und längste dauerte fast 300 Jahre. Die unvollendete Gestalt des Doms prägte auf eigenwillige Weise das Bild des alten Köln.

Grund für den Dombau waren die Gebeine der Heiligen Drei Könige, die anno 1164 aus der Mailänder Kathedrale »entführt« worden waren und in dem von Erzbischof Willibert 870 geweihten »Alten Dom« ruhten; sie sollten einen würdigen neuen Grabplatz bekommen. Man dachte an ein Gotteshaus nach dem Vorbild der französischen Kathedralen von Chartres und Reims, nur größer und prächtiger sollte es werden. Der Chor wurde als erster »Bauabschnitt« 1322 unter den Baumeistern Gerhard, Arnold und Johannes fertiggestellt; bis ins Jahr 1560 folgten das Petrusportal, das südliche Langhaus, der Südturm einschließlich seines zweiten

Ganz in der Nähe des Doms lädt Kölner Gastlichkeit zu Tisch.

Die Hohe Straße, die es schon zu Römerzeiten gab, bietet heute als Teil der Fußgängerzone alles, was man sich beim Einkaufsbummel wünscht.

Geschosses mit der Glockenstube und die Gewölbe im nördlichen Seitenschiff. Die restlichen Pläne aus dem 13. Jh. vollendeten die Baumeister des 19. Jh. getreu den mittelalterlichen Vorgaben. Den Schlußpunkt setzten sie am 15. Oktober 1880 mit der Errichtung der Kreuzblume auf dem 157 m hohen Südturm, dem damals höchsten Bauwerk der Welt.

Liebhaber sakraler Kunstwerke geraten ins Schwärmen, wenn sie die Eindrücke eines Dombesuchs schildern sollen – »ein makelloses architektonisches Wunder einer vollkommenen Kathedrale«. Die kostbarsten Kunstwerke, die Hauptschiff, Chorraum, Seitenschiffe und Schatzkammer beherbergen, in Stichworten: das Chorgestühl, um 1310 geschaffen, die farbigen Glasmalereien, vor allem die beiden Bibelfenster im Chorumgang (13. Jh.), die Königsfenster im Chorobergaden mit der Anbetung der Heiligen Drei Könige im Mittelfenster und die Bayernfenster (1848), die zu den großartigsten Glasmalereien des 19. Jh. gezählt werden; das Gerokreuz (um 975), die älteste Großplastik des Abendlands; der Drei-Könige-Schrein; der Altar der Stadtpatrone (um 1445); mittelalterliche Monstranzen, Insignien früherer Bischöfe und Handschriften.

Wer die 509 Treppen hoch in den Südturm nicht scheut, kann – in der Glockenstube – die 500 Zentner schwere St.-Peters-Glocke bewundern, der Welt größte schwingende Kirchenglocke. Von der 95 m hohen Aussichtsplattform hat man bei schönem Wetter einen herrlichen Blick über die Stadt, die Ebenen im Norden, die Eifel im Westen, das Siebengebirge im Süden und das Bergische Land im Osten.

Der Alte von Rhöndorf

Im Köln des beginnenden 20. Jh. hinterließ vor allem ein Mann deutliche und zukunftweisende Spuren: Konrad Adenauer. Er war von 1917–33 Oberbürgermeister der Stadt. Die Grüngürtel, die Köln heute als Naherholungsgebiete umschließen, sind seiner vorausschauenden Initiative zu verdanken; in seine »Regentschaft« fallen die Neubegründung der Universität, der Bau der Messehallen in Deutz (die heute Weltgeltung haben), die Eingemeindung der nördlichen Randgebiete und die Ansiedlung der Ford-Werke in Köln-Niehl.

Von 1921 an trug man ihm mehrfach, am konkretesten 1926, das Amt des Reichskanzlers an – jedes Mal lehnte er ab und blieb in Köln. Die »Machtergreifung« der Nationalsozialisten beendete seine Oberbürgermeister-Karriere dann allerdings gewaltsam.

1945 lagen bis zu 95% der Stadt – und damit große Teile seines Lebenswerks – in Schutt und Asche. Adenauer griff auf Geheiß der Amerikaner noch einmal in die Geschicke Kölns ein, jedoch setzten ihn wenig später die Briten ab, jagten ihn zur Stadt hinaus und verboten ihm zunächst jegliche politische Betätigung. 1949 ging er, 73jährig, bundespolitische Wege und wurde mit einer (seiner eigenen) Stimme Mehrheit Bundeskanzler ...

Zwischen Domchor und Rhein staffelt sich rhythmisch der Komplex mit Wallraf-Richartz-Museum, Museum Ludwig und Philharmonie.

Über den Rhein gondeln

Über sieben Brücken kann man in Köln gehen (oder fahren), um von der einen Rheinseite auf die andere zu gelangen. Doch gibt es neben einem kleinen Fährboot, das zwischen Domufer und Messe pendelt, eine weitere flußüberspannende Alternative: die Rheinseilbahn, die den Zoo 28 (linksrheinisch) mit dem Rheinpark in Deutz (rechtsrheinisch) verbindet. Diese »Stromgondelbahn« – Entfernung zwischen den beiden Bodenstationen 930 m, freie Spannweite über den Rhein 479 m – ist einzigartig in Europa. Beim Bummel durch den Rheinpark in südlicher Richtung hat man nach gut einem Kilometer einen herrlichen Blick auf die gegenüberliegende Rheinseite mit der Domsilhouette, dem neuen Museumskomplex und den pittoresken Fassaden der Altstadthäuser.

Kultur in Köln

Seit im September 1986 die neue Philharmonie 3 eröffnet wurde, ist Köln zum Mekka für Liebhaber klassischer Musik geworden. Der Konzertsaal, Heimat des Gürzenich-Orchesters und »Zweitwohnsitz« des WDR-Sinfonie-Orchesters, ist auch Gastspielort für Orchester aus aller Welt. Um Karten sollte man sich frühzeitig beim Reservierungsbüro (☏ 23 38 54) kümmern. Weniger Mühe, eine Eintrittskarte zu ergattern, hat man dagegen bei den Open-air-Konzerten am Tanzbrunnen im Deutzer Rheinpark. Zwischen Mai und September läuft hier an den Wochenenden ziemlich alles, was es zwischen Schlager und Rock gibt. Von Juni bis August bietet die Stadt darüber hinaus auf dem Roncalliplatz (in Domnähe), im Rhein- und im Volksgarten unzählige kulturelle Veranstaltungen. Traditionell – und von Zehntausenden besucht – ist die »Mülheimer Gottestracht«, eine Schiffsprozession auf dem Rhein zu Fronleichnam. Noch mehr Menschen sind in Köln eigentlich nur an einem anderen Tag auf den Beinen: am Rosenmontag, um den Karnevalszug zu sehen.

Tips, Tips, Tips

<u>Dorfidyll gleich vor der Haustür</u>
Hier hektische Großstadt, dort – nur ein paar Autominuten entfernt – dörfliche Beschaulichkeit. Nirgendwo sonst am Niederrhein tritt dieses Nebeneinander deutlicher zutage als um Köln, vor dessen Schwelle u. a. das Bergische Land liegt. Besonders lohnend ist ein Ausflug nach Nordosten zum »Bergischen Dom«, zum gotischen Dom von Altenberg, den man über die Mülheimer Brücke, Berliner Straße (B 51), und – rechts ab in Richtung Odenthal – Altenberger Straße erreicht. Lohnend ist auch der Besuch der alten Festung Zons. In das nördlich am Rhein gelegene kleine Städtchen mit dem fast vollständig erhaltenen mittelalterlichen Stadtkern aus dem 14. Jh., der 600 Jahre alten Stadtmauer, dem kurfürstlichen Schloß und den malerischen Windmühlen gelangt man über die linksrheinische Autobahn (A 57) in Richtung Düsseldorf/Neuss, Fahrzeit etwa 20 Minuten.

<u>Vergangenheit auf kölsche Art</u>
Humor und Ernsthaftigkeit, Stolz auf die eigene Tradition, die im nächsten Moment auf die Schippe genommen wird – typisch für die typischen Kölner. Das spiegelt sich auch im Kölnischen Stadtmuseum ㉖ wider, wo man die Geschichte der Stadt serviert bekommt. Ob es um den »kölschen Klüngel« geht oder um den Dom ❶, ob an die Kölner Geschichte während der Nazizeit oder an die Care-Paket-Aktionen nach dem Krieg erinnert wird, ob Reichtum und Armut in den »goldenen 20er Jahren« oder patriotischer Kitsch aus der Preußenzeit gezeigt wird: Immer ist die Präsentation bunt und die Auseinandersetzung mit dem Thema packend. Langeweile kommt nicht auf (Öffnungszeiten s. Museen).

<u>Himmelsstürmer Colonius</u>
Seit 1981 übertrifft der Fernmeldeturm »Colonius« die Türme des Doms um fast 100 m: 243,3 m mißt der Riese an der Inneren Kanalstraße. Besucher dürfen hinauf bis zur 165 m hohen Turmkanzel, wo es neben Cafeteria und Aussichtsplattform auch ein Drehrestaurant gibt, das sich pro Stunde einmal um die Turmachse dreht. Restaurant und Cafeteria sind zwischen 12 und 22 Uhr geöffnet; zur Aussichtsplattform darf man schon ab 10 Uhr.

Die Kölner halten sein Andenken in Ehren, wenn sie ihm auch noch keinen Brunnen gewidmet haben (was sie lieber tun als Denkmäler bauen). Als der »Alte von Rhöndorf« am 19. April 1967, 91jährig, starb, wurde er im Dom ❶ aufgebahrt, und Tausende kamen an seinen Sarg.

Ärmel aufkrempeln, aufbauen...
Die meisten alten Kirchen, der Dom ❶, das Rathaus ❼, viele historische Bauwerke und Bürgerhäuser aus vergangenen Epochen waren von den Bomben nicht verschont geblieben. Jahrzehnte hat es gedauert, die Wunden zu heilen. 40 Jahre nach Kriegsende erstrahlen all diese kölschen Sinnbilder wieder in neuem Glanz, erinnert (fast) nichts mehr an jene Zeit. Mehr noch: Mit seinem Sanierungsprogramm hat Köln vor allem rund um den Dom und in der angrenzenden Altstadt, die heute dank des Rheinufertunnels (ein alter Plan Konrad Adenauers) nahtlos bis an das Ufer des Stroms heranreicht, neue städtebauliche Akzente gesetzt. Das letzte Beispiel dieser Stadtentwicklungspolitik wurde erst im September 1986 fertiggestellt: der weltweit als architektonische Meisterleistung gefeierte Neubau des Wallraf-Richartz-Museums/Museums Ludwig ❸ mit der angeschlossenen Philharmonie. Die Urzelle der rheinischen Metropole ist mit neuem, modernen Leben erfüllt worden. Doch Kölns Herz schlägt weiter dort, wo es seit mehr als sieben Jahrhunderten pulsiert: am Dom ❶. Er bleibt, was er immer war: Mittelpunkt und Maßstab.

Die Frohnaturen
Weder heißen sie alle Tünnes oder Schäl, noch sind sie es. Vielleicht steckt aber in einem jeden von ihnen ein bißchen von diesen beiden Hauptfiguren des Kölner Humors – fest steht, daß die Domstädter gerne leben, manchmal schrankenlos lachen und die farbigen Feste lieben. Nicht von ungefähr gibt es hier fünf Jahreszeiten, die fünfte beginnt am 11.11. um 11 Uhr 11: der Karneval. Wer aber glaubt, in Köln nur feixende oder sich auf die Schenkel schlagende Zeitgenossen anzutreffen, der irrt. Es menschelt nur allenthalben. Ihre Sprache? Darin entfalten sich viel Zärtlichkeit und Nestwärme – in allen Schattierungen. Wer, amtlich eingetragen, Josef heißt, hört auch auf Jöpp, Jupp, Josep, Juppemännche, und jede Version sagt ihm, was die Stunde geschlagen hat. Viele Kölner können die »kölsche« Mundart nicht mehr, sie sprechen – wie weiland Konrad Adenauer – »Familienkölsch«, ein Hochdeutsch mit »Knubbele«.

Die Kölner, heißt es, gehören zu den entschlossensten Menschen unserer Zeit. Und ihre Frauen, sagt man, seien Ur-Demokraten. Jedenfalls hielt im letzten Jahrhundert mal ein preußischer König eine Rede im Gürzenich, auf die der Oberbürgermeister zu antworten hatte. Die Königin, als Gast in der ersten Reihe neben der Frau des Stadtoberen, bemerkte huldvoll: »Wie schön und innig hat Ihr Mann soeben gesprochen!« Die Frau des Oberbürgermeister antwortete daraufhin: »Dä Ihre ävver (aber) och!«

Nach der Eröffnung des Straßenkarnevals am Altweiber-Donnerstag auf dem Alten Markt kennt die Prachtentfaltung keine Grenzen.

Theater, Musik, Veranstaltungen, Museen

Theater

Bühnen der Stadt Köln, Offenbachplatz. Oper, Ballett, Schauspiel. Spielorte: Opernhaus, Schauspielhaus, Kammerspiele, Schlosserei, ☏ 2 21 84 00.
Theater am Dom, Glockengasse 11. Boulevardtheater, ☏ 21 99 21–24.
Volkstheater Millowitsch, Aachener Str. 5. Volksstücke, Gastspiele, ☏ 21 17 47.
Theater »Der Keller«, Kleingedankstr. 6. Zeitgenössisches Schauspiel, ☏ 31 80 59.
Theater im Bauturm (TiB), Aachener Str. 24. Schauspiel, ☏ 52 42 42.
Urania-Theater, Venloer Str. 265, Köln-Ehrenfeld. Schauspiel, ☏ 56 15 96.
Puppenspiele der Stadt Köln, Kölsch Hänneschen-Theater seit 1802, Eisenmarkt 2–4, ☏ 21 20 95.
atelier-theater, Roonstr. 78. Pantomimentheater, Kabarett, ☏ 24 24 85.
Theater das bewegt – Mehmet Fistik, Brüsseler Str. 77. Pantomimentheater, ☏ 56 15 91.
Comedia Colonia, Löwengasse 7–9. Schauspiel, Kinder- und Jugendtheater, Gastspiele, ☏ 24 76 70, 24 76 50.
Theater am Sachsenring, Sachsenring 3. Experimentiertheater, Kabarett, Performance sowie Lesungen, ☏ 31 50 15.
Senftöpfchen-Theater, Große Neugasse 2–4. Kabarett, Gastspiele, ☏ 23 79 80.
Kabarett-Theater Die Machtwächter, Gertrudenstr. 24. Literarisches Kabarett, ☏ 24 21 01.

Musik

Kölner Philharmonie 3, Bischofsgartenstr. 1. Konzerte des Gürzenich-Orchesters und des Rundfunk-Sinfonie-Orchesters (WDR). Kölner Sonntagskonzerte; Operetten- und Orchesterkonzerte, konzertante Opernaufführungen, Oratorien, Kammer- und Sinfoniekonzerte, Chorkonzerte. Jazz, Pop, Musical, Star-Galas, »Jazz and Pop of the Philharmonic«, ☏ 2 04 08 20.
Gürzenich, Martinstr. 29–37. Sinfonie- und Kammerkonzerte, Liederabende, Jugendkonzerte, ☏ 2 21 33 37.
Musikhochschule Köln, Dagobertstr. 38. Orgel-, Orchester-, Chor-, Solo- und Kammerkonzerte, Klavier- und Liederabende, Jazzkonzerte, Neue und Alte Musik, ☏ 12 40 33.
Kölner Sporthalle, Deutz-Messegelände. Operette, Musical, Show, Rock und Pop mit deutschen und intern. Interpreten, ☏ 88 20 31.
Belgisches Haus, Cäcilienstr. 46. Kammer-, Klavier- und Gitarrenkonzerte mit belgischen Künstlern; Jazzkonzerte, ☏ 21 88 57.
Schnütgen-Museum 18, Cäcilienstr. 29. Agrippina-Konzerte, ☏ 43 13 37.
Rheinische Musikschule der Stadt Köln, Deutz-Vogelsanger Str. 28/32. Sinfonie-, Kammer-, Solokonzerte, Jazz, ☏ 52 70 31.
Musikwissenschaftliches Institut der Universität Köln (Collegium musicum), Albertus-Magnus-Platz. Sinfonie-, Chor- und Kammerkonzerte, ☏ 4 70 41 96.
Dom 1, Trankgasse 4. Sommerliche Orgelkonzerte (Juni–Aug.), ☏ 53 48 56.
St. Mariä Himmelfahrt 22, Marzellenstr. 26. Orgelkonzerte, Kantaten, Barocktrompetenmusik, ☏ 53 48 56.
St. Aposteln 19, Neumarkt 30. Orchester-, Orgel-, Chor- und Kammerkonzerte; Lautenkonzerte in der Krypta, ☏ 53 48 56, 21 28 00.
Trinitatiskirche, Filzengraben 4. Größere Chorwerke, Orchesterkonzerte, Kartäuserkonzerte Köln, ☏ 43 28 40.
Initiative Kölner Jazzhaus, Venloer Str. 40. Breitgefächertes Jazzprogramm mit deutschen und intern. Interpreten, Rock, Pop, Kunstvideos, ☏ 51 60 30.
Alter Wartesaal im Hauptbahnhof. Jazz, Rock, Pop, Kleinkunst, ☏ 13 30 61/62.
Luxor, Luxemburger Str. 40. Rock, Pop, Funk, Folk, Soul, ☏ 21 95 03.

Veranstaltungen

Flohmarkt in der Altstadt (März–Okt., 3. Sa im Monat).
Fastnachtszeit: Eröffnung der Karnevalsaison am Ostermannbrunnen in der Altstadt (11. Nov. 11.11 Uhr); Eröffnung des Straßenkarnevals auf dem Alten Markt (Altweiber-Donnerstag); Biwak »Roter Funken« auf dem Neumarkt (Fastnachts-Sa 11 Uhr); »Schull- un Veedelszöch« – Umzüge durch die Innenstadt (Fastnachts-So 12 Uhr); Rosenmontagszug (Rosenmontag 12 Uhr); Umzüge in den Vororten (Fastnachts-Di); »Nubbel«-Verbrennung in Kölner Gaststätten (Aschermittwoch ab 22 Uhr), ☏ 2 21 33 45, 57 40 00.
Fronleichnam: *Mülheimer Gottestracht.* Fronleichnamsprozession mit Schiffen auf dem Rhein, ☏ 61 29 07.
Sommer: *Brühler Schloßkonzerte,* Schloß Augustusburg in Brühl. Kammer- und Sinfoniekonzerte, Pflege der Alten Musik, ☏ (0 22 32) 4 31 83.
April: *Ostervolksfest* auf den Messeparkplätzen in Deutz. Volksfest.
Mai-Anfang/Sept.: *Tanzbrunnen* im Rheinpark (Deutz). Open-air-Konzerte, Show, Tanz (Fr–So), ☏ 2 21 33 68.
Ende Mai/Anfang Juni: *Kölner Weinwoche* auf dem Neumarkt (11–22 Uhr).
Juni/Juli/Aug.: *Kölner Sommer,* Roncalliplatz, Rheingarten, Volksgarten. Musik-, Theaterveranstaltungen, ☏ 2 21 33 45.
Juli: *Internationale Sommerakademie des Tanzes,* Stadion Müngersdorf. Kurse für Tänzer und Choreographen; Ballettaufführungen intern. Ensembles in Kölner Theatern, ☏ 52 70 31.
Aug.: *Internationales Leichtathletik-Sportfest,* Müngersdorfer Stadion.
Sept.: Pferderennen: *Elitepreis; Puma-Europapreis,* Pferderennbahn Weidenpesch, ☏ 74 80 74.
Nov.: *Art Cologne – Internationaler Kunstmarkt Köln,* Messegelände, ☏ 82 11.
Ende Dez./Anfang Jan.: *Kölner Sechstagerennen,* Kölner Sporthalle, ☏ 88 20 31.

Im Brigittengäßchen posieren Tünnes und Schäl in Bronze.

Museen

Besteckmuseum Glaub, Burgmauer 68 (Mo–Fr 10–18, Sa 10–14 Uhr).
Domschatzkammer im Dom (s. 1).
Erzbischöfliches Diözesan-Museum, Roncalliplatz 2. Baugeschichte des Kölner Doms, Kult- und Herrschaftsgegenstände vieler Jahrhunderte, sakrale Kunst; Kunstgewerbe, Plastik, Malerei (Mo–Mi, Fr, Sa 10–17, So 10–13 Uhr).
Kölnisches Stadtmuseum, Zeughausstr. 1–3 (s. 26).
Lackmuseum BASF Farben & Fasern AG, Vitalisstr. 198–226, Köln-Bickendorf. 2000jährige Geschichte der Lackkunst (nur nach Vereinbarung Mo–Do 10–16, Fr 10 und 15 Uhr, ☏ 5 88 12 48).
Motorenmuseum der Klöckner-Humboldt-Deutz AG., Deutz-Mülheimer Str. 111. Firmengeschichte; Entwicklungsgeschichte der Verbrennungsmotoren (Mo–Fr 9–16 Uhr).
Museum für Angewandte Kunst, ehemals Kunstgewerbemuseum. An der Rechtschule. Europäisches Kunsthandwerk vom Mittelalter bis zur Gegenwart, Design des 20. Jh. (Di 10–20, Mi–So 10–17 Uhr).
Museum für Holographie & neue visuelle Medien, Pletschmühlenweg 7, 5024 Pulheim-Köln (Fr 14–20, Sa, So 11–18 Uhr).
Museum für Ostasiatische Kunst, Universitätsstr. 100. Archaische Bronzen, buddhistische Kunst aus Japan, chinesische Malerei, Holzschnitte, Lack, Keramik (Di–So 10–17 Uhr).
Museum für Völkerkunde, Rautenstrauch-Joest-Museum, Ubierring 45 (s. 13).
Römisch-Germanisches Museum, Roncalliplatz 4 (s. 2).
Schnütgen-Museum, Cäcilienstr. 29 (s. 18).
Wallraf-Richartz-Museum/Museum Ludwig/Agfa-Foto-Historama, Bischofsgartenstr. 1 (s. 3).

Ein weit geöffnetes Stadttor im alten Konstanzer Siegel symbolisiert die Gastlichkeit der Stadt an Rhein und Bodensee. In ihren Gassen zeugen buntbemalte Zunft- und Bürgerhäuser von einer bewegten Geschichte, deren Höhepunkt das Konzil von 1414–18 war. Das mächtige Kaufhaus am Hafen und das Münster mit seinem ungewöhnlichen Turm sind die Wahrzeichen einer Stadt, in der behäbige Gemütlichkeit ebenso zu

Hause ist wie südländische Weltläufigkeit. Konstanz liegt im Herzen der Kulturlandschaft Bodensee und bietet dem Besucher vieles, sei er nun der Natur, der Kunst, dem Sport oder dem Feiern zugetan. Ohne Übertreibung darf sich die Stadt gleichsam als Glanz- und Schlußpunkt im Süden der Bundesrepublik Deutschland bezeichnen.

Konstanz

Im Schnittpunkt der Handelsstraßen

Wappen Das Wappen zeigt auf weißem Grund ein schwarzes Balkenkreuz, das sich vom roten Bischofskreuz herleitet. Darüber rotes Schildhaupt, als Symbol der Hochgerichtsbarkeit seit Beginn des 15. Jh. belegt.
Lage Süddeutsche Grenzstadt zur Schweiz am Bodensee, auf dem schmalen Landrücken zwischen Ober- und Untersee.
Land Baden-Württemberg
Autokennzeichen KN
Höhe 395–570 m ü. M.
Fläche 55,6 km^2
Einwohnerzahl 72 000
Postleitzahl 7750
Telefonvorwahl 0 75 31
Post Hauptpost, Bahnhofplatz 2.
Polizei Konzilstr. 9, ☎ 20 91
Taxi ☎ 2 22 22
Nahverkehr 14 Omnibuslinien im innerstädt. Verkehr, davon eine grenzüberschreitend nach Kreuzlingen. Fahrscheine beim Schaffner und an Automaten. Es gibt auch ein Familienticket (gültig für einen Tag für zwei Erwachsene und fünf Kinder). Autofähre nach Meersburg ab Ortsteil Staad (tagsüber viertelstündlich, nachts stündlich).
Camping Klausenhorn (Dingelsdorf), ☎ 0 75 33/63 72; Fließhorn (Dingelsdorf), ☎ 0 75 33/52 62.
Parken Gebührenfreies Dauerparken auf dem Döbele und dem Gelände »Klein-Venedig« (hinter der Bahnlinie, direkt am See); gebührenpflichtiges Kurzparken in der Innenstadt auf dem St.-Stephans-Platz, der Marktstätte und an der Bodanstr. (Nähe Bahnhof). Außerdem Parkhaus Laube (6–24 Uhr) und Tiefgarage Fischmarkt (7–1.30 Uhr).
Touristinformation Bahnhofplatz 13 (Mo–Fr 8.45–18, Sa 10–13, 16–18, So 16–18 Uhr), ☎ 28 43 76.
Stadtführung Nach Vereinbarung, ☎ 28 43 80.
Schiffahrt Zahlreiche Ausflugslinien (April–Okt.) in Richtung Überlingen, Bregenz, Stein am Rhein und zum Schweizer Südufer des Sees. Abfahrt am Hafen, neben dem »Konzilgebäude«, ☎ 28 13 98.
Zoll Die Grenzübergänge Emmishofen und Kreuzlingen sind Tag und Nacht geöffnet (Reisepaß oder Personalausweis notwendig).

Am Anfang stand die Strategie

Trotz der landschaftlich reizvollen Umgebung der Stadt war ihr Standort unter rein strategischen Gesichtspunkten gewählt worden. Zum Schutz gegen die Alemannen erbauten die Römer um 300 am Rheinübergang ein Kastell, das zu Ehren des Kaisers Constantius Chlorus den Namen Constantia erhielt. Um das Jahr 600 wurde das spätrömische Bistum Windisch aus dem Aargau hierher verlegt, und in den Mauern der Wehranlage entstand eine Kirche an der Stelle des heutigen Münsters ❾. Von hier aus, dem Rhein zu, entwickelte sich der älteste Stadtteil von Konstanz, die Niederburg. Noch heute fasziniert das mittelalterliche Gassengewirr, läßt man sich, von wechselvollem Licht- und Schattenspiel begleitet, durch enge Durchlässe und an gekrümmten Häuserfronten vorbeitreiben.

Bis zum St. Gotthard im Süden und bis zur Mainlinie im Norden breitete sich der Einfluß des Bistums aus, und die Bischöfe waren bestrebt, ihrer Macht durch sakrale Bauten auch sichtbaren Ausdruck zu verleihen. Ein »Roma nova« wollten sie schaffen, und so erhielt die Niederburg mit St. Johann eine eigene Kirche, deren profanisierte Überreste heute das Domhotel beherbergen. In der westlich der Bischofskirche gelegenen Kaufleutesiedlung wurde die Basilika St. Stephan ⓭ errichtet, das Münster ❾ entstand.

Seit langem also ein Zentrum geistlicher Macht, war die Bodenseestadt bis zur Stauferzeit auch ein bedeutender Handelsplatz geworden. Pelze, Leinen und Gewürze wurden hier, im Schnittpunkt der Handelsstraßen nach Oberitalien, Frankreich und Osteuropa, umgeschlagen. 1153 hielt König Friedrich Barbarossa seinen Hoftag in Konstanz ab.

Ihrer alten Handelstradition ist die Stadt treu geblieben, heute ist sie Einkaufszentrum für die ganze Umgebung. Großzügig angelegte Fußgängerbereiche in der Innenstadt sind die beste Voraussetzung für ausgedehnte Einkaufsbummel, und das historische Stadtbild, durch Neubauten oder autogerechte Planung kaum in Mitleidenschaft gezogen, schafft eine Atmosphäre der Gemächlichkeit. Vom »Lädele« bis zum Kaufhaus halten die Geschäfte ein Warenangebot bereit, das für jeden etwas bietet.

Vier Jahre Mittelpunkt des Abendlands

An die wirtschaftliche Bedeutung der Stadt erinnert auch das Kaufhaus ❶, heute allgemein unter dem Namen »Konzilgebäude« oder einfach »Konzil« bekannt, weil zu Beginn des 19. Jh. ein Antiquar im oberen Saal eine Ausstellung über die Zeit des Konstanzer Konzils veranstaltet hatte. Zunächst war es Korn- und Lagerhaus, später Sitz der Leinwandmesse. Tausende von Schwarzerlen-Pfählen mußte Stadtbaumeister Heinrich Arnold 1388 in den weichen Boden rammen lassen, ehe das 50 m lange und fast 30 m aufragende Gebäude errichtet werden konnte.

Zu Beginn des 15. Jh. war Konstanz vier Jahre lang Mittelpunkt des Abendlands: vom Herbst 1414 bis April 1418 tagte hier das 16. Konzil. Fast alle Autoritäten aus Kirche, Wissenschaft und Politik waren zusammengekommen, um die drohende Kirchenspaltung durch drei rivalisierende Päpste zu verhindern, die Einheit der Lehre zu sichern und die Kirche zu reformieren. Am 8. November 1417 wurden angeblich im oberen Saal des Kaufhauses ❶ 23 Kardinäle und 30 Vertreter weltlicher Macht eingeschlossen. Nach viertägigem Konklave sollen sie das Schisma mit der Wahl von Oddone Colonna zum Papst Martin V. beendet haben. Dies war die einzige Papstwahl auf deutschem Boden.

Von 1192 an erlangte Konstanz schrittweise Reichsfreiheit, im späten 14. Jh. endgültig. Handel und Wandel blühten in dieser Zeit auf. Aber schon in der Zeit, als es auf dem Höhepunkt seiner Macht steht, zeigen sich Vorboten eines langsamen wirtschaftlichen Abstiegs. Im Kampf um die Stadtherrschaft mit dem Patriziat erzwingen die Zünfte 1430 die sogenannte Parität. Viele wohlhabende Familien verlassen daraufhin die Stadt. Im Schweizerkrieg von 1499 verliert Konstanz seine Rechte im Thurgau. 1548, nach der Niederlage im Schmalkaldischen Krieg, wird es Österreich zugeschlagen. In den Wirren der Reformation war 1526 der Bischof nach Meersburg geflohen, so daß auch der Bistumssitz verlorenging. Der Anschluß an das Großherzogtum Baden im Jahr 1806 wurde ohne Begeisterung hingenommen, markiert aber doch vor allem durch die bald darauf einsetzende Industrialisierung eine entscheidende Wende in der Geschichte der Stadt an Rhein und Bodensee. Der Hafen wird den modernen Erfordernissen angepaßt und umgebaut, 1863 erfolgt der Anschluß ans Eisenbahnnetz.

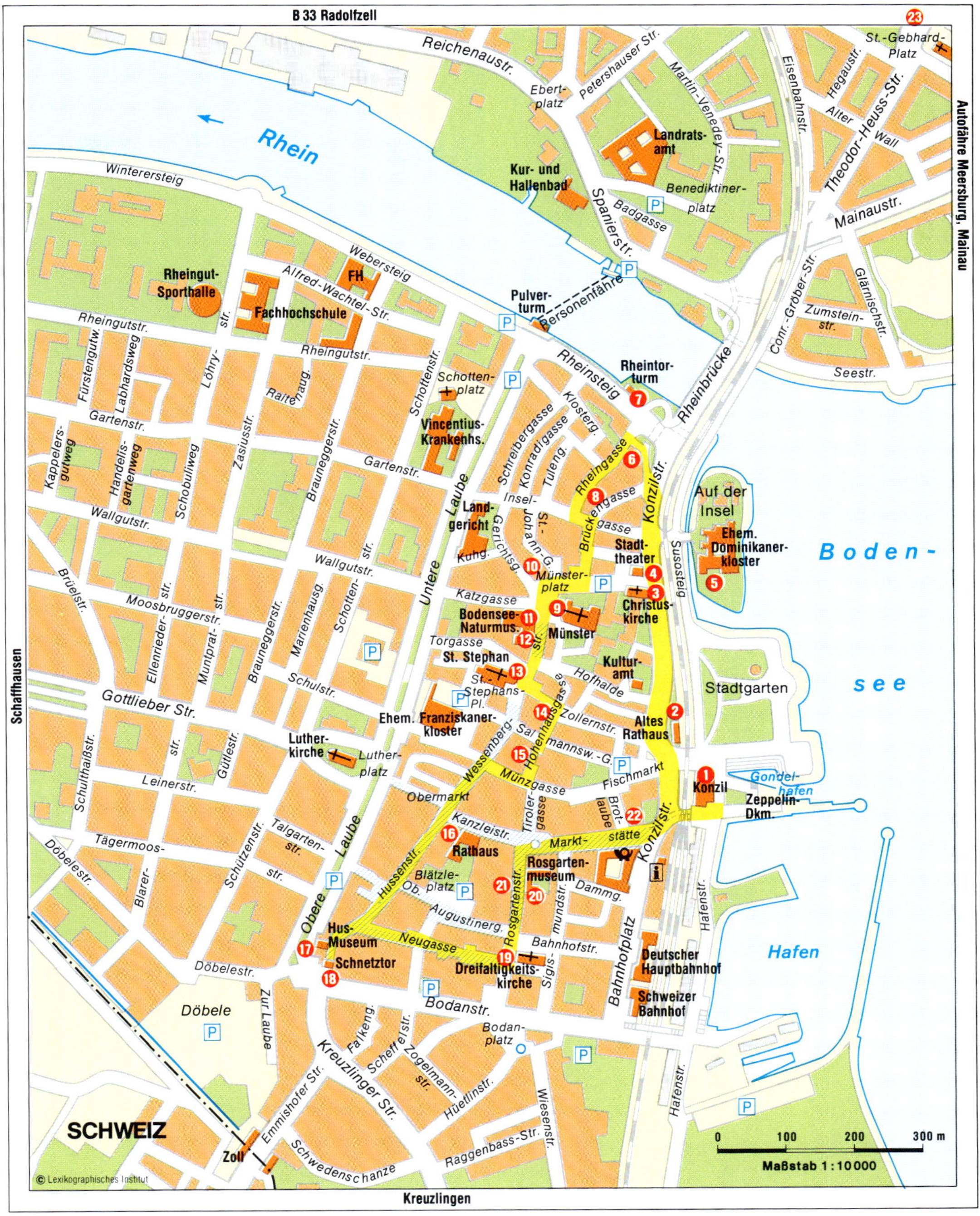

Stadtrundgang

Unser Rundgang beginnt am »Konzilgebäude« ❶. In unmittelbarer Nähe befindet sich das Gelände »Klein-Venedig«, wo man gebührenfrei parken kann. Etwa zwei Stunden werden Sie brauchen, wenn Sie unserem Vorschlag für einen Rundweg durch Konstanz folgen. Eine Abkürzung führt vom Obermarkt durch die Kanzleistraße – am Rathaus ⓰ vorbei – zur Marktstätte. Den schönsten Ausblick auf die Konstanzer Bucht haben Sie von der Rheinbrücke aus. Rasten läßt sich am besten auf einer der zahlreichen Ruhebänke in der Fußgängerzone oder im Stadtgarten.

Für eine Einkehr empfehlen sich die Weinlokale der Altstadt; angenehm sitzen läßt sich auch im gutbürgerlichen Domhotel »St. Johann« (Brückengasse 1, beim Münsterplatz) oder – am Ende des Rundwegs – auf der Freiterrasse des »Konzilgebäudes« ❶ am Hafen.

Sehenswürdigkeiten

❶ *Kaufhaus*, sogen. »Konzilgebäude«, soll 1417 die Stätte der einzigen Papstwahl (Martin V.) auf deutschem Boden gewesen sein. 1388 als Korn- und Lagerhaus erbaut. Unter dem markanten Speicherdach zwei übereinanderliegende dreischiffige Hallen; der 1968–70 erfolgte grundlegende Umbau als Fest- und Tagungsgebäude ist seitdem umstritten.

❷ *Altes Rathaus*. Vom Vorgängerbau des ausgehenden 15. Jh. sind das spätgotische Doppelportal und die Wappentafel des Ulrich von Gryfenberg erhalten; das gesamte übrige Gebäude entstammt der Zeit des Barock (Johann Michael Beer, 1733).

❸ *Christuskirche*, 1604–07 von Stephan Huber für den Jesuitenorden errichtet. 1682 versah Heinrich Mayer den einschiffigen Hauptraum mit einer Stichkappenwölbung. Reiche Rokokoausstattung von Kaspar Memberger d. Ä., Hans Morinck u. a.

4 *Stadttheater*, urspr. 1608/09 als Jesuitengymnasium und Bestandteil des Gesamtkomplexes Christuskirche erbaut, im späten 17. Jh. verändert. Ein Halbrelief an der Außenfront zeigt die Vertreibung des Hanswursts aus dem Theater.
5 *Inselhotel*, ehemaliges Dominikanerkloster, ab 1236 errichtet; Wirkungsstätte des Dichtermönchs Heinrich Suso (um 1295–1366), seit 1875 als Hotel genutzt. Im frühgotischen Kreuzgang sehenswerte Fresken zur Geschichte der Insel.
6 *Dompropstei*, 1609–12 erbaut; Figurenschmuck an der Westfront, Rokokobalkon, Rokokoausstattung im Weißen Saal (um 1750).
7 *Rheintorturm*, zum Schutz des Rheinübergangs erbauter Bestandteil der Stadtbefestigung, wahrscheinlich an der Wende vom 12. zum 13. Jh. erbaut, an der Ostwand Reste einer Kreuzigungsgruppe.
8 *Klosterkirche der Dominikanerinnen* (St. Katharina), bis auf wenige romanische Reste barocker Bau aus den Jahren 1664–68. Im Innern Rosenkranzbilder (Anfang 17. Jh.) von Kaspar Memberger d. Ä.
9 *Münster Unser Lieben Frau*, dreischiffige Säulenbasilika des 11. Jh., (der älteste Teil der Krypta sogar aus dem 10. Jh.), im 15. Jh. durch Seitenkapellen erweitert. Der gotische Turmaufsatz, Wahrzeichen der Stadt, ist eine Zutat des 19. Jh., sein Unterbau hingegen enthält noch romanische Substanz; große Teile der Innenausstattung fielen der Reformation zum Opfer. Klassizistischer Stuck im Chor von Michel d'Ixnard, in Vierung und Querschiff von Johann Ferdinand Bichel. Sehenswerte Renaissanceorgel; in der Mauritiusrotunde aus dem 14. Jh. das zwölfeckige, in Sandstein ausgeführte Hl. Grab, ein Meisterwerk frühgotischer Plastik um 1280 (Turmbesteigung wegen Bauarbeiten nicht immer möglich; Münsterführungen ☏ 2 37 52).
10 *»Haus zur Kunkel«*, ehemaliges Mesnerhaus; Anfang des 14. Jh. entstanden die berühmten Weber-Fresken in den Obergeschossen mit Motiven aus der Arbeit der Lein- und Seidenweber (Mo–Fr 10–12, 14–16 Uhr).
11 *Bodensee-Naturmuseum*, Geburtshaus des Reformators Ambrosius Blarer (1492–1564) aus dem 15./16. Jh.; seit 1969 Museum mit naturkundlicher und naturgeschichtlicher Dokumentation der Bodenseeregion (Di–So 10–17 Uhr).
12 *Wessenberghaus*, Sitz der *Städtischen Wessenberg-Gemäldegalerie*; gezeigt wird die Sammlung des bis zu seinem Tod 1860 hier wohnhaften Bistumsverwesers Ignaz Heinrich von Wessenberg, ergänzt durch die Sammlung Brandes: Handzeichnungen, Gemälde, Stiche des 15.–18. Jh., u. a. von Rembrandt, Raffael, Tizian, Dürer (Di–Sa 14.30–17, So 11–13 Uhr).
13 *St. Stephan*, spätgotische Basilika, 1428–86 auf den Fundamenten einer romanischen Kirche des 12. Jh. als Markt- und Bürgerschaftskirche erbaut. Zur Ausstattung gehören das Sakramentshäuschen, drei Passionsreliefs und ein Grabdenkmal des Konstanzer Bildhauers Hans Morinck, ferner die Gemälde »Anbetung der Könige« (1616) von Kaspar Memberger d. Ä. und »Krönung Mariens« (1739) von Jakob Karl Stauder.
14 *Hohes Haus*, 1294 erbaut, während des Konzils (1414–18) Sitz des Burggrafen Friedrich von Nürnberg. 1935 versah der Kunstmaler Brandes die Außenfront mit Motiven vom einstigen Fischmarkt.
15 *Wohnturm zum Goldenen Löwen*, vermutlich um 1450 entstandener fünfgeschossiger Bau. Fassadenmalerei aus der Zeit um 1580, dem Konstanzer Jacob Memberger zugeschrieben.
16 *Rathaus*, urspr. Zunfthaus der Leinweber »Zur Salzscheibe« (14. Jh.), Ende des 16. Jh. im Renaissancestil zur Stadtkanzlei umgestaltet. Bemerkenswertes Rückgebäude mit Erdgeschoßlauben und zwei runden Treppentürmen. Die Fassadenmalerei wurde 1965 erneuert.
17 *Johannes-Hus-Haus*. Das kleine Fachwerkhaus des 15./16. Jh. wurde 1923 von der Prager Museumsgesellschaft erworben und 1979/80 durch tschechoslowakische Künstler restauriert. Lange Zeit ist das Haus irrtümlich als Wohnstätte des als Ketzer verbrannten böhmischen Theologen Jan Hus (um 1368–6.7.1415) zu Beginn des Konzils angesehen worden. Heute Gedächtnisstätte und Museum: Bilder und Dokumente zum Leben und Wirken des Johannes Hus und zur Hussiten-Bewegung; außerdem tschechisches Kunsthandwerk (Di–Sa 10–12, 14–16, So 10–12 Uhr).
18 *Schnetztor*, altes Stadttor mit Zwinger von 1381, im Torbogen Fresken des 17. Jh.; 1978 durch das Land Baden-Württemberg zum »Baudenkmal von nationaler Bedeutung« erklärt.
19 *Dreifaltigkeitskirche*, Ende des 13. Jh. erbaute, im 14. Jh. erweiterte dreischiffige Basilika; im Innern bedeutender, im Auftrag König Sigismunds entstandener Freskenzyklus von 1417 zur Geschichte des Augustinerordens. Marienbrunnen an der Westfassade.
20 *Rosgartenmuseum*. Das gotische Zunfthaus der Krämer, 1324 erstmals erwähnt, ist seit 1870 Museum und zeigt Sammlungen zur Geschichte des Bodenseeraums, Kunst des Mittelalters sowie Plastik und Malerei bis ins 19. Jh. (Di–So 10–17 Uhr).
21 *Haus zum Wolf*, 1774 erbautes Haus mit Rokokofassade.
22 *Südkurier-Haus*. Ab 1909 mit Unterbrechungen von einem Zeitungsverlag genutzt, enthält der Komplex das 1225 erstmals erwähnte Heilig-Geist-Spital. Seit 1974 Museum zur Druck- und Zeitungsgeschichte der Region: Maschinen und Handwerksgerät, Bücher, Zeitungen, Briefmarken zum Pressewesen (Besichtigung nach Vereinbarung, ☏ 28 21).
23 *Universität*, 1966–72 entstandene, stark gegliederte Anlage in reizvoller landschaftlicher Lage, gelungene, gleichermaßen funktions- und menschengerechte Architektur mit zahlreichen Beispielen für »Kunst am Bau«.

700jähriges Relikt der mittelalterlichen Stadtbefestigung: der Rheintorturm.

Aus den Schulen kommt ein frischer Wind

Daß die Einwohner von Konstanz überwiegend in Handel, Handwerk und Industrie beschäftigt sind, überrascht den Besucher, denn die Altstadt blieb von dieser Entwicklung fast unberührt. Die Mehrzahl der Produktionsstätten ist am Westrand des jenseits vom Rhein gelegenen Stadtteils Petershausen angesiedelt. Auch in der Verwaltung finden viele Menschen Arbeit; denn nicht zuletzt durch die Eingemeindung der umliegenden Dörfer wurde Konstanz Sitz zahlreicher Behörden.

Der eher konservativen Grundeinstellung der Bürgerschaft setzen mehrere Bildungseinrichtungen ein moderneres Gepräge entgegen. Mit dem Institut für Kommunikationsdesign an der Fachhochschule, fünf Gymnasien, einer Musikschule, Handwerksmeisterschulen, einer Technikerschule für Elektronik und einer Fachhochschule für Ingenieure bietet Konstanz vielfältige Ausbildungsmöglichkeiten. Glanzpunkt der Bildungseinrichtungen ist die 1966 gegründete Universität mit ihren acht Fakultäten. Als eine der jüngsten Hochschulen der Bundesrepublik Deutschland zieht sie Jahr für Jahr viele junge Menschen zum Studium hierher, für die sicherlich auch der hohe Freizeitwert der Region ein ausschlaggebendes Motiv ist, einige Jahre in der Stadt zu verbringen.

Vielfältig und attraktiv sind die Sport- und Freizeitmöglichkeiten. Der Wassersport steht natürlich an erster Stelle, doch reicht die Angebotspalette darüber hinaus bis zu den exklusiveren Disziplinen, wie Tontaubenschießen, Reiten und Golf. Schon 1840 war an der Stelle des heutigen Stadtgartens die erste Konstanzer Schwimm- und Badeanstalt »für Herren, Knaben, Damen und Mädchen mit Ankleidezimmer und Badekasten« eingerichtet worden. Heute locken das »Freibad Horn« oder das »Freizeitbad Jakob«, dessen Thermalbewegungsbecken besonders angenehme Entspannung bietet.

Ihre gastronomischen Fähigkeiten stellten die Konstanzer schon zu Zeiten des Konzils unter Beweis. Rund 6000 Bewohner zählte die Stadt damals und versorgte insgesamt über 50 000 Gäste. Heutzutage ist sie mit über 200 Gastronomiebetrieben und annähernd 2000 Fremdenbetten in 45 Hotels und Gasthöfen für den Tourismus bestens gerüstet. 1988 zählte man annähernd eine halbe Million Übernachtungen.

Die Attraktivität der Stadt scheint ungebrochen. Einen Beitrag dazu leistet sicherlich die vorherrschend süddeutsche Küche mit schwäbischem Einschlag, die auch die Nachbarschaft zur Schweiz nicht leugnet. Natürlich finden sich Fischgerichte auf jeder Speisekarte, hauptsächlich Felchen. Auf »Konstanzer Art«, in Weißwein gedünstet und mit einer raffinierten Soße serviert, stellen sie eine lokale Spezialität dar. Ein Glas »Konstanzer Sonnenhalde« oder »Meersburger Haltnau« aus der Spitalkellerei, die seit dem frühen Mittelalter mit dem Weinbau vertraut ist, setzt jedem Menü ein Glanzlicht auf.

Konstanzer Weinfest – auch eine historische Modenschau.

Meersburg und »Fürstenhäusle«
Vom Stadtteil Staad aus erreicht man mit der Autofähre das Winzerstädtchen Meersburg. Hierher zogen sich die Konstanzer Bischöfe in der Reformationszeit zurück. Bis 1806 blieb die hochgelegene Burg ihre Residenz. Später lebte die bedeutende Lyrikerin und Erzählerin Annette von Droste-Hülshoff (1797–1848) einige Jahre hier und schrieb viele ihrer Werke. Ihre Wohnräume und ihr Sterbezimmer sind erhalten. Außerdem gibt es ein Verlies und einen unterirdischen Fluchtgang, Waffen, Mobiliar und Gemälde zu sehen (März–Okt. 9–18 Uhr; Nov.–Febr. nach Vereinbarung, ☏ 0 75 32/64 41). An die Dichterin erinnert auch das 1844 von ihr erworbene »Fürstenhäusle«, das als Gedenkstätte eingerichtet ist (tägl. 9.30–12, 14–17 Uhr).

Schatzkammer im Untersee
Wenige Kilometer westlich von Konstanz liegt im Untersee die Halbinsel Reichenau (B 33, Richtung Radolfzell). Ein 724 gegründetes Benediktinerkloster, von Karl dem Großen 780 zum Reichskloster erhoben, wurde für Jahrhunderte zu einem geistlichen und kulturellen Zentrum mit großer Ausstrahlung. Von der reichen Vergangenheit der Klosterinsel künden die Kostbarkeiten in der Schatzkammer des Mittelzeller Münsters (Mai–Sept. Mo–Fr 11–12, 15–16 Uhr und nach Vereinbarung, ☏ 0 75 34/2 49). In der frühmittelalterlichen Oberzeller Stiftskirche St. Georg gibt es Wandmalereien, die als die bedeutendsten der Zeit um die Jahrtausendwende in Europa gelten. Der Reichenauer Abt Walahfrid Strabo verfaßte schon im 9. Jh. ein Buch über den Gartenbau, und heute gelangt Gemüse von dieser Insel auf Märkte in ganz Süddeutschland. Rund 270 ha beträgt die ertragreiche Anbaufläche, das milde Klima tut ein übriges.

Jenseits des Rheins, an Konstanz' schönster Uferpromenade, reihen sich die wuchtigen Fassaden der vielen Gründerzeit- und Jugendstilbauten mit ihren verspielten Türmchen und verschnörkelten Giebeln.

Tips, Tips, Tips

Eine Führung durchs Ried
Ein Naturerlebnis verspricht das Wollmatinger Ried, eine schilfbewachsene Sumpflandschaft (B 33, Richtung Radolfzell). Das Naturschutzgebiet mit seinen seltenen Tier- und Pflanzenarten ist nicht frei zugänglich, doch finden von April bis Oktober naturkundliche Führungen durch Betreuer des Reservats statt (☏ 5 35 50).

Mit dem Schiff übers Schwäbische Meer
Mit den Schiffen der »Weißen Flotte« erreichen Sie zahlreiche Ausflugsziele rund um den See. Die große Bodensee-Rundfahrt, eine Hochrheinfahrt ins schweizerische Stein am Rhein oder an den Rheinfall bei Schaffhausen (jeweils Personalausweis erforderlich!) sind besonders zu empfehlen. Beachten Sie das Ferienabonnement »Bodensee-Paß« (Bodensee-Reisebüro, ☏ 28 13 98).

Ein Blumenmeer im Bodensee
In 15 Min. mit dem Auto oder mit dem Schiff vom Konstanzer Hafen aus erreichen Sie die Bodenseeinsel Mainau. Von Anfang April bis Ende Oktober wird die Insel, von rührigen Gärtnern unterstützt, vom milden Seeklima in ein Blumenmeer verwandelt, durch das die Besucher einen zwei- bis dreistündigen abwechslungsreichen Spaziergang machen können. Zu darben braucht auf der Insel niemand, denn auch die Gastronomie kann sich sehen lassen. An schönen Wochenenden ist der Ansturm auf die Mainau, die durch einen Damm mit dem Festland verbunden ist, allerdings riesengroß.

Johannes Hus in Konstanz
Der tschechische Nationalheld Jan Hus, Sohn eines Bauern und später Rektor der Prager Universität, wandte sich im frühen 15. Jh. gegen die Verweltlichung der Kirche und ihrer Würdenträger. Er trat für eine reine Glaubenslehre und ein tugendhaftes Leben ein, was ihm 1410 den päpstlichen Bann eintrug. Er berief sich auf die Bibel und ein allgemeines Konzil und reiste, nachdem König Sigismund, der Sohn Kaiser Karls IV., ihm freies Geleit zugesagt hatte, zum Konzil nach Konstanz. Der königlichen Zusage ungeachtet wurde er verhaftet und der Ketzerei angeklagt. Hus sollte seine Lehre widerrufen; er blieb jedoch standhaft. Seine unerbittlichen Ankläger kannten keine Gnade, am 6. Juli 1415 wurde er vor den Toren der Stadt verbrannt.

Vor Bomben schützte Konstanz sich mit Licht

Mit dem schweizerischen Kreuzlingen ist Konstanz durch vier Grenzübergänge verbunden. Aus der Vogelperspektive sind die beiden Städte kaum auseinanderzuhalten. Dieser Umstand verhalf Konstanz dazu, den Zweiten Weltkrieg unbeschadet zu überstehen. Wie die schweizerischen Nachbarn ließ man einfach nachts die Lichter brennen; damit war es den angreifenden Flugzeugen unmöglich, die Grenze zwischen Deutschland und der neutralen Schweiz auszumachen.

Vielfältige Maßnahmen der Stadterneuerung und -restaurierung haben dafür gesorgt, daß Konstanz ein sehenswerter und liebenswürdiger »Abschluß« im Süden der Bundesrepublik Deutschland geblieben ist.

Das Schnetztor – seit dem 15. Jh. Schutz für den Süden der Stadt.

Das Kaufhaus am Hafen hat 1417, bei der einzigen Papstwahl auf deutschem Boden, das Kardinalskonklave aufgenommen.

Das Konstanzer Seenachtsfest Anfang August gipfelt in einem 30minütigen Feuerwerk.

Theater, Musik, Veranstaltungen, Museen

Theater

Stadttheater 4 *und Theaterwerkstatt,* Konzilstr. 11. Schauspiel, Neuinszenierungen in- und ausländischer Autoren. Jugendtheater, ☏ 2 00 70.

Musik

Südwestdeutsche Philharmonie Konstanz, Spanierstr. 3. Orchesterkonzerte mit intern. Solisten im Oberen Konzilsaal, ☏ 6 30 31.
Konstanzer Solistenkonzerte, wechselnde Spielorte. Kammerkonzert-Zyklus mit intern. bekannten Künstlern, ca. sechs Konzerte im Jahr, ☏ 3 27 52.
Bruder-Klaus-Kirche, Markgrafenstr. 36. Musikalische Abendandachten (1. So im Monat, 19 Uhr), ☏ 6 17 77.
Seekuh, Konzilstr. 1. Jazz aller Stilrichtungen, ☏ 2 72 32.
Jugendzentrum Schlupfwinkel, Jägerkaserne, Gebäude 8. Monatlich Disko und Livekonzerte (Mi–So 16–22 Uhr), ☏ 28 44 75.

Veranstaltungen

Fastnacht: Schwäbisch-alemannische Fasnacht in der Altstadt. Straßenfasnacht, »Hemdglonker«-Umzug am »Schmotzigen Donnerstag«.
Mai/Juni: *Bodensee-Festival* im Konzilgebäude. Kammer- und Orchesterkonzerte, Ballett, Theater mit intern. bekannten Interpreten und Ensembles.
Mitte Mai–Mitte Sept.: *Stadtgartenkonzerte* im Stadtgarten, Konzertmuschel (Di, Do, Sa 20, So 11 Uhr).
Mitte Juli: *Konstanzer Weinfest* auf dem St.-Stephans-Platz. Weinprobe badischer Winzergenossenschaften.
Mitte Juli–Aug.: *Konstanzer Orgelkonzerte im Münster* 9, Münsterplatz 2. Orgelabende mit intern. Solisten (Mi 20.15 Uhr), ☏ 2 54 23.
Aug.: *Konstanzer Seenachtsfest* im Hafenareal/Seestr. Luft- und Wassersportprogramm, 30minütiges Feuerwerk, Mitternachtszauber. Dazu: Fest im Stadtgarten.
Letztes Wochenende im Sept.: *Suserfest* in der Kanzleistr., Weinfest.
Okt./Nov.: *Konstanzer Jazzherbst* im Jazzclublokal »Seekuh«, Konzilstr. 1, und an anderen Orten. Jazz aller Stilrichtungen, ☏ 2 72 32.

Museen

Bodensee-Naturmuseum, Katzgasse 5–7 (s. 11).
»Haus zur Kunkel«, Münsterplatz 5 (s. 10).
Johannes-Hus-Haus, Hussenstr. 64 (s. 17).
Rosgartenmuseum, Rosgartenstr. 3–5 (s. 20).
Städtische Wessenberg-Gemäldegalerie, Wessenbergstr. 41 (s. 12).
Südkurier-Zeitungsmuseum, Marktstätte 4 (s. 22).

Krefeld

Seidenstadt am Niederrhein

Aus Krefeld kommen Samt und Seide, und über manches Jahrzehnt konnten sich die Bürger die aus ihren Webstühlen stammenden Tuche (unser Bild) auch auf den eigenen Leib schneidern lassen. Wiederum gab es Zeiten, da an dergleichen überhaupt nicht zu denken war, die Sorge um Arbeit und das tägliche Brot stand im Vordergrund.
Wie auch immer: Die Stadt gibt's seit mehr als 600 Jahren – wenn man von den Siedlungen der Römer und Kelten vorher einmal absieht. Und seit dieser Zeit geht es voran mit Krefeld. Auch wenn (oder weil) manchmal andere geholfen haben – die Oranier etwa, die glaubensstarken Einwanderer oder die ehemaligen Nachbarn aus Uerdingen, die längst gute Krefelder geworden sind . . .
Die Stadt hat ihre eigenen wirtschaftlichen und kulturellen Strukturen gefunden – ein guter Ausgangspunkt für die nächsten 600 Jahre.

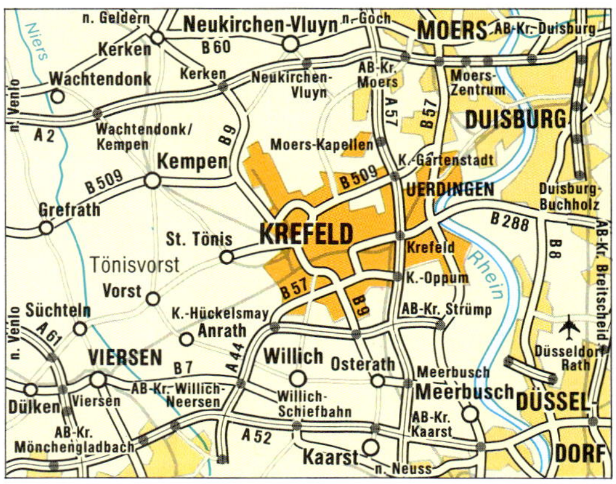

Wappen Das zweigeteilte Wappen zeigt auf der einen Seite den hl. Dionysius, Stadtpatron Krefelds, und den Balkenschild von Moers, der früheren Herrschaft. Schlüssel und Kreuzschilder der anderen Seite bezeichnen die Kurkölner Herrschaft über das 1929 eingemeindete Uerdingen.
Lage Am Rhein zwischen Moers und Neuss
Land Nordrhein-Westfalen
Autokennzeichen KR
Höhe 38–42 m ü. M.
Fläche 137 km^2
Einwohnerzahl 236 000
Postleitzahl 4150
Telefonvorwahl 0 21 51
Post Ostwall 215, Spätschalter (Mo–Fr 8–20, Sa 8–14, So 10.30–11.30 Uhr).
Polizei Nordwall 1, ☏ 63 41
Taxi ☏ 13 33, 14 44
Nahverkehr Ausgebautes Straßenbahn- und Busnetz. Fahrscheine sind im Verkehrsverbund Rhein-Ruhr (VRR), bei der Verkehrsgemeinschaft Niederrhein und – je nach Tarifzone – auch für die Bundesbahn gültig.
Parken Parkhaus am Hbf. an der Hansastr., Tiefgaragen im Seidenweberhaus am Theaterplatz, im City-Center am Schwanenmarkt und am Rathaus.
Touristinformation Verkehrsverein im Informationszentrum Seidenweberhaus, Theaterplatz 1, ☏ 2 92 90/93 (Mo–Fr 8–18.30, Sa 8–13 Uhr).
Stadtführung Nur nach Vereinbarung mit dem Verkehrsverein.

Stadtrundgang

Sie sollten am Hauptbahnhof beginnen, weil der Bau aus der Zeit der Jahrhundertwende einen Blick wert ist und weil sich in seiner unmittelbaren Nähe, an der Hansastraße, das Auto im Parkhaus abstellen läßt.

Linker Hand ist gleich das neue »postmoderne« Hansa-Center ❶, von dort geht's mit wenigen Schritten zur schönsten Straße Krefelds, zum Ostwall, auf dem Sie – nach etwa 90 Minuten – auch zurückkommen werden.

Ein Abstecher zum Museum Haus Esters und Haus Lange ❻ lohnt allemal, am besten aber mit dem Auto, damit Sie von dort aus auch bequem zu den verstreut liegenden weiteren Sehenswürdigkeiten Krefelds kommen.

Einkehren und Altbiertrinken ist in Krefeld eins, die Möglichkeiten sind vielfältig. Ausruhen können Sie auch – Krefeld hat 1000 ha Grünfläche, einige Parks liegen im Stadtinnern.

Sehenswürdigkeiten

❶ *Hansa-Center*, postmodernes Ensemble, fertiggestellt im Febr. 1985. Gutes Beispiel für Wohn- und Städtebau der 80er Jahre dieses Jh. Integriert wurden das Hansa-Haus mit restaurierter Fassade (unter Denkmalschutz) und das Sinn-Haus, vollständig restauriert von polnischen Fachleuten.

❷ *Kaiser Wilhelm Museum*, Kunst und Kunstgewerbe von der Gotik bis ins 20. Jh., u. a. ital. Renaissance und Jugendstil. Gemäldegalerie des 19. und 20. Jh. und Abteilung mit den herausragenden intern. Kunstströmungen der letzten 25 Jahre: Pop Art und Minimal Art, Kinetik, Nouveau Réalisme (Di–Fr 10–17, Sa, So 11–17 Uhr).

❸ *Rathaus*, als »Stadtschloß« des Seidenfabrikanten Conrad von der Leyen im Stil des rheinischen Klassizismus 1791–94 erbaut. Die Familie besaß im 18. Jh. das Monopol für die Seidenherstellung in Krefeld. Im Zweiten Weltkrieg teilweise zerstört, 1955 wiederhergestellt.

❹ *Seidenweberhaus*, 1975 eröffnet. Dominierendes modernes Bauwerk am Theaterplatz, konzipiert als Stadthalle, Bürger- und Informationszentrum, Verkehrsverein.

❺ *Stadttheater*, moderner Rahmen für 200 Jahre Theatertradition, 1963 fertiggestellt. Gehört zu den bestbesuchten Viersparten-Häusern in der Bundesrepublik Deutschland. Bildet zusammen mit dem Seidenweberhaus ❹ ein lange umstrittenes Architekturensemble.

❻ *Haus Esters und Haus Lange*, zwei Villen in der Wilhelmshofallee für Krefelder Textilfabrikanten, zwischen 1928 und 1930 von Mies van der Rohe erbaut. Ein gemeinsamer Park verbindet die beiden sehr ähnlichen Gebäude. Material- und strukturbetonende Architektur, die sich von außen nach innen konsequent fortsetzt und extrem klare und offene Raumstrukturen schafft. Heute adäquater Sitz der Galerie moderner Kunst: *Museum Haus Esters, Museum Haus Lange*, Wechselausstellungen intern. zeitgenössischer Kunst (Di–Fr 10–17, Sa, So 11–17 Uhr).

❼ *Krefelder Zoo* im Grotenburgpark mit Café-Restaurant Grotenburgschlößchen. Ca. 1300 Tiere 280 verschiedener Arten, Affentropenhaus; einer der namhaften Tierparks hierzulande (tägl. 8–17.30 Uhr, Tierhäuser bis 17 Uhr).

❽ *Botanischer Garten*, 45 000 m^2 große Anlage am Schönwasserpark mit Sammlung in- und ausländischer Gewächse, Rosarium, niederrheinischer Bauerngarten (März–Okt. Mo–Fr 7–18, Sa, So 8–18 Uhr, Nov.–Febr. Mo–Do 9–15, Fr 9–12 Uhr).

❾ *Burg Linn*, kurkölnische Wasserburg, ehemals Lehensburg der Grafen von Kleve. Ursprünglich rechteckiger Wohnturm aus der Zeit um 1200, 100 Jahre später kommen Ringmauer, Torturm und sechs Ecktürme dazu. Um 1400 anstelle des Wohnturmes doppelgeschossiges Wohngebäude und südlicher Eckturm als Bergfried, 1475 zusätzliche Ringmauer und 1600 Zusammenfassung mit der Stadt durch eine Erdwallanlage. Zerstörung im Spanischen Erbfolgekrieg 1701–04, Neubau eines zweigeschossigen Jagdhauses in der Vorburg (1740). *Museum Burg Linn*: Sammlungen zur Vor- und Frühgeschichte, zur Burg- und Stadtgeschichte sowie zur Volkskunde des gesamten niederrheinischen Gebiets; Sammlungen römischer Gläser des 1.–4. Jh.; Funde aus dem römisch-fränkischen Gräberfeld von Krefeld-Gellep. Im *Jagdschloß* sind Krefelder Bürgerzimmer des 18. und 19. Jh. zu besichtigen (April–Okt. Di–So 10–18 Uhr; Nov.–März Di–So 10–13, 14–17 Uhr).

Römer und Kelten – Krefelds Gründungsväter?

Als die Römer 50 n. Chr. im Gebiet des heutigen Stadtteils Gellep ihr Kastell »Gelduba« erbauten, hatte das für sie neben strategischer wohl auch kulinarische Bedeutung – ihr Kaiser schätzte das dort wachsende Gemüse. Um 400 n. Chr. zogen sie ab, die Franken rückten nach.

Wie sich der Übergang vom Altertum zum Mittelalter an dieser Stelle des Rheins vollzogen hat, wissen wir u. a. aus dem ausgedehnten römisch-fränkischen Gräberfeld bei Gelduba, wo man prächtige Beigaben aus Gold, Silber, Bronze, Ton und Glas bergen konnte. Mehr als 5000 Bestattungen aus der Zeit vom 1.–7. Jh. wurden bisher freigelegt, das wertvollste Stück fand sich im Grab des Merowingers Arpvar. Sein Spangenhelm ist heute im Museum Burg Linn ❾ zu sehen.

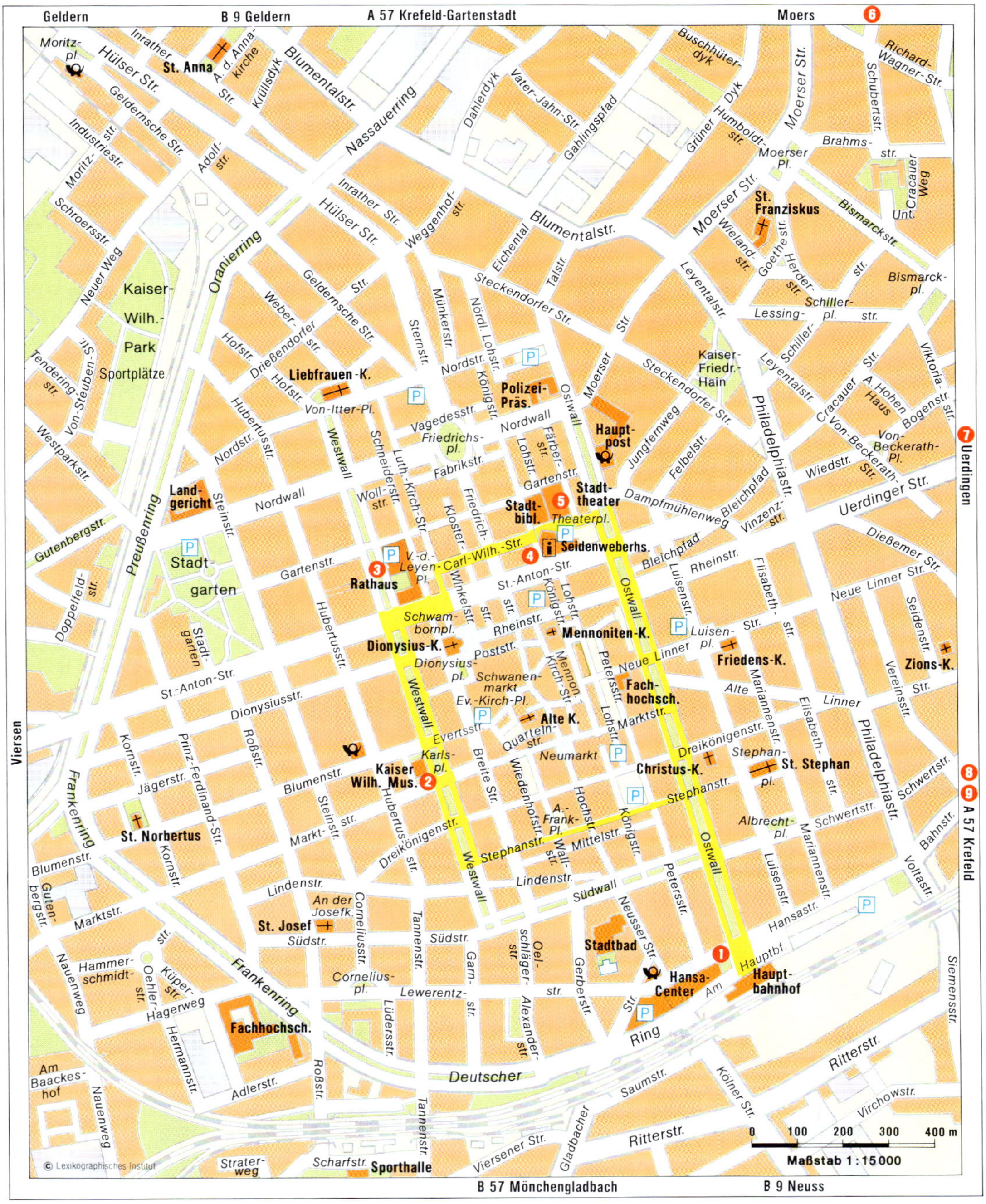

Im Slalom durchs Mittelalter

Zwischen dem 6. und dem 10. Jh. werden die Daten zur Krefelder Stadtgeschichte rarer. Im 8. Jh. wird Hohenbudberg urkundlich genannt, im 9. Jh. Uerdingen, im 10. Jh. Fischeln. Von 1105–1361 ist nur von einem Dorf die Rede, »Krinfeld« genannt, was wohl ursprünglich »Krähenfeld« bedeutete. Uerdingen und Linn haben längst die Stadtrechte, als die »Herrlichkeit Crefeld« 1373 durch den Grafen Friedrich II. von Moers zur Stadt erhoben wird.

Zusammen mit der Wasserburg Linn sichern diese drei Städte die Grenze der Herren von Moers und Kleve gegen den Herrschaftsbereich der Kurfürsten von Köln.

Überhaupt: die Herren von Moers! Im 15. Jh. bauen sie eine Burg vor die Stadt Krefeld und nennen sie Krakau. In den weiteren Zeitläuften verpfänden sie die »Herrlichkeit« des öfteren, und 1511 können sie die Burgunder nicht abwehren, die Stadt geht in Flammen auf.

Tips, Tips, Tips

Hoch auf dem gelben Wagen
Wenn Sie auch nicht gerade »beim Schwager vorn« sitzen – eine Halb- oder Ein-Tages-Reise mit der Kutsche (Original Fuller's & Bristol Mail Coach) ist ein Erlebnis für sich. Fernab der großen Autostraßen werden Sie von vier schönen Friesenpferden durch die malerische Landschaft zwischen Krefeld und Xanten oder Krefeld und Grefrath gezogen.
Leichtes Gepäck, warme Kleidung, Gelassenheit und Sinn für Geselligkeit brauchen Sie auf dieser romantischen Reise (Krefelder Kutschen Kontor, ☏ 56 00 41).

Der Schluff
Der »Schluff« ist ein Zug mit alten Wagen und einer Dampflok. Er fährt sonn- und feiertags zwischen dem 1. Mai und dem 3. So im Okt. ab Bahnhof St. Tönis (Abfahrtszeiten 11.10, 14.10, 16.50 Uhr).
Öfter mag er nicht, denn er ist alt, und auf der 13,6 km langen Strecke zwischen dem Hülser Berg und St. Tönis kommt er ganz hübsch ins Schnaufen – auch wenn er zwischendurch sechsmal anhalten darf und die Steigungen am Niederrhein nicht der Rede wert sind.
Gesellschaften können sich den »Schluff« übrigens nach ihren Wünschen zusammenstellen: aus sechs Personenwagen, einem Büfett- und einem Packwagen. Auskünfte: ☏ 71 84 82.
Was ein »Schluff« ist? Ein gutmütiger Kerl mit viel Sinn fürs Gemütliche.

Flachsmarkt in Linn
Vor und in der romantischen Kulisse der Burg Linn sowie in den verträumten Gassen des mittelalterlichen Vororts – unter alten Platanen, Kastanien und Laternen – findet alljährlich zu Pfingsten einer der bekanntesten Handwerkermärkte der Bundesrepublik Deutschland statt. Rund 150 Töpfer, Küfer, Scherenschleifer und Korbflechter zeigen, historisch gewandet, ihr Können.
Von 1315–1903 war der Flachsmarkt ein Verkaufsort für den reichlich vorhandenen Leinen-Rohstoff, heute hat die Veranstaltung liebenswerten Volksfestcharakter: Es gibt Ritterspiele, und die Bewohner des Örtchens verwandeln ihre Gärten in Schenken. Anfahrt: A 57 Ausfahrt Zentrum, dann der Beschilderung folgen. Straßenbahn (Linie 044) ab Innenstadt bis Burg Linn.

Durch Erbschaft fällt sie schließlich an die Oranier (1600), die die inzwischen protestantische Stadt weitgehend aus den Unbilden des Dreißigjährigen Krieges heraushalten können. Sie wird gewissermaßen die »religiöse Freistatt des Niederrheins« und bietet zahllosen Glaubensflüchtlingen Schutz – von denen einige 1683 als erste deutsche Gruppe nach Amerika auswandern.

Aufschwung am seidenen Faden
Andere bleiben. Darunter die Mennonitenfamilie von der Leyen aus Radevormwald. Sie führt die Seidenweberei in Krefeld ein und eröffnet damit ein weiteres wesentliches Kapitel der Stadtgeschichte. Der Preußenkönig Friedrich I., der nach dem Aussterben der Oranier die Stadt (1702) übernimmt, unterstützt diesen Erwerbszweig und verbietet z. B. die Anwerbung der Seidenweber zum Militärdienst. Zeitweilig arbeiten 3000 Beschäftigte für das Familienunternehmen von der Leyen, das die Krefelder Seidenindustrie zielstrebig zu Weltruf führt.

Nach baulichen Erweiterungen und mit 7000 Einwohnern, die durchaus nicht am Hungertuch nagen, steht die Stadt in der Mitte des 18. Jh. ganz manierlich da. Aber die französischen Revolutionstruppen besetzen Krefeld, als sie das linksrheinische Ufer annektieren, und machen es vorübergehend zur Hauptstadt eines Arrondissements.

Ein ständiges Auf und Ab folgt, und das industrielle Zeitalter kündigt sich an. Krefeld ist nach 1850 die am schnellsten wachsende deutsche Gemeinde, 1872 wird es Stadtkreis, 1887 Großstadt. Hüls, Fischeln, Krefeld und Uerdingen sind seit 1883 durch eine Dampfstraßenbahn verbunden, innerorts fährt man mit der Pferdebahn.

Die Krisen der Hochindustrialisierung treffen Krefeld in den 90er Jahren besonders. Hauptursache ist die Spezialisierung und damit die Abhängigkeit der Stadt von der Textilindustrie, der die Krefelder durch den Bau des Rheinhafens entgegenzuwirken versuchen. 1905, als der Rheinhafen fertig wird und sich andere Industrie in Uerdingen ansiedelt, wird es vorübergehend besser.

Auch der Zusammenschluß von Krefeld und Uerdingen hilft, aber es kommen die beiden Weltkriege, und auch das Wirtschaftswunder Anfang der 50er Jahre kann auf die Dauer nicht darüber hinwegtäuschen, daß weitere Strukturmaßnahmen ergriffen werden müssen.

Beim Blick in Nordost-Richtung auf das Stadtzentrum erkennt man halblinks vorn die Dionysiuskirche, dahinter das Seidenweberhaus.

In Krefeld versucht man es mit Chemie- und Elektroindustrie, Stahl und Maschinenbau. Natürlich bleibt ein Gutteil des Textilgewerbes und arbeitet inzwischen wieder mit beträchtlichem Erfolg. Das von der Stadt verliehene »Goldene Spinnrad« akzeptieren die Modeschöpfer als eine Art Oscar. Nach wie vor gibt es zahlreiche Modebetriebe, Entwerfer-Studios, Nähateliers, auch eine Textil- und Wäscherei-Forschungsanstalt.

Ein nicht unbeträchtlicher Teil der städtischen Einkünfte kommt aus dem Gemüseanbau und der Viehzucht. Die Niederrheinhalle in Krefeld ist der bedeutendste Versteigerungsort für Zuchtvieh im Rheinland.

Nicht nur über den Rhein schicken die Gewerbebetriebe ihre Güter nach Rotterdam oder nach Mannheim, Ludwigshafen oder Basel, sie nutzen auch den Anschluß an die E 3 (Venlo/Duisburg) und die A 57 Krefeld/Köln/Ludwigshafen. Eine Schnellbahn verbindet sie mit Düsseldorf, eine direkte Buslinie mit dem dortigen Flughafen.

Die Stadt als solche …

Wie denn böse Zungen auch behaupten, das Schöne an Krefeld sei die Nähe zu Düsseldorf. Was natürlich nicht stimmt. Da sind z. B. die vier schönen, cityrahmenden, lindenbeschatteten Wälle. Der schönste ist der Ostwall mit seinen zahllosen noblen Läden. Er führt vom Bahnhof aus geradewegs zum Theaterplatz, wo das Seidenweberhaus 4 steht, ein modernes Kongreß- und Tagungszentrum, dem sich das gleichfalls moderne Stadttheater 5 anschließt. Im bahnhofsnahen Hansa-Viertel schlägt die Postmoderne mit Erkern und Türmchen den Bogen zu den Gebäuden der Jahrhundertwende, deren allgegenwärtige Schönheit die Krefelder 1971 mit einer großangelegten Fassadenaktion aufpoliert hatten.

Überhaupt sagen die Bauten in der City und am Stadtrand viel über die Geschichte der Stadt aus: Burg Linn 9, Haus Greiffenhorst, Haus Rath und Haus Neuenhofen künden von Reichtum und Wehrhaftigkeit der Ritter, die Villen an der Friedrichstraße und das klassizistische Rathaus 3 vom feudalen Lebensstil der Seidenbarone. Kaiser Wilhelm Museum 2, Bahnhof und Landgericht bezeugen die Liebe der Krefelder zur Monarchie, die von Mies van der Rohe gebauten Häuser Lange und Esters den aufgeschlossenen Kunstsinn der Industriellen. Kaufhausbauten, Fabriken und Hafenanlagen illustrieren die Energie der Wirtschaftskapitäne, und die aus den Wiesen gestampften Einfamilienhaus-Siedlungen sind Zeugnis für die Strebsamkeit der Normalbürger.

Die Auswanderer

13 Familien mennonitischen Glaubens machten sich im Juni 1683 von Krefeld aus nach Amerika auf, um in der neuen Welt, wo es »weder Fürsten noch Pfaffen« gab, ihr Glück zu suchen. Es waren allesamt Menschen, die vor niemandem den Kopf neigten, niemals grüßend ihren Hut zogen, keinen Eid schworen und den Militärdienst verweigerten. Am 6. Oktober 1683 nahm sie William Penn nahe Philadelphia in Empfang. Sie gründeten noch im selben Monat »Germantown«, ein blitzsauberes Städtchen, wo Pfirsichbäume in den Vorgärten wuchsen. Weil sie Verfolgung am eigenen Leib erlebt hatten, ließ die Krefelder das Schicksal der Schwarzen in Amerika nicht kalt: Am 18. April 1688 verfaßten sie den ältesten bekannten Protest gegen die Sklaverei.

Die Wasserburg Linn hat ein zweigeschossiges Jagdschloß als Vorburg.

Theater, Musik, Veranstaltungen, Museen

Theater

Vereinigte Städtische Bühnen Krefeld und Mönchengladbach 5. Stadttheater Krefeld, Theaterplatz 3. Oper, Operette, Ballett, Schauspiel, ☏ 16 86, 2 39 02.
TAM/Theater am Marienplatz, Krefeld-Fischeln, Marienplatz 81/83. Experimentelles Theater, ☏ 30 52 73.
Kulturfabrik, Dießemer Bruch 150. Kindertheater, Kabarett, ☏ 54 79 94.

Musik

Städtische Bühnen Krefeld 5, Theaterplatz 3. Konzerte der Niederrheinischen Sinfoniker, ☏ 16 86.
Pax-Christi-Gemeindezentrum, Glockenspitz 265. Kammermusik u. a. mit dem Pro-Musica-Kammerensemble Düsseldorf, gemischte Orgelkonzerte, ☏ 59 91 00.
St.-Stephans-Kirche, Stephanplatz. »Geistliche Musiken an St. Stephan« (Sept.–Mai, unregelmäßig So 17 Uhr): sinfonische Kirchenmusik, Kammermusik, ☏ 2 44 02, 60 25 45.
Kulturfabrik, Dießemer Bruch 150. Jazz, Rock, ☏ 54 79 94.
Jazzkeller, Lohstr. 92. Gesamtes Jazzspektrum mit regionalen und intern. Interpreten, ☏ 6 49 75.

Veranstaltungen

Pfingsten: *Flachsmarkt* um die Burg Linn 9. Volksfest mit Ritterspielen; Demonstration alter, fast ausgestorbener Handwerksberufe, z. B. Glockengießer, Kunstschmied, Holzschuhmacher, Glasbläser, Holzschnitzer.
Ganzjährig: *Serenaden* im Rittersaal der Burg Linn 9. Klassische Konzerte mit intern. Interpreten (unregelmäßig Fr 20 Uhr), ☏ 86 25 51.
Kulturschoppen im Pax-Christi-Gemeindezentrum, Glockenspitz 265. Diskussionsforum mit bildenden Künstlern, Theaterleuten, Autoren, Musikern (2. So im Monat 11.45 Uhr).
April: 1. Teil der *Puppentheatertage* mit deutschen und niederländischen Puppenspielern an verschiedenen Spielorten, ☏ 86 25 51.
Ende April: *Oldtime-Jazzfestival* mit nationalen und intern. Interpreten im Seidenweberhaus 4, Theaterplatz 1, ☏ 63 99 30.
April/Mai: *Sprödentalkirmes*, Sprödentalplatz. Volksfest.
Mai–Sept.: *Kultur um 11* – Kulturelle Veranstaltungen der Stadt Krefeld an Sonn- und Feiertagen: Konzerte, Jazz, Ausstellungen, ☏ 86 25 51.
Juli/Aug.: *Internationale Folklore* auf dem Platz an der Alten Kirche, Schwanenmarkt. Tanz, Musik, ausländische Spezialitäten, ☏ 86 25 51.
3. So im Sept.: *Großer Preis von Krefeld* – Allg. Ausgleich auf der Galopprennbahn im Stadtwald Krefeld, ☏ 59 02 41/42.
Sept./Okt.: *Sprödentalkirmes*, Sprödentalplatz. Volksfest.
Okt.: 2. Teil der *Puppentheatertage*.
Okt.: *Samt- und Seidenpreis* – Rennquintett Ausgleich, Galopprennbahn im Stadtwald Krefeld, ☏ 59 02 41/42.

Museen

Deutsches Textilmuseum, Andreasmarkt 8. Etwa 20 000 Textilien und Kostüme aus europäischen und außereuropäischen Kulturen (April–Okt. Di–So 10–18 Uhr; Nov.–März Di–So 10–13, 14–17 Uhr).
Kaiser Wilhelm Museum, Karlsplatz 35 (s. 2).
Museum Burg Linn, Albert-Steeger-Str. 19 a (s. 9).
Museum Haus Esters, Wilhelmshofallee 97 (s. 6).
Museum Haus Lange, Wilhelmshofallee 91 (s. 6).

Landshut

Eine Stadt – ein Fest

Eine respektable Mittelstadt mit florierender Industrie, Sitz einer Bezirksregierung und ein Gemeinwesen von unübersehbarem Wohlstand – so läßt sich das eine Gesicht Landshuts beschreiben.
Das zweite zeigt sich alle vier Jahre, wenn Landshut zur Residenzstadt des späten Mittelalters wird, die sich anschickt, die Hochzeit des Thronfolgers zu feiern. Dann werden aus Diskoköniginnen sittsame Edelfräulein, aus Jungbankern lärmende Landsknechte. Nur die Kinder bleiben einfach Kinder, wenn auch in gotischen Gewändern. Die Honoratioren der Stadt besetzen die höheren Posten: des Kaisers, der Kurfürsten, des regierenden Herzogs.
Beide Gesichter und noch manches andere prägen Landshut an der Isar. Die spätgotische Hallenkirche St. Martin und im Hintergrund die Burg Trausnitz (unser Bild) setzen markante Akzente im malerischen Stadtbild.

Wappen Ein sogen. redendes Wappen, das die Landes-Hut symbolisieren soll: drei blaue Eisenhüte mit verschlungenen roten Sturmriemen auf silbernem Grund. Diese drei Hüte tauchen bereits 1275 im Stadtsiegel auf.
Lage Zwischen der Isar, die hier zwei Arme bildet, und einem steilen Burgfelsen im niederbayrischen Hügelland.
Land Bayern
Autokennzeichen LA
Höhe 385–505 m ü.M.
Fläche 68 km^2
Einwohnerzahl 57 000
Postleitzahl 8300
Telefonvorwahl 08 71
Post Postamt 1, Bahnhofsplatz, Spätschalter (Mo–Fr 7–19, Sa 7–12, So 10.30–11.30 Uhr).
Polizei Neustadt 480, ☎ 8 24-1
Taxi ☎ 2 20 11
Nahverkehr Dichtes Busnetz durch die Stadt und in die Ortsteile, Fahrkarten im Bus.
Camping Campingplatz Landshut, Breslauer Str. 120, ☎ 5 33 66; zu erreichen über Neue Regensburger Str., Konrad-Adenauer-Str.
Parken Grieserwiese (Festplatz) an der Wittstr. und Parkhaus an der Wittstr.; weitere Parkplätze am Wochenmarkt, am Stadtbauamt in der Bauhofstr., im Parkhaus Mühleninsel und beim Hofgarten.
Touristinformation Verkehrsverein Landshut e. V., Altstadt 315, ☎ 2 30 31 (Mo–Fr 9–12, 13.30–17 Uhr; Mai–Okt. auch Sa 9–12 Uhr).
Stadtführung Für Gruppen nach Vereinbarung mit dem Verkehrsverein.

Ein Kirchturm, um den Landesherrn zu ärgern

Selbstbewußt waren sie immer schon, die Landshuter – selbstbewußt und ein bisserl rebellisch dazu. Deshalb konnten sie es nicht einfach hinnehmen, daß die Wittelsbacher Herzöge sich oben auf der Burg Trausnitz (1) gar so angeberisch und prunkliebend gaben, aufwendige Feste feierten und dazu saftige Steuern von ihren Untertanen erhoben. Um nun ihrerseits diese Stadtherren zu ärgern, beschlossen sie Mitte des 15. Jh., den Turm ihrer Stadtpfarrkirche St. Martin (17) so hoch zu bauen, daß sie von dessen Spitze aus dem Herzog oben auf der Trausnitz »in die Suppe spucken« könnten – so jedenfalls will es die Legende. In 131 m Höhe setzten sie schließlich das goldene Turmkreuz. Zwar konnten sie auch mit dieser Bauleistung den Herzog nicht in ihrem Sinne beeindrucken, doch hatten sie unversehens den bis heute höchsten Backsteinkirchturm der Welt errichtet. In den 70er Jahren unseres Jahrhunderts schien es eine Weile so, als würde sich die einstige Aufmüpfigkeit rächen. Vor allem durch die Absenkung des Grundwassers drohte der Turm die Balance zu verlieren und umzustürzen, doch gelang es, ihm durch tiefgegründete »Betonschuhe« ein neues, stabileres Fundament zu geben.

Kein Bauch blieb leer und keine Kehle trocken

Inzwischen haben sich die Landshuter längst mit ihren einstigen Herzögen ausgesöhnt, ja, sie identifizieren sich zunehmend mit ihrer Residenzvergangenheit. Die einstige Rebellenstimmung hat sich in respektvolle Reverenz verwandelt, die nun alle vier Jahre in einem großen historischen Fest ihren prunkvollen und farbenfrohen Ausdruck findet: in der Landshuter Fürstenhochzeit. Seit 1903 unternimmt es der Verein »Die Förderer«, jenes Landshuter Hochzeitsfest des Jahres 1475 nachzugestalten, das als prunkvollste und aufwendigste Vermählungsfeier des Mittelalters in die deutsche Kulturgeschichte eingegangen ist. Bayern war damals zweigeteilt: Von München aus wurden Oberbayern und die Pfalz regiert, von Landshut aus Niederbayern, das weitaus größer war als der heutige Regierungsbezirk. Während in München die biedere Geschäftigkeit einer Provinzhauptstadt herrschte, bauten in Landshut die »Reichen Herzöge« ihre Hauptstadt zu einem der glanzvollsten Regierungssitze des damaligen Deutschen Reichs aus.

Herzog Ludwig der Reiche (1450–79) konnte es sich sogar leisten, für seinen Sohn Georg um die polnische Königstochter Hedwig zu werben. Die Hochzeit der beiden begann am 13. November 1475 mit der Trauung durch den Erzbischof von Salzburg in St. Martin (17).

Anschließend war Landshut für über eine Woche ein einziger Festsaal. In diesen Tagen wurde jeder Gast, vom Kaiser mit seinem 700köpfigen Gefolge über zahlreiche Fürsten bis hin zum einfachsten Einwohner, auf herzogliche Kosten freigehalten. Zur Verpflegung wurden auf den Straßen zusätzliche Küchen in Holzbuden eingerichtet und sogar offene Weinbot-

Wenn alle vier Jahre die Landshuter Hochzeit festlich begangen wird, bilden die Stadtknechte bei den Turnieren einen »Igel«.

tiche aufgestellt. Kein Wirt durfte während dieser Zeit von einem Gast ein Entgelt annehmen – alles ging auf des Herzogs Rechnung. Man hatte tatsächlich an alles gedacht: Die Apotheker waren schon vor Beginn der Feierlichkeiten angewiesen worden, genügend Abführmittel bereitzustellen, damit Platz geschaffen werden konnte für weitere Eßvergnügen.

Für Unterhaltung sorgten ohne Unterbrechung Tanzfeste, Ritterspiele, Gaukler, Zauberer. Es war ein gigantisches Fest, bei dem die 10 000 Landshuter mindestens noch einmal so viele Gäste zu beherbergen und dazu fast ebenso viele Pferde zu versorgen hatten. Die Rechnung für das Spektakel war für damalige Verhältnisse astronomisch: 60 766 rheinische Gulden hatte der Kämmerer des Herzogs am Ende ausgegeben. Dafür waren auch unglaubliche Mengen verzehrt worden. Zwar weichen die überlieferten Zahlen voneinander ab, doch eindrucksvoll sind sie allemal. Der Geschichtsschreiber Anton Wilhelm Ertl nennt 1685 unter anderem folgende Zahlen: 323 ungarische Ochsen, 285 Schweine, 1750 Schafe, über 1500 Lämmer, 490 Kälber, 11 500 Gänse, 40 000 Hühner, fast 195 000 Eier, mehrere Tonnen Stockfische, Heringe, zahlreiche Arten von Süßwasserfischen usw.

Die Gäste dürfen mittlerweile zahlen

Wenn die Landshuter heute alle vier Jahre – aus Witterungsgründen nicht im November, sondern Ende Juni – zu ihrer Fürstenhochzeit einladen, dann halten sie natürlich niemanden mehr frei – im Gegenteil, sie hoffen auf möglichst viele zahlungsfrohe Gäste. Allerdings wäre der Aufwand, den sie mit ihrer liebevollen, historisch so getreu wie nur irgend möglich inszenierten Veranstaltung betreiben, anders kaum zu finanzieren. Da müssen Hunderte von historischen Kostümen angefertigt und gepflegt, Ritterrüstungen ausgebessert und Pferde unterhalten werden, damit die spannenden Ritterturniere und romantischen Reisigen-Lager mit loderndem Feuer genauso stilecht wirken wie die Jahrmarktszenen und vor allem der große Festzug, mit dem die Braut an der Stadtgrenze eingeholt und durch Landshut geleitet wird.

Extrem schlanke Pfeiler tragen das hohe Gewölbe des Mittelschiffs von St. Martin, einer der bedeutendsten gotischen Kirchen Bayerns.

Der Herzog kannte keine Gnade
Im Röcklturm trafen sich 1410 in der Karfreitagnacht rund 50 Landshuter Bürger, um zu beraten, wie sie sich des grausamen Herzogs Heinrich des Reichen entledigen könnten. Ausgerechnet die Frau des Turmbesitzers Dietrich Röckl verriet die Zusammenkunft – vielleicht unbeabsichtigt; denn sie benützte das Treffen, um sich zu ihrem Liebhaber zu schleichen, der Hofbeamter war. Die Versammlung flog auf, und 19 Bürger büßten die Verschwörung mit dem Tode; ihre Ehefrauen und 30 weitere Bürger mußten die Stadt auf immer verlassen. Den Herzog aber plagte anscheinend das Gewissen, er stiftete die Kirche Heiligblut 24.

Hedwig war nur kurzes Glück beschieden
Das 1475 so glänzend vermählte Paar Georg und Hedwig, aus politisch-dynastischen Gründen zusammengeführt, lebte sich schon bald auseinander. Als auch noch der erhoffte Stammhalter ausblieb – »lediglich« ein Mädchen wurde geboren –, schob Georg seine Hedwig nach Burghausen ab. In dieser Zweitresidenz der Wittelsbacher wurden neben Witwen und nicht mehr genehmen Ehefrauen zum Teil auch die Schätze der »Reichen Herzöge« sicher verwahrt. Mit herrlichem Blick auf die Salzburger Alpen verbrachte Hedwig, jährlich einmal von ihrem Ehemann besucht, dort ihr Leben wie in einem goldenen Käfig. 1502 starb sie, erst 45 Jahre alt.

Modellruine Niederaichbach
18 Tage lang hat es 1974 Strom geliefert, dann mußte das Kernkraftwerk Niederaichbach abgeschaltet werden, weil sich Lecks im Wärmetauscher nicht beheben ließen. Die Anlage wurde gewissermaßen versiegelt und strahlt seitdem in sich selbst hinein. Nun befindet sie sich im Abbruch. 230 Millionen DM hat der Bau einst gekostet, auf 100 Millionen wird der Abriß veranschlagt. Das Kernforschungszentrum Karlsruhe hat die Projektleitung für das Vorhaben übernommen und läßt die erforderlichen Spezialmaschinen konstruieren.

Stadtrundgang

Wer sich durch Burg Trausnitz ❶ und die Stadtresidenz ⓯ führen läßt, benötigt für den vorgeschlagenen Weg ungefähr dreieinhalb Stunden. Wer diese Besichtigungen für eine spätere Gelegenheit aufspart, kommt mit einer Stunde weniger aus. Um eine weitere halbe Stunde läßt sich unser Rundweg verkürzen, wenn man den Abstecher zum Kloster Seligenthal ⓬ unterläßt. Schließlich besteht noch die Möglichkeit, zur Burg Trausnitz ❶ mit dem Auto hochzufahren. Rasten läßt sich zum Beispiel in der Freyung und auf den in der Altstadt ⓮ aufgestellten Bänken. Wer eine Stärkung braucht, ist in den Brauereigasthöfen »Ainmiller« (Altstadt 195) und »Zur Insel« (Badstraße 16) gut aufgehoben.

Sehenswürdigkeiten

❶ *Burg Trausnitz,* erbaut ab 1204. Aus dieser Zeit stammen Wittelsbacher Turm, Fürstenbau, Dürnitz und Schloßkapelle; im 15. Jh. Verbesserung der Befestigungen und Erweiterung des Palas; 1568–78 entstehen der Renaissance-Innenhof mit Laubengängen sowie die Malerei der Narrentreppe von Alessandro Scalzi, im 17. Jh. weitere Ausschmückung. In der Burgkapelle St. Georg (13. Jh.) spätgotisches Gewölbe (1517/18), Altäre und ein Sakramentshaus des 15. Jh. (April–Sept. 9–12, 13–17 Uhr; Okt.–März Di–So 9–12, 13–16 Uhr).

❷ *Burghauser Tor,* früher auch Hutertor, einer der Tortürme der Stadtbefestigung (um 1500), das heutige Erscheinungsbild stammt von 1800.

❸ *Theklakapelle,* gotischer Bau (1426), in der Barockzeit stark verändert; gotische Madonna im Hochaltar (um 1500), barocke Fresken in den Gewölben.

❹ *Dreifaltigkeitsplatz,* Auftakt zur Altstadt ⓮, bis 1874 im Süden vom Münchner Tor begrenzt; von Osten schiebt sich der mächtige gotische Zehntstadel (1468–70) in den Platz; in der Mitte das von König Ludwig I. errichtete Denkmal für Herzog Ludwig den Reichen (1450–79).

❺ *Jesuitenkirche St. Ignatius,* tonnengewölbte einschiffige Emporenkirche ohne Turm; 1631–41 von Johannes Holl im Stil der Spätrenaissance nach dem Vorbild von St. Michael in München erbaut; den weiß gehaltenen Innenraum stuckierte Matthias Schmuzer (1640/41).

❻ *Jesuitenkolleg,* von Michael Beer und Michael Thumb 1691 vollendeter schlichter Bau, von Behörden genutzt.

❼ *St. Jodok,* 1338–68 als zweite Pfarrkirche Landshuts errichtet, 1405 durch Feuer zerstört, im 15. Jh. erneuert und erweitert; unter dem Chor der dreischiffigen gotischen Pfeilerbasilika die Veitskrypta.

❽ *Dominikanerkirche St. Blasius,* 1271 Baubeginn; 1386 Weihe der dreischiffigen Basilika, deren Inneres Johann Baptist Zimmermann im Stil des Rokoko umgestaltet und mit Fresken ausgemalt hat. Geschnitzter Hochaltar aus einer Landshuter Werkstatt des 18. Jh. mit Altarblatt von Johann Baptist Zimmermann.

❾ *Dominikanerkloster,* barocker Bau von 1699, nach Auflösung des Konvents 1802 vorübergehend von der Universität (der späteren Münchner) genutzt, heute Sitz der Regierung von Niederbayern.

❿ *Ursulinenkirche,* 1671–79 am nördlichen Ende der Neustadt errichteter einschiffiger Gewölbebau mit schlichter Stuckausstattung, zum gleichnamigen, bis heute bestehenden Kloster gehörig.

⓫ *Heilig-Geist-Kirche,* spätgotische Hallenkirche (1407–61) von Hans von Burghausen, die den nördlichen Abschluß der Altstadt ⓮ und den Gegenpol zu St. Martin ⓱ bildet.

⓬ *Zisterzienserinnenkloster Seligenthal,* Klosterbauten weitgehend aus dem 19./20. Jh. Aus der Gründungszeit (1231) oder früher die Afrakapelle mit frühbarockem Hochaltar und Skulpturen von Herzogin Ludmilla und Herzog Ludwig dem Kelheimer (um 1330). Die Klosterkirche, 1259 geweiht, wurde 1732–34 von Johann Baptist Gunetsrhainer vollständig umgebaut. Fresken und Stukkaturen von Johann Baptist Zimmermann, Altäre von Kaspar Grießmann; ein Vesperbild (um 1420) und ein Holzrelief der Kreuzabnahme (um 1510). Die Kirche war Grablege mehrerer Landshuter Wittelsbacher.

⓭ *Heilig-Geist-Spital,* 1208 erstmals bezeugt; barocke Vierflügelanlage mit Innenhof von Johann Georg Hirschstötter und Matthias Ehehamb (1722–28).

⓮ *Altstadt,* Hauptstraßenzug der Stadt. Besonders festlicher Straßenraum, abwechslungsreich gestaltete und doch harmonierende Fassaden vieler Epochen; prächtig abgeschlossen durch St. Martin ⓱ im Süden und Heilig-Geist-Kirche ⓫ im Norden.

⓯ *Stadtresidenz,* bestehend aus dem in die Straßenflucht der Altstadt eingefügten, 1536 begonnenen Deutschen Bau und dem Italienischen Bau von 1536–43 im Westen mit dem Italienischen Saal und mehreren Prunkräumen; von italienischen Bauleuten als erster Renaissancepalast im italienischen Stil nach dem Vorbild des Palazzo del Tè in Mantua erbaut. Der Deutsche Bau wurde 1780 klassizistisch umgestaltet. Filialgalerie der Bayrischen Staatsgemäldesammlung sowie Stadt- und Kreismuseum (April–Sept. 9–12, 13–17 Uhr; Okt.–März Di–So 9–12, 13–16 Uhr).

⓰ *Rathaus,* im 14. Jh. erbaut und mehrmals umgebaut, Renaissanceerker von 1570, 1860 mit neugotischer Fassade einheitlich verblendet, 1876–80 durch Georg Hauberrisser ausgestattet; im Prunksaal Gemäldezyklus mit Szenen der Fürstenhochzeit (1880–82) (Mo–Fr 14–15 Uhr).

⓱ *St. Martin,* spätgotische Hallenkirche, 1380–1500 errichtet. An der Südseite Grabdenkmal ihres Baumeisters Hans von Burghausen. Reicher Figurenschmuck an den Portalen. Der 131 m hohe Turm

ist der höchste Backsteinkirchturm der Welt. Zur Ausstattung gehören ein Hochaltar mit Sakramentshaus (um 1424), im Chor ein Kruzifixus von 1495, vermutlich vom Ulmer Meister Michael Erhart, Eichengestühl sowie die Muttergottes Hans Leinbergers (um 1520), von dem auch das Sandsteinepitaph »Krönung Mariens« in der mittleren nördlichen Seitenkapelle stammt. Schatzkammer: sakrale Gegenstände, Grabplatten, Fresko um 1230 (Pfingsten–Sept. So und feiertags 10.30–12 Uhr).

⓲ *Etzdorf-Palais,* Barockbau (um 1750), dessen Fassade vermutlich von Johann

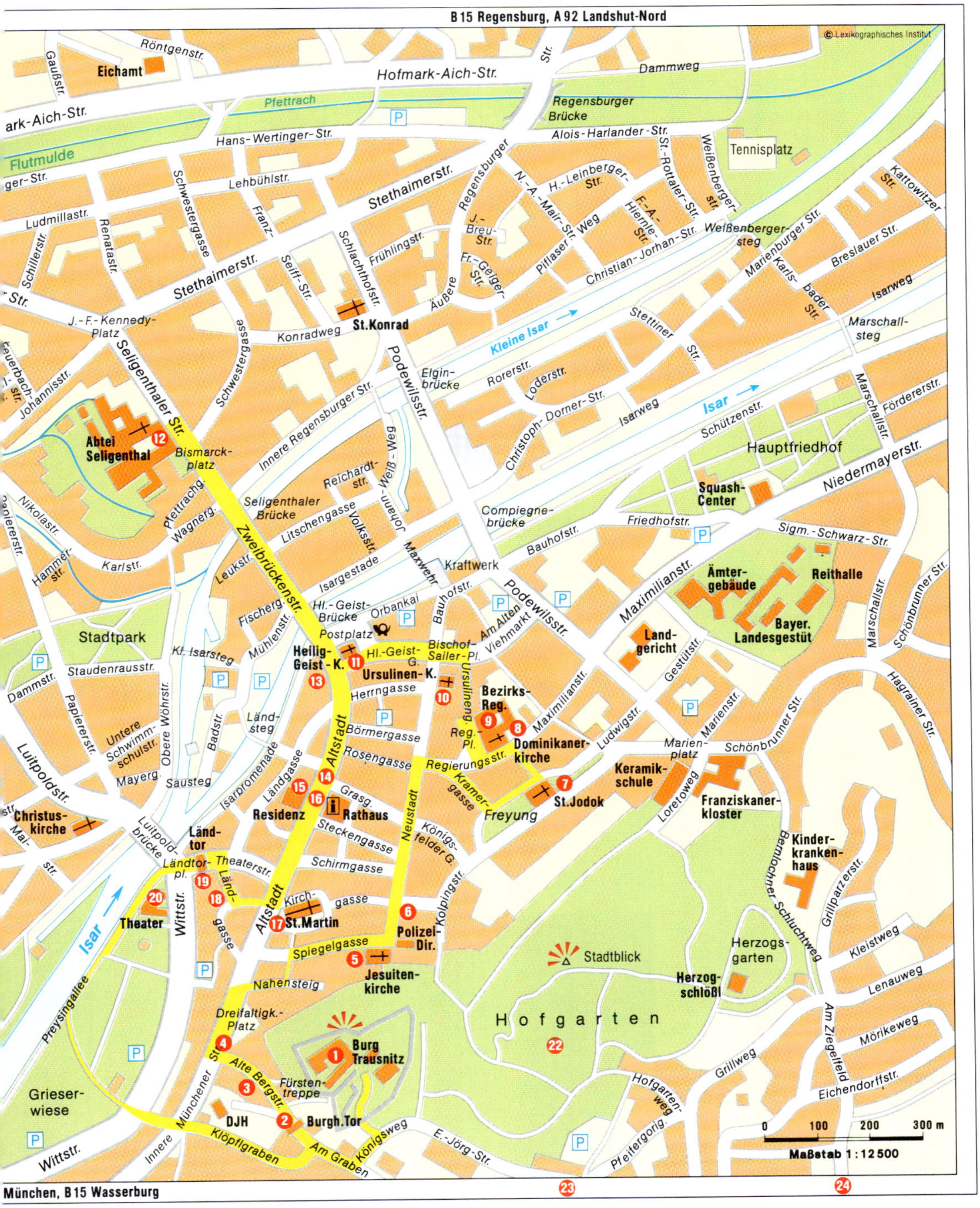

Baptist Zimmermann mit feinem Rokokostuck überzogen wurde.

⓳ *Ländtor,* neben dem Burghauser Tor ❷ einzig überkommenes mittelalterliches Stadttor.

⓴ *Stadttheater,* 1841 als Hotel mit angeschlossenem Theater durch Johann Baptist Bernlochner im spätklassizistischen Stil errichtet.

㉑ *St. Nikola,* dreischiffige Halle, Ziegelbau aus dem 15. Jh.; im Innern befindet sich der geschnitzte »Christus in der Rast« von Hans Leinberger (um 1520) und das Altarkreuz von Christian Jorhan (um 1780).

㉒ *Hofgarten,* aus dem 1452 gegründeten herzoglichen Tiergarten hervorgegangene Gartenanlage mit schönem Baumbestand, Damwild und Ziervogelgehege; östlich anschließend der 1784 von Friedrich Ludwig Sckell angelegte Herzogsgarten.

㉓ *Adelmannschloß,* reizvoller Bau aus der zweiten Hälfte des 17. Jh. mit Walmdach und zwei originellen Kamintürmen, Domizil der Städtischen Gemäldesammlung und der militärgeschichtlichen Abteilung des Stadtmuseums (jeden ersten So im Monat 10–12, 13–17 Uhr).

㉔ *Kirche Heiligblut,* einschiffiger spätgotischer Backsteinbau aus der ersten Hälfte des 15. Jh.

Tips, Tips, Tips

Schüsseln, Teller, Krüge, Becher . . .
Seit 1982 findet im September in der Freyung ein »Haferlmarkt« statt. Damit wird an eine alte Tradition angeknüpft, denn für Schüsseln, Teller, Krüge, Becher aus dem nahegelegenen Kröning war Landshut einst zentraler Handelsplatz. Altes Kröninger Geschirr mit seiner charakteristischen Ockerfarbe ist heute gesucht und teuer; aber längst wird wieder neue Ware nach alter Hafnerart hergestellt.

Schöne Aussichten
In fünf bis sechs Minuten gelangt man von der Altstadt (14) zum Ludwigswehr jenseits der Luitpoldbrücke und hat die Stadtsilhouette mit der Burg Trausnitz (1) vor Augen. Wegweiser führen außerdem zu einem schönen »Stadtblick« im Hofgarten (22), und vom Söller der Burg aus liegt einem ganz Landshut zu Füßen.

Romantik in Landshut
Die Landshuter Universität sollte das Gedankengut der Aufklärung verbreiten und damit ein Gegengewicht gegen die Kirche bilden. Bedeutende Gelehrte wurden berufen, so die Juristen Anselm Feuerbach und Karl Friedrich von Savigny, der Theologe und Pädagoge Johann Michael Sailer. Auch kamen Dichter wie Clemens Brentano und seine Schwester Bettina von Arnim. Unversehens wurde die Landshuter Universität damit zu einem Hort der Romantik mit engen Verbindungen nach Heidelberg und den dortigen Romantikern. 1826 verlegte König Ludwig I. den Sitz der Universität nach München, weil er meinte, eine Hauptstadt brauche eine Alma mater, und eine zweite konnte er sich nicht leisten.

Burg in Flammen
Wirklich erobert wurde die Burg Trausnitz (1) nie, aber zerstört wurde sie doch. Was keinem Feind gelang, das schaffte ein vergeßlicher Mensch, der seinen Tauchsieder auszustecken versäumt hatte. Am 21. Okt. 1961 brach um vier Uhr morgens Feuer aus, das erst am Nachmittag unter Kontrolle gebracht werden konnte, obwohl Feuerwehren aus München und Regensburg zu Hilfe geeilt waren. Vernichtet wurde fast der gesamte Fürstenbau mit unersetzlichen Wandmalereien, der Georgi-Rittersaal und die Räume, die Ludwig II. sich hatte einrichten lassen; auch die Narrentreppe nahm schweren Schaden. Erstaunlich viel konnte restauriert und wiederhergestellt werden, anderes lebt nur noch in der Erinnerung oder auf alten Fotos fort.

Die Wittelsbacher gingen, das schöne Stadtbild blieb

Zum Glück für die Landshuter und ihre Gäste steht die Kulisse für das Spiel, die Landshuter Altstadt (14), nach über 500 Jahren fast unversehrt so, wie sie im hohen Mittelalter angelegt worden war. Landshut ist eine jener Städtegründungen des 13. Jh., mit denen die Wittelsbacher ihrem neu erworbenen Territorium Verwaltungs- und Wirtschaftszentren und natürlich auch neue Befestigungen geben wollten.

Schon vor der Stadtgründung 1204 ließ Herzog Ludwig der Kelheimer etwa dort, wo heute das Heilig-Geist-Spital (13) liegt, eine neue Brücke über die Isar schlagen. Im selben Jahr wurde auch die Burg (1), die ihren Namen Trausnitz erst viel später bekam, in Angriff genommen. Die Stadt selbst entwickelte sich zunächst im Bereich zwischen Heilig-Geist-Spital und dem Vorgängerbau der heutigen Kirche St. Martin (17). Zunächst war Landshut alleinige bayrische Hauptstadt, ab 1255 mußte es diese Würde mit München, zeitweise auch mit Ingolstadt und Straubing teilen.

Zu dem ersten breiten und elegant geschwungenen Straßenzug, der noch heute den Namen Altstadt (14) trägt, kam Anfang des 14. Jh. die östlich gelegene und parallel verlaufende, planmäßig angelegte Neustadt. Ab 1338 wuchs der dritte Stadtbereich, wiederum östlich versetzt, heran, die Freyung. Sie hat ihren Namen von der zehnjährigen Steuerfreiheit, die Herzog Heinrich II. jedem gewährte, der sich hier ansiedelte.

Schließlich wurden die drei Bereiche mit einer Mauer umgeben, innerhalb derer die Bürger nun ihre Stadt auszubauen begannen. Sie reihten ein prächtiges Bauwerk ans andere und krönten ihr Werk mit dem Neubau der Pfarrkirche St. Martin (17), die sie ab 1380 in Angriff nahmen. Nach 1405 wurde auch die von einem Feuer zerstörte Kirche St. Jodok (7) wiederaufgebaut und 1407 mit dem Bau der Heilig-Geist-Kirche (11) begonnen. An allen drei Kirchen ist der große Baumeister der Gotik Hans von Burghausen beteiligt, dessen Meisterwerk der himmelstürmende Bau von St. Martin (17) ist.

1392 kam in Landshut Herzog Heinrich der Reiche an die Regierung. Er war der erste der drei Herzöge, die sich mit diesem Beinamen schmücken konnten. Sein Regiment begann er freilich mit ungewohnter Härte gegenüber allen Freiheits- und Selbständigkeitsbestrebungen innerhalb der Bürgerschaft. Allerdings hatte er, als er 1450 starb, nicht nur persönlich ungeheuren Reichtum angehäuft, sondern auch dem Handel und Gewerbe in der Stadt zu großem Gedeihen verholfen.

Höhepunkt dieser reichen Epoche war die Fürstenhochzeit, freilich ahnte damals niemand, daß dieses glanzvolle Ereignis zugleich der Schlußakkord für Landshut als Hauptstadt war. Aus der so prunkvoll

Schon im 13. Jh. war die Trausnitz eine gewaltige Burganlage; damals diente der trutzige Wittelsbacher Turm als Bergfried.

begonnenen Ehe ging nämlich kein männlicher Erbe hervor, und so starb mit Georg dem Reichen 1503 auch die Landshuter Linie der Wittelsbacher aus. München wurde zur alleinigen Residenz, und Landshut war fortan lediglich Zweitwohnsitz nachgeborener Herzogssöhne, die nur noch zeitweise Glanz und Kultur in die Stadt brachten.

Die Universität blieb allzu kurze Zeit

Erst im Jahr 1800 kommt wieder Bewegung in die Stadt, als die Universität hierher verlegt wird; doch als die Hochschule schon 1826 nach München weiterzieht, fällt Landshut zurück in den Status der Verwaltungshauptstadt Niederbayerns. Allerdings begann nun, im Zuge der Zeit, eine intensive Beschäftigung mit der großen Vergangenheit. So bekamen 1875 Münchner Künstler den Auftrag, den Rathaussaal (16) auszumalen, wozu sie Motive der Fürstenhochzeit wählten. Ihre Bilder machten auf einige Bürger der Stadt solchen Eindruck, daß sie beschlossen, das historische Ereignis von nun an regelmäßig nachzuspielen. Was dann 1903 zum ersten Mal in Szene gesetzt wurde, hat sich mittlerweile zum größten historischen Fest Deutschlands entwickelt und die Stadt Landshut weithin bekannt gemacht.

Ein Meisterwerk der Spätgotik
Kaum 18 km isaraufwärts liegt Moosburg mit der einstigen Stifts- und heutigen Pfarrkirche St. Kastulus. Der mächtige romanische Bau aus dem 12. Jh. mit seinen zwei ungleich hohen Türmen wurde ab 1468 von Landshuter Baumeistern spätgotisch umgestaltet. In seinem feierlich-schlichten Inneren finden sich mehr Werke von Hans Leinberger, dem bedeutendsten Landshuter Bildschnitzer der Spätgotik, als irgendwo sonst. Vor allem der Hochaltar verdient Beachtung, der als Leinbergers Meisterwerk gilt und an Pracht und Größe alle anderen spätgotischen Altäre übertrifft. Nach dem Kunstgenuß laden die Brauereigasthöfe der Stadt zu einer trefflichen Brotzeit ein.

Landshuts Potentiale sind noch nicht erschöpft

Natürlich kann die Stadt nicht allein von der Fürstenhochzeit leben; aber das Fest hat dazu beigetragen, daß mit dem baulichen Erbe besonders sorgsam umgegangen wird. Die Gewerbe- und Industriebetriebe hat man ins Umland jenseits der Isar gewiesen, und es scheint ihnen gut zu bekommen. Die Region Landshut gehört zu den wenigen Räumen in der Bundesrepublik Deutschland mit prognostiziertem Wachstum. Rund die Hälfte der Beschäftigten ist im produzierenden Gewerbe tätig: in der Automobilherstellung, in der Elektronik- und Elektroindustrie, in der Textil- und Lebensmittelproduktion.

Mit zunehmend gemischten Gefühlen blicken die Landshuter auf eine der Grundlagen ihres wirtschaftlichen Vorwärtskommens, auf die energieliefernden Kernkraftwerke vor ihrer Haustür. Das erste, Niederaichbach, wird derzeit wieder abgerissen, die Anlage Isar 1 (907 Megawatt) arbeitet seit 1977 nur 13 km vom Stadtkern entfernt, und Isar 2 (1285 Megawatt) ist 1988 in Betrieb gegangen.

Herzlich froh sind die Landshuter, daß sie jetzt mit München durch eine Autobahn verbunden sind. Es ist ihnen nur recht, wenn die Leute von dort kommen, um sich bei ihren Vorgängern in der früheren bayrischen Hauptstadt umzusehen. Sie wissen genau, daß ihre Stadt keinen Vergleich zu scheuen braucht.

Die Narrentreppe der Trausnitz zeigt Figuren der Commedia dell'arte.

Theater, Musik, Veranstaltungen, Museen

Theater

Stadttheater Landshut (20), Ländtorplatz 2–5. Aufführungen des Südostbayerischen Städtetheaters; Gastspiele: Oper, Operette, Schauspiel, Kabarett, Komödie, ☎ 2 10 58 und 8 91 76.
Wirtschaft Waldfrieden, 8315 Höhenberg/Geisenhausen. Kleinkunst, Literaturabende (Sa, ausgenommen Aug.), ☎ (0 87 41) 66 47.

Musik

Rathausprunksaal im Rathaus (16), Altstadt (14). Klassische Konzerte, Folklore, Kammer-, Solokonzerte des Vereins Freunde der Musik e. V. (Okt.–April), ☎ 2 10 15.
Christuskirche an der Luitpoldbrücke. Orgelkonzerte, große Messen oder Oratorien (Ostern/Weihnachten), musikalische Gottesdienste (einmal im Monat), Zyklen mit Gregorianik, Kammermusik, ☎ 6 20 81.
St. Martin (17), Altstadt (14). A-cappella-Messen (jeden zweiten So), Orgelkonzerte (Mai–Juli, jeden Di), gregorianisches Choralsingen, Orchestermessen, ☎ 2 37 80.
Wirtschaft Waldfrieden, 8315 Höhenberg/Geisenhausen. Jazz, Blues, Folk (Sa), ☎ (0 87 41) 66 47.

Veranstaltungen

Alle zwei Jahre (1990) letzte Juni-Woche und erste Juli-Woche: *Landshuter Hofmusiktage* mit Renaissance- und Barockmusik in der Jesuitenkirche (5), Altstadt (14), im Rathausprunksaal (16), in der Stadtresidenz (15), auf der Burg Trausnitz (1), ☎ 2 30 31.
Alle zwei Jahre (1991) Ende Mai: *Flohmarkt* auf der Grieserwiese (7–18 Uhr).
Alle zwei Jahre (1991) Okt.: *Niederbayernschau* auf der Grieserwiese. Leistungsschau der niederbayrischen Wirtschaft, ☎ 2 30 31.
Alle vier Jahre (1993) Ende Juni: *Landshuter Fürstenhochzeit 1475.* Historisches Dokumentarspiel mit Hochzeitszug durch die Innenstadt, Festspiel im Rathausprunksaal (16), Turniere der Ritter auf der Ringelstecherwiese, Tanzspiel mit zeitgenössischen Tänzen, ☎ 2 29 18, 2 30 31.
Anfang Mai: *Frühjahrsdult* auf der Grieserwiese. Volksfest mit Verkaufsjahrmarkt, ☎ 2 30 31.
Juli: *Altstadtfest* in der Altstadt (14). Bürgerfest, ☎ 2 30 31.
Ende Aug.: *Bartlmädult* auf der Grieserwiese. Volksfest mit Verkaufsjahrmarkt, ☎ 2 30 31.
Mitte Sept.: *Landshuter Haferlmarkt* auf dem Platz der Oberen Freyung. Verkaufsmarkt niederbayrischer Keramik, buntes Familienprogramm, ☎ 2 30 31.

Museen

Burg Trausnitz, Burg Trausnitz 168 (s. (1)).
Schatzkammer St. Martin, am Martinsfriedhof 225 (s. (17)).
Staatsgalerie in der Stadtresidenz, Residenz Landshut, Altstadt 79 (s. (15)).
Städtische Gemäldesammlung und Naturkundliche Sammlung des Stadtmuseums im Adelmannschloß (s. (23)).
Stadtresidenz, Stadt- und Kreismuseum, Altstadt 79 (s. (15)).

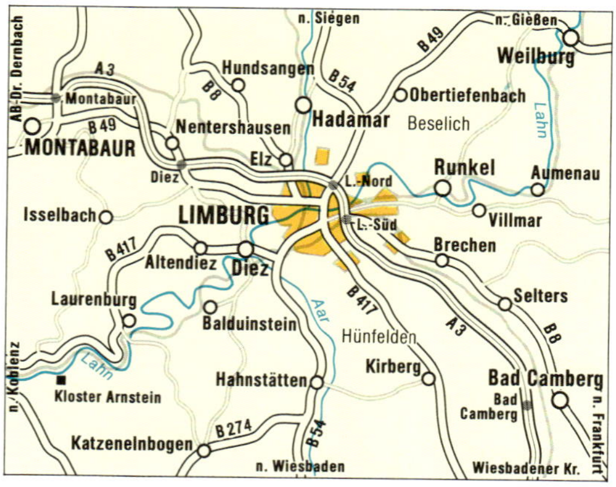

Das Bild auf dem Tausendmarkschein ist veraltet, denn es zeigt den Limburger Dom, wie er vor seiner Restaurierung ausgesehen hat: grau und schlicht auf kalkigem Fels. So farbenfroh, wie sich das siebentürmige Gotteshaus heute wieder präsentiert (unser Bild), bietet sich die ganze Limburger Altstadt mit ihren Fachwerkhäusern dar. In deren ältestem wurde am 8. Juni 1802 der Schinderhannes ergriffen, auf daß er nach

langer Hatz zum Verhör nach Frankfurt gebracht, dann nach Mainz ausgeliefert und dort zum Richtplatz geführt werden konnte. Fratzen und Dämonen an kunstvoll geschmückten Fassaden erinnern an das Mittelalter, als Limburg am Kreuzungspunkt wichtiger Straßen lag, Wohlstand erwarb und sich in Frankfurt ein eigenes Messehaus leisten konnte.

Limburg

Dom über der Furt

Wappen Aus einem alten Stadtsiegel ist das Stadtwappen (mit dem Wappen der Herren von Limburg am mittleren Turm) hervorgegangen. Stadttürme und Stadtmauer symbolisieren die Macht und Bedeutung dieses Ortes, der schon Anfang des 13. Jh. Stadtrechte erhielt und damit zu den ältesten Städten Hessens zählt.
Lage An der Lahn zwischen Taunus und Westerwald
Land Hessen
Autokennzeichen LM
Höhe 108–251 m ü. M.
Fläche 46 km^2
Einwohnerzahl 29100
Postleitzahl 6250
Telefonvorwahl 0 64 31
Post Postamt Limburg, Frankfurter Str. 9, Spätschalter (So 10.30–11.30 Uhr).
Polizei Polizeikommissariat Limburg, Offheimer Weg, ☏ 2 20 21
Taxi ☏ 33 66
Nahverkehr Der öffentliche Busverkehr dient dazu, Bewohner aus den Randbezirken in die Innenstadt zu bringen bzw. Innenstadtbewohnern Fußwege zu ersparen oder zu erleichtern. Touristen sind auf Busse kaum angewiesen.
Camping Campingplatz Limburg, zu erreichen über die A 3, Ausfahrt Limburg-Nord, Weilburger Str. stadteinwärts, ☏ 2 26 10.
Parken Parkhäuser, Tiefgaragen und mehrere Parkplätze erleichtern das Parken in Limburg auch an Tagen mit großem Besucheransturm. Zentral gelegen sind die Stadthallen-Tiefgarage, erreichbar über die Diezer Str., durchgehend geöffnet, und das Karstadt-Parkhaus mit Zufahrt über die Werner-Senger-Str.
Touristinformation Verschönerungsverein Limburg e. V., Hospitalstr. 2, ☏ 61 66, 20 32 22 (April–Okt. Mo–Fr 9–12.30, 14–18, Sa 10–12 Uhr; Nov.–März Mo–Do 9–12.30, 14–17, Fr 9–13 Uhr).
Stadtführung Nach Vereinbarung mit dem Verkehrs- und Verschönerungsverein.
Schiffahrt Von Mai–Okt. fährt tägl. (außer Mo und Do) das Motorschiff »Wappen von Limburg« lahnabwärts nach Balduinstein, vorbei an Diez und dem malerischen Schloß Schaumburg. Abfahrtszeit in Limburg ab Eschhöfer Weg 13.20 Uhr. Daneben gibt es Sonderfahrten für Gruppen und einstündige Rundfahrten, ☏ 39 84.

Stadtrundgang

Parkgelegenheiten gibt es in der Stadthallen-Tiefgarage, im Altstadtparkhaus und im Karstadt-Parkhaus, von dessen Dachgeschoß aus sich übrigens ein prachtvoller Blick auf Limburg und den Giebel des Rathauses auftut. Wer nirgends länger zu Besichtigungen verweilt, benötigt für unseren Rundweg zur Erkundung Limburgs kaum mehr als eine Stunde und ist doch an fast allen Sehenswürdigkeiten vorbeigekommen.

Empfehlenswert ist solche Eile freilich nicht; zumindest dem Dom 10 *sollte man sich eingehend widmen und in eines der zahlreichen gemütlichen Wirtshäuser der Altstadt einkehren.*

Sehenswürdigkeiten

1 *St. Anna*, Kirche des vormaligen Wilhelmitenklosters aus dem 14. Jh., 1650–52 barockisiert; bedeutendes Chorfenster mit der Darstellung des Lebens Christi (Mitte des 14. Jh.).

2 *Hattstein-Brunnen*, Erinnerung an den Raubritter Friedrich von Hattstein, den die Limburger 1357–63 zu ihrem Stadthauptmann machten.

3 *Historisches Rathaus*, 1399–1899 Sitz der Stadtverwaltung, spätgotisches Hallenhaus mit Kellergewölbe und Wendeltreppe; beachtenswert die mächtigen Unterzüge in der Ratshalle. Verwaltungssitz der Städtischen Kunstsammlungen (s. 4).

4 *Kunstsammlungen der Stadt Limburg*, Fachwerkhaus, Eingang Historisches Rathaus 3 ; Werke von Josef Eberz (Gemälde, Grafik) und Ernst Moritz Engert (Grafik, Scherenschnitte), ferner Wechselausstellungen (Mo–So 10–12, 14–16, Mi 14–18 Uhr).

5 *Werner-Senger-Haus*, vermutlich um 1290 erbaut, 1970 restauriert. In diesem Haus an der engsten Stelle auf dem Handelsweg Köln – Frankfurt soll der Schinderhannes gefangengenommen worden sein.

6 *Fachwerkhaus Römer 2 – 4 – 6*, 1289 erbaut, eines der ältesten erhaltenen Fachwerkhäuser in der Bundesrepublik Deutschland. 1583 umgebaut, nach archäologischer und baugeschichtlicher Erforschung saniert.

7 *Fachwerkhaus Römer 1*, dreigeschossiger Ständerbau von 1296, vorderer Teil 1520 erneuert; gilt als typischer Burgmannenhof. 1976/77 sorgfältig restauriert.

8 *Diözesanmuseum*, Präsentation des Domschatzes mit dem 1204 aus Konstantinopel geraubten Kreuzreliquiar (Staurothek), Meßkelchen, silbernen Buchdeckeln, einem Abtsstab aus dem 15. Jh. und weiteren sakralen Kunstwerken (15. März–15. Nov. Di–Sa 9.30–12.30, 14–17, So 11–17 Uhr).

9 *Alte Stiftsvikarie*, um 1600 als Burgsitz der Herren von Staffel erwähnt, innerhalb des Burgbezirks in einem ummauerten Garten gelegen.

10 *Dom*, siebentürmige Kirche der spätromanischen Zeit mit deutlicher Beeinflussung durch französische Kirchen der Frühgotik, 1235 geweiht und um 1250 fertiggestellt. Die urspr. Farbigkeit des Äußeren wurde 1973 wiederhergestellt und hebt die Bauglieder voneinander ab. Auch der Innenraum konnte in den urspr. farbigen Zustand zurückversetzt werden. Zur Ausstattung gehören ein spätgotisches Sakramentshaus (1496), der Annenaltar (frühes 16. Jh.), ein Taufstein (um 1235) sowie mehrere Grabmäler, insbesondere das für den Kirchenstifter Graf Konrad Kurzbold (um 1230).

11 *Schloß*, ins 7. oder 8. Jh. zurückreichende Anlage mit einem quadratischen Wohnturm (Mitte des 13. Jh.) und einer romanischen Burgkapelle (Ende 13. Jh.). Jüngsten Datums ist der Nordflügel (um 1600), die restlichen Bauten stammen aus dem 14.–16. Jh.

12 *Stadtkirche St. Sebastian*, um 1300 in Angriff genommene dreischiffige Basilika, der franziskanischen Bauvorschrift entsprechend mit einem flach gedeckten Langhaus und ohne Turm; im Zuge einer Erneuerung wurde 1742 eine Spiegeldecke mit Stuckmedaillons eingezogen. Zur Ausstattung gehören Epitaphien und zwei spätgotische Dämonenfratzen, ferner eine barocke Orgel.

13 *Haus des »Teigbildhauers« Friedel Hensler*, seit 300 Jahren in Familienbesitz, Dämonenfratzen Henslers an der Ostseite.

14 *Ehemaliges Beginenkloster*, 1339–1817 Franziskanerkloster; der Bau von 1631 wird heute als Altersheim genutzt.

15 *Walderdorffer Hof*, gotischer Wohnturm, dem 1665–81 von Angelo Barella neue Flügel mit Fachwerkerkern und zwei Wendeltreppen im Innenhof hinzugefügt wurden.

16 *Haus der sieben Todsünden;* geschnitzte Fratzen sollen schützen vor Hoffart, Geiz, Neid, Unkeuschheit, Unmäßigkeit, Zorn, Trägheit.

17 *Alte Lahnbrücke*, 1315–41 erbaut, mit guterhaltenem quadratischem Brückenturm, dessen untere Teile aus dem 13. Jh. stammen. Auf der Auskragung Statue des hl. Nepomuk.

18 *Ehemalige Stiftskirche St. Lubentius und Juliana* in Dietkirchen, auf einem Felsen über der Lahn gelegener hochromanischer Bau aus dem 11. Jh. Umbauten zur Emporenbasilika im 12. Jh. Der Taufstein (um 1220) ähnlich dem des Limburger Doms, an der Sakristeitür Evangelistenplatte aus dem 13. Jh.

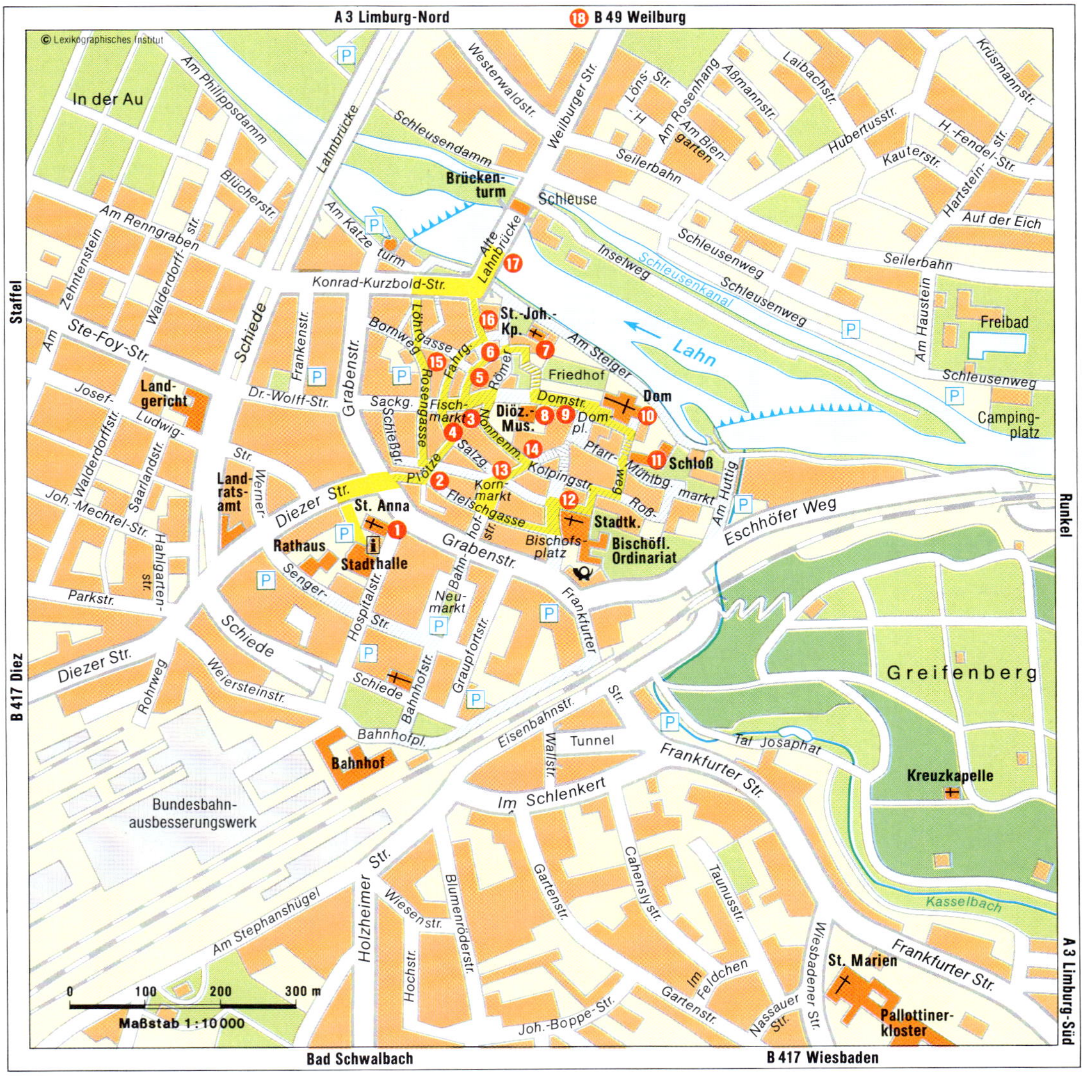

Seit dem Mittelalter unversehrt

Wer hier von einer mittelalterlichen Altstadt redet, trifft den Nagel auf den Kopf. Es mag über andere Städte ältere Beurkundungen geben; aber diese hat ihre bis weit ins 13. Jh. zurückreichende Bausubstanz erhalten, war über die Jahrhunderte ihrer Existenz hinweg niemals ernstlich zerstört. Limburg ist ein Denkmal, und diese Tatsache hat Anfang der 70er Jahre die Stadt und das Land Hessen bewogen, eine Altstadtsanierung einzuleiten. Sie ist längst noch nicht abgeschlossen, aber ihre bisherigen Ergebnisse faszinieren die vielen Besucher, die sommers Tag für Tag durch die Gassen bummeln. Insgesamt 400 000 Tagestouristen im Jahr verkraftet die kleine Stadt zwar nicht gerade spielend, aber doch so, daß jeder sieht, was er sehen möchte.

Wer Limburg besucht, muß gut zu Fuß sein. Vom Ufer der Lahn klettert die Stadt den Domberg empor, hinauf zur 1235 geweihten ehemaligen Stiftskirche St. Georg (10), die auf steilem Fels emporragt. Mit der Gründung des Bistums Limburg wurde sie 1827 zum Dom erhoben. Der Überlieferung zufolge hat Graf Konrad Kurzbold aus dem Geschlecht der Konradiner die erste Vorgängerkirche hier oben gestiftet. Die Konradiner hatten im 10. Jh. von der unmittelbar benachbarten Burg, dem heutigen Schloß (11), Besitz ergriffen. Später residierten hier die Isenburger. Zu dieser Zeit, im frühen 13. Jh., gab es bereits eine Kaufmannssiedlung zu Füßen von Burg und Kirche und den heutigen Fischmarkt vor dem westlichen Burgeingang. Eine erste Stadtmauer schützte schon 1130 die Siedlung. 1180 wurden hier Münzen geprägt, und 1214 erhielt Limburg Stadtsiegel und Stadtrechte.

Wo sogar Nichtraucher qualmen

Aus dem Brauch der Kolpingfamilie, Meister und Gesellen zum Rauchen ihrer Tabakspfeifen beim Plauderstündchen zu versammeln, ist ein Verein hervorgegangen, dem sich die Limburger eng verbunden fühlen: der Rauchclub. Seit über 100 Jahren fühlt er sich dafür verantwortlich, mit Witz und Humor die Fastnacht zu gestalten. Den Auftakt bildet am 11.11. ein Wettrauchen, bei dem sich auch eingefleischte Nichtraucher gerne eine Zigarre verpassen lassen. Es kommt darauf an, sie möglichst lange am Glimmen zu halten. Spezialisten bringen es auf zwei Stunden und mehr.

Weilburg, barocke Residenzstadt
Über Runkel erreichen Sie von Limburg aus nach 20 km Fahrt durch eine landschaftlich sehr schöne Gegend die ehemalige Residenzstadt der Nassauer Grafen Weilburg. Ein Abstecher, der sich lohnt: Da gibt es den Schiffstunnel, 1847 zur Abkürzung einer Flußschleife durch den Berg getrieben. Den Kunstfreund wird das 1535–85 entstandene Renaissanceschloß ebenso begeistern wie die Barockbauten des 17./18. Jh. und die Stadtanlage. In Kubach, 4 km östlich vom Stadtkern, wurde außerdem 1974 die einzige Kristallhöhle der Bundesrepublik Deutschland entdeckt (April–Okt. Mo–Fr 14–16, Sa, So und feiertags 10–17 Uhr).

Frühzeitig aus der Lage Kapital geschlagen
Ihre frühe Bedeutung als Handelsplatz hat die Stadt ihrer günstigen Lage an einer Furt durch die Lahn zu verdanken. Hier kreuzte die früheste Handelsstraße von Koblenz nach Weilburg – die »Hühnerstraße« – die »Hohe Straße«, die seit 940 die Handelsstädte Köln, Frankfurt und Nürnberg verband und weiter nach Böhmen und Ungarn führte. Die Limburger wußten aus dieser glücklichen Lage schon bald Kapital zu schlagen. Bevor die ersten Brücken geschlagen wurden, verdingten sich die Männer als »Säcker« (Sackträger) und schleppten die Waren durch den Fluß, weil die hochbeladenen Fuhrwerke die Furt nur entladen überqueren konnten.

Später, nach dem Brückenbau, machten sich die Limburger »Säcker« in den engen und winkeligen Gäßchen nützlich und kassierten kräftig »Wegezoll«, als die immer größer werdenden Fuhrwerke hier Schwierigkeiten bekamen. In Köln auf dem Heumarkt zeigte ein Maß den Fuhrknechten an, wie hoch ein Wagen beladen sein durfte, um die Engstellen in Limburg passieren zu können. Wer heute durch die seit 1986 verkehrsberuhigte Altstadt spaziert, vermag sich leicht vorzustellen, wie hier einst die Fuhrwerke unter Peitschenknallen über das Pflaster gerumpelt sind.

Unverwechselbares Stadtbild
Dem alten Limburg fehlen die charakteristischen Merkmale der mittelalterlichen Stadt. Es gibt keine Straßenkreuzungen, keinen zentralen Markt, kein repräsentatives Rathaus. Kleine Plätze reihen sich hier aneinander – Plötze, Fischmarkt, Kornmarkt, Roßmarkt – und sind durch Gäßchen miteinander verbunden, die Barfüßer-, Fleisch-, Salzgasse und Rütsche heißen, letzteres ein Hinweis darauf, daß es hier bergab zur Lahn geht.

An diesen Plätzen und Gassen stehen die prachtvollen alten Häuser – meist in Fachwerk, manchmal auch aus Stein erbaut – und neigen ihre spitzen Giebel einander zu. Weit muß der Betrachter den Kopf in den Nacken legen, um die Inschriften und Ornamente zu entdecken, mit denen die alten Limburger ihre Häuser geschmückt haben. Sie konnten es sich leisten, denn mit Tuchhandel und -herstellung waren sie so reich und selbstbewußt geworden, daß sie in Frankfurt am Römer mit Haus Limpurg ihr eigenes Messehaus besaßen. Charakteristisch für die schmalen Limburger Häuser sind Treppen, oft kunstvoll gewunden, weil so Platz zu sparen war. Die schönsten Beispiele sind im Historischen Rathaus ❸ und im Walderdorffer Hof ⓯ zu finden, jenem gräflichen Sitz an der Fahrgasse, durch die die alte Salzstraße von der Lahnbrücke in die Stadt heraufzog.

Kirchenbau von großartiger Einheitlichkeit
Viele Treppen führen auch hinauf zum Dom ❿, der sich seit seiner Restaurierung in den 70er Jahren in der Farbenpracht seiner Entstehungszeit präsentiert. Elfenbeinweiß und rostrot heben sich die Strukturen des Bauwerks voneinander ab, darüber schiefergrau die Dächer der sieben Türme. Wer die letzten Stufen erklommen hat, steht fasziniert vor der

Die Salzgasse ist so schmal, daß man Mühe hat, die Details der oberen Stockwerke zu erkennen.

Über die sechsbogige Alte Lahnbrücke führten einst fast alle wichtigen Straßen der Region.

Fassade des mächtigen Gotteshauses und dem hohen Portal. Der Eindruck des großartig einheitlichen Bauwerks aus der Übergangszeit zwischen Spätromanik und Frühgotik wird im Innern noch gesteigert: Lichtdurchflutet empfängt den Besucher ein prächtiger Kirchenraum, an dessen Wänden Fresken aus der Erbauungszeit freigelegt wurden, ein einzigartiges Denkmal romanischer Architekturmalerei.

Für ein weites Umland attraktiv

Als es den Limburgern im 19. Jh. in ihrer kleinen Stadt zu eng wurde, legten sie die Mauern nieder und planten eine großzügige Erweiterung. Aus den Befestigungsanlagen wurden Straßenzüge, die heute den Verkehrsablauf bestimmen. Zwischen Grabenstraße (ehemaliger Stadtgraben) und Schiede (früherer Schiedegraben) entstand der Neumarkt, um den herum das gewerbliche Leben pulsiert, während der Altstadt kleine Läden verblieben – darunter Limburgs »kleinstes Kaufhaus« –, die Schmuck, Glas, Kunstgewerbe und das blaugraue Steingut anbieten, das die »Kannenbäcker« im nahen Westerwald herstellen.

In der Nähe des Neumarkts steht das Neue Rathaus, Verwaltungssitz seit 1900, dessen ältester Teil inzwischen auch schon historisch ist. Nach einem reichen Handelsherrn, der sein Vermögen der Stadt hinterließ und sie in die Lage versetzte, karitative Einrichtungen zu schaffen, ist die Werner-Senger-Straße benannt. Hier reihen sich die Einzelhandelsgeschäfte und großen Kaufhäuser. Nicht nur die Limburger kaufen hier, sondern auch die Leute aus dem Hintertaunus, dem Lahntal und dem Westerwald. Für rund 200 000 Menschen der Region ist die Lahnstadt der zentrale Ort, wo sie Geld verdienen und ausgeben und auch die unumgänglichen Behördengänge erledigen: Gericht, Gewerbeaufsicht, Landrat und andere Behörden haben hier ihren Sitz.

Humorvoll und gewitzt

Stolz weist die Stadt zwar mehr als 29 000 Einwohner aus, aber nur 15 000 leben im eigentlichen Limburg, die übrigen sind durch die Gebietsreform hinzugewonnen. Hinzugewonnen wurde auch Dietkirchen mit seiner ehemaligen Stiftskirche St. Lubentius und Juliana (18), deren Doppelturmfassade den Limburger Dom (10) zum Vorbild hat. Auch sie thront auf einem Kalkfelsen über der Lahn. Zwischen den beiden großartigen Kirchen schwingt sich in stolzer Höhe die Autobahn Köln/Frankfurt über das Lahntal. Vor und nach der Brücke führen Ausfahrten nach Limburg hinunter, nur unweit der Stelle, wo vor 1000 Jahren eine Furt durch den Fluß führte und zum Grundstein für das Wachsen und Blühen der wunderschönen Stadt wurde.

Und die Limburger selbst? Sie sind, das kann getrost behauptet werden, ein gewitztes und humorvolles Völkchen. Zwar hat sich die halbe Stadt entrüstet, als dem Dom seine ursprünglichen Farben zurückgegeben wurden. Zu sehr hatte man sich an das Ergebnis einer Restaurierung des 19. Jh. gewöhnt, bei der man irrtümlich das Grau des nackten Steins für authentisch gehalten hatte. Aufregung gab es auch um den Hattstein-Brunnen auf der Plötze, weil sich die Bürger nicht mit einem »Suffkopp« (Saufkopf) identifiziert sehen wollten, der gerade ein Weinfaß stemmt. Aber gerade im Fall des Ritters Hattstein haben die Limburger schon vor sechs Jahrhunderten Schlitzohrigkeit bewiesen, indem sie den landauf, landab verschrienen Raubritter zu ihrem Stadthauptmann machten und ihn so »an die Kette legten«.

Von plastischer Vielfalt sind die Werke des Teigbildhauers.

Kunstwerke aus Teig

Eigentlich wäre Friedel Hensler lieber Bildhauer geworden, aber die Familientradition verlangte, daß er die Bäckerei seines Vaters übernahm. Aus dieser Not machte er eine Tugend, indem er fortan nicht nur Holz schnitzte und Ton oder Gips modellierte, sondern in der Backstube aus Lebkuchenteig Figuren formte, die sich oft aus 50 bis 60 Einzelteilen zusammensetzen. Der Limburger Teigbildhauer ist längst eine Berühmtheit. Sein Repertoire umfaßt mittlerweile über 30 Standardfiguren, wie das »Schwälmer Hochzeitspaar«, den »Limburger Säcker« (Sackträger), die »Fruchtbarkeitsgöttin« und andere. In sein Gästebuch haben sich prominente Besucher wie Helmut Schmidt und Helmut Kohl, Holger Börner, Günter Grass und der Limburger Bischof Franz Kamphaus eingetragen, der sich anläßlich seiner Weihe in Teig modelliert und gebacken sah.

Theater, Musik, Veranstaltungen, Museen

Theater

Stadthalle, Hospitalstr. 4. Gastspiele: Oper, Operette, Musical, Schauspiel (Sept.–Mai), ☏ 2 50 80.
Thing in der Stadthalle, Hospitalstr. 4. Kleinkunst, ☏ 2 40 11.

Musik

Stadthalle, Hospitalstr. 4. »Limburger Meisterkonzerte« (Sept.–Mai): Sinfonie-, Kammer-, Solistenkonzerte, Liederabende, ☏ 2 50 80.
Dom (10), Domplatz. Orgel-, Chorkonzerte, Oratorien, Messen (April–Okt.), ☏ 29 50.
Thing in der Stadthalle, Hospitalstr. 4. Jazz, Blues, ☏ 2 40 11.

Veranstaltungen

Sommerschulferien: *Limburger Sommertreff*, Serenadenhof. Freiluftveranstaltungen: Jazz, Rock, Pop, Theater, Kindertheater, Kabarett (jeden Sa 20 Uhr), ☏ 20 32 29.
1. Sa im Juni: *Altstadtfest* mit Theater, Musik, Folklore.
3. Wochenende im Okt.: *Oktoberfest*, Marktplatz. Volksfest.

Museen

Diözesanmuseum, Domstr. 12 (s. (8)).
Kunstsammlungen der Stadt Limburg, Fischmarkt 21/22 (s. (4)).
Missionsmuseum der Pallottiner, Wiesbadener Str. 1. Kultgegenstände der Eingeborenen aller Kontinente (8–12, 14–18 Uhr).

»Glückselig« hat Friedrich Hölderlin die Insel gepriesen, Eduard Mörike schrieb von einer »vergnügten Stadt«. In unserem Jahrhundert hat Horst Wolfram Geißler ihr mit dem Roman »Der liebe Augustin« ein literarisches Denkmal gesetzt. Lindau hat sich das Lob der Dichter verdient, denn seine Lage und die Landschaft ringsum, sein kulturelles Angebot und eine Vielzahl historischer Bauten ergeben eine Ausstrahlung, die ihresgleichen

sucht. Mit einem Schiff zwischen den Wahrzeichen der Stadt – dem bayrischen Löwen und dem Leuchtturm – in den Hafen einzulaufen, ist sicher die reizvollste Art, sich Lindau zu nähern. Aber auch die Einfahrt mit der Bahn in den Jugendstilbahnhof hat ihren Charme. Sie mag bei Weitgereisten Erinnerungen an Venedig oder an Fehmarn wachrufen.

Lindau

Stadt im See

Wappen Vermutlich war der Ort der ersten Ansiedlung mit Linden bewachsen, denn die Linde läßt sich schon seit 1264 in einem alten Stadtwappen nachweisen.
Lage Am östlichen Rand des Bodensees gelegen, teilweise auf einer Insel (Altstadt).
Land Bayern
Autokennzeichen LI
Höhe 405–475 m ü. M.
Fläche 33 km²
Einwohnerzahl 25 800
Postleitzahl 8990
Telefonvorwahl 0 83 82
Post Hauptpost, Maximilianstr. 52, Spätschalter (So 10–11 Uhr).
Polizei Ludwig-Kick-Str. 20, ☏ 2 77 60
Taxi ☏ 44 55, 33 77, 60 06
Nahverkehr Vom zentralen Omnibusbahnhof (beim Hbf.) aus verkehren sechs Omnibuslinien in alle Lindauer Stadtteile wie auch nach Nonnenhorn und Bregenz.
Camping Campingplatz Zech, Fraunhoferstr., ☏ 7 22 36. Zu erreichen über die B 31 in Richtung Bregenz.
Parken Gebührenfrei auf dem sehr gut ausgeschilderten Seeparkplatz auf der Insel.
Touristinformation Verkehrsverein, gegenüber dem Hbf., ☏ 50 22 (im Sommer: Mo–Fr 8–18, Sa 9–13 Uhr; im Winter: Mo–Fr 8–12, 14–17 Uhr).
Stadtführung Ab Verkehrsamt (gegenüber dem Hbf.) Di und Fr 10 Uhr (April–Okt.).
Schiffahrt Vom Lindauer Hafen aus können verschiedene Rundfahrten auf dem Bodensee gemacht werden.

Stadtrundgang
Für unseren Rundgang benötigen Sie zwei Stunden, wenn Sie ihn am Ausgangspunkt Pulverschanze ❶ (neben dem Seeparkplatz) beginnen. Ungefähr 40 Min. lassen sich einsparen, wenn Sie vom Seeparkplatz aus direkt den Steg über die Bahngleise nehmen und ab dem Diebsturm ❸ unserem Vorschlag folgen. Für eine Rast sei die in der Saison blumengeschmückte Maximilianstraße mit ihren Straßencafés und Ruhebänken empfohlen.

Sehenswürdigkeiten
❶ *Pulverschanze*, 1614 als Bastion angelegt, heute Aussichtsplattform mit schöner Sicht über den Bodensee.
❷ *Pulverturm*, 1508 als sogen. »Grüner Turm« erbaut, ehemaliges Pulvermagazin, diente zum Schutz des unbebauten Westteils der Insel; das runde Turmzimmer dient heute für Empfänge.
❸ *Diebsturm*, auch Malefizturm gen.; um 1370–80 entstandener runder Bau mit hohem spitzem Dach und vier Erkern, auf dem höchsten Punkt der Insel gelegen, diente für Verteidigungszwecke und als Gefängnis; Turmrenovierung in den 70er Jahren.
❹ *St.-Peters-Kirche*, älteste Kirche der Stadt mit viereckigem Quaderturm, vermutlich ins 9. Jh. zurückreichend, heute Kriegergedächtniskapelle; Chor und östliche Teile aus dem 11. Jh. Im Innern des einschiffigen schlichten Baus der einzig bekannte Fresken-Zyklus (1485–90) von Hans Holbein d. Ä.
❺ *Maximilianstraße*, zahlreiche Patrizierhäuser mit gewölbten Laubengängen aus der Zeit der Gotik und Renaissance.
❻ *Altes Rathaus*, 1422–36 im gotischen Stil errichtet, Umgestaltung im Sinn der Renaissance; volutengezierter Staffelgiebel und Ratslaube vor dem ersten Obergeschoß, zu der eine überdachte Treppe hinaufführt. Die Fassadenbemalung mit Motiven des Reichstags von 1496 wurde 1972–75 erneuert und greift Entwürfe des 19. Jh. auf. Im Erdgeschoß Stadtarchiv und ehemalige Reichsstädtische Bibliothek (1538) (Mo–Do 14–17, Fr 9–12 Uhr).
❼ *Lindavia-Brunnen*, allegorische Darstellung der Fischerei, des Garten- und Weinbaus, der Schiffahrt und des Ackerbaus von Friedrich von Thiersch (1884), roter Marmor.
❽ *»Haus zur Krone«*, 1492, ältestes (ehemaliges) Gasthaus der Stadt, das zahlreiche gekrönte Häupter zu seinen Gästen zählte.
❾ *»Haus zum Sünfzen«*, um 1350, ehemalige Trinkstube der »Sünfzen-Gesellschaft«, Vereinigung von Lindauer Patriziern; Fassadenbemalung um 1930.
❿ *»Haus zum Cavazzen«*, eines der schönsten Bürgerhäuser am Bodensee; ein Vorgängerbau im Besitz der Familie de Cavazz brannte 1728 ab. Den Barockbau in der jetzigen Form mit einem mächtigen Walmdach schuf 1728/29 der Schweizer Jakob Grubenmann; Sepp Lorch erneuerte 1963/64 die aus der Gründerzeit stammenden Fresken. Sitz der *Städtischen Kunstsammlungen* mit Gemälden, Grafiken, Plastiken, Teppichen, Möbeln sowie Funden und Dokumenten zur Handwerks- und Stadtgeschichte (etwa März–Okt. Di–Sa 9–12, 14–17, So 10–12 Uhr).
⓫ *St. Stephan*, dreischiffige Basilika des 15./16. Jh., 1781–83 zur »Pseudohalle« umgestaltet; gleichzeitig erhielt der Turm seine Zwiebelform. Im Innern klassizistisches Dekor und Renaissanceepitaphe für den kaiserlichen Rat Daniel Heyder, einen großen Bürger der Stadt, und dessen Sohn Valentin.
⓬ *St. Maria*, ehemalige Frauenstiftskirche; ein ottonischer Bau des 9. Jh. hinterließ keine Spuren; die romanische Nachfolgerin des 12. Jh. fiel dem Brand von 1728 zum Opfer, Reste im heutigen Turm. 1748–51 errichtete Johann Caspar Bagnato die flach gewölbte Halle mit zwei Seitenschiffen. Die Fresken von Josef Ignaz Appiani sowie der Stuck von Hans Georg Gigl und Andreas Bentele wurden 1922 nach abermaligem Brand erneuert.
⓭ *Heilig-Geist-Hospital*, um 1237 erstmals urkundlich erwähnt, zahlreiche Umbauten zur jetzigen Gestalt, heute Altenheim; eigenes Archiv.
⓮ *Heidenmauer*; Steinmauer, über deren Ursprung drei Hypothesen existieren: Bollwerk aus der Römerzeit oder Wachtturm des 9. Jh. oder Verteidigungsturm der späten Stauferzeit.
⓯ *Gerberschanze*, ehemaliges Bollwerk der Stadtbefestigung, gute Aussicht über den See und nach Österreich.
⓰ *Stadttheater*, im 13. Jh. erbaute Barfüßerkirche, seit 1887 Theater, 1986 renoviert.
⓱ *Römerschanze*, früher »Auf der Burg« gen., bildete bei der Befestigung Lindaus ein kleines Eiland für sich; hier befand sich die früheste Kapelle der Insel mit Fundamenten aus merowingischer Zeit.
⓲ *Hafen*, 1811 angelegt, 1850–56 erweitert und mit den Wahrzeichen Lindaus versehen, dem bayrischen Löwen und dem 33 m hohen Leuchtturm. Dieser kann bestiegen werden.
⓳ *Mangturm*, Wachtturm wahrscheinlich aus dem 12. Jh., 37 m hoch, Spitzdach 1981 erneuert (Turmbesteigung möglich).
⓴ *Schloßhofgalerie*, Wechselausstellungen: Gemälde, Zeichnungen, Malerei von der klassischen Moderne bis zur Gegenwart (Mo–Fr 10–12, 14.30–18, Sa 10–13 Uhr).
㉑ *Friedensmuseum*, in der klassizistischen Lindenhofvilla im Stadtteil Bad Schachen untergebracht, erstes Museum seiner Art in Europa: Material über Persönlichkeiten, die für den Frieden gearbeitet haben (April–Okt. Di–Sa 10–12, 14.30–17, So 10–12 Uhr).

Ein Gelübde in höchster Not

Die besondere Lage Lindaus verhinderte die Entwicklung zur »modernen« Stadt mit zweckmäßig-häßlichen Neubauten und breiten, vierspurigen Straßen mittendurch. Lindau ist nämlich auf ganz andere Art modern: Ausgedehnte Fußgängerbereiche, großflächig verkehrsberuhigte Zonen und eine gepflegte Architekturtradition machen es als Wohnort liebens- und lebenswert.

Von der Ausstrahlung der historischen Stadt profitieren auch ihre Gäste. Auch wer schon mehrmals zu Besuch auf der Insel war, findet immer noch stille Winkel und romantische Ecken – zum Beispiel in der Maximilianstraße ❺, am Hafen ⓲ oder im Zitronengäßle – geradezu Spitzwegmotive in einer Vielfalt, wie sie kaum eine andere Stadt zu bieten hat.

Weit über 1000 Jahre währt die Siedlungsgeschichte der Bodensee-Insel schon. Der Sage nach soll Graf Adalbert von Rätien um das Jahr 810 bei einer Fahrt über den Bodensee in einen verheerenden Sturm geraten sein. In seiner mißlichen Lage gelobte der fromme Mann die Gründung eines Klosters zu Ehren der Mutter Maria.

Das nach überstandener Gefahr gegründete Kanonissenstift war die erste Ansiedlung auf der Insel. An deren nordwestlichem Ende, dem heutigen Schrannenplatz, ließen sich alsbald auch Fischer nieder. Hierauf weist die Peterskirche ❹ hin, denn ihr Patron ist auch der Schutzheilige der Fischer. Die im 9. Jh. gegründete Kirche dürfte eine der ältesten im gesamten Bodenseegebiet sein.

Den ersten Markt richteten die Stiftsdamen im benachbarten Aeschach ein – zum Vorteil der Bauern, denen so der Schiffstransport erspart blieb; aber 1079 wurde der Markt des besseren Schutzes wegen vom Festland auf die Insel verlegt.

Damit war der Grundstein für die städtische Entwicklung gelegt. Das Stift ernannte einen sogenannten Ammann, der für Frieden und Redlichkeit auf dem Markt zu sorgen hatte.

Große Rundfahrt auf dem See

Die große Bodenseerundfahrt führt durch die Bregenzer Bucht, dann am österreichischen Ufer entlang bis zur Rheinmündung, schließlich weiter am Schweizer Ufer. Bei einem Sonnenbad und kühlen Getränken läßt sich vom Oberdeck trefflich die Aussicht über die Schilflandschaften der Naturschutzgebiete Rohrspitz und Rheinspitz bis zu den scheinbar so nahen Bergketten genießen. Auf der Höhe von Rorschach geht es in einer großen Schleife quer über den See zurück zum deutschen Ufer. An den malerischen Ortschaften Nonnenhorn und Wasserburg vorbei, fährt das Schiff dann längs der Uferlandschaft der Gartenstadt Bad Schachen in den Lindauer Hafen zurück.

Wer es romantisch liebt, dem sei die abendliche Rundfahrt (20–24 Uhr) mit Tanzkapelle auf derselben Route empfohlen (☏ 60 99).

Ausflug nach Wasserburg
Wasserburg liegt reizvoll auf einer Halbinsel im Bodensee, nur knapp 5 km westlich von Lindau. Der Ausflug dorthin läßt sich mit einem Besuch des Friedensmuseums 21 in der von einem prächtigen Park umgebenen Lindenhofvilla verbinden.
In Wasserburg erinnert die Fuggersäule von 1720 an die Augsburger Kaufmannsdynastie, die vor rund 400 Jahren auch das Gerichtshaus erbauen ließ.
In der Schreckenszeit der Hexenverfolgung diente es als Gerichtsstätte und als Gefängnis für die beschuldigten Frauen. Ein einziger Amtmann soll allein 20 Hexen zum Tod auf dem Scheiterhaufen verurteilt haben. Ein vergleichsweise erfreulicher Blickfang ist die barocke Kirche St. Georg mit ihrem Zwiebelturm. Säulen im Kirchenschiff dokumentieren die »Seegfrörnen«. So wird das seltene Ereignis bezeichnet, wenn der Bodensee mit einer geschlossenen Eisdecke überzogen ist. In unserem Jahrhundert war das bisher nur 1963 der Fall. Das Wasserburger Schloß, dessen älteste Teile aus dem 13. Jh. stammen, beherbergt heute einen Hotelbetrieb.
Der Spaziergang von Wasserburg nach Nonnenhorn (etwa 2 km) sei allen Weinfreunden empfohlen, denn die Gemeinde bemüht sich erfolgreich um die Wiederbelebung ihrer Winzertradition, an die ein Weintorkel (Weinpresse) von 1591 erinnert.

Lindauer Kinderfest
Seit Ende des Dreißigjährigen Krieges feiern die Lindauer ihr Kinderfest. Am vorletzten Mittwoch im Juli ziehen die Schulkinder der Stadt in vier Kolonnen zum Bismarckplatz und werden dort vom Oberbürgermeister und einer großen Zuschauermenge erwartet. Vom Verkünd-Erker des Alten Rathauses 6 begrüßt das Stadtoberhaupt die Kinder, dann löst sich der Festzug auf, und es geht zurück in die Stadtteile. Nach Beendigung der Kinderveranstaltungen kommen die Erwachsenen in Bierzelten mit Blasmusik zu ihrem Recht.

Ein Boulevard ganz eigener Art

Im ersten Drittel des 13. Jh. wurde der Handelsplatz auf der Bodensee-Insel zur freien Reichsstadt erhoben, ein weiterer Schritt in der Entwicklung des städtischen Bürgertums. Mit dem Geld, das sie beim Korn-, Salz- und Leinenhandel verdienten, erbauten sich die Patrizierfamilien an der heutigen Maximilianstraße 5 ihre schönen Häuser. Sie war nie als Durchgangsstraße gedacht, und so bildete sich der platzartige Charakter heraus, der sie heute fast wie eine Theaterkulisse wirken läßt.

Sicherlich ist das Alte Rathaus 6 am Bismarckplatz, wo die Maximilianstraße sich vollends weitet, das dominierende Bauwerk, 1496 hielt Kaiser Maximilian hier einen Reichstag ab. Ein Bilderfries »Einzug Philipps des Schönen« erinnert daran, und im Großen Ratssaal fühlt sich der Betrachter in die Zeit des großen Ereignisses zurückversetzt. Auch alle anderen spätgotischen Bauten mit ihren hohen Giebeln und gewölbten Laubengängen bieten jeder für sich und als Ganzes einen hinreißenden Anblick, überall ziehen Erker und Fenstereinfassungen die Blicke an. Ins Auge fallen auch die Gauben für Aufzüge, die früher benötigt wurden, um Brennmaterial auf die Dachböden zu ziehen. Mitte der 70er Jahre wurde dieser »Boulevard von Lindau« in eine Fußgängerzone umgewandelt, die gleich anderen Straßen und Plätzen mit fein behauenem Kopfsteinpflaster ausgelegt wurde. Ein vielseitiger Einzelhandel setzt moderne Akzente in die seit dem 15. Jh. nur unwesentlich veränderte Maximilianstraße und schafft eine ganz eigene Atmosphäre, die zum Flanieren wie geschaffen ist und das Einkaufen zum Vergnügen macht.

Ein Charakteristikum der Inselstadt sind die alten Häusernamen, deren es immer noch rund 60 gibt. Viele davon reichen bis ins Mittelalter zurück, und einige dieser Häuser stehen an der Maximilianstraße, zum Beispiel der »Pflug« aus dem Jahr 1391 oder das »Rad« von 1394, die heutige »Engel«-Apotheke. Am östlichen Ende der Straße steht das »Haus zum Sünfzen« 9, jahrhundertelang ein den Lindauer Patriziern vorbehaltener Treffpunkt. Seine Fassadenbemalung zeigt einen Handelszug und verweist damit auf den Ursprung des Lindauer Wohlstands. Allerdings wurde die Darstellung erst um 1930 aufgetragen.

Unter blühenden Magnolien entspannt man sich besonders gut.

In der Maximilianstraße mit ihren malerischen Laubengängen – im Hintergrund die Türme von St. Stephan und St. Maria – läßt es sich ausgiebig flanieren.

Ein Stadtbrand mit barocken Folgen

Vom »Sünfzen« 9 sind es nur wenige Schritte hinüber zum ältesten Viertel der Inselstadt. Im Bereich zwischen Schmiedgasse, Fischergasse und Marktplatz dominieren kirchliche und weltliche Bauten der Gotik und vor allem des Barock. Durch einen verheerenden Stadtbrand im Jahr 1728 wurde auch dieses Viertel rund um die ehemalige Stiftskirche St. Maria 12 und die St.-Stephans-Kirche 11 ein Raub der Flammen. Von einem Haus in der Cramergasse, die auf den Marktplatz führt, war die Feuersbrunst ausgegangen. Ein Lindauer Gürtlermeister hatte sich in der Kunst des Goldmachens versucht, vergeblich, und unversehens wurde sein Spiel mit dem Feuer zum Auslöser des katastrophalen Brandes. Die verzweifelten Bemühungen der Feuerwehr waren auch dann vergebens, als man sich eines eher unkonventionellen Löschmittels bediente. Durch die Hitze der Flammen waren nämlich die Weinfässer im Keller des Damenstifts geborsten, und aus dem so entstandenen See versorgten die Männer der Feuerwehr nun ihre Spritzen. Es fruchtete nichts, nur die St.-Stephans-Kirche überstand den verheerenden Brand.

Der Wiederaufbau bescherte Lindau jenes Ensemble prächtiger Bauten um den Marktplatz herum, das von barocker Baulust zeugt. Den westlichen Abschluß des Marktplatzes bildet der »Cavazzen« 10 mit seinen Wandmalereien aus dem 18. Jh. Gegenüber stehen St. Stephan 11 und St. Maria 12, der die alles vernichtende Feuersbrunst schweren Schaden zugefügt hatte. Ihr Wiederaufbau wurde unter Vorgaben konzipiert, die heute jedem städtebaulichen Wettbewerb zur Ehre gereichen würden. Dem Konstanzer Bistumsarchitekten und Deutschordensbaumeister Johann Caspar Bagnato wurde zur Auflage gemacht, die verbliebene Bausubstanz in den Neubau zu integrieren. Altes sollte mit Neuem harmonieren.

Nördlich begrenzt das »Haus zum Baumgarten« den Marktplatz, wie der »Cavazzen« ein Werk des Schweizers Jakob Grubenmann, aber bereits klassizistische Züge tragend. Im Süden bildeten die Gebäude des Damenstifts die Begrenzung des Marktplatzes, auch sie seinerzeit ein Raub der Flammen, so daß später der schloßartige Bau entstehen konnte, der heute Sitz des Landratsamts ist.

Den See zu Füßen

Bregenz, die Hauptstadt Vorarlbergs, erreicht man von Lindau aus auf der B 190 bequem in 40 Minuten (Personalausweis nicht vergessen!). Von der Talstation der Pfänderbahn (gut ausgeschildert) führt von Mai bis September jede halbe Stunde eine Fahrt hinauf auf den »Balkon des Bodensees«.

1064 m ist der Pfänder hoch, und an klaren Tagen bietet sich von dort ein unvergleichlich schönes Bild: Über den Bodensee hinweg blickt man bis zu den Schwarzwaldbergen und auf die schneebedeckten Alpen – 240 Gipfel sollen es insgesamt sein.

Auf dem Pfänder gibt es einen Alpenwildpark mit Rundwanderweg, eine Raubvogel-Flugshow, für die Kleinen einen Spielplatz, zur Stärkung und Erbauung ein Aussichtsrestaurant.

Am Hafen: Bayerns Wappen.

Die Anlage des Hafens wurde 1811 begonnen, nachdem Lindau zu Bayern gekommen war; bei seiner Erweiterung in den Jahren 1850–56 entstand die Einfahrt mit Leuchtturm und Löwe, das Wahrzeichen der Stadt.

Tips, Tips, Tips

Ferienaktion für Kinder
In der Zeit von August bis Mitte September führt die Kreisjugendpflege der Stadt Lindau pädagogisch betreute Veranstaltungen durch. Sie reichen vom Stadtspiel bis zur abenteuerlichen Hüttenfreizeit, vom Plätzchenbacken bis zum Besuch der Feuerwehr (☏ 54 00).

Angebot für scharfe Rechner
Er kostet ungefähr 70 Mark und gilt 15 Tage lang, der Bodenseepaß. Wer ihn besitzt, kann innerhalb von sieben Tagen beliebig oft auf den Kursschiffen fahren (an den übrigen Tagen zum ermäßigten Preis) und bekommt 50 % Ermäßigung auf bestimmten Eisenbahn-, Bahnbus- und Bergbahnstrecken. Man erhält ihn beim Bodensee-Verkehrsdienst und beim abr (☏ 30 15).

Mit Bayern kam die Neuzeit in die Stadt

1782 trat die vorletzte Fürstäbtissin Friederike von Bretzenheim in das Stift ein. Sie wurde durch Horst Wolfram Geißlers Roman »Der liebe Augustin« weit über Lindaus Grenzen hinaus bekannt. Mit dem Ende der freien Reichsstadt Lindau, man schrieb das Jahr 1802, war auch das Ende des Stifts gekommen. Landesherr wurde Fürst August von Bretzenheim, ein Sohn des bayrischen Kurfürsten Karl Theodor und Bruder der Friederike. Das Interesse des neuen Fürsten an der reizvollen Inselstadt war jedoch gering; er kam nicht einmal nach Lindau, um es sich anzusehen. 1804 tauschte er die Insel mit Österreich – die ungarischen Landgüter, die er dafür erhielt, scheinen einträglicher gewesen zu sein.

Am Weihnachtsfest des folgenden Jahres kam die Stadt zu Bayern, und die Monarchen des 1806 zum Königreich erhobenen Alpenlandes maßen ihr gleich ganz andere Bedeutung zu. Mit dem Bau von Hafen und Bahnhof im südlichen Teil der Insel begann der Aufbruch ins industrielle Zeitalter.

Der Hafen von 1811 wurde 1856 noch einmal erweitert und damit zum unwidersprochen schönsten am ganzen Bodensee. Leuchtturm und bayrischer Löwe sind seitdem die unverkennbaren Wahrzeichen der Inselstadt. 1836 war die »Ludwig« in Dienst gestellt worden, Bayerns erstes Dampfschiff im regelmäßigen Liniendienst.

Zu dieser Zeit verzeichnete die Inselstadt bereits große Besucherströme. Hohe und höchste Herrschaften erwiesen der Stadt ihre Reverenz und fanden Quartier im traditionsreichen »Haus zur Krone« 8, das seinen Gästen mit einer fabelhaften Gastronomie den Aufenthalt so angenehm

Die österreichischen Berge bilden den Hintergrund eines großartigen Landschaftspanoramas, das man von Lindau aus am besten zu Fuß oder mit dem Fahrrad erkundet.

wie nur möglich machte. Bereits im 16. Jh. war der französische Philosoph Michel de Montaigne hier abgestiegen. Er bedauerte es, ohne Koch gereist zu sein, hätte dieser sich doch hier in deutscher Kochkunst unterweisen lassen können. Ein Geheimtip für Feinschmecker ist Lindau nach wie vor, finden sich doch in deutschen Restaurantführern unter den renommiertesten Häusern auch Restaurants der Inselstadt.

Dem Gast bleibt stets die Qual der Wahl
Registrierte man vor rund 150 Jahren für damalige Zeiten respektable 6000 Besucher, so ist die Bilanz mittlerweile auf mehr als eine halbe Million Übernachtungen pro Jahr angewachsen. Über 70 Hotels, Gasthöfe und Pensionen stellen rund 2500 Betten zur Verfügung, um dem wachsenden Ansturm der Gäste aus aller Welt gerecht zu werden. Die Anziehungskraft Lindaus kann nicht verwundern, denn welche Stadt kann sich rühmen, ein so prächtiges historisches Erbe unversehrt bewahrt und zugleich modernen städtebaulichen Notwendigkeiten entsprochen zu haben? Die 1981 fertiggestellte Inselhalle, harmonisch in das traditionsreiche Stadtbild integriert, ist ein gutes Beispiel dafür. Die Kongreß- und Tagungsstadt Lindau hat damit den Erfordernissen so bedeutender Tagungen wie der Lindauer Psychotherapiewochen und der Nobelpreisträgertagung entsprochen, beide seit Jahrzehnten mit der Stadt verbunden.

Die vielfältigen Freizeitmöglichkeiten tun ein übriges, um Besucher anzulocken. An erster Stelle steht hier immer noch die Bodenseelandschaft, die zu Fuß, mit dem Fahrrad, per Schiff oder mit dem Auto erschlossen sein will. Um nur die Kunstschätze und natürlichen Schönheiten der engeren Umgebung zu erkunden, reicht allerdings ein Urlaub von wenigen Wochen nicht aus. Schon gar nicht, wenn man der Einladung der verschiedenen Freibäder zum Entspannen und Faulenzen folgt. Das Strandbad Eichwald lockt zum Beispiel mit 25 000 m^2 Grünfläche und einer hinreißenden Aussicht auf die Bregenzer Bucht, die Schweizer Berge und die malerische Silhouette der Inselstadt.

Natürlich werden – wie könnte es anders sein am Bodensee – vom Segeln bis zum Wasserski alle Arten von Wassersport angeboten, sei es für Anfänger oder Alleskönner. Kaum 3 km landeinwärts gibt es einen Golfplatz, der die Konkurrenz mit anderen Anlagen Europas nicht zu scheuen braucht, und auch wer Reiten, Schießen oder Tennisspielen will, kommt auf seine Kosten.

So attraktiv das Angebot für den Feriengast ist, die Stadt lebt nicht vom Fremdenverkehr allein. Seit die Arlbergbahn im benachbarten Österreich und die St.-Gotthard-Bahn in der Schweiz existieren, gründet sich Lindaus Wohlstand nicht mehr nur auf den Handel, vielmehr traten an seine Stelle leistungsstarke Industrieunternehmen, darunter eine Gummifabrik mit 1500 Beschäftigten und ein Fruchtsafthersteller, den alle Welt kennt. So ist die Stadt mit ihren zwei Standbeinen – Industrie und Fremdenverkehr – für die Zukunft gut gerüstet.

Am Alten Rathaus hat sich der gotische Portalbogen erhalten.

Theater, Musik, Veranstaltungen, Museen

Theater
Stadttheater 16, Fischergasse 37. Gastspiele: Oper, Operette, Ballett, Schauspiel, Kinder- und Jugendtheater (Okt.–April), ☏ 2 66 65.

Musik
Stadttheater 16, Fischergasse 37. »Internationale Kammermusik«. Klassische Orchesterkonzerte (Okt.–Mai); Sonderkonzerte (Sommer), ☏ 2 66 65.
Inselhalle, Zwanzigerstr. 12. Konzerte aller Art; »Lindauer Gästeabend« mit alpenländischer Folklore, Schuhplattlern, Volkstänzen (Mai–Sept.); traditioneller Jazz, ☏ 40 35, 40 36.
St.-Stephans-Kirche 11, Marktplatz. Gottesdienste mit musikalischer Ausgestaltung, Chor-, Orgelkonzerte, Oratorien; »Sommerliche Orgelmusiken« (Juni–Aug. unregelmäßig So 11.15 Uhr), ☏ 2 64 61.
Lindauer Jazzclub, Inselgraben 12. Modern Jazz, ☏ 54 86.
Club Vaudeville-Keller, Lindau-Reutin, Motzacher Weg 24. Pop-, Rockkonzerte, ☏ 7 33 30.

Veranstaltungen
Fastnacht: *Alemannische Fasnacht*. »Hemdglonker«-Umzug auf der Insel (Mi vor Fasnachtsende 19 Uhr); »Narrenbaumsetzen« auf dem Bismarckplatz (Do vor Fasnachtsende 18 Uhr); »Buzentanz«, Hahnversteigerung, bengalische Beleuchtung auf dem Bismarckplatz (Fr vor Fasnachtsende 19 Uhr); »Großer Narrensprung« – Umzug durch die Innenstadt (Fasnachtssonntag 14 Uhr).
Wochenende nach Allerheiligen: *Lindauer Jahrmarkt* auf der Insel. Krämermarkt, Vergnügungspark neben der Inselhalle, Zwanzigerstr. 12.
Mai/Sept.: *Kurkonzerte* am Hafen 18 (Di–So bis zu dreimal täglich).
Mitte Juni: *Lindauer Langstrecken-Nacht-Regatta* rund um den Bodensee. Start vor dem Hafen 18, ☏ 63 66.
Vorletzter Mi im Juli: *Historisches Kinderfest* (seit 1655). Kinderumzug mit Blumen, Girlanden, Musik durch den historischen Inselteil bis zum Alten Rathaus 6 am Bismarckplatz (Beginn 9 Uhr), dort Festansprache des Bürgermeisters; Festplätze in verschiedenen Stadtteilen (ab 14.30 Uhr).
1. und 2. Wochenende im Sept.: *Lindauer Oktoberfest*, Lindau-Reutin, Auf der Steig. Volksfest.

Museen
Friedensmuseum der Pax Christi, Lindenhofweg 25 (s. 21).
Städtische Kunstsammlungen »Haus zum Cavazzen«, Marktplatz 6 (s. 10).

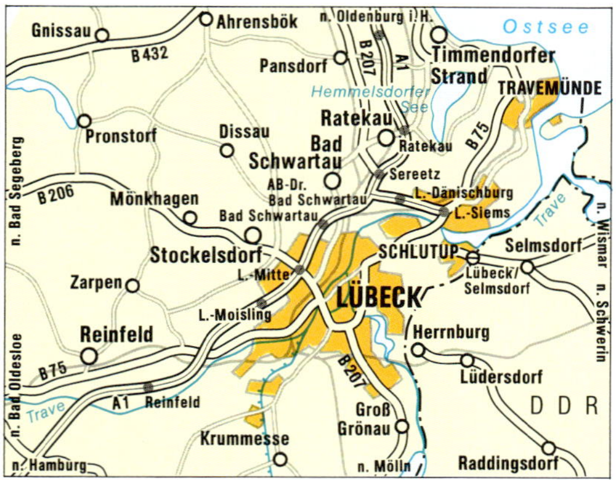

Ein Stückchen Lübeck hat fast jeder schon am Herzen getragen – oder genauer gesagt in der Brieftasche – nämlich das Holstentor auf der Rückseite des Fünfzigmarkscheins. Nicht ohne Grund mag das Wahrzeichen der Stadt ausgerechnet auf einem Geldschein seine weiteste Verbreitung gefunden haben. Denn Kaufleute waren es, die der Stadt seit ihrer Gründung im 12. Jahrhundert zu Wohlstand und Ansehen verholfen

Lübeck

Königin der Hanse

haben. Sie haben Lübeck zur »Königin der Hanse« emporblühen lassen, zur Metropole eines mittelalterlichen Städte- und Handelsbundes, der den Norden Europas über 300 Jahre lang wirtschaftlich beherrscht hat. Viele Bauwerke der Stadt zeugen heute noch von der einstigen Macht der Kaufleute. Lübecks Hafen, das »Tor zum Norden«, ist nach wie vor der umschlagkräftigste an der bundesdeutschen Ostseeküste.

Wappen Doppeladler 1341 zuerst auf Münzenumschrift; die Verbindung dieses Reichsadlers mit dem weiß-roten Schild ist seit 1464 bekannt.
Lage An der Mündung der Trave in die Ostsee.
Land Schleswig-Holstein
Autokennzeichen HL
Höhe 0–15 m ü. M.
Fläche 214 km^2
Einwohnerzahl 211 000
Postleitzahl 2400
Telefonvorwahl 04 51
Post Postamt Konrad-Adenauer-Str. 2, Spätschalter (Mo–Fr 8–22, Sa 8–18, So 9–15 Uhr).
Polizei Polizeiinspektion Lübeck, Possehlstr. 4, ☏ 13 11
Taxi ☏ 8 11 22
Nahverkehr Busnetz, verbilligte Mehrfahrtenkarten.
Camping Camping Waldklause in Ratekau bei Lübeck, an der B 207 in nördlicher Richtung (☏ 0 45 04/38 33, 0 45 21/7 14 93).
Parken Parkmöglichkeiten sind an allen Zufahrtsstraßen Richtung Stadtmitte ausgeschildert. Parkhäuser an der St.-Marien-Kirche, in der Schmiedestr., an der Marlesgrube, am Pferdemarkt, am Hüxtertor, an der Rosenpforte. Auf der Wallhalbinsel liegt der größte öffentliche Parkplatz, von dem aus die Innenstadt in wenigen Minuten zu erreichen ist.
Touristinformation Touristbüro am Markt, ☏ 1 22 81 06 (Mo–Fr 9.30–18, Sa 10–14, So 10–14 Uhr); Touristbüro Hbf., ☏ 7 23 00 (Mo–Sa 9–13, 15–19 Uhr); Amt für Lübeck-Werbung und Tourismus, Beckergrube 95, ☏ 1 22 81 09 (Mo–Fr 8–16 Uhr).
Stadtführung Ab Touristbüro am Markt, Ende Juli–Sept. Mo–Sa 11 und 14, So und feiertags 11 Uhr, 1. Mai–20. Juni und im Okt. Mo–Sa 14, So und feiertags 11 Uhr, 1. Nov.–30. April Sa 14, Fr, So und feiertags 11 Uhr.
Schiffahrt Verschiedene Fahrten mit Schiffen, Auskunft bei den Touristinformationen.

Stadtrundgang

Wir wollen unseren Stadtrundgang am wohl berühmtesten Bauwerk Lübecks, dem Holstentor ❶*, beginnen. Wenn Sie am Kai der Obertrave oder am Holstenhafen parken, sind Sie bereits am Tor vorbeigefahren, denn diese Parkplätze erreichen Sie über die Holstentorbrücke, die hinter dem Bauwerk zur Altstadt führt. Der größte Parkplatz in Altstadtnähe liegt auf der Wallhalbinsel, von dort aus erreichen Sie das Holstentor über die Lastadie in zehn Minuten. Die Wegstrecke des Rundwegs beträgt etwa 4 km; Sie müssen mit ca. zwei Stunden Gehzeit rechnen. Eine Abkürzung bietet sich bei der Katharinenkirche* ⓮ *an: Sie können von dort über die Königstraße und die Dr.-Julius-Leber-Straße zur Marienkirche* ❺ *und zum Rathaus* ❹ *zurückkehren und von dort aus an der Petrikirche* ❸ *vorbei durch die Große Petersgrube* ⓴ *den Ausgangspunkt wieder erreichen. Man spart auf diese Weise etwa 1 km Wegstrecke, versäumt aber u. a. den Dom* ⓲*.*

Es gibt viele Einkehrmöglichkeiten in Lübeck; zwei sollten Sie unbedingt aufsuchen: das Schabbelhaus ❼ *und das Haus der Schiffergesellschaft* ❽*.*

Sehenswürdigkeiten

❶ *Holstentor*, zwischen 1464–78 errichtetes Stadttor mit zwei monumentalen Rundtürmen, Wahrzeichen der Stadt und Teil einer ehemals weitläufigen Befestigungsanlage. Im Innern des Torbaus und der Türme ist die Stadtgeschichtliche Sammlung untergebracht. Dort werden Bodenfunde von Grabungen im Innenstadtbereich, Stadt-, Gebäudemodelle, historische Schiffsmodelle, ein Torturkeller mit Folterwerkzeugen und alte Waffen gezeigt (April–Sept. Di–So 10–17 Uhr, Okt.–März Di–So 10–16 Uhr).

❷ *Salzspeicher*, Ensemble von hohen Backsteingiebelhäusern (16.–18. Jh.), die früher der Salzlagerung dienten.

❸ *Petrikirche*, fünfschiffige Hallenkirche aus dem 13./14. Jh., im 15./16. Jh. erweitert. Vom Turm der Kirche aus schöner Rundblick über die Stadt.

❹ *Rathaus*, in einem Reisebericht aus dem 19. Jh. einmal sehr treffend als »steinernes Märchen« bezeichnet. Der Baubeginn des bis ins vergangene Jahrhundert oftmals umgestalteten und erweiterten Gebäudes datiert etwa von 1240–50. Das Rathaus dient heute als Verwaltungssitz der Stadt und Tagungsort der Bürgerschaft und des Senats.

❺ *St. Marien*, Kirche des Rats der Hansestadt. Eine der ersten Übertragungen des hochgotischen französischen Kathedralentyps auf die norddeutsche Backsteinbautechnik und Vorbild für zahlreiche gotische Backsteinkirchen im Ostseeraum. Die um 1200 begonnene und gegen 1350 vollendete Kirche wirkt von außen mit ihren beiden 125 m hohen Türmen und von innen mit dem 80 m langen und 40 m hohen Mittelschiff ebenso schlank wie monumental. Die Innenausstattung ging im Krieg zum Teil verloren, erhalten blieben u. a. ein erzgegossenes Sakramentshaus (15. Jh.), ein niederländischer Marienaltar (1518) und ein Beweinungsbild von Overbeck (1841–46).

❻ *Buddenbrook-Haus*, barockes Patrizierhaus (Fassade von 1758) mit einem Renaissance-Portal, gehörte früher der Familie von Thomas Mann, in dessen Roman » Buddenbrooks« das Haus ein zentraler Handlungsort ist.

❼ *Schabbelhaus*, Ensemble von zwei traditionellen Lübecker Wohngebäuden, die seit dem Zweiten Weltkrieg der Kaufmannschaft gehören und als historische Gaststätte genutzt werden. Im Innern sehenswerte zweigeschossige Barockdiele.

❽ *Haus der Schiffergesellschaft*, 1535 errichtetes spätgotisches Giebelhaus, einziges im ursprünglichen Zustand erhaltenes Gildehaus. Die hohe Dielenhalle war früher Versammlungsort der Schiffergilde, heute wird das sogen. »Gelage« mit langen Trinktischen und durchlaufenden Bänken als historische Gaststätte genutzt.

❾ *Kirche St. Jakobi*, dreischiffige Backsteinhallenkirche, im Jahr 1334 geweiht. Im Innern barocker Hochaltar (1717), Altar der Familie Brömbse (um 1500) mit figurenreicher Kreuzigungsszene aus Sandstein, Fragmente von Wandmalereien aus dem 14. Jh.

❿ *Hellgrüner Gang*, typisches Beispiel für die in Lübeck zahlreichen Wohngänge; die enge und kompakte Bauweise trug dem Platzmangel in der Altstadt Rechnung.

⓫ *Burgtor*, Torturm um 1200, 1444 zur heutigen Form umgestaltet; die schiefergedeckte Glockenhaube stammt aus dem Jahr 1685.

⓬ *Heiligen-Geist-Hospital*, als Stiftung des Rates der Stadt zur Versorgung bedürftiger Mitbürger im Mittelalter gegründet. Kirche, Hospitalhalle und Nebengebäude zählen zu den ältesten und besterhaltenen Hospitalbauten ihrer Zeit. Sie stammen hauptsächlich aus dem 13. Jh., wurden seitdem aber mehrfach erweitert und umgebaut. Auch heute dient der Gebäudekomplex noch als Altenheim. Besonders charakteristisch ist die Westfront mit Giebeln, die durch vier bleistiftförmige Türmchen flankiert werden. Im Innern der Kirche Fresken aus dem 14. und 19. Jh., schöne Altäre aus dem 15. und 16. Jh. Die Spitalhalle, wegen ihrer Länge von 88 m auch »Langes Haus« genannt, schließt sich an das Mittelschiff der Kirche an. Die hölzernen, nach oben offenen Kammern (»Kabäuschen«) wurden ab 1820 eingebaut und dienten den Hospitalbewohnern als Unterkünfte. Im Gewölbekeller unter der Spitalhalle ist heute ein Weinrestaurant eingerichtet.

⓭ *Behnhaus und Drägerhaus*, zwei benachbarte Bürgerhäuser, die in der zweiten Hälfte des 18. Jh. errichtet bzw. grundlegend umgebaut wurden. Die Innenräume und ihre Ausstattung

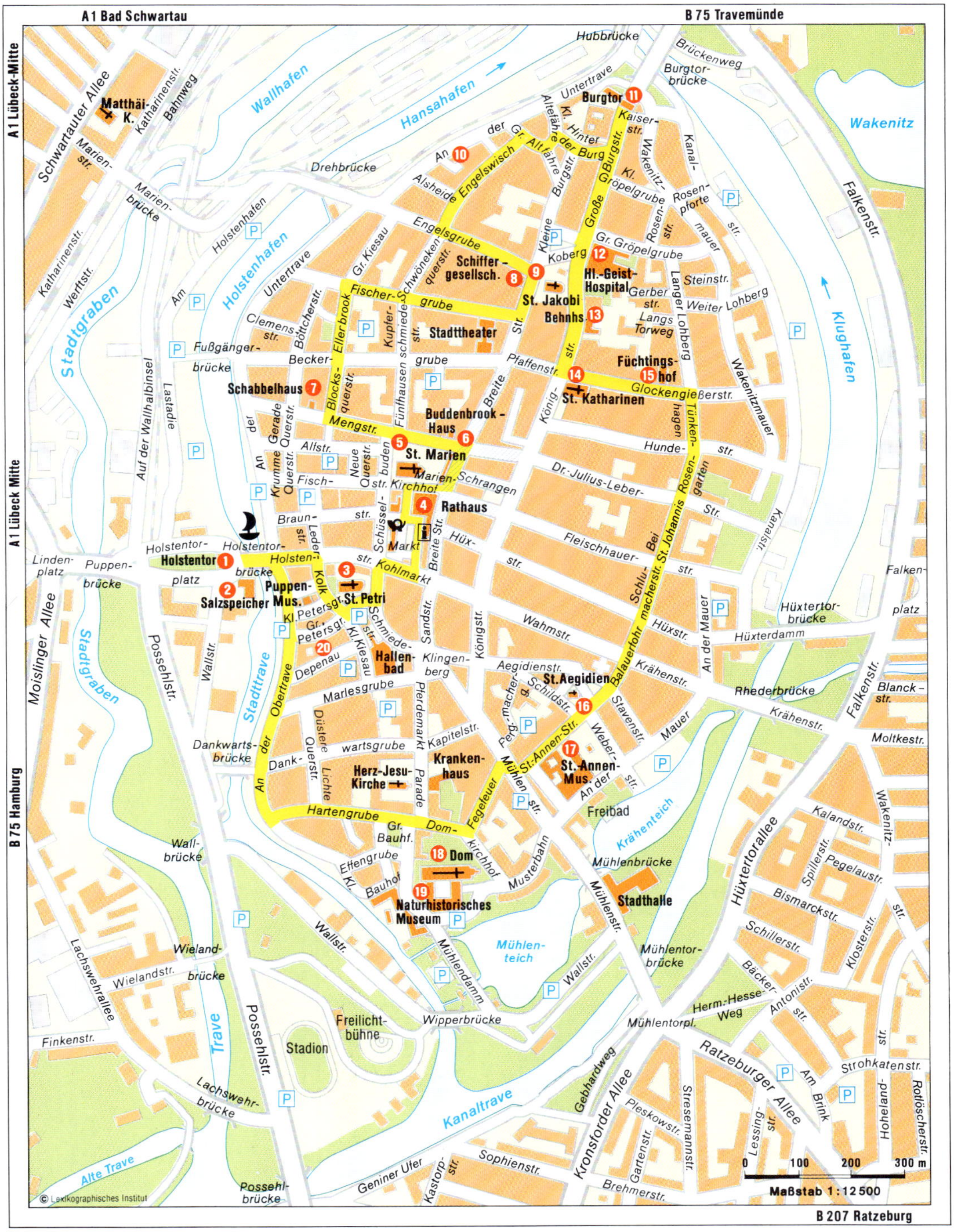

klassizistisch bzw. spätbarock gestaltet. Beide Gebäude werden heute vom Museum für Kunst und Kulturgeschichte der Hansestadt Lübeck genutzt. Das Drägerhaus zeigt die Kulturgeschichte Lübecks im 19. Jh. (Gemälde, Grafik, Kunsthandwerk, Möbel, Kostüme) und eine Dokumentation zum Leben und Werk von Heinrich und Thomas Mann. Im Behnhaus ist Malerei von der Romantik bis zum Expressionismus vertreten, u. a. Gemälde von C. D. Friedrich, C. G. Carus, F. Overbeck, F. G. Waldmüller, E. Munch, M. Liebermann, M. Slevogt, L. Corinth und O. Kokoschka (Öffnungszeiten für beide Häuser: April–Sept. Di–So 10–17 Uhr; Okt.–März Di–So 10–16 Uhr).

14 *Katharinenkirche*, turmlose dreischiffige Basilika mit Querhaus, vor 1300 begonnen und nach 1350 vollendet. Reich ausgestaltete Westfassade, die durch Terrakotta-Figuren von Ernst Barlach und Gerhard Marcks in unserem Jahrhundert ergänzt wurde. Im architektonisch hervorragend gelungenen und ausgewogenen Innenraum wurden Wandmalereien aus dem 14. und 15. Jh. freigelegt. Von der Ausstattung sind u. a. eine Triumphkreuzgruppe aus dem Jahr 1489 an der Brüstung des Hochchors, Chorgestühl aus dem 14. Jh. und ein Bild »Die Auferstehung des Lazarus« von Tintoretto aus dem Jahr 1575 erhalten (April–Okt. Di–So 10–13, 14–17 Uhr; Nov.–März Di–So 14–16 Uhr).

15 *Füchtingshof*, vom Ratsherrn Johann Füchting 1636 testamentarisch gestifteter Wohnhof für ältere und arme Mitbürger. Derartige Stiftshöfe gibt es in der Lübecker Altstadt einige, der Füch-

tingshof ist der größte und prächtigste. Er wurde in den vergangenen Jahren grundlegend renoviert, dabei sind 28 Wohnungen für ältere Frauen entstanden. Im ursprünglichen Zustand befindet sich noch das Zimmer des Vorstehers aus dem 17. Jh.

16 *Kirche St. Aegidien*, dreischiffige Hallenkirche mit erhöhtem Mittelschiff, im wesentlichen in der ersten Hälfte des 14. Jh. erbaut. Im Innern 1586/87 geschnitzte Lettnerbühne, in der Turmhalle hölzerne Kreuztragung (Anfang 15. Jh.).

17 *St.-Annen-Museum*, 1515 vollendeter Klosterbau, von dem nach einem Brand 1843 der Kreuzgang, die Refektorien, der Tagesraum und der Kapitelsaal noch erhalten sind. Das Museum für Kunst und Kulturgeschichte der Hansestadt Lübeck zeigt hier bedeutende Zeugnisse der Lübecker Kirchenkunst vom 13.–16. Jh. Eine weitere große Abteilung des Museums präsentiert Silber, Porzellan, Fayencen und Spielzeug. Ganze Stuben und Dielen mit der ursprünglichen Ausstattung aus Lübekker Bürgerhäusern vermitteln einen guten Eindruck von der städtischen Wohnkultur (April–Sept. Di–So 10–17 Uhr; Okt.–März Di–So 10–16 Uhr).

18 *Dom*, das wohl älteste Bauwerk der Stadt. Heinrich der Löwe legte 1173 den Grundstein zu dem gewaltigen Backsteinbauwerk, 1230 war es fertiggestellt, ab 1250 wurde das »Paradies«, die spätromanische Vorhalle, angelegt, und bis 1341 wurde der gesamte Bau zu einer gotischen Hallenkirche umgestaltet. Die Kirche wurde im Zweiten Weltkrieg schwer beschädigt und mit enormen finanziellen Aufwendungen 1958–77 wiederhergestellt. Im Innern u. a. die großartige Triumphkreuzgruppe von Bernt Notke (1477), eine eichenholzgeschnitzte Lettnerverkleidung aus der Werkstatt Notkes, eine Renaissance-Kanzel und zahlreiche barock ausgestattete Seitenkapellen.

19 *Naturhistorisches Museum der Hansestadt Lübeck*, zeigt in Lebensraumgruppen und Grafiken norddeutsche Säugetiere und Vögel sowie Landschaftsformen. Insektensaal mit Präparaten und Großfotos. Sonderschau zum Thema Bienen (April–Sept. Di–So 10–17 Uhr; Okt.–März Di–So 10–16 Uhr).

20 *Große Petersgrube*, Ensemble mit Lübecker Bürgerhäusern aus verschiedenen Stilepochen von der Gotik bis zum Klassizismus.

Eine Stadt präsentiert sich

»Das schönste Autobahnstück der Welt ist das von Hamburg nach Lübeck«, pflegen die Bürger der Stadt gerne zu sagen. Und sie meinen damit weniger die landschaftlichen Reize neben der Schnellstraße als vielmehr die große Vorfreude auf den Augenblick, wenn etwa 10 km vor der Stadt die »sieben goldenen Türme« wie an einer Schnur aufgereiht am Horizont auftauchen. Links St. Jakobi 9, die alte Schifferkirche, machtvoll erhaben daneben St. Marien 5, mit ihren beiden 125 m hohen Türmen die höchste Kirche der Stadt, ein wenig geduckt im Hintergrund St. Aegidien 16, gefolgt von St. Petri 3 und schließlich der gewaltige, ebenfalls zweitürmige Dom 18. Ein Bild von beeindruckender Schönheit, zumal wenn die Abendsonne das Kupfergrün der Türme und das Backsteinrot der Gemäuer in leuchtenden Farben erstrahlen läßt.

Adolf II. von Schauenburg, Graf von Holstein, hätte sich kaum einen geeigneteren Platz aussuchen können, als er im Jahr 1143 auf dem von Wasserläufen umgebenen Hügel nahe der Ostsee den Grundstein für die Stadt legte. 14 Jahre später brannte diese erste Kaufmannssiedlung ab. Nun übernahm Herzog Heinrich der Löwe die Initiative. Er ließ die Stadt 1159 neu aufbauen, rief Kaufleute aus Flandern, Friesland und Westfalen herbei und eröffnete ihnen ungeahnte neue Marktchancen.

Dreh- und Angelpunkt des Ostseehandels

Die Kaufleute ließen sich dies nicht zweimal sagen, strömten in Scharen herbei, bauten Schiffe und segelten damit über die Ostsee in bis dahin für sie unbekannte Regionen – nach Norwegen, Schweden, Livland und Rußland. Sie kauften Pelze und Felle ein, Hering und Stockfisch, Wachs, Talg, Hanf und sonstige Rohprodukte – Handelsgüter, die im Mittelalter besonders gewinnträchtig umgesetzt werden konnten. Dabei liefen sie die fremden Häfen durchaus nicht mit leeren Koggen an. Sie brachten das für die Fischkonservierung erforderliche, damals kostbare Salz mit und hatten Tuche aus Flandern, Bier, Getreide, Gewürze, Edelsteine und andere Luxusartikel mehr geladen.

Aufgrund seiner für den Handel günstigen Lage zwischen Ost und West, zwischen Nord und Süd wurde Lübeck bald zum Dreh- und Angelpunkt des Warenaustauschs im nördlichen Europa. Rund 200 Städte zwischen der Zuidersee in Holland und dem Finnischen Meerbusen, zwischen Thüringen und Schonen schlossen sich schließlich unter der Führung Lübecks zum Hansebündnis zusammen. Die Hanse bot ihren Mitgliedern Schutz im Ausland, vertrat die Handelsbelange gegenüber fremden Machthabern, verschaffte den Partnern Handelsprivilegien (Zollbefreiung) und entschied Streitigkeiten unter ihren Mitgliedern in eigener Gerichtsbarkeit. Das »Lübecker Recht«, Lübecker Architektur und Kunst fanden bald Anwendung und Nachahmung im gesamten Ostseeraum.

Das Holstentor, eines der eindrucksvollsten Architekturdenkmäler, wäre im 19. Jh. um ein Haar wie die anderen Stadttore abgerissen worden.

Mit der Zeit vollzog sich jedoch ein politischer und wirtschaftlicher Wandel in Europa. Die Macht der Hanse, die im 14. Jh. ihren Höhepunkt erreicht hatte, begann allmählich zu schwinden, den veränderten Bedingungen der Neuzeit konnte die Hanse immer weniger gerecht werden. Im Jahr 1669 fand in Lübeck der letzte Hansetag statt. Seit 1356 war dies eine Art Hauptversammlung der Hansestädte gewesen, auf der über das Wohl und Wehe der Bündnispartner entschieden worden war. Nur mehr neun Städte waren auf dem letzten Treffen vertreten. Ohne greifbares Ergebnis ging man auseinander. Lediglich Hamburg, Bremen und Lübeck verständigten sich darauf, als Hansestädte auch weiterhin zusammenzuhalten. Ihre Kennzeichen (HH, HB und HL) künden noch heute davon, denn das H vor den Anfangsbuchstaben der Städtenamen steht für den Begriff »Hansestadt«.

Während aber Hamburg und Bremen ihre Eigenstaatlichkeit bis heute bewahren konnten, wurde Lübeck im Jahr 1937 von den Nationalsozialisten in die preußische Provinz Schleswig-Holstein eingegliedert. Die der Stadt im Jahr 1226 von Kaiser Friedrich II. zugesicherte Reichsfreiheit war damit nach über 700jährigem Bestehen erloschen.

Lübecks Bausubstanz – ein teurer Schatz

Lübeck hat dennoch den Stolz der einstigen »Königin der Hanse« bewahrt. Sichtbare Zeugen solcher historischer Bedeutung sind die fünf großen Kirchen der Stadt, die zahlreichen repräsentativen Bürgerhäuser, das Holstentor ❶, das Heiligen-Geist-Hospital ⓬ und viele andere Baudenkmäler mehr. Trotz der Zerstörungen, die der Bombenangriff in der Nacht zum Palmsonntag 1942 in der Stadt angerichtet hat, ist in Lübeck heute immer noch mehr historische Bausubstanz aus dem 13.–15. Jh. vorhanden als in allen anderen Städten Norddeutschlands – ein kostbares, aber auch sehr teures Erbe, das Lübeck zu verwalten hat. Denn die Bewahrung und Sanierung der über 1000 denkmalgeschützten Gebäude der Stadt erfordern erhebliche finanzielle Anstrengungen. Mit Hilfe von

Ein Hotelturm beherrscht heute das Wassersportparadies Travemünde, das bereits 1329 den holsteinischen Grafen abgekauft worden war.

Eine Stimme Mehrheit für das Holstentor

Im Jahr 1863 entging das Wahrzeichen der Hansestadt, das im 15. Jh. erbaute Holstentor, nur knapp dem Abriß. Im Lübecker Stadtparlament, der Bürgerschaft, war ein diesbezüglicher Antrag gestellt worden, da das Tor einer neuzeitlichen Verkehrsplanung im Wege stünde und außerdem baufällig sei. Möglicherweise hat das vom Senat eingeholte Gutachten des Konservators der Kunstdenkmäler von Preußen, Ferdinand von Quast, die knappe Mehrheit herbeigeführt. Er versicherte den Lübekkern, kein Bauwerk der Moderne könne in den Augen der Welt den Glanz der alten Macht und Herrlichkeit nachdrücklicher dokumentieren als das Holstentor.

Lübecks Hafen – das Tor zum Norden

Seit dem Mittelalter ist der Lübecker Hafen das Herzstück des städtischen Lebens. Als Lübeck nach 1945 einen wesentlichen Teil seines wirtschaftlich wichtigen Hinterlands verlor, setzte man alles daran, den Hafen auszubauen, um neue Umschlagkapazitäten zu schaffen. Rund 382 Millionen Mark wurden seither mit Hilfe des Bunds und des Lands in die Stadthäfen und den Neubau des Skandinavienkais in Lübeck-Travemünde investiert. Am 27. März 1962 legte hier mit der »Nils Holgersson« das erste Fährschiff ab. Heute verbinden Lübeck und Travemünde 25 solcher Schiffe in regelmäßigem Dienst mit Dänemark, Schweden, Finnland, der Sowjetunion und Polen. Der Güterumschlag setzte 1988 mit rund 17 Millionen Tonnen eine Rekordmarke im größten Fährschiffhafen der EG.

Hochherrschaftliche Türen zeichnen die Gebäude in der Mengstraße aus.

Travemünde – Lübecks schönste Tochter

Als Lübecks »schönste Tochter« wird Travemünde, das seit 1329 zur Hansestadt gehört, bezeichnet. Es ist eines der ältesten Ostseebäder – das Seebad wurde 1802 gegründet – und besitzt seit 1825 in unmittelbarer Strandnähe eine Spielbank, die auch den russischen Dichter Dostojewski zu ihren Gästen zählte (1865 auf der Reise nach Kopenhagen). Tausende von Besuchern kommen alljährlich im Sommer der Bade- und Strandvergnügen wegen nach Travemünde, das neben modernsten Kurmitteleinrichtungen ein anspruchsvolles Freizeitprogramm bietet. Schade, daß die zahlreichen Neubauten und ein hochragender Hotelturm das Ortsbild ziemlich entstellt haben.

Ein besonderes Erlebnis ist ein Spaziergang auf dem etwa 4 km langen Brodtener Steilufer von Travemünde nach Niendorf. Von hier aus bietet sich ein herrlicher Blick über die Lübecker Bucht bis zum Ufer Mecklenburgs.

Von Lübeck aus erreicht man Travemünde über die Travemünder Allee und die Travemünder Landstraße (B 75) in etwa 20 Minuten. Auf derselben Strecke verkehrt auch regelmäßig ein Bus der LVG (Lübecker Verkehrs-Gesellschaft).

Marzipan – die süße Verführung

Wer an Lübeck denkt – denkt unwillkürlich auch an Marzipan. Wahrscheinlich kam das Marzipan auf den mittelalterlichen Handelswegen vom Vorderen Orient über Venedig auch nach Lübeck, wo es in den Zunftrollen als »Martzapaen« erstmals im Jahr 1530 erwähnt wird. Lübecks Ruf als Marzipanstadt wurde jedoch erst nach 1800 begründet. Ein Konditor namens Niederegger, der sich damals in Lübeck niedergelassen hatte, wußte um die geheime Rezeptur des Marzipans und machte aus seinem Wissen ein Geschäft. Wer das heute gesetzlich geschützte Lübecker Marzipan (es muß nicht nur hier hergestellt sein, sondern auch hohen Qualitätskriterien genügen) in heimischer Atmosphäre einer Kostprobe unterziehen will, kann seinen Forscherdrang beispielsweise im »Café Niederegger« (Breite Straße 89) befriedigen.

Mit Spezialitäten aus Marzipan ist der Name Lübeck verbunden.

Bund und Land werden jährlich mehrere Millionen Mark aufgewendet, um die als UNESCO-Weltkulturgut anerkannte Stadt vor dem Verfall zu bewahren.

Bei aller Unterschiedlichkeit der Gebäude – das breite hochragende Haus des Reichen stand oft neben dem schmalbrüstigen eines weniger begüterten Nachbarn – haben die nicht zerstörten Straßen bis heute ein ebenso malerisches wie einheitliches Gesamtbild bewahrt. Typisch für Lübeck sind die sogenannten »Wohngänge«, kleine, von den an der Straße gelegenen Frontgebäuden in die Tiefe gereihte Häuser, die weitgehend ärmeren Bevölkerungskreisen Unterkunft boten. Schließlich war die Wohnkapazität auf dem Hügel begrenzt, und so nutzte man jeden Quadratmeter Boden. Schon aus Sicherheitsgründen dachte keiner daran, sich jenseits der von Wasserläufen, Stadtmauern und Toren geschützten Insel niederzulassen. Erst in der zweiten Hälfte des 19. Jh. wurden die ersten Wohnhäuser außerhalb des alten Stadtkerns gebaut.

Durchs Fegefeuer ins Paradies

Charakteristisch für das Stadtbild aber sind in erster Linie die fünf großen Kirchen der Stadt, die auf der langgezogenen Kuppe des Hügels erbaut wurden. Im Süden erhebt sich der 1173 von Herzog Heinrich gegründete mächtige Dom (18), der einstige Sitz des Bischofs. 1942 wurde auch er ein Opfer des Bombenangriffs. Dennoch blieben einige prunkvolle Ausstattungs- und Bauteile erhalten. Mühevoll restauriert wurde das »Paradies«, eine spätromanische Vorhalle am Dom, die früher Freistätte für Verfolgte und Ort der Almosenausgabe gewesen war. Wer ins »Paradies« will, muß übrigens durchs »Fegefeuer« gehen. So nämlich heißt die Straße, die den Weg zum »Paradies« öffnet.

Blickt man vom Markt aus auf das Rathaus, sieht man links die als Schauwand ausgebildete Südfassade des alten Hauptgebäudes, davor den Laubenbau von

Höher noch als der Dom streckt St. Marien 5, die Kirche des Rats, ihre Türme dem Himmel entgegen. Um den Bischöfen zu zeigen, wer Herr im Hause sei, so heißt es, habe der Rat die Marienkirche um 6 m höher bauen lassen als den Dom. Das 40 m hohe gotische Mittelschiff der Kirche zählt zu den erhabensten Backsteingewölben der Welt. Und noch einen Rekord hat die Kirche zu bieten: Die 1968 von der Lübecker Firma Kemper erbaute mechanische Orgel ist eine der größten der Welt. Sie besitzt an fünf Manualen 101 Register mit fast 10 000 Pfeifen – die längsten messen 11 m.

Kein Wohlgefallen an Buxtehudes Tochter

Man fühlte sich eben auch in dieser Hinsicht einer stolzen Vergangenheit verpflichtet. Dietrich Buxtehude hatte als Nachfolger Franz Tunders von 1667–1707 als Organist an St. Marien gewirkt. Im Jahr 1705 war der damals zwanzigjährige Johann Sebastian Bach nach Lübeck gereist, um bei dem Altmeister der Orgelmusik zu lernen. Möglicherweise wäre Bach sogar als Nachfolger Buxtehudes in Betracht gekommen, wenn er nicht seinerseits auf die Kandidatur verzichtet hätte. Denn mit der Annahme des Organistenamts wäre die Verpflichtung verbunden gewesen, Buxtehudes Tochter zu heiraten. Jene aber, so heißt es, soll Bachs Wohlgefallen nicht unbedingt gefunden haben. Händel hat übrigens diese Abneigung mit Bach geteilt und die Stelle aus dem gleichem Grund abgelehnt.

Auch St. Marien wurde 1942 schwer beschädigt. Die Reste der großen Glocken, die beim Brand der Türme herabgestürzt waren und sich in den Steinfußboden eingegraben hatten, blieben im Süderturm als Mahnmal liegen und sind dem Gedenken der Opfer des Kriegs gewidmet.

Französischer Wein aus Lübeck

Neben dem Marzipan gilt der »Lübecker Rotspon« als besondere Spezialität der Stadt. Der Kaufmann Thomas Bugenhagen soll im Jahr 1530 als erster auf die Idee gekommen sein, größere Mengen Bordeaux-Wein aus Frankreich nach Lübeck zu verfrachten, wo er erst reifen sollte, »damit seine guten Eigenschaften sich voll entwickeln und der Wein nicht laut und heftig, sondern fröhlich und gesellig macht«. Seit dieser Zeit und vornehmlich vom 17. Jh. an wird der französische Rotwein in Lübeck »veredelt«. Verwundert stellten die napoleonischen Eroberer 1806 fest, daß ihnen der Lübecker Bordeaux besser mundete als der heimische. Untersuchungen legen die Annahme nahe, daß das Lübecker Klima und damit die Temperatur in den Weinkellern dem Bordeaux neben einer pfleglichen Behandlung in besonderer Weise zugute kommt.

Sehr vornehm wird im Haus der Schiffergesellschaft gespeist.

1571; daran schließen sich rechts das um 1300 errichtete Lange Haus sowie der Kriegsstubenbau von 1442/44 an.

Eine Barockfassade von 1758 schmückt das Buddenbrook-Haus.

Tips, Tips, Tips

Wandern auf Till Eulenspiegels Spuren
Wer sich nach einer abwechslungsreichen, aber doch ein wenig anstrengenden Stadtbesichtigung in Lübeck nach etwas Natur und Einsamkeit sehnt, dem sei das Wanderparadies »Naturpark Lauenburgische Seen« empfohlen. Ausgedehnte Wälder (80 km^2) und nicht weniger als 35 zum Teil recht große Seen sind durch ein gut ausgebautes Wegenetz erschlossen. In diesem Naturpark liegen auch das sehenswerte Ratzeburg und die Eulenspiegelstadt Mölln. Bis Mölln sind es von Lübeck etwa 30 km auf der B 207, der Alten Salzstraße, in Richtung Süden.

Feste und Märkte in Lübeck
Etwas Besonderes wird den Besuchern während der zahlreichen traditionellen Feste und Märkte in Lübeck geboten. Wer's also einrichten kann, sollte seine Fahrt in die Hansestadt entsprechend terminieren. – Im Mai findet vor dem Rathaus ein nostalgischer »Markt anno dazumal« statt; im Juli wird das Lübecker Volks- und Erinnerungsfest an der Travemünder Allee mit einem großen Festumzug durch die Innenstadt eröffnet; im Dezember ziehen im Heiligen-Geist-Hospital ⓬ die Kunsthandwerker in die »Kabäuschen« der Spitalhalle ein und zeigen ihre Produkte und Fertigkeiten. Weitere Anregungen und die genauen Termine liefert der Fest- und Marktkalender der Stadt.

Lübeck vom Wasser aus
Wie eine Insel ist die Altstadt Lübecks vom Wasser der Trave umgeben. Eine Fahrt mit dem Passagierboot durch die Häfen und um die Stadt bietet viele überraschende und fotogene Perspektiven. Die Rundfahrtboote legen am Holstentor und am Fußgängersteg zur Wallhalbinsel an (ab Holstentorbrücke von Mai bis Sept. täglich stündlich ab 10 Uhr).

Im Norden des Stadthügels steht der schlanke Turm der St.-Jakobi-Kirche ❾, die wie St. Aegidien den Krieg unbeschädigt überstanden hat und neben vielerlei Kunstschätzen mit der kleinen Orgel aus dem Jahr 1515 eine besondere Kostbarkeit aufweist. Das Werk ist unverändert erhalten geblieben und hat seit jeher Organisten aus aller Welt angelockt. Hier wirkte auch Hugo Distler bis 1937 als Kantor und Organist.

Eine Seitenkapelle ist dem Gedenken an alle auf See gebliebenen Lübecker gewidmet. Der Raum wird ausgefüllt von einem Ruderboot, in dem vier Matrosen im November 1957 nach dem Untergang der in Lübeck beheimateten Viermastbark »Pamir« mehrere Tage lang auf dem Meer umhergeirrt waren, bis sie wie durch ein Wunder gerettet werden konnten. Alle übrigen 80 Besatzungsmitglieder der »Pamir« fanden damals den Tod im Atlantik. Das Schwesterschiff »Passat« liegt seither in Lübeck-Travemünde vor Anker.

Unmittelbar hinter der Jakobikirche erstreckt sich das spitzgiebelige Heiligen-Geist-Hospital ⓬, eine der ältesten Sozialeinrichtungen Europas und gleichzeitig einer der bedeutendsten Monumentalbauten des Mittelalters überhaupt. Der wohlhabende Lübecker Kaufmann Bertram Morneweg soll das Spital mitbegründet haben, das um 1286 fertig wurde und seit dieser Zeit als Altersheim dient. Statt der kleinen, nach oben hin offenen Kammern im Langhaus, den sogenannten »Kabäuschen«, die früher 170 Menschen Obdach boten, dienen heute als Wohnräume die in den 70er Jahren mit einem Kostenaufwand von acht Millionen Mark eingerichteten modernen Altenwohnungen. Die »Kabäuschen« aber sind geblieben und werden alljährlich zur Adventszeit von Kunsthandwerkern »bewohnt«, die hier in stimmungsvoller Atmosphäre ihre Erzeugnisse anbieten.

Entdeckungsreise durch 800 Jahre Stadtgeschichte

Neben dem Heiligen-Geist-Hospital aber zeugen noch zahlreiche weitere Einrichtungen von der sozialen Gesinnung Lübecker Kaufleute. Es sind

Der 1612 gestiftete Glandorpshof in der Glockengießerstraße war wie die anderen erhaltenen Stiftshöfe eine soziale Einrichtung.

dies die Stiftshöfe, die sich allerorten in der Stadt finden und vor allem alleinstehenden Frauen ein gesichertes Obdach boten. Der Füchtingshof ⑮, Glandorpshof (Glockengießerstraße 55) und der Haasenhof (Dr.-Julius-Leber-Straße 37) gehören zu den schönsten und größten Stiftshöfen.

Der Blick vom Turm der Petrikirche zeigt Lübecks »gute Stube‹, den Markt mit dem angrenzenden Rathaus, einem mächtigen und doch grazilen Bauwerk. Die Baumeister haben es verstanden, die Stilelemente von der Romanik bis zur Renaissance so harmonisch zu verbinden, daß es wie aus einem Guß entstanden wirkt. Hier wurden einst die Geschicke der Hanse entschieden, und heute noch tagen die Bürgerschaft und der Senat in dem ehrwürdigen Bau.

Ein letzter Blick noch in Richtung Osten, zu den beiden Vorstädten Eichholz und Schlutup. Sie liegen unmittelbar an der innerdeutschen Grenze, die Lübeck nach 1945 vom einstmals handelsträchtigen Hinterland abschnitt. Die jüngste politische Entwicklung in der DDR läßt mit der Öffnung der Grenze die Aussichten auf einen normalen wirtschaftlichen und kulturellen Austausch nach langen Jahren unnatürlicher Trennung wieder wachsen.

Der Spaziergang in der Altstadt ist eine Entdeckungsreise durch ein abenteuerliches Kapitel Lübecker und nordeuropäischer Geschichte, die sich nicht zuletzt in den vielen erhalten gebliebenen Kulturdenkmälern dokumentiert. Gotik und Renaissance setzen dabei unübersehbare, eindrucksvolle Akzente im Bild der Stadt. Treppengiebel und Schwibbögen, schmale Häuser in engen Straßen und Gassen, trutzige Wehrmauern und Tore, von Bürgerstolz kündende Prunkfassaden vereinen sich in bunter Vielfalt zu einem Stadtbild von einmaliger Schönheit.

Von Thomas Mann bis Willy Brandt

Der bekannteste Lübecker dürfte Thomas Mann sein. 1929 erhielt er den Literatur-Nobelpreis für seinen Roman »Buddenbrooks. Verfall einer Familie«. Sein vier Jahre älterer Bruder Heinrich Mann wurde vor allem durch seine Romane »Professor Unrat« und »Der Untertan« berühmt. Auch der frühere Bundeskanzler und Friedensnobelpreisträger Willy Brandt ist Lübecker. Wie Thomas Mann im Jahr 1955 wurde auch ihm – 17 Jahre später – die Ehrenbürgerschaft der Stadt verliehen.

Auf der Suche nach einer von Gefühl und Religiosität der Frührenaissance neu belebten Kunst verschlug es Anfang des 19. Jh. den Maler Friedrich Overbeck (1789–1869) aus der Hansestadt nach Rom (Mitbegründer der »Nazarener«). Von den spätromantischen Dichtungen Emanuel Geibels (1815–84) dürfte nicht nur das Frühlingslied »Der Mai ist gekommen« über die Grenzen seiner Heimatstadt Lübeck hinaus bekannt sein.

Theater, Musik, Veranstaltungen, Museen

Theater

Bühnen der Hansestadt Lübeck, Fischergrube 5–12. Oper, Operette, Musical, Ballett, Schauspiel, Kinder- und Jugendtheater; Kinder- und Jugendkonzerte, ☏ 7 45 52, 7 67 72, 1 22 42 00.
Stadthalle, Mühlenbrücke 13. Komödien (Gastspiele), ☏ 7 60 86.
Taktlos-Theater, Lachswehrallee 1b. Clowns-, Musiktheater, experimentelles Theater; Sommertheaterfestival (Anfang Juli), ☏ 86 43 38.
Lübecker Marionetten-Theater, Fritz Fey, Kolk 20–22. Märchen, Kinder- und Jugendliteratur, Schauspiel, Oper; Varieté-Programm, ☏ 7 00 60.

Musik

Stadthalle, Mühlenbrücke 13. Sinfoniekonzerte u. a. mit dem Orchester der Hansestadt Lübeck, Klavier-, Liederabende, ☏ 7 60 96.
Kolosseum, Kronsforder Allee. Kammermusik, Klavier-, Liederabende, Orchesterkonzerte, ☏ 7 60 86.
Musikhochschule Lübeck, Jerusalemsberg 7. Orchester-, Chor-, Kammerkonzerte, Liederabende. Spielorte: Musikhochschule (Buxtehudesaal); Große Petersgrube 17–29 ⑳; Stadthalle, Mühlenbrücke 13; Kolosseum, Kronsforder Allee, ☏ 7 18 41, 7 18 42.
Remter des St.-Annen-Museums ⑰, St.-Annen-Str. 15, Kammerkonzerte des Lübecker Kammermusikkreises, ☏ 7 60 86.
Dom zu Lübeck ⑱, Domkirchhof. Orgel-, Chorkonzerte; »30 Minuten Orgelkonzert« (Juli/Aug. Mo, Fr, So 17 Uhr), ☏ 7 90 21 27, 7 90 21 28.
Kirche St. Marien ⑤, Marienkirchhof 4–5. Orgelzyklen; 30 Minuten Orgelmusik (April–Sept. Di, Sa 18.30 Uhr), »Lübecker Abendmusiken« (Juli/Aug. Do 20 Uhr), ☏ 7 90 21 27, 7 90 21 28.
St.-Jakobi-Kirche ⑨, Koberg 5. Kirchenmusik auf historischen Orgeln: Orgelvesper (April–Dez. Sa 17 Uhr); Intern. Orgelkonzerte (Juni–Aug. Fr 20 Uhr); 30 Minuten Orgelmusik (Juni–Aug. Mi 17 Uhr), ☏ 7 90 21 27, 7 90 21 28.
Kirche St. Aegidien ⑯, Aegidienstr. Chorkonzerte mit dem Lübecker Bachchor; Orgelmatineen (1. So im Monat 11.15 Uhr), ☏ 7 90 21 27, 7 90 21 28.
Hansehalle, Bei der Lohmühle. Schlager-, Pop-, Rockkonzerte, volkstümliche Musik, ☏ 4 44 68.
Dr. Jazz, Jazzclub Lübeck, im Bunker unter der Burg, An der Untertrave 1. Jazz im Oldtime-Stil (Dixieland, Swing), ☏ 70 59 09.

Veranstaltungen

Altstadt-Trödelmarkt rund um St. Marien ⑤ (1. Sa im Monat 9–18 Uhr).
Alle zwei Jahre (1991) 2. Wochenende im Sept.: *Altstadtfest* in der Innenstadt. Trödel, Kunsthandwerk, Theaterdarbietungen, breitgefächertes Musikprogramm.
Alle vier Jahre (1993) April: *Internationales Heinrich-Mann-Colloquium* in den Räumen des Rathauses ④. Öffentliche Vorträge mit Diskussion. Rahmenprogramm: Werkverfilmungen in Stadtkinos, Lesungen, Ausstellungen, ☏ 1 22 41 02.
Mitte März–Anfang April: *Lübecker Frühjahrsmarkt* auf der Wallhalbinsel. Volksfest.
Mai/Juni: »*Markt anno dazumal*« auf dem Rathausmarkt. Maler, Töpfer, Korbflechter, Pantoffelmacher, Drechsler in historischen Kostümen mit ihren Waren; Folklore.
1. Juliwochenende: zweiwöchiges *Lübecker Volksfest* auf dem Volksfestplatz, Travemünder Allee. Vergnügungspark; Volksfestzug durch die Altstadt; Abschluß: Feuerwerk.
1. Wochenende im Nov.: *Nordische Filmtage*. Filmfestival des Skandinavischen Kurz-, Spiel-, Dokumentarfilms mit aktuellen Beiträgen. Rahmenprogramm mit Informationsschauen, Retrospektiven, Seminaren, Diskussionen. Spielorte: Bühnen der Hansestadt Lübeck, Fischergrube 5–12; Zentraltheater, Dr.-Julius-Leber-Str. 25; Burgtor-Kino, Travemünder Allee 3, ☏ 1 22 41 05.
Mitte Nov.–Anfang Dez.: *Lübecker Herbstmarkt* auf der Wallhalbinsel. Volksfest.
Fr vor 1. Advent: zehntägiger *Weihnachtsmarkt* im Heiligen-Geist-Hospital ⑫ am Koberg. Kunsthandwerkermarkt mit Arbeiten aus dem norddeutschen Raum.

Museen

Museum Behnhaus, Königstr. 11 (s. ⑬).
Museum Drägerhaus, Königstr. 9 (s. ⑬).
Museum Holstentor, Holstentorplatz (s. ①).
Museum für Puppentheater, Kleine Petersgrube 4–6. Deutsches und europäisches Puppen- und Marionettentheater unterschiedlichster Art und Herkunft aus drei Jahrhunderten; Schatten- und Puppenspiele aus Afrika und Asien; Drehorgeln, Moritatenwände, Plakate, Dokumente, Textbücher (Di–So 9.30–18 Uhr).
Naturhistorisches Museum der Hansestadt Lübeck, Mühlendamm 1–3 (s. ⑲).
St.-Annen-Museum, St.-Annen-Str. 15 (s. ⑰).

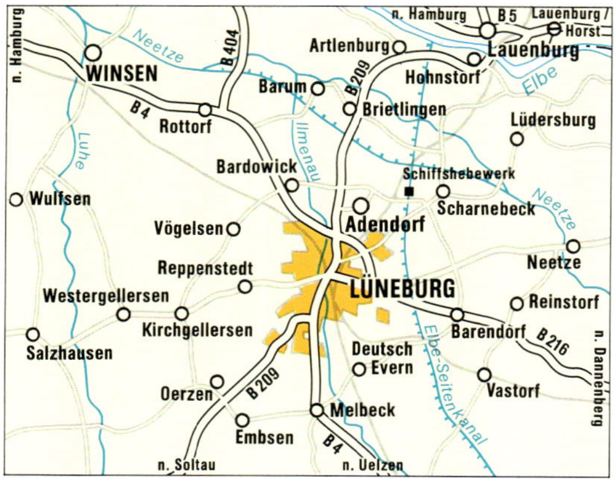

Wer entscheiden müßte, ob ihm die Stadt oder die Heide besser gefällt, käme wohl in Verlegenheit. Beide sind in ihrer Art sehr schön – die Stadt allerdings ist älter! Wo nämlich jetzt das Heidekraut wächst, dehnten sich einst große Wälder aus. Die Lüneburger haben sie verfeuert, um Salz zu gewinnen. Im größten »Industriebetrieb« des Mittelalters, der Saline, durften die Sudpfannen nicht kalt werden, wenn die Stadt ihre beträcht-

lichen Salzvorkommen nutzen wollte. Und diese gelangten dann vom Ilmenauhafen mit seinem Drehkran (unser Bild) über den Stecknitzkanal nach Lübeck. Auch heute gilt das weiße Gold noch etwas, wenn auch in flüssiger Form: Als Sole- und Moorheilbad genießt Lüneburg einen ausgezeichneten Ruf.

Lüneburg

Moor und Salz – Gott erhalt's

Wappen Auf rotem Feld eine silberne Stadtmauer mit drei blaubedachten Türmen, im Torbogen ein mit roten Herzen besetzter Schild, darin ein blauer Löwe als Zeichen der Welfenherzöge.
Lage Am Nordrand der Lüneburger Heide an der Ilmenau
Land Niedersachsen
Autokennzeichen LG
Höhe 7–86 m ü. M.
Fläche 70 km^2
Einwohnerzahl 60 000
Postleitzahl 2120
Telefonvorwahl 0 41 31
Post Hauptpostamt, Sülztorstr. 21, Nebenpostamt im Bahnhof (kein Spätschalter).
Polizei Polizeipräsidium, Auf der Hude 1, ☏ 109-1
Taxi ☏ 5 20 25
Nahverkehr Ein privates Busnetz deckt die Stadt und die Umgebung ab, Fahrscheine beim Fahrer.
Camping Campingplatz Rote Schleuse, ca. 5 km südlich von Lüneburg nahe der B 4 Richtung Uelzen gelegen, Abfahrt Deutsch Evern, ☏ 79 15 00.
Parken Parkhaus Nordlandhalle, Altenbrückertorstr.; Parkpalette Neue Sülze; außerdem das Parkhaus Karstadt sowie mehrere ausgeschilderte Parkplätze in der Innenstadt, der Platz an der Sülzwiese bietet das größte Platzangebot. Im Innenstadtbereich gibt es z. Zt. 44 Parkautomaten für rund 1400 Parkplätze.
Touristinformation Werbe- und Verkehrsamt der Stadt Lüneburg, Rathaus, Am Markt, ☏ 30 95 93, 3 22 00 (Mo–Fr 9–13, 14–18 Uhr, Sa 9–12.30 Uhr, Mai–Sept. auch Sa, So 9–13 Uhr).
Stadtrundfahrt 15. Mai–15. Sept. tägl. 15 Uhr ab Verkehrsamt, Rathaus (Dauer 90 Min.).
Stadtführung 15. Mai–15. Sept. tägl. 11 Uhr ab Verkehrsamt, Rathaus.
Schiffahrt Ausflugsfahrten auf dem Elbe-Seitenkanal ab Scharnebeck über das Schiffshebewerk nach Lauenburg, ☏ 0 41 53/25 36.

De sulte dat is Luneborch

12. September 1980: Im Fürstensaal des Rathauses 1 nehmen die Lüneburger Abschied vom bisher wichtigsten Unternehmen ihrer Stadt. Die Saline, das Salzwerk, hat seinen Betrieb nach mehr als 1000 Jahren aus wirtschaftlichen Gründen einstellen müssen. Damit ist auch das wichtigste Kapitel Lüneburger Stadtgeschichte beendet.

Die einleitenden Sätze dazu stammen aus dem Jahr 956: König Otto I. verfügte, daß der Salzzoll an das Kloster St. Michaelis auf dem Kalkberg zu fallen habe. Eine wichtige, wenn nicht die wichtigste Entscheidung für Lüneburg, weil Salz um diese Zeit ebensoviel wert war wie Gold – nicht zum Verfeinern von Speisen, sondern zur Haltbarmachung von Lebensmitteln.

Salz bedeutete also Reichtum, unermeßlichen Reichtum, wenn man genügend davon hatte. Und Lüneburg wurde reich!

Zunächst aber die Ochsentour: Mehrere Siedlungskerne wuchsen allmählich bis zum Jahre 1200 zu einer Einheit zusammen. Eine viel ältere Siedlung in der Nähe, Bardowick – vielleicht wäre sie Konkurrenz geworden –, konnte Lüneburg nicht mehr dazwischenkommen: Heinrich der Löwe zerstörte sie 1189.

Verkehrsgünstig an der Ilmenau gelegen, bald mit kaiserlichen, fürstlichen und kirchlichen Privilegien ausgestattet, entwickelte sich der Ort rasch zur Handelsstadt. Um 1250 gab es schon den planmäßig angelegten Neuen Markt und Teile des Rathauses, im 14. Jh. wurde man Hansestadt.

Die Lüneburger Saline wuchs sich zum größten »Industriebetrieb« des Mittelalters aus. In der Hochblüte waren dort um die 1000 »Sülzer« beschäftigt, bis zu 20 000 t Salz wurden jährlich produziert. Die aus dem Salzstock quellende Sole leitete man in 54 Siedehäuser und verkochte sie dort in 216 Pfannen ... Nicht umsonst prägte der Lüneburger Bürgermeister Hinrik Lange 1461 den Satz: »De sulte (das Salz) dat is Luneborch.«

Rücksichtslos zum Wohle der Stadt

An den Geldtöpfen saßen indessen die Patrizier, die selbständigen Sülfmeister (Inhaber von Siederechten) – meistens Ratsherren, forcierten sie die Monostruktur ihrer Stadt und schafften heran, was notwendig war.

So brauchte man zum Befeuern der Siedepfannen Holz. Und das gab es direkt vor der Tür – in der Lüneburger Heide nämlich, die damals erst teilweise Heide war und sonst dichten Buchen- und Eichenbestand

Bunte Fenster unter einem reichbemalten Tonnengewölbe erhellen die Gerichtslaube, den ältesten Sitzungssaal im Rathaus.

aufwies. Auch Schiffe und Häuser wurden aus dem heimischen Holz gebaut. Die einstige Waldlandschaft verödete, eine Steppe entstand, die sich nach und nach mit Heidekraut überzog. Die wenigen heute noch in ihrer Ursprünglichkeit erhaltenen Waldflächen sind landschaftliche Kleinode, und engagierte Naturschützer werden nicht müde, sich um ihren Fortbestand zu kümmern.

Daß die Lüneburger Heide heute zu den reizvollen Landstrichen der norddeutschen Tiefebene gehört, ist ein Geschenk der Natur – und kein Verdienst derer, die im Mittelalter das politische und wirtschaftliche Geschehen bestimmten. Gleichwohl haben sie ihrer Stadt Gutes getan, wenn auch nicht aus den lautersten Motiven: Wer reich war, wollte es zeigen, und so entstanden im Verlauf der goldenen Jahrhunderte stattliche Bürgerhäuser mit gotischen Backstein-Treppengiebeln, prächtigen Renaissancefassaden oder eleganter Barockarchitektur. Häuser aus den unterschiedlichsten Epochen reihen sich »Am Sande« 6, dem unzerstört gebliebenen großen Handelsplatz des Mittelalters, in schöner Harmonie aneinander. Überragt wird der Platz vom 108 m hohen Turm der St.-Johannis-Kirche 7, die wahrscheinlich auf den Fundamenten einer der ältesten Taufkirchen zwischen Weser und Elbe errichtet wurde. In ihrem Innern besonders bemerkenswert die Grabdenkmäler Lüneburger Patrizier, der Hochaltar mit bedeutenden spätgotischen Malereien und die Mitte des 16. Jh. erbaute Orgel mit dem eindrucksvollen Orgelprospekt.

Rätselhafte Lüneburger Krankheiten

Doch der »lange Johannis« bereitet den Bauexperten erhebliche Sorgen. Das Mauerwerk bröckelt, winzige Kristalle sprengen die zum Teil meterdicken Mauern. Große Partien der Turmwände mußten schon abgetragen und ersetzt werden. Für die Zukunft gilt es, die zerstörerischen Treibmineralien aufzuhalten, und das wird etliche Millionen DM kosten ...

Auch mit der St.-Michaelis-Kirche 10 hat man Probleme. Das Gotteshaus erhebt sich über einem alten Salzstock in der Nähe des Kalkbergs. Bodensenkungen sind verantwortlich für die Wanderung des massigen Turmes der im 13. Jh. erbauten Kirche, der um 1765 seinen heutigen Barockhelm erhielt. Er hat sich um einen halben Meter in nordwestlicher Richtung abgesetzt, während das Kirchenschiff blieb, wo die Baumeister es hingestellt hatten. Man muß abwarten, ob neuzeitliche Technik den hohlen Untergrund wieder beständig machen kann.

Solche Sorgen hat man nicht erst seit gestern. Die früheste Kunde von einem gewaltigen Erdeinbruch datiert aus dem Jahr 1013. Eines der letzten Opfer der Senkungsschäden war 1972 die Hauptpost am Marienplatz, und schon zehn Jahre zuvor, 1962, mußte die erst 50 Jahre alte Mittelschule am Graalwall abgerissen werden.

»In der Residenz der Langeweile«

Heinrich Heines Eltern lebten für einige Zeit hier, also gelangte der Weitgereiste zwischen 1822 und 1828 auch in diese Stadt. Sein Urteil damals: »Ich bin jetzt wieder in Lüneburg, in der Residenz der Langeweile. Bildung ist hier gar keine, ich glaube, auf dem Rathaus steht ein Kulturableiter. Aber die Menschen sind nicht so schlimm.« Dann lernt er den Schriftsteller Rudolf Christiani kennen, der ihn in die Lüneburger Salons einführt und wohl auch mit der Umgebung vertraut macht. Beides scheint ihm behagt zu haben, jedenfalls notiert er später wohlwollender, wenn auch noch immer nicht ohne Spott: »Denkt Euch, mit Schmerzen sehne ich mich/Nach Torfgeruch, nach den lieben/Heidschnucken der Lüneburger Heid/Nach Sauerkraut und Rüben./Ich sehne mich nach Tabaksqualm/Hofräten und Nachtwächtern/Nach Plattdeutsch, Schwarzbrot, Grobheit sogar/Nach blonden Predigerstöchtern.«

Heilung durch Sole und Moor

Salz fördert man nicht mehr in Lüneburg, aber die Solequellen sprudeln weiter. Täglich werden rund 20 000 l Starksole mit 26 % Salzgehalt in die riesigen Vorratsbehälter des Kurzentrums gepumpt, von den einzelnen Abteilungen »abgezapft« und als Solbäder mit unterschiedlicher Konzentration z. B. gegen Psoriasis, Schlafstörungen, Rheumatismus, Arthrosen und Bandscheibenschäden eingesetzt.
Auch das Moor spielt eine bedeutende Rolle im Heilbehandlungsprogramm der Stadt. Der Rohtorf kommt aus dem Postkuhlenmoor am Rande der Elbmarsch. Aufbereitet und zu einer feinkörnigen Trockenmasse zermahlen wird er im Kurzentrum, und in der Moorküche rührt man daraus den Badebrei.

Gut 5000 Heidschnucken gibt es zur Zeit im Naturschutzpark Lüneburger Heide. Die meisten dieser genügsamen Tiere, die zu jeder Jahreszeit im Freien sind, gehören zum Hof Tütsberg.

Stadtrundgang

Ausgangspunkt ist der Marktplatz mit Rathaus ❶, *Werbe- und Verkehrsamt und Heine-Haus. Der geplante Rundgang führt Sie u. a. zum ehemaligen Hafen, der umsäumt wird von alten Bürgerhäusern und Salzspeichern. Im Verlauf des weiteren Wegs kommen Sie in den Fußgängerbereich Bäckerstraße, wo Sie einkehren und ausruhen können. Unbedingt sollten Sie den alten Handelsplatz Am Sande* ❻ *besuchen und – von der St.-Michaelis-Kirche* ❿ *aus – zum Kalkberg hinübergehen. Von dort haben Sie einen schönen Ausblick auf die Altstadt.*

Alles in allem dürften Sie mit der einen oder anderen Besichtigung in drei Stunden gut zurechtkommen. Das Rathaus müssen Sie von innen anschauen, die Zeit dafür ist in den erwähnten drei Stunden allerdings nicht enthalten!

Sehenswürdigkeiten

❶ *Rathaus*, vielgliedriger, über mehrere Jahrhunderte gewachsener mächtiger Gebäudekomplex. Der älteste Teil steht seit dem 13. Jh. Die Marktfront (1720) trägt seit etwa 1870 neurenaissancehafte Züge. Fünf mächtige Pfeiler an der Stelle gotischer Fronttürme.
Im einzelnen: Gerichtslaube, ältester erhaltener Ratssitzungssaal (14. Jh.) mit farbigem Heldenfenster (um 1430), Tonnengewölbe, von Marten Jaster ausgemalt, Reste einer Fußbodenheizung und wertvolle Wandschränke (Ende 15. Jh.). Alte Kanzlei (1433), Körkammer (1491) mit farbigen Glasfenstern und Altes Archiv (Ausstattung von 1521) sind unverändert erhalten. Gewandhaus (15. Jh.), seit 1955 *Schatzkammer*, mit Nachbildungen des Ratssilbers, Urkunden, Gemälden, Kunstgewerbe.
Festsaal (15. Jh.) mit fünf wertvollen Geweihleuchtern. Große Ratsstube (1566–84), vollständig erhalten, einer der gelungensten Renaissanceräume Deutschlands. Huldigungssaal, barokker Prunksaal mit allegorischen Dekkengemälden (1706). Das Kämmereigebäude (1476), im Stil eines Bürgerhauses ausgeführt, prachtvoller Nordgiebel, lebensgroße Heiligenfiguren an der Westseite; innen stark verändert, sehenswert: Große Kommissionsstube (fertiggestellt 1584). Führungen Di–So 10, 11, 14 und 15 Uhr.

❷ *St.-Nicolai-Kirche* (1407–40), jetziger Turm von 1895, Außenmauerwerk nach 1840 weitgehend, 1958 stellenweise restauriert. Dreischiffige, nach Lübecker Vorbild erbaute gotische Basilika, reiche Sterngewölbe, zwei Seitenschiffe mit je einer Kapellenreihe unter hohen Emporen, Chorumgang mit drei Kapellen, sechseckige Krypta. Kunstwerke aus verschiedenen Lüneburger Kirchen: Hochaltar (um 1450) mit Schrein von Hans Snitker d. Ä. und Flügelgemälden, vermutlich von Hans Bornemann; Reliefs (1425) und Tafelmalereien (1450); außerdem Taufkapelle mit Taufkessel des Meisters Ulricus (um 1300).

❸ *Alter Kran*, erstmals erwähnt 1332, jetzige Form aus dem 18. Jh. Zwei große Treträder im kreisrunden Unterbau, drehbares, aufgesetztes Häuschen mit langem Kranhals. Kulturdenkmal ersten Ranges.

❹ *Kaufhaus* (1741–45), 1959 ausgebrannt. Erhalten geblieben ist die südliche Giebelfassade, als barocke Schaufront ausgebildet. Dahinter modernes Gebäude (Feuerwehrhaus) von Joachim Matthaei.

❺ *Glocken- oder Zeughaus* (1482). 40 m langes dreistöckiges Gebäude mit hohem Satteldach, über Jahrhunderte Arsenal und Kornspeicher. Am Ostgiebel Stadtmarke aus glasierten Backsteinen. Südfront als Schauseite mit drei Reihen bogig überwölbter Fenster und zwei Zierfriesen aus grünglasierten Platten.

❻ *Am Sande*, Hauptplatz der Stadt, erstmals erwähnt im 13. Jh., umrahmt von schönen Giebelhäusern. Bemerkenswert: das Schwarze Haus (1548), ehemals Brauhaus.

❼ *St.-Johannis-Kirche* (1300–70). Taufkirche als Vorkirche, erstmals erwähnt 1174. Fünfschiffige gotische Hallenkirche, Anbauten bis ins 15. Jh. 108 m hoher Turm mit prächtigem Kupferhelm (Anfang 15. Jh.). Quadratischer Grundriß, mächtiges Satteldach über den mittleren drei Schiffen, Steildächer über den Seitenschiffen. Hochaltar mit reichem Schrein und Untersatz (1430–85), kostbare Tafelmalereien der Flügelinnenseiten von Hinrik Funhof (vollendet 1482). Im Chor Reste alten Gestühls (um 1420) in einem Renaissancegestühl (1588) von Warnecke Burmester. Mächtiger barocker Orgelprospekt mit Renaissancekern und zwei Baßtürmen. Kreuzigungsaltar (frühes 16. Jh.), Renaissance- und Barockepitaphe.

❽ *Museum für das Fürstentum Lüneburg*, Sammlungsschwerpunkte: Vor- und Landesgeschichte, kirchliche Kunst, wissenschaftliche Altertümer, Freimaurer, Patrizier, Bürgertum und Innungswesen, Raritätenkabinett, Saline, Bauernstuben (Di–Fr 10–16, Sa, So 11–17 Uhr).

❾ *Ostpreußisches Landesmuseum*, Kunst und Kulturgeschichte Ostpreußens, Naturkunde, Pferdezucht, Jagd (Di–So 10–17 Uhr).

❿ *St.-Michaelis-Kirche*, ehemalige Benediktinerklosterkirche (im Bau seit 1376, 1418 geweiht), am Nordschiff Abtskapelle von 1485. Dreischiffige Halle mit mächtigem Satteldach (1765) anstelle früherer Einzeldächer. Unvollendeter Turm (1. Hälfte 15. Jh.) mit welscher Haube (um 1765). Sechs Säulenpaare aus Backsteinen tragen die kraftvollen Kreuzgewölbe. Bemerkenswerte Kunstwerke: Grabdenkmal von Herbord von Holle (um 1560), Kanzel (1602) von David Schwenke, Orgel von Matthias Dropa. In der Unterkirche Gruft des Klostergründers Hermann Billung.

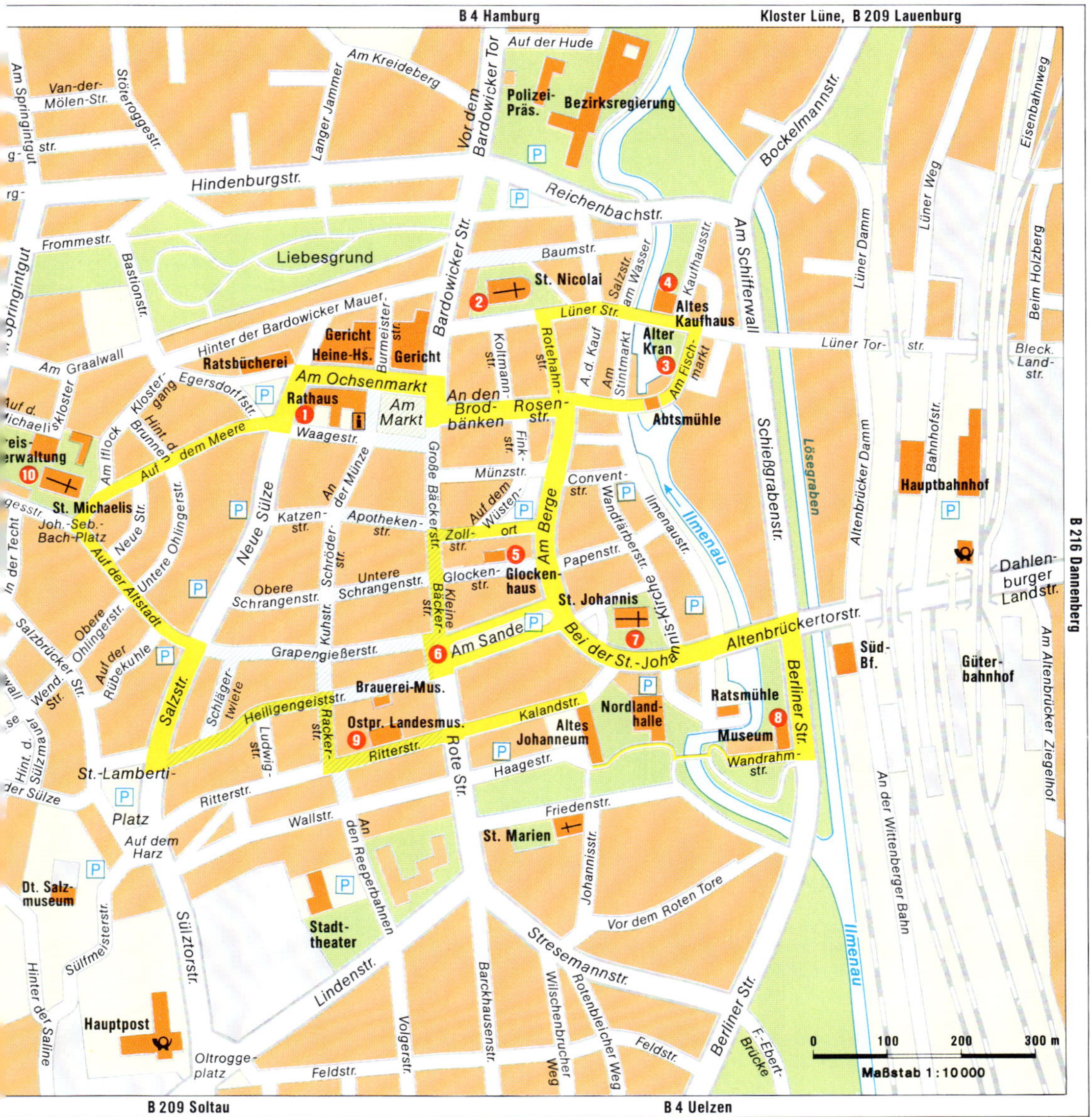

Schönes altes Lüneburg

Zum Glück nagt der salzige Zahn der Zeit nicht an allen Grundfesten Lüneburgs. Ein Beispiel ist das Rathaus ❶, ein wohlerhaltener Baukomplex, dessen älteste Teile aus dem 13. Jh. stammen. Die Marktfassade wurde 1720 zu einer barocken Schaufront umgestaltet, nachdem es in den Jahrhunderten zuvor mehrfach erweitert und umgebaut worden war. In seiner architektonischen Geschlossenheit zählt das Rathaus zu den schönsten und größten seiner Art in Norddeutschland.

Ein Besuch lohnt sich allemal: Die vielen herrlichen Räume legen Zeugnis ab von Lüneburgs stolzer Vergangenheit. Da ist die Gerichtslaube, deren leuchtend bunte Fenster die »Neun Helden« zeigen. Hier fanden anfangs die Ratssitzungen statt, später tagte das Obergericht dort. Da sind die Alte Kanzlei, der prachtvolle Fürstensaal und die Große Ratsstube mit den Holzschnitzereien des Albert von Soest, einem der bedeutendsten »bildensnider« der norddeutschen Renaissance.

In den Rathausturm wurde 1956 ein Glockenspiel aus Meißner Porzellan eingebaut, dessen Repertoire der Lüneburger Komponist Johann Abraham Peter Schulz (1747–1800) ersonnen hat. Von ihm stammt auch die Weise zu den Versen von Matthias Claudius' »Der Mond ist aufgegangen«, und er hat das allseits beliebte Weihnachtslied »Ihr Kinderlein kommet« komponiert.

Ein Riesenfahrstuhl für Schiffe

7 km nordöstlich von Lüneburg liegt das Schiffshebewerk Scharnebeck. Seine Aufgabe ist es, den Höhenunterschied zwischen Geest und Marsch für den Elbe-Seitenkanal auszugleichen, der die Elbe mit dem Mittellandkanal zwischen Artlenburg und Wolfsburg auf einer Strecke von 115 km verbindet. Das Werk besteht aus zwei riesigen trogartigen Fahrkörben, die sich gegenläufig bewegen und für die Höhen- und Tiefenfahrt von jeweils 38 m nur drei Minuten benötigen. Das Gewicht der beiden Kammern, in denen auch Europa-Kähne von 1350 t bequem Platz finden, wird durch 224 Scheiben aus Schwerbeton ausgeglichen, die mit einem Einzelgewicht von jeweils 26,5 t an einem Stahlseil hängen. Bedient wird der Liftgigant von nur einem Mann auf dem Zentralsteuerstand.

Tips, Tips, Tips

Heidschnucke nach Großmutterart
Heidschnuckenbraten ist eine Spezialität im Lüneburger Land. Das Fleisch gilt als ernährungsphysiologisch einwandfrei und eignet sich daher auch als Diätkost. Es hat Wildcharakter, ist dunkel und fettarm und darf nicht mit Lammfleisch verwechselt werden.
Also: Man nehme eine Schnukkenkeule, lege sie in Buttermilch ein und gebe sie tags darauf in die Pfanne. Als Gewürze empfehlen sich Wacholderbeeren, Crème fraîche und Rotwein. Die Soße wird mit einem Schuß Sherry oder einem Teelöffel Preiselbeeren verfeinert. Als Beilagen bieten sich verschiedene Gemüse, auch Kronsbeeren, Pfifferlinge oder Apfelmus an.

Nonnenklöster wurden zu Damenstiften
Sechs mittelalterliche Frauenklöster, die nach der Reformation zu evangelischen Damenstiften wurden, haben sich im Bereich der Lüneburger Heide bis heute erhalten. Unmittelbar vor den Toren Lüneburgs liegt das 1172 gegründete Kloster Lüne, eine weitläufige Anlage mit einer schönen gotischen Kirche, einem Kreuzgang und reichen Kunstschätzen. Besonders eindrucksvoll die berühmten Bildteppiche, die einmal im Jahr, Ende August, gezeigt werden (Führungen 1. April–15. Okt. Mo–Sa 9–11.30, 14–17.30, Feiertage 11.30–12.30, 14–17.30 Uhr.) Die fünf weiteren Heideklöster stehen in Ebstorf, Medingen, Isenhagen, Wienhausen und Walsrode.

Das Geheimnis der weißen Wildsau
Staunend verharren viele der rund 60 000 Besucher, die jährlich das Rathaus ❶ besichtigen, vor einem Glaskasten, in dem der Schulterknochen einer vor über 1000 Jahren erlegten Wildsau gezeigt wird. Die Sau, so berichtet die Sage, soll den Lüneburgern einst die Quelle unermeßlichen Reichtums gewiesen haben. Zu seiner Verwunderung nämlich habe der Waidmann entdeckt, daß das von ihm erlegte Tier kein schwarzes Borstenkleid, sondern ein salzig-weißes trug. Der Jäger sei dem Geheimnis nachgegangen und alsbald auf eine aus dem Boden quellende salzige Brühe, eine Sole, gestoßen, in der sich die Wildsau gerade zuvor noch gesuhlt haben mußte. Das Salz, das weiße Gold, das Lüneburg fortan reich werden ließ, war entdeckt.

Nicht weit vom Rathaus entfernt steht das Heine-Haus, ein schöner Renaissancebau, in dem die Eltern Heinrich Heines von 1822–28 gewohnt haben und der Dichter zeitweise zu Gast war.

Zu den wichtigsten Einrichtungen Lüneburgs gehörte der Hafen an der Ilmenau. Das Alte Kaufhaus ❹ und der gegenüberliegende Kran ❸ erinnern an Lüneburg als blühende Handelsstadt. Das »Kaufhaus«, 1302 erstmals als Heringshaus erwähnt, diente der Lagerung verschiedenster Handelsgüter und mußte Mitte des 18. Jh. neu errichtet werden. Bis 1959 blieb es unverändert, fiel dann aber, wie zwei andere alte Gebäude, einem als »Lüneburger Feuerteufel« bekannten Brandstifter zum Opfer.

Der Drehkran steht seit Mitte des 14. Jh. an der gleichen Stelle und gilt fälschlicherweise als Meisterwerk mittelalterlicher Ingenieurkunst. Seine heutige Gestalt erhielt er 1796, als letzter produktiver Einsatz gilt das Umladen einer auf dem Wasserweg von England verfrachteten Lokomotive für die Staatsbahn von Hannover nach Braunschweig.

Aber Kaufhaus und Kran sind auch Symbole für Lüneburgs »Nachblüte«, zu der es im 18. Jh. durch die Aufnahme des Speditionshandels kam. Zwischenzeitlich hatte es nämlich Turbulenzen gegeben: Der Hanse-Bund verlor an Bedeutung, auswärtige Salzlieferanten brachen in Lüneburgs Pfründe ein, der Dreißigjährige Krieg ging nicht spurlos vorüber, die Welfen vereinnahmten erneut die bis dahin ziemlich unabhängige Stadt. Im 19. Jh. sank sie zur Bedeutungslosigkeit einer landsässigen Stadt herab, was einerseits den alten Baubestand vor militärischen Übergriffen verschonte und andererseits die Notwendigkeit verstärkte, über die Zukunft nachzudenken.

»Am Sande« reihen sich, überragt vom gedrungenen Turm der St.-Johannis-Kirche, die Backsteingiebel ehrwürdiger Bürgerhäuser.

Gesundheit heißt das neue Wirtschaftsgut

Natürlich kreisten die Gedanken wieder ums Salz, wenn man auch einsah, daß seine Zeit als Exportschlager vorbei war. Also verfiel man auf die heilende Wirkung warmer Solbäder und salzhaltiger Luft: Anno 1820 eröffnete das erste Badehaus im heute staatlich anerkannten Sole- und Moorheilbad.

Der wirtschaftliche Erfolg blieb jedoch aus. Zwar stellten sich bis zum Ende des Jahrhunderts jährlich immer mal einige hundert Heilungsuchende ein. Aber fehlendes Know-how und die Zeitumstände ließen alle Versuche scheitern – bis mit dem neuen Salinendirektor, dem Bergrat O. Sachse aus Clausthal, ein Mann kam, der die ganze Sache in Schwung brachte. 25 Jahre war er die treibende Kraft, vergrößerte, modernisierte, warb. 1919 konnte er Kurbad und Kurpark, bis dahin Eigentum der Saline, an die Stadt verkaufen, was immerhin 173 755 Mark brachte ... Inzwischen erfüllt Lüneburg mit dem Bau des 1973 eingeweihten Kurzentrums alle Voraussetzungen, die an ein modernes Heilbad gestellt werden.

Trotz allem wirtschaftlichen Auf und Ab ist Lüneburg ein Kleinod unter den deutschen Städten geblieben, die sich ihr mittelalterliches Bild weitgehend haben bewahren können. Von Bomben verschont, bietet die Stadt heute noch den Anblick eines geordneten Gemeinwesens, das in seiner geschlossenen architektonischen Schönheit seinesgleichen sucht. Die großräumig angelegten Fußgängerzonen laden nicht nur zum gemächlichen Bummeln ein, sie eröffnen auch neue Perspektiven auf Gotik, Renaissance und Barock. Und vor den Toren der Stadt blüht zweimal im Jahr die Heide.

Der Dergl von Embsen

Das »Niedersachsenhaus«, ein kleines Museum in Embsen, 12 km südlich von Lüneburg an der Harz-Heide-Straße gelegen, beherbergt eine hübsche Kuriosität. Es ist ein ausgestopfter Hase, der Hörner und einen Fuchsschwanz trägt und den man »Dergl« nennt. Das kam so: Ein Schuster wollte es gern mal den Waidleuten gleichtun, obwohl er mit der Flinte überhaupt nicht umzugehen wußte. Die Jägersleute fanden seinen Wunsch nicht unbillig, wollten sich aber einen Spaß daraus machen. Also nähten sie einem toten Hasen anstelle der Blume eine Fuchslunte an, krönten ihn mit einem Spießergehörn und setzten ihn in eine Furche. Der Schuster wurde zur Jagd geladen, schoß drauf los und hatte »Erfolg«. Am nächsten Tag stand in der Zeitung zu lesen, was die Strecke erbracht hatte: »Soundsoviel Hasen, Füchse, Fasanen und dergl.« Der Schuster zeigte sich begeistert: »Also, der dergl, dat is min, den heff ick schotten.«
Seitdem wird der »Dergl«, der gehörnte Hase, im Niedersachsenhaus aufbewahrt.

Theater, Musik, Veranstaltungen, Museen

Theater
Stadttheater Lüneburg, An den Reeperbahnen 3. Stadttheater: Oper, Operette, Musical, Ballett, Schauspiel, Weihnachtsmärchen; *T. N. T.* (Treffpunkt Neues Theater), Ritterstr. 54: Modernes Schauspiel, Kinder- und Jugendtheater, Kabarett, ☏ 4 21 00.

Musik
Stadttheater Lüneburg, An den Reeperbahnen 3. Orchesterkonzerte; Meisterkonzerte der Stadt Lüneburg (Sept.–Mai), ☏ 4 21 00.
Musikschule der Stadt Lüneburg, An der Münze 7. Schüler-, Lehrer-, Orchester-, Kammerkonzerte, Weihnachtskonzert, Barockkonzert des Ensembles für Alte Musik. Spielorte: Musikschule; Rathaus ❶, Am Markt; Kirchen Lüneburgs, ☏ 30 93 95.
Glockenhaus ❺, Glockenstr. Gesamtes Jazzspektrum, Pop, Rock, »Neue Musik«, Festival Neue Musik in Lüneburg (1. Adventswochenende); Woche der Popularmusik (Sept./Okt.), ☏ 30 93 61.
St.-Michaelis-Kirche ❿, Johann-Sebastian-Bach-Platz. Orgel-, Chorkonzerte, Oratorien, ☏ 3 12 07.
St.-Nicolai-Kirche ❷, Bardowicker Str. Musik zur Marktzeit (Sa 11 Uhr), Orgel-, Chorkonzerte, Motetten, Kantaten, Oratorien, ☏ 3 16 46.
St.-Johannis-Kirche ❼, Am Sande. Orgelmusik mit Kurzansprache (Fr 17.30 Uhr), Orgelkonzerte (Juni–Okt. Di 20 Uhr), Oratorien, ☏ 4 45 42.
Nordlandhalle, Bei der Ratsmühle. Pop-, Rock-, Schlagermusik mit intern. Stars und Bands sowie Folklore, ☏ 30 93 61.
Dixie, Am Berge 44, ☏ 3 27 04; *Pupasch*, Am Stintmarkt 12, ☏ 3 76 55; *Saltzcontor*, Koltmannstr. 7, ☏ 3 24 25: Gesamtes Jazzspektrum.
Café Klatsch, Am Springintgut 21. Folk, Rock, Lesungen, ☏ 3 61 62.

Veranstaltungen
In der Woche vor Rosenmontag: *Lüneburger Antiquitätenmesse* im Glockenhaus ❺, Glockenstr., ☏ 30 93 49.
Frühling bis Herbst: *Glockenspiel vom Rathausturm* ❶ (tägl. 8, 12, 18 Uhr).
3. Wochenende nach Ostern: *Frühjahrsmarkt*, Sülzwiesen. Volksfest, Abschluß: Höhenfeuerwerk.
Sommer: *Stadtfest* in der Fußgängerzone. Nippes-Flohmarkt, Folklore, Tanz, Fischmarkt; Verleihung des Lüneburg-Preises, ☏ 30 95 93.
Alle drei Jahre (1990) Ende April/Anfang Mai: *Treffpunkt Lüneburg*, Sülzwiesen. Verbrauchermesse – Hauswirtschaft und Baumarkt, ☏ 30 95 93.
Juni: *Lüneburger Bachwoche* mit Orchester-, Kammerkonzerten, Chorwerken, Solistenabenden. Spielorte: Stadttheater, An den Reeperbahnen 3; St.-Nicolai-Kirche, Bardowicker Str.; St.-Michaelis-Kirche, Johann-Sebastian-Bach-Platz; Rathaus ❶, Am Markt; Kloster Lüne, ☏ 30 93 61.
Juli–Sept.: *Glockenspiel vom Rathausturm* ❶ – *Melodienraten* mit Preisvergabe (So 12 Uhr).
3. Wochenende im Aug.: *Schützenfest*, Sülzwiesen. Volksfest mit Königs-Ausschießen, Königsball.
Um den 24. Aug.: Neuntägige *Teppichausstellung* im Kloster Lüne. Gotische Bildstickereien und andere Klosterschätze, ☏ 5 23 18.
Aug./Sept.: *Alte Handwerkerstraße* in der Altstadt. Rekonstruktion des Straßenlebens im 16. Jh.: Handwerker in historischer Kleidung bei der Arbeit, Verkaufsbuden (Schrangen), Straßenmusikanten, Gaukler, Bettler, Ausrufer, Stadtknechte, Viehmarkt, Renaissancemusik, ☏ 3 44 52.
Sept./Okt.: *Woche der Popularmusik* (Bereich Pop und Rock) im Glockenhaus ❺. Niedersächsisches Landesrockfestival (20 Uhr), kulturpolitische Podiumsdiskussionen, Seminare, Workshops, ☏ 3 81 82.
1. Wochenende im Okt.: *Herbstmarkt*, Sülzwiesen. Volksfest.
Anfang Nov.: *Handwerkermarkt* im Glockenhaus ❺ mit Kunsthandwerk, ☏ 18 85 29.
Anfang Nov.: *Martinimarkt* auf dem Marktplatz, Warenmarkt.
Mitte Nov.: *Jugendbuchwoche* im Glockenhaus ❺. Verkaufsausstellung mit Lesungen, Veranstaltungen für Kinder, ☏ 30 96 20.
1. Adventswochenende: *Festival Neue Musik in Lüneburg* im Glockenhaus ❺. Neue E-Musik, elektronische Musik, Kammer-, Computermusik, ☏ 30 93 90.

Museen
Altes Rathaus mit Ratssilber, Am Ochsenmarkt (s. ❶).
Brauerei-Museum im Kronen-Brauhaus, Heiligengeiststr. 39–41. Braugeschichte, histor. Sudhaus, Sammlung histor. Trinkgefäße (Mo–So 10–12, 15–17 Uhr).
Deutsches Salzmuseum, Sülfmeisterstr. 1. Geschichte der Lüneburger Saline (Mo–Fr 10–18, Sa, So 10–17 Uhr).
Museum für das Fürstentum Lüneburg, Wandrahmstr. 10 (s. ❽).
Ostpreußisches Landesmuseum, Ritterstr. 10 (s. ❾).

MCV

Mainz

Vom Buchdruck zum Fernsehen

Einmal im Jahr, für einen Abend, ist Mainz der Nabel der Nation – wenn im Fernsehen das karnevalistische Frohsinnsspektakel aus der Stadt am Rhein läuft. Fastnachtsfreunde reservieren die Humba-Humba-Tätärä-Stunden schon Wochen vorher, Fastnachtsmuffel suchen Fluchtwege; dieses Mainz kennt jeder. An den restlichen 364 Abenden sorgen die »Mainzelmännchen« des hier ansässigen ZDF für die entsprechende Popularität. Die geschichtliche Größe der Stadt, im Dom einzigartig dargestellt, und ihr größter Sohn, Johannes Gutenberg, müssen hinter dieser Medienprominenz bisweilen zurücktreten – obgleich die Historie von zweitausend Jahren das »goldene Mainz« weitaus stärker geprägt hat als die wenigen Jahrzehnte der neuen Bildschirm-Wirklichkeit.

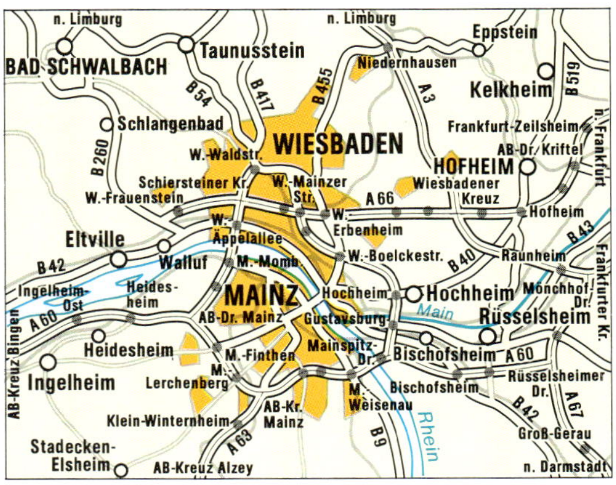

Wappen Seit dem 13. Jh. ist das Speichenrad auf Münzen des Mainzer Erzstiftes nachgewiesen. Die schräggestellten Räder werden im 14. Jh. als Zeichen der Stadt gebräuchlich.
Lage Auf dem linken Rheinufer gegenüber der Mainmündung.
Land Rheinland-Pfalz
Autokennzeichen MZ
Höhe 82–245 m ü. M.
Fläche 97,7 km^2
Einwohnerzahl 186 000
Postleitzahl 6500
Telefonvorwahl 0 61 31
Post Hauptpostamt, Bahnhofstr. 2, Spätschalter (Mo–Fr 8–21, Sa, So 8–20 Uhr).
Polizei Weißliliengasse 1, ☏ 6 51
Taxi ☏ 6 00 11
Nahverkehr Bus- und Straßenbahnlinien; verbilligte Mehrfahrtenkarten, 24-Stunden-Ticket (gültig auch in Wiesbaden).
Camping Campingplatz Maarau, zu erreichen über die Kostheimer Landstr., Floßhafenstr. zur Maarau, ☏ 0 61 34/43 83.
Parken Parkmöglichkeiten sind an allen Zufahrtsstraßen in Richtung Stadtmitte und unmittelbar hinter der Theodor-Heuss-Brücke (über den Rhein von Wiesbaden her) ausgeschildert. Von der Rheinstr. aus sind die öffentlichen Parkhäuser unter dem Rathaus und beim Hilton-Hotel zu erreichen, von der Quintinsstr. aus das Parkhaus Am Brand, Parkplätze am Rheinufer und beim Römisch-Germanischen Zentralmuseum.
Touristinformation Verkehrsverein Mainz e. V., Bahnhofstr. 15, ☏ 23 37 41 (Mo–Fr 9–18, Sa 9–13 Uhr).
Stadtführung Ab Verkehrsverein jeden Sa 10 Uhr.
Schiffahrt Rheinfahrten täglich mehrmals, Abfahrtszeiten zu erfragen beim Verkehrsverein.

Sagenhafte Geschichte

Eine sagenhafte Stadt! Da soll ein Quacksalber namens Nequam mit einem Trierer Fürstentöchterchen durchgebrannt sein und Mainz gegründet haben. Ein Trojaner soll, nachdem seine Heimatstadt gefallen war, an den Zusammenfluß von Rhein und Main gezogen sein. Und schließlich soll Magog, ein Enkel des Arche-Skippers Noah, der dritte Gründervater der schönen Stadt gewesen sein …

Alles Mumpitz! Die Geschichte der Stadt Mainz ist recht gut belegt, dafür sorgte schon das römische Heer, das viel Bürokratie mit sich herumschleppte. Anno 13 v. Chr. legten die Römer am strategisch günstigen Zusammenfluß der beiden größten Flüsse der Region ein Kastell an: Mogontiacum. Man weiß zwar, daß sich an gleicher Stelle zuvor schon einige Kelten- oder Germanensippen niedergelassen hatten, aber die Geschichte beginnt so richtig doch erst mit den Heerscharen des Agrippa.

Die Römer richteten sich recht komfortabel ein, wie die zahlreichen Funde im Römisch-Germanischen Zentralmuseum (26) und im Landesmuseum (31) beweisen. Immer neue Ausgrabungen schaffen neue Erkenntnisse: Man stieß beispielsweise auf gut erhaltene Reste von Römerschiffen unweit des heutigen Rheinufers, als man die Baugrube für ein Hotel ausbaggerte. Und als die Universitätsklinik ein zusätzliches Gebäude erhalten sollte, entdeckten die Archäologen erst vor wenigen Jahren einen rund 1700 Jahre alten Römerkeller, der eventuell eine Weinschänke beherbergte. Kein ungewöhnlicher Fund für eine Garnisonstadt, in der zeitweise bis zu 16 000 Mann stationiert waren; die wollten versorgt sein, nicht nur mit Wein, sondern vor allem mit Wasser. Die Römer bauten einen ihrer famosen Aquädukte im Zahlbachtal, rund 500 bis zu 35 m hohe Pfeiler hatte die Versorgungsleitung der Hauptstadt der Provinz Germania superior. Die übriggebliebenen Pfeilerreste, die »Römersteine«, sind ein imponierendes Denkmal.

Das goldene Mainz

Nach den römischen Soldaten und der Völkerwanderung kam die Kunde von der neuen Lehre des Jesus Christus, die in Mainz starken Widerhall fand. Der erste Höhepunkt der bis heute großen Kirchengeschichte der Stadt war 746/47, als Bonifatius – seit 732 Erzbischof für Germanien – das Bistum Mainz übernahm. Ein Jahrhundert später, 847, wird der in Mainz geborene bedeutende Kirchenführer Hrabanus Maurus zum Erzbischof bestimmt. Erzbischof Willigis, der den Mainzer Dom (6) errichten ließ, krönte 1002 dort den letzten Sachsenkaiser, den 1146 heiliggesprochenen Heinrich I., zum deutschen König. Der »heilige Stuhl von Mainz« war inzwischen auch eine weltliche Macht geworden. Die Reichserzkanzler und Kurfürsten von Mainz bestimmten als ranghöchste Fürsten und Leiter der Königswahlen die Geschicke des Reichs wesentlich mit.

Vorgehängte Sonnenblenden sind die Kennzeichen des Rathauses, eines mit norwegischem Marmor verkleideten Stahlbeton-Skelettbaus.

Dies schlug sich natürlich auch im Stadtbild nieder. Prachtvoll muß das Zentrum der geistlichen und weltlichen Macht damals schon gewesen sein, denn bereits im 11. Jh. rühmten die Chronisten das »goldene« Mainz – dieses Attribut hat sich bis heute erhalten, wenngleich die Stadt mittlerweile die Hauptstadt eines deutschen Bundeslands ist. Immerhin, die große Geschichte tat ihre Wirkung, als 1950 die Entscheidung für die Kapitale von Rheinland-Pfalz fiel und der Konkurrent Koblenz seine Hoffnungen begraben mußte.

Mainz war aber auch eine würdige Wahl für eine demokratische Hauptstadt, schließlich drangen die Mainzer schon recht früh auf bürgerliche Freiheiten. Die Dompforte am Markt 4 belegt es: Dort sind die um 1118 von Erzbischof Adalbert verliehenen Freiheitsprivilegien eingraviert, daß nämlich die Mainzer fortan keiner fremden Gerichtsbarkeit und Steuerhoheit mehr unterliegen sollten. Bei solchem Geist konnte sich ein schöpferisches Handwerk entwickeln, die Erfindung des Johannes Gutenberg – der Buchdruck mit beweglichen Lettern – ist bezeichnendes Beispiel. Diese innovative Kraft hielt an: Der Mainzer Joseph Goebel entwickelte um 1935 die Mikrokopie, eine logische Fortentwicklung der weltumwälzenden Buchdruckerkunst, denn nur in Mikrokopien können die Archive und Bibliotheken der unendlichen Flut des Gedruckten heute noch Herr werden.

Die Dompforte ist bezeichnend für das gute Verhältnis, das Kirche und Bürgertum in dieser Stadt meist pflegten. Aus jüngerer Zeit steht dafür der Name von Wilhelm Emanuel Freiherr von Ketteler, der dem Mainzer Bistum von 1850 bis 1877 vorstand: Dieser Bischof sorgte sich besonders um das Wohl der neuen Schicht der Fabrikarbeiter, seine sozialen Schriften waren quasi das katholische Gegengewicht zum »Kapital« von Marx – eine erstaunliche Entwicklung für einen Adelsproß, der einst in seiner schlagenden Verbindung die Nasenspitze eingebüßt hatte. Ketteler wirkte nicht nur von der Kanzel herab, er engagierte sich auch direkt in der Politik, 1848/49 als Abgeordneter in der Nationalversammlung und später als Reichstagsabgeordneter.

Kopffüßler und Mainzelmänner

Einem handfesten politischen Skandal verdanken die Mainzer ihre fleißigsten Werber: die »Mainzelmännchen«. Konrad Adenauer wollte Ende der fünfziger Jahre das junge und – wie der schlaue »Alte« schnell erkannte – einflußreiche Medium Fernsehen unter Regierungskontrolle bringen. Die Verfassungsrichter machten ihm zwar einen Strich durch die Rechnung, aber immerhin erwuchs aus Adenauers Anstoß das Zweite Deutsche Fernsehen. Und weil Mainz als Landeshauptstadt ohne Haussender war (Kiel war zu abgelegen, Wiesbaden war durch Frankfurt versorgt), kamen die ZDF-Pioniere nach Rheinland-Pfalz. Aus dem Provisorium der ersten Jahre ist inzwischen Deutschlands größte Fernsehanstalt geworden; seit die Neubauten auf dem Lerchenberg bezogen wurden, macht der imposante Rundbau diesen Anspruch auch architektonisch sichtbar. Er ist übrigens zu besichtigen, in der Regel allerdings nur für Gruppen und nach vorheriger Anmeldung (☏ 7 01). Diesen Besuchern werden auch die Kunstwerke präsentiert, die sich im Sendegelände versammelt haben, vorweg der »Platz der Köpfe«, den Horst Antes anlegen ließ. Seither geben die Kopffüßler des Karlsruher Künstlers Anlaß zu vielfältigen, manchmal recht bissigen Kommentaren.

Um die Altstadt gruppieren sich die Nachkriegsbauten und dokumentieren die verschiedenen Geschmacksepochen dieser Zeit; am Rheinufer hinter dem Dom sieht man das Rathaus, links daneben die Rheingoldhalle.

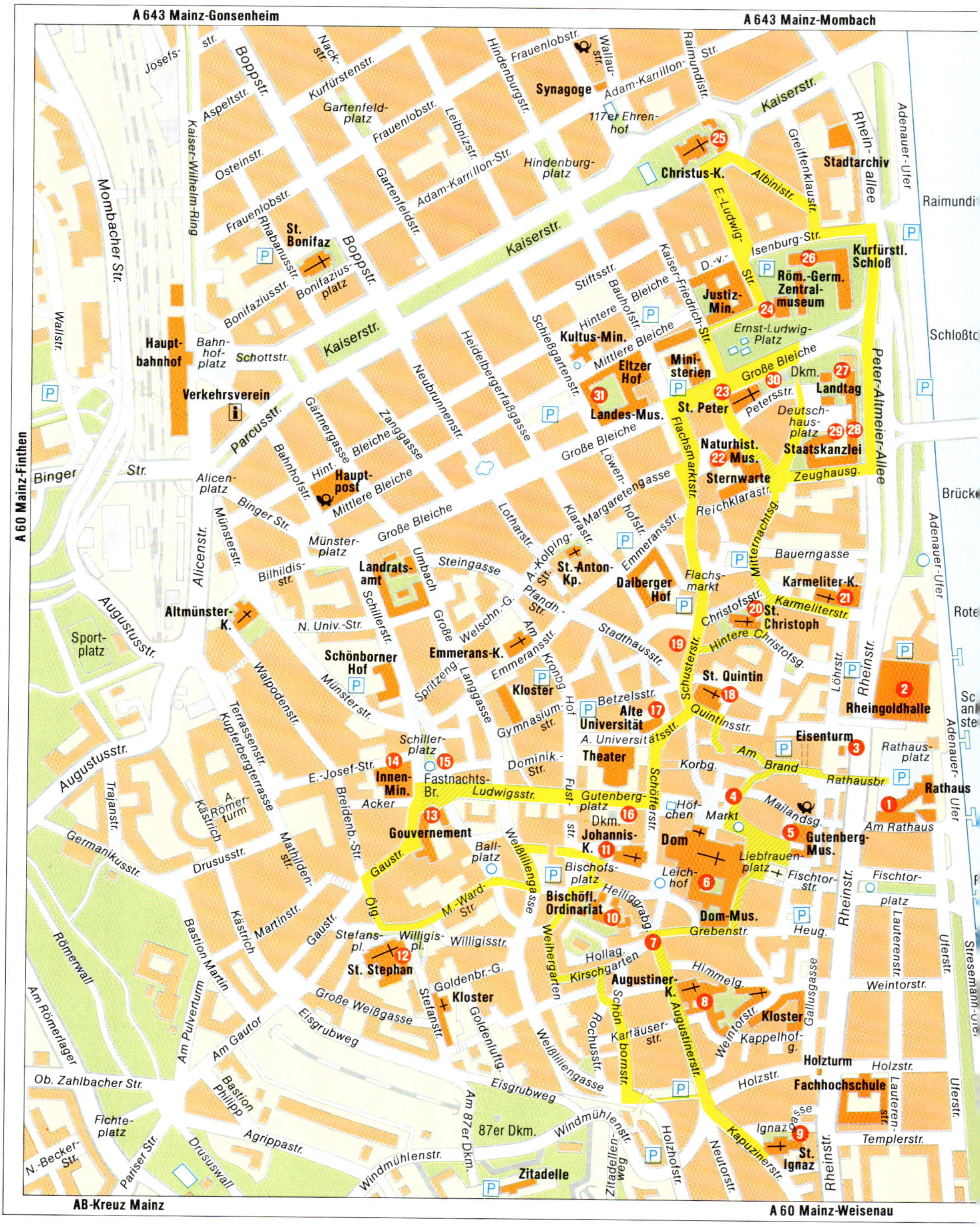

Stadtrundgang

Mainz ist eine recht kompakte Stadt, deshalb liegen die Sehenswürdigkeiten auch nahe beieinander. Der zahlreichen baugeschichtlichen Besonderheiten und Schönheiten wegen muß man dennoch rund vier Stunden für den großen Rundgang ansetzen.

Ihren Wagen stellen Sie am besten in der Rathaus-Garage ab, dem Ausgangspunkt des Rundgangs. Wer bei der Domus Universitatis ⑰ den Rundgang abschließt und über den Brand oder die Korbgasse wieder zum Rathaus ① zurückkehrt, hat nach zwei Stunden die meisten wichtigen Schauobjekte der Stadt gesehen. Aber zumindest eine Stippvisite im Gutenberg-Museum ⑤ sollte noch eingeplant werden. Mainz ist – dank seiner Fußgängerzonen – bequem zu erschließen, zumal überall am Weg Cafés und Restaurants zur Rast einladen, die schönsten in der Altstadt ⑦.

Sehenswürdigkeiten

① *Rathaus*, 1970–73 nach Entwürfen von Arne Jacobsen und Otto Weitling in Stahlbeton-Skelettbauweise errichtet; in Foyer und Ratssaal auch kulturelle Veranstaltungen.

② *Rheingoldhalle*, erbaut 1965–68, Konferenz- und Mehrzweckzentrum, Veranstaltungsort großer Karnevalssitzungen.

③ *Eisenturm*, um 1240 als Teil der Stadtbefestigung errichtet, heute ein Künstlerzentrum.

4 *Marktplatz*, mit restaurierten alten Häusern, der wohl fast tausend Jahre alten Heunensäule und dem Marktbrunnen von 1526, einem der ältesten deutschen Renaissancebrunnen.
5 *Gutenberg-Museum*, auch »Weltmuseum der Druckkunst« genannt, teilweise untergebracht im Renaissancebau »Zum römischen Kaiser« (von 1600). Die Sammlungen und wechselnde Ausstellungen geben einen umfassenden Einblick in die Geschichte und die Entwicklung der Schrift, des Drucks, des Buchs, des Bucheinbands und der Buchillustration. In besonderen Abteilungen werden graphische Techniken wie Holzschnitt, Kupferstich oder Steindruck vorgeführt; viele Beispiele dokumentieren die Geschichte des Papiers; Höhepunkte im Museum sind die rekonstruierte betriebsfähige Werkstatt Gutenbergs und seine wertvolle Bibel von 1455 (Di–Sa 10–18, So 10–13 Uhr).
6 *Dom St. Martin und St. Stephan*, um 975 von Erzbischof Willigis begonnen und – nach mehreren Bränden während der Bauzeit – 1239 vollendet. Bis ins letzte Jahrhundert wurden noch verschiedentlich Änderungen vorgenommen, die Grundsubstanz der Pfeilerbasilika mit Ost- und Westchören geht aber auf die Romanik zurück. Besonders die Westfront vermittelt von außen ein eindrucksvolles Bild des burgartigen Kirchenbaus. Zwei frühromanische Säulenportale. Im Marktportal wurden nach 1118 in der oberen Türfüllung die ersten Mainzer Stadtfreiheitsrechte eingegraben. Von der Einrichtung sind vor allem die zahlreichen Grabdenkmäler vom 13. bis zum 18. Jh. zu erwähnen. Teile des kunsthistorisch bedeutenden West-Lettners befinden sich im Diözesanmuseum. Wichtige Anbauten sind die 1137 vollendete Gotthardkapelle und die 1239 erbaute Memorie (Grabkapelle) mit dem spätgotischen Prachtportal. Im Westflügel des um 1410 vollendeten Kreuzgangs ist das Bischöfliche Dom- und Diözesanmuseum mit einer hervorragenden Sammlung sakraler Kunst vom 15.–18. Jh. untergebracht. Sie enthält neben bildhauerischen Arbeiten auch Teile des Domschatzes, Ornate und Meßgarnituren sowie Bücher mit wertvollen Miniaturen, Handschriften, Kupferstiche und Gemälde (Mo–Mi, Fr 9–12, 14–17, Do und Sa 9–12 Uhr).
7 *Altstadt*, restaurierte Fachwerkbauten und Gebäude aus dem ortstypischen roten Sandstein, kleine Geschäfte und Weinlokale.
8 *Augustinerkirche*, auch Seminarkirche genannt. Die von einem unbekannten Baumeister 1768–71 errichtete Kirche besticht durch die prächtige Barockfassade. Das Innere tendiert schon deutlich zum Rokoko.
9 *St. Ignaz*, 1763–74 erbaut, ist ein gutes Beispiel für die Entwicklung vom Rokoko zum Klassizismus. Gegenüber der Kirche auf dem Friedhof eine Kreuzigungsgruppe, von Hans Backoffen 1519 entworfen und gestiftet.
10 *Bischöfliches Ordinariat*, barocker Hufeisenbau von 1742, einst Heiliggrab- und Johanniterordenshaus.
11 *Johanniskirche;* ihre Grundmauern werden den ersten Mainzer Dombauten zugerechnet, der hochgotische Westchor entstand um 1360.
12 *St. Stephan*, bis 1340 über einer um 990 als Stiftskirche erbauten Vorgängerkirche errichtet, älteste gotische Hallenkirche am Mittelrhein; spätgotischer Kreuzgang aus der zweiten Hälfte des 15. Jh., im Ostchor Glasfenster von Marc Chagall (1978/79).
13 *Osteiner Hof*, 1749 im Rokokostil erbaut, zur Zeit Napoleons Sitz der französischen Militärbehörden und deshalb auch »Gouvernement« genannt, heute von der Bundeswehr genutzt.
14 *Bassenheimer Hof*, ein weiterer Mainzer Adelshof, 1756 erbaut, heute Innenministerium.
15 *Fastnachtsbrunnen*, 1967 mit zahlreichen Motiven und Figuren der Mainzer Fastnacht erbaut; die Modelle stammen von Blasius Spreng.
16 *Gutenberg-Denkmal*, 1837 nach einem Modell Thorwaldsens in Bronze gegossen.
17 *Domus Universitatis*, der erste Universitätsbau (1615–18).
18 *St. Quintin*, um 1300 errichtete gotische Hallenkirche mit einer reich verzierten Rokokokanzel aus dem Jahr 1761 und einem riesigen Altargemälde von Franz Anton Maulpertsch (1758).
19 *Knebelscher Hof*, 1598 erbaut, sehenswerter Renaissance-Erker.
20 *St. Christoph*, ehemals schlichte gotische Basilika, Taufkirche Johannes Gutenbergs, aus dem 14. Jh.; als Ruine erhalten, Kriegsopfermahnmal.
21 *Karmeliterkirche*, um 1350–1400 erbaute gotische Basilika; gehört mit den Klostergebäuden seit 1924 wieder dem Karmeliterorden.
22 *Naturhistorisches Museum*, größtes Naturkundemuseum in Rheinland-Pfalz, u. a. Gesteins- und Mineraliensammlungen, Fossilien, umfangreiche Darstellungen der heimischen Tier- und Pflanzenwelt, interessante Präparate von exotischen Tieren (Di–So 10–17, Do 10–20 Uhr).
23 *Pfarrkirche St. Peter*, 1752–76 als Stiftskirche erbaut. Gilt als schönste Barockkirche in Mainz. Malereien und Stuckarbeiten im Zweiten Weltkrieg zerstört, 1977–89 wiederhergestellt; erhalten blieben Altäre und Kanzel.
24 *Dativius-Victor-Bogen*, Abgußrekonstruktion nach Fragmenten eines römischen Torbogens aus dem 3. Jh.; Original im Landesmuseum **31**.
25 *Christuskirche*, in historisierendem Stil 1898–1903 nach den Plänen von Eduard Kreyßig als Zentralbau errichtet. Heute finden hier Konzerte des Bach-Chors und des Bach-Orchesters statt.
26 *Ehemaliges Kurfürstliches Schloß;* erster Flügel 1627–78 errichtet, eines der letzten Werke der »Deutschen Renaissance«. Zwischen 1687 und 1752 kam ein fast gleicher weiterer Flügel hinzu. Von außen besticht der Bau durch sein prächtiges Dekor. Im Ostflügel ist das *Römisch-Germanische Zentralmuseum* untergebracht, mit einer vorgeschichtlichen und einer römischen Abteilung, die Dokumente und Objekte zum militärischen, religiösen, künstlerischen und handwerklichen Leben im Römerreich zeigt; die frühmittelalterliche Abteilung zeigt die Vielfalt der kulturellen Erscheinungen zwischen dem Niedergang des Römerreichs und der Zeit Karls des Großen (Di–So 10–18 Uhr).
27 *Deutschhaus*, ehem. Deutschordenshaus, zwischen 1730 und 1739

erbaut, war später Napoleons Sitz in Mainz und Schloß der Landesherren von Hessen-Darmstadt. Im Zweiten Weltkrieg brannte das Gebäude aus, wurde innen modern renoviert und dient heute als Landtagsgebäude.

28 *Neues Zeughaus*, 1738–40 erbaut, Amtssitz des Ministerpräsidenten und der Staatskanzlei, mit einer Gedächtniskapelle für Gustav Stresemann.

29 *Altes Zeughaus*, 1604 erbaut, im Zweiten Weltkrieg zerstört und originalgetreu wiederaufgebaut; mit hübschem Treppenturm im Hof; die ehemals hier untergebrachte kurfürstliche Viehhaltung gab dem Gebäude den Spitznamen »Zum Sautanz«.

30 *Jupitersäule*, Nachbildung einer Jupitersäule aus dem 1. Jh. n. Chr., deren Fragmente 1905 am Mainzer Zollhafen ausgegraben wurden; Originalteile im Landesmuseum.

31 *Landesmuseum Mainz*, teilweise untergebracht im barocken kurfürstlichen Marstall, auch »Golden-Roß-Kaserne« genannt. Das Museum zeigt bedeutende vorgeschichtliche und provinzialrömische Funde (Mainzer Raum), Malerei und Plastik von der Gotik bis zum 20. Jh.; Möbel, Porzellan und Jugendstilglas; Grafik; Kleinkunst. (Di–So 10–17 Uhr).

Das letzte Quartier des Räuberhauptmanns

Kein Wunder, daß sich der Mainzer Carl Zuckmayer (1896 im nahen Nackenheim geboren, 1977 in der Schweiz gestorben) des Schinderhannes angenommen hat: War doch der legendäre Räuberhauptmann in Mainz eingesperrt. Im »Holzturm« an der Rheinstraße verzehrte Johann Bückler, so sein bürgerlicher Name, die Henkersmahlzeit. Und von dem schmuck restaurierten Torturm der einstigen Stadtbefestigung aus trat der Schinderhannes 1803 seinen letzten Gang zur Richtstätte im jetzigen Stadtpark an.

Eine Stadt wird amputiert

Der »Sozialbischof« konnte die neue Entwicklung teilweise vor seiner Haustür verfolgen, spätestens nachdem in den 70er Jahren des 19. Jh. die veralteten Hafenanlagen erneuert worden waren und die Industrialisierung rascher voranschritt. Allerdings hatte die Stadt immer mit einem Problem bei der Ansiedlung von Fabriken zu kämpfen: Mainz war als »Festung« des Reichs eingeschnürt in seine Verteidigungsanlagen, überdies hielten die Militärs teilweise bis zu 30 % des Stadtgebiets in ihrem Besitz. Da war für Industrieansiedlung kaum Platz, es sei denn, auf der anderen, der rechten Rheinseite. Dort, in den Ortsteilen Amöneburg, Kastel, Kostheim, Gustavsburg, Bischofsheim und Ginsheim, waren große Betriebe entstanden; sie wurden nach dem Zweiten Weltkrieg der amerikanischen Zone und später Hessen zugeschlagen. Mainz, die »amputierte Stadt«, war doppelt getroffen: zu 80 % von Bomben zerstört und dann auch noch ohne Arbeitsplätze. Seither unternimmt die Stadt immer wieder Versuche, ihre rechtsrheinischen Teile zurückzuerhalten; angesichts der einstigen Zonen- und jetzigen Landesgrenze im Rhein ist das wohl ein vergebliches Unterfangen.

Die wirtschaftlichen Verluste hat Mainz teilweise wieder ausgeglichen. Mit den aus Jena herübergekommenen Schott-Glaswerken, mit den chemischen Unternehmen, in denen weltbekannte Produkte wie Blendax und Erdal produziert werden, mit der Hakle-Toilettenpapierfabrik, mit den Herstellern des »grauen Goldes«, der Heidelberger Zement AG, mit dem Nescafé-Werk von Nestlé und einem Zweigwerk von IBM hat Mainz eine ausgeglichene Arbeitsplatzstruktur. Die Landeshauptstadt glänzt überdies mit zahlreichen krisenfesten Verwaltungsarbeitsplätzen; neben dem ZDF und einem Funkhaus des SWF hat sich mit der Mainzer »Allgemeinen Zeitung«, der »Mainzer Rhein-Zeitung« und mit mehreren Redaktionen neuer Privatsender ein kleines Medienzentrum entwickelt. Mainz profitierte insofern von der langjährigen Politik der hessischen Landesregierung gegen private Rundfunk- und Fernsehstationen – wer das Ballungsgebiet Rhein-Main beschallen wollte, stellte seine Sendeanlagen im in dieser Hinsicht liberaleren Rheinland-Pfalz auf. Doch auch Hessens neuerliche Medienpolitik schmälert nicht die Bedeutung der Fernsehmetropole Mainz.

Nachbarschaftsprobleme mit den Franzosen

Daß die Amerikaner das rechtsrheinische Gebiet des Stadtkreises Mainz Hessen einverleibten, nehmen die Mainzer ihnen übel. Zu den ehemaligen französischen Besatzern haben sie heute dagegen ein gutes Verhältnis. Und dies, obwohl sie – abgesehen von einer vierjährigen Schwedenherrschaft im Dreißigjährigen Krieg – insgesamt sechsmal ausschließlich von Franzosen besetzt waren. Das Interesse der Pariser Regierenden an der gutgelegenen Stadt am Rheinknie hielt unvermindert an, seit der französische Staatsmann Kardinal Richelieu seinem König Ludwig XIII.

Der Marktbrunnen aus dem Jahr 1526 gehört zu den ältesten Renaissancebrunnen Deutschlands.

Vor dem Eisenturm wurden 1981 bei Bauarbeiten gut erhaltene Reste von Römerschiffen entdeckt.

(1601–43) dringend geraten hatte, Frankreich solle seinen »Grenzpfahl« an den Rhein setzen. Die Deutschen reagierten im Lauf der folgenden Jahrhunderte mit Festungswällen rings um die Stadt, und man machte auch mehrmals beim Nachbarn militärische Gegenbesuche.

Die französischen Besetzungen waren nicht immer nur nachteilig, sie bereicherten auch das kulturelle und politische Klima der Stadt. Als beispielsweise zur Zeit der Französischen Revolution die Garden 1792 auch Mainz einnahmen, entstand eine kurzlebige Mainzer Republik mit den von Johann Georg Forster geführten »Mainzer Klubisten«. Diese deutschen Jakobiner beantragten, mit ihrer Rheinischen Republik in die Französische Republik aufgenommen zu werden. Daraus wurde zwar nichts, aber wenige Jahre später, unter Napoleon, kam Mainz doch zu Frankreich; von 1798 bis 1814 dauerte diese »Franzosenzeit«.

Mochten die Franzosen auch politisch rigoros durchgreifen, kulturell halfen sie den Mainzern oft. Zwar ist ihnen der Niedergang der ersten Mainzer Universität anzulasten, aber es waren auch französische Besatzungsoffiziere, die sich in den Jahren nach 1945 (französische Besatzung bis 1955) für die Neugründung einer Universität einsetzten. Der seinerzeitige Stadtkommandant, der Elsässer Kleinmann, wurde später für dieses Engagement mit der Universitätsehrenbürgerschaft ausgezeichnet.

Im Mai 1946 begann der Vorlesungsbetrieb, ein entscheidendes, Mut machendes Datum in dieser stets kulturell geprägten, schwer zerstörten Stadt. Die Hochschule erwarb sich schnell einen guten Ruf, insbesondere unter Wirtschafts- und Naturwissenschaftlern, prägte aber auch in anderen Bereichen das Bild von Mainz. Auch ein Max-Planck-Institut, nämlich das Otto-Hahn-Institut für Chemie (1949 von Berlin nach Mainz umgesiedelt), sowie das erst 1984 gegründete Institut für Polymerforschung, das für die Kunststoffentwicklung bedeutsam ist, unterstützen das geistige Klima der Stadt.

Beim Narhallamarsch hört der Spaß auf

Eine Nachkriegsgründung ist auch die »Akademie der Wissenschaften und der Literatur«, die 1949 entstand und drei »Klassen« von gleichem Rang hat: die mathematisch-naturwissenschaftliche Klasse, die für Geistes- und Sozialwissenschaften und die »Klasse der Literatur«. Zu den Vätern der »Dichter-Akademie« gehörten damals unter anderem Werner Bergengruen, Alfred Döblin, Hans Henny Jahnn und Carl Zuckmayer, jener Dichter, dessen handfestes Stück vom »Fröhlichen Weinberg« zu einem der seltenen Mainzer Theaterskandale geführt hat. Es dauerte bis 1971, ehe der Theaterbau von Georg Moller wieder etwas Ähnliches erlebte: Bei einer Aufführung von Pavel Kohouts »Josef Schwejk« war nicht nur eine busengezierte Kanzel auf der Bühne zu sehen, nein, auch der »Narhallamarsch« war zweckentfremdet gespielt und somit entehrt worden. Nun schaltete sich sogar die Staatsanwaltschaft ein – man schändet nicht ungestraft die Lokalhymne.

Die großen Tage der kleinen Auflagen

Entstanden ist sie einst aus Frust über die Frankfurter Buchmesse. Weil die globale Schau des Verlagswesens für die Kleinverleger viel zu teuer war, riefen sie zu einer Art Gegenbuchmesse in Mainz auf. Die »Gegenbuchmesse« existiert zwar noch (in Frankfurt im Schatten der großen Schau), aber die Mainzer haben sich längst freigemacht von ihrer Trotzhaltung und selbst Einzigartiges geschaffen – die »Mainzer Mini-Pressen-Messe«. Alljährlich gegen Ende Mai bietet sie allen Kleinverlegern die Chance, gratis ihre Werke vorzustellen – für Leseratten eine einmalige Möglichkeit, all jene Bücher kennenzulernen, die nur selten in die Buchhandlungen finden. Mainz wäre nicht Mainz, würde es den Anlaß nicht auch zu einem Fest nutzen; selbstverständlich gehört ein »Druckerball« zum großen Treffen der kleinen Auflagen.

Nach den Polizisten kamen die Virtuosen

Adel verpflichtet: Als das mächtige Geschlecht der Dalberger zu Beginn des 18. Jh. den Baumeister Kaspar Herwarthel beauftragte, ein Stadtschloß zu entwerfen, durfte es ruhig etwas teurer werden. So entstand in der Klarastraße 4 mit dem »Dalberger Hof« ein Palais, das neue Maßstäbe setzte. Aber wie die Zeiten so sind – 1798 schon zogen die Dalberger aus und der Staat ein. Bis 1910 diente der Bau mit der prachtvollen Barockfassade als Justizpalast. Den Ersten Weltkrieg überstand der Hof recht gut, doch im Zweiten Weltkrieg brannte er völlig aus. Nach dem Wiederaufbau richtete sich die Polizei mit ihrem Präsidium ein, bis 1984 die Muse einzog und das Peter-Cornelius-Konservatorium seinen Lehrbetrieb aufnahm. Heute ist das »PCK« eine Konzertstätte von Rang, im Cornelius-Saal und im Rosbaud-Zimmer finden regelmäßig klassische Musikveranstaltungen statt – ein Tribut an die Musikstadt Mainz.

Zur Mainzer Johannisnacht im Juni ist in Johannes Gutenbergs Stadt das zünftige Druckergautschen am Rheinufer Ehrensache.

Kloster Eberbach lieferte die Kulisse für den Film »Im Namen der Rose«.

Tips, Tips, Tips

Souvenirs aus der Druckerstadt
Für Mainz typische Mitbringsel finden Sie am Verkaufsstand im Gutenberg-Museum ❺. Es braucht ja nicht gerade eine Druckerpresse in der Flasche zu sein; ein handliches Modell ohne Flasche, mit dem man sogar Kleinigkeiten drucken kann, erscheint schon eher sinnvoll. Eine interessante Kuriosität ist das »kleinste Buch der Welt«, 3,5 × 3,5 mm groß und handgebunden, der Inhalt: das Vaterunser in sieben Sprachen.

Ein »Hock«
Die Mainzer sind auf ihren Wein natürlich stolz, besonders auf den der Hochheimer Hänge. Schon die Queen Victoria schätzte den »Hock«, wie man ihn nennt, als »Arzenei«, und die Mainzer bieten deshalb einen »Hochheimer Queen Victoria Kabinett« an. Billig ist er nicht, aber wer einen guten Tropfen schätzt, sollte sich weder vom Preis noch vom kitschigen Etikett abhalten lassen.

Reiner Wein im Namen der Rose
Wenn vom »romantischen Rhein« die Rede ist, dann ist jenes pittoreske Stück des Stroms zwischen Mainz und Koblenz gemeint. Hier windet sich der Fluß durch ein enges, von Weinbergen und Burgruinen gesäumtes Tal, dessen Orte auf beiden Seiten sich lesen wie eine Weinkarte: Eltville, Rüdesheim, Bingen, Lorch, St. Goar. Die Sehenswürdigkeiten – das Niederwalddenkmal, der Mäuseturm und die Lorelei – haben zu tun, sich gegen die trutzigen Gemäuer rechts und links des Rheins zu behaupten. Zwanzig Burgen und Ruinen grüßen auf dieser Strecke, die man am besten gemächlich mit dem Schiff bereist. Das bietet auch den Genuß, sich geruhsam einem reinen Rheinwein zu widmen, beispielsweise von den Hängen des Klosters Eberbach. Das hessische Staatsweingut kam zu internationalen Ehren, als seine ehrwürdigen Säle und Gänge zum Drehort für das mittelalterliche Mönchsspektakel »Im Namen der Rose« wurden. In der Sommersaison legen täglich mehrere Schiffe zur Rheinreise am Mainzer Anleger ab, besonders empfehlenswert ist die Tour jedoch an einem sonnigen Herbsttag, da dann die Touristen, die sommers das Rheintal überfluten, wieder abgereist sind.

Doch das ist mittlerweile Historie, wenn auch nicht jener Art, die heutzutage in der Domus Universitatis ⓱ neben dem Stadttheater erforscht wird. In dem geschmackvoll restaurierten Universitätsbau von 1618 hat das Institut für Europäische Geschichte eine würdige Wirkungsstätte gefunden. Wissenschaftler aus rund 25 Ländern haben hier schon gearbeitet; zu den wichtigsten Daten zählt das Jahr 1953, in dem erstmals katholische und protestantische Wissenschaftler gemeinsam an einer Geschichte der Konfessionen und der Reformation arbeiteten. Damit war ein wenig der Boden bereitet für jenes geschichtsträchtige Treffen des Papsts mit den Repräsentanten des deutschen Protestantismus am 16. und 17. November 1980, das erste seit den Tagen Luthers.

Marc Chagall, Anna Seghers und die Zehnkämpfer

Kunstgeschichte hatte – wiederum im Zusammenwirken mit der Mainzer Kirche – ein anderer Großer unserer Zeit wenige Jahre zuvor geschrieben: Marc Chagall schuf für die Stephanskirche ⓬ seine grandiosen Glasfenster, überzeugt vom Konzept der »Gebetsstätte für den Frieden«. Obwohl bereits 90 Jahre alt, machte sich der jüdische Künstler an die Arbeit, zweimal noch, zuletzt im Alter von 96 Jahren, entwarf er weitere Fenster für St. Stephan. Er hatte wohl ein besonderes Verhältnis zu diesem Gotteshaus, das zweimal nahezu vernichtet worden war, erstmals, als 1857 ein mitten im Stadtgebiet angelegtes Schießpulverdepot explodierte und die Erschütterungen noch im fernen Würzburg registriert wurden, das zweite Mal in den Bombennächten des Zweiten Weltkriegs. Marc Chagall wurde Ehrenbürger von Mainz. Auf gleiche Weise wurde auch die in Mainz geborene, 1983 verstorbene DDR-Schriftstellerin Anna Seghers geehrt. Diese Ehrung war damals umstritten, denn dann solle man – so hieß es seinerzeit an den Stammtischen – auch die Zehnkämpfer zu Ehrenbürgern machen, die Sportler hätten Mainz in aller Welt doch eigentlich noch bekannter gemacht.

Der Streit hat sich längst gelegt, der Ruhm der »Modellathleten« vom Universitäts-Sportclub Mainz hält an. Die Erfolgsgeschichte begann 1966, als Werner von Moltke gegen die starke Ostblock-Konkurrenz Furore machte. Fortan sammelten sich die »Könige der Leichtathletik« in Mainz, Hans-Joachim Walde, Horst Beyer, Guido Kratschmer und Siegfried Wentz stehen für die Garde der Zehnkämpfer, die Rekorde und Siege in Serie errangen. Aber auch andere Sportler im USC-Trikot sorgten für Ruhm, Uwe Beyer als Hammerwerfer, Gerd Wucherer und Annegret

Johannes Gutenberg, dessen Werkstatt im Weltmuseum der Druckkunst neben zahllosen Exponaten zu sehen ist, starb in Armut.

Kroniger-Boller als Sprinter in den olympischen Nationalstaffeln und schließlich Ingrid Mickler-Becker, die 1968 in Mexiko-City eine Goldmedaille im Fünfkampf und vier Jahre später in München erneut eine Goldmedaille mit der Frauenstaffel errang.

An dem 9 m hohen Fastnachtsbrunnen tummeln sich viele Narren.

Alltagsfrau und unersättliche Geliebte

Also ein weiteres Mal Gold für das »goldene« Mainz, durch das der 50. Breitengrad läuft – auf dem Gutenbergplatz goldfarben markiert...

Woher diese edelmetallene Huldigung stammt, ist nicht mehr festzustellen, wer jedoch von Wiesbaden her den Rhein überquert und sieht, wie die Sonne den roten Sandstein der schönen Stadtkulisse zum Leuchten bringt, wird Mainz den Titel nicht streitig machen – es sei denn, er ist Wiesbadener. Die freundliche Rivalität der beiden vielfältig kooperierenden Städte ist ein altes Thema der Lokalpoeten. »Wo Wiesbaden seine eher schmalbrüstige Vergangenheit an jeder Ecke prächtig ausstellt, den Talmi vergangener Epochen als Weihnachtslametta fürs ganze Jahr verwendet«, schreibt der pfiffige Autor Lothar Schöne, »da gibt sich Mainz eher tumb und unbeholfen.« Er lobt seine Stadt als eine »Alltagsfrau«: »Es lebt sich mit ihr, gewissermaßen, recht problemlos. Nicht gerade aufregend, aber auch nicht besonders anstrengend. Sie fordert nicht andauernd heraus, sie will nicht ständig wissen, daß sie die Schönste ist und wie sehr man sie liebt, das ist ihr nicht so wichtig, da macht sie nicht so große Worte, da ist sie ziemlich selbstbewußt.«

Mainz eine Alltagsfrau? Darüber kann man sicher trefflich streiten. Aber nicht an den Fastnachtstagen. Dann hat Mainz nämlich nichts Alltägliches, dann ist Mainz wie eine unersättliche Geliebte.

Theater, Musik, Veranstaltungen, Museen

Theater

Theater der Landeshauptstadt Mainz, Spielorte – Großes Haus, Gutenbergplatz: Oper, Operette, Musical, Ballett, Schauspiel. Theater in der Schillerstr.; Theater in der Universität; Theater im Gutenberg-Museum, Liebfrauenplatz 5: Modernes Schauspiel, ☏ 12 33 65, 12 33 66.
Mainzer Kammerspiele, Emmerich-Josef-Str. 13. Experimentelles Theater, Gastspiele, Lesungen, ☏ 22 50 02.
Mainzer Forum-Theater »Unterhaus«, Münsterstr. 5. Eine der bekanntesten deutschen Kleinkunstbühnen: Gastspiele, Experimentiertheater, Kinder- und Jugendtheater, ☏ 23 21 21.
Kulturzentrum Mainz, Dagobertstr. 20b. Kabarett, Theatergastspiele freier Gruppen, ☏ 22 18 04.

Musik

Theater der Landeshauptstadt Mainz, Großes Haus, Gutenbergplatz. Sinfonie-, Jugendkonzerte, kammermusikalische Matineen, ☏ 12 33 65, 12 33 66.
Rheingoldhalle (2), Rheinstr. 66. »Mainzer Meisterkonzerte« mit der Staatsphilharmonie Rheinland-Pfalz; klassische Konzerte, Rock-, Pop-, Schlagermusik mit intern. Stars und Bands, ☏ 23 28 83.
Kurfürstliches Schloß (26), Diether-von-Isenburg-Str. Sinfonie- und Kammerkonzerte, ☏ 22 87 29.
Rathaus/Ratssaal (1), Rathausplatz. »Mainzer Rathauskonzerte« mit intern. Kammermusikgruppen, ☏ 12 26 24, 22 87 29.
Eltzer Hof, Große Bleiche 49–51. Kammerkonzerte, Rock-, Pop-, Jazzkonzerte, ☏ 23 28 83.
Dalberger Hof, Klarastr. 4. Recital- und Kammermusik, ☏ 12 26 24, 22 87 29.
Dom (6), »Kirchenmusik im Stiftsamt« mit Gregorianik und mehrstimmiger Chormusik (So 10 Uhr); »Mainzer Domkonzerte« (5. Fasten-So, 2. So im Okt., 4. Advents-So 16.30 Uhr); Orgelmatineen (Mitte Aug.–Mitte Sept. Sa 12 Uhr); Chor-, Orgelkonzerte, ☏ 25 33 71, 25 34 74.
Christuskirche (25), Kaiserstraße, ☏ 23 46 77; *Johanniskirche* (11), Johannisstr., ☏ 23 42 27: Chor-, Orgelkonzerte, Oratorien.
Mainzer Forum-Theater »Unterhaus«, Münsterstr. 5. Liedermacher, Jazzwochen, ☏ 23 21 21.
Kulturzentrum Mainz, Dagobertstr. 20b. Rock-, Pop-, Jazzkonzerte, ☏ 22 18 04.
Quartier Mayence, Weihergarten 12. Breites Jazzspektrum; Jazzfrühschoppen (So 11 Uhr); Jazzwochen, ☏ 22 00 44.

Veranstaltungen

Krempelmarkt (Flohmarkt) am Rheinufer (3. Sa im Monat außer April, Okt.).
Neujahr–Aschermittwoch: *Mainzer Fastnacht.* Fastnachtssitzungen und Maskenbälle im Kurfürstlichen Schloß (26), Eltzer Hof und in der Rheingoldhalle (2). »Mainz bleibt Mainz« im Kurfürstlichen Schloß (26) (Fr vor Rosenmontag 20.15 Uhr); Jugendmaskenzug von der Neustadt in die Innenstadt (Fastnachts-Sa, Beginn 14.11 Uhr); Rosenmontagszug von der Neustadt in die Innenstadt (Beginn 11.44 Uhr), ☏ 22 37 41.
Pfingsten: Viertägiges *Open-Ohr-Festival* in der Zitadelle. Liedermacher, Rock, Kabarett; Seminare, Workshops, Diskussionen, ☏ 12 21 73.
Alle zwei Jahre (1991) Mai: *Mainzer Mini-Pressen-Messe* im Doppelzelt, Liebfrauenplatz. Klein- und Kleinstverleger, bibliophile Drucker. Alternativpresse stellen aus, ☏ 12 26 76.
Mai–Sept.: »Mainz lebt auf seinen Plätzen«. Sommerprogramm der Stadt: Kabarett, Folk, Rock, Jazz, klassische und moderne Musik (»Mittwochs auf dem Markt« 19.30–21 Uhr; Matineen im Hof des Gutenberg-Museums So 11.15–12.30 Uhr; Kinderprogramm auf den Domplätzen Mi 16–17.30 Uhr), ☏ 12 22 20, 12 22 21.
Vorletztes Wochenende im Juni: *Mainzer Johannisnacht* am Rheinufer und auf den Domplätzen. Volksfest, Folklore, Feuerwerk, Druckergautschen (Freisprechungsfeier der Drucker und Setzer nach der Gesellenprüfung), Schifferstechen auf dem Rhein.
1. Sa im Juli: *Mainzer Altstadtfest:* Einzelhändler mit ihren Waren auf den Straßen, verschiedene Attraktionen, musikalisches Rahmenprogramm.
Letztes Wochenende im Aug./1. Wochenende im Sept.: *Mainzer Weinmarkt* mit Probierständen vieler hundert Winzer im Volkspark.

Museen

Bischöfliches Dom- und Diözesanmuseum, Domstr. 3 (s. (6)).
Gutenberg-Museum, Liebfrauenplatz 5 (s. (5)).
Mittelrheinisches Landesmuseum, Große Bleiche 49–51 (s. (31)).
Naturhistorisches Museum, Reichklarastr. 1 (s. (22)).
Römisch-Germanisches Zentralmuseum, Kurfürstliches Schloß, Große Bleiche (s. (26)).

Das »freundliche, heiter und gleichgebaute Mannheim« empfahl Goethe als Reiseziel. Er hatte eine Residenz der schönen Künste voll höfischer Pracht kennengelernt.
Später hat der Rhein die Stadt geprägt. Sie wurde zum Umschlagplatz der Binnenschiffahrt, dann zur »badischen Fabrik«, zur Wirtschaftsmetropole des Rhein-Neckar-Raums. Viermal ist Mannheim zerstört worden, aber der charakteristische

Grundriß der Innenstadt blieb erhalten: ein Schachbrett in Hufeisenform, die Straßen auf das Schloß ausgerichtet, das von vergangenem Glanz kündet. Nostalgie ist den Mannheimern jedoch fremd. Sie leben in der Gegenwart und stehen mit beiden Beinen fest auf der Erde.

Mannheim

Rundum quadratisch

Wappen Die sog. Wolfsangel (Doppelhaken, altes Jagdgerät) war das Zeichen der Stadt, vermutlich auch des Dorfs Mannheim. Älteste Darstellung auf einem Grenzstein von 1659. Der Löwe entstammt dem Wappen der Kurfürsten von der Pfalz.
Lage An der Mündung des Neckars in den Rhein.
Land Baden-Württemberg
Autokennzeichen MA
Höhe 95–100 m ü. M.
Fläche 145 km^2
Einwohnerzahl 306 000
Postleitzahl 6800
Telefonvorwahl 06 21
Post Postamt 1, O 2, Paradeplatz ⓳, Spätschalter (Mo–Sa 8–21, So 10–18 Uhr); Postamt 2, Bahnhofplatz (Mo–Fr 7–22, Sa 8–12, So 10–18 Uhr).
Polizei H 4, 1, ☏ 14041
Taxi ☏ 44 40 44, 2 18 18
Nahverkehr Gut ausgebautes Straßenbahn- und Omnibusliniensystem, Anbindung an das Verkehrsnetz von Ludwigshafen. Einzelfahrscheine gibt es beim Fahrpersonal, an Automaten und bei Vorverkaufsstellen. Mehrfahrtenkarten ebenfalls erhältlich.
Camping Strandbad, Mannheim-Neckarau, ☏ 85 62 40, zu erreichen von der Autobahnabfahrt Neckarau/Neuostheim. Neuostheim, ☏ 41 25 36, direkt an der B 37 und der Straßenbahnlinie Mannheim-Heidelberg.
Parken Parkmöglichkeiten sind an allen Zufahrtsstraßen in Richtung Stadtmitte ausgeschildert. Öffentliche Parkhäuser befinden sich am Marktplatz ❿, am Rosengarten ⓯, am Friedrichsplatz ⓰ und an der Universität (Schloß) ❶ sowie in den Quadraten C 1, C 2, C 5, D 3, E 2, H 6, N 2, N 6, N 7, Q 6, Q 7, R 5 und S 6.
Touristinformation Pavillon des Verkehrsvereins, Bahnhofplatz 1, ☏ 10 10 11 (Mo–Fr 8–18, Sa 8.30–12 Uhr).
Stadtrundfahrt Jeweils 10 Uhr ab Wasserturm: April und Oktober Sa, So, Mai–Sept. tägl.
Schiffahrt Rhein-Neckar-Fahrgastschiffahrt, Anlegestelle Kurpfalzbrücke (Juni–August), ☏ 2 34 48; Köln-Düsseldorfer Deutsche Rheinschiffahrt AG, Anlegestelle Stephanienufer, ☏ 2 08 83 77.

Stadtrundgang

Die Stadt Mannheim ist auf das barocke Schloß hin ausgerichtet. Hier sollte Ihr Stadtrundgang beginnen, wenngleich in unmittelbarer Nähe nur das Parkhaus an der Universität zur Verfügung steht.

Unser Rundweg ist über 4 km lang. Sie sollten also gut zwei Stunden einplanen, zweieinhalb bis drei, wenn Sie die Abstecher zum Museumsschiff »Mannheim« ⓬ und zum Kulturzentrum Alte Hauptfeuerwache ⓭ machen wollen. Sie kommen mit eineinhalb Stunden aus, wenn Sie von der Konkordienkirche ⓫ aus zwischen den R- und Q-Quadraten zum Rosengarten ⓯ gehen.

Zur Rast bieten sich die zahlreichen Straßencafés in den Fußgängerzonen Planken und Kurpfalzstraße an. Ganz stilecht ist es im denkmalgeschützten »Café Herdegen« nahe dem Paradeplatz (E 2).

Sehenswürdigkeiten

❶ *Schloß*, 1720 unter Kurfürst Karl Philipp von Johann Clemens Froimont begonnene Barockanlage französischen Stils, der in der Folge Guillaume de Hauberat, Alessandro Galli da Bibiena und Nicolas de Pigage ihr Gepräge gaben. 1760 wurden die Bauarbeiten beendet. An der Inneneinrichtung waren Cosmas Damian Asam sowie weitere bedeutende Maler und Bildhauer der Epoche beteiligt. Der weitgehenden Zerstörung im Zweiten Weltkrieg entgingen nur die Bibliothek der Kurfürstin und stuckierte Räume im westlichen Ehrenhof-Flügel. Treppenhaus und Rittersaal wurden originalgetreu rekonstruiert, alle anderen Räume wurden funktionsgerecht für Zwecke der Universität hergerichtet (Führungen April–Okt. Di–So 10–11.30, 15–16.30 Uhr, Nov.–März Sa, So 10–11.30, 15–16.30 Uhr).

❷ *Schloßkirche*, unter Verzicht auf den ursprünglichen Chor 1952–56 als Saalraum wiederhergestellt. Das Dekkengemälde ist eine Kopie der Arbeit Cosmas Damian Asams von 1730. Von Paul Egell stammen der Altaraufbau und die Sarkophage Karl Philipps von der Pfalz und seiner dritten Gemahlin, Violanta Theresia von Thurn und Taxis.

❸ *Palais Bretzenheim*, 1782–88 durch Peter Anton von Verschaffelt erbaut. Nach Zerstörung im Zweiten Weltkrieg wurde lediglich die Fassade im alten Stil wiederaufgebaut.

❹ *Schiller-Denkmal*, ein Werk Karl Cauers (1862) auf dem Schillerplatz. Auf diesem Areal stand das einstige Nationaltheater, das im Zweiten Weltkrieg total zerstört und in den 50er Jahren auf dem Goetheplatz wieder-erbaut worden ist.

❺ *Jesuitenkirche St. Ignaz und Franz Xaver*, 1733 von Alessandro Galli da Bibiena begonnener, seit 1748 unter Franz Wilhelm Rabaliatti zu Ende geführter Barockbau. Weihe 1760. Zweitürmige Fassade mit vorgelagertem Portikus. Gewölbemalereien Egid Quirin Asams gingen im Zweiten Weltkrieg unter, erhalten blieben die Rocaille-Ornamente des Künstlers.

❻ *Sternwarte*, 1772–74 von Johann Lacher und Franz Wilhelm Rabaliatti in klassizistischen Formen erbauter fünfgeschossiger Achteckturm, der dem Jesuiten, Mathematiker und Hofastronomen Christian Mayer unter Karl Theodor zur Verfügung stand. Heute Künstlerateliers.

❼ *Zeughaus*, letzter Monumentalbau der Kurfürstenzeit, 1777–79 von Peter Anton von Verschaffelt errichtet. Seit 1957 *Städtisches Reiß-Museum*: kunst- und stadtgeschichtliche Sammlungen (z. B. Dokumentation zur Geschichte des Nationaltheaters, Porzellan der Frankenthaler Manufaktur), archäologische und völkerkundliche Sammlungen (Di–Sa 10–13, 14–17, Mi bis 20, So 10–17 Uhr).

❽ *Bürgerhospitalkirche*, spätbarocker Saalbau, 1786–88 durch Peter Anton von Verschaffelt mit klassizistischer Säulenfront erbaut. Neben der Kirche das Mahnmal von 1952 für die Gefallenen und Toten 1933–45 von Gerhard Marcks.

❾ *Altes Rathaus und Untere Pfarrkirche*. Die für Mannheim charakteristische Zweiflügelgruppe entstand 1700–23 nach einem Plan von Anton Bailleux unter Johann Jakob Rischer. Äußerlich verraten nur Figurenschmuck und Fenster, welchem Zweck die beiden Bauteile dienen.

❿ *Marktplatzmonument*, Sandsteingruppe, 1719 von Peter van den Branden geschaffen, wurde von dem Sohn des Künstlers, Johann M. van den Branden, 1769 zu einer Allegorie auf die Stadt Mannheim umgestaltet.

⓫ *Konkordienkirche*, 1685 begonnene Doppelkirchenanlage, der im Zuge einer Erneuerung 1893–95 ein zwischen die beiden Flügel gestellter Turm hinzugefügt wurde. Schlichtes Kircheninneres.

⓬ *Museumsschiff »Mannheim«*; der ehemalige Raddampfer »Mainz« beherbergt eine Sammlung über die Rheinschiffahrt (Di–Sa 10–13, 14–17, Mi bis 20, So 10–17 Uhr).

⓭ *Kulturzentrum Alte Hauptfeuerwache*, nach Plänen R. Perreys 1911/12 im neubarocken Stil erbaut. Eine Bürgerinitiative rettete das baufällige Gebäude vor dem Abbruch und veranlaßte den Umbau zum Kulturzentrum 1979/80.

⓮ *Nationaltheater*, von Gerhard Weber 1955–57 erbautes Haus mit zwei Bühnen, zwei Zuschauerräumen und einem Bühnenturm als verbindendem Element. Richtungweisender moderner Theaterbau.

⓯ *Rosengarten*, ein Jugendstilbau, 1899–1903 von Bruno Schmitz an den von ihm gestalteten Friedrichsplatz ⓰ nördlich angelagert; im Zweiten Weltkrieg wurde er bis auf den Eingangsbau zerstört, später dann wiederaufgebaut

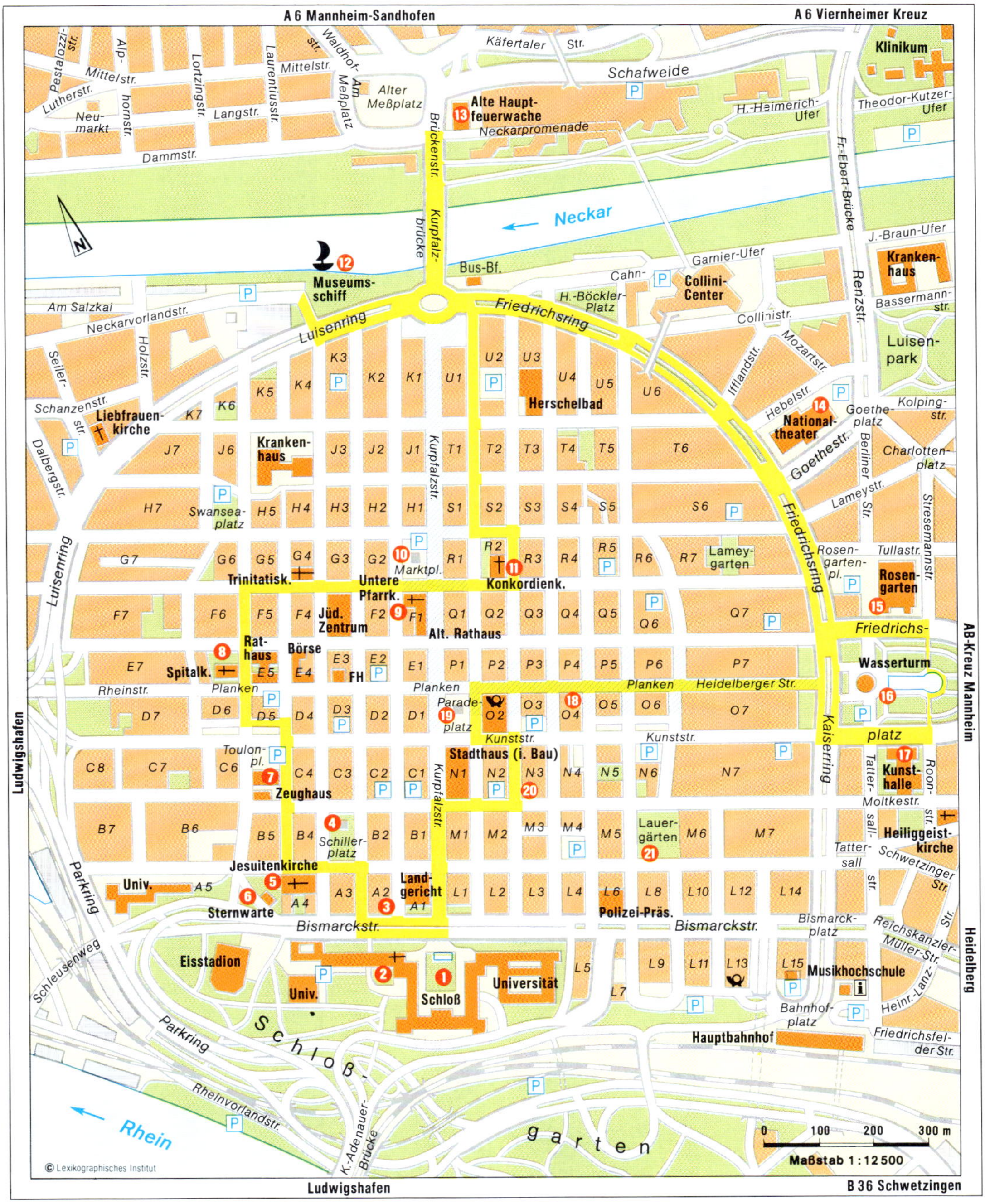

und 1969–73 durch Karl Schmucker erweitert – gelungenes Beispiel für geglückte Integration alter und neuer Bauteile.

⑯ *Friedrichsplatz*, im Mittelpunkt der zum Wahrzeichen Mannheims gewordene, 1886/89 nach Plänen Gustav Halmhubers erbaute Wasserturm; im Norden grenzt der Rosengarten ⑮, im Süden die Kunsthalle ⑰ an. Städtebaulich bedeutsame, ab 1901 nach Entwürfen von Bruno Schmitz im Jugendstil erbaute großräumige Anlage; Wasserspiele seit 1906, Zentaurengruppe von Carl Hilgers (1907).

⑰ *Kunsthalle*, Jugendstilbau von Hermann Billing (1907) mit eindrucksvoll konkav geformter Eingangsfront. Bedeutende Werke der europäischen Malerei, Graphik und Plastik des 19./20. Jh. (Di–So 10–17, Do bis 20 Uhr).

⑱ *Bürgerhaus*, vermutlich Mitte des 18. Jh. errichteter Barockbau, als Bankgebäude genutzt.

⑲ *Denkmal auf dem Paradeplatz*, sogen. Pyramide, Bronzemonument Gabriel Grupellos, das Kurfürst Karl Philipp 1738 von Düsseldorf hierherbringen ließ; die barocken allegorischen Figuren veranschaulichen die Greuel des Krieges und die Tugenden des Friedens. Den Sockel schuf Alessandro Galli da Bibiena.

⑳ *Dalberghaus*; in diesem Bürgerhaus des 18. Jh., dessen Fassade und Portal nach dem Zweiten Weltkrieg wiedererrichtet worden sind, wohnte von 1782–1806 der erste Intendant des Nationaltheaters, Wolfgang Heribert von Dalberg. Als Stadtbücherei genutzt.

㉑ *Lauerscher Garten*, Grünanlage mit Resten der zerstörten Festung Friedrichsburg.

Ein schlechtes Omen

Über Mannheim reden sollte nur, wer Mannheim kennt, sagen die Bürger der Stadt. Sie müssen es wissen, ertragen sie doch seit Jahrzehnten das hartnäckige Vorurteil, daß Industrie, Smog und Wohnkarrees das Bild ihrer Stadt bestimmen. Die Realität sieht anders aus. Wer sich über die Augustaanlage dem Stadtzentrum nähert, wird von dem Charme der Jahrhundertwende eingefangen: Jugendstil in Reinkultur rund um den Wasserturm am Friedrichsplatz. Kaum eine deutsche Stadt hat eine einladendere Visitenkarte vorzuweisen.

Es ist schwer vorstellbar, daß noch vor knapp 400 Jahren auf dem Schwemmland zwischen Rhein und Neckar nur ein paar Fischerhütten standen. Das bereits 766 im Urkundenbuch des Klosters Lorsch erwähnte Dorf »Mannenheim« mußte jedoch der von Kurfürst Friedrich IV. von der Pfalz (1583–1610) geplanten Festung Friedrichsburg 21 weichen. Am Zusammenfluß von Rhein und Neckar wollte er ein festes Bollwerk zum Schutz seines Landes und als Zuflucht für Glaubensflüchtlinge gründen.

Chronisten berichten von einem häßlichen Tag im Frühjahr des Jahres 1606, an dem der Kurfürst den Grundstein für die Festung legte. Ein Sturm entwurzelte Bäume und warf Kutschen um – kein gutes Omen für die Gründung einer Stadt. Tatsächlich brachte die Festung, in der sich Kolonisten aus Holland, Frankreich und der Schweiz ansiedelten, der Bürgerstadt kein Glück. Im Dreißigjährigen Krieg legten Truppen des Feldherrn Tilly 1622 Stadt und Festung in Schutt und Asche.

Kurfürst Karl Ludwig ließ Mannheim wieder aufbauen. Die 1652 erlassenen Stadtrechte sicherten seinen Bürgern mehr Freiheiten zu, als andernorts üblich war – Ansporn für Neusiedler, sich hier niederzulassen. Zehn Jahre später zählte Mannheim bereits an die 10 000 Einwohner, doch war die Zeit des Aufbaus nur von kurzer Dauer. Im Pfälzischen Erbfolgekrieg wurde Mannheim 1689 zum zweitenmal zerstört, diesmal von französischen Truppen unter General Mélac. Der abermalige Aufbau unter Kurfürst Johann Wilhelm folgte dem Plan des Niederländers Menno Coehorn, der die Stadtfläche in 108 Rechtecke aufteilte, also erstmals ein Raster verwendete.

Der Handel löst die Musen ab

Eine Blütezeit Mannheims begann, nachdem Kurfürst Karl Philipp seine Residenz von Heidelberg nach Mannheim verlegt hatte (1720). Nach dem Vorbild von Versailles entstand das kurfürstliche Schloß 1, dessen Vollendung nach 40jähriger Bauzeit allerdings erst Karl Philipps Nachfolger Karl Theodor erlebte. Die beiden Kurfürsten förderten nach Kräften die Wissenschaften und schönen Künste. Berühmt wurde die Mannheimer Schule mit so bedeutenden Komponisten wie Franz Danzi und Johann Stamitz, der als Dirigent der Mannheimer Hofkapelle die Instrumentalmusik der Klassik beeinflußte und seine Söhne Carl und Anton als Solisten und Komponisten förderte. Mozart fand in Mannheim zwar nicht

Wer in Mannheim Weltstadtqualität sucht, ist in den Planken, Teil eines 1,7 km langen Fußgängerparadieses, an der richtigen Adresse.

Mannem vorn!
Wer dereinst vom Bahnhof Friedrichsfeld mit der Eisenbahn nach Mannheim weiterwollte, mußte in die hinteren Waggons umsteigen. »Mannem hinne, Heidelberg vorn«, riefen deshalb die Schaffner den Reisenden zu. Das rief die Spötter auf den Plan, und den Mannheimern klang es übel in den Ohren, daß ihre geliebte Vaterstadt derart zurückgesetzt wurde. Nach dem Motto »umgedreht wird ein Handschuh draus« kehrten sie die Wortfolge um, und fortan war »Mannem vorn« und um einen Slogan reicher, den sich keine Werbeagentur hätte pfiffiger ausdenken können.

Mannheimer Dreck
Wer »den im Hause gesammelten Koth mit dem Kehricht auf die Strasse« schaffte, sollte mit zwei Reichstalern bestraft werden. Ein Konditor und Lebkuchenbäcker hatte sich nicht an diese Polizeivorschrift »betr. Reinhaltung der Gassen für die Großherzogliche Badische Hauptstadt Mannheim vom 15. Mai 1882« gehalten und war deshalb zur Kasse gebeten worden. Der humorvolle Mann legte daraufhin zum Gaudium der Passanten entsprechend geformtes Backwerk als »Dreck« in sein Schaufenster und schuf damit eine bis heute von den Konditoren der Stadt gepflegte Spezialität, den »Mannheimer Dreck«.

Bloomaul Blumepeter
»Bloomäuler« heißen die Mannheimer in den umliegenden Ortschaften. Im Kurpfälzer Dialekt heißt »blooe« soviel wie prahlen oder aufschneiden. Urbild eines »Bloomauls« war der »Blumepeter«, ein wegen seiner derben Ausdrucksweise in den 20er Jahren stadtbekanntes Original. Er hieß eigentlich Peter Schäfer, war kleinwüchsig und hatte weder eine Schule besucht noch einen Beruf erlernt. Seinen Lebensunterhalt bestritt er mit dem Verkauf von Blumensträußen. An Schlagfertigkeit und Mutterwitz, erzählt man sich, war er nicht zu übertreffen, daher kursieren zahlreiche Anekdoten und Witze über ihn. Am Gockelsmarkt haben die Mannheimer ihrem Original ein Denkmal gesetzt.

die erhoffte Anstellung, aber immerhin die Frau fürs Leben. Goethe besuchte die Stadt und ihren Antikensaal. Schiller floh vor dem tyrannischen württembergischen Herzog Karl Eugen von Stuttgart hierher, wo 1782 seine »Räuber« am nachmaligen Nationaltheater uraufgeführt wurden.

1778 übersiedelte Karl Theodor mit seinem Hof nach München, weil ihm Bayern durch Erbschaft zugefallen war; damit setzte er der Blütezeit seiner bisherigen Residenz ein Ende. Nur wenige Jahre später, 1795, wurde Mannheim im ersten Koalitionskrieg Österreichs und Preußens gegen Frankreich zum drittenmal zerstört und seine Festung geschleift. 1802 fiel die Stadt an Baden und wurde zur unbedeutenden Grenzstadt. Erst ab 1830 bahnte sich eine neue Entwicklung an: Der Rhein wurde begradigt, Dampfschiffahrt und Eisenbahnverkehr entwickelten sich. Der Ausbau der Hafenanlagen machte Mannheim zum größten binnenländischen Umschlag- und Stapelplatz Deutschlands. Die Rheinschiffahrtskonvention und der Beitritt Badens zum Zollverein begründeten den freien Schiffsverkehr auf dem Rhein. Mannheim erhielt eine Schlüsselstellung beim Warenumschlag vom Wasserweg auf die Schiene.

Mit der Gründung des Deutschen Reiches begann 1871 das dritte Kapitel der Mannheimer Stadtgeschichte. Handel und Industrie nahmen einen bis dahin nie gekannten Aufschwung. Die Innenstadt wurde zu eng, Gewerbebetriebe drängten sich in die Randgebiete, neue Industrie- und Wohngebiete entstanden, darunter viele fortschrittliche Arbeitersiedlungen (schon ab 1860).

Wo die Räder laufen lernten

Natürlich ist das Rad nicht in Mannheim erfunden worden; aber verbürgt ist, daß dem Erfinder Carl Freiherr Drais von Sauerbronn hier der Einfall kam, zwei Räder hintereinander anzuordnen, nachdem sie bis dahin stets nebeneinander auf Achsen montiert worden waren. 1817 fuhr der Erfinder mit seiner Laufmaschine von Mannheim in Richtung Schwetzingen bis zum Relaishaus in Rheinau und zurück. Ein neues Kapitel der Verkehrsgeschichte war damit eingeleitet. Carl Benz, der in Mannheim 1886 erstmals seinen Gasmotorwagen erprobte, verwendete mit Stahlrohrrahmen, Drahtspeichenrädern und Kettenantrieb wesentliche Konstruktionsmerkmale des aus der Draisine weiterentwickelten Fahrrades.

Drei Jahrzehnte später rollten Räder aus Mannheim auch über Ackerland: 1921 brachte die Firma Lanz ihren »Bulldog« auf den Markt. Der Erfolg des ersten Rohölschleppers der Welt war so groß, daß sein Name zum Synonym für »Traktor« wurde.

Eine ansprechende Kulisse für Handel und Wandel auf dem Marktplatz bildet die originelle Zweiflügelgruppe des Alten Rathauses und der Unteren Pfarrkirche mit ihrem gemeinsamen Turm.

Quadratur des Kreises
Kolumbus stellte das Ei auf die Spitze, Alexander löste den Gordischen Knoten, die Mannheimer fanden die Quadratur des Kreises, des Halbkreises, wenn man ganz genau sein will. Die »Quadrate«, es sind 143 Häuserblocks, wurden von Ingenieur Johann Georg Baumgratz mit Zahlen und Buchstaben versehen, als er 1733–35 das Areal neu vermaß. Mittelpunkt des Systems ist das Schloß. Links der Kurpfalzstraße liegen die Quadrate A bis K, rechts die von L bis U. Von der Kurpfalzstraße aus zählen die Quadrate von 1 fortlaufend zur Peripherie des »Schachbretts« und enden meist mit 7. Die Hausnummern beginnen stets mit 1 an der dem Schloß und der Kurpfalzstraße zugewandten Ecke und laufen in den Quadraten A bis K im, in den Quadraten L bis U gegen den Uhrzeigersinn. Wer sich einmal den Stadtplan Mannheims richtig angesehen hat, kann kaum noch die Orientierung verlieren.

Krempelmarkt: Big Deal für Amateure
Fünfmal jährlich findet auf dem Neuen Meßplatz der »Krempelmarkt« statt. Die ersten Händler kommen schon um Mitternacht, so begehrt sind die Standplätze. Am Vormittag herrscht dann liebenswertes Chaos. Schon allein Kundschaft und Verkäufer sind sehenswert, aber erst recht das Angebot: Omas Trödel steht hier neben Goethes Gesammelten Werken, die sich wiederum mit Micky-Maus-Heften ausgezeichnet vertragen. Alte Möbel gibt's neben Stereoanlagen und technischem Krimskrams, der auf Bastler und Tüftler wartet. Natürlich fehlt es nicht an Klamotten und Kuriosa, nur Militaria wird man vergeblich suchen. Ein »Flohmarktkomitee« achtet darauf, daß dergleichen nicht angeboten wird. Unerwünscht sind auch Profihändler, denn auf dem »Krempelmarkt« soll es nicht um den großen Reibach gehen, sondern um Spaß an der Freud.

Ballungsraum mit Zukunftsperspektiven
Um die Jahrhundertwende lag der Höhepunkt schon zurück. Durch den Ausbau des Neckarkanals und die Ausweitung der Rheinschiffahrt bis Basel verlor die Stadt ihre Schlüsselposition für den Warenumschlag. Nun setzten die Stadtväter auf Industrie, und mit der Entscheidung für den Bau des Industriehafens waren die Weichen entsprechend gestellt.

Nach dem Ersten Weltkrieg litt Mannheim unter politischen und wirtschaftlichen Sanktionen. Französische Truppen hielten Schloß und Hafen zeitweise besetzt, die Rheinbrücke war gesperrt, und die Zollgrenze verlief den Strom entlang. Es folgten Weltwirtschaftskrise, Massenarbeitslosigkeit und bald darauf die Bombennächte des Zweiten Weltkriegs. Mannheim wurde zum viertenmal und gründlicher denn je zerstört. Der Feuersturm vernichtete nahezu die gesamte Innenstadt, Hafen und Industrieanlagen fielen in Schutt und Asche. Bei Kriegsende lebten noch knapp 100 000 Einwohner in den Trümmern – meist in Not- und Behelfsunterkünften. Beim Wiederaufbau ging es deshalb zuerst darum, ausreichenden Wohnraum zu schaffen. In den Randbezirken entstanden neue Wohngebiete, während die Innenstadt ihren Wohncharakter verlor und sich zum Dienstleistungs- und Einkaufszentrum wandelte.

Der Rhein-Neckar-Raum gilt heute als der sechstgrößte Wirtschaftsraum der Bundesrepublik Deutschland. 1,8 Millionen Menschen leben in dieser Region, davon über 300 000 in Mannheim; 200 000 haben in dieser Stadt ihren Arbeitsplatz, davon sind 70 000 Pendler. Knapp 40 % der Beschäftigten sind im Maschinen- und Fahrzeugbau tätig, 20 % im Bereich Elektrotechnik. Als weitere wichtige Industriezweige gelten die Papier- und Nahrungsmittelherstellung sowie Chemie und Pharmazie.

Mannheims Stadtväter sind bemüht, einer industriellen Monokultur durch zukunftsträchtige und umweltverträgliche Wirtschaftszweige entgegenzuwirken. »High-Tech« heißt das Zauberwort, mit dem die beginnende Erosion der Gewerbegebiete gestoppt und neue Arbeitsplätze geschaffen werden sollen. Die Voraussetzungen sind günstig: Universität und mehrere Fachhochschulen liefern den wissenschaftlichen Nachwuchs und qualifizierte Fachkräfte. Der Standort Mannheim bietet überdies ein reiches kulturelles Angebot und vielfältige Freizeitmöglichkeiten.

Schillers Denkmal steht am Platz des alten Nationaltheaters in B 3.

Für die barocke Jesuitenkirche St. Ignaz und Franz Xaver hatte Kurfürst Karl Philipp im Jahre 1733 selbst den Grundstein gelegt.

Landschaftlich reizvolle Gegenden liegen vor der Haustür: Odenwald, Pfälzer Wald, Elsaß und Nordschwarzwald.

Straßen, Schienen, Wasserwege

Vertriebs- und Kundendienstniederlassungen schätzen Mannheim wegen seiner zentralen Lage. Als Zentrum des Rhein-Neckar-Raumes und Drehscheibe für den Verkehr zu Land und Wasser verfügt es über hervorragende Verkehrsverbindungen. Im Eisenbahn- und Intercitynetz ist die Stadt ein wichtiger Knotenpunkt. Auf dem Güterbahnhof, dem zweitgrößten der Deutschen Bundesbahn, werden täglich etwa 5000 Güterwagen abgefertigt, und ein Containerbahnhof dient der Huckepackverladung von Lastwagen und Anhängern auf Spezialwagen. Auch mit seiner Anbindung an das Fernstraßennetz ist Mannheim in einer beneidenswerten Situation: Autobahnen führen in alle Himmelsrichtungen.

Der Mannheimer Hafen ist Umschlagplatz für Güter aus aller Welt und Knotenpunkt der Binnenschiffahrt. Mit drei Stromhäfen, 16 Hafenbecken, 13 km^2 Gesamtfläche und nahezu 60 km Uferlänge ist er Europas zweitgrößter Binnenhafen. Die idealen Transportmöglichkeiten auf dem Wasser und die riesige Lagerkapazität des Hafens sind mit ein Grund dafür, daß dem Großhandel mit Massengütern auch weiterhin eine führende Rolle zukommt: Brennstoffe, Eisen und andere Metalle, Getreide, Futter und Düngemittel werden hier umgeschlagen. Weitere bedeutende Sparten des Großhandels sind Fahrzeuge, Maschinen, tropische Hölzer, Nahrungs- und Genußmittel, Tabak und andere Konsumgüter.

Teure Planken – reiches Angebot

Auch wer nicht gleich Wagenladungen aufkauft, wird in Mannheim gut bedient. Die Kennzeichen der Autos, die am langen Samstag überall parken, unterstreichen, daß die Stadt das Einkaufszentrum der Region ist. Der Einzugsbereich erstreckt sich vom Odenwald bis zum Pfälzer Wald, von der Gegend um Darmstadt bis nach Karlsruhe. Zur Zeit der Kurfürsten hieß es schon, daß Mannheim zum Kaufhandel wohl gelegen sei. Daran hat sich nichts geändert. Man kommt in die Stadt, weil sich hier auf ungefähr einem Quadratkilometer ein Angebot findet, das allen Wün-

Ritter zu Wasser

Alljährlich findet in Mannheim ein Ritterschlag statt: Eine Persönlichkeit, die sich um die Rheinschiffahrt verdient gemacht hat, wird so beim Schiffahrtsbankett anläßlich des Internationalen Binnenschiffahrtstags ausgezeichnet. Diese Veranstaltung bestätigt auch immer aufs neue die Bedeutung Mannheims für die Rheinschiffahrt. Hier wurde 1868 die »Mannheimer Rheinschiffahrtsakte« unterzeichnet, die – lange vor der EG – die freie Rheinschiffahrt zwischen allen Anliegerstaaten regelte und als eines der ältesten internationalen Vertragswerke über die Rheinschiffahrt bis heute gültig ist.

Das 1720 unter Kurfürst Karl Philipp begonnene und 1760 vollendete Barockschloß beherbergt heute die Universität.

Tips, Tips, Tips

Hafenrundfahrt
Eine Hafenrundfahrt gehört zu den besonderen Erlebnissen, die Mannheim zu bieten hat. Vom Wasser aus wirken die Anlagen besonders eindrucksvoll. Die Containerbrücken im Containerterminal mit einem Jahresumschlag von 363 000 t sind ebenso sehenswert wie die Roll-on-roll-off-Anlage, die dem Verladen von Lkw-Anhängern auf Spezialschiffe dient (Abfahrt ab Kurpfalzbrücke/Neckar, Juni–Aug. Mo, Do 10 und 14.30 Uhr).

Wein und alte Mauern
Über Frankenthal fährt man auf einer Nebenstraße nach Freinsheim, Weinbauort seit dem 8. Jh. Das »pfälzische Rothenburg« liegt ca. 17 km westlich von Mannheim und ist einen Ausflug wert. Außer dem Rathaus von 1720–32 verdienen die beiden Kirchen Aufmerksamkeit. Vor allem ist aber die gut erhaltene Stadtmauer des 15. Jh. sehenswert. In einigen ihrer Tortürme sind Weinprobierstuben untergebracht.

Bunter Maimarkt
Hätte Pfalzgraf Johann das gedacht, als er 1613 den Mannheimer »Maimarkt« ins Leben rief? Nach Hunderttausenden zählen heute die Besucher. Aussteller wie die Universität sorgen dafür, daß Wissensdurstige auf ihre Kosten kommen, dagegen sind eine Bierstraße und ein weltweites Weinangebot auf trockene Kehlen eingerichtet. Heimwerker und Reiselustige, Feinschmecker und Sportler werden von weit über 1000 Ausstellern umworben. Außerdem gibt es Tierschauen und ein Reit- und Springturnier.

schen gerecht wird. Es ist leicht, Qualität und Preise zu vergleichen und seine Auswahl zu treffen. Von der Edelboutique bis zum Warenhaus bietet die Innenstadt eine Palette von Einkaufsmöglichkeiten. Besonders lohnend für einen Bummel sind die Planken, Mannheims teuerster Kilometer, was Quadratmeterpreise und Mieten anbelangt.

Theaterstadt und Ziel für Cineasten

Mannheim ist aber mehr als nur Einkaufsziel. Sein Ruf als Theaterstadt reicht weit zurück. Namen wie Wolfgang Heribert von Dalberg und August Wilhelm Iffland sind mit dem Nationaltheater 14 verbunden. Die Schillertage erinnern daran, daß hier »Die Räuber« uraufgeführt wurden.

Heute hat Mannheim außerdem einen guten Ruf als Filmstadt. Während der »Internationalen Filmwoche Mannheim« wird die Quadratestadt alljährlich zum Mekka der Cineasten. Im internationalen Programm laufen vor allem Spielfilme noch unbekannter Filmemacher. Premieren ganz besonderer Art zeigt das »Capitol«. In sogenannten »Sneak-preview-nights« stellt das Theater neue Filme erfolgreicher Regisseure vor, bevor sie bundesweit in den Verleih kommen. Mannheim gilt den Großen der Filmbranche als Testmarkt. Was hier beim Publikum ankommt, verspricht erfahrungsgemäß Gewinn.

Das denkmalgeschützte »Capitol«, ein Rundbau aus den 20er Jahren, verfügt über eine besonders gute Akustik, daher finden hier auch Jazz- und Rockkonzerte statt. Nur wenige Schritte sind es von hier aus zur Alten Hauptfeuerwache 13, einem Treffpunkt und Workshop für Musiker, Literaten und natürlich für ein interessiertes Publikum. In intimerem Rahmen wird Live-Musik auch in einer Reihe von Innenstadt-Lokalen geboten, wie auch immer sie gerade heißen: »Miljöö«, »Genesis« oder »Old-Vienna«. Mannheims Kneipenszene läßt jeden nach seiner Fasson selig werden. Immerhin halten sich hier über 1000 Lokale, und die Palette reicht von der rustikalen Weinstube bis zum Gourmet-Tempel. Die Gastronomie floriert deshalb so gut, weil die Mannheimer als Pfälzer die Geselligkeit ebenso schätzen wie Essen und Trinken. Daher auch die vielen Straßenfeste und »Vorortkerwen« (Kirchweihfeste). Höhepunkte dieser Freiluftfestivitäten sind der »Maimarkt« mit dem Maimarktdienstag als krönendem Abschluß, die Oktobermess' und das große Sommernachtsfest im Luisenpark.

Das Wahrzeichen von Mannheim ist der monumentale Wasserturm.

Die Städtische Kunsthalle, 1907 von Hermann Billing im Jugendstil errichtet, gilt als bahnbrechende Leistung im Museumsbau.

Ausflugsziele rundherum

Der Besuch des zur Bundesgartenschau 1975 umgestalteten und erweiterten Luisenparks lohnt zu jeder Jahreszeit, nicht nur des erwähnten Sommerfestes wegen. Hier steht der Fernmeldeturm mit einer Aussichtskanzel in 120 m Höhe, die einen Rundblick über die Stadt und ihre Umgebung ermöglicht. Bei guter Sicht scheinen der Pfälzer Wald im Westen und der Odenwald im Osten zum Greifen nah. Mannheim, das zeigt sich hier oben, ist aber auch direkt von einem breiten Grüngürtel umgeben: im Norden der Käfertaler Wald, ein beliebtes Naherholungsgebiet, im Südosten der Rheinauer Wald mit eiszeitlichen Sanddünen und seltener Flora, im Süden der Waldpark mit altem Baumbestand und das Naturschutzgebiet Reiß-Insel, einer der wenigen noch erhaltenen Auwälder. Im Westen begrenzt der Rhein das Stadtgebiet, im Norden ist es die Autobahn nach Saarbrücken, im Süden der Rheinhafen. Nur nach Osten kann Mannheim sich noch ausbreiten. Hier, in der Verlängerung der Augustaanlage, wurden in den letzten Jahren städtebauliche Akzente gesetzt. Das Maimarkt-Gelände wurde verlegt, um dem Neubau des Landesmuseums für Technik und Arbeit Platz zu schaffen. Hier steht auch ein Regionalstudio des Süddeutschen Rundfunks.

An der Autobahn fällt das Planetarium mit seiner glasverkleideten Kuppel ins Auge. Es vermittelt seinen Besuchern das Bild des Sternenhimmels zu allen Jahreszeiten, den Lauf der Planeten sowie die Entstehung und den Untergang ferner Sonnensysteme. Wer sich hier auf eine Reise durch Zeit und Universum begibt, kann sicher sein, daß er heil und unversehrt wieder in Mannheim landet.

Auf dem Kutzerweiher im Luisenpark kann man gut ausspannen.

Theater, Musik, Veranstaltungen, Museen

Theater

Nationaltheater Mannheim ⓮, Goetheplatz. Oper, Operette, Musical, Ballett, Schauspiel, Kinder- und Jugendtheater, ☏ 2 48 44/45–47.
Schnawwl – Kinder- und Jugendtheater am Nationaltheater Mannheim. Spielort: Kulturzentrum Alte Hauptfeuerwache ⓭, Brückenstr. 2, Mannheim-Neckarstadt, ☏ 16 80-302.
Klapsmühl' am Rathaus. Kabarett »Dusche«. Theater, Show, Pantomime, Kleinkunst, ☏ 2 24 88.
Mannheimer Hinterhofbühne mit Kindertheater Buzzele und Theatertrennt im TIC-Theater, G 7,45. Kindertheater, Theaterworkshops, Pantomime, Kleinkunst, ☏ 10 66 32.
Zimmertheater der Freilichtbühne, Mannheim-Gartenstadt. Schauspiel, Komödie, Kindertheater, ☏ 41 44 65.
Mannheimer Puppenspiele, U-2-Schule am Kurpfalzkreisel. Puppentheater für Kinder, ☏ 2 49 49.
Gehring's Kommode, Mannheim-Neckarau, Schulstr. 82. Kabarett, Satire, ☏ 85 36 69.
Mannemer Treff, Plankengalerie, D 3,5. Kleinkunst, ☏ 2 07 56.
Kongreßzentrum Rosengarten ⓯, Friedrichsplatz. Boulevardtheater, Kleinkunst, ☏ 41 40 61.

Musik

Kongreßzentrum Rosengarten ⓯, Friedrichsplatz. Sinfonie- und Galakonzerte, ☏ 41 40 61.
Seebühne, Luisenpark. Kammerkonzerte, kirchliche Morgenfeiern, Kinderveranstaltungen, Tanz, Ballett, ☏ 10 10 11.
Herzogenriedpark, Konzertbereich, Mannheim-Neckarstadt. Volkstümliche Musikveranstaltungen, ☏ 10 10 11.
Christuskirche, Werderplatz. Mannheimer Orgeltage (Mai/Juni). Konzerte alter und neuer Meister mit intern. Solisten, ☏ 10 10 11.
Kulturzentrum Alte Hauptfeuerwache ⓭, Brückenstr. 2, Mannheim-Neckarstadt. Kammermusik in der Galerie, Musikwerkstatt mit Folk, Blues, Jazz, Funk, Rock, Performances, ☏ 2 93 33 44.
Kahnweiler-Saal, Städtische Kunsthalle, Moltkestr. 9. Kammerkonzerte, ☏ 10 10 11.
Mannemer Treff, Plankengalerie, D 3,5. Konzerte, Pianoabende, ☏ 2 07 56.
Miljöö, U 1,23. Jazzkneipe, ☏ 1 58 09.
Capitol, Waldhofstr. 2, Mannheim-Neckarstadt. Rock- und Popkonzerte, ☏ 33 15 48.

Veranstaltungen

Alle zwei Jahre (1990) Mai: *Internationale Schillertage* im Nationaltheater, Goetheplatz. Aufführungen europäischer Bühnen, Seminare, Lesungen, ☏ 2 48 44/45–47.
Ende März: *Kurpfälzische Mozarttage* (verschiedene Spielorte). Konzerte europäischer Orchester, ☏ 1 24 09.
Ende April: *Maimarkt Mannheim*. Ausstellungsgelände, Xaver-Fuhr-Str., Mannheim-Mühlfeld. Größte Regionalmesse, volkstümliche Verkaufsausstellung. Begleitend Mannheimer *Maimess'* auf dem Neuen Meßplatz, Maybachstr., Mannheim-Neckarstadt. Volks- und Vergnügungsfest mit Kleinkunst, Karussells. An den letzten vier Tagen findet das *Maimarkt-Turnier* auf dem Turnierplatz, Mannheim-Mühlfeld statt (Reit- und Springturnier der deutschen Springreiter-Elite).
1. Mai: *Badenia-Renntag Mannheim*, Waldrennbahn Seckenheim. Pferderennen: »Preis der Stadt Mannheim« und »Badenia-Jagdrennen«.
Mitte Mai: *Oberrheinische Ruderregatta* im Mühlauhafen am Rhein mit Hafenfest: Fahrzeugschau, Hafenkonzert, Finalrennen, Feuerwerk.
Mitte Juni: *Mannheimer Kultursommer* (verschiedene Spielorte in Mannheim-Neckarstadt). Musik, Theater, Kleinkunst, Zirkus, Kunstausstellungen, ☏ 2 93-37 31.
Ende Juni: *Sommernachtsfest* im Luisenpark.
Ende Juli: *Kurpfalzfest* im Herzogenriedpark.
Ende Aug.: *Herbstfest* im Luisenpark.
Ende Sept.: *Mannheimer Oktobermess'*, Neuer Meßplatz. Volksfest.
Anfang Okt.: *Blumepeterfest*, N 4, Kunststr. Straßenfest, volkstümliche Musikveranstaltungen, große Versteigerung.
2. Woche im Okt.: *Internationale Filmwoche Mannheim* im Planken-Kino-Center an den Planken. Treffpunkt der Filmemacher aus dem In- und Ausland. »Großer Preis der Stadt Mannheim«, ☏ 2 93-27 45.

Museen

Mannheimer Kunstverein, Augustaanlage 58. Ausstellungen zeitgenössischer Kunst (Di–So 10–17, Mi 10–19 Uhr).
Museumsschiff »Mannheim«, am Steiger unterhalb der Kurpfalzbrücke (s. ⓫).
Städtische Kunsthalle, Moltkestr. 9 (s. ⓱).
Städtisches Reiß-Museum, Zeughaus, C 5 (s. ❼).

ORIENT-TEPPICHE BERBER
BLUNA

Marburg

Im Schutz der heiligen Elisabeth

»Andere Städte haben eine Universität – Marburg ist eine Universität.« Die Wahrheit dieses Satzes bestätigt sich auf Schritt und Tritt in den winkligen Gassen und Straßen der romantischen Bergstadt. Die Dichterin Ricarda Huch beschreibt die architektonische Besonderheit Marburgs: »Die ganze Stadt hat etwas von einer gotischen Kirche.« Die Bürger scheinen dies zu schätzen, zelebrieren sie doch jeden Juli den Marktfrühschoppen dicht gedrängt zwischen malerischen Fachwerkhäusern (unser Bild). Tatsächlich ist die Stadt nicht nur reich an historischen Bauten, in ihr hat sich auch viel Geschichte zugetragen: Sie ist erste Residenz der hessischen Landgrafen gewesen und damit Wiege von Hessen, sie ist die Stadt des ehedem mächtigen Deutschen Ordens und Witwensitz der Landgräfin Elisabeth von Thüringen, die für ihre karitative Tätigkeit heiliggesprochen wurde. Hier führten Luther und Zwingli ihren Disput über die Bedeutung des Abendmahls, der als »Marburger Religionsgespräch« in die Geschichte eingegangen ist.

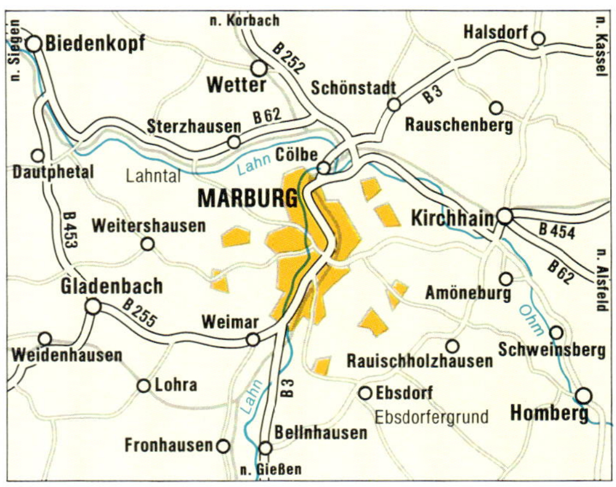

Wappen Es stellt einen die Standarte tragenden landgräflichen Reiter dar. Das »M« auf der Standarte steht für »Marburg« und symbolisiert die frühe Bedeutung der einstigen Residenzstadt. Auf dem Schild prangt der hessische Wappenlöwe, was darauf hindeutet, daß Marburg die Gründungsstadt des Lands Hessen ist.
Lage An der oberen Lahn am Westrand der Lahnberge.
Land Hessen
Autokennzeichen MR
Höhe 173–280 m ü. M.
Fläche 123 km^2
Einwohnerzahl 75 500
Postleitzahl 3550
Telefonvorwahl 0 64 21
Post Hauptpost, Zimmermannstr. 2 (Mo–Fr 6–19, Sa 8–12, So 11–12 Uhr).
Polizei Polizeistation Deutschhausstr. 38, ☎ 6 10 41
Taxi ☎ 2 33 33, 2 44 44, 2 55 55; Minicar: ☎ 4 44 44
Nahverkehr Ausgedehntes Linienbussystem, verbilligte Mehrfahrtenkarten; preiswerte Umweltkarte.
Camping Campingplatz Lahnaue, ☎ 2 13 31, zu erreichen über die Ausfahrt Marburg-Mitte der Stadtautobahn, dann auf der Sommerbadstraße Richtung Freibad.
Parken Parkplätze am Firmaneiplatz, an der Uferstr. an der Lahn, beiderseits der Erlenringspange, in der Biegenstr. und am Schloßpark; Parkhäuser in der Furtstr., Schulstr. und – günstig zur Oberstadt – am Pilgrimstein.
Touristinformation Verkehrsamt der Stadt Marburg, Neue Kasseler Str. 1 (am Hbf.), ☎ 20 12 62, 20 12 49 (April–Okt. Mo–Fr 8–12.30, 14–17.30, Sa 9.30–12 Uhr; Nov.–März Mo–Fr 8–12.30, 14–17 Uhr).
Stadtführung Ab Elisabethkirche, April–Okt. jeden Sa 15 Uhr, sonst nach Vereinbarung mit dem Verkehrsamt.

Stadtrundgang

Wer Marburg von der Elisabethkirche ❷ bis zum Schloß ⓬ erkunden will, muß gut zu Fuß sein und Treppen steigen können. Die deutsche »Bergstadt mit der schönsten Ansicht« hat ihren Preis: Bei dem gut zweistündigen Rundgang wird zwangsläufig auch Schweiß fließen. Aber es lohnt sich! Ausruhen können Sie in den Cafés nahe der Elisabethkirche ❷ oder in der Oberstadt bei der Universitätskirche ❺, in den altdeutschen gutbürgerlichen Gaststätten am Marktplatz ❼ und im Bückingsgarten am Schloß ⓬; hier hat man einen herrlichen Blick über Stadt und Lahntal.
Kürzer treten können Sie auch – dann sollten Sie die Elisabethkirche ❷, das Schloß ⓬ oder das Altstadtgebiet um das Rathaus mit dem Auto ansteuern und von dort aus jeweils kleinere Rundgänge machen.

Sehenswürdigkeiten

❶ *Michaelskapelle* (»Michelchen«), 1270 fertiggestellte einschiffige Kapelle, die auf dem der Elisabethkirche gegenüberliegenden Pilgerfriedhof steht.
❷ *Elisabethkirche,* 1235–83 als eine der ersten großen hochgotischen Kirchen in Deutschland erbaut. Die beiden Türme sind erst 1330 fertiggestellt worden. Da die Kirche weder umgebaut noch ergänzt wurde, ist der ursprüngliche Stil des Bauwerks hervorragend erhalten geblieben. Die bedeutendsten Ausstattungsstücke sind: der Schrein, der einst die Gebeine der hl. Elisabeth barg, zwischen 1235 und 1249 in Aachen entstanden; eine Reihe von Grabmälern der hessischen Landgrafen und der Komture des Deutschen Ordens; die Glasmalereien in den drei mittleren Chorfenstern aus dem 13. und 14. Jh.; der prächtige, 1290 geweihte Hochaltar; der Kreuzaltar im Langhaus mit einem Kruzifix von Ernst Barlach (1931).
❸ *Deutschordensgebäude,* Reste der ehemaligen Deutschordenskommende (Komturgebäude, Fruchtspeicher, Offizienbau, Brüderhaus); das Gebäude wurde im 13. Jh. errichtet und bis ins 18. Jh. mehrmals umgebaut; heute Institutsgebäude der Universität.
❹ *Kilian,* älteste erhaltene Kirche Marburgs, um 1200 erbaut; seit 1584 ohne Turm, weil die Kirche nach der Reformation profaniert wurde. Beherbergt heute das Deutsche Grüne Kreuz.
❺ *Universitätskirche,* von 1291 bis 1320 erbaute ehemalige Predigerkirche der Dominikaner. Die Hallenkirche blieb unvollendet, das südliche Seitenschiff fehlt. Bemerkenswert: Lettner und Orgelprospekt (beide 1927) sowie die Kanzel (um 1670). Die Kirche bildet mit der Alten Universität ❻ einen einheitlichen Gebäudekomplex.
❻ *Alte Universität,* 1874–78 erbaut. Eingangshalle und Kreuzgang zeigen deutlich die Orientierung an der Frühgotik. Aula mit monumentalen Gemälden von Peter Janssen 1887–91 angefügt (Mo–Fr 11–13, 16–17 Uhr).
❼ *Rathaus,* 1512–26 im spätgotischen Stil erbaut. Im großen Sitzungssaal Bilder der hessischen Maler Carl Bantzer und Otto Ubbelohde. Attraktion ist der zu jeder vollen Stunde flügelschlagende und »krähende« Hahn auf dem Dachgiebel des Treppenturms.
❽ *Kugelkirche mit Probstei,* 1478–85 erbauter spätgotischer Bau mit einschiffigem Chor und dreischiffigem Langhaus. Nach den Ordensregeln der Kugelherren (Name nach Kopfbedeckung) hat sie keinen Turm erhalten, nur einen kleinen Dachreiter auf dem Chor. Bemerkenswert im Innern die Gewölbebemalung von 1516 und der Hochaltar mit spätgotischen Schnitzfiguren.
❾ *Stadtmauer,* guterhaltene Teile aus der Mitte des 13. Jh. mit dem romanischen Kalbstor als einzigem erhaltenen Stadttor und dem etwas jüngeren Bettinaturm, benannt nach Bettina von Arnim, die dort Anfang des 19. Jh. ihre Sternengesänge schrieb.
❿ *Pfarrkirche (Marienkirche),* ehemals romanische, Ende des 13. und im 14. Jh. umgebaute gotische Hallenkirche. Turm und Turmhalle kamen 1447–73 dazu. Der Turmdachstuhl hat sich so stark verzogen, daß der schiefe Turm zu einem Wahrzeichen Marburgs geworden ist. Von der Ausstattung sind ein romanisches Taufbecken, ein Messingtaufkessel aus dem Jahr 1625, der Altaraufsatz von 1626 und das Grabmal der Hedwig von Württemberg und ihres Gatten Ludwig IV. von Gerhard Wolff (1590–92) sehenswert.
⓫ *Kerner,* um 1300 vom Deutschen Orden errichtet, später Marburger Rathaus. Rechteckiger, einfacher gotischer Bau aus Bruchsteinen.
⓬ *Landgrafenschloß,* entstanden aus einer um 1140 erwähnten Turmburg. Im Anfang des 14. Jh. vollendeten Hauptgebäude befindet sich der große Fürstensaal, ihm vorgelagert die 1288 geweihte Schloßkapelle. Im 15. Jh. entstand der Wilhelmsbau, das heutige *Universitätsmuseum für Kulturgeschichte* mit vor- und frühgeschichtlichen Funden aus dem Raum um Marburg, religiöser Kunst sowie bürgerlichem Mobiliar und Kunsthandwerk (Di–So 10–13, 15–17 Uhr).
⓭ *Hexenturm,* Befestigungsturm aus dem Jahr 1478, später Gefängnis. Gefängniszellen und Befestigungsanlagen aus dem 17. Jh. können besichtigt werden (Führung ab Schloßhof, Sa 15 Uhr).
⓮ *Schloßpark,* im frühen Mittelalter Turniergelände, Rennbahn und Lustgarten. Zu Zeiten der Schloßbefestigung diente er als Bastionsgelände, später wurde er bepflanzt; Reste der »Festung Marburg« (kostenlose Führung im Sommer, Sa 15 Uhr). Die Freilichtbühne im Park wurde am Anfang des 20. Jh. gebaut. Auf ihr finden im Sommer Aufführungen des Marburger Schauspiels, Folklore- und Serenadenabende und regelmäßige Sommerkonzerte statt.
⓯ *Jubiläumsbau (Ernst-von-Hülsen-Haus),* 1927 errichtet als Stiftung zum

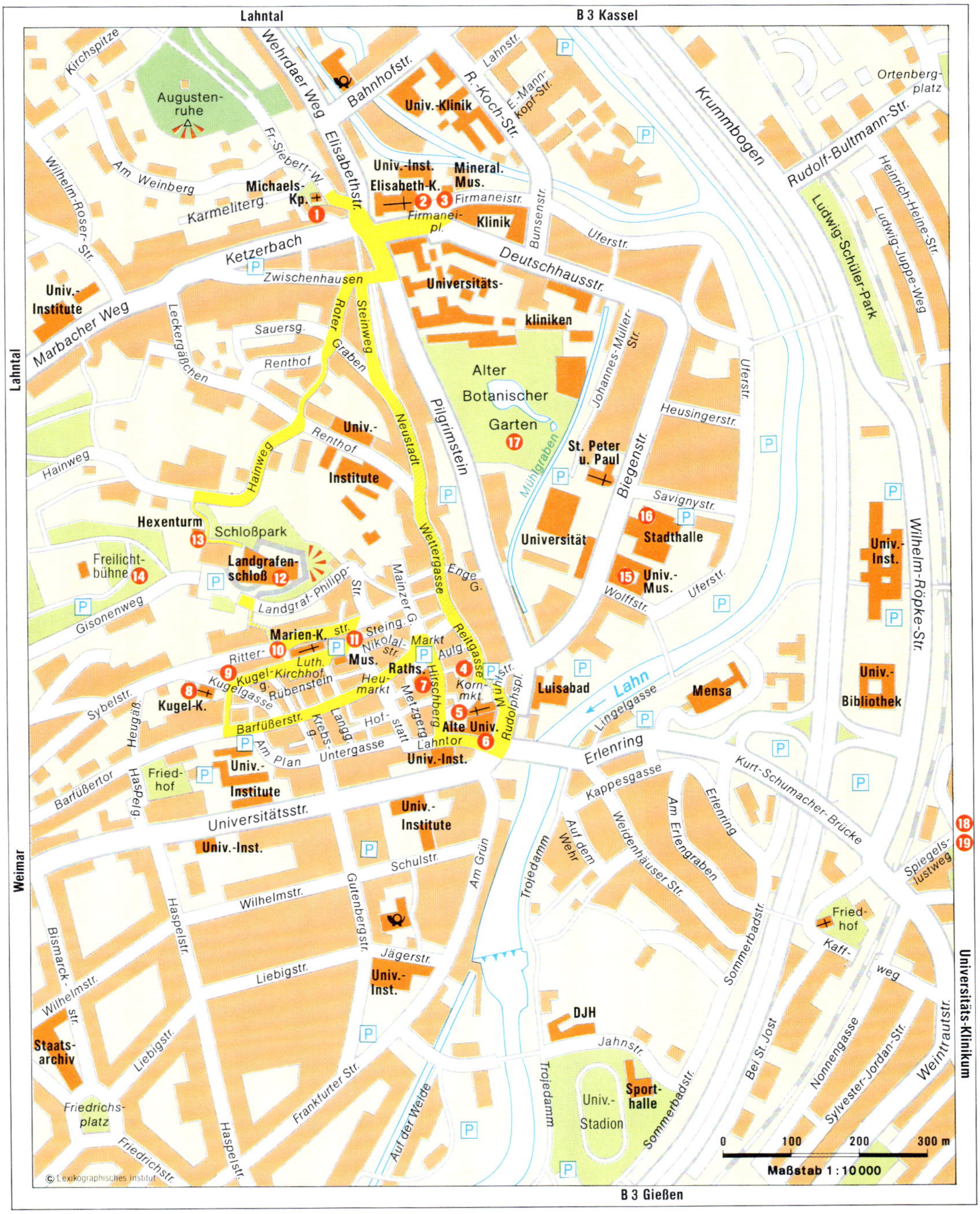

400. Jubiläum der Philipps-Universität, enthält das Bildarchiv »Foto Marburg«, das die größte Fotodokumentation der Welt (Kunst- und Bauwerke) besitzt (Mo–Fr 7.30–12.30, 13.30–16.30 Uhr), und das *Universitätsmuseum für bildende Kunst* mit einer Sammlung, die vorwiegend Werke deutscher Maler aus dem 19. und 20. Jh. enthält (April–Sept. Mi–Mo 10–13, 15–17 Uhr; Okt.–März Mi–Mo 11–13, 15–17 Uhr).

⑯ *Stadthalle (Erwin-Piscator-Haus),* 1969 gebaut, mit Restaurant und Konferenzräumen. Der große Saal ist gleichzeitig Aufführungsort für das Marburger Schauspiel.

⑰ *Alter Botanischer Garten am Pilgrimstein,* in den Jahren 1810–14 angelegt, mit ehemaligem Botanischen Institut im neugotischen Stil, ist mit seinem prächtigen Baum- und Pflanzenbewuchs, dem Weiher und dem benachbarten Lahn-Seitenarm (Mühlgraben) der schönste Park Marburgs. Das im Jahr 1982 errichtete Musizierhaus ist eine Stiftung des Universitätsbundes zur 450-Jahr-Feier der Philipps-Universität.

⑱ *Kaiser-Wilhelm-Turm,* 34 m hoch; er dient seit 1880 als beliebter Aussichtspunkt von Spiegelslust auf die Stadt und das Lahntal.

⑲ *Botanischer Garten der Philipps-Universität,* seit den 70er Jahren angelegt, mit großem Alpinum (Hochgebirgsflora aus allen Kontinenten) und Gewächshäusern. Im südlichen Teil des Gartens rekonstruierte Hügelgräber aus der Steinzeit. Botanische Sonderausstellungen (April–Sept. So–Fr 9–18 Uhr; Okt.–März So–Fr 9–15.30 Uhr).

Märchenhafte Spuren
Romantisch ist vieles in Alt-Marburg: die winkligen Gäßchen, die verspielten Erker an den bergauf festaneinandergepreßten alten Bürgerhäusern, die kleinen Butzenfenster, das die Altstadt dominierende Fachwerk.
Romantisch ist auch eine Epoche in der Vergangenheit der Stadt, die immer mehr zu Aktivitäten in der Gegenwart genutzt wird. Die »Marburger Romantik« hat einen festen Platz in der deutschen Literatur inne: In den Jahren 1802–04 traf sich alles, was in der deutschen Romantik Rang und Namen hatte, im Haus des Rechtshistorikers Friedrich Karl von Savigny, angefangen bei den Familien Brentano und Arnim. Im »Bettinaturm«, dem einzigen noch erhaltenen Stadtmauerturm (Schlüssel im benachbarten Forsthof beim Studentenwerk), schrieb Bettina von Arnim ihre »Sternengesänge«, die später durch »Goethes Briefwechsel mit einem Kinde« berühmt wurden.
Die Brüder Grimm, die in Marburg wissenschaftliche Anregung insbesondere durch Savigny erhielten, sammelten viele ihrer Märchen in Hessen. Der Marburger Maler Otto Ubbelohde, nach Ludwig Richter zweiter großer Illustrator der weltberühmten Märchensammlung, hat zahlreiche Märchen durch seine Motivwahl in Marburg und Umgebung angesiedelt. »Auf den Spuren der Brüder Grimm« heißt ein Wanderprogramm mit Führung, das die Stadt anbietet und »bei dem es zu märchenhaften« Plätzen in der Gegend um Marburg geht (Auskunft beim Verkehrsamt).

Aus grauer Vorzeit
Rund um Marburg gibt es einige sehenswerte Zeugnisse unserer ältesten Geschichte. Auf den »Lahnbergen« im neuen Botanischen Garten (19) sind rekonstruierte Hügelgräber aus der Steinzeit zugänglich gemacht.
Auf dem Christenberg bei Münchhausen (ca. 20 km auf der B 252 in Richtung Frankenberg) sind die Reste der keltischen Besiedlung (Kesterburg) freigelegt. Vom Basaltkegel der Amöneburg (ca. 12 km in östlicher Richtung über die Lahnberge) zog einst Bonifatius aus, um die Germanen zu bekehren. Hier wurden alte germanische Befestigungswälle freigelegt. Im Wald bei Dreihausen (ca. 10 km südöstlich, über Beltershäuser Straße und Ebsdorfergrund) wird seit 1987 ein fränkischer Königshof mit einer mächtigen Kuppelkirche freigelegt. Nach den bisherigen Funden kommt ihm eine ähnliche Bedeutung zu wie dem Königshof von Aachen.

Die Heilige und ihre Pilger

Marburgs Anziehungskraft beruht auf seinem einmalig schönen Stadtbild mit der aus dem Lahntal emporwachsenden Altstadt und dem alles krönenden Landgrafenschloß (12) auf der Bergspitze. Dank der gelungenen und preisgekrönten Altstadtsanierung gewinnt Marburg von Jahr zu Jahr an Attraktivität und Atmosphäre. In der Altstadt rund um den Schloßberg wird mit Argusaugen auf die Erhaltung des historischen Stadtbildes geachtet. Dazu haben die Stadtväter eine sogenannte Veränderungssperre für das Gebiet rund um das Schloß durchgesetzt. Die Stadt soll ihr ursprüngliches Gesicht auch in Zukunft behalten.

In Marburg hat eine der bedeutendsten Frauen des Mittelalters gelebt: die verwitwete Landgräfin von Thüringen, Elisabeth. Zwar konnte sie ihr soziales Werk, Arme und Kranke zu pflegen, in Marburg nur drei Jahre ausüben, bevor sie 24jährig starb. Aber schon vier Jahre später, 1235, wurde sie heiliggesprochen. Mit der Überführung ihrer Gebeine in Anwesenheit Kaiser Friedrichs II. und anderer hoher Würdenträger ein Jahr später erlebte Marburg die wohl größte Ansammlung von Menschen in seiner Geschichte. Bis zur Reformation war die Stadt ein bedeutender Wallfahrtsort, zuletzt aber nur von regionaler Bedeutung.

Und noch eine weitere geschichtsmächtige Kraft mit religiösem Impetus ist in Marburg repräsentiert: Der Deutsche Orden, während des dritten Kreuzzugs gestiftet, unterwarf die heidnischen Preußen und war mit seiner systematisch betriebenen Landwirtschaft und Verwaltung von größter ökonomischer Bedeutung. Landgraf Konrad von Thüringen wurde der zweite Hochmeister des Ordens und ließ mit der Elisabethkirche (2) die erste hochgotische Kirche in Deutschland bauen. Noch bis zum Ende des 19. Jh. wurde der Deutschordensgutshof (3) an der Elisabethkirche bewirtschaftet; heute sind lediglich Reste des Gebäudekomplexes erhalten.

Residenzstadt und Universität

Auf dem Marburger Marktplatz rief 1248 Sophie von Brabant, die Tochter der hl. Elisabeth, in Vertretung ihres dreijährigen Sohns Heinrich (»das Kind«) das Land Hessen aus. Die Stadt wurde dadurch erste Residenz der

Hoch über der historischen Stadt und ihren Fachwerkbauten thront das Landgrafenschloß mit der Schloßkapelle.

hessischen Landgrafen. Unter ihrem Schutz entwickelte sie sich trotz dynastischer und politischer Kämpfe 400 Jahre lang prächtig. Aus der ursprünglich unscheinbaren Turmburg wurde das prachtvolle Schloß ⓬ mit ausgedehnten Befestigungsanlagen. Die von Philipp dem Großmütigen 1527 gegründete erste protestantische Universität der Welt, die Alma mater Philippina, bewahrte später die Stadt vor dem Abstieg ins Unscheinbare, als nämlich Kassel landgräfliche Hauptstadt wurde.

Das Leben in der Stadt wird auch heute noch – ähnlich wie in Tübingen und Heidelberg – sehr stark von der Universität bestimmt. Bei 75 500 Einwohnern stellen die 15 500 Studenten und 4000 Universitätsbediensteten nicht nur den größten Wirtschaftsfaktor dar, sie prägen auch das Leben in der Altstadt. Die 21 Fachbereiche der Philipps-Universität sind über das Stadtgebiet verstreut. Die Alte Universität ❻, 1878 auf dem Gelände des abgerissenen Dominikanerklosters fertiggestellt, ist mit ihrer sehenswerten Aula das repräsentativste Gebäude. Dort residieren die Theologen, die schon bei der Gründung der Universität eine wichtige Rolle spielten. Sie übernahmen die Ende des 13. Jh. entstandene Predigerkirche und machten sie zur Universitätskirche ❺.

Nach dem Zweiten Weltkrieg war es mit der schönen neugotischen Bauweise, die Marburg so sehr prägt und die glücklicherweise nicht zerstört wurde, vorbei. Für den Ausbau der Universität mußte fast ausschließlich Beton herhalten: Verwaltungstrakt und Hörsaalgebäude (Audimax) in der Biegenstraße, die Mensa, die »Elefantentürme« der Geisteswissenschaften, die Universitätsbibliothek (Wilhelm-Röpke-Straße) und weit draußen auf den Lahnbergen das Klinikum wurden so hingeklotzt. In absehbarer Zeit, wenn sich die Politiker in Stadt, Land und Bund geeinigt haben, soll dort ein abschließender zweiter Bauabschnitt folgen, der die jetzt noch im Lahntal befindlichen Universitätskliniken aufnimmt. Doch schon der erste Bauabschnitt ist zu einem der größten und teuersten Klinikbauten in der Bundesrepublik Deutschland geworden.

Viele Tafeln an den alten Häusern der Stadt erinnern an die großen Gelehrten der Universität. Die Zahl derjenigen, die in Marburg gelernt und gelehrt haben und Weltgeltung erlangten, ist so groß, daß eine Auswahl schwerfällt.

Ein Ort für Romantiker

Im Haus des Rechtshistorikers Friedrich Karl von Savigny, selbst Begründer der Historischen Rechtsschule, wurde Anfang des 19. Jh. die »Marburger Romantik« begründet. Damals erhielten Clemens Brentano und Achim von Arnim die Anregung zu der ersten deutschen Volksliedersammlung »Des Knaben Wunderhorn«, und die Brüder Grimm begannen mit ihrer Märchensammlung. Bettina von Arnim schrieb im Bettinaturm ❾ ihre »Sternengesänge«. Zu den jungen Marburger Gelehrten, die später an anderen Wirkungsstätten Ruhm erwarben, gehörten der Schriftsteller und Arzt Heinrich Jung-Stilling, der Chemiker Robert Wilhelm Bunsen, der Chirurg Ferdinand Sauerbruch und der Philosoph Martin Heidegger sowie die drei bedeutendsten protestantischen Theologen des 20. Jh.: Karl Barth, Paul Tillich und Rudolf Bultmann.

Die Weidenhäuser Brücke über die Lahn führt direkt zum Komplex der Alten Universität mit der schönen Kirche des einstigen Dominikanerklosters.

<u>Trachten</u>

Alte bäuerliche Traditionen haben sich in ländlichen Vororten und in den Dörfern des Landkreises bis heute erhalten. Man begegnet noch Frauen in Tracht auf der Straße. Darüber hinaus werden Kleidung, Tanz und Spiel in über 70 Trachten- und Folkloregruppen wachgehalten.

In Marburg selbst gibt es eine farbenprächtige katholische und eine farblich etwas einfacher gehaltene evangelische Tracht. Letztere besteht aus Röcken in Rot und Grün, blau-weiß-violett-geblümten Schürzen und Tüchern. Die Haare werden gescheitelt, zu zwei Zöpfen geflochten und um den Kopf gelegt. Die katholische Tracht besteht aus einem gefältelten Beiderwandrock mit Leibchen und einer gepaspelten, bebordeten und mit Litzen gezierten Jacke (»Motze«). Für die evangelische Tracht wird das Haar zu einem Krönchen (»Schnatz«) hochgesteckt und mit einem roten »Stülpchen« bedeckt.

Alle zwei Jahre findet eine Woche lang im Landkreis ein »Trachtenfestival« mit in- und ausländischer Beteiligung statt. Höhepunkt der sommerlichen Veranstaltung ist der zentrale Folklore-Tanz-Abend auf der Marburger Freilichtbühne ⓮.

Im alten Schloß von Biedenkopf (ca. 25 km nordwestlich, über die B 62 zu erreichen) ist seit 1908 das Hinterlandmuseum, u. a. mit Hessens größter Trachtensammlung, eingerichtet (11. März–15. April und 10. Okt.–15. Nov. Mo–Sa 14–18, So 10–18 Uhr; 16. April–9. Okt. tägl. 8–18 Uhr).

<u>Ortega y Gasset in Marburg</u>

Viele große Männer und Frauen haben Loblieder auf Marburg geschrieben und gesungen. Eindrucksvoll ist das des spanischen Philosophen José Ortega y Gasset (1883–1955), der 1906/07 in Marburg studierte und die Stadt später mehrfach besuchte. In Marburg wurde auch sein Sohn geboren, der später an der Marburger Philipps-Universität promovierte: »Ich kann die Landschaft von ›El Escorial‹ nicht betrachten, ohne daß sich, wie ein feines Gewebe, die Landschaft eines anderen Ortes darüber legt, der den geraden Gegensatz des spanischen darstellt. Es ist eine kleine gotische Stadt an einem dunklen, schwerfälligen Fluß, dessen Hänge von dunklen Tannen und Kiefern und hellen Buchen bestanden sind. In dieser Stadt habe ich den Höhepunkt meiner Jugend verbracht. Ihr verdanke ich wenigstens die Hälfte meiner Hoffnungen und vielleicht meine ganze Bildung. Der Ort ist Marburg an der Lahn.«

Tips, Tips, Tips

In die Luft wie Alfred Wegener
Der berühmte Polarforscher und Geograph Alfred Lothar Wegener, der 1910 in der Marburger Sternwarte seine Theorie von der Kontinentalverschiebung formulierte, brachte den Marburgern das Fliegen bei: Er gründete den kurhessischen Verein für Luftfahrt und ging auch als erster mit einem Ballon in die Luft. Noch heute ist Ballonfahren um Marburg ein beliebter Sport, und zwei Vereine bieten nach Absprache Mitfahrten an (Auskunft beim Verkehrsamt).

Ski und Rodel gut
Wer rechnet schon mit Wintersportmöglichkeiten fern der Alpen und der Mittelgebirge? Der Kreis Marburg-Biedenkopf bietet hier eine Ausnahme: Das Winterzentrum an der Sackpfeife (674 m hoch mit Aussichtsturm) bei Biedenkopf (etwa 25 km nordwestlich an der B 62) hat ein gutes Abfahrtsgelände (abends sogar unter Flutlicht) mit einem Skilift (Höhenunterschied 270–674 m, geöffnet von 10–20.30 Uhr). Außerdem gibt es zwei Langlaufloipen mit 6 km und 10 km Länge. Im Sommer geht's auch ohne Schnee auf einer 480 m langen Sommerbobbahn rasch ins Tal. Auskunft: Verkehrsamt Biedenkopf, ☏ (0 64 61) 30 26.

Marburger Dibberche
Die in Marburg geborenen Bürger nennt man im Volksmund »Marburger Dibberche«. Hergeleitet wird dieser Spitzname von Töpferei-Erzeugnissen (Dibbche). Die Töpfer gehören wie die Gerber und Weber zu den ältesten und in Marburg in eigenen Stadtteilen beheimateten Handwerkerzünften. Im »Marburger Töpferhaus« am Steinweg wird diese alte Tradition heute noch hochgehalten, man kann viele schöne Stücke erwerben. Jeden Donnerstag findet um 10 Uhr eine kostenlose Führung statt (Steinweg 8, ☏ 6 56 11). Selbst die Stadt bedient sich dieses alten Gewerbezweiges: Bei offiziellen Anlässen im Rathaus erhalten die Gäste eine Miniaturform (Anhänger) des »Marburger Dibberche«.

Neun kamen sogar zu Nobelpreisehren, darunter Otto Hahn (Nobelpreis 1944) und Karl Ziegler (Nobelpreis 1963), die im alten Chemischen Institut in der Bahnhofstraße ihren Doktortitel erwarben. Adolf Butenandt empfing dort den entscheidenden Hinweis für seine künftige Forschungsrichtung, die Synthese von Biologie und Chemie (Nobelpreis 1939). Der erste Nobelpreisträger für Medizin (1901), Emil von Behring, Entdecker des Diphtherie- und Tetanus-Antitoxins, gründete die Behringwerke, die längst Marburgs größter privater Arbeitgeber und weltweit in der Herstellung von Impfstoffen und Seren führend geworden sind. Der Chemiker Georg Wittig (Nobelpreis 1979) freilich blieb der Stadt nicht erhalten: Er folgte einem Ruf nach Heidelberg, wo er die für seine Forschung entscheidenden Laboreinrichtungen vorfand. Der Dichter Boris Pasternak (»Doktor Schiwago«, Nobelpreis 1958 abgelehnt), studierte hier Philosophie bei den Neukantianern Natorp und Cohen. Eine für die Entstehungsgeschichte der Erde wichtige Theorie stellte der Polarforscher Alfred Lothar Wegener 1910 in Marburg auf: die Theorie von den Kontinentalverschiebungen, die erst in den 50er Jahren endgültig bestätigt wurde.

Nach dem Zweiten Weltkrieg beeinflußte der Wirtschaftswissenschaftler Wilhelm Röpke Ludwig Erhards freie Marktwirtschaft und damit das »deutsche Wirtschaftswunder« maßgebend. Gemeinsam studierten in Marburg der spätere Bundespräsident Gustav Heinemann, der Mitbegründer der CDU, Ernst Lemmer, und der erste Nachkriegs-Oberbürgermeister von Marburg und spätere Staatssekretär bei Theodor Heuss, Karl Theodor Bleek.

Menschenfreundliches Marburg

Neben seinem Ruf als »Stadt der Schulen« wird Marburg in der Erbschaft der hl. Elisabeth auch dem Ruf als »Stadt der Behinderten« in besonderem Maße gerecht.

In den Straßen begegnet man besonders vielen blinden Mitbürgern. Trügen sie nicht einen weißen Stock, würde man sie kaum als Behinderte erkennen, so erstaunlich sicher bewegen sie sich durch die Stadt. Sie erhalten in der Deutschen Blindenstudienanstalt, eine seit 1916 ständig ausgebaute zentrale Bildungsstätte für Blinde mit allen möglichen Produktions- und Forschungsstätten sowie einer umfangreichen Blindenbibliothek, ihre Ausbildung. Die Universitätsstadt ist für ihre blindengerechten Einrichtungen (u. a. akustische Ampeln, Duftgarten im Alten Botanischen Garten 17) genauso bekannt wie für ihre rollstuhlangepaßte Stadtplanung und Architektur. Im Konrad-Bisalski-Haus (nahe Kalbstor 9) besteht seit den 50er Jahren ein Wohnheim für querschnittgelähmte Studenten. In Marburg wurde die »Lebenshilfe« gegründet: Diese große Selbsthilfeorganisation für geistig Behinderte hat hier ihre Bundeszentrale. Die Universität richtete als erste in Deutschland Lehrstühle auf diesem Gebiet (u. a. Kinderpsychiatrie, Heilpädagogik) ein.

Neben dem Schloß gilt der schiefe Turm der am Hang errichteten Pfarrkirche als ein weiteres Wahrzeichen Marburgs.

Die Burg der hessischen Landgrafen

Marburgs Ursprünge reichen vermutlich in die Zeit zurück, als die Germanen und Kelten ihr Grenzgebiet durch Wallanlagen zu schützen begannen. Der Name Marburg ist abgeleitet von Marc-Burg, das heißt Grenzburg. Sie diente dem Schutz einer der ältesten West-Ost-Verbindungen in Deutschland, der »Weinstraße« aus dem Rheinland hinüber nach Thüringen und Sachsen.

Zu den ältesten noch erhaltenen Teilen des Landgrafenschlosses gehört die hervorragend restaurierte Schloßkapelle von 1288. Gleichzeitig entstand der Nordteil mit dem ebenfalls unversehrt erhaltenen großen Fürstensaal, einem der größten profanen Innenräume der deutschen Gotik. Im 15. Jh. erhielt das Schloß seine endgültige Gestalt. In dem hinzugefügten Wilhelmsbau wurde Landgraf Philipp der Großmütige geboren, Führer der evangelischen Landesfürsten während der Reformation.

Die Elisabethkirche ❷ wurde nach 50jähriger Bauzeit 1283 geweiht, die Türme wurden um 1330 vollendet. Mit ihren drei gleichhohen Schiffen ist sie eine der ersten gotischen Hallenkirchen auf deutschem Boden. Die ältesten farbigen Glasfenster des Chores reichen bis in die Mitte des 13. Jh. zurück. Ebenfalls Meisterwerke sind der monumentale spätromanische Prachtschrein der hl. Elisabeth und der 1290 geweihte gotische Hochaltar. Vor dem Lettner steht auf dem Kreuzaltar ein gekreuzigter Christus von Ernst Barlach (1931).

Marburg hat bei dem Bemühen, die Spaltung des Christentums zu beseitigen, eine nicht unerhebliche Rolle gespielt. 1529 fand auf dem Landgrafenschloß ⓬ das »Marburger Religionsgespräch« zwischen den führenden Reformatoren, u. a. Luther, Zwingli, Melanchthon, statt. Ein damals kontroverser Punkt ist bis heute umstritten: die Frage der leiblichen Gegenwart Christi beim Abendmahl.

Von Marburg sind nach dem Zweiten Weltkrieg wesentliche Impulse für die ökumenische Bewegung ausgegangen. Mancher Student aus fernen Landen wird das idyllische Städtchen an der Lahn nie vergessen – sicher ein kleiner Schritt auf dem Weg zur Völkerverständigung.

Die »französische Elisabeth« in der Elisabethkirche entstand kurz vor 1500.

Theater, Musik, Veranstaltungen, Museen

Theater
Marburger Schauspiel, Stadthalle ⓰, Biegenstr. 15. Schauspiel, Gastspiele, ☏ 2 56 08, 2 39 25.
Theater im Afföller, Studiobühne des Marburger Schauspiels, Afföllerwiesen 3. Schauspiel, Gastspiele, ☏ 2 56 08, 2 39 25.
Theater neben'm Turm (TNT), Afföllerwiesen 3. Schauspiel, ☏ 1 38 98.
Giller-Theater, Ernst-Giller-Str. 20. Schauspiel (Spielzeit nur im Semester), ☏ 6 43 68.
Theater Feuerzunge, Nikolaistr. 8. Schauspiel, ☏ 2 75 18.
Kulturladen KFZ, Schulstr. 6. Kleinkunst, ☏ 1 38 98.

Musik
Stadthalle ⓰, Biegenstr. 15. Gastspiele: Sinfonie- und Kammerorchester, Sonaten, Lieder- und Klavierabende; Oper, Operette, Rock-, Pop- und Schlagerkonzerte mit intern. Stars, ☏ 20 13 33.
Musikschule Marburg, Georg-Voigt-Str. 2. Sinfonie- und Kammerkonzerte, ☏ 6 30 91.
Lutherische Pfarrkirche ❿, Lutherischer Kirchhof 1. Kammer-, Chor- und Orgelkonzerte (Sa 18.30 Uhr im Semester), ☏ 2 52 43.
Peter- und Paul-Kirche, Biegenstr. 18. Orchester-, Chorkonzerte, Oratorien, ☏ 2 34 15.
Elisabethkirche ❷, Elisabethstr. Orgelkonzerte, ☏ 6 55 73.
Jazz-Initiative Marburg, »Cavete«, Steinweg 12. Jazzmusik mit deutschen und intern. Interpreten, ☏ 6 61 57.
Folk-Club Marburg, Barfüßerstr. 31. Folkloremusik, ☏ 2 62 61.

Veranstaltungen
Alle fünf Jahre im Wechsel: *Historische Stadtteilfeste:* Brunnenfest, Oberstadt; Bachfest, Ketzerbach; Grabenfest, Weidenhausen, ☏ 20 12 49, 20 12 62.
30. April/1. Mai: abendliches *Mai-Einsingen* auf dem Marktplatz.
Mai/Juni: *Kinderfestival »Ramba Zamba«* in den Theatern der Stadt. Theater, Musik, Malerei und Spiele für Kinder, ☏ 20 14 67.
Juni: *Marburger Pantomimenzirkus* in Theatern Marburgs, ☏ 20 14 67.
Ende Juni: *Universitätsfest* in den Hörsälen der Universität. Rock- und Popveranstaltungen, ☏ 2 81.
1. So im Juli: *Marktfrühschoppen* auf dem Marktplatz ab 11 Uhr, ☏ 20 12 49.
Juli/Aug.: *Marburger Sommerkonzerte* auf der Freilichtbühne, Schloßpark. Volkstümliche Musik- und Tanzdarbietungen, ☏ 20 12 49.
Aug.: *Marburger Musiktage,* Landgrafenschloß und andere Kirchen der Stadt. Sinfonie- und Kammerkonzerte, ☏ 20 12 49.
1. Sa im Okt.: *Bauernmarkt* auf dem Marktplatz. Landwirte in Trachten bieten bäuerliche Produkte an, ☏ 20 12 49.
Okt.: *Elisabethmarkt* rund um die Elisabethkirche ❷. Krämermarkt, ☏ 20 12 49.
Ende Okt./Anfang Nov.: *Marburger Kunstmarkt,* Stadthalle ⓰. Kunstmarkt und Basar, ☏ 20 14 67.

Museen
Antiken- und Abgußsammlung des Archäologischen Seminars, Biegenstr. 11. Gipsabgüsse antiker Großplastik, antike Kleinkunst (So 11–13 Uhr).
Mineralogisches Museum, Firmaneiplatz. Gesteine, Lagerstätten, technische Mineralogie (Mi 10–13, 15–18, Do, Fr 10–13, Sa, So 11–15 Uhr).
Religionskundliche Sammlung der Philipps-Universität, Landgraf-Philipp-Str. 4. Kult-, Kunst-, Gebrauchsgegenstände vorwiegend außerchristlicher Religionen (Mo, Mi, Fr 10–13 Uhr).
Ständige Emil-von-Behring-Ausstellung zur gesundheitlichen Volksbelehrung, Nikolaistr., Ecke Kirchplatz. Geschichte der Medizin mit Schwerpunkt Infektionskrankheiten und ihre Bekämpfung (Mo–Fr 8–16 Uhr).
Universitätsmuseum für bildende Kunst, Biegenstr. 11 (s. ⓯).
Universitätsmuseum für Kulturgeschichte, Landgrafenschloß (Wilhelmsbau) (s. ⓬).
Völkerkundliche Sammlung der Universität, Kugelgasse 9–10. Sammelgebiete vor allem Afrika, Süd- und Nordamerika (Di, Do 10–12 Uhr).

Memmingen

Welfen, Staufer, stolze Bürger

An Bayerns südwestlicher Grenze liegt Memmingen. Auch bei ihrem Gang durch die Geschichte hat sich die Stadt eher am Rande aufgehalten. Mit solider Einschätzung der eigenen Möglichkeiten haben es die Stadtväter über Jahrhunderte stets gut verstanden, Frieden und Wohlergehen zu sichern. Schon 1826 stellte der Philosoph und Reiseschriftsteller Karl Julius Weber fest, »daß es ihnen wohl ging, keiner sich überarbeitete und die Stadt gesunde Luft hat«. Nach wie vor hat Memmingen die gute Luft des Voralpenlands, und dank seiner ausgeglichenen Wirtschaftsstruktur ist es, wenn man von der Einwohnerzahl ausgeht, die steuerkräftigste Stadt im bayrischen Schwaben. Dazu mit seiner historischen Altstadt ein höchst liebenswerter Ort mit Kirchen, Patrizierpalais und einem Rathaus mit Rokokofassade (unser Bild), mit malerischen Plätzen und Straßen, die entdeckt sein wollen.

Wappen Gespaltenes Wappen: links am Spalt in Gold ein halber, rot bewehrter schwarzer Adler, Symbol der Reichsfreiheit, rechts in Silber ein durchgehendes rotes Prankenkreuz, wahrscheinlich als Zeichen des vom Kaiser verliehenen Marktrechts.
Lage Im Allgäuer Voralpenland zwischen Iller und Günz, am Westrand des Memminger Tals, eines einstigen Abflußgrabens des Illergletschers.
Land Bayern
Autokennzeichen MM
Höhe 560–678 m ü. M.
Fläche 70 km^2
Einwohnerzahl 38 000
Postleitzahl 8940
Telefonvorwahl 0 83 31
Post Lindentorstr. 22, nahe Gerberplatz, Spätschalter So 9.30–10.30 Uhr.
Polizei Schlossergasse 1, ☎ 8 79 61
Taxi ☎ 21 59
Nahverkehr Buslinien ins Umland von der zentralen Bushaltestelle am Bahnhof aus. Fahrkarten in den Bussen.
Camping Camping am See, 8941 Buxheim, ☎ 7 18 00.
Parken Innenstadt: Tiefgarage in der Stadthalle, Parkhaus Krautgasse, Parkhaus Schwesterstr. (2 Std. kostenlos). Weiterhin am Westertorplatz, Marktplatz, Weinmarkt, Hallhof und Schrannenplatz.
Touristinformation Städt. Verkehrsamt im Parishaus, Ulmer Str. 9, ☎ 85 01 72 (Mo–Do 8–12, 14–17, Fr 8–12, 13.30–15 Uhr).
Stadtführung Nach Vereinbarung durch das Städt. Verkehrsamt, ☎ 85 01 72.

Gelassen und bedächtig die Chancen der Zeit genutzt

Die Memminger scheinen genußfrohe, jeder Hektik abgeneigte Menschen zu sein – wie anders ließe sich erklären, daß es in ihrer Stadt mehr Weinstuben, Cafés und bürgerliche Gasthäuser gibt als in den meisten vergleichbaren Orten Bayerns? Offensichtlich werden diese gastlichen Stätten vor allem von den Memmingern selbst besucht, denn der Fremdenverkehr spielt hier, von einigen Höhepunkten im Jahr abgesehen, noch keine dominierende Rolle. So ist auch das bedächtige, leicht bayrisch beeinflußte schwäbische Idiom die vorherrschende Sprache an den Wirtshaustischen und auch an den Tischchen der Eisdielen und Straßencafés, die im Sommer an allen Ecken der Stadt, vor allem am Stadtbach entlang, jeden freien Straßenraum besetzen.

Memmingen ist eine durchaus bürgerliche Stadt; Gelassenheit und Bedächtigkeit scheinen stets Begleiter der Entwicklung gewesen zu sein. Mit sicherem Gespür haben die Bürger fast immer in ihrer Geschichte die gegebenen politischen Möglichkeiten zu nutzen und ihren wirtschaftlichen Vorteil zu wahren gewußt.

Keimzelle der Siedlung war die Kreuzung der Route Ulm/Fernpaß/Italien mit der von Ost nach West verlaufenden Salzstraße. Bis heute ist Memmingen ein Verkehrsknotenpunkt ersten Ranges geblieben. Die direkte Verbindung Wien/München/Zürich/Genf kreuzt hier die Vogelfluglinie A 7. Auch die alten Straßenzüge existieren nach wie vor: Von Nord nach Süd sind es Ulmer Straße und Kramerstraße, von Ost nach West Kalch- und Zangmeisterstraße, aus deren Kreuzungspunkt der Memminger Marktplatz entstanden ist.

Ins Licht der Geschichte trat der Ort mit den Welfen, die sich nahe der St.-Martins-Kirche ❷ eine mittlerweile längst untergegangene Burg bauten, den Ort befestigten und mit Markt- und Handelsprivilegien ausstatteten. Als die schwäbischen Welfen 1191 ausstarben, kam die Stadt in den Besitz der Staufer, die sie beträchtlich erweiterten. Nach dem Tod Konradins (1268), des letzten Staufers, sahen die Memminger ihr hartnäkkiges Bemühen um Selbständigkeit endlich belohnt: König Adolf verlieh ihnen das Recht der Stadt Ulm. Damit war der Weg in den Kreis der freien Reichsstädte (1296) geebnet.

Der erste Überseekaufmann – ein Memminger

Die wirtschaftlichen Grundlagen des Gemeinwesens bestanden aber nicht nur in Zolleinnahmen und Marktgebühren. Die günstige Lage Memmingens begünstigte schon früh die Ausbildung ortsansässiger Handelsgeschlechter, die im 13./14. Jh. den Augsburgern ernsthaft Konkurrenz gemacht haben. Der 1396 in Memmingen geborene Burkhard Zingg war der erste deutsche Überseekaufmann; er hat auch die erste überlieferte deutsche Autobiographie verfaßt. Sein Denkmal steht in einer kleinen Parkanlage nordwestlich des Westertors ❶. Die dritte Säule des reichsstädtischen Wirtschaftslebens war das Handwerk, vor allem die Barchent- und Leinenweberei.

Natürlich kam es auch in Memmingen bald zum Gerangel um die politische Macht. Zunächst hatten selbstverständlich die Patrizier, die großen Handelsfamilien, das Regiment. Doch 1347 übernahmen die Zünfte die Herrschaft und bewiesen das sprichwörtliche Memminger Augenmaß: Die Patrizier wurden nicht von der Mitregierung ausgeschlossen, sondern als Gleiche unter Gleichen behandelt; sie mußten sich in einer eigenen »Großzunft« zusammenschließen und behielten Sitz und Stimme im Rat. Ab 1518 wurde dann sogar das Bürgermeisteramt in regelmäßigem Wechsel von Patriziern und Handwerkern besetzt. So ist die Geschichte Memmingens durch bemerkenswerten inneren Frieden ausgezeichnet.

Den Frieden nach außen schützte die Stadtmauer, die man bis 1445 rund 4 km lang um die Stadt gezogen und innerhalb derer sich bis ins 19. Jh. die Entwicklung des Gemeinwesens befriedigend vollzogen hatte. Von den Stadttoren stehen noch fünf: Westertor ❶, Ulmer Tor ❼, Kempter Tor ⓴ und Lindauer Tor ⓳ sowie der »Einlaß«. Die Stadtmauer selbst ist weitgehend erhalten; lediglich an der Ostseite hat man sie im 19. Jh. gänzlich niedergelegt.

Herz der Stadt ist der Marktplatz mit dem Rathaus ❾ und dem Steuerhaus ❿ als städtischen Verwaltungsbauten sowie mit der Großzunft ⓫. Die Patrizier haben ihr Repräsentations- und Gesellschaftshaus bewußt am Marktplatz erbaut, um ihren fortbestehenden Machtanspruch zu

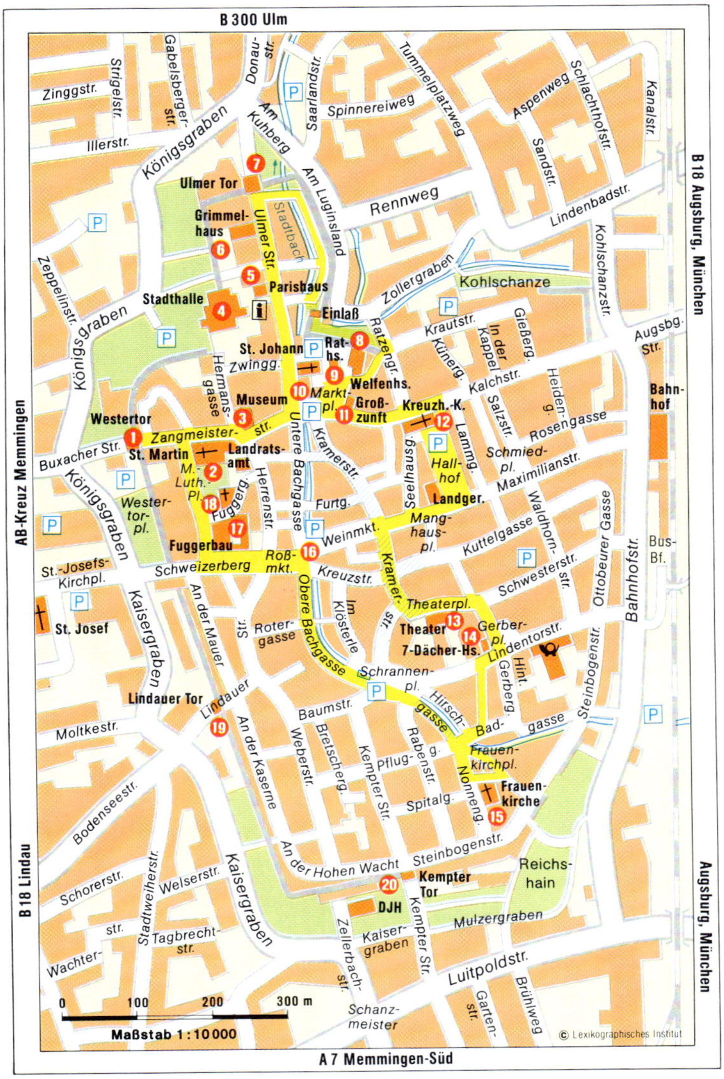

Stadtrundgang

Die einstige freie Reichsstadt sollten Sie stilgemäß durch eines der alten Tore betreten. Das Westertor ❶ *bietet sich als Ausgangspunkt an, weil hier Parkplätze zur Verfügung stehen. Unser ca. eineinhalbstündiger Rundweg führt Sie an den wichtigen Sehenswürdigkeiten Memmingens vorbei. Im Zollergarten* ❽ *läßt es sich ebenso vortrefflich rasten wie auf dem Theaterplatz und dem neugestalteten Gerberplatz. Weithin bekannt sind die Memminger Weinstuben, die eine alte Tradition haben und sich an Gemütlichkeit kaum überbieten lassen.*

Sehenswürdigkeiten

❶ *Westertor.* Der Unterbau geht auf das Jahr 1180 zurück, der achteckige Oberbau wurde 1649 nach Kriegszerstörung neu errichtet und mit einem Kuppeldach versehen.

❷ *St.-Martins-Kirche*, zwischen 1419 und 1501 anstelle eines älteren Baus als spätgotische Backsteinbasilika erstellt, im Innern Wandgemälde aus dem späten 15. Jh. und ein herrliches Chorgestühl der Memminger Schnitzschule, Anfang 15. Jh.

❸ *Hermansbau*, barockes Patrizierhaus von 1766, heute Städt. Museum. Funde aus der Vor- und Frühgeschichte, Kunst und Kunstgewerbe der Stadt, Plastiken, Bilder und Zeichnungen, Künersberger Fayencen sowie Mobiliar des Patriziats (Juni–Okt. Di–Fr, So 10–12, 14–16 Uhr).

❹ *Stadthalle*, preisgekrönter moderner Holzbau der Stuttgarter Architekten P. Faller und C. Muschalek, errichtet 1981–84.

❺ *Parishaus*, Palais der Familie von Paris, erbaut 1736, jüngst restauriert, mit Gesellschaftsräumen, Kunstgalerie und Städt. Verkehrsamt.

❻ *Grimmelhaus*, ehemaliges Patrizierhaus, innen Stuck aus dem 18. Jh.; heute Kulturzentrum mit Kulturamt, Stadtbibliothek, Archiv und Volkshochschule.

❼ *Ulmer Tor*, prächtig bemalter gotischer Torbau mit Satteldach und Giebelreiter-Glockentürmchen, vollendet 1495, vor kurzem restauriert.

❽ *Zollergarten*, 1774 von Bürgermeister Johann Jakob von Zoller als erster öffentlicher Garten der Stadt angelegt, wertvoller Bestand an Eiben und Lebensbäumen.

❾ *Rathaus*, sechsstöckiger Renaissancebau von 1589, 1765 mit einer Rokokofassade versehen, drei reizvolle Erker an der Stirnseite.

❿ *Steuerhaus*, 1495 als Geschäfts- und Verwaltungsgebäude errichtet, Erdgeschoßhalle zum Marktplatz durch Arkaden geöffnet, barockes Obergeschoß von 1708, 1958 restauriert. Die Fassadenmalerei stammt in ihrer heutigen Form von 1909.

⓫ *Großzunft*, vom 15. Jh. an Gesellschaftshaus der führenden Patrizierfamilien, 1718 barockisiert.

⓬ *Kreuzherrnkirche*, ehemalige Spitalkirche, spätgotischer Bau um 1480, 1709 innen mit Wessobrunner Stuck verziert, 1802 säkularisiert. Heute Ausstellungsraum, nur bei Ausstellungen zugänglich.

⓭ *Stadttheater*, bis 1802 Zeughaus, anschließend zum Theater umgebaut, heute Landestheater Schwaben.

⓮ *Siebendächerhaus*, ehemaliges Gemeinschaftshaus der Gerber, 1601 erbaut, 1945 durch Bomben beschädigt, wiederaufgebaut, eindrucksvolles Zierfachwerk.

⓯ *Frauenkirche*, 1460 geweiht, Turm noch aus dem 14. Jh. Berühmter spätgotischer Freskenzyklus in Langhaus und Turmwand. In der nördlichen Vorhalle Weihnachtszyklus, um 1400, im weichen Stil gemalt.

⓰ *Kramerzunft*, aus dem 15. Jh. Hier wurden 1525 die »12 Artikel« zu Papier gebracht, die Forderungen der aufständischen Bauern.

⓱ *Fuggerbau*, erbaut 1581–99, Stadtschloß der Fugger. Hier wohnten unter anderem Wallenstein, Schwedenkönig Gustav Adolf und Kurfürst Max Emanuel von Bayern. Heute Privatbesitz.

⓲ *Kinderlehrkirche*, ehemalige Kapelle des Antoniterklosters, Baubeginn 1378, Fresken von 1486. Westlich der Kirche befindet sich der von den ehemaligen Klosterbauten gesäumte gotische Arkadenhof.

⓳ *Lindauer Tor*, nach der Zerstörung 1648 entstand auf mittelalterlichen Resten der heutige Bau.

⓴ *Kempter Tor*, gotisches Südtor der Stadt mit hohem Backsteinturm und Glockentürmchen, errichtet um 1395.

dokumentieren. Die anderen Zünfte errichteten ihre Gemeinschaftshäuser an weniger herausragenden Plätzen, die Weber und die Kramer ⑯ z. B. am Weinmarkt. An den südöstlichen Stadtrand verbannte man die Gerber wegen der unangenehmen Gerüche, die ihr Handwerk mit sich brachte. Sie haben sich dort das originelle Siebendächerhaus ⑭ hingestellt, das schönste Fachwerkgebäude der Stadt.

Die Kirche hat in der zunächst fürstlich, dann bürgerlich beherrschten Stadt nie großen Einfluß gewinnen können. Natürlich entstanden Gotteshäuser und sechs Klöster, doch geriet der geistliche Bereich nicht in Gegensatz zum bürgerlichen Regiment. Nichts zeigt dies besser als die Tatsache, daß die Memminger sich zwar bereits 1522 zur Lehre Zwinglis bekannten, daß es aber dennoch keine Kirchenzerstörung und nur geringen Bildersturm gab. Auch drei Klöster blieben erhalten. Die großen Sakralbauten der Stadt sind Ergebnis gemeinsamer Anstrengungen der Bürgerschaft. Als erste Kirche Memmingens gilt die St.-Martins-Kirche ②. Diese zweitgrößte Ziegelbasilika Schwabens wurde 1500 fertig. Als Gegenstück entstand im Südosten der Stadt die Frauenkirche ⑮, in die gegen 1460 die berühmten Memminger Maler Hans Strigel der Ältere und Hans Strigel der Jüngere ihre großartigen Fresken malten.

Die großen Katastrophen blieben vor den Toren

Auch die wichtigsten kulturellen Traditionen der Stadt wurzeln im bürgerlichen Spätmittelalter. Das gilt für das Theater ⑬ wie für die beiden wichtigsten Feste der Stadt, den Fischertag und das Kinderfest. Beide sind bereits im 16. Jh. belegt. Das Kinderfest, einst nur das Frühlingsfest der

Tips, Tips, Tips

Weinlokale mit Tradition
Wein in Memmingen? Das scheint nicht zu passen, denn wo soll er wachsen in der klimatisch eher rauhen Gegend? Doch schon seit dem Mittelalter wissen sich die Memminger da zu helfen. Man hielt eigene Weinberge am Bodensee und karrte den edlen Saft auch vom Neckar heran. Es ist also gar nicht so ungewöhnlich, daß Weinhäuser in Memmingen eine uralte Tradition haben. Die ältesten sind der »Weber am Bach« und der »Goldene Löwe«.

Buxheim – ein altes Kartäuserkloster
Fasten, Schweigen und ein Leben in Einsamkeit sind die Grundsätze des Kartäusermönchs, der innerhalb seines Klosters wie ein Einsiedler lebt. In Buxheim bei Memmingen hatte der Orden des hl. Bruno bis 1803 ein Kloster, das heute als Kartäusermuseum eingerichtet ist und Einblicke in das Leben dieses Ordens vermittelt. Der Name leitet sich von dessen erster Niederlassung in La Chartreuse bei Grenoble her. Kirche und Kreuzgang bieten einige kunsthistorische Kostbarkeiten, so das erst vor wenigen Jahren aus England zurückerworbene Chorgestühl (Ende des 17. Jh.) und die Annakapelle, ein Meisterwerk von Dominikus Zimmermann, 1740 in herrlichstem Rokokostil ausgestaltet.
Vom Westertorplatz in Memmingen fahren Sie durch die Buxacher Straße bis zum Stadtteil Buxach; dort geht es nach rechts in die Talstraße, auf der Sie Buxheim erreichen – die Fahrzeit beträgt 10 Minuten.

In der Kramerstraße laden gemütliche Gasthäuser zur Rast.

Fischerkönig wird, wer die schwerste Forelle erwischt.

Ein Chorgestühl von höchstem Rang hat J. J. Christian für die Klosterkirche St. Alexander und Theodor in Ottobeuren geschaffen.

Deutschen Memminger Schule, ist heute für alle Grundschüler der Stadt Abschluß des Schuljahrs und turbulenter Auftakt der langen Sommerferien in einem. Nach einem Umzug feiern die Kinder einen ganzen Tag lang bei Limo und Würstchen, bei Musik und allerlei Jahrmarktsattraktionen. Der Oberbürgermeister selbst gibt ihnen mit einer Rede die Ehre. Kinderfest und Fischertag locken inzwischen natürlich viele Fremde in die Stadt Memmingen – doch auch die »Memminger Meile«, ein einmonatiges sommerliches Kulturfestival, entwickelt wachsende Anziehungskraft auf Gäste von nah und fern.

Die Besucher können sich zugleich an einem Stadtbild erfreuen, das noch deutlich die Züge des späten Mittelalters trägt. Denn Memmingen hatte das Glück, in seiner Geschichte von ganz großen Katastrophen verschont zu bleiben. Obgleich Wallenstein und Schwedenkönig Gustav Adolf die Stadt im Dreißigjährigen Krieg besetzten, blieben ihr größere Zerstörungen damals ebenso erspart wie in späteren Kriegen, mit Ausnahme des Zweiten Weltkriegs. Allerdings verlor die Stadt im 17. Jh. wie die meisten Handelsstädte im Binnenland rasch an wirtschaftlicher Bedeutung. Nur wenige Kaufleute blieben noch im großen Geschäft, z. B. Mitte des 18. Jh. Benedikt von Herman auf Wain, der sich noch ein großartiges Patrizierhaus, den Hermansbau ❸, hinstellen konnte. Als Symbol unserer Zeit wurde nach dem preisgekrönten Entwurf der Stuttgarter Architekten Faller und Muschalek 1981–84 eine Stadthalle ❹ errichtet, die sich vorbildlich in Memmingens historische Kulisse einfügt.

Die Eisenbahn finanzierten die Memminger selbst

Als im 19. Jh. die Gefahr bestand, daß Memmingen beim Eisenbahnbau links liegengelassen würde, finanzierten die Memminger die Strecke nach Ulm einfach aus eigenen Mitteln. Diese Investition sollte sich lohnen, denn heute kreuzen sich hier die Bahnverbindungen Hamburg–Oberstdorf sowie München–Genf.

Dieses Gefühl, für das eigene Wohlergehen selbst verantwortlich zu sein, hat die Bürger offensichtlich bis zum heutigen Tag geleitet. So haben sie sich, aufbauend auf einer langen Tradition, in den letzten Jahrzehnten eine solide wirtschaftliche Basis mit einer breiten Palette von Gewerbebetrieben geschaffen, die jedoch den Charme der Altstadt nicht im mindesten beeinträchtigen. Denn während dort der Handel mit erstaunlich modernen Warenangeboten zu Hause ist, findet man das Gewerbe heute weitgehend vor den Toren, auf der grünen Wiese. Rund 500 Handwerksbetriebe und einige größere Industriebetriebe sind hier angesiedelt. Ohne viel Aufhebens hat sich die Stadt, was die Steuerkraft pro Einwohner betrifft, an die Spitze aller Städte im bayrischen Schwaben gestellt. Auf solch solider Wirtschaftsbasis ist es natürlich verhältnismäßig einfach, eine traditionsreiche Altstadt lebenswert zu erhalten, indem man alte Bauten saniert, sich ein eigenes Theater leistet, ein erstaunliches Kulturangebot präsentiert und eine lebendige Fußgängerzone mit Plätzen zum Verweilen, mit Ecken und Winkeln, mit Kommerz, Gastronomie und Kultur sein eigen nennt.

Zünftige Fischer

Viele Bräuche haben ihre Wurzel in ganz alltäglichen Verrichtungen, die nach und nach zu einem Fest umgestaltet wurden. So auch der Memminger Fischertag. Der im Mittelalter angelegte Stadtbach wurde nämlich jährlich einmal abgelassen und gereinigt. Zuvor aber mußte er abgefischt werden, ein Privileg, das in jährlichem Wechsel den Gesellen jeweils einer anderen Zunft zustand – 1550 ist das erstmals belegt. Aus dem Vorrecht der Handwerksgesellen wurde allmählich ein Bürgerrecht, und so ziehen heute alljährlich an einem Samstag im Juli Hunderte von Bürgern mit großen Netzen zum Stadtbach, um Punkt 8 Uhr ins knietiefe Wasser zu springen und auf Forellenjagd zu gehen. Wer das schwerste Tier erwischt, wird Fischerkönig.

Wo Pfarrer Kneipp das Licht der Welt erblickte

Nur etwa 10 km südöstlich von Memmingen liegt Ottobeuren mit seiner 764 gegründeten Benediktinerabtei. Der in der Barockzeit zwischen 1711 und 1725 entstandene Klosterneubau mit seinen 250 Räumen ist Deutschlands größte Klosteranlage. Die Basilika, von Johann Michael Fischer 1766 vollendet, ist darüber hinaus die größte Rokokokirche im deutschen Raum.
In anderer Weise bekannt wurde das Dorf im weitgewellten Unterallgäuer Land durch einen Pfarrer, der 1821 hier geboren wurde: Sebastian Kneipp.
Er erkannte als erster die heilsame Wirkung von Wasserbehandlungen, besonders von Kaltwassergüssen und dem Barfußgehen im taunassen Gras. Seine Gesundheitslehre ist inzwischen weltweit bekannt und hat Ottobeuren, aber auch Bad Wörishofen als Kurort berühmt gemacht.

Theater, Musik, Veranstaltungen, Museen

Theater
Landestheater Schwaben im Stadttheater, Theaterplatz 2. Schauspiel, Musical und Konzerte, ☏ 8 79 87.
PIK-Theater, Krautstr. 8. Kleinkunst, ☏ 8 22 50.

Musik
Stadthalle ❹, Ulmer Str. 5. Oper, Operette, Konzerte, Bunte Abende, ☏ 8 63 00.
Konzerte des Theater- und Kulturvereins in Stadttheater ⓭, Stadthalle ❹ und Kirchen (Okt.–März/April).
St.-Josefs-Kirche, St.-Josefs-Kirchplatz. Kirchenmusik, Kammerkonzerte.
Goldenes Rad, Kalchstr. 28. Jazz, Folk, Blues, ☏ 21 05.
Weizenbrauerei, Mulzergraben 7. Rock, Pop, ☏ 43 89.

Veranstaltungen
Alle vier Jahre Juli/Aug. (1991): *Wallensteinsommer* an verschiedenen Orten der Stadt. Historisches Spiel zur Erinnerung an Wallensteins Lager 1630. Festabend, Lagerspiele, feierlicher Einzug, historischer Markt, Gottesdienst, Darstellung alter Handwerksberufe.
Mitte Juni–Mitte Juli: *Memminger Meile* in der gesamten Stadt. Einmonatige Festfolge in Kirchen, Innenhöfen, Kreuzherrnsaal ⓬, Stadthalle ❹, Stadttheater ⓭, Fußgängerzone mit Musik, Theater, Pantomime, Ausstellungen.
Juli (drei Tage vor den Sommerschulferien): *Memminger Kinderfest* in der ganzen Stadt. Ganztägiges Fest mit Weckruf, Gottesdiensten, Gesang und Vorführungen, Versammlung und Festumzug. Kinderspiele im Stadion und auf Nebenplätzen, abschließendes großes Konzert.
Juli (Wochenende vor den Sommerschulferien): *Memminger Fischertag*. Historisches Volksfest mit Gesang, Konzerten, Theater, Umzug, Ausfischen des Stadtbachs, Empfang im Rathaus sowie Krönungsschoppen und Biwak.
Okt.–April/Mai: *Konzerte des Theater- und Kulturvereins* in Stadttheater ⓭, Stadthalle ❹ und Kirchen.
Okt.: *Jahrmarkt* am Schweizerberg und am Westertorplatz. Volksfest.

Museen
Städtisches Museum, Hermansgasse 2 (s. ❸).

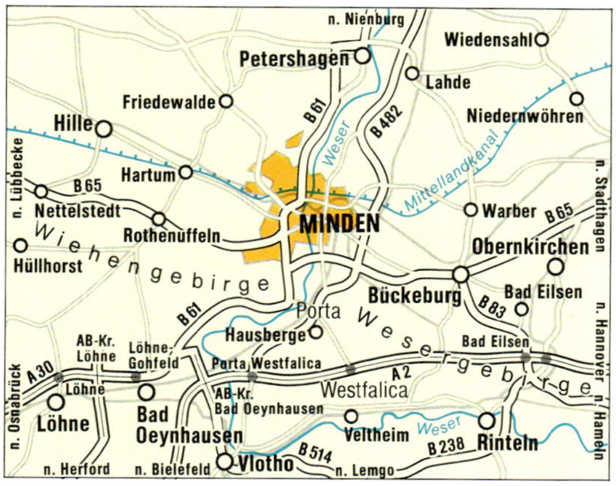

Minden, in der Nachbarschaft von Porta Westfalica, Weserbergland und Wiehengebirge gelegen, verdankt seine Entstehung dem Fluß und seine heutige wirtschaftliche Bedeutung dem Wasserstraßenkreuz Weser-Mittellandkanal (unser Bild).
Der Weg von der historischen Altstadt dorthin ist gemütlich in etwa einer Dreiviertelstunde zurückzulegen, gleichwohl werden dabei Jahrhunderte überbrückt: Hier der

1000jährige Dom als Wahrzeichen mittelalterlicher Blüte, dort der imposante Brückenbau als technisches Kulturdenkmal der Neuzeit. Und damals wie heute ist Minden Mittelpunkt für ein weites Umland.

Minden

Am Kreuz der Wasserstraßen

Wappen Bischöfliche silberne Schlüssel im roten Feld und kaiserlicher schwarzer Doppeladler im goldenen Feld. Die Bischofsschlüssel gehen auf Mindens Vergangenheit als Bistum zurück; ein besonderer Erlaß Kaiser Ferdinands II. von 1627 gestattete es den Mindenern, im Wappen auch den Doppeladler zu führen – eine seltene Ehrung, die sonst nur freien Reichsstädten zukam.
Lage Etwa 60 km südwestlich von Hannover, am Wasserstraßenkreuz Weser-Mittellandkanal.
Land Nordrhein-Westfalen
Autokennzeichen MI
Höhe 44–65 m ü. M.
Fläche 101 km^2
Einwohnerzahl 75 000
Postleitzahl 4950
Telefonvorwahl 05 71
Post Hauptpostamt, Großer Domhof, Spätschalter (Mo–Fr 8–20, Sa 8–15, So 10–11 Uhr).
Polizei Polizeipräsidium, Marienstr. 82, ☎ 88 66-0
Taxi ☎ 3 14 10, 3 14 44
Nahverkehr Busnetz der Verkehrsbetriebe Minden-Ravensberg (VMR) und der Mindener Kreisbahnen (mkb). Zentraler Omnibusbahnhof (ZOB) Lindenstr.; Auskunft am ZOB, ☎ 2 68 50. Fahrscheinverkauf im Bus.
Parken Parkplätze befinden sich am Großen Domhof, am Martinikirchhof, an der Schachtschleuse, am Simeonsplatz-Dreiecksplatz; Parkhäuser: Rathaus-Tiefgarage am Kleinen Domhof (Zufahrt Domstr.), Parkhaus am Marienwall; Parkhäuser der Kaufhäuser C&A/Karstadt und Hagemeyer, Kampstr. (nur während der Geschäftszeiten), Obermarktpassage/Lindenstr.
Touristinformation Verkehrs- und Werbeamt Stadt Minden, Großer Domhof 3, ☎ 8 93 85, 8 94 00 (Mo–Fr 8–13, 14–17, Sa 9–13 Uhr).
Stadtführung Für Gruppen bei rechtzeitiger Anmeldung Mai–Okt. nach Vereinbarung. Treffpunkt: Verkehrs- und Werbeamt, Großer Domhof 3, ☎ 8 93 85, 8 94 00.
Schiffahrt Die Mindener Fahrgastschiffahrt bietet Schiffsausflüge und Wasserstraßenkreuzfahrten, Abfahrtsstelle Schachtschleuse, ☎ 4 10 46.

Stadtrundgang

Ausgangspunkt ist der Kleine Domhof. Parken kann man im Parkhaus Rathaus-Tiefgarage (Zufahrt Lindenstraße, Domstraße) oder auf dem Parkplatz Großer Domhof. Vom Hauptbahnhof aus erreichen Sie die Altstadt zu Fuß in 15 Minuten oder mit dem Bus (Linie 42). Die Besichtigung des Doms **16** *und auch des Domschatzes* **16** *sollten Sie sich als Höhepunkt für den Schluß aufsparen, wenn Sie nach einer Stunde (ohne eingehendere Besichtigung der anderen Sehenswürdigkeiten) wieder hierher zurückgekehrt sind.*

In einem der umliegenden Cafés oder Restaurants können Sie dann eine Ruhepause einlegen und später hinausfahren zum Wasserstraßenkreuz Weser-Mittellandkanal **17**. *Einen Parkplatz gibt es direkt an der Schachtschleuse, außerdem fahren Busse (Linien 456 und 461) dorthin.*

Sehenswürdigkeiten

1 *Johanniskirchhof. Ehemalige Johanniskirche*, spätromanische Stiftskirche (um 1200), ursprünglich mit Seitenschiffen und Kreuzarmen. Profaniert, diente als Zeughaus, nach 1945 wieder als Kirche, heute Bürgerzentrum.
Hof derer von Amelungsen (vermutlich 16. Jh.). Zwei Wappensteine an der Giebelseite: »Hilmer von Amelungsen« und »Dorothie van Gladbecke«.
Haus Voss (1561). Untergeschoß aus Bruchsteinmauerwerk, Fachwerkobergeschoß.

2 *Weserspucker-Brunnen*, Bronzeplastik von Theodor Henke. Motiv: ein »echter« Mindener Junge, der, altem Brauch gemäß, in die Weser spuckt.

3 *Haus Bäckerstraße 45* (um 1590). Bau der Weserrenaissance mit vierstufigem Giebel; rundbogige Fensterluken mit Zierquadern und Halbsäulen, Beschlagwerksvoluten mit nackten Figuren.

4 *Haus des Bürgermeisters Thomas von Kampen* (1592). Eines der schönsten Bürgerhäuser der Weserrenaissance. Siebenachsige Fassade. Giebelluken von Säulen flankiert, Figurenschmuck ähnlich wie **3**.

5 *St.-Marien-Kirche*, ursprünglich romanische einschiffige Kreuzkirche, Erweiterung zur Hallenkirche und Neubau des Chores (14. Jh.). Hochgotischer Turm, Spitze 19. Jh. Schönste Stücke: Taufstein von 1598, steinerne Kanzel von 1605 mit Mosesfigur als Kanzelfuß; im Chor monumentales Epitaph.

6 *Alte Münze*, ältestes, im Kern romanisches Steinhaus Mindens mit gotischem Staffelgiebel und Maßwerkfenstern. 14.–16. Jh. Wohnung der Mindener Münzmeister.

7 *Museum für Geschichte, Landes- und Volkskunde*, Ritterstraße (»Museumszeile«), untergebracht in sechs historischen Giebelhäusern aus dem 16. Jh. Sammelgebiete: Geologie, Paläontologie, Vor- und Frühgeschichte, Volkskunde, Stadtgeschichte, Waffen aus dem 17.–19. Jh., Geschichte des ehemaligen Fürstbistums Minden, Trachten; komplette Künstlernachlässe u. a. von Otto Quante, Hermann Braun, Lotte Schröder-Krüger; erstes deutsches Kaffeemuseum seit 1986 (Di–Fr 10–13, 14.30–17 Uhr, So 10–18 Uhr).

8 *St.-Mauritius-Kirche* (2. Hälfte 15. Jh.), Oratorium, nach 1810 profaniert (Zeughaus), ab 1950 wieder Gotteshaus.

9 *St.-Simeons-Kirche*, erster romanischer Bau 1214 geweiht, nach 1305 spätgotische Halle mit drei Schiffen und zwei Jochen. 1899 eingreifend restauriert, Turmneubau 1911. Dreiteiliger Levitensitz mit Spitzbogen, Tympanon-Relief (Anfang 13. Jh.), Bronzetaufbecken von 1609.

10 *Hansehaus*, erbaut 1547 als Kaufmannshaus, Renaissanceerker von 1628.

11 *Schwedenschänke*, Fachwerkbau (ursprünglich 11. Jh.), 1973/74 grundlegend restauriert.

12 *Körnermagazin* (1835/36, beeinflußt von Karl Friedrich Schinkel), 1945 weitgehend zerstört, 1975–77 mit veränderter Nordfassade wiederaufgebaut.

13 *Ehemalige Heeresbäckerei* (1832–34, beeinflußt von Karl Friedrich Schinkel), 1945 stark zerstört, 1972/73 wiederaufgebaut, Walmdach verändert.

14 *St.-Martini-Kirche*, nach 1300 Umbau von romanischer Basilika zu gotischer Hallenkirche. Westturm (12. Jh.) blieb erhalten. Reiche und phantasievolle hochgotische Maßwerkfenster, bemerkenswerte Kanzel von 1608, spätgotisches Chorgestühl mit Tierschnitzereien, wertvolle Epitaphien des 17. Jh.

15 *Altes Rathaus.* Der Laubengang (Ende 13. Jh.) gehört zu den ältesten erhaltenen Teilen eines Rathauses in Deutschland. Das Obergeschoß (17. Jh.) wurde im Zweiten Weltkrieg zerstört, 1953/54 von Werner March modern erneuert. Ratskeller mit Tonnengewölbe. Im Rathaus Repräsentationsräume der Stadt.

16 *Dompfarrkirche St. Peter und St. Gorgonius*, spätkarolingische dreischiffige Basilika, begonnen um 915. Wesentliche Teile des Westwerks von 952 und 1072 (westfälische Romanik); Langhaus 1290 vollendet, bemerkenswert: riesige Maßwerkfenster, Spitzenleistungen deutscher Maßwerkkunst, z. T. alt erhalten; Querhaus und Chor Mitte des 13. Jh. entstanden, Chorabschluß 1350 angefügt. 1945 weitgehend zerstört, bis 1957 wieder aufgebaut. Besonders zu beachten: im Langhaus dreiteiliger Matthiasaltar (1520), »Madonna mit der Traube« (1450), Freskomalerei (1290) am südlichen, Bronzekruzifixus (11. Jh.) am nordwestlichen Vierungspfeiler. Südwand des Querhauses: Apostelfries (1250) mit den beiden Dompatronen. Altarbild (1480) von dem westfälischen Künstler Gert van Loon. Im Haus am Dom befindet sich die *Domschatzkammer* mit dem bedeutendsten Kirchenschatz Westfalens. Ältestes Werk: Elfenbeindeckel mit Himmelfahrtsmotiv (2. Hälfte 9. Jh.); seltenes Stück: Hedwigsglas

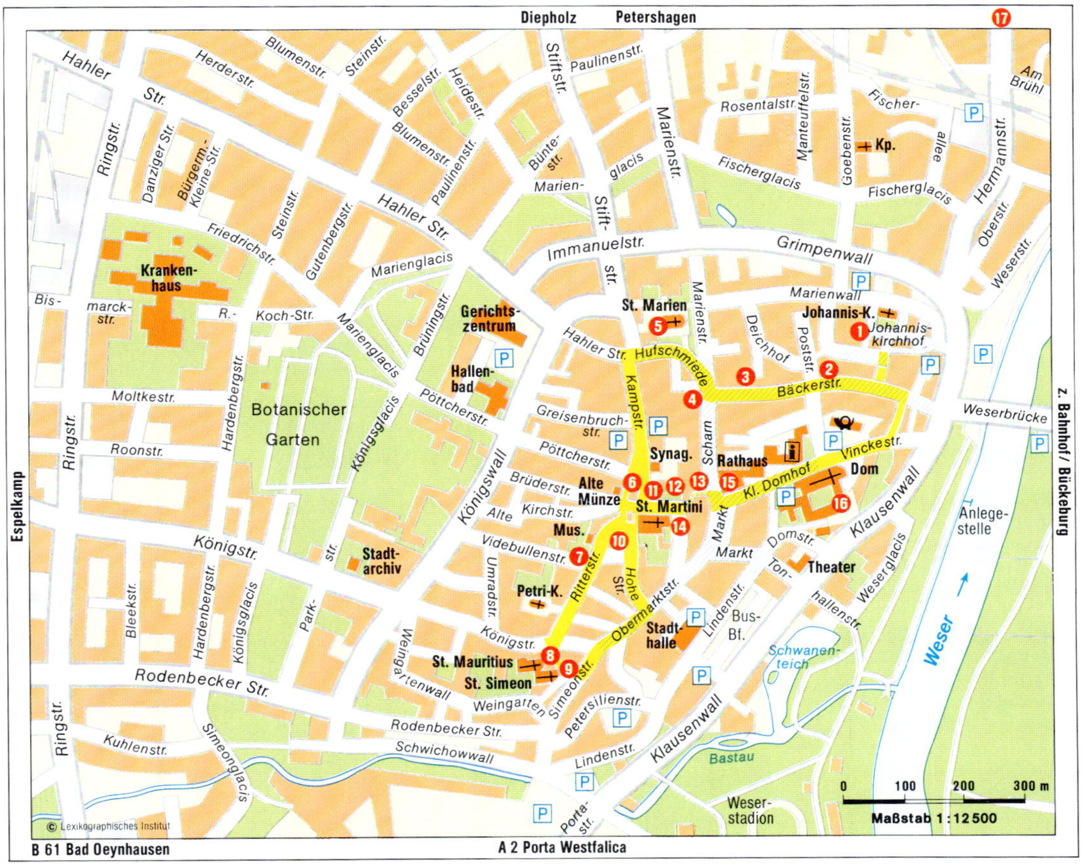

Minden blieb sich treu

Nach dem Zweiten Weltkrieg hatten die Mindener sich zu entscheiden: Wollten sie eine moderne Innenstadt, oder sollte ihre historische Altstadt wieder aufleben? Das Traditionsbewußtsein überwog: Sie bauten Altes neu auf, restaurierten, fügten Neues zum Alten. Meistens gelungen, manchmal weniger passend – das Reizvolle ist jedenfalls geblieben: die Altstadt. Die Stadt ist Handels- und Kulturzentrum, Verwaltungs-, Wohn- und Gewerbestandort. In den Geschäftsstraßen herrscht City-Atmosphäre. Hier zeigt sich, daß die Kreisstadt zum Einkaufs- und Versorgungszentrum für ein Einzugsgebiet von mehr als 450 000 Einwohnern geworden ist. Wenn sich aber auf dem Martinikirchhof der Wochenmarkt ausbreitet, tritt wieder das alte Minden in den Vordergrund.

Bischofsmacht und Bürgerstolz

Geistliche Macht und selbstbewußtes Bürgertum prägten das Stadtbild. Die Bischöfe des um 800 durch Karl den Großen gegründeten Bistums Minden setzten die Akzente einer geistlichen Metropole und gaben der Stadt ihr Wahrzeichen: den Dom (16), der Harmonie und Würde ausstrahlt. In der Reihe der großen westfälischen Dome des 13. Jh. – Münster, Osnabrück, Paderborn – ist er die späteste und reifste Bauleistung.

Die markanten Zeichen der Oberstadt bilden der Turm der St.-Marien-Kirche (5), ehemals Klosterkirche der Benediktinerinnen, und die St.-Martini-Kirche (14), ursprünglich Sakralbau eines Chorherrenstifts. Beide Kirchen, im 12. Jh. errichtet, wurden von einem zu Wohlstand gekommenen Bürgertum im 14. Jh. zu Hallenkirchen erweitert. Erfolg macht selbstbewußt, und stolz erbauten die Bürger im 13. Jh. in Sichtweite des Doms ihr Rathaus (15).

Der Nachwelt erhalten, von ihr genutzt

Am kastanienbestandenen kleinen Johanniskirchhof (1) stehen die Johanniskirche – einst zu einem Kollegiatsstift gehörend, heute Bürgerzentrum – und der Adelshof derer von Amelungsen, jetzt Jugendmusikschule. In den schönen Bürgerhäusern der Weserrenaissance, dem Haus Bäckerstra-

(12. Jh.). Zahlreiche Reliquiare sowie ausgezeichnete Werke der Plastik. Bemerkenswert: Reliquien-Pyxis (Mitte 13. Jh.), reliefgeschmücktes Silbergefäß mit Zeltdach (Di, Do, Sa, So 10–12, Mi, Fr 15–17 Uhr).

(17) *Wasserstraßenkreuz, Schachtschleuse.* Das Kreuzungsbauwerk von 1915 besteht aus zwei 50 m weit gespannten Betonbrücken. Die Schachtschleuse, als Sparschleuse konzipiert, faßt ca. 12 000 Kubikmeter Wasser. An beiden Seiten der Schleusenkammer befinden sich in vier Etagen unterirdische Wasserspeicher. Sie nehmen beim Abwärtsschleusen ⅔ des Wassers auf, der Rest fließt in die Weser. Beim Aufwärtsschleusen Entleerung der Sparkammern in das Schleusenbecken, das fehlende Drittel kommt aus dem Kanal (April–Okt. Mo–Sa 9–17, So 9–18 Uhr).

Tips, Tips, Tips

Ausblick wie Wilhelm II.
Etwa 4 km südlich von Minden führt von Aulhausen an der B 61 eine schmale Straße zum Kaiser-Wilhelm-Denkmal auf dem Wittekindsberg (270 m). Weiter Blick auf die Porta Westfalica, den Durchbruch der Weser durch Wiehen- und Wesergebirge, auf Minden und die Norddeutsche Tiefebene. Spaziergang auf dem Wittekindsweg zur Wittekindsburg (Gaststätte), nahebei Wittekindsquelle und Margarethenklus (romanische Kapelle, erstmals 1224 erwähnt). Zurück auf demselben Weg (Gesamtweg ca. eine Stunde).

Intelligente Sensationen
»potts park« in Minden-Dützen bietet viele Attraktionen: Modelleisenbahn, dem Großbetrieb der Deutschen Bundesbahn nachgebaut.
Aerodrom: Großmodell des Flughafens Zürich-Kloten mit startenden und landenden Modellflugzeugen.
»Meiers Willem«-Bauernstuben: Darstellung einer westfälischen Großfamilie um 1900 mit mechanischen lebensgroßen Figuren.
Riesenwohnung »Domizil«: Komplett eingerichtete Dreizimmerwohnung von 500 m^2 in der Größenordnung, wie sie ein zweijähriges Kind empfindet (April–Okt. tägl. ab 10 Uhr).
Anfahrt: A 2, Ausfahrt Porta Westfalica, über die Weserbrücke, B 61 Richtung Minden, links ab Richtung Bergkirchen-Hüllhorst, oder: mit dem Bus 454/455 ab Minden Hauptbahnhof, am ZOB umsteigen.

ße 45 ❸ und dem Haus des Bürgermeisters Thomas von Kampen ❹, sind Geschäfte untergebracht, und in der Schwedenschänke ⓫, in der schwedische Soldaten nach der Besetzung Mindens (1634) zechten, trinken die Mindener immer noch ihren Wein. Die Alte Münze ❻ beherbergt ein Restaurant, während in das Hansehaus ❿ aus gotischer Zeit die Volkshochschule eingezogen ist. Auch die klassizistischen, im Geiste Schinkels entworfenen Gebäude sind noch in Betrieb: das wuchtige Körnermagazin ⓬ als Weserkolleg; der Quaderbau der ehemaligen Heeresbäckerei ⓭ als Begegnungszentrum der Martini-Gemeinde. Und schließlich die kleine Fischerstadt, der älteste Teil Mindens mit winkligen Gassen und Fachwerkhäusern – sie wird bewohnt!

Auch gefeiert wird traditionsbewußt

Brauchtum und Tradition werden liebevoll gepflegt: Das Museum ❼ in der Ritterstraße umfaßt sechs Häuser mit Vorbauten aus der Zeit der Weserrenaissance. In 17 Schauräumen widmet es seine Ausstellungen der Geschichte des Mindener Landes und beherbergt das erste deutsche Kaffeemuseum. Auch beim Feiern pflegt man die Tradition: Kaum einen Mindener hält es zu Hause, wenn mit dem Kleinen Zapfenstreich das Freischießen eröffnet wird und tags darauf das Bürgerbataillon unter Trommelwirbel und Beckenhall zum Festplatz marschiert. Während die Schützen den Wettkampf um Königsehren austragen, beginnt das Volksfest, dessen Schlußpunkt Sonntagnacht der Große Zapfenstreich in der Innenstadt setzt.

Auf und Ab im Wechsel der Zeiten

Köpfchen hatten schon die ersten Siedler bewiesen, die die verkehrsgünstige Lage am Kreuzungspunkt zweier Handelsstraßen ausnutzten. Ihre Aktivitäten tragen ihnen 977 Markt- und Münzrecht ein, und in der zweiten Hälfte des 11. Jh. wird Minden Stadt. 1277 verbessern die Mindener die ohnehin günstige Verkehrslage durch die Fertigstellung der ersten steinernen Brücke über die Weser, im 14. Jh. wird die alte Fischersiedlung nördlich des Doms ⓰ eingemeindet. Sie schließen sich der Hanse an, machen die Stadt zum wichtigen Umschlagplatz für Getreide und betreiben das gewinnträchtige Gewerbe des Bierbrauens. Es gibt Ärger mit dem Landesherrn, und auch der Bischof mag seine Mindener nicht mehr, er verlegt seinen Sitz nach Petershagen. 1529 geben die Bürger noch eins drauf, indem sie sich der Lehre Luthers anschließen.

Durch den Westfälischen Frieden wird man 1648 brandenburgisch. Preußens Gloria hält Einzug, Geist und Kultur treten den Rückzug an. Man wird Festung, im 19. Jh. sogar bedeutende Festung, aber der steinerne Verteidigungswall rund um die Stadt verhindert Ausweitung und Loslösen aus mittelalterlichen Strukturen. Als aber 1873 die Festungsanlagen geschleift werden, steht einer zum Umland hin orientierten Stadt-

Der frühgotische Laubengang des Alten Rathauses gilt als besondere Attraktion.

Das Westwerk des 1000jährigen Domes ist typisch für die wuchtigen Formen der westfälischen Romanik.

und Industrieentwicklung nichts mehr im Wege. Heute, nach der Gebietsneuordnung von 1973, erstreckt sich das Stadtgebiet vom Wiehengebirge im Süden bis zum Mindener und Petershäger Wald im Norden und vom Schaumburger und Nammer Wald im Osten bis zum Hiller Moor im Westen. In seinem Zentrum liegt das Wasserstraßenkreuz Weser-Mittellandkanal ⑰.

Neuer Aufschwung und frischer Tatendrang

Als der preußische Landtag um 1900 den Bau des Mittellandkanals beschloß und 1906 damit begonnen wurde, war Minden mit von der Partie. Es hatte schon mit der Köln-Mindener Eisenbahn (1847) einen neuen Verkehrsweg erhalten und durch die Mindener Kreisbahn (mkb) die Anbindung des Umlands an die Stadt eingeleitet. Höhepunkt und Initialzündung für die Entwicklung von Handel und Industrie war dann die Verbindung von Weser und Mittellandkanal durch das Wasserstraßenkreuz (1911–14) ⑰. Der Kanal überquert auf einer 375 m langen und bis zu 24 m breiten Brücke den Fluß. In der Schachtschleuse werden die Schiffe hoch zum Kanal und hinunter zum Fluß geschleust: ein imposantes Schauspiel.

Seither kam weiterer Schwung in Mindens Wirtschaft. Zahlreiche Industriebetriebe ließen sich nieder, die einen großen Teil ihrer Rohstoffe auf dem Wasserweg erhalten. Im Hafen werden immerhin auch seegehende Schiffe befrachtet.

Zu Lande geht es nicht weniger geschäftig zu: Autobahnauffahrten zur A 2 Berlin/Hannover/Ruhrgebiet/Köln und zur A 30 Niederlande/Osnabrück, drei Bundesstraßen, Haltepunkt an der D-Zug-Verbindung Paris–Berlin, ein leistungsfähiger Güterbahnhof und, in etwa 8 km Entfernung, ein Regionalflugplatz bei Costedt.

Wenn man den Mindener Stadtvätern glauben darf – und warum sollte man nicht? –, ist »Mindens Infrastruktur bereits auf den Bedarf von morgen ausgerichtet«.

Etwa 13 m werden die Schiffe in der Schachtschleuse am Wasserstraßenkreuz gehoben oder gesenkt.

Theater, Musik, Veranstaltungen, Museen

Theater

Stadttheater, Tonhallenstr. 3. Gastspiele: Oper, Operette, Musical, Ballett, Schauspiel, Kinder- und Jugendtheater, Kabarett-Abende der »Mindener Stichlinge« (Sept.–März), ☎ 8 93 38.
Studiobühne Weingarten, Im Weingarten. Theater, Kabarett, Filmvorführungen, ☎ 2 80 35.
Bürgerzentrum, Johanniskirchhof 1 ① Modernes Theater, Kindertheater, politisches Kabarett, Kleinkunst; Schülertheatertreffen (Febr./März); Bürgerfest (Sommer), ☎ 2 39 39.

Musik

Stadttheater, Tonhallenstr. 3. Gastspiele: Sinfonie-, Kammerkonzerte (Sept.–März), ☎ 8 93 38.
Stadthalle Minden, Lindenstr. 16. Musical, Ballett, Jugendsinfoniekonzerte, Liedermacher, Pop-, Schlagermusik mit Stars und intern. Gruppen, ☎ 2 30 08, 2 30 09.
St.-Martini-Kirche ⑭, Martinikirchhof. Motetten, Orgelmusik, Oratorien – Alte Musik bis Moderne, »Orgelmusik zur Marktzeit« (zweimal im Monat Sa 11 Uhr), ☎ 2 63 44.
St.-Marien-Kirche ⑤, Stiftstr. 4. Motetten, Orgelmusik, Oratorien – Alte Musik bis Moderne, ☎ 2 63 44.
Bürgerzentrum, Johanniskirchhof 1 ① Rock, Pop, Blues, Folk, Liedermacher, Jazz, Klassik; »Spontan-Mucke« (1. Do im Monat): Lieder, Literarisches, Unterhaltsames mit Publikumsbeiträgen; Rocknachwuchs-Festival (Okt./Nov.); Bürgerfest (Sommer), ☎ 2 39 39.

Veranstaltungen

Flohmarkt am Johanniskirchhof ① (April–Nov. jeden 1. Sa im Monat 9–17 Uhr).
Ostern und Sommer (in den Schulferien): *Ferienspiele* für Kinder und Jugendliche mit Sport, Werken, Basteln, Spielen, Tanz, Ausflügen. Spielorte: Haus der Jugend, Salierstr. 27–29; Haus der Jugend in den Bärenkämpen 52, ☎ 8 92 57.
Sommer (Ende der Schulferien): *Bürgerfest* am Johanniskirchhof ① mit Flohmarkt, Musik, Theater, Straßenspektakel, ☎ 2 39 39.
Ganzjährig: *Museums-Konzerte* im Mindener Museum ⑦, Ritterstr. 23–33. Kammermusik, musikalisches Kabarett, kleine Revuen, ☎ 8 93 16.
Alle zwei Jahre (1990) Sommer: *Mindener Freischießen* auf dem Markt. Trad. Schützenfest mit Durchmarsch der Kompanien, Königsschießen, Musik, Tanz, ☎ 2 80 18.
Alle zwei Jahre (1991) 1. Wochenende im Sept.: *»Blaues Band der Weser«*. Intern. Wassersportveranstaltung mit Rudern, Paddeln. Abschluß: Großfeuerwerk entlang der Weser, ☎ 88 20.
Febr./März: *Schülertheatertreffen* mit Teilnehmern aus dem Kreis Minden/Lübbecke im Bürgerzentrum, Johanniskirchhof 1 ①, ☎ 2 39 39.
April–Okt.: *Westfälische Mühlenstraße* im Kreis Minden/Lübbecke. Besichtigungsmöglichkeit von Wind-, Wasser-, Roßmühlen, teilweise mit Mahlbetrieb und Backwarenangebot in alten westfälischen Backhäusern, ☎ 80 71.
April–Okt.: *Museums-Eisenbahn Minden*. Fahrten mit historischen Dampfzügen der Museums-Eisenbahn von Minden nach Nammen bzw. Hille-Hafen (jeden 2. So im Monat), ☎ 5 83 00.
1. Maiwoche: *Mindener Messe* auf Kanzlersweide. Volksfest.
Mitte Mai–Mitte Sept.: *Hafenkonzerte* an der Schachtschleuse ⑰. Volks-, Chormusik (So 10.30 Uhr), ☎ 2 34 72, 8 93 85.
Sept./Okt.: *Tage der Kogge* im Alten Rathaus ⑮, auf dem Markt und in der Stadthalle, Lindenstr. 16. Literaturtagung und Lesungen mit deutschsprachigen Autoren aus Europa, ☎ 8 92 48.
Okt./Nov.: *Rocknachwuchs-Festival* im Bürgerzentrum ① mit regionalen Gruppen, ☎ 2 39 39.
Anfang Nov.: *Mindener Messe* auf Kanzlersweide, Volksfest.

Museen

Ausstellungshalle des Wasser- und Schiffahrtsamts, Am Hohen Ufer 1. Wasserbau und Schiffahrt: Modelle, Karten, Güterproben (April–Okt. 9–17 Uhr).
Domschatzkammer »Haus am Dom«, Kleiner Domhof 30 (s. ⑯).
Knopf- und Bauernstuben-Museum in potts park, Bergkirchener Str. 99. Geschichte und Herstellung des Knopfes; Bauernstuben um 1900 mit lebensgroßen, beweglichen Figuren (April–Okt. tägl. 10–16 Uhr).
Mindener Museum für Geschichte, Landes- und Volkskunde, Ritterstr. 23–33 (s. ⑦).

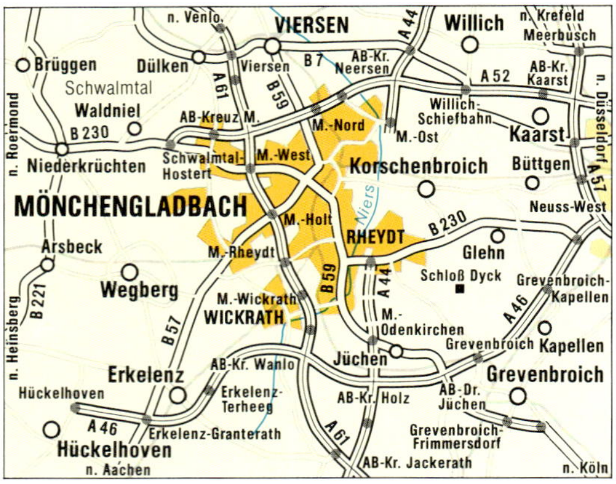

Ohne die Spielkünste der Borussenkicker Netzer, Vogts und Heynckes hätte man noch vor 20 Jahren von Mönchengladbach bundesweit kaum Notiz genommen. Das störte am wenigsten die Mönchengladbacher, die ihre Ruhe wollten, bürgerliche Wohlanständigkeit und einen reibungslosen, gleichwohl gewinnbringenden Gelderwerb.
Heute, Jahre nach dem Zusammenschluß mit der Nachbarstadt Rheydt

und der Gemeinde Wickrath durch die Gebietsreform 1975, hat sich vieles in der 1000jährigen Stadt geändert. Nicht nur, daß es manches doppelt gibt: Bahnhöfe, Märkte, Schlösser – man hat auch schöne alte Kirchen, japanische Firmenniederlassungen, ein »halbes« Theater mit drei Spielstätten und unzählige Kneipen mit einheimischem Altbier.

Mönchengladbach

Fußball und Altbier

Wappen Beim Zusammenschluß Mönchengladbachs mit der Nachbarstadt Rheydt und der Gemeinde Wickrath 1975 überführte man Teile der Wappen der früheren Kommunen in das neue Wappen: Der Wechselzinnenbalken im oberen Feld gehört zum Wappen der früher auf dem Wickrather Schloß ansässigen Familie Quadt, vorne der Abtsstab als Zeichen für Alt-Mönchengladbach und hinten das Kreuz aus dem Wappen der früheren Rheydter Schloßherren, der Grafen Bylandt.
Lage Links des Rheins zwischen Düsseldorf und der Grenze zu den Niederlanden.
Land Nordrhein-Westfalen
Autokennzeichen MG
Höhe 35–133 m ü. M.
Fläche 171 km^2
Einwohnerzahl 252 000
Postleitzahl 4050
Telefonvorwahl Mönchengladbach: 0 21 61, Rheydt: 0 21 66; Vorwahl 7 bei Stadtgesprächen von Rheydt nach Mönchengladbach und umgekehrt.
Post Postamt Hindenburgstr. 140, Spätschalter (Mo–Fr 7–20, Sa 7–15, So 8.30–12 Uhr).
Polizei Polizeipräsidium Theodor-Heuss-Str. 149, ☏ 4 00-1
Taxi In Mönchengladbach über ☏ 1 30 13, in Rheydt über ☏ 4 10 10
Nahverkehr Der öffentliche Personennahverkehr wird mit Bussen abgewickelt, Mehrfahrtenkarten und 24-Stunden-Tickets sind erhältlich.
Parken Öffentliche Parkhäuser gibt es am Hbf. Mönchengladbach, an der Goebenstr., der Stepgesstr., der Friedrichstr., der Krichelstr., der Abteistr., der Kapuzinerstr., im Stadtteil Rheydt an der Limitenstr. und der Mühlenstr.; Parkplätze befinden sich überall in den Stadtzentren.
Touristinformation Verkehrsverein Mönchengladbach, Bismarckstr. 23, ☏ 2 20 01 (Mo–Fr 9.15–18, Sa 10.30–12.30 Uhr).
Stadtführung Für Gruppen nach Vereinbarung mit dem Verkehrsverein.

Stadtrundgang

Die Kaiser-Friedrich-Halle ❶ soll Ausgangspunkt des Rundgangs sein. Der Weg durch die Stadt dauert etwa eine Stunde, eine erste Möglichkeit zum Einkehren (und Altbiertrinken!) ergibt sich schon am Alten Markt ❹ im historischen Gasthaus St. Vith ❺. Als Abschluß empfiehlt sich ein Bummel durch die Hindenburgstraße, Fußgängerzone und Mönchengladbachs Hauptgeschäftsstraße.

Die weiteren Sehenswürdigkeiten liegen über die grüne Stadt verstreut und lohnen ebenso einen Besuch. Am besten bedienen Sie sich dazu des öffentlichen Nahverkehrs.

Sehenswürdigkeiten

❶ *Kaiser-Friedrich-Halle,* 1903 fertiggestelltes Jugendstilgebäude. Nach einem Brand 1964 als Konzert- und Kongreßhalle neu gestaltet.
❷ *Bunter Garten,* vielgestaltiger Park (u. a. klassischer Kurpark) mit hervorragendem Baumbestand, Europas artenreichster Rhododendron-Sammlung und anspruchsvoller Beetbepflanzung.
❸ *Blindengarten,* eine der ersten Anlagen dieser Art in der Bundesrepublik Deutschland. Hochbeet mit Erläuterungstafeln in Blindenschrift.
❹ *Alter Markt,* Herz der Stadt. Riesiges Oval mit schönen Fassaden, beherrscht von der Pfarrkirche St. Mariä Himmelfahrt und dem Gasthaus St. Vith ❺, mit regem Marktleben.
❺ *Gasthaus St. Vith,* historisches Gasthaus aus dem 17. Jh. mit Figur des Stadtpatrons St. Vitus. Ehemalige Pilger-Raststätte, anstelle von Pranger und Galgen erbaut.
❻ *Rathaus,* ehemals Abtei, seit 1835 in jetziger Funktion. Würdevolle Anlage, die zwischen 1663 und 1705 entstanden ist. Zur Hofseite siebenbogiger Arkadengang.
❼ *Münster,* dreischiffige romanische Pfeilerbasilika mit gotischem Chor und ungewöhnlich großer romanischer Hallenkrypta. 1275 von Albertus Magnus geweiht. Im Laufe der Jahrhunderte zahlreiche Erweiterungen und Umformungen. Glasmalereien (sogen. Bibelfenster) um 1265, romanischer Taufstein (12. Jh.), Abtgrabmäler (16.–18. Jh.). Im Kirchenschatz u. a. kölnischer Tragaltar, hervorragende Goldschmiedearbeit von 1160 (So 10.15–12.15 Uhr).
❽ *Städtisches Museum Abteiberg,* von Hans Hollein entworfener, 1982 fertiggestellter und intern. gerühmter postmoderner Museumsbau. Neben klassischer Moderne vor allem Kunstwerke aus der zweiten Hälfte des 20. Jh. (Gemälde, Zeichnungen, Druckgrafik, Skulpturen, Objekte) und Malerei des 19. und 20. Jh. (Di–So 10–18 Uhr).
❾ *Wasserturm,* 1908 erbaut, 54 m hoch. Beispielhaft für die Architektur städtischer Versorgungsbauten in Mönchengladbach um die Jahrhundertwende.
❿ *Ehemalige Benediktinerinnen-Klosterkirche Neuwerk,* um 1130 begonnener, mehrfach veränderter und 1533 in der heutigen Form vollendeter Tuffsteinbau. Der zum Teil erhaltene romanische Westbau erinnert an St. Caecilien in Köln. Die ehemaligen Klostergebäude an der Nordseite stammen aus dem 17. Jh.
⓫ *Schloß Rheydt,* 1180 erstmals erwähnte Wasserburg, mehrfach erweitert und im 16. Jh. zum Schloß ausgebaut. Schöne Außenfront in italienischem und niederländischem Renaissancestil, wichtiges Beispiel für die nordwestdeutsche Renaissancearchitektur. Im Schloß das *Städtische Museum für Kunst und Kulturgeschichte.* Es enthält Kunst, Kunsthandwerk und Kultur der Renaissance, Bodenfunde, Dokumente und Exponate zur Stadtgeschichte. In der Vorburg befindet sich die Webereiabteilung (März–Okt. Di–So 10–18 Uhr, Nov.–Febr. Di–So 11–17 Uhr).
⓬ *Schloß Wickrath,* um 1752 nach Plänen maasländischer Architekten erbaut. Das Herrenhaus wurde 1859 abgebrochen, erhalten blieben Alleen, Parks, eine Terrassenbrüstung mit Skulpturen und die Wirtschaftsbauten der Vorburg.

Verwickelte Verhältnisse

Seine Existenz verdankt Mönchengladbach zwei geistlichen Herren: 974 gründeten der Mönch Sandradus und der Kölner Erzbischof Gero unweit des heutigen Alten Markts ❹ eine Benediktinerabtei ❻ und weihten sie dem Sachsenheiligen Vitus. Danach kam es zu einer Siedlung am Markt und um die einzelnen abteilichen Höfe.

Die Abtei war für viele Jahrhunderte geistiges und wirtschaftliches Zentrum von »Monich Gladbach«, dessen Bürger übrigens sowohl der geistlichen Obrigkeit wie auch den weltlichen Landesherren verpflichtet waren. Das änderte sich auch nicht, nachdem man sich um die Mitte des 14. Jh. Stadt nannte; eine Urkunde über die Verleihung der Stadtrechte ist allerdings nicht überliefert.

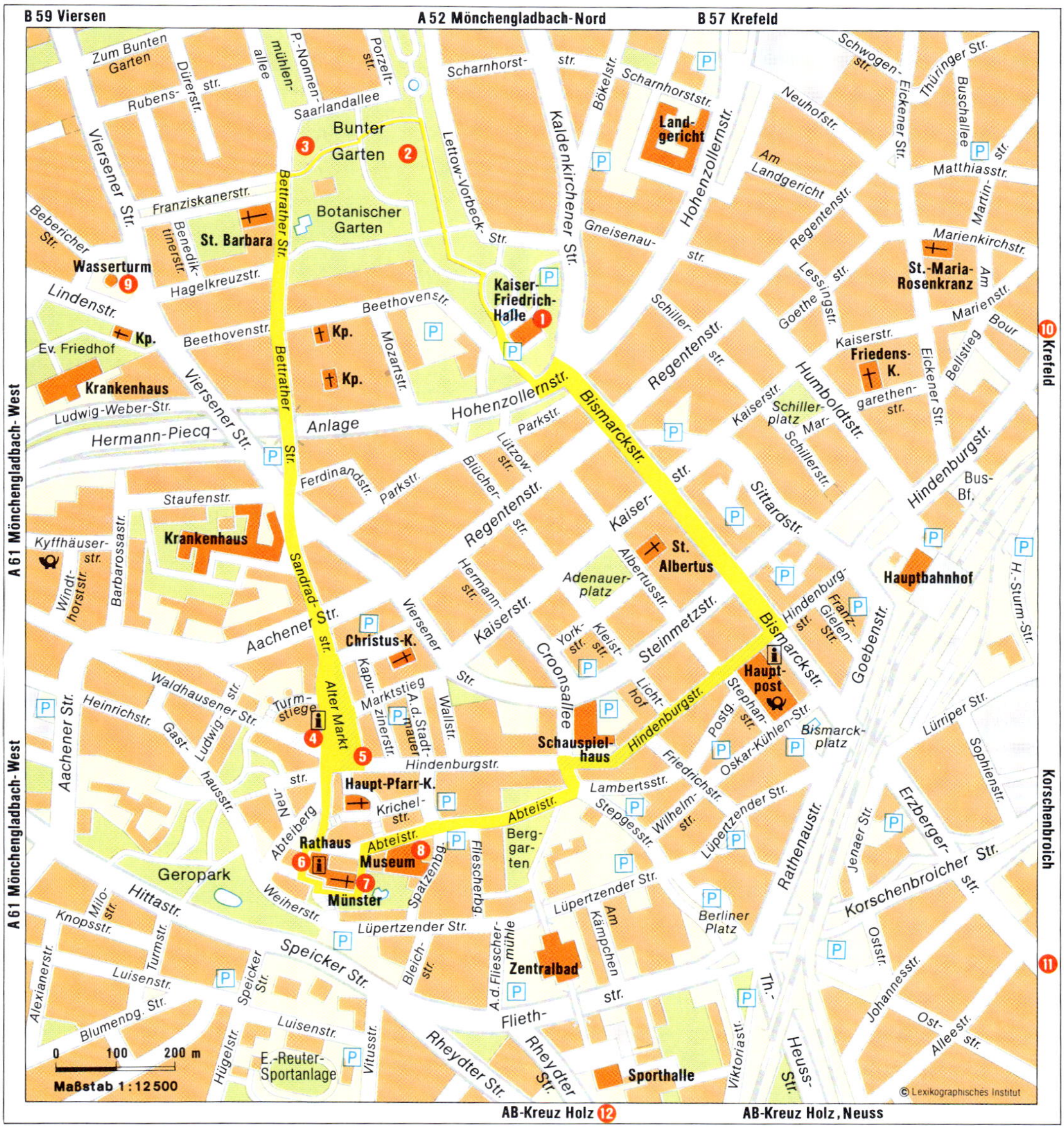

Im benachbarten Rheydt wurde eine Burg zum bestimmenden Element für den Ort. Die jeweiligen Besitzer und Bewohner leiteten seine Geschicke. 1180 verkauften die Grafen von Rheydt die Burg an den Erzbischof Philip von Heinsberg, der sie wiederum den Edelvögten von Heppendorf übertrug. Die Vogteirechte des auf Gladbacher Abteibesitz liegenden Wehrbaus hatten fortan – als Gladbacher Kirchenvögte – die Grafen von Kassel und nach ihnen die »Jülicher«, unter deren Unterherrschaft Rheydt so etwas wie Reichsunmittelbarkeit erlangte. 1464 wurde die Burg von Lütticher und Kölner Kaufleuten zerstört, weil sie zum Unterschlupf von Raubrittern geworden war.

Auf die Heppendorfer folgten die Herren von Bylandt, die Rheydt immerhin bis zum Einzug der Franzosen 1794 vorstanden. Der Schöngeist Otto von Bylandt ließ die inzwischen wiedererrichtete Wasserburg Rheydt ⓫ vermutlich von 1558–67 in ein Renaissanceschloß umwandeln, das zum überwiegenden Teil heute noch steht.

Auch Randgemeinden haben ihre Geschichte

Unter Otto von Bylandt zog auch die Reformation in Rheydt ein, während sie an den Stadtmauern Mönchengladbachs durch den Einfluß der Abtei haltmachte. Die Abtei überstand die Wirren der neuen Zeit – bis 1802. Dann kamen die Franzosen und lösten sie kurzerhand auf. Rheydt indessen wurde 1827 preußische Titularstadt, 1856 erhielt es Stadtrechte.

Rasthaus statt Galgen

Weil er den Galgen nicht mehr sehen mochte, wenn er von der Abtei ❻ hochschaute, ließ der Legende nach der Abt an seiner Stelle einen der schönsten Profanbauten des 17. Jh. errichten. Damals ein Rasthaus für Pilger, heute das Gasthaus der Stadt: St. Vith ❺. Zweigeschossiger Backsteinbau, in Ocker getaucht, hohes Satteldach und geschwungene Giebel – fürwahr ein Juwel am Alten Markt ❹. In einer Ecknische des Vordergiebels steht eine Statue des Stadtpatrons St. Vitus, die vermutlich auch aus dem 17. Jh. stammt. Drinnen gibt's das Nationalgetränk der Region: kräftig, würzig, goldbraun, obergärig und süffig – Altbier eben.

Tips, Tips, Tips

Kinder umsonst – Hunde gar nicht!
Mönchengladbach hat keinen Zoo, sondern einen Tiergarten! Auf dem Gelände werden vor allem europäische Tiere gehalten – über 450 aus etwa 100 Arten. Zu sehen gibt es Stelzvögel, Ponys, Esel, Yaks, Wisente, Seehunde, Bergziegen, Kaninchen, Meerschweinchen, Nutrias, Waschbären, Rotwild, Ziegen, Schafe, Enten, Pinguine, Gänse, Eulen, Füchse und Wellensittiche ... Schulklassen und Kinder haben freien Eintritt. Mit den Buslinien 1 und 2 ab Mönchengladbach Hauptbahnhof bis zur Haltestelle Pixbusch in Odenkirchen; mit dem Auto der Beschilderung »Rheydt«, dann »Odenkirchen« folgen (Winter 9 Uhr bis Eintreten der Dunkelheit, Sommer 9–18 Uhr).

Sosehr auch Abtei (6) und Schloß (11) als historische Schwerpunkte ins Auge springen – einige Ortsteile des heutigen Mönchengladbach müssen sich keineswegs dahinter verstecken. Rheindahlen z. B. hatte schon 1354 Stadtrechte. Wickrath, wo noch die Vorburg eines prächtigen Barockschlosses (12) aus dem 18. Jh. steht, wurde 1488 vom späteren Kaiser Maximilian I. zur Reichsherrschaft erhoben. Mülfort kann sogar auf seine römische Vergangenheit stolz sein.

Das soziale Wirken der Betuchten

Explosionsartig setzte die Industrialisierung ein, aus dem Land der Flachsbauern und Leineweber wurde das »Rheinische Manchester«. Allenthalben entstanden mehrstöckige Häuser mit weißem Stuck, Balkonen, Türmchen und Erkern – Zeugen neuen Reichtums. Daneben aber stampften verantwortungsbewußte Unternehmer und gemeinnützige Wohnungsbaugesellschaften Einfamilienhäuser aus dem Boden – für die Arbeiter, die den Wohlstand tragen mußten, anfangs aber in unbeschreiblichem Elend gelebt hatten.

Ein Name steht für alle: Franz Brandts. Er hatte in seinem eigenen Betrieb angefangen, menschenwürdigere Zustände für die Leute zu schaffen. Bei ihm gab es einen Sparverein, eine Badeanstalt, eine Kantine, einen Kindergarten, einen Park und Erholungsräume. Brandts wurde erster Vorsitzender des Volksvereins für das Katholische Deutschland, und er war – 1880 schon – ein Förderer der Gewerkschaften.

Geschieden und wieder verheiratet

Mönchengladbach und das ebenfalls industrialisierte Rheydt wurden 1929 zusammen mit Odenkirchen, Giesenkirchen und Hardt zu einer Ehe gezwungen, die der aus Rheydt stammende nationalsozialistische Reichspropagandaminister Goebbels aber 1933 wieder löste.

Die stolzen Villen von einst, die Arbeiterhäuschen mit den zahllosen Anbauten für Kinder und Enkel, die Abtei (6), das Schloß (11), die Kirchen und die nach dem Zweiten Weltkrieg hastig wiederhergerichteten Häuserzeilen haben das Bild der Stadt bis weit in unsere Zeit bestimmt. Erst in den 70er Jahren fing man an, das Alte aufzupolieren, Häßliches zu beseitigen und neue, reizvolle Akzente zu setzen. Das Ergebnis ist ein modernes, gleichwohl gemütliches, geschlossenes Stadtbild. 1975 feierte man 1000jähriges Bestehen und Stadtgründung zugleich: Mönchengladbach und Rheydt haben es noch einmal versucht und führen nun, zusammen mit Wickrath, eine Ehe zu dritt. Und es ist ein solider Hintergrund, vor dem die Mönchengladbacher wirtschaftlich agieren.

Die Parks
Die ältesten Parkanlagen der Stadt liegen um die Schlösser Rheydt (11) und Wickrath (12), repräsentative Darstellungen vergangenen Zeitgeists – hier wie anderswo errichtet von der weltlichen oder geistlichen Obrigkeit.
Im Mönchengladbach und Rheydt des 19. Jh. konnten sich diesen Luxus auch einige Fabrikanten leisten. Sie ließen private Gärten schaffen, die sie zunächst mit hohen Mauern umgaben, später aber der Öffentlichkeit zugänglich machten: Brandts' Garten, Volksgarten, Schmölderpark und Bunter Garten sind Beispiele dafür. Der Bunte Garten (2) sprengt allerdings die landläufigen Vorstellungen von Parks.
Heute sind auch Friedhöfe integriert, und der Botanische Garten ragt ebenso in die Anlage hinein.
Dort wiederum entstand 1978 einer der ersten Blindengärten (3) der Bundesrepublik Deutschland – ein Hochbeet mit Handlauf und Beschilderung in Blindenschrift. So werden blinde Mitbürger über Geruchs- und Tastsinn unmittelbar in die Pflanzenwelt geführt.

Renaissancedekor schmückt den Eckpavillon von Schloß Rheydt.

Das riesige Oval des Alten Markts begrenzt im Süden eine dreischiffige gotische Basilika, die Kirche St. Mariä Himmelfahrt.

Die Stadt ist Zentrum des mittleren Niederrheins, die Verkehrslage zu Lande und in der Luft ist nahezu ideal: Bonn, Köln, Düsseldorf, Wuppertal, Aachen, Niederlande, Belgien – in höchstens 60 Minuten ist man dort. Mönchengladbach ist Standort japanischer Produktionsbetriebe, sein Maschinenbau hat Weltgeltung, in der Kabelindustrie liegt es in der europäischen Spitze. Die Fachhochschule Niederrhein lockt Studenten aus aller Welt zum Studium der Wirtschaftswissenschaften, des Sozialwesens, der Ernährungs- und Hauswirtschaft, der Textil- und Bekleidungstechnik.

Muße muß sein!

Arbeite und strebe – aber lebe! Dies könnte ein Mönchengladbacher Motto sein. Die Altstadt lockt jedenfalls mit den verschiedensten Kneipen und Restaurants, von der Altbierbeiz bis zum alternativen Café und zur Marmor-Disko. Sportfreunde suchen ihr Vergnügen bei der Borussia auf dem Bökelberg oder auf der Trabrennbahn in Neuwerk.

In den Fußgängerzonen Hindenburgstraße und Hauptstraße findet man Läden, die feilbieten, was man in Düsseldorf vermuten würde – nur kann man hier mit »Provinzrabatt« einkaufen.

Wer Kultur sucht, findet sie in einer der drei Spielstätten des zusammen mit Krefeld unterhaltenen Gemeinschaftstheaters, bei Ausstellungen und Konzerten im Schloßmuseum Rheydt ⓫ oder auch im Münster ❼. Das Museum Abteiberg ❽ zeigt eine feine Sammlung klassischer Moderne und gilt als Wallfahrtsort der Avantgarde-Liebhaber.

Bleiben noch die zahlreichen Feste für jeden Geschmack. Vom Karneval, der mit dem Veilchendienstagszug seinen Höhepunkt findet, über die Rheydter Blumenwoche und das NATO-Musikfest bis hin zu den Schützenfesten und Kirmessen.

Wem das alles zuviel Betrieb ist, muß nicht gleich die Stadt verlassen. Mönchengladbach hat viele Parks und Grünflächen, die etwa zwei Drittel der 171 km^2 großen Gesamtfläche ausmachen. Da kann man stundenlang spazierengehen, geruhsam und ungestört von der Betriebsamkeit der Strebenden und Beflissenen. Aber man kann sich ohne viel Mühe auch über die Landesgrenze absetzen – und ist trotzdem unter seinesgleichen: Im niederländischen Venlo nämlich pflegen die Mönchengladbacher Spargel und Zigaretten zu kaufen und in Roermond auf der Maas zu schippern.

Eine Wasserburg als Museum

Die alliierten Bomberpiloten ließen Schloß Rheydt ⓫ unversehrt, und so kann es sich als eine der besterhaltenen Wasserburgen am Niederrhein präsentieren. Aus dem Mittelalter verbliebenes Mauerwerk nutzend, ließ Otto von Bylandt das Schloß in der zweiten Hälfte des 16. Jh. in seiner heutigen Gestalt errichten – vermutlich von dem Bologneser Maximilian Pasqualini. Heimische Traditionen mischen sich hier mit niederländisch-flämischen und italienischen Einflüssen. Die Herren von Bylandt saßen bis etwa 1800 auf Schloß Rheydt, danach ging es in bürgerlichen Besitz über, seit 1917 ist es in öffentlicher Hand. Seit 1952 dient die Wasserburg als Städtisches Museum Schloß Rheydt für Kunst und Kulturgeschichte und erhielt den Preis »Europäisches Museum des Jahres 1979«.

Auch muntere Bären sieht man im Tierpark Odenkirchen.

Theater, Musik, Veranstaltungen, Museen

Theater

Vereinigte Städtische Bühnen Krefeld und Mönchengladbach. Spielorte – Opernhaus (Stadthalle Rheydt), Odenkirchener Str. 78. Oper, Operette, Ballett, ☏ (0 21 66) 615 10; Schauspielhaus, Hindenburgstr. 73. Schauspiel, Kinder- und Jugendtheater, ☏ 18 20 81.

Musik

Stadthalle Rheydt (Opernhaus), Odenkirchener Str. 78. Sinfoniekonzerte, Kammerkonzerte, ☏ (0 21 66) 4 43 05.
Kaiser-Friedrich-Halle ❶, Hohenzollernstr. 15. Sinfonie- und Chorkonzerte, Rock, Pop, Stargalas, ☏ 1 00 94.
Schauspielhaus, Hindenburgstr. 73. Jugendkonzerte, ☏ 18 20 83.
Münsterkirche, Abteiberg. Orgelkonzerte, Chor- und Instrumentalmusik, ☏ 2 50, 18 20 39.
Hauptpfarrkirche, Alter Markt ❹. Orgelkonzerte, Chormusik, ☏ 18 20 39.
Christuskirche, Kapuzinerplatz. Oratorien, Kammer-, Chorkonzerte, zum Teil mit ausländischen Gästen, ☏ 18 19 97, 18 20 11.

Veranstaltungen

Fastnacht: *Veilchendienstagszug* durch die Innenstadt (Di). Karnevalsumzug.
Sommer: *Turmfest Rathaus Rheydt* auf dem Marktplatz. Volksfest.
Alle zwei Jahre (1990): *NATO-Musikfestival* im Bökelberg-Stadion. Militärkapellen aus NATO-Ländern, ☏ 2 50.
Alle zwei Jahre (1990) Sommer: *Ensembletta* an verschiedenen Orten der Stadt. Kleines Festival für Musik, Theater, Tanz und Kunst, ☏ 25 23 08.
Alle zwei Jahre (1991) Sommer: *Ensemblia* an verschiedenen Orten der Stadt. Großes Festival für Musik, Theater, Tanz und Kunst, ☏ 25 23 08.
3. So im Mai: *Mönchengladbach-REME-City-Marathon* im Stadtgebiet.
Ende Mai/Anfang Juni: *Fest am See* im Schloßgelände Wickrath ⓬. Live-Rockmusik (15 Uhr); Kapellen mit intern. Besetzung, intern. Folkloregruppen, Show (19.30 Uhr), ☏ (0 21 66) 5 75 19.
Aug.: *Straßen-Jazz-Parade* mit niederl. und deutschen Bands um den Alten Markt ❹ in der Altstadt. Dixieland- und New-Orleans-Jazz: Straßenparade (Sa 18–22 Uhr); Konzerte vor/in bestimmten Lokalen (So 11–14 Uhr), ☏ 18 20 01.
Sept.: *Stadtschützenfest* in der Stadtmitte. Volksfest.
Sept.: *Rheydter Blumenwoche* im gesamten Stadtgebiet Rheydt. Verleihung der goldenen Blume (alle zwei Jahre, 1991) und Blumenball im Opernhaus, ☏ (0 21 66) 25 24 52.

Museen

Münsterschatzkammer, Abteistr. 41 (s. ❼).
Städtisches Museum Abteiberg, Abteistr. 27 (s. ❽).
Städtisches Museum Schloß Rheydt (s. ⓫).

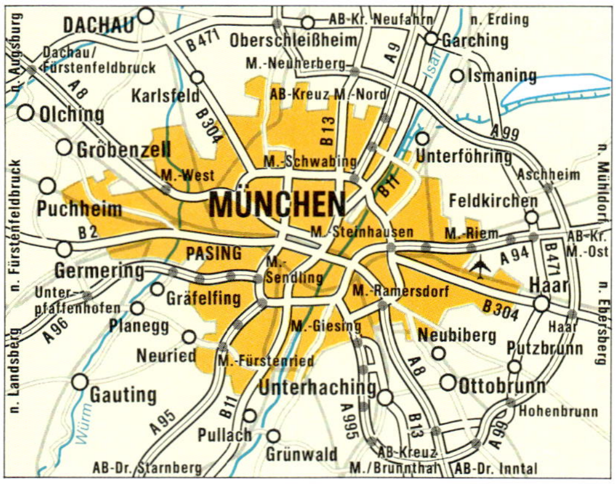

Irgendwann Ende der 50er Jahre wurde München Spitze: als beliebteste Stadt, als attraktivster Hochschulort, als Wunschwohnsitz der Bundesbürger. Seit den Olympischen Spielen 1972 gilt Bayerns Metropole auch im Ausland als Top-Stadt der Bundesrepublik. Gemütlichkeit, Hofbräuhaus, Fasching und Oktoberfest versprechen Vergnügen und Genuß in München, dem »Millionendorf«. Der Besucher denkt an Berge, Seen,

Isarauen, an Shopping und nicht zuletzt ans Kulturelle: Hier gibt's die meisten Verlage und Theater, drei Sinfonieorchester, Museen von Weltruf und sehenswerte Architektur. Nebenbei ist die »Weltstadt mit Herz« Deutschlands drittgrößte Industriestadt, ohne daß man viel davon merkt; denn von Mode bis Mikroelektronik dominieren die »sauberen« Branchen.

München

Weltstadt mit Herz

»Teutschland zur Ehre«
Wer Zitate zum Lobe Münchens sucht, hat wahrlich reiche Auswahl. Da ist etwa Thomas Manns Charakterisierung der Stadt vor dem Ersten Weltkrieg: »Es war eine Atmosphäre der Menschlichkeit, des duldsamen Individualismus, der Maskenfreiheit sozusagen; eine Atmosphäre von heiterer Sinnlichkeit, von Künstlertum; eine Stimmung von Lebensfreundlichkeit, Jugend, Volkstümlichkeit, jener Volkstümlichkeit, auf deren gesunder, derber Krume das Eigentümlichste, Zarteste, Kühnste, exotische Pflanzen manchmal, unter wahrhaft gutmütigen Umständen gedeihen konnte.« Oder der schwärmerische Satz des US-Romanciers Thomas Wolfe über das München der 20er Jahre: »Wie könnte man von München sprechen, ohne zu erwähnen, daß diese Stadt gleichsam ein deutsches Himmelreich ist? Es kommt vor, daß man im Schlaf vom Paradies träumt, aber der Traum der meisten Deutschen ist eine Reise nach der bayrischen Hauptstadt München.« Und der schlitzohrige Münchner Schriftsteller Sigi Sommer sagt kurz und bündig: »München ist vielleicht nicht die schönste Stadt Deutschlands, aber bestimmt die schönste Stadt der Welt!«

Der entscheidende Satz über München wurde allerdings schon in den 20er Jahren des 19. Jh. formuliert. Er stammt von König Ludwig I. und lautet: »Ich will aus München eine Stadt machen, die Teutschland so zur Ehre gereichen soll, daß keiner Teutschland kennt, der nicht München gesehen hat.« Diesen Vorsatz hat er alsbald in die Tat umgesetzt. Er ließ den griechisch empfundenen Königsplatz (38) mit Propyläen, Glyptothek und Kunstausstellungsgebäude anlegen und in der Nähe die Alte und die Neue Pinakothek (39). Aus der alten staubigen Schwabinger Landstraße nach Norden erwuchs unter seiner Regie eine monumentale Prachtstraße im Stil der italienischen Renaissance, die in Deutschland ohne Beispiel ist, die Ludwigstraße. Ludwig gab dem bis dahin eher engen und etwas düsteren München Weite und Helle, und seine Nachfolger wollten ihm nicht nachstehen. Sein Sohn, Maximilian II., schuf eine weitere Prachtstraße – die Maximilianstraße – vom Platz südlich der Residenz aus nach Osten und krönte sie am Isarhochufer mit dem Prunkbau des Maximilianeums, einst Wissenschaftsstiftung, heute auch Sitz des bayrischen Landtags. Der Baustil dieser Straße ist »altdeutsch«, neugotisch, aber ebenfalls großzügig und repräsentativ. Ludwig II. (1864–86) allerdings, Maximilians Sohn, hatte wenig Sinn für das Bauen in der Stadt; er setzte seine Schlösser lieber in die Einsamkeit der Bergwelt. Nachfolger des unglücklichen Ludwig wurde sein Onkel Luitpold, der Bayern bis 1912 als Prinzregent regierte. Ihm verdanken die Münchner die letzte ihrer Prachtstraßen, die nach ihm benannte Prinzregentenstraße. Sie zeigt den Stil, der damals bei Repräsentativbauten in Deutschland dominierte: Neurenaissance und Neubarock, eben der Wilhelminische Stil.

Beim Oktoberfest, dem Vergnügen der Superlative, symbolisieren die Bräurösser eine Tradition Münchens: die als Stadt der Bierkultur.

Wappen Auf silbernem Schild ein Mönch in goldbesetzter schwarzer Kutte und roten Schuhen, in der einen Hand ein rotes Eidbuch, die andere zum Schwur erhoben. Der Mönch taucht erstmals 1304 im Stadtsiegel auf und erinnert an den urspr. Namen der Siedlung »bei den Munichen«, also bei den Mönchen. Seit der Barockzeit wird der Mönch gern als Kind gezeichnet und erhält den Namen Münchner Kindl. In der Hand hält es statt des Buches häufig auch Brezn, Radi oder Maßkrug.
Lage Etwas nördlich des 48. Breitengrads auf der sogen. Münchner Schotterebene, die in der letzten Eiszeit entstand und von der Isar durchflossen wird. Im Süden greift die Stadt in die Moränenhügel des Voralpenlandes über.
Land Bayern
Autokennzeichen M
Höhe 480–580 m ü. M.
Fläche 311 km^2
Einwohnerzahl 1 200 000
Postleitzahl 8000
Telefonvorwahl 0 89
Post Postamt 1, Residenzstr. 2, Spätschalter (Mo–Fr 7–18.30, Sa 7–13 Uhr); Postamt 32, Bahnhofplatz 1, Spätschalter (tägl. 0–24 Uhr); Postamt 87, Flughafen München-Riem, Spätschalter (Mo–Fr 8–21, Sa 8–20, So 10–13, 14–19.30 Uhr).
Polizei Polizeipräsidium, Ettstr. 2, ☎ 2 14-1
Taxi ☎ 2 16 11
Nahverkehr Der Münchner Verkehrs- und Tarifverbund (MVV) vereinigt in einem einheitlichen Tarifsystem S- und U-Bahnen sowie Straßenbahnen und Busse. Hauptverkehrsachse ist der S-Bahn-Tunnel zwischen Hbf. und Ostbahnhof. Von hier aus sind direkt oder durch Umsteigen sämtliche Ziele in der Stadt sowie in der Region zu erreichen.
Fahrscheine für S- und U-Bahn-Fahrten nur außerhalb des Sperrenbereichs an Fahrkarten-Automaten bzw. bei größeren Stationen auch an Schaltern. In Straßenbahnen und Bussen auch beim Fahrer oder an Automaten. Zu empfehlen sind preisgünstige Mehrfahrtenkarten bzw. die Tageskarte.
Camping München-Thalkirchen, Zentralländstr. 49, ☎ 7 23 17 07; München-Obermenzing, Lochhausener Str. 59, ☎ 8 11 22 35;

Es begann mit einem Paukenschlag

Bis an die Schwelle des 19. Jh. war die Historie Münchens, von zwei kleineren Höhepunkten abgesehen, nicht wirklich interessant. Sie hatte sich bis dahin im Rahmen gehobener Provinzialität abgespielt. Gewiß, gegründet wurde München mit einem Paukenschlag. Der rauflustige Welfenherzog Heinrich der Löwe hatte durch die Gunst der Stunde und die Gunst seines Vetters, des Kaisers Barbarossa, zu manch anderen Landen auch das Herzogtum Bayern erhalten. Um auch materiellen Vorteil aus diesem Besitz ziehen zu können, mußte er sich Einnahmequellen verschaffen; und guten Gewinn versprach damals allemal der Salzhandel. Heinrich zerstörte kurzerhand die Brücke der Salzstraße Augsburg–Salzburg, die bei dem Dorf Föhring über die Isar führte und seinem Onkel, Bischof Otto von Freising, gehörte. Dann baute er bei dem völlig unbedeutenden Dorf »bei den Munichen«, etwa 6 km flußaufwärts, einen neuen Übergang, dessen Zolleinnahmen von Stund an in seine Taschen flossen. Nun stattete er den kleinen Ort auf der kargen Schotterebene mit allerlei Privilegien aus, und die Stadt München war geboren; man schrieb das Jahr 1158.

Die Wittelsbacher, die 30 Jahre später Herzöge in Bayern wurden, interessierten sich zunächst nicht sonderlich für die Stadt. Erst mit Beginn der bayrischen Landesteilungen 1255 wurde sie Herzogsitz. Außerhalb der Bürgerstadt entstand eine Residenz, der Alte Hof 9. Einen ersten Höhepunkt brachte dann das König- und Kaisertum Ludwigs des Bayern (1314–47). Er machte München zu seiner Hauptstadt, und die Reichskleinodien lagen von 1324–50 in der (1816 abgebrochenen) Kapelle des Alten Hofes. Damals übernahm München auch die Reichsfarben Schwarz und Gelb. Nach Ludwigs Tod ging die überregionale Bedeutung der Stadt jedoch rasch wieder zurück.

Weltweit bekannt als ein Wahrzeichen Münchens ist das nach flandrischen Vorbildern errichtete Neue Rathaus am Marienplatz.

München-Moosach, Dachauer Str. 571, ☏ 1 50 69 36. Alle drei Campingplätze sind von sämtlichen Autobahnanschlußstellen über den Mittleren Ring erreichbar und fortlaufend beschildert.

Parken Parkmöglichkeiten sind im engeren Stadtbereich beschränkt. Im Altstadtbereich einige Parkhäuser, u. a. im Hbf. und im Karstadthaus Oberpollinger, dann BP-Parkhaus am Oberanger, Parkhaus in der Neuturmstr. (beim Hofbräuhaus) sowie die Operngarage unter dem Max-Joseph-Platz. Größere innenstadtnahe Parkmöglichkeiten noch auf der Theresienwiese (außer zur Oktoberfestzeit einschließlich der Zeit des Auf- und Abbaus) sowie auf dem Großparkplatz zwischen Barer Str., Gabelsbergerstr. und Türkenstr. Für Besucher, die aus dem Norden und Westen anreisen, empfiehlt sich die sogen. Parkharfe am Olympiastadion.

Touristinformation Fremdenverkehrsamt, Sendlinger Str. 1, ☏ 2 39 11. Auskunftsstellen: Hbf., Südausgang, ☏ 2 39 12 56/57 (tägl. 8–23 Uhr); Flughafen München-Riem, Ankunftshalle, ☏ 2 39 12 66, 90 72 56 (Mo–Sa 8.30–22, So und Feiertage 13–21 Uhr); Rathaus, Turmzimmer im Prunkhof (Mo–Fr 9–17 Uhr).

Stadtrundfahrt Kleine und große Rundfahrten (mit Besichtigung des Doms und der Alten Pinakothek) sowie »München bei Nacht«, Abfahrt jeweils am Bahnhofplatz, gegenüber Haupteingang vom Hbf., ☏ 1 20 42 48.

Das Oktoberfest

Die Idee hatten einige Bürger der Stadt, die Idee nämlich, zu Ehren der Hochzeit des Kronprinzen Ludwig (des späteren Königs Ludwig I.) mit der Prinzessin Therese von Sachsen-Hildburghausen am 12. Oktober 1810 ein Pferderennen zu veranstalten. Das Rennen wurde ein großer Erfolg, und man entschloß sich, das Ereignis nun jährlich zu wiederholen und durch ein Landwirtschaftsfest noch attraktiver zu machen. Dann kam eins zum andern: die Würstlbrater, die Gaukler, die Schaubuden, die Karussells und natürlich die Bierzelte! Heute ist das Oktoberfest, das am vorletzten Septembersamstag beginnt und am ersten Oktobersonntag endet, das größte Volksfest der Welt. Beinahe jedes Jahr meldet es neue Rekorde: Inzwischen ist man bei 6–7 Millionen Besuchern, 72 gebratenen Ochsen, 720 000 Hendln und über 5 Millionen Maß (Liter) Bier angelangt. Seit 1986 gibt es den Gerstensaft auch alkoholfrei!

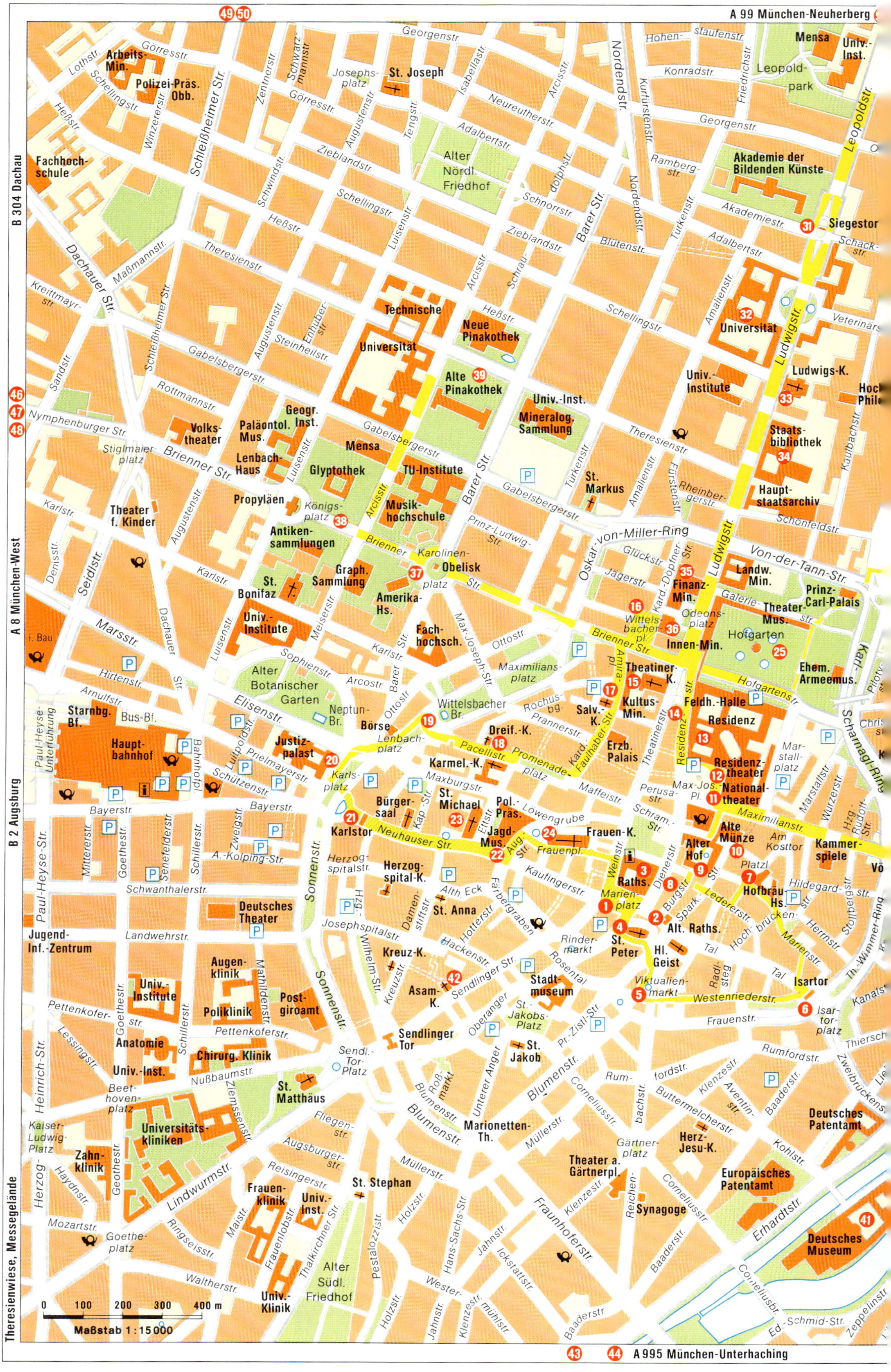
A 99 München-Neuherberg
B 304 Dachau
A 8 München-West
B 2 Augsburg
Theresienwiese, Messegelände
A 995 München-Unterhaching
Arbeits-Min.
Polizei-Präs. Obb.
Fachhoch-schule
St. Joseph
Alter Nördl. Friedhof
Mensa
Univ.-Inst.
Leopold-park
Akademie der Bildenden Künste
Siegestor
Technische
Universität
Neue Pinakothek
Alte Pinakothek
Universität
Ludwigs-K.
Univ.-Institute
Univ.-Inst.
Mineralog. Sammlung
Staats-bibliothek
Haupt-staatsarchiv
Volks-theater
Paläontol. Mus.
Geogr. Inst.
Lenbach-Haus
Glyptothek
Mensa
TU-Institute
St. Markus
Propyläen
Königs-platz
Musik-hochschule
Theater f. Kinder
Antiken-sammlungen
Karolinen-platz
Obelisk
Graph. Sammlung
St. Bonifaz
Amerika-Hs.
Finanz-Min.
Landw. Min.
Theater-Mus.
Prinz-Carl-Palais
Hofgarten
Univ.-Institute
Fach-hochsch.
Innen-Min.
Theatiner-K.
Ehem. Armeemus.
Alter Botanischer Garten
Neptun-Br.
Wittelsbacher Br.
Salv.-K.
Kultus-Min.
Feldh.-Halle
Residenz
Starnbg. Bf.
Hauptbahnhof
Justiz-palast
Börse
Dreif.-K.
Erzb. Palais
Residenz-theater
National-theater
Karmel.-K.
Karls-platz
Karlstor
Bürger-saal
St. Michael
Pol.-Präs.
Jagd-Mus.
Frauen-K.
Alte Münze
Alter Hof
Kammer-spiele
Herzog-spital-K.
Raths.
Marien-platz
Hofbräu Hs.
St. Anna
Alt. Raths.
Deutsches Theater
Jugend-Inf.-Zentrum
St. Peter
Hl. Geist
Augen-klinik
Univ.-Institute
Kreuz-K.
Asam-K.
Stadt-museum
Viktualien-markt
Isartor
Poliklinik
Post-giroamt
Anatomie
Sendlinger Tor
St. Jakob
Chirurg. Klinik
Univ.-Inst.
St. Matthäus
Sendl.-Tor-Platz
Deutsches Patentamt
Universitäts-kliniken
Marionetten-Th.
Herz-Jesu-K.
Zahn-klinik
Theater a. Gärtnerpl.
Gärtner-platz
Europäisches Patentamt
Frauen-klinik
Univ.-Inst.
St. Stephan
Synagoge
Deutsches Museum
Goethe-platz
Alter Südl. Friedhof
Univ.-Klinik
Maßstab 1:15000
0 100 200 300 400 m

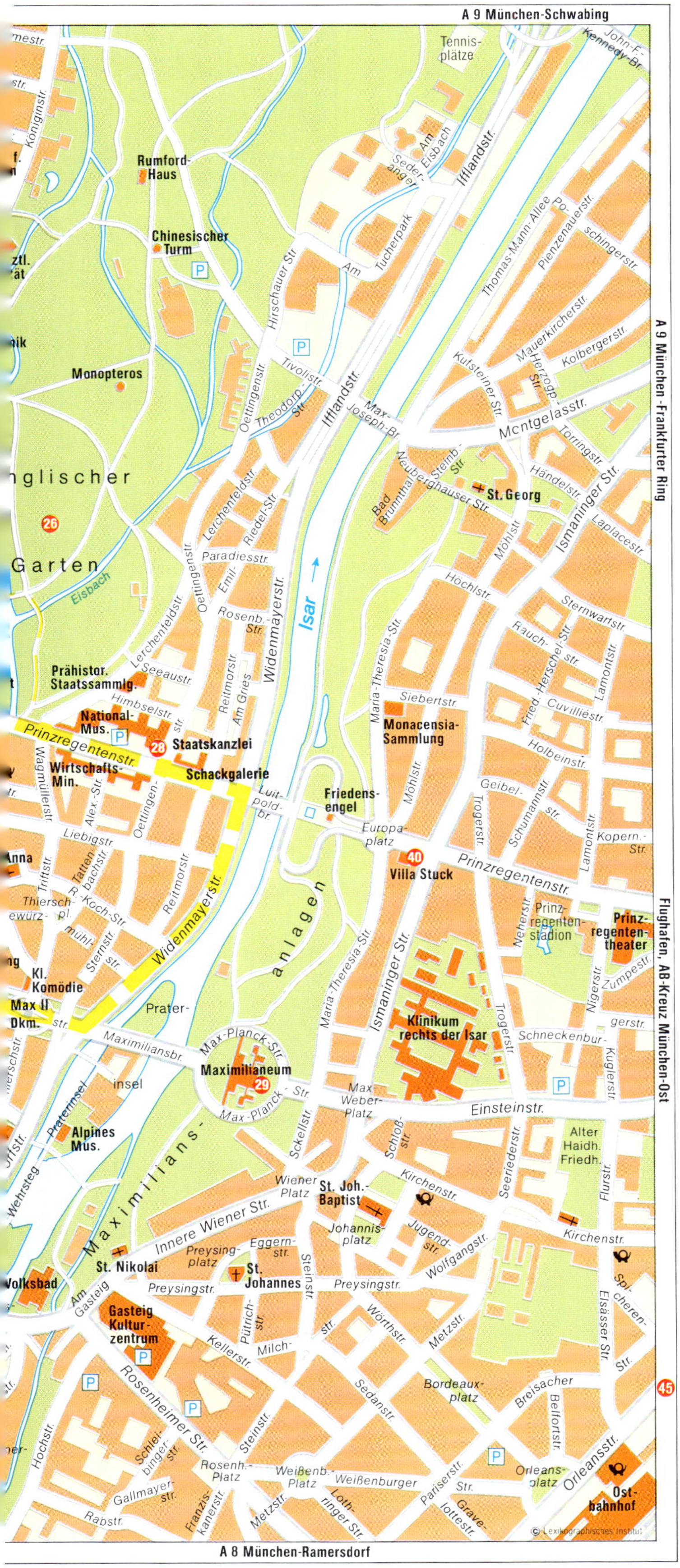

Stadtrundgänge

München ist weiträumig und hat so viel zu bieten, daß ein Gang zu allen Sehenswürdigkeiten den Besucher überfordern würde. Da außerdem ein mindestens sechsstündiger Marsch nicht jedermanns Sache ist, bieten wir deshalb drei Erkundungsgänge mit verschiedenen thematischen Schwerpunkten an. Der Benutzer dieses Führers mag selbst entscheiden, was ihn am meisten interessiert. Den Wagen stellen Sie am besten außerhalb der Innenstadt auf der Theresienwiese oder auf dem Großparkplatz zwischen Barer Straße, Gabelsberger- und Türkenstraße ab. Auch die sogen. Parkharfe am Olympiastadion ist empfehlenswert. Die Innenstadtparkhäuser (Hbf., Karstadthaus Oberpollinger, BP-Parkhaus am Oberanger, Parkhaus in der Neuturmstraße) sind, vor allem im Sommer, meist belegt.

I.
Für einen Rundgang durch die Münchner Altstadt, auf unserem Plan die Nummern 1 *bis* 24*, benötigen Sie, sollten Sie nicht Lust haben, in einer der Wirtschaften am Viktualienmarkt* 5 *eine Weißwurst und eine Maß Bier zu verzehren, ca. zwei Stunden. Es gibt auf diesem Gang durchs Zentrum der Stadt natürlich noch zahlreiche andere Einkehrmöglichkeiten, aber auch Fußgängerzonen und Einkaufsstraßen, die den Stadtbesucher zum Verweilen animieren können.*

II.
Unser zweiter Vorschlag ist ein Rundweg, auf dem Sie vor allem die Residenz- und Regierungsstadt München kennenlernen, daneben aber auch einige der besonders großzügig und prächtig angelegten, für die Stadt typischen Straßenzüge. Anhand unseres Plans gehen Sie nach der Nummernfolge 1 *bis* 13 *und* 25 *bis* 30 *vor. Möglichkeiten zur Rast auf dem etwa zweistündigen Rundgang finden Sie im Englischen Garten* 26*. Wenn Sie einkehren möchten, sollten Sie dies, der Auswahl wegen, an das Ende des Rundgangs in die Altstadt verlegen.*

III.
Unser dritter Vorschlag ist ein Gang durch das klassizistisch geprägte München vom Siegestor 31 *zur Alten und Neuen Pinakothek* 39*. Den Ausgangspunkt erreichen Sie am besten von der Stadtmitte aus mit der U-Bahn (U 3 und U 6) bis zur Giselastraße. Wenn Sie sich schon vor dem etwa eineinhalbstündigen Marsch stärken wollen, bietet sich von der Giselastraße oder von der Münchner Freiheit aus (eine Station weiter) ein Abstecher ins Schwabinger Kneipenviertel an.*

Sehenswürdigkeiten

1 *Marienplatz*, ehemaliger Marktplatz, Mittelpunkt der Stadt. Die Mariensäule wurde 1638 zum Dank für die Bewahrung der Stadt vor Zerstörung durch die Schweden errichtet.

2 *Altes Rathaus*, Saalbau einer einstmals viel größeren, ab etwa 1460 erbauten Anlage. Innen großer Rathaussaal (um 1470). Der Turm, Teil der ersten Stadtbefestigung, wurde im Krieg zerstört, 1971–75 jedoch wiederhergestellt.

3 *Neues Rathaus*, 1867–1909 von Georg Hauberisser nach flandrischen Vorbildern erbaut. Prunkvolle Fassadengliederung. 85 m hoher Turm mit Glocken- und Figurenspiel.

4 *Pfarrkirche St. Peter*, wohl am Platz der Urbesiedlung Münchens, erste Pfarrkirche der Stadt. Dreischiffige Pfeilerbasilika des 13./14. Jh. Ab Mitte des 17. Jh. barockisiert.

5 *Viktualienmarkt*, 1807 eingerichteter Lebensmittelmarkt. Berühmt ist der manchmal bissige und direkte Humor der Marktfrauen. Verkauf zu den üblichen Ladenöffnungszeiten.

6 *Isartor*, um 1330 als Teil der neuen Stadtbefestigung unter Kaiser Ludwig dem Bayern erbaut. *»Valentin Musäum«* mit Erinnerungsstücken an Karl Valentin (Mo, Di, Sa. 11.01–17.29, So. 10.01–17.29 Uhr).

7 *Platzl*, im Gegensatz zum Marienplatz der »kleine Platz«. Hier stehen das Hofbräuhaus und, soeben restauriert, Münchens älteste Bürgerhäuser. Das Haus Nr. 2 wurde erstmals 1463 erwähnt.

8 *Weinstadl*, ältester bürgerlicher Repräsentationsbau Münchens, ab 1550 Stadtschreiberei. Reiche Fassadenmalerei, schöner Laubenhof. Heute Weinwirtschaft.

9 *Alter Hof*, ab 1253 erste Stadtresidenz der Wittelsbacher. Im 19. Jh. teilweise abgerissen. Alt sind der Burgstock mit dem 1966–68 rekonstruierten Torturm im Süden und der Zwingerstock im Westen.

10 *Münzhof im ehemaligen Hauptmünzamt*, 1465 als herzoglicher Marstall errichtet, 1563–67 umgebaut. Äußeres im 19. Jh. klassizistisch verändert, der Hof im Innern mit originalen Laubengängen eines der frühesten Werke der Renaissance in München.

11 *Nationaltheater*, 1811–18 erbaut, nach Brand durch Leo von Klenze 1825 vergrößert wiederhergestellt, im Zweiten Weltkrieg bis auf die Mauern zerstört, 1963 wiedereröffnet.

12 *Residenztheater*, nach dem Zweiten Weltkrieg an der Stelle des alten Cuvilliéstheaters zwischen Nationaltheater und Königsbau der Residenz errichtet und 1951 eröffnet.

13 *Residenz*, einer der bedeutendsten Schloßbauten der Bundesrepublik Deutschland, zweite Residenz der Wittelsbacher in München, 1385 als Neuveste begonnen. Frühester Bau der heutigen Anlage ist das Antiquarium (1569–71), in den folgenden Jahrhunderten Umbauten und Erweiterungen. Hervorzuheben der von Kurfürst Maximilian I. errichtete Kaiserhofblock (17. Jh.) sowie der Königs- und Festsaalbau, den unter Ludwig I. Leo von Klenze in der ersten Hälfte des 19. Jh. erstellte. Sehenswert sind das Antiquarium, der Grotten- und Brunnenhof, die Ahnengalerie, das Porzellankabinett und die Nibelungensäle, vor allem aber die Schöpfungen von François de Cuvilliés (1695–1768): die Reichen Zimmer und das Alte Residenztheater (heute Cuvilliéstheater). Besichtigung tägl. möglich, außer bei Theaterproben. *Residenzmuseum* mit unterschiedlichen Kunstsammlungen (Di–So 10–16.30).

14 *Feldherrnhalle*, von Friedrich Gärtner nach dem Vorbild der Loggia dei Lanzi in Florenz erbaut (1840–44). Feldherrnstandbilder Tillys und Wredes von Ludwig Schwanthaler.

15 *Theatinerkirche*, eigentlich St. Kajetan, 1663 durch Agostino Barelli begonnen; Fassade von Cuvilliés (1768 vollendet). Anlaß für den Bau war die Geburt des Erbprinzen Max Emanuel.

16 *Wittelsbacherplatz*, schönster klassizistischer Platz Münchens, flankiert vom Arco-Palais Leo von Klenzes (1820) im Westen, dem Palais Ludwig-Ferdinand (1825) im Norden und den umgestalteten Palais Méjean und Odeon im Osten. Reiterdenkmal Kurfürst Maximilians I. von Bertel Thorwaldsen.

17 *Salvatorkirche*, 1493/94 errichteter spätgotischer Backsteinbau. Seit 1829 Kirche der griechisch-orthodoxen Gemeinde Münchens.

18 *Dreifaltigkeitskirche*, 1711–18 nach Plänen Antonio Viscardis errichteter barocker Zentralbau, Fassadengestaltung und Fresken von C. D. Asam.

19 *Wittelsbacherbrunnen*, monumentale Brunnenanlage, 1893–95 von Adolf von Hildebrand geschaffen.

20 *Justizpalast*, 1891–98 von Friedrich von Thiersch erbaut; typische Gründerzeitarchitektur, aus Renaissance- und Barockelementen komponierter, von vierseitiger Glas- und Eisenkuppel dominierter Bau.

21 *Karlstor*, Rest des 1302 bezeugten Neuhausertores; durch eine Pulverexplosion wurden die übrigen Teile 1857 zerstört; 1861 wiederaufgebaut.

22 *Neuhauser Straße/Kaufingerstraße*, Westteil der Hauptstraßenachse Münchens, seit 1971 eine der ersten großen Fußgängerzonen der Bundesrepublik Deutschland.

23 *Michaelskirche*, die repräsentativste Renaissancekirche der Bundesrepublik Deutschland, Tonnengewölbe mit 20 m Spannweite; 1583–97 als Jesuitenkirche durch Herzog Wilhelm V. erbaut. 16 m hoher Hochaltar von Wendel Dietrich (1589). Unter dem Chor die Fürstengruft mit den Grablegen von etwa 30 Wittelsbachern, u. a. König Ludwig II.

24 *Frauenkirche*, auch Dom gen., eigentlich Pfarrkirche zu Unserer Lieben Frau, berühmteste Münchner Kirche. Dreischiffige spätgotische Hallenkirche von über 100 m Länge, 1468–94 unter Herzog Sigismund errichtet. Die beiden Türme (99 m hoch) mit den später aufgesetzten »welschen« Hauben prägen die Silhouette der Stadt. Bedeutende Glasgemälde der Chorfenster des 14.–16. Jh. Alte Schnitzwerke im neuen Chorgestühl, Grabmal Kaiser Ludwigs des Bayern im südlichen Seitenschiff.

25 *Hofgarten*, in seiner heutigen Form 1613–17 unter Kurfürst Maximilian I. nach Art italienischer Gärten angelegt. Im Zentrum der Brunnenpavillon mit der in Bronze gegossenen Kopie der Bavaria von Hubert Gerhart (1594).

26 *Englischer Garten*, einer der frühesten Landschaftsgärten (1789–1815) nach englischem Vorbild; größte geschlossene Grünanlage einer bundesdeutschen Großstadt (75 Morgen). Chinesischer Turm, Monopteros und Rumfordsaal sind als Stimmungsarchitekturen einbezogen.

27 *Haus der Kunst*, 1933–37 als Ersatz für den 1931 zerstörten Glaspalast erbaut. Neoklassizistischer Bau, der zum Vorbild vieler »Nazi-Bauten« wurde. Im Osttrakt heute wechselnde Kunstausstellungen, im Westtrakt die *Staatsgalerie moderner Kunst*. Malerei und Plastik des 20. Jh. (Di–So 9–16.30, Do zusätzlich 19–21 Uhr).

28 *Bayerisches Nationalmuseum*, 1894–99 nach Plänen Gabriel von

Wer sucht, der findet auf der Auer Dult fast alles zwischen Kitsch und Kunst – von der »Krachledernen« bis zum Königsbildnis.

Seidls errichtet, vereinigt zahlreiche Bauteile zu einem geschlossenen Ganzen. Bedeutende Sammlungen aus neun Jahrhunderten: Kunst, Kunstgewerbe, Kulturgeschichte (Di–So und feiertags 9.30–17 Uhr).

㉙ *Maximilianeum*, von Max II. veranlaßter Bau für eine Stiftung zur Förderung begabter Landeskinder, 1854 vollendet. Nach dem Zweiten Weltkrieg Sitz des bayrischen Landtags. In einem Seitenflügel Räume für Stipendiaten.

㉚ *Staatliches Museum für Völkerkunde*, 1858–74 nach Plänen von E. Riedel erbaut, englisch beeinflußte Neugotik. Kunst und Kultur außereuropäischer Völker (Di–So 9.30–16.30 Uhr).

㉛ *Siegestor*, 1843–52 nach dem Vorbild des Konstantinbogens in Rom zum Gedenken an die Befreiungskriege 1813–15 erbaut.

㉜ *Universität*, 1835–40 von Friedrich Gärtner errichtet, mit Brunnen nach römischen Vorbildern.

㉝ *Ludwigskirche*, Pfarr- und Universitätskirche, dreischiffige Basilika, 1829–44 von Friedrich Gärtner erbaut. Fresken monumentalen Ausmaßes von Peter Cornelius in Chor und Querschiff.

㉞ *Bayerische Staatsbibliothek*, 1832–43 von Friedrich Gärtner erbaut. Vor dem Eingang Steinfiguren des Aristoteles, Hippokrates, Homer und Thukydides. Größte Universalbibliothek der Bundesrepublik Deutschland mit über fünf Millionen Bänden.

㉟ *Leuchtenberg-Palais*, erster Bau an der neugeplanten Ludwigstraße, 1817 von Leo von Klenze errichtet. Im Zweiten Weltkrieg zerstört, 1963–66 originalgetreu wiederaufgebaut, heute Finanzministerium.

㊱ *Innenministerium*, 1826/27 als Odeon für Konzerte und Bälle von Leo von Klenze erbaut, später Musikhochschule. Nach der Zerstörung im Zweiten Weltkrieg 1951–54 wiederaufgebaut, heute Innenministerium.

㊲ *Karolinenplatz*, 1807 angelegt und durch mehrere Palais (nur teilweise erhalten) gerahmt. 1833 Aufstellung des 29 m hohen Obelisken zur Erinnerung an die bei Napoleons Rußlandfeldzug 1812 gefallenen Bayern.

㊳ *Königsplatz*, als westliche Eingangspforte in die Stadt ab 1808 geplant. Den westlichen Abschluß bilden die *Propyläen*, ein 1846–62 durch Leo von Klenze erbautes Tor. Nördlich begrenzt den Platz die *Glyptothek*, 1816–30 für die Sammlung griechischer und römischer Skulpturen Ludwigs I. erbaut. (Di, Mi, Fr–So 10–16.30, Do 12–20.30 Uhr). Das Kunstausstellungsgebäude mit den *Staatlichen Antikensammlungen* gegenüber ist ein spätklassizistisches Werk Georg F. Zieblands (1838–48). Antike Vasen, Kleinplastik, Schmuck (Di, Do, So 10–16.30, Mi 12–20.30 Uhr).

㊴ *Alte Pinakothek*, 1825–36 in Formen der italienischen Hochrenaissance durch Leo von Klenze erbaut. Wegweisender Museumsbau des 19. Jh.; bedeutendste deutsche Sammlung europäischer Malerei des 14.–18. Jh. (Di–So 9–16.30, Di und Do zusätzlich 19–21 Uhr), und *Neue Pinakothek*, nach Kriegszerstörung 1981 in postmodernen Formen wiedererrichtet (Architekt Alexander von Branca). Europäische Malerei und Plastik des 19. Jh. (Di–So 9–16.30, Di auch 19–21 Uhr).

㊵ *Stuck-Villa*, Villa des »Malerfürsten« Franz von Stuck in neoklassizistischem Stil mit Jugendstileinflüssen nach eigenem Entwurf. Das Haus und seine Innenausstattung ist ein Monument des Kunst- und Lebensstils der Jahrhundertwende. Heute Stuck-Museum (Mo–So 10–17, Do 10–19 Uhr).

㊶ *Deutsches Museum*, größtes technisch-naturwissenschaftliches Museum der Welt, ab 1906 auf einer Isarinsel erbaut. Erster großer Stahlbetonbau Münchens (tägl. 9–17 Uhr).

㊷ *Asamkirche*, eigentlich St. Johann Nepomuk, von den Gebrüdern Asam 1733 begonnen, 1734 Weihe des Rohbaus, später Um- und Ausbauarbeiten. Bedeutende Barockkirche, von den Baumeistern selbst finanziert.

㊸ *St. Maria*, Thalkirchen, Frauenbergplatz 1, Ende des 14 Jh. errichtete Kirche, die 1696 leicht barockisiert wurde. Die Ausstattung ist bis auf wenige Ausnahmen barock.

㊹ *Tierpark Hellabrunn*, auf 36 ha Fläche leben hier 4000 Tiere aus ca. 600 Arten. Berühmt ist die Menschenaffenzucht des Zoos; Besonderheiten sind das Aquarium, das Polarium mit Tieren aus den Kältezonen der Erde, das 18 m hohe Tropenhaus mit Elefanten, Giraffen, Nilpferden und Tapiren sowie die weitläufigen Freigehege für Herdentiere (tägl. 9–17 Uhr).

㊺ *St. Michael*, Berg am Laim, 1737–58 durch Johann Michael Fischer erbaute Barockkirche, Ausstattung von Johann Baptist Zimmermann; Stukkaturen, Malereien und sieben Altäre von Johann Baptist Straub.

㊻ *Botanischer Garten*, Nymphenburg, 1909–14 angelegt; einheimische und exotische Pflanzen im Freigelände und in Gewächshäusern (Nov., Jan. 9–16.30, Febr., März, Okt. 9–17, April, Sept. 9–18, Mai–Aug. 9–19 Uhr).

㊼ *Schloß Nymphenburg*, ehemalige Sommerresidenz der Wittelsbacher, eine der bedeutendsten barocken Schloßanlagen der Bundesrepublik Deutschland. 1664 begonnen und bis ins 19. Jh. erweitert mit Hauptschloß, weitläufigen Gartenanlagen und mehreren Parkburgen: Pagodenburg, Amalienburg, Badenburg. Räume des Hauptschlosses: Festsaal mit Stukkaturen und Fresken von J. B. und F. M. Zimmermann; Stilräume mit kostbarem Mobiliar, Gemälden, Gobelins; chinesisches Kabinett aus dem 18. Jh.; Schönheitsgalerie Ludwigs I. mit Frauenbildnissen, darunter auch das der Lola Montez (April–Sept. Di–So 9–12.30, 13.30–17, Okt.–März Di–So 10–12.30, 13.30–16 Uhr).

㊽ Ehem. herzogliches *Jagdschloß Blutenburg*, seit 1432 bezeugtes, mehrfach umgebautes Wasserschloß mit einer schönen einschiffigen Schloßkapelle von 1488. Im Inneren dreiflügeliger Hochaltar, dem zwei Seitenaltäre am Choreingang zugeordnet sind (15. Jh.).

㊾ *BMW-Verwaltungsgebäude* mit BMW-Museum, in den siebziger Jahren errichteter Gebäudekomplex mit einem in vier zylindrische Formen aufgegliederten, aluminiumverkleideten Hochhaus. Das BMW-Museum im Nebengebäude zeigt die Entwicklung der Automobilisierung (tägl. 9–17 Uhr).

㊿ *Olympiapark*, die prägnantesten Bauwerke in dem Olympiagelände von 1972 sind der 280 m hohe Olympiaturm und das Olympiastadion mit seinem charakteristischen Zeltdach.

51 *Schloß Suresnes*, errichtet 1723, im 19. Jh. klassizistisch umgebaut. Heute Teil der Katholischen Akademie.

52 *St.-Silvester-Kirche*, gotischer Bau um 1500, später barockisiert, schöner Stuck.

53 *Erlöserkirche*, 1899–1901 von Theodor Fischer mit historisierenden Elementen erbaut.

Schloß Nymphenburg, barocke Sommerresidenz der Wittelsbacher, verdankt seinen Ruhm Meistern wie Zuccalli, Viscardi und Effner.

Schloß Schleißheim
Aus der geplanten Kaiserresidenz wurde nichts; denn Karl VII., bayrischer Kurfürst, wurde zwar 1742 zum Kaiser gewählt – nur durchsetzen konnte er sich nicht. Politik im Heiligen Römischen Reich machten unterdes Friedrich der Große und Maria Theresia. Karl resignierte und feierte Feste. Auch deshalb blieb das unter Kurfürst Max Emanuel begonnene Schloß Schleißheim unvollendet. Dem massigen, aber strahlenden Bau merkt man das kaum an, obwohl er nur ein Viertel der ursprünglich geplanten Anlage darstellt. Eher schon dem Park: Aus barocker Wohlgeordnetheit gleitet er schon bald in ungezügeltes Wuchern aus. Dennoch bewahrt er mehr als die anderen Barockgärten im Bannkreis Münchens den Geist des 18. Jh. Hier könnte wirklich aus jedem Laubengang plötzlich ein Rokoko-Schäferpaar hervortanzen! (Schloß mit Gemäldegalerie und Schloß Lustheim mit Meißener Porzellansammlung So–Di 10–12.30, 13.30–16 Uhr; mit der S-Bahn, S 1, ab Marienplatz, mit dem Auto über Leopoldstraße und Ingolstädter Straße, B 13, nach Norden).

Münchner Schäfflertanz
Der älteste und wohl bekannteste Münchner Brauch ist der Schäfflertanz. Zwar weiß man nicht genau, auf welches Jahr er zurückgeht, aber man kennt den Anlaß seiner Entstehung. Es war eine jener Pestepidemien (wahrscheinlich die von 1517), die in den vergangenen Jahrhunderten die Menschen in Angst und Schrecken versetzt haben. Da entschlossen sich die Münchner Schäffler (Böttcher), die Bevölkerung durch einen lustigen Reigentanz mit fröhlicher Musik wieder aufzuheitern. Alle sieben Jahre wird der Tanz mit seinen genau festgelegten Figuren erneut aufgeführt, jeweils zwischen Dreikönigstag und Aschermittwoch. Gewöhnlich laden die Geschäftsleute die Schäffler ein, vor ihrem Geschäft zu tanzen – eine ebenso subtile wie hübsche Werbemethode. Nächstes Tanzjahr ist 1991.

Der Chinesische Turm im Englischen Garten stammt aus dem Jahr 1795.

»Goldener Sattel auf einer dürren Mähre«

Weniger seine Bedeutung als das Aussterben der eigentlich weit bedeutenderen Landshuter Linie der Wittelsbacher machte München 1505 plötzlich zur Hauptstadt eines wiedervereinigten Bayern. Es präsentierte sich als durch und durch bürgerliche Stadt, die lediglich in ihrer Nordostecke einen relativ kleinen Herzoghof besaß. Doch schon bald machte dieser Hof seinen Einfluß in der Stadt sehr deutlich geltend, auch baulich, und nach und nach begann der höfische Glanz den bürgerlichen zu überstrahlen. Zwischen 1563 und 1567 entstand der erste im Stil der Renaissance gestaltete Bau, der Münzhof (10). Ab 1569 errichtete man auf dem Gelände der 1385 angefangenen Neuveste das Antiquarium, den ersten Kunstausstellungsraum des nördlichen Alpenraums. 1583 begann Friedrich Sustris den Bau des Jesuitenkollegs und der Michaelskirche (23), des bedeutendsten Renaissance-Kirchenbaus nördlich der Alpen.

Im Jahr 1597 gelangte eine große Herrscherpersönlichkeit auf den bayrischen Herzogstuhl, Maximilian I., der 1623 auch die Kurwürde erlangte. Über ein halbes Jahrhundert sollte er die Geschicke des Landes und der Stadt bestimmen. Zuerst schickte er sich an, am Platz der Neuveste einen angemessenen Herrschersitz zu bauen. Er faßte die bereits bestehenden Gebäude zu einem Gesamtkonzept zusammen, ergänzte sie u. a. durch den Kaiserhoftrakt und legte damit den Grundstock für die heutige Residenz (13). Maximilian konnte den Dreißigjährigen Krieg – obwohl er als Gründer der Katholischen Liga einer seiner Hauptbetreiber war – lange von Bayern fernhalten, 1632 aber zog Gustav Adolf doch in München ein. Sein Ausspruch, die Stadt sei »ein goldener Sattel auf einer dürren Mähre« kann als einer der frühesten Lobsprüche über sie gelten, und der Schwedenkönig ließ sie denn auch ungeschoren.

Nach dem für München so glimpflich verlaufenen Krieg entfalteten Kirche und Hof demonstrative Pracht. Baustil und Lebensweise des Barock hielten Einzug. 1663 wurde die Theatinerkirche (15) gebaut, die erste monumentale Kuppelkirche nach italienischem Vorbild auf deutschem Boden. Und außerhalb der damaligen Stadt wurde ein Schloß errichtet, das zu Deutschlands schönsten zählt: Nymphenburg (47), das weiße Schloß. Überhaupt verlegte sich die Bautätigkeit der bayrischen Kurfürsten jetzt stark nach außerhalb. Weiter nördlich wuchs Schleißheim empor, im Südwesten Fürstenried (1715–17). In der Stadt selbst hielten sich die Herrscher zurück, obwohl sie 1742 de jure Reichshauptstadt wurde, freilich nur episodenhaft. 1745, nach dem Tod Karls VIII., des gewählten, aber nicht anerkannten deutschen Kaisers, sank München erneut in vom Glanz vergangener Epochen überdeckte Provinzialität ab.

Stets auf der richtigen Seite

1777 starben die Münchner Wittelsbacher im Mannesstamm aus. Zum Glück konnte ein Vetter aus Mannheim einspringen, Karl Theodor. Der mochte München zwar nicht leiden, hätte Bayern am liebsten gegen irgend etwas Italienisches oder Französisches eingetauscht, tat aber dann doch Erstaunliches für die Stadt: Er öffnete 1780 den Bürgern den Hofgarten (25) und 1781 die Gemäldegalerie über den Hofgartenarkaden, Vorgänger der Alten Pinakothek (39). Vor allem aber ließ er im Nordosten der Stadt einen Park gestalten, der heute als Englischer Garten (26) zu den großen Attraktionen Münchens zählt. Anlegen ließ er ihn allerdings nicht allein zum Wohl der Bürger, sondern auch als Beschäftigungstherapie für seine Soldaten, damit sie in den Jahren nach der Französischen Revolution nicht auf dumme Gedanken kämen.

In der napoleonischen Zeit schlug sich Bayern dann stets geschickt auf die »richtige Seite«, zunächst auf die des Korsen; dafür wurde es 1806 mit der Erhebung zum Königreich belohnt. Daß es dann noch rechtzeitig die Fronten wechselte, brachte ihm nicht nur die Bestätigung seiner Gebietsgewinne, sondern auch eine starke Stellung im Reich ein. München war nun Hauptstadt des wichtigsten deutschen Staates zwischen Preußen und Österreich, und sein Aufstieg zu einer der bedeutendsten Kunststädte Europas begann.

Das goldene Jahrhundert Münchens wurde dann zunächst durch den Ersten Weltkrieg beendet. An dessen Ende standen erstaunliche konträre Entwicklungen. Einerseits eine – wenn auch kurzlebige – Räteregierung nach russischem Vorbild, andererseits das schnelle Erstarken rechtsradikaler Kräfte, das seinen spektakulären Ausdruck in Hitlers Marsch zur Feldherrnhalle (14) am 9. November 1923 fand. Zwar gelang es dem geistigen München, in den 20er Jahren nochmals an die Zeiten vor 1914 anzuknüpfen, doch nach 1933 war es mit der geistigen Freiheit vorbei. Der Zweite Weltkrieg hat München schwer getroffen: 45 % seiner Bauten wurden zerstört. Manches war unwiederbringlich verloren, vieles aber konnte gerettet und wiederaufgebaut werden. Man hat, mit wenigen Ausnahmen, den baulichen Duktus der Stadt erhalten und so auch ihre Atmosphäre und die Vielfalt der Strömungen, die das Gesicht der Stadt ausmachen, wiederherstellen können.

Ein Platz für alle Künste

Geglückt ist auch die Wiederanknüpfung an die kulturellen und geistigen Traditionen, die vor dem Ersten Weltkrieg begründet worden waren, vor allem jene Tradition, dem Neuen, Modernen Bahn zu schaffen. Schon am 15. August 1945 hatte Münchens erstes Nachkriegskabarett, die »Schaubude«, Premiere. Und am 7. Oktober fand das erste Konzert der »Musica Viva« mit Werken bis dahin verfemter Komponisten statt. Der Genius der Stadt hat überlebt, die Tradition der Moderne ihre Fortsetzung gefunden und seither viele neue Ausdrucksformen dazugewonnen, die sich heute, mit jedem Jahr reicher, in dieser Stadt darbieten.

Der Anlässe und Anreize, nach München zu kommen, gibt es wahrlich genug – sei man nun Opernfestspiel- oder Oktoberfestbesucher, Museumsnarr oder Nachtschwärmer, Fußball- oder Faschingsfan oder einfach neugierig auf die vielgerühmte Atmosphäre dieser Stadt, auf die unendlich bunte Palette ihrer Lebensäußerungen. Ohnehin wird keiner die ganze Vielfalt entdecken können – auch der Münchner strebt das nicht an, schon aus Trotz! Allein das Angebot der etwa 50 Theater, Freien Bühnen und Kabaretts wahrzunehmen, ist physisch schier unmöglich.

Beginnen wird das Kennenlernen dieser Stadt für die meisten Besucher auf dem Marienplatz ❶, dem ursprünglichen Marktplatz, der noch immer das Herz der Stadt ist. Ihn flankieren das Alte Rathaus ❷, dem man seinen im Krieg zerstörten Turm vor etlichen Jahren zurückgegeben hat, das Neue Rathaus ❸, das ein ehrwürdiges Alter vortäuscht und doch erst in unserem Jahrhundert vollendet wurde, der (wieder) ehrbare »Donisl«, aber auch der Betonklotz eines Kaufhauses, an den sich die Münchner noch immer nicht so recht gewöhnen mögen.

Brotzeit bei Karl Valentin

Wenige Schritte von hier entfernt ist dann wirklich Markt, Viktualienmarkt ❺. Längst beschränkt sich sein Angebot nicht mehr auf die Erzeugnisse des bäuerlichen Umlandes. Hier erhalten Sie nicht nur so gut wie alle Käsesorten Frankreichs und Italiens, sondern auch exotische Früchte aller Art. Sogar eine Pferdemetzgerei macht hier gute Geschäfte. Sollten Sie hungrig geworden sein, so setzen Sie sich in den kleinen Biergarten zu

Karl Valentin

Die Münchner Volkssänger haben eine lange Tradition. Mit Schwänken und Couplets, durchaus auch mit politisch brisanten Texten, traten sie schon im vergangenen Jahrhundert auf. Der größte unter ihnen war Karl Valentin, geboren 1882 in der Vorstadt Au. Bei ihm ging sogar Bertolt Brecht in die Lehre. Diesem ideenreichen, am Rosenmontag 1948 gestorbenen Komiker hat man im Isarturm ❻ ein »Musäum« eingerichtet, das nicht nur den kuriosen Preis von 199 Pfennig Eintritt kostet, sondern auch so nützliche Gegenstände wie einen pelzbesetzten Zahnstocher für den Winter bietet. Aber Achtung – die Öffnungszeiten des Musäums sind: Mo, Di, Sa, 11.01–17.29, So 10.01–17.29 Uhr.

Das Deutsche Museum

Dem nie erlahmenden Durchsetzungswillen eines Ingenieurs, des AEG-Mitbegründers Oskar von Miller (1855–1934), verdankt München das Deutsche Museum. Der »weißblaue Despot«, wie man ihn nannte, nervte staatliche Stellen und private Geldgeber so lange mit seiner Idee eines »Museums von Meisterwerken der Naturwissenschaft und Technik«, bis er die Genehmigung und auch genügend Geld für den Bau zusammen hatte. Am 7. Mai 1925 konnte das Deutsche Museum auf der Kohleninsel in der Isar eröffnet werden. Heute ist es das größte wissenschaftlich-technische Museum der Welt. Obwohl nur ein Viertel seiner reichhaltigen Bestände überhaupt in den öffentlich zugänglichen Räumen gezeigt werden kann, ist der Rundgang entlang den rund 16 000 ausgestellten Objekten doch etwa 16 km lang! Genug Interessantes also für mehrere Regentage!

Einen der schönsten Rokokoräume Europas schuf François de Cuvilliés d. Ä. mit dem heute nach ihm benannten Theater.

Viele Originalflugzeuge sind im Deutschen Museum zu bestaunen.

einer echt Münchner Brotzeit nieder. Weißwürst' (mit süßem Senf), Leberkäs oder Preßsack gehören zu dieser typischen Zwischenmahlzeit, vielleicht auch ein Radi (Rettich). Hier schlägt das genießerische Herz der Stadt, hier wird jährlich das Münchner Faschingsprinzenpaar offiziell inthronisiert (bei Weißwurst und Bier natürlich), und hier findet der Fasching mit dem traditionellen Tanz der Marktfrauen seinen volkstümlichen Abschluß. Bei Ihrer Brotzeit werden Ihnen wohlgefällig die Standbilder von vier beliebten Münchner Volkssängern auf den Teller schauen: der Weiß Ferdl, die Liesl Karlstadt, die Ida Schumacher und der Karl Valentin. An dessen skurrilen und subtilen Einfällen können Sie sich dann ein paar Wegminuten weiter im Turm des Isartors 6 ergötzen.

Deftiger geht es dann im Hofbräuhaus zu, das ein echter Münchner angeblich nicht betritt, es sei denn unter dem Druck angereister Verwandter oder zufälliger Urlaubsbekanntschaften. Wer hier einen Trachtenanzug trägt, ist ohnehin mit Sicherheit ein Preuß' oder der bayrische Finanzminister auf Inspektionsbesuch. Der ist nämlich oberster Dienstherr dieses Staatsbetriebes.

Die Künstler ziehen sich zurück

Münchens schönste Tochter – so hat man Schwabing genannt. Dabei stellt das die Verhältnisse auf den Kopf, denn Schwabing ist, wie die meisten anderen Münchner Stadtteile – etwa Sendling, Giesing oder Pasing – nachweislich älter als die Mutterstadt. Wie dem auch sei – Schwabing ist in jedem Fall Münchens bekanntester (und übrigens auch größter) Stadtteil. Sein Ruhm begann, als Ludwig I. an das Nordende seiner Ludwigstraße, nahe dem damals noch selbständigen Dorf Schwabing, die Universität 32 baute und als etwas später dort auch die Akademie der Bildenden Künste ihren Platz fand. Die Studenten und jungen Künstler entdeckten das idyllische Dorf für sich und bezogen dort, schon wegen der billigen Mieten, bald Quartier. Die Gaststätten, die Wein- und Bierlokale entstanden dann fast von selbst.

Heute beherrschen die Studenten hier zwar immer noch die Szene – München ist immerhin die größte Hochschulstadt der Bundesrepublik –, doch ist Schwabing in den letzten Jahrzehnten auch zunehmend zum Vergnügungsviertel für Schickeria und Touristen geworden. Viele der aktiven Künstler haben sich ins Lehel, den Stadtteil zwischen Tal und Prinzregentenstraße, vor allem aber nach Haidhausen, östlich der Isar, zurückgezogen. Dennoch kann man bei einem Schwabing-Bummel auch heute noch etwas von der alten Atmosphäre erspüren, kann in der Franz-Joseph-Straße, der Ainmiller-, Herzog- oder Clemensstraße an den Nordseiten vieler Häuser noch die Atelierfenster im obersten Stock entdecken und sollte dabei nicht die Schönheit der Fassaden übersehen, die gerade in letzter Zeit mit besonderer Sorgfalt restauriert werden.

Tips, Tips, Tips

Altmünchner Gaststättenkultur
Besonders schön läßt sich Altmünchner Gaststättenkultur im »Augustiner« in der Fußgängerzone erleben. Die traditionsreiche Gaststätte besteht aus den »Bierhallen« mit deftiger Kost und einem bürgerlichen Restaurant mit einer unversehrten Einrichtung aus der Zeit um die Jahrhundertwende mit schwülstigen Ornamenten, Muscheldekor und einem reizenden Innenhof. Den Ruhm, Münchens älteste Gaststätte zu sein, kann die »Hundskugel« in Anspruch nehmen, Ecke Hotter-/Hackenstraße. Sie besteht seit 1440. Aus dem kleinen Raum mit der dunklen Holzeinrichtung schlägt einem der Dunst der Geschichte förmlich entgegen. Das »Weiße Bräuhaus« im Tal schenkt in schönen Gewölberäumen dunkel gebrautes Weizenbier aus.

Delikatessen
Als die Feinkostgeschäfte noch Kolonialwarenläden hießen, war in München der »Dallmayr« bereits ein fester Begriff. Aus einer 1700 gegründeten Kaffeehandlung hervorgegangen, stellt er in seinem prächtig stuckierten Haus an der Dienerstraße noch immer den Inbegriff eines Delikatessenhauses dar. Sorgfältig gekleidete Damen in Schürzchen und Häubchen sowie einige höfliche Herren verkaufen hier fachkundig Spezialitäten aus aller Welt. Schon ein Bummel durch die einzelnen Abteilungen vom Kaffee bis zum Käse, von den Meeres- bis zu den Südfrüchten und natürlich den erlesenen Weinen ist ein Vergnügen.

Hofbräuhaus
Ausgerechnet ein Herzog mit dem Beinamen »der Fromme«, nämlich Wilhelm V., ist der Vater des Hofbräuhauses: 1589 ließ er es für die Bedürfnisse der Hofhaltung nahe dem Alten Hof bauen. 1808 wurde es dann ans Platzl verlegt und mit der dortigen kgl. Weißbierbrauerei vereinigt. Die Wirtshauskarriere des Hofbräuhauses, das ursprünglich nur Braustätte war, begann 1830, als man anfing, dort auch an die Bevölkerung Bier auszuschenken. Bald schon wurden die Räumlichkeiten zu klein, und 1896 sah man sich gezwungen, die eigentliche Brauerei nach Haidhausen zu verlagern, an die Innere Wiener Straße, wo auch der Hofbräukeller liegt. Das alte Hofbräuhaus aber wurde im Stil der »deutschen Renaissance« umgebaut und erweitert. Seither ist es nur noch Gaststätte und Bierausschank – der wahrscheinlich bekannteste der Welt!

Erste Anlaufstation für manchen Touristen ist das Hofbräuhaus am Platzl, wo man die Wahl hat zwischen dem Biergarten, der »Schwemme« und anderen Gaststuben.

Die Qual der Wahl im schönen Herbst

Von Schwabing aus läßt sich mit der U 3 bequem eine weitere Attraktion Münchens ansteuern: der Olympiapark 50 mit den Sportstätten der Olympischen Spiele von 1972. Der Park ist frei zugänglich, das Stadion kann täglich besichtigt werden, und das Schwimmstadion ist zur öffentlichen Badeanstalt geworden. Vielleicht haben Sie Lust, sich im Gesundheitspark wieder fit zu machen, oder es findet im Theatron am See gerade eine Theateraufführung oder ein Rockkonzert statt. Vielleicht wollen Sie aber auch einfach nur durch diesen modern gestalteten Park mit seiner faszinierenden Architektur bummeln.

Eine ganz andere Art der Landschaftsgestaltung zeigt der Nymphenburger Schloßpark: Französisch streng gibt er sich im Kern, als perfekte Ergänzung zum Schloß Nymphenburg, der größten barocken Schloßanlage Deutschlands. Nördlich schließt sich der Botanische Garten 46 mit Bäumen, Sträuchern und Blütenpflanzen aus aller Welt an.

Und am Abend? Da wird das Angebot schier unüberschaubar! Allein die Frage, wo man essen soll: In einer der traditionsreichen Münchner Gaststätten gutbürgerlichen Zuschnitts wie »Franziskaner«, »Spöckmeier«, »Spatenhaus«? Oder im »Weißen Bräuhaus«, beim »Bögner«? Einfach in der Wirtschaft an der Ecke? Oder beim Griechen, Türken, Jugoslawen, Italiener, beim Indonesier, Vietnamesen, Chinesen oder Mexikaner? Alles wird hier geboten, und natürlich auch höchste Küchenkunst, im »Aubergine« und im »Tantris«, Münchens illustren Freßtempeln. Da bleibt einem allerdings kaum noch Zeit für die Kultur. Das erspart vielleicht die Qual der Wahl; zwei Opernhäuser, drei große und mehrere kleine Schauspielbühnen, drei Komödien mit Boulevard-Prominenz, etwa 30 kleine, meist sehr modern inszenierende Privattheater und Freie Bühnen und mehrere Kabaretts und Kleinkunstbühnen machen die Auswahl schon schwer. Zieht man dann noch die Jazzlokale in Betracht, Gastspiele aller Art, Sinfoniekonzerte, Kammermusik, Liederabende und Dichterlesungen oder die Möglichkeit, einen Abend auf der Trabrennbahn in München-Daglfing zu verbringen, dann wird die Entscheidung vollends zum Problem.

Am schönsten ist München vielleicht in den Wochen nach dem Oktoberfest. Merklich von Fremden geleert, hat sich die Stadt einen seidig-blauen Himmel übergeworfen, der kokett südliche Milde vorgaukelt. Allenthalben stehen noch die Tische vor den Lokalen, auch die Biergärten bieten mittags noch angenehmen Aufenthalt. Die Museen sind fast leer, und die Theater bringen wieder Neues auf die Bühne; es ist die Zeit der Premieren. Man bummelt noch einmal über die Auer Dult, fährt noch einmal zum Starnberger See, nach Schloß Schleißheim oder in die Berge – der Münchner Herbst ist von der Art, daß er schon das kommende Frühjahr erahnen läßt.

Mit Blick auf die Türme von Peterskirche und Rathaus kann man auf dem Viktualienmarkt in Ruhe aus dem riesigen Angebot wählen.

Dachau

München ist von einem Kranz reizvoller kleinerer Städte umgeben, deren jede einen Ausflug wert ist. Zu ihnen gehört Dachau, Stadt seit 1933. Dachau ist, ohne aktiv dazu beigetragen zu haben, in schlimmer Weise in der ganzen Welt bekannt geworden, weil die Machthaber des NS-Regimes am Rand des angrenzenden Moores, etwa 3 km östlich der Altstadt, ein Konzentrationslager errichtet hatten. Im ehemaligen Wirtschaftsgebäude des Lagers befindet sich heute ein Museum (Di–So 9–17 Uhr), das den Alltag und das Leiden der Häftlinge dokumentiert, Umfang und Ursprünge der Massenvernichtung sowie die Befreiung der Überlebenden nachzeichnet. Eine würdige Gedenkstätte auf dem Lagergelände hält die Erinnerung an über 200 000 Häftlinge und mehr als 30 000 Tote des nationalsozialistischen Terrors wach. Zu ihr gehören die katholische Todesangst-Christi-Kapelle (1960), die israelitische Gebetsstätte und die evangelische Versöhnungskirche (beide 1965) sowie ein internationales Mahnmal (1968). Ein Sühnekloster der Karmeliterinnen wurde 1964 eingerichtet (Zufahrt über die Dachauer Straße, B 304, oder mit der S 2 ab Marienplatz).

Glockenspiel

Tag für Tag wird auf dem Marienplatz 1 ein Schauspiel geboten, das ein illustres internationales Publikum anzieht und dennoch von jedermann kostenlos zu genießen ist. Die Rede ist vom Glockenspiel auf dem Rathausturm. Was dieses 1909 installierte viertgrößte Glockenspiel Europas vor vielen anderen auszeichnet, ist seine Verbindung mit einem Figurenspiel. Da tanzen zunächst die Münchner Schäffler (Böttcher) ihren jahrhundertealten Tanz zur sommers wie winters gleichen Melodie »Aber heit is' koid« (Aber heute ist's kalt), dann beginnt ein veritables Ritterspiel, bei dem ein bayrischer Reitersmann einen lothringischen Ritter mit der Lanze aus dem Sattel kippt (tägl. 11, von Mai bis Okt. auch 12 und 17 Uhr; kleines Glockenspiel tägl. 21 Uhr).

Glocken- und Figurenspiel am Neuen Rathaus sind weltberühmt.

Samstags spielen Bundesligavereine Fußball in dem riesigen Stadion, das mit der genialen Zeltdachkonstruktion von Günter Behnisch für die Olympischen Spiele von 1972 auf dem Oberwiesenfeld erbaut wurde.

Theater, Musik, Veranstaltungen, Museen

Theater

Bayerische Staatsoper – Nationaltheater, Max-Joseph-Platz 2. Oper, Ballett; Münchner Opernfestspiele (Juli). Spielorte: Nationaltheater ⓫, Cuvilliéstheater ⓭, Theater im Marstall, ☏ 22 13 16.
Staatstheater am Gärtnerplatz, Gärtnerplatz 3. Oper, Operette, Musical, Ballett, ☏ 2 01 67 67.
Deutsches Theater, Schwanthalerstr. 13. Gastspieltheater; Operette, Musical, Ballett, intern. Show, ☏ 59 34 27.
Bayerisches Staatsschauspiel, Max-Joseph-Platz 1/2. Klassische und moderne Autoren im Residenztheater ⓬ (Sept. 1988 – Ende 1990 wegen Umbaus geschl. – in dieser Zeit: Prinzregententheater) und im Cuvilliéstheater ⓭; Stücke mit Werkstattcharakter im Theater im Marstall, ☏ 2 18 51.
Münchner Kammerspiele, Maximilianstr. 26. Schauspielhaus: klassische und moderne Autoren. Werkraum: experimentelles Theater, ☏ 2 37 21-328.
Münchner Volkstheater, am Stiglmaierplatz, Eingang Briennerstr. 50. Volksstücke, ☏ 5 23 46 55.
Gasteig Kulturzentrum, Rosenheimer Str. 5. Theatergastspiele freier Gruppen und intern. Bühnen, Ballett, ☏ 4 18 16 14, 4 18 16 09.
Kleine Komödie im Bayerischen Hof, Passage zwischen Promenadeplatz und Prannerstr. Boulevardtheater, ☏ 29 28 10.
Kleine Komödie am Max-II-Denkmal, Maximilianstr. 47. Boulevardtheater, ☏ 22 18 59.
Theater Die Kleine Freiheit, Maximilianstr. 31. Boulevardtheater, ☏ 22 11 23.
Modernes Theater, Hans-Sachs-Str. 12. Freie Bühne, ☏ 26 68 21.
Studiotheater, Ungererstr. 19 (Fuchsbau). Freie Bühne, ☏ 34 38 27.
Team Theater, Am Einlaß 4–5. Freie Bühne, ☏ 2 60 43 33.
Theater in der Kreide, Thomas-Dehler-Str. 12 (Neuperlach). Gastspiele freier Gruppen, ☏ 6 70 60 80, 67 42 78.
Theater am Sozialamt, Haimhauserstr. 13 a. Freie Bühne, ☏ 34 58 90.
Theater rechts der Isar, Wörthstr. 9. Freie Bühne, ☏ 4 48 36 57.
Theater 44, Hohenzollernstr. 20. Freie Bühne, ☏ 32 87 48.
Theater der Jugend in der Schauburg, am Elisabethplatz, Franz-Joseph-Str. 47. Märchen, literarische Stoffe, aktuelle und historische Themen für Kinder ab 5 Jahren, Jugendliche und Erwachsene, ☏ 2 37 21-363, 2 37 21-365.
Münchner Marionettentheater, Blumenstr. 29 a. Spielort: Stadtmuseum, St.-Jakobs-Platz 1. Märchenvorstellungen für Kinder (nachmittags), Opernaufführungen und Komödien, ☏ 26 57 12.
Münchner Lach- und Schießgesellschaft, Haimhauser-/Ecke Ursulastr. Politisches Kabarett, gelegentlich Gastspiele, ☏ 39 19 97.
Rationaltheater, Hesseloherstr. 18. Politisches Kabarett, ☏ 33 50 40, 33 40 50.

Musik

Bayerisches Staatsorchester, Max-Joseph-Platz 2. Bayerische Staatsoper. Acht Akademiekonzerte pro Spielzeit im Nationaltheater ⓫, sechs Kammermusikkonzerte pro Spielzeit im Cuvilliéstheater ⓭; musikalisches Experimentiertheater, New Dance im Theater im Marstall; Münchner Opernfestspiele (Juli), ☏ 22 13 16, 2 18 51.
Münchner Philharmoniker, Kellerstr. 4. Klassische Musik – Barock bis Gegenwart. Spielorte: Philharmonie und Carl-Orff-Saal im Gasteig, ☏ 4 18 16 14, 4 18 15 09.
Symphonieorchester des Bayerischen Rundfunks, Rundfunkplatz 1. Klassisches Konzertrepertoire mit intern. Solisten und Dirigenten. Spielorte: Philharmonie im Gasteig, Herkulessaal der Residenz ⓭, ☏ 55 80 80.
Münchener Kammerorchester, Wittelsbacherplatz 2. Kammermusik – Barock bis Moderne. Spielorte: Hochschule für Musik, Herkulessaal und Brunnenhof der Residenz ⓭, Schloß Schleißheim, ☏ 28 37 32, 2 34 21 62.
Münchener Bach-Chor, Habsburgerplatz 1. Oratorien, Passionen, Kantaten, Motetten, Orchesterkonzerte (mit dem Münchener Bach-Orchester). Spielorte: Philharmonie im Gasteig, Kongreßsaal des Deutschen Museums, Herkulessaal der Residenz ⓭, Markuskirche, ☏ 22 74 88.
Frauenkirche ㉔, am Frauenplatz. Sonntägliche Messen mit Domchor und Orchester; Jahreskonzert des Domchors (Sept.), ☏ 22 09 10.
Markuskirche, Gabelsbergerstr. 6. Orchester und Chorkonzerte mit dem Münchener Bach-Chor; Orgelkonzerte, ☏ 28 31 95.
Abtei St. Bonifaz, Karlstr. 34. Orgelvesper mit intern. Solisten, Festmessen für Soli, Chor und Orchester zu den hohen Festtagen, ☏ 5 51 71 10.

Unterfahrt (Jazzclub mit Galerie), Kirchenstr. 96. Regionaler und intern. Modern Jazz; Jazzfrühschoppen (So), ☏ 4 48 27 94.
Kaffee Giesing, Bergstr. 5. Liedermacher, Chansons, Kleinkunst, Blues, Soul, Salsa, Jazz; Klassikfrühschoppen mit Live-Musik (So), ☏ 6 92 05 79.
Olympiapark GmbH, Spiridon-Louis-Ring 21. Pop- und Rock-Konzerte mit intern. Gruppen in der Olympiahalle, im Sommer Open-Air-Konzerte im Olympia-Stadion ㊿ und Theatron, ☏ 3 06 13-204, 3 06 13-205.

Veranstaltungen
Ganzjährig: *Viktualienmarkt* ⑤: Marktstände, Biergarten, Imbißstuben mit Münchner Flair (Mo–Fr 8–18, Sa 8–14, langer Sa 8–17 Uhr).
Ganzjährig: Fast 30 *Wochenmärkte* in den einzelnen Stadtteilen, zu den üblichen Geschäftszeiten, ☏ 2 33-3389.
Palmsonntag bis Sommeranfang: *Blutenburger Frühling*. Altbayrische Passionsmusiken, Russische Osternacht, Blutenburger Osterspiel, Blutenburger Gitarrentage (1.–31. Mai). Spielorte: Schloß Blutenburg ㊽ (Obermenzing), Rittersaal der Burg Schwaneck (Pullach), ☏ 8 34 49 45.
Erste Hälfte Febr.: *C-B-R München*, Messegelände, Theresienhöhe. Einwöchige Ausstellung Caravan-Boot-Intern. Reisemarkt.
Mitte/Ende April: Zweiwöchiges *Frühlingsfest* auf der Theresienwiese mit Buden, Karussells und Bierzelten.
Sa vor dem 1. Mai: Neuntägige *Maidult* auf dem Mariahilfplatz in der Au. Budenstraßen mit Volkskunst u. a.; Volksfest, Vergnügungspark.
16. Juni–Anfang Aug.: *Blutenburger Konzerte – Festlicher Sommer*. Freilichtveranstaltungen mit Orchesterkonzerten, Schauspiel, Volksmusik. Spielorte: Schloß Blutenburg ㊽ (Obermenzing), Würminsel im Klostergarten Pasing, Seebühne im Westpark, ☏ 8 34 49 45.
Mitte–Ende Juni: *Bell'Arte Schleißheimer Schloßmusik* in Schleißheim bei München. Kammermusik- und Jazzkonzerte, ☏ 1 23 36 92.
Ende Juni–Ende Aug.: *Schleißheimer Schloßkonzerte* in Schleißheim bei München. Erster und zweiter Zyklus, ☏ 22 74 88.
Juli: *Bell'Arte Musikalischer Sommer* im Brunnenhof der Residenz ⑬. Vier Orchester- und Jazzkonzerte, ☏ 1 23 36 92.
Münchner Opernfestspiele, v. a. Aufführungen der Bayerischen Staatsoper. Spielorte: Nationaltheater ⑪, Cuvilliéstheater ⑬, Alter Hof ⑨, ☏ 2 18 51.
Letzte Woche Juli: Neuntägige *Jakobidult* auf dem Mariahilfplatz in der Au. Budenstraßen; Volksfest mit Vergnügungspark.
Anfang–Mitte Sept.: *Bell'Arte Schleißheimer Schloßmusik* in Schleißheim bei München. Kammermusik- und Jazzkonzerte, ☏ 1 23 36 92.
3. Sa im Sept.–1. So im Okt.: *Oktoberfest* auf der Theresienwiese. Größtes Bier- und Volksfest der Welt. Festzelte, Blasmusik, bayrische Spezialitäten.
1. Okt.–5. Jan.: *Blutenburger Herbst*. Klassik, Jazz, Volksmusik, Lesungen, weihnachtliche Barockmusiken, altbayrisches Adventssingen, Blutenburger Weihnacht (5. Jan.) mit Weihnachts-, Neujahrs- und Dreikönigssingen. Spielorte: Schloß Blutenburg ㊽ (Obermenzing), Schloß Dachau, ☏ 8 34 49 45.
Mitte Okt.: Neuntägige *Kirchweihdult* auf dem Mariahilfplatz in der Au. Budenstraßen; Volksfest mit Vergnügungspark.
Okt.–Mai: 10 *Bell'Arte Meisterkonzerte*. Kammermusik- und Orchesterkonzerte. Herkulessaal der Residenz ⑬, Philharmonie im Gasteig, ☏ 1 23 36 92.
Mitte Nov.–23. Dez.: *Bell'Arte Weihnachtliche Barockmusik*. Orchesterkonzerte. Herkulessaal der Residenz ⑬, Philharmonie im Gasteig, ☏ 1 23 36 92.
Ende Nov.: *Heim + Handwerk*, Messegelände, Theresienhöhe. Handwerk im Wohnbereich mit Sonder- und Leistungsschauen der einzelnen Handwerkszweige.

Museen
Alte Pinakothek, Barer Str. 27 (s. ㊴).
Bayerisches Nationalmuseum, Prinzregentenstr. 3 (s. ㉘).
BMW-Museum/»Zeitmotor«, Petuelring 130 (s. ㊾).
Deutsches Jagd- und Fischereimuseum, Neuhauser Str. 53. Jagdwaffen und -utensilien, Trophäen und Kunstwerke (April–Okt. tägl. 9.30–17, Mo 19–22 Uhr; Nov.–März Di–So 9.30–16, Mo 19–22 Uhr).
Deutsches Museum, Museumsinsel 1, Ludwigsbrücke (s. ㊶).
Deutsches Theatermuseum, Galeriestr. 4a. Dokumentationsstätte zur Geschichte des Theaters (Di 10–12, Do 14–16 Uhr und nach Vereinbarung).
Glyptothek, Königsplatz 3 (s. ㊳).
Historisches Nähmaschinen- und Bügeleisen-Museum, Heimeranstr. 68–70. (Mo–Fr 10–16 Uhr).
Marstallmuseum, Schloß Nymphenburg (Südflügel) ㊼. Ehemalige Hofwagenburg des Hauses Wittelsbach mit historischen Prunkwagen, Kutschen, Schlitten, Geschirren, Reitausrüstungen (April–Okt. Di–So 9–12, 13–17 Uhr; Nov.–März Di–So 10–12, 13–16 Uhr).
Münchner Stadtmuseum, St.-Jakobs-Platz 1. *Stadtgeschichtliche Sammlungen*, die grafische Sammlung zum alten München, »Moriskentänzer« von Erasmus Grasser. *Puppentheatermuseum* mit 25 000 Theaterpuppen, Kostüme, Puppenspielbühnen, Wechselkulissen. *Musikinstrumentensammlung* mit Instrumenten aus aller Welt und aus verschiedenen Epochen. *Filmmuseum* mit historischen Filmen, Filmproduktionen aus allen Kulturkreisen in Originalfassungen. *Fotomuseum* zur Geschichte der fotografischen Techniken, Fotografie als Dokument und Kunst, Apparate, Zubehör. *Deutsches Brauereimuseum* mit Technik und Kulturgeschichte um Bier und Braukunst (Di–Sa 9–16.30, So 10–18 Uhr).
Nachttopfmuseum, Böcklinstr. 30. 2000 Jahre Nachttopf (Do 14–18, So 10–13 Uhr).
Neue Pinakothek, Barer Str. 29 (s. ㊴).
Paläontologisches Museum – Bayerische Staatssammlung für Paläontologie und historische Geologie, Richard-Wagner-Str. 10 (Mo–Do 8–16, Fr 8–15, jeden 1. So im Monat 10–16 Uhr).
Prähistorische Staatssammlung, Lerchenfeldstr. 2. Werkstätten und Kultplätze der frühesten Bewohner Bayerns über die Römerzeit bis zum frühen Mittelalter (Di–So 9–16, Do auch 16–20 Uhr).
Residenz mit Residenzmuseum, Max-Joseph-Platz 3 (s. ⑬).
Schackgalerie, Prinzregentenstr. 9. Sammlung deutscher Malerei des 19. Jh. des Grafen von Schack mit Werken seiner Zeitgenossen Carl Spitzweg, Moritz von Schwind, Franz von Lenbach, Anselm Feuerbach, Arnold Böcklin (Mo, Mi–So 9–16.30 Uhr).
Schatzkammer der Residenz, Max-Joseph-Platz 3, mit Kroninsignien, Kleinodien des hohen und späten Mittelalters, sakralem Kunstbesitz aus säkularisierten Kirchen und Klöstern (Di–Sa 10–16.30, So 10–13 Uhr).
Schloß Nymphenburg (s. ㊼).
Siemens-Museum, Prannerstr. 10. Entwicklung der Elektrotechnik, Elektronik und Kommunikationstechnik; Geschichte der Firma Siemens (Mo–Fr 9–16, Sa, So 10–14 Uhr).
Spielzeugmuseum im Alten Rathausturm, Marienplatz ②. Historisches Spielzeug (Mo–Sa 10–17.30, So 10–18 Uhr).
Staatliche Antikensammlungen, Königsplatz 1 (s. ㊳).
Staatliche Graphische Sammlung, Meiserstr. 10. Deutsche Einblattholzschnitte und Kupferstiche des 15. Jh., Grafik der Dürerzeit, der ital. Renaissance sowie von Rembrandt und seinen Zeitgenossen, deutsche Zeichnungen des 16.–20. Jh., Grafik des deutschen Expressionismus, intern. Grafik nach 1945, Kunst der Gegenwart (Mo–Fr 10–13, 14–16.30 Uhr).
Staatliche Münzsammlung, Residenzstr. 1 ⑬. Schwerpunkt: antike Münzen und Gepräge aus dem bayrischen und salzburgischen Raum, Schaumedaillen der Renaissance (Di–So 10–17 Uhr).
Staatliche Sammlung Ägyptischer Kunst, Hofgartenstr. 1, Residenz ⑬. Denkmäler des ägyptischen Altertums von der Vorgeschichte bis in die frühchristliche Zeit (Di–So 9.30–16, Di auch 19–21 Uhr).
Staatliches Museum für Völkerkunde, Maximilianstr. 42 (s. ㉚).
Staatsgalerie moderner Kunst, im Haus der Kunst, Prinzregentenstr. 1 (s. ㉗).
Städtische Galerie im Lenbachhaus, Luisenstr. 33. Werke Franz von Lenbachs und dessen Privatsammlung; Sammlung »Blauer Reiter«, Kunst der 20er Jahre. Wechselnde Ausstellungen zur Kunst der Moderne (Di–So 10–18 Uhr).
»Valentin-Musäum«, Isartorturm (s. ⑥).
Villa Stuck, Prinzregentenstr. 60 (s. ㊵).

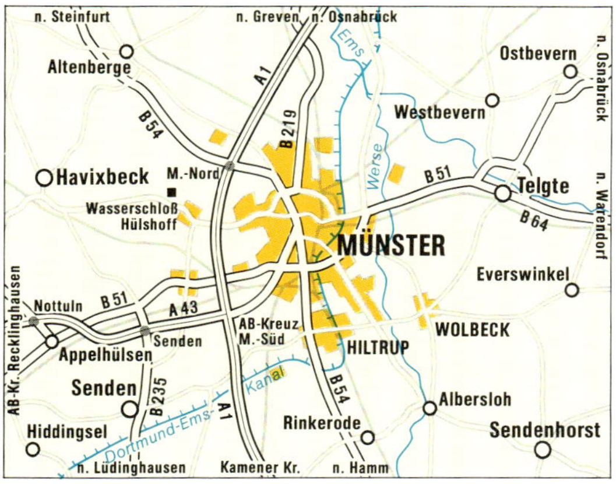

Eine Stadt von herber niederdeutscher Schönheit und Würde mit dem im Zentrum gelegenen Dom St. Paulus (unser Bild), voller Tradition und mit unverwechselbarem Flair: Münster. Beherrschend in ihrem Umland, ausgeprägt in ihrer Zentralität, ist die 1200 Jahre alte Bischofsstadt Fixstern des Lands, das ihren Namen trägt. Wo sonst sind eine Stadt und die umgebende Landschaft in Geschichte und Gegenwart so sehr aufeinander

ausgerichtet? Freilich wird am hauptstädtischen Rang zunehmend gerüttelt. Bisweilen schaut man anderswo neidvoll auf die vornehme Schöne im Norden. Inmitten einer sattgrünen Parklandschaft, über die sich ein sauberer Himmel wölbt, braucht sie keine Belastungen durch Großindustrie und Bergbau zu ertragen und kann sich dennoch der Annehmlichkeiten eines klug erwirtschafteten Reichtums erfreuen.

Münster

Perle Westfalens

Wappen Balken in Gold, Rot und Silber. Die Kombination Gold-Rot erinnert an die Farben des Bistums, die Kombination Rot-Silber an die der Hanse.
Lage Zwischen Lippe und Teutoburger Wald am Dortmund-Ems-Kanal.
Land Nordrhein-Westfalen
Autokennzeichen MS
Höhe 43–97 m ü. M.
Fläche 302 km²
Einwohnerzahl 269 000
Postleitzahl 4400
Telefonvorwahl 0251
Post Postamt am Hbf., Berliner Platz, Spätschalter (Mo–Fr 7–22, Sa 8–13, So 9–10 Uhr).
Polizei Polizeirevier Mitte, Alter Steinweg 29, ☏ 27 50
Taxi 6 00 11
Nahverkehr Stadtbus- und Überlandbus-Linien, Knotenpunkte Hbf. und Prinzipalmarkt; Mehrfahrtenkarten, 24-Stunden-Touristen-Karten und Wochenendkarten an Automaten und in den Bussen.
Parken An allen Einfallstraßen Parkplätze. Parkplätze und Parkhäuser im Zentrum oder in unmittelbarer Nähe sind ausgeschildert. Am bequemsten: Hindenburgplatz vor dem Schloß an der Hauptdurchgangsstr., citynah, gebührenfrei; Parkhaus Theater, Tibusstr., Parkhaus und Parkplatz Stubengasse; Parkhaus Aegidiimarkt, Universitätsstr.; Parkhaus, Bremer Platz; Parkhaus, Von-Steuben-Str.
Touristinformation Verkehrsverein Münster GmbH, Berliner Platz 22 (gegenüber Hbf.), ☏ 51 01 80 (Mo–Fr 9–19, Sa 9–13, So 10.30–12.30 Uhr).
Stadtführung Ab Informationsstand/ Bürgerhalle des Rathauses am Prinzipalmarkt (Mo–Sa 11, So 10 Uhr).
Stadtrundfahrt Ab Informationsstand/ Bürgerhalle des Rathauses am Prinzipalmarkt (Sa, So 10.30, Mi 14.30 Uhr).
Schiffahrt Auf dem Aasee zu Zoo und Freilichtmuseum ab Goldene Brücke (1. April–15. Okt. jede volle Stunde) und auf dem Dortmund-Ems-Kanal (Auskunft beim Verkehrsverein).

Vier Kneipen je Kirche

Der erste Eindruck von einer Stadt, wie leicht verfestigt er sich zum endgültigen Urteil! Der Besucher Münsters sollte sich vor diesem Fehler hüten, denn was immer ihm zuerst ins Auge fällt, es ist ein Stück Oberfläche und verdeckt anderes, das es unvoreingenommen zu entdekken gilt.

Der eine sieht schon von weitem ein Meer hochragender Türme. Stadt der Kirchen, des Krummstabs, des Weihrauchs, der Prozessionen? Ja, sicher auch. In Münster, behaupten glaubwürdige Zähler, gibt es über 50 Kirchen, und statistisch gesehen ist jede von vier Kneipen umgeben. Für die Mehrzahl der Kirchen trifft das ganz konkret zu.

Ein anderer hat von den legendären Kunstausstellungen im Landesmuseum ⓮ gehört. Einen Rekord erreichte die August-Macke-Ausstellung, die zur Jahreswende 1986/87 knapp eine halbe Million Besucher aus aller Welt anzog und für die an manchen Wochenenden bis zu 25 000 Menschen geduldig Schlange standen. Eine Stadt der Kunst- und Kulturpflege? Ja, aber das ist Münster nicht nur des Landesmuseums wegen. Konzerte, Theater, Barockfeste, Galerien, Lyrikertreffen und Rezitationen, Tagungen, Jazz-, Rock- und Popkonzerte, Revuen, Wissenschaft und Forschung, vor allem auch die in Ehrfurcht vor dem Althergebrachten gepflegten Kunstdenkmäler üben eine große Anziehungskraft aus. Münster ist sich seiner Bedeutung als kulturelle Metropole bewußt.

Erinnert sei an die münsterschen Barockbaumeister Johann Conrad Schlaun und Gottfried Laurenz Pictorius, an den Staatsminister Freiherr von Fürstenberg, den Universitätsgründer, der im 18. Jh. ähnlich große Bedeutung hatte wie der gelehrte Frater Johannes Veghe und der Humanist Rudolf von Langen im 15./16. Jh. Erinnert sei an Werner Rolevinck, den westfälischen Geschichtsschreiber des 15. Jh., an die »Familia sacra« der Fürstin Gallitzin, der Philosophen wie Johann Georg Hamann und Franz Hemsterhuis, Dichter wie Matthias Claudius, Friedrich Gottlieb Klopstock und Johann Wolfgang von Goethe angehörten. Annette von Droste-Hülshoff, Westfalens große Dichterin, hatte einen Freundeskreis in der Stadt, und auch der preußische Reformer Freiherr vom und zum Stein wirkte hier. Nennen wir für die Gegenwart noch Ruth Leuwerik und Gert Fröbe, deren Schauspielerkarrieren in Münster begannen, um zu zeigen, daß die Tradition ungebrochen ist.

Das Rathaus zur Rechten und St. Lamberti im Hintergrund umsäumen den respektablen Prinzipalmarkt.

Gediegenheit ist hier Gesetz

Wieder ein anderer sieht in dieser Stadt ein stockkonservatives Provinzkaff, von dem keine nennenswerten Impulse ausgehen. Flatterhaftes, Experimentelles, Provokatives, was die Welt in Frage stellt und Tradiertes zerbricht, hat hier nur geringe Chancen. Von wegweisenden Kulturskandalen hat man in Münster noch nie vernommen. Allerdings ist daran zu erinnern, daß in den 60er Jahren die Außerparlamentarische Opposition, als APO besser bekannt, in Münster so stark in den Vordergrund rückte wie kaum anderswo, und ihr Einfluß war beileibe nicht auf die Studenten beschränkt. Man prüft hier sehr genau und verschließt sich dem Neuen keineswegs, wenn es etwas taugt. Darin sind sich die Konservativen und die Progressiven gleich. Zeigt es sich dann, daß die Sache doch nichts taugt, ist man genauso schnell wieder damit fertig. So geht es nach Auffassung der Münsteraner sehr häufig zu. »Mein Gott, das ssoll nu ssowas sein!« kommentieren sie gern bedeutende Ereignisse.

So muß man das »Reich Zion« sehen, jene revolutionäre Wiedertäuferepisode im Zuge der reformatorischen Bestrebungen des 16. Jh., zu deren Ende die Münsteraner auch selbst beitrugen. Die Idee von »Gottes tausendjährigem Reich«, die Jan Bockelson, Bernt Knipperdolling und andere seit 1534 verkündeten, fand keineswegs ungeteilte Begeisterung in Münster, und so war es nach 16monatiger Belagerung dem Heer des Bischofs nur mit Hilfe der Münsteraner möglich, die Stadt einzunehmen – dies besorgten die bischöflichen Truppen mit unchristlicher Brutalität. Die Folge war, daß Münster wieder katholisch wurde und die Bischöfe, unterstützt von den Jesuiten, die Stadt vorerst aller Rechte entkleideten. Der Kampf zwischen den Bischöfen und der Stadt um die Entscheidungsgewalt über die städtischen Angelegenheiten sollte noch lange dauern.

Dickschädelig und selbstbewußt

Kritischen Bekennermut wissen die Münsteraner zu schätzen. Darum genießt der frühere Bischof Clemens August Graf von Galen (1878–1946) noch immer tiefe Verehrung. Wurden die Nazigrößen von nicht wenigen der dickschädeligen und selbstbewußten Münsteraner eher widerwillig akzeptiert, so konnte von Galen bis ans Ende des für Münster schon zweiten »Tausendjährigen Reiches« ungehindert – freilich nicht unbehelligt – in der Lambertikirche ❹ seine von Menschlichkeit und Glaubenskraft getragenen Predigten halten. Nie wieder waren Gottesdienste in Münster so gut besucht wie zu Zeiten des mutigen Bischofs.

Ihre politische Richtung ist für die meisten Münsteraner eine Lebensfrage und orientiert sich an kritischem Sozialengagement und Respekt vor den Überlieferungen. In der Zentrumspartei fand diese Einstellung einst ihre Heimat, und es verwundert nicht, daß der Zentrumspolitiker und Reichskanzler Heinrich Brüning ein Sohn der Stadt war. Heute finden die klassischen Parteien alle Zulauf; Radikale und Extreme haben es eher schwer in Münster.

Fern vom motorisierten Verkehr führen überall im Münsterland »Pättkes«, ruhige Wander- und Radwege, durch die schöne Gegend.

Wasserburgen

Welche andere Stadt ist von über 100 wohlgepflegten Wasserburgen umgeben? Nahe beieinander liegen z. B. Schloß Nordkirchen in Nordkirchen und Burg Vischering in Lüdinghausen (B 51 in Richtung Dülmen, ab Bösensell B 235 nach Lüdinghausen; von dort B 58 in Richtung Ahlen bis zur Abzweigung Nordkirchen; zurück über B 54 insgesamt etwa 70 km). Schloß Nordkirchen (1703–34), deutlich französischem Vorbild verpflichtet, trägt dennoch unverkennbar die Handschriften von Gottfried Laurenz Pictorius und Johann Conrad Schlaun. Das »Westfälische Versailles« ist seit 1958 Eigentum des Landes Nordrhein-Westfalen und beherbergt eine Fachhochschule (Besichtigung der Räumlichkeiten, ☏ 0 25 96/10 01). Burg Vischering, 1271 begonnen, ist seit 1622 baulich kaum verändert worden. Die Rundburg mit einem malerischen Innenhof, Giebeln und Erkern ist Sitz des Münsterlandmuseums (Ausstattung der Burg, Geschichte des Münsterlands, Kultur des Adels, Volkskunde; April–Okt. Di–So 9.30–12.30, 14–17.30 Uhr; Nov.–März Di–So 10–12.30, 14–15.30 Uhr), und mit ihrem Burgkeller-Restaurant auch lohnendes Ziel für eine Einkehr, ☏ (0 25 91) 36 21.

König Jan van Leiden

In den 30er Jahren des 16. Jh. sollte in Münster Gottes »Tausendjähriges Reich« entstehen. Die Begebenheit war kurz, aber von nachhaltiger Wirkung. Die reformatorische Wiedertäuferbewegung war auch aus bürgerlichem Widerwillen gegen die Einmischung des Bischofs in städtische Angelegenheiten entstanden. An gewaltsamen Umsturz hat zunächst kein Bürger gedacht, doch unter machtpolitischem Druck eskalierte die Wiedertäuferei. Während bischöfliche Truppen die Stadt belagerten, wurde Jan Bockelson (van Leiden) sogar zum König ausgerufen. Zu einem gottgefälligen Leben gehörte nach seiner Auffassung die Vielweiberei, was zwar viele Zeitgenossen ansporte, aber so manche Familie von heute nur ungern Rückschau halten läßt. Bockelson führte ein Terror-Regiment, dem der Bischof Franz von Valdeck mit seinen Truppen ein blutiges Ende setzte. Im Januar 1536 wurden Jan Bockelson, Bernt Knipperdolling und Bernd Krechting hingerichtet, ihre Leichen ließ der Bischof in Käfigen am Turm der Lambertikirche ❹ aufhängen – und Münster wurde wieder katholisch.

Stadtrundgang

Am besten starten Sie beim Dom 1 *Er ist Mittelpunkt der Stadt und reichlich von Parkmöglichkeiten umgeben.*
Drei Stunden wird Ihr Spaziergang etwa dauern, vorausgesetzt, Sie kehren unterwegs nicht in eine der schönen Kneipen ein . . .
Münster ist insgesamt so schön, daß man schlecht raten kann, was Sie ansehen und auslassen sollten.
In jedem Fall ist es aber empfehlenswert, sich die Besichtigung der Petrikirche 15 *und den Besuch des Schlosses* 22 *von vornherein gesondert vorzunehmen.*

Sehenswürdigkeiten

1 *Dom St. Paulus;* Kreuzgang und Herrenfriedhof des Doms stehen an der Stelle einer ersten um 800 vom hl. Liudger gegr. Klosterkirche. Der zweite Dom, eine dreischiffige Basilika, wurde 1090 geweiht; auf seinem Grundriß entstand um 1225–63 die heutige Kirche in spätromanischen und teilweise gotischen Formen. 1395 wurde der Kreuzgang vollendet. Spätgotische Veränderungen nahm das 16. Jh. an der West- und der Südwand vor; hier wurde die Paradieshalle mit reichem Schmuck zur Portalfassade umgestaltet. Monumentaler Apostelzyklus im Paradies (13. Jh.). Astronomische Uhr (1540–43) mit Tafelmalereien Ludger tom Rings und seiner Söhne. Weiterhin sind der Hochaltar (1619–22) und der Stephanusaltar (um 1630) Gerhard Gröningers sowie das Grabmal für den Fürstbischof Christoph Bernhard von Galen von Johann Mauritz Gröninger (um 1678) hervorzuheben. In der Domkammer Ausstellung zu den Themen Reliquienschatz, Liturgie und Kunstgeschichte des Doms (Di–Sa 10–12, 14–18, So und feiertags 14–18 Uhr).

2 *Prinzipalmarkt,* ab 1150 entstandene, um 1330 vollendete Häuserzeilen mit Giebeln und Bogengängen, die dem Zweiten Weltkrieg zum Opfer fielen und teils als Kopien, teils frei nachempfunden wiederaufgebaut wurden.

3 *Rathaus,* bedeutender Profanbau der Hochgotik (zweite Hälfte des 14. Jh.), zeigt mit seinem Giebel zum Prinzipalmarkt 2 und wurde wie dieser im Zweiten Weltkrieg zerstört. Der Giebel wurde rekonstruiert. Erhalten blieb die Ratskammer, 1648 Verhandlungsraum für den Westfälischen Frieden. Hier werden Erinnerungsstücke an das Rats- und Gerichtswesen des 16./17. Jh. und an den Westfälischen Frieden gezeigt, außerdem kostbar geschnitzte Inneneinrichtung (Mo–Fr 9–17, Sa 9–16, So 10–13 Uhr).

4 *St. Lamberti,* 1375–1450 an der Stelle zweier Vorgängerkirchen errichtete spätgotische Halle, besonders reich gegliederte Südseite. Leicht und licht wirkender Innenraum. Neugotischer Turm von 1887 nach dem Vorbild des Freiburger Münsters. Nach schweren Kriegsschäden bis 1966 wiederhergestellt, 1977 restauriert.

5 *Krameramtshaus,* 1589 errichtetes Gildehaus der Kramer (Kaufleute) mit Renaissancegiebel, holzgetäfelter Gildesaal von etwa 1620; heute Stadtbibliothek.

6 *Dominikanerkirche,* Backsteinbau, 1705–27 von Lambert Friedrich Corfey als dreischiffige Basilika mit Kuppel über dem Querschiff erbaut; an den römischen Barock gemahnende Westfront, von zwei Türmen flankierter Chor. Im Chor Altar von 1699.

7 *Erbdrostenhof,* von Johann Conrad Schlaun 1753–57 errichteter Adelshof, dreiflügelige Anlage mit einer großartigen Barockfassade. Diese und der Festsaal sind nach Kriegsschäden wiederhergestellt.

8 *Clemenskirche,* bedeutendster barocker Sakralbau Nordwestdeutschlands; 1745–53 durch Johann Conrad Schlaun erbaut. Durch Nischen ausgeweiteter Rundbau mit Kuppel und Laterne, dessen Inneres römischen Einfluß erkennen läßt. Im Zweiten Weltkrieg bis auf die Umfassungsmauern zerstört, bis 1973 bis ins Detail der Ausstattung wiederhergestellt.

9 *St. Servatii,* Mitte des 13. Jh. als dreischiffige Stufenhalle erbaut; um 1500 entsteht der Chor mit Maßwerkfenstern. Im Innern ein holzgeschnitzter Marienaltar (um 1480).

10 *St. Ludgeri,* spätromanische kreuzförmige Stufenhalle mit Vierungsturm (um 1190), nach dem Stadtbrand von 1383 Umbau zur reinen Hallenkirche, Erhöhung des Vierungsturms um zwei gotische Geschosse und Veränderung der Westtürme, Neubau eines aufwendigen gotischen Chors. 1948–61 wiederaufgebaut.

11 *Heeremanscher Hof,* mit seiner reichgegliederten Schauseite von 1564 eines der bedeutenden Renaissance-Bauwerke in Münster. Nach Zerstörung im Zweiten Weltkrieg stilgerecht wiederhergestellt.

12 *Druffelscher Hof,* 1784–88 nach Plänen Clemens August von Vagedes errichteter klassizistischer Bau mit Mittelrisalit und Freitreppe.

13 *Rothenburg,* eine der ältesten Straßen Münsters mit Bogenhäusern und Sandsteinfassaden (16. Jh.), Weltzeituhr und Glockenspiel am »Haus Nonhoff«.

14 *Westfälisches Landesmuseum für Kunst- und Kulturgeschichte.* Die Ausstellung zeigt die Beziehungen zwischen Kunst und Geschichte auf: Skulpturen, Gemälde und angewandte Kunst vom Mittelalter bis zur Neuzeit werden Exponaten zur politischen Geschichte gegenübergestellt (Di–So 10–18 Uhr).

15 *Petrikirche,* Vorbild für viele weitere Kirchen des Jesuitenordens; St. Petri wurde 1590–99 von Johann Rosskott als dreischiffige Basilika ohne Querschiff errichtet; schlichter kompakter Bau mit zwei schlanken Chortürmen und kleinen Seitentürmen. Beispiel »manieristischen« Kirchenbaus; nach Kriegsschäden bis 1956 in den alten Formen rekonstruiert.

16 *Liebfrauen- oder Überwasserkirche,* von 1340–46 entstandene spätgotische

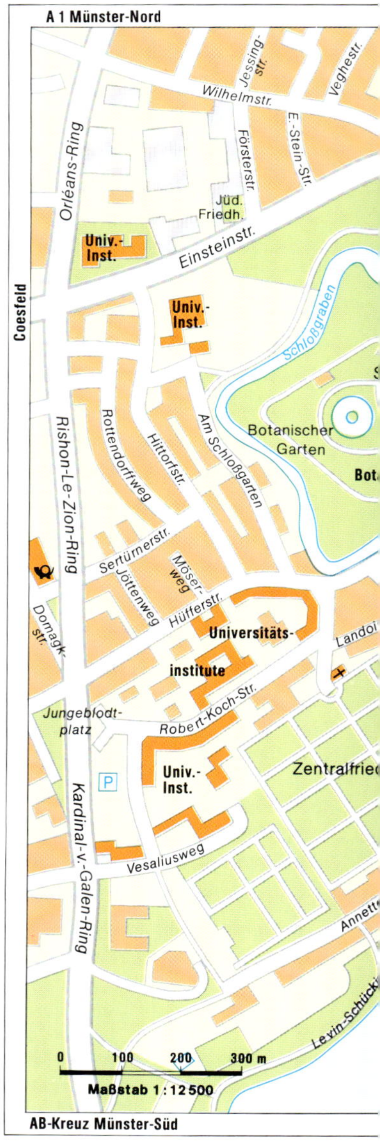

sche Halle an der Stelle einer 1040 geweihten Kirche. Der Westturm von 1400 beeindruckt mit seiner reichen Schauseite und dem achteckigen Aufbau auf vier Geschossen; obwohl seit 1708 ohne Helm, prägt er das Stadtbild. Strenge Einhaltung der Proportionen im Innenraum.

17 *Buddenturm,* 1880 aufgestockt und zum Wasserturm umgebaut, Überrest der mittelalterlichen Stadtbefestigung, nach Kriegsbeschädigung dem alten Erscheinungsbild wieder angenähert.

18 *Zwinger,* Rundbau mit vormals steilem Kegeldach, um 1530 als Bollwerk errichtet.

19 *St. Martini;* von einer romanischen Vorgängerin des 13. Jh. blieb der Unterbau des Turms erhalten. Im 14. Jh. wurde eine dreischiffige gotische Halle gebaut, im 15. Jh. erhielt der Turm ein viertes Geschoß, im 18. Jh. wurde ihm eine von Johann Conrad Schlaun entworfene Haube aufgesetzt. Kriegsschäden wurden bis 1961 behoben.

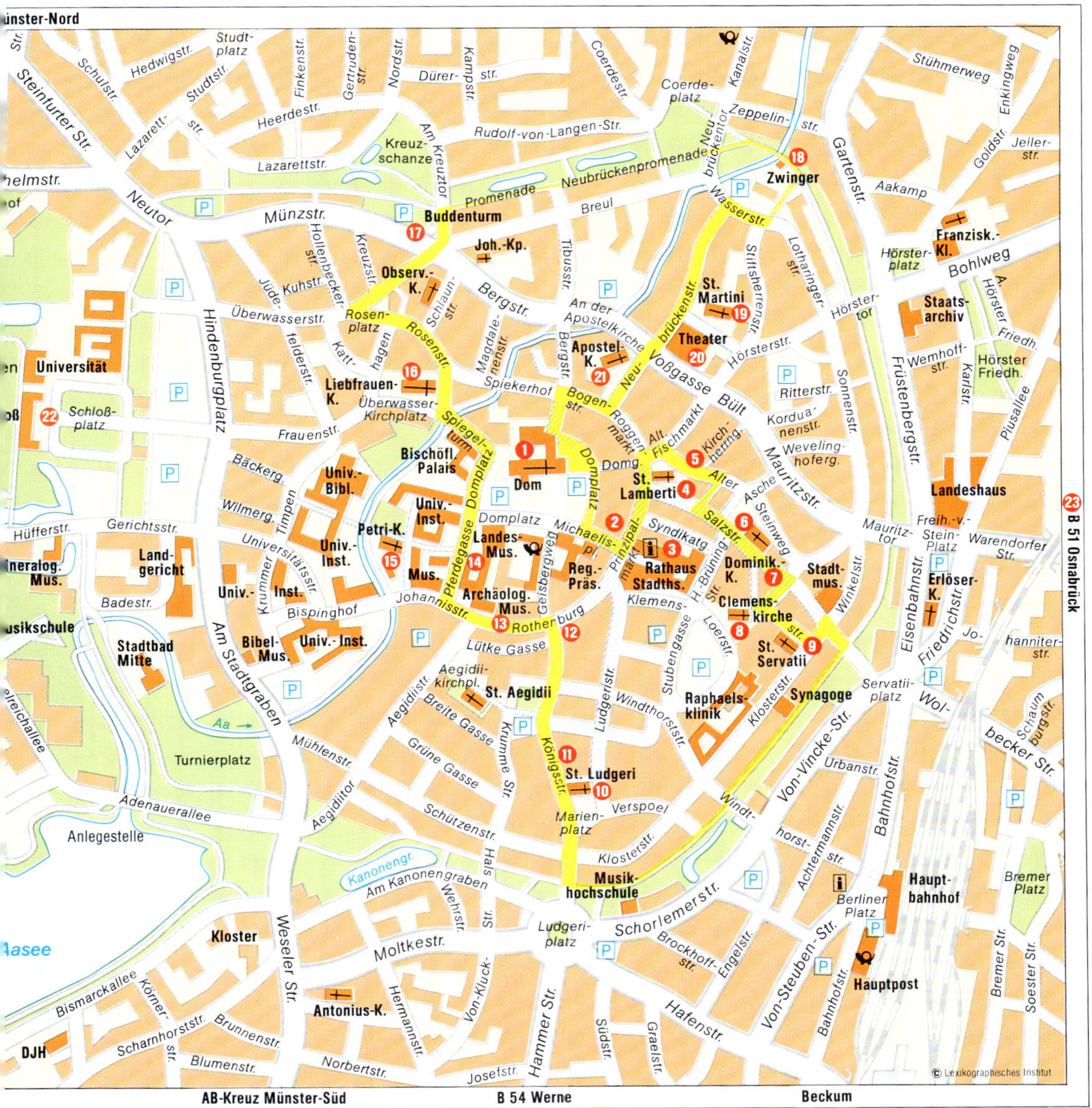

20 *Stadttheater,* eigenwilliger Neubau der Architekten Harald Deilmann, Max Clemens von Hausen, O. Rave und Werner Ruhnau (1954–56) unter Einbeziehung von Ruinen des kriegszerstörten klassizistischen »Romberger Hofs« und Berücksichtigung der Nachbarschaft von St. Martini **19** und Apostelkirche **21**.

21 *Apostelkirche,* erste rein gotische Kirche Münsters, um 1280 als zweischiffige Halle erbaut; im 16./17. Jh. wurde ein nördliches Seitenschiff angefügt. Urspr. für den Minoritenorden errichtet, hat die Kirche entsprechend der Ordensregel keinen Turm, sondern lediglich einen Dachreiter.

22 *Schloß,* ab 1767 entstandenes reifes Werk Johann Conrad Schlauns; mit gelbem Haustein reich gegliederter Backsteinbau; barocke Dreiflügelanlage; Hauptpavillon mit geschwungenem Risalit, erhöhtem Mansarddach und Türmchen; reich figurierte Fassade. Nach Kriegszerstörung und Wiederaufbau (die klassizistische Innenausstattung Wilhelm Ferdinand Lippers wurde nicht wiederhergestellt) wurde das Schloß der Universität zur Verfügung gestellt. Im Schloßgarten – urspr. französischer Park, seit 1854 englischer Landschaftsgarten – befinden sich der Botanische Garten von 1803 und die Orangerie von 1840.

23 *St. Mauritz,* urspr. einschiffiger Saalraum (11. Jh.), dessen östliche Flankentürme und westlich vorgesetzter Turm erhalten blieben, letzterer mit barocker Haube von 1709. Das Langhaus, eine dreischiffige Basilika von E. v. Manger, stammt aus den Jahren 1859–62. Wichtig als seltene Beispiele großfiguriger Plastik aus der Zeit vor 1100 sind die in die obersten Geschosse der Flankentürme eingemauerten Krieger- und Heiligenreliefs.

Kiepenkerl

Eine Kiepe wird auf dem Rücken getragen, und Kiepenkerle waren in Münster früher die Gewährsleute des ländlich-städtischen Warenaustauschs. Angetan mit dem landesüblichen Blaukittel und rotem Halstuch, schleppten sie landwirtschaftliche Produkte in die Stadt und städtische Waren hinaus aufs Land. Daß sie nebenbei auch Klatsch und Neuigkeiten transportierten, versteht sich. Den Kiepenkerlen haben die Münsteraner am Spiekerhof ein Denkmal gesetzt, Symbol auch für die enge Verflechtung mit dem Umland. Zum Symbol für dickschädelige und unerschütterliche Standhaftigkeit ist der Kiepenkerl außerdem geworden, weil er in Bombennächten unversehrt auf seinem Sockel blieb, während ringsum die Stadt in Schutt und Asche sank.

Tips, Tips, Tips

Pättkestouren durchs Münsterland
»Pättkes«, das sind stille, abgelegene Wege, die das Radfahren im Münsterland zum Vergnügen machen. Das Wegenetz abseits der Straßen ist nahezu perfekt. Natürlich gibt es Rast- und Grillplätze. Man kann auf eigene Faust losradeln oder sich einer Gruppe anschließen. Der Verkehrsverein organisiert ein- und mehrtägige Touren, sorgt für Leihräder, Unterkunft, Karten, Gepäcktransfer und Besichtigungen (☏ 510180).

Sich satt sehen
Kein Reiseführer spricht davon, und dennoch ist der Wochenmarkt am Dom eine Sehenswürdigkeit, die schon manchem wichtiger war als alle historischen Bauten. Hier geht es urwüchsig zu, man hört Platt und Holländisch und erlebt eine Farben- und Formenpracht, die vor der grandiosen Kulisse des Doms ❶ zu großartiger Geltung kommt.

Mit Witz zum Ziel
Der »unwiese Profässer« Dr. Hermann Landois (1835–1905) war ein genialer Schalk, wenn es galt, die Finanzierung des Münsteraner Zoos zu sichern. Zu den Originalen der Stadt zählt auch Gisbert Freiherr von Romberg (1839–97), genannt der »Tolle Bomberg«, der jedesmal die Notbremse zog, wenn der Zug an seinem ländlichen Anwesen vorbeifuhr. Die Eisenbahn gab schließlich nach und baute einen Bahnhof. In jüngster Zeit hat sich Theo Breider darauf spezialisiert, für sein Mühlenhof-Museum den Leuten Dienstleistungen, Geld und ganze Bauernhäuser abzulisten. Die fehlende Genehmigung für den Bau des Herdfeuers im Gräftenhof besorgte er sich, indem er dem Regierungspräsidenten bei einem Besuch ein Streichholz reichte und darum bat, nunmehr das »Wiärks« (Werk) zu vollenden.

Jovel und schovel
»Münster ist jovel«, verkündet der Aufkleber des Verkehrsamts. Außer Münsteranern versteht zwar kaum jemand, was das bedeutet, aber wen macht es nicht neugierig? Der Ausdruck entstammt der Masematte-Sprache, deren Ursprung nicht ganz klar ist. Rotwelsch, die Gaunersprache, dürfte beteiligt sein, aber das tut ihrer Beliebtheit in Münster keinen Abbruch. Es gibt sogar eine Masematte-Bewegung zur Pflege des Idioms. Erklärungsversuche scheitern, aber in Münster weiß jeder, daß »jovel« soviel wie stark oder bewundernswürdig heißt, während das Gegenteil mit »schovel« bezeichnet wird.

Verkehrschaos seit Liudgers Zeiten?

Viele sehen Münster zuerst durch die Windschutzscheibe eines Autos. Befahren sie die richtige Einfallstraße, dann genießen sie, daß alles großzügig und geradlinig geordnet ist. Ehe sie sich versehen, sind sie aber bereits auf einer Ausfallstraße und haben die City verpaßt. Verkehrslenkende Absicht? Wohl kaum, denn genauso gut kann es passieren, daß der fremde Autofahrer sich unversehens in einem Blechchaos wiederfindet und in eine Seitenstraße flüchtet, um ihm zu entrinnen. Dort aber ist er erst recht verloren; denn in dem engen, sich wie ein Wirbel drehenden Einbahnstraßensystem findet er schwerlich sein Ziel.

Die Verkehrs- und Parkraumnot der Innenstadt ist ein ungelöstes Problem. Was Wunder, daß die Menschen in hellen Scharen zur »Letze« (zum Fahrrad) greifen? In Münster haben die Radfahrer entlang den meisten Straßen eigene Wege. Sie haben sogar ihre eigenen Ampeln, was sie aber nicht hindert, jede befestigte Fläche als ihr Hoheitsgebiet zu beanspruchen. Sie tauchen nicht nur auf im Straßenverkehr, sie beherrschen ihn: überall und unerwartet, hintereinander, nebeneinander, geradeaus und quer. Wer an das Durcheinander nicht gewöhnt ist, dem tritt leicht der Angstschweiß auf die Stirn.

Wie alles hat in Münster auch die innerstädtische Verkehrsnot ihre Geschichte. Sie beginnt, genaugenommen, schon um 800 mit dem friesischen Missionar Liudger, dem Karl der Große nach den Sachsenkriegen die Bekehrung der Westsachsen übertrug. Liudger nahm seinen Sitz in »Mimigernaford«, einer im Krieg zerstörten sächsischen Siedlung. Hier wurde er Bischof, hier entstand eine Domburg auf dem Horsteberg. Seit dem 10. Jh. bildeten sich im Schutz dieser Domburg an den vorbeiführenden Handelsstraßen Marktsiedlungen, die nach und nach halbkreisförmig um die Domburg herum zur Stadt zusammenwuchsen. Aus den zur Geltung gelangten Kaufleuten bildete sich das Patriziat der »Erbmänner«, die den Rat besetzten und im Fernhandel tätig waren.

Der Rat der Stadt trotzte den Bischöfen ein Höchstmaß kommunaler Selbständigkeit ab, beanspruchte als Vorort der münsterländischen Städte die Mitwirkung bei der Regierung des Landes, verband sich mit dem Städtebund der Hanse und wurde Hauptort des westfälischen Hansequartiers. 1457 entrissen dann die Gilden den Erbmännern das Stadtregiment. Seitdem bestimmten sie maßgebend die Politik der Bürgerschaft, die sich im 14. Jh. das stolze Rathaus ❸ erbaute.

Das alte Stadtbild blieb erhalten

Der Dreißigjährige Krieg verschonte Münster weitgehend. Möglicherweise war das der Grund dafür, daß hier 1648 der Westfälische Frieden ausgehandelt wurde.

1815/16 wurde Münster Hauptstadt der preußischen Provinz Westfalen, und das in Jahrhunderten gewachsene Straßensystem hatte sich zwar erweitert, aber nicht verändert. Als dann im Zweiten Weltkrieg nahezu die gesamte Innenstadt in Schutt und Asche sank, wurde alles wiederaufgebaut, zum Teil sogar originalgetreu. Die mittelalterliche Enge der

Nur ein Teil der Häuser am Prinzipalmarkt mit ihren Bogengängen und hohen Giebeln zeigen nach dem Wiederaufbau das alte Gesicht.

Straßenzüge blieb erhalten. Als Lebensraum für die durch den Flüchtlingsstrom angewachsene Bevölkerung wurden Trabantenstädte errichtet.

Der Prinzipalmarkt ist das Herz der Stadt

Nach wie vor ist aber die Innenstadt kulturelles und gesellschaftliches Zentrum, hier spielt sich das Geschäftsleben ab, hat die Verwaltung ihren Sitz. Und weil sie Zentrum auch für ein weites Umland mit 1,4 Millionen Menschen ist, ergießen sich täglich wahre Autokarawanen in sie hinein und quälen sich abends wieder hinaus. Keiner will nämlich auf »seinen« Prinzipalmarkt ❷ verzichten. Er ist die gute Stube der Stadt: elegante Geschäfte, berühmte Cafés und Gaststätten, karnevalistische Prinzenproklamation und Rosenmontagsumzug, das alles hat hier seinen Platz. Hier enden Studentendemonstrationen, hier wird beim Altstadtfest getanzt und getrunken, hier wird der »Gute Montag« mit Fahnenschlag und Musik begangen, werden Staatsoberhäupter empfangen und wird Klatsch verbreitet wie in einer Kleinstadt. Es steht ganz außer Zweifel: Der Prinzipalmarkt ist das Herz der Stadt und der ganzen Region.

Von der innigen Beziehung Münsters zu seinem Umland war schon die Rede. Sichtbar wird sie im Kiepenkerl-Denkmal am Spiekerhof, dem Symbol der kleinen Handelsbeziehungen zwischen Stadt und Land. Da der Bergbau ins Münsterland hineinwandert, hat die Stadt als Verwaltungssitz des bedeutendsten Steinkohlebergbaubezirks der Bundesrepublik Deutschland eine neue Chance in der Zukunft.

Zu Pfingsten starten viele Heißluftballons zur Montgolfiade.

Theater, Musik, Veranstaltungen, Museen

Theater
Städtische Bühnen ⓴, Neubrückenstr. 63. Oper, Operette, Musical, Ballett, Schauspiel, Kleinkunst; Mundarttheater der *Niederdeutschen Bühne,* ☏ 5 90 91 00.
Wolfgang-Borchert-Theater (Zimmertheater) im Hbf., Berliner Platz 23. Schauspiel, ☏ 4 00 19.
Theater im Pumpenhaus, Gartenstr. 123. Schauspiel, Gastspiele, ☏ 23 34 43.
Abendgesellschaft (des Zoologischen Gartens), Wernerweg 112. Plattdeutsche Laienbühne (Febr.–Mai), ☏ 7 68 58.
Studiobühne der Universität, Domplatz 23. Aufführungen und Rezitationsabende nur während des Semesters, ☏ 83 44 29.
Halle Münsterland, Albersloher Weg 32. Boulevardtheater (Okt.–Mai), ☏ 6 04 66.

Musik
Städtisches Symphonieorchester, Neubrückenstr., Sinfonie-, Chor-, Solisten-, Jugend- und Kinderkonzerte, Kammerkonzerte. Spielorte: Städtische Bühnen ⓴, Halle Münsterland, Rathaussaal, Erbdrostenhof ❼. ☏ 5 90 91 00.
Halle Münsterland, Albersloher Weg 32. Operetten, Stargalas, Tourneeveranstaltungen, Jazz-, Rock-, Popkonzerte, ☏ 6 04 66, 6 00 21.
Hörsaal 1 der Universität Münster, Schloßplatz 2: Meisterkonzerte des Konzertbüros Schoneberg (Okt.–Mai), ☏ 3 59 62.
Dom ❶, Domplatz. Gregorianisches Choralamt, Chor-, Orgelkonzerte, ☏ 4 24 71.
Apostelkirche ㉑, Neubrückenstr.; *Universitätskirche,* Schlaunstr.: Chor- und Orgelkonzerte, ☏ 5 46 80.
Lambertikirche ❹, Prinzipalmarkt. Kirchenmusik mit intern. Chören, ☏ 4 31 25.
Jovel, Weseler Str. 109. Jazz, Rock, Pop, Blues mit deutschen und intern. Solisten, ☏ 79 74 74.
Odeon, Frauenstr. 51. Jazz, Rock, Pop, ☏ 4 34 47.

Veranstaltungen
Pfingsten: *Montgolfiade,* Flughafen Münster-Osnabrück in Greven. Europäische Heißluftballon-Wettfahrt, ☏ (0 25 71) 50 30.
Sommer (Schulferien): *Sommerprogramm der Stadt Münster* mit Theater, Pantomime, Zirkus, Revue im Schloßgarten, ☏ 4 92 30 90.
Alle zwei Jahre (1991) Mai: *Lyrikertreffen* (Veranstaltungsort vorher nicht bekannt), ☏ 3 71 07.
Alle zwei Jahre (1991) März: *Frühling, Blumen, Freizeit,* Ausstellung in der Halle Münsterland, Albersloher Weg 32, ☏ 6 60 00.
Alle drei Jahre (1992) Mai/Juni: *Guter Montag der Bäcker,* Innenstadt. Festlicher Umzug nach jahrhundertealtem Brauch, ☏ 4 30 63.
Jan.: *Reit- und Springturnier* in der Halle Münsterland, ☏ 6 60 00.
Febr./März: *Jugend-Reitturnier* in der Halle Münsterland, ☏ 6 60 00.
März: *Antiquitätentage* in der Halle Münsterland, ☏ 6 60 00.
Wochenende im März, Juni, Okt.: *Send.* Großkirmes mit Musikprogramm.
Juli: *Jazzfestival* mit deutschen und intern. Interpreten in der Halle Münsterland, ☏ 4 92 30 90.
1. Sa im Sept.: *Kunstmarkt* der Hobbykünstler im Rathaus-Binnenhof, ☏ 4 92 30 90.
2. Woche im Sept.: *Barockfest* im Erbdrostenhof ❼ und in der Dominikanerkirche ❻. Barockmusik mit deutschen und intern. Künstlern, ☏ 4 92 30 90.
Nov./Dez.: *Kleinkunstfestival* in der Halle Münsterland, ☏ 4 92 30 90.

Museen
Archäologisches Museum, Domplatz 20/22. Griechische und römische Antike; griechische Vasen und Tonplastik (Mi 16–18, Sa, So 11–12, 14–15 Uhr).
Bibelmuseum, Georgskommende 7. Bibelgeschichte, moderner Bibeldruck; Autographen des 16. Jh.; Handschriftensammlung (Mi 11–13, Do 17–19, jeden 1. Sa im Monat 10–13 Uhr).
Domkammer der Kathedralkirche St. Paulus, Domplatz 28 (s. ❶).
Geologisch-Paläontologisches Museum, Pferdegasse 3 (So 11–12.30, Mi 14–17 Uhr).
Karnevalsmuseum der K. G. Paohlbürger, Hof Heumannsweg 127 (tägl. 9–12, 14–17 Uhr).
Mineralogisches Museum, Hüfferstr. 1. Minerale und Gesteine aus Westfalen (Mi 15–18, So 10.30–12.30 Uhr).
Mühlenhof-Freilichtmuseum, Sentruper Str. 223. Bockwindmühle von 1748 mit Mühlenhaus von 1619 und Gräftenhof aus der Zeit um 1720 (15. März–30. Nov. 9–17 Uhr; 1. Dez.–14. März 13.30–16.30, So ab 11 Uhr).
Stadtmuseum Münster, Salzhof/Salzstr. 28. Stadtgeschichte, Münzkabinett (Öffnungszeiten des Stadtmuseums zu erfragen ☏ 4 92-29 46).
Westfälisches Landesmuseum für Kunst- und Kulturgeschichte, Domplatz 10 (s. ⓮).
Westfälisches Museum für Archäologie, Rothenburg 30. Vor- und Frühgeschichte Westfalens von der Altsteinzeit bis zum Mittelalter (Di–So 10–18 Uhr).
Westfälisches Museum für Naturkunde mit Planetarium, Sentruper Str. 285 (Di–So 9–18 Uhr; Öffnungszeiten des Planetariums erfragen ☏ 8 94 23).
Westpreußisches Landesmuseum, Am Steintor 5 (Schloß Wolbeck, Drostenhof). Landes-, Kunst- und Kulturgeschichte Westpreußens; Grafik, Münzen, Keramik (Di–So 10–18 Uhr).

Über die Nördlinger, in deren Stadt er von 1753–56 gelebt hat, schrieb der schwäbische Dichter Christian Friedrich Daniel Schubart, ihr Charakter sei »bei unvermeidlicher reichsstädtischer Steifheit doch seelengut, geräuschlos, mit wenigem zufrieden, stille, arbeitsam und zu Ordnung und Tugend beinahe durch eine Naturanlage gestimmt«. Seitdem ist viel fremdes Blut in die Stadt gekommen, aber als still und arbeitsam

Nördlingen

Der Rundling im Ries

lassen sich ihre Bewohner durchaus noch heute charakterisieren. Stattliche Handwerker- und Bürgerhäuser im Zentrum zeugen darüber hinaus von Bürgerstolz und einem ausgeprägten Sinn für Tradition. Gotik und Renaissance haben das Bild des »Rundlings« Nördlingen geprägt, der bis heute von einer vollständigen Mauer mit zwölf Türmen, fünf trutzigen Toren und dem rundum begehbaren Wehrgang umgeben ist.

Wappen Golden gekrönter und golden bewehrter schwarzer Adler auf goldenem Grund. Der Adler ist seit 1257 als Zeichen für die freie Reichsstadt bezeugt.
Lage An der Romantischen Straße, im Südwesten des Rieskessels vor der Schwäbischen Alb.
Land Bayern
Autokennzeichen DON
Höhe 420–480 m ü. M.
Fläche 63 km²
Einwohnerzahl 19 500
Postleitzahl 8860
Telefonvorwahl 0 90 81
Post Bürgermeister-Reiger-Str., Spätschalter (Mo–Fr 6–12, 14–18.45, Sa 8–14, So 10–12 Uhr).
Polizei Landespolizei-Inspektion, Deininger Str. 8, ☏ 30 05
Taxi ☏ 12 03, 16 60, 36 39, 41 83
Nahverkehr Züge und Bahnbusse Richtung Donauwörth, Aalen, Dinkelsbühl. Busabfahrt: Hbf. und Marktplatz.
Parken Am Berger Tor (13), vor dem Baldinger (13), Löpsinger (13) und Reimlinger Tor (13). Mit Parkscheibe: Brettermarkt, Weinmarkt, Obstmarkt, an der St.-Georgs-Kirche (9), Marktplatz, Kornschrannen (8), Tändelmarkt, Deininger Str., Bauhofgasse.
Touristinformation Verkehrsamt, Marktplatz 2, ☏ 8 41 16, 43 80 (Mo–Fr 8–12, 13–17 Uhr; März–Sept. auch Sa, So 9–12 Uhr).
Stadtführung Ab Rathaus (1) (April–Sept. jeden 1. und 3. Sa im Monat, 11 Uhr).

Stadtrundgang

Der etwa eineinhalbstündige Rundgang durch Nördlingen beginnt zweckmäßigerweise auf dem Marktplatz, wo mit Parkscheibe geparkt werden kann. Wer sich Zeit nehmen und bei einer der Sehenswürdigkeiten länger verweilen möchte, zu einer Stärkung einkehren oder eine Ruhepause einlegen will, der sollte sein Auto am Berger Tor abstellen, von wo aus über die Bergerstraße, den Weinmarkt und die Polizeigasse der Marktplatz in nur wenigen Minuten zu erreichen ist.

Die Wehrmauer (13) ist rund um die Stadt begehbar und bietet von erhöhter Warte aus viele Ausblicke auf die Altstadt. Sie sollten also nicht versäumen, neben dem vorgeschlagenen Rundgang in der Stadt wenigstens einen Teil dieser Wehrgänge für eine Stadtbesichtigung zu nutzen. Für den ganzen Rundgang auf der Mauer braucht man eineinhalb Stunden. An den Toren der großen Einfallstraßen stehen außer am Deininger Tor Parkplätze zur Verfügung.

Sehenswürdigkeiten

(1) *Rathaus,* um 1500 erweiterter und neu gegliederter Bau des 13. Jh. Sehenswerte gedeckte Freitreppe von Wolfgang Walberger im Renaissancestil mit spätgotischen Elementen (1618). Unter der Treppe Zugang zum Verlies, am Treppenpodest das Steinrelief »Narrenspiegel« mit der Inschrift »Nun sind unser zwey«.

(2) *Leihhaus,* 1522 als Kanzleigebäude und Waage errichtet, heute Sitz der Touristinformation.

(3) *Hafenmarkt,* mittelalterliches Handelszentrum mit sehenswerten Bürgerhäusern, besonders das Gebäude Paradiesgasse 4.

(4) *Klösterle,* Barfüßerkirche von 1420, die nach der Reformation zum Kornspeicher umgebaut wurde. Das figurenreiche Südportal (1586) stammt von Wolfgang Walberger.

(5) *Spital zum Hl. Geist,* eine der bedeutendsten Anlagen ihrer Art, im 13. Jh. gegr. Umfangreicher Gebäudekomplex beiderseits der Baldinger Str. In der Spitalkirche Fresken um 1375. Reizvolles Ensemble von Baulichkeiten des 16. Jh. um den Spitalhof.

(6) *Roßwette,* Pferdeschwemme des Spitals zum Hl. Geist an der Eger. Das benachbarte Malsche Haus stammt aus dem Jahr 1780.

(7) *Gerberviertel,* historisches Stadtviertel der Nördlinger Gerber mit sehenswerten, entsprechend den Bedürfnissen des Gerberhandwerks gebauten Häusern. Das Gebäude Nr. 39 beherbergte bis 1961 die letzte Nördlinger Gerberei. Auf dem Dach ein »Spion«, ein bei Feuergefahr besetzter Ausguck.

(8) *Kornschrannen.* Die alte Schranne, ein einfacher Bau von 1602 mit schönem Staffelgiebel, diente als Handelsplatz und Getreidespeicher. Die größere neue Schranne, heute Kreissparkasse, stammt aus dem 19. Jh.

(9) *St.-Georgs-Kirche,* eindrucksvoll große, spätgotische Hallenkirche von schlichtem Äußeren. Der 89,9 m hohe Turm, »Daniel« gen., trägt auf vier rechteckigen zwei achteckige Geschosse und die ebenfalls achteckige Türmerstube mit Kuppelhaube. Er bietet dem Besucher einen herrlichen Ausblick über die Stadt und weit in das Ries. Im Kircheninnern barockisierter Hochaltar mit Holzbildwerken des 15. Jh. Spätgotisches Sakramentshaus an der nördlichen Chorwand. Die Kanzel stammt von 1499; ihre Reliefs stellen die Evangelisten dar.

(10) *Tanzhaus,* für Festveranstaltungen der freien Reichsstadt 1442–44 errichtet, im 19. Jh. umgebaut. Im Erdgeschoß eine durch Rundpfeiler geteilte Halle mit raumbeherrschenden schweren Deckenunterzügen. An der Marktfront Steinplastik Kaiser Maximilians I. von 1513.

(11) *Hallgebäude,* 1541–43 als Salz- und Weinstadel errichtet, später Korn- und Zahlhaus. Wohnhaus der 1590 als Hexe verbrannten Rebecca Lemp. Vier sehenswerte Erker an den Ecken des dreigeschossigen Bauwerks, das durch ein hohes Satteldach und Treppengiebel beeindruckt.

(12) *Salvatorkirche,* 1442 geweihte einschiffige Kirche des Karmeliterordens, im 19. Jh. in drei Schiffe geteilt. Bemerkenswerter Hochaltar von 1497, der urspr. aus Fürth stammt.

(13) *Stadtbefestigung.* Die Anfänge des erhaltenen Mauergürtels reichen in die 20er Jahre des 14. Jh. zurück. Verbesserungen und Verstärkungen wurden bis ins 17. Jh. vorgenommen.
Das Reimlinger Tor geht auf das 14. Jh. zurück. Das Vorwerk stammt aus dem 16. Jh. Bestimmend ist das Abwurfdach, das der Brandgefahr bei Beschuß durch Kanonen Rechnung trug. 1603 kamen Geschützbrüstung und Wächterstube hinzu. An die Mauer angebaut sind die Kasarmen, Kleinbürgerhäuser des 18. Jh., die zu Kriegszeiten für die Soldaten geräumt werden mußten.
Die Alte Bastei von 1554 konnte zehn Geschütze aufnehmen. 1598 wurde der Mauerwulst erhöht.
Der Feil- oder Schuldturm stammt von 1395 und erhielt 1547 einen Aufsatz aus Ziegelmauerwerk.
1436 wurde das Berger Tor erbaut, der Turm wurde 1575 neu aufgeführt, das Vortor 1574/75 von Caspar Walberger.
Der Löwenturm wird zur Zeit renoviert.
Die Backofentürme des 16. Jh. haben ihren Namen von dem 1481 erwähnten »Turm beim Backofen«.
Das Baldinger Tor wurde 1430 erbaut, 1705 erneuert, nachdem der Turm infolge einer Belagerung im Jahre 1634 (Schlacht bei Nördlingen) eingestürzt war.
Auf den mit Hohlziegeln gedeckten Spitzturm (1481) folgt der Untere Wasserturm mit Geschützbrüstung von 1675.

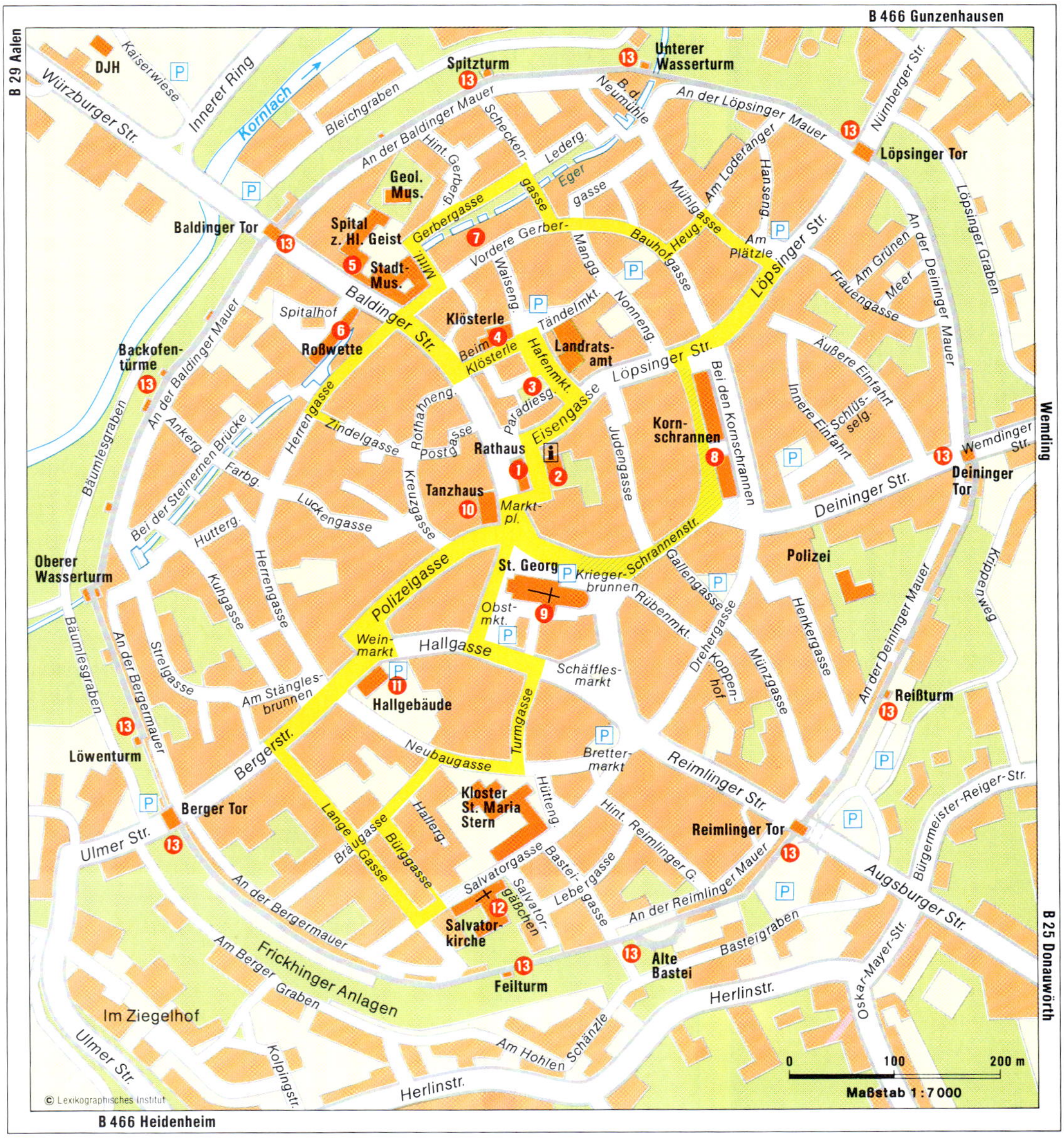

Die Stadt aus »Mondgestein«

Eine Katastrophe unvorstellbaren Ausmaßes hat das Ries entstehen lassen, ein fast kreisrundes, fruchtbares Becken zwischen Schwäbischer und Fränkischer Alb.

Vor rund 15 Millionen Jahren schlug hier ein Meteorit ein und hinterließ einen riesigen Krater, der dann in Jahrmillionen wieder aufgefüllt wurde und sich heute als flache, gegenüber der Umgebung um 100 m abgesenkte Ebene zeigt. Vom Wind herbeigetragener Löß, der den Boden des Kraters bedeckte, und ein günstiges Klima machten das Ries schon in der Altsteinzeit als Siedlungsgebiet attraktiv, wie die Schädelfunde in den Ofnethöhlen, 13 000 Jahre alten Bestattungsplätzen, beweisen.

Heute kann die Landschaft sich rühmen, nicht nur das geographische Zentrum Süddeutschlands, sondern auch der besterhaltene und besterforschte Meteoritenkrater unseres Planeten zu sein. Ziemlich genau in der Mitte dieses gigantischen Naturdenkmals liegt die »Rieshauptstadt« Nördlingen, die der Vorzeitkatastrophe ihr Baumaterial verdankt. Als der Meteorit einschlug, bildeten sich nämlich Gesteinsformen, deren Aufbau und Konsistenz dem Mondgestein so ähnlich sind, daß die US-Raumfahrtbehörde ihre Apollo-Astronauten im August 1970 zum Feldtraining ins Ries schickte. Welche andere Stadt kann von sich behaupten, aus »Mondgestein« (Suevit) erbaut zu sein?

Das neu errichtete Löpsinger Tor von 1592 weist im Erdgeschoß eine Mauerstärke von 3,5 m auf. Am Tonnengewölbe der Durchfahrt das Kopfrelief eines Wächters mit der Inschrift »Wer ist da – 1593 – WW« als Hinweis auf den Baumeister Wolfgang Walberger. Heute befindet sich im Löpsinger Tor das *Stadtmauermuseum* (Fr–So 10–12, 13.30–16.30 Uhr).

Das Deininger Tor, 1389 schon erwähnt, wurde ab 1517 neu errichtet und während der Belagerung 1634 von den Nördlingern in Brand gesetzt, weil sich kaiserliche Truppen darin festgesetzt hatten.

Der Reißturm von 1408 wurde 1644/45 umgebaut.

»So, G'sell so!«
Eine Sage rankt sich um diesen Wächterruf: Bestochene Wächter hatten 1440 das Löpsinger Tor nachts für einen Überfall offengelassen. Die Torflügel öffneten sich jedoch vorzeitig, weil eine Sau sich daran rieb. Eine Lodweberfrau vertrieb das Schwein mit dem Ruf »So, G'sell so!«, und ihr Mann, dem sie von dem offenen Tor berichtete, schlug Alarm. Die Mauern wurden besetzt und die verräterischen Wächter gefangengenommen. Sie sind gevierteilt und ihre Frauen ertränkt worden.
Es läßt sich bis heute nicht nachweisen, ob die Sage in allen Einzelheiten stimmt. Tatsache ist, daß die Wächter wirklich hingerichtet wurden. Einen Gedenktag mit einer Predigt, der sogenannten »Saupredigt«, gab es bis ins 18. Jh.

Soviel Stufen wie Tage im Jahr
350 Stufen führen hinauf zur Plattform des »Daniel«, 365 waren es vor dem Umbau der Treppe. 99 Kirchtürme, so heißt es, kann man von hier oben ringsum in der Rieslandschaft sehen. Rund um die Uhr wacht auch heute noch ein Türmer über das Wohl der Stadt. Alte Türmerordnungen sind von 1481 und 1492 überliefert. Danach hatten sich die Wächter nach Sonnenuntergang stündlich mit dem Ruf »So, G'sell so«, der wegen der dunklen Vokale eine große Tragweite hatte, mit den übrigen Tor- und Stadtwächtern zu verständigen. Noch heute erschallt der traditionelle Ruf des Turmwächters zwischen 22 und 24 Uhr alle halbe Stunde vom »Daniel«.
Zur »Untermiete« befinden sich die Glocken der St.-Georgs-Kirche im Turm, da er Eigentum der Stadt ist. Die größte Glocke wiegt 3700 kg.

»Ds Bescht, wo em ganza Ries wurd kocht ...«
Zu einem Rieser Hochzeitsessen gehört die »Süße Brühe«. Sie wurde an Außenstehende, die ihr »Häfela« (Schüssel, Napf) mitbrachten, gegen ein kleines Entgelt abgegeben. Diese Spezialität wird bis heute in alten Nördlinger Haushalten aus folgenden Zutaten gekocht: 30 g Fett, 50 g Mehl, Salz, 2–3 TL Zucker, 1 Lorbeerblatt, 1 Messerspitze gemahlene Nelken und Pfeffer, je 1 Handvoll Sultaninen und Korinthen, 2 Messerspitzen Zimt, 1–2 EL Essig, 3/4 l Wasser. Das Fett erhitzen und das Mehl darin dunkelbraun rösten; abkühlen lassen und unter kräftigem Rühren nach und nach mit kaltem Wasser aufgießen. Lorbeerblatt, Sultaninen und Korinthen mit durchkochen. Mit den übrigen Zutaten abschmecken, zu gekochtem Rindfleisch reichen.

Weithin sichtbar und selbstverständlich aus dem Stein umliegender Brüche errichtet ist der »Daniel«, Turm der St.-Georgs-Kirche ❾ und Wahrzeichen der Stadt, von dem aus fünf große Straßen durch ebenso viele Tore hinaus in die Ebene mit ihren 99 Dörfern führen.

Reich durch Spezereien und Gewürze

Urzelle der Stadt war ein karolingischer Königshof an der Stelle der heutigen Salvatorkirche ⓬. Ihm verdanken wir die erste genauere urkundliche Erwähnung: Im Jahr 898 bestätigt Kaiser Arnulf von Kärnten die Schenkung dieses Besitzes an den Bischof von Regensburg. Im Tausch gegen wertvolle Güter gewinnt Friedrich II. 1215 Nördlingen für das Reich zurück und baut es zu einem staufischen Stützpunkt aus. In demselben Jahrhundert wird Nördlingen freie Reichsstadt. Schon damals war die Stadt eine bedeutende Handelsmetropole. Ihre Lage an den großen Fernhandelsstraßen Frankfurt/Augsburg und Nürnberg/Bodensee hatte zur Folge, daß sich ein überregionaler Fernhandelsplatz entwickelte. Nördlinger Kaufleute pflegten Beziehungen ins Elsaß und in die Niederlande ebenso wie nach Polen und Italien. Einem von ihnen begegnen wir auf dem Stifterbild für den Hochaltar der St.-Georgs-Kirche, das im Stadtmuseum aufbewahrt wird: Der Handelsherr Heinrich Müller kniet hinter seinem Stiefvater Jakob Fuchshart, dem Stifter des Altars. 19 500 Gulden versteuerte Müller, damals reichster Mann der Stadt, im Jahr 1462. Er handelte hauptsächlich mit Spezereien (Gewürzen), die er direkt aus Venedig bezog.

Ein Kamel war 1468 Messeattraktion

Der Hafenmarkt ❸ und das Gebiet beim heutigen Klösterle ❹ waren im Mittelalter die Lebensadern der Stadt. Hier standen die beiden ältesten Messehäuser. Das Kürschner- oder Hafenhaus fiel 1955 einem Brand zum Opfer, nur der Steinsockel erinnert noch an das untergegangene Bauwerk. Im »Paradies«, so der Name des zweiten Messehauses, das 1877 abgebrochen wurde, gab es neben heimischen Erzeugnissen auch Luxusgüter des Mittelalters wie Spiegel und Glaswaren. Von der Vielseitigkeit des Handels zeugt eine Handschrift in der Grazer Universitätsbi-

1327 konzipiert und jahrhundertelang gehegt, umschließt der begehbare Wehrgang mit zwölf Türmen und fünf Toren noch heute die Stadt.

bliothek, die eine Arzneimittelpreisliste der Nördlinger Messe von 1447 enthält. Daß neben den Käufern und Händlern aber auch die Schaulustigen auf ihre Kosten kamen, ist zumindest für das Jahr 1468 bezeugt. Als nämlich ein Kamel durch die Gassen der Stadt getrieben wird, bricht eine Holzbrücke unter der Last der Neugierigen zusammen.

Noch heute beeindrucken die stattlichen Bürgerhäuser im Zentrum des früheren Messe- und Handelsviertels ❸. Das Gebäude Paradiesgasse 4 ist eines der ältesten Häuser Nördlingens, sehenswert wegen seiner spätgotischen Bausubstanz. 1983/84 instand gesetzt, ist es heute ein Beispiel für sachkundige Altbausanierung.

Das Rathaus ❶ diente ursprünglich als Messekaufhaus. Von den Oettinger Grafen 1313 an das Kloster Heilsbronn verkauft, wird es als Rathaus 1382 von der freien Reichsstadt zunächst gemietet und 1524 erworben. Wie die Ratstrinkstube und die ersten Obergeschosse des Tanzhauses ❿ und der Fleischbank diente es zur Messezeit als Tuchhalle. Holzstege verbanden diese Gebäude in Höhe des ersten Stocks. Noch heute ist in der Fachwerkfassade der Fleischbank der einstige Durchgang in 4 m Höhe zu sehen.

Rot und Schwarz, die Spezialitäten der Nördlinger Färber

1219 wird erstmals eine zehntägige Pfingstmesse in Nördlingen erwähnt. Sie war für den Einkauf wie für den Absatz der einheimischen Handwerker gleichermaßen wichtig. Besondere Bedeutung hatten die Gerber und Lodweber. Diese vergaben zunftintern nach strenger Prüfung ein Siegel als Zeichen für gute Qualität. Die Gerber bezogen bis in unsere Tage Häute von den Viehzüchtern im Ries; erst 1961 erlosch ihre Tradition, als die letzte Gerberei ihren Betrieb einstellen mußte. Drei Gassen an der nördlichen Stadtmauer im Bezirk zwischen dem Spital zum Hl. Geist ❺ und der Neumühle bilden das Gerberviertel ❼, einen städtebaulich besonders interessanten Bereich Nördlingens. An 36 Häusern sind noch die für das Handwerk typischen großen Trockenböden und -galerien zu sehen. Die großenteils stattlichen Gebäude zeugen vom Reichtum dieser Zunft, der Mitte des 16. Jh. 86 Meister angehörten. Noch 1870 wurden in 23 Betrieben 49 000 Felle und Häute gegerbt. Das Gebäude Nr. 39 in der Vorderen Gerbergasse trägt die Jahreszahl 1672 und ist seit Jahrhunderten im Besitz einer Familie. Im Gebäude Nr. 17 wird nach Abschluß der Sanierungsarbeiten eine Darstellung des Gerberhandwerks zu sehen sein. Auch die Färber dürfen nicht unerwähnt bleiben, wenn von den Nördlinger Handwerkern die Rede ist, denn ihr »Rot« und »Schwarz« waren weit über die Grenzen der Stadt hinaus begehrt.

In den Ofnethöhlen bei Holheim fanden sich 13 000 Jahre alte Schädel – Zeugnisse für die frühe Besiedlung des Nördlinger Rieses.

Am Tag 17mal gefoltert

1583–98 war in Nördlingen die Zeit der Hexenprozesse: 34 Frauen und ein Mann standen vor Gericht. Am Weinmarkt, in der Nähe des Hallgebäudes, stand das Haus der »Kronenwirtin« Maria Holl. Auch sie saß, der Hexerei verdächtigt, im Gefängnis. Der Henker hat sie, wie es heißt, »zum 3. Mal steif am Strang gehalten und auf- und abschnellen lassen«. Sie erhielt an einem Tag achtmal die »Spanischen Stiefel« angelegt, mußte zehnmal auf die »Hobelbank«, wurde an einem anderen Tag 17mal mit den verschiedensten Geräten peinlich befragt, gestand aber nicht, mit dem Teufel im Bund zu sein. Nachdem man sie noch ein halbes Jahr im Gefängnis behalten hatte, wurde die 46jährige Maria Holl im Oktober 1594 nach Schwören einer Urfehde mit der Verpflichtung, ihr Haus nicht mehr zu verlassen, in Freiheit gesetzt. 1966 wurde zu ihrem Gedenken ein hölzerner Brunnen seitlich vor ihrem Haus errichtet.

Um Scharlach und Barchent

Zum festen Bestandteil des Nördlinger Veranstaltungskalenders gehört das Scharlachrennen. Zum ersten Mal 1438 nachgewiesen, fand dieses Pferderennen während der Pfingstmesse jeweils am Montag nach Fronleichnam statt. Die Besitzer der Pferde – Patrizier, Adlige und Fürsten – ritten ihre Tiere meist nicht selbst. Die drei ersten Preise waren Scharlach, Armbrust und Schwert, der Letzte bekam ein Schwein. Der Scharlach war ein rotes Tuch, das sehr teuer war und ursprünglich nur in Flandern und England hergestellt wurde. Es war so reichlich bemessen, daß man daraus ein Gewand schneidern konnte. Neben dem Pferderennen wurde ein Wettlauf der Handwerksgesellen und der sogenannten freien Töchter, der Bewohnerinnen des Frauenhauses, durchgeführt. Die Gesellen mußten 300, die Frauen 150 Schritt laufen. Die Gewinner erhielten jeweils ein Barchenttuch.

Tips, Tips, Tips

Nördlingen von oben
Die runde Stadt und das runde Ries drum herum einmal von oben zu sehen, ist schon ein besonderes Erlebnis – zumal man die geologisch interessanten Formationen an den Rändern des Rieses aus der Luft gut erkennt. Der Rieser Flugsportverein bietet Rundflüge vom Flugplatz bei der Aumühle aus an. Man sollte sich allerdings vorher nach den Flugzeiten erkundigen und anmelden (☏ 40 99).

Geheimnisvolle Grabstätten der Altsteinzeit
Auf der Straße von Nördlingen nach Neresheim (B 466) erreichen Sie nach wenigen Kilometern rechter Hand einen großen Steinbruch. In dem Jurahügel darüber befinden sich die Ofnethöhlen. Sie waren vor ca. 13 000 Jahren Wohnplatz und Begräbnisstätte von Ureinwohnern des Ries. Am Fuß des Hügels haben die Römer einige Jahrtausende später eine Villa Rustica gebaut – von ihr sind noch die Grundmauern zu sehen. Für diesen Abstecher von Nördlingen aus müssen Sie eineinhalb Stunden Zeit einkalkulieren.

Keltenfestung auf dem Ipf
12 km sind es von Nördlingen nach Bopfingen (B 29). Dort kann man vom Stadtteil Oberndorf aus den Ipf besteigen, einen kahlen, kegelförmigen Vorberg der Schwäbischen Alb, den schon die Kelten zu einer Festung ausgebaut hatten. Von dieser sind noch deutliche Spuren auf dem Gipfel zu sehen. Außerdem wird man bei entsprechendem Wetter durch die phantastische Aussicht belohnt.

Handwerkern über die Schulter geblickt
Die Kunst der alten Handwerker ist in der einstigen freien Reichsstadt noch vielerorts lebendig. Wer Lust hat, kann in der Herrengasse zuschauen, wie traditionelle Holzbütten entstehen oder wie dicke Folianten sorgsam gebunden werden. In der Paradiesgasse zeigt ein Glasbläser, in der Drehergasse ein Glasschleifer sein Können.

Als die Stadt »aus allen Nähten platzte«

Blühendes Handwerk und florierender Handel ließen den ersten Mauerring schon bald zu eng werden, der bis heute an den folgenden Straßenzügen ablesbar ist: Herrengasse, Neubaugasse, Drehergasse, Bei den Kornschrannen, Bauhofgasse, Vordere Gerbergasse. Außerhalb dieser Befestigung lag beispielsweise das Spital zum Hl. Geist 5: Wirtschaftshof, Mühle, Pfisterei (Bäckerei), Kirche und Hofstadel sind mächtige Bauten, die immer noch als intaktes Ensemble beeindrucken. Heute sind Wohnungen für Behinderte, Feuerwehrgeräte und das Stadtmuseum hier untergebracht. Der frühere Holzhofstadel aus dem Jahr 1503 wird ab 1990 die Sammlungen des Ries-Geologie-Museums aufnehmen.

Ludwig der Bayer hatte erkannt, woran es Nördlingen fehlte. Bereits 1327 stellte er fest, daß die Stadt »umb sich allenthalben groß vorstat hat liegent«. Zum Schutz dieser Vorstädte befahl er den Bau einer Befestigung mit Graben und Mauern. 1390 ist der neue Befestigungsgürtel 13 geschlossen. Er besteht aus Hauptmauer, überdachtem Wehrgang, fünf Toren, zwölf Türmen und zwei Bastionen mit Zwinger, Wall und Sternschanzen. Nahezu kreisrund umgibt er die Stadt und bestimmt bis heute ihren Grundriß. Bis ins 17. Jh. werden die Befestigungsanlagen nach den jeweils neuesten wehrtechnischen Erkenntnissen weiter ausgebaut. Zu Beginn des 19. Jh. werden zwar Sternschanzen, Vorwerke und die neue Bastei abgetragen, ansonsten ist der Mauerring aber bis in unsere Tage vollständig erhalten.

Von 1488 bis 1534 gehört Nördlingen dem Schwäbischen Bund an. Im zweiten Obergeschoß des Rathauses 1 befindet sich noch heute der

Das Löpsinger Tor, unten quadratisch, oben rund ausgeführt, gestattet seit 1592 den Eingang aus nordöstlicher Richtung.

einstige Tagungsraum, die Bundesstube. Hier wurde 1531 Anklage gegen Götz von Berlichingen erhoben. Ein großes Wandgemälde des Nördlinger Stadtmalers Hans Schäufelin, die Belagerung von Bethulia mit der Enthauptung des Holofernes darstellend, schmückt den Raum. Schon 1522 hatte die Reformation in der freien Reichsstadt Einzug gehalten, 1555 wird sie auf Drängen der Zünfte und der Bürgerschaft endgültig eingeführt.

Drei Wochen Belagerung und kein gutes Ende

Bis ins 16. Jh. währte die Blütezeit Nördlingens. Dann aber setzte eine wirtschaftliche Stagnation ein, denn die Entdeckung Amerikas verlagerte die Handelsströme. Drei Wochen lang belagern im Dreißigjährigen Krieg die Kaiserlichen die Stadt, die sich unter dem schwedischen Kommandanten Daubitz tapfer verteidigt, obwohl Krankheit und Hunger herrschen. Ein schwedisches Entsatzheer wird von den Kaiserlichen am 6. September 1634 vernichtet, Nördlingen muß sich ergeben. Die Bevölkerung ist um die Hälfte verringert. Von den im Jahr 1600 gezählten 8 790 Einwohnern leben noch 4 345. Erst 1939 wird mit 8 383 Bürgern der Stand des frühen 17. Jh. annähernd wieder erreicht! Der damalige Glanz ist für Generationen dahin, denn für Kriege, Folgelasten und Einquartierungen muß die Stadt zwischen 1622 und 1713 dreieinhalb Millionen Gulden aufbringen.

Mit dem Reichsdeputationshauptschluß kommt Nördlingen 1803 zu Bayern und verliert den Status einer freien Reichsstadt. Wenig später wird das Ries politisch geteilt: Baldern und Bopfingen werden Württemberg zugeschlagen.

Nach dem Zweiten Weltkrieg hat der Zustrom der Heimatvertriebenen die Bevölkerungszahl Nördlingens im Jahr 1950 auf 13 771 Einwohner ansteigen lassen. Um den Zuwachs bewältigen zu können, entstehen vor den Toren der Stadt gut ausgestattete Neubauviertel. 1972 wird Nördlingen Große Kreisstadt, und bis 1978 werden zehn umliegende Gemeinden eingegliedert. Im neugebildeten Großkreis Donau-Ries muß sie den Kreissitz dann allerdings an Donauwörth abtreten.

Nördlinger Knaben mit Pauken und Trompeten

Wie in seiner glanzvollen Vergangenheit ist Nördlingen auch heute wieder Handelszentrum. Wie wichtig schon die freie Reichsstadt ihren kulturellen Auftrag nahm, läßt sich daran ablesen, daß die Namen bedeutender Maler mit der Geschichte Nördlingens verbunden sind. Friedrich Herlin (um 1430–1500) schuf den Hochaltar der St.-Georgs-Kirche als eines seiner Hauptwerke. Von Hans Schäufelin (ca. 1480–ca. 1540), der auch ein bedeutender Holzschneider war, gibt es außer dem Gemälde in der Stube des Schwäbischen Bundes noch den Zieglerschen Altar im Stadtmuseum zu sehen. Man nimmt an, daß er der Lehrer Bartholomäus Zeitbloms (1455–1518) war, aus dessen Ulmer Werkstatt viele bedeutende Werke der Spätgotik hervorgingen. Dieser Tradition fühlt sich Nördlingen auch heute noch verpflichtet. Der Buchdruck ist seit 1538 in Nördlingen heimisch.

Die Nördlinger Knabenkapelle besteht seit 1924; sie erteilt Jugendlichen zwischen 12 und 18 Jahren kostenlosen Unterricht und hat als besonders liebenswerte »Botschafterin« den Namen der »Rieshauptstadt« durch Konzerte in alle Welt getragen.

Von Nördlingen nach Neresheim
Nur 19 km ist Neresheim von Nördlingen entfernt (B 466), und dort ist ein Meisterwerk des Würzburger Baumeisters Balthasar Neumann zu bewundern: die Abteikirche Neresheim. Sie birgt einen der schönsten europäischen Barockräume, der nach einer gründlichen Renovierung zwischen 1965 und 1977 wieder in altem Glanz erstrahlt.
Neben der Gestaltung des Raums durch Balthasar Neumann faszinieren vor allem die hervorragenden Deckenfresken des Tirolers Martin Knoller. Die 1777 fertiggestellte Kirche und das dazugehörige Kloster werden seit 1920 wieder von Benediktinermönchen genutzt. Führungen durch Kirche und Kloster finden täglich statt.

»Zweydeutiger« Gruß am Verlieszugang unter der Rathaustreppe.

Theater, Musik, Veranstaltungen, Museen

Theater
Klösterle ❹, Tändelmarkt. Theateraufführungen und Musikdarbietungen deutscher und intern. Bühnen, ☏ 8 41 16, 43 80.
Freilichtbühne »Alte Bastei«. Intern. klassische und moderne Stücke, Heimatstücke, ☏ 8 41 16, 43 80.

Musik
St.-Georgs-Kirche ❾. Orgelkonzerte zwischen Ostern und Reformationsfest; Nördlinger Orgeltage, Chorkonzerte während des ganzen Jahres, ☏ 30 33.

Veranstaltungen
Flohmarkt in der Ankerhalle, Kaiserwiese (1. So im Monat 10–17 Uhr).
Alle zwei Jahre (1990), voraussichtlich Sept.: *Scharlachrennen* auf der Kaiserwiese. Trad. Pferdesportveranstaltung.
Alle drei Jahre Sept. (1990): *Historisches Stadtmauerfest*. Historisches Stadtleben in der Altstadt mit historischen Bildern, Gruppen und Kostümen.
2. Mo im Mai: *Stabenfest* mit Festzug der Nördlinger Schuljugend, Huldigung des Stadtoberhaupts, Darbietungen auf der Kaiserwiese.

Museen
Stadtmuseum, Vordere Gerbergasse 1. Regionalmuseum mit Sammlungen zur Mineralogie und Geologie, Vor- und Frühgeschichte, Geschichte der Stadt, Tafelmalerei (März–Nov. Di–So 10–12, 14–16 Uhr).
Stadtmauermuseum im Löpsinger Torturm (s. ⓭).

Den legendären »Nürnberger Trichter«, mit dem angeblich einst unbedarften Zeitgenossen Wissen eingeflößt wurde, findet man in der ehemaligen Reichsstadt Nürnberg heute ebensowenig wie in den Jahrhunderten zuvor. Abgesehen davon kommt der Besucher hier natürlich nicht nur bei Lebkuchen, Bratwürsten und Spielzeug auf seine Kosten: Die schon im Mittelalter auf Fernhandel orientierte Halbmillionenstadt hat

sich bei aller Dynamik einen einzigartigen mittelalterlichen Kern bewahrt. Nürnbergs Altstadt mit der Kaiserburg und St. Sebaldus (unser Bild) ist dennoch kein Museum, sondern ein Ort, in dem Geschichte lebendig ist. Das moderne Gesicht Nürnbergs stört diese Harmonie kaum: Glas- und Betonpaläste haben die Nürnberger mit Augenmaß vor die Sandsteinmauern ihrer historischen Altstadt gesetzt.

Nürnberg

Im Schatten der Kaiserburg

Wappen Das Große Stadtwappen zeigt auf blauem Grund einen goldenen Adler mit einem jugendlichen Königskopf, der eine goldene Blattkrone trägt. Das Wappen mit Adler und Königskopf, das erstmals 1243 erwähnt wurde, symbolisiert, daß Nürnberg dem Reich und dem deutschen König direkt untertänig war.
Das Kleine Stadtwappen ist gespalten; links zeigt es in Gold den halben Reichsadler und rechts in den Stadtfarben Rot und Silber sechs Schrägstreifen. Auch dieses erstmals 1350 verwendete Wappen symbolisiert die Untertänigkeit dem Reich gegenüber wie die Eigenständigkeit als Handelsstadt.
Lage Nordbayern, am Rande der Fränkischen Schweiz, an der Pegnitz.
Land Bayern
Autokennzeichen N
Höhe 289–390 m ü. M.
Fläche 186 km^2
Einwohnerzahl 473 000
Postleitzahl 8500
Telefonvorwahl 09 11
Post Hauptpostamt, Bahnhofsplatz 1.
Polizei Polizeipräsidium Mittelfranken, Jakobsplatz 5, ☎ 21 11
Taxi ☎ 2 05 55
Nahverkehr U-Bahn, S-Bahn, Straßenbahn und Bus. Vom Hbf. Anschlüsse in alle Richtungen, auch zum Flughafen. Für Touristen empfiehlt sich die Tagesnetzkarte, Verkauf an Automaten.
Camping Campingplatz im Volkspark Dutzendteich, Hans-Kolb-Str. 56, ☎ 40 84 16.
Parken Große Parkplätze am Messezentrum (P + R) und an der Meistersingerhalle, günstig von den Autobahnen nach München (A 9) und Stuttgart (A 6) zu erreichen. Innenstadt-Parkhäuser gut ausgeschildert: Insel Schütt, Augustinerstr., Sterntor und Kaufhof-Parkplätze.
Touristinformation Verkehrsverein im Hbf. (Mittelhalle), ☎ 2 33 60 (Mo–Sa 9–20 Uhr). Am Hauptmarkt 18, Rathaus (Mo–Sa 9–13, 14–18; Mai–Sept. auch So 10–13, 14–16 Uhr).
Stadtrundfahrt Abfahrt am Hallplatz bei der Firma Reba-Eno-Reisen, ☎ 20 44 44 (Mai–Okt., Ende Nov.–23. Dez. jeweils 9.30 Uhr).

Aus dem Bombeninferno wiedererstanden

In Jahrhunderten aufgebaut, bei einem Luftangriff am 2. Januar 1945 zu 90 % zerstört, wurde sie in den zwei Jahrzehnten danach so wiederhergestellt, daß ihre mehr als 900jährige Geschichte wieder überall zu spüren ist: die Stadt Nürnberg. Früher wurde sie als »des Deutschen Reiches Schatzkästlein« gelobt, heute schwärmt der fränkische Poet Hermann Kesten von ihr: »Nürnberg ist ein Traum, mit gotischen Kirchen und runden Wachtürmen, mit Mauern und Graben, mit der Burg und Gassen, die noch kürzlich aussahen wie vor 500 Jahren . . .«

Man muß es den Nürnberger Stadtvätern hoch anrechnen, daß sie nach dem Krieg nicht die Fehler machten, unter denen andere deutsche Städte heute zu leiden haben, sondern daß sie der Versuchung widerstanden, »tabula rasa« zu machen und auf den Trümmern der Altstadt eine moderne Beton-City hochzuziehen. Architekten und Handwerker, die das Nürnberg vor der Zerstörung kannten, ließen die historische Kernstadt vielmehr behutsam wiedererstehen. Was an modernen Gebäuden hinzukam, wurde mit geschickt gegliederten Fassaden, mit zahllosen werkgetreu restaurierten oder phantasievoll nachempfundenen »Chörlein« und Erkern an das mittelalterliche Erbe angepaßt.

Die historische Altstadt bestimmt heute so stark das Bild der fränkischen Metropole, daß Marketingexperten darüber nachdenken, wie man ihr ein noch zugkräftigeres Image verschaffen könnte. In einer bundesweiten Umfrage war nämlich deutlich geworden, was Besucher über die alte Kaiserstadt denken: »Nürnberg ist gemütlich, gastlich, traditionsverbunden, originell, interessant und betriebsam, aber weitaus weniger modern, elegant, weltoffen oder fortschrittlich.«

Das moderne Nürnberg wird häufig unterschätzt, es bleibt im Schatten der »alten« Stadt. Die zweitgrößte Stadt Bayerns wird weder als Großstadt gesehen – trotz ihrer fast 500 000 Einwohner –, noch gilt sie als Industriestadt – trotz der 92 000 Arbeitsplätze allein im Bereich Maschinenbau und Elektrotechnik. Auch als bedeutende Messestadt registriert man sie nicht auf Anhieb – trotz des sechsten Platzes in der Liste der deutschen Messestädte.

Mag am Butzenscheiben-Image der historischen Kaiserstadt, von der Adalbert Stifter bewundernd schrieb, sie sei »die schönste Stadt, die ich je gesehen habe«, auch noch einiges zu ändern sein, daß es hier langweilig zugehe, kann man dem einstigen »Augapfel der Fürsten und Herren« (E.T.A. Hoffmann) nicht nachsagen. »Meyers Universum« stellte schon 1837 fest: »Solche Mannigfaltigkeit schützt den Reisenden vor der Langeweile, die ihn so oft anwandelt, wenn er nach der Schnur gebaute Städte unserer Zeit zu beschauen geht ...«

Am Hauptmarkt ragt die Säule des Schönen Brunnens wie eine gotische Kirchturmspitze empor; im Hintergrund sieht man die Türme der St.-Sebaldus-Kirche.

Daß an den beliebten Altstadt-Spaziergängen des Nürnberger »Vereins der Altstadtfreunde« jedesmal Tausende von Bürgern teilnehmen, zeigt, wie stark man hier der Stadtgeschichte verbunden ist. Begonnen hat sie im Jahr 1050, als »Nourenberc« (der Felsberg) erstmals in der sogenannten »Sigena-Urkunde« erwähnt wurde, mit der Kaiser Heinrich III. die Freilassung der Hörigen Sigena verbriefte. Nürnberg ist eine politisch-militärische Gründung Heinrichs III., der auf dem roten Sandsteinfelsen zunächst eine Königsburg errichtete.

An Nürnberg kam kein Herrscher vorbei

Kaiserliche Gunst ebnete weiterhin die Wege Nürnbergs. Vor allem unter der staufischen Herrschaft wurde die kleine Niederlassung zu einem wichtigen Stützpunkt ausgebaut: Eine Kaiserpfalz entstand als zweite Burg auf den mächtigen Felsen, und die Siedlung wurde zu einer Doppelstadt beiderseits der Pegnitz erweitert.

Die Kaiserburg 7 stand öfter und länger im Mittelpunkt der Reichsgeschichte als irgendeine andere deutsche Burg. Von allen salischen und staufischen Burgen blieb sie als einzige über das feudale Hochmittelalter und das bürgerliche Spätmittelalter hinaus bis zum Beginn der Neuzeit Kaiserburg. Ihre große Zeit hatte sie unter den staufischen Herrschern, als die architektonisch bedeutendsten Teile wie der Palasbau, der sogenannte »Heidenturm« und die doppelstöckige Kaiserkapelle sowie der runde Bergfried »Sinwellturm« entstanden.

Zuerst war die stets reichstreue Stadt, der Kaiser Friedrich II. im Jahr 1219 den Großen Freiheitsbrief ausstellte, von der Burg abhängig, später kehrte sich das Verhältnis um. Auch nachdem die Burg in das System der Stadtbefestigung einbezogen worden war, blieb sie »des Heiligen Reiches Veste«. Die Stadtbefestigung, schon Ende des 13. Jh. vollendet, umzieht in etwa 5 km Länge die Nürnberger Altstadt und vermittelt auch heute noch einen einmaligen Eindruck von der außerordentlichen Macht und Größe der mittelalterlichen Reichsstadt.

Burg und Stadt sahen zahllose Reichs- und Hoftage. Alle anerkannten deutschen Kaiser und Könige eines halben Jahrtausends der Reichsgeschichte (von 1050 bis 1571) weilten auf der Burg. Im Jahr 1356 unterzeichnete Kaiser Karl IV. das Reichsgesetz der »Goldenen Bulle«, die die bevorzugte Stellung der Kurfürsten festlegte und durch die jeder neue König verpflichtet wurde, seinen ersten Reichstag in Nürnberg abzuhalten. 1424 vertraute Kaiser Sigismund der Stadt Nürnberg sogar die Reichskleinodien – wie Krone, Reichsapfel, Zepter und Schwert – »auf ewige Zeiten« zur Aufbewahrung an. Heute sind sie in der Schatzkammer der Wiener Hofburg zu bestaunen.

Nürnberger Lebkuchen – die unnachahmlichen

»Ströme süßen Goldes«, so heißt es in Berichten aus dem Mittelalter, seien aus den damaligen Reichswaldungen nach Nürnberg geflossen. Gemeint war der Honig, den die »Zeidler« (Bienenzüchter) in den ausgedehnten Wäldern rund um die Stadt sammelten. Da es den Nürnbergern dank weltweiter Handelsbeziehungen nicht an Pfeffer, Ingwer, Zimt und anderen Gewürzen fehlte, entstanden die unnachahmlichen Nürnberger Lebkuchen, die einem Chronisten zufolge »noch niemals, so sehr man sich auch drum bemühte, anderwärts haben nachgemacht werden können«. Die großen Zeidelweiden im Nürnberger Reichswald sind heute verschwunden, aber die geheimnisumwitterte Kunst der Lebkuchenherstellung ist geblieben.

Der Nürnberger Trichter

»Der Mann, der den Nürnberger Trichter erfand, hat sicher der Menschheit Bedürfnis erkannt.« Dieser alte Spruch sagt wohl einiges über den Menschen, aber nichts über den Ursprung der Legende aus. In der Nürnberger Stadtbibliothek befindet sich die vermutlich älteste Darstellung des »Nürnberger Trichters«: Auf einem Kupferstich des 17. Jh. sind drei Männer abgebildet, die einem auf dem Boden liegenden vierten mit einem großen Trichter Weisheit eingießen. Wahrscheinlich geht die Sage auf den Nürnberger Gelehrten Georg Philipp Harsdörffer zurück, dessen Lehrbuch mit dem Titel »Poetischer Trichter« 1647 erschien. Er versuchte darin, die »Teutsche Dicht- und Reimkunst, ohne Behuf der lateinischen Sprache, in VI Stunden einzugießen«. Das zu seiner Zeit beliebte Werk erhielt den Namen »Nürnberger Trichter«.

Über einem Seitenarm der Pegnitz wurde im 14. Jh. als Stiftung das Heilig-Geist-Spital errichtet. Die Krankenstube, als »Sutte« bezeichnet, lag unmittelbar über den beiden Brückenbögen.

Stadtrundgang

Ausgangspunkt eines etwa dreistündigen Rundwegs könnte der Hauptmarkt 1 *oder, wenn Sie mit der Bahn anreisen, auch der Bahnhof* 23 *sein. Wenn Sie den Aufstieg zur Kaiserburg* 7 *nicht scheuen, wird diese Mühe nicht nur durch einen schönen Blick über die Stadt belohnt. Ruhepausen empfehlen sich unter anderem im Burggarten oder im Park auf der Insel Schütt, die Sie von der Spitalbrücke aus erreichen. Zu einer Einkehr lädt die »Fränkische Weinstube« im »Handwerkerhof«* 24 *mit einem reichhaltigen Spezialitätenangebot ein; außerdem gibt es am Tiergärtnertor* 8 *zahlreiche Lokale, wo Sie zwischen schönen alten Häusern auch im Freien sitzen können. Falls Sie in Eile sind oder sich für die Besichtigungstour mehr Zeit lassen wollen, können Sie sich zunächst den nördlich der Pegnitz gelegenen Abschnitt vornehmen und den Rest auf einen späteren Besuch oder den nächsten Tag verlegen.*

Sehenswürdigkeiten

1 *Hauptmarkt*, 1349 durch Kaiser Karl IV. geschaffen, Schauplatz des Christkindlesmarkts.

2 *Frauenkirche*, 1352–61 erbaut, älteste Hallenkirche Frankens. Besonderheit: »Männleinlaufen« von 1509, tägl. 12 Uhr.

3 *Schöner Brunnen*, zwischen 1385 und 1396 entstanden, einer der ältesten Brunnen der Stadt; 40 Steinfiguren.

4 *Rathaus mit Lochgefängnissen*, Rathausplatz 2. Der älteste Teil ist der Große Rathaussaal (1332–40). Besonders sehenswert außerdem der 1616–22 entstandene Westteil im Stil der ital. Renaissance. Die Verliese unter dem Rathaus aus dem 14. Jh. befinden sich im Originalzustand: Folterkammern mit Folterwerkzeugen und Schmiedewerkstatt, Stockzellen und Zimmer des »Lochwirts« (Mai–Sept. Mo–Fr 10–16, Sa, So, Feiertage 10–13 Uhr).

5 *St.-Sebaldus-Kirche*, 1225–1379 erbaut, mit Grab des St. Sebaldus von Peter Vischer sowie Kunstwerken von Adam Krafft und Veit Stoß.

6 *Stadtmuseum Fembohaus*, prächtiges Nürnberger Bürgerhaus (16. Jh.). Seit 1953 Stadtmuseum. Reiche Zeugnisse älterer Wohnkultur (März–Okt. Di–So 10–17, Mi bis 21 Uhr; Nov.–Febr. Di–Fr 13–17, Mi bis 21, Sa, So 10–17 Uhr).

7 *Kaiserburg*, eine der bedeutendsten Burganlagen Mitteleuropas, älteste Teile um 1040 entstanden. Besonders interessant: Palas, doppelgeschossige Burgkapelle und Sinwellturm (Okt.–März 9.30–12, 12.45–16 Uhr; April–Sept. 9–12, 12.45–17 Uhr).

8 *Tiergärtnertor*, schöner Altstadtplatz mit geschlossenem Fachwerk- und Sandstein-Ensemble.

9 *Pilatushaus*, auch »Haus zum geharnischten Mann« genannt, Fachwerkhaus (15. Jh.) des Plattners Hans Grünwald.

10 *Albrecht-Dürer-Haus*, seit 1928 Dürer-Gedenkstätte. Bedeutendstes Fachwerkhaus der Stadt aus der Mitte des 15. Jh. In vier Geschossen Erinnerungen an Leben und Wirken Albrecht Dürers (März–Okt. Di, Do–So 10–17, Mi 10–21 Uhr; Nov.–Febr. Di, Do, Fr 13–17, Mi 13–21, Sa, So 10–17 Uhr).

11 *Altstadthof* mit »Museumsbrauerei«. Unterirdische Felsengänge, Bergstr. 15–21 (Führungen: Mo–Fr stündlich 14–19, Sa, So stündlich 11–19, Ende Nov.–Ende Dez. stündlich 11–19 Uhr).

12 *Weißgerbergasse*, ehemalige Handwerkerstraße mit Fachwerkbauten, teils mit Sandsteinfassaden. Gilt als besterhaltene Altstadtgasse Nürnbergs.

13 *Spielzeugmuseum der Stadt Nürnberg – Museum Lydia Bayer*, Spielzeug aus aller Welt und aus allen Epochen: Schaukelpferde, Puppen und Puppenhäuser, Zinn- und Bleifiguren, Kindertheater, optische und technische Spielzeuge, Blechspielsachen, Baukästen, Dampfmaschinen, Lokomobile, Modelleisenbahn (auf nicht absehbare Zeit geschlossen; nur ein kleiner Teil des Museums kann derzeit besichtigt werden: Di–So 10–17, Mi 10–21 Uhr).

14 *Weinstadel*, 1446–48 als Heim für Aussätzige gebaut, später Weinlager. Einer der bedeutendsten und größten Fachwerkbauten der Bundesrepublik Deutschland.

15 *Unschlitthaus*, gotisches Sandsteingebäude, 1490/91 als erstes Kornhaus Nürnbergs von Hans Beheim d. Ä. erbaut.

16 *Weißer Turm*, Torturm aus dem 13. Jh.

17 *Ehekarussell-Brunnen*, am Ludwigsplatz, 1984 von dem Bildhauer Jürgen Weber nach dem Gedicht von Hans Sachs »Das bittersüß ehlich Leben« gestaltet.

18 *St.-Elisabeth-Kirche*, als Hauskapelle des Deutschordensspitals erbaut, nach Umbauten ein klassizistischer Zentralbau mit 50 m hoher Kuppel.

19 *St.-Jakob-Kirche*, Chor aus dem 14. Jh., Hochaltar (um 1370) gilt als ältester Tafelaltar Nürnbergs.

20 *Germanisches Nationalmuseum*, gegr. 1852 als Museum für die Kunst- und Kulturgeschichte des gesamten deutschsprachigen Raums bis zur Gegenwart. Vor- und frühgeschichtliche Abteilung: Altsteinzeit bis Merowingerzeit. Kunsthandwerkliche Abteilung mit mittelalterlicher Goldschmiedekunst, wissenschaftlichen Instrumenten, Kostümen. Medizinhistorische Sammlung. Zunft-, Apotheken- und Handwerksaltertümer. Waffen- und Jagdgerät. Volkskundliche Abteilung: Trachten, bäuerlicher Hausrat, Bauernstuben und religiöse Kunst. Intern. renommierte Sammlung historischer Musikinstrumente. Gemälde und Skulpturen (14.–20. Jh.). Grafische Sammlung, Münzkabinett, historisches Archiv (Di–Fr 9–17, Do auch 20–21.30, Sa, So 10–17 Uhr).

21 *Städtische Bühnen* mit Schauspielhaus, Kammerspielen und Opernhaus.

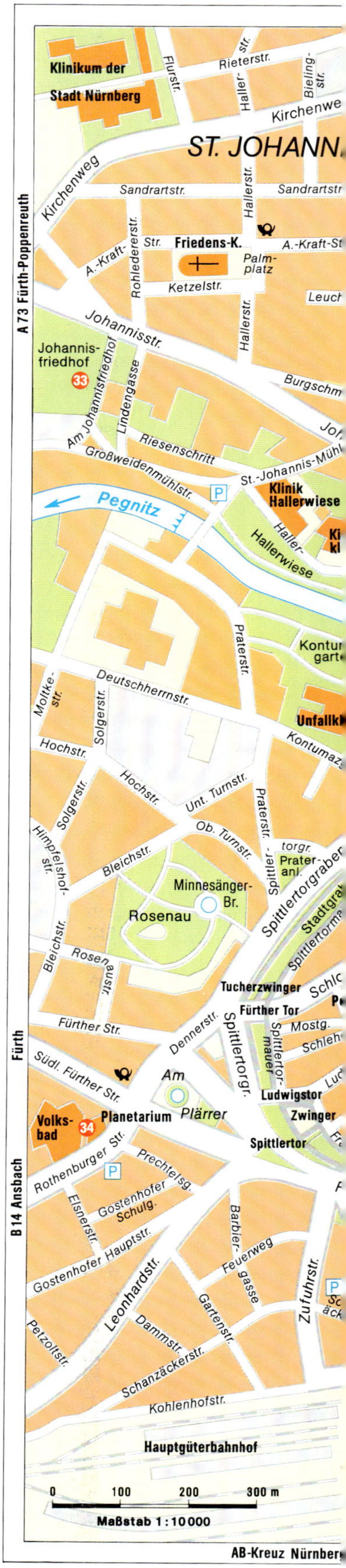

B 4 Erlangen
A 3 Nürnberg-Nord
A 3 Nürnberg-Behringersdorf
A 3 Nürnberg-Mögeldorf, AB-Kreuz Nürnberg
A 73 Nürnberg-Hafen
Messe, AB-Kreuz Nürnberg-Süd
GÄRTEN h. d. V.
SEBALD
LORENZ
TAFELHOF
Staatsarchiv
Archivstr.
Meuschelstr.
Pirckheimerstr.
Vestnertorgraben
Kühberg
Stadtgraben
Jugend-gästehs.
Vestnertor
Tiergärtner-tor
Burg-garten
Burg
Kp.
Maxtor
Universität
Tucher-schlößchen
Kübler-zwinger
Zwinger
Laufer Tor
Rathenau-platz
Stadt-park
Dürer-Haus
Altstadt-hof
Stadtmuseum
St. Egidien
Laufer Schlagturm
Altes Raths.
St. Sebaldus
Neues Raths.
Frauen-K.
Spielzeug-Mus.
Weinstadel
Unschlitths.
Hl.-Geist-Spital
Insel Schütt
Schuldturm
Univ.-Inst.
Naturhist. Mus.
Gewerbe-Mus.
Norishalle
Bismarck-Dkm.
Wöhrder Wiese
Hübnerstor
Kasemattentor
Alcibiades-Turm
Wöhrder Tor
Cramer-Klett-Park
Nassauer Haus
St. Lorenz
Weißer Turm
Elisabeth
Jakob
Mauthalle
St. Klara
St. Martha
Marientor
Kunsthalle
German. National-museum
Königstor
Handwerker-hof
Hauptpost
Paketpostamt
Hauptbahnhof
Frauentor
Sterntor
Frauentorgraben
Opern-haus
Schauspiel-haus
Verkehrs-Mus.
Kartäuser-tor
Färber-tor
Bahnhofstr.
Königstr.
Kornmarkt
Hallplatz
Breite Gasse
Dr.-Kurt-Schumacher-Str.
Theresienstr.
Pegnitz
Maxbrücke
Hinterm Bahnhof
Allersberger Str.
© Lexikographisches Institut

22 *Verkehrsmuseum*, ältestes deutsches Verkehrsmuseum mit Eisenbahnabteilung: Modellbahn, Originale und Nachbildungen berühmter Loks und Wagen, Signal- und Fernmeldeanlagen. Postabteilung: Entwicklung im bayrischen Raum, Fernmeldetechnik. Briefmarkensammlung (April–Sept. tägl. 10–17; Okt.–März Mo–Fr 10–16, Sa, So 10–17 Uhr).
23 *Hauptbahnhof*, imposanter Bau von 1865, 1903 umgebaut.
24 *Handwerkerhof*, am Königstor. Mittelalterliches Nürnberg, zahlreiche Handwerkstechniken werden in historisch eingerichteten Werkstätten demonstriert (20. März–24. Dez. Mo–Fr 10–18.30, Sa 10–14.30, langer Sa 10–18.30 Uhr).
25 *St.-Martha-Kirche*, 1360 gestiftet, im 16./17. Jh. Versammlungsraum der Nürnberger Meistersinger.
26 *St.-Klara-Kirche*, gotischer Bau, um das Jahr 1270 begonnen.
27 *Mauthalle*, 1498–1502 als Lagerhaus für Korn und Salz von Hans Beheim d. Ä. errichtet. Riesiges Kellergeschoß mit Gaststätte.
28 *Nassauer Haus*, ehemals Sitz adeliger Familien. Ältester Teil aus dem 13. Jh.
29 *St.-Lorenz-Kirche*, begonnen um 1250, vollendet 1477. Mit Hauptwerk »Engelsgruß« von Veit Stoß und Werken von Adam Krafft.
30 *Heilig-Geist-Spital*, Stiftung des Konrad Groß, 1331–39 erbaut, mit Kreuzigungsgruppe von Adam Krafft. Die ehemalige Spitalkirche war einst Aufbewahrungsort der Reichskleinodien.
31 *St.-Egidien-Kirche*, 1711–18 unter Einbeziehung von Bauteilen der abgebrannten romanischen Kirche im barocken Stil erbaut. An den südlichen Arm des Querschiffs schließen sich an: die Wolfgangskapelle mit der Grablegung, die Euchariuskapelle (12. Jh.) und die Tetzelkapelle mit der Krönung Mariens von Adam Krafft (1503).
32 *Barockgarten*, Johannisstraße (April–Okt. 8–20 Uhr).
33 *Johannisfriedhof mit Johanniskirche*, Johannisstr. Auf dem Friedhof viele Gräber von berühmten Nürnberger Bürgern (Okt.–März 8–17; April–Sept. 7–19 Uhr).
34 *Nicolaus-Copernicus-Planetarium*, Am Plärrer-Hochhaus (Vorführungen: Mi 16, 20, Do 20; Aug. zusätzlich Do 16 Uhr; erster und dritter So im Monat 10 und 11.15 Uhr).

Nicht weniger als 32 Herrscher waren zu Gast auf der Kaiserburg. Die meisten hat es öfter nach Nürnberg gezogen: 14mal den meist im fernen Sizilien residierenden Staufer Friedrich II. (1215–50), über 60mal Ludwig den Bayern (1314–47) aus dem Haus Wittelsbach und 40mal dessen Nachfolger, Karl IV. (1346–78), den Luxemburger. Insgesamt sind über 300 Herrscheraufenthalte auf der Burg bezeugt.

Von der Burg 7, am besten vom Sinwellturm, hat man den schönsten Blick über die »Stadt mit den zwei Gesichtern«: Spitzgiebelige Dächer reihen sich aneinander, hochragende Kirchen, die vier mächtigen Haupttürme, die einst die Stadttore sicherten, dahinter das Grün der weitläufigen Kiefernwälder und die Skyline der Trabantenstädte, die nach den beiden Hauptkirchen St. Lorenz 29 und St. Sebaldus 5 benannt sind.

»Nürnberger Tand geht durch alle Land«

Selbständigkeit erlangte die Stadt erst in der zweiten Hälfte des 13. Jh. Im Jahr 1256 wird erstmals ein Nürnberger Rat erwähnt, im selben Jahr trat Nürnberg dem Rheinischen Städtebund bei. Der Untergang des staufischen Kaiserhauses traf die aufblühende Stadt hart. Sie bestand jedoch diese erste große Bewährungsprobe ihrer Geschichte: Aus den ritterlichen Burgmannen und königlichen Bediensteten wurden reichsstädtische Patrizier, Kaufleute also, die das politische Schicksal der Stadt fest in ihre Hände nahmen und Nürnberg zu einem der wichtigsten Handelszentren Europas machten.

Die Verkehrsmittel haben sich geändert, doch Nürnbergs zentrale Lage im europäischen Straßennetz ist seit Jahrhunderten gleichgeblieben. Die heutige »Autobahnspinne« entspricht im wesentlichen den uralten Wegen. Die Handelsstraßen der »Nürnberger Pfeffersäcke«, die auch am Gewürzhandel profitierten, führten in alle Himmelsrichtungen: nach Leipzig, Lübeck, Hamburg, Bremen und in die Niederlande, nach Pilsen, Prag und Krakau (der heutigen Partnerstadt Nürnbergs), nach Wien, Ungarn und Venedig, nach Südfrankreich und Spanien. Ein geflügeltes Wort aus jener Zeit lautet: »Nürnberger Tand geht durch alle Land.« Bis zur Entdeckung Amerikas und des Seewegs nach Indien, also solange das Mittelmeer und Nord- und Ostsee für Seefahrt und Handel Vorrang unter den Meeren hatten, war Nürnberg ohne Übertreibung ein Mittelpunkt Europas.

Das Albrecht-Dürer-Haus, in dem der Künstler fast 20 Jahre lang wohnte, ist seit 1928 Museum und erinnert an das Leben und Werk des Künstlers.

Albrecht Dürer, Veit Stoß, Hans Sachs...

Mit dem Handel entwickelte sich auch das Handwerk der Nürnberger, die in einer kargen Gegend lebten und auf die Fertigkeit ihrer Hände angewiesen waren, zu hoher Blüte. Keine andere Stadt, heißt es, habe so erfindungsreiche Handwerker gehabt wie Nürnberg. Das älteste Verzeichnis von 1363 führt nicht weniger als 50 verschiedene Handwerke mit über 1200 Meistern auf. Die Gold- und Silberschmiedekunst, das Drahtziehen, die Taschenuhr (Peter Henlein), der Globus (Martin Behaim) und das Gewehrfeuerschloß haben von Nürnberg aus den Weg über die ganze Welt angetreten.

Eine umfangreiche Bautätigkeit prägte das Gesicht der Stadt. Gleichzeitig traten auch die künstlerischen Leistungen ihrer Bürger immer stärker hervor. Zwischen 1500 und 1530 erreichten Albrecht Dürer, Veit Stoß, Adam Krafft, Peter Vischer und Hans Sachs europäischen Rang. Sie alle gehörten einer einzigen Generation an.

Als die Reichsstadt sich 1525 zur Reformation bekannte, geriet sie mehrmals zwischen die Mühlsteine der Macht. 1632 mußte sie ihr Eintreten für den Schwedenkönig Gustav Adolf mit Hunger, Seuchen und dem Tod vieler Bürger bezahlen. Im Jahr 1650 feierten die hier zu einem Kongreß versammelten Diplomaten mit dem »Nürnberger Friedensmahl« das Ende des Dreißigjährigen Krieges. Im ausgehenden 18. Jh. wurde die Reichsstadt endgültig zum Spielball der Mächte. 1806 beendete Napoleon I. mit einem Federstrich ihre Reichsunmittelbarkeit und schlug Nürnberg Bayern zu.

Auch unter den neuen Herren erwiesen sich die Bürger als tüchtige Geschäftsleute, Erfinder und Handwerker. 1835 dampfte die erste deutsche Eisenbahn von hier nach Fürth, und Pioniere wie Johann Friedrich Cramer-Klett (MAN), Johann Siegmund Schuckert (Elektroindustrie) und Kaspar Faber (Bleistifte) verschafften Nürnberg bald einen Platz in der Spitzengruppe deutscher Industriestädte.

Seit 1972 Stadt mit Hafen

Inzwischen war die alte Handelsmetropole auch zum Wallfahrtsort für Kunst- und Geschichtsbegeisterte geworden. 1852 entstand das Germanische Nationalmuseum 20, 1868 erhob Richard Wagner die Stadt in seinen »Meistersingern« zum nationalen Symbol. Damit war sie endgültig zu einem Sinnbild für Deutschland geworden, was den fast unausweichlichen Nebeneffekt hatte, daß sie ab 1933 zum Schauplatz der Reichsparteitage und nach dem Zweiten Weltkrieg der »Nürnberger Prozesse« wurde. Die Relikte des nationalsozialistischen Größenwahns sind noch zu sehen: die »Große Straße« Hitlers, der gigantische Torso der unvollendeten Kongreßhalle und die Reste der Tribünenanlage »Zeppelinfeld«.

Geheimnisvoller Glücksring

Lange Zeit galt er als Wahrzeichen Nürnbergs, und bis heute weiß man nicht, wie er so nahtlos in das schmiedeeiserne Gitter des Schönen Brunnens 3 am Nürnberger Hauptmarkt eingefügt worden war: der goldene »Glücksring«. Jahrhundertelang haben ihn unzählige Besucher der Stadt, vom Handwerksburschen bis zum Bildungsreisenden, gedreht. Ein Handwerksbursche, und zwar ein Schlosserlehrling, soll es auch gewesen sein, der diesen kunstvollen Ring ohne Wissen seines Meisters in das Gitter eingelassen hat. Der jetzige Gitteraufsatz des Schönen Brunnens entstand zwar erst 1903, aber man hat den geheimnisvollen »Glücksring« wieder an der alten Stelle angebracht. Der Sage nach hat jeder, der ihn im Gitter dreht, einen Wunsch frei. Bei Verliebten, die sich Glück, und bei jungen Frauen, die sich ein Kind wünschen, soll die Wirkung fast unfehlbar sein.

Das deftige Hans-Sachs-Gedicht vom »bittersüß ehlich Leben« wird im »Ehekarussell«-Brunnen am Ludwigsplatz in eindrucksvoller Form dargestellt.

Schlag 12 Uhr beginnt das »Männleinlaufen« am Giebel der Frauenkirche.

Deutschlands größter Tiergarten
Der Nürnberger Zoo gehört zu den landschaftlich schönsten in der Bundesrepublik Deutschland. Die große Waldparkanlage liegt am Rand der Großstadt mitten in einem Naherholungsgebiet. Mit 63 ha Fläche ist der Tiergarten auch der größte Zoo der Bundesrepublik Deutschland. Eine Attraktion ist das 1970 erbaute Delphinarium – das einzige in Süddeutschland. In den Wäldern rings um den Tiergarten empfehlen sich erholsame Spaziergänge – etwa zum Aussichtsturm am Schmausenbuck (vom Hauptbahnhof aus mit der Straßenbahnlinie 3 oder mit dem Auto auf der Bahnhofstraße am Wöhrder See vorbei, durch die Kressengartenstraße in die Ostendstraße; in Mögeldorf geht es dann nach rechts hinauf zum Tiergarten, ca. 10 km).

Hautnah – aber auf Distanz
Die Städte Nürnberg und Fürth sind so zusammengewachsen, daß Außenstehende sie oft in einem Atemzug nennen. Dabei stehen sie von jeher in Konkurrenz. Von Nürnberg nach Fürth fuhr vor über 150 Jahren die erste deutsche Eisenbahn, heute fährt die U-Bahn »von Fürth nach Nürnberg«, wie manche Fürther mit Stolz behaupten. Der »billige Jakob« war einer der Ihren, und auch Henry Kissinger ist hier geboren, ansonsten sind berühmte Namen eher rar in dieser Stadt. Ein Begriff sind aber die »Gloosschleifer« (Glasschleifer), die im 19. Jh. Spiegelglas in die ganze Welt exportierten. Fürth wird noch nicht von den Touristen überschwemmt, man begegnet einer stilvoll restaurierten Altstadt und zahlreichen Beispielen für die Architektur des 19. Jh. Rund 100 000 Menschen leben hier, und viele Nürnberger sind als »Gastarbeiter« in der Nachbarstadt tätig. Mit dem Auto fährt man vom Hauptbahnhof geradewegs durch die Fürther und die Nürnberger Straße. Nach ca. 6 km erreicht man die Altstadt von Fürth.

Nürnberg ist heute wieder der wirtschaftliche und kulturelle Mittelpunkt Frankens; ihrem wirtschaftlichen Gewicht nach steht die Stadt in Bayern an zweiter Stelle. Als Knotenpunkt internationaler Autobahn- und Eisenbahnstrecken hat sie auch den Traum ihrer Stadtväter aus dem 19. Jh. verwirklicht: Seit 1972 besitzt Nürnberg einen eigenen Hafen und dank dem Europakanal einen ausgezeichneten Wasserweg.

In erster Linie lebt die Stadt von Elektroindustrie und Maschinenbau. Zahlreiche Produkte zeugen von der Kunst der Metallverarbeitung, die schon im Mittelalter in hoher Blüte stand. Damals wurden in Nürnberg nicht nur Harnische und Kettenhemden hergestellt, sondern auch kunstvolle Mechaniken und nautische Instrumente, mit denen die Entdeckung neuer Seewege möglich wurde.

Auch die Nürnberger Spielwaren – die größte Spielwarenmesse der Welt findet in den Mauern der Frankenmetropole statt – haben eine lange Tradition. Unter dem Kopfsteinpflaster der Altstadt hat man aus Ton gebrannte Reiterfiguren gefunden, die wahrscheinlich im 14. Jh. hergestellt worden sind. Urkundlich werden die Nürnberger Holzschnitzer und »Dockenmacher« (Docke bedeutet Puppe) erstmals im Jahr 1400 erwähnt. Heute arbeitet ein Viertel aller Beschäftigten der deutschen Spielwarenindustrie in Mittelfranken.

Die Nürnberger Lebkuchenbäcker, und mit ihnen die moderne Lebkuchen- und Speiseeisindustrie, können auf eine 600jährige Tradition zurückblicken. Mitte des 17. Jh. wurden in der Stadt die ersten holzgefaßten »Bleyweyss-Steffte« hergestellt – Vorläufer der Nürnberger Bleistift- und Schreibgeräteindustrie, die heute weltweite Verbindungen hat. Schon vor 600 Jahren wurde der Hopfenhandel urkundlich erwähnt, der nach wie vor für das Nürnberger Wirtschaftsleben charakteristisch ist. Auch der Versandhandel prägt das Gesicht des Wirtschaftsraums; Europas größtes Versandhaus hat sich im benachbarten Fürth niedergelassen.

Nürnberg ist längst nicht mehr »die Mitte Deutschlands und des ganzen Europas«, aber daß es einstmals das »Vaterland der Klugheit« und das »Wohnhaus der Künstler« genannt wurde, läßt sich deutlich nachvollziehen.

Historienbummel ohne lange Wege

Das historische Nürnberg zu erleben, fällt dem Besucher leicht. Er kann stets innerhalb der Wehrmauern bleiben, die Wege zu den Kunstschätzen und Baudenkmälern sind vergleichsweise kurz. Zum Beispiel liegen die drei größten mittelalterlichen Kirchen, die zu Füßen der Kaiserburg 7 in den Himmel ragen, nur wenige Minuten Fußweg auseinander. St. Sebaldus 5 mit ihren 77 m hohen Türmen vereint zwei Baustile in sich. Das Mittelschiff ist spätromanisch und wurde vermutlich 1256 geweiht; der gewaltige spätgotische Hallenchor folgte erst in den Jahren 1361 bis 1379. In seiner Mitte birgt er das Kleinod der Kirche, das Grab des heiligen Sebaldus. Dessen Gebeine liegen in dem mit getriebenen Silberplatten überzogenen Schrein, einer Goldschmiedearbeit aus dem Jahr 1397, für das der berühmte Erzgießer Peter Vischer zwischen 1508 und

Im Chor der St.-Lorenz-Kirche schwebt der »Engelsgruß« von Veit Stoß.

Wenn es »Zwetschgenmännle« gibt, dann beginnt auf dem Platz zwischen Frauenkirche und St.-Sebaldus-Kirche die Zeit des Christkindlesmarkts.

1519 mit seinen Söhnen ein kunstvolles Messinggehäuse geschaffen hat. Es gehört zu den wichtigsten Denkmälern des deutschen Erzgusses. In der St.-Sebaldus-Kirche finden sich auch Werke der Nürnberger Künstler Adam Krafft (Kreuztragungsrelief) und Veit Stoß (Altarkruzifix und St.-Andreas-Figur).

In ihren eigenwilligen Umrissen weisen die St.-Sebaldus-Kirche und die höher gelegene St.-Lorenz-Kirche 29 fast zwillingshafte Ähnlichkeiten auf, doch an der Westfront werden die Unterschiede deutlich: Während bei St. Sebaldus ein romanischer Westchor zwischen den Türmen vorspringt, zeigt St. Lorenz mit Portal, Rosette und Ziergiebel die typische Schaufassade einer gotischen Kathedrale. Ihre Entstehungsgeschichte reicht von den Anfängen bis zum Ausklang der Gotik (um 1250–1477). Die Kunstschätze dieses Gotteshauses, das im Mittelalter von großzügigen Stiftungen der Nürnberger Patrizier profitierte, überstanden den Zweiten Weltkrieg weitgehend unbeschädigt. Zu den kunstvollsten Werken des Nürnberger Bildhauerhandwerks gehört die Bildergeschichte im Bogenfeld des Hauptportals. Eine der ältesten Plastiken Nürnbergs ist die lächelnde Anbetungsmadonna (um 1285) am vierten Pfeiler der Eingangsseite. Der um 1480 entstandene, in Holz geschnitzte Erzengel Michael gilt als das wertvollste Werk seiner Art vor der Periode des berühmten Bildhauers Veit Stoß. Zu den herausragenden Kunstwerken im inneren Chorraum der Kirche zählen der meisterhaft geschnitzte »Engelsgruß« (1517–19), das Hauptwerk von Veit Stoß, sowie das Sakramentshäuschen (1493–96) von Adam Krafft, das als Wunderwerk seiner Zeit gilt. Hervorzuheben ist auch das Kaiserfenster (1477) aus der Werkstatt des Michael Wolgemut, eine der schönsten Glasmalereien Deutschlands.

Die Männlein huldigen dem Kaiser

Direkt am Nürnberger Hauptmarkt 1, früher Schauplatz ritterlicher Turniere und heute vor allem durch den berühmten Christkindlesmarkt bekannt, steht die von Kaiser Karl IV. gestiftete Kirche »Zu Unserer Lieben Frau« 2, Frankens älteste, von 1350 bis 1361 erbaute Hallenkirche. Von der wappengeschmückten Brüstung über dem Hauptportal aus zeigte man dem Volk zwischen 1361 und 1523 jedes Jahr einmal die Reichskleinodien. Die Kunstuhr am Giebel, 1506–09 gefertigt, steht täglich um zwölf Uhr mit ihrem »Männleinlaufen« im Mittelpunkt des Interesses. Die Szene soll an die »Goldene Bulle« aus dem Jahr 1356 erinnern: Sieben rotgekleidete Kurfürsten huldigen durch dreimaliges Umschreiten Kaiser Karl IV. Über dem Zifferblatt der Uhr ist an einer blau-goldenen Kugel die jeweilige Mondstellung abzulesen.

Gigantische NS-Relikte

In Anlehnung an die »Goldene Bulle« verfügte Hitler 1933, Nürnberg solle für alle Zeiten Schauplatz der Reichsparteitage sein – dementsprechend waren seine Baupläne. Am Dutzendteich sollte ein Aufmarschplatz von 60 ha Fläche, umgeben von 28 Türmen zu 40 m Höhe, entstehen. Das »Deutsche Stadion« war sogar für 450 000 Zuschauer konzipiert. Geblieben sind der Stadt ungeliebte Relikte: die »Große Straße«, 60 m breit und 2 km lang, heute Parkplatz für Hunderte von Bussen, das »Zeppelinfeld« und die unvollendete neue Kongreßhalle, ein Hufeisen von 450 m Länge und 2,70 m Mauerstärke. Sie war nach dem Vorbild des antiken römischen Kolosseums konzipiert und sollte 50 000 Menschen fassen. Heute dient sie als Lagerplatz, in einem Nebengebäude sind die Nürnberger Philharmoniker untergebracht. Ein Amerikaner bot zehn Millionen Mark für das »Monstrum«, doch die Stadt lehnte ab (vom Hauptbahnhof aus mit der Straßenbahnlinie 9 bis Haltestelle »Luitpoldhain«).

Ein Friedhof wie ein Geschichtsbuch

Der über 700 Jahre alte Johannisfriedhof 33 ist eine der schönsten Ruhestätten Europas. Wer sie besichtigt, kann den Werdegang der Reichsstadt Nürnberg wie in einem Geschichtsbuch nachvollziehen. Zwei Besonderheiten: die weitgehend einheitlich großen liegenden Grabsteine mit ihren kunstvollen Epitaphien und die Grabstätten der berühmtesten Nürnberger, darunter Albrecht Dürer, Veit Stoß, Anselm Feuerbach (vom Hauptbahnhof mit der U-Bahn zum Plärrer, dann Straßenbahnlinie 6 bis Haltestelle »Brückenstraße«).

Wer den Aufstieg zur Kaiserburg nicht scheut, hat vom Sinwellturm aus den schönsten Blick – über Fünfeckturm, Kaiserstallung und Luginsland hinweg – auf Nürnbergs Altstadt und die umliegenden modernen Trabantenstädte.

Tips, Tips, Tips

Lebkuchen live
Lebkuchen kauft man am besten in Nürnbergs ältester Lebküchnerei am Hauptmarkt, die seit 1610 besteht. Hier kann man zusehen, wie Honiglebkuchen nach einem Originalrezept aus dem Mittelalter hergestellt werden. Auch im »Handwerkerhof« am Hauptbahnhof (23) gibt es Lebkuchenherstellung live.

Eppeleins Super-Sprung
Angeblich ist es der Abdruck eines Pferdehufs, der in der Sandsteinmauer der Nürnberger Burg unweit des »Fünfeckigen Turms« zurückgeblieben ist: Von hier aus soll der Raubritter Eppelein von Gailingen im 14. Jh. über den Burggraben gesprungen und den Nürnberger Häschern entkommen sein. Seither heißt es: »Die Nürnberger hängen keinen, sie hätten ihn denn.« Geschichtlich belegt ist nur, daß Eppelein 1381 in Nürnberg hingerichtet wurde.

Spielzeugstadt Nürnberg
Das Nürnberger Spielzeugmuseum ist nicht nur zum Schauen da, es gibt dort auch vielerlei zu kaufen, wie ausgewähltes historisches Spielzeug und Modellspielzeugbogen zum Ausschneiden.
Zinnfiguren gibt es in den Zinnfigurenkabinetten der Altstadt (z. B. am Hauptmarkt).

Wo Dürer zechte
Albrecht Dürers Trinkbecher und die Originalspielkarten des Schusters (und Meistersingers) Hans Sachs zeugen von der ehrwürdigen Vergangenheit des Restaurants »Goldenes Posthorn« an der St.-Sebaldus-Kirche. Deutschlands älteste Weinstube (seit 1498) bietet neben Feinschmeckermenüs auch fränkische Gerichte. Darüber hinaus ist die Weinkarte eine Attraktion.

Wie eine gotische Kirchturmspitze ragt die Säule des Schönen Brunnens (3) gegenüber der Frauenkirche 19 m hoch aus einer achteckigen Brunnenschale auf. Er gehört zu den ältesten Röhrenbrunnen der Stadt und hat seit 1388 einen eigenen Zufluß.

40 Steinfiguren auf vier Ebenen – von den vier Evangelisten bis hin zu den sieben alttestamentarischen Propheten – ergänzen den reichen ornamentalen Schmuck.

Prunksaal und Lochgefängnis unter einem Dach

Zu den ältesten öffentlichen Bauten Nürnbergs gehört das Rathaus (4) aus dem 14. Jh., dessen prunkvoller Großer Saal einst Schauplatz vieler Kaiserempfänge und Reichstage war. Tief unter dem Rathaus können noch die Lochgefängnisse, die fast unveränderte Anlage eines mittelalterlichen Gefängnisses mit Zellen und Folterkammer, besichtigt werden.

Etwa gleichzeitig mit dem Rathaus entstand ganz in der Nähe des Hauptmarkts das Heilig-Geist-Spital (30) an der Pegnitz, eine der größten sozialen Stiftungen in Deutschland. Der gut 100 Jahre später erbaute Weinstadel (14) am Maxplatz, einst Asyl für Aussätzige, heute ein Wohnheim für Studenten, bildet zusammen mit dem Wasserturm und dem Brückenbogen über die Pegnitz eines der schönsten und malerischsten Gebäudeensembles der Stadt.

Das alte Nürnberg mit seinen engen Gassen und liebevoll restaurierten Fachwerkhäusern erlebt man besonders intensiv in der Weißgerbergasse (12), in der »Füll« oder auch am Tiergärtnertor (8). Hier fällt das Pilatushaus (9) ins Auge, das einst dem Harnischmacher Grünwald gehörte, ebenso das gotische Albrecht-Dürer-Haus (10), in dem der »große Maler, scharfe Denker und religiöse Moralist« Albrecht Dürer fast 20 Jahre gelebt hat. Alles in allem zeigt sich an dieser Stelle ein geschlossenes Ensemble aus Fachwerk- und Sandsteinhäusern, das eine fast unverfälschte mittelalterliche Atmosphäre ausstrahlt.

Als bedeutendste Schöpfung des Nürnberger Wohnbaus Ende des 16. Jh. gilt das Fembohaus (6) am Burgberg, Sinnbild reichen Bürgerstolzes und eines gepflegten Lebensstils. Hier wurde ein idealer Rahmen für das Nürnberger Stadtmuseum gefunden. Das Nassauer Haus (28) gleich gegenüber der St.-Lorenz-Kirche (29), mit seinen Zinnen und Erkern an einen Burgturm erinnernd, gilt als das älteste Beispiel städtischer Wohnkultur. Es war im Mittelalter der Sitz adeliger Familien.

Handel und Handwerk, früher wie heute die wichtigsten Lebenselixiere Nürnbergs, begegnet man an vielen Stellen der Altstadt: vor der Mauthalle (27) zum Beispiel, die einst mit sechs Dachböden zu den größten Korn- und Salzspeichern der Stadt gehörte, oder auch im »Handwerkerhof« (24) am Königstor, wo Glasmaler, Puppenmacher, Töpfer, Kunstdrukker und Lebkuchenbäcker ihre uralte Kunst zeigen.

Nicht Museumsstadt, sondern Stadt der Museen

Genügend Zeit sollte man den großen Nürnberger Museen widmen, die, alle in der Altstadt angesiedelt, einmalige Kunstschätze beherbergen und dem Besucher präsentieren. Das Germanische Nationalmuseum (20) am Kornmarkt, um ein ehemaliges Kartäuserkloster herumgebaut, ist mit 80 Räumen und 30 000 m^2 Ausstellungsfläche das größte Museum deutscher Kunst und Kultur.

Die Eisenbahnabteilung des Verkehrsmuseums besitzt eine außergewöhnliche Sammlung berühmter Lokomotiven; viele sind sogar heute noch einsatzfähig.

Im Verkehrsmuseum (22) steht eine weltweit einzigartige Sammlung von Originalfahrzeugen und Modellen im Maßstab 1:10. Im Spielzeugmuseum (13) zu Füßen der Kaiserburg findet man die schönste Rokoko-Stuckdecke Nürnbergs und alles, was Kindern seit alters Freude gemacht hat: von Puppenstuben, die bis ins 17. Jh. zurückgehen, über Zinnfiguren, Kindertheater und technisches Spielzeug bis hin zu exotischen Spielsachen aus fast allen Kontinenten.

Nürnberg lebt ganz bewußt mit seiner Geschichte, und das hat die Altstadt davor bewahrt, zum Museum zu werden. Das Burgviertel gehört auch nachts mit einer Vielzahl von Kneipen, kulinarischen Treffs und Kleinkunstbühnen zu den lebendigsten Quartieren. Räume in den Wehrtürmen entlang der Stadtmauer werden von Künstlern, Puppenspielern, Jugendgruppen und Studentenverbindungen genutzt. Die Kaiserburg bietet Raum für viele Konzerte, das Bardentreffen im Burggraben zieht Jahr für Jahr Tausende von Besuchern an.

Hans Sachs, dem großen Nürnberger Meistersinger und Poeten, setzten die Stadtväter außer einem Standbild an dem nach ihm benannten Platz gegenüber dem Heilig-Geist-Spital noch ein ganz besonderes Denkmal: Sie ließen den ebenso umstrittenen wie monumentalen »Ehekarussell«-Brunnen (17), dessen Figuren einem deftigen Sachs-Gedicht äußerst realistisch nachempfunden sind, mitten in die Altstadt vor den Weißen Turm (16) stellen.

Drastischer Brunnen – grotesker Hase
»Sie ist mein Mai und Rosenhag / ist oft mein Blitz und Donnerschlag . . .«, so urteilte der Nürnberger Schuster und Poet Hans Sachs einst über seine Ehefrau. Ähnlich drastisch wie sein Gedicht aus dem Jahr 1541 ist auch der monumentale »Ehekarussell«-Brunnen (17) des Braunschweiger Bildhauers Jürgen Weber von 1984. Das Kunstwerk vor dem Weißen Turm in der Nürnberger Altstadt war von Anfang an heiß umstritten: als Bereicherung der Fußgängerzone von den einen gewürdigt, als unästhetisch und allzu derb von den anderen abgelehnt. Die lebensgroß in Bronze gegossenen Personen, teilweise vergoldet und bemalt, zeigen, wie Sachs über das »bittersüß ehlich Leben« dachte.
Auf totale Ablehnung stieß der überdimensionale, groteske Dürer-Hase, dem die Stadt am romantischen Tiergärtnertor ein – nach allgemeiner Ansicht – klägliches Denkmal setzte.

Theater, Musik, Veranstaltungen, Museen

Theater
Städtische Bühnen (21), Richard-Wagner-Platz 2–10. Oper, Operette, Ballett, Schauspiel, ☏ 16 38 08.
Pocket Opera Company Nuernberg, Gertrudstr. 21. Gastspiele deutscher und intern. Ensembles, ☏ 32 90 47.
Gostner Hoftheater, Austr. 70. Kleinkunstbühne, Sprech- und Musiktheater, Figuren- und Kindertheater, ☏ 26 63 83.
Theater im Altstadthof, Bergstr. 19. Kleinbesetzte Stücke des intern. Sprechtheaters, ☏ 20 39 81-85.
Nürnberger Burgtheater, Füll 13. Kleinkunst, ☏ 22 27 28.
St. Katharina, mittelalterliche Kirchenruine. Freilichtbühne und Open-air-Veranstaltungen, ☏ 16 34 11.

Musik
Nürnberger Symphoniker, Bayernstr. 100. Sinfoniekonzerte vom Barock bis zur Moderne. Spielorte: Meistersingerhalle, Kongreßhalle, ☏ 4 74 01 40.
Das Philharmonische Orchester der Stadt Nürnberg, Richard-Wagner-Platz 2–10. Musik aus allen Jahrhunderten, zeitgenössische Musik. Spielorte: Opernhaus, Meistersingerhalle, ☏ 16 35 25.
Meistersingerhalle, Münchner Str. 21. Meister- und Solistenkonzerte, ☏ 49 20 11.
St.-Lorenz-Kirche (29), Lorenzer Platz. Kirchenmusik, Liederabende, Chor-, Vokal- und Instrumentalkonzerte, Intern. Orgelwoche Nürnberg (ION), ☏ 16 34 11.
St.-Sebaldus-Kirche (5), Rathausplatz. Ähnliches Programm wie Lorenzkirche.
KOMM, Königstr. 93. Rock, Pop, Jazz, Folk, Liedermacher; Festival Jazz Ost-West (Juni 1988), ☏ 22 36 47.
Jazz-Studio Nürnberg, Paniersplatz 27–29. Nürnbergs ältester Jazzclub, alle Arten des Jazz, ☏ 22 43 84.

Veranstaltungen
Trempelmarkt: großer Flohmarkt in der Altstadt (Mitte Mai und Mitte Sept.).
Ab Ostersamstag: *Frühlingsfest*, zweiwöchiges großes Volksfest auf dem Platz am Dutzendteich.
Alle zwei Jahre (1990) Mitte Juni: *Festival Jazz Ost-West* im KOMM, Königstr. 93. Eine der großen intern. Jazzveranstaltungen Europas, ☏ 16 34 11.
Erste Hälfte Febr.: *Internationale Spielwarenmesse* im Messezentrum, ☏ 8 66 21
Mai–Aug.: *Kaiserburgkonzerte* auf der Kaiserburg (7), ☏ 16 34 11.
Mai–Sept.: *Sommer in Nürnberg*, über 200 kulturelle Sonderveranstaltungen: Konzerte in Kirchen, auf der Kaiserburg, in historischen Innenhöfen; Theateraufführungen im Freien, Ausstellungen, ☏ 16 34 11.
Ende Juni: *Norisring-Rennen – 200 Meilen von Nürnberg*, unter anderem Läufe zur Internationalen Deutschen Rennsportmeisterschaft, ☏ 2 33 60.
Juni/Juli: *Internationale Orgelwoche Nürnberg* (ION) in Kirchen, in der Meistersingerhalle und im Germanischen Nationalmuseum (20). Älteste und bedeutendste Veranstaltung der Musica sacra in Europa, ☏ 16 34 11.
Ende Juli: *Bardentreffen, Festival der Liedermacher* in der Altstadt. Am ersten Augustwochenende Treffpunkt der Liedermacher aus dem gesamten deutschsprachigen Raum, ☏ 16 34 11.
Juli/Aug.: *Hans-Sachs-Spiele* in St. Katharina; Aufführungen der Schwänke des Meistersingers Hans Sachs, ☏ 16 34 11.
Ende Aug.–Mitte Sept.: *Herbstvolksfest*, zweiwöchiges großes Volksfest auf dem Platz am Dutzendteich.
Zweite Hälfte Sept.: *Altstadtfest* mit kulturellen, folkloristischen und kulinarischen Einzelveranstaltungen: trad. Fischerstechen, Rock- und Jazzkonzerte, Theater aus dem »Kulturcontainer«, großes »Musikantentreffen« und Fränkischer Bunter Abend.
Ende Nov.–24. Dez.: *Christkindlesmarkt* in der Altstadt, gilt mit 400jähriger Tradition als einer der ältesten Weihnachtsmärkte in Deutschland.

Museen
Albrecht-Dürer-Haus, Albrecht-Dürer-Str. 39 (s. (10)).
Germanisches Nationalmuseum, Kornmarkt 1 (s. (20)).
Gewerbemuseum im Germanischen Nationalmuseum, Kornmarkt 1. Gebrauchs- und Luxusgegenstände aus verschiedenen Jahrhunderten und Kulturkreisen (Di–So 9–17 Uhr).
Kunsthalle, Lorenzer Str. 32. Retrospektiven einzelner Künstler, intern. Übersichten, thematische Ausstellungen (Di 10–17, Mi 10–21, Do–So 10–17 Uhr).
Museum »Natur und Mensch«, Gewerbemuseumsplatz 4. Geologiesaal mit Fossilien, Mineralien, Meteoriten. Völkerkundesaal mit Exponaten aus der Südsee, aus Afrika, Ostsibirien, Zentralamerika. Vorgeschichtssäle mit Werkzeugen, Waffen, Gerätschaften von der Altsteinzeit bis zur Römerzeit (Mo, Di, Fr 10–13, 14–16, Do 14–19.30, Sa 10–12 Uhr; Aug.–Mitte Sept. Mo, Di, Do, Fr 13–16, Sa 10–12 Uhr).
Schulmuseum der Universität, Paniersplatz 37 (Mo–Fr 9–13, Mi, Fr, So 15–18 Uhr).
Spielzeugmuseum der Stadt Nürnberg – Museum Lydia Bayer, Karlstr. 13 (s. (13)).
Stadtmuseum Fembohaus, Burgstr. 15 (s. (6)).
Verkehrsmuseum Nürnberg, Lessingstr. 6 (s. (22)).

Oldenburg

Residenz mit Seehafen

Über viele Jahrhunderte war Oldenburg eine kleine Stadt in Norddeutschland, um die sich niemand groß kümmerte. Man trieb Handel und Wandel, baute mitten im flachen Land einen seegängigen Hafen und blieb, was man war: eine kleine Stadt. Während des Dreißigjährigen Krieges, als andere Städte in Schutt und Asche sanken, erlebte die Stadt sogar eine bescheidene Blüte. Aber Pest, Brand und »dänische Zeit« wirkten wachstumhindernd.
Dann kamen weitsichtige Herren und machten aus der Stadt eine kleine, aber feine Residenz mit Schloß (unser Bild), die zum kulturellen und gesellschaftlichen Mittelpunkt einer großen Region avancierte.
In den beiden Kriegen unseres Jahrhunderts ist die Stadt unbeschädigt geblieben – erst nach 1945 kam es zur Explosion: Die Bevölkerung wuchs in zwei, drei Jahren um ein Drittel an, Flüchtlinge aus den deutschen Ostgebieten drängten unter die Dächer der Stadt. Oldenburg hat alles gut verkraftet; es vergrößerte sich zwar immens, aber es blieb fein.

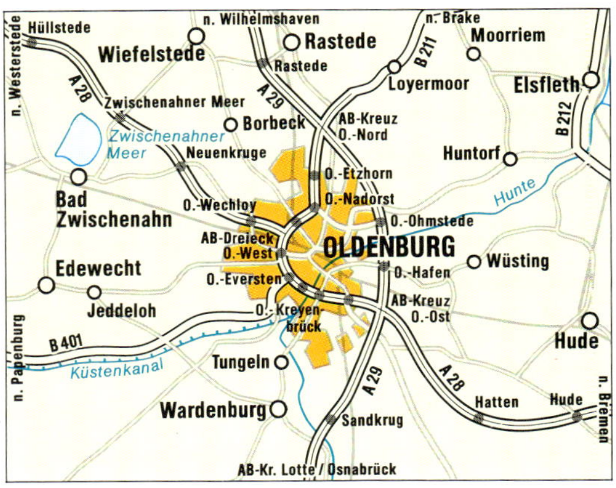

Wappen Auf goldenem Schild eine von einem größeren Mittelturm und zwei kleineren Seitentürmen bekrönte rote Stadtmauer. In das schwarze Torfeld unter dem Mittelturm ist der Oldenburger Grafenschild mit seinen »fiev stücken« – auf Gold zwei rote Balken – schräg eingestellt.
Lage Im Nordwesten der Bundesrepublik Deutschland, an der Einmündung der Haaren in die Hunte.
Land Niedersachsen
Autokennzeichen OL
Höhe ca. 5 m ü.M.
Fläche 110 km^2
Einwohnerzahl 140 000
Postleitzahl 2900
Telefonvorwahl 04 41
Post Postamt 1, Bahnhofsplatz 10 (Mo–Fr 8–22, Sa 8–18 Uhr).
Polizei Raiffeisenstr. 25, ☏ 7 90 42 15
Taxi ☏ 2 50 25
Nahverkehr Omnibuslinien der Deutschen Bundesbahn und der Verkehr- und Wassergesellschaft (VWG) im innerstädtischen Bereich und in die angrenzenden Ortschaften.
Camping Campingplatz am Freibad Flötenteich, Mühlenhofsweg 80, ☏ 3 28 28; zu erreichen über Nadorster Str., Rennplatzstr., Mühlenhofsweg.
Parken Parkmöglichkeiten sind gut ausgeschildert: drei Parkhäuser und eine Parkgarage im Stadtbereich. Kostenloses P & R von der Weser-Ems-Halle aus, zu Festzeiten Paketbusse nahe der Fußgängerzone, die das Gepäck kostenlos aufbewahren. P & R-Busse fahren unmittelbar an die Fußgängerzone heran.
Touristinformation Informationszentrum der Stadt Oldenburg, Kleine Kirchenstr., ☏ 2 35 22 35 (Mo–Fr 9–18, Sa 9–13.30 Uhr); Verkehrsverein, Lange Str. 3, ☏ 2 50 96.
Stadtführung Ab Informationszentrum, Kleine Kirchenstr. (jeweils Di 15 Uhr).
Schiffahrt Hunte- und Weserrundfahrten ab Stau Oldenburg (Hafen Oldenburg) Mi und So 14.30–20 Uhr. Charterfahrten nach Voranmeldung, ☏ 3 49 99.

Stadtrundgang

Der Lappan ❶ ist das Wahrzeichen Oldenburgs, und es gehört sich wohl, den Rundgang dort zu beginnen, zumal es nicht weit davon (zwischen Achternstraße und Staulinie) Parkmöglichkeiten gibt – übrigens auch hinter dem Stadtmuseum ⓮, das als Schlußpunkt Ihres Oldenburger Weges vorgesehen ist.

Zwischendurch fast nur Fußgängerzone; schöne Parks, Villen, kleine Häuser und das Schloß ❾ sind Zeugen einer ehemals kleinen Residenz. Natürlich gibt es auch Wasser: Staugraben und Hafen ⓭, immerhin der größte Binnenhafen Niedersachsens, in dem auch seegehende Schiffe anlegen.

Beim Einkehren in der Innenstadt bitte einen Löffeltrunk nehmen! Der gehört zu Oldenburg wie – na, wie die vielen Radfahrer allenthalben.

Sehenswürdigkeiten

❶ *Lappan,* Wahrzeichen Oldenburgs, war als Glockenturm (1468) an das ehemalige Heiliggeistspital »angelappt«, wurde 1709 mit welscher Haube bedeckt, im 19. Jh. vorübergehend Glockenturm für St. Lamberti ❼.

❷ *Fußgängerzone,* bereits 1967 entstanden, umfaßt die gesamte Innenstadt. Der Altstadtkern ist für den Autoverkehr gesperrt. Schöne Backsteingebäude des 17. Jh.

❸ *Staatstheater,* 1881 erbaut, abgebrannt, wiederaufgebaut und 1894 erneut eingeweiht. 1974 mit einem Aufwand von 22 Millionen DM erweitert und modernisiert. Enge Zusammenarbeit mit der niederdeutschen August-Hinrichs-Bühne.

❹ *Cäcilienplatz,* benannt nach Großherzogin Cäcilie, einer geborenen Wasa. Den Platz säumen die Villen der einstigen Hofbeamten und Offiziere, die damals die »gute« Gesellschaft der Residenz bildeten.

❺ *Rathaus,* 1888 in gründerzeitlichem Stil erstellter Backsteinbau mit dreieckigem Grundriß und Stilelementen der niederländischen Renaissance.

❻ *Degodehaus,* ältester Profanbau der Stadt; schönes Fachwerkhaus – hinter dem Rathaus – mit der »Grootdör«, durch die die Ernte eingefahren und das Vieh getrieben wurde.

❼ *Ehemalige Stiftskirche St. Lamberti,* eine der wenigen deutschen Rundkirchen, was von außen nicht erkennbar ist. Dem Anschein nach neugotisch, tatsächlich aber ursprünglich ein gotischer Bau (13. Jh.), der im Lauf der Jahrhunderte bis zur Unkenntlichkeit umgestaltet wurde, seit Ende des 19. Jh. mit vier Ecktürmen und einem Westturm in gotisierenden Formen versehen. Zwölf Pfeiler tragen die Empore, zwölf ionische Säulen die Halbkreiskuppel. In der östlichen Vorhalle in Holland gearbeitete Grabplatten.

❽ *Schloßwache,* klassizistischer Bau, 1839 errichtet von Heinrich Strack d.Ä. Heute Bestandteil der Landessparkasse, der ältesten Sparkasse der Welt.

❾ *Schloß,* mittelalterliche Burganlage, die 1604 durch Graf Anton-Günther zum Schloß erweitert wurde. 1778 kam der Holmersche Flügel dazu, Anfang des 19. Jh. der Galerieflügel. 1899 baute man den letzten Flügel – mit abschließendem Zwiebeltürmchen – an, der sich den Formen des Anton-Günther-Baus anpaßt und heute das Schloßtheater beherbergt. Das übrige Innere des Schlosses ist seit dem Ersten Weltkrieg *Landesmuseum für Kunst und Kulturgeschichte* mit Kunst, Kunsthandwerk und Volkskunde vom frühen Mittelalter bis zur Gegenwart unter besonderer Berücksichtigung des Oldenburger Landes (Di–Fr 9–17, Sa, So 10–13 Uhr).

❿ *Schloßgarten,* zu Beginn des 19. Jh. im englischen Landschaftsstil angelegt, mit klassizistischem Torhaus und bemerkenswertem Rhododendronbestand.

⓫ *Augusteum,* eine Art Denkmal für den kulturellen Förderer Oldenburgs, Großherzog Paul Friedrich August: die im Jahr 1867 eröffnete Gemäldegalerie im italienischen Palazzostil. Inzwischen ist das Gebäude Eigentum des Landes Niedersachsen, wurde restauriert und zeigt als Teil des Landesmuseums ❾ die Sammlung »Kunst des 20. Jahrhunderts«.

⓬ *Huntestraße,* historische Häuserzeile (ab 1791) – angelegt auf der ehemaligen Festungsanlage der Stadt. Sogenannte Kavaliershäuser, Unterkünfte des großherzoglichen Hofstaats.

⓭ *Hafen,* im vorderen Bereich Jachthafen, daran anschließend ausgedehnte Industrieanlagen beiderseits der Hunte. Umschlagstärkster Binnenhafen Niedersachsens, der über Weser und Hunte von kleineren Seeschiffen angelaufen werden kann. Eingegliedert: Werft für Tanker und Frachter der Euroklasse.

⓮ *Stadtmuseum,* beheimatet in der Francksen-Villa (1877 erbaut von Hans Schnittger) und der Jürgensschen Villa (1863), die durch einen Zwischentrakt (1910–12) miteinander verbunden sind; seit 1986 gehört auch die Ballinsche Villa dazu. Kunstwerke von der niederdeutschen Spätrenaissance bis zum Jugendstil, Wohnkultur, Keramik, Gebrauchsgegenstände und regionales Kunsthandwerk vom 17.–20. Jh. (Di–Fr 9–17, Sa 9–12, So 10–18 Uhr).

Chronik eines Flußübergangs

Seitdem Handel getrieben wird, gibt es außer Kaufleuten noch andere, die auch davon leben wollen. Nicht anders am westlichen Rand des Urstromtals der Weser, wo sich die Hunte, von Süden kommend, nach Osten zur Weser wendet und von Westen her Zulauf von der Haaren bekommt. Eigentlich ein völlig unwegsames Gebiet, wäre da nicht der

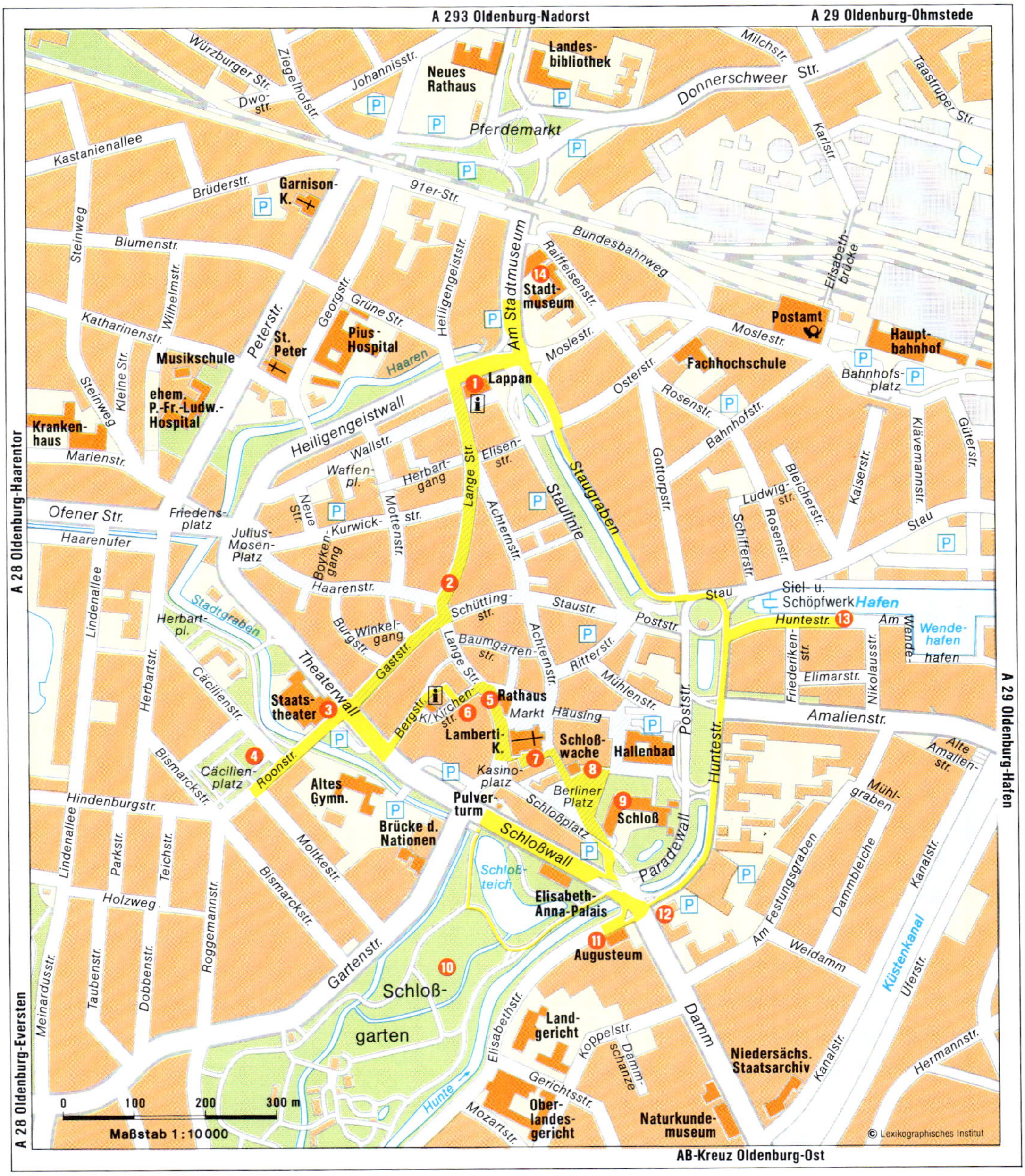

südliche Ausläufer der oldenburgisch-ostfriesischen Geest gewesen, der die umliegenden Moore und Überschwemmungsgebiete immerhin so weit überragte, daß sich die westfälischen und bremischen Kaufleute darauf ihren Weg nach Friesland bahnen konnten.

Die anderen, die auch leben wollten, aber keinen Handel trieben, profitierten gerade von jenen Mooren, aus denen sie händereibend herbeieilten, wenn wieder einmal ein Kaufmannszug den Übergang über die Hunte wagte. Selten erreichten seine Teilnehmer trockenen Fußes das andere Ufer, und die wenigsten blieben im Besitz von Transporttieren und Waren. Mit Mühe und Not rettete man vielleicht gerade noch das nackte Leben. Im Jahr 930 sorgten die Handelsleute schließlich für Abhilfe und bauten an dem neuralgischen Punkt eine kleine Befestigungsanlage …

Eine andere Version setzt die Ortsgründung früher an, nämlich um 800 als sächsische Fluchtburg. 1108 erfolgte die urkundliche Erwähnung eines »Oldenborch« genannten sächsischen Herrenhofes mit Ringwall. Um 1150 kam es schließlich zur Errichtung einer festen Steinburg als staufische Ringburg 9

Tips, Tips, Tips

Aal am »Meer«
Westlich von Oldenburg (zu erreichen über die A 28) erstreckt sich mitten im flachen Land ein »Meer«.
Dort lohnt in Bad Zwischenahn ein Blick in die efeuumrankte Pfarrkirche aus dem 13./14. Jh., die mit ihrem freistehenden Durchgangs-Glockenturm eine malerische Baugruppe am hohen Südufer bildet. Der Flügelaltar (um 1525) wird dem Umkreis des Meisters Hans Witten zugeschrieben.
Wer's versteht: In Bad Zwischenahn kann man sein Glück machen. Seit einigen Jahren verfügt die Gemeinde über ein veritables Spielkasino.
Beachtlich: das in den Kurpark überleitende Freilichtmuseum mit 18 Haupt- und Nebengebäuden charakteristischer Ammerländer Bauernhöfe (Di–So 9–12, 14–18 Uhr). Die Hüllstedter Windmühle ist vollkommen betriebsfähig.
Besonders zu empfehlen: Löffeltrunk und Zwischenahner Räucheraal, den man aus der Faust essen darf.

Wandern – mit Auszeichnung
Vom Oldenburger Schloß 9 aus startet ein 122 km langer Ringweg, der in sieben Strecken und einen Zubringer unterteilt ist. Sollten Sie diese Strecke innerhalb eines Jahrs erwandern, verleiht Ihnen der Oldenburger Turnerbund das Ringweg-Wanderabzeichen (☏ 76236).
Nur 6 km lang ist der »Zubringer« Schloß Oldenburg/Bornhorst. Er bietet interessante Ansichten: Hunte, Oldenburger Glashütte, Schiffswerft, Hafen 13, Klappbrücke.
Durchhalten bis Bornhorst – das »Landhaus Bornhorster See« wartet auf den durstigen, hungrigen Wanderer.

Fünfteilige Drahteselei
Oldenburg gilt als die radfahrerfreundlichste bundesdeutsche Großstadt. Etwa 80 000 Radler haben rund 240 km Fahrwege zur Verfügung.
Eine reizvolle Art, Oldenburgs Naturräume Geest, Marsch und Moor kennenzulernen, ist der fünfteilige Radwanderweg mit etwas über 57 km Länge. Zu empfehlen ist dazu die Oldenburger Bürgerinformation »Unsere Radwege«, die die einzelnen Teilstücke (mit Rastmöglichkeiten) sehr gut beschreibt (Presseabteilung der Stadt, ☏ 2352692, wo es Informationsmaterial gibt!).

1345 geben Graf Konrad I. von Oldenburg und seine Brüder das bürgerliche Gemeinwesen »frei« und gewähren ihm das – Bremer – Stadtrecht. In den Urkunden ist jetzt von Aldenburg die Rede; um 1355 baut man ein gotisches Rathaus aus Backsteinen, und im Norden der bisherigen Siedlung entsteht die Neustadt. Beide Areale zusammen bilden heute den Kern von Oldenburg. 1383 zieht die Stadt den Wasserweg mit ins kaufmännische Kalkül und baut einen Hafen für Fluß- und Seeschiffahrt, den Stau. Zwar bleibt die Stadt über Jahrhunderte Kleinstadt, sie wird aber rasch administrativer und kultureller Mittelpunkt einer Region, die sich stetig vergrößert: Grafschaft, Herzogtum, Großherzogtum, Freistaat – und von 1946–78 niedersächsischer Verwaltungsbezirk.

Als noch Grafen Entscheidungen trafen

Das Grafenhaus Oldenburg gewinnt Mitte des 15. Jh. internationale Bedeutung: Der amtierende Graf wird in Kopenhagen zum König gekrönt – als erster von vielen Oldenburgern auf dem dänischen Thron.

Während im übrigen Deutschen Reich der Dreißigjährige Krieg wütet, hält Graf Anton-Günther (1603–67) durch die Hergabe einiger Oldenburger Pferde an gewichtige Potentaten Stadt und Grafschaft aus der Schußlinie. Mehr noch, mit ihm erlebt Oldenburg geradezu eine Blüte, und der Graf kann sogar darangehen, die Burg in ein Schloß 9 umzuwandeln.

Leider hat Anton-Günther keine direkten Erben. Die Grafschaft wird aufgeteilt, das größte Stück geht an die dänische Krone, ein Statthalter kommt nach Oldenburg – die »dänische Zeit« beginnt und währt ziemlich genau hundert Jahre. Keine schöne Zeit für Oldenburg!

Die Pest und ein verheerender Brand (1676) dezimieren Bevölkerung und Bausubstanz, lediglich Schloß 9, Rathaus und Lambertikirche 7 bleiben verschont. Die Stadt erholt sich nur allmählich; sie wird zwar dänische Königsfestung, aber die Oldenburger haben nichts zu beißen.

Das ändert sich erst gegen Ende des 18. Jh., als die jüngere Linie des Hauses Holstein-Gottorf von Kaiser Joseph II. mit dem neugeschaffenen Herzogtum Holstein-Oldenburg belehnt wird. Die Regenten, die seither das Sagen an der Hunte haben, sind ein einziger Glücksfall für Stadt und Grafschaft. Sie bauen, bringen Arbeit für die Handwerker und halten gute Nachbarschaft mit den selbstbewußten Bürgern und Bauern.

Der erste Herzog, Friedrich August, regiert zwar noch von Eutin aus, bringt aber ein kleines Wirtschaftswunder zuwege, schleift die Festungsanlagen und richtet das halbverfallene Schloß wieder her. Der zweite, Peter Friedrich Ludwig, verlegt seinen Wohnsitz nach Oldenburg und gilt als der eigentliche Begründer des modernen oldenburgischen Staates. Der erste Großherzog schließlich, Paul Friedrich August, läßt Mitte des 19. Jh. um das Schloß herum und am Stadtrand einige Profanbauten erstellen und gibt der immer noch kleinen Stadt ein geschlossenes Bild.

Die bauliche Entwicklung im Telegrammstil: 1786–90 großherzogliches Mausoleum auf dem Gertrudenfriedhof – Auftakt des oldenburgischen Klassizismus. 1789 Schleifung der Festungsanlagen und Umgestaltung der inneren Wallanlagen zu Alleen mit Fahrstraße, Reit- und Fußweg. 1791 Beginn der Bebauung der Huntestraße 12; Umbauarbeiten an

Eine Werft für Spezialschiffbau gehört zu den ausgedehnten Hafenanlagen mit Anschluß an die See und das Binnen-Wasserstraßennetz.

der Lambertikirche ❼ (bis 1796). Von 1804 an Anlage des Schloßgartens ❿. Ab 1838 Bau des Peter-Friedrich-Ludwig-Hospitals, Hauptwerk des Oldenburger Klassizismus. 1839 Schloßwache ❽ und Kammergebäude. 1867 Bahnhofsgebäude und Anlage des Bahnhofsviertels »auf den Moorstücken«. 1876 Staatliches Museum für Naturkunde und Vorgeschichte am Damm. 1887 mehrtürmige Umbauung der klassizistischen Lambertikirche ❼ in gotisierenden Formen und Wiedererrichtung des Rathauses anstelle des abgerissenen Renaissancebaus ❺.

Explosion ohne Bomben

Am Anfang des 19. Jh. hatte Oldenburg 5000 Einwohner, 1871 etwa 20 000 und zu Beginn des Zweiten Weltkriegs 75 000. Die Stadt blieb heil, und doch hatte sie zu Kriegsende ein Bevölkerungsproblem: Flüchtlinge aus dem Osten drängten unter die Dächer der Stadt; im Handumdrehen war die Bevölkerung um ein Drittel gewachsen. Das etwa 10 000 ha große Stadtgebiet gab glücklicherweise genügend Platz für neuen Wohnraum her. Die ehemalige Burgmannensiedlung wurde jedoch nicht das, was man eine Wirtschaftsmetropole nennen möchte.

Aber Oldenburg ist Hauptstadt des Regierungsbezirks Weser-Ems, des recht großen Areals zwischen Unterweser, holländischer Grenze, Nordseeküste, Teutoburger Wald und Wiehengebirge. Es ist wirtschaftlicher und kultureller Mittelpunkt der Region, größter Binnenhafen Niedersachsens, Eisenbahnknotenpunkt, Autobahndrehscheibe. Soldaten (seit Jahrhunderten) und Studenten (seit den 70er Jahren) beleben das Stadtbild ebenso wie Werftarbeiter und Regierungsbeamte. Die Universität Oldenburg ist mittlerweile bundesweit ein Begriff; die Bundeswehr hat in der Stadt einen ihrer größten Standorte. Oper, Operette, Theater, Museen, Landesbibliothek und Stadtarchiv tragen zur kulturellen Szene in gleichem Maß bei wie die vielen sehr lebendigen Vereinigungen für Kunst und Geschichte. Das Stadtbild mit der gesamten City als Fußgängerzone ❷ ist ein schöner Rahmen für das Leben in Oldenburg.

Auf der Langen Straße kommt man zur Hauptkirche St. Lamberti.

Theater, Musik, Veranstaltungen, Museen

Theater

Staatstheater Oldenburg ❸, Theaterwall 18. Oper, Operette, Ballett, Musical, Schauspiel, Kinder- und Jugendtheater. Niederdeutsches Mundarttheater der August-Hinrichs-Bühne im Schloßtheater ❾, ☎ 2 57 80.
Kulturetage, Bahnhofstr. 11. Theater, Pantomime, Tanz, ☎ 1 67 12.
Kulturzentrum Brücke der Nationen, Gartenstr. 5/6. Kabarett, Gastspiele kleinerer Theatergruppen, Autorenlesungen, Vorträge, Filmvorführungen, ☎ 7 50 71.
Cäciliensaal, Haarenufer 11. Kabarett, Pantomime, Puppentheater, ☎ 2 35 24 09.

Musik

Staatstheater Oldenburg ❸, Theaterwall 18. Sinfoniekonzerte, ☎ 2 57 80.
Rathaus ❺, Markt 1. »Ratsmusik«: Kammermusik – Vorbarock bis Klassik, ☎ 2 35 22 35.
St.-Lamberti-Kirche ❼, »Orgelmusik zur Marktzeit« (1. Sa im Monat 12 Uhr); Chor-, Orgel-, Orchester-, Kammerkonzerte (ein Di im Monat 20 Uhr), ☎ 7 11 39.
Ansgarikirche, Edewechter Landstr. 23. Bach-Kantaten (Sa 18 Uhr), Orgel-, Chorkonzerte, Oratorien, ☎ 50 20 14.
Jazzclub Alluvium, Zeughausstr. 73. Gesamtes Jazzspektrum, ☎ 7 19 70.
Weser-Ems-Halle, Europaplatz 12. Rock-, Pop-, Schlagerkonzerte mit intern. Stars und Bands, ☎ 8 00 32 61.
Cäciliensaal, Haarenufer 11. Jazz, Rock, Folk, Liedermacher, ☎ 2 35 24 09.

Veranstaltungen

Riesenflohmarkt auf dem Schloßplatz (2. Sa im Monat 8–13 Uhr).
Ostern: *Ostermarkt* auf dem Schloßplatz mit Volksfest.
Eine Woche vor den Sommerschulferien: Dreiwöchiger *Oldenburger Kultursommer* auf Straßen und Plätzen der Innenstadt. Jazz, Rock, Folklore, Liedermacher, Klassik, Pantomime; Kinderprogramm; »Tag der ausländischen Mitbürger«, »Frauentag«; Orgelkonzerte in der St.-Lamberti-Kirche (Di 20 Uhr), Chorsingen im Schloßgarten ❿; Töpfermarkt auf dem Schloßplatz mit Handwerksbetrieben aus dem Bundesgebiet und Nachbarländern, ☎ 2 35 24 09.
Letztes Wochenende der Herbstferien: *Kunstmarkt* im Cäciliensaal, Haarenufer 11. Präsentation zeitgenössischer Kunst der Galerien Oldenburgs, ☎ 2 35 24 09.
Alljährlich: *Meisterkonzerte des Oldenburger Kunstvereins* mit intern. bekannten Solisten und Ensembles im Landtagsgebäude, Theodor-Tantzen-Platz, und in der St.-Lamberti-Kirche, Markt 17, ☎ 2 71 09.
Alle zwei Jahre (1990) 4. Mai: *Vergabe des Carl-von-Ossietzky-Preises* im Stadtmuseum ⓮, Raiffeisenstr. 32/33, ☎ 2 35 28 81.
1. Wochenende im Aug.: *Hobbymarkt* unter der Autobahn Eversten. Hobbykunst und Kuriositäten.
Mitte Aug.: *Stadtfest* mit populärem Musikprogramm in der Innenstadt.
Mitte Sept.: *Weinfest* mit Tanz und Folklore auf dem Rathausmarkt.
Ende Sept.: Zehntägiger *Kramermarkt* an der Weser-Ems-Halle, Europaplatz 12. Volksfest.
Anfang Nov.: Elftägige *Oldenburger Kinder- und Jugendbuchmesse* (KJBUM) im Cäciliensaal, Haarenufer 11. Präsentation der Jahresproduktion deutschsprachiger Kinder- und Jugendliteratur; Lesungen, Theateraufführungen, Kunstausstellungen, Filmvorführungen. Vergabe des Oldenburger Kinder- und Jugendbuchpreises an Schriftsteller und Illustratoren für Erstlingswerke, ☎ 7 50 71.
Ende Nov.–21. Dez.: *Lambertimarkt* am Rathaus. Weihnachtsmarkt mit Kunsthandwerk.

Museen

Landesmuseum für Kunst und Kulturgeschichte, Schloßplatz 26 (s. ❾).
Staatliches Museum für Naturkunde und Vorgeschichte, Damm 40–44. Vor- und Frühgeschichte, Moorkunde, Naturkunde des nordwestdeutschen Raumes mit den Sektionen Zoologie, Mineralogie, Geologie und Paläontologie (Di–Fr 9–17, Sa, So 9–13 Uhr).
Stadtmuseum/Städtische Kunstsammlungen, Raiffeisenstr. 32/33 (s. ⓮).

RATS-DROGERIE

Osnabrück

... die schöne Stadt in Sachsen

»... die schöne Stadt in Sachsen« – so lautet die Zeile unter einem Kupferstich von 1572, der zu einem Werk über die »Städte der Welt« gehört. An der vieltürmigen Silhouette hat sich seither nichts Wesentliches geändert, nur die Stadtmauer ist gefallen. Doch die natürliche Umgebung, die Weserfestung, wie man das von Wiehengebirge und Teutoburger Wald gebildete Hügelland nennt, bot auch lange danach noch ausreichende Sicherheit vor ungebetenen Besuchern. In der Stadt dagegen haben sich unter die mittelalterlichen Bauwerke, wie das Rathaus (unser Bild), bald neue architektonische Gestaltungselemente gemischt, die sich gut einfügen. Würde man nach einer Unterzeile für einen Kupferstich von heute suchen, könnte man schreiben »Geehrt mit einer Sonderauszeichnung im Bundeswettbewerb ›Bauen und Wohnen in alter Umgebung‹«. Oder: »Osnabrück, die schöne Stadt in Niedersachsen«.

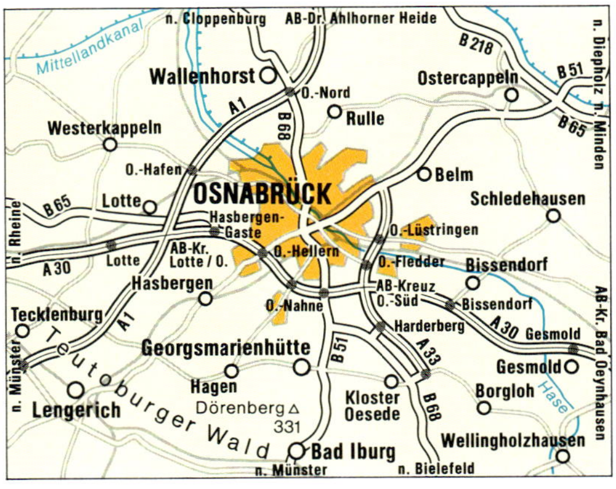

Wappen Sechsspeichiges schwarzes Rad auf silbernem Grund. 1217 erstmals erwähntes mittelalterliches Zeichen der Bischöfe als Lenker des Gotteswagens.
Lage Zwischen Teutoburger Wald im Süden und Wiehengebirge im Norden im Osnabrücker Bergland, kurz vor dem Übergang zur Norddeutschen Tiefebene.
Land Niedersachsen
Autokennzeichen OS
Höhe 54–175 m ü. M.
Fläche 119 km^2
Einwohnerzahl 150 000
Postleitzahl 4500
Telefonvorwahl 05 41
Post Hauptpostamt, Theodor-Heuss-Platz 1, Spätschalter (Mo–Fr 7.30–20, Sa 7.30–17 Uhr).
Polizei Pagenstecherstr. 2, ☏ 32 71
Taxi ☏ 3 20 11
Nahverkehr Busse in alle Richtungen. Zentraler Übergangspunkt am Neumarkt. Die Fahrpreise sind nach Tarifzonen gestaffelt. Verbilligte Mehrfahrtenkarten, 24-Stunden- und Wochenendnetzkarten im Verkehrspavillon am Neumarkt.
Camping Campingplatz Niedersachsenhof, Nordstr. 109, zu erreichen über die A 33, Autobahnzubringer bis Bremer Str., dann Richtung Stadt bis Einmündung Nordstr., ☏ 7 72 26; Freizeitpark Attersee (Euro-Camping), Zum Attersee, zu erreichen über die A 1, Abfahrt Osnabrück-Hafen, dann Richtung Attersee, ☏ 12 41 47.
Parken Parkhäuser, Tiefgaragen und Parkplätze im Innenstadtbereich: Parkhaus Kollegienwall, Tiefgaragen. Ledenhof und Nikolaiort, Parkplätze Domhof, Große und Kleine Domsfreiheit.
Touristinformation Verkehrsamt, Markt 22, ☏ 3 23-22 02 (Mo–Fr 8.30–18, Sa 9.30–13 Uhr) und Touristinformation in der Stadthalle, Schloßwall 1–9, ☏ 2 37 24 (Mo–Fr 10–18 Uhr).
Stadtführung Nach Vereinbarung mit dem Verkehrsamt, Markt 22, ☏ 3 23-44 13.

Stadtrundgang

Parken Sie Ihr Auto auf einem der drei Parkplätze im Dombereich, z. B. auf dem Domhof. Der Rundweg beginnt am Dom 1 *und ist etwa 5 km lang. Im gemächlichen Bummelschritt und ohne Besichtigungszeiten dauert er ca. zwei Stunden. Da der Rundgang durch die Innenstadt führt, sind Gelegenheiten zum Ausruhen reichlich vorhanden. So laden Bänke in der Grünanlage Bocksmauer zwischen Dominikanerkirche* 5 *und Heger Tor* 6 *zu kurzem und der Schloßgarten hinter dem Schloß* 13 *zu längerem Verweilen ein. Erholsame Rast- und Einkehrmöglichkeiten bieten Cafés, Weinstuben und Restaurants im Heger-Tor-Viertel* 8 *und in der Fußgängerzone Große Straße und ihren Seitengassen.*

Sehenswürdigkeiten

1 *Dom St. Peter;* älteste Teile aus dem 11. Jh. Nach 1100 Wiederaufbau des nun quadratischen Westchors mit romanischem Kreuzgratgewölbe und des romanischen Vierungsturms. Nach erneuter längerer Bautätigkeit im 13. Jh. bleiben Westwerk und Vierungsturm erhalten, dazu kommen die dreijochige, gewölbte Basilika, Spitzbogenfries und Giebelaufsätze, neuer Hochchor, im 15. Jh. der gotische Chorumgang, die Marien- und Kreuzkapelle und schließlich im 16. Jh. der Südwestturm. Im Innern acht Apostelfiguren (1525); im Kreuzbogen Triumphkreuz (1220–30), barocke Kanzel (1751). An der nördlichen Querschiffwand Maria mit Kind im Rosenkranz (um 1520) vom »Meister von Osnabrück«, desgleichen Margarethenaltar.

2 *Diözesanmuseum mit Domschatz,* Skulpturen, u. a. aus der Werkstatt des »Meisters von Osnabrück« (16. Jh.), mittelalterliche Reliquiare, Reliquienschreine, Kelche (13.–20. Jh.); besonders kostbar ist das Kapitelkreuz (crux gemmata, 11. Jh.); Kultgeräte vom 10.–20. Jh. (Di–Fr 10–13, 15–17, Sa, So 10–13 Uhr).

3 *Pfarr- und Marktkirche St. Marien,* 1177 erstmals erwähnt, 1218 Pfarrkirche, 1613 und 1944 fast ganz ausgebrannt, Wiederaufbau 1948–50. Der Turm – zunächst nur 14 m hoch – diente als Wehrturm, um 1230 wurden vier Geschosse aufgesetzt. Langhaus von 1280–1300, Chor 1430–40 um fünfseitigen basilikalen Chorumgang erweitert. Im Innern großes Triumphkreuz aus der Zeit der Weihe der Halle (1320), Antwerpener Passionsaltar mit gemalten Seitenflügeln (Anfang 16. Jh.). Der Schrein 1944 verbrannt, jetzt Kopie. Aus der Werkstatt des »Meisters von Osnabrück« eine geschnitzte Madonna (um 1520). Taufstein (1560) von Johann Brabender. Epitaphien aus dem 16./17. Jh. Im Chorumgang Grabstein des Schriftstellers und Staatsmanns Justus Möser.

4 *»Neues Rathaus auf der alten Stadt« (Rathaus),* erster Bau 1244 erwähnt, das »neue« Rathaus 1487–1512 erbaut. Sockelgeschoß spätgotisch ornamentiert, darüber regelmäßig gegliederte Fassade. Neugotische Freitreppe, spitzbogiges Portal, darüber Sandsteinfigur Karls des Großen. Im Hauptgeschoß neugotische Figuren deutscher Kaiser. Im Friedenssaal spätgotisches Gestühl mit Bürgermeisterwappen (1554) und die Bilder der »Pacifikatores«, der Gesandten, die den Westfälischen Frieden aushandelten. Schatzkammer: Prunkvolle Pokale, Reste des alten Ratssilbers, darunter der Kaiserpokal (14./16. Jh.), »Die Traube« von Christoph Dellbrück (1647) und der Bartschererpokal. Führung und Besichtigung Mo–Fr 9–17, Sa 9–13, So 10–13 Uhr.

5 *Dominikanerkirche,* gotische Klosterkirche. Chor 1297 geweiht, zweischiffiges Langhaus Mitte des 12. Jh. gewölbt; dazugehöriges Kloster 1295 gegründet, 1803 aufgelöst. Danach wurde die Kirche als Kaserne und Magazin genutzt. Im Zweiten Weltkrieg beschädigt, sorgfältig restauriert. Vor der Kirche Mahnmal von Gerhard Marcks (1962).

6 *Heger Tor,* Teil der urspr. Befestigungsanlagen. Im Stil des Osnabrücker Klassizismus 1817 umgestaltet.

7 *Kulturgeschichtliches Museum,* Präsentation der Stadtgeschichte in ihrer Beziehung zum ehemaligen Hochstift. Numismatische und kunsthandwerkliche Sammlungen, kunstgeschichtliche Abteilung mit Gemälden niederländischer und deutscher Meister des 17. und 18. Jh., Osnabrücker Malerei und Plastik von der Renaissance bis zur Gegenwart. Volkskundliche Abteilung mit bäuerlicher Kultur des Osnabrücker Umlandes. Umfassende Sammlung der Werke des 1904 geborenen Malers Felix Nußbaum (Di–Fr 9–17, Sa, So 10–17 Uhr).

8 *Heger-Tor-Viertel,* zwischen Rathaus und Heger Tor, auch Butenburg (äußere Burg) genannt. Prämiertes und mustergültig saniertes Altstadtquartier mit Werkstätten, Ateliers, Antiquitätengeschäften, Läden, Kneipen und dem Kommunikationszentrum »Lagerhalle«. Die Heger Straße ist sehenswert als geschlossener Straßenzug mit Häusern vom 16. bis späten 19. Jh.

9 *Haus Willmann,* Krahnstr. 7. Fachwerkbürgerhaus von 1586. Als Schmuck dekorativ variierte Sonnenräder. Das Adam-und-Eva-Motiv in der Mitte der unteren Vorkragung läßt auf einen Neubau für ein junges Paar schließen.

10 *Nikolaizentrum* am Nikolaiort mit Wohnungen, Ladenpassagen, Hotel, Café und Tiefgarage. Erbaut von Erich Schneider-Wessling, Köln. Ausgezeichnet mit intern. Architekturpreisen.

11 *St.-Katharinen-Kirche,* Hallenkirche (14./15. Jh.). Der mächtige Turm ist mit 103 m der höchste Osnabrücks. Im Innern ungewöhnlicher Raumeindruck durch die Betonung der Breite. In den Gewölben Familienwappen des Osnabrücker Adels. Die alte Ausstattung fast

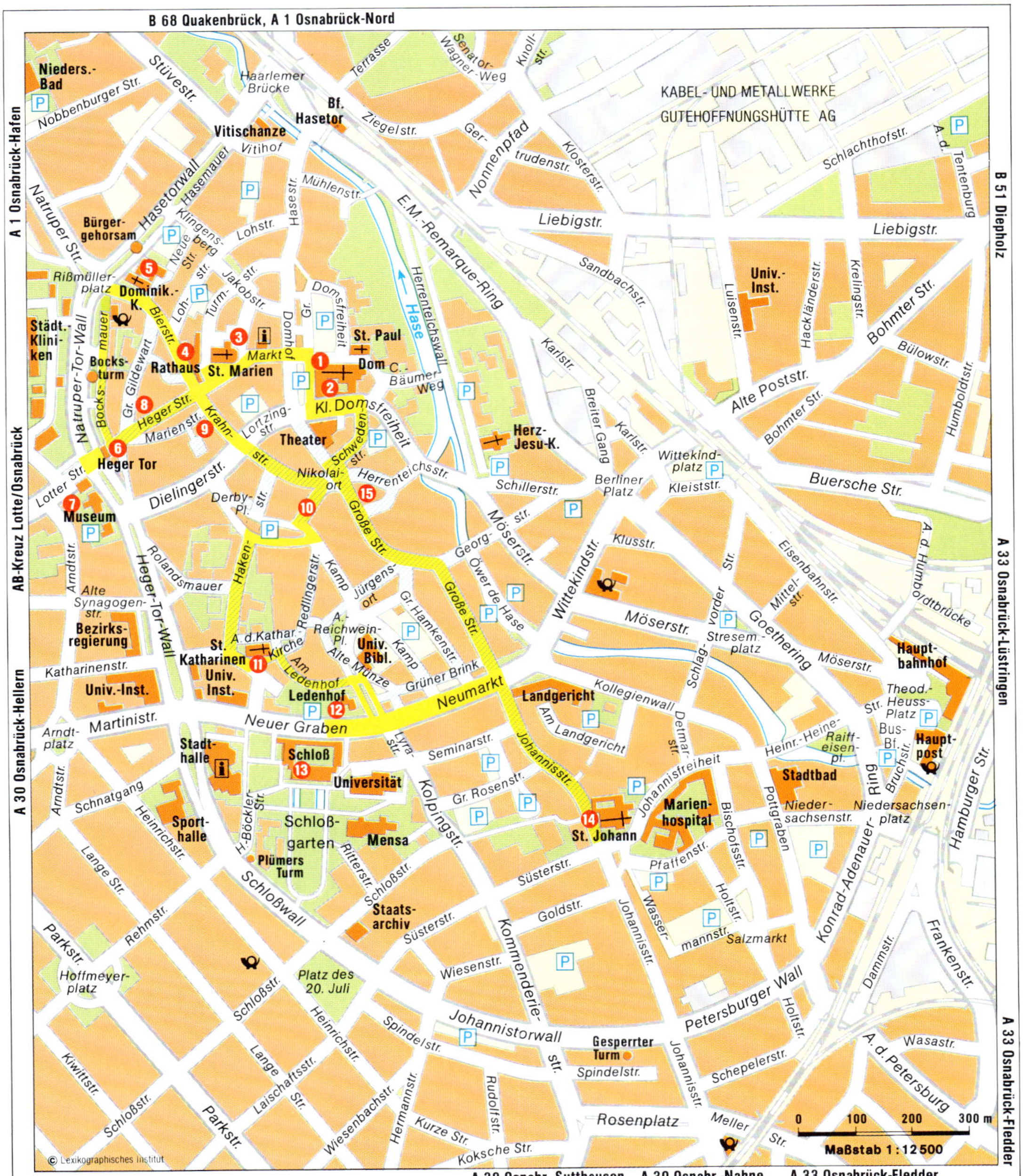

völlig vernichtet. Bemerkenswert die neuen farbigen Fenster.

12 *Ledenhof*, Adelshof. Kern der Anlage ist das »Steinwerk«, der Typus des – urspr. freistehenden – Zufluchts- und Wohnturms (14. Jh.). Im 15. Jh. bergfriedartig erhöht. Anfang 16. Jh. wurde ein Renaissance-Wohnbau angegliedert, dessen urspr. Raumordnung mit Saal und Saalkammer erhalten ist.

13 *Fürstbischöfliches Schloß*, heute Universität. 1667–75 errichtet. Vierflügelanlage um einen Ehrenhof. Seitentrakte niedrige zweigeschossige Bauten, Corps de logis (Mittelbau) viergeschossig mit hohem Walmdach, verbunden mit den Seitenflügeln durch überbrückte Durchfahrt. Im Park barocke Skulpturen, zwei sogen. »Riesen« oder »wilde Männer« sowie vier Figuren »Afrika«, »Amerika«, »Europa«, »Asien«, diese stammen vermutlich von Christian Manskirch.

14 *St.-Johannis-Kirche*, 1259–89 erbaut. Dreischiffige frühgotische Hallenkirche mit geradem Chor- und Seitenschiff-Abschluß, in der niedersächsische und westfälische Architekturelemente zusammenkommen. An der Nordseite dreiflügeliger Kreuzgang (Anfang 14. Jh.). Im Innern Hochaltar mit plastischen Reliefs (1512). Die oberen Felder des Schreins mit Figuren aus der Werkstatt des »Meisters von Osnabrück«. Chorgestühl und Bronzeklopfer an der Sakristeitür (14. Jh.), reichornamentiertes Sakramentshäuschen (um 1440), im Chor reichverzierter Levitenstuhl (1380).

15 *Hirschapotheke*, Große Str. 46. 1797 von Georg Heinrich Hollenberg als Bürgerhaus erbaut. Dreigeschossiger Bau mit sieben Achsen; die oberen Geschosse des Dreiecksgiebels sind durch Pilaster zusammengefaßt. Das Haus ist eines der schönsten Beispiele für den Osnabrücker Klassizismus.

Schnatgang der Heger Laischaft
Laischaften waren bürgerliche Vereinigungen, die in Stadtbezirken wohnten und draußen, in der Feldmark, Weidewirtschaft betrieben. Ihren Namen hatten sie nach den Toren, durch die sie ihr Vieh trieben. Sie legten die Grenzen ihrer Besitzungen fest, bestellten Kuhhirten und Wächter und kümmerten sich um Forstung und Waldpflege. Damit kein Streit aufkam, war die genaue Kenntnis der Begrenzungen (Schnate) wichtig, die deshalb immer wieder auf Schnatgängen überprüft wurden.
Heute gibt es noch die Heger Laischaft, die ihre Besitzung, das Heger Holz, pflegt. Die »Begehung« ist mittlerweile ein Festzug, der in der Lotterstraße hält, wo ein Junge traditionsgemäß eine Ohrfeige erhält. Er soll sich zeit seines Lebens an den Grenzstein erinnern, der hier die »Schnat« bezeichnet. Wenn die Tränen versiegt sind, gibt's übrigens Süßigkeiten . . .

Mit Karl dem Großen fing es an

Der christliche Franke fand, daß die Sachsen nicht länger Heiden sein sollten – ein ebenso gottgefälliger wie handfest-weltlicher Plan, ließ sich doch damit auch die Eroberung neuen Landes verbinden – dergleichen Bestrebungen kennt die Weltgeschichte zur Genüge. Jedenfalls entstand um 780 im Mittelpunkt des Gaues Trecwithi am Übergang über das Flüßchen Hase eine »Missionsstation«, die den Namen »Ossenbrugge« erhielt. Ob dies – wie die Sage erzählt – in Verbindung mit einer Schlacht geschah, in der König Karl den sich heftig sträubenden Sachsenherzog Widukind (Wittekind) mit dem Schwert zu bekehren versuchte, bleibt wohl für immer ungewiß.

Natürlich spielte die geographische Lage für die Gründung der Ansiedlung eine Rolle, sie war schlechthin ideal: Hier kreuzten sich zwei alte Fernwege, ein westöstlicher (Niederlande-Elbe) und ein nordsüdlicher (Köln – Bremen). Zudem war mitentscheidend, daß die Sachsen in der Nähe einen gewaltigen Opferaltar besaßen, zu dem Karl der Große in einer solch bevorzugten Gegend ein christliches Gegengewicht schaffen mußte. Später sprengte er den Altar mit Gottes Hilfe, die Trümmer heißen seither Karlssteine. Aus der Missionsstation wurde bald ein Bistum mit Kloster und Schule, in dem der Bischof zugleich Landesherr war. Es bestand bis 1802 und fiel dann an das spätere Königreich Hannover.

Ähnlich den Jahresringen eines Baumes ...

. . . zeigen sich die Wachstumsringe der Stadt. Die karolingische Domburg, Sitz der Osnabrücker Bischöfe und erste stadtartige Siedlung dieses Bereichs, wird gegen Ende des 11. Jh. mit den Quartieren der Kaufleute und Handwerker zur Binnenburg zusammengeschlossen. Davor entwickelt sich im 12. Jh. die Butenburg (äußere Burg), die nach 1218 mit der St.-Katharinen-Kirche (11) die zweite Pfarrkirche erhält. Ihr Turm überragt mit stolzen 103 m das alte Viertel. Im Süden entsteht im Schatten des um 1011 »weit draußen« gegründeten Johannesstifts die ländliche Neustadt. Deren Wahrzeichen ist noch immer die St.-Johannis-Kirche (14), wenn auch inzwischen als imponierender Teil einer lebhaften Einkaufsstraße.

Die Befestigungsanlagen, die Altstadt und Neustadt vereinigen, gehen auf das Jahr 1306 zurück und bleiben bis ins 19. Jh. bestehen. Als Hansestadt ist Osnabrück dank seiner günstigen Lage wichtiger Warenumschlagplatz zwischen dem Rhein und der Ostsee. Auch die Leinenproduktion hat einen guten Namen. Wirtschaftlich geht es Osnabrück also nicht schlecht. Dennoch – oder gerade deswegen – ist man froh, als 1843 endlich das Festungsgebot aufgehoben wird: Man kann sich tüchtig recken und beträchtlich ausdehnen. 1972 verdoppelt sich die Stadtfläche sogar – was aber weniger auf den unmäßigen Zuzug von Neubürgern zurückzuführen ist als vielmehr auf die Gebietsreform.

Schon um 1600 glänzte der Ledenhof, heute Musikbibliothek, mit seinem ungewöhnlichen farbigen Diagonalmuster.

Domkapitel, Adel, Kaufleute, Handwerker, Ackerbürger prägen das Gesicht der Stadt durch ihre Bauten. Mittelalterliche Steinwerke gehören dazu: mehrgeschossige Zufluchts- und Wohntürme, zumeist auf rechteckigem Grundriß. Der Adel baut sich Höfe und Palais. Schönstes erhaltenes Beispiel dafür ist der Ledenhof 12. Die Kaufleute mit ihren überregionalen Verbindungen bevorzugen seit dem 15. Jh. Putzbauten mit Treppen- oder Dreiecksgiebeln. Handwerker und Ackerbürger leben in Fachwerk-Bürgerhäusern, die zur Straße hin Giebelfassaden vorweisen und innen aus einem großen Dielenraum bestehen. An ihnen beobachtet man seit dem 16./17. Jh. ein Gestaltungsprinzip, das fast nur in Osnabrück zu finden ist: reich mit Motiven der Volkskunst geschmückte Fachwerkgiebel, die eingespannt sind zwischen vorkragende Brandmauern. Im 18. Jh. entstehen neben bürgerlichen Putz- und Sandsteinbauten besonders schöne klassizistische Quaderbauten, z. B. die heutige Hirschapotheke 15 als Wohn- und Geschäftshaus und die Fürstbischöfliche Kanzlei als Regierungsgebäude ... Die »schöne Stadt Osnabrück« wird größer und immer schöner.

Geschickter Wiederaufbau

Die Bomberpiloten des Zweiten Weltkriegs scheinen dafür nicht viel übrig gehabt zu haben. 1945 liegt die Stadt zu zwei Dritteln in Schutt und Asche. Wie überall heißt die Devise: Wiederaufbau. Dabei stellt man sich nicht ungeschickt an. Was bewahrt werden kann, wird bewahrt! Das verlotterte Heger-Tor-Viertel 8 wird gekonnt saniert, und man mag wieder hingucken, wenn die Heger Laischaft unter lebhafter Anteilnahme der Bevölkerung ihren »Schnatgang« durch dieses Quartier hinaus zum Heger Holz unternimmt. In die Innenstadt wird das Nikolaizentrum 10 gebaut, ein architektonisch eigenwilliger Wohn- und Geschäftshauskomplex, und man schafft so einen neuen städtebaulichen Akzent.

Zwei Welten trennt der Löwenpudel

Papst Johannes Paul II. besuchte Osnabrück, als 1980 das 1200jährige Bestehen der Stadt gefeiert wurde. Die Urzelle war die Domburg, ihr Symbol ist der Dom 1. Karl der Große ließ die Gebeine der hl. Märtyrerbrüder Crispin und Crispinian hierher überführen, die als Nebenpatrone des Doms verehrt werden. Das heutige Bauwerk hat im 13. Jh. seine endgültige Form erhalten – ein mächtiges Zeugnis niedersächsisch-westfälischer Kirchenbaukunst und mittelalterlicher Glaubenstradition. Zur Großen Domsfreiheit hin zeigt er seine Schauseite, sie war der Bischofsburg zugekehrt.

Draußen, auf der Grenzlinie zwischen dem bischöflichen und dem stadtbürgerlichen Bereich, blickt eine kleine Tierplastik zum Markt hinüber. Eigentlich soll sie als dräuender Löwe die den Bischöfen 1225

Ein Märlein, den Namen der Stadt betreffend
Karl der Große wollte die Sachsen zum christlichen Glauben bekehren, doch deren Herzog Wittekind (bzw. Widukind) fand mehr Gefallen an den bisherigen Göttern. Also zog Karl ins Sachsenland, um dort mit dem Schwert zu missionieren. Am jetzigen Klushügel bei Osnabrück standen sich die beiden dieserhalb versammelten Heere gegenüber, doch vereitelte das Flüßchen Hase den Vormarsch der Missionare, und die heidnischen Sachsen hielten die einzige Brücke besetzt. Unversehens stand ein leibhaftiger Ochse am Fluß und trottete durch eine seichte Stelle zum anderen Ufer. Hastdunichtgesehen setzten ihm die Franken nach, umgingen die Brückenbesetzer, schlugen sie rücklings aufs Haupt und siegten. Weil ihnen ein Ochse (Osse) an der Brücke (Brugge) den Weg gezeigt hatte, erhielt die Ansiedlung, die hier später entstand, den Namen Ossenbrugge.

Wie die Karlssteine entstanden
Auf seinem Christianisierungszug durchs Sachsenland zerstörte Karl der Große natürlich alle heidnischen Opferstätten. Im Hohn, zwischen Osnabrück und Wallenhorst, stand aber ein Altar, der sich nicht zwingen ließ. Vergeblich waren alle Versuche, die mächtige Steinplatte zu sprengen. Der König verfiel in Depressionen, zumal er hörte, daß Wittekind bald wieder ein neues Heer versammelt haben würde. Doch das Gebet von sieben Brüdern aus seinem Heer half: Als der König außer sich mit seiner Reitgerte auf die mächtige Steinplatte schlug und rief: »Gleich unmöglich ist es, diesen Stein wie die harten Nacken der Sachsen zu brechen!«, zersprang sie in drei Teile. Solcherart ermutigt, gaben die Franken den Kampf nicht auf. Seitdem heißen die Felsblöcke Karlssteine.

Riesenspektakel Friedensfest: Um den Westfälischen Frieden von 1648 zu feiern, reiten die Kinder seit alters im Oktober auf Steckenpferden durch die Altstadt zum Rathaus, begleitet von der Stadtwache und Spielmannszügen.

Tips, Tips, Tips

Schloß des Bischofs
Südlich von Osnabrück (B 51), auf dem Kegel des 331 m hohen Dörenbergs und oberhalb von Bad Iburg, liegt das Schloß, das der Osnabrücker Bischof Benno um 1080 anlegen ließ. Lange Zeit diente die mehrfach erweiterte Anlage als fürstbischöfliche Residenz und ist heute ein respektables Denkmal. Sehenswert sind der Rittersaal mit alten Fresken und die Klosterkirche im Schloßhof (Schloßführung Fr 15.30 Uhr).

Tiere begucken und rodeln
Südlich von Osnabrück liegt der Schölerberg. An seinem Südhang gibt es einen sehr schönen zoologischen Garten, und in seiner unmittelbaren Nähe hat man eine Sommerrodelbahn angelegt. Zu erreichen von der Innenstadt aus über die Johannisstraße, Iburger Straße, Am Waldzoo oder mit dem Bus (Linie 64). Osnabrücker Zoo, Am Waldzoo 2–3 (Sommer: tägl. 8–19 Uhr; Winter: tägl. 9 Uhr bis zum Einbruch der Dunkelheit), ☏ 5 14 24.

Hägars Helga?
Wenn die germanischen Götter grollten, ließen sie Donar vortreten, Felsen zerkleinern und – z. B. – ins Tecklenburger Land werfen. Jedenfalls mutet das Gebiet 23 km westlich von Osnabrück (A 30), zwischen Ibbenbüren und Brochterbeck, so an. Dort liegen im Tecklenburger Wald die Dörenther Klippen, eine bizarre Felsformation. Ein 166 m hoher Felsblock sieht aus wie ein »Hockendes Weib«.

zugestandene Gerichtsbarkeit (Gogerichte zum Löwen) symbolisieren. Doch ganz so beeindruckend hoheitsvoll ist die Raubkatze nicht geraten, die Osnabrücker sehen mehr einen Löwenpudel darin, den sie in ihr Herz geschlossen und mit einer romantischen Legende umwoben haben.

Am Markt – als Gesamtensemble von Rathaus (4), Stadtwaage, Kaufmannshäusern und Marktkirche St. Marien (3) bildet er einen Gegenpol zum Dombereich – schlägt das bürgerliche, das städtische Herz Osnabrücks. Der Platz ist angerartig gewachsen, und die Kirche zeigt sich nicht machtvoll-beherrschend, sondern als Teil des Ganzen. Daneben steht das Rathaus (4), wie die Kirche Spiegelbild des bürgerlichen Selbstgefühls der Handwerks- und Kaufmannssiedlung. In seinen Räumen tagte der erste Friedenskongreß der europäischen Geschichte, der den Westfälischen Frieden aushandelte und damit dem Dreißigjährigen Krieg ein Ende setzte.

Eine Landesherrschaft, die Fremdherrschaft blieb

Für Osnabrück brachte der Westfälische Frieden eine merkwürdige Sonderregelung. Danach sollten sich ein katholischer Bischof und ein protestantischer Prinz aus dem Hause Braunschweig-Lüneburg in der Landesherrschaft abwechseln. Unglücklicherweise gab es dadurch auch keinen Landesherrn, der vor Ort residieren mochte. Fürstbischof Ernst August I. von Braunschweig-Lüneburg z. B. fand zwar Zeit, das Schloß (13) als größtes fürstliches Barockschloß Niedersachsens zu errichten (1667–75), aber dann verfügte er sich lieber nach Hannover. Den Entwurf lieferte wahrscheinlich der Italiener Philippo Carato, eingearbeitet wurden Anregungen aus ganz Europa. Besondere Ähnlichkeit weist die vierflügelige Anlage mit dem Palais du Luxembourg in Paris auf. Heute ist hier die Universität untergebracht, und der Schloßgarten dient den Studenten wie den Osnabrücker Bürgern als beliebte Grünoase.

Nur einmal in der langen Geschichte des Bistums regierte ein Osnabrücker das Hochstift. Es war der Kanzler des letzten evangelischen Bischofs Friedrich von York, Justus Möser (1720–94), von Goethe respektvoll »Patriarch von Osnabrück« genannt. Sein politisches und schriftstellerisches Wirken sprengte die Landesgrenzen und hatte europäischen Zuschnitt. Seine Tätigkeit als Leiter der Verwaltung des Bistums von 1768–83 förderte die wirtschaftliche Entwicklung der Stadt und war grundlegend für ihre heutige industrielle Bedeutung. Auf der Großen Domsfreiheit hat man ihm ein Standbild errichtet.

Nun sind auch Studenten da

Neuerdings bringen Studenten kritischen Geist und aufmüpfigen Schwung ins nüchtern-realistische Leben der Osnabrücker. Denn seit 1973 rühmt sich die Stadt einer Universität, die die anderen Bildungseinrichtungen wirkungsvoll ergänzt: Katholische Fachhochschule, Verwaltungs- und Wirtschaftsakademie, Konservatorium. Vielleicht wird es ein-

Alte Fassaden, abwechselnd ganz aus Stein oder mit Fachwerk, findet man überall im Heger-Tor-Viertel.

Berühmt wie das Zuchtbuch von Osnabrück sind die Viehversteigerungen in der Halle Gartlage.

mal einen Osnabrücker Wissenschaftler von europäischer Geltung geben. Ein weltberühmter Schriftsteller ist schon zu verzeichnen: Erich Paul Remark (1898–1970), der sich später Erich Maria Remarque nannte. 1933 landete alles, was er bis dahin geschrieben hatte, auf Goebbels' Scheiterhaufen, und seine Schwester wurde Opfer des Naziterrors. Auch der Maler Felix Nußbaum entging den braunen Schergen nicht. Sie faßten den Sohn eines wohlhabenden jüdischen Kaufmanns in Brüssel und schickten ihn in die Gaskammern von Auschwitz. Das Kulturgeschichtliche Museum (7) besitzt eine umfassende Sammlung seiner Werke. Man würde das Elternhaus gern als Nußbaum-Museum einrichten, doch dazu fehlt leider das Geld.

Die Universität hat der Entwicklung der Stadt gutgetan. Die Betulichkeit einer Handwerker- und Ackerbürgerstadt, die die Landeshauptstadt und Residenz stets beibehalten hatte, verflüchtigt sich zugunsten eines großstädtischen Zuschnitts. Einstweilen ist man noch eine kleine Großstadt, wenn man sich auch schon einen Flughafen mit Münster teilt. Die innerstädtischen Ausmaße sind unverkennbar im mittelalterlichen Grundriß verankert; eine Weile wird Osnabrück noch die überschaubare Stadt bleiben, die aber als Handels- und Dienstleistungszentrum ihrer regionalen Bedeutung gerecht wird, und immerhin ist Osnabrück drittstärkste Wirtschaftsregion Niedersachsens. Dabei kommen ihr die Kohle- und Eisenerzvorkommen in der Umgebung gerade für die eisenschaffenden und -verarbeitenden Betriebe (z. B. Klöckner und Georgsmarienhütte) zugute. Die Osnabrücker sind Karl dem Großen nicht gram wegen der Gründung von Ossenbrugge, und vielleicht ist es ein gutes Omen, daß der neue Landkreis fast mit dem Territorium des alten Hochstifts übereinstimmt – Kongruenz des Zukünftigen mit den geistigen, kulturellen und wirtschaftlichen Wurzeln.

Ein prächtiger Pfau ziert einen Giebel in der Dielingerstraße.

Theater, Musik, Veranstaltungen, Museen

Theater

Städtische Bühnen Osnabrück, Domhof 10–11. Spielorte: Großes Haus am Domhof. Oper, Operette, Musical, Tanztheater, Schauspiel, Kinderstücke zur Weihnachtszeit. Studio emma-theater, Lotter Str. 6. Zeitgenössisches Schauspiel, modernes Musik- und Tanztheater, Autorenwerkstatt, Jugendclub »Osnabrücker Theater« mit eigenen Inszenierungen, ☏ 3 23 33 31.
Amateurtheater die probebühne, Wiesenstr. 1. Modernes Theater mit engagierten Stücken, ☏ 2 26 66.
Haus der Jugend, Große Gildewart 6–9. Gastspiele: Kinder- und Jugendtheater, modernes Theater, Kleinkunst, ☏ 3 23 41 78.
Lagerhalle am Heger Tor (6), Rolandsmauer 26. Theater, Kleinkunst, Vorträge, Autorenlesungen, Filme, Intern. Experimentalfilm-Workshop (Ende Mai), ☏ 2 27 22.

Musik

Stadthalle, Schloßwall 1–9. Sinfonie-, Kinderkonzerte des Osnabrücker Sinfonieorchesters, Meisterkonzerte, Ballett, Musical, Pop-, Rock-, Schlagermusik, Stadthallenfete (1. Fr im Jan. 20 Uhr), ☏ 2 77 05.
St.-Katharinen-Kirche (11), An der Katharinenkirche; *St.-Johannis-Kirche* (14), Johannisstr.; *St.-Marien-Kirche* (3), Markt; *Dom St. Peter* (1), Domhof: Chor-, Orgelkonzerte, Kantaten, Motetten, Oratorien, ☏ 3 23 22 02.
Ledenhof (12), Am Ledenhof 3. Kammerkonzerte, ☏ 3 23 24 05.
Lagerhalle am Heger Tor (6), Rolandsmauer 26. Jazz, Blues, Folk, Rock; Sonntagsfrühschoppen mit Live-Musik, ☏ 2 27 22.
Haus der Jugend, Große Gildewart 6–9. Pop, Rock, Blues, Folklore; Interfolk-Festival (Wochenende vor Ostern), ☏ 3 23 41 78.
Hyde Park Circus, Fürstenauer Weg. Rockmusik mit intern. Gruppen, ☏ 12 81 23, 12 81 25.

Veranstaltungen

3. Sa vor Ostern: *Frühjahrsmarkt*, Halle Gartlage. Kirmes.
Wochenende vor Ostern: *Interfolk-Festival* im Haus der Jugend, Große Gildewart 6–9. Folkmusik mit intern. Interpreten, ☏ 3 23 41 78.
Sommer: *Osnabrücker Volks-, Schützen- und Heimatfest* auf dem Markt und Lortzingplatz. Kirmes, Königs-Ausschießen, Musikprogramm im Festzelt: Folklore, Chormusik, Dixieland, Swing, ☏ 3 23 22 02.
Alle zwei Jahre (1990) Juni: *Osnabrükker Tanzfestival* im Schloßgarten und in der Stadthalle, Schloßwall 1–9. Volks-, Gesellschaftstanz, Tanzworkshops, ☏ 3 23 24 05.
Alle sieben Jahre (1990) 1. Wochenende nach den Sommerschulferien: *Schnatgang der Heger Laischaft* in der Innenstadt. Genossenschaftsfest aus dem Mittelalter mit Grenzbegehung, Fackelumzug in der Altstadt, ☏ 3 23 22 02.
2. Sa im Mai: *Maiwoche* in der Innenstadt. Kirmes, Straßenfeste; Kulturfestival auf dem Markt: Theater, breitgefächertes Musikprogramm, ☏ 3 23 22 02.
Ende Mai: *Internationaler Experimentalfilm-Workshop* in der »Lagerhalle«, Rolandsmauer 26. Film, Video, Multimedia, Performance, ☏ 2 16 58.
Juni–Aug.: *Osnabrücker Sommer* – Städtisches Sommerkulturprogramm an verschiedenen Stätten. Theater, Kabarett, Open-air-Konzerte mit Pop, Rock, Klassik. Spielorte: Botanischer Garten, Rathausplatz, Markt, Schloßgarten. Kunstausstellungen in der Dominikanerkirche (5), Rißmüllerplatz; Sommerprogramm der »Lagerhalle«, Rolandsmauer 26; Sommerakademie der Volkshochschule, Bergstr. 8, ☏ 3 23-24 05.
24./25. Okt.: *Steckenpferdreiten* und *»Klingendes Rathaus«* in der Altstadt bzw. im Rathaus (4). Friedensfest und Brauchtum zur Erinnerung an den Westfälischen Frieden von 1648. Chor- und Orchesterkonzert im Rathaus; traditionelles Steckenpferdreiten der Kinder durch die Altstadt zum Rathaus, begleitet von Stadtwache, Schülerkapellen, Spielmannszügen, ☏ 3 23 22 02.
Anfang Nov.: *Herbstjahrmarkt*, Halle Gartlage. Kirmes.
Nov.: *Laternenfestwoche im Osnabrücker Zoo*, Am Schölerberg. Musik und Laternenumzug für Kinder, ☏ 5 14 24.

Museen

Domschatzkammer und Diözesanmuseum, Kleine Domsfreiheit 24 (s. (2)).
Kulturgeschichtliches Museum, Heger-Tor-Wall (s. (7)).
Museum am Schölerberg, ehemals Naturwissenschaftliches Museum, Am Schölerberg 8. Geologie, Biologie des Osnabrücker Landes, Stadtökologie, ökologischer Museumsgarten, Planetarium.

SPARKASSE
VOLKSBANK

Paderborn

Stadt an den Quellen

Ein hervorragendes Bier gab es in Paderborn schon in der Zeit, als die Stadt der Hanse angehörte, und auch das Paderborner Brot war bereits im Mittelalter ein begehrter Exportartikel. Daß diese Handelswaren hier seit je so gut geraten, hat seinen Grund im Wasserreichtum des Orts. Mitten im Zentrum sprudeln aus über 200 Quellen 3000 bis 9000 l Wasser pro Sekunde. Aus Mauerritzen und Gewölben, in den Kellern der Pfalz-Aula und der Domdechanei brechen die »Borne« hervor und vereinen sich zu den sechs Quellarmen des kuriosesten und kürzesten aller deutschen Flüsse: Nach nur vier Kilometern mündet der Lauf der Pader in die Lippe . . .
Das Rathaus von Paderborn (unser Bild) ist eines der spätesten und schönsten Bauwerke der Weserrenaissance.

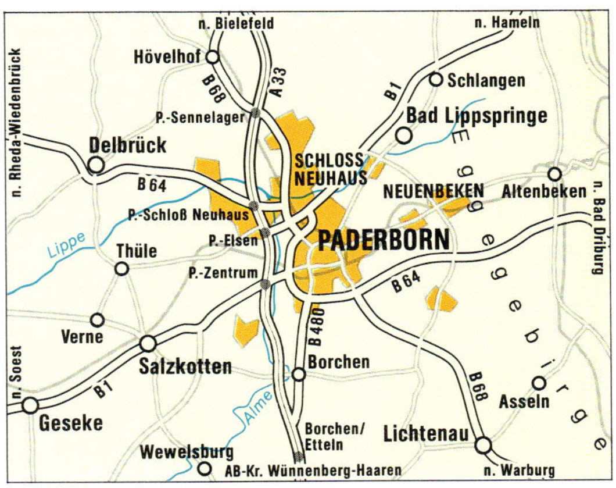

Wappen Urspr. das Wappen der Familie Bulemast (1328), 1370 auch das der Familie von Stapel. Seit 1473 Wappen der Stadt Paderborn.
Lage Im Südosten des Teutoburger Walds an Pader und Lippe.
Land Nordrhein-Westfalen
Autokennzeichen PB
Höhe 94–347 m ü. M.
Fläche 180 km^2
Einwohnerzahl 112 800
Postleitzahl 4790
Telefonvorwahl 0 52 51
Post Postamt 1, Westernstr. 31, Spätschalter (Mo–Fr 8–19, Sa 8–16, So 10–12 Uhr).
Polizei Riemekestr. 60–62, ☏ 30 60
Taxi ☏ 7 15 13, 3 85 88, 2 60 60
Nahverkehr 24 innerstädt. Omnibuslinien; Fahrscheine und Mehrfahrtenkarten beim Fahrer und in den Vorverkaufsstellen.
Camping Campingplatz am Waldsee, Paderborn-Schloß Neuhaus, Husarenstr. 130, ☏ (0 52 54) 73 72.
Parken In der Innenstadt zahlreiche Parkplätze, die gut ausgeschildert sind. Außerdem die Städtische Tiefgarage (Einfahrt Brückengasse) sowie das Parkhaus am Arosa-Hotel. Ein Faltprospekt des Verkehrsvereins informiert über die verschiedenen Parkmöglichkeiten und die Zufahrtswege.
Touristinformation Verkehrsverein, Marienplatz 2a, ☏ 2 64 61, 2 19 97 (Mo–Fr 9–18, Sa 9–13 Uhr).
Stadtführung Nach Vereinbarung beim Verkehrsverein.

Stadtrundgang

Als Ausgangspunkt bietet sich der Parkplatz an der Paderhalle (Maspernplatz) an. Er liegt im Norden der Altstadt unmittelbar am Wall, auf den alle wichtigen Einfallstraßen münden. Am Maspernplatz stehen übrigens noch zwei der insgesamt sechs Wehrtürme, die von der historischen Stadtbefestigung erhalten blieben. Wem der ca. zweistündige Rundgang zu lang ist, kann direkt von der Gaukirche **7** *zum Rathaus* **11** *gehen; man spart damit etwa eine halbe Stunde Gehzeit. Eine sehr idyllische Erholungsmöglichkeit im Grünen bieten die Anlagen bei den Paderquellen zwischen dem ehemaligen Brauhaus* **14** *und der Abdinghofkirche* **15**.

Sehenswürdigkeiten

1 *Adam-und-Eva-Haus*, dreigeschossiges Fachwerkgiebelhaus aus der 2. Hälfte des 16. Jh., 1975 restauriert; schöne figürliche Schnitzereien auf drei Friesen an der Fassade (Vertreibung aus dem Paradies). Im Haus das *Museum für Stadtgeschichte* mit Fundstücken und Dokumenten zur Geschichte der Stadt (Di–So 10–18 Uhr).

2 *Ehemalige Domdechanei*, ältester barocker Profanbau der Stadt, 1676–78 von Ambrosius von Oelde erbaut, 1974–76 restauriert und innen modern ausgebaut.

3 *Kaiserpfalz*, eigentlich zwei Pfalzen, die 1964–70 ausgegraben bzw. wiederhergestellt wurden: eine karolingische (um 770 begonnen), von der noch die Grundmauern zu sehen sind, und eine ottonische (frühes 11. Jh.), die in ihren alten Dimensionen wieder aufgebaut wurde. Im ottonischen Pfalzbau *Museum in der Kaiserpfalz* mit archäologischen Funden aus der Pfalz (Di–So 10–17 Uhr).

4 *Bartholomäuskapelle*, ehemalige Kapelle der ottonischen Kaiserpfalz (frühes 11. Jh.). Der äußerlich schlichte Bau gilt als die älteste Hallenkirche der Bundesrepublik Deutschland. Innenraum mit byzantinischen Elementen.

5 *Dom St. Maria, St. Kilian und St. Liborius*, im wesentlichen 13. Jh., Teile aus dem 11./12. Jh., dreischiffige Hallenkirche mit zwei Querhäusern und mächtigem romanischem Turm. In der romanischen Krypta, einer der größten in der Bundesrepublik Deutschland, werden die Reliquien des hl. Liborius, Patrons der Stadt und des Erzbistums, aufbewahrt. Zu der reichhaltigen Ausstattung des Doms gehören zahlreiche figürliche Grabdenkmäler der Paderborner Bischöfe, darunter das Epitaph des Dietrich von Fürstenberg, ein prunkvolles Werk des Manierismus, um 1620 von Heinrich Gröninger geschaffen. Unter den Maßwerkfenstern des Kreuzgangs befindet sich das sogen. »Hasenfenster«, ein Wahrzeichen Paderborns.

6 *Erzbischöfliches Diözesanmuseum und Domschatzkammer*, bedeutende Sammlung von Skulpturen (darunter die weltberühmte Imad-Madonna, Mitte 11. Jh.), Tafelgemälden, Hinterglasmalerei, Kultgeräten und Textilien vom Mittelalter bis zum Beginn des 20. Jh. (Di–So 10–17 Uhr).

7 *Gaukirche St. Ulrich*, um 1170–80 erbaut mit charakteristischem achteckigem Turm und einer prächtigen barocken Westfassade, die 1746–49 hinzukam.

8 *Busdorfkirche St. Petrus und St. Andreas;* Gründungsbau dieser Kirche 1036 geweiht, der Grabeskirche von Jerusalem nachgebildet. Der urspr. Zentralbau in den folgenden Jahrhunderten mehrfach verändert, zuletzt 1667, als der Westchor zur Eingangshalle umgebaut worden war.

9 *Erzbischöflicher Hof*, Frühwerk des westfälischen Barockbaumeisters Johann Conrad Schlaun von 1716.

10 *Jesuitenkirche hl. Franz Xaver*, 1682–92 entstandener manieristischer Bau; ornamentale Ausstattung mit barocken Formen, die dem Zweiten Weltkrieg fast ganz zum Opfer fiel.

11 *Rathaus*, 1613–20 im Stil der Weserrenaissance erbaut; prächtige Hauptfassade mit drei symmetrisch angeordneten Giebeln. Im 2. Obergeschoß das *Naturkunde-Museum* mit Präparaten von Tieren aus der Umgebung Paderborns, außerdem Schausammlungen mit heimatlichen und exotischen Insekten sowie Versteinerungen und Mineralien (Di–So 10–18 Uhr).

12 *Heisingsches Haus*, Patrizierhaus mit einer bemerkenswerten, reich verzierten Fassade (um 1600).

13 *Franziskanerkirche St. Joseph*, 1668–71 errichtete einschiffige Kirche mit der schönsten Barockfassade Westfalens. Im Besitz des mit der Kirche verbundenen Klosters befindet sich der Tragaltar des Rogerus von Helmarshausen, eine hervorragende Einlegearbeit aus der Zeit um 1100.

14 *Ehemaliges Brauhaus*, 1563 erbaut; die Giebelfront ist spätgotisch; bemerkenswert ist besonders das spitzbogige Stabwerkportal.

15 *Abdinghofkirche*, 1078 geweihte Pfeilerbasilika; zuvor wurden an dieser Stelle drei Kirchen errichtet und wieder zerstört. Der Bau beeindruckt den Betrachter vor allem durch seine Schlichtheit und Formenstrenge.

16 *St. Michael*, als Kirche der Chorfrauen vom hl. Augustin 1694–98 gebaut, reichverzierte Barockfassade.

17 *Schloß Neuhaus*, Wasserschloß der Fürstbischöfe von Paderborn. Erster Frührenaissancebau in Westfalen. Die Vierflügelanlage wurde im 16. Jh. unter Einbeziehung spätgotischer Teile des Vorgängerbaus errichtet. Das Schloß bietet mit seinen zahlreichen Türmen und Giebeln einen äußerst malerischen Anblick. Im Schloß ist heute die *Städtische Galerie* untergebracht, die wechselnde Ausstellungen mit zeitgenössischer bildender Kunst zeigt (Di–Sa 15–18, So 10–13, 15–17 Uhr). Schloß Neuhaus erreichen Sie von der Innenstadt aus über die Neuhäuser Str. (B 64).

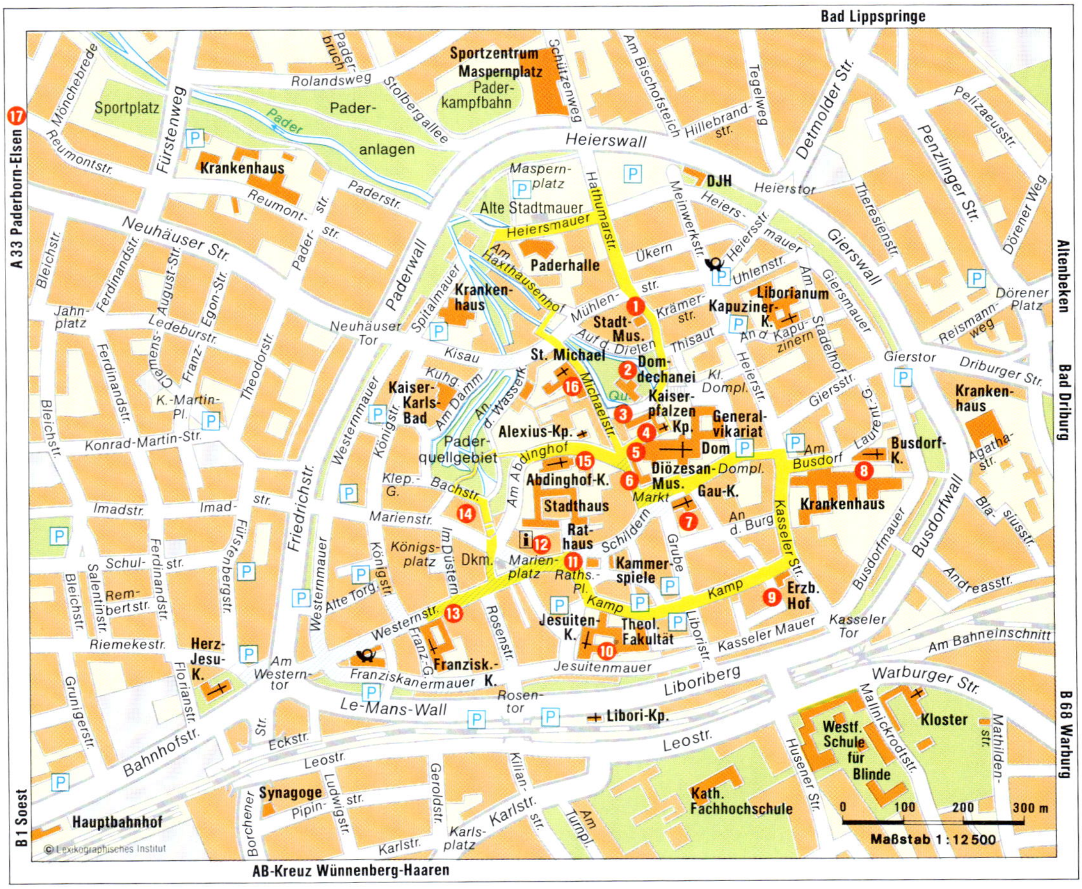

Großstadt mit provinziellem Charme

»Großstadt«, wenn auch eine der kleineren im bevölkerungsreichsten Bundesland – diese Klassifizierung ist für Paderborn etwas mißverständlich. Obwohl Sitz nicht nur einer Gesamthochschule, sondern vor allem eines Unternehmens der Computerbranche mit Weltgeltung, hat sich die Paderstadt provinziellen Charme bewahrt. Eine eher konservative Grundhaltung, die sich als enge Bindung an Religion und Kirche, als Festhalten am Überlieferten zeigt, wird den Menschen des Paderborner Lands zugeschrieben. Das Leben spielt sich hier im Schatten des hoch aufragenden Doms 5 ab, der mit seinem mächtigen Westturm die Silhouette der Stadt bestimmt und als ihr Mittelpunkt von allen Seiten Orientierung für den Besucher bietet.

Kirche und Welt sind sich hier ein bißchen näher als anderswo; der Erzbischof residiert nicht fernab, sondern mitten im Zentrum. Der Bettler, der in der belebten Fußgängerzone an den Stufen zur Klosterpforte über sein Elend lamentiert, gehört zum Alltag. Neben Andenkenläden mit ihrem auch anderswo üblichen Angebot – vom Diafilm bis zum kitschigen Schmuckteller – entdeckt der Besucher an den touristischen Hauptanziehungspunkten auch Einkaufsmöglichkeiten für Heiligenbilder, Weihwassergefäße oder Rosenkränze.

Was Paderborn, neben dem »Wunder« der vielen Quellen, vor allem sehenswert macht, sind die zahlreichen Zeugnisse einer ereignisreichen Vergangenheit.

Viel Glanz brachte schon Karl der Große in die Stadt, als er 777 den ersten Reichstag auf sächsischem Gebiet an den Quellen der Pader abhielt. Wenig später errichtete er hier eine prächtige Pfalz 3.

Wo der Thron Karls des Großen stand

Ausgrabungen im Dombereich vermittelten eine lebendige Vorstellung von dem »berühmten Ort« der Karolingerzeit und seinen Bauten. Reste der karolingischen Pfalz und bis zu 6 m hohe Mauern des ottonischen Palasts kamen zum Vorschein. Auch ein steinerner Unterbau mit Stufen

<u>Bischöfliches Gebein als Beute</u>

Paderborn hatte unter den Schrecken des Dreißigjährigen Krieges schwer zu leiden. 16mal wurde die Stadt belagert und erobert. Besonders schlimm trieb es der Herzog von Braunschweig, der »tolle Christian«. Er machte den Dom zum Pferdestall und veranstaltete dort Rennen und Spiele. Aus dem kostbaren goldenen Sarg des hl. Liborius ließ er »Pfaffenfeindtaler« prägen, und die Gebeine des Heiligen nahm er mit, als er die Stadt wieder verließ. Als er – ein halbes Jahr später – bei Stadtlohn (nahe der niederländischen Grenze) von Tilly geschlagen wurde, dämmerte ihm, daß dies die Strafe für seinen Grabfrevel sein konnte: »Ach, hätte ich den Alten ruhen lassen, es ist mein Unglück!« Voller Reue schickte er die Gebeine zurück. Sie erhielten einen neuen prächtigen Schrein, der heute in der Domschatzkammer im Diözesanmuseum 6 steht. Zur Erinnerung an die Rückgabe der Reliquien im Herbst 1627 findet alljährlich im Juli das einwöchige Liborifest statt.

Tips, Tips, Tips

Paradies für Wassersportler
Nördlich und nordwestlich von Paderborn ist durch Sand- und Kiesabbau eine Art Seenplatte entstanden, die für Erholungsuchende einiges bietet, besonders für Angler und Wassersportler. Am Nesthauser See beim Stadtteil Elsen gibt es sogar eine Wasserski-Seilbahn, die von Mai bis September in Betrieb ist. Von der Innenstadt aus erreichen Sie diesen See über Schloß Neuhaus auf der B 64.

Wo die Bischöfe residierten
Auf dem Areal eines schon im 11. Jh. genannten bischöflichen Haupthofs liegt im Ortsteil Schloß Neuhaus die ehemals glanzvolle Residenz der Fürstbischöfe von Paderborn. Wie oft in bischöflichen Residenzstädten gerieten auch in Paderborn die geistlichen Landesherren in Konflikte mit der Bürgerschaft. Schon im 13. Jh. wurde daher der Wohnsitz von Bischof Simon I. nach Neuhaus verlegt. Im 14. Jh. nahm die Bedeutung der Burg zu, und durch Bischof Heinrich von Spiegel erhielt sie um 1370 ein festes Steinhaus, das im Westflügel des heutigen Schlosses ⑰ zum Teil erhalten ist. Der Entwurf des großen Mehrflügelschlosses mit Binnenhof aus dem 16. Jh. wird Jörg Unkair aus Tübingen zugeschrieben. Schwesternbauten desselben Meisters nach gleicher Plananlage sind die Schlösser in Detmold und Stadthagen. Schloß Neuhaus gilt als einer der bedeutendsten Profanbauten des 16. Jh. in Westfalen.

wurde freigelegt, auf dem einst der Thronsessel Karls stand. Unter Verwendung der Maße und des originalen Mauerwerks wurde die Kaiserpfalz ③ des 11. und 12. Jh. wiederaufgebaut. Die obere Halle des zweigeschossigen Saalbaus dient vielfältigen Veranstaltungen, die untere ist ein Museum, in dem die Fundstücke der Grabungen eine Siedlungsgeschichte dokumentieren, die in der Jungsteinzeit beginnt.

In Paderborn leiteten Karl der Große und Papst Leo III. durch ihr Zusammentreffen im Jahr 799 die Gründung des späteren Heiligen Römischen Reiches Deutscher Nation ein. Folgenreich bis in die Gegenwart war auch die Entscheidung Karls, den Pfalzort zum Bischofssitz zu machen. In der Reihe der Bischöfe, die das Gesicht der Stadt prägten, gebührt zunächst Badurad Erwähnung. Er begründete eine der ältesten Städtefreundschaften Europas, als er 836 die Reliquien des hl. Liborius von Le Mans nach Paderborn holte. Liborius wurde zum Patron von Dom, Bistum und Stadt. Ihm zu Ehren wird alljährlich ein mehrtägiges großes Fest gefeiert, an dem natürlich auch eine Delegation aus der französischen Partnerstadt teilnimmt.

Nach nahezu völliger Zerstörung durch einen großen Brand im Jahr 1000 gelangte Paderborn durch Bischof Meinwerk (1009–36) zu hoher Blüte. Dessen Fürsorge für den Bischofssitz fand vor allem in reger Bautätigkeit Ausdruck. Nach seinen Vorstellungen entstanden ein Domneubau, die neue ottonische Kaiserpfalz ③ und die Stadtbefestigung. Er ließ Klöster und Kirchen bauen, die Bartholomäuskapelle ④ und den Bischofspalast.

16 Wappen brauchte jeder Bischof

Auf den Überresten dieses Palastes erhebt sich heute das Erzbischöfliche Diözesanmuseum ⑥ mit einer der bedeutendsten Skulpturensammlungen Nordrhein-Westfalens, als deren wertvollstes Stück die Madonna des Bischofs Imad aus der Zeit um 1058 gilt. Im Untergeschoß des mit Bleiplatten verkleideten Bauwerks, das in unmittelbarer Nachbarschaft zum altehrwürdigen Dom einen modernen städtebaulichen Akzent setzt, ist der Domschatz mit dem goldenen Liborischrein untergebracht. Über den Platz vor dem Dom schritten Kaiser und Könige; die Vorhalle vor der Südfassade der dreischiffigen Hallenkirche gab den Pilgern auf dem Weg nach Santiago de Compostela Obdach; im Kreuzgang des imposanten Gotteshauses fanden die toten Domherren die letzte Ruhe. Ihre Grabmäler sind mit jeweils 16 Wappen geschmückt, denn 16 Ahnen mußte jeder von ihnen nachweisen. Und am St.-Nikolaus-Tag mußte er seine Wappenfahne vor einem Feuer auf dem Domplatz ausstellen, und wer von Fehl und Tadel wußte im Ahnenregister des hohen Herrn, der durfte seine Fahne beschimpfen und ins Feuer ziehen.

Brot – fest und flüssig

Vom 13.–16. Jh. war Paderborn Hansestadt mit weitgehender Selbstverwaltung. Als bedeutender Straßenknotenpunkt für den berühmten, von West nach Ost verlaufenden Hellweg wie auch für die von Süd nach

Der mächtige Westturm des Doms beherrscht das Zentrum der Stadt.

Zum Liborifest trägt man den Schrein mit den Gebeinen des Stadtpatrons in einer feierlichen Prozession um den Dom.

Nord verlaufenden Handelswege pflegte Paderborn Beziehungen bis hin zum russischen Nowgorod. In der Zeit des erstarkenden Bürgertums florierten Handel und Wandel. Wichtige Antriebskraft des Wirtschaftslebens waren in vorindustrieller Zeit die Quellflüsse der Pader. An den verschiedenen Paderläufen entstanden zahlreiche Mühlen, die heute bis auf eine verschwunden sind. In engem Zusammenhang mit den Mühlen steht die Brotherstellung. Das aus einer Mischung von Roggen- und Weizenmehl gebackene kastenförmige »Paderborner Brot« wurde zu einer Typenbezeichnung. Heute wird es in modernen Durchlaufbacköfen hergestellt und in der gesamten Bundesrepublik Deutschland verkauft – ebenso wie ein anderes traditionelles Produkt der Stadt, das Bier.

Zu Beginn des Dreißigjährigen Krieges errichteten die Paderborner mit ihrem prächtigen, im Renaissancestil erhaltenen Rathaus ⓫ ein Denkmal unbeugsamen Bürgerstolzes. Bei Kriegsende, im Jahr 1648, lebten nur noch 500 Bürger in der zerstörten und verarmten Stadt. Der gelehrte und baufreudige Fürstbischof Ferdinand von Fürstenberg (1661–83) gab ihr dann mit seinen Barockbauten neuen Glanz.

Es folgte wieder eine Besatzungszeit. Von 1807–13 gehörte Paderborn zum »Königreich Westfalen«, das Jérôme Bonaparte, jüngster Bruder Napoleons I., von Kassel aus regierte. »König Lustig«, wie er genannt wurde, soll sich in Paderborn sehr amüsiert haben.

Am 27. März 1945 wurde ein Großteil der Stadt durch einen Bombenangriff zerstört. Der Wiederaufbau in den 50er und 60er Jahren gilt als beispielhaft, und die Stadt hat ihre alte Attraktivität wiedergewonnen.

Die letzte der einst zahlreichen Mühlen an den Quellen der Pader.

Theater, Musik, Veranstaltungen, Museen

Theater

Paderhalle, Heiersmauer 45–51. Gastspiele: Oper, Operette, Musical, Show, Schauspiel, Tourneetheater mit Schauspieler-Prominenz, Kabarett, Schüler-Tribüne, Kindertheater; Puppenspielwochen (Jan.), ☏ 2 50 01.
Westfälische Kammerspiele, Rathausplatz. Kleinkunst, Lesungen, Liedvorträge in der TAM-Reihe (Theater am Montag), ☏ 2 47 98.
Freilichtbühne Schloß Neuhaus ⓱ im Schloßpark der Residenz. Schauspiel; Kinderstücke (Mai–Sept.), ☏ (0 52 54) 23 78.
Studiobühne der Universität, Warburger Str. 100. Klassisches und modernes Theater, auch in engl. Sprache, ☏ 60 24 99.
U-Bahnhof Weberberg – Stattheater, Marienstr. 16/Ecke Weberberg. Modernes Theater, Kleinkunst, ☏ 2 20 48.
Kulturwerkstatt, Bahnhofstr. Kleinkunst, Amateurtheater, ☏ 3 17 85.
Puppen- und Zaubertheater Trixini, Jühengasse 10. Zaubereien für Kinder, Kasperletheater, ☏ 2 24 24.

Musik

Paderhalle, Heiersmauer 45–51. Sinfonie-, Kammerkonzerte, musikalische Matineen (So); Jazz Band Ball (Jan./Febr.), ☏ 2 50 01.
Städtische Musikschule, Am Haxthausenhof 6–8. Orchester-, Kammer-, Schülerkonzerte, Literatur und Musik, Rhythmik und Tanz, Jazz mit Big Band und Combo. Spielorte: Aula des Gymnasiums Theodorianum, am Kamp; Aula in der Kaiserpfalz ❸, Am Ikenberg; Paderhalle, Heiersmauer 45–51, ☏ 20 64 03.
Abdinghofkirche ⓯, Am Abdinghof. Orgelkonzerte, Kammermusik, Oratorien; Paderborner Orgelsommer (Juni–Sept.) mit intern. Gastorganisten, ☏ 50 02 35.
Dom ❺, Domplatz. Chormusik mit dem Paderborner Domchor (So 10 Uhr), Orgelkonzerte mit intern. Gastorganisten, Motetten, Oratorien, ☏ 20 72 27.
Sporthalle am Maspernplatz, Schützenweg. Pop-, Rock-, Schlagermusik mit Stars und intern. Gruppen, ☏ 2 64 61.
U-Bahnhof Weberberg – Stattheater, Marienstr. 16/Ecke Weberberg. Folklore, Blues, Rock, Salsa, Liedermacher; Jazz-Club: gesamtes Jazzspektrum mit regionalen, nationalen, intern. Interpreten, ☏ 2 20 48.

Veranstaltungen

Sommer (in den Schulferien): *Paderborner Sommerspiele* für Kinder und Jugendliche. Puppenspiel, Mitspiel-, Zaubertheater, Gauklerzirkus, Open-air-Folk-Meeting, Film, Spielfest, sportliche Veranstaltungen, Kinder-Zeltlager, ☏ 20 64 58.
Jan.: *Paderborner Puppenspielwochen* mit Puppenspielern aus aller Welt in der Paderhalle, Heiersmauer 45–51, ☏ 2 64 61.
Jan./Febr.: *Jazz Band Ball* in der Paderhalle. Oldtime, Swing mit intern. Big Bands und Combos, ☏ 2 50 01.
Letzte Woche im April: *Lunapark-Kirmes* auf dem Maspernplatz.
Erstes Wochenende im Mai: *Frühlingsfest* in der Innenstadt. Theater, Pantomime, Puppenspiel, Pop-, Rock-, Jazzgruppen, Unterhaltungsmusik, sportliche Veranstaltungen, Biergarten.
Juni/Juli: *Tage alter Musik* in der Residenz Schloß Neuhaus ⓱. Auftakt: Renaissancefest mit Musik, Theater, Pantomime, Tanz. Kammerkonzerte – Renaissance bis Frühklassik – auf historischen Instrumenten mit renommierten Interpreten, ☏ 20 62 81/82.
Zweites Wochenende im Juli: *Paderborner Schützenfest* auf dem Schützenplatz und in der Schützenhalle, Löffelmannweg. Festzug, Prinzen- und Königsschießen, Tanzabend sowie Feuerwerk.
Sa nach dem 23. Juli: Einwöchiges *Liborifest* im gesamten Innenstadtbereich mit Kirmes, Pottmarkt, Krammarkt, Theater, Tanz, Folklore, Konzerten, Musikgruppen, kirchlichen Feierlichkeiten; Cityfest; *Europa-Festival* mit verschiedenen Attraktionen im Inselbadstadion, Fürstenweg; Abschluß: Feuerwerk im Paderquellgebiet, ☏ 2 64 61.
Ende Juli: *Paderborner Jazz Weekend* im Garten der Städt. Musikschule, Am Haxthausenhof 6–8. Gesamtes Jazzspektrum mit regionalen, nationalen, intern. Solisten und Bands, ☏ 2 64 61.
Aug./Sept.: *Theaterfest* rund um und in der Paderhalle. Straßen-, Aktions-, Improvisationstheater, Pantomime, Kleinkunst, Clowns, Puppenspiel, Tanz, Folklore, Straßenmusik, Jazz, Kunstaktionen, ☏ 2 64 61.

Museen

Erzbischöfliches Diözesanmuseum und Domschatzkammer, Markt 17 (s. ❻).
Museum in der Kaiserpfalz, Am Ikenberg (s. ❸).
Museum für Stadtgeschichte, Hathumarstr. 7–9 (s. ❶).
Naturkunde-Museum, Rathaus, Rathausplatz (s. ⓫).
Städtische Galerie im Stadthaus, Am Abdinghof 11. Sammlung Bergmann-Michel mit Collagen und Graphik. Aquarelle, Zeichnungen, Radierungen, Holzschnitte der Dresdner Sezession Gruppe 19 (Di–So 10–18 Uhr).
Städtische Galerie im Schloß Neuhaus, ehemalige Fürstbischöfliche Residenz im Schloß Neuhaus (s. ⓱).

Mindestens drei Völkerstämme, drei Flüsse und viele bedeutende Bischöfe bestimmten und bestimmen seit mehr als 2000 Jahren die Geschicke dieser Stadt. Barock ist ihr äußeres Gepräge, bayrisch-bürgerlich-konservativ ihr geistiges Erbe, von stets gefährdeter, aber in der Substanz unversehrter Schönheit ihre Lage zwischen den strömenden Wassern vor dem Bayerischen Wald. Wie Passau vor Zeiten die Schiffer, Händler und Baumeister

aus ganz Europa in seinen Bann gezogen hat, so fasziniert die Dreiflüssestadt auch heute ihre Besucher. Einstmals Mittelpunkt der größten Diözese des Heiligen Römischen Reiches Deutscher Nation – heute ein lebendiges Museum am Rande der Europäischen Gemeinschaft, das den stolzen Namen »Europastadt« führt.

Passau

Venedig in Niederbayern

Wappen Der steigende Wolf, rot in weißem Feld, geht auf den Passauer Bischof Wolfger von Erla (1191–1204) zurück.
Lage Im östlichen Niederbayern an Donau, Inn und Ilz.
Land Bayern
Autokennzeichen PA
Höhe 294–443 m ü. M.
Fläche 69,7 km^2
Einwohnerzahl 50 000
Postleitzahl 8390
Telefonvorwahl 08 51
Post Hauptpost, Bahnhofstr. 27, Spätschalter (Sa 14.45–18, So 10–11 Uhr).
Polizei Nibelungenstr. 17, ☏ 50 31
Taxi ☏ 5 73 73, 75 00, 25 00
Nahverkehr Städt. Omnibuslinien im innerstädtischen Bereich, Fahrscheine beim Fahrer erhältlich. Vom Rathausplatz aus verkehrt ein Pendelbus zur Veste Oberhaus (April–Okt.). In den Bayerischen Wald, ins Rottal und Donautal fahren Bundesbahnbusse.
Camping Dreiflüsse-Camping, Irring, ☏ (0 85 46) 6 33. Erreichbar von der A 3, Ausfahrt Passau/Nord, Richtung Schalding.
Parken Zu empfehlen sind die vier Parkhäuser in der Innenstadt: Shell-Parkhaus-Zentralgarage, Nikolastr. 4, Schanzl, Obere Donaulände 5, Donaupassage, Obere Donaulände und Woolworth, Obere Donaulände 12. Außerdem Parkmöglichkeiten auf dem Kleinen Exerzierplatz und im Universitätsgelände.
Touristinformation Fremdenverkehrsverein, Rathausplatz 3 (Neues Rathaus), ☏ 3 34 21 (Mo–Fr 9–18, Sa 10–14 Uhr), Nibelungenhalle (abr-Pavillon), ☏ 3 34 21 (Mo–Fr 9–18 Uhr).
Stadtführung Ab Königsdenkmal am Domplatz April–Okt. tägl. 14.30, außerdem Mo–Sa 10.30 Uhr. Ganzjährig Domführungen, ☏ 3 34 21, 39 61.
Schiffahrt Dreiflüssefahrten von März–Okt. ab Rathausplatz (jede halbe Stunde), außerdem Fahrten ins Donautal. In Passau befindet sich auch eine Anlegestelle für Kreuzfahrtschiffe.

Ein deutsches Venedig

»Ich habe in Deutschland keine so schöne Stadt gesehen wie Passau«, soll einer geschwärmt haben, dem einst die halbe Welt zu Füßen lag: Napoleon Bonaparte. Wer sich von Norden her, von den Ausläufern des Bayerischen Walds aus nähert, dem liegt dieses Passau in seiner ganzen Pracht wirklich zu Füßen, ein unvergleichliches Ensemble von Fassaden und dahinströmenden Wassermassen, von Kirchtürmen und Kaimauern, von Vergänglichkeit und immer wiederkehrender Blüte.

Passau ist eine der schönsten, aber auch eine der ältesten Städte nördlich der Alpen. Auf dem Domhügel über der Flußlandschaft, strategisch gesichert durch die natürlichen Wasserläufe, siedelten schon in der La-Tène-Zeit (5.–1. Jh. v. Chr.) keltische Bojer. Die schmale Landzunge zwischen Donau und Inn erhielt dann den Namen »Boiodurum«. Die vordringenden Römer bemächtigten sich der keltischen Siedlung, bauten ihr Lager im 1. Jh. aber am rechten Inn-Ufer, der heutigen Innstadt. Das Lager trug fortan den gleichen Namen wie die Keltensiedlung. Im 3. Jh. gingen die Römer wieder auf die schutzbietende Landzunge zurück, die nun nach der dort stationierten 9. Batavischen Kohorte den Namen »Batavis« erhielt. Über das germanische »Bazzava« entwickelte sich der Name weiter zu »Passau«. Die Festung »Boiotro« ⓫ ging jedoch nicht unter; in ihrem Schutz entstand, begünstigt durch den Flußübergang, eine frühmittelalterliche Siedlung.

In der folgenden Zeit stieg Passau zu einem Vorposten der christlichen Welt auf. Der hl. Severin hatte eine Zelle nahe dem Römerkastell; die nach ihm benannte Kirche ⓬ reicht in römische Zeit zurück, wie 1976 durchgeführte Grabungen ergeben haben.

739 wurde Passau, wo kurz zuvor ein bajuwarischer Herzoghof eingerichtet worden war, offiziell Bischofssitz. Der Machtbereich der späteren Fürstbischöfe reichte, länger als ein Jahrtausend, die Donau abwärts bis nach Wien, der Einfluß sogar bis nach Ungarn, dessen erster König nach dem Passauer Schutzheiligen Stephan getauft wurde. Passaus Blickrichtung ging immer mehr donauabwärts, weniger in Richtung Reichsstadt Regensburg, schon gar nicht in Richtung München.

Literarische Spuren hat die Nibelungensage hinterlassen. Der Passauer Bischof Pilgrim (971–91) hat sich um die Überlieferung des »Nibelungenlieds« verdient gemacht. Einer seiner Nachfolger, Wolfger von Erla, der Ende des 12., Anfang des 13. Jh. residierte, ließ angeblich das gewaltigste Epos deutscher Zunge in seiner Diözese niederschreiben. Die Nibelungenhalle hat damit aber nur den Namen gemein; im Rathaus ist immerhin der »Einzug Kriemhilds in Passau« als Wandgemälde zu sehen.

Auf der Empore an der Westseite des Doms St. Stephan steht die größte Kirchenorgel der Welt mit ihren 17 300 Pfeifen.

Der Krummstab gab die Richtung an

Zwei Bauwerke symbolisieren die Macht der Bischöfe: die Veste Oberhaus (14) und der Dom St. Stephan (10). Die Festung, 1219 hoch über der Veste Niederhaus errichtet, war Bollwerk nicht gegen äußere Feinde, sondern gegen eine sich emanzipierende Bürgerschaft, die dann im Juni 1298 den Aufstand trotzdem wagte. Der »Bernhardinische Stadtbrief« von 1299, älteste deutsche Rechtsurkunde dieser Art und heute im Stadtarchiv aufbewahrt, gewährte den Zünften und Kaufleuten zwar städtische Freiheiten, aber vorbei war es auf lange Zeit mit allen Bestrebungen, freie Reichsstadt zu werden. Besiegelt war die Herrschaft der Fürstbischöfe, die diese Stadt nachhaltiger – bis heute sichtbar – geprägt hat als andere Bischofsstädte.

Immerhin lebte es sich nicht schlecht unter dem Krummstab. Auf Flößen und Schiffen kamen Holz, Salz und andere Handelswaren, sogar aus Tirol. Sie wurden in Passau umgeschlagen und die Donau abwärts bis nach Wien oder auf Saumtieren über den »Goldenen Steig« nach Böhmen verfrachtet.

Die Flüsse brachten aber nicht nur sicheren Wohlstand. 1501 kam es zur größten Hochwasserkatastrophe in der Stadtgeschichte; das wiederholte sich immer wieder, zuletzt 1954. Der jeweilige Pegelstand findet sich an vielen Häusern in Ufernähe. Mehrmals fiel die Stadt auch dem Feuer zum Opfer, zweimal allein im 17. Jh.

Daher hat gerade die Barockzeit dieser Bischofsstadt ihr eigentliches Gesicht gegeben. Das ursprünglich spätgotische Rathaus (5) wurde vollkommen erneuert; hübsche Laubengänge aus dem 16./17. Jh. blieben auch nach späteren Umbauten erhalten. Italienische Baumeister und Künstler, von den Bischöfen nach den Bränden herbeigerufen, schufen Paläste, Kirchen, Brunnen und ganze Straßenzüge, deren Namen oft noch an jene »Gastarbeiter« erinnern. So entstanden auch das Jesuitenkollegium mit Arkadengängen, Uhrturm und der Michaelskirche (6) sowie die Neue Bischöfliche Residenz (8), von der heute allerdings nur das Treppenhaus öffentlich zugänglich ist.

Wildwasser Ilz
Durch eines der schönsten und ökologisch wertvollsten Flußtäler Deutschlands führen Wanderwege beiderseits der Ilz entlang. Bis zu den Kaskaden der Dießensteiner Leite, auf die Kraftwerksplaner immer wieder ein begehrliches Auge werfen, sind es gut 30 km, vorbei an romantischen Mühlen, Burgen, Schlössern und Einödhöfen. Teilweise führt der Weg über den alten Triftsteig, von dem aus die im »hinteren Wald« geschlagenen Baumstämme über Schluchten, Sperren, Stauungen und sogar einen Tunnel flußabwärts gelenkt wurden. Bänke, Grillplätze, Badestellen und Brotzeitstationen laden zum Verweilen. Über 20 Informationstafeln berichten über diesen »Lebensraum Fluß«, das letzte große Wildwasser Ostbayerns. Schätzungsweise 20 000 verschiedene Tierarten leben hier, darunter auch wieder die fast schon ausgestorbene Perlmuschel. Ausgangspunkt ist die Burgruine von Hals, die man vom Stadtzentrum Passau aus mit der Buslinie 1 erreicht.

Am Altstadthügel, nicht weit vom Dom St. Stephan, gibt es noch mittelalterlich anmutende Gassen. Besonders sehenswert ist die unter vielen Bögen verlaufende Höllgasse.

Stadtrundgang

Auf dem Kleinen Exerzierplatz bei der Nibelungenhalle 1 *finden Sie in der engen Stadt Passau am ehesten einen Parkplatz. Hier beginnt unser Rundgang, der gut zwei Stunden beansprucht. Natürlich können Sie den Abstecher über die Luitpoldbrücke zur Salvatorkirche* 15 *und Veste Oberhaus* 14 *auch ein andermal machen. Wenn Sie das Oberhausmuseum besichtigen wollen, ist das ohnehin ratsam. Bei schlechtem Wetter – oder wenn die Zeit knapp ist – sollte man schließlich auf den Spaziergang um die Ortspitze entlang Donau und Inn verzichten. Man geht dann von der Klosterkirche Hl. Kreuz* 7 *über Jesuiten- und Schustergasse zur Neuen Residenz* 8*. Andererseits eignen sich die Flußufer mit ihren reizvollen Ausblicken besonders gut zum Ausruhen. Und am Residenzplatz, den unser Rundweg zweimal berührt, lädt das reizende Residenzcafé zu einer kleinen Stärkung ein.*

Sehenswürdigkeiten

1 *Nibelungenhalle*, ein Monstrum aus der nationalsozialistischen Zeit; dank seiner Größe Veranstaltungsort für Ausstellungen, Popkonzerte und politische Kundgebungen wie den volksfestartigen »Aschermittwoch« der CSU.

2 *Spitalkirche St. Johannes*, im 14. Jh. erbaute, im 15. Jh. erweiterte zweischiffige Hallenkirche mit einem Relief (um 1420) des Erbärmde-Christus über der Tür zum Spitalhof.

3 *Pfarrkirche St. Paul;* die schon im 11. Jh. bestehende Kirche wurde nach zweimaligem Brandschaden (1512 und 1662) neu erbaut und 1678 fertiggestellt. Aus dieser Zeit stammen Seitenaltäre und Kanzel. Am Hochaltar ein Gemälde von Franz Tamm: Enthauptung des hl. Paulus (um 1700).

4 *Hofapotheke*, vermutlich eine der ältesten Apotheken Deutschlands mit Urkunden und Aufzeichnungen von 1384. Sehenswerter Carlone-Stuck an der Decke. Inneneinrichtung von 1850; die vorhergehende von 1657 ist im Oberhausmuseum 14 zu sehen.

5 *Rathaus;* der Gebäudekomplex mit reizvollen Innenhöfen des 16./17. Jh. reicht mit seinem Kern bis 1393 zurück und wurde bis ins 19. Jh. mehrfach erweitert, Turm 1888–93. Am Portal in der Schrottgasse Wappen und Wappenhalterin des späten 15. Jh.

6 *Studienkirche St. Michael*, ehemalige Jesuitenkirche; doppeltürmige, mit dem Kollegsgebäude verbundene Barockanlage (1677 vollendet), der eine 1612 begonnene, 1662 abgebrannte Kirche vorausgegangen war. Reiche Stuckausstattung (1675–77), Hochaltar, Kanzel und Orgelprospekt aus dem zweiten Jahrzehnt des 18. Jh.

7 *Klosterkirche Hl. Kreuz*, im Kern um 1010 erbaute romanische Kirche des Klosters Niedernburg, flachgedeckte, kreuzförmige Basilika. 1860–65 wurden die barocken Elemente bis auf die Wölbungen und Pilaster des Langhauses entfernt. Zur Ausstattung gehören die Steinfigur einer Äbtissin mit einem Modell der Kirche (um 1420), ein lebensgroßer Kruzifixus von 1508 sowie Grabüberbauten und Grabsteine des 15./16. Jh. Grabungen haben erwiesen, daß an dieser Stelle schon im 2. Jh. eine Kirche stand.

8 *Neue Residenz*, ca. 1712–30 erbaute, mit der Alten Residenz verbundene Anlage mit barocker Schauseite; repräsentatives Stiegenhaus mit großem Fresko von Johann Georg Unruh (um 1768) und reicher Stuckausstattung. Im Rokokostil ausgestattete Repräsentationsräume. In der Neuen Residenz befindet sich auch das *Domschatz- und Diözesanmuseum*; Zugang durch den Dom (Mai–Okt. Mo–Sa 12.30–17 Uhr).

9 *Alte Residenz*, um zwei Binnenhöfe gruppierte, 1188 erstmals erwähnte, vom 14.–16. Jh. erweiterte Anlage, deren äußeres Erscheinungsbild einheitlich barock geprägt ist.

10 *Dom St. Stephan;* seit dem 8. Jh. urkundlich erwähnte Vorläuferkirchen desselben Namens haben sich keine Spuren hinterlassen; äußerlich kaum verändert, haben sich jedoch Ostchor und Querschiff einer spätmittelalterlichen Kirche (1407–1530) erhalten. Das Langhaus des 14./15. Jh. ging im Stadtbrand von 1662 unter und wurde 1668–78 im italienischen Barockstil durch Carlo Lurago neu errichtet. Das Innere der Basilika gestalteten Giovanni Battista Carlone und Paolo d'Aglio 1678–86 mit Stuckinkrustationen aus. Carpoforo Tencalla fügte 1679–84 die Gewölbefresken hinzu. Besonders reicher Orgelprospekt (1731–33) von Matthias Götz, bildhauerisch bedeutende Kanzel (ab 1722), moderner Hochaltar (1953) von Josef Henselmann und den hll. Paulus und Johannes geweihte Nebenaltäre mit Altarbildern von Johann Michael Rottmayr (1693).

11 *Römermuseum Boiotro*, 1984 freigelegtes, restauriertes und mit dem benachbarten »Gruberhaus« als Museum genutztes spätrömisches Kastell. Zweigmuseum der Prähistorischen Staatssammlung München. Vor- und Frühgeschichte, u. a. Funde der Völkerwanderungszeit (März–Nov. Di–So 10–12, 15–17 Uhr).

12 *Friedhofskirche St. Severin*, 1143 erstmals erwähnte Kirche, deren Vorgeschichte in römische Zeit zurückreicht. Dem einschiffigen Bau lagert sich nördlich die »Severinszelle« an.

13 *Pfarrkirche St. Nikola*, 1420 fertiggestellte dreischiffige Hallenkirche mit einer Krypta aus dem 11. Jh. Die Ausstattung wurde bei der Säkularisation 1803 entfernt, lediglich 93 Fresken von Wolfgang Andreas Heindl und die Stuckinkrustationen blieben erhalten. Seit 1978 Universitätskirche.

14 *Veste Oberhaus*, ab 1219 gegen eine aufbegehrende Bürgerschaft errichtete Zwingburg mit Vorwerk und mehreren Höfen. Fürstenbau mit Fassadenmalerei von 1680 und Treppenhaus von 1555. Spätgotischer Saal im Dür-

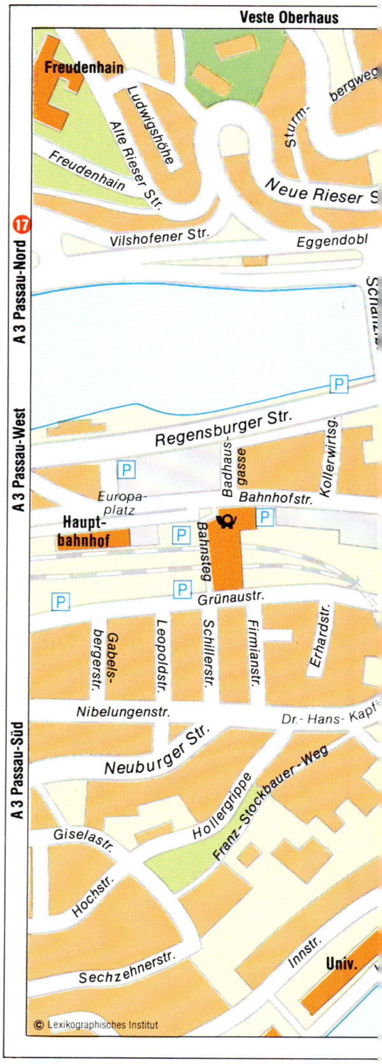

nitz-Trakt, spätgotische St.-Georgs-Kapelle mit barocker Ausstattung. In 50 Sälen der Anlage ist das *Oberhausmuseum* mit dem *Böhmerwaldmuseum* untergebracht: Gemälde und Plastiken, Sammlungen zur Stadtgeschichte und Volkskunde, ferner zu Themen wie Diözese Passau, Salzhandel, Schifffahrt; eine selbständige Abteilung ist der Kultur- und Gewerbegeschichte des Böhmerwaldes gewidmet (15. März–Okt. Di–So 9–17 Uhr).

15 *Salvatorkirche*, ab 1479 errichtet; dient heute als Konzertsaal.

16 *Wallfahrtskirche Mariahilf*, 1627 geweihte, 1846 restaurierte Kirche, zu dem anliegenden Kapuzinerkloster gehörig. Im Innern zahlreiche Votivgaben und die von Kaiser Leopold I. anläßlich seiner Hochzeit der Stadt Passau gestiftete »Kaiserampel«, eine Arbeit des Augsburger Goldschmieds Lukas Lang aus dem Jahre 1676.

17 *Sommerschloß Hacklberg*, 1690–1700 entstandener, von großem Park umgebener Bau mit stuckiertem, ausgemaltem Rondellsaal. Seit 1550 Sommersitz der Passauer Bischöfe.

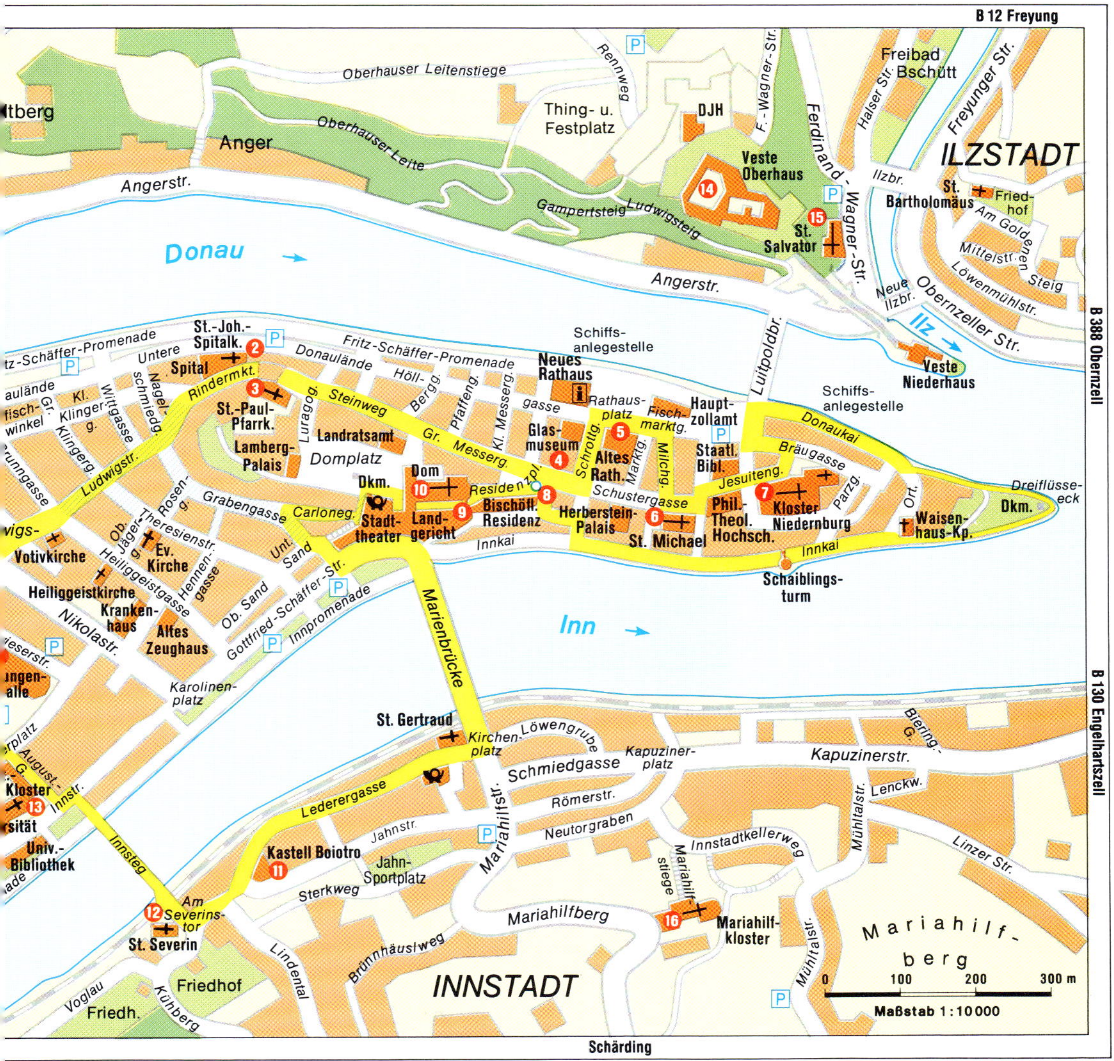

Und so erstand der 1662 größtenteils abgebrannte Dom 10 wieder neu, großartig in seiner barocken Form. St. Stephan ist das wirkliche Glanzstück Passaus. 70 m über der Donau, auf dem höchsten Punkt der Altstadt, erhebt sich diese größte Barockkirche nördlich der Alpen: mit abermals fast 70 m hohen Kuppeltürmen, mit drei Schiffen, Kreuzgang, Kapellen, Fresken und der größten Kirchenorgel der Welt.

Ebenfalls ein Italiener, Francesco Garbiano, vollendete 1627 die Wallfahrtskirche 16 auf dem Mariahilfberg (358 m). Vom Kirchenplatz an der Innbrücke aus ist die kleine Klosterstadt der Kapuziner auch zu Fuß zu erreichen. Das Gnadenbild wurde besonders von Kaiser Leopold I. verehrt, der 1676 seine Hochzeit mit Herzogin Eleonora Magdalena von Pfalz-Neuburg in Passau feierte und der Stadt die jetzt über dem Hochaltar hängende »Kaiserampel« schenkte. Im Wallfahrtsmuseum, das man in der Sakristei eingerichtet hat, und in den Umgängen sind Votivgaben und sogar türkische Beutewaffen zu bestaunen.

Europastadt an Europas Strom

Der Mariahilfberg ist nur wenige hundert Meter von der österreichischen Grenze entfernt. So war das kleine Fürstbistum Passau, das damals schon fast so viele Einwohner hatte wie die heutige Stadt, im gesamten 18. Jh. Zankapfel und Angriffsziel zwischen Österreich und Bayern. Am 31. Juli 1741 wurde es in einem Handstreich von bayrischen Truppen besetzt. Im Jahr 1800 brannten die Österreicher beide Brücken nieder; die Franzosen beschossen die Domstadt, und Napoleon hätte später beinahe die Wallfahrtskirche Mariahilf 16 abreißen lassen, um freies Schußfeld zu haben.

Ein Dorf wie einst
Das Museumsdorf Bayerischer Wald bei Tittling (ca. 20 km Richtung Grafenau auf der B 85) ist sehenswert. Über 40 original erhaltene bäuerliche Anwesen wurden vor dem Verfall bewahrt und am Dreiburgensee zu einem weitläufigen Dorf zusammengestellt. Alle alten Handwerksberufe Niederbayerns und das Kulturgut aus dem 15.–19. Jh. sind dokumentiert. Auch die älteste noch erhaltene Volksschule Deutschlands wurde hier wiederaufgebaut. Sie enthält Dokumente zur Schulsituation aus den Jahren 1670–1780 mit zeitgeschichtlichen Bezügen (tägl. 10–17 Uhr).

1803 wurde Passau dem Königreich Bayern einverleibt und verlor die alten Freiheiten und Rechte.

Wieder war es nun die Donau, die – sooft sie auch gefahrbringend über ihre längst befestigten Ufer getreten war – den Passauern eine neue Zukunft verhieß. 1837 kam das erste Dampfschiff an, und alsbald wurde die Donaudampfschiffahrt gegründet.

Heute hat der Güterverkehr zu Wasser, an dem sich mehrere Staaten mit unterschiedlichen Wirtschaftsformen beteiligen, mit einem Umschlag von jährlich über 70 000 t – so 1988 – zwar nicht mehr die gleiche wirtschaftliche Bedeutung wie früher, aber als Grenzhafen des künftigen Rhein-Main-Donau-Kanals erhofft man sich erneut einen Aufschwung. Außerdem spielt die Passagierschiffahrt eine hervorragende Rolle im Passauer Wirtschaftsleben. Von diesem Teil des Tourismus erhofft man sich noch viel für die Zukunft.

Außer den großen, teilweise nagelneuen Kabinenschiffen, die vom Donaukai aus bis Bulgarien und zum Schwarzen Meer oder auch nur bis zu den nahegelegenen Klöstern und Städten Oberösterreichs fahren, pendelten 1988 auf der deutschen Flußstrecke bis zum Kraftwerk Jochenstein insgesamt acht Ausflugsschiffe mit über 6000 Bordplätzen – allesamt unter deutscher Flagge. Obendrein locken die beliebten Dreiflüssefahrten ab Donaulände.

Mindestens im gleichen Maße wie der Binnenschiffahrt fühlt sich das neue Passau seiner kulturellen, um nicht zu sagen kulturpolitischen Tradition verbunden und verpflichtet. Nachdem der ehemalige Herzogsitz Landshut, der zentraler als Passau gelegen ist, Sitz der Verwaltung des Regierungsbezirks Niederbayern geworden war, spielte die Bischofsstadt

Drei bedeutende Gebäude der Altstadt sieht man vom linken Donau-Ufer aus: den Rathausturm, die Pfarrkirche St. Paul und die größte Barockkirche nördlich der Alpen, den Dom St. Stephan.

an der Grenze zu Österreich die europäische Karte aus. Seit 1952 finden alljährlich im Sommer die »Europäischen Wochen« statt, die zu den bedeutendsten musikalischen Veranstaltungsreihen der Bundesrepublik Deutschland zählen. 1970 bekam die Stadt vom Europarat die grüne Fahne verliehen und 1980 den Europapreis; seither darf sich Passau »Europastadt« nennen.

Die Uni brachte frischen Wind

Der wissenschaftlichen Zusammenarbeit mit ganz Europa – ein besonderer Vertrag besteht mit der Karls-Universität in Prag – widmet sich die 1978 gegründete Universität, in die Teile des Nikolaklosters 13 einbezogen worden sind. Nicht zuletzt die Studenten haben dazu beigetragen, daß Passau den provinziellen Stallgeruch, der ihm anhaftete oder angedichtet wurde, allmählich zu verlieren scheint. Das so oft beklagte oder bespöttelte »Monopol« von Klerus, konservativer Presse und konservativer Partei hat zwar lange genug nachgewirkt – kein Wunder allerdings bei mehr als 1000 Jahren Herrschaft der Fürstbischöfe –, doch ist es heute kaum mehr möglich, beispielsweise die blühende Satire rund um das »Scharfrichterhaus« totzuschweigen.

Der Stadtkörper wird verjüngt

Einer Verjüngung der Bevölkerung, die dem bösen Wort von der »Provinz Passau« den fatalen Beigeschmack nehmen wird, entspricht eine Verjüngung des Stadtkörpers. Dieses Problem ist jedoch weder politisch noch wirtschaftlich begründet. Es ist vielmehr das Alter, das an der Substanz der schönen Flußstadt zehrt, verstärkt und beschleunigt durch die

. . . nur im Kopf ein bißchen schwach

Beim Stadtbrand von 1662 fiel eine 10 m hohe Stephansfigur vom Dom 10 herunter. Der abgebrochene Kopf wurde 1884 in der Veste Oberhaus 14 mit folgendem Spruch aufgestellt: »Vom hohen Dom fiel ich herunter, wobei mein schöner Leib zerbrach. Bin trotzdem kreuzwohlauf und munter, nur im Kopf ein bißchen schwach.« Ein weiteres Bildnis der Figur ist am Ratskeller 5 zu besichtigen. Dort steht zu lesen: »Ich bin der Tölpel hübsch und fein. In Passau bin ich nicht allein. Werd ausgeschickt in alle Land. Drum bin ich so wohl bekannt.«

Scharfe Zungen

Das »Scharfrichterhaus«, Milchgasse 2, hat seit alters einen üblen Ruf, war es doch 1200–1443 Stadtgerichtsgefängnis. Erneut ist es in unserer Zeit in Verruf geraten, als sich dort Vertreter der Kleinkunst niederließen und anfingen, das »schwarze Passau« unter die Lupe zu nehmen. Von der örtlichen Presse wurden die »Nestbeschmutzer« anfangs einfach totgeschwiegen, desto mehr Beachtung fanden sie aber in München. Inzwischen haben Bruno Jonas, Sigi Zimmerschied und ihre Freunde einen Namen im deutschen Kabarett. Auch das offizielle Passau ist mittlerweile stolz auf das »Scharfrichterhaus«, in dem jeden Herbst die Deutschen Kabarett-Tage veranstaltet werden und das die besten Kabarettisten aus ganz Europa an die Donau lockt.

So wurde die Keramik schwarz

Zwei neue Museen gewähren Einblick in die handwerkliche und industrielle Vergangenheit Ostbayerns. Im fürstbischöflichen Schloß von Obernzell (15 km östlich von Passau an der Donau) zeigt eine Filiale des Bayerischen Nationalmuseums etwa 1400 Exponate, vor allem die einst weit verbreiteten schwarzen Keramiken (Di–So 10–17 Uhr, in den Wintermonaten geschl.). Im Graphitwerk Kropfmühl bei Hauzenberg (ca. 10 km nördlich von Obernzell) können Besucher bis zur vierten Sohle in 42 m Tiefe einfahren und miterleben, wie Graphit gewonnen wird, der früher für die schwarzen Keramiken benötigt wurde und heute vornehmlich für Bleistifte und in der Nukleartechnik verwendet wird (Di–So 9.30–17.30 Uhr, Nov. geschl.). Ein geologischer Lehrpfad des Museums unterrichtet über die Lagerstätten des Graphits und die Entwicklung des Graphitbergbaus.

Tips, Tips, Tips

Mit dem Radl
Im Passauer Hauptbahnhof kann man Fahrräder ausleihen. Eine Radwanderkarte für den Landkreis beschreibt 71 Touren von insgesamt 1600 km Länge mit vielen Wirtshäusern unterwegs. Die Österreicher werben sogar mit einem Angebot »Mit dem Rad von Passau nach Wien« (Informationsmaterial beim Fremdenverkehrsverein Passau erhältlich, ☏ 3 34 21).

Rokoko und Klosterlikör
Stift Engelhartszell (an der Donau in Österreich) ist Ziel zahlreicher Schiffsfahrten ab Passau. Der Halbtagesausflug lohnt wegen der Stiftskirche im Rokokostil mit wertvollen Gemälden Altomontes, aber auch wegen des Klosterlikörs der dortigen Trappisten. Im Ort gibt es eine gotische, später barockisierte Pfarrkirche. Das Schiff passiert das Kraftwerk Jochenstein und ein Mauthaus aus dem 15. Jh. Am Jochensteinfelsen soll Isa wohnen, eine Schwester der Loreley.

Der Weg durch die Schrottgasse führt hinunter zum Rathausturm.

Die Veste Oberhaus, 1219 vom Bischof hoch über der Einmündung der Ilz in die Donau errichtet, war Bollwerk gegen die aufbegehrende Bürgerschaft, die dann im Juni 1298 den Aufstand trotzdem wagte.

Verheerungen der vielen Hochwasser. Eindrucksvoll ist daher das Bemühen, nicht nur Häuser und Straßenzüge, sondern ganze Stadtteile zu sanieren und mit neuem Leben zu erfüllen.

Nachdem die besonders gefährdete Ilz-Vorstadt schon früher gesichert worden war, hat man in den letzten Jahren begonnen, im nördlichen Teil der Altstadt rund 100 Häuser zu sanieren. Mit Millionensummen von Bund, Freistaat Bayern und der Stadt selbst, aber auch mit erheblichen privaten Opfern wurden uralte, teilweise abbruchreife Wohnhäuser und Gasthöfe vom Keller bis zum Dach »trockengelegt«, renoviert, modernisiert, revitalisiert.

Das beste Beispiel für diese Erneuerung bietet der »Wilde Mann«. Viel Prominenz war in der einst führenden Herberge am Passauer Donau-Ufer abgestiegen: Tolstoi und Stifter, die österreichische Kaiserin Elisabeth – acht Tage wohnte »Sissy« hier –, die Grafen Moltke und Zeppelin, die Unternehmer Pschorr und Krupp, der Chemiker Justus von Liebig und Neil Armstrong, der als erster Mensch den Mond betrat.

Inzwischen wurde das heruntergekommene Haus wieder in ein Hotel mit Tagungsräumen und Terrassen hoch über den Dächern der Altstadt verwandelt. In den restaurierten »Kaisersälen« wurden das wohl größte europäische Glasmuseum und obendrein die größte Sammlung deutschsprachiger Kochbücher eingerichtet.

Das »deutsche Venedig«, wie sich Passau gelegentlich in Konkurrenz zu Bamberg und anderen Wasserstädten nennt, ist nicht zuletzt auch Mittelpunkt einer vielgestaltigen Ferienlandschaft. Im Norden ist der Bayerische Wald auf guten Straßen schnell erreichbar: Der 131 km^2 große Nationalpark Bayerischer Wald mit seiner vielbesuchten Gehegezone und urwaldartigen Wandergebieten ist nur 50 km entfernt, der 1312 m hohe Dreisesselberg an der Grenze zwischen der Bundesrepublik Deutschland, Österreich und der Tschechoslowakei knapp 60 km.

Im Süden breitet sich das hügelige Land zwischen Inn, Vils und Rott mit Schloß Ortenburg, dem nur 12 km entfernten Barockkloster Fürstenzell und dem Bäderdreieck Füssing, Griesbach, Birnbach aus. Nach Cham und Bayreuth führt quer durch den Bayerischen Wald in nordwestlicher Richtung die landschaftlich besonders reizvolle Bayerische Ostmarkstraße. Den Westen bildet das Donautal mit seiner uralten Kulturgeschichte, die in Passau bis heute präsent ist.

Der Schaiblingsturm sicherte als Wehrturm die Innseite.

Theater, Musik, Veranstaltungen, Museen

Theater

Stadttheater, Gottfried-Schäffer-Str. 4. Oper, Operette, Schauspiel, ☏ 3 96-327.
Passauer Volksbühne im Stadttheater, Gottfried-Schäffer-Str. 4. Volksstücke, Schwänke, ☏ 3 96-327.
Keller-Theater im »Scharfrichterhaus«, Milchgasse 2. Modernes Theater, Kleinkunst, Jazztheater, ☏ 3 59 00.

Musik

Nibelungenhalle ❶, Kleiner Exerzierplatz. Klassische Konzerte, Rock- und Popkonzerte, ☏ 3 96-340.
Großer Rathaussaal, im Rathaus ❺. Kammerkonzerte, ☏ 3 96-201.
Dom ❿, Domplatz 9. Orgelkonzerte auf der größten Kirchenorgel der Welt (Mitte Mai–Mitte Okt.), ☏ 3 93-241.
Keller-Theater im »Scharfrichterhaus«, Milchgasse 2. Jazz-, Rockkonzerte, ☏ 3 59 00.

Veranstaltungen

Anfang Mai: *Maidult,* Kleiner Exerzierplatz. Volksfest und Krämermarkt. Trachten- und Schützenfestzug.
Mai–Okt.: *Foto-Führung.* Altstadtführung mit speziellen Tips für Fotofreunde, ☏ 5 14 88.
Juni–Anfang Aug.: *Festspiele Europäische Wochen Passau* in der Neuburger Straße und an verschiedenen Aufführungsorten. Kirchenmusik, Musiktheater, Kammerkonzerte, Kleinkunst, Oper, Operette, Komödie, Solistenabende, Lesungen, Jazz, ☏ 3 30 38, 79 66, 5 16 89.
Mitte Juli: *Ilzer Haferlfest,* Passau-Ilzstadt. Stadtteilfest mit Töpfermarkt, musikalischen Darbietungen, Festzelt.
Mitte Sept.: *Herbstdult* am Kleinen Exerzierplatz. Volksfest, Krämermarkt.
Mitte Okt.–Mitte Dez.: *Passauer Konzertwinter* an verschiedenen Aufführungsorten. Kammer- und Chorkonzerte mit intern. Solisten, ☏ 3 30 38.
Okt.: *Deutsche Kabarett-Tage* im »Scharfrichterhaus«, Milchgasse 2. Intern. Kabarett. Abschluß: Wettbewerb der Nachwuchskabarettisten mit »Scharfrichterball«, ☏ 3 59 00.
Dez.: Großer und kleiner *Passauer Holzmarkt* in der Fußgängerzone. Holzschnitzer und Korbflechter mit Gebrauchsgegenständen für Haushalt und Landwirtschaft.

Museen

Böhmerwaldmuseum, Veste Oberhaus (s. ⓮).
Domschatz- und Diözesanmuseum, Neue Residenz (s. ❽).
Passauer Glasmuseum, im »Wilden Mann« am Rathausplatz. Glaskunst aus Bayern, Böhmen, Österreich, ca. 20 000 Einzelstücke, vom Biedermeier bis zum Jugendstil (tägl. 9–17 Uhr).
Oberhausmuseum, Veste Oberhaus (s. ⓮).
Römermuseum Boiotro, Lederergasse 43 (s. ⓫).
Spielzeugmuseum Passau, Sammlung Ivan Steiger, Residenzplatz. Unikate-Sammlung von altem europäischem und amerikanischem Spielzeug (Juni–Okt. tägl. 9.30–17.30 Uhr).

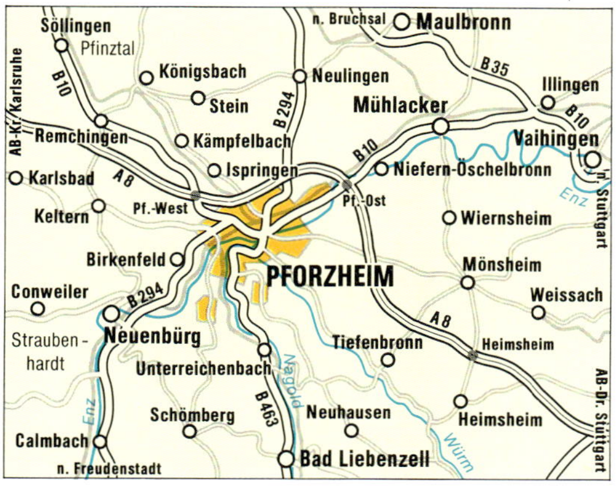

Pforzheim hat der Bombenkrieg verheerend getroffen. Am 23. Februar 1945 fiel die Innenstadt in Schutt und Asche, 17 000 Menschen fanden den Tod. Rasch wurde wiederaufgebaut, und das Schmuckgewerbe florierte bald aufs neue. Andere Branchen sind dazugekommen, vor allem die Elektroindustrie. 67 000 Arbeitsplätze bietet heute die Stadt, wirtschaftlich eine der blühendsten in Baden-Württemberg. Sichtbare Geschichte

ließ sich indessen kaum retten. Das wenige Erhaltene läßt eine ehemals imponierende Stadtkultur ahnen. Was heute außer Gold und Wiederaufbau den Charakter von Pforzheim immer noch ausmacht, ist große Natur: Würm, Nagold und Enz fließen in der Stadt zusammen; sie haben sich ihre Täler durch den Schwarzwald gefurcht, der mit seinen Tannen über allem thront.

Pforzheim

Gold für die Welt

Wappen Auf Goldgrund, in der Mitte gespalten: links der rote Schrägbalken des Landes Baden durchs Goldfeld; rechts von oben dreimal geteilt die Farben Rot, Silber, Blau, darunter wieder Goldgrund.
Lage Nördlich des Schwarzwalds am Zusammenfluß von Enz, Nagold und Würm (Dreitälerstadt).
Land Baden-Württemberg
Autokennzeichen PF
Höhe 235–609 m ü. M.
Fläche 97,8 km^2
Einwohnerzahl 107 000
Postleitzahl 7530
Telefonvorwahl 0 72 31
Post Postamt 1, Luisenstr. 1–3, Spätschalter (Mo–Sa 8–22, So 9–12 Uhr).
Polizei Polizeidirektion, Bahnhofstr. 24, ☎ 18 61
Taxi ☎ 10 20 31
Nahverkehr Städtisches Busnetz deckt die Stadt und Umgebung ab, Fahrkarten an Automaten und beim Fahrer.
Camping Campingplatz Schellbronn, von Pforzheim aus über Huchenfeld und Hohenwart erreichbar (ca. 15 km), ☎ (0 72 34) 65 17.
Parken In der Innenstadt stehen 19 Parkplätze und Parkhäuser (P 1–P 19) zur Verfügung. Die wichtigsten sind Centralparkhaus Schober (Zerrennerstr.), Tiefgarage Marktplatz, S-Parkhaus Luisenplatz, Parkhaus am Bahnhof, Parkhaus Deimlingstr., Parkhaus City-Einkaufspark (Badstr.), Tiefgarage Waisenhausplatz, Parkplatz Technisches Rathaus (Marktplatz), Parkplatz Güterstr., Parkplatz Stadtkirche (Melanchthonstr.), Parkplatz Bahnhofvorplatz, Parkplatz beim Reuchlinhaus (Jahnstr.).
Touristinformation Verkehrsverein, Marktplatz 1 (im Neuen Rathaus), ☎ 39 21 90, 30 23 14 (Mo–Fr 9–13 und 14–18 Uhr, Sa 9–12 Uhr).
Stadtrundfahrt und Schloßkirchenführungen Mai–Okt. Mi 14.30 Uhr, Abfahrt am Marktplatz gegenüber dem Verkehrsverein.

Der Boom begann im Waisenhaus

Beim Blick auf die Landkarte könnte man meinen, dieses Pforzheim müßte französisch geprägt sein, nur 40 km von der Rheingrenze entfernt. Jedoch weit gefehlt! Wohl kommt Französisch in der Mundart vor: »Bläare« (pleurer) für heulen, »Wäschlavor« (lavoir) für Waschbecken oder »wief« (vif) für lebhaft, wachsam. Aber diese und zahlreiche andere Ausdrücke der »Goldsprache« sind längst zu Eigenem geworden. – Also muß der Charakter von Stadt und Bürgern schwäbisch geprägt sein, wird man beim zweiten Blick vielleicht folgern, wo sie doch rundum von Württemberg umzingelt sind. Jetzt schüttelt der Pforzheimer erst recht den Kopf. Nein, schwäbisch sei man schon gar nicht, von dort beziehe man halt seit alters die Arbeitskräfte. Dann aber doch gewiß badisch, wird man zuletzt vielleicht mutmaßen, immerhin sei die Stadt einmal markgräfliche Residenz gewesen, und in der Schloß- und Stiftskirche 9 befinde sich die Grablege des badischen Herrscherhauses. Ja schon, erwidert unser Pforzheimer jetzt, aber mit der Residenzzeit sei es lang her, denn seit 1565 wurde Baden von Durlach und Baden-Baden aus regiert. Also so richtig badisch sei man eigentlich auch nicht.

Irgend etwas, fragt man am Ende leicht konsterniert, irgend etwas werden sie doch sein, am Ende gar fränkisch-pfälzisch, den Dialektspuren nach? Statt der engen württembergischen Nasale hört man hier offene Vokale, statt des gedehnten »aber« ein flinkes »awwer« – als seien Widersprüche hier schneller erledigt als anderswo. Die Pforzheimer machen ja aus dem Unvereinbaren gern ein kunstvolles Zweierlei: »Stabile Beweglichkeit«, »mutiger Leichtsinn« und »schlaue Biederkeit« gelten etwa als die kombinierten Merkmale dieser handfesten Filigranarbeiter.

Ein Fehlschlag ist jeder Versuch, diese Pforzheimer auf etwas anderes festzulegen als auf Gold. Denn eines scheint festzustehen: Die geopolitische Lage mitten zwischen den Residenzen Karlsruhe und Stuttgart hätte manch anderen Ort in die landstädtische Resignation getrieben, hier aber hat man sich seine Eigenart gewissermaßen mit Gold erworben. Das hat 1767 sehr bescheiden begonnen, als Markgraf Karl Friedrich dem Monsieur Jean François Autran die Erlaubnis gab, im Waisenhaus, wo es die billigsten Arbeitskräfte gab, eine Uhrenfabrik zu gründen. Zur Uhrenherstellung kam alsbald die Schmuckfabrikation. Noch erinnern der Waisenhausplatz in der Stadtmitte und ein Stückchen Waisenhausmauer am Enzufer an diesen entscheidenden Anfang.

Skepsis gegenüber großen Namen

Seine große Zeit hatte Pforzheim damals längst hinter sich. Als »Port« wird es nach dem Jahr 90 n. Chr. erstmals erwähnt, was wahrscheinlich für lateinisch portus stand und soviel wie Furt bedeuten mochte. Eine Tafel an der Altstädter Brücke erinnert daran, daß die römische Heerstraße von Straßburg über Ettlingen nach Cannstatt hier die Enz querte.

Die Siedlung an der Furt wurde von den Alemannen niedergebrannt, und erst im 11. Jh. beginnt sie sich zu festigen; im 12. Jh. erhält sie die Burg auf dem Schloßberg, im Jahrhundert darauf ist sie markgräflich-badisch. Die Altstädter Kirche 5 und die Schloßkirche 9, auch heute noch die »steinernen Geschichtsbücher« der Stadt, machen Fortschritte, zum Schloßberg hinauf beginnt vom Zusammenfluß von Enz und Nagold aus die »neue Stadt« zu wachsen. Ende des 13. Jh. ist die erste Stadtmauer vollendet. Im 14. und bis in die Mitte des 15. Jh. blüht der Holzhandel. Geld und Menschen kommen von fern her in die Stadt. Die Flößerei ist nun das eigentliche Pforzheimer Gewerbe, und der Großteil des Holzes treibt auf Enz und Neckar zum Mittelrhein.

1455 wird Johannes Reuchlin geboren, der bedeutendste Sohn der Stadt und vielleicht der größte deutsche Humanist. Das Kulturzentrum trägt seinen Namen. Indes beherbergt das Reuchlinhaus 1 vor allem das bekannte Schmuckmuseum, nicht etwa eine grandiose Dauerausstellung zum deutschen Humanismus, was eigentlich angemessen wäre. Immerhin hat auch der Humanist und Reformator Philipp Melanchthon aus dem nahen Bretten, überdies Reuchlins Neffe, 1507/08 die renommierte Lateinschule in Pforzheim besucht. Zur selben Zeit hat Thomas Anshelm, ein eminent vielfältiger Drucker, Reuchlins hebräische Grammatik gedruckt, die erste in Deutschland. Aber Reuchlin, so würden die Pforzheimer jetzt womöglich gegen solch ein Humanismus-Projekt einwenden, habe nur 15 Jahre in ihrer Stadt gelebt, dann hätten sich seine Spuren nach Freiburg und ins Württembergische verloren ...

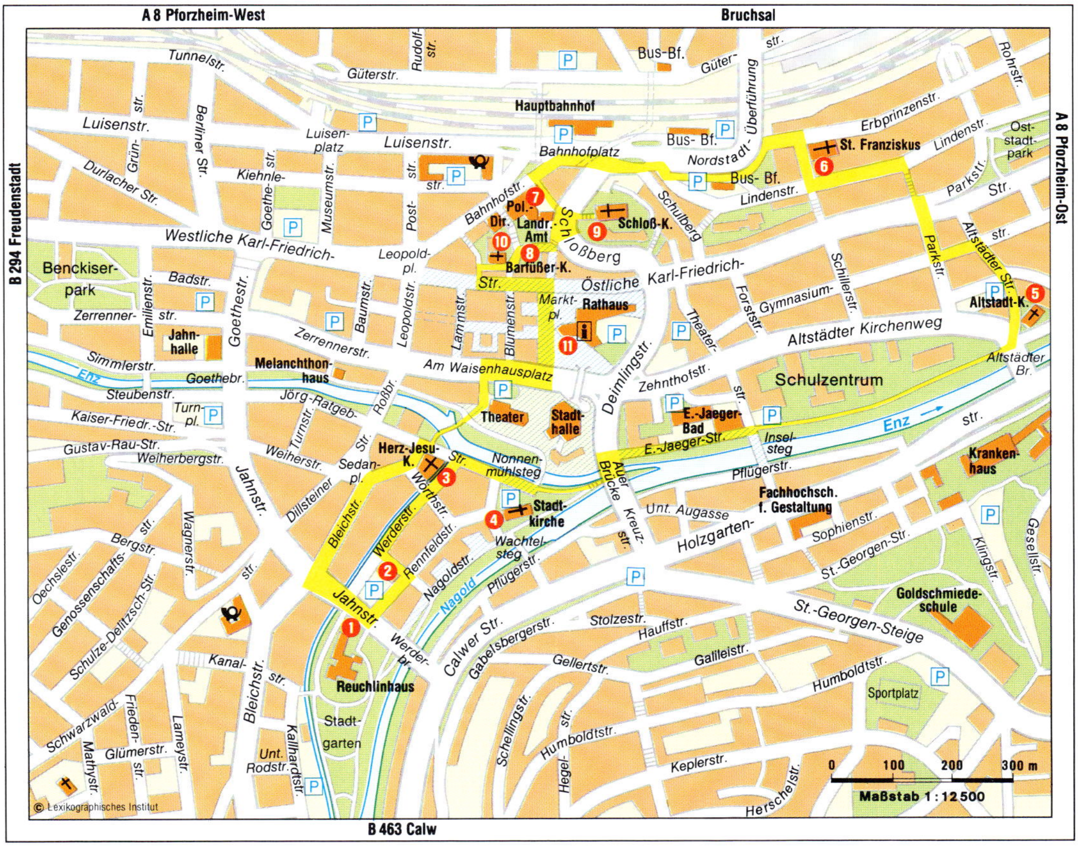

Stadtrundgang
Beim Reuchlinhaus, dem Ausgangspunkt unseres Rundwegs, stehen genügend Parkplätze zur Verfügung. Zum Ausruhen bieten sich die Enzpromenade (Emma-Jaeger-Straße), der Blumenhof an der Schloßkirche ❾ und die Fußgängerzone beim Rathaus ⓫ an. Zwischen Rathaus und Leopoldstraße gibt es auch Lokale aller Art. Wem die eineinhalb Stunden zuviel sind, die unser Rundweg bei gemächlicher Gangart erfordert, kann 30 Minuten einsparen, indem er die Enz an der Auerbrücke überquert und über die Deimlingstraße zum Rathaus ⓫ und zur Schloßkirche ❾ geht.

Sehenswürdigkeiten

❶ *Reuchlinhaus*, 1962 durch Manfred Lehmbruck als Kulturzentrum und Museumsbau errichtet. *Schmuckmuseum* mit Schmuck von der Antike bis zur Gegenwart, bedeutende Ringsammlung; Schmuck- und Uhrenpräsentation der Pforzheimer Industrie; wechselnde Kunstausstellungen (Di, Do–Sa 10–17, Mi 10–20, So 10–13, 15–17 Uhr; an gesetzlichen Feiertagen, auch an solchen, die gleichzeitig So sind, geschl.).

❷ *Edelsteinausstellung Schütt*, eine nach wissenschaftlichen Prinzipien aufgebaute Sammlung fast aller vorkommenden Edelsteinarten in rohem und geschliffenem Zustand (Mo–Fr 9–12, 13.30–17, Sa 9–12 Uhr).

❸ *Herz-Jesu-Kirche*, Quaderbau, 1928/29 von A. Otto Linder erbaut, der auch den Wiederaufbau 1948–51 leitete und dabei den expressionistischen Charakter der Kirche erhielt, jedoch dämpfte.

❹ *Stadtkirche*, 1964–68 von Heinrich Otto Vogel erbaut. Der gelbe Sandstein der Verkleidung stammt von der Vorgängerkirche, der rote vom ebenfalls kriegszerstörten Stuttgarter Kronprinzenpalais.

❺ *Altstädter Kirche St. Martin*. Bogenfeld über dem Portal in der westlichen Turmhalle um 1150. Langhaus und Turm des 19. Jh. wurden im Zweiten Weltkrieg zerstört, dann wieder aufgebaut. Im spätgotischen Chor (um 1350) Wandmalereien, ab 1946 freigelegt.

❻ *St.-Franziskus-Kirche*. Monumentaler roter Sandsteinbau vom Ende des 19. Jh. im Stil der ital. Neurenaissance. Eines der Wahrzeichen Pforzheims.

❼ *Bezirksamtsturm*, 1903 errichtet, 42 m hoch; die Tierkreis-Fresken im Jugendstil schuf Helmut Eichrodt.

❽ *Dreiflüssebrunnen*, Darstellung der drei »Flußgrazien« Enz, Nagold und Würm.

❾ *Schloß- und Stiftskirche St. Michael*, dreischiffige Basilika mit spätromanischem, ab 1225 erbautem Westteil und erst gegen Ende des 15. Jh. fertiggestelltem Ostteil mit Diagonalchören; Lettner vom Ende des 15. Jh.; 1535–38 entstand die Gruftkapelle, bedeutende Grabdenkmäler im Chor. Eines der Wahrzeichen Pforzheims.

❿ *Barfüßerkirche*; die urspr. zu einem Franziskanerkloster des 13. Jh. gehörende Kirche wurde im Zweiten Weltkrieg bis auf die Umfassungsmauern des Chors vernichtet, der seit Mitte der 50er Jahre wieder als Kirchenraum genutzt wird. Außerdem Vesperbild im Chor vom Ende des 15. Jh.

⓫ *Rathaus*, 1972 durch Rudolf Prenzel in Sichtbeton errichtet. Glockenspiel mit 46 Bronzeglocken (tägl. 8.25, 11.35, 14.35, 17.35, 20.35 Uhr).

Tips, Tips, Tips

Juwelier für eine Woche
Im Technischen Museum finden sommers Hobby-Schmuck-Kurse statt. Die Teilnehmer üben sich unter Anleitung erfahrener Bijouteure im Gold- und Silberschmieden, im Emaillieren und Gravieren. Vorkenntnisse sind nicht erforderlich, geschickte Finger allerdings von Nutzen.

Spätmittelalterliche Kirche
Tiefenbronn liegt ca. 12 km südöstlich von Pforzheim und lohnt die Fahrt seiner Pfarrkirche Maria Magdalena wegen. Zur reichen Ausstattung der Pfeilerbasilika aus dem 14./15. Jh. gehören der Magdalenenaltar von Lucas Moser, der Hochaltar des Ulmers Hans Schüchlin und Chorfenster zum Marienleben aus dem 15. Jh. (Di–Sa 9.30–11.30, 13.30–17, So 13–17 Uhr; Führungen um 14 Uhr und nach Vereinbarung), ☏ (0 72 34) 2 10.

Besucherbergwerk Neuenbürg
An der B 294 liegt ca. 10 km südwestlich von Pforzheim Neuenbürg. Hier wurde einst Eisenerz abgebaut, aber seit fast einem Jahrhundert ruhte der Betrieb. Jetzt ist das Bergwerk für Besucher hergerichtet worden (April–Okt. Sa, So, Feiertage 9–18 Uhr; Mi–Fr für Gruppen ab zwölf Personen nach Voranmeldung), ☏ (0 70 82) 79 70.

Wildpark
Am Stadtrand liegt in Richtung Tiefenbronn der über 15 ha große Wildpark Pforzheim. In weitgehend natürlicher Umgebung können hier so seltene und teilweise vom Aussterben bedrohte Tierarten wie Prschewalski-Pferde, Wisente, Elche, Auerwild und Davidshirsche beobachtet werden (Buslinien 5 bis Wildpark oder 6 und 61 bis Eichenweg).

Die Reserviertheit der Pforzheimer gegenüber der eigenen Geschichte erklärt sich aus ihren schlimmen Erfahrungen damit. Im Dreißigjährigen Krieg, der ohnehin zuvor schon unbarmherzig gewütet hatte, zündeten die Bayern die Stadt an. Was an Gebäuden noch stehengeblieben war, versank im Sturm des Pfälzischen Erbfolgekrieges, als General Mélac sich 1689 und 1692 über die Stadt hermachte.

Am Golde hängt, zum Golde drängt ganz Pforzheim

Pforzheim hätte sich von diesen Schlägen kaum je erholt, wenn da nicht das Gold gewesen wäre. Zwar galt das Schmuck- und Uhrengewerbe des Monsieur Autran erst einmal eher als windig, und die Zeiten der Französischen Revolution und der ihr folgenden Kriege waren der Expansion der Schmuckindustrie gar nicht förderlich. Als es aber politisch ruhiger wurde und man die Sache in eigene, sprich in die Hände von Pforzheimer Bürgern nahm, begann die Knospe dauerhaft zu erblühen. Die einstigen Flößer, das zeigte sich nun, waren eine zielgerichtete, durchsetzungsfähige Spezies.

In den Jahren zwischen 1815 und 1820 begann Pforzheims »goldenes Zeitalter« so richtig. Wie immer zu Goldgräberzeiten kam man von nah und fern: aus der Schweiz und aus Böhmen, aus Österreich, aus Hessen und natürlich aus Württemberg. Die Stadt nahm eine atemberaubende Entwicklung: 1800 zählt sie 5000 Einwohner, 1860 sind es 14 000 und 1900 schon 43 000. Die Pforzheimer Post fertigt um die Jahrhundertwende neben der in Berlin die meisten Wertpakete im Deutschen Reich ab, sie gehen in alle Welt. In jedem zweiten Haushalt arbeitet man mit Gold.

Zur Gründerzeit wirkt die Stadt urbaner als manch größerer Ort. Stolz stehen die Häuser an der Enz auf ihren Stelzen, den Enzarkaden. Die Fabrikanten setzen selbstbewußte Zeichen: Am Leopoldplatz, am Marktplatz überraschen großstädtische Ensembles. Vornehm hält sich der Bahnhof auf seiner Anhöhe heraus. Die Kunst ist Beispiel für das Gewerbe, man merkt es diesen alten Partien immer noch an. Doch wieder bricht die Katastrophe über die Stadt herein, und alles ist noch unbarmherziger als vor 300 Jahren. In einem Bombenangriff, der nur 20 Minuten dauert, sinkt Pforzheim 1945 in sich zusammen. 17 000 Menschen müssen sterben. »Wer die Stadt betrachtet, kommt um diesen 23. Februar nicht herum«, schreibt die Schriftstellerin Renate Schostak, die all dies als siebenjähriges Kind erfahren hat, in einer schönen Einleitung zum jüngsten Pforzheim-Buch. »Mag über die Gräber der Toten das Gras gewachsen sein, der Stadtgeschichte ist es eingeätzt ... Die Austauschbarkeit der Häuser, der Fabriken. Die ganze weithin so nüchterne Physiognomie. Man muß wissen, daß sie dem Chaos, dem Grauen der Vernichtung abgerungen ist.«

In das Erzbergwerk Neuenbürg fahren heute nur noch Besucher ein.

Eine Dominante im Pforzheimer Stadtbild ist die Schloß- und Stiftskirche mit ihren romanischen und gotischen Stilelementen.

Das Neue ist nichts Neues hier

Der Pforzheimer Wiederaufbau? Es gibt da manche versteckte Originalität aus den 50er Jahren: diese asymmetrischen Balkone, gekachelten Fassaden und verschachtelten Passagen. Vor allem aber gibt es auf Schritt und Tritt Monumente aus der Ära des Betonrauschs. Die Jahre zwischen 1965 und 1975 sind so gesehen Pforzheims neueste »Goldgräberphase«. Zwischen dieser schnell gemachten Architektur muten die wenigen und liebevoll gepflegten historischen Reste an wie ein Minnesänger, der sich zu Pferd ins Parkhaus verirrt hat. Aber es ist gut, daß die Barfüßerkirche (10) – oder der Leitgastturm – noch für Verwirrung sorgen darf.

Es sei eben eine »moderne Stadt der Zukunft« geworden, sagte der damalige Oberbürgermeister bei der Rathauseinweihung im Jahr 1973. Und die Pforzheimer wären keine Pforzheimer, wenn sie mit diesem Wiederaufbau nicht schon längst ihr Arrangement getroffen hätten. So bringen sie sich vor dem durchbrausenden Verkehr in Sicherheit und sagen, etwas Neues sei in ihrer Stadt nichts Neues. Was ihnen von der Vergangenheit vor allem geblieben ist, das Gold, lassen sie sich indessen von keinem mehr nehmen.

Pforzheim ist immerhin eine der fünf wichtigsten Goldwerkstätten des Weltmarkts, 80 % des von der Bundesrepublik Deutschland exportierten Schmucks und sieben Zehntel der im Land hergestellten Bijouterien tragen einen Pforzheimer Stempel. Da man mit aller Welt zu tun hat, warum soll es hier eigentlich nicht auch ein wenig allerweltsmäßig aussehen? Hier werden Moden gemacht, wen wundert's, daß auch Moden mitgemacht werden?

Eine jahrhundertelange Tradition hat – neben der Uhrenfabrikation – die Schmuckherstellung in der Goldstadt Pforzheim.

Theater, Musik, Veranstaltungen, Museen

Theater

Stadttheater Pforzheim und Podium, Osterfeldstr. 12. Oper, Operette, Musical, Ballett, Schauspiel, Kinder- und Jugendtheater, Straßentheater, ☎ 39 24 40.
»Mottenkäfig«, Kirchenstr., Pforzheim-Brötzingen. Marionettenbühne. Figurentheater für Kinder und Erwachsene, ☎ 2 41 93.
Kulturzentrum »Goldener Anker« und Penn-Club 2000 e. V., Felsenstr. 2, Pforzheim-Dillweißenstein. Schauspiel, Kabarett, Tanz, Lesungen, ☎ 7 44 33.
»Kupferdächle«, Kallhardtstr. 31. Theater im Foyer, Kleinkunst, Kino, ☎ 2 20 28.
Haus der Jugend, Westliche Karl-Friedrich-Str. 77. Pantomime, Kleinkunst, ☎ 1 51 44.
Kommunales Kino »Cinema«, Bahnhofstr. (Jägerpassage). Theater, Kabarett, Lesungen, Kino, ☎ 1 23 00.

Musik

Südwestdeutsches Kammerorchester in der Stadthalle. Bach-Tradition, Interpretation von Barockmusik, ☎ 39 21 90 und 3 20 43.
Stadttheater Pforzheim und Podium, Osterfeldstr. 12. Sinfonie- und Sonderkonzerte, ☎ 39-24 40.
Stadtkirche (4) am Lindenplatz. Geistliche Konzerte, Kammermusik. Bach-Stunden (Mai–Juli Mi 19 Uhr), ☎ 2 33 39.
Schloßkirche (9) am Hauptbahnhof. Kirchen- und Kammermusik, ☎ 39 21 90, 30 23 14.
Stadthalle Pforzheim, Sinfonie- und Kammerkonzerte, diverse Gastspiele, ☎ 3 20 43.
»Kupferdächle«, Kallhardtstr. 31. Rockmusik, ☎ 2 20 28.
Jazzkeller Pforzheim e. V., Rudolfstr. 3.
Prismakeller-Bottich, Marktplatz 1, ☎ 10 12 22.
Jazz Society Pforzheim e. V., Ketterers Gärkeller/Braustüble, Jahnstr. 10. Jazz live, ☎ 39 21 90, 30 23 14.
»Domicile«, Brunnenstr. 4, Pforzheim-Brötzingen. Jazz aller Stilrichtungen, ☎ 4 02 92.

Veranstaltungen

Alle zwei Jahre Anfang Juni (1991): *»Pforzemer Drehorgelei«* in der Innenstadt mit Drehorgelspielern aus europäischen Ländern, ☎ 39 21 90, 30 23 14.
Alle zwei Jahre Ende Juni (1991): *Marktplatzfest* in den Marktplatzbereichen mit Country, Folk, Jazz, Swing, Pop und Rock an zwei Tagen, ☎ 1 51 44.
Alle zwei Jahre Ende Juli (1991): *Mittelalterlicher Markt »Kramer, Zunft und Kurtzweyl«,* Schloßbergzentrum. Marktangebot wie im Mittelalter, Bogenschießen, Eulenspiegel-Possen, dazu mittelalterliche Musik, ☎ 39 21 90, 30 23 14.
Ende März: *Pforzheimer Kleinkunsttage* im »Kupferdächle«, Kallhardtstr. 31. Zwei Tage Kleinkunstveranstaltungen vom Einmanntheater bis zur Akrobatik, ☎ 2 20 28.
Mitte Mai: *Pforzheimer Laienspielwoche* im »Kupferdächle«, Kallhardtstr. 31, ☎ 2 20 28.
Mitte Juni: *»Pforzheimer Meß«* auf dem Meßplatz. Volksfest.
Ende Aug.: *Südtiroler Programm* (verschiedene Spielorte). Kirchenmusikreihe des Motettenchors und Bachorchesters Pforzheim mit Konzerten und Vorträgen, ☎ 2 33 39.
Pforzheimer Gruschtelmarkt in der Innenstadt, Fußgängerzone. Trödel und Kitsch, musikalisches Rahmenprogramm.
Dillweißensteiner Straßenfest im Stadtteil Dillweißenstein. Buntes Verkaufsangebot, Kleinkunst, Buden.
Begegnung im Stadtgarten. Schauspiel, Kleinkunst, Kammermusik, Pantomime, Clownereien, Chorgesang, ☎ 39 21 90, 30 23 14.
Anfang Sept.: *Oechsle-Fest.* Großes Weinfest in der Innenstadt.
Ende Sept.: *»Brötzinger Samstag«.* Stadtteilfest mit Schauspiel, Kammermusik, Kleinkunst, Clowns, ☎ 39 21 90, 30 23 14.
Pforzheimer Musiktage in der Stadthalle und in der Innenstadt. Chor- und Orchesterkonzerte mit intern. Solisten, ☎ 39 21 90, 30 23 14.
Anfang Okt.: *Figurentheatertage Pforzheim,* »Mottenkäfig«, Kirchenstr., Pforzheim-Brötzingen. Gastspiele in- und ausländischer Ensembles, ☎ 2 18 93.
25./26. Dez.: *Christmas-Rock-Festival* in der Stadthalle. Rockmusik verschiedener Gruppen, ☎ 39 21 90, 30 23 14.

Museen

Edelsteinausstellung Schütt, Goldschmiedeschulstr. 6 (s. (2)).
Heimatmuseum, Westliche Karl-Friedrich-Str. 243 (Di, Do 14–17 Uhr, erster und dritter So im Monat 10–12, 15–17 Uhr).
Mineralienmuseum Pforzheim, Hirsauer Str. 224, Pforzheim-Dillweißenstein (So 10–13 Uhr).
Schmuckmuseum, Jahnstr. 42 (s. (1)).
Technisches Museum, Bleichstr. 81. Museum der Pforzheimer Schmuck- und Uhrenindustrie (Mi 9–12, 15–18 Uhr, zweiter und vierter So im Monat 10–12, 14–17 Uhr).

Recklinghausen

Festspielstadt im Kohlenpott

Der Steinkohlebergbau bescherte der Stadt Ende des 19. Jahrhunderts einen rasanten Aufstieg. Und noch heute prägen Fördertürme (unser Bild), Zechen und Werkssiedlungen vor allem das südliche Stadtgebiet Recklinghausens, zumal die Kohle immer noch die meisten Arbeitnehmer beschäftigt.
Aber mehr noch als die kühne Industriearchitektur ist ein Spaziergang über den Höhenweg am Ostfriedhof geeignet, dem Fremden ein Bild von der Schönheit Recklinghausens zu vermitteln. Von dort oben nämlich zeigt die Stadt ihr abwechslungsreiches Gesicht, in das Karl der Große und Napoleon, die Hanse und die Industrialisierung ihre Zeichen gruben. Nicht zu reden von unserer Zeit: Schließlich avancierte Recklinghausen in diesem Jahrhundert zum wirtschaftlichen und kulturellen Mittelpunkt eines Kreises mit 635 000 Einwohnern.

Wappen Der Schlüssel symbolisiert den Schlüssel Petri, das Attribut der Kölner Erzbischöfe, die vom 12. bis zum frühen 19. Jh. die Landeshoheit ausübten. Das Wappen in seiner heutigen Form ist bereits 1253 durch ein Siegel belegt.
Lage Im nördlichen Ruhrgebiet, an der Schwelle zum Münsterland.
Land Nordrhein-Westfalen
Autokennzeichen RE
Höhe 43–124 m ü. M.
Fläche 66 km^2
Einwohnerzahl 121 000
Postleitzahl 4350
Telefonvorwahl 0 23 61
Post Postamt 1, Martinistr. 19, Spätschalter (Mo–Fr 7–20, Sa 7.30–16, So 9.30–12.30 Uhr).
Polizei Westerholter Weg 27, ☏ 5 51
Taxi ☏ 2 22 22
Nahverkehr Zahlreiche Omnibuslinien der Vestischen Straßenbahn GmbH im innerstädtischen Verkehr und in die Außenbezirke. Fahrscheine beim Fahrer und an den Kiosken. Diese Linien gehören auch zum Verkehrsverbund Rhein-Ruhr – Umsteigemöglichkeiten zur S-Bahn und in Nahverkehrszüge.
Parken Im Parkhaus am Kaiserwall (zwischen Rathaus und Hbf.), in den Tiefgaragen Augustinessenstr. und Löhrhofcenter oder auf den Parkplätzen auf dem Konrad-Adenauer-Platz, am Erlbruchpark, an der Hohenzollernstr./Ecke Kemnastr. und am Hbf. sowie am Grafenwall, an der Kellerstr., am Steintor, an der Löhrgasse und Auf dem Graben.
Touristinformation Amt für Öffentlichkeitsarbeit, Rathaus, ☏ 58 72 40 (Mo–Fr 9–15.30 Uhr); Städt. Reisebüro Kunibertistr. 23, ☏ 58 76 72 (Mo–Fr 9–18, Sa 9–12.30 Uhr).
Stadtrundfahrt Nach Vereinbarung, ☏ 58 73 82.

Stadtrundgang

Unser Rundgang führt Sie durch die Altstadt Recklinghausens. Wenn Sie mit dem Auto kommen, folgen Sie am besten den Hinweisen auf die Stadtmitte, wo Sie neben dem Rathaus ❶ *im Erlbruch parken können. Der Rundweg wird etwa eine Stunde in Anspruch nehmen, wenn Sie von Besichtigungen absehen. Aber St. Peter* ❿, *das Ikonenmuseum* ⓫ *und die Kunsthalle sollten Sie doch eingehender in Augenschein nehmen. Ausruhen können Sie wahrlich an jeder Ecke, Gastwirtschaften gibt es genug – am stilvollsten rasten Sie aber wohl in der »Wirtschaft Albers« am Markt* ⓭.

Sehenswürdigkeiten

❶ *Rathaus*, 1905–08 von Otto Müller-Jena errichteter Eifelkalk- und Sandsteinbau auf einem Basaltlavasockel. Schöne Außenreliefs. Innen, entlang der Wendeltreppe, Allegorie einer Kulturgeschichte der Menschheit.
❷ *Wüllersches Haus*, erste Recklinghäuser Damastweberei, 1803 erbaut.
❸ *Brachtsches Haus*, barockes Bürgerhaus von 1736, versteckt hinter hohen Mauern und alten Bäumen.
❹ *Gastkirche St. Fabian und St. Sebastian*, barocke Wallfahrtskirche und Recklinghausens kleinstes Gotteshaus, 1736 unter Verwendung gotischer Reste erbaut; zwei Altäre aus dem 15. Jh.
❺ *Wulffsches Haus*,1780 in spätbarokker Manier erbaut, Wohnsitz eines kurfürstlichen Finanzbeamten; restauriert, jetzt Wohnungen, Läden, Ateliers und »Auerbachs Keller« mit Biergarten.
❻ *Gymnasialkirche zur Unbefleckten Jungfrau Maria*, Saalbau von 1666, 1838 umgestaltet; Triumphkreuz und Pieta aus dem 18. Jh.
❼ *Engelsburg*, dreiflügelige Anlage nach dem Vorbild münsterländischer Adelshöfe, 1700 an der alten Stadtmauer erbaut. Nach der Straße hin schönes Sandsteinportal; bemerkenswerte Stuckdecke und wappen- und pilastergeschmückter Steinkamin in einem der Säle. Im Park Grabplatten aus der alten Kirche St. Peter.
❽ *Stadtmauer*, mittelalterlicher Wallring mit Gräben, Mauern und Türmen; noch erhalten ist ein 200 m langes Mauerstück in der Straße an der Engelsburg.
❾ *Ackerbürgerhäuser*, zwei Gebäude aus dem 18. und 19. Jh., gebaut nach dem Vorbild vestischer Bauernhäuser mit Wohnung und Stallungen unter einem Dach. Teilweise restauriert oder noch weitgehend im ursprünglichen Zustand.
❿ *Propsteikirche St. Peter*, ältestes Baudenkmal und Wahrzeichen der Stadt, nach dem großen Stadtbrand von 1247 als Hallenkirche auf den Resten der romanischen Vorgängerkirche erbaut. 1519–23 von Henricus Suyr aus Coesfeld in spätgotischem Stil erweitert. Der massige, 1670 entstandene, 72 m hohe Turm bekam zunächst einen spitzen, später den heute noch vorhandenen Barockhelm. Sehenswert der »Baumeisterkopf« (13. Jh.), der sich an der Stirnwand des romanischen Querschiffs befindet, ferner das Sakramentshäuschen (um 1520), die rheinische Madonna (15. Jh.), das lebensgroße Triumphkreuz (15. Jh.), die Plastik Anna Selbdritt (16. Jh.), der barocke Hochaltar aus der Rubens-Schule, ein Gemälde des Rubens-Schülers Jakob Jordaens sowie Monstranzen, Kelche und Geräte (15.–17. Jh.).
⓫ *Ikonenmuseum*, 1956 durch den Ankauf zweier privater Ikonensammlungen gegründet, inzwischen wohl die bedeutendste Sammlung im nichtorthodoxen Raum. Mehr als 600 Ikonen, Stickereien, Miniaturen, Holz- und Metallarbeiten, außerdem über 100 Zeugnisse frühchristlich-koptischer Kunst (Wiedereröffnung voraussichtlich Anfang 1990).
⓬ *Holzmarkt*, früher eine Budengasse, an der später die schönen Bürgerhäuser entstanden; im 19. Jh. Holzumschlagplatz.
⓭ *Altstadtmarkt*, Karree, gesäumt von Häusern verschiedener Stilrichtungen. Früher Gerichtsplatz sowie Schauplatz von Fastnachts- und Mysterienspielen, der Bürgermeisterwahl und bunter Gemüse-, Kram- und Viktualienmärkte. Heute Fußgängerzone und Standort der drei ältesten Rathäuser (1256, 1509, 1847) und der »Wirtschaft Albers«, der ältesten Gaststätte am Ort.

Rätselhafter Charme

Napoleon und die Pest, Hungersnöte und Brände, der Dreißigjährige und der Siebenjährige Krieg konnten der Schönheit Recklinghausens ebensowenig etwas anhaben wie der Bauboom der Wirtschaftswunderjahre nach dem Zweiten Weltkrieg. Die 121 000-Einwohner-Stadt, Großstadt seit 1949, Grenzbereich zwischen Kohlenpott und Münsterland, ist heimelig geblieben – vor allem im Kreisrund der historischen Altstadt. Hier steht seit etwa 1250 St. Peter ❿, erbaut aus mächtigen Steinquadern. Die Kirche überragt die Stadt nicht, sie gibt ihr ein Herz. Daß man ihren alten Achteckhelm gegen eine gemütliche runde Barockhaube tauschte, verstärkt diesen Eindruck noch. Denn was den Charme der Altstadt ausmacht, sind ihre schönen Fachwerkfassaden aus dem 18. und 19. Jh., die auch nicht in den Himmel ragen. Barock-, Gründerzeit- und Jugendstilbauten säumen im Wechsel die schmalen Straßen und lauschigen Gassen und lassen sich überhaupt nicht von den gigantischen Klötzen der Kaufhäuser und Geldinstitute beeindrucken.

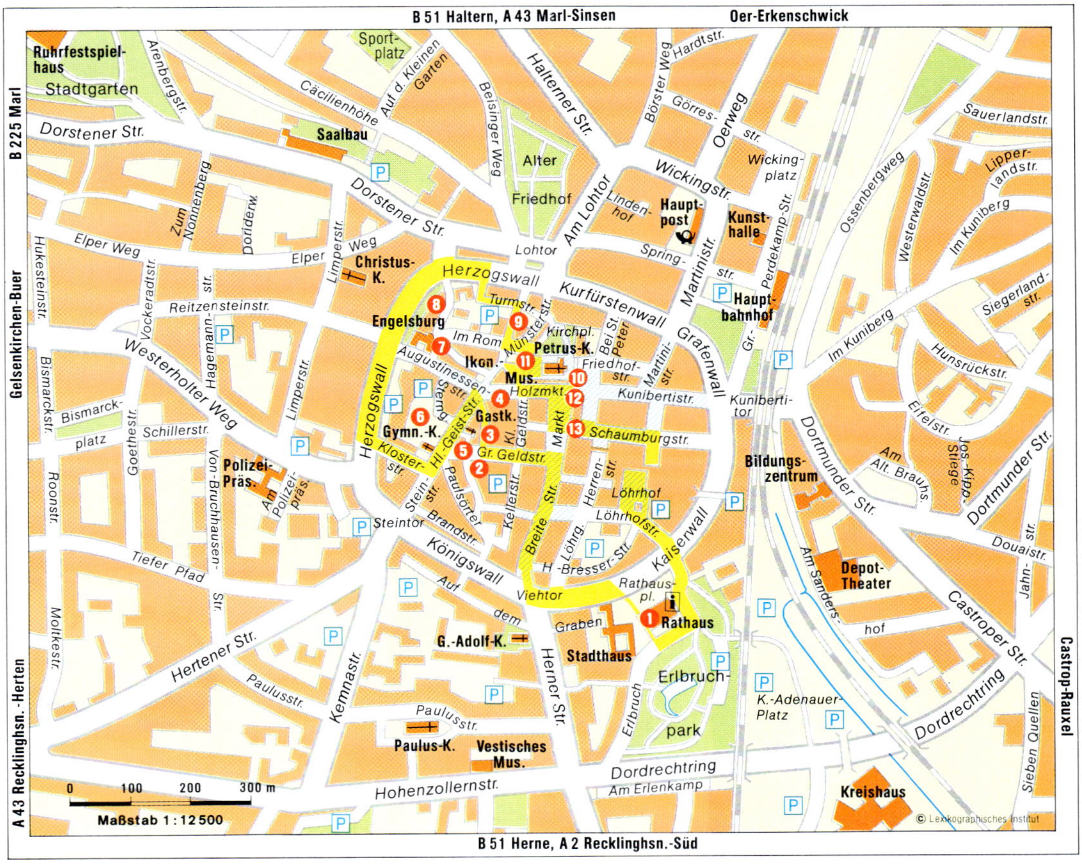

Der Besucher fühlt sich geborgen, sobald er in dieses kleine Rund eingetreten ist – der Durchmesser beträgt nur 500 m. Die ringförmig ineinanderlaufenden Wälle um die Altstadt sind nichts als mehrspurige Straßen, durch die der Verkehr fließt, aber sie üben eine Wirkung wie ein mittelalterlicher Burggraben aus: Im Innern ist es ruhig, geschehe draußen, was wolle. Innen findet man – dank der Fußgängerzone – alles beschaulich. Was nicht heißt, daß kein Leben in den Mauern wäre – dafür sorgen schon die vielen Kaufhäuser und Geschäfte – schließlich ist Recklinghausen Einkaufsstadt für rund 635 000 Menschen, die zum großen Teil aus der Region kommen, aus dem »Vest Recklinghausen«.

Kurkölnischer Vorposten

Das war schon vor über 1000 Jahren so. Denn Karl der Große hatte etwa dort, wo später St. Peter ⑩ erbaut wurde, einen Königshof anlegen lassen, der ihm während der Sachsenkriege als Stützpunkt für Soldateska und Troß diente. Weil hier Waren an den Mann gebracht werden konnten, entwickelte sich eine Siedlung, die 1017 als »Ricoldinchuson« urkundlich belegt ist und bald darauf über allerlei Privilegien verfügte: Ab 1100 durften Münzen geprägt werden, 1236 kam das volle Stadtrecht, und ab 1253 führten die Bürger ein eigenes Stadtsiegel. Dies alles hatten ihnen die Kölner Erzbischöfe zugestanden, die »Ricoldinchuson« – wie Kaiser Karl – strategisch nutzten. Für sie wurde Recklinghausen zum wichtigsten Vorposten ihres westfälischen Territoriums.

Es geht also voran mit der Stadt. Vornehmlich der Handel läßt sie aufblühen. Seit 1316 ist Recklinghausen Mitglied der Hanse und liefert Tuche, Bier und Schmiedeeisernes weit über die Grenzen des Rhein- und Münsterlands bis in die Städte an Nord- und Ostsee. Sie ist auch Gerichtssitz der kurkölnischen Landesherren und stellt zwölf Schöffen unter Vorsitz des erzbischöflichen Richters. Anfang des 14. Jh. ändert sich allerhand zugunsten der bürgerlichen Stände: Fortan werden – jeweils zu Weihnachten – zehn Ratsherren und zwei Bürgermeister von den Handwerksgilden frei gewählt. Die Gilden behalten die Zügel bis etwa gegen 1600 fest in der Hand, sowohl wirtschaftlich wie politisch.

Ingredienzien für das Wohlbefinden

Im Keller des Collegium Josefinum an der Hertener Straße brannten die Brüder des Maristenordens von 1925–85 einen Kräuterschnaps, dessen durchschlagende Wirkung mit dem Namen »Arquebuse« (Armbrust) nur angedeutet wird. Das Rezept für das hochprozentige Stimulans ist dem Orden seit 1857 bekannt und wird seither unverändert angewendet. Daneben destillierten die Patres einen Kräuterlikör, der den Namen »Hermite« (Einsiedler) führt. Heute werden die wohltuenden Produkte im Bayerischen Wald hergestellt. – Im Vorort Suderwich arbeitet die erste Brennmeisterin der Bundesrepublik Deutschland. Sie wacht in Recklinghausens ältester Kornbrennerei (1742) darüber, daß das »Suderwicher Pfläumchen«, ein artiges Wässerchen aus Pflaumen und Aprikosen, wohl gerät. – Das traditionelle »Vest-Pils« kam früher aus Recklinghausen, heute wird es im nahen Dortmund gebraut. Dem Zuspruch der Recklinghäuser hat das keinen Abbruch getan – leicht zu beobachten in den vielen schönen Kneipen der Stadt.

Tips, Tips, Tips

Orthodoxe Kirchenkunst
1956 ist in Recklinghausen das Ikonenmuseum (11) eröffnet worden, das mittlerweile seinesgleichen in der Welt sucht. Es vermittelt als wohl bedeutendste Sammlung außerhalb des orthodoxen Raums einen grandiosen Überblick über Ikonenmalerei und Kleinkunst der Ostkirchen. Die Malschulen Rußlands und der Balkanländer, vor allem Griechenlands, sind mit Meisterwerken vertreten. Angeschlossen ist eine frühchristlich-koptische Abteilung mit mehr als 100 Objekten, die den Übergang der heidnischen Spätantike zum frühen Christentum in Ägypten zeigt.

Die Trabrennbahn
Pferderennen – seit Menschengedenken ein faszinierender Kampf ohne Waffen – gehören in Recklinghausen zum Wochenendprogramm. 83 Veranstaltungen zählt man auf der Trabrennbahn Hillerheide pro Jahr, ca. 1000 Rennen werden gestartet – und gewettet (Fr ab 18, So ab 14 Uhr, ☏ 70 24).
550 Traber sind hier stationiert, für sie ist das rote Oval ständige Trainingsbahn. 20 selbständige Trainer wohnen und arbeiten in Recklinghausen, darunter der Weltrekordler Heinz Wewering (zu erreichen über die A 2 Oberhausen/Hannover, Abfahrt Recklinghausen-Süd).

Hochlarmark: Geschichte von unten
1884 begann im südwestlichen Stadtteil Hochlarmark die Kohleförderung im Schacht 1 der Zeche »Clerget II«. 90 Jahre lang bestimmte sie das Schicksal der Menschen und das Ortsbild von Hochlarmark. Die Zechenhäuser aus der sogenannten Dreieckskolonie werden inzwischen saniert. In Hochlarmark hat die »Nachbarschaft«, eine Vereinigung von Familien ehemaliger und heutiger Bergleute, die Geschichte ihres Stadtteils unter dem Titel »Kohle war nicht alles« aufgearbeitet. Eine Ausstellung, das inzwischen weithin bekannte »Hochlarmarker Lesebuch« und ein Theaterstück waren die Ergebnisse dieser Gemeinschaftsforschung.

In den Wirren des Dreißigjährigen Kriegs (1618–48) verkommt Recklinghausen zu provinzieller Bedeutungslosigkeit. Die Kurkölner, die rund 650 Jahre lang ihre Hand über das Gemeinwesen gehalten hatten, müssen weichen. Von 1803–11 ist der Herzog von Arenberg Landesherr, danach gehört auch Recklinghausen zum napoleonischen Machtbereich. Seit 1814 ist die Stadt preußisch.

Karriere durch Kohle

Die Preußen sind es, die den Weg freimachen für die aufkommende Industrialisierung, und aus Polen, Pommern und Masuren kommen die meisten der Kumpel, die ab 1869 in die Zeche »Clerget« unter Tage gehen, »nach Klärchen«, wie der Volksmund das ausdrückt. »Klärchen« bleibt nicht die einzige Zeche. In den folgenden 25 Jahren wächst die Stadt von 4000 auf 44 000 Einwohner an.

Heute ist Recklinghausen Sitz des gleichnamigen Kreises, zu dem die Nachbarstädte Marl, Castrop-Rauxel, Gladbeck, Dorsten, Haltern, Datteln, Oer-Erkenschwick, Herten und Waltrop gehören.

Zentrum im Vest

Seit 1974 fahren die Bergleute nur noch in die 1879 entstandene Zeche »General Blumenthal« der Ruhrkohle AG Essen ein. »Klärchen« ist ebenso stillgelegt wie die 1872 eröffnete Anlage »König Ludwig«. Aber

Festlicher Aufzug der Bergknappen.

Zur Eröffnung der Ruhrfestspiele am 1. Mai findet ein rauschendes Kulturvolksfest statt.

der Bergbau ist mit 6000 Beschäftigten immer noch größter Einzelarbeitgeber in der Stadt. 63 % der Beschäftigten sind in Dienstleistungsbetrieben tätig. Auch das Handwerk hat nach wie vor einen beachtlichen Platz im Wirtschaftsaufkommen, und über 100 Bauernhöfe beackern mehr als die Hälfte des Stadtgebiets. Wichtig für Recklinghausen sind auch die Trabrennbahn Hillerheide und die Zentrale der westdeutschen Traberzucht.

Außerhalb des historischen Stadtkerns hat Recklinghausen viele Gesichter: Zechenkolonien der Jahrhundertwende, Bergmannssiedlungen und Hochhäuser aus den 50er Jahren, alte und moderne Villen, feine Mietwohnungen, romantische Dorfplätze, Fachwerk, Pflasterstraßen und viel Grün an Wasserläufen und Teichufern.

Kunst, Kultur und Pferderennen

Als Mittelpunkt der Region ist Recklinghausen auch kulturell vielschichtig: Allem voran natürlich die international renommierten Ruhrfestspiele im späten Frühjahr. Im Winter lassen sich die Recklinghäuser von führenden deutschen Bühnen à la carte »bespielen«. Schauspiel, Oper, Operette und Ballett sind durchweg vom Feinsten und Besten.

Einmalig in der westlichen Welt ist das Ikonenmuseum ⓫ mit seinen über 600 Ikonen und 100 Werken koptischer Kunst. Die Kunsthalle gegenüber dem Hauptbahnhof zeigt Kunst des 20. Jh. aus städtischem Besitz. Alle zwei Jahre wird hier der Kunstpreis »Junger Westen« verliehen. Dokumente, Akten, Urkunden und Zeitungen aus der Geschichte Westfalens und der Stadt beherbergt das Stadt- und Vestische Archiv, Exponate der Stadt- und Regionalgeschichte sowie naive Kunst des 20. Jh. das Vestische Museum an der Hohenzollernstraße; Sterngucker gehen in Sternwarte und Planetarium an der Cäcilienhöhe im Stadtgarten.

Wer weniger auf Bildung setzt, muß sich dennoch nicht langweilen: Junge Leute treffen sich in der »Altstadtschmiede«, Pferdefreunde auf der Trabrennbahn, Sportler im Stadion Hohenhorst, Golfer auf der 18-Loch-Anlage am Flughafen Loemühle, wo man der gewerblichen und der Sportfliegerei nachgeht. Zum unterhaltsamen Allerlei tragen schließlich auch die Randgemeinden bei. In Suderwich gibt es ein privates Schifffahrtsmuseum, das in einem zur Kneipe umgebauten Bahnhof untergebracht ist. Und in Stuckenbusch zeigt eine im römisch-byzantinischen Stil gehaltene Kirche zur Weihnachtszeit eine schöne Krippe.

Kunst gegen Kohle – die Ruhrfestspiele

Im Deutschland der Nachkriegszeit ging nichts mehr – und fast alles war möglich. So lieferte die Recklinghäuser Zeche »König Ludwig« im strengen Winter 1946/47 Koks nach Hamburg für die dortigen Staatstheater – ein Unding, wenn man an die Grenzverläufe und schier unüberwindbaren Bestimmungen im damaligen Trizonesien denkt. Dennoch: Die Hamburger Staatstheater bekamen das »schwarze Gold«, sie konnten heizen, konnten spielen, ihre Existenz war gesichert. Im Sommer 1947 gaben sie dafür ein »Dankgastspiel« in Recklinghausen. Besucher von damals erinnern sich an die unvergleichliche Atmosphäre, an den großen Erfolg und an den Wunsch nach Wiederholung. So entstanden die Ruhrfestspiele, deren Fortbestand u. a. von Theodor Heuss engagiert betrieben wurde. Seither beginnen sie am 1. Mai, dem Tag der Arbeit, und bringen internationales Sprech- und Musiktheater sowie Kunstausstellungen, kulturpolitische und wissenschaftliche Veranstaltungen in die Stadt. Seit 1965 haben die Festspiele ein eigenes Haus im Stadtgarten, finanziert mit staatlichen und privaten Geldern, darunter zahlreichen Spenden von Arbeitern. Im Foyer erinnert ein 30 Zentner schwerer Kohlebrocken an die Geschichte der Entstehung des Festivals.

Theater, Musik, Veranstaltungen, Museen

Theater

Festspielhaus Recklinghausen, Otto-Burrmeister-Allee 1. Gastspiele: Oper, Operette, Musical, Ballett, Schauspiel; Ruhrfestspiele (Mai/Juni), ☏ 2 50 25.
Theater im Depot, Castroper Str. 12. Ensemble der Ruhrfestspiele mit modernem Schauspiel, sozial engagiertem und gewerkschaftlich orientiertem Theater, ☏ 4 77 74, 2 50 25.
Kleines Theater in der Aula Kuniberg, Im Kuniberg 79. Boulevardtheater, niederdeutsches Mundarttheater, Programme für Kinder, ☏ 58 73 80.
Altstadtschmiede, Kellerstr. Kleinkunst, Kindertheater, ☏ 2 12 12.

Musik

Städtischer Saalbau, Dorstener Str. 16. Konzerte mit dem Westfälischen Sinfonieorchester, Kammer-, Chorkonzerte, ☏ 58 73 80, 58 76 72.
Rathaus ❶, Rathausplatz. Rathauskonzerte (Kammerkonzerte), ☏ 58 73 80.
Propsteikirche St. Peter ❿, Kirchplatz 4. »Musica Sacra«: Chor-, Orgel-, Instrumentalkonzerte (unregelmäßig So 18 Uhr); Kantaten, Oratorien, ☏ 2 32 60, 2 38 01.
Christuskirche, Limperstr. 15. Chor-, Instrumentalkonzerte, ☏ 2 85 48.
Altstadtschmiede, Kellerstr. Jazz-Sessions, Blues-, Folkkonzerte, ☏ 2 12 12.
Flexi, Schulstr. 85. Rock-, Pop-, Blueskonzerte, ☏ 8 14 49.

Veranstaltungen

Zwei Wochen vor Ostern: Einwöchige *Palmkirmes* auf dem Saatbruch im Ortsteil Hillerheide. Volksfest.
Mai: *Kulinarischer Markt* mit westfälischen und intern. Speisen und Getränken auf dem Altstadtmarkt ⓭.
1. Mai – Ende Juni: *Ruhrfestspiele*. Theaterinszenierungen des Ensembles der Ruhrfestspiele; gewerkschaftlich orientiertes Theater für Jungarbeitnehmer (»junges forum«); Theatergastspiele deutscher Bühnen; ausländisches Theater im Rahmen des intern. Kulturaustauschs der Gewerkschaften; Konzerte; Ausstellungen; »Woche der Wissenschaft« mit Vorträgen und Diskussionen; kulturpolitische Tagungen; »Woche des Sports«. Auftakt: Kulturvolksfest mit allen Beteiligten (1. Mai). Spielorte: Festspielhaus, Otto-Burrmeister-Allee 1; Theater im Depot, Castroper Str. 12, ☏ 2 50 25, 4 77 74.
Ende Mai/Anfang Juni: *Weinmarkt* mit Winzern aus deutschen Anbaugebieten auf dem Altstadtmarkt ⓭
1. Sa im Juli: *Bildermarkt der Laienkünstler* auf dem Altstadtmarkt ⓭. Kunstmarkt, Kunstgewerbe.
Anfang Sept.: *Herbstfest* auf dem Altstadtmarkt ⓭. Krämermarkt.
Ende Sept./Anfang Okt.: *Kulinarischer Markt* mit westfälischen und intern. Speisen und Getränken auf dem Altstadtmarkt ⓭.
6. Dez.: *Nikolauszug* von der Altstadt zum Rathaus ❶, Rathausplatz.

Museen

Städtische Museen/Ikonenmuseum, Kirchplatz 2a (s. ⓫).
Städtische Museen/Städtische Kunsthalle, Große-Perdekamp-Str. 25–27. Sammlung intern. Kunst der Gegenwart unter besonderer Berücksichtigung druckgrafischer Techniken und Stile; kinetische Objekte (Di–Fr 10–18, Sa, So 11–13, 15–17 Uhr).
Städtische Museen/Vestisches Museum, Hohenzollernstr. 12. Kunst und Kunsthandwerk Westfalens; sakrale Plastik und Malerei des 15. und 16.Jh. (niederl., flämisch, niederrheinisch, westfälisch); Münzkabinett; Waffensammlung; geologische Sammlung; Bergbau; naive Kunst.

Als »das mittelalterliche Wunder Deutschlands« stellte sich Regensburg früher seinen Gästen vor. Und tatsächlich ist diese Stadt in mehrfacher Hinsicht ein Wunder. Ein Wunder der Baukunst, denn jede Straße, jeder Platz ist zu einem eigenen, unverwechselbaren Lebensraum gestaltet worden. Ein Wunder der Geschichte aber auch, denn die Stadt hat sich durch die Jahrhunderte ihre gotische Gestalt nahezu unversehrt

erhalten – trotz zahlreicher Kriege und Gefährdungen. Das letzte, ganz gegenwärtige Wunder aber ist, wie einmütig und opferwillig die heutigen Bewohner zu ihrer Stadt stehen und sie mit ungeheurem Aufwand sanieren und stärken – für ein langes Fortleben im neuen Jahrtausend.

Regensburg

Heimliche Hauptstadt des Mittelalters

Wappen Zwei gekreuzte silberne Schlüssel auf rotem Grund. Die Schlüssel sind das Attribut des Petrus, dem der Regensburger Dom geweiht ist. Erstmals erscheint dieses Wappen Mitte des 14. Jh.
Lage An der Einmündung des Regen in die Donau, die hier ihren nördlichsten Punkt erreicht. Die Altstadt liegt am südlichen Donauufer.
Land Bayern
Autokennzeichen R
Höhe 326–471 m ü. M.
Fläche 81 km^2
Einwohnerzahl 128 000
Postleitzahl 8400
Telefonvorwahl 09 41
Post Postamt 1, Bahnhofstr., Spätschalter (Mo–Fr 8–20, Sa 8–12, So 9–11 Uhr).
Polizei Minoritenweg 1, ☏ 5 06-0
Taxi ☏ 5 70 00, 5 20 52
Nahverkehr 17 Stadtbuslinien, die auch die Außenbezirke bedienen; Fahrscheine in den Bussen und im Vorverkauf.
Camping Campingplatz »Dunnerkeil«, Weinweg 40, ☏ 2 68 39. Zu erreichen über die A 3, am Regensburger Kreuz auf die A 93 abzweigen. Ab Ausfahrt Regensburg-West der Beschilderung folgen.
Parken Kostenlose Großparkplätze nördlich der Donau zwischen Eiserner Brücke und Nibelungenbrücke. Großparkhäuser am Dachauplatz und St.-Peters-Weg sowie Tiefgaragen am Arnulfsplatz und Bismarckplatz, alle rund um die Uhr geöffnet.
Touristinformation Altes Rathaus, Rathausplatz, ☏ 5 07-2141 (Mo–Fr 8.30–18, Sa 9–16, So 9–12 Uhr).
Stadtführung Ab Altem Rathaus April–Okt. Mo–Sa 10.15 und 14.45 Uhr, So und Feiertage 10.45 Uhr; Nov.–März nur Sa 10.15 und 14.45, So und Feiertage 10.45 Uhr.
Schiffahrt Auf der Donau zum berühmten Regensburger Strudel von Anfang März bis Ende Okt. Abfahrt bei der Steinernen Brücke. Schiffahrt zur Walhalla ab Eiserner Brükke von Frühjahr bis Spätherbst, ☏ 5 53 59.

»Die Gegend mußte eine Stadt herlocken!«

Wer in Regensburg einen zentralen Punkt sucht, von dem aus diese zwei Jahrtausende alte Stadt sich erschließt, mag zur Porta Praetoria ❶ gehen, dem Nordtor des einstigen Römerlagers, er kann nach St. Emmeram ⓮ wandern, einem der ehrwürdigsten Klöster Bayerns, oder sich in die mystische Welt des Doms ㉔ versetzen. Er kann sich aber auch in der »Historischen Wurstküche« ❷ niederlassen, am Ufer der Donau bei der Steinernen Brücke ❹, ganz nahe am Ursprung der Stadt. Hier hat schon vor Urzeiten ein Flußübergang bestanden, den die Römer gleicherweise pflegten wie vor feindlichen Einfällen zu schützen suchten. An dieser Stelle entstand im Mittelalter – nach allerlei hölzernen Vorgängerinnen – von 1135–46 die Steinerne Brücke ❹, die sich in 16 Bögen über die zweiarmige Donau schwingt und – heute immer noch voll funktionsfähig – Deutschlands älteste Brücke ist. Sie verbindet Regensburg mit Stadtamhof, der wittelsbachischen Gegengründung, von wo aus die bayrischen Herzöge jahrhundertelang versuchten, Einfluß zu nehmen oder der damals freien Reichsstadt gar habhaft zu werden. Zwischen Brücke und »Wurstküche« ❷ der alte Salzstadel von 1620, eines jener Lagerhäuser, die wichtig waren für Regensburg. Die Stadt zog natürlich Profit aus ihrer verkehrsgünstigen Lage und bildete einen bedeutenden Waren-Umschlagplatz. Hinter der »Wurstküche«, im Gasthaus »Zum Weißen Lamm«, hat übrigens Goethe auf seinem Weg nach Italien logiert. Offenbar gefiel ihm, was er sah, und womöglich ist ihm hier der in den Stadtprospekten so gerne zitierte Satz eingefallen: »Regensburg liegt gar schön. Die Gegend mußte eine Stadt herlocken.« Andererseits befand er: »Das Obst ist nicht sonderlich«, was die Regensburger angesichts ihrer kulinarischen Traditon verständlicherweise nicht an die große Glocke gehängt haben.

Stadt der feinen Zungen

1686 wird (gegenüber dem Alten Rathaus ❼) das erste Kaffeehaus in Bayern eröffnet, zweifellos eine Anregung der damals zahlreichen Wiener Gäste. Der Wiener Hof und Diplomaten aus ganz Europa haben, seit ab 1663 der Immerwährende Reichstag hier zusammensaß, die eher biedere einheimische Küche (und nicht nur sie) heftig verändert. Mit ihren verfeinerten Ansprüchen forderten sie die Regensburger Köche und Köchinnen zu großen, nachhaltigen Anstrengungen heraus, die dem Ruf der Stadt gutgetan haben. Geblieben sind neben vielerlei raffiniertem Konfekt und Feingebackenem die Stritzel, ein Gebäck aus Salzbiskuit; geblieben ist auch, neben allerlei Braten- und Saucenschöpfungen, als prägende Spezialität der Waller, ein heimischer Fisch, der bis 3 m lang werden kann und sich durch saftiges und weitgehend grätenfreies Fleisch von eigenem Wohlgeschmack auszeichnet. Man reicht ihn mit feinen Beilagen und Regensburger Wein, der hier seit den Tagen der Römer angebaut wird. Übrigens haben sich die Römer auch aufs Bierbrauen verstanden, denn vor etlichen Jahren hat man am Stadtrand von Regensburg eine römische Bierbrauerei ausgegraben.

Mit über 300 m Länge und 16 Bögen schwingt sich Deutschlands ältester Brückenbau, die Steinerne Brücke, über die Donau; im Hintergrund der Dom.

Soldaten gründeten die Stadt

Überhaupt: die Römer! Sie besaßen in Kumpfmühl ein kleines Militärlager, das aber die Markomannen 170 n. Chr. vernichteten. Solchermaßen gedemütigt, entschlossen sie sich 179 n. Chr., zu Zeiten des Kaisers Mark Aurel, weiter nordöstlich und näher an der Donau ein neues, wesentlich stärkeres Lager, Castra Regina, zu errichten. Hier taten nun nicht mehr nur 500 Mann Dienst, sondern 6000. Den Verlauf der Mauern dieser 540 mal 450 m großen Anlage kennt man inzwischen genau. Sie grenzten ein Viereck ein zwischen der Straße Unter den Schwibbögen im Norden und dem St.-Peters-Weg im Süden, der Wahlenstraße im Westen und dem Schwanenplatz im Osten. Dies ist auch das Kerngebiet der sich später ausbildenden mittelalterlichen Stadt.

Doch auch Castra Regina vermochte den Anstürmen der Germanen nicht standzuhalten. Zwar wurde es nach einer Zerstörung im Jahr 288 noch einmal aufgebaut, aber zu Beginn des 5. Jh. verließen die Römer ihren Stützpunkt und zogen sich aus dem Regensburger Raum zurück. Deshalb wich aber nicht alles Leben aus den Mauern. Längst hatten sich hier seßhaft gewordene Legionäre, Reste keltischer Bevölkerung und auch fremde Händler niedergelassen. Zwar fehlt für lange Zeit jegliche schriftliche Überlieferung, man kann aber davon ausgehen, daß Regensburg als einzige Stadt in Bayern seit der Römerzeit ununterbrochen besiedelt war. Wie sonst hätte der Ort schon Mitte des 6. Jh. wieder Zentrum eines Herzogtums der Bajuwaren sein können, das vom Herrschergeschlecht der Agilolfinger geführt wurde? Die Herzöge bauten den ehemaligen Sitz des römischen Befehlshabers zu ihrer Pfalz um, aus der später der Herzogshof (21) wurde. Auch die Geistlichkeit setzte sich bald an diesem Platz fest. Südwestlich des einstigen Römerlagers entstand zu Beginn des 8. Jh. das Kloster St. Emmeram (14), und am Ort des heutigen Doms (24) und des Niedermünsters (23) wurden die ersten Kirchen gebaut. 739 stiftete Bonifatius das Bistum Regensburg, und St. Emmeram wurde Domkloster – eine um diese Zeit einmalige Zusammenballung von weltlicher und geistlicher Macht im südlichen Deutschland. So war es fast zwingend, daß die bayrische Herzogsstadt auch im Reich in eine bedeutende Rolle hineinwuchs; zwischen 960 und 1295 fanden hier mehr Reichsversammlungen statt als in allen anderen deutschen Städten zusammen. Und 1050 konnte der Emmeramer Mönch Otloh schwärmen, Deutschland habe nichts Herrlicheres als Regensburg, das als einzige der großen Städte auch Hauptstadt sei.

Im Sog dieser politischen Entfaltung wuchs auch die wirtschaftliche Macht der Stadt. Regensburger Kaufleute bauten ein Handelsimperium auf, das im 12. Jh. bis nach Kiew reichte. Gerade für den Handel waren stabile und sichere Flußübergänge lebensnotwendig, und so begann man 1135 mit dem kühnen Bau der Steinernen Brücke (4), die nach ihrer Fertigstellung als das achte Weltwunder galt. Überhaupt gelangt Regensburg während dieses 12. und des folgenden 13. Jh. auf den Höhepunkt seiner politischen und wirtschaftlichen Bedeutung, um Jahrhunderte früher als etwa Nürnburg, Augsburg und Köln.

Ein Held ward gezeugt

Das stattliche »Goldene Kreuz« (9) am Haidplatz war jahrhundertelang Regensburgs vornehmste Herberge. Auch Kaiser Karl V., in dessen Reich die Sonne nie untergegangen sein soll, hat des öfteren hier logiert und im Jahr 1546 zur Nachtzeit wohl eine gewisse Barbara Blomberg in seinen Gemächern angetroffen. Er muß sie im biblischen Sinn erkannt haben, denn neun Monate später gebar B. B. einen Knaben, der den Namen Don Juan d'Austria tragen und ein berühmter Feldherr bzw. Seeheld werden sollte. Sein Sieg in der Seeschlacht bei Lepanto (1571) bewahrte jedenfalls das christliche Abendland wieder einmal vor der Türkengefahr. Ihm zu Ehren steht auf dem Zieroldsplatz ein Denkmal, zu dessen Füßen fröhliche Kinder spielen – aus dem Abendland und aus der Türkei . . .

Der Ballsaal des Schlosses zeigt, mit welch verschwenderischem Glanz die Fürsten von Thurn und Taxis ihre Residenz ausgestattet haben.

Alle zwei Jahre geht es hoch her beim Bürgerfest in der Altstadt.

Stadtrundgang

Der vorgeschlagene Rundweg beansprucht gut drei Stunden – mit Besichtigungszeiten werden es eher mehr. Am einfachsten ist es, das Auto auf den gut ausgeschilderten »Großparkplätzen« abzustellen und zu Fuß zum Ausgangspunkt, zur Porta Praetoria 1*, zu gehen (ca. 7 Minuten).*

Sie kürzen erheblich ab, wenn Sie den Weg von der Neuen Waag 10 *durch die Rote-Hahnen-Gasse zur Neupfarrkirche* 16 *nehmen. Sie versäumen dann zwar St. Emmeram* 14 *und das fürstliche Schloß* 15*, aber dort kann man schließlich auch mal mit dem Auto hinfahren . . .*

Ruhepausen empfehlen sich am Haidplatz oder am Alten Kornmarkt (Café im 1. Stock); für gutes Essen sind neben vielen anderen »Hotel Bischofshof«, der »Ratskeller« und die »Historische Wurstküche« 2 *angemessene Adressen.*

Sehenswürdigkeiten

1 *Porta Praetoria*, Nordtor des ehemaligen römischen Lagers Castra Regina mit den Resten des östlichen Flankenturms. Sie waren im Mittelalter in den Bau der bischöflichen Residenz einbezogen worden und wurden 1884 bei Umbauarbeiten wieder entdeckt.

2 *»Historische Wurstküche«*, eine der ältesten Gaststätten Bayerns, erstmals erwähnt 1616.

3 *Brücktor*, letzter der urspr. drei Brückentürme (14. Jh.) mit Steinplastiken aus dem 13. Jh.

4 *Steinerne Brücke*, ältester Brückenbau Deutschlands, zählt mit 300 m Länge und 16 Bögen zu den größten technischen Leistungen des Mittelalters; Baubeginn 1135.

5 *Kepler-Gedächtnishaus*, umgebauter Geschlechterturm aus dem 13. Jh. Kepler starb hier 1630. Heute *Museum* mit Nachlaß, Originalinventar und -instrumenten.

6 *Neues Rathaus*, Vier-Flügel-Anlage aus dem Jahr 1661. Innen Holzdecken aus dieser Zeit. Wandreliefs im Dollingersaal zeigen den Zweikampf des Bürgers Dollinger mit dem Hunnen Krako (spätes 13. Jh.).

7 *Altes Rathaus*, Mitte des 14. Jh., Ausmalung im 16. Jh., eines der schönsten gotischen Rathäuser der Bundesrepublik Deutschland. Im Reichssaal, 1. Obergeschoß, urspr. Tanz- und Festsaal, hielt der Immerwährende Reichstag von 1663–1806 seine Sitzungen ab. Der Saal und weitere historische Räume seit 1910 als Reichstagsmuseum zugänglich (Führungen tägl. 9.30, 10.30, 11.30, 14, 15, 16 Uhr; So 10, 11, 12 Uhr. April–Okt. zusätzliche Führungen Mo–Fr 10, 11, 12, 14.30, 15.30 Uhr).

8 *Thon-Dittmer-Palais*, einheitliche klassizistische Fassade von 1809, dahinter zusammengefaßt mehrere gotische Bauten. Bemerkenswert der Renaissance-Innenhof; im Sommer finden hier Freilichtspiele statt.

9 *»Goldenes Kreuz«*, jahrhundertelang bedeutendster Gasthof der Stadt (13. Jh.) mit siebenstöckigem Turm. Hier fand die Begegnung Kaiser Karls V. mit Barbara Blomberg statt.

10 *Neue Waag*, im 15. Jh. als Stadtwaage erbaut, Turm teilweise 13. Jh. Im Innern der Vier-Flügel-Anlage schöner Arkadenhof. 1541 kam es hier zum Religionsgespräch zwischen Melanchthon und Eck.

11 *Dreieinigkeitskirche*, zweite protestantische Pfarrkirche in Regensburg (1627–33). Tonnenüberwölbter Saalbau, innen bemerkenswerte Holzemporen. Im Kirchhof Begräbnisstätten für Gesandte des Immerwährenden Reichstages.

12 *Schottenkirche St. Jakob*, dreischiffige romanische Basilika (um 1150–1200), nahezu unverändert erhalten. Das Nordportal gilt als bedeutendes Denkmal romanischer Plastik in Bayern, seine Bildersprache ist jedoch nicht zweifelsfrei ausgedeutet.

13 *Ehemalige Dominikanerkirche St. Blasius*, einer der frühesten gotischen Kirchenbauten in der Bundesrepublik Deutschland, um 1300 fertiggestellt, mit schönem Kreuzgewölbe, Chorgestühl (15. Jh.), Schutzmantelmaria (um 1500); 1886 und 1967 restauriert. Im anschließenden Dominikanerkloster wirkte 1236–40 Albertus Magnus, der 1260 Bischof von Regensburg wurde.

14 *Ehem. Benediktinerklosterkirche St. Emmeram*, Mutterkirche des Bistums Regensburg, päpstliche Basilika. Gründung des Klosters wahrscheinlich im 8. Jh., seither ständige Ausdehnung der Anlage: ältester Teil Emmeramskrypta, um 740 entstanden, 1894 wiederentdeckt; Vorhalle (nach 1166), davor zweigeschossiges frühgotisches Doppelportal (um 1250), an den Pfeilern Steinreliefs, die zu den ältesten deutschen Großplastiken (1050) zählen. 1731–33 Barockisierung durch die Gebrüder Asam. An das Nordschiff angelehnt die Klosterpfarrkirche St. Rupert aus dem 15. Jh. Das Klostergebäude erwarben nach der Säkularisation die Fürsten Thurn und Taxis.

15 *Schloß der Fürsten von Thurn und Taxis*, seit 1812 Residenz der Familie. Die Klosterbauten wurden 1888/89 erweitert und zu einer geschlossenen Gesamtanlage zusammengefügt. Architektonisches Glanzstück: Kreuzgang (13./14. Jh.), der zu den bedeutendsten Beispielen gotischer Architektur gehört. Bemerkenswert: Gruftkapelle (1841); romanische Klosterküche; Hofbibliothek, die zu den wertvollsten Privatbibliotheken der Welt zählt; im Bibliothekssaal drei Fresken von C. D. Asam (1737), 1967 freigelegt. Das *Schloßmuseum* bietet in den Prunkräumen die wertvollste Sammlung barocker Wandteppiche. Ferner: Thronzimmer, zweigeschossiger Festsaal, verschiedene Salons (Silbersalon!), kostbare Möbel, Öfen, Lampen, Gemälde des 18./19. Jh. (Führungen Mo–Fr 14, 15.15, So 10, 11.15 Uhr). Reitschule, bedeutender klassizistischer Bau, heute *Marstallmuseum* mit 62 Wagen, 4 Tragsesseln, 13 Schlitten, reichen Beständen an Geschirr, Sätteln, Zubehör (Führungen Mo–Fr 14.40, 15.15, So 10.40, 11.15 Uhr).

16 *Neupfarrkirche*, nach 1519 anstelle der abgerissenen Synagoge errichtet, ursprünglich als Wallfahrtskirche »Zur schönen Maria« mit sechseckigem Zentralbau und angrenzendem Kapellenkranz konzipiert, während des Baues jedoch vereinfacht und 1542 von den Protestanten übernommen. 1560 Fertigstellung der Türme, 1586 Einwölbung; Instandsetzung des Innern 1796.

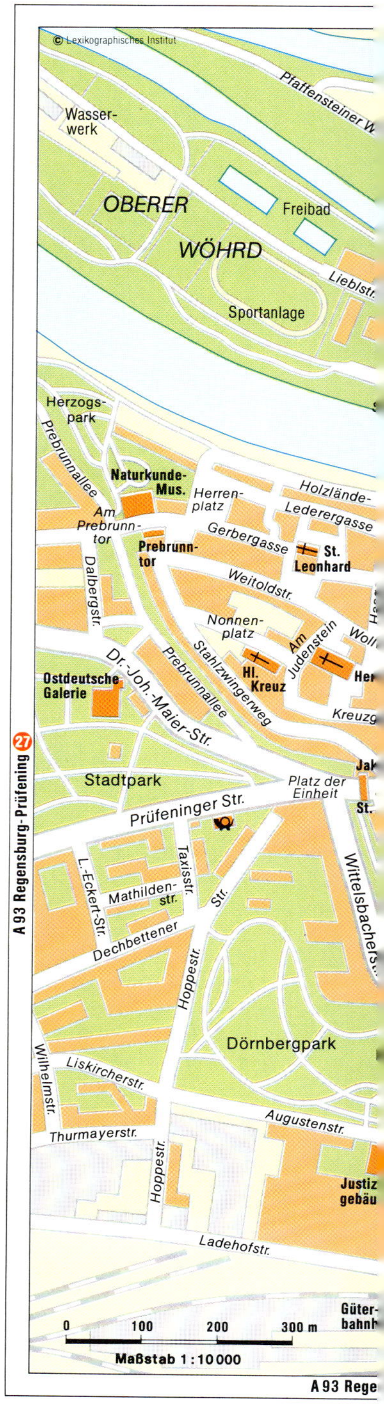

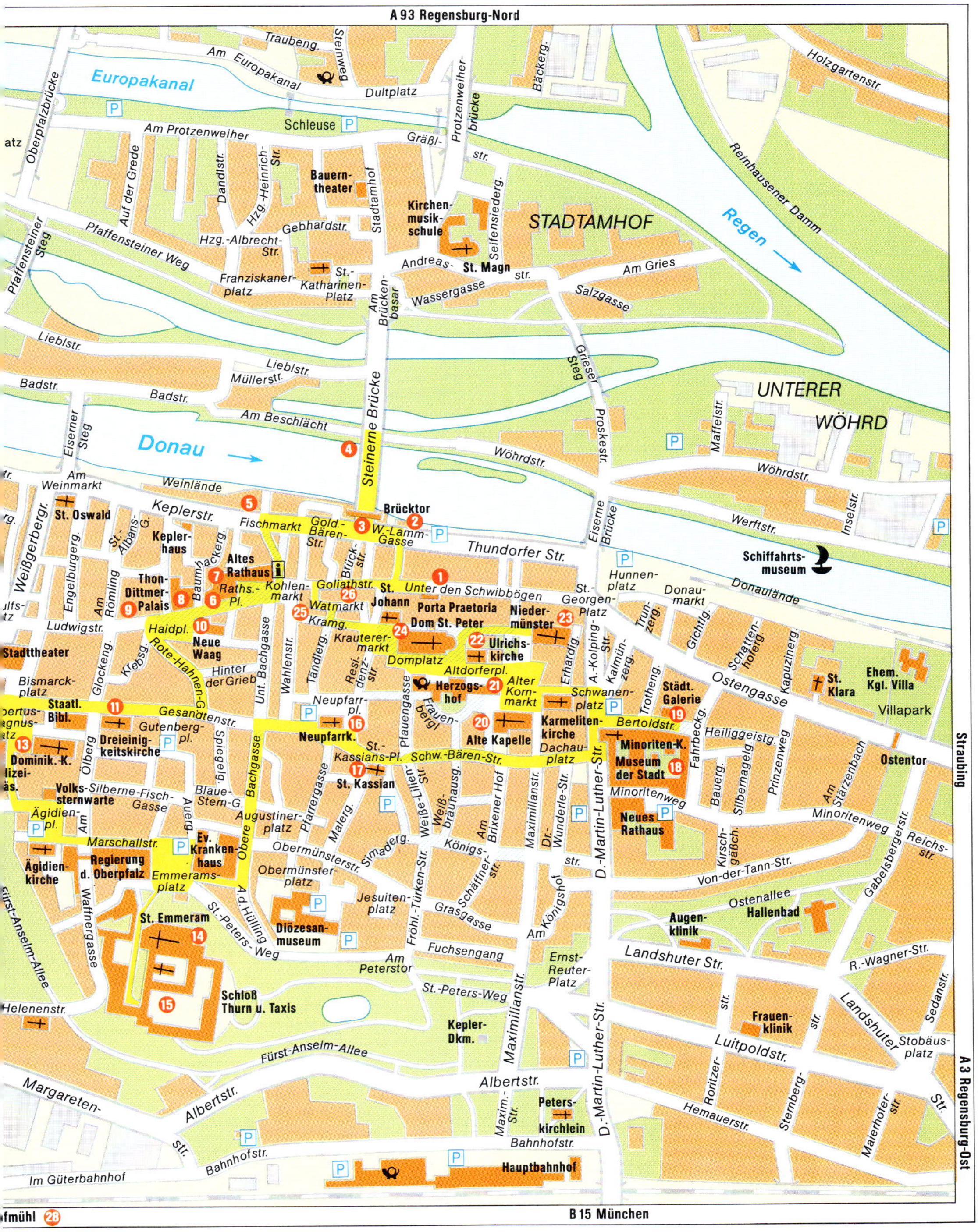

⑰ *St. Kassian*, dreischiffiger spätgotischer Bau (1477 endgültige Struktur). 1749–60 Barockausschmückung von A. Landes und G. B. Götz. Im südlichen Seitenaltar ist die Schnitzfigur der »Schönen Maria« von H. Leinberger (um 1520) zu sehen, und im nördlichen Seitenaltar ein Schreinaufbau mit der Figur des hl. Kassian, spätgotisches Schnitzwerk.

⑱ *Museum der Stadt*, seit 1932 im ehemaligen Minoritenkloster St. Salvator (1226–1460), mit vor-, frühgeschichtlicher und römischer Abteilung. Weitere Sammlungsschwerpunkte: mittelalterliche Steinplastik; Waffen; Stadtgeschichte, Volkskunde; Kunst und Kunsthandwerk 14.–19. Jh. mit Gemälden von Albrecht Altdorfer und seinem Kreis, Malerei und Plastik der Donauschule, kirchlicher Kunst des Barock, Wohnkultur und Holzarbeiten des 16.–19. Jh. (Di–Sa 10–16, So 10–13 Uhr).

⑲ *»Leerer Beutel«*, Getreidespeicher, um 1600 errichtet; seit 1980 *Städtische Galerie* und Staatsgalerie. Kunst des 20. Jh. in Ostbayern; deutsche Malerei des 19. Jh.; zeitgenössische Plastik, Malerei, Grafik, Kunsthandwerk Niederbayerns und der Oberpfalz; intern. Ausstellungen moderner Kunst (Di–Sa 10–16, So 10–13 Uhr).

⑳ *Alte Kapelle*, schon 967 bezeugt. Heutiger Bau im wesentlichen durch Kaiser Heinrich II., 1747–65 mit Rokokoschmuck ausgekleidet.

㉑ *Herzogshof*, Pfalzbau aus dem frühen 13. Jh., wohl anstelle der einstigen Pfalz der Agilolfinger. Der Bau wurde seit 1600 vielfach umgestaltet, so daß sein romanisches Erscheinungsbild verschleiert ist. Die bemalte Holzdecke ist gotisch. Durch Schwibbogen gekoppelt mit dem »Römerturm«.

㉒ *Diözesanmuseum*, seit 1986 in der ehemaligen Dompfarrkirche St. Ulrich untergebracht. Sammlungen kirchlicher Kunst, Skulpturen, Gemälde, Bronze- und Goldschmiedekunst vom 11.–20. Jh.; Dokumentation der Geschichte des Bistums, Kurzbiographien der Diözesanpatrone; Altdorfer-Gemälde »Schöne Maria« (um 1520), lebensgroße Kreuzigungsgruppe (um 1785) (April–Okt. Di–So 10–17 Uhr).

㉓ *Niedermünster*, romanische dreischiffige Basilika ohne Querschiff aus dem 12. Jh. mit westlichem Turmpaar und barocker Vorhalle, heute Dompfarrkirche. Im Innern Reste alter Wandmalerei (2. Hälfte 12. Jh.), Fresken (frühes 16. Jh.), Hochaltar (1763), Seitenaltäre (um 1650). Bedeutende Einzelfiguren, kostbarer Kirchenschatz. Bei Ausgrabungen wurden mehrere Vorgängerbauten festgestellt, die bis in die Zeit um 700 zurückgehen, darunter Reste römischer Gebäude.

㉔ *Dom St. Peter*, Hauptwerk der Gotik in Bayern, als dreischiffige Pfeilerbasilika konzipiert, in seiner heutigen Form um 1250 begonnen, in seinen wesentlichen Teilen um 1525 fertiggestellt. Die Turmspitzen wurden 1859–69 nach Freiburger Vorbild vollendet. Das Innere faßt etwa 7000 Menschen und präsentiert sich heute wieder, nach Entfernung zahlreicher Ausschmückungen, in der reinen, himmelstrebenden Architektur der Hochgotik. Den Dom umgibt eine Anzahl weiterer wichtiger kirchlicher Bauten: die Kirche St. Stephan (11. Jh. – im Volksmund »Alter Dom«), Kreuzgang (erweitert etwa 2. Hälfte 11. Jh.), Allerheiligenkapelle (Mitte 12. Jh.), Kapitelhaus (16. Jh.), St.-Ulrichs-Kirche (1230–50, ehemalige Dompfarrkirche, heute Diözesanmuseum ㉒).

㉕ *Baumburger Turm*, einer der schönsten Patriziertürme der Stadt (Mitte des 13. Jh.) mit offener Laube.

㉖ *Goliath-Haus*, Patrizierhaus aus dem 13. Jh., Fresko-Darstellung der Geschichte von David und Goliath.

㉗ *Benediktinerklosterkirche St. Georg in Prüfening*, Kloster (1109 gegründet) seit 1953 wieder von Benediktinern besetzt. St. Georg gehört zu den bedeutendsten Kirchen des 12. Jh. in Deutschland. Ältester Teil mit sieben Altären ist der Ostteil. Insgesamt erfuhr das Gebäude starke bauliche Veränderungen, die ursprüngliche Konzeption ist jedoch deutlich geblieben. Überaus wertvoll: Wandmalereien aus der Mitte des 12. Jh. auf Haupt- und Nebenchor; Hochgrab des Abtes Erminold (1283).

㉘ *Karthaus-Prüll*. Im Kern romanische Kirche, ursprünglich dem Benediktinerkloster zugehörig, das im 15. Jh. von Kartäusern übernommen wurde. Einzigartiges Fresko an der Westempore (spätromanische Ausmalung, um 1200), zeigt die Verkündigungsszene; Stuckdekorationen (um 1605). Hochaltar, Meisterwerk deutscher Renaissance; Chorgestühl und Ölgemälde (um 1650). Im Klosterbau am Kreuzgang: sieben Eremitenhäuschen.

Als Bayern 1180 an die Wittelsbacher fällt, wird die Stadt als »urbs Germaniae populosissima«, als Deutschlands volkreichste Stadt bezeichnet, und zwischen 1100 und 1300 entstehen auch die meisten wichtigen Bauten Regensburgs. Um 1250 ging man an den Bau des Doms ㉔, der ein Gemeinschaftswerk der Bürger wurde.

Überhaupt traten die Bürger mehr und mehr in den Vordergrund. Sie erreichten, daß Regensburg im Jahr 1245 freie Reichsstadt wurde. Ihre Patrizierhäuser wurden Ausdruck neuen Selbstbewußtseins und erhoben sich über die Holzhäuser der kleinen Handwerker und einfachen Händler. Ihr Geltungsbedürfnis führte zum Bau zahlreicher hochragender Wohntürme, von denen einige noch stehen und wieder bewohnt werden. Im 14. Jh. flaute die Bautätigkeit ab; als letzter wichtiger Bau entstand das Alte Rathaus ❼. Damit war der Ausbau der Stadt weitgehend abgeschlos-

Die Domspatzen hört man sonntags um neun beim Hochamt im Dom.

Im Jahre 1812 erstand der Fürst von Thurn und Taxis das säkularisierte Kloster St. Emmeram und machte es zu seiner Residenz.

sen, die Straßenzüge waren festgelegt, die Häuserfronten geschlossen, die Kirchen nahezu vollendet. Was noch folgte, war bis auf wenige Ausnahmen Fassadenkosmetik. Das Bild, das uns die Altstadt heute bietet, hat seine Prägung im wesentlichen in dieser Zeit erfahren.

Glücksfall Rezession

Regensburg ist die einzige erhaltene gotische Großstadt Deutschlands, und wir verdanken ihr Bestehen dem wirtschaftlichen Niedergang im 14./15. Jh. Damals rächte sich, daß man allein auf den Fernhandel gesetzt hatte und es z. B. kein herausragendes Handwerk gab. Es mußte die Regensburger also hart treffen, daß ihre Fernhandelsstützpunkte nach und nach verlorengingen: 1240 wurde Kiew durch die Mongolen zerstört, Venedig drängte Konstantinopel, einen treuen Geschäftspartner Regensburgs, aus dem Fernosthandel, Wien zog den Donauhandel immer stärker an sich. Im Norden wurde die Hanse zur mächtigen Konkurrenz, und schon begannen auch die Augsburger und Nürnberger Kaufleute, in die alten Domänen der Regensburger einzudringen. Die Finanzen der Stadt gerieten in Schieflage. 1486 kam es zum großen Regensburger Bankrott. Und nichts half! Um die Schulden loszuwerden, gab man sogar die Reichsfreiheit auf und unterstellte sich wieder dem bayrischen Herzog Albrecht IV. Doch da griff der Kaiser ein. Schon nach kurzer Zeit befahl Friedrich III. die Rückkehr in die Reichsunmittelbarkeit. Die Stadt, ohne Macht und Mittel, mußte sich fügen. Sie darbte, frei, aber arm, mehr schlecht als recht dahin, bemüht, wenigstens die Schulden loszuwerden.

Es folgte die Zeit der Reformation, der man zögernd folgte, ohne den katholischen Besitzstand wesentlich zu beschneiden. Das Patriziat wurde protestantisch, die Mehrzahl der Bürger blieb katholisch, immer jedoch in einem Geist gegenseitiger Achtung, der sich deutlich abhob von den erbitterten Querelen in manch anderem Gemeinwesen. Das führte nicht nur dazu, daß Regensburg vom Dreißigjährigen Krieg weitgehend verschont blieb, sondern mehr und mehr zum idealen Tagungsort des Reichstages wurde, dessen Mitglieder ja inzwischen konfessionell auch gespalten waren. Seit 1594 wurden Reichstage nur noch in Regensburg abgehalten.

Entscheidungen am grünen Tisch

Auf dem Reichstag von 1663 ergab sich eine neue Situation: Die deutschen Fürsten wollten dem Kaiser Leopold I. ihre Waffenhilfe gegen die Türken allzu teuer verkaufen. Verärgert darüber reiste dieser nach Wien zurück und ernannte einen sogenannten Prinzipalkommissar, der an seiner Statt an den Reichstagen teilzunehmen hatte. Das fanden sehr bald viele Fürsten durchaus nachahmenswert und ließen sich ebenfalls durch

<u>*Regensburger Domspatzen*</u>

Die Musikgeschichte des Regensburger Doms reicht der Überlieferung nach bis ins 7. Jh., und im Mittelalter soll es schon eine Sängerschule und einen Domchor gegeben haben. Im 19. Jh. belebte der Priester und Musiker Karl Proske diese Tradition, formte aber statt des einstigen Männerchors einen Knabenchor, die bekannten »Regensburger Domspatzen«.
Mittlerweile kennt man den Chor in der ganzen Welt, es gibt kaum ein Land, in dem er nicht gastiert hat. Doch darüber vernachlässigen die kleinen Sänger ihre ursprüngliche Aufgabe nicht: Sonntags um neun hört man ihre frischen Stimmen beim Hochamt im Dom 24.

<u>*Die Fürsten Thurn und Taxis*</u>

Zwar versah die lombardische Familie Taxis schon im 15. Jh. häufig Kurierdienste für den Kaiser – aber das taten andere auch.
Den Durchbruch schafften sie mit der Idee des Franz von Taxis, der zu Beginn des 16. Jh. regelmäßige Postdienste zwischen Wien und Brüssel, damaligen Hauptstädten des Reichs, einrichtete. Knapp ein Jahrhundert später besaß die 1695 in den Fürstenstand erhobene Familie das Recht der alleinigen Postbeförderung auf allen Reichsstraßen, was ihr beträchtlichen finanziellen Zuwachs brachte.
1748 kam der Fürst mit seiner Familie, inzwischen Thurn und Taxis, nach Regensburg, von Kaiser Franz I. als Prinzipalkommissar beim Immerwährenden Reichstag delegiert. Es scheint, daß es den Fürsten in der Stadt gefallen hat. Sie kauften 1812 das säkularisierte Kloster St. Emmeram und machten es zum fürstlichen Schloß 15.

Zum Andenken an die bedeutendsten deutschen Geister jeden Stands ließ König Ludwig I. von Bayern 10 km östlich von Regensburg einen griechischen Tempel, die Walhalla, errichten.

Tips, Tips, Tips

Wein aus Bayern?!
Es sind zwar nur ein Dutzend Winzer, die an den Flußhängen der Donau auf rund zwei Hektar Fläche Trauben ernten, doch das kleinste Weinanbaugebiet der Bundesrepublik Deutschland (und jüngste EG-Tafelweingebiet) ist das älteste Anbaugebiet in Bayern.
Die Römer brachten die Reben mit, und während des Mittelalters gab es hier einen herben, trinkbaren Wein. Danach allerdings kam der Weinbau fast völlig zum Erliegen. Heute werden wieder an die 20 000 Liter gekeltert. Der »Regensburger Landwein«, im Ausschank bei den Winzern in Bach, in Kruckenberg und in manchen Regensburger Gaststätten, paßt übrigens hervorragend zu einer Regensburger Fischspezialiät, dem Donauwaller.

Die Walhalla
Zum Andenken an berühmte Deutsche ließ Bayernkönig Ludwig I. 10 km östlich von Regensburg einen griechischen Tempel errichten.
Im Innern dieses imposanten, von Leo von Klenze geschaffenen Bauwerks stehen mittlerweile rund 120 Büsten und Gedenktafeln bedeutender Geister »teutscher Zunge«. Die genial in die Landschaft komponierte Walhalla sollte man sich ansehen – insbesondere wegen der herrlichen Aussicht über den Fluß und weit ins südliche Hügelland. Am schönsten sind Schiffsfahrten dorthin (Frühjahr bis Herbst tägl. mehrmals ab Eiserner Brücke). Mit dem Auto fährt man über Donaustauf.

Museum auf dem Wasser
Regensburgs ungewöhnlichstes Museum schwimmt auf der Donau: der ehemalige Schaufelraddampfer »Ruthof/Érsekcsanád«, vertäut am Nordufer an der Werftstraße. Dieses Schiff befuhr seit 1923 von Regensburg aus die Donau bis nach Ungarn. 1944 lief es bei Érsekcsanád auf eine Mine und sank. Nach seiner Bergung diente es u. a. als Kulisse für »Sissi«-Filme. Ende der 70er Jahre kam es wieder nach Regensburg und wurde im Mai 1983 als Schiffahrtsmuseum in Dienst gestellt. Dokumentiert wird die Geschichte der Donau-Schiffahrt durch Modelle, Pläne, Fotos und andere Dokumente (März–Okt. tägl. 10–17 Uhr).

Gesandte beim Reichstag vertreten. Daraus entwickelte sich unversehens der Immerwährende Reichstag und damit die erste parlamentsähnliche Versammlung von Repräsentanten deutscher Territorialstaaten. Getagt wurde im Reichssaal des Alten Rathauses ❼, wo in einem Nebenraum ein grüner Tisch stand (und steht), an den sich die wichtigsten Delegierten zurückzogen, wenn es galt, besonders schwierige Probleme zu lösen. Der sprichwörtliche »grüne Tisch« ist also in Regensburg zu Hause. Dieser Gesandtenkongreß brachte noch einmal Glanz in die darbende Stadt. Stilelemente des Barock und Rokoko zeugen von dieser Zeit, wenn auch in eher bescheidenem Maß. Im wesentlichen wurden Fassaden verblendet, das eine oder andere Palais innen ein wenig modernisiert. Außer dem Neuen Rathaus ❻ von 1661 gibt es in Regensburg keinen bedeutenden Bau in jenem Stil, der Europa bis hin zur Französischen Revolution bestimmt hat.

Wieder bei Bayern

Diese Revolution war in vielfacher Hinsicht eine Zäsur. Sie läutete langfristig auch das Ende des Immerwährenden Reichstages ein. Der Reichsdeputationshauptschluß von 1803, der die Verweltlichung der Klöster und die Eingliederung der reichsunmittelbaren Territorien in die Fürstenstaaten dekretierte, machte endgültig Schluß damit. Regensburg wurde für wenige Jahre selbständiges Fürstentum und fiel 1810 endlich an das Land zurück, dessen Hauptstadt es im frühen Mittelalter gewesen war: an Bayern, das sich inzwischen Königreich nennen durfte.

Dennoch fand Regensburg auch im 19. Jh. nicht so recht den Anschluß an die allgemeine Industrialisierung. Vom heutigen Standpunkt aus sollte man das ebenso als Glück begreifen wie die Tatsache, daß sich die neuen Industrien – zuletzt hat hier BMW ein großes Zweigwerk errichtet – alle auf der grünen Wiese ansiedelten. Dadurch wurde die gotische Altstadt nicht verfremdet, sondern blieb weiter dem Wohnen und den zwischenmenschlichen Bedürfnissen der Bürger erhalten. So kommt man sich denn in diesem Innenraum, der in maßvoller Weise zum Fußgängerbereich umgewandelt worden ist, mit etwas Phantasie immer noch wie in einer mittelalterlichen Stadt vor, ein Erlebnis, das in der Bundesrepublik Deutschland seinesgleichen sucht.

Das Nordportal der Schottenkirche ist mit seinem ungewöhnlichen Figurenschmuck ein bedeutendes Denkmal romanischer Plastik.

In solch einer Umgebung gedeiht natürlich das Kulturleben in sehr reizvollen Variationen. Die historischen Räume, der Reichssaal 7, das Runtingerhaus, der »Leere Beutel« 19 sind stimmungsvolle Kulisse für die zahllosen klassischen Konzerte. Im Sommer wird der Arkadenhof des Thon-Dittmer-Palais 8 zur Freilichtbühne, und ein besonderer Akzent liegt auf dem Orgelspiel, für das nun wahrlich in den Kirchen eine Vielzahl von Instrumenten zur Verfügung steht.

Immer mehr macht sich auch die 1967 eröffnete vierte bayrische Landesuniversität im Leben der Stadt bemerkbar. Die Studenten beleben die ehemalige Reichsstadt, sie haben Buchhandlungen und Boutiquen aktiviert und natürlich einer Vielzahl von Studentenkneipen zum Leben verholfen.

Ob nun Studentenkneipe oder Ratskeller, ob Jazz-Weekend oder Orgelwochen, ob Stadttheater oder Kunstgalerien – das eigentliche Erlebnis in Regensburg ist immer wieder und vor allem die Stadt selbst, ein Raum, in dem sich seit bald 1000 Jahren vor kaum veränderter Kulisse täglich aufs neue urbanes Leben abspielt.

Theater, Musik, Veranstaltungen, Museen

Theater

Städtische Bühnen Regensburg. Spielorte – Stadttheater am Bismarckplatz: Oper, Operette, Musical, Ballett, Schauspiel; Theaterjahrmarkt. Theater am Haidplatz: Stücke mit Werkstattcharakter, regionale zeitgenössische Autoren, Kinder- und Jugendtheater, modernes Ballett und Musiktheater; Theaterfrühschoppen. Freilichttheater im Hof des Thon-Dittmer-Palais 8, Haidplatz, ☎ 5 91 56.
Regensburger Bauerntheater im Colosseum, Stadtamhof 5. Volksstücke, Schwänke, ☎ 5 88 82, 8 59 58.
Theater im Brandl-Bräu, Ostengasse 16. Volkstheater mit kritischen und regionalen Themen, ☎ 5 14 87.
Kleinkunstbühne Statt-Theater, Winklergasse 16. Kabarett, modernes Theater, ☎ 5 33 02, 5 07 21 41.
Figurentheater im Stadtpark, Dr.-Johann-Maier-Str. 3. Märchen, moderne Kinderliteratur, »Bewegte Bilder«, Schauspiel, ☎ 2 83 28.

Musik

Städtische Bühnen Regensburg, Bismarckplatz 7. Sinfonie- und Kammerkonzerte, ☎ 5 91 56.
Donauhalle Regensburg, Im Gewerbepark D 30. Pop-, Rock-, Schlagermusik mit in- und ausländischen Interpreten, ☎ 4 99 48.
Collegium musicum Regensburg, Karthauserstr. 4. Oratorienchor mit Kammerkonzerten – Barock bis Moderne – in historischen Sälen und Kirchen der Stadt; Bach-Woche (Ende Juni/Anfang Juli), ☎ 9 02 33.
Regensburger Kantorei, Pfarrergasse 5. Orgelvespern (1. Sa im Monat), Barock-Konzerte, Bach in der Karwoche; Chorkonzerte, Oratorien. Spielorte: Dreieinigkeitskirche 11; Kirche St. Oswald, Weißgerbergraben; Neupfarrkirche 16, ☎ 5 87 62, 2 83 45.
Dom St. Peter 24, Domplatz. Hochamt mit den Regensburger Domspatzen (So, Feiertage), Orgelkonzerte, ☎ 5 07 21 41.
Alte Kapelle 20, Alter Kornmarkt. Stiftsamt mit dem Chor der Basilika (So, Feiertage), Sonderkonzerte mit Chören aus aller Welt; Sommer-Orgelkonzerte (Aug.), Motetten in der Basilika (März–Dez.), ☎ 56 52 95.
Neupfarrkirche 16, Neupfarrplatz, ☎ 5 87 62; *Dreieinigkeitskirche* 11, Schererstr./Gesandtenstr., ☎ 2 24 44: Chor-, Orgel-, Kammerkonzerte.

Veranstaltungen

Winter/Frühling: *Jazz in der Galerie*, im »Leeren Beutel« 19. Gesamtes Jazzspektrum mit intern. Gruppen, ☎ 5 07 34 43.
Wochenende nach Christi Himmelfahrt: *Spectaculum Musicae* – Renaissancefest der Musica Antiqua Ambergensis im Runtingerhaus, Keplerstr. Geistliche und weltliche Musik des Mittelalters und der Renaissance auf historischen Instrumenten; Commedia dell'arte als Pantomime, englische Madrigale, italienische Madrigalkomödien, ☎ 5 07 21 41.
Alle zwei Jahre (1990), letztes Juniwochenende: *Bürgerfest* in der Altstadt mit Musik, Theater, Unterhaltung, Straßenmarkt, Handwerkerhof.
Alle zwei Jahre (1991), Wochenende Anfang Juli: *Tage Alter Musik* an historischen Stätten mit Konzerten – Mittelalter bis Romantik – auf historischen Instrumenten, ☎ 5 26 87.
Alle vier Jahre (1990), Anfang Nov.: *Internationale Regensburger Literaturtage* in verschiedenen Sälen der Stadt. Lesungen, Vorträge, Diskussionen, Konzerte, Theater, Ausstellungen, ☎ 2 73 66, 79 51 57.
April/Mai: *Rathaus-Konzerte* im Reichssaal des Alten Rathauses 7 mit Kammermusik, ☎ 5 07 24 12.
Mitte Mai–Ende Mai: *Maidult* auf dem Dultplatz bei der Oberpfalzbrücke. Volksfest und Warenmarkt.
Mitte Mai–Mitte Okt.: *Sonntägliche Orgelstunden im Museum*. Orgelmatineen – Alte Musik bis Moderne mit Regensburger Chören, Orchestern, Solisten. Spielort: Museum der Stadt 18, ☎ 9 02 33.
Juni/Juli: *Museumsserenaden* mit Kammermusik – Barock bis Moderne – im Museum der Stadt 18, ☎ 5 07 34 42.
Juli: *Woche-Festival* im Villapark am Ostentor mit regionaler Rock-, Pop-, Folk-, Jazzmusik, ☎ 5 40 96.
Aug.: *Festliche Sommerkonzerte im Arkadenhof* des Thon-Dittmer-Palais 8. Serenaden mit Kammerorchester- und Kammermusikensembles, ☎ 8 09 58, 5 07 24 33.
Ende Aug.–Mitte Sept.: *Herbstdult* auf dem Dultplatz bei der Oberpfalzbrücke. Volksfest und Warenmarkt.
Sept.–Mai: *Regensburger Meisterkonzerte* im Auditorium maximum der Universität. Sinfoniekonzerte mit intern. Gastorchestern, ☎ 4 72 47.

Museen

Diözesanmuseum St. Ulrich, Domstr. 3 (s. 22).
Domschatzmuseum, Krauterermarkt 3. Goldschmiedekunst, Paramente des 11.–20. Jh. (April–Okt. Di–Sa 10–17, So 11.45–17 Uhr; Dez.–März Fr, Sa 10–16, So 11.45–16 Uhr).
Fürst Thurn und Taxis Marstallmuseum, Emmeramsplatz 6 (s. 15).
Fürst Thurn und Taxis Schloßmuseum, Emmeramsplatz 5 (s. 15).
Kepler-Gedächtnishaus, Keplerstr. 5 (s. 5).
Museum der Stadt, Dachauplatz 2–4 (s. 18).
Naturkundemuseum Ostbayern, Am Prebrunntor 4. Mineralogie, Paläontologie, Zoologie, Botanik (Di–So 10–16 Uhr).
Ostdeutsche Galerie, Dr.-Johann-Maier-Str. 5, mit Werken ost- und mitteldeutscher Künstler des 19. und 20. Jh. Vertreten sind u. a. Lovis Corinth, Alfred Kubin, Oskar Kokoschka, Max Pechstein (Di–Sa 10–16, So 10–13 Uhr).
Reichstagsmuseum im Alten Rathaus, Rathausplatz 4 (s. 7).
Schiffahrts-Museum, Werftstr. Technisches Spezialmuseum auf dem letzten bayerischen Donauraddampfer (gebaut 1922/23) mit Ausstellung über die historische Entwicklung der Donauschiffahrt (März–Okt. tägl. 10–17 Uhr).
Städtische Galerie, im »Leeren Beutel«, Bertoldstr. 9 (s. 19).

Schuh
Büttner

Rothenburg

Wo die Zeit den Atem anhält

Wer nicht nach Jerusalem pilgern könne, weil dort die Türken herrschten, der solle sich Rothenburg ob der Tauber ansehen – dies rät der Dichter Kaspar Bruscius schon 1557. Und so ganz unzutreffend ist der Vergleich nicht, wenn man die Stadt hoch oben auf einer Muschelkalknase über dem Tal der Tauber liegen sieht.
Mauern, Tore und Türme – links der Siebersturm, rechts im Hintergrund das Kobolzeller Tor (unser Bild) – zeichnen sich scharf gegen den Himmel ab, keine neuzeitliche Besiedlung im Talgrund oder gar am Hang stört das mittelalterliche Bild, das Jahr für Jahr unüberschaubare Besuchermassen anlockt. Und kaum einer kann sich der Faszination dieser Stadt entziehen, in der die Zeit scheinbar seit Jahrhunderten den Atem anhält.

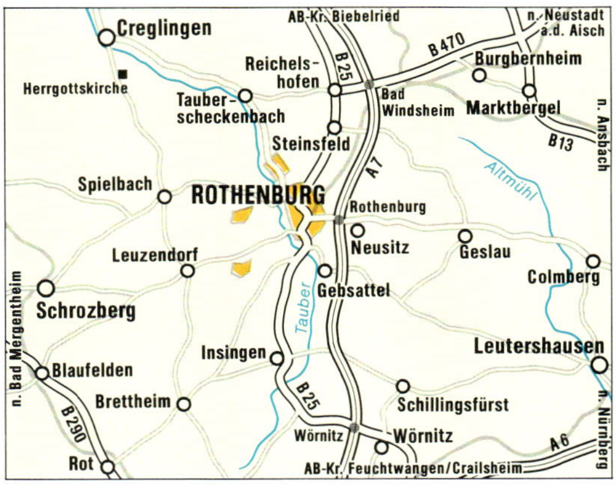

Wappen Schwebende Mauer mit zwei Türmen und einer kleinen Zinne dazwischen. Die Türme symbolisieren die beiden Burgen der Stadt: die ältere, nicht mehr erhaltene im Spitalviertel, und die staufische, von der noch die Blasiuskapelle existiert. Die kleine Zinne steht als Zeichen für die Gerichtsbarkeit.
Lage In Mittelfranken im Kreuzungspunkt der Romantischen Straße und der Burgenstraße.
Land Bayern
Autokennzeichen AN
Höhe 350–425 m ü. M.
Fläche 42 km²
Einwohnerzahl 11 000
Postleitzahl 8803
Telefonvorwahl 0 98 61
Post Postamt 1, Milchmarkt.
Polizei Ansbacher Str., ☏ 20 01
Taxi ☏ 23 92, 44 05, 20 66
Camping Campingplatz Tauber-Idyll, ☏ 3177, sowie Campingplatz Tauber-Romantik, ☏ 61 91; beide zu erreichen auf der Romantischen Straße, Richtung Creglingen, bis Detwang.
Parken Größter Parkplatz an der Nördlinger Str. (vor der Spitalbastei), weitere Parkplätze am Bezoldweg, beim Galgentor und an der Schweinsdorfer Str.
Touristinformation Kultur- und Fremdenverkehrsamt, Marktplatz, ☏ 4 04 92 (Mo–Fr 9–12, 14–18, Sa 9–12 Uhr).
Stadtführung April–Okt. tägl. 11 und 14 Uhr ab Rathaus, Nov.–Dez. tägl. 14 Uhr. Kutschfahrten Ostern–Okt. ab Herrngasse.

Stadtrundgang

Um an den Ausgangspunkt unseres Rundgangs zu kommen, können Sie beim Galgentor parken und dann über die Galgengasse und die Georgengasse zum Marktplatz gehen; auch am Bezoldweg und beim Pulverturm gibt es Parkplätze, von dort kommen Sie über die Heugasse zum Marktplatz. Sollten die Zeiger auf der Kunstuhr an der Ratstrinkstube ❸ gerade knapp vor der vollen Stunde stehen, lohnt es sich, etwas zu warten, denn dann erscheint in einem Fenster neben der Uhr Rothenburgs Altbürgermeister Nusch, um seinen Meistertrunk, mit dem er die Stadt im Dreißigjährigen Krieg gerettet haben soll, zu wiederholen.

Der Rundgang ist insgesamt ca. 4 km lang, und Sie müssen etwa drei bis vier Stunden Zeit dafür veranschlagen. Wenn man das Spitalviertel bei der Besichtigung jedoch wegläßt und vom Handwerkerhaus ⓰ direkt zur Johanniskirche ⓴ geht, spart man etwa eine dreiviertel Stunde. Möglichkeiten zum Ausruhen im Grünen und eine herrliche Aussicht auf das Taubertal finden Sie im Burggarten ❼.

Sehenswürdigkeiten

❶ *Fleisch- und Tanzhaus*, möglicherweise identisch mit dem 1274 genannten Steinhaus des Stadtschultheißen. Unten Verkaufshalle, oben ehemaliger Tanz- und Festsaal mit gotischer Balkendecke aus dem frühen 15. Jh. Davor der St.-Georgs-Brunnen aus dem Jahr 1608.
❷ *Rathaus*, Doppelbau, mit einem gotischen Teil aus dem 13. Jh. und einem von 1572–78 errichteten Renaissanceteil. Vom 50 m hohen Turm des Rathauses aus hat man einen herrlichen Rundblick (zugänglich April–Okt. 9.30–12, 13–16 Uhr, Nov.–März Sa, So 12–15 Uhr). Die *»Historiengewölbe«* des Rathauses geben mit Exponaten und historisch eingerichteten Räumen einen Eindruck von der Situation der Stadt zur Zeit des Dreißigjährigen Kriegs (Ostern–Okt. tägl. 9–18 Uhr).
❸ *Ratstrinkstube mit Kunstuhr* (Meistertrunk-Darstellung), Gebäude aus dem Jahr 1446, die Kunstuhr von 1683. Seit 1910 treten aus den Fenstern links und rechts der Uhr Figuren, die Altbürgermeister Nusch und General Tilly darstellen: Nusch wiederholt dann seinen Meistertrunk, mit dem er der Sage nach im Dreißigjährigen Krieg die Stadt vor der Zerstörung und Plünderung rettete (tägl. 11, 12, 13, 14, 15, 21, 22 Uhr).
❹ *Altes Gymnasium*, 1589–91 entstanden, mit interessantem Treppenturm und schönem Renaissanceportal.
❺ *St.-Jakobs-Kirche;* Hauptbauzeit der zweitürmigen gotischen Pfeilerbasilika zwischen 1373 und 1436. In der 1453–71 an der Westseite angebauten Heilig-Blut-Kapelle steht der berühmte Schnitzaltar von Tilman Riemenschneider aus den Jahren 1499–1505. Der 1466 entstandene Zwölfbotenaltar im Chor ist einer der bedeutendsten Altäre der deutschen Spätgotik. Ausstattungsstücke von hohem Rang sind außerdem die Glasfenster im Chor (um 1400), das Chorgestühl (1514) und der Franziskus-Altar im nördlichen Seitenschiff, vermutlich ein Frühwerk Riemenschneiders aus dem Jahr 1490.
❻ *Ehemalige Franziskanerkirche*, dreischiffige, um 1300 erbaute, frühgotische Basilika mit typischem Dachreiter der Franziskaner. Zwischen Langhaus und Chor spätgotischer Lettner, davor der Franziskus-Altar (um 1490).
❼ *Burggarten*, 1828 auf dem Gelände der einstigen staufischen Reichsburg angelegt; die von der einstigen Burg allein noch erhaltene Blasiuskapelle (um 1400 umgestaltet) ist heute Gefallenengedenkstätte. Vom Garten aus schöner Blick auf das Taubertal.
❽ *Burgtor*, ältestes Tor der Stadt mit Turm (1360–65), Torhaus (1590) und hölzernem Stadttor (1555).
❾ *Reichsstadtmuseum*, ehemaliges Dominikanerinnenkloster (13.–15. Jh.); in den einstigen Wohn-, Schlaf- und Wirtschaftsräumen sind Gemälde, Skulpturen, Möbel, Waffen, Hausrat, Handwerker- und Bauerngeräte aus dem Rothenburger Raum zu sehen; außerdem Heilkräutergarten (April–Okt. tägl. 10–17 Uhr, Nov.–März tägl. 13–16 Uhr).
❿ *Klingentor*, 14.–16. Jh.; nach der Spitalbastei stärkste Befestigungsanlage. Klingenturm seit 1599 auch Wasserturm zur Versorgung der Brunnen.
⓫ *St.-Wolfgangs-Kirche* (Schäferkirche), in die Befestigungsanlagen der Klingenbastei einbezogene Festungskirche, 1475–93 erbaut (März–Okt. tägl. 10–12, 14–18 Uhr).
⓬ *Schrannenplatz*, im Mittelalter jüdischer Friedhof; die frühere Getreideschranne an der Südseite des Platzes wurde im Jahr 1588 erbaut.
⓭ *Weißer Turm*, aus dem 12./13. Jh., mit angebautem Judentanzhaus von 1613, 1945 zerstört, 1953 wiederaufgebaut. In die Mauer des Gärtchens von Rabbi Meir Ben Baruch sind Grabsteine vom Judenfriedhof eingelassen.
⓮ *Markusturm*, aus dem 12./13. Jh., mit Röderbogen. Das danebenliegende Büttelhaus ist ursprünglich als Gefängnis genutzt worden, heute Stadtarchiv.
⓯ *Rödertor*, Stadttor aus dem 13./14. Jh., zusammen mit dem Bau der Gerlachschmiede eines der beliebtesten Fotomotive; der Torturm ist zugänglich (April–Okt. tägl. 9–17 Uhr).
⓰ *Alt-Rothenburger Handwerkerhaus*, Häuschen aus dem Jahr 1270 mit elf original eingerichteten Räumen verschiedener Handwerkerfamilien (Ostern–Okt. tägl. 9–18, 20–21 Uhr).
⓱ *Plönlein und Sieberstum* (um 1385), bekanntes Motiv der Stadt. Blick auf das Kobolzeller Tor (ca. 1360).
⓲ *Spitaltor*, Stadttor aus dem 14. Jh. mit der Spitalbastei, der mächtigsten Befestigungsanlage der Stadt.

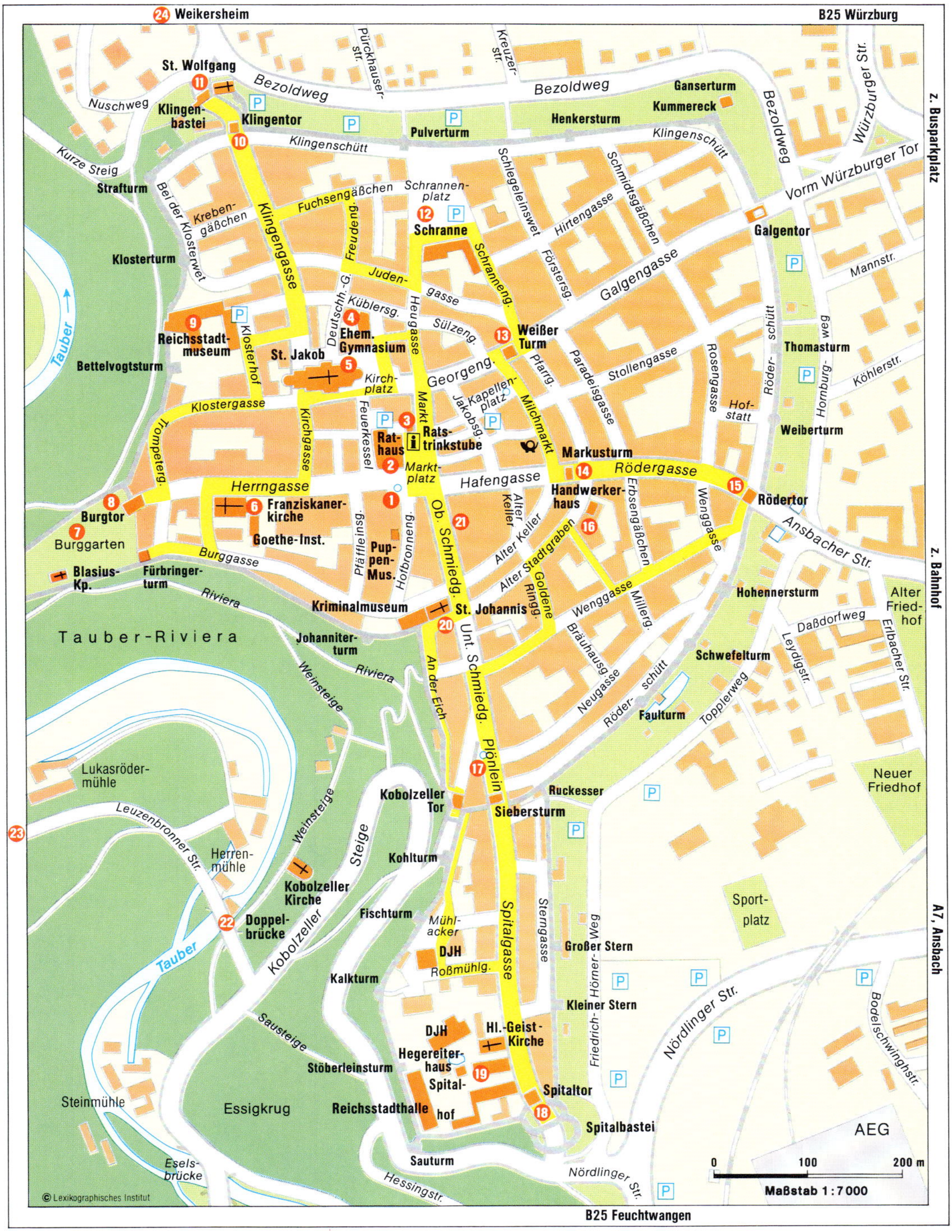

⑲ *Ehemaliges Spital*, mit der um 1300 erbauten und 1591 erneuerten Spitalkirche, dem Armen- und Pesthaus (beide 1560), dem dreigeschossigen Spitalbau, der von 1574–78 entstanden ist, und dem 1591 begonnenen Hegereiterhaus mit seinem hohem Zeltdach.

⑳ *St.-Johannis-Kirche*, von 1393–1403 erbaut, ehemalige Kirche des Johanniterhofs, 1718 bis auf das romanische Portal erneuert. Neben der Kirche im ehemaligen Komtureigebäude das mittelalterliche *Kriminalmuseum*, eine umfassende Sammlung zur Rechtspflege von 1200–1800, Folterwerkzeuge und Dokumente (April–Okt. tägl. 9.30–18 Uhr, Nov.–März tägl. 14–16 Uhr).

㉑ *Baumeisterhaus*, Renaissancebau mit starkgegliederter und reichverzierter Fassade, Ende des 16. Jh. von dem Stadtbaumeister Leonhard Weidmann für einen Rothenburger Ratsherrn gebaut.

㉒ *Tauberbrücke*, Doppelbrücke mit übereinandergestellten Bogenreihen, im 14. Jh. erbaut, 1945 gesprengt und in den 50er Jahren rekonstruiert.

㉓ *Topplerschlößchen*, 1388 von Bürgermeister Heinrich Toppler erbautes turmartiges Haus an der Tauber.

㉔ *St. Peter und Paul*, romanisch-gotische Kirche in Detwang im Taubertal, bekannt durch den Kreuzaltar von Tilman Riemenschneider aus dem frühen 16. Jh.

Rothenburger Schmankerln
Zu den Besonderheiten der Rothenburger Küche gehören die herzhaften »Blauen Zipfel«. Dazu läßt man in je 5 Eßlöffel Apfelessig und Wasser 5 Eßlöffel feine Zwiebelscheiben, gewürzt mit einem halben Lorbeerblatt, einer Nelke und etwas Salz, vorsichtig weichkochen. Man nimmt die Zwiebeln heraus und läßt im Sud ein Paar Bratwürste ziehen, bis sie fest sind. Die Würste legt man auf einen vorgewärmten Teller, die Zwiebelscheiben darauf und gießt den restlichen Sud darüber. Wer will, kann über alles gehackte Petersilie streuen. Dazu schmecken Bauernbrot und Bier. Die »angemachten Käse« sollte man ebenfalls probieren. Dazu gehören das »Gwerch« – Limburger Käse mit Butter, Zwiebeln, Pfeffer und Paprika vermischt – oder der »Grupfte«, eine Mischung aus Camembert, Quark, Schmelzkäse, Butter, Zwiebeln und Gewürzen.
Als süßes Souvenir kann man Rothenburger »Schneeballen« mit nach Hause nehmen, ein in speziellen Eisen gebackenes, kugelförmiges Gebäck aus Eiern, Butter, Zucker, Mehl, Sahne und Zwetschgenwasser.

Die Tauberesel
»Tauberesel« ist heute noch der Spitzname für die Rothenburger, wird von den Alteingesessenen aber nicht als Schimpfwort aufgefaßt. Der Ursprung liegt, so heißt es, in der Zeit, als das Getreide in die an der Tauber gelegenen Mühlen hinunter- und das Mehl wieder hinauftransportiert wurde. Diese Arbeit übernahmen vorwiegend Esel. Wie man mit dem Namen umging, dazu eine kleine Geschichte: Ein Bauer hielt sich zur Kirchweih im Wirtshaus auf und bemängelte das Brot, das ihm nicht weiß genug war. Dabei beschimpfte er den Wirt und die Umsitzenden als »Tauberesel«. Mundartdichter Hans Probst, der 1925 diese Geschichte schrieb, berichtete weiter: »Und'n Miller, iwer'n Disch wäk, rutschd sai Hend e bißle aus. Und noe seght er noch recht fraindli: 'sichst, sou schloghe d'Eisl naus!« Wie der Bauer die Ohrfeige verkraftete, wird nicht erzählt.

Mauern, Tore und Türme

»Himmlisch«, »märchenhaft«, »unvergleichlich« – Ausrufe wie diese gehören ebenso zu einem Rundgang durch Rothenburg ob der Tauber wie das Klicken der Fotoapparate und das »pardon« oder »excuse me«, wenn man, hingerissen von der Stadtkulisse, zum x-ten Mal einem der vielen Knipser vor die Linse gelaufen ist. Himmlisch ist Rothenburg nicht im Sommer, auch nicht an den Wochenenden im Dezember. Märchenhaft ist Rothenburg ob der Tauber in der »Anti-Saison«, an den Werktagen im Dezember oder im Vorfrühling. Eben in der Zeit, in der sich auch die Einheimischen wieder frei auf der Straße bewegen und man als Gast die Chance hat, tatsächlich jemanden zu treffen, der Fragen beantworten und etwas über seine Stadt erzählen kann.

Rothenburg, die alte Reichsstadt, ist auch heute noch das Abbild einer mittelalterlichen Kommune. Hinter den Wehrmauern, den Toren und Türmen, die sich über dem Taubertal erheben, atmet vieles noch den Geist der Klöster, der Ritter und der Patrizier. Daher ist die Stadt nicht nur ein »Muß« für Amerikaner und Japaner auf ihrem Europatrip. Auch deutsche Reiseunternehmer, die ins Land der Franken fahren, steuern Rothenburg als Höhepunkt der Reise an. Das hat, wie man sich denken kann, bei allen touristischen Besonderheiten für den Besucher nicht nur positive Seiten.

Aber wer den Besuchstermin klug wählt, den wird Rothenburg gastlich empfangen, die Wirtsleut werden Zeit haben, und im Baumeisterhaus (21) findet man im schönen alten Innenhof noch einen Platz, um genußvoll einen Kaffee trinken zu können. Bevor man dort hineingeht, lohnt sich übrigens ein Blick auf die Renaissancefassade des Baus. Hier sind die sieben Tugenden und die sieben Todsünden dargestellt. Es heißt, Baumeister Leonhard Weidmann habe für diese Figuren Rothenburger Ratsherren und deren Damen als Modelle genommen. Da die Figuren jeweils abwechselnd angeordnet sind, sagt man, daß in Rothenburg das Laster die Tugend unterstütze.

Tod eines Bürgermeisters

Gleich neben diesem schönen Patrizierhaus steht ein anderes stadtgeschichtlich wichtiges Gebäude: Im Haus »Zum güldenen Greifen« in der Oberen Schmiedgasse 5 wurde um 1350 der legendäre Rothenburger Bürgermeister Heinrich Toppler geboren. Gerühmt wurde seine Verhandlungskunst, denn wie kein zweiter hat er es verstanden, die Interessen seiner Stadt gegenüber dem Reich zu vertreten. Toppler war es, der den

Zum inneren Mauerring gehört der Markusturm mit dem Röderbogen; ein steinerner Brunnen ergänzt das mittelalterliche Ensemble.

Papst bewog, Ablaßgelder für den Bau der Jakobskirche (5) einzusetzen und dadurch seiner Stadt einen reichen Geldsegen zu verschaffen. Aber er hat sich wohl auch selbst schadlos gehalten, denn in seiner Amtszeit hat er ein beträchtliches Vermögen angehäuft. Dies und natürlich seine politischen Erfolge haben Neider auf den Plan gerufen. Besonders aus Kreisen der Patrizier, deren Rechte einzuschränken Toppler stets bestrebt war, rekrutierten sich seine Feinde, und diese schlugen zu, als König Wenzel, dem Toppler sehr verbunden war, 1400 von den Kurfürsten abgesetzt wurde. Toppler wurde in die Affäre verwickelt und gefangengenommen, wenige Jahre später starb er im Gefängnis. Heute erinnern noch sein Grab in der Jakobskirche und das Topplerschlößchen (23) im Taubertal an diesen großen Bürgermeister.

Zu Topplers Zeiten war Rothenburg eine mittelalterliche Großstadt mit etwa 6000 Einwohnern und damit auf dem Höhepunkt seiner Entwicklung. Ausdehnung und Größe der Stadt, die durch die von Mauern eingefriedeten Flächen vorgegeben war, änderten sich zwischen dem 14. und 19. Jh. nicht mehr. Von dem 50 m hohen Rathausturm kann man sich heute Gestalt und Geschichte der Stadt am besten vor Augen führen, denn am Straßen- und Mauerverlauf lassen sich die verschiedenen Entwicklungsstufen gut erkennen. – Übrigens ist ein Aufstieg, der in Zeiten besonderen Ansturms mit Ampeln geregelt werden muß, gar nicht unproblematisch: Mit engen Röcken und hohen Schuhen sollte man die »Kletterpartie« nicht in Angriff nehmen. Wer aber einmal oben ist, wird für die Mühe des Aufstiegs durch den prächtigen Rundblick belohnt.

Die innere Altstadt, die sich an die Burgmauer anschließt, wurde bereits im 12. Jh. befestigt. Die aus dem Häusermeer auftauchenden Türme, Markusturm (14) und Weißer Turm (13) sowie das Burgtor (8), sind von diesem inneren Mauerring erhalten. Vom äußeren Mauerring, der seit dem 14. Jh. auch die Vorstädte einbezieht, und den Befestigungsanlagen, die bis ins 17. Jh. weiter ausgebaut wurden, steht heute praktisch noch die ganze Stadtmauer mit 33 erhaltenen Tor- und Mauertürmen.

Ein Zipfel für die Kappe

Aus der Höhe wird auch erkennbar, warum die langgezogene Spitalvorstadt den Namen »Kappenzipfel« trägt. Das um 1280 vor den Toren an der wichtigen Durchgangsstraße gegründete Spital sollte in die Stadtbefestigung einbezogen werden. Auf langes Drängen des Rats stimmte 1298 König Albrecht I. der Stadterweiterung zu, obwohl die Verteidigung dadurch schwieriger wurde. Überliefert wird die Zustimmung mit folgendem Ausspruch: »Eure Stadt sieht aus wie eine Kappen, soll sie meinethalben auch noch den Zipfel haben.«

Zu sehen ist auch, daß die Altstadt fast ausschließlich aus Privathäusern besteht. Im Wohngebiet des Patriziats in der Herrngasse fallen die großen Grundstücke auf, die meist bis zur Parallelgasse durchgehen und zu deren Wohnhäusern große Scheunen und Gärten gehören. Durch diese private Vorratswirtschaft konnte auf städtische Kornhäuser, wie es sie in Dinkelsbühl und Nördlingen gibt, verzichtet werden. Die 1588 errichtete Kornschranne (12) wurde vor allem für den zweimal wöchentlich stattfindenden Getreidemarkt erbaut.

<u>Puppenkabarett</u>

Scherz und Ironie paaren sich in Heinz Köhlers Figurentheater, das seit 1969 fester Bestandteil des Rothenburger Kulturprogramms ist. In einer alten umgebauten Scheune, nahe dem Burgtor (8), hat es seinen Platz gefunden. Hier unterhält »Lustigmacher« Heinz Köhler allabendlich das »große« und nachmittags das »kleinere« Publikum.
Das Spiel mit Puppen ist von eigenem Reiz, und so manche menschliche Schwäche findet sich, mal bissig, mal liebevoll karikiert, auf dieser Bühne, einem Kabarett mit Puppen, wieder. Kinder und Erwachsene aus aller Welt danken mit begeistertem Beifall, der nachmittags und abends mit »Zugabe«-Rufen durchs geschlossene Tor in die Herrngasse hinausschallt. Ob aber auch Rothenburger manchmal zuschauen, wer vermag's zu sagen?

<u>Rabbi Meir Ben Baruch</u>

Am Weißen Turm (13) fällt dem aufmerksamen Besucher ein Gärtchen mit der Gedenktafel für den Rabbi Meir Ben Baruch auf. Er war im 13. Jh. einer der berühmtesten Männer Rothenburgs.
Der um 1215 in Worms geborene Rabbiner leitete von 1245–86 am Kapellenplatz in Rothenburg die berühmteste Talmud-Schule Deutschlands und hatte in dieser Zeit einen kaum zu überschätzenden Einfluß auf das mittelalterliche Judentum.
1286 wollte Meir Ben Baruch wegen der Repressionen Rudolfs I. von Habsburg aus dessen Herrschaftsgebiet fliehen, wurde aber erkannt und in der Burg Ensisheim im Elsaß gefangengesetzt. Das von den Juden gezahlte Lösegeld nahm der König zwar dankend an, dachte aber nicht daran, seine Zusage der Freilassung einzuhalten.
Der Rabbiner starb 1293 im Gefängnis. Erst König Albrecht I., Rudolfs Sohn, erklärte sich 13 Jahre nach dem Tod Meir Ben Baruchs bereit, gegen ein hohes Lösegeld die sterblichen Überreste einem jüdischen Privatmann zu überlassen. Rabbi Meir Ben Baruch wurde deshalb erst 1306 auf dem Judenfriedhof in Worms beigesetzt, wo sein Grabstein noch heute zu sehen ist.

Die Gruppe mit dem Schmied ist nur eine von vielen historischen Szenen, die zum Programm der Reichsstadt-Festtage gehören.

Riemenschneiders Heilig-Blut-Altar steht in der St.-Jakobs-Kirche.

Tips, Tips, Tips

Ein Historienspektakel
Den Meistertrunk des Altbürgermeisters Nusch kann man auch heute noch ganz miterleben, wenn nämlich das von dem Rothenburger Adam Hörber geschriebene Festspiel »Der Meistertrunk« zur Aufführung kommt, und das geschieht während des Jahrs mehrmals (Auskunft beim Verkehrsamt).

Auf nach Weikersheim
Durch die wunderschöne Landschaft des Taubertals führt die Romantische Straße von Rothenburg nach Weikersheim mit dem berühmten Schloß (um 1720) der Grafen und späteren Fürsten von Hohenlohe, dessen Prunkstück der Rittersaal ist. Ein Abstecher, bei dem sich Fahrt und Ziel lohnen (ca. 35 km).

Wenn die Schäfer tanzen
Die Schäferzunft hatte schon im Mittelalter ihr eigenes Brauchtum, das heute in den mehrmals jährlich stattfindenden Schäfertänzen fortlebt. Ursprünglich waren die Schäfertänze Teil eines genau festgelegten Rituals: Die Schäfer aus dem Umkreis von drei Meilen trafen sich mit Frauen und Mädchen am Dienstag nach Bartholomä in der Stadt. Dort hielten sie in der Wolfgangskirche, die dem Beschützer der Herden geweiht ist, einen Festgottesdienst ab. Später zogen alle in das »Lammwirtshaus«. Zuvor aber hatte die Köchin des Hospitals eine weiße Gans mit Bändern geschmückt, die die Schäfer abholten und zum Marktplatz brachten. Dort wurde die Gans feierlich geköpft. Danach tanzten die Schäfer um den Georgsbrunnen.

Vom Rathausturm aus gut zu erkennen sind die Handwerkerviertel in den Vorstädten mit ihren kleinparzellierten Grundstücken und teilweise winzigen Häusern. Im Judenviertel beim Schrannenplatz ⓬, das hauptsächlich im 14. Jh. entstanden ist, gab es in den einzelnen Häusern sogar noch verschiedene Stockwerkbesitzer. Diese Viertel gehören zwar nicht gerade zu den schönsten der Stadt, sind aber einen Besuch wert, zeigen sie doch noch viel von den Lebensumständen des »kleinen Manns« im Mittelalter.

Das Gebiet um den Schrannenplatz erinnert auch an die wechselvolle und tragische Geschichte der Rothenburger Judengemeinde, denn dort waren Synagoge und Judenfriedhof. Nach Verfolgungen im 13. und 14. Jh. wurde die jüdische Gemeinde bei Exzessen im Jahr 1520 vollständig aufgerieben. Die Synagoge wurde in eine Marienkapelle umgewandelt, die dann – Ironie des Schicksals – wenige Jahre später dem Bauernkrieg zum Opfer fiel. Übrigens hat es von 1875 bis 1938 wieder eine kleine jüdische Gemeinde in Rothenburg gegeben, deren Synagoge in der Herrngasse stand.

Den Wiederaufbau meterweise finanziert

Im Osten sieht man vom Rathausturm aus noch Baulücken, Folgen eines Bombenangriffs im Zweiten Weltkrieg, der neben 39 Menschenleben auch einiges an historischer Bausubstanz kostete. Die Stadtmauer und die wichtigsten Gebäude wurden allerdings gleich nach dem Krieg wiederaufgebaut. Die Stadt, auf sich allein gestellt, wäre damit finanziell sicherlich überfordert gewesen, aber es zeigte sich, wie bekannt und beliebt Rothenburg in der ganzen Welt ist. Zahlreiche Spenden aus den verschiedensten Ländern gingen ein. Meterweise finanzierten die Spender den Wiederaufbau der Mauer – die eingelassenen »Stiftersteine« zwischen dem Würzburger Tor und dem Spitaltor zeugen davon.

Sicher fragt sich mancher Besucher, wie sich diese Anlage bis auf die Schäden aus dem Zweiten Weltkrieg so unversehrt über Jahrhunderte erhalten konnte. Das liegt vor allem daran, daß die große Zeit Rothenburgs mit dem ausgehenden Mittelalter bereits zu Ende war. Nie ist ein gigantischer Handelsplatz entstanden wie etwa in Augsburg, Ulm oder Esslingen. Die Patrizier lebten hier nicht vom Handel, sondern von ihrem Landbesitz und waren ansonsten damit beschäftigt, sich gegenseitig zu beargwöhnen. Die Entwicklung der Stadt stagnierte, an Expansion war nicht zu denken. Man fristete deshalb ein verträumtes Dasein, abseits der großen Politik und des großen Gelds.

Natürlich – der Bauernkrieg ging nicht an dieser Stadt vorbei, sondern hinterließ blutige Spuren. 24 Bürger wurden hingerichtet, weil sich ein Teil der Stadtbevölkerung den Bauern angeschlossen hatte.

Im Dreißigjährigen Krieg kam Tilly mit seinen Scharen und besetzte das zur evangelischen Union gehörende Rothenburg. Dies war der denkwürdige Tag von Bürgermeister Nusch, der den etwa 3¼ Liter fassenden

Beim Meistertrunk schaffte der Bürgermeister 3¼ Liter Wein.

Den Blick aus dem Taubertal auf Rothenburg beherrscht die wiederaufgebaute Doppelbrücke, eine Glanzleistung des Mittelalters.

Weinkrug, den Willkommenstrunk für Tilly, in einem Zug austrank und damit, so will es die Legende, die Stadt vor Plünderung und Zerstörung bewahrte.

Solche Höhepunkte städtischer Geschichte waren der Taubermetropole in den folgenden Jahrzehnten kaum mehr vergönnt, und 1803 war es dann auch mit der Reichsfreiheit endgültig vorbei: Die Stadt kam zu Bayern, der städtische Landbesitz wurde zwischen Bayern und Württemberg aufgeteilt. Rothenburg wurde wieder zur verträumten Grenzstadt.

Als Maler-Idyll entdeckt

Dank dieser frühzeitigen Stagnation finden wir das mittelalterliche Rothenburg heute fast unverändert vor, »störende« Einflüsse sind ferngeblieben. Fern sind immer noch große Industriebetriebe und damit auch das »große Geld«. Es fehlen qualifizierte Arbeitsplätze, um junge Menschen in der Stadt zu halten, und die Sanierung der alten Bauten ist ein »Faß ohne Boden«. Es ist also durchaus keine heile Welt, die der Besucher vorfindet, und dies war es auch schon nicht mehr zu der Zeit, als im vorigen Jahrhundert Ludwig Richter und Carl Spitzweg Rothenburg als Maler-Idyll entdeckten.

Doch es lohnt sich immer, »sein eigenes« Rothenburg zu erkunden; dies aber zu einer Zeit, zu der die Stadt der vielen Entdecker noch nicht oder nicht mehr müde ist. Sehen Sie es bei Ihrem Besuch der Schönen nach, daß sie ihr Gesicht oft hinter Souvenirs verbirgt, die manches Mal auch skurrile Züge tragen, wie beispielsweise der ganzjährige Weihnachtsmarkt in der Herrngasse, wo man sich sogar seine eigenen Christbaumkugeln blasen lassen kann und wo sich – mitten im Hochsommer – Weihnachtspyramiden aus dem Erzgebirge drehen. Nehmen Sie sich Zeit für einen Spaziergang zu den Mühlen im Taubertal ebenso wie zu den unscheinbaren Gäßchen innerhalb des Mauerrings.

Natürlich ist die Versuchung groß, der allenthalben vorgeführten »Reichsstadtherrlichkeit« zu erliegen, sie kritiklos zu akzeptieren, wird das Bild für die Touristen doch allzu vordergründig darauf abgestimmt. Aber es wäre schade, wenn es dabei bliebe, denn die Stadt ist mehr als nur ein touristisches Spektakel; sie hat vielerorts für den, der zu suchen und zu sehen weiß, eine andere, vielschichtige Qualität.

Wenn fränkischer Humor in einer kleinen Weinstube unter Einheimischen hervorblitzt, wenn die »Schneeballen«, das kalorienreiche, komplizierte Rothenburger Spezialgebäck, wirklich für die Hiesigen und nicht für die »reigschmeckta Laid« gebacken werden, wenn man das Pflaster auf dem Marktplatz und die schmalen Bürgersteige wieder sehen kann: Dann, ja dann ist Rothenburg ob der Tauber wirklich wunderschön.

Auf dem Marktbrunnen sieht man St. Georg mit dem Drachen.

Theater, Musik, Veranstaltungen, Museen

Theater
Städtischer Musiksaal, Am Kirchplatz 12. Schauspiel des Fränkisch-Schwäbischen Städtetheaters, ☏ 4 04 92.
Figurentheater, Herrngasse 38, am Burgtor ⑧. Figurentheater für Erwachsene (April–Okt., Dez.), ☏ 33 33.

Musik
Reichsstadthalle, Spitalhof. Kammerkonzerte, ☏ 48 66.
St.-Jakobs-Kirche ⑤, Kirchgasse. Orgel-, Chor-, Orchesterkonzerte; »30 Minuten Orgelmusik« (Juli/Aug. Mi 18, Sa 20 Uhr), ☏ 30 57.
Dideldum, Ansbacher Str. 15. Jazz, ☏ 16 33.
Unter den Linden, Nähe Barbarossabrücke. Open-air-Rockkonzerte, Folk, Liedermacher, ☏ 59 09.

Veranstaltungen
Ostern–Aug.: *Hans-Sachs-Spiele* im Rathaus, Kaisersaal ②. Schwänke des Schusterpoeten der Meistersingerzeit mit den Rothenburger Hans-Sachs-Spielern, ☏ 4 04 92.
Ostern–Sept.: *Historischer Schäfertanz* auf dem Marktplatz (Oster-So 14.30 Uhr; Pfingst-So 14.30, 16 Uhr; 2. So im Juli 14.30 Uhr; 2. So im Sept. 14.30, 16 Uhr), ☏ 4 04 92.
Pfingsten/2. So im Juli/2. So im Sept.: *Der Meistertrunk* – historisches Festspiel von 1631 im Rathaus, Kaisersaal ②, ☏ 4 04 92.
Pfingst-Mo: *Historischer Heereszug 1631* durch die Altstadt (15 Uhr); historisches Feldlager vor dem Würzburger Tor (15.30 Uhr); Einzug der Truppen auf dem Marktplatz (19.15 Uhr).
Letztes Wochenende im Juni: *Sommermesse mit Volksfest* auf dem Festplatz am Würzburger Tor. Volksfest und Krämermarkt.
Juli: *Burggartenfest* mit Konzerten und Barockfeuerwerk im Burggarten ⑦.
2. Wochenende im Sept.: *Reichsstadt-Festtage*. Fackelzug der Mitwirkenden vom Spitalhof zum Marktplatz (Fr 20.45 Uhr); historische Szenen aus sieben Jahrhunderten in der Altstadt (Sa 14–18, So 10–17 Uhr); Großfeuerwerk mit Stadtbeleuchtung im Taubertal (Sa 20.30 Uhr); »Der Meistertrunk« im Rathaus, Kaisersaal (So 10, 12.15 Uhr); historischer Schäfertanz auf dem Marktplatz (So 14.30, 16 Uhr), ☏ 4 04 92.
Letztes Wochenende im Okt.: *Herbstmesse mit Volksfest* auf dem Schrannenplatz ⑫. Volksfest und Krämermarkt.

Museen
Alt-Rothenburger Handwerkerhaus, Alter Stadtgraben 26 (s. ⑯).
Historiengewölbe, Rathaus (s. ②).
Kriminalmuseum, Burggasse 3 (s. ⑳).
Puppen- und Spielzeugmuseum, Hofbronnengasse 13. Puppen und Spielzeug aus der Zeit von 1780–1940, Dokumentation der Wohnkultur und Kleidung des 18./19. Jh. (April–Okt. tägl. 9.30–18 Uhr, Nov.–März tägl. 11–17 Uhr).
Reichsstadtmuseum, Klosterhof 5 (s. ⑨).

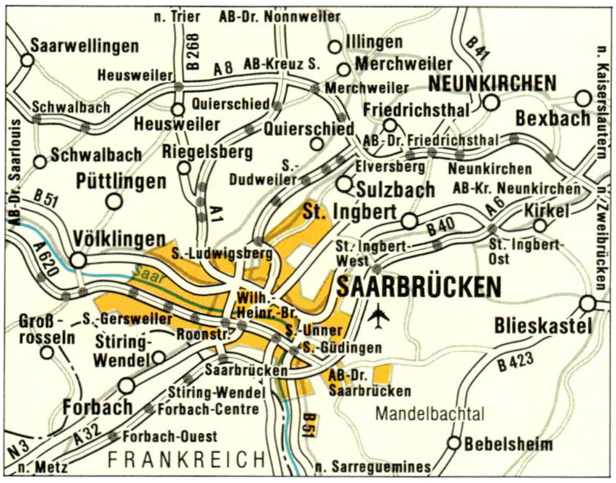

Den meisten Fremden, die zu Besuch nach Saarbrücken gekommen sind, ist eines gemeinsam: die Liebe auf den zweiten Blick.
Und die geht bei vielen durch den Magen. »Gudd gess'« haben sie in der Stadt an der deutsch-französischen Grenze und so »nebenbei« noch eine ganze Menge Kultur mitgenommen, auch ein bißchen Savoir-vivre vom französischen Nachbarn. Längst ist Saarbrücken nicht mehr

die Stadt zwischen Eisenhütten und Kohlegruben, grauschwarz und schmutzig. Die Landeshauptstadt ist Universitäts- und Messestadt; lebendiges Treiben ist die Folge. Die Bewohner der Saarmetropole verstehen es darüber hinaus, miteinander Feste zu feiern. Und die Stadt hat sich auf ihre Vergangenheit besonnen, auf das barocke Saarbrücken aus der Fürstenzeit.

Saarbrücken

Savoir-vivre an der Saar

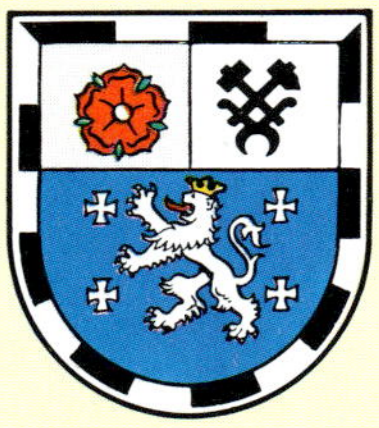

Wappen In Silber die fünfblättrige Rose mit goldener Samenkapsel, die sogen. St. Johanner Rose, seit 1462 im gemeinsamen Schöffensiegel für (Alt-)Saarbrücken und St. Johann. Daneben Hammer, Schlägel und Eisenzange als Wahrzeichen für Bergbau und Industrie, das Wappen der ehemaligen Stadt Malstatt-Burbach. Im Mittelfeld der »Saarbrücker Löwe«.
Lage An der Saar, im äußersten Südwesten der Bundesrepublik Deutschland.
Land Saarland
Autokennzeichen SB
Höhe 179–401 m ü. M.
Fläche 167 km^2
Einwohnerzahl 184 100
Postleitzahl 6600
Telefonvorwahl 06 81
Post Hauptpost, Trierer Str. 33, Spätschalter (Mo–Fr 6–22, Sa 6–18, So 9–22 Uhr).
Polizei Karcherstr. 5, ☏ 6 05-1
Taxi ☏ 3 30 33
Nahverkehr Busse der Saartal-Linien verkehren im Stadtbereich und Umland. Fahrkarten an Automaten erhältlich. Für Besucher empfiehlt sich die 24-Stunden-Karte für den gesamten Stadtbereich, für längere Aufenthalte das »Umweltticket« (einen ganzen Monat gültig). Fahrgastberatung: ☏ 50 03-255.
Camping Campingplatz am Spicherer Berg (nahe der deutsch-französischen Grenze, Richtung Metz), ☏ 5 17 80.
Parken Parkplatz am Saarländischen Staatstheater, Parkdeck am Rathaus, Parkhaus Lampertshof, Gerberplatz, Nauwieserplatz, Parkhaus Talstr. (Nähe Schloß), Beethovenplatz. Alle Parkplätze sind ausgeschildert. Von allen angegebenen Parkplätzen aus ist die City in wenigen Minuten zu erreichen.
Touristinformation Info-Pavillon, Trierer Str. 2, ☏ 3 65 15, 3 09 82 22 (Mo–Fr 7.30–20, Sa 7.30–16 Uhr).
Stadtrundfahrt Abfahrt vor der Kongreßhalle (April–Okt. jeweils Sa 14.30 Uhr und auf Anfrage).
Schiffahrt Rundfahrten mit der »Stadt Saarbrücken« (Mo–Fr 16, Sa, So, feiertags 14, 16 und bei Bedarf 18 Uhr), Sonderfahrten nach Saargemünd (1. u. 3. Sa im Monat), Abfahrt ab Schiffsanlegestelle Staatstheater, ☏ 3 40 84.

Stadtrundgang

Der vorgeschlagene Rundweg vermittelt einen guten Überblick über das, was die Stadt an Sehenswertem, vor allem an Bauwerken, zu bieten hat. Wem der zweistündige Rundgang zu lang ist, kann vom Rathausplatz über die Kaltenbachstraße direkt zum St. Johanner Markt ⓮ und von dort durch die Saarstraße zum Ausgangspunkt, dem Saarländischen Staatstheater ❶, zurückgehen. Man spart dadurch ca. 1/2 Stunde. Einkehrmöglichkeiten gibt es u. a. in der Altneugasse zwischen dem Nanteser Platz und der Friedenskirche ❻ oder, was vor allem bei schönem Wetter empfehlenswert ist, an der Berliner Promenade. Parken können Sie direkt beim Saarländischen Staatstheater ❶, das Sie von der Stadtautobahn am Saarufer über die Wilhelm-Heinrich-Brücke und die Straße Am Stadtgraben erreichen, oder im Parkhaus Rathaus ❿

Sehenswürdigkeiten

❶ *Saarländisches Staatstheater*, 1938 als »Geschenk« Hitlers nach der Saar-Abstimmung vom 13. Jan. 1935 gebaut; eigentlich sollte der ganze Platz im Sinn nationalsozialistischer Monumentalarchitektur gestaltet werden.
❷ *Alte Brücke*, heute eine Fußgängerbrücke, Rudiment der 1546–48 von Hans Sparer erbauten Saarbrücke. Balthasar Wilhelm Stengel hat sie im 18. Jh. erneuert. Während des Zweiten Weltkriegs zerstört, wurde sie wieder instandgesetzt und in den frühen 60er Jahren beim Bau der Stadtautobahn verkürzt.
❸ *Schloßkirche* und *Stadtpfarrkirche*, Ende des 15. Jh. erbaut; wurde mehrmals beschädigt, besonders im Zweiten Weltkrieg; der Turm ist seitdem mit einem Pyramidendach versehen. Im Innern barocke Grabmäler der Grafen von Nassau-Saarbrücken, die neu restauriert wurden.
❹ *Saarbrücker Schloß*. Anstelle des 1602–17 für die Grafen von Saarbrükken errichteten Renaissanceschlosses entstand 1738–48 ein Barockschloß mit drei Flügeln und Parkanlage. 1793 teilweise ausgebrannt; 1810–72 in Etappen, u. a. von Johann Adam Knipper und Hugo Diehm, umgebaut, neue Geschoßeinteilung; im Zweiten Weltkrieg Zerstörungen und provisorischer Aufbau 1947/48; Restaurierung und Teilneubau durch Gottfried Böhm 1989 beendet.
❺ *Altes Rathaus* aus der Mitte des 18. Jh. Darin befindet sich das *Abenteuermuseum*, für Kinder interessant. Dokumente der Ein-Mann-Expeditionen des Königs der Globetrotter Heinz Rox-Schulz: Skulpturen, Kult- und Gebrauchsgegenstände von »Naturvölkern«. 2000 Jahre alte Mumie, Schrumpfköpfe der Kopfjäger in Ecuador (Di, Mi 9–13, Do, Fr 15–19, langer Sa 10–14 Uhr).
❻ *Friedenskirche*, 1743–46 errichtet; im 19. Jh. zeitweise Gymnasium; heute mit modern gestaltetem Innenraum gemeinsam von der altkatholischen und der orthodoxen Gemeinde genutzt.
❼ *Ludwigsplatz* mit *Ludwigskirche*, barockem Palais und moderner Staatskanzlei. Gilt als schönster Barockplatz im Südwesten Deutschlands, von Friedrich Joachim Stengel geplant. Die Ludwigskirche, 1762–75 als Zentralbau im Barockstil entstanden, ist im Zweiten Weltkrieg vollständig ausgebrannt. Die Restaurierung des Innenraums ist weitgehend abgeschlossen.
❽ *Kongreßhalle*, 1962–66 von Dieter Oesterlen erbaut; als Mehrzweckhalle verwendet.
❾ *Johanniskirche*, eingepaßt in das Ensemble von Bürgerhäusern und Rathaus, 1894–98 von Heinrich Güth errichtet.
❿ *Rathaus St. Johann*, »kleine Schwester« des Münchener Rathauses, 1897–1900 von Georg Hauberisser errichtet. Besonders interessant der Festsaal, heute für Trauungen genutzt.
⓫ *Basilika St. Johann*, von Friedrich Joachim Stengel 1754–58 errichtet, 1907 neubarocke Sakristei angebaut. Bei der Restaurierung 1972–75 wurde die während der Französischen Revolution weitgehend zerstörte Innendekoration wieder angebracht. Neues Portal von Ernst Alt.
⓬ *Saarlandmuseum/Moderne Galerie*, 1965–68 durch Hanns Schönecker erbaut. Sammlung moderner Malerei, Plastik und Grafik mit Schwerpunkten beim deutschen Nachimpressionismus und Expressionismus (Di–So 10–18 Uhr). *Saarlandmuseum/Alte Sammlung* (gegenüber der Modernen Galerie) zeigt Malerei, Plastik, Porzellan und Mobiliar des 13.–19. Jh. aus Südwestdeutschland und Elsaß-Lothringen (Di–So 10–18 Uhr).
⓭ *Alte Kirche St. Johann*, 1725–27 erbaut, im Zweiten Weltkrieg stark beschädigt; das Äußere der Kirche konnte wiederhergestellt werden.
⓮ *St. Johanner Markt* mit einigen in den 70er Jahren restaurierten Barockhäusern. Zentrum der ehemaligen Stadt St. Johann mit barockem Marktbrunnen. Baulich interessant die *Stadtgalerie*, früher Hotel, danach Saarlandmuseum, heute Kulturcafé. Barockbau mit sehenswertem Innenhof. Die Stadtgalerie zeigt Kunst der Gegenwart (Di–So 10–18 Uhr).
⓯ Verwaltungsgebäude der *Saarbergwerke*, früher »Königlich-preußische Bergwerksdirektion«, 1877–80 von Martin Gropius und Heino Schmieden im Stil der Florentiner Renaissance erbaut, 1975/76 umfassend restauriert.
⓰ *Stiftskirche St. Arnual*, gotische Basilika; Chor und Querschiff Ende des 13. Jh., Turm 1315 begonnen, barocke Haube 1746 nach Plänen von Friedrich Joachim Stengel. Im Innern Grabstätten der Fürsten von Nassau-Saarbrücken. Die Stiftskirche war akut vom Verfall bedroht und wird umfassend restauriert.
⓱ *Deutschherren-Kapelle* am Ordensgut: ältestes erhaltenes Bauwerk von Saarbrücken (Mitte des 13. Jh.), gehörte

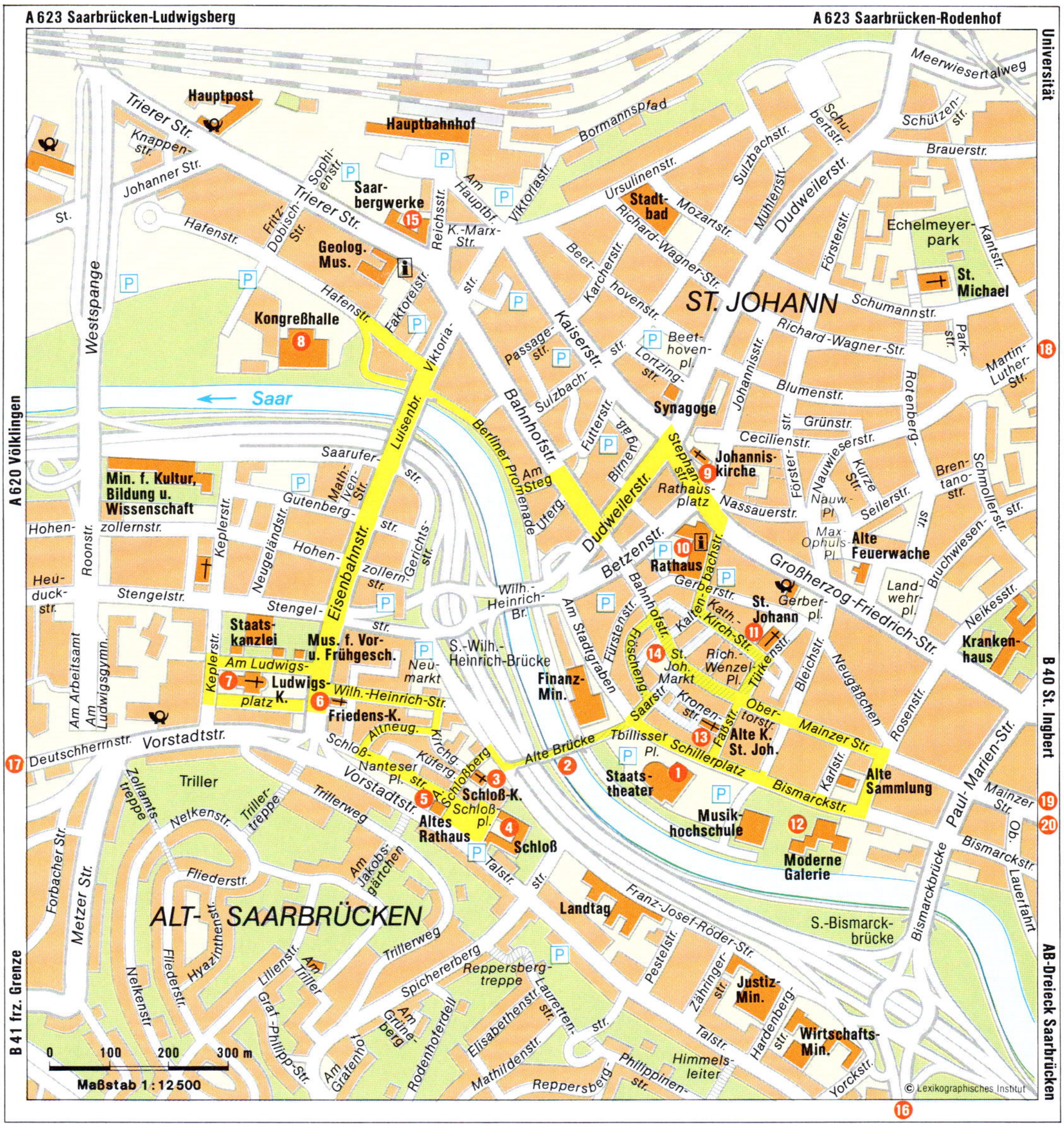

Liebe auf den zweiten Blick

Wer mit dem Zug aus Richtung Koblenz auf dem Saarbrücker Hauptbahnhof angekommen ist, möchte vielleicht gar nicht erst aussteigen, womöglich eher gleich zurückfahren. Je näher er nämlich der saarländischen Landeshauptstadt gekommen ist, um so trostloser war das Bild geworden: ab Dillingen nichts als Industrie und dann dieser eben modernisierte, aber sterile Bahnhof mit einem öden Vorplatz – kein Anreiz wahrhaftig, sein Herz an Saarbrücken zu verlieren.

Wer jedoch mit dem Flugzeug auf dem Mini-Airport Ensheim gelandet ist, hat vermutlich lange nach der richtigen Verbindung in die Kernstadt gesucht. Wenn er aber Glück gehabt hat und mit dem Auto abgeholt worden ist, hat er sich schon unterwegs über das viele Grün und die wenigen Fabriken gewundert – die Strecke führt nämlich durch einen der schönsten Teile der Stadt. Auch die Autobahn aus Richtung Mannheim ist ein passabler »Einstieg«, wenn nicht gerade die Stadtautobahn unter Wasser steht, was garantiert zwei-, dreimal im Jahr passiert.

Um einen Gast für Saarbrückens Reize zu gewinnen, muß man ihn in der Regel erst einmal in die St. Johanner Altstadt lotsen. Die ist zwar gar nicht mehr »echt alt«, sondern in den 70er Jahren teils saniert, teils wiederaufgebaut worden, aber sie macht mit ihren hellen Barockhäusern einen gemütlichen Eindruck, vielleicht sogar einen eher edlen. Am St. Johanner Markt (14) findet man nette Kneipen, Boutiquen und jede

zu der nach 1227 erbauten Niederlassung des Deutschritterordens. Turm 1868 erneuert.

(18) *Alter St. Johanner Friedhof.* Neben imposanten Grabstätten der Bürgerfamilien aus der Gründerzeit auch Gedenkstein für den Saarbrücker Widerstandskämpfer Willi Graf (»Weiße Rose«), der am 12. Okt. 1943 hingerichtet worden ist.

(19) *Schloß Halberg,* Kasino des Saarländischen Rundfunks, erbaut 1878–82 von dem Großindustriellen Karl Ferdinand von Stumm, dem Besitzer der Hüttenwerke in Neunkirchen, Dillingen und Brebach.

(20) *Römische Funde* und *Mithras-Grotte* aus dem 3./4. Jh. n. Chr., im Spätmittelalter Einsiedelei und Wallfahrtsstätte am Fuß des Halbergs.

(21) *Deutsch-Französischer Garten mit Ehrental* (Friedhof der beiden Nationen); gepflegter Garten und Begegnungsstätte der beiden Kulturen.

Menge Leute. Das leicht zwielichtige Milieu der 50er und 60er Jahre, als hier die »Mädchen« ihre Reize feilboten, ist mit der Altstadtsanierung verschwunden; trotzdem ist hier immer etwas los (Flohmarkt, Altstadtfest, Weinmarkt, Straßen-Theater-Tage). Das hat Tradition seit der Zeit, da 1321 dem Marktflecken St. Johann wie der Stadt Saarbrücken die Stadtrechte verliehen worden sind. Handel und Geschäft blühten an diesem Ort, Fischer und Handwerker sind schon 1267 urkundlich erwähnt worden. Eine Handelsstraße und ein Übergang über die Saar waren Voraussetzung dafür, daß die Schwesterstädte Saarbrücken und St. Johann schon im Mittelalter Bedeutung erlangen konnten. Saarbrücken, heute der Stadtteil Alt-Saarbrücken, hat seinen Namen vom mittelalterlichen »Sarabrucca«, einer Burg aus dem 9. Jh. an der Stelle des heutigen Schlosses (4). Diese war wiederum nach der Römerbrücke benannt, an der in der Nähe des heutigen St. Arnual ein fränkisches Königsgut (»Villa Sarabrucca«) gestanden haben soll.

Neidische Schwestern – St. Johann und Saarbrücken

Der Rivalitätskampf zwischen St. Johann und Alt-Saarbrücken ist alt – schon von jeher wollten beide Orte Mittelpunkt sein. Wer heute die St. Johanner Geschäfts- und Kneipenszene erlebt, könnte glauben, das Problem sei zugunsten dieses Stadtteils entschieden, übersieht dabei aber leicht, daß fast alle Ministerien und die Staatskanzlei auf Alt-Saarbrücker Seite liegen. Verwaltung hat dort Tradition: Der Ort wuchs um die Burg und das spätere Schloß herum, doch aus der ganz alten Zeit ist außer der Deutschherren-Kapelle (17) als Folge der Kriege nichts übriggeblieben.

Die Lage Saarbrückens und die wirtschaftliche Bedeutung von Kohle und Stahl brachten es mit sich, daß diese Stadt immer wieder Opfer kriegerischer Auseinandersetzungen geworden ist. Viermal im Lauf der Geschichte hat es zu Frankreich gehört: 1680–97 im Zug der französischen Reunionspolitik, 1792–1814/15 während der Französischen Revolution und zur Zeit Napoleons I., 1920–35 aufgrund des Versailler Vertrags wirtschaftlich zu Frankreich gehörend, aber unter der Verwaltung des Völkerbundes, und 1947–56/59 als Land mit eigenstaatlichem Anspruch, aber französischer Währung und im französischen Zollbezirk.

Wiederholt brachten die Kriege Brände mit sich, die weite Teile der Stadt zerstörten. Am schlimmsten waren wohl die in St. Johann 1503, in Alt-Saarbrücken 1677, der Schloßbrand 1793 und die Zerstörungen durch den Zweiten Weltkrieg, denen 80 % aller Gebäude zum Opfer fielen. Heute ist Saarbrücken wie kaum eine andere Stadt Zeugnis völlig verschiedener Architekturepochen, denn jede Zerstörung bot wieder einem ehrgeizigen Stadtplaner oder -baumeister Freiraum zum Experimentieren. Einzig das stille St. Arnual (im Volksmund »Daarle«) mit seinen ehemaligen Bauernhäusern rund um die mächtige Stiftskirche (16) strahlt wirklich noch den Charme eines Dorfes aus dem 17. Jh. aus.

Weine Europas an der Saar

Zwar wächst in Saarbrücken selbst längst kein Wein mehr, aber die Stadt liegt inmitten der Anbaugebiete Saar, Mosel, Ruwer, Elsaß, Lothringen, Burgund und Baden-Württemberg. Und auch aus Luxemburg kommen interessante Weißweine. Es ist also empfehlenswert, in Saarbrücken Wein zu probieren (und zu kaufen). Viele Importeure haben noch aus der Zeit der wirtschaftlichen Zugehörigkeit zu Frankreich ihren Sitz in Saarbrücken. Andere junge Händler sind hinzugekommen, und auch die Supermärkte zeigen ein Weinangebot, das in der Bundesrepublik Deutschland seinesgleichen sucht. Natürlich liegt der Schwerpunkt auf Frankreich: Weine von der Loire und aus der Gegend um Nantes sind schon aus Städtepartnerschaftsgründen hier verbreitet. Aber auch italienische Spitzengewächse findet man im Saarland: Die Italiener bilden schließlich die größte Ausländergruppe. Das Schöne am Weinprobieren und -trinken in Saarbrücken ist, daß es nicht darum geht, lokale Interessen zu schützen, sondern einen breiten Markt kennenzulernen – ein Stück Europa.

Ferienland vor der Haustür

Wandern, Segeln, Kuren und Kneipen, im Winter sogar ein bißchen Ski – das St. Wendeler Land entwickelt sich immer stärker zum Geheimtip für Urlauber. Wohnen auf dem Bauernhof oder im Hotel ist noch preisgünstig, und es gibt eine Menge kultureller Sehenswürdigkeiten: die »Skulpturenstraße« des Steinbildersymposions St. Wendel, die Benediktinerabtei bei Tholey, Funde aus keltischer Zeit, die Wendelinus-Basilika. Das St. Wendeler Land erreicht man über die A 1 Richtung Norden. Tholey hat eine eigene Autobahnausfahrt.

Ein barockes Glanzstück der Stadt ist die Ludwigskirche am Ludwigsplatz.

Mal Wochenmarkt, mal Flohmarkt: Am St. Johanner Markt herrscht immer geschäftiges Treiben. Hier findet man Waren aller Art und Menschen jeden Schlags.

Die Bauwut des Wilhelm Heinrich

Sehr wenig aus frühen Zeiten ist in Alt-Saarbrücken erhalten geblieben, denn von der Talstraße über den Schloß- und Ludwigsplatz (7) bis zum Altbau des ehrwürdigen Ludwigs-Gymnasiums hat der Hofbaumeister des Fürsten Wilhelm Heinrich von Nassau-Saarbrücken, Friedrich Joachim Stengel, der Stadt ein barockes Einheitsgesicht verpaßt, schön gewiß – aber ohne Rücksicht auf bis dahin Gebautes und Verbliebenes. Die Bauwut des Fürsten kam die Untertanen teuer zu stehen. Wirtschaftlich ging es ihnen zwar glänzend, aber die ständigen Steuer- und Zollerhöhungen machten ihnen zu schaffen.

Auch Wilhelm Heinrichs Sohn Ludwig langte kräftig hin, denn er setzte die Bautätigkeit des Vaters fort. Kulturell wird Saarbrücken in dieser Zeit zur Hochburg: Ein Theater entsteht, der Schauspieler Iffland kommt hierher, Fürst Ludwig wird allerdings von Kaiser Joseph II. zum Sparen »verdonnert«. Wer heute am Ludwigsplatz vor der gemütlichen Kneipe »Feuchter Ludwig« (eigentlich »Zum Fürsten Ludwig«) sitzt und die Pracht von Kirchen und Palais bestaunt, denkt wahrscheinlich nicht an die vielen Untertanen, die entweder auswanderten oder kaum Geld genug hatten, ihre Familien zu ernähren, die aber pflichtgemäß jubeln mußten, als Fürst Ludwig seinen elfjährigen Erbprinzen aus finanziellen und politischen Gründen an eine 19jährige französische Prinzessin verheiratete. Die wirtschaftliche und kulturelle Blütezeit fand erst gut 100 Jahre später ihre Fortsetzung.

Mit Kohle und Stahl vom Wohlstand zu den Problemen

Zwar hatte schon Wilhelm Heinrich die Bergwerke verstaatlicht, aber der industrielle Aufschwung kam erst, als man mit Hilfe der Kohle aus Eisen Stahl erschmelzen konnte. In der Gründerzeit verdreifachte sich die Einwohnerzahl in Saarbrücken und St. Johann. Dennoch konnte man nicht Schritt halten mit dem Anwachsen der Doppelstadt Malstatt-Burbach westlich der alten Zentren. Eine Hütte und ein Saarhafen legten dort in der Mitte des 19. Jh. die Grundlage für ihre Monostruktur. Malstatt und Burbach sind Arbeitergebiete geblieben. Auf dem kulturellen Sektor sind sie stets stiefmütterlich behandelt worden. Mit dem Bau eines Bürgerhauses und besonderen Anstrengungen um Stadtteilkultur soll dieses »Schattendasein« beendet werden.

In den letzten Jahren des 19. Jh. war Malstatt-Burbach allerdings ein interessanter Partner bei den zahllosen Bemühungen um eine Vereinigung der Städte, vor allem unter finanziellem Aspekt. Nach endlosen Querelen, die sogar in einem Pistolenduell der Bürgermeister Feldmann und Neff gipfelten, kam es 1909 schließlich zur Vereinigung der drei Saarstädte. Das nagelneue St. Johanner Rathaus (10), die »kleine Schwester« des Münchner Rathauses, wurde zum Ärger der Alt-Saarbrücker und zur Freude der St. Johanner Verwaltungssitz.

Das am Ufer der Saar gelegene, 1935 errichtete Staatstheater bildet zusammen mit den übrigen Theatern der Stadt den kulturellen Mittelpunkt des Saarlands.

Lyoner, Grumbeere, Dibbelabbes

»E Ringel Lyoner« – für die meisten Nicht-Saarbrücker gewinnt dieser Begriff bei einem längeren Aufenthalt bald Bedeutung. Die Fleischwurst, hierzulande Lyoner genannt, wird nicht grammweise, sondern im Ring, als ganzer oder halber, gekauft und verzehrt. Bei Festen ist »warme Lyoner« nicht wegzudenken. Sie gehört ebenso wie »Bibbelschesbohnesupp« (Suppe aus grünen Bohnen), »Grumbeerkieschelscha« (Kartoffelpuffer), »Bettseijer-Salat« (Löwenzahnsalat) mit Speck und »Gefillde« (Klöße aus rohen Kartoffeln mit Leberwurst- oder Hackfleischfüllung) zur Saarbrücker Hausmannskost, die man heute auch wieder in Lokalen der Altstadt bestellen kann. Ursaarländisch ist der »Dibbelabbes«, ein recht schweres Kartoffelgericht aus rohen Kartoffeln, die im gußeisernen Topf gebraten werden. Dazu trinkt man Bier aus einer der örtlichen Brauereien. Die Saarbrücker Küche ist in ihren Ursprüngen eine Bergarbeiterküche, in der der Fleischpart vornehmlich vom Kaninchen oder der »Bergmannskuh«, der Ziege, gestellt wurde. Heute essen die Saarbrücker gern französisch, und es gibt gastronomische Höhepunkte, die selbst Gourmets mit höchsten Ansprüchen in Begeisterung versetzen.

Saarlouis: Bummel durch die Festung

Die Saarbrücker hören es gar nicht gern, wenn man von der »heimlichen Hauptstadt« spricht und die 20 km entfernte Kreisstadt Saarlouis meint. Aber es macht auch ihnen Spaß, durch die ehemalige Garnison- und Festungsstadt aus der Zeit Ludwigs XIV. zu bummeln. Sternförmig angelegt ist die Festung, nach Plänen des Festungsbaumeisters Vauban. In den noch erhaltenen Teilen der Kasematten geht es heute unmilitärisch zu: Man kann dort ausgezeichnet essen und trinken. Auch die (verkehrsberuhigte) Altstadt hat nette Lokale und Läden. Auf der Fahrt nach Saarlouis aber, über die A 620, sieht man in der Eisenhüttenstraße zwischen Burbach und Dillingen, vor allem aber um Völklingen, teils veraltete und stillgelegte, teils hochmoderne Industriebauten und damit die Monostruktur des Stahl-Kohle-Gebiets mit all ihren Nebenerscheinungen. Sie mündet in die »Lisdorfer Au« im Saarlouiser Becken, dem größten Gemüseanbaugebiet des Landes. Für Altstadt-Schwärmer: Die Kreisstadt Homburg, im pfälzischen Teil des Saarlands, lohnt einen Abstecher.

Tips, Tips, Tips

Pflanzen kennenlernen
Ein Spaziergang durch den Botanischen Garten im Universitätsgelände Stadtwald (gleich rechts an der Haupteinfahrt) ist sehr zu empfehlen, besonders wenn man sich von dem Häusermeer und Verkehr der Stadt etwas erholen und gleichzeitig ein wenig über Pflanzen erfahren will (Mo–Fr 8–16 Uhr, Mai–Sept. zusätzlich Sa, So und feiertags 14–17 Uhr).

1000 Tiere, 250 Arten
Den Zoo von Saarbrücken finden Sie an der Graf-Stauffenberg-Straße (beschilderte Zufahrt). Die Tiere sind in einem schönen Parkgelände untergebracht, untergliedert nach tiergeographischen Zonen (Sommer 8.30–18.30, Winter 8.30 Uhr bis Einbruch der Dämmerung).

Platz für Alternative und Ausgeflippte

Eines der ältesten Viertel der Saarbrücker Altstadt, das im Zweiten Weltkrieg unzerstört blieb, ist das Nauwieserviertel in St. Johann. Dort ist heute die Alternativszene zu Hause. Mietshäuser, Hinterhöfe mit wenig Grün, aber viel Nachbarschaft – ein Stück Zille-Milieu an der Saar. Wer Fahrradläden, Biokost, Antiquitäten, Secondhandläden oder ausländische Waren sucht, wird hier fündig. Das »Ödipus« ist Treffpunkt von »Ausgeflippten«, Szene-Publikum und Originalen. Im »Café Schrill« treffen sich die »Müslis«, in der »Alten Feuerwache« haben alternative Gruppen ihre Räume. Türkentreffs, linker Buchladen und Jugendzentrum liegen im Nauwieser-Viertel dicht nebeneinander.

Auch in die Vorstädte dehnte sich die neue Großstadt um die Jahrhundertwende aus; Verkehrsstraßen entstanden und Jugendstilvillen auf beiden Seiten der Saar. »Am Staden« ist heute noch eine der »besseren« Wohngegenden, wenn auch die besonders Betuchten längst in Waldnähe am Kieselhumes und Rotenbühl wohnen.

In den 20er und 30er Jahren dehnte sich Saarbrücken mit Siedlungswohnungen auf die umliegenden Hügel aus. Diese Häuser und Häuschen überstanden den Zweiten Weltkrieg fast unbeschadet, während die Innenstadt zum Trümmerfeld wurde. Der Wiederaufbau sollte zunächst nach französischem Muster in hypermodernistischem Beton-Monumentalstil erfolgen, wurde dann aber, zwar auch betont modern, eine Nummer kleiner durchgezogen. Manches – nicht alles – ist gelungen: die Berliner Promenade am Saarufer, die Kongreßhalle 8 und die Kirchen Maria Königin, Christuskirche (Rotenbühl) und St. Albert (Rodenhof).

Über die Ästhetik der Trabantenstadt Eschberg läßt sich gewiß streiten – jedenfalls wurde der Wohnraum dringend gebraucht, und man hat einen wunderbaren Blick von dort oben.

Heute hat eine Phase der baulichen Konservierung und Verschönerung eingesetzt, was sich bei der Sanierung der Altstadtviertel links und rechts der Saar besonders bemerkbar macht. Im Sommer sind sie die Kulisse für Lebensfreude: Vor den Kneipen sitzen die jungen Leute bis in die Nacht, vor allem am St. Johanner Markt. Die etablierte »Schickeria« stellt sich im Bistro der Stadtgalerie selber aus.

Eine beliebte Einkaufsstraße der Saarbrücker und von Bewohnern aus den Nachbargemeinden ist die im Zentrum gelegene Dudweilerstraße. Im Hintergrund überragt der spitze Turm der Johanniskirche die zahlreichen Neubauten.

»Riwwer« und »niwwer«

Auch außerhalb des Festivals »Perspectives du Théâtre« und des »Asphalt-Theater-Festivals« sind Musiker, Jongleure, Pflastermaler aus vielen Ländern anzutreffen: Beweis dafür, daß Saarbrückens Hauptattraktion heute seine Grenzlage ist. Wer eigentlich nur durchreisen wollte, bleibt leicht »hängen«, manchmal sogar jahrelang. Das bestätigen ehemalige Studenten der 1947 gegründeten Universität, die viele junge Leute aus anderen Städten, auch aus Frankreich, in die Stadt gebracht hat.

Kulturell kommen bei zwei Symphonieorchestern, zwei großen Theatern und einer Vielfalt von Kleinkunstbühnen auch die Wahl-Saarbrücker voll auf ihre Kosten. In der Amtsperiode des Oberbürgermeisters Lafontaine kamen noch die Festivals und das »Altstadtfest« dazu, das jedes Jahr Hunderttausende anzieht. Im Ludwigspark-Stadion bangen unverdrossen die Fans um Wohl und Wehe des krisengebeutelten 1. FC Saarbrücken, und auf der Pferderennbahn in Güdingen fiebern die Wetter hohen Quoten beim Einlauf entgegen. Die Bewohner der Nachbargemeinden kommen schon des Einkaufs wegen häufig ins Stadtzentrum. Und wem die Stadt »stinkt«, der hat rundum in den Wäldern Gelegenheit genug, frische Luft zu schnappen. Oder er geht in den Deutsch-Französischen Garten. Oder er wandert rund um den Halberg ⑲ ⑳ oder zum Wildpark an der Universität. Zum Arbeiten kommen die Franzosen »riwwer« nach Saarbrücken – zum Essen und Einkaufen, vor allem aber zur Erholung an einem der lothringischen Weiher fahren die Saarbrücker »niwwer«. Dieses lockere Hin und Her über die Grenze, die stets Zankapfel war, ist wohl das, was so viele an Saarbrücken fasziniert. Und so geht allen das Motto »Salü Saarbrücken« ganz flott über die Lippen.

Die vielen Einkehrmöglichkeiten am St. Johanner Markt laden zur Rast.

Theater, Musik, Veranstaltungen, Museen

Theater

Saarländisches Staatstheater ①
Tbillisser Platz 1. Oper, Operette, Musical, Ballett, Schauspiel, ☎ 3 22 04.
Alte Feuerwache, Am Landwehrplatz. Schauspiel, ☎ 3 09 22 03.
Kinder- und Jugendtheater Überzwerg. Spielorte: Theater im Stiefel, Am Stiefel 2; Schulen und Jugendhäuser, ☎ 81 64 80.
Saarländisches Landestheater Saarbrükken, Scharnhorststr. 10. Schauspiel, ☎ 85 19 20.
Theater im Stiefel, Am Stiefel 2. Kabarett, Schauspiel, Jugendtheater, Vorträge, Filmabende. Spielort: Stadtkino Camera, ☎ 3 00 18 84.
Studiotheater, Nauwieserstr. 13. Literarisches Zimmertheater, Pantomime, Liedermacher, Kinder- und Clowntheater, Kabarett, ☎ 3 90 46 02.
Kabarett im Ostviertel, Mainzer Str. 106. Wechselnde Gastensembles, ☎ 6 29 19.

Musik

Saarländischer Rundfunk, Schloß Halberg ⑲, Großer Sendesaal. Öffentliche Konzerte des Rundfunksymphonie-Orchesters im Wechsel mit Meisterkonzerten, der Volksmusikreihe »Singendes, klingendes Dreiländereck« und der Kabarettveranstaltung »Gesellschaftsabend« mit Hanns-Dieter Hüsch (Fr 20 Uhr), ☎ 6 02 22 42.
Auditorium maximum der Universität, Im Stadtwald. Sinfonie-, Kammer- oder Orgelkonzerte, ☎ 3 02 26 01.
Kongreßhalle ⑧, Hafenstr. Sinfonie- und Sonderkonzerte mit bekannten Solisten. Bälle, Pop-Veranstaltungen, Liedermacher, Musical (tägl. 20 Uhr), ☎ 4 80 74.
Christuskirche, Rotenbühler Weg. Zwei große (Bach-)Konzerte pro Jahr, Abendmusik, Orgelkonzerte, ein Serenadenkonzert (Juni/Juli), ☎ 6 27 64.
Ludwigskirche ⑦, Ludwigsplatz. Bach-Passionen, Chorkonzert (So »Cantate«), Kirchenkonzerte, deutsch-französisches Musikfestival (Mai), ☎ 89 45 97.
Jazzkeller Gießkanne, Am Steg 3 (Hettlage-Passage). Modern Jazz mit saarländischen, deutschen und europäischen Musikern. Zusammenarbeit mit Programmtheater »Musentümpel«, ☎ 3 68 09.
La Guitarra, Ufergasse 2. Europäische Folklore, intern. Ensembles, ☎ 3 45 11.
Ballhaus (früher Barrelhouse), Dudweilerstr. 33. Kleinkunst, Pantomime, Schauspiel, Liedermacher, Lesungen (für Kinder: So 15 Uhr), ☎ 3 13 48.

Veranstaltungen

Flohmarkt auf dem St. Johanner Markt ⑭ und Umgebung (ab 8 Uhr).
Letztes Wochenende vor den Sommerschulferien: *Altstadtfest* in St. Johann mit gesellschaftspolitischem Motto.
Letzter So in den Sommerschulferien: *Kinderfest* im Deutsch-Französischen Garten. Kinder-Darbietungen, Theater, Musik, Erlebniszoo, Springburg.
Mitte Jan.: *Wettbewerb um den Max-Ophüls-Preis* für Nachwuchsfilmer im deutschsprachigen Raum im Stadtkino Camera und anderen Filmtheatern, ☎ 39 92 97.
April/Mai: *Maifest* in Burbach, Festplatz. Volksfest.
Ende Mai: *Perspectives du Théâtre* in der Alten Feuerwache, auf Straßen und an alternativen Spielorten. Woche des frz. Theaters mit Gastspielen – vor allem junger Gruppen, ☎ 3 00 14 22.
Anfang Aug.: *Straßen-Theater-Tage* im Bereich St. Johanner Markt ⑭ mit Straßentheater-Gruppen aus Saarbrücken und von außerhalb, ☎ 3 00 14 22.
Mitte Sept.: *Deutsch-französischer Weinmarkt.* Weinprobe und Verkauf deutscher und frz. Weine auf dem St. Johanner Markt ⑭, ☎ 3 49 49.
Ende Okt.: *Intermarionett.* Dreitägiges Festival des intern. Marionettentheaters an verschiedenen Spielorten in der Stadt, ☎ 3 00 14 22.
Mitte Dez.: *Jazztage* in der Alten Feuerwache. Saarländische Künstler und Gäste aus den Partnerstädten, Workshop, ☎ 5 75 51.

Museen

Abenteuermuseum im Alten Rathaus am Schloßplatz (s. ⑤).
Geologisches Museum Saarberg, Trierer Str. 4. Fundstücke aus der Erdgeschichte, der Geologie des Saarlands, der Mineralogie und Petrographie (Mo–Fr 10–17, erster Sa im Monat 9–13 Uhr).
Landesmuseum für Vor- und Frühgeschichte, Am Ludwigsplatz 15. Keltische und gallorömische Kultur, fränkische Grabfunde, Glanzstück: paläolithischer Faustkeil von Ludweiler (Di–Fr 9–16, So 10–17 Uhr).
Saarlandmuseum/Moderne Galerie/ Alte Sammlung, Bismarckstr. 11–15 (s. ⑫).
Stadtgalerie, St. Johanner Markt 24 (s. ⑭).

Ursel
Ursel
Kerstin

Schleswig

Handelsplatz der Wikinger

Haithabu hieß die Vorgängerin von Schleswig – eine sagenumwobene Handelsstadt der Wikinger am Südufer der Schlei, die 1066 von den Wenden zerstört wurde. Schon zuvor jedoch war am Nordufer des Flusses die neue Siedlung Schleswig entstanden, die das Erbe des alten Haithabu übernehmen sollte. Später entwickelte sich Schloß Gottorf zur Residenz der Herzöge von Schleswig; heute ist es nicht nur Museum, sondern neben dem Dom St. Petri (unser Bild) das markanteste Bauwerk der Stadt.

Wappen In Blau über blauen und silbernen Wellen eine torlose goldene Zinnenmauer mit Zinnenturm, goldener Mondsichel und sechsstrahligem goldenen Stern, die ehemalige Herzogsburg auf der Insel der Schlei oder das Bischofsschloß im Burgsee darstellend. Mond und Stern vermutlich Sinnbild der Schiffahrt.
Lage An der inneren Bucht der Schlei.
Land Schleswig-Holstein
Autokennzeichen SL
Höhe 0–56 m ü. M.
Fläche 24 km²
Einwohnerzahl 28 500
Postleitzahl 2380
Telefonvorwahl 0 46 21
Post Hauptpostamt, Stadtweg 53–55.
Polizei Friedrich-Ebert-Str. 8, ☏ 8 41
Taxi ☏ 2 77 77, 3 35 55, 2 32 31
Nahverkehr In der Stadt verkehren verschiedene Buslinien, die Schleswig auch mit dem Umland verbinden. Fahrscheine beim Schaffner. Zentralomnibusbahnhof in der Königstr. 8, ☏ 2 30 39.
Camping Haddebyer Chaussee, 2381 Haddeby, südlich der Altstadt über der Schlei gelegen, ☏ 3 24 50.
Parken Parkhaus Schwarzer Weg/ Königstr. (tägl. 6.30–22.30 Uhr); öffentliche Parkplätze ausgeschildert.
Touristinformation Touristinformation, Plessenstr. 7, ☏ 81 42 26, 8 14-0 (Mai–Sept. Mo–Fr 9–19, Sa 9–12 Uhr; Okt.–April Mo–Fr 9–12.30, 14–17, Fr nur bis 12.30 Uhr).
Stadtführung Mitte Juni bis Mitte Sept. Mo, Mi, Do 15 Uhr, Treffpunkt Touristinformation, Plessenstr. 7;
Di 15 Uhr, Treffpunkt Hof des Städt. Museums, Friedrichstr. 7–11.
Schiffahrt Auf der Schlei Juni–Aug. ab Schleihallenbrücke am Gottorfer Damm: Große Schleirundfahrt (Mo, Mi, Do, So 14–17 Uhr); Große Schleifahrt Schleswig–Schleimünde und zurück (Di 9.15–19.30 Uhr); Schleifahrt Schleswig–Missunde und zurück (Sa 13–15.20 Uhr). Juni–Aug. ab Hafen in Kappeln: Schleifahrt Kappeln–Schleswig und zurück (Sa 9.15–15.30 Uhr), ☏ 2 33 19 und 5 16 84.

Stadtrundgang
Der Rundgang beginnt am Dom St. Petri ❶*, Parkmöglichkeiten gibt es in der Wiesenstraße nahe Ecke Plessenstraße, nicht weit von der Touristinformation entfernt, und am Hafen. Der Rundweg ist ca. 9 km lang, und man muß drei Stunden reine Gehzeit veranschlagen.*

Abkürzungsmöglichkeiten gibt es bei diesem Rundgang kaum, da sich die Stadt eng an die Schlei schmiegt, so daß Hin- und Rückweg zwischen den wichtigsten Sehenswürdigkeiten Dom St. Petri ❶ *und Schloß Gottorf* ⓯ *fast parallel verlaufen. Wenn man aber die Sehenswürdigkeiten Präsidentenkloster* ⓭ *und Heespenhof* ⓮ *ausläßt, kann man vom Freinsschen Haus* ⓬ *durch die Lange Straße und Königstraße zurückgehen zur Wiesenstraße, mit dem Auto nach Schloß Gottorf (Parkplatz) fahren und von dort den Rundweg fortsetzen. So spart man eine Stunde Gehzeit (ca. 4 km). Für eine Ruhepause empfiehlt sich das Café im 26. Stock des Wikingturms mit seiner herrlichen Aussicht.*

Sehenswürdigkeiten
❶ *Dom St. Petri*, vom 13.–16. Jh. unter Einbeziehung älterer Bauteile errichtete gotische Hallenkirche mit sehenswerter Ausstattung; herausragend der »Bordesholmer Altar«, ein Schnitzaltar mit 398 Einzelfiguren, 1521 von Hans Brüggemann vollendet.
❷ *Königsteinsches Palais*, früher Bischofssitz, heute Landesbauamt. Älteste Gebäudeteile aus dem 15. Jh.
❸ *Hattenhof*, Backsteinbau des 16./17. Jh. mit zwei eingemauerten romanischen Reliefs. Heute Landesbauamt.
❹ *Fischersiedlung Holm*, mit Häusern aus dem 18. und frühen 19. Jh.
❺ *St.-Johannis-Kloster*, ehemaliges Benediktinerinnenkloster aus dem 12. Jh.; romanisch-gotische Klosterkirche mit Kreuzgang (Besichtigung nach Vereinbarung, ☏ 2 62 63).
❻ *Rathaus und Graues Kloster*; das 1234 gegr. ehemalige Franziskanerkloster ist mit dem 1794/95 erbauten klassizistischen Rathaus verbunden und dient als Sitzungssaal der Ratsversammlung (Besichtigung der historischen Räume möglich, im Sommer auch am Wochenende).
❼ *Kalandshaus oder Lundtenhaus* aus dem 15. Jh., 1928 erneuert. Die Fassadenmitte blieb erhalten. Heute Gemeindehaus der Domgemeinde.
❽, ❾, ❿ *Lange Straße*, Nr. 9, 11 und 19, eindrucksvolle Giebelhäuser aus dem 18. Jh. Besonders prächtig ist das spätbarocke Bürgerhaus Nr. 9 (Arbosches Haus).
⓫ *Schmiedenhof*, Bau aus dem Jahr 1664, heute Sitz des Stadtbauamts.
⓬ *Freinssches Haus*, 1663 nach holländischem Vorbild von dem herzoglichen Kellermeister Freins errichtet.
⓭ *Präsidentenkloster*, 1656 vom gottorfischen Kanzler Kielmann von Kielmannseck als Armenstift errichtet. In einem Teil des Gebäudes ist jetzt die *Ostdeutsche Heimatstube* untergebracht (Mi, Fr 15–17 Uhr).
⓮ *Heespenhof*, 1754 erbaut, seit etwa 1880 Sitz des Amtsgerichts.
⓯ *Schloß Gottorf*. Die Vierflügelanlage ist in ihrer heutigen Form im wesentlichen um 1700 entstanden (Schauseite mit Turm). Die riesige Anlage diente den Herzögen von Schleswig als Residenz. Gut erhaltene und kunsthistorisch bedeutende Ausstattung von der Spätgotik bis zum Barock. Nördlich des Schlosses das »Neuwerk« mit »Wasserkunst« aus dem 17. Jh. Im Schloß: *Schleswig-Holsteinisches Landesmuseum für Kunst- und Kulturgeschichte* vom Mittelalter bis zur Gegenwart (April–Okt. tägl. 9–17, Nov.–März Di–So 9.30–16 Uhr).
Archäologisches Landesmuseum der Christian-Albrechts-Universität und Wikingermuseum Haithabu , größte prähistorische Sammlung der Bundesrepublik Deutschland; urgeschichtliche Abteilung von der Jungsteinzeit bis zur germanischen Eisenzeit, Moorfunde u. a. (Archäologisches Landesmuseum: April–Okt. Di–So 9–17 Uhr, Mo nur Nydamhalle mit Moorfunden; Nov.–März Di–So 9.30–16 Uhr. Wikingermuseum: April–Okt. tägl.9–18, Nov.–März Di–Fr 9–17, Sa, So 10–18 Uhr).
⓰ *Gebäude der ehemaligen preußischen Provinzialregierung*, 1875–78 errichtet. Heute Sitz der obersten Landesgerichte.
⓱ *Prinzenpalais*, um 1700, Fassade später klassizistisch umgestaltet. Benannt nach dem Prinzen von Noer, der hier im Jahr 1842 als Statthalter residierte.

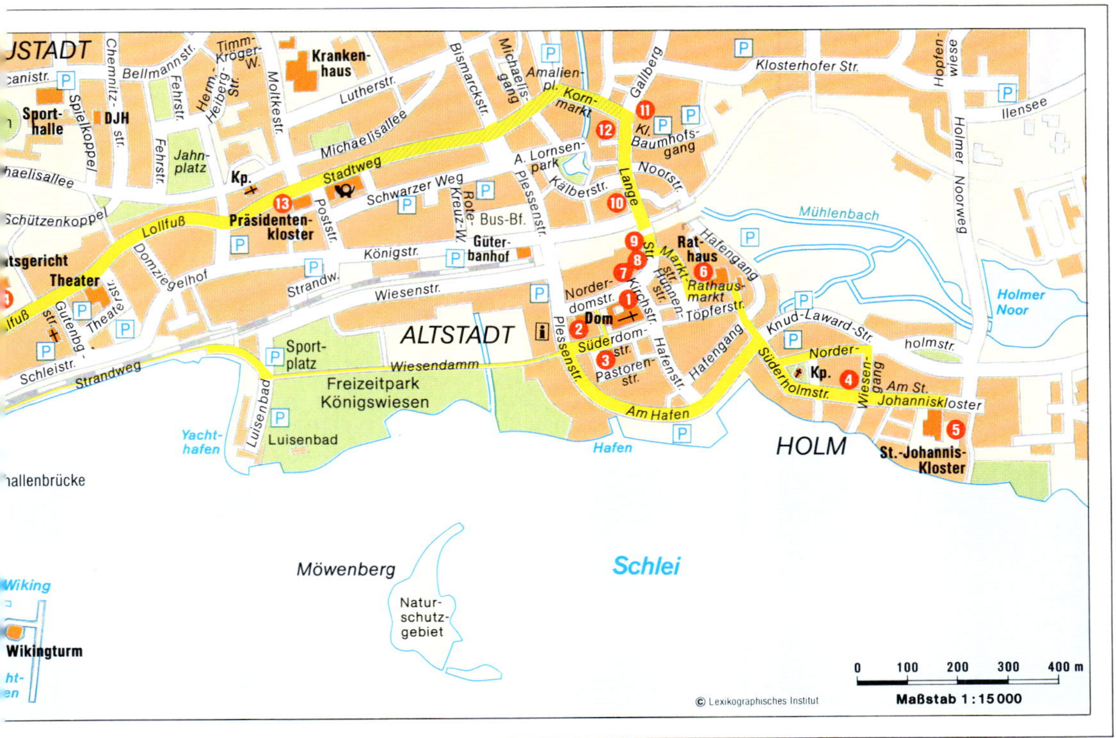

Haithabu – ein Handelszentrum der Wikinger

Die Wiege Schleswigs stand ein paar Kilometer vom heutigen Stadtkern entfernt in Haithabu (Ort an der Heide) oder »Sliaswich«, wie die Wikinger zu sagen pflegten. Um das Jahr 800 herum wurde am südwestlichen Zipfel der Schlei eine Siedlung gegründet, die sich in den folgenden beiden Jahrhunderten zum bedeutendsten Handelszentrum Nordeuropas entwickeln sollte. Hier, am Kreuzungspunkt der Handelswege zwischen Nord und Süd, Ost und West, wurden Waren aus aller Herren Länder umgeschlagen: Tuche, Schmuck und andere luxuriöse Fertigprodukte aus dem Westen gegen Bernstein, Wachs und Pelze, die aus den nordischen Ländern kamen.

Schon früh hatten die Wikinger die günstige Möglichkeit erkannt, Nord- und Ostsee an der schmalsten Stelle des Lands miteinander zu verbinden. Von der Ostsee kommend, wurden die Waren bis zum Endpunkt der Schlei, dem heutigen Haddebyer Noor, verfrachtet. Von hier aus allerdings mußten die Güter ein Stück Wegs »umgetragen« werden, denn der hohe Geestrücken des Lands erlaubte, jedenfalls mit den damaligen Mitteln, keinen kanalartigen Durchstich. So schleppte man die Fracht 10 km über Land und setzte sie am nächsten Hafen wieder ab. Der lag an der Treene, einem Nebenfluß der Eider. Die wiederum mündete in die Nordsee – der Weg zum Atlantik war offen.

Von der kurzen Landpassage abgesehen, war diese Verbindung gleichsam der erste Vorläufer des Nord-Ostsee-Kanals, der seit 1895 die beiden Meere miteinander verbindet.

Rund 1000 Einwohner zählte Haithabu seinerzeit, eine für damalige Verhältnisse beachtliche Zahl. Neben dem Handel blühten Handwerk, Kunst und Gewerbe, und auch die christliche Mission nahm hier ihren Anfang.

Ein großer Befestigungswall, dessen Reste heute noch zu sehen sind, sollte die 24 ha große Ansiedlung vor feindlichen Übergriffen schützen. Im Jahr 1066 aber war es mit der Herrlichkeit Haithabus vorbei. Die Wenden fielen über den Ort her und zerstörten ihn; von diesem Vernichtungsschlag hat er sich nie wieder erholt. An seiner Statt übernahm Lübeck vom 12. Jh. an die zentrale Position im Ostseehandel.

Hauptstadt dank Preußen

Am Nordufer der Schlei war unterdessen eine neue Siedlung gewachsen, die das Erbe des alten »Sliaswich« übernommen hatte: Schleswig. Bereits

(18) *von Günderoths Hof*, um 1634 als Quartier für eine persische Gesandtschaft errichtet. Dem Haupthaus wurden später das Torhaus und die beiden Seitenflügel hinzugefügt. Im Haus: *Städtisches Museum*, stadtgeschichtliche Sammlung, unter anderem Fayencen, Wohnkultur und Handwerkerwesen im 18./19. Jh., außerdem Werke von Malern und Bildhauern der Stadt Schleswig, Spielzeugsammlung und historische Druckerei (Di–So 10–17 Uhr).

Ein Dorf, das eine Stadt ist

In gut einer halben Stunde ist sie von Schleswig aus über die B 201 zu erreichen – Arnis, die kleinste Stadt der Bundesrepublik Deutschland. Am Nordufer der Schlei gelegen, strahlt sie den betulichen Zauber einer von der Umwelt vergessenen Ansiedlung aus. Im Jahr 1934 wurde dem Ort, der heute rund 500 Einwohner zählt, im Zuge einer Gemeindereform das Stadtrecht verliehen. Abgesehen von kleinen Zubringerwegen zur Schlei besteht Arnis nur aus einer einzigen, von gestutzten Linden gesäumten Straße. Bootsbau, Fischerei und Fremdenverkehr sorgen für das Wohlergehen der Bürger. Der Ort geriet sogar einmal ins Schlaglicht der Geschichte – am 2. Februar 1864. Damals setzten die preußischen Truppen vom gegenüberliegenden Sundacker über und erfochten wenig später auf den Düppeler Schanzen den entscheidenden Sieg über die Dänen.

Tips, Tips, Tips

Mit dem Boot auf der Schlei
Wer gern eine reizvolle Fahrt mit dem Boot auf der Schlei machen möchte, hat mehrere Möglichkeiten: Von der Schleihallenbrücke am Gottorfer Damm fährt die »Wappen von Schleswig« ab, die regelmäßig auf der Schlei verkehrt (☏ 23319). Wer gern selbst Kapitän spielen möchte, kann sich auch ein Boot mieten.

Drahteseleien
Sehr zu empfehlen ist es, einmal die herrliche Landschaft um Schleswig und entlang der Schlei ohne Streß (und Auto) zu erleben. Welches Fahrzeug eignet sich dafür besser als das Fahrrad? Man kann so ein Vehikel mieten, und zwar am Bundesbahnhof Schleswig und bei privaten Vermietern.

im Jahr 950 war hier ein Bistum gegründet worden. Nach 1544 entwickelte sich Schloß Gottorf 15 außerhalb der Stadt zu einer großen Residenz mit vier selbständigen Siedlungen, die 1711 mit Schleswig zur »combinierten Stadt Schleswig« zusammengeschlossen wurden. Sie wurde im 19. Jh. Ausgangspunkt der nationalen Erhebung in Schleswig-Holstein, die eine Loslösung von Dänemark zum Ziel hatte. Am ersten Ostertag des Jahres 1848 fand im westlichen Stadtgebiet die erste Schlacht des Kriegs von 1848–51 statt. Nach dem endgültigen Sieg der Preußen über die Dänen auf den Düppeler Schanzen (1864) wurde Schleswig im Jahr 1867 zur Hauptstadt der preußischen Provinz Schleswig-Holstein erklärt. 1945 bestimmten die Besatzungsmächte, daß fortan Kiel Sitz der Landesregierung sein solle. Die Schleswiger mußten sich damit begnügen, daß ihnen das Oberlandesgericht 16, die schleswig-holsteinischen Landesmuseen im Schloß Gottorf 15 und das Landesarchiv verblieben.

Heute strahlt Schleswig den Zauber einer mittelgroßen Stadt aus, die Vergangenheit und Gegenwart harmonisch in sich vereint. Mit wenig Industrie im Umfeld ist diese Stadt mit ihrer reizvollen Umgebung das Ziel vieler Gäste. Gepflegte Bürgerhäuser des 17. und 18. Jh. bestimmen neben einfühlsam gestalteten Neubauten das Gesicht der Altstadt. Ausflugsdampfer bringen den Besucher über die Schlei in eine Landschaft, die an Schönheit und Urwüchsigkeit ihresgleichen sucht. Von besonderem Reiz ist die Schleswiger Fischersiedlung Holm 4, ein malerisches Ensemble von kleinen, alten Häusern, die sich – wie auf eine Perlenkette gereiht – aneinanderschmiegen.

Der Turm zum Dom als Geschenk vom Kaiser

Herzstück der Stadt ist der Dom St. Petri 1 mit dem 112 m hohen Turm. Letzteren hat Kaiser Wilhelm I. den Bürgern gestiftet und durch den

Von »Schnusch« bis Schleihering
Zu den Schleswiger Spezialitäten gehört ein Gericht mit dem ungewöhnlichen Namen »Schnusch«. Es handelt sich dabei um ein schmackhaftes Gemüseallerlei mit Schinken. Auch sonst setzt man auf herzhaft ländliche Küche: Bohnen, Birnen und Speck, Schinken mit Spargel und neuen Kartoffeln, rote Grütze mit Milch und Zwieback. Natürlich darf bei allem Fisch, besonders Schleihering und Schleiaal, nicht fehlen.

Aus der Luft ist der Wall der Wikingersiedlung Haithabu klar erkennbar.

Eine Altstadtgasse gibt den Blick frei auf den hohen Dom.

Seit dem 17. Jh. ist Schloß Gottorf ein Mittelpunkt geistigen wie künstlerischen Lebens, einst als Herzogssitz, heute als Museum.

Berliner Architekten Friedrich Adler errichten lassen. Sonderlich froh waren die Schleswiger nicht über diesen preußischen Spitzpfeiler, und nach 1945 wurden sogar Stimmen laut, ihn abzubrechen. Doch er blieb, wurde 1955/56 von wilhelminischen Schnörkeln befreit und steht heute so selbstverständlich an der Schlei, als rage er dort schon seit Urzeiten in den nordischen Himmel.

Das Innere des Doms ist geprägt von Kunstwerken des 16. und 17. Jh., der Blütezeit des Gottorfer Herzogshauses. Glanzstück der Kirche ist der berühmte »Bordesholmer Altar«. Meister Hans Brüggemann schnitzte die nahezu 400 Figuren aus Eiche in den Jahren 1514–21 und schuf damit einen der bedeutendsten Altäre Nordeuropas. Er war ursprünglich in der Klosterkirche Bordesholm aufgestellt, daher sein Name.

Der eindrucksvollste Profanbau der Stadt ist Schloß Gottorf ⓯, jahrhundertelang Residenz der Herzöge von Schleswig. Der Gang durch die herrlichen Räume, die »Gotische Halle«, die Schloßkirche, den Blauen und den Weißen Saal, ist zugleich ein Spazierweg durch die schleswig-holsteinische Kunst- und Kulturgeschichte. Mittelalterliche Plastik, Mobiliar und Hausgeräte vom 15.–19. Jh., Zunftgeräte, kostbare Fayencen, die Adelskultur des 18. und die bürgerliche Wohnkultur des 19. Jh. sind geschickt in die historischen Räume einbezogen. Im ehemaligen Kreuzstall des Schlosses hat die Kunst des 20. Jh. ihren Platz.

In Schleswig gibt es reizvolles Kunsthandwerk wie diese Haustür.

Zeugen der Frühgeschichte: die Moorleichen

Weit zurück in die Vergangenheit wird der Besucher bei einem Gang durch die angrenzende Nydamhalle geführt. Neben Funden aus der Vor- und Frühgeschichte des Landes sind es vor allem die im Moor entdeckten Gegenstände aus der Eisenzeit, die historisch von Bedeutung sind. Außergewöhnlich gut erhalten sind auch die sogenannten Moorleichen, Menschen, die in der Zeit um Christi Geburt im Nordschleswiger Moor den Tod gefunden haben. Vieles deutet darauf hin – gefesselte Fußknöchel und verbundene Augen –, daß es sich nicht um Ertrunkene, sondern um Ertränkte handelt.

Das wertvollste Ausstellungsstück aber ist das Nydamboot aus dem 4. Jh. Es gilt als der älteste Fund eines seegängigen Fahrzeugs aus Nordeuropa und erwies sich bei seiner Ausgrabung aus dem Moor als so gut erhalten, daß man sogar die 6000 Nieten nachzählen konnte, die die mit Wolle und Teer abgedichteten Planken und Spanten des Boots zusammenhielten. 30 Ruderer haben einst in diesem 23 m langen Schiff Platz gefunden.

Schleswig – das ist buntes Leben im Spiegel der blauverträumten Schlei, der roten Ziegeldächer, der Fülle blühenden Rapses, der die Felder rund um die Stadt im Frühjahr wie mit einem sonnengelben Teppich überzieht. Schleswig – das ist neben der beschaulichen Geschäftigkeit in den Straßen der Altstadt auch eine Besinnung auf das Gestern, auf die Ursprünge des Lebens im Land zwischen den beiden Meeren.

Hinauf in die Hüttener Berge

Wer meint, Schleswig-Holstein sei ein flaches Land zwischen zwei Meeren, der irrt. Hügellandschaften prägen nicht nur das Bild der Holsteinischen Schweiz mit dem 164 m hohen Bungsberg, sondern auch den »Naturpark Hüttener Berge« in der Nähe von Schleswig. Zu erreichen ist der »Kleine Harz des Nordens« in Richtung Süden über die A 7/E 3 bis Ausfahrt Owschlag. Man kann auch parallel zur Autobahn auf der Landstraße durch Busdorf und weiter bis Brekendorf fahren. Kernstück des Naturparks sind die aus der jüngsten Eiszeit zurückgebliebenen, bis zu 100 m hohen Endmoränen. Laub- und Nadelwälder wechseln einander ab; viele Seen verbergen sich in dunklen Schluchten und Talsenken. Besondere Sehenswürdigkeiten im Naturpark sind der Aschberg mit dem Bronzestandbild Bismarcks, der Kreisforst Brekendorf und der über 1000 ha große Wittensee.

Theater, Musik, Veranstaltungen, Museen

Theater

Schleswig-Holsteinisches Landestheater und Sinfonieorchester, Stadttheater, Lollfuß 49–51. Oper, Operette, Schauspiel, Ballett, Freilichtspiele (Schloßhofspiele), ☏ 2 59 89.

Schleswiger Speeldeel und *Plattdeutsche Bühne Schleswig*. Spielort: vorwiegend Stadttheater. Zeitkritische Stücke und Lustspiele, ☏ 2 59 89.

Musik

Schleswig-Holsteinisches Landestheater und Sinfonieorchester, Lollfuß 49–51. Zehn Sinfoniekonzerte pro Spielzeit; Schloßhofkonzerte (Aug.), ☏ 2 59 89.

Schloß Gottorf ⓯, Reithalle. Kammer- und Sinfoniekonzerte im Rahmen des Schleswig-Holsteinischen Musik-Festivals, ☏ 81 42 26.

Kreishaus, Flensburger Str. 7. Klavier- und Kammerkonzerte, Liederabende mit Schülern, Lehrern und Gästen der Kreismusikschule, ☏ 2 75 15.

Dom St. Petri ❶. Konzerte auf der Marcussen-Orgel (Anfang Juni–Mitte Sept. Mi 20 Uhr). Aug.: im Rahmen des Schleswig-Holsteinischen Musik-Festivals, ☏ 2 57 40.

Oller Kotten, Gallberg 22. Veranstaltungshaus des Schleswiger Musikclubs, ☏ 2 44 19.

Patio, Lollfuß 3. Zeitgenössische Musik, Jazz, Folk, Kleinkunst, ☏ 2 99 99.

Veranstaltungen

Ende April/Anfang Mai: *Frühjahrsmarkt (Dommarkt)*, Kirmes auf dem Stadtfeld.

Mitte Juli bis Mitte Aug.: *Schloßhofspiele*, Freilichtaufführungen des Schleswig-Holsteinischen Landestheaters und Sinfonieorchesters im Hof des Schlosses Gottorf ⓯, ☏ 2 59 89.

Juli und Aug.: *Schützenfeste*, Lollfußer Schützengilde auf der Schützenkoppel, Friedrichsberger Schützengilde vor Schloß Gottorf ⓯, Altstädter St.-Knuds-Gilde an der Fischersiedlung Holm ❹ auf dem Netzetrockenplatz.

Erste Woche im Sept.: *Peermarkt* auf dem Stadtfeld; urspr. reiner Pferdemarkt, heute Jahrmarkt.

Museen

Archäologisches Landesmuseum der Christian-Albrechts-Universität, Schloß Gottorf, *und Wikingermuseum* Haithabu, Haddebyer Noor (s. ⓯).

Schleswig-Holsteinisches Landesmuseum für Kunst- und Kulturgeschichte, Schloß Gottorf (s. ⓯).

Städtisches Museum, Friedrichstr. 7–11 (s. ⓲).

PFAUEN APOTHEK

Schwäbisch Gmünd

Am Fuß der Kaiserberge

Schwäbisch Gmünd ist eine Stadt der Schmuckstücke – der kleinen wie der großen. Seit dem Mittelalter hat sich hier die Kunst des Goldschmiedehandwerks erhalten. Die Fachschule für Schmuck und Gerät zeugt ebenso von dieser Tradition wie eine bestens erhaltene Silberwarenfabrik, die derzeit zu einem Museum umgestaltet wird. Süddeutschlands größte und älteste Hallenkirche, das Heilig-Kreuz-Münster, ist ein bauliches Schmuckstück, das allemal eine Reise in die alte Stauferstadt wert ist. Und wer gemächlich durch den gut erhaltenen mittelalterlichen Kern Schwäbisch Gmünds schlendert, wird noch manch andere architektonische Kostbarkeit, wie den prachtvollen Marktbrunnen (unser Bild), entdecken.

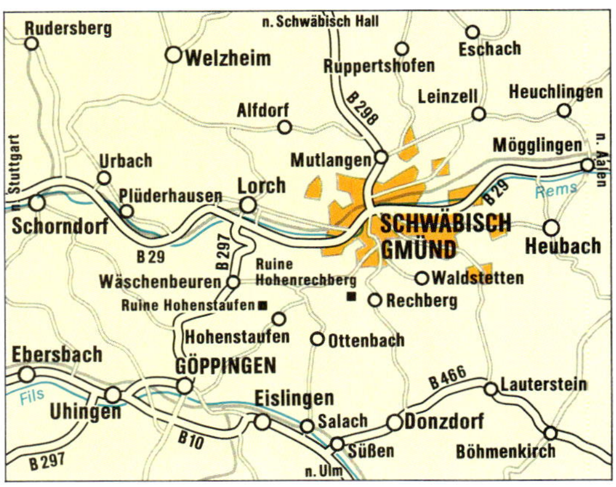

Wappen Seit dem 13. Jh. ein auf rotem Grund aufgerichtetes silbernes Einhorn; die Stadt übernahm wahrscheinlich das Wappen um 1250 von einer Gmünder Patrizierfamilie.
Lage Im Remstal zwischen Schwäbischer Alb und Schwäbischem Wald.
Land Baden-Württemberg
Autokennzeichen AA
Höhe 321–781 m ü. M.
Fläche 113 km²
Einwohnerzahl 60 000
Postleitzahl 7070
Telefonvorwahl 0 71 71
Post Zentrale Postämter am Bahnhofplatz 1 und am Marktplatz 20.
Polizei Lessingstr. 7, ☏ 3 58-0
Taxi ☏ 6 65 00, 29 00
Nahverkehr Privates Busnetz deckt Stadtgebiet und Umgebung ab. Fahrscheinverkauf im Bus; Busbahnhof am Hbf.
Parken Tiefgarage, Parlermarkt 17 (durchgehend geöffn.); Parkhaus im Gmünd Center, Am Kalten Markt (durchgehend geöffn.).
Touristinformation Städtisches Verkehrsamt im »Prediger« (Mo–Fr 9–17.30, Sa 9–12.30 Uhr; im Sommer verlängerte Öffnungszeiten), ☏ 6 03-415.
Stadtführung Nach Voranmeldung, ☏ 6 03-415.

Vielleicht der schönste Kirchturm im Lande

Schwäbisch Gmünd präsentiert sich als ein traditionsreiches und zugleich modernes Zentrum von Kunst, Handel und Gewerbe. Mit Sorgfalt hat man in den vergangenen Jahren den mittelalterlichen Stadtkern restauriert und gepflegt. Man muß den Gmündern bescheinigen, daß sie dabei relativ wenige Bausünden begangen haben. Eine Ausnahme bildet vielleicht der schöne Bau des Predigers (15), der im Innern so rigoros modernisiert wurde, daß es gar nicht zur alten Bausubstanz passen will. Andererseits gibt es neue Bauten, die sich gut in die historische Umgebung einfügen. Etwa das Wohn- und Geschäftszentrum Parlermarkt – ein gelungenes Beispiel für modernes innerstädtisches Wohnen und Leben.

Historischer Kern der Stadt ist der Marktplatz mit der doppelseitigen Marienfigur über dem Brunnen in der Platzmitte. Sein barockes Gesicht hat der Platz von dem Gmünder Baumeister Johann Michael Keller erhalten, der im 18. Jh. viel in der Stadt verändert hat. Jahrhunderte älter ist die mit ihrem Chor dem Marktplatz zugewandte Johanniskirche (2). Auf den Turm dieses Meisterstücks staufischer Baukunst sind die Gmünder besonders stolz, gilt er doch als einer der schönsten seiner Zeit im Lande. Beachten Sie, wie elegant er von einem quadratischen Grundriß in ein Oktogon übergeht. Ein Gang um die Kirche lohnt sich, denn was früher der Abwehr böser Geister dienen sollte, wirkt heute eher anziehend: Die skurrilen Tier- und Fabelwesen an den Friesen sind faszinierende Steinmetzarbeiten aus der Zeit der Romanik. An der Südseite der Johanniskirche machen enge Gäßchen und Durchgänge neugierig und verlocken zu Erkundung. Sie führen den Besucher der Stadt zum Prunkbau Schwäbisch Gmünds, dem Heilig-Kreuz-Münster (14). Bevor man das Innere dieser prächtigen Kirche durch den nördlichen Seiteneingang betritt, sollte man auch hier Umfeld und Äußeres erkunden.

Wie die Gmünder sich zu helfen wußten

Ein massives turmartiges Gebäude an der Nordseite fällt sofort ins Auge. Der gedrungene Bau ist seit dem frühen 16. Jh. der Glockenturm des Münsters. Ursprünglich wollte man beim Neubau des Heilig-Kreuz-Münsters die Türme der romanischen Vorgängerkirche zwischen Langhaus und Chor der neuen Kirche stehen lassen. Als man aber den Gewölbebogen zwischen den Türmen löste, stürzten diese am Karfreitag 1497 ein, und das Münster hatte damit keinen Turm mehr. Um weitere Baukosten zu sparen, setzten die cleveren Gmünder einen mächtigen Glockenstuhl auf die Mauern eines staufischen Steinhauses nördlich der Kirche, und schon war der Mangel behoben.

Vor dem Chor der Kirche, übrigens ein Höhepunkt gotischer Baukunst, steht das beliebteste Fotomotiv der Stadt, der Löwenbrunnen (17. Jh.). Am Vormittag, mit der Sonne im Rücken, gibt's besonders schöne Bilder.

An der Südseite der Kirche findet mittwochs und samstags am Fuß der schönen Mariensäule der Wochenmarkt statt. Doch nun ins Innere des Heilig-Kreuz-Münsters. Holen Sie vorher tief Luft, denn der Raumeindruck dieser Hallenkirche ist überwältigend. Sie ist eine der bedeutendsten Kirchenbauten ihrer Zeit. Entscheidend mitgewirkt am Bau haben Heinrich und Peter Parler, Vater und Sohn.

Man kann sich natürlich fragen, woher die Gmünder das Geld für ein so gewaltiges Bauwerk hatten. Es war das mächtige Fürstengeschlecht der Staufer, deren Stammburg ganz in der Nähe auf dem Hohenstaufen liegt, das Schwung in den kleinen Ort an der Mündung zweier Bäche in die Rems – daher der Name Gmünd – brachte. Die Stadtrechte erhielt Gmünd im 12. Jh. durch den Stauferkönig Konrad III. Erst nach dem Untergang der Staufer wurde es freie Reichsstadt.

Ein neues Kloster nach dem anderen

Das 13. Jh. brachte dann eine gewaltige Entwicklung der Stadt. Zahlreiche Klöster wurden gegründet: von den Franziskanern (um 1250), den Augustinern (um 1284) und den Dominikanern (vor 1294). Die Gmünder Franziskanerkirche (6) soll sogar die älteste auf deutschem Boden sein. 1720 wurde sie barockisiert, und der Hochaltar wie auch die beiden Seitenaltäre von 1751/52 werden dem bedeutenden Architekten und Stukkateur Dominikus Zimmermann zugeschrieben. Im 14. Jh. erlebte Gmünd seine wirtschaftliche Blütezeit. Ein Zeichen dafür war der Bau einer neuen äußeren Stadtmauer, heute sind von den ehemals 24 Türmen der Stadtbefestigung noch sechs erhalten (7) (11).

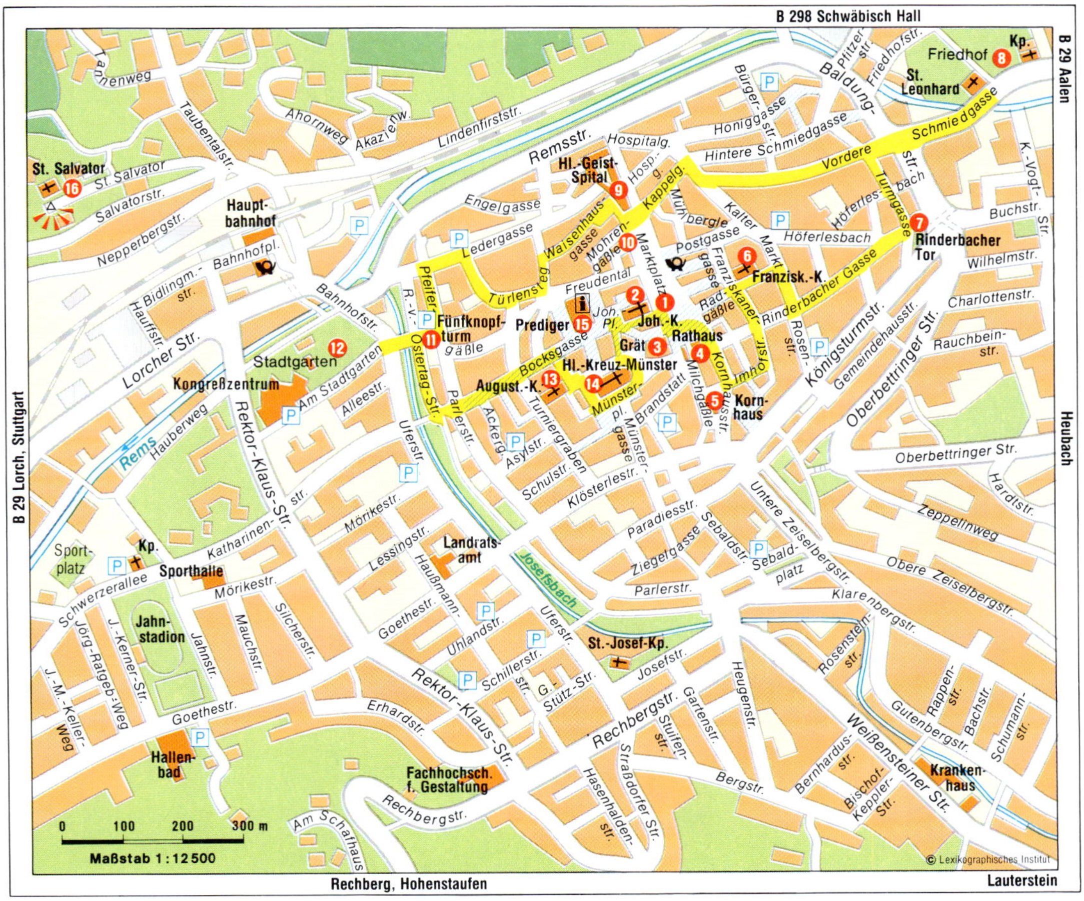

Stadtrundgang

Für den vorgeschlagenen Rundgang müssen Sie ca. zwei Stunden Gehzeit veranschlagen; als Abkürzung bietet sich der direkte Weg vom Heilig-Geist-Spital 9 *über den Marktplatz zum Heilig-Kreuz-Münster* 14 *an. Man kann auch von der Franziskanerkirche* 6 *über den Kalten Markt und die Hospitalgasse direkt zum Heilig-Geist-Spital* 9 *gehen. Jede der beiden Abkürzungen bringt etwa eine 3/4 Std. Zeitersparnis.*

Für Ruhepausen eignet sich der Stadtgarten 12*; wer beim Ausruhen etwas vom Treiben der Stadt mitbekommen möchte, sollte sich auf dem Platz zwischen Prediger* 15 *und Johanniskirche* 2 *niederlassen.*

Sehenswürdigkeiten

1 *Marktbrunnen* mit Renaissancesäule, im Jahr 1686 errichtet, darauf Doppelfigur der Madonna; der Brunnentrog ist mit Geschlechterwappen verziert.

2 *Johanniskirche*, flachgedeckte Pfeilerbasilika, um 1220–50 erbaut, an der Außenfront interessante romanische Bildhauerarbeiten.

3 *Die Grät,* vermutlich das erste Rathaus der Stadt aus dem frühen Mittelalter, 1536 umgebaut und erweitert, 1974/75 restauriert.

4 *Rathaus*, um 1760 als Wohn- und Handelshaus erbaut, 1783 Umbau zum Rathaus durch Johann Michael Keller.

5 *Kornhaus*, Fachwerkbau, 1507 als reichsstädtische Schranne (Getreidemarkt) erbaut.

6 *Franziskanerkirche*, frühgotische Kirche, mit romanischen Resten, 1720 barocker Umbau. Im Innern ein barocker Baldachinaltar von Dominikus Zimmermann.

7 *Rinderbacher Tor,* Wehrturm aus dem 14. Jh.

8 *Leonhardskirche und Herrgottsruhkapelle*; erstere wurde um 1350 erbaut und 1776 durch Johann Michael Keller umgestaltet. Die Herrgottsruhkapelle, 1622–24 von Caspar Vogt erbaut, ist Schauplatz der Ereignisse um den »Geiger von Gmünd«, einer Legende, die durch ein Gedicht von Justinus Kerner bekannt geworden ist.

9 *Amtshaus des Heilig-Geist-Spitals*, 1434 erbauter beeindruckender Fachwerkbau mit getäfelter Uhrenstube (16. Jh.).

10 *Mohrenapotheke*, Marktplatz 25. Die sehenswerten spätbarocken Fassadenmalereien stammen von Joseph Wannenmacher.

11 *Fünfknopfturm*, auch Knöpflesturm gen., Wehrturm aus dem 15. Jh.

12 *Stadtgarten* mit Rokokoschlößchen. Ehemaliges bürgerliches Gartenhaus, 1780 erbaut von Johann Michael Keller, und Geigerbrünnle von Wilhelm Wiedemann; auf dem Brunnen der »Geiger von Gmünd«.

13 *Augustinuskirche*, Klosterkirche aus dem 14. Jh., um 1755 barocke Formgebung durch Johann Michael Keller, schöne Barockfresken im Innern, heute ev. Stadtkirche.

14 *Heilig-Kreuz-Münster*, älteste süddeutsche Hallenkirche, Baubeginn um 1315, Baumeister unter anderen Heinrich und Peter Parler. Bestechender Innenraum. Die reiche Ausstattung wurde im 19. Jh. größtenteils entfernt. In einer Seitenkapelle Flügelaltar aus dem Umkreis Albrecht Dürers.

15 *Prediger mit Städtischem Museum*; an der Stelle des ehemaligen Dominikanerklosters wurde um 1724 ein neues Konventsgebäude errichtet, die noch erhaltenen Klostergebäude wurden barockisiert. 1969–73 wurde das Gebäude unter Beibehaltung des äußeren Bildes zum »Gmünder Kulturzentrum« umgebaut. Schwerpunkte des *Städtischen Museums* sind Landschafts-, Kultur-, Stadtgeschichte. Gemälde unter anderem von Hermann Pleuer und Emanuel Leutze (Di–Fr 14–17, Sa, So 10–12, 14–17 Uhr).

16 *St.-Salvator-Kapelle*, 1483 erstmals erwähnte Wallfahrtsstätte, 1616 von Kirchenbaumeister Caspar Vogt ausgebaut; sehenswerte, in den Fels gehauene Skulpturen. Von der Kapelle aus gute Sicht auf Stadt und Albberge.

Tips, Tips, Tips

Wandern ohne Gepäck
In dem herrlichen Wandergebiet um die drei Kaiserberge haben sich zahlreiche Gasthöfe und Hotels einen besonderen Service einfallen lassen: Sie transportieren das Gepäck ihrer Gäste zum nächsten Zielort, so daß der Wanderer unbeschwert Natur und Landschaft genießen kann. Unterlagen verschickt die Fremdenverkehrsgemeinschaft Stauferland, Verkehrsamt im Klosterpark, 7327 Adelberg, ☏ (07166) 311.

Kloster Lorch – Grablege der Staufer
Fährt man von Schwäbisch Gmünd auf der Bundesstraße B 29 Richtung Schorndorf, sieht man nach 10 km am Berg das ehemalige Kloster Lorch, das vermutlich der Stauferherzog Friedrich I. von Schwaben 1102 gestiftet hat. 1140 bestimmten die Staufer das Kloster zu ihrer Grablege, wo der Stifter und zahlreiche andere Mitglieder des Herrscherhauses ihre letzte Ruhe fanden, aber keiner der Stauferkönige und Stauferkaiser bestattet ist. Heute gilt das Kloster als ein hervorragendes Beispiel romanischer Baukunst.

Das Dreigestirn der Kaiserberge
Richtung Süden erhebt sich über Schwäbisch Gmünd der Rechberg. Mit dem Hohenstaufen und dem Stuifen zusammen bildet er das Dreigestirn der Kaiserberge.
Sie erreichen den Rechberg von Schwäbisch Gmünd aus über Straßdorf in 15 Autominuten. Am Fuß des Bergkegels liegt die mächtige Burgruine Hohenrechberg, die Stammburg der Grafen von Rechberg, die im Dienst der Staufer gestanden hatten. Ein Blitzschlag machte den riesigen Komplex im 19. Jh. zur Ruine. Von der Burg führt ein Weg an Kreuzwegstationen vorbei auf den Gipfel, den die Wallfahrtskirche St. Maria krönt. Seit 1424 ist ein Marienbild auf dem Berg das Ziel frommer Pilger. Die heutige Kirche wurde allerdings erst Ende des 17. Jh. errichtet. Vom Gipfel des Rechbergs hat man einen herrlichen Ausblick auf die anderen Kaiserberge und weit über Schwäbisch Gmünd hinaus.
Einen besonderen Anziehungspunkt für viele Besucher bildet in der Ortschaft Rechberg das Freizeit- und Blumenzentrum Schurrenhof mit dem bei Kindern sehr beliebten Märchengarten.

Gmünder Sensen schnitten gut

Nachdem die alte Römerstraße durch das Remstal, die vorher Huf- und Wagenschmiede ins Brot gesetzt hatte, im späten Mittelalter ihre Bedeutung als Verkehrsachse verlor, verlegten sich die Handwerker auf die ertragreiche Produktion von Sensen. Gmünder Sensen wurden in ganz Europa zum Begriff. Zusammen mit dem Gold- und Silberschmiedehandwerk war hier eine wirtschaftliche Grundlage geschaffen, von der die Stadt lange Zeit gut leben konnte. Doch muß die Verführung groß gewesen sein, sich auch unseriöser Methoden zu bedienen. Mit dem Satz »Bist du gmündisch Silber, dann fürchte den schwarzen Probierstein« brachte schon Goethe auf eine einprägsame Formel, was sich immer wieder erwies: Die Gmünder Handwerker hatten gemogelt.

Doch die Tugenden und das Traditionsbewußtsein überwogen bei der Bürgerschaft. Über Jahrhunderte verstand man, das Gold- und Silberschmiedehandwerk auf hohem Niveau zu halten. Dem feinen Handwerk, das durch die Gründung der ersten Silberwarenfabrik 1820 auch die Phase der Frühindustrialisierung in der Stauferstadt eingeleitet hat, ist man bis heute treu geblieben. Der Edelmetallindustrieverband wie auch die Interessengemeinschaft Silberwaren haben hier ihren Sitz. Zudem sind mit der Fachschule für Schmuck und Gerät und der Fachhochschule für Gestaltung Ausbildungsstätten von hohem Ruf gegründet worden. Die Krisenanfälligkeit des Edelmetallgewerbes war jedoch auch die Ursache dafür, daß Gmünd 1934 das einzige Notstandsgebiet Württembergs wurde. Um solche Krisen künftig zu vermeiden, kam es ab 1937 zur Gründung neuer Industriezweige; heute ist der größte Betrieb ein Zweigwerk der Zahnradfabrik Friedrichshafen. Auch alte Traditionen wurden wiederbelebt; so fand ein Teil der Gablonzer Glasindustrie hier seine neue Heimat.

Der mit Geschlechterwappen reich verzierte Löwenbrunnen bildet zusammen mit dem Chor des Münsters und dem Stadtturm ein beeindruckendes Ensemble.

Dem alten Glauben blieb man treu

Problematisch wurde es für die Stadt während der Reformation. In Gmünd hielt man eisern am alten Glauben fest und nahm in Kauf, zur Enklave in einem streng protestantischen Umfeld zu werden.

Das Jahr 1802 bildet eine Zäsur in der Geschichte von Schwäbisch Gmünd. Von nun an gehörte die Stadt zu Württemberg, was ihr Ende als freie Reichsstadt bedeutete. Doch hat die reichsstädtische Geschichte prägende Spuren hinterlassen, die bis in unsere Gegenwart spürbar sind. Die Gmünder Hochschulen unserer Tage knüpfen nahtlos an die geistes- und kunstgeschichtliche Vergangenheit der Stadt an. Schon 1776 besaßen die Gmünder eine Zeichenschule; die Lateinschule war eine der ersten des Landes. Die Pädagogische Hochschule ging aus dem 1825 gegründeten katholischen Lehrerseminar hervor. Schwäbisch Gmünd wird mit diesen überregional bedeutenden Bildungseinrichtungen seinem Ruf als traditionsbewußter und doch immer neuen Entwicklungen aufgeschlossener Stadt auch in Zukunft gerecht werden.

Die Meister von Gmünd

In Freiburg und in Prag, in Frankfurt und in Köln finden sich die Werke von Künstlern, denen eines gemeinsam ist: Sie sind Söhne der Stadt Gmünd. Peter Parler (1330–99), später Dombaumeister in Prag, erbaute in seiner Heimatstadt den Hallenchor des Münsters.
Der Maler Jörg Ratgeb (geb. 1480) wurde 1526 wegen Teilnahme am Aufstand der Bauern gevierteilt. Sein Herrenberger Altar in der Staatsgalerie Stuttgart gehört zu den absoluten Spitzenleistungen deutscher Malerei.
Dritter in diesem Gmünder Künstlertriumvirat ist Hans Baldung, genannt Grien (1484–1545). Er schuf u. a. den Hochaltar im Freiburger Münster.

Eine sanfte und doch abwechslungsreiche Landschaft, überragt vom Dreigestirn der Kaiserberge, umgibt die Stadt. Im Sommer locken Badeseen ins Umland, im Winter kann man sich sogar ins Skivergnügen stürzen.

Theater, Musik, Veranstaltungen, Museen

Theater

Theater in Schwäbisch Gmünd, Spielorte: Prediger ⑮, Kongreßzentrum Stadtgarten. Musiktheater, Schauspiel, Kinder- und Jugendtheater, Gastspiele in- und ausländischer Bühnen, ☏ 60 34 15.

Musik

Kongreßzentrum Stadtgarten, Rektor-Klaus-Str. Oper, Operette, Musical, Jazz; Zyklus »Meister musizieren« mit intern. Besetzung; Sinfonie- und Großkonzerte mit der Philharmonie Schwäbisch Gmünd, ☏ 60 34 15.
Heilig-Kreuz-Münster ⑭, Münsterplatz. Europäische Kirchenmusik Schwäbisch Gmünd (Juli/Aug.). Weihnachtskonzert (Dez.). Messen, Oratorien, ☏ 60 34 15.
Prediger ⑮, Johannisplatz 3. Klavier- und Kammerkonzerte, Liederabende, Kleinkunst, Liedermacher, Jazz, ☏ 60 34 15.
Kino-Kneipe-Fabrik, Hirschgäßle 7. Kleinkunst, Jazz, Folk, Pop, Programmkino, ☏ 6 45 18.
Café Spielplatz, Münsterplatz 12. Kleinkunst, Jazz, Folk, Pop, ☏ 6 22 88.

Veranstaltungen

Fastnacht: *Guggenmusiktreffen* am Beginn der Fasnetszeit: Fastnachtsmusik nach oberschwäbischer Tradition. *Gmünder Fasnet* mit Rathaussturm am »Schmotziga Dorschtig« (Do vor Fastnacht) und Umzug in der Innenstadt am Fastnachts-Di.
Juni: *Gmünder Stadtfest* am zweiten Sa im Juni, »Hocketse« mit Jazz- und Blaskapellen auf dem Johannis- und Marktplatz, Beginn der *Jahrgangsfeiern* (vier Wochenenden nacheinander). Den Auftakt machen die 40jährigen, denn der Schwabe wird mit 40 »gscheit«.
Vorletztes Wochenende im Sept.: *Gmünder Herbst.* Weinfest auf dem Johannisplatz.
Letztes Wochenende im Sept.: *Gmünder Streifen.* Großes Kulturfest in allen öffentlichen und privaten Kultureinrichtungen sowie auf Straßen und Plätzen.
Mitte Okt.: *Kirchweihmarkt.* Krämermarkt auf dem Marktplatz; gleichzeitig auf dem Schießtalplatz Jahrmarkt.
Dez.: *Kunstbasar* (zweites Adventswochenende) im Innenhof des Predigers: Einheimische Künstler zeigen und verkaufen ihre Werke.

Museen

Brünner Heimatmuseum, Johannisplatz 3. 1954 gegr., erinnert anhand von Dokumenten an die kulturelle, wirtschaftliche und bauliche Geschichte der Hauptstadt Mährens (Di–Fr 14–17, Sa, So 10–12, 14–17 Uhr).
Städtisches Museum im Prediger, Johannisplatz 3 (s. ⑮).

Schwäbisch Hall

Vom Salzsieden zum Häuslebauen

»Natur hat diese Stadt gewiegt und Kunst sie gebildet«, so sah Ricarda Huch Schwäbisch Hall, so sieht der kunstinteressierte Besucher diese Stadt auch noch heute. Wer am späten Abend den Marktplatz erreicht, steht verzaubert zu Füßen der mächtigen Treppe, die zu St. Michael emporführt. Aus dem nächtlichen Dunkel ragt, angestrahlt durch Scheinwerfer, der romanische Turm empor: Musik, in Stein komponiert ... Die Quelle des Reichtums lag aber nicht oben am Marktplatz, sondern unten am Kocher, wo eine ergiebige Quelle sprudelte und den Hallern über Jahrhunderte dicke Einnahmen im Salzhandel bescherte. Statt mächtiger Bürgerhäuser, die die Altstadt prägen, werden heute in und um Schwäbisch Hall vor allem »Häusle« gebaut. Ganz im Sinne des größten Arbeitgebers der Stadt, einer Bausparkasse.

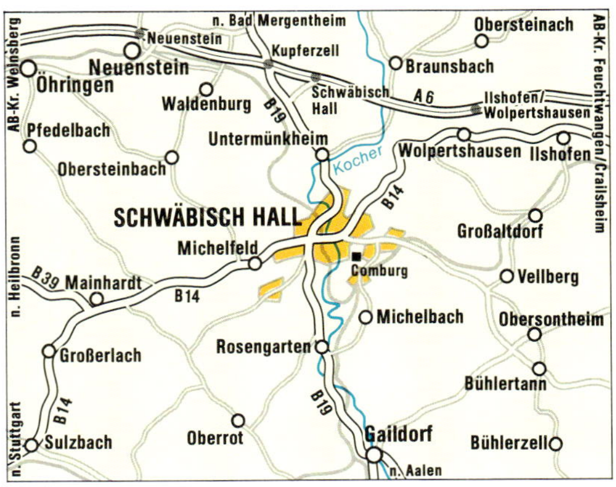

Wappen In geteiltem Schild in Gold ein goldenes Kreuz in roter Scheibe, unten in Rot silberne Hand in blauer, silberbordierter Scheibe. Die mit Kreuz und Hand belegten Scheiben erinnern an den Haller Heller. Diese Münze, der die Stadt den Namen gab, wurde seit der frühen Stauferzeit in Hall geprägt.
Lage Nordwürttemberg, im Engtal des Kochers.
Land Baden-Württemberg
Autokennzeichen SHA
Höhe 270–400 m ü. M.
Fläche 102 km²
Einwohnerzahl 31 000
Postleitzahl 7170
Telefonvorwahl 07 91
Post Hafenmarkt 2
Polizei Gräterweg 8, ☎ 40 00.
Taxi ☎ 61 17
Nahverkehr Omnibuslinien im innerstädtischen Bereich und zu den eingemeindeten Ortsteilen sowie zu bekannten Sehenswürdigkeiten; Fahrscheine beim Fahrer.
Camping Campingplatz Steinbacher See, ☎ 29 84, zu erreichen über B 19 oder B 14, beim Bahnhof zum Ortsteil Steinbach abzweigen.
Parken Parkmöglichkeiten innerhalb der Altstadt beschränkt; zu empfehlen sind die Parkplätze Weilerwiese (Zufahrt über Johanniterstr., B 14/B 19), Froschgraben (Zufahrt über Salinenstr.), Holzmarkt und Marktplatz an der Kirche St. Michael, Haalplatz, direkt am Kocher (Zufahrt über Salinenstr.), sowie das Parkhaus Innenstadt (Zufahrt über die B 14).
Touristinformation Informations- und Kulturamt, Am Markt 9, ☎ 7 51-246 (April–Sept. Mo–Fr 9–12, 14–18, Sa, So 10–14 Uhr; Okt.–März Mo–Fr 9–12, 14–17 Uhr).
Stadtführung Für Einzelpersonen: April–Okt. jeden 1. und 3. Sa im Monat, 14.30 Uhr. Treffpunkt Marktplatz, am Brunnen. Nach Voranmeldung bei der Touristinformation, ☎ 7 51-246.

Stadtrundgang
Bei unserem Stadtrundgang können Sie direkt am Ausgangspunkt, dem Haalplatz 1, *parken. Zuerst geht es über den Kocher und dann gleich recht steil hinauf zu der am Hang liegenden Altstadt. Für den Rundweg benötigen Sie etwa zweieinhalb Stunden ohne größere Besichtigungen. Eine sinnvolle Abkürzung führt von der Straße Am Spitalbach durch die Fußgängerzone (Neue Straße und Schwatzbühlgasse) zurück zum Haalplatz. Man spart dadurch gut eine Stunde Gehzeit, versäumt aber die Weiler- und die gesamte Katharinen-Vorstadt, die zur Zeit saniert wird, mit der St.-Katharina-Kirche* 16 *außerdem viele schöne Fotomotive, denn man hat von der linken Kocherseite einen herrlichen Blick auf die Altstadt. Ausruhen kann man sich auf der großen Freitreppe vor St. Michael* 7 *und hat dabei das schöne Rathaus* 5 *direkt vor sich. Wer lieber im Grünen rastet, kann dies auf den Kocherinseln beim Haalplatz tun, die vor einigen Jahren die Landesgartenschau beherbergten.*

Sehenswürdigkeiten
1 *Haalplatz mit Haalbrunnen*, ehemaliger Siedeplatz der Salzsieder; Salzquelle mit einem Ausstoß von 6 l/s und einer Salzkonzentration von 40 g/l.
2 *Sulfertor*, im 13. Jh. errichtet, 1729 umgestaltet; daneben der Sulfersteg, eine überdachte Holzbrücke aus dem Jahr 1728.
3 *Steinerner Steg*, Verbindungssteg zum Unterwöhrd aus dem Jahr 1516.
4 *Keckenburg*, um 1250 erbautes, guterhaltenes Haus der spätstaufischen Zeit, das der Stadtadelsfamilie Keck gehörte. Heute beherbergt die Keckenburg das *Hällisch-Fränkische Museum* mit mehreren Sammlungen.
5 *Rathaus*, 1730–35 erbaut; der palaisartige Barockbau ist ein Prunkstück unter den deutschen Rathausbauten. Die reich ausgestatteten Innenräume sind 1945 ausgebrannt und bis 1955 teilweise wieder hergerichtet worden.
6 *Fisch- oder Marktbrunnen mit Prangersäule*, originelle Brunnenanlage von 1509 mit den Dämonenbezwingern St. Michael, St. Georg und Simson. An der marktseitigen Wandecke die Prangersäule.
7 *Pfarrkirche St. Michael*, der Turm stammt bis zum Achteck aus dem 12. Jh. Das Langhaus wurde in den Jahren 1427–56 errichtet; der bis dahin noch romanische Chor wurde 1495 durch den bestehenden Hallenchor ersetzt. Im Innern Hochaltar niederländischer Prägung (um 1470), darüber Kruzifix von Michel Erhart (1494). Von 1510 stammt der Michaels-Altar von Hans Beuscher in der Sakristei; schöne Schnitzaltäre stehen auch in den Seitenkapellen.
8 *Großes Büchsenhaus oder Neubau*, durch seine Größe und Lage auffälligstes profanes Bauwerk im Stadtbild, Bauzeit zwischen 1508 und 1527; diente anfänglich als Waffenarsenal und Kornspeicher, ab 1604 auch für Theateraufführungen genutzt, heute Festsaal der Stadt.
9 *Stadtmauer*, Reste der einstigen Befestigung aus dem 13. Jh. mit Wehrgang.
10 *Heilig-Geist-Spital mit barocker Spitalkirche;* Vorgängerbau durch einen Brand 1728 zerstört, Neubau 1730–38 von dem Baumeister des Rathauses, Eberhard Friedrich Heim. Die Kirche mit sehenswerter Barockausstattung, Stuckverzierungen und Deckengemälde dient heute als Konzertsaal.
11 *Josenturm*, mittelalterlicher Turm mit Fachwerkaufsatz aus dem Jahr 1680.
12 *Gräterhaus*, imposanter Fachwerkbau aus dem 17. Jh.
13 *Weilertor*, Teil der Stadtbefestigung des 14. Jh., am Turm das Stadtwappen.
14 *St. Johann*, ehemalige Johanniterkirche; der ursprünglich romanische Bau wurde Ende des 14. Jh. durch gotische Elemente verändert, heute für Ausstellungen genutzt.
15 *Henkersbrücke*, wahrscheinlich schon im 13. Jh. vorhandene Brücke, die 1502 aus Holz in Stein umgesetzt wurde.
16 *Pfarrkirche St. Katharina*, Kirchenbau aus dem 13. und 14. Jh., um 1900 stark verändert, 1961 teilweise in ursprünglicher Form wiederhergestellt. Im Innern herrliche, um 1350 entstandene Glasfenster sowie Wandmalereien aus dem 15. Jh. und ein geschnitzter Hochaltar nach niederländischen Vorbildern, zwischen 1445 und 1449 entstanden.
17 *Burgruine Limpurg*, ehem. Burg der Schenken von Limpurg aus dem 13. Jh., 1575 durch den Rat der Stadt Schwäbisch Hall abgebrochen; Grundriß der ehemaligen Anlage erhalten.
18 *St.-Urbans-Kirche* in Unterlimpurg, um 1230 durch die Schenken begründet, 1470 spätgotisch erweitert, der Fachwerkkopf des Turmes stammt von 1689; im Innern Wandbild mit Maria am Spinnrochen aus dem frühen 15. Jh. und Hochaltar aus der Mitte des 15. Jh.
19 *Pfarrkirche St. Johann Baptist* in Steinbach, älteste Kirche im Schwäbisch Haller Stadtbereich, um 1100 entstanden; die Maßwerkfenster im Chor deuten auf eine Bauzeit im späten 13. Jh., der Fachwerkkopf des Turms entstand um 1600.
20 *Ehemaliges Benediktinerkloster Groß-Comburg*, bedeutende Klosteranlage aus dem Mittelalter (1079 gestiftet). Höchste Blüte während der Stauferzeit; 1488 Umwandlung in ein weltliches Chorherrenstift. Auch nach der Reformation katholisch geblieben, 1802 säkularisiert, heute Staatliche Akademie für Lehrerfortbildung. Die Kirche ist äußerlich von dem mächtigen, 1707–15 errichteten Barockbaukörper geprägt, drei romanische Türme sind noch von dem Vorgängerbau vorhanden. Im Innern ein barocker Hochaltar mit prächtiger Baldachinanlage; berühmt ist das Antependium (Verkleidung der Altarvorderseite) – heute am neuen

Kranzaltar angebracht –, aus der ersten Hälfte des 12. Jh. stammend, ebenso wie das wohl wichtigste Ausstattungsstück, der große Radleuchter; im Mittelschiff ein sehenswertes Renaissance-epitaph aus dem Jahr 1570. Erhalten sind auch noch zahlreiche Gebäude des Klosters und des Stiftes aus verschiedenen Bauzeiten, die sich um den Kreuzgang gruppieren, so die Alte Dekanei (1573), die Neue Dekanei 1732–37, die Erhardskapelle (um 1145 entstanden) und das Klostertor (12. Jh.).

㉑ *Ehemalige Propstei Klein-Comburg,* die Kirche, eine romanische Basilika (1108–20), ist noch gut erhalten, der Innenraum besticht durch Klarheit der Formen; im Chor stark restaurierte Wandmalereien des 12. Jh. Die Wohn- und Wirtschaftsgebäude stammen aus dem 18. Jh. und werden heute als Strafanstalt benutzt.

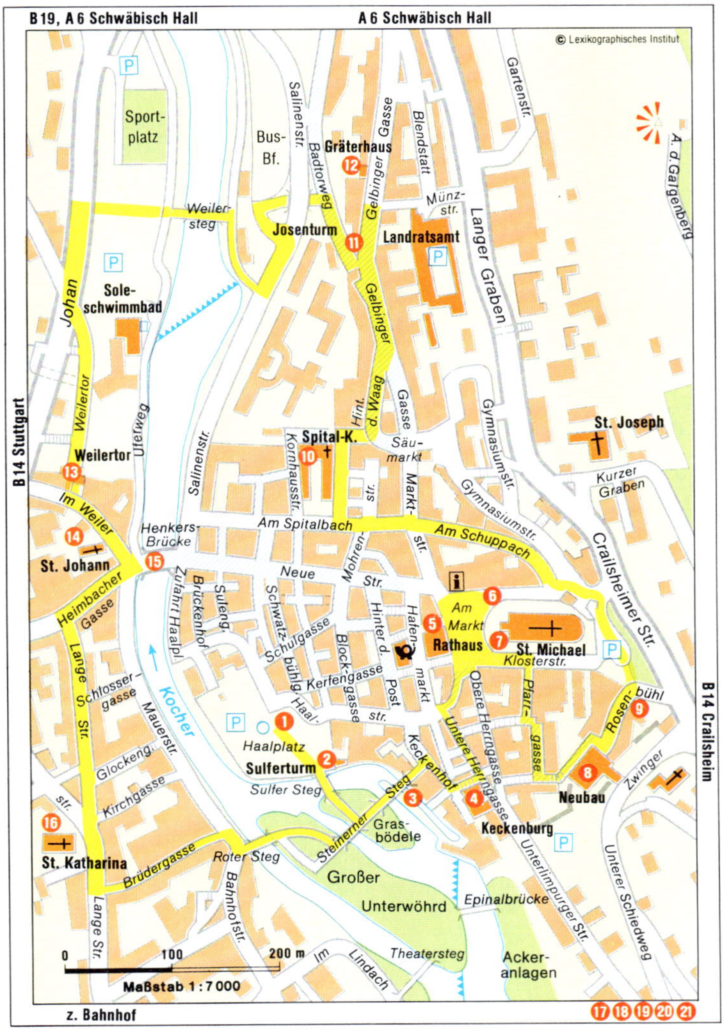

Im vergessenen Land

Etwas arrogant seien die Haller Reichsstädter, so hört man es in der Nachbarstadt Crailsheim noch heute. Und die »Schlitzöhrigkeit« der Franken, denen sie ja trotz des »Schwäbisch« im Namen angehören, die haben sie allemal. Hall und die Haller, das ist ein Stück unverfälschter Geschichte. Zwar hat die Zeit auch hier ihre Spuren hinterlassen, aber die Narben halten sich in Grenzen. Schwäbisch Hall liegt im württembergischen Franken, in einer Landschaft, die häufig als das »vergessene Land« apostrophiert wird. Vergessen wohl, weil sich das Hinterland dieser zweitgrößten Stadt in der Region – aus heutiger Sicht – als »heile Welt« präsentiert, ohne Massentourismus, aber auch ohne Industrie und mit Bauernhöfen, die ums Überleben kämpfen. Hall ist der historisch gewachsene Mittelpunkt dieses Raums und versteht sich auch heute als dessen kulturelles Zentrum.

Das »Empfangsgesicht« von Hall ist vielseitig: Fahnengeschmückt präsentieren sich Straßen und Brücken, wenn der Große Siedershof durch die Stadt zieht; mit Kissen und Decken »bewaffnet« sind dagegen am Abend die Besucher der Freilichtspiele, die zum Marktplatz hinaufstreben, um den Spektakeln auf der großen Freitreppe von St. Michael beizuwohnen. Und auch zu ganz normalen Zeiten führt der Weg zunächst zum Haller Wahrzeichen, der Stadtkirche St. Michael ⑦, wo der gleichnamige Schutzpatron der Stadt aus der Kirchenvorhalle hinunterblickt. Wer Zeit hat, sollte den Turm besteigen und aus 50 m Höhe einen Blick auf die Dachlandschaft werfen. Viele Plätze sind dazwischen zu erkennen, die Namen verraten ihre einstige Bestimmung: Säumarkt,

Die Haller Doovele

Die Haller »Doovele«, so werden die einstigen Reichsstädter noch heute manches Mal genannt. Und die Crailsheimer Nachbarn interpretierten diesen Namen ganz auf ihre Weise. Doch hat der Spitzname eine eindeutige Herkunft: In früheren Jahrhunderten erfreute sich der Vorname »David« in Hall unter den alteingesessenen Familien besonderer Beliebtheit. Und aus den »Davidle« wurden in der Mundart eben die »Dovelich«.

Hat Doktor Faustus mit den Siedern gezecht?

Georg Widmann, der Verfasser der 1599 in Hamburg gedruckten und von Goethe neben anderen Vorlagen für seine Faust-Dichtung zu Rate gezogenen »wahrhaftigen Historien von den greulichen und abscheulichen Sünden und Lastern« des »Doktor Johann Faustus«, wohnte in der Unterlimpurger Vorstadt. Die volkstümliche Überlieferung berichtet, der historische Faust habe sich auf einer seiner Reisen 1521 in Hall aufgehalten und hier mit den Siedern gezecht. Es könnte sein, daß der »fremde Doktor und Philosophus«, an den der Rat 1521 vier Kannen Wein ausschenkte, mit jenem Doktor Faustus identisch ist.

Ein Heller und ein Batzen

Das Volkslied ist wohlbekannt, doch wer weiß, daß dieser Heller von Hall, als erster Prägestätte dieser Silbermünze, zur Zeit Friedrich Barbarossas den Namen erhielt? Hand und Kreuz waren die Prägezeichen, Symbole des Marktrechts und Marktfriedens. Als der Silbergehalt des Hellers durch die Beigabe von Kupfer verringert wurde und dadurch sein Münzwert sank, genügte der Anblick einiger Exemplare, bei denen das Edelmetall bereits abgegriffen war, um das volkstümliche Wort vom »roten Heller« zu provozieren.

Hoch lebe der Siedersgockel
Das Kuchen- und Brunnenfest der Haller Salzsieder wird jedes Jahr nach der überlieferten Festordnung von 1785 zu Pfingsten gefeiert. Im Mittelpunkt steht ein 100 Pfund schwerer »Siederskuchen«, den, so die Sage, der Müller den Siedern als Dank für das Löschen eines Brands in der Dorfmühle gestiftet hatte. Zum Fest gehören die alten Siederstänze ebenso wie die zünftigen Trinksprüche, die jeder beim Trinken aus dem »Siedersgockel« auszubringen hat. Der »Gockel« ist ein über 100 Jahre alter Silberpokal in Gestalt eines Hahns, der daran erinnert, daß ein krähender Hahn auf den Brand aufmerksam gemacht haben soll.

Milchmarkt, Holzmarkt ... Die 54stufige große Freitreppe führt hinunter auf den Markt. Der Kirche gegenüber steht, als Pendant weltlicher Macht, das barocke Rathaus ❺, im Stil eines Fürstenpalais erbaut. Prächtige Bürger- und Stadtadelshäuser vervollständigen die Umrahmung des Platzes, der im Mittelalter gelegentlich Stätte adliger Kampfgerichte war. Heute erfüllt er eine weit friedlichere Funktion als Zuschauerraum für Klassikerinszenierungen auf der großen Freitreppe, die seit Jahren in den Sommermonaten Theaterfreunde von weither anlocken.

Schwierige Topographie mit besonderem Reiz

Steilstraßen, Straßentreppen, schmale Gäßchen führen vom Fluß über die schöne Fußgängerzone hinauf zum Markt, zu den Herrngassen in das älteste, noch aus der Stauferzeit stammende Viertel der Stadt. Hall selbst ist mit der Salzquelle ❶ die älteste Gewerbeansiedlung im deutschen Südwesten. Die seit keltischer Zeit genutzte Quelle gab der Stadt den Namen (althochdeutsch »daz Hal« = Saline). Die Sole wird noch heute für Heilbäder verwendet. Der Quellursprung auf dem tiefsten Punkt des engen Tals bestimmte die Lage der Stadt. Gerade die schwierige Topographie bildet heute den besonderen Reiz. Die wie aus der Spielzeugschachtel die Hänge emporgestaffelten, von grünen, unbebaut gebliebenen Hügelkämmen umrahmten Altstadtbauten werden überragt vom alles beherrschenden Großen Büchsenhaus ❽, das seit seiner Entstehung (1527) auch den Namen Neubau trägt.

Seit der Zeit Friedrich Barbarossas wurden hier nachweislich Heller geprägt, und schon bald trug der Heller den Stadtnamen über die regionalen Grenzen hinaus. Von der alten, ehemals 4 km langen Ummauerung Halls (13. Jh.) und seiner Vorstädte (14. Jh.) sind heute nur noch Reste sichtbar ❾.

Kriegerischen Auseinandersetzungen konnte Hall mit Geld aus dem Wege gehen. Nach dem Ende der Stauferherrschaft hatte sich die Stadt allerdings gegen die Annexionsabsichten der nachbarlichen Erbschenken von Limpurg zu wehren. Aus deren Gebiet bezog man das für das Salzsieden erforderliche Holz. Für die 111 Salzpfannen, die jährlich gesotten werden durften und im Mittelalter etwa 10 000, um 1800 gar 85 000 Zentner Salz erbrachten, waren pro Jahr 130 000 Kubikmeter Holz erforderlich. Die Streitigkeiten zwischen Hall und der Grafschaft Limpurg

Von St. Michael blickt man durch die Neue Straße auf die Henkersbrücke und die ehemalige Kirche St. Johann.

Hinter dem Sulfersteg überragt das Große Büchsenhaus, auch Neubau genannt, die alten Fachwerkbauten.

führten sogar zum Vermauern des Limpurger Tores (1431). Die Tafel ist noch heute an der Stadtbefestigung, bei der Einmündung der Oberen Herrngasse, zu sehen. Um sich den bedrohlichen Nachbarn vom Hals zu schaffen, erwarb die Reichsstadt die völlig intakte Limpurg (17) mit dem Dorf Unterlimpurg und ließ die Burg 1575 abtragen.

Noch heute liegt die Limpurg-Ruine malerisch über der Vorstadt Unterlimpurg; an der Urbanskirche (18) in der Unterlimpurger Straße führt der Weg durch die Badersklinge zur Ruine hinauf.

Von der Reichsstadt zum württembergischen Landstädtchen

Hall war im 15. Jh. eine reiche Stadt, die es sich leisten konnte, an der Stelle der alten romanischen Basilika die gotische Hallenkirche St. Michael (7) zu errichten. Zu Beginn des 16. Jh. entstehen der Steinerne Steg (3), die große Freitreppe und der Marktbrunnen mit Pranger (6).

Salz-, Wein- und Kornhandel begründen Reichtum und Bedeutung. Mit Weitsicht und geistiger Offenheit regiert der Rat die Stadt, die seit 1280 den Status einer Reichsstadt besitzt. Er beruft 1522 den Heidelberger Magister Johannes Brenz als Prediger an St. Michael, der die Reformation einführt und das Schul- und Sozialwesen verbessert.

Große Stadtbrände vernichten 1680 in der Gelbinger Vorstadt 100 Häuser und 1728 fast die gesamte Altstadt. Nach neuen Plänen entsteht das barocke Hall mit schönen Bürgerhäusern und dem Hospital zum Heiligen Geist (10), wo das Deckengemälde der Hospitalkirche Luther auf einer Wolke inmitten der Heiligen zeigt. Von besonderem Reiz sind die Fachwerkhäuser, vor allem das prächtige Gräterhaus (12) in der Gelbinger Gasse. Von dem Bildhauer Leonhard Kern, der seit 1620 in Hall wohnte, sind Arbeiten im Hällisch-Fränkischen Museum (4) zu sehen.

Die napoleonischen Kriege bedeuten das Ende der reichsstädtischen Freiheit: Am 9. September 1802 besetzen württembergische Truppen Hall. Zielstrebig wird von der neuen Obrigkeit die geistige Kapazität der Stadt verringert: König Friedrich I. von Württemberg läßt das akademische Gymnasium und die Realschule schließen, reduziert die Zahl der Juristen und Geistlichen. Die einst geistig und wirtschaftlich lebendige Reichsstadt sinkt zum württembergischen Landstädtchen herab.

Die großen Salinenanlagen – die Salzgewinnung war durch neue Techniken verbessert und der Holzverbrauch reduziert worden – werden,

Der Josenturm mit Fachwerkaufbau.

Jedes Jahr wird zu Pfingsten das Kuchen- und Brunnenfest der Haller Salzsieder nach 200jähriger Festordnung gefeiert; dabei tanzt der »Große Siedershof« auf dem Grasbödele, einer Insel im Kocher.

Tips, Tips, Tips

Bauernleben – wie es einmal war
In Wackershofen, einem nordwestlichen Ortsteil von Schwäbisch Hall (3 km), liegt das Hohenloher Freilandmuseum. In einem historischen Hohenloher Dorf – mit den Hauslandschaften »Wein- und Waldbauern« – und in einem »Mühlental« werden Bautechnik, Volkskunst, bäuerliches Wohnen und Arbeiten vergangener Jahrhunderte gezeigt. Das »Backofenfest« im Museum stellt alljährlich im September eine besondere Attraktion dar. Das Museum ist mit dem Linienbus (Richtung Gailenkirchen) zu erreichen. Mit dem Auto fahren Sie über die Johanniterstraße und die Stuttgarter Straße und biegen bei der Heimbachsiedlung Richtung Gottwollshausen – Wackershofen ab.

Wo Ikarus fliegt
Zu einem Ausflug in die schlösserreiche Umgebung des Hohenloher Landes gehört auch ein Besuch auf dem Einkorn. Er ist die höchste Erhebung (510 m) um Schwäbisch Hall. Blick vom Aussichtsturm auf Comburg und die Waldenburger Berge. Ein Grill- und Kinderspielplatz sowie gut gekennzeichnete Wanderwege bieten viele Freizeitmöglichkeiten. An Wochenenden ist er ein beliebter Startplatz für Drachenflieger. Anfahrt von Schwäbisch Hall über die Steinbacher Straße an der Comburg vorbei nach Hessental, vor dem Bahnhof Hessental links durch die Eisenbahnunterführung, danach rechts, bergauf.

einschließlich des Eigentums an den Quellen, vom Staat übernommen. Die 193 privaten Siederechte werden gegen eine »auf ewige Zeit« zu zahlende jährliche Rente abgelöst. Dieser 1827 geschlossene Vertrag ist bis heute in Kraft und ein Rechtsdenkmal eigener Art. Nach der Entdekkung der großen Steinsalzvorkommen in Kochendorf verliert die Haller Saline an Bedeutung, die Salzgewinnung wird 1924 eingestellt.

Ein Stück Tradition wird lebendig, wenn der Große und der Kleine Siedershof beim Kuchen- und Brunnenfest die überlieferten Tänze vorführen. Beide Formationen bestehen aus Fahnen-, Kannen- und Kuchenträgern, aus Spielleuten und Tanzpaaren, beim Großen Hof (Mitglieder ab 16 Jahre) kommen noch die Schützen hinzu. Während früher hier nur die ledigen Söhne und Töchter der Siedensberechtigten aufgenommen wurden, haben jetzt auch andere Jugendliche Aufnahmechancen.

Einen Heller mit nach Hause nehmen

Wer heute durch die Altstadt geht, merkt von der über ein Jahrhundert währenden Rezession nichts mehr. Vergangenheit ist aber auch das »Bad Hall«, das es zum Anfang dieses Jahrhunderts noch gab. Die Ackeranlagen (über Steinernen Steg und Epinalbrücke), der einstige Kurpark, sind nach wie vor beliebtes Ziel für Spaziergänger; auf dem Unterwöhrd, wo das frühere Solbad stand, finden heute Sonntagskonzerte statt.

Mit offenen Augen muß man schon durch diese Stadt gehen, um ihre Besonderheiten zu erkennen, denn sie ist alles andere als ein Museum: Heute leben im Zentrum 6000 Menschen, ebenso viele wie im Mittelalter. Die Wohnungen allerdings sind menschenwürdiger geworden; liebevoll gestaltete Baudetails zeigen die sorgfältig geplante Stadtsanierung. Das moderne Landratsamt versucht, sich (bewußt nicht historisierend) harmonisch in das Altstadtensemble einzufügen.

Wer nach Hall etwas Zeit mitbringt, sollte zweierlei nicht versäumen: ein Bad in der Sole und einen Besuch im Hohenloher Freilandmuseum im Haller Vorort Wackershofen. Familien mit Kindern sollten hier insbesondere die einmal monatlich, jeweils sonntags, stattfindenden Kinderaktionstage als Besuchstermin wählen.

Auch wer kein Numismatiker ist, kann von dieser Reise eine Erinnerung mit nach Hause nehmen: die Nachprägung eines Hellers in Silber oder in Kupfer. Beides ist erschwinglich und kann bei der Touristinformation erworben werden. Wer's »echter« will, versuche sein Glück bei den Banken. Von Zeit zu Zeit sind dort echte Hellerprägungen verschiedener Jahrhunderte zu bekommen.

Nicht fehlen sollte, bei einem Aufenthalt im Sommer, ein abendliches »Viertele« am Haller Marktplatz, wo von der Treppe, bei den Theaterproben, vielleicht die Worte aus Goethes »Faust« zu vernehmen sind: »Werd ich zum Augenblicke sagen: Verweile doch, du bist so schön!« – Man wird dann spüren, daß in Schwäbisch Hall die Augenblicke etwas länger dauern.

Bei einem Ausflug zum Einkorn sollte man auch die Klosterburg Comburg über dem Kochertal besuchen.

Das Rathaus gegenüber St. Michael wurde ganz im Stil eines feudalen Barockpalais gebaut.

Auf den bis zu 70 m breiten Stufen der Freitreppe von St. Michael werden seit 1925 alljährlich von Juni bis August bei Scheinwerferlicht Theaterfestspiele veranstaltet.

Theater, Musik, Veranstaltungen, Museen

Theater
Gerhards Marionetten Theater im Schafstall, Im Lindach 9. Marionettenstücke für Kinder, ☎ 4 85 36.
Neubausaal 8, Rosenbühl. Theatergastspiele, ☎ 75 13 21.

Musik
Hagenbachhalle, Berliner Str. Sinfoniekonzerte, ☎ 75 12 05.
Neubausaal 8, Rosenbühl. Kammerkonzerte, ☎ 75 12 05.
St. Michael 7, Marktplatz. Stunde der Kirchenmusik (Sa 18 Uhr, vierzehntägig, im Sommer wöchentlich); Oratorien, Orgelkonzerte, ☎ 74 83.
Hospitalkirche 10, Am Spitalbach. Kammermusik, Klavier- und Liederabende, ☎ 75 12 05.

Veranstaltungen
Fr vor Pfingsten: *Traditionelles Kinderfest* auf dem Marktplatz. Spiele und Tanzvorführungen für Kinder.
Pfingsten: *Kuchen- und Brunnenfest der Haller Salzsieder*. Fackeltanz, Marktplatz (Sa); Kuchenpräsentation, Gerichtsszene, Mühlenbrand, Siedertanz in den Ackeranlagen von Unterwöhrd, Grasbödele (So); Tänze des Großen und Kleinen Siedershofes in den Ackeranlagen von Unterwöhrd, Grasbödele (Mo).
Juni–Aug.: *Freilichtspiele Schwäbisch Hall*, Am Markt 8. Schauspiel auf der großen Freitreppe von St. Michael, Marktplatz (Mi–Sa 20.30 Uhr); Kindertheater auf der Kleinen Treppe, Gelbinger Gasse (Sa 16.30 Uhr), ☎ 75 13 21, 75 13 11.
Juli: *Jakobimarkt* auf dem Haalplatz 1 und den Kocherwiesen. Krämermarkt.
Letztes Wochenende im Aug.: *Sommernachtsfest* in den Ackeranlagen und Unterwöhrd mit Großfeuerwerk, Musik und Tanz.
1. Wochenende im Sept.: *Internationales Vorderladerschießen* am Schießstand Hasenbühl.
2. Wochenende im Sept.: *Haller Straßenspiele* in der Innenstadt. Musik, Spiel, Tanz, Theater.
Letztes Wochenende im Sept.: *Backofenfest »Musik und Tanz im alten Dorf«* im Hohenloher Freilandmuseum, Wackershofen. Präsentation hist. Backwaren.
Okt.: *Haller Weinherbst* am Kornhaus und in der Fußgängerzone. Ausschank von württembergischen Weinen.

Museen
Hällisch-Fränkisches Museum in der Keckenburg 4, Untere Herrngasse 6–12. Vor-, Früh- und Stadtgeschichte; Salz- und Siedewesen (Di–So 10–17, Mi 10–20 Uhr).
Hohenloher Freilandmuseum (regionales Freilandmuseum für Nordwürttemberg), Wackershofen. Bautechnik, Volkskunst, bäuerliches Wohnen und Arbeiten vergangener Jahrhunderte (April, Mai, Okt. Di–So 10–17.30, Juni–Sept. Di–So 9–18 Uhr).

Siegen

Wo Rubens' Wiege stand

Einst war die Stadt eine fürstliche Residenz und Mittelpunkt des bedeutendsten Montanreviers in Deutschland. Der ehernen Schätze wegen, die hier aus der Erde geholt und tausendfach verarbeitet und veredelt wurden, nannte der »eiserne« Kanzler Otto von Bismarck Siegen »ein leuchtendes Gestirn am Himmel der deutschen Industrie«. Nach dem Ausklingen des Erzbergbaus und der Ansiedlung moderner Industrien sieht Siegen seine Bedeutung heute eher in der glücklichen Lage als geographische Mitte der Bundesrepublik und zunehmend auch als Kongreß- und Universitätsstadt, deren Zentrum der Turm der Nikolaikirche mit der vergoldeten Fürstenkrone auf der Turmspitze überragt (unser Bild).

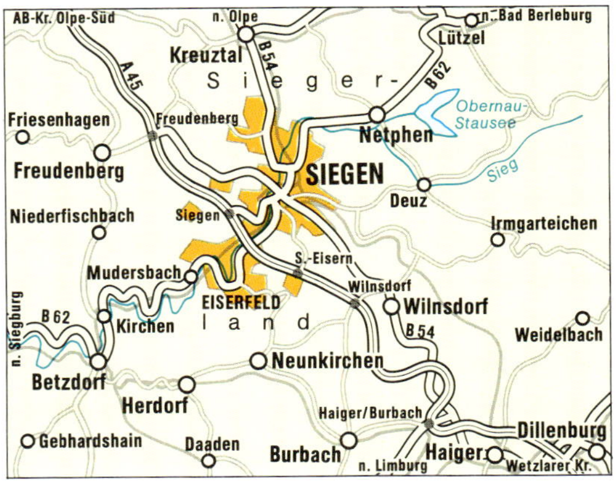

Wappen Das Siegener Wappen zeigt über der Zinnenmauer die Figur eines Erzbischofs und im Torbogen darunter den nassauischen Löwen – Sinnbild für einen Vertrag von 1224 zwischen dem Erzbischof von Köln und dem Grafen Heinrich dem Reichen von Nassau, durch den sich beide die Herrschaft über die Stadt teilten.
Lage Im Grenzdreieck von Nordrhein-Westfalen, Hessen und Rheinland-Pfalz, zwischen Rothaargebirge und Westerwald.
Land Nordrhein-Westfalen
Autokennzeichen SI
Höhe 213–500 m ü.M.
Fläche 115 km^2
Einwohnerzahl 107 000
Postleitzahl 5900
Telefonvorwahl 02 71
Post Hauptpostamt Siegen, Hindenburgstr. 9 (So 10–11 Uhr).
Polizei Kreispolizeibehörde Siegen, Weidenauer Str. 227, ☏ 40 61
Taxi ☏ 33 50 11
Nahverkehr Busnetz, Fahrscheine in den Fahrzeugen und im Pavillon am Busbahnhof (Hbf.-Vorplatz).
Parken Auf der Siegplatte an der Siegbrücke (Ausgangspunkt des Altstadt-Rundwegs), Parkhäuser Heeserstr., Morleystr., Hinterstr. (Oberstadt); alle Parkplätze über die Abfahrt »Siegen« der A 45 (Sauerlandlinie) und die B 62/54 auf direktem Weg ins Stadtzentrum erreichbar.
Touristinformation Pavillon am Hbf., ☏ 5 77 75 (Mo–Fr 9–13, 14–18, Sa 9–12 Uhr); Presse- und Informationsamt, Rathaus, ☏ 59 33 16 (Mo–Fr 8.30–12, 14–16 Uhr).
Stadtführung Für Gruppen nach Voranmeldung beim Presse- und Informationsamt der Stadtverwaltung Siegen.

Stadtrundgang

Unser Rundgang beginnt und endet auf der Siegbrücke (1)*, wo Sie ganz in der Nähe, in der Heeserstraße, parken können.*

Ohne längere Besichtigungszeiten müssen Sie für diesen Gang durch Siegen etwa zwei Stunden veranschlagen. Wem der Weg zu lang und der Aufstieg zum Oberen Schloß (11) *zu steil ist, kann auch schon von der Nikolaikirche* (10) *über die Kölner Straße wieder zum Ausgangspunkt zurückkehren. Die ca. 50 Min. Zeitersparnis müssen allerdings mit dem Verzicht auf das interessante Siegerland-Museum und die schöne Aussicht vom Oberen Schloß aus bezahlt werden, sofern man nicht anschließend mit dem Auto hinauffährt.*

Ausruhen kann man sich bestens nach dem Aufstieg zum Siegberg im idyllischen Schloßgarten (12) *oder schon unten in der Stadt in einer der zahlreichen Gaststätten zwischen Unterem Schloß* (4) *und Nikolaikirche* (10)

Sehenswürdigkeiten

(1) *Siegbrücke,* mit Bronzefiguren des Bergmanns und des Hüttenmanns (im Volksmund »Henner und Frieder«).
(2) *Denkmal* des in Siegen geborenen Pädagogen und liberalen Schulreformers Friedrich Adolph Wilhelm Diesterweg (1790–1866).
(3) *Martinikirche,* 1511–17 erbaut, enthält noch Teile eines großen dreischiffigen spätromanischen Vorgängerbaus, z. B. das Westportal. 1960 wurde ein guterhaltener ottonischer Mosaikfußboden in der Kirche freigelegt.
(4) *Unteres Schloß,* seit 1623 Residenz der ev. Linie Nassau-Siegen. Die heutige Dreiflügelanlage ist nach dem Stadtbrand von 1695 errichtet worden. In die Schloßanlagen einbezogen wurde die bei dem Brand nicht zerstörte ältere Fürstengruft mit den Grabnischen für die Fürsten von Nassau-Siegen.
(5) *Dicker Turm,* einziger vollständig erhaltener Wehrturm der mittelalterlichen Stadtbefestigung, heute Gedenkstätte »für die Kriegstoten und alle Opfer der Gewalt«. In der Turmhaube ein klangschönes Glockenspiel.
(6) *Alte Poststraße,* Fußgängerzone mit einer Figurengruppe aus Bronze, bestehend aus einem Hirten mit Kuhherde und Hund an der Viehtränke, als Erinnerung an die Zeit der Ackerbürgerstadt.
(7) *Kirche Mariä Himmelfahrt,* ehemalige Jesuitenkirche; einschiffiger Barockbau, zwischen 1702 und 1724 von Anton Hülse errichtet, im Zweiten Weltkrieg schwer beschädigt; dabei ging neben der gesamten Ausstattung auch das urspr. Kreuzrippengewölbe verloren.
(8) *Hotel »Laterne«,* Giebelhaus mit besonders schön gestalteter und verzierter Vorderfront.
(9) *Marktplatz,* historischer Kornmarkt; mit Städtischer Galerie Haus Seel und Grünanlage bildet er das Zentrum der Altstadt und ist die »gute Stube Siegens«.
(10) *Nikolaikirche,* spätromanische sechsseitige zentrale Hallenanlage aus der zweiten Hälfte des 13. Jh., Stadt-, Pfarr- und Hofkirche aus nassauischer Zeit; auf der Spitze des 1455–64 umgestalteten Turms vergoldete Nachbildung einer Fürstenkrone, im Volksmund »Krönchen« genannt; Wahrzeichen der Stadt. Zur Ausstattung gehört eine silberne Taufschale, Geschenk eines Kongo-Königs an Fürst Johann Moritz (1642), außerdem eine Bronzetür von Gerhard Marcks (1954).
(11) *Oberes Schloß,* im Kern mittelalterliche Burg, vom 16.–18. Jh. mehrfach umgebaut. Stammsitz des Hauses Nassau, heute Domizil des Siegerland-Museums mit acht Originalen des in Siegen geborenen Malers Peter Paul Rubens, weitere Gemälde und Grafik, Porträtsammlung der nassauischen Fürsten, außerdem Erinnerungen an Siegerländer Persönlichkeiten, volkskundliche Abteilung und Exponate aus den Gebieten Handwerk und Industrie, vor allem zu Hüttentechnik und Bergbau, Besucherbergwerk (Di–So 10–12.30, 14–17 Uhr).
(12) *Schloßgarten,* weitläufige Anlage mit alten Bäumen, auf der höchsten Erhebung Aussichtsplatz, Burgmauer mit Marburger Pforte, auf der Südseite moderne Jugendherberge.
(13) *Reinhold-Forster-Erbstollen,* Besucherbergwerk mit Mineraliensammlung aus dem Siegerländer Erzbergbau in Eiserfeld (zu erreichen mit den Buslinien 2 und 3, geöffnet jeden 1. So im Monat 14–16.30 Uhr; Führungen auch nach Anmeldung, ☏ 38 52 22).

Wiege der europäischen Eisenindustrie

Auf der Landkarte findet man Siegen schnell – genau in der Mitte der Bundesrepublik zwischen Köln und Kassel, Dortmund und Frankfurt liegt es. Lange Zeit war es beschwerlich, nach Siegen zu kommen, denn abgeriegelt durch die Höhenrücken des Rheinischen Schiefergebirges, eingebettet in das tiefe Tal der Sieg, mußte das nassauische Residenzstädtchen die großen Verkehrsströme vorbeiziehen lassen. Erst in den letzten Jahrzehnten hat sich das durch den Bau der Autobahnen Dortmund/Gießen (der A 45, »Sauerlandlinie«) und Köln/Olpe (A 4) geändert, und zwar grundlegend. Die Verkehrsplaner machten dabei gleichsam aus der Not eine Tugend, indem sie die Höhenwege über die Wasserscheiden wiederentdeckten, die in dieser Gegend schon von den keltischen Urbewohnern angelegt und benutzt worden waren.

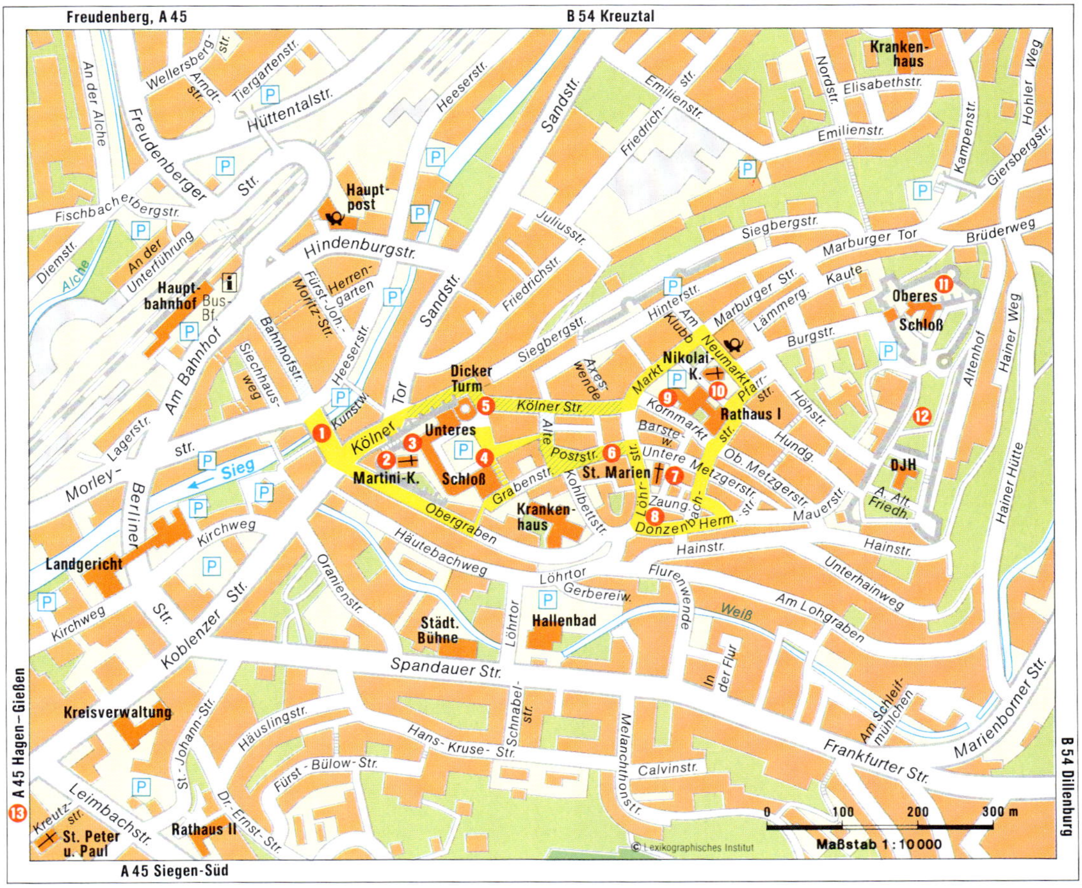

Diese hatte das Eisen hierher gelockt, genauer gesagt: der reichlich im Boden vorhandene Eisenstein, den sie schon vor 2000 Jahren zu schmelzen verstanden, um daraus Waffen und Hausgeräte zu gießen und zu schmieden.

Auf dieser uralten Tradition fußt die hochentwickelte Montanindustrie des Siegerlandes, ein Revier, das älter und lange Zeit bedeutsamer gewesen ist als das Ruhrgebiet. Nicht ohne Stolz nennt Siegen sich daher auch die »Wiege der europäischen Eisenindustrie«; noch um die Jahrhundertwende waren im Umland 94 Erzgruben in Betrieb.

Der strukturelle Wandel in den vergangenen 50 Jahren hat dieses Bild grundlegend geändert. Zwar ist Siegen auch heute noch ein Name für Eisen und Stahl, aber mehr in der Veredelung, im Maschinen- und Apparatebau, im Walzenguß und in der Röhrenfabrikation.

Von der großen Kleinstadt zur kleinen Großstadt

Überall im weit ausufernden Stadtgebiet stößt man auf Produktionsstätten von Industrie und Gewerbe, oft eng verzahnt mit den Wohnsiedlungen. Die Menschen hier sind fleißig, ja oft regelrecht verbissen in ihre Arbeit – was ihnen häufig, mit einem etwas neidischen Unterton, den Spott ihrer Nachbarn einbringt, die jenseits der nahen Konfessions-, Volkstums- und Sprachgrenzen zu Hause sind. Rheinischer Karneval ist in der Tat bis heute in Siegen, jedenfalls offiziell, verpönt – ein Erbe der calvinisch geprägten Reformation.

Daß die Siegener freilich »zum Lachen in den Keller gehen«, ist eine jener anzüglich-hämischen Übertreibungen, über die man sich in Siegen längst selber amüsiert. Daß man hier Feste feiern kann, und zwar in Saus und Braus, belegen zahlreiche Beispiele; man kann es auch in den vielen Vereinen, von den Turnern über die Schützen und die Heimatfreunde bis hin zu Hunderten von anderen Gruppierungen erleben. Durstig und trinkfest sind die Siegener allemal; wie sonst wohl würden in der Stadt und ihrer Umgebung vier ansehnliche Bierbrauereien existieren können, deren kleinste mit fast 300 Jahren die älteste ist.

Peter Paul Rubens – ein Siegener

Unter einem der schiefergedeckten Dächer der Siegener Altstadt erblickte anno 1577 ein Knabe das Licht der Welt, der die Malerei des Abendlands um unvergängliche Werke bereichern sollte: Peter Paul Rubens, der Meister des Hochbarock, Sohn flämischer Eltern. Sein Vater Jan Rubens, Rechtsanwalt und Stadtschöffe in Antwerpen, hatte die Siegener Schloßherrin Prinzessin Anna von Sachsen kennengelernt, die ihn zu ihrem Vermögensberater machte. Aus dem Dienstverhältnis wurde eine Liebesbeziehung, die nicht ohne Folgen blieb: Die Prinzessin, von ihrem auf Kriegszügen befindlichen Gatten, dem Prinzen Wilhelm I. von Oranien, vernachlässigt, wurde schwanger, ihr Geliebter Jan Rubens daraufhin wegen Ehebruchs verhaftet und zum Tode verurteilt, später aber begnadigt. Seine Frau, Marie Pypelinckx, durfte zu ihm nach Siegen ziehen. Dort gebar sie am 28. Juni 1577 einen Sohn, der auf die Namen der Apostelfürsten getauft wurde: Peter Paul Rubens.

Tips, Tips, Tips

Wo's Riewekooche gibt
Sollten Sie während des Stadtbummels, der in Siegen ja etwas anstrengend ist, ein flaues Gefühl im Magen verspüren, sprich Hunger bekommen, ist es Zeit, einen original Siegener »Riewekooche« zu essen. Sie bekommen ihn in den meisten Bäckereien der Stadt und immer ganz frisch auch in der Kaffeestube im Oberen Schloß ⑪.

Freu dich auf Freudenberg . . .
Wer in Siegen verweilt, sollte sich auch die Zeit nehmen und einen Abstecher in das nahe Freudenberg auf keinen Fall versäumen. In 20 Autominuten (auch mit der Buslinie 45 ab Hbf.) erreicht man den über 500 Jahre alten Marktflecken, dessen herbe Schönheit ihresgleichen sucht. Er besteht im Kern aus etwa 70 schwarzweißen Fachwerkhäusern nach dem Entwurf eines fürstlichen Baumeisters des 17. Jh. In der rasterartigen Anlage seiner Straßen und Gassen ist dieses »Rothenburg Westfalens« die einzige in Deutschland original erhaltene Ackerbürgerstadt der Barockzeit – ein Kleinod von anmutigem Reiz und ein anheimelnder Luftkurort (staatlich anerkannt) dazu.

Sprachliches Muttermal: das rollende »r«
Was einem Fremden in Siegen (und viel mehr noch in den Dörfern des Umlands) sofort auffällt, das ist die eigentümliche Mundart der Eingesessenen. Ein schwer einzuordnender Dialekt, weder Hochdeutsch noch Niederdeutsch, sondern eine nassauische Variante des Hessischen mit rheinischen Einschüben. Sein besonderes Merkmal (oder »Muttermal«) liegt in dem stark betonten Konsonanten »r«, der zwischen Zunge und Gaumen gerollt wird und sehr viel Ähnlichkeit mit dem »r« hat, wie es die Amerikaner Kaliforniens aussprechen. Daß die alteingesessenen Siegerländer überall ihr »Platt schwätze«, am Arbeitsplatz, in der Familie oder in geselliger Runde, ist bis heute eine Selbstverständlichkeit.

Die Kernstadt liegt – immerhin eine Parallele zu Rom – auf sieben Hügeln verstreut, so daß man schon vom nahen Flugplatz Eisernhardt oder vom 16 km entfernten Siegerland-Flughafen zu einem Rundflug starten muß, um Siegen in seiner ganzen Ausdehnung überblicken zu können. Was man dabei gut erkennen kann, ist die enge Verflechtung der Stadt mit ihrem Umland. Als Siegen schon aus allen Nähten platzte, kam es (1975) endlich zur längst fälligen kommunalen Gebietsreform. So entstand aus der großen Kleinstadt eine kleine Großstadt mit über 100 000 Einwohnern.

Vom »Musentempel« träumt man noch

Was man noch entdecken kann, und dazu braucht man nicht extra in die Luft zu gehen: Siegen liegt in einem Kranz von Wäldern (und nebenbei: im waldreichsten Kreis Nordrhein-Westfalens), einer Mischung aus Hoch- und Niederwald, der in dieser Gegend »Hauberg« genannt wird. Darunter verstehen die Einheimischen einen Wirtschaftswald, dessen Eigentümer Genossenschaften sind, eine Rechtsform, die schon jahrhundertealt ist. Etwa bis zum Zweiten Weltkrieg waren die Hauberge nicht nur Holzspender; der Boden wurde vielmehr in einem durchdachten Wechsel als Wald und als Acker genutzt.

Für die kleinen Dörfer ringsherum, in denen die Hauberg-Tradition teilweise noch heute aufrechterhalten wird, war und ist Siegen der unbestrittene Mittelpunkt, ganz einfach »die Stadt«. Seit 1972 gibt es hier auch eine Universität (als Gesamthochschule), mit derzeit etwa 9000 Studenten zwar die kleinste in Nordrhein-Westfalen, aber ein Anziehungspunkt für viele junge Leute auch aus den angrenzenden Bundesländern Rheinland-Pfalz und Hessen.

Wie ein Magnet wirkt immer wieder die Siegerlandhalle, die größte Mehrzweck-Veranstaltungshalle im Länderdreieck und neuerdings ein

Freudenberg ist die einzige erhaltene Ackerbürgerstadt Deutschlands.

Beliebt bei den Kindern ist die Bronzegruppe in der Alten Poststraße mit Hirte, Kuhherde und Hund an der Tränke, Symbol der Ackerbürgerstadt Siegen.

vielgefragtes Kongreßzentrum. Im kulturellen Angebot vermißt wird noch immer ein Stadttheater. Als Spielstätte auswärtiger Bühnen dient daher vorwiegend die Aula eines Gymnasiums. Schon längst hätte Siegen nach dem Willen der Bürger und Stadträte den »Musentempel«, wäre es nur um die städtischen Finanzen besser bestellt.

Auf dem historischen Siegberg mit seinen Schlössern, Kirchen, Türmen und der alten Wehrmauer, die an einigen Stellen noch sichtbar ist, schlägt das Herz der Stadt, er ist bis heute ihr pulsierender Mittelpunkt, hier liegen ihre attraktivsten Einkaufsstraßen.

Eine goldene Krone als Wahrzeichen

Siegen hat die Wirren von Reformation und Gegenreformation ebenso überlebt wie den großen Brand von 1695 und die schweren Wunden, die der verheerende Luftangriff vom 16. Dezember 1944 ihm schlug, bei dem die Stadt zu 83 % zerstört wurde. Als sich die Bürger nach Kriegsende daranmachten, ihre Stadt wiederaufzubauen, folgten sie im wesentlichen dem Leitbild der Vergangenheit, ohne damit freilich die Originalität des unwiederbringlich Verlorenen retten zu können. Als sich dann der Trend zur autogerechten Stadt immer mehr durchzusetzen begann, gingen viele Bürger auf die Barrikaden. Ihr jahrelanger Kampf gegen Linienführung und Form einer Stadtautobahn zwang die Behörden zum Umdenken.

Jahrhundertelang war Siegen eine nassauische Stadt; die mittelalterliche Burg auf der Kuppe des Siegbergs, das heutige »Obere Schloß« ⓫, gilt als Stammsitz eines Geschlechts, das später den Beinamen »Oranien« führte und die Niederlande beherrschte. Ihr berühmtester Sproß war Prinz Wilhelm, genannt »der Schweiger«. Am Hof Kaiser Karls V. erzogen und anfangs treuer Vasall, brach er unter dem Eindruck der blutigen iberischen Schreckensherrschaft des Herzogs von Alba mit Tradition und Glauben und wurde zum heftigsten Widersacher Philipps II. Im Jahr 1568 sammelte Wilhelm von Oranien auf der Ginsberger Heide bei Siegen ein Söldnerheer, das er dann gegen die Spanier führte. Dies war der Beginn des großen Befreiungskrieges. Heute verehren die Niederländer den Prinzen von Oranien als »Vater des Vaterlandes« und als Retter des europäischen Protestantismus vor der Gegenreformation.

In Siegen selbst, das erst im 17. Jh. zur fürstlichen Residenz erhoben wurde, ist allerdings ein anderer Nassauer weitaus populärer: jener Fürst Johann Moritz, dem die Stadt mehrere noch heute dominante Bauwerke verdankt, so das Untere Schloß ❹ mit seinem prachtvollen Säulengang und der Fürstengruft; noch beliebter aber ist die überdimensionale Nachbildung einer Krone, die als Wahrzeichen die Turmspitze der Nikolaikirche ❿ inmitten der Altstadt ziert. Die Verbundenheit der Bevölkerung mit diesem Symbol geht bis zur Identifikation; wenn heute vom »Krönchen« die Rede ist, ist damit auch die Stadt selbst gemeint ...

Der letzte Holzköhler an der Sieg
Die grünen Höhenzüge des Westerwalds und des Rothaargebirges, die Siegen schützend umgeben, waren jahrhundertelang die schier unerschöpflichen Quellen des Reichtums der einheimischen Montanindustrie. Sie lieferten den Rohstoff für die Holzkohle, die zum Verhütten des Eisenerzes benötigt wurde. Als die Steinkohle und neue Technologien die Holzkohle verdrängten, ging der Raubbau an den Wäldern zu Ende. Ein Holzköhler brennt heute noch seine Meiler eine halbe Autostunde von Siegen entfernt, oberhalb von Netphen-Walpersdorf, direkt an der Landesstraße 719. Typisch sind die hellen, sich kräuselnden Rauchfahnen; wer sie am Straßenrand übersehen sollte, dem steigt der würzige Meilergeruch bestimmt in die Nase. Holzkohle ist wieder gefragt, z. B. für die Grillparty. Man kann sie an Ort und Stelle kaufen.

Das überdimensionale »Krönchen« ziert den Turm von St. Nikolai.

Theater, Musik, Veranstaltungen, Museen

Theater
Bühne der Stadt, Spandauer Str. 51 (Aula des Gymnasiums, Löhrtor). Spielorte – Siegerlandhalle, Koblenzer Str. 151; Oberes Schloß, Burgstr.; Rathaus am Kornmarkt; Bismarckhalle, Bismarckplatz. Gastspiele: Schauspiel, Kinder- und Jugendtheater, ☏ 5 34 86.
Kleines Theater »Lohkasten«, Löhrtor 3. Kleinkunst, Pantomime, ☏ 5 10 16.

Musik
Siegerlandhalle, Koblenzer Str. 151. Sinfonie-, Chor- und Oratorienkonzerte, Operette, Ballett, Kabarett, Show, ☏ 3 37 01 21.
Rathaussaal im Rathaus, Kornmarkt ❾. Kammerkonzerte, ☏ 5 10 16.
Nikolaikirche ❿, Pfarrstr. 4. Oratorien-, Chor- und Orgelkonzerte, ☏ 5 53 15.
Martinikirche ❸, Grabenstr. 22. Oratorien-, Chor- und Orgelkonzerte, ☏ 5 53 15.
Peter- und Paulkirche, Peter-Paul-Str. 10. Chor- und Orgelkonzerte, ☏ 33 67 00.
Jazz Club Oase, Siegen – Kaan – Marienborn, Hauptstr. 18. Alle Richtungen des Jazz mit deutschen und intern. Interpreten, ☏ 8 42 55.

Veranstaltungen
Alle fünf Jahre (1992) Juni: *Verleihung des Internationalen Rubenspreises der Stadt Siegen* an einen Maler, Oberes Schloß, Museum ⓫, ☏ 59 32 59.
Mai – Sept.: *Sonntagnachmittag um vier* – Konzerte im Schloßgarten ⓬ (16 Uhr): Chorkonzerte, Blasmusik, Folklore, Jazz, Gospel, Blues, Soul, Dixieland, ☏ 59 32 59.
Anfang Juni: *Theaterfestival in Siegen.* Spielorte – Schloßpark, Bismarckhalle, verschiedene Theater der Stadt: Schauspiel, Performance, Musical. Sommerliches *Straßenfest* am Kornmarkt. Straßen- und Gauklertheater. *Nachtcafé* in der Villa Waldrich, Hohler Weg 1. Klavier- und Gitarrenkonzerte, Jazz, Folk, Volksmusik, Vokalmusik, Musikkabarett, Flamenco, ☏ 59 32 59.
Ende Juni: *Johannimarkt* an der Siegerlandhalle. Volksfest.
Sept.: *Schloßkonzerte* im Oberen Schloß ⓫, Burgstr. Kammerkonzerte, ☏ 5 22 28.
Nov.: *Internationaler Kunstmarkt Siegen* in der Siegerlandhalle. Ausstellung und Verkauf, ☏ 3 37 00.

Museen
Glocken-Museum Eiserfeld, In der Hubach 50. Sammlung von über 900 kleinen Glocken und glockenähnlichen Klanginstrumenten (Öffnungszeiten nach Vereinbarung).
Siegerland-Museum im Oberen Schloß, Oberes Schloß (s. ⓫).

Heimliche Hauptstadt Westfalens, Stadt der Künste und der Kirchen – so nennt man Soest, das in der fruchtbaren Soester Börde und an einer alten Heer- und Handelsstraße liegt. Die Vorfahren der Soester waren gewiefte Kaufleute, die das Salz ihres solehaltigen »Großen Teichs« zu Geld machten. Noch heute finden sich überall Spuren dieses frühen Reichtums, obwohl der Zweite Weltkrieg die Stadt schwer heimgesucht

Soest

Handelsplatz am Hellweg

hat. Nirgendwo sonst in Westfalen ist das Mittelalter in so vielen historischen Bauten lebendig. Wie »ein Schiff, das von weiter Handelsfahrt zurückgekehrt ist«, schrieb der Schriftsteller Julius Overhoff 1935, liegt sie am Fuß des Arnsberger Walds mitten in einer der fruchtbarsten Landschaften Deutschlands. Eine alte stolze Hansestadt, die sich über Jahrhunderte hinweg ihren Reiz erhalten hat.

Wappen Der rote Petrischlüssel erinnert an den ursprünglichen Schutzpatron der Stadt, den hl. Petrus. Im 10. Jh. wurde St. Patroklus der Schutzheilige der Stadt.
Lage In einer fruchtbaren Bördelandschaft, an die sich südlich die Haarhöhen und das Sauerland anschließen.
Land Nordrhein-Westfalen
Autokennzeichen SO
Höhe 75–220 m ü. M.
Fläche 85,8 km^2
Einwohnerzahl 43 000
Postleitzahl 4770
Telefonvorwahl 0 29 21
Post Hauptpost, Rathausstr. 8.
Polizei Walburger-Osthofen-Wallstraße, ☎ 38 30.
Taxi ☎ 1 33 97
Nahverkehr Im Stadtbereich verkehren Busse des Regionalverkehrs Ruhr-Lippe, Busbahnhof am Hbf.
Parken Im Zentrum sind überall öffentliche Parkplätze ausgewiesen; von den ausgeschilderten Parkplätzen sind es zu Fuß nur fünf bis zehn Minuten zum Rathaus.
Touristinformation Städtisches Kultur- und Verkehrsamt, Am Seel 5 (am Marktplatz gegenüber dem Rathaus), ☎ 103-323 (Mo, Mi–Fr 8.30–12.30, 14.30–16.30, Di 8.30–12.30, 14.30–17.30, Sa 9.30–12 Uhr).
Stadtführung 1. April–31. Okt. Sa 15 Uhr, Treffpunkt unter den Rathausbögen (nur für Einzelpersonen). Gruppen können Sondertermine beim Städtischen Kultur- und Verkehrsamt vereinbaren.

Stadtrundgang
Soest ist keine Großstadt, aber das Angebot an Sehenswürdigkeiten und Idyllen ist groß. Und so sollten Sie sich für die Besichtigung schon zweieinhalb bis drei Stunden Zeit nehmen. Als Ausgangspunkt schlagen wir Ihnen das Rathaus ❶ vor, weil es in unmittelbarer Nähe genügend Parkplätze gibt. Auf Ihrem Weg werden Sie viel mit der Geschichte dieser ehemaligen Hansestadt zu tun bekommen, die auch über lange Zeiten Wallfahrtsort gewesen ist. Davon zeugt z. B. Westfalens wohl ältestes Gasthaus, das Pilgrim-Haus ❺. Eine Reihe sehr schöner Kirchen werden Sie sehen und Fachwerk – westfälisches und solches, das man der Weserrenaissance zuordnet. Aus der Zeit der Hanse gibt die äußerlich eher unscheinbare Nikolai-Kapelle ❻ wohl das beste Zeugnis: Innen wirkt sie wie ein Handelsschiff der damaligen Zeit, wie eine Kogge.
Ausruhen können Sie im Rosengarten entlang des Dasselwalls und im Theodor-Heuss-Park. An der Jakobistraße z. B. laden gemütliche Restaurants zur Einkehr: Dort sollten Sie sich die eigenartige Bördekost vorsetzen lassen. Und einen Korn – natürlich.

Sehenswürdigkeiten
❶ *Rathaus*, 1713–18 erbaut, mit späteren Anbauten. Der »Blaue Saal« wird für offizielle Anlässe genutzt.
❷ *St. Petri*, romanische Basilika des 12./13. Jh., Mitte des 13. Jh. zur Hallenkirche umgebaut. Trotz Kriegsschäden blieben die Wandmalereien im Innern erhalten.
❸ *Haus zum Herten*, Bürgerhaus der Renaissancezeit, nach dem im reichen Fachwerkschnitzwerk erkennbaren Hirch (Herten) benannt.
❹ *Freiligrathhaus*, viergeschossiges Bürgerhaus, gutes Beispiel für den Einfluß der Weserrenaissance auf die Stadt. Hier absolvierte der Dichter Ferdinand Freiligrath (1810–76) eine kaufmännische Lehre.
❺ *Pilgrim-Haus*, 1309 erstmals erwähntes ältestes Gasthaus Westfalens.
❻ *Nikolai-Kapelle*, zweischiffige Hallenkirche, Ende des 12. Jh. von der Kaufmannsbruderschaft der Schleswigfahrer ihrem Schutzpatron gewidmet. Im Innern Altarbild Conrad von Soests (um 1400), den hl. Nikolaus darstellend, sowie Wandmalereien (Di, Mi, Fr, So 11–12 Uhr und bei den offiziellen Stadtführungen geöffnet).
❼ *St. Patrokli*, Basilika des 12. Jh., deren Anfänge bei einer um 1000 vollendeten Stiftskirche liegen. Besonders eindrucksvoller romanischer Turm. Kreuzgang und Remter erinnern an die Stiftszeit. In der Schatzkammer bedeutende Glasgemälde aus der Chorverglasung des 12. Jh., St.-Patrokli-Dom-Museum im Westwerk. Paramentensammlung, liturgische Geräte, Büstenreliquiar des Kirchenpatrons (Sa 10.30–12.30, 14–16 Uhr und nach Vereinbarung).
❽ *St. Maria zur Wiese*, dreischiffige gotische Hallenkirche, erste Hälfte des 14. Jh. Die Türme wurden 1421 begonnen und dann im 19. Jh. fertiggestellt. Bedeutende Altäre im Süd- und Nordchor. Hervorragende Glasfenster im Chor; schöne Marienstatue am Südportal.
❾ *St. Maria zur Höh oder Hohnekirche*, 1220–30 entstandene Hallenkirche mit nahezu unversehrt erhaltener Wandmalerei des 13. Jh. Das 4 m hohe Scheibenkreuz im südlichen Seitenschiff zeigt acht Reliefs mit Passionsszenen. Der spätgotische Hauptaltar wird dem Meister von Liesborn zugeschrieben.
❿ *Osthofentor*, Teil der weitgehend erhaltenen Stadtbefestigung, 1523–26 erbaut. Feldseitig zwei charakteristische Erker. Seit 1982 Sitz des stadtgeschichtlichen Museums mit Erläuterung der geschichtlichen und topographischen Entwicklung der Stadt, historischen Waffen und einer Darstellung der mittelalterlichen Wehrgeschichte (April–Sept. Di–Fr 14–16, Sa 11–13, So 11–13, 15–17 Uhr; Okt.–März Mi 14–16, So 11–13 Uhr).
⓫ *Alt St. Thomae*, nach dem absichtlich schief aufgesetzten Turmhelm auch »schiefer Turm« gen. Basilika des 12. Jh., zu Beginn des 13. Jh. in eine Hallenkirche umgewandelt.
⓬ *Neu St. Thomae*, gotische Hallenkirche des 14. Jh., bemerkenswert schöne Raumproportionen.

Geburtsstadt des lübischen Rechts

Die mächtigen Türme der Kirchen St. Patrokli ❼ und St. Petri ❷, Neu St. Thomae ⓬ und St. Maria zur Wiese ❽ dominieren in der weiten Senke der Bördelandschaft, weithin sichtbar für den Autofahrer, der sich über die A 44 der Stadt nähert. Im Zeitraffer kann er das freudige Gefühl nachempfinden, das Mönche und Pilger des frühen Mittelalters, Kaufleute der Hansezeit und Soldaten des Dreißigjährigen Krieges gleichermaßen beseelt haben mag: Nach langem Tagesmarsch auf einem der ältesten Handelswege Deutschlands, dem Hellweg, der vom Niederrhein nach Minden führte, war ein Etappenziel in Sicht. Soest oder »Villa Susat«, wie es früher genannt wurde, tut sich auf. Erstmals wurde die Stadt 836 urkundlich erwähnt. Soost oder Sööst? Sprachlich ist der Name ein Anachronismus, denn hier erlaubt man sich den altertümlichen Luxus, das »e« nicht als Bestandteil eines Umlauts, sondern als Dehnungslaut zu verstehen.

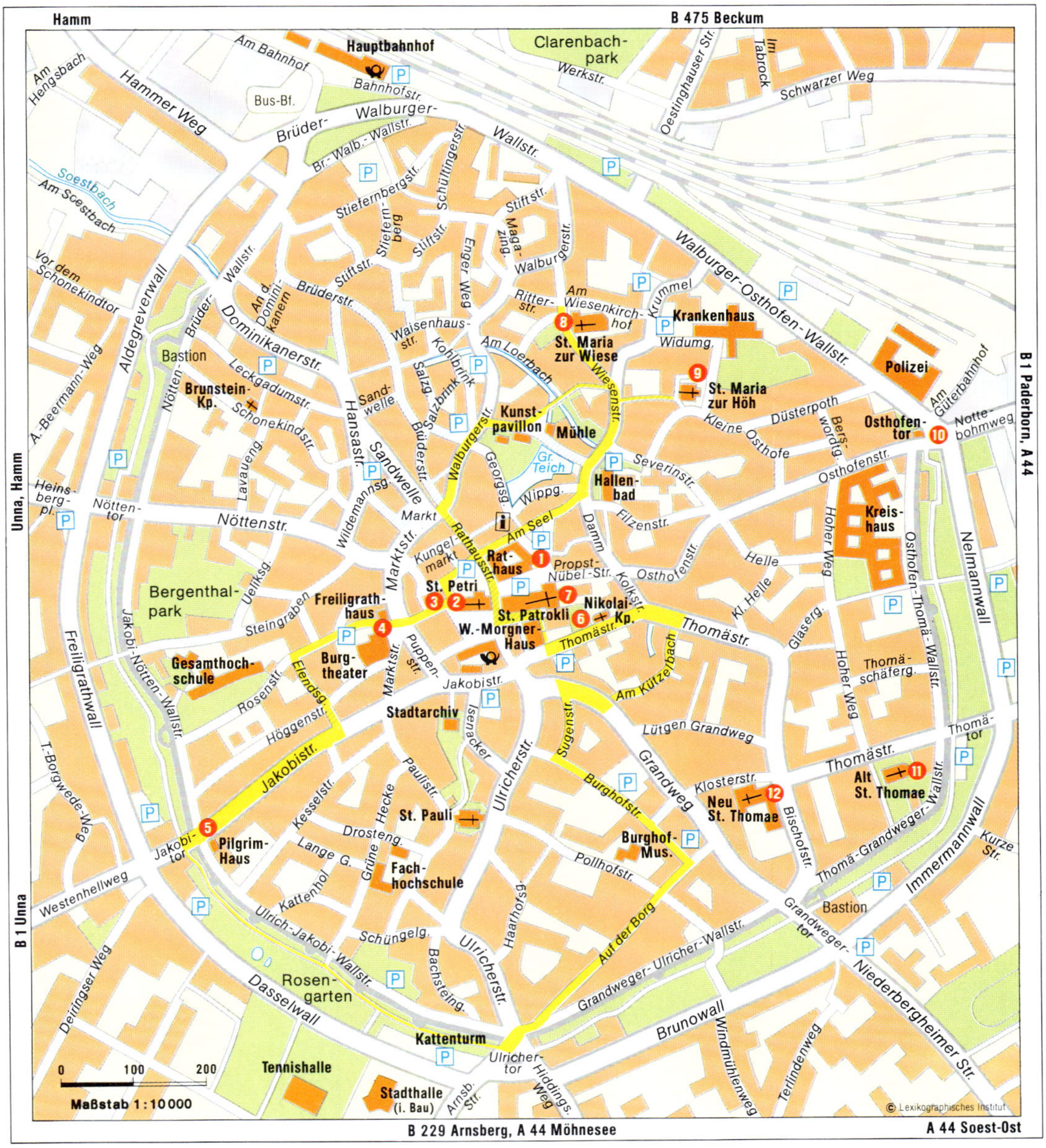

Ein Moment der Vorfreude, etwas Zeit, um sich darauf einzustimmen, daß eine der wichtigsten Städte Westfalens, eine der bedeutendsten des Hansebundes, mit ihrer unverwechselbaren Silhouette grüßt. Einst war sie westfälische Metropole von Rang. Soester Kaufleute reisten schon um 1050 bis nach Kiew, handelten auf Gotland, waren gerngesehene Geschäftspartner in Schleswig an der Schlei, lieferten Waren nach Nowgorod, kauften in Italien. Zu Hause entwickelten die Rechtsgelehrten ein Stadtrecht, das richtungweisend für das Mittelalter war und 1159 gar von Lübeck übernommen wurde. Das sogenannte lübische Recht, beispielhaft für die Entwicklung der Hansestädte, wurde nämlich in Soest ersonnen.

Nicht nur auf rechts-, kultur- und wirtschaftsgeschichtlichem Gebiet hat die Stadt in der fruchtbaren Soester Börde, einem echten Bauernland, einen bedeutenden Ruf. Lassen wir uns den Mund wässerig machen von dem »Jägerken von Soest«, das als Simplicius Simplicissimus in dem berühmten Roman von Hans Jakob Christoffel von Grimmelshausen genießerisch feststellt: »Da setzte es das fetteste Bier, die besten westfälischen Schinken und Knackwürste, wohlgeschmack und sehr delikat Rindfleisch ... Da lernte ich das schwarze Brot fingerdick mit gesalzener Butter schmieren und mit Käs belegen ...«

Stadt am Hellweg

Der Name einer der ältesten Heer- und Handelsstraßen Deutschlands ist in Soest und Umgebung präsent, als gäbe es sie noch. Wer heute sagt, er wohne am »Hellweg«, meint nicht irgendein Teilstück der aus vorrömischer Zeit stammenden Verbindungsstraße zwischen Rhein und Weser, sondern die Gegend um Soest. Die Merkwürdigkeit, daß sich eine Landschaft den Namen einer Straße, eines »lichten« Weges zugelegt hat, läßt auf die Bedeutung schließen, die sie für die Landschaft hatte: Anschluß an die Welt des Handels, ein guter Platz, um Geschäfte zu machen. »Hell« war dieser Weg, weil er sich wie eine Schneise am Nordrand der Mittelgebirge hinzog. Und Soest bedeutet in seiner ältesten urkundlich bezeugten Form »Sosat, Suosat« soviel wie »angenehmer Platz«.

Allerheiligenkirmes
So richtig gemütlich wird's in Soest in der tristesten Zeit des Jahres. Anfang November wird die Stadt zu einem Mekka für Hunderttausende von Kirmesfreunden. Aus ganz Westfalen, aus dem nahen Ruhrgebiet reisen sie an, um die traditionelle Allerheiligenkirmes zu feiern. Für fünf Tage bestimmen nicht die Kirchtürme, sondern Riesenräder und Achterbahnen das Stadtbild. Das beliebteste Fest des Jahres, keine Frage, und die größte Innenstadt-Kirmes der Republik, wie die Soester als weiteren Superlativ registrieren. Fast 1000 Schausteller sorgen für eine lebhafte, bunte Kulisse. Wärmende Spezialität in den oft naßkalten Kirmestagen ist ein Getränk, das es nur zur Allerheiligenkirmes gibt. Es heißt »Bullenauge« und ist ein Mokkalikör mit einem Sahnehäubchen. Doch auch in richtige Bullenaugen kann der Besucher seinen Blick versenken: Angeschlossen ist der Kirmes nämlich der Pferdemarkt, auf dem die Bauern der Umgebung Vieh kaufen und verkaufen können.

Speerspitze der Christianisierung

Im Herzen der Stadt steht das barocke Rathaus ❶, über seiner vielbogigen Halle halten zwei »wilde Männer« den Schild mit dem alten Stadtwappen, einem Petrischlüssel. Der hl. Petrus war ursprünglich Schutzpatron der Stadt, ehe die Kölner Erzbischöfe St. Patroklus an seine Stelle setzten. Auch dem »Jägerken von Soest« begegnen wir hier wieder. Von einem der Bogenschlußsteine auf der linken Seite schaut es keck herunter auf einen wunderschönen Platz, der von alten Bürgerhäusern und den Mauern von St. Patrokli ❼ und St. Petri ❷ gesäumt ist. Es ist Liebe auf den ersten Blick, die den Besucher hier für die Stadt einnimmt. Der Blick fällt in kleine Gassen, macht Lust darauf, Soest zu erobern.

Nichts leichter als das: Mit einem Durchmesser von knapp 1,5 km lädt der alte Stadtkern, fast kreisförmig umgeben von Wällen, zu einer Wanderung durch die Jahrhunderte ein. Wohl nirgendwo sonst in Westfalen sind so zahlreiche Zeugnisse zur Bau-, Kunst- und Kulturgeschichte auf so engem Raum zusammengedrängt wie in Soest. Den Reiz der heute 43 000 Einwohner zählenden Stadt macht es aus, daß nur an wenigen Stellen das Neue das Alte erschlagen hat. Die einstige Bedeutung von Soest läßt sich an den acht wichtigsten Sakralbauten ablesen, die bis zum 15. Jh. entstanden. Die Anfänge von St. Petri ❷ reichen bis in die Zeit Karls des Großen zurück, als auf eine Holzkirche ein erster Steinbau folgte. Soest bildete damals sozusagen die Speerspitze bei der Christianisierung der Sachsen.

Ein Kleinod voll Glanz und Licht

Unter dem Schutz der politischen Macht nahm auch die wirtschaftliche Bedeutung Soests schnell zu. Deren Ursprünge sind noch heute zu besichtigen. Am »Großen Teich«, keine 100 m vom Rathaus ❶ entfernt, sprudelten einst solehaltige Quellen. Mit dem Salz, damals noch Rarität, ließen sich hervorragende Geschäfte machen. Solehaltig sind die Quellen längst nicht mehr. Doch Ironie der Geschichte: War es das Salz, das Soest so reich machte, so war es später der Zucker, der den Wohlstand erhielt. Der fruchtbare Boden der Bördelandschaft wurde nach dem Versiegen der Salzquellen zu einem der wichtigsten Anbaugebiete für Zuckerrüben in Deutschland. Der »Große Teich«, auf dem friedlich Hunderte von Enten ihre Runden ziehen, weiß von der intensiven landwirtschaftlichen Nutzung der Umgebung ein Liedchen zu singen: Sein Wasser ist nicht mehr sole-, sondern nitrathaltig. Das freilich ist das einzig Störende an einer Idylle, die ihresgleichen sucht. Am Rand des Teichs steht eine Wassermühle, daneben liegt ein kleiner Park, benannt nach Theodor Heuss, dem ersten Bundespräsidenten und Ehrenbürger der Stadt.

Bei der Allerheiligenkirmes handelt es sich um die größte Innenstadtkirmes Deutschlands. Die beliebte Veranstaltung besteht seit über 570 Jahren und lockt an den fünf Kirmestagen jährlich weit über eine Million Besucher an.

Den Blick aber bannt die erhabenste der Soester Kirchen, Maria zur Wiese 8. Die elegant emporstrebende Hallenkirche ist unübertroffen unter Westfalens gotischen Bauwerken. Wer sie betritt, ist überwältigt von dem Licht, das durch die kostbaren Fenster flutet. Sie ist das Kleinod der Stadt, Höhepunkt und auch Abschluß einer Entwicklung, die Soest zu einer Metropole gemacht hat. Maria zur Wiese bildet den Schlußpunkt einer regen Bautätigkeit, die mit St. Petri 2 begonnen hatte. Der Westbau dieser Kirche diente als Logis, wenn ein Kaiser auf der wichtigen Hellwegroute durch Soest kam. Ihr Turm weist drei verschiedene Baustile auf. Die romanischen Untergeschosse erhielten im 14. Jh. einen spitzen gotischen Helm. Dessen Balustrade ist heute noch erhalten, die Turmspitze selbst, eine dreizwiebelige Haube, ist barock. Der gotische Helm war 1709 durch Blitzschlag zerstört worden. Neben St. Patrokli 7, Alt St. Thomae 11 und Neu St. Thomae 12 nimmt in diesem Reigen der schönsten Gotteshäuser die kleine Nikolai-Kapelle 6 eine besondere Stellung ein. Eher unscheinbar von außen, wirkt sie im Innern wie eine Hansekogge. Kein Wunder, die Kaufmannsbruderschaft der »Schleswiker« hat sie um 1200 bauen lassen und ihrem Handelspatron, dem hl. Nikolaus, gewidmet. Diese aus der Zeit der Hanse überkommene Besonderheit ist nicht das einzig Fremdartige im Bild der westfälischen Stadt.

Soester Fehde

Als »Soester Fehde« ging ein Streit zwischen der Stadt und dem damaligen Stadtherrn, dem Kölner Erzbischof Dietrich von Moers, in die Geschichtsbücher ein. Am 23. Juni 1443 sagte sich Soest von dem Kirchenfürsten los. Die seit dem 10. Jh. bestehende Lehensherrschaft zerbrach, weil die Stadt die geforderten Abgaben nicht mehr zahlen wollte und danach trachtete, so unabhängig wie möglich zu werden. Es kam zu kriegerischen Auseinandersetzungen, der »Soester Fehde« eben, bis der Bischof schließlich aufgeben mußte. Mit diesem Sieg wurde Soest zu einer Enklave unter dem Schutz des Herzogs von Cleve-Mark mitten im kurkölnischen Hoheitsgebiet. Eine andere Entwicklung trieb Soest ein Jahrhundert später noch mehr in die Isolation. Ein Zentrum der Reformation, blieb sie als einzige westfälische Stadt auf Dauer protestantisch. Einer der aktivsten Kämpfer für die neue Lehre war der Maler und Kupferstecher Heinrich Aldegrever, dessen Werke im Wilhelm-Morgner-Haus zu besichtigen sind. Auch ein Glasfenster in der südlichen Nebenapsis von St. Patrokli 7, eine Strahlenglanzmadonna darstellend, wird ihm zugeschrieben.

Die Arkaden der Eingangshalle sind charakteristisch für das Rathaus.

Der Vreithof ist von Fachwerkhäusern umgeben, die nach den Zerstörungen des Zweiten Weltkriegs anhand von Originalplänen liebevoll wieder aufgebaut wurden und so das mittelalterliche Stadtbild erneut entstehen ließen.

Tips, Tips, Tips

Aus der Bördeküche: Panhas
Man nehme 250 g Rindfleisch, 300 g Schweinebauch, 250 g Zwiebeln und vier Möhren. Das Fleisch unter kaltem Wasser waschen. Möhren und geschälte Zwiebeln kleinschneiden. Fleisch, Zwiebeln und Möhren mit Salz und Pfeffer in 1,5 l Wasser 50 Minuten kochen lassen. Fleisch aus der Brühe nehmen und durch den Fleischwolf drehen; die Brühe durch ein Sieb gießen und mit dem Fleisch wieder in den Topf geben. Mit Salz, Pfeffer, 1/2 Teelöffel gemahlenen Nelken, 1/4 Teelöffel Piment und einer Prise Majoran würzen. Kurz aufkochen lassen und 250 g Buchweizenmehl unter Rühren untermischen und kochen lassen. Wenn die Masse gar ist und sich vom Boden lösen läßt, wird sie in eine mit Pergamentpapier ausgelegte Kastenform gefüllt und abgekühlt. Die Fleischmasse aus der Form heben, in 1 cm dicke Scheiben schneiden, mit Butter in der Pfanne erhitzen. Serviert wird der Panhas dann auf Bauernbrot.

Badevergnügen auch an kalten Tagen
Nur 4 km von Soest entfernt liegt an der B 1 das westfälische Bad Sassendorf. Ein Spaziergang durch den wunderschönen Kurpark, ein Bummel durch die kleine, aber feine Fachwerk-Innenstadt, eine Stippvisite im Sassendorfer Schloß, aber vor allem ein Besuch im modernen Thermal-Solebad lohnen sich. 13 Stunden am Tag ist es täglich geöffnet (8–21 Uhr). Fünf Becken stehen den badefreudigen Besuchern zur Verfügung. Ein angenehmes Vergnügen, auch an kalten Tagen: Das Wasser ist auf 34 °C erwärmt. Bad Sassendorf ist ausgewiesen mit Heilanzeigen für Rheuma-, Herz- und Kreislauferkrankungen.

Straße der Pilger
In hellen Scharen kamen sie im Mittelalter den Hellweg herauf, die frommen Wallfahrer und die – gelegentlich – nicht ganz so frommen Kreuzfahrer, und machten in Soest Station. 1304 baute man zu ihrer Bequemlichkeit das Pilgrim-Haus ❺, das als Westfalens ältestes Gasthaus gilt. Auch die 14 km entfernte Nachbarstadt Werl (an der B 1 gelegen) war ein wichtiges Wallfahrtsziel und gehört heute mit mehr als einer Viertelmillion Pilgern pro Jahr zu den zehn meistbesuchten Wallfahrtsorten der Welt. Der Volksmund nennt daher die Wegstrecke zwischen Soest und Werl die »Straße der Pilger«.

Jesus bei Schweinskopf und Korn
Was ihnen gefiel, haben die weitgereisten Soester Kaufleute zu Hause übernommen. So kommt es, daß die ältesten noch erhaltenen Fachwerkhäuser, das Haus zum Herten ❸ am Petrikirchhof, das Freiligrathhaus ❹ in der Marktstraße und das Haus zum Spiegel, statt mit dem schlichten westfälischen Fachwerk mit den üppigen Schnitzereien der »Weserrenaissance« geziert sind, wie man sie in dieser Vollendung höchstens noch in Hameln findet.

Die Fremdenverkehrsexperten haben noch einen weiteren Trumpf in der Hand. Mit dem 1309 erstmals erwähnten Pilgrim-Haus ❺, heute nach mehrfachen Zerstörungen restauriert, verfügt Soest über das älteste Gasthaus Westfalens. Dort soll schon das »Jägerken von Soest« deftig und vorzüglich gespeist haben. Ein Fensterbild in der Wiesenkirche zeugt davon, daß den Soestern schon immer an guter Verpflegung gelegen war. Der Künstler scheint es nicht übers Herz gebracht zu haben, Jesus und seine Jünger beim Abendmahl lediglich mit Brot und Wein zu bewirten. Er bereicherte den Tisch mit Schinken, einem Schweinskopf und – wie könnte es in Westfalen anders sein – mit Korn: ein westfälisches Abendmahl eben, nur in Soest zu besichtigen. Gastfreundlich ist die Stadt seither geblieben. Auf ihrem Speiseplan stehen viele kräftige Gerichte der Bördeküche. Panhas zum Beispiel, eine Pastetenart, die auf kräftigem Brot gegessen wird. Denn auch das »schwarze Brot«, von Simplicius Simplicissimus schon gerühmt, wird in Soest noch gebacken. Weit über die Stadtgrenzen hinaus gilt der »Soester Pumpernickel« als Spezialität.

Idylle am Stadtteich: Hinter dem Fachwerkbau der Alten Mühle ragen die zwei Türme von St. Maria zur Wiese majestätisch in den Himmel.

Die Himmelsstadt zu Füßen

Bliebe von der Stadt der Kunst zu reden. Von dem spätmittelalterlichen Maler Conrad von Soest, der um 1400 das Bild des Kapellenpatrons in der Nikolai-Kapelle ❻ schuf, spannt sich der Bogen bis zu dem Expressionisten Wilhelm Morgner (1891–1917), nach dem das Kulturzentrum der Stadt benannt ist.

Otto Modersohn, Mitbegründer der Künstlerkolonie Worpswede und Maler melancholisch-herber Landschaften, wurde 1865 in Soest geboren. Emil Nolde arbeitete hier. Neben den öffentlichen Ausstellungen im Wilhelm-Morgner-Haus und dem kleinen Kunstpavillon im Theodor-Heuss-Park zeigt sich Soests Kunsttradition auch in einer Reihe von Privatgalerien, die Werke heimischer Künstler anbieten.

Wirtschaftlich lebt die Stadt heute bevorzugt von Kleinindustrie, Handwerk und Handel. Zwar ist sie nicht mehr die bedeutende Handelsstadt der Hansezeit, aber für die Börde und das nahe Sauerland im Süden ist sie Einkaufszentrum geblieben. Eine Abteilung der Gesamthochschule Paderborn und eine Fachhochschule für Verwaltung kann sie außerdem vorweisen. Schließlich hat Soest Bedeutung als belgische Garnisonstadt. 5000 der 43 000 Einwohner stammen aus dem Nachbarland.

Vor allem aber ist Soest eine Stadt, deren gediegenes Ambiente Fremde anzieht. Ob sie nun aus der näheren Umgebung kommen, um in der einladenden Fußgängerzone einzukaufen, oder ob sie als Touristen die Stadt erobern wollen. Angezogen von Soest fühlen sich darüber hinaus viele Wissenschaftler, die im Stadtarchiv die größte westfälische Sammlung alter Urkunden und nahezu die gesamte theologische Literatur des 16. und 17. Jh. vorfinden.

Eines sollte sich der Besucher aber keinesfalls entgehen lassen. Zum Eindrucksvollsten, was Soest überhaupt zu bieten hat, gehört der gut einstündige Spaziergang über die zu Promenaden ausgebauten historischen Wallanlagen. Da liegt ihm dann die heimliche Hauptstadt Westfalens zu Füßen, die Stadt der Kaufleute und der Pilger. Ihnen sollte er es gleichtun und sich zu gegebener Zeit in einem der zahlreichen Gasthöfe westfälischen Schinken und Soester Pumpernickel servieren lassen. Und einen Korn – natürlich.

Abkühlung einst und jetzt

Untertauchen ist eine Soester Spezialität. »Döppen« nennt man hier eine im Mittelalter ersonnene Strafe, an die heute noch eine Rekonstruktion der »Soester Wippe« am Großen Teich erinnert.

Wer als Felddieb aufgefallen war, wer als Bäcker zu kleine Brötchen gebacken hatte, der mußte auf die Wippe und wurde in den Teich gekippt, gedöppt eben.

Wem nach einer angenehmeren Erfrischung der Sinn steht, sollte sich aber nicht in den trüben Soester Teich stürzen, sondern einen Ausflug zu der nur 10 km entfernten Möhnetalsperre unternehmen, dem zweitgrößten Wasserreservoir des Sauerlands. Die waldreichen, idyllischen Ufer des Sees laden zum Bade ein. Wer nicht einfach »wild« schwimmen möchte, besonders wenn er mit Kindern unterwegs ist, sollte die bewachten Strandbäder in Delecke (direkt an der B 229) oder Körbecke (in Delecke ausgeschildert) aufsuchen. Das Bad in Delecke ist angenehm ruhig, dem in Körbecke ist eine Freizeitanlage mit Minigolf- und Miniscooter-Anlage sowie Ballspielplätzen angegliedert (auf der B 229 in Richtung Arnsberg).

Theater, Musik, Veranstaltungen, Museen

Theater

Wilhelm-Morgner-Haus, Thomästr. 2, und *Burgtheater*, Marktstr. 14. Schauspiel; Kinder- und Jugendtheater von Gastensembles; Kleinkunst, Pantomime, ☏ 103-323.

Musik

Wilhelm-Morgner-Haus, Thomästr. 2. Sinfonien, Kammermusik, Chorkonzerte, Oratorien, Liederabende mit intern. renommierten Künstlern, Jazz, Gastspiele, ☏ 103-323.

Soester Stadtkantorei. Wechselweise in der Petrikirche, Paulikirche, Hohnekirche ❾, Wiesenkirche ❽, Johanneskirche: Orgel- und Chorkonzerte, Kantaten, Messen, Passionen, Oratorien, Motetten, Kammer- und Abendmusiken, ☏ 130 00, 5 21 66.

Dom St. Patrokli ❼. Orgelkonzerte auf der Feith-Orgel, Matineen und Nachmittagskonzerte; Patroklifest (So vor oder nach dem 21. Jan.) mit Messe (10.30 Uhr) und Festandacht (16 Uhr); Ostern, Pfingsten, Weihnachten feierliches Hochamt mit musikalischem Rahmen (jeweils 1. Feiertag, 10.30 Uhr), Orchestermesse mit Wiener Klassik (So vor dem 1. Advent, 10.30 Uhr), ☏ 7 56 31.

Bier- und Caféhaus Anno 1888, Thomästr. 6. Jazz aller Richtungen, Blues, Irish-Folk, Romantik, Kaffeehausmusik, Liedermacher, Dudelsack, Lyrik, Lesungen, Ausstellungen; gelegentlich Jazz-Frühschoppen, ☏ 1 30 88.

Veranstaltungen

Ostern: *Osterkirmes*, einwöchiger Rummel im Grandweg. Volksfest.

Mi nach Allerheiligen: *Allerheiligenkirmes*. Fünftägiges Volksfest, größte Innenstadt-Kirmes in der Bundesrepublik Deutschland.

Ein Wochenende im Mai: *Bördetag*. Volksfest mit jeweils wechselndem Motto (z. B. Handwerk, Kunstgewerbe, Sport, Freizeit, Landwirtschaft) mit kulturellen Veranstaltungen in Zelten in der Innenstadt.

Juni–Sept.: *Soester Sommer*. Musik, Kleinkunst, Jazz im Innenhof des Rathauses (Mi 20 Uhr).

Museen

Burghofmuseum, Burghofstr. 22. Bürgerliches und bäuerliches Kulturgut (Gebrauchsgüter, Möbel, Textilien), Stadtgeschichte, Vor- und Frühgeschichte der Region, kirchliche Kunst, Stuckdarstellungen von 1560 und 1938 (Di–Sa 10–12, 15–17, So 11–13 Uhr).

Galerie Wilhelm-Morgner-Haus, Thomästr. 2. Ölgemälde, Zeichnungen von Wilhelm Morgner (1891–1917); Stiche des Soester Kupferstechers Heinrich Aldegrever (1502–um 55) (Mo–Sa 10–12, 15–17, So 10.30–12.30 Uhr).

Osthofentormuseum, Osthofenstr. 72 (s. ❿).

St.-Patrokli-Dom-Museum, Propst-Nübel-Str. 2 (s. ❼).

Das massige Osthofentormuseum ist Teil der Stadtbefestigung.

Speyer

Wo die Kaiser ruhen

»Ohne die toten Kaiser wäre in Speyer überhaupt kein Leben.« Dies verbreiten spottlustige Nachbarn gern über die Domstadt am Rhein. Aber das ist aus verschiedenen Gründen falsch: Im Speyerer Dom (unser Bild) haben nicht nur vier Kaiser ihre letzte Ruhe gefunden, sondern auch drei Kaiserinnen, eine Prinzessin und vier Könige. Der spöttische Satz trifft auch nicht den aktuellen »Gesundheitszustand« der Stadt. Natürlich ist Speyer schon lange nicht mehr eine der Metropolen des Reichs wie im Mittelalter. Die Domstadt ist heute stolz auf ihre günstige Lage im Herzen Europas, mit dessen Ländern sie durch ein dichtes Autobahnnetz vor der Haustür, durch den Flugplatz und – nicht zuletzt – durch »Vater Rhein« verbunden ist. Wobei die neue Rheinbrücke als Symbol der Verbundenheit von Geschichte und Gegenwart gelten mag.

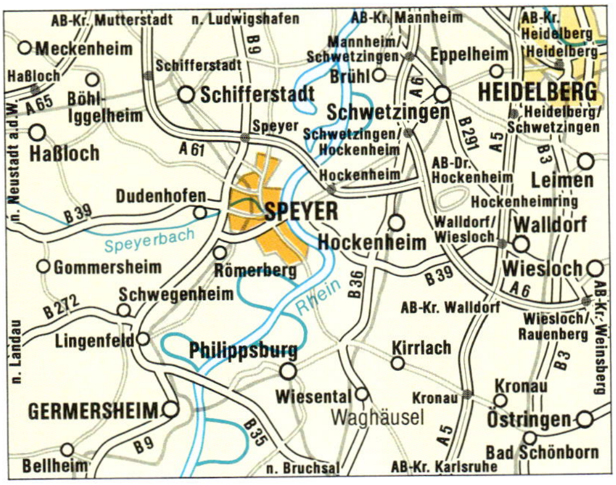

Wappen Im silbernen Schild der rote Dom mit drei blaugedeckten Türmen und drei offenen Toren (seit 1845).
Lage Am Oberrhein zwischen den Ballungsräumen Mannheim/Ludwigshafen im Norden und Karlsruhe im Süden.
Land Rheinland-Pfalz
Autokennzeichen SP
Höhe 92–113 m ü. M.
Fläche 42,6 km²
Einwohnerzahl 45 000
Postleitzahl 6720
Telefonvorwahl 0 62 32
Post Hauptpostamt, Gilgenstr. 32, Spätschalter (Mo–Fr 8–12, 14–21, Sa 8–15, So 9.30–12 Uhr).
Polizei Maximilianstr. 6, ☏ 1 37-0.
Taxi ☏ 7 54 39, 7 67 88
Nahverkehr Mehrere Omnibuslinien im Stadtverkehr; Fahrscheine beim Fahrer oder im Vorverkauf bei den Filialen der Kreis- und Stadtsparkasse.
Parken Es besteht ein gut ausgeschildertes Park-Leit-System (P 1–P 13). Für den Touristen empfiehlt sich die Anfahrt über die Umgehungsstraße B 9/B 39, Abfahrt »Zentrum, Dom« (bei der Rheinbrücke), dann Parken auf dem Festplatz (P 7). Weitere zentrale Parkmöglichkeiten: Dom (P 3, meist überfüllt), Königsplatz, Parkhaus Heydenreichstr. (P 1), Parkhaus Siebertplatz (P 2), Tiefgarage Kornmarkt (P 4a), Tiefgarage Fischmarkt (P 4b), Mühlturmstr. (P 11a + b).
Touristinformation Verkehrsamt, Maximilianstr. 11, ☏ 1 43 95, 1 43 92 (Mo–Fr 9–17, Sa 10–12 Uhr).
Stadtführung Ab Verkehrsamt auf Voranmeldung, ☏ 1 43 95.
Schiffahrt Ausflugsfahrten, ☏ 7 13 66, außerdem Fahrten den Rhein auf- und abwärts mit der »Köln-Düsseldorfer«, ☏ 2 55 70.

Stadtrundgang

Etwa zwei Stunden werden Sie von den wichtigsten Sehenswürdigkeiten der alten Kaiserstadt in Atem gehalten – sie liegen fast alle im Stadtkern. Beginnen sollten Sie am Dom ❶. Parken läßt sich auf dem Festplatz (P 7) oder auf den Parkplätzen seitlich des Domes (P 3).

Vom Altpörtel ❼ aus können Sie einen – etwa einstündigen – Abstecher zur Villa Ecarius ⓮, zur Gotischen Kapelle ⓯ und zur Bernharduskirche ⓰ machen. Aber auch Abkürzungen sind möglich, falls Sie irgendwo mehr Zeit als erwartet gebraucht haben.

Sollten Sie des Wanderns müde sein: Speyer verfügt über etwa 220 gastronomische Betriebe. Einer wird Ihnen ganz sicher zusagen, sei es in der Altstadt, an der Maximilianstraße oder die historische Gaststätte »Zum Halbmond« ⓭. Wenn Sie dann wieder bei Kräften sind, lohnt sich auch noch ein kleiner Spaziergang zur Rheinpromenade, zum Alten Hafen, zum Flaggenmast und zum kleinen Museum des Schiffbauer-, Schiffer- und Fischervereins.

Sehenswürdigkeiten

❶ *Dom St. Maria und St. Stephan (Kaiserdom).* Wahrzeichen der Stadt, Kathedrale des Bistums Speyer und päpstliche Basilika. Erbaut um 1030–61 und um 1080–1106 unter den salischen Kaisern Konrad II., Heinrich III. und Heinrich IV. Eines der bedeutendsten und größten romanischen Bauwerke Deutschlands. Krypta mit den Gräbern von acht deutschen Kaisern und Königen. Während des Pfälzischen Erbfolgekrieges 1689 teilweise zerstört, Wiederaufbau in den Jahren 1772–78, 1818–22, 1854–58 (Mo–Fr 9–17.30, Sa 9–16, So 13.30–16.30 Uhr; Führungen, ☏ 10 22 06, 10 22 59).

❷ *Heidentürmchen* (spätes 13. Jh.), östlich vom Dom, Überbleibsel der alten Stadtmauer.

❸ *Historisches Museum der Pfalz*, erbaut 1906–09 von Gabriel von Seidl. Sammlung provinzialrömischer Kultur, Frankenthaler Porzellan, Dom- und Diözesanmuseum mit Funden aus den Kaisergräbern, Sammlungen zur Kulturgeschichte der Pfalz; ältestes und größtes Weinmuseum der Welt. (Der gesamte Komplex ist nach Renovierung und Erweiterung Ende Mai 1990 wieder eröffnet.)

❹ *Judenbad*, älteste und größte Anlage dieser Art in Deutschland. Im frühen 12. Jh. im »Judenhof« errichtet; 1899 wurde der oberirdische Teil abgetragen. Erhalten sind noch das Frauenbad, 10 m unter dem heutigen Niveau liegend, und die Ostwände der Männer- und Frauensynagoge (tägl. 10–12, 14–16 Uhr).

❺ *Feuerbachhaus*, erbaut um 1800, Geburtshaus des Malers Anselm Feuerbach. Gedenkstätte mit Wechselausstellungen (Mo–Fr 16–18, So 11–13 Uhr).

❻ *Gedächtniskirche (Retscherkirche)*, wurde 1893–1904 erbaut zum Gedenken an den Protest der evangelischen Minderheit auf dem Reichstag zu Speyer 1529. Erstausstattung völlig erhalten. Besonders erwähnenswert sind die figürlichen Glasmalereien in den großen Fenstern (Mo–Sa 10–12, 14–17, So 14–17 Uhr; Führungen, ☏ 7 50 42).

❼ *Altpörtel*, ehemals westliches Hauptstadttor, erbaut im 13. Jh., ergänzt 1512–14 durch spätgotische Maßwerkbrüstung und Arkadenbögen (oberstes Turmgeschoß). Steiles Dach und Dachreiter 1708. Unzerstörter Überrest der mittelalterlichen Stadtbefestigung; zählt zu den bedeutendsten Stadttoren Deutschlands.

❽ *Alte Münze*, ehemaliges Kaufhaus, erbaut 1748/49, im 19. Jh. aufgestockt, heute befinden sich im Erdgeschoß Geschäftsräume.

❾ *Rathaus*, erbaut 1712–26. Schöne doppelläufige Treppenanlage; Repräsentationsräume im Obergeschoß mit Stukkaturen des Régence. Im Erdgeschoß Stadtarchiv mit sehenswerter Barock-Innenausstattung (Besichtigung während der Dienstzeiten).

❿ *Dreifaltigkeitskirche*, ein bedeutendes Zeugnis protestantischer Kirchenbaukunst (1701–17), Fassade in oberrheinischem Barock mit prächtigem Doppelportal; hölzerne Doppelempore, Kappengewölbe aus Holz; Gemäldezyklus aus dem Alten und Neuen Testament an der Decke. Altar, Kanzel und Orgelprospekt von Christian Dathan (Besichtigung tägl. möglich).

⓫ *Fischmarkt/Holzmarkt*, reizvoll sanierte Altstadtplätze, umgeben von malerischen Gäßchen, Fischbrunnen, Biergärten.

⓬ *Klosterkirche St. Magdalena*, Kloster der Dominikanerinnen und Klosterschule, Wirkungsstätte der unter der NS-Herrschaft ermordeten Karmeliterin Edith Stein. Gegründet 1. Hälfte des 13. Jh.; Reste wurden in den 1708 geweihten barocken Kirchenneubau übernommen. Orgelempore und Betstühle mit Schnitzereien aus der Zeit um 1720, spätbarockes Kruzifix.

⓭ *Wirtschaft »Zum Halbmond«*, sehenswertes Fachwerkhaus, erbaut nach dem Stadtbrand von 1689, vieleckiger Erker.

⓮ *Villa Ecarius*, Prachtbau aus den »Gründerjahren«, erbaut 1892.

⓯ *Gotische Marienkapelle*. Innerhalb des Adenauerparks ist ein Teil des Alten Friedhofs erhalten geblieben; dort befindet sich die 1516 erbaute gotische Kapelle, die den Stadtbrand von 1689 überstanden hat. An der südlichen Außenwand Ölbergrelief.

⓰ *Bernharduskirche*, 1953/54 gemeinsam von Deutschen und Franzosen erbaut, Planung in Anlehnung an die burgundische Zisterziensergotik.

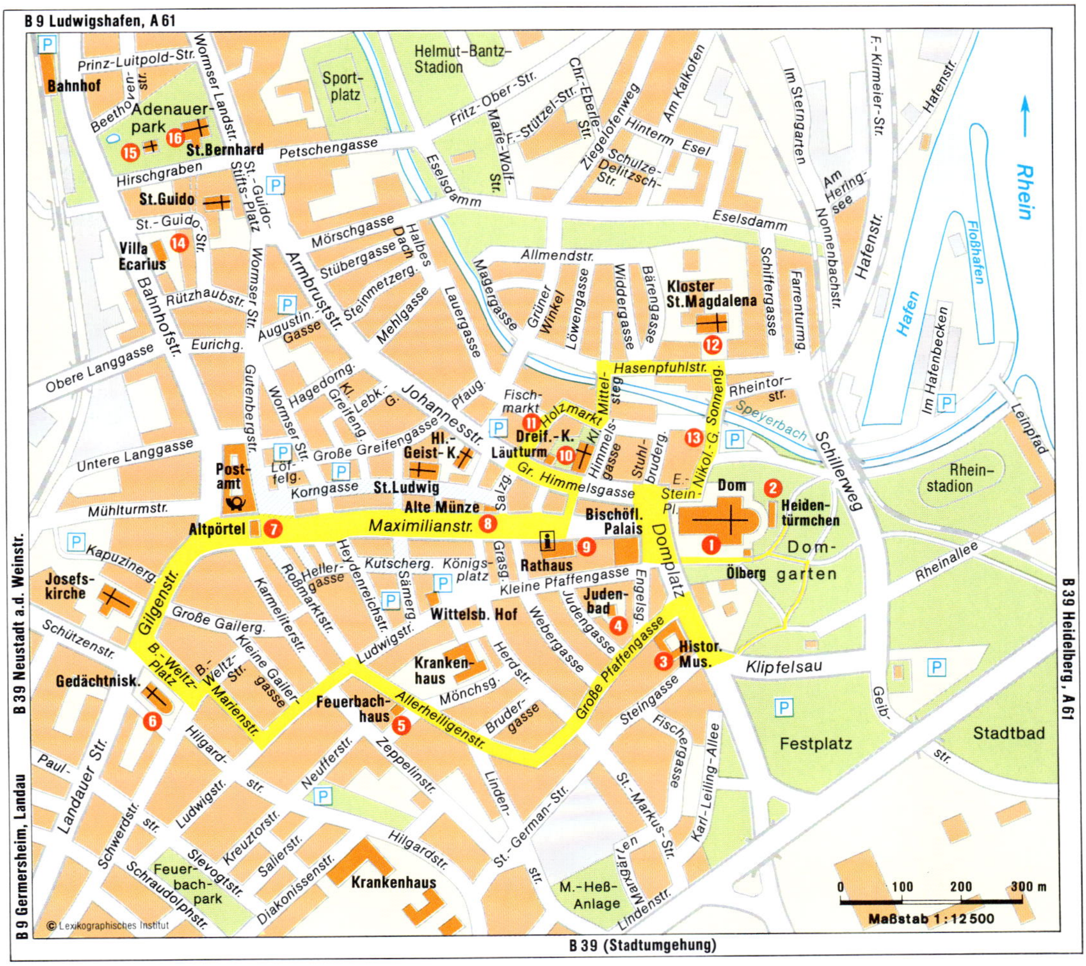

Siebenhundert Meter, die die Stadt prägen

»Zwar machen heutzutage nicht mehr die Kaiser auf ihrem Ritt durchs Altpörtel ❼ zum Dom ❶ unsere Hauptstraße zur Via triumphalis. Gleichwohl ist diese Achse zwischen den beiden mittelalterlichen Wahrzeichen der Stadt – dem Kaiserdom im Osten und dem Altpörtel am westlichen Ende – einmalig.«

Man wird es dem Oberbürgermeister von Speyer wohl nachsehen, daß er derart von seiner Stadt schwärmt, zumal der Überschwang nicht von ungefähr kommt: immerhin gehörte die aus salischer Zeit stammende Maximilianstraße zu den mächtigsten Straßenzügen des Mittelalters, und tatsächlich verbindet sie den größten Dom der Romanik mit einem der schönsten Wehrtürme und Stadttore Deutschlands.

Auch wenn dort heute keine Kaiser und Könige mehr mit ihrem Gefolge aufziehen und die prächtigen Staatskarossen von ehedem solchen aus Stahl und Blech Platz gemacht haben, ist diese Straße nach wie vor die Schlagader der einstigen freien Reichsstadt.

Die Geschichte Speyers beginnt nicht mit dem Dombau, so sehr dieses monumentale Bauwerk auch über 950 Jahre hinweg die Geschicke der Stadt und ihrer Menschen geprägt hat. Die Historiker setzen den Anfang mit dem Nachweis eines römischen Kastells gleich und datieren die Entstehungszeit um 10 v. Chr. Wir wollen ihnen darin folgen, obgleich es schon zuvor keltische Siedlungen gegeben hat.

Die Nemeterstadt

»Noviomagus« ist der Name der keltischen Siedlung zunächst, dann »Nemetum«, von den Römern für das Gemeinwesen am Ufer des Rheins geprägt: der Stadt der Nemeter. Im 3. Jh. hatte dieser germanische Volksstamm die Siedlung nämlich schon zum Mittelpunkt der Region gemacht. Im 6. Jh. taucht dann erstmals der Name »spira, Speyer« auf;

Wo die Herrscher ruhen

Wer den Dom ❶ besucht, sollte auch die Stufen zur Kaisergruft hinabsteigen. Hier ruhen die Herrscher, die im 11., 12. und 13. Jh. die Geschichte des Abendlands mitbestimmt haben: Kaiser Konrad II., der den Grundstein für den Dom gelegt hat, sein Sohn Heinrich III., dann Heinrich IV., der von Speyer aus den Gang nach Canossa angetreten hat, und schließlich Heinrich V., mit dessen Tod 1125 das salische Kaiserhaus erloschen ist. Des weiteren vier Könige: Philipp von Schwaben, der Sohn von Friedrich Barbarossa, Rudolf I. von Habsburg, Adolf von Nassau und Albrecht I. von Habsburg. In der Krypta bestattet wurden weiter: Kaiserin Gisela, die Frau Konrads II., Kaiserin Berta, die Gemahlin Heinrichs IV., Kaiserin Beatrix, die zweite Gemahlin Barbarossas, und ihre Tochter, Prinzessin Agnes.

die Bezeichnung »civitas Nemetum« erhält sich jedoch bis ins 11. Jh. Zu dieser Zeit etwa fällt die für Speyer wichtigste Entscheidung: Kaiser Konrad II. (»Konrad der Speyerer«) entschließt sich, hier einen Dom zu bauen als monumentale Grabstätte für sein Geschlecht, das der Salier. Der Zeitpunkt der Grundsteinlegung ist allerdings umstritten. Möglicherweise war es 1030, manche Forscher halten auch 1025 oder 1027 für möglich. Als Konrad II. 1039 stirbt, führt sein Sohn Heinrich III. den Bau fort und kann zwei Jahre später die Krypta fertigstellen. Sein Nachfolger Heinrich IV. sorgt dann schließlich dafür, daß das Riesenwerk beendet wird und 1061 geweiht werden kann.

Ziel für Kaiser und Könige

Die folgenden Jahrhunderte bringen für die Stadt dramatische Höhepunkte: Im Jahr 1111 verkündet Heinrich V. die für Speyer so wichtigen Freiheitsprivilegien. Als er 1125 stirbt, schreibt ein englischer Mönch: »Er wurde begraben zu Speyer, der Hauptstadt Deutschlands.«

Speyer ist in der Tat eines der Zentren des Reichs. Es hat einen festen Platz im Reiseplan von Kaisern und Königen: Heinrich III. ist elfmal hier, Heinrich IV. siebzehnmal, Heinrich V. dreizehnmal und Philipp von Schwaben neunmal.

Greifen wir noch einige Ereignisse aus dem Leben dieser Stadt heraus: Heinrich VI. gibt ihr die freie Ratswahl, was sie unabhängig macht von den bischöflichen Stadtherren. 1294 wird sie freie Reichsstadt, 1540 bekennt sie sich zu den Lehren Luthers. 1527–1689 beherbergt sie das Reichskammergericht – eine Institution, die neben dem Kaiser das Reich repräsentiert, als dessen juristischen Mittelpunkt sie sich nun betrachten darf. Viele Gerichtshändel dauern jahrelang, und so witzeln die Bürger: »In Speyer schnaufen die Prozesse, ohne den letzten Schnaufer zu tun.«

Über 50 Reichstage finden hier statt, von denen zwei besonders herausragen, derjenige von 1526 und der nachfolgende von 1529, bei dem es vor allem um die neue Lehre Martin Luthers geht. Am Ende dieses Reichstags steht die »Protestation von Speyer« – die endgültige Spaltung der römischen Kirche.

Begehrte Brezel
Was für Nürnberg der Lebkuchen und für Kiel die Sprotte, ist für Speyer die Brezel. Das Gebäck war sogar Namengeber für das größte Volksfest am Oberrhein, das Speyerer Brezelfest. Wie weit die Tradition des Laugengebäcks zurückreicht, weiß man nicht, der Sage nach soll es das gesalzene Teigwerk aber schon während des Reichstags von 1529 gegeben haben. Früher besorgten die Speyerer Brezelbuben den Straßenverkauf. Heute verlassen bis zu 10 000 ofenfrische Brezeln täglich die Backstuben der Domstadt – nicht anders als in den Jahrhunderten zuvor: nicht zu dick, mit Salz bestreut sowie dunkel und knusprig gebacken.

Brezelfest vor dem Kaiserdom.

Das größte Volksfest am Oberrhein ist das Speyerer Brezelfest. Fünf Tage lang huldigt die Stadt mit Spielmannszügen und einer Kirmes dem knusprigen Salzgebäck.

Schließlich: der große Brand. Nachdem es bereits im Dreißigjährigen Krieg mehrmals den Besitzer gewechselt und dabei schweren Schaden genommen hatte, schlägt für Speyer am 31. Mai 1689 die Schicksalsstunde: Französische Soldaten, von Ludwig XIV. gesandt, stecken die ganze Stadt in Brand.

Als das Inferno am 2. Juni endet, steht außer der Gilgenvorstadt und dem Altpörtel ❼ nichts mehr. Die stolze Reichsstadt ist in Schutt und Asche gesunken, der Dom ❶ ein Trümmerhaufen.

Bedeutsame Einrichtungen heute

300 Jahre später: Es gibt kein Reich mehr. Als Regierungshauptstadt der Pfalz hat Speyer ausgedient, »Mittelzentrum« ist es, nicht einmal Oberzentrum. Seine Wirtschaft hat Federn lassen müssen, die Zahl der industriellen Arbeitsplätze hat sich drastisch verringert. Betriebsschließungen wie die der Erdölraffinerie schmerzen; die Schulden wachsen. Ein andauernder Niedergang?

Nun, eine Stadt, die vom Schicksal derart gebeutelt worden ist, ist wohl so schnell nicht unterzukriegen. Vieles spricht sogar für einen Wiederaufstieg und dafür, daß auch weiterhin jährlich etwa eine Million Besucher hierherkommt. Immerhin ist der nach 1689 mühsam wiederaufgebaute Stadtkern wenigstens im Zweiten Weltkrieg verschont geblieben und bietet dem Touristen wirklich Sehenswertes. Zum anderen verfügt Speyer über eine hervorragende Verkehrsanbindung, sieht man einmal ab vom Schienenweg, der so dürftig ist, daß Spötter behaupten, der Speyerer

Das ehemalige Kaufhaus am Alten Marktplatz ist trotz weitgehender Veränderungen noch immer ein wichtiger Zeuge pfälzischer Profanbaukunst um die Mitte des 18. Jahrhunderts.

Tips, Tips, Tips

Urlaub daheim
Im Norden der Stadt gibt es zahlreiche Baggerseen, die in jedem Sommer unzählige Besucher anlocken. Mondsee, Sonnensee, Speyerlachsee, Biersiedersee, Binsfeld, Silbersee, Kuhunter und Im Gänsedreck sind von Speyer aus den Rheindamm entlang oder über Wormser Landstraße/Otterstadter Weg zu erreichen, aus Richtung Ludwigshafen über die B 9 und die Otterstadter Straße. Man kann angeln, schwimmen, segeln und surfen – die Sportgeräte sind mitzubringen. Insgesamt gibt es fast 8 km öffentlichen Strand.

»Lebendiges Wasser«
Fast so alt wie der Dom ❶ ist das unweit gelegene Judenbad ❹, das 1126–28 erstmals urkundlich bezeugt ist. Es gehörte der Judengemeinde, die aus Mainz stammte und die der Bischof 1084 in der Absicht angesiedelt hatte, »die Ehre des Ortes um ein Vielfaches zu vermehren«. Die Kultstätte diente den Waschungen, denen sich jüdische Männer und Frauen unterziehen mußten. Zum Untertauchen war nur »lebendiges« Wasser zugelassen, es durfte keines herbeigeschafft oder eingeschüttet werden. In der Enge einer mittelalterlichen Stadt blieb daher nur, sich des Grundwassers zu bedienen. Die unterirdisch gelegenen, aus rotem Sandstein gemauerten Becken und der mit einer Lichtkuppel versehene Badeschacht des Frauenbades wurden in den 60er Jahren freigelegt und für Besucher geöffnet.

Bahnhof liege im 10 km entfernten Schifferstadt. Am Rheinufer ankern die Fahrgastschiffe der »Köln-Düsseldorfer«, im Hafen werden Güter aus nah und fern umgeschlagen. Ein Flugplatz läßt sogar Linienverkehr zu. Autobahnen unmittelbar vor der Haustür schaffen eine schnelle Verbindung in jede Richtung.

Vielbeachtet sind Speyers überregionale Einrichtungen: Das Bistum und die Evangelische Landeskirche der Pfalz haben hier ihren Sitz. Die Hochschule für Verwaltungswissenschaften zählt bis zu 500 Hörer pro Semester. In den Regalen der Pfälzischen Landesbibliothek stehen 640 000 Bände; die im Landesarchiv gelagerten Akten schätzt man – aneinandergereiht – auf 16 km Länge. Die Landwirtschaftliche Berufsgenossenschaft von Rheinhessen-Pfalz betreut rund 180 000 Mitglieder, die Landesversicherungsanstalt Rheinland-Pfalz mehr als eine halbe Million Rentner. Die Landwirtschaftliche Untersuchungs- und Forschungsanstalt nimmt auf Landesebene Anbaumethoden unter die Lupe, prüft Klärschlamm und forscht nach den Ursachen des Waldsterbens. Das Chemische Untersuchungsamt kümmert sich um vergiftete Lebensmittel und ist bemüht, Weinpanschern auf die Spur zu kommen.

Dokumente einer stolzen Vergangenheit

Vor allem aber sind es die Zeugen einer stolzen Vergangenheit, die über schwierige Zeiten hinweghelfen. Zuallererst der Dom ❶, oftmals zerstört

Von der Repräsentationslust der Ratsherren zeugt der stattliche Portalvorbau mit dem säulengetragenen Balkon.

und immer wieder in neuem wie altem Glanz auferstanden. Zwar hatten ihn die Franzosen 1689 aus ihrem Vernichtungswerk ausklammern wollen, aber sie konnten das Übergreifen der Flammen von benachbarten Häusern nicht verhindern. Immerhin überwies der »Sonnenkönig« – vielleicht als Zeichen seines schlechten Gewissens – dem Domkapitel 25 000 Livres als Entschädigung.

Mit dem Wiederaufbau wurde 1772 begonnen. Sieben Jahre später war man damit fertig, doch drohte dem Bauwerk erneut Gefahr: Zunächst wollte es der Mainzer Architekt Henrion zu Ehren Napoleons in einen Triumphbogen umgestalten, dann ordnete 1804 der französische Finanzminister sogar den endgültigen Abriß an, den aber der Kaiser nicht zuließ. Der Dom überlebte, wenn auch zeitweise als Heumagazin.

Seine letzte große Renovierung, mit der die umstrittene weitgehende Beseitigung des Schraudolphschen Bilderschmucks einherging, kam 1966 zum vorläufigen Abschluß. Seither zeigt sich der »schweigende Riese« wieder im Sandsteinkleid. Theodor Heuss hat einmal gesagt: »Wie ist der Dom gewachsen. Seine Steine atmen wieder.«

Anders als der Dom blieb sein weltliches Gegenüber, das Altpörtel ❼, vom großen Brand verschont. Zwar war just er für die Zerstörung vorgesehen gewesen, aber Prior und Konvent des in der Nähe liegenden Karmeliterklosters konnten sich mit Erfolg für seine Erhaltung einsetzen.

Nur wenige hundert Meter entfernt steht ein weiteres Denkmal Speyerer Geschichte: die Gedächtniskirche ❻. Entstanden zwischen 1893 und 1904, erinnert sie an die Protestation von 1529. »Fangen Sie ruhig mit dem Bau an. Ich werde dafür sorgen, daß er vollendet wird«, soll Kaiser Wilhelm II. großspurig versprochen haben, als sich die Bauherren um Zuwendungen für das »Dankesdenkmal der gesamten protestantischen Welt« an ihn gewandt hatten. Im Volksmund heißt das Gebäude übrigens Retscherkirche, weil es sich – einem Irrtum zufolge – eigentlich auf dem Gelände des ehemaligen Retschergebäudes erheben sollte.

200 Jahre älter ist die Dreifaltigkeitskirche ❿, die nach dem Vorbild der Frankfurter Katharinenkirche errichtet worden ist. Sie verdankt ihr Entstehen dem großen Brand von 1689: Die protestantische Gemeinde brauchte ein neues Gotteshaus, und der Architekt Johann Peter Graber durfte es bauen. 1701 begann man also mit den Bauarbeiten, und 1717 fand dann die Einweihung statt.

»Das Museum für die Pfalz zu erbauen, sehe ich als die schönste Aufgabe meines Lebens an«, mit diesen Worten soll Gabriel von Seidl im Jahr 1904 seinen Plan für das Historische Museum der Pfalz ❸ vorgestellt haben, das dann 1910 seine Pforten öffnete. Es beherbergt neben vielen Funden aus dem gesamten pfälzischen Raum auch den ältesten Wein der Welt, der – in einer mit einem Ölpfropfen verschlossenen römischen Glasflasche – in der Speyerer Gemarkung entdeckt wurde. Ab 1990, dem Jahr des 2000jährigen Stadtjubiläums, können die Schätze wieder im inzwischen renovierten und erweiterten Haus betrachtet werden.

Berühmte Söhne
Jede Stadt hat Kinder, die es im Lauf ihres Lebens zu etwas gebracht und der Stadtgeschichte Glanz verliehen haben. Herausragende Speyerer sind z. B. Anselm Feuerbach und Heinrich Hilgard. Feuerbach, 1829 geboren, gehört zu den bedeutenden Malern des 19. Jh. Gleichwohl bedurfte es zähen Ringens, um sein Geburtshaus ❺ zu erhalten. Der eigens dafür gegründete Verein hat mittlerweile eine größere Zahl von Bildern Feuerbachs zusammengetragen und in der Allerheiligenstr. 9 ausgestellt. Heinrich Hilgard, 1835 geboren, machte sein Glück in den USA. Als »Eisenbahnkönig« Villard baute er die Northern-Pacific-Bahn und wurde ein reicher Mann. Er spendete hohe Geldsummen – u. a. für den Bau der Gedächtniskirche ❻. Die Stadt machte ihn zum Ehrenbürger und benannte eine Straße nach ihm.

Theater, Musik, Veranstaltungen, Museen

Theater
Stadthalle, Obere Langgasse. Gastspiele: Oper, Operette, Musical, Ballett, Schauspiel, ☏ 142 39, 142 50.
Alter Stadtsaal, Maximilianstr. Spielort für Theatergruppe »Dicke Luft«: Theater, Kleinkunst, Kindertheater, ☏ 7 02 70.

Musik
Stadthalle, Obere Langgasse. Sinfonie-, Chor- und Kammerkonzerte, Klavier- und Liederabende, ☏ 142 39, 142 50.
Gotische Marienkapelle ⓯, Adenauerpark. Kammermusikalische Reihe mit Speyerer Künstlern, ☏ 142 50.
Dom ❶. Intern. Orgelzyklus auf der Scherpf-Orgel; intern. Musiktage: Chor-, Orgel-, Orchester-, Kammerkonzerte, Oratorien (Aug./Sept.), ☏ 10 22 53, 7 57 11.
Gedächtniskirche ❻. Orgelkonzerte (Kleuker-Orgel, zweitgrößte mechanische Orgel der Welt); Orgelmatineen (4. So im Monat, 11.15 Uhr), ☏ 7 77 16.
Alter Stadtsaal, Maximilianstr. Jazz, Rock, Folk, Blues, ☏ 7 02 70, 142 50.

Veranstaltungen
Ab Sa vor Himmelfahrt: *Speyerer Frühjahrsmesse*. Zehntägiges Volksfest mit Vergnügungspark auf dem städt. Festplatz, Nähe Dom.
Sommer: *Rheinpromenaden-Konzerte*. Sonntägliche Veranstaltungsreihe am Flaggenmast. Abschluß: Rheinuferfest.
März, Mai, Nov.: *Antikmärkte* in der Stadthalle, Obere Langgasse. Verkauf von Gemälden, Grafik, Schmuck, Porzellan, Uhren, Möbeln, ☏ 142 50.
Mai: *Kulturspektakel* im Alten Stadtsaal: drei Tage Kleinkunst (1990); *Kulturtage* in der ganzen Stadt (1991): 14 Tage Kleinkunst, Laientheater, Pantomime, Kabarett, alle Arten von Musik, ☏ 143 92, 142 39.
2. Wochenende im Juli: *Speyerer Brezelfest*. Fünftägiges Volksfest auf dem städt. Festplatz, Nähe Dom, mit trad. Straßenumzug – Trachtengruppen, Spielmannszüge, Musikkapellen aus Süddeutschland.
2. Wochenende im Sept. (1990: 1. Wochenende im Sept.): *Altstadtfest* zwischen Fischmarkt und Sonnengasse.
Nov.: *Herbstmesse*. Volksfest mit Vergnügungspark auf dem städt. Festplatz, Nähe Dom (Wochenende vor Allerheiligen bis Wochenende danach).

Museen
Historisches Museum der Pfalz, Am Domplatz (s. ❸).

An Straubing denken viele mit Vergnügen. Sei es der Bauer, der zufrieden an die guten Geschäfte auf dem Markt und die lustige Zeit auf dem Gäubodenfest (unser Bild) denkt, sei es die Jugend in Erinnerung an wilde Diskonächte, sei es der Kunstfreund, der vom kaum zerstörten Bild einer gotisch geprägten bayrischen Landstadt schwärmt – alle denken gerne an Straubing. Ausgenommen vielleicht jene, die einmal gezwun-

gen waren, ihren Wohnsitz für längere Zeit hierher zu verlegen, in Bayerns größte Justizvollzugsanstalt. So grausam ist die Rechtsprechung nicht mehr wie anno 1435, als man hier Agnes Bernauer in der Donau ertränkte, weil sie nicht in die Heiratspläne Herzog Ernsts von Bayern für seinen Sohn paßte. Daß er durch die Kapelle, die er der Bernauerin nachher stiftete, sein Unrecht gesühnt hat, darf bezweifelt werden.

Straubing

Frohsinn im Gäuboden

Wappen Gültig seit 1306; in Rot ein silberner Pflug, darüber nebeneinander zwei Schilde mit den bayrischen Rauten, unten eine goldene Lilie, die auf die mittelalterliche Grundherrschaft des Augsburger Domkapitels hinweist. Der Pflug stammt aus dem Wappen des ersten Richtergeschlechts der Stadt und versinnbildlicht die Gerichtsbarkeit Straubings im Mittelalter; im Wappen der Richter deutete der Pflug sicher auf die fruchtbare Erde des Gäubodens und den Haupterwerbszweig der Wappenträger hin.
Lage Am Südufer der Donau zwischen Regensburg und Passau in einer weiten fruchtbaren Schwemmebene, dem sog. Gäuboden.
Land Bayern
Autokennzeichen SR
Höhe 331 m ü. M.
Fläche 67 km²
Einwohnerzahl 40 000
Postleitzahl 8440
Telefonvorwahl 0 94 21
Post Bahnhofsplatz 1, Spätschalter (Mo–Fr 8–12.30, 14–19, Sa 8–12.30 Uhr).
Polizei Theresienplatz 1, neben der Jesuitenkirche, ☏ 86 80
Taxi ☏ 15 33
Camping Campingplatz Straubing, ☏ 2 38 40, zu erreichen über die Chamer Str., die im Norden von der B 20 nach Straubing führt.
Parken Kostenloser Großparkplatz Am Hagen, nördlich der Altstadt nahe der Donau. Parkhäuser: Parkhaus West, Einfahrt Regensburger Str., und Parkhaus am Wasserturm, Einfahrt Krankenhausgasse, Stetthaimerplatz.
Touristinformation Städtisches Fremdenverkehrsamt, Rathaus, ☏ 1 63 07 (Mo–Fr 8–12, 13.30–17 Uhr; Juli–Sept. Sa 10–12 Uhr).
Stadtführung Nach Vereinbarung mit dem Fremdenverkehrsamt.
Schiffahrt Donaufahrt Mai–Sept., ☏ 1 63 07.

Stadtrundgang

Am besten, Sie stellen Ihr Auto auf dem Großparkplatz Am Hagen ab. Wenn Sie von der Autobahn A 3 kommen, müssen Sie sich nach der zweiten Donaubrücke rechts halten, um das Schloß 2 *herum und dann den Rentamtsberg hinab zum Parkplatz fahren.*

Die Sehenswürdigkeiten von Straubing liegen alle sehr nahe beieinander, eine Ausnahme macht nur die Kirche St. Peter 14 *mit ihrem idyllischen Friedhof und der Agnes-Bernauer-Kapelle; sie liegt ca. 1 km östlich des Stadtkerns. Dorthin sollten Sie einen Abstecher außerhalb des Rundgangs machen. Für den ca. 2 km langen Weg durch die Altstadt müssen Sie gut eine Stunde Zeit veranschlagen. Ruhe- und Einkehrmöglichkeiten finden Sie auf dem Rundweg zur Genüge, vor allem natürlich in der Fußgängerzone am Ludwigsplatz und am Theresienplatz sowie in den daran anschließenden Gäßchen.*

Sehenswürdigkeiten

1 *Spitaltor,* noch spätgotisch, Verkleidung von 1628, letztes erhaltenes mittelalterliches Stadttor. Beiderseits Reststücke der Stadtmauer.

2 *Herzogsschloß,* 1356 begonnen; im Ostteil gotische Schloßkapelle, 1373 geweiht. Vieleckiger Agnes-Bernauer-Turm mit Zinnenkrone. Im 18. Jh. Schloßerweiterung nach Westen; heute u. a. Finanzamt mit Rokokofassade.

3 *Ursulinenkirche,* 1736–41 von den Gebrüdern Cosmas Damian und Egid Quirin Asam für das 1691 gegründete Ursulinenkloster gebaut und ausgemalt. Üppige Barockausstattung mit bemerkenswertem Hochaltar und Deckenfresko. Die Tochter C. D. Asams war Oberin des Klosters, in dem sich noch zahlreiche Werke und Schriftstücke der Asams befinden.

4 *Karmeliterkirche,* 1371 begonnener gotischer Bau, der vermutlich ab den 90er Jahren von Hans von Burghausen (»Stethaimer«) weitergeführt wurde. Im 18. Jh. von Wolfgang Dientzenhofer umfassend barockisiert. Innen barocker Hochaltar, vom Passauer Meister Joseph Matthias Götz 1741/42 gefertigt; im Mönchschor das Grabmal des Herzogs Albrecht II. in Rotmarmor, eine wichtige Steinmetzarbeit aus der Zeit um 1400.

5 *Ludwigstor,* klassizistischer Zierbau, anstelle des »Unteren Tores« 1810 erbaut.

6 *Stadtturm mit Trinkstube,* Wahrzeichen Straubings, Baubeginn 1316, Höhe 68 m. Der heute als Trinkstube bezeichnete, an den Turm angelehnte Bau aus dem 15. Jh. ist wahrscheinlich im Kern der erste Rathausbau der Stadt.

7 *Rathaus,* Ende des 14. Jh. entstandener gotischer Bau mit schönem Saal; Fassade und andere Bauteile im 19. Jh. stark verändert.

8 *Kirche St. Veit,* errichtet als Votivkirche aufgrund des Stadtbrands von 1393, Anfang des 18. Jh. barockisiert; Deckenfresken von Felix Hölzl 1762, Altarblätter von Cosmas Damian Asam.

9 *Dreifaltigkeitssäule,* 15 m hoch, 1709 aufgestellt; ihre Errichtung gelobten die Straubinger 1704, falls die sie belagernden Österreicher wieder abzögen.

10 *Jesuitenkirche,* 1680 aus dem Umbau einer alten Marienkapelle entstanden; einschiffige Halle mit barocker Ausstattung.

11 *Pfarrkirche St. Jakob,* Backsteinbau, 1415 von Hans von Burghausen begonnene und im 16. Jh. vollendete dreischiffige Hallenkirche von großartiger baulicher Geschlossenheit. Im Innern neugotischer Hochaltar unter Verwendung gotischer Teile; prächtige Holz-Barockkanzel von 1753; in der Bartholomäuskapelle Grabmal des Ratsherrn Ulrich Kastenmayer um 1430, dessen Entwurf J. v. Eyck zugeschrieben wird. In der Kirche außerdem zahlreiche weitere wertvolle Ausstattungsstücke, z. B. mittelalterliche Glasfenster und Gemälde von Holbein d. Ä. sowie den Asams.

12 *Spitalkirche,* Mitte des 13. Jh. erbaut, im 18. Jh. jedoch völlig umgestaltet; hier zeigen sich bereits frühe klassizistische Anklänge.

13 *Gäubodenmuseum,* geschichtliche, kulturgeschichtliche und volkskundliche Sammlungen zu Straubing und dem Umland seit der Jungsteinzeit, u. a. mit dem berühmten, 1950 entdeckten Straubinger Römerschatz, der mit seinen vergoldeten Gesichtsmasken, Figuren, Beinschienen usw. in einem eigenen Raum gezeigt wird; außerdem wichtige Werke sakraler Kunst (Di–So 10–16 Uhr).

14 *Kirche St. Peter,* ab etwa 1200 erbaute dreischiffige Basilika in schlichter Romanik mit zwei prächtigen Portalen. Im Innern u.a. spätromanisches Kruzifix und bedeutende Pieta aus der Zeit um 1430 im nördlichen Seitenschiff. Bei der Kirche ein Wehrfriedhof mit schönen alten Grabkreuzen aus fünf Jahrhunderten sowie drei Kapellen: die Totentanz- oder Seelenkapelle von 1486 mit dem Totentanz von Felix Hölzl aus dem Jahr 1763; die Agnes-Bernauer-Kapelle (1436) mit schönem Epitaphaltar aus der Renaissance (um 1618) und Grabstein der Bernauerin (um 1540); schließlich die Liebfrauenkapelle (1425), an deren Außenseite Grabmäler von Straubinger Patrizierfamilien zu finden sind.

15 *Wallfahrtskirche Frauenbrünnl,* am Stadtpark gelegener, über einer Heilquelle 1705–07 errichteter Bau mit Deckenfresken Hans Georg Asams, des Vaters der berühmten Asam-Brüder.

16 *Tiergarten,* artenreicher großer Tierpark mit Streichelzoo.

17 *Wallfahrtskirche Mariä Himmelfahrt,* im Ortsteil Sossau, 2 km nördlich, im 12. Jh. erbaut, im 18. Jh. barockisiert, Deckenfresken und prachtvoller barocker Hochaltar von 1777.

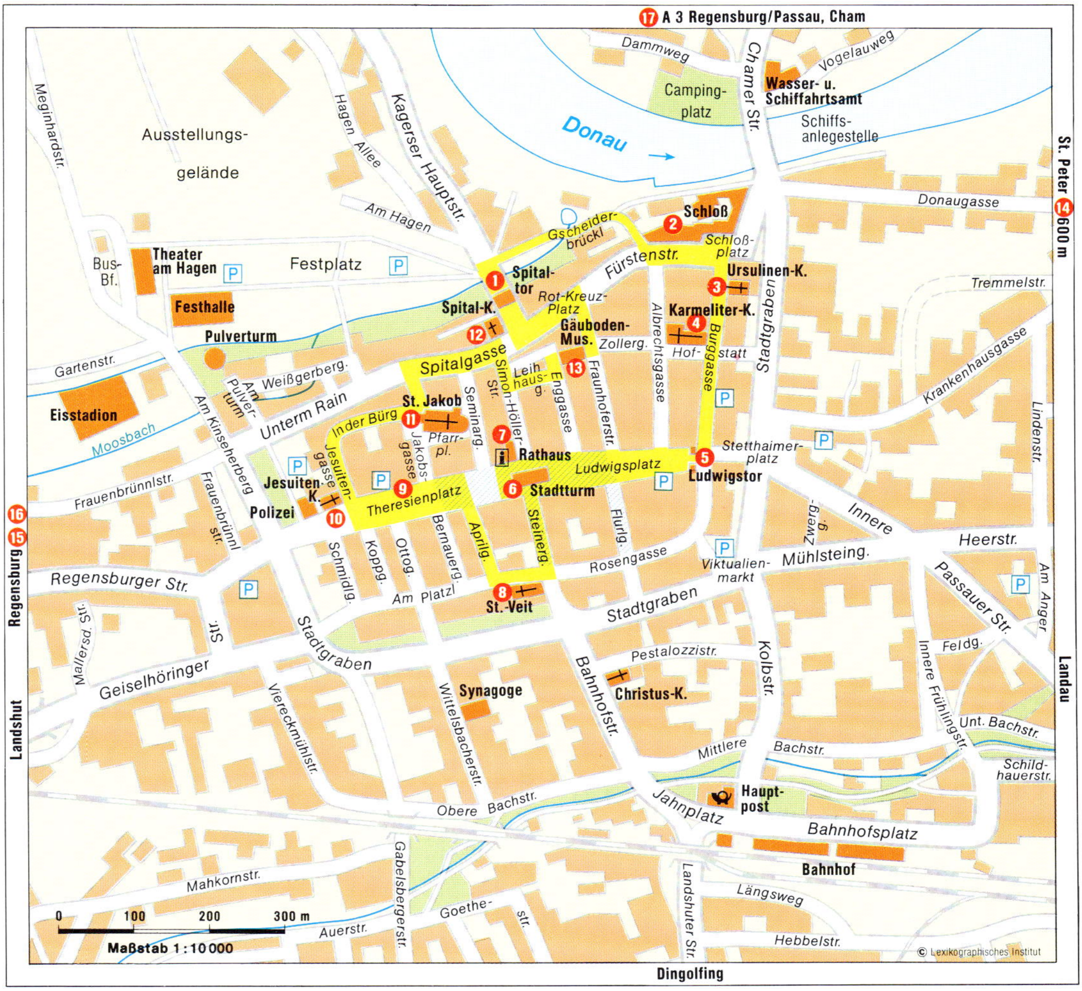

Metropole des Feierns

Wenn Teens und Twens in Niederbayern und der Oberpfalz von Straubing reden, dann bekommen sie glänzende Augen. Dabei denken sie allerdings nicht an gotische Kirchen und reiche Weizenernten im Gäuboden, dem Umland der Stadt – sie denken vielmehr an heiße Diskonächte in einer Stadt, die nur auf den ersten Blick den Eindruck einer biederen Bauernmetropole in tiefster bayrischer Provinz vermittelt. Straubing ist unangefochten Ostbayerns Vergnügungszentrum. Seine Diskotheken sind mit den neuesten technischen Raffinessen ausgestattet, die Diskjockeys sind Top, die Musik ist ohnehin brandaktuell, und die heißesten Diskogarderoben brauchen, so sagt man, kaum einen Tag länger nach Straubing als in die schicksten Boutiquen von München.

Zu feiern haben die Straubinger schon immer verstanden. Beispiel: das Gäubodenfest. Eigentlich hatte es der bayrische König Max I. im Jahr 1812 als Landwirtschaftsschau zur Vorführung von Neuerungen auf dem Gebiet des Landbaus angeregt. Doch solch eine nüchterne Ausstellung war den Straubingern viel zu langweilig, und so verwandelten sie das Ganze flugs in ein riesiges Volksfest mit angehängter Landwirtschaftsschau. Dieses Gäubodenfest ist mittlerweile das zweitgrößte Volksfest in Bayern nach dem Münchner Oktoberfest.

Ein anderes Beispiel: der Trabrennsport. Hier verbindet sich solide, von Bauern betriebene Pferdezucht mit modernem Leistungssport und prikkelnder Wettleidenschaft. Nirgendwo sonst verwetten die Menschen, statistisch gesehen, so viel Geld beim Pferdesport wie in Straubing. Und schließlich haben es die Straubinger auch geschafft, aus der wohl dramatischsten Episode ihrer Geschichte ein Festspiel zu machen, nämlich aus dem traurigen Schicksal der schönen Baderstochter Agnes Bernauer, die 1435 in der Donau ertränkt wurde.

Der Straubinger Römerschatz

Bei Ausschachtungsarbeiten für eine Wohnanlage stieß man im Jahr 1950 auf einen riesigen umgestülpten Bronzekessel, der unter sich barg, was als einer der bedeutendsten archäologischen Funde nördlich der Alpen gilt. Denn was hier ein Römer vor 1700 Jahren versteckt hatte, waren Gegenstände bester Handwerkskunst, wie man sie auch in Italien nur selten zu sehen bekommt: feingetriebene Gesichtsmasken und Beinschienen für Soldaten und Offiziere ebenso wie Teile von Kopfschutzplatten für Pferde, alles aus vergoldeter Bronze. Diese Rüstungen waren allerdings nie für kriegerische Zwecke gedacht gewesen, sondern wurden bei sportlichen Turnieren und auf Militärparaden angelegt. Daneben fanden sich noch allerlei vergoldete Statuetten und Eisenwerkzeuge.
Zu besichtigen ist das heute alles im Römerraum des Gäubodenmuseums 13.

Tips, Tips, Tips

Wo Traber Wettlust schüren
Mitten in Straubing hämmern einmal pro Woche an der Ejadonstraße, zumeist am Samstag, die Traberhufe. Auf der – nach München-Daglfing – zweitgrößten Trabrennbahn Süddeutschlands werden (auch unter Flutlicht) Traber eingespannt, die durchaus zu den besten des Lands zählen, und am Totalisator gibt es Umsätze, die etliche der deutschen Großstadtrennbahnen vor Neid erblassen lassen: pro Jahr ca. 9,6 Millionen. Wer auch Wettlust verspürt oder nur mal entspannt zusehen möchte, sollte sich von der Rennbahnverwaltung (☎ 3777) die nächsten Termine geben lassen.

Tiergarten Straubing
Stadtbesichtigungen begeistern Kinder meist nur mäßig. Wer Straubing besucht, kann sich die Gunst der Sprößlinge aber rasch zurückgewinnen: Nur 1 km westlich des Stadtkerns liegt inmitten des Stadtparks in trefflich gestalteter Umgebung der Straubinger Tiergarten ⑯ (☎ 21277) mit über 1000 Tieren aus 250 Arten und extra Streichelzoo für die Kleinen. Ganzjährig täglich geöffnet (März–Sept. 8.30–19 Uhr, Okt.–Febr. 9.30–17 Uhr).

Hollands Hauptstadt lag in Bayern

Es könnte sein, daß dieser dezidierte Hang zur Lebensfreude in einem ansonsten von eher bedächtigen Menschen bewohnten Landstrich seine Wurzeln in jener Epoche hat, in der sich Straubing einmal die Hauptstadt Hollands nennen konnte. König Ludwig der Bayer hatte diese Grafschaft Holland 1324 erheiratet; 1353 kamen Straubing und Holland durch Vertrag an die Brüder Albrecht I. und Wilhelm I. Straubing wurde dadurch Residenzstadt, und die Beziehung zu Holland hat fördernd auf die Stadt gewirkt. So kann man auch die offene Weite, die einem in dieser an sich gotischen Stadt immer wieder auffällt, als einen Anklang an flandrische Stadtbaukunst interpretieren.

Es hat ein wenig gedauert, bis dieses Straubing seinen Platz in der weiten Ebene des Donautals endlich gefunden hatte. Nachgewiesen ist eine alte Keltensiedlung östlich von St. Peter ⑭, später kamen die Römer, die hier ein 3,1 ha großes Lager für die Cohors I Canathenorum milliaria errichteten, neben dem auch eine bedeutende römische Zivilsiedlung entstand.

Als der Ort nach der Römerzeit im Jahr 898 erstmals in den Urkunden wieder auftaucht, ist er fränkisches Königsgut und heißt Strupinga. 1029 geht er in den Besitz des Augsburger Domkapitels über, das dort ab etwa 1180 mit dem Bau der Pfarrkirche St. Peter beginnt. Der zugehörige Ort sollte zum Hauptort des Gäubodens ausgebaut werden. Doch der eine halbe Wegstunde weiter westlich entstandene Marktflecken, der 1218 von Herzog Ludwig I. zur Stadt erhoben wurde, entwickelte sich erheblich besser. Zum Trost der davon sicher nicht sonderlich ergötzten Domherren hatten sie aber auch über den erfolgreicheren Nachbarort die grundherrschaftlichen Rechte und konnten bei den Stadtsteuern und Zolleinnahmen kräftig mitkassieren. Straubing entwickelte sich rasch zu einem der wichtigsten Orte im Herrschaftsbereich der Wittelsbacher. Erst 1535 gelang es dann der Stadt, sich von den Domherrn in Augsburg freizukaufen.

Aus der Frühzeit Straubings steht heute noch inmitten des großzügig angelegten Straßenmarkts, der heute Ludwigs- bzw. Theresienplatz heißt, der Stadtturm ⑥ von 1316. Das Rathaus ⑦, das die Bürger sich seit 1382 erbauten, wurde erst im 19. Jh. weitgehend umgebaut.

Auf dieser Luftaufnahme mit Blick nach Norden erkennt man im Zentrum den Stadtturm, links daneben die Pfarrkirche St. Jakob, rechts die Karmeliterkirche; eine deutliche Grenze ist der Stadtgraben.

Sieben goldene Jahrzehnte

Infolge der bayrischen Landesteilungen im hohen Mittelalter wurde Straubing 1353 Sitz eines eigenständigen Herzogtums – des schon erwähnten Straubing-Hollands. Nun begannen Straubings sieben goldene Jahrzehnte, in denen die meisten bedeutenden Bauten der Stadt zumindest angefangen, teilweise auch vollendet wurden. Da ist einmal das wuchtige Schloß ❷ an der Donau, das Herzog Albrecht I. begann; dann das Karmeliterkloster mit Kirche ❹ sowie die Kirche St. Veit ❽, vor allem aber die Pfarrkirche St. Jakob ⓫, die zu den schönsten und größten gotischen Hallenkirchen Süddeutschlands zu zählen ist.

1425 ging Straubing dann, nach dem Giftmord an Herzog Johann, an die Münchner Linie der Wittelsbacher. Von dort setzte man 1433 jenen jungen Herzog Albrecht III. als Statthalter ein, dessen unstandesgemäße Ehe mit Agnes Bernauer zum wohl spektakulärsten Ereignis der Straubinger Geschichte führte. Danach aber fiel Straubing zurück in den Status einer ländlichen Kleinstadt, in der Beamte, Bürger und Bauern den Ton angaben. Erst im 18. Jh. entfaltete die Stadt aufs neue einigen Kunstsinn, als nämlich die Bürger ihren Reichtum in den Neubau ihrer Häuser, zumindest in die Neugestaltung der Fassaden steckten und die Kirchen den ihren in die Barockausschmückung der gotischen Gotteshäuser. Als bedeutendster Neubau ist die 1736 begonnene Ursulinenkirche ❸, das letzte gemeinsame Werk der Gebrüder Asam, zu nennen.

Das 19. Jh., ohnehin ein goldenes Jahrhundert der Landwirtschaft in Bayern, brachte die Stadt dann vollends wieder hoch. Die Bauern drängten auf die Märkte und in die Wirtshäuser, es war ein fröhliches Leben in Straubing, so daß ein Reiseschriftsteller damals bemerken konnte, die fünf aufrechten Spitzen auf dem Stadtturm seien ein Symbol dafür, daß die Straubinger eben gerne fünf gerade sein ließen...

Allerdings steht diese Straubinger Lebenslust durchaus auf dem festen Boden solider Leistung, denn irgendwo muß man das Geld ja auch verdienen, das man ausgeben will. Den Straubinger Schülern wird da immer wieder ein ganz besonderes Vorbild aus ihrer Stadt nahegebracht: Joseph von Fraunhofer, 1787 hier geboren, dessen eigenentwickelte optische Geräte Weltruf genossen und der die Optik auch auf theoretischem Gebiet durch zahlreiche Entdeckungen entscheidend weiterbrachte. Und gute Voraussetzungen, ihm nachzueifern, haben die jungen Leute nun wirklich in Straubing, wo sie Schulen aller Art – allein vier Gymnasien – und für später dann eine recht ausgeglichene Wirtschaftsstruktur vorfinden. Längst nicht mehr dominiert der Handel (mit nur noch knapp ¼ der Arbeitsplätze) das wirtschaftliche Leben; dafür findet man heute um so mehr Arbeitsplätze im Dienstleistungsbereich (38,5 %) und im produzierenden Gewerbe (35,5 %). Man verspricht sich in Straubing auch einiges vom neuen Main-Donau-Kanal, für den die Staustufe hier schon fertiggestellt ist. Sogar über den Bau eines Hafens wird nachgedacht. Und man könnte es den Straubingern durchaus zutrauen, daß sie dort dann innerhalb kürzester Zeit die tollsten Hafenkneipen Deutschlands eingerichtet haben!

<u>Agnes Bernauer</u>

Es begann in einer Baderstube in Augsburg. Dort lernte der junge Herzog Albrecht III. 1432 die hübsche Tochter des Badermeisters kennen, verliebte sich unsterblich in sie und heiratete sie schließlich – weil sein Vater, der Münchner Herzog Ernst, natürlich dagegen war – heimlich, wohl noch im selben Jahr. Ein Jahr später wurde Albrecht zum herzoglichen Statthalter in Straubing ernannt, nahm seine Agnes dorthin mit und hielt mit ihr zusammen hof. Eines Tages im Jahr 1435 aber nutzte Herzog Ernst eine Abwesenheit seines Sohns und ließ Agnes in Straubing festnehmen. Ein paar willfährige Pfaffen bescheinigten, daß Agnes eine Hexe sei, und so wurde sie im Oktober desselben Jahrs in der Donau ertränkt. Diese Ereignisse um die Baderstochter Agnes Bernauer gestalten die Straubinger nun alle vier Jahre in einem aufwendigen Freilicht-Festspiel nach – das nächste Mal im Sommer 1993.

Blick von der Dreifaltigkeitssäule aus zum Stadtturm.

Theater, Musik, Veranstaltungen, Museen

Theater
Theater am Hagen, Am Hagen 61. Gastspiele des Stadttheaters Regensburg und anderer Bühnen: Oper, Operette, Schauspiel, Kinder- und Jugendtheater, ☏ 163 07, 163 28.
Jugendfreizeitzentrum, Petersgasse 5. Kabarett, Kinder- und Jugendtheater, Filmwochen für Kinder und Jugendliche, ☏ 128 39.

Musik
Historischer Rathaussaal ❼, Rathaus, Theresienplatz. Kammerkonzerte, ☏ 162 51, 163 07.
Pfarrkirche St. Jakob ⓫, Pfarrplatz 1. Orgelkonzerte mit renommierten Interpreten, Orchestermessen (an Feiertagen), ☏ 127 15.
Christuskirche, Pestalozzistr. 2. Orgel-, Jugendchorkonzerte, Kammermusik, ☏ 802 00.
Jugendfreizeitzentrum, Petersgasse 5. Rock- und Blueskonzerte, ☏ 128 39.

Veranstaltungen
Sommer: *Salzstadl-Rock* im Schloßhof ❷. *Open-air-Festival* mit regionalen Gruppen, ☏ 163 07.
Alle vier Jahre (1993) Juni/Juli: *Agnes-Bernauer-Festspiele* im Schloßhof ❷, ☏ 163 07.
März: *ADAC-Racing-Show* in den Ausstellungshallen am Hagen. Autoausstellung mit Neuwagen und Formel-I-Rennwagen, ☏ 86 13 28.
April: *Osterdult* auf dem Stadtplatz. Krämermarkt.
April/Mai: *Frühlingsfest* auf dem Festplatz. Volksfest.
Mitte Aug.: *Gäubodenfest* auf dem Festplatz. Großer Vergnügungspark, Abschluß: Prachtfeuerwerk.
Ostbayernschau auf dem Festplatz/Ausstellungsgelände. Landwirtschaftsschau, Maschinen und Geräte für Industrie, Handwerk, Handel, Haushalt.
Letztes Wochenende im Aug.: *ADAC-Motorradrennen* auf dem Flugplatz Wallmühle, ☏ 86 13 28.
Ende Sept.: *Herbstdult* auf dem Stadtplatz. Krämermarkt.

Museen
Gäubodenmuseum, Fraunhoferstr. 9 und 11 (s. ⓭).

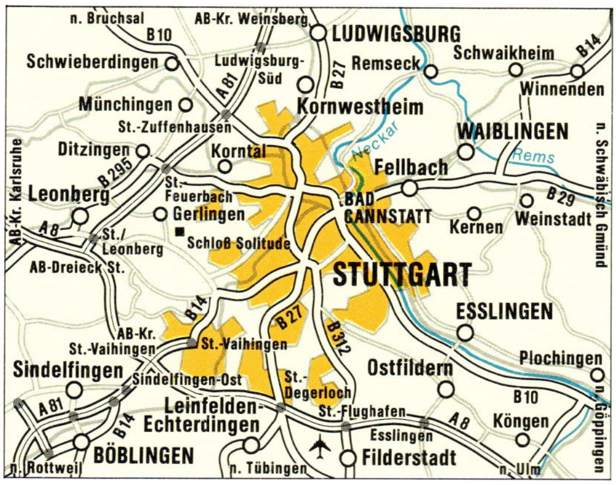

Umfragen zufolge steht Stuttgart bei den Bundesbürgern in der Beliebtheitsskala ganz oben, wenn es um den ständigen Wohnsitz geht. Höchstens die weiß-blaue bayrische Metropole kann da noch mithalten. Woher das kommt? – Sicher nicht von den hohen Miet- und Bodenpreisen hierzulande, vermutlich auch nicht von einem ausgeprägten Großstadtleben. Wohl aber von der schönen Umgebung und der herrlichen

Lage, vielleicht auch von den vielen Arbeitsplätzen und den guten Aufstiegschancen in bedeutenden Industrieunternehmen. Oder spielt das kulturelle Leben die entscheidende Rolle, Stuttgarts Ballett, die Museen, die klassische Musikszene? Was auch immer – die Stadt ist beliebt, man lebt gern hier, und die Gründe dafür sind mannigfaltig.

Stuttgart

Wälder, Wein und Wirtschaftskraft

Wappen Ein sich aufbäumendes schwarzes Pferd auf gelbem Grund, das meist als Symbol für den als »Stuten-Garten« (Stuotgarten) gedeuteten Ortsnamen angesehen wird.
Lage Das Stadtzentrum liegt in einer kesselartigen Senke, umgeben von Hügeln, Wald und Weinbergen.
Land Baden-Württemberg
Autokennzeichen S
Höhe 208–549 m ü. M.
Fläche 207 km^2
Einwohnerzahl 563 000
Postleitzahl 7000
Telefonvorwahl 07 11
Post Hauptpost, im Königsbau am Schloßplatz, Spätschalter (Mo–Fr 8–19, Sa 8.30–16, So 9–12.30 Uhr).
Polizei Innenstadtrevier im »Schwabenzentrum«, Hauptstätterstr. 34, ☏ 8 99 01
Taxi ☏ 56 60 61
Nahverkehr Der Verkehrs- und Tarifverbund Stuttgart (VVS) bietet ein gut ausgebautes Nahverkehrssystem an: S-Bahn, Nahverkehrszüge und Eilzüge auf den S-Bahn-Strecken, Stadtbahn, Straßenbahn und Omnibuslinien sowie Bahnbusse auf bestimmten Abschnitten. Für Touristen empfiehlt sich eine Tages- oder die Kongreßkarte.
Camping Campingplatz Cannstatter Wasen, zwischen Bad Cannstatt und dem Neckar, in der Nähe des Stadions gelegen, ☏ 55 66 96, 46 61 85.
Parken Parkhaus Hbf., Zufahrt über Jägerstr.; Schloßgarten-Tiefgarage, Zufahrt über Schillerstr.; Tiefgarage Kronprinzenstr., Zufahrt über Theodor-Heuss-Str. und Lange Str.
Touristinformation i-punkt, Klett-Passage, beim Hbf., ☏ 22 28-240 (Mo–Sa 8.30–22 Uhr, Mai–Okt. So 11–20, Nov.–April 13–18 Uhr).
Stadtrundfahrt alle ab Hindenburg-Bau gegenüber dem Hbf. Rundfahrt »Das schöne Stuttgart« 1. Mai–30. Sept. tägl. 10 und 14 Uhr; 1.–31. Okt. und 1.–30. April tägl. 14–16, So zusätzlich 10–12 Uhr; 1. Nov.–31. März Sa 14–16, So 10–12 Uhr; Nachtrundfahrt Mi, Fr, Sa 19.30 Uhr; Städtebaurundfahrt April–Okt. Sa 14.15 Uhr.
Schiffahrt Ausflugsfahrten auf dem Neckar ab Bad Cannstatt, ☏ 54 10 73.

Große Sprüche mag man nicht

In einer Wirtschaft mit sieben Tischen, heißt es, kann man keine acht Schwaben unterbringen. – Sicher, eine gewisse Sprödigkeit kann man dem hier ansässigen Menschenschlag durchaus nachsagen, und der Fremde wird in der »Stadt zwischen Wald und Reben« schon mal mißtrauischer Zurückhaltung begegnen. Aber wer sich davon nicht gleich entmutigen läßt und den Spruch, daß man in Stuttgart schafft und anderswo lebt, nicht gleich für bare Münze nimmt, dem wird die Stadt bei einem kürzeren oder längeren Besuch viel Freude machen.

Mit dem Image ist es in Stuttgart halt so eine Sache, man hätte hier immer gern ein anderes, als man gerade hat. Man hätte auch einiges, ja sogar vieles zu bieten, da der Schwabe aber nie gern zeigt, was er besitzt oder gar damit protzt, muß er zusehen, wie seine schöne Hauptstadt mit den Attributen »sauber, geschäftig, aber los ist nix« belegt wird.

Vor ein paar Jährchen wollten es die Stadtväter mit der Brechstange versuchen: Der alte Wald-und-Reben-Slogan mußte weg, ein neuer her. Der Ideenwettbewerb brachte sackweise Vorschläge ins Rathaus, gutgemeinte, bösartige, humorige – und heraus kam der »Partner der Welt«. Nun denn, die Welt hat von Stuttgart aufgrund dieses Slogans so viel und so wenig Kenntnis genommen wie vorher, und der anspruchsvolle Slogan liegt mittlerweile bei den Akten des Oberbürgermeisters.

Trotzdem – gleichgültig, mit welchem Etikett sich die Stadt künftig auch schmücken mag, ausgezeichnet wird sie durch ihre einzigartige Lage. Umgeben von sanften Hügeln, Wäldern und Weinbergen wuchs sie im 19. Jh. die Hänge hinauf. Die Straßen schlängeln sich in Serpentinen auf die Höhen. Dort, wo das Auto zum Umweg gezwungen wird, ist es für den Fußgänger einfacher, aber auch mühsam. Die zahllosen »Stuttgarter Stäffele« sind willkommene Abkürzung und schweißtreibende Angelegenheit zugleich. Die einstmals zahlreichen Weinberge links und rechts der Stäffele hat die Stadt bis auf wenige Reste aus dem Kerngebiet verdrängt. Nichtsdestotrotz ist Stuttgart heute noch eine der größten Weinbaugemeinden der Bundesrepublik Deutschland.

Pferdezucht mit Folgen

Im Lauf der Jahrhunderte hat die Stadt vielfältigen Wandel erfahren. Aus dem »Stuotgarte«, einem Gestüt, leiten sich Name und Wappen ab. Ob das Gestüt aber auf den Schwabenherzog Liutolf (um 950) oder erst auf den Abt Bruno von Hirsau (11. Jh.) zurückgeht, ist nicht geklärt. Um 1160 taucht in Zusammenhang mit dem Edelherrn Hugo de Stukarten erstmals der Name der Stadt in einer Urkunde auf. Die erste urkundliche Erwähnung der Siedlung »Stutkarten« in einer Papsturkunde stammt von 1229. Zu dieser Zeit existierte auch eine kleine Kirche, just an der Stelle der Stiftskirche ⓭, deren heutige Gestalt weitgehend im 14. Jh. entstand. Damals verlegte Graf Eberhard I. die Grablege des Hauses Württemberg hierher. Als Stuttgart 1482 zur Residenz der württembergischen Grafen erklärt wurde, war die Stadt schon längst über ihren ursprünglichen Siedlungskern hinausgewachsen. In der Mitte des 15. Jh. begann der

In der Calwer Passage, ähnlich erbaut wie die Eisenkonstruktionen des 19. Jh., kann man auch bei Regen im Trockenen flanieren.

repräsentative Ausbau des Schillerplatzes ⑪ in seiner heutigen Form. Nach Fertigstellung der Alten Kanzlei erfolgte zwischen 1553 und 1578 der Umbau des Alten Schlosses ⑩ im Stil der Renaissance. Die ehemalige »herrschaftliche Kelter«, der heutige Stiftsfruchtkasten ⑫, wurde 1592 von Heinrich Schickhardt umgebaut. Abgeschlossen wurde die Platzanlage mit dem ebenfalls von Schickhardt begonnenen Prinzenbau. Erst im 19. Jh. bekam der Platz seinen Dichternamen. Seit 1839 steht in seiner Mitte das wuchtige, von dem dänischen Bildhauer Bertel Thorvaldsen geschaffene Schillerdenkmal.

Auch die Vorstädte entfalteten rege Bautätigkeit. Ende des 16. Jh. gab es rund 1300 Häuser, in denen vor allem Weinbauern und Weinhändler lebten. Der Dreißigjährige Krieg stoppte diese Entwicklung, und die Einwohnerzahl wurde durch Kriegseinwirkung und Seuchen halbiert. 1648 lebten noch 4500 Menschen in Stuttgart, und es dauerte hundert Jahre, bis die Einwohnerzahl wieder auf 16000 angewachsen war.

Als Residenzstadt abgesetzt

Die weitere Entwicklung der Stadt wurde durch ein delikates Ereignis am Hof in neue Bahnen gelenkt: Herzog Eberhard Ludwig hatte sich, obwohl schon verehelicht, in eine Hofdame, Christiane Wilhelmine von Grävenitz, verliebt. Die nicht standesgemäße Verbindung brüskierte Adel und Kirche, doch die Liebe des jungen Herzogs zur Grävenitz muß sehr groß gewesen sein, denn er ließ für sie das bis heute größte Barockschloß Deutschlands in Ludwigsburg bauen. Die neugegründete Stadt beim Schloß wurde von 1724 an sogar »alleinige und beständige Residenz«. Stuttgart war damit abgesetzt – vorerst für fast zehn Jahre, denn 1733 starb Eberhard Ludwig. Nach kurzer Herrschaft von Karl Alexander trat 1744 der sechzehnjährige Karl Eugen als neuer Regent an. Er prägte in über 50 Jahren Regierungszeit Stuttgart und das Land Württemberg mehr als jeder Fürst vor ihm.

Hatte der erste Umzug nach Ludwigsburg noch amouröse Hintergründe, so war der zweite politisch motiviert. In der Residenz war man zu dieser Zeit nicht mehr willens, den ausschweifenden Lebenswandel Karl Eugens widerspruchslos zu finanzieren. Zum Eklat kam es, als der absolutistisch regierende Herrscher – wieder einmal in Geldnöten – die »Landschaftskasse« um 30000 Gulden erleichterte und ins sonnige Venedig verschwand. Vier Wochen später, das Geld war verpraßt, kehrte er zurück und wurde in Stuttgart solchermaßen kühl empfangen – man verklagte ihn gar vor dem Reichshofrat in Wien –, daß er mitsamt seinem Gefolge gen Ludwigsburg weiterzog. Nach jahrelangem Feilschen ums »liebe Geld« kehrte der Hof 1770 – diesmal endgültig – nach Stuttgart

Das Stuttgarter Ballett
Ein Ballett mit Weltruf in Stuttgart? Durchaus nicht verwunderlich, denn Stuttgart besitzt eine lange Ballett-Tradition, die 1961 mit der Berufung des berühmten John Cranko durch den damaligen Intendanten Walter Erich Schäfer zu jener Entwicklung führte, die das Stuttgarter »Ballett-Wunder« ermöglichte. Kein Zweifel, die Stuttgarter lieben ihr Ballett. Die großen Cranko-Inszenierungen wie »Romeo und Julia«, bis heute umjubelt, aber auch »Schwanensee« und »Der Widerspenstigen Zähmung« haben Ballettgeschichte gemacht. Immer wieder riß die Truppe bei ihren zahlreichen Tourneen rund um den Globus das Publikum zu Begeisterungsstürmen hin.
Nach dem jähen Tod des erst 46jährigen Choreographie-Genies im Jahr 1973 war es die Solidarität des Ensembles unter der neuen Leitung von Marcia Haydée, die eine bis heute andauernde Kontinuität ermöglichte. 1986 konnte die Kompanie, deren Repertoire inzwischen mehr als 40 Titel umfaßt, ihr 25jähriges Jubiläum feiern. Im glanzvoll restaurierten Großen Haus des Staatstheaters Stuttgart finden die Vorstellungen der Ballett-Kompanie statt.

Durch die fein gearbeiteten Bogen des Schloßplatzpavillons erfaßt man mit einem Blick Kunstgebäude, Neues Schloß und Jubiläumssäule.

Stadtrundgang

Um an den Ausgangspunkt unseres Rundwegs am Hauptbahnhof ❶ *zu kommen, parken Sie am besten im Parkhaus Hauptbahnhof, das Sie über die Jägerstraße erreichen, oder im Kaufhof-Parkhaus, in das man über die Kronenstraße gelangt.*

Der vorgeschlagene Rundweg verläuft innerhalb des Stadtteils Stuttgart-Mitte und vermittelt einen guten Eindruck – sowohl von den historischen Bauten als auch von der modernen Architektur des Zentrums. Mit etwa 4 km ist die Strecke allerdings etwas anstrengend. Wem's zuviel wird, der sollte hinter dem Rathaus ⓯ *am Ende der Schulstraße nicht links, sondern rechts abbiegen; über die Königstraße führt der Weg dann direkt auf den markanten Turm des Hauptbahnhofs zu. Durch diese Abkürzung sparen Sie sich ca. 75 Min. Gehzeit.*

Möglichkeiten zum Ausruhen bieten sich am Schloßplatz und natürlich im Schloßgarten ❷*, wo man sogar auf einigen Rasenflächen liegen darf. Einkehrmöglichkeiten gibt es in der Innenstadt genug; nett ist es in der Calwer Straße und in der Calwer Passage: Dort findet jeder eine Gaststätte nach seinem Geschmack, und im Sommer wird auch im Freien bewirtet.*

Sehenswürdigkeiten

❶ *Hauptbahnhof*, 1914–27 nach Plänen von Paul Bonatz und F. E. Scholer erbaut. Der wuchtige, mit Muschelkalkquadern verkleidete Bau gilt als richtungweisend für die erste Hälfte des 20. Jh. Unter dem Bahnhofsvorplatz die großzügig angelegte Klett-Passage. In den zahlreichen Läden kann man bis 22 Uhr einkaufen.

❷ *Schloßgarten*, Parkanlage, die sich von der Stadtmitte bis an den Neckar bei Bad Cannstatt erstreckt und dort in den Rosensteinpark übergeht.

❸ *Planetarium*, als Stufenpyramide gestalteter Bau (1977) mit einem der modernsten »Sternentheater« in Europa (Di 10, 15, Mi 10, 15 und 20, Do 10, 15, Fr 10, 15 und 20, Sa, So 14, 16 und 18 Uhr).

❹ *Staatsgalerie*, bestehend aus dem klassizistischen Altbau (1843) und dem spektakulären Neubau des Engländers James Stirling von 1984. In der Alten Staatsgalerie befinden sich Gemälde vom Mittelalter bis zum 19. Jh. Schwerpunkte u. a.: frühe schwäbische Malerei, darunter Ratgebs »Herrenberger Altar«; Stuttgarter Klassizismus (Dannekker, Schick); niederl. Malerei mit Werken von Memling, Rubens, Rembrandt, Ruisdael und Hals; Meisterwerke von Renoir, Monet, Cézanne, Gauguin, Liebermann, Slevogt, Corinth. Die grafische Sammlung umfaßt ca. 300 000 Blätter vom Mittelalter bis heute. International berühmt ist die Abteilung des 20. Jh. in der Neuen Staatsgalerie mit dem Schwerpunkt klassische Moderne. Höhepunkte sind hier Schlem-

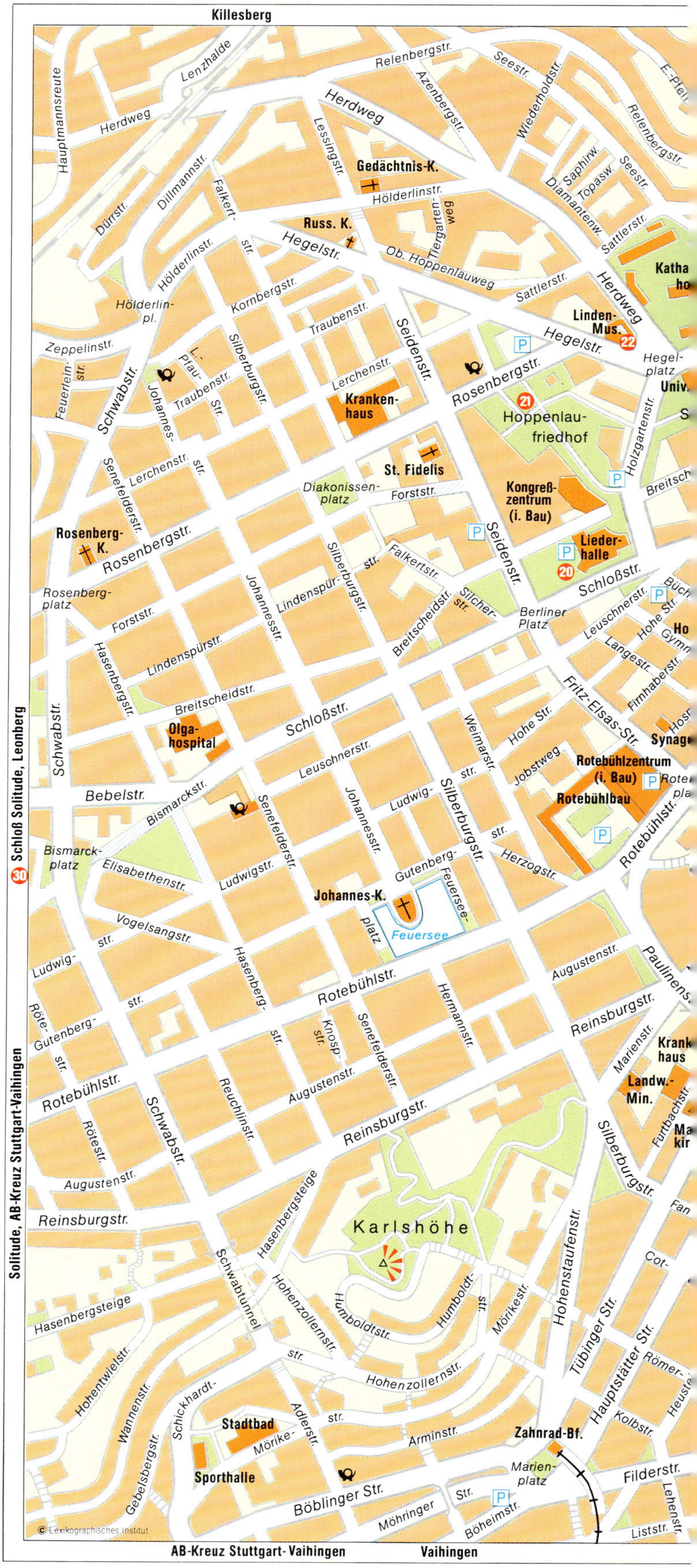

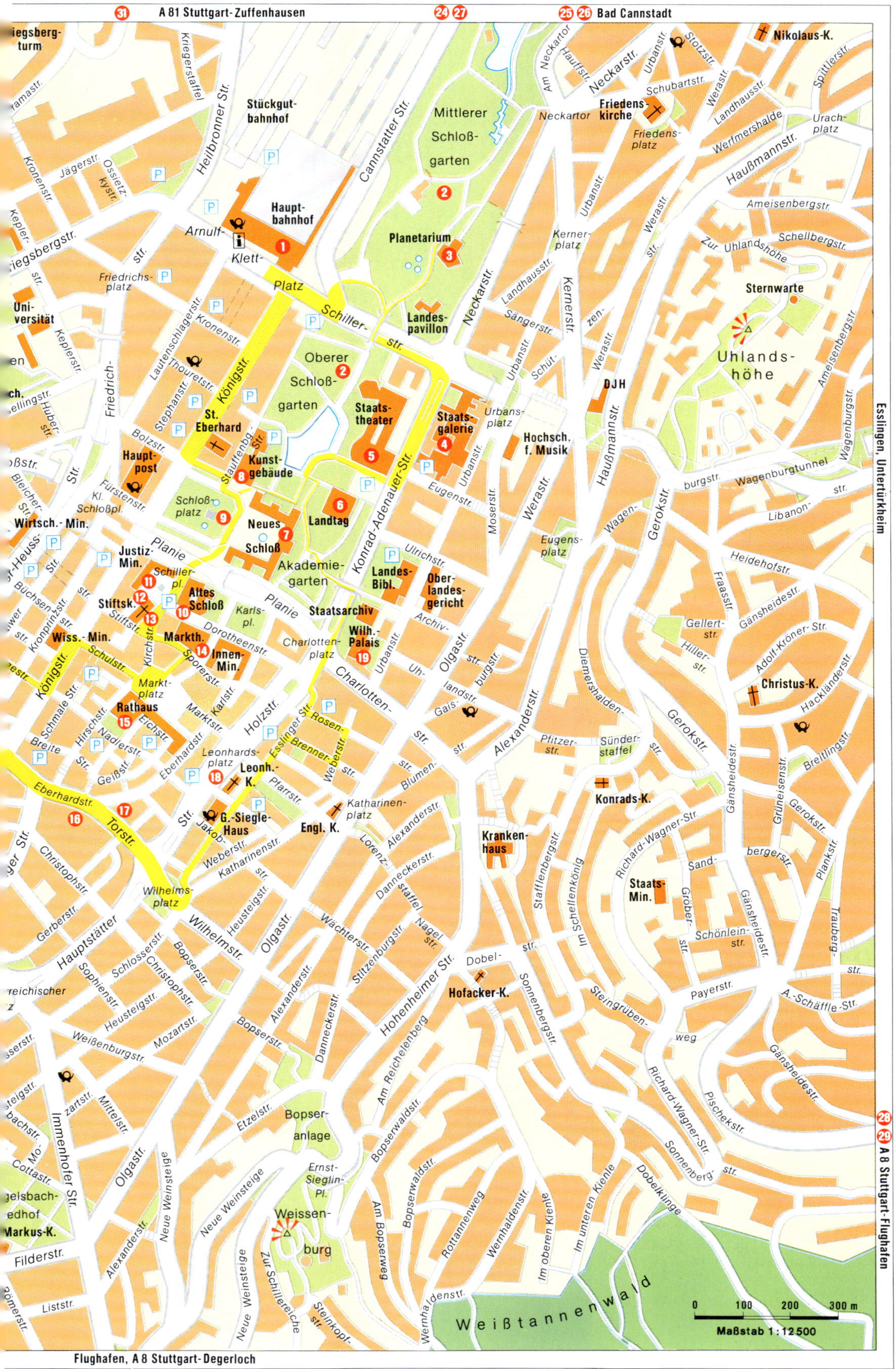

31 A 81 Stuttgart-Zuffenhausen
24 27
25 26 Bad Cannstadt
Esslingen, Untertürkheim
28 29 A 8 Stuttgart-Flughafen
Flughafen, A 8 Stuttgart-Degerloch
Stückgut-bahnhof
Haupt-bahnhof
Arnulf-Klett-Platz
Mittlerer Schloß-garten
Planetarium
Landes-pavillon
Schiller-str.
Oberer Schloß-garten
Staats-theater
Staats-galerie
Kunst-gebäude
St. Eberhard
Haupt-post
Schloß-platz
Neues Schloß
Landtag
Akademie-garten
Justiz-Min.
Schiller-pl.
Altes Schloß
Stiftsk.
Karls-pl.
Staatsarchiv
Wilh.-Palais
Landes-Bibl.
Ober-landes-gericht
Wiss.-Min.
Markth.
Innen-Min.
Markt-platz
Rathaus
Charlotten-platz
Leonhards-platz
Leonh.-K.
G.-Siegle-Haus
Engl. K.
Katharinen-platz
Wilhelms-platz
Hochsch. f. Musik
Urbans-platz
Eugens-platz
DJH
Sternwarte
Uhlands-höhe
Friedens-kirche
Friedens-platz
Nikolaus-K.
Kerner-platz
Urach-platz
Christus-K.
Konrads-K.
Kranken-haus
Staats-Min.
Hofacker-K.
Sünder-staffel
Bopser-anlage
Ernst-Sieglin-Pl.
Weissen-burg
Weißtannenwald
Uni-versität
Wirtsch.-Min.
Markus-K.
Königstr.
Heilbronner Str.
Cannstatter Str.
Neckarstr.
Konrad-Adenauer-Str.
Kernerstr.
Haußmannstr.
Olgastr.
Charlotten-str.
Alexanderstr.
Hohenheimer Str.
Eberhardstr.
Torstr.
Hauptstätter Str.
Wilhelmstr.
Planie
Gerokstr.
Wagenburgtunnel
Richard-Wagner-Str.
Neue Weinsteige
Filderstr.
Immenhofer Str.
0 100 200 300 m
Maßstab 1:12 500

mers »Figurinen zum Triadischen Ballett« und die Picasso-Sammlung. Hauptwerke europäischer und amerikanischer Kunst nach 1945 leiten über zur Kunst der 80er Jahre (Di, Do 10–20, Mi, Fr–So 10–17 Uhr).

5 *Großes Haus* (Staatsoper), ehemaliges königliches Hoftheater, 1909–12 von dem Münchner Architekten Max Littmann erbaut; dessen Pläne wurden bei einer Totalrenovierung 1982–84 wieder benutzt, um dem Bau seinen ursprünglichen Charakter zu geben, den er durch Umbauten verloren hatte.

6 *Landtagsgebäude*, Tagungsstätte des Landesparlaments von Baden-Württemberg. 1959–61 errichteter dreigeschossiger, glasverkleideter Stahlbeton-Skelettbau.

7 *Neues Schloß*, ab 1746 von Leopoldo Retti für die Herzöge von Württemberg als Residenz errichtet; die Gestaltung war stark vom französischen Barock geprägt. Im Zweiten Weltkrieg wurde das Schloß bis auf die Außenmauern zerstört und konnte in den 50er Jahren nur mit Mühe vor dem Abriß bewahrt werden.

8 *Kunstgebäude*, von Theodor Fischer 1912/13 errichteter markanter Kuppelbau. Im Zweiten Weltkrieg zerstört und nach Plänen von Paul Bonatz ab 1956 wiederaufgebaut. Im Kunstgebäude sind der Württembergische Kunstverein, der vor allem zeitgenössische Kunst in Wechselausstellungen zeigt, und die *Galerie der Stadt Stuttgart* untergebracht. Schwerpunkte der Galerie: Malerei, Plastik und Grafik des 19. und 20. Jh. in Südwestdeutschland, u. a. Hölzel, Schlemmer und Baumeister; bedeutendste Otto-Dix-Sammlung in öffentlichem Besitz (Di–Fr 10–18, Sa, So 11–17 Uhr).

9 *Schloßplatz*, einer der schönsten Plätze Europas. Barocke Gartenanlage mit Brunnen, Musik-Pavillon und Jubiläumssäule. Im Nordwesten wird der Platz durch den markanten Königsbau (1855–59) mit seiner klassizistischen Säulenreihe begrenzt.

10 *Altes Schloß*, ehemalige Wasserburg aus dem 13. Jh., mehrfach umgebaut, u. a. von Aberlin Tretsch, der die Burg in ein Renaissanceschloß umwandelte (1553–78). Diesem Umbau ist auch der schöne Arkaden-Innenhof zu verdanken. Die Schloßkapelle, ebenfalls von Tretsch gestaltet, ist einer der ältesten protestantischen Kulträume in Süddeutschland. – Im Schloß das *Württembergische Landesmuseum* mit umfangreichen Sammlungen zur Geschichte, Kunst und Kultur des südwestdeutschen Raumes. Schwerpunkte: schwäbische und fränkische Plastik vom 12.–19. Jh., württembergischer Kronschatz, herzogliche Kunstkammer, Uhren- und Musikinstrumentensammlung, Funde aus der römischen Zeit im deutschen Südwesten sowie eine in Europa wohl einmalige Sammlung von Funden aus der Hallstatt- und Latène-Zeit, u. a. mit Stücken aus dem berühmten Hochdorfer Fürstengrab (Di–So 10–17, Mi bis 19 Uhr).

11 *Schillerplatz* mit Alter Kanzlei und Prinzenbau, Zentrum des alten Stadtkerns, in der Mitte das Schillerdenkmal von Thorvaldsen (1839). Die Alte Kanzlei als herzogliche Registratur mit der Merkursäule an der nordöstlichen Seite des Platzes wurde um 1550–60 erbaut. Durch den »Kanzleibogen« verbunden, schließt sich der im 17. Jh. erbaute Prinzenbau an.

12 *Stiftsfruchtkasten*, erstmals 1393 als herrschaftliche Kelter erwähnt. 1592 Umbau im Renaissancestil durch Heinrich Schickhardt. Heute beherbergt der Fruchtkasten das Römische Lapidarium des Württembergischen Landesmuseums (Di–So 10–17, Mi bis 19 Uhr).

13 *Stiftskirche*, älteste Kirche der Stadt und zugleich ein Wahrzeichen. Einige Bauteile stammen noch aus dem 12. Jh. Der langgestreckte Chor entstand 1327–47. Hänslin Jörg d. Ä. leitete ab 1433 den Bau des Langhauses als dreischiffige Stufenhalle. Der bis heute unvollendete markante Westturm stammt aus dem 16. Jh. Im Chor die Standbilder von elf württembergischen Grafen (1576–1608). In der südöstlichen Turmhalle die Tumba des Stifterpaares, des Grafen Ulrich I. mit seiner Gemahlin.

14 *Markthalle*, 1912–14 von Martin Elsäßer errichtet, interessante Glasdachkonstruktion.

15 *Rathaus*, sachlich nüchternes Gebäude aus den 50er Jahren dieses Jahrhunderts. Im Turm des Rathauses ein Glockenspiel, das zu festen Zeiten (11.06, 12.06, 14.36, 18.36 und 21.36) schwäbische Volkslieder erklingen läßt.

16 *»Tagblatt«-Turm*, 1928 von E. Otto Oswald erbaut. Erstes in Sichtbeton errichtetes Hochhaus der Welt (61 m). Bis 1976 arbeitete hier die »Stuttgarter Zeitung«. Heute sind im Gebäude u. a. kulturelle Einrichtungen (»Kultur unterm Turm«) untergebracht.

17 *Hegelhaus*, Geburtshaus des Philosophen Georg Wilhelm Friedrich Hegel (1770–1831).

18 *Leonhardskirche*, von Aberlin Jörg d. Ä. 1463–74 erbaut; im Zweiten Weltkrieg schwer beschädigt und nur zum Teil originalgetreu wiederaufgebaut. Im Chor das schöne Chorgestühl aus der Hospitalkirche.

19 *Wilhelmspalais*, 1836–40 von dem Florentiner Baumeister Giovanni Salucci für die Töchter König Wilhelms I. in klassizistischem Stil errichtet.

20 *Liederhalle*, erbaut 1955/56 von Adolf Abel, Rolf Gutbrod und Blasius Spreng als Kultur- und Kongreßhalle.

21 *Hoppenlau-Friedhof*, 1626 angelegter, ältester Friedhof Stuttgarts mit historisch bedeutsamen Grabmälern. Die Schriftsteller Gustav Schwab, Wilhelm Hauff und Christian Friedrich Daniel Schubart sowie der Bildhauer Johann Heinrich Dannecker sind hier beigesetzt.

22 *Linden-Museum*, eine der reichhaltigsten völkerkundlichen Sammlungen in Europa. Die Schwerpunkte Amerika, Ozeanien, Afrika, Orient, Süd- und Ostasien werden seit 1985 in modernisierten Museumsräumen präsentiert (Di–So 10–17, Do bis 20 Uhr).

23 *Markuskirche*, 1906–08 von Heinrich Dolmetsch als eine der ersten Eisenbetonkirchen Deutschlands erbaut. Die Kirche besticht durch ihre Innenausstattung im Jugendstil.

24 *Staatliches Museum für Naturkunde*; die zu den wichtigsten in Europa gehörenden Sammlungen sind in zwei Komplexe gegliedert: Im Schloß Rosenstein werden die Stammesgeschichte und die Biologie der Tiere behandelt, dazu die Tierwelt Südwestdeutschlands. Der Neubau am Löwentor beherbergt die großartigen Saurier- und Fossilienfunde aus Trias, Jura und Tertiär Baden-Württembergs sowie eine umfangreiche Sammlung eiszeitlicher Großsäugetiere (Di–Fr 10–16, Sa, So 10–17 Uhr).

25 *Wilhelma*, Zoologisch-Botanischer Garten; ursprünglich in einem 1842–53 in maurischen Stilformen erbauten Lustschloß und seinen Nebengebäuden untergebracht. Heute in erheblich erweitertem Gelände mit Freigehegen, Volieren, Aquarien- und Terrarienhäusern, Freibecken, Gewächshäusern und einer großartigen Bepflanzung mit exotischen Sträuchern und Bäumen.

26 *Stadtkirche* von Bad Cannstatt, 1471–1506 von Aberlin Jörg d. Ä. geschaffene dreischiffige Hallenkirche im Zentrum der teilweise noch gut erhaltenen Cannstatter Altstadt.

27 *Veitskapelle* in Mühlhausen, 1380–90 erbaut und größtenteils im ursprünglichen Zustand erhalten. Bedeutend sind die Wandmalereien im Innern: das »Jüngste Gericht« (Ende 14. Jh.) und die »Veitslegende« (1428).

28 *Fernsehturm*, von Fritz Leonhardt entworfener, 1954–56 erbauter 217 m hoher Turm; die erste Stahlspannbeton-Konstruktion dieser Art und seitdem in der ganzen Welt kopiert. Turmrestaurant mit Panoramablick.

29 *Schloß Hohenheim*, letztes großes Bauwerk des Herzogs Karl Eugen. Der Hauptbau (1785–91) wirkt nüchtern und zeigt Züge des Klassizismus. Anspruchsvolle Innenausstattung mit hervorragenden Stukkaturen. Im Schloß u. a. das Tiermedizinische Museum, wo man neben Gerätschaften und Präparaten aus der Tiermedizin auch Kuriosa wie ein doppelköpfiges Kalb sehen kann (Mi 10–14, So 10–16 Uhr).

30 *Schloß Solitude*, monumentales Lustschloß, das Herzog Karl Eugen 1763–67 erbauen ließ. Mit seiner prächtigen Innenausstattung gehört der Bau zu den schönsten Rokokoschlössern Deutschlands (April–Okt. Di–So 9–12, 13.30–17 Uhr; Nov.–März Di–So 9–12, 13.30–16 Uhr).

31 *Weißenhof-Siedlung*, Mustersiedlung für schönen, zweckmäßigen Wohnungsbau, an der zahlreiche international bekannte Architekten beteiligt waren, u. a. Mies van der Rohe, der den Gesamtplan entwarf, Le Corbusier, Peter Behrens, Walter Gropius, Bruno Taut und Hans Scharoun. Die heute vorhandene Bausubstanz wurde teilweise in den 80er Jahren nach Originalplänen wiedererrichtet.

zurück. Karl Eugen ließ nun hier prächtige Repräsentationsbauten erstellen. Das Neue Schloß 7 im Zentrum wurde zur barocken Residenz ausgebaut, vor den Toren der Stadt entstanden in ländlicher Einsamkeit die Schlösser Solitude 30 und Hohenheim 29.

Kein Platz für geistige Höhenflüge

Ein Steckenpferd Karl Eugens war die von ihm 1775 gegründete Karlsschule. Hier wollte der Herzog eine militärische und künstlerische Elite heranziehen, was ihm auch teilweise gelang. Er brachte bedeutende Lehrer an die Schule, und so bekannte Künstler wie der Maler Gottlieb Schick und der Bildhauer Johann Heinrich Dannecker wurden hier ausgebildet. In der Anstalt herrschte der Herzog selbst höchst autokratisch, und die Schüler wurden mit militärischer Strenge diszipliniert. Das war nicht jedermanns Sache, auch nicht die des jungen Friedrich Schiller, der hier auf Geheiß des Herzogs 1773–80 erst Jura und dann Medizin studieren mußte. Schiller hatte andere Intentionen, und noch während seiner Internatszeit an der Karlsschule schrieb er sein erstes Theaterstück, »Die Räuber«. Die legendäre Uraufführung fand 1778 im Bopserwald statt, nicht weit von der Stelle, wo heute der Fernsehturm 28 steht. Schiller las hier unter freiem Himmel die Texte heimlich einigen seiner Mitschüler vor. Die Dienstzeit des Regimentsmedicus wider Willen dauerte nur von 1780–82, dann entzog sich Schiller der Fuchtel des Herzogs durch eine Flucht ins badische Mannheim.

Die territoriale Neuordnung des deutschen Südwestens durch Napoleon brachte Württemberg erhebliche Landgewinne und seinem Herzog 1806 die Königswürde. König Friedrich I. verfügte sogleich den Bau einer neuen Wohnstraße inmitten der Stadt. Eine wahrhaft königliche Straße sollte es sein – lang und breit, repräsentativ und prächtig. Mit dem Hofbaumeister Nicolaus Friedrich von Thouret, Architekt und Stadtplaner zugleich, stand ein genialer Kopf zur Verfügung, der den absolutistischen Vorstellungen des ersten württembergischen Königs städtebaulich Ausdruck verlieh. Die Königstraße ist heute eine der ersten Geschäftsadressen des Landes und, was die Grundstückspreise angeht, das teuerste Pflaster der Stadt. Seit die Autos und mit ihnen die Straßenbahn verschwunden sind, ist sie zum Prachtboulevard geworden. Neben den zahlreichen Geschäften, Galerien und Kinos finden sich viele Straßencafés; im Sommer gleichen sie künstlichen Vorgärten, in denen sich der sonst so geschäftige Schwabe auch einmal »hinhockt«.

Etwa in der Mitte öffnet sich der 1 km lange Boulevard zum Schloßplatz 9. Hier präsentieren sich mehrere architektonische Glanzstücke der Stadt und bilden ein Ensemble, das seinesgleichen in Europa sucht: das barocke Neue Schloß 7, das von der Renaissance geprägte Alte Schloß 10, die Alte Kanzlei, der klassizistische Königsbau und die Arkadenfront des

Ludwigsburg – Barock im Blumenmeer

Ludwigsburg, die heutige Große Kreisstadt, 14 km nördlich von Stuttgart gelegen, ist eigentlich aus einer Fürstenlaune heraus entstanden. Nachdem Herzog Eberhard Ludwig im Jahr 1704 den Grundstein für das barocke Ludwigsburger Schloß gelegt hatte, wuchs das ursprüngliche Dorf rasch zu einer Beamten- und Garnisonstadt heran, deren Leben durch die glanzvolle absolutistische Hofhaltung geprägt wurde und die schon 20 Jahre später Residenzstadt werden sollte. Das ehemalige Residenzschloß mit seinen 452 Räumen ist die größte noch erhaltene deutsche Schloßanlage, ein schwäbisches Versailles. Durch eine vielbefahrene Bundesstraße getrennt, schließt sich nördlich der barocken Anlage das 1723 fertiggestellte Jagd- und Lustschloß Favorite an. Eine Allee führt durch die schönen, weitläufigen Anlagen des Parks – heute ein beliebtes Naherholungsgebiet mit Tiergehegen – geradewegs zum Schloß Monrepos, das unter Karl Eugen 1760–64 errichtet wurde. Die Lage am See verleiht dem von einer mächtigen Kuppel gekrönten Schloß jene idyllisch-repräsentative Ausstrahlung, die es heute zu einem vielbesuchten Ausflugsziel macht (Spaziergang vom Stadtzentrum aus 45 Min.).

Als »Blühendes Barock« sind die kunstvollen Anlagen beim Residenzschloß weit über Ludwigsburg hinaus bekannt geworden. Die Parkanlagen zeigen sich im Sommer in ihrer ganzen Pracht: Blumen, extravagante Wasserspiele und der Märchengarten mit einem Tal der Vogelstimmen lassen den Besuch zu einem Erlebnis für die ganze Familie werden. Für Konzerte, Lichterfeste und andere Veranstaltungen bietet der Park eine prächtige Kulisse.

Von Stuttgart aus erreichen Sie Ludwigsburg auf der B 27 oder ab Hauptbahnhof mit der S-Bahn jeweils in ca. 30 Min.

Ein Dorado für Autofans ist das Daimler-Benz-Museum in Untertürkheim mit Oldtimern und moderner Technik.

Zum maurischen Teil des zoologisch-botanischen Gartens »Wilhelma« gehört auch der Seerosenteich.

Ein schwäbisches Ritual – die Kehrwoche
Der Kehrbesen ist sozusagen ein Stuttgarter Denkmal mit Borsten, ein sehr bewegliches allerdings. Die Kehrwoche ist nämlich ein schwäbisches Ritual. Es funktioniert nach dem Rotationsprinzip – jeder im Haus kommt an die Reihe. Geht es dem Wochenende zu, wiederholt sich deshalb von Haus zu Haus, von Gehweg zu Gehweg eine Tätigkeit mit immer gleichem Bewegungsablauf, die nur von kurzen Verschnaufpausen unterbrochen wird. Solche Pausen werden dann meist – man will ja keine Zeit verlieren – zum Schwätzle (Gespräch) mit dem ebenfalls tätigen Nachbarn auf dem Gehweg gegenüber genutzt. Also eine durchaus kommunikative Tätigkeit. Vor allem aber gilt eines: Man muß dabei gesehen und gehört werden – beim Schaffen natürlich –, denn die wachsamen Augen und Ohren der Anwohner wissen sehr wohl die in den Wohnstraßen weithin hörbaren Geräusche des Fegens und Schaufelklapperns zu deuten: als wahre schwäbische Pflichterfüllung, oder aber, sollten diese Geräusche fehlen, als Drückebergerei. Letzteres wird dann auch alsbald verbal gerügt, wobei sich die erste Stufe des Tadels etwa so anhört: ». . . m'r sieht en (se) gar net auf der Gass'« (man sieht ihn (sie) gar nicht auf der Straße) . . . Dem ehemals für die Einhaltung der Reinigungspflicht zuständigen Amtmann, dem Gassensäuberungsinspektor, wird noch heute von vielen pflichtbewußten Schwaben nachgetrauert.

Schloß Solitude
Weit vor den Toren der Stadt und fernab der politischen Geschäfte ließ Herzog Karl Eugen 1763 einen Schloßbau beginnen, der durch seine geschwungene Eleganz den Besucher sofort beeindruckt (30). In nur vier Jahren entstand hier auf dem bewaldeten Höhenzug südwestlich von Stuttgart ein dreigliedriger Repräsentationsbau. Ausladende Freitreppen führen hinauf zur Beletage und zu einem großzügigen Umgang, von dem aus sich ein herrlicher Blick zum benachbarten Schloß Ludwigsburg und weit hinein ins württembergische Unterland auftut. Das von einer Kuppel gekrönte Schloß ruht auf mächtigen Säulen und ist in seiner Außenarchitektur dem Vorbild barocker Lusthäuser nachempfunden. Im Innern hingegen wurde die Konzeption des erst spät hinzugezogenen Hofarchitekten Philippe de la Guêpière verwirklicht: teils im eleganten Rokokostil, manchmal schon klassizistisch wie im Marmorsaal und im Weißen Saal. Im östlichen Trakt ist auch die Schloßkapelle, die kleinste Kapelle Stuttgarts, untergebracht. Erhalten sind außerdem die hinter dem Schloß im Halboval angeordneten Kavaliershäuschen.

Kunstgebäudes (8). Eine Lücke in diesem stilvollen Reigen bildet eigentlich nur die südwestliche Ecke, wo sich die Beton-Euphorie der 60er Jahre durchgesetzt hat. Ein poppig-buntes Mobile des US-Bildhauers Alexander Calder soll hier die Blicke etwas ablenken und darauf aufmerksam machen, daß Stuttgart eine moderne, aufgeschlossene Kunststadt ist. Hat man doch erst vor wenigen Jahren mit dem Neubau der Staatsgalerie (4) Schlagzeilen gemacht.

Tüftler und Bastler gegen Dichter und Denker

Etwas anders sieht es mit der »Schwarzen Kunst« aus. Stuttgart ist Druck- und Verlagsstadt mit großer Tradition. Als 1810 Johann Friedrich Cotta mit seinem Verlag von Tübingen nach Stuttgart zog, hatte man auf diese Weise eines der damals bedeutendsten Unternehmen dieser Branche in seinen Mauern. Cotta verlegte Schiller und Goethe, Hölderlin und Schlegel, Jean Paul und Mörike. Heute haben 157 Verlage in Stuttgart ihren Sitz, und jedes fünfte in der Bundesrepublik Deutschland verlegte Buch kommt aus der Landeshauptstadt. Ein Grund zum Feiern – und das tut man auch ausgiebig jedes Jahr im Spätherbst, wenn die Stuttgarter Buchwochen inszeniert werden, die größte regionale Bücherschau der Bundesrepublik Deutschland mit einem stattlichen Rahmenprogramm an Autorenlesungen, Vorträgen und Diskussionen.

Aber nicht die Büchermacher haben Stuttgart geprägt, sondern vielmehr die Tüftler und Industriepioniere der Gründerzeit. Der handwerkliche Kleinbetrieb im Hinterhof oder Gartenhaus war die Geburtsstätte heute weltbekannter Unternehmen, und schwäbische Handwerker vom Schlage eines Gottlieb Daimler oder Robert Bosch haben so begonnen. Stuttgart ist heute Zentrum der Industrieregion Mittlerer Neckar, des nach dem Ruhrgebiet zweitgrößten Wirtschaftsraums der Bundesrepublik Deutschland mit annähernd einer Million Arbeitsplätzen.

Dies bringt natürlich auch die großstadttypischen Probleme mit sich: hohe Mieten, Stadtflucht, wachsender Verkehr. In den letzten 20 Jahren verlor die Stadt über 100 000 Einwohner, die meist ins Umland abwanderten, um sich ein Häusle im Grünen zu bauen, Lebensziel der meisten Schwaben. Klar, daß nirgendwo sonst die Bausparkassen so florieren wie in Württemberg.

Dreimal wöchentlich findet auf dem Schillerplatz – wie auch auf dem benachbarten Marktplatz – der Wochenmarkt statt.

Ein Weltbad wird eingemeindet

Attraktiv waren, trotz der Enge im Kessel, immer schon Stuttgarts Bäder. Allen voran die Mineralbäder in Cannstatt. Überhaupt Bad Cannstatt! Eigentlich hätte der Neckarort, der seit 1905 eingemeindet ist, Residenz werden sollen, was im Jahr 1665 sogar ein Gutachten dem herzoglichen Hof empfahl. Er ist es nicht geworden, trotz des Weines und des Wassers, trotz der lieblichen Lage im Neckartal.

Geblieben ist das Wasser. Die Cannstatter Mineralquellen – mit 22 Millionen Litern täglich die stärksten in Westeuropa – sind bei den Stuttgartern beliebt wie eh und je. Man badet im »Leuze« und im »Neuner« – dem Mineralbad Berg, das noch immer im Volksmund den Namen seines ersten Besitzers, des Hofgärtners Neuner, trägt – und zieht mit leeren Flaschen oder Kanistern zu den Mineralbrunnen, um sich mit dem gesunden Naß zu versorgen.

Gegenüber von Cannstatt, am linken Neckarufer, beginnt das große innerstädtische Naherholungsgebiet, der mit dem Rosensteinpark verbundene Schloßgarten 2. Von hier führen Spazierwege geradewegs zum Neuen Schloß. Das Gelände soll im Zusammenhang mit der geplanten Internationalen Gartenschau bis 1993 zum »Grünen U« erweitert werden. Der Schloßgarten und der Rosensteinpark werden dann mit dem Höhenpark Killesberg und dem sich anschließenden Kräherwald zu einem einzigartigen Naherholungsgebiet zusammengeschlossen sein.

Zentrum modernen Bauens

Als Architektenstadt ist Stuttgart schon lange vor Fernsehturm, Liederhalle und Neuer Staatsgalerie weit über seine Grenzen hinaus bekannt geworden. Neue Ideen und neue technische Möglichkeiten veränderten das Planen und Bauen in einem bisher nicht gekannten Maß. Es begann mit der Berufung des Architekten Theodor Fischer an die Technische Hochschule nach Stuttgart (1902). Er und seine Schüler leiteten eine Entwicklung ein, die unter dem Namen »Stuttgarter Schule« bis in die dreißiger Jahre Architekturgeschichte machte. Aus dem Kreis junger Architekten um Fischer ragte besonders Paul Bonatz hervor, der neben seiner Lehrtätigkeit auch als Architekt für zahlreiche Bauten in Stuttgart verantwortlich zeichnet. Prägnantestes Beispiel ist sicherlich der Hauptbahnhof 1, ein Monument des modernen Bauens, das in jedem Architektenhandbuch erwähnt wird. Das Jahr 1927 brachte auch das Ereignis »Weißenhof«: Unter der Leitung von Ludwig Mies van der Rohe entstand im Rahmen der großen Werkbundausstellung am Killesberg die Weißenhof-Siedlung 31 als ein radikales Manifest moderner Wohnbauarchitektur. Zahlreiche Architekten des In- und Auslandes waren daran beteiligt. Ein Jahr später, 1928, war der Tagblatt-Turm 16, Stuttgarts erstes Hochhaus, vollendet.

Die Neue Staatsgalerie, ein architektonisches Jahrhundertereignis, beherbergt die Kunst der Moderne.

Gottlieb Daimler und Robert Bosch – zwei Industriepioniere

Eigentlich haben sie vieles gemeinsam, die beiden Unternehmer Daimler und Bosch: Im gleichen Jahr feierten ihre inzwischen weltweit operierenden Unternehmensgruppen ihr 100jähriges Jubiläum, beide haben sich etwa zur gleichen Zeit in Stuttgart niedergelassen, der eine im Stadtteil West, der andere in Cannstatt, und beide waren am Siegeszug des Automobils wesentlich beteiligt.

Die Entwicklung des Niederspannungsmagnetzünders im Jahr 1887 – übrigens bei Daimler erstmals vorgeführt – bedeutete für den Betrieb des jungen Feinmechanikers Robert Bosch (1861–1942) den großen Durchbruch. Von nun an expandierte das Unternehmen ständig. Schon 1906 wurde in der Firma der 8-Stunden-Tag eingeführt, und die sozialen Leistungen waren für die damalige Zeit vorbildlich. Doch Bosch war mehr als nur ein Unternehmer. Früh betätigte er sich als Förderer und Mäzen im Bildungs- und Kunstbereich.

Mit dem Namen des in Schorndorf geborenen Ingenieurs Gottlieb Daimler (1834–1900) verbindet sich mittlerweile ein Jahrhundert Automobilgeschichte. Das Gartenhaus in Cannstatt war der Ort, an dem der schwäbische Tüftler zusammen mit Wilhelm Maybach das erste funktionstüchtige Motorrad der Welt zusammenbaute – man schrieb das Jahr 1885. Zur gleichen Zeit wurde aber auch in Mannheim gearbeitet: Dem Erfinder Karl Benz gelang die Entwicklung eines Einzylinder-Viertakt-Verbrennungsmotors mit einer Leistung von knapp 1 PS, den er in einen 1886 patentierten Dreiradwagen einbaute. 1926 schlossen sich die beiden inzwischen recht stattlich gewordenen Firmen Daimler und Benz zusammen: Ein Weltunternehmen des Automobilbaus war geboren.

Das Cannstatter Volksfest

Was den Münchnern ihr Oktoberfest, das ist den Stuttgartern ihr Volksfest – die größte Gaudi im Schwabenland. Alljährlich Ende September wird das Volksfest auf dem Freigelände des Cannstatter Wasens zum Vergnügungsfest für Millionen Besucher. Angefangen hat es im Jahr 1818. Der württembergische König Wilhelm I. beschloß ein »landwirtschaftliches Fest zu Kannstatt«. Im Lauf der Zeit ist aus dem Bauernfest von einst ein gigantischer Rummel der Städter geworden. Das landwirtschaftliche Hauptfest kehrt heute nur alle drei Jahre wieder – als moderne landwirtschaftliche Messe. Wenn die örtliche Prominenz und die allgegenwärtigen städtischen Honoratioren in zünftigen Reden unter der festlich geschmückten Fruchtsäule dem Fest ihren Segen erteilt haben, wenn »a'zapft isch« – dann heißt es wieder für 16 Tage: »Auf, mir ganget aufs Volksfescht«!

Tips, Tips, Tips

Fest der Viertele
Ab dem letzten Freitag im August findet alljährlich auf dem Marktplatz und auf dem Schillerplatz das zehntägige Stuttgarter Weindorf statt. Wer gern mal in gemütlichen Lauben bei einem Viertele mit Käs' und Kutteln, Maultaschen und Zwiebelkuchen richtig schwäbisch feiern will, sollte sich dieses Festle nicht entgehen lassen.

Kulturfahrt auf dem Neckar
Eine Schiffsfahrt auf dem Neckar ist nicht nur wegen der herrlichen Landschaft ein Genuß – man kann auch kulturell auf seine Kosten kommen, wenn man die Schillerstadt Marbach ansteuert. Dort steht, spektakulär auf einer Anhöhe über dem Neckar, das Schiller-Nationalmuseum, und seit einigen Jahren ist Marbach auch Sitz des Deutschen Literaturarchivs. Viel besucht ist ferner Schillers Geburtshaus, in den verschiedenen Räumen des Hauses werden Dokumente, Kleider und Geräte aus dem Leben Schillers und seiner Familie gezeigt (tägl. 9–17 Uhr).

Dieses in Sichtbeton errichtete Haus ist ein Werk des einheimischen Architekten E. Otto Oßwald, der sich im Wettbewerb gegen Bonatz durchgesetzt hatte. Dem 18 Stockwerke hohen Bau mit seinen Ecken und Kanten und den durchgezogenen Fensterreihen stand ein weiteres architektonisches Meisterwerk der 20er Jahre gegenüber. Der Berliner Architekt Erich Mendelsohn entwarf 1926 das gläserne Kaufhaus Schocken, ein Gebäude, das durch seine fließenden Linien und seine konstruktive Sachlichkeit beeindruckte. Trotz massiver Proteste aus der ganzen Welt entledigte man sich des Bauwerks im Jahr 1960 durch Abriß, um an seiner Stelle ein neues Kaufhaus zu bauen.

Hocken – trinken – schwätzen

Wie lebt man nun in dieser Stadt, in der so viel geschafft, gebaut und gebuddelt wird? – Es geht durchaus auch mal gemütlich zu, besonders dann, wenn die Einheimischen in den Weinstuben und Besenwirtschaften ihrer alten Stadtteilkerne, also in Heslach oder Kaltental, in Feuerbach oder Bad Cannstatt, in Vaihingen oder ... zusammenhocken. In drangvoller Enge kommt hier schwäbische Gemütlichkeit auf – der Weinkonsum ist immens, man schlotzt sein Viertele und vespert genüßlich die hausgemachte Leberwurst, und dann wird auch noch richtig schwäbisch »gschwätzt«. Vom Nebentisch klingt es herüber: »Hent Se scho gheert?«, »Ha noi« und »Wie goats au«. Für den Fremden bleibt der Dialekt oft ein Rätsel, was ihn nicht abhalten sollte, sich mal dazuzusetzen, denn man schaltet dann am Tisch schnell auf das eher verständliche Honoratiorenschwäbisch um, eine stark ins Hochdeutsche tendierende Form der schwäbischen Sprache.

Im Sommer feiert dann jeder Stadtteil mal seine »Hocketse«, was man anderswo vermutlich Straßenfest nennen würde, aber Hocketse ist genauer, denn es zeigt an, was die Schwaben bei solchen Festen hauptsächlich machen. Aber lustig und gemütlich geht's bei solchen »Festle« allemal zu, und auch die nicht zum »Dörfle« – so nennt man die alten Stadtteilkerne – Gehörenden sind herzlich willkommen, solange sie sich nicht abfällig über den ausgeschenkten Trollinger äußern.

Wer Stuttgart nach einem Besuch wieder verläßt, sollte eines nicht versäumt haben: die Fahrt mit der »Zacke«, Richtung Fernsehturm. Die Zacke ist ein technisches Meisterwerk aus dem Jahre 1884, eine Zahnradbahn, die den Höhenunterschied von 205 m zwischen den Stadtteilen Stuttgart-Süd und Degerloch in einer knappen Viertelstunde überwindet. Die Schienen führen die steile Alte Weinsteige hinauf, und schon auf halber Höhe öffnet sich ein herrlicher Blick über die einzigartige Stadtlandschaft. Karl Gerok, der schwäbische Pfarrer und Dichter, würde zumindest bei schönem Wetter nochmals ins Schwärmen kommen: »Da liegst du nun im Sonnenglanz / schön wie ich je dich sah / in deiner Berge grünem Kranz / mein Stuttgart, wieder da.«

Per Schiff gelangt man nach Marbach zum Schiller-Nationalmuseum. Weiter flußabwärts säumen die Hessigheimer Felsengärten das Neckarufer.

Theater, Musik, Veranstaltungen, Museen

Theater

Staatstheater Stuttgart, Oberer Schloßgarten 6 ❷. Spielorte *Großes Haus* ❺: Oper, Operette, Ballett, Sonderkonzerte; *Kleines Haus*: Schauspiel, Ballettabende; *Kammertheater*, Neue Staatsgalerie ❹, Konrad-Adenauer-Str. 30–32: Schauspiel, zeitgenössisches Musiktheater, ☏ 22 17 95, 1 15 17.
Altes Schauspielhaus, Kleine Königstr. 9. Klassisches und zeitgenössisches Schauspiel, ☏ 22 55 05.
Komödie im Marquardt, Bolzstr. 4–6. Boulevardtheater, ☏ 29 14 84.
Theater der Altstadt, Charlottenplatz, 1. Untergeschoß. Schauspiel, Kinder- und Jugendtheater, ☏ 24 43 42.
tri-bühne, Eberhardstr. 61a. Schauspiel, Experimentiertheater, ☏ 23 46 10, 2 57 62 77.
Theater im Westen, Rotebühlstr. 89. Schauspiel, literarisches Kabarett, Lesungen, ☏ 62 31 54.
Renitenz-Theater, Königstr. 17. Literarisches Kabarett, ☏ 29 70 75.
Theaterhaus Stuttgart, Ulmer Str. 241. Alternatives Theater mit Eigenproduktionen und intern. Gastspielprogramm, ☏ 40 20 70.
Varieté-Theater Killesberg, Höhenpark Killesberg, Feuerbacher Eingang. Intern. Varieté-Künstler mit monatlich wechselndem Programm (Mai–Okt. tägl. 16 und 20 Uhr), ☏ 22 28-2 40, 24 41 01.
Makal City Theater, Marienstr. 12, 4. Obergeschoß. Pantomime, Kleinkunst, klassische Musik (einmal im Monat Do 20 Uhr), ☏ 62 62 08.
Stuttgarter Puppen+Figuren Theater, Kultur unterm Turm ⓰, Eberhardstr. 61d. Puppen- und Figurentheater für Kinder und Erwachsene, ☏ 24 15 41, 29 51 59.
Zentrum Theater und Kunst, Heusteigstr. 39. Experimentelles Theater für Kinder und Erwachsene, ☏ 2 16-26 46.

Musik

Liederhalle ⓴, Berliner Platz 1. Sinfonie-, Kammer-, Chorkonzerte mit nationalen und intern. Interpreten, Klavier-, Liederabende; Oper, Operette, Ballett (Gastspiele); Jazz, Liedermacher, Schlagermusik mit intern. Stars, ☏ 2 58 90.
Hanns-Martin-Schleyer-Halle, Mercedesstr., beim Neckarstadion. Pop-, Rock-, Schlagerkonzerte mit intern. Stars und Bands, Shows, ☏ 2 58 90, 56 15 65.
Landesgirokasse, Königstr. 3–5. Sonntagskonzerte zur Förderung klassischer und zeitgenössischer Kammermusik (Studio, einmal im Monat 11 Uhr); literarisch-musikalische Soireen (Kundenhalle; Sommerschulferien Sa 21 Uhr), ☏ 124-25 73.
Internationale Bachakademie Stuttgart, Johann-Sebastian-Bach-Platz. Geistliche Vokalmusik, Orchesterkonzerte; Sommerakademie Johann Sebastian Bach (Aug.). Spielorte: Bachakademie; Liederhalle ⓴, Berliner Platz 1; Stiftskirche ⓭, Stiftstr. 12; Eberhardskirche, Stauffenbergstr. 3; Gedächtniskirche, Hölderlinstr. 14, ☏ 61 92 10.
Stiftskirche ⓭, Stiftstr. 12. Stunde der Kirchenmusik (Fr 19 Uhr): Orgelkonzerte, Chormusik aller Stilepochen, ☏ 22 55 81.
Hospitalkirche, Hospitalstr. 20. Geistliche Kammerkonzerte, Vokal- und Instrumentalsolisten bei Kerzenlicht (Sa 21 Uhr), ☏ 22 55 81.
Eberhardskirche, Stauffenbergstr. 3. Gottesdienste mit Chor, Instrumental- oder Gesangssolisten (So 10 Uhr), Orchestermessen, Chor-, Orgelkonzerte, ☏ 22 00 54.
Laboratorium, Wagenburgstr. 147. Intern. Folklore, Blues, Jazz, Liedermacher, Kabarett, ☏ 34 14 66.
»Die Röhre«, Neckarstr. 34/2 (Wagenburgtunnel). Jazz, Rock, Pop, Punk; Rock-Tage mit regionalen Gruppen (März/April), Stuttgarter Jazz-Tage (Mitte Nov.), ☏ 22 70 30.
Dixieland Hall, Marienstr. 3. Traditioneller Jazz mit nationalen und intern. Gruppen, ☏ 29 75 51.

Veranstaltungen

Ostern: *Internationales Theaterhaus-Jazz-Festival Stuttgart* im Theaterhaus, Ulmer Str. 241. Gesamtes Jazzspektrum mit Interpreten aus der Region und dem Ausland, ☏ 40 20 70.
Sommer: *Südwestdeutsche Puppentheater-Tage* im Landespavillon, Schillerstr. 4, ☏ 22 35 17.
Alle zwei Jahre (1991) Aug.: *»Carmina burana«* auf dem Schillerplatz ⓫ mit Stuttgarter Philharmonikern, Solisten und Chor, ☏ 2 16 62 51.
Alle drei Jahre (1991) Aug./Sept.: *Europäisches Musikfest Stuttgart*. Musikfestival der Intern. Bachakademie Stuttgart. Spielorte: Liederhalle ⓴, Berliner Platz 1; Staatstheater/Kleines Haus, Oberer Schloßgarten 6 ❷; Wilhelma-Theater, Neckarstr.; Neues Schloß ❼, am Schloßplatz ❾; Stuttgarter Kirchen, ☏ 61 92 10.
Mitte Jan.: *6-Tage-Rennen* in der Hanns-Martin-Schleyer-Halle, Mercedesstr., beim Neckarstadion, ☏ 2 58 90.
Ende Jan.: *CMT* – Intern. Ausstellung für Caravan, Motor, Touristik, Messe Stuttgart, Am Kochenhof 16, ☏ 2 58 90.
Ende April: *Frühlingsfest* auf dem Cannstatter Wasen. Volksfest.
Mai–Aug.: *Sommerliche Serenaden* im Hof des Alten Schlosses ❿, am Schloßplatz (Sa 19 Uhr).
Mai–Sept.: *Hohenheimer Schloßkonzerte*, Schloß Hohenheim ㉙. Kammermusik mit intern. Interpreten, ☏ 29 55 83.
Mitte Mai–Mitte Sept.: *Musik und Unterhaltung am Sonntagnachmittag* (So 15 Uhr), *Jazz-Dixieland-Swing* (So 18.30 Uhr) im Musikgarten des Kurparks Bad Cannstatt.
Juni/Juli: *Lichterfest* mit Brillantfeuerwerk und Tanz auf dem Killesberg.
Aug.: *Sommerakademie der Internationalen Bachakademie*. Chor-, Orgel-, Instrumental-, Solokonzerte, Kammermusik, Kurse, Seminare. Spielorte: Liederhalle ⓴, Berliner Platz 1; Neues Schloß ❼, am Schloßplatz; Stuttgarter Kirchen, ☏ 61 92 10.
Letzter Fr im Aug.: Zehntägiges *Stuttgarter Weindorf*, Schillerplatz ⓫, Marktplatz, Kirchstr. Stuttgarter Gastronomen mit schwäbischen Spezialitäten, badischen und württembergischen Weinen; Musikprogramm, Kinderdorf.
Sept. (ausnahmsweise auch April/Mai): *Internationale Festtage Alter Musik*. Vokal- und Instrumentalmusik vom Mittelalter bis zur Klassik. Spielorte: Leonhardskirche ⓲, Leonhardsplatz 26; Altes Schauspielhaus, Kleine Königstr. 9, ☏ 23 22 00.
Ende Sept.: *Cannstatter Volksfest* auf dem Cannstatter Wasen (16 Tage). Vergnügungspark, Krämermarkt.
Okt./Nov.: *Tage für neue Musik Stuttgart*. Spielorte: Stuttgarter Konzertsäle und Schauspielhäuser, ☏ 47 99 22.
Mitte Nov.: *Stuttgarter Jazz-Tage* in der »Röhre«, Neckarstr. 34/2. Gesamtes Jazzspektrum mit regionalen und intern. Interpreten, ☏ 22 70 30.
Mitte Nov.: *Internationales ADAC-Hallen-Moto-Cross* in der Hanns-Martin-Schleyer-Halle, Mercedesstr., beim Neckarstadion, ☏ 2 58 90.
Mitte Nov.–Anfang Dez.: *Stuttgarter Buchwochen* im Haus der Wirtschaft, Willi-Bleicher-Str. Präsentation baden-württembergischer Verlage. Ausstellungen, Veranstaltungen, Jugendbuchwoche.
Ende Nov.: *Internationales Tennisturnier* in der Hanns-Martin-Schleyer-Halle, Mercedesstr., ☏ 2 58 90.

Museen

Daimler-Benz-Museum, Mercedesstr. 137a, Zugang nur von der Cannstatter Seite. Produktion der Daimler-Benz AG von 1885 bis heute (Di–So 9–17 Uhr).
Galerie der Stadt und Württembergischer Kunstverein, Schloßplatz 2 (s. ❽).
Linden-Museum/Staatliches Museum für Völkerkunde, Hegelplatz 1 (s. ㉒).
Porsche-Museum, Porschestr. 42. Sammlung von historischen Porsche-Fahrzeugen; Bilddokumentation zu Leben und Werk des Konstrukteurs (Mo–Fr 9–12, 13.30–16 Uhr).
Schloß Solitude, Stuttgart-Weilimdorf, über Rotebühlstr., Wildparkstr. (s. ㉚).
Staatliches Museum für Naturkunde, Museum am Löwentor, Rosenstein 1 und Museum Schloß Rosenstein (s. ㉔).
Staatsgalerie, Konrad-Adenauer-Str. 30–32 (s. ❹).
Stuttgarter Bibelmuseum, Balinger Str. 31. Überblick über die Geschichte der Bibel (Mo–Fr 8–16, Sa 10–13 Uhr).
Weinbaumuseum, Uhlbacher Platz. Trinkgefäße, Weinbehälter, Arbeitsgeräte für den Weinbau von den Römern bis ins 19. Jh. (April–Okt. Sa 14–18, So 10–12, 14–18 Uhr).
Württembergisches Landesmuseum, Altes Schloß, Schillerplatz 6 (s. ❿).
Zoologisches und Tiermedizinisches Museum Hohenheim, Schloß (s. ㉙).

TRIER

Trier

Großstadt schon zur Römerzeit

Zu Recht ist Trier stolz auf sein Alter. 1984 feierte es den »zweitausendsten Geburtstag«, 16 v. Chr. soll es von Kaiser Augustus gegründet worden sein. Von der einstigen Kaiserresidenz des weströmischen Teilreichs sind besonders viele sehenswerte Bauten erhalten geblieben, die die damalige politische Bedeutung der Stadt auch dem heutigen Besucher noch eindrucksvoll vor Augen führen. Den an den Moselhängen gedeihenden vorzüglichen Wein wußten schon die Römer zu schätzen. Jahrhunderte später kam in dieser Stadt der Kirchen und Klöster Karl Marx zur Welt. Außer den Freunden römischer Geschichte und guter Rieslingweine lockt sie deshalb auch politische Wallfahrer aus aller Herren Länder an.

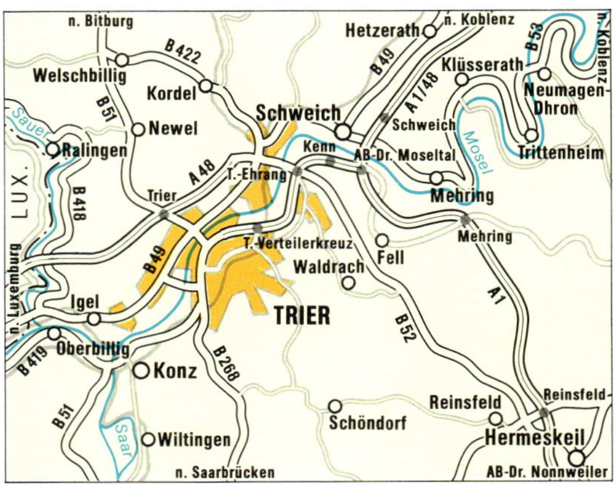

Wappen Das Stadtwappen zeigt Triers Stadtpatron, den heiligen Petrus, goldfarben in rotem Feld, mit Schlüssel und Buch in den Händen. Als römische Kaiserresidenz und frühchristlicher Bischofssitz galt Trier in den ersten Jahrhunderten n. Chr. als »Rom des Nordens«. Das Wappen erinnert daran: St. Petrus ist auch der Stadtpatron von Rom.
Lage An der mittleren Mosel, nahe der luxemburgischen Grenze.
Land Rheinland-Pfalz
Autokennzeichen TR
Höhe 125–427 m ü. M.
Fläche 117 km^2
Einwohnerzahl 100 000
Postleitzahl 5500
Telefonvorwahl 06 51
Post Schräg gegenüber dem Hbf., Spätschalter (Mo–Fr 8–21, Sa 8–18, So 10–13 Uhr).
Polizei Hauptmarkt, Palais Walderdorff, ☏ 713-1
Taxi ☏ 3 30 30, 4 11 66, 1 20 12, 4 80 48
Nahverkehr Zwischen Kernzone und Außenbezirken der Stadt Busverkehr, Fahrkarten und -pläne bei den Verkaufsstellen der Städt. Verkehrsbetriebe, z. B. am Schalter im Durchgang der Porta Nigra. Touristen-Tagesnetzkarte bei der Touristinformation.
Camping Campingplatz Monaise, Monaiser Str., ☏ 8 62 10; Campingplatz Trier City, Camping und Jugendcamp, Luxemburger Str. 81, ☏ 8 69 21.
Parken Vier Tiefgaragen und drei Parkhäuser in der Innenstadt, z. B. in der Konstantinstr., an der Porta Nigra mit Zufahrt von der Engelstr., am Simeonstiftplatz, in der Metzelstr., der Walramsneustr. und der Mustorstr. Vom Verteilerkreis am Ausgang der Autobahn (A 602) leicht erreichbar, beschildert.
Touristinformation Simeonstift, ☏ 4 80 71 (Mai–Okt. Mo–Sa 9–18.45, So 9–15.30 Uhr, Nov.–April Mo–Fr 9–17, Sa 9–13 Uhr).
Stadtführung Ab Porta Nigra, April–Okt. tägl. 10.30, werktags zusätzlich 15 Uhr.
Stadtrundfahrt Ab Porta Nigra, Mai–Okt. werktags 10 und 14.30 Uhr.
Schiffahrt Mosel- und Saarschiffahrt von Mai–Okt. nach Trier-Pfalzel, Bernkastel und Koblenz/Köln (Auskunft erteilt die Touristinformation).

Seniorin unter Deutschlands Städten

Wer auf der Autobahn aus Richtung Koblenz kommt, sieht vor dem Autobahndreieck Moseltal ein Hinweisschild auf die Porta Nigra ❶. Die mächtige, größte noch erhaltene römische Torburg ist das Wahrzeichen Triers. An den festungsartigen, im 2. Jh. n. Chr. begonnenen Bau schloß die nördliche römische Stadtmauer an. Sie schützte gegen Ende des Jahrhunderts schon rund 30 000 Einwohner der Augusta Treverorum. Unter diesem Namen soll Trier zur Zeit Kaiser Augustus' auf dem Gebiet der Treverer, eines keltisch-germanischen Stammes, 16 v. Chr. gegründet worden sein. Ob das Ereignis sich so genau datieren läßt, wird allerdings von Wissenschaftlern bezweifelt. Auch andere selbstbewußte Römergründungen, etwa Köln, das sich der ersten steinernen, also städtischen Bauten auf deutschem Boden rühmt, stellen die Jahreszahl in Frage. Jedenfalls reklamiert Trier den Titel »älteste Stadt Deutschlands« für sich. Der Autofahrer wird an der B 51 mit einem entsprechenden Schild kategorisch darauf hingewiesen.

Die stürmische Entwicklung der Augusta Treverorum in den ersten nachchristlichen Jahrhunderten rechtfertigt Triers Ansprüche. Schon um 100 n. Chr. wurde ein Amphitheater ⓮ für rund 20 000 Zuschauer gebaut, und im 3. Jh. setzte der Aufschwung zur antiken Weltstadt mit zeitweise 70 000 Bewohnern ein – etwa ebenso viele zählt die Stadt heute ohne Vororte. Trier wurde Residenz der römischen Kaiser, Verwaltungssitz der Präfektur für das römische Gallien, Britannien und Spanien sowie für die belgischen und germanischen Provinzen und zudem noch frühchristlicher Bischofssitz. Eine Christengemeinde hatte es schon seit etwa 200 gegeben, aber erst das Toleranzedikt Konstantins des Großen von 313 ermöglichte ihr freie Entfaltung.

Neben Porta Nigra und Amphitheater künden die großartigen Ruinen der Palastaula ❺ und der Kaiserthermen ❾ von dieser Glanzzeit. Alles andere, vor allem die römische Stadtanlage, ist nur noch archäologisch erschließbar, denn das Mittelalter entwickelte jenseits von römischer Geradlinigkeit eigene Stadtvorstellungen. Wenn im römischen Bezirk der Stadt heute Baugruben ausgehoben werden, müssen Bauherren deshalb auf langwierige Maßnahmen gefaßt sein: Etwas Antikes kommt immer ans Licht, zum Beispiel die neu entdeckten Viehmarktthermen, und manches findet seinen Weg ins Rheinische Landesmuseum ❽ .

Der Petrusbrunnen auf dem Hauptmarkt mit den Figuren der vier Kardinaltugenden; links daneben erkennt man das Marktkreuz von 958.

Nach schweren Stürmen eine neue Blüte

Die Franken nahmen Trier 475 in Besitz und hielten es, allen römischen Gegenangriffen zum Trotz. Mehrfach wurde die Stadt bei diesem kriegerischen Hin und Her zerstört, die Einwohnerzahl sank erheblich, aber dennoch stieg sie im 6. Jh. zum Erzbischofssitz auf. Zur Zeit Karls des Großen wurden die Unterbistümer Metz, Toul und Verdun von Trier aus verwaltet. Nach der Zerstörung der Stadt 882 durch die Normannen erlangten zu Beginn des 10. Jh. die Erzbischöfe auch die Herrschaft über die Stadt selbst und eröffneten eine zweite kulturelle Blütezeit im Geist des christlichen Mittelalters.

Der Ausbau von Dom ⓬ und Liebfrauenkirche ⓫ über einer frühchristlichen Doppelkirchenanlage, die ihrerseits über einem römischen Kaiserpalast entstanden war, dokumentiert Macht und Kultur des neuen Zeitalters ebenso wie die hochentwickelte Goldschmiedekunst und Buchmalerei (Andreasreliquiar, Registrum Gregorii).

Im 12. Jh. entstand eine neue Stadtmauer, die ein Areal von ca. 140 ha umschloß, nur noch etwa die Hälfte der römischen Stadt. Sie schützte noch 10 000 Einwohner und ist in Resten erhalten. 1257 wurden die Trierer Erzbischöfe Kurfürsten und gewannen damit Einfluß auf die deutsche Königswahl. Erzbischof Balduin von Luxemburg (1307–54) vermehrte den Besitz des Kurfürstentums an Rhein und Mosel und konnte sich gegenüber den Bürgern der Stadt, die die Reichsunmittelbarkeit anstrebten, behaupten.

1473 wurde eine Universität gegründet, die bis 1798 Bestand hatte und erst 1970 als Teil der Doppeluniversität Trier-Kaiserslautern wiederbelebt wurde. 1975 hat sich dann der Traum einer eigenständigen Universität erfüllt, die heute ca. 8000 Studenten hat.

Das 16. Jh. meldet überstandene Fehden um den Bestand des Erzbistums und das Scheitern der Reformation in Trier. Nach dem Dreißigjährigen Krieg und einer Zeit des wirtschaftlichen Niedergangs war Trier bis Ende des 17. Jh. zum kurfürstlichen Landstädtchen mit 3000 Einwohnern geschrumpft. Während der Kriegsjahre hatte der vom Niederrhein stammende Jesuitenpater Friedrich Spee von Langenfeld, bedeutender Lyriker der Barockzeit und mutiger Kämpfer gegen den Hexenwahn seiner Zeit, in Trier gewirkt und sich bei der Pflege pestkranker Soldaten den Tod geholt. Seine Grabstätte befindet sich in der Dreifaltigkeitskirche ⓯.

Trebeta blieb im Moseltal

Glaubt man der Sage, dann ist Trier weit älter, als die Wissenschaft wahrhaben will. Auf der Flucht vor leidenschaftlichen Nachstellungen seiner Stiefmutter Semiramis, der sagenhaften Königin von Assyrien, soll Trebeta bis an die Mosel geflohen sein. Hier blieb der junge Mann mit seinen Begleitern, von der Schönheit des Tals entzückt. Am Roten Haus ❹ besagt eine lateinische Inschrift: Eher als Rom stand Trier eintausend und dreihundert Jahre. Möge es weiter bestehen, ewigen Friedens sich freuen. Amen.

Mosaiken gibt es im Landesmuseum.

Ihren Namen – Schwarzes Tor – erhielt die Porta Nigra erst später, als der Sandstein stark verwitterte; auf der linken Seite wurde im Mittelalter der Chor der Simeonkirche angefügt.

Stadtrundgang

Ausgangspunkt ist die Porta Nigra ❶. *Nahebei, in der Engelstraße und am Simeonstiftplatz, gibt es Parkplätze.*

Unser Vorschlag führt Sie, weitgehend in der Fußgängerzone, durch eine lebendige Stadt zu den Zeugen ihrer Geschichte. Sie sollten sich für den Rundgang etwa drei Stunden Zeit nehmen, denn hier in Trier werden Sie nicht nur der Römerzeit, sondern auch den anderen großen Epochen der Baukunst begegnen. Gut eine halbe Stunde weniger dauert es, wenn Sie den Palastgarten ❻ *und die Kaiserthermen* ❾ *ein andermal besuchen.*

Unter den neuerbauten Arkaden am Konstantinplatz ist bei der Weininformation Mosel-Ruwer-Saar Gelegenheit zu einem Schoppen Wein, auch ein Restaurant und ein Café gibt es dort. Zu einer Rast im Grünen lädt der Palastgarten ❻ *ein.*

Sehenswürdigkeiten

❶ *Porta Nigra und ehemalige Simeonkirche,* aus Sandsteinblöcken errichtete, größte noch erhaltene römische Torburg nördlich der Alpen, Wahrzeichen Triers. Der mächtige Wehrbau, der seinen Namen »Schwarzes Tor« erst in nachrömischer Zeit aufgrund seiner dunklen Verwitterung erhielt, sollte mit den übrigen Befestigungsbauten die römische Stadt gegen die Angriffe der Germanen schützen. Von der im Mittelalter eingebauten Kirche ist nur der Chor teilweise erhalten.

❷ *Simeonstift,* 1034 gegr., mit einem teilweise erhaltenen zweigeschossigen Kreuzgang. Im Refektorium (1. Ober-

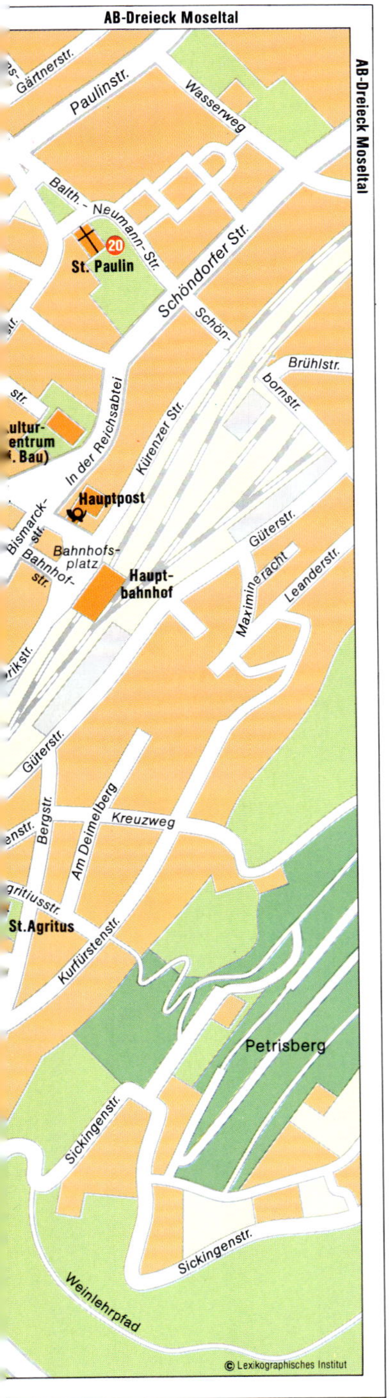

geschoß) gemalter romanischer Fries, gotische Stützen und Balkendecke. Hier auch das Städtische Museum Simeonstift: Kunst, Kultur, Geschichte der Stadt und des Trierer Raumes; Mechelner Alabasterreliefs, koptische Kunst; Ausstellungen moderner Kunst (Di–Fr 9–17, Sa, So 10–13 Uhr).

3 *Dreikönigenhaus,* spätromanisches Wohnhaus (um 1230) mit farblich wie plastisch reich verzierter Fassade und eindrucksvoll gruppierten Fenstern im Obergeschoß, wo urspr. aus Sicherheitsgründen auch der Eingang lag.

4 *Hauptmarkt mit St. Gangolf,* Zentrum der Trierer Altstadt. *Marktkreuz,* 958 als Zeichen für das Marktrecht errichtet. Das Tatzenkreuz folgt engl. und irischen Vorbildern, das Original wird im Städtischen Museum Simeonstift 2 aufbewahrt und ist das älteste der vor allem in Frankreich und Belgien verbreiteten mittelalterlichen Marktkreuze. *Marktkirche St. Gangolf:* Die spätgotische, teils barockisierte, aus Hauptschiff und nördlichem Seitenschiff bestehende, wohl nach 970 gegründete Kirche wurde in den folgenden Jh. mehrmals umgestaltet. Der platzbeherrschende Turm, Ausdruck bürgerlichen Behauptungswillens gegenüber der geistlichen Obrigkeit, stammt vom Beginn des 16. Jh. *Steipe und Rotes Haus:* 1944/45 vollständig zerstörte, nach dem Zweiten Weltkrieg wiederhergestellte Baugruppe, die als Musterbeispiel »schöpferischer« Denkmalpflege gilt. Die Steipe wurde 1430–83 als Fest- und Trinkhaus der Trierer Bürger erbaut; der Name Steipe kommt von den Stützen der offenen Spitzbogenarkaden im Erdgeschoß. Aus dem Jahr 1684 stammt das Rote Haus, dessen Rotsandsteinfassade ein Volutengiebel schmückt. *Petrusbrunnen,* 1595 nach dem Vorbild des Nürnberger Tugendbrunnens durch Hans Ruprecht Hoffmann mit Figuren der vier Kardinaltugenden errichtet.

5 *Palastaula,* auch als »Basilika« bezeichnet. Der äußerlich zweigeschossig erscheinende Bau, um 305 unter Kaiser Konstantin I. errichtet, umschließt einen einzigen mächtigen Saal im Innern. Die Palastaula war das Zentrum des kaiserlichen Palastbezirks und demonstrierte eindrucksvoll die Größe des römischen Weltreichs. In fränkischer Zeit als Königspfalz genutzt, im 17. Jh. als Wohnflügel in den kurfürstlichen Palastneubau integriert, im 19. Jh. nach wechselvoller Geschichte von den Anbauten befreit und zur Kirche umgestaltet, brannte das monumentale Gebäude im Zweiten Weltkrieg aus und wurde bis 1956 restauriert, heute ev. Erlöserkirche.

6 *Palastgarten,* südlich des kurfürstlichen Palais gelegener Park mit Nachbildungen barocker Plastiken von Ferdinand Tietz und seinen Schülern (Originale im Städtischen Museum); die mittelalterliche Stadtmauer mit dem ehemaligen Stadttor Kastilport bildet die Grenze nach Osten.

7 *Kurfürstliches Palais,* vermutlich von Georg Ridinger seit 1615 nach Aschaffenburger Vorbild erbautes Renaissanceschloß, in das der Westflügel der Palastaula 5 einbezogen wurde, während ihre anderen Teile abgerissen wurden. Ein Südflügel im Rokokostil mit prunkvollem Treppenhaus entstand 1757–61 neu unter Johannes Seiz, einem Schüler Balthasar Neumanns. Ein nördlich vorgelagertes Niederschloß wurde im Zweiten Weltkrieg bis auf Petrusportal und Roten Turm zerstört. Dieser Turm, 1647 nach Vorbildern der italienischen Renaissance (Palladio) als Kanzleigebäude errichtet, wurde 1968 zum Glockenturm der Erlöserkirche (Palastaula) bestimmt und mit einem Haubendach versehen.

8 *Rheinisches Landesmuseum,* bedeutendes Museum mit reichen Funden aus der Römerzeit: Skulpturen, Bronzen, Wandmalereien und Mosaiken, insbesondere die Neumagener Grabdenkmäler. Vorgeschichtliche, mittelalterliche und neuzeitliche Kunst (Mo–Fr 9.30–16, Sa, So 9–13 Uhr).

9 *Kaiserthermen,* Ruine eines Bäderpalastes, unter Kaiser Konstantin um 300 begonnen, aber nie der urspr. vorgesehenen Nutzung zugeführt. Im Mittelalter Eckbastion der Stadtbefestigung. Unterirdische Bedienungsgänge und Kanäle wurden Mitte des 20. Jh. wieder ausgegraben.

10 *Schatzkammer der Stadtbibliothek,* 4000 kostbare mittelalterliche Handschriften, u. a. das karolingische Ada-Evangeliar und der Egbert-Kodex aus der Reichenau-Schule, 2000 Frühdrucke. Ständige Sonderschau (Mo–Fr 13–17, Sa 10–13 Uhr).

11 *Liebfrauenkirche,* in den Jahren 1235–ca. 65 nach frz. Vorbildern anstelle der Südkirche einer frühchristlichen Doppelkirchenanlage erbaut, zu der auch der Dom 12 gehörte; neben St. Elisabeth in Marburg die älteste gotische Kirche Deutschlands, Zentralbau mit dem Grundriß einer zwölfblättrigen Rose. Nach Zerstörungen im Zweiten Weltkrieg entstanden die Fenster neu, eine Hinzufügung ist auch die den Grundriß der Kirche aufnehmende Altarinsel.

12 *Dom St. Peter,* zusammen mit der Liebfrauenkirche 11 aus einer frühchristlichen Doppelkirchenanlage hervorgegangen, mehrmals niedergebrannt; im 10. Jh. setzt der Wiederaufbau ein, im 11./12. Jh. entstehen Westbau und -türme; 1196 wird der Ostchor geweiht.
Der südwestliche Turm wird Anfang des 16. Jh. als Zeichen erzbischöflicher Macht erhöht, um St. Gangolf 4 zu übertreffen und den Dom wieder zum höchsten Bauwerk zu machen. Barocke Umgestaltung des Doms durch Johann Georg Judas 1719–23. Hinzuweisen ist auf den Reliquienschatz (hl. Rock), Reste des romanischen Chorschrankenschmucks, das Portal zur Liebfrauenkirche, zahlreiche Grabmäler und auf den Kreuzgang des 13. Jh. u. a. In der Domschatzkammer befindet sich sakrale Kunst seit der Römerzeit, darunter eine byzantinische Elfenbeintafel (5. Jh.), der Andreastragaltar (13. Jh.) und die Hülle für den »Heiligen Nagel« (April–Okt. 6–18 Uhr, Nov.–März 6–12, 14–17 Uhr).

13 *Bischöfliches Dom- und Diözesanmuseum,* Funde aus Trierer Gräberfeldern und der frühchristlichen Doppelkirchenanlage Dom 12 und Liebfrauen 11, Deckenmalereien aus dem sogen. Prunksaal des konstantinischen Kaiserpalastes, zahlreiche Objekte aus den Kirchen des Bistums bis ins 19. Jh. (Mo–Sa 9–13, 14–17, So 13–17 Uhr).

⓮ *Amphitheater,* um 100 n. Chr. in den Petrisberg gegrabene, früher ummauerte Wallanlage, die 20 000 Zuschauern Platz bot; im späten 2. Jh. in die Befestigungsanlage der Stadt einbezogen, im Mittelalter als Steinbruch und Weinberg genutzt, im 19. Jh. freigelegt.
⓯ *Alte Universität* und ehemaliges *Jesuitenkolleg* mit Dreifaltigkeitskirche, Baubeginn im 13. Jh., Vollendung mit dem südlichen Seitenschiff und den Nebenchören 1739–43. Prachtportal an der Westfront. Grabmal des Theologen und Dichters Friedrich Spee von Langenfeld (1591–1635).
⓰ *Karl-Marx-Haus,* barockes Bürgerhaus, Geburtshaus des Philosophen. Das hier untergebrachte Karl-Marx-Museum zeigt, von der Friedrich-Ebert-Stiftung betreut, Dokumente zu Leben und Werk von Karl Marx. Umfangreiche Dokumentation zu »Kommunistischem Manifest« und »Kapital«; seltene, wertvolle Erstdrucke; Autographen von Marx, Engels, Bebel, Liebknecht (Nov.–März Mo 15–18, Di–So 10–18, Mo 13–18 Uhr).
⓱ *Römerbrücke,* im 2. Jh. n. Chr. errichtete Brücke, deren Pfeiler aus Gußmauerwerk mit Verkleidung aus Basaltlavaquadern erhalten sind. Die mächtigen Brückenbögen stammen von 1717/18.
⓲ *Krahnenstraße,* altes, teilweise restauriertes Viertel der Schiffsleute. Am Moselufer ein Kran aus dem frühen 15. Jh., weiter oberhalb ein zweiter aus dem 18. Jh.
⓳ *Zurlauben,* altes Fischerviertel mit bewachsenen Lauben, heute mit zahlreichen Restaurants.
⓴ *Stiftskirche St. Paulin.* Eine erste Kirche an dieser Stelle bewahrte die Gebeine des hl. Paulinus, eine 1148 geweihte romanische Nachfolgerin fiel 1674 dem Franzosenkrieg zum Opfer. Unter Kurfürst Franz Georg von Schönborn wurde ab 1734 nach Plänen Balthasar Neumanns durch Joseph Walter der heutige Bau errichtet und 1757 geweiht. Einschiffige Kirche mit betonter Turmfassade. Im Innern befinden sich Stukkaturen von J. Arnold und Deckenmalereien des Asam-Schülers Christoph Thomas Scheffler. Im Mittelpunkt des bedeutenden Hochaltars Maria auf der Weltkugel.
㉑ *St. Matthias,* Benediktinerabtei und Pfarrkirche, große mittelalterliche Klosteranlage; 1127 begonnene, 1148 durch Papst Eugen III. geweihte dreischiffige romanische Pfeilerbasilika mit einem Westbau, der einen barockisierten Turm trägt. Zur Anlage gehören frühgotische Klostergebäude mit dreischiffigem Dormitorium und Kreuzgang, letzterer ein frühes Zeugnis der Gotik in Trier. Die Kirche verdankt ihren Namen dem Apostel Matthias, dessen Gebeine seit dem 12. Jh. hier aufbewahrt werden.

Ehrwürdiges Zeugnis eines Mordes?
Die Legende erzählt, Kaiser Konstantin der Große (306–37) habe die Ermordung seiner Gemahlin Fausta und seines Sohns Crispus befohlen, die des gemeinsamen Ehebruchs verdächtigt wurden. Als sich herausstellte, daß höfische Intriganten den Vorwurf erfunden hatten, ließen der Kaiser und seine Mutter Helena einen Palast niederreißen und im Jahr 326 an dessen Stelle eine Doppelkirchenanlage errichten mit der Vorläuferin des heutigen Doms St. Peter ⓬, der im Mittelalter auch »Haus der Helena« genannt wurde. Eine Bestätigung dieser Überlieferung ergaben Grabungen, die einen Prunksaal unter der Vierung des Domes nachwiesen und Tausende von Bruchstücken einer Deckenmalerei zutage förderten. Diese konnten teilweise wieder zusammengefügt werden und sind im Bischöflichen Dom- und Diözesanmuseum ⓭ ausgestellt.

Ein Denkmal zu Lebzeiten
Für Römerfreunde ist ein Halbtagsausflug (ca. 100 km) nach Igel und Otrang (Ortsteil von Fließem) von besonderem Reiz (B 49 Richtung Konz). In Igel steht eine berühmte 22 m hohe Säule, die zwei Römer im 3. Jh. n. Chr. zum Gedenken an ihre Angehörigen, aber auch als Denkmal ihrer selbst aufstellen ließen. Szenen aus dem täglichen Leben der beiden Tuchhändler und aus der Mythologie sind in den Stein gehauen. – In Otrang (weiter auf der B 49, dann B 418, B 257 über Bitburg hinaus bis Erdorf oder über die B 51) gibt es eine große Villenanlage aus römischer Zeit (1./2. Jh.) zu sehen. Vier Mosaikfußböden mit geometrischen Mustern und zwei Badeanlagen, eine mit Fußbodenheizung, wurden überdacht und so vor Witterungseinflüssen geschützt. Steinsetzungen lassen den Grundriß des mehrmals erweiterten Herrenhauses erkennen.

Die Franzosen kamen immer wieder

Ins Licht der Geschichte trat Trier erst wieder Ende des 18. Jh., als es nach der Eroberung durch französische Revolutionstruppen 1794 zur Hauptstadt des französischen Saardepartements gemacht wurde und es bis 1814 blieb. Napoleon ließ die Porta Nigra möglichst weitgehend in ihrer ursprünglichen Gestalt wiederherstellen, indem er den römischen Bau aus der Kirchenburg herauszulösen befahl, zu der sie seit dem 11. Jh. geworden war. Der Westturm konnte dabei gerettet werden; vom Ostturm sind nur die unteren Teile noch gut erhalten.

Napoleon wurde besiegt, die Stadt fiel 1815 an Preußen und wurde Hauptstadt des Regierungsbezirks Trier. Es kamen preußische Verwaltungsbeamte, die ihrer Tüchtigkeit wegen respektiert, aber nicht geliebt wurden. 1818 wurde in der Brückenstraße Karl Marx geboren. Er heiratete später seine Trierer Jugendfreundin Jenny von Westphalen; als Philosoph und Ideologe kam er in seiner Heimatstadt nicht zur Wirkung.

Vor dem Ersten Weltkrieg hatte sich die Einwohnerzahl konsolidiert, Eingemeindungen hatten dazu beigetragen. Nach 1918 kamen im Zuge der Besetzung des linksrheinischen Gebiets gemäß dem Versailler Vertrag erneut die Franzosen, seit den Kriegen Ludwigs XIV. zum dritten Mal.

Die Kaiserthermen, unter Kaiser Konstantin als Badepalast konzipiert, dienten unter Kaiser Gratian als öffentliches Gebäude.

Chemie-Barock und rechte Winkel

Die Zerstörungen des Zweiten Weltkriegs waren schlimm, aber die alte Bausubstanz blieb zum größten Teil erhalten. Weil der Wiederaufbau langsam vonstatten ging und aus andernorts gemachten Fehlern gelernt wurde, gelang die Restaurierung vortrefflich. Trotz zerstörerischer Kriegs- und bausündenreicher Nachkriegszeit hat Trier sich ein unverwechselbares Gesicht erhalten, das die Züge vieler Jahrhunderte widerspiegelt: das der Augusta Treverorum und des »Treveris« der Spätantike, des mittelalterlichen »Tryers« und des Triers der Neuzeit.

Geprägt ist die Stadt freilich von ihrem überreichen historischen Erbe. Die neuere Kunst konnte sich lange Zeit kaum entfalten. Erst 1986 erhielt das Städtische Museum ❷ durch die Sammlung Schunck eine ansehnliche Abteilung mit moderner Kunst. Zu verweisen ist außerdem auf Ostasiatika sowie eine kleine Sammlung von Werken Johann Anton Ramboux' (1790–1866). In Trier geboren, war dieser Maler zunächst Schüler von David in Paris, später schloß er sich in Rom den »Nazarenern« an. Er ist neben der naturalistischen Erzählerin Clara Viebig (1860–1952) der einzige Trierer Künstler der Neuzeit, der Eingang in die Lexika gefunden hat. Unvergessen ist auch, daß er 1865 den Armen seiner Vaterstadt 4000 Taler vermacht hat.

Kritiker bemängeln, die Stadt sei arm an bedeutender moderner Architektur, allenfalls gebe es mißglückte Beispiele. So ist der neue Stadtteil Mariahof im Süden eine Orgie aus Beton und rechten Winkeln, wie man sie sattsam auch aus anderen Städten kennt. An den Hochhäusern auf dem Tarforster Plateau im Südosten lasen Autofahrer und Passanten lange Zeit die Parole »Die Lego-Stadt muß fallen«.

Die unweit davon auf die grüne Wiese gesetzte Universität platzt bereits wieder aus allen Nähten. Seit 1972 mit den Arbeiten begonnen wurde, entstanden immer neue Gebäude, um dem Studentenansturm Stand zu halten. Mit der unübersichtlichen Innenarchitektur kommt jedoch nicht jeder zurecht. Kritiker meinen, hier wachse ein Monument postmodernen Chemie-Barocks heran. Geglückter erscheint die Neugestaltung des Basilika-Vorplatzes am Eingang zum Palastgarten ❻ , die auch antike Bauschichten sichtbar werden ließ.

Mit Sachverstand genießen

Wein trinken kann jeder, den Kenner zeichnet Sachverstand aus. Deshalb gibt es den »Trierer Weinlehrpfad« mit 35 Stationen. Er beginnt oberhalb des Amphitheaters ⓮ in der Sickingenstraße und wird durch ein Faltblatt erläutert, das bei der Touristinformation und am Beginn des 3 km langen Weinlehrpfads erhältlich ist. Ein beigelegter Weinproben-Wochenplan sagt genau, wohin der Weinfreund sich wenden kann, wenn er der Theorie die Praxis folgen lassen und die Trierer Weine auch verkosten will.

Weinlese an der Mosel.

Einer der schönsten Plätze Deutschlands ist der Hauptmarkt. Er bildet das Zentrum der Trierer Altstadt.

Tips, Tips, Tips

Römisch speisen – trierisch essen
Nach einem Rezeptbuch aus der Zeit der Kaiser Augustus und Tiberius wird im historischen Römischen Weinkeller der »Kurtrierischen Weinstube Zum Domstein« gekocht. Hausmannskost nach Trierer Art gibt es z. B. in »Oen der Beiz« am Viehmarktplatz. Hier stehen zum Beispiel »Muselfösch« (Moselfische) oder »Grombierenzupp mit Griewen« (Kartoffelsuppe mit Grieben) zur Auswahl.

Die Eifel vor der Tür
Ob Sie Kaffee trinken, spazieren, wandern, sich trimmen, joggen oder Kindern einen Wildpark zeigen wollen – beim »Weißhaus« haben Sie die Qual der Wahl. Mit der Kabinenbahn schweben Sie von der Zurlaubener Seite über die Mosel auf die Buntsandsteinfelsen der anderen Uferseite, wo sich ein lohnender Blick auf Trier und Mosel auftut (Mai–Sept. tägl. 9–18, Sa, So, feiertags bis 19 Uhr).

Ausflug ins Großherzogtum
Etwa 45 km fährt man (auf der A 48 oder B 49) nach Luxemburg, der Hauptstadt des gleichnamigen Großherzogtums. Hier wird neben Deutsch auch »Letzebuergesch« und Französisch gesprochen, doch hört man auch das Moselfränkische noch. Auf den Speisenkarten macht sich der Einfluß des westlichen Nachbarlands besonders bemerkbar.

Säubrenner-Kirmes in Wittlich
Wittlich, etwa 30 km nordöstlich von Trier, feiert am dritten Augustwochenende ein originelles Volksfest. Die Sage gibt einem Schwein die Schuld an der Eroberung der Stadt durch Feinde. Das Tier hatte eine Rübe aufgefressen, mit der das Stadttor verriegelt war. Ihres »Verrats« wird mit einem großen Grillfest, der Säubrenner-Kirmes, auf dem historischen Marktplatz gedacht. Auch wegen seiner guten Weine ist Wittlich attraktiv (A 602, ab Dreieck Moseltal A 1/A 48).

Es ist also nicht alles Gold, was dem Trier-Besucher entgegenglänzt, aber abgesehen von unorganisch eingefügten Kaufhausfassaden wird, wer im Stadtinnern bleibt, nur wenig bauliche Tristesse zu sehen bekommen. Der Hauptmarkt 4 entfaltet zur warmen Jahreszeit bis in die Nachtstunden ein geradezu südländisches Leben und Treiben, er beeindruckt zweifellos als einer der schönsten historisch gewachsenen Plätze Deutschlands. Er ist heute Fußgängerzone wie die Simeonstraße, die vom spitzen Winkel seiner Dreiecksform gradlinig auf die Porta Nigra zuführt. Diese Straßenführung ist ebenso antikes Relikt wie die Brot- und die Fleischstraße, die von der stumpfen Seite des Dreiecks weiterführen. Hier, in den heutigen Hauptgeschäftsstraßen, wohnten einst die Bäcker und Fleischer. Wie auf dem Kornmarkt Getreide, wurde auf dem Viehmarkt Vieh gehandelt. Ausgrabungen an einer neu entdeckten Thermenanlage verhindern dort vorerst die weitere Bebauung. Noch viele andere Straßen- und Platznamen Triers bewahren Erinnerungen an alte Zeiten. Ein Textilkaufhaus nennt sich »Zur blauen Hand« – dort werkten einst die Färber.

Die Wirtschaftskraft – ein Sorgenkind

Die Handwerker sind großenteils verschwunden, die Kaufleute sind geblieben. Trier ist zur Einkaufsstadt für einen Einzugsbereich mit über einer halben Million Menschen geworden. Außerdem ist es Verwaltungszentrum der Region. Neben Universität und Deutscher Richterakademie sitzen hier die Bezirksregierung, die Industrie- und Handelskammer, das französische Konsulat, eine Abteilung der Fachhochschule Rheinland-Pfalz, die angesehene theologische Fakultät, die überregional bedeutende Internationale Moselgesellschaft, das Institut für Arbeits- und Umweltrecht in der EG, staatliche Weinbaudomänen und natürlich das Bischöfliche Generalvikariat.

Im 11. Jh. ließ Erzbischof Eberhard den linken Turm auf der Westseite des Doms St. Peter bauen, sein Nachfolger Udo den rechten.

Rund 70 % der 55 000 Erwerbstätigen Triers sind in den Bereichen Handel und Dienstleistungen tätig, nur ein Viertel im verarbeitenden Gewerbe. Es gibt unter anderem Reifen-, Tabak- und Schuhfabriken, Keramik- und Textilindustrie, aber die Schwäche an industrieller Wirtschaftskraft ist eine der Hauptsorgen. Zu ihren Ursachen gehören die jahrzehntelange Benachteiligung als Grenzstadt und der späte Anschluß ans Autobahnnetz. Dazu kommt, daß Sorgen auch den traditionellen Wirtschaftszweig der Stadt belasten, den Weinbau mit ca. 350 ha Rebfläche nebst Weinhandel und Sektherstellung. Das Resultat sind Arbeitslosenquoten, die hoch über dem Bundesdurchschnitt liegen und junge Leute zur Abwanderung zwingen.

Trier hat zu kämpfen mit der Stadtflucht der Bürger in benachbarte Orte mit günstigen Grundstückspreisen und Mieten. Man arbeitet in Trier, wohnt aber außerhalb. Zu den 100 000 Trierern gehören auch ca. 20 000 französische Soldaten und Zivilisten, die nach dem Zweiten Weltkrieg kamen und Trier zur zweitgrößten französischen Garnison nach Paris gemacht haben. Das Verhältnis von Franzosen und Deutschen ist längst unproblematisch, und die Gesellschaft für deutsch-französische Freundschaft hat ihr anfängliches Mauerblümchen-Dasein inzwischen fast überwunden.

Ein »Verein Trierisch« bemüht sich um Folklore und den Trierer Dialekt. Es ist ziemlich bergab gegangen mit diesem Idiom moselfränkischer Herkunft. Am ehesten hat sich das Trierische in den Winzerstuben der Vororte erhalten. Wie die Sprache scheint auch die Volksfrömmigkeit dahinzuschwinden. Auf den Buntsandsteinfelsen der nördlichen Moselseite zeugt ein Pfeiler mit einer Marienstatue davon, wie stark sie einmal verbreitet war. 1866 haben fromme Bürger sie dort errichtet, wo der Blick auf Stadt und Mosel am schönsten ist.

St. Petrus schmückt auch die wiedererstandene Steipe am Hauptmarkt.

Theater, Musik, Veranstaltungen, Museen

Theater
Stadttheater Trier, Am Augustinerhof. Oper, Operette, Musical, Ballett, Komödie. *Studio-Bühne,* Eingang Heinz-Tietjen-Weg. Modernes Schauspiel, ☎ 7 18-34 64.
Tuchfabrik, Weberbach/Wechselstr. Schauspiel, Tanztheater, Kindertheater, Kabarett sowie Autorenlesungen, ☎ 4 07 17.

Musik
Städtisches Orchester, Spielorte: Stadttheater Am Augustinerhof, Amphitheater ⓮, Kurfürstliches Palais ❼. Sinfoniekonzertreihe, sinfonische Matineen, Serenaden, ☎ 7 18-34 64.
Dom ⓬, Internationale Orgeltage: Intern. Solisten spielen Musik alter und neuer Meister auf der »Schwalbennest-Orgel« (Mai/Juni). Zyklus »Orgelmusik im Dom« (Aug./Sept.), ☎ 7 10-53 56.
Palastaula ❺, Sommerzyklus Trierer Orgelkonzerte: Orgelsolisten aus aller Welt auf der Schuke-Orgel (Juli/Aug.), ☎ 7 24 68.
Amphitheater ⓮ und *Kurfürstliches Palais* ❼, Serenadenkonzerte mit dem Städt. Orchester und den Cantores Trevirensis (Juli/Aug.), ☎ 4 80 71.
Europahalle, Viehmarktplatz 14. Konzerte aller Art, Rock- und Pop-Shows, Festbälle, versch. Ausstellungen, ☎ 4 44 44.
Jazzclub in der Tuchfabrik, Weberbach/Wechselstr. Jazzkonzerte aller Richtungen, ☎ 4 07 17.
Jugendzentrum Exzellenzhaus, Zurmaiener Str. »Exhaus«-Konzerte mit Rock- und Popgruppen, ☎ 4 12 50.

Veranstaltungen
Alljährig: *Weinkeller-Besichtigungen* und Weinproben. Trierer Winzerbetriebe geben Auskunft über An- und Ausbau ihrer Weine, ☎ 4 80 71.
Mai–Sept.: *Fachführung Weinlehrpfad* ab Sickingenstr. 3 km langer Weinlehrpfad mit 35 Stationen »Sehenswertes und Merkwürdiges vom Leben und Anbau des Weinstocks«, ☎ 4 80 71.
Mitte Mai–Ende Sept.: *Trierer Sommertreff* in der Altstadt zwischen Porta Nigra ❶, Viehmarktplatz und Palastgarten ❻. Wochenendveranstaltungen mit Musik, Gesang, Spiel und Tanz, ☎ 4 80 71.
Ende Juni: *Altstadtfest Trier,* zwischen Porta Nigra ❶ und Viehmarktplatz. Dreitägiges Volksfest mit Kinderspielen, Seniorenveranstaltungen. Letzter Festtag: *Trierer Stadtlauf.* Halbmarathonlauf mit über 2000 Teilnehmern, ☎ 4 80 71.
Peter-und-Paul-Messe. Patronatsfest der Stadt Trier. Kinderspiele, Kleinkunst, Vergnügungspark, ☎ 4 80 71.
Anfang Juli: *Trierer Kunsthandwerkermarkt* an der Porta Nigra ❶. Kunsthandwerkliche Werkstätten zeigen historische Handwerksberufe, ☎ 4 80 71.
Erstes Wochenende im Juli: *Moselfest,* Zurlaubener Ufer. Heimat- und Moselfest mit Kleinkunst und Tanz, Vergnügungspark. Feuerwerk »Moselberge in Flammen«, ☎ 4 80 71.
Ende Juli: *Internationale Hunsrück-Rallye.* Start und Ziel Europahalle, Viehmarktplatz 14. Motorsportveranstaltung mit intern. Teilnehmern, ☎ 4 80 71.
Erstes Wochenende im Aug.: *Weinfest Olewig,* Trier-Olewig, Ortsmitte. Vorführungen von Winzertanzgruppen, Kindertheater, Folklore, Wahl der Weinkönigin. Höhepunkt: Großfeuerwerk, ☎ 4 80 71.
Ende Aug.: *Trierer Blumentage* in »Nells Ländchen« am Verteilerring Trier-Nord. Ballett, Konzerte, Reiterspiele, Blumenkorso, Feuerwerk und Parkillumination; Ausstellung von Blumen, Zierpflanzen und Bindereien, ☎ 4 80 71.
Ehranger Markt, Trier-Ehrang. Kirmestreiben mit Heimatabend und Großfeuerwerk, ☎ 4 80 71.
Sept./Okt.: *Trierer Riesling Weinseminare.* Referate, Exkursionen, Kellerbesichtigungen, Weinproben, ☎ 7 18-24 70.
Festliche Musiktage. Internat. Meisterkurse für Musik; unterschiedliche Veranstaltungsorte, ☎ 4 80 71.
Okt.: *Trierer Weinmesse von Mosel-Saar-Ruwer,* vor der Porta Nigra, ☎ 4 80 71.

Museen
Bischöfliches Dom- und Diözesanmuseum, Windstr. 6 (s. ⓭).
Domschatz, Hinter dem Dom 6 (s. ⓬).
Domschatzkammer, Eingang durch den Dom (s. ⓬).
Galerie im Palais Walderdorff, Domfreihof. Moderne Kunst der Gesellschaft Bildender Künstler (Di–Fr 11–13, 15–18, Sa, So 10–13 Uhr).
Karl-Marx-Haus, Brückenstr. 10 (s. ⓰).
Rheinisches Landesmuseum, Ostallee 44 (s. ❽).
Städtisches Museum Simeonstift, Simeonstiftplatz (s. ❷).

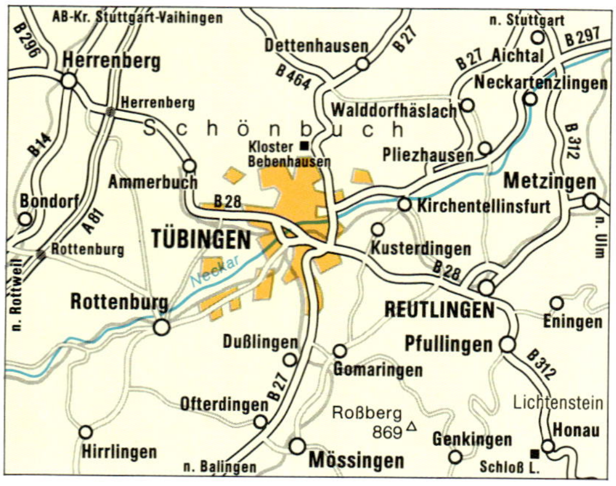

Tübingens »Industrie« ist seine Universität, die auf gut ein halbes Jahrtausend Geschichte zurückblicken kann. Sie prägt das Leben der Stadt bis hinein in die Zusammensetzung des Gemeinderats. »Industrie« kann man hier getrost mit »Fleiß« übersetzen, denn es wird nicht gebummelt, sondern seit alters »geschafft«. Ob es am schwäbischen Geist liegt, als dessen Pflanzstätte die im Ruf eines Neckar-Athen stehende Stadt noch

Tübingen

Genieschmiede am Neckar

allemal gilt, oder an mangelnder Ablenkung, das ist hierorts ein alter Streit. Fest steht, daß mancher mit Erleichterung dieser Stadt entflohen ist, und ebenso gilt, daß viele gelehrte und geniale Köpfe mit Bedacht geblieben oder gar zugewandert sind. Den Besucher wird diese Kontroverse kaum anfechten. Ihn freut, daß in Gassen, Winkeln und auf Plätzen ein Leben herrscht, wie man es sonst nur viel weiter im Süden antrifft.

Wappen Sogen. gemehrtes Wappen. Im goldenen Schild die Fahne der Tübinger Pfalzgrafen, eine »dreilatzige« rote Fahne (Stadtfarben Rot-Gelb). Als »Mehrung« das Oberwappen mit zwei schräg gekreuzten, rot bekleideten Armen, die zwei schwarze Hirschstangen halten. Diese »Mehrung« wurde den Tübingern 1514 von Herzog Ulrich als Dank für ihre Hilfe bei der Niederschlagung der Rebellion des »Armen Konrad« während der Bauernaufstände verliehen.
Lage Am Oberlauf des Neckars im Vorland der Schwäbischen Alb, südlich des Naturparks Schönbuch.
Land Baden-Württemberg
Autokennzeichen TÜ
Höhe 307–515 m ü. M.
Fläche 108 km^2
Einwohnerzahl 78 000
Postleitzahl 7400
Telefonvorwahl 0 70 71
Post Hauptpostamt, Europaplatz 2, Spätschalter (Mo–Fr 7.30–20.30, Sa 7.30–13.30, So 10.30–12.30 Uhr).
Polizei Polizeidirektion, Konrad-Adenauer-Str. 30, ☏ 7 75 70
Taxi ☏ 2 43 01 und 2 24 94
Nahverkehr Buslinien im innerstädt. Verkehr (Verbundnetz). Fahrscheine beim Schaffner.
Camping Neckarcamping, Rappenberghalde 61, ☏ 4 31 45.
Parken Am Rand der Altstadt in der Uhlandstr., Nähe Hbf., bei der Turnhalle und beim Uhlanddenkmal, außerdem im Parkhaus am Neckar (Zufahrt Wöhrdstr.), im Parkhaus am Stadtgraben und im Parkhaus König sowie auf den Parkplätzen am Kelternplatz (Kelternstr.), vor dem Haagtor und in der Gerstenmühlstr. (zwischen Schleifmühleweg und Schwärzlocher Str.).
Touristinformation Verkehrsverein, Neckarbrücke, ☏ 3 50 11 (Mo–Fr 8.30–18.30, Sa 8.30–12.30, am langen Sa und März–Sept. 8.30–17 Uhr).
Stadtführung Ab Rathaus (Mi 10, Sa 14.30 Uhr), sonst nach Voranmeldung beim Verkehrsverein, ☏ 3 50 11.

Stadtrundgang

Tübingen verfügt über ein nahezu geschlossen erhaltenes Stadtbild vom ausgehenden Mittelalter bis ins 19. Jh. Die Stadt und ihre Bürger sind beispielhaft um die Erhaltung und Erneuerung vorhandener Bausubstanz bemüht. Ein Rundgang lohnt deshalb nicht nur wegen einzelner bedeutender Bauwerke, sondern weil das Altstadtensemble als Ganzes so eindrucksvoll ist. Nehmen Sie sich dafür gut zwei Stunden Zeit, und widerstehen Sie nicht der Versuchung, in eine der vielen Altstadtwirtschaften einzukehren.

Parken können Sie auf einem der Parkplätze an der Uhlandstraße, die zwischen Neckar und den Städtischen Anlagen verläuft. Von hier erreichen Sie jeden Punkt des Stadtrundgangs in wenig mehr als einer Viertelstunde.

Sehenswürdigkeiten

❶ *Platanenallee auf der Neckarhalbinsel*, zwischen Eberhards- und Alleenbrücke. Schöner Blick auf die Südseite der Altstadt mit Stiftskirche ⓫, Alter Aula ⓬, Hölderlinturm ⓰, Alter Burse ⓯, Evangelischem Stift ⓮ und Schloß ❸. Etwa in der Mitte Denkmal für den Tübinger Friedrich Silcher, Gründer der Akademischen Liedertafel, Komponist. Nahe der Alleenbrücke ein Denkmal für die Schriftstellerin Ottilie Wildermuth (1817–77).

❷ *Burgsteige*, eine der ältesten Straßen Tübingens mit einem der ältesten Häuser (Nr. 7), wo Mästlin, Lehrer des Johannes Kepler, gewohnt hat.

❸ *Schloß Hohentübingen*, aus einer 1078 erstmals genannten Burg im 16. Jh. entstanden. Südostturm 1647 gesprengt, 1667 durch neuen, bis heute bestehenden Fünfeckturm ersetzt. Bemerkenswerte Renaissanceportale, das äußere Tor nach einem Entwurf von Heinrich Schickhardt (1606). Die Gewölbekeller und Kasematten sind gute Beispiele für den Festungsbau des 16. Jh. In jüngster Zeit Freilegung des Fachwerks an der Südseite und Putzbemalung nach denkmalpflegerischen Gesichtspunkten.

❹ *Spitalkirche St. Jakob*, Hauptkirche der »Gôgei« genannten Unterstadt, erbaut Anfang des 13. Jh., um 1500 Erweiterung des Schiffs nach Osten, 1500 Neubau des Chors.

❺ *Fruchtschranne*, Ende des 15. Jh. als herzoglicher Fruchtkasten erbautes, mächtiges alemannisches Fachwerkhaus mit Krüppelwalmdach.

❻ *Stiefelhof*, das am frühesten (1323) urkundlich erwähnte Haus der Stadt.

❼ *Kornhaus*, 1453 erbaut, urspr. im Erdgeschoß als Getreidelager und Handelsraum genutzt, im Obergeschoß für Veranstaltungen der Bürgerschaft, ab ca. 1600 für Auftritte reisender Komödianten.

❽ *Konvikt oder Wilhelmsstift*, 1588–92 erbaut, einst Ritterakademie, seit 1817 Ausbildungsstätte kath. Studenten.

❾ *Nonnenhaus*, Fachwerkbau des 15. Jh. mit schönem Treppenaufgang.

❿ *Bebenhäuser Pfleghof*, Ende des 15. Jh. als Verwaltungsdependance des Zisterzienserklosters Bebenhausen ⓳ errichtete Dreiflügelanlage. Restaurierte Marienkapelle von 1501.

⓫ *Stiftskirche St. Georg*, 1470 an der Stelle zweier Vorgängerkirchen begonnen. 1529 vorläufige Vollendung des Turms. Im Innern spätgotische Grabdenkmäler. Berühmte Fensterskulptur mit dem geräderten Märtyrer St. Georg. Im Chor 14 Grablegen württembergischer Herrscher (tägl. 9–16, Sa, So, Feiertage und Ferien 9–17 Uhr; im Winter nach Voranmeldung beim Mesner, ☏ 5 25 83).

⓬ *Alte Aula* von 1547, Fassade von 1777. In der Münzgasse 20 der dazugehörige, von 1515–1808 genutzte älteste Universitätskarzer Deutschlands.

⓭ *Marktplatz mit Rathaus und Neptunbrunnen*, Ensemble von »altdeutsch-schwäbischem Gepräge«. Dominierend das 1435 begonnene, im 16. Jh. auf vier Geschosse aufgestockte Rathaus. 1698 Neugestaltung des Giebels, 1876 Umgestaltung und Sgraffito-Malereien an der Frontseite. 1965–68 Umbau des Innern, aus dieser Zeit die Abstützung durch Betonpfeiler. Astronomische Uhr von 1511 im Ziergiebel. Im Innern Fresken von 1596 im sogen. Öhrn sowie kunstvolle Stuckdecke von 1766 in der Kleinen Gerichtsstube. Der Neptunbrunnen entstand nach einem Entwurf Heinrich Schickhardts. Die Bronzefigur Neptuns ist eine Kopie, das steinerne Original, von Georg Müller 1617 ausgeführt, steht im Theodor-Haering-Haus.

⓮ *Evangelisches Stift*, aus einem Augustinerchorherrenstift (um 1260) hervorgegangene Gründung (1536) Herzog Ulrichs für den Theologennachwuchs. Fünfgeschossiges Gebäude, das im späten 18. Jh. seine heutige Gestalt erhielt und als »Pflanzstätte des schwäbischen Geistes« bezeichnet wurde.

⓯ *Alte Burse*, 1479 gegr. als Studentenherberge, 1803–05 klassizistisch zum Klinikum umgestaltet. Prächtiges Gebäude, das mit seinem hellroten Anstrich die von der Platanenallee ❶ aus zu sehende Neckarfront Tübingens bestimmt.

⓰ *Hölderlinturm*, ehemaliges Färberhaus, dessen ältester Teil im 13. Jh. als Teil der Stadtbefestigung diente. Viele Umbauten, zuletzt 1984, Wiedereröffnung 1985 mit restauriertem »Rundel« und ständiger Ausstellung »Hölderlin in Tübingen«: Werkausgaben, wichtige Werke von Philosophen und Dichtern Deutschlands und der Weltliteratur (Di–Fr 10–12, 15–17, Sa, So, Feiertage 14–17 Uhr).

⓱ *Universität (Neue Aula)*, 1841–45 im spätklassizistischen Stil erbaute Dreiflügelanlage mit Ehrenhof.

⓲ *Alte Universitätsbibliothek*, neoklassizistischer Bau von Paul Bonatz, dem Erbauer des Stuttgarter Hauptbahnhofs.

⓳ *Zisterzienserkloster und -kirche Bebenhausen*, fast vollständig erhaltene

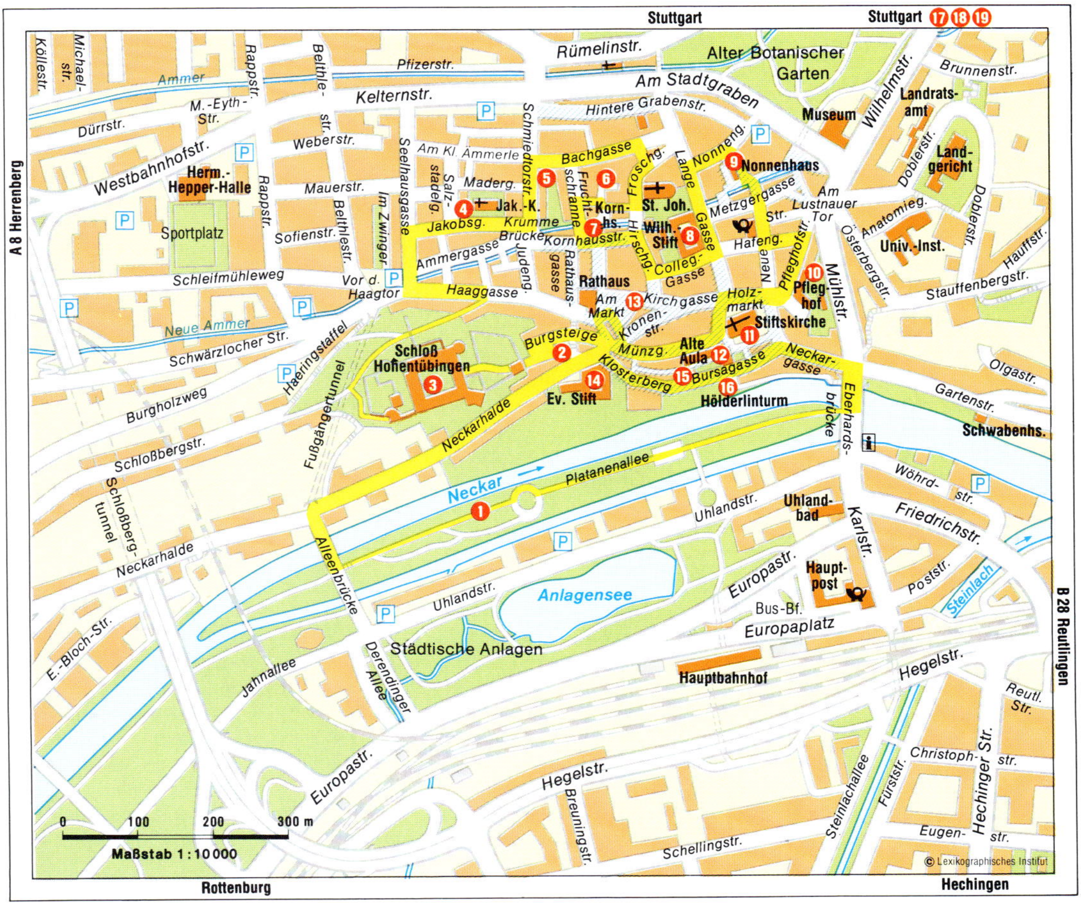

Krieg und Beton fast unbehelligt überstanden

Johann Wolfgang von Goethe hat die Lage der Stadt sehr treffend beschrieben. Am 7. September 1797 heißt es in der »Schweizerreise«, die ihn auch nach Tübingen führte: »Aus dem Garten des Dr. Gmelin hat man die Aussicht auf das Ammertal und das Neckartal zugleich. Der Rücken eines schön bebauten Sandsteingebirges trennt beide Täler, und Tübingen liegt auf einem kleinen Einschnitt dieses Rückens, wie auf einem Sattel, und macht Face gegen beide Täler.« So gesehen vom Schloßberg aus. Drunten aber, in der Unterstadt! Goethe über die nähere Sicht: »Die Stadt an sich selbst hat drei verschiedene Charaktere: der Abhang nach der Morgenseite, gegen den Neckar zu, zeigt die großen Schul-, Kloster- und Seminariengebäude; die mittlere Stadt sieht einer alten, zufällig zusammengebauten Gewerbestadt ähnlich; der Abhang gegen Abend, nach der Ammer zu, sowie der untere flache Teil der Stadt wird von Gärtnern und Feldleuten bewohnt; er ist äußerst schlecht, bloß notdürftig gebauet, und die Straßen sind von dem vielen Mist äußerst unsauber.«

Was Goethe schon im Jahr 1797 gesehen hat, läßt sich bis heute nachempfinden. Die Stadt hat den Zweiten Weltkrieg weitgehend ohne Zerstörungen überlebt; auch die Phase der klobigen Betonbauten in der Nachkriegszeit ist an ihr vorbeigegangen. Statt dessen nahm man behutsame Reparaturen am architektonischen Erbe vor. Das soziale Gefälle zwischen Ober- und Unterstadt scheint abgetragen. Die Misthaufen? Sie hätten »im unteren flachen Teil der Stadt« gar keinen Platz mehr; den braucht man jetzt für die Autos.

Mit dem Maul gegen die Herren

Tübingen ist nicht nur eine Studentenstadt, sondern eine Stadt der Studenten. Hier wird gefragt und analysiert, nicht einfach nur behauptet: Autoritäten und Obrigkeit haben es nicht leicht, nicht mehr!

Man spreche aber nicht von »Idyll«, nur weil die Stadt heute vor restauriertem Fachwerk strotzt. Kaum anderswo sind früher die sozialen

Klosteranlage, die vom 13. bis zum 16. Jh. entstanden ist. Bemerkenswert der Kreuzgang mit Brunnenkapelle, der Kapitelsaal sowie das Sommer- und das Winterrefektorium. Die Kirche wurde 1228 fertiggestellt, das Maßwerkfenster im Ostchor 1335 eingebaut, der Vierungsturm 1408 aufgesetzt. Im Innern wird der Übergang von der Romanik (Querhaus) zur Gotik (Vierung) deutlich. Im Kloster ist eine ständige *Ausstellung mittelalterlicher Kunst* untergebracht, gezeigt werden Skulpturen, Tafelbilder und kirchliche Geräte vorwiegend aus dem schwäbisch-fränkischen Raum (April–Sept. tägl. 9–12, 14–17; Okt.–März tägl. 9–12, 14–16 Uhr; April–Okt. stündlich Führungen möglich).

»Daß man vor Koth nirgends wandeln kann«
Immer wieder, bis ins 19. Jh. hinein, ist die Rede vom »Dreck und Mist«, vor allem in der Unterstadt. So verfiel man auf den Gedanken, zumindest an Samstagen (ohnedies der »Kehrwochentag« im Schwäbischen) das Wasser des Ammerkanals anzustauen, damit es sich abends über die Gassen der Unterstadt ergießen und den Unrat mit sich fortschwemmen konnte. Viel geholfen hat es aber offenbar nicht. Um 1830 schreibt Friedrich Theodor Vischer, der Tübinger Philosoph: »Woche auf Woche kann es in Tübingen dauern, daß man vor Koth nirgends wandeln, nicht aus dem Haus treten kann, ohne sich über und über zu beschmutzen.« Ein langes Tübinger Leiden. 1777, zum 300jährigen Universitätsjubiläum, wurde den Einwohnern in Erwartung von Herzog Karl Eugen eingeschärft, Abfall nicht vor das Haus zu schütten. Und bereits 1648 war den Professoren in einem Senatsbeschluß auferlegt worden, dafür Sorge zu tragen, daß ihr Gesinde den Unrat in den Neckar und nicht anderen Leuten vor die Tür schaffen solle.

Gegensätze so hart aufeinandergestoßen wie im alten Tübingen. Die da oben, das waren die Professoren und Studenten in ihren ritterburgähnlichen Verbindungshäusern am Öster- und Schloßberg. Und die da unten in den Gassen mit ihren Misthaufen – und ihrem Dialekt –, das waren die armen Weingärtner, für die es – statistisch – nur 154 frostfreie Tage im Jahr gab, so wenig wie in keiner anderen württembergischen Weinbaugemeinde. Sie plagten sich für einen Wein, der, aller Mühe zum Trotz, sauer blieb. Kein Wunder, daß auch die Menschen herb wurden, die aber in der Konfrontation mit Professoren und Studenten merkten, daß ein »Maul« zu haben eine treffliche Waffe sein konnte. Das zumindest hatte man von den »Herrle« gelernt, denn allzu fein trieben die es auch nicht immer: wieder und wieder Klagen über ihre Ungebührlichkeiten, ihr »ochsenmäßiges Gebrüll« und »bestialisches Johlen«.

Wer sich nicht fügte, wurde genial

Aus den Bewohnern der Unterstadt, hauptsächlich Weinbauern, sind zu Unrecht Folkloreträger gemacht worden, nämlich die Gôgen (ein Begriff, der eigentlich »saugrobe«, dumme Bauerntölpel meint). Vergessen wir nicht, daß im sogenannten Gôgenaufstand von 1831 60 Handwerksburschen und Weingärtner aus Protest gegen Polizeiwillkür auf die Straße gingen, Schillers Räuberlied singend, und daß es studentische Sicherheitswachen, »Herrle«, waren, die den Aufstand niederschlugen! Also ist Tübingen keinesfalls ein soziales »Idyll« und auch kein protestantisches. Eher für lange Zeit ein »protestantisches Spanien«, wie es in der Darstellung von Walter Jens zum 500jährigen Universitätsjubiläum heißt.

Vor allem anderen muß man vom »Stift« (14) reden. 1536 von Herzog Ulrich gegründet, eine geistliche Kadettenanstalt zur Aneignung der protestantischen Theologie, ein Studienkloster, in dem man entweder genial oder angepaßt wurde. Die Angepaßten brauchte man in Stuttgart, denn dort galt lange der Satz, ein schlechter Theologe werde noch allemal ein guter Beamter. Die Genies gingen meist weiter: Hegel, Schelling oder David Friedrich Strauß. Einer, der wiederkam, war wohl an der Welt verzweifelt: Johann Christian Friedrich Hölderlin. Keine 200 m unterhalb des Stifts hat er die Hälfte seines Lebens – von 1807 bis 1843 – verbracht: beim Schreinermeister Zimmer in einem Turm am Neckar (16).

Früher war es die Theologie, die man hier studierte, um etwas zu werden im Land, heute ist es die Juristerei. Womit nach der theologischen Sondereinheit »Stift« die Universität selber angesprochen wäre, die eine besondere Rolle in der Stadtgeschichte spielt: 1078 wird Tübingen erstmals urkundlich erwähnt, fast genau vier Jahrhunderte später, 1477, gründet Graf Eberhard im Bart hier eine Universität. Eigentlich ein gewagtes Unterfangen in diesem eher abgeschiedenen Städtchen mit kaum 3000 Einwohnern. Aber immerhin, 300 Studenten kamen und bildeten schon damals einen erheblichen Prozentsatz der Gesamtbevölkerung.

Malerische Altstadthäuser am Neckar; in dem Turm links hat Friedrich Hölderlin 36 Jahre seines Lebens zugebracht. Der Turm wurde später nach ihm »Hölderlinturm« genannt.

Universität im Winkel
Verfolgen wir die Tübinger Geschichte entlang den Hundertjahrfeiern der Universität, dann zeigt sich, daß es immer um ihr Überleben ging. Die erste Jahrhundertfeier fiel wegen der Pest 1577 aus. 1677 ging es allerdings festlich zu, mit »trefflichen« Festreden in allen Zungen: syrisch, arabisch, hebräisch, lateinisch, griechisch, persisch, italienisch, chaldäisch, äthiopisch, ungarisch, spanisch, polnisch, böhmisch. Doch schon im 18. Jh. drohte der Tübinger Hochschule das Ende. Sie galt als bäurische »Universität im Winkel«, abseits des »großen Weltverkehrs«. Statt daß die Welt hier durchgekommen wäre, mußte dafür gesorgt werden, daß beim Jubiläum von 1777 wenigstens die Ochsen von den Straßen waren, als man den Landesfürsten Karl Eugen erwartete. Hier hatte auch der Nepotismus recht absurde Ausmaße angenommen. Man wußte es sich zu richten und war in den Fakultäten und über sie hinaus verwandt, versippt und verschwägert. Wer keinen Platz im »Verwandtschaftshimmel« fand, zog meist von dannen, oft nach Sachsen – »so mitten in Deutschland läge«. Hinzu kam noch, daß der Herzog seine »Hohe Karlsschule« in Stuttgart 1781 in den Rang einer Universität erhob, mit dem Ergebnis, daß man in Tübingen zehn Jahre darauf nur noch 188 Studenten zählte, der tiefste Stand seit dem Dreißigjährigen Krieg.

Weltläufigkeit war nicht gefragt
Erholt hat sich Tübingen dann doch im 19. Jh., als kleinste Universitätsstadt Deutschlands mit kaum mehr als 10 000 Einwohnern. Zum Jubiläum von 1877 ließ man das Rathaus (13) prächtig herrichten und ganz nach Art der Renaissance mit Sgraffito-Malereien versehen. Ganz oben unter die Traufe, vom Ziergiebel gekrönt, stellte man ein fensterhohes Standbild des Gründers, des Grafen Eberhard im Bart. Das Bürgertum, auch das Tübinger, hatte längst seinen Frieden gemacht mit den Fürstenhäusern. Mit den Geistesfürsten indes hielt man es hier nicht so. »Weltläufigkeit«, schreibt Jens, »war zwischen Neckar und Ammer wenig gefragt – und wahre Größe erst recht nicht. Da steht das Mittelmaß auf, die Gilde derer, die unter sich bleiben wollen; da stößt man einen Dilthey zurück, um einen Schwaben namens Pfleiderer zu berufen ...«

Auch 1933 hat man in Tübingen, im Unterschied zur Neckar-Universität in Heidelberg, kaum aufgemuckt. 1945 ging man schnell wieder zur Tagesordnung über: Als erste deutsche Hochschule nahm die Tübinger Universität nach dem Krieg den Lehrbetrieb für alle Fakultäten wieder auf. Einer, der die »braunen« Jahre ohne Verrat an sich selbst überstanden hat, Carlo Schmid, wurde erster Regierungschef des Landes Württemberg-Hohenzollern, dessen Hauptstadt Tübingen war und dessen Parlament in Bebenhausen (19) tagte. Schmid plante, den unzerstörten Ort zur ersten Universitätsstadt Deutschlands zu machen: durch Berufung großer Köpfe. Aber man wollte auch jetzt unter sich bleiben, »z'Tiebenga«.

Die Studenten, die etwa ein Drittel der Bevölkerung ausmachen, beherrschen das Straßenbild in der romantischen Tübinger Altstadt.

Statistisches
Anders als Städte ähnlicher Größenordnung, deren Einwohnerzahl sich verringert, nimmt Tübingens Bevölkerung auch nach der Eingemeindungswelle noch stetig zu: von 71 645 im Jahr 1984 auf 77 894 im Jahr 1986. Laut einer Stadtinformation waren 40 398 Einwohner weiblichen Geschlechts, 7 583 Bürger Ausländer. Auf die Zusammensetzung des Gemeinderats wirkt sich die hohe Zahl der Studenten aus, gegenwärtig ungefähr ein Drittel der Bevölkerung: Die Alternative Liste (AL) gehört hier zu den großen Parteien und hatte 1986 mit 14 Sitzen sogar einen mehr als die SPD und nur zwei weniger als die CDU. Auch sonst ist Tübingen nicht ohne statistische Überraschungen, wie ein letztes Beispiel zeigen mag: 99 Pferde, 288 Rinder, 410 Schafe und 739 Schweine wurden 1984 im Stadtgebiet gezählt; offenbar handelt es sich um Restbestände des ehemaligen Universitätsdorfs.

Nur auf Begehren!
Der Tübinger Wein ist seit eh und je ein Thema, bei dem man das Gesicht verzieht – von Trinksprüchen dagegen ist wenig bekanntgeworden. Vom Pfalzhaldenwein heißt es, man habe ihn Patienten, die an der Ruhr erkrankt waren, eingeflößt, weil er »um seiner Consistenz und bei sich führenden mineralischen Wirkung willen so penetrant, daß er gleich constringieren tut, weswegen man ihn den Patienten aber nur auf Begehren (und) um Gottes willen umsonst« verabreichen solle. Dieser besondere Tropfen hielt nur zwei Jahre und mußte dann ausgeschüttet werden. Es wird berichtet, daß selbst ein Riesenfaß, das Herzog Ulrich bei einem Bönnigheimer Küfermeister in Auftrag gegeben hatte, den 1548er »Tübinger« nicht vertragen haben soll. Dessen Geist war offenbar so schlecht, daß er das Faß unbrauchbar machte. Dennoch hat sich der Tübinger Weinbauernstand über Jahrhunderte in der Stadt gehalten und kam erst gegen Ende des 19. Jh. in akute Schwierigkeiten. Indes, noch heute wird in drei Tübinger Besenwirtschaften der »Neue« ausgeschenkt. Dies zur Beachtung: Die »Tübinger Sonnhalde« etwa gilt als »trocken«, wo nicht »sehr herb«. Man sollte sein Urteil aber erst nach dem dritten Glas fällen. Es heißt nämlich auch, man könne sich daran gewöhnen wie die Gôgen, die Tübinger Weinbauern, denen dieser Trunk einen ebensolchen Witz eingab: trocken und sehr herb.

Tips, Tips, Tips

Die »Forelle«
Tübingen steht zwar keinesfalls auf dem Pflichtprogramm für Gaumentouristen – aber die Weinstube »Forelle« in der Kronenstr. 8 (☏ 22938), in unmittelbarer Nähe zum »Faulen Eck«, entspricht fast vollkommen dem, was man von einem Altstadtrestaurant erwartet: Lokalkolorit, eine natürliche, nicht »renovierte« Gemütlichkeit, bewährte schwäbische Küche mit hausgemachten Spätzle, Innereien wie Leber und Nierle und, entsprechend dem Namen, frische Forellen. Dazu werden mehr als 30 Sorten Wein ausgeschenkt, als Attraktion eine Tübinger Lage; allerdings ist der streng kontingentierte »Tübinger« nicht immer zu haben.

Boxenstop
Das Motor-Museum »Boxenstop« in der Brunnenstraße 18, Tübingens im Doppelsinn »jüngstes« Museum, wird insbesondere den Kindern viel Freude machen. Rennautos und Rennmotorräder (z. B. NSU und BMW) aus der Nachkriegszeit, dazu Puppen und sonstiges Spielzeug, darunter Marken wie Schuco und Schildkröt. Alles ist stilgerecht und mit Elvis Presley oder den Beatles aus der Musikbox untermalt (s. Museen).

Trotz allem wirkten große Geister hier

Doch Tübingens Bedeutung, Walter Jens stellt es fest, wird erst deutlich, wenn man sich vorstellt, es hätte diese Stadt nicht gegeben. Große Geister haben hier gelernt oder gewirkt: Reuchlin, Melanchthon und Kepler. 1790/91 bewohnen gleich drei Genies gemeinsam eine Stube im Stift (14): Hegel, Schelling, Hölderlin. Johann Friedrich Cotta begann in Tübingen, die deutschen Klassiker zu verlegen. Mörike, Uhland, Kerner, auch der brave Gustav Schwab, Friedrich Theodor Vischer und der Rebell David Friedrich Strauß haben hier studiert, selbst der 48er Revolutionär Georg Herwegh hat ein Leidensjahr im Stift absolviert. Hermann Hesse war als Buchhändler hier und erinnerte sich 1899 in »Novembernacht«: »Über Tübingen hing eine schwarze, verwölkte Novembernacht. Sturm und Sprühregen klirrte und zitterte durch die engen Gassen, aufflackernde rote Laternenlichter glänzten trüb auf dem nassen Pflaster wider. Trüb und schwarz mit zwei, drei kleinen roten Fensteraugen lag das alte Schloß wie ein halbschlafendes Untier auf seinem langen Hügel, Fetzen von Wolkenschleiern um die spitzen Dächer ...« Für Ernst Bloch, den großen Hoffenden, der Tübingen zu seiner Wahlheimat gemacht hatte, haben die Studenten Fackelzüge veranstaltet. Wenn der Geist Hölderlins auch nicht gerade durch die Industriegefilde des Neckartals braust, so hat ihn doch Friedrich Beißner, Hölderlinforscher und Germanist, an der Universität zu schönster Wirkung kommen lassen. In seinen Seminaren wuchs ein »Literaturjahrgang« heran, der später einige Bewegung in die Literatur der Bundesrepublik Deutschland gebracht hat: Martin Walser, zeitkritischer Schriftsteller, und Siegfried Unseld, der Verleger, Helmut Karasek und Rolf Michaelis, die Kritiker. Das war in den 50er Jahren – Tübingen zum Trotz – offenbar eine große Zeit.

Und in unseren Tagen? 1977, beim letzten Universitätsjubiläum, waren es fast 20 000 Studenten, heute sind es ca. 25 000. Eine Massenuniversität in einer Kleinstadt. Der soziale Äquator am Marktplatz, längst ist er überschritten. Man wohnt und lebt, wo einem der Zufall eine Bude bietet, auf der »Wanne« droben, im Wohnmaschinenpark, oder, viel lieber, beim »Wengerter« drunten. Und man engagiert sich (immer noch) politisch, macht den »etablierten« Parteien im Gemeinderat das Leben unbequemer als andernorts. Der Stadt kann's recht sein: Hier haben sich die Dinge im Lauf der Geschichte gründlich verkehrt. Mittlerweile bezieht sie ihre Impulse nämlich hauptsächlich »von unten«.

Tübingens Stadtbild hat sich im Kern so erhalten, wie es vom Mittelalter bis ins 19. Jh. gewachsen ist: in der Mitte der Marktplatz, rechts davon die Stiftskirche St. Georg.

1877 wurde das Rathaus im Stil der Renaissance mit Sgraffito-Malereien versehen.

Neckarflößer oder »Jockele sperr«
Schiffbar war der Neckar in Tübingen nie, so sind denn die Stocherkähne der Studentenverbindungen das Hauptereignis zu Wasser, seitdem es keine Flößer mehr gibt. Diese kamen einst aus dem Schwarzwald durch das enge und schwer zu meisternde Tübinger Nadelöhr und sorgten für allerlei Auftrieb und Allotria. Ganz Tübingen soll unterwegs gewesen sein, wenn der Ruf »Jokkele sperr« durchs Neckartal schallte. »Jockele« war der Berufsname für die Flößer und »sperr« die Aufforderung, die Fahrt zu verlangsamen. Die Anwohner begleiteten diese Aktionen stets mit allerlei Spott – hinter ihrer vorgeschobenen Hilfsbereitschaft, der sie mit vermeintlich wohlgemeinten Ratschlägen Ausdruck gaben, steckte allemal auch die Überheblichkeit der »Kopfarbeiter« gegenüber der harten Kraftarbeit der Flößer, für die Tübingen die Hölle gewesen sein muß. Um sich Luft zu machen, fluchten sie in ihrem Schwarzwälder Dialekt zurück, was die Stimmung nur noch mehr anheizte. Vor allem die Studenten taten sich dabei hervor. »Verflucht« war für die Flößer deshalb besonders die Passage beim Evangelischen Stift (14).

Theater, Musik, Veranstaltungen, Museen

Theater

Landestheater Württemberg-Hohenzollern, Eberhardstr. 6. Schauspiel, Kinder- und Jugendtheater, ☏ 15 92-0.
Tübinger Zimmertheater, Bursagasse 16. Schauspiel, ☏ 2 39 71.
Club Voltaire, Haaggasse 26b. Kleinkunst, ☏ 5 15 24.
Zentrum Zoo, Schleifmühleweg 86. Kleinkunst, ☏ 4 20 48.
d.a.i.(Deutsch-Amerikanisches Institut), Karlstr. 3. Kulturelle und politische Veranstaltungen und Ausstellungen, ☏ 3 40 71.

Musik

Neue Aula (17), Hauptgebäude der Universität, Wilhelmstr. 7. Symphonie- und Kammerkonzerte, moderne Musik, ☏ 3 50 11.
Stiftskirche (11), Kirchenmusik, klassische und moderne Musik, ☏ 3 50 11.
Jazzkeller, Haaggasse 15/2. Alle Richtungen des Jazz, ☏ 2 76 85.
Theodorakis-Chor, Am Lustnauer Tor 4. Konzerte, ☏ 5 22 00.

Veranstaltungen

Fastnacht (Fasnet) in verschiedenen Stadtteilen mit Umzügen, Kostümbällen, Prunksitzungen, ☏ 3 50 11.
Alle zwei Jahre (1991) Ende Aug.: *Tübinger Stadtfest*. Feuerwerk in der Fußgängerzone und auf dem Marktplatz.
Ende April: *Georgimarkt* in der Innenstadt. Zweitägiger Händlermarkt.
Mitte Mai: *Fensterblümlesmarkt* auf dem Marktplatz. Ziersträucher und Blumen für Balkon, Garten und Wohnung.
Anfang Juni: *Club-Voltaire-Festival* in der Innenstadt und auf dem Schloß. Alternatives Kulturereignis im Freien, ☏ 5 15 24.
Ende Juni: *Künstlermarkt* in der Metzgergasse. Verkaufsausstellung von Künstlern der Region.
Juni/Juli: *Tübinger Sommerfest* auf dem Festplatz. Rummel mit Verkaufsbuden, Karussells, Weinständen und Bierzelt.
Mitte Nov.: *Martinimarkt* in der Innenstadt. Zweitägiger Händlermarkt.

Museen

Antikensammlung des Archäologischen Instituts, Nauklerstr. 2, und *Universitätssammlung antiker und nachantiker Münzen und Medaillen*, Wilhelmstr. 9. Originale antiker Skulpturen, Kleinkunst (griechische, etruskische, römische Vasen, Terrakotten), Abgüsse berühmter Originalstatuen, Wechselausstellungen antiker Münzen (während des Semesters jeden 1. und 3. So im Monat 11–12.30 Uhr, sonst nach Vereinbarung).
Hölderlinturm, Bursagasse 6 (s. (16)).
Kunsthalle, Philosophenweg 76. Wechselnde Ausstellungen aller Kunstrichtungen (Mi, Do, Sa, So 10–12, 15–18, Di, Fr 10–12, 15–20 Uhr).
Mittelalterliche Kunst Kloster Bebenhausen (s. (19)).
Motor-Museum »Boxenstop«, Brunnenstraße 18 (April–Okt. Mi–So 10–12, 14–17.30 Uhr, Nov.–März So 10–12, 14–17.30 Uhr.
Museum für Geologie und Paläontologie der Universität, Sigwartstr. 10 (Mo–Fr 9–13, 14–17 Uhr).
Theodor-Haering-Haus/Städtische Sammlungen, Neckarhalde 31. Früh- und Stadtgeschichte, Studentika. Porträts, Handschriften. Werksammlungen Tübinger Denker und Wissenschaftler. Arbeiten aus dem handwerklichen und künstlerischen Schaffen der Stadt: Zinngefäße, sakrale Kunst, Hausgerät, Mobiliar. Dokumente zum örtlichen Verlagsbuchhandels- und Druckwesen (Di–So 14.30–17.30 Uhr).

Manch kühnen Höhenflug, vor allem wirtschaftlicher Art, haben die Ulmer in ihrer traditionsreichen Geschichte mitgemacht, und kaum einer endete so komisch-tragisch wie der Sturz des »Schneiders von Ulm« in die Donau. Er wollte 1811 vor dem König von Württemberg als erster Mensch den Gleitflug demonstrieren und dabei den Fluß überqueren. Hätte er es geschafft, wäre er in einem anderen Land zu Boden gegangen. Ein Jahr

zuvor war die Donau zur Grenze zwischen Bayern und Württemberg erklärt worden. Neu-Ulm heißt seither der »Stadtteil« rechts des Flusses. Es gibt aber mehr Verbindendes als Trennendes, allem voran die jahrhundertelange gemeinsame Geschichte als bedeutende Handelsstadt. Und vom hochaufragenden Münsterturm, dem höchsten Kirchturm der Welt, sieht man nur eine Stadt, durch die die Donau fließt.

Ulm

Der höchste Kirchturm der Welt

Wappen Seit dem 15. Jh. ein schwarz-silber geteilter Schild, anfangs von den Fängen eines Adlers gehalten. Später kommt der Adler auch im Brustschild vor; nach 1803 entfiel der Reichsadler.
Lage Am südlichen Rand der Schwäbischen Alb, am Zusammenfluß von Iller, Blau und Donau.
Land Baden-Württemberg
Autokennzeichen UL
Höhe 459–646 m ü. M.
Fläche 119 km^2
Einwohnerzahl 105 000
Postleitzahl 7900
Telefonvorwahl 07 31
Post Hauptpost Ulm, Bahnhofplatz 2, Spätschalter (Mo–Fr 6.30–19, Sa 6.30–15.30, So 10–12 Uhr).
Polizei Neuer Bau, Ulm, ☎ 18 81; Neu-Ulm ☎ 8 20 20.
Taxi ☎ 6 60 66
Nahverkehr Straßenbahn- und Busliniennetz der Stadtwerke Ulm/Neu-Ulm. Einzelfahrschein und verbilligte Mehrfahrtenkarte an den Automaten, Einzeltickets auch beim Fahrer.
Parken Tiefgarage Salzstadel in der Olgastr., ca. 200 m vom Münster entfernt; Parkhaus Deutschhaus beim Hbf. in der Friedrich-Ebert-Str.; Tiefgarage Sedelhof beim Theater in der Olgastr.; Tiefgarage Fischerviertel in der Schwilmengasse.
Touristinformation Verkehrsverein Ulm/Neu-Ulm, Münsterplatz, ☎ 6 41 61 (Mo–Fr 9–18, Sa 9–12.30 Uhr).
Stadtführung 90 Min. durch Altstadt, Fischerviertel und Münster ab Verkehrsbüro Münsterplatz (Mai–Sept. Mo–Sa 10 und 14.30, So 11 und 14.30 Uhr; Okt.–April Sa 10 und So 11 Uhr). Abendbummel ab Verkehrsbüro Münsterplatz (ganzjährig Di, Do 20.30 Uhr).
Stadtrundfahrt Für Reisegruppen nach Voranmeldung beim Verkehrsbüro.
Schiffahrt Juni–Sept. Mo–Sa 14, 15, 16 Uhr, So und Feiertage 10.30, 13–17 Uhr stündlich; Okt.–Mai Mo–Sa 15, So und Feiertage 13–17 Uhr stündlich ab Metzgerturm, ☎ 0 73 09/62 02.

Es begann mit Markt und Mauer

Von welcher Seite der Besucher sich der Stadt auch nähert, das Münster ❶ mit seinem hochaufragenden Turm fällt ihm zuerst ins Auge. Wie eine Glucke hockt das Wahrzeichen der Stadt zwischen den geduckten Häusern. Die Donau, den Fluß, der für die Entwicklung der Stadt von so großer Bedeutung war, wird man erst auf den zweiten Blick gewahr. Sie trennt heute Ulm von Neu-Ulm und macht beide zur Doppelstadt oder Zwillingsstadt. Das linke Ufer ist noch württembergisch, das rechte schon bayrisch – ein Erbe aus napoleonischer Zeit und Ergebnis der territorialen Neuordnung am Beginn des 19. Jh.

Das Schicksal der alten Reichsstadt, die im Schwäbischen Städtebund eine wichtige Führungsrolle innehatte, war sehr wechselhaft: Einer wirtschaftlichen und künstlerischen Blütezeit im Mittelalter folgte nach dem Dreißigjährigen Krieg eine längere Phase des politischen und wirtschaftlichen Niedergangs.

Doch zurück in die Zeit, in der das Werden der Stadt von den Herrscherhäusern bestimmt wurde: Die erste urkundliche Erwähnung datiert aus dem Jahr 854 und weist »Ulma« als Königspfalz Ludwigs des Deutschen aus. Im 11. Jh. war bereits eine ummauerte Burg angelegt. Nach deren Zerstörung im Verlauf der Auseinandersetzungen zwischen Staufern und Welfen um die Nachfolge der Salier ließ der Stauferkönig Konrad III. die Burg wieder errichten und bezog dabei die östlich gelegene Marktsiedlung in den Schutz der Mauern ein. Die Grundlagen städtischen Lebens waren geschaffen: Markt und Mauer. Der garantierte Schutz ließ die Menschen in die Stadt strömen und ermöglichte jene Vielfalt im kulturellen, wirtschaftlichen und politischen Leben, die Ulm zu einer Hochburg des Handels und des Handwerks im Südwesten des Reiches werden ließ. Schon 1316 wird die Stadt erweitert, 1377 der Grundstein für den Bau des Münsters gelegt und 20 Jahre später im »Großen Schwörbrief« eine Stadtverfassung niedergeschrieben, in der Legitimation, Organisation und Kontrolle des reichsstädtischen Gemeinwesens festgelegt war. Von da an mußte der Bürgermeister jedes Jahr von neuem einen Eid vor der Bürgerschaft leisten. Noch heute ist der »Schwörmontag« (der vorletzte Montag im Juli) das größte und beliebteste Stadtfest; Ulm ist auf den Beinen, nachmittags wird nicht gearbeitet. Nachdem der Bürgermeister am »Schwörhaus« ⓰ den Eid geleistet hat, geht es hinunter zur Donau, wo Tausende dem »Nabada«, einer Art Faschingszug auf dem Wasser, zur Friedrichsau ㉔ beiwohnen. Bereits am Samstag zuvor hat es am Fluß die »Lichterserenade« gegeben: Da verwandeln unzählige Windlichter die Donau in ein Lichtermeer, und die Silhouette der Altstadt wird durch ein Feuerwerk in bizarres Licht ge-

Die astronomische Uhr von 1520 unter dem Ulmer Rathausgiebel zeigt 14 verschiedene Daten an, u. a. die Tierkreiszeichen.

taucht. Was die Stadt mit dem »Schwörbrief« von 1397 an demokratischen Rechten errungen hatte, wurde nach der Einnahme der Stadt durch Kaiser Karl V. 1546 wieder beseitigt. Er zwang den Bürgern Ulms eine ihm genehme aristokratische Stadtverfassung auf.

Im Münster fanden alle Ulmer Platz

Mit dem Bau des Münsters hat sich die Bürgerschaft ein Denkmal gesetzt, das seinesgleichen sucht. Wie groß das Engagement der Ulmer beim Aufbringen der Finanzmittel gewesen sein muß, belegt eine zeitgenössische Chronik: »Und fiel auf diesen Tag ein merklich groß Geld, bei welcher ersten Beisteuer es gleichwohl nicht verblieb, sondern es wurde täglich mehr von den Bürgern herbeigebracht – sogar auch silberne Gürtlein, Haarband und anderen Schmuck und Kleider.« Pfarr- und Gemeindekirche sollte es sein, geworden ist es eine eindrucksvolle gotische Kathedrale, wie geschaffen als Bischofssitz – ohne es je gewesen zu sein. Mit einem Fassungsvermögen von 20 000 Personen bot die Kirche zeitweilig mehr Menschen Platz, als die Stadt Einwohner hatte.

Der Kirchenbau, die allgemeine wirtschaftliche Lage und nicht zuletzt die politische Stabilität zogen viele Künstler nach Ulm. Steinmetze, Glasmaler, Schreiner und Bildschnitzer fanden über Jahrzehnte beim Münsterbau ein sicheres Einkommen. Neue Kunstwerkstätten wurden gegründet, und Ulm entwickelte sich zu einem der wichtigsten Kunstzentren im deutschsprachigen Raum. Zu den bedeutenden Münster-Baumeistern – wie die Familie Parler, Ulrich von Ensingen, Burkhard Engelberg und Matthäus Böblinger – gesellten sich so namhafte Künstler wie Jörg Syrlin d. Ä. und Hans Multscher, Martin Schaffner und Bartholomäus Zeitblom. Alle haben sie längst ihren Platz in der deutschen Kunstgeschichte gefunden. Hans Multscher (um 1400–67) beispielsweise lebte vier Jahrzehnte lang in dieser Stadt und hat ihr ein reiches Erbe hinterlassen: Der »Schmerzensmann« am Münsterportal ist nur eines seiner Meisterwerke – das Original befindet sich heute im Ulmer Museum (19). Der von ihm geschaffene Figurenzyklus an der östlichen Seite des Rathauses (18) fesselt durch eine für die damalige Zeit ungemein lebensnahe Darstellung.

Die berühmte Klosterbibliothek in Ulm-Wiblingen war vor allem im 16. Jahrhundert ein Zentrum der wissenschaftlichen Forschung.

Der Schwörmontag und das Nabada

Jeweils am vorletzten Montag im Juli ist in Ulm »Schwörmontag«. Er hat seinen Ursprung im 14. Jh. Damals wurde eine Stadtverfassung eingeführt, die im »Großen Schwörbrief« vom 26. März 1397 niedergeschrieben ist. Grundgedanke war die Gleichberechtigung der Stände im Dienst eines funktionierenden Gemeinwesens. Patrizier und Zünfte verpflichteten sich, regelmäßig Wahlen abzuhalten.

Die Tradition der öffentlichen Verlesung des »Schwörbriefes« durch den Bürgermeister lebte 1949 wieder auf. Dem Rechenschaftsbericht des Stadtoberhaupts folgt mit dem Ertönen der Schwörglocke das Gelöbnis, »den Reichen und Armen ein gemeiner Mann zu sein, in allen gleichen, gemeinnützigen und redlichen Dingen«.

Abschluß der Prozedur ist eine Riesengaudi – das Nabada (das Hinabschwimmen) auf der Donau zum Festplatz in der Friedrichsau. Mit höchst skurrilen Wasserfahrzeugen werden nicht nur lokale Ereignisse parodiert und angeprangert. Alle vier Jahre wird die »Schwörwoche« durch das Ulmer Fischerstechen auf der Donau bereichert: Mit lanzenähnlichen Stangen versucht man dabei, den Gegner im anderen Boot in die Donau zu befördern. Neben diesem sportlichen Wettkampf wird auch die Tradition der Fischer- und Bindertänze gepflegt.

Die nächsten Fischerstechen finden 1990 und 1994 statt.

Blaubeuren: Klosterkultur und klares Karstwasser

18 km sind es über die B 28 durch das herrliche Blautal mit seinen bizarren Felsformationen nach Blaubeuren. Ein Abstecher, den man von Ulm aus nicht versäumen sollte. Schon die Lage des Städtchens – umgeben von Albhöhen und steilen Hangwäldern, aus denen kalkweiße Jurafelsen ragen – ist faszinierend. Das Kloster Blaubeuren, von Benediktinern gebaut, nach der Reformation als protestantische Lateinschule und heute als evangelisches Seminar genutzt, birgt wahre Schätze. Der Hochaltar im Chor der Klosterkirche ist einer der schönsten spätgotischen Altäre Deutschlands (im Sommer tägl. 9–18 Uhr, Nov.–März Mo–Fr 14–16, Sa, So 10–12, 14–17 Uhr). Nicht weit vom Kloster finden Sie ein Naturdenkmal ersten Ranges – den Blautopf: zwar nur Deutschlands zweitgrößte Quelle, sicher jedoch eine der schönsten. Glasklares, kalkhaltiges Karstwasser aus den Höhlensystemen der Schwäbischen Alb tritt hier zutage und leuchtet tiefblau aus dem Quelltopf. Bei Hochwasser allerdings wird der Blautopf auch mal ockergelb bis bräunlich. Unmittelbar an dieser Quelle steht eine restaurierte Hammerschmiede (im Sommer tägl. geöffn., Okt.–März geschl.).

Stadtrundgang

Am besten, Sie parken auf dem Marktplatz oder an der Neuen Straße und starten dann Ihren Rundgang vor dem Münster.

Der Rundgang dauert drei Stunden. Gut eine Stunde weniger brauchen Sie, wenn Sie den Altstadtbereich östlich des Münsters (Chorseite) nur streifen: vom Schuhhaus **11** *durch die Schuhhausgasse über den Judenhof zur Engelgasse mit dem Kornhaus* **2** *und wieder zurück über die Bärengasse und das Hafenbad zum Münsterplatz.*

Ruhemöglichkeiten finden Sie im Park des Alten Friedhofs **5** *und am Donauufer bei der Adlerbastei* **9**. *Einkehren sollten Sie irgendwo im Fischer- und Gerberviertel* **15** *– z. B. im »Zunfthaus der Schiffleute« am Fischerplätzle.*

Sehenswürdigkeiten

1 *Münster*, Baubeginn der jetzigen Kirche 1377, nachdem man den alten Bau aus dem 7./8. Jh. abgebrochen hatte. Entscheidende Bauphasen im 14./15. Jh., fertiggestellt 1890. Größtes Kirchenbauwerk Süddeutschlands, das über Jahrhunderte unter Mitwirkung zahlreicher berühmter Künstler und Baumeister errichtet wurde, höchster Kirchturm der Welt (161,5 m), Aufstieg bis zur Höhe von 143 m möglich (tägl. 9–16 Uhr), Fernsicht bei klarem Wetter bis zu den Alpen.

2 *Kornhaus*, als Getreidespeicher für Notzeiten im Jahr 1594 erbauter, reichverzierter Renaissancebau; das renovierte Gebäude dient den Bürgern heute als Konzertsaal.

3 *Georgskirche*, 1901–04 von A. Meckel erbaut; der imposante neugotische Bau mit seinen sechs Turmhelmen war kath. Garnisonkirche.

4 *Pauluskirche*, ehemalige ev. Garnisonkirche, 1908–10 von Theodor Fischer erbaut, im Innern ein Kreuzigungsbild von Adolf Hölzel.

5 *Alter Friedhof*, der ehemalige Friedhof (16.–18. Jh.) mit zahlreichen kunstvollen Grabmälern berühmter Ulmer ist heute öffentliche Parkanlage.

6 *Zundeltor/Seelturm*, Durchbruch in der Stadtmauer aus dem Jahr 1897; im Seelturm, dem einstigen Seelhaus (14. Jh.), lagerte der Zunder – das Schießpulver – der Stadt.

7 *Zeughaus*, Westteil 1522 erbaut; Reste des frühbarocken »Löwenbaus« aus dem Jahr 1667 sind erhalten geblieben. Das Renaissance-Hauptportal der ehemaligen Waffenkammer der Reichsstadt stammt aus dem Jahr 1596. Heute schön restauriertes Verwaltungsgebäude. Auf dem Vorplatz skurriler Einstein-Brunnen.

8 *Gänsturm*, ehemaliges Stadttor aus dem Jahr 1360; vor dem Tor Kopie eines Löwenbrunnens aus dem 16. Jh.

9 *Adlerbastei*, Festungsbauwerk, 1605–08 von Gideon Bacher errichtet; hier fand 1811 der mißglückte Flugversuch des legendären »Schneiders von Ulm« statt.

10 *Dreifaltigkeitskirche*, ehemalige Klosterkirche aus dem 14. Jh. Das Langhaus wurde im 17. Jh. von Martin Banzenmacher erneuert. Seit 1984 von der ev. Kirche zum »Haus der Begegnung« umgestaltet.

11 *Schuhhaus*, 1537 fertiggestelltes, ehemaliges Zunfthaus der Schuhmacher; der erneuerte Tanz- und Festsaal im ersten Stock war ein wichtiger gesellschaftlicher Treffpunkt der Patrizierfamilien. Heute veranstaltet der Ulmer Kunstverein hier wechselnde Ausstellungen moderner Kunst (Di–So 10–12, 14–17 Uhr). Der Georgsbrunnen vor dem Haus ist eine Kopie; das Original aus dem Jahr 1580 stammt von Claus Bauhofer.

12 *Büchsenstadel*, erbaut 1485, ehemaliges Lagerhaus mit prächtigem spätgotischem Giebel, heute als Jugendzentrum genutzt.

13 *Salzstadel*, als Salzspeicher und Kornhaus der Stadt 1592 von Caspar Schmid erbaut; beherbergt ab Okt.1990 das *Deutsche Brotmuseum*.

14 *St. Michael zu den Wengen*, ehemalige Klosterkirche von 1399; 1944 zerstört und zehn Jahre später neu aufgebaut. Gründungsrelief an der sonst schmucklosen Westfassade, im Innern Altarbild »Engelsturz« (1766) von Franz Martin Kuen.

15 *Fischer- und Gerberviertel*, schönstes noch erhaltenes mittelalterliches Stadtviertel an der Großen und Kleinen Blau, Fachwerkarchitektur aus drei Jahrhunderten, am Fischerplätzle »Zunfthaus der Schiffleute« und »Schönes Haus«. Direkt an der Blau das »Schiefe Haus«, Fachwerkhaus aus dem 15./16. Jh., eines der ältesten Häuser der Stadt, noch heute als Wohnhaus genutzt.

16 *Schwörhaus* (Weinhof), 1613 erbaut, 1944 zerstört und 1954 wieder aufgebaut. Es wird heute als Stadtbibliothek genutzt. Der Barockgiebel stammt aus dem Jahr 1785. Vom Balkon im ersten Stock legt der Bürgermeister jedes Jahr am »Schwörmontag« seinen Eid auf die Stadtverfassung vor der Bürgerschaft ab.

17 *Metzgerturm*, 1345 erbaut, wegen seiner Neigung von 2,05 m auch der »Schiefe Turm« von Ulm genannt; diente früher als Gefängnis.

18 *Rathaus*, eines der schönsten in Süddeutschland, 1370 als Kaufhaus erbaut, seit 1419 Rathaus; reichhaltige Wandmalereien, unter anderem die Wappen der Städte, mit denen Ulm durch den Handel verbunden war, astronomische Uhr von 1520, im Treppenhaus Nachbildung des Flugapparats des »Schneiders von Ulm«. Ältester Bauteil ist der Ostflügel, an dessen Ausschmückung im 15. Jh. auch Hans Multscher beteiligt war. Er schuf die Sandsteinfiguren des Kaisers und seiner Kurfürsten an der Fassade (die Originale befinden sich heute im Museum). Vor dem Südgiebel steht der Fischkasten-Brunnen, 1482 von Jörg Syrlin d. Ä. geschaffen.

19 *Ulmer Museum*, Marktplatz 9. Städtische Sammlung für Kunst- und Kulturgeschichte, bedeutende Schau des künstlerischen und handwerklichen Schaffens in Ulm und Oberschwaben seit dem Mittelalter, wechselnde Ausstellungen. Prähistorische Sammlung mit Exponaten aus dem Paläolithikum, Neolithikum sowie aus der römischen und alemannischen Zeit (Di–So 10–17, Do 10–20 Uhr).

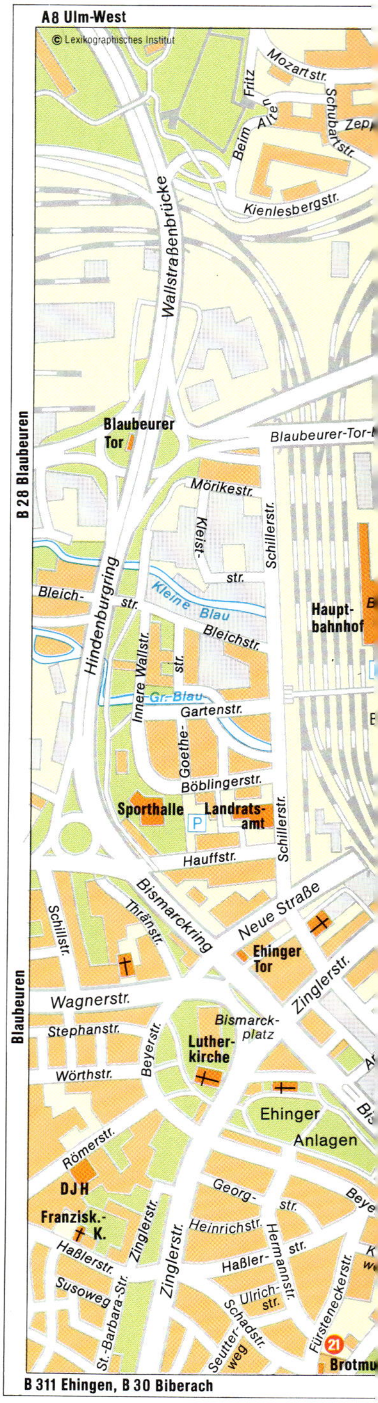

20 *Neuer Bau*, 1585–93 von Hans Fischer als Lagerhaus erbaut; Arkadeninnenhof mit Hildegardsbrunnen.

21 *Deutsches Brotmuseum*, Fürsten-

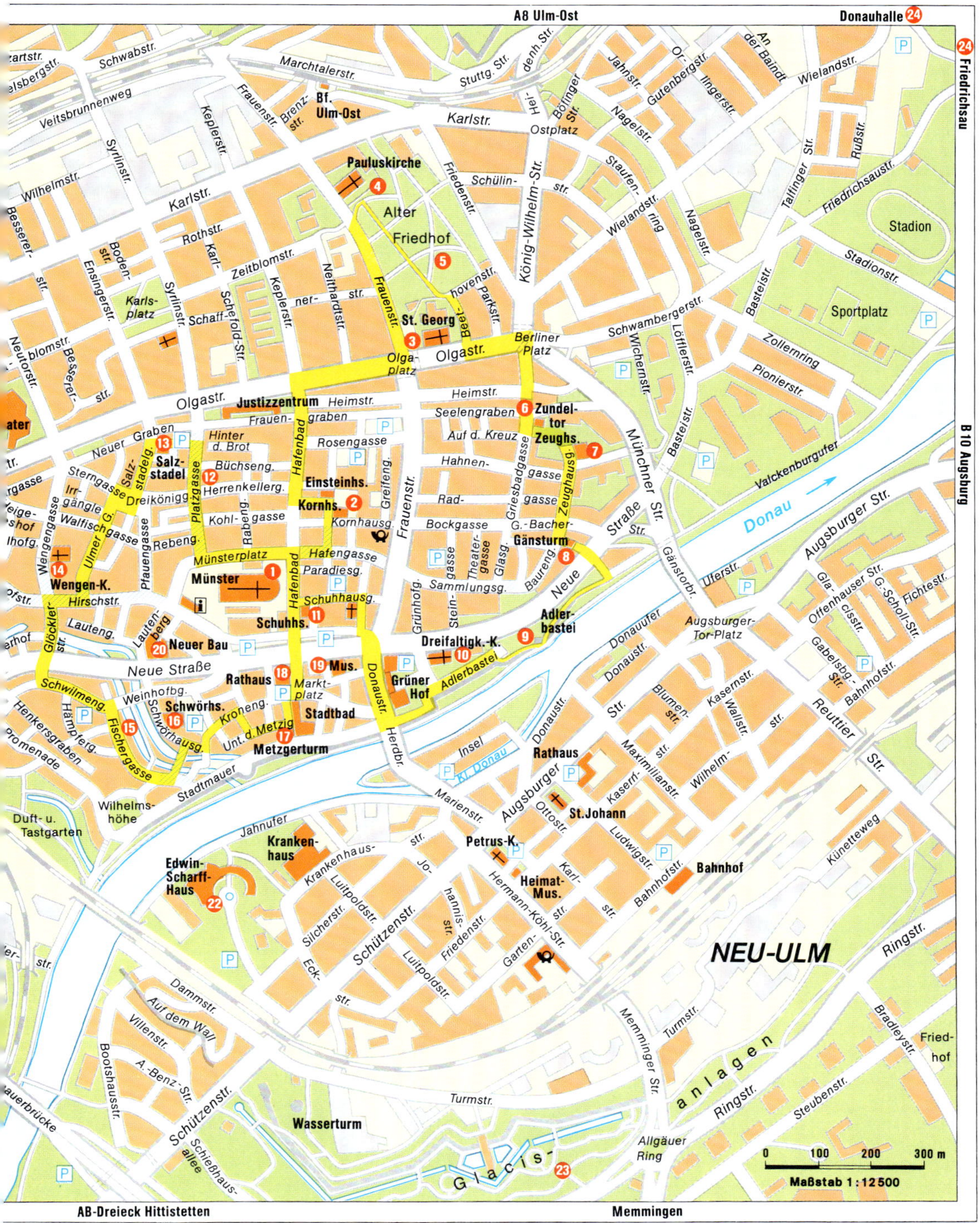

eckerstr. 17 (ab Okt. 1990 im *Salzstadel*), umfassende Kulturgeschichte des Brotes (Mo–Fr 10–17, So 10–13, 14–17 Uhr).

㉒ *Edwin-Scharff-Haus*, Museum sowie Tagungs- und Kongreßzentrum, Neu-Ulm, Silcherstr. 40. Werkschau des in Neu-Ulm geborenen Bildhauers Edwin Scharff (1887–1955) mit Plastiken, Gemälden, Radierungen, Lithographien (Di–So 14–17 Uhr).

㉓ *Glacisanlagen*, Neu-Ulm, Gelände der ersten Landesgartenschau von 1980, Wasserspiele, Kinderspielplatz, Konzertbühne.

㉔ *Friedrichsau/Donauhalle*, Gelände der ersten Landesgartenschau 1980; Freizeitpark, Bärenzwinger, Aquarium, Veranstaltungsinsel, Biergärten. *Donauhalle*, großes Veranstaltungszentrum mit großflächigem Ausstellungsgelände. Die Parkanlage war ein Geschenk König Friedrichs I. von Württemberg an die Ulmer (1811).

Ein fliegender Handwerker – der Schneider von Ulm
Albrecht Ludwig Berblinger hieß der Ulmer Schneider, der den Traum vom Fliegen träumte und zur Realität machen wollte. Der 1770 geborene Pionier der Lüfte entwickelte einen Flugapparat aus geleimtem Holz, Fischbein und Seide, der für den Gleitflug konzipiert war. In den Weinbergen am Ulmer Michelsberg lag des Schneiders Übungsgebiet.
Als am 30. Mai 1811 Württembergs König Friedrich I. in Ulm weilte, wurde der Schneider aufgefordert, seine Flugkünste vorzuführen. Unten am Donauufer hatte sich eine große Zuschauermenge versammelt, oben auf der Adlerbastei ❾ hatte man ein Holzgerüst aufgebaut – von dort sollte Berblinger die Donau überfliegen.
Von den Gesetzen der Thermik wußte der tapfere Schneider natürlich wenig, und schon gar nicht dachte er an die Abwinde über der kühlen Donau: Wie ein Stein »flog« er – ins Wasser. Die Menge verhöhnte und verspottete ihn. Berblinger hat diese Schmach nie verwunden. Als gebrochener Mann starb er 1829 und wurde in einem Armengrab beigesetzt.

Der höchste Kirchturm
Das Münster ❶ ist stets Gegenstand der Bewunderung gewesen. Schon die Ausmaße des gewaltigen Baus versetzen den Betrachter in Erstaunen: 124 m lang und 49 m breit ist das Langschiff, das Hauptschiff mißt rund 42 m Höhe, die Seitenschiffe sind knapp 21 m hoch.
Der Westturm – der höchste Kirchturm der Welt – endet erst bei 161,5 m.
Auch im Detail bietet das Äußere der Kirche beachtenswerte Sehenswürdigkeiten; die Steinmetzarbeiten, die Portale, die vielen Filialtürme und Strebebögen – alles ist zu einem imposanten Gesamtkunstwerk kombiniert.
Atemberaubend ist der Raumeindruck im Innern: ein in fast endlose Höhen strebendes Langhaus, für die Hochgotik zwar typisch, in diesen Dimensionen jedoch ziemlich einmalig.
Von den Chorfenstern sind sechs in der ursprünglichen gotischen Verglasung erhalten. Das Sakramentshaus, 26 m hoch, in feiner Steinmetzarbeit gefertigt, fasziniert ebenso wie das mit herrlichen Schnitzereien versehene Chorgestühl. Man weiß, daß es hauptsächlich von Jörg Syrlin d. Ä. gefertigt wurde; unbekannt sind dagegen die Meister des Sakramentshauses. – Vielleicht war Hans Multscher beteiligt; er hat den »Schmerzensmann« am Hauptportal und den Familienaltar des Konrad Karg im Kircheninnern gemeißelt (Ostwand des südlichen Seitenschiffs).
Zahlreiche sehenswerte gotische Altarbilder runden die Ausstattung des Münsters ab , die allerdings nur noch einen Teil der ursprünglichen Kunstschätze der Kirche darstellt: den Teil, den die Bilderstürmer des 16. Jh. verschont haben.

Ein Kessel – von Kepler konstruiert

Überhaupt ist dieses Rathaus, das 1951 nach altem Vorbild wieder aufgebaut worden ist, eine Zierde der Stadt. Obwohl die verschiedenen Rathausflügel zu unterschiedlichen Zeiten entstanden sind und deshalb gotische Elemente neben solchen aus der Renaissance und anderen aus der Zeit des Historismus bestehen, gibt es nichts Störendes, herrscht architektonische Harmonie. Die raffiniert gestaltete astronomische Uhr, um das Jahr 1520 konstruiert, zeigt 14 verschiedene Daten an, z. B. die Tierkreiszeichen, die mit kunstvollen Darstellungen um das Zifferblatt herum angeordnet sind. An der südöstlichen Ecke des beeindruckenden Baus erinnert eine Gedenktafel an Johannes Kepler, dessen Talent die Ulmer sehr zu schätzen wußten: Er war 1627 in die Stadt gerufen worden, um die damaligen Raummaße zu vereinheitlichen. Auf diese Weise entstand der sogenannte »Keplerkessel«, ein Eichkessel, der heute im Ulmer Museum ⓳ ausgestellt ist.

Vom Rathaus ⓲ zum Münsterplatz sind es nur wenige Meter, doch das geschichtsträchtige Zentrum der Stadt wird hier von einer Hauptverkehrsader durchschnitten – ein Problem, das Ulm wie vielen anderen Städten zu schaffen macht. Ungezählte Autos durchqueren jeden Tag die Stadt, oft zum Nutzen der Menschen, auf alle Fälle aber zum Schaden der alten Bauwerke: Das Münster sieht man fast nie ohne Gerüste.

Ulms romantische Ecke

Hinter dem Rathaus, mitten auf dem Marktplatz, steht der originelle Fischkasten-Brunnen, ein Werk von Jörg Syrlin d. Ä. Hier boten die Fischer früher ihren Fang lebend zum Kauf an. Weiter Richtung Donau kommt man ins Fischer- und Gerberviertel ⓯, in den wohl romantischsten Teil Ulms. Die engen, verwinkelten Gassen, einstmals Heimat der Handwerker, die auf das fließende Wasser aus der Blau angewiesen waren, sind heute Domäne der Gastwirte und Galeristen. Am Fischerplätzle, wo jedes Jahr Anfang Juli das Altstadtfest gefeiert wird, steht das 1975 restaurierte Zunfthaus der Schiffleute, die in Ulm immer eine besondere Rolle gespielt haben. Sie sorgten über Jahrhunderte dafür, daß die Ulmer Handelswaren donauabwärts transportiert wurden, aber auch für zahlreiche Truppentransporte. Vielen Auswanderern stellten sie ihre Schiffe zur Verfügung – natürlich nicht kostenlos. Man sieht es dem Bau an, daß er keiner »armen« Zunft gehörte. Am Haus gegenüber erinnert die Wandmalerei an einen der wichtigsten Zielorte der Ulmer Schiffer: an die Stadt Belgrad. Den Donauschwaben, die von Ulm aus ihre Heimat verließen, um im Osten neue Lebensgrundlagen zu finden, hat man unterhalb der Wilhelmshöhe ein Denkmal gesetzt.

Die Donau hatte als Wasserweg für die Stadt sehr große Bedeutung. Bereits 1712 war ein regelmäßiger Schiffsverkehr nach Wien eingerichtet worden, was auch Kaiser Franz I. und Maria Theresia dazu bewog, 1745 per Schiff in ihre Heimatstadt Wien zurückzukehren. Ein ganzer Schiffskorso aus Ulm begleitete sie dabei. Dieses Ereignisses gedenkt man bis heute: Jahr für Jahr fährt eine »Ulmer Schachtel« auf der schönen blauen Donau nach Wien.

Mit 161,5 m ist der Westturm des Münsters der höchste Kirchturm der Welt. Bei klarem Wetter hat man Fernsicht bis zu den Alpen.

Mit »Ulmer Schachteln« die Donau hinab

Mit Spitzzillen befuhren die Ulmer Kaufleute noch im 18. Jh. ihren Fluß; abgelöst wurden sie im 19. Jh. von den legendären »Ulmer Schachteln«, die eine recht hohe Ladekapazität bis zu 200 t hatten. Die Transportpreise für Güter und Personen waren von der Schifferzunft genau festgelegt. Aber nicht nur die Wasserstraße der Donau, auch die Landwege machten Ulm zu einer zentralen Handelsmetropole. Vor den Toren der Stadt kreuzten sich die Fernstraßen von Flandern nach Italien und von Frankreich nach Bayern. Das Ulmer Tuch, ein Mischgewebe aus Leinen und Baumwolle, »Barchent« genannt, gelangte so auf direktem Weg in die europäischen Metropolen. Bis ins 19. Jh. hinein besaß die Stadt für dieses Tuch eine monopolartige Marktstellung in Europa.

Entlang der Donau präsentiert sich die Stadt von ihrer schönsten Seite. Ein Spazierweg auf der Stadtmauer eröffnet dem Besucher reizvolle Perspektiven auf den Fluß und die Stadt mit den liebevoll restaurierten Giebelhäusern, hinter denen sich das Münster in seiner ganzen Mächtigkeit erhebt. In den Parkanlagen entlang des Flusses herrscht bei gutem Wetter reges Treiben. Viele Ulmer nehmen hier ein Sonnenbad; es wird gespielt, und unter Bäumen vespert man im Schatten (Vesper ist in Schwaben eine Zwischenmahlzeit) – eine ganz und gar unschwäbische Gelassenheit macht sich dann bemerkbar.

Ein neuer Vorplatz für das Münster

Alt und stolz nennt sich die ehemalige Reichsstadt zu Recht, wenngleich die Bombenangriffe des Jahres 1944 vieles unwiederbringlich zerstört haben – allein die Altstadt lag zu 85 % in Trümmern. Man bemüht sich heute sehr, das zu pflegen, was vom alten Stadtbild noch verblieben ist. Die Finanzierung solcher Sanierungsprogramme ist ein wichtiges kommunalpolitisches Anliegen. Überall in der Stadt wird gebaut und restauriert, wird Neues sorgfältig in Altes integriert. Ein gelungenes Beispiel ist das Quartier beim »Zeughaus« 7. Rund um die gewaltige, inzwischen restaurierte Gebäudegruppe, die Stilelemente aus Barock und Renaissance enthält, ist ein modernes Wohnviertel entstanden, mit Verwaltungsneubauten und verkehrsberuhigten Bereichen. Auch scheint die seit Jahren andauernde Auseinandersetzung um die Gestaltung des Münsterplatzes jetzt endlich beendet zu sein. Das Projekt einer riesigen Tiefgarage unter dem Münsterplatz ist wieder in den Schubladen verschwunden, und der städtebauliche Wettbewerb für eine Bebauung des Münsterplatzes wurde entschieden. Der renommierte amerikanische Architekt Richard Meier, Erbauer des Kunstgewerbemuseums in Frankfurt, hat 1986 den Wettbewerb gewonnen.

Die größte Festungsanlage Europas

Gleichgültig, auf welche Weise man Ulmer Stadtgebiet erreicht, überall trifft man auf Gebäude und Anlagen der ehemaligen Bundesfestung Ulm.
Schon 1818 hatte der Deutsche Bund in Frankfurt beschlossen, Ulm zur Bundesfestung auszubauen, begonnen wurde jedoch erst 1842. In 25jähriger Bauzeit entstand das damals größte Festungsbauwerk Europas. Ein 9 km langer Festungsgürtel umfaßte das Stadtgebiet von Ulm und Neu-Ulm – immerhin eine Fläche von 335 ha. Seine Verteidigungsfähigkeit mußte das Bauwerk nie unter Beweis stellen; während unsicherer Zeiten im 19. Jh. wurde lediglich die Besatzung auf Kriegsstärke erhöht. Von den 16 Außenforts sind 15 erhalten. Davon ist das größte die Wilhelmsburg, die heute noch als Kaserne dient (Führungen durch den Verkehrsverein nach Vereinbarung).

Vom Mahlen und Backen – das Deutsche Brotmuseum in Ulm

Das 1955 aus einer Privatinitiative entstandene Deutsche Brotmuseum 21 zeigt die vielseitige Kulturgeschichte des Backens. Die Sammlung umfaßt mittlerweile ca. 7000 Exponate aus aller Welt und aus allen Epochen.
Neben der Darstellung technischer Entwicklungen werden auch Handwerksgeräte der Bäcker und Müller ausgestellt. Eine eigene Abteilung ist Kunstwerken gewidmet, die den Zusammenhang zwischen Brot, Religion und Brauchtum zeigen.
Die 8000jährige Geschichte des Brotes ist auch mit der Geschichte des Hungers verknüpft – so erinnert das Museum an frühere Hungersnöte und zeigt auch eine Dokumentation über den Hunger in der heutigen Welt.

Das Ulmer Fischerstechen ist ein Brauch der Schifferzunft. Es war früher so berühmt, daß die Stecher ihre Kunst auch in Augsburg und sogar in Wien vorgeführt haben.

Tips, Tips, Tips

Schiff ahoi auf der Donau
Eine kleine Schiffahrt auf der Donau ist nicht nur nach anstrengendem Stadtrundgang eine wohltuende Abwechslung. Sie dauert 50 Minuten und findet das ganze Jahr über statt. Die Anlegestelle liegt beim Metzgerturm ⑰.

Was es nicht alles gibt!
Das Münster en miniature in Metall, glänzend oder auch patiniert, ist wohl eher etwas für den überseeischen Geschmack. Wohlschmeckend sind die »Ulmer Spatzen« aus Marzipan oder Schokolade; wer einen haltbaren haben möchte, bekommt ihn auch aus Ton. Das Fluggerät des berühmten Schneiders gibt es als kleine Nachbildung, und eine »Ulmer Schachtel« kann man sogar als Satz zum Selberbauen kaufen. Den Abschied von der Stadt versüßt man sich am besten mit einem »Ulmer Zuckerbrot«.

Einstein, Eyth und ein Schneider

Stolz sind die Ulmer heute, was nicht immer so war, auf Albrecht Ludwig Berblinger, den »Schneider von Ulm«. Dem Flugpionier haben sie in der Fußgängerzone Hirschstraße ein gelungenes Denkmal gesetzt. Der dazugehörige Brunnen wurde vor einiger Zeit wieder abgebaut – hier traf sich die Ulmer Subkultur, was bei einer etwas konservativen Öffentlichkeit Anstoß erregte. Auch der Physiker und Nobelpreisträger Albert Einstein (1879–1955) ist in Ulm geboren; an ihn erinnert das moderne »Einstein-Haus«, Sitz der Volkshochschule am Kornhausplatz. Denker und Tüftler zog die Stadt schon immer an. Die letzten Jahre seines Lebens verbrachte der Ingenieur und Schriftsteller Max von Eyth (1836–1906) in Ulm. Seine Bücher sind vom Geist der Technik und des Abenteuers geprägt – so erstaunt es nicht, daß er in seinem letzten Werk »Der Schneider von Ulm« (1906) das Leben und Schicksal des Flugpioniers aus seiner Heimatstadt erzählte.

Für das weite, vor allem ländlich strukturierte Umland hat Ulm die Funktion einer attraktiven Einkaufsstadt. In den Fußgängerzonen der Platzgasse, Hafengasse und Hirschstraße gibt es vom Kaufhaus bis zum Trödelladen, vom Naturkostladen bis zum traditionsreichen Ulmer Backhaus alle nur denkbaren Einkaufsmöglichkeiten. Beliebte Souvenirs sind der aus Marzipan hergestellte »Ulmer Spatz« (u. a. im traditionsreichen Café Gindele, Neue Straße 100) und der nachgebildete Flugapparat des Schneiders. In den gutbürgerlichen Gasthöfen wird die schwäbische Küche gepflegt, aber auch deftig Bayrisches steht auf den Speisekarten. Das schwäbische Leibgericht, die »Spätzle«, wird in vielen Variationen angeboten, und bei einem kühlen Glas Ulmer Bier – schon seit Jahrhunderten ein erfolgreicher »Exportartikel« – läßt sich schwäbische Gemütlichkeit aufs angenehmste erleben.

Einstmals Hauptstadt des modernen Designs

Als Bildungsstadt besitzt Ulm eine junge, aber interessante Tradition. In den 50er und 60er Jahren war Ulm so etwas wie die Hauptstadt des modernen Designs. Die Gründung der Hochschule für Gestaltung (HfG) auf dem Kuhberg knüpfte an die Bauhaus-Tradition der 20er Jahre an. Die charakteristischen Gebäude wurden vom Schweizer Künstler und Architekten Max Bill entworfen, der auch einige Zeit die Hochschule für Gestaltung leitete, und stehen heute unter Denkmalschutz; in den Bereichen der Umwelt- und Produktgestaltung gingen von hier wichtige Impulse aus. Nach drastischer Kürzung der Finanzmittel mußte die Hochschule 1968 ihren Betrieb einstellen. Seit 1967 ist Ulm jedoch Universitätsstadt. Mit medizinisch-naturwissenschaftlichen Schwerpunkten studieren hier

Kloster Wiblingen: Residenz, Kaserne, Altersheim
In Wiblingen bei Ulm steht das letzte große barocke Klosterbauwerk Oberschwabens. Schon die Baugeschichte war recht wechselvoll. Zahlreiche bekannte Baumeister arbeiteten an dem großen Komplex. 1714 begann man mit der Erneuerung der Vorgängerbauten. Zu der hochbarocken Kirche mit fast rund gestaltetem Innenraum lieferte der Münchner Baumeister Johann Michael Fischer die Pläne; unter Johann Georg Specht wurde ab 1772 der Rohbau hochgezogen. Die Ausstattung besorgte dann der berühmte Barockmaler Januarius Zick. Die Außenfassaden, aber auch Teile des Innenraums zeigen schon klassizistische Tendenzen; dagegen präsentiert sich die Klosterbibliothek (linker Klosterflügel) in voller barocker Pracht. Sie gilt als eine der schönsten im süddeutschen Raum (April–Okt. Di–So 10–12, 14–17 Uhr; Nov.–März Di–Fr 14–16, Sa, So 10–12, 14–16 Uhr). Bald nach der Vollendung 1783 kam das Kloster durch die Säkularisation in den Besitz Württembergs und diente zeitweise als Residenz, später als Kaserne und Lazarett. Heute sind ein Altenheim und die Universitätsbibliothek darin untergebracht.
Sie erreichen Wiblingen über den Autobahnzubringer zur A 7, Richtung Kempten, den Sie kurz nach der Donaubrücke verlassen, um auf die B 30, Richtung Biberach, zu fahren.

Um die Straßenbreite zu wahren, entstand bei engerem Grundriß, wie hier beim »Schiefen Haus«, ein zurückgesetztes Untergeschoß.

inzwischen über 5000 Studenten. Eine Fachhochschule für Metall- und Maschinenbau sorgt für qualifizierten Nachwuchs im für Ulm wichtigen metallverarbeitenden Gewerbe.

Die Entwicklung zur modernen Industriestadt verdankt Ulm vor allem dem Fahrzeugbau. Namhafte Firmen wie Magirus oder Kässbohrer produzieren hier Nutzfahrzeuge. Zunehmend an Bedeutung gewinnen auch der Forschungs- und Technologiebereich und – wie überall – der Dienstleistungssektor. Über 7000 Firmen zählt man in und um Ulm herum, die Arbeitsplätze für über 100 000 Menschen bieten. Die geographische Lage und die gute Anbindung an das Straßen- und Eisenbahnnetz weisen die Doppelstadt heute als günstigen Industriestandort aus. Das war nicht immer so. Bis um 1900 waren der wirtschaftlichen Ausdehnung durch die Wälle der Bundesfestung enge Grenzen gesetzt. Erst nach deren Auflassung konnte sich die Stadt ausdehnen und bot Raum für eine prosperierende Textil- und Eisenwarenindustrie. Durch die Eingemeindung der umliegenden Dörfer Söflingen, Grimmelfingen und Wiblingen wurde Ulm 1938 zum selbständigen Stadtkreis.

Soldaten überall

Die schweren Zerstörungen im Zweiten Weltkrieg sind wohl auch auf Ulms militärische Vergangenheit zurückzuführen. Mitte des letzten Jahrhunderts war mit dem Bau einer Bundesfestung begonnen worden, die Ulm nach Potsdam zum größten Truppenstandort im Reich und zur größten Festung Europas machte. Für die rund 8000 stationierten Soldaten wurden nach der Jahrhundertwende eigens noch die beiden Garnisonkirchen ❸ ❹ erbaut, die beide Weltkriege unbeschadet überstanden haben. Heute existieren neben den Kasernen der Alliierten wieder zahlreiche Einrichtungen der Bundeswehr, und vor allem zur Manöverzeit rumpeln jedes Jahr die Militärfahrzeuge durch die Stadt.

Tatkraft und Fleiß der Ulmer haben in den letzten Jahrzehnten eine moderne und funktionsfähige Stadt entstehen lassen, ihr reichsstädtischer Glanz ist indessen stumpfer geworden. Ein Gebäude wird jedoch immer an die freie Reichsstadt Ulm erinnern – das Münster ❶.

Die Legende vom Ulmer Spatz

Einmal wollten die Ulmer Handwerksleute mit einem Balken quer durch ihr Stadttor – aber es ging nicht: Der Balken war zu lang, das Tor zu eng. Für welches der historischen Bauwerke Ulms der Balken gebraucht wurde, ist nicht belegt, überliefert ist aber, daß und wie er schließlich durchs Tor kam. Den ratlosen Handwerkern zeigte ein Spatz den Weg: Sie sahen, wie der kleine Vogel einen Strohhalm in sein Nest trug – in Längsrichtung. Das leuchtete den wackeren Männern ein, und sie taten es ihm nach.

Seitdem ist der Spatz ein Wahrzeichen der Stadt, und die Ulmer haben ihm ein Denkmal gesetzt. Aus Sandstein gehauen, den Strohhalm im Schnabel – allerdings quer –, saß er viele Jahrzehnte auf dem First des Langschiffs vom Münster. Die verschmutzte Luft bekam ihm auf die Dauer gar nicht, und deshalb hat man ihn durch einen widerstandsfähigeren Kollegen ersetzt. Den Urspatz können Besucher des Münsters jetzt im linken Seitenschiff aus der Nähe betrachten.

Theater, Musik, Veranstaltungen, Museen

Theater

Ulmer Theater, Olgastr. 73. Operette, Musical, Ballett, Schauspiel, Werkstattbühne »Podium«, ☏ 161-44 44.

Theater in der Westentasche (»Deutschlands kleinstes Theater«), Herrenkellergasse 6. Sprechtheater (Boulevard bis Dokumentarspiel), Straßen- und Kindertheater, Lesungen, Liederabende, Freilichttheater im Grünen Hof (Juli/Aug.), ☏ 38 13 73 und 6 46 10.

Theater im Fundus, Deinselgasse 12. Dependance des Theaters in der Westentasche, »Inszenierungen für Minderheiten«, gelegentlich »Internationale Kleinkunstwoche«, ☏ 6 46 10.

Edwin-Scharff-Haus ㉒, Neu-Ulm, Silcherstr. 40. Musik- und Sprechtheater-Gastspiele (vorwiegend Boulevard), Vorträge, Ausstellungen, ☏ 8 00 80.

Ulmer Brettle, Rabengasse 20. Kleinkunstbühne, ☏ 6 65 02.

Ulmer Marionettentheater, Saarlandstr. 83, ☏ 3 15 06.

Musik

Edwin-Scharff-Haus ㉒, Neu-Ulm, Silcherstr. 40. Klassische Musik, ☏ 8 00 80.

Kornhaus ❷, Kornhausgasse. Kammerkonzerte, Liederabende, überwiegend klassische Musik, ☏ 161-76 50/51 und 6 80 80.

Ulmer Münster ❶. Orgelkonzerte, geistliche Abendmusik (regelmäßig).

Donauhalle ㉔, Friedrichsau. Fernsehshows, Rock, Pop, Tourneen, Groß-Konzerte (auch klassische Musik), ☏ 2 12 21.

Sauschdall, Prittwitzstr. Jazzkeller im Fortwerk XX, intern. Top-Interpreten auf allen Gebieten des Jazz (Fr) und Folk (Sa), ☏ 2 30 77.

Club 15, Stuttgarter Str. 15. Rock, Pop, Blues, im Sommer Open-air-Konzerte, ☏ 2 15 20.

Veranstaltungen

Alle zwei Jahre (1990) Juni/Juli: *Sommerliche Ulmer Musiktage*, Konzerte mit klassischer Musik in den Barockkirchen der Ulmer Region, (etwa 10 Tage, überwiegend Abendveranstaltungen), ☏ 6 53 85.

Alle vier Jahre (1990) Mitte Juli: *Ulmer Fischerstechen*, Traditionsveranstaltung seit 1662 mit Festumzügen, Tänzen und Aufmarsch (an zwei aufeinanderfolgenden Tagen mit jeweils vollständigem Programm, Beginn 9.30 Uhr, Fischerstechen gegen 15 Uhr), ☏ 6 41 61.

April–Okt.: *Paradekonzerte*, Platzkonzerte auf dem Marktplatz (So 11 Uhr).

April–Nov.: *Geistliche Abendmusik* im Ulmer Münster (ab Ostern 14tägig).

Orgelkonzerte im Ulmer Münster (ab Ostern So 11.15 Uhr).

Mai bis Juli: *Sonntagskonzerte*, Platzkonzerte in den Glacisanlagen Neu-Ulm (So 11 Uhr).

Ende Juni: *Ulmer City-Fest* rund ums Münster. Großes Stadtfest mit Musik, Bierzelt und ausländischen Spezialitäten.

Anfang Juli: *Altstadtfest* am Fischerplätzle. Gemütliches »Feschtle« mit volkstümlicher Musik.

Mitte Juli: *Ulmer Volksfest* auf dem Festplatz in der Friedrichsau. Etwa zehntägiger Rummel bis zum »Schwörmontag«.

Vorletzter Montag im Juli: *»Schwörmontag«*, Rechenschaftsbericht und traditioneller Schwur des Oberbürgermeisters vom »Schwörhaus« aus (11 Uhr), nachm. »Nabada«, turbulentes Wasserfest auf und an der Donau.

Juli bis Aug.: *Rock, Jazz und Folklore* in den Glacisanlagen Neu-Ulm (Fr 19 Uhr).

Juli/Aug.: *Freilichttheater* im Grünen Hof. Ensemble des Theaters in der Westentasche, ☏ 6 46 10.

Museen

Deutsches Brotmuseum, Fürsteneckerstr. 17 (s. ㉑).

Naturkundliche Sammlungen, Kornhausgasse 3. Mineralien, Gesteinsstufen und Fossilien. Zoologische Bestände: Insekten, Schmetterlinge, Muscheln, Schnecken; Herbarium (Di–Sa 10–12, 14–17, So 10–13, 14–17 Uhr).

Ulmer Museum, Marktplatz 9 (s. ⑲).

Wetzlar

Kameras und Camerale

Für »eine recht gute Art Volks« hielt Goethe die Wetzlarer. Ihre Stadt empfand er dagegen als »unangenehm«. Angesichts seiner Erlebnisse dort sicher verständlich – im übrigen aber eine völlig unzutreffende Feststellung. Denn die heutige Altstadt mit den verwinkelten Gassen, Treppen, Plätzen, Brunnen und schönen Hausfassaden gibt einen Eindruck vom Charme Wetzlars zu des Dichters Zeiten. Damals hatte es nämlich schon hinter sich, was erschwerend und »unangenehm« gewesen war: Kriege, Brände, Pest und Stadtbankrott. Der Dom als Wahrzeichen Wetzlars (unser Bild) ist in seiner Vielgestaltigkeit Ausgangspunkt und zugleich Spiegelbild dieser historischen Stadtentwicklung.
Inzwischen genießt Wetzlar als Stadt des Eisens und der Optik sowie als Dom- und Goethestadt längst weltweites Ansehen.

Wappen Den Reichsadler hatten die Wetzlarer Zünfte schon Mitte des 14. Jh. im Siegel.
Lage Am Zusammenfluß von Lahn und Dill.
Land Hessen
Autokennzeichen L (auslaufend WZ)
Höhe 140–401 m ü. M.
Fläche 76 km^2
Einwohnerzahl 50 000
Postleitzahl 6330
Telefonvorwahl 0 64 41
Post Sophienstr. 7, (So 9.30–10.30 Uhr)
Polizei Frankfurter Str. 61, ☏ 2 40 66.
Taxi 4 26 29, 3 34 21
Nahverkehr Buslinien im innerstädtischen Verkehr.
Camping Camping-Park Braunfels, südwestlich Wetzlars; über die L 3451 zu erreichen, ☏ (0 64 42) 43 66.
Parken Links und rechts des Karl-Kellner-Rings gibt es zahlreiche Parkmöglichkeiten. Ausgangspunkt des Stadtrundgangs ist der nächst der Lahn am Karl-Kellner-Ring gelegene Parkplatz bei der Hospitalkirche. Tiefgarage und weitere Parkplätze in der Altstadt.
Touristinformation Städt. Verkehrsamt, Domplatz 8, ☏ 4 05-338/348/462 (Mo–Fr 8–12, 14–16.30, Sa 9.30–11.30 Uhr).
Stadtführung Für Gruppen jederzeit nach Anmeldung beim Städt. Verkehrsamt. März–Okt. jeden ersten Sa im Monat 14 Uhr ab Stadthaus am Dom, Domplatz 15. Sonderführungen (Bergbaugeschichte, Fachwerk) auf Nachfrage bei der Touristinformation.

Stadtrundgang

Unweit der Alten Lahnbrücke steht die Hospitalkirche ❶. Der dahinterliegende Parkplatz ist Ihr Ausgangspunkt. Insgesamt brauchen Sie für die 1,6 km lange Strecke nicht länger als eine Stunde – Besichtigungszeiten ausgenommen!

Sozusagen Pflicht sind der Fischmarkt ❷ mit der »Alten Kammer« (dem Sitz des Reichskammergerichts), dann der Dom ❸ und natürlich das Lottehaus ❺, in dem Charlotte Buff, Goethes Wetzlarer Liebe und Werthers Lotte, lebte. Sie sollten auch den Schillerplatz mit dem Jerusalemhaus ⓬ besuchen, in dem sich der »Ur-Werther« Carl Wilhelm Jerusalem das Leben nahm...

Zwischen Lottehaus und Kornmarkt ❽ (Lottestraße, Schmiedgasse) folgen Sie übrigens des Dichters Spuren: Hier begab sich der damals 23jährige Goethe nach seinen Lotte-Besuchen heimwärts. – Ruhebänke gibt es z.B. in der Colchester-Anlage unterhalb der Alten Lahnbrücke und in der Avignon Anlage. Einkehren können Sie vortrefflich in den Lokalen am Eisenmarkt ⓭, dem »Mittelpunkt« der Altstadt. Wem mehr nach einem (Einkaufs-)Bummel ist: In der Silhöfer Straße beginnt die Fußgängerzone.

Sehenswürdigkeiten

❶ *Hospitalkirche,* 1755–64 von Johann Ludwig Splittdorf errichtet. Schöne stuckgerahmte Spiegeldecke mit eingefügten Malereien von Georg Friedrich Repp (1764), ausgewogener Altar-Kanzel-Orgel-Aufbau, Orgel 1764/65 von Johann Andreas Heinemann.

❷ *Fischmarkt,* mit restaurierten Fachwerkhäusern und der »Alten Kammer«, Rathaus seit 1603, das 1693 das Reichskammergericht aufnahm.

❸ *»Dom« St. Maria, ehemalige Stiftskirche,* Wahrzeichen der Stadt. Vier wesentliche Bau- und Stilepochen: älteste Anlage spätkarolingisch, in der salischen Zeit (11. Jh.) Bau eines breiteren Querschiffes, romanischer Neubau aus dem letzten Viertel des 12. Jh., ab 1231 Beginn eines gotischen Neubaus mit Ausbau des Chores. Gotischer Glockenturm mit später aufgesetzter Wächterwohnung, romanischer Nordturm (»Heidenturm«), »Heidenportal« (um 1180). Die reiche Innenausstattung hat im Zweiten Weltkrieg erhebliche Verluste erfahren. Erhalten blieben u.a. das überlebensgroße Vesperbild aus Lindenholz mit Christus und Simon von Kyrene (2. Hälfte 14. Jh.), eine Madonnenfigur (um 1500), ein schmiedeeiserner Kronleuchter (Anfang 16. Jh.), und die Verkündigungsgruppe aus Stein (2. Hälfte 13. Jh.).

❹ *Domplatz/Buttermarkt,* zentrale Versammlungs- und Marktstätte mit spätbarocken Häuserfronten, Stadthaus und altem Rathaus (1790). Hauptwache und Brunnen stammen aus den 60er Jahren des 19. Jh. Im Osten die Michaelskapelle (um 1300) mit einer Kreuzigungsgruppe (1509) und einem Glasgemälde im Chorfenster.

❺ *Lottehaus* im Deutschordenshof, Wohnhaus der hier 1753 geborenen Charlotte Buff, der »Lotte« in Goethes Briefroman »Die Leiden des jungen Werthers«. Amtmannshaus des Deutschordens, im Zweiten Weltkrieg schwer beschädigt, 1949 restauriert. 1863 von Wetzlarer Bürgern vor dem Verfall bewahrt, Goetheerinnerungsstätte mit Möbeln der Familie Buff und großer bibliophiler Sammlung, u. a. eine Erstausgabe des »Werther« aus dem Jahr 1774, literarische Vorbilder und Weiterverarbeitungen, Briefe des jungen Goethe (Di–So 10–13, 14–17 Uhr).

❻ *Industriemuseum,* Bruchsteinbau, ehemals Zehntscheune des Deutschordens, mit Exponaten der Eisenkunstgußund der optisch-mechanischen Feinindustrie sowie der Unterhaltungselektronik (Di–So 10–13, 14–17 Uhr).

❼ *Stadtmuseum,* untergebracht in der Ritterherberge des Ordens (im Umbau).

❽ *Kornmarkt,* besterhaltener Platz der Stadt mit Fachwerkhäusern des 17. und 18. Jh. Neben dem früheren »Goethe-Wohnhaus« der »Römische Kaiser«, ehemaliges Theater-, Ball- und Gasthaus, mit einer barocken Holzplastik.

❾ *Säuturm,* aus dem Jahr 1480, eigentlich Schneiderturm, und Reste der Stadtbefestigung (13. Jh.).

❿ *Palais Papius,* 1740 erbaut und 1756 erweitert. Innen schöne Balustertreppe, gediegen gestaltete Stuckdekken, Türen und ein Saal (Ende des 18. Jh.). Museum für *Europäische Wohnkultur aus Renaissance und Barock. Sammlung Dr. Irmgard von Lemmers-Danforth.* Möbel und kunsthandwerkliche Arbeiten (Di–So 10–13, 14–17 Uhr). Gegenüber *Reichskammergerichtsmuseum* im Avemannschen Haus, erbaut um 1760 (Di–So 10–13, 14–17 Uhr).

⓫ *Untere Stadtkirche/ehemalige Franziskanerklosterkirche,* um 1290 als Chor einer Franziskanerkirche entstanden, seit 1586 reformierte Kirche. Im umgebauten alten Hauptschiff die Wetzlarer Musikschule.

⓬ *Jerusalemhaus,* Ende 17. Jh., Wohnhaus des »Ur-Werthers« Carl Wilhelm Jerusalem mit rotem Fachwerk, zwei dreigeschossigen Erkern und zwei Gedenkzimmern zur Geschichte des Hauses (Di–So 14–17 Uhr).

⓭ *Eisenmarkt,* Mittelpunkt der Altstadt mit schönen Fachwerkhäusern (teilweise 16. Jh.): »Alte Münz«, ehemalige Apotheke »Zum Goldenen Löwen«, Barbara-Brunnen.

⓮ *Goethebrunnen,* Haarbachstr. Ursprünglich »Brunnen zu Wedelnbach«, im Jahr 1334 erstmals erwähnt; später von Goethe im »Werther« beschrieben.

⓯ *Burgruine Kalsmunt,* um 1180 auf Veranlassung Kaiser Friedrichs I. (Barbarossa) erbaute Reichsburg. Verlor später an Bedeutung und verfiel im Laufe des 16. Jh. Erhalten geblieben sind der quadratische romanische Bergfried und das Tor der Kernburg.

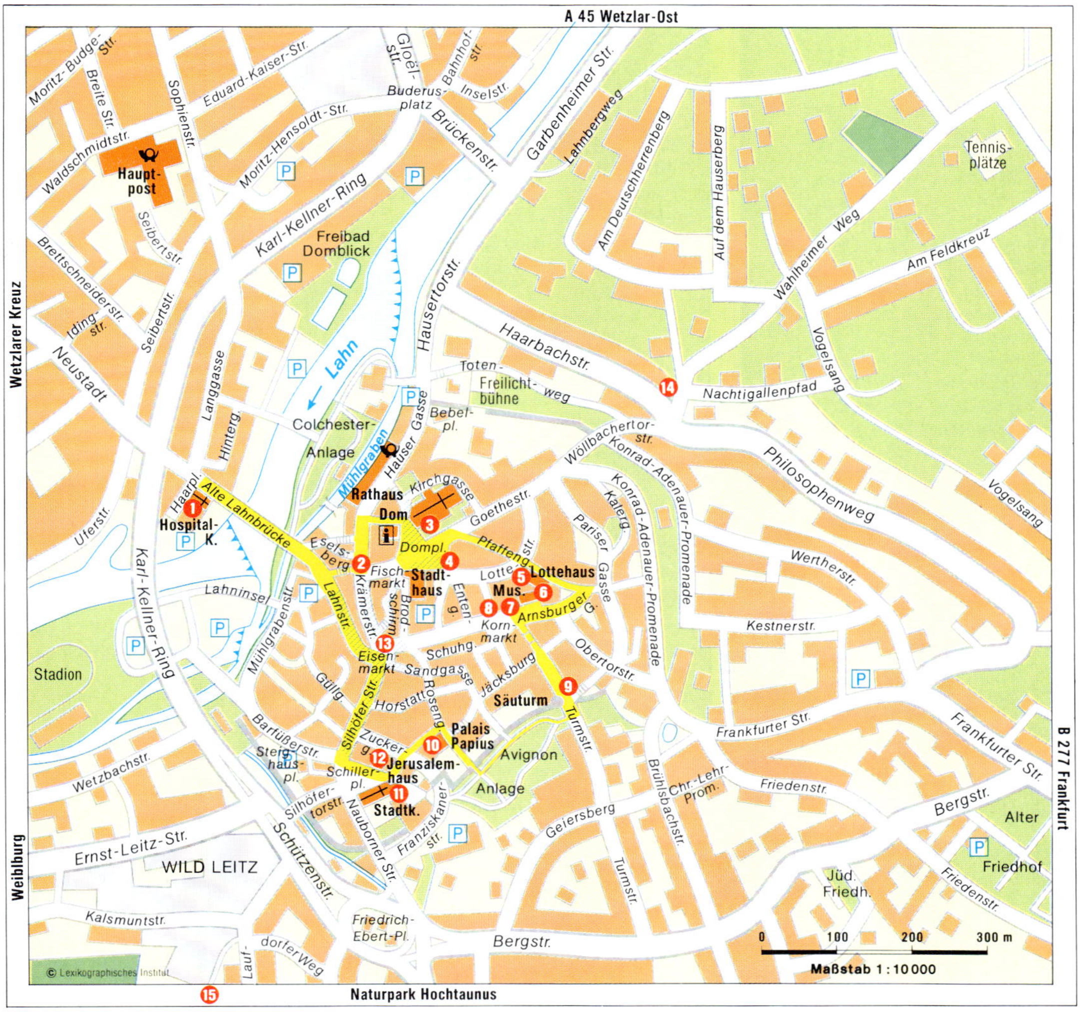

Es hangt so lange wie ein Spruch in Wetzlar

Kameras und Camerale – die Wetzlarer verbuchen sie auf der Habenseite ihres stadtgeschichtlichen Kontos. Für die einen ist ein Feinmechaniker namens Oskar Barnack verantwortlich, der hier 1913 die erste deutsche Kleinbildkamera entwickelte; Wetzlar war Geburtsort der »Ur-Leica«.

Für die anderen zeichnet der Deutsche Reichstag verantwortlich. Gegen Ende des 17. Jh. versetzte er sein oberstes Gericht in die Reichsstadt Wetzlar und mit ihm die Cameralen, die gebildeten, meist adligen Gerichtsherren nebst Familien und Anhang. Man schrieb das Jahr 1693. Die Chronik spricht von mehr als 1000 Personen mit gehobenen Daseinsansprüchen, die sich im Lauf der Zeit in Wetzlar niederließen. Zwar kam es anfangs zu einigen Querelen zwischen den Bewohnern der damals etwas heruntergekommenen 5000-Seelen-Reichsstadt und den privilegierten, womöglich dünkelhaften Justiz-Aristokraten, aber sie verebbten bald. Es hob sich nämlich nicht nur das Niveau der Rechtsprechung in Wetzlar, sondern auch das Bruttosozialprodukt. Im Dienstleistungsbereich und bei den Handwerkern tat sich einiges. Die »Hohen Herren« brauchten standesgemäße Wohnungen, also wurden sie gebaut und eingerichtet. Auch die Prozeßparteien mieteten Häuser oder siedelten sich gar an, weil sich die Verfahren oft sehr lange hinzogen. »Es hangt so lange wie ein Spruch in Wetzlar« ist bis heute die gängige Redewendung, wenn irgendeine Angelegenheit nicht zu Ende gehen will.

Die Wege des jungen Werthers

Obwohl die Wetzlarer gern den Namen Goethe auf ihr Panier schreiben, gingen dessen Angelegenheiten in Wetzlar relativ schnell zu Ende, wenn-

Tips, Tips, Tips

Wie eine Seite aus dem Bilderbuch
10 km südwestlich von Wetzlar liegt Braunfels (zu erreichen über die L 3451). Der Luftkurort im Naturpark Hochtaunus hat keine Industrie, dafür sehr viel Wald und gut begehbare Wanderwege. Vor allem das vieltürmige Schloß Braunfels (13.–19. Jh.) mit dem Fürstlichen Familienmuseum lohnt einen Besuch (April–Sept. 8–17 Uhr, Okt.–März 9–16 Uhr). Zu besichtigen sind der Rittersaal, eine bedeutende Gewehrsammlung sowie Kunst und vorgeschichtliche Exponate aus dem Solmser Land.
Als bedeutender Fremdenverkehrsort im Lahn-Dill-Bereich bietet Braunfels weiter an: den Kurpark mit Ausschank der »Biskirchener Heilquelle Karlssprudel« (tägl. 9–10, 17–18 Uhr); den Wildpark »Tiergarten« mit Dam-, Schwarz-, Muffel- und Rotwild (Di–So 10–18 Uhr); das Dr. Kannegießersche Waldmuseum mit Stein-, Pflanzen-, Muschel- und Gemäldesammlungen (tägl. 10–17 Uhr) und das Stadtmuseum Obermühle mit »Omas guter Stube, Küche und Schlafzimmer« (April–Okt. So, feiertags 15–17 Uhr, Nov.–März nach Vereinbarung), ☏ (0 64 42) 55 90 ab 17 Uhr. – Auch Rundflüge mit Motorseglern sind möglich, ☏ (0 64 42) 85 41.

Wie ein Kammergerichtsherr im alten Wetzlar
Die Wohnkultur aus Wetzlarer Kammergerichtszeiten hatte einigen Stil – und man kann sie heute noch genießen. Wer Lust hat, einmal im Ambiente hochherrschaftlicher Familien aus dem Juristenadel zu tafeln, zu feiern oder sonstwie zu »communicieren«, kann sich dieses Vergnügen bereiten: Entsprechende Räumlichkeiten stehen für festliche Gelegenheiten zur Verfügung (☏ 40 53 38).

Besucherbergwerk Fortuna
1983 wurde die Grube »Fortuna« als letztes Eisenbergwerk Hessens stillgelegt und zu einem Besucherbergwerk ausgebaut. Die Führung unter Tage ist ein einmaliges Erlebnis. Anfahrt über die B 49, Abfahrt Oberbiel (März–Nov. Di–Fr 9–16, Sa, So 9–17 Uhr, Dez.–Febr. nach Voranmeldung), ☏ (0 64 43) 4 01.

gleich sie in anderer Form fortleben. Ganze vier Sommermonate hielt es den Rechtspraktikanten in den Mauern des kleinen Reichsstädtchens: von Mitte Mai bis September 1772. Er war 23 Jahre alt und hatte alles andere im Kopf als langatmige Kammergerichtsprozesse. So sah man ihn in den Gerichtsräumen ausgesprochen selten. Weitaus häufiger besuchte er ein kleines Haus im Hof des Deutschritterordens ❺, in welchem die Amtmannstochter Charlotte Buff lebte, die es ihm heftig angetan hatte. Sie war allerdings verlobt, und Goethe verließ die Stadt fast fluchtartig wieder, um mit sich ins reine zu kommen. Eine ähnliche Affäre, die mit dem Selbstmord des abgewiesenen Liebhabers Carl Wilhelm Jerusalem endete und sich etwa zur gleichen Zeit in Wetzlar abspielte, verwob Goethe zusammen mit anderen Erlebnissen in dem Briefroman »Die Leiden des jungen Werthers« (1774).

Die Stadt, der Dom, die Leute

Außer dem Dichterfürsten hat die Stadt eine ganze Reihe von Kaisern und Königen gesehen und beherbergt, den berühmtesten jedoch möglicherweise nicht. Man weiß nur, daß Kaiser Friedrich I. Barbarossa von Gelnhausen aus am 1. April 1180 »seinen Bürgern« von »Weteflare« die Rechte einer Reichsstadt bestätigte; ob er sie je auch besucht hat, ist nicht überliefert. Rund 40 Jahre vorher wird Wetzlar erstmals urkundlich erwähnt – als Lagebestimmung für den heutigen Stadtteil Niedergirmes. Eine regelrechte Gründungsurkunde gibt es allerdings nicht. Wahrscheinlich hat sich die Stadt aus einem fränkischen Krongut entwickelt, zu dem um 900 schon eine Kirche gehörte. Später wurde ein Marienstift angegliedert, dessen Kirche das Fundament des heutigen Doms ❸ bildet, der verschiedene Bauphasen hinter sich hat und dennoch unvollendet geblieben ist. Aber er war immer der Mittelpunkt der Stadt, und er ist es bis heute. Wer mittwochs oder samstags über den farbenfrohen Markt ❹ schlendert, merkt rasch, daß der große, leicht abschüssige Platz Wetzlars wichtigste Markt- und Versammlungsstätte ist und war. Umrahmt wird er von stilvollen Hausfassaden, die in den letzten Jahren fachkundig restauriert worden sind. Auch das neue Stadthaus paßt sich als kulturelles Zentrum gut in die historischen Fluchten ein.

Buttermarkt ❹, Fischmarkt ❷, Kornmarkt ❽, Eisenmarkt ⓭ – Schmiedgasse, Schuhgasse, Gewandsgasse, Krämerstraße, Metzgergasse… heißen die Plätze und Wege in der Altstadt, weil sich vom Dom aus geschlossene Handwerksbereiche ringförmig bergabwärts ansiedelten. Ein Marktplatz wetteifert mit dem anderen um mittelalterliche Fachwerk-Schönheit, um barockes Fluidum. Die Menschen sind geschäftig wie eh und je, die Kulissen sind seit Hunderten von Jahren dieselben, ein bißchen restauriert oder stilgerecht erneuert.

So bietet sich vom Turm des Doms aus der Süden Wetzlars dar: vorne Domplatz und Fischmarkt, hinten die Burgruine Kalsmunt.

Von den Märkten und von dem Status der Reichsfreiheit ging der Impuls aus, der Wetzlar zu einer der bedeutenden Städte des Reichsgebiets werden ließ. 1254 schloß es sich dem Rheinischen Städtebund an und gehörte zusammen mit Frankfurt, Friedberg und Gelnhausen zum Bund der Wetterauer Reichsstädte. Jahrzehnte ging es wirtschaftlich bergauf, dann steil abwärts. Um 1370 stand die Reichsstadt vor dem Bankrott. Das Reich konnte nicht helfen, die Reichsstadt-Privilegien wurden zum Pferdefuß. Wetzlarer Kaufleute durften sich auf anderen Märkten nicht mehr blicken lassen, sie hätten für die Schulden der Stadt aufkommen müssen.

1803 war es auch vorbei mit der Reichsfreiheit. 1806 gab es kein Kammergericht mehr, und aufgrund der Beschlüsse des Wiener Kongresses ging Wetzlar 1815 als Kleinstadt an Preußen, das sogleich Soldaten schickte. Garnisonstadt ist Wetzlar geblieben, heute mit rund 5000 Soldaten die größte Bundeswehrgarnison in Hessen.

Goethe war nicht alles!

Gut die Hälfte aller Arbeitnehmer ist im produzierenden Gewerbe tätig, denn nicht nur Goethe hat Wetzlar zu Weltgeltung verholfen, sondern es waren und sind die Qualitäts- und Präzisionserzeugnisse aus den Häusern Leitz, Buderus, Loh, Hensoldt und Philips, die zum guten Namen der Stadt beigetragen haben. Mitte des 19. Jh. begann sich hier optisch-mechanische Industrie anzusiedeln, 20 Jahre später wurde der erste Hochofen angestochen.

Die Pflege von Auslandskontakten beschränkt sich aber nicht nur auf wirtschaftliche Beziehungen. Partnerschaften mit ausländischen Städten wie Colchester, Avignon, Schladming, Siena und Reith gaben Parkanlagen und Spielplätzen ihren Namen. Weitläufige Wander-, Trimm- und Radfahrwege sind in den nahe gelegenen Waldgebieten zahlreich vorhanden – auch am Lahnufer, das übrigens wieder ureigenes Wetzlarer Hoheitsgebiet ist. Mit Gießen und einer ganzen Reihe von Gemeinden wurde Wetzlar nämlich am 1. Januar 1977 zu einem Großstadtgebilde namens »Lahn« zwangsvereinigt. Eine höchst umstrittene Maßnahme – und eine erfolglose dazu: Die Episode dauerte 31 Monate, danach war Wetzlar wieder Wetzlar und Kreisstadt im neuen Lahn-Dill-Kreis.

Barbarossa . . .

. . . gründete im 12. Jh. die Reichsburg Kalsmunt ⓯ auf einer Bergkuppe südlich von Wetzlar. Die Ruine erreicht man über den Karl-Kellner-Ring, die Schützenstraße und den Laufdorfer Weg.

Ursprünglich hatte die Burg Münzrecht und die Aufgabe, Wetzlar und die staufische Wetterau nach Norden hin abzuschirmen. Die Festung verfiel allerdings ziemlich rasch und zeigt heute nur noch Reste – u. a. den Bergfried und das Portal der Kernburg. Bei schönem Wetter kann man von hier aus Wetzlar und seine Entwicklungsringe überschauen. Der Rundblick reicht vom Feldberg im Taunus über die Westerwaldhöhen bis zum Gleiberg, Vetzberg und Dünsberg nahe Gießen.

Hier wohnte, angebetet vom jungen Goethe, Charlotte Buff.

Theater, Musik, Veranstaltungen, Museen

Theater

Neues Kellertheater, im Industriepark Beck, Garbenheimerstr. 36 (ab Ende 1990 im Foyer des Wetzlarer Hofs, Obertorstr. 3). Schauspiel, Kleinkunst, Lesungen, ☏ (06 41) 3 51 63.
Wetzlarer Besenkammerspiele, Kornmarkt 5 a. Schauspiel, Kleinkunst, Märchen, ☏ 4 53 73.

Musik

Dom ❸, Buttermarkt. Oratorien, Messen, Chor- und Orchesterkonzerte, Orgelmatineen und Orgelvespern, ☏ 7 40 80, 2 85 83.
Klosterkirche Altenberg, Solms/Oberbiel. Sommerkonzerte auf dem Altenberg: Alte Musik mit historischen Instrumenten, ☏ 7 40 80.
Untere Stadtkirche ⓫, am Schillerplatz. Kammermusikalische Konzerte, ☏ 7 40 80.
Haus der Jugend, Stadthaus am Dom ❹. »Konzerte für die Jugend«: Rock- und Popmusik, Open-air-Konzerte, Jazz sowie Chanson, ☏ 40 53 80, 40 54 68.
Kleinkunstbühne Harlekin im Riesen, Güllgasse 2. Pop, Rock, Folk, Jazz, Blues, Boogie, ☏ 4 50 35.
Zum Brunnen, Hofmannstr. 1, Wetzlar-Nauborn. Rock- und Popmusik, ☏ 2 5175.

Veranstaltungen

Alle drei Jahre (1991) Juli: *Ochsenfest* am Festplatz Finsterloh. Kreis-Tierschau und Volksbelustigung.
Ende April/Anfang Mai: *Frühlingsfest* auf der Bachweide. Vergnügungspark mit Musikprogramm.
30. April/1. Mai: *Tanz in den Mai* auf dem Domplatz ❹. Wettspiele der Burschenschaften; Folkloretänze, ☏ 40 54 39.
Ende Mai: *Domplatzfestival* auf dem Domplatz ❹. Rock-, Pop-, Bluesmusik, ☏ 40 54 39.
Mai/Juni: *»Eine Stadt gibt sich Mühe für Sie«* an verschiedenen Plätzen der Stadt. Einzelhandelspräsentation, Musikgruppen, Veranstaltungen für Kinder, »Lahn in Flammen« mit Feuerwerk und Tanz, ☏ 40 54 39.
Mai–Ende Sept.: *Musikalische Matineen*, Freilichtbühne Rosengarten (So 11–13 Uhr); Jazzkonzerte, Blasmusik, volkstümliche Musik; Stadtmusiktag; Stadtgesangstag (So 14 Uhr), ☏ 40 52 65.
Mitte Juli: *Wetzlarer Blues-Weekend* mit intern. Bluesgruppen in der Colchester-Anlage, ☏ 4 61 76.
Juli/Aug.: *Wetzlarer Festspiele*. Spielorte – Freilichtbühne Rosengarten: Oper, Ballett, Schauspiel; Lottehof im Lottehaus ❺, Lottestr. 8–10: »Romantischer Abend« mit klassischer Musik und Lesungen; Kindertheater, ☏ 40 52 30.
1. Wochenende im Sept.: *Brückenfest* in der Altstadt. Volksfest mit Musikprogramm, ☏ 40 54 39.
Sept.: *Tage der Phantastik*, Stadthaus am Dom ❹. Autorenlesungen, Ausstellungen, Filmvorführungen und Videoprogramme (Schwerpunkte: Fantasy, Science-fiction); Höhepunkt: Verleihung des Phantastik-Preises, ☏ 40 53 80.
Okt.: *Gallusmarkt* in der Innenstadt. Volksfest, ☏ 40 54 39.

Museen

Jerusalemhaus, Schillerplatz (s. ⓬).
Lottehaus/Stadtmuseum/Zehntscheune (ehemalige Niederlassung des Deutschen Ritterordens), Lottestr. 8–10 (s. ❺, ❻, ❼).
Palais Papius – Europäische Wohnkultur aus Renaissance und Barock. Sammlung Dr. Irmgard von Lemmers-Danforth; gegenüber *Reichskammergerichtsmuseum*, Sammlung zur Geschichte des Reichskammergerichts, Kornblumengasse 1 (s. ❿).
Werkmuseum der Firma Wild Leitz, Ernst-Leitz-Str. Entwicklung wichtigster Produkte der Firma in den Bereichen Fotografie und Mikroskopie (Mo–Fr 8–16 Uhr).

LACHMANN
LACHMANN
SCHUHE

Wiesbaden

Weltbad für Potentaten

Großstadtflair und Naturverbundenheit – beides fand schon der Besucher der nassauischen Residenzstadt im 19. Jahrhundert auf engstem Raum. Majestäten wie Kaiser Wilhelm trafen hier mit Potentaten aus aller Welt zusammen, aber auch der Geldadel gab sich ein Stelldichein, denn die Spielbank versprach Gewinn oder zumindest ein spannendes Erlebnis. Dichter wie Goethe und Dostojewski seien nicht vergessen, auch Richard Wagner gab der Stadt die Ehre. Einst zur »Weltkurstadt« erhoben, stellt sich Wiesbaden heute als hessische Landeshauptstadt vor, die viel von ihrem wilhelminischen Gepräge bewahrt hat. Ein Hauch von Luxus weht durch die Bäder und Boulevards (unser Bild zeigt die Wilhelmstraße), die mehr denn je Bühne für ein weltstädtisches Publikum sind.

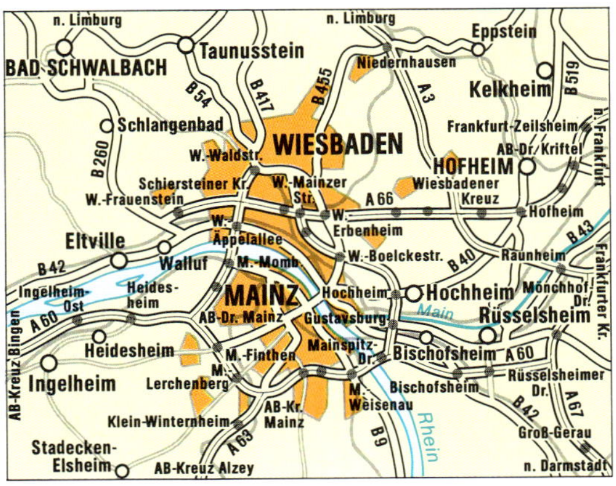

Wappen Drei goldene Lilien in einem blauen Schild; die Lilien lassen sich schon zu Beginn des 16. Jh. im Gerichtssiegel nachweisen und werden mit den frz. Lilien in Verbindung gebracht. Das Wappen geht angeblich auf Karl den Großen zurück.
Lage Westliches Rhein-Main-Gebiet, zwischen dem Rhein und den Ausläufern des Taunus.
Land Hessen
Autokennzeichen WI
Höhe 83–608 m ü. M.
Fläche 204 km²
Einwohnerzahl 260 000
Postleitzahl 6200
Telefonvorwahl 0 61 21 (ab 1990: 06 11)
Post Hauptpost am Hbf., Spätschalter (Mo–Sa 6–22, So 10–11, 12–18 Uhr).
Polizei Polizeipräsidium, Friedrichstr. 25 (Ecke Marktstraße), ☎ 34 51
Taxi ☎ 3 90 11, 3 99 11, 44 44 44
Nahverkehr Zahlreiche Buslinien im innerstädt. Verkehr und in die Vororte, Verkehrsverbund mit Mainz (VMW). Fahrscheine beim Schaffner und an Automaten erhältlich. Für Touristen empfehlen sich das 24-Stunden- oder das Familienticket. Außerdem gibt es zwei S-Bahn-Verbindungen nach Frankfurt (FVV).
Camping Campingplatz Maarau, ☎ 0 61 34/43 83. Zu erreichen von der A 671/60 über die B 42 bis zur Mainbrücke, dann beschildert. Campingplatz des Wiesbadener Kanuvereins, Uferstr. 2, ☎ 6 67 81. Erreichbar über die B 42 im Ortsteil Biebrich.
Parken Ortsfremde Autofahrer sollten die Innenstadt meiden, denn es gibt kaum Parkplätze; empfehlenswert sind folgende Parkmöglichkeiten: Parkhäuser Paulinenstr. (Theater/Kurhaus) und Rheinstr. (Rhein-Main-Halle), Tiefgarage Luisenplatz, Dernsches Gelände – Friedrichstr., Parkhäuser Karstadt, Hertie und Coulinstraße.
Touristinformation Verkehrsbüro, Rheinstr. 15, Ecke Wilhelmstraße, ☎ 31 28 47 (Mo–Fr 8–18.30, 14–17 Uhr); Hbf. ☎ 31 28 48 (tägl. 8–21 Uhr).
Stadtrundfahrt Abfahrt ab Hbf. (So 10 Uhr) und ab Theaterkolonnade (So 10.05, Mo 14.45 Uhr).

Stadtrundgang
Gut eine Stunde dauert der Stadtbummel, den wir Ihnen vorschlagen. Volle drei Stunden brauchen Sie, wenn Sie ihn um den schönen Spaziergang zum Neroberg (17) und zur Griechischen Kapelle (18) erweitern. Und ein weiteres Viertelstündchen müssen Sie für diesen Abstecher einplanen: die Wilhelmstraße hinauf bis zur Villa Clementine (11), weiter zur Englischen Kirche (12) zwischen Frankfurter Straße und Kleiner Wilhelmstraße und schließlich zum Sitz des hessischen Ministerpräsidenten, zur Staatskanzlei also, die genau gegenüberliegt. Gelegenheit zum Ausruhen bieten das »Beau-Site« an der Talstation der Nerobergbahn oder eine der zahlreichen Gaststätten in der Nerostraße und am Kranzplatz. Eine Einkehr lohnt z. B. das »Café Maldaner« in der Marktstraße mit preiswerter Küche und viel Atmosphäre. Parken können Sie am Kurhaus (2), am Staatstheater (1) oder im Theater-Parkhaus, Paulinenstraße.

Sehenswürdigkeiten
(1) *Hessisches Staatstheater*, 1892–94 von den Wiener Theaterarchitekten Ferdinand Fellner und Herrmann Helmer im Renaissancestil erbaut.
(2) *Kurhaus*, 1904–06 von Friedrich von Thiersch mit eindrucksvoller Tempelfassade und imposanter Kuppel erbaut – einem rund 100 Jahre älteren Vorgängerbau nachempfunden – 1987 restauriert. In den Seitenflügeln mehrere Räume mit prunkvoller Ausstattung.
(3) *Kolonnaden*, sie bilden mit dem Kurhaus eine hufeisenförmige Anlage. Die nördliche Brunnenkolonnade – hier steht eine Hygieia-Statue – ist ein Werk von Christian Zais (1825); die südliche Theaterkolonnade hat Heinrich Jakob Zengerle 1839 errichtet.
(4) *Kochbrunnen*, die bekannteste Therme der Stadt: 66 °C heiße Natriumchloridquelle mit Brunnenschale von E. Heydoch (1971). Der Kochbrunnentempel nebenan ist eine Rekonstruktion des Originals von 1854.
(5) *Kaiser-Friedrich-Bad*, städt. Kurmittelhaus (1910–13), im Innern Wandgemälde und ein Majolikaraum. Römisch-irisches Dampfbad.
(6) *Römertor*, hölzerne Rekonstruktion von 1902, als die unvollendete Stadtmauer des 4. Jh. erneuert wurde.
(7) *Hessischer Landtag*, vormals Residenz der Herzöge von Nassau. 1837–41 im klassizistischen Stil errichtet und in die Straßenfront einbezogen. Den Haupteingang betont ein Rundbau. Gut erhaltene Innenräume.
(8) *Altes Rathaus*, zweigeschossiger Bau (1609/10) und zugleich Wiesbadens ältestes Baudenkmal. Das Erdgeschoß mit Treppenvorbau gehört der Spätrenaissance an; das Obergeschoß, urspr. eine Fachwerkkonstruktion, wurde 1828 im historisierenden Stil der Zeit ersetzt.
(9) *Neues Rathaus*, 1886/87 von Georg Hauberisser, dem Architekten des Münchner Rathauses, errichtet. Der Bau ist deutschen Renaissanceschlössern nachempfunden.
(10) *Marktkirche*, neugotische dreischiffige Basilika mit fünf Türmen, die in Ziegelbauweise ab 1852 von Carl Boos nach dem Vorbild der Friedrich-Werderschen Kirche Schinkels in Berlin errichtet wurde.
(11) *Villa Clementine*, besonders eindrucksvolle Villa, im 19. Jh. für die Königin Natalie von Serbien im klassizistisch-pompejanischen Stil erbaut.
(12) *Englische Kirche*, eigentlich St. Augustine of Canterbury; 1863–65 für engl. Kurgäste erbaute neugotische Backsteinkirche.
(13) *St. Bonifatius*, 1844–49 als dreischiffige Hallenkirche von Philipp Hoffmann errichtet und 1864–66 mit der Doppelturmfassade vollendet.
(14) *Ringkirche*, 1892–94 als Abschluß der Rheinstr. von Johannes Otzen erbaut; gutes Beispiel für die Abwendung vom Historismus und gleichzeitige Rückbesinnung auf protestantische Kirchenbautraditionen. So wurden Altar, Kanzel und Orgel an einer Wand vereinigt.
(15) *Museum*, 1912–15 von Theodor Fischer erbaut. Eingangstrakt mit hoher Treppe und tempelartiger Fassade zwischen zwei viergeschossigen Seitenflügeln. Vor dem Portal eine Goethe-Statue. Kunstsammlung mit Gemälden des 16.–20. Jh., darunter 40 Werke von Alexej von Jawlensky, Skulpturen und Objekte des 20. Jh., Arbeiten der Künstlergruppe »Quadriga«.
Naturwissenschaftliche Sammlung mit Exponaten aus Geologie, Geologie der Heimat, Erdgeschichte, Mineralogie, Zoologie.
Sammlung Nassauischer Altertümer mit Objekten von der Steinzeit bis zum 19. Jh.; umfangreiche Bestände aus der römischen Kaiserzeit sowie Funde aus fränkischer Zeit; mittelalterliche und neuzeitliche Sammlungen zur Stadt- und Landesgeschichte (Di–So 10–16, Di auch 17–21 Uhr).
(16) *Kurpark*, östlich des Kurhauses gelegener englischer Garten von Carl Friedrich Thelemann (1852).
(17) *Neroberg*, 245 m hoher »Hausberg« Wiesbadens mit Aussicht auf die Stadt. Sehenswert ist auch die altertümliche, durch Wassergewicht bewegte Bergbahn aus dem Jahr 1888.
(18) *Griechische Kapelle*, Kreuzkuppelkirche mit fünf vergoldeten Kuppeln nach dem Vorbild russischer Kathedralen. Herzog Adolf von Nassau ließ sie 1847–55 durch Philipp Hoffmann zum Gedenken an seine früh verstorbene Gemahlin Elisabeth Michailowna, eine Zarennichte, erbauen. Im Innern Kuppelfresken, eine mit Heiligenbildern geschmückte, den Chor abtrennende Wand (Ikonostasis) und das Grabmal. Dem Grabmal der Königin Luise in Berlin-Charlottenburg nachempfunden, stellt es die zwölf Apostel und die vier Kardinaltugenden dar.

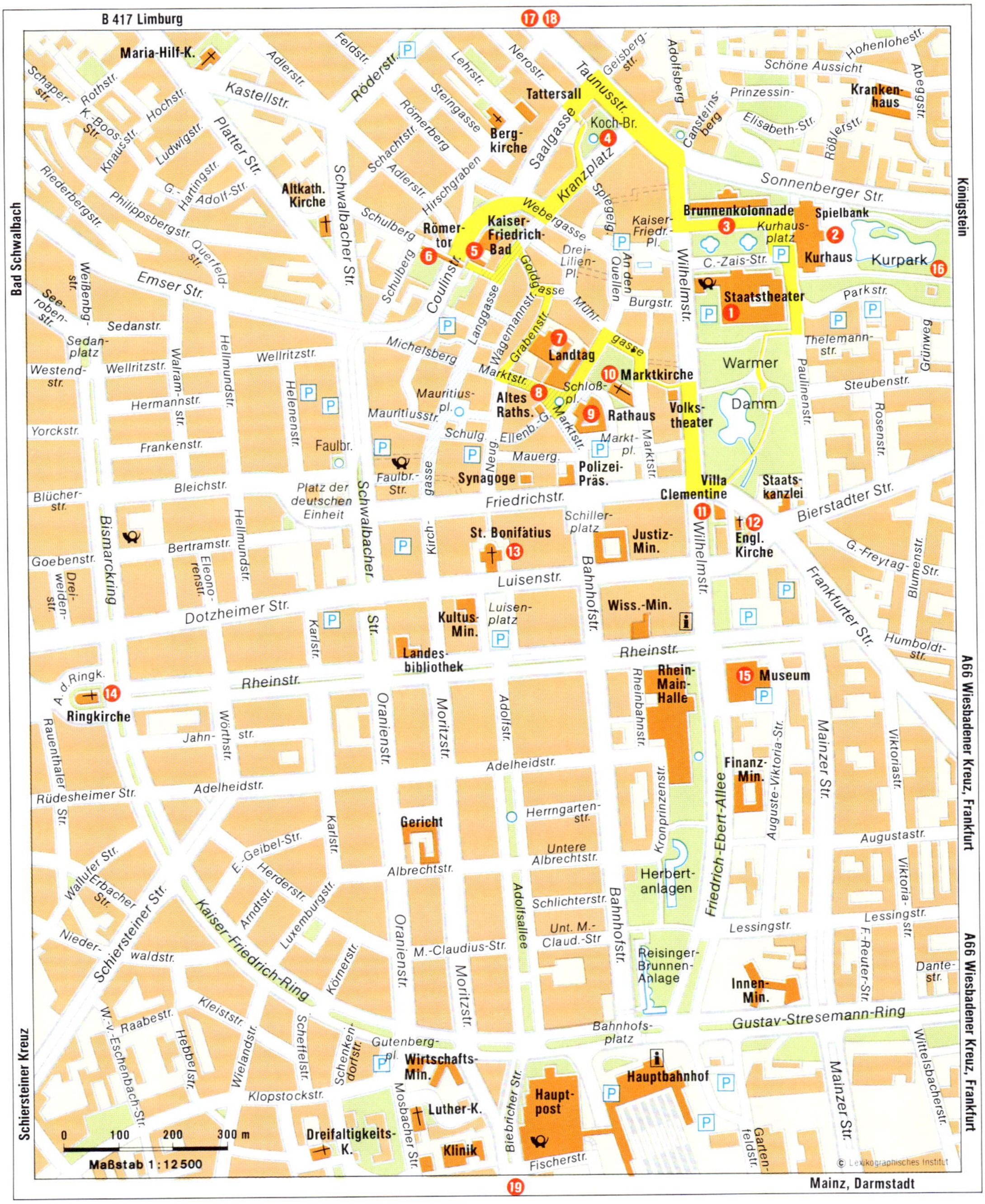

Zum heißen Wasser drängt doch alles

Als »Wisibada«, Bad in den Wiesen, hat Einhard, der Biograph Karls des Großen, im Jahr 829 die fränkische Siedlung rechts des Rheins bezeichnet. Aber zu dieser Zeit hatte der Ort schon eine wechselvolle Geschichte hinter sich. Lange vor der Zeitrechnung haben die Mattiaker, ein germanischer Stamm, in dieser Gegend gesiedelt, und der Überlieferung nach wird ihnen bereits eine Vorliebe für die hier so reichlich sprudelnden heißen Quellen nachgesagt. In großen goldenen Lettern steht deshalb über dem Kurhausportal: AQUIS MATTIACIS.

So richtig beginnt die Geschichte der Stadt aber erst mit den Römern. Die Siedlung bot viele Vorzüge sowohl strategischer wie verkehrsmäßiger Art; mehrere Heerstraßen kreuzten sich hier. Die Römer legten aber auch Wert auf körperliche Labsal: In den heißen Quellen ließ sich trefflich baden. So begann der Kurbetrieb. 122 n. Chr. werden die »Wasser der Mattiaker« zum ersten Mal erwähnt.

19 *Biebricher Schloß*, zwischen 1698 und 1744 in mehreren Bauabschnitten entstandene Barockanlage in Hufeisenform, der jedoch keine einheitliche Planung zugrunde liegt. Die Schauseite geht zum Ufer des Rheins, hofseitig erstreckt sich ein weitläufiger Park. Im Nordwestflügel (Winterbau) vorzüglicher Rocaillestuck von Johann Peter Jäger. Zahlreiche klassizistisch umgestaltete Räume. Der englische Park von 1811 (Ludwig von Sckell) mit künstlicher Burgruine von 1806.

Um 250 fallen die Alemannen in das Gebiet ein und zerstören die Siedlung. Rund 100 Jahre später kehren die Römer zurück, aber die strategische Lage war wohl nicht mehr so wichtig – 406 wird die ehemals blühende Kur- und Handelsstadt endgültig aufgegeben. Nun kommen die Franken nach »Wisibada«, aber mit Kuren und Bädern haben sie nicht allzuviel im Sinn; eine eher bäuerliche Kultur entsteht. Und dennoch entwickelt sich Wiesbaden weiter. So besucht Otto der Große 965 die heute völlig zerstörte Mauritiuskirche. 1123 wird die Stadt als Königshof erwähnt, 1236 feiert Kaiser Friedrich II. hier das Pfingstfest. 1242 zerstört der Mainzer Erzbischof Wiesbaden; 40 Jahre später tun es ihm die Herren von Eppstein gleich. 1348 erhalten die Nassauer durch Karl IV. die Bestätigung ihrer Herrschaft über die Stadt.

Verheerende Folgen hatte der Dreißigjährige Krieg: 1644 wurde Wiesbaden geplündert und eingeäschert. 1675 wütete die Pest. 1744 verlegte Fürst Karl von Nassau-Usingen seine Residenz nach Biebrich, nachdem das dortige Schloß eigens durch einen heizbaren Winterbau erweitert worden war. 1806 wurde Wiesbaden Regierungsstadt des Herzogtums Nassau und erlebte seine erste Blütezeit als Residenz- und Badestadt. Europäische Fürsten und auch Goethe weilten hier zur Kur. Dieser Kurbetrieb überstieg alle Erwartungen: 1825 zählte man 13 000 Gäste bei 6900 Einwohnern. Fürst Friedrich August von Nassau-Usingen (1803–16) und Herzog Wilhelm von Nassau (1816–39) ließen Wiesbaden großzügig ausbauen. Es entstanden das Alte Kurhaus und das Alte Theater, das Schloß ❼, die Kurhauskolonnaden ❸, die Griechische Kapelle ⓲, die Marktkirche ❿. 1852 wurde Wiesbaden zum ersten Mal »Weltkurstadt« genannt. Nachdem 1866 Nassau Preußen einverleibt worden war, ließen sich pensionierte Offiziere und höhere Beamte in großer Zahl hier nieder, um einen geruhsamen Lebensabend zu verbringen. Das Neue Rathaus ❾ entstand, und ein Theaterneubau ❶ wurde notwendig. Im Jahr 1900 hatte die Stadt 86 000 Einwohner und die meisten Millionäre Deutschlands.

Wilhelms Erbe reicht nicht aus

Bis zum Ersten Weltkrieg dauert nun die Glanzzeit der Stadt: sommerlicher Aufenthalt des Kaisers und des Hofes, Maifestspiele, Spielbank. Das gesellschaftliche Leben ist eine einzige Folge von Höhepunkten, aber 1918 kommt das jähe Ende. Bis 1926 ist die Stadt französisch besetzt, von 1926 bis 1929 Hauptquartier der britischen Rheinarmee. 1936 wird Wiesbaden Sitz des Generalkommandos des XII. Armeekorps, nach dem Zweiten Weltkrieg Landeshauptstadt von Hessen. Die Kurstadt bekommt wieder Aufgaben zugewiesen, zwischen 1949 und 1951 werden Spielbank, Kurhaus und Theater wiedereröffnet, und langsam siedeln sich große Industriebetriebe an – hauptsächlich am verkehrsgünstigen Rhein.

Für den heutigen Bürger Wiesbadens ist es gar nicht so leicht, sich mit seiner Stadt zu identifizieren, vermißt er doch die jahrhundertealte Tradition anderer Städte. Mittelalterliche Zeugnisse fehlen, und das Wilhelmi-

Im August dient ganz Wiesbaden einschließlich des Hessischen Landtags, eines früheren Herzogsitzes, als Kulisse für die Rheingauer Weinwoche.

Einkaufen

Natürlich hat Wiesbaden eine Fußgängerzone. Und Sie finden dort alles, was Sie wollen, auch wenn es nicht unbedingt zum täglichen Leben notwendig ist: Luxus, Überfluß, Kunst. In den kleinen Passagen, in der Altstadt, in der Antiquitäten-(Taunus-)Straße und in der Wilhelmstraße, von den Wiesbadenern liebevoll »unsere Rue« genannt, wird Einkaufen zum »Shopping«. Wenn für Sie Paris oder Mailand zu weit entfernt sind, kommen Sie doch ins nahe gelegene Wiesbaden. Mode oder Schmuck, Antiquitäten oder modernste Einrichtungen, hier ist fast alles vom Feinsten. Auch die Preise natürlich – Wiesbaden ist eine der teuersten Städte in der Bundesrepublik Deutschland. Was soll's? – Wiesbaden ist »in«. Jahr für Jahr kommen rund 10 000 Araber nach Wiesbaden, um einzukaufen und sich – sozusagen nebenbei – in der Deutschen Klinik für Diagnostik untersuchen zu lassen. Da hat die Devise der Einzelhändler auf einmal einen doppelten Sinn: »Wiesbaden – wunderbar«.

Straßenfeste

»Die ganze Stadt ist Bühne«, könnte man, frei nach Shakespeare, sagen. Angefangen hat alles mit dem Rheingauer Weinfest, ursprünglich gedacht als Werbeveranstaltung für die Winzer des nahe gelegenen Rheingaus. Der Erfolg dieses »Volks«-Festes – mittlerweile zum größten Weinfest in der Bundesrepublik Deutschland geworden – übertraf jedoch alle Erwartungen und droht längst, die Möglichkeiten der Stadt zu sprengen: Mindestens eine halbe Million Menschen trifft sich, und für viele ehemalige Wiesbadener, auch für die, die im Ausland leben, ist diese Rheingauer Weinwoche Mitte August wie Weihnachten: Da ist man in Wiesbaden, trifft alte Freunde und Bekannte, schwelgt in Erinnerungen und schmiedet Pläne. Wem es ab 20 Uhr zu voll wird, dem sei die Zeit zwischen 17 und 19 Uhr empfohlen; die Hektik des Einkaufens ist schon (fast) vorüber, die Nachtschwärmer sind noch nicht da, der Winzer hat noch Zeit für einen Plausch, und Sitzplätze gibt's auch noch.

Wer mehr für Sekt und Champagner schwärmt, besucht am zweiten Wochenende im Juni das Wilhelmstraßenfest. Sämtliche deutschen und französischen Marken werden kredenzt, und dazu gibt's Austern, Hummer oder Ente. Ein bißchen snobby, ein bißchen schickimicki – und ein gesellschaftliches Muß für alle, die sich dazugehörig fühlen. Wenn es nicht so brechend voll wäre, könnte man die Wilhelmstraße als vornehmen Laufsteg bezeichnen: Die Damen führen internationale Mode vor, teuerster Fummel, von Armani bis Lagerfeld – »leibhaftig«.

nische Erbe als Kurstadt und Sammelplatz der »besseren Gesellschaft« ist übermächtig. Von früherem Ruhm allein kann eine moderne Stadt aber nicht leben, sie braucht Industrie, Arbeitsplätze, Steuereinnahmen. Deshalb ist Wiesbaden froh, daß sich einige wichtige Dienstleistungsbetriebe hier angesiedelt haben: das Bundeskriminalamt (1953), das Statistische Bundesamt (1955), die Wehrbereichsverwaltung IV, die Deutsche Pfandbriefanstalt und einige Hauptverwaltungen großer Versicherungskonzerne. Dann gibt es natürlich die Ministerien und Verwaltungen des Bundeslands Hessen; aber merkwürdig, Wiesbaden hat als Landeshauptstadt so gar nichts Auftrumpfendes, Bombastisches. Eher bescheiden gliedern sich Staatskanzlei und Ministerien in das Stadtbild ein, Renommierbauten wurden bisher vermieden. Auch das einstige Stadtschloß der Nassauer, der heutige Landtag 7, hat nichts Protziges, sondern wirkt wie die ruhige Arbeitsstelle fleißiger Beamter. Ob sich dieser Eindruck durch den Erweiterungsbau hinter der alten Fassade der ehemaligen Rheumaklinik, direkt neben dem Landtagsgebäude, vielleicht ändern wird?

Was Reims für den Champagner...

Natürlich gibt es in Wiesbaden auch Industrie, aber sie siedelte sich, teilweise schon zu Kaisers Zeiten, in den bis 1945 zu Mainz gehörenden rechtsrheinischen Vororten Amöneburg, Kostheim, Kastel an, weil sie weder in Mainz noch in Wiesbaden selbst gelitten war. Dyckerhoff, Europas größte Zementfabrik, die Stahlgießerei Rheinhütte, die Hoechst-Töchter Albert- und Kalle-Chemie produzieren hier, die Plastikhersteller Bellaplast und Ebert in Biebrich und Schierstein. Davon sieht und hört der Besucher Wiesbadens normalerweise nichts, hin und wieder steigt ihm vielleicht ein unangenehmer Geruch in die Nase. Nicht nur deshalb sind die Sektkellereien beliebter. Henkell und Söhnlein sind hier ansässig, Matheus Müller im nahe gelegenen Eltville. »Was Reims für den Champagner, ist Wiesbaden für den Sekt«, rühmt sich die Stadt mit leichter Übertreibung. Für die Zukunft erhofft sie sich die Ansiedlung von »sauberer« Industrie, zumal der Elektronik, und hat zumindest die hervorragende geographische Lage als Trumpf in der Hand: eine Stadt im Grünen, am Rand eines Ballungszentrums, mit dem Rhein-Main-Flughafen vor der Tür. Der Werbespruch ist auch schon gefunden: »Wiesbaden hat Charme und Intelligenz«.

Vor dem Kurhaus erstreckt sich der 1852 als englischer Garten angelegte Kurpark mit seinen barocken Wasserbecken und alten Platanen.

Äppelblüte

In den Ausläufern des Taunus nordöstlich von Wiesbaden war noch nie viel Landwirtschaft möglich: Auf den kargen, bergigen Wiesen pflanzte man Obstbäume, vor allem Kirschen und Äpfel. Wenn diese Bäume blühten, wurde ein Frühlingsfest gefeiert: mit Gesang und Tanz und der Wahl der Apfelblütenprinzessin. Dieser Brauch hat sich bis heute in Naurod erhalten, und es ist ein urwüchsiges Fest geblieben. Veranstalter sind die Nauroder Vereine; ob Schützen oder Schwimmer, Radler oder Reiter, nur ein Verein kann Apfelwein ausschenken und dafür Geld einnehmen. Wandern Sie die »sündige Meile« zwischen Obergasse, Auringer Straße und Festplatz entlang, schauen Sie in die Zelte, Scheunen und Garagen hinein, jeder Verein versucht, den anderen an Attraktivität und Gemütlichkeit des Lokals zu übertreffen. Und nach einem kleinen Bummel durch den Vergnügungspark wissen Sie wohl schon, wo Ihr Stammplatz sein wird: da, wo es den besten Apfelwein oder die deftigste Schlachtplatte gibt, da, wo »richtig« was los ist, oder da, wo die lustigsten Menschen beisammen sind. Setzen Sie sich einfach dazu, zum »Fremdeln« kommen Sie hier gar nicht. Und spätestens nach dem ersten Apfelschnaps sind Sie sicher, daß Sie zum Nauroder Äppelblütefest wiederkommen werden. Sonntag nachmittag ist Festumzug mit Musik- und Motivgruppen und der Vorstellung der diesjährigen »Äppelblüteprinzessin«. (Benutzen Sie zu Ihrer Sicherheit öffentliche Verkehrsmittel: Linien 21 und 22 ab Innenstadt.)

An der Ecke Burgstraße steht eine riesige, originelle Kuckucksuhr.

Tips, Tips, Tips

Wo's Sträußche hängt
Wer bei der Bezeichnung »Straußwirtschaft« an den Vogel denkt, der angeblich den Kopf in den Sand steckt, ist auf dem Holzweg. Gemeint sind Reisig- oder Blumensträuße, die soviel bedeuten wie »Hier wird eigener Wein aus dem Faß ausgeschenkt«. Wenn Ihnen die 380 Restaurants und Kneipen in Wiesbaden also nicht genügen, dann fahren Sie in der Zeit zwischen Frühjahr und Weinlese hinaus in den Rheingau und machen sich in einem der Orte auf die Suche nach dem Blumen- oder Reisigstrauß. Hier wird Ihnen reiner Wein eingeschenkt, und für eine gute Grundlage wird mit Deftigem gesorgt: Hausmannskost und der unvermeidliche »Handkäs mit Musik« (Betonung auf dem u!). Sie werden Spaß finden unter dem Motto »Wo's Sträußche hängt – werd ausgeschenkt!«

Atmosphäre gratis obendrein
Nach anstrengenden Stunden im Bad oder nach einem ausgedehnten Einkaufsbummel steht Ihnen der Sinn vielleicht nach einer Rast. Sie suchen das Unverwechselbare? Dann sei das »Café Maldaner« in der Marktstraße empfohlen. In der Mittagszeit speist man dort gutbürgerlich. 1859 als Wiener Café gegründet, hat es sich bis heute den Charme eines alten Kaffeehauses bewahrt. Hier sitzen Künstler neben Beamten, Touristen neben Einheimischen. Mittendrin gehen Kellner und Kellnerinnen ihrer Arbeit nach und erwecken den Eindruck, daß sie zum liebenswerten Inventar des »Maldaner« gehören.

Vor dem Hessischen Staatstheater blickt Schiller in die Ferne.

Die Hauptrolle spielt das Publikum

Hessens Landeshauptstadt ist sicher keine Theatermetropole, auf den hiesigen Brettern wird eher solides Handwerk geboten. Das ist nicht abwertend gemeint und schließt auch nicht aus, daß hin und wieder überregional beachtete Inszenierungen gelingen. So sind das Theater und das Geld, das Stadt und Land dafür lockermachen müssen, längst kein Thema mehr zwischen den politischen Parteien. Das Staatstheater ❶ gehört als wesentlicher Bestandteil zu Wiesbaden. Das Große Haus wurde 1894 als Königliches Theater in Betrieb genommen. Seit Errichtung des Alten Theaters hatte sich die Einwohnerzahl Wiesbadens verzehnfacht, aber die Zahl der Kurgäste und Fremden war weitaus größer, so daß ein beträchtliches Potential an Theaterbesuchern vorhanden war. Heute haben die Theaterleute zwar manchmal Probleme mit dem Publikum, von dem sie meinen, es sei zu konservativ, aber wenn dieses Publikum auf den Plätzen und Straßen der Stadt, beim Promenieren, Flanieren und Sich-zur-Schau-Stellen, selbst zum Akteur wird, kann es nicht bunt, schrill und modern genug zugehen. Dabeisein ist längst nicht alles – man muß beachtet, möglichst in der Prominentenecke gesehen werden. Allerdings wechseln diese Ecken dauernd.

Spielen, Kuren, Schlemmen

Da ist es im Spielcasino schon anders: Hier geht es ruhig und konzentriert zu, wie es scheint, aber in Wirklichkeit herrschen Spannung und Erregung, nur bekommt der Uneingeweihte sie erst nach langer Beobachtung mit. Besuchen Sie die Spielbank, genießen Sie ein Essen im vorzüglichen Restaurant »Belle Epoque«, beobachten Sie die Spieler, lassen Sie sich von der Atmosphäre gefangennehmen; aber bevor Sie selber Jetons kaufen, denken Sie daran: Die Bank gewinnt immer!

Was wäre ein Aufenthalt in Wiesbaden, ohne die heißen Quellen erprobt zu haben. Sie können zum Beispiel zum Thermalbad im Aukammtal spazieren: Thermalwasser, Sauna, Solarium – alles ist hier

Als Grabkirche für seine geliebte Frau, eine Nichte des Zaren, erbaute Herzog Adolf die Griechische Kapelle auf dem Neroberg.

vorhanden. Aber Vorsicht, nehmen Sie sich Zeit, das heiße Wasser beansprucht den Kreislauf sehr, ausgedehnte Ruhephasen nach dem Baden sind dringend angeraten. Währenddessen überlegen Sie doch schon einmal, worauf Sie am Abend Appetit haben. Französisch, italienisch, chinesisch, böhmisch, türkisch, hessisch? Die »Weltkurstadt« hat alles zu bieten, durchweg in hervorragender Qualität.

In Nassau ist gut sein

Nun wissen Sie schon eine ganze Menge über Wiesbaden. Wenn Sie motorisiert sind, können Sie sich zusätzliche Eindrücke verschaffen. Bummeln Sie an einem ruhigen Sonntagvormittag die Stadt im Auto ab. Fahren Sie durch die Sonnenberger Straße und das Musikerviertel, schauen Sie sich die alten Villen an, entdecken Sie in der City-Ost, die Gegend um die Frankfurter Straße, die alten Kutscherhäuschen neben den palastartigen Villen, die heute größtenteils zu schmucken Wohnhäusern ausgebaut sind. Über die Platter Straße kommen Sie am Nordfriedhof vorbei zum Jagdschloß Platte. Herrliche Spaziergänge locken hier; im Winter ist es ideal zum Schlittenfahren und Langlaufen. Falls Sie ganz aus der Stadt fliehen wollen: Der Rheingau liegt ja vor der Tür. Wenn Sie es nicht gerade auf die Drosselgasse in Rüdesheim abgesehen haben, werden Sie zu jeder Jahreszeit ein ruhiges Plätzchen finden.

In die einstige Residenz der Nassauer zurückgekehrt, fällt Ihnen vielleicht die abschätzige Bezeichnung »Nassauer« ein. Damit hat es folgendes auf sich: Für zwölf Studenten aus Nassau hatte der Fürst des kleinen Landes in Göttingen Freitische auf Staatskosten bereitgestellt. Kam einer der Begünstigten einmal nicht zu Tisch, nahm einfach einer seiner Kommilitonen die Gelegenheit wahr, kostenlos zu einer Mahlzeit zu kommen, er »nassauerte«. In Wiesbaden erklärt man den Ausdruck gern so, daß früher die Bewohner der umliegenden ärmeren Fürstentümer gern zu den Nassauern kamen, denen es gutging. Hier konnte man in heißen Quellen baden, sich des Theaters erfreuen oder sich kulinarischen Freuden hingeben. Wann kommen Sie, um auch einmal zu »nassauern«?

Die Nerobergbahn

Ob man denn das schöne Nerotal mit einem klotzigen Viadukt für so ein »technisches Machwerk« verschandeln dürfe, war vor gut einem Jahrhundert eine Frage, die die Wiesbadener Bürgerschaft über die Maßen beschäftigte. Heute ist die Nerobergbahn ein aufwendig gepflegtes technisches Denkmal von 1888; in jenem Jahr wurde die »Standseilbahn mit Wasserballast« in Betrieb genommen. Auf der 440 m langen Strecke fahren zwei Wagen, die mit einem Drahtseil über die Bergstation verbunden sind. In den 7000-Liter-Tank des jeweils oben stehenden Wagens wird so viel Wasser eingelassen, wie nötig ist, um den unteren nach oben zu ziehen. Gebremst wird über Zahnräder, die in die Zahnstange zwischen den Gleisen greifen. So werden bis zu 25 % Steigung überwunden. Unten angekommen, läßt der oben »vollgetankte« Wagen das Wasser einfach ablaufen. Wenn Sie auf dem Neroberg vom Aussichtstempelchen einen herrlichen Rundblick über Wiesbaden bis nach Mainz genießen, stehen Sie auf dem Wasserreservoir der Nerobergbahn (April, Sept. Mi, Sa 12–19, So, Feiertage, 10–19 Uhr; Mai–Aug. Mo–Sa 12–19, So, Feiertage 10–19 Uhr; Okt. Mi, Sa, So, Feiertage 12–18 Uhr).

Theater, Musik, Veranstaltungen, Museen

Theater

Hessisches Staatstheater ❶, Christian-Zais-Str. 3–5. Großes Haus: Oper, Operette, Musical, Ballett, Schauspiel, Kinderprogramme. Kleines Haus: Schauspiel, Matineen. Studio: Sprechtheater, Lesungen, Seminare, »Musiktheaterwerkstatt«. Foyer: literarische und musikalische Sonntagsmatineen, ☏ 13 23 21 und 13 23 25.
Komödie am Park, Wilhelmstr. 36. Komödie, Lustspiel, Sommertheater, ☏ 30 15 21.
Volkstheater am Park (Rheingauer Volkstheater e. V.), Wilhelmstr. 36. Hessische Abende, Volksstücke, Kabarett-Revuen, Lesungen, Märchentheater, ☏ 30 31 13.
Hinterhaus (mit »Café klappbar«), Karlstr. 15. Kleinkunst, Theater, Kino, Ausstellungen, ☏ 37 43 99.
Pariser Hoftheater (Cafétheater), Spiegelgasse 9. Kabarett, Chanson Lesungen, Mischformen, Kindertheater, ☏ 30 06 07.

Musik

Staatstheater ❶, Christian-Zais-Str. 3–5. Zykluskonzerte mit intern. Solisten; Orchesterkonzerte; Sonder- und Chorkonzerte; Konzerte für Kinder, Jugend musiziert, Podium junger Künstler; Matineen.
»Musiktheaterwerkstatt« im Foyer mit Produktionen zu moderner Musik; Maifestspiele mit großem Programm für Kinder, ☏ 13 23 25.
Rhein-Main-Halle, Rheinstr. 20. Konzerte, Volksmusik, Star-Galas, Eisrevuen, Varietés, Ballett, Musical, ☏ 14 40.
Kurhaus Wiesbaden, Kammerkonzerte, Boulevard-Theater, Jazz-Band-Ball, Meisterkonzerte, ☏ 31 81 66.
Villa Clementine ⓫, (Kammer-)Konzerte. Lesungen, Vorträge, Ausstellungen, vorwiegend von Wiesbadener Künstlern, ☏ 31 34 31.
Lutherkirche, Orgelmatineen auf der Klais-Orgel, Klavierabende, Messen, Oratorien, Chorkonzerte, Kantaten, ☏ 84 41 17.
Kreuzkirche, Vespern, Tage für Neue Musik (Mitte Okt.), ☏ 40 42 95.
Marktkirche ❿, Orgelmusik zur Marktzeit auf der Walcker-Orgel (Sa 11.30 Uhr), Stunde der Kirchenmusik (1. So im Monat 17 Uhr), Carillon-(Glockenspiel-)Konzerte, ☏ 30 43 51.
ARTist (Kooperative New Jazz e. V.), wechselnde Auftrittsorte innerhalb Wiesbadens. Modern, Free, experimenteller Jazz, ☏ 37 21 09.

Veranstaltungen

Fastnacht: Veranstaltungen in und um Wiesbaden; Attraktion ist jedoch die »Määnzer Fassenacht« in Mainz, von Wiesbaden aus gut zu erreichen.
1.–31. Mai: *Wiesbadener Internationale Maifestspiele* im Staatstheater ❶, Großes Haus. Gastspiele intern. Ensembles und Solisten mit Programmanteil für Kinder. Nach Bayreuth älteste Festspiele in der Bundesrepublik Deutschland, ☏ 13 23 25.
Pfingsten: *Internationales Reit- und Springturnier* im Biebricher Schloßpark. Hochkarätige Besetzung.
Zweites Wochenende im Mai (Fr–Mo): *Äppelblütefest in Naurod*. Volksfest mit Apfelwein, Maibowle und Bier, dazu Wiesbadener Hausmannskost.
Mitte–Ende Mai: *Ciao-Italia-Fest* auf dem Schloßplatz. Ital. Gastronomen bieten Kulinarisches, Musik und Tanz.
Ende Mai: *Kranzplatzfest*. Alternatives Wochenend-Straßenfest im Wiesbadener Kneipenviertel.
Zweites Wochenende im Juni: *»Theatrium« – Wilhelmstraßenfest*. »In«-Fest für Currywurst-Esser, Champagner- und Austern-Schlürfer in der Schlemmerzeile Wilhelmstr. mit Theater, Tanz und Folklore.
Mitte Juli: *Hafenfest* in Schierstein. Großer Vergnügungspark mit Buden und Karussells.
Mitte Aug.: *Rheingauer Weinwoche* auf dem Markt- und dem Schloßplatz und in der gesamten Fußgängerzone.

Museen

Frauenmuseum, Nerostr. 16. Frauen in Wiesbaden von 1850 bis heute, Leben in Bewegung. Veranstaltungen, Konzerte (Kammerkonzerte von Komponistinnen), Lesungen (So–Do 15–18 Uhr).
Museum, Friedrich-Ebert-Allee 2 (s. ⓯).

A 59

Wilhelmshaven

Marinestadt am Jadebusen

Innerhalb von knapp fünf Jahrzehnten hat die Stadt dem Meer durch Eindeichen und Aufspülen nahezu 3000 ha Neuland abgerungen. Dieses Land am Tiefwasser der Jade-Fahrrinne hat eine fast einmalige wirtschaftsgeographische Lage. Bedeutende Industrieunternehmen wurden hier angesiedelt. Als Umschlagplatz für Massengut gewann Wilhelmshaven eine wichtige Rolle im internationalen Handel hinzu. Alle Neuerungen haben aber die Tradition des Marinehafens nicht verdrängt: Im Heppenser Groden sind die Stützpunkte der Bundesmarine, die auf ihren Schulschiffen interessierten Bürgern Einblick gewährt (unser Bild). Darüber hinaus will die Jadestadt aber auch ein Geheimtip für Urlauber sein, eines der weniger bekannten Ferienziele, das dennoch viel zu bieten hat: Segeln, Surfen, Wattwandern und ein reiches kulturelles Angebot.

Wappen Auf goldenem Grund ein nach links stürmender Friesenkrieger mit umgegürtetem Schwert, friesischer Lanze und kleinem runden Schild. Volkstümlich bezeichnet als »Wilhelm, der fröhliche Friese«.
Lage An der Mündung der Jade
Land Niedersachsen
Autokennzeichen WHV
Höhe - 0,5–11,8 m ü. M.
Fläche 104 km²
Einwohnerzahl 91 000
Postleitzahl 2940
Telefonvorwahl 0 44 21
Post Hauptpost, Rathausplatz 2, Spätschalter (Mo–Fr 7.30–20, Sa 8–14, So 9.30–10.30 Uhr).
Polizei Ebertstr. 80, ☏ 4 30 31
Taxi ☏ 4 20 20, 4 22 22, 4 20 00
Nahverkehr Omnibuslinien im innerstädtischen Bereich und in die nähere und weitere Umgebung. Fahrscheine beim Fahrer und an den Automaten.
Camping Campingplatz Geniusbank, zu erreichen über die A 29 bis Autobahnende, ☏ 5 03 30.
Parken In der Innenstadt sind ausreichend Parkmöglichkeiten vorhanden.
Touristinformation Wilhelmshaven-Information, Börsenstr. 55 b, ☏ 2 62 61/62 (Mo–Fr 9–18, Sa 9–13 Uhr).
Stadtrundfahrt In der Saison Di und Do 15 Uhr ab ZOB (Zentraler Omnibusbahnhof).
Stadtführung Programm mit wechselndem Angebot, ☏ 2 62 61/62.
Schiffahrt In der Saison Hafenrundfahrten dreimal tägl. sowie Helgolandfahrten ab Südstrand, Helgolandkai, ☏ 4 34 43.

Stadtrundgang
Unser Rundgang durch Wilhelmshaven beansprucht bei gemächlicher Gangart zwei bis zweieinhalb Stunden. Er beginnt am City-Haus ❶ *und dem benachbarten Rathaus* ❷, *von dessen Turm aus man weit ins Land und aufs Meer hinausschauen kann. Bei schlechtem Wetter könnte der Besuch des Küsten-Museums im City-Haus mit einer Einstimmung in die Stadtgeschichte den Auftakt für den Rundgang bilden. Für eine Einkehr kommen die Cafés und Lokale der Marktstraße in Frage. Zum Rasten bieten sich der Friedrich-Wilhelm-Platz und selbstverständlich der Kurpark mit seinem dichten Baumbestand an.*

Sehenswürdigkeiten
❶ *City-Haus mit Küsten-Museum*, Stadtgeschichte, Entwicklung der Seefahrt, kultur- und naturgeschichtliche Entwicklung des Jadegebiets, Ausgrabungsfunde aus vorgeschichtlichen Wurtensiedlungen (Di–Fr, So 10–13, 15–18, Sa 10–13 Uhr).
❷ *Rathaus*, 1929 eingeweiht, bedeutendes Bauwerk des Architekten Fritz Höger, der den Backstein bzw. Klinker zu einem typischen Stilmittel der Region und auch seiner Zeit gemacht hat. Langgestreckter mehrgeschossiger Bau, dessen 49 m hoher Turm der Trinkwasserversorgung dient; eine Aussichtsplattform ist mit dem Aufzug erreichbar.
❸ *Banter Kirche*, 1898 im neugotischen Stil errichteter Backsteinbau.
❹ *Marktstraße*, Fußgängerzone und Einkaufszentrum.
❺ *Stadttheater*, aus dem Lichthof der ehemaligen Marine-Intendantur entstanden, 1952 eröffnet und 1983 umgebaut.
❻ *Kunsthalle*, 1912 gegründet, vom Verein der Kunstfreunde für Wilhelmshaven getragene Institution, die jährlich sechs bis zehn Wechselausstellungen von Künstlern aus Gegenwart und Vergangenheit bietet. Das jetzige Gebäude stammt aus dem Jahr 1968 und liegt im Zentrum der Stadt an einer großzügigen Parkanlage aus der Kaiserzeit (tägl. 10–13, 15–18 Uhr während der Ausstellungen).
❼ *Kopperhörner Mühle*, unter Denkmalschutz stehender »Galerieholländer« von 1839. Hier floß früher der Wasserlauf der Heete in die Maade ab. Die Sage erzählt, der Siel habe kupferne Tore gehabt, daher stamme der Name Kopperhörn.
❽ *Siebethsburg*, Umrisse einer Burg des 14. Jh.; durch Grabungen freigelegt, die auch Teile der Wehrmauern und das Burgtor zutage förderten. Am Fuß des Burghügels wurde ein Teil der Wehrmauer aus Granit und Backstein rekonstruiert.
❾ *Seewasseraquarium*, 1926 gegründete, 1950 erweiterte Anlage, die mit Seewasser aus dem Jadebusen versorgt wird und in über 40 Becken Flora und Fauna der Nordsee präsentiert.
❿ *Rüstringer Berg*, mit 11,8 m die höchste Erhebung Wilhelmshavens, die einen weiten Blick über die Jade bis nach Butjadingen gestattet.
⓫ *Ölhafen*, Ausgangspunkt der Pipeline von Wilhelmshaven bis ins Rheinland. Die 700 m lange Ölpier reicht bis ins tiefe Fahrwasser.
⓬ *Heinrich-Gätke-Halle* im ehemaligen Fort Rüstersiel, 1910 begründete ornithologische Sammlung, ursprünglich in Helgoland, seit 1945 in Wilhelmshaven. Mit Präparaten, Dioramen und grafischen Darstellungen wird in die Vogelkunde eingeführt und auf Gefahren hingewiesen, die der Vogelwelt drohen (Di 9–13, Do 13–17 Uhr).

Preußischer Hafen in Oldenburg

Eine Katastrophe schuf die Voraussetzungen: Sturmfluten setzten im Mittelalter das dichtbesiedelte Geest-Moor-Gebiet unter Wasser, es entstand der 190 km² große Jadebusen. Der Name ist dem Küstenflüßchen Jade entlehnt, das aus dem Vareler Hochmoor kommt und am südlichen Rand in das neu entstandene Meeresbecken mündet.

Es sollte noch Jahrhunderte dauern, ehe die Geburtsstunde Wilhelmshavens schlug, aber desto genauer läßt sie sich bestimmen. Als Preußen 1848 mit dem Aufbau einer Marine begonnen hatte, war bald der Plan einer Flottenbasis in der Nordsee herangereift. Zu dessen Verwirklichung wurden 334 ha oldenburgisches Land am Jadebusen erworben. Unzählige Arbeiter mußten nun hacken, graben, aufladen, wegschaffen, abladen ... Tümpel wurden freigelegt, die Malaria grassierte, aber der Kriegshafen nahm langsam Gestalt an.

Gewissermaßen nebenbei entstand die Stadt, die aber vorerst namenlos blieb. Erst am 17. Juni 1869 verkündete der preußische Kriegs- und Marineminister Albrecht von Roon, »daß der Hafen und die mit ihm werdende Stadt Wilhelmshaven heißen soll«. Hafenbaudirektor Wilhelm Goeker hatte die Gründungsurkunde entworfen und nach gutem niederdeutschem Brauch Wilhelmshaven geschrieben, aber korrekte Beamte hatten in Berlin ein »f« für das »v« eingesetzt. Als Goeker nach der Zeremonie den Irrtum bemerkte, wandte er sich an von Roon, der seinerseits Wilhelm I. von Preußen auf den Irrtum hinwies. Der Monarch befahl sogleich, dem Wunsch des Hafenbaudirektors zu willfahren und fügte hinzu: »Ich habe es ja auch gleich so ausgesprochen, lieber Roon.«

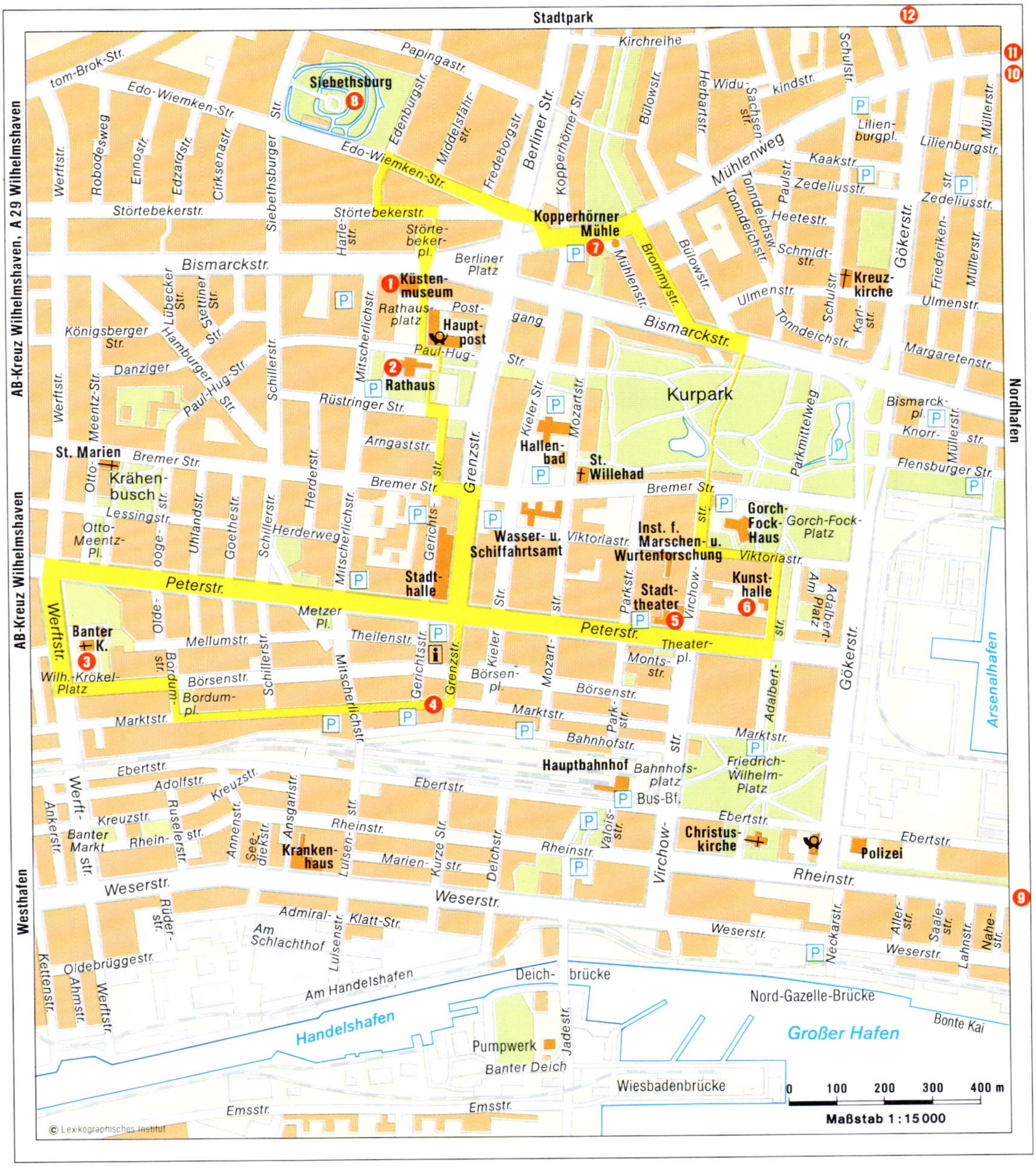

Stadt in weniger als 100 Jahren

Es konnte nicht ausbleiben, daß von der aufstrebenden Hafenstadt Impulse auf die Nachbargemeinden ausgingen. Bant, Heppens und Neueende schlossen sich 1911 zur Stadt Rüstringen zusammen, die ihrerseits 1937 mit Wilhelmshaven vereinigt wurde. Damit war in nicht einmal 100 Jahren eine Stadt entstanden, deren Einwohnerzahl heute knapp über 90 000 liegt.

Die Grenze zwischen den beiden Nachbarstädten Rüstringen und Wilhelmshaven entsprach übrigens der zwischen dem preußischen und dem oldenburgischen Territorium und gab der Grenzstraße ihren Namen. Hier erinnert ein Grenzpfahl mit den Wappen der beiden Städte an die Vereinigung von 1937.

Die Stelle, an der die Gründung Wilhelmshavens publik gemacht wurde, ist auf der Ostmole zur zweiten Einfahrt kenntlich gemacht. Draußen tummeln sich die Bugsierschlepper und die Zubringerboote für den Ölhafen ⓫, den größten Ölimporthafen der Bundesrepublik Deutschland. Die größten Tanker der Welt finden hier das Tiefwasser vor, das sie brauchen, um den Hafen direkt anlaufen zu können. Das ist an der deutschen Küste sonst nirgends möglich. Von hier wird das Rohöl in

Jaguar von Backbord

Wer sich für ein Kriegsschiff aus Polen oder Portugal, für ein schnelles Minensuchboot der Bundesmarine, für Schlepper, Hafenschutzboote oder ein U-Boot interessiert, kommt an der Börsenstr. 29 in Wilhelmshaven nicht vorbei. Hier gibt es einen Bilddienst mit über 12 000 Aufnahmen der preußischen und deutschen Marine. So ziemlich alle Arten von Kriegsschiffen sind hier dokumentiert, darüber hinaus gibt es Fotos von Persönlichkeiten, Einrichtungen und Besonderheiten. Unter der Nummer 0419 heißt es beispielsweise: »Jaguar... diese Aufnahme zeigt das Schnellboot von Backbord, querab, im Hafen.«

Tips, Tips, Tips

Mit dem Fahrrad auf Entdeckungsfahrt
»Mit dem Rad durch die Stadt« heißt ein Büchlein mit zehn Tourenvorschlägen. Sie reichen bis Dangast (52 km), aber auch in die nähere Umgebung (10 km). Die Karten sind so angelegt, daß man selbst kombinieren und abkürzen kann. Im zweiten Teil des Büchleins werden die Stadtteile aus Radfahrersicht geschildert. Selbstverständlich gibt es in Wilhelmshaven auch Fahrräder zu mieten (☏ 50330, 21566).

Hier wird Kultur gepumpt
Ein Dutzend Jahre wurde das Kultur- und Kommunikationszentrum Pumpwerk 1986 alt, und das bedeutet: fast 2,5 Millionen Besucher, weit über 3000 Veranstaltungen und Kulturarbeit jenseits der üblichen Normen. Wolf Biermann, Erika Pluhar und The New York Street Theatre Caravan sind nur einige der Künstler, die zum erstklassigen Programm des Pumpwerks beigetragen haben.

Pipelines bis zu den großen Raffinerien im Rheinland gepumpt. Ein umfangreiches Tanklager nimmt das angelandete Öl auf; die Kapazität beträgt 100000 m^3, die Ölpier ist mit vier Löschköpfen ausgestattet.

Nach dem Zweiten Weltkrieg hatte Wilhelmshaven seine Bedeutung weitgehend verloren. Der wichtigste Kriegshafen des Deutschen Reiches war größtenteils zerstört, und allen Ernstes wurde nicht nur überlegt, sondern beschlossen, die schwer heimgesuchte Stadt dem Meer zu überlassen. Es kam dann aber doch anders.

Die Bürger wurden nicht umgesiedelt, denn 1955 wurde entschieden, Wilhelmshaven erneut zum Marinehafen zu machen.

Mit dem Rheinland durch ein Rohr verbunden

Mitte der 50er Jahre gründeten außerdem mehrere in- und ausländische Gesellschaften die »Nord-West-Oelleitung GmbH« mit Sitz in Wilhelmshaven. Das versandete Fahrwasser wurde nun für Tankschiffe nutzbar gemacht, und die erste Pipeline Europas führte über 353 km von Wilhelmshaven nach Wesseling im Rheintal.

Von wirtschaftlicher Bedeutung für die Stadt ist das 1974 von der Nordwestdeutschen Kraftwerke AG erbaute Kraftwerk (heute zur Preussen Elektra gehörend) mit 770 Megawatt Leistung am Maadesiel. Jährlich werden hier 1 Million Tonnen Importkohle in Energie umgewandelt. Imponierend sind der 275 m hohe Schornstein und das 98 m hohe Kesselhaus. Beim Bau der gewaltigen Anlage wurde auf den Umweltschutz besonderes Augenmerk gelegt. Hier draußen am Maadesiel findet sich folgende Inschrift: »Een goden Siel un een fasten Diek, de maakt de Marschen drög und riek« (ein guter Siel und ein fester Deich machen die Marschen trocken und reich).

Eine Straße aus weißem Sand
Als Wilhelmshaven noch eine junge Stadt war, hat sich das besondere Ereignis eines Stapellaufs häufig wiederholt: »Freudige Erregung bemächtigt sich der Gemüter, wenn der Kaiser selbst uns die Ehre zeigt, das Schiff zu taufen; das ist dann ein hoher Feiertag für unsere junge Marinestadt – von Tor 1 bis zu der Helling ist die Straße mit weißem Sand bestreut und von Flaggenmasten umsäumt.« Dies schrieb Louise von Krohn, die schon 1859 als Frau des späteren Lotsenkommandeurs an die Jade kam, in ihren Erinnerungen »Vierzig Jahre in einem deutschen Kriegshafen«. Das lange vergriffene Buch ist neu aufgelegt worden und weiß Interessantes und Amüsantes aus der Gründerzeit zu berichten.

Labskaus
Wenn es auf einer langen Segelschiffreise etwas Besonderes sein sollte, griff der Smutje (Schiffskoch) in die Tonne mit dem Pökelfleisch, um ein Labskaus zu bereiten. Dabei ist es geblieben: Pökelfleisch ist die Grundlage eines ehrlichen Labskausgerichts. Ansonsten ist die Zahl der Rezepte Legion. Hier eines aus Wilhelmshaven: 100 g Zwiebeln in Scheiben schneiden und in Schmalz andünsten, 400 g gekochtes, durchgedrehtes Pökelfleisch (notfalls Corned beef) hinzugeben und zu einer Masse rühren. 800 g extra gekochte Kartoffeln hinzugeben, das Ganze mit dem Kartoffelstampfer durcharbeiten, mit Pfeffer würzen. Portionsweise mit Spiegelei, Salzgurke, Rollmops und roter Bete servieren.

Für Sonnenanbeter und Badefreunde geradezu ideal: die Geniusbank.

Das Jade-Zentrum bietet reichlich Einkaufsmöglichkeiten und beherbergt zudem die Stadthalle als kulturellen Veranstaltungsort.

Marinetradition auf Schritt und Tritt

Von der Marine allein lebt die Stadt also schon längst nicht mehr, aber sie hat doch allenthalben ihre Spuren hinterlassen. Am Ende der Marktstraße steht das Werfttor 1, das Ende des 19. Jh. erbaut worden ist und den Zugang zur einstigen kaiserlichen Marinewerft bildet, das heutige Marine-Arsenal. In einem der Torbogen hängt ein alter Briefkasten mit der Aufschrift »Kaiserliche Werft«, der nach wie vor benutzt wird. Beachtung verdienen auch die Werfttore, die Auszubildende der Lehrwerkstatt des Arsenals anhand einer Zeichnung von 1892 weitgehend originalgetreu wiederhergestellt haben.

Die Adalbertstraße, in den 70er Jahren des 19. Jh. entstanden, ist eine weitere Reminiszenz an die preußische Zeit der Stadt und an ihre ursprüngliche Bestimmung.

Nach dem Vorbild der Berliner Prachtstraße »Unter den Linden« angelegt, erhielt sie den Namen des Prinzen Adalbert von Preußen, des ersten Admirals der kaiserlichen Marine. Ein Denkmal erinnert an ihn, geschaffen von dem Berliner Bildhauer Karl Schuler. Für die Kosten kamen Marineoffiziere mit Spenden auf.

Die Tradition der Marinestadt halten auch die Museumsschiffe der Kaiser-Wilhelm-Brücke lebendig: »Kapitän Meyer« heißt der letzte dampfgetriebene deutsche Seetonnenleger, der noch bis 1983 im Einsatz war, dann von freiwilligen Helfern aufgemöbelt wurde und schließlich hier vor Anker ging. Zwei Jahre zuvor war das Feuerschiff »Norderney I«, 1907 als Segler vom Stapel gelaufen, außer Dienst gestellt worden. Bis September 1981 lag es in der Wesermündung, inzwischen kann es besichtigt werden und bietet sogar Gelegenheit, bei Speis und Trank zu verweilen...

Die Zeiten der kaiserlichen Marine beschwört auch die lange Zeit größte Drehbrücke unseres Kontinents herauf, nach Kaiser Wilhelm II. benannt, der sie 1907 eingeweiht hat. 758 t Stahl wurden für das 159 m lange Bauwerk verarbeitet.

Badefreuden, Grog, Ostfriesentee

Marine und Industrie, gewiß, aber der Besucher Wilhelmshavens sollte auch daran denken, daß die Stadt an einem Meerbusen liegt, der zudem unter Naturschutz steht. »Grüner Südstrand«, »Klein Wangerooge« und »Geniusbank« heißen die Plätze, die Erholung, Sonnenbräune und Badefreuden versprechen. Bei weniger freundlicher Witterung kommt eine Wattwanderung in Frage. Ist es auch dafür zu garstig, lohnt das Kurbad »Gesundbrunnen« mit Heilschlickbad, Sauna und Meerwasserbewegungsbad einen Versuch, wenn der Besucher es nicht vorzieht, sich durch einen Grog zu erwärmen oder durch einen feinen Ostfriesentee mit Kluntjes (Kandis) und Sahne, die wölkchenleicht in der Tasse schwebt.

Mehr als gutes Pils

Jever – Bierkennern ist der Name sowieso vertraut – ist aber auch wegen seines spätbarocken Stadtbilds ein lohnenswertes Ausflugsziel. Das nur 17 km westlich von Wilhelmshaven an der B 210 gelegene Städtchen hat allerlei Sehenswürdigkeiten: das Rathaus, viele alte Portale und in der Stadtkirche das Grabmal des ostfriesischen Häuptlings Edo Wiemken. Die Vierflügelanlage des Schlosses entstand im 15. und Anfang des 16. Jh. Der einstige Wehrturm ist mit einem Barockaufsatz geschmückt. Der unter dem kunstsinnigen Fräulein Maria von Jever im 16. Jh. eingerichtete Audienzsaal ist durch seine geschnitzte Kassettendecke aus Eichenholz und seine handbemalten Ledertapeten berühmt. Diese stammen vom Beginn des 18. Jh.; die Kassettendecke im Renaissancestil ist 1560–64 entstanden. Das Schloß- und Heimatmuseum führt in Geschichte und Kultur des Jeverlandes ein (Di–Sa 10–13, 15–17, So 11–13, 15-17 Uhr).

Schon lange in Betrieb ist der alte Briefkasten am Werfttor 1.

Theater, Musik, Veranstaltungen, Museen

Theater

Stadttheater Wilhelmshaven ❺, Virchowstr./Ecke Peterstr. Schauspiel: Landesbühne Wilhelmshaven und Niederdeutsche Bühne; Oper und Operette: Oldenburgisches Staatstheater, ☏ 4 33 33, 4 30 91, 4 26 73.
Pumpwerk, An der Deichbrücke. Theater, Kleinkunst, Pantomime, Kino, Literatur, ☏ 4 38 77.
Perspektive, Schellingstr. 21. Kindertheater, ☏ 30 13 97.
Ruscherei, Stadtteilhaus Altengroden, Ubbostr. 1. Kindertheater der Landesbühne sowie Plattdeutsch-Abende, ☏ 8 51 91.

Musik

Stadttheater Wilhelmshaven, Virchowstr./Ecke Peterstr. Sinfoniekonzerte mit Gastorchestern aus aller Welt, ☏ 4 33 33, 4 30 91.
Stadthalle, Grenzstr. 32. Sinfoniekonzerte, Shows, ☏ 2 62 44-46.
Banter Kirche ❸, Werftstr. 75. Orgelkonzerte an hohen Feiertagen, ☏ 2 24 34.
Pumpwerk, An der Deichbrücke. Jazz, Rock, Pop, Liedermacher, Frühschoppen, Pumpwerk-Feten, ☏ 4 38 77.
Perspektive, Schellingstr. 21. Rock, Jazz, Liedermacher, ☏ 30 13 97.
Hotel Kling Klang, Börsenstr./Ecke Mitscherlichstr. Jazz-, Pop- und Rockkonzerte mit deutschen und ausländischen Gruppen, »Nacht der genialen Dilettanten« mit neuen regionalen Gruppen, ☏ 1 33 22.

Veranstaltungen

Flohmarkt im Sportforum (zweimal im Monat)
5. Sa nach Ostern: *Maimarkt* im Sportforum. Neuntägiges Volksfest, ☏ 2 62 44/46.
Mai–Sept.: *Kurkonzerte* im Musikpavillon im Kurpark (So 11 Uhr), ☏ 2 61 61/62.
1. Wochenende im Juli: *Wochenende an der Jade* rund um den Hafen. Fünftägiges Volks- und Hafenfest mit einem Partnerland: Sport-, Kultur- und Musikveranstaltungen; Höhepunkt: Höhenfeuerwerk, ☏ 2 62 44/46.
1. Sa im Aug.: *Augustmarkt* auf dem Festplatz im Sportforum. Neuntägiges Volksfest, ☏ 2 62 44/46.

Museen

Buddelschiffmuseum, Neuharlingersiel, am Hafen Westseite. Etwa 150 Schiffe in Flaschen: Koggen, Barken, Vollschiffe (Mo, Mi–So 10–13, 14.30–18 Uhr).
Heinrich-Gätke-Halle, An der Vogelwarte 21, Wilhelmshaven-Rüstersiel (s. ⓬).
Kunsthalle, Adalbertstr. 22 (s. ❻).
Küsten-Museum Wilhelmshaven, City-Haus, Rathausplatz 10 (s. ❶).

Wolfenbüttel

Fachwerk, Pendler und Gelehrte

Über dem Eingang des Wolfenbütteler Schlosses steht die Inschrift »Parta tueri«, also »Erworbenes bewahren«. An diesen Wahlspruch haben sich die Wolfenbütteler fast immer gehalten. Weitblickende, begabte Herrscher und des Geschickes Mächte halfen ihnen dabei: Nahezu unversehrt, wie ein Bilderbuch aus Stein, liegt die ehemalige Residenz der Braunschweiger Welfenherzöge vor den Augen des Besuchers. Wolfenbüttel mit seiner weltberühmten Herzog-August-Bibliothek ist jedoch kein Museum! Zwar wird das Stadtbild geprägt von Schloß, Bibliothek, Lessinghaus und Kanzlei, der Hauptkirche Beatae Mariae Virginis, dem Stadtmarkt und über 500 Fachwerkhäusern (das schmalste ist etwas mehr als 2 m breit), aber Gegenwart und Zukunft bestimmen den Lebensrhythmus der Stadt. Kulturell, wissenschaftlich und auch wirtschaftlich hat sie – wie immer – gute Aussichten.

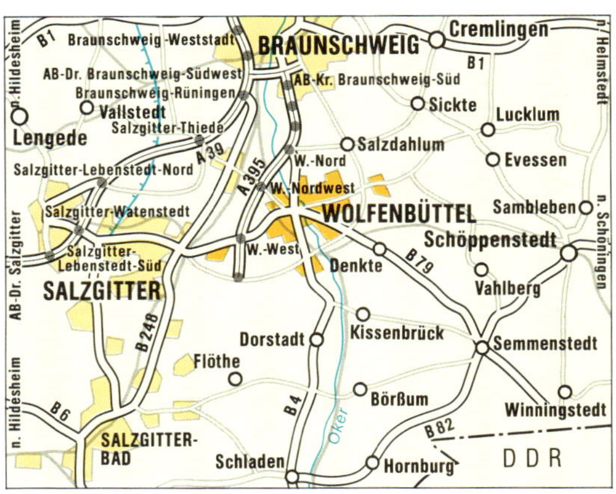

Wappen Das Wappen wurde der erweiterten Residenz 1570 durch Herzog Julius verliehen. In dem heute noch gültigen Stadtwappen, dessen Embleme springendes Pferd und Säule dem Wappen des Welfenhauses entnommen sind, betonte der Herzog seine landesherrliche Gewalt.
Lage Nördlich des Harzes an der Oker. Die »Deutsche Ferienstraße« und die »Harz-Heide-Straße« kreuzen sich in Wolfenbüttel.
Land Niedersachsen
Autokennzeichen WF
Höhe 75–133 m ü. M.
Fläche 78 km^2
Einwohnerzahl 51 000
Postleitzahl 33 40
Telefonvorwahl 0 53 31
Post Harztorwall 25, Spätschalter (Mo–Fr 8–21, Sa 8–18, So 8–12).
Polizei Neuer Weg 96, ☎ 70 01
Taxi 47 11
Nahverkehr Ein Netz von Buslinien verbindet Stadt und Umgebung.
Camping Camping Wolfenbüttel, Lange Str., ☎ 25 38; zu erreichen über die B 4, Lange Str. bis zum Hallenbad/Freibadgelände.
Parken Parkhäuser Löwenstraße/Schulwall und am Rosenwall im Zentrum (Hinweisschilder), großer Parkplatz hinter der Schloßanlage.
Touristinformation Touristinformation, Stadtmarkt 9, ☎ 8 64 87 (Mo–Fr 8–12.30, Mo, Di, Do 14–16, Fr 14–18, Sommer Sa 10–14 Uhr).
Stadtführung 1. April–30. Nov. jeden So 11 Uhr ab Schloßportal; sonst nach Vereinbarung.

Stadtrundgang

Wenn Sie sich mit einem kurzen Blick auf die Schönheiten der Stadt begnügen, dauert der Rundgang etwa eineinhalb Stunden. Vom Parkplatz hinter der Schloßanlage sind Sie schnell beim Ausgangspunkt, dem Schloßplatz (1). Schloß (2), Herzog-August-Bibliothek (4) und Lessinghaus (3) sind für Bildungsbeflissene Pflicht. Für Fotofreunde ist der Besuch der Krambuden (6) und des Stadtmarkts (8) unerläßlich. Am Kornmarkt steht die schöne Renaissancekirche Beatae Mariae Virginis (11), die als erste bedeutende protestantische Kirche Niedersachsens gilt. Sie haben also genug zu tun, wenn Sie Wolfenbüttel kennenlernen wollen – da wird dann irgendwann eine Rast fällig, vielleicht im Gasthaus Alt-Wolfenbüttel an den Krambuden?!

Übrigens lohnt sich ein Abstecher (etwa eine halbe Stunde) zur Johanniskirche (14), wo einer der wichtigen Baumeister Wolfenbüttels, Hermann Korb, begraben liegt.

Sehenswürdigkeiten

(1) *Schloßplatz,* über drei Jahrhunderte (1432–1753) Zentrum der Residenz, ursprünglich dicht bebaut und gut befestigt (alte Dammfestung), wurde von Herzog August d. J. (1635–66) zu einer repräsentativen Anlage umgebaut.

(2) *Ehemaliges Residenzschloß,* ursprünglich herzogliche Wasserburg (1283) in den sumpfigen Okerauen. Mehrfach umgebaut und erweitert. »Hausmannsturm«, Renaissance-Schloßturm von Paul Francke (1614); leider z. Z. nicht begehbar; Barock-Ummantelung von Hermann Korb (ab 1714). Schöner Innenhof mit Arkaden von 1643, zweigeschossige Treppenanlage (1690), die zu den *Historischen Schloßräumen* führt. Hier ist höfische Wohnkultur des 17. Jh. mit Stuckarbeiten, Deckengemälden, Intarsienwänden, Gemälden, Möbeln, Fürstenberger Porzellan und Wolfenbütteler Glas aus der Zeit um 1700 zu besichtigen. Außerdem Grafik, Dokumente und Funde zur Stadt- und Kreisgeschichte (Di–So 10–13, Mi auch 15–17 Uhr; Fr, Sa auch 15–18 Uhr).

(3) *Lessinghaus,* spätbarockes, im französischen Stil errichtetes Schlößchen, in dem Gotthold Ephraim Lessing von 1777–81 gelebt hat. Vollständig restauriert, ist das Gebäude heute Literaturmuseum zur Erinnerung an den Dichter, an sein gesamtes Werk und an die elf in Wolfenbüttel und Braunschweig verbrachten Jahre (tägl. 10–17 Uhr).

(4) *Herzog-August-Bibliothek,* 1572 von Herzog Julius (1568–89) gegründete Bücher- und Urkundensammlung des Herzogs August d. J. (1634–66). Heute besitzt die Bibliothek etwa 750 000 Bände sowie das Evangeliar Heinrichs des Löwen. Der Bibliotheksbau, 1881 im Stil eines italienischen Palazzos angelegt, wurde 1972 innen vollständig restauriert. Im Augusteersaal mittelalterliche Handschriften; Wechselausstellungen (tägl. 10–17 Uhr).

(5) *Zeughaus und Proviantboden.* Das Zeughaus wurde ab 1613 von Paul Francke errichtet. Schlichter Unterbau mit hohem Dachgeschoß. Der Westgiebel zeigt reichen Voluten-, Obelisken- und Früchteschmuck im manieristischen Stil der Spätrenaissance. Schön gestaltetes Hauptportal (1619) an der Westseite. 1974 nach gründlicher Restaurierung von der Herzog-August-Bibliothek übernommen, heute Zentrum des neuen wissenschaftlichen Bibliotheksquartiers. Der dahinterliegende Proviantboden (1659–62) ist das größte Fachwerkgebäude Niedersachsens. Im 19. Jh. mit steinernem Unterbau versehen und um 10 m gekürzt (tägl. 10–17 Uhr).

(6) *Krambuden und Zimmerhöfe,* ehemals Fürstliche Freiheit. Im 16. Jh. Grenze zwischen Residenz und Bürgerstadt. Fachwerkhäuser mit Arkaden aus dem 16. und 17. Jh. Haus Nr. 6 (Gaststätte Alt-Wolfenbüttel) ist das einzige Fachwerkhaus der Stadt, das sich mit dem Giebel zur Straße wendet, in Haus Nr. 20 wohnte der Hofkapellmeister Michael Praetorius (1571–1621).

(7) *Klein Venedig,* Rest einer der Grachten, mit denen holländische Spezialisten die Stadt im Auftrag von Herzog Julius planmäßig durchzogen hatten, um den sumpfigen Untergrund trockenzulegen.

(8) *Stadtmarkt,* ehemals morastiger See, um 1600 trockengelegt. Einzigartiges geschlossenes Bild mit zahlreichen Bürgerhäusern aus dem 17. Jh. und dem Fachwerkrathaus (ab etwa 1600) als Mittelpunkt. Ratswaage von 1609, Alte Apotheke mit schönen Erkern, Dachaufbauten und einem »wilden Mann« zur Abwehr böser Geister.

(9) *Lange Herzogstraße,* Fußgängerzone und Einkaufsstraße Wolfenbüttels.

(10) *Kanzleistraße,* ehemalige Hauptstraße, reich an Hofbeamtenhäusern, die besonders reizvoll ausgestaltet sind. Beherrscht wird die Straße von dem wuchtigen Renaissancesteinbau der Herzoglichen Kanzlei von 1542, die der Niederländer Hans Vredemann de Vries um 1588 umgebaut hat. Seit 1956 *Braunschweigisches Landesmuseum, Abt. Archäologie.* Überblick über die Vor- und Frühgeschichte des Landes. Besonderheiten: Feuerstein- und Knochengeräte eines Rentierjägerlagers, frühe Eitzumer Bandkeramik (Di–Fr 10–17, So 10–17 Uhr).

(11) *Hauptkirche Beatae Mariae Virginis,* erster bedeutender Kirchenbau des Protestantismus in der Tradition mittelalterlicher Hallenkirchen. Paul Francke verband in diesem 1608 begonnenen Bau Stilelemente der Gotik, der Renaissance und des Barock; reichgestaltete Portale, Reliefschmuck. Innenraum mit prächtiger Ausstattung: Altar, Taufe, Fürstengruft mit 29 Sarkophagen für die herzogliche Familie; unter der Orgel wurde 1621 der Komponist Michael Praetorius beigesetzt.

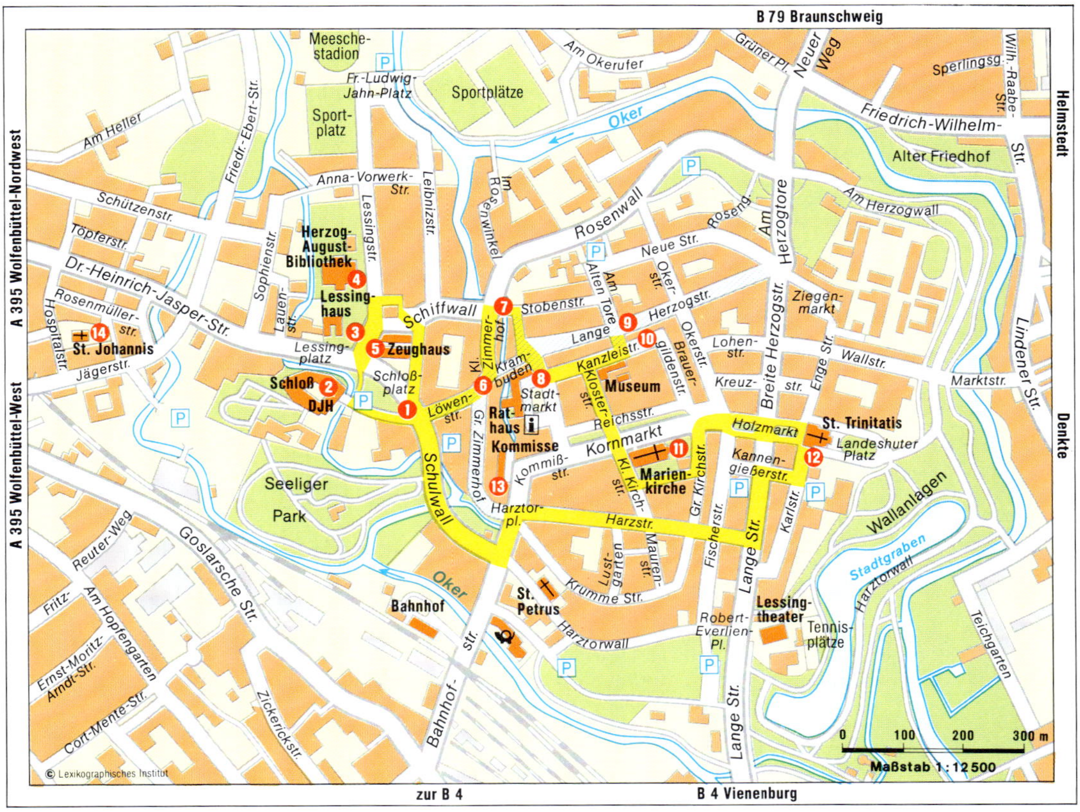

Gotischer Kern in barocker Verpackung

Nur eine Seite des Wolfenbütteler Schlosses ❷ eignet sich zur Darstellung auf Ansichtskarten: die dem Schloßplatz ❶ zugewandte Schauseite, über deren prachtvoller Barockfassade imposant, wenn auch ein wenig deplaziert, der Hausmannsturm von 1614 steht. Die lange Nordseite des Schlosses, eines der größten erhaltenen Profanbauten in Niedersachsen mit Jahrhunderttradition, ist gleichmäßig und wenig spektakulär gestaltet.

Der Kern ist eine mittelalterliche Wasserburg, aber das wird durch die in Jahrhunderten vorgenommenen Neu- und Umbauten, Vergrößerungen und Ummantelungen nahezu perfekt verhüllt.

Norddeutsches Rothenburg?

Das Schloß, etliche Kirchen und etwa 600 unter Denkmalschutz stehende Bürgerhäuser machen Wolfenbüttel aus. Man könnte hier einen historischen Film drehen; nur ein paar moderne Ladenschilder müßten abgehängt werden, und die Kulisse wäre fertig.

Als norddeutsches Rothenburg hat man Wolfenbüttel bezeichnet. Angesichts der etwas herben Romantik dieser Stadt stimmt der Vergleich allerdings nicht ganz, ihr fehlt das leichte süddeutsche Flair. Die Zeichen der oft strengen fürstlichen Herrschaft sind allzu deutlich, die gelegentlich ans Verschlossene grenzenden Bauten, die typischen Wolfenbütteler Beamtenhäuser, breit hingelagerte große Fachwerkhäuser, die an die Allmacht der Hofbeamten erinnern und so wirken, als habe sich hinter ihren Fassaden wirkliches Leben nicht abgespielt. Wuchtig sind sie, aber ihnen fehlt der stolze Reichtum, der die Häuser der freien Bürger und Kaufleute etwa in Lüneburg oder in Rothenburg kennzeichnet. Dennoch hat auch Wolfenbüttel seinen Charme, und es bezaubert seine vielen Besucher auf ganz eigene Art. Vielleicht verrät ein Blick von oben auf die Stadt etwas darüber? Vom Hausmannsturm des Schlosses ❷, der zu Niedersachsens schönsten Renaissancebauten gehört, sieht man der Stadt mitten ins Herz. Man erkennt den imposanten Bau der Herzog-August-Bibliothek ❹, davor, im Grün eines kleinen Parks, das Lessinghaus ❸, die Oker, die die Stadt umfaßt, das Rathaus, das Zeughaus ❺, die prächtigen Kirchen und schließlich die Kanzlei ❿.

⓬ *Trinitatiskirche,* im frühen 18. Jh. von Hermann Korb auf den Resten des Residenz-Eingangstors und eines Zentralbaus als protestantische Predigtkirche errichtet. Ungewöhnliche Kirchenarchitektur mit schön gegliederter barocker Fassade und zwei flankierenden Türmen.

⓭ *Kommisse,* 1587 als Mühle errichtet, ab etwa 1600 herzogliches (und erstes deutsches) Verkaufsmagazin sowie Spiel- und Hochzeitshaus.

⓮ *Johanniskirche,* schmaler, schlichter Fachwerkbau (1663 geweiht) mit Grabplatte des herzoglichen Baumeisters Hermann Korb und Medaillons des Herzogs August und seiner Frau Sophie Elisabeth. 1960 restauriert, gilt als »Juwel« des protestantischen Kirchenbaus in Niedersachsen.

Ein Buch im Sicherheitstrakt
Um den neuen Tresorraum der Wolfenbütteler Herzog-August-Bibliothek ❹ hat es anfangs einigen Wirbel gegeben. 2,5 Millionen Mark kostete er, eine Summe also, die manches sparsame Gemüt durchaus in Wallung bringen kann. Mittlerweile ist man sich aber einig, daß dies vernünftig angelegte Steuergelder sind, werden sie doch zum Schutz eines unermeßlich wertvollen Kleinods europäischer Geistes- und Kulturgeschichte ausgegeben. Der neue Raum beherbergt das Evangeliar Heinrichs des Löwen, das der Bankier Hermann Josef Abs am 6. Dezember 1983 im Auftrag des niedersächsischen Ministerpräsidenten bei Sotheby's in London ersteigerte.
An dem Kaufpreis von 32,4 Millionen Mark hatten sich der Bund mit 6 Millionen, der Freistaat Bayern mit 7,5 Millionen und die Stiftung Preußischer Kulturbesitz mit 3 Millionen Mark beteiligt, damit das älteste und schönste Evangeliar an seinen angestammten Platz zurückkehren konnte. Es ist eine Handschrift aus dem 12. Jh. und enthält zahlreiche bildliche Darstellungen aus dem Leben Jesu.

Die begabten Regierer
Von hier oben wirkt die ehemalige braunschweigische Residenz gar nicht mehr hingeduckt, sondern ausgesprochen großzügig. Von hier aus wird erst das Konzept des begabten Städtebauers Herzog Julius (1568–89) deutlich: das Schloß ❷ als Mittelpunkt, von jedermann leicht zu erreichen, schnurgerade breite Hauptstraßen und Nebenstraßen, die sie im rechten Winkel schneiden. Zu Ehren seines Vaters nannte sie Julius »Heinrichstadt« (die heutige Innenstadt) und holte holländische Spezialisten, die den morastigen Untergrund trockenlegten, indem sie ein Grachtensystem mit den entstehenden Straßen verbanden. Außerdem ließ er die Oker für den Floßverkehr schiffbar machen und erweiterte die vorhandenen Festungsanlagen. Kurz: Durch ihn entstand die erste planmäßig gebaute Renaissancestadt Deutschlands.

Julius' Vater, Herzog Heinrich d. J., der »wilde« Heinrich (1514–68), versuchte zwar wiedergutzumachen, was Wolfenbüttel wegen seiner glaubenspolitischen Haltung erlitten hatte – der Schmalkaldische Bund machte die Stadt 1542 nahezu dem Erdboden gleich –, aber er verfügte nicht über den nüchternen planerischen Geist, der seinen Sohn auszeichnen sollte. Gegen Herzog Heinrichs Festhalten am katholischen Glaubensbekenntnis richtete sich übrigens Martin Luthers bitterböse Schmähschrift »Wider Hans Worst«.

Julius' Sohn, Herzog Heinrich Julius (1589–1613), ein ebenso prachtliebender wie ehrgeiziger und gebildeter Mann, führte das Werk seines Vaters fort, außer wenn die Pläne allzu utopisch gewesen waren, und baute, was zu dessen Zeiten noch nicht reif war. Die neue Heinrichstadt entstand, vor allem aber die Hauptkirche Beatae Mariae Virginis ⓫.

Er führte das erste Theater in Deutschland ein, verfaßte eigene Stücke, gründete die älteste Zeitung Deutschlands, den »Aviso«, und förderte auch das Musikleben in der Stadt: Sein Hofkapellmeister war Michael Praetorius.

Im Jahr 1590 legte man den Stadtmarkt an; etwa 10 Jahre später wurde der Ratskellerflügel des Rathauses erbaut, zunächst als Wohnhaus; 1609 entstand der sich links anschließende Ratswaagenflügel.

Der Dreißigjährige Krieg machte viel zunichte. Herzog August d. J. (1635–66) war deshalb vor allem damit beschäftigt, die Schäden zu beheben. Zugleich achtete er darauf, daß Wolfenbüttel widerstandsfähiger gegen kriegerische Einflüsse wurde, er baute die Handwerkervorstadt, die Auguststadt, und schuf das »achte Weltwunder«, die Bibliotheca Augusta ❹, die aufnahm, was dieser gelehrte, nahezu besessene Büchersammler im Laufe seines Lebens zusammengetragen und angekauft hatte: 29 000 Bände, 2000 Handschriften, 13 000 sonstige Schriftstücke. Heute sind es mehr: 12 000 Handschriften, 3000 Inkunabeln und über 750 000 Druckschriften – in einem eigens dafür gebauten Tresorraum liegt das 1983 ersteigerte Evangeliar Heinrichs des Löwen.

Bedeutende Bibliothekare haben Augusts einzigartige Sammlung betreut. Ab 1691 kümmerte sich der berühmte Universalgelehrte und hannoversche Hofbibliothekar Gottfried Wilhelm Leibniz (1646–1716) um Augusts Buchbestände. Man darf annehmen, daß er bei Ankäufen beratend tätig war – sicher ist, daß er das Bibliotheksverzeichnis alphabetisieren ließ und somit Transparenz in den Bestand brachte.

Ein weiterer großer Wolfenbütteler Bibliothekar war wohl Gotthold Ephraim Lessing (1729–81), Gelehrter, Philosoph, Dichter und Weltgeist, der einem ganzen Zeitalter – der Aufklärung – seinen Stempel aufgedrückt hat. Gleich gegenüber dem Schloß ❷ liegt das Haus ❸, in welchem Lessing seine letzten Lebensjahre verbrachte.

Herzog Anton Ulrich, seit 1685 Mitregent und von 1704–14 alleinverantwortlicher Herrscher, schrieb Romane, baute u. a. das Lustschloß Salzdahlum, das als das Versailles des Nordens galt (aber schon 100 Jahre später wieder abgerissen wurde), holte erstklassige Architekten ins Land und zeigte auch politisches Geschick. Seine Enkelin Elisabeth Christine vermählte er 1708 mit dem habsburgischen Erzherzog Karl, der 1711 deutscher Kaiser wurde. Beider Tochter war die spätere Kaiserin Maria Theresia.

Der historische Speisesaal dokumentiert die reiche Barockausstattung des äußerlich schlichten ehemaligen Residenzschlosses.

Kompliment vom größten Charmeur Europas

Zu den zahllosen Besuchern der Wolfenbütteler Bibliothek ❹ gehörte 1764 auch Giacomo Casanova. In seinen Memoiren berichtet er über diese Visite: »Ich verbrachte acht Tage in dieser Bibliothek, die ich nur verließ, um zum Essen und zum Schlafen in meinen Gasthof zu gehen. Ich kann diese acht Tage zu den glücklichsten meines Lebens zählen, denn ich war nicht einen Augenblick mit mir selber beschäftigt. Ich dachte weder an die Vergangenheit noch an die Zukunft, und mein Geist, der sich vollständig in die Arbeit versenkt hatte, konnte die Gegenwart nicht bemerken. Ich habe seitdem zuweilen gedacht, daß vielleicht das Leben der Seligen etwas Ähnliches sein könnte.« Gewiß ein artiges Kompliment, noch dazu von einem kompetenten Mann – Casanova war während seiner letzten 13 Jahre Bibliothekar am Hofe des Grafen Waldstein in Böhmen. Aber wenig charmant gegenüber den Wolfenbütteler Damen, Signore Herzensbrecher!

Was der Bürger schwarz auf weiß besitzt . . .

Die »Wolfenbütteler Zeitung« feierte 1986 ihr 200jähriges Bestehen. Zwar hat sich seit damals ihr Name geändert – 1786 stand noch im Kopf »Gnädigst privilegierte Zeitung für Städte, Flecken und Dörfer insonderheit für die lieben Landsleute alt und jung« –, aber das Druck- und Verlagshaus ist dasselbe wie vor 200 Jahren.
Lange vorher (1609) ließ der Theatergründer und Stückeschreiber Herzog Heinrich Julius den »Aviso« herausbringen, eine Zeitung für Hof und Residenz. Der Herzog, der auch Kanzler des Kaisers in Prag war und nur selten bei seinen »lieben Landeskindern« sein konnte, legte Wert darauf, daß sie seiner dennoch gewärtig waren. Also brachte er alle Anordnungen in schriftlicher Form unters Volk. Der »Aviso« gilt als älteste Zeitung in Deutschland.

Nationalgerichthymne

Wenn der Norddeutsche von Kohl und Pinkel spricht, zuckt der Süddeutsche gelegentlich zusammen. Warum, muß nicht erläutert werden. Chacun à son goût! Ob aber je auf »Saure Kutteln« ein so schönes Lied geschrieben wurde wie das auf die Brägenwurst?
»Dies liebt ein jeder frommer Christ.
Ambrosia und Nektar ist
Dagegen Pumpernickel.
Ja, – Heil sei ihm, dem weisen Mann,
Der Dich, Du edle Wurst, ersann.
Denn schau! Wie tief der Mann gedacht
Aus purer Menschenliebe:
Wenn schon Dein Kiefer zahnlos ist,
Dir auch kein Stummel bliebe,
Dann ißt Du Wurst, die er ersann,
Die Wakkelkopf noch beißen kann.«
Schöpfer dieser Hymne war der Dorfpastor Hermann Braess im 18. Jh. . . .
(Die Brägenwurst ist das, was der Norddeutsche gern als Pinkel bezeichnet!)

Tips, Tips, Tips

Besuch beim Narren
Etwa 22 km ostwärts von Wolfenbüttel, am Rand der schönen Schöppenstedter Mulde, liegen die Dörfer Kneitlingen und Ampleben. Dazwischen schlängelt sich ein fast ausgetrockneter Grenzgraben. Was daran so toll ist? In Kneitlingen wurde Till Eulenspiegel geboren, in der Burgkapelle zu Ampleben dem christlichen Glauben zugeführt und in besagtem Bach zum zweiten Mal getauft. Die Taufpaten schafften nämlich den darüberführenden Steg nicht mehr sicheren Schritts, weil sie zuviel Kindelbier getrunken hatten, und fielen mitsamt dem Bürschlein ins Wasser. Vor der Kirche von Kneitlingen steht das Denkmal dieses berühmt-berüchtigten Schalksnarren und lächelt jeden an, der in die Kirche zu gehen sich anschickt.
4 km südlich davon, in Schöppenstedt, gibt es das Till-Eulenspiegel-Museum, das die Erinnerung an dieses »Urbild des Einzelgängers, des Wanderers, des Unbekannten, des Nicht-Seßhaften, des Flüchtigen, der mahnt und spottet und die menschlichen Unzulänglichkeiten enthüllt«, wachhalten will (tägl. 14–17, Sa, So auch 10–12 Uhr und nach Vereinbarung).

Bummeltouren
Wer in Wolfenbüttel ist, sollte auch die schöne Umgebung kennenlernen – gemütlich mit dem Auto. Da gibt es die Kaffee- und Kuchentour (20 km), die Okertalrundfahrt (30 km), die Auen-Route (38 km), die Eulenspiegel-Route (26 km) und die Route Burgen und Herrensitze. Auskünfte dazu: Verkehrsverband Landkreis Wolfenbüttel,
☏ 8 44 07.

Die bürgerliche Epoche

Als Lessing 1770 nach Wolfenbüttel kam, war die Stadt keine Residenz mehr. 1753 hatte Herzog Karl I. den Herrschaftssitz wieder nach Braunschweig verlegt. 3000 Menschen waren ihm gefolgt, praktisch der gesamte Hofstaat. Die Häuser verwaisten, die Gärten drohten zu verkommen. Die ehemaligen Bediensteten übernahmen und bewirtschafteten sie, und es entstand ein charakteristischer Wolfenbütteler Berufszweig, die Handelsgärtnerei. Heute gibt es noch 40 solcher Familienbetriebe und rund 80 landwirtschaftliche Unternehmen.

Die Stadt hat sich lange nicht von der Auszehrung erholt. Nur langsam wurde aus der höfischen Residenz eine bürgerliche Stadt. Erst der Flüchtlingsstrom aus dem deutschen Osten brachte den endgültigen Wandel in den sozialen, wirtschaftlichen und kulturellen Verhältnissen. Die Stadt dürfe von ihrer Vergangenheit nicht stranguliert werden, so hört man oft in Wolfenbüttel, und, man wolle kein Museum sein. »Sanieren« heißt seit einigen Jahren das Zauberwort – für viele inzwischen ein Reizwort.

Vom Zimmer des Stadtplaners blickt man direkt auf den Stadtmarkt ❽, einen Platz von seltener Geschlossenheit: Rathaus mit Ratskeller, Alte Apotheke, sorgfältig restaurierte Fachwerkhäuser – die Fachwerkwelt des 17. Jh. Aber nicht überall ist das Stadtbild so reizvoll. Zwischen der Barockkirche Trinitatis ⓬ und der Marienkirche ⓫ z. B. hat sich die Norddeutsche Landesbank einen Betonblock geleistet, der an Einfallslosigkeit nicht zu überbieten ist. Die wirtschaftliche Absicherung einer alten Stadt scheint ihren Preis zu haben.

Sanierungsgebiet ist praktisch der gesamte Innenstadtbereich, rund 52 ha. 100 Millionen DM sind dafür veranschlagt. Rund 2000 Gewerbebetriebe, darunter eine Spirituosenfabrik, eine Maschinenfabrik, chemisch-pharmazeutische Industrie und Nachrichtentechnik sorgen für eine relativ gesunde Basis des 51 000 Einwohner zählenden Wolfenbüttel. Aber beileibe nicht alle haben hier auch ihren Arbeitsplatz. Die ehemalige Residenz ist eine typische Pendlerstadt, und nichts täuscht darüber hinweg, daß das Hinterland als Handelspartner seit 1945 fehlt.

Ein Museum ist Wolfenbüttel längst noch nicht. Dazu ist zu viel junges Leben in der alten Stadt. Die langen Samstage sind ein verläßlicher Gradmesser: Die Lange Herzogstraße ❾ und zahlreiche kleine Nebenstraßen bilden die Fußgängerzone, wo an allen Ecken Musikanten stehen und sommers auch Straßenmaler ihre Kunst zeigen. »Konsumrennbahn« hat ein Kritiker das einmal genannt, und wer das Geschiebe zwischen all den Boutiquen, Schmuckwarengeschäften und Restaurants erlebt hat, kann diese Bezeichnung nicht ganz falsch finden.

Ein Kopf als Eckkonsole stützt die Fachwerkbalken am Holzmarkt.

Auf dem Historischen Wochenmarkt, der von April bis Oktober dauert, verkaufen Händler in alten Kostümen einmal im Monat ihre Waren.

Die Herzog-August-Bibliothek besitzt eine der umfangreichsten Sammlungen alter Handschriften und Drucke in Deutschland.

Die betrogene Mätresse

Im Wolfenbütteler Schloß ❷*, sagen einige Leute, spuke noch immer Eva von Trott herum, die Geliebte des »wilden« Herzogs Heinrich (1514–68) und Hofdame der Herzogin. Als ruchbar wurde, wie Herzog und Hofdame zueinander standen, schickte Heinrich sein Verhältnis auf eine Reise und ließ kurz darauf verbreiten, Eva sei unterwegs an der Pest gestorben. In Gegenwart des Hofes und der Herzogin wurde sie in der Hofkapelle beigesetzt. Aber Eva befand sich gar nicht in dem Sarg, sondern lag im Wochenbett auf der Staufenburg und brachte dort ihren Sohn Heinrich Teuerdank zur Welt. Hernach war sie dem »wilden« Herzog noch jahrelang zu Diensten, ohne daß die Welt davon erfuhr.*

Erst durch den Abriß der Hofkapelle in Wolfenbüttel kam die Affäre ans Licht: Im Sarg fand sich eine Holzpuppe, der der Braunschweiger Bildhauer Simon immerhin die Züge der Geliebten gegeben hatte. Ob dies die Herzogin hinraffte oder andere Beschwerlichkeiten ihren Tod zur Folge hatten, ist nicht überliefert. Heinrich jedenfalls wurde unvermittelt Witwer und heiratete aufs neue – jedoch nicht Eva, sondern eine polnische Königstochter.

Die solcherart verratene Geliebte geriet darüber in Verwirrung; sie sei – so die Legende – in all den Jahrhunderten nicht zur Ruhe gekommen und irre seither nächtens durch ihr Beinahe-Refugium.

Wer indessen meint, daß die Welfen und ihre Nachfolger alles mit Steinen und Beton zugebaut haben, muß nicht weit laufen, um sich vom Gegenteil zu überzeugen.

Umgeben von schönen Wäldern, ausgestattet mit parkähnlichen Wallanlagen im Stadtgraben und in der Okeraue, besitzt die Stadt einen hohen Freizeitwert.

Wem das nicht genügt, folge den Wolfenbüttelern, wenn sie an den Wochenenden ins Blaue fahren, in die Asse, zum Elm oder – entlang der Harz-Heide-Straße – in den nahe gelegenen Harz.

Wer aber viel lieber ein ordentliches Bier trinkt und niedersächsische Hausmannskost mag, sollte in der Stadt bleiben. Hier gibt es zünftige, originelle und gemütliche Kneipen zuhauf – und nicht wenige sind von der Art, wie man sie zu Hause eigentlich vermißt.

Theater, Musik, Veranstaltungen, Museen

Theater

Lessingtheater, Harztorwall 16. Gastspiele, ☏ 23 50 (Sept.–April).

Musik

Lindenhalle, Halberstädter Str. 1. Rock- und Popveranstaltungen, Star-Galas, ☏ 6 22 86.

Herzog-August-Bibliothek ❹, Lessingplatz 1. Kammer- und Solokonzerte, ☏ 80 82 13.

Hauptkirche ⓫, Kornmarkt. Orgel- und Chorkonzerte (Sa), Musik auf alten Instrumenten, Adventsmusik, ☏ 6 22 38.

Trinitatiskirche ⓬, Holzmarkt. Kirchenkonzerte, Kantatengottesdienste, Orgelkonzerte, ☏ 7 19 10.

Thomaskirche, Jahnstr. 5. Chorkonzerte, ☏ 3 24 40.

Mensa in der Fachhochschule Wolfenbüttel, Salzdahlumer Str. 46–48. Jazzfrühschoppen (letzter So im Monat, 11 Uhr), Dixieland von regionalen Amateurbands, ☏ 2 60 85.

Veranstaltungen

Historischer Wochenmarkt auf dem Stadtmarkt ❽. Marktbeschicker in Kostümen (April–Okt. 1. Sa im Monat).

Frühjahr: *Frühjahrsmarkt* auf dem Schützenplatz. Volksfest.

Herbst: *Herbstmarkt* auf dem Schützenplatz. Volksfest.

Alle zwei Jahre (1991) Juli/Aug.: *Historisches Altstadtfest* in der Fußgängerzone zwischen Breiter Herzogstr. und Schloßplatz. Höhepunkt: Einzug Herzog Augusts in die Residenz Wolfenbüttel; historischer Festzug mit über 1000 Mitwirkenden in Trachten, Gewändern und Uniformen des 17. Jh., Fanfarenzüge, Kapellen, Reitergruppen und Kutschen (So 15 Uhr), ☏ 8 64 30.

Mai: *Wolfenbütteler Schultheatertage* im Residenzschloß ❷. Schüler spielen Theater von Märchen bis Klassik, ☏ 8 64 30.

Geranienmarkt auf dem Stadtmarkt ❽. Blumenmarkt.

Maifest in der Fußgängerzone. Straßenfest mit Buden und Musikprogramm.

Letztes Wochenende im Juli: *Schützen- und Volksfest.* »Proklamation« der Schützenkönige, »Großer Zapfenstreich«, Platzkonzerte, Tanz. Höhepunkt: Feuerwerk auf dem Festplatz.

Okt.: *Erntefest* in der Fußgängerzone. Straßenfest mit Musikprogramm.

1. Advent: *Weihnachtsmarkt* in der Kommisse ⓭. Renommierte Künstler stellen Kunsthandwerk aus (Sa, So).

Museen

Braunschweigisches Landesmuseum, Abteilung Archäologie, Kanzleistr. 3 (s. ❿).

Herzog-August-Bibliothek; Bibliotheca Augusta, Lessingplatz 1 (s. ❹).

Historische Schloßräume – Stadt- und Kreis-Heimatmuseum, Schloßplatz 13 (s. ❷).

Lessinghaus, Lessingplatz 1 (s. ❸).

Zeughaus, Lessingplatz 1 (s. ❺).

Worms

Im Geist der Nibelungen

Worms hat in seiner über 2000jährigen Geschichte viele Höhepunkte erlebt: Deutsche Kaiser feierten prunkvolle Feste in seinen Mauern, jüdische Gelehrte versammelten ihre Schüler im Schatten der Synagoge, mittelalterliche Dichter erkoren sich Worms zur Kulisse des Nibelungenliedes, Luther trotzte hier dem Kaiser, Ludwig XIV. schließlich ließ die stolze Pracht in lodernden Flammen untergehen. Was auch immer die abendländische Geschichte bewegte – Worms stand selten abseits. Nationalsozialistischer Vandalismus und die Bomben des Zweiten Weltkriegs sorgten letztendlich dafür, daß weder ein unversehrter mittelalterlicher Stadtkern noch prachtvolles Barock den Besucher empfangen. Doch der Atem der Geschichte weht immer noch durch die alten Gassen, und viele, teils rekonstruierte Bauwerke um den herrlichen Dom herum (unser Bild) faszinieren die Besucher.

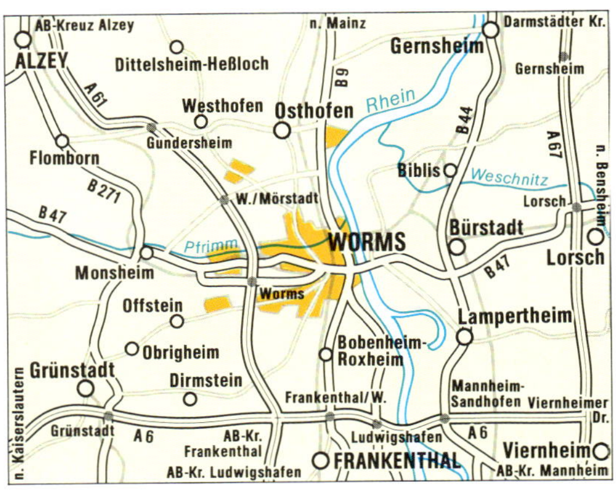

Wappen Das Wappen zeigt einen roten Schild, belegt mit einem schräg nach rechts liegenden silbernen Schlüssel sowie einem goldenen Stern. Der Schlüssel ist Zeichen des hl. Petrus, des Patrons des Wormser Doms.
Lage Am linken Rheinufer in der oberrheinischen Tiefebene.
Land Rheinland-Pfalz
Autokennzeichen WO
Höhe 86–167 m ü. M.
Fläche 108 km^2
Einwohnerzahl 73 000
Postleitzahl 6520
Telefonvorwahl 0 62 41
Post Kämmererstr. 44, Spätschalter (Mo–Fr 7.30–19.15, Sa 8–15, So 10–11 Uhr).
Polizei Hagenstr. 5, ☏ 85 21
Taxi ☏ 41 00, 31 41, 64 00
Nahverkehr Busnetz mit Knotenpunkten Marktplatz und Hbf.
Camping Campingplatz am rechten Rheinufer neben der Nibelungenbrücke, ☏ 2 43 55. Erreichbar über die B 47.
Parken Parkplatz auf dem Marktplatz, Parkhäuser am Dom, Koehlstr. und im Nibelungencenter, Schönauer Str., Tiefgaragen Friedrichstr. und Ludwigsplatz (die Parkmöglichkeiten sind teilweise an den Stadteinfahrten ausgeschildert).
Touristinformation Verkehrsverein Worms e. V., Neumarkt 14, ☏ 2 50 45 (Mo–Fr 9–12, 14–17 Uhr, April–Okt. auch Sa 9–12 Uhr).
Stadtführung Nach Vereinbarung mit dem Verkehrsverein Worms.
Schiffahrt Ab Anlegestelle Hagenstandbild Juni–Aug.: Hafenrundfahrt (Mi 14.30–15.15, So 15–15.45 Uhr); Sonderfahrt Worms–Rüdesheim (Mai–Sept. 11.30 Uhr), ☏ (0 62 21) 2 01 81.

Stadtrundgang

Sie stellen Ihr Auto am besten im Parkhaus Nibelungencenter ab, das über die Schönauer Straße gut zu erreichen ist – die Schönauer Straße und der anschließende Andreasring verlaufen übrigens parallel zur ehemaligen Stadtmauer. Nur wenige Meter sind es vom Parkhaus über den Andreasring zum Andreasstift ❶. Für den etwa 3,5 km langen Rundweg müssen Sie eine Gehzeit von gut zwei Stunden veranschlagen. Wem dies zuviel ist, kann am Wambolder Hof ❽ in die Kämmererstraße rechts einbiegen und dann direkt zum Marktplatz und zur Dreifaltigkeitskirche ⓮ gehen. Der Weg wird dadurch um ein Drittel kürzer, aber man versäumt das Judenviertel ❾–⓫, das Rote Haus ⓬ und die Kirche St. Paulus ⓭. Zu Rast und Einkehr bieten sich gemütliche Cafés und Bistros in der Kämmererstraße oder bei der Judengasse an. Wer gern etwas im Grünen sitzen möchte, kann dies am Lutherdenkmal ❻ oder in den Anlagen beim Heylshof ❹ tun.

Sehenswürdigkeiten

❶ Ehem. *Andreasstift, Museum der Stadt Worms,* dreischiffige Pfeilerbasilika aus dem späten 12. Jh., mehrmals zerstört und wiederaufgebaut. Heute wird sie als Museum der Stadt Worms und Städtische Gemäldegalerie genutzt. Sammlungsschwerpunkte: ur- und frühgeschichtliche Funde; Römerzeit mit einer der größten Sammlungen römischer Gläser in der Bundesrepublik Deutschland; Zeugnisse mittelalterlichen Handwerks und Lebens; »Lutherstube« (Di–So 10–12, 14–17 Uhr).
❷ *Magnuskirche,* dreischiffiger romanischer Bau aus dem 13. Jh. Der Turm wurde nach Zerstörung im Zweiten Weltkrieg in moderner Form wiederaufgebaut. Älteste evangelische Pfarrkirche in Südwestdeutschland.
❸ *Dom St. Peter,* doppelchörige Pfeilerbasilika, zwischen 1171 und 1230 errichtet, später folgten einige hochgotische Umbauten (bis etwa 1325), so die bemerkenswerte Nikolauskapelle und das Südportal mit Portalplastiken, die Szenen aus der Bibel zeigen. Der gesamte Bau ist von erstaunlicher Einheitlichkeit und Geschlossenheit. Von der Innenausstattung stammen große Teile aus dem 18. Jh., so auch der 1740 vollendete Hochaltar von Balthasar Neumann.
❹ *Heylshofpark;* an dieser Stelle stand die 1689 zerstörte Kaiser- und spätere Bischofspfalz. 1521 traf hier Luther auf Kaiser Karl V. Von der erhaltenen Treppe (Saalstiege) wurden die städtischen Privilegien verlesen.
❺ *Kunsthaus Heylshof,* 1884 erbautes Palais mit Ausstellungsräumen für Kunstsammlungen, die auf der Stiftung der Familie von Heyl basieren: Gemäldesammlung des 15.–19. Jh., u. a. Rubenssaal, Handzeichnungen italienischer, deutscher und französischer Meister, bedeutende Glasgemälde- und Hohlglassammlung, Porzellan und Steinzeug, Kunsthandwerk (Mai–Sept. Di–So 10–17 Uhr; Okt.–April Di–Sa 14–16, So 10–12, 14–16 Uhr).
❻ *Lutherdenkmal,* 1868 enthülltes Reformationsdenkmal, von Ernst Rietschel entworfen und nach dem Tod des Künstlers von seinen Schülern fertiggestellt. Die Denkmalgruppe besteht aus überlebensgroßen Figuren, die wichtige Gestalten der europäischen Kirchenreformation darstellen, u. a. die Reformatoren Waldes, Wyclif, Hus und Savonarola.
❼ *St. Martin,* 1265 geweihte, dreischiffige Basilika ohne Querhaus. Bemerkenswerte Portale an Süd- und Westfront. Unter dem Chor soll einst der Kerker des hl. Martin gewesen sein.
❽ *Wambolder Hof,* einstiger Adelshof mit barocker Fassade.
❾ *Judengasse,* mittelalterliches Judenviertel mit Wohn- und Kultstätten, gelungenes Beispiel der Altstadtsanierung.
❿ *Synagoge,* Männersynagoge von 1174/75, angebaute Frauensynagoge von 1212/13 und Raschikapelle von 1623/24. In der »Reichskristallnacht« im November 1938 angezündet, die Ruinen später gesprengt. Erhalten blieben einige unterirdische Bauteile, z. B. die Mikwe, eine Anlage für rituelle Waschungen. Was heute oberirdisch zu sehen ist, sind archäologisch getreue Rekonstruktionen aus den Jahren 1958–60 (tägl. 10–12, 14–16 Uhr).
⓫ *Judaica-Museum im Raschihaus;* in dem auf den mittelalterlichen Grundmauern des Tanzhauses der Juden errichteten modernen Bau sind das Stadtarchiv und eine bedeutende Sammlung mit Zeugnissen jüdischen Lebens untergebracht (Di–So 10–12, 14–17 Uhr).
⓬ *Friedrichskirche und Rotes Haus,* Kirche der Reformierten, der kleinsten christlichen Gemeinde, 1743 errichtet. Namenspatron ist Friedrich der Große. Das angebaute Rote Haus (1624) ist der einzige noch erhaltene Renaissancebau in Worms.
⓭ *St. Paulus;* Ursprünge aus dem 11. Jh., im frühen 13. Jh. nach der Heimkehr von Wormser Kreuzfahrern stark verändert; im 18. Jh. wurde das Langhaus nochmals umgebaut. Bemerkenswert sind u. a. der Rundbogenfries und die Zwerggalerie im Chor.
⓮ *Dreifaltigkeitskirche;* 1709–25 erbaut, wirkt die Hallenkirche für einen Barockbau streng, aber gut gegliedert.
⓯ *Adlerapotheke,* prächtiges barockes Bürgerhaus mit reich ornamentierter Sandsteinfassade, um 1720 erbaut.
⓰ *Judenfriedhof »Heiliger Sand«,* ältester erhaltener Judenfriedhof Europas, seit dem 11. Jh. als Begräbnisplatz genutzt; der älteste Grabstein stammt von 1076.
⓱ *Liebfrauenkirche;* die Wallfahrtskirche wurde in langer Bauzeit von 1310–1468 als spätgotische dreischiffige Basilika mit kurzem Querhaus errichtet. Besonders sehenswert im Innern ist das 1625 von Christoph Frank geschnitzte Chorgestühl. In der Um-

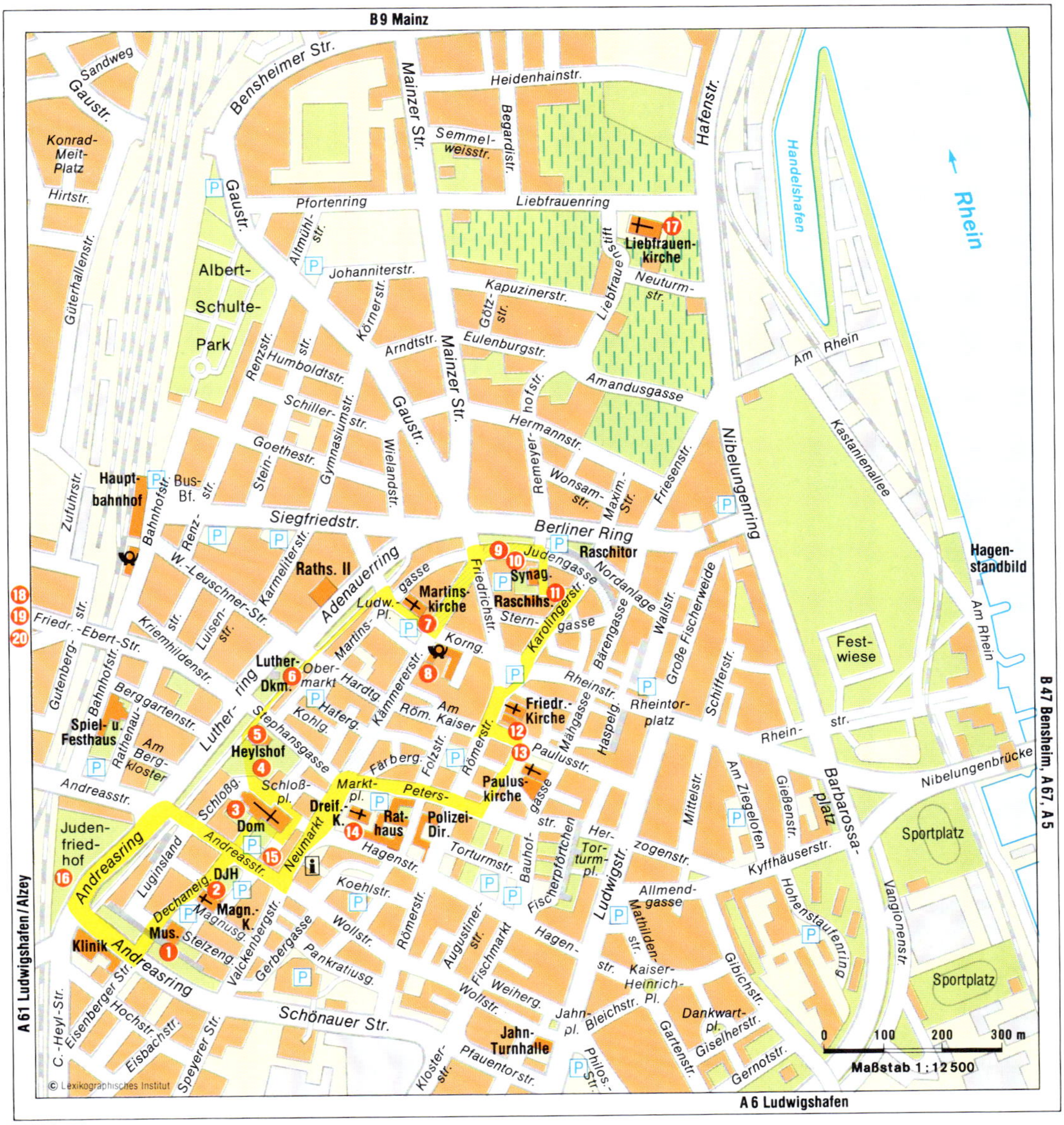

Wo Siegfried um Kriemhild warb

Scherbenfunde im fruchtbaren Lößboden um Worms zeigen, daß die Gegend schon etwa 4000 Jahre v. Chr. besiedelt war. Die Kelten nannten den Ort, den sie befestigten, »Borbetomagus«, woraus später »Wormatia« wurde. Die Vangionen, ein germanischer Stamm, lösten die Kelten ab, bekamen es aber bald mit den Römern zu tun, die siegreich blieben und die Gegend nach den Unterlegenen benannten, »Civitas Vangionum« – Ursprung des Namens »Wonnegau« für die Landschaft rund um Worms.

Zu Beginn des 5. Jh. besiedelten die Burgunder das Land um Worms und Speyer, wurden jedoch bereits 436 durch die Hunnen vernichtend geschlagen. Später entstand ein eigenes Burgunderreich am Westrand der Alpen mit Genf als Mittelpunkt.

Trotz der kurzen Herrschaft am Rhein verbindet bis heute eine berühmte Dichtung die Burgunder mit Worms: Ihr Schicksal bildet den Kern des Nibelungenlieds, des bedeutendsten mittelalterlichen Heldenepos deutscher Sprache. Und die Worte aus dieser Dichtung »Ze Wormze bi dem Rine, si wonden mit ir kraft«, verliehen dem Ort das Attribut »Nibelungenstadt«, das die Stadtväter gerne angenommen haben und dem sie durch Benennungen von Straßen, Brücken, Brunnen und Plätzen Rechnung tragen: Siegfriedsbrunnen, Kriemhildenstraße, Nibelungenbrücke, Dankwartstraße und viele mehr. Dem finsteren Hagen von Tronje hat man am Rheinufer sogar ein Denkmal gesetzt.

gebung der Kirche wächst der weltberühmte Wein Liebfrauenstift-Kirchenstück, früher »Liebfrauenmilch«.

18 *Lutherkirche*, eine der bedeutendsten Jugendstilkirchen. Sie wurde 1910–12 von Friedrich Pützer erbaut und 1961/62 behutsam restauriert.

19 *Schloß Herrnsheim*, in einem englischen Garten gelegen, früher Sitz der Kämmerer von Worms. Nach einem Brand wurde das aus dem 15. Jh. stammende Gebäude Anfang des 19. Jh. im klassizistischen bzw. Empirestil wieder aufgebaut. Im Innern Einlegeböden, Wand- und Deckenmalereien sowie die Bibliothek (Besichtigung nach Vereinbarung, ☏ 5 25 18).

20 *Bergkirche*, im Ortsteil Hochheim eindrucksvoll auf steiler Anhöhe gelegen, mit einem hochromanischen Westturm aus dem 12. Jh. und einer Krypta aus dem 11. Jh. Zufahrt von der Stadtmitte aus über die Alzeyer Straße (B 47) und die Hochheimer Straße.

Der Wonnegau ist eine Reise wert
Etwas abseits von den Hauptstraßen muß man schon fahren, um den Wonnegau mit seinen schmucken Winzerdörfern zu erkunden. Zwischen der B 9 und der A 61 liegen sie eingebettet in das Rheinhessische Hügelland. Es lohnt sich, an einem der Weingüter zu rasten, um den Wein direkt beim Erzeuger zu kosten und ein paar Flaschen mitzunehmen. Viele Winzer bieten in sogenannten Straußwirtschaften – dort dürfen nur eigene Erzeugnisse verkauft werden – Hausmacherwurst, Brot und Wein zum Verzehr an. Im Sommer kann man draußen unter schattenspendenden Bäumen sitzen, im Herbst drinnen in gemütlichen Stuben den »Bitzler« oder »Federweißen« – das ist gärender Weinmost – mit Zwiebelkuchen probieren, ein Gemisch, das den Körper ordentlich rumoren läßt.

Sechzig Jahre nach dem Hunnensturm, der die Burgunder aus Worms vertrieben hat, im Jahr 496, besetzten die Franken Worms, und die Merowinger errichteten etwa dort, wo zur Römerzeit ein Forum stand und sich heute Dom 3 und Heylshofpark 4 befinden, eine Kaiserpfalz. Vor seiner Kaiserkrönung bevorzugte Karl der Große Worms als Residenz, und auch späteren deutschen Königen und Kaisern empfahl sich der verkehrsgünstige und gesicherte Ort – nicht zuletzt durch sein fruchtbares Umland und sein mildes Klima. Selten kam ein Herrscher mit leeren Händen. Noch heute birgt das Stadtarchiv zahlreiche Urkunden, die den Bürgern von Worms Privilegien sicherten. In der alten Reichsstadt fielen weitreichende Entscheidungen. Das »Wormser Konkordat« (1122), durch das der jahrzehntelange Investiturstreit zwischen Kaiser und Papst beendet wurde, ist ein Meilenstein im mittelalterlichen Rechtsgefüge, der in keinem Geschichtsbuch fehlt.

400 Jahre später erlebte das Abendland in Worms den Beginn einer der gewaltigsten Glaubensauseinandersetzungen. Ein Augustinermönch wurde im April 1521 vor Kaiser Karl V. und den Reichstag zitiert. Es war Martin Luther, der – angeblich – mit den Worten »Hier stehe ich. Ich kann nicht anders. Gott helfe mir, Amen!« an seiner Kritik an der Kirche festhielt. In Worms erinnern an diese Ereignisse das Lutherdenkmal 6 auf dem Lutherplatz und die Lutherstube im Museum 1.

Ein Denkmal für Ludwig XIV. wird es in Worms wohl nicht geben, und doch wird seiner bei jeder Stadtführung gedacht. Der Sonnenkönig brachte Worms nichts Gutes. Im Jahr 1689 legten die französischen Truppen im Pfälzischen Erbfolgekrieg die Reichsstadt in Schutt und Asche.

Im Rahmen erster hochgotischer Umbaumaßnahmen an dem romanischen Dom entstand um 1300 das berühmte südliche Hauptportal, dessen prächtiger Relief- und Skulpturenschmuck biblischen Inhalt hat.

Oft vernichtet und doch immer wieder von neuem erblüht ist das Leben im Wormser Judenviertel. Bereits 1034 stand hier eine Synagoge. Die Jüdische Gemeinde in Worms war eine der frühen Metropolen jüdischen Geisteslebens. Der berühmte Gelehrte Rabbi Salomo ben Isaak aus Troyes (1040–1105), genannt Raschi, studierte 1055/56 in Worms. Seine Kommentare zu Talmud und Bibel waren die bekanntesten des Mittelalters, auf die sich schließlich auch noch Luther bei seiner Bibelübersetzung stützte.

Freie Reichsstadt nur noch kreisfrei

An die große Vergangenheit vermag das heutige Worms nicht anzuknüpfen, Impulse, die das Abendland verändern, gehen nicht mehr von dieser Stadt aus. Die ehemalige freie Reichsstadt ist heute nur noch »kreisfrei«, und der Zweite Weltkrieg hat sie vieler historischer Bauten, Zeugen ihrer bewegten und bewegenden Geschichte, beraubt.

Immerhin ist Worms für die umliegenden Gemeinden Handelszentrum und auch kultureller Mittelpunkt geblieben. Während im 19. Jh. Lederindustrie und Tuchfabrikation die hauptsächlichen Gewerbezweige waren, bilden heute chemische Industrie sowie holz- und kunststoffverarbeitende Betriebe die wirtschaftliche Basis der Stadt. Als Einkaufsstadt ist Worms anderen Städten durchaus ähnlich, aber das Bummeln macht hier besonders viel Vergnügen: Die Innenstadt wird von Fußgängerzonen durchzogen, plätschernde Brunnen zwischen Pizzerias, Cafés und Konditoreien bieten sich ebenso zum Rasten und Verweilen an wie der ehemalige Stadtgraben, der zur prächtigen Grünanlage umgestaltet wurde.

Der Rhein lädt zum Flanieren ein

Wer die sommerliche Hitze der Stadt nicht mag, sollte einen Spaziergang an den Fluß machen. Der Weg dorthin führt in ca. 20 Minuten durch die Altstadt mit ihren verträumten Gäßchen, vorbei an den sorgfältig wiederhergestellten Häuschen in der Juden- und Bärengasse oder an der Friesenspitze. Am Rhein weht auch an heißen Tagen ein lindes Lüftchen. Die Rheinpromenade ist in der warmen Jahreszeit die »gute Stube« der Wormser. Rechterhand unter dem grünen Blätterdach der Platanen lockt »Kolbs Biergarten« mit rustikalen Genüssen, links bietet der »Rheinische Hof« gehobene Küche. Wer das Originelle liebt, wird im schwimmenden Lokal »Fürst«, auf dem Fluß vor der ehemaligen Badeanstalt, seine Freude haben. Dreimal jede Woche bietet der Markt mit frischem Obst und Gemüse aus dem Wonnegau vor dem Rathaus ein prächtig-buntes Bild. Direkt an den Mauern der Dreifaltigkeitskirche 14 stehen die Händler mit Geflügel, frischen Eiern, knusprigem Bauernbrot und dem weithin »ruchbaren« Handkäse.

Weinbau – das Erbe der Römer

Weinberge gibt es in Worms mitten in der Stadt. 1200 ha Rebfläche machen den Ort zur drittgrößten Weinbaugemeinde Deutschlands. Die Römer brachten den Weinstock in die liebliche Gegend am Rhein, so daß man auf fast 2000 Jahre Erfahrung mit dem edlen Rebensaft zurückblickt. Wie diese heute umgesetzt wird, darüber kann sich der Besucher bei einer Weinprobe informieren. Direkt neben dem Andreasstift 1, dem Städtischen Museum, liegt der Stiftskeller der Gemeinschaft Wormser Weingüter. In diesem stimmungsvollen Gewölbe kann sich der Besucher durch alle Weinlagen der Stadt hindurchschmecken und erfährt gleichzeitig eine ganze Menge über Wein und Weinbau. Anmeldungen nimmt der Verkehrsverein entgegen. Es müssen allerdings 25 Weinfreunde zusammenkommen. Jeden ersten Samstag im Monat ist Tag der offenen Tür.

So erntet man heutzutage Wein.

Uralte Grabsteine, die zur Hälfte im Boden versunken sind, kennzeichnen den Judenfriedhof »Heiliger Sand«.

Wie hier in dem idyllischen Gundersheim werden rund um Worms beliebte Rebsorten angebaut.

Tips, Tips, Tips

Stadtgeschichte ganz kompakt
Für Wormsbesucher, die wenig Zeit und viel Neugier mitbringen, hält der Verkehrsverein ein Pauschalangebot »Geschichte zum Anfassen« bereit. Es beinhaltet für 29 Mark pro Person eine Worms-Info-Tasche mit der Rundwegbeschreibung »Zu Fuß durch zwei Jahrtausende«, Eintrittbons für alle Museen (Städtisches Museum im Andreasstift ❶, Kunsthaus Heylshof ❺ und Judaica-Museum ⓫), für den Tiergarten sowie Gutscheine für ein Glas Liebfrauenmilch und ein Mittagessen, denn auch von der Geschichte muß man sich erholen.

Backfischfest-Freuden pauschal
Für Volksfestfreunde ist der »Wormser Backfischfest Bummel(s)paß« genau das Richtige. Für 120 Mark erhält der Gast einen Begrüßungstrunk, eine Übernachtung mit Frühstück, zwei Mittagessen, den Bummel(s)paß, der Freifahrten und Freischmaus auf dem Backfischfest garantiert, dazu gibt es eine Backfischfest-Info-Tasche und Platzkarten für Fischerstechen oder Backfischfest-Umzug.

Bei Backfischfest und Fischerstechen

Auf dem Marktplatz wird auch alljährlich am letzten Wochenende im August das Backfischfest eröffnet. »Weinmajestäten« aus dem Umland sowie die Abordnung der Altwormser Fischerzunft, begleitet vom traditionsreichen Wormser Fanfarenkorps, marschieren auf. Ein Höhepunkt ist der Aufzug der Zunftgesellen in alter Tracht zu den Klängen des Pfeifermarschs. Dieses Schauspiel hat schon Goethe in »Dichtung und Wahrheit« beschrieben. Er erlebte die Wormser in Frankfurt, als sie sich im 18. Jh. dort ihre Zollfreiheiten bestätigen ließen. Der Backfischfest-Umzug lockt Jahr für Jahr Tausende von Schaulustigen in die Stadt. Neun Tage lädt auf der Festwiese am Rhein ein großer Jahrmarkt zum Besuch. In der Weinkosthalle kann man 450 Weinsorten aus Worms und den umliegenden Weinbaugebieten probieren, dazu gibt es knusprige Backfische. Am zweiten, dem letzten Festsonntag, findet neben der Nibelungenbrücke das traditionsreiche, aus dem Zunftbrauchtum herrührende Fischerstechen im Floßhafen statt, am Abend krönt ein farbenprächtiges Feuerwerk den Schluß des neuntägigen Festes.

Ist das Fest verrauscht, beginnen in Worms die Vorbereitungen für die kulturellen Veranstaltungen im Winterhalbjahr: Sinfoniekonzerte, Oper, Operette, Ballett und Schauspiel im Spiel- und Festhaus. Eine unermüdliche Gruppe von nebenberuflichen Schauspielern, die Volksbühne, betreibt das »Kleine Theater in der Würdtweinstraße«, ein Zimmertheater mit knapp 100 Plätzen, das immer einen Besuch wert ist.

Zwei Chöre, ein Kammerensemble und ein Kammerorchester singen und spielen in den Kirchen der Stadt. Für stimmungsvolle Konzerte wird vorzugsweise die zum Museum gehörende Andreaskirche genutzt. Das mittelalterliche Kirchenschiff, noch ergänzt durch die Sammlungen des Museums, bietet einen festlichen Rahmen für die Chor- und Orchesterkonzerte der Vorweihnachtszeit. Vor allem aber bildet das Andreasstift den eindrucksvollen Rahmen für 6000 Jahre Stadt- und Kulturgeschichte. Man sollte nicht unbedingt auf Regentage warten, um dieses Museum zu besuchen, könnte man doch einen faszinierenden Spaziergang durch die Zeiten versäumen. Allein die Römerabteilung ist einen Besuch wert, sie zeigt das Worms der Zeitenwende: Chirurgische Instrumente sind zu bewundern, ein römischer Töpferladen präsentiert prächtige Stücke, oder man erfährt, was sich ein römischer Soldat von seinem Sold alles leisten konnte. Ständig kommen neue Exponate hinzu, denn fast täglich werden Funde aus dem geschichtsträchtigen Boden der Stadt zutage gefördert. Nirgends kann gegraben und gebaggert werden, ohne daß Archäologen und Museumsdirektion ein wachsames Auge auf die Baugrube hätten.

Neun Tage lang gerät Worms außer Rand und Band – zum Backfischfest, der größten Wein- und Volksfestivität am Rhein. Eröffnet wird die Veranstaltung auf dem Marktplatz mit dem historischen Gesellentanz.

Erinnerung und Mahnung: der Dom und das Judenviertel

Immer wird der Dom 3 ein Symbol dafür bleiben, daß Worms eine der bedeutendsten Stätten in der Geschichte des Abendlandes war. Seine mächtigen vier Türme weisen dem Reisenden schon von weitem den Weg in die Stadt. Er ist eines der großartigsten Zeugnisse mittelalterlicher Baukunst, gleichrangig den Domen von Speyer und Mainz. Zwischen 1171 und 1230 entstanden, repräsentiert er zwar die staufische Kaiserzeit, ihre letzte Ruhestätte haben hier jedoch fünf Generationen von Salierfürsten gefunden.

Am Nordeingang, dem Kaiserportal, haben dem Nibelungenlied zufolge Kriemhild und Brunhild ihren Streit begonnen, der dann so verhängnisvolle Folgen hatte. Gesicherte Geschichte ist, daß anno 1048 im Wormser Dom Leo IX. zum Papst gewählt wurde, nachdem er von seinem Verwandten, Kaiser Heinrich III., dazu bestimmt worden war. Unter Papst Leo kam es zum Bruch mit der oströmischen Kirche. Ebenso einschneidend – nicht nur für die Kirchengeschichte – war der »Lutherreichstag«, den Karl V. 1521 im Dom eröffnete und auf welchem Luther sich standhaft weigerte, seine Schriften zu widerrufen.

Die Zerstörung von Worms durch die Truppen Ludwigs XIV. im Jahr 1689 bezog auch den Dom mit ein, er brannte aus. Im Zuge der Wiederherstellung schuf Balthasar Neumann den berühmten barocken Hochaltar als einen bewegenden Kontrast zur romanischen Formenstrenge des Bauwerks.

An die unselige jüngere Vergangenheit erinnert in Worms das Judenviertel. Synagoge 10 und Raschihaus 11 gehörten vor dem Zweiten Weltkrieg zu den wichtigsten Zeugnissen jüdischen Glaubens und Geisteslebens in Deutschland, lebte in Worms doch über Jahrhunderte eine große jüdische Gemeinde, die in dem bereits genannten Rabbi Raschi im 11. Jh. ihren großen Vordenker hatte. In der »Reichskristallnacht« im November 1938 wurden von den Nationalsozialisten alle jüdischen Gebäude angezündet, die Reste später gesprengt.

Nach dem Krieg hat man einige der Bauwerke originalgetreu wiederhergestellt. Die Synagoge ist wiederaufgebaut, ebenso ein Teil der Judengasse mit ihren typischen Häusern; das Raschihaus entstand in neuer Form und birgt heute neben dem Stadtarchiv eine bedeutende Judaica-Sammlung. Synagogenbezirk und jüdische Altstadt sind nun wieder Anziehungspunkt für viele Besucher aus aller Welt – mögen sie Erinnerung und Mahnung zugleich bleiben.

Das Lutherdenkmal erinnert mit seinen überlebensgroßen Figuren nicht nur an Martin Luther, sondern auch an die Reformatoren Petrus Waldes, John Wyclif, Jan Hus und Girolamo Savonarola.

Theater, Musik, Veranstaltungen, Museen

Theater
Städtisches Spiel- und Festhaus, Rathenaustr. 11. Gastspiele: Oper, Operette, Musical, Ballett, Schauspiel, Kabarett (Sept.–Mai), ☏ 8 83 85.
Kleines Theater in der Würdtweinstraße, Würdtweinstr. 11. Boulevard, klassisches und modernes Theater, Kabarett, ☏ 2 25 25.

Musik
Städtisches Spiel- und Festhaus, Rathenaustr. 11. Sinfonie-, Kammerkonzerte, Folklore, traditioneller Jazz (Sept.–Mai), ☏ 8 83 85.
Schloß Herrnsheim 19, Herrnsheimer Hauptstr. 1. Kammerkonzerte, ☏ 85 35 05.
Städtische Jugendmusikschule, Gewerbschulstr. 20. Orchester-, Kammerkonzerte, Klavierabende, ☏ 5 64 24.
Dreifaltigkeitskirche 14, Marktplatz. Vesper mit Orgel-, Instrumentalmusik (April–Sept. letzter Sa im Monat 18 Uhr), Oratorien; Wormser Advents- und Weihnachtssingen mit Wormser Kinderchor, Wormser Bach-Chor, Wormser Musikfreunde-Orchester, ☏ 7 63 54.
Lutherkirche 18, Friedrich-Ebert-Str. 45. Orgelkonzerte, Abendgottesdienste mit Motetten, Kantaten, Orgelmusik, ☏ 5 62 24.
Magnuskirche 2, Weckerlingplatz. Chor-, Orgelmusik, Kantaten, Motetten, ☏ 2 39 78.
Dom 3, Domplatz. Orgelkonzerte, ☏ 61 15.

Veranstaltungen
Flohmarkt auf dem Schloßplatz (1. Sa im Monat 8–14 Uhr).
Pfingstsamstag–So nach Pfingsten: Traditioneller *Pfingstmarkt* auf dem Großen Festplatz. Vergnügungspark, Verkaufsausstellung des Wonnegaus.
Sommer (Juni–Sept.): *Sommerkonzert* des Wormser Kammerorchesters im Kreuzgang des Andreasstifts 1, Weckerlingplatz, ☏ 85 33 36.
Allerheiligen: *Allerheiligenmarkt* auf dem Marktplatz. Volksfest und Warenmarkt, verkaufsoffener Sonntag.
Alle zwei Jahre (1990) Sommer (1. Wochenende nach den Sommerschulferien): *Kunst- und Museumsfest* auf dem Weckerlingplatz. Ausstellung und Verkauf von Kunst und Kunstgewerbe.
Alle zwei Jahre (1990) Okt./Nov.: *Wormser Buchmesse* in der Stadtbibliothek im »Haus der Münze«, Marktplatz. Ausstellung der Neuerscheinungen, Dichterlesungen, Buchbazar, Märchenlesungen für Kinder, ☏ 8 53-504.
Alle zwei Jahre (1991) Juni/Juli: *Theaterfest* auf dem Domplatz mit Puppenspielern, Moritatensängern, Clowns, Pantomimen, Laientheater, ☏ 85 35 15.
Letztes Wochenende im Aug.–erstes Wochenende im Sept.: *Backfischfest*, größtes Wein- und Volksfest am Rhein. Jahrmarkt auf der Festwiese am Rhein. Eröffnung mit Wormser Pfeifermarsch und Tanz der Wormser Zunftgesellen auf dem Marktplatz, ☏ 2 50 45.
3. Advent: *Weihnachtskonzert* des Wormser Kammerorchesters im Andreasstift 1, Weckerlingplatz, ☏ 85 33 36.

Museen
Kunsthaus Heylshof, Stephansgasse 9 (s. 5).
Judaica-Museum Raschihaus, Hintere Judengasse 6 (s. 11).
Museum der Stadt Worms im Andreasstift und *Städtische Gemäldegalerie*, Weckerlingplatz 7 (s. 1).

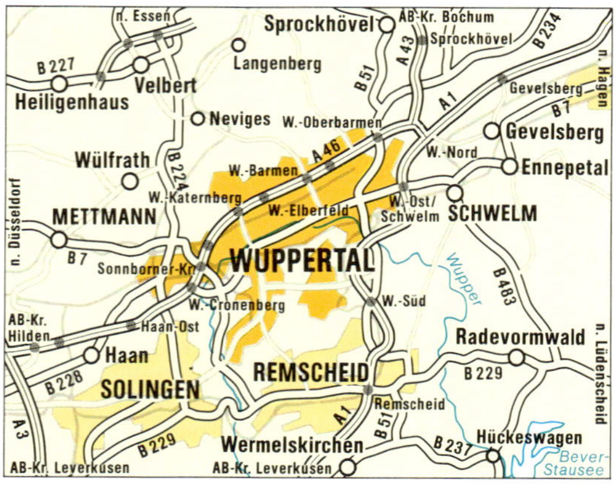

Das Wahrzeichen der Stadt – die Schwebebahn (unser Bild) – halten einige für ein Monstrum, doch über 50 000 Menschen versetzt es täglich in einen Schwebezustand. Die Einwohner leben zudem in einem ständigen Auf und Ab bei mindestens 8500 öffentlichen Treppenstufen, die es allein in Elberfeld und Barmen gibt.
Der solcherart gestärkte Kreislauf unterliegt nach Feierabend harten

Prüfungen: Weit über 1000 Kneipen hat die Stadt. Und einen weltberühmten Zoo.
Viele Persönlichkeiten wurden hier geboren oder haben hier gewirkt, so Adolf Kolping, Friedrich Engels und Else Lasker-Schüler.

Wuppertal

Hier schwebt nicht nur die Ballerina

Wappen Elberfeld, durch den Rost als Symbol für den Schutzheiligen Laurentius repräsentiert, und Barmen, vertreten durch den Bergischen Löwen auf dem Garnbündel, bestimmen als die beiden ältesten, bis 1929 selbständigen Gemeinden das Wuppertaler Stadtwappen.
Lage An der Nahtstelle zwischen Rheinland und Westfalen am Fluß Wupper.
Land Nordrhein-Westfalen
Autokennzeichen W
Höhe 95–350 m ü. M.
Fläche 168 km^2
Einwohnerzahl 385 000
Postleitzahl 5600
Telefonvorwahl 02 02
Post Hauptpost Elberfeld, Kleeblatt 1–3, Nähe Bahnhof Elberfeld, Spätschalter (Mo–Fr 8–19, Sa 8–13, So 10.30–11.30 Uhr).
Polizei Friedrich-Engels-Allee 228, ☏ 8 90 91
Taxi 55 50 50
Nahverkehr Busfahrscheine löst man beim Fahrer, Schwebebahntickets im Automaten der jeweiligen Station, ebenso die günstige Familien-Tageskarte und die Kombikarte Zoo (mit Zoo-Eintritt).
Parken Parkhäuser befinden sich in Elberfeld am Bahnhof, an der Schwebebahnstation Ohligsmühle und an der Karlstr., in Barmen bei der Schwebebahnstation Alter Markt und in der Bachstr.
Touristinformation Informationszentrum Pavillon Döppersberg, ☏ 5 63 22 70, 5 63 21 80 (Mo–Fr 9–18, Sa 9–13 Uhr).
Stadtrundfahrt April–Okt. jeden Sa, 14.10 Uhr ab Berliner Platz, 11 und 14.30 Uhr ab Elberfelder Tor am Bahnhof Elberfeld.

Einmal im Leben durch Wuppertal schweben

Was ist das: Bewältigt 13,3 km Wegstrecke in 35 Minuten, hält an 19 Stationen, befördert täglich über 50 000 Menschen, ist einmalig auf der Welt und steht seit über 80 Jahren in Wuppertal?

Die Frage hat den gleichen Schwierigkeitsgehalt wie: »An welchem Fluß liegt Köln am Rhein?« Denn wann immer die Rede von Wuppertal ist, denkt man auch an den technischen Geniestreich der Jahrhundertwende, an die Schwebebahn des Kölner Ingenieurs Karl Eugen Langen.

Unfallfrei seit Bestehen, erhaben über Streß und Staus, gleitet sie über Häuser, Straßen, Parks, Hinterhöfe und die Wupper hinweg – ein Erlebnis für jeden Schwebegast. Kaiser Wilhelm II. jedenfalls fand, daß dies ein »ebenso angenehmes wie nützliches Verkehrsmittel« sei, nachdem er während der Jungfernfahrt am 24. Oktober 1900 mehrmals (!) huldvoll aus den Fenstern von Wagen 5 auf seine Untertanen herabgewinkt hatte. Der Kaiserwagen existiert übrigens noch und ist für Sonderfahrten zu haben.

Einzig Tuffi mochte sich an diese Art der Fortbewegung nicht gewöhnen: Der kleine Elefant, der bahnschwebenderweise für den in Wuppertal gastierenden Zirkus Althoff werben sollte, trat angesichts des Blitzlichtgewitters der Presseleute die Außenwand des Wagens 13 ein und fiel in die Wupper. Ein paar Schrammen am Po – mehr hatte er nicht zu beklagen.

Das »Ding«, wie es sein Erfinder bezeichnete, ist zum Wahrzeichen der Stadt geworden, es hat sie aber auch nachhaltig verändert – nicht zum Vorteil, wie manche meinen. Während Friedrich Engels seine Heimatstadt 1838 noch »ziemlich lieblich« fand und Friedrich Nietzsche 1864 von dem »langen schönen Tal« schwärmte, schrieb Hermann Hesse in diesem Jahrhundert zurückhaltender von einer »grausig interessanten Stadt«, und Heinrich Böll verglich sie gar mit einer ungeschminkten Frau, »deren Anblick wohltuend und enttäuschend zugleich ist«.

Bei den Wuppertalern fand ihr Wahrzeichen, eben das »Ding«, ungeteilte Ablehnung: »Das Monstrum des Gerüstes ist keineswegs attraktiv für Wuppertals Straßen!«, urteilten sie, hingegen fand die in Elberfeld geborene Dichterin Else Lasker-Schüler: »Ich bin verliebt in meine Stadt und stolz auf ihre Schwebebahn, ein Eisengewinde, ein stahlharter Drachen, windet und legt sie sich mit vielen Bahnhofköpfen und sprühenden Augen über den schwarzgefärbten Fluß.«

Wie eine Straße in San Francisco, bereichert um herrliche Gründerzeit-Fassaden: die Neue Friedrichstraße in Elberfeld.

1929 zusammengeschweißt

Bei aller Begeisterung für das stählerne Fabelwesen – das Gesicht der Stadt wird bestimmt durch das langgezogene, windungsreiche Flußtal, seine Enge und die überraschenden Weiten, die Parks im Tal und die bewaldeten Höhen darüber, die vielen Treppen, die zu ihnen hinaufführen, die Stuckfassaden der Patrizierhäuser, die roten Ziegelkamine der alten Fabriken, die bergischen Schieferhäuschen und die modernen Hochhäuser in den Außenbezirken.

Die reizvolle Vielfalt städtischer und dörflicher Elemente und das viele Grün im Stadtbild erklären sich aus dem nicht ganz freiwilligen Zusammenschluß der Städte Vohwinkel, Elberfeld, Barmen, Ronsdorf, Cronenberg und ihrer Randgemeinden im Jahr 1929. Zwei Drittel des Stadtgebiets sind Wiesen, Wälder, Gärten und Felder. Von jedem Punkt der Stadt aus erreicht man binnen zehn Minuten zu Fuß einen Park oder einen Wald. Die Stadt hat ein ausgedehntes Wandernetz, und die berühmte Strecke »Rund um Wuppertal« ist 109 km lang.

Tippen-Tappen-Tönchen

Die Wuppertaler leben in einem andauernden Auf und Ab. Sie müssen Höhenunterschiede zwischen 95 und 350 m über Meereshöhe überwinden und also ständig Treppen steigen: 188 insgesamt – allein in Elberfeld und Barmen sind das, wie jemand mal gezählt haben will, 8723 Stufen ... Die bekannteste Stiege verbindet Hombüchel und Kasinogarten in Elberfeld und führt den seltsamen Namen »Tippen-Tappen-Tönchen«.

Aber nicht der Höhenunterschiede wegen heißt Wuppertal »Hauptstadt des Bergischen Lands«, sondern weil diese Region einst das Herrschaftsgebiet der Grafen von Berg war, die von 1101–1225 hier residierten.

Den besten Blick über das Tal der Wupper bis hin nach Düsseldorf, Köln, Essen und Hagen hat man bei klarem Wetter vom Toelleturm aus, der in den Barmer Anlagen steht. Schöne Aussichten versprechen auch der Bismarckturm 6 und die Universität. Durch Beflaggung wird angezeigt, wann man auf die Türme hinaufsteigen darf. Dort liegt einem dann das gesamte Stadtgebiet zu Füßen: im Südwesten das über 1200jährige Vohwinkel mit seiner Kirche aus dem 12. Jh., dann Elberfeld (Stadtrecht seit 1610), das bei dem Zusammenschluß 1929 schon 173 000 Einwohner hatte. Hier liegen Zoo, Stadion, Universität, Bahnhof, das Von-der-Heydt-Museum und eine attraktive Einkaufszone, nach der Münchner die zweitgrößte in der Bundesrepublik Deutschland.

Anschließend Uellendahl-Katernberg, wo einst die Barone von Wendt residierten. Heute gibt es dort einen erdgeschichtlichen Wanderpfad, der gemeinsam mit dem Fuhlrott-Museum 3 unterhalten wird. Eine architektonische Attraktion ist die Seydsche Villa, eine der schönsten neobarocken Villen im Rheinland.

Im Osten dominiert Elberfelds historische Konkurrenz: das seit 1070 bestehende, 1808 zur Stadt erhobene Barmen mit dem schönen Rathaus, dem Engels-Haus 9 und der Oper.

Oberbarmen, der künstlich zusammengefügte Ortsteil im Nordosten mit Industrie, Ausflugs- und Wohngebieten bietet die größte Fertighausausstellung Europas.

Als gelungenster Haltepunkt der Schwebebahn gilt die 1902 in Jugendstilformen errichtete Station Werther Brücke in Barmen.

<u>Rund um die Dröppelminna</u>
Man muß schon einigen Mut zusammennehmen, wenn man sich auf die »Bergische Kaffeetafel« einläßt: Den Auftakt bilden eine oder mehrere Scheiben Weißbrot mit Korinthen, auf die man Apfelkraut oder Honig streicht. Darüber häuft man Milchreis, den man wiederum mit Zimt und Zucker bestreut. Zweiter Gang: zarte, backfrische Waffeln, dritter Gang: Schwarzbrot mit Butter und Quark, danach Burger Brezeln. Einheimische gönnen sich zum Abschluß einen klaren Korn. Einen!? Inmitten des Tisches steht – sonst wäre die Tafel nicht komplett – die »Dröppelminna«, die Kaffeekanne, ein traditionsreiches, reichverziertes Gefäß aus Silber, Zinn oder Messing.

<u>Im Guinness-Buch der Rekorde</u>
Bis zu einer halben Million Menschen genießen alle Jahre wieder die lustvolle Enge beim größten Flohmarkt der Welt im Stadtteil Vohwinkel. 600 Trödler bauen dort ihre Stände auf und bieten von der rostigen Schraube über das gebrauchte Fahrrad bis zum feinen Jugendstil-Objekt alles an, was Käufer interessieren könnte. Dazu gibt es bei fliegenden Händlern Reibekuchen, Knackwürste, fritierte Champignons, Crêpes und Waffeln. Auch die Kinder dürfen – um die Schwebebahnpfeiler herum – ihr gebrauchtes Spielzeug und alte Bilderbücher anbieten.
Wie die Schwebebahn steht auch dieser Flohmarkt im Guinness-Buch der Rekorde.

Pfauen und Girlanden schmücken das Haus Charlottenstraße 37.

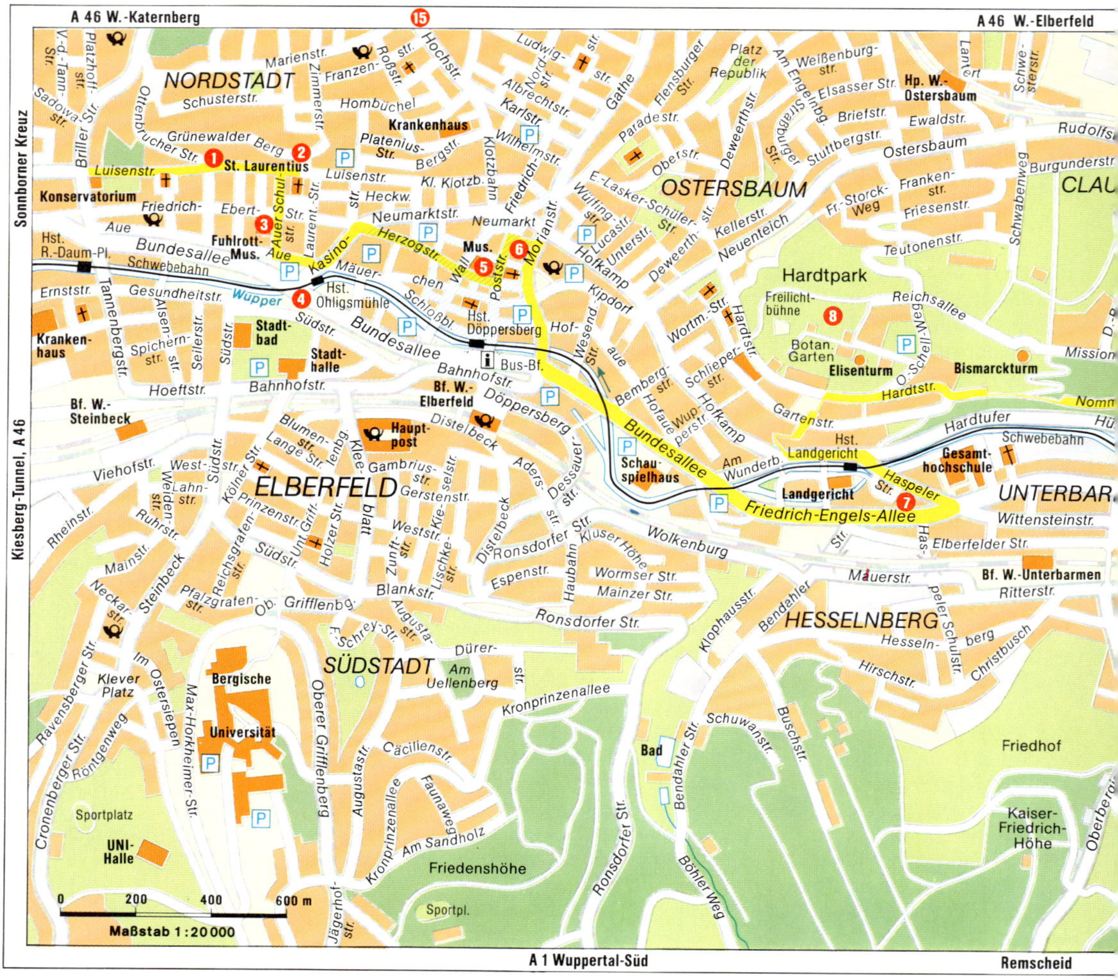

Stadtrundgang

Dies ist kein Rundgang, sondern eine durch Schwebe(bahn)zustände unterbrochene kleine Wanderung. Soll heißen: Die meisten Dinge, die anzusehen wir empfehlen, liegen im unmittelbaren Bereich der Schwebebahn, und Sie können folglich immer mal wieder ein Stückchen in dem langen Tal weiterschweben, wenn Ihnen die Sehenswürdigkeiten allzu weit auseinanderliegen. Die Bahn selbst ist ja auch eine Attraktion, und Sie bekommen aus der Luft natürlich noch einiges mehr von der Stadt mit.

Ausruhen können Sie im Hardtpark ❽*, einkehren sollten Sie bei ... (hier müßten jetzt etwa 1200 Namen folgen, so viele Gaststätten hat Wuppertal).*

Sehenswürdigkeiten

❶ *Luisenstraße,* Gründerzeitfassaden, gemütliche Altstadt-Atmosphäre mit Kneipen, Boutiquen, Hinterhöfen.

❷ *Katholische Pfarrkirche St. Laurentius,* 1828–32 nach Plänen von Adolf von Vagedes erbaut. Klassizistische Hallenkirche mit Doppelturmfassade. Nach dem Zweiten Weltkrieg ausgestattet mit neuen Turmhelmen und Glasfenstern von Robert Rexhausen. Innen Hochaltar (um 1700) aus Beilngries.

❸ *Fuhlrott-Museum,* benannt nach Johann Carl Fuhlrott, dem Entdecker des Neandertalers. Landschaftsbezogenes Museum mit den Schwerpunkten Biologie, Ökologie, Umweltschutz, Paläontologie, Mineralogie, Geologie (Di–Do 10–13, 15–20, Fr–So 10–13, 15–17 Uhr).

❹ *Schwebebahnstation Ohligsmühle,* modernster der 19 Haltepunkte, interessante Glas-Stahl-Konstruktion, 1982 eingeweiht.

❺ *Altes Rathaus,* 1821–31 und 1839–43 errichteter mächtiger Quaderbau im Stil der italienischen Renaissance. Gußeiserne Schmuckformen nach Modellen von Christian Daniel Rauch und Christian Friedrich Tieck. Eines der bedeutendsten Monumente des 19. Jh. im Rheinland, heute Sitz des *Von-der-Heydt-Museums* mit Malerei, Plastik und Druckgrafik des 16. bis 20. Jh. Sammlungsschwerpunkte sind u. a. deutscher und französischer Impressionismus, Kunst um 1900 mit Werken von Munch, Hodler und Modersohn-Becker.

❻ *Uhrenmuseum,* Privatmuseum; gibt einen Überblick über die Geschichte der Instrumente für Zeitmessung mit mehr als 1500 Objekten aus aller Welt (Mo–Fr 10–12, 16–18, Sa 10–13 Uhr, jeden 1. Sa im Monat auch 16–18 Uhr).

❼ *Haspel-Häuser,* klassizistische Bauten von 1826. Restauriert, Sitz des Sekretariats für gemeinsame Kulturarbeit, dem mehrere Dutzend Städte Nordrhein-Westfalens angehören, des Kulturamts, des Stadtarchivs und der *Liegnitzer Sammlung*: Geschichte des Liegnitzer Lands bis zur Gegenwart (Di 13.30–16 Uhr).

❽ *Hardtpark* mit Botanischem Garten und Freilichtbühne. Größter Park in der Innenstadt, mit Elisenturm (1838) und Bismarckturm (1907). Der Botanische Garten ist im Winter bis Anbruch der Dunkelheit geöffnet, sonst Mo–Fr 7.30–19, Sa, So 9–19 Uhr.

❾ *Historisches Zentrum – Engels-Haus – Museum für Frühindustrialisierung,* 1775 erbautes, typisch bergisches (ver-

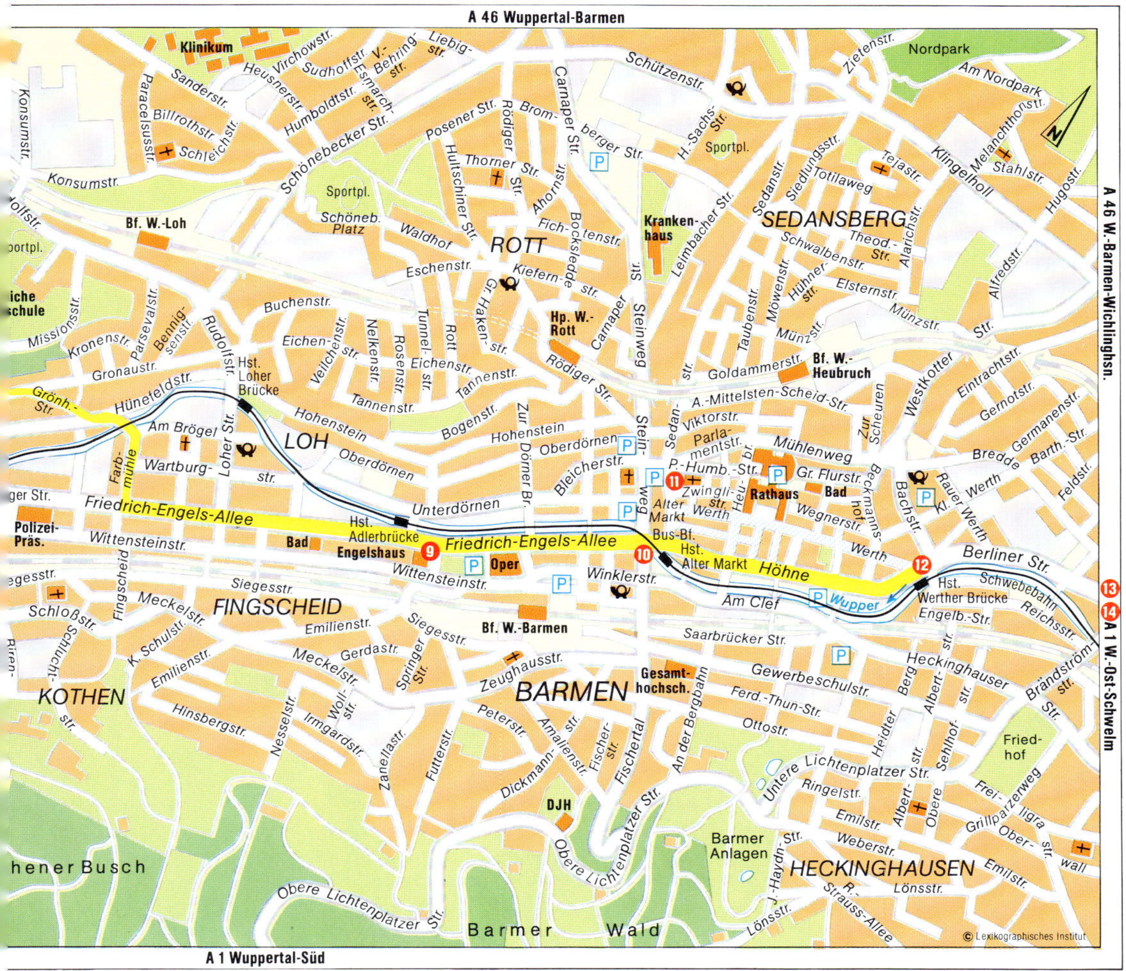

schiefertes) Haus, Vaterhaus Friedrich Engels'. Dokumentation seines Lebens und Werks. Im Garten: Engels-Denkmal von Alfred Hrdlicka (1980) (Di–So 10–13, 15–17 Uhr).

⑩ *Schwebebahnstation Alter Markt,* etwas für Technik-Fans: Der 1967 erbaute Bahnhof hängt an einer ungewöhnlichen Beton-Stahl-Konstruktion.

⑪ *Gemarker Kirche,* 1890 erbaut; hier fand 1934 die »Synode gegen den totalen Machtanspruch« des NS-Systems statt (»Barmer Erklärung«).

⑫ *Schwebebahnstation Werther Brücke,* allgemein als der schönste Haltepunkt empfunden. 1902 im Jugendstil mit Türmchen und dekorativen Streben erbaut.

⑬ *Kindermuseum,* mit über 200 witzigen Instrumenten, von Wuppertaler Kindern gebaut, dazu die Fotos der Instrumentenbauer. Hier wird Kreativität durch Spiel gefördert (Di–Fr 10–13, Mi 15–18 Uhr, So und Ferien nach Vereinbarung).

⑭ *Katholische Pfarrkirche Beyenburg,* ehemalige Kreuzbrüder-Klosterkirche St. Maria Magdalena. Einschiffiger spätgotischer Bruchsteinbau (Ende 15. Jh.) mit barockem Hochaltar und neuer Kanzel. Der anschließende Kreuzgang ist teils spätgotisch (um 1485), teils aus der Zeit um 1700 (von Oberbarmen nach Osten über die B 51, L 527).

⑮ *Friedhofskirche,* 1894–98 von Johannes Otzen erbaut, gut erhalten. Zentralbau in rheinischer Spätromantik über einem kreuzförmigen Grundriß, mit wuchtigem Zentralturm. Innen hochstehende Kanzel hinter dem Altar, dahinter die Orgel auf einer Sängerempore.

Berühmte Wuppertaler

Wuppertal hat viel an Prominenz zu bieten, mehr als andere Städte Nordrhein-Westfalens:

Balser, Ewald, Schauspieler, 1898 in Elberfeld geboren, 1978 in Wien gestorben.

Bayer, Friedrich, Begründer der Bayer Farbenwerke (1863), 1825 in Barmen geboren, 1880 in Würzburg gestorben.

Domagk, Gerhard, Direktor und Leiter des Instituts für experimentelle Pathologie und Bakteriologie der Bayer AG in Wuppertal-Elberfeld, Nobelpreis 1939, 1895 in Lagow (Brandenburg) geboren, 1964 in Burgberg (Schwarzwald) gestorben.

Engels, Friedrich, zusammen mit Karl Marx Begründer des wissenschaftlichen Sozialismus, geboren 1820 in Barmen, gestorben 1895 in London.

Kolping, Adolf, Gründer der ersten Gesellenvereine, aus denen Kolpingfamilie und Kolpingwerk entstanden; 1813 in Kerpen (bei Köln) geboren, 1865 in Köln gestorben.

Lasker-Schüler, Else, Dichterin, 1869 in Elberfeld geboren, gestorben 1945 in Jerusalem.

Rau, Johannes, nordrhein-westfälischer Ministerpräsident, geboren 1931 in Wuppertal und bis heute dort ansässig.

Tips, Tips, Tips

Der Zoo
Mit zwei Wölfen, einem Bären, zwei Füchsen, zwei Hunden, fünf Igeln, vier Papageien, zwei Bussarden, sechs Hühnern, zehn Ratten, einer Fledermaus und einer Natter fing man am 8. Sept. 1881 an: Elberfelder und Barmener Bürger hatten ihren Zoo gegründet und geschickt finanziert – als Aktiengesellschaft.
Heute leben in dem renommierten Tierpark etwa 3600 Tiere, darunter 450 Säugetiere, 1250 Vögel, 2100 Reptilien, Amphibien und Fische, Krebse, Stachelhäuter und vor allem Tierarten, die in freier Natur vom Aussterben bedroht sind (tägl. 8.30–18, im Winter bis 17 Uhr). Mit der Schwebebahn bis »Zoo/Stadion«. Mit dem Auto über die A 46, Abfahrt Wuppertal-Sonnborn.

Schloß Burg und die Müngstener Brücke
Im südlich benachbarten Solingen-Burg steht das Schloß Burg, einst Sitz der Grafen von Berg, die als Namengeber für das Bergische Land gelten. Die mittelalterliche Anlage, die heute das Bergische Museum beherbergt, wurde gründlich restauriert und wartet mit einem beachtlichen Fundus auf: Waffen, Münzen, Möbel, Hausgerät und Grabungsfunde. Für Kinder werden im Sommer Such- und Gewinnspiele veranstaltet.
Auf dem Hin- oder Rückweg empfiehlt sich ein Abstecher zur »Müngstener Brücke«, einem imposanten technischen Denkmal: Die 1897 erbaute Eisenkonstruktion erstreckt sich in über 100 m Höhe über das Tal der Wupper.

Rund um das alte Beyenburg
Der alte Kern des Ortsteils Beyenburg ist etwas für Fachwerk-Fans. Es gibt einen Wanderweg dorthin: Von der Haltestelle »Kemnabrücke« (Buslinien 616, 626) aus folgt man dem Zeichen »W« den Berg hinauf bis über die Staumauer der Unteren Herbringhauser Talsperre. Von dort, nach etwa 300 m, nach links in den Wald, steil hoch, später links ab nach Sondern. Vorbei an einigen Sportplätzen zu Tal bis »In den Grünen«. Nach rechts auf Beyenburg zu und bergauf in Richtung Alt Beyenburg und Kloster. Der Lohn: die herrlichsten Fachwerkhäuser und die 500 Jahre alte Klosterkirche!

Am Rande des großen Grüngürtels aus Barmer Anlagen, Barmer Wald und Murmelbachtal sieht man Heckinghausen, wo sich alljährlich bis zu 30 000 Besucher zum Bleicherfest einfinden. In Langerfeld/Beyenburg gibt es Wälder, Talsperren, Stauseen, eine 500 Jahre alte Klosterkirche, schöne Fachwerkhäuser und eine »Talentschmiede«. Beyenburg ist gewissermaßen das Tauberbischofsheim für den Kanusport, auf allen Regattastrecken der Welt bestens bekannt, wenn nicht gar gefürchtet.

Der höchste Punkt des Stadtgebiets liegt in der alten Bandwirkersiedlung Ronsdorf, wo sich viel moderne Industrie niedergelassen hat. Dennoch ist die Luft hier ausgezeichnet – sicher auch ein Grund, warum in dieser geschlossenen Kleinstadt mit den Neubaugebieten an der Peripherie so viele Neu-Wuppertaler leben.

Wie man hier sein Geld verdiente ...

Überall in der Stadt ist die industrielle Vergangenheit sichtbar. Zahllose alte Fabrikgebäude bezeugen, daß die Textil- und Bekleidungsindustrie, aber auch die Metallfabrikation und -verarbeitung hier einst hoch im Kurs standen. Das hat sich in diesem Jahrhundert nicht immer so weiterentwikkelt, ein schwieriger struktureller Wandel war vonnöten, aber man kann wohl sagen, daß es die Wirtschaft heute wieder geschafft hat: In Maschinenbau, Chemie und Elektrotechnik ist man auf dem Weltmarkt konkurrenzfähig, ein Viertel des Gesamtumsatzes wird im Export erwirtschaftet. Daneben werden Kugellager und Werkzeuge, Textilfasern und Papier, Autozubehör und Kabel hergestellt und verkauft. Auch die Bierbrauer tragen ihr Scherflein zum Bruttosozialprodukt bei, und außerdem ist Wuppertal ein Zentrum des Transportwesens geworden. Den Willen der Bürger, die Enge des Tals zu überwinden und mit der Welt in Verbindung zu treten, drückt wohl am deutlichsten das Autobahnnetz aus, das die Stadt umschlingt und leider auch zerschneidet: Wuppertal hat elf Autobahn-Anschlußstellen.

Seit dem späten Mittelalter bis zum Beginn der Industrialisierung hatte man auf den Wupperwiesen Leinengarne gebleicht, sie anschließend veredelt und verkauft oder verwoben und verflochten. Ende des 18. Jh. wurde das Gebiet Westdeutschlands führender Industriebezirk. Maschinen zogen ein, Fabriken entstanden: erst Spinnereien, dann Webereien. Das soziale Elend war groß. Heimarbeiter wurden Fabrikarbeiter, Handwerksmeister Vorarbeiter, Kinder und Frauen mußten mitverdienen, und dennoch lebten viele unter dem Existenzminimum. Das war die Zeit, in der 1820 der Fabrikantensohn Friedrich Engels geboren wurde, der spätere Freund und Förderer von Karl Marx.

Einen wesentlichen Anteil an der kulturellen Anziehungskraft Wuppertals hat das zeitgenössische Tanztheater von Pina Bausch.

... und wofür man es ausgibt

Der Freundschaft dieser beiden Männer, ihrem geistigen Werk und den Zeiten der Frühindustrialisierung ist das Historische Zentrum – Engels-Haus – Museum für Frühindustrialisierung 9 gewidmet. Der Europarat verlieh ihm das Prädikat »Besonders zu empfehlen«.

Was nicht heißt, daß die anderen Museen weniger attraktiv sind. Im 1958 gegründeten Uhrenmuseum z. B. wurden bisher über 805 000 Besucher gezählt, die u. a. über den Zeitmesser in Menschengestalt nicht schlecht gestaunt haben: Sobald sein Wecker klingelt, hebt er den rechten Arm und entzündet bei dieser Gelegenheit ein Streichholz. Seinen Nachschub an Zündhölzchen zaubert der Uhrenmann buchstäblich aus dem Hut. Wem das nicht imponiert, der sollte sich die altägyptische Wasseruhr oder die chinesische Duftuhr ansehen ...

Abgesehen von vielen weiteren Museen gibt es reichlich Kultur in Wuppertal: das Sprechtheater, die Oper, Pina Bauschs berühmtes Tanztheater – geradezu ein Markenartikel der Stadt –, den Knabenchor »Wuppertaler Kurrende«, die Kantorei Barmen-Gemarke und das städtische Sinfonieorchester.

Ob nach Kulturgenuß oder nach der Arbeit: Viele Abende beschließen die Wuppertaler in einem der zahlreichen Gasthäuser – vom feinen Restaurant über die urige Pinte bis zum Alternativ-Schuppen. Nachts geht es am buntesten in der Luisenstraße 1 zu. Hier, in Wuppertals kleiner Altstadt, treffen sich Bürger und Künstler, Alternative und Modefreaks, Yuppies und Systemverweigerer bei Pils und Kölsch zu Jazz, Pop und Rock. Wer sich hier nicht wohl fühlt, kann es an der Straße »Die Gathe« noch einmal versuchen. Auch dort liegt Kneipe an Kneipe – vom Kebab-Imbiß bis zur Lichtorgel-Disko. Beide Straßen brauchen über Mangel an Gästen nicht zu klagen, die rund 14 500 Studenten der Bergischen Universität/Gesamthochschule bringen Leben in jede Bude.

Und nicht nur die. Man sieht hier auch den Landesvater Johannes Rau Skat spielen – aber nicht im Kreise seiner Minister oder Leibwächter. Rau ist Wuppertaler, hier leben seine Jugendfreunde, und weit hat er's ja nicht von seiner »Maloche« in Düsseldorf bis nach Hause ...

Urig-bergisch

Länger als ein Vierteljahrhundert stehen Trudi und Alfred Holthaus hinter dem Tresen der seit 150 Jahren in Familienbesitz befindlichen Gaststätte »Karpathen«. Die Gäste wissen, was sie erwartet, und freuen sich drauf: blank gescheuerte Tische, alte Fotos und Urkunden, Kottenbutter und Handschnittchen mit Blut- oder Leberwurst aus eigener Schlachtung, aber auch »neumodische« Gerichte. Ein Wirtshaus, das in allen Bevölkerungsschichten gleichermaßen beliebt ist, und wie man hört, spielt Ministerpräsident Johannes Rau hier gern mit Freunden einen zünftigen Skat.

Seinen Namen verdankt das mit Schiefer verkleidete Haus der Tatsache, daß es früher recht einsam – also nach hiesigem Sprachgebrauch »in den Karpathen« – lag.

Wuppertals »Karpathen« liegen im Westen der Stadt, an Hosfelds Katenberg Nr. 5.

Theater, Musik, Veranstaltungen, Museen

Theater

Wuppertaler Bühnen. Oper, Schauspiel, Tanztheater Pina Bausch. Spielorte: Opernhaus, Barmen, Spinnstr. 4, ☏ 55 00 50, 55 66 07; Schauspielhaus, Elberfeld, Bundesallee 260, ☏ 45 38 80, 44 44 62.

Kommunikationszentrum »Die Börse«, Viehhofstr. 125. Theater, Kleinkunst, Ausstellungen, ☏ 42 10 81.

Haus der Jugend, Geschwister-Scholl-Platz 4–6. Kinder- und Jugendtheater, Ausstellungen, ☏ 5 63 64 44, 5 63 63 08.

Musik

Stadthalle Wuppertal, Johannisberg 40. Konzerte mit dem Sinfonieorchester Wuppertal und dem Wuppertaler Kammerorchester; »Meisterkonzerte«; Sinfonie-, Kammer-, Chorkonzerte; Pop-, Rockkonzerte, ☏ 5 63 41 84.

UNIhalle Wuppertal, Albert-Einstein-Str. Rock-, Jazzkonzerte, Folklore, ☏ 44 83 22.

Staatliche Hochschule für Musik Rheinland, Friedrich-Ebert-Str. 141. Sinfonie-, Kammer-, Chorkonzerte, Jazz, ☏ 30 30 31.

Immanuelskirche, Barmen, Ecke Sternstr./von Eynernstr. Konzertreihen »Musikstadt Wuppertal« und »Lila Reihe«; klassische Konzerte, Folklore, Jazz, Rock, Pop, ☏ 55 33 81.

Beyenburger Klosterkirche 14, Beyenburger Freiheit 49. Orgel-, Chorkonzerte, Kammermusik, ☏ 61 11 32.

Laurentius-Kirche 2, Elberfeld, Friedrich-Ebert-Str. 21. Gottesdienste mit musikalischer Ausgestaltung, Orgelkonzerte, Chorkonzerte mit renommierten Interpreten, ☏ 30 32 63, 30 48 04.

St.-Antonius-Kirche, Barmen, Alter Markt. Orgel-, Chorkonzerte, ☏ 55 50 44, 55 63 78.

Literaturcafé Sisyphos, Friedrichstr. 1, ☏ 45 90 45/46; »Die Börse«, Viehhofstr. 125, ☏ 42 10 81; *Wirtschaftswunder,* Wiesenstr. 17, ☏ 44 56 07; *Kassiopeia,* Friedrich-Engels-Allee 184, ☏ 8 83 66; *Haus der Jugend,* Geschwister-Scholl-Platz 4–6, ☏ 5 63 63 08, 5 63 64 44: Kleinkunst, Musik, Literatur.

Veranstaltungen

Sommer: *Luisenfest* in der Luisenstr. 1. Straßenfest mit Trödel, Theater, Pantomime, Musik.

Kulturpromenade mit von Jahr zu Jahr wechselndem Spielort. Eintägiges Musikprogramm mit Orchester-, Chor-, Kammerkonzerten zu einem bestimmten Thema, ☏ 5 63 41 16.

Alle zwei Jahre (1991) Frühling oder Herbst: *Grenzüberschreitungen* in der »Börse«, Viehhofstr. 125, und an anderen kulturellen Orten der Stadt. Viertägiges Festival mit Arbeiten intern. Künstler aus den Bereichen Literatur, bildende Kunst, Musik, Theater und Tanztheater, ☏ 5 63 41 10.

Alle zwei Jahre (1991) Juni: *Cronenberger Werkzeugkiste* in Cronenberg. Stadtteilfest mit Rummel, Werkzeugmarkt, Musik- und Theaterprogramm.

Juni/Sept.: *»Platzgemacht«* auf dem Kerstenplatz (Elberfeld) oder dem Rathausvorplatz (Barmen). Straßentheater und Straßenmusik.

Sept.: *Wuppertaler Orgeltage* in verschiedenen Kirchen der Stadt. Orgelkonzerte mit intern. Interpreten und jeweils unterschiedlichen Schwerpunkten, ☏ 4 67 08 06.

Museen

Fuhlrott-Museum, Auer Schulstr. 20 (s. 3).

Historisches Zentrum – Engels-Haus – Museum für Frühindustrialisierung, Engelsstr. 10, Wuppertal 2 (s. 9).

Liegnitzer Sammlung, Friedrich-Engels-Allee 85 (s. 7).

Privatmuseum Palette Röderhaus, Sedanstr. 68, Wuppertal 2. Zeitgenössische Kunst (Mo–Fr ab 17.30 Uhr).

Uhrenmuseum, Poststr. 11 (s. 6).

Von-der-Heydt-Museum, Turmhof 8 (s. 5).

Kindermuseum, Beyeröhde 1, Langerfeld (s. 13).

Geradezu vom »Bauwurmb« sollen einige der Würzburger Fürstbischöfe besessen gewesen sein. Den Auswirkungen dieser »Krankheit« verdankt die Stadt heute die Bewunderung ihrer zahllosen Besucher. Prägend war vor allem das Zeitalter des Barock, als der geniale Baumeister Balthasar Neumann hier die Grundsteine seines Ruhms legte. Doch schon zwei Jahrhunderte vorher hat Tilman Riemenschneider für seine Stadt

viele unvergleichliche Kunstwerke geschaffen. Sinnesfreuden bleiben aber in Würzburg nicht nur dem Auge vorbehalten: Die Rebhänge um die Stadt liefern einen feinen Inhalt für die sonderbar geformten fränkischen Bocksbeutel. Nach einem Würzburg-Besuch daheim geleert und genossen, wecken sie schöne Erinnerungen an eine sehenswerte Stadt.

Würzburg

Kleinod am Main

Wappen Auf schwarzem Grund eine zweimal eingekerbte, geviertelte, rotgoldene Fahne an silberner Lanzenstange. Diese Sturmfahne ist seit dem 16. Jh. Ortswappen. Sie gleicht in ihrer Form dem Wappen des damaligen Herzogtums Franken.
Lage Am Main zwischen Spessart, Rhön und Steigerwald.
Land Bayern
Autokennzeichen WÜ
Höhe 166–360 m ü. M.
Fläche 88 km^2
Einwohnerzahl 123 000
Postleitzahl 8700
Telefonvorwahl 09 31
Post Postamt 1, Bahnhofplatz 2, Spätschalter (Mo–Fr 6–21, Sa, So 6–20 Uhr).
Polizei Augustinerstr. 24–26, ☏ 3 84-1
Taxi ☏ 5 07 07, 5 06 81
Nahverkehr Straßenbahnen und Buslinien sind im innerstädtischen sowie im Regionalbereich im Würzburger Tarif- und Verkehrsverbund zusammengefaßt; alle Verkehrsmittel können mit demselben Fahrschein benutzt werden. Die Fahrpreise sind nach Zonen gestaffelt; Fahrscheine beim Schaffner sowie an den Automaten.
Camping Campingplatz »Kalte Quelle«, Winterhäuser Str., Heidingsfeld, ☏ 6 55 98.
Parken In der Innenstadt gibt es acht Parkhäuser mit 2330 Stellplätzen. Parkplätze befinden sich auch vor der Residenz und auf der Festung Marienberg, außerdem entlang des Ringparks und am Main sowie an der Friedensbrücke (»Talavera«).
Touristinformation Fremdenverkehrsamt, Palais am Congreß-Centrum, ☏ 3 73 35 (Mo–Do 8–16.30, Fr 8–12 Uhr), sowie Pavillon vor dem Hbf., ☏ 3 74 36 (Mo–Sa 8–20 Uhr) und im Haus zum Falken am Markt (Mo–Fr 9–18, Sa 9–14 Uhr).
Stadtführung Ab Haus zum Falken, ☏ 3 73 98 (Mo–Fr 10.30 Uhr, Ende April bis Mitte Okt.).
Stadtrundfahrt Ab Touristinformation am Hbf., ☏ 3 74 36 (Mo–Sa 14.30, So 10.30 Uhr von Ende April bis Mitte Okt.).
Schiffahrt Es werden neben Ausflugsfahrten Linienfahrten nach Veitshöchheim angeboten. Sie gehen stündlich von 10 Uhr an ab »Alter Kranen«.

Ein unvergleichliches Stadterlebnis

Es ist immer wieder faszinierend, wenn auf der Fahrt Richtung Nürnberg nach der Autobahnausfahrt Kist linker Hand die Silhouette von Würzburg mit der Festung Marienberg auftaucht. Fast magisch zieht dies märchenhafte Bild den Besucher an, und er wird nicht enttäuscht: Die Altstadt mit herrlichen Bauten und die bezaubernde Lage inmitten ausgedehnter Weinberge am Main bieten ein unvergleichliches Stadterlebnis.

Die klimatisch begünstigte Lage im Maintal hat schon die Kelten angezogen; auf dem Marienberg ㉑ sind die Reste einer Fliehburg entdeckt worden, die bereits um 1000 v. Chr. den Menschen Schutz bot. Ins volle Licht der Geschichte trat der Platz aber erst um 650 als fränkischer Herzogssitz. Entscheidende Folgen für diesen Fürstenhof und die spätere Stadt Würzburg hatte aber ein politischer Mord um das Jahr 689. Die fränkische Fürstin Gailana ließ den iroschottischen Wanderbischof Kilian und zwei seiner Gefährten umbringen. Es ist zwar historisch nicht gesichert, aber vermutlich war die Fürstin gegenüber den Christianisierungsbemühungen der Missionare weniger aufgeschlossen als ihr Mann, der zu dieser Zeit wohl nicht am Hof war. Doch der Märtyrertod Kilians, Kolonats und Totnans scheint der Christianisierung Frankens eher Auftrieb gegeben zu haben, und der Weg der Stadt als Bischofssitz war vorgezeichnet.

Zur Domweihe kam Karl der Große

Urkundlich ist erstmals 704 vom »castellum Wirciburg« die Rede, zwei Jahre später wird auf dem Marienberg ㉑ die erste Kirche gegründet. 742 schenkt der König die Kirche dem neuen Bistum Würzburg; der hl. Burkard wird erster Bischof. Über dem 752 wieder aufgefundenen Kiliansgrab errichtet man da, wo heute das Neumünster ❹ steht, den ersten Dom; zur Weihe kommt 788 sogar Karl der Große nach Würzburg. 1030 wird Würzburg durch die Verleihung von Münz-, Zoll- und Marktrecht an den Bischof zur Stadt, in der 126 Jahre später Friedrich Barbarossa seine Hochzeit mit Beatrix von Burgund feiert. Der Kaiser bestätigt 1168 das fränkische Herzogtum der Würzburger Bischöfe und macht sie damit auch zu mächtigen weltlichen Fürsten. Bald begehrt jedoch die Bürgerschaft gegen Macht und Willkür der Fürstbischöfe auf; die Kämpfe beginnen unter Bischof Hermann von Lobdeburg, der von 1225–34 regiert, und ziehen sich über Jahrhunderte hin. 1397 stellt König Wenzel Würzburg unter den Schutz des Reiches; in der Schlacht von Bergtheim scheitert jedoch im Jahr 1400 der Aufstand der Bürgerschaft gegen Fürstbischof Gerhard von Schwarzenberg.

Unter Fürstbischof Rudolf von Scherenberg kommt das Hochstift im letzten Drittel des 15. Jh. zu neuer Blüte, ehe sich in den Bauernkriegen die Stadt 1525 auf die Seite der Bauern stellt, die vergeblich den Marienberg ㉑ bestürmen. Unter den Bürgern der Stadt, die mit Folter und Haft

Auf dem Oberen Markt vor dem schlanken Chor der Marienkapelle ehrt der Häckerbrunnen von 1977 die schwere Arbeit im Weinberg.

dafür büßen müssen, befindet sich auch der hochgeachtete Bildhauer und frühere Bürgermeister Tilman Riemenschneider. Mit Fürstbischof Julius Echter von Mespelbrunn (1573–1617), dem nach kurzem Interregnum während des Dreißigjährigen Krieges die Schönborns auf dem Thron folgen, beginnt die große Zeit des Hochstifts. Echter gründete 1576 das Juliusspital ⓫ und 1582 die Universität ⓱, Johann Philipp von Schönborn (1642–73) baut die Festung Marienberg ㉑ aus, Johann Philipp Franz (1719–24) und Friedrich Karl von Schönborn (1729–46) lassen unter der Leitung von Balthasar Neumann die Residenz errichten. Die Residenz ist kaum fertiggestellt und Balthasar Neumann soeben gestorben, als sich der Niedergang der fürstbischöflichen Herrlichkeit abzuzeichnen beginnt, die mit der Säkularisation und der damit verbundenen Auflösung des Hochstifts 1802 endet. Zunächst wird Würzburg kurbayrisch; 1805 entsteht unter Ferdinand von Toskana das Großherzogtum Würzburg, und 1814 wird Würzburg endgültig Bayern eingegliedert, dessen mainfränkische Metropole es noch heute ist.

Turm an Turm – Würzburgs Altstadt

Es genügt ein kurzer Spaziergang am Main, der zwischen Altstadt und dem bis hinauf an die Trutzmauern mit Reben bewachsenen Festungsberg behäbig dahinfließt, um vom Anblick dieser Stadt fasziniert zu sein. Linksmainisch aufragend, beherrschend und Schutz verheißend das gewaltige Gemäuer der Festung Marienberg ㉑, davor St. Burkard ⓴, dahinter das »Käppele« ㉒, die von Balthasar Neumann erbaute Wallfahrtskirche mit ihren Zwiebeltürmen. Die Alte Mainbrücke ⓭ lädt zum Bummel über den Fluß ein. Die zwölf überlebensgroßen Sandsteinfiguren, sechs auf jeder Seite, stellen neben anderen die drei Märtyrer Kilian, Kolonat und Totnan dar, den ersten Würzburger Bischof Burkard, Karl den Großen und Bischof Bruno, der den Bau des heutigen Doms eingeleitet hat. Von der Westseite dann, am schönsten vom Marienberg, der Blick auf die Stadt, auf das vieltürmige Würzburg mit den Zwillingstürmen des Doms ❸ und der wuchtigen Kuppel des Neumünsters ❹ im Zentrum, der schlanken gotischen Marienkapelle ❺ davor, auf deren Turmspitze die Madonna golden in der Sonne glänzt; dazu noch der Rathausturm des »Grafeneckart« ⓮, weiter südlich die Türme der Franziskanerkirche ⓯, der Alten Universität ⓱, aber auch von St. Peter und St. Stephan, barock

Die Alte Mainbrücke mit ihren barocken Sandsteinfiguren gewährt einen schönen Blick auf das Rathaus und den Dom St. Kilian.

Den Main entlang nach Veitshöchheim
Jede Stunde fährt im Sommer beim »Alten Kranen« ⓬ ein Schiff nach Veitshöchheim ab. Die einstündige Fahrt den Main hinunter lohnt sich, denn in Veitshöchheim hatten die Fürstbischöfe von Würzburg ihren Sommersitz. Im späten 17. Jh. wurde dieser mit Schloß und Garten bestens ausgestaltet. Im Innern des Schlosses kann man heute die Wohnkultur der Bischöfe bewundern. Der herrliche Rokokogarten vermittelt einen Eindruck von der französischen Gartenbaukunst. Statuen, Figurengruppen, ein See, chinesische Pavillons, ein Grottenhaus und vieles mehr verleihen dem Garten eine bestaunenswerte Mannigfaltigkeit.

Die Zunft der Mainfischer
Eine Fischersiedlung, die zu der keltischen Befestigung auf dem Marienberg gehörte, war die Vorgängerin Würzburgs, und die Mainfischer haben in früheren Zeiten eine wichtige Rolle im Leben der Stadt gespielt. In einer Urkunde des Fürstbischofs Berthold von Sternberg vom 17. März 1279 wird unter den acht Würzburger Handwerksinnungen erstmals auch die Zunft der Fischer genannt, die vom Mittelalter bis in die Neuzeit in hohem Ansehen stand. 1520 stifteten die Fischer für die Kirche von St. Burkard ⓴ ein großes Altarbild; ihr erstes Zunfthaus am Main erwarben sie 1559. Vor 100 Jahren gehörten der Fischerzunft noch 50 Meister an, und das Handwerk wurde vom Vater auf den Sohn vererbt. Heute gibt es nur noch einen Berufsfischer. Die Fischerzunft hat in der Saalgasse 6, nahe dem nicht mehr bestehenden alten Zunfthaus, einen historischen Saal mit zunft- und fischereigeschichtlicher Sammlung eingerichtet.

Die Schönbornkapelle schmiegt sich an das Querschiff des Doms.

Stadtrundgang

Ein Großteil der wichtigen Bauwerke und Sehenswürdigkeiten liegt in der Altstadt von Würzburg auf recht engem Raum beieinander. Ein etwa zweistündiger Spaziergang vermittelt einen guten Eindruck von der Stadt. Als Ausgangs- und Endpunkt eignet sich die Residenz 1*, wo man auch meist einen Parkplatz findet. Vom Hauptbahnhof erreicht man sie durch die Kaiser- und Theaterstraße in zehn Minuten. Für einen Besuch der Festung Marienberg* 21 *von der Alten Mainbrücke* 13 *aus muß man zusätzlich etwa eine Stunde veranschlagen. Dieselbe Zeit benötigt man für einen Gang zur Wallfahrtskirche »Käppele«* 22*. Für eine Rast während des Rundgangs empfiehlt sich das Mainufer mit zahlreichen Ruhebänken beim »Alten Kranen«* 12*. Wer gern unterwegs ein Glas Frankenwein trinken möchte, kann dies z. B. im »Bürgerspital zum Hl. Geist«* 9 *oder in den »Juliusspital-Weinstuben«* 11 *tun. Fränkische Spezialitäten gibt es auch im »Ratskeller« (Beim Grafeneckart)* 14 *sowie in der »Klosterschänke« am Franziskanerplatz 2.*

Sehenswürdigkeiten

1 *Residenz mit Hofkirche und Hofgarten, Martin-von-Wagner-Museum und Staatsgalerie Würzburg*, fürstbischöfliches Schloß, von 1719 bis 1744 nach Plänen von Balthasar Neumann erbaut. Ein Hauptwerk des süddeutschen Barock. Im Innern besonders sehenswert das Treppenhaus mit Deckenfresken von Giovanni Battista Tiepolo, schöne Räume in Rokokoausstattung (Di–So 9–17, Winter 10–16 Uhr). *Martin-von-Wagner-Museum*, Südflügel der Residenz (Di–Sa 14–17, So 9.30–12.30 Uhr). Größte Universitätssammlung in der Bundesrepublik Deutschland mit Antikensammlung und Neuerer Abteilung. Die Antikensammlung enthält unter anderem ägyptische Kunst, griechische Keramik, griechische Skulpturen. Die Neuere Abteilung zeigt deutsche, niederländische und italienische Malerei des 14.–19. Jh., in der Graphischen Sammlung ca. 30 000 Drucke und Zeichnungen des 15.–20. Jh. *Staatsgalerie Würzburg*, Nordflügel der Residenz (April–Sept.: Di–So 9–16.30, Okt.–März: Di–So 10–15.30 Uhr). Gezeigt werden venezianische Gemälde des 17./18. Jh.

2 *Städtische Galerie*, Hofstr. 3. Mainfränkische Kunst des 19./20. Jh. (Malerei, Grafik, Skulpturen), darunter Werke von Leibl, Slevogt, Kirchner, Heckel (Di–Fr 10–17, Sa, So 10–13 Uhr).

3 *Dom*, eine der größten romanischen Kirchen Deutschlands, im 11./12. Jh. erbaut, in der Folgezeit bis ins 19. Jh. mehrfach umgestaltet, 1945 ausgebrannt, 1960–67 wiederhergestellt. Sehenswert sind im Innern vor allem die Kanzel von 1609, das prachtvolle Chorgitter, die gotischen Steinskulpturen, die Bischofsgrabmäler, u. a. von Tilman Riemenschneider, sowie die Schönbornkapelle von Balthasar Neumann.

4 *Neumünster*, urspr. romanische Basilika, vom 11.–13. Jh. erbaut, im 18. Jh. barocke Umgestaltung. Im »Lusamgärtchen« des ehemaligen Kreuzgangs Grabdenkmal Walthers von der Vogelweide. Ein bedeutendes Relikt aus der Stauferzeit (ca. 1170) ist der erhaltene Kreuzgangflügel.

5 *Marienkapelle*, spätgotische Hallenkirche mit drei bemerkenswerten Portalen und zahlreichen Grabmälern von fränkischen Rittern und Bürgern der Stadt. Grabstätte Balthasar Neumanns.

6 *»Stachel«*, eines der zahlreichen, auch Höfe genannten prächtigen Stadthäuser Würzburgs. Schon seit dem 15. Jh. ist der »Stachel« ein Gasthaus. Weitere sehenswerte Höfe sind der sogen. »Rote Bau«, der Greiffenclauhof, das ehemalige Palais des Fürstbischofs Johann Philipp von Greiffenclau; der ehemalige Hof »Conti«, eine zweiflügelige Renaissanceanlage, erbaut für einen Neffen des Fürstbischofs Julius Echter; der »Rückermainhof«, der ehemalige Amtshof des Stifts St. Burkard; das »Huttenschlößchen«, errichtet für den Fürstbischof Christoph Franz von Hutten.

7 *»Haus zum Falken«*, das aufwendigste Bürgerhaus der Stadt, war einst ein Gasthaus; sehenswert vor allem die üppigen Stuckdekorationen aus dem Jahr 1752. Sitz des Kulturamts und der Stadtbücherei der Stadt Würzburg.

8 *Augustinerkirche*, im Kern gotische Kirche, die im 18. Jh. von Balthasar Neumann barockisiert wurde.

9 *Bürgerspital*, Stiftung des reichen Würzburger Bürgers Johannes von Steren aus dem Jahr 1319. Schöner Arkadenbau. In der dazugehörigen Kirche bemerkenswertes Grabmal des Ecro von Steren († 1343).

10 *Stift Haug*, erster großer Kirchenbau der Barockzeit in Franken. Über dem neuen Choraltar Altargemälde der Kreuzigung von Tintoretto.

11 *Juliusspital*, 1576 von Fürstbischof Julius Echter gegründetes Spital. Das imposante Gebäude wurde mehrfach, vor allem nach Bränden, umgebaut, so z. B. der Mittelbau (1745 abgebrannt), dessen Wiederherstellung Balthasar Neumann 1746–49 leitete. Auch heute dient der Bau noch als Krankenhaus. Im Erdgeschoß Rokokoapotheke.

12 *»Alter Kranen«*, ein Wahrzeichen der Stadt, von Balthasar Neumanns Sohn Ignaz um 1770 erbaut.

13 *Alte Mainbrücke*, eindrucksvolles Brückenbauwerk, 1473–1543 erbaut. Die zwölf Heiligenfiguren kamen im 18. Jh. dazu, heute durch Kopien ersetzt. Neben zahlreichen Heiligen ist auch Karl der Große dargestellt.

14 *Rathaus* mit »Grafeneckart«, bis ins 19. Jh. immer wieder erweitertes Bauensemble, mit dem aus dem 13. Jh. datierenden imposanten Grafeneckart-Bau; er ist der einzige noch erhaltene romanische Profanbau Würzburgs. Im ersten Obergeschoß befindet sich der frühgotische Wenzelsaal.

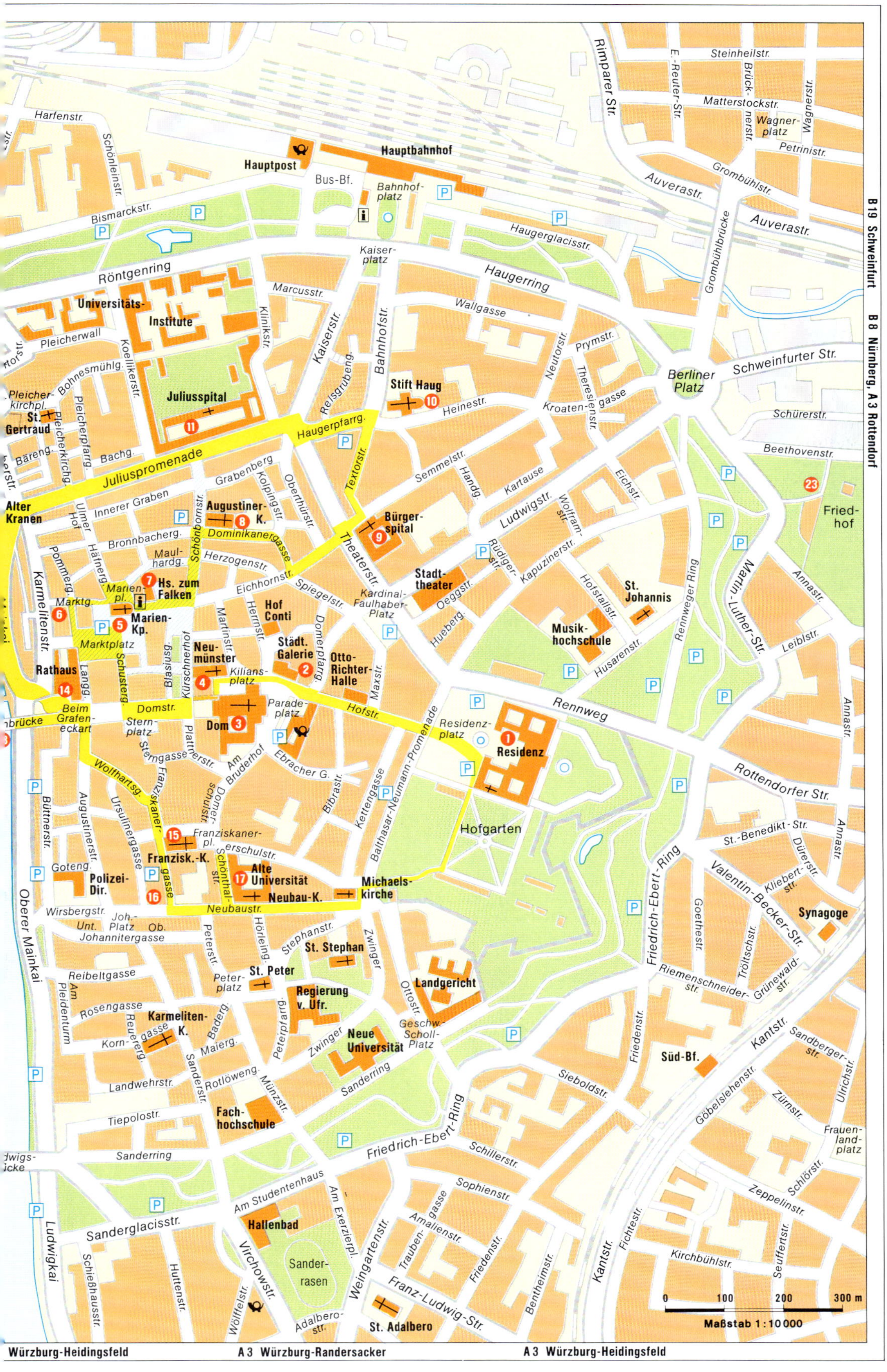
Hauptbahnhof
Hauptpost
Bus-Bf.
Bahnhof-platz
Kaiser-platz
Harfenstr.
Schönleinstr.
Bismarckstr.
Röntgenring
Universitäts-Institute
Marcusstr.
Haugerglacisstr.
Haugerring
Wallgasse
Rimparer Str.
E.-Reuter-Str.
Steinheilstr.
Brück-nerstr.
Matterstockstr.
Wagner-platz
Wagnerstr.
Petrinistr.
Grombühlstr.
Auverastr.
Grombühlbrücke
B 19 Schweinfurt
B 8 Nürnberg, A 3 Rottendorf
Pleicherwall
Koellikerstr.
Klinikstr.
Kaiserstr.
Bahnhofstr.
Reisgrubeng.
Juliusspital
Bohnesmühlg.
Pleicher-kirchpl.
St. Gertraud
Pleicherpfarrg.
Pleicherkirchg.
Bäreng.
Bachg.
Juliuspromenade
Stift Haug
Heinestr.
Haugerpfarrg.
Textorstr.
Neutorstr.
Prymstr.
Theresienstr.
Kroaten-gasse
Berliner Platz
Schweinfurter Str.
Schürerstr.
Beethovenstr.
Friedhof
Alter Kranen
Ulmer Hof
Innerer Graben
Grabenberg
Kolpingstr.
Oberthürstr.
Semmelstr.
Handg.
Kartause
Eichstr.
Augustiner-K.
Dominikanergasse
Bronnbacherg.
Maul-hardg.
Schönbornstr.
Herzogenstr.
Bürger-spital
Theaterstr.
Ludwigstr.
Wolfram-str.
Pommerg.
Häfnerg.
Hs. zum Falken
Marien-pl.
Marktg.
Marien-Kp.
Eichhornstr.
Spiegelstr.
Stadt-theater
Oeggstr.
Rüdiger-str.
Kapuzinerstr.
Hofstallstr.
St. Johannis
Rennweger Ring
Martin-Luther-Str.
Annastr.
Karmelitenstr.
Marktplatz
Schusterg.
Blasiusg.
Kürschnerhof
Martinstr.
Herrnstr.
Hof Conti
Kardinal-Faulhaber-Platz
Hueberg.
Musik-hochschule
Husarenstr.
Leiblstr.
Rathaus
Langg.
Neu-münster
Kilians-platz
Städt. Galerie
Domerpfarrg.
Otto-Richter-Halle
Maxstr.
Rennweg
Domstr.
Beim Grafen-eckart
Stern-platz
Dom
Parade-platz
Hofstr.
Residenz-platz
Residenz
Sterngasse
Plattnerstr.
Am Bruderhof
Ebracher G.
Balthasar-Neumann-Promenade
Rottendorfer Str.
Wolfhartsg.
Franziskanerg.
Domer-schulstr.
Bibrastr.
Kettengasse
Hofgarten
St.-Benedikt-Str.
Dürerstr.
Büttnerstr.
Augustinerstr.
Ursulinergasse
Franziskaner-pl.
Franzisk.-K.
Goteng.
Polizei-Dir.
Alte Universität
Schönthal-str.
Neubau-K.
Michaels-kirche
Neubaustr.
Friedrich-Ebert-Ring
Valentin-Becker-Str.
Kliebert-str.
Synagoge
Oberer Mainkai
Wirsbergstr.
Joh.-Platz
Unt. Ob. Johannitergasse
Peterstr.
Hörleing.
Stephanstr.
St. Stephan
Zwinger
Goethestr.
Tröltschstr.
Riemenschneider-str.
Grünewald-str.
Reibeltgasse
Am Pleidenturm
Peter-platz
St. Peter
Regierung v. Ufr.
Ottostr.
Landgericht
Rosengasse
Karmeliten-K.
Korn-gasse
Reuererg.
Baderg.
Maierg.
Peterpfarrg.
Zwinger
Neue Universität
Geschw.-Scholl-Platz
Friedenstr.
Süd-Bf.
Kantstr.
Sandberger-str.
Landwehrstr.
Sanderstr.
Rotlöweng.
Münzstr.
Sanderring
Sieboldstr.
Göbelslehenstr.
Zürnstr.
Ulrichstr.
Tiepolostr.
Fach-hochschule
Frauen-land-platz
Sanderring
Friedrich-Ebert-Ring
Schillerstr.
Schlörstr.
Am Studentenhaus
Sophienstr.
Zeppelinstr.
Sanderglacisstr.
Hallenbad
Am Exerzierpl.
Amalienstr.
Trauben-gasse
Ludwigkai
Schießhausstr.
Huttenstr.
Virchowstr.
Sander-rasen
Weingartenstr.
Friedenstr.
Bentheimstr.
Kantstr.
Fichtestr.
Kirchbühlstr.
Seuffertstr.
Wölffelstr.
Adalbero-str.
St. Adalbero
Franz-Ludwig-Str.
0 100 200 300 m
Maßstab 1 : 10 000
Würzburg-Heidingsfeld
A 3 Würzburg-Randersacker
A 3 Würzburg-Heidingsfeld

⓯ *Franziskanerkirche,* gotische Ordenskirche von 1242–80. Im Innern imposante Pieta aus der Werkstatt Tilman Riemenschneiders (um 1510). Das ehemals zugehörige Kloster war die erste Niederlassung des Franziskanerordens in Deutschland.

⓰ *»Zum Rebstock«*, Hof, 1663 erbaut, festliche Stuckdekoration.

⓱ *Alte Universität und Universitätskirche*, Renaissancebau der 1582 von Fürstbischof Julius Echter gegründeten Universität. Den südlichen Trakt bildet die Universitätskirche (auch Neubaukirche genannt), eine der bedeutendsten Kirchenanlagen der Renaissance in Deutschland.

⓲ *Deutschhauskirche*, vom Deutschherrenorden im 13. Jh. erbaute gotische Kirche mit schönen frühgotischen Steinmetzarbeiten. 1945 blieb sie ohne große Schäden und ist heute evangelische Pfarrkirche.

⓳ *Hofspitalkirche, (»Spitäle«)*, spätgotische, 1793 frühklassizistisch umgebaute Kapelle, heute Kunstgalerie mit wechselnden Ausstellungen zeitgen. Künstler.

⓴ *St. Burkard;* aus dem frühen 12. Jh. stammt das romanische Langhaus, das breite Querschiff und der Chor kamen zwischen dem 15. und dem 17. Jh. hinzu; die romanischen und gotischen Bauteile ergänzen sich zu einer imposanten Raumwirkung.

㉑ *Festung Marienberg* mit *Mainfränkischem Museum*, über den Resten einer Fliehburg aus der Hallstattzeit seit dem 12. Jh. von den Würzburger Fürstbischöfen zur Burg, später zur höfischen Residenz ausgebaut.
Mainfränkisches Museum. Vereinigt Landesmuseum Unterfranken, Historisches Museum für das Gebiet des ehemaligen Hochstifts Würzburg sowie das stadtgeschichtliche Museum und birgt eine großartige Sammlung von Riemenschneider-Arbeiten, Malerei und Kunstgewerbe (April–Okt.: tägl. 10–17 Uhr, Nov.–März: tägl. 10–16 Uhr).

㉒ *»Käppele«*, reich ausgestattete Wallfahrtskirche, von Balthasar Neumann erbaut. Zu der über dem Main liegenden Kirche führt ein malerischer Stationsweg mit lebensgroßen Figurengruppen.

㉓ *Mahnmal*, 1953/54 von Fried Heuler zum Gedächtnis an die Opfer des Luftangriffs vom 16. März 1945 geschaffen.

㉔ *Himmelspforten*, Karmelitinnen-Kloster mit Kirche aus dem 13. Jh., mittelalterlicher Kreuzgang mit bemerkenswerten gotischen Grabdenkmälern. Eine Besonderheit ist der im Kirchenschiff allseitig frei aufgestockte Turm.

㉕ *Kloster und Kirche Oberzell.* Das ehemalige Prämonstratenserkloster mit zwei Innenhöfen wurde von Balthasar Neumann und seinem Sohn Ignaz 1744–60 errichtet. Die Kirche datiert ins späte 12. Jh. Chor und Türme zweimal, um 1600 und um 1900, erneuert. Das Kloster hat im nahen Unterzell ein Pendant, das etwa zu gleicher Zeit errichtet wurde und weiblichen Ordensmitgliedern vorbehalten war.

die eine, frühklassizistisch die andere. Im Hintergrund, vor dem Grün des Hofgartens, das »Schloß über allen Schlössern«, die Residenz ❶, ein Hauptwerk des süddeutschen Barock, zwischen 1719 und 1744 unter der Leitung Balthasar Neumanns errichtet. Sieben Bischöfe finanzierten und förderten den Bau; berühmte Architekten aus ganz Europa standen Neumann zur Seite, und der hochgeschätzte Giovanni Battista Tiepolo krönte mit seinen Fresken dieses einmalige Gesamtkunstwerk. Allein Tiepolo soll für seine Arbeiten nach heutigem Geldwert 1,4 Millionen DM bekommen haben. Wie hoch mögen die Gesamtkosten gewesen sein?

In Weinkellern lagerte Riemenschneiders Kunst

Nach diesem »Überblick« auf Stadt und Festung Würzburg zieht es den Betrachter unwiderstehlich zurück in die Stadt, die ihm so viel zu bieten hat. Er geht über die Alte Mainbrücke ⓭, wo auf der Mondsichel, sternenüberkränzt, Maria steht, Frankens Schutzpatronin. Hier wurde 1466 ein Büttel des Schultheißen, Hase mit Namen, in den Main gestoßen und ertränkt, nachdem ihm der Henker die Hände gefesselt hatte. Aber an grausige Geschichten denkt nicht mehr, wer seinen Fuß an das Ostufer des Flusses gesetzt und damit die Altstadt betreten hat. Kaum vorstellbar, daß das, was sich ihm an prachtvollen Bauten, schönen Plätzen und lauschigen Ecken und Winkeln bietet, nach dem Zweiten Weltkrieg in Trümmern gelegen hat und erst in jahrzehntelanger Arbeit unter großen Mühen und mit hohem Geldaufwand wiederaufgebaut werden konnte. Viele Kunstwerke überdauerten das Inferno des Luftangriffs in den schützenden Gewölben der Weinkeller, die vor vielen Jahrhunderten in die Hänge rund um die Stadt getrieben worden waren, um jenen köstlichen Tropfen kühl zu lagern, der seit alters in diesem sonnenbegünstigten Landstrich gedeiht. Wenn in Würzburg heute Arbeiten von Tilman Riemenschneiders Hand und aus seiner Werkstatt noch in einer Vielzahl zu sehen sind wie nirgendwo sonst, so ist dies auch auf solche Vorsorge zurückzuführen.

Würzburg ist geistlicher Mittelpunkt des katholischen Frankenlands und der Dom ebenso schlichter wie gewaltiger, sichtbarer Ausdruck dafür. Imposant ist die lange Reihe der Bischofsgräber vom 12. Jh. bis in die Gegenwart; die Schönborns haben eine eigene Grablege, angebaut an das Querhaus. Das eindrucksvollste Grabmal wurde von Tilman Riemenschneider für den greisen Fürstbischof Rudolf von Scherenberg († 1495) errichtet.

25 000 für Adam und Eva

Riemenschneider, dem großen Künstler der Spätgotik, der fast 50 Jahre seines Lebens in Würzburg verbracht hat, ist hier viel Glück, aber auch großes Unheil widerfahren. In Würzburg wurde sein Genie entdeckt, hier machte er Karriere, wie man es heute nennen würde. Kaum hatte er sich als »Malerknecht« in der Stadt niedergelassen, wurde er mit Aufträgen überschüttet und unterhielt bald eine gutgehende Bildhauerwerkstatt mit

Die Gartenfassade der Residenz richtet sich auf den 1732 begonnenen Hofgarten mit seinen vielen Statuen in den gepflegten Anlagen.

bis zu zehn Gehilfen. Nur so ist die Vielzahl der Werke zu erklären, die ihm oder seiner Werkstatt zugeschrieben werden. Auch materiell hatte er nicht zu klagen. Die 120 Gulden, die ihm für die Figuren Adam und Eva samt Baldachingruppen und Konsolen am Südportal der Marienkapelle 5 von den Ratsherren zugesichert worden waren, sofern er die Arbeit »meysterlich«, also mit eigener Hand, ausführe, entsprachen – an heutiger Kaufkraft gemessen – immerhin 25 000 Mark. Persönlich war Riemenschneider nicht vom Glück verwöhnt. Drei seiner vier Frauen starben nach jeweils nur ein paar Jahren Ehe.

Wie Riemenschneider gelangte auch der Baumeister Balthasar Neumann, der ebenfalls als junger Mann nach Würzburg kam, hier zu Ruhm und Ansehen. Er machte Karriere über den militärischen Dienst, war nicht nur Baumeister und Architekt, sondern auch Stadtplaner, wahrscheinlich sogar der bedeutendste seiner Zeit. Fürstbischof Johann Philipp Franz von Schönborn erkannte das Talent des jungen Offiziers, und als er sich gleich nach seinem Regimentsantritt entschloß, die Residenz vom Marienberg in die Stadt zu verlegen, betraute er Neumann mit der Gesamtleitung der Bauarbeiten – ein Auftrag, bei dem dieser seine Fähigkeiten eindrucksvoll beweisen konnte. In den folgenden Jahren und Jahrzehnten baute Neumann nicht nur in Würzburg: Sein schöpferisches Genie ist heute an einer Vielzahl sakraler und profaner Bauten in ganz Süddeutschland zu bewundern. Es zeigt sich aber auch darin, daß er Fürstbischof Karl Philipp von Greiffenclau veranlaßte, für die Bemalung der Residenz den besten Freskenmaler seiner Zeit, den Venezianer Giovanni Battista Tiepolo, nach Würzburg zu holen, nachdem sein Gönner zuvor einem Scharlatan aufgesessen war. Tiepolo schlug angesichts der Zusage, bei der Ausgestaltung der Residenz künstlerisch freie Hand zu haben, einen Auftrag des schwedischen Königs aus – das fürstliche Honorar wird ihm den Entschluß noch erleichtert haben. Im Kaisersaal malte er die Hochzeit Friedrich Barbarossas mit Beatrix von Burgund und die Belehnung mit dem Herzogtum Franken. Sein eindrucksvollstes Werk aber ist der berühmte Freskenhimmel über dem von Neumann entworfenen Treppenhaus der Residenz.

Tilman Riemenschneider: Bildhauer, Bürgermeister, Revolutionär

Ein bewegtes Leben hat er ohne Zweifel gehabt, der Bildhauer Tilman Riemenschneider. Schon sein Geburtsjahr liegt im dunkeln. Um 1460 soll er in Heiligenstadt im Eichsfeld das Licht der Welt erblickt haben. Nach der Lehre dort begibt er sich auf eine längere Wanderschaft, die ihn vermutlich mit den berühmtesten Meistern seiner Zeit (Jörg Syrlin und Michael Erhart in Ulm sowie Martin Schongauer und Nikolaus Gerhaert am Oberrhein) zusammengebracht hat. Gesichert ist, daß er sich 1483 in Würzburg niederläßt, hier geachteter Bürger und Meister wird. Bis 1521 heiratet er nicht weniger als viermal. 1504 wird er Stadtrat in Würzburg und 1520 gar Bürgermeister. Doch die Wirren seiner Zeit bringen ihn zu Fall: Auf seiten der Bauern und Bürger stehend, begehrt er gegen den Fürstbischof auf und wird nach der Niederlage der Bauern 1525 gefangengenommen und gefoltert. Riemenschneider stirbt 1531 in Würzburg. Wie er selbst wird sein Werk, bewegende Bildschnitzereien und Steinmetzarbeiten, für Jahrhunderte vergessen. Erst im 19. Jh. beginnt man sich seiner wieder zu erinnern. Heute sind beispielsweise der Creglinger Marienaltar, der Rothenburger Heiligblutaltar oder die zahlreichen Arbeiten, die in den verschiedenen Museen aufbewahrt werden, hoch geschätzt und viel bewundert.

Tod eines Grünplaners

Was wäre Würzburg ohne Riemenschneider und Neumann, was wäre es aber auch ohne die Familie Schönborn, die aus dem Westerwald stammte und im 17. Jh. in Franken heimisch wurde. Sie stellte mehr als ein Dutzend Bischöfe in Würzburg, Bamberg, Mainz, Speyer und Trier. Wo immer ein Schönborn regierte, wurde nicht nur emsig, sondern vor allem gewaltig gebaut. Würzburg hat davon wie keine andere Stadt profitiert. Doch nicht nur die Schönborns, auch Namen wie Rudolf von Scherenberg, Karl Philipp von Greiffenclau und Julius Echter gingen in die Annalen der Stadt als große Bauherren ein. Wenn man vom Bauen redet, vergißt man leicht das Unbebaute – die Gärten. Würzburg ist auch damit gesegnet. Der Hofgarten 1, jener lustvolle Park mit seinen Putten, Wasserspielen und Rosenbeeten, geht auf die Fürstbischöfe zurück und

Das Deckenfresko im Kaisersaal der Residenz malte der Venezianer Tiepolo; es zeigt die Brautfahrt der Beatrix von Burgund.

Schon im 15. Jh. mundete der Wein im Hof des Hauses »Stachel«.

Tips, Tips, Tips

Fische – nicht nur aus dem Main
Der Fischfang auf dem Main hat natürlich längst nicht mehr die Bedeutung wie in früheren Jahrhunderten, als es hier eine große Fischereizunft gab. Fische zu essen, und nicht nur solche aus dem Main, hat aber in Würzburg Tradition. Wer es bei seinem Besuch in der Stadt einrichten kann, sollte sich ein zünftiges Mahl mit Fischen nicht entgehen lassen.
Spezielle Fischlokale, die typische Würzburger Fischspezialitäten anbieten, sind: das Wein- und Fischhaus »Schiffbäuerin«, Katzengasse 7, ☏ 4 24 87, und der »Silberne Karpfen«, Spitalgasse 5, ☏ 4 23 38.

Wo gibt's guten Frankenwein?
Wer gern ein paar Fläschchen des berühmten und vielbesungenen Frankenweins aus Würzburg mit nach Hause nehmen möchte, kann diesen in historischer Umgebung probieren und kaufen. Nämlich bei den nichtstaatlichen Weinkellern im Juliusspital, Juliuspromenade 19, und im Bürgerspital zum Hl. Geist, Theaterstraße/Ecke Semmelstraße, oder im »Staatlichen Hofkeller«, Rosenbachpalais am Residenzplatz.

Ein Tröpfchen zum Schwärmen
Würzburg und sein Steinwein gehören zusammen wie Reims und der Champagner. Wer in der Stadt weilt, sollte sich deshalb ein Glas davon gönnen. Er wird dann sicher ebenso ins Schwärmen kommen wie Kurt Tucholsky in seiner Glosse »Das Wirtshaus im Spessart«: »Wir hätten sollen nicht so viel Steinwein trinken«, und weiter: »Aber das ist schwer: so etwas von Reinheit, von klarer Kraft, von aufgesammelter Sonne und sonnengetränkter Erde war noch nicht da.« Auch Schiller, E. T. A. Hoffmann und Victor von Scheffel gerieten beim Genuß des guten Tröpfchens ins Schwärmen.
Wer die hochgelobten Trauben wachsen und reifen sehen und noch mehr über die Weine von Würzburg erfahren will, dem sei ein Gang über den 4,5 km langen Weinlehrpfad (Steinweinpfad) im Norden der Stadt empfohlen. Lohnend auch wegen des eigens angelegten Rebsortengartens und des herrlichen Blicks über die Stadt.

zeigt deren Sinn für Schönheit. Beeindruckend die alten Bäume im Glacis, im Park des Juliusspitals ⓫, aber auch im »Lusamgärtchen« beim Neumünster ❹, wo sich das Grab Walthers von der Vogelweide befindet. Die ausgedehnteste Grünfläche Würzburgs aber ist der über 3 km lange Ringpark, der auf dem ehemaligen Festungsgürtel angelegt wurde. 1856 hatte man nämlich begonnen, die Bastionen, die bis dahin die Stadt eingeengt und jegliches Wachstum behindert hatten, zu schleifen. Die Würzburger betrauten mit der Gartengestaltung den Schweden Jens Person Lindahl, der zuvor auf der Gartenausstellung in St. Petersburg aufgefallen war und eine Goldmedaille erhalten hatte. Lindahl plante und gestaltete und dachte wohl, daß in einer Stadt wie Würzburg, die so voller Prachtbauten und Kunstbauten prunkte, Geld keine Rolle spiele. Es kam zu Querelen wegen seiner sich häufenden Nachforderungen, und als die Ratsherren 1887 eine Sparkommission mit der Überprüfung beauftragten, erschoß sich Lindahl an einem Novembertag in seinem Park. Sein Denkmal steht heute unter den gewaltigen Bäumen, die er als Schößlinge angepflanzt hat.

Wo man in Würzburg Wein genießt

Vom Ringpark wieder zurück in die Stadt, um an jenen lauschigen Winkeln und Plätzen zu verweilen, an denen Würzburg so reich ist. Ein paar Schritte vom Markt, dem lebensvollen Mittelpunkt der Stadt, entfernt, finden sich mehrere Bürgerhäuser mit den für Würzburgs Altstadt typischen »Höfen« ❻. Aus einigen von ihnen sind anheimelnde Weinhäuser geworden, in denen man den Würzburger Wein, einen würzigen Silvaner oder einen trockenen Riesling der Lagen Stein, Innere Leiste, Pfaffenberg oder Abtsleite genießen kann. Der fränkische Reichsritter Florian Geyer traf sich 1525 im Hinteren Gressenhof – heute Weinhaus »Stachel« ❻ – mit Vertretern der aufständischen Bauern; der Wein wird dabei eine eher untergeordnete Rolle gespielt haben. Gute Tropfen findet man in vielen Weinstuben, von denen die im Bürgerspital ❾ zu den berühmtesten zählt; am Main kann der Gast zum Wein knusprig gebratene »Meefischli« genießen, die nur fingerlang sind und mit Kopf, Schwanz und Flossen verzehrt werden. Dem Weinliebhaber aber sei geraten, in die Keller hinabzusteigen, von denen der Stückfaßkeller des Staatlichen Hofkellers unter dem Nordflügel der Residenz ❶ als der prächtigste gilt. Hier lagern in alten Holzfässern Köstlichkeiten in kaum vorstellbaren Mengen und von berauschender Qualität.

In den schönen Bürgerhäusern und Gastherbergen Würzburgs haben viele berühmte Leute gelebt oder gewohnt. Matthias Grünewald, der große Renaissancemaler, wurde in der Stadt geboren, Wilhelm Conrad Röntgen entdeckte hier die Strahlen, die Ärzten und Wissenschaftlern einen Blick ins menschliche Innere erlauben; daß Goethe da war und wiederkam, die Stadt und ihren Wein schätzte, ist durch Briefe belegt;

In einem der Räume des über 400jährigen Juliusspitals befindet sich heute ein Weinlokal, die »Echter Stube«.

Mozart, Wagner, Hermann Hesse und Gertrud von Le Fort haben der Frankenmetropole Komplimente gemacht, nicht zuletzt Kurt Tucholsky und Wolfgang Koeppen. Würzburg war und ist für viele der Inbegriff städtischer Schönheit schlechthin.

Schätze in der Festung

Doch verlassen wir die eigentliche Stadt, um hinaufzugehen auf den Marienberg 21, der sie krönt und wo alles begann. 500 Jahre hat die Burg auf dem Berg als Residenz gedient, ist immer wieder neu befestigt, umgebaut und erweitert, oftmals auch berannt, aber nur einmal eingenommen worden. Das war 1631, im Dreißigjährigen Krieg, als eine Zugbrücke, auf der viele Gefallene lagen, nicht mehr rechtzeitig hochgezogen werden konnte und die angreifenden Schweden im Burghof geladene Geschütze vorfanden, die sie nur umzudrehen brauchten. Der größte Teil der reichbestückten Echterschen Bibliothek wurde damals nach Uppsala gebracht.

Die Pferdeschwemme im Echterhof, der Kiliansturm, das Alte Zeughaus, der Bergfried, der Fürstengarten, der Tiefe Brunnen, die Marienkirche und der Randersackerer Turm, in dem Tilman Riemenschneider acht Wochen lang gefangengehalten, »peinlich befragt, hart gewogen und gemartert« wurde, sind besondere Sehenswürdigkeiten. Der Besuch des Mainfränkischen Museums aber, das im Kommandantenbau, im ehemaligen Spital, im Neuen Zeughaus und in der Echterbastei seine Schauräume und Magazine hat, setzt allem die Krone auf. Bei aller reichen Vielfalt der Sammlungen in der Schönbornhalle, im Romanischen Saal, in der Kelterhalle, in der Vorgeschichtlichen Abteilung, im Rokokozimmer und im Alt-Würzburg-Saal bietet der Riemenschneider-Saal die größten Kostbarkeiten. Wer den Eindruck noch steigern will, muß die Barockperle Frankens verlassen und hinausfahren vor die Stadt, nach Maidbronn bei Rimpar (Autobahnausfahrt Würzburg-Estenfeld): Dort findet er das Steinrelief der Beweinung Christi, das erschütternde Werk des Meisters, das wohl eines seiner letzten war. Dieses Relief wurde nach 1520 für ein Nonnenkloster geschaffen. Am 7. Juli 1531 starb Tilman Riemenschneider. Sein Grabstein aus rotem Mainsandstein wurde 1822 bei Straßenbauarbeiten auf dem einstigen Domfriedhof gefunden.

Balthasar Neumann: ein Offizier im Dienst des Barock

Am 30. Januar 1687 in Eger (heute ČSSR) geboren, absolvierte er eine Lehre als Glockengießer, beschäftigte sich mit Wasserbaukunst und erwarb den Lehrbrief eines »Ernst- und Lustfeuerwerkers«, ehe er sich intensiv der Geometrie, Feldmesserei und Architektur widmete. In Würzburg wird der Fürstbischof Johann Philipp Franz von Schönborn auf den in seinen Diensten stehenden Offizier aufmerksam und betraut ihn 1719, neben verschiedenen anderen berühmten Architekten, mit dem Bau einer neuen Residenz. Unter Neumanns Leitung entsteht so einer der bedeutendsten profanen Barockbauten Europas. Aber nicht nur die Residenz von Würzburg zeugt von seiner Genialität. In den gut drei Jahrzehnten, die ihm für sein Werk vergönnt waren, arbeitet er rastlos. Die Treppenhäuser der Schlösser Bruchsal und Brühl, Schloß Werneck und die Sakralbauten St. Paulin in Trier, die Wallfahrtskirche Vierzehnheiligen und die Abteikirche Neresheim sind großartige Zeugnisse seines Schaffens. 1753 stirbt der Meister in Würzburg und wird dort in der Marienkapelle 5 beigesetzt.

Theater, Musik, Veranstaltungen, Museen

Theater

Stadttheater Würzburg, Theaterstr. 21. Oper, Operette, Musical, Schauspiel, Kammerspiele, Lesungen, ☎ 5 86 86.
Theater im Chambinzky, Valentin-Becker-Str. 2. Theater, Kleinkunst, Lesungen, ☎ 1 28 02.
Theater 87, Sartoriusstr. 2. Theater, Kabarett, ☎ 5 43 94.
Werkstattbühne, Rüdigerstr. 4. Theater, Lesungen, ☎ 5 94 00.
Mobiles Theater – Spielberg, Reiserstr. 7. Figuren- und Puppentheater, ☎ 2 66 45.

Musik

Hochschule für Musik (Großer Saal), Hofstallstr. 6. Kammer-, Meister- und Sonderkonzerte der Musikalischen Akademie; große Orchesterpalette mit Studenten der Musikhochschule, ☎ 5 06 41.
Hofkirche der Residenz. Festliche Sommerkonzerte, Solisten-, Chor-, Orchesterkonzerte des Barock und der Frühklassik, ☎ 5 27 43.
Carl-Diem-Halle, Stadtteil Sanderau. Pop-, Rock-, Folkkonzerte, ☎ 3 73 29.
Autonomes Kulturzentrum, Sartoriusstr. 2. Konzerte aller Musikrichtungen, ☎ 1 57 54.
Omnibus-Folkcenter, Theaterstr. 10. Jazz, Pop, Chanson, ☎ 5 61 21.

Veranstaltungen

Alle 2 Jahre (1989) Jan.: *Tage der Neuen Musik*. Übersicht über den aktuellen Stand des Komponierens mit Einbeziehung des Theaters und der bildenden Künste, ☎ 5 06 41.
Alle 2 Jahre (1990) Jan.: *Tage der Alten Musik* mit Musik der Gotik, Renaissance und des Barock, ☎ 5 06 41.
Mitte/Ende Jan. (Do–So): *Internationales Wochenende des Films* mit Regisseuren aus Ost- und Westeuropa. Kino-Center Corso, ☎ 5 16 16.
Mai: *Internationale Kulturwoche* mit jeweils wechselndem Gastland. Lesungen, Theater, Musik, Ausstellungen.
Ende Mai: *Barockfest* in der Residenz 1 und in der Schönbornhalle des Mainfränkischen Museums 21 mit Konzerten und Festessen, ☎ 1 20 93.
Mai/Juni: *Mozartfest-Wettbewerb* für junge deutsche Opersänger in der Hochschule für Musik, ☎ 5 06 41.
Juni: *Mozartfestwochen* mit Oper, Sinfonie- und Kammerkonzerten; Nachtmusikzyklus im Hofgarten der Residenz, ☎ 3 73 36.
Juli: *Kiliani-Volksfest*. Volksfest an der „Talavera" mit Trachtenumzug und Rummel.
Aug.: *Festliche Sommerkonzerte* in der Hofkirche an den Wochenenden.
Nov.: *Bachtage*. Intern. Musiktage mit Werken von Johann Sebastian Bach.
Ende Nov.: *Jazz-Festival* an verschiedenen Spielorten. Alle Arten des Jazz, ☎ 3 15 74.

Museen

Historischer Saal der Fischerzunft, Saalgasse 6. Bilder und Graphiken, Zunftaltertümer (Pokale, Schmuck, Gebrauchsgegenstände), Archiv und Fischerei-Bibliothek (Mai–Okt. jeden ersten und dritten Sonntag 10–12 Uhr).
Mainfränkisches Museum, Festung Marienberg (s. 21).
Martin-von-Wagner-Museum, Residenz,Tor A (s. 1).
Staatsgalerie Würzburg, Residenzplatz 2 (s. 1).
Städtische Galerie, Hofstr. 3 (s. 2).

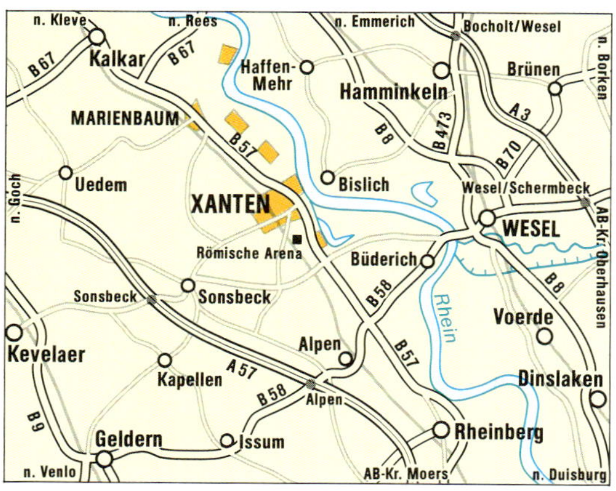

»Ad Sanctos« – bei den Heiligen – hieß der Ort, bevor allmählich der etwas eigentümlich klingende Name Xanten daraus wurde. Die Heiligen waren römische Märtyrer, die hier für ihren Glauben das Leben lassen mußten, unter ihnen der hl. Viktor. Siegfried, sagenumwobener Held des Nibelungenlieds, soll in Xanten geboren worden sein – eindeutige Beweise gibt es allerdings nicht. Dafür ließen die Römer um so mehr

Xanten

Römer, Helden, Heilige

Zeugnisse ihrer Anwesenheit zurück. Bis ins vierte Jahrhundert bestand hier am Niederrhein eine römische Siedlung, zu ihrer Zeit eine der größten Städte der Provinz Niedergermanien. Im Archäologischen Park Xanten wird sie Zug um Zug ausgegraben und rekonstruiert. So bildet heute die Arena des Amphitheaters eine herrliche Kulisse für die jährlich stattfindenden Sommerfestspiele (unser Bild).

Wappen Die beiden gekreuzten Schlüssel stellen die Himmelsschlüssel des Apostels Petrus dar. Er ist Patron der Kölner Kirche, zu deren Erzbistum Xanten lange Zeit gehörte.
Lage Links des Niederrheins, etwa 30 km von der holländischen Grenze entfernt.
Land Nordrhein-Westfalen
Autokennzeichen WES
Höhe 24 m ü. M.
Fläche 72 km²
Einwohnerzahl 16 500
Postleitzahl 4232
Telefonvorwahl 0 28 01
Post Postamt Bahnhofstr. 17, Spätschalter (Mo–Fr 8–12, 14.30–18.30, Sa 8–13 Uhr).
Polizei Polizeiwache Karthaus 14, ☏ 8 39
Taxi ☏ 54 44, 23 45, 28 00
Nahverkehr Die kleine Stadt und der Römerpark lassen sich bequem zu Fuß bewältigen. Innerörtliche Busse verkehren nur selten nach Xanten-Vynen (Freizeitzentrum), nach Xanten-Birten (Amphitheater) werktags etwa stündlich, sonntags überhaupt nicht.
Parken Im Zentrum gibt es elf gebührenfreie, ausgeschilderte Parkplätze, zur Hälfte für Dauerparker zugelassen. Besonders günstig liegen die Parkplätze am Rathaus, am Ostwall und in der Siegfriedstr.
Touristinformation Arbeitsgemeinschaft Freizeit und Fremdenverkehr Xanten e. V. – »afx« – im Rathaus, Karthaus 2, ☏ 3 72 38, 3 72 98 (15. März–15. Okt. Mo–Fr 10–17, Sa, So und Feiertage 10–13, 14.30–17.30 Uhr; 16. Okt.–14. März Mo–Do 10–16, Fr, Sa, So und Feiertage 11–14 Uhr).
Stadtführung Nach Vereinbarung mit der afx, der Arbeitsgemeinschaft Freizeit und Fremdenverkehr.

Stadtrundgang

Vor dem Rundgang durch die Stadt stellen Sie Ihren Wagen am besten auf dem Parkplatz hinter dem Rathaus ab. Den Parkplatz erreichen Sie von der B 57 über die Lüttinger Straße (am Ortsschild abbiegen), die Orkstraße und den Ostwall. Vor dem Rathaus auf dem Marktplatz beginnt der Rundweg.

Obwohl Xantens Altstadt kleinräumig ist, ist der Rundgang recht lang – Sie müssen ca. 2 Std. rechnen; er führt nämlich durch den großen Archäologischen Park, eine der Hauptattraktionen der Stadt: Hier wird sukzessive Colonia Ulpia Traiana, die römische Vorgängerin der Stadt Xanten, ausgegraben und teilweise rekonstruiert.

Wenn Sie den Archäologischen Park gesondert besuchen – Parkplätze befinden sich direkt vor dem Eingang –, verkürzt sich der Rundgang erheblich und läßt sich in einer guten Stunde bewältigen. Hunger und Durst brauchen Sie in Xanten sicher nicht zu leiden, in der Altstadt gibt es Restaurants, Gasthöfe, Kneipen und Cafés zur Genüge; selbst im Archäologischen Park finden Sie eine »Römische Herberge«.

Sehenswürdigkeiten

1 *Marktplatz,* mit schön renovierten Bürgerhäusern, bemerkenswert der barocke Pavillon und ein Renaissance-Erker gegenüber dem Rathaus, außerdem der Norbert-Brunnen am Platz des traditionellen Markt-Pütt (Wasserpumpe).

2 *Gotisches Haus,* hervorragend erhaltenes mittelalterliches Haus (um 1470) mit Giebeltürmchen und einer schön gegliederten Fassade.

3 *Michaelstor,* um 1000 entstanden, war das südliche Tor zum Immunitätsbereich des Stifts; im Obergeschoß die Michaelskapelle, im Erdgeschoß die Dionysiuskapelle und die Zelle des hl. Norbert. Das Gebäude wurde nach dem Zweiten Weltkrieg rekonstruiert.

4 *Dom,* ehemalige Stiftskirche St. Viktor, größte Kirche am Niederrhein, fünfschiffige Basilika, begonnen 1263 mit dem romanischen Westwerk (unterer Teil); 1351 ist der gotische Chor fertiggestellt, nach 1437 wird das romanische Langhaus der Vorgängerkirche abgetragen und durch das heutige ersetzt, 1530 ist der Bau vollendet. Die Ausstattung ist trotz erheblicher Kriegsschäden noch sehr reichhaltig: die Glasmalereien an den Fenstern im Chor, die ältesten aus der Zeit um 1300, an den Pfeilern des Langhauses 28 steinerne Plastiken aus dem 13.–16. Jh., das Chorgestühl (um 1240), noch aus der Vorgängerkirche, im Chor der Schrein des hl. Viktor aus dem Jahr 1129; zahlreiche Altäre, vor allem Flügelhochaltar aus der ersten Hälfte des 16. Jh. und Marienaltar von Heinrich Douvermann mit seinen herrlichen filigranen Schnitzereien (um 1535/36). Bemerkenswert sind das steinerne Passionsrelief am Südportal des Doms, 1525–36 entstandene Teile eines Kreuzwegs und typische niederrheinische Steinplastiken des 16. Jh. (April–Okt. Mo–Sa 10–12, 14–18, So 13–18 Uhr; Nov.–März Mo–Sa 10–12, 14–17, So 13–18 Uhr).

5 *Stiftsgebäude,* mit Kreuzgang (1543–46), zahlreichen Grabmälern von Chorherren und der Heilig-Geist-Kapelle (Mitte des 16. Jh.); etwas früher datiert der Kapitelsaal (1530–35). Die Gebäude wurden nach Kriegszerstörungen großenteils rekonstruiert.

6 *Regionalmuseum Xanten – Archäologischer Park,* Überblick über die Entwicklungsphasen der Regional- und Stadtgeschichte von der Urgeschichte bis zur Gegenwart; Funde aus dem militärischen und zivilen Bereich römischen Lebens; Baugeschichte des Doms. Ein Teil des Kirchenschatzes befindet sich im Regionalmuseum (Mai–Sept. Di–Fr 9–17, Sa, So 11–18 Uhr; Okt.–April Di–Fr 10–17, Sa, So 11–18 Uhr).

7 *Mitteltor,* stand im 14. und 15. Jh. an der Grenze zwischen Klever und Kölner Sektor im geteilten Xanten. Im Zweiten Weltkrieg zerstört, danach rekonstruiert, dient heute als Teilgebäude des Regionalmuseums Xanten.

8 *Stadtmauer und Türme,* Stadtbefestigung aus dem 14. und 15. Jh., die 1641 zum größten Teil geschleift wurde; heute umschließen erhaltene und rekonstruierte Teile die Altstadt.

9 *Klever Tor,* im Jahr 1393 aus Backsteinen errichtet, eines der wenigen erhaltenen niederrheinischen Doppeltore. Im Großen Torturm werden heute Ferienwohnungen vermietet. Etwas abseits des Tors eine Turmwindmühle aus dem 18. Jh.

10 *Römisches Amphitheater,* Teilrekonstruktion eines Amphitheaters innerhalb des Archäologischen Parks, das auf dem Gelände der römischen Vorgängerstadt von Xanten angelegt wurde. Fundamentreste des um 120 n.Chr. erbauten originalen Theaters, an denen man die ursprünglichen Dimensionen des 10 000 Menschen fassenden Gebäudes noch erkennen kann, sind neben dem rekonstruierten Teil freigelegt.

11 *Hafentempel,* archäologisch erforschte und teilweise rekonstruierte römische Tempelanlage. Original ist die 2 m dicke Fundamentplatte.

12 *Karthaus,* Rest des ehemaligen Xantener Kartäuser-Klosters, das zwischen 1628 und 1813 bestand. Der Bau beherbergt heute die Stadtbücherei.

13 *Burginatium-Tor,* Nachbau einer zweistöckigen Doppeltoranlage der römischen Stadtmauer aus dem 2. Jh. n.Chr.

14 *Amphitheater,* südlich in Xanten-Birten gelegen; aus Holz und Erde gebaut, gehörte das Theater zu einem römischen Legionslager und wurde im 1. Jh. n. Chr. errichtet. Heute dient es als Freilichtbühne.

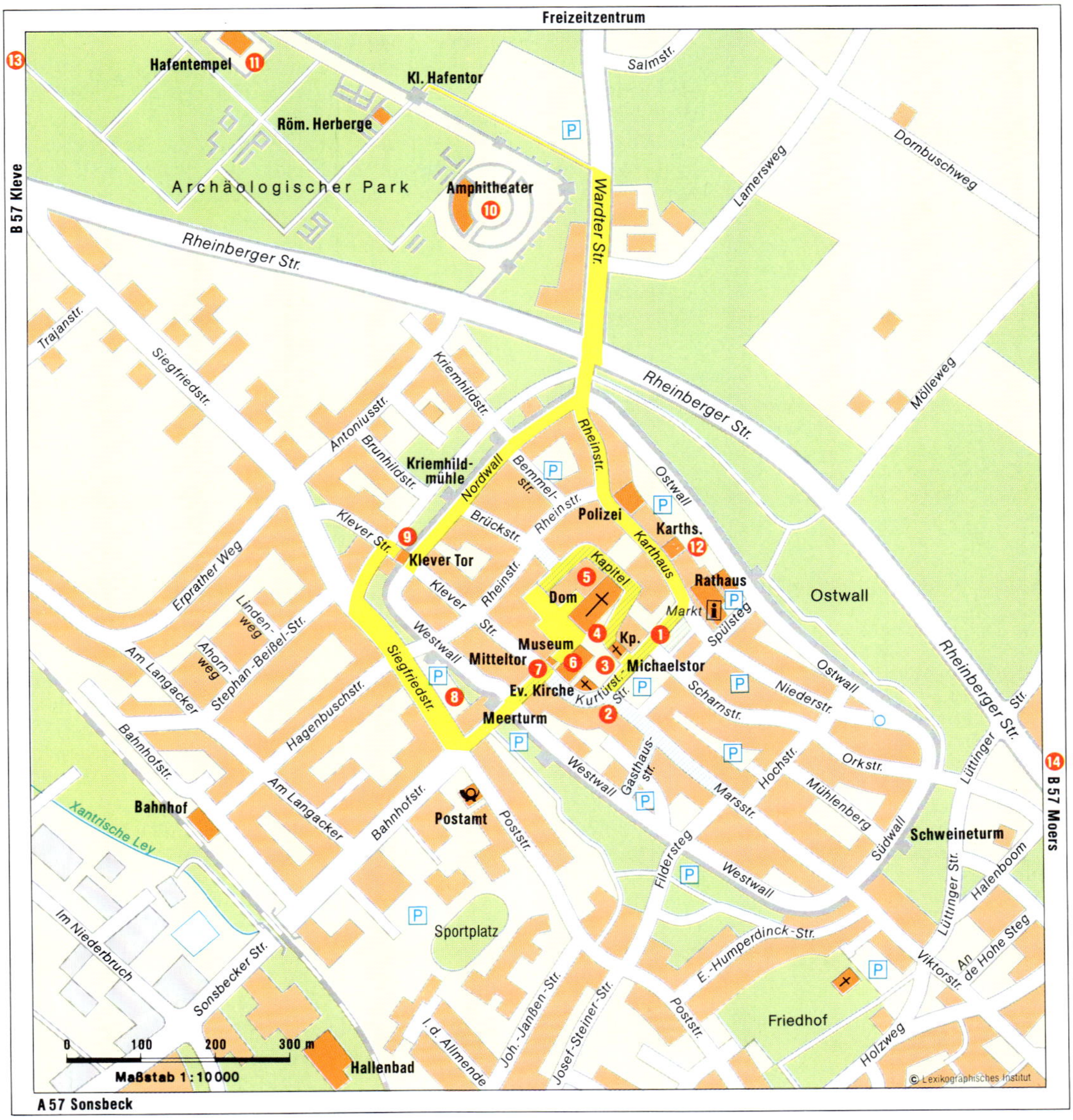

Ein Stück Mittelalter

»Eine Stadt wie im Mittelalter«, drängt sich als erster Eindruck beim Besuch Xantens auf. Historische Häuser, enge Gassen, drumherum zieht sich fast lückenlos eine Stadtmauer, die von kleinen Türmen überragt wird. Auf den zweiten Blick ist Xanten aber auch eine typisch niederrheinische Stadt: adrette Backsteinfassaden, ein Hauch von Landluft und die vielen Markthändler, die montags und donnerstags den Platz vor dem Rathaus beleben, gehören dazu. Nach dem Zweiten Weltkrieg mußte allerdings viel der alten Bausubstanz renoviert und rekonstruiert werden, um der durch Bomben schwer entstellten Stadt ihr ursprüngliches Gesicht einigermaßen wiederzugeben. Doch blicken wir vor einer detaillierten Betrachtung der schönen Altstadt kurz ins Umland oder, besser gesagt, in den Stadtbereich von Xanten, der ganz im Gegensatz zur sehr kompakten Innenstadt flächenmäßig recht groß ist.

So gehören zum heutigen Xanten im Süden die idyllische Anhöhe des Fürstenbergs und das Dörfchen Birten. Hier siedelten die Römer, schon bevor sie die im Archäologischen Park wiedererstehende Trajansstadt Colonia Ulpia Traiana bauten. Vom Birtener Legionslager Vetera blieb das Erd-Amphitheater (14) erhalten, das heute als Freilichtbühne für Theaterstücke dient. Als großes zusammenhängendes Waldgebiet rundet der am Veener Weg gelegene Staatsforst Xanten die Stadt nach Südwesten ab. Östlich von Birten zieht sich malerisch ein Altrhein-Arm durch die Auenlandschaft. Vom alten Rheinlauf und dem heutigen Fluß umschlos-

Gemeinsam eine Pumpe

Wenn Sie in der Woche vor St. Johannes, das ist der 14. Juni, in einem Hof oder in einem Vorgarten der Xantener Altstadt vergnügte Menschen feiern sehen, sollten Sie ruhig einmal nach dem Grund des Fests fragen. Es kann gut sein, daß Sie dann eine Pumpenkirmes kennenlernen. Früher bezog man das Wasser in Xanten nämlich nur aus Grundwasserpumpen, wobei sich meist mehrere Familien eine Pumpe teilten. Man nutzte sie gemeinsam, pflegte sie, und einmal im Jahr, eben vor St. Johannes, feierte die gesamte Pumpennachbarschaft die Pumpenkirmes, wobei dann auch gleich die für die Pumpe anfallenden Gebühren eingesammelt wurden. Es gibt noch heute, obwohl alle Haushalte natürlich an die öffentliche Wasserversorgung angeschlossen sind, in Xanten einige Nachbarschaften, die Pumpen betreiben und daher auch wie früher feiern.

sen, liegt zwischen Birten und Alt-Xanten das Naturschutzgebiet Bislicher Insel, berühmt wegen seines Vogelreichtums.

Sehr gewandelt hat sich Xanten-Marienbaum im Norden des heutigen Stadtgebiets. Die kleine Ortschaft, im Mittelalter vor allem durch die Wallfahrten zum Brigittenkloster bekannt, präsentiert sich inzwischen als blumengeschmückte Mustersiedlung, die 1973 als das ansprechendste Dorf im ganzen Rheinland beim Wettbewerb »Unser Dorf soll schöner werden« mit einer Goldmedaille ausgezeichnet wurde. Nicht weit östlich davon, fast direkt am Rhein, liegt Xanten-Vynen, das Erholungszentrum der Stadt. Der künstlich geschaffene Bade- und Seebereich zwischen Vynen und Xanten-Wardt ist mit dem Nibelungen-Hallenbad (besondere Attraktion für junge Gäste ist »Draxi«, eine Wasserrutsche in Drachengestalt), dem Strandbad sowie dem großen Wassersport-See ein Freizeit-Paradies, das noch erheblich erweitert werden soll.

Tips, Tips, Tips

Attraktive Aktiverholung
Als erster Teil eines Freizeitparks wurde nördlich von Xanten bei den Ortschaften Vynen und Wardt ein großer See angelegt. Für Wassersportler ein Paradies und für müde Stadtwanderer der ideale Erholungsort. Wasserfahrzeuge wie Segelboot, Surfbrett, Tret- oder Ruderboot braucht man nicht mitzubringen, die kann man am See mieten.
Wer mit dem kühlen Naß hautnah in Berührung kommen möchte, dem sei das etwas südlich vom See liegende Nibelungen-Bad mit Wellenfreibecken, Hallenbad, Spaßbad, Sauna und Solarium empfohlen (15. Mai–15. Sept. Mo–Fr 10–20, Sa, So 10–19 Uhr; 16. Sept.–14. Mai Di–Fr 15–20, Sa, So 10–19 Uhr).

Mit dem Rad das Umland erforschen
Die flache Niederrheinlandschaft um Xanten ist ein ideales Gelände für Radfahrer. Warum also nicht mal das Auto stehen lassen und die Gegend um die Stadt mit dem Drahtesel erkunden? Mieten kann man Räder in der Marsstraße beim Fahrradgeschäft Reineke. Als Ziele seien das Naturschutzgebiet Bislicher Insel mit einem großen Altrheinarm südöstlich der Altstadt und das Amphitheater in Birten empfohlen.

Über dem Grab eines Märtyrers erbaut

Wo man sich in der Umgebung der alten Stadt Xanten auch aufhält, das Zentrum und sein Wahrzeichen sind fast immer sichtbar: die Türme des gewaltigen Doms ❹. Der Dom wurde im Mittelalter die Keimzelle der Stadt. Wohl schon seit dem 4. Jh. wurde hier der hl. Viktor als Märtyrer verehrt; er soll als römischer Hauptmann mit zahlreichen Gefährten in Xanten für den christlichen Glauben gestorben sein. Tatsächlich fanden Archäologen 1933 nur dreieinhalb Meter tief unter dem Boden des Doms ein bis dahin unberührtes Grab aus römischer Zeit, und man vermutet, daß es sich dabei um die Gebeine des Heiligen handelt.

Den römischen Märtyrern verdankt Xanten nicht nur den schönen Dom, sondern auch seinen eigenartigen Namen: »ad Sanctos« – zu den Heiligen – hieß der Ort in früheren Zeiten, daraus entwickelte sich dann der Name Xanten.

Von 1263–1544 hat man an dem mächtigen Dom gebaut, es kann also nicht verwundern, wenn verschiedene Stile das Bauwerk prägen; doch Romanik und Gotik gehen hier eine recht harmonische Ehe ein und steigern dadurch die Gesamtwirkung. Im Innern verdienen die reichverzierten Altäre aus dem 14.–17. Jh. besonderes Interesse, vor allem der prachtvoll geschnitzte Marienaltar von Heinrich Douvermann. Die Krypta – Fundort des Grabes – ist zugleich Gedenkstätte für christliche Widerstandskämpfer der Nazizeit.

Der Dom war Mittelpunkt eines schon vor der Jahrtausendwende gegründeten und zum Erzbistum Köln gehörenden Stifts, um das sich eine ansehnliche Siedlung entwickelte, die 1228 Stadtrechte erhielt.

Das Stift hatte allerdings auf seinem Gebiet, das sich zwischen Michaelstor ❸, evangelischer Kirche, Regionalmuseum ❻ und Marienschule erstreckte, absolute Immunität, es hatte sogar eine eigene Gerichtsbarkeit, war sozusagen eine Stadt in der Stadt.

Unmöglich?
Propst Konrad von Xanten war zugleich oberster Geistlicher der Kölner Gemeinde St. Severin, so daß er häufig zwischen beiden Städten hin und her fahren mußte. Im Mittelalter war das Schiff auf dem Rhein in einem solchen Fall das sicherste und bequemste Verkehrsmittel. Daß einem auch dabei Ungemach widerfahren konnte, bekam der Propst zu spüren, als er sich nach einem üppigen Mahl über die Bootswand lehnte, um seine fettigen Hände zu waschen; da glitt ihm nämlich unversehens ein kostbarer Ring vom Finger und verschwand scheinbar für immer in den Fluten. – Doch weit gefehlt, es kam ganz anders: Als der Propst lange Zeit später – vermutlich hatte er den Verlust des Rings schon verschmerzt – bei einem Rheinfischer einen kapitalen Hecht kaufte, den dieser, wohl über die lukullische Ader des Kirchenherrn Bescheid wissend, extra für den Propst reserviert hatte, war der Ring plötzlich wieder da, wohlgeborgen in den Eingeweiden des Hechts. »Bei Gott ist eben kein Ding unmöglich«, war der trockene Kommentar des Propstes zur feucht-glücklichen Angelegenheit.

Von melancholischem Reiz ist die Landschaft am Niederrhein, ein wahres Dorado für jeden Naturfreund.

Die geteilte Stadt

In eine etwas sonderbare Situation kam Xanten 1392, als es gleichzeitig Besitz von zwei fürstlichen Herren wurde. Die Fürstentümer Kleve und Kurköln teilten sich die Stadt säuberlich auf und schotteten die Teile auch noch voneinander ab. Das Mitteltor 7 zeugt noch von diesen Zeiten, die 1444 mit der Einnahme Xantens durch Johann von Kleve beendet wurden. Von den im 14. und 15. Jh. errichteten Maueranlagen und Türmen blieben nach der Besetzung durch die Schweden im Jahr 1641 nur noch Fragmente übrig. Diese hat man nach dem Zweiten Weltkrieg größtenteils restauriert und ergänzt, die optische Wirkung der früheren Wallgrabenzone wurde durch eine tiefer gelegte Grünanlage vor den Mauern wiederhergestellt.

Während der gelungene Wiederaufbau in den 50er und 60er Jahren mit der Auswahl Xantens zur deutschen Musterstadt des Europäischen Denkmalschutzjahrs 1975 prämiiert wurde, war von der alten Römerstadt gleich nebenan zu dieser Zeit kaum ein Stein mehr auf dem anderen. Über viele Generationen hatten die Ruinen der im 2. Jh. n. Chr. gegründeten, 73 ha großen Stadt Colonia Ulpia Traiana als Steinbruch gedient. In der an Naturfelsen armen Gegend wurde das Material fast restlos für andere Bauten wiederverwendet. Beinahe wäre in unseren Tagen auch noch der Grundriß der Trajansstadt unter einer Industriefläche verschwunden. Aber dagegen wehrten sich vor allem die Archäologen vehement, hatte man doch die einzige nicht überbaute römische Stadt nördlich der Alpen vor sich. Das Land, die Stadt und natürlich die Archäologen kamen nun auf die wirklich glorreiche Idee, aus der gesamten Fläche den Archäologischen Park Xanten zu machen. Nun können die Fundamente in Ruhe ausgegraben und die Gebäude rekonstruiert werden, während die Xantener und ihre Gäste im Park Erholung suchen, die Grabungen beobachten oder die schon fertigen Gebäude bewundern.

Eine Römerstadt entsteht

Die zerstörte römische Colonia, einst nordöstliche Grenzstadt gegen die Germanen, wird Zug um Zug in exakter Kopie nachgebaut. Bis heute ist ein Stück der einst 3,4 km langen Stadtmauer, die etwa 10 000 Menschen Schutz bot, rekonstruiert worden. Dahinter erheben sich die von korinthischen Kapitellen gekrönten Säulen des Hafentempels 4, den die auf dem Rhein einfahrenden Schiffer zur Römerzeit schon von weitem sehen konnten. Der Viertelkreis des steinernen Amphitheaters 10 dient nicht mehr für blutige Kämpfe zwischen wilden Tieren und Gladiatoren, sondern für Theaterspektakel unter freiem Himmel. In der römischen Herberge ist das Informationszentrum des Parks untergebracht. Daneben kann man das rekonstruierte und wieder voll funktionstüchtige Badehaus der einstigen römischen Siedlung besichtigen. Durch das große Burginatium-Tor 13 an der Nordseite gelangten die Römer zu der wichtigen Straßenverbindung von Nimwegen nach Rom. Schnurgerade Straßen im Innern der Stadt lassen die typische römische Blockbauweise erkennen.

Wie auch Rom nicht an einem Tag erbaut wurde, dürfte sich der Wiederaufbau der über die Jahrhunderte zerfallenen Stadt wohl noch Jahrzehnte hinziehen. In den nächsten Jahren soll der Archäologische Park nach Westen erweitert werden. Jenseits der Bundesstraße 57 will man nach so wichtigen Bauwerken wie dem Capitolstempel graben. Langsam, aber stetig ist Xanten also auf dem Wege, eine römisch-teutonische Zwillingsstadt zu werden.

Wohnen wie im Mittelalter und essen wie die Römer

Was man in Xanten gar nicht will, ist, daß man dank der großen Geschichte des Orts zur allseits bestaunten, sterilen Museumsstadt wird. Geschichte soll dem Besucher hier auch erlebbar geboten werden, und so gingen die Stadtväter flugs her und bauten den mittelalterlichen Turm des berühmten Klever Tors 9 mit Ferienwohnungen aus. Wirklich, mit besserer Aussicht und in originellerer Umgebung lassen sich die Ferien sonst kaum verbringen. Und wer noch Bedenken hat, dem sei gesagt: Der Komfort in den Turmgelassen ist nicht mittelalterlich, sondern neuzeitlich. Auskünfte über die Wohnungen erhalten Sie bei der Arbeitsgemeinschaft Freizeit und Fremdenverkehr Xanten e. V., ☏ 3 72 38.

Wer sich nicht gleich für länger niederlassen will, sondern nur mal ein geschichtsträchtiges Menü einnehmen möchte, dem sei die Römische Herberge im Archäologischen Park empfohlen. Von »tisana« (Gerstensuppe) bis »perna apruna« (gefüllte Wildschweinkeule) gibt es hier eine große Auswahl typisch römischer Gaumenfreuden. Selbstverständlich gehört in einer Legionsstadt in »Niedergermanien« ein Glas »mulsum« (Weinmet, Honigwein) dazu. – Guten Appetit und zum Wohl.

Das Klever Tor ist eine gut erhaltene gotische Doppeltoranlage.

Theater, Musik, Veranstaltungen, Museen

Musik

Dom St. Viktor 4, Kapitel 13. Domkonzerte, Oratorien, Chor- und Orgelkonzerte, Messen, ☏ 22 57.

Veranstaltungen

Wochenende ab Fronleichnam: *Kirmes* auf dem Marktplatz. Volksfest.
Sommer: *Sommerfestspiele* in der Arena des Amphitheaters der Colonia Ulpia Traiana im Archäologischen Park 10. Operette, Musical, Ballett, Rock-, Pop- und Blasmusik, ☏ 3 72 38, 3 72 98.
Rockmarkt auf dem Marktplatz mit regionalen Rockgruppen.
Mai–Sept.: *Hafenkonzerte* in Vynen und Wardt. Jazz, Rock und Pop, Volksmusik, ☏ 3 72 38.
Mitte Juni bis Ende Aug.: *Freilichtspiele* im Amphitheater Xanten-Birten. Klassische Komödien, Kinder- und Jugendtheater, Singspiele, ☏ 3 72 38.
Juli–Sept.: *Schützenfeste* der Bruderschaften St. Helena und St. Viktor auf dem Marktplatz. Königschießen, Schützenumzug, Volksfest, ☏ 3 72 38.

Museen

Archäologischer Park, Wardter Str. (s. 10, 11, 13). Darstellung einer Römerstadt in Ausgrabungen, Restaurierungen und Teilrekonstruktionen (Mo–So 9–18 Uhr).
Regionalmuseum Xanten – Archäologischer Park, Kurfürstenstr. 7–9 (s. 6).

Autoren

Aachen
Hans Peter Groels

Amberg
Karl Stankiewitz

Ansbach
Dietmar Wittmann

Aschaffenburg
Gerd Lobin

Augsburg
Dr. Gerald Deckart

Baden-Baden
Heinz K. Gans

Bamberg
Dietmar Wittmann

Bayreuth
Karl Stankiewitz

Berchtesgaden
Karl Stankiewitz

Berlin
Joachim Nawrocki

Bielefeld
Ernst Maoro

Bochum
Michael Steinbach

Bonn
Hans Peter Groels

Braunschweig
Gernot Müller-Serten

Bremen
Margot Walther

Bremerhaven
Margot Walther

Celle
Gernot Müller-Serten

Coburg
Dietmar Wittmann

Cuxhaven
Margot Walther

Darmstadt
Klaus Staat

Detmold
Christa Sturm

Dinkelsbühl
Christa Glück

Dortmund
Rolf Düdder

Duisburg
Michael Steinbach

Düsseldorf
Bernd W. Holzrichter und
Horst Kuhnes

Erlangen
Dietmar Wittmann

Essen
Solveig Kiock

Esslingen
Heinz K. Gans

Flensburg
Helmut von der Lippe

Frankfurt
Dr. Klaus Viedebantt

Freiburg
Heinz K. Gans

Freudenstadt
Heinz K. Gans

Friedrichshafen
Stefan Hammer und
Ralf Arbogast

Fulda
Dr. Klaus Viedebantt

Füssen
Dr. Gerald Deckart

Garmisch-Partenkirchen
Karl Stankiewitz

Gelsenkirchen
Solveig Kiock

Gießen
Lothar Schmelz

Goslar
Reinhard Urschel

Göttingen
Reinhard Urschel

Hagen
Norbert Bicher

Hamburg
Helmut von der Lippe

Hameln
Christine Alber-Longère

Hannover
Gernot Müller-Serten

Heidelberg
Heinz K. Gans

Heilbronn
Heinz K. Gans

Hildesheim
Gernot Müller-Serten

Ingolstadt
Dr. Gerald Deckart

Kaiserslautern
Peter Degenhardt

Karlsruhe
Heinz K. Gans

Kassel
Reinhard Urschel

Kempten
Dr. Gerald Deckart

Kiel
Helmut von der Lippe

Koblenz
Dorothee Stein-Hoppe

Köln
Hans Peter Groels

Konstanz
Stefan Hammer und
Ralf Arbogast

Krefeld
Marga Clahsen

Landshut
Dr. Gerald Deckart

Limburg
Gerd Lobin

Lindau
Stefan Hammer und
Ralf Arbogast

Lübeck
Helmut von der Lippe

Lüneburg
Helmut von der Lippe

Mainz
Dr. Klaus Viedebantt

Mannheim
Peter Dietrich

Marburg
Dieter Rodenhausen

Memmingen
Dr. Gerald Deckart

Minden
Christa Sturm

Mönchengladbach
Marga Clahsen

München
Dr. Gerald Deckart

Münster
Gunther Hagemann

Nördlingen
Christa Glück

Nürnberg
Dietmar Wittmann

Oldenburg
Margot Walther

Osnabrück
Christa Sturm

Paderborn
Christine Alber-Longère

Passau
Karl Stankiewitz

Pforzheim
Heinz K. Gans

Recklinghausen
Marga Clahsen

Regensburg
Dr. Gerald Deckart

Rothenburg
Christa Glück

Saarbrücken
Ursula Schiffels-Schabert

Schleswig
Helmut von der Lippe

Schwäbisch Gmünd
Stefan Hammer und
Ralf Arbogast

Schwäbisch Hall
Christa Glück

Siegen
Frank Schürmann

Soest
Norbert Bicher

Speyer
Michael Grohmann und
Gerd Lenhart

Straubing
Dr. Gerald Deckart

Stuttgart
Stefan Hammer und
Ralf Arbogast

Trier
Dr. Hans Ludwig Schulte

Tübingen
Heinz K. Gans

Ulm
Stefan Hammer und
Ralf Arbogast

Wetzlar
Lothar Schmelz

Wiesbaden
Hubertus Petroll

Wilhelmshaven
Margot Walther

Wolfenbüttel
Gernot Müller-Serten

Worms
Christine Leonhardt-König

Wuppertal
Marga Clahsen

Würzburg
Gerd Lobin

Xanten
Michael Steinbach

Register

Zeichenerklärung der Stadtpläne

- Bebauung
- Sehenswürdigkeit bzw. öffentliches Gebäude
- Bebauung, gewerblich genutzt
- unbebaute Fläche
- Grünfläche
- Weinbaufläche
- Wald
- Gewässer
- Fußgängerzone
- Stadtrundgang
- 1 Sehenswürdigkeit, im Text beschrieben
- Straße
- Durchfahrtsstraße
- Treppe
- Brücke
- Tunnel
- Fußgängerunterführung
- Fußgängerbrücke
- Eisenbahn
- Zahnradbahn
- Seilbahn
- P Parkplatz, Parkhaus, Tiefgarage
- i Touristinformation
- Stadtmauer
- Kirche, Kapelle
- Postamt
- Museumsschiff
- Denkmal
- Brunnen
- Aussichtspunkt
- Leuchtturm
- Wehr
- Staatsgrenze
- N Nordrichtung

Bildnachweis

10/11: R. Kiedrowski, Ratingen; **12:** IFA/Mader; **13:** R. Kiedrowski, Ratingen; **16:** IFA/Mader; **17:** R. Kiedrowski, Ratingen; **18 l.:** H. Weidner, München; **18 r.:** IFA/Mader; **19:** R. Kiedrowski, Ratingen; **20/21:** IFA/Bohnacker; **24 l.:** W. Spitta, Zeitlarn; **24 r.:** Merten/Mathyschok; **25:** W. Spitta, Zeitlarn; **26/27:** Elsäßer/Archiv LI (9/59628); **30:** IFA/Schösser; **31, 32 o.:** H. P. Merten, Saarburg; **32 u.:** H. Weidner, München; **34/35:** H. P. Merten, Saarburg; **38, 39:** W. Spitta, Zeitlarn; **40:** G. Lobin, Hanau; **41:** W. Spitta, Zeitlarn; **42/43:** Merten/Xeniel; **44, 45 l.:** W. Spitta, Zeitlarn; **45 r.:** Stadt Augsburg/Gutmann; **49:** W. Spitta, Zeitlarn; **50:** Merten/Xeniel; **52/53:** Elsäßer/Archiv LI (9/72145); **54, 55 o., 55 u. l.:** B. Baedeker, Freiburg; **55 u. r.:** Bäder- und Kurverwaltung Baden-Baden; **58 o.:** Bäder- und Kurverwaltung/Silzner, Baden-Baden; **58 u.:** R. Leser, Bad Waldsee; **59:** Bäder- und Kurverwaltung Baden-Baden; **60/61:** Elsäßer/Archiv LI (9/73685); **62 o.:** IFA/Fischer; **62 u.:** IFA/Schösser; **63:** Merten/Harksheider Verlagsgesellschaft; **66:** W. Spitta, Zeitlarn; **67 o.:** W. Spitta, Zeitlarn; **67 u.:** IFA/Everts; **68:** W. Spitta, Zeitlarn; **70/71:** B. Baedeker, Freiburg; **74 l.:** W. Spitta, Zeitlarn; **74 r.:** B. Baedeker, Freiburg; **75:** Merten/Otto; **76:** Fremdenverkehrsverein Bayreuth/Rauh; **77:** H. Weidner, München; **78/79:** H. P. Merten, Saarburg; **82:** B. Baedeker, Freiburg; **83 o.:** M. Vollmer, Essen; **83 u. l.:** H. Weidner, München; **83 r.:** IFA/Amadeus; **84/85:** IFA/v. Stroheim; **87:** C. Scheel, Stuttgart; **90:** C. Scheel, Stuttgart; **91:** dpa; **92:** Bilderberg/Drexel; **93 l.:** R. Kiedrowski, Ratingen; **93 r.:** C. Scheel, Stuttgart; **94:** Transglobe/Schrader; **95 l.:** R. Kiedrowski, Ratingen; **95 r.:** C. Scheel, Stuttgart; **96 l.:** dpa; **96 r.:** C. Scheel, Stuttgart; **97:** Baedeker/Castor; **98:** R. Kiedrowski, Ratingen; **99:** C. Scheel, Stuttgart; **100:** R. Friedrich, Berlin; **104:** amw, München; **105:** C. Scheel, Stuttgart; **106:** ZEFA/Damm; **107:** R. Kiedrowski, Ratingen; **108 o.:** C. Scheel, Stuttgart; **108 u.:** Greiner & Meyer, Braunschweig; **109:** Jürgens, Köln; **110/111:** IFA/Mader; **114, 115:** Verkehrsverein Bielefeld; **116:** v. Bodelschwinghsche Anstalten, Bethel; **117:** Verkehrsverein Bielefeld; **118/119:** R. Kiedrowski, Ratingen; **122 o., u. r.:** Stadt Bochum; **122 u. l.:** F. Stark, Dortmund; **123:** IFA/Gottschalk (18899/85); **124:** IFA/Gottschalk (1816/85); **125:** M. Steinbach, Oberhausen; **126/127:** IFA/Lecom; **128:** IFA/Mader; **129:** Merten/Wilke; **132:** IFA/Ostgathe; **133:** M. Vollmer, Essen; **134/135, 136, 137 l.:** Greiner & Meyer, Braunschweig; **137 r.:** Merten/Photo-Center; **140:** IFA/Gerig; **141:** Merten/Photo-Center; **142:** Greiner & Meyer, Braunschweig; **143:** IFA/Gerig; **144/145, 146:** D. Blase, Bremen; **147:** IFA/Eckardt; **150 o.:** IFA/Mader; **150 u.:** R. Kiedrowski, Ratingen; **151 l.:** IFA/Poguntke; **151 r.:** Merten/Otto; **152:** R. Kiedrowski, Ratingen; **153 o.:** IFA/Kürschner; **153 u. l.:** B. Baedeker, Freiburg; **153 u. r.:** R. Kiedrowski, Ratingen; **154:** IFA/Poguntke; **155:** B. Baedeker, Freiburg; **156/157:** IFA/Eckardt; **160:** R. Kiedrowski, Ratingen; **161:** Fischereihafen Betriebsgesellschaft, Bremerhaven; **162/163:** Elsäßer/Archiv LI (9/62590); **166:** IFA/Ludwigs; **167:** Landesinstitut für Bienenkunde/v. d. Ohe, Celle; **168:** R. Kiedrowski, Ratingen; **169:** IFA/Gerig; **170/171:** Merten/Photo-Center; **172:** W. Spitta, Zeitlarn; **173 l.:** Merten/Otto; **173 r.:** W. Spitta, Zeitlarn; **176 o.:** W. Spitta, Zeitlarn; **176 u.:** Merten/Photo-Center; **177:** W. Spitta, Zeitlarn; **178/179:** Merten/Harksheider Verlagsgesellschaft; **182:** IFA/v. Stroheim; **183:** R. Kiedrowski, Ratingen; **184/185:** R. Otto, Wiesbaden; **186:** Lade/Lorenz; **187:** IFA/Everts; **190 l.:** Presse- und Informationsamt, Darmstadt; **190 r.:** TH Darmstadt/Gruber; **191:** dpa/Fuehler; **192/193:** Elsäßer/Archiv LI (9/74424); **196 l.:** IFA/Everts; **196 r.:** IFA/Klammet-Mochel; **197:** Merten/Otto; **198/199:** Elsäßer/Archiv LI (9/72707); **202:** R. Kiedrowski, Ratingen; **203:** IFA/Kankel; **204/205:** R. Kiedrowski, Ratingen; **206:** Merten/Otto; **207 o.:** Privatbrauerei Thier, Dortmund; **207 u., 210 l.:** M. Vollmer, Essen; **210 r.:** R. Kiedrowski, Ratingen; **211, 212/213:** M. Vollmer, Essen; **216 o.:** R. Kiedrowski, Ratingen (38R91); **216 u. l.:** Stadtwerbung Duisburg; **216 u. r., 217:** M. Vollmer Essen; **218/219:** R. Kiedrowski, Ratingen; **220:** I. Wehrmann-Schindler, Hamburg; **221:** R. Kiedrowski, Ratingen; **224:** M. Vollmer, Essen; **225, 226 l.:** R. Kiedrowski, Ratingen; **226 r.:** M. Vollmer, Essen; **227:** R. Kiedrowski, Ratingen; **228:** Merten/Otto; **230/231:** Kiedrowski/Bergmann; **234 l.:** IFA/Schösser; **234 r.:** L. Keresztes, Nürnberg; **235:** IFA/Gottschalk (2911/85); **236:** K. Fuchs, Erlangen; **238/239, 240:** M. Vollmer, Essen; **241, 244:** Merten/Otto; **245:** R. Kiedrowski, Ratingen; **246/247–252:** T. Uhland-Clauss, Esslingen; **254/255:** IFA/Gerig; **258:** IFA/Lecom (G43/364); **259:** Baedeker/Kießling; **260/261:** IFA/Gerig; **262:** W. Otto, Oberhausen; **263:** H. P. Merten, Saarburg; **266:** IFA/Jochem; **267–269:** H. P. Merten, Saarburg; **270:** W. Otto, Oberhausen; **272/273:** M. Mehlig, Lauf; **274:** IFA/Frisch; **275:** B. Baedeker, Freiburg; **278:** M. Mehlig, Lauf; **279:** Löbl-Schreyer, Bad Tölz; **280 l.:** IFA/Breig; **280 r.:** IFA/Arnold; **281:** IFA/Stampfl; **282/283:** Elsäßer/Archiv LI (9/58966); **286 o.:** W. Spitta, Zeitlarn; **286 u.:** MCS Haug, Freudenstadt; **287:** W. Spitta, Zeitlarn; **288/289:** Thorbecke-Luftbild, Lindau; **292 l.:** Städtisches Verkehrsamt Friedrichshafen; **292 r., 293 o.:** H. Magnus, Friedrichshafen; **293 u.:** IFA/Lederer; **294/295:** IFA/Eckhardt; **298 l.:** R. Kiedrowski, Ratingen; **298 r.:** J. H. Neumann, Dortmund; **299:** R. Kiedrowski, Ratingen; **300/301:** U. Seer, München; **304:** H. P. Merten, Saarburg; **305:** IFA/Mader; **306/307:** Merten/Müller; **310 o.:** M. Mehlig, Lauf; **310 u. l.:** IFA/Löhr; **310 u. r.:** H. P. Merten, Saarburg; **311:** IFA/Jetter; **312/313:** Presseamt/Nickel, Gelsenkirchen; **316 l.:** Stadt Gelsenkirchen; **316 r.:** R. Kiedrowski, Ratingen; **317:** M. Vollmer, Essen; **318/319, 322, 323 l.:** P. Hillgärtner, Pohlheim; **323 r.:** IFA/Jetter; **324:** M. Boländer, Gießen; **326/327:** Merten/Otto; **330:** Merten/Greiner & Meyer; **331 o.:** R. Kiedrowski, Ratingen; **331 u.:** Merten/Greiner & Meyer; **332:** Merten/Photo-Center; **333:** Kiedrowski/Bergmann; **334/335, 338 o., 338 u. l.:** Stadt Göttingen; **338 u. r.:** IFA/Gerig; **339:** Stadt Göttingen; **340 l.:** R. Kiedrowski, Ratingen; **340 r.:** Stadt Göttingen; **342/343:** Kultur- u. Informationsamt/Elsäßer, Hagen (9/74220); **346, 347:** R. Kiedrowski, Ratingen; **348/349:** Deutsche Luftbild Hamburg (397/83); **350:** IFA/v. Stroheim; **351:** IFA/Wandmacher; **354:** Bilderberg/Engler; **355:** Merten/Otto; **356 o.:** Merten/Photo-Center; **356 u. l.:** IFA/Mader; **356 u. r.:** IFA/v. Stroheim; **357 l.:** I. Wehrmann-Schindler, Hamburg; **357 r.:** IFA/Mader; **358:** Merten/Otto; **359:** IFA/Wandmacher; **361:** I. Wehrmann-Schindler, Hamburg; **362/363:** Elsäßer/Archiv LI (9/64927); **366 l.:** K. Thiele, Warburg; **366 r.:** IFA/Gerig; **367 l.:** J. H. Neumann, Dortmund; **367 r.:** K. Thiele, Warburg; **368/369:** Elsäßer/Archiv LI (9/65935); **370–376:** B. Baedeker, Freiburg; **377:** IFA/Everts; **378 l.:** B. Baedeker, Freiburg; **378 r.:** Messe- und Ausstellungs AG, Hannover (38/1374); **379:** B. Baedeker, Freiburg; **380/381:** IFA/Everts; **382:** Kinkelin/Pahlke; **383:** K. Thiele, Warburg; **386:** R. Kiedrowski, Ratingen; **387:** G. Beck, Birkenfeld; **388:** R. Kiedrowski, Ratingen; **389:** Hauck-Werbestudios, Mannheim; **390 l.:** G. Beck, Birkenfeld; **390 r.:** Baedeker/Castor, Freiburg; **392/393:** M. Kirschner, Flein; **396 l.:** K. G. Geiger, Stuttgart; **396 r.:** Stadt Heilbronn; **397:** K. G. Geiger, Stuttgart; **398/399:** Stadt Hildesheim, Presseabteilung/Schmidt-Lohmann; **402:** Merten/Photo-Center; **403:** Stadt Hildesheim, Presseabteilung/Schmelzer; **404:** Merten/Photo-Center; **405:** Stadt Hildesheim, Presseabteilung/Breloer; **406/407:** Elsäßer/Archiv LI (9/84652); **410 l.:** IFA; **410 r.:** W. Spitta, Zeitlarn; **412/413:** Bongarts, Hamburg; **414/415:** W. Leppla, Kaiserslautern; **418:** K. G. Geiger, Stuttgart; **419:** Kiedrowski/Bergmann; **420/421:** Elsäßer/Archiv LI (9/76219); **422:** Landesbildstelle Baden; **423:** G. Beck, Birkenfeld; **426, 427:** Landesbildstelle Baden; **428:** Merten/Müller; **429:** Landesbildstelle Baden; **430/431:** IFA/Lecom (G 42/1275); **434:** Presse- und Werbeamt/Lehning, Kassel; **435:** IFA/Everts; **436 l.:** I. Wehrmann-Schindler, Hamburg; **436 r.:** Merten/Schumacher; **437:** Presse- und Werbeamt/Lehning, Kassel; **438:** W. Spitta, Zeitlarn; **439:** I. Wehrmann-Schindler, Hamburg; **440/441:** IFA/Jochem; **444 l.:** Verkehrsamt Kempten; **444 r.:** H. P. Merten, Saarburg; **445:** Verkehrsamt Kempten/Rosenfeld; **446/447:** R. Kiedrowski, Ratingen; **450:** Merten/Otto; **451:** IFA/Eckardt; **452 l.:** IFA/Rölle; **452 r.:** IFA/Silvestris; **454/455:** Merten/Otto; **458:** H. P. Merten, Saarburg; **459 l.:** Kiedrowski/Bergmann; **459 r.:** R. Kiedrowski, Ratingen; **460, 461:** M. Vollmer, Essen; **462/463:** IFA/Ludwigs; **464, 465 l.:** IFA/Löhr; **465 r., 469, 470 l.:** Merten/Otto; **470 r.:** R. Kiedrowski, Ratingen; **471:** M. Vollmer, Essen; **472:** Bilderberg/Reiser; **473:** Merten/Otto; **474/475:** Elsäßer/Archiv LI (9/72407); **478:** IFA/Friedrich; **479 o.:** Merten/Müller; **479 u.:** IFA/Prenzel; **480:** Merten/Müller; **481:** IFA/Ederer; **482/483:** R. Kiedrowski, Ratingen; **486:** IFA/Gottschalk; **487:** Merten/Otto; **488/489:** Stadt Landshut; **490–495:** W. Spitta, Zeitlarn; **496/497:** IFA/Ostgathe; **500:** H. P. Merten, Saarburg; **501:** G. Lobin, Hanau; **502/503:** Elsäßer/Archiv LI (9/72377); **506 l.:** IFA/Lauer; **506 r., 507 o.:** I. Wehrmann-Schindler, Hamburg; **507 u.:** Merten/Müller; **508:** IFA/Mader; **509:** M. Mehlig, Lauf; **510/511:** Elsäßer/Archiv LI (9/84331); **514:** Merten/Otto; **515:** B. Baedeker, Freiburg; **516 l.:** H. Weidner, München; **516/517:** Kiedrowski/Bergmann; **517 o.:** H. Weidner, München; **517 u.:** Merten/Harksheider Verlagsgesellschaft; **518:** I. Wehrmann-Schindler, Hamburg; **520/521:** Merten/Otto; **522:** Werbe- und Verkehrsamt der Stadt Lüneburg; **523:** R. Kiedrowski, Ratingen; **526:** Merten/Otto; **528/529:** gok, Mainz; **530:** I. Wehrmann-Schindler, Hamburg; **531:** Elsäßer/Archiv LI (9/67670); **534 l.:** Merten/Otto; **534 r.:** gok, Mainz; **535 l.:** K. Benz, Mainz; **535 r.:** R. Kiedrowski, Ratingen; **536:** IFA/Silvestris; **537:** I. Wehrmann-Schindler, Hamburg; **538/539:** Hauck-Werbestudios, Mannheim (21/4598); **542:** IFA/Mader; **543:** Hauck-Werbestudios, Mannheim; **544 l.:** W. D. Schwarz, Mannheim; **544 r.:** IFA/Mader; **545:** M. Mehlig, Lauf; **546 l.:** IFA/Klammet; **546 r.:** W. D. Schwarz, Mannheim; **547:** IFA/v. Linden; **548/549:** L. Laaser, Marburg; **552:** R. Kiedrowski, Ratingen; **553–555:** W. Spitta, Zeitlarn; **556/557, 560 o.:** H. P. Merten, Saarburg; **560 u. l.:** R. Kiedrowski, Ratingen; **560 u. r.:** IFA/Lauer; **562/563:** IFA/Klammet & Abel; **566 l.:** R. Kiedrowski, Ratingen; **566 r.:** IFA/Mader; **567:** IFA/Eckardt; **568/569:** IFA/Gottschalk (1678/86); **572, 573:** Amt f. Öffentlichkeitsarbeit, Mönchengladbach; **574/575:** IFA/Selma; **576:** W. Rudolph, München; **577:** H. P. Merten, Saarburg; **580:** U. Seer, München; **581:** H. P. Merten, Saarburg; **582:** IFA/Lauer; **583 l.:** W. Neumeister, München; **583 r.:** IFA/Mader; **584:** IFA/Aberham; **585 l.:** IFA/Selma; **585 r.:** W. Rudolph, München; **586:** Münchner Olympiapark GmbH; **588/589:** Merten/Otto; **590:** M. Vollmer, Essen; **591:** F. Stark, Dortmund; **594, 595:** R. Kiedrowski, Ratingen; **596/597:** Elsäßer/Archiv LI (9/67497); **600:** IFA/Bosch; **601:** IFA/Forkel; **602–605:** W. Spitta, Zeitlarn; **606:** H. P. Merten, Saarburg; **607:** IFA/Everts; **610:** IFA/Friedrich; **611 l.:** IFA/Salek; **611 r.:** H. Weidner, München; **612 l.:** W. Spitta, Zeitlarn; **612 r.:** H. Weidner, München; **613:** W. Spitta, Zeitlarn; **614:** B. Baedeker, Freiburg; **616/617:** IFA/Mader; **620:** Brand Werft, Oldenburg; **621:** Ch. Hoppe, Oldenburg; **622/623:** Fotex Medienagentur/Wandmacher, Hamburg; **626:** IFA/Eckardt; **627:** R. Kiedrowski, Ratingen; **628 l.:** IFA/Eckardt; **628 r.:** R. Kiedrowski, Ratingen; **629:** IFA/Eckardt; **630/631:** IFA/Everts; **634, 635:** M. Schüssler, Hofheim; **636/637:** Elsäßer/Archiv LI (9/56263); **638:** Merten/Otto; **639:** IFA/Goedel; **642/643, 644:** Merten/Otto; **645:** IFA/Hutterer; **646/647, 650:** G. Beck, Birkenfeld; **651:** R. Kiedrowski, Ratingen; **652/653:** Bergbau AG Lippe/D. Klingenburg; **656 o.:** F. Stark Dortmund; **656 u.:** Ruhrfestspiele GmbH/Jostmeier; **658/659:** Elsäßer/Archiv LI (9/71100); **660–664:** W. Spitta, Zeitlarn; **665:** IFA/Bohnacker; **666:** W. Spitta, Zeitlarn; **668/669, 672:** Merten/Müller; **673 l.:** IFA/Oertel; **673 r.:** W. Spitta, Zeitlarn; **674 l.:** H. Weidner, München; **674 r.:** Merten/Otto; **675:** Merten/Müller; **676/677, 680 l.:** H. P. Merten, Saarburg; **680 r.:** IFA/Mader; **681:** G. Heisler, Saarbrücken; **682:** IFA/Mader; **683:** G. Heisler, Saarbrücken; **684/685:** M. Mehlig, Lauf; **688 o.:** Archäologisches Landesmuseum, Schleswig (SH 796/27); **688 u. l.:** I. Wehrmann-Schindler, Hamburg; **688 u. r.:** ZEFA/Essbach; **689:** I. Wehrmann-Schindler, Hamburg; **690/691:** Baedeker/Stuhler; **694:** W. H. Müller, Stuttgart; **695–697:** G. Beck, Birkenfeld; **700:** Baedeker/Stuhler; **701 o.:** Merten/Müller; **701 u.:** IFA/Silvestris-Schweizer; **702:** K. Thiele, Warburg; **703:** Informations- und Kulturamt Schwäbisch Hall/Pabst; **704/705:** Archiv Stadt Siegen/Stahl; **708 o.:** IFA/Ostgathe; **708 u.:** Archiv Stadt Siegen/Stahl; **709:** Archiv Stadt Siegen/Bernshausen; **710/711:** Elsäßer/Archiv LI (9/76641); **714:** Kultur- und Verkehrsamt/Ehrich; **715 o.:** IFA/Silvestris; **715 u., 716:** Merten/Otto; **717:** IFA/Everts; **718/719:** IFA/Lecom (G42/1266); **722:** Foto-Hauck, Mannheim; **723, 724:** Stadt Speyer/Hoffmann; **726/727:** W. Spitta, Zeitlarn; **730:** Elsäßer/Archiv LI (9/65462); **731:** W. Spitta, Zeitlarn; **732–739:** Merten/Müller; **740:** W. H. Müller, Stuttgart; **741:** gok, Mainz; **742:** W. H. Müller, Stuttgart; **744/745:** IFA/Jochem; **746:** IFA/Lederer; **747 o.:** H. Weidner, München; **747 u.:** J. H. Neumann, Dortmund; **750:** Merten/Otto; **751, 752:** R. Kiedrowski, Ratingen; **753:** IFA/Jochem; **754/755:** M. Mehlig, Lauf; **758:** IFA/Everts; **759:** Baedeker/Stuhler; **760:** Elsäßer/Archiv LI (9/70686); **761:** IFA/Lederer; **762/763:** Elsäßer/Archiv LI (9/72317); **764:** Baedeker/Stuhler; **765:** IFA/v. Linden; **768:** Merten/Müller; **769:** H. Weidner, München; **770:** IFA/Friedrich; **772–777:** H. H. G. Wolf, Wetzlar; **778/779:** R. Otto, Wiesbaden; **782:** B. Baedeker, Freiburg; **783 l.:** Baedeker/Kießling; **783 r., 784 r.:** gok, Mainz; **784 l.:** K. Prior, Wiesbaden; **786/787, 790 u., 791:** K. Hippler, Wilhelmshaven; **790 o.:** K. Schreiber, Wilhelmshaven; **792/793:** IFA/Gottschalk (2695/82); **796:** IFA/Gerig; **797–799:** W. Lange, Wolfenbüttel; **800/801:** K. Baranenko, Worms; **804:** IFA/Ludwigs; **805 o., u. r.:** K. Baranenko, Worms; **805 u. l.:** IFA/Gerig; **806:** R. Kiedrowski, Ratingen; **807:** I. Wehrmann-Schindler, Hamburg; **808/809:** M. Vollmer, Essen; **810:** Kiedrowski/Bergmann; **811:** M. Vollmer, Essen; **814:** D. Erler, Ennepetal; **816/817:** Elsäßer/Archiv LI (9/72604); **818:** H. P. Merten, Saarburg; **819 l.:** K. Thiele, Warburg; **819 r.:** IFA/Lederer; **822:** IFA/Lecom; **823 l.:** U. Seer, München; **823 r., 824:** W. Spitta, Zeitlarn; **826/827:** M. Vollmer, Essen; **830, 831:** Merten/Otto.

Abbildungen auf dem Vor- und Nachsatz, Rückseitenbilder und Kartenausschnitt aus dem Inhalt.

Seite 758

Seite 747

Seite 184

Seite 560

Seite 722

Seite 66

Seite 310

Seite 664

Seite 638

Seite 674

Seite 300

Seite 55

Seite 531

Seite 49